Handbuch der Personalpraxis
Muster, Checklisten, Erläuterungen
zum Arbeits-, Sozial- und Lohnsteuerrecht
Ausgabe 1995

Handbuch der Personalpraxis

Muster, Checklisten, Erläuterungen
zum Arbeits-, Sozial- und Lohnsteuerrecht
Ausgabe 1995

Stand 1.1.1995

Luchterhand

Die Deutsche Bibliothek - CIP-Einheitsaufnahme
Handbuch der Personalpraxis ...: Muster, Checklisten, Erl. –
Neuwied ; Kriftel ; Berlin : Luchterhand.
Erscheint jährl. – Aufnahme nach 1995
Bis 1994 u.d.T.: Arbeits- und Sozialrecht
1995 –

Alle Rechte vorbehalten.
© 1995 by Hermann Luchterhand Verlag GmbH Neuwied, Kriftel, Berlin.
Das Werk einschließlich aller seiner Teile ist urheberrechtlich geschützt. Jede Verwertung außerhalb der engen Grenzen des Urheberrechtsgesetzes ist ohne Zustimmung des Verlages unzulässig und strafbar. Das gilt insbesondere für Vervielfältigungen, Übersetzungen, Mikroverfilmungen und die Einspeicherung und Verarbeitung in elektronischen Systemen.
Druck: Offsetdruckerij Kanters B.V., Alblasserdam
Printed in the Netherlands, 1995
ISBN 3-472-02119-5

Vorwort

Das Handbuch der Personalpraxis liefert Ihnen zu allen Bereichen des Arbeits-, Sozial- und Lohnsteuerrechts aktuelle und rechtssichere Informationen. Die Auswahl der Themenschwerpunkte orientiert sich dabei an den Erfordernissen der betrieblichen Praxis.

Im Rahmen der Überarbeitung des Textes ist die Darstellung weiter verbessert und an einzelnen Stellen ergänzt worden.

So ist insbesondere bereits das neue Entgeltfortzahlungsgesetz, das neue Arbeitszeitgesetz, sowie die Neuregelungen, die sich durch die Einführung des Pflegeversicherungsgesetzes und die Wiedereinführung des Solidaritätszuschlages ergeben, berücksichtigt worden.

Die Verwendung einer verständlichen Wortwahl und einer eindeutigen Formulierung sowie die praxisnahe Gewichtung einzelner Themenschwerpunkte und das Einbeziehen anschaulicher Beispiele aus der Berufswelt erleichtern gerade auch dem Nichtjuristen die Einordnung der rechtlichen Problematik.

Zahlreiche Musterformulierungen und Checklisten helfen dem Leser bei der Gestaltung von Vertragstexten, Arbeitszeugnissen sowie sonstigen Erklärungen.

Zusätzlich weisen am Seitenrand angebrachte Symbole auf die unterschiedlichen rechtlichen und praktischen Aspekte eines Themenkomplexes hin und geben gezielte Tips und Lösungshilfen.

Für Anregungen und Verbesserungsvorschläge aus der Leserschaft sind der Verlag, der Herausgeber sowie die Autoren stets dankbar.

Ihr Luchterhand Verlag

Handbuch der Personalpraxis

Muster, Checklisten, Erläuterungen
zum Arbeits-, Sozial- und Lohnsteuerrecht
Ausgabe 1995

hrsg. von
Dr. Peter Schwerdtner,
Ordentlicher Professor an der Universität Bielefeld

unter Mitarbeit von
Klaus Peter Wagner,
Präsident des Sozialgerichts Berlin

Werner Ziemann,
Richter am Arbeitsgericht

Peter Clausen,
Richter am Arbeitsgericht

Dr. Andreas Marschner,
Regierungsdirektor beim Ministerium für Arbeit, Soziales und Gesundheit
des Landes Sachsen-Anhalt

Dietmar Welslau,
Rechtsassessor, Personalabteilung Mannesmann Röhrenwerke

Andreas Haupt,
Rechtsanwalt

Tobias Schneider,
Rechtsanwalt

Inhaltsübersicht

Vorwort
Abkürzungsverzeichnis

Arbeitsrecht   Rz.

1. Kapitel:	Begründung des Arbeitsverhältnisses	(Clausen)	1001
2. Kapitel:	Der Inhalt des Arbeitsvertrages	(Ziemann)	1300
3. Kapitel:	Wesentliche Regelungsgegenstände des Arbeitsvertrages	(Ziemann)	1500
4. Kapitel:	Weitere Regelungsgegenstände im Arbeitsvertrag	(Ziemann)	1800
5. Kapitel:	Arbeitspflicht des Arbeitnehmers	(Schneider)	2001
6. Kapitel:	Arbeitspflicht und Arbeitszeit	(Schneider)	2100
7. Kapitel:	Pflichtverletzungen des Arbeitnehmers	(Schneider)	2280
8. Kapitel:	Nebenpflichten des Arbeitnehmers	(Schneider)	2350
9. Kapitel:	Vergütungspflicht des Arbeitgebers	(Schneider)	2400
10. Kapitel:	Vergütung ohne Arbeitsleistung	(Schneider)	2520
11. Kapitel:	Der Arbeitgeber als Drittschuldner im Lohnpfändungsverfahren	(Schneider)	2600
12. Kapitel:	Entgeltfortzahlung	(Welslau)	2700
13. Kapitel:	Urlaubsrecht	(Welslau)	2800
14. Kapitel:	Nebenpflichten des Arbeitgebers	(Welslau)	2951
15. Kapitel:	Wettbewerbsverbote	(Welslau)	3000
16. Kapitel:	Arbeitnehmerüberlassung	(Schneider)	3500
17. Kapitel:	Aufhebungsvertrag	(Welslau)	4001
18. Kapitel:	Sozial- und steuerrechtliche Folgen des Aufhebungsvertrages	(Welslau)	4102
19. Kapitel:	Aufhebungsverträge in besonderen Situationen	(Welslau)	4161
20. Kapitel:	Allgemeines zur Kündigung	(Schwerdtner)	4201
21. Kapitel:	Kündigungsfristen	(Schwerdtner)	4250
22. Kapitel:	Die Kündigung als "letztes Mittel"	(Schwerdtner)	4301
23. Kapitel:	Kündigungsschutz nach dem KSchG	(Schwerdtner)	4322
24. Kapitel:	Personenbedingte Kündigung	(Schwerdtner)	4351
25. Kapitel:	Verhaltensbedingte Kündigung	(Schwerdtner)	4400
26. Kapitel:	Betriebsbedingte Kündigung und soziale Auswahl	(Schwerdtner)	4451
27. Kapitel:	Außerordentliche Kündigung	(Schwerdtner)	4501
28. Kapitel:	Änderungskündigung	(Schwerdtner)	4531
29. Kapitel:	Besonderer Kündigungsschutz	(Schwerdtner)	4551
30. Kapitel:	Bürgerlich-rechtlicher Kündigungsschutz	(Schwerdtner)	4621
31. Kapitel:	Betriebsratsanhörung bei Kündigungen	(Schwerdtner)	4651
32. Kapitel:	Fragen im Zusammenhang mit dem Kündigungsschutzprozeß	(Schwerdtner)	4701
33. Kapitel:	Ausgleichsquittung	(Welslau)	4801
34. Kapitel:	Arbeitspapiere	(Haupt)	4841
35. Kapitel:	Zeugnis	(Haupt)	4881
36. Kapitel:	Das arbeitsgerichtliche Verfahren	(Clausen)	4950

Inhaltsübersicht

Sozialrecht
Rz.

37. Kapitel:	Anbahnung des Arbeitsverhältnisses und Arbeitsvermittlung	(Wagner)	5001
38. Kapitel:	Arbeitserlaubnis für ausländische Arbeitnehmer	(Marschner)	5050
39. Kapitel:	Versicherungs- und Beitragspflicht zu den Zweigen der Sozialversicherung	(Marschner)	5200
40. Kapitel:	Meldepflichten des Arbeitgebers bei Beginn der Beschäftigung	(Wagner)	5500
41. Kapitel:	Beitragsentrichtung zur Sozialversicherung	(Marschner)	5600
42. Kapitel:	Meldungen und Auskunftspflichten des Arbeitgebers im Laufe des Beschäftigungsverhältnisses	(Wagner)	6100
43. Kapitel:	Ergänzende Sozialleistungen im laufenden Beschäftigungsverhältnis	(Marschner)	6300
44. Kapitel:	Sozialrechtliche Wirkungen bei Beendigung des Arbeitsverhältnisses	(Wagner)	7000
45. Kapitel:	Beschäftigungsfördernde Leistungen des Arbeitsamtes für Arbeitgeber	(Wagner)	7100
46. Kapitel:	Das Klageverfahren vor dem Sozialgericht	(Wagner)	7500

Lohnsteuerrecht

47. Kapitel:	Überblick über das Lohnsteuerabzugsverfahren	(Haupt)	8000
48. Kapitel:	Vorab zu klärende Fragen und Begriffe	(Haupt)	8004
49. Kapitel:	Feststellung des zu versteuernden Arbeitslohns	(Haupt)	8019
50. Kapitel:	Bedeutung der Lohnsteuerkarte	(Haupt)	8042
51. Kapitel:	Ermittlung der Lohn- und Kirchensteuer	(Haupt)	8048
52. Kapitel:	Pauschalierung der Lohn- und Kirchensteuer	(Haupt)	8078
53. Kapitel:	Solidaritätszuschlag 1995	(Haupt)	8086
54. Kapitel:	Lohnsteuerabzug bei Nettolohnvereinbarung	(Haupt)	8094
55. Kapitel:	Einbehaltung, Anmeldung u. Abführung der Lohnsteuer	(Haupt)	8095
56. Kapitel:	Buchführung - Aufzeichnungspflichten des Arbeitgebers	(Haupt)	8103
57. Kapitel:	Lohnsteuerjahresausgleich durch den Arbeitgeber	(Haupt)	8125
58. Kapitel:	Störfälle	(Haupt)	8137

Anhang I : Allgemeinverbindliche Tarifverträge
Anhang II : Die Zahl im Arbeitsrecht

Sachregister

Abkürzungsverzeichnis

ABM	Arbeitsbeschaffungsmaßnahme
Abs.	Absatz
AFG	Arbeitsförderungsgesetz
AGB (DDR)	Arbeitsgesetzbuch (DDR)
Alt.	Alternative
AngKSchG	Gesetz über die Fristen für die Kündigung von Angestellten
Anm.	Anmerkung
ANWbG NW	Arbeitnehmerweiterbildungsgesetz Nordrhein-Westfalen
AO	Abgabenordnung
AP	Arbeitsrechtliche Praxis, Sammlung der Entscheidungen des Bundesarbeitsgerichts
AR-Blattei	Arbeitsrechtsblattei
ArbG	Arbeitsgericht
ArbGG	Arbeitsgerichtsgesetz
ArbPlSchG	Arbeitsplatzschutzgesetz
ArbZG	Arbeitszeitgesetz
AuA	Arbeit und Arbeitsrecht, Zeitschrift
Aufl.	Auflage
AÜG	Arbeitnehmerüberlassungsgesetz
AuR	Arbeit und Recht, Zeitschrift
AZO	Arbeitszeitordnung
BAG	Bundesarbeitsgericht
BAGE	Amtliche Entscheidungssammlung des Bundesarbeitsgerichts
BAZG	Gesetz über die Arbeitszeit in Bäckereien und Konditoreien
BB	Betriebsberater, Zeitschrift
BBiG	Berufsbildungsgesetz
BDSG	Bundesdatenschutzgesetz
BerlinFG	Berlinförderungsgesetz
BErzGG	Bundeserziehungsgeldgesetz
BeschFG	Beschäftigungsförderungsgesetz 1985
BetrAVG	Gesetz zur Verbesserung der betrieblichen Altersversorgung
BetrVG	Betriebsverfassungsgesetz
BFH	Bundesfinanzhof
BGB	Bürgerliches Gesetzbuch
BR-Info	Informationsdienst für Betriebsräte, Zeitschrift
BRAGO	Bundesrechtsanwaltsgebührenordnung
BRTV	Bundesrahmentarifvertrag
BSeuchenG	Bundesseuchengesetz
BSG	Bundessozialgericht
BSGE	Amtliche Entscheidungssammlung des Bundessozialgerichts
bspw.	beispielsweise
BStBl.	Bundessteuerblatt
BT-Drs.	Bundestagsdrucksache

Abkürzungsverzeichnis

BUrlG	Bundesurlaubsgesetz
d.h.	das heißt
DB	Der Betrieb, Zeitschrift
DEVO	Datenerfassungsverordnung
DÜVO	Datenübermittlungsverordnung
EFZG	Entgeltfortzahlungsgesetz
EG	Europäische Gemeinschaft
EGBGB	Einführungsgesetz zum Bürgerlichen Gesetzbuch
EGHGB	Einführungsgesetz zum Handelsgesetzbuch
EStG	Einkommensteuergesetz
EU	Europäische Union
EWG-Vertrag	Vertrag zur Gründung der Europäischen Wirtschaftsgemeinschaft
EzA	Entscheidungssammlung zum Arbeitsrecht
FG	Finanzgericht
GewO	Gewerbeordnung
GG	Grundgesetz
ggfs.	gegebenenfalls
GmbH	Gesellschaft mit beschränkter Haftung
HGB	Handelsgesetzbuch
HzL	Handbuch zum Lohnsteuerrecht
i.d.F.	in der Fassung
i.S.d.	im Sinne des
JArbSchG	Jugendarbeitsschutzgesetz
KG	Kommanditgesellschaft
KO	Konkursordnung
KrPflVO	Verordnung über die Arbeitszeit in Krankenpflegeanstalten
KSchG	Kündigungsschutzgesetz
LadschlG	Ladenschlußgesetz
LAG	Landesarbeitsgericht
LAGE	Entscheidungssammlung der Landesarbeitsgerichte
LohnFG	Lohnfortzahlungsgesetz
LStDV	Lohnsteuerdurchführungsverordnung
LStR	Lohnsteuerrichtlinien
MuSchG	Mutterschutzgesetz
NJW	Neue Juristische Wochenzeitschrift
NZA	Neue Zeitschrift für Arbeitsrecht
NZS	Neue Zeitschrift für Sozialrecht
OHG	Offene Handelsgesellschaft
PersVG	Personalvertretungsgesetz
RefEntArbZG	Referentenentwurf zum Arbeitszeitgesetz
RKG	Reichsknappschaftsgesetz
RVO	Reichsversicherungsordnung
Rz.	Randziffer
s.	siehe
SchwbG	Schwerbehindertengesetz

Abkürzungsverzeichnis

SeeMG	Seemannsgesetz
SG	Sozialgericht
SGB X	Sozialgesetzbuch - Verwaltungsverfahren, Schutz der Sozialdaten, Zusammenarbeit der Leistungsträger und ihre Beziehungen zu Dritten
SGB V	Sozialgesetzbuch - Gesetzliche Krankenversicherung
SGB I	Sozialgesetzbuch - Allgemeiner Teil
SGB VI	Sozialgesetzbuch - Rentenversicherung
SGG	Sozialgerichtsgesetz
sog.	sogenannt
SozR.	Sozialrecht, Loseblattentscheidungssammlung, bearbeitet von den Richtern des Bundessozialgerichts
SprAuG	Sprecherausschußgesetz
SV-Ausweis	Sozialversicherungsausgweis
SVN-Heft	Sozialversicherungsnachweisheft
TVG	Tarifvertragsgesetz
u.a.	unter anderem
UWG	Gesetz gegen den unlauteren Wettbewerb
VermBG	Vermögensbildungsgesetz
WehrpflG	Wehrpflichtgesetz
z.B.	zum Beispiel
ZDG	Zivildienstgesetz
ZPO	Zivilprozeßordnung

1. Kapitel: Begründung des Arbeitsverhältnisses

I.	Das Anbahnungsverhältnis	1000
	1. Vorbereitende Personalmaßnahmen	1001
	a) Personalplanung	1002
	b) Mitwirkung des Betriebsrates	1003
	c) Innerbetriebliche Ausschreibung	1007
	d) Anzeigen, Einschaltung von Vermittlern	1010
	2. Bewerberauswahl	1011
	a) Fragerecht des Arbeitgebers	1012
	b) Ärztliche Untersuchung	1025
	c) Gutachten	1029
	d) Personalfragebogen	1032
	e) Einholung von Auskünften	1036
	f) Aufklärungspflichten des Bewerbers und des Arbeitgebers	1039
	g) (Wieder-)Einstellungsanspruch	1041
	h) Umgang mit Bewerbungsunterlagen nach erfolgter Einstellung	1046
	i) Vorstellungskosten	1047
II.	Der Vertragsschluß/Die Einstellung	
	1. Zustandekommen eines Arbeitsverhältnisses	1048
	a) Durch Vertragsschluß	1049
	b) Durch Rechtsnachfolge	1057
	c) Durch gesetzliche Fiktion	1058
	2. Formerfordernisse	1060
	3. Schriftliche Unterrichtung über Arbeitsbedingungen	1061
	4. Betriebsratsbeteiligung	1100
	a) Begriff der Einstellung	1101
	b) Begriff der Eingruppierung	1105
	c) Unterrichtung des Betriebsrates	1108
	d) Widerspruchsrecht des Betriebsrates	1115
	e) Arbeitsgerichtliche Zustimmungsersetzung	1130
	f) Vorläufige Einstellung	1134
	g) Aufhebungsanspruch des Betriebsrates	1143
	h) Rechtsstellung des eingestellten Bewerbers	1148
	i) Leitende Angestellte	1151
III.	Störfälle bei Vertragsschluß	1152
	1. Anfechtbarkeit	1152
	a) Allgemeines	1153
	b) Wegen Irrtums über die Eigenschaft des Arbeitnehmers	1157
	c) Wegen Täuschung/Drohung	1158
	d) Abwicklung eines wirksam angefochtenen Vertrags	1162
	2. Nichtaufnahme der Arbeit	1167
	a) Schadensersatzanspruch	1168
	b) Vertragsstrafe	1170
IV.	Weiterführende Literaturhinweise	1171

Arbeitsrecht

I. Das Anbahnungsverhältnis

1. Vorbereitende Personalmaßnahmen

1001

Die Begründung eines Arbeitsverhältnisses kann als spontanes Gelegenheitsgeschäft oder auf der Grundlage einer umfassenden Personalplanung im Betrieb vorgenommen werden. In der Praxis wird häufig - insbesondere in kleinen Betrieben - auf jegliche wirtschaftswissenschaftlich abgesicherte Personalplanung verzichtet. In solchen Fällen ist das Risiko eines vorzeitigen Scheiterns des Arbeitsverhältnisses relativ groß.

a) Personalplanung

1002

Das erste Stadium einer personellen Maßnahme ist deren Planung. Die Personalplanung gehört zur Unternehmensplanung, die der alleinigen Entscheidungskompetenz des Arbeitgebers unterliegt. Durch sie soll erreicht werden, daß in absehbarer Zukunft genau das Personal einsetzbar ist, das im Betrieb nach Qualifikation und nach Zahl benötigt wird. Die Personalplanung stellt sich damit als ein betriebswirtschaftliches Tätigkeitsfeld dar. Sie ist sehr vielschichtig. Es müssen unterschiedliche betriebswirtschaftlich relevante Faktoren berücksichtigt werden.

Sie umfaßt die Planung der Personalstruktur. Bei Personalentscheidungen sollen auch bestimmte strukturelle Kriterien, z. B. das Alter oder das Geschlecht, Berücksichtigung finden, um eine ausgewogene Zusammensetzung der Belegschaft zu erreichen.

Kern einer Personalplanung ist die Personalbedarfsplanung. In ihrem Rahmen wird festgelegt, wieviele Arbeitskräfte mit welcher bestimmten Qualifikation zu einem konkreten Zeitpunkt zur Verfügung stehen müssen, um die Betriebsziele zu erreichen. Die Personalbedarfsplanung umfaßt die Entwicklung von konkreten Stellenplänen und Stellenbeschreibungen. Es wird festgeschrieben, welchen Sinn die Stelle im betrieblichen Zusammenhang wahrnehmen soll und welche Tätigkeiten dazu erforderlich sind. Ausgehend von solchen Stellenbeschreibungen werden dann Anforderungsprofile erstellt, in denen beschrieben wird, welche Kenntnisse, Erfahrungen und Eigenschaften der jeweilige Stelleninhaber aufweisen muß, um die in der Stellenbeschreibung vorgegebene Tätigkeit verrichten zu können.

Auch die Personalbeschaffungsplanung gehört zur Personalplanung. In ihrem Rahmen wird überlegt, auf welche Weise neue Mitarbeiter gewonnen werden können.

Begründung des Arbeitsverhältnisses

In der Personaleinsatzplanung wird zu überlegen sein, welche Mitarbeiter aus dem Belegschaftsstamm auf welcher Arbeitsstelle eingesetzt werden sollen.

Bei der Personalentwicklungs- und Nachfolgeplanung wird man zu erwägen haben, ob und auf welche Weise man aktuell beschäftigte Arbeitnehmer durch bestimmte Entwicklungsmaßnahmen, z. B. Fortbildungen, für die Übernahme anderer Tätigkeitsfelder qualifizieren kann.

Im Rahmen der Personalabbauplanung wird zu überlegen sein, ob in bestimmten Betriebsbereichen kurz-, mittel- oder langfristig die Gesamtzahl der Belegschaftsteile reduziert und gegebenenfalls auf welche Weise dies erreicht werden soll. Hier wird man die Konzepte des vorzeitigen Altersruhestands ebenso zu überdenken haben wie die Möglichkeiten von Kündigungen.

Im Rahmen der Personalkostenplanung wird ein Arbeitgeber sowohl seine kurz- als auch seine langfristigen Finanzierungsmöglichkeiten für im Raum stehende Personalmaßnahmen zu überlegen haben.

Schließlich wird man auch die betrieblichen infrastrukturellen Maßnahmen für bestimmte personelle Veränderungen zu berücksichtigen haben. Reichen die bestehenden Sozialräume für die geplante Belegschaftserweiterung noch aus?

Mit diesen Stichworten kann das Feld der Personalplanung nur angerissen werden. Unendlich viele sich jeweils aus den konkreten Gegebenheiten des Betriebes ergebende Umstände können für die Beantwortung der Frage, ob eine Personalmaßnahme sinnvoll ist oder nicht, entscheidend sein.

b) Mitwirkung des Betriebsrates

1003

Nach § 92 BetrVG hat der Arbeitgeber den Betriebsrat über die Personalplanung anhand von Unterlagen rechtzeitig und umfassend zu unterrichten. Nach dem Gesetzeswortlaut soll sich dies insbesondere auf den gegenwärtigen und künftigen Personalbedarf sowie auf die sich daraus ergebenden personellen Maßnahmen und Maßnahmen der Berufsbildung erstrecken. Der Arbeitgeber soll mit dem Betriebsrat die Art und den Umfang der erforderlichen Maßnahmen sowie die Möglichkeit der Vermeidung von Härten beraten.

Eine Hinzuziehung des Betriebsrates kommt natürlich nur in Betracht, wenn der Arbeitgeber selbst eine Personalplanung in der beschriebenen Weise betreibt. Verzichtet er darauf, hat der Betriebsrat nur die Möglichkeit, dem Arbeitgeber nach § 92 Abs. 2 BetrVG Vorschläge für die Einführung einer Personalplanung und ihre Durchführung zu unterbreiten. Erzwingen kann er dies aber nicht. Der Gesetzgeber hat den Bereich der Personalplanung somit nicht einer echten Mitbestimmung eröffnet, sondern sie der unternehmerischen Handlungsfreiheit zugeordnet.

1004
Problematisch ist, wann eine mitbestimmungspflichtige Personalplanung beginnt.
Nach der Rechtsprechung des Bundesarbeitsgerichts liegt noch keine Personalplanung vor, wenn der Arbeitgeber nur Möglichkeiten einer Personalerweiterung oder einer Personalreduzierung erkundet. Eine bloße Erkundung liegt insbesondere dann vor, wenn der Arbeitgeber herauszufinden versucht, welche Handlungsspielräume ihm zur Verfügung stehen (*BAG 06.11.1990, EzA § 92 BetrVG 1972 Nr. 2*). Die Abgrenzung ist im Einzelfall außerordentlich schwierig. Als Faustformel gilt dabei, daß eine abstrakte Beschreibung der Umstände, die bei einer Personalreduzierung/-erweiterung eine Rolle spielen können, noch keine Personalplanung darstellt. Eine solche Beschreibung verdichtet sich dann zu einer Personalplanung, wenn in ihr quantitative Angaben fixiert werden, aus denen zu ersehen ist, in welchem Umfang oder in welchem Verhältnis die Belegschaft erweitert oder abgebaut werden soll.

Beispiel:
Unternehmer U ärgert sich über die langen Zustellzeiten bei Paketsendungen und kommt auf die Idee, einen unternehmenseigenen Botendienst zu gründen. Er erkundigt sich bei dem Verband über die Erfahrungen anderer Unternehmen, bei seinem Autohändler über Kauf- und Leasingkonditionen, und bei seinem Steuerberater über die finanziellen und steuerlichen Möglichkeiten. Von der Personalabteilung läßt er ein Anforderungsprofil für eine zu besetzende Stelle als Fahrdienstleiter / Bote und eine Liste der Mitarbeiter erstellen, deren Arbeitsverhältnis aus personen- oder betriebsbedingten Gründen gefährdet ist.
Die Personalplanung beginnt mit der Prüfung der Besetzungsmöglichkeiten, auch wenn noch nicht sicher feststeht, ob die Stelle tatsächlich eingerichtet werden soll.
Die Erkundigungen beim Verband und beim Autohändler sind unerheblich. Bei den Gesprächen mit dem Steuerberater kommt es darauf an, ob lediglich abstrakt finanzielle Reserven erkundet oder konkret Personalkosten geschätzt und deren Finanzierbarkeit geprüft werden. Die seitens der Personalabteilung gewünschten Informationen sind Gegenstand einer konkreten Personalbedarfs- und Personaleinsatzplanung.

1005
Die Unterrichtungspflicht nach § 92 Abs. 1 Satz 1 BetrVG ist umfassend. Der Arbeitgeber muß dem Betriebsrat alle Tatsachen bekanntgeben, auf die er die jeweilige Personalplanung stützt. Dabei spielt es keine Rolle, ob die Planungsdaten im unmittelbaren Zusammenhang mit dieser Personalplanung erhoben wurden. Auch solche Informationen, die in anderen Zusammenhängen ermittelt wurden, sind dem Betriebsrat mitzuteilen, wenn sie für die konkrete Personalplanung von Bedeutung sind. Auf diese Weise hat der Betriebsrat auch das

Begründung des Arbeitsverhältnisses

Recht, über bestimmte Produktions- und Investitionsentscheidungen informiert zu werden. Denn derartige Entscheidungen haben in aller Regel Auswirkungen im personellen Bereich des Betriebes.
Entsprechend weit ist die Verpflichtung des Arbeitgebers, dem Betriebsrat alle Unterlagen zugänglich zu machen, die er zur Grundlage seiner Personalplanung machen will. Dazu können Unterlagen gehören, die in ganz anderen Zusammenhängen erarbeitet wurden (Produktions-, Investitions- oder Rationalisierungsplanungen).
Eingeschränkt wird die Vorlage - bzw. Informationsverpflichtung nur dadurch, daß es sich um **erforderliche** Tatsachen/Unterlagen handeln muß. Dieser Begriff wird von der Rechtsprechung aber sehr weit verstanden. Das ist auch sinnvoll. Denn die Erforderlichkeit läßt sich häufig erst nach der Einsichtnahme bewerten.
Der Betriebsrat hat keinen Anspruch auf eine nachträgliche Unterrichtung. Nach Abwicklung einer Personalmaßnahme kann er keine diesbezügliche Unterrichtung mehr geltend machen.
Dies wäre auch sinnlos. Die Unterrichtung soll dem Betriebsrat nämlich eine Einflußnahme auf die abzuwickelnden Personalmaßnahmen ermöglichen. Eine solche ist aber nachträglich nicht möglich.
In der Praxis ist zu empfehlen, daß sich Betriebsrat und Personalleitung regelmäßig - z. B. wöchentlich - gemeinsam Gedanken über den Bereich der Personalplanung machen und neben den konkret anstehenden Entwicklungen auch einfache Denkmodelle miteinander erörtern. Durch eine solche vertrauensvolle Zusammenarbeit kann vermieden werden, daß sich eine Seite irgendwann einmal auf die formalen Rechtspositionen des Betriebsverfassungsgesetzes zurückzieht.

1006
Eine Verletzung des Informationsrechts des Betriebsrates ist praktisch sanktionsfrei. Zwar steht die Möglichkeit einer Ordnungswidrigkeit nach § 121 BetrVG im Raum. Es wird aber im Einzelfall schwerfallen, den Nachweis eines vorsätzlichen Verhaltens zu führen. Darüberhinaus kann der Betriebsrat in einem Beschlußverfahren die Verletzung seines Unterrichtungsrechts feststellen lassen. Dies bewirkt aber nichts und ist nur sinnvoll, wenn Wiederholungen der Verletzung zu befürchten sind.

c) Innerbetriebliche Ausschreibung

1007
Zu dem Bereich der Personalbeschaffungsplanung gehört auch die Stellenausschreibung. Durch die mit ihr bezweckte Aktivierung des innerbetrieblichen Arbeitsmarktes soll der Betriebsfrieden stabilisiert werden. Die Veränderungsbedürfnisse von Belegschaftsangehörigen sollen Berücksichtigung finden können.

Die Entscheidungskompetenz des Arbeitgebers im Bereich der Personalauswahl wird durch diese Regelung aber nicht eingeschränkt. Der Arbeitgeber braucht die innerbetrieblichen Bewerber nämlich nicht zu bevorzugen.

1008
Das Unterlassen einer Ausschreibung oder die Vornahme einer inhaltlich unrichtigen Ausschreibung ermöglicht dem Betriebsrat, seine Zustimmung zu der Einstellungsmaßnahme nach § 99 Abs. 2 Nr. 2 BetrVG zu verweigern. Eine unrichtige Stellenausschreibung liegt dann vor, wenn in der betrieblichen Stellenausschreibung höhere Anforderungen genannt werden als in einer außerbetrieblichen Stellenanzeige.

Beispiel:
In dem Zeitungsinserat heißt es: "EDV-Kenntnisse sind vorteilhaft".
In der innerbetrieblichen Ausschreibung heißt es: "EDV-Kenntnisse und Erfahrungen mit dem System xy sind erforderlich".
Der Betriebsrat wird der vorgeschlagenen Einstellung eines externen Bewerbers widersprechen können, weil in dem Zeitungsinserat geringere Anforderungen gestellt wurden.

1009
Nach § 611 b BGB hat die Stellenausschreibung zudem geschlechtsneutral zu erfolgen.

d) Anzeigen, Einschaltung von Vermittlern

1010
Außerbetriebliche Arbeitnehmeranwerbungen können auf vielfältige Weise geschehen. Der Arbeitgeber kann Zeitungsinserate aufgeben. Daneben kann er die Stellenangebote an geeigneten Stellen aushängen. Besondere Bedeutung hat aber auch die Einschaltung des Arbeitsamtes als Vermittler.

Die Möglichkeiten, neben dem Arbeitsamt private Arbeitsvermittler einzuschalten, werden unter Rz. 5000 ff. dargestellt.

Zeitungsinserate sind ebenso wie sonstige Aushänge nicht als Vertragsangebote zu begreifen. Vielmehr fordert der Arbeitgeber potentielle Bewerber damit nur auf, ihrerseits Angebote zu unterbreiten.
Dementsprechend hat ein eingestellter Arbeitnehmer nur dann einen Anspruch auf die in einer Stellenanzeige aufgenommenen Bedingungen, wenn diese bei der Einstellung auch vereinbart wurden.

Beispiel:
U gibt eine Stellenanzeige für eine(n) Lohnbuchhalter(in) zum 01.01.1995 auf, in der u. a. folgender Satz steht: "Ausgleich für evtl. Verlust des Weihnachtsgeldes möglich." Er entscheidet sich für die Bewerberin B, die nach U`s Zusage ihr altes Arbeitsverhältnis fristgerecht zum 31.12.1994 kündigt. Dadurch verliert sie in ihrem alten Arbeitsverhältnis den Anspruch auf eine vertraglich zugesicherte Treuegratifikation in Höhe eines Monatsgehalts, die sonst mit der Dezembervergütung ausgezahlt worden wäre. Beim Bewerbungsgespräch und dem Vertragsschluß mit U wurde über einen Ausgleich nicht

geredet. B meint unter Hinweis auf die Stellenanzeige, daß U den Verlust ausgleichen muß.
Zu Unrecht! Eine Anzeige ist kein verbindliches Vertragsangebot. Es stellt nur die Aufforderung an die Leser dar, ein Angebot zu unterbreiten. Vertragsinhalt wird nur, was zwischen den Beteiligten auch konkret vereinbart wurde. Hier haben B und U versäumt, den Aspekt des Weihnachtsgeldausgleichs zu regeln. B hat keinen Ausgleichsanspruch.

2. Bewerberauswahl

1011

Die Auswahl eines neuen Mitarbeiters aus einem Bewerberkreis ist eine schwierige und wichtige Entscheidung. Die Bedeutsamkeit dieser Entscheidung ergibt sich aus mehreren Gesichtspunkten. Ein Arbeitnehmer verursacht laufende Kosten. Er bindet Betriebsmittel auf Dauer. Daneben ist er nicht einfach austausch- oder abschaffbar. Und schließlich prägt er mit seiner Persönlichkeit unter Umständen Gruppen oder Abteilungen und nimmt so Einfluß auf deren Arbeitsergebnis.

Angesichts dieser Bedeutsamkeit ist es wichtig, die Personalentscheidung abzusichern. Dies geschieht dadurch, daß der Arbeitgeber sich Informationen verschafft, die ihm einen Vergleich zwischen dem Stellenprofil und dem Bewerberprofil ermöglichen. Anhand dieses Vergleichs kann er feststellen, ob der Bewerber die mit der zu besetzenden Stelle verbundenen Anforderungen erfüllt.

Voraussetzung eines solchen Vergleichs ist eine genaue Kenntnis dieser Anforderungen. Es sollte also vor der eigentlichen Bewerberauswahl das Stellen- und Anforderungsprofil erarbeitet werden.

Im Rahmen der Bewerberauswahl sollten dann von den Bewerbern die Informationen eingeholt werden, die benötigt werden, um über ihre Eignung für die zu besetzende Stelle zu entscheiden. Weitergehende Fragen oder Untersuchungen sind weder sinnvoll noch gerechtfertigt. Das Persönlichkeitsrecht steht dem entgegen und verhindert rechtlich den **gläsernen Bewerber**.

a) Fragerecht des Arbeitgebers

1012

Die direkte Befragung des Bewerbers ist eine vielfach angewandte Methode, um an Informationen zu gelangen. Schlecht vorbereitete Arbeitgeber stehen in der Gefahr, bei der Befragung den Bezug zu der zu besetzenden Stelle zu verlieren und unzulässige Fragen zu stellen. Andere Arbeitgeber neigen dazu, ihr Informationsbedürfnis einseitig zu überziehen. Für den Bewerber stellt sich in solchen Situationen die Frage nach dem **Recht auf Lüge**. Das BAG hat diese Frage zugunsten der Bewerber beantwortet. Sie dürfen eine unzulässige Frage wahrheitswidrig beantworten oder auch die Antwort verweigern.

Durch diese Rechtsprechung sind Unsicherheiten für beide Seiten geschaffen worden. Der Arbeitgeber kann nicht darauf vertrauen, daß alle Angaben wahrheitsgemäß gemacht wurden. Ein Bewerber könnte sich irrtümlich zur Lüge berechtigt gefühlt haben. Dem gegenüber steht der redliche Bewerber seinerseits bei Grenzfragen vor der Qual der Entscheidung.

In der Praxis dürfte der Bewerber einer unzulässigen Ausforschung gegenüber schutzlos sein. Die Begrenzung des Fragerechts hilft ihm nur, wenn er den Mut hat, zu lügen.

Das **Fragerecht** gegenüber einem bereits **eingestellten Arbeitnehmer** unterliegt grundsätzlich noch engeren Voraussetzungen, als das bei Einstellungen. Ein Arbeitgeber hat nur Anspruch auf Auskünfte, die

- eine Erfüllung der Arbeitnehmerpflichten sicherstellen oder
- der Vorbereitung von Schadensersatzansprüchen gegen den Arbeitnehmer oder Dritten dienen.

1012 a

Das LAG Chemnitz hat es demgegenüber für den engeren Bereich des **öffentlichen Dienstes** genügen lassen, daß die geforderten personenbezogenen Angaben zur Verwirklichung eines legitimen und dringlichen Zieles erforderlich sind. Danach ist die Befragung von Lehrern nach **STASI - Mitarbeit** oder Funktionen und Mandaten in Parteien oder Massenorganisationen der früheren DDR nicht zu beanstanden. Allerdings ist die Frage nach einer bloßen Parteizugehörigkeit unzulässig. Dabei stellt das LAG darauf ab, daß es nach der Wiedervereinigung um die Schaffung von rechtsstaatlichen Verwaltungsstrukturen ging, die ein Aussondern alter Kader erforderte (*LAG Chemnitz 06.7.1993, LAGE § 611 BGB Persönlichkeitsrecht Nr. 4 - n.rk; LAG Chemnitz 24.11.1992, LAGE Art. 20 Einigungsvertrag Nr. 14 - n.rk.*).

Über die Zulässigkeit einer entsprechenden Frage gegenüber einem **Bewerber** liegt noch keine Rechtsprechung vor. Bewerber um Stellen **im Öffentlichen Dienst** wird man nach einer früheren STASI-Tätigkeit fragen dürfen. Dies ergibt sich aus einer Regelung zum Einigungsvertrag, wonach eine frühere STASI-Tätigkeit einen **wichtigen Grund** für eine **außerordentliche Kündigung** von Arbeitnehmern im Öffentlichen Dienst gibt. Dies gilt aber **nicht** für die **privaten Arbeitgeber**. Hier fehlt eine entsprechende Regelung im Einigungsvertrag. Mithin kommt es im Einzelfall darauf an, ob eine frühere STASI-Tätigkeit in einem Zusammenhang mit dem Arbeitsverhältnis steht. Dies wird man z.B. bei einer Erziehertätigkeit, **nicht** aber bei **einer gewerblichen Tätigkeit** annehmen können.

Begründung des Arbeitsverhältnisses

1013

Dem Arbeitgeber steht ein Fragerecht zu, wenn er an der Beantwortung der Frage im Hinblick auf das Arbeitsverhältnis ein berechtigtes, billigenswertes und schutzwürdiges Interesse hat *(BAG 07.06.1984, EzA § 123 BGB Nr. 25)*. Dies richtet sich insbesondere danach, ob die abgefragte Information im Zusammenhang mit dem einzugehenden Arbeitsverhältnis steht.

Diese Regeln hat die Rechtsprechung inzwischen auf eine Vielzahl von Standardfragen angewandt und konkretisiert.

1014

Bei **Krankheiten** soll sich das Fragerecht des Arbeitgebers auf 3 Fragen beschränken:

- Liegt eine Krankheit bzw. eine Beeinträchtigung des Gesundheitszustandes vor, durch die die Eignung für die vorgesehene Tätigkeit auf Dauer oder in periodisch wiederkehrenden Abständen eingeschränkt ist?
- Liegen ansteckende Krankheiten vor, die zwar nicht die Leistungsfähigkeit beeinträchtigen, jedoch die zukünftigen Kollegen oder Kunden gefährden?
- Ist zum Zeitpunkt des Dienstantritts bzw. in absehbarer Zeit mit einer Arbeitsunfähigkeit zu rechnen, z. B. durch eine geplante Operation, eine bewilligte Kur oder auch durch eine zur Zeit bestehende akute Erkrankung?

Diese vom BAG entwickelten Grundsätze beantworten noch nicht unmittelbar, ob es zulässig ist, den Bewerber nach konkreten Gesundheitsbeeinträchtigungen wie Heuschnupfen, Rheuma, Diabetes oder Fußpilz zu befragen. Dies läßt sich nicht generell beantworten. Es kommt vielmehr auf die konkreten Umstände des Einzelfalls - also die konkrete Gesundheitsbeeinträchtigung und die konkrete Arbeitsstelle - an.

Schwere chronische Leiden werden generell anzugeben sein, auch wenn sie im Zeitpunkt der Befragung nicht akut sein sollten. Andererseits werden durch das Fragerecht des Arbeitgebers nicht auch frühere chronische Krankheiten erfaßt, die als ausgeheilt angesehen werden können.

1015

Im engen Zusammenhang mit einem im Hinblick auf Krankheiten bestehenden Fragerecht steht die aktuelle Diskussion, ob der Arbeitgeber berechtigt ist, nach dem Bestehen einer **HIV-Infektion** oder einer **AIDS-Erkrankung** zu fragen. Dies ist noch nicht höchstrichterlich entschieden. Unter Berücksichtigung der gegenwärtigen Kenntnis über den Infektions- und Krankheitsverlauf wird man das Fragerecht des Arbeitgebers auf das Bestehen von akuten AIDS-Erkrankungen beschränken müssen. Die Arbeitsfähigkeit eines HIV-infizierten Bewerbers ist noch nicht unmittelbar eingeschränkt. Allein die Sicherheit, daß in einer begrenzbaren Zeitspanne mit Erkrankungen zu rechnen ist, läßt das Persönlichkeitsrecht des Bewerbers nicht hinter das Informationsinteresse des Arbeitgebers zurücktreten. Denn die Zeitspanne zwischen der Ansteckung und dem Auftreten erster Krankheitserscheinungen beträgt ca. acht Jahre. Angesichts der Dauer dieser Latenzzeit kann die Arbeitsunfähigkeit des Infizierten nicht als absehbar bewertet werden. Es muß nämlich bei jedem Arbeitnehmer - unabhängig vom Vorliegen einer HIV-Infektion - damit gerechnet werden, daß er innerhalb von acht Jahren einmal erkrankt. Die Infektion stellt auch keine erkennbare Gefährdung dritter Personen dar. Bei Einhaltung der üblichen und vorgeschriebenen Sicherheits- und Hygieneregeln besteht in keinem Berufszweig erkennbar Anlaß für die Annahme, daß der Arbeitnehmer die Infektion übertragen könnte. Die Gefahr eines plötzlichen Fehlverhaltens infolge einer unerwarteten Störung des zentralen Nervensystems kann vor dem Hintergrund ausgeschlossen werden, daß neurologische Symptome erst im letzten Stadium des Krankheitsverlaufs - in dem sogenannten manifesten Immunmangelsyndrom - auftreten. Dies wird nicht unerwartet sein.

Die Frage nach dem Bestehen einer akuten AIDS-Erkrankung umfaßt sämtliche neurologischen Symptome, Infektionskrankheiten und Tumorerkrankungen. Nicht erfaßt sind allerdings solche Gesundheitsstörungen, die keine Beschwerlichkeiten begründen. Dies wird insbesondere Blutbildabweichungen oder Gewichtsverluste betreffen.

1016
Die Frage nach dem **beruflichen Werdegang** ist zulässig. Dies bezieht sich auch auf Zeugnis- und Prüfungsnoten sowie sonstige Beurteilungen.

1017
Die Frage nach der bisherigen **Lohn- oder Gehaltshöhe** ist wiederum problematisch. Sie wird zwar noch weitgehend in der Rechtsprechung als zulässig erachtet. Das BAG hat aber entschieden, daß die Frage jedenfalls dann unzulässig sei, wenn die bisherige Vergütung keine Aussagekraft für die zu besetzende Stelle hat *(BAG 19.05.1983, AP Nr. 25 zu § 123 BGB)*. Angesichts des Umstandes, daß aus der bisherigen Vergütungshöhe nur sehr begrenzt Rückschlüsse auf die Eignung des Bewerbers für die zu besetzende Stelle gezogen werden können, kann man keinem Arbeitgeber empfehlen, sich auf diesbezügliche mündliche Angaben des Bewerbers zu verlassen. In der Praxis dienen entsprechende Fragen wohl auch nicht der Feststellung der Eignung, sondern der Durchsetzung bestimmter Gehaltsvorstellungen. Dabei wird man von dem Bewerber nicht erwarten können, daß er die Position des Arbeitgebers unterstützt.

1018

Die Frage nach der **Schwerbehinderteneigenschaft** ist jedenfalls dann zulässig, wenn die Schwerbehinderungserkrankung für die auszuübende Tätigkeit von Bedeutung ist *(BAG 11.11.1993, EzA § 123 BGB Nr. 40)*. Das BAG ist bis zu der bezeichneten Entscheidung von einem uneingeschränkten Recht des Arbeitgebers, den Bewerber nach einer Schwerbehinderung zu fragen, ausgegangen. Nach der neuen Einschränkung ist es noch wichtiger als vorher, die Bewerber über die (körperlichen) Anforderungen des zu besetzenden Arbeitsplatzes zu informieren und etwaige Fragen daran zu koppeln.

1019

Die Frage nach **Religions- und Parteizugehörigkeit** ist außerhalb von Tendenzbetrieben unzulässig. Die Bewerber müssen sie nicht wahrheitsgemäß beantworten.

1020

Auch die Frage nach der **Gewerkschaftszugehörigkeit** ist unzulässig. Der Arbeitgeber hat kein eigenes schutzwürdiges Interesse an dieser Information. Es bleibt grundsätzlich dem Arbeitnehmer überlassen, ob er seine Gewerkschaftsbeiträge direkt vom Betrieb abführen läßt oder in eigener Regie an den Verband weiterleitet.

1021

Eine Frage nach einer bevorstehenden **Heirat** muß nicht beantwortet werden. Sie ist unzulässig.

1022

Die Frage nach dem Bestehen einer **Schwangerschaft** ist in der Regel unzulässig, weil sie eine Benachteiligung der Bewerberin wegen ihres Geschlechtes enthält *(BAG 15.10.1992, EzA § 123 BGB Nr. 37; EuGH 8.11.1990, EzA § 611 a BGB Nr. 7).* Sie ist ausnahmsweise sachlich gerechtfertigt, wenn sie objektiv dem gesundheitlichen Schutz der Bewerberin und des ungeborenen Kindes dient *(BAG 01.07.1993, EzA § 123 BGB Nr. 39).*

1023

Das BAG hat hinsichtlich der Frage nach **Vorstrafen** entschieden, daß diese nur zulässig ist, soweit zwischen der Arbeitsstelle und der Vorstrafe ein konkreter Bezug besteht. Es ist daher zu empfehlen, die Frage so konkret wie möglich zu fassen, also z. B. einen Bewerber um eine Stelle als Kraftfahrer nach Verkehrsdelikten zu befragen. Bei Stellen, deren Inhaber besondere Repräsentationspflichten wahrzunehmen oder eine gesteigerte Verantwortung zu tragen haben, wird eine weitergehende Offenbarungspflicht bestehen. Hier können auch die Fragen abstrakter gehalten werden.

1024

Die Frage nach den persönlichen **Vermögensverhältnissen** ist nur zulässig, wenn die zu besetzende Stelle ein besonderes Vertrauensverhältnis voraussetzt. Dies wird insbesondere dann der Fall sein, wenn mit der Stelle der selbständige und unmittelbare Zugriff auf eine Kasse verbunden ist, sofern die betroffenen Vermögenswerte erheblich sind (z. B. bei Bankkassierern).

b) Ärztliche Untersuchung

1025
Wegen der verschiedenen unter Rz. 1014 dargestellten Unsicherheiten bei der Befragung eines Bewerbers über seinen Gesundheitszustand gehen immer mehr Unternehmen dazu über, ärztliche Einstellungsuntersuchungen zu verlangen. Durch diese soll die physische Eignung des Bewerbers für die in Aussicht genommene Stelle festgestellt werden. In Arbeitsbereichen, wo die Arbeitnehmer in besonderer Weise psychischen Anforderungen ausgesetzt sind, können auch psychologische Eignungstests sinnvoll sein.

1026
Die Aussagekraft solcher Untersuchungen ist aber begrenzt. Grundsätzlich sind nämlich Ärzte und Psychologen nicht berechtigt, dem Arbeitgeber diagnostische Feststellungen oder detaillierte Untersuchungsergebnisse mitzuteilen. Vielmehr dürfen sie den Arbeitgeber nur darüber unterrichten, ob der Bewerber für die zu besetzende Stelle tauglich, bedingt tauglich oder nicht tauglich ist.

Sofern in Ausnahmefällen die zu besetzende Stelle ein vielschichtiges Anforderungsprofil umfaßt, wird man unter Beachtung des Verhältnismäßigkeitsgrundsatzes die Mitteilungsmöglichkeiten ausdehnen können. Insoweit wird es aber erforderlich sein, den Bewerber zuvor über den Sinn und Zweck der beabsichtigten Untersuchung und deren Relevanz zu der zu besetzenden Stelle aufzuklären.

Diese besonderen Anforderungen rechtfertigen sich daraus, daß eine ärztliche oder psychologische Einstellungsuntersuchung einen besonders weitgehenden Eingriff in das Persönlichkeitsrecht des Bewerbers darstellen. Wer sich nämlich erst einmal auf eine solche Untersuchungssituation eingelassen hat, hat keine Möglichkeit mehr, die einzelnen Erkenntnisphasen zu kontrollieren, zu steuern oder gar zu verhindern. Dem Bewerber nutzt es in der Praxis auch nichts, daß die Durchführung solcher Untersuchungen nur mit seiner Einwilligung möglich ist. Bei einer Verweigerung muß er nämlich damit rechnen, bei der Einstellungsentscheidung nicht mehr berücksichtigt zu werden.

1027
Der Bewerber kann formlos - also mündlich - in die Untersuchung einwilligen. In einer solchen Einwilligung wird regelmäßig auch die Entbindung des untersuchenden Arztes von seiner Schweigepflicht liegen. Es empfiehlt sich aber, auch insoweit ein Formblatt zu benutzen.

Begründung des Arbeitsverhältnisses

> **Muster für eine Einwilligung in eine ärztliche oder psychologische Eignungsuntersuchung**
>
>
>
> *1. Ich bin mit einer ärztlichen Untersuchung durch Dr. .... zu dem Zweck, festzustellen, ob ich für die Stelle .... nach meinem Gesundheitszustand geeignet bin, einverstanden. Ich entbinde den untersuchenden Arzt insoweit von seiner ärztlichen Schweigepflicht, als er der Firma .... Auskunft darüber erteilen darf, ob ich für die mit der Stelle .... verbundenen Tätigkeiten nach meinem Gesundheitszustand geeignet bin.*
>
> *2. Ich bin mit einer psychologischen Eignungsuntersuchung durch Herrn/Frau .... einverstanden, die zu dem Zweck durchgeführt werden soll, Feststellungen über meine Eignung für die Tätigkeit als .... zu treffen.*
>
> *3. Ich bin damit einverstanden, im Hinblick auf meine Eignung für die Tätigkeit als .... psychologisch untersucht zu werden. Dabei sollen folgende Untersuchungen speziell durchgeführt werden: Intelligenztests / Kreativitätstests /Belastungstests/ Konzentrationstests / .... . Ich bin damit einverstanden, daß der Firma ... die Ergebnisse auch der einzelnen genannten Tests genannt werden.*
>
> *Ich bin mit der Verarbeitung meiner personenbezogenen Daten insoweit einverstanden, als das Unternehmen hierzu kraft Gesetzes verpflichtet ist. Ich weiß, daß personenbezogene Daten nur mit Zustimmung des Betriebsrates an Dritte übermittelt werden.*

1028

In letzter Zeit sollen Bewerber zunehmend mit dem Ansinnen konfrontiert worden sein, sich einem **HIV-Antikörpertest** zu unterziehen oder eine diesbezügliche ärztliche Bescheinigung vorzulegen. Dies ist unzulässig (vgl. Rz. 1015). Die Betroffenen sind in einer solchen Situation aber nicht durch das Recht auf Lüge geschützt. Ein Arbeitgeber, der eine positive Einstellungsentscheidung von einem entsprechenden Nachweis abhängig macht, kann nicht daran gehindert werden, solche Bewerber, die den Nachweis ablehnen, bei der Einstellung nicht zu berücksichtigen. Die Rechtslage ist insoweit problematisch.

c) Gutachten

1029

Im begrenzten Umfang werden auch gentechnische Analysen oder graphologische Gutachten erstellt.

Eine **gentechnische Analyse** ist eine besondere Einstellungsuntersuchung. Sie darf nur durchgeführt werden, soweit der Bewerber ihr ausdrücklich zugestimmt hat und eine solche Untersuchung unter Berücksichtigung der Besonderheiten der zu besetzenden Stelle verhältnismäßig und erforderlich ist. Dabei wird es sich um Ausnahmefälle handeln. Die gentechnische Analyse ermöglicht nämlich einen umfassenden und detaillierten Einblick in spezielle personenbezogene Daten.

1030
Graphologische Gutachten sollen geeignet sein, charakterliche Eigenschaften und Begabungen eines Bewerbers zu bestimmen. Dabei setzt eine solche Feststellung voraus, daß zum einen ein erfahrener und geschulter Fachmann eingeschaltet ist und zum anderen eine ausreichend lange und unbefangen erstellte eigenhändige Handschriftprobe vorliegt.

1031
Das Persönlichkeitsrecht eines Bewerbers wird durch solche Charakterstudien berührt. Daher bedürfen auch sie seiner vorherigen Einwilligung.

Umstritten ist, ob bereits in dem Überreichen eines handgeschriebenen Lebenslaufs eine konkludente Einwilligungserklärung liegt. Dies wird man nicht annehmen können. Angesichts der Üblichkeit dieser Bewerbungspraxis ist es ausgeschlossen, aus ihr eine rechtsgeschäftlich relevante Handlung abzuleiten. Anders verhält es sich nur bei solchen Stellen, wo der Bewerber mit der Einholung eines solchen Gutachtens rechnen muß und vorab neben dem Lebenslauf weitere handschriftliche Unterlagen einreicht.

Der Streit um die rechtliche Bedeutung des handgeschriebenen Lebenslaufes ist überflüssig. Denn ein im Rahmen eines Bewerbungsverfahrens handgeschriebener Text wird nach aller Lebenserfahrung nicht unbefangen erstellt. Der Verfasser gibt sich vielmehr besondere Mühe. Damit ist diese Schriftprobe aber als Grundlage für ein graphologisches Gutachten untauglich.

d) Personalfragebogen

1032
Personalfragebogen sind formularmäßig zusammengestellte Fragen, die von den Bewerbern unter Einhaltung eines bestimmten Erhebungsschemas beantwortet werden sollen. Dies kann durch schriftliche Testbogen oder durch mündliche - sich an Checklisten orientierende - Befragungen geschehen.

Sie können ein sinnvolles Instrument sein, um die notwendige Informationserhebung im Rahmen von Einstellungsentscheidungen rationell zu betreiben. Dies bietet sich insbesondere bei Einstellungsverfahren an, wo entweder die Zahl der Bewerber eine abstrakte Vorauswahl erforderlich macht oder wo die Einstellungsentscheidung zugunsten des Bewerbers bereits gefallen ist, aber noch nicht alle für die Personalverwaltung notwendigen Angaben vorliegen. Auch bei sonstigen Bewerbungsverfahren werden die Fragen nach Familienstand, Geburtsdatum, Geburtsort häufig nur von allen Beteiligten als lästig empfunden. Auch insoweit kann ein Personalfragebogen eine Hilfe sein.

Hinsichtlich der Zulässigkeit der in einem Personalfragebogen aufzunehmenden Fragen kann auf die Ausführungen unter Rz. 1012 ff. verwiesen werden.

1033

Wegen der mit der standardisierten Erhebungsform verknüpften generellen Gefährdung des Persönlichkeitsrechts der betroffenen Bewerber wurde in § 94 BetrVG ein umfassendes Mitbestimmungsrecht des Betriebsrates aufgenommen. Die Einführung und jede Änderung eines Fragebogens bedarf seiner vorherigen Zustimmung. Dies umfaßt insbesondere auch die Entscheidung über die Zulässigkeit der einzelnen Fragen. Der Betriebsrat kann also seine Zustimmung davon abhängig machen, daß bestimmte Fragen in den Fragebogen nicht aufgenommen werden.

1034

Darüber hinaus ist aber auch die Verarbeitung von mittels eines Fragebogens erhobenen Daten in automatisierten Verfahren zustimmungspflichtig. Dies ergibt sich daraus, daß durch die Eingabe der Daten in eine Datenverarbeitung zusätzliche und neue Erhebungsmöglichkeiten für den Arbeitgeber geschaffen werden können.
Der Arbeitgeber muß dem Betriebsrat also nicht nur mitteilen, welche Daten er erheben will, sondern auch, wie er diese zu verwenden gedenkt. Darüber hinaus muß der Betriebsrat über alle Programme informiert werden, mit deren Hilfe diese Daten verarbeitet werden sollen.

Beispielsweise wird der Arbeitgeber dem Betriebsrat mitteilen müssen, daß er die mittels des Personalfragebogens erhobenen Daten "Familienname, Geburtsort, Geburtsdatum, Wohnort," der Lohnbuchhaltung zuleiten wird, die diese Daten ggf. zur Abrechnung von Steuern, Sozialversicherungsbeiträgen und anderem benötigt.

In diesem Zusammenhang wird dann auch mitzuteilen sein, welche Datenverarbeitungsprogramme die Lohnbuchhaltung zur Erledigung dieser Tätigkeiten benutzt. Dies bereitet aber in aller Regel keine besondere Schwierigkeit, da der Betriebsrat über diese Zusammenhänge bei einer laufenden Information sowieso schon unterrichtet sein wird.

1035

Kommt eine Einigung zwischen Betriebsrat und Arbeitgeber über den Inhalt oder die Verwendung eines Personalfragebogens nicht zustande, so entscheidet die Einigungsstelle. Ihre Entscheidung ersetzt die Einigung zwischen den Betriebsparteien.

Arbeitsrecht

Muster für einen Personalfragebogen

Ich bewerbe mich um die Einstellung als ...

- *Angaben zur Person:*
  - *Name, Vorname:*
  - *Wohnort(Ort, Straße, Nummer, Telefon):*
  - *Geburtstag, Geburtsort:*
  - *Familienstand:*
  - *Kinder:*
  - *bei ausländischen Bewerbern:*
  - *Gültigkeitszeiträume der Aufenthalts- und Arbeitserlaubnis*
  - *Nationalität:*
  - *bei minderjährigen Bewerbern:*
  - *Name und Anschrift der gesetzlichen Vertreter ...*

- *Angaben zu persönlichen Verhältnissen: Leiden Sie an einer Schwerbehinderungserkrankung, die für die vorgesehene Tätigkeit von Bedeutung ist, z.B.: Wirbelsäulenbeschwerden, Organverlust, Gliedmaßenamputation... Wie ist der Grad Ihrer Behinderung?*
  - *Leiden Sie an einer chronischen Erkrankung, durch die die Tauglichkeit für die vorgesehene Tätigkeit eingeschränkt ist (z.B. ...) (vgl. Rz. 1014) ?....*
  - *Haben Sie zum gegenwärtigen Zeitpunkt eine Operation geplant oder eine Kur beantragt, durch die Ihr Dienstantritt gefährdet ist? ....*
  - *Haben Sie den Wehr- oder Ersatzdienst abgeleistet? ....*
  - *Sind Sie wegen eines Deliktes vorbestraft, das im Hinblick auf die Tätigkeit in der zu besetzenden Stelle relevant ist (z.B. ...) (vgl. Rz. 1023) ?.....*
  - *Liegen Pfändungen vor? Ggfs. durch wen und in welcher Höhe? ....*

- *Angaben zu persönlichen Fähigkeiten:*
  - *Haben Sie neben der im Lebenslauf angegebenen Schul- und Berufsausbildung weitere Fortbildungsveranstaltungen (Volkshochschule, usw.) besucht und ggfs. mit welchen Abschlüssen beendet? ...*
  - *Haben Sie sonstige besondere Kenntnisse und Fähigkeiten (Fremdsprachen, usw.)? ...*

- *Sonstiges:*
  - *Wann können/möchten Sie ggfs. die Arbeit aufnehmen?*
  - *In welcher Krankenkasse sind Sie versichert?*
  - *Möchten Sie Mitglied der Betriebskrankenkasse werden?*
  - *Haben Sie Interesse, sich im Betrieb oder außerhalb des Betriebes fortzubilden - ggfs. in welche Richtung? ...*

- *Datum / Unterschrift:*
  (bei Minderjährigen Unterschrift des gesetzlichen Vertreters): ...

Begründung des Arbeitsverhältnisses

Bei dem Muster ist zu beachten, daß die Fragen - soweit möglich - auf die betrieblichen Gegebenheiten hin konkretisiert werden sollten. Dies gilt insbesondere im Hinblick auf die Frage nach den Erkrankungen und den Vorstrafen.

e) Einholung von Auskünften

1036

Arbeitgeber möchten häufig Informationen über einen Bewerber haben, die sich nicht aus den vorgelegten Zeugnissen und Bescheinigungen ergeben. Sie holen dann oft Auskünfte ein. Dabei wenden sie sich zumeist an frühere Arbeitgeber des betroffenen Bewerbers.

1037

Die Erteilung und Einholung von Auskünften über einen Bewerber berührt dessen **Recht auf informationelle Selbstbestimmung**. Nach dieser aus dem Persönlichkeitsschutz der Art. 1 und 2 GG abgeleiteten Rechtsposition ist es grundsätzlich Sache des Einzelnen, selbst über die Preisgabe und Verwendung seiner persönlichen Daten zu bestimmen. Daraus ist zu folgern, daß jede Erhebung, Verwendung und Weitergabe von persönlichen Daten eines Arbeitnehmers grundsätzlich der vorherigen ausdrücklichen Zustimmung dieses Arbeitnehmers bedarf.

Nur in Ausnahmefällen ist eine solche vorherige Zustimmung entbehrlich. Das Problem im Bereich der Auskunfterteilung liegt demgemäß darin, die Grenzen dieser Ausnahmefälle zu bestimmen. Hier fehlt es noch an klärenden und richtungsweisenden Gerichtsentscheidungen. Das liegt daran, daß der durch die erteilte/eingeholte Auskunft in seinem Recht auf informationelle Selbstbestimmung möglicherweise verletzte Arbeitnehmer davon überhaupt nichts erfährt.

Es spricht einiges dafür, daß die Maßstäbe, die das Bundesverfassungsgericht in seiner Volkszählungsentscheidung zu der Frage entwickelt hat, ob und in welchem Umfang der Gesetzgeber persönliche Daten über die einzelnen Bürger erheben und weiter verarbeiten darf, auf das Arbeitsverhältnis zu übertragen sind. Dann wird im Bereich der Auskunftserteilung der Gesichtspunkt der "Zweckentfremdung" eine besondere Bedeutung erlangen. Aus der genannten Entscheidung des Bundesverfassungsgerichts ergibt sich nämlich, daß einmal verfügbar gemachte Daten nicht durch Weitergabe an Dritte "zweckentfremdet" werden dürfen. Da ein Arbeitgeber persönliche Daten eines Arbeitnehmers in aller Regel ausschließlich zu dem Zweck der betriebsinternen Verwendung - Personalplanung, Buchhaltung usw. - erhoben und verarbeitet hat, liegt es nahe, die Weitergabe dieser Daten nach Abschluß des Arbeitsverhältnisses an den späteren neuen Arbeitgeber des Arbeitnehmers als eine zweckentfremdete Verwendung zu qualifizieren, die ohne Zustimmung unzulässig ist.

1038

Der betrieblichen Praxis muß empfohlen werden, Auskünfte an Dritte - insbesondere neue Arbeitgeber - nur nach vorheriger Zustimmung des betroffenen Arbeitnehmers zu erteilen. Anderenfalls besteht für den die Auskunft erteilenden ehemaligen Arbeitgeber das Risiko, von dem betroffenen Arbeitnehmer auf Schadensersatz in Anspruch genommen zu werden. Dieses mag zwar angesichts des erwähnten Umstandes, daß der Arbeitnehmer in aller Regel über die Auskunftserteilung keine Kenntnis erlangt, gering sein. Ein vermeidbares Restrisiko bleibt aber jedenfalls bestehen.

Soweit die Voraussetzungen für eine Auskunftserteilung vorliegen, ist der die Auskunft Erteilende verpflichtet, die Auskunft wahrheitsgemäß zu erteilen. Falsche Auskünfte würden ein Haftungsrisiko begründen. Dabei kämen sowohl der betroffene Arbeitnehmer als auch der Empfänger der falschen Auskunft als Anspruchssteller in Betracht.

f) Aufklärungspflichten des Bewerbers und des Arbeitgebers

1039

Neben den Informationsrechten bestehen für den Bewerber und den Arbeitgeber auch Offenbarungspflichten. Beide müssen einander ungefragt über solche Umstände unterrichten, die den Kern des Arbeitsverhältnisses betreffen.

So ist der Arbeitgeber in Ausnahmefällen sogar verpflichtet, den Bewerber über die wirtschaftliche Lage des Betriebes zu informieren. Ein solcher Ausnahmefall liegt vor, wenn schon bei den Einstellungsgesprächen unsicher ist, ob die in absehbarer Zeit fälligen Vergütungen beglichen werden können. In der Praxis viel wichtiger ist die Verpflichtung des Arbeitgebers, ausländische Bewerber über die besonderen Einstellungsvoraussetzungen aufzuklären. Dies umfaßt aber nicht die Pflicht, für den Bewerber die vorgeschriebene Arbeitserlaubnis einzuholen.

1040

Der Arbeitnehmer ist seinerseits verpflichtet, den Arbeitgeber über solche Umstände zu unterrichten, die für die Erbringung der Arbeitsleistung erkennbar von Bedeutung sind. Die Erkennbarkeit wird davon abhängen, welche Informationen der Arbeitgeber im Einstellungsgespräch über die zu besetzende Stelle und die an sie geknüpften Anforderungen eingebracht hat. Es empfiehlt sich daher, die Haupttätigkeiten so konkret wie möglich zu bezeichnen, z.B. nicht nur mitzuteilen, daß Kenntnisse im Umgang mit Textverarbeitungssystemen vorausgesetzt werden, sondern die konkreten Systeme auch zu bezeichnen. Im Einzelfall kann auch eine Arbeitsplatzbesichtigung hilfreich sein.

Für beide Seiten gilt, daß es sinnvoll ist, wichtige Umstände ausdrücklich abzufragen und sich nicht darauf zu verlassen, daß der Vertragspartner von sich aus

Umstände mitteilt, die einer reibungslosen Abwicklung entgegenstehen können. Im Fall der Verletzung einer Offenbarungspflicht ist der Vertrag anfechtbar bzw. kündbar. Es gilt insoweit das gleiche wie bei einer Anfechtung wegen einer wahrheitswidrigen Beantwortung einer zulässigen Frage. Darüber hinaus können Schadensersatzansprüche denkbar sein. In der Praxis wird es aber schwierig sein, im Einzelfall den Schaden konkret zu beziffern.

g) (Wieder-) Einstellungsanspruch

1041

Das Recht des Arbeitgebers, seine neuen Mitarbeiter selbst auszuwählen, ergibt sich aus der allgemeinen Handlungsfreiheit nach Art. 2 GG. Einschränkungen bestehen insoweit, als ihm Ausgleichsabgaben auferlegt werden, wenn er bestimmte schutzbedürftige Bewerbergruppen nicht berücksichtigt - z.B. bei Schwerbehinderten (§ 5 Abs. 1 SchwbG).

1042

Problematisch und von der Rechtsprechung bisher nicht befriedigend geklärt ist die Frage, ob der Arbeitgeber bei Neueinstellungen verpflichtet ist, ehemalige Arbeitnehmer bevorzugt zu berücksichtigen. In Betracht kommt eine solche Verpflichtung, wenn sich die tatsächlichen Umstände nach Ausspruch einer Kündigung zugunsten des gekündigten Arbeitnehmers verändern. Eine solche Entwicklung hat keinen unmittelbaren Einfluß auf die Wirksamkeit der Kündigung, die nur bezogen auf den Zeitpunkt des Kündigungszugangs geprüft wird. Ein Wiedereinstellungsanspruch der betroffenen Arbeitnehmer könnte auf der Hand liegende Ungerechtigkeiten beseitigen.

Dies betrifft etwa betriebsbedingte Kündigungen, die auf bestimmten betriebswirtschaftlichen Prognosen beruhten, welche später nicht eintraten. Auch einer krankheitsbedingten Kündigung, deren Wirksamkeit auf der Prognose eines bestimmten Krankheitsverlaufs beruhte, kann nachträglich durch einen überraschenden Heilungsprozeß die Legitimation entzogen werden. Bei Verdachtskündigungen kann sich nachträglich der Verdacht als unbegründet herausstellen. Ebenso kann sich der Vorwurf einer verwerflichen politischen Betätigung - z.B. bei der "Stasi" - nachträglich als falsch erweisen.

1043

Die bisherigen Entscheidungen des Bundesarbeitsgerichts betrafen jeweils besonders gelagerte Fallgestaltungen, so daß aus ihnen nur begrenzt allgemeingültige Rechtsgrundsätze abgeleitet werden können. Bezogen auf einen Arbeitnehmer, der wegen seiner Nazi-Belastung gekündigt wurde, die sich im Nachhinein als unrichtig herausstellte, hat das BAG eine Verpflichtung des Arbeitgebers zur Wiedereinstellung aus einer nachwirkenden Fürsorgepflicht und dem Grundsatz der Rehabilitierung hergeleitet . Der Wiedereinstellungsanspruch soll aber von einer im Einzelfall vorzunehmenden Interessenabwägung abhängen. Hierbei wird das Interesse des Arbeitgebers an einer umgehenden auf Dauer angelegten Neubesetzung des Arbeitsplatzes eine besondere Rolle spielen. Dem Arbeitgeber wird aber angesichts der Möglichkeit vorläufiger personeller Ersatzmaßnahmen zuzumuten sein, den Ausgang amtlicher Ermittlungsverfahren - insbesondere des staatsanwaltschaftlichen Ermittlungsverfahrens - abzuwarten.

Das LAG Köln hat in einer Entscheidung vom 10.01.1989 einen Wiedereinstellungsanspruch auch in dem Fall einer betriebsbedingten Kündigung angenommen, bei dem die betrieblichen Erfordernisse, die einer Weiterbeschäftigung des Arbeitnehmers zunächst entgegenstanden, nachträglich weggefallen waren *(LAG Köln 10.01.1989, LAGE § 611 BGB Einstellungsanspruch Nr. 1 mit Anmerkung von Preis)*. Diese Entscheidung ist kein Einzelfall geblieben. Das LAG Hamburg hat sich dieser Rechtsprechung vielmehr im Kern angeschlossen *(LAG Hamburg 26.04.1990, LAGE § 611 BGB Einstellungsanspruch Nr. 2)*. Das LAG Hamburg hat als Voraussetzung aber verlangt, daß die betriebsbedingten Gründe nachträglich innerhalb der laufenden Kündigungsfrist entfallen sein müssen. Das LAG Frankfurt hat inzwischen einen Wiedereinstellungsanspruch für den Fall der nachträglichen Reinigung von einem Verdacht bejaht *(LAG Frankfurt a.M. 01.09.1993, LAGE § 626 BGB Verdacht strafbarer Handlung Nr. 4)*.

Jedenfalls hat das BAG aber entschieden, daß ein Arbeitgeber, der im Anschluß an eine betriebsbedingte Kündigung wegen Arbeitsmangels später wegen verringerten Personalbedarfes nur einen Teil der bisherigen Belegschaft wieder einstellt, nicht verpflichtet ist, das Gebot der sozialen Auswahl zu beachten *(BAG 15.03.1984, EzA § 611 BGB Einstellungsanspruch Nr. 2)*.

1044

Für die Praxis lassen sich angesichts der Uneinheitlichkeit der Rechtsprechung und der Vielfalt der im Schrifttum vertretenen Auffassungen *(vgl. Langer NZA 1991, Beilage 3, S. 23 ff.)* keine sicheren Empfehlungen aufstellen. Ein Arbeitnehmer sollte aber jedenfalls, wenn er neben dem Kündigungsschutz eine Wiedereinstellung geltend machen möchte, dies durch einen Hilfsantrag neben der Kündigungsschutzklage betreiben. Der Antrag wird auf die Abgabe eines Angebots zur Vertragsfortsetzung bzw. Wiedereinstellung zu richten sein (§ 894 ZPO).

1045

Der Arbeitgeber sollte bei Verdachtskündigungen eine auf Dauer angelegte Neubesetzung des Arbeitsplatzes erst vornehmen, wenn amtliche Ermittlungen im Hinblick auf die dem gekündigten Arbeitnehmer vorgeworfenen Handlungen abgeschlossen sind. Bei Neueinstellungen, die kurz nach der Vornahme betriebsbedingter Kündigungen erfolgen, sollte er die gekündigten Arbeitnehmer anschreiben und ihnen eine Wiedereinstellung - ggfs. auf einem anderen Arbeitsplatz - anbieten. Dieses Angebot sollte er angemessen - mindestens 10 Tage - befristen. Durch dieses Angebot hat er seiner Fürsorgepflicht Genüge getan und das Risiko einer späteren Inanspruchnahme ausgeschlossen.

h) Umgang mit Bewerbungsunterlagen nach erfolgter Einstellung

1046

Nach Abschluß der Bewerberauswahl steht der Arbeitgeber vor der Frage, was er mit den gesammelten Unterlagen der abgelehnten und der eingestellten Bewerber anfangen soll.

Hinsichtlich der **abgelehnten Bewerber** ist es der einfachste Weg, diesem alle Unterlagen (z.B. bestehend aus Bewerbungsmappe, Personalfragebogen, Untersuchungsergebnisse) auszuhändigen. Damit ist aber ein Risiko verbunden: Der Arbeitgeber muß nämlich damit rechnen, daß negative Auswahlentscheidungen seitens des abgelehnten Bewerbers gerichtlich angefochten werden (vgl. Rz. 1182 ff.). Dann benötigt der Arbeitgeber die Unterlagen, um die getroffene Personalentscheidung rechtfertigen zu können.

Dieses Risiko kann man dadurch vermeiden oder verringern, daß die Unterlagen erst herausgegeben werden, wenn der abgelehnte Bewerber auf ein rechtliches Vorgehen gegen die für ihn negative Einstellungsentscheidung verzichtet hat.

Die den **eingestellten Bewerber** betreffenden Unterlagen sind ihm jedenfalls herauszugeben, soweit sie ihm gehören (Bewerbungsmappe). Die übrigen Informationsträger können zur Personalakte genommen werden, soweit sie auf zulässige Weise erlangt wurden. Maßgeblich ist, ob der Arbeitgeber ein aus der Begründung oder Durchführung des Arbeitsverhältnisses resultierendes anerkennenswertes Interesse an der Aufnahme der Daten hat. Dieser Maßstab entspricht den an anderer Stelle bereits skizzierten Grenzen des Fragerechts (Rz. 1012 ff.).

Besonders sensible Daten, die den Gesundheitszustand des eingestellten Bewerbers betreffen, müssen gesondert geschlossen verwahrt werden, um sicher zu stellen, daß nicht jeder Mitarbeiter der Personalabteilung Zugang zu ihnen hat (*BAG 05.07.1987, EzA § 611 BGB Persönlichkeitsrecht Nr. 5*). Gesundheitsdaten, die aktuell nicht mehr von Bedeutung sind, müssen aus der Personalakte herausgenommen werden. Sie können aber in besonderen, nicht jedem Mitarbeiter der Personalabteilung zugänglichen Gesundheitsakten aufbewahrt werden, sofern sie für irgendwelche Personalentscheidungen in der Zukunft noch Relevanz entfalten können.

i) Vorstellungskosten

1047

Der Arbeitgeber ist zur Erstattung der Vorstellungskosten nach §§ 662 ff. BGB verpflichtet, wenn er den Arbeitnehmer zur persönlichen Vorstellung aufgefordert hat.

Eine derartige Aufforderung ist nicht schon in einer Stellenanzeige zu sehen. Ein Inserat ist vielmehr nur die Aufforderung, sich zu bewerben. Eine solche formlose Bewerbung ist noch keine Vorstellung.

Die Vorstellungskosten umfassen alle notwendigen Auslagen des Bewerbers. Dazu gehören insbesondere Fahrt-, Übernachtungs- und Verpflegungskosten. Sie umfassen nicht einen gegebenenfalls vorliegenden Verdienstausfall.

Um im Einzelfall Auseinandersetzungen darüber zu vermeiden, ob der Bewerber die Fahrtkosten 1. Klasse und die Übernachtung im 3-Sterne-Hotel verlangen kann, empfiehlt es sich dringend, bei der Einladung zur Vorstellung klarzustellen, welche Kosten übernommen werden.

Muster für eine Einladung zu einem Vorstellungsgespräch

"Sehr geehrte ...
Wir bedanken uns für Ihre Bewerbung vom ...
Wir würden Sie gerne persönlich kennenlernen und laden Sie daher ein, sich am ... um ... Uhr bei unserem Herrn/Frau ... zum Zwecke einer Vorstellung einzufinden. Die Ihnen in diesem Zusammenhang entstehenden Auslagen werden wir nach Maßgabe der folgenden Regelungen gerne ersetzen:

a) Fahrtkosten
Soweit Sie mit Ihrem Privat-PKW fahren, erstatten wir eine Kilometerpauschale von ... Pfennig je gefahrenen Entfernungskilometer. Bei einer Anreise mit der Bundesbahn oder dem Flugzeug erstatten wir gegen Vorlage des Tickets die Kosten für die 1./2. Klasse.

b) Wenn Sie eine Übernachtung wünschen, bitten wir Sie, uns dies rechtzeitig mitzuteilen. Wir werden dann das Notwendige auf unsere Kosten vor Ort veranlassen.

c) Verpflegungskosten übernehmen wir gegen Vorlage von Quittungen in Höhe von ... DM.

Darüber hinaus erstatten wir keine Auslagen.
Mit freundlichen Grüßen"

II. Der Vertragsschluß/Die Einstellung

1. Zustandekommen eines Arbeitsverhältnisses

1048

Ein Arbeitsverhältnis wird in aller Regel durch einen Arbeitsvertrag begründet. In bestimmten Situationen wird die rechtliche Grundlage des Arbeitsverhältnisses durch das Gesetz aber auch fingiert. Darüber hinaus gibt es das sogenannte faktische Arbeitsverhältnis. Dies entsteht dann, wenn ein Arbeitsvertrag, der aus rechtlichen Gründen ungültig ist, tatsächlich vollzogen wurde.

Das Arbeitsverhältnis wird dadurch gekennzeichnet, daß der Austausch von Arbeit gegen Arbeitsentgelt verpflichtend vorgesehen ist.

a) Durch Vertragsschluß

1049

Arbeitgeber und Arbeitnehmer können auf dem Prinzip der Vertragsfreiheit den Arbeitsvertrag abschließen. Diese umfaßt zunächst einmal die Abschlußfreiheit - also zu entscheiden, ob ein Vertrag geschlossen werden soll. Darüber hinaus erstreckt sie sich auch auf die Auswahlfreiheit - zu entscheiden, mit wem der Vertrag abgeschlossen werden soll - und die Form- und Inhaltsfreiheit - zu entscheiden, mit welcher Form und welchem Inhalt er abgeschlossen werden soll.

Das Prinzip der Vertragsfreiheit ist gerade im arbeitsrechtlichen Bereich in vielfacher Hinsicht eingeschränkt. So sind die Bedingungen eines Arbeitsverhältnisses häufig schon durch tarifliche Regelungen vorgeschrieben, denen sich die Vertragsparteien gar nicht mehr entziehen können. Auch viele gesetzliche Vorschriften grenzen den Gestaltungsspielraum der Vertragsparteien erheblich ein.

Diese Beschränkungen rechtfertigen sich aus dem Sozialstaatsprinzip, nach dem die Schutzbedürftigkeit des Arbeitnehmers, der sich in das Vertragsverhältnis als ganze Person begibt und darauf angewiesen ist, seinen Lebensunterhalt aus der Arbeitsleistung zu erzielen, besonders berücksichtigt werden muß.

1050

Ein Arbeitsvertrag wird nur begründet, wenn der Arbeitnehmer sich verpflichtet, weisungsabhängig Dienst zu erbringen. Er ist zu unterscheiden von freien Dienstvertragsverhältnissen, Werkvertragsverhältnissen, Gesellschaftsverhältnissen oder Gefälligkeiten (vgl. zur Abgrenzung Rn. 1518). Notwendigerweise müssen in dem Arbeitsvertrag die Vertragspartner bezeichnet werden. Es muß sich aus dem Vertrag ergeben, wer wem gegenüber verpflichtet ist. Darüber hinaus ist die Art und der Beginn der vom Arbeitnehmer geschuldeten Arbeitsleistung festzulegen. Und es muß schließlich klar sein, daß die Arbeitsleistung gegen ein Entgelt erbracht werden soll. Darüber hinausgehende Regelungen sind begriffsnotwendig nicht erforderlich, gleichwohl aber zweckmäßig.

Arbeitsrecht

Muster für einen Arbeitsvertrag

Zwischen Herrn/Frau ....
und Firma ....
wird folgender Arbeitsvertrag geschlossen.
Herr/Frau .... wird zum ....
als .... eingestellt.
Seine/Ihre Vergütung beträgt ...... DM/Stunde/Tag/Monat.
Datum ; Unterschrift Arbeitnehmer; Arbeitgeber

1051
Der Arbeitsvertrag kommt durch übereinstimmende auf den Vertragsabschluß gerichtete Willenserklärungen von Arbeitgeber und Arbeitnehmer zustande. Dabei handelt es sich um **Angebot** und **Annahme**. Es ist unerheblich, wer das Angebot unterbreitet und wer dieses annimmt. Entscheidend ist, daß die jeweiligen Erklärungen von der Gegenseite als auf den Vertragsabschluß gerichtet verstanden wurden und verstanden werden durften. Bei der Bestimmung des Inhalts einer Erklärung ist nicht nur deren Wortlaut maßgeblich. Vielmehr sind alle im situativen Kontext stehenden Umstände, die für den Erklärungsempfänger erkennbar waren, mit zu berücksichtigen. Annahme und Angebot können also auch durch schlüssiges Handeln z. B. Kopfschütteln oder Kopfnicken erklärt werden.

1052
Arbeitgeber und Arbeitnehmer können sich beim Vertragsabschluß vertreten lassen. Insoweit gelten die allgemeinen Vertretungsregelungen der §§ 164 ff. BGB. Nach dem dort geregelten Offenkundigkeitsprinzip muß der Vertreter offenbaren, in wessen Namen er spricht. Bleibt dies unklar, wird im allgemeinen der wirkliche Firmeninhaber verpflichtet.

1053
Voraussetzung einer wirksamen Stellvertretung ist vor allem das Bestehen einer **Vertretungsmacht**. Diese kann sich aus unterschiedlichen Umständen ergeben. Es kann eine **ausdrückliche Vollmacht** erteilt worden sein. Darüber hinaus kann eine Vollmacht aber auch aus Vertrauensschutzgesichtspunkten als sogenannte Duldungs- oder Anscheinsvollmacht vorliegen.

Eine **Duldungsvollmacht** liegt vor, wenn der Vertretene es wissentlich geschehen läßt - also duldet - , daß ein anderer für ihn ohne ausdrückliche Bevollmächtigung wie ein Vertreter auftritt.
Bei einer **Anscheinsvollmacht** kennt der Vertretene das Handeln seines angeblichen Vertreters zwar nicht, hätte es aber bei pflichtgemäßer Sorgfalt erkennen und verhindern können. Der durch das Handeln des angeblichen Vertreters ge-

setzte Anschein ist dem Vertretenen daher zuzurechnen. Erforderlich ist es in jedem Fall, daß der Geschäftspartner nach Treu und Glauben vom Vorliegen einer wirksamen Stellvertretung ausgehen durfte.

1054

Ist der Arbeitgeber oder der Arbeitnehmer **geschäftsunfähig** (§ 104 BGB), weil er z. B. das siebente Lebensjahr noch nicht vollendet hat, muß er sich durch seinen gesetzlichen Vertreter vertreten lassen. Sofern ein Arbeitsverhältnis ohne Beachtung dieser Notwendigkeit tatsächlich vollzogen wurde, ist es nach den Grundsätzen des faktischen Arbeitsverhältnisses abzuwickeln.

1055

Sofern auf der Arbeitgeber- oder Arbeitnehmerseite eine **beschränkte Geschäftsfähigkeit** vorliegt, ist die Rechtslage komplizierter. Eine beschränkte Geschäftsfähigkeit besteht dann, wenn der jeweilige Vertragspartner das siebente Lebensjahr vollendet hat aber noch minderjährig ist. Grundsätzlich kann auch hier ein Vertrag nur mit Zustimmung des gesetzlichen Vertreters abgeschlossen werden. Aber § 112 BGB schafft für beschränkt geschäftsfähige Arbeitgeber einen wichtigen Ausnahmetatbestand. Sofern nämlich der gesetzliche Vertreter mit Genehmigung des Vormundschaftsgerichtes den Minderjährigen zum selbständigen Betrieb eines Erwerbsgeschäftes ermächtigt hat, darf dieser alle Rechtsgeschäfte selbständig vornehmen, die der Geschäftsbetrieb mit sich bringt. Dazu gehören allerdings wiederum nicht die Rechtsgeschäfte, zu denen der Vertreter selbst die Genehmigung des Vormundschaftsgerichtes einholen muß. Nach § 1822 Abs. 1 Nr. 5 BGB gehören dazu auch solche Vertragsabschlüsse, durch die der Minderjährige zu wiederkehrenden Leistungen über einen Zeitraum verpflichtet wird, der länger als ein Jahr nach dem Eintritt der Volljährigkeit fortdauern soll. Dies bedeutet, daß bei Vorliegen der Ermächtigung zur Betriebsführung der Minderjährige zumindest befristete Arbeitsverträge abschließen kann.

1056

Auf der Arbeitnehmerseite verhält es sich praktisch spiegelbildlich. Ist der gesetzliche Vertreter nämlich ein Vormund, so bedarf es neben seiner Zustimmung für den Abschluß eines Arbeitsvertrages auch noch der Genehmigung des Vormundschaftsgerichtes, wenn ein Arbeitsverhältnis geschlossen wird, aufgrund dessen der Minderjährige zu persönlichen Leistungen für längere Zeit als ein Jahr verpfichtet wird (§ 1822 Nr. 7 BGB). Arbeitsverhältnisse von kürzerer Dauer bedürfen nur der Zustimmung der gesetzlichen Vertreter. Im Normalfall sind das die Eltern. Grundsätzlich müssen diese den Minderjährigen gemeinschaftlich vertreten (§§ 1626, 1629 BGB). Im allgemeinen wird aber davon ausgegangen, daß der genehmigende Elternteil von dem anderen ausdrücklich oder stillschweigend bevollmächtigt war, diesen zu vertreten. Ein Arbeitgeber darf also davon ausgehen, daß beide Elternteile mit einer Beschäftigung einverstanden sind, wenn der einzustellende minderjährige Arbeitnehmer eine nur von einem Elternteil unterschriebene Einverständniserklärung vorlegt.

b) Durch Rechtsnachfolge

1057

Die Verpflichtungen aus einem Arbeitverhältnis können auch über eine Rechtsnachfolge begründet werden. Dabei ist zwischen den Fällen der Gesamtrechtsnachfolge und den Fällen der Einzelrechtsnachfolge zu unterscheiden. Eine Gesamtrechtsnachfolge liegt dann vor, wenn ein neuer Rechtsträger kraft Gesetzes an die Stelle eines bisherigen Rechtsträgers tritt. Diese Fälle sind abschließend geregelt, z. B. der Erbfall (§ 1922 BGB).

Die Einzelrechtsnachfolge liegt vor, wenn die Arbeitsverhältnisse durch den Übergang eines Betriebes oder eines Betriebsteils miterfaßt werden. Dies ist in § 613 a BGB geregelt. Es handelt sich hierbei aber nicht um einen Fall der Begründung eines Arbeitsverhältnisses sondern vielmehr um einen Fall der Fortsetzung eines bestehenden Arbeitsverhältnisses mit einem neuen Arbeitgeber (vgl. Rz. 4626 ff.)

c) Durch gesetzliche Fiktion

1058

In Ausnahmefällen wird ein Arbeitsverhältnis auch durch gesetzliche Fiktion begründet. So ordnet § 10 Abs. 1 AÜG das Zustandekommen eines Arbeitsverhältnisses zwischen dem Arbeitnehmer und dem Entleiher für den Fall an, daß der Verleiher nicht über die nach § 1 AÜG erforderliche Erlaubnis verfügt (vgl. Rz. 3530). Entsprechendes ordnet § 13 AÜG für den Fall an, daß das Arbeitsvermittlungsmonopol der Bundesanstalt für Arbeit verletzt wurde.

1058 a

Schwierig ist die Unterscheidung zwischen Arbeitnehmerüberlassungsverträgen und Werk- oder Dienstverträgen. Denn bei beiden wird ein Arbeitnehmer in dem Betriebsbereich eines Dritten eingesetzt.

1058 b

Die Arbeitnehmerüberlassung wird durch folgende Kriterien gekennzeichnet:

- Arbeitnehmer sind in Betrieb des Entleihers eingegliedert und führen die Arbeiten nach dessen Weisungen aus.
- Vertragspflicht des Verleihers umfaßt lediglich, die Arbeitnehmer auszuwählen und zur Verfügung zu stellen.
- Verleiher haftet nur für Verschulden bei der Auswahl der Arbeitnehmer.

1058 c

Demgegenüber wird der sonstige Personaleinsatz bei Dritten (Dienst- oder Werkverträge) wie folgt gekennzeichnet:

- Der Arbeitgeber organisiert die die notwendigen Maßnahmen unter Beachtung der vertraglichen Regeln und bleibt für den Erfolg verantwortlich.
- Der Dritte kann dem Arbeitgeber und dem Arbeitnehmer als dessen Erfüllungsgehilfen Anweisungen für die Ausführung des Werkes erteilen (*BAG 31.03.1993, EzA § 10 AÜG Nr.5*)

1058 d

Sofern der Personaleinsatz bei Dritten nur die Gebrauchsüberlassung einer Maschine ergänzt (Bedienungspersonal), handelt es sich nicht um Arbeitnehmerüberlassung (*BAG 17.02.1993, EzA § 10 AÜG Nr. 6*).

1059

Auch § 78 a BetrVG fingiert den Bestand eines Arbeitsverhältnisses. Dies gilt für Auszubildende, die Mitglied eines Betriebsverfassungsorgans waren und innerhalb der letzten 3 Monate vor Beendigung des Ausbildungsverhältnisses vom Arbeitgeber schriftlich die Weiterbeschäftigung verlangt haben.

2. Formerfordernisse

1060

Grundsätzlich ist der Abschluß von Arbeitsverträgen formfrei. Ein Arbeitsvertrag kann also mündlich, schriftlich und in allen sonst denkbaren Weisen abgeschlossen werden.

Von diesem Grundsatz gibt es auch Ausnahmen. So sehen z. B. die gemeinde- und kreisrechtlichen Vorschriften der Länder häufig Schriftformerfordernisse vor. Die Bedeutung dieser Schriftformerfordernisse ist zweifelhaft. Normalerweise ist ein Rechtsgeschäft, das gegen ein gesetzliches Schriftformerfordernis verstößt, nach § 125 BGB nichtig. Aber solche Schriftformerfordernisse dürfen nach Art. 55 EGBGB nicht durch landesrechtliche Normen begründet werden. Im Ergebnis sind daher Formverstöße gegen diese gemeinderechtlichen Ländervorschriften unerheblich.

Es können aber Formvorschriften auch im Tarifvertrag vorgesehen sein. Nach einer Auswertung des Tarifregisters beim Bundesminister für Arbeit und Sozialordnung, das mehr als 430 westdeutsche Tarifbereiche mit 18,4 Millionen Arbeitnehmern umfaßt, bedürfen die Arbeitsverträge von 84 % der Arbeitnehmer, die von den Tarifverträgen erfaßt werden, der Schriftform. Die Bedeutung tariflicher Schriftformklauseln kann unterschiedlich sein. Sie können mit konstitutiver oder mit deklaratorischer Wirkung vorgesehen sein. **Konstitutive Wirkung** bedeutet, daß der Verstoß gegen das Formerfordernis die Unwirksamkeit der vertraglichen Abrede zur Folge hat. Demgegenüber ist ein Verstoß gegen ein **deklaratorisches Formerfordernis** unschädlich. Eine deklaratorische Schriftformklausel ist regelmäßig dann gewollt, wenn nach dem Willen der Tarifpartner auch ohne Einhaltung der Formvorschrift die arbeitsvertragliche Vereinbarung rechtswirksam zustandekommen soll, den Parteien jedoch zum Zwecke der Beweiserleichterung ein Anspruch auf die schriftliche Vertragsniederschrift eingeräumt ist. Dies soll bei Tarifverträgen der Regelfall sein. Die Nichtbeachtung einer konstitutiven tariflichen Formvorschrift hat die Nichtigkeit des Arbeitsvertrages zur Folge. Gilt jedoch eine tarifliche Formvorschrift nur noch kraft Nachwirkung, kann sie arbeitsvertraglich - auch konkludent - aufgehoben werden.

Häufig wird in schriftlichen Arbeitsverträgen vereinbart, daß die Änderung des Vertrags der Schriftform bedarf. Die Schriftformklausel kann aber jederzeit ausdrücklich oder konkludent formfrei aufgehoben werden. Hierbei reicht es aus, daß die Arbeitsvertragsparteien die Maßgeblichkeit des mündlich Verabredeten gewollt haben, auch wenn sie die Schriftform nicht bedacht haben.

3. Schriftliche Unterrichtung über Arbeitsbedingungen

1061

Demnächst muß der Arbeitgeber den Arbeitnehmer über die wesentlichen Arbeitsbedingungen schriftlich informieren. Dies folgt aus der EG-Richtlinie vom 14.10.1991 "über die Pflicht des Arbeitgebers zur Unterrichtung des Arbeitnehmers über die für seinen Arbeitsvertrag oder sein Arbeitsverhältnis geltenden Bestimmungen" (91/533/EWG, Amtsblatt der EG Nr. L 288/32, Nachweisrichtlinie). Diese Richtlinie hat ihre Grundlage in der Gemeinschaftscharta der sozialen Grundrechte der Arbeitnehmer. Die Mitgliedsstaaten sind verpflichtet, die Richtlinie in innerstaatliches Recht umzusetzen. Inzwischen ist die Frist zur Umsetzung in innerstaatliches Recht abgelaufen (30.06.1993; Art. 9 Abs. 1). Solange die Richtlinie nicht umgesetzt ist, sind die Voraussetzungen für eine Direktwirkung gegeben. Dies gilt zunächst nur, soweit der Staat (im weiteren Sinne - z.B. auch privatrechtlich betriebene Energieversorgungsunternehmen) als Arbeitgeber fungiert.

Nach dieser europarechtlichen Vorschrift muß der Arbeitgeber spätestens ab dem 01.07.1993 (nach der Umsetzung in innerstaatliches Recht) dem Arbeitnehmer binnen 2 Monaten nach Aufnahme der Arbeit ein unterschriebenes Schriftstück mit den wesentlichen Arbeitsbedingungen aushändigen. Dies gilt ebenfalls für bereits bestehende Arbeitsverhältnisse, wenn der Arbeitnehmer einen Antrag beim Arbeitgeber stellt. Ausgenommen werden können durch den Gesetzgeber Arbeitsverhältnisse,

- deren Gesamtdauer höchstens einen Monat beträgt oder
- deren Wochenarbeitszeit höchstens 8 Stunden beträgt oder

Begründung des Arbeitsverhältnisses

- die Gelegenheitsarbeiten oder Tätigkeiten besonderer Art betreffen, sofern objektive Gründe in diesen Fällen die Nichtanwendung rechtfertigen.

Die schriftliche Unterrichtung muß Angaben zu folgenden Punkten enthalten:

- Personalien von Arbeitgeber und Arbeitnehmer
- Arbeitsort (bei wechselnden Arbeitsstellen : Sitz des Arbeitgebers)
- kurze Beschreibung der Arbeit
- Beginn des Arbeitsverhältnisses (bei Befristung: vorhersehbare Dauer)
- Urlaubsdauer
- Kündigungsfristen
- Anfangs-Arbeitsentgelt (aufgegliedert in Grundbetrag und sonstige Vergütungsbestandteile)
- Perioden der Auszahlung der Arbeitsvergütung
- normale Tages- oder Wochenarbeitszeit
- ggfs. einschlägige Tarifverträge und Betriebsvereinbarungen

Durch einen konkreten Hinweis auf die einschlägigen Gesetzesbestimmungen und Tarifverträge oder einzelne Tarifvertragsbestimmungen sind Angaben zu Urlaubsdauer, Kündigungsfristen, Arbeitsentgelt und Arbeitszeit entbehrlich.

Die schriftliche Unterrichtung wird ersetzt durch einen schriftlichen Arbeitsvertrag, ein Anstellungsschreiben oder ähnliche Schriftstücke, sofern diese entsprechende Angaben (mit Ausnahme der Angaben zur Befristungsdauer, Urlaubsdauer, Kündigungsfristen und Angaben zu Gesetzes- oder Tarifvertragsbestimmungen) enthalten.

Bei einer Auslandstätigkeit, die einen Zeitraum von einem Monat überschreitet, sind ferner die folgenden Angaben notwendig:

- Dauer der Auslandsarbeit
- Währung des Arbeitsentgelts
- ggfs. Sonderzahlungen für die Auslandsarbeit
- ggfs. Rückführungsbedingungen

Der Arbeitgeber muß ferner jede Änderung von Arbeitsbedingungen, die zum Pflichtinhalt der schriftlichen Unterrichtung gehören, in einem weiteren Schriftstück niederlegen und dem Arbeitnehmer umgehend, spätestens einen Monat nach Wirksamwerden der Änderung, aushändigen. Änderungen der in Bezug genommenen oder unmittelbar anwendbaren gesetzlichen oder tariflichen Bestimmungen unterfallen nicht der Unterrichtungspflicht.

Arbeitsrecht

4. Betriebsratsbeteiligung

1100

Der Betriebsrat ist bei einer Einstellung nach § 99 BetrVG zu beteiligen. Diese Beteiligung dient zum einen dem Schutz des betroffenen einzelnen Arbeitnehmers/Bewerbers. Im Vordergrund steht aber die Interessenvertretung der Betriebsgemeinschaft. Der Betriebsrat soll darüber wachen, daß durch die personelle Maßnahme nicht die soziale Struktur des Betriebs zum Nachteil einzelner Arbeitnehmer verschoben wird.

§ 99 BetrVG gilt nur in Betrieben mit in der Regel mehr als 20 wahlberechtigten Arbeitnehmern. Dabei kommt es auf die Beschäftigtenzahl zum Zeitpunkt der Durchführung der personellen Maßnahme an. Saisonale Schwankungen bleiben unberücksichtigt. Leitende Angestellte werden nicht mitgezählt.

a) Begriff der Einstellung

1101

Eine Einstellung ist der Vorgang, durch den eine Person in den Betrieb eingegliedert wird. Dies geschieht mit dem Ziel, mit den schon im Betrieb beschäftigten Arbeitnehmern den arbeitstechnischen Zweck des Betriebs durch weisungsgebundene Tätigkeit zu verwirklichen. Auf das Rechtsverhältnis kommt es dabei nicht an (*BAG 20.4.93, EzA § 99 BetrVG 1972 Nr. 114*).

1102

Beispielsweise kann auch der Einsatz einer selbständigen Kosmetikberaterin in der Parfümerieabteilung eines Kaufhauses oder einer bei einer Fremdfirma angestellten Sekretärin eine Einstellung sein.

Entscheidend ist, ob

- die von diesen Personen zu verrichtende Tätigkeit ihrer Art nach weisungsgebunden ist

- die zu verrichtende Tätigkeit auf die Verwirklichung des arbeitstechnischen Zwecks des Betriebes gerichtet ist

- diese Tätigkeit nicht absonderbar ist.

1103

Die Zuordnung von Arbeitnehmern, die im Dienste eines Fremdunternehmens Arbeiten im Betrieb verrichten, ist problematisch. Es können nämlich Weisungsbefugnisse sowohl des Fremdunternehmens als auch des Betriebinhabers bestehen. Entscheidend ist grundsätzlich, wer die **Personalhoheit** über diese Arbeitnehmer hat (*BAG 05.03.1991, 09.07.1991, 05.05.1992 und 01.12.1992, EzA § 99 BetrVG Nr. 99, 102, 105 und 110*). Die Personalhoheit hat derjenige, der die für

Begründung des Arbeitsverhältnisses

ein Arbeitsverhältnis typischen Entscheidungen über den Arbeitseinsatz nach Zeit und Ort zu treffen hat. Sofern das Wesen der geschuldeten Tätigkeit derartigen Weisungen entgegensteht, muß insbesondere auf die Zusammenarbeit mit anderen Arbeitnehmern des Betriebes abgestellt werden (*LAG Düsseldorf 13.09.93, LAGE § 99 BetrVG 1972 Nr. 46* für einen Finanzberater im Außendienst).

Ein Betriebsinhaber erlangt die Personalhoheit noch nicht dadurch, daß er dem Fremdunternehmen über den Dienst- oder Werkvertrag detaillierte Vorgaben über Ausführung, Umfang, Güte, Zeit und Ort der Erstellung bzw. Erbringung macht. Entscheidend ist vielmehr, daß es Aufgabe und Verantwortungsbereich des Fremdunternehmens bleibt, für die Erfüllung dieser Verpflichtung beispielsweise durch die Organisation der Arbeit, die Auswahl und Einteilung der Arbeitnehmer sowie deren Einweisung und Kontrolle zu sorgen (*BAG 18.10.94 - 1 ABR 9/94, bei Redaktionsschluß noch nicht veröffentlicht*).

Sofern das Fremdunternehmen sich allerdings angesichts seiner eigenen betrieblichen Gegebenheiten darauf beschränkt/beschränken muß, die Vergütung der Arbeitnehmer auszuzahlen und deren Einsatz zu koordinieren, liegt eine verdeckte Arbeitnehmerüberlassung vor (*BAG 01.12.1992 aaO; vgl. auch Rz. 1058 ff.*).

Gegen die Eingliederung eines Arbeitnehmers in den Betrieb kann die **Absonderbarkeit** der zu verrichtenden Arbeit sprechen. Eine solche besteht, sofern der betroffene Arbeitnehmer des Fremdunternehmens nicht mit denen des Betriebsinhabers zusammenarbeiten muß. Dies hängt von den räumlichen Gegebenheiten und der organisatorischen und technischen Verknüpfung der Arbeiten ab.

Zusammenfassend läßt sich festhalten, daß es im Einzelfall auf alle Umstände und Indizien ankommt. Dabei sollte insbesondere beobachtet werden,

- ob der Werkunternehmer (bzw. dessen Erfüllungsgehilfen/Arbeitnehmer) einen eigenen beachtlichen Entscheidungsspielraum im Rahmen der Arbeitsausführung hat.
- ob die Tätigkeit früher in gleicher Weise von eigenen Arbeitnehmern erbracht wurde.
- ob der Werkunternehmer die Personalhoheit hat.

Das richtet sich beispielsweise danach,

- wer die Personalplanung (vgl. Rz. 1002 ff.) durchführt,
- zu wessen Lasten Schlechtleistungen gehen,
- wer Betriebsmittel besitzt und das Hausrecht hat,
- wer die Arbeitsabläufe bestimmt.

Arbeitsrecht

1104
Aus der vorliegenden Rechtsprechung ergibt sich folgender Überblick:

Einstellung	ja	nein
Azubi-Übernahme	✓	
Verlängerung eines befristeten Arbeitsverhältnisses	✓	
Fortsetzung des Arbeitsvertrags nach wirksamer Kündigung mit veränderten Bedingungen	✓	
Beschäftigung von Leiharbeitnehmern	✓	
Aufnahme einer für die spätere Beschäftigung erforderlichen Ausbildung	✓	
Fortsetzung des gekündigten Arbeitsverhältnisses ohne Änderungen		✓
Arbeitsaufnahme nach Wehrdienst, Streik, Aussperrung		✓
Anwerbung von Arbeitnehmern im Ausland (ohne Vertragsabschluß)		✓
Aufnahme von Schülerpraktikanten		✓

Beispiele:
1) Der Einsatz einer bei einem anderen Unternehmen fest eingestellten Schreibkraft ist zustimmungspflichtig, da sie ihre konkreten Anweisungen - was, wann, wo in welcher Weise zu schreiben ist - von dem einsetzenden Unternehmen entgegennimmt.

2) Der selbständige Taxiunternehmer, dem die Fahrten durch eine Zentralstelle zugewiesen werden, ist dort wie ein Arbeitnehmer eingegliedert. Ihm werden Zeit, Ort und die Art der Einsätze zugeteilt. Daher ist die Aufnahme weiterer Taxifahrer in dieses Fahrtenverteilungssystem eine zustimmungspflichtige Einstellung.

3) Bei der Beschäftigung der selbständigen Kosmetikberaterin in der Parfümerieabteilung eines Kaufhauses kommt es darauf an, ob die Kaufhausleitung sich die Anweisungsbefugnis hinsichtlich Art, Ort und Zeit der Tätigkeit vorbehalten hat. Wenn die Beraterin die Kunden nur über die Vorzüge einer bestimmten Parfümmarke berät und die Zeit ihres Einsatzes unabhängig von der Kaufhausleitung festlegt, liegt keine Einstellung vor.
Bestimmt aber die Kaufhausleitung, welches Parfümsortiment sie wann anpreisen soll, ist ihr Einsatz eine zustimmungspflichtige Einstellung.

b) Begriff der Eingruppierung

1105

Mit der Einstellung wird häufig auch die ebenfalls mitbestimmungspflichtige **Eingruppierung** vorgenommen. Eine solche liegt vor, wenn der einzustellende Arbeitnehmer einer bestimmten festgelegten Lohn- oder Gehaltsgruppe zugeordnet wird. Das maßgebliche **Entgeltschema** kann auf

- Tarifvertrag
- Betriebsvereinbarung
- allgemeine einzelvertragliche Vereinbarung
- einseitige, längere Zeit andauernde Anwendung durch Arbeitgeber

beruhen(BAG 23.11.1993 in EzA § 99 BetrVG 1972 Nr. 119).. Meistens wird es sich um ein tarifvertraglich festgelegtes Vergütungsschema handeln. Dieses kann wegen der Allgemeinverbindlichkeit des Tarifvertrages oder der Tarifgebundenheit der Arbeitsvertragsparteien oder der Inbezugnahme des Tarifvertrages durch den Arbeitsvertrag oder aufgrund einer entsprechenden betrieblichen Übung Anwendung finden.

1106

Der Arbeitnehmer hat einen unmittelbaren Anspruch auf die der bestehenden Ordnung entsprechende Vergütung. Die Eingruppierung durch den Arbeitgeber ist also keine anspruchsbegründende Maßnahme, sondern ein Akt der Rechtsanwendung. Es geht um die Kundgabe des bei der Rechtsanwendung gefundenen Ergebnisses, nach welcher Vergütungsgruppe der Arbeitnehmer zu vergüten ist. Die nach § 99 BetrVG erforderliche Beteiligung des Betriebsrats ist nach dem Wesen der Eingruppierung auf eine Mitbeurteilung gerichtet. Es soll daduch die Chance einer materiell zutreffenden Beurteilung gesteigert werden. Darüberhinaus dient die Betriebsratsbeteiligung der innerbetrieblichen Tranzparenz und damit der Kontrolle der innerbetrieblichen Lohngerechtigkeit.

1106 a

In aller Regel stellen die Vergütungsordnungen auf die **überwiegend ausgeübte Tätigkeit** ab (z.B.: *§ 5 BRTV Bau; § 9 MTV Einzelhandel NRW*). Dann müssen die Tätigkeiten, die die konkreten Anforderungen einer bestimmten Vergütungsordnung erfüllen, in einem Umfang anfallen, der mehr als 50 % der Gesamtarbeitszeit ausmacht. Es ist dann unschädlich, wenn in der übrigen Arbeitszeit Tätigkeiten einer anderen Vergütungsgruppe verrichtet werden. Im Einzelfall kommt es also auf eine genaue zeitliche Erfassung der einzelnen anfallenden Tätigkeiten und deren Zuordnung in der bestehenden Vergütungsordnung an.

Im Bereich des BAT kommt es nicht auf die überwiegende, sondern gemäß § 22 BAT auf den dort definierten Arbeitsvorgang an.

1106 b

Wenn in der Regelung des Entgeltschemas Tätigkeiten als Beispiele für eine Vergütungsgruppe genannt werden, ist grundsätzlich davon auszugehen, daß sie in diese Gruppe einzustufen ist. Von diesem Grundsatz kann nur in begründeten Ausnahmefällen zuungunsten der Arbeitnehmer abgewichen werden *(BAG 12.01.93, EzA § 99 BetrVG 1972 Nr. 112)*. Eine Überprüfung weiterer abstrakter Tätigkeitsmerkmale ist dann entbehrlich.

Beispiel:
Die Bank X stellt den Arbeitnehmer Y als Programmierer ein. Im Arbeitsvertrag wird auf das Tarifwerk für das Bankgewerbe Bezug genommen. Unter § 6 MTV heißt es:

...Tarifgruppe 8:
Tätigkeiten, die besondere Anforderungen an das fachliche Können stellen und/oder mit erhöhter Verantwortung verbunden sind, z.B.:
...
Programmierer
Daraus ergibt sich ohne weiteres, daß Y in die Tarifgruppe 8 einzugruppieren ist. Die mit seiner Arbeit verbundenen Anforderungen und Verantwortung müssen nicht aufgeklärt werden.

Besonders zu betonen ist, daß sich die Eingruppierung grundsätzlich nur nach der ausgeübten Tätigkeit und den persönlichen Einigungsvoraussetzungen des Arbeitnehmers richtet. Unerheblich sind insbesondere

- wie die Kollegen in anderen Abteilungen/Filialen mit vergleichbaren Aufgaben vergütet werden und
- wie die Stelle in der Ausschreibung oder im unternehmensinternen Finanzplan ausgewiesen ist.

1106 c

Neben dem Problem, die Kriterien der Vergütungsordnung zu verstehen, besteht oft die Schwierigkeit, die tatsächlichen Verhältnisse einer ausgeübten Tätigkeit zu erfassen. Hier kann nicht einfach auf eine theoretische Stellenbeschreibung zurückgegriffen werden. Vielmehr bedarf es einer **aktuellen Tätigkeitsdarstellung**.

Diese kann von dem betroffenen Arbeitnehmer, Vorgesetzten und Kollegen erstellt werden. Wegen der inhaltlichen Unterschiedlichkeiten der verschiedenen Vergütungsordnungen kann an dieser Stelle kein allgemeingültiges Muster angeboten werden. Vielmehr muß jedes verwandte Formular vor Gebrauch nach den in Betracht kommenden Kriterien konkretisiert werden. In dem folgenden Muster werden zunächst allgemeine Daten über die Person des Stelleninhabers und die Stelle erfaßt.

Begründung des Arbeitsverhältnisses

Unter der Ziffer 5) werden dann die konkreten Kriterien der in Betracht kommenden Vergütungsordnung überprüft. In diesem Beispiel sind dies als personenbezogene Daten der Schulabschluß, Berufsabschluß und sonstige Kenntnisse. Die Tätigkeit wird nach den einzelnen anfallenden Verrichtungen (Posteingang, Ablage, Texterfassung usw.) in ihrem zeitlichen Umfang (täglich, wöchentlich, monatlich, jährlich, unregelmäßig und in %) beschrieben. Die jeweils erforderlichen Arbeitsmittel und besonderen Kenntnisse werden ebenso wie der diesbezügliche Gestaltungsspielraum des Stelleninhabers erfaßt. In der Spalte "tarifliche Kriterien" werden sodann die einzelnen Tätigkeiten bewertet.

Muster für eine Tätigkeitsdarstellung zum Zweck der Eingruppierung

1) Stelleninhaber (SI)
  a) Betriebszugehörigkeit seit   5/85
  b) Lebensalter   35
  c) Stellenübernahme am   1/87

2) Stelle
  a) Stellenbezeichnung   Sekretär
  b) Abteilung   Verkauf
     (Unterabteilung, Gruppe)

3) Position in Betriebsorganisation
  a) Vorgesetzter des SI   Dr. Müller
  b) ständige, unmittelbar unterstelle Mitarbeiter   keine
  c) Vertretung
     aa) aktive (SI vertritt)   Frau Meier
     bb) passive (SI wird vertreten durch)   Frau Meier

4) Aufgabenkreis
  Sekretariat, Abteilungsleiter, Verkauf

Arbeitsrecht

5) Vergütungsgruppenbezogene Erfassung und Bewertung

Firma a & b

Mitarbeiter:	Schmidt, Max	Abt.:	Sekretariat 3	Pers.-Nr.:	3/M97
Schulabschluß:	Mittlere Reife				
Berufsabschluß:	Bürokaufmann				
Sonstiges:	PC- und Word-Fortbildungen				

Tätigkeit	tägl.	wöch.	monatl.	jährl.	unregelm.	Arb.-zt. (%)	Arbeitsmittel	besondere Kenntnisse	auf Anweisung	eigenständig	n. allg. Anwsg.	Vielseitig	selbständig	schwierig
Posteingang	x					2		keine			x	0	0	0
Ablage		x				5		keine			x	2	0	5
Texterfassung														
a) nach Diktat		x				15	Word	Steno, PC	x			0	0	15
b) nach Stichwort	x					2	Word	PC		x		2	2	2
Summe						100						77	53	67

| Erstellt von: | Dr. A. Leitner | am: | 14.01.1994 | erfüllt Anforderungen: | x ja | nein |

Begründung des Arbeitsverhältnisses

1107

Wenn mit der Einstellung eine Eingruppierung verbunden ist, dann ist der Betriebsrat im Ausgangspunkt doppelt zu beteiligen - nämlich im Hinblick auf die Einstellung und im Hinblick auf die Eingruppierung. Der Betriebsrat hat dann im folgenden auch die Möglichkeit, seine Reaktion zu differenzieren: Er kann der Einstellung zustimmen und gleichzeitig der Eingruppierung widersprechen.

Der Widerspruch gegen eine vorgenommene oder beabsichtigte Eingruppierung hat nicht die selbe Bedeutung wie die Verweigerung der Zustimmung zu einer Einstellung. Denn die Eingruppierung ist nur eine rechtliche Beurteilung und nicht etwa eine Gestaltung von Rechtsverhältnissen. Die Wirksamkeit der Eingruppierung hängt daher nicht von der Zustimmung ab.

Das Mitbestimmungsrecht des Betriebsrats für Ein- oder Umgruppierung erstreckt sich auch auf die Bestimmung der richtigen Fallgruppe innerhalb der Lohn- oder Gehaltsgruppe, wenn damit unterschiedliche Rechtsfolgewirkungen verbunden sind. Davon ist bei Fallgruppen mit einem sogenannten Bewährungsaufstieg auszugehen *(BAG 27.07.1993 in EzA § 99 BetrVG 1972 Nr. 116).*

c) Unterrichtung des Betriebsrates

1108

Aus § 99 Abs. 1 BetrVG ergibt sich die Verpflichtung des Arbeitgebers, den Betriebsrat vor jeder Einstellung/Eingruppierung zu unterrichten. Diese Unterrichtungspflicht umfaßt die Vorlage der erforderlichen Bewerbungsunterlagen und die Erteilung von Auskünften über die Person der Beteiligten. Der in Aussicht genommene Arbeitsplatz und die vorgesehene Eingruppierung sind ausdrücklich mitzuteilen. Schließlich muß der Betriebsrat auch über die Auswirkungen der geplanten Maßnahme informiert werden.

1109

Eine bestimmte **Form** für die Unterrichtung ist im Gesetz nicht vorgeschrieben. Es empfiehlt sich aber die Einhaltung der Schriftform.

1110

Ebenso ergibt sich aus dem Gesetz nicht unmittelbar die Notwendigkeit, eine bestimmte **Frist** einzuhalten. Im Schrifttum wird allerdings die Auffassung vertreten, daß die sich aus § 90 Abs. 3 BetrVG ergebende Wochenfrist einzuhalten sei *(Fitting/Auffahrth/Kaiser/Heither § 99 BetrVG Rn. 30).* Diese Auffassung ist richtig. Der Betriebsrat soll eben eine Woche Zeit haben, die beabsichtigte Maßnahme aus seiner Sicht zu würdigen. Seine Beteiligung würde zu einem formalen Akt degradiert, wenn man die Maßnahme vor Ablauf der dem Betriebsrat zugebilligten Frist umsetzt. Die Einhaltung der Wochenfrist ist daher ebenfalls zu empfehlen.

1111

Dies wird natürlich in solchen Betrieben zu einem Problem, die infolge plötzlicher und unerwarteter Umstände zum Einsatz von Leiharbeitnehmern gezwungen sind. Diese haben aber die Möglichkeit, solche Einstellungen als vorläufige personelle Maßnahmen nach § 100 BetrVG durchzuführen. Darüber hinaus ist es in Unternehmen, die häufiger vor dieser Notwendigkeit stehen, empfehlenswert, mit dem Betriebsrat über den Abschluß einer Regelungsabrede über den kurzfristigen Einsatz von Fremdpersonal zu verhandeln. In einer solchen Regelungsabrede kann der Betriebsrat seine Zustimmung vorab erteilen. Dies wird der Betriebsrat in der Praxis davon abhängig machen, daß eine Einigung über den Umfang der kurzfristig einzustellenden Fremdarbeitnehmer erzielt werden kann und er schnellstmöglich nachträglich in der nach § 99 BetrVG vorgesehenen Weise informiert wird. Eine solche Regelungsabrede muß nicht schriftlich getroffen werden. Die Schriftform ist aber dringend anzuraten. Der Betriebsrat kann einer Regelungsabrede nur auf der Grundlage eines in einer ordentlichen Betriebsratssitzung gefaßten Beschlusses zustimmen (§§ 30, 33 BetrVG).

1112

Unter den vorzulegenden Bewerbungsunterlagen sind alle vom Bewerber eingereichten und vom Arbeitgeber im Rahmen und zur Vorbereitung der Einstellungsverhandlungen erstellten Unterlagen zu verstehen. Dies umfaßt

- vorliegende Zeugnisse,
- Personalien (Alter, Familienstand, Geschlecht, Unterhaltsverpflichtungen, Schwerbehinderteneigenschaft, Schwangerschaft, Vorstrafen etc.)
- Lebenslauf,
- Lichtbild,
- Referenzen
- Stellenbeschreibung (Art, Ort und Umfang der auf der Stelle geschuldeten Tätigkeit)
- den ausgefüllten Personalfragebogen.

Unter "Beteiligte" im Sinne des § 99 Abs. 1 BetrVG sind **alle Bewerber** zu verstehen. Der Arbeitgeber darf keine Vorauswahl treffen.

Natürlich geht die Informationsverpflichtung des Arbeitgebers nur so weit, als er selbst Erkenntnisse hat.

Darüber hinaus sind die betrieblichen Rückwirkungen zu erläutern. Der Arbeitgeber hat also mitzuteilen, welche Auswirkungen er von der Einstellung erwartet. Dies könnte z.B. der Abbau von Überstunden, eine Schwangerschaftsvertretung, eine allgemeine Personalerweiterung sein. Daneben kommt aber auch in Betracht, daß zur Umsetzung einer unternehmerischen Planung Personal ge-

Begründung des Arbeitsverhältnisses

braucht wird, das über Qualifikationen verfügt, die die im Betrieb Beschäftigten nicht aufzuweisen haben.

1113

Die weite gesetzliche Informations- und Vorlageverpflichtung kann im Rahmen einer Betriebsvereinbarung konkretisiert und eingeengt werden. Dort könnte z.B. vereinbart werden, daß nur die Unterlagen betriebsinterner Bewerber und solcher betriebsexterner Bewerber vorgelegt werden, die zum Vorstellungsgespräch eingeladen wurden.

1114

Durch die ordnungsgemäße Unterrichtung des Betriebsrats wird die Wochenfrist des § 99 Abs. 3 BetrVG in Gang gesetzt. Eine Nachlässigkeit bei der Unterrichtung des Betriebsrats ist für den Arbeitgeber verhängnisvoll. Sie würde im Streitfall eine gerichtliche Ersetzung der Zustimmung nach § 99 Abs. 4 BetrVG ausschließen. In der Praxis besteht häufig schon Streit darüber, ob die erfolgte Unterrichtung ordnungsgemäß war oder nicht. Es spricht viel dafür, daß der Betriebsrat nach dem Grundsatz der vertrauensvollen Zusammenarbeit verpflichtet ist, den Arbeitgeber innerhalb einer Wochenfrist auf die ihm bekannten Mängel bei der Unterrichtung hinzuweisen *(BAG 28.01.1986, EzA § 99 BetrVG Nr. 48)*. Wenn der Arbeitgeber nun diese Mängel einsieht, kann er seine Information mit der Folge vervollständigen, daß die Wochenfrist des § 99 Abs. 3 BetrVG mit dem Zeitpunkt der Vervollständigung zu laufen beginnt. Ist der Arbeitgeber der Auffassung, daß die Zweifel des Betriebsrates unbegründet sind, kann er nach Ablauf der Wochenfrist die Ersetzung der Zustimmung nach § 99 Abs. 4 BetrVG beim ArbG beantragen. Im Rahmen des gerichtlichen Verfahrens wird dann u.a. zu überprüfen sein, ob die Unterrichtung ordnungsgemäß erfolgte. Es ist daher für den Arbeitgeber in jedem Fall empfehlenswert, sich den Erhalt der erteilten Unterrichtungen vom Betriebsratsvorsitzenden quittieren zu lassen. Der Betriebsrat kann seinerseits die Frage der Ordnungsgemäßheit der Unterrichtung über ein Verfahren nach § 101 BetrVG gerichtlich überprüfen lassen.

Muster für die Unterrichtung des Betriebsrats über eine geplante Einstellung/Eingruppierung:

An den Betriebsrat

Sehr geehrte ....
Wir beabsichtigen, den Bewerber/die Bewerberin (Name, Vorname, Anschrift, Geburtsdatum, Familienstand)

als ...
in der Abteilung ...

einzustellen. Er/Sie ist (nicht) schwerbehindert/einem Schwerbehinderten gleichgestellt. Er/Sie ist Berufsanfänger/war bisher bei ... beschäftigt. In unserem Haus war er/sie (noch nicht) tätig (von ... bis ...).
Als Arbeitsbeginn ist der ... vorgesehen.
Er/Sie soll in die tarifliche/betriebliche Lohngruppe ... eingestuft werden.
Um den Arbeitsplatz haben sich insgesamt ... Personen beworben, deren Bewerbungsunterlagen beigefügt sind/im Personalbüro eingesehen werden können.
Von der Einstellung erwarten wir folgende betriebliche Auswirkungen:...
Eine Abschrift des Personalfragebogens ist beigefügt. Die weiteren Bewerbungsunterlagen sind ebenfalls beigefügt/können im Personalbüro eingesehen werden.
Sofern Sie gegen diese Einstellung/Eingruppierung Bedenken haben, bitten wir Sie, uns diese binnen einer Woche unter Angabe der Gründe schriftlich darzulegen.
Ort, Datum, Unterschrift
Erhalt quittiert durch ..., am ...

d) Widerspruchsrecht des Betriebsrates

1115

Der Betriebsrat kann seine Zustimmung unter Angabe von Gründen innerhalb einer Woche nach Unterrichtung durch den Arbeitgeber schriftlich verweigern (§ 99 Abs. 3 BetrVG). Dabei kann er seine Zustimmungsverweigerung nur auf solche Gründe stützen, die im Gesetz unter § 99 Abs. 2 Nr. 1 - 6 BetrVG ausdrücklich genannt sind. Anderenfalls ist seine Verweigerung unbeachtlich.

Schaubild 1

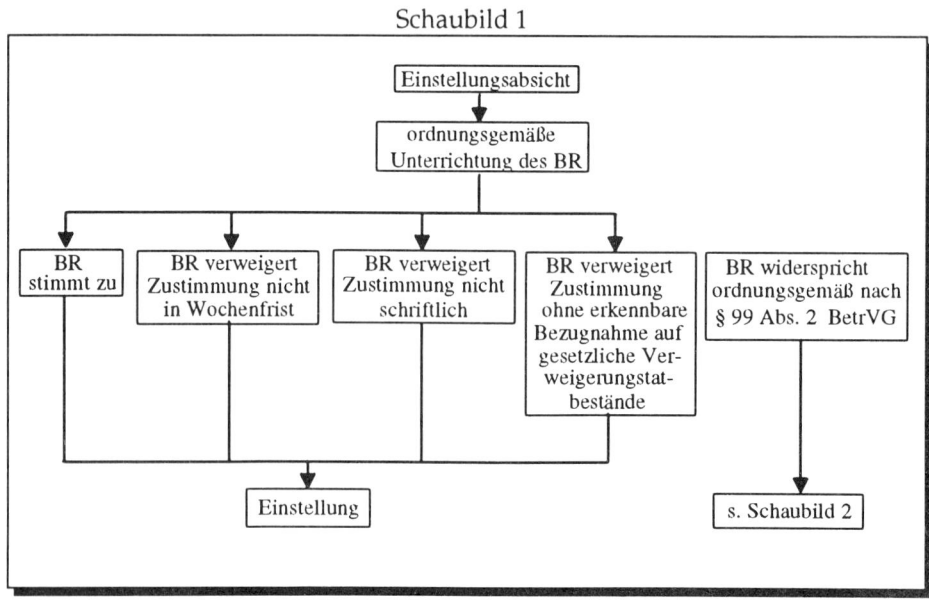

Begründung des Arbeitsverhältnisses

1116

Die gesetzlich vorgesehene Wochenfrist ist nach der Rechtsprechung des Bundesarbeitsgerichts durch eine Vereinbarung zwischen Arbeitgeber und Betriebsrat verlängerbar. Eine solche Verlängerung wird insbesondere dann zu überlegen sein, wenn eine Vielzahl personeller Maßnahmen parallel beantragt wurde. Der Betriebsrat muß seine Bedenken nämlich innerhalb der gesetzlich vorgesehenen Wochenfrist abschließend mitteilen. Er kann also nicht nach Ablauf der Frist neue Zustimmungsverweigerungsgründe nachschieben. Ein verständiger Arbeitgeber wird einem Fristverlängerungsbegehren des Betriebsrates Rechnung tragen. Er muß sonst damit rechnen, daß der Betriebsrat - sozusagen vorsorglich - seine Zustimmung verweigert. Dann wäre er auf das zeitraubende Zustimmungsersetzungsverfahren nach § 99 Abs. 4 BetrVG angewiesen, wenn er nicht dringende sachliche Gründe darlegen könnte, die eine vorläufige Durchführung der personellen Maßnahmen nach § 100 BetrVG rechtfertigen. Letzteres wird nur in Ausnahmefällen vorliegen.

1117

Die Schriftform ist nur gewahrt, wenn der Betriebsrat die Verweigerung seiner Zustimmung nebst den schriftlich niedergelegten Gründen durch seinen Vertreter unterzeichnet.

1118

Schließlich muß die vorgebrachte Begründung einem der Tatbestände des § 99 Abs. 2 BetrVG - also den gesetzlichen Zustimmungsverweigerungsgründen - zuzuordnen sein. Ausführungen des Betriebsrates, die schlechterdings keinem der Tatbestände zuzuordnen sind, stehen schon der Ordnungsgemäßheit der Zustimmungsverweigerung entgegen *(BAG 26.01.1988, EzA § 99 BetrVG Nr. 58)*. Das BAG hält die Gefahr, daß der Betriebsrat den Arbeitgeber mit jeder noch so abwegigen Begründung in ein gerichtliches Verfahren zwingen könnte, zu Recht für unerträglich. Der Gefahr, daß der Arbeitgeber seinerseits leichtfertig und womöglich wider besseres Wissens eine Zustimmungsverweigerung für unbeachtlich erklärt und behandelt, kann der Betriebsrat mit einem Antrag nach § 23 Abs. 3 BetrVG begegnen.

1119

In der Praxis rügen die Arbeitgeber häufig, daß der Betriebsrat seine Zustimmungsverweigerung nur pauschal formuliert. Die Rechtsprechung stellt aber seit der genannten Entscheidung des Bundesarbeitsgerichts vom 26.01.1988 geringere Anforderungen an die Substantiierung einer Zustimmungsverweigerung. Konkrete Tatsachen werden nur noch im Hinblick auf die Widerspruchsgründe nach § 99 Abs. 2 Nr. 3 und 6 BetrVG gefordert. Dort ist in den gesetzlichen Formulierungen ausdrücklich von einer "durch Tatsachen begründete Besorgnis" die Rede. Der Betriebsrat muß daher im Hinblick auf die Zustimmungsverweigerungstatbestände nach Abs. 2 Nrn. 1, 2, 4, 5 keine konkreten auf den Einzelfall bezogenen Tatsachen in seine Begründung aufnehmen.

1120

Neben der bisher behandelten Beachtlichkeit der Zustimmungsverweigerung kommt es natürlich maßgeblich darauf an, ob ein Verweigerungsgrund materiell besteht. Die Zustimmungsverweigerungsgründe sind in § 99 Abs. 2 BetrVG abschließend aufgezählt.

1121

Nach **Abs. 2 Nr. 1** kann der Betriebsrat seine Zustimmung verweigern, wenn die Einstellung gegen ein Gesetz, eine Verordnung, eine Unfallverhütungsvorschrift oder gegen eine Bestimmung in einem Tarifvertrag oder in einer Betriebsvereinbarung oder gegen eine gerichtliche Entscheidung oder eine behördliche Anordnung verstoßen würde. Praktische Bedeutung haben hier insbesondere die gesetzlichen Einstellungs- und Beschäftigungsverbote. So dürfen z.B. werdende Mütter nach §§ 3 ff. MuSchG mit einer Reihe von Arbeiten nicht beschäftigt werden. Jugendliche dürfen nach § 22 JArbSchG nicht mit gefährlichen Arbeiten, die im Gesetz näher beschrieben werden, beschäftigt werden. Weibliche Arbeitnehmerinnen dürfen nach § 16 AZO nicht unter Tage beschäftigt werden. Entsprechende Beschäftigungsverbote können auch in einem Tarifvertrag oder in einer Betriebsvereinbarung oder den anderen genannten normativen Bereichen vorgesehen sein. Entscheidend kommt es darauf an, daß die Beschäftigung als solche auf dem vorgesehenen Arbeitsplatz verboten ist. Davon zu unterscheiden ist, daß lediglich einzelne Bestimmungen des Arbeitsvertrages gegen eine Norm verstoßen.

Diese Unterscheidung ist nicht immer leicht zu treffen. Wenn beispielsweise in dem allgemeinverbindlichen Manteltarifvertrag für den Einzelhandel in NRW unter § 3 Abs. 3 vorgesehen ist, daß die wöchentliche Mindestarbeitszeit 20 Stunden betragen soll, verstößt eine Einstellung, die dieser Regelung widerspricht, gegen den Tarifvertrag und begründet ein Zustimmungsverweigerungsrecht des Betriebsrates *(BAG 28.01.1992, EzA § 99 BetrVG Nr. 103)*. Diese tarifliche Regelung ist nämlich so zu verstehen, daß die Tarifvertragsparteien Beschäftigungsverhältnisse mit einer Arbeitszeit von weniger als 20 Stunden ausschließen wollten.

Anders verhält es sich beispielsweise aber im Speditionsbereich, wo die die Arbeitszeit regelnden Tarifverträge nicht allgemeinverbindlich sind. Selbst wenn in diesen Tarifverträgen eine Mindestzeit vorgesehen wäre, könnte ein nicht organisierter Arbeitgeber, der das Tarifwerk in seinem Betrieb nicht anwendet, Einstellungen vornehmen, die diesen - für ihn nicht verbindlichen(!) - Regelungen widersprechen.

1122

Problematisch und umstritten ist, ob der Betriebsrat seine Zustimmung mit der Begründung verweigern darf, daß der Bewerber für die Position eines Datenschutzbeauftragten nicht die nach § 28 Abs. 2 BDSG erforderliche Qualifikation habe. Entsprechendes gilt für einen Verstoß gegen § 611 a BGB (Gleichbehandlung von Männern und Frauen).

Begründung des Arbeitsverhältnisses

1123

Das BAG hat auch eine Nichtbeachtung des § 14 Abs. 1 Satz 1 SchwbG als einen Verstoß gegen ein gesetzliches Verbot im Sinne von § 99 Abs. 2 Nr. 1 BetrVG angesehen *(BAG 14.11.1989 und 10.11.1992, EzA § 99 BetrVG Nr. 84 und Nr. 108).* Der Arbeitgeber muß prüfen, ob der konkret ausgeschriebene Arbeitsplatz mit einem arbeitssuchenden Schwerbehinderten besetzt werden kann. Dies kann dadurch geschehen, daß dem Arbeitsamt eine Kopie der innerbetrieblichen Stellenausschreibung mit der Bitte übersandt wird, zu überprüfen, ob für diese Stelle geeignete schwerbehinderte Arbeitslose vermittelt werden können.

Aus § 14 Abs. 1 SchwbG ergeben sich noch **weitere Verpflichtungen**. Der Betriebsrat ist zu hören. Die **Schwerbehindertenvertretung** muß beteiligt werden. Etwaige Bewerbungen von Schwerbehinderten müssen erörtert werden.
Das BAG hat angedeutet, daß die Nichtbeachtung dieser weiteren Verpflichtungen **kein** Zustimmungsverweigerungsrecht des Betriebsrats nach § 99 Abs. 2 Nr. 1 BetrVG auslösen kann *(BAG 10.11.1992, EzA § 99 BetrVG Nr. 108).*

Derartige Verstöße können aber auf andere Weise geahndet werden. Die Schwerbehindertenvertretung kann nämlich nach § 25 Abs. 2 S. 2 SchwbG die Entscheidung über die Einstellung aussetzen lassen und so die Nachholung ihrer Beteiligung innerhalb von 7 Tagen durchsetzen.

Ebenso stellt die Verletzung einer betriebsverfassungsrechtlichen Verfahrensvorschrift - z. B. ein Verstoß gegen die Unterrichtungspflicht nach § 99 Abs. 1 BetrVG - keinen Gesetzesverstoß im Sinne von § 99 Abs. 2 Nr. 1 BetrVG dar. Die Verfahrensvorschriften stehen nämlich grundsätzlich der personellen Maßnahme nicht entgegen. Die Beteiligung des Betriebsrates ist auch durch andere Normen bereits hinreichend abgesichert.

Beispiele:
1) U will einen Leiharbeiter für die Dauer von 12 Monaten einstellen. Der Betriebsrat verweigert die Zustimmung.
Zu Recht! § 3 Abs. 1 Nr. 6 AÜG steht einer Beschäftigung eines Leiharbeiters für die Dauer von mehr als 6 aufeinanderfolgenden Monaten entgegen.

2) U will eine türkische Arbeitnehmerin einstellen, die noch keine Arbeitserlaubnis hat. Der Betriebsrat verweigert die Zustimmung.
Zu Recht! § 19 AFG steht einer Beschäftigung ausländischer Arbeitnehmer entgegen, die weder aus einem EG-Land kommen noch eine Arbeitserlaubnis erteilt bekommen haben.

3) U will eine Bewerberin einstellen, sie aber geringer vergüten als die männlichen Kollegen. Der Betriebsrat verweigert die Zustimmung zur Einstellung.
Zu Unrecht! Nicht die Einstellung sondern die Eingruppierung verstößt gegen den Gleichbehandlungsgrundsatz.

1124

Nach **Abs. 2 Nr. 2** kann der Betriebsrat eine Zustimmungsverweigerung darauf stützen, daß die Einstellung gegen eine Auswahlrichtlinie im Sinne von § 95 BetrVG verstößt. Einstellungsrichtlinien sind solche Grundsätze, die allgemein oder für bestimmte Arten von Arbeitsplätzen oder Tätigkeiten festlegen, welche Voraussetzungen die in Betracht kommenden Arbeitnehmer erfüllen müssen oder nicht erfüllen dürfen. Dies kann sowohl den fachlichen Bereich als auch den persönlichen oder den sozialen Bereich der Bewerber betreffen. Nach § 95 Abs. 1 BetrVG bedarf die Aufstellung solcher Richtlinien der Zustimmung des Betriebsrates. In Betrieben mit mehr als 1000 Arbeitnehmern kann der Betriebsrat sogar seinerseits aktiv die Aufstellung solcher Richtlinien verlangen (§ 95 Abs. 2 BetrVG). Das Zustimmungsverweigerungsrecht des § 99 Abs. 2 Nr. 2 BetrVG ermöglicht es dem Betriebsrat, die Einhaltung getroffener Absprachen mit dem Arbeitgeber zu überwachen und durchzusetzen.

1125

Nach **Abs. 2 Nr. 3** kann der Betriebsrat seine Zustimmung zu einer Einstellung verweigern, wenn die durch Tatsachen begründete Besorgnis besteht, daß infolge der Einstellung im Betrieb beschäftigte Arbeitnehmer gekündigt werden oder sonstige Nachteile erleiden, ohne daß dies aus betrieblichen oder in der Person des Arbeitnehmers liegenden Gründen gerechtfertigt ist. Erforderlich ist insbesondere eine Ursächlichkeit zwischen der Einstellung und der befürchteten Nachteile. Dabei genügt, daß die Einstellung mitursächlich ist.

Die Besorgnis einer Kündigung von Alt-Arbeitnehmern ist gerechtfertigt, wenn nach der aktuellen wirtschaftlichen Lage des Betriebes eine Personalaufstockung nur vorübergehend haltbar ist. Das bedeutet nämlich, daß in absehbarer Zeit mit der Kündigung von Arbeitnehmern zu rechnen ist.

Ein sonstiger Nachteil kann nur der Verlust einer Rechtsposition oder einer rechtserheblichen Anwartschaft sein. Davon zu unterscheiden ist der Verlust einer Chance auf einen zukünftigen Vorteil (Beförderungs- bzw. Versetzungschance). In Betracht kommen also nur Erschwerungen der konkreten Arbeitsbedingungen z. B. durch die Notwendigkeit der Zuweisung eines anderen Arbeitsbereiches. Umstritten ist, ob auch der Abbau von Überstunden ein solcher Nachteil sein kann.

1126

Betriebliche Rechtfertigungsgründe der in Rede stehenden Nachteile können insbesondere darin liegen, durch die Einstellung Mitarbeiter zu gewinnen, die über ein spezielles Fachwissen verfügen, das bis dahin im Betrieb nicht vorhanden war. Dies wird insbesondere bei anstehenden Umstrukturierungen in der Produktion möglich sein können. Auch der Abbau von Überstunden wird häufig durch betriebliche - nämlich betriebswirtschaftliche - Gründe zu rechtfertigen sein.

Begründung des Arbeitsverhältnisses

Beispiel:
Unternehmer U beantragt die Zustimmung zur Einstellung von 10 weiteren Montagearbeitern. Durch einen neuen Auftrag sei der Arbeitsanfall mit der bisherigen Belegschaft nicht zu bewältigen.
Der Betriebsrat verweigert die Zustimmung unter Hinweis auf die in dieser Abteilung bis zum letzten Monat durchgeführte Kurzarbeit.
Zu Recht! Es besteht die durch Tatsachen begründete Besorgnis einer Kündigung von Alt-Arbeitnehmern. Ein einzelner neuer Auftrag im unmittelbaren Anschluß an eine Phase von Arbeitsmangel rechtfertigt nicht die Prognose eines auf Dauer besseren Auftragsbestandes. Vielmehr ist zu befürchten, daß nach Abwicklung dieses Neu-Auftrags die Belegschaft nicht in der erhöhten Quantität gehalten werden kann. Dann kann auch der Arbeitsplatz der Alt-Arbeitnehmer zur Disposition stehen.

1127

Auch eine Benachteiligung des neu einzustellenden Arbeitnehmers begründet nach **Abs. 2 Nr. 4** ein Zustimmungsverweigerungsrecht des Betriebsrates. Dieses wird aber bei Einstellungen so gut wie nie greifen. Denn in der Einstellung als solche wird gerade keine Benachteiligung des eingestellten Arbeitnehmers liegen. Ob eine solche schon vorliegt, wenn der neu eingestellte Arbeitnehmer zu schlechteren Arbeitsbedingungen beschäftigt wird als die vergleichbaren Arbeitnehmer im Betrieb, ist umstritten. Nach dem Gesetzeswortlaut muß die Benachteiligung "durch" die Einstellung begründet werden. Der Begriff der Einstellung umfaßt aber nur die Auswahl und die Aufnahme eines Bewerbers in den Betrieb. Davon ist die Ausgestaltung des Arbeitsverhältnisses zu unterscheiden. Der Betriebsrat kann also seine Zustimmung zu einer Einstellung nicht mit der Begründung verweigern, daß der betroffene Arbeitnehmer zu schlechteren Bedingungen als die bereits vorhandenen Beschäftigten eingestellt werden soll.
Beispiel:
Der nicht organisierte Spediteur S aus Bochum errichtet in Dresden eine Zweigniederlassung. Während die Fahrer in Bochum auf Grundlage des nordrhein-westfälischen Tarifwerks für das private Güterverkehrsgewerbe beschäftigt werden, will er die Fahrer in Dresden zu den Bedingungen des Lohn- und Manteltarifvertrags des Verkehrsgewerbes im Land Sachsen einstellen. Der Betriebsrat verweigert seine Zustimmung zu den geplanten Einstellungen mit dem Hinweis auf eine Benachteiligung der sächsischen Kollegen.
Zu Unrecht! Die vertragliche Vereinbarung darüber, welches Tarifwerk Anwendung finden soll, ist eine Ausgestaltung des Arbeitsverhältnisses. Die Begründung des Arbeitsverhältnisses ist davon nicht berührt. Eine in der Begründung des Arbeitsverhältnisses wurzelnde Benachteiligung der sächsischen Fahrer ist nicht ersichtlich.

1128

Ein Zustimmungsverweigerungsrecht besteht nach **Abs. 2 Nr. 5** auch, wenn eine nach § 93 BetrVG erforderliche Ausschreibung im Betrieb unterblieben ist. Dieser Verweigerungsgrund ermöglicht es dem Betriebsrat, die Einhaltung einer solchen Ausschreibung sicherzustellen. Erforderlich ist aber, daß der Betriebsrat zu irgendeinem Zeitpunkt vorher eine solche Ausschreibung auch verlangt hat.

1129

Schließlich begründet auch die Besorgnis einer Störung des Betriebsfriedens durch die Einstellung ein Zustimmungsverweigerungsrecht nach **Abs. 2 Nr. 6**. Wegen der besonderen Interessenbeeinträchtigung des betroffenen Bewerbers sind an die Voraussetzungen der Zustimmungsverweigerung strenge Anforderungen zu stellen. Eine Besorgnis wird nur in wenigen Ausnahmefällen konkret zu rechtfertigen sein. Selbst Vorstrafen genügen nicht. Denn der Täter hat mit der Haftstrafe sein Unrecht gebüßt. Relevant können aber Erkenntnisse darüber sein, ob der Bewerber an seinem bisherigen Arbeitsplatz den Betriebsfrieden z. B. durch wiederholte Beleidigung von ausländischen Kollegen oder Belästigung von weiblichen Mitarbeiterinnen gestört hat.

e) Arbeitsgerichtliche Zustimmungsersetzung

1130

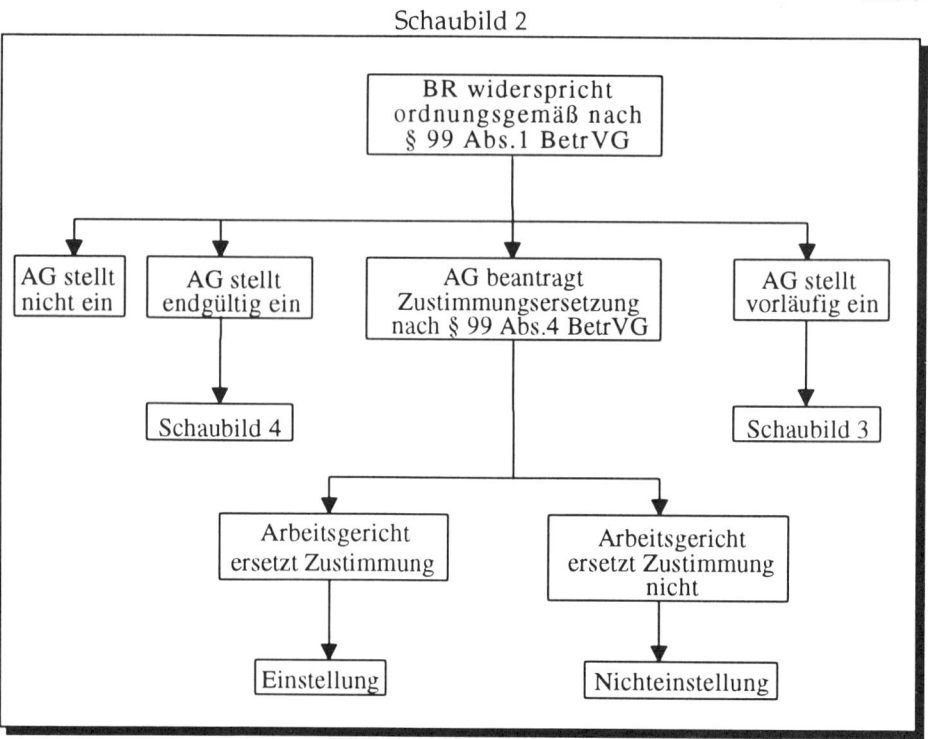

Schaubild 2

Der Arbeitgeber hat nach einer wirksamen Zustimmungsverweigerung des Betriebsrates die Möglichkeit, die verweigerte Zustimmung durch einen arbeitsgerichtlichen Beschluß ersetzen zu lassen. Dazu muß er ein Zustimmungsersetzungsverfahren nach § 99 Abs. 4 BetrVG einleiten.

1131

Da nun die arbeitsgerichtlichen Verfahren immer eine gewisse Zeit in Anspruch nehmen, stellt sich für den Arbeitgeber die Frage, wie er bis zum Erhalt der arbeitsgerichtlichen Entscheidung verfahren soll.

- Er hat die Möglichkeit, die Entscheidung des Arbeitsgerichtes abzuwarten. Diese Möglichkeit ist aber bei Einstellungen eher theoretisch. Denn ein Bewerber wird seinerseits nicht gewillt sein, unter Umständen Monate und bei mehrinstanzlichen Verfahren gar Jahre auf eine Entscheidung des Arbeitgebers im Hinblick auf die (Nicht-) Einstellung zu warten.
- Er kann endgültig entscheiden, von der geplanten Einstellung Abstand zu nehmen. Dann bräuchte er auch kein arbeitsgerichtliches Zustimmungsersetzungsverfahren einzuleiten.
- Daneben kann er sich auch einfach über den Widerspruch des Betriebsrates hinwegsetzen und die Einstellung vollziehen. Diese Möglichkeit wird nur dann in Betracht kommen, wenn der Arbeitgeber davon ausgeht, daß der Widerspruch des Betriebsrates unbeachtlich ist. Er zwingt damit den Betriebsrat, seinerseits zu überlegen, ob er ein Verfahren nach § 101 BetrVG oder sogar gegebenenfalls ein Verfahren nach § 23 Abs. 3 BetrVG einleitet. Dadurch werden die Aktiv- und Passivrollen in einem Beschlußverfahren ausgewechselt.
- Der Arbeitgeber hat auch die Möglichkeit, beim Arbeitsgericht ein Verfahren mit dem Ziel einzuleiten, feststellen zu lassen, daß die Zustimmung des Betriebsrates als erteilt gilt bzw. die ausgesprochene Zustimmungsverweigerung unbeachtlich ist.
- Schließlich kann der Arbeitgeber auch den Weg einer vorläufigen Einstellung wählen. Eine solche vorläufige Einstellung kommt nach § 100 BetrVG nur in Ausnahmefällen in Betracht. Es müssen nämlich sachliche Gründe vorliegen, die die vorläufige Durchführung der Einstellung als dringend erforderlich erscheinen lassen.

1132

Es läßt sich nicht generell sagen, wie sich ein Arbeitgeber im Einzelfall am besten zu verhalten hat. Es ist aber immer sinnvoll, Aktionen und Reaktionen mit dem Betriebsrat abzustimmen und die getroffenen Entscheidungen zu erläutern. Dadurch vermeidet man, daß ein Klima entsteht, in dem sich alle Beteiligten nur noch auf ihre formalen Rechtspositionen zurückziehen und sich einer den konkreten betrieblichen Notwendigkeiten angepassten Lösung - aus Prinzip - verweigern.

Arbeitsrecht

1133

In einem Zustimmungsersetzungsverfahren gibt es praktisch auch eine bestimmte Verteilung von Darlegungs- und Beweislasten. Diese Begrifflichkeit paßt auf das Beschlußverfahren zwar nicht, da hier das Amtsermittlungsprinzip gilt (vgl. Rz. 4952). Sie ist aber allgemein gebräuchlich. Mit ihr wird ausgedrückt, wer das Risiko dafür trägt, daß das Gericht bestimmte Umstände nicht ermitteln kann. Der Betriebsrat trägt das Risiko insoweit, als es um die Darlegung der form- und fristgerechten Zustimmungsverweigerung geht. Hingegen hat der Arbeitgeber das Risiko dafür zu tragen, daß kein Verweigerungsgrund vorgelegen hat. Denn er begehrt ja in dem Beschlußverfahren die Ersetzung der verweigerten Zustimmung und muß daher die für ihn günstigen Tatsachen in das Verfahren einführen. Der Gegenstand des Verfahrens wird durch die Verweigerung des Betriebsrates insofern festgelegt, als der Betriebsrat keine neuen Gründe nachschieben kann. Daher wird der Arbeitgeber in dem Verfahren nur auf die seitens des Betriebsrates in der Zustimmungsverweigerung genannten Gründe eingehen müssen.

f) Vorläufige Einstellung

1134

Schaubild 3

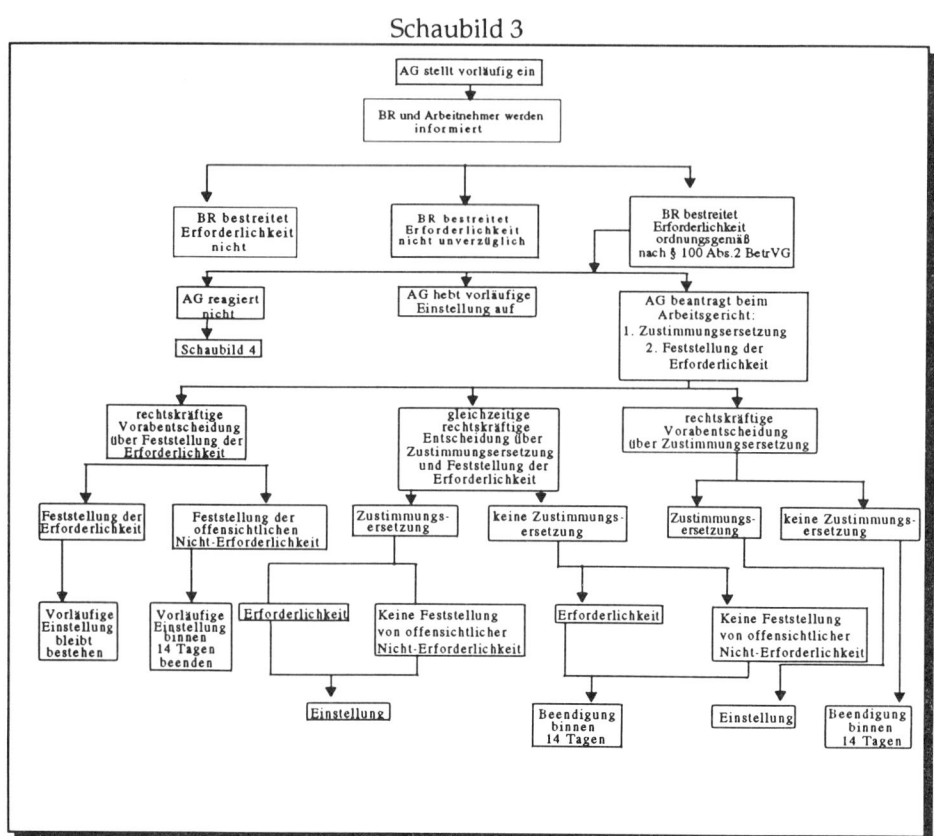

Begründung des Arbeitsverhältnisses

Gerade bei Einstellungsmaßnahmen kann der Arbeitgeber häufig nicht auf den Abschluß eines Zustimmungsersetzungsverfahrens warten. § 100 BetrVG gibt ihm die Möglichkeit, die geplante Einstellung vorläufig durchzuführen. Dies kommt dann in Betracht, wenn der Betriebsrat sich zu der erbetenen Zustimmung noch nicht geäußert oder die Zustimmung verweigert hat. Sobald allerdings das ArbG in der Zwischenzeit einen arbeitgeberseitigen Antrag auf Zustimmungsersetzung rechtskräftig abgewiesen hat, ist es dem Arbeitgeber verwehrt, die Durchführung der Einstellung auf § 100 BetrVG zu stützen.

1135

Wenn der Arbeitgeber sich für eine vorläufige Einstellung entschieden hat, muß er als erstes den betroffenen Arbeitnehmer und den Betriebsrat darüber informieren. Der Arbeitnehmer muß darüber aufgeklärt werden, daß die Einstellung nur vorläufig erfolgt und möglicherweise wieder rückgängig gemacht werden muß. Durch diese Unterrichtung soll der betroffene Arbeitnehmer davor geschützt werden, im Vertrauen auf die Dauerhaftigkeit dieser Einstellung andere Einstellungsgelegenheiten zu verpassen. Der Arbeitnehmer wird die Chance der Dauerhaftigkeit dieser Einstellung nur einschätzen können, wenn ihm auch die Gründe mitgeteilt werden, aus denen der Betriebsrat die Zustimmung verweigert hat. Eine Verletzung dieser Aufklärungspflicht kann eine Schadensersatzpflicht des Arbeitgebers begründen.

1136

Die gegenüber dem Betriebsrat bestehende Informationsverpflichtung hat den Zweck, diesem die Überprüfung zu ermöglichen, ob die Voraussetzungen für eine vorläufige Einstellung gegeben sind. Wenn ein Arbeitgeber diese Unterrichtung unterläßt, muß er damit rechnen, daß der Betriebsrat nach § 101 BetrVG - gegebenenfalls im Einstweiligen Verfügungsverfahren (vgl. Rz. 4955) - oder sogar nach § 23 Abs. 3 BetrVG ein Verfahren beim ArbG anhängig macht. Es ist zu empfehlen, diese Unterrichtung als Chance zu begreifen, den Betriebsrat von der Notwendigkeit der vorläufigen Einstellung zu überzeugen. Dies gelingt natürlich nicht durch den Gebrauch von Leerformeln. Nach Erhalt der Unterrichtung muß sich der Betriebsrat seinerseits unverzüglich darüber klar werden, ob er die vorläufige Einstellung als dringend erforderlich akzeptiert oder nicht. Unverzüglich bedeutet, die Stellungnahme ohne schuldhaftes Zögern im Sinne von § 121 BGB abzugeben. Hier läßt sich keine fixe Frist angeben. Unverzüglich ist ebenfalls nicht gleichbedeutend mit sofort sondern räumt dem Betroffenen eine angemessene Überlegungsfrist ein. Dabei wird die konkrete Dauer dieser Überlegungsfrist nach den Gegebenheiten des Einzelfalles zu bestimmen sein. Wenn die Feststellung der Erforderlichkeit einer vorläufigen Einstellung voraussetzt, komplizierte tatsächliche Gegebenheiten zu analysieren und darüber hinaus gar noch einen kundigen Rechtsrat einzuholen, wird auch eine Frist von 7 Tagen noch angemessen sein können. Andererseits kann auch die gegebene Dringlichkeit die Frist verkürzen, z. B. überraschender auf Dauer angelegter Ausfall eines betriebsintern nicht zu ersetzenden Mitarbeiters. Es ist sicher nicht zu empfehlen, den Betriebsrat ohne Grund unter zeitlichen Druck zu setzen. Dann muß nämlich damit gerechnet werden, daß dieser quasi vorsorglich die Erforderlichkeit der vorläufigen Einstellung bestreitet und damit ein Verfahren nach § 100 Abs. 2 BetrVG erforderlich macht. Daneben ist zu empfehlen, sich den Erhalt der Unterrichtung quittieren zu lassen, da eine verspätete Stellungnahme des Betriebsrates mit der Folge unbeachtlich ist, daß die vorläufige Einstellung wirksam ist.

1137

Wenn der Betriebsrat die dringende Erforderlichkeit der Maßnahme unverzüglich bestritten hat, hat der Arbeitgeber theoretisch 3 Möglichkeiten:

- Er reagiert nicht. Damit würde er den Betriebsrat veranlassen, sich seinerseits zu entscheiden, ein Verfahren nach § 101 BetrVG durchzuführen.
- Der Arbeitgeber kann die vorläufige Einstellung aufheben und nur das Zustimmungsersetzungsverfahren im Hinblick auf die endgültige Einstellung durchführen.
- Wenn er auch die vorläufige Einstellung aufrecht erhalten will, muß er innerhalb von 3 Tagen das ArbG anrufen und einen Doppelantrag stellen. Dieser Antrag umfaßt zum einen die Ersetzung der Zustimmung und zum anderen die Feststellung, daß die vorläufige Einstellung aus sachlichen Gründen dringend erforderlich war. Dadurch wird sichergestellt, daß alsbald eine gerichtliche Entscheidung darüber herbeigeführt wird, ob die Einstellung endgültig durchgeführt werden kann. Zum anderen wird sichergestellt, daß das ArbG alsbald über die Berechtigung der vorläufigen Einstellung entscheiden kann. Allein das Stellen dieses Doppelantrages berechtigt den Arbeitgeber, die Maßnahme bis zum Ablauf von 2 Wochen nach einer **rechtskräftigen Entscheidung des Gerichtes** aufrecht zu erhalten. Denn selbst wenn der Arbeitgeber mit seinem Zustimmungsersetzungsantrag oder mit seinem Feststellungsantrag unterliegt, darf er nach § 100 Abs. 3 Satz 1 BetrVG die vorläufige Einstellung solange umsetzen.

1138

Der Fortgang des Verfahrens und die Auswirkungen für die Betroffenen hängen maßgeblich davon ab, ob das ArbG sich zu einer Vorabentscheidung des Zustimmungsersetzungsantrages oder des Feststellungsantrages entschließt oder über beide Anträge gleichzeitig entscheidet.

Sofern es vorab eine Entscheidung über den Zustimmungsersetzungsantrag erläßt, bedarf es nach Eintritt der Rechtskraft dieser Entscheidung keiner weiteren Entscheidung des Feststellungsantrages mehr. Wenn das ArbG die Zustimmung für die endgültige Einstellung ersetzt, kann der Arbeitgeber die zunächst vorläufig durchgeführte Maßnahme nunmehr endgültig und auf Dauer durchführen. Entsprechendes gilt, wenn nicht die Zustimmung ersetzt wird, sondern festgestellt wird, daß die Zustimmung als erteilt gilt. Weist das ArbG aber den Zustimmungsersetzungsantrag ab und erhält diese Entscheidung Rechtskraft, endet nach § 100 Abs. 3 Satz 1 BetrVG die Berechtigung des Arbeitgebers zur Aufrechterhaltung der vorläufigen Einstellung mit Ablauf von 2 Wochen nach Rechtskraft der Entscheidung.

1139
Häufiger wird der Fall sein, daß die beiden Anträge in den Instanzen gleichzeitig entschieden werden. Dann kommt es maßgeblich auf das Schicksal des Zustimmungsersetzungsantrages an. Der daneben gestellte Feststellungsantrag hat keine Auswirkungen mehr. Häufig wird deshalb - zumindest in der 2. Instanz - über ihn gar nicht mehr entschieden werden. Denn das Verfahren ist auch im Hinblick auf den Feststellungsantrag mit einer rechtskräftigen Entscheidung über den Zustimmungsersetzungsantrag erledigt.

1140
Eine eigene Bedeutung erhält der Feststellungsantrag somit nur für die Fälle, daß das ArbG vorab eine Entscheidung über ihn herbeiführt. Der Feststellungsantrag muß also den Zustimmungsersetzungsantrag zeitlich überholen. Sofern rechtskräftig die Erforderlichkeit der vorläufigen Einstellung festgestellt wird, bleibt diese bestehen. Sofern rechtskräftig festgestellt wird, daß die vorläufige Einstellung offensichtlich nicht erforderlich war, endet 14 Tage später die Berechtigung des Arbeitgebers, diese vorläufige Einstellung weiter aufrecht zu erhalten. In beiden Fällen hängt das Schicksal der endgültigen Einstellung natürlich von der gerichtlichen Entscheidung über den Zustimmungsersetzungsantrag ab.

1141
Entscheidendes Kriterium für die Entscheidung über die Berechtigung, eine vorläufige Einstellung durchzuführen, ist deren **Erforderlichkeit**. Diese muß auf sachlichen Gründen beruhen. Das ist der Fall, wenn ohne die sofortige Durchführung der Einstellung spürbare Nachteile für den Betrieb eintreten oder ihm spürbare Vorteile entgehen würden. Dies ist nach objektiven Gesichtspunkten zu entscheiden. Maßgeblich ist der Zeitpunkt der Durchführung der Maßnahme.

1142
Sofern das ArbG über den Feststellungsantrag vorab entscheidet und diesen ablehnen will, muß es prüfen, ob die vorläufige Einstellung **offensichtlich** aus dringenden Gründen nicht erforderlich war. Dies ist der Fall, wenn der Arbeitgeber die Situation grob verkannt hat, bzw. die vorläufige Einstellung leichtfertig war. Zu einer solchen Einschätzung wird das Gericht nur kommen können, wenn der Arbeitgeber in dem Verfahren keinerlei Gesichtspunkte eingeführt hat, die auf eine betriebliche Notwendigkeit der vorläufigen Einstellung schließen lassen.

Beispiele:
1) Das Bauunternehmen U errichtet eine Lagerhalle. Diese soll am 01.08.1994 schlüsselfertig übergeben werden. Für die Maurerarbeiten ist in der Zeit vom 01.06.1994 -

Arbeitsrecht

30.6.1994 der Einsatz von 25 bei U beschäftigten Maurern eingeplant. Von diesen 25 vorgesehenen Arbeitnehmern waren 20 in der unmittelbar vorausgehenden Zeit im Erholungsurlaub.
Am 01.06.1994 treten 10 von ihnen den Dienst nicht an. Sie sind im Urlaub erkrankt. U wurde dies in der Woche zuvor angezeigt. U will kurzfristig Leiharbeiter einsetzen. Der Betriebsrat widerspricht. U teilt dem Betriebsrat am 02.06.1994 mit, daß er die Leiharbeiter vorläufig einsetzen will. Der Betriebsrat widerspricht unverzüglich erneut.
U beantragt beim ArbG die Zustimmungsersetzung und die Feststellung der dringenden Erforderlichkeit des vorläufigen Einsatzes der Leiharbeiter.
Der Feststellungsantrag ist begründet, da die Durchführung der Terminarbeiten durch den Ausfall der Stammitarbeiter gefährdet wurde.

2) U will den Softwarespezialisten S zum 01.05.1994 einstellen. Dieser beherrscht das Softwareprogramm alpha, daß U in seinem Betrieb nutzen will. Der Betriebsrat verweigert seine Zustimmung, da mit der Einführung der neuen Software Arbeitsplätze wegrationalisiert werden könnten. U beantragt am 01.04.1994 die Zustimmungsersetzung beim ArbG und teilt dem Betriebsrat gleichzeitig mit, daß er den S vorläufig einstellen wolle. S habe nämlich auch ein anderes Angebot, daß er annehmen wolle, wenn die Einstellung nicht zum 01.04.1994 erfolge. Der Betriebsrat stimmt nicht zu. U beantragt daher am 01.04.1994 ergänzend die Feststellung der dringenden Erforderlichkeit der vorläufigen Einstellung des S zum 01.04.1994.
Das ArbG ersetzt am 01.06.1994 die Zustimmung zur Einstellung und stellt gleichzeitig die dringende Erforderlichkeit der vorläufigen Einstellung fest. Denn die Gefahr einer Rationalisierung wird nicht durch die Einstellung des S sondern ggfs. durch den Gebrauch der Software begründet. U konnte auch nicht warten, da ihm sonst die Möglichkeit einer Einstellung verloren gegangen wäre. Dies war nicht zumutbar, da S als Spezialist nicht zu ersetzen gewesen wäre.

3) U will wegen des seit Monaten anhaltenden Termindrucks die Belegschaft im Montagebereich um 10 Beschäftigte erhöhen. Der Betriebsrat verweigert die Zustimmung. U bittet sodann um Zustimmung zur Anordnung von Überstunden. Auch dies verweigert der Betriebsrat. U erhöht die Belegschaft im Montagebereich um 5 Arbeiter und beruft sich auf § 100 BetrVG. Der Betriebsrat widerspricht der dringenden Erforderlichkeit. U beantragt beim ArbG Zustimmungsersetzung für die Einstellung von 10 Arbeitern im Montagebereich und die Feststellung, daß die vorläufige Einstellung von 5 Arbeitern dringend erforderlich war.
Das ArbG entspricht zunächst seinem Feststellungsantrag. U hatte angesichts der Verweigerung des Betriebsrats im Hinblick auf die Überstundenanordnung keine andere Möglichkeit, die Aufträge termingerecht zu erfüllen.

4) U will A zum 01.05.1994 einstellen. Der Betriebsrat widerspricht dieser Absicht. U stellt A vorläufig ein, um den schon geschlossenen Arbeitsvertrag zu erfüllen.
Sein Feststellungsantrag wird vom ArbG zurückgewiesen. Die von U angeführte Vertragstreue ist offensichtlich kein dringender betrieblicher Grund.

Begründung des Arbeitsverhältnisses

5) U will A einstellen. Dieser soll auch seine Tochter heiraten und irgendwann das Unternehmen weiterführen. Der Betriebsrat verweigert die Zustimmung. U stellt A vorläufig ein und stellt beim ArbG den Doppelantrag.
Das ArbG weist den Feststellungsantrag zurück und stellt fest, daß die vorläufige Einstellung offensichtlich nicht aus dringenden Gründen erforderlich war. Die persönlichen Interessen des U sind kein Grund, der zu berücksichtigen wäre.

g) Aufhebungsanspruch des Betriebsrates

1143

Schaubild 4

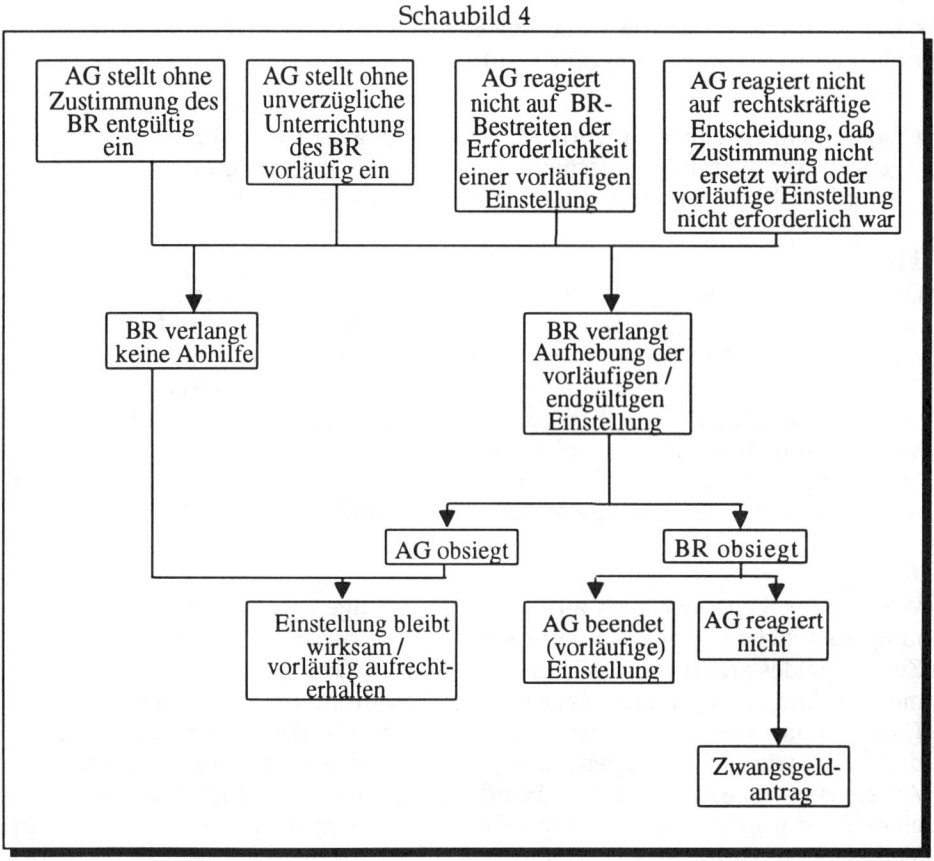

§ 101 BetrVG dient dazu, den Arbeitgeber zur Einhaltung der in § 99 Abs. 4 und § 100 BetrVG vorgesehen Verfahren anzuhalten. Ein Arbeitgeber, der seine Verpflichtungen nicht einhält, riskiert eine Sanktion durch Anordnung eines Zwangsgeldes.

Arbeitsrecht

1144
Im einzelnen kommen insbesondere 4 Situationen für die Anwendung des § 101 BetrVG in Betracht:

- Der Arbeitgeber stellt ohne Zustimmung/Zustimmungsersetzung einen neuen Arbeitnehmer endgültig ein. Dies wird auch die Situationen betreffen, in denen der Arbeitgeber schon seiner Unterrichtungspflicht nicht nachgekommen ist.
- Der Arbeitgeber führt eine vorläufige Einstellung durch, ohne den Betriebsrat darüber unverzüglich zu unterrichten.
- Der Arbeitgeber hält die vorläufige Einstellung aufrecht, ohne auf das Bestreiten des Betriebsrats im Hinblick auf deren Erforderlichkeit Rücksicht zu nehmen.
- Der Arbeitgeber hält die vorläufige Einstellung aufrecht, ohne eine entgegengesetzte rechtskräftige Entscheidung über die Zustimmungsersetzung oder die Erforderlichkeit der vorläufigen Einstellung zu beachten.

1145
Der Betriebsrat kann - muß aber nicht - in einem neuen Verfahren dann die Aufhebung der vorläufigen bzw. endgültigen Einstellung begehren. Einen entsprechenden Antrag kann er auch schon im Rahmen des Verfahrens nach § 100 Abs. 2 Satz 3 BetrVG stellen. Dies kann aus Gründen der Prozeßökonomie sinnvoll sein. Gleichwohl sollte ein Betriebsrat diesen Antrag nur dann stellen, wenn er Veranlassung dazu hat, zu glauben, daß der Arbeitgeber eine gerichtliche rechtskräftige Entscheidung nicht beachten wird. Ansonsten wird durch einen solchen Antrag unnötig "Stimmung gemacht" und das Verfahren belastet.

1146
Wenn der Arbeitgeber auch auf eine rechtskräftige Entscheidung, eine Einstellung aufzuheben, nicht reagiert, kann der Betriebsrat die Festsetzung eines Zwangsgeldes erwirken. Die Festsetzung ist eine Zwangsvollstreckungsmaßnahme zur Erzwingung einer unvertretbaren Handlung im Sinne von § 888 ZPO. Dies bedeutet, daß das Zwangsgeld nur solange festgesetzt oder vollstreckt werden kann, wie der Arbeitgeber die personelle Maßnahme aufrecht erhält. Der Arbeitgeber hat es damit in der Hand, auch nach der gerichtlichen Festsetzung eines Zwangsgeldes, der Zahlung dadurch zu entgehen, daß er noch vor der Vollstreckung die personelle Maßnahme aufhebt.

1147
Es ist deshalb auch sinnvoll, daß der Betriebsrat nicht nur auf das Verfahren nach § 101 BetrVG angewiesen ist, um den Arbeitgeber zur Einhaltung der betriebsverfassungsrechtlichen Verfahrensvorschriften zu veranlassen. Vielmehr steht es ihm offen, daneben ein Verfahren nach § 23 Abs. 3 BetrVG anhängig zu machen.

h) Rechtsstellung des eingestellten Bewerbers

1148

Die Wirksamkeit des zwischen dem Bewerber und dem Arbeitgeber abgeschlossenen Arbeitsvertrages wird durch die Verletzung der Mitbestimmungsrechte des Betriebsrates nach §§ 99, 100 BetrVG nicht berührt. Unklar ist, ob die gerichtliche Entscheidung über die Gültigkeit der Zustimmungsverweigerung des Betriebsrates oder über die offensichtliche Nichterforderlichkeit einer vorläufigen Einstellung, die ja eine Beendigung der (vorläufigen) Einstellung binnen 14 Tage bewirkt, die Rechtsgrundlage des Arbeitsverhältnisses gestaltet. Nach herrschender Auffassung entfällt mit der rechtskräftigen gerichtlichen Entscheidung die Grundlage für das Arbeitsverhältnis. Besonderer Gestaltungserklärungen - also Kündigungen - bedarf es nicht. Auch Kündigungsfristen sind dann nicht mehr zu beachten.

1149

Bis zu diesem Zeitpunkt besteht aber das Arbeitsverhältnis. Der Arbeitgeber ist nur daran gehindert, den Bewerber zu beschäftigen. Dies darf er erst dann, wenn eine entsprechende Zustimmung des Betriebsrates zur Einstellung des Bewerbers vorliegt bzw. durch eine gerichtliche Entscheidung ersetzt wurde. Daneben darf er den Arbeitnehmer nur vorläufig beschäftigen, wenn die Voraussetzungen des § 100 BetrVG vorliegen.

In dem Zeitraum, in dem der Arbeitgeber an der Beschäftigung des Bewerbers gehindert ist, schuldet er diesem allerdings die Vergütung nach § 615 BGB unter dem Gesichtspunkt des Annahmeverzuges.

Außerdem ist denkbar, daß der Arbeitnehmer bei nachträglichem Wegfall seines Arbeitsverhältnisses einen Schadensersatzanspruch geltend macht. Hier wird nur der Ersatz des Vertrauensschadens in Betracht kommen.

1150

Demgegenüber wird die Rechtsstellung eines Arbeitnehmers durch einen Streit der Betriebsparteien über die richtige Eingruppierung nicht berührt. Eine gerichtliche Entscheidung im Zustimmungsersetzungsverfahren hat keine präjudizielle Wirkung für das Verhältnis des Arbeitgebers zum Arbeitnehmer.

Beispiel:
A hat B zum 01.01.1994 eingestellt und in die Vergütungsgruppe V eingruppiert. Der Betriebsrat stimmte der Einstellung zu, widersprach aber der Eingruppierung. Am 01.10.1994 wurde der Zustimmungsersetzungsantrag des Arbeitgebers vom ArbG zurückgewiesen. Das Gericht begründete seine Entscheidung u.a. damit, daß B nach der Vergütungsgruppe VI zu vergüten sei. B will nun von A entsprechende Nachzahlungen und eine künftige Vergütung nach der Vergütungsgruppe VI. A weigert sich.
B wird gegen A klagen müssen. Die vorliegende arbeitsgerichtliche Entscheidung gestaltet das Arbeitsverhältnis nicht wirksam. Bei der Klage wird insbesondere darauf zu ach-

ten sein, ob die Nachzahlungsansprüche inzwischen wegen einer tariflichen Ausschlußklausel verfallen sind.

i) Leitende Angestellte

1151
Bei einer beabsichtigten Einstellung eines leitenden Angestellten bestehen die Mitbestimmungsrechte des Betriebsrates nicht. Nach § 105 BetrVG ist er lediglich über die beabsichtigte Einstellung rechtzeitig zu informieren.

Nach § 31 Abs. 1 SprAuG ist der Sprecherausschuß ebenfalls rechtzeitig über eine solche beabsichtigte Einstellung zu informieren.

Entscheidend ist natürlich, ob die zu besetzende Stelle die Qualifizierung des betroffenen Arbeitnehmers als leitender Angestellter im Sinne von § 5 Abs. 3 BetrVG rechtfertigt. In der Praxis sind falsche Vorstellungen über diese Begrifflichkeit weit verbreitet. Bei Anwendung der Maßstäbe aus § 5 Abs. 3 BetrVG werden wohl nur 3 - 5 % einer Belegschaft als leitende Angestellte anzusehen sein.

III. Störfälle bei Vertragsschluß

1. Anfechtbarkeit

1152
Die Unwirksamkeit eines Arbeitsvertrages kann durch eine Anfechtung herbeigeführt werden.

a) Allgemeines

1153
Die Anfechtungserklärung, die nach § 143 BGB abzugeben ist, erfolgt nach den Regeln, die auch für Willenserklärungen gelten. Da durch sie aber das Rechtsverhältnis unmittelbar gestaltet wird, kann sie nicht unter Bedingungen erklärt werden.

1154
Eine Gefahr stellen die Anfechtungsfristen dar. Nach §§ 121 und 124 BGB müssen die Anfechtungserklärungen nämlich in bestimmten Zeitspannen erfolgen. Die Dauer der Zeitspanne hängt von dem Anfechtungsgrund ab. Sofern der Anfechtende sich auf einen Irrtum bezieht, muß er unverzüglich, nachdem er von dem Anfechtungsgrund Kenntnis erlangt hat, die Anfechtung erklären. Sofern die Anfechtung auf eine arglistige Täuschung oder Drohung gestützt wird, hat er die Anfechtung binnen Jahresfrist nach Entdecken der Täuschung vorzunehmen.

Wegen dieser Fristen ist es dringend zu empfehlen, Anfechtungserklärungen schriftlich zu übermitteln und sich quittieren zu lassen. In diesen Anfechtungserklärungen sollte auch auf jeden Fall der tatsächliche Grund beschrieben werden, auf den die Anfechtung gestützt wird. Denn nach Ablauf der Frist kann der Anfechtungsberechtigte keine neuen Anfechtungsgründe mehr nachschieben.

1155

Bei den Anfechtungsgründen ist grob zu unterscheiden zwischen der Anfechtungsberechtigung infolge eines Irrtums und der Anfechtungsberechtigung infolge einer arglistigen Täuschung. Diese beiden Gruppen sind wiederum zu differenzieren. Ein Irrtum kann sich zunächst auf die Erklärung selbst beziehen (sogenannter **Erklärungsirrtum**). Der Erklärende wollte eine Erklärung dieses Inhaltes gar nicht abgeben.

Beispiel:
U hat den A eingestellt. Bei den mündlichen Absprachen wurde ein Bruttogehalt von 4.500 DM vereinbart. U diktiert aber später in den Vertrag aus Versehen 5.500 DM brutto. Bei der späteren Unterzeichnung bemerkt er dies nicht. Vielmehr fällt es ihm erst auf, als A die erste Gehaltsabrechnung mit Hinweis auf den schriftlichen Arbeitsvertrag rügt und Nachzahlung begehrt. U erklärt daraufhin die Anfechtung des Arbeitsvertrages.
Zu Recht! Er wollte sich bei der Vertragsunterzeichnung nicht zu monatlichen Gehaltszahlungen in Höhe von 5.500 DM brutto verpflichten. Sein Fehler ist wie ein Schreibfehler oder ein Versprecher zu bewerten. Er muß seine Anfechtung aber unverzüglich vornehmen.

1156

Daneben gibt es noch den sogenannten **Inhaltsirrtum**. Ein solcher liegt vor, wenn der Erklärende bei der Abgabe der Willenserklärung sich über deren Inhalt geirrt hat. Dies umfaßt die Fälle, in denen der Erklärende weiß, was er sagt, er weiß aber nicht, was er damit sagt.

Beispiel:
U stellt A ein. In den Vertragsverhandlungen hat man sich auf ein Gehalt von 4.000 DM geeinigt. In den Vertrag diktiert U hinter den Vergütungsbetrag das Wort "netto". Ihm ist nicht klar, daß er sich dadurch zur Zahlung von 4.000 DM netto zuzüglich der sich ergebenden Arbeitgeberanteile und Steuern verpflichtet hat. Eine Woche später weist ihn sein Steuerberater darauf hin. U ficht den Vertrag sofort an.
Zu Recht! Er hatte die Bedeutung der von ihm abgegebenen Erklärung verkannt.

a) Wegen Irrtums über die Eigenschaft des Arbeitnehmers

1157

Nach § 119 Abs. 2 BGB ist zur Anfechtung berechtigt, wer sich über Eigenschaften der Person geirrt hat, die im Verkehr als wesentlich angesehen werden. Bei einem Arbeitsverhältnis können die persönlichen Eigenschaften des eingestellten Arbeitnehmers wesentlich sein. Dementsprechend können Irrtümer über diese Eigenschaften unter Umständen Anfechtungsberechtigungen begründen. Als Eigenschaften kommen alle Merkmale einer Person in Betracht, die eine gewisse Dauer bestehen. Das können Geschlecht, Alter, Konfession, Sachkunde, Vertrauenswürdigkeit, Zuverlässigkeit, Vorstrafen, politische Einstellungen, physische Konstitution usw. sein. Entscheidend ist aber, ob die Eigenschaft im Hinblick auf den konkreten Vertragsinhalt als wesentliche Eigenschaft zu werten ist. Dies wird man annehmen können, wenn die Eigenschaft in unmittelbarem Zusammenhang mit der Fähigkeit des Arbeitnehmers steht, die vertraglich übernommene Arbeit auszuführen. Dementsprechend kommt es immer auf eine Einzelfallbetrachtung an. Ein Irrtum, der in einem Fall zur Anfechtung berechtigt, kann im anderen Fall unerheblich sein.

Beispiele:
1) Unternehmer U stellt die Arbeitnehmerin A als Sekretärin ein. 6 Wochen später teilt sie ihm mit, daß sie im 4. Monat schwanger sei. U ficht den Arbeitsvertrag an und macht geltend, daß er A nicht eingestellt hätte, wenn er über ihre Schwangerschaft schon zum Einstellungszeitpunkt informiert gewesen wäre.
Zu Unrecht! Die Schwangerschaft ist keine auf Dauer angelegte Eigenschaft. Die zeitliche Begrenztheit dieses Zustandes wird nur in wenigen Ausnahmefällen dadurch in den Hintergrund gerückt, daß die Schwangerschaft die Erbringung der geschuldeten Leistung in einem ungewöhnlichen Maße verhindert - wie dies z.B. bei Tänzerinnen, Mannequins usw. der Fall ist.

2) U stellt den Arbeitnehmer A als Dreher ein. 4 Jahre später erfährt er zufällig, daß A schwerbehindert mit einem Behinderungsgrad von 50 % ist. U ficht den Arbeitsvertrag an und macht geltend, daß er diesen nicht abgeschlossen hätte, wenn er zum Einstellungszeitpunkt über das Vorliegen einer Behinderung informiert gewesen wäre.
Zu Unrecht! Die Behinderung eines Arbeitnehmers ist nicht schon an sich eine verkehrswesentliche Eigenschaft. Sie wird es nur dadurch, daß der Arbeitnehmer durch die Behinderung an der ordnungsgemäßen Erbringung der Arbeitsleistung gehindert ist. Dies ist in dem geschilderten Fall nicht ersichtlich. Vielmehr hat A seine Arbeitsleistung über einen Zeitraum von 4 Jahren ohne Beanstandungen erbracht. Anders wäre ein Fall zu bewerten, wenn im unmittelbaren Anschluß an die Einstellung erkennbar ist, daß der Arbeitnehmer infolge einer bestimmten körperlichen Behinderung (z.B. Epilepsie) daran gehindert ist, die konkret geschuldete Leistung in vollem Umfang zu erbringen.

3) U stellt A als Kraftfahrer ein. 3 Monate später erfährt er zufällig, daß A vor 3 Jahren wegen Trunkenheit am Steuer zu einer Geldbuße verurteilt wurde. Er ficht den Arbeitsvertrag an und macht geltend, daß er A nicht eingestellt hätte, wenn er zum Einstellungszeitpunkt über diesen Umstand informiert gewesen wäre.
Zu Unrecht! Zwar stellt die Zuverlässigkeit im Straßenverkehr für einen Kraftfahrer eine verkehrswesentliche Eigenschaft seiner Person dar. Aber aus einer einmaligen oder

Begründung des Arbeitsverhältnisses

geringfügigen Verkehrsstrafe kann man noch nicht auf eine maßgebliche Beeinträchtigung dieser Zuverlässigkeit schließen.

b) Wegen Täuschung/Drohung

1158

Nach § 123 Abs. 1 BGB kann man eine Willenserklärung anfechten, zu deren Abgabe man durch eine arglistige Täuschung oder eine widerrechtliche Drohung veranlaßt wurde. Es sind nur wenige Fallkonstellationen denkbar, in denen sich ein Vertragspartner durch eine Drohung zum Abschluß eines Arbeitsvertrages bestimmen läßt. Dabei ist entscheidend, ob sich die Drohung als widerrechtlich darstellt. Die Widerrechtlichkeit kann sich aus dem verfolgten Zweck oder aus dem benutzten Mittel der Drohung oder schließlich aus der Verknüpfung eines an sich rechtmäßigen Mittels und eines rechtmäßigen Zweckes ergeben. Bei der letztgenannten Kombination kommt es auf eine eingehende Würdigung aller Umstände des Einzelfalles an.

Beispiel:
U beschäftigt A seit Monaten als Schwarzarbeiter. A teilt ihm mit, daß er die Schwarzarbeit bei den zuständigen Behörden zur Anzeige bringen wird, wenn er nicht in einem ordnungsgemäßen Arbeitsverhältnis eingestellt würde. Daraufhin stellt U ihn ein. 4 Monate später bereut er dies und ficht die Einstellung an.
Zu Unrecht! Zwar ist die Anfechtungserklärung innerhalb der maßgeblichen Jahresfrist des § 124 Abs. 1 BGB rechtzeitig erfolgt. Aber U war nicht widerrechtlich durch eine Drohung zur Einstellung veranlaßt worden. Eine Anzeige bei Behörden ist kein widerrechtliches Mittel, um den legitimen Zweck zu verfolgen, das Arbeitsverhältnis in legale Bahnen zu lenken. Auch die Verknüpfung der in Aussichtstellung einer Anzeige mit dem Ziel, eine ordnungsgemäße Einstellung zu erreichen, ist vorliegend nicht zu beanstanden. Zwar hatte A keinen Rechtsanspruch auf den von ihm erstrebten Erfolg. Aber er hat ein berechtigtes Interesse daran. Die Überführung des Schwarzarbeitsverhältnisses in ein ordnungsgemäßes Arbeitsverhältnis bewirkt für ihn nämlich eine sozialversicherungsrechtliche Absicherung. Anders wäre der Fall zu beurteilen, wenn A nicht schon vorher von U als Schwarzarbeiter beschäftigt gewesen wäre.

1159

Eine arglistige Täuschung liegt vor, wenn der Arbeitnehmer eine zulässige Frage des Arbeitgebers falsch beantwortet oder eine Offenbarungspflicht verletzt hat. Eine Offenbarungspflicht besteht nur im Hinblick auf solche Umstände, die den Arbeitnehmer erkennbar an der Erbringung der konkret geschuldeten Tätigkeit hindern werden.

Beispiele:
1) U will A als Kraftfahrer einstellen. A hat keine Fahrerlaubnis. Als U dies wenige Wochen später merkt, ficht er den Arbeitsvertrag an.

Arbeitsrecht

Zu Recht! A konnte erkennen, daß er ohne Fahrerlaubnis gehindert war, die geschuldete Tätigkeit ordnungsgemäß zu erbringen. Er mußte daher bei der Einstellung den U darauf hinweisen. Die Nichterfüllung dieser Offenbarungspflicht stellt ein arglistiges Täuschen dar.

2) U stellt A als Sekretärin ein. A ist schwerbehindert. Sie leidet an einem Wirbelsäulenschaden, infolge dessen sie nicht länger als 2 Stunden in einer unveränderten Körperposition verharren kann. Nach der Einstellung stellt sich heraus, daß sie für U umfangreiche Schreibarbeiten an einem Personal-Computer zu verrichten hat, die teilweise über mehrere Stunden am Tag zu erbringen sind. U ficht den Vertrag an.
Zu Unrecht! A konnte bei der Einstellung nicht erkennen, daß sie infolge ihrer Behinderung daran gehindert sein wird, die konkret erwartete Arbeitsleistung zu erbringen. Denn es gehört nicht zum typischen Arbeitsbild einer Sekretärin, mehrere Stunden am Tag ununterbrochen Schreibtätigkeiten zu leisten. Anders wäre es, wenn A als Schreibkraft eingestellt worden wäre oder sie von U bei der Einstellung darauf hingewiesen worden wäre, in welchem Umfang von ihr Schreibarbeiten erwartet würden.

1160
Die Täuschungshandlung muß auch ursächlich für den Abschluß des Arbeitsvertrages gewesen sein. Soweit Anhaltspunkte dafür vorliegen, daß der Arbeitgeber die Einstellung auch in Kenntnis der verschwiegenen Umstände vorgenommen hätte, kann diesem kein Anfechtungsrecht eingeräumt werden.

Beispiel:
U betreibt eine Textilproduktion mit mehreren hundert Arbeitnehmern. Aus Prinzip will er keine Schwerbehinderten beschäftigen. Er stellt die Arbeitnehmerin A als Näherin ein. Auf dem Personalfragebogen hat A bei der Einstellung wahrheitswidrig die Frage nach dem Vorliegen einer Schwerbehinderung oder Gleichstellung verneint. U erfährt dies wenige Wochen später und ficht den Arbeitsvertrag wegen arglistiger Täuschung an.
Zu Unrecht! Zwar hat A eine zulässige Frage wahrheitswidrig beantwortet und damit eine arglistige Täuschung begangen. Es kann aber nicht angenommen werden, daß U durch diese Täuschung zur Einstellung veranlaßt wurde. Denn nach § 5 SchwbG ist U zur Beschäftigung von Schwerbehinderten verpflichtet. Es muß daher vermutet werden, daß er von der Einstellung nicht durch die Kenntnis der Schwerbehinderteneigenschaft der A abgehalten worden wäre. Anders wäre es nur, wenn Anhaltspunkte dafür ersichtlich wären, daß A durch die Schwerbehinderteneigenschaft an der Erbringung ihrer Arbeitsleistung gehindert ist.

1161
Schließlich ist noch zu beachten, daß eine Anfechtung ausgeschlossen ist, wenn der Anfechtungsgrund im Zeitpunkt der Anfechtungserklärung seine Bedeutung für die weitere Durchführung des Arbeitsverhältnisses bereits verloren hatte. Es wäre treuwidrig, wenn der Getäuschte ein Anfechtungsrecht geltend macht, obwohl er im Zeitpunkt der Ausübung dieses Rechtes durch die arglistige Täuschung nicht mehr beeinträchtigt ist.

Begründung des Arbeitsverhältnisses

Beispiel:
U stellt A im Oktober 1994 zum 01.11.1994 als Bauarbeiter ein. Im Frühjahr 1994 wurde A wegen eines Verkehrsdeliktes zu einer Gefängnisstrafe von 8 Monaten ohne Bewährung verurteilt. Am 10.11.1994 teilt dem A die Staatsanwaltschaft mit, daß er wegen seiner unbefristeten Beschäftigung in den offenen Strafvollzug übernommen werde. Am 20.11.1994 erfährt U von der Verurteilung. U ficht noch am gleichen Tag das Arbeitsverhältnis wegen arglistiger Täuschung an.
Zu Unrecht! Zwar wäre A bei der Einstellung verpflichtet gewesen, U darauf hinzuweisen, daß er zu einer Gefängnisstrafe verurteilt war, die er noch nicht angetreten hatte. Aber im Zeitpunkt der Anfechtungserklärung war keine Beeinträchtigung berechtigter Interessen des U mehr zu befürchten. Denn durch die zwischenzeitlich ergangene Entscheidung, daß A in den offenen Strafvollzug übernommen wurde, war sichergestellt, daß er seiner Arbeitsleistung künftig uneingeschränkt nachkommen konnte.

c) Abwicklung eines wirksam angefochtenen Vertrags

1162

Die Rechtsfolgen einer Anfechtung sind in § 142 BGB geregelt. Danach ist ein angefochtenes Vertragsverhältnis als von Anfang an nichtig anzusehen. Soweit der Arbeitsvertrag noch nicht vollzogen wurde, kommt es einfach nicht mehr zur Vollziehung. Der Arbeitsvertrag gilt als nicht geschlossen.

Soweit der Arbeitsvertrag aber bereits in Vollzug gesetzt wurde, ist er wie ein fehlerfrei zustande gekommenes Arbeitsverhältnis - als faktisches Arbeitsverhältnis - zu behandeln. Die Vertragsparteien haben insoweit quasi-vertragliche Ansprüche. Dies bezieht sich sowohl auf die Vergütung als auch auf die soziale Absicherung, soweit diese gesetzlich für das Arbeitsverhältnis geregelt wurde - z.B. Lohnfortzahlung.

1163

Durch die Anfechtung wird das Arbeitsverhältnis mit sofortiger Wirkung ohne Einhaltung von Kündigungsfristen beendet. Die Anfechtung ist daher eine rechtsgestaltende Wandlung, die in ihrer Wirkung der Ausübung des Kündigungsrechtes ähnelt. Der Unterschied liegt darin, daß bei der Anfechtung die Anfechtungsgründe schon beim Abschluß des Vertrages vorliegen müssen, während ein Kündigungsgrund sich auf die Zeit des Zugangs der Kündigungserklärung beziehen muß.

1164

Umstritten ist, ob und inwieweit bei der Ausübung eines Anfechtungsrechtes besondere Wirksamkeitsvoraussetzungen von Kündigungen beachtet werden müssen. So wird in der Literatur z.B. vertreten, daß der Betriebsrat auch bei einer Anfechtung nach § 102 BetrVG ein Mitwirkungsrecht hat. Nach herrschender Auffassung sind auf die Anfechtung aber Kündigungsbeschränkungen nicht anzuwenden. Es ist also keine Beteiligung des Betriebsrates erforderlich. Auch

Arbeitsrecht

der Sonderkündigungsschutz nach § 9 MuschG ist auf die Anfechtung nicht anzuwenden. Ein Arbeitnehmer muß sich gegen eine Anfechtung auch nicht binnen der 3-Wochen-Frist von §§ 4, 13 KSchG wehren.

1165

Um hier jegliches Risiko auszuschalten, ist zu empfehlen, neben der Anfechtung das Arbeitsverhältnis vorsorglich unter Beachtung der Kündigungsbeschränkungen außerordentlich zu kündigen.

1166

Die Ausübung des Anfechtungsrechtes kann nach § 122 BGB eine Schadensersatzpflicht des Anfechtenden begründen. Der Anfechtungsgegner kann nämlich dadurch, daß er auf die Gültigkeit des Arbeitsvertrages vertraut hat, einen Schaden erlitten haben. Diese Schadensersatzpflicht tritt aber nach § 122 Abs. 2 BGB nicht ein, wenn der Anfechtungsgegner den Grund der Anfechtbarkeit kannte oder kennen mußte. Dies wird meistens der Fall sein. Ein Arbeitnehmer, der den Anfechtungsgrund dadurch gesetzt hat, daß er eine Offenbarungspflicht nicht erfüllte, wird sich die Nichterfüllung zurechnen lassen müssen.

Der Anfechtende kann seinerseits auch Schadensersatzansprüche geltend machen. Dadurch daß sein Vertragspartner beim Vertragsabschluß zulässige Fragen nicht beantwortete oder seiner Offenbarungspflicht nicht nachkam, hat er einen Verschuldenstatbestand beim Vertragsschluß realisiert. In der Praxis wird aber der Nachweis eines dadurch verursachten Schadenseintritts schwierig sein. Seine Geltendmachung wird sich meist wegen des damit verbundenen Aufwands nicht lohnen.

Muster für eine Anfechtungserklärung

Sehr geehrte Frau/Sehr geehrter Herr ...

Der mit Ihnen am ... geschlossene Arbeitsvertrag wird von uns angefochten. Das Arbeitsverhältnis ist damit beendet.

Zur Begründung beziehen wir uns auf §§ 119/123 BGB.
Sie wurden als ... (Kraftfahrer) eingestellt. Zur Erfüllung der damit verbundenen Tätigkeiten benötigen Sie ... (eine Fahrerlaubnis). Bei Vertragsschluß gingen wir davon aus, daß Sie darüber verfügen. Nun hat sich herausgestellt, daß dem nicht so ist.

Bei der Einstellung haben Sie uns nicht darauf hingewiesen, daß ... (sie über keine Fahrerlaubnis verfügen). Damit haben Sie gegen eine Offenbarungspflicht verstoßen.

Begründung des Arbeitsverhältnisses

> *Sie haben in dem Personalfragebogen die Frage nach ... (dem Vorliegen einer Fahrerlaubnis) wahrheitswidrig beantwortet. In Wirklichkeit ... (verfügen Sie über keine Fahrerlaubnis).*
>
> *Wegen dieses Irrtums/dieser arglistigen Täuschung haben wir den Arbeitsvertrag abgeschlossen. Sonst wäre es von unserer Seite nicht zum Vertragsabschluß gekommen.*
>
> *Vorsorglich kündigen wir das Arbeitsverhältnis hiermit fristlos.*
>
> *Datum, Unterschrift   Erhalten am:*
> *   Arbeitnehmer*

2. Nichtaufnahme der Arbeit

1167

Ein weiterer Störfall tritt ein, wenn ein Arbeitnehmer nach Abschluß des Arbeitsvertrages die Arbeit nicht zum vereinbarten Zeitpunkt aufnimmt. Hintergrund einer solchen Entwicklung kann sein, daß er ein besseres Angebot bei einer anderen Firma angenommen hat. Die Arbeitgeber werden durch solche Entwicklungen häufig überrascht, da vorherige Ankündigungen oder Erklärungen nicht erfolgen.

a) Schadensersatzanspruch

1168

Bei einer solchen Entwicklung kann ein Arbeitgeber den Ersatz des ihm entstandenen Schadens vom Arbeitnehmer verlangen. Der Wert dieses Ersatzanspruchs ist aber sehr zweifelhaft. Denn die möglichen Schadenspositionen können im Streitfall nur mit großen Schwierigkeiten belegt werden.

Im Hinblick auf die Inserats- oder Vorstellungskosten kann eine Erstattung nicht durchgesetzt werden. Der Arbeitnehmer kann sich nämlich auf das sogenannte hypothetische rechtmäßige Alternativverhalten berufen. Er kann geltend machen, daß diese zusätzlichen Kosten für eine neue Inserierung auch entstanden wären, wenn er das Arbeitsverhältnis ordnungsgemäß durch eine fristgerechte Kündigung beendet hätte.

1169

Darüber hinaus kann ein Schaden in der Form entstanden sein, daß der Arbeitgeber Produktionsausfälle hinnehmen mußte. Es ist jedoch in der Praxis fast unmöglich, den ursächlichen Zusammenhang zwischen der Nichtaufnahme der Arbeit zu einem vereinbarten Zeitpunkt und einem Gewinnausfall darzulegen. Dies liegt daran, daß die Gewinnentwicklung eines Unternehmens von unübersehbar vielen Faktoren abhängig ist. Eine Pauschalierung der Schäden in der

Weise, daß der ortsübliche Tageslohn verlangt wird, kommt nicht in Betracht. Eine entsprechende rechtliche Grundlage besteht nicht.

b) Vertragsstrafe

1170

Wenn in dem Arbeitsvertrag für den Fall der verschuldeten Nichtaufnahme der Arbeit zum vereinbarten Zeitpunkt eine Vertragsstrafenregelung getroffen wurde, kann der Arbeitgeber aus dieser einen Vertragsstrafenanspruch herleiten. Die Regelung muß aber inhaltlich gerade den Fall der verschuldeten Nichtaufnahme der Arbeit umfassen. Sie muß zudem angemessen sein. Diesbezüglich unterliegt die vertragliche Regelung einer umfassenden gerichtlichen Inhaltskontrolle (vgl. Rz. 1980).

IV. Weiterführende Literaturhinweise:

1171

Etzel, Betriebsverfassungsrecht, 2. Aufl. 1982
Matthes, Einstellung und Kündigung, 1972
RKW Handbuch Personalplanung, 2. Aufl. 1990
Schaub, Arbeitsrechtliche Formularsammlung und Erläuterungen zum Arbeitsgerichtsverfahren, 6. Aufl. 1994
Schaub, Arbeitsrechtshandbuch, 7. Aufl. 1992
Stahlhacke, Begründung des Arbeitsverhältnisses, HzA Gruppe 1, Loseblatt, Stand 1994

2. Kapitel: Der Inhalt des Arbeitsvertrages

I.	Grenzen der Vertragsgestaltung	1300
	1. Arbeitsvertrag und sonstige Rechtsquellen des Arbeitsrechts	1301
	2. Mindestinhalt des Arbeitsvertrages	1310
	3. Gesetzliche Schranken der Arbeitsvertragsgestaltung	1320
	a) Verstoß gegen gesetzliche Vorschriften	1301
	b) Verstoß gegen die guten Sitten	1330
	c) Maßregelungsverbot nach § 612 a BGB	1340
	d) Abwicklung eines nichtigen Vertrages	1350
II.	Rechtliche Kontrolle vorformulierter Arbeitsbedingungen	1360
	1. Vorformulierte Arbeitsbedingungen	1361
	a) Rechtstatsachen zur Gestaltung von Arbeitsverträgen	1362
	b) Grundsätze einer zweckmäßigen Arbeitsvertragsgestaltung	1370
	2. Richterliche Pflicht zur Vertragskontrolle	1380
	3. Stufen der Vertragskontrolle	1390
	a) Einbeziehungskontrolle	1391
	b) Auslegung	1400
	c) Verstoß gegen gesetzliches Verbot, die guten Sitten oder gegen das Maßregelungsverbot	1410
	d) Angemessenheitskontrolle	1420
	e) Rechtsfolgen unwirksamer Klauseln	1430
	f) Ausübungskontrolle	1440
	4. Betriebsrat und vorformulierte Arbeitsbedingungen	1450
III.	Weiterführende Literaturhinweise	1451

Der Inhalt des Arbeitsvertrages

I. Grenzen der Vertragsgestaltung

1. Arbeitsvertrag und sonstige Rechtsquellen des Arbeitsrechts

1301
Über den Arbeitsvertrag können die Vertragsparteien den Inhalt ihrer gegenseitigen Verpflichtungen und Rechte umfassend regeln. Typischerweise enthalten die Arbeitsverträge jedoch nur Regelungen zu einigen von den Arbeitsvertragsparteien als wesentlich angesehenen Fragen. Der mündliche oder schriftliche Arbeitsvertrag stellt jedoch nicht die einzige arbeitsrechtliche Quelle für Rechte und Pflichten aus dem Arbeitsverhältnis dar.

Ist z.B. zu bestimmen, wieviel Tage Erholungsurlaub einem Arbeitnehmer zustehen, können sich hierzu Regelungen finden in einer Vereinbarung zwischen den Arbeitsvertragsparteien (mündlicher oder schriftlicher Arbeitsvertrag, Änderungsvertrag, in bezug genommene Allgemeine Arbeitsbedingungen, zum Vertragsbestandteil gewordene betriebliche Übung), in einer im Betrieb geltenden Betriebsvereinbarung, in einem einschlägigen Tarifvertrag und schließlich im allgemein geltenden Bundesurlaubsgesetz. Nach Bedeutung und Stärke der Quellen arbeitsrechtlicher Regelungen geordnet muß die Rangfolge lauten:

- Verfassung (Grundgesetz)
- EG-Normen
- Gesetz
- Tarifvertrag
- Betriebsvereinbarung
- Arbeitsvertrag (einschl. Allgemeiner Arbeitsbedingungen und betrieblicher Übung)
- Anordnungen des Arbeitgebers (Direktionsrecht)

1302
Nach allgemeinen Grundsätzen geht die stärkere (ranghöhere) Regelung der schwächeren (rangniedrigeren) Regelung vor **(Rangprinzip)**. Ein verfassungswidriges oder europarechtswidriges Gesetz, ein gesetzwidriger Tarifvertrag, eine vertragswidrige Arbeitgeberweisung sind unwirksam oder zumindest im Rechtswege angreifbar.

Beispiele:
1) Unternehmer U hat mit Arbeiter A im Arbeitsvertrag vereinbart, daß für die ersten 6 Monate der Beschäftigung ein Stundenlohn gezahlt wird, der 20 % unter dem Tariflohn liegt. Der Lohntarifvertrag ist für allgemeinverbindlich erklärt worden. Sein zeitlicher, räumlicher, betrieblicher, fachlicher und persönlicher Geltungsbereich erfaßt das Arbeitsverhältnis zwischen A und U (§ 5 TVG).

Der Inhalt des Arbeitsvertrages

Die Vereinbarung ist nichtig. A hat einen Anspruch auf den vollen Tariflohn. Das kann nur anders sein, wenn der Tarifvertrag eine Öffnungsklausel für einzelvertragliche Abreden hat.

2) U hat mit der Angestellten A einen Arbeitsvertrag geschlossen, in dem es u.a. heißt: "Die Angestellte verzichtet auf den Sonderkündigungsschutz des § 9 MuSchG."
Diese Klausel ist unwirksam. Von dem Kündigungsverbot des § 9 Abs. 1 S. 1 MuSchG kann nur in der Weise abgewichen werden, daß der Kündigungsschutz erweitert wird, indem er über die Zeitspanne von 4 Monaten nach der Entbindung hinaus gewährt wird.

1303

Ist jedoch die schwächere Regelung für den Arbeitnehmer günstiger, geht sie im Arbeitsrecht grundsätzlich der stärkeren (ungünstigeren) Regelung vor **(Günstigkeitsprinzip)**.

Beispiele:
Der Arbeitgeber sagt dem Arbeitnehmer 30 Werktage Urlaub zu.
Nach § 3 Abs. 1 BUrlG in der ab dem 01.01.1995 geltenden Fassung (Art. 2 ArbZRG i.V.m. Art. 21 S. 1 ArbZRG) beträgt der Urlaub jährlich mindestens 24 Werktage. Eine Abweichung von der gesetzlichen Mindestregelung zugunsten des Arbeitnehmers ist zulässig. Das Günstigkeitsprinzip ist insoweit in § 13 Abs. 1 Satz 3 BUrlG normiert. Hätte der Arbeitnehmer sich jedoch mit einem Urlaubsanspruch von 15 Werktagen ausdrücklich einverstanden erklärt, wäre die Vereinbarung wegen eines Verstoßes gegen § 3 Abs. 1 BUrlG in Verbindung mit § 13 Abs. 1 S. 3 BUrlG unwirksam.

Der Arbeitgeber verspricht dem Arbeitnehmer die Zahlung eines übertariflichen Lohnes. Die Arbeitsvertragsparteien sind tarifgebunden.
Nach § 4 Abs. 3 TVG sind vom Tarifvertrag abweichende Abmachungen nur zulässig, soweit sie durch Tarifvertrag gestattet sind oder eine Änderung der Regelungen zugunsten des Arbeitnehmers enthalten. Letzteres ist bei der Vereinbarung einer übertariflichen Vergütung der Fall.

1304

Auch innerhalb einer Rangstufe kann es zu einer Kollision von Regelungen kommen. Hier gelten folgende Prinzipien:
Folgt eine Regelung auf eine andere Regelung, so geht im Konfliktfalle die spätere vor **(Ablösungsprinzip)**. Wird eine kollektivvertragliche Regelung (Tarifvertrag, Betriebsvereinbarung) durch eine spätere ranggleiche abgelöst, so tritt nach dem **Ordnungsprinzip** diese an die Stelle der früheren, gleichgültig ob sie für den Arbeitnehmer günstiger ist oder nicht. Eine speziellere Regelung geht auf gleicher Rangstufe der allgemeineren vor, auch wenn sie nachteiliger ist **(Spezialitätsprinzip)**.

2. Mindestinhalt des Arbeitsvertrages

1310
Durch den Arbeitsvertrag wird das Arbeitsverhältnis begründet. Aus ihm muß hervorgehen, ab wann eine Person als Arbeitnehmer welche Arbeit zu leisten hat. Regelmäßig bedarf es auch einer Einigung, daß die Arbeit entgeltlich geleistet wird. Die Höhe der Arbeitsvergütung braucht nicht ausdrücklich bestimmt zu werden. Ist die Höhe der Vergütung nicht bestimmt, so ist bei dem Bestehen einer Taxe die taxmäßige Vergütung, in Ermangelung einer Taxe die übliche - grundsätzlich die tarifliche - Vergütung als vereinbart anzusehen (§ 612 Abs. 2 BGB). Der weitere Inhalt des Arbeitsverhältnisses kann sich aus den übrigen Quellen arbeitsrechtlicher Regelungen ergeben.

3. Gesetzliche Schranken der Arbeitsvertragsgestaltung

1320

a) Verstoß gegen gesetzliche Vorschriften

1321
Nach § 134 BGB ist ein Arbeitsvertrag, durch den gegen ein gesetzliches Verbot verstoßen wird, nichtig. Nicht jedes Gesetz, das den Arbeitsvertrag beschränkt oder an bestimmte Voraussetzungen bindet, verbietet aber den Abschluß des Arbeitsvertrages. Ob ein Verbotsgesetz im Sinne von § 134 BGB vorliegt, muß oft durch Auslegung des Gesetzes ermittelt werden. Zu den gesetzlichen Verboten rechnen die **Abschlußverbote** für Arbeitsverträge, die auf Gesetz, Tarifvertrag oder Betriebsvereinbarung beruhen können. Abschlußverbote können sich z.B. auch aus den nach § 95 BetrVG zu vereinbarenden Richtlinien über die personelle Auswahl bei Einstellungen, Versetzungen und Umgruppierungen ergeben. Insbesondere folgende gesetzlichen Abschlußverbote sind zu beachten:

- Arbeitsverträge, die gegen das Gesetz zur Bekämpfung der Schwarzarbeit verstoßen, sind nichtig *(BGH 23.09.1982, AP Nr. 2 zu § 1 ScharzarbeitsG; BGH 31.05.1990, AP Nr. 3 zu § 1 ScharzarbeitsG)*.

- Arbeitsverträge mit Kindern unter 14 Jahren, § 5 JArbSchG *(BAG 23.01.1973, AP Nr. 3 zu § 7 JugArbSchutzG)*, sind ebenfalls nichtig.

- Ein Abschlußverbot enthält ferner § 9 Nr. 1 AÜG i.V. mit § 10 Abs. 1 AÜG. Danach darf ein Unternehmer, der Arbeitskräfte verleiht, Leiharbeitnehmer nur einstellen, wenn er über die dazu erforderliche Erlaubnis verfügt.

Von den Abschlußverboten sind die **Beschäftigungsverbote** zu unterscheiden. Bei diesen ist der Arbeitsvertrag wirksam. Es ist lediglich die tatsächliche Beschäftigung des Arbeitnehmers in dem bestimmten Bereich untersagt, wie z.B.

- die Beschäftigung eines Arztes ohne Approbation *(BAG 06.03.1974, AP Nr. 29 zu § 615 BGB)*

- die Beschäftigung eines Ausländers ohne Arbeitserlaubnis (§ 19 Abs. 1 AFG); der Arbeitgeber hat infolge des Fehlens der Arbeitserlaubnis gegebenenfalls ein Kündigungsrecht *(BAG 13.01.1977, AP Nr. 2 zu § 19 AFG; BAG 19.01.1977, AP Nr. 3 zu § 19 AFG; BAG 16.12.1976, AP Nr. 4 zu § 19 AFG)*
- die Beschäftigung von Arbeitnehmern, bei deren Einstellung nach § 18 Abs. 1 BSeuchG ein Gesundheitsattest vorliegen muß *(BAG 02.03.1971, AP Nr. 2 zu § 18 BSeuchG)*

b) Verstoß gegen die guten Sitten

1330

Nach § 138 Abs. 1 BGB ist ein Arbeitsvertrag, der gegen die guten Sitten verstößt, nichtig. Was unter den "guten Sitten" zu verstehen sein soll, ist nicht leicht zu erklären. Jedes Gericht und jeder Mensch hat seine eigenen Vorstellungen darüber. Gerade wegen der Ungenauigkeit des Begriffsinhaltes wendet die Rechtsprechung diese Norm sehr vorsichtig an. Nur wenn der Arbeitsvertrag nach seinem Inhalt, Zweck oder den Beweggründen der Vertragsschließenden gegen das Anstandsgefühl aller billig und gerecht Denkenden verstößt, liegt eine Sittenwidrigkeit vor. Das wird man nur in seltenen Ausnahmefällen annehmen können.

So wird beispielsweise die Einstellung eines Fluchtfahrers für einen Banküberfall als sittenwidrig zu bewerten sein, weil die Durchführung einer strafbaren Handlung bezweckt wird. Von der Rechtsprechung wurde ein Vertrag über die Vorführung des Geschlechtsverkehrs auf der Bühne als sittenwidrig bewertet *(BAG 01.04.1976, AP Nr. 34 zu § 138 BGB)*.

Als nichtig wurden ferner sog. Zölibatsklauseln angesehen, wonach z.B. mit einer Arbeitnehmerin für den Fall ihrer Eheschließung eine auflösende Bedingung für das Arbeitsverhältnis vereinbart wurde *(BAG 10.05.1957, AP Nr. 1 zu Art. 6 GG Ehe und Familie)* oder wo der Arbeitsvertrag die Bestimmung enthielt, daß das Arbeitsverhältnis mit Feststellung der Schwangerschaft der Arbeitnehmerin ende *(BAG 28.11.1958, AP Nr. 2 zu Art. 6 GG Ehe und Familie)*.

Von der Rechtsprechung ist § 138 BGB in den Mankohaftungsfällen auch im Sinne einer **Angemessenheitskontrolle** genutzt worden. Insoweit hat das Bundesarbeitsgericht auf eine Abwälzung des Betriebsrisikos in einem zu weitgehenden Umfang bei fehlendem angemessenen Risikoausgleich abgestellt *(BAG 22.11.1973, AP Nr. 67 zu § 626 BGB)*. Eine arbeitsvertragliche Vergütungsregelung verstößt des weiteren gegen die guten Sitten, wenn der Arbeitnehmer mit dem Betriebs- und Wirtschaftsrisiko des Arbeitgebers belastet wird. Dies ist nach der höchstrichterlichen Rechtsprechung insbesondere dann anzunehmen, wenn eine Vergütungsabrede eine Verlustbeteiligung des Arbeitnehmers vorsieht. In subjektiver Hinsicht ist nur erforderlich, daß die Handelnden die tatsächlichen Umstände kennen, aus denen sich die Sittenwidrigkeit ergibt; es ist nicht maßgebend, daß sie ihr Handeln für sittenwidrig halten *(BAG 10.10.1990, AP Nr. 47 zu § 139 BGB)*.

Ein spezieller Fall der Sittenwidrigkeit ist der **Lohnwucher**. Nach § 138 Abs. 2 BGB ist ein Vertrag, durch den jemand unter Ausbeutung der Zwangslage, der Unerfahrenheit, des Mangels an Urteilsvermögen oder der erheblichen Willensschwäche eines anderen sich eine Leistung versprechen läßt, die in einem auffälligen Mißverhältnis zu der Gegenleistung steht, nichtig. Das Mißverhältnis zwischen Leistung und Gegenleistung - also Arbeitspflicht und Vergütungshöhe - wird sich danach feststellen lassen, ob die Arbeitsleistung nach Schwierigkeitsgrad, körperlicher oder geistiger Beanspruchung, sowie hinsichtlich der Arbeitsbedingungen schlechthin (Hitze, Kälte, Lärm) noch ausreichend entlohnt wird. Bei einer solchen Überprüfung soll in der Regel nicht nur auf einen Vergleich mit den Tariflöhnen des jeweiligen Wirtschaftszweiges abgehoben werden *(BAG 11.01.1973, AP Nr. 30 zu § 138 BGB)*. Als Faustformel kann aber gesagt werden, daß eine Vergütung, die mehr als 30 % unter dem niedrigst möglichen Tariflohn liegt, sittenwidrig sein kann. Dies gilt insbesondere, wenn Personen beschäftigt werden, die auf solche Verdienstmöglichkeiten angewiesen sind, beispielsweise Sozialhilfeempfänger oder Flüchtlinge.

c) Maßregelungsverbot nach § 612 a BGB

1340
Keine besondere Bedeutung hat bislang das **Maßregelungsverbot nach § 612 a BGB** erlangt. Hiernach darf der Arbeitgeber einen Arbeitnehmer bei einer Vereinbarung oder einer Maßnahme nicht benachteiligen, weil der Arbeitnehmer in zulässiger Weise seine Rechte ausübt. Das Maßregelungsverbot regelt einen Sonderfall der Sittenwidrigkeit *(BAG 02.04.1987, AP Nr. 1 zu § 612 a BGB; BAG 21.07.1988, EzA § 4 TVG Bauindustrie Nr. 44)*.

Höchstrichterlich nicht hinreichend geklärt ist die Bedeutung des § 612 a BGB bei **Vereinbarungen**. Es ist davon auszugehen, daß § 612 a BGB auch anzuwenden ist auf benachteiligende Vereinbarungen, die von vornherein bestimmte Rechtsausübungen maßregeln. Als Anwendungsfälle des § 612 a BGB kommen z.B. in Betracht sog. Zölibatsklauseln (Vereinbarung der Beendigung des Arbeitsverhältnisses für den Fall der Verheiratung einer Arbeitnehmerin), unzulässige Erschwerungen der ordentlichen Kündigung (Abfindungen, Kautionsverfall oder Vertragsstrafen für den Fall einer ordentlichen Kündigung) und Anwesenheitsprämien (vgl. Rz. 1825).

Der Inhalt des Arbeitsvertrages

d) Abwicklung eines nichtigen Vertrages

1350

Bei den Rechtsfolgen eines nichtigen Arbeitsvertrages ist danach zu unterscheiden, ob der Arbeitsvertrag lediglich abgeschlossen oder schon in Vollzug gesetzt wurde. Im ersteren Fall sind die Rechtsfolgen unproblematisch. Es wurden keine gegenseitigen Pflichten oder Rechte wirksam begründet. Vertragliche Ansprüche bestehen also nicht. Auch Rückabwicklungsprobleme liegen nicht vor, da eben noch kein Austausch von Leistungen erfolgte. Lediglich Schadensersatzforderungen können geltend gemacht werden. Als Anspruchsgrundlagen kommen insoweit das Recht der unerlaubten Handlungen (§§ 823, 826 BGB) sowie vor allem das Rechtsinstitut Verschulden bei Vertragsabschluß in Betracht.

Wurde das Arbeitsverhältnis bereits vollzogen, kommt der Nichtigkeits des Arbeitsvertrages in der Regel **keine Rückwirkung** zu. Jede Arbeitsvertragspartei kann sich aber durch einfache Erklärung aus dem nicht wirksam begründeten Arbeitsverhältnis (faktisches Arbeitsverhältnis) lösen *(LAG Berlin 17.04.1978, EzA § 397 BGB Nr. 3)*. Für den Zeitraum, in dem es trotz der ihm anhaftenden Mängel in Funktion gesetzt war, ist es wie ein fehlerfrei zustandegekommenes zu behandeln *(BAG 07.06.1972, AP Nr. 18 zu § 611 BGB Faktisches Arbeitsverhältnis)*. Dem Arbeitnehmer stehen damit für die Vergangenheit die vereinbarten Lohnansprüche einschließlich der Ansprüche auf Vergütungsfortzahlung wegen Krankheit oder Urlaub zu.

Gegen die Geltendmachung von Ansprüchen aus einem faktischen Arbeitsverhältnis kann der Vertragspartner die Einrede der Arglist erheben. Er kann geltend machen, daß der Anspruchstellende die Nichtigkeit des Arbeitsvertrages gekannt habe. Freilich ist diese Einrede ihrerseits wiederum nur möglich, wenn der Vertragspartner seinerseits arglos war. Nach der Rechtsprechung ist es ausgeschlossen, die Regeln des faktischen Arbeitsverhältnisses anzuwenden, wenn der nichtige Vertrag in besonders gewichtiger Weise gegen die Grundregeln unserer Rechtsordnung verstoßen hat. Dies wird angenommen bei gemeinschaftlichen Verabredungen zu kriminellen Handlungen. Bei einer mit einer Striptease-Tänzerin getroffenen Vereinbarung soll dies aber nicht der Fall sein *(BAG 07.06.1972, AP Nr. 18 zu § 611 BGB Faktisches Arbeitsverhältnis)*.

Eine Besonderheit gilt bei der Nichtigkeit des Arbeitsvertrages wegen mangelnder Geschäftsfähigkeit des Arbeitnehmers. Dem minderjährigen Arbeitnehmer stehen die vertraglichen Ansprüche aus dem faktischen Vertragsverhältnis zu. Demgegenüber kann sich aber der Arbeitgeber nicht auf Gegenansprüche berufen. Er hat also z.B. keine nachträglichen vertraglich begründeten Schadensersatzansprüche. Gleichwohl kann er den Minderjährigen oder dessen Eltern bei Aufsichtspflichtverletzungen nach den Regeln der §§ 823 ff. BGB in Haftung nehmen.

Eine letzte Besonderheit ist die Regelung des § 139 BGB über die **Teilnichtigkeit**. Danach ist bei der Nichtigkeit eines Teils eines Rechtsgeschäfts das gesamte Rechtsgeschäft nichtig, wenn nicht anzunehmen ist, daß es auch ohne den nichtigen Teil vorgenommen sein würde. Die Frage nach der Teilnichtigkeit stellt sich insbesondere bei dem beschriebenen Lohnwucher. Hier wird aber wegen der Regelungen des § 612 Abs. 2 BGB angenommen, daß der Bestand des Arbeitsverhältnisses an sich durch die Nichtigkeit der Vergütungsabsprache nicht berührt ist. Denn es gilt die übliche Vergütung für die erbrachte Arbeitsleistung als vereinbart.

II. Rechtliche Kontrolle vorformulierter Arbeitsbedingungen

1360

1. Vorformulierte Arbeitsbedingungen

1361

a) Rechtstatsachen zur Gestaltung von Arbeitsverträgen

1362

In § 105 GewO ist noch bestimmt: "Die Festsetzung der Verhältnisse zwischen den selbständigen Gewerbetreibenden und den gewerblichen Arbeitnehmern ist ... Gegenstand freier Übereinkunft."

Rechtstatsächlich (alle Angaben nach Preis, Grundfragen der Vertragsgestaltung im Arbeitsrecht, 1993) ist der individuell ausgehandelte Arbeitsvertrag jedoch die große Ausnahme und der standardisierte Vertrag der Regelfall. Der Trend zu vorformulierten einheitlichen Vertragsgestaltungen ist auch im Bereich der Führungskräfte (leitende Angestellte, sog. außertarifliche Angestellte) verbreitet. Es wird geschätzt, daß die Anzahl der **formularmäßig gestalteten Arbeitsverhältnisse in der Bundesrepublik bei weit über 90%** liegt.

Vorformulierte Arbeitsbedingungen werden von den Arbeitgebern in unterschiedlicher Form vorgelegt. In der Praxis überwiegt noch der gedruckte Formulararbeitsvertrag. Oft greift der Arbeitgeber auf Musterempfehlungen zur Arbeitsvertragsgestaltung von Fachpublikationen, Arbeitgeberverbänden, Fach- und Berufsverbänden zurück. Vorformulierte Arbeitsbedingungen vereinfachen die Organisation, erleichtern die Kalkulation und ersparen Kosten und Mühe, die dadurch entstünden, daß der Inhalt der einzelnen Verträge individuell ausgehandelt werden müßte. Die Unternehmen gehen mittlerweile vermehrt auf Vertragsmuster über, die sich aus Textbausteinen zusammensetzen. Von einigen Arbeitgeberverbänden werden auch schon Disketten angeboten, die auf einem Personalcomputer verwendet werden können. Es werden in der Praxis je nach dem Arbeitnehmerstatus unterschiedliche Mustertexte verwand. Durchschnittlich kommen in einem Unternehmen drei bis sechs Vertragsmuster zur Anwendung, und zwar für Arbeiter (gewerbliche Arbeitnehmer), tarifliche Angestellte, außertarifliche und leitende Angestellte und für Aushilfs- und Teilzeitkräfte.

In den Vertragsformularen sind überwiegend möglichst vollständige Regelungen enthalten. Typische Regelungsbereiche sind: Arbeitsbeginn, Tätigkeitsbeschreibung, Arbeitszeit, Arbeitsvergütung, Über- und Mehrarbeit, Abtretung und Verpfändung des Arbeitseinkommens, Arbeitsverhinderung, Lohnfortzahlung im Krankheitsfall, Urlaub, Nebenbeschäftigung, Wettbewerbsabreden, Vertragsstrafen, Beendigung des Arbeitsverhältnisses, Rückzahlung von Vorschüssen und Darlehen, Verweisung auf Allgemeine Arbeitsbedingungen / Betriebsvereinbarungen / Tarifverträge, Schriftformklauseln, Ausschlußfristen / Verfallklauseln. Häufig werden Arbeitnehmerpflichten gegenüber den sich aus Gesetz, Rechtsprechung und Kollektivverträgen festgeschriebenen Verpflichtungen erweitert. Dies ist beispielsweise in Klauseln der Fall, in denen

- der Arbeitgeber sich vorbehält, dem Arbeitnehmer eine andere (zumutbare) Arbeit im Betrieb zuzuweisen,
- der Arbeitnehmer sich verpflichtet, jederzeit auf Anweisung Mehr- und Überarbeit im gesetzlich zulässigen Rahmen zu leisten,
- dem Arbeitnehmer eine Nebenbeschäftigung nur für den Fall einer ausdrücklichen schriftlichen Genehmigung des Arbeitgebers gestattet wird,
- der Arbeitnehmer für den Fall der Nichtaufnahme oder der vertragswidrigen Beendigung der Arbeit eine Vertragsstrafe zusagt.

b) Grundsätze einer zweckmäßigen Arbeitsvertragsgestaltung

1370

Die Gestaltung von Verträgen im Arbeitsrecht ist schwierig. In einem Rechtsgebiet mit weithin fehlendem dispositivem Gesetzesrecht, unübersichtlichem zwingendem Gesetzesrecht, schwierigen Zusammenhängen mit dem Kollektivarbeitsrecht und einem nicht immer kalkulierbaren und auch schwankendem Richterrecht ist ein Vertrag zu entwerfen, der auf der Basis des geltenden Rechts Konflikte vermeidet oder löst. **Unabdingbare Voraussetzung für diese Aufgabe ist eine genaue Kenntnis**

- **der einschlägigen Normen,**
- **der kollektivrechtlichen Vereinbarungen**
- **und der Rechtsprechung.**

Im Schrifttum wird davor gewarnt, Arbeitsverhältnisse im schriftlichen Vertrag **zu detailliert** zu regeln, damit nicht bei jeder Veränderung der tatsächlichen Verhältnisse eine Änderungskündigung notwendig wird. Dies entspricht der rechtspolitischen Tendenz zur Flexibilisierung und Deregulierung der Arbeitsbedingungen. Auch vor der **Verwendung von Generalklauseln** wird gewarnt.

Der Inhalt des Arbeitsvertrages

Diese verfehlen in Arbeitsverträgen den Zweck der Vertragsgestaltung, Rechtssicherheit in der Rechtsbeziehung zwischen den Arbeitsvertragsparteien zu schaffen. Die Ausfüllung abstrakter Klauseln erfolgt im Streitfall durch das Gericht.

Problematisiert wird auch die Verwendung sog. **deklaratorischer Klauseln** in Arbeitsverträgen. Solche Klauseln sind dadurch gekennzeichnet, daß sie lediglich den Inhalt der einschlägigen gesetzlichen oder tariflichen Norm wiedergeben und deshalb nicht selbst Rechte oder Pflichten erzeugen oder begründen. Den deklaratorischen Klauseln kommt lediglich eine Informationsfunktion zu. Unter bestimten Umständen kann sich z.B. die vertragliche Wiederholung von Tarifnormen für den Arbeitgeber nachteilig auswirken, und zwar dann, wenn die Tarifnorm nach Abschluß des Arbeitsvertrages zu Gunsten des Arbeitgebers geändert wird.

Als wichtig erachtet wird die **Beweisfunktion des schriftlichen Arbeitsvertrages**. Arbeitgebern wird dringend angeraten, Arbeitsverträge schriftlich abzuschließen. Mündliche Abreden sind oft Quelle vielfachen Streits, weil später schwer zu klären und im Streitfall zu beweisen ist, was im einzelnen zwischen den Arbeitsvertragsparteien als verbindlich besprochen wurde. Nach der höchstrichterlichen Rechtsprechung birgt ein schriftlich abgefaßter Vertrag die Vermutung der Vollständigkeit und Richtigkeit in sich. Das bedeutet für die Praxis, daß diejenige Arbeitsvertragspartei, die sich auf eine für sie günstige mündliche Abrede beruft, diese zu beweisen hat.

In der bislang gründlichsten Untersuchung zur Vertragsgestaltung im Arbeitsrecht (Preis, Grundfragen der Vertragsgestaltung im Arbeitsrecht, 1993) wird empfohlen, zu Beginn vor der Gestaltung eines zweckmäßigen Arbeitsvertrages folgende Fragen zu klären:

- In welchem Umfang gestaltet bereits kollektives Vertragsrecht zwingend die Arbeitsverhältnisse? Bestehen Tarifbindung, ein allgemeinverbindlicher Tarifvertrag oder individualarbeitsrechtlich relevante Betriebsvereinbarungen?
- Besteht entsprechend § 4 Abs. 3 TVG dispositives Tarifrecht, das den Parteien des Arbeitsverhältnisses ausdrücklich abweichende Regelungen gestattet?
- In welchen Bereichen bestehen Freiräume für die Vertragsparteien, weil die Tarifpartner bestimmte Fragen nicht oder nicht abschließend geregelt haben?
- Empfiehlt sich für die nicht tarifgebundenen Arbeitsverhältnisse die vollständige oder teilweise Angleichung an die tarifgebundenen oder erscheint eine abweichende Vertragsregelung zweckmäßig? Ist eventuell die Einbeziehung des nicht unmittelbar einschlägigen Tarifvertrages in Betracht zu ziehen?
- Empfiehlt es sich überhaupt, die nicht durch Kollektivverträge erfaßten Bereiche der individualvertraglichen Regelung zuzuführen?

Der Inhalt des Arbeitsvertrages

- Ist die Vereinbarung bestimmter Bereiche durch Arbeitsvertrag in jedem Fall unabhängig vom Schicksal änderungsfreundlicher Kollektivverträge sinnvoll?
- Ist eine Veränderung der kollektivvertraglichen Situation um der flexibleren Regelungsmöglichkeiten willen im Einzelvertrag anzustreben?
- In welchen Punkten ist eine gegenüber den bestehenden Kollektivverträgen günstigere Regelung anzustreben? Ist die vertragliche Regelung tatsächlich und nicht nur - aus der subjektiven Sicht des einzelnen Arbeitnehmers - günstiger?

Eine erkennbar unwirksame Vertragsgestaltung kann auch insoweit Rechtsfolgen nach sich ziehen, als die Vertragspartner bei den Vertragsverhandlungen verpflichtet sind, die Schädigung des anderen Teils durch Aufstellung unwirksamer Vertragsklauseln zu vermeiden. Bei Verletzung dieser Pflicht kann sich ein **Schadensersatzanspruch** aus Verschulden bei Vertragsschluß (culpa in contrahendo) ergeben. Bei unwirksamer Vertragsgestaltung haftet die Partei, die den Unwirksamkeitsgrund zu vertreten hat.

Konsequenzen haben diese Haftungsfolgen unwirksamer Vertragsgestaltung auch für den Kautelarjuristen. Er ist verpflichtet, den Mandanten auf mögliche Risiken bestimmter Vertragsgestaltungen hinzuweisen und haftet für Beratungsfehler. Es gilt der "Grundsatz des sichersten Weges". Eine Belehrungspflicht besteht auch bei bloßer Zweifelhaftigkeit der Rechtslage. Ersatzfähige Schäden bei unwirksamer Vertragsgestaltung sind notwendige Rechtsberatungs- und Prozeßkosten sowie Aufwendungen, die aus der Unkenntnis über die Unwirksamkeit einer Klausel gemacht wurden oder Schäden, die wegen dieser Unkenntnis entstanden sind.

2. Richterliche Pflicht zur Vertragskontrolle

1380

Das Bundesarbeitsgericht hat in einer Vielzahl von Fällen die Rechtswirksamkeit arbeitsvertraglicher Klauseln zugunsten der Arbeitnehmer durch eine - nicht immer so bezeichnete - **Inhaltskontrolle** (Rechtskontrolle, Vertragsinhaltskontrolle) eingeschränkt und dadurch den vertraglichen Gestaltungsmöglichkeiten der Arbeitgeber Grenzen gesetzt. Als Beispiele seien hier genannt:

- Das Verbot unzumutbarer Rückzahlungsklauseln bei Gewährung einer Gratifikation wird auf einen Verstoß gegen die Fürsorgepflicht und den Gesichtspunkt der objektiven Gesetzesumgehung gestützt (vgl. Rn. 1963).
- Die Befristung von Arbeitsverhältnissen wird außerhalb gesetzlicher Ermächtigungen zur Befristung vom Vorliegen eines sachlichen Grundes abhängig gemacht, wenn eine Gesetzesumgehung in Betracht kommt (vgl. Rn. 1600).

- Die Begrenzung der jede Nebentätigkeit verbietenden Vertragsklauseln wird mit der Notwendigkeit einer verfassungskonformen Interpretation begründet (vgl. Rn. 1960).

1382
Die Rechtskontrolle **vorformulierter** Arbeitsbedingungen ist vom Bundesarbeitsgericht bislang nur vereinzelt und unzureichend thematisiert worden. Auf die Unterscheidung von formularmäßigen und individuell ausgehandelten Vereinbarungen hat das Bundesarbeitsgericht, anders als der Bundesgerichtshof in ständiger Rechtsprechung vor Inkrafttreten des Gesetzes zur Regelung des Rechts der Allgemeinen Geschäftsbedingungen (AGBG), kaum abgehoben *(vgl. aber BAG 24.11.1993, EzA § 611 BGB Mehrarbeit Nr. 1)*. Dies ist allerdings unverzichtbar, wenn eine einheitliche Bewertung vergleichbarer Problemlagen, nämlich der Rechtskontrolle von Allgemeinen Geschäftsbedingungen und von vorformulierten Arbeitsbedingungen, im Privatrechtssystem erfolgen soll.

Nicht so zurückhaltend wie das Bundesarbeitsgericht war der Bundesgerichtshof, der vor Inkrafttreten des AGBG unbilligen Klauseln in Allgemeinen Geschäftsbedingungen die Anerkennung versagt hatte. Nach seiner Meinung nimmt derjenige, der Allgemeine Geschäftsbedingungen aufstellt, die an sich bestehende Vertragsfreiheit, soweit sie die Gestaltung des Vertragsinhalts betrifft, für sich allein in Anspruch. Bringe er nur seine eigenen Interessen zur Geltung, so mißbrauche er die Vertragsfreiheit, die insoweit durch § 242 BGB eingeschränkt sei *(BGH 4.06.1970, BGHZ 54, 106, 109)*. Vom Bundesgerichtshof wurde die Rechtskontrolle sogar auf Gesellschaftsverträge erstreckt *(BGH 14.04.1975, BGHZ 64, 238; BGH 21.03.1988, BGHZ 104, 53)*.

Neuerdings fordert das Bundesverfassungsgericht in Fällen des Vertrages zwischen Parteien mit "strukturell ungleicher Verhandlungsstärke" ausdrücklich eine **Inhaltskontrolle durch die Zivilgerichte**. Nach der Rechtsprechung des **Bundesverfassungsgerichts** beruht die Privatautonomie auf dem Prinzip der Selbstbestimmung und setzt demnach voraus, daß auch die Bedingungen freier Selbstbestimmung tatsächlich gegeben sind.
"Hat einer der Vertragsteile ein so starkes Übergewicht, daß er vertragliche Regelungen faktisch einsetzen kann, bewirkt dies für den anderen Vertragsteil Fremdbestimmung. Wo es an einem annähernden Kräftegleichgewicht der Beteiligten fehlt, ist mit den Mitteln des Vertragsrechts allein kein sachgerechter Ausgleich der Interessen zu gewährleisten. Wenn bei einer solchen Sachlage über grundrechtlich verbürgte Positionen verfügt wird, müssen staatliche Regelungen ausgleichend eingreifen, um den Grundrechtsschutz zu sichern... Selbst wenn der Gesetzgeber davon absieht, zwingendes Vertragsrecht für bestimmte Lebensbereiche oder für spezielle Vertragsformen zu schaffen, bedeutet das keineswegs, daß die Vertragspraxis dem freien Spiel der Kräfte unbegrenzt ausgesetzt wäre. Vielmehr greifen dann ergänzend solche zivilrechtlichen Generalklauseln ein, die als Übermaßverbote wirken, vor allem die in §§ 138, 242, 315 BGB. Der entsprechende Schutzauftrag der Verfassung richtet sich hier an den Richter, der

den objektiven Grundentscheidungen der Grundrechte in Fällen gestörter Vertragsparität mit den Mitteln des Zivilrechts Geltung zu verschaffen hat..."
(BVerfG 7.02.1990, EzA § 90a HGB Nr. 1).
Ganz deutlich betont das BVerfG die Verpflichtung der Zivilgerichte zur Rechtskontrolle von Vertragsbedingungen im Leitsatz zum Beschluß vom 19.10.1993 (EzA Art. 2 GG Nr. 8):
"Die Zivilgerichte müssen - insbesondere bei der Konkretisierung und Anwendung von Generalklauseln wie § 138 und § 242 BGB - die grundrechtliche Gewährleistung der Privatautonomie in Art. 2 Abs. 1 GG beachten. Daraus ergibt sich ihre Pflicht zur Inhaltskontrolle von Verträgen, die einen der beiden Vertragspartner ungewöhnlich stark belasten und das Ergebnis strukturell ungleicher Verhandlungsstärke sind."

Infolge dieser Entscheidungen des Bundesverfassungsgerichts wird die arbeitsrechtliche Praxis mit einer **verstärkten arbeitsgerichtlichen Rechtskontrolle von Arbeitsverträgen**, insbesondere aber von **vorformulierten Vertragsbedingungen**, rechnen müssen.

3. Stufen der Vertragskontrolle

1390

a) Einbeziehungskontrolle

1391

Bei der Prüfung einer Vertragsklausel ist der erste Prüfungsschritt, ob die Regelung überhaupt Vertragsbestandteil wurde (sog. **Einbeziehungskontrolle**). Die Einbeziehungskontrolle kann im Arbeitsrecht akut werden bei der Verweisung im Arbeitsvertrag (sog. Verweisungs- oder Bezugnahmeklauseln) auf andere Formularbedingungen oder Tarifverträge, deren Inhalt dem nicht tarifgebundenen Arbeitnehmer oftmals nicht bekannt ist und deren nachteilige Bestimmungen er nicht gegen sich gelten lassen möchte (vgl. Rn. 1980). Im Rahmen der Einbeziehungskontrolle ist auch das **Verbot überraschender Klauseln** (§ 3 AGBG) zu beachten, und zwar mit der Folge, daß Bestimmungen in vorformulierten Arbeitsbedingungen, die nach den Umständen, insbesondere nach dem äußeren Erscheinungsbild des Vertrages, so ungewöhnlich sind, daß ein Arbeitnehmer mit ihnen nicht zu rechnen braucht, nicht Vertragsbestandteil werden *(LAG Berlin 18.01.1993, LAGE § 4 KSchG Ausgleichsquittung Nr. 3).*

b) Auslegung

1400

Sodann ist der Inhalt der zu überprüfenden Klausel durch **Auslegung** zu bestimmen. Auslegung und Inhaltskontrolle sind zu trennen. Der Auslegung kommt der Vorrang zu. Kontrolliert werden kann nur ein Vertrag, dessen Inhalt im Wege der Auslegung ermittelt worden ist. Dabei sind sog. typische Vertragsklauseln unabhängig von den individuellen Vorstellungen der Parteien und den Umständen des Einzelfalles nach **objektiven Maßstäben** einheitlich auszulegen. Anders als bei Individualvereinbarungen kommt es nicht auf das Ergebnis des Einzelfalles an, sondern darauf, ob das Auslegungsergebnis als allgemeine Lösung des stets wiederkehrenden Interessengegensatzes angemessen ist *(BGH 8.05.1973, BGHZ 60, 379, 380).* Für Formulararbeitsverträge und Musterarbeitsverträge bedient sich das Bundesarbeitsgericht einer entsprechenden Auslegungsmethode *(BAG 12.12.1984, EzA § 315 BGB Nr. 29; BAG 5.02.1986, EzA § 339 BGB Nr. 2).*

Nach der höchstrichterlichen Rechtsprechung gilt bei der Auslegung vorformulierter Vertragsbedingungen die **Unklarheitenregel** (§ 5 AGBG), wonach Zweifel bei der Auslegung der einseitig vom Arbeitgeber festgelegten Arbeitsbedingungen zu seinen Lasten gehen *(BAG 11.08.1987, EzA § 1 BetrAVG Hinterbliebenenversorgung Nr. 2; BAG 16.10.1991, EzA § 19 BErzGG Nr. 1).*

c) Verstoß gegen gesetzliches Verbot, die guten Sitten oder gegen das Maßregelungsverbot

1410
Der durch Auslegung gewonnene Inhalt des Arbeitsvertrages kann insgesamt (vgl. Rz. 1154) oder in Teilen gegen ein **gesetzliches Verbot** im Sinne des § 134 BGB oder gegen die guten Sitten verstoßen. Zudem kommen Verstöße gegen das Maßregelungsverbot in Betracht.

d) Angemessenheitskontrolle

1420
Sodann ist eine Angemessenheitskontrolle durchzuführen. In diesem Zusammenhang sind Billigkeits- und Angemessenheitskontrolle zu unterscheiden. Wird eine Vertragsklausel auf ihre **generelle Wirksamkeit** geprüft, handelt es sich um **Inhaltskontrolle**. Wird eine Vertragsbestimmung dahingehend untersucht, in welchen Grenzen sie **im konkreten Fall billiger Leistungsbestimmung** entspricht und durch das Gericht selbst reduziert werden kann, ist ein Fall der **Ausübungskontrolle** oder der **richterlichen Vertragskorrektur** gegeben. In der Praxis werden diese Instrumente der Rechtskontrolle von vertraglichen Arbeitsbedingungen nicht immer klar voneinander getrennt.

Für die Angemessenheitskontrolle bei vorformulierten Arbeitsbedingungen fehlt es bislang an einem **einheitlichen** höchstrichterlichen System der Rechtskontrolle.

Das Bundesarbeitsgericht verwendet in der Vertragskontrolle u.a. das Argumentationsmuster der **funktionswidrigen Vertragsgestaltung durch objektive Gesetzesumgehung**. Vertragsgestaltungen werden an die Notwendigkeit eines sachlichen Grundes gebunden, um die nicht gebilligte Umgehung zwingender, insbesondere kündigungsrechtlicher Vorschriften zu verhindern (vgl. zur Befristungskontrolle Rz.1600 ff., zu bedingten Aufhebungsverträgen Rz. 4037 ff., zur Umgehung des § 613 a BGB Rz. 4043). Das Verbot von Umgehungsgeschäften ist ein allgemein anerkannter Rechtsgrundsatz, der zudem in einer Reihe von Vorschriften ausdrücklich niedergelegt ist (§ 6 AbzG, § 7 AGBG, § 5 HausTWG, § 8 FernUSG, § 220 GüKG, § 42 AO). Er wird aber von der höchstrichterlichen Rechtsprechung auch zur Legitimierung einer Angemessenheitskontrolle herangezogen (vgl. zum System der Vertragskontrolle im Arbeitsrecht grundlegend und umfassend Preis, Grundfragen der Vertragsgestaltung im Arbeitsrecht, 1993).

In der arbeitsgerichtlichen Rechtsprechung wird ferner häufig § 315 BGB - weitgehend ohne die Norm konkret zu benennen - herangezogen, um auf ihn eine der Sittenwidrigkeitsschranke vorgelagerte Vertragsinhaltskontrolle zu stützen (*BAG 28.09.1989, EzA § 611 BGB Parkplatz*). Nach Ansicht des Bundesarbeitsgerichts bedarf die Vertragsgestaltung gerichtlicher Überprüfung, wenn keine Gleichgewichtslage der Vertragspartner einen angemessenen Vertragsinhalt gewährleistet, weil entweder die Vertragsparität gestört ist oder eine Vertragspartei aus anderen Gründen allein den Inhalt des Vertragsverhältnisses gestalten kann. **Der § 315 Abs. 1 BGB enthält jedoch keine Rechtsgrundlage für eine Vertragsinhaltskontrolle.** Nach § 315 Abs. 1 BGB ist dann, wenn die Leistung durch einen der Vertragsschließenden bestimmt werden soll, im Zweifel anzunehmen, daß die Bestimmung nach billigem Ermessen zu treffen ist. Es geht um den Schutz des einzelnen Vertragspartners, dessen Interesse von der einseitigen Leistungsbestimmung des anderen Vertragspartners beeinträchtigt werden kann. § 315 BGB enthält nur eine Auslegungsregel, keine (justitiable) Schranke der Vertragsgestaltung.

Die **Angemessenheitskontrolle von vorformulierten Arbeitsbedingungen** nach § 242 BGB wird sich an den allgemeinen Rechtsgrundsätzen, die dem AGBG zugrundeliegen, zu orientieren haben. Zwar gilt das AGBG nach § 23 Abs. 1 AGBG nicht unmittelbar für Verträge auf dem Gebiet des Arbeitsrechts. Da das Arbeitsrecht aber gegenüber dem bürgerlichen Recht kein eigenes Rechtsgebiet mit eigenen Normen, eigenen Grundsätzen und eigenen Auslegungsregeln darstellt, sind die allgemeinen Rechtsgrundsätze, die Allgemeinen Geschäftsbedingungen Schranken setzen, auch auf den Arbeitsvertrag anzuwenden. Insoweit gilt die Feststellung des Bundesgerichtshofs auch für das Arbeitsrecht: "Verdanken Vorschriften des dispositiven Rechts ihre Entstehung nicht nur Zweckmäßigkeitsgründen, sondern einem aus der Natur der Sache sich ergebenden Gerechtigkeitsgebot, so müssen bei einer abweichenden Regelung durch Allgemeine Geschäftsbedingungen Gründe vorliegen, die für die von ihnen zu regelnden Fälle das dem dispositiven Recht zugrunde liegende Gerechtigkeitsgebot in Frage stellen und eine abweichende Regelung als mit Recht und Billigkeit vereinbar erscheinen lassen."

Das Bundesarbeitsgericht neigt neuerdings zu der Auffassung, daß auf Darlehensverträge zwischen Arbeitgeber und Arbeitnehmer das AGBG unmittelbar anwendbar ist *(BAG 23.09.1992, EzA § 117 GewO Nr. 1; LAG Hamm 19.02.1993, LAGE § 9 AGBG Nr. 2)*. Die Anwendbarkeit des AGBG auf Kaufverträge mit dem Arbeitnehmer (PKW-Verkauf an Werksangehörige) hat das Bundesarbeitsgericht bereits ausdrücklich bejaht *(BAG 26.05.1993, EzA § 9 AGBG Nr. 1)*.

Bei der rechtlichen Überprüfung vorformulierter Arbeitsbedingungen können folgende Grundsätze des AGBG Berücksichtigung finden:

- das **Verbot überraschender Klauseln** (Einbeziehungskontrolle)
- der **Vorrang der Individualabrede** vor vorformulierten Arbeitsbedingungen (§ 4 AGBG; Einbeziehungskontrolle),
- die **Unklarheitenregel** (Auslegung)
- die **Generalklausel des § 9 AGBG**, entsprechend deren Aussage eine arbeitsvertragliche Regelung unwirksam ist, wenn sie den Arbeitnehmer entgegen den Geboten von Treu und Glauben **unangemessen benachteiligt**, wobei eine derartige unangemessene Benachteiligung im Zweifel anzunehmen ist, wenn eine Bestimmung mit wesentlichen Grundgedanken der gesetzlichen Regelung, von der abgewichen wird, nicht zu vereinbaren ist (§ 9 Abs. 2 Nr. 1 AGBG, Angemessenheitskontrolle).

e) Rechtsfolgen unwirksamer Klauseln

1430
Regelmäßig führt die Nichtigkeit einzelner arbeitsvertraglicher Klauseln nicht zur Nichtigkeit des gesamten Vertrages, sondern nur zu dessen **Teilnichtigkeit**. Das Arbeitsverhältnis bleibt aufrechterhalten, während die betreffende Klausel entfällt. Andernfalls würde gerade der Schutzzweck arbeitsrechtlicher Normen unterlaufen, wenn die Unwirksamkeit einzelner Teilbestimmungen zur Nichtigkeit des Gesamtvertrages führte. Nach der ständigen Rechtsprechung ist deshalb § 139 BGB unanwendbar, wenn ein Verstoß gegen arbeitnehmerschützende Vorschriften vorliegt *(BAG 14.10.1986, 14.03.1989 und 23.01.1990, EzA § 1 BetrAVG Gleichberechtigung Nrn. 1, 4 und 6; BAG 04.10.1978, EzA § 63 HGB Nr. 30)*.

Strittig sind die Rechtsfolgen bei unangemessenen und daher rechtsunwirksamen Vertragsklauseln, soweit es um die Lückenfüllung geht. Das Bundesarbeitsgericht macht von der **sog. geltungserhaltenden Reduktion** Gebrauch, indem es die zu weitgehenden Klauseln auf das gerade noch zulässige Maß zurückführt *(BAG 15.02.1990, § 611 BGB Anwesenheitsprämie Nr. 9; BAG 20.02.1975, 11.04.1984 und 15.05.1985, AP Nrn. 2, 8 und 9 zu § 611 BGB Ausbildungsbeihilfe)*. Dies ist fragwürdig, weil auf diese Weise überschießende Vertragsklauseln ohne Risiko in Formularverträgen fortbestehen können. Nach der Rechtsprechung des BGH zu Allgemeinen Geschäftsbedingungen ist eine geltungserhaltende Reduktion im Anwendungsbereich des AGBG abzulehnen. Hiernach ist es unzulässig, einzelne unangemessene Klauseln auf ihren zulässigen Inhalt zurückzuführen und ihnen so die Wirksamkeit zu erhalten. Dem Vertragsanwender soll nicht das Risiko der Gesamtunwirksamkeit bei der Verwendung unangemessener Klauseln genommen werden. Ihm obliegt es, den Vertrag so zu gestalten, daß er rechtlichen Bestand haben kann *(BGH 12.10.1978, BGHZ 72, 206, 208)*. In der Literatur wird ebenfalls vertreten, daß eine geltungserhaltende Reduktion bei der Vertrags- und Inhaltskontrolle vorformulierter Arbeitsbedingungen abzulehnen sei, soweit es nicht um Hauptleistungspflichten geht. Wenn nur Teile eines Arbeitsvertrages unwirksam sind, richtet sich der Inhalt des fortbestehenden Vertrages nach den allgemeinen gesetzlichen Vorschriften.

Die arbeitsrechtliche Klauselpraxis sollte Risiken vermeiden und bei der Formulierung von Arbeitsverträgen auf angemessene Regelungen hinarbeiten.

f) Ausübungskontrolle

1440

Letzte Prüfungsstufe ist die **Ausübungskontrolle**. Während die Inhaltskontrolle eine vertragliche Gestaltung als solche in Frage stellt, rekurriert die Ausübungskontrolle nur auf die Zulässigkeit der Berufung auf ein Recht im Einzelfall. Die Wirksamkeit der Klausel bleibt von der Ausübungskontrolle unberührt. Von Ausübungskontrolle ist sowohl im Hinblick auf das **Verbot der unzulässigen Rechtsausübung** im Einzelfall (§ 242 BGB) als auch im Hinblick auf die Kontrolle eines Bestimmungsrechts einer Vertragspartei nach **§ 315 BGB** die Rede. Fallgruppen der unzulässigen Rechtsausübung sind der unredliche Rechtserwerb, die Verwirkung, die Pflicht zur alsbaldigen Rückgewähr und das Verbot widersprüchlichen Verhaltens. Sie verhindern die Geltendmachung eines an sich wirksamen Rechts unter den konkreten Umständen zu einer bestimmten Zeit. Die Ausübungskontrolle setzt bei einer wirksamen Vertragsklausel an. Gegenstand der individuellen Mißbrauchskontrolle ist nicht der unangemessene Vertragsinhalt, sondern das treuwidrige Verhalten des Vertragspartners.

4. Betriebsrat und vorformulierte Arbeitsbedingungen

1450

Die **Einflußmöglichkeiten des Betriebsrats** auf die Ausgestaltung vorformulierter Arbeitsbedingungen **sind gering**. Der Arbeitgeber ist nach § 99 Abs. 1 BetrVG nicht verpflichtet, dem Betriebsrat Auskunft über den Inhalt des Arbeitsvertrages des einzustellenden Arbeitnehmers zu geben, soweit es sich nicht um eine Vereinbarung über die Art und die Dauer der vorgesehenen Beschäftigung und die beabsichtigte Eingruppierung handelt. Der Arbeitsvertrag gehört nicht zu den vorzulegenden Bewerbungsunterlagen *(BAG 18.10.1988, EzA § 99 BetrVG*

1972 Nr. 69). Zudem folgt aus der Aufgabe des Betriebsrats, über die Durchführung der in § 80 Abs. 1 Nr. 1 BetrVG genannten Aufgaben zu wachen, kein Anspruch auf Feststellung der Unvereinbarkeit von Vertragsklauseln mit arbeitsrechtlichen Normen, tariflichen Regelungen oder Bestimmungen in Betriebsvereinbarungen *(BAG 10.06.1986, 1 ABR 59/84, EzA § 80 BetrVG 1972 Nr. 26).*

Die Betriebsparteien sind jedoch befugt, in Betriebsvereinbarungen alle Fragen zu regeln, die auch Inhalt eines Arbeitsvertrages sein können. Dies gilt zumindest, soweit nicht der Vorrang tariflicher Regelungen zu beachten ist *(BAG 18.08.1987, AP Nr. 23 zu § 77 BetrVG 1972; BAG 09.04.1991, AP Nr. 1 zu § 77 BetrVG 1972 Tarifvorbehalt).* In **freiwilligen Betriebsvereinbarungen** können **alle Fragen des Abschlusses, des Inhalts und der Aufhebung des Arbeitsvertrages geregelt werden**. Von besonderer Bedeutung ist in diesem Zusammenhang, daß nach §§ 77 Abs. 5 und 6 BetrVG Betriebsvereinbarungen über nicht der Mitbestimmungspflicht unterliegende Angelegenheiten frei und ohne Nachwirkung für beide Seiten kündbar sind *(BAG 26.04.1990 und 21.08.1990, EzA § 77 BetrVG 1972 Nrn. 35 und 36).* Für alle Regelungen in Betriebsvereinbarungen gilt aber, daß im Arbeitsvertrag enthaltene günstigere Regelungen vorgehen (Günstigkeitsprinzip).

III. Weiterführende Literaturhinweise

1451

Fastrich, Richterliche Inhaltskontrolle im Privatrecht, 1992
Hanau/Preis, Der Arbeitsvertrag, Praxis - Kommentar - Muster, Loseblattwerk, 1995
HzA, Handbuch zum Arbeitsrecht, *Hrsg. Wolfgang Leinemann*, Loseblattausgabe, Gruppe 1, Einzelarbeitsvertragsrecht
Küttner/Kania, Praxis der arbeitsrechtlichen Vertragsgestaltung, 1992
Müller/Schön, Zweckmäßige und rechtlich abgesicherte Arbeitsverträge, 1986
Münchener Vertragshandbuch, *Hrsg. Geriet Langenfeld*, Bürgerliches Recht, Bd. 4, 1. Halbb. 3. Aufl., 1992
Preis, Grundfragen der Vertragsgestaltung im Arbeitsrecht, 1993
Schaub, Arbeitsrechtliche Formularsammlung und Arbeitsgerichtsverfahren, 6. Aufl., 1994
Wetter, Der richtige Arbeitsvertrag, 2. Aufl., 1994

3. Kapitel: Wesentliche Regelungsgegenstände des Arbeitsvertrages

I.	Arbeitnehmerstatus	1500
	1. Arbeitnehmerbegriff	1510
	2. Arbeitnehmerähnliche Person	1520
	3. Heimarbeiter	1530
	4. Handelsvertreter	1540
II.	Angestelltenstatus	1550
	1. Unterscheidung von Arbeitern und Angestellten	1551
	2. Rechtsfolgen der Unterscheidung von Arbeitern und Angestellten	1554
	3. Vereinbarkeit des Angestelltenstatus	1555
	4. Leitende Angestellte	1556
III.	Beginn des Arbeitsverhältnisses	1560
IV.	Dauer des Arbeitsverhältnisses	1570
	1. Arbeitsverhältnisse auf unbestimmte Zeit	1580
	2. Zusage einer Lebens- oder Dauerstellung	1590
	3. Befristete Arbeitsverhältnisse (Zeitbefristungen)	1600
	4. Zweckbefristungen	1630
	5. Auflösende Bedingung	1640
V.	Probearbeitsverhältnis	1650
VI.	Teilzeitbeschäftigung	1660
VII.	Teilnichtigkeit	1680
VIII.	Arbeitszeit	1690
IX.	Arbeitsvergütung	1700
X.	Urlaub	1710
XI.	Weiterführende Literaturhinweise	1720

Arbeitsrecht

I. Arbeitnehmerstatus

1500

Der Einstellung von Arbeitnehmern geht in der Regel eine Prüfung des Unternehmers voraus, im Rahmen welcher Rechtsverhältnisse die von ihm benötigten Leistungen durch Dritte erbracht werden können und sollen. In Betracht kommt die Beschäftigung von Arbeitnehmern und von Selbständigen, wobei mit Letzteren die unterschiedlichsten Rechtsverhältnisse begründet werden können. Die Begründung von Arbeitsverhältnissen ist unausweichlich mit der Anwendung des zwingenden Arbeitsrechts und Tarifrechts sowie des Sozialversicherungsrechts verbunden. Dem versuchen die Vertragsparteien nicht selten zu entgehen, indem sie einen abhängig Beschäftigten als freien Mitarbeiter, freien Handelsvertreter, selbständigen Unternehmer oder ähnlich bezeichnen. In einigen Branchen sind auch verstärkte Bestrebungen festzustellen, zahlreiche Tätigkeiten, die üblicherweise von Arbeitnehmern erledigt werden, zu **verselbständigen**: Auslieferungsfahrer werden zu Transportunternehmern, Verkäufer zu Regaleinrichtern oder selbständigen Kundenberatern, abhängig Beschäftigte zu selbständigen Zerlegern, Programmierer zu Herstellern von Auftrags-Software, Systemtechniker zu EDV-Systemberatern.

1501

Ob aber jemand als Arbeitnehmer beschäftigt wird, folgt **allein aus dem Inhalt**, nicht jedoch aus der Bezeichnung des Beschäftigten in dem der Beschäftigung zugrundeliegenden Vertrag. Nach der **ständigen Rechtsprechung des Bundesarbeitsgerichts** entscheidet der **Geschäftsinhalt** und nicht die gewünschte Rechtsfolge oder eine von ihnen gewählte Bezeichnung , die dem Geschäftsinhalt in Wahrheit nicht entspricht, über die Einordnung des Rechtsverhältnisses. Dieser Geschäftsinhalt kann sich aus den **getroffenen Vereinbarungen** wie auch aus der **praktischen Durchführung** des Vertrages ergeben. Dem Parteiwillen wird vom Bundesarbeitsgericht nur dann entscheidende Bedeutung beigemessen, wenn sich die Parteien der Abgrenzungsnotwendigkeit überhaupt bewußt waren und das Rechtsverhältnis als Arbeitsverhältnis bezeichnet haben. Kann die Arbeit sowohl in einem Arbeitsverhältnis als auch in einem freien Mitarbeiterverhältnis geleistet werden, so gebührt der von den Parteien gewählten Rechtsform der Vorrang, wenn für die eine oder andere Vertragsform ebenso viele Gründe bestehen. Wird das Rechtsverhältnis für bestimmte Zeiträume als freies Mitarbeiterverhältnis und für andere als Arbeitsverhältnis bezeichnet, so ist grundsätzlich vom Vorliegen eines Arbeitsverhältnisses auszugehen. Behandelt der Unternehmer einen größeren Personenkreis gleich, soll diese Übung auch für die Beurteilung des konkreten Rechtsverhältnisses von Bedeutung sein .

1502

Widersprechen Vereinbarung und tatsächliche Durchführung des Vertrages einander, ist die letztere maßgeblich. Aus der **praktischen Durchführung** lassen sich Rückschlüsse darauf ziehen, von welchen Rechten und Pflichten die Parteien ausgegangen sind. **Ohne Bedeutung** ist auch die **steuerliche und sozialversi-**

Wesentliche Regelungsgegenstände des Arbeitsvertrages

cherungsrechtliche Abwicklung des Rechtsverhältnisses durch die Parteien. Aus diesen formalen Merkmalen können keine Schlußfolgerungen gezogen werden, weil die steuerliche und sozialversicherungsrechtliche Behandlung des Rechtsverhältnisses gerade die vorherige Klärung des Status des Dienstpflichtigen voraussetzt. Allerdings kommt der Abführung von Lohnsteuer und Sozialversicherungsbeiträgen eine Indizwirkung für das Bestehen eines Arbeitsverhältnisses zu, während umgekehrt deren Unterbleiben nicht gegen das Bestehen eines Arbeitsverhältnisses spricht *(BAG 28.05.1986, AP Nr. 102 zu § 620 BGB Befristeter Arbeitsvertrag; BAG 13.01.1983, AP Nr. 42 zu § 611 BGB Abhängigkeit; BAG 09.06.1993, EzA § 611 BGB Arbeitnehmerbegriff).*

1503

Liegt tatsächlich ein Arbeitsverhältnis vor, obwohl die Vertragsparteien es als freies Dienstverhältnis bezeichnet und entsprechend steuerrechtlich und sozialversicherungsrechtlich abgewickelt haben, muß der Arbeitgeber **mit erheblichen Nachteilen** rechnen. Der Arbeitnehmer kann arbeitsvertragliche Ansprüche geltend machen, wie z.B. nicht gewährten Urlaub, Feiertagslohn und Lohnfortzahlung wegen Krankheit und wegen sonstiger persönlicher Verhinderung. Er kann auch den gesetzlichen Kündigungsschutz in Anspruch nehmen. Die Sozialversicherungsträger können die **nachträgliche Abführung der Sozialversicherungsbeiträge** und das Finanzamt die **nachträgliche Abführung der Lohnsteuer** verlangen, obwohl der Arbeitgeber die betreffenden Beträge nicht von der Dienstvergütung einbehalten hat und ggfs. beim zwischenzeitlich ausgeschiedenen Arbeitnehmer nicht mehr einbehalten kann und beim noch beschäftigten Arbeitnehmer wegen des "Verbots des nachträglichen Beitragsabzuges" (vgl. Rz. 5629) nicht mehr einbehalten darf. Gegen den pflichtwidrig handelnden Arbeitgeber kann unter Umständen eine Strafe oder ein Bußgeld verhängt werden (vgl. Rz. 5679).

Haben sich die Parteien in einem **beiderseitigen Rechtsirrtum** befunden, als sie ihr Arbeitsverhältnis als freies Mitarbeiterverhältnis angesehen haben, ist der Vertrag für die Zukunft nach den **Grundsätzen über das Fehlen der Geschäftsgrundlage** vom Arbeitsgericht **anzupassen** *(BAG 09.07.1986, EzA § 242 BGB Geschäftsgrundlage).*

1504

Es empfiehlt sich daher, bei der Beschäftigung von Dritten, die nicht den Status eines Arbeitnehmers erlangen sollen, sorgfältig die Voraussetzungen für eine selbständige Tätigkeit zu prüfen und in der zu treffenden Vereinbarung und insbesondere bei der tatsächlichen Durchführung des Beschäftigungsverhältnisses zu berücksichtigen.

Arbeitsrecht

1. Arbeitnehmerbegriff

1510
Im gesamten Arbeitsrecht wird der Begriff des Arbeitnehmers vorausgesetzt, ohne daß es eine verbindliche gesetzliche oder rechtswissenschaftliche Definition gibt. Verbreitet wird als **Arbeitnehmer** verstanden, wer **auf Grund eines privatrechtlichen Vertrages** oder eines gleichgestellten Rechtsverhältnisses **im Dienste eines anderen zur Verrichtung von Arbeit verpflichtet** ist. Der Arbeitnehmer steht in einer **persönlichen Abhängigkeit** zum Arbeitgeber und leistet fremdbestimmte, unselbständige Arbeit, während der Selbständige selbstbestimmte Leistungen erbringt.

1511
Ein Beschäftigter ist zunächst einmal nur dann Arbeitnehmer, wenn er zur Leistung von **Arbeit** verpflichtet ist. Unter dem Begriff Arbeit im wirtschaftlichen Sinne ist nicht nur die körperliche Arbeit, sondern auch die geistige Leistung, die künstlerisch-kreative Tätigkeit zur Befriedigung eines Fremdbedarfs und die wissenschaftliche Dienstleistung zu verstehen. Auch eine Erwerbstätigkeit im sportlichen Bereich kann Arbeit sein (z.B. Berufssportler, Trainer).

1512
Eine Arbeitnehmereigenschaft liegt aber lediglich vor, wenn die Arbeit auf einem **privatrechtlichen Vertrag oder einem gleichgestellten Verhältnis** beruht. Unerheblich ist, ob der Vertrag rechtswirksam ist. Auch diejenigen Beschäftigten, die aufgrund eines unwirksamen Vertrages tatsächlich eine Arbeitsleistung erbringen, sind Arbeitnehmer. Ohne Bedeutung ist ferner, ob der Beschäftigte die Arbeitsleistung gegen Entgelt verrichtet oder für welchen Zeitraum der Beschäftigte eingestellt wird (z.B. Aushilfe für einen Tag). **Keine Arbeitnehmer** sind folgende Personen, die gleichwohl fremdbestimmte Arbeit leisten:

- **Helfer und Mitarbeiter eines Vereins**, soweit die Tätigkeit auf ihrer vereinsrechtlichen Mitgliedschaft beruht,

- **Beamte, Richter und Soldaten**, die aufgrund eines öffentlich-rechtlichen Verhältnisses tätig werden,

- **Strafgefangene**, in Sicherungsverwahrung Genommene, in einer Heil- oder Pflegeanstalt Untergebrachte, Fürsorgezöglinge usw., wenn sie die Arbeit im Rahmen der Anstaltsgewalt leisten (anders bei Freigängern, die als Arbeitnehmer beschäftigt werden können - vgl. § 39 Nr. 2 StVollzG),

- **Sozialhilfe-Empfänger**, bei denen die Zahlung der öffentlichen Unterstützung von der Leistung gemeinnütziger Arbeit abhängig gemacht wird und die im Rahmen eines öffentlich-rechtlichen Beschäftigungsverhältnisses tätig werden (§ 19 BSHG),

- **Familienmitglieder**, deren Mitarbeit allein auf familienrechtlichen Vorschriften (§§ 1356, 1619 BGB) beruht

Wesentliche Regelungsgegenstände des Arbeitsvertrages

- **Geschäftsführer ohne Auftrag** (§§ 677 ff. BGB) oder Personen, die eine Gefälligkeitsleistung erbringen.

1513

Schließlich ist Voraussetzung für die Arbeitnehmereigenschaft, daß die **Arbeit im Dienste eines Anderen** geleistet wird. Nach der Rechtsprechung des Bundesarbeitsgerichts unterscheidet sich das Arbeitsverhältnis von dem Rechtsverhältnis eines freien Mitarbeiters bzw. Selbständigen durch den Grad der **persönlichen Abhängigkeit**, in welcher der zur Dienstleistung verpflichtete jeweils steht. Bei der Abgrenzung der selbständigen von der unselbständigen Tätigkeit geht das Bundesarbeitsgericht **typologisch** vor und prüft wertend in einer Gesamtschau nach der Verkehrsauffassung anhand von Indizien, ob ein Beschäftigter als Arbeitnehmer anzusehen ist *(BAG 09.06.1993 und 16.02.1994, EzA § 611 BGB Arbeitnehmerbegriff Nrn. 52 und 53)*. Mit dieser typologischen Methode läßt sich in Grenzfällen und in Fällen der Verselbständigung traditioneller Arbeitnehmertätigkeiten nur sehr ungenau die selbständige von der unselbständigen Tätigkeit abgrenzen.

1514

Für die Arbeitnehmereigenschaft sprechen folgende **Indiztatsachen**:

- Übernahme fremdgeplanter, fremdnütziger und von fremder Risikobereitschaft getragener Arbeit
- Eingliederung in eine fremde Arbeitsorganisation (eingeplanter Arbeitseinsatz, ausgeübte Arbeitskontrolle, Unterordnung unter fremden Produktions- oder Dienstleistungsplan, fehlende Ablehnungsmöglichkeit für einzelne Aufträge,
- tatsächlich ausgeübtes Direktions- oder Weisungsrecht des Unternehmers nach Ort, Zeit und Art der Leistung, zum Arbeitsbereich des Beschäftigten und zum Verhalten des Beschäftigten im Betrieb (Ordnung des Betriebes),
- keine Verfügungsmöglichkeit des Beschäftigten über seine Arbeitskraft neben dem Beschäftigungsverhältnis und keine Möglichkeit einer eigenen unternehmerischen Teilnahme am Marktgeschehen aufgrund der umfassenden Einbindung in die fremde Arbeitsorganisation
- regelmäßige Berichtspflicht zur Arbeitsdurchführung und Entschuldigungspflicht bei personenbedingten Fehlzeiten
- untergeordnete, typischerweise durch eine in abhängiger Beschäftigung ausgeübte Tätigkeit

1515

Die Indizien müssen jedoch nicht zwingend vorliegen. Je differenzierter, anspruchsvoller und kreativer eine Tätigkeit ist, um so weniger wird der Arbeitgeber für Inhalt und Durchführung der Arbeit Weisungen erteilen. Bei **gehobenen**

Diensten kann eine fachliche Weisungsgebundenheit fehlen (z.B. beim Chefarzt). Im **Außendienst von Handel und Versicherungen** kann es an Weisungen zu Ort und Zeit der Leistungen (z.B. Kundenbesuche) fehlen.

1516
Folgende **Indizien** sprechen **gegen eine Arbeitnehmereigenschaft**:

- keine persönliche Leistungspflicht
- freie Arbeitszeiteinteilung
- selbständige Arbeitsdurchführung
- Leistung der Arbeit an einem frei gewählten Ort
- Übernahme des Unternehmerrisikos durch den Beschäftigten
- Einsatz eigenen Kapitals und eigener Betriebs- und Arbeitsmittel

1517
Von der Rechtsprechung wurde die **Arbeitnehmereigenschaft** beispielsweise **bejaht** für Handelsagenten, Hausverwalter, nebenamtliche Lehrer, Pharmaberater, Propagandistinnen im Kaufhaus, Subdirektor einer Versicherung, Stundenbuchhalter, Werkstudent, Student im Abrufarbeitsverhältnis oder als Sitz- oder Sonderwache in einer Intensivstation eines Universitätsklinikums, Wirtschaftsberater und Zeitungsausträger. **Verneint** wurde die Arbeitnehmereigenschaft von der Rechtsprechung für Dozenten an Volkshochschulen, Künstler auf geselligen Veranstaltungen eines Betriebes, Repetitoren, Lektoren mit freier Verfügung über die Arbeitszeit, nebenberuflich zu Hause tätige Hilfskraft eines Steuerberaters. **Maßgeblich** waren jeweils die **besonderen Umstände des Einzelfalles**.

1518
Der Arbeitnehmer wird von bestimmten Selbständigen und sonstigen Nichtarbeitnehmern wie folgt abgegrenzt:

- Der **freie Dienstnehmer** wird nicht abhängig beschäftigt. Er leistet keine fremdbestimmte, sondern selbständige Arbeit. Maßgeblich ist für die Unterscheidung der Grad der persönlichen Abhängigkeit.

- Der **Werkunternehmer** schuldet einen durch seine Leistung herbeizuführenden Erfolg, während der Arbeitnehmer die Leistung der versprochenen Arbeit schuldet. Beim Werkvertrag ist die Arbeit nur das Mittel zur Erreichung des Erfolgs. Die Gefahr der Erreichung des Erfolgs trägt beim Arbeitsvertrag der Arbeitgeber und beim Werkvertrag der Besteller. Aus den Modalitäten der Vergütungsberechnung lassen sich keine zwingenden Schlußfolgerungen ziehen. Auch beim Arbeitsvertrag kann die Vergütung nach dem Erfolg bemessen sein, z.B. bei erfolgsbezogenen Akkord- oder Prämienlohnvereinbarungen; dagegen kann im Einzelfall beim Werkvertrag die Vergütung nach dem Zeitaufwand für die Werkleistung zu berechnen sein.

Wesentliche Regelungsgegenstände des Arbeitsvertrages

- Der **Gesellschafter einer Personengesellschaft** (OHG, KG) ist kein Arbeitnehmer, wenn er aufgrund gesellschaftsrechtlicher Verpflichtungen in der Gesellschaft tätig ist. Neben den gesellschaftsrechtlichen Beziehungen können regelmäßig nur für den Kommanditisten bei einer KG oder den stillen Gesellschafter arbeitsvertragliche Beziehungen zur Gesellschaft bestehen.

- Der **Gesellschafter einer Kapitalgesellschaft** (GmbH) kann je nach der Ausgestaltung des gesellschaftsrechtlichen Rechtsverhältnisses und des daneben bestehenden Beschäftigungsverhältnisses sowohl als Arbeitnehmer als auch als Dienstnehmer tätig sein. Der Mehrheitsgesellschafter kann zu dem von ihm beherrschten Unternehmen in keinem Arbeitsverhältnis stehen.

- Die **Organmitglieder juristischer Personen** (Vorstand der AG, Geschäftsführer der GmbH) werden von der - umstrittenen Rechtsprechung - generell nicht zu den Arbeitnehmern gezählt, weil sie die oberste Weisungsbefugnis in der Gesellschaft ausüben, selbst weitgehend weisungsunabhängig sind und in einer kollektiven, häufig auch individuellen Interessenkollision zur Arbeitnehmerschaft stehen. Neben dem Dienstverhältnis zum abhängigen Unternehmen kann jedoch ein Arbeitsvertrag zu dem herrschenden Unternehmen bestehen. Nach den arbeitsrechtlichen Bestimmungen gelten die Organmitglieder zumindest nicht als Arbeitnehmer (§§ 5 Abs. 2 Satz 1 BetrVG, 14 KSchG, 5 Abs. 1 Satz 3 ArbGG). In arbeitsrechtlichen Bestimmungen werden Organmitglieder vom Geltungsbereich der Normen ausgenommen (§§ 1 Abs. 2 AZO, 5 Abs. 2 Nr. 1 BetrVG, 14 Buchst. a KSchG; anders jedoch § 17 BetrAVG). Einzelne arbeitsrechtliche Vorschriften können nach der Rechtsprechung des Bundesgerichtshofs auf das Dienstverhältnis der Organmitglieder analog angewendet werden.

- Der **Franchisenehmer** ist von der vertraglichen Konzeption Selbständiger. Beim Franchisesystem handelt es sich um ein besonderes Vertriebs- bzw. Dienstleistungssystem. Durch den Franchise-Vertrag erhält der Franchisenehmer vom Franchisegeber gegen Entgelt das Recht eingeräumt, bestimmte Waren und/oder Dienstleistungen unter Verwendung von Namen, Warenzeichen, Ausstattung oder sonstigen Schutzrechten und unter Nutzung der technischen und gewerblichen Erfahrungen des Franchisegebers zu vertreiben bzw. zu erbringen, wobei dem Franchisegeber dem Franchisenehmer gegenüber Raterteilungs-, Beistands- und Schulungspflichten obliegen. Des weiteren werden dem Franchisegeber weitgehende Kontrollrechte gegenüber dem Franchisenehmer eingeräumt. Regelmäßig schuldet der Franchisenehmer dem Franchisegeber einen bestimmten Prozentsatz seines Erlöses als Vergütung.

Wird der Franchisenehmer vertraglich derart eingebunden, daß tatsächlich eine persönliche und/oder wirtschaftliche Abhängigkeit gleich einem Arbeitnehmer vorliegt, ist nach den allgemeinen Abgrenzungskriterien von der Arbeitnehmereigenschaft des Franchisenehmers oder zumindest davon auszugehen, daß er arbeitnehmerähnliche Person ist. Dies gilt insbesondere, wenn einem Einzelnen oder gar einem früheren Arbeitnehmer des Franchisegebers die

Position eines Franchisenehmers eingeräumt wird und ihm im Hinblick auf die Geschäftsausführung nach Ort, Zeit und Inhalt detaillierte Vorschriften gemacht werden.

- Das **Familienmitglied** ist kein Arbeitnehmer, wenn die Dienste allein aufgrund der familienrechtlichen Verpflichtung geleistet werden. Nur für Ehegatten und dem Hausstand angehörende (auch volljährige) Kinder besteht eine gesetzliche Verpflichtung zur familienrechtlichen Mitarbeit (§§ 1356, 1619 BGB). Auf die familienrechtliche Tätigkeit findet das Arbeits- und Sozialrecht keine Anwendung. Für Verlobte, Enkel, Nichten und nicht zum Hausstand gehörende Kinder besteht demgegenüber keine familienrechtliche Mitarbeitspflicht. Diese Personen können nach den besonderen Umständen des Einzelfalles ihre Tätigkeit im Rahmen eines unentgeltlichen Gefälligkeitsverhältnisses, eines Dienst- oder auch eines Arbeitsverhältnisses erbringen.

Ob ein Arbeitsverhältnis mit dem Familienmitglied vorliegt, richtet sich nach dem Willen der Beteiligten. Für ein Arbeitsverhältnis spricht beim Fehlen einer ausdrücklichen Vereinbarung:
- erhebliche, die familienrechtliche Mitarbeitspflicht überschreitende Arbeitsleistung,
- Zahlung der branchenüblichen oder tariflichen Arbeitsvergütung
- Ersatz einer fremden Arbeitskraft
- Ausübung des Weisungsrechts durch das beschäftigungsgebende Familienmitglied
- Abführung von Lohnsteuer und Sozialversicherungsbeiträgen.

2. Arbeitnehmerähnliche Personen

1520

In Abgrenzung zu Arbeitnehmern sind arbeitnehmerähnliche Personen Dienstleistende, die mangels einer persönlichen Abhängigkeit keine Arbeitnehmer, aber wegen ihrer wirtschaftlichen Abhängigkeit einem Arbeitnehmer vergleichbar sozial schutzbedürftig sind (vgl. § 12 a TVG). Die soziale Schutzbedürftigkeit rechtfertigt die Heranziehung bestimmter arbeitsrechtlicher Schutzgesetze (§ 2 BUrlG, § 5 ArbGG, § 17 Abs. 1 Satz 2 BetrAVG, § 92 a HGB), während das Arbeitsrecht im übrigen grundsätzlich nicht zur Anwendung kommt. Die arbeitnehmerähnlichen Personen erbringen die Dienst- oder Werkleistungen auf Rechnung für Auftraggeber, die das Unternehmerrisiko tragen, von denen aber die arbeitnehmerähnlichen Personen nach Höhe der Vergütung und Art und Dauer der Tätigkeit abhängig sind. Sie sind in der Regel nicht lohnsteuer- (§ 11 LStDVO), sondern einkommensteuerpflichtig (§§ 1, 2, 18, 19, 38 EStG).

Die **Abgrenzung der arbeitnehmerähnlichen Personen von Arbeitnehmern einerseits und von Selbständigen andererseits** kann erhebliche Schwierigkeiten bereiten. Die **gesamten Umstände des Einzelfalles** sind unter der Berücksichtigung der Verkehrsanschauung zu würdigen. Nach der Rechtsprechung des Bun-

desarbeitsgerichts ist eine Person wie ein Arbeitnehmer sozial schutzbedürftig, wenn das Maß der Abhängigkeit nach der Verkehrsanschauung einen solchen Grad erreicht, wie es im allgemeinen nur in einem Arbeitsverhältnis vorkommt und wenn die geleisteten Dienste nach ihrer "soziologischen Typik" denen eines Arbeitnehmers vergleichbar sind *(BAG 02.10.1990, EzA § 12a TVG Nr. 1)*. In der Rechtsprechung sind beispielsweise ein Erfinder mit geringem Verdienst und ein Wirtschaftsprüfer mit niedrigen monatlichen Bezügen als arbeitnehmerähnliche Personen anerkannt worden, während ein Berater mit höheren Bezügen und ein Handicapper als Selbständige angesehen wurden.

3. Heimarbeiter

1530

Eine besondere Gruppe unter den arbeitnehmerähnlichen Personen stellen die **Heimarbeiter, Hausgewerbetreibenden und Zwischenmeister** dar. Heimarbeiter ist, wer in selbstgewählter Arbeitsstätte allein oder mit seinen Familienangehörigen im Auftrag von Gewerbetreibenden oder Zwischenmeistern erwerbsmäßig arbeitet, jedoch die Verwertung der Arbeitsergebnisse dem unmittelbar oder - bei Einschaltung von Zwischenmeistern - mittelbar auftraggebenden Gewerbetreibenden überläßt (§ 2 Abs. 1 Satz 1 HAG). Der Hausgewerbetreibende unterscheidet sich nur dadurch vom Heimarbeiter, daß er bei eigener Mitarbeit am Stück bis zu 2 fremde Hilfskräfte oder Heimarbeiter beschäftigt (§ 2 Abs. 2 Satz 1 HAG). Zwischenmeister ist schließlich, wer ohne Arbeitnehmer zu sein, die ihm vom Gewerbetreibenden übertragene Arbeit an Heimarbeiter oder Hausgewerbetreibende weitergibt (§ 2 Abs. 3 HAG).

Auf die Rechtsverhältnisse dieser arbeitnehmerähnlichen Personen findet das Heimarbeitsgesetz Anwendung. Das Heimarbeitsgesetz enthält Vorschriften über den Entgeltschutz, Kündigungsschutz und den allgemeinen Gefahrenschutz. In zahlreichen Gesetzesbestimmungen werden Heimarbeiter den Arbeitnehmern gleichgestellt (vgl. z.B. § 5 Abs. 1 Satz 2 ArbGG, § 2 FeiertagslohnzG, § 8 LohnFG, § 46 SchwbG, § 12 BUrlG, § 6 Abs. 1 Satz 2 BetrVG).

4. Handelsvertreter

1540

Vom kaufmännischen Angestellten als Arbeitnehmer ist der Handelsvertreter zu unterscheiden. Nach § 84 Abs. 1 HGB ist Handelsvertreter, wer als selbständiger Gewerbetreibender ständig damit betraut ist, für einen anderen Unternehmer Geschäfte zu vermitteln oder in dessen Namen abzuschließen. Selbständig ist nach § 84 Abs. 2 HGB, wer im wesentlichen frei seine Tätigkeit gestalten und seine Arbeitszeit bestimmen kann. Die Abgrenzung zwischen dem kaufmännischen Angestellten und dem Handelsvertreter folgt den allgemeinen Regeln zur Abgrenzung von Selbständigen und Arbeitnehmern.

Einfirmenvertreter sind Handelsvertreter, die aufgrund vertraglicher Bindung nicht für mehrere Unternehmen tätig werden dürfen oder denen dies nach Art und Umfang der von ihnen verlangten Tätigkeit nicht möglich ist (vgl. § 92 a Abs. 1 HGB). Für den **Versicherungsvertreter** gilt entsprechendes (vgl. § 92 a Abs. 2 HGB).

Auf das Rechtsverhältnis des Handelsvertreters findet grundsätzlich das Arbeitsrecht **keine** Anwendung. Die Rechtsprechung hat dem Einfirmenvertreter jedoch einen Zeugnisanspruch zugesprochen. Für Einfirmenvertreter gilt auch das Konkursvorrecht wie bei Arbeitnehmern (vgl. §§ 59, 61 Abs. 1 Satz 1 KO). Handelsvertreter haben Anspruch auf Urlaub nach dem BUrlG, wenn sie zu dem Kreis der arbeitnehmerähnlichen Personen zählen (§ 2 BUrlG). Da sie keine Arbeitnehmer sind, besteht für Handelsvertreter keine Lohnsteuerpflichtigkeit. Sie zahlen Einkommensteuer. Handelsvertreter unterliegen nicht der Sozialversicherung (§§ 2, 7 SGB IV).

Einfirmenvertreter gelten nach dem Arbeitsgerichtsgesetz als Arbeitnehmer, wenn sie während der letzten 6 Monate des Vertragsverhältnisses durchschnittlich nicht mehr als 2.000,- DM an Vergütung einschließlich Provision und Ersatz für im regelmäßigen Geschäftsbetrieb entstandene Aufwendungen bezogen haben (§ 5 Abs. 3 ArbGG). Für Rechtsstreitigkeiten zwischen dem Einfirmenvertreter und dem Unternehmer ist dann ausschließlich der Rechtsweg zu den Gerichten für Arbeitssachen gegeben.

II. Angestelltenstatus

1550

Verschiedene arbeits- und sozialrechtliche Vorschriften unterscheiden bei den Arbeitnehmern immer noch zwischen Arbeitern und Angestellten. Welche Arbeitnehmer den Angestellten zuzuordnen sind, ist gesetzlich nicht abschließend geregelt. Zudem bestehen einige Sonderregelungen für leitende Angestellte.

1. Unterscheidung von Arbeitern und Angestellten

1551

Nach § 133 SGB VI gehören u.a. folgende Arbeitnehmer zu den Angestellten:

- Angestellte in leitender Stellung,

- technische Angestellte in Betrieb, Büro und Verwaltung, Werkmeister und andere Angestellte in einer ähnlich gehobenen oder höheren Stellung,

- Büroangestellte, soweit sie nicht ausschließlich mit Botengängen, Reinigen, Aufräumen und ähnlichen Arbeiten beschäftigt werden, einschließlich Werkstattschreibern,

Wesentliche Regelungsgegenstände des Arbeitsvertrages

- Handlungsgehilfen und andere Angestellte für kaufmännische Dienste, auch wenn der Gegenstand des Unternehmens kein Handelsgewerbe ist, Gehilfen und Praktikanten in Apotheken,
- Bühnenmitglieder und Musiker ohne Rücksicht auf den künstlerischen Wert ihrer Leistungen,
- Angestellte in Berufen der Erziehung, des Unterrichts, der Fürsorge, der Kranken- und Wohlfahrtspflege.

1552

Die vorstehende sozialgesetzliche Abgrenzung von Arbeitern und Angestellten gilt für Teile des Arbeitsrechts kraft Inbezugnahme (§§ 616 Abs. 2 BGB, 6 BetrVG) und wird des weiteren von der Rechtsprechung für den übrigen Teil des Arbeitsrechts regelmäßig übernommen. Soweit die sozialversicherungsrechtlichen Normen für bestimmte Berufe keine Regelung enthalten, ist anhand der **Verkehrsanschauung** zu entscheiden, ob der Arbeitnehmer Arbeiter oder Angestellter ist. Die Qualifizierung einer Tätigkeit in einem Tarifvertrag als die eines Arbeiters oder Angestellten stellt ein wesentliches Indiz für den Inhalt der Verkehrsanschauung dar. Als **Faustformel** gilt, daß der **Arbeiter überwiegend körperliche Arbeit ("Handarbeit")** und der **Angestellte überwiegend geistige Arbeit ("Kopfarbeit")** erledigt.

1553

Als **Angestellte** wurden von der Rechtsprechung u.a. eingeordnet:

- Filialleiterinnen eines Kleiderbades
- Kassierer in Selbstbedienungsläden
- Verkaufsfahrer mit reichhaltigem Warensortiment und überwiegend kaufmännischer Tätigkeit
- Telefonisten
- Texterfasserin in einem Zeitungsverlag

Dagegen wurden als Arbeiter angesehen:

- Restaurationstelefonist
- Adremapräger
- Hilfskräfte in der Annahmestelle einer chemischen Reinigung
- Fördermaschinist
- Eintrittskartenverkäufer im Zoo
- Koch trotz Mitwirkung bei der Kalkulation
- Lagerist
- Tankwarte

- Verkäufer in Zeitungs- und Süßwarenkiosken
- Zahntechniker im Zahnlabor

2. Rechtsfolgen der Unterscheidung von Arbeitern und Angestellten

1554

Die Entwicklung des Rechtsbegriffs der Angestellten und ihre z.B. frühere kündigungsrechtliche Besserstellung reicht in das vorige Jahrhundert zurück. In der Instanzrechtsprechung und in der Literatur ist wiederholt die Ansicht vertreten worden, die Unterscheidung zwischen Arbeitern und Angestellten sei mangels hinreichender Abgrenzungskriterien insgesamt nicht (mehr) durchführbar. Nach der Rechtsprechung des Bundesverfassungsgerichts ist jedoch davon auszugehen, daß sich anhand der von den Arbeitsgerichten entwickelten Kriterien Arbeiter und Angestellte hinreichend deutlich unterscheiden lassen *(BVerfG 30.05.1990, EzA § 622 BGB n.F. Nr. 27)*.

Die Unterscheidung von Arbeitern und Angestellten ist im Arbeitsrecht u.a. von Bedeutung für die Art und die Berechnung der Vergütung (Monatsgehalt, Stunden- oder Akkordlohn), das Betriebsverfassungsrecht (§ 6 BetrVG) und für solche an der Unterscheidung anknüpfende tarifliche Regelungen.

3. Vereinbarkeit des Angestelltenstatus

1555

Ist ein Arbeitnehmer kein Angestellter, so kann ihm nicht durch individualvertragliche oder kollektivrechtliche Regelung (Tarifvertrag, Betriebsvereinbarung, Regelungsabrede) der rechtliche Status eines Angestellten zugeordnet werden. Gleichwohl kann der Arbeitnehmer im Arbeitsvertrag zu einem Angestellten **"ernannt"** werden. Folge einer solchen Vereinbarung ist, daß dem Arbeitnehmer gleich einem Angestellten die günstigeren Angestelltenrechte zustehen. Einer solchen vertraglichen "Ernennung" kommt heutzutage keine weitreichende Wirkung mehr zu, weil nach der Rechtsprechung des Bundesarbeitsgerichts eine unterschiedliche Behandlung von Arbeitern und Angestellten bei der Gewährung von sozialen Nebenleistungen (z.B. Gratifikationen, betriebliche Altersversorgung) gegen den Gleichheitssatz des Art. 3 GG verstößt, sofern für die unterschiedliche Behandlung kein sachlich rechtfertigender Grund besteht *(BAG 25.01.1984 und 19.11.1992, EzA §242 BGB Gleichbehandlung Nrn. 38, 39, 40 und 54)*.

4. Leitende Angestellte

1556

Einen einheitlichen Begriff des leitenden Angestellten gibt es im Arbeitsrecht nicht. Leitende Angestellte unterscheiden sich von den übrigen Arbeitnehmern

Wesentliche Regelungsgegenstände des Arbeitsvertrages

dadurch, daß sie für das Unternehmen oder einen Betrieb des Unternehmens unter eigener Verantwortung **typische Unternehmerfunktionen** mit einem **erheblichen Entscheidungsspielraum** wahrnehmen. Sie sind von den Vorschriften über die Arbeitszeit ausgenommen (§ 18 Abs. 1 ArbZG) und gelten nicht als Arbeitnehmer i.S. des § 5 BetrVG. Ihr Arbeitsverhältnis kann im Kündigungsschutzprozeß allein auf nicht zu begründenden Antrag des Arbeitgebers gegen Zahlung einer Abfindung aufgelöst werden (§ 14 KSchG). Arbeitsvertragliche oder tarifvertragliche Kündigungsbeschränkungen können dem jedoch entgegenstehen. Die leitenden Angestellten unterliegen einer gesteigerten Treuepflicht.

Die Abgrenzung der leitenden Angestellten von den übrigen Angestellten des Betriebes nach § 5 Abs. 3 BetrVG ist zwingendes Recht. Weder ein Tarifvertrag noch eine Betriebsvereinbarung können regeln, wer leitender Angestellter im Sinne der Betriebsverfassung ist. Auch durch Vereinbarung zwischen Arbeitgeber und Arbeitnehmer kann der Status nicht begründet werden. Entscheidend sind allein Aufgaben und Funktionen im Betrieb und Unternehmen. Damit sind **"Ernennungen"** zu leitenden Angestellten **betriebsverfassungsrechtlich bedeutungslos**.

III. Beginn des Arbeitsverhältnisses

1560

Im Arbeitsvertrag ist der Zeitpunkt, zu dem die Arbeit aufgenommen werden soll, zu regeln. Eine klare Regelung zum Beginn des Arbeitsverhältnisses ist wichtig, um die Fragen des Vertragsbruchs wegen Nichtantritt der Arbeit und der Kündbarkeit des Arbeitsverhältnisses bei Ausschluß der Kündigung vor Dienstantritt beantworten zu können. Des weiteren orientiert sich die Dauer der Betriebszugehörigkeit am Zeitpunkt der Arbeitsaufnahme (Einstellung). Von der Betriebszugehörigkeit hängt wiederum u.a. das Eingreifen des Kündigungsschutzes (§ 1 KSchG), die Länge der Kündigungsfristen (§ 622 BGB) und die Unverfallbarkeit einer Versorgungsanwartschaft (§ 1 BetrAVG) ab.

Im Zusammenhang mit der Festlegung des Beginns des Arbeitsverhältnisses sollten weitere Regelungspunkte bedacht werden, wie

- Gesundheitsuntersuchung
- Führungszeugnis
- Probezeit
- Kündigung vor Dienstantritt
- Vertragsstrafe für den Fall des Nichtantritts der Arbeit.

Ferner können Sanktionen für den Fall, daß das Arbeitsverhältnis schuldhaft nicht aufgenommen wird, vereinbart werden. Der Zeitpunkt sollte mit einem Datum klar bezeichnet werden.

IV. Dauer des Arbeitsverhältnisses

1570
Die Dauer des Arbeitsverhältnisses kann Gegenstand einer Abrede im Arbeitsvertrag sein. Unterschieden wird zwischen

- Arbeitsverhältnissen unbestimmter Dauer
  - Arbeitsverhältnisse auf unbestimmte Zeit
  - Arbeitsverhältnisse auf Lebenszeit oder als Dauerstellung

- Arbeitsverhältnissen bestimmter Dauer
  - Befristete Arbeitsverhältnisse
  - Auflösend bedingte Arbeitsverhältnisse
  - Altersgrenzenregelung

1. Arbeitsverhältnisse auf unbestimmte Zeit

1580
Wenn der Arbeitsvertrag keine Regelung zur Dauer des Arbeitsverhältnisses enthält und sich hierzu auch nichts aus sonstigen Rechtsquellen (Betriebsvereinbarung, Tarifvertrag) ergibt, ist das Arbeitsverhältnis auf unbestimmte Zeit abgeschlossen.

2. Zusage einer Lebens- oder Dauerstellung

1590
Die Rechtsprechung sieht in der Zusage einer "Lebensstellung" nicht ohne weiteres das Angebot einer Anstellung auf Lebenszeit unter Ausschluß der Möglichkeit zur ordentlichen Kündigung. Aus dem bloßen Hinweis auf eine Dauerstellung wird noch kein Ausschluß und auch noch keine Beschränkung des Rechts zur ordentlichen Kündigung gefolgert. Im Falle der Zusage einer Lebens- oder Dauerstellung ohne Vereinbarung einer vorherigen Probezeit ist demgegenüber regelmäßig von der Geltung des Kündigungsschutzgesetzes mit Beginn des Arbeitsverhältnisses und im übrigen von der Beschränkung der ordentlichen Kündigung auf wirklich triftige Gründe auszugehen. Durch sorgfältige Auslegung unter Berücksichtigung der jeweiligen Umstände des Einzelfalles hat die Rechtsprechung verschiedenen Vereinbarungen einer Lebens- oder Dauerstellung folgenden rechtlichen Inhalt beigemessen:

- vertragliche Beschränkung des Rechts zur ordentlichen Kündigung auf wirklich triftige Gründe (arbeitsvertragliche Kündigungsbeschränkung; *LAG Düsseldorf 09.05.1968, DB 1968, 1911,1912*)

Wesentliche Regelungsgegenstände des Arbeitsvertrages

- Ausschluß einer rechtsmißbräuchlichen ordentlichen Kündigung *(RAG 19.12.1928, ARS 5, Nr.10 (S. 31))*
- genereller Ausschluß der ordentlichen Kündigung (Ausnahme!) *(BAG 12.10.1954, AP Nr. 1 zu § 52 RegelungsG)*
- Ausschluß der ordentlichen Kündigung für eine angemessene Zeit *(BAG 07.11.1968, AP Nr. 3 zu § 66 HGB)*
- angemessene Verlängerung der Kündigungsfrist *(LAG Osnabrück 20.01.1936, ARS 26, Nr. 5 (S. 42))*
- Vereinbarung der Geltung des Kündigungsschutzgesetzes mit Beginn des Arbeitsverhältnisses *(BAG 18.02.1967, AP Nr. 81 zu § 1 KSchG)*
- Verpflichtung des Arbeitgebers zur Versetzung des Arbeitnehmers in einen anderen Betrieb im Falle der Stillegung des Beschäftigungsbetriebes *(LAG Bremen 25.02.1953, DB 1953, 276)*
- besonderer Abwägungsgesichtspunkt zugunsten des Arbeitnehmers im Rahmen der Interessenabwägung nach § 626 BGB bzw. § 1 KSchG *(BAG 21.10.1971, AP Nr. 1 zu § 611 BGB Gruppenarbeitsverhältnis)*

Diese Aufzählung verdeutlicht, daß bei der Abfassung eines Arbeitsvertrages auf die rechtlich unklare Zusage einer Lebens- und Dauerstellung verzichtet werden sollte. Die angestrebte rechtliche Regelung ist ausdrücklich zu formulieren.

Ist das Arbeitsverhältnis für die Lebenszeit einer Person (nicht notwendigerweise des Arbeitnehmers) oder für längere Zeit als 5 Jahre eingegangen, so kann es von dem **Arbeitnehmer** nach dem Ablauf von 5 Jahren unter Einhaltung einer Kündigungsfrist von 6 Monaten gekündigt werden (§ 624 BGB). Das Kündigungsrecht ist unabdingbar. Das Recht zur außerordentlichen Kündigung bleibt für beide Vertragsteile unberührt.

3. Befristete Arbeitsverhältnisse (Zeitbefristungen)

1600

Arbeitsverhältnisse können auch mit der Maßgabe begründet werden, daß sie nach Ablauf einer bestimmten Zeitspanne oder nach Erreichen eines bestimmten Zwecks automatisch enden. Einer Kündigung oder einer sonstigen Beendigungshandlung bedarf es dann nicht mehr. Befristungsabreden sind in der Bauwirtschaft, im Saisongewerbe, bei Mitgliedern des Bühnenpersonals, in Rundfunk- und Fernsehanstalten sehr gebräuchlich. Das Beschäftigungsförderungsgesetz hat in der gesamten Privatwirtschaft eine Steigerung befristeter Einstellungen bewirkt.

Arbeitsrecht

Aus dem Grundsatz der Vertragsfreiheit (Art. 2 GG, §§ 201, 305, 620 BGB) folgt die **Zulässigkeit von Befristungsabreden** *(BAG (GS) 12.10.1960, AP Nr. 16 zu § 620 BGB Befristeter Arbeitsvertrag)*. Da das befristete Arbeitsverhältnis ohne Ausspruch einer Kündigung endet, finden Kündigungsschutzvorschriften u.a. nach dem Kündigungsschutzgesetz, Schwerbehindertengesetz, Mutterschutzgesetz keine Anwendung. Der Beendigung des Arbeitsverhältnisses muß weder eine Zustimmung der Hauptfürsorgestelle noch eine Anhörung des Betriebsrats vorausgehen.

Befristungsabreden können beim Abschluß des Arbeitsvertrages, aber auch später während des laufenden Arbeitsverhältnisses getroffen werden. Eine anfängliche Befristung kann zwischen den Parteien jederzeit einvernehmlich aufgehoben oder geändert werden. Die Befristung kann sowohl mündlich als auch schriftlich vereinbart werden, sofern nicht aus dem Arbeitsvertrag oder aus Kollektivverträgen ein Schriftformzwang folgt. Um Unklarheiten und spätere Auseinandersetzungen darüber, ob und ggfs. mit welchem Inhalt ein Zeitvertrag abgeschlossen wurde, zu vermeiden, sollte die **Befristungsabrede schriftlich** getroffen werden. Der Arbeitgeber muß bei einer in einem Rechtsstreit bestrittenen Befristungsabrede damit rechnen, daß er den Abschluß der Befristungsabrede beweisen muß.

1601

Es ist zwischen **verschiedenen Befristungsarten** zu unterscheiden. Maßgeblich ist der Inhalt der von den Arbeitsvertragsparteien getroffenen Regelung:

- Die vereinbarte Dauer des Arbeitsverhältnisses kann zugleich als **Höchst- und Mindestdauer** gedacht sein. Hiervon geht die Rechtsprechung im **Normalfall** aus. Die Bedeutung der Mindestdauer zeigt sich darin, daß während der festgelegten Vertragsdauer das **Recht zur ordentlichen Kündigung ausgeschlossen** ist. Unberührt bleibt das Recht beider Parteien zur außerordentlichen Kündigung *(BAG 19.06.1980, AP Nr. 55 zu § 620 BGB Befristeter Arbeitsvertrag)*.

- Will der Arbeitgeber eine Befristung nur als **Höchstdauer** des Arbeitsverhältnisses vereinbaren, muß er sich **ausdrücklich das Recht zur ordentlichen Kündigung vorbehalten**. Inhalt einer solchen "Mischform" zwischen einem befristeten und einem unbefristeten Arbeitsverhältnis muß die Festlegung sein, daß das Arbeitsverhältnis z.B. nicht länger als 18 Monate dauern soll (Höchstdauer), wobei zugleich beiden Parteien das Recht zur ordentlichen Kündigung mit der gesetzlichen oder in zulässiger Weise verkürzten Mindestfrist eingeräumt wird. Wegen des Ausschlusses der Mindestdauerregelung endet das Arbeitsverhältnis nur dann (spätestens) mit Ablauf der vereinbarten Höchstdauer, wenn die Parteien nicht zu einem früheren Zeitpunkt rechtswirksam gekündigt haben.

- Von den kalendermäßig befristeten Arbeitsverhältnissen sind die **zweckbefristeten Arbeitsverhältnisse** zu unterscheiden. Bei zweckbefristeten Arbeitsverhältnissen wird die Dauer des Arbeitsverhältnisses durch die Beschaffenheit

Wesentliche Regelungsgegenstände des Arbeitsvertrages

oder den Zweck der Arbeitsleistung, für die der Arbeitnehmer eingestellt wird, bestimmt. Die Erreichung des vertraglich vereinbarten Leistungszwecks (z.B. Fertigstellung eines Bauvorhabens, Abschluß eines bestimmten Projekts) soll zugleich das Ende des Arbeitsverhältnisses bedeuten.

- Möglich ist auch die **Kombination** einer **Zweckbefristung** mit der Vereinbarung einer **Höchstdauer** für das Arbeitsverhältnis ("bis zur Fertigstellung des Bauwerks, längstens jedoch bis zum ...."). Das Arbeitsverhältnis endet dann mit der zeitlich frühesten Befristung, es sei denn diese ist unwirksam oder der Arbeitnehmer wird über diesen ersten Befristungstermin hinaus weiterbeschäftigt; dann kommt es auf die Wirksamkeit der Befristung zum zweiten Befristungstermin und damit allein auf das Vorliegen eines sachlichen Grundes für diese (zweite) Befristung an. Die Unwirksamkeit der Zweckbefristung hat auf die Wirksamkeit der mitvereinbarten Zeitbefristung (oder umgekehrt) keinen Einfluß *(BAG 10.06.1992, EzA § 620 BGB Nr. 116)*.

1602

In einigen arbeitsrechtlichen Gesetzen finden sich nähere Bestimmungen zu Befristungsabreden:

- Nach § 14 Abs. 1 BBiG endet das Berufsausbildungsverhältnis mit dem Ablauf der Ausbildungszeit, wobei sich die Dauer der Ausbildungszeit nach der Ausbildungsordnung und bei ihrem Fehlen nach der Vereinbarung der Parteien richtet. Das Berufsausbildungsverhältnis wird nach § 14 Abs. 2 BBiG mit Bestehen der Abschlußprüfung beendet, während es nach § 14 Abs. 3 BBiG im Anschluß an eine nicht bestandene Abschlußprüfung auf Verlangen des Auszubildenden bis zur nächstmöglichen Wiederholungsprüfung, aber nicht länger als um ein Jahr verlängert wird.

Nach Art. 6 § 5 Abs. 2 des Rentenreformgesetzes (RRG) vom 16.10.1972 (BGBl. I, S. 1965) galt eine Vereinbarung, die die Beendigung des Arbeitsverhältnisses eines Arbeitnehmers ohne Kündigung zu einem Zeitpunkt vorsah, in dem der Arbeitnehmer **vor** Vollendung des 65. Lebensjahres Altersruhegeld der gesetzlichen Rentenversicherung beantragen konnte, dem Arbeitnehmer gegenüber als auf die Vollendung des 65. Lebensjahres abgeschlossen, es sei denn, daß der Arbeitnehmer diese Vereinbarung innerhalb der letzten 3 Jahre vor dem Zeitpunkt, in dem er erstmals den Antrag stellen konnte, schriftlich bestätigte.

Mit dem Rentenreformgesetz 1992, das auf die Flexibilisierung und Verlängerung der Lebensarbeitszeit abzielte, wurde unter Ablösung von Art. 6 § 5 Abs. 2 RRG 1972 per 01.01.1992 die **Vereinbarkeit von Altersgrenzen** weiter verschärft. Nach dieser Norm war eine Vereinbarung, wonach ein Arbeitsverhältnis zu einem Zeitpunkt enden sollte, in dem der Arbeitnehmer Anspruch auf Rente wegen Alters hatte, nur wirksam, wenn die Vereinbarung innerhalb der letzten 3 Jahre geschlossen oder vom Arbeitnehmer bestätigt wurde. Lag keine Bestätigung vor, war die Altersgrenzenvereinbarung wegen Verstoßes gegen § 41 Abs. 4 Satz 3 SGB VI i.V.m. § 134 BGB nichtig. Ob auch Tarifverträge und Betriebsvereinbarungen unter "Vereinbarungen" i.S. von § 41 Abs. 4 SGB fielen, war zeitweilig in der instanzgerichtlichen Rechtsprechung und in der Literatur umstritten. Das Bundesarbeitsgericht entschied, daß jedenfalls eine generelle tarifliche Altersgrenze von 65 Lebensjahren gegen § 41 Abs. 4 Satz 3 SGB VI verstößt *(BAG 20.10.1993, EzA § 41 SGB VI Nr. 1; BAG 1.12.1993, EzA § 41 SGB VI Nr. 2).*

Hierauf reagierte der Gesetzgeber. Nach § 41 Abs. 4 S. 3 SGB VI in der ab dem 1.08.1994 geltenden Fassung (BGBl. I S. 1797) gilt eine Vereinbarung, die die Beendigung des Arbeitsverhältnisses eines Arbeitnehmers ohne Kündigung zu einem Zeitpunkt vorsieht, in dem der Arbeitnehmer vor Vollendung des 65. Lebensjahres eine Rente wegen Alters beantragen kann, dem Arbeitnehmer gegenüber als auf die Vollendung des 65. Lebensjahres abgeschlossen, es sei denn, daß die Vereinbarung innerhalb der letzten drei Jahre vor diesem Zeitpunkt abgeschlossen oder von dem Arbeitnehmer bestätigt worden ist. Eine Bestätigung lautet wie folgt:
"Ich bestätige, daß die Altersgrenze in meinem Arbeitsvertrag vom ... weiterhin ihre Gültigkeit behalten soll."

Ist das Arbeitsverhältnis eines Arbeitnehmers wegen § 41 Abs. 4 S. 3 SGB VI in der bis zum 01.08.1994 geltenden Fassung über das 65. Lebensjahr hinaus fortgesetzt worden, endet aufgrund der gesetzlichen Regelung das Arbeitsverhältnis mit Ablauf des 30.11.1994, es sei denn, Arbeitnehmer und Arbeitgeber vereinbaren etwas anderes. Mit der Neufassung von § 41 Abs. 4 Satz 3 SGB VI ist der Rechtszustand wieder hergestellt, der vor dem 01.01.1992 bestand.

Nunmehr hat aber das Bundesverfassungsgericht im Wege der einstweiligen Anordnung entschieden, die durch die kurze Übergangsfrist in Art. 2 SGB VI ÄndG begründeten Nachteile für Arbeitnehmer würden so schwer wiegen, daß angesichts der verfassungsrechtlichen Zweifel an dieser Regelung eine **zeitlich begrenzte Aussetzung der Übergangsregelung bis zum 31.03.1995** geboten sei *(BVerfG 08.11.1994, EzA § 41 SGB VI Nr. 3).*

In ersten Reaktionen auf die Neufassung wurde erklärt, Altersgrenzenregelungen in Tarifverträgen seien nunmehr jedenfalls dann zulässig, wenn sie auf das 65. Lebensjahr abstellten und auch Altersgrenzen in Betriebsvereinbarungen seien wirksam, wenn dafür sachliche Gründe vorlägen (z.B. das betriebliche Bedürfnis nach einer ausgewogenen Altersstruktur). Dem wird jedoch entgegengehalten, daß für Altersgrenzen in Tarifverträgen eine gesetzliche Grundlage fehle. Ein unbefristetes Arbeitsverhältnis könne nicht rechtswirksam durch einen (ungünstigen) Tarifvertrag in ein befristetes Arbeitsverhältnis umgewandelt werden. Auch durch Betriebsvereinbarungen könne nicht in entgegenstehende (günstigere) vertragliche Vereinbarungen durch Befristungsregelungen wegen Erreichens der sozialversicherungsrechtlichen Altersgrenze von 65 Jahren eingegriffen werden *(vgl. auch BAG (GS) 07.11.1989, EzA § 77 BetrVG 1972 Nr. 34).*

Altersgrenzen müssen daher ausdrücklich vereinbart werden. Auch verbleibt es dabei, daß der Anspruch eines Arbeitnehmers auf eine Rente wegen Alters kei-

Wesentliche Regelungsgegenstände des Arbeitsvertrages

nen Kündigungsgrund abgibt (§ 41 Abs. 4 Satz 1 SGB VI). Zudem darf ein Arbeitgeber den Anspruch des Arbeitnehmers auf eine Rente wegen Alters vor dem 65. Lebensjahr bei der sozialen Auswahl nicht zuungunsten des Arbeitnehmers berücksichtigen (§ 41 Abs. 4 Satz 2 SGB VI). Arbeitet der Arbeitnehmer über das 65. Lebensjahr hinaus weiter, erhält er neben seinem Gehalt ungeschmälert die Sozialversicherungsrente (§ 34 Abs. 2 SGB VI). Die Neuregelung des § 41 Abs. 4 Satz 3 SGB VI steht der Verbindlichkeit von Aufhebungsverträgen, durch die nach alter Rechtslage eine Beendigung des Arbeitsverhältnisses - in der Regel gegen Zahlung einer Abfindung - herbeigeführt wurde, nicht entgegen.

- Nach § 9 Nr. 2 AÜG sind Befristungen des Arbeitsverhältnisses zwischen Verleiher und Leiharbeitnehmer unzulässig, es sei denn, die Befristung ist aus einem in der Person des Leiharbeitnehmers liegen sachlichen Grund gerechtfertigt.

- Nach § 1 Abs. 4 ArbPlSchG wird ein befristetes Arbeitsverhältnis durch die Einberufung zum Grundwehrdienst oder zu einer Wehrübung nicht verlängert

- Nach § 21 BErzGG ist ein sachlich gerechtfertigter Befristungsgrund gegeben, wenn ein Arbeitgeber einen Arbeitnehmer zur Vertretung eines anderen Arbeitnehmers für die Dauer der Beschäftigungsverbote nach dem Mutterschutzgesetz und/oder für die Dauer des Erziehungsurlaubs einstellt.

1610
Die **wichtigste gesetzliche Regelung zur erstmaligen Befristung eines Arbeitsverhältnisses** findet sich im **Beschäftigungsförderungsgesetz**. Nach § 1 Abs. 1 BeschFG ist in der Zeit vom 01.05.1985 bis zum 31.12. 2000 (durch Gesetz vom 26.07.1994 - BGBl. I S. 1786 wurde die Möglichkeit, befristete Arbeitsverträge zu schließen, um fünf Jahre verlängert) die **einmalige Befristung** des Arbeitsvertrages **bis zur Dauer von 18 Monaten** in folgenden Fällen zulässig:

- Der Arbeitnehmer wird **neu eingestellt**, wobei nach § 1 Abs. 1 Satz 2 BeschFG eine Neueinstellung nicht vorliegt, wenn zu einem vorhergehenden befristeten oder unbefristeten Arbeitsvertrag mit demselben Arbeitgeber ein enger sachlicher Zusammenhang besteht. Ein solcher enger sachlicher Zusammenhang ist insbesondere anzunehmen, wenn zwischen dem Ende des ersten Arbeitsverhältnisses und dem Beginn des zweiten Arbeitsverhältnisses ein Zeitraum von weniger als 4 Monaten liegt.

- Der Arbeitnehmer wird im unmittelbaren Anschluß an ein Berufsausbildungsverhältnis nur vorübergehend weiterbeschäftigt, weil kein Arbeitsplatz für einen unbefristet einzustellenden Arbeitnehmer zur Verfügung steht.

1611
Die Dauer der Befristung kann **auf 2 Jahre erstreckt** werden, wenn der Arbeitgeber seit **höchstens 6 Monaten eine Erwerbstätigkeit** aufgenommen hat, die

oder weniger Arbeitnehmer ausschließlich der zu ihrer Berufsausbildung Beschäftigten tätig sind (§ 1 Abs. 2 BeschFG).

1612

Die Befristung nach dem Beschäftigungsförderungsgesetz ist auch wirksam, wenn der Arbeitgeber bei Abschluß des Arbeitsvertrages nicht auf das Beschäftigungsförderungsgesetz hinweist. Der Befristungsrahmen braucht nicht ausgeschöpft zu werden. Eine **Verlängerung der Befristung** nach dem Beschäftigungsförderungsgesetz ist jedoch **nicht möglich**. Dies gilt auch für eine Verlängerung bis zum Zeitpunkt der Höchstbefristung von 18 Monaten. **Weitere Befristungsabreden** bedürfen sodann eines **sachlichen Grundes**. Die ordentliche Kündigung eines nach dem Beschäftigungsförderungsgesetz befristeten Arbeitsverhältnisses ist nur möglich, wenn die Arbeitsvertragsparteien sich das Kündigungsrecht ausdrücklich ausbedungen haben.

1613

In **Tarifverträgen** und ggfs. auch in **Betriebsvereinbarungen** können sich ebenfalls Regelungen zur Zulässigkeit von Befristungen finden. Verbreitet sind tarifliche Bestimmungen zur Höchstgrenze einer Probezeit und zum Schriftformzwang bei ansonsten formfreien Befristungsabreden.

1620

Schließlich können Befristungsabreden der **gerichtlichen Befristungskontrolle** unterfallen. Da das wirksam befristete Arbeitsverhältnis ohne weiteres mit Ablauf der Frist oder der Erledigung der Arbeitsaufgabe endet, finden die Vorschriften über den allgemeinen und besonderen Kündigungsschutz keine Anwendung. Nach der **Rechtsprechung des Bundesarbeitsgerichts** *(BAG (GS) 12.10.1960, AP Nr. 16 zu § 620 BGB Befristeter Arbeitsvertrag; BAG 21.04.1993, EzA § 620 BGB Nr. 120)* sind Befristungsabreden dann funktionswidrige und deshalb rechtsunwirksame Vertragsgestaltungen, wenn

- die Befristung dem Arbeitnehmer einen **zwingenden Bestandsschutz** (z.B. nach dem Kündigungsschutzgesetz, Mutterschutzgesetz, Schwerbehindertengesetz, Arbeitsplatzschutzgesetz, § 613 a Abs. 4 BGB, § 626 BGB), **entzieht**

- und für die Befristung **keine sachlichen Gründe** vorgelegen haben.

1621

Ist eine Befristungsabrede dem Grunde nach gerechtfertigt, so darf sie nicht die **angemessene Dauer** überschreiten. Die Dauer muß aber nicht sachlich gerechtfertigt sein. Das Bundesarbeitsgericht weist der Befristungsdauer allein noch Bedeutung im Rahmen der Prüfung des sachlichen Befristungsgrundes zu. Eine erhebliches Unter- oder Überschreiten einer dem Befristungsgrund entsprechenden Dauer soll nur den Schluß zulassen, der Sachgrund bestehe nicht oder sei nur vorgeschoben. Das sei allerdings erst anzunehmen, wenn wegen der Dauer des Arbeitsverhältnisses eine sinnvolle, dem Sachgrund entsprechende Mitarbeit

des Arbeitsverhältnisses eine sinnvolle, dem Sachgrund entsprechende Mitarbeit des Arbeitnehmers nicht möglich erscheine *(BAG 26.08.1988, AP Nr. 124 zu § 620 BGB Befristeter Arbeitsvertrag; BAG 11.12.1991, EzA § 620 BGB Nr. 110)*. Die Voraussetzungen für eine rechtswirksame Befristungsabrede müssen im Zeitpunkt des Abschlusses dieser Abrede vorliegen *(BAG 25.11.1992, EzA § 620 BGB Nr. 117)*.

Insbesondere Befristungsabreden, die zur Umgehung des Kündigungsschutzgesetzes führen, sind rechtsunwirksam, wenn kein sachlicher Grund für die Befristung vorliegt. Eine Umgehung des Kündigungsschutzgesetzes liegt vor, wenn das Arbeitsverhältnis 6 Monate bestanden hat und der Arbeitgeber mehr als 5 nicht nur geringfügig beschäftigte Arbeitnehmer hat. Findet das Kündigungsschutzgesetz auf das Arbeitsverhältnis keine Anwendung, bedarf die Befristungsabrede auch **keines** sachlichen Grundes, sofern nicht sonstige zwingende Bestandsschutzvorschriften umgangen werden.

1622

Für die Beurteilung des sachlichen Grundes hat die höchstrichterliche Rechtsprechung - nicht abschließend - **Fallgruppen** herausgearbeitet. Danach wird ein sachlicher Grund in folgenden Fällen bejaht:

- **Arbeitsbeschaffungsmaßnahme**
  Die Zuweisung eines Arbeitnehmers im Rahmen einer Arbeitsbeschaffungsmaßnahme nach §§ 91 ff. AFG rechtfertigt eine an der Zuweisung orientierte Befristung des Arbeitsverhältnisses *(BAG 12.06.1987, EzA § 620 BGB Nr. 95)*.

- **Aushilfstätigkeit**
  Bei nur **vorübergehenden Aufgaben** ist eine Befristung sachlich gerechtfertigt. Eine Befristung für Aushilfstätigkeiten setzt voraus, daß der Arbeitnehmer von vornherein zu dem Zweck eingestellt wird, einen **vorübergehenden Bedarf** an Arbeitskräften abzudecken, der nicht durch den normalen Betriebsablauf, sondern durch den Ausfall von Arbeitskräften oder zeitlich begrenzten zusätzlichen Arbeitsanfall begründet wird. Im Zeitpunkt des Vertragsabschlusses müssen konkrete tatsächliche Anhaltspunkte dafür vorliegen, daß die anfallende Arbeit **in absehbarer Zeit** wieder mit der normalen Belegschaftsstärke bewältigt werden kann. Bei einem längerfristig gestiegenen, mit den vorhandenen Stammarbeitskräften nicht zu bewältigenden Arbeitskräftebedarf **von nicht abzusehender Dauer** besteht demgegenüber kein sachlicher Grund für die Befristung des Arbeitsvertrages mit den zusätzlich eingestellten Arbeitnehmern *(BAG 25.11.1992, EzA § 620 BGB Nr. 117)*.

Einschlägig sind Vertretungen für kranke oder wegen Mutterschutzes/Erziehungsurlaubs abwesende Arbeitnehmer, Einsätze für Auftragsspitzen/Inventuren oder auch eine vorübergehende Tätigkeit bis zur geplanten Übernahme eines Auszubildenden. Der zur Aushilfe eingestellte Arbeitnehmer braucht aber nicht zur Erledigung der Aufgaben eingesetzt zu werden, die der zeitweise ausfallende Arbeitnehmer zu verrichten hatte *(BAG 08.05.1985, EzA § 620*

BGB Nr. 76). Durch den zeitweiligen Ausfall eines Mitarbeiters muß nur ein vorübergehender Vertretungsbedarf entstanden sein. Wie der Arbeitgeber dann anläßlich der Einstellung der Aushilfskraft die Arbeit vorübergehend verteilt, ist für die sachliche Rechtfertigung der Befristungsabrede unerheblich. **Ein nicht voraussehbarer Bedarf rechtfertigt eine Befristungsabrede jedoch nicht**. Entsprechendes gilt bei Daueraushilfen, bei denen voraussehbar war, daß sie weiterbeschäftigt werden können. Die Wirksamkeit einer Befristung setzt aber kein ausgearbeitetes Personalkonzept voraus. Vielmehr reicht es aus, daß im Einzelfall plausibel erklärt werden kann, warum der betroffene Arbeitnehmer im Gegensatz zu anderen Arbeitnehmern nur befristet beschäftigt wurde (BAG 08.05.1985, AP Nr. 97 zu § 620 BGB Befristeter Arbeitsvertrag; *BAG 26.03.1986, AP Nr. 103 zu § 620 BGB Befristeter Arbeitsvertrag*).

Ebenso wie ein vorübergehender zusätzlicher Arbeitskräftebedarf kann auch das **bevorstehende Absinken des Arbeitskräftebedarfs** eine Befristung von Arbeitsverhältnissen rechtfertigen. Insbesondere Rationalisierungsmaßnahmen, die sich über einen längeren Zeitraum erstrecken, können dazu führen, daß ein Teil der Arbeitnehmer, die bei Abschluß des befristeten Arbeitsvertrages beschäftigt werden, nur noch für eine Übergangszeit bis zur vollständigen Verwirklichung des Vorhabens benötigt werden. Auf einen vorübergehenden Arbeitskräftebedarf läßt sich die Befristung des Arbeitsvertrages aber nur stützen, wenn im Zeitpunkt des Vertragsschlusses aufgrund greifbarer Tatsachen mit einiger Sicherheit zu erwarten ist, daß die Arbeitskraft in absehbarer Zeit nicht mehr benötigt wird *(BAG 10.06.1992, EzA § 620 BGB Nr. 116)*.

- **Erprobungszweck** (s. Rz. 1650)

- **Vergleich**
  Ist die Befristungsabrede Inhalt eines gerichtlichen oder außergerichtlichen Vergleichs, so bedarf sie keiner weiteren sachlichen Rechtfertigung. Das gegenseitige Nachgeben ist dann der sachliche Grund. Dies gilt aber nicht für den Prozeßvergleich, in dem die Zulässigkeit künftig erst noch zu vereinbarender Befristungen anerkannt wird. Nur die im Prozeßvergleich vereinbarte konkrete Befristung bedarf keines weiteren sachlichen Grundes *(BAG 04.12.1991, EzA § 620 BGB Nr. 113)*.

- **Wunsch des Arbeitnehmers**
  Der Wunsch des Arbeitnehmers kann eine Befristung sachlich rechtfertigen. Allein der Abschluß einer Befristungsabrede läßt nicht den Schluß auf einen Wunsch des Arbeitnehmers zu. Im Zeitpunkt des Vertragsabschlusses müssen vielmehr objektive Anhaltspunkte für ein Interesse des Arbeitnehmers an der Befristung vorliegen *(BAG 26.04.1985, EzA § 620 BGB Nr. 74)*. Insbesondere bei Befristungen auf Wunsch eines Arbeitnehmers sollte der sachliche Grund für die Befristung in der Befristungsabrede ausdrücklich dokumentiert werden.

Wesentliche Regelungsgegenstände des Arbeitsvertrages

4. Zweckbefristung

1630

Die höchstrichterliche Rechtsprechung läßt auch Zweckbefristungen zu *(BAG 10.06.1992, EzA § 620 BGB Nr. 116)*. Eine solche liegt vor, wenn sich die Dauer des Arbeitsverhältnisses **aus der Beschaffenheit oder dem Zweck der Arbeitsleistung** ergibt. Das Arbeitsverhältnis endet dann mit der Erreichung des Zwecks (z.B. Fertigstellung eines Bauwerks).

Voraussetzungen für eine rechtswirksame Zweckbefristung sind, daß

- die Arbeitsvertragsparteien darüber einig sind, daß die Dauer des Arbeitsverhältnisses von seinem Zweck abhängig sein soll
- und außerdem, daß die Zweckerreichung objektiv bestimmbar ist.

Eine **einseitig** vom Arbeitgeber gesetzte Zwecksetzung **genügt nicht**. Auch hier empfiehlt sich dringend, die Abrede einer Zweckbefristung zum Gegenstand einer konkreten schriftlichen Vereinbarung zu machen.

5. Auflösende Bedingung

1640

Das auflösend bedingte Arbeitsverhältnis wird von der Rechtsprechung **wie ein befristetes Arbeitsverhältnis** behandelt *(BAG 4.12.1991, EzA § 620 BGB Bedingung Nr. 10; BAG 20.12.1984, EzA § 620 BGB Bedingung Nr. 4)*. Die Vereinbarung einer auflösenden Bedingung bedarf daher zu ihrer Wirksamkeit eines sie sachlich rechtfertigenden Grundes, wenn und soweit dem Arbeitnehmer durch sie der Schutz zwingender Kündigungsvorschriften genommen wird.

V. Probearbeitsverhältnis

1650

Arbeitgeber und Arbeitnehmer haben bei Beginn eines Arbeitsverhältnisses häufig ein Interesse daran, sich gegenseitig eine Erprobungsfrist auszubedingen. In dieser Zeit können beide überprüfen, ob das Arbeitsverhältnis für sie tatsächlich das richtige ist.

Sie werden dann eine Probezeit vereinbaren. Diese Vereinbarung ändert nichts daran, daß ein ganz normales Arbeitsverhältnis begründet wird. Arbeitgeber und Arbeitnehmer haben alle gegenseitigen Pflichten und Rechte, die sie in einem Arbeitsverhältnis ohne Probezeit auch hätten. Es bestehen Urlaubsansprüche, Lohnfortzahlungsansprüche usw.

Arbeitsrecht

1651
Ein Probearbeitsverhältnis kann sowohl als befristetes Arbeitsverhältnis *(BAG 30.09.1981, EzA § 620 BGB Nr. 54)* als auch als Arbeitsverhältnis mit Kündigungsvorbehalt geregelt werden. In der Praxis verbreiteter ist die zuletzt genannte Alternative.

Ist im Arbeitsvertrag lediglich von einer Probezeit die Rede, so handelt es sich im Zweifel um einen Arbeitsvertrag auf unbestimmte Dauer mit vorgeschalteter Probezeit *(BAG 29.07.1958, AP Nr. 3 zu § 620 BGB Probearbeitsverhältnis)*. Die Vertragsparteien haben dann ein endgültiges Arbeitsverhältnis mit der Maßgabe begründet, daß eine bestimmte Zeitspanne zu Beginn als Probezeit gilt. Die Bedeutung einer solchen Probezeitregelung wird in der Praxis vielfach überschätzt. Nach der Rechtsprechung des Bundesarbeitsgerichts kann aus solchen Probezeitklauseln geschlossen werden, daß die Vertragsparteien die Kündigungsfristen auf die gesetzlich zulässige Mindestkündigungsfrist kürzen wollten. Das Bundesarbeitsgericht begründet diese Rechtsprechung mit dem Hinweis, daß nicht ersichtlich wäre, welchen anderen rechtlich relevanten Inhalt eine solche Probezeitvereinbarung haben solle *(BAG 22.07.1971, EzA § 622 BGB n.F. Nr. 3)*. Nunmehr ist in § 622 Abs. 3 BGB ausdrücklich geregelt, daß während einer vereinbarten Probezeit, längstens für die Dauer von sechs Monaten, das Arbeitsverhältnis mit einer Frist von zwei Wochen gekündigt werden kann.

1654
Bei der Gewichtung des Kündigungsgrundes spielt die Probezeitvereinbarung nur eine eingeschränkte Rolle. Wenn die 6-Monatsfrist des § 1 Abs. 1 KSchG überschritten wurde, ist die Wirksamkeit der Kündigung an den Regeln des Kündigungsschutzgesetzes zu messen. Entsprechendes gilt auch für die Kündigung von Schwangeren und Schwerbehinderten. Der Sonderkündigungsschutz wird durch die Probezeit nicht eingegrenzt.

1655
Komplizierter ist die Rechtslage, wenn das Probearbeitsverhältnis als befristetes Arbeitsverhältnis geregelt wird. In diesen Fällen wird in dem Vertrag eine Befristungsklausel des Inhaltes aufgenommen, daß das Arbeitsverhältnis nach Ablauf der Probezeit ohne Kündigung von selbst enden soll. Eine solche Befristung ist grundsätzlich zulässig. Denn die Erprobung wird in der Regel und in einem angemessenen Umfang als sachlicher Grund für eine Befristung anerkannt. Regelmäßig werden 6 Monate (vgl. auch § 622 Abs. 3 BGB n.F.) als ausreichend angesehen, um Erprobungszwecken zu genügen.

Das Arbeitsverhältnis endet dann mit Ablauf der Probezeit. Eine Fortsetzung muß zwischen den Parteien vereinbart werden. Nach § 625 BGB gilt ein Arbeitsverhältnis als auf unbestimmte Zeit verlängert, wenn es nach Ablauf der Probezeit mit Wissen des Arbeitgebers stillschweigend fortgesetzt wird. Um Mißverständnisse zu vermeiden, empfiehlt es sich für den Arbeitgeber, dem Arbeitnehmer schon vor Ablauf der Probezeit mitzuteilen, ob das Arbeitsverhältnis auf

Wesentliche Regelungsgegenstände des Arbeitsvertrages

unbestimmte Zeit fortgesetzt werden soll oder nicht. Wer mit einer solchen Mitteilung bis zum letzten Tag wartet, riskiert, von dem enttäuschten Arbeitnehmer in Regreß genommen zu werden.

1656

In der Befristungsabrede liegt gleichzeitig ein Verzicht auf das ordentliche Kündigungsrecht für die Dauer der Probezeit (*LAG Berlin 23.05.1977, BB 1977, 997*). Beide Parteien gehen nämlich davon aus, daß sie die Probezeit benötigen, um wechselseitig zu überprüfen, ob das begründete Arbeitsverhältnis auf Dauer fortgesetzt werden soll. Wer sich auch während der Probezeit eine ordentliche Kündigungsmöglichkeit offenhalten will, muß dies daher ausdrücklich klarstellen. Diese ausdrücklich vorbehaltene Kündigungsmöglichkeit kann wiederum auch begrenzt werden auf bestimmte Fälle, z. B. eine ordentliche verhaltensbedingte Kündigung oder eine ordentliche betriebsbedingte Kündigung.

Die Möglichkeit zu einer außerordentlichen Kündigung nach § 626 BGB ist durch die Vereinbarung einer Probezeit nicht eingeschränkt. Wenn entsprechende Gründe vorliegen, kann beiderseits das Arbeitsverhältnis ohne Einhaltung einer Kündigungsfrist beendet werden.

VI. Teilzeitbeschäftigung

1660

Teilzeitarbeitsverhältnisse liegen vor, wenn die vereinbarte regelmäßige Wochenarbeitszeit kürzer ist als die regelmäßige Wochenarbeitszeit vergleichbarer vollzeitbeschäftigter Arbeitnehmer des Betriebes (§ 2 Abs.2 BeschFG). Die Arbeitszeitverringerung kann auf vielfältige Weise vorgesehen werden. Es kann die tägliche Arbeitszeit oder aber die Anzahl der Arbeitstage reduziert werden. Einen besonderen Unterfall der Teilzeitarbeitsverhältnisse stellen die Vereinbarungen dar, in denen die Arbeitszeit variabel geregelt wird. Eine Sonderform der Teilzeitbeschäftigung ist die Arbeitsplatzteilung (Job-Sharing), die in der Praxis noch selten anzutreffen ist. Bei der Vertragsgestaltung sind die Vorgaben in § 5 BeschFG zu beachten.

Arbeitgeber haben häufig ein Interesse an Teilzeitbeschäftigten, um einen betrieblichen vorübergehenden Spitzenbedarf kostengünstig aufzufangen. Entsprechende Arbeitsplatzangebote stoßen bei Arbeitnehmern auf Gegenliebe, die aus persönlichen oder familiären Gründen nicht mehr vollschichtig arbeiten wollen oder können.

Etwa 10 % aller sozialversicherten Arbeitnehmer stehen in Teilzeitarbeitsverhältnissen. Etwa 2/3 aller Teilzeitbeschäftigten sind Frauen. Benachteiligungen von Teilzeitbeschäftigten gegenüber Vollzeitbeschäftigten werden daher wegen **Diskriminierung der Frauen** von der Rechtsprechung nicht mehr akzeptiert.

1661
Grundsätzlich hat der Teilzeitbeschäftigte die selben Rechte und Pflichten wie ein Vollzeitbeschäftigter. Nur die Dauer der Arbeitszeit ist eine andere.

So werden z. B. im Betriebsverfassungsrecht die Teilzeitbeschäftigten wie Vollzeitbeschäftigte behandelt. Sie sind zum Betriebsrat aktiv und passiv wahlberechtigt. Sie werden als Arbeitnehmer mitgezählt, wenn es darum geht, die Zahl der Betriebsratsmitglieder oder der möglichen Freistellungen zu ermitteln (BAG 29.01.1992, EzA § 7 BetrVG 1972 Nr. 1).

1662
Nach § 2 Abs. 1 BeschFG ist eine unterschiedliche Behandlung von Teilzeitbeschäftigten gegenüber Vollzeitbeschäftigten verboten, wenn sie wegen der Teilzeitarbeit erfolgt. Sie ist nur ausnahmsweise erlaubt, wenn sie durch **sachliche Gründe** gerechtfertigt ist.

Nach der Rechtsprechung des Bundesarbeitsgerichts sind diese Grundsätze insbesondere auch auf die Bestimmung der Vergütung, des Urlaubs- und Weihnachtsgeldes (BAG 15.11.1990, EzA § 2 BeschFG 1985 Nr.5) und des tariflichen Bewährungsaufstieges (BAG 02.12.1992, EzA Art. 119 EWG-Vertrag Nr. 7) anzuwenden. Das heißt, daß dem Teilzeitbeschäftigten grundsätzlich eine anteilige Vergütung sowie ein anteiliges Urlaubs- und Weihnachtsgeld zusteht und die Berechnung der für den Bewährungsaufstieg maßgeblichen Beschäftigungszeit nach der tatsächlichen Dauer ohne Verlängerung zu erfolgen hat. Ohne ausdrückliche Bestimmung einer anteiligen Zahlung besteht sogar ein Anspruch auf eine volle Sozialzulage (BAG 07.10.1992, EzA § 611 BGB Teilzeitarbeit Nr. 7).

1663
Umstritten ist, was als **sachlicher Grund** eine unterschiedliche Behandlung rechtfertigen kann. Nach einer Formel des Bundesarbeitsgerichts muß sich die Rechtfertigung für eine unterschiedliche Behandlung grundsätzlich aus dem Verhältnis von Leistungszweck und Umfang der Teilzeitarbeit ergeben. Entscheidend ist, ob sich aus dem Leistungszweck überzeugende Gründe für eine unterschiedliche Behandlung herleiten lassen (BAG 29.08.1989, EzA § 2 BeschFG Nr. 3).

Beispiele:
1) Unternehmer U gewährt allen vollzeitbeschäftigten Arbeitnehmern ein Urlaubsgeld in Höhe von 50% der Urlaubsvergütung. In den formularmäßigen Arbeitsverträgen der bei ihm beschäftigten Teilzeitkräfte ist die Regelung aufgenommen: "Urlaubsgeld wird nicht gezahlt".
Diese Vertragsregelung ist wegen Verstoßes gegen § 2 Abs. 1 BeschFG unwirksam. Die Teilzeitkräfte haben in Anwendung des arbeitsrechtlichen Gleichbehandlungsgrundsatzes einen Anspruch auf ein Urlaubsgeld auf der Grundlage der betriebsüblichen Regelung. Der dem Urlaubsgeld zugrundeliegende Leistungszweck rechtfertigt die Ungleich-

Wesentliche Regelungsgegenstände des Arbeitsvertrages

behandlung nicht. Das Urlaubsgeld dient dazu, erhöhte Urlaubsaufwendungen zumindest teilweise abzudecken. Dieser Leistungszweck ist auch gegenüber teilzeitbeschäftigten Arbeitnehmern gegeben.

2) Unternehmer U gewährt allen vollzeitbeschäftigten Arbeitnehmern ein Weihnachtsgeld in Höhe eines 13. Monatseinkommens. Damit sollen die geleisteten Dienste vergütet und die erwiesene Betriebstreue belohnt werden. In den formularmäßigen Arbeitsverträgen der bei ihm beschäftigten Teilzeitkräften ist die Regelung aufgenommen: "Weihnachtsgeld wird nicht gezahlt".
Diese Vertragsregelung ist wegen Verstoßes gegen § 2 Abs. 1 BeschFG unwirksam. Die Teilzeitkräfte haben unter Anwendung des arbeitsrechtlichen Gleichbehandlungsgrundsatzes einen Anspruch auf ein Weihnachtsgeld auf der Grundlage der betriebsüblichen Regelung. Die dem Weihnachtsgeld zugrundeliegenden Zwecke rechtfertigen die Ungleichbehandlung nicht. Auch die Teilzeitkräfte haben ihre Arbeitsleistung erbracht. Eine besondere Qualität der Arbeit von Vollzeitkräften ist nicht gegeben. Der bloße Quantitätsunterschied rechtfertigt die Ungleichbehandlung gerade nicht. Die Teilzeitkräfte haben außerdem unter Umständen dieselbe Betriebstreue wie die Vollzeitkräfte erbracht. Hier kann nur auf die tatsächliche Dauer der Betriebszugehörigkeit abgestellt werden.

1664
Auch tarifliche Regelungen, die eine solche Ungleichbehandlung vorsehen, sind insoweit unwirksam.

1665
Sachliche Gründe können sich im Einzelfall aus der Arbeitsleistung, der Qualifikation, der Berufserfahrung, der sozialen Lage oder auch der Arbeitsplatzanforderung ergeben. Nach der umstrittenen Rechtsprechung des Bundesarbeitsgerichts stellt es beispielsweise einen sachlichen Grund dar, wenn ein in einem Hauptberuf Tätiger nebenberuflich einer Teilzeitbeschäftigung nachgeht (*BAG 22.08.1990, EzA § 2 BeschFG Nr.4; BAG 11.03.1992, EzA § 2 BeschFG Nr.17; mit abweichendem Ergebnis BAG 6.12.1990, EzA § 2 BeschFG Nr.6*). Dabei ist nicht entscheidend, welche Einkünfte der Betreffende im Hauptberuf jeweils erzielt und welche soziale Absicherung er sich tatsächlich geschaffen hat oder hätte schaffen können. Vielmehr ist darauf abzustellen, ob er als hauptberuflich Tätiger über eine dauerhafte Existenzgrundlage verfügt. Das Bundesarbeitsgericht begründet seine Rechtsprechung damit, daß derart abgesicherte Beschäftigte des besonderen Schutzes des Beschäftigungsförderungsgesetzes nicht mehr bedürfen. Die Beurteilung hat dabei von den Umständen auszugehen, die in dem Zeitpunkt bestehen, in dem das Teilzeitarbeitsverhältnis begründet wird.

1666
Diese vom Bundesarbeitsgericht entschiedenen Fälle dürfen nicht mit denen in der Praxis häufiger vorkommenden Fällen verwechselt werden, in denen ein Beschäftigter mehrere Teilzeitbeschäftigungsverhältnisse eingegangen ist. Das Bestehen mehrerer solcher Teilzeitbeschäftigungsverhältnisse stellt grundsätzlich

keinen sachlichen Grund für eine Ungleichbehandlung gegenüber einem Vollzeitbeschäftigten dar.

Da in der betrieblichen Praxis Teilzeitarbeit weit überwiegend von Frauen geleistet wird, kann über das Gleichbehandlungsgebot des § 2 Abs.1 BeschFG hinaus das **Verbot der Geschlechtsdiskriminierung** (Art. 119 EWG-Vertrag, Art.3 Abs.2 GG, §§ 611 a, 612 Abs.3 BGB) tangiert sein. Werden Teilzeitbeschäftigte von bestimmten Entgelten und Sozialleistungen ausgeschlossen, kann dies gegen das Lohngleichheitsgebot des Art. 119 EWG-Vertrag verstoßen, wenn hierdurch Frauen mittelbar diskriminiert werden und die unterschiedliche Behandlung der Vollzeit- und Teilzeitbeschäftigten nicht einem **unabweisbaren Bedürfnis** des Unternehmens dient *(BAG 23.10.1990, EzA § 1 BetrAVG Gleichberechtigung Nr.6)*.

1667

Ein besonderer Problembereich ist die **Mehrarbeit von Teilzeitbeschäftigten**. Sofern der Arbeitsvertrag keine Klausel zur Mehrarbeitsverpflichtung enthält, ist der Arbeitgeber nach überwiegender Auffassung nicht berechtigt, gegen den Willen des Teilzeitbeschäftigten Mehrarbeit zu fordern. Mit der Vereinbarung von Teilzeitarbeit erkläre der Arbeitnehmer gerade, keine darüber hinausgehende Arbeit leisten zu wollen. Lediglich im Rahmen der Treuepflicht sind Teilzeitbeschäftigte in betrieblichen Notsituationen verpflichtet, im begrenzten Umfang Mehrarbeit zu leisten. Die Befugnis des Arbeitgebers zur Anordnung von Mehrarbeit hängt daher wesentlich von der Ausgestaltung des Arbeitsvertrages ab. Zu beachten ist, daß der Betriebsrat auch bei der vorübergehenden Verlängerung der Arbeitszeit bei Teilzeitbeschäftigten nach § 87 Abs.1 Nr.3 BetrVG mitzubestimmen hat *(BAG 16.07.1991, EzA § 87 BetrVG 1972 Arbeitszeit Nr.48)*. Der Arbeitgeber kann Mehrarbeit nur in Notfällen anordnen. Durch die Vereinbarung der verringerten Arbeitszeit haben die Vertragsparteien nämlich gerade klargestellt, daß der Arbeitnehmer grundsätzlich nur zeitlich begrenzt zur Arbeitsleistung herangezogen werden soll.

Außerordentlich umstritten ist die Frage, wie solche Überstunden eines Teilzeitbeschäftigten zu vergüten sind. Dabei geht es insbesondere um die Überstundenzuschläge. Nach der herrschenden Auffassung sind Überstundenzuschläge erst dann zu zahlen, wenn der Teilzeitbeschäftigte Überarbeit im Sinne einer Überschreitung der betrieblichen Arbeitszeit erbringt *(BAG 23.01.1977, BB 1977, 596; BAG 07.02.1985, AP Nr.48 zu § 37 BetrVG 1972)*. Dies bedeutet, daß ein Halbtagsbeschäftigter für den Fall, daß er vorübergehend ganztags arbeitet, keine Überstundenzuschläge geltend machen kann. Begründet wird dies damit, daß mit den Überstundenzuschlägen eine erhöhte körperliche Belastung ausgeglichen und eine übermäßige Inanspruchnahme des einzelnen Arbeitnehmers verhindert werden soll. Teilzeitbeschäftigte, die vorübergehend ganztags eingesetzt würden, seien aber keiner höheren körperlichen Belastung durch die Arbeit ausgesetzt als die anderen Vollzeitbeschäftigten. Anders ist es nur, wenn zwischen Arbeitgeber und Arbeitnehmern individuelle Vereinbarungen über die Zahlung von Zuschägen für Mehrarbeit getroffen wurden.

Diese Rechtslage wird in der Literatur zunehmend als unbefriedigend empfunden. Unter Hinweis auf eine **mittelbare Frauendiskriminierung** wird argumentiert, daß fast alle Teilzeitkräfte durch die Familienarbeit so belastet seien, daß sie die Berufsarbeit vermutlich mehr anstrengt als Vollzeitkräfte und insbesondere vollzeitbeschäftigte Männer. Diese Argumentation hat u.a. das Landesarbeitsgericht Hamm veranlaßt, wegen eines Überstundenzuschläge nur bei Überschreitung der tariflichen Regelarbeitszeit vorsehenden Tarifvertrags den Europäischen Gerichtshof zur Frage der mittelbaren Frauendiskriminierung anzugehen *(LAG Hamm 22.10.1982, LAGE § 119 EWG-Vertrag Nr. 5)*. Weitergehend hat das Arbeitsgericht Hamburg bereits eine mittelbare Diskriminierung bejaht und einer Teilzeitbeschäftigten einen tariflichen Überstundenzuschlag zugesprochen *(ArbG Hamburg 21.10.1991, AiB 1992, 164)*. Bei der strengen Rechtsprechung zur mittelbaren Diskriminierung von Teilzeitbeschäftigten wird angenommen, daß auch die Verweigerung von Überstundenzuschlägen für Teilzeitbeschäftigte mit dem Lohngleichheitsgebot des Art. 119 EWG-Vertrag kollidiert.

Vor dem Hintergrund der intensiven Gleichbehandlungsgebote (§ 2 Abs.1 BeschFG, Art. 119 EWG-Vertrag, Art. 3 Abs. 2 GG, §§ 611a, 612 Abs. 3 BGB) ist zu empfehlen, in den allgemeinen Vertragsbedingungen nicht zwischen Vollzeit- und Teilzeitbeschäftigten zu unterscheiden. Unterschiede sind nur zu machen, wo sie unmittelbar mit der reduzierten Arbeitszeit und dem entsprechend proportional reduzierten Entgelt zusammenhängen.

VII. Tätigkeit

1680

Mit der Beschreibung des Arbeitsbereichs wird festgelegt, zu welchen Leistungen der Arbeitnehmer verpflichtet ist. Viele Arbeitgeber legen Wert darauf, diese Beschreibung sehr weit zu halten. Sie glauben damit sicherzustellen, daß sie den Arbeitnehmer während des Arbeitsverhältnisses leicht den betrieblichen Erfordernissen entsprechend umsetzen und mit (beliebigen) anderen Aufgaben betrauen können. Sie stellen den Arbeitnehmer dann als "Arbeiter" oder "kaufmännischen Angestellten" ein.

1681

Vor solchen vagen Formulierungen muß dringend gewarnt werden. Zum einen wird die Weite dieser Formulierung zum sprichwörtlichen Bumerang, wenn es im Rahmen von betriebsbedingten Kündigungen darum geht, festzustellen, mit welchen Arbeitnehmern der Betroffene vergleichbar ist. Diese Überprüfung ist für die vorzunehmende Sozialauswahl entscheidend. Je vager die arbeitsvertraglichen Formulierungen getroffen wurden, desto weiter muß die Sozialauswahl vorgenommen werden. Darüber hinaus besteht auch bei einer vagen vertraglichen Umschreibung der geschuldeten Tätigkeit eine Versetzungsmöglichkeit nur im Rahmen des billigen Ermessens. Dieses ist einer umfassenden gerichtlichen Überprüfung zugänglich.

1682

Es ist daher zu empfehlen, die geschuldete Tätigkeit konkret zu beschreiben. Sofern im Unternehmen Stellenbeschreibungen existieren und auch für die betreffende Stelle eine Beschreibung vorhanden ist, sollte diese zum Bestandteil des Vertrages gemacht werden. Wenn es keine spezielle Berufsbezeichnung für diese Tätigkeit gibt, empfiehlt es sich, die Abteilung zu benennen, in der der Arbeitnehmer eingesetzt werden soll.

1683

Dem berechtigten Interesse des Arbeitgebers, den Arbeitnehmer im begrenzten Umfang den betrieblichen Erfordernissen entsprechend mit veränderten - gleichwertigen - Aufgaben betrauen zu können, kann dadurch Rechnung getragen werden, daß man einen **Versetzungsvorbehalt** vereinbart. Auch dieser ist möglichst konkret zu halten.

Umstritten ist, ob für den Fall einer solchen Versetzung auch gleichzeitig eine Veränderung der Vergütung vereinbart werden kann. Dies ist zu verneinen. Durch solche Regelungen könnte nämlich der Kündigungsschutz zu Lasten der Arbeitnehmer umgangen werden (vgl. auch Rz. 1936).

VIII. Arbeitszeit

1690

Bei der Regelung der Arbeitszeit (s. Rz. 2076 ff.) ist wie bei der Arbeitsbeschreibung zu berücksichtigen, daß diese sich in der Zukunft verändern kann. In der Praxis bildet dies aber kein Problem. Denn die Arbeitszeit wird in aller Regel durch höherrangiges Recht verbindlich geregelt. Insbesondere die Tarifverträge beinhalten solche Regelungen. Nicht tarifgebundene Arbeitgeber schließen regelmäßig mit ihren Betriebsräten diesbezügliche Betriebsvereinbarungen. Auch Betriebe, die an sich nicht tarifgebunden sind und bei denen kein Betriebsrat besteht, orientieren sich häufig an den tariflichen Arbeitszeitregelungen ihrer Branche. Vereinbaren die Arbeitsvertragsparteien bei Abschluß des Arbeitsvertrages die zu diesem Zeitpunkt im Betrieb geltende Regelung über Beginn und Ende der täglichen Arbeitszeit und die Verteilung der Arbeitszeit auf die einzelnen Wochentage, liegt darin keine individuelle Arbeitszeitvereinbarung, die gegenüber einer späteren Veränderung der betrieblichen Arbeitszeit durch Betriebsvereinbarung Bestand hat *(BAG 23.06.1992, EzA § 611 BGB Direktionsrecht Nr. 12)*.

Im Zusammenhang mit der Arbeitszeit sollte aber auch die Verpflichtung zur Ableistung von Überstunden geregelt werden. Bei gewerblichen Arbeitnehmern empfiehlt es sich darüber hinaus, die Verpflichtung zur Leistung von besonderen Arbeitszeiten (Schichtarbeit, Nachtarbeit) zu vereinbaren. Insbesondere die vertraglichen Mehrarbeitsregelungen werfen jedoch rechtliche Probleme auf.

Das Bundesarbeitsgericht sieht Vereinbarungen als zulässig an, wonach **etwaige Mehrarbeit nicht besonders bezahlt wird**, auch wenn nicht im einzelnen geregelt ist, welcher Teil der Vergütung als Pauschalabgeltung für die Mehrarbeit anzusehen ist. Aus der betreffenden Abrede muß sich nur eindeutig ergeben, daß die vereinbarte Vergütung das Äquivalent für die gesamte Arbeitsleistung ist (*BAG 24.02.1960, AP Nr. 11 zu § 611 BGB Dienstordnungs-Angestellte; BAG 26.01.1956, AP Nr. 1 zu § 15 AZO; BAG 16.11.1961, AP Nr. 5 zu § 611 BGB Mehrarbeitsvergütung; BAG 16.01.1965, AP Nr.1 zu § 1 AZO*).

Soweit sich eine solche Klausel in vorformulierten Arbeitsbedingungen findet, ist sie einer Angemessenheitskontrolle zu unterziehen. Eine Klausel, die die Verpflichtung zur Leistung von Überstunden vorsieht und zugleich regelt, daß die geleisteten Überstunden durch die vereinbarte Arbeitsvergütung abgegolten sind, gibt dem Arbeitgeber das Recht zur einseitigen, zum Teil massiven Umgestaltung des arbeitsvertraglichen Austauschverhältnisses. Darin wird in der Literatur eine unangemessene und deshalb unwirksame Benachteiligung des Arbeitnehmers gesehen. Wird dem Arbeitnehmer jedoch eine Überstundenpauschale zugesprochen, dürfte eine entsprechende Klausel zulässig sein, wenn durch die Pauschalabgeltung die in einem überschaubaren Zeitraum zu erbringende Mehrleistung gerecht vergütet wird. In einer Gesamtbetrachtung soll berücksichtigt werden, daß die Pauschale unabhängig von den geleisteten Überstunden und auch während des Urlaubs gezahlt wird. Eine Pauschalabgeltung kann jedoch wegen Verstoßes gegen das Transparenzgebot unwirksam sein, wenn der Abrede kein Regelsatz für zu leistende Überstunden zugrunde gelegt wird.

Für **leitende Angestellte** gelten Besonderheiten. Vom Bundesarbeitsgericht wird ein Anspruch eines leitenden Angestellten auf Überstundenvergütung bei fehlender ausdrücklicher Vereinbarung verneint. Bejaht wird der Anspruch auf Überstundenvergütung jedoch, wenn die vertraglichen Bezüge eine bestimmte Normalleistung abgelten sollen und wenn ihm zusätzliche Arbeiten außerhalb seines eigentlichen Aufgabenkreises übertragen werden (*BAG 17.11.1966, AP Nr. 1 zu § 611 BGB Leitende Angestellte; BAG 16.11.1961, AP Nr. 5 zu § 611 BGB Mehrarbeitsvergütung*).

Besondere rechtliche Probleme sind mit der Vereinbarung **variablerer Arbeitszeit** verbunden. Hier wird die Arbeitszeit in der Weise flexibilisiert, daß deren Lage und / oder Dauer nicht von vornherein arbeitsvertraglich festgelegt, sondern in mehr oder weniger weitem Umfang einem Direktionsrecht des Arbeitgebers unterworfen wird. Insoweit ist von bedarfsorientierter Arbeitszeit, Abrufarbeit oder auch von kapazitätsorientierter Arbeitszeit (Kapovaz) die Rede. Die Einräumung des Direktionsrechts muß unter Beachtung von § 4 BeschFG erfolgen. Die Ausübung des Direktionsrechts muß ferner § 315 BGB genügen.

Arbeitsrecht

In einer Grundsatzentscheidung hatte das Bundesarbeitsgericht bereits erkannt, daß die Arbeitszeitdauer nicht zur einseitigen Disposition des Arbeitgebers stehen kann, der Arbeitgeber also nicht die Dauer der Arbeitszeit und damit auch die Höhe der Arbeitsvergütung einseitig reduzieren darf *(BAG 12.12.1984, EzA § 315 BGB Nr. 29)*. Im Anschluß an dieses Rechtsprechung untersagt nun § 4 Abs. 1 Satz 1 BeschFG ausdrücklich, Arbeitsverträge abzuschließen, ohne ein **bestimmtes Stundendeputat** festzulegen. Die überwiegende Ansicht in der Literatur befürwortet eine unmittelbare oder zumindest entsprechende **Anwendbarkeit des § 4 BeschFG auf Vollzeitarbeitsverhältnisse**. Folglich ist die Dauer der Arbeitszeit im Arbeitsvertrag in bezug auf einen gewissen Zeitraum (... Stunden pro Tag/Woche/Monat/Jahr usw.) genau anzugeben. Nach § 4 Abs. 1 Satz 2 BeschFG gilt, sofern die Festlegung einer bestimmten Arbeitszeit nicht erfolgt ist, eine wöchentliche Arbeitszeit von 10 Stunden als vereinbart. Die tatsächliche Vertragsdurchführung kann zu einer hiervon abweichenden Festlegung der Arbeitszeit führen.

! In Arbeitsverträgen wird häufig ein bestimmter Rahmen vereinbart, innerhalb dessen der Arbeitgeber die Arbeitszeit variieren kann. Vorzufinden sind Vereinbarungen zu einer Mindest- oder einer Höchstarbeitszeit oder zu einer Kombination aus beiden oder einer ungefähren Arbeitszeitdauer. Der Arbeitgeber soll dann **innerhalb der vereinbarten Bandbreite ein einseitiges Leistungsbestimmungsrecht** hinsichtlich des tatsächlichen Umfangs der Arbeitszeit haben. Die rechtliche Wirksamkeit derartiger Bandbreiten-Regelungen wird unter Hinweis auf die Rechtsprechung des Bundesarbeitsgerichts *(BAG 12.12.1984, EzA § 315 BGB Nr. 29)* und durch zumindest entsprechende Anwendung von § 4 BeschFG sowohl für Teilzeit- als auch für Vollzeitarbeitsverhältnisse abgelehnt. Ob die Rechtsunwirksamkeit der Bandbreitenregelungen in jedem Fall zur Anwendung der 10-Stunden-Fiktion des § 4 Abs. 1 BeschFG führt, ist umstritten. Zum Schutze des Arbeitnehmers wird nur dem Teil der Bandbreiten-Regelung die Wirksamkeit zu versagen sein, der die Unbestimmtheit einer ansonsten zulässigen Festlegung bewirkt. Lediglich das Variationsrecht des Arbeitgebers entfällt; das ungefähr zugrundegelegte (gegebenenfalls durchschnittliche) Stundendeputat bleibt rechtswirksam.

Grundsätzlich als zulässig werden jedoch Bandbreiten-Regelungen angesehen, die eine ungleichmäßige Verteilung einer festen Dauer der Arbeitszeit innerhalb eines bestimmten Verteilzeitraumes zulassen. Nach diesen Regelungen sind bestehende Zeitguthaben bzw. Zeitschulden innerhalb eines gewissen Zeitraumes auszugleichen, so daß sich bezogen auf den Zeitraum **im Durchschnitt die festgelegte regelmäßige Arbeitszeit** ergibt. So kann der Arbeitnehmer mit einem bestimmten Arbeitslohn rechnen. Darüber hinaus ist er gegen übermäßige Schwankungen der Arbeitszeit in den Bezugszeiträumen dadurch geschützt, daß die Notwendigkeit des Ausgleichs von Zeitschulden bzw. -guthaben innerhalb eines gewissen Zeitraumes den Arbeitgeber zu moderaten Arbeitszeitschwankungen nötigt. Probleme ergeben sich bei der Festlegung des Verteilzeitraumes. Wegen der Regelung des § 4 Abs. 1 BeschFG wird die Festschreibung eines über einen Monat hinausgehenden Bezugszeitraums als nichtig angesehen.

Auf **vertragliche** Überstundenregelungen (vertragliche Normalarbeitszeit als Mindestarbeitszeit verbunden mit Öffnungsklausel für variable Überstunden) findet nach überwiegender Ansicht § 4 BeschFG keine Anwendung. Ungeklärt ist die Abgrenzung der partiellen Abrufarbeit i.S. von § 4 BeschFG einerseits und von Überstunden andererseits. Auch auf herkömmliche Formen der Rufbereitschaft oder des Bereitschaftsdienstes findet § 4 BeschFG ebenfalls keine Anwendung.

Finden sich jedoch **Bandbreiten-Regelungen in Tarifverträgen**, werden sie in ständiger Rechtsprechung für wirksam gehalten *(BAG 19.06.1985, EzA § 315 BGB Nr. 32; BAG 26.06.1985, EzA § 1 TVG Nr. 19; BAG 12.03.1992, EzA § 4 BeschFG 1985 Nr. 1).*

Um eine typische **KAPOVAZ-Abrede** handelt es sich, wenn die Dauer der Arbeitszeit für einen Bezugszeitraum festliegt, während die Lage der Arbeitszeit des Arbeitnehmers, also der Zeitpunkt des Arbeitsbeginns und des Arbeitsendes, nicht vertraglich fixiert, sondern von Fall zu Fall nach Bedarf durch den Arbeitgeber bestimmt wird. Grenzen für den Arbeitgeber bei der Festlegung der Lage der Arbeitszeit folgen aus dem am 1.07.1994 in Kraft getretenen ArbZG vom 06.06.1994 . Ferner hat der Arbeitgeber dem Arbeitnehmer die Lage der Arbeitszeit mindestens vier Tage im voraus mitzuteilen (§ 4 Abs. 2 BeschFG) und die besondere Mindestarbeitszeit von drei aufeinanderfolgenden Stunden (§ 4 Abs. 3 BeschFG) zu berücksichtigen. Eine vertragliche Regelung, nach der der Arbeitgeber auch kürzere tägliche Beschäftigungszeiten als drei Stunden bestimmen kann, ist nach § 4 Abs. 3 BeschFG i.V.m. § 134 BGB nichtig. Die 3-Stunden-Grenze greift jedoch nicht ein, wenn die zusammenhängende Dauer der täglich Arbeitszeit festgelegt ist, das Bestimmungsrecht des Arbeitgebers sich mithin allein auf die Lage der zusammenhängenden Arbeitszeit bezieht.

Bei der Ausübung seines Rechts, die Arbeitszeitlage im Einzelfall bestimmen zu können, ist der Arbeitgeber nach § 315 BGB zur **Rücksichtnahme auf die berechtigten Arbeitnehmerinteressen** verpflichtet. Die erkennbaren oder geltendgemachten Belange des Arbeitnehmers (Kinderbetreuung, Krankheit von nahen Angehörigen, Behördentermine u.a.) sind gegenüber den betrieblichen Belangen abzuwägen.

Schließlich ist das **Mitbestimmungsrecht des Betriebsrats** nach § 87 Abs. 1 Nr. 2 BetrVG hinsichtlich Beginn und Ende der täglichen Arbeitszeit einschließlich der Pausen sowie der Verteilung der Arbeitszeit auf die einzelnen Wochentage zu beachten. Dieses Mitbestimmungsrecht bezieht sich nach der Rechtsprechung sowohl auf die grundsätzliche Einführung bzw. Abschaffung von Abrufarbeit als auch auf ihre Ausgestaltung im einzelnen, sowie die Mindestdauer der täglichen Arbeitszeit, der Festlegung der Höchstzahl von Tagen in der Woche oder

der Mindestzahl arbeitsfreier Samstage *(BAG 13.10.1987, AP Nr.24 zu § 87 BetrVG 1972 Arbeitszeit; BAG 28.09.1988, AP Nr.29 zu 87 BetrVG 1972 Arbeitszeit)*.

Wegen der Rechtsfragen bei Einführung von gleitender Arbeitszeit siehe Rz. 2174 - 2185

IX. Arbeitsvergütung

1700
Für die Arbeitsvergütung sollte im Arbeitsvertrag eine eindeutige und vollständige Regelung getroffen werden, in der alle Vergütungsbestandteile aufzunehmen sind. Bei tarifgebundenen Arbeitsvertragsparteien folgt der Vergütungsanspruch aus den tariflichen Bestimmungen. Häufig wird aber eine übertarifliche Vergütung gezahlt, deren Höhe und Zweckbestimmung im Arbeitsvertrag im einzelnen zu regeln ist. Nicht tarifgebundene Arbeitsvertragsparteien können durch arbeitsvertragliche Abrede ihr Arbeitsverhältnis einem zu benennenden Tarifvertrag unterstellen.

Die Rechtsprechung läßt es zu, daß etwaige Mehr- und Überarbeit nicht besonders bezahlt, sondern durch das zugesagte Entgelt mit abgegolten wird. Dies gilt auch, wenn nicht im einzelnen geregelt ist, welcher Teil der Vergütung der pauschalen Abgeltung der Mehr- und Überarbeit dient *(BAG 24.02.1960, AP Nr. 11 zu § 611 BGB Dienstordnungs-Angestellte; BAG 26.01.1956, AP Nr. 1 zu § 15 AZO; BAG 16.11.1961, AP Nr. 5 zu § 611 BGB Mehrarbeitsvergütung; BAG 16.01.1965, AP Nr.1 zu § 1 AZO)*. Werden entsprechende Regelungen in einen vorformulierten Vertrag aufgenommen, kann der Ausschluß jeglicher Mehrarbeits- und Überstundenvergütung eine unangemessene Benachteiligung des Arbeitnehmers durch eine unklare und intransparente Regelung bewirken. Dem Arbeitgeber wird durch solche Klauseln ein unmittelbarer Eingriff in das arbeitsvertragliche Austauschverhältnis gestattet. Daher sollte für die mögliche Mehr- und Überarbeit eine gesonderte Pauschale in den Vertrag aufgenommen werden, wobei die tatsächlich geleistete Mehr- und Überarbeit in einem angemessenen Verhältnis zur vereinbarten Pauschale stehen muß.

Bei AT-Angestellten sind sog. **Gehaltsanpassungsklauseln** gebräuchlich. Dabei handelt es sich um Klauseln, durch die im Arbeitsvertrag dem Arbeitnehmer entweder die Überprüfung des vereinbarten Arbeitsentgeltes in bestimmten Zeitabständen zugesagt oder eine Erhöhung seiner Bezüge fest zugesagt wird. Bei Gehaltsanpassungsklauseln sollte keine Bindung der Erhöhungen an Preisindices erfolgen, da sie dann als Gleitklauseln nach § 3 WährG genehmigungspflichtig sind. Als unbedenklich werden dagegen sog. Spannenklauseln angesehen, die nur den Abstand des außertariflich bezahlten Mitarbeiters zu einer bestimmten Tarifgruppe erhalten sollen.

Wesentliche Regelungsgegenstände des Arbeitsvertrages

Der Grundsatz der Vertragsfreiheit hat im Bereich der Arbeitsvergütung nur dann Vorrang vor dem arbeitsrechtlichen Gleichbehandlungsgrundsatz, wenn es sich um individuell vereinbarte Leistungen handelt. Der **Gleichbehandlungsgrundsatz** ist jedoch anwendbar, wenn der Arbeitgeber die Arbeitsvergütung nach einem bestimmten erkennbaren und generalisierenden Prinzip gewährt, wenn er bestimmte Voraussetzungen oder einen bestimmten Zweck festlegt. Gleiches gilt nach dem Bundesarbeitsgericht, wenn der Arbeitgeber, ohne nach einem erkennbaren und generalisierenden Prinzip vorzugehen, im Betrieb mehrere Vergütungssysteme anwendet und dabei nicht nur einzelne Arbeitnehmer besser stellt. Andernfalls wäre der Arbeitgeber im Vorteil, der von vornherein keine allgemeinen Grundsätze aufstellt, sondern nach Gutdünken verfährt.

Besondere Bedeutung kommt dem **Verbot der Geschlechtsdiskriminierung** bei der Vereinbarung des Anspruchs auf Arbeitsvergütung zu. Nach § 612 Abs. 3 BGB darf für gleiche oder für gleichwertige Arbeit nicht wegen des Geschlechts des Arbeitnehmers eine geringere Vergütung vereinbart werden als bei einem Arbeitnehmer des anderen Geschlechts. Zudem verbietet die Richtlinie 75/117/EWG jede tatsächliche Diskriminierung beim Arbeitsentgelt ohne Rücksicht darauf, ob die diskriminierende Wirkung auf einer Rechtsnorm, einer Vereinbarung oder dem tatsächlichen Verhalten des Arbeitgebers beruht. Verstößt eine Vergütungsvereinbarung gegen § 612 Abs. 3 BGB, so ist die Diskriminierung, solange für die betroffenen Arbeitnehmer nicht ein neues, diskriminierungsfreies Lohnsystem geschaffen ist, dadurch zu beseitigen, daß den Angehörigen der benachteiligten Gruppe die gleiche Vergütung gewährt wird wie denjenigen der begünstigten Gruppe.

Verbreitet ist eine **Flexibilisierung von Entgeltbestandteilen**. Bestimmte Teile der Arbeitsvergütung werden unter dem Vorbehalt der Freiwilligkeit, der gebundenen oder ungebundenen Widerruflichkeit oder nur befristet gewährt. In individuell ausgehandelten Verträgen sind solche Regelungen nicht zu beanstanden. Entsprechendes gilt für tarifliche Regelungen. Einer - von der Rechtsprechung nicht immer so bezeichneten - Angemessenheitskontrolle werden jedoch vorformulierte Vertragsgestaltungen unterworfen. Der Kontrollmaßstab in der höchstrichterlichen Rechtsprechung ist schwer zu bestimmen.

In der Literatur wird ein abgestufter Kontrollmaßstab vorgeschlagen, der für den Verwender von Formulararbeitsverträgen beachtet werden sollte: Für die **Flexibilisierung nicht erdienter Rechte** reichen willkürfreie und nachvollziehbare Gründe. Es müssen Änderungen der Sach- oder Rechtslage eingetreten sein, die eine Kürzung nahelegen. Eine **Verhältnismäßigkeitsprüfung** soll nur insoweit eingreifen, als der durch die Änderung der Sach- und Rechtslage legitimierte sachliche Regelungszweck in Relation zur Kürzung stehen muß. Der Widerruf bzw. die Kürzung muß der nachweislich entstandenen bzw. abzubauenden Mehrbelastung entsprechen. Eingriffe in **bereits erdiente** Besitzstände bzw. in den Kernbereich der arbeitsvertraglichen Austauschbeziehung werden hingegen nur aus triftigem Grund entsprechend dem Maßstab der §§ 1 und 2 KSchG

Arbeitsrecht

zugelassen. Dies ist bei bei der Gestaltung des Arbeitsvertrages zu beachten, wenn ein Widerrufs- oder Freiwilligkeitsvorbehalt Bestand haben soll. Schließlich soll der Grad des Schutzes vor dem Widerruf künftiger Leistungen nach dem Zweck der gewährten Sonderleistung abzustufen sein. Danach sind zunächst periphere Leistungen abzubauen.

Widerrufsvorbehalte bei zusätzlichen Leistungen des Arbeitgebers (Zulagen, Gratifikationen) wurden von der Rechtsprechung bislang anerkannt. Der Widerruf muß regelmäßig nach billigem Ermessen ausgeübt worden sein.

Nicht aufgegriffen wurde in der arbeitsgerichtlichen Rechtsprechung bislang, daß bei vorformulierten Arbeitsbedingungen Änderungsvorbehalte ausreichend konkretisiert und transparent gestaltet sein müssen. Es muß bezweifelt werden, daß die Rechtsprechung bei dieser großzügigen Verfahrensweise verbleibt. Die Kautelarpraxis sollte sich auf strengere Kriterien einstellen. Dies gilt im Hinblick auf Widerrufs- als auch im Hinblick auf Anrechnungsklauseln. Ist in einer Klausel von der "Anrechenbarkeit auf Tariflohnerhöhungen" die Rede, wird dies als hinreichend konkret und transparent angesehen.

1701

Im Hinblick auf die Arbeitsvergütung sollte für den Arbeitsvertrag zu folgenden Punkten eine Regelung bedacht werden:

- Höhe der Grundvergütung (brutto, netto)
- Zeitpunkt und Umfang der Vergütungserhöhung
- zusätzliche Naturalvergütung, Kost und Logis
- Zahlungsmodalitäten (bar oder unbar, Kosten der Kontoführung u.ä.)
- Zeit-, Leistungs- oder Erfolgsvergütung
- Zulagen (z.B. Erschwernis-, Funktions-, Leistungszulagen, persönliche Zulagen, Sozialzulagen),
- Zuschläge (Mehrarbeit, Überstunden, pauschale Abgeltung, Freizeitausgleich)
- Sonderformen der Arbeitsvergütung

    o Gewinnbeteiligung
    o Sonderzuwendungen / Gratifikationen
    o Prämien
    o Beihilfen
    o Fahrtkosten
    o Personalrabatt
    o Prozente
    o Trinkgeld

X. Urlaub

1710

Hinsichtlich des Urlaubs bedarf es lediglich einer klaren Regelung darüber, wieviele Kalender-/Arbeitstage der Urlaub umfassen soll. Hier wird man sich meist an den branchenüblichen Regelungen orientieren. Diese ergeben sich insbesondere aus den Tarifverträgen.

Wird dem Arbeitnehmer mehr als der gesetzliche Mindesturlaub eingeräumt, können für den Mehrurlaub vom BUrlG abweichende Regelungen im Arbeitsvertrag getroffen werden (z.B. Gewährung nach betrieblichen Interessen trotz entgegenstehender Wünsche des Arbeitnehmers, Berechnung des Urlaubsentgelts ohne Berücksichtigung von Leistungszulagen). Kommt eine solche Vereinbarung nicht zustande, teilt der gegenüber dem gesetzlichen Mindesturlaub vertraglich erhöhte Urlaub das Schicksal des gesetzlichen Urlaubs; für ihn gelten dieselben Grundsätze, insbesondere für Abgeltung, Wartezeit und Zwölftelung.

XI. Weiterführende Literaturhinweise

1720

Böckel, Moderne Arbeitsverträge: Vertragsmuster für Arbeiter und Angestellte mit einer Checkliste für den vorteilhaften Abschluß von Arbeitsverträgen, 2. Aufl. 1987
Franke, Der außertarifliche Angestellte, 1991
Frey, Arbeitsrechtliche Fehler in der Personalverwaltung, 2. Aufl., 1987
Grüll, Janert, Der Anstellungsvertrag mit leitenden Angestellten und anderen Führungskräften, 13. Aufl. 1990
Hanau/Preis, Der Arbeitsvertrag, Praxis - Kommentar - Muster, Loseblattwerk, 1995
Hunold, Musterarbeitsverträge und Zeugnisse für die betriebliche Praxis, Loseblattausgabe
HzA, Gruppe 1, Einzelarbeitsvertragsrecht, Loseblattwerk
Kopp, Arbeitsvertrag für Führungskräfte, 2. Aufl.1993
Küttner/Kania, Praxis der arbeitsrechtlichen Vertragsgestaltung, 1992
Marienhagen, Dauerarbeitsverhältnisse mit Angestellten, 12.Aufl. 1991
Müller/Schön, Zweckmäßige und rechtlich abgesicherte Arbeitsverträge, 1986
Münchener Vertragshandbuch, Hrsg. Gerrit v. *Langenfeld*, Bürgerliches Recht, Bd. 4, 1. Halbband. 3. Aufl. 1992
Schaub, Arbeitsrechtliche Formularsammlung und Arbeitsgerichtsverfahren, 6. Aufl. 1994
Wetter, Der richtige Arbeitsvertrag, 2. Aufl. 1994

4. Kapitel: Weitere Regelungsgegenstände im Arbeitsvertrag

I.	Einleitung	1800
II.	ABC weiterer Regelungsgegenstände	1801
	1. Abtretungsverbot	1801
	2. Anzeige- und Nachweispflichten	1810
	3. Akkordlohn	1815
	4. Alkohol	1820
	5. Anwesenheitsprämie	1826
	6. Arbeitgeber	1830
	7. Arbeitnehmerüberlassung	1835
	9. Arbeitskleidung	1840
	10. Arbeitsordnung	1845
	11. Arbeitsverhinderung	1855
	12. Aufrechnungsverbot	1860
	13. Aufwendungsersatz	1865
	14. Ausländische Arbeitnehmer	1870
	15. Auslandsbeschäftigung	1875
	16. Ausschlußfrist	1880
	17. Außendienstmitarbeiter	1885
	18. Außerdienstliches Verhalten	1890
	19. Außerordentliche Kündigung	1895
	20. Auszubildender	1900
	21. Bereitschaftsdienst	1905
	22. Beschäftigungspflicht	1910
	23. Betriebliche Altersversorgung	1915
	24. Beweislastklauseln	1920
	25. Datenschutz	1925
	26. Dienstreise	1930
	27. Dienstwagen	1935
	28. Direktionsrecht	1936
	29. Gerichtsstandsvereinbarung	1940
	30. Gesundheitsuntersuchung	1943
	31. Gewinnbeteiligung	1945
	32. Gratifikation	1946
	33. Haftungsausschlüsse und -beschränkungen	1947
	34. Karenzentschädigung	1949
	35. Kündigungsfristen	1950
	36. Mankoabrede	1955
	37. Nebentätigkeit	1960
	38. Provision	1962
	39. Rückzahlungsklauseln	1963
	40. Schriftformklauseln	1964
	41. Sonderzuwendungen / Gratifikationen	1965
	42. Sozialversicherungsausweis (Vorlagepflicht)	1970

43. Verschwiegenheitspflicht	1975
44. Vertragsstrafe	1980
45. Verweisungsklauseln	1982
46. Wettbewerbsverbot	1984
III. Weiterführende Literaturhinweise	1985

I. Einleitung

1800

Im Arbeitsvertrag können die unterschiedlichsten Rechte und Pflichten des in Aussicht genommenen Arbeitsverhältnisses geregelt werden. In der folgenden Aufzählung können die möglichen Regelungskomplexe nur kurz skizziert werden (vgl. umfassend zu sämtlichen einschlägigen Arbeitsvertragsklauseln mit ausführlicher Erörterung und fundierten Empfehlungen Hanau/Preis, Der Arbeitsvertrag, Praxis - Kommentar - Muster, 1995).

Die unbedachte Verwendung beliebiger Formularverträge ist risikoträchtig. Regelmäßig sollten im Betrieb nur "maßgeschneiderte" Formularverträge verwendet werden, zu deren Formulierung unbedingt fundierter arbeitsrechtlicher Rat (im Arbeitsrecht versierte Rechtsanwälte, Arbeitgebervereinigungen, Innungen u.ä.) einzuholen ist.

II. ABC weiterer Regelungsgegenstände

1. Abtretungsverbot

1801

Nach § 399 BGB kann einzelvertraglich die Abtretung des pfändbaren Teils einer Forderung, z.B. der Arbeitsvergütungsforderung, ausgeschlossen werden. Der Ausschluß der Abtretung kann auch durch Klauseln im Formulararbeitsvertrag erfolgen *(BGH 20.12.1956, AP Nr. 1 zu § 398 BGB)*. Ein stillschweigender Abtretungsausschluß ist nicht zu vermuten. Eine entgegen einem bestehenden Abtretungsverbot vorgenommene Abtretung ist unwirksam. Leistet der Arbeitgeber gleichwohl an den Abtretungsempfänger, muß er nochmals an den Arbeitnehmer zahlen. Ausnahmsweise kann der Arbeitgeber als Schuldner die abredewidrig vorgenommene Abtretung, sofern das Abtretungsverbot ausschließlich den Schutz des Arbeitgebers gegen eine übermäßige Belastung des Lohnbüros bezweckte, nach § 185 BGB genehmigen, so daß sie wirksam wird *(OLG Celle 14.12.1967, NJW 1968, 652)*. Eine vom Arbeitnehmer erbetene Genehmigung darf der Arbeitgeber nicht rechtsmißbräuchlich verweigern (§ 242 BGB). Abtretungsverbote können sich auch in Tarifverträgen oder Betriebsvereinbarungen finden

Weitere Regelungsgegenstände im Arbeitsvertrag

(BAG 20.12.1957, EzA § 399 BGB Nr. 1; BAG 05.09.1960, EzA § 399 BGB Nr. 2; BAG, EzA § 399 BGB Nr.3).

Trotz des Abtretungsverbots geht der Lohnanspruch auf den Sozialversicherungsträger über, wenn dieser den Unterhalt des Arbeitnehmers für den Lohnzeitraum getragen hat *(BAG 02.06.1966, EzA § 399 BGB Nr. 3).*

Die Vereinbarung eines Abtretungsverbotes kann im berechtigten Interesse des Arbeitgebers an der Vereinfachung der Vertragsabwicklung stehen.
Dem Arbeitgeber entstehen Kosten bei der Bearbeitung der Lohnabtretungen und er sieht sich weiteren Gläubigern der Arbeitsvergütungsforderung gegenüber. Ein Abtretungsverbot bewahrt das Lohnbüro vor Mehrarbeit. Die Abrede eines Abtretungsverbotes kann nicht die Pfändung von Teilen des Arbeitseinkommens im Wege der Zwangsvollstreckung verhindern. Dem Arbeitgeber wird daher empfohlen, arbeitsvertraglich einen **Kostenbeitrag des Arbeitnehmers für etwaige Lohn- oder Gehaltspfändungen** zu vereinbaren. Ohne eine solche Vereinbarung fehlt die Rechtsgrundlage für den Anspruch auf Kostenübernahme. Gebräuchlich sind Festbetragspauschalen (bestimmter Geldbetrag für Bearbeitung der Pfändung) und Prozentpauschalen (Prozentsatz der gepfändeten Forderung als Kostenbeitrag). Solange sich solche Pauschalen im Bereich des Angemessenen halten, werden sie nach dem Grundsatz der Vertragsfreiheit als zulässig angesehen. An der Vereinbarung einer Prozentpauschale ist jedoch problematisch, daß der Arbeitsaufwand des Arbeitgebers nicht mit der Pfändungssumme steigt. Zu empfehlen ist daher eine Festbetragspauschale. Der Festbetrag ist nach dem durchschnittlichen Kosten- und Zeitmehraufwand für die Bearbeitung einer Lohnpfändung zu bemessen. Verbreitet werden ein Verwaltungskostenbeitrag von 10,- DM pro Pfändung, Schreibkosten von 5,- DM pro Schreiben (z.B. Drittschuldnererklärung) sowie 2,- DM pro Überweisung als angemessen angesehen.

Absolute Abtretungsverbote können den Arbeitnehmer erheblich in seiner wirtschaftlichen Betätigungsfreiheit beeinträchtigen. Das Abtretungsverbot hindert den Arbeitnehmer daran, seine Lohn- oder Gehaltsforderung beim Abschluß eines Kreditvertrages als Sicherheit zu verwenden. Andererseits kann die Möglichkeit des Lohnabtretungsausschlusses für den Arbeitnehmer auch Vorteile haben. Dem Kreditgeber ist damit das wichtigste außergerichtliche Beitreibungsmittel abgeschnitten, so daß er sich von vornherein der gerichtlichen Überprüfung des Bestehens seiner Forderung aussetzen muß.
In der Literatur wird als die Interessen beider Seiten berücksichtigende Variante die Vereinbarung eines Abfindungsverbots mit einem Zustimmungsvorbehalt des Arbeitgebers vorgeschlagen. Durch diese Vertragsgestaltung behält der Arbeitgeber den Überblick und kann den Verwaltungsaufwand koordinieren. Der Arbeitnehmer hingegen wird nicht unangemessen in seiner wirtschaftlichen Betätigungsfreiheit beschränkt.

2. Anzeige- und Nachweispflichten

1810
In Formulararbeitsverträgen werden häufig Regelungen über Anzeige- und Nachweispflichten des Arbeitnehmers aufgenommen. Soweit es um den Hinweis auf bestehende gesetzliche oder tarifvertragliche Pflichten (z.B. Anzeige und Nachweis der Arbeitsunfähigkeit nach § 5 EFZG oder der persönlichen Verhinderung) geht, dienen derartige Klauseln allein der Information des Arbeitnehmers durch Hervorhebung dieser Pflichten.

Haben solche Klauseln auch die Anzeige des Arbeitnehmers über **Veränderungen in den persönlichen Verhältnissen** zum Inhalt, dienen sie der Wahrung der berechtigten Interessen des Arbeitgebers daran, so bald wie möglich die Umstände zu erfahren, die für den Betriebsablauf, seine Personalplanung und seine Verpflichtungen gegenüber dem Arbeitnehmer von Bedeutung sein können. Die Grenzen der Anzeigepflicht werden bestimmt durch den Umfang des Fragerechts des Arbeitgebers (vgl. Rn. 1012 - 1024) bei der Einstellung des Arbeitnehmers. Ein Fragerecht besteht nur, soweit die betreffenden Umstände mit dem Arbeitsplatz und der zu erbringenden Arbeitsleistung im Zusammenhang stehen. Anzeigepflicht können insoweit sein:

- Erwerb oder Verlust von Sonderrechten nach dem MuSchG oder SchwbG,
- Wechsel der Krankenkassenmitgliedschaft,
- Wohnungswechsel,
- Änderung des Personenstandes oder der Familienverhältnisse,
- andere Mitarbeiter gefährdende Krankheiten, u.a.m.

Aus der **Treuepflicht des Arbeitnehmers** folgt die Verpflichtung des Arbeitnehmers, den Arbeitgeber über Handlungen anderer Arbeitnehmer zu informieren, wenn Personenschäden oder schwere Sachschäden entstanden oder zu befürchten sind. Eine weitergehende Anzeigepflicht kann für Arbeitnehmer bestehen, zu deren arbeitsvertraglichen Pflichten die Beaufsichtigung anderer Arbeitnehmer gehört *(BAG 18.06.1970, AP Nr. 57 zu § 611 BGB Haftung des Arbeitnehmers)*.

3. Akkordlohn

1815
Regelmäßig ist die Pflicht zur Leistung von Akkord Gegenstand von Tarifverträgen oder Betriebsvereinbarungen. Liegt insoweit keine verbindliche Regelung vor, sind die Modalitäten der Akkordarbeit im Arbeitsvertrag zu regeln. Für bestimmte Arbeitnehmergruppen ist die Vereinbarung von Akkordarbeit unzulässig, nämlich für Schwangere (§ 4 Abs. 3 MuSchG), Jugendliche (§ 23 JArbSchG) und Fahrpersonal (§ 3 Abs. 1 FPersG).

Weitere Regelungsgegenstände im Arbeitsvertrag

Bei der Vereinbarung von Akkordarbeit sind Bestimmungen zu treffen:

- zu den Bezugsgrößen der Akkordvergütung (Stückakkord, Gewichtsakkord, Flächenakkord, Maßakkord, Pauschalakkord),
- zur Art der Akkordvergütung (Geld- oder Zeitakkord),
- zum personalen Bezug der Akkordarbeit (Einzel- oder Gruppenakkord)
- zu den Methoden der Akkordvorgabebestimmung (arbeitswissenschaftlicher Akkord, ausgehandelter Akkord, Faust- oder Meisterakkord, Schätzakkord),
- zur Mindestvergütung (in der Regel tariflicher Stundenlohn)
- zur Verdienstsicherung bei nichtakkordfähigen Arbeiten, Rüstzeiten, Arbeitsablaufstörungen u.ä.,
- zur Möglichkeit der Zuweisung nicht verakkordierter Arbeit und zur Höhe des dann geschuldeten Zeitlohns

4. Alkohol

1820

Die Untersagung des Verkaufs alkoholischer Getränke auf dem Betriebsgelände, des Mitbringens alkoholischer Getränke und der Ausspruch eines generellen Alkoholverbots betreffen Fragen der Ordnung des Betriebes und sind daher nach § 87 Abs. 1 Nr. 1 BetrVG **mitbestimmungspflichtig**. In Betrieben ohne Betriebsrat können solche Regelungen auch Gegenstand arbeitsvertraglicher Abreden sein. In Arbeitsverträgen für Kranführer, Kraftfahrer und Gabelstaplerfahrer und für Arbeitnehmer, die mit gefährlichen Stoffen oder Maschinen hantieren, sollten ausdrücklich entsprechende Bestimmungen aufgenommen werden Höchstrichterlich nicht geklärt ist die Frage, ob der Arbeitnehmer sich rechtswirksam vertraglich für den Fall eines begründeten Verdachts von Alkoholmißbrauch (eingeschränkte oder vollständige Arbeitsunfähigkeit) zur Durchführung einer Blutalkoholuntersuchung unter Mitteilung des Ergebnisses an den Arbeitgeber verpflichten kann.

5. Anwesenheitsprämie

1825

Anwesenheitsprämien sind Sondervergütungen, die dem Arbeitnehmer über das Arbeitsentgelt hinaus für den Fall zugesagt werden, daß er während eines bestimmten Zeitraums tatsächlich und ununterbrochen arbeitet. In der Praxis finden sich die unterschiedlichsten Formen. Sie werden als **sozialpolitisch bedenklich** angesehen, weil sie nach den in der betrieblichen Praxis üblichen Bedingungen nicht nur bei unberechtigten, sondern auch bei berechtigten Fehlzeiten wegfallen. Der Wegfall der Anwesenheitsprämie trifft sowohl den echten Kranken als auch den Simulanten.

Die Rechtsprechung des Bundesarbeitsgerichts zur Zulässigkeit von Anwesenheitsprämien ist wechselhaft. Der aktuelle Stand läßt sich wie folgt kennzeichnen:

- Besteht ein gesetzlicher **unabdingbarer Anspruch auf Entgeltfortzahlung** für Zeiten der Nichtleistung der Arbeit, so sind individualvertragliche Abreden unwirksam, nach denen bei der Berechnung des Arbeitsentgelts die Anwesenheitsprämie außer Ansatz bleiben soll. Unbeachtlich ist insoweit, ob das Entgelt nach dem Referenz- oder nach dem Lohnausfallprinzip berechnet wird oder ob die Prämie am Gewinn oder Erfolg des Betriebs bzw. der Betriebsabteilung orientiert ist. Die Außerachtlassung der Anwesenheitsprämie bei der Berechnung des Arbeitsentgelts für Fehlzeiten ist rechtlich nur zulässig, wenn individualvertraglich auch der Vergütungsanspruch des Arbeitnehmers überhaupt abbedungen werden kann *(BAG 05.08.1992, EzA § 611 BGB Gratifikation, Prämie Nr. 89 - betr. Tarifvertrag; BAG 15.02.1990, EzA § 611 BGB Anwesenheitsprämie).*

- **Jährliche Einmalleistungen (Sonderzahlungen)** können beim Bestehen einer entsprechenden arbeitsvertraglichen Vereinbarung wegen Krankheitszeiten und sonstigen Fehlzeiten gekürzt werden. Das gilt auch insoweit, als Fehlzeiten berücksichtigt werden, für die der Arbeitgeber Lohn- und Gehaltsfortzahlung zu gewähren hat. Entsprechende Kürzungsvorschriften unterliegen jedoch der **richterlichen Billigkeitskontrolle**. Das Bundesarbeitsgericht hat eine proportionale Kürzung von etwa 1/60 pro Arbeitstag als im Einzelfall angemessen angesehen *(BAG 05.08.1992, EzA § 611 BGB Gratifikation, Prämie Nr. 90; BAG 24.11.1993, EzA § 15 BErzGG Nr. 5 - betr. Kürzung wegen Erziehungsurlaub; BAG 10.03.1993, EzA § 15 BErzGG Nr. 4).*

6. Arbeitgeber

1830

Der Arbeitgeber als Gläubiger des Anspruchs auf Arbeitsleistung ist im Arbeitsvertrag festzuhalten und Vertretungsverhältnisse sind offenzulegen. Das bereitet im Normalfall keine Schwierigkeiten. Arbeitgeber können u.a. natürliche oder juristische Personen des Privatrechts (GmbH, AG) oder des öffentlichen Rechts (z.B. Städte oder Bundesländer als Gebietskörperschaften) und Personengesellschaften (oHG, KG) sein. Bei einer Gesellschaft des bürgerlichen Rechts sind Arbeitgeber **die einzelnen Gesellschafter**. Auf der Arbeitgeberseite können auch **mehrere natürliche oder juristische Personen** stehen. Dies ist im Arbeitsvertrag klarzustellen. Ein **Konzern** als Unternehmensverbund kommt nicht als Arbeitgeber in Betracht. Arbeitsvertragliche Beziehungen können dort zur Konzernobergesellschaft (Muttergesellschaft), zu einer Konzerngesellschaft (Tochtergesellschaft) oder zu beiden bestehen. Befindet sich eine **Kapitalgesellschaft in Grün-**

Weitere Regelungsgegenstände im Arbeitsvertrag

dung, ist klarzustellen, ob das Arbeitsverhältnis zur Vorgründungs-, Gründungs- und /oder zu der zu gründenden Gesellschaft begründet werden soll.

Auch bei der Durchführung von **Arbeitsbeschaffungsmaßnahmen** können privatwirtschaftliche Arbeitgeber beteiligt sein. Für die Durchführung von Arbeitsbeschaffungsmaßnahmen der Bundesanstalt für Arbeit nach §§ 92 ff AFG kommen in Betracht juristische Personen des öffentlichen Rechts, Unternehmen oder Einrichtungen des privaten Rechts, die gemeinnützige Zwecke verfolgen, auch jeder Arbeitgeber, falls zu erwarten ist, daß die Förderung den Arbeitsmarkt in wirtschafts- oder sozialpolitisch erwünschter Weise belebt. Mit der Einstellung des vom Arbeitsamt zugewiesenen Arbeitnehmers durch den Maßnahmeträger (z.B. ein privatwirtschaftlicher Arbeitgeber) wird ein privatrechtliches Arbeitsverhältnis begründet. Die Gestaltung des Arbeitsvertrages kann das Arbeitsamt nicht beeinflussen. Es muß jedoch zumindest Tariflohn gezahlt werden.

7. Arbeitnehmerüberlassung

1835

Der Verleiher als Arbeitgeber hat dem Leiharbeitnehmer nach § 11 Abs. 2 AÜG bei Vertragsschluß ein **Merkblatt** der Bundesanstalt für Arbeit zu Rechtsfragen der gewerblichen Arbeitnehmerüberlassung auszuhändigen. Ferner ist der Verleiher nach § 11 Abs. 1 AÜG verpflichtet, den wesentlichen Inhalt des Arbeitsverhältnisses in eine von ihm **zu unterzeichnende Urkunde** aufzunehmen, wobei in der Urkunde anzugeben sind:

- Firma und Anschrift des Verleihers, die Erlaubnisbehörde sowie Ort und Datum der Erteilung der Erlaubnis nach § 1 AÜG zur gewerbsmäßigen Arbeitnehmerüberlassung,
- Vor- und Familienname, Wohnort und Wohnung, Tag und Ort der Geburt des Leiharbeitnehmers,
- Art der von dem Leiharbeitnehmer zu leistenden Tätigkeit und etwaige Pflicht zur auswärtigen Leistung,
- Beginn und Dauer des Arbeitsverhältnisses, Gründe für eine Befristung,
- Fristen für die Kündigung des Arbeitsverhältnisses
- Höhe des Arbeitsentgelts und Zahlungsweise,
- Leistungen bei Krankheit, Urlaub und vorübergehender Nichtbeschäftigung,
- Zeitpunkt und Ort der Begründung des Arbeitsverhältnisses.

Unwirksam sind in Leiharbeitsverträgen Befristungsabreden, sofern sich nicht aus der Person des Leiharbeitnehmers ein sachlicher Grund für die Befristung ergibt (§ 9 Nr. 2 AÜG). Ebenfalls unwirksam sind Vereinbarungen, die dem Leiharbeitnehmer untersagen, mit dem Entleiher zu einem Zeitpunkt, in dem das Arbeitsverhältnis zwischen Verleiher und Leiharbeitnehmer nicht mehr besteht, ein Arbeitsverhältnis einzugehen (§ 9 Nr. 5 AÜG). Entsprechendes gilt für Vertragsstrafenklauseln, nach denen der Leiharbeitnehmer für den Fall der Begründung eines Arbeitsverhältnisses mit dem Entleiher verpflichtet ist, an den Verleiher eine Vertragsstrafe zu zahlen.

8. Arbeitskleidung

1840

Die Kosten der **Arbeitskleidung** und von deren Reinigung trägt der Arbeitnehmer, sofern die Arbeitsvertragsparteien nichts anderes vereinbart haben. Grundsätzlich kann der Arbeitgeber dem Arbeitnehmer nicht das Tragen einer bestimmten Kleidung vorschreiben. Arbeitnehmer, die Arbeitsplätze mit gewisser Repräsentationspflicht innehaben, müssen sich jedoch ihrer Aufgabenstellung angemessen kleiden, ohne daß den Arbeitgeber wegen des erhöhten Kleidungsaufwands eine (anteilige) Kostentragungspflicht trifft.

Etwas anderes gilt, wenn der Arbeitgeber vom Arbeitnehmer verlangt, daß dieser eine besondere Dienstkleidung (Berufskleidung) trägt. Unter **Dienstkleidung** wird eine Kleidung verstanden, die **zur besonderen Kenntlichmachung im dienstlichen Interesse** anstelle anderer Kleidung während der Arbeit getragen werden muß. Die Kosten der Dienstkleidung und von deren Reinigung sind vom Arbeitgeber zu tragen. Die Regelung, Dienstkleidung zu tragen, betrifft eine Frage der Ordnung des Betriebes und ist deshalb nach § 87 Abs. 1 Nr. 1 BetrVG mitbestimmungspflichtig. Das Mitbestimmungsrecht reicht dabei bis zur Gestaltung der Kleidung. Die Betriebspartner können jedoch nicht verbindlich regeln, daß die Arbeitnehmer die Kosten für die Gestellung der Arbeitskleidung ganz oder teilweise zu tragen haben. (vgl. auch Rz. 2963). Für betriebsratslose Betriebe ist die Verpflichtung zum Tragen von Dienstkleidung in den Arbeitsvertrag aufzunehmen. Dort kann auch eine Kostenverteilung zwischen Arbeitgeber und Arbeitnehmer (wegen der Schonung der eigenen Kleidung des Arbeitnehmers) oder eine Pauschalierung der mit dem Tragen von Dienstkleidung verbundenen Kosten vereinbart werden.

Nach §§ 618 BGB, 62 Abs. 1 HGB ist der Arbeitgeber verpflichtet, dem Arbeitnehmer **Schutzkleidung** zur Verfügung zu stellen, soweit sich aus den äußeren Umständen der Arbeit Gefahren für Leben oder Gesundheit des Arbeitnehmers ergeben können. Vorschriften über Schutzkleidung können auch aus Verordnungen aufgrund von § 120 e GewO, Unfallverhütungsvorschriften der Berufsgenossenschaften und Tarifverträgen folgen. Zur Schutzkleidung rechnen z.B. Schutzhelme, feuersichere Anzüge, Sicherheitsschuhe, Regenschutzkleidung u.ä. Die Kosten für solche Schutzkleidung trägt der Arbeitgeber. Er kann sie grundsätzlich **nicht** durch individualvertragliche Abmachung (teilweise) **auf den Ar-**

Weitere Regelungsgegenstände im Arbeitsvertrag

beitnehmer abwälzen (§ 619 BGB i.V.m. § 618 Abs. 1 BGB). Die vom Arbeitgeber angeschaffte Schutzkleidung bleibt sein Eigentum. Vereinbarungen, die eine Kostenbeteiligung des Arbeitnehmers an der persönlichen Schutzausrüstung vorsehen, sind **ausnahmsweise** zulässig, wenn der Arbeitgeber dem Arbeitnehmer auch einen außerdienstlichen Vorteil (private Nutzung) anbietet und der Arbeitnehmer davon freiwillig Gebrauch macht. Soweit der Arbeitgeber dem Arbeitnehmer die Schutzkleidung nicht zur Verfügung stellt, hat er nach §§ 662 ff. BGB dem Arbeitnehmer die **Anschaffungskosten** zu ersetzen.

9. Arbeitsordnung

1845

- Eine Arbeitsordnung betrifft Fragen der Ordnung des Betriebes und des Verhaltens der Arbeitnehmer im Betrieb. Sie ist insoweit nach § 87 Abs. 1 Nr. 1 BetrVG **mitbestimmungspflichtig**. Enthält sie Bestimmungen zum sog. Leistungsverhalten (unmittelbar auf die Arbeitsleistung bezogene Maßnahmen des Arbeitgebers), sind diese mitbestimmungsfrei. In betriebsratslosen Betrieben soll der Arbeitgeber berechtigt sein, eine Arbeitsordnung einseitig vorzugeben. Ob dies zutrifft, hängt vom jeweiligen Inhalt der Arbeitsordnung ab. Es empfiehlt sich, die Arbeitsordnung dem schriftlichen Arbeitsvertrag beizufügen, um dem Arbeitnehmer eine angemessene Kenntnisnahme der Bestimmungen zu ermöglichen. Zumindest in betriebsratslosen Betrieben sollte die Arbeitsordnung auch zum Gegenstand des Arbeitsvertrages gemacht werden, um ihre Geltung zweifelsfrei zu bewirken.

Arbeitsordnungen enthalten üblicherweise Regelungen zu folgenden Komplexen:

- Alkoholverbot
- Dienstkleidung ("Kleiderordnung")
- Benutzungsordnung für Parkplatz
- Rauchverbot
- Torkontrollen
- Werksausweis
- Benutzung von Zeiterfassungsgeräten
- Telefonbenutzung für dienstliche und private Zwecke
- Private Arbeiten im Betrieb
- Zutrittsverbote
- Umweltschutz und Sauberkeit am Arbeitsplatz
- Verhalten bei persönlicher Verhinderung (Krankheit, Panne)
- Antragsverfahren für Urlaub

10. Arbeitsunfähigkeitsnachweis

1850

Der **Arbeitnehmer** ist nach § 5 Abs. 1 S. 1 EFZG verpflichtet, dem Arbeitgeber die Arbeitsunfähigkeit und deren voraussichtliche Dauer unverzüglich mitzuteilen. Dauert die Arbeitsunfähigkeit länger als drei Kalendertage, hat der Arbeitnehmer eine ärztliche Bescheinigung über das Bestehen der Arbeitsunfähigkeit sowie deren voraussichtliche Dauer spätestens an dem darauffolgenden Arbeitstag vorzulegen. Der Arbeitgeber ist berechtigt, die Vorlage der ärztlichen Bescheinigung früher zu verlangen. Arbeitsvertraglich kann eine Verpflichtung zur vorzeitigen Vorlage der Arbeitsunfähigkeitsbescheinigung für jeden Fall der Erkrankung nicht rechtswirksam vereinbart werden, weil diese für den Arbeitnehmer ungünstigere Regelung nach § 12 EFZG in Verbindung mit § 134 BGB nichtig wäre.

Der Arbeitgeber kann aber bei Zweifeln an der Arbeitsunfähigkeit des Arbeitnehmers eine Begutachtung durch den **Medizinischen Dienst der Krankenversicherung** verlangen. Durch Art. 4 PflegeVG sind striktere Bestimmungen über die Begutachtung und Beratung durch den Medizinischen Dienst der Krankenversicherung insbesondere bei Zweifeln an der Arbeitsunfähigkeit in §§ 275 ff. SGB V (Krankenversicherung) eingeführt worden, die am 01.01.1995 in Kraft treten.

Überprüfungen sind danach insbesondere durchzuführen, wenn "Versicherte auffällig häufig oder auffällig häufig nur für kurze Dauer arbeitsunfähig sind oder der Beginn der Arbeitsunfähigkeit häufig auf einen Arbeitstag am Beginn oder am Ende einer Woche fällt, oder die Arbeitsunfähigkeit von einem Arzt festgestellt worden ist, der durch die Häufigkeit der von ihm ausgestellten Bescheinigungen über Arbeitsunfähigkeit auffällig geworden ist". Der Arbeitgeber kann in diesen Fällen **verlangen**, daß die Krankenkasse eine gutachterliche Stellungnahme des Medizinischen Dienstes zur Überprüfung der Arbeitsunfähigkeit einholt. Weiterhin überprüft der Medizinische Dienst bei Vertragsärzten stichprobenartig und zeitnah Feststellungen der Arbeitsunfähigkeit. Ergeben die Prüfungen, daß ein Arzt Arbeitsunfähigkeit festgestellt hat, obwohl die medizinischen Voraussetzungen dafür nicht vorlagen, kann der Arbeitgeber, der zu Unrecht Arbeitsentgelt, und die Krankenkasse, die zu Unrecht Krankengeld gezahlt hat, **von dem Arzt Schadensersatz verlangen**, wenn die Arbeitsunfähigkeit grob fahrlässig festgestellt worden ist, obwohl die Voraussetzungen dafür nicht vorlagen.

11. Arbeitsverhinderung

1855

Nach § 616 Abs. 1 Satz 1 BGB verliert der Arbeitnehmer seinen Anspruch auf Arbeitsvergütung nicht dadurch, daß er für eine verhältnismäßig nicht erhebliche Zeit durch einen in seiner Person liegenden Grund ohne sein Verschulden an

Weitere Regelungsgegenstände im Arbeitsvertrag

der Dienstleistung verhindert ist. Der Arbeitnehmer muß die Verhinderung möglichst zu vermeiden suchen. Objektive, allgemein wirksame Hinderungsgründe (Verkehrsstau, Glatteis) fallen nicht unter die Norm. Einschlägig sind **persönliche Verhinderungen** wie z.B.:

- nicht verschiebbarer Arztbesuch,
- Geburt des eigenen Kindes,
- Begräbnis eines nahen Angehörigen,
- eigene Hochzeit oder die eines nahen Angehörigen,
- Ladung zum Gericht als Zeuge oder Partei (bei angeordnetem persönlichen Erscheinen),
- Erkrankung naher Angehöriger.

Der § 616 Abs. 1 BGB ist nach der Rechtsprechung des Bundesarbeitsgerichts **abdingbar**, wobei offengelassen worden ist, ob die Vorschrift einzelvertraglich vollständig abbedungen werden darf. Die Frage stellt sich verschärft, wenn das Abbedingen in vorformulierten Arbeitsbedingungen erfolgt.

12. Aufrechnungsverbot

1860

Unter Aufrechnung wird die wechselseitige Tilgung zweier sich gegenüberstehender Forderungen durch Verrechnung verstanden (§ 387 ff. BGB). Die Aufrechnung erfolgt durch einseitige, empfangsbedürftige Willenserklärung eines Schuldners, der zugleich Gläubiger ist. Sie kann auch Gegenstand eines Aufrechnungsvertrags sein. Eine Aufrechnung ist ausgeschlossen, soweit ein Aufrechnungsverbot besteht. Für den Arbeitgeber bedeutsam ist hier insbesondere § 394 BGB. Hiernach kann gegen eine Forderung auf Netto-Arbeitsvergütung nur in der Höhe aufgerechnet werden, wie diese nach den §§ 850 ff. ZPO pfändbar ist. Der unpfändbare Teil der Arbeitsvergütung ist also auf jeden Fall auszuzahlen. Eine Ausnahme von § 394 BGB kann bestehen, wenn der Arbeitgeber mit einem Schadensersatzanspruch aufrechnet, der aus einer vorsätzlichen unerlaubten Handlung des Arbeitnehmers herrührt *(BAG 28.08.1964, EzA § 19 JArbSchG Nr.1)*. Dann kann die Aufrechnung bis zur untersten Grenze des notwendigen Unterhalts nach § 850 d ZPO zulässig sein.

Will der **Arbeitgeber** sich gegen Aufrechnungserklärungen des Arbeitnehmers schützen, hat er einen Aufrechnungsausschluß in den Arbeitsvertrag aufzunehmen. Die Aufrechnung kann durch Vereinbarung ausgeschlossen werden (§ 399 BGB). Dies kann für den Arbeitgeber von Interesse sein, wenn der Arbeitnehmer zum Inkasso berechtigt ist. Er kann gegenüber dem Anspruch auf Abführung der vereinnahmten Gelder ein Zurückbehaltungsrecht und eine Aufrechnung mit irgendwelchen Ansprüchen des Arbeitnehmers ausschließen. Sinn eines vertraglichen Aufrechnungsverbots ist es, eine etwaige Verschleppung der Zahlungspflicht durch die Geltendmachung zweifelhafter Gegenansprüche zu unterbinden.

Die Aufrechnung kann auch durch **Aufrechnungsvertrag** erfolgen. Es handelt sich dabei um einen Erfüllungsersetzungsvertrag, der in jeder Form, auch in Formularverträgen geschlossen werden kann. Ein Aufrechnungsvertrag liegt vor, wenn für die Entlohnung des Arbeitnehmers vertraglich eine Art Abzugsverfahren vereinbart wird, wie z.B. bei einem provisionsberechtigten Außendienstmitarbeiter, der von den eingenommenen Beträgen zunächst seine Provision abziehen kann, oder beim Kellner, der das eingenommenen Bedienungsgeld zur Befriedigung seines Vergütungsanspruchs behalten darf *(BAG 22.05.1965, AP Nr.4 zu § 611 BGB Kellner)*. Bewohnt der Arbeitnehmer eine Werkswohnung, können Arbeitgeber und Arbeitnehmer im Miet- oder Arbeitsvertrag eine Aufrechnungsvereinbarung dergestalt treffen, daß eine Aufrechnung der Mietzinsansprüche des vermietenden Arbeitgebers zulässig ist *(BAG 15.05.1974, EzA § 115 GewO Nr.2)*. Der Arbeitgeber kann dann bei der Zahlung der Arbeitsvergütung vorab die Miete einbehalten.

13. Aufwendungsersatz

1865
Als Aufwendungen werden hier Vermögensopfer des Arbeitnehmers verstanden, die der Arbeisausführung dienen und zu deren Abgeltung die Arbeitsvergütung nicht bestimmt ist. Der Anspruch des Arbeitnehmers auf Ersatz solcher Aufwendungen folgt aus § 670 BGB (ggfs. analog). Kann der Arbeitnehmer Aufwendungsersatz beanspruchen, so hat er auch einen Anspruch auf angemessenen Vorschuß (§§ 675, 669 BGB).

Als erstattungsfähig werden u.a. angesehen Aufwendungen für:

- auswärtige Unterbringung, soweit eine tägliche Rückkehr an den Heimatort nicht möglich ist (Auslösung),
- die Beschaffung von Arbeitsgerät und -material,
- Umzugskosten bei einer vom Arbeitgeber gewünschten Versetzung (nicht jedoch infolge des Dienstantritts)
- Schäden infolge der Arbeitsleistung

Demgegenüber sind die Kosten eines Bußgeld- oder Strafverfahrens, die dem Arbeitnehmer aus Anlaß einer Tätigkeit als Kraftfahrer entstehen, vom Arbeitgeber grundsätzlich nicht zu erstatten (vgl. auch Rz. 2966). Von diesem Grundsatz ist nur beim Vorliegen einer vertraglichen Regelung oder dann eine Ausnahme zu machen, wenn der Arbeitnehmer Fahrten in einem Gebiet zu unternehmen hat, in denen unzumutbare Maßnahmen der Strafverfolgung zu befürchten sind

Weitere Regelungsgegenstände im Arbeitsvertrag

(früher Fahrten in die "DDR", heute z.B. Fahrten in Krisengebiete des ehemaligen Jugoslawien).

Es empfiehlt sich, bereits im Arbeitsvertrag Voraussetzungen, Höhe, Abrechnungsmodalitäten, Vorschußleistungen und Nachweis des Aufwendungsersatzes zu regeln. Pauschalierungsabreden können die Abrechnung erleichtern. Übersteigen die tatsächlichen Aufwendungen die Pauschale in erheblichem Umfang, kommt eine richterliche Anpassung der Pauschale in Betracht.

14. Ausländische Arbeitnehmer

1870

Arbeitsverträge mit ausländischen Arbeitnehmern können **in deutscher Sprache** abgefaßt werden. Dies gilt auch, wenn der ausländische Arbeitnehmer der deutschen Sprache nicht mächtig ist. Zur Klarstellung der Arbeitsbedingungen und ggfs. der Pflichten aus einer Arbeitsordnung sollte dem ausländischen Arbeitnehmer eine Übersetzung der Vertragsunterlagen zur Verfügung gestellt werden.

15. Auslandsbeschäftigung

1875

Das Direktionsrecht stellt keine ausreichende Grundlage für die Entsendung von Arbeitnehmern ins Ausland dar. Die Entsendungsbefugnis ist mit dem Arbeitnehmer zu vereinbaren. Die Entsendung kann folgende arbeitsvertragliche Ausgestaltung haben:

- Die Arbeitsvertragsparteien treffen eine Vereinbarung über die Modalitäten der Entsendung unter Aufrechterhaltung des inländischen Arbeitsverhältnisses.
- Der Arbeitnehmer begründet mit der rechtlich selbständigen Auslandsvertretung seines Arbeitgebers ein Arbeitsverhältnis. Daneben vereinbaren die inländischen Arbeitsvertragsparteien ein Ruhen des Arbeitsverhältnisses.
- Der Arbeitnehmer begründet mit der rechtlich selbständigen Auslandsvertretung seines Arbeitgebers ein Arbeitsverhältnis. Zugleich wird das inländische Arbeitsverhältnis aufgelöst, wobei eine Wiedereinstellungsklausel für die Zeit nach Ablauf der Entsendung vereinbart wird.

Anläßlich der Entsendung eines Arbeitnehmers sollte zu folgenden Komplexen eine Vereinbarung getroffen werden:

- Bestimmung des maßgeblichen nationalen Arbeitsrechts (Arbeitsstatut),

- Vorschuß und Ersatz für entsendungsbedingte Mehraufwendungen, nämlich für Reisekosten, Mehraufwendungen am Arbeitsort (Auslösung), Reise- und Umzugskosten für Familienangehörige,
- Kranken- und Unfallversicherungsschutz
- Modalitäten eines Rückberufungsrechts
- Rücktransport bei Arbeitsunfähigkeit und vorzeitiger Beendigung der Entsendung

16. Ausschlußfrist

1880

Unter Ausschlußfrist oder Verfallfrist wird eine Frist verstanden, nach deren Ablauf ein Rechtsanspruch erlischt, sofern er nicht zuvor form- und fristgerecht geltend gemacht wurde. Regelmäßig finden sich Ausschlußfristen in Rahmen- oder Manteltarifverträgen. Nach der Rechtsprechung des Bundesarbeitsgerichts können Ausschlußfristen **auch in Arbeitsverträgen** vereinbart werden *(BAG 12.09.1980, DB 1981, 590; BAG 24.03.1988, AP Nr. 1 zu § 241 BGB)*. Sie sollen dann **auch für unabdingbare gesetzliche Ansprüche** gelten. Die Vereinbarung der Ausschlußfrist kann durch Aufnahme der Bestimmung in den Arbeitsvertrag, durch Inbezugnahme einer tariflichen Verfallklausel oder durch Inbezugnahme eines Tarifvertrags geschehen. In der betrieblichen Praxis sollten für Arbeiter und Angestellte keine unterschiedlichen Ausschlußfristen vereinbart werden. Sie dürften regelmäßig einer verfassungsrechtlichen Überprüfung nicht standhalten. Sachliche Gründe für die unterschiedliche Behandlung von Arbeitern und Angestellten bei der Ausgestaltung von Ausschlußfristen sind nicht ersichtlich *(LAG Hamburg 27.03.1992, LAGE § 4 TVG Ausschlußfrist Nr. 26)*.

Die Vereinbarkeit von kurzen Ausschlußfristen in vorformulierten Arbeitsbedingungen ist zweifelhaft. Der **BGH** hat wiederholt vor und nach Inkrafttreten des AGB-Gesetzes formularvertragliche Verjährungs- und Ausschlußfristen einer **Inhaltskontrolle** unterworfen und 3-monatige vertragliche Verjährungsfristen bei unterschiedlichen gesetzlichen Verjährungsfristen nach § 242 BGB bzw. § 9 AGBG wegen unangemessener Benachteiligung des Vertragspartners verworfen *(BGH 19.05.1988, VersR 1988, 845 ff.)*. 6-monatige Verjährungsfristen mißbilligte der BGH nicht generell *(BGH 20.11.1986, VersR 1987, 282)*, sondern nur, wenn die gesetzliche Regelverjährung 4 oder mehr Jahre betrug. Schon im Jahre 1979 erklärte der Bundesgerichtshof die vertragliche Verkürzung einer Verjährungsfrist auf 6 Monate zu Lasten eines Handelsvertreters unter Hinweis auf das dispositive Leitbild des § 88 HGB für unwirksam *(BGH 12.10.1979, BGHZ 75, 218 ff.)*. Bisher hat sich das Bundesarbeitsgericht mit dieser Rechtsprechung des Bundesgerichtshofs nicht auseinandergesetzt.

Weitere Regelungsgegenstände im Arbeitsvertrag

Für die betriebliche Praxis mögen folgende von Preis (*ZIP* 1989, 899 f.) herausgearbeiteten Grundsätze hilfreich sein:

- **6-monatige** Ausschlußfristen begegnen allein wegen ihrer Dauer keinen Bedenken. Bei Provisionsansprüchen sollten jedoch eher längere Fristen vorgesehen werden. Auch **3-monatige** Ausschlußfristen können bei regelmäßig wiederkehrenden Ansprüchen im Arbeitsverhältnis grundsätzlich als noch angemessen erachtet werden. Eine Ausschlußfrist von **weniger als 2 Monaten** ist regelmäßig bereits wegen ihrer unangemessenen Kürze unwirksam.

- Bei der Formulierung der Fristen ist sicherzustellen, daß der Vertragspartner zur angemessenen Prüfung der Sach- und Rechtslage imstande ist.

- Bezieht ein Arbeitsvertrag den **Tarifvertrag der einschlägigen Branche insgesamt** ein, unterliegt die zugleich einbezogene Ausschlußklausel nicht der einzelvertraglichen Inhaltskontrolle, sondern nur den allgemeinen Grenzen der Tarifautonomie. Dagegen unterliegen Ausschlußklauseln in Formulararbeitsverträgen, die durch **Teilverweisung** oder ausdrückliche Vereinbarung Vertragsbestandteil werden, gerichtlicher Inhaltskontrolle. Soweit es sich allerdings um Ausschlußklauseln handelt, die sich **inhaltsgleich** und verbreitet in Tarifverträgen der einschlägigen Branche befinden, kann im Regelfall von einer angemessenen Vertragsgestaltung ausgegangen werden.

17. Außendienstmitarbeiter

1885

Bei Außendienstmitarbeitern kann es sich um Angestellte (Verkaufs- oder Vertriebsbeauftragte, Kundenberater) oder um Arbeiter (Kundendienstmechaniker oder -techniker, Monteure) handeln. Die mit dem Außendienst zusammenhängenden Rechte und Pflichten bedürfen einer gesonderten Regelung im Arbeitsvertrag, wobei folgende Punkte einbezogen werden sollten:

- Berechtigung zum Abschluß oder nur zur Vermittlung von Geschäften

- Verkaufsprogramm und Verkaufsgebiet

- Gebietsschutz

- Kundenbezogene Arbeitszeit

- Pauschale Abgeltung der vertragsgemäßen Tätigkeit einschl. Mehrarbeit, Reisezeit, häusliches Berichtswesen u.ä.

- Fixum (Anrechnung auf Provision) und Provision (bezogen auf Netto- oder Bruttoumsatz)

- Mindestprovision (befristet; linear, progressiv oder degressiv)

Arbeitsrecht

In **Formularverträgen für Außendienstmitarbeiter** werden üblicherweise Änderungsvorbehalte im Hinblick auf die **Provisionssätze** und das **Verkaufsgebiet** aufgenommen. Das Bundesarbeitsgericht hat bislang solche Klauseln für zulässig erachtet und einseitig vom Arbeitgeber vorgenommene Änderungen des Vertrages am Maßstab des § 315 BGB ("billiges Ermessen") gemessen. Dem steht die Rechtsprechung des Bundesgerichtshofs entgegen. Nach dessen Rechtsprechung sind die in vorformulierten Verträgen selbständiger Handelsvertreter oder Vertragshändler enthaltenen Bestimmungen, wonach sich der Unternehmer das Recht zur einseitigen Änderung der Provisionssätze oder auch des zugewiesenen Bezirks oder Kundenstammes ohne sachgerechte Begrenzung vorbehält, grundsätzlich unwirksam. Die Begründung des einseitigen Leistungsbestimmungsrechts des Unternehmers könne unangemessen benachteiligen, weil die Transparenz des Vertragsinhalts beeinträchtigt und bei einem Änderungsvorbehalt die Vertragsbindung relativiert werde. Formularmäßig könne der Grundsatz der Vertragsbindung auch im kaufmännischen Verkehr nur verdrängt werden, wenn die Vertragsklausel schwerwiegende Änderungsgründe nennt und in ihr die Voraussetzungen und Folgen erkennbar die Interessen des Vertragspartners angemessen berücksichtigen. Insbesondere müsse das Bestimmungsrecht möglichst konkret formuliert sein, damit die Ausübung für den Vertragspartner vorhersehbar und unmittelbar nachprüfbar sei. Allgemeine Klauseln, die dem Verwender die Leistungsbestimmung im Rahmen des Angemessenen oder Üblichen einräumen, genügen nicht. Deshalb reicht dem Bundesgerichtshof die bloße Bezugnahme auf den - ohnehin einschlägigen - § 315 BGB nicht aus. Bestimmungsvorbehalte werden nur dann gebilligt, wenn sie als Instrument der Anpassung wegen nicht kalkulierbarer Entwicklungen unumgänglich notwendig sind und die Änderungen der Verhältnisse nicht in den dem Verwender (des Änderungsvorbehalts) nach Treu und Glauben zugeteilten Risikobereich fallen.

Änderungsvorbehalte können auch auf eine **Umgehung des Kündigungsschutzrechts** hinauslaufen und deshalb unwirksam sein. Neben der einvernehmlichen Änderung des Arbeitsvertrages durch Änderungsvertrag ist zumindest bei wesentlichen Vertragsinhalten allein die Änderungskündigung der zulässige Weg zur Vertragsänderung.

Der betrieblichen Praxis kann nur empfohlen werden, die Formulierung von Änderungsvorbehalten vorsorglich an den strengen Vorgaben des Bundesgerichtshofs zu orientieren. Daneben sollte vor der einseitigen Änderung des Arbeitsvertrags eine einvernehmliche Änderung versucht werden. Schließlich ist bei der Änderung von Provisionsbedingungen das ggfs. bestehende Mitbestimmungsrecht des Betriebsrats nach § 87 Abs. 1 Nr. 11 BetrVG zu beachten.

Weitere Regelungsgegenstände im Arbeitsvertrag

18. Außerdienstliches Verhalten

1890

Auf das außerdienstliche Verhalten des Arbeitnehmers kann der Arbeitgeber in aller Regel **keinen** Einfluß nehmen. Aus der besonderen Art der geschuldeten Arbeitsleistung können sich **im Einzelfall** aber aus der Treuepflicht des Arbeitnehmers abgeleitete Verhaltenspflichten ergeben. Diese können schon deshalb zum Gegenstand einer arbeitsvertraglichen Vereinbarung gemacht werden, um dem Arbeitnehmer seine außerdienstliche Verhaltenspflicht deutlich zu machen. Es handelt sich um die **Konkretisierung von Verhaltenspflichten**.

Vertragsklauseln, die eine **außerdienstliche Interessenwahrung** fordern, können allenfalls in Arbeitsverhältnissen mit **Tendenzunternehmen** (Unternehmen, die unmittelbar und überwiegend politischen, koalitionspolitischen, konfessionellen, karitativen, erzieherischen, wissenschaftlichen oder künstlerischen Bestimmungen oder Zwecken der Berichterstattung oder Meinungsäußerung dienen) rechtswirksam abgeschlossen werden.

Zweifelhaft sind Klauseln, die dem Arbeitnehmer eine **Sicherung seiner Arbeitskraft in der Freizeit** auferlegen. Eine Ausnahme wird gemacht bei Arbeitsverhältnissen, die wegen ihres besonderen Bezuges zum Wohl und Wehe zahlreicher Menschen eine arbeitsvertragliche Bindung im Hinblick auf das Freizeitverhalten unverzichtbar machen. Mit der Personenbeförderung oder dem Transport von Gefahrgut befaßten Arbeitnehmern sind Beschränkungen ihrer Freizeitgestaltung insoweit aufzuerlegen, als sie zu einem bestimmten Zeitpunkt in besonderer Weise leistungsfähig sein müssen. Entsprechendes wird gelten für Arbeitnehmer, die komplexe technische Anlagen steuern. Immer dann, wenn bei eingeschränkter Leistungsfähigkeit des Arbeitnehmers Personenschäden und / oder erhebliche Sachschäden drohen, erscheinen Klauseln zur Sicherung der Arbeitsfähigkeit des Arbeitnehmers (z.B. zur befristeten Abstinenz) zulässig. Unter gewissen Einschränkungen werden entsprechende Klauseln auch bei Berufssportlern für zulässig erachtet.

Die Untersagung eines bestimmten (Freizeit-) Verhaltens wird um so eher anerkannt,

- je höher das mit ihm verbundene Schadensrisiko für den Arbeitgeber ist,

- je größer die Gefahr von Personen- und / oder Sachschäden für Dritte ist,

- und je weniger Entbehrungen / Einschränkungen ein zeitlicher Verzicht auf das zu unterlassende Verhalten für den Arbeitnehmer bringt.

19. Außerordentliche Kündigung

1895
Während das Recht zur ordentlichen Kündigung eines Arbeitsverhältnisses durch Tarifvertrag oder einzelvertragliche Vereinbarung eingeschränkt oder gar ausgeschlossen werden kann, ist das Recht zur außerordentlichen Kündigung nach § 626 BGB für die Arbeitsvertragsparteien zwingendes Recht. Ein **Verzicht** auf das Recht zur außerordentlichen Kündigung ist **nichtig**. Ebenso ist eine Vereinbarung unwirksam, wonach bestimmte Sachverhalte einen Grund zur außerordentlichen Kündigung bilden sollen. Die Benennung solcher Sachverhalte (z.B. rechtzeitige Anzeige einer Arbeitsverhinderung) im Arbeitsvertrag verdeutlicht dem Arbeitnehmer jedoch seine vertraglichen Pflichten und kann deshalb sinnvoll sein.

20. Auszubildender

1900
Nach § 4 Abs. 1 BBiG hat der Ausbildende unverzüglich nach Abschluß des Berufsausbildungsvertrages und einer späteren Änderung (§ 4 Abs. 4 BBiG), spätestens vor Beginn der Berufsausbildung, den wesentlichen Inhalt des Vertrages schriftlich niederzulegen, die Niederschrift vom Auszubildenden und dessen gesetzlichen Vertreter unterzeichnen zu lassen (§ 4 Abs. 2 BBiG) und diesen eine Ausfertigung der unterzeichneten Niederschrift auszuhändigen (§ 4 Abs. 3 BBiG). Die Niederschrift muß mindestens Angaben enthalten über

- Art, sachliche und zeitliche Gliederung sowie Ziel der Berufsausbildung, insbesondere die Berufstätigkeit, für die ausgebildet werden soll,
- Beginn und Dauer der Berufsausbildung,
- Ausbildungsmaßnahmen außerhalb der Ausbildungsstätte,
- Dauer der regelmäßigen täglichen Ausbildungszeit,
- Dauer der Probezeit,
- Zahlung und Höhe der Vergütung,
- Dauer des Urlaubs,
- Voraussetzungen, unter denen der Berufsausbildungsvertrag gekündigt werden kann.

Nichtig sind nach § 5 Abs. 1 BBiG Vereinbarungen, die den Auszubildenden für die Zeit nach Beendigung des Berufsausbildungsverhältnisses in der Ausübung seiner beruflichen Tätigkeit beschränken, es sei denn, der Auszubildende verpflichtet sich innerhalb der letzten 3 Monate des Berufsausbildungsverhältnisses dazu, nach dessen Beendigung

Weitere Regelungsgegenstände im Arbeitsvertrag

- ein Arbeitsverhältnis auf unbestimmte Zeit einzugehen;
- ein Arbeitsverhältnis auf Zeit für die Dauer von höchstens 5 Jahren einzugehen, sofern der Ausbildende Kosten für eine weitere Berufsausbildung des Auszubildenden außerhalb des Berufsausbildungsverhältnisses übernimmt und diese Kosten in einem angemessenen Verhältnis zur Dauer der Verpflichtung stehen.

Ferner sind nach § 5 Abs. 2 BBiG Abreden nichtig über

- die Verpflichtung des Auszubildenden, für die Berufsausbildung eine Entschädigung zu zahlen,
- Vertragsstrafen,
- den Ausschluß oder die Beschränkung von Schadensersatzansprüchen,
- die Festsetzung der Höhe eines Schadensersatzes in Pauschbeträgen.

21. Bereitschaftsdienst

1905

Unter Bereitschaftsdienst wird die Verpflichtung des Arbeitnehmers verstanden, sich für betriebliche Zwecke innerhalb eines bestimmten Zeitraumes an einer vom Arbeitgeber bestimmten Stelle innerhalb oder außerhalb des Betriebes aufhalten zu müssen, um erforderlichenfalls seine Arbeitstätigkeit unverzüglich aufnehmen zu können. Bereitschaftsdienst ist **grundsätzlich vergütungspflichtig**, wobei eine Pauschalvergütung zulässig ist.
Im Arbeitsvertrag sollte - bei fehlender tariflicher Bestimmung - geregelt werden,

- in welchem Umfang Bereitschaftsdienst zu leisten ist,
- welche Vergütung hierfür gezahlt wird.

22. Beschäftigungspflicht

1910

Nach der Rechtsprechung des Bundesarbeitsgerichts ist der Arbeitgeber verpflichtet, den Arbeitnehmer bis zum Endtermin des Arbeitsverhältnisses zu beschäftigen. Während einer Bestandsschutzstreitigkeit kann der Arbeitnehmer einen Weiterbeschäftigungsanspruch haben. Bei Begründung oder während des andauernden Arbeitsverhältnisses können die Arbeitsvertragsparteien die **Suspendierung des Arbeitnehmers** von der Arbeitspflicht **vereinbaren**. Ob der Arbeitgeber für eine solche Vereinbarung ein **berechtigtes Interesse** benötigt, ist in der Literatur strittig und in der Rechtsprechung nicht geklärt. Verbreitet sind Klauseln für Außendienstmitarbeiter, wonach sie nach Ausspruch einer Kündi-

Arbeitsrecht

gung vom Arbeitgeber bis zum Endtermin des Arbeitsverhältnisses suspendiert - und ggfs. in den Innendienst versetzt - werden können.

Die Einräumung solcher einseitiger Suspendierungsrechte für den Arbeitgeber in Formulararbeitsverträgen sollte nach Voraussetzungen und Ausmaß so konkret wie möglich im Arbeitsvertrag geregelt werden. Freistellungsgründe können typisiert in der Freistellungsklausel aufgenommen werden, wie z.B. Störung des Vertrauensverhältnisses, Verdacht strafbarer Handlungen, grobe Vertragsverletzungen oder gekündigtes Arbeitsverhältnis. Die konkrete Ausübung des Suspendierungsrechts bleibt nach § 315 BGB überprüfbar.

Der Arbeitgeber wird zu bedenken haben, daß die Suspendierung der Arbeitspflicht nicht einhergeht mit einer Suspendierung der Vergütungspflicht. Der **suspendierte Arbeitnehmer** hat weiterhin einen **Anspruch auf die vertragsgemäße Vergütung**.

23. Betriebliche Altersversorgung

1915

Zu den Leistungen der betrieblichen Altersversorgung werden Leistungen gezählt, die dem Arbeitnehmer gewährt werden, wenn er nach Erreichen der vereinbarten Altersgrenze aus dem Arbeitsverhältnis ausscheidet. Verbunden ist die Altersversorgung regelmäßig mit einer Invaliditäts- und einer Hinterbliebenenversorgung. Dabei umfaßt die Invaliditätsversorgung Leistungen wegen einer Erwerbs- oder Berufsunfähigkeit und die Hinterbliebenenversorgung Leistungen im Falle des Todes eines Arbeitnehmers an dessen Hinterbliebene. Die dem Arbeitnehmer aufgrund einer Versorgungszusage zustehende Altersversorgung kann durch den Arbeitgeber selbst (Direktzusage) oder durch selbständige Versorgungsträger (Lebensversicherung, Pensionskasse oder Unterstützungskasse) erfolgen.

Die **Versorgungszusage** kann durch den Arbeitsvertrag erfolgen. Häufig finden sich Bestimmungen zur betrieblichen Altersversorgung in Tarifverträgen oder Betriebsvereinbarungen. Nicht selten beruhen Altersversorgungsansprüche auch auf **Gesamtzusagen** des Arbeitgebers. Altersversorgungszusagen sind mit erheblichen finanziellen Leistungen und Rückstellungen verbunden. Einzelvertragliche Zusagen können - mit Ausnahme des Falles einer wirtschaftlichen Notlage und einer groben Treuepflichtverletzung - nur einvernehmlich oder durch Änderungskündigung geändert werden. Kollektivvereinbarungen können bei wirtschaftlichen Schwierigkeiten eher den finanziellen Möglichkeiten angepaßt werden.

24. Beweislastklauseln

1920

In arbeitsgerichtlichen Rechtsstreiten muß grundsätzlich jede Partei diejenigen Tatsachen darlegen und ggfs. beweisen, die für ihre Rechtsverfolgung oder

Rechtsverteidigung günstig sind. In **Formularverträgen** finden sich jedoch häufig Klauseln, mit denen die **gesetzliche Beweislastverteilung geändert** wird. So wird in Mankofällen dem Arbeitnehmer die Beweislast für den unverschuldeten Verlust einer Sache zugeschrieben, während grundsätzlich der Arbeitgeber die Beweislast dafür trägt, daß der Arbeitnehmer den Verlust einer Sache pflichtwidrig verursacht hat. Zu den beweislastverändernden Klauseln können auch solche gerechnet werden, durch die der Arbeitgeber den Arbeitnehmer **bestimmte Tatsachen bestätigen** läßt, z.B daß der Arbeitnehmer den schriftlichen Arbeitsvertrag oder einer Ausgleichsquittung gelesen oder sonstige Hinweise und Regelungen zur Kenntnis genommen habe.

Vom **Bundesarbeitsgericht** sind beweislastverändernde Klauseln in Fällen der Arbeitnehmerhaftung für **zulässig erachtet** worden, wenn sie eine sinnvolle, den Eigenarten des Betriebes und der Beschäftigung angepaßte Beweislastverteilung zuungunsten des Arbeitnehmers enthalten oder es sich um eine vom Verschulden des Arbeitnehmers unabhängige Haftung für Fehlbeträge handele, die ausschließlich in seinem Arbeits- und Kontrollbereich entstanden sind *(BAG 13.02.1974, AP Nr. 77 zu § 611 BGB Haftung des Arbeitnehmers; BAG 29.01.1985, AP Nr. 87 zu § 611 BGB Haftung des Arbeitnehmers)*. Diese Rechtsprechung des Bundesarbeitsgerichts steht **nicht im Einklang damit, daß § 11 Nr. 15 AGBG** Bestimmungen, die die Beweislast zum Nachteil des anderen Vertragsteils verändern, für unwirksam erklärt. Diese Norm beruht auf allgemeinen Rechtsprinzipien, weil Grundsätze der Beweislastverteilung wesentliche materiellrechtliche Gerechtigkeitskriterien beinhalten. Die Vorschrift knüpft an eine **Leitentscheidung des Bundesgerichtshofs** an, in der eine Beweislastregelung für allgemeine Geschäftsbedingungen für unangemessen und daher unwirksam angesehen wurde, welche dem Kunden unter Abweichung von dispositiven Gesetzesvorschriften die Beweislast für Umstände aufbürdete, die im Verantwortungsbereich des Verwenders lagen *(BGH 17.02.1964, BGHZ 41, 151, 155)*.

25. Datenschutz

1925

Nach § 3 Nr. 2 BDSG ist die Verarbeitung personenbezogener Daten eines Arbeitnehmers, sofern sie nicht durch Gesetz oder andere Rechtsvorschrift (z.B. Tarifvertrag) erlaubt ist, nur zulässig beim Vorliegen einer Einwilligung durch den Betroffenen. Trotz Einwilligung des Arbeitnehmers wird eine Verarbeitung personenbezogener Daten über den Zweckzusammenhang mit dem Arbeitsverhältnis hinaus für unzulässig gehalten.

Die **Einwilligung** bedarf der **Schriftform**, soweit nicht wegen besonderer Umstände eine andere Form angemessen ist. Wird dabei die Einwilligung zusammen mit anderen Erklärungen schriftlich erteilt, ist der Betroffene hierauf schriftlich besonders hinzuweisen. Der Arbeitgeber wird darauf achten müssen, daß dem Bewerber oder Arbeitnehmer die besondere Bedeutung der Einwilligungserklärung im Zuge der Vorlage und Unterzeichnung anderer Unterlagen zweifelsfrei deutlich wird. Dies wird am besten gewährleistet, wenn die Einwilligungserklärung auf einem **gesonderten Formular** festgehalten und getrennt von anderen Erklärungen für sich unterzeichnet wird.

Die Einwilligungserklärung muß hinreichend bestimmt sein. Sie muß ausführlich und transparent gehalten sein. Eine **Blanko-Ermächtigung** genügt nicht den gesetzlichen Anforderungen. Art und Ziel der Verarbeitung bestimmter personenbezogener Daten sind in der "Datenschutzklausel" anzugeben.

26. Dienstreise

1930
Liegen keine kollektivvertraglichen Bestimmungen zu Dienstreisen vor, sollten im Arbeitsvertrag unter Berücksichtigung der steuerrechtlichen Folgen (vgl. § 3 Nr. 1 b EStG und Abschn. 37-40 LStR) folgende Punkte geregelt werden:

- Verpflichtung zu Dienstreisen
- Höhe des Reisekostenersatzes (Fahrtkosten, Gepäckaufbewahrungskosten, Telefonate, Parkplatz, Einsatz eines Privat-PKW, Unterbringungskosten, Verpflegungsmehraufwand),
- Vergütung für Dienstreisezeit (ggfs. Freizeitausgleich) bzw. Pauschalvergütung
- Abrechnungsmodalitäten

27. Dienstwagen

1935
Bei der Überlassung eines Dienstwagens an den Arbeitnehmer sollte im Arbeitsvertrag oder in einem Dienstwagenüberlassungsvertrag unter Beachtung der jeweiligen steuerrechtlichen Folgen geregelt werden:

- zeitlicher Umfang der Überlassung eines Dienstwagens
- Anspruch auf Gestellung eines Dienstwagens welcher Klasse und Ausstattung
- Rechte des Arbeitnehmers zur Verbesserung der Ausstattung und Folgen bei Rückgabe des Dienstwagens
- Modalitäten der Herausgabe des Dienstwagens (Zustand des Dienstwagens, Zeitpunkt, Ort, ggfs. Kosten der Überführung des Dienstwagens)

Weitere Regelungsgegenstände im Arbeitsvertrag

- Herausgabe des Dienstwagens bei gekündigtem Arbeitsverhältnis, suspendiertem Arbeitnehmer, langandauernder Krankheit / Kur des Arbeitnehmers oder Ruhen des Arbeitsverhältnisses
- Überlassung des Dienstwagens auch zur privaten Nutzung (Fahrten zwischen Wohnung und Arbeitsstätte, Familienheimfahrten, sonstige private Nutzung, Treibstoffkosten, nutzungsberechtigte Familienmitglieder)
- Wartung, Pflege des Dienstwagens einschl. Kostentragungspflicht
- Führung eines Fahrtenbuchs
- Abrechnungsmodalitäten
- Gestellung eines Fahrers
- Haftung des Arbeitnehmers für Sachschäden am Dienstwagen
- Kaskoversicherungsschutz

Problematisch sind Klauseln in Vereinbarungen über die Dienstwagenüberlassung, die darauf zielen, dem Arbeitgeber eine weitgehende Dispositionsfreiheit über die Dienstfahrzeuge zu sichern. Ist dem Arbeitnehmer nämlich neben der dienstlichen auch die private Nutzung des Dienstwagens vertraglich uneingeschränkt zugestanden, so stellt die Überlassung für den privaten Gebrauch ohne Anrechnung der Kosten einen Teil der Vergütung (Sachbezug bzw. Naturalvergütung) dar, dessen einseitiger Entzug dem Arbeitgeber wegen des Eingriffs in das arbeitsvertragliche Austauschverhältnis nicht möglich ist. Entzieht der Arbeitgeber dem Arbeitnehmer mit der betrieblichen die Privatnutzung, kann der Arbeitnehmer als Schadensersatz unter Beachtung seiner Schadensminderungspflicht mindestens den Geldbetrag verlangen, der aufzuwenden ist, um einen entsprechenden PKW privat nutzen zu können. Offen ist, ob der Wert der privaten Nutzung darüber hinaus an den Mietwagenkosten ausgerichtet werden kann (*BAG 23.06.1994, EzA § 249 BGB Nr. 20*). Für zulässig erachtet wird eine vertraglich begründete Herausgabepflicht während der Zeit der Freistellung des Arbeitnehmers von der Arbeitspflicht, sofern dem Arbeitnehmer ein Anspruch auf Ersatz des ihm nunmehr entgehenden geldwerten Vorteils der privaten PKW-Nutzung zugestanden wird.

Bei ausschließlich dienstlicher Nutzung ist die Vereinbarung einer jederzeitigen Herausgabepflicht unbedenklich. Entsprechendes gilt für die entgeltliche private Nutzung des Dienstwagens durch den Arbeitnehmer.

28. Direktionsrecht

1936

Der Arbeitgeber verfügt auch ohne ausdrückliche arbeitsvertragliche Regelung über ein Weisungs- bzw. Direktionsrecht, aufgrund dessen er die erforderliche Konkretisierungen der Leistungspflichten des Arbeitnehmers nach Zeit, Ort und Art vornehmen darf. Rechtsgrundlage für dieses Weisungsrecht ist der Arbeitsvertrag *(BAG 27.03.1980, AP Nr. 26 zu § 611 BGB Direktionsrecht)*. Nicht zulässig ist dagegen ein einseitiger Eingriff des Arbeitgebers in den Umfang der beiderseitigen Hauptleistungspflichten, mithin der Vergütungs- und Arbeitspflicht *(BAG 12.12.1984, AP Nr. 6 zu § 2 KSchG 1969)*.

Praktisch alle vorformulierten Arbeitsverträge sehen besondere Regelungen vor, die das Weisungsrecht des Arbeitgebers hinsichtlich Art, Ort und Zeit der Arbeitsleistung erweitern (**Direktionsrechtserweiterungen**), und teilweise auch den Arbeitgeber berechtigen sollen, die Vergütungsabrede zu ändern. Die Erweiterung des allgemeinen Weisungsrechts aufgrund einzelvertraglicher Klausel ist grundsätzlich zulässig *(BAG 12.12.1984, AP Nr. 6 zu § 2 KSchG 1969)*. Ausgeschlossen ist jedoch der Vorbehalt eines wesentlichen Eingriffs in das Äquivalenz- und Ordnungsgefüge *(BAG 14.11.1990, AP Nr. 25 zu § 611 BGB Arzt-Krankenhaus-Vertrag)*, der Änderung wesentlicher Elemente des Arbeitsverhältnisses *(BAG 04.02.1958, AP Nr. 1 zu § 620 BGB Teilkündigung)* oder wesentlicher, das Arbeitsverhältnis prägender Bestandteile *(BAG 07.10.1982, AP Nr. 5 zu § 620 BGB Teilkündigung)*. Unwirksam ist der Vorbehalt der Änderungen der im Gegenseitigkeitsverhältnis stehenden Hauptleistungspflichten *(BAG 09.06.1965, AP Nr. 10 zu § 315 BGB; BAG 09.06.1967, AP Nr. 5 zu § 611 BGB Lohnzuschläge)*.

Bei **ausgehandelten Individualabreden** sind Direktionsrechtserweiterungen bis zur Grenze der Sittenwidrigkeit zuzulassen. Demgegenüber sollen nach der Literatur die in einem Formularvertrag enthaltenen **vorformulierten Erweiterungen des Direktionsrechts** einer Inhaltskontrolle auf ihre Angemessenheit unterworfen werden, wobei die zu vorformulierten Leistungsbestimmungsrechten in Allgemeinen Geschäftsbedingungen entwickelten Grundsätze herangezogen werden können. Wegen ihrer die Transparenz des Vertragsinhalts beeinträchtigenden Wirkung könnten solche Klauseln nur bei Vorliegen besonderer Gründe als wirksam angesehen werden. Dies setzte eine möglichst konkrete Festlegung der Voraussetzungen, unter denen das Weisungsrecht entsteht und unter denen es auszuüben ist, voraus. Bei Direktionsrechtserweiterungen gilt es zu berücksichtigen, daß die Ausweitung des Direktionsrechts im Falle einer möglichen Kündigung auch zur weitergehenden Pflicht einer anderweitigen Beschäftigung des Arbeitnehmers führt.

Ist nach dem Inhalt des Arbeitsvertrages aufgrund des allgemeinen Direktionsrechtes eine Versetzung nicht möglich, bedarf es zur Übertragung höher- oder geringwertiger Arbeiten eines Änderungsvertrages oder einer Änderungskündigung. Dies veranlaßt die betriebliche Praxis, den Umfang des Direktionsrechts vertraglich auszudehnen, indem einerseits im Arbeitsvertrag eine sehr weite, relativ unkonkret gehaltene Tätigkeitsbeschreibung aufgenommen wird, oder indem anderseits die Tätigkeitsbeschreibung recht konkret gehalten und daneben ein besonderes Direktionsrecht begründet wird.

Derartige Direktionsrechtserweiterungen werden von der Rechtsprechung grundsätzlich für wirksam erachtet *(BAG 11.06.1958 und 16.10.1965, AP Nrn. 2, 20 zu § 611 BGB Direktionsrecht)*. Klauseln, die die Zuweisung von "den Fähigkeiten und Kenntnissen entsprechenden" oder "zumutbaren" Tätigkeiten zulassen, wurden bislang als wirksam angesehen *(BAG 12.04.1973, EzA § 611 BGB Nr. 12)*. Eine Zumutbarkeit ist dann gegeben, wenn es sich um die Übertragung einer gleichwertigen Tätigkeit bei gleicher Vergütung handelt. Die Orientierung erfolgt an derselben Tarifgruppe. Zweifel bestehen, ob die Verwendung des Blankettbegriffs der Zumutbarkeit in Formulararbeitsverträgen zu einer hinreichend transparenten Regelung führt.

Zulässig sind auch Klauseln, die dem Arbeitgeber die Versetzung des Arbeitnehmers auf einen **geringerwertigen** Arbeitsplatz bei **Fortzahlung der alten Vergütung** erlauben *(BAG 11.06.1958, AP Nr. 2 zu § 611 BGB Direktionsrecht; BAG 08.10.1962, AP Nr.18 zu § 611 BGB Direktionsrecht; BAG 25.01.1978, EzA § 1 TVG Nr. 9; BAG 22.05.1985, AP Nr. 7 zu § 1 TVG Tarifverträge: Bundesbahn)*. In entsprechenden Klauseln sollte aber der potentielle Tätigkeitsbereich näher umschrieben oder durch Angabe einer zumutbaren untersten Vergütungsgruppe das Zuweisungsrecht begrenzt werden. Die Zuweisung einer geringerwertigen Tätigkeit führt zu keiner Vergütungsminderung. Die Versetzungsklausel betrifft nur die Leistungspflicht des Arbeitnehmers (Arbeitspflicht), nicht die des Arbeitgebers (Zahlungspflicht). Problematisch ist die Situation, wenn die Vergütungspflicht an die tatsächlich geleistete Arbeit anknüpft, wie dies bei tariflicher Entlohnung (automatische Vergütungsanpassung) der Fall ist. Auch für diesen Fall führt die Rechtsprechung aus, es sei zum Schutze des Arbeitnehmers erforderlich, zur Entlohnungsminderung eine besondere Vereinbarung zu treffen *(BAG 14.12.1961, AP Nr. 17 zu § 611 BGB Direktionsrecht)*. Zur Klarstellung sollte aber in der Versetzungsklausel eine **ausdrückliche Vergütungsgarantie** aufgenommen werden.

Ausgesprochen problematisch sind **direktionsrechtserweiternde Klauseln**, die eine **Änderung des Tätigkeitsbereiches in Verbindung mit einer gleichzeitigen oder zeitlich versetzten Vergütungsänderung** vorsehen. Hierdurch soll der Arbeitgeber ermächtigt werden, nicht nur die Leistungspflicht des Arbeitnehmers, sondern auch seine eigene Leistungspflicht zu ändern. Nach Ansicht des 7. Senats des Bundesarbeitsgerichts kann ein Weisungsrecht nicht hinsichtlich des Umfangs von Vergütungs- und Arbeitspflicht durch tarif- oder einzelvertragliche Regelung begründet werden *(BAG 12.12.1984, EzA § 315 BGB Nr. 29)*, weil dies auf die Umgehung des zwingenden Kündigungsschutzes (Änderungsschutz nach § 2 KSchG) hinausliefe. Dennoch hat der 4. Senat des Bundesarbeitsgerichts eine entsprechende tarifvertragliche Klausel für rechtswirksam gehalten *(BAG 22.05.1985, AP Nr. 7 zu § 1 TVG Tarifverträge: Bundesbahn)*.
Auch wird die Streichung von Schmutz- und sonstigen Zulagen nach überwiegender Ansicht für zulässig gehalten, sofern durch die Zulagen besondere Erschwernisse abgegolten werden sollen, die nach der Versetzung nicht mehr anfallen.

Das Direktionsrecht des Arbeitgebers besteht hinsichtlich der Bestimmung des **Arbeitsortes**, soweit der Arbeitnehmer den zugewiesenen Arbeitsort ohne größere Schwierigkeit erreichen kann. Versetzungen innerhalb einer politischen Gemeinde sind regelmäßig ohne entsprechende Direktionsrechtserweiterung zulässig. Aus der konkreten Vertragsgestaltung (Tätigkeitsbeschreibung, Natur des sachlichen Tätigkeitsbereichs) kann sich ein weitergehendes Direktionsrecht hinsichtlich des Arbeitsortes ergeben, z.B. bei Bau-, Montage- und Außendienstmitarbeitern. Gebräuchlich sind daneben ausdrückliche klauselmäßige Versetzungsvorbehalte. Bedenken gegen die Wirksamkeit solcher Betriebs- und Unternehmensversetzungsklauseln bestehen nicht. Die Pflicht des Arbeitnehmers, unter Umständen auf Weisung des Arbeitgebers auch in einem anderen Betrieb des Unternehmens tätig zu werden, wird kompensiert durch die Pflicht des Arbeitgebers, vor Ausspruch einer Kündigung zunächst die Versetzung des Arbeitnehmers innerhalb des Unternehmens zu versuchen.

In der Literatur wird angesichts der vielfältigen rechtlichen Gestaltungsmöglichkeiten sowie der schwierigen Prognostizierbarkeit zukünftiger unternehmerischer Entscheidungen und wegen der negativen kündigungsrechtlichen Folgen von der Verwendung von **Konzernversetzungsklauseln** abgeraten.

29. Gerichtsstandsvereinbarung

1940

Der **Rechtsweg zu den Gerichten für Arbeitssachen** und die **erstinstanzliche Zuständigkeit** des Arbeitsgerichts sind grundsätzlich **keiner Vereinbarung zugänglich**. Nach § 2 Abs. 4 ArbGG können allein Organe von juristischen Personen des Privatrechts - nicht des öffentlichen Rechts - mit ihren Dienstherren vereinbaren, daß bürgerliche Rechtsstreitigkeiten zwischen ihnen vor den Arbeitsgerichten ausgetragen werden. Vereinbarungen der Arbeitsvertragsparteien über die **örtliche Zuständigkeit** eines an sich unzuständigen Gerichts des ersten Rechtszugs (ArbG) sind nach § 38 Abs. 1 ZPO **grundsätzlich unwirksam**. Die örtliche Zuständigkeit kann auch nicht über die (Gerichtsstands-) Vereinbarung eines vom Gesetz abweichenden Erfüllungsortes herbeigeführt werden (§ 29 Abs. 2 ZPO), wenngleich die Parteien materiellrechtlich eine Erfüllungsortvereinbarung rechtswirksam treffen können.

Demgegenüber können nach § 48 Abs. 2 ArbGG Tarifvertragsparteien die Zuständigkeit eines an sich örtlich unzuständigen Arbeitsgerichts festlegen für bürgerliche Rechtsstreitigkeiten zwischen Arbeitnehmern und Arbeitgebern aus einem Arbeitsverhältnis und aus Verhandlungen über die Eingehung eines Arbeitsverhältnisses, das sich nach einem Tarifvertrag bestimmt. Entsprechendes gilt für bürgerliche Rechtsstreitigkeiten aus dem Verhältnis einer gemeinsamen Einrichtung der Tarifvertragsparteien zu den Arbeitnehmern oder Arbeitgebern. Im Geltungsbereich eines solchen Tarifvertrags gelten die tariflichen Bestimmungen über das örtlich zuständige Arbeitsgericht zwischen nicht tarifgebundenen Arbeitgebern und Arbeitnehmern, wenn die Anwendung des gesamten Tarifvertrags zwischen ihnen vereinbart ist.

Weitere Regelungsgegenstände im Arbeitsvertrag

Gerichtsstandsvereinbarungen sind ferner im Rahmen **internationaler Rechtsstreitigkeiten** zulässig. Nach § 38 Abs. 2 Satz 1 ZPO kann die Zuständigkeit eines Arbeitsgerichts vereinbart werden, wenn mindestens eine der Arbeitsvertragsparteien keinen allgemeinen Gerichtsstand im Inland hat. Die Vereinbarung muß schriftlich abgeschlossen oder, falls sie mündlich getroffen wird, schriftlich bestätigt werden (§ 38 Abs. 2 Satz 2 ZPO). Hat eine der Arbeitsvertragsparteien einen inländischen allgemeinen Gerichtsstand, so kann für das Inland nur ein Gericht gewählt werden, bei dem diese Partei ihren allgemeinen Gerichtsstand hat oder ein besonderer Gerichtsstand begründet ist. Das europäische Gerichtsstands- und Vollstreckungsübereinkommen in Zivil- und Handelssachen (EuGÜbK) vom 27.09.1968 geht dem § 38 Abs. 2 ZPO vor und läßt in weiterem Umfang Gerichtsstandsvereinbarungen zu.

Zulässig ist eine Gerichtsstandsvereinbarung, wenn sie ausdrücklich und schriftlich nach dem Entstehen der Streitigkeit - nicht des Rechtsstreits - geschlossen wird (§ 38 Abs. 3 Nr. 1 ZPO). Sie muß sich auf einen bestimmten Streit beziehen.

Schließlich ist eine Gerichtsstandsvereinbarung zulässig, wenn sie ausdrücklich und schriftlich für den Fall geschlossen wird, daß die im Klageweg in Anspruch zu nehmende Partei nach Vertragsschluß ihren Wohnsitz oder gewöhnlichen Aufenthaltsort aus der Bundesrepublik Deutschland verlegt oder ihr Wohnsitz oder gewöhnlicher Aufenthalt im Zeitpunkt der Klageerhebung nicht bekannt ist. Folglich kann **mit ausländischen Arbeitnehmern** eine Gerichtsstandsvereinbarung getroffen werden für den Fall, daß sie ihren Wohnsitz wieder in ihr Heimatland verlegen. Dadurch wird der Arbeitgeber der Last enthoben, im Ausland zu klagen.

30. Gesundheitsuntersuchung

1943

Im Arbeitsvertrag kann die Einstellung des Arbeitnehmers von dem Ergebnis einer Gesundheitsuntersuchung abhängig gemacht werden. Der Arbeitgeber darf den Bewerber aber - unter Berücksichtigung seines Fragerechts (vgl. Rn.1012 - 1028) - nur darauf untersuchen lassen, ob der Bewerber gesundheitlich für die in Aussicht genommene Stelle geeignet ist. Die ärztliche Auskunft darf nur die Eignung oder Nichteignung zum Inhalt haben *(BAG 07.06.1984, AP Nr. 26 zu § 123 BGB)*. Die ärztliche Untersuchung ist vorgeschrieben für

- Jugendliche nach § 32 Abs. 1 JArbSchG
- Beschäftigte im Lebensmittelgewerbe (§§ 17, 18 BSeuchG)
- Arbeitnehmer bei der Beförderung von Fahrgästen (§ 15 e Abs. 1 S. 1 Nr. 3 Buchst. a StVZO)

Arbeitsrecht

Der Arbeitnehmer kann arbeitsvertraglich nicht verpflichtet werden, sich bei einem vom Arbeitgeber zu benennenden Arzt untersuchen zu lassen. § 275 Abs.1 SGB V regelt die Untersuchung des Arbeitnehmers durch den Medizinischen Dienst der Krankenversicherung und enthält für die Untersuchung des Arbeitnehmers durch einen anderen als den von ihm ausgewählten Arzt eine abschließende Regelung. Dagegen kann der Arbeitnehmer arbeitsvertraglich verpflichtet werden, sich regelmäßig ärztlichen Untersuchungen zu unterziehen, um die fortbestehende Eignung für den Arbeitsplatz zu kontrollieren. In vielen Normen des gesundheitlichen Arbeitsschutzes sind Pflichten zu regelmäßigen Gesundheitsuntersuchungen vorgesehen.

31. Gewinnbeteiligung

1945

Die Gewinnbeteiligung wird als **Erfolgsvergütung** regelmäßig nur an leitende Angestellte gezahlt. Sie bedarf einer arbeitsvertraglichen Grundlage. Ist über die Höhe der Gewinnbeteiligung nichts vereinbart, so ist die übliche oder angemessene zu zahlen (§ 612 Abs. 2 BGB). Die Bestimmung der Höhe der Gewinnbeteiligung kann dem Arbeitgeber nach billigem Ermessen überlassen bleiben (§ 315 Abs. 1 BGB). Bei der Vereinbarung einer solchen Sondervergütung sollten Regelungen zu folgenden Punkten getroffen werden:

- Berechnungsmodus (Prozente vom jährlichen Reingewinn, Rohgewinn, Umsatz, Regelung entsprechend §§ 86 Abs. 2 Satz 1, 113 Abs. 3 Satz 1 AktG, Maßgeblichkeit der Handels- oder Steuerbilanz)
- Zeitpunkt und notwendiger Inhalt der Abrechnung des Gewinnbeteiligungsanspruchs durch den Arbeitgeber nebst Auskunfts- und Einsichtsrechten des Arbeitnehmers
- Fälligkeit der Gewinnbeteiligung
- Folgen eines vorzeitigen Ausscheidens des Arbeitnehmers

32. Gratifikation (s. Stichwort: Sonderzuwendungen)

1946

33. Haftungsausschlüsse und -beschränkungen

1947

Dem Interesse des Arbeitgebers an Haftungsbegrenzung bei Personenschäden wird bereits in den §§ 636, 640 RVO im Hinblick auf Arbeitsunfälle Rechnung getragen. Erleidet der Arbeitnehmer infolge eines Arbeitsunfalles eine Verletzung oder wird er gar durch einen Arbeitsunfall getötet, so stellt § 636 RVO den Arbeitgeber grundsätzlich von der Haftung gegenüber dem Arbeitnehmer bzw.

Weitere Regelungsgegenstände im Arbeitsvertrag

des Angehörigen frei. Die Haftungsfreistellung nach § 636 RVO setzt neben dem Vorliegen eines Arbeitsunfalles i.S.d. § 548 RVO voraus, daß dieser Unfall vom Arbeitgeber nicht vorsätzlich herbeigeführt wurde und nicht bei der Teilnahme am allgemeinen Verkehr eingetreten ist.

Regelungsbedarf kann bestehen, soweit es um Schäden am Eigentum des Arbeitnehmers geht, welches dieser in den Gefahrenbereich des Arbeitgebers verbracht hat. Den Arbeitgeber trifft eine Obhutspflicht für private Gegenstände des Arbeitnehmers, die dieser mit ausdrücklicher oder stillschweigender Zustimmung seines Arbeitgebers mit in den Betrieb bringt *(BAG 05.03.1959 und 01.07.1965, AP Nrn. 26 und 75 zu § 611 BGB Fürsorgepflicht)*. Von der Haftung kann sich der Arbeitgeber arbeitsvertraglich für Fälle des Vorsatzes und der groben Fahrlässigkeit nicht freizeichnen *(BAG 05.03.1959, AP Nr. 26 zu § 611 BGB)*. Besteht die Möglichkeit einer auch die eingebrachten Sachen des Arbeitnehmers umfassenden Versicherung, so wird eine Abwälzung des Risikos der leichten Fahrlässigkeit in vorformulierten Verträgen auf den Arbeitnehmer in der Literatur als unangemessen angesehen *(vgl. auch LAG Hamm 02.11.1956, AP Nr. 5 zu § 618 BGB)*.

Das Bundesarbeitsgericht erkennt ferner eine verschuldensunabhängige Haftung des Arbeitnehmers für arbeitstypische, unabgegoltene Sachschäden des Arbeitnehmers an *(BAG 11.08.1988 und 20.04.1989, EzA § 670 BGB Nr. 19 und 20)*. Die Frage der Abdingbarkeit der verschuldensunabhängigen Haftung ist in der Rechtsprechung ungeklärt; sie wird in der Literatur kontrovers beurteilt.

Soweit eine Haftungsfreizeichnung unzulässig ist, kann der Arbeitnehmer aber vertraglich zur Benutzung betrieblicher Sicherungseinrichtungen angehalten werden. Ferner kann die Verschuldenshaftung nach Vorschlägen in der Literatur auf 400,- DM beschränkt werden.

Das Bundesarbeitsgericht hat sogar die Zulässigkeit einer Haftungsfreizeichnung für fahrlässige Verletzungen der Verkehrssicherungspflichten (auf einem arbeitgeberseitig zur Verfügung gestellten Parkplatz) verneint *(BAG 28.09.1989, EzA § 611 BGB Parkplatz Nr. 1)*. Die Haftung für Vorsatz kann ohnehin nicht ausgeschlossen werden (§ 276 Abs. 2 BGB). In der Literatur wird eine Freizeichnung für leichte Fahrlässigkeit für unwirksam gehalten, wenn der Verwender vorformulierter Arbeitsbedingungen die ihn treffende Schadensersatzhaftung durch eine zumutbare Möglichkeit der Haftpflichtversicherung abdecken kann.

Zur **Haftung des Arbeitnehmers** finden sich in Arbeitsverträgen je nach der verletzten Pflicht Regelungen in

- Mankoabreden (vgl. Rn. 1955)
- Rückzahlungsklauseln (vgl. Rn. 1963)

- Klauseln zum vertraglichen und nachvertraglichen Wettbewerbsverbot (vgl. Rn. 1984)

- Vertragsstrafenabreden (vgl. Rn. 1980)

Die Arbeitnehmerhaftung ist mittlerweile höchstrichterlich geklärt. Nach der Entscheidung des Großen Senats des Bundesarbeitsgerichts gelten die **Grundsätze über die Beschränkung der Arbeitnehmerhaftung** nunmehr für alle Arbeiten, die durch den Betrieb veranlaßt sind und aufgrund eines Arbeitsverhältnisses geleistet werden. Es kommt somit für die Haftungsbeschränkung künftig nicht mehr darauf an, ob die Arbeit, bei der der Schaden entstand, gefahrgeneigt war. **Der Arbeitgeber muß sich bei jedem Schaden, den ein Arbeitnehmer in Ausübung einer betrieblichen Tätigkeit verursacht hat, in entsprechender Anwendung von § 254 BGB das Betriebsrisiko sowie seine Verantwortung für die Organisation des Betriebs und die Gestaltung der Arbeitsbedingungen zurechnen lassen** *(BAG 27.09.1994)*. Die Haftungsgrundsätze des Bundesarbeitsgerichts werden als zwingend angesehen, so daß eine Haftungsfreizeichnung rechtsunwirksam wäre. In Anlehnung an die Rechtsprechung zur Mankohaftung soll eine Verschiebung des Haftungsrisikos zu Lasten des Arbeitnehmers jedenfalls dann als zulässig bewertet werden, wenn dem Arbeitnehmer im Gegenzug ein entsprechender und als solcher klar ausgewiesener Risikoausgleich gewährt wird *(LAG Frankfurt 05.09.1969, DB 1970, 888)*.

Umstritten ist, ob ein **Lohnminderungsrecht** des Arbeitgebers **für den Fall von Schlecht- und Minderleistungen des Arbeitnehmers** wirksam vereinbart werden kann *(für die Zulässigkeit wohl BAG 17.07.1970, AP Nr. 3 zu § 11 MuSchG 1968)*. Zumindest die formularmäßige Festschreibung eines Lohnminderungsrechts wird in der Literatur abgelehnt. Dagegen werden Vereinbarungen, nach denen nur mängelfreie Arbeit bezahlt wird, im Bereich der Akkord- und Prämienentlohnung grundsätzlich für zulässig erachtet *(BAG 15.03.1960, AP Nr. 13 zu § 611 BGB Akkordlohn)*. In der Rechtsprechung wurde nicht einmal die Kumulation von Lohnkürzung und Pflicht zur unentgeltlichen Nacharbeit bzw. zur Übernahme der Kosten der von anderen Arbeitnehmern erbrachten Nacharbeit beanstandet *(BAG 15.03.1960, AP Nr. 13 zu § 611 BGB Akkordlohn)*.

Haftungsbegrenzungen zugunsten des Arbeitnehmers finden sich bislang nicht in vorformulierten Arbeitsverträgen. Wegen der bis vor kurzem nicht konsolidierten Rechtsprechung des Bundesarbeitsgerichts zum Umfang der Arbeitnehmerhaftung wird in der Literatur empfohlen, in der Kautelarpraxis die wenig praktikablen und Rechtsunsicherheit verursachenden Grundsätze des Bundesarbeitsgerichts zu präzisieren. Vorgeschlagen werden eine Begrenzung der Haftung des Arbeitnehmers auf Vorsatz und grobe Fahrlässigkeit und eine summenmäßige Haftungsbeschränkung.

Weitere Regelungsgegenstände im Arbeitsvertrag

34. Karenzentschädigung (vgl. Rz. 3057, 3093 - Muster)

1949

35. Kündigungsfristen (vgl. Rz. 4250 - 4257)

1950

Bei der Vereinbarung von Kündigungsfristen müssen die **gesetzlichen und tariflichen Mindestkündigungsfristen** beachtet werden. Absprachen, die mit den zwingenden gesetzlichen und tariflichen Mindestkündigungsfristen nicht zu vereinbaren sind, sind nichtig.

36. Mankoabrede

1955

Als **Manko** wird der Schaden bezeichnet, den der Arbeitgeber dadurch erleidet, daß ein seinem Arbeitnehmer anvertrauter Warenbestand oder eine von ihm geführte Kasse eine Fehlmenge bzw. einen Fehlbestand aufweist. Der Arbeitnehmer haftet für das Manko, wenn eine rechtswirksame Mankovereinbarung getroffen wurde oder wenn die Voraussetzungen der allgemeinen zivilrechtlichen Haftungsnormen vorliegen.

Der **Vertrag zur Übernahme des Mankos** durch den Arbeitnehmer wird grundsätzlich für **zulässig** gehalten (*BAG 09.04.1957, AP Nr. 4 zu § 611 BGB Haftung des Arbeitnehmers; BAG 22.11.1973, AP Nr. 67 zu § 626 BGB; BAG 29.01.1985, EzA Nr. 41 zu § 611 BGB Arbeitnehmerhaftung*). Danach kann dem Arbeitnehmer vertraglich eine von seinem Verschulden unabhängige Haftung für in seinem Arbeits- und Kontrollbereich aufkommende Fehlbeträge übertragen werden. Nach der höchstrichterlichen Rechtsprechung kann die Mankoabrede **unwirksam** sein, wenn der **Arbeitnehmer durch die Abrede übermäßig benachteiligt wird**, weil ihm für die Übernahme der Mankohaftung kein Äquivalent geleistet wird, durch das die Tarifvergütung überschritten wird (*BAG 17.04.1956, AP Nr. 8 zu § 626 BGB; BAG 09.04.1957, AP Nr. 4 zu § 611 BGB Haftung des Arbeitnehmers; BAG 27.02.1970, EzA Nr. 23 zu § 276 BGB*), wobei die Angemessenheit des wirtschaftlichen Ausgleichs nur bejaht wird, wenn das zusätzliche Entgelt mindestens den Durchschnitt der erfahrungsgemäß zu erwartenden Fehlbeträge bzw. -bestände erreicht.

Bei der ein **Warenmanko** betreffenden Klausel sollten die Arbeitsvertragsparteien vorab eine Regelung zur **Bewertung des aufgetretenen Warenmankos** treffen. Nach § 249 BGB schuldet der Arbeitnehmer Schadensersatz auf der Basis des Einkaufspreises. Es wird als zulässig angesehen, den Verkaufspreis in der Mankoabrede in Ansatz zu bringen. Daneben soll es dem Arbeitnehmer nicht möglich sein, die üblichen Rabattsätze abzuziehen, weil es sich nicht um zulässigen Eigenverbrauch handele.

- ihm für die Übernahme der Mankohaftung kein Äquivalent geleistet wird, durch das die Tarifvergütung überschritten wird,
- er nicht die Möglichkeit hat, Mankoschäden wirksam zu bekämpfen,
- durch die Mankovereinbarung bezweckt wird, daß Dritte benachteiligt werden.

Üblich sind auch Beweislastklauseln, wonach der Arbeitnehmer sich nicht auf die Unrichtigkeit von Inventuren berufen kann, an denen er teilgenommen hat oder sich geweigert hat, daran teilzunehmen. Zur Zulässigkeit von solchen Beweislastklauseln in Formulararbeitsverträgen s. Stichwort "Beweislastklauseln".

37. Nebentätigkeit

1960

Dem Arbeitnehmer steht es grundsätzlich frei, ohne Benachrichtigung seines Arbeitgebers einer Nebenbeschäftigung nachzugehen, es sei denn, der Nebentätigkeit stehen zwingende Arbeitnehmer-Schutzvorschriften entgegen oder sie führt zu einer unzulässigen Beeinträchtigung des Hauptarbeitsverhältnisses. Dies folgt aus dem Grundrecht der Berufsfreiheit nach Art. 12 Abs. 1 GG. Die Nebentätigkeit darf nicht gegen das vertragliche Wettbewerbsverbot aus dem Hauptarbeitsverhältnis (§ 60 HGB, gilt entsprechend für alle Arbeitsverhältnisse) verstoßen oder - zusammen mit der Arbeitsleistung im Hauptarbeitsverhältnis (§ 2 Abs. 1 S. 1 Halbs. 2 ArbZG) - zu einer regelmäßigen erheblichen Überschreitung der Höchstarbeitszeiten führen. Der Arbeitnehmer darf durch die Nebentätigkeit auch nicht gehindert werden, seine Pflichten aus dem Hauptarbeitsverhältnis zu erfüllen.

Ein vertragliches Nebentätigkeitsverbot wird für zulässig gehalten, wenn und soweit der Arbeitgeber an dessen Einhaltung ein **berechtigtes Interesse** hat *(BAG 06.09.1990, AP Nr. 47 zu § 615 BGB)*. Von einem berechtigten Interesse wird ausgegangen, wenn durch die Nebentätigkeit die geschuldete Arbeitsleistung im Hauptarbeitsverhältnis beeinträchtigt wird *(BAG 26.08.1976, AP Nr. 68 zu § 626 BGB)*. In Nebentätigkeitsklauseln aufgenommene allgemeine Zustimmungsvorbehalte werden von der Rechtsprechung dahin ausgelegt, daß der Arbeitnehmer hiernach einen Anspruch auf die Genehmigung solcher Nebentätigkeiten habe, die keine Arbeitgeberinteressen beeinträchtigen *(BAG 03.12.1970 und 26.08.1976, AP Nrn. 60 und 68 zu § 626 BGB)*. Demgegenüber sieht die Literatur zum Teil in solchen Zustimmungsvorbehalten, die auch solche Tätigkeiten umfassen sollen, die keine Beeinträchtigung der Arbeitsleistung zur Folge haben, einen unangemessenen und damit unwirksamen Eingriff in die Privatsphäre des Arbeitnehmers.

Empfohlen wird die Aufnahme einer Zustimmungsfiktion in die Nebentätigkeitenklauseln, damit der Arbeitnehmer nicht allzu lange im Ungewissen bleibt über den Standpunkt des Arbeitgebers. Eine Frist zwischen zwei und vier Wo-

Weitere Regelungsgegenstände im Arbeitsvertrag

chen für den Arbeitgeber zur Stellungnahme zur beabsichtigten Nebentätigkeit wird als angemessen angesehen. Ferner wird angeraten, in die Nebentätigkeitsklauseln die Person(en) namentlich aufzunehmen, die für die Entscheidung zuständig sein soll(en).

Bei zu weit gefaßten Nebentätigkeitsverboten in **Formulararbeitsverträgen** hat das Bundesarbeitsgericht eine geltungserhaltende Reduktion vorgenommen, während der Bundesgerichtshof eine Umdeutung von Formularabreden ablehnt. In der betrieblichen Praxis werden die unterschiedlichsten Klauseln für Nebentätigkeitseinschränkungen verwendet: absolutes Nebentätigkeitsverbot (mit oder ohne Genehmigungsvorbehalt), eingeschränktes Nebentätigkeitsverbot, Anzeigepflicht für Nebentätigkeit u.ä.

Bei der Formulierung einer Nebentätigkeitsregelung sind folgende Gesichtspunkte zu bedenken:

- Einschränkung der Nebentätigkeit nur, soweit hieran tatsächlich ein Interesse des Arbeitgebers besteht
- Konkrete Benennung zu unterlassender Nebentätigkeiten
- Vorrang von Kontrollregelungen (Anzeigepflicht) vor Verbotsregelungen
- Modalitäten für Anzeige der Nebentätigkeit, Einholung einer Nebentätigkeitsgenehmigung
- Aufnahme einer Zustimmungsfiktion für den Fall fehlender Stellungnahme des Arbeitgebers während einer angemessenen Frist
- Benennung der zur Entscheidung berufenen Person(en).

38. Provision (s. Rz. 2284 - 2300)

1962

39. Rückzahlungsklauseln

1963

Rückzahlungsklauseln werden in vorformulierten Arbeitsbedingungen häufig für Ausbildungskosten, Gratifikationen aller Art, Umzugskosten, Darlehen, Personalrabatte und Vermögensbeteiligungen vereinbart. Sie sollen eine Bindung des Arbeitnehmers an den Betrieb bewirken. Daneben können Rückzahlungsklauseln im Hinblick auf überzahlten Lohn formuliert werden.

Für die Zulässigkeit von Rückzahlungsklauseln im Hinblick auf geleistete Sonderzahlungen hat das Bundesarbeitsgericht praktikable Leitlinien entwickelt (vgl. Rz. 2898)).

Besondere Bedeutung kommt der Regelung von **Rückzahlungspflichten in Fortbildungsverträgen** zu. Fortbildungsverhältnisse sind bislang weder gesetzlich noch tariflich umfassend ausgestaltet. In Fortbildungsverträgen werden die gegenseitigen Rechte und Pflichten der Vertragsparteien während einer Weiterbildung geregelt. Der Arbeitgeber verpflichtet sich in der Regel, dem Arbeitnehmer die Fortbildung zu ermöglichen, ihn unter Fortzahlung der Vergütung oder bei Gewährung einer Unterstützung von der Arbeit freizustellen und die anfallenden Lehrgangskosten ganz oder teilweise zu übernehmen. Der Arbeitnehmer verpflichtet sich regelmäßig zur ordnungsgemäßen Durchführung der Fortbildungsmaßnahme und zur Rückzahlung der vom Arbeitgeber für die Fortbildung aufgewendeten Kosten im Falle des alsbaldigen Ausscheidens aus dem Arbeitsverhältnis nach der Bildungsmaßnahme. Mit der Rückzahlungsklausel strebt der Arbeitgeber eine bestimmte Betriebsbindung des Arbeitnehmers an, damit sich die Investition für die Fortbildung amortisiert. **Ohne Rückzahlungsvereinbarung besteht für den Arbeitnehmer keine Rückzahlungspflicht** *(BAG 19.03.1980, EzA Nr. 2 zu § 611 BGB Ausbildungsbeihilfe).*

Ein **gesetzliches Verbot für vertragliche Rückzahlungsklauseln** findet sich allein für das Berufsausbildungsverhältnis in § 5 BBiG. Diese Norm findet jedoch keine Anwendung auf berufliche Fortbildungs- und Umschulungsmaßnahmen *(BAG 20.02.1972, EzA Art. 12 GG Nr. 12; BAG 15.12.1993, EzA § 611 BGB Ausbildungsbeihilfe Nr. 9).* Eine **gesetzliche Schranke für Rückzahlungsklauseln** enthält § 32 SGB I. Erstreckt sich eine solche Klausel auch auf die Arbeitgeberanteile zur Sozialversicherung und weicht sie damit zum Nachteil des Arbeitnehmers von den Vorschriften des Sozialgesetzbuches ab, führt dies nach § 32 SGB I zur Nichtigkeit der Abrede *(LAG Düsseldorf 23.01.1989, LAGE Nr. 2 zu § 611 BGB Ausbildungsbeihilfe).*

Nach der **Rechtsprechung** können die Arbeitsvertragsparteien die Übernahme der Aus- oder Fortbildungskosten mit einem Rückzahlungsvorbehalt für den Fall des vorzeitigen Ausscheidens des Arbeitnehmers verbinden, soweit nicht das Grundrecht des Arbeitnehmers auf freie Wahl des Arbeitsplatzes nach Art. 12 GG unverhältnismäßig beeinträchtigt werde. Die für den Arbeitnehmer tragbaren Bindungen seien hiernach aufgrund einer Güter- und Interessenabwägung nach Maßgabe des Verhältnismäßigkeitsgrundsatzes unter Heranziehung aller Umstände des Einzelfalles zu ermitteln. Entscheidend sei, ob die Rückzahlungsverpflichtung dem Arbeitnehmer nach Treu und Glauben zuzumuten sei und vom Standpunkt eines verständigen Betrachters aus einem begründeten und zu billigenden Interesse des Arbeitgebers entspräche. Der Arbeitnehmer müsse insbesondere mit der Ausbildungsmaßnahme eine angemessene Gegenleistung für die Rückzahlungsverpflichtung erhalten. Darüber hinaus komme es u.a. auf die Dauer der Bindung, den Umfang der Fortbildungsmaßnahme, die Höhe des Rückzahlungsbetrages und dessen Abwicklung an *(BAG 24.07.1991, DB 1992, 893; BAG 15.12.1993, EzA § 611 BGB Ausbildungsbeihilfe Nr. 9).*

Weitere Regelungsgegenstände im Arbeitsvertrag

Zunächst hebt das Bundesarbeitsgericht entscheidend darauf ab, ob und inwieweit der Arbeitnehmer mit der Fortbildung einen **geldwerten Vorteil** im Sinne einer Verbesserung seiner beruflichen Möglichkeiten erlangt. Dieser Vorteil müsse eine angemessene Gegenleistung des Arbeitgebers für die mittels der Rückzahlungsklausel bewirkte Bindung darstellen *(BAG 18.08.1976, EzA Art. 12 GG Nr.13)*. Der berufliche Vorteil kann einerseits darin liegen, daß der Arbeitnehmer die gewonnenen zusätzlichen Kenntnisse und Fähigkeiten in anderweitigen Arbeitsverhältnissen verwerten kann oder andererseits, daß der Arbeitnehmer zur Einnahme einer höher dotierten Stelle beim eigenen Arbeitgeber befähigt wird.

Keine Rückzahlung rechtfertigen **betriebsbezogene Fortbildungsmaßnahmen**, die nur den Zweck haben, vorhandene Kenntnisse und Fähigkeiten zu erweitern oder aufzufrischen *(BAG 20.02.1975 und 18.08.1976, EzA Art.12 GG Nrn. 12 und 13)*. Auch das Vertrautmachen mit spezifischen Anforderungen des neuen Arbeitsplatzes, die Einweisung sowie die Einarbeitung bringen einem Arbeitnehmer regelmäßig keine dauerhaften beruflichen Vorteile. Entsprechendes gilt für kurze Lehrgänge im bisherigen Berufsfeld des Arbeitnehmers, die keinen qualifizierten Abschluß vermitteln *(LAG Rheinland-Pfalz 23.10.1981, EzA Art. 12 GG Nr. 18)*, oder für Lehrgänge in Berufsfeldern mit hohem Innovationstempo, sofern die erworbenen Kenntnisse schon nach kurzer Zeit überholt sind.

Für den **Regelfall** läßt die Rechtsprechung eine **Bindungsdauer von drei Jahren** unbeanstandet *(BAG 29.06.1962 und 24.01.1963, AP Nrn. 25, 29 zu Art. 12 GG; BAG 15.12.1993, EzA § 611 BGB Ausbildungsbeihilfe Nr. 9)*. Die oberste Bindungsgrenze setzt die Rechtsprechung insbesondere bei einer sehr aufwendigen Fortbildung bei fünf Jahren an *(BAG 09.11.1972, AP Nr. 45 zu Art. 12 GG; BAG 19.06.1974, AP Nr. 1 zu § 611 BGB Ausbildungsbeihilfe)*.

Der **Rückzahlungsbetrag** muß durch vom Arbeitgeber **tatsächlich aufgewendete Kosten** gedeckt sein. Erstattungsfähig sind die gewährten Beträge für den Lebensunterhalt, Lehrgangsgebühren und Lernmittel, nicht jedoch Arbeitsvergütung, die für solche vom Arbeitnehmer während der Fortbildung geleistete Arbeit gezahlt wurde *(BAG 20.02.1975, EzA Art. 12 GG Nr.12)*.
Üblich ist eine **Staffelung des Rückzahlungsbetrages** zeitanteilig zur Bindungsdauer. Am häufigsten wird die Kürzung des Rückzahlungsbetrages um 1/36 pro Monat vereinbart. Von der Rechtsprechung wurde auch eine Kürzung von 1/3 pro Jahr akzeptiert.
Die Rückzahlungspflicht kann zulässigerweise an folgende Tatbestände geknüpft werden:

- Ausscheiden des Arbeitnehmers auf eigene Veranlassung,

- Ausscheiden des Arbeitnehmers auf Veranlassung des Arbeitgebers, sofern die Vertragsauflösung ihren Grund im Verhalten des Arbeitnehmers findet,

- vom Arbeitnehmer verschuldetes Nichterreichen des Fortbildungszieles.

Die Vereinbarung von Rückzahlungsklauseln kann im Einzelfall für den Arbeitgeber problematisch sein. Es ist dann auf die Möglichkeit eines Langzeitarbeitsvertrages oder auf die Vereinbarung langer Kündigungsfristen und im Zusammenhang damit auf Schadensersatzansprüche wegen Vertragsbruches bei vorzeitigem Ausscheiden des Arbeitnehmers zu verweisen (BAG 24.07.1991, DB 1992, 893).

Schließlich werden Rückzahlungsklauseln im Hinblick auf **überzahlte Arbeitsvergütung** in den Arbeitsvertrag aufgenommen. Sie sind häufig auf die Abdingung des § 818 Abs. 3 BGB (Abdingung der Einrede des Wegfalls der Bereicherung) gerichtet. Dabei ist § 818 Abs. 3 BGB dispositives Recht. Von der Rechtsprechung wurde demgemäß die Vereinbarung einer - von § 818 Abs. 3 BGB - abweichenden uneingeschränkten Rückzahlungspflicht bei Vergütungsüberzahlungen für zulässig gehalten (BAG 08.02.1964, AP Nr. 2 zu § 611 BGB Lohnrückzahlung). Vorformulierte uneingeschränkte Rückzahlungsklauseln sollen zumindest dann wirksam sein, wenn die rechtsgrundlose Zahlung für den Arbeitnehmer offensichtlich war.

40. Schriftformklauseln

1964
Schriftformklauseln sind in vorformulierten Arbeitsverträgen sehr häufig anzutreffen. Sie werden von der Rechtsprechung nicht beanstandet (BAG 27.03.1987, AP Nr. 29 zu § 242 BGB Betriebliche Übung; BAG 03.08.1982, AP Nr. 12 zu § 242 BGB Betriebliche Übung).

Sie sind jedoch **regelmäßig wirkungslos**. Nach der höchstrichterlichen Rechtsprechung können die Arbeitsvertragsparteien selbst von einem konstitutiven Schriformerfordernis im Wege gegenseitiger formloser Vereinbarung ausdrücklich oder konkludent wieder abweichen (BAG 10.01.1989, AP Nr. 57 zu § 74 HGB; BAG 27.03.1987, AP Nr. 29 zu § 242 BGB Betriebliche Übung (vgl. Rz. 1060)). Bundesarbeitsgericht und Bundesgerichtshof vertreten übereinstimmend, daß ein formloses Rechtsgeschäft auch dann vorgeht, wenn die Parteien an das vereinbarte Formerfordernis nicht mehr denken (BGH 26.11.1964, AP Nr. 2 zu § 127 BGB; BAG 04.06.1963, AP Nr. 1 zu § 127 BGB; BAG 10.01.1989, AP Nr. 57 zu § 74 HGB; BAG 27.03.1987, AP Nr. 29 zu § 242 BGB Betriebliche Übung). Die Wirkungslosigkeit von Schriftformklauseln läßt den Gebrauch dieser Klauseln im Formulararbeitsvertrag als problematisch erscheinen. Die Bedeutung und Wirkung der Schriftformklausel liegt in einer stets unzutreffenden Belehrung des Vertragspartners über die Rechtslage.

Die Formularpraxis versucht der Wirkungslosigkeit von Schriftformklauseln durch **sog. verstärkte Schriftformklauseln** zu entgehen, indem die Aufhebung der Schriftform selbst dem Schriftformerfordernis unterworfen wird. Vom Bundesgerichtshof wurde eine entsprechende Abrede in einem Individualvertrag

Weitere Regelungsgegenstände im Arbeitsvertrag

zwischen Kaufleuten für wirksam erachtet. Die Übertragbarkeit dieser Ansicht auf den nichtkaufmännischen Rechtsverkehr und damit auch auf arbeitsvertragliche Abreden wird in der Literatur jedoch abgelehnt. Danach sollen bindende Individualvereinbarungen, auch wenn sie mündlich getroffen wurden, einer verstärkten Schriftformklausel vorgehen.

41. Sonderzuwendungen / Gratifikationen

1965

Gratifikationen sind Sonderzuwendungen, die der Arbeitgeber aus bestimmten Anlässen (Geschäfts- oder Dienstjubiläum, Urlaub, Weihnachten) neben der laufenden Arbeitsvergütung zahlt. Sie gelten als Anerkennung für geleistete Arbeit und Anreiz für weitere Arbeitsleistungen. Von der Gratifikation sind das 13. Monatseinkommen und **sonstige Sonderzuwendungen** zu unterscheiden, durch die allein die Leistungen des Arbeitnehmers in der Vergangenheit abgegolten werden. Für alle Sonderzuwendungen sollten im Arbeitsvertrag Regelungen zu folgenden Punkten aufgenommen werden:

- Höhe der Sonderzuwendung
- Fälligkeit der Sonderzuwendung
- Bedingungen für den Anspruch auf Sonderzuwendung (ungekündigtes Arbeitsverhältnis am Stichtag, bestimmte Dauer der Betriebszugehörigkeit, einmalige Leistung - Freiwilligkeitsvorbehalt)
- Folgen eines vorzeitigen Ausscheidens des Arbeitnehmers (anteilige Zahlung, Wegfall des Anspruchs)
- Folgen eines Ruhens des Arbeitsverhältnisses (Wehr- oder Zivildienst, Erziehungsurlaub, langandauernde Erkrankung)
- Folgen von Kurzarbeit
- Rückzahlungsklausel für den Fall künftigen Ausscheidens des Arbeitnehmers innerhalb eines bestimmten Zeitraums (vgl. aber zur Zulässigkeit von Rückzahlungsklauseln Rz. 2898).

42. Sozialversicherungsausweis (Vorlagepflicht)

1970

Nach § 100 Abs. 2 SGB IV kann der Arbeitgeber vom Arbeitnehmer während der Zeiten einer Fortzahlung von Arbeitsvergütung wegen Arbeitsunfähigkeit unter bestimmten Voraussetzungen die Hinterlegung des Sozialversicherungsausweises verlangen. Wegen der vom Arbeitgeber zu treffenden Entscheidung über die Anforderung zur Hinterlegung nach billigem Ermessen wird die Aufnahme einer Hinterlegungspflicht für jeden Fall der Arbeitsunfähigkeit für nicht vereinbarungsfähig gehalten (vgl. Rz. 2750 a).

43. Verschwiegenheitspflicht

1975

Der Arbeitnehmer hat aufgrund einer gesetzlich nicht normierten **arbeitsvertraglichen Nebenpflicht** Betriebs- und Geschäftsgeheimnisse zu wahren *(allgemeine Verschwiegenheitspflicht - vgl. BAG 25.08.1966, AP Nr. 1 zu § 611 BGB Schweigepflicht)*. Aus § 17 Abs. 1 UWG folgt zudem ein spezialgesetzliches Verbot des Verrats von Betriebs- und Geschäftsgeheimnissen. Die Schweigepflicht besteht gegenüber jedermann. Hierzu rechnen nicht nur außerbetriebliche Dritte, sondern auch Mitarbeiter, die mit der jeweiligen Tatsache nicht in Berührung kommen. Die Verschwiegenheitspflicht besteht **bis zum rechtlichen Ende des Arbeitsverhältnisses**. Sie kann bereits während des Anbahnungsverhältnisses im Hinblick auf die während der Vertragsverhandlungen bekannt gewordenen Geheimnisse entstehen (vorvertragliche Schweigepflicht). Des weiteren finden sich Regelungen zu Verschwiegenheitspflichten in

- § 9 Nr. 6 BBiG für Auszubildende
- § 24 ArbNErfG im Hinblick auf Diensterfindungen
- § 5 S. 2 BDSG im Hinblick auf Datengeheimnisse
- § 15 BetrAVG für die beim Pensions-Sicherungsverein (PSV) beschäftigten Personen
- §§ 79 Abs. 1, 99 Abs. 1 BetrVG für Betriebsratsmitglieder
- § 10 BPersVG für Personalratsmitglieder
- § 26 Abs. 7 SchwbG für Vertrauensleute der Schwerbehinderten

Zu den **Betriebs- und Geschäftsgeheimnissen** zählt die Rechtsprechung des Bundesarbeitsgerichts alle Tatsachen, die in einem Zusammenhang mit einem Geschäftsbetrieb stehen, nur einem engbegrenzten Personenkreis bekannt und nicht offenkundig sind, nach dem Willen des Arbeitgebers und im Rahmen eines berechtigten wirtschaftlichen Interesses geheimgehalten werden sollen (z.B. technisches Know-how, Kunden- und Preislisten). Dabei betreffen **Geschäftsgeheimnisse** den allgemeinen Geschäftsverkehr und **Betriebsgeheimnisse den** technischen Betriebsablauf, insbesondere Herstellung und Herstellungsverfahren. **Keine Geschäfts- und Betriebsgeheimnisse sind allgemein bekannte oder übliche Verfahren**, wobei gleichgültig ist, ob der Arbeitgeber sie für geheimhaltungsbedürftig erklärt *(BAG 16.03.1982, AP Nr. 1 zu § 611 BGB Betriebsgeheimnis; BGH 16.03.1982, BB 1982, 1792)*.

Die Verschwiegenheitspflicht kann daneben nach verbreiteter Ansicht **vertraglich erweitert** werden. Dies gilt zumindest, wenn der Arbeitgeber hieran ein **berechtigtes Interesse** hat *(LAG Hamm 05.10.1988, DB 1989, 783 f.)*. In Formularverträgen findet sich häufig eine Verschwiegenheitsabrede im Hinblick auf die Höhe der Arbeitsvergütung des Arbeitnehmers.

Weitere Regelungsgegenstände im Arbeitsvertrag

Auch für eine **nachvertragliche Verschwiegenheitspflicht** fehlt es an einer allgemein geltenden gesetzlichen Grundlage. Nur in Spezialfällen ist die das Arbeitsverhältnis überdauernde Verschwiegenheitspflicht gesetzlich geregelt, nämlich nach Maßgabe der §§ 24, 26 ArbNErfG, § 5 S. 3 BDSG sowie § 26 Abs. 7 S. 1 und 2 SchwbG. Für die Schweigepflicht der Betriebsratsmitglieder ist anerkannt, daß sie über das Ende des Arbeitsverhältnisses hinaus fortbesteht.

Umstritten ist, ob der höchstrichterlichen Rechtsprechung (*BAG 15.12.1987, AP Nr. 5 zu § 611 BGB Betriebsgeheimnis; BAG 16.03.1982, AP Nr. 1 zu § 611 BGB Betriebsgeheimnis*) entnommen werden kann, daß den Arbeitnehmer eine das Arbeitsverhältnis überdauernde Schweigepflicht zumindest im Hinblick auf Geschäfts- und Betriebsgeheimnisse trifft.

Der vertragsgestaltenden Praxis wird daher empfohlen, den nachvertraglichen Geheimnisschutz durch eine klare und bestimmte Klausel im Arbeitsvertrag oder gegebenenfalls im Aufhebungsvertrag zu regeln, um den Wissens- und Entwicklungsvorsprung des Unternehmens gegenüber den Marktkonkurrenten zu behalten. Die Arbeitsvertragsparteien können nach Ansicht des Bundesarbeitsgerichts wirksam vereinbaren, daß der Arbeitnehmer **bestimmte Betriebsgeheimnisse**, die er aufgrund seiner Tätigkeit erfährt, nach Beendigung des Arbeitsverhältnisses nicht nutzen oder weitergeben darf. Dabei soll die Verbindlichkeit einer solchen Geheimhaltungsklausel **nicht von der Zusage einer Entschädigung** abhängig sein (*BAG 16.03.1982, AP Nr. 1 zu § 611 BGB Betriebsgeheimnis*). Das Bundesarbeitsgericht deutet aber an, daß bei fehlender Einschränkung der Klausel auf ein bestimmtes oder wenige bestimmte Betriebsgeheimnis(se) eine Verbindlichkeit der vertraglich begründeten Geheimhaltungspflicht abzulehnen ist.

Die nachvertragliche Verschwiegenheitspflicht darf hinsichtlich der beruflichen Erfahrungen und Kenntnisse des Arbeitnehmers in dessen neuen Arbeitsverhältnis oder gar in einer selbständigen Berufstätigkeit **zu keiner unbilligen Erschwerung des beruflichen Fortkommens** führen. Eine solche Erschwerung steht dann in Rede, wenn der berufliche Erfolg des ausgeschiedenen Arbeitnehmers regelmäßig mit der Verwertung eines bestimmten Betriebsgeheimnisses verbunden ist, wie dies z.B. im Hinblick auf Kundendaten bei Außendienstmitarbeitern der Fall ist. Will der Arbeitgeber verhindern, daß seine Kunden von einem ehemaligen Außendienstmitarbeiter umworben werden, muß er ein **Wettbewerbsverbot mit Karenzentschädigung** vereinbaren (*BAG 15.12.1987, AP Nr. 5 zu § 611 BGB Betriebsgeheimnis; vgl. dazu auch BVerfG 10.10.1989, AP Nrn. 5a, 5b, 5c, 5d, 5e und 5f zu § 611 BGB Betriebsgeheimnis*).

In der Literatur wird zumindest bei kaufmännisch geprägten Geheimnissen eine zweijährige nachvertragliche Schweigepflicht für entschädigungslos vereinbar erklärt, sofern der Ausgeschiedene auf die geheimzuhaltenden Tatsachen nicht existentiell angewiesen ist. Bei technisch geprägten Geheimnissen wird eine längere Geheimhaltungsdauer unter Berücksichtigung der jeweils in Betracht kommenden Schutzrechtszeiten für zulässig erachtet.

Nach der Rechtsprechung des Bundesarbeitsgerichts ist ein Arbeitnehmer auch nach Beendigung des Arbeitsverhältnisses verpflichtet, Verschwiegenheit über Geschäfts- und Betriebsgeheimnisse seines Arbeitgebers zu wahren. Aus der Verschwiegenheitspflicht folgt jedoch **kein Verbot, Kunden des ehemaligen Arbeitgebers zu umwerben**. Insoweit bedarf es einer Wettbewerbsabrede, wenn dies verhindert werden soll.

Inhalt und Umfang der vertraglichen und nachvertraglichen Verschwiegenheitspflichten sollten im schriftlichen Arbeitsvertrag konkret geregelt werden, selbst wenn sie sich aus einer arbeitsvertraglichen Nebenpflicht herleiten lassen. Durch die Aufnahme einer Verschwiegenheitsklausel in den Arbeitsvertrag wird gegenüber dem Arbeitnehmer die Bedeutung der Verschwiegenheitspflicht betont und ihr Umfang klargestellt.

44. Vertragsstrafe

1980

Vertragsstrafen haben den Zweck, die Erfüllung von Vertragspflichten durch Androhung einer Strafe zu sichern und dem Gläubiger den Schadensnachweis zu ersparen. Vertragsstrafenversprechen können Gegenstand eines Arbeitsvertrages sein *(BAG 23.06.1982, EzA § 5 BBiG Nr. 5; BAG 23.05.1984, AP Nr. 9 zu § 339 BGB; BAG 05.02.1986, EzA § 339 BGB Nr. 2; BAG 27.05.1992, EzA § 339 BGB Nr. 8)*. Häufig werden sie zu Lasten des Arbeitnehmers vereinbart, um diesen zum Antritt der Arbeit, zur Einhaltung der (gesetzlichen oder darüber hinausgehenden) Kündigungsfristen oder zur ordnungsgemäßen Erfüllung der Arbeitspflicht oder sonstiger Pflichten aus dem Arbeitsverhältnis anzuhalten. Unzulässig sind Vertragsstrafenversprechen mit Auszubildenden (§ 5 Abs. 2 Nr. 2 BBiG).

Durch Vertragsstrafenvereinbarungen darf das Kündigungsrecht des Arbeitnehmers nicht einseitig beeinträchtigt werden. Insoweit wird vom Bundesarbeitsgericht der § 622 Abs. 5 BGB als allgemeines Verbot ungleicher Kündigungsbedingungen interpretiert *(BAG 11.03.1971, EzA § 622 BGB n.F. Nr. 2; BAG 09.03.1972, EzA § 622 BGB n.F. Nr. 6)*. Folgerichtig darf die fristgerechte Kündigung des Arbeitnehmers nicht einseitig mit einer Vertragsstrafe sanktioniert werden.

Eine Vertragsstrafenvereinbarung muß sorgfältig formuliert werden. Es ist **klar** zu regeln, für welchen Fall einer Pflichtverletzung die Vertragsstrafe vorgesehen ist. Darüber hinaus muß beachtet werden, daß eine Vertragsstrafe nur in **angemessener** Höhe vereinbart werden kann. In der Rechtsprechung wird wird dabei ein Monatsgehalt (ggf. eine halbe monatliche Arbeitsvergütung für jeden Monat nicht eingehaltener Vertragstreue) nicht beanstandet *(LAG Düsseldorf 15.11.1972, DB 1973, 85; LAG Berlin 19.05.1980, AP Nr. 8 zu § 339 BGB; LAG Baden-Württemberg 30.07.1985, LAGE Nr. 1 zu § 339 BGB)*. In einigen Fällen erfolgte eine Orientierung an der Länge der Kündigungsfrist *(LAG Düsseldorf 19.10.1967, DB 1968, 90; LAG Baden-Württemberg 03.01.1975, BB 1975, 373; LAG

Weitere Regelungsgegenstände im Arbeitsvertrag

Köln 26.09.1989, LAGE § 339 BGB Nr. 4 - vgl. aber LAG Köln 15.05.1991, LAGE § 339 BGB Nr. 9).

Vertragsstrafenversprechen in vorformulierten Arbeitsbedingungen sind bislang vom Bundesarbeitsgericht wegen § 23 Abs. 1 AGBG, wonach das AGB-Gesetz - und damit das Verbot formularmäßiger Vertragsstrafenabrden in § 11 Nr. 6 AGBG - keine Anwendung findet bei Verträgen auf dem Gebiet des Arbeitsrechts, nicht beanstandet worden *(BAG 23.05.1984, AP Nr. 9 zu § 339 BGB; BAG 27.05.1992, EzA § 339 BGB Nr. 8; LAG Baden-Württemberg 30.07.1985, LAGE Nr. 1 zu § 339; LAG Köln 26.09.1989, LAGE § 339 BGB Nr. 4; LAG Köln 15.05.1991, LAGE § 339 BGB Nr. 9).* Unangemessene Vertragsstrafenklauseln wurden allenfalls durch richterliche Gestaltung im Rahmen einer "Billigkeitskontrolle" nach § 343 BGB reduziert *(BAG 26.09.1963, AP Nr. 1 zu § 74 a HGB; LAG Berlin 19.05.1980, AP Nr. 8 zu § 339 BGB; LAG Berlin 24.06.1991, LAGE Nr. 8 zu § 339 BGB).*

Demgegenüber mißt die **Zivilrechtsprechung** in Verträgen selbständiger Handelsvertreter Vertragsstrafen an § 9 AGBG und erklärt Strafabreden in Höhe einer doppelten Monatsprovision für unwirksam *(OLG Hamm 01.11.1983, MDR 1984, 404).* Nach der ständigen Rechtsprechung des Bundesgerichtshofs muß eine formularmäßige Vertragsstrafenklausel eine **Begrenzung nach oben aufweisen**, wenn sie einer Überprüfung standhalten soll *(BGH 12.03.1981, NJW 1981, 1509; BGH 22.10.1987, DB 1988, 108; BGH 11.05.1989, 1868).* Dies gilt sogar in Allgemeinen Geschäftsbedingungen, die gegenüber einem Kaufmann Verwendung finden *(§ 24 Abs. 1 Nr. 1 i.V.m. § 9 AGBG; vgl. BGH 12.03.1981, NJW 1981, 1509).* Eine Herabsetzung der Vertragsstrafe nach § 343 BGB wurde durchweg ebenso abgelehnt wie eine - zum selben Ergebnis führende - geltungserhaltende Reduktion.

Bedenken werden angemeldet gegenüber Vertragsstrafenabreden, die auch **Schlechtleistungen** des Arbeitnehmers sanktionieren. Sie dürfen nicht die richterrechtlich beschränkte Arbeitnehmerhaftung unterlaufen (vgl. Stichwort: Haftungsausschlüsse und -beschränkungen). Zudem wird bezweifelt, daß das als Zulässigkeitsvoraussetzung für solche Klauseln verstandene berechtigte Interesse des Arbeitgebers zu bejahen ist.

Die höchstrichterliche Rechtsprechung hat bislang Vertragsstrafenabreden zur **Sicherung von Wettbewerbsverboten** grundsätzlich für wirksam gehalten *(BAG 21.05.1971 und 25.09.1980, AP Nrn. 5 und 7 zu § 339 BGB; BAG 30.04.1971, EzA § 340 BGB Nr. 1).* Geht es um die Sicherung eines nachvertraglichen Wettbewerbsverbotes, ist die Vereinbarung einer Karenzentschädigung nicht obsolet. Die Obergrenze für die Vertragsstrafenhöhe wird insoweit mit einem Jahresbruttogehalt angegeben. Von der Rechtsprechung wird auch die Sicherung sonstiger Nebenpflichten durch Vertragsstrafenabreden für zulässig gehalten *(BAG 04.09.1964, AP Nr. 3 zu § 339 BGB).* Die zu sichernden Pflichten sind dann ausdrücklich zu benennen. Der Versprechende muß sich in seinem Verhalten darauf einstellen können. Unbestimmte Abreden sind unwirksam *(LAG Frankfurt 04.09.1967, DB 1968, 987)*.

Nach § 339 S. 1 BGB wird die Vertragsstrafe nur verwirkt, wenn der Schuldner in Verzug kommt, d.h. wenn er die Vertragsverletzung zu vertreten hat (§ 285 BGB). **Der Schuldner hat Vorsatz und Fahrlässigkeit zu vertreten** (§ 276 Abs. 1 BGB). Das Verschuldenserfordernis braucht in der Vertragsstrafenabrede nicht besonders erwähnt zu werden *(LAG Köln 15.05.1991, LAGE § 339 BGB Nr. 9)*. Die Vertragsstrafe kann jedoch in einem individuell ausgehandelten Arbeitsvertrag auch unabhängig von einem Verschulden versprochen werden. Dies bedarf einer ausdrücklichen unmißverständlichen Vereinbarung. In der formularmäßigen Abbedingung des Verschuldenserfordernisses wird jedoch eine unangemessene und damit unwirksame Benachteiligung des Vertragspartners zu sehen sein *(im Ergebnis auch LAG Hamm 14.07.1967, DB 1967, 1462)*.

45. Verweisungsklauseln

1982
Verweisungsklauseln (Bezugnahmeklauseln) finden sich in fast allen vorformulierten Arbeitsverträgen. Es wird Bezug genommen auf Tarifverträge, Betriebsordnungen, Betriebsvereinbarungen, Versorgungsordnungen, Arbeitsordnungen und sonstige Regelwerke. Die generelle Zulässigkeit von Verweisungsklauseln folgt aus der Vertragsfreiheit *(§§ 241, 305 BGB; vgl. BAG 05.11.1963, AP Nr. 1 zu § 1 TVG Bezugnahme)*.

Für Verweisungsklauseln ist die Beachtung des **Bestimmtheitsgrundsatzes** von besonderer Bedeutung *(BAG 02.03.1988, AP Nr. 11 zu § 1 TVG Form)*. Die in Bezug genommene Regelung muß so genau bezeichnet sein, daß Irrtümer hinsichtlich der für anwendbar erklärten Regelung ausgeschlossen sind *(BAG, Urt. 08.07.1980, AP Nr. 7 zu § 1 TVG Form)*. Nach der Rechtsprechung des Bundesarbeitsgerichts reicht es aus, wenn im Zeitpunkt der jeweiligen Anwendung die in bezug genommene Regelung bestimmbar ist *(BAG, Urt. 08.07.1980, AP Nr. 7 zu § 1 TVG Form)*. Aus diesem Grunde kann in einem Arbeitsvertrag entweder auf geltende (sog. **statische Verweisung**) als auch auf künftige (z.B. tarifliche) Regelungen verwiesen werden (sog. **dynamische Verweisung**). Bei unklaren Verweisungen geht das Bundesarbeitsgericht eher von einer dynamischen als von einer statischen Verweisung aus *(BAG 20.03.1991, EzA § 4 TVG Tarifkonkurrenz Nr. 7; BAG 16.08.1988, AP Nr. 8 zu § 1 BetrAVG Beamtenversorgung)*. Ist also nur eine statische Verweisung gewollt, muß dies im Arbeitsvertrag deutlich gemacht werden.

Das Bundesarbeitsgericht läßt eine allgemeine Klausel ("Es gelten die einschlägigen Tarifverträge.") genügen *(BAG 20.10.1977, AP Nr. 5 zu § 242 BGB Ruhegehalt Beamtenversorgung)*. Gemeint sind mit dieser Klausel die betrieblich und fachlich

Weitere Regelungsgegenstände im Arbeitsvertrag

gültigen Tarifverträge. In der Rechtsprechung wird auch die Bezugnahme auf einen fremden, für den Betrieb nicht einschlägigen Tarifvertrag für zulässig erklärt *(BAG 10.06.1965, AP Nr. 13 zu § 9 TVG a.F.; BAG 06.12.1990, EzA § 3 TVG Bezugnahme auf Tarifvertrag Nr. 5)*. Dies kann unter dem Gesichtspunkt des Überraschungsschutzes bei fehlender besonderer Kenntlichmachung problematisch sein.

Am häufigsten wird in Arbeitsverträgen auf Tarifverträge verwiesen. Dadurch kann bei einer Änderung der Tarifzuständigkeit der Wechsel des Tarifvertrags erschwert werden. Bei fehlender Tarifbindung können die Arbeitsvertragsparteien den gesamten Tarifvertrag (**Globalverweisung**), einen Teil des Tarifvertrages (**Teilverweisung**) oder aber nur einzelne Bestimmungen des Tarifvertrages (**Einzelverweisung**) durch die Verweisungsklausel in den Arbeitsvertrag aufnehmen. Zu beachten ist aber das Bestimmtheitsgebot: Die Rechtsprechung geht bei einer unklaren Bezeichnung des Tarifvertrages davon aus, daß der für den Betrieb einschlägige Tarifvertrag gelten soll. Als einschlägig wird der Tarifvertrag angesehen, der zur Anwendung käme, wenn beide Parteien tarifgebunden wären.

Der **in bezug genommene Tarifvertrag** muß dem Arbeitnehmer nach der Rechtsprechung des Bundesarbeitsgerichts **nicht vorgelegt** werden. Das Bundesarbeitsgericht meint, ein Arbeitnehmer müsse von sich aus alle Informationsquellen ausschöpfen, um die für sein Arbeitsverhältnis maßgebenden Vertragsbedingungen zu ermitteln. Die Unkenntnis über bestehende tarifliche Rechte und Pflichten gehe zu Lasten des Arbeitnehmers *(BAG 05.11.1963, AP Nr. 1 zu § 1 TVG Bezugnahme auf Tarifvertrag)*.

§ 2 Abs. 1 Nr. 2 AGBG enthält eine andere Wertung. Danach gehört es zur Pflicht des Vertragsverwenders, dem Vertragspartner die Möglichkeit zumutbarer Kenntnisnahme zu verschaffen. In der Literatur wird von einer wirksamen Einbeziehung des Tarifvertrags in den (Formular-) Arbeitsvertrag ausgegangen, wenn der Arbeitgeber seine Pflicht zum Auslegen des Tarifvertrages im Betrieb an geeigneter Stelle nachkommt (§ 8 TVG) und wenn im Arbeitsvertrag ausdrücklich auf den Tarifvertrag verwiesen wird.

Der durch Verweisung in den Arbeitsvertrag aufgenommene Tarifvertrag wird vom Bundesarbeitsgericht nicht auf seine Billigkeit überprüft, indem es den Tarifverträgen vielmehr eine prinzipielle Richtigkeitsgewähr zuerkennt (BAG 06.02.1985, AP Nr. 1 zu § 1 TVG Tarifverträge: Süßwarenindustrie; BAG 14.12.1982, AP Nr. 1 zu § 1 BetrAVG Besitzstand). Ob dies bei Teil- oder Einzelverweisung zutrifft, erscheint zweifelhaft, sofern nicht zumindest auf Regelungskomplexe (Kündigungsfristenregelung, Urlaubsregelungen) verwiesen wird. Es besteht die Gefahr, daß dem Arbeitnehmer aus dem Tarifvertrag nur belastende Regelungen auferlegt werden.

Besondere Sorgfalt ist bei der Formulierung des Arbeitsvertrages geboten, wenn bei Teilverweisungen auch die **tariflichen Ausschlußfristen** in den Vertrag einbezogen werden sollen. Die Ausschlußfrist wird kein wirksamer Vertragsbestandteil, wenn sie nicht erkennbar zu dem in bezug genommenen Normenkomplex gehört. Dies folgt aus den Grundsätzen der Bestimmtheit, Transparenz und aus der Unklarheitenregel.

46. Wettbewerbsverbot (s. Rz. 3030 f. und Muster Rz. 3092)

1984

III. **Weiterführende Literaturhinweise**

1985

Böckel, Moderne Arbeitsverträge: Vertragsmuster für Arbeiter und Angestellte mit einer Checkliste für den vorteilhaften Abschluß von Arbeitsverträgen, 2. Aufl. 1987

Fastrich, Richterliche Inhaltskontrolle im Privatrecht, 1992

Franke, Der außertarifliche Angestellte, 1991

Frey, Arbeitsrechtliche Fehler in der Personalverwaltung, 2. Aufl. 1987

Grüll, Janert, Der Anstellungsvertrag mit leitenden Angestellten und anderen Führungskräften, 13. Aufl. 1990

Hanau, Preis, Der Arbeitsvertrag, Praxis - Kommentar - Muster, Loseblattwerk, 1995

Hunold, Musterarbeitsverträge und Zeugnisse für die betriebliche Praxis, Loseblattausgabe

HzA, Gruppe 1, Einzelarbeitsvertragsrecht, Loseblattwerk

Kador, Instrumente der Personalarbeit: Praktische Arbeitshilfe für Klein- und Mittelbetriebe, 6. Aufl., 1990

Kopp, Arbeitsvertrag für Führungskräfte, 2. Aufl. 1993

Küttner/Kania, Praxis der arbeitsrechtlichen Vertragsgestaltung, 1992

Marienhagen, Dauerarbeitsverhältnisse mit Angestellten, 12.Aufl. 1991

Müller/Schön, Zweckmäßige und rechtlich abgesicherte Arbeitsverträge, 1986

Münchener Vertragshandbuch, Hrsg. Gerrit v. Langenfeld, Bürgerliches Recht, Bd. 4, 1. Halbb. 3. Aufl., 1992

Preis, Grundfragen der Vertragsgestaltung im Arbeitsrecht, 1993

Schaub, Arbeitsrechtliche Formularsammlung und Arbeitsgerichtsverfahren, 6.Aufl. 1994

Wetter, Der richtige Arbeitsvertrag, 2. Aufl. 1994

5. Kapitel: Arbeitspflicht des Arbeitnehmers

I.	Einführung	2001
II.	Direktionsrecht des Arbeitgebers	2002
III.	Übertragbarkeit des Direktionsrechtes auf Dritte	2004
	1. Grundsatz der Personengebundenheit	2005
	2. Überlassungsklausel im Arbeitsvertrag	2006
	3. Betriebsübergang	2007
IV.	Zuweisung einer bestimmten Tätigkeit	2008
	1. Einstellung für eine fachlich umschriebene Tätigkeit	2009
	2. Einstellung für eine bestimmte Tätigkeit	2010
	3. Einstellung für jede Tätigkeit	2011
	4. Nachträgliche Beschränkung des Direktionsrechtes	2012
	5. Zuweisung von Nebenarbeiten	2013
	6. Berücksichtigung der Interessen des Arbeitnehmers	2014
	7. Beteiligung des Betriebsrates	2015
V.	Zuweisung des Arbeitsortes	2016
VI.	Festlegung des Arbeitsumfanges	2018
	1. Festlegung von Arbeitstagen und Arbeitszeit	2018a
	2. Festlegung der Arbeitsgeschwindigkeit	2019
VII.	Vorübergehende Zuweisung eines anderen Arbeitsfeldes in Notfällen	2020
VIII.	Versetzung des Arbeitnehmers	2024
	1. Einführung	2025
	2. Umsetzung	2026
	3. Arbeitsvertragliche Versetzung	2028
	a) Zuweisung einer anderen Tätigkeit	2029
	b) Zuweisung eines anderen Arbeitsortes	2031
	c) Versetzungsvorbehalt als Zulässigkeitsvoraussetzung	2035
	4. Betriebsverfassungsrechtliche Versetzung	2037
	a) Zuweisung eines anderen Arbeitsbereiches	2038
	b) Dauer der Zuweisung eines anderen Arbeitsbereiches	2041
	c) Erhebliche Änderung der Arbeitsumstände	2042
	d) Ausnahmen	2043
	e) Zustimmung des Betriebsrates als Zulässigkeitsvoraussetzung	2044
	f) Vorläufige Versetzung ohne Zustimmung des Betriebsrates	2047

g)	Sonderfälle: Versetzung in einen anderen Betrieb des Arbeitgebers und Betriebsverlegung	2048
5.	Formularmuster zur Unterrichtung des Betriebsrates	2049
IX.	Befreiung von der Arbeitspflicht	2050
X.	Weiterführende Literaturhinweise	2051

I. Einführung

2001

Die Arbeitspflicht des Arbeitnehmers ist seine **Hauptleistungspflicht** aus dem Arbeitsvertrag. Für die Erfüllung dieser Pflicht erhält der Arbeitnehmer vom Arbeitgeber die vereinbarte Vergütung (§ 611 Abs. 1 BGB).
Es gilt also der Grundsatz: " **Ohne Arbeit keinen Lohn !** " Von diesem Grundsatz gibt es jedoch eine Reihe von Ausnahmen, auf die noch eingegangen wird (vgl. Rz. 2520 ff.).

In der Praxis bereitet es vielfach Schwierigkeiten, die Grenzen der Arbeitspflicht des Arbeitnehmers festzulegen. Dabei geht es häufig um die Frage, ob der Arbeitnehmer eine ihm zugewiesene Tätigkeit bereits aufgrund seiner Arbeitspflicht zu erbringen hat, oder ob er die Tätigkeit verweigern bzw. eine Zusatzvergütung verlangen kann.

Auf der anderen Seite geht es darum, welche Anforderungen der Arbeitgeber an den Arbeitnehmer stellen darf und wie weit sein Direktionsrecht geht.

II. Direktionsrecht des Arbeitgebers

2002

Der Arbeitgeber hat grundsätzlich das Recht, die im Arbeitsvertrag regelmäßig **nur rahmenmäßig umschriebene Arbeitspflicht** des Arbeitnehmers im einzelnen zu konkretisieren. Insbesondere ist der Arbeitgeber berechtigt, die Arbeitspflicht des Arbeitnehmers nach **Art, Ort und Zeit** näher zu bestimmen. Dabei steht dem Arbeitgeber ein weiter Spielraum zur einseitigen Gestaltung der Arbeitsbedingungen zu.

Beispiel:
Der als Verkäufer eingestellte Arbeitnehmer wird vom Arbeitgeber der Herrenabteilung seines Betriebes als Verkäufer zugewiesen. Als in der Schuhabteilung kurz darauf ein Verkäufer ausfällt, weist der Arbeitgeber den Arbeitnehmer an, nunmehr in der Schuhabteilung als Verkäufer tätig zu werden.

Arbeitspflicht des Arbeitnehmers

Die Arbeitspflicht des Arbeitnehmers hat sich durch die Weisungen zunächst auf die Tätigkeit als Verkäufer in der Herrenabteilung und später auf die Tätigkeit in der Schuhabteilung konkretisiert.

Diese als **Direktions- oder Weisungsrecht** bezeichnete Befugnis des Arbeitgebers gehört zum wesentlichen Inhalt eines jeden Arbeitsverhältnisses und ist letztlich auch unverzichtbar, denn praktisch wird es in der Regel unmöglich sein, bereits bei Abschluß des Arbeitsvertrages alle möglichen Arbeitsaufgaben konkret zu bestimmen und in den Arbeitsvertrag aufzunehmen.

2003

Es liegt aber auch auf der Hand, daß der Arbeitgeber dem Arbeitnehmer nicht jede denkbare Arbeit zuweisen darf, sondern bei der Ausübung des Direktionsrechtes gewisse Grenzen zu beachten hat (vgl. Rz. 2008 ff.). Diese können sich ergeben aus

- Arbeitsvertrag,
- Betriebsvereinbarung,
- Tarifvertrag oder
- Gesetz.

Rechtsgrundlage und gleichzeitig wesentliche Grenze bei der Ausübung des Direktionsrechtes ist der zwischen Arbeitgeber und Arbeitnehmer geschlossene **Arbeitsvertrag.** Der Arbeitgeber darf dem Arbeitnehmer keine Arbeiten zuweisen, die dieser nach dem Arbeitsvertrag nicht schuldet. Üblicherweise ist die Arbeitspflicht des Arbeitnehmers im Arbeitsvertrag nur pauschal und damit ungenau beschrieben (vgl. Rz. 2008 ff.). Daher gibt der Wortlaut des Arbeitsvertrages in der Regel keinen genauen Aufschluß über die Grenzen des Direktionsrechtes. In diesen Fällen ist der Arbeitsvertrag unter Berücksichtigung der gesetzlichen und kollektivvertraglichen Normen **(Tarifverträge, Betriebsvereinbarungen)** nach der Verkehrssitte und Treu und Glauben auszulegen (§ 242 BGB). Dabei ist zur Bestimmung der geschuldeten Arbeitsleistung all das heranzuziehen, was in **Branche, Beruf, Betrieb und am Ort allgemein üblich** ist.

Die Grenzen des Direktionsrechtes sind in jedem Fall dann überschritten, wenn die Weisung gegen **gesetzliche Bestimmungen** verstößt, etwa wenn der Arbeitgeber von seinem Arbeitnehmer verlangt, daß dieser über die gesetzlich zulässige Arbeitszeit hinaus arbeitet (vgl. Rz. 2157 ff.). Das gleiche gilt, wenn der Weisung Tarifverträge oder Betriebsvereinbarungen entgegenstehen.

Bei der Ausübung des Direktionsrechtes sind ferner **berechtigte Interessen des Arbeitnehmers** zu berücksichtigen (vgl. Rz. 2014).

Schließlich kann das Direktionsrecht des Arbeitgebers auch durch ein **Mitbestimmungsrecht des Betriebsrates** eingeschränkt sein, etwa dann, wenn dem

Arbeitnehmer ein anderer Arbeitsplatz zugewiesen werden soll (vgl. Rz. 2037 ff.).
Hat der Arbeitgeber mit der Weisung sein Direktionsrecht überschritten, so ist der Arbeitnehmer nicht verpflichtet, der Weisung nachzukommen.

III. Übertragbarkeit des Direktionsrechtes auf Dritte

2004
Hierbei geht es um die Frage, ob der Arbeitgeber sein Direktionsrecht auf Dritte übertragen kann. Soweit es sich bei diesen Dritten ebenfalls um Arbeitnehmer des Arbeitgebers handelt, können diese ohne weiteres durch den Arbeitgeber bevollmächtigt werden, das Direktionsrecht in seinem Namen auszuüben (Vorgesetzte).
Problematisch ist es jedoch, wenn der **Dritte nicht Arbeitnehmer** des Arbeitgebers ist.

1. Grundsatz der Personengebundenheit

2005
Grundsätzlich ist allein der Arbeitgeber berechtigt, die Erbringung der versprochenen Dienste von dem Arbeitnehmer zu verlangen. Dieser Anspruch ist **im Zweifel nicht übertragbar** (§ 613 S. 2 BGB).
Hieraus folgt, daß der Arbeitnehmer nur in ganz bestimmten Ausnahmefällen verpflichtet ist, seine Arbeitsleistung nach den Weisungen betriebsfremder Dritter zu erbringen (vgl. Rz. 1057).

2. Überlassungsklausel im Arbeitsvertrag

2006
Ein solcher Ausnahmefall liegt vor, wenn dem Arbeitsvertrag des Arbeitnehmers **zweifelsfrei** zu entnehmen ist, daß der Arbeitgeber berechtigt sein soll, sein Direktionsrecht auf betriebsfremde Dritte zu übertragen.

Ist in dem Arbeitsvertrag eine solche Klausel enthalten, ist dennoch äußerste **Vorsicht** geboten! Vielfach wird in der Übertragung des Direktionsrechtes an Dritte eine **Arbeitnehmerüberlassung** zu sehen sein, die nur unter ganz bestimmten Voraussetzungen zulässig ist. Nur wenn sichergestellt ist, daß nicht gegen die Vorschriften des Arbeitnehmerüberlassungsgesetzes **(AÜG)** verstoßen wird, kann das Direktionsrecht ohne Bedenken auf Dritte übertragen werden.

3. Betriebsübergang

2007

Ein weiterer Sonderfall liegt vor, wenn der Arbeitgeber seinen Betrieb oder Teile davon verkauft oder durch ein sonstiges Rechtsgeschäft auf einen Dritten überträgt.

Beim **rechtsgeschäftlichen Betriebsübergang** tritt dann der neue Inhaber in die Rechte und Pflichten aus den im Zeitpunkt des Übergangs bestehenden Arbeitsverhältnissen ein (§ 613 a Abs. 1 BGB). Damit ist auch das Direktionsrecht auf den neuen Inhaber übergegangen. Allerdings kann der Arbeitnehmer dem Betriebsübergang nach der Rechtsprechung mit der Folge widersprechen, daß das Arbeitsverhältnis mit dem ursprünglichen Betriebsinhaber fortbesteht.

Wurde der Arbeitnehmer von seinem Arbeitgeber nicht rechtzeitig über den bevorstehenden Betriebsübergang unterrichtet, so kann der Arbeitnehmer **auch noch nach Betriebsübergang** sein Widerspruchsrecht ausüben. Dieser Widerspruch wirkt dann auf den Zeitpunkt des Betriebsübergangs zurück und kann sowohl dem Betriebsveräußerer als auch dem Betriebserwerber gegenüber erklärt werden. Der Widerspruch muß aber unverzüglich, in der Regel **innerhalb von drei Wochen**, nachdem der Arbeitnehmer ausreichend unterrichtet wurde, erklärt werden (*BAG 22.04.1993, BB 1994, 363*).

Achtung! In diesem Zusammenhang ist darauf hinzuweisen, daß nach einer jüngsten und sensationellen Entscheidung des Europäischen Gerichtshofes ein Betriebs(teil)übergang auch dann zu bejahen ist, wenn lediglich eine **bloße Funktionsnachfolge** vorliegt, ohne daß irgendwelche Betriebsmittel (Sachmittel, Rechts-, Geschäftsbeziehungen, Goodwill, etc.) übertragen werden (*EuGH 14.04.1994, DB 1994, 1370*). Im entschiedenen Fall hatte ein Arbeitgeber seinen Reinigungskräften gekündigt, um die Reinigungsarbeiten dann von einer Fremdfirma durchführen zu lassen.

Zwischenzeitlich hat das Arbeitsgericht Hamburg in einem ähnlich gelagerten Sachverhalt nach den Vorgaben des EuGH entschieden (*ArbG Hamburg 04.07.1994, DB 1994, 1424*).

Die Entscheidung des EuGH ist zu Recht kritisiert worden (*vgl. ausführlich Buchner, Verlagerung betrieblicher Aufgaben als Betriebsübergang i.S. von § 613 a BGB?, DB 1994, 1417*). Die Konsequenzen aus dieser Rechtsprechung des EuGH sind überhaupt noch nicht absehbar.

Es bleibt abzuwarten, wie das BAG zu dieser Frage Stellung nimmt, ggf. wird das Bundesverfassungsgericht entscheiden müssen. Bis dahin wird man der nunmehr bestehenden Rechtsunsicherheit nur durch am Einzelfall ausgerichteten, einvernehmlichen Lösungen unter Einbeziehung aller Beteiligten (Arbeitgeber, betroffene Arbeitnehmer, Fremdfirma) entgegenwirken können.

Neben den Fällen des rechtsgeschäftlichen Betriebsübergangs geht das Direktionsrecht ebenfalls auf den neuen Inhaber über, wenn der **Betriebsübergang aufgrund einer gesetzlichen Regelung** (Erbfall, Verschmelzung von Kapitalgesellschaften, Umwandlung von Kapitalgesellschaften in Personengesellschaften) erfolgt. Der Arbeitnehmer kann in diesen Fällen aber unter Umständen zur außerordentlichen Kündigung berechtigt sein, soweit ihm die Fortsetzung des Arbeitsverhältnisses mit dem neuen Arbeitgeber nicht zumutbar ist.

IV. Zuweisung einer bestimmten Tätigkeit

2008
Welche Tätigkeiten dem Arbeitnehmer zugewiesen werden können, richtet sich in erster Linie nach dem Arbeitsvertrag. Dort ist regelmäßig die **Art der vom Arbeitnehmer geschuldeten Arbeitsleistung** rahmenmäßig vereinbart. Da der Arbeitgeber aufgrund des **Direktionsrechtes** berechtigt ist, die Arbeitspflicht des Arbeitnehmers im einzelnen zu konkretisieren, ist sein **Spielraum bei der Ausübung des Direktionsrechtes** umso größer, desto **allgemeiner** die vom Arbeitnehmer zu erbringende Arbeitsleistung im Arbeitsvertrag umschrieben ist.

1. Einstellung für eine fachlich umschriebene Tätigkeit

2009
Im Regelfall erfolgt die Einstellung des Arbeitnehmers für eine fachlich umschriebene Tätigkeit.

Beispiel:
Der Arbeitnehmer wird als Verkäufer eingestellt.
Dem Arbeitnehmer können dann alle Tätigkeiten zugewiesen werden, die zum vertraglich vereinbarten Berufsbild des Verkäufers gehören. Der Arbeitnehmer kann nach den betrieblichen Erfordernissen auch in allen Verkaufsabteilungen des Betriebes des Arbeitgebers eingesetzt werden. Dagegen kann der Arbeitnehmer gegen seinen Willen nicht verpflichtet werden, nunmehr z.B. in der Einkaufsabteilung des Betriebes tätig zu werden.

Die Zuweisung einer andersartigen Arbeit ist aber dann ohne weiteres möglich, wenn der Arbeitsvertrag des Arbeitnehmers einen entsprechenden **Vorbehalt des Arbeitgebers** enthält (vgl. Rz. 1084). Die Aufnahme eines solchen Vorbehalts ist daher zu empfehlen, wenn ein flexibler Einsatz des Personals sichergestellt sein soll. Bei der Entscheidung über die Vereinbarung eines Versetzungsvorbehalts ist jedoch auch zu berücksichtigen, daß der Vorbehalt unter Umständen zu einer Erschwerung der Kündigung des Arbeitnehmers führen kann (vgl. oben Rz. 1083, Rz. 4466).

Ansonsten kann dem Arbeitnehmer nur in Notfällen auch eine andersartige Arbeit zugewiesen werden (vgl. Rz. 2020 ff.).

Arbeitspflicht des Arbeitnehmers

2. Einstellung für eine bestimmte Tätigkeit

2010

Eher selten anzutreffen ist die Einstellung des Arbeitnehmers für eine bestimmte Tätigkeit.

Beispiel:
Der Arbeitnehmer wird als Verkäufer in der Herrenabteilung eingestellt.
Bei diesem Inhalt des Arbeitsvertrages beschränkt sich die Arbeitspflicht des Arbeitnehmers darauf, seine Arbeitsleistung als Verkäufer in der Herrenabteilung des Betriebes des Arbeitgebers zu erbringen. Der Arbeitnehmer kann durch Weisung nicht verpflichtet werden, etwa als Verkäufer in der Schuhabteilung tätig zu werden.

Da durch die enge Fassung des geschuldeten Tätigkeitsrahmens das Direktionsrecht des Arbeitgebers erheblich eingeschränkt wird, sollte bei einer Einstellung für eine bestimmte Tätigkeit in jedem Fall geprüft werden, ob die Vereinbarung eines Versetzungsvorbehalts sinnvoll ist.

3. Einstellung für jede Tätigkeit

2011

Ebenfalls selten erfolgt eine generalisierende Beschreibung der geschuldeten Tätigkeit.

Beispiel:
Der Arbeitnehmer wird als Hilfsarbeiter eingestellt.
Dem Arbeitnehmer können dann alle Tätigkeiten zugewiesen werden, die für den Arbeitnehmer bei Vertragsschluß vorhersehbar waren.

4. Nachträgliche Beschränkung des Direktionsrechtes

2012

Zu beachten ist, daß es zur **Abänderung des schriftlichen Arbeitsvertrages** und damit zur Beschränkung des Direktionsrechtes nicht notwendig einer ausdrücklichen schriftlichen Vereinbarung bedarf. Daher kann sich eine Beschränkung des Direktionsrechtes auch aus **nachträglichen mündlichen Abreden** sowie aus dem **Vollzug des Arbeitsverhältnisses** ergeben.
Eine solche Beschränkung durch den Vollzug des Arbeitsverhältnisses kommt in Betracht, wenn der Arbeitnehmer dauernd mit einer bestimmten Tätigkeit beauftragt wird.

Beispiel:
Der als Verkäufer eingestellte Arbeitnehmer ist immer nur als Verkäufer in der Herrenabteilung eingesetzt worden.

Allerdings reicht es für die Annahme einer nachträglichen Beschränkung des Direktionsrechtes nicht aus, daß der Arbeitnehmer diese Tätigkeit über viele Jahre hinweg ausgeübt hat. Erforderlich ist vielmehr das **Hinzutreten weiterer Umstände**, die auf einen entsprechenden Willen der Arbeitsvertragsparteien schließen lassen, daß der Arbeitnehmer in Zukunft nur noch diese bestimmte Tätigkeit ausführen soll. Solche Indizien können die **Ausbildung** des Arbeitnehmers sein oder auch seine **Beförderung** auf eine neue Position. Schließlich kann auch die Gewöhnung an einen Rechtszustand auf eine Beschränkung des Direktionsrechtes hindeuten.

Je länger der Arbeitnehmer eine bestimmte Stellung innehat - je gewichtiger also das Zeitmoment ist - desto geringere Anforderungen werden an das Vorliegen zusätzlicher Umstände zu stellen sein.

In der Praxis wird es daher zweckmäßig sein, Aus-, Weiterbildungsmaßnahmen sowie Beförderungen mit dem Hinweis zu versehen, daß hiermit keine Einschränkung der arbeitsvertraglich geschuldeten Arbeitspflicht des Arbeitnehmers verbunden ist.

5. Zuweisung von Nebenarbeiten

2013
Die Zuweisung von sogenannten Nebenarbeiten ist grundsätzlich nicht durch das Direktionsrecht gedeckt. Anderes kann sich allerdings aus dem Arbeitsvertrag ergeben. Gehören Nebenarbeiten nach der Verkehrssitte zu dem **vertraglich vereinbarten Berufsbild**, so schuldet der Arbeitnehmer auch diese Nebenarbeiten.

Beispiel:
Heranschaffen von Material, Aufräumen des Arbeitsplatzes, Pflege von Ware, Werkzeugen und Maschinen etc..

Im übrigen ist der Arbeitnehmer zur Durchführung von Nebenarbeiten nur dann verpflichtet, wenn dies im Arbeitsvertrag ausdrücklich vereinbart ist. Ist es zweifelhaft, ob bestimmte Nebenarbeiten noch dem vertraglich vereinbarten Berufsbild unterfallen, so empfiehlt es sich, diese Tätigkeiten in den Arbeitsvertrag aufzunehmen.

Zu beachten ist, daß den zu ihrer Berufsausbildung Beschäftigten nur solche Arbeiten übertragen werden dürfen, die dem Ausbildungszweck dienen und den körperlichen Kräften angemessen sind (§ 6 Abs. 2 BBiG). Hierzu gehört nicht das Putzen des Verkaufsraumes.

6. Berücksichtigung der Interessen des Arbeitnehmers

2014

Darüber hinaus hat der Arbeitgeber bei der Zuweisung bestimmter Tätigkeiten auch die Interessen des Arbeitnehmers zu berücksichtigen. Dies ergibt sich daraus, daß es sich bei dem Direktionsrecht um ein **einseitiges Leistungsbestimmungsrecht** des Arbeitgebers handelt, das im Zweifel nur **nach billigem Ermessen** ausgeübt werden darf (§ 315 Abs. 1 BGB).

Was billigem Ermessen entspricht, kann letztlich nur anhand einer **Abwägung der Interessenlage** beider Arbeitsvertragsparteien im Einzelfall bestimmt werden. Dabei wird das Interesse des Arbeitgebers an der Durchführung der Weisung entgegenstehende Interessen des Arbeitnehmers übersteigen müssen. Die Abwägung der beiderseitigen Interessen hat unter Beachtung der Grundsätze der **Verhältnismäßigkeit**, der **Angemessenheit** und der **Zumutbarkeit** für den Arbeitnehmer zu erfolgen (*vgl. BAG 23.06.1993, DB 1994, 482*).
Das Direktionsrecht ist überschritten, wenn dem Arbeitnehmer eine Arbeit zugewiesen wird, die ihn in einen vermeidbaren Gewissenskonflikt bringt.

Beispiel:
Der als Drucker beschäftigte Arbeitnehmer wird angewiesen, Werbebriefe für Bücher über unkritische Kriegserlebnisberichte zu drucken. Der Arbeitnehmer ist anerkannter Wehrdienstverweigerer und Mitglied in mehreren antifaschistischen Organisationen. Er verweigert die Ausführung der Weisung mit dem Hinweis, die angebotenen Bücher seien kriegsverherrlichend und hätten nationalsozialistischen Charakter.
Hier war die Ausübung des Direktionsrechtes unbillig und die Weisung unverbindlich. Bei der erforderlichen Interessenabwägung in derartigen Fällen ist insbesondere zu berücksichtigen, ob der Arbeitnehmer bei der Eingehung des Arbeitsverhältnisses mit einem Gewissenskonflikt rechnen mußte, ob der Arbeitgeber aus betrieblichen Erfordernissen auf der Arbeitsleistung bestehen muß, ob dem Arbeitnehmer eine andere Arbeit zugewiesen werden kann oder ob in der Zukunft mit zahlreichen weiteren Gewissenskonflikten zu rechnen ist.

Die Unzumutbarkeit kann sich auch aus anderen Gründen ergeben.

Beispiel:
Die als Sekretärin eingestellte Arbeitnehmerin wird ihrem geschiedenen Ehemann als Sekretärin zugewiesen.
Die Arbeit als Sekretärin ihres geschiedenen Ehemannes ist der Arbeitnehmerin nicht zumutbar.

Unzulässig ist auch eine Weisung, durch die der Grundsatz der Gleichbehandlung der Arbeitnehmer (vgl. Rz. 2988) verletzt wird.

Beispiel:
In einer Arbeitsgruppe wird ohne sachlichen Grund immer derselbe Arbeitnehmer mit den schwersten Arbeiten beauftragt.
Auch in diesem Fall kann der Arbeitnehmer berechtigt sein, die Weisung nicht zu befolgen.

7. Beteiligung des Betriebsrates

2015

Besteht in dem Betrieb ein Betriebsrat, so ist bei der Zuweisung von bestimmten Tätigkeiten an den Arbeitnehmer auch regelmäßig zu überprüfen, ob der Betriebsrat ein **Mitbestimmungsrecht** hat. In vielen Fällen wird auch in der im Rahmen des Direktionsrechtes erfolgenden Zuweisung einer anderen Tätigkeit eine mitbestimmungspflichtige Versetzung liegen (vgl. Rz. 2037 ff.).

V. Zuweisung des Arbeitsortes

2016
Der Arbeitgeber ist aufgrund des Direktionsrechtes grundsätzlich auch berechtigt, dem Arbeitnehmer den Arbeitsort zuzuweisen, an dem dieser die geschuldete Arbeitsleistung zu erbringen hat.

Die Bestimmung des Arbeitsortes ist unproblematisch, wenn der Arbeitsort im Arbeitsvertrag ausdrücklich festgelegt ist. Der Arbeitnehmer hat dann auf Weisung des Arbeitgebers die Arbeitsleistung an diesem Ort zu erbringen.

Ist dagegen der Arbeitsort im Arbeitsvertrag nicht ausdrücklich bestimmt, ist der Arbeitsort durch Auslegung des Arbeitsvertrages nach Treu und Glauben sowie nach den Umständen, insbesondere nach der Natur des Schuldverhältnisses, zu ermitteln (§§ 242, 269 Abs. 1 BGB). Dabei ist wiederum all das zu berücksichtigen, was berufs- und branchenüblich ist.

In der Regel wird die Auslegung ergeben, daß der **Betrieb des Arbeitgebers der Arbeitsort des Arbeitnehmers** sein soll. Daher bereitet die Zuweisung eines anderen Arbeitsplatzes innerhalb des Betriebes keine Schwierigkeiten. Zu der Frage, ob der Arbeitnehmer kraft des Direktionsrechts auch einer Filiale oder einem anderen Betrieb des Arbeitgebers zugewiesen werden kann, vgl. Rz. 2032.

2017
Besonderheiten bei der Zuweisung des Arbeitsortes können sich insbesondere dann ergeben, wenn der Arbeitnehmer nach dem vertraglich vereinbarten Berufsbild keinen festen Arbeitsplatz hat.

Beispiel:
Bauarbeiter, Montagearbeiter, Außendienstmitarbeiter etc.

In diesen Fällen ist der Arbeitgeber berechtigt, den Arbeitsort auch außerhalb seines Betriebes nach den betrieblichen Notwendigkeiten festzulegen. Allerdings sind dabei auch die Interessen des Arbeitnehmers zu berücksichtigen. So ist das Direktionsrecht überschritten, wenn einem Bauarbeiter ein nicht oder nur äußerst schwer erreichbarer Arbeitsort zugewiesen wird. Gleiches gilt für den Einsatz von Montagearbeitern im Ausland. Hierfür bedarf es einer ausdrücklichen vertraglichen Vereinbarung.

Auch bei der Zuweisung des Arbeitsortes ist ein etwaiges **Mitbestimmungsrecht** des Betriebsrates zu beachten (vgl. Rz. 2037 ff.).

VI. Festlegung des Arbeitsumfanges

2018

Schließlich ist der Arbeitgeber aufgrund des Direktionsrechtes grundsätzlich auch berechtigt, den Arbeitsumfang näher zu bestimmen.

1. Festlegung von Arbeitstagen und Arbeitszeit

2018 a

Unter dem Arbeitsumfang versteht man zum einen die **vertraglich geschuldete Arbeitszeit**, in der der Arbeitnehmer die Arbeitsleistung zu erbringen hat. Regelmäßig wird im Arbeitsvertrag eine bestimmte Wochenstundenzahl vereinbart sein. Eine hierüber hinausgehende wöchentliche Arbeitszeit (Überstunden) kann der Arbeitgeber nur in Notfällen einseitig anordnen (vgl. Rz. 2207, 2356). Zur Festlegung der Arbeitstage, der täglichen Arbeitszeitdauer und der Lage der täglichen Arbeitszeit vgl. Rz. 2107 ff., 2135 ff., 2176 ff.

2. Festlegung der Arbeitsgeschwindigkeit

2019

Zum anderen wird der geschuldete Umfang der Arbeit durch die Festlegung der jeweiligen **Arbeitsgeschwindigkeit** durch den Arbeitgeber konkretisiert. Dabei kann der Arbeitgeber von dem Arbeitnehmer die Erbringung der Arbeitsleistung unter **angemessener Anspannung seiner Kräfte und Fähigkeiten** verlangen. Was angemessen ist, richtet sich nach der persönlichen Leistungsfähigkeit des Arbeitnehmers. Der Arbeitnehmer ist nicht verpflichtet, seine Kräfte zu überanstrengen. Liegt seine persönliche Leistungsfähigkeit bei angemessenem Einsatz seiner Kräfte und Fähigkeiten über der durchschnittlichen Leistungsfähigkeit, die von anderen Arbeitnehmern bei der entsprechenden Tätigkeit erbracht wird, schuldet der Arbeitnehmer jedoch seine überdurchschnittliche Arbeitsleistung. Dies gilt nicht nur, wenn Zeitlohn vereinbart ist. Auch wenn eine leistungbezogene Vergütung (Akkord-, Prämienlohnvergütung) vereinbart ist, ist der Arbeitnehmer in diesem Fall verpflichtet, eine über der Normalleistung liegende Arbeitsleistung zu erbringen. Kommt der Arbeitnehmer einer entsprechenden Anweisung des Arbeitgebers nicht nach, so können unter Umständen eine außerordentliche Kündigung und Schadensersatzansprüche des Arbeitgebers in Betracht kommen.

Liegt die persönliche Leistungsfähigkeit dauernd unter der Normalleistung, kann eine personenbedingte Kündigung begründet sein.

VII. Vorübergehende Zuweisung eines anderen Arbeitsfeldes in Notfällen

2020
Obgleich der Arbeitgeber grundsätzlich nicht berechtigt ist, dem Arbeitnehmer eine nach Art, Ort und Umfang nicht geschuldete Tätigkeit zuzuweisen, besteht in gewissen betrieblichen Ausnahmesituationen ein berechtigtes Bedürfnis des Arbeitgebers, dem Arbeitnehmer zumindest vorübergehend ein anderes Arbeitsfeld zuzuweisen. Solche Situationen können insbesondere dann vorliegen, wenn z.B. ein Kollege des Arbeitnehmers durch Krankheit, Urlaub oder einen notwendigen Behördengang kurzfristig ausfällt. Ebenso kann es notwendig sein, daß z.B. eine verspätet eintreffende Lieferung noch am selben Tag entladen werden muß.

2021
Der Arbeitnehmer kann ohne weiteres mit der Durchführung von andersartigen Tätigkeiten beauftragt werden, wenn der **Arbeitsvertrag einen entsprechenden Vorbehalt** enthält (vgl. Rz. 1084, 2009).

2022
Fehlt jedoch ein solcher Vorbehalt, ist die Zuweisung von andersartigen Tätigkeiten problematisch! Der Arbeitgeber kann dann dem Arbeitnehmer eine derartige Tätigkeit nur in sogenannten **Notfällen** (vgl. § 14 ArbZG) zuweisen. Ein solcher Notfall liegt vor, wenn

- bei Nichterledigung der Arbeit ein unverhältnismäßig großer Schaden droht und
- dem Arbeitgeber andere Vorkehrungen zur Schadensverhinderung nicht zumutbar sind.

Der Arbeitnehmer ist aber auch in Notfällen nur dann verpflichtet, eine andersartige Tätigkeit durchzuführen, wenn ihm die Arbeit **zumutbar** ist (vgl. oben Rz. 2014). Insbesondere muß der Arbeitnehmer der Arbeit auch **fachlich und persönlich gewachsen** sein.

Beispiel:
In einem Lebensmittelgroßhandel wird nach Arbeitsende der Lagerarbeiter festgestellt, daß eine Kühlanlage ausgefallen ist. Die Lebensmittel in dem Container drohen zu verderben, wenn sie nicht unverzüglich umgelagert werden. Die sonst mit dieser Arbeit be-

auftragten Lagerarbeiter sind nicht mehr erreichbar. Anwesend sind lediglich noch einige im Büro beschäftigte Arbeitnehmer.
In diesem Fall können auch diese Arbeitnehmer mit der Umlagerung der Lebensmittel beauftragt werden, unter Umständen ist auch der Prokurist verpflichtet, mitzuhelfen.

2023

Allerdings gelten für die Übertragung andersartiger Arbeiten strenge Maßstäbe. Der **drohende Schaden** muß im Verhältnis zur Übernahme einer andersartigen Tätigkeit **unverhältnismäßig groß** erscheinen. Entscheidend sind immer die Umstände des Einzelfalles. Die Interessen des Arbeitgebers und des Arbeitnehmers sind gegeneinander abzuwägen. Insbesondere ist jeweils zu prüfen, ob der Personalengpass durch **rechtzeitige Personalplanung** des Arbeitgebers vermeidbar war. Ist das zu bejahen, kann dem Arbeitnehmer in der Regel eine andersartige Tätigkeit nicht zugewiesen werden. Der Arbeitgeber ist daher im allgemeinen nicht zur Übertragung einer andersartigen Arbeit berechtigt bei regelmäßig auftretenden Eilaufträgen oder permanentem Arbeitsmangel. Das gleiche gilt, wenn vorübergehend ein **Bedürfnis für bestimmte Arbeiten** fehlt.

Beispiel:
Wegen eines Maschinenstillstandes können die als Maschinenarbeiter eingestellten Arbeitnehmer vorübergehend nicht arbeiten. Um die Arbeitszeit dennoch sinnvoll zu nutzen, weist der Arbeitgeber die Arbeitnehmer an, Aufräumarbeiten auf dem Werksgelände durchzuführen.
Die Arbeitnehmer sind in diesem Fall nicht verpflichtet, die Weisung zu befolgen. Das für die Zeiten des Maschinenstillstandes zu zahlende Arbeitsentgelt (vgl. Rz. 2545) kann einen Notfall nicht begründen, da der Arbeitgeber insoweit das Beschäftigungsrisiko zu tragen hat.

VIII. Versetzung des Arbeitnehmers

2024

Checkliste: Versetzung des Arbeitnehmers

Ziel: Zuweisung eines neuen Arbeitsplatzes
- **Umsetzung**
    - keine Änderung der Art der geschuldeten Tätigkeit
    - keine Änderung des Arbeitsortes
    - Zulässigkeitsvoraussetzungen:
        - Einhaltung billigen Ermessens
        - ggfs. Zustimmung des Betriebsrates

- **Arbeitsvertragliche Versetzung**
  - Zuweisung einer andersartigen Tätigkeit
  - Zuweisung eines anderen Arbeitsortes
  - Zulässigkeitsvoraussetzungen:
    - Versetzungsvorbehalt im Arbeitsvertrag
    - Einhaltung billigen Ermessens
    - bei fehlendem Vorbehalt - Zustimmung des Arbeitnehmers
    - ggfs. Zustimmung des Betriebsrates
    - notfalls: Änderungskündigung erforderlich
- **Immer zu beachten: Rechtzeitige Unterrichtung des Arbeitnehmers (§ 81 Abs. 1, 2 BetrVG)**
- **Betriebsverfassungsrechtliche Versetzung (§ § 95 Abs. 3 BetrVG)**
  - Betrieb mit mehr als 20 Arbeitnehmern
  - Zuweisung eines anderen Arbeitsbereiches
  - voraussichtliche Dauer länger als 1 Monat oder
  - erhebliche Änderung der Arbeitsumstände
  - Zulässigkeitsvoraussetzungen:
    - Zustimmung des Betriebsrates (§ 99 Abs. 1 BetrVG)
- **Zu beachten: Rechtzeitige und vollständige Unterrichtung des Betriebsrates (§ 99 Abs. 1 BetrVG)**
- **Zustimmung gilt als erteilt, wenn binnen 1 Woche nach Unterrichtung keine Zustimmungsverweigerung erklärt wird, andernfalls ggfs. Antrag auf Ersetzung beim Arbeitsgericht stellen (§ § 99 Abs. 3, 4 BetrVG)**

Vorläufige Versetzung
- Zuweisung des anderen Arbeitsbereiches vor Äußerung des Betriebsrates oder bei Zustimmungsverweigerung
- Zulässigkeitsvoraussetzungen:
  - dringende sachliche Gründe
  - Aufklärung des Arbeitnehmers über Sach- und Rechtslage
  - unverzügliche Unterrichtung des Betriebsrates
  - bei unverzüglichem Widerspruch des Betriebsrates, ggfs. Antrag beim Arbeitsgericht stellen, Frist: 3 Tage! (§ 100 BetrVG)

Arbeitspflicht des Arbeitnehmers

1. Einführung

2025

In der betrieblichen Praxis ist es immer wieder erforderlich, einzelne Arbeitnehmer von ihrem bisherigen Arbeitsplatz abzulösen und ihnen auf Dauer einen neuen Arbeitsplatz zuzuweisen.

Die Gründe hierfür können vielfältig sein. Denkbar ist, daß der bisherige Arbeitsplatz durch innerbetriebliche Umstrukturierungsmaßnahmen ganz weggefallen ist, und der Arbeitnehmer nun auf einem anderen Arbeitsplatz weiterbeschäftigt werden soll. In den meisten Fällen aber wird der Einsatz des Arbeitnehmers auf einem anderen Arbeitsplatz durch den Arbeitsanfall oder personalpolitische Entscheidungen bedingt sein.
Für den Arbeitgeber kommt es dabei darauf an, den Arbeitnehmer nach den betrieblichen Notwendigkeiten optimal einsetzen zu können. Hingegen wird der Arbeitnehmer vielfach ein Interesse daran haben, an seinem bisherigen Arbeitsplatz zu verbleiben, etwa weil er sich dort gut eingearbeitet hat oder einen Ortswechsel scheut. Schließlich werden auch die Belange aller Arbeitnehmer des Betriebes betroffen, wenn einem Arbeitnehmer ein neuer Arbeitsplatz zugewiesen wird.

Die Zuweisung eines neuen Arbeitsplatzes ist daher auch aus diesen Gründen in vielen Fällen nicht ganz unproblematisch.

Rechtlich geht es dabei zunächst um die Frage, ob der Arbeitgeber dem Arbeitnehmer kraft seines Direktionsrechtes einen neuen Arbeitsplatz zuweisen kann **(Umsetzung)**, oder ob es sich bereits um eine **arbeitsvertragliche Versetzung** handelt, die nur zulässig ist, wenn der Arbeitsvertrag eine Versetzungsklausel enthält oder der Arbeitnehmer zustimmt.

Darüber hinaus ist in Betrieben mit in der Regel mehr als 20 volljährigen und damit für den Betriebsrat wahlberechtigten Arbeitnehmern immer zu prüfen, ob es sich bei der Zuweisung des neuen Arbeitsplatzes gleichzeitig um eine **betriebsverfassungsrechtliche Versetzung** handelt, die nur mit Zustimmung des Betriebsrates vorgenommen werden kann.

Die arbeitsvertragliche Versetzung ist von der betriebsverfassungsrechtlichen Versetzung streng zu unterscheiden.
Regelmäßig wird aber die arbeitsvertragliche Versetzung auch gleichzeitig eine betriebsverfassungsrechtliche Versetzung sein. Aber auch die Umsetzung kann eine betriebsverfassungsrechtliche Versetzung sein (vgl. Rz. 2038).

Vor jeder beabsichtigten Zuweisung eines neuen Arbeitsplatzes muß also immer eine zweistufige Prüfung durchgeführt werden:

Arbeitsrecht

- kann dem Arbeitnehmer auf Grund des Arbeitsvertrages ein anderer Arbeitsplatz zugewiesen werden (Umsetzung/arbeitsvertragliche Versetzung)?
- hat der Betriebsrat ein Mitbestimmungsrecht (betriebsverfassungsrechtliche Versetzung)?

2. Umsetzung

2026

Eine sogenannte Umsetzung liegt immer dann vor, wenn der Arbeitgeber dem Arbeitnehmer den neuen Arbeitsplatz kraft seines **Direktionsrechtes** zuweisen kann (vgl. oben Rz. 2008 ff.). Das ist dann der Fall, wenn dem Arbeitnehmer keine andere als die geschuldete Tätigkeit und kein anderer als der vertraglich vereinbarte Arbeitsort zugewiesen werden sollen. Dabei müssen die Grenzen des billigen Ermessens hinreichend berücksichtigt sein.

Eine Zustimmung des Arbeitnehmers ist dann nicht erforderlich. Es kommt auch nicht darauf an, ob der Arbeitsvertrag eine Versetzungsklausel enthält oder nicht. In der betrieblichen Praxis bereitet es doch oftmals große Probleme, die Ausübung des Direktionsrechtes von der arbeitsvertraglichen Versetzung (vgl. Rz. 2029) abzugrenzen.

2027

Ohne weiteres zulässig ist die Zuweisung einer neuen Tätigkeit an dem bisherigen Arbeitsplatz, wenn die von dem Arbeitnehmer zu erbringende Arbeitsleistung noch zu dem **vertraglich vereinbarten Berufsbild** gehört.

Beispiel:
Der als Verkäufer eingestellte Arbeitnehmer soll an seinem Verkaufsstand nicht mehr Sportartikel, sondern Schuhe verkaufen.
Das gleiche gilt, wenn der Arbeitnehmer innerhalb des Betriebes lediglich die Abteilung wechselt, ohne daß sich die Art seiner Tätigkeit ändert.

Beispiel:
Der als Verkäufer eingestellte Arbeitnehmer wird von der Sportabteilung der Schuhabteilung als Verkäufer zugewiesen.
Es kann sich hier aber zugleich um eine betriebsverfassungsrechtliche Versetzung handeln mit der Folge, daß auch die Umsetzung nur mit Zustimmung des Betriebsrates erfolgen kann (vgl Rz. 2040).

Problematisch ist es jeweils, wenn der Arbeitnehmer einer unselbständigen Filiale des Betriebes oder einem anderen Betrieb (vgl. § 4 BetrVG) des Arbeitgebers zugewiesen werden soll (vgl. Rz. 2032, 2034). Soweit der Wechsel des Arbeitsortes berufstypisch ist, kann auch ein außerhalb des Betriebes liegender Arbeitsplatz im Wege der Umsetzung zugewiesen werden (vgl. oben Rz. 2017).

Arbeitspflicht des Arbeitnehmers

Zu berücksichtigen ist jedoch immer, daß sich Einschränkungen des Direktionsrechtes dann ergeben können, wenn sich das Arbeitsverhältnis nach mehrjähriger Dauer auf eine bestimmte Tätigkeit oder einen bestimmten Ort konkretisiert hat (vgl. oben Rz. 2012).

3. Arbeitsvertragliche Versetzung

2028

Unter einer arbeitsvertraglichen Versetzung versteht man jede nicht nur vorübergehende Änderung des Aufgabenbereichs des Arbeitnehmers nach **Art, Ort oder Umfang der Tätigkeit**.

a) Zuweisung einer anderen Tätigkeit

2029

Eine arbeitsvertragliche Versetzung liegt also immer dann vor, wenn der Arbeitgeber dem Arbeitnehmer auf Dauer eine andere als die vertraglich geschuldete Arbeit zuweisen will.

Beispiel:
Der als Kraftfahrer eingestellte Arbeitnehmer soll nunmehr ausschließlich mit der Wartung des firmeneigenen Fuhrparks beauftragt werden.
Es liegt eine arbeitsvertragliche Versetzung vor, da es nicht mehr zum Berufsbild eines Kraftfahrers gehört, ausschließlich mit der Wartung der Fahrzeuge beschäftigt zu sein.

2030

Eine andere Arbeit liegt auch immer dann vor, wenn der Arbeitnehmer auf einem geringer- oder höherwertigen Arbeitsplatz beschäftigt werden soll. Ob eine Tätigkeit geringer- oder höherwertig ist, bestimmt sich nach der sozialen Anschauung.

Beispiel:
Der Arbeitnehmer soll vom Leiter einer größeren Buchhaltungsabteilung zum normalen Buchhalter herabgestuft werden.
In diesem Fall wird das Sozialprestige als Leiter einer größeren Buchhaltungsabteilung erheblich höher sein als das Ansehen eines normalen Buchhalters. Daher kann der Leiter der Buchhaltungsabteilung nicht herabgestuft werden, wenn der Arbeitsvertrag keinen entsprechenden Vorbehalt enthält (vgl. Rz. 2035).

Die Zuweisung eines geringerwertigen Arbeitsplatzes ist auch dann eine arbeitsvertragliche Versetzung, wenn das bisherige Arbeitsentgelt weitergezahlt wird.

b) Zuweisung eines anderen Arbeitsortes

2031
Um eine arbeitsvertragliche Versetzung handelt es sich auch, wenn der Arbeitgeber dem Arbeitnehmer einen anderen Arbeitsort zuweisen will. Eine Versetzung in Form einer Zuweisung eines anderen Arbeitsortes liegt im allgemeinen dann vor, wenn der neue Arbeitsplatz für den Arbeitnehmer nur **unter großen Schwierigkeiten erreichbar** ist.

2032
Befindet sich der neue Arbeitsplatz in einer am selben Ort gelegenen **Filiale des Betriebes**, wird daher in den meisten Fällen eine Versetzung in Form einer Änderung des Arbeitsortes nicht gegeben sein. In diesem Fall kann der Arbeitnehmer der Filiale schon kraft des Direktionsrechtes zugewiesen werden. Ob dies auch gilt, wenn die Filiale in einem anderen Ort liegt, hängt von den Umständen des Einzelfalles ab. Entscheidend sind nicht die kommunalen Verwaltungsgrenzen, sondern die tatsächlichen Umstände, unter denen der Arbeitnehmer seinen Arbeitsplatz erreichen kann.

2033
Danach beurteilt es sich auch, ob im Falle einer **Betriebsverlegung** eine arbeitsvertragliche Versetzung angenommen werden muß oder ob es sich wiederum nur um eine Ausübung des Direktionsrechtes handelt. Auch hier gilt: Kann der Arbeitnehmer den neuen Standort des Betriebes nur unter großen Schwierigkeiten erreichen, liegt eine arbeitsvertragliche Versetzung vor. Unerheblich ist es, ob der Betriebsrat der Verlegung zugestimmt hat. Zu einer Bindung des einzelnen Arbeitnehmers führt eine solche Zustimmung jedenfalls nicht. Daher ist es der betrieblichen Praxis zu empfehlen, bei einer Verlegung des ganzen Betriebes oder einzelner Betriebsteile an einen entfernteren Standort frühzeitig mit den Arbeitnehmern entsprechende Änderungsvereinbarungen abzuschließen. Soweit die Arbeitnehmer hierzu nicht bereit sind, bleibt dem Arbeitgeber die Kündigungsmöglichkeit. Allerdings sind die Arbeitnehmer dann am alten Standort bis zum Ablauf der Kündigungsfrist weiterzubeschäftigen.

2034
Umstritten ist, ob eine Änderung des Arbeitsortes auch dann gegeben ist, wenn der Arbeitnehmer einem **anderen Betrieb des Arbeitgebers** zugewiesen werden soll. Eine solche Zuweisung stellt jedenfalls dann eine arbeitsvertragliche Versetzung dar, wenn es dem Arbeitnehmer unzumutbar ist, seine bisherige Arbeitsumgebung zu verlassen.

Arbeitspflicht des Arbeitnehmers

c) Versetzungsvorbehalt als Zulässigkeitsvoraussetzung

2035

Handelt es sich danach bei der beabsichtigten Zuweisung eines neuen Arbeitsplatzes um eine arbeitsvertragliche Versetzung, so kann die Änderung nur dann vom Arbeitgeber einseitig angeordnet werden, wenn der Arbeitsvertrag des Arbeitnehmers, eine Betriebsvereinbarung oder ein Tarifvertrag einen **entsprechenden Versetzungsvorbehalt** enthält. Anderenfalls ist die **Zustimmung des Arbeitnehmers** zur beabsichtigten Änderung des Aufgabenbereiches erforderlich. Erteilt der Arbeitnehmer die Zustimmung nicht, so bleibt dem Arbeitgeber nur noch die Möglichkeit der Änderungskündigung, um sein Ziel zu erreichen. Der Arbeitnehmer könnte sich dagegen aber mit einer Kündigungsschutzklage wehren.

Der Handlungsspielraum des Arbeitgebers ist also erheblich eingeschränkt, wenn der Arbeitsvertrag eine Versetzungsklausel nicht enthält. Nehmen Sie daher in jeden Arbeitsvertrag eine Versetzungsklausel mit auf!

Will sich der Arbeitgeber vorbehalten, den Arbeitnehmer auch in einen anderen Betrieb zu versetzen, empfiehlt es sich, dies ausdrücklich zu vereinbaren. Dabei sollten die in Betracht kommenden Betriebe konkret benannt werden.

2036

Aber auch bei der Ausübung der Versetzungsbefugnis bleibt der Arbeitgeber an die **Grenzen des billigen Ermessens gebunden** (§ 315 BGB). Das heißt, daß auch bei einem arbeitsvertraglichen Vorbehalt der Arbeitnehmer nicht willkürlich versetzt werden darf. Vielmehr dürfen auch einer Versetzungsanordnung keine überwiegenden Interessen des Arbeitnehmers entgegenstehen. Allerdings ist das Interesse des Arbeitnehmers an der Erhaltung seines bisherigen Arbeitsplatzes nur in geringem Umfang zu berücksichtigen.

Die Übernahme des neuen Arbeitsplatzes kann aber ausnahmsweise nach folgenden Gesichtspunkten unzumutbar sein:

- Maß der Verantwortung auf dem neuen Arbeitsplatz im Verhältnis zum alten,
- wesentlicher Abstieg in der Betriebshierarchie,
- besondere persönliche Umstände (Lebensalter, Gesundheit).

Bei der Zuweisung eines neuen Arbeitsortes wird zudem zu berücksichtigen sein:

- Länge des Weges zwischen Wohnung und neuem Arbeitsort,
- Bindung an Wohnungseigentum,
- langjährige Betriebszugehörigkeit,
- bevorstehender Ruhestand.

Überwiegen die Interessen des Arbeitgebers, bereitet die Zuweisung eines neuen Arbeitsplatzes in der Regel keine Probleme. Zu beachten ist allerdings, daß der Arbeitnehmer rechtzeitig über die Zuweisung des neuen Arbeitsplatzes zu unterrichten ist (§ 81 Abs. 1, 2 BetrVG).

In Betrieben mit in der Regel mehr als 20 für den Betriebsrat wahlberechtigten Arbeitnehmern bedarf die arbeitsvertraglich zulässige Versetzung aber zu ihrer Wirksamkeit der Zustimmung des Betriebsrates, wenn es sich gleichzeitig um eine betriebsverfassungsrechtliche Versetzung handelt (§§ 99 Abs. 1, 95 Abs. 3 BetrVG).

4. Betriebsverfassungsrechtliche Versetzung

2037
Eine betriebsverfassungsrechtliche Versetzung ist die Zuweisung eines anderen Arbeitsbereichs, die

- voraussichtlich die Dauer von einem Monat überschreitet, oder
- mit einer erheblichen Änderung der Umstände verbunden ist, unter denen die Arbeit zu leisten ist (§ 95 Abs. 3 Satz 1 BetrVG).

a) Zuweisung eines anderen Arbeitsbereiches

2038
Eine betriebsverfassungsrechtliche Versetzung setzt zunächst voraus, daß dem Arbeitnehmer ein anderer Tätigkeitsbereich zugewiesen worden ist. Dies ist ausschließlich nach den **objektiv vorliegenden tatsächlichen Verhältnissen im Betrieb** zu beurteilen. Es kommt darauf an, ob sich die Tätigkeiten des Arbeitnehmers vor und nach der Zuweisung so voneinander unterscheiden, daß die neue Tätigkeit in den Augen eines mit den betrieblichen Verhältnissen vertrauten Beobachters als eine andere angesehen werden kann (*vgl. BAG 23.11.1993, DB 1994, 735*).

Beispiel:
Der als Kraftfahrer eingestellte Arbeitnehmer wird angewiesen, in Zukunft nicht mehr mit einem schweren Sattelschlepper, sondern mit einem kleineren, dreiachsigen Lkw zu fahren.
Obgleich eine arbeitsvertragliche Versetzung nicht vorliegt, da sich die Art der geschuldeten Tätigkeit (Kraftfahrer) nicht ändert, kommt das Vorliegen einer betriebsverfassungsrechtlichen Versetzung in Betracht, wenn den Fahrern von Sattelschleppern im Betrieb des Arbeitgebers aufgrund ihrer Tätigkeit, Aufgabe und Verantwortung eine andere Stellung zukommt als den übrigen Kraftfahrern.

Arbeitspflicht des Arbeitnehmers

Die Frage, ob eine Zuweisung eines anderen Arbeitsbereiches erfolgt ist, kann also nur anhand der Umstände des Einzelfalles unter Berücksichtigung der konkreten betrieblichen Situation entschieden werden.

Dabei sind folgende Faktoren maßgeblich:

- Inhalt der Arbeitsaufgabe,
- räumlich/örtliche Lage des Arbeitsplatzes,
- Bedeutung der Aufgabe im Betriebsablauf (Funktion),
- organisatorische Einbindung des Arbeitnehmers.

2038 a

Die Änderung der Lage der Arbeitszeit (vgl. Rz. 2176 ff.) sowie die Änderung (oder Verkürzung) der Wochenarbeitszeit eines Arbeitnehmers stellt jedoch regelmäßig keine Zuweisung eines anderen Arbeitsbereiches und damit keine zustimmungspflichtige betriebsverfassungsrechtliche Versetzung dar (*vgl. BAG 23.11.1993, DB 1994, 735*). Dies gilt auch hinsichtlich der Verlängerung (oder Verkürzung) der Mindestwochenarbeitszeit von Teilzeitkräften mit variabler Arbeitszeit (*BAG 16.07.1991, DB 1992, 145*).

2039

Die Zuweisung eines anderen Arbeitsbereiches liegt aber nicht bereits dann vor, wenn der bisherige Arbeitsbereich etwa durch Zuweisung oder Wegnahme von Teilfunktionen erweitert oder verkleinert wird. Erforderlich ist, daß durch die Kompetenzänderung ein vom bisherigen Arbeitsbereich abweichender, grundlegend anderer Arbeitsbereich entsteht.

Beispiel:
Der im Innendienst tätige Bankangestellte ist überwiegend mit Büroarbeiten, teilweise aber auch mit der persönlichen Kundenbetreuung beauftragt. Nunmehr wird ihm die Kundenbetreuung entzogen.
Eine Zuweisung eines anderen Arbeitsbereiches ist hier nicht gegeben, da der Bankangestellte weiterhin mit den Bürotätigkeiten beauftragt bleibt und insoweit kein grundlegend anderer Arbeitsbereich entstanden ist.

2040

Nicht ganz einheitlich beurteilt die Rechtsprechung den **Wechsel eines Verkäufers von einer Abteilung eines Einzelhandelsgeschäftes zu einer anderen.** So wurde einerseits bei einem Wechsel von der Kinderabteilung in die Herrenabteilung eines Bekleidungshauses keine Versetzung gesehen (*LAG Köln 26.10.1984, NZA 1985, 258*), andererseits beim Wechsel von der Sport- in die Schuhabteilung eine Versetzung bejaht (*LAG Düsseldorf 28.01.1987, NZA 1988, 69*). Richtigerweise wird man aber auch im zweiten Fall eine betriebsverfassungsrechtliche Versetzung verneinen müssen, da die Warengruppen nicht so weit auseinanderliegen, daß sich die Verkaufstätigkeit wesentlich unterscheidet. Im Zweifelsfall sollte der Betriebsrat vorsorglich beteiligt werden.

b) Dauer der Zuweisung eines anderen Arbeitsbereiches

2041
Die beabsichtigte Zuweisung eines anderen Arbeitsbereiches ist aber nur dann eine betriebsverfassungsrechtliche Versetzung, wenn die Zuweisung **voraussichtlich die Dauer von einem Monat überschreitet**. Es kommt dabei nicht auf die tatsächliche Dauer an. Entscheidend ist allein, ob bei Beginn der Maßnahme geplant war, daß sie länger als einen Monat andauern sollte. Die Fristberechnung beginnt grundsätzlich mit dem Tag der Versetzung. Stellt sich später heraus, daß sie länger anhalten wird, so berechnet sich die Monatsfrist vom Tag der Kenntnis ab.

Beispiel:
Der Arbeitnehmer soll ab Anfang April für 3 Wochen einen anderen Arbeitnehmer urlaubshalber vertreten. Kurz vor Ablauf der 3 Wochen erfährt der Arbeitgeber, daß der Arbeitnehmer im Urlaub einen Unfall erlitten hat und erst in 3 Wochen wieder zur Arbeit erscheinen kann. Die Urlaubsvertretung soll bis dahin andauern.
Der Arbeitgeber war hier weder vor Beginn der Urlaubsvertretung noch nach Erhalt der Nachricht von dem Unfall verpflichtet, die Zustimmung des Betriebsrates einzuholen, da in beiden Fällen eine über einen Monat hinausgehende Versetzungsdauer nicht beabsichtigt war. Hat der Arbeitgeber dagegen erfahren, daß der verunglückte Arbeitnehmer erst in 6 Wochen wieder im Betrieb erscheinen kann, ist der Betriebsrat sofort von der Maßnahme zu unterrichten und seine Zustimmung einzuholen.

c) Erhebliche Änderung der Arbeitsumstände

2042
Unabhängig von der beabsichtigten Dauer der Zuweisung des anderen Arbeitsbereiches liegt eine Versetzung im betriebsverfassungsrechtlichen Sinne auch immer dann vor, wenn die Zuweisung mit einer erheblichen Änderung der Umstände verbunden ist, unter denen die Arbeit zu leisten ist. Damit sind nicht die materiellen Arbeitsbedingungen gemeint, sondern die **äußeren Bedingungen**, unter denen die Arbeit zu leisten ist.

Beispiel:
Besonders starke Einwirkungen durch Hitze, Kälte, Nässe oder Schmutz.

Ob die Änderung der Umstände tatsächlich **erheblich** ist, ist aus der Sicht eines verständig urteilenden, neutralen Dritten zu beurteilen. Eine erhebliche Änderung der Umstände liegt auch dann vor, wenn mit dem anderen Arbeitsbereich eine erhebliche Verbesserung verbunden ist.

d) Ausnahmen

2043

Obwohl die Zuweisung eines anderen Arbeitsbereiches den Zeitraum von einem Monat übersteigen soll oder mit einer erheblichen Änderung der Umstände verbunden ist, liegt dennoch keine betriebsverfassungsrechtliche Versetzung vor, wenn die Arbeitnehmer nach der **Eigenart ihres Arbeitsverhältnisses** üblicherweise nicht ständig an einem bestimmten Arbeitsplatz beschäftigt werden (§ 95 Abs. 3 Satz 2 BetrVG). Die Bestimmung des jeweiligen Arbeitsplatzes gilt dann nicht als Versetzung.

Beispiel:
Montagearbeiter, Bauarbeiter, aber auch Springer.

Für die Prüfung, ob Arbeitnehmer i.S. des § 95 Abs. 3 Satz 2 BetrVG nach der Eigenart ihres Arbeitsverhältnisses üblicherweise nicht ständig an einem bestimmten Arbeitsplatz beschäftigt werden, ist auf die Verhältnisse des Arbeitsverhältnisses **des konkret betroffenen Arbeitnehmers** abzustellen (*BAG 02.11.1993, DB 1994, 985*).

e) Zustimmung des Betriebsrates als Zulässigkeitsvoraussetzung

2044

In Betrieben mit in der Regel **mehr als 20 für den Betriebsrat wahlberechtigten Arbeitnehmern** darf die betriebsverfassungsrechtliche Versetzung erst dann durchgeführt werden, wenn der **Betriebsrat seine Zustimmung erteilt hat** (§ 99 Abs. 1 Satz 1 BetrVG). Der Arbeitgeber ist nur ausnahmsweise aus dringenden sachlichen Gründen berechtigt, die Versetzung vorläufig ohne Zustimmung des Betriebsrates vorzunehmen (vgl. Rz. 2047).

2045

Daher ist es zweckmäßig, frühzeitig die Personalplanung mit dem Betriebsrat abzustimmen. Es ist an dieser Stelle darauf hinzuweisen, daß den Arbeitgeber grundsätzlich gegenüber dem Betriebsrat eine **allgemeine Informations- und Unterrichtungspflicht** trifft. Der Arbeitgeber hat den Betriebsrat über die Personalplanung, insbesondere über den gegenwärtigen und künftigen Personalbedarf sowie über die sich daraus ergebenden personellen Maßnahmen und Maßnahmen der Berufsbildung anhand von Unterlagen rechtzeitig und umfassend zu unterrichten (§ 92 Abs. 1 Satz 1 BetrVG). Erforderliche Maßnahmen hat der Arbeitgeber zuvor mit dem Betriebsrat zu beraten. Diese Verpflichtung gilt für alle Betriebe mit einem Betriebsrat, unabhängig von der Betriebsgröße (s. Rz. 1003 ff.).

In Betrieben mit mehr als 20 wahlberechtigten Arbeitnehmern hat der Arbeitgeber den Betriebsrat vor **jeder betriebsverfassungsrechtlichen Versetzung zwingend zu unterrichten** (§ 99 Abs. 1 Satz 1 BetrVG).

Die Unterrichtung ist an keine besondere Form gebunden. Sie kann sowohl mündlich als auch schriftlich erfolgen. Aus Nachweisgründen ist es jedoch zweckmäßig, hier schriftliche Formulare zu verwenden (vgl. das Musterformular Rz. 2049). Bei der Unterrichtung des Betriebsrats hat der Arbeitgeber insbesondere auch den in Aussicht genommenen Arbeitsplatz und die vorgesehene Eingruppierung mitzuteilen (§ 99 Abs. 1 Satz 2 BetrVG). Ferner hat der Arbeitgeber dem Betriebsrat unter Vorlage der erforderlichen Unterlagen Auskunft über die Auswirkungen der geplanten Maßnahme zu geben (§ 99 Abs. 1 Satz 1 BetrVG).

2046
Will der Betriebsrat seine Zustimmung verweigern, so hat er dies unter Angabe von Gründen **innerhalb einer Woche nach Unterrichtung durch den Arbeitgeber diesem schriftlich mitzuteilen.** Andernfalls gilt die Zustimmung als erteilt (§ 99 Abs 3 BetrVG). Die Versetzung kann dann vorgenommen werden.
Der Betriebsrat kann die Zustimmung allerdings nur aus den gesetzlich vorgegebenen Gründen verweigern (vgl. § 99 Abs. 2 BetrVG). Danach kann die Zustimmung insbesondere verweigert werden, wenn

- die Versetzung gegen eine Betriebsvereinbarung oder einen Tarifvertrag oder sonstige Norm verstoßen würde,
- die Versetzung gegen eine Auswahlrichtlinie (§ 95 Abs. 1 BetrVG) verstoßen würde,
- die begründete Besorgnis besteht, daß durch die Versetzung andere Arbeitnehmer gekündigt werden oder sonstige Nachteile erleiden, ohne daß dies gerechtfertigt ist,
- der betroffene Arbeitnehmer durch die Versetzung grundlos benachteiligt wird,
- eine Ausschreibung des zu besetzenden Arbeitsplatzes (§ 93 BetrVG) im Betrieb unterblieben ist oder
- die begründete Besorgnis besteht, daß durch den von der Versetzung betroffenen Arbeitnehmer der Betriebsfriede gefährdet wird.

Hat der Betriebsrat seine Zustimmung fristgerecht verweigert, darf die Versetzung nicht vorgenommen werden. Der Arbeitgeber hat dann aber die Möglichkeit, die Zustimmung des Betriebsrates durch das Arbeitsgericht ersetzen zu lassen (§ 99 Abs. 4 BetrVG).

f) Vorläufige Versetzung ohne Zustimmung des Betriebsrates

2047
Wenn es aus **sachlichen Gründen dringend erforderlich** ist, kann die Versetzung auch durchgeführt werden, bevor der Betriebsrat sich geäußert oder wenn

er seine Zustimmung verweigert hat (§ 100 Abs. 1 Satz 1 BetrVG). Es handelt sich dann um eine sogenannte vorläufige Versetzung.

Der Arbeitgeber muß aber dann den von der Versetzung betroffenen **Arbeitnehmer über die Sach- und Rechtslage aufklären** (§ 100 Abs. 1 Satz 2 BetrVG). Hierzu gehört, daß er ihn von der fehlenden Zustimmung des Betriebsrates in Kenntnis setzt und ihn ausdrücklich darauf hinweist, daß es sich nur um eine vorläufige Versetzung handelt und der Arbeitnehmer damit rechnen müsse, daß er in Kürze wieder auf seinem alten Arbeitsplatz beschäftigt wird.

Gleichzeitig muß der Arbeitgeber den **Betriebsrat unverzüglich von der vorläufigen Versetzung unterrichten** (§ 100 Abs. 2 Satz 1 BetrVG). Teilt der Betriebsrat daraufhin unverzüglich mit, daß er die vorläufige Versetzung nicht für dringend erforderlich hält, muß der Arbeitgeber die vorläufige Versetzung entweder rückgängig machen oder sich an das Arbeitsgericht wenden, wenn er die Versetzung weiterhin aufrechterhalten will.

Die Anträge sind innerhalb von **3 Tagen** nach Eingang der ablehnenden Mitteilung des Betriebsrats beim Arbeitsgericht zu stellen! Folgt das Gericht den Anträgen des Arbeitgebers nicht, so muß die vorläufige Versetzung spätestens 2 Wochen nach Rechtskraft der gerichtlichen Entscheidung rückgängig gemacht werden (§ 100 Abs. 3 BetrVG). Andernfalls droht ein Zwangsgeld von bis zu 500 DM für jeden Tag der Zuwiderhandlung!

g) Sonderfälle: Versetzung in einen anderen Betrieb des Arbeitgebers und Betriebsverlegung

2048

Aus betriebsverfassungsrechtlicher Sicht problematisch ist auch die Abordnung von Arbeitnehmern in einen anderen Betrieb des Arbeitgebers. Für den aufnehmenden Betrieb handelt es sich um eine Einstellung, die ebenfalls mitbestimmungspflichtig ist (§ 99 Abs. 1 BetrVG).
Grundsätzlich hat auch der Betriebsrat des abgebenden Betriebes zuzustimmen, wenn die Voraussetzungen der betriebsverfassungsrechtlichen Versetzung vorliegen. Ein Mitbestimmungsrecht des Betriebsrates entfällt bei einer Dauermaßnahme aber dann, wenn der Arbeitnehmer mit dieser Versetzung einverstanden ist. Dabei ist es jedoch erforderlich, daß der **Arbeitnehmer die Versetzung selbst gewünscht** hat oder diese seinen Wünschen und seiner freien Entscheidung entspricht. Das ist nicht der Fall, wenn die Versetzung zwar aufgrund einer Versetzungsklausel im Arbeitsvertrag möglich ist, gleichwohl aber gegen den Willen des Arbeitnehmers erfolgt (*BAG 20.09.1990, BB 1991, 550*).
Für die Wahrnehmung des Mitbestimmungsrechts ist der **einzelne Betriebsrat** zuständig, nicht dagegen der Gesamtbetriebsrat. Letzteres gilt auch dann, wenn der Arbeitgeber eine Reihe von Versetzungen in einer sogenannten Personalrunde zusammenfaßt und deshalb mehrere Betriebsräte betroffen sind.

2048 a

Bei der räumlichen **Verlegung des Betriebes** oder eines vom übrigen Betrieb räumlich getrennten Betriebsteils, welchem der Arbeitnehmer angehört, handelt es sich dagegen nicht um eine zustimmungspflichtige betriebsverfassungsrechtliche Versetzung. Obwohl der Arbeitnehmer an einem anderen Arbeitsort tätig werden soll, bleiben die Arbeitsplätze der Arbeitnehmer in ihrer Beziehung zum betrieblichen Umfeld völlig unverändert *(LAG Berlin 22.11.1991, BB 1992, 854)*. Ein Mitbestimmungsrecht des Betriebsrates nach §§ 99 Abs. 1, 95 Abs. 3 BetrVG besteht in diesen Fällen nicht.

5. Formularmuster zur Unterrichtung des Betriebsrates

2049

Aus Gründen der Zweckmäßigkeit ist in dem nachfolgenden Formularmuster auch die Umgruppierung enthalten, da insoweit die gleichen Beteiligungsrechte des Betriebsrates wie bei der Versetzung bestehen (§ 99 Abs. 1 BetrVG).

Muster zur Unterrichtung über Umgruppierung/Versetzung:

Von: Personalabteilung
An: Betriebsrat

Betr.: Umgruppierung/Versetzung von Mitarbeitern

_____

Hiermit unterrichten wir Sie über folgende geplante Umgruppierung/Versetzung (§ 99 Abs. 1 Betriebsverfassungsgesetz):

Name: _____ *Vorname:* _____

derzeit beschäftigt als: _____

Abteilung: _____
Hauptabteilung: _____

I. Umgruppierung mit Wirkung vom _____

Nach Tarifgruppe: _____
Von Tarifgruppe: _____

Arbeitspflicht des Arbeitnehmers

II. Versetzung mit Wirkung vom

Von: _____
Nach: _____
Als: _____
Eingruppierung: _____

Soweit Sie gegen die beabsichtigte Umgruppierung/Versetzung Bedenken haben, bitten wir Sie, diese binnen einer Woche unter Angabe der Gründe schriftlich mitzuteilen. Die erforderlichen Personalunterlagen können nach Anmeldung im Personalbüro eingesehen werden.

_____   _____
   (Ort, Datum)   (Unterschrift)

IX. Befreiung von der Arbeitspflicht

2050

Der Arbeitnehmer ist in folgenden Fällen von der Arbeitspflicht befreit:

- **Zurückbehaltungsrecht des Arbeitnehmers**
  Ist der Arbeitnehmer berechtigt, seine Arbeitsleistung zurückzuhalten, etwa weil der Arbeitgeber keinen Lohn zahlt (vgl. Rz. 2487) oder gegen sonstige vertragliche Verpflichtungen verstößt (vgl. Rz. 2951), so wird der Arbeitnehmer von seiner Arbeitspflicht befreit. Der Arbeitgeber gerät dabei in Annahmeverzug und bleibt zur Zahlung der Vergütung verpflichtet (vgl. Rz. 2530).

  Ein Zurückbehaltungsrecht des Arbeitnehmers wegen eines Verstoßes des Arbeitgebers gegen seine sonstigen vertraglichen Verpflichtungen kann u.a. dann gegeben sein, wenn der Arbeitgeber **öffentlich-rechtliche Sicherheitsvorschriften** (z.B. Gefahrstoffverordnung) nicht hinreichend beachtet. In diesem Zusammenhang hat das BAG nunmehr grundsätzlich festgestellt, daß ein Arbeitnehmer bei mit Asbest belastetem Arbeitsplatz das Recht haben kann, die Arbeit zu verweigern (*BAG 02.02.1994, DB 1994, 1087*).

  Nachtarbeitnehmer i.S.d. Arbeitszeitgesetzes werden ebenfalls berechtigt sein, die Arbeitsleistung zurückzuhalten, wenn der Arbeitgeber die vorgeschriebene ärztliche Untersuchung oder zu recht die Umsetzung auf einen Tagesarbeitsplatz verweigert (vgl. unten Rz. 2183, 2184).

- **Überschreitung des Direktionsrechtes durch den Arbeitgeber**
  Weist der Arbeitgeber dem Arbeitnehmer eine nicht geschuldete Arbeit zu, einen vertraglich nicht vereinbarten Arbeitsort oder ordnet er unberechtigterweise Überstunden an, ist der Arbeitnehmer ebenfalls zur Arbeitsverweigerung berechtigt.

- **Gesetzlich verbotene oder sittenwidrige Arbeit**
  Der Arbeitnehmer ist nicht verpflichtet, eine gesetzlich verbotene oder sittenwidrige Arbeit zu erbringen. Entsprechende vertragliche Vereinbarungen sind nichtig (§§ 134, 138 BGB).

- **Unmöglichkeit der Arbeitsleistung**
  Wird die Erbringung der Arbeitsleistung aus Gründen unmöglich, die entweder von keiner der Arbeitsvertragsparteien oder vom Arbeitgeber zu vertreten sind, ist der Arbeitnehmer ebenfalls von der Arbeitspflicht befreit. Sind die Gründe dagegen vom Arbeitnehmer zu vertreten, so kann der Arbeitgeber unter Umständen Schadensersatz verlangen (vgl. Rz. 2287 ff.).

- **Annahmeverzug des Arbeitgebers** (vgl. Rz. 2520 ff.)

- **Krankheit, Urlaub des Arbeitnehmers** (vgl. Rz. 2700 ff, 2800 ff.)

- **Kurzarbeit** (vgl. unten Rz. 2218 ff.)

- **Mutterschutz** (§§ 3 ff. MuSchG, vgl. unten Rz. 2124)

- **Ehrenamtliche Tätigkeit**, z.B. als ehrenamtlicher Richter in der Arbeitsgerichtsbarkeit (§ 26 ArbGG)

- **Musterung von Wehrpflichtigen**

- **Vorübergehende Arbeitsverhinderung des Arbeitnehmers** (vgl. Rz. 2548 ff.)

- **Pflege oder Betreuung erkrankter Kleinkinder**
  Über den Zeitraum der bezahlten Freistellung wegen einer vorübergehenden Arbeitsverhinderung (vgl. Rz. 2559) hinaus hat der Arbeitnehmer gegen den Arbeitgeber einen Anspruch auf unbezahlte Freistellung für die Dauer seines Anspruches auf Kinderkrankengeld (§ 45 Abs. 3 Satz 1 SGB V).
  Anspruch auf Kinderkrankengeld haben in der gesetzlichen Krankenversicherung versicherte Arbeitnehmer, wenn es nach ärztlichem Zeugnis erforderlich ist, daß sie zur Beaufsichtigung, Betreuung oder Pflege ihres erkrankten und versicherten Kindes der Arbeit fernbleiben. Dies gilt aber auch nur dann, wenn eine andere in dem Haushalt des Arbeitnehmers lebende Person das Kind nicht beaufsichtigen, betreuen oder pflegen kann und das Kind das 12. Lebensjahr noch nicht vollendet hat. Der Anspruch besteht in jedem Kalenderjahr für jedes Kind längstens für 20 Arbeitstage. Bei mehreren pflegebedürftigen Kindern ist der Anspruch auf maximal 25 Arbeitstage, für alleinerziehende Versicherte auf 50 Arbeitstage je Kalenderjahr beschränkt (§ 45 Abs. 1, 2 SGB V).

Der Anspruch auf Freistellung nach § 45 Abs. 3 Satz 1 SGB V gewährt dem Arbeitnehmer (bei Erkrankung eines Kindes) nicht nur einen Anspruch auf Freistellung von der Arbeit, sondern bei rechtswidriger Verweigerung der Freistellung auch das Recht, der Arbeit "eigenmächtig" fernzubleiben (*LAG Köln 13.10.1993, LAGE § 612 a BGB Nr. 5*). Das LAG Köln stellt auch klar, daß es unerheblich ist, ob das ärztliche Zeugnis vor oder nach Beginn der Betreuung des Kindes ausgestellt wird. Maßgeblich ist allein, ob die Betreuung nach ärztlichem Zeugnis objektiv erforderlich war.

Dagegen kann in den Fällen der nicht krankheitsbedingten Betreuung von Kleinkindern der Arbeitnehmer vom Arbeitgeber im allgemeinen weder Freistellung verlangen noch eigenmächtig der Arbeit fernbleiben. Der Arbeitnehmer kann sich gegenüber der bestehenden Arbeitspflicht auf eine Pflichtenkollision wegen der Personensorge für sein Kind (§ 1627 BGB) und damit ein Leistungsverweigerungsrecht (§§ 273, 320 BGB) oder eine Unmöglichkeit bzw. Unzumutbarkeit der Arbeitsleistung nur berufen, wenn unabhängig von der in diesem Fall notwendigen Abwägung der zu berücksichtigenden schutzwürdigen Interessen beider Parteien überhaupt eine unverschuldete Zwangslage vorliegt (*BAG 21.05.1992, BB 1992, 2146*). Der Arbeitnehmer hat also grundsätzlich selbst dafür Sorge zu tragen, daß die Betreuung seiner Kinder gesichert ist. Anderes kann bei Nachtarbeitnehmern gelten (vgl. unten Rz. 2184).

- **Arbeitnehmerweiterbildung durch Teilnahme an Veranstaltungen der beruflichen und politischen Weiterbildung**

Nach den jeweiligen Landesgesetzen haben Arbeitnehmer im allgemeinen gegenüber dem Arbeitgeber einen Anspruch auf Freistellung von der Arbeit zum Zwecke der beruflichen und politischen Weiterbildung in anerkannten Bildungsveranstaltungen bei Fortzahlung des Arbeitsentgeltes (vgl. z.B. § 1 Abs. 1 Arbeitnehmerweiterbildungsgesetz Nordrhein-Westfalen).

Gewährt der Arbeitgeber die Freistellung nicht, so ist der Arbeitnehmer jedoch keinesfalls berechtigt, der Arbeit eigenmächtig fernzubleiben. Der Arbeitnehmer ist gehalten, die Verpflichtung des Arbeitgebers zur Freistellung ggf. vor der Teilnahme an der Bildungsveranstaltung gerichtlich feststellen zu lassen. Im übrigen vergleiche weitergehend zur Freistellung unter Fortzahlung der Bezüge nach dem Arbeitnehmerweiterbildungsgesetz unten Rz. 2568 ff.

X. Weiterführende Literaturhinweise:

2051

Berger-Dehley, Die Leitungs- und Weisungsbefugnis des Arbeitgebers, DB 1990, 2266
Blomeyer in Münchener Handbuch Arbeitsrecht, Band 1 Individualarbeitsrecht, 1992, S. 743 ff.
Buchner, Verlagerung betrieblicher Aufgaben als Betriebsübergang nach § 613 a BGB?, DB 1994, 1417
Ehrich, Die individualvertraglichen Auswirkungen der fehlenden Zustimmung des Betriebsrates i.S. von § 99 BetrVG auf die Versetzung des Arbeitnehmers, NZA 1992, 731
Hoyningen/Boemke, Die Versetzung, 1991
Hromadka, Änderung von Arbeitsbedingungen, 1990

Arbeitsrecht

Hunold, Das Weisungsrecht des Arbeitgebers, 1988
Konzen/Rupp, Gewissenskonflikt im Arbeitsverhältnis, 1990
Kreßel, Tarifvertragliche Regelungsbefugnis bei Fragen der Arbeitsplatzgestaltung, RdA 1994, 23
Kreuz, Der Grundsatz der Verhältnismäßigkeit im Arbeitsrecht, 1988
Leinemann, Wirkungen von Taifverträgen und Betriebsvereinbarungen auf das Arbeitsverhältnis, DB 1990, 732
Lenze, Zur Arbeitsverweigerung aus Gewissensgründen, RdA 1993, 16
Leßmann, Die Grenzen des arbeitgeberseitigen Direktionsrechtes, DB 1992, 1137
Schaub, Arbeitsrechts Handbuch, 7. Aufl. 1992, S. 257 ff.

6. Kapitel: Arbeitspflicht und Arbeitszeit

I.	Einführung	2100
II.	Gesetzliche Neuregelung der Arbeitszeit	2101
III.	Geltungsbereich des Arbeitszeitgesetzes	2104
	1. Persönlicher Geltungsbereich	2104
	2. Betrieblicher Geltungsbereich	2105
IV.	Übergangsregelung für Tarifverträge und Betriebsvereinbarungen	2106
V.	Festlegung der Arbeitstage	2107
	1. Einführung	2107
	2. Vertragliche Regelung der Arbeitstage	2108
	3. Festlegung und Änderung der Arbeitstage	2110
	4. Verbot der Sonn- und Feiertagsarbeit	2112
	a) Anwendungsbereich	2112
	b) Zeitlicher Umfang	2113
	5. Zulässige Sonn- und Feiertagsarbeit	2114
	a) Ausnahmetatbestände des Arbeitszeitgesetzes	2114
	b) Sonderregelung durch Tarifvertrag/Betriebsvereinbarung	2116
	c) Sonderregelung durch Rechtsverordnung	2117
	d) Ausnahmegenehmigung durch die Aufsichtsbehörde	2118
	e) Sonderregelung für Verkaufsstellen nach dem Ladenschlußgesetz	2120
	f) Außergewöhnliche Fälle	2121
	6. Verbot der Sonn- und Feiertagsarbeit in Bäckereien und Konditoreien	2122
	7. Verbot der Sonn- und Feiertagsarbeit für Jugendliche	2123
	8. Verbot der Sonn- und Feiertagsarbeit für werdende und stillende Mütter	2124
	9. Verbot der Beschäftigung an bestimmten Wochentagen	2125
	a) Einführung	2125
	b) Arbeitnehmer, die zulässige Sonn- und Feiertagsarbeit nach dem Arbeitszeitgesetz leisten	2126
	c) Arbeitnehmer, die zulässige Sonn- und Feiertagsarbeit nach dem Ladenschlußgesetz leisten	2127
	d) Jugendliche	2128
	e) Werdende und stillende Mütter	2131
	f) Arbeitnehmer im Gaststätten- und Beherbergungsgewerbe	2132

Arbeitsrecht

	10. Einführung der 4-Tage-Woche	
	a) Betriebe mit einer wöchentlichen Arbeitszeit von mehr als 40 Stunden	2133
	b) Betriebe mit einer wöchentlichen Arbeitszeit von 40 Stunden oder weniger	2134
VI.	Festlegung der täglichen Arbeitszeitdauer	2135
	1. Einführung	2135
	2. Vertragliche Regelung der täglichen Arbeitszeitdauer	2136
	3. Festlegung und Änderung der täglichen Arbeitszeitdauer	2140
	a) Direktionsrecht	2141
	b) Beteiligung des Betriebsrates	2142
	4. Begriff der Arbeitszeit	2143
	a) Beginn und Ende der Arbeitszeit	2144
	b) Wegezeiten/Dienstreisezeiten	2145
	c) Arbeitsbereitschaft/Bereitschaftsdienst	2149
	d) Pausen/Ruhezeiten	2154
	e) Beschäftigung an mehreren Stellen	2155
	f) Nachtarbeit	2156
	5. Gesetzliche Regelung der täglichen Arbeitszeitdauer	2157
	a) Grundsatz des 8-Stunden-Tages	2158
	b) Verlängerung der Arbeitszeit durch Ausgleich	2159
	c) Verlängerung der Arbeitszeit der Nachtarbeitnehmer durch Ausgleich	2162
	d) Verlängerung der Arbeitszeit aus anderen Gründen	2163
	e) Ausgleichsregelung durch Tarifvertrag/Betriebsvereinbarung	2164
	6. Schichtwechsel bei ununterbrochener Arbeit	2165
	7. Sonderregelungen für bestimmte Betriebe	2166
	8. Sonderregelungen für bestimmte Arbeitnehmer	2167
	a) Einführung	2167
	b) Werdende und stillende Mütter	2168
	c) Jugendliche	2169
	d) Kraftfahrer und Beifahrer	2174
	e) Nacht-/Schichtarbeitnehmer	2175
VII.	Festlegung der Lage der täglichen Arbeitszeit	2176
	1. Einführung	2176
	2. Vertragliche Regelung der Lage der täglichen Arbeitszeit	2177
	3. Festlegung und Änderung der Lage der täglichen Arbeitszeit	2178
	a) Direktionsrecht	2179
	b) Beteiligung des Betriebsrates	2180
	4. Zulässige/unzulässige Beschäftigung mit Nachtarbeit	2182
	a) Nachtarbeitnehmer	2182
	b) Werdende und stillende Mütter	2187
	c) Jugendliche	2188
	d) Arbeitnehmer in Verkaufsgeschäften	2189

Arbeitspflicht und Arbeitszeit

e) Arbeitnehmer in Bäckereien und Konditoreien	2190
5. Gesetzlich vorgeschriebene Ruhepausen	2191
a) Einführung	2191
b) Volljährige Arbeinehmer	2192
c) Jugendliche	2195
d) Kraftfahrer und Beifahrer	2196
6. Gesetzlich vorgeschriebene Ruhezeiten	2197
a) Volljährige Arbeitnehmer	2197
b) Werdende und stillende Mütter	2198
c) Jugendliche	2199
d) Arbeitnehmer in Krankenhäusern und ähnlichen Einrichtungen	2200
e) Arbeitnehmer in Verkehrsbetrieben	2201
f) Arbeitnehmer im Gaststätten- und Beherbergungsgewerbe/Sonstige	2202
g) Kraftfahrer und Beifahrer	2203
VIII. Anordnung von Überstunden und Mehrarbeit	2204
1. Einführung	2205
2. Arbeitsvertragliche Voraussetzungen	2207
3. Gesetzliche Zulässigkeitsvoraussetzungen	2208
a) Verlängerung der Arbeitszeit durch Tarifvertrag/Betriebsvereinbarung	2209
b) Verlängerung der Arbeitszeit durch die Aufsichtsbehörde	2210
c) Verlängerung der Arbeitszeit in außergewöhnlichen Fällen	2211
d) Sonderregelungen für Jugendliche und Mütter	2212
4. Vergütungspflicht	2213
a) Überstundengrundvergütung	2214
b) Vergütungszuschlag	2215
5. Beteiligung des Betriebsrates	2216
IX. Anordnung von Kurzarbeit	2218
1. Einführung	2218
2. Rechtsgrundlage als Zulässigkeitsvoraussetzung	2219
a) Tarifvertrag	2220
b) Betriebsvereinbarung	2221
c) Arbeitsvertrag	2222
d) Erlaubnis des Landesarbeitsamtes	2223
e) Sonderfall: Kurzarbeit bei Führungskräften	2224
3. Beteiligung des Betriebsrates	2225
4. Rechtsfolgen der Kurzarbeit	2226
a) Minderung der Vergütung	2227
b) Kurzarbeitergeld	2229
c) Anzeige-/Antragspflichten des Arbeitgebers	2230
5. Beendigung der Kurzarbeit	2233

X.	Aushang- und Aufzeichnungspflichten	2234
XI.	Zeitumstellung: Sommer-/Winterzeit	2235
XII.	Gleitende Arbeitszeit	2236
	1. Einführung	2236
	2. Vor- und Nachteile der gleitenden Arbeitszeit	2237
	3. Formen der gleitenden Arbeitszeit	2238
	a) Grundform der gleitenden Arbeitszeit	2238
	b) Einfache gleitende Arbeitszeit	2239
	c) Gleitende Arbeitszeit mit Zeitausgleich	2240
	4. Behandlung von Ausfallzeiten durch Krankheit, Urlaub etc.	2244
	5. Behandlung von Überstunden	2245
	6. Beteiligung des Betriebsrates	2246
XIII.	Weiterführende Literaturhinweise	2248

I. Einführung

2100

Es wurde bereits dargelegt, daß der Arbeitgeber in Ausübung seines **Direktionsrechtes** grundsätzlich berechtigt ist, den Arbeitsumfang näher zu bestimmen und die Arbeitstage, die tägliche Arbeitszeitdauer und die Lage der täglichen Arbeitszeit festzulegen (vgl. Rz. 2018 a). Maßgebend für die nähere Bestimmung der Zeiten, an denen der Arbeitnehmer seine Arbeitspflicht zu erfüllen hat, sind wiederum die getroffenen Regelungen in

- Arbeitsvertrag,
- Betriebsvereinbarung,
- Tarifvertrag oder
- Gesetz.

II. Gesetzliche Neuregelung der Arbeitszeit

2101

Zum **01.07.1994** sind die wesentlichen Teile des neuen *Arbeitszeitrechtsgesetzes* (ArbZRG; BGBl I, S. 1170) in Kraft getreten. Wesentlicher Bestandteil des ArbZRG ist das **Arbeitszeitgesetz** (ArbZG).
Damit ist dem Gesetzgeber endlich eine Novellierung des Arbeitszeitrechts gelungen, nachdem ähnliche Bemühungen in der letzten und vorletzten Legislaturperiode gescheitert waren.

Arbeitspflicht und Arbeitszeit

Der Gesetzgeber hat mit der Neuregelung zum einen den im Einigungsvertrag festgelegten Auftrag umgesetzt, das öffentlich-rechtliche Arbeitszeitrecht möglichst bald einer **einheitlichen Regelung** zuzuführen. Zum anderen sind einige vom Bundesverfassungsgericht gerügte Regelungen zum Hausarbeitstagsgesetz und zum Nachtarbeitsverbot für Arbeiterinnen verfassungskonform bereinigt worden.

Abzuwarten bleibt jedoch, ob es darüber hinaus gelungen ist, die EG-Richtlinie 93/104/EG vom 23.11.1993 über bestimmte Aspekte der Arbeitszeitgestaltung vollständig umzusetzen. Offen bleibt auch die Frage, ob die nunmehr vermehrt vorgesehenen Ausnahmen vom fortbestehenden grundsätzlichen Verbot der Sonn- und Feiertagsarbeit einer verfassungsrechtlichen Überprüfung standhalten werden.

2102

Mit dem Arbeitszeitrechtsgesetz sind gleichzeitig die **bisher bestehenden gesetzlichen Regelungen zur Arbeitszeit aufgehoben worden**, insbesondere die Arbeitszeitordnung (AZO) von 1938, die Vorschriften zur Sonn- und Feiertagsruhe in der Gewerbeordnung (GewO) sowie weitere 26 Nebengesetze.

Der **Zweck des Arbeitszeitgesetzes** ist es,

- die Sicherheit und den Gesundheitsschutz der Arbeitnehmer bei der Arbeitszeitgestaltung zu gewährleisten und die Rahmenbedingungen für flexible Arbeitszeiten zu verbessern sowie
- den Sonntag und die staatlich anerkannten Feiertage als Tage der Arbeitsruhe und der seelischen Erhebung der Arbeitnehmer zu schützen (§ 1 ArbZG).

Die gesetzliche Neuregelung beinhaltet im wesentlichen:

- Das **Verbot der Sonn- und Feiertagsarbeit** sowie die Ausnahmen hiervon (§§ 9 ff. ArbZG). Die **höchstzulässige tägliche Arbeitszeitdauer** (§ 3 ArbZG).
- **Einheitliche Ruhepausen und Ruhezeiten** für weibliche und männliche Arbeitnehmer (§§ 4, 5 ArbZG).
- Zulässigkeit und Voraussetzungen von **Nacht- und Schichtarbeit** (§ 6 ArbZG).
- **Zulässigkeit abweichender Regelungen** durch Tarifvertrag, Betriebsvereinbarung, Rechtsverordnung sowie Genehmigung der Aufsichtsbehörde.

2103

Die gesetzliche Neuregelung läßt zukünftig eine flexiblere Gestaltung der Arbeitszeit zu. Erleichterungen wird es insbesondere auch mit sich bringen, daß zukünftig bei der Gestaltung von Arbeitszeiten nicht mehr zwischen weiblichen und männlichen Arbeitnehmern unterschieden werden muß. Allerdings sind weiterhin die Schutzvorschriften zugunsten von Jugendlichen und werdenden und stillenden Müttern zu beachten. Insgesamt bleibt zu hoffen, daß durch die nunmehr erfolgte Modernisierung der Arbeitszeitvorschriften ein wirksamer Beitrag zur Sicherung der Beschäftigung und zur Erhaltung der Konkurrenzfähigkeit der Deutschen Wirtschaft gegenüber dem Ausland erbracht wurde.

Bei allen Streit- und Auslegungsfragen in Anwendung der neuen gesetzlichen Regelung wird der o. g. und vom Gesetz selbst definierte **Zweck des Arbeitszeitgesetzes** zu berücksichtigen sein. Es spricht viel dafür, daß bei widerstreitenden Arbeitgeber- und Arbeitnehmerinteressen im Zweifel zugunsten des Gesundheitsschutzes und des Ruhebedürfnisses der Arbeitnehmer zu entscheiden sein wird.

III. Geltungsbereich des Arbeitszeitgesetzes

1. Persönlicher Geltungsbereich

2104

Das neue Arbeitszeitgesetz gilt grundsätzlich für alle Arbeitnehmer. Arbeitnehmer im Sinne dieses Gesetzes sind Arbeiter und Angestellte sowie die zu ihrer Berufsbildung Beschäftigten (§ 2 Abs. 2 ArbZG).

Ausgenommen vom Geltungsbereich des Gesetzes sind jedoch

- leitende Angestellte im Sinne des § 5 Abs. 3 BetrVG sowie Chefärzte,
- Leiter von öffentlichen Dienststellen und deren Vertreter sowie Arbeitnehmer im öffentlichen Dienst, die zu selbständigen Entscheidungen in Personalangelegenheiten befugt sind,
- Arbeitnehmer, die in häuslicher Gemeinschaft mit den ihnen anvertrauten Personen zusammenleben und sie eigenverantwortlich erziehen, pflegen oder betreuen,
- der liturgische Bereich der Kirchen und Religionsgemeinschaften (§ 18 ArbZG).

Für die Beschäftigung von Personen unter 18 Jahren gilt anstelle des Arbeitszeitgesetzes das Jugendarbeitsschutzgesetz (JArbSchG).

Sonderregelungen bestehen auch für Seeleute und Arbeitnehmer in Bäckereien und Konditoreien. Eingeschränkte Sonderregelungen sieht das Gesetz für die Beschäftigten im öffentlichen Dienst, in der Luftfahrt sowie in der Binnenschiffahrt vor (vgl. §§ 19, 20, 21 ArbZG). Die bislang geltenden Ausnahmetatbestände in § 1 Abs. 2 AZO finden keine Anwendung mehr.

2. Betrieblicher Geltungsbereich

2105

Dem Geltungsbereich des neuen Arbeitszeitgesetzes unterfallen nunmehr grundsätzlich auch alle Betriebe.

Die vom Geltungsbereich der alten Arbeitszeitordnung ausgenommenen land- und forstwirtschaftlichen Betriebe, die Jagd, die Tierzucht und die für den eigenen Bedarf arbeitenden land- und forstwirtschaftlichen Nebenbetriebe unterliegen vom 01.07.1994 an in vollem Umfang der neuen gesetzlichen Regelung.

Auf die Sonderregelungen für Seeleute, Beschäftigte in der Luft- und Binnenschiffahrt wurde bereits hingewiesen (vgl. Rz. 2104).

IV. Übergangsregelung für Tarifverträge und Betriebsvereinbarungen

2106

Bei Inkrafttreten des neuen Arbeitszeitgesetzes am 01.07.1994 **bestehende oder nachwirkende Tarifverträge** bleiben anwendbar, soweit sie eine nach der neuen gesetzlichen Regelung zulässige Ausdehnung der Arbeitszeit sowie der Beschäftigung an Sonn- und Feiertagen enthalten (§ 25 ArbZG). Gleiches gilt für durch Tarifvertrag zugelassene **Betriebsvereinbarungen**.

Wirksam bleiben auch tarifvertragliche Regelungen, in denen für die Beschäftigung an Feiertagen anstelle der nunmehr gesetzlich geforderten Freistellung (§ 11 Abs. 3 ArbZG) ein Zuschlag gewährt wird.

Unterfällt der Betrieb des Arbeitgebers dem Anwendungsbereich eines Tarifvertrages oder bestehen entsprechende Betriebsvereinbarungen, wird also immer zunächst zu überprüfen sein, inwieweit diese aufgrund der vorstehend genannten Übergangsregelung weiterhin Anwendung finden.

V. Festlegung der Arbeitstage

1. Einführung

2107

Der Arbeitgeber ist aufgrund seines Direktionsrechtes grundsätzlich auch berechtigt, im Rahmen der vertraglichen und gesetzlichen Bestimmungen die Arbeitszeit auf die einzelnen Wochentage zu verteilen und damit die Arbeitstage des Arbeitnehmers festzulegen. Wesentliche Einschränkungen ergeben sich dabei insbesondere aus einem Mitbestimmungsrecht des Betriebsrates. Darüber hinaus ist zu beachten, daß nach den gesetzlichen Vorschriften an bestimmten Tagen ein Beschäftigungsverbot besteht.

2. Vertragliche Regelung der Arbeitstage

2108
Regelungen über die Tage, an denen der Arbeitnehmer die geschuldete Arbeitsleistung zu erbringen hat, sind in **Arbeitsverträgen** häufig nicht enthalten. Regelmäßig ist nur vereinbart, daß der Arbeitnehmer eine bestimmte Wochenstundenzahl zu erbringen hat (Rz. 1085). In vielen Fällen sind jedoch Vereinbarungen über die Arbeitstage in einem **Tarifvertrag** enthalten. Soweit solche Regelungen bestehen, sind sie für die Arbeitsvertragsparteien verbindlich. Abweichende einzelvertragliche Vereinbarungen sind nur dann anwendbar, wenn sie für den Arbeitnehmer günstiger sind (§ 4 Abs. 3 TVG).

Fehlen dagegen sowohl im Arbeitsvertrag als auch in einem Tarifvertrag entsprechende Regelungen, so gelten im Zweifel die **betriebsüblichen Arbeitstage** als vereinbart. In Betrieben mit einem Betriebsrat hat dieser bei der Verteilung der Arbeitszeit auf die einzelnen Wochentage und damit auch bei der Festlegung der betriebsüblichen Arbeitstage ein Mitbestimmungsrecht (§ 87 Abs. 1 Nr. 2 BetrVG). Regelmäßig werden daher die betriebsüblichen Arbeitstage im Rahmen einer **Betriebsvereinbarung** festgelegt sein. Deren Inhalt gilt dann unmittelbar und zwingend auch zwischen den Arbeitsvertragsparteien (s. § 77 Abs. 4 Satz 1 BetrVG).

3. Festlegung und Änderung der Arbeitstage

2110
Der Arbeitgeber ist bei der Festlegung der Arbeitstage an die anwendbaren vertraglichen Bestimmungen sowie an die Festlegungen einer entsprechenden Betriebsvereinbarung gebunden. Zu einer hiervon abweichenden Festlegung der Arbeitstage ist er nicht berechtigt.

Arbeits- oder tarifvertragliche Regelungen können wiederum nur durch Arbeits- oder Tarifvertrag geändert werden. Sollen die betriebsüblichen Arbeitstage verändert werden, so bedarf es hierfür in Betrieben mit einem Betriebsrat des **Abschlusses einer neuen Betriebsvereinbarung**. Hatte der Betriebsrat zuvor der Festlegung der Arbeitstage lediglich formlos zugestimmt, so ist auch für eine erneute Änderung zumindest die Zustimmung des Betriebsrates erforderlich.

Bestehen keine ausdrücklichen Regelungen und ist ein Betriebsrat nicht vorhanden, kann der Arbeitgeber die betriebsüblichen Arbeitstage einseitig kraft seines **Direktionsrechtes** festlegen und auch ändern, wenn dies aus betrieblichen Gründen erforderlich ist. Dabei hat der Arbeitgeber jedoch die **Grenzen billigen Ermessens** einzuhalten (§ 315 BGB). Der Arbeitnehmer ist dann verpflichtet, an den geänderten Arbeitstagen seine Arbeitsleistung zu erbringen.

4. Verbot der Sonn- und Feiertagsarbeit

a) Anwendungsbereich

2112

Das Verbot der Beschäftigung von Arbeitnehmern an Sonn- und Feiertagen gilt nunmehr für alle Beschäftigungsbereiche (§§ 9, 18 ArbZG). Die Beschränkung des Verbots der Sonn- und Feiertagsarbeit auf die im alten § 105 b GewO genannten Gewerbebetriebe ist weggefallen.

Der Arbeitgeber ist durch das Verbot der Beschäftigung von Arbeitnehmern an Sonn- und Feiertagen jedoch nicht gehindert, den Betrieb ohne Arbeitnehmer an Sonn- und Feiertagen aufrechtzuerhalten. Allerdings stellen die Feiertagsvorschriften der Länder vielfach Arbeitsverbote für alle öffentlich bemerkbaren Arbeiten auf, die geeignet sind, die äußere Ruhe des Sonn- oder Feiertages zu stören!

b) Zeitlicher Umfang

2113

An Sonn- und gesetzlichen Feiertagen dürfen Arbeitnehmer von 00.00 Uhr bis 24.00 Uhr nicht beschäftigt werden (§ 9 Abs. 1 ArbZG).

Unter **Feiertagen** im Sinne der Verbotsvorschrift sind die **gesetzlichen Feiertage** zu verstehen (vgl. die Übersicht über die gesetzlichen Feiertage unter Rz. 2823).

In **mehrschichtigen Betrieben** mit regelmäßiger Tag- und Nachtschicht gelten Erleichterungen. Dort kann der Beginn oder das Ende der Sonn- und Feiertagsruhe um bis zu 6 Stunden vor- oder zurückverlegt werden, wenn für die auf den Beginn der Ruhezeit folgenden 24 Stunden der Betrieb ruht (§ 9 Abs. 2 ArbZG). In diesen Betrieben darf also an einem Sonn- oder Feiertag entweder bis 06.00 Uhr oder ab 18.00 Uhr gearbeitet werden. Voraussetzung ist allerdings, daß ab 06.00 Uhr der Betrieb für 24 Stunden ruht bzw. vor 18.00 Uhr 24 Stunden geruht hat. Im Gegensatz zur bisherigen Regelung, wenn zwei Sonn- und Feiertage aufeinanderfolgen, ist nunmehr dem Arbeitnehmer in diesen Fällen eine **48-stündige Ruhezeit** zu gewähren. Die Beschränkung der Ruhezeit auf 36 Stunden ist nicht mehr zulässig.

Eine **Ausnahme** vom Grundsatz der Sonn- und Feiertagsruhe läßt das neue ArbZG für **Kraftfahrer und Beifahrer** zu. Für diese Arbeitnehmer kann der Beginn der 24-stündigen Sonn- und Feiertagsruhe um bis zu 2 Stunden vorverlegt werden (§ 9 Abs. 3 ArbZG). Damit hat der Gesetzgeber dem bekannten "Sonntagsfahrverbot" (Fahrverbot an Sonn- und Feiertagen von 00.00 Uhr bis 22.00 Uhr) Rechnung getragen.

Arbeitsrecht

Zuwiderhandlungen gegen das Verbot der Sonn- und Feiertagsarbeit können als **Ordnungswidrigkeit** und auch als Straftat geahndet werden (§§ 22, 23 ArbZG).

5. Zulässige Sonn- und Feiertagsarbeit

a) Ausnahmetatbestände des ArbZG

2114

In § 10 Abs. 1 ArbZG sind insgesamt 16 Ausnahmetatbestände geregelt, bei deren Vorliegen die Beschäftigung von Arbeitnehmern an Sonn- und Feiertagen zulässig ist.

Notwendige Voraussetzung einer zulässigen Beschäftigung an Sonn- und Feiertagen ist immer, **daß die Arbeiten nicht an Werktagen vorgenommen werden können**. Nur wenn das der Fall ist, kann die Beschäftigung von Arbeitnehmern an Sonn- und Feiertagen aufgrund eines der nachfolgend im gesetzlichen Wortlaut wiedergegebenen Ausnahmetatbestandes zulässig sein. Arbeitnehmer dürfen danach an Sonn- und Feiertagen abweichend vom Grundsatz der Sonn- und Feiertagsruhe beschäftigt werden

- in Not- und Rettungsdiensten sowie bei der Feuerwehr,
- zur Aufrechterhaltung der öffentlichen Sicherheit und Ordnung sowie der Funktionsfähigkeit von Gerichten und Behörden für Zwecke der Verteidigung,
- in Krankenhäusern und anderen Einrichtungen zur Behandlung, Pflege und Betreuung von Personen,
- in Gaststätten und anderen Einrichtungen zur Bewirtung und Beherbergung sowie im Haushalt,
- bei Musikaufführungen, Theatervorstellungen, Filmvorführungen, Schaustellungen, Darbietungen und anderen ähnlichen Veranstaltungen
- bei nichtgewerblichen Aktionen und Veranstaltungen der Kirchen, Religionsgesellschaften, Verbände, Vereine, Parteien und anderer ähnlicher Vereinigungen
- beim Sport und in Freizeit-, Erholungs- und Vergnügungseinrichtungen, beim Fremdenverkehr sowie in Museen und wissenschaftlichen Präsenzbibliotheken,
- beim Rundfunk, bei der Tages- und Sportpresse, bei Nachrichtenagenturen sowie bei den der Tagesaktualität dienenden Tätigkeiten für andere Presseerzeugnisse einschließlich des Austragens, bei der Herstellung von Satz, Filmen und Druckformen für tagesaktuelle Nachrichten und Bilder, bei tagesaktuellen Aufnahmen auf Ton- und Bildträger sowie beim Transport und Kommissionie-

ren von Presseerzeugnissen, deren Ersterscheinungstag am Montag oder am Tag nach einem Feiertag liegt,
- bei Messen, Ausstellungen und Märkten im Sinne des Titels IV der Gewerbeordnung sowie bei Volksfesten,
- in Verkehrsbetrieben sowie beim Transport und Kommissionieren von leichtverderblichen Waren im Sinne des § 30 Abs. 3 Nr. 2 der Straßenverkehrsordnung,
- in den Energie- und Wasserversorgungsbetrieben sowie in Abfall- und Abwasserentsorgungsbetrieben,
- in der Landwirtschaft und in der Tierhaltung sowie in Einrichtungen zur Behandlung und Pflege von Tieren,
- im Bewachungsgewerbe und bei der Bewachung von Betriebsanlagen,
- bei der Reinigung und Instandhaltung von Betriebseinrichtungen, soweit hierdurch der regelmäßige Fortgang des eigenen oder eines fremden Betriebs bedingt ist, bei der Vorbereitung der Wiederaufnahme des vollen werktägigen Betriebs sowie bei der Aufrechterhaltung der Funktionsfähigkeit von Datennetzen und Rechnersystemen,
- zur Verhütung des Verderbens von Naturerzeugnissen oder Rohstoffen oder des Mißlingens von Arbeitsergebnissen sowie bei kontinuierlich durchzuführenden Forschungsarbeiten,
- zur Vermeidung einer Zerstörung oder erheblichen Beschädigung der Produktionseinrichtungen.

2115
Über den vorstehend unter Punkt 14 genannten Ausnahmetatbestand hinaus dürfen Arbeitnehmer an Sonn- und Feiertagen auch dann mit Produktionsarbeiten beschäftigt werden, wenn infolge der Unterbrechung der unter Punkt 14 zulässigen Arbeiten der **Einsatz von mehr Arbeitnehmern als bei durchgehender Produktion erforderlich ist** (§ 10 Abs. 2 ArbZG).

Beispiel:
Für die Aufrechterhaltung der Produktion sind 10 Arbeitnehmer erforderlich. Bei Stillegung der Produktion sind jeweils 12 Arbeitnehmer erforderlich, um die betrieblichen Anlagen so vorzubereiten, damit am folgenden Arbeitstag die Produktion wieder aufgenommen werden kann. In diesem Fall ist der Arbeitgeber berechtigt, die Produktion auch am Sonn- oder Feiertag fortzusetzen und an diesen Tagen Arbeitnehmer zu beschäftigen.

Die Regelung soll zu einer Reduzierung der Zahl der von Sonn- und Feiertagsarbeit betroffenen Arbeitnehmer beitragen.

Auch in den Fällen, in denen aufgrund der betrieblichen Voraussetzungen die Beschäftigung von Arbeitnehmern an Sonn- und Feiertagen zulässig ist, müssen für jeden Arbeitnehmer **mindestens 15 Sonntage im Jahr beschäftigungsfrei** bleiben. Außerdem muß den Arbeitnehmern innerhalb eines bestimmten Zeitraumes ein **Ersatzruhetag** gewährt werden (vgl. § 11 ArbZG, Rz. 2126).

b) Sonderregelung durch Tarifvertrag/Betriebsvereinbarung

2116

In einem Tarifvertrag oder aufgrund eines Tarifvertrags in einer Betriebsvereinbarung können von den gesetzlichen Vorschriften abweichende Regelungen getroffen werden (§ 12 ArbZG).

So kann der Wegfall von **Ersatzruhetagen** (vgl. Rz. 2126) für auf Werktage fallende Feiertage vereinbart werden oder aber der Ausgleichszeitraum, in dem ein Ersatzruhetag zu gewähren ist, verkürzt oder verlängert werden. Für bestimmte Betriebe ist auch eine Verringerung der beschäftigungsfrei zu haltenden Sonntage möglich. In **vollkontinuierlichen Schichtbetrieben** kann die Arbeitszeit an Sonn- und Feiertagen auf bis zu 12 Stunden verlängert werden, wenn dadurch zusätzliche freie Schichten an Sonn- und Feiertagen erreicht werden.

Hier ist den Tarifvertragsparteien und - soweit ein Tarifvertrag entsprechende Betriebsvereinbarungen zuläßt - auch dem Arbeitgeber und dem Betriebsrat erheblicher Gestaltungsspielraum zugewiesen. Inwieweit dieser genutzt wird, bleibt abzuwarten.

c) Sonderregelung durch Rechtsverordnung

2117

Das ArbZG ermöglicht es der Bundesregierung, durch Rechtsverordnung die Ausnahmen vom Verbot der Sonn- und Feiertagsarbeit näher zu bestimmen und weitere Ausnahmen für bestimmte Betriebe zuzulassen (§ 13 Abs. 1 ArbZG). Unter bestimmten Voraussetzungen können auch die Landesregierungen ermächtigt sein, entsprechende Rechtsverordnungen zu erlassen (vgl. § 13 Abs. 2 ArbZG).

Die bislang für die **Papier- sowie für die Eisen- und Stahlindustrie** erlassenen Rechtsverordnungen (Verordnung über Ausnahmen vom Verbot der Beschäftigung von Arbeitnehmern an Sonn- und Feiertagen in der Papierindustrie bereinigte Fassung *BGBl. III unter Nr. 7107 - 5*; Verordnung über die Ausnahmen vom Verbot der Beschäftigung von Arbeitnehmern an Sonn- und Feiertagen in der Eisen- und Stahlindustrie in der Fassung der Bekanntmachung vom 31. Juli 1968, *BGBl. I s. 886*; beide Verordnungen zuletzt geändert im ArbZRG) gelten weiterhin. Die Verordnungen enthalten umfangreiche Regelungen über die Zulässig-

Arbeitspflicht und Arbeitszeit

keit von Sonn- und Feiertagsarbeit, auf die hier allerdings nicht im einzelnen eingegangen werden kann.

Für sog. **kontinuierliche Betriebe** und für Saisonbetriebe waren bis zum 01.07.1994 in der Bekanntmachung betreffend Ausnahmen vom Verbot der Sonntagsarbeit in Gewerbebetrieben (*BGBl. III Nr. 7107 - 3*) weitere Ausnahmen vom Verbot der Sonn- und Feiertagsarbeit zugelassen. Diese Ausnahmen gelten nicht mehr. Das ArbZRG hat die Bekanntmachung außer Kraft gesetzt.

d) Ausnahmegenehmigung durch die Aufsichtsbehörde

2118

Die Aufsichtsbehörde (regelmäßig das Gewerbeaufsichtsamt) kann weitere Ausnahmen vom Verbot der Sonn- und Feiertagsarbeit zulassen.

Für das **Handelsgewerbe** kann das Gewerbeaufsichtsamt an bis zu 10 Sonn- und Feiertagen im Jahr, an denen besondere Verhältnisse einen erweiterten Geschäftsverkehr erforderlich machen, eine Beschäftigung zulassen (§ 13 Abs. 3 Nr. 2 a ArbZG). Da diese Regelung jedoch an den Wortlaut des alten § 105 b Abs. 2 Satz 2 GewO anknüpft, wird dieser Ausnahmetatbestand auch in Zukunft nur in ganz seltenen Ausnahmefällen zur Anwendung kommen.

Beispiel:
Betriebe des Sahne-Großhandels, die an Sonn- und Feiertagen Sahne an Verbraucher abgeben.

Ferner kann an bis zu 5 Sonn- und Feiertagen im Jahr eine Beschäftigung von Arbeitnehmern bewilligt werden, wenn besondere Verhältnisse zur Verhütung eines unverhältnismäßigen Schadens dies erfordern.

Beispiel:
Drohende Vertragsstrafe, aber auch entgehender Gewinn.

Entscheidend ist, daß der drohende Schaden unverhältnismäßig groß in Relation zur Beeinträchtigung der Sonntagsruhe erscheint.

Nach der bisherigen gesetzlichen Regelung war es ohne weiteres zulässig, an einem Sonntag Arbeitnehmer zur Durchführung von Arbeiten einer **gesetzlich vorgeschriebenen Inventur** zu beschäftigen. Nach der neuen gesetzlichen Regelung im ArbZG muß dies nunmehr ausdrücklich vom Arbeitgeber beantragt und von der Aufsichtsbehörde bewilligt werden.

Die Aufsichtsbehörde soll Sonn- und Feiertagsarbeit auch bei Arbeiten bewilligen, die aus chemischen, biologischen, technischen oder physikalischen Gründen einen ununterbrochenen Fortgang auch an Sonn- und Feiertagen erfordern (§ 13 Abs. 4 ArbZG).

2119
Schließlich hat die Aufsichtsbehörde Sonn- und Feiertagsarbeit auch dann zu bewilligen, wenn bei einer weitergehenden Ausnutzung der gesetzlich zulässigen wöchentlichen Betriebszeiten und bei längeren Betriebszeiten im Ausland die **Konkurrenzfähigkeit unzumutbar beeinträchtigt** ist und durch die Genehmigung von Sonn- und Feiertagsarbeit die **Beschäftigung gesichert** werden kann (§ 13 Abs. 5 ArbZG).

Diese Regelung stellt eine absolute Neuerung dar. Die Bundesvereinigung der Arbeitgeberverbände sieht insbesondere hierin eine erhebliche Verbesserung der Flexibilisierung der Arbeitszeiten an Sonn- und Feiertagen. Die Vorschrift ist vom Wortlaut her so formuliert, daß der Arbeitgeber bei Vorliegen der Voraussetzungen einen **Anspruch auf die Bewilligung** hat. Die Voraussetzungen selbst sind jedoch überwiegend durch sog. unbestimmte Rechtsbegriffe (z. B. unzumutbar) definiert, so daß Probleme bei der Umsetzung der Norm vorprogrammiert sind.

Will ein Arbeitgeber einen solchen Antrag auf Bewilligung der Beschäftigung von Arbeitnehmern an Sonn- und Feiertagen mit Aussicht auf Erfolg stellen, so wird er darzulegen haben,

- erhebliche Beeinträchtigung der Konkurrenzfähigkeit im Vergleich zum Ausland durch zu kurze Maschinenlaufzeiten,
- Beseitigung der Wettbewerbsnachteile durch die Erlaubnis der Sonn- und Feiertagsarbeit,
- Sicherung der Beschäftigung durch die Genehmigung von Sonn- und Feiertagsarbeit.

Schon jetzt steht zu erwarten, daß dieser Ausnahmetatbestand alsbald Gegenstand gerichtlicher Auseinandersetzungen werden wird.

e) Sonderregelung für Verkaufsstellen nach dem Ladenschlußgesetz

2120
Von der gesetzlichen Neuregelung des ArbZRG weitgehend unberührt geblieben sind die Sonderregelungen für Verkaufsstellen nach dem Ladenschlußgesetz. Diese Sonderregelungen gelten weiterhin.

Verkaufsstellen im Sinne des Ladenschlußgesetzes sind Ladengeschäfte aller Art sowie sonstige Verkaufsstände, wenn in ihnen von einer festen Stelle aus Waren zum Verkauf an jedermann angeboten werden (vgl. § 1 LadschlG).

Arbeitspflicht und Arbeitszeit

Ausnahmeregelungen von den allgemeinen Ladenschlußzeiten gelten u.a. für **Apotheken, Tankstellen, Verkaufsstellen auf Personenbahnhöfen sowie Flug- und Fährhäfen** (vgl. §§ 4 bis 15 LadschlG).

Soweit nach diesen Ausnahmeregelungen auch die Öffnung der Verkaufsstellen an Sonn- und Feiertagen zulässig ist, dürfen auch Arbeitnehmer an diesen Tagen während dieser Öffnungszeiten beschäftigt werden (§ 17 Abs. 1 LadschlG).

Ist die Beschäftigung danach an Sonntagen zulässig, muß jeder dritte Sonntag beschäftigungsfrei bleiben. Darüber hinaus hat der Arbeitgeber die betroffenen Arbeitnehmer, gestaffelt nach ihrer Beschäftigungszeit an Sonn- und Feiertagen, an einem Werktag derselben Woche von der Arbeit teilweise oder ganz freizustellen (§ 17 Abs. 3 LadschlG), vgl. Rz. 2127.

f) Außergewöhnliche Fälle

2121

Das Verbot der Sonn- und Feiertagsarbeit gilt nicht bei vorübergehenden Arbeiten in Notfällen und in außergewöhnlichen Fällen, die unabhängig vom Willen der Betroffenen eintreten und deren Folgen nicht auf andere Weise zu beseitigen sind (§ 14 Abs. 1 ArbZG).

Beispiel:
Tierkörperbeseitigung während der warmen Jahreszeit, Beseitigung von Schäden an Kanalisations- und Wasserleitungssystemen.

Ein Notfall liegt aber nicht vor, wenn die Sonn- oder Feiertagsarbeit auf durch **mangelnde Kapazität** des Betriebes verursachte Schwierigkeiten zurückzuführen ist, alle eingegangenen Aufträge fristgerecht zu erledigen. Zulässig ist Sonn- und Feiertagsarbeit jedenfalls dann, wenn andernfalls Rohstoffe oder Lebensmittel zu verderben oder Arbeitsergebnisse zu mißlingen drohen.

Beispiel:
Ausfall einer Kühlanlage. Die im Kühlraum gelagerten Lebensmittel müssen in einen anderen Kühlraum umgelagert werden.
In diesem Fall wird der Arbeitgeber ohne weiteres berechtigt sein, seine Arbeitnehmer auch an einem Sonn- oder Feiertag zwecks Ausführung der erforderlichen Arbeiten zu beschäftigen.

Auf einen Notfall wird sich ein Arbeitgeber aber nur dann berufen können, wenn die durchgeführten Arbeiten nicht an Werktagen vorgenommen werden können.

6. Verbot der Sonn- und Feiertagsarbeit in Bäckereien und Konditoreien

2122
Für Bäckereien und Konditoreien ergibt sich das Verbot der Sonn- und Feiertagsarbeit aus § 6 Abs. 1 des Gesetzes über die Arbeitszeit in Bäckereien und Konditoreien (BAZG, BGBl. III unter Nr. 8050-8).

Allerdings dürfen an Sonntagen leicht verderbliche Konditorwaren zwischen 7.00 und 13.00 Uhr während zweier ununterbrochener Stunden hergestellt und ausgetragen oder ausgefahren werden. Die vom zuständigen Gewerbeaufsichtsamt hierfür festgesetzten Zeiten sind zu beachten (§ 7 Abs. 1 BAZG). Ferner ist die Sonntagsarbeit auch in Bäckereien und Konditoreien zulässig in Notfällen sowie bei ausdrücklicher behördlicher Genehmigung (§§ 8, 10 BAZG).

7. Verbot der Sonn- und Feiertagsarbeit für Jugendliche

2123
Jugendlicher ist, wer 14, aber noch nicht 18 Jahre alt ist (§ 2 Abs. 2 JArbSchG, zum Verbot der Beschäftigung von Kindern und Jugendlichen unter 15 Jahren vgl. §§ 5, 7 JArbSchG). Jugendliche dürfen an Sonn- und Feiertagen grundsätzlich nicht beschäftigt werden, und zwar auch dann nicht, wenn nach den zuvor beschriebenen Ausnahmeregelungen die Arbeit in dem Betrieb an diesem Tag zulässig ist (§§ 17 Abs. 1, 18 Abs. 1 JArbSchG).

Aber auch hier gibt es wiederum **Ausnahmen**. Wesentliche Ausnahme ist die Beschäftigung von Jugendlichen in Krankenanstalten sowie in Alten-, Pflege- und Kinderheimen, in der Landwirtschaft, im Schaustellergewerbe, bei Musikaufführungen, Theatervorstellungen und anderen Aufführungen, im ärztlichen Notdienst sowie im Gaststättengewerbe (§§ 17 Abs. 2, 18 Abs. 2 JArbSchG).

Allerdings müssen mindestens 2 Sonntage im Monat beschäftigungsfrei bleiben.

Feiertagsarbeit von Jugendlichen ist immer unzulässig am 25.12., am 01.01., am ersten Osterfeiertag und am 01.05. (§ 18 Abs. 2 JArbSchG). Zu beachten ist, daß der Jugendliche bei zulässiger Sonn- oder Feiertagsarbeit noch in derselben Woche an einem berufsschulfreien Arbeitstag **von der Arbeit freigestellt** wird (§§ 17 Abs. 3, 18 Abs. 3 JArbSchG). Die Freistellung kann aber auch an einem Betriebsruhetag, also in der Regel am Samstag, erfolgen, wenn der Jugendliche an diesem Tag keine Berufsschule hat.

8. Verbot der Sonn- und Feiertagsarbeit für werdende und stillende Mütter

2124
Werdende und stillende Mütter dürfen ebenfalls nicht an Sonn- und Feiertagen beschäftigt werden (§ 8 Abs. 1 MuSchG).

Ausnahmen bestehen allerdings für das Verkehrswesen, im Gast- und Beherbergungswesen, in Krankenpflege- und Badeanstalten, bei Musikaufführungen, Theatervorstellungen und anderen Schaustellungen.

In diesen Bereichen ist die Beschäftigung von werdenden und stillenden Müttern auch an Sonn- und Feiertagen zulässig, wenn ihnen einmal in der Woche eine **ununterbrochene Ruhezeit** von mindestens 24 Stunden im Anschluß an eine Nachtruhe gewährt wird (§ 8 Abs. 4 MuSchG). Der Arbeitnehmerin ist also ein voller freier Tag zu gewähren.
Allerdings muß immer beachtet werden, daß werdende Mütter während der letzten 6 Wochen vor der Entbindung nicht beschäftigt werden dürfen, wenn sie sich nicht ausdrücklich zur Arbeitsleistung bereiterklärt haben. Diese Erklärung kann jederzeit widerrufen werden (§ 3 Abs. 2 MuSchG).

Nach der Entbindung dürfen junge Mütter (Wöchnerinnen) bis zum Ablauf von 8 Wochen auch dann nicht beschäftigt werden, wenn sie sich ausdrücklich zur Arbeitsleistung bereiterklärt haben (§ 6 Abs. 1 MuSchG).

9. Verbot der Beschäftigung an bestimmten Wochentagen

a) Einführung

2125

Für die Beschäftigung von Arbeitnehmern an anderen Tagen als Sonn- und Feiertagen bestehen im allgemeinen keine gesetzlichen Einschränkungen. Ohne weiteres zulässig ist daher auch die **Samstagsarbeit**. Für einzelne Arbeitnehmergruppen ist allerdings bestimmt, daß bestimmte Wochentage arbeitsfrei zu bleiben haben.

In einigen Fällen ergibt sich ein indirektes Verbot der Beschäftigung an bestimmten Wochentagen, wenn dem Arbeitnehmer eine verlängerte Ruhezeit oder ein Ersatzruhetag als Ausgleich für eine zulässige Sonn- und Feiertagsarbeit zu gewähren ist.

b) Arbeitnehmer, die zulässige Sonn- und Feiertagsarbeit nach dem ArbZG leisten

2126

Werden Arbeitnehmer an einem Sonntag beschäftigt, müssen sie einen **Ersatzruhetag** haben, der innerhalb eines den Beschäftigungstag einschließenden Zeitraums von **2 Wochen** zu gewähren ist (§ 11 Abs. 3 Satz 1 ArbZG). Dem Arbeitnehmer ist also frühestens 2 Wochen vor bzw. spätestens 2 Wochen nach dem Tage der Sonntagsarbeit ein freier Tag zu gewähren. Der Ausgleichszeitraum beträgt also max. 4 Wochen.

Beispiel:
Der Arbeitnehmer wird am Sonntag, den 01.01.1995, beschäftigt. Der Ausgleichszeitraum beträgt hier, obwohl es sich bei dem 01.01.1995 auch um einen Feiertag handelt, 4 Wochen. Der Ausgleichszeitraum beginnt also am 18.12.1994 und endet am 15.01.1995.

Werden Arbeitnehmer an einem auf einen Werktag fallenden Feiertag beschäftigt, müssen sie einen Ersatzruhetag haben, der innerhalb eines den Beschäftigungstag einschließenden Zeitraums von **8 Wochen** zu gewähren ist (§ 11 Abs. 3 Satz 2 ArbZG). In diesen Fällen verlängert sich der Ausgleichszeitraum also auf insgesamt 16 Wochen.

Dabei wird der Ersatzruhetag jeweils an einem Tag zu gewähren sein, an dem der Arbeitnehmer **normalerweise nicht gearbeitet** hätte. Andernfalls kann der Zweck des Ersatzruhetages nicht erreicht werden. Da ordnungswidrig handelt, wer einen Ersatzruhetag nicht oder nicht rechtzeitig gewährt (§ 22 Abs. 1 Nr. 6 ArbZG), ist also dringend davor zu warnen, Tage, an denen der Arbeitnehmer normalerweise nicht gearbeitet hätte, als Ersatzruhetage auszuweisen.

Der Ersatzruhetag ist auch in allen Fällen in Verbindung mit einer 11-stündigen ununterbrochenen Ruhezeit zu gewähren, so daß der Arbeitnehmer insgesamt einen **Ruhezeitraum von 35 Stunden** haben muß (vgl. §§ 11 Abs. 4, 5 Abs. 1 ArbZG). Dies führt zu einem Beschäftigungsverbot an einem bestimmten Wochentag.

c) Arbeitnehmer, die zulässige Sonn- und Feiertagsarbeit nach dem Ladenschlußgesetz leisten

2127
Soweit Arbeitnehmer Sonn- und Feiertagsarbeit nach dem Ladenschlußgesetz leisten (vgl. oben Rz. 2120), können sie an den anderen Wochentagen derselben Woche nur eingeschränkt beschäftigt werden.

Werden die Arbeitnehmer an Sonn- und Feiertagen **länger als 3 Stunden** beschäftigt, so sind sie an einem Werktag derselben Woche ab 13.00 Uhr von der Arbeit freizustellen. Erfolgt die Sonn- und Feiertagsarbeit **länger als 6 Stunden**, so müssen die Arbeitnehmer an einem Werktag derselben Woche ganz von der Arbeit freigestellt werden (§ 17 Abs. 3 Satz 1 LadSchlG).
Beträgt die Beschäftigungsdauer an Sonn- und Feiertagen bis zu 3 Stunden, muß entweder jeder zweite Sonntag oder in jeder zweiten Woche ein Nachmittag ab 13.00 Uhr, wahlweise auch ein Samstag- oder Montagvormittag, beschäftigungsfrei bleiben (§ 17 Abs. 3 Satz 2, 3 LadSchlG).

Die Freistellung muß dann jeweils zu Zeiten erfolgen, an denen die Verkaufsstelle nach dem Ladenschlußgesetz geöffnet sein darf (§ 17 Abs. 3 Satz 4 LadSchlG).

d) Jugendliche

2128

Jugendliche dürfen nur an 5 Tagen in der Woche beschäftigt werden (§ 15 JArbSchG). Der Arbeitgeber muß den Jugendlichen einmal in der Woche an einem **Berufsschultag** mit mehr als 5 Unterrichtsstunden von mindestens 45 Minuten oder - für Berufsschulwochen mit einem planmäßigen Blockunterricht von mindestens 25 Stunden - an mindestens 5 Tagen von der Arbeit freistellen (§ 9 Abs. 1 JArbSchG). Die Berufsschultage werden mit 8 Stunden, die Berufsschulwochen mit 40 Stunden auf die Arbeitszeit angerechnet (§ 9 Abs. 2 JArbSchG, vgl. Rz. 2114 a). Daher ist dem Jugendlichen auch für die Tage, an denen er die Berufsschule besucht, die vereinbarte Vergütung zu bezahlen (§ 9 Abs. 3 JArbSchG). Diese Regelungen gelten auch für Personen, die über 18 Jahre alt und noch berufsschulpflichtig sind (§ 9 Abs. 4 JArbSchG).

Zudem besteht für **Jugendliche** ein **ausdrückliches Verbot der Samstagsarbeit** (§ 16 Abs. 1 JArbSchG). Allerdings ist eine Beschäftigung an Samstagen wiederum in bestimmten Ausnahmefällen zulässig, wobei aber mindestens 2 Samstage im Monat beschäftigungsfrei bleiben sollen (§ 16 Abs. 2 JArbSchG). Jugendliche können an Samstagen im wesentlichen unter den gleichen Voraussetzungen beschäftigt werden wie an Sonn- und Feiertagen (vgl. oben Rz. 2065). Darüber hinaus ist die Beschäftigung Jugendlicher an Samstagen auch zulässig in offenen Verkaufsstellen, in Betrieben mit offenen Verkaufsstellen, in Bäckereien und Konditoreien, im Marktverkehr, im Friseurhandwerk, im Verkehrswesen, bei außerbetrieblichen Ausbildungsmaßnahmen und in Reparaturwerkstätten für Kraftfahrzeuge (§ 16 Abs. 2 JArbSchG).

Werden Jugendliche an Samstagen beschäftigt, so muß der Arbeitgeber den Jugendlichen an einem berufsschulfreien Tag in derselben Woche **von der Arbeit ganz freistellen**, um die 5-Tage-Woche für den Jugendlichen sicherzustellen (§ 16 Abs. 3 JArbSchG). Zu beachten ist daher, daß dem Jugendlichen auch dann ein ganzer freier Tag gewährt werden muß, wenn er am Samstag nur wenige Stunden beschäftigt war. Die Länge der Samstagsarbeit spielt also für die Freistellung keine Rolle.

e) Werdende und stillende Mütter

2131

Werdende und stillende Mütter dürfen dann nicht an bestimmten Wochentagen beschäftigt werden, wenn sie Sonn- oder Feiertagsarbeit leisten. In diesen Fällen muß ihnen einmal in jeder Woche ein freier Tag gewährt werden (vgl. oben Rz. 2124).

f) Arbeitnehmer im Gaststätten- und Beherbergungsgewerbe

2132

Für Arbeitnehmer im Gaststätten- und Beherbergungsgewerbe galten nach der alten Ausführungsverordnung zur AZO gewisse Sonderregelungen, ebenso für Bade- und Ausflugsorte. Weitere Besonderheiten enthielt Nr. 1 der Anordnung betreffend Freizeit für Gefolgschaftsmitglieder in Gast- und Schankwirtschaften (*BGBl. III unter Nr. 8050 - 12*).

Sowohl die Ausführungsverordnung zur AZO als auch die vorgenannte Freizeitanordnung sind zum 01.07.1994 außer Kraft getreten. Für alle Arbeitnehmer in Gaststätten- und Beherbergungsgewerbe gelten seitdem uneingeschränkt die allgemeinen Regelungen des ArbZG.

10. Einführung des 4-Tage-Woche

a) Betriebe mit einer wöchentlichen Arbeitszeit von mehr als 40 Stunden

2133

Für Betriebe mit einer wöchentlichen Arbeitszeit von mehr als 40 Stunden ist die Einführung der 4-Tage-Woche mit besonderen Schwierigkeiten verbunden, die eine Einführung regelmäßig unmöglich machen. Die Schwierigkeiten ergeben sich aus der gesetzlich vorgeschriebenen **täglichen Höchstarbeitszeit**, die nur in bestimmten Ausnahmefällen 8, keinesfalls aber 10 Stunden übersteigen darf (vgl. Rz. 2157 ff.).

b) Betriebe mit einer wöchentlichen Arbeitszeit von 40 Stunden oder weniger

2134

Liegt dagegen die wöchentliche Arbeitszeit bei 40 Stunden oder weniger, ist die Einführung der 4-Tage-Woche ohne weiteres möglich, indem die Arbeitszeit an 4 Tagen über 8 Stunden hinaus bis höchstens 10 Stunden verlängert wird (*vgl. Tarifvertrag zur Einführung der 4-Tage-Woche bei der Volkswagen AG, DB 1994, 42 mit Anmerkung von Bauer*)

Probleme können sich dann allenfalls in Bezug auf die Beschäftigung von Jugendlichen ergeben, da diese nicht mehr als 8 Stunden täglich beschäftigt werden dürfen (§ 8 Abs. 1 JArbSchG, vgl. Rz.2169). Die bislang aus der unterschiedlichen Pausenregelung für weibliche und männliche Arbeitnehmer resultierenden Probleme sind dagegen mit dem Inkrafttreten des ArbZG weggefallen (vgl. Rz. 2191).

VI. Festlegung der täglichen Arbeitszeitdauer

1. Einführung

2135

In dem gleichen Maße, in dem der Arbeitgeber durch die **Verteilung der wöchentlichen Arbeitszeit** auf die einzelnen Wochentage zur Festlegung der Arbeitstage berechtigt ist, kann der Arbeitgeber durch die Verteilung auch die tägliche Arbeitszeitdauer festlegen.
Beschränkungen ergeben sich jedoch sowohl aus der vertraglichen als auch der gesetzlichen Regelung über die zulässige tägliche Arbeitszeitdauer.

2. Vertragliche Regelung der täglichen Arbeitszeitdauer

2136

Vereinbarungen über die tägliche Arbeitszeitdauer sind in **Arbeitsverträgen** nur ausnahmsweise enthalten. Notwendig sind sie auch nur dann, wenn der Arbeitnehmer abweichend von der Arbeitszeitdauer der übrigen Arbeitnehmer des Betriebes beschäftigt werden soll (z.B. Teilzeitbeschäftigung).

Üblicherweise ist im Arbeitsvertrag nur vereinbart, daß der Arbeitnehmer eine **bestimmte Wochenstundenzahl** zu erbringen hat. Die Dauer und Verteilung der wöchentlichen Arbeitszeit ist vielfach auch in **Tarifverträgen** festgelegt. Derartige Regelungen gelten dann bei beiderseitiger Tarifbindung der Arbeitsvertragsparteien unmittelbar und zwingend. Hiervon abweichende Abmachungen sind nur zulässig, soweit sie durch den Tarifvertrag ausdrücklich gestattet sind oder eine für den Arbeitnehmer günstigere Regelung enthalten (§ 4 Abs. 3 TVG).

2137

Ob eine freiwillig gewährte **übertarifliche Verkürzung der betrieblichen Arbeitszeit** auf eine später erfolgende tarifliche Verkürzung der Arbeitszeit angerechnet werden kann, ist zweifelhaft. Dies dürfte zumindest dann zulässig sein, wenn der Tarifvertrag die Anrechnung durch eine wirksame Effektivklausel nicht ausschließt *(vgl. LAG München 10.07.1991, DB 1992, 481)*. In jedem Fall sollte bei einer übertariflichen Verkürzung der Arbeitszeit mit dem Arbeitnehmer ein entsprechender Anrechnungsvorbehalt vereinbart werden (vgl. Rz. 2422).

2138

Wird die wöchentliche Arbeitszeit von Vollzeitbeschäftigten zum Zwecke des Ausgleichs besonderer Belastungen verkürzt, so können auch **Teilzeitbeschäftigte einen Anspruch auf anteilige Arbeitszeitverkürzung** haben. Ein solcher Anspruch ist allerdings dann ausgeschlossen, wenn der Arbeitgeber nachweist, daß die besonderen Belastungen, deren Ausgleich die Arbeitszeitverkürzung dient, bei den Teilzeitbeschäftigten auch nicht anteilig gegeben sind. Der vom Arbeitgeber behauptete Differenzierungsgrund muß objektiv vorhanden sein. Es müssen also entprechende **arbeitsmedizinische, arbeitswissenschaftliche oder andere Ergebnisse vorliegen**, die eine unterschiedliche Behandlung von Vollzeitbeschäftigten und Teilzeitbeschäftigten rechtfertigen. Liegen derartige Ergebnisse nicht vor, haben Teilzeitbeschäftigte einen Anspruch auf anteilige Arbeitszeitverkürzung.

2139
Sind ausdrückliche einzel- oder tarifvertragliche Vereinbarungen über die tägliche Arbeitszeitdauer nicht getroffen, gilt im Zweifel die **betriebsübliche Arbeitszeitdauer** als vereinbart, soweit eine betriebsübliche Arbeitszeit besteht. Unter der betriebsüblichen Arbeitszeit versteht man die Arbeitszeit, die für alle Arbeitnehmer des Betriebes, einer Abteilung oder einer Arbeitsgruppe üblicherweise gültig ist.

Beispiel:
In einem Betrieb arbeitet die Produktion täglich von 7.00 Uhr bis 16.00 Uhr, die Verwaltung von 8.00 Uhr bis 17.00 Uhr, wobei jeweils eine 1-stündige Pause gemacht wird. In diesem Fall liegt die betriebsübliche Arbeitszeitdauer bei 8 Stunden täglich. Allerdings kann die betriebsübliche Arbeitszeitdauer auch von Abteilung zu Abteilung unterschiedlich geregelt sein.

Vereinbarungen, in denen eine nach den gesetzlichen Bestimmungen unzulässige tägliche Arbeitszeitdauer festgelegt ist, sind nichtig (§ 134 BGB).

3. Festlegung und Änderung der täglichen Arbeitszeitdauer

2140
Bei der Festlegung der täglichen Arbeitszeitdauer gegenüber dem Arbeitnehmer ist der Arbeitgeber an die einzel- oder tarifvertraglich getroffenen Abmachungen gebunden. Eine hiervon abweichende Festlegung kann der Arbeitgeber nicht einseitig vornehmen. Im übrigen ist es für die Festlegung der täglichen Arbeitszeitdauer vor allem maßgebend, ob in dem Betrieb ein Betriebsrat besteht oder nicht.

a) Direktionsrecht

2141
Existiert in dem Betrieb des Arbeitgebers **kein Betriebsrat**, so kann der Arbeitgeber kraft seines Direktionsrechts die wöchentliche Arbeitszeit auf die einzelnen Wochentage verteilen, soweit vertraglich nicht etwas anderes vereinbart wurde. Dies gilt sowohl für die **erstmalige Festlegung** der Arbeitszeitdauer ge-

genüber einem neu eingestellten Arbeitnehmer als auch für spätere **Änderungen** der Arbeitszeitdauer.

Dem Direktionsrecht des Arbeitgebers unterliegt dabei die **betriebsübliche Arbeitszeit** ebenso wie die **individuelle Arbeitszeit** des einzelnen Arbeitnehmers. Der Arbeitgeber kann also die individuelle Arbeitszeit des Arbeitnehmers abweichend von der betriebsüblichen Arbeitszeitdauer festlegen. Bei der Ausübung des Direktionsrechtes ist der Arbeitgeber jedoch stets an die Grenzen billigen Ermessens gebunden (§ 315 BGB), wonach Festlegungen bzw. Änderungen nicht willkürlich, sondern nur aus betrieblichen Gründen erfolgen dürfen.

b) Beteiligung des Betriebsrates

2142

In **Betrieben mit einem Betriebsrat** hat dieser bei der Verteilung der wöchentlichen Arbeitszeit auf die einzelnen Wochentage ein **Mitbestimmungsrecht** (§ 87 Abs. 1 Nr. 2 BetrVG).
Der Arbeitgeber kann daher die tägliche Arbeitszeitdauer nicht einseitig, sondern nur mit **Zustimmung des Betriebsrates** festsetzen bzw. ändern. Zu beachten ist, daß dies auch dann gilt, wenn nur eine einmalige Änderung (z.B. für einen Tag) beabsichtigt ist.

Regelmäßig erfolgt die Festlegung und Änderung der betriebsüblichen Arbeitszeitdauer durch Abschluß einer **Betriebsvereinbarung**. Aber auch die Festlegung und Änderung der Arbeitszeitdauer einzelner Arbeitnehmer bedarf der Zustimmung des Betriebsrates, wenn die Arbeitszeitdauer von der betriebsüblichen Arbeitszeitdauer abweichen soll und hierdurch **Interessen der gesamten Belegschaft** berührt werden. Das ist im allgemeinen der Fall, wenn z.B. durch die abweichende Regelung für andere Arbeitnehmer des Betriebes Überstunden anfallen oder sich sonstige Änderungen ihrer Arbeitsbedingungen ergeben. Die Interessen der gesamten Belegschaft sind auch dann schon betroffen, wenn die von einer abweichenden Regelung unmittelbar betroffenen Arbeitnehmer aus einer Gruppe von mehreren Arbeitnehmern ausgewählt werden.

Nur wenn einer Regelung über die Arbeitszeitdauer ausnahmsweise jeder Bezug zu Belegschaftsinteressen fehlt, kann der Arbeitgeber die Arbeitszeitdauer einzelner Arbeitnehmer einseitig kraft seines Direktionsrechtes festlegen und ändern.

4. Begriff der Arbeitszeit

2143

Unter **Arbeitszeit** versteht man die Zeit vom Beginn bis zum Ende der Arbeit ohne die Ruhepausen (§ 2 Abs. 1 ArbZG). Lediglich im Bergbau unter Tage zählen die Ruhepausen zur Arbeitszeit. Insoweit hat die neue gesetzliche Regelung die in der alten AZO enthaltene Definition der Arbeitszeit übernommen. Bei der Ermittlung der sog. **Schichtzeit** (Schichtlänge) werden die Arbeitszeit und die Ruhepausen (vgl. Rz. 2191) zusammengerechnet.

Unerheblich ist es, ob der Arbeitnehmer während der Arbeitszeit auch tatsächlich arbeitet. Ausreichend ist es, wenn er sich am Arbeitsplatz zur Erbringung seiner Arbeitsleistung bereithält. Daher gehören auch kurze Arbeitsunterbrechungen, z.B. wegen eines kurzzeitigen Maschinenstillstandes oder fehlender Arbeitsmaterialien, zur Arbeitszeit.

a) Beginn und Ende der Arbeitszeit

2144
Gesetzlich nicht geregelt ist die Frage, wann die Arbeitszeit beginnt und endet. Soweit im Arbeitsvertrag hierzu keine ausdrücklichen Vereinbarungen getroffen wurden und sich auch nicht aus einem Tarifvertrag oder einer Betriebsvereinbarung anderes ergibt, wird es auf die **betriebsübliche Regelung** ankommen.

Danach beginnt die Arbeitszeit in der Regel mit dem Betreten des Betriebes und endet mit dem Verlassen des Betriebes. Umkleide- und Waschzeiten gehören also zur Arbeitszeit. Allerdings kann die betriebsübliche Regelung auch einen anderen Inhalt haben. Um Unklarheiten über den Zeitpunkt von Beginn und Ende der Arbeitszeit zu vermeiden, ist es ratsam, diese Frage im Arbeitsvertrag ausdrücklich zu regeln. Es ist durchaus zulässig, wenn die Arbeitszeit erst mit dem Eintreffen am eigentlichen Arbeitsplatz beginnt und mit dem Verlassen des Arbeitsplatzes endet.

Nimmt sich der Arbeitnehmer Arbeit mit nach Hause, so wird die zur Erledigung dieser Arbeiten aufgewandte Zeit weiterhin ebenfalls zur Arbeitszeit des Arbeitnehmers gehören, obgleich das ArbZG die entsprechende Bestimmung des § 2 Abs. 3 Satz 1 der alten AZO nicht ausdrücklich übernommen hat.

b) Wegezeiten/Dienstreisezeiten

2145
Grundsätzlich keine Arbeitszeit sind die sogenannten **Wegezeiten**. Dabei handelt es sich um die Zeit, die der Arbeitnehmer für den **Weg von seiner Wohnung zum Betrieb und wieder zurück** benötigt. Fährt der Arbeitnehmer von seiner Wohnung unmittelbar zu einem außerhalb des Betriebes gelegenen Arbeitsplatz, so gehört diese Zeit im allgemeinen ebenfalls nicht zur Arbeitszeit. Anderes kann sich allerdings dann ergeben, wenn der Weg zu diesem Arbeitsplatz erheblich länger als der Weg zum Betrieb ist. Bei der über die übliche We-

gezeit hinaus benötigten Zeit kann es sich dann bereits um vergütungspflichtige Arbeitszeit handeln.

2146

Dagegen sollen Wegezeiten vom Betrieb zu einem außerhalb gelegenen Arbeitsplatz grundsätzlich zur Arbeitszeit gehören und entsprechend vergütungspflichtig sein. Dies soll auch dann gelten, wenn die Beförderung in betriebseigenen Beförderungsmitteln erfolgt *(BayObLG 23.03.1992, BB 1992, 1215).* Die Einordnung der Beförderungszeit als Arbeitszeit im Sinne des Arbeitszeitgesetzes überzeugt jedoch nicht für den Fall, daß sich der Arbeitnehmer während der Beförderung erholen und entspannen kann (vgl. Rz. 2147). Richtigerweise wird aber die volle Vergütung zu zahlen sein, wenn die Beförderung während der üblichen Arbeitszeit erfolgt. Die Vergütung für die außerhalb der üblichen Arbeitszeit erfolgende Beförderung kann ggfs. gemindert werden (vgl. Rz. 2148).

Soweit die Frage kollektivrechtlich durch Tarifvertrag oder Betriebsvereinbarung geregelt ist, sind die getroffenen Bestimmungen zu beachten. Bestehen derartige Regelungen nicht, so empfiehlt es sich für die betriebliche Praxis, im einzelnen Arbeitsvertrag eine entsprechende Vereinbarung aufzunehmen.

Muster
"Die Zeiten der Beförderung des Arbeitnehmers vom Betrieb zu einer außerhalb gelegenen Arbeitsstätte und zurück gehören nicht zur Arbeitszeit und sind nicht zu vergüten".

2147

Unter Dienstreisezeit versteht man die Zeit, die der Arbeitnehmer benötigt, um von dem Betriebs- oder Wohnort einen von dem Arbeitgeber bestimmten Ort außerhalb der Gemeindegrenzen des Betriebs- oder Wohnortes zu erreichen, an dem Dienstgeschäfte zu erledigen sind. Ob diese Dienstreisezeit auch zur **Arbeitszeit im Sinne des Arbeitszeitgesetzes** zählt, hängt davon ab, ob der Arbeitnehmer während dieser Zeit **selbst arbeitet oder ob er sich während der Dienstreisezeit erholen und entspannen kann.**

Beispiel:
Die zu einem auswärtigen Geschäftstermin entsandten Arbeitnehmer benutzen für die Fahrt einen gemeinsamen PKW.
Für den als Fahrer eingesetzten Arbeitnehmer zählt die Fahrzeit zur Arbeitszeit, nicht dagegen für die lediglich mitfahrenden Arbeitnehmer, da sie während der Fahrzeit nicht selbst tätig werden und sich daher entspannen können.

Arbeitsrecht

Dagegen liegt bei Mitfahrern, Bus- oder Bahnfahrten Arbeitszeit dann vor, wenn während der Fahrt arbeitsvor- bzw. -nachbereitende oder sonstige Tätigkeiten für den Arbeitgeber durchgeführt werden.

Beispiel:
Zusammensetzen und Vorbereiten von benötigtem Werkzeug, Reinigung und Zerlegen von Werkzeug, Bearbeitung von Akten.

Die Einordnung der Dienstreisezeit nach diesen Grundsätzen ist aber nur von Bedeutung für die Frage, ob die Dienstreisezeit auf die **zulässige Arbeitszeit** des Arbeitnehmers angerechnet werden muß.

2148

Ob die Dienstreisezeit auch zu **vergüten** ist, richtet sich allein nach den Bestimmungen des Arbeitsvertrages, ggfs. nach den kollektivrechtlich getroffenen Regelungen.
Handelt es sich bei der Dienstreise um eine Hauptleistungspflicht des Arbeitnehmers, gehört die Dienstreisezeit regelmäßig zur vergütungspflichtigen Arbeitszeit.

Beispiel:
Kraftfahrer, Außendienstmitarbeiter, Vertreter.

Gleiches gilt, wenn der Arbeitnehmer während der Dienstreisezeit selbst arbeitet. Dabei spielt es für den Vergütungsanspruch keine Rolle, ob der Arbeitnehmer die Dienstreise innerhalb oder außerhalb der sonst üblichen Arbeitszeiten durchführt. Im übrigen kommt es darauf an, ob die Dienstreisezeit zu der **vertraglich vereinbarten Arbeitszeit** gehört. Daher werden die während der betriebsüblichen Arbeitszeit durchgeführten Dienstreisen in der Regel vergütungspflichtig sein. Zu zahlen ist die vertraglich vereinbarte Vergütung.

Dienstreisen außerhalb der üblichen Arbeitszeit sind mit dem üblichen Satz zu vergüten (§ 612 BGB, vgl. Rz. 2406), soweit keine gesonderte Vereinbarung getroffen worden ist.

c) Arbeitsbereitschaft/Bereitschaftsdienst

2149

Die Zeiten der Arbeitsbereitschaft sind bei der Ermittlung der Arbeitszeit im Sinne der Arbeitszeitordnung einzubeziehen.
Arbeitsbereitschaft liegt dann vor, wenn die Art der vom Arbeitnehmer geschuldeten Tätigkeit einen **Wechsel zwischen voller und geringerer Beanspruchung** beinhaltet. Dabei hält sich der Arbeitnehmer auch in den Phasen der geringeren Beanspruchung am Arbeitsplatz auf und ist ständig bereit, in den Arbeitsprozeß einzugreifen.

Arbeitspflicht und Arbeitszeit

Beispiel:
Der Verkäufer wartet auf einen Kunden. Ein Pförtner öffnet die Tür jeweils auf ein Klingelzeichen. Der Taxifahrer wartet auf einen Fahrgast.

2150
Die Zeiten der Arbeitsbereitschaft sind auch als Arbeitszeit zu **vergüten**. Allerdings kann für diese Zeiten auch eine geringere Vergütung vereinbart werden. Da es in der Praxis regelmäßig Schwierigkeiten bereitet, die Zeiten der Arbeitsbereitschaft von denen der vollen Arbeitsleistung abzugrenzen, empfiehlt es sich, eine geringere Gesamtvergütung als für die gleiche Tätigkeit ohne Arbeitsbereitschaft zu vereinbaren.

2151
Bereitschaftsdienstzeiten zählen dagegen nicht zur Arbeitszeit. Unter Bereitschaftsdienst versteht man die Zeiten, in denen sich der Arbeitnehmer an einer **bestimmten Stelle innerhalb oder außerhalb des Betriebes aufhält, um bei Bedarf die Arbeit unverzüglich aufzunehmen**. Im Gegensatz zur Arbeitsbereitschaft befindet sich der Arbeitnehmer nicht im Zustand besonderer Aufmerksamkeit, da er während der Bereitschaftsdienstzeiten von jeder Arbeitsleistung befreit ist.

Beispiel:
Bereitschaftsdienst bei Ärzten, Polizei, Feuerwehr etc..

2152
Obwohl die Bereitschaftsdienstzeiten nicht der Arbeitszeit zuzurechnen sind, besteht grundsätzlich eine **Vergütungspflicht** des Arbeitgebers. Die vereinbarte Vergütung kann erheblich unter der Vergütung für die Arbeitsleistung liegen, wobei auch eine Pauschalabgeltung zulässig ist. Möglich ist auch ein Ausgleich durch die Gewährung von Freizeit. Enthält der Arbeitsvertrag keine Vergütungsregelung, so hat der Arbeitgeber dem Arbeitnehmer eine angemessene Vergütung zu zahlen (§ 612 BGB).

2153
Eine Sonderform des Bereitschaftsdienstes ist die **Rufbereitschaft**. Der Arbeitnehmer kann dabei seinen **Aufenthaltsort frei bestimmen**. Er ist jedoch verpflichtet, dem Arbeitgeber seinen jeweiligen Aufenthaltsort mitzuteilen und sich dort abrufbereit zu halten.
Die Zeiten der Rufbereitschaft sind dem Arbeitnehmer regelmäßig gesondert zu vergüten. Vielfach ist vereinbart, daß daneben für die tatsächlich anfallende Arbeit eine Überstundenvergütung zu zahlen ist. In der Praxis stellt sich daher häufig die Frage, ob der Arbeitnehmer auch dann Anspruch auf die gesonderte Vergütung für die Zeiten der Rufbereitschaft hat, wenn er im unmittelbaren Anschluß an seine regelmäßige Arbeitszeit Überstunden leisten muß, die in die Zeit dienstplanmäßig angeordneter Rufbereitschaft fallen. Ein solcher Anspruch des

Arbeitnehmers besteht nicht, da der **Arbeitgeber regelmäßig aufgrund seines Direktionsrechtes befugt ist, an Stelle der zunächst angeordneten Rufbereitschaft Überstunden anzuordnen.** Anderes gilt nur dann, wenn gesetzlich, einzel- oder kollektivvertraglich eine entsprechende Einschränkung des Direktionsrechtes des Arbeitgebers vereinbart ist.

! Zu beachten ist, daß während des Bereitschaftsdienstes tatsächlich geleistete Arbeit bei der Ermittlung der zulässigen täglichen Arbeitszeit unbedingt zu berücksichtigen ist. Daher ist bei der Einteilung des Bereitschaftsdienstes darauf zu achten, daß die zulässige tägliche Arbeitszeit des Arbeitnehmers nicht bereits voll ausgeschöpft ist.

d) Pausen/Ruhezeiten

2154

Zur Arbeitszeit gehören auch die sogenannten **Kurz- oder Verschnaufpausen**, die der Arbeitnehmer regelmäßig nach freiem Ermessen machen kann. Ebenfalls Bestandteil der Arbeitszeit sind die **Betriebspausen**, in denen aus technischen oder sonstigen betrieblichen Gründen nicht gearbeitet werden kann.
Demgegenüber zählen die vom Arbeitgeber zu gewährenden Pausen und Ruhezeiten (vgl. Rz. 2197 ff.) nicht zur Arbeitszeit.

e) Beschäftigung an mehreren Stellen

2155

Werden Arbeitnehmer an mehreren Stellen beschäftigt, so wird die **Dauer der einzelnen Beschäftigungen zusammengezählt.** Die Summe darf die gesetzliche Höchstgrenze der Arbeitszeit nicht überschreiten (§ 2 Abs. 3 Satz 2 AZO).
Aus diesem Grunde ist der Arbeitnehmer auch dazu verpflichtet, dem Arbeitgeber bestehende Nebentätigkeiten anzuzeigen, wenn durch diese ein Überschreiten der höchstzulässigen Arbeitszeit droht (vgl. Rz. 2240).

f) Nachtarbeit

2156

Nachtarbeit im Sinne des Arbeitszeitgesetzes ist jede Arbeit, die mehr als zwei Stunden der Nachtzeit umfaßt. Nachtzeit ist die Zeit von 23.00 Uhr bis 06.00 Uhr (vgl. § 2 Abs. 3, 4 ArbZG). In einem Tarifvertrag oder auf Grund eines Tarifvertrages in einer Betriebsvereinbarung kann zugelassen werden, den Beginn des 7 stündigen Nachtzeitraumes zwischen 22 und 24 Uhr festzulegen (§ 7 Abs. 1 Nr. 5 ArbZG).

Arbeitspflicht und Arbeitszeit

Nachtarbeitnehmer sind danach die Arbeitnehmer, die

- aufgrund ihrer Arbeitszeitgestaltung normalerweise Nachtarbeit in Wechselschicht zu leisten haben oder
- Nachtarbeit an mindestens 48 Tagen im Kalenderjahr leisten (§ 2 Abs. 5 ArbZG).

5. Gesetzliche Regelung der täglichen Arbeitszeitdauer

2157

Von der **vertraglich vereinbarten Arbeitszeit** zu unterscheiden ist die **gesetzlich zulässige Höchstarbeitszeit** an Werktagen, die im ArbZG geregelt ist. Die Vorschriften des Arbeitszeitgesetzes sind **zwingend einzuhalten** und können nicht durch arbeitsvertragliche oder sonstige Vereinbarungen ausgeschlossen werden. Sie sollen entsprechend dem Zweck des Gesetzes (vgl. Rz. 2102) als **Arbeitnehmerschutzvorschriften** sicherstellen, daß Arbeitskraft und Gesundheit des Arbeitnehmers erhalten bleiben.

a) Grundsatz des 8-Stunden-Tages

2158

Auch nach der neuen Regelung des ArbZG gilt, daß die werktägliche Arbeitszeit der Arbeitnehmer 8 Stunden nicht überschreiten darf (§ 3 Satz 1 ArbZG). Welche Zeiten im einzelnen bei der Ermittlung der täglichen Arbeitszeitdauer zu berücksichtigen sind, ist unter Rz. 2143 ff. dargestellt.

b) Verlängerung der Arbeitszeit durch Ausgleich

2159

Die tägliche Arbeitszeitdauer kann über 8 Stunden hinaus auf bis zu 10 Stunden verlängert werden, wenn innerhalb von **6 Kalendermonaten** oder innerhalb von **24 Wochen** im Durchschnitt 8 Stunden werktäglich nicht überschritten werden (§ 3 Satz 2 ArbZG).

2160

Damit ist die Verlängerung der täglichen Arbeitszeit über 8 Stunden hinaus im Vergleich zur alten gesetzlichen Regelung erheblich erleichtert worden. Nach den Vorschriften der außer Kraft getretenen AZO war eine Verlängerung der Arbeitszeit über 8 Stunden hinaus nur zulässig

- wenn ein Ausgleich der Mehrarbeit regelmäßig binnen 2 Wochen erfolgte,
- wenn die Art des Betriebes eine ungleichmäßige Verteilung der Arbeitszeit erforderte,

- in Verbindung mit Betriebsfeiern, Volksfesten etc. sowie Feiertagen, wenn ein Ausgleich binnen 10 Wochen erfolgte (vgl. § 4 Abs. 1, 2 AZO).

2161
Nunmehr ist es allein ausreichend, wenn ein Ausgleich der über die 8 Stunden hinaus erbrachten Arbeit innerhalb von 6 Kalendermonaten oder innerhalb von 24 Wochen erfolgt. Dem Arbeitgeber stehen also zwei Ausgleichszeiträume zur Wahl. Der Wechsel von einem zum anderen Zeitraum ist möglich. Abweichend von den beiden gesetzlichen Höchstgrenzen kann der Arbeitgeber auch einen kürzeren Ausgleichszeitraum wählen. Bei der Auswahl und Änderung eines Ausgleichszeitraumes hat der **Betriebsrat** ein **Mitbestimmungsrecht** nach § 87 Abs. 1 Nr. 2 BetrVG.

Mit der Neuregelung steht damit statt einer Verteilung von 96 Stunden (8 x 6 x 2), eine von max. 1152 Stunden (8 x 6 x 24) im Ausgleichszeitraum zur Verfügung. Das Arbeitszeitgesetz soll damit im Unterschied zur Altregelung alle bisher bekannten Arbeitszeitformen ermöglichen und läßt genügend Raum auch für die Entwicklung neuer Arbeitszeitmodelle.

Beispiel:
Die zulässige Wochenarbeitszeit beträgt durchschnittlich 48 (6 x 8) Stunden. Bei einem Ausgleichszeitraum von 24 Wochen ergibt sich eine zulässige Gesamtarbeitszeit von 1152 Stunden (24 x 48). Dies entspricht 144 Werktagen je 8 Stunden. Im Extremfall kann die Gesamtarbeitszeit von 1152 Stunden auf 115 Werktage mit je 10 Stunden und einen Werktag von 2 Stunden verteilt werden (1152 : 10 = 115,2). 28,8 Werktage wären arbeitsfrei.

Rechnet man das Ergebnis auf eine 60-Stundenwoche um, sind Arbeitszeitmodelle mit 19,2 60-Stundenwochen bei 4,8 arbeitsfreien Wochen in einem 24-Wochenzeitraum denkbar. Zu berücksichtigen sind dabei selbstverständlich die tatsächlich durch **Arbeitsvertrag, Tarifvertrag oder Betriebsvereinbarung** vereinbarten Arbeitszeiten.

Geht man von einer durchschnittlichen 38-Stundenwoche aus, würde das in dem zuletzt genannten Fall bedeuten, daß nach der Neuregelung ein Arbeitszeitmodell denkbar wäre, bei dem in einem Zeitraum von 24 Wochen die Arbeitnehmer 15,2 Wochen an 6 Tagen insgesamt 60 Stunden pro Woche arbeiten und dafür 8,8 arbeitsfreie Wochen als Ausgleich hätten.

c) Verlängerung der Arbeitszeit der Nachtarbeitnehmer durch Ausgleich

2162
Auch die Arbeitszeit der Nachtarbeitnehmer kann über 8 Stunden hinaus auf bis zu 10 Stunden verlängert werden. Allerdings gelten **verkürzte Ausgleichsfristen**. Die Verlängerung ist nur zulässig, wenn innerhalb von einem Kalendermo-

nat oder innerhalb von 4 Wochen im Durchschnitt 8 Stunden werktäglich nicht überschritten werden (vgl. § 6 Abs. 2 ArbZG).

Die verkürzten Ausgleichszeiträume geltend jedoch nur für die Zeiten, in denen der Nachtarbeitnehmer auch tatsächlich Nachtarbeit leistet. Für die Zeiträume, in denen der Nachtarbeitnehmer nicht zur Nachtarbeit herangezogen wird (vgl. § 2 Abs. 5 Nr. 2 ArbZG), gilt der Ausgleichszeitraum von 6 Kalendermonaten bzw. 24 Wochen.

d) Verlängerung der Arbeitszeit aus anderen Gründen

2163

Neben dem Ausgleich während des Ausgleichszeitraumes bietet das ArbZG noch weitere Möglichkeiten, die tägliche Arbeitszeit über die Regelarbeitszeit von 8 Stunden hinaus zu verlängern. Es handelt sich dabei um

- in einem Tarifvertrag zugelassene Arbeitszeitverlängerung (§ 7 Abs. 1 ArbZG, vgl. unten Rz. 2209),
- in einer Betriebsvereinbarung auf Grund eines Tarifvertrages zugelassene Arbeitszeitverlängerung (§ 7 Abs. 1 ArbZG, vgl. unten Rz. 2209),
- Arbeitszeitverlängerung durch die Aufsichtsbehörde (§ 15 ArbZG, vgl. unten Rz. 2210),
- Arbeitszeitverlängerung in außergewöhnlichen Fällen (§ 14 ArbZG, vgl. unten Rz. 2211).

Auf diese Möglichkeiten muß aber nur dann zurückgegriffen werden, wenn entweder länger als 10 Stunden täglich oder 60 Stunden in der Woche gearbeitet werden soll.

e) Ausgleichsregelung durch Tarifvertrag/Betriebsvereinbarung

2164

Die gesetzlich vorgegebenen Ausgleichszeiträume sind nicht zwingend. In einem Tarifvertrag oder auf Grund eines Tarifvertrags in einer Betriebsvereinbarung können andere Ausgleichszeiträume zugelassen und vereinbart werden. Die gilt auch für den Ausgleichszeitraum bei Nachtarbeit (§ 7 Abs. 1 ArbZG).

Diese Möglichkeiten bieten weiteren Gestaltungsspielraum. Wird als Ausgleichszeitraum das Kalenderjahr festgelegt, ist eine durchgehende Beschäftigung von Arbeitnehmern in einer 60-Stundenwoche zulässig. Die über 8 Stunden täglich hinaus erbrachte Mehrarbeit kann dann geschlossen etwa in Verbindung mit dem Jahresurlaub ausgeglichen werden.

Ist ein **Arbeitgeber** im Geltungsbereich eines Tarifvertrages **nicht tarifgebunden**, können die Arbeitszeitregelungen des Tarifvertrages durch Betriebsvereinbarung oder, wenn ein Betriebsrat nicht besteht, durch schriftliche Vereinbarung zwischen dem Arbeitgeber und dem Arbeitnehmer übernommen werden (vgl. § 7 Abs. 3 ArbZG).

6. Schichtwechsel bei ununterbrochener Arbeit

2165

Nach der alten gesetzlichen Regelung konnte bei Arbeiten, die einen ununterbrochenen Fortgang erfordern, zur Herbeiführung eines regelmäßigen wöchentlichen Schichtwechsels der Arbeitnehmer innerhalb eines Zeitraumes von 3 Wochen einmal zu einer Schicht von höchstens 16-stündiger Dauer herangezogen werden (§ 10 AZO).

Eine entsprechende Regelung enthält das Arbeitszeitgesetz nicht mehr. Zur Herbeiführung eines regelmäßigen wöchentlichen Schichtwechsels kann die Aufsichtsbehörde zweimal innerhalb eines Zeitraums von 3 Wochen eine verkürzte Ruhezeit (§ 15 Abs. 1 Nr. 4 ArbZG, vgl. Rz. 2197) bewilligen. Der Arbeitgeber ist also nunmehr gehalten, einen **entsprechenden Antrag** an die Aufsichtsbehörde zu richten.

7. Sonderregelungen für bestimmte Betriebe

2166

Für Bäckereien und Konditoreien richtet sich die zulässige tägliche Höchstarbeitszeitdauer auch weiterhin nach dem BAZG. Danach darf dort die werktägliche Arbeitszeit ebenfalls 8 Stunden nicht überschreiten. Allerdings kann die Arbeitszeit auf bis zu 10 Stunden täglich verlängert werden. Hinsichtlich der Einzelheiten vgl. §§ 2 ff. BAZG.

Für das Pflegepersonal und die ihm gleichgestellten Arbeitnehmer in Krankenpflegeanstalten galt bis zum Inkrafttreten des Arbeitszeitgesetzes die Verordnung über die Arbeitszeit in Krankenpflegeanstalten (KrPflVO, BGBl. III unter Nr. 8050 - 2). Vom 01.07.1994 an richtet sich die zulässige Höchstarbeitszeit in Krankenpflegeanstalten ausschließlich nach dem ArbZG. Es können jedoch Sondervereinbarungen getroffen werden (vgl. unten Rz. 2200).

8. Sonderregelungen für bestimmte Arbeitnehmer

a) Einführung

2167

Für bestimmte Arbeitnehmergruppen bestehen Sonderregelungen über die zulässige tägliche Höchstarbeitszeitdauer, da diese Gruppen entweder besonders schutzbedürftig sind oder von ihrer Tätigkeit eine besondere Gefährdung Dritter ausgeht.

Nach der bisherigen gesetzlichen Regelung waren die gesetzlich zulässigen täglichen Höchstarbeitszeiten von weiblichen und männlichen Arbeitnehmern unterschiedlich geregelt. Die Arbeitszeit weiblicher Arbeitnehmer durfte an Tagen vor Sonn- und Feiertagen 8 Stunden nicht überschreiten. Ferner durften weibliche Arbeitnehmer in keinem Falle länger als 10 Stunden täglich beschäftigt werden (vgl. § 17 Abs. 2 AZO). Das ArbZG hat diese Ungleichbehandlung von weiblichen und männlichen Arbeitnehmern beseitigt. Die Regelungen des ArbZG zur zulässigen täglichen Höchstarbeitszeitdauer gelten im gleichen Maße für weibliche und männliche Arbeitnehmer. Eine **Differenzierung nach dem Geschlecht** ist also insoweit grundsätzlich nicht mehr erforderlich.

Weitergehende Beschränkungen bei der Beschäftigung weiblicher Arbeitnehmer ergeben sich nunmehr ausschließlich noch aus dem MuSchG.

b) Werdende und stillende Mütter

2168

Für werdende und stillende Mütter gilt eine tägliche Höchstbeschäftigungsdauer von 8 1/2 Stunden (§ 8 Abs. 1 Satz 1, Abs. 2 Nr. 3 MuSchG). Zum Beschäftigungsverbot vgl. oben Rz. 2124. Ausnahmeregelungen gibt es nicht.

c) Jugendliche

2169

Jugendliche unter 15 Jahren, die nicht mehr der Schulpflicht (9 Pflichtschuljahre) unterliegen und außerhalb eines Berufsausbildungsverhältnisses beschäftigt werden, dürfen höchstens bis zu 7 Stunden täglich und 35 Stunden wöchentlich beschäftigt werden (§ 7 Abs. 2 Nr. 2 JArbSchG). Alle anderen Jugendlichen dürfen nicht mehr als 8 Stunden täglich und nicht mehr als 40 Stunden in der Woche beschäftigt werden (§ 8 Abs. 1 JArbSchG).

Allerdings kann die **tägliche Arbeitszeitdauer auf bis zu 8 1/2 Stunden verlängert** werden, wenn die Arbeitszeit an einzelnen Werktagen auf weniger als 8 Stunden verkürzt ist (§ 8 Abs. 2 a JArbSchG).

Beispiel:
In dem Betrieb wird von Montag bis Freitag jeweils 8 Stunden gearbeitet. Nunmehr soll am Freitag 3 Stunden weniger gearbeitet werden, die auf die anderen Wochentage verteilt werden sollen.
Für die erwachsenen Arbeitnehmer bereitet die Verteilung der 3 Arbeitsstunden keine Probleme. Für die Jugendlichen können jedoch nur 2 Arbeitsstunden auf die anderen 4 Wochentage verteilt werden, da andernfalls die tägliche Höchstarbeitszeitdauer von 8 1/2 Stunden überschritten würde. Dem Arbeitgeber bleibt somit nur die Möglichkeit, den Jugendlichen am Freitag noch eine Stunde zu beschäftigen oder einverständlich seine Arbeitszeit auf 39 Wochenstunden zu kürzen.

2170

Wird in **Verbindung mit Feiertagen** an Werktagen nicht gearbeitet, so darf die ausgefallene Arbeitszeit der Jugendlichen auf die Werktage von 5 zusammenhängenden Wochen nur so verteilt werden, daß die Wochenarbeitszeit im Durchschnitt dieser 5 Wochen 40 Stunden nicht überschreitet. Die tägliche Arbeitszeitdauer von 8 1/2 Stunden darf dabei ebenfalls nicht überschritten werden (§ 8 Abs. 2 JArbSchG).

2171

In **Notfällen** kann die tägliche Höchstarbeitszeit von 8 Stunden überschritten werden, wenn für unaufschiebbare Arbeiten erwachsene Beschäftigte nicht zur Verfügung stehen (§ 21 JArbSchG). Diese Mehrarbeit muß innerhalb der folgenden 3 Wochen durch entsprechende Verkürzung der Arbeitszeit ausgeglichen werden (§ 21 Abs. 2 JArbSchG).

2172

Durch **Tarifvertrag** kann die tägliche und wöchentliche Arbeitszeit in begrenztem Umfang verlängert werden. Allerdings ist dann ein entsprechender Ausgleich herbeizuführen, so daß in einem Zeitraum von 2 Monaten eine durchschnittliche Wochenarbeitszeit von 40 Stunden nicht überschritten werden darf (vgl. im einzelnen § 21 a Abs. 1 Nr. 1 JArbSchG). Nicht tarifgebundene Arbeitgeber im Geltungsbereich eines solchen Tarifvertrages können diese Regelung durch **Betriebsvereinbarung oder schriftliche Vereinbarung mit dem Jugendlichen** übernehmen (§ 21 a Abs. 2 JArbSchG).

2173

Berufsschultage mit mehr als 5 Unterrichtsstunden von mindestens je 45 Minuten sind mit jeweils 8 Stunden nur auf die **gesetzliche Höchstarbeitszeit von 40 Stunden wöchentlich** und nicht auf die kürzere tarifliche Arbeits- bzw. Ausbildungszeit anzurechnen, wenn es an einer eigenen tariflichen Anrechnungsregelung fehlt (vgl. §§ 8, 9 Abs. 2 JArbSchG, oben Rz. 2128).

d) Kraftfahrer und Beifahrer

2174

Auch für Kraftfahrer und Beifahrer gilt das ArbZG. Allerdings bestehen eine Reihe von Sonderregelungen. Diese ergeben sich überwiegend aus der Fahrpersonalverordnung (*FPersV vom 22.08.1969, BGBl. I S. 1307, 1791; zuletzt geändert durch Verordnung vom 23.07.1990, BGBl. I S. 1484*) für Fahrer von

- Fahrzeugen, die zur Güterbeförderung dienen und deren zulässiges Gesamtgewicht einschließlich Anhänger oder Sattelanhänger mehr als 2,8 t und nicht mehr als 3,5 t (ausgenommen Personenkraftwagen) beträgt, sowie
- Fahrzeugen, die zur Personenbeförderung dienen und die nach ihrer Bauart und Ausstattung geeignet und dazu bestimmt sind, mehr als 9 Personen einschließlich Fahrer zu befördern und die im Linienverkehr mit einer Linienlänge bis zu 50 km eingesetzt sind.

Die FPersV verweist weitgehend auf die Bestimmungen der EWG-VO Nr. 3820/85 des Rates über die Harmonisierung bestimmter Sozialvorschriften im Straßenverkehr (*ABl. EG 1985 Nr. L 370 S. 1*), die innerhalb des **Gebietes der Europäischen Gemeinschaft** zu beachten sind. Danach darf der Kraftfahrzeugführer in den vorgenannten Fällen in einer Arbeitsschicht bis zu 9 Stunden, in 2 Arbeitsschichten der Woche bis zu 10 Stunden und innerhalb eines Zeitraumes von 2 aufeinanderfolgenden Wochen nicht länger als 90 Stunden lenken (§ 6 Abs. 1 FPersV; Art. 6 EWG-VO Nr. 3820/85).

Im Verkehr mit dem **sonstigen europäischen Ausland** gilt das Europäische Übereinkommen über die Arbeit des im internationalen Straßenverkehr beschäftigten Fahrpersonals (*AETR, BGBl. II 1985 S. 889*).

e) Nacht-/Schichtarbeitnehmer

2175

Die Arbeitszeit der Nacht- und Schichtarbeitnehmer ist nach den **gesicherten arbeitswissenschaftlichen Erkenntnissen** über die menschengerechte Gestaltung der Arbeit festzulegen (§ 6 Abs. 1 ArbZG). Diesen Grundsatz wird der Arbeitgeber insbesondere bei der Ausübung seines Ermessens im Rahmen des Direktionsrechtes zu berücksichtigen haben (vgl. Rz. 2141).

VII. Festlegung der Lage der täglichen Arbeitszeit

1. Einführung

2176
Über die Festlegung der Arbeitstage und der täglichen Arbeitszeitdauer hinaus ist der Arbeitgeber im Rahmen der vertraglichen und gesetzlichen Bestimmungen auch berechtigt, die Lage der täglichen Arbeitszeit des Arbeitnehmers festzulegen. Es geht dabei um die Frage, wann die **tägliche Arbeitszeit des Arbeitnehmers beginnen bzw. enden** soll, ob der Arbeitnehmer **Schichtarbeit** zu leisten hat und wann und in welchem Umfang die **Arbeitszeit durch Pausen unterbrochen** werden soll.

Zu beachten ist wiederum, daß ein Verstoß gegen die gesetzlichen Bestimmungen als Ordnungswidrigkeit und ggfs. auch als Straftat verfolgt werden kann (§§ 22, 23 ArbZG).

2. Vertragliche Regelung der Lage der täglichen Arbeitszeit

2177
Beginn und Ende der täglichen Arbeitszeit des Arbeitnehmers sowie die Lage der Pausen können sowohl im einzelnen **Arbeitsvertrag** als auch in einem **Tarifvertrag** geregelt sein. Vielfach ist im Arbeitsvertrag nur vereinbart, daß der Arbeitnehmer eine **bestimmte Wochenstundenzahl** zu erbringen hat. Eine ausdrückliche Regelung sollte der Arbeitsvertrag aber dann enthalten, wenn zu erwarten ist, daß die Lage der täglichen Arbeitszeit des Arbeitnehmers erheblichen Schwankungen unterworfen sein wird und der Arbeitnehmer insbesondere auch zu äußerst ungünstigen Tageszeiten arbeiten soll.

Beispiel:
*Schichtarbeit, Teilzeitbeschäftigte, Springer, Bereitschaftsdienste etc..
In diesen Fällen sollte die entsprechende Verpflichtung des Arbeitnehmers ausdrücklich in den Arbeitsvertrag aufgenommen werden. Dabei ist jedoch zu berücksichtigen, daß von einer tarifvertraglichen Regelung abweichende Abmachungen nur dann getroffen werden können, wenn der Tarifvertrag dies ausdrücklich zuläßt oder die Vereinbarung für den Arbeitnehmer günstiger ist (§ 4 Abs. 3 TVG).*

Fehlen dagegen ausdrückliche Vereinbarungen über die Lage der täglichen Arbeitszeit sowohl im Arbeitsvertrag als auch in einem anwendbaren Tarifvertrag, gilt im Zweifel die **betriebsübliche Arbeitszeit** als vereinbart, soweit eine betriebsübliche Arbeitszeit besteht.

3. Festlegung und Änderung der Lage der täglichen Arbeitszeit

2178

Soweit ausdrückliche Vereinbarungen getroffen wurden, ist der Arbeitgeber bei der Festlegung der Lage der täglichen Arbeitszeit gegenüber dem Arbeitnehmer an diese Vereinbarungen gebunden. Im übrigen ist es für die Festlegung und Änderung der Lage der täglichen Arbeitszeit vor allem von Bedeutung, ob in dem Betrieb ein Betriebsrat besteht.

a) Direktionsrecht

2179

In **Betrieben ohne Betriebsrat** kann der Arbeitgeber auf Grund seines Direktionsrechtes die Lage der täglichen Arbeitszeit einschließlich der Pausen **einseitig festlegen**, soweit vertraglich nicht ausdrücklich etwas anderes vereinbart wurde. Dabei kann der Arbeitgeber die gegenüber dem neu eingestellten Arbeitnehmer zunächst festgelegte Lage der täglichen Arbeitszeit zu einem späteren Zeitpunkt auch **einseitig ändern**.
Das gleiche gilt für die **betriebsübliche Arbeitszeit**. Auch insoweit ist der Arbeitgeber zu einer einseitigen Änderung der betriebsüblichen Arbeitszeit berechtigt. Schließlich kann der Arbeitgeber die Lage der täglichen Arbeitszeit einzelner Arbeitnehmer auch abweichend von der Lage der betriebsüblichen Arbeitszeit festlegen. Die Ausübung des Direktionsrechtes hat allerdings stets unter Beachtung der Grundsätze des **billigen Ermessens** zu erfolgen (§ 315 BGB). Der Arbeitgeber hat also bei jeder Festlegung und Änderung der Lage der täglichen Arbeitszeit auch die Interessen der Arbeitnehmer zu berücksichtigen. Änderungen dürfen nicht willkürlich, sondern nur aus betrieblichen Gründen vorgenommen werden.
Haben die Arbeitsvertragsparteien bei Abschluß des Arbeitsvertrages die zu diesem Zeitpunkt im Betrieb geltende Regelung über Beginn und Ende der täglichen Arbeitszeit und die Verteilung der Arbeitszeit auf die einzelnen Wochentage - also die **betriebsübliche Arbeitszeit** - vereinbart, liegt darin keine individuelle Arbeitszeitvereinbarung, die gegenüber einer späteren Veränderung der betrieblichen Arbeitszeit durch Ausübung des Direktionsrechtes oder durch Betriebsvereinbarung Bestand hat. **Der Arbeitnehmer kann sich in diesen Fällen regelmäßig nur dann auf eine individuelle Arbeitszeitvereinbarung berufen, wenn er mit dem Arbeitgeber zusätzlich vereinbart hat, daß seine Arbeitszeit von der betriebsüblichen Arbeitszeit unabhängig sein soll und nur im gegenseitigen Einvernehmen geändert werden kann.** Dies gilt auch dann, wenn die zur Zeit des Abschlusses des Arbeitsvertrages geltende betriebliche Arbeitszeit seinen Interessen entspricht *(BAG 23.06.1992, DB 1993, 788)*. Enthält der Arbeitsvertrag keine entsprechende Regelung, so ist der Arbeitgeber berechtigt, die Lage der täglichen Arbeitszeit des Arbeitnehmers durch Ausübung des Direktionsrechts oder durch Abschluß einer Betriebsvereinbarung (vgl. Rz. 2180) zu ändern.

b) Beteiligung des Betriebsrates

2180

Besteht dagegen in dem Betrieb ein Betriebsrat, hat dieser bei der Festlegung und Änderung von Beginn und Ende der täglichen Arbeitszeit einschließlich der Pausen ein **Mitbestimmungsrecht** (§ 87 Abs. 1 Nr. 2 BetrVG). Einseitige Maßnahmen sind dem Arbeitgeber dann verwehrt. Regelmäßig wird die **betriebsübliche Arbeitszeit** durch den Abschluß einer **Betriebsvereinbarung** festgelegt bzw. geändert.

Beispiel:
Ein Arbeitnehmer ist bei einem Arbeitgeber seit ca. 7 Jahren im Einschichtbetrieb mit einer täglichen Arbeitszeit von 7.00-16.00 Uhr beschäftigt. Nach der Umstellung auf einen Zweischichtbetrieb wird der Arbeitnehmer nun in 3-wöchigem Wechsel von 6.00-15.00 Uhr, 7.00-16.00 Uhr bzw. 13.00-22.00 Uhr beschäftigt. Die Änderung der Arbeitszeit erfolgte durch Abschluß einer Betriebsvereinbarung. Der Arbeitnehmer ist der Auffassung, der Arbeitgeber habe ihn weiterhin ausschließlich mit der im Einschichtbetrieb geltenden Arbeitszeit zu beschäftigen. Regelungen über die Lage der täglichen Arbeitszeit des Arbeitnehmers sind weder im Arbeitsvertrag noch in einem Tarifvertrag enthalten.
Die Auffassung des Arbeitnehmers trifft nicht zu. Mangels entgegenstehender Vereinbarungen gilt zwischen den Arbeitsvertragsparteien die betriebsübliche Arbeitszeit als vereinbart. Die betriebsübliche Arbeitszeit ist hier durch den Abschluß der Betriebsvereinbarung geändert worden. Die Änderung wirkt unmittelbar auf das Arbeitsverhältnis ein mit der Folge, daß auch für den Arbeitnehmer die durch die Betriebsvereinbarung festgelegte neue Arbeitszeit verbindlich ist. Anderes ergibt sich auch nicht daraus, daß der Arbeitnehmer zuvor für 7 Jahre im Einschichtbetrieb beschäftigt wurde. Die damit verbundenen Arbeitszeiten sind nur dann Inhalt des Arbeitsvertrages geworden, wenn sich aus **besonderen Umständen** *ergibt, daß die Arbeitsvertragsparteien davon ausgingen, daß zukünftig nur noch die mit dem Einschichtbetrieb verbundenen Arbeitszeiten für den Arbeitnehmer gelten sollten (vgl. oben Rz. 2012). Die bloße Beschäftigung mit diesen Arbeitszeiten über einen längeren Zeitraum reicht für eine solche Annahme jedoch nicht aus. Sonstige besondere Umstände sind hier nicht ersichtlich.*

2181

Problematisch ist es, wenn die Lage der täglichen Arbeitszeit für einzelne Arbeitnehmer abweichend von der betriebsüblichen Arbeitszeit festgelegt werden soll. Auch in diesen Fällen besteht ein Mitbestimmungsrecht des Betriebsrates, wenn durch die abweichende Regelung **Belegschaftsinteressen** betroffen werden (vgl. oben Rz. 2142).

4. Zulässige/unzulässige Beschäftigung mit Nachtarbeit

a) Nachtarbeitnehmer

2182

Wer Nachtarbeitnehmer ist, ist bereits unter Rz. 2156 erläutert worden. Nach der neuen Regelung des Arbeitszeitgesetzes können sowohl weibliche als auch männliche Arbeitnehmer zur **Nachtzeit (23.00 Uhr bis 06.00 Uhr)** beschäftigt werden. Nachtarbeit liegt bereits immer dann vor, wenn die Arbeit mehr als 2 Stunden der Nachtzeit umfaßt.

Das neue Arbeitszeitgesetz gewährt den Nachtarbeitnehmern zum Ausgleich der mit der Nachtarbeit verbundenen Belastungen besondere Rechte.

2183

Nachtarbeitnehmer sind berechtigt, sich vor Beginn der Beschäftigung und danach in **regelmäßigen Zeitabständen** von nicht weniger als 3 Jahren **arbeitsmedizinisch untersuchen zu lassen**. Nach Vollendung des 50. Lebensjahres stehen Nachtarbeitnehmern dieses Recht in Zeitabständen von einem Jahr zu. Die **Kosten der Untersuchung** hat der Arbeitgeber zu tragen, sofern er die Untersuchungen den Nachtarbeitnehmern nicht kostenlos durch einen Betriebsarzt oder einem überbetrieblichen Dienst von Betriebsärzten anbietet (§ 6 Abs. 3 ArbZG).

2184

Ferner hat der Arbeitgeber den Nachtarbeitnehmer auf dessen Verlangen hin auf einen für ihn **geeigneten Tagesarbeitsplatz umzusetzen**, wenn

- nach arbeitsmedizinischer Feststellung die weitere Verrichtung von Nachtarbeit den Arbeitnehmer in seiner Gesundheit gefährdet oder
- im Haushalt des Arbeitnehmers ein Kind unter 12 Jahren lebt, das nicht von einer anderen im Haushalt lebenden Person betreut werden kann, oder
- der Arbeitnehmer einen schwer pflegebedürftigen Angehörigen zu versorgen hat, der nicht von einem anderen im Haushalt lebenden Angehörigen versorgt werden kann,

sofern dem nicht **dringende betriebliche Erfordernisse** entgegenstehen. Im Streitfall ist der Betriebs- oder Personalrat zu hören, der Vorschläge für eine Umsetzung unterbreiten kann (vgl. § 6 Abs. 4 ArbZG).

2185

Schließlich hat der Arbeitgeber dem Nachtarbeitnehmer für die während der Nachtzeit geleisteten Arbeitsstunden eine **angemessene Zahl bezahlter freier Tage** oder einen **angemessenen Zuschlag** auf das ihm hierfür zustehende Bruttoarbeitsentgelt zu gewähren, soweit keine tarifvertraglichen Ausgleichsregelungen bestehen (§ 6 Abs. 5 ArbZG). Der Arbeitgeber kann danach grundsätzlich auswählen, ob er die bezahlte Freistellung oder einen Zuschlag gewähren will. Anderes kann jedoch durch Arbeitsvertrag oder Betriebsvereinbarung vereinbart sein.

Gefordert ist ein **angemessener Ausgleich** der Nachtarbeit. Bislang nicht geregelt ist, welchen Satz der Gesetzgeber als angemessen erachtet. Nach der Regelung im alten § 15 AZO war für Mehrarbeit ein angemessener Zuschlag zu zahlen. Hatten die Arbeitsvertragsparteien hierüber keine Abrede getroffen, sollte ein Zuschlag i.H.v. 25 % gewährt werden. Ob dieser Richtwert auf den für Nachtarbeit zu zahlenden Zuschlag zu übertragen ist, bleibt abzuwarten. Zunächst einmal spricht der Umstand, daß der Gesetzgeber auf eine erneute Regelung dieses Inhaltes verzichtet hat, dafür, daß der Gesetzgeber die Regelung dieser Frage im wesentlichen den Arbeitsvertragsparteien überlassen wollte. Es ist daher empfehlenswert, die **Höhe des zu gewährenden Zuschlages konkret zu vereinbaren**. Fehlt eine solche Vereinbarung, dürfte auch ein unter 25 % liegender Zuschlag zulässig sein. Zur Berechnung des Zuschlags bei schwankendem Arbeitsverdienst vgl. unten Rz. 2215.

2186
Schließlich hat der Arbeitgeber auch sicherzustellen, daß Nachtarbeitnehmer den **gleichen Zugang zur betrieblichen Weiterbildung** und zu aufstiegsfördernden Maßnahmen haben wie die übrigen Arbeitnehmer.

Kommt der Arbeitgeber seinen vorstehend genannten Verpflichtungen nicht nach, insbesondere wenn er die Umsetzung auf einen Tagesarbeitsplatz zu unrecht verweigert, dürfte dem Arbeitnehmer ein Zurückbehaltungsrecht an seiner Arbeitsleistung zustehen (vgl. Rz. 2050). Ein **Ausschluß der Rechte der Nachtarbeitnehmer** kann arbeitsvertraglich nicht wirksam vereinbart werden. Ein solcher Ausschluß wäre mit dem Zweck der Regelung unvereinbar (vgl. § 1 Nr. 1 ArbZG).

Es steht zu erwarten, daß zukünftig insbesondere der Anspruch des Nachtarbeitnehmers auf Umsetzung auf einen Tagesarbeitsplatz zu Auseinandersetzungen führen wird. Ob einer solchen Umsetzung dringende betriebliche Erfordernisse entgegenstehen, wird anhand der Kriterien zur Zulässigkeit einer Kündigung aus dringenden betrieblichen Erfordernissen (§ 1 Abs. 2 KSchG) zu beurteilen sein.

b) Werdende und stillende Mütter

2187
Für werdende und stillende Mütter gilt das **Nachtarbeitsverbot** weiterhin (§ 8 Abs. 1 Satz 1 MuSchG). Allerdings gibt es für werdende Mütter in den ersten 4 Monaten der Schwangerschaft und stillende Mütter Ausnahmen. Sie dürfen beschäftigt werden

- in Gast- und Schankwirtschaften und im übrigen Beherbergungswesen bis 22.00 Uhr,
- in der Landwirtschaft mit dem Melken von Vieh ab 5.00 Uhr,
- als Künstlerinnen bei Musikaufführungen, Theatervorstellungen und ähnlichen Aufführungen bis 23.00 Uhr (§ 8 Abs. 3 MuSchG).

c) Jugendliche

2188

Jugendliche dürfen ebenfalls nicht mit **Nachtarbeit** beschäftigt werden (§ 14 Abs. 1 JArbSchG). Für Jugendliche über 16 Jahre gibt es Ausnahmen (§ 14 Abs. 2 JArbSchG). Sie dürfen beschäftigt werden

- im Gaststätten- und Schaustellergewerbe bis 22.00 Uhr,
- in mehrschichtigen Betrieben bis 23.00 Uhr,
- in der Landwirtschaft ab 5.00 Uhr oder bis 21.00 Uhr,
- in Bäckereien und Konditoreien ab 5.00 Uhr.

Jugendliche über 17 Jahre dürfen in Bäckereien bereits schon ab 4.00 Uhr beschäftigt werden.

Im übrigen können durch die **Aufsichtsbehörde weitere Ausnahmen** zugelassen werden. Solche Ausnahmen kommen insbesondere in Betracht, wenn in einem Betrieb länger als 20.00 Uhr gearbeitet wird und der Jugendliche bei einem Arbeitsende um 20.00 Uhr **unnötige Wartezeiten** in Kauf zu nehmen hätte. In diesen Fällen dürfen Jugendliche nach vorheriger Anzeige an die Aufsichtsbehörde bis 21.00 Uhr beschäftigt werden. Sind die Jugendlichen älter als 16 Jahre, so können sie auch ab 5.30 Uhr oder bis 23.30 Uhr beschäftigt werden, soweit hierdurch unnötige Wartezeiten vermieden werden können (§ 14 Abs. 5 JArbSchG).

d) Arbeitnehmer in Verkaufsgeschäften

2189

Für die Arbeit in Verkaufsgeschäften an Wochentagen gilt uneingeschränkt das Arbeitszeitgesetz. Mittelbare Beschränkungen für die Lage der täglichen Arbeitszeit der im Verkauf beschäftigten Arbeitnehmer ergeben sich jedoch aus den gesetzlich vorgeschriebenen **Ladenschlußzeiten** (§ 3 LadSchlG). Die Lage der Arbeitszeit an Sonn- und Feiertagen ergibt sich unmittelbar aus dem Ladenschlußgesetz. Danach dürfen Arbeitnehmer an Sonn- und Feiertagen nur während der ausnahmsweise zugelassenen Öffnungszeiten beschäftigt werden. Ein Überschreiten dieser Zeiten ist zur **Erledigung von Vorbereitungs- und Abschlußarbeiten** für insgesamt 30 Minuten zulässig (§ 17 Abs. 1 LadSchlG).

e) Arbeitnehmer in Bäckereien und Konditoreien

2190

Für Arbeitnehmer in Bäckereien und Konditoreien gilt ein **Nachtbackverbot** von 22.00 Uhr bis 4.00 Uhr (§ 5 Abs. 1 BAZG).

Auf die bestehenden Ausnahmeregelungen kann hier nicht vollständig eingegangen werden. Wesentlich ist, daß je nach Größe des Betriebes eine bestimmte Anzahl von Arbeitnehmern bereits ab 3.00 Uhr mit notwendigen Vorarbeiten beschäftigt werden darf (§ 5 Abs. 4 BAZG).

Darüber hinaus darf in der Nachtzeit von 22.00 Uhr bis 5.45 Uhr niemand Bäcker- oder Konditorwaren an Verbraucher oder Verkaufsstellen **abgeben, austragen oder ausfahren** (§ 5 Abs. 5 BAZG).

5. Gesetzlich vorgeschriebene Ruhepausen

a) Einführung

2191

Die Arbeitszeit ist durch im voraus feststehende Ruhepausen zu unterbrechen (§ 4 ArbZG). Ruhepausen sind **Unterbrechungen der Arbeit** innerhalb der Schicht- bzw. Arbeitszeit, in denen eine Beschäftigung nicht gestattet ist. Der Arbeitgeber hat seine Pflicht zur Gewährung von Ruhepausen jedoch nicht erfüllt, wenn er die Regelung der Ruhepausen einer Gruppe von Arbeitnehmern überläßt und diese eine solche Regelung nicht treffen oder eine getroffene Regelung nicht durchführen. Der Arbeitgeber hat dann den nicht gewährten Pausenzeitraum als Überstunde zu vergüten (*BAG 27.02.1992, BB 92, 495*).

b) Volljährige Arbeitnehmer

2192

Durch § 4 ArbZG sind die unterschiedlichen Pausenregelungen für weibliche und männliche Arbeitnehmer in § 12 Abs. 2, 18 AZO aus Gründen der Gleichbehandlung und zur Vermeidung von Schwierigkeiten in der betrieblichen Praxis vereinheitlicht worden. Die **Mindestdauer der Ruhepausen** ist auch nach der Neuregelung wie bisher entsprechend der Dauer der Arbeitszeit gestaffelt. Sie beträgt bei einer Arbeitszeit von

- 6 bis zu 9 Stunden   30 Minuten,
- mehr als 9 Stunden   45 Minuten

Die Ruhepausen können in Zeitabschnitte von jeweils mindestens 15 Minuten aufgeteilt werden. Länger als 6 Stunden hintereinander dürfen Arbeitnehmer nicht ohne Ruhepause beschäftigt werden.

Arbeitspflicht und Arbeitszeit

2193

Die Ruhepausen müssen **im voraus feststehen**. Bzgl. der Lage der Ruhepausen gibt es keine weiteren Vorschriften. Allerdings ist es mit dem Zweck der Ruhepausen nicht vereinbar und damit unzulässig, die Pausen als Arbeitsfreistellung zu Beginn oder Ende der Arbeitszeit zu gewähren. Im übrigen ist der Arbeitgeber Kraft seines Direktionsrechtes frei, die Lage der täglichen Pausen nach den betrieblichen Erfordernissen zu bestimmen. In mitbestimmungspflichtigen Betrieben hat der Betriebsrat bei der Festlegung der Pausen ein erzwingbares Mitbestimmungsrecht (vgl. oben Rz. 2180).

Bei den gesetzlich vorgeschriebenen Pausenzeiten handelt es sich lediglich um eine **zeitliche Untergrenze**. Der Arbeitgeber kann daher auch längere Pausenzeiten anordnen. Hierdurch kann der durch die Pausen gewährleistete Erholungseffekt zugunsten der Leistungsfähigkeit des Arbeitnehmers genutzt werden. Eine Höchstgrenze für den Anteil der Pausen innerhalb einer Schicht besteht im allgemeinen nicht (vgl. aber auch Rz. 2199). Allerdings wird man auch das Interesse der Arbeitnehmer, die **Arbeitsschichtlänge** nicht endlos auszudehnen, berücksichtigen müssen.

2194

In einem Tarifvertrag oder aufgrund eines Tarifvertrages in einer Betriebsvereinbarung kann zugelassen werden, daß die Gesamtdauer der Ruhepausen in Schichtbetrieben und Verkehrsbetrieben auf **Kurzpausen von angemessener Dauer** aufgeteilt wird (§ 7 Abs. 1 Nr. 2 ArbZG). Der Fassung des Gesetzes kann nicht eindeutig entnommen werden, ob eine solche Regelung nur für den Dreischichtbetrieb oder auch für den Zweischichtbetrieb zulässig ist. Nach der Regelung in der Arbeitszeitordnung war die Aufteilung auf Kurzpausen nur zulässig bei Arbeiten, die einen ununterbrochenen Fortgang erfordern (§ 12 Abs. 2 AZO). Nachdem der Gesetzgeer diese Einschränkung im ArbZG nicht erneut aufgegriffen hat, spricht einiges dafür, daß zukünftig auch in den Zweischichtbetrieben die Aufteilung der Ruhepausen auf Kurzpausen zugelassen werden kann. Kurzpausen sind Pausenzeiten, die kürzer als 15 Minuten sind.

Die zu gewährenden Kurzpausen zählen zur Arbeitszeit. Dabei kann dem Arbeitnehmer auch aufgegeben werden, während der Kurzpausen hin und wieder einen Blick auf den Arbeitsablauf seiner Maschine zu tun, um ggf. bei Störungen sofort eingreifen zu können. Verbleibt es bei der allgemeinen Pausenregelung, sind die Ruhepausen nicht vergütungspflichtig.

Für den Aufenthalt während der Pausen sind den Arbeitnehmern nach Möglichkeit besondere Aufenthaltsräume oder freie Plätze bereitzustellen. Einzelheiten über Art und Ausstattung der Pausenräume sind in der Arbeitsstättenverordnung enthalten.

c) Jugendliche

2195

Sonderregelungen gelten hinsichtlich der zu gewährenden Ruhepausen für Jugendliche. Die Dauer der Pausen muß mindestens betragen bei einer Arbeitszeit von

- 4 1/2 bis zu 6 Stunden   30 Minuten,
- mehr als 6 Stunden   60 Minuten

Dabei gelten auch hier nur die Arbeitszeitunterbrechungen von mindestens 15 Minuten als Ruhepausen (§ 11 Abs. 1 JArbSchG).

Zu beachten ist, daß Jugendliche keinesfalls länger als 4 1/2 Stunden ohne Ruhepause beschäftigt werden dürfen. Bzgl. der Lage der Ruhepausen ist anzumerken, daß diese frühestens eine Stunde nach Beginn und spätestens eine Stunde vor Ende der Arbeitszeit gewährt werden dürfen (§ 11 Abs. 2 JArbSchG).

d) Kraftfahrer und Beifahrer

2196

Für Kraftfahrer und Beifahrer verweist die Fahrpersonalverordnung auf die EG - VO Nr. 3820/85 (vgl. oben Rz.2174). Danach ist nach einer Lenkzeit von 4 1/2 Stunden eine Unterbrechung von mindestens 45 Minuten einzulegen, sofern der Fahrer keine Ruhezeit nimmt. Diese Unterbrechung kann durch Unterbrechungen von jeweils 15 Minuten ersetzt werden, die in die Lenkzeit oder unmittelbar nach dieser so einzufügen sind, daß nach 4 1/2 Stunden jedenfalls eine mindestens 45 minütige Pause erfolgt (vgl. Artikel 7 EG-VO Nr. 3820/85). Während der Unterbrechungen darf der Fahrer keine anderen Arbeiten ausführen.

6. Gesetzlich vorgeschriebene Ruhezeiten

a) Volljährige Arbeitnehmer

2197

Hinsichtlich der den Arbeitnehmern zu gewährenden Ruhezeiten sieht das ArbZG keine Neuregelung vor. Es gilt weiterhin, daß weiblich und männliche Arbeitnehmer nach Beendigung der täglichen Arbeitszeit eine **ununterbrochene Ruhezeit von mindestens 11 Stunden** haben müssen (§ 5 Abs. 1 ArbZG). Unter Ruhezeit versteht man den Zeitraum zwischen 2 Arbeitsschichten.

Beispiel:
Der Arbeitnehmer hat bis 20.00 Uhr gearbeitet. Der Arbeitgeber möchte den Arbeitnehmer am folgenden Tage bereits ab 06.00 Uhr beschäftigen. Die Festlegung des Arbeitsbe-

ginns auf 06.00 Uhr ist hier unzulässig. Der Arbeitnehmer darf am folgenden Tag frühestens ab 07.00 Uhr wieder beschäftigt werden, da andernfalls die erforderliche Ruhezeit von 11 Stunden nicht eingehalten wird.

b) Werdende und stillende Mütter

2198

Werdenden oder stillenden Müttern ist als Ausgleich für eine Beschäftigung an Sonn- und Feiertagen in jeder Woche einmal eine ununterbrochene Ruhezeit von mindestens 24 Stunden im Anschluß an eine Nachtruhe zu gewähren (§ 8 Abs. 4 MuSchG, vgl. auch oben Rz. 2124, 2131).

c) Jugendliche

2199

Für Jugendliche beträgt die nach der Beendigung der täglichen Arbeitszeit zu gewährende Ruhezeit mindestens **12 Stunden** (§ 13 JArbSchG). Im übrigen besteht bei der Festlegung der Arbeitszeit von Jugendlichen die Besonderheit, daß die Schichtzeit insgesamt 10 Stunden nicht überschreiten darf (§ 12 JArbSchG).

d) Arbeitnehmer in Krankenhäusern und ähnlichen Einrichtungen

2200

Die Dauer der Ruhezeit von 11 Stunden kann in Krankenhäusern und anderen Einrichtungen zur Behandlung, Pflege und Betreuung von Personen um bis zu 1 Stunde verkürzt werden, wenn jede Verkürzung der Ruhezeit innerhalb eines Kalendermonats oder innerhalb von 4 Wochen durch Verlängerung einer anderen Ruhezeit auf mindestens 12 Stunden ausgeglichen wird (§ 5 Abs. 2 ArbZG). Ferner wird es in Krankenhäusern und ähnlichen Einrichtungen zukünftig zulässig sein, wenn Kürzungen der Ruhezeit durch Inanspruchnahmen während des Bereitschaftsdienstes oder der Rufbereitschaft, die nicht mehr als die Hälfte der Ruhezeit betragen, zu anderen Zeiten ausgeglichen werden (§ 5 Abs. 3 ArbZG).

Die Regelung des § 5 ArbZG gilt für Ärzte und das Pflegepersonal in Krankenhäusern und anderen Einrichtungen zur Behandlung, Pflege und Betreuung von Personen jedoch erst ab 01.01.1996 (§ 26 ArbZG).

e) Arbeitnehmer in Verkehrsbetrieben

2201

Unter Beachtung der unter Rz. 2200 dargestellten Voraussetzungen des § 5 Abs. 2 ArbZG kann auch für Arbeitnehmer in Verkehrsbetrieben die ununterbrochene Ruhezeit auf 10 Stunden verkürzt werden (§ 5 Abs. 2 ArbZG). Zu den Verkehrsbetrieben gehören nicht nur alle öffentlichen und privaten Betriebe, deren Zweck unmittelbar auf die Beförderung von Personen, Gütern und Nachrichten für andere gerichtet ist, sondern auch dazugehörige unselbständige oder selbständige **Neben- oder Hilfsbetriebe**.

f) Arbeitnehmer im Gaststätten- und Beherbergungsgewerbe/Sonstige

2202

Auch bei Arbeitnehmern im Gaststätten- und Beherbergungsgewerbe kann die Ruhezeit zwischen zwei Arbeitsschichten auf 10 Stunden verkürzt werden, wenn die Voraussetzungen des § 5 Abs. 2 ArbZG beachtet werden.

Gleiches gilt ebenfalls für Arbeitnehmer beim Rundfunk sowie in der Landwirtschaft und in der Tierhaltung (vgl. § 5 Abs. 2 ArbZG).

g) Kraftfahrer und Beifahrer

2203

Die Ruhezeiten der Kraftfahrer und Beifahrer richten sich grundsätzlich ebenfalls nach dem Arbeitszeitgesetz. Soweit allerdings Vorschriften der europäischen Gemeinschaft für Kraftfahrer und Beifahrer geringere Mindestruhezeiten zulassen, gelten abweichend von den Bestimmungen des ArbZG diese Vorschriften (§ 5 Abs. 4 ArbZG). Auf Rz. 2174 wird verwiesen. Die dort genannten Vorschriften enthalten umfangreiche Regelungen über einzuhaltende Ruhezeiten, auf die hier nicht im einzelnen eingegangen werden soll. Grundsätzlich ist innerhalb eines Zeitraumes von 24 Stunden eine tägliche Ruhezeit von 11 zusammenhängenden Stunden einzulegen, die höchstens dreimal pro Woche auf nicht weniger als 9 Stunden verkürzt werden darf, sofern bis zum Ende der folgenden Woche eine entsprechende Ruhezeit zum Ausgleich gewährt wird (vgl. Art. 8 EGVO Nr. 3820/85).

VIII. Anordnung von Überstunden und Mehrarbeit

2204

> **Checkliste zur Anordnung von Überstunden/Mehrarbeit**

- **Arbeitsvertragliche Zulässigkeitsvoraussetzungen (Rechtsgrundlage):**
  - Verpflichtung des Arbeitnehmers im Arbeitsvertrag
  - Betriebsvereinbarung
  - Tarifvertrag
  - Treuepflicht des Arbeitnehmers in Notfällen
  - Betriebe mit Betriebsrat:
    - Zustimmung des Betriebsrates (ausnahmsweise entbehrlich, wenn bei unvorhersehbarem Bedürfnis für Überstunden/Mehrarbeit nur einzelne Arbeitnehmer herangezogen werden) Gesetzliche Zulässigkeitsvoraussetzungen,
  - keine gesetzlichen Einschränkungen, wenn Arbeitszeit 10/60 Stunden täglich/wöchentlich nicht übersteigt und Ausgleich im Ausgleichszeitraum erfolgt (Einschränkungen bestehen jedoch auch dann für Jugendliche und Mütter, vgl. Rz. 2168, 2169),
  - bei Überschreiten einer täglichen/wöchentlichen Arbeitszeit von 10/60 Stunden müssen die gesetzlichen Voraussetzungen vorliegen, vgl. Rz. 2208 ff..

- **Rechtsfolgen**
  - Anspruch des Arbeitnehmers auf die Grundvergütung
  - bei Überstunden Vergütungszuschlag nur bei vertraglicher Vereinbarung

1. Einführung

2205

Nach der alten Arbeitszeitordnung (AZO) war die **begriffliche Unterscheidung** zwischen **Mehrarbeit** und **sonstigen Arbeitszeitverlängerungen** durchaus von Bedeutung, da Mehrarbeit im Sinne der AZO nur unter den dort genannten Bedingungen zulässig war. Vor allem aber war für Mehrarbeit in diesem Sinne ein angemessener **Vergütungszuschlag**, mangels anderslautender Vereinbarung i.H.v. 25 % zu zahlen (vgl. § 15 AZO).

Um arbeitszeitrechtliche Mehrarbeit in diesem Sinne handelte es sich, wenn die regelmäßige Arbeitszeit (8 Stunden, § 3 AZO) oder die sich aus einer anderen Verteilung nach § 4 AZO ergebende Arbeitszeit überschritten wurde. Bei Betrieben mit einer 5-Tage-Woche lag Mehrarbeit danach immer dann vor, wenn ein Arbeitnehmer an einem Werktag länger als 10 Stunden oder in einer Woche länger als 48 Stunden gearbeitet hatte.

Arbeitsrecht

Im neuen **Arbeitszeitgesetz** (ArbZG) findet sich der Begriff der Mehrarbeit nicht wieder. Der Gesetzgeber hat auch darauf verzichtet, für die Zeiten der über 8 Stunden hinaus verlängerten täglichen Arbeitszeit, die der Mehrarbeit im Sinne der AZO entsprechen, einen Vergütungszuschlag zwingend vorzuschreiben. Der Gesetzgeber ist erkennbar davon ausgegangen, daß die Frage der Vergütung für die zulässige Überschreitung der täglichen Arbeitszeit von 8 Stunden von den Arbeitsvertragsparteien selbst interessengerecht geregelt wird.

2206
Überstunden (Überarbeit, arbeitsvertragliche Mehrarbeit) liegen immer dann vor, wenn die tatsächliche Arbeitszeit des Arbeitnehmers die arbeits- oder tarifvertraglich geschuldete Arbeitszeit übersteigt.

Beispiel:
Der mit 40 Wochenstunden und einer 5-Tage-Woche beschäftigte Arbeitnehmer arbeitet von montags bis freitags jeweils täglich 8 Stunden. Wegen eines außergewöhnlichen Arbeitsanfalls arbeitet er in einer bestimmten Woche von montags bis mittwochs jeweils 2 Stunden länger.
Der Arbeitnehmer hat also insgesamt 46 Wochenstunden und damit 6 Überstunden geleistet.

2. Arbeitsvertragliche Voraussetzungen

2207
Der Arbeitgeber ist aufgrund seines Direktionsrechtes grundsätzlich nicht befugt, Überstunden anzuordnen, wenn der **Arbeitsvertrag** keine entsprechende Verpflichtung des Arbeitnehmers zur Erbringung von Überstunden enthält. Als Rechtsgrundlage für eine einseitige Anordnung von Überstunden kommen aber auch ein Tarifvertrag oder eine Betriebsvereinbarung in Betracht.
Allerdings kann der Arbeitnehmer im Einzelfall auch aufgrund seiner **arbeitsvertraglichen Treuepflicht** verpflichtet sein, Überstunden zu leisten (vgl. Rz. 2356).

Da es in der betrieblichen Praxis häufig Schwierigkeiten bereitet, den Umfang der arbeitsvertraglichen Treuepflicht genau zu bestimmen und die Entscheidung über die Anordung von Überstunden oft schnell gefällt werden muß, sollte diesem Problem aus dem Weg gegangen werden.
Beim Abschluß von Arbeitsverträgen empfiehlt es sich daher, eine Klausel aufzunehmen, die den Arbeitgeber berechtigt, nach den betrieblichen Notwendigkeiten Überstunden anzuordnen! (vgl. Formulierungsvorschlag Rz. 1085)
Zu beachten ist, daß die Anordnung von Überstunden auch bei einer arbeitsvertraglichen Verpflichtung des Arbeitnehmers nur dann zulässig ist, wenn die Beteiligungsrechte des **Betriebsrates** gewahrt sind (vgl. Rz. 2216).

Arbeitspflicht und Arbeitszeit

Der Arbeitnehmer ist in keinem Fall verpflichtet, gesetzlich verbotene Überstunden zu leisten. Kommt der Arbeitnehmer einer **verbotswidrigen Weisung** des Arbeitgebers dennoch nach, so hat er gleichwohl einen Anspruch auf Vergütung.

3. Gesetzliche Zulässigkeitsvoraussetzungen

2208

Soweit durch die Überstunden eine tägliche Arbeitszeit von 10 Stunden nicht überschritten wird und ein Ausgleich der täglich über 8 Stunden hinaus erbrachten Überstunden im Ausgleichszeitraum (vgl. Rz. 2159) stattfindet, kann die Arbeitszeitverlängerung ohne weiteres angeordnet werden. Besondere Zulässigkeitsvoraussetzungen sind nicht zu beachten.

Wird aber eine tägliche Arbeitszeit von 10 Stunden überschritten oder kann ein Ausgleich nicht oder nicht rechtzeitig erfolgen, ist eine entsprechende Weisung des Arbeitgebers **nur dann zulässig, wenn die Bestimmungen des ArbZG eingehalten** werden. Ein Verstoß gegen die arbeitszeitrechtlichen Vorschriften des ArbZG kann als Ordnungswidrigkeit oder als Straftat bestraft werden (§§ 22, 23 ArbZG). Es drohen dann Geldbußen bis zu 30.000 DM und bei einer Gefährdung der Arbeitskraft oder der Gesundheit des Arbeitnehmers Freiheitsstrafen bis zu einem Jahr.

Da nach dem ArbZG auch bei zulässiger Arbeitszeitverlängerung eine tägliche Höchstarbeitszeitdauer von 10 Stunden in der Regel nicht überschritten werden darf, kommt den nachfolgenden Regelungen insbesondere dann Bedeutung zu, wenn die tägliche Arbeitszeit durch die Arbeitszeitverlängerung über 10 Stunden hinaus ansteigt.

a) Verlängerung der Arbeitszeit durch Tarifvertrag/Betriebsvereinbarung

2209

In einem Tarifvertrag oder auf Grund eines Tarifvertrags in einer Betriebsvereinbarung kann zugelassen werden, die Arbeitszeit über 10 Stunden werktäglich auch ohne Ausgleich zu verlängern, wenn in die Arbeitszeit regelmäßig und in erheblichem Umfang Arbeitsbereitschaft fällt (vgl. § 7 Abs. 1 ArbZG, Rz. 2149).

Weitere Verlängerungsmöglichkeiten, insbesondere für die Landwirtschaft und den Pflegebereich eröffnet § 7 Abs. 2 ArbZG. Soweit ein entsprechender Zeitausgleich erfolgt, kann in einem Tarifvertrag oder auf Grund eines Tarifvertrages in einer Betriebsvereinbarung zugelassen werden, die tägliche Höchstbeschäftigungsdauer von 10 Stunden

- in der Landwirtschaft der Bestellungs- und Erntezeit sowie den Witterungseinflüssen anzupassen,
- bei der Behandlung, Pflege und Betreuung von Personen der Eigenart dieser Tätigkeit und dem Wohl dieser Personen entsprechend anzupassen.

Unter diesen Voraussetzungen kann in diesen Bereichen also auch **länger als 10 Stunden täglich** gearbeitet werden.

Ist ein Arbeitgeber im Geltungsbereich eines Tarifvertrages nicht tarifgebunden, können die Arbeitszeitregelungen des Tarifvertrages durch Betriebsvereinbarung oder, wenn ein Betriebsrat nicht besteht, durch schriftliche Vereinbarung zwischen dem Arbeitgeber und dem Arbeitnehmer übernommen werden (vgl. § 7 Abs. 3 ArbZG).

b) Verlängerung der Arbeitszeit durch die Aufsichtsbehörde

2210

In einem Bereich, in dem Regelungen durch Tarifvertrag üblicherweise nicht getroffen werden, können die Ausnahmen des § 7 Abs. 1, 2 ArbZG auch durch die Aufsichtsbehörde bewilligt werden, wenn

- dies aus betrieblichen Gründen erforderlich ist und
- die Gesundheit der Arbeitnehmer nicht gefährdet wird (§ 7 Abs. 5 ArbZG).

Darüber hinaus kann die Aufsichtsbehörde längere tägliche Arbeitszeiten bewilligen

- für **kontinuierliche Schichtbetriebe** zur Erreichung zusätzlicher Freischichten,
- für **Bau- und Montagestellen**,
- für **Saison- und Kampagnebetriebe** für die Zeit der Saison oder Kampagne (§ 15 Abs. 1 ArbZG).

Schließlich kann die Aufsichtsbehörde über die im Arbeitszeitgesetz vorgesehenen Ausnahmen hinaus weitergehende Ausnahmen zulassen, soweit sie im **öffentlichen Interesse** dringend nötig werden (§ 15 Abs. 2 ArbZG).

c) Verlängerung der Arbeitszeit in außergewöhnlichen Fällen

2211

Abweichend von der gesetzlichen Regelung kann die Arbeitszeit auch in Notfällen und in sonstigen außergewöhnlichen Fällen verlängert werden (vgl. § 14 Abs. 1 ArbZG, Rz. 2022).

Wenn dem Arbeitgeber andere Vorkehrungen nicht zugemutet werden können, kann die Arbeitszeit auch verlängert werden

- wenn eine verhältnismäßig geringe Zahl von Arbeitnehmern vorübergehend mit Arbeiten beschäftigt wird, deren Nichterledigung das Ergebnis der Arbeiten gefährden oder einen unverhältnismäßigen Schaden zur Folge haben würde,
- bei Forschung und Lehre, bei unaufschiebbaren Vor- und Abschlußarbeiten sowie bei unaufschiebbaren Arbeiten zur Behandlung, Pflege und Betreuung von Personen oder zur Behandlung und Pflege von Tieren an einzelnen Tagen (§ 14 Abs. 2 ArbZG).

Bei der Annahme eines außergewöhnlichen Falles im Sinne des § 14 ArbZG ist jedoch **Zurückhaltung geboten**. Stets ist sorgfältig abzuwägen, ob die Durchführung der Arbeiten tatsächlich zwingend erforderlich ist. In Zweifelsfällen sollte der Arbeitgeber - soweit möglich - das Gewerbeaufsichtsamt vorab um Stellungnahme bitten. Regelmäßig wird ein Rückgriff auf § 14 ArbZG nur dann notwendig sein, wenn die Arbeitszeit über 10 Stunden hinaus ausgedehnt werden soll.

d) Sonderregelungen für Jugendliche und Mütter

2212

Jugendliche sowie werdende und stillende Mütter können nur eingeschränkt mit Überstunden beauftragt werden (§§ 8 Abs. 1 JArbSchG, 8 Abs. 1, 2 MuSchG).

Die tägliche/wöchentliche Arbeitszeit der Jugendlichen darf 8 (8 1/2)/40 Stunden nicht überschreiten (vgl. im einzelnen oben Rz. 2169 ff.). Jugendliche können aber in Notfällen zu hierüber hinausgehenden Überstunden herangezogen werden (§ 21 Abs. 1 JArbSchG). Die Mehrarbeit ist dann durch entsprechende Verkürzung der Arbeitszeit der folgenden 3 Wochen auszugleichen (§ 21 Abs. 2 JArbSchG).
Dagegen dürfen werdende und stillende Mütter täglich bis zu 8 1/2 Stunden beschäftigt werden (vgl. oben Rz. 2168).

4. Vergütungspflicht

2213
Überstunden sind grundsätzlich zu vergüten (**Grundvergütung**). Eine andere Frage ist es dagegen, ob dabei auch ein **Vergütungszuschlag** zu zahlen ist (vgl. Rz. 2215).

a) Überstundengrundvergütung

2214
Ein Anspruch des Arbeitnehmers auf Vergütung von geleisteten Überstunden und Mehrarbeit besteht nicht nur dann, wenn der Arbeitgeber die Überstunden ausdrücklich angeordnet hat. Ausreichend ist es bereits, wenn der Arbeitnehmer die Überstunden in Kenntnis und mit Billigung des Arbeitgebers geleistet hat. Davon wird regelmäßig dann auszugehen sein, wenn der Arbeitgeber dem Arbeitnehmer noch während der normalen Arbeitszeit eine Arbeit zugewiesen hat, die der Arbeitnehmer nicht mehr während der normalen Arbeitszeit fertigstellen konnte.

Kommt es zum Streit über die Frage, ob und in welchem Umfang der Arbeitnehmer tatsächlich Überstunden geleistet hat, **hat der Arbeitnehmer Einzelheiten dazu darzulegen**, daß und weshalb die von ihm geleisteten Überstunden sachdienlich gewesen sein sollen. Beruft sich der Arbeitnehmer darauf, daß der Arbeitgeber die Ableistung von Überstunden geduldet habe, so hat der Arbeitnehmer dies auf die geltend gemachten, nach Tag und Uhrzeit näher zu bezeichnenden Überstunden bezogen, im einzelnen darzulegen.

Soweit nichts anderes vereinbart ist, erfolgt die **Berechnung der Grundvergütung nach der Vergütungsform**. Unproblematisch ist dies bei einer zeit- oder leistungsbezogenen Vergütung. Zu zahlen ist die entsprechende Stundenanzahl oder die tatsächlich erarbeitete Vergütung.

Einer besonderen Berechnung bedarf die Überstundenvergütung aber dann, wenn, wie bei Angestellten, ein **Gehalt** vereinbart ist. Je nach Inhalt des Arbeitsvertrages können auch Überstunden in einem gewissen Umfang bereits durch dieses Gehalt abgegolten sein (Rz. 1088).
Die Berechnung kann in diesen Fällen wie folgt vorgenommen werden:

Beispiel:
Der Arbeitnehmer arbeitet normalerweise 40 Stunden an 5 Tagen in der Woche. Hierfür erhält er ein monatliches Gehalt von 3.000 DM.
Zunächst sind die durchschnittlich auf jeden Monat entfallenden Arbeitstage zu errechnen, wobei Feier- und Urlaubstage einzubeziehen sind, nicht dagegen der arbeitsfreie Werktag (hier: Samstag). Für 1995 ergeben sich 260 Arbeitstage. Auf einen Kalendermonat entfallen dann durchschnittlich 21,67 Arbeitstage (260 : 12). Bei einem Gehalt von

Arbeitspflicht und Arbeitszeit

3.000 DM entfallen dann auf einen Arbeitstag 138,44 DM (3000 : 21,67). Bei einer 5-Tage-Woche mit 40 Stunden werden an jedem Arbeitstag 8 Stunden gearbeitet. Hieraus ergibt sich ein stündliches Gehalt von 17,31 DM (138,44: 8).
Dem Arbeitnehmer ist also eine Überstundengrundvergütung in Höhe von 17,31 DM für jede geleistete Überstunde zu bezahlen.

b) Vergütungszuschlag

2215

Ein Vergütungszuschlag ist für Überstunden nur dann zu zahlen, wenn dies vertraglich ausdrücklich vereinbart ist. Ist das nicht der Fall, schuldet der Arbeitgeber nur die Überstundengrundvergütung.

Eine **gesetzliche Verpflichtung** zur Zahlung eines Überstundenzuschlages besteht nicht. Dies gilt auch, wenn die tägliche Arbeitszeit zulässigerweise auf über 10 Stunden verlängert wird. Gesetzlich vorgeschrieben ist im ArbZG lediglich ein Zuschlag für Nachtarbeit (vgl. oben Rz. 2185).

In der Praxis ist aber in den meisten Tarifverträgen, Betriebsvereinbarungen und Arbeitsverträgen ein prozentualer Zuschlag für Überstunden vereinbart. Der Zuschlag ist dann auf der Basis der Grundvergütung zu errechnen.

Schwierigkeiten bereitet mitunter die Ermittlung der Grundvergütung als Bezugsbasis. Bei **Arbeitnehmern mit schwankendem Arbeitsverdienst** (Akkord-/Prämienlohnvergütung, vgl. Rz. 2437/2438) ist der durchschnittliche Stundenlohn zu errechnen. Ist hierfür ein Berechnungszeitraum vertraglich nicht festgelegt, so bietet es sich an, auf die letzten 13 Wochen vor dem Tag, an dem die Mehrarbeit geleistet wurde, abzustellen (vgl. § 11 BUrlG, Rz. 2887 ff.). Die sich danach ergebende Berechnungsgrundlage muß also nicht identisch sein mit der Grundvergütung, die für die während der Überstunde tatsächlich geleistete Arbeit zu zahlen ist (Rz. 2214).

Überstunden können auch durch die **Gewährung von Freizeit** abgegolten werden. Ist vertraglich ein prozentualer Zuschlag vereinbart und gleichzeitig dem Arbeitgeber das Recht eingeräumt, Überstunden auch durch die Gewährung von Freizeit abzugelten, ist eine um den vereinbarten Prozentsatz erhöhte Freizeit zu gewähren.

Beispiel:
Der Arbeitnehmer hat 4 Überstunden geleistet. Vereinbart ist ein Zuschlag von 25%. Der Arbeitgeber ist nach dem Arbeitsvertrag berechtigt, Überstunden durch zusätzliche Freizeit auszugleichen. In diesem Fall sind dem Arbeitnehmer insgesamt 5 Stunden Freizeit zu gewähren (25% von 1 Stunde = 15 Minuten x 4 = 1 Stunde zzgl. 4 Stunden = 5).

5. Beteiligung des Betriebsrates

2216

Besteht ein Betriebsrat, so hat dieser bei der Anordnung von Überstunden ein **Mitbestimmungsrecht** (§ 87 Abs. 1 Nr. 3 BetrVG). Das Mitbestimmungsrecht bezieht sich jedoch nur auf Änderungen der **betriebsüblichen Arbeitszeit,** wenn z.B. für einen längeren Zeitraum Überstunden erbracht werden sollen. Eine Änderung der betriebsüblichen Arbeitszeit liegt dagegen nicht vor, wenn ein **unvorhersehbares Bedürfnis** eintritt und nur einzelne Arbeitnehmer zu Überstunden herangezogen werden.

Beispiel:
Eine Lieferung verspätet sich ausnahmsweise und trifft erst kurz vor Ende der betriebsüblichen Arbeitszeit ein. Die Lieferung muß noch am selben Tage entladen werden.
Hier kann der Arbeitgeber auch ohne Zustimmung des Betriebsrates Überstunden anordnen, um die verspätet eingetroffenen Waren zu entladen.

Allerdings besteht auch bei derartigen Fallgestaltungen ein Mitbestimmungsrecht des Betriebsrates, wenn ein **Bedürfnis für eine generelle Regelung** besteht. Das wird immer dann zu bejahen sein, wenn der Anfall von Überstunden regelmäßig auftritt und damit vorhersehbar ist. Dabei ist es nicht erforderlich, daß der genaue Zeitpunkt des Anfalls bereits feststeht. In diesen Fällen sollte der Abschluß einer **Betriebsvereinbarung** angestrebt werden, die es dem Arbeitgeber ermöglicht, nach den betrieblichen Notwendigkeiten Überstunden anzuordnen. Die Einzelheiten einer solchen Betriebsvereinbarung sind Verhandlungssache.
Kommt es zwischen Arbeitgeber und Betriebsrat zu keiner Einigung, so entscheidet die Einigungsstelle verbindlich (§ 87 Abs. 2 BetrVG). **Globalanträge** des Betriebsrates im Beschlußverfahren (§§ 80 ff. ArbGG), mit denen dem Arbeitgeber umfassend untersagt werden soll, für Arbeitnehmer seines Betriebes ohne vorliegende Zustimmung des Betriebsrates Überstunden anzuordnen oder zu dulden, sind zulässig. Diese Anträge sind aber dann unbegründet, wenn ein einziger Fall denkbar ist, in der die Anordnung von Überstunden ohne Beteiligung des Betriebsrates möglich ist.

2217

Das Mitbestimmungsrecht des Betriebsrates kann auch nicht dadurch umgangen werden, indem der **Arbeitgeber die Arbeiten** auf eine geschäftlich nicht tätige Firma **überträgt**, die von denselben Geschäftsführern wie die Arbeitgeberfirma geführt wird und die die Arbeiten im Betrieb des Arbeitgebers, auf seinen Betriebsanlagen und gerade mit den Arbeitnehmern durchführen soll, die vom Arbeitgeber zu Überstunden herangezogen werden sollten. Die Zwischenschaltung einer solchen Firma, die dann mit den einzelnen Arbeitnehmern für den Zeitraum der Überstunden befristete Arbeitsverträge abschließt, ändert nichts an der Arbeitgeberstellung des Unternehmens, für dessen Betriebszweck die Arbeitnehmer letztlich tätig werden sollen.

IX. Anordnung von Kurzarbeit

1. Einführung

2218

Nicht nur die Verlängerung (Überstunden), sondern auch die **Verkürzung der Arbeitszeit** kann aus betrieblichen Gründen notwendig werden. Für den Arbeitgeber steht dabei regelmäßig eine Senkung der Lohnkosten für einen gewissen Zeitraum im Vordergrund.

Dieses Ziel kann durch die Anordnung von Kurzarbeit oder Feierschichten erreicht werden. Unter **Kurzarbeit** versteht man die vorübergehende Verkürzung der betriebsüblichen Arbeitszeit bei entsprechender Minderung der Vergütung. Die vorübergehende Arbeitseinstellung wird als **Feierschicht, Aussetzen der Arbeit** oder auch **Betriebsstillegung** bezeichnet. Beide Formen der Verkürzung der Arbeitszeit sind nur unter den nachstehenden Voraussetzungen möglich.

Grundsätzlich ausgeschlossen ist die dauernde Arbeitseinstellung und zwar auch dann, wenn der Arbeitgeber die Vergütung weiterhin zahlt. Eine dauernde Arbeitseinstellung ist mit der Beschäftigungspflicht des Arbeitgebers nicht vereinbar (vgl. Rz. 2960). Ist die weitere Beschäftigung auf Dauer unrentabel, bleibt dem Arbeitgeber nur die Möglichkeit der Kündigung.

2. Rechtsgrundlage als Zulässigkeitsvoraussetzung

2219

Die Anordnung von Kurzarbeit bedarf grundsätzlich einer entsprechenden Rechtsgrundlage. Als Rechtsgrundlage kommen in Betracht:

- Tarifvertrag,
- Betriebsvereinbarung,
- Arbeitsvertrag,
- gesonderte Vereinbarung mit dem Arbeitnehmer,
- gesetzliche Regelung.

Arbeitsrecht

a) Tarifvertrag

2220
Häufig sind in Tarifverträgen entsprechende **Kurzarbeitsklauseln** enthalten. Solche Klauseln wirken als sogenannte Betriebsnormen auch gegenüber nicht tarifgebundenen Arbeitnehmern (§ 3 Abs. 2 TVG). Ausreichend ist es, wenn der Arbeitgeber tarifgebunden ist. Der Arbeitgeber kann dann Kurzarbeit anordnen, wenn die in dem Tarifvertrag festgeschriebenen Voraussetzungen vorliegen. Soweit der Tarifvertrag nur eine beschränkte Verkürzung der Arbeitszeit zuläßt, sind diese Schranken zu beachten.

b) Betriebsvereinbarung

2221
Fehlt eine tarifvertragliche Regelung oder ist der Arbeitgeber nicht tarifgebunden, kann Rechtsgrundlage für die Anordnung von Kurzarbeit auch eine Betriebsvereinbarung sein. Dabei sind zwei Fälle zu unterscheiden.

Zum einen kann mit dem Betriebsrat ohne aktuellen Anlaß eine **Dauerregelung** vereinbart werden, daß bei Vorliegen von bestimmten Voraussetzungen die Anordnung von Kurzarbeit zulässig sein soll. Dabei dürfte folgende Klausel den Interessen beider Vertragsparteien hinreichend Rechnung tragen.

Muster
Die Betriebsleitung kann aus dringenden betrieblichen Gründen (ggfs. zur Vermeidung von Entlassungen) im Einvernehmen mit dem Betriebsrat für alle Mitarbeiter oder einzelne Abteilungen Kurzarbeit bis zu einer Mindestwochenarbeitszeit von...... Stunden anordnen.

Zum anderen kann mit dem Betriebsrat auch für einen **konkreten Fall** Kurzarbeit vereinbart werden.

Beim Abschluß einer Betriebsvereinbarung ist jedoch immer vorab zu prüfen, ob bereits eine tarifvertragliche Regelung besteht bzw. ob die Einführung von Kurzarbeit üblicherweise durch Tarifvertrag geregelt wird. Ist das der Fall, so ist der Abschluß einer Betriebsvereinbarung unzulässig, wenn nicht ein Tarifvertrag ausdrücklich den Abschluß ergänzender Betriebsvereinbarungen zuläßt (§ 77 Abs. 3 BetrVG).

c) Arbeitsvertrag

2222

Schließlich kann auch der Arbeitgeber allein aufgrund seines Weisungsrechts Kurzarbeit anordnen, wenn der **Arbeitsvertrag einen entsprechenden Vorbehalt** enthält. Das wird aber nur äußerst selten der Fall sein.

Der Arbeitgeber kann dann versuchen, mit den Arbeitnehmern jeweils eine **gesonderte Vereinbarung** über die Einführung von Kurzarbeit abzuschließen oder zumindest deren Zustimmung zur Kurzarbeit zu erreichen. Solche Versuche sind insbesondere dann erfolgversprechend, wenn andernfalls Entlassungen drohen.

Wird die Zustimmung durch die Arbeitnehmer verweigert, so bleibt dem Arbeitgeber nur das Mittel der **Änderungskündigung,** um eine vertragliche Änderung der Arbeitszeit zu erreichen.
Allerdings sind mit diesem Weg für den Arbeitgeber auch erhebliche Nachteile verbunden. Vor allem besteht die Gefahr, daß eine zeitgleiche Einführung der Kurzarbeit für alle Arbeitnehmer nicht gewährleistet ist. Da auch bei der Änderungskündigung die vertraglichen bzw. gesetzlichen Kündigungsfristen zu beachten sind, ist diese Möglichkeit auch wenig geeignet, eine schnelle Verkürzung der Arbeitszeit herbeizuführen. Schließlich ist auch das Risiko abzuwägen, daß in einer Vielzahl von Fällen Kündigungsschutzklage erhoben wird oder gerade besonders qualifizierte und gut eingearbeitete Arbeitnehmer die Änderung ablehnen und damit das Arbeitsverhältnis mit Ablauf der Kündigungsfrist endet. Bis zu diesem Zeitpunkt ist auch die volle Vergütung zu bezahlen.

d) Erlaubnis des Landesarbeitsamtes

2223

Ausnahmsweise kann Kurzarbeit auch durch das Landesarbeitsamt zugelassen werden, wenn bei anzeigepflichtigen Entlassungen (vgl. unter Rz. 4230 ff.) eine **Entlassungssperre** angeordnet wird (§§ 17, 18, 19 KSchG). Voraussetzung ist, daß der Arbeitgeber auch tatsächlich nicht in der Lage ist, die Arbeitnehmer bis zum Ablauf der Entlassungssperre voll zu beschäftigen (§ 19 Abs. 1 KSchG). Der Arbeitgeber ist aber zur Kürzung des Arbeitsentgelts erst von dem Zeitpunkt an berechtigt, an dem das Arbeitsverhältnis nach den allgemeinen gesetzlichen oder vereinbarten Bestimmungen enden würde (§ 19 Abs. 2 KSchG).

Hinzuweisen ist in diesem Zusammenhang insbesondere auch auf § 8 Abs. 1 AFG. Danach hat der Arbeitgeber dem Präsidenten des Landesarbeitsamtes **unverzüglich schriftlich Mitteilung** zu machen, wenn erkennbare Veränderungen des Betriebes innerhalb der nächsten 12 Monate voraussichtlich dazu führen, daß Arbeitnehmer in der in § 17 Abs. 1 KSchG bezeichneten Zahl entweder entlassen oder auf eine andere Tätigkeit umgesetzt werden sollen, für die das Arbeitsentgelt geringer ist (vgl. unter Rz. 6132 ff.).

Unterbleibt die Mitteilung, so kann die Bundesanstalt für Arbeit von dem Arbeitgeber unter Umständen die **Erstattung von Umschulungskosten** verlangen (§ 8 Abs. 3 AFG).

e) Sonderfall: Kurzarbeit bei Führungskräften

2224

In jüngster Zeit stellt sich für viele Arbeitgeber zunehmend die Frage, ob und unter welchen Voraussetzungen auch für Führungskräfte Kurzarbeit angeordnet werden kann. Als rechtliche Grundlage hierfür werden regelmäßig ein Tarifvertrag oder eine Betriebsvereinbarung ausscheiden. Die leitenden Angestellten werden durch den Sprecherausschuß vertreten. Hat der Arbeitgeber mit dem **Sprecherausschuß eine Richtlinie über Kurzarbeit vereinbart** und ist gleichzeitig bestimmt, daß diese Richtlinie unmittelbar und zwingend gelten soll (vgl. § 28 SprAuG), so ist diese Richtlinie für die leitenden Angestellten bindend, deren Anstellungsverträge Kurzarbeitsklauseln enthalten oder wenn vertraglich vereinbart wurde, daß die vertraglichen Rechte vorbehaltlich abweichender zwingender Richtlinien gewährt werden.

In allen übrigen Fällen kann der Arbeitgeber einseitig Kurzarbeit nur dann anordnen, wenn im Arbeitsvertrag eine entsprechende Individualvereinbarung getroffen wurde. Eine solche Vereinbarung sollte bei Neuabschlüssen unbedingt aufgenommen werden.

3. Beteiligung des Betriebsrates

2225

Die Kurzarbeit kann im konkreten Fall nicht ohne **Zustimmung des Betriebsrates** angeordnet werden (§ 87 Abs. 1 Nr. 3 BetrVG). Dies gilt unabhängig davon, auf welcher Rechtsgrundlage die Kurzarbeit angeordnet wird.

Dagegen ist die Zustimmung des Betriebsrates entbehrlich, wenn die Kurzarbeit arbeitskampfbedingt ist. Das ist der Fall, wenn der Betrieb selbst bestreikt wird oder sich die Arbeitnehmer einen Streik in einem Drittbetrieb nach den Grundsätzen des Arbeitskampfrisikos zurechnen lassen müssen.

Bei der **Verteilung der verkürzten Arbeitszeit** auf die einzelnen Wochentage und der Festlegung der täglichen Arbeitszeit ist der Betriebsrat in jedem Fall zwingend zu beteiligen (§ 87 Abs. 1 Nr. 2 BetrVG).

4. Rechtsfolgen der Kurzarbeit

2226

Durch die Anordnung der Kurzarbeit wird der **Bestand des Arbeitsverhältnisses** nicht berührt. Auch der Inhalt des Arbeitsverhältnisses bleibt weitgehend bestehen. Besonderheiten ergeben sich vor allem für den Vergütungsanspruch des Arbeitnehmers.

a) Minderung der Vergütung

2227

Während der Kurzarbeit muß nur eine um den Anteil der verkürzten Arbeitszeit geminderte Vergütung gezahlt werden.

Die Einzelheiten hierzu werden häufig in der **Rechtsgrundlage** geregelt sein, auf der die Kurzarbeit beruht. Insbesondere in Tarifverträgen und Betriebsvereinbarungen sind regelmäßig Festlegungen darüber getroffen, ab wann die Kurzarbeit beginnt und ab wann die geminderte Vergütung zu zahlen ist. Dabei können diese Zeitpunkte durchaus voneinander abweichen, um den Arbeitnehmern die Gelegenheit zu geben, sich auf das geringere Entgelt einzustellen.

Fehlen solche Vereinbarungen, so kann die Vergütung mit **Beginn der Kurzarbeit** gemindert werden. Der Umfang der Minderung bestimmt sich nach der Verkürzung der Arbeitszeit. Da auch eine vorübergehende Arbeitseinstellung zulässig ist, braucht unter Umständen zeitlich begrenzt gar keine Vergütung gezahlt zu werden.

Umstritten ist, ob die Feiertagsvergütung während der Kurzarbeit nach dem vollen oder dem geminderten Entgelt zu bemessen ist. Nach Ansicht des BAG hat der Arbeitnehmer nur Anspruch auf eine Feiertagsvergütung in Höhe des Kurzarbeitergeldes (*BAG 05. 07. 1979, AP Nr. 33 zu § 1 FeiertagslohnG*).

Erkrankt der Arbeitnehmer während der Kurzarbeit, so erhält er als Lohnfortzahlung nur das geminderte Arbeitsentgelt (§ 4 Abs. 3 EFZG). Dies gilt auch für Angestellte.

Der Urlaubsanspruch des Arbeitnehmers wird durch die Kurzarbeit nicht berührt. Bei der Berechnung des Urlaubsentgelts ist von der vollen Vergütung auszugehen (§ 11 Abs. 1 BUrlG).

2228

Die vom Arbeitgeber zu entrichtenden **Beiträge zur Kranken- und Rentenversicherung** bemessen sich ebenfalls nach dem Arbeitsentgelt, das der Bemessung des Kurzarbeitergeldes zugrunde lag (§§ 163, 166 AFG). Daher sind regelmäßig

b) Kurzarbeitergeld

2229

Die Zahlung von Kurzarbeitergeld durch die Bundesanstalt für Arbeit verfolgt den Zweck, dem Arbeitnehmer den Arbeitsplatz und dem Arbeitgeber den Arbeitnehmer zu erhalten. Hieran kann der Arbeitgeber ein gesteigertes Interesse haben, insbesondere dann, wenn die Arbeitnehmer gut eingearbeitet sind.

Das Kurzarbeitergeld wird auf **Antrag** hin gewährt (vgl. Rz. 2230 ff., Rz. 6306 ff.) und beträgt für Arbeitnehmer mit mindestens einem Kind 68 %, für die übrigen Arbeitnehmer 63 % des jeweiligen Nettoarbeitsentgelts, mit dem der Arbeitnehmer ausgefallen ist. Die Leistungssätze werden jeweils für ein Kalenderjahr vom Bundesminister für Arbeit und Soziales durch Rechtsverordnung bestimmt (§ 68 Abs. 4 AFG).

Das Kurzarbeitergeld wird nur bis zum **Ablauf von 6 Monaten** gewährt (§ 67 AFG). Allerdings hat der Bundesminister für Arbeit und Sozialordnung von der Möglichkeit Gebrauch gemacht, die Bezugsfrist in gesonderten Fällen zu verlängern. Diese Sonderregelungen können beim Arbeitsamt erfragt werden.

c) Anzeige-/Antragspflichten des Arbeitgebers

2230

Die Gewährung von Kurzarbeitergeld setzt die **rechtzeitige Anzeige der Kurzarbeit und einen Antrag** voraus. Regelmäßig ist der Arbeitgeber aufgrund seiner **Fürsorgepflicht** gegenüber den Arbeitnehmern zur Anzeige und Antragstellung verpflichtet. Dagegen ist der Arbeitgeber nicht verpflichtet, im Interesse seiner Arbeitnehmer Widerspruch und Klage gegen einen Kurzarbeiter-Festsetzungsbescheid des Arbeitsamtes zu erheben, wenn er die einer ständigen Verwaltungspraxis entsprechende Rechtsauffassung der Arbeitsverwaltung teilt.

Die Anzeige der Kurzarbeit und die Antragstellung kann auch durch den Betriebsrat erfolgen.

2231

Wird Kurzarbeit angeordnet, so hat der Arbeitgeber zunächst den Arbeitsausfall dem Arbeitsamt, **in dessen Bezirk sein Betrieb liegt, schriftlich anzuzeigen** (§§ 72 Abs. 1 Satz 1 AFG). Der Anzeige ist die Stellungnahme des Betriebsrates beizufügen.

Arbeitspflicht und Arbeitszeit

Die Anzeige sollte unbedingt **vor dem Beginn der Kurzarbeit** erfolgen, da Kurzarbeitergeld frühestens von dem Tage an gewährt wird, an dem die Anzeige beim Arbeitsamt eingegangen ist (§ 66 AFG).

In der Anzeige sind die wesentlichen Voraussetzungen für die Gewährung von Kurzarbeitergeld glaubhaft zu machen (vgl. unter Rz. 6138 ff.). Dazu gehören unter anderem:

- Arbeitsausfall wegen wirtschaftlicher Ursachen einschließlich betrieblicher Strukturveränderungen oder wegen eines unabwendbaren Ereignisses,
- Unvermeidbarkeit des Arbeitsausfalles,
- Arbeitsausfall in mindestens 4 zusammenhängenden Wochen für mindestens ein Drittel der beschäftigten Arbeitnehmer, wobei der Arbeitsausfall mindestens 10 % der normalen Arbeitszeit betragen muß,
- Erhalt der Arbeitsplätze für die Arbeitnehmer durch die Gewährung von Kurzarbeitergeld,
- Erhalt der eingearbeiteten Arbeitnehmer für den Betrieb durch die Gewährung von Kurzarbeitergeld.

Die Einzelheiten sind den §§ 63, 64 AFG zu entnehmen (vgl. Rz. 6306). Danach kommt die Gewährung von Kurzarbeitergeld auch dann in Betracht, wenn lediglich nur eine **Betriebsabteilung** von der Kurzarbeit betroffen ist!
Für die Berechnung des Arbeitsausfalles ist die **betriebsübliche Arbeitszeit** maßgebend, soweit diese nicht die tarifliche oder die Arbeitszeit in ähnlichen Betrieben überschreitet (§ 69 AFG). Übertarifliche Arbeitszeit ist also nicht zu berücksichtigen.

Sodann erhält der Arbeitgeber unverzüglich einen schriftlichen Bescheid darüber, ob das Vorliegen der Voraussetzungen für die Gewährung von Kurzarbeitergeld anerkannt wird (§ 72 Abs. 1 Satz 3 AFG).

2232

Das Kurzarbeitergeld wird dann auf **gesonderten Antrag** hin gewährt.

Im Gegensatz zur Anzeige des Arbeitsausfalles ist der Antrag auf die Zahlung von Kurzarbeitergeld nun bei dem Arbeitsamt zu stellen, in dessen Bezirk die für den Betrieb zuständige **Lohnstelle** liegt!

Dabei ist das Kurzarbeitergeld jeweils für einen Zeitraum von 4 Wochen zu beantragen (§§ 72 Abs. 2, 64 Abs. 1 Nr. 3 AFG). Zu beachten ist, daß der Antrag innerhalb von 3 Monaten nach Ablauf des Monats zu stellen ist, in dem die Tage, für die das Kurzarbeitergeld beantragt wird, liegen.
Der Arbeitgeber hat dem Arbeitsamt die Voraussetzungen für die Gewährung von Kurzarbeitergeld nachzuweisen. Er hat die Leistungen im einzelnen kosten-

los zu errechnen und an die Arbeitnehmer auszuzahlen. Die ausgezahlten Beträge werden dem Arbeitgeber vom Arbeitsamt erstattet (§ 72 Abs. 3, 4 AFG).

5. Beendigung der Kurzarbeit

2233

Die Kurzarbeit ist nach Ablauf der vereinbarten Zeit oder mit Wegfall der Voraussetzungen aufzuheben. Ein Indiz für den Wegfall der Voraussetzungen liegt vor, wenn der Arbeitgeber neue Arbeitnehmer einstellt.

X. Aushang- und Aufzeichnungspflichten

2234

Auch das neue ArbZG fordert vom Arbeitgeber, daß dieser einen Abdruck des Gesetzes, der aufgrund dieses Gesetzes erlassenen, für den Betrieb geltenden Rechtsverordnungen und der für den Betrieb geltenden Tarifverträge und Betriebsvereinbarungen im Sinne des § 7 Abs. 1 - 3 und des § 12 ArbZG an **geeigneter Stelle im Betrieb zur Einsichtnahme auslegt oder aushängt** (§ 16 Abs. 1 ArbZG).

Darüber hinaus ist der Arbeitgeber ebenfalls verpflichtet, die über die **werktägliche Arbeitszeit von 8 Stunden hinausgehende Arbeitszeit** der Arbeitnehmer **aufzuzeichnen** und diese Aufzeichnungen mindestens zwei Jahre aufzubewahren (§ 16 Abs. 2 ArbZG). Es kann nur dringend angeraten werden, dies zu befolgen. Die Aufsichtbehörde ist ermächtigt, vom Arbeitgeber die Vorlage der Arbeitszeitnachweise zu verlangen (§ 17 Abs. 4 ArbZG).

Ein Verstoß gegen die Aushangspflicht kann mit einer Geldbuße von bis zu DM 5.000, ein Verstoß gegen die Aufzeichnungspflicht mit der Geldbuße bis zu DM 30.000 geahndet werden.

XI. Zeitumstellung: Sommer-/Winterzeit

2235

Die mit der Einführung der Sommer- bzw. Winterzeit verbundene Zeitumstellung bereitet arbeitsrechtlich keine Schwierigkeiten, wenn zum Zeitpunkt der Umstellung nicht gearbeitet wird. Der Arbeitnehmer ist verpflichtet, die Zeitumstellung mitzuvollziehen und am folgenden Tag pünktlich die Arbeit aufzunehmen.

Erfolgt dagegen die Zeitumstellung während der Arbeitszeit, so entfällt bei Einführung der Sommerzeit eine Arbeitsstunde, bei Einführung der Winterzeit fällt regelmäßig eine Arbeitsstunde mehr an. Die hiermit verbundenen Probleme sind noch nicht abschließend geklärt. Häufig sind entsprechende Regelungen in Tarifverträgen enthalten.

Soweit keine Sonderregelungen bestehen, wird der Arbeitnehmer im allgemeinen bei **Einführung der Winterzeit** verpflichtet sein, die anfallende zusätzliche Arbeitsstunde als Überstunde zu erbringen. Diese Überstunde ist dann auch entsprechend den getroffenen Vereinbarungen ggf. mit einem Überstundenzuschlag gesondert zu vergüten.

Bei der **Einführung der Sommerzeit** ist der Arbeitgeber nicht zu einer einseitigen Kürzung der vertraglichen Arbeitszeit berechtigt. Der Arbeitgeber kann daher in Annahmeverzug geraten (vgl. Rz. 2530), wenn etwa die übliche 8-Stunden-Schicht auf 7 Stunden verkürzt wird. Anderes gilt jedoch dann, wenn der Arbeitnehmer dennoch im Laufe des Monats die **vertraglich geschuldete Arbeitszeit** und damit auch die geschuldete Vergütung erreicht. Handelt es sich also bei der durch die Zeitumstellung entfallenden Arbeitsstunde um eine Überstunde, kann der Arbeitgeber die Schichtlänge entsprechend verkürzen, ohne die Vergütung für die ausgefallene Arbeitsstunde zahlen zu müssen.

Bei der durch die Zeitumstellung bedingten vorübergehenden Verkürzung oder Verlängerung der betriebsüblichen Arbeitszeit hat der **Betriebsrat ein Mitbestimmungsrecht** (§ 87 Abs. 1 Nr. 3 BetrVG). Allerdings scheidet ein erneutes Mitbestimmungsrecht des Betriebsrates aus, wenn zuvor mit Zustimmung des Betriebsrates ein **Schichtplan** aufgestellt wurde, in dem die Schichtdauer für die Nacht der Zeitumstellung festgelegt ist.

XII. Gleitende Arbeitszeit

2236

Der Arbeitgeber ist aufgrund seines **Direktionsrechtes** berechtigt, eine gleitende Arbeitszeit (Gleitzeit) einzuführen. Allerdings hat der Betriebsrat bei der Einführung der Gleitzeit ein **Mitbestimmungsrecht**. Regelmäßig erfolgt die Einführung der Gleitzeit durch Abschluß einer **Betriebsvereinbarung** mit dem Betriebsrat (vgl. Rz. 2246).

Dabei ist es zulässig, wenn aus betrieblichen Gründen bestimmte Betriebsabteilungen oder einzelne Arbeitnehmer von der Gleitzeitregelung ganz ausgenommen werden. Dies gilt grundsätzlich für die Einführung aller Formen der Gleitzeit. Zudem kann sich der Arbeitgeber das Recht vorbehalten, die Gleitzeitregelung aufzuheben, bzw. bei betrieblicher Notwendigkeit jederzeit gegenüber einzelnen Arbeitnehmern eine andere Regelung zu treffen. Eine solche Klausel sollte bei der Einführung der Gleitzeit unbedingt aufgenommen werden!

Die gesetzliche Neuregelung des Arbeitszeitrechtes durch das **ArbZRG** erleichtert die Einführung der gleitenden Arbeitszeit, da das Gesetz nunmehr flexiblere

Arbeitszeitgestaltungen zuläßt. Nach den Regelungen der alten AZO war für Betriebe mit einer wöchentlichen Arbeitszeit von 48 Stunden oder mehr die Einführung der Gleitzeit mit ganz erheblichen Schwierigkeiten verbunden. Insbesondere die Einführung der **Gleitzeit mit Zeitausgleich** war für diese Betriebe praktisch ausgeschlossen (vgl. unten Rz. 2240).

2. Vor- und Nachteile der gleitenden Arbeitszeit

2237
Bei der Gleitzeit hat der Arbeitnehmer die Möglichkeit, **Beginn und Ende seiner Arbeitszeit innerhalb eines vorgegebenen Rahmens selber festzulegen**. Je nach der Form der Gleitzeitregelung kann der Arbeitnehmer auch die Dauer seiner täglichen Arbeitszeit selbst bestimmen.

Für den Arbeitgeber bedeutet dies, daß er vor Einführung der Gleitzeit die Vor- und Nachteile sorgfältig gegeneinander abzuwägen hat. Für den Arbeitnehmer wird die Einführung der Gleitzeit in der Regel nur Vorteile mit sich bringen. Neben einer zeitsparenden oder bequemen Anfahrt zum Arbeitsort wird vor allem die Möglichkeit der flexibleren Anpassung der betrieblichen an die privaten Belange im Vordergrund stehen.

Dagegen wird der Arbeitgeber folgende **Nachteile** berücksichtigen müssen:

- **Kostenerhöhung durch Verlängerung der betrieblichen Arbeitszeit**
  Durch die Verlängerung der betrieblichen Arbeitszeit steigen die Kosten für Strom, Heizung, Pförtnerdienste und ähnliche Gemeinkosten. Denkbar ist auch, daß ein erhöhter Personalbestand erforderlich ist.

- **Kostenerhöhung durch Steigerung des Verwaltungsaufwandes**
  Die Gleitzeit erfordert kompliziertere Zeitkontrollen und Zeiterfassungsverfahren. Hinzu kommt ein höherer Aufwand für die Lohnabrechnung. Hierdurch steigen die Verwaltungskosten.

- **Erschwerung der betrieblichen Planung und Koordination**
  Da bei Einführung der Gleitzeit nicht mehr alle Arbeitnehmer gleichzeitig im Betrieb sein werden, wird die Arbeitsorganisation erschwert. Dies gilt insbesondere für die Schichtarbeit.

- **Störung des Betriebsfriedens**
  Sollte aus betrieblichen Gründen die Einführung der Gleitzeit nicht für alle Arbeitnehmer möglich sein, kann dies zur Unzufriedenheit bei den Arbeitnehmern führen, die nicht von der Gleitzeit profitieren.

Allerdings kann die Einführung der Gleitzeit dem Arbeitgeber auch **Vorteile** bringen:

- **Steigerung der Motivation der Arbeitnehmer**
  Indem der Arbeitnehmer seine Arbeitszeit besser an private Belange anpassen

kann, wird in der Regel das Verantwortungsbewußtsein und die Arbeitsmoral steigen. Dies trägt wiederum zur Besserung des Betriebsklimas bei.

- **Bessere Ausnutzung des betrieblichen Anlagekapitals**
  Die Einführung der Gleitzeit ermöglicht auch längere Maschinenlaufzeiten. Hinzu kommt, daß der Betrieb länger besetzt und damit auch für Dritte erreichbar ist.

- **Größere Flexibilität bei der Anpassung der Arbeitszeit an den Arbeitsanfall**
  Eine angefangene Arbeit braucht nicht wegen Ablaufs der festen betrieblichen Arbeitszeit unterbrochen zu werden. Bei geringerem Arbeitsanfall kann der Arbeitnehmer seine Arbeitszeit einschränken. Hierdurch kann ein "Absitzen" der Arbeitszeit vermieden werden.

- **Abbau von Überstunden**
  Erfordert ein erhöhter Arbeitsanfall bei der festen Arbeitszeit an einzelnen Tagen eine Verlängerung der täglichen Arbeitszeitdauer durch die Anordnung von Überstunden, kann diese Verlängerung bei der Gleitzeit an Tagen mit geringerem Arbeitsanfall ausgeglichen werden. Dies führt zu einem Abbau der Überstunden und damit in aller Regel zu Kostenersparnissen.

- **Verringerung der Fehlzeiten**
  Die Gleitzeit erleichtert es dem Arbeitnehmer, notwendige Arztbesuche oder sonstige private Besorgungen außerhalb der Arbeitszeit zu erledigen. Andernfalls erforderliche Arbeitsunterbrechungen und Fehlzeiten können verringert werden.

- **Erleichterung der Personalpolitik**
  Die Einführung der Gleitzeit steigert die Attraktivität des Betriebes für Arbeitnehmer. Dies erleichtert die Anwerbung neuer Arbeitnehmer und kann zur Abnahme der Personalfluktuation führen.

Die Entscheidung, ob der Arbeitgeber in seinem Betrieb die Gleitzeit einführt, bedarf also der sorgfältigen Abwägung und Vorbereitung. Dabei sind insbesondere auch die gesetzlichen Regelungen des Arbeitszeitgesetzes zu beachten. Bei den Überlegungen sollten frühzeitig alle Betriebsabteilungen beteiligt werden. Der Entscheidungsspielraum wird durch die Möglichkeit, unterschiedliche Formen der Gleitzeit einzuführen, erweitert.

3. Formen der gleitenden Arbeitszeit

Im wesentlichen stehen drei Formen der Gleitzeit zur Verfügung.

a) Grundform der gleitenden Arbeitszeit

2238

Bei der Grundform der Gleitzeit kann jeder Arbeitnehmer den Beginn seiner Arbeitszeit **einmalig innerhalb einer vorgegebenen Zeitspanne (Eingleitphase) selbst festlegen**. Er bleibt dann an diese Festlegung gebunden und hat täglich die Arbeit zu diesem Zeitpunkt aufzunehmen. Die Dauer der täglichen Arbeitszeit wird für alle Arbeitnehmer auch weiterhin durch den Arbeitgeber festgelegt und bleibt konstant.

Beispiel:
In einem Betrieb mit 5-Tage-Woche wird bei einer täglichen Arbeitszeitdauer von 8 Stunden die Eingleitphase auf zwischen 7.00 und 9.00 Uhr festgelegt. Der Arbeitnehmer kann innerhalb dieser Zeitspanne seinen Arbeitsbeginn selbst bestimmen. Entscheidet er sich für einen Arbeitsbeginn um 7.30 Uhr, so hat er Tag für Tag von 7.30 bis 16.30 Uhr (einschließlich einer einstündigen Pause) zu arbeiten. Bestimmt er den Arbeitsbeginn auf 8.00 Uhr, dauert seine Arbeitszeit täglich bis 17.00 Uhr usw..
*Die Zeitspanne, in der die Arbeitszeit für jeden Arbeitnehmer individuell endet, wird als **Ausgleitphase** bezeichnet. Im Beispielsfall liegt die Ausgleitphase zwischen 16.00 und 18.00 Uhr.*

Diese Grundform der Gleitzeit kann ohne weiteres für alle Arbeitnehmergruppen eingeführt werden. Besondere arbeitsrechtliche Probleme bestehen nicht.

Allerdings muß bei der Festlegung der Eingleitphase berücksichtigt werden, daß den Arbeitnehmern die gesetzlich vorgeschriebenen **Ruhezeiten** sowie die **Pausen** verbleiben, die nunmehr für alle Arbeitnehmer im voraus festgelegt sein müssen (§ 4 ArbZG). Zu beachten ist außerdem, daß für Jugendliche spätestens nach 4 1/2 Stunden Beschäftigung eine Pause erfolgen muß (§ 11 Abs. 2 Satz 2 JArbSchG). Für Jugendliche gilt ferner die Besonderheit, daß die Pause frühestens eine Stunde nach Beginn und spätestens eine Stunde vor Ende der Arbeitszeit gewährt werden muß.

Daher werden die Pausen für Jugendliche regelmäßig in der **Kernarbeitszeit** liegen müssen. Unter der Kernarbeitszeit versteht man den Zeitraum, in dem alle Arbeitnehmer im Betrieb anwesend sein müssen.

Beispiel:
Bei einer Eingleitphase zwischen 7.00 und 9.00 Uhr und einer Ausgleitphase zwischen 16.00 und 18.00 Uhr liegt die Kernarbeitszeit zwischen 9.00 und 16.00 Uhr.

Arbeitspflicht und Arbeitszeit

b) Einfache gleitende Arbeitszeit

2239

Bei der einfachen Gleitzeit ist der Arbeitnehmer nicht an seine einmalige Festlegung des Arbeitsbeginns gebunden. Vielmehr kann er den Beginn seiner Arbeitszeit **jeden Tag erneut innerhalb der Eingleitphase festlegen**. Die tägliche Arbeitszeitdauer ist aber auch hier gleichbleibend und wird durch den Arbeitgeber festgelegt.

c) Gleitende Arbeitszeit mit Zeitausgleich

2240

Die Gleitzeit mit Zeitausgleich ermöglicht es dem Arbeitnehmer nicht nur, täglich erneut den Beginn seiner Arbeitszeit individuell festzulegen, sondern er kann auch die **Dauer seiner täglichen Arbeitszeit innerhalb eines vorgegebenen Rahmens selbst bestimmen**.

Dabei muß der Arbeitnehmer regelmäßig während der Kernarbeitszeit im Betrieb sein. Den Beginn und das Ende seiner Arbeitszeit kann er jedoch während der Ein- bzw. Ausgleitphase selbst bestimmen.
Zu beachten ist, daß die tägliche Arbeitszeit nur dann über 8 Stunden hinaus auf **bis zu höchstens 10 Stunden** ausgedehnt werden darf, wenn die Arbeitszeit innerhalb des gewählten Ausgleichszeitraumes im Durchschnitt 8 Stunden werktäglich nicht überschreitet (vgl. § 3 ArbZG).

Nach den Regelungen der alten AZO war eine Verlängerung über 8 Stunden hinaus nur möglich, wenn die Arbeitszeit regelmäßig an einzelnen Werktagen verkürzt war (vgl. § 4 Abs. 1 AZO). Für Betriebe mit einer deutlich über 40 Stunden liegenden Arbeitszeit war daher die Einführung einer 5-Tage-Woche praktisch zwingend, wenn an Werktagen regelmäßig bis zu 10 Stunden gearbeitet werden sollte. Bei 5 Wochentagen und einer Arbeitszeit von 48 Stunden verblieb dann wenig Spielraum für eine Gleitzeitregelung mit Zeitausgleich. Nachdem das Erfordernis der regelmäßigen Verkürzung der Arbeitszeit weggefallen ist, stehen jetzt **6 Arbeitstage/Woche** für die Erbringung der wöchentlichen Arbeitsleistung auch dann zur Verfügung, wenn täglich bis zu 10 Stunden gearbeitet werden soll. Daher ist die Einführung einer sinnvollen Gleitzeitregelung mit Zeitausgleich nunmehr auch für die Betriebe realistisch, in denen die wöchentliche Arbeitszeit 48 Stunden und mehr beträgt.

Mit Einführung der Gleitzeit mit Zeitausgleich können Differenzen zwischen der tatsächlich erbrachten Arbeitszeit **(Ist-Arbeitszeit)** und der vertraglich geschuldeten Arbeitszeit **(Soll-Arbeitszeit)** entstehen.

Übersteigt die tatsächlich erbrachte Arbeitszeit die vertraglich geschuldete Arbeitszeit, so spricht man von **Zeitguthaben**. Wird dagegen weniger als die vertraglich geschuldete Arbeitszeit gearbeitet, so werden die nicht erbrachten Arbeitsstunden als **Zeitschulden** bezeichnet.

2241

Bei der **beschränkten Gleitzeit mit Zeitausgleich** muß der Arbeitnehmer bestehende Zeitguthaben oder -schulden innerhalb eines vorgegebenen Ausgleichszeitraumes beseitigen. Am Ende des Ausgleichszeitraumes muß dann die Ist-Arbeitszeit mit der Soll-Arbeitszeit übereinstimmen.

Beispiel:
In einem Betrieb mit einer 5-Tage-Woche ist bei einer täglichen Arbeitszeit von 8 Stunden die Kernarbeitszeit auf zwischen 9.00 und 16.00 Uhr festgelegt. Die Eingleitzeit beginnt um 7.00 Uhr. Der Arbeitnehmer hat am Montag von 8.00 bis 17.00 Uhr, dienstags und mittwochs jeweils von 7.00 bis 18.00 Uhr und am Donnerstag von 9.00 bis 16.00 Uhr gearbeitet, wobei er jeden Tag eine einstündige Pause gemacht hat. Der Ausgleichszeitraum beträgt eine Woche.
Der Arbeitnehmer muß am Freitag also noch 6 Stunden arbeiten, um die vertraglich geschuldete Wochenarbeitszeit von 40 Stunden zu erreichen. Dabei hat er die Kernarbeitszeit zu berücksichtigen und müßte die Arbeit spätestens um 9.00 Uhr beginnen.

Ein Ausgleichszeitraum von einer Woche kann allerdings dann zu Schwierigkeiten führen, wenn die Lohnabrechnung nach Monaten erfolgt. Dann entstehen in den Wochen, in denen ein Monatswechsel liegt, zusätzliche Abrechnungsprobleme. Bei der Festlegung des Ausgleichszeitraumes sollte daher auf den Lohnabrechnungszeitraum zurückgegriffen werden. Regelmäßig wird dies der Monat sein.

2242

Bei der **unbeschränkten Gleitzeit mit Zeitausgleich** kann ein am Ende des Ausgleichszeitraumes bestehendes Zeitguthaben oder eine Zeitschuld auf den folgenden Ausgleichszeitraum übertragen werden.

Beispiel:
Der Arbeitnehmer hat im vorstehenden Beispiel am Freitag nicht nur bis 16.00 Uhr, sondern bis 18.00 Uhr gearbeitet. Dabei hat er eine halbstündige Pause gemacht.
Die die wöchentliche Arbeitszeit von 40 Stunden übersteigende Zeit von 1 1/2 Stunden kann er in die folgende Woche übertragen, so daß er in dieser Woche nur 38 1/2 Stunden arbeiten muß.

In gleichem Maße kann auch eine Zeitschuld in den folgenden Ausgleichszeitraum übertragen werden mit der Folge, daß in diesem Zeitraum die Zeitschuld zusätzlich zur vertraglich geschuldeten Arbeitszeit abgearbeitet werden muß, soweit nicht erneut eine Zeitschuld übertragen werden kann.

Arbeitspflicht und Arbeitszeit

Allerdings ist es fraglich, ob eine Übertragung von Zeitsalden auch zweckmäßig ist. Je unübersichtlicher die Ausgleichsregelung gestaltet ist, desto komplizierter und kostenintensiver ist die Zeiterfassung und die Lohnabrechnung. Daher sollte grundsätzlich bestimmt werden, daß der Arbeitnehmer **innerhalb des Ausgleichszeitraumes Zeitguthaben und Zeitschulden auszugleichen hat.**

2243
Bestehen am Ende des Ausgleichszeitraumes dennoch Differenzen zwischen Ist- und Soll-Arbeitszeit, so sind Zeitguthaben gesondert zu vergüten; Zeitschulden führen zu einer entsprechenden Minderung der Vergütung.

Um zu verhindern, daß der Arbeitnehmer durch **Zeitguthaben** einen **Zusatzverdienst** erlangt, kann bei der Einführung der gleitenden Arbeitszeit mit Zeitausgleich festgelegt werden, daß diese Zeitguthaben ganz oder in einer bestimmten Höhe verfallen. Kann der Verfall von Zeitguthaben bei der Einführung der gleitenden Arbeitszeit nicht durchgesetzt werden, sollte zumindest geregelt werden, wie solche Zeitguthaben abgebaut werden sollen. In Betracht kommt ein stundenweises "Abfeiern" oder die Gewährung von Freizeit an halben oder ganzen Tagen.

Wird das Arbeitsverhältnis während des Ausgleichszeitraumes beendet, sind die tatsächlich angefallenen Arbeitsstunden zu vergüten.
In Bezug auf die zu gewährenden **Pausen** und **Ruhezeiten** gilt bei der Gleitzeit mit Zeitausgleich nichts anderes als bei den sonstigen Formen der gleitenden Arbeitszeit.

Zu beachten ist allerdings, daß **Jugendliche** sowie **werdende und stillende Mütter** nur in ganz engen Grenzen in die Gleitzeit mit Zeitausgleich einbezogen werden können (§§ 8 Abs. 1, 2a JArbSchG, 8 Abs. 1, 2 Nr. 3 MuSchG). Die Einschränkung ergibt sich aus der gesetzlich vorgeschriebenen täglichen Höchstarbeitszeit, die bei 8 bzw. 8 1/2 Stunden liegt (vgl. oben Rz. 2168 ff.).

4. Behandlung von Ausfallzeiten durch Krankheit, Urlaub etc.

2244
Berechtigte Ausfallzeiten durch Feiertage, Krankheit, Urlaub oder vorübergehende Verhinderung des Arbeitnehmers sind bei der Ermittlung der Ist-Arbeitszeit einzubeziehen. Keine Probleme bereitet dies bei der Grundform sowie bei der einfachen Gleitzeit, da die Dauer der täglichen Arbeitszeit und damit auch die Dauer der Ausfallzeiten feststeht.

Allerdings sollte bei Einführung der **Gleitzeit mit Zeitausgleich** festgelegt werden, wie diese Ausfallzeiten zu behandeln sind. In der Praxis ist es nicht praktikabel, auf die individuelle Arbeitszeit abzustellen, die der Arbeitnehmer während des Ausfallzeitraumes gearbeitet hätte. Daher bieten sich folgende **Festlegungen** an:

- Fällt ein ganzer Arbeitstag aus, wird für diesen Tag bei einer 5-Tage-Woche 1/5 der wöchentlichen Soll-Arbeitszeit für den Zeitausgleich berechnet.
- Fallen an einem Arbeitstag nur einzelne Stunden aus, so werden diese nur dann in den Zeitausgleich einbezogen, wenn diese Stunden in der Kernzeit liegen. Berechtigter Arbeitszeitausfall außerhalb der Kernzeit wird nicht berücksichtigt.

Beispiel:
Der Arbeitnehmer hat um 15.30 Uhr einen unaufschiebbaren Arzttermin. Um den Termin wahrnehmen zu können, muß der Arbeitnehmer den Betrieb um 15.00 Uhr verlassen.
Bei einer Kernarbeitszeit von 9.00 bis 16.00 Uhr ist dann eine Stunde in den Zeitausgleich einzubeziehen. Liegt die Kernarbeitszeit dagegen zwischen 8.00 und 15.00 Uhr, ist ein Arbeitszeitausfall nicht zu berücksichtigen. Der Arbeitnehmer kann nicht geltend machen, er hätte an diesem Tag bis 17.00 Uhr gearbeitet. Natürlich ist auch ausgefallene Kernarbeitszeit nur dann in den Zeitausgleich einzubeziehen, wenn die Angelegenheit von dem Arbeitnehmer außerhalb der Kernzeit nicht erledigt werden kann.

Das BAG hatte zwischenzeitlich Gelegenheit, zur Frage der **Verrechnung von streikbedingten Ausfallzeiten bei Gleitzeitregelung** Stellung zu nehmen (*BAG 30.08.1994, Presseinformation, DB 1994, 1826*). Danach ist es grundsätzlich möglich, in einer Betriebsvereinbarung Regelungen zu treffen, wonach Zeiten der Streikteilnahme mit dem Gleitzeitkonto verrechnet werden. Solche Bestimmungen verletzen nicht die Chancengleichheit im Arbeitskampf. Sind derartige Regelungen jedoch nicht getroffen worden, ist bei der Berechnung des Gleitzeitkontos von der jeweils geschuldeten Arbeitszeit auszugehen. Da während eines Arbeitskampfes die **Arbeitspflicht ruht**, können die Zeiten der Streikteilnahme nicht mit dem Gleitzeitkonto verrechnet werden.

5. Behandlung von Überstunden

2245

Auch bei der gleitenden Arbeitszeit können Überstunden anfallen. Steht die tägliche Arbeitszeitdauer fest, bereitet deren Behandlung keine Probleme.

Anders dagegen bei der Gleitzeit mit Zeitausgleich. Hier empfiehlt sich, die Behandlung von Überstunden bei Einführung der **gleitenden Arbeitszeit mit Zeitausgleich** ausdrücklich zu regeln, da andernfalls Abgrenzungsschwierigkeiten zu der Soll-Arbeitszeit entstehen.

Arbeitspflicht und Arbeitszeit

Beispiel:
Bei einer Kernarbeitszeit von 9.00 bis 16.00 Uhr und einer Ausgleitphase von 16.00 bis 18.00 Uhr ordnet der Arbeitgeber an, daß wegen eines außergewöhnlichen Arbeitsanfalls bis 18.00 Uhr gearbeitet werden muß.
Dabei stellt sich die Frage, ob die Arbeit von 16.00 bis 18.00 Uhr als Überstunden gesondert zu vergüten ist oder ob dieser Zeitraum in den Zeitausgleich einzubeziehen ist mit der Folge, daß eine Überstundenvergütung nicht zu zahlen ist.

Um hier Unklarheiten zu vermeiden, sollte bei der Einführung der gleitenden Arbeitszeit mit Zeitausgleich genau festgelegt werden, wann Überstunden vorliegen. Zweckmäßig ist es, als Überstunden nur die Stunden zu bezeichnen, die vom **Arbeitgeber ausdrücklich und schriftlich als Überstunden angeordnet werden**. Diese Zeiten sind vom Zeitausgleich auszunehmen und bei der Lohnabrechnung gesondert zu vergüten. Alle anderen Zeiten sind dann auszugleichen.

Besteht eine solche Regelung nicht, so ist eine Überstundenvergütung nur dann zu zahlen, wenn der Arbeitgeber die Arbeiten ausdrücklich angeordnet hat und hierdurch die Soll-Arbeitszeit im Ausgleichszeitraum überschritten wird.

6. Beteiligung des Betriebsrates

2246

Besteht ein Betriebsrat, so kann die gleitende Arbeitszeit nur mit **Zustimmung des Betriebsrates** eingeführt werden (§ 87 Abs. 1 Nr. 2 BetrVG). Der Betriebsrat kann auch von sich aus initiativ werden und die Einführung der gleitenden Arbeitszeit vom Arbeitgeber verlangen. Einschränkungen können sich jedoch dann ergeben, wenn die Einführung der gleitenden Arbeitszeit für den Arbeitgeber mit zusätzlichen finanziellen Belastungen verbunden ist.

Das Mitbestimmungsrecht des Betriebsrates umfaßt alle Zeitregelungen, hierzu gehören insbesondere:

- Festlegung von Ein-, Ausgleitphase und Kernarbeitszeit,
- Festlegung des Ausgleichszeitraumes,
- Übertragbarkeit von Arbeitszeit,
- Behandlung von Mehrarbeit und Überstunden,
- Behandlung von Ausfallzeiten,
- Verfallklauseln,
- Zeitkontrollverfahren.

Kommt es zwischen Arbeitgeber und dem Betriebsrat nicht zu einer Einigung, so entscheidet die Einigungsstelle.

Arbeitsrecht

Regelmäßig wird aber die Einführung der gleitenden Arbeitszeit durch Abschluß einer **Betriebsvereinbarung** erfolgen. Dabei sind gesetzliche und tarifvertragliche Regelungen zu beachten. Insbesondere darf nicht von den tarifvertraglichen Regelungen abgewichen werden (§§ 77 III, 87 Abs. 1 BetrVG).

Für den Abschluß einer Betriebsvereinbarung kann die nachfolgende Musterbetriebsvereinbarung über die Einführung der Gleitzeit mit Zeitausgleich als Grundlage herangezogen werden.

Muster für den Abschluß einer Betriebsvereinbarung über die Einführung der gleitenden Arbeitszeit mit Zeitausgleich

2247
Das Muster geht von einer 5-Tage-Woche mit einer regelmäßigen täglichen Arbeitszeit von 8 Stunden aus.

*Zwischen der
Firma ....
und dem
Betriebsrat ....
wird folgende Betriebsvereinbarung geschlossen:*

1. Regelungsgegenstand
Mit dieser Vereinbarung wird für alle Mitarbeiter im Geltungsbereich dieser Vereinbarung die gleitende Arbeitszeit nach Maßgabe der nachfolgenden Bestimmungen eingeführt.

2. Geltungsbereich
Diese Vereinbarung gilt für alle Mitarbeiter in den Abteilungen A, B, C und D.

Die Betriebsleitung behält sich vor, von Fall zu Fall im Einvernehmen mit dem Betriebsrat einzelne Abteilungen von dieser Regelung aus betrieblichen Gründen auszunehmen.

Für werdende Mütter gilt die gleitende Arbeitszeit unter Beachtung der gesetzlichen Bestimmungen (§ 8 MuSchG).

Die Vereinbarung gilt nicht für Mitarbeiter im Bereitschaftsdienst und Jugendliche.

3. Arbeitszeit

3.1 Beginn und Ende der Arbeitszeit

Arbeitspflicht und Arbeitszeit

Der Mitarbeiter kann im Rahmen der aufgeführten Zeitspannen Arbeitsbeginn und Arbeitsende selbst bestimmen:

Betrieb
Arbeitsbeginn: 6.00 Uhr bis 8.00 Uhr
Arbeitsende: 15.00 Uhr bis 17.00 Uhr

Verwaltung
Arbeitsbeginn: 7.00 Uhr bis 8.30 Uhr
Arbeitsende: 16.00 Uhr bis 17.30 Uhr

3.2 Kernarbeitszeit
Betrieb: 8.00 Uhr bis 15.00 Uhr
Verwaltung: 8.30 Uhr bis 16.00 Uhr

In der Kernarbeitszeit muß jeder Mitarbeiter im Betrieb anwesend sein. Jede Abwesenheit während dieser Zeit muß wie bisher genehmigt bzw. begründet sein.

3.3 Pausen
Es gilt die ausgehängte Pausenregelung.

3.4 Höchstarbeitszeit
Die tägliche/wöchentliche Arbeitszeit des Mitarbeiters darf 10/60 Stunden grundsätzlich nicht überschreiten.
Anderes gilt dann, wenn aus wichtigem Grund Überstunden nach § 14 ArbZG angeordnet werden.
Die Beschränkung auf eine Höchstarbeitszeit gilt nicht für leitende Angestellte.

4. Einschränkung der gleitenden Arbeitszeit
Das Recht des Mitarbeiters auf Teilnahme an der gleitenden Arbeitszeit kann eingeschränkt werden durch

- *ausdrückliche Anweisung des jeweiligen Vorgesetzten im Einzelfall,*
- *ausdrückliche abteilungsinterne Regelung im Einzelfall,*
- *Vereinbarung einzelner Mitarbeiter bei Gruppenarbeit.*

5. Überstundenregelung
Vergütungspflichtige Überstunden liegen nur dann vor, wenn auf ausdrückliche schriftliche Anordnung des jeweiligen Vorgesetzten außerhalb der Kernarbeitszeit (vgl. Ziff. 3.2) gearbeitet wird. Im Ausnahmefall kann die Anordnung auch nachträglich erfolgen.
Der Mitarbeiter kann Zeitschulden durch Überstunden ausgleichen.

6. Ausgleichszeitraum

Ausgleichszeitraum ist der Kalendermonat.
Der Mitarbeiter ist verpflichtet, Zeitguthaben und Zeitschulden zum Ende eines Ausgleichszeitraumes in Ausgleich zu bringen. Die tatsächlich erbrachte Arbeitszeit darf die arbeitsvertraglich (tarifvertraglich) vereinbarte Arbeitszeit am Ende eines Ausgleichszeitraumes nicht übersteigen oder unterschreiten.

7. Zeitschulden/Zeitguthaben

Bestehen am Ende des Ausgleichszeitraumes dennoch Zeitschulden, so wird die Differenz bei der Arbeitszeit nicht bezahlt..
Ein bestehendes Zeitguthaben wird nur dann bezahlt, wenn es sich bei der Differenz um ausdrücklich angeordnete Überstunden handelt (vgl. Ziff. 5).
Ansonsten verfällt das Guthaben. Ein Übertrag in den Folgemonat findet nicht statt.

8. Ausfallzeiten

Der Mitarbeiter ist verpflichtet, Arztbesuche und sonstige private Angelegenheiten außerhalb der Kernzeit zu erledigen.
Nur wenn dies nicht möglich ist, kann in dringenden Fällen vom Vorgesetzten eine Ausnahme genehmigt werden.
Berechtigte Ausfallzeiten werden wie folgt dem Gleitzeitkonto gutgeschrieben:

- *Fällt ein ganzer Arbeitstag aus, werden für diesen Tag 8 Stunden für den Zeitausgleich berechnet.*

- *Fallen an einem Arbeitstag nur einzelne Stunden aus, so werden diese nur dann in den Zeitausgleich einbezogen, wenn diese Stunden in der Kernzeit liegen. Arbeitsausfall außerhalb der Kernzeit wird nicht berücksichtigt.*

9. Zeiterfassung

Alle Mitarbeiter erhalten für jeden Ausgleichszeitraum eine Gleitzeitkarte.
Sie sind verpflichtet, Arbeitsbeginn, Arbeitsende und Arbeitsunterbrechungen mittels Zeiterfassungsgerät auf der Gleitzeitkarte zu erfassen.
Ausfall- oder Abwesenheitszeiten sind gesondert einzutragen.
(Hier kann eine Aufzählung der Ausfall- oder Abwesenheitsgründe erfolgen, die jeweils mit einer VerrechnungsNr. versehen werden können, die dann in die Zeiterfassungskarte einzutragen ist.)
Der Mitarbeiter hat die Richtigkeit der Eintragungen durch Unterschrift zu versichern.

10. Verstöße

Der Mißbrauch der Gleitzeiteinrichtung, insbesondere die Manipulation oder das Beschädigen von Zeiterfassungsgeräten oder Gleitzeitkarten kann zur außerordentlichen Kündigung führen.

> *11. Geltungsdauer*
> *Diese Betriebsvereinbarung tritt mit Wirkung vom .... in Kraft. Sie kann mit einer Frist von .... Monaten zum .... gekündigt werden. Die Nachwirkung dieser Betriebsvereinbarung ist ausgeschlossen.*
>
> ....
> *(Ort, Datum)*
>
> ....
> *(Betriebsleitung)* *(Betriebsrat)*

XIII. Weiterführende Literaturhinweise

2248

Bauer, Anmerkung zum Tarifvertrag zur Einführung der 4-Tage-Woche bei der Volkswagen AG, DB 1994, 42
Biebrach/Nagel, Aushangpflichtige Arbeitsgesetze, 7. Auflage 1992
Blomeyer in Münchener Handbuch Arbeitsrecht, 1992, S. 770 ff.
Buschmann/Ulber, Arbeitszeitgesetz Textausgabe mit Kurzkommentierung, 1994
Deneke/Neumann/Biebl, Arbeitszeitordnung, 11. Aufl. 1991
Dittmeier/Seitz, Arbeitszeit in Bäckereien, 1981
Grotmann-Höfling, Arbeitsfreie Zeiten von A - Z, 1991
Hunold, Arbeitszeit -insbesondere Reisezeit- im Außendienst, NZA 1993, 10
Kappus, Sonntagsarbeit und Mitbestimmung, DB 1990, 478
Lörcher, Die Arbeitszeitrichtlinie der EU, ArbuR 1994, 49 ff,
Marienhagen/Pülte, Arbeitszeitschutz, 1992
Mattner, Sonn- und Feiertagsrecht, 2. Aufl. 1991
Neumann, Das neue Ladenschlußgesetz, 2. Aufl. 1989
Schüren, Überstundenzuschläge für Teilzeitkräfte, NZA 1993, 529
Wann, Lenk- und Ruhezeiten im Straßenverkehr, 1987
Zmarzlik, Das neue Arbeitszeitgesetz, DB 1994, 1082
ders., Anrechnung von Berufsschul-, Prüfungs- und Ausbildungszeiten auf die Arbeitszeit, DB 1992, 526.

7. Kapitel: Pflichtverletzungen des Arbeitnehmers

I.	Einführung	2280
II.	Verletzung der Arbeitspflicht	2281
	1. Einführung	2282
	2. Abmahnung	2283
	3. Klage auf Erbringung der Arbeitsleistung	2284
	4. Außerordentliche/ordentliche Kündigung wegen Nichterfüllung	2286
	5. Schadensersatz bei außerordentlicher Kündigung	2287
	a) Voraussetzungen	2287
	b) Ersatzfähiger Schaden	2289
	c) Pauschalierungsabreden	2290
	6. Schadensersatz wegen Nichterfüllung in sonstigen Fällen	2291
	7. Verlust des Vergütungsanspruchs	2292
	8. Ansprüche des Arbeitgebers gegen Dritte	2293
III.	Schlechtleistung	2294
	1. Fälle der Schlechtleistung	2295
	2. Lohnminderung	2296
	3. Kündigung wegen Schlechtleistung	2298
	4. Schadensersatz wegen Schlechtleistung	2299
	a) Einführung	2299
	b) Schuldhafte Pflichtverletzung des Arbeitnehmers	2301
	c) Eintritt eines Schadens beim Arbeitgeber	2303
	d) Ursächlichkeit der Pflichtverletzung für den Eintritt des Schadens	2304
	e) Umfang des Schadensersatzanspruches	2305
	f) Mitverschulden des Arbeitgebers	2306
	5. Haftungseinschränkung bei betrieblich veranlaßter Tätigkeit	2307
	a) Einführung	2307
	b) Betrieblich veranlaßte Tätigkeit	2308
	c) Gefahrgeneigtheit der Arbeit	2310
	d) Haftung bei Vorsatz	2311
	e) Haftung bei grober Fahrlässigkeit	2312
	f) Haftung bei normaler Fahrlässigkeit	2315
	g) Haftung bei leichtester Fahrlässigkeit	2316
	h) Haftungsvereinbarung	2317
	6. Mankohaftung des Arbeitnehmers	2318
	a) Einführung	2318
	b) Anforderungen an eine Mankoabrede	2319
	c) Muster einer Mankoabrede	2320
	d) Mankohaftung bei fehlender Mankoabrede	2321
	e) Mitverschulden des Arbeitgebers	2322

7. Ansprüche geschädigter Arbeitnehmer desselben Betriebes	2323
a) Personenschäden	2324
b) Sachschäden	2325
8. Ansprüche geschädigter Dritter, die nicht dem Betrieb des Arbeitgebers angehören	2326
9. Freistellungsanspruch des Arbeitnehmers bei betrieblich veranlaßter Tätigkeit und Drittschäden	2327
IV. Weiterführende Literaturhinweise	2329

I. Einführung

2280

Wie in jedem Vertragsverhältnis, so sind auch im Arbeitsverhältnis Leistungsstörungen denkbar und in der Praxis häufig anzutreffen. Soweit es sich dabei um **Vertragsverletzungen des Arbeitnehmers** handelt, stehen folgende Fälle im Vordergrund:

- der Arbeitnehmer arbeitet nicht,
- der Arbeitnehmer arbeitet schlecht,
- der Arbeitnehmer verletzt sonstige vertragliche Pflichten.

In diesem Kapitel sollen die Fälle dargestellt werden, in denen die **Vertragsverletzung an die Erbringung der Arbeitsleistung anknüpft**. Zu den Rechtsfolgen bei der Verletzung sonstiger vertraglicher Pflichten (Nebenpflichten) vgl. Rz. 2368.

Erbringt der Arbeitnehmer gar keine oder nur eine schlechte Arbeitsleistung, stehen dem Arbeitgeber unterschiedliche Reaktionsmöglichkeiten zur Verfügung, die sich nach der Schwere des vertragswidrigen Handelns des Arbeitnehmers richten.

Neben der Zulässigkeit einer Kündigung (vgl. ausführlich Rz. 4400, 4501) geht es hier vor allem um die Frage, unter welchen Voraussetzungen der Arbeitgeber von dem Arbeitnehmer Schadensersatz verlangen kann.

Bei einer Kündigung wegen Pflichtverletzung des Arbeitnehmers hat der Arbeitgeber jedoch zu beachten, daß diese regelmäßig nur nach einer Abmahnung ausgesprochen werden kann.

II. Verletzung der Arbeitspflicht

2281

Checkliste:

- **Anwendungsfälle**
    - Arbeitnehmer löst sich ohne Einhaltung der Kündigungsfrist vom Arbeitsvertrag.
    - Arbeitnehmer arbeitet vorübergehend nicht.
- **Rechte des Arbeitgebers (je nach Schwere der Pflichtverletzung)**
    - Abmahnung (unverzüglich und schriftlich!)
    - Klage auf Erfüllung (nur selten sinnvoll!)
    - Außerordentliche Kündigung (Frist: 2 Wochen!) Achtung! Soll trotz Vorliegens eines hinreichenden Grundes für eine außerordentliche Kündigung das Arbeitsverhältnis durch eine ordentliche Kündigung oder einen Aufhebungsvertrag beendet werden - ausdrücklich Schadensersatz vorbehalten!
    - Ordentliche Kündigung
    - Wegfall der Vergütungspflicht
    - Schadensersatzanspruch gegen den Arbeitnehmer (Voraussetzungen):
        - Verschulden des Arbeitnehmers
        - Schadenseintritt (jede Vermögenseinbuße)
        - Verursachung durch den Arbeitnehmer
    - **Ausschlußfristen beachten!**
    - ggfs. Schadensersatzanspruch gegen Dritte bei Abwerbung

1. Einführung

2282

Als Verletzung der Arbeitspflicht werden vor allem die Fälle erfaßt, in denen der Arbeitnehmer die Arbeit entweder überhaupt nicht oder verspätet antritt, die Arbeit unzulässigerweise unterbricht oder vorzeitig einstellt.
Dabei spricht man vom **Arbeitsvertragsbruch,** wenn der Arbeitnehmer sich endgültig rechtswidrig, z.B. ohne Einhaltung seiner Kündigungsfrist, vom Arbeitsvertrag lossagt.

Beispiel:
Der Arbeitnehmer erscheint nicht zur Arbeit, da er mit einem anderen Arbeitgeber einen Arbeitsvertrag abgeschlossen hat und bereits bei diesem Arbeitgeber arbeitet.

*Dagegen bezeichnet man die Fälle, in denen der Arbeitnehmer lediglich vorübergehend nicht arbeitet, als **Arbeitsbummelei, Absitzen der Arbeit** oder **Blaumachen**.*

Beispiel:
*Der Arbeitnehmer liest während der Arbeitszeit Zeitung. Der Arbeitnehmer erscheint nach der Mittagspause nicht mehr oder zu spät zur Arbeit.
Der Arbeitnehmer hat dann seine Hauptleistungspflicht aus dem Arbeitsvertrag verletzt, indem er die geschuldete Arbeitsleistung nicht erbracht hat.*

In der betrieblichen Praxis sollte derartigen Pflichtverletzungen bereits bei Abschluß des Arbeitsvertrages vorgebeugt werden, indem für den Fall der Verletzung der Arbeitspflicht eine **Vertragsstrafe** (Rz. 1081) oder eine **Lohnminderung** vereinbart wird. Derartige Vertragsklauseln erfassen im allgemeinen aber nur den Fall, daß ein Arbeitnehmer vorsätzlich und rechtswidrig die Arbeit nicht aufnimmt oder das Arbeitsverhältnis vor Ablauf der vereinbarten Vertragszeit oder der vereinbarten Kündigungsfrist ohne wichtigen Grund beendet. Soll die Vertragsstrafe/Lohnminderungsabrede auch den Fall der vom Arbeitnehmer schuldhaft veranlaßten vorzeitigen Beendigung des Arbeitsverhältnisses durch Kündigung des Arbeitgebers umfassen, muß das ausdrücklich vereinbart werden.

Schließlich können **Vertragsstrafen für Arbeitnehmer** grundsätzlich auch in einer **Betriebsvereinbarung** begründet und geregelt werden. Eine solche Betriebsvereinbarung ist aber jedenfalls dann unwirksam, wenn in ihr bestimmt wird, daß einzelvertragliche Vertragsstrafenversprechen der Betriebsvereinbarung auch dann vorgehen, wenn sie für den Arbeitnehmer ungünstiger sind.

Ferner besteht die Möglichkeit, Pflichtverletzungen des Arbeitnehmers durch Einführung von sogenannten **Betriebsbußen** entgegenzuwirken (Rz. 2354). Allerdings kann der Arbeitgeber Betriebsbußen nicht einseitig kraft seines Direktionsrechtes verhängen. Vielmehr bedarf es einer Rechtsgrundlage in Form eines Tarifvertrages oder einer Betriebsvereinbarung.

Wird die Arbeitspflicht durch den Arbeitnehmer verletzt, kommen für den Arbeitgeber folgende Handlungsmöglichkeiten in Betracht:

- Abmahnung,
- Klage auf Erbringung der Arbeitsleistung,
- Außerordentliche/ordentliche Kündigung des Arbeitsvertrages,
- Schadensersatz.

2. Abmahnung

2283

Der Arbeitgeber ist in den Fällen der Verletzung der Arbeitspflicht durch den Arbeitnehmer regelmäßig zum Ausspruch einer Abmahnung berechtigt. Zu den Einzelheiten der Abmahnung vgl. Rz. 4306.

Soweit der Arbeitgeber auf Grund der Schwere der Pflichtverletzung des Arbeitnehmers nicht bereits zur außerordentlichen Kündigung berechtigt ist, sollte eine Abmahnung auch in jedem geringfügigeren Fall der Verletzung der Arbeitspflicht erfolgen. Der Arbeitgeber erweitert hierdurch seinen **Spielraum, um dann bei einer erneuten Pflichtverletzung des Arbeitnehmers sofort kündigen zu können.** Zwar bestehen für den Zeitpunkt der Abmahnung keine ausdrücklichen Ausschlußfristen. Dennoch sollte die Abmahnung immer **unverzüglich** erfolgen, um sicherzustellen, daß das Recht zur Abmahnung nicht verwirkt ist. Es ist außerdem im Interesse des Arbeitgebers, die erhobenen Beanstandungen möglichst schnell aktenkundig zu machen, vor allem auch aus Beweissicherungsgründen. Zu beachten ist, daß die Abmahnung immer **schriftlich** erfolgen sollte.

3. Klage auf Erbringung der Arbeitsleistung

2284

Regelmäßig wird sich der Arbeitgeber bei einer schwerwiegenden Verletzung der Arbeitspflicht schnellstmöglichst von dem Arbeitnehmer trennen wollen. In einigen Fällen ist aber auch eine andere Interessenlage denkbar.

Beispiel:
Der Arbeitnehmer ist ein qualifizierter Facharbeiter. Der Arbeitgeber sieht angesichts des Facharbeitermangels keine Möglichkeit, umgehend Ersatz zu bekommen.
Für den Arbeitgeber stellt sich dann die Frage, ob er den Arbeitnehmer notfalls auch gerichtlich zur Erbringung seiner Arbeitsleistung zwingen kann. Der Anspruch auf die Arbeitsleistung kann grundsätzlich im Wege der Klage oder mit Hilfe einer einstweiligen Verfügung gerichtlich geltend gemacht werden. Allerdings wird von einem solchen Schritt regelmäßig abzuraten sein!
Selbst wenn ein obsiegendes Urteil ergeht oder eine einstweilige Verfügung erlassen wird, kann die Erbringung der Arbeitsleistung im Wege der Zwangsvollstreckung nicht durchgesetzt werden. Im Zweifel ist der Arbeitnehmer in Person Schuldner der Arbeitsleistung (§ 613 Satz 1 BGB). Da dann die Leistung von Dritten nicht vorgenommen werden kann, besteht ein **Vollstreckungsverbot**, s. § 888 ZPO.

2285

Es besteht die Möglichkeit, daß der Arbeitnehmer im Klageverfahren zur Zahlung einer **Entschädigung** verurteilt wird (§ 62 Abs. 2 ArbGG). Dies setzt jedoch voraus, daß das Arbeitsverhältnis zum Zeitpunkt der letzten mündlichen Verhandlung noch besteht. In den meisten Fällen wird aber der Arbeitnehmer seinerseits kündigen, wenn nicht bereits in der endgültigen Arbeitsverweigerung eine Kündigung zu sehen ist. Es kommt dann darauf an, welche Kündigungsfristen der Arbeitnehmer einzuhalten hat. Regelmäßig wird die Kündigungsfrist vor der letzten mündlichen Verhandlung abgelaufen sein.

Daher ist die Klage bzw. der Antrag auf Erlaß einer einstweiligen Verfügung nur in den seltensten Fällen sinnvoll, um den Arbeitnehmer zur Erfüllung seiner Arbeitspflicht zu zwingen.

4. Außerordentliche / ordentliche Kündigung wegen Nichterfüllung

2286

Der Arbeitgeber kann dem Arbeitnehmer jedoch außerordentlich kündigen, wenn ihm die Fortsetzung des Arbeitsverhältnisses bis zum Ablauf der Kündigungsfrist **nicht zumutbar** ist (§ 626 Abs. 1 BGB).
Die Kündigung muß **innerhalb von zwei Wochen** erfolgen, nachdem der Arbeitgeber von der Pflichtverletzung des Arbeitnehmers Kenntnis erlangt hat (§ 626 Abs. 2 BGB).
Ob die Voraussetzungen für eine außerordentliche Kündigung vorliegen, ist jeweils eine Frage des Einzelfalles.
Eine außerordentliche Kündigung kommt nur bei besonders **schwerwiegenden Pflichtverletzungen** des Arbeitnehmers in Betracht (vgl. Rz. 4501).

In der Praxis wird zur Vermeidung von gerichtlichen Streitigkeiten teilweise auch bei Vorliegen eines hinreichenden Grundes für eine außerordentliche Kündigung das Arbeitsverhältnis durch einen Aufhebungsvertrag oder eine ordentliche Kündigung beendet. In diesen Fällen ist unbedingt darauf zu achten, daß sich der Arbeitgeber **ausdrücklich die Geltendmachung eines Schadensersatzanspruches für diejenigen Schäden vorbehält, die ihm durch die Aufhebung des Arbeitsverhältnisses entstanden sind.**
Andernfalls kann ein Schadensersatzanspruch (§ 628 Abs. 2 BGB) nicht geltend gemacht werden.

Muster:

"Der Arbeitgeber behält sich ausdrücklich vor, den ihm durch die Aufhebung (ordentliche Kündigung) des Arbeitsvertrages entstehenden Schaden gegenüber dem Arbeitnehmer geltend zu machen."

Pflichtverletzungen des Arbeitnehmers

Bei einer **geringfügigen und nur vorübergehenden Nichterfüllung** des Arbeitnehmers kann auch eine verhaltensbedingte Kündigung begründet sein (vgl. Rz. 4401).

5. Schadensersatz bei außerordentlicher Kündigung

a) Voraussetzungen

2287

Der Arbeitgeber kann im Falle der wirksamen außerordentlichen Kündigung von dem Arbeitnehmer Ersatz des Schadens verlangen, der ihm durch die Aufhebung des Arbeitsverhältnisses entstanden ist (§ 628 Abs.2 BGB).
Voraussetzung ist allerdings, daß der Arbeitnehmer die Kündigung durch vertragswidriges Verhalten veranlaßt hat (sogenanntes **Auflösungsverschulden**). Der Arbeitnehmer muß seine Arbeitspflicht also schuldhaft verletzt haben. Das ist immer dann der Fall, wenn er vorsätzlich oder fahrlässig (§ 276 BGB) seiner Arbeitspflicht nicht in vollem Umfang nachgekommen ist.

Ist der Arbeitnehmer dagegen **berechtigt oder entschuldigt** der Arbeit ferngeblieben, so kommt bereits eine außerordentliche Kündigung im allgemeinen nicht in Betracht. Der Arbeitnehmer kann sich jedoch nicht darauf berufen, daß er eine andere und besser bezahlte Stelle gefunden habe.

Regelmäßig wird aber die außerordentliche Kündigung auf einem Verschulden des Arbeitnehmers beruhen. Die Fälle, in denen der Arbeitgeber zu einer außerordentlichen Kündigung berechtigt, gleichzeitig aber ein Verschulden des Arbeitnehmers nicht feststellbar ist, sind denkbar selten.

Der Anspruch auf Ersatz des durch die Aufhebung des Arbeitsverhältnisses entstandenen Schadens setzt (entgegen dem klaren Wortlaut des § 628 Abs. 2 BGB) nicht zwingend eine außerordentliche Kündigung voraus. Wird trotz Vorliegens eines hinreichenden Kündigungsgrundes das Arbeitsverhältnis durch Aufhebungsvertrag oder ordentliche Kündigung beendet, kommt gleichwohl ein Schadensersatzanspruch entsprechend § 628 Abs. 2 BGB in Betracht, wenn sich der Arbeitgeber den Anspruch ausdrücklich vorbehalten hat (vgl. oben Rz. 2286).

Für die Schadensersatzpflicht von Auszubildenden besteht eine gesetzliche Sonderregelung. Wird das Ausbildungsverhältnis nach der Probezeit aus wichtigem Grund gelöst, so kann der Arbeitgeber Schadensersatz verlangen, wenn der Auszubildende den Grund der Auflösung zu vertreten hat (§ 16 Abs. 1 Satz 1 BBiG).

2288

In allen Fällen, in denen ein Schadensersatzanspruch in Betracht kommt, ist sofort zu prüfen, ob für die Geltendmachung des Anspruches sogenannte **Verfall-**

oder **Ausschlußfristen** bestehen! Nach Ablauf dieser Fristen ist die Geltendmachung des Schadensersatzanspruches ausgeschlossen. Abreden über Ausschlußfristen können sich ergeben aus

- Tarifvertrag,
- Betriebsvereinbarung,
- Arbeitsvertrag.

b) Ersatzfähiger Schaden

2289

Ist das Arbeitsverhältnis wegen einer Arbeitspflichtverletzung des Arbeitnehmers durch außerordentliche Kündigung beendet worden, so stellt sich für den Arbeitgeber die Frage, ob und in welchem Umfang er von dem Arbeitnehmer verursachte zusätzliche Kosten ersetzt verlangen kann.

Grundsätzlich hat der Arbeitnehmer alle durch die Aufhebung des Arbeitsverhältnisses verursachte Schäden einschließlich des entgangenen Gewinns zu ersetzen (§§ 249 ff. BGB). Ein Schaden des Arbeitgebers liegt verkürzt gesagt immer dann vor, wenn sich seine Vermögenslage **durch die Aufhebung des Arbeitsverhältnisses** verschlechtert hat.

Es geht hierbei zunächst also nur um die Schäden, die durch die Aufhebung des Arbeitsverhältnisses entstanden sind. Von § 628 Abs. 2 BGB nicht erfaßt sind die Schäden, die durch die Pflichtverletzung des Arbeitnehmers bis zur Aufhebung (Kündigung) des Arbeitsverhältnisses verursacht worden sind (vgl. Rz. 2198).

Für die durch die außerordentliche Kündigung entstandenen Schäden endet die Schadensersatzpflicht des Arbeitnehmers zu dem Zeitpunkt, zu dem der Arbeitnehmer das Arbeitsverhältnis ordentlich hätte kündigen können.

Beispiel:
Der Arbeitnehmer erhält wegen wiederholten Blaumachens die fristlose Kündigung am 10. 06.. Die arbeitsvertragliche Kündigungsfrist des Arbeitnehmers beträgt eine Woche. Der Arbeitgeber kann hier wegen einer Verletzung der Arbeitspflicht nur Ersatz für diejenigen Schäden verlangen, die vom 10.06. bis zum 17.06. entstanden sind.

Soweit **auch dem Arbeitnehmer die Fortsetzung des Arbeitsverhältnisses unzumutbar war** und er deshalb seinerseits zur außerordentlichen Kündigung berechtigt war, scheidet ein auf § 628 Abs. 2 BGB gestützter Schadensersatzanspruch des Arbeitgebers aus.

Andernfalls kommen als ersatzfähiger Schaden in Betracht:

- entgangener Gewinn
- Produktionsausfall bei Vorratsproduktion
- Kosten wegen des Stillstandes von Maschinen

Pflichtverletzungen des Arbeitnehmers

- höhere Kosten einer Ersatzkraft
- Inseratskosten für Stellenanzeigen
- Vorstellungskosten für Bewerber
- Konventionalstrafen des Arbeitgebers für nicht rechtzeitige Leistung

Der Arbeitgeber ist für den Eintritt eines konkreten Schadens beweispflichtig, was in der Praxis oftmals große Schwierigkeiten macht. Insbesondere der Nachweis eines entgangenen Gewinns ist für den Arbeitgeber häufig nicht einfach. Abzustellen ist auf den Gewinn, der bei dem gewöhnlichen Lauf der Dinge aller Wahrscheinlichkeit nach erwartet werden konnte (§ 252 BGB). Vielfach wird ein Gewinnausfall durch die Vorlage der Geschäftsunterlagen dargelegt werden können.

Ebenfalls als ersatzfähiger Schaden anerkannt wurde ein **fiktiver Einkommensverlust des Arbeitgebers,** den dieser dadurch erleidet, daß er selbst die Arbeit des gekündigten Arbeitnehmers übernimmt.

Müssen andere Arbeitnehmer wegen der Arbeitspflichtverletzung Überstunden machen, so kann auch die **gezahlte Überstundenvergütung** als Schaden ersetzt verlangt werden.

Dagegen wird ein Schaden des Arbeitgebers dann nicht vorliegen, wenn die Arbeit des gekündigten Arbeitnehmers durch andere Arbeitnehmer mit erbracht wird, ohne daß hierfür eine gesonderte Vergütung durch den Arbeitgeber gezahlt werden muß.

Problematisch ist es jeweils, in welchem Umfang **Inseratskosten** für Stellenanzeigen und **Vorstellungskosten** für Bewerber vom Arbeitnehmer zu ersetzen sind. Hier ist jeweils zu fragen, ob die Kosten auch dann angefallen wären, wenn der Arbeitnehmer das Arbeitsverhältnis ordentlich gekündigt hätte. Ist das zu bejahen, scheidet ein Anspruch auf Ersatz dieser Kosten aus.

c) Pauschalierungsabreden

2290

Um die Ermittlung und den Nachweis eines Schadens zu erleichtern, werden in der Praxis häufig sogenannte Pauschalierungsabreden in den Arbeitsvertrag aufgenommen. Dabei verpflichtet sich der Arbeitnehmer zum Ersatz des bei einem Vertragsbruch typischerweise entstehenden Schadens.

Bei der Fassung solcher Klauseln oder Abreden ist jedoch Vorsicht geboten! Soweit man eine Schadenspauschalierung in Arbeitsverträgen überhaupt für zulässig erachtet, darf die Höhe des vereinbarten Pauschalbetrages den **Arbeitnehmer nicht unangemessen benachteiligen.** Andernfalls kann die Vereinbarung wegen eines Verstoßes gegen die guten Sitten nichtig sein (§ 138 Abs. 1 BGB) oder aber dem Arbeitgeber ist es verwehrt, sich auf diese Vereinbarung zu berufen (§ 242 BGB).

6. Schadensersatz wegen Nichterfüllung in sonstigen Fällen

2291
Der Arbeitnehmer ist ebenfalls schadensersatzpflichtig für die Schäden, die durch die Verletzung seiner Arbeitspflicht vor dem Zugang der außerordentlichen Kündigung entstanden sind (§§ 284 ff. BGB). Die Schadensersatzpflicht besteht auch, wenn das Arbeitsverhältnis trotz einer vorübergehenden Verletzung der Arbeitspflicht fortgesetzt bzw. durch eine ordentliche Kündigung beendet wird.

Der Anspruch setzt wiederum ein **Verschulden des Arbeitnehmers** voraus (§ 285 BGB). Allerdings hat hier der Arbeitnehmer darzulegen und zu beweisen, daß ihn kein Verschulden trifft.
Die Geltendmachung des Schadensersatzanspruches muß innerhalb bestehender **Ausschlußfristen** erfolgen.

7. Verlust des Vergütungsanspruchs

2292
Für die Zeiten, in denen der Arbeitnehmer unentschuldigt nicht gearbeitet hat, erhält er auch keine Vergütung. Der Arbeitgeber kann die **Einrede des nicht erfüllten Vertrages** erheben (§ 320 BGB). Der Arbeitgeber ist allerdings darlegungs- und beweispflichtig für die Ausfallzeiten.

Hat der Arbeitgeber bereits zuviel Lohn ausgezahlt, so kann er den überzahlten Betrag zurückverlangen (§ 812 BGB). Es ist dann immer sofort zu überprüfen, ob **Verfall- oder Ausschlußfristen** bestehen! Der Rückzahlungsanspruch muß dann innerhalb dieser Fristen geltend gemacht werden.

Stehen dem Arbeitnehmer dagegen noch Vergütungsansprüche zu, so kann der Arbeitgeber die Vergütung nur mindern, wenn eine entsprechende **Minderungsabrede** zwischen den Arbeitsvertragsparteien besteht. Nach dem Inhalt solcher Lohnminderungsabreden erlöschen Vergütungsansprüche des Arbeitnehmers für den Fall, daß er Pflichten aus dem Arbeitsvertrag **rechtswidrig und schuldhaft** verletzt.

Derartige Vereinbarungen zwischen Arbeitgeber und Arbeitnehmer sind durchaus zulässig (vgl. aber unten Rz. 2296). Allerdings dürfen sie sich nicht auf unpfändbare Forderungen erstrecken (vgl. Rz. 2477) oder den Arbeitnehmer in anderer Form unangemessen benachteiligen. Für gewerbliche Arbeitnehmer (§ 133 g GewO) ist ferner zu beachten, daß für den Fall der rechtswidrigen Auflösung des Arbeitsverhältnisses durch den Arbeitnehmer die vereinbarte Lohnminderung nicht den Betrag des durchschnittlichen Wochenlohnes übersteigen darf (§ 134 Abs. 1 GewO).

Eine Lohnminderung kann zudem in Betracht kommen, wenn die bisherige Arbeitsleistung für den Arbeitgeber ausnahmsweise **kein Interesse** mehr hat (§ 628 Abs.1 Satz 2 BGB), z.B. bei Proben von Musikern, Schauspielern etc..

Schließlich kommt auch eine **Aufrechnung** gegenüber einem noch bestehenden Vergütungsanspruch des Arbeitnehmers in Betracht, wenn dem Arbeitgeber noch Schadensersatzansprüche zustehen. Zu beachten sind dabei jedoch die Pfändungsfreigrenzen (vgl. Rz. 2474 ff.).

Außerdem kann ein **Zurückbehaltungsrecht** bestehen, wenn etwa der Arbeitnehmer noch vom Arbeitgeber zur Verfügung gestellte Arbeitsmaterialien in Besitz hat (§ 273 Abs. 1 BGB). In diesem Fall hat die Auszahlung nur Zug um Zug gegen Herausgabe dieser Gegenstände zu erfolgen.

8. Ansprüche des Arbeitgebers gegen Dritte

2293

Begeht der Arbeitnehmer einen **Arbeitsvertragsbruch**, um bei einem neuen Arbeitgeber zu arbeiten, können u. U. auch Schadensersatz- und Unterlassungsansprüche des bisherigen Arbeitgebers gegen Dritte, insbesondere gegen den neuen Arbeitgeber, in Betracht kommen.

Wurde der Arbeitnehmer durch den neuen Arbeitgeber **abgeworben,** so kann hierin ein unzulässiger Eingriff in den eingerichteten und ausgeübten Gewerbebetrieb des alten Arbeitgebers liegen (§ 823 Abs. 1 BGB). Denkbar ist auch, daß sich die Abwerbung als vorsätzliche sittenwidrige Schädigung darstellt (§ 826 BGB). Weitaus häufiger dagegen wird es sich um einen Wettbewerbsverstoß handeln (§ 1 UWG).

Grundsätzlich ist es zulässig, wenn ein Arbeitgeber einen Arbeitnehmer, der bei einem anderen Arbeitgeber beschäftigt ist, unter der Zusage von höherer Vergütung oder sonstiger Vorteile zur ordnungsgemäßen Beendigung des Arbeitsverhältnisses mit dem alten Arbeitgeber veranlaßt.
Unzulässig ist es allerdings, wenn er den Arbeitnehmer zum **Arbeitsvertragsbruch verleitet.** Dabei kann ein Wettbewerbsverstoß auch dann vorliegen, wenn der neue Arbeitgeber in einer anderen Branche als der bisherige Arbeitgeber tätig ist. Regelmäßig wird es aber schwierig sein, die Veranlassung zum Vertragsbruch zu beweisen.

Die bloße **Beschäftigung** eines vertragsbrüchigen Arbeitnehmers wird in der Regel nicht wettbewerbswidrig sein. Anderes kann sich aber dann ergeben, wenn der neue Arbeitgeber die besonderen Geschäftsbeziehungen des Arbeitnehmers, die dieser durch die Tätigkeit bei dem bisherigen Arbeitgeber erlangt hatte, zu dessen Nachteil ausnutzt.

Beispiel:
Der Arbeitgeber schickt den vertragsbrüchigen Arbeitnehmer gezielt zu den Kunden des bisherigen Arbeitgebers.

Läßt sich danach ein rechtswidriges Verhalten Dritter feststellen, kann der bisherige Arbeitgeber von dem Dritten sowohl **Unterlassung** als auch **Schadensersatz** verlangen. Für bestimmte Arbeitnehmergruppen ist die Haftung des Dritten sogar ausdrücklich geregelt. Handelt es sich bei dem abgeworbenen oder beschäftigten Arbeitnehmer um einen gewerblichen Arbeiter oder Angestellten, dann haftet der neue Arbeitgeber selbstschuldnerisch für den bei dem früheren Arbeitgeber entstandenen Schaden (§ 125 Abs. 1 GewO). Kaufmännische Angestellte werden von dieser Regelung allerdings nicht erfaßt (vgl. §§ 133 c, 133 e GewO).

III. Schlechtleistung

2294

Checkliste:

- **Anwendungsfälle:**
  - Der Arbeitnehmer arbeitet schlecht.
- **Rechte des Arbeitgebers (je nach der Schwere der Pflichtverletzung)**
  - Abmahnung (unverzüglich und schriftlich!)
  - Lohnminderung (nur bei Lohnminderungsabrede)
  - Ordentliche/außerordentliche Kündigung
  - Schadensersatzanspruch gegen den Arbeitnehmer bei:
    - Pflichtverletzung des Arbeitnehmers (Maßstab: durchschnittliche Anforderungen an Arbeitnehmer derselben Berufsgruppe)
    - Verschulden des Arbeitnehmers
    - Schadenseintritt (jede Vermögenseinbuße)
    - Verursachung durch den Arbeitnehmer
    - ggfs. Mitverschulden des Arbeitgebers berücksichtigen
    - Ausschlußfristen beachten!
    - **Abgestuftes Haftungssystem nunmehr bei jeder betrieblich veranlaßten Tätigkeit (Haftung nach Grad des Verschuldens und Abwägung mit Betriebsrisiko)**

Pflichtverletzungen des Arbeitnehmers

1. Fälle der Schlechtleistung

2295

Unter dem Begriff der Schlechtleistung werden alle Fälle erfaßt, in denen der Arbeitnehmer zwar arbeitet, die Arbeitsleistung aber in irgendeiner Form **mangelhaft** ist und dem Arbeitgeber hierdurch ein Schaden entsteht.

Beispiel:
Das Arbeitsergebnis weist Fehler auf; der Arbeitnehmer geht mit überlassenem Werkzeug, Maschinen nicht sorgfältig um, wodurch diese beschädigt werden; der Arbeitnehmer arbeitet zu langsam oder zu oberflächlich.
In diesen Fällen kommen für den Arbeitgeber im wesentlichen folgende Rechte in Betracht:

- Lohnminderung
- Kündigung
- Schadensersatz.

2. Lohnminderung

2296

Zur Minderung des vereinbarten Arbeitsentgelts ist der Arbeitgeber nach der gesetzlichen Regelung **nicht berechtigt**. Die §§ 611 ff. BGB sehen ein gesetzliches Gewährleistungsrecht nicht vor. Dies gilt unabhängig davon, ob der Arbeitnehmer die Schlechtleistung verschuldet hat oder nicht.

Obgleich das Dienstvertragsrecht damit erheblich von den Regelungen des Kauf- und Werkvertragsrechtes über Leistungsstörungen abweicht, ist der Gewährleistungsausschluß sachlich gerechtfertigt. Der Arbeitnehmer unterliegt dem **Weisungsrecht** des Arbeitgebers und kann deshalb auch keine Gewährleistung für Erfolg oder Mißerfolg seiner Arbeitsleistung übernehmen.

Eine Minderung des Arbeitsentgelts kommt aber dann in Betracht, wenn die Arbeitsvertragsparteien eine sogenannte **Lohnminderungsabrede** getroffen haben (vgl. oben Rz. 2292).
Zulässig ist eine Vereinbarung über eine Minderung des Arbeitsentgelts im Falle der Schlechtleistung, wenn die Kürzung nur bei einem **Verschulden** des Arbeitnehmers erfolgen soll. Allerdings sind die bereits dargestellten Einschränkungen zu beachten (vgl. oben Rz. 2292). Noch nicht absehbar ist jedoch, ob die geänderte Rechtsprechung zur Arbeitnehmerhaftung bei Schlechtleistung (vgl. Rz. 2299) Auswirkungen auf die Zulässigkeit von Lohnminderungsabreden haben wird.

Problematisch ist es dagegen, wenn eine Minderung auch dann eintreten soll, wenn der Arbeitnehmer die Schlechtleistung **nicht verschuldet** hat.

Arbeitsrecht

Wird der Arbeitgeber nach **Zeitlohn** bezahlt, so wird eine Minderungsabrede regelmäßig nichtig oder unwirksam sein, da sie den Arbeitnehmer unangemessen benachteiligt (§§ 138, 242 BGB). Der Arbeitgeber hat also das Risiko des Mißlingens der Arbeitsleistung zu tragen.

Hingegen wird es bei der **Akkord - oder Prämienlohnvergütung** als zulässig erachtet, wenn die Arbeitsvertragsparteien vereinbaren, daß nur mangelfreie Arbeit bezahlt wird. Häufig sind derartige Klauseln in Tarifverträgen enthalten. Sie lauten etwa wie folgt:

"Die Bezahlung der Arbeit erfolgt nur für mangelfreie und abnahmefähige Arbeit. Mangelhafte Arbeit wird nicht vergütet."

In diesem Fall gelangt der Vergütungsanspruch erst gar nicht zur Entstehung, wenn der Arbeitnehmer eine mangelhafte Arbeitsleistung erbringt. Für den Arbeitgeber bedeutet das, daß er weder eine Aufrechnung erklären noch ggfs. anwendbare Verfall- oder Ausschlußfristen beachten muß.

Allerdings ist bei der Aufnahme solcher Lohnminderungsklauseln in den einzelnen Arbeitsvertrag **Vorsicht geboten!** Die Rechtsprechung hat die Zulässigkeit von Lohnminderungsabreden bei unverschuldeter Schlechtleistung noch nicht ausdrücklich anerkannt. Als gesichert konnte bislang nur angesehen werden, daß eine Vereinbarung über Lohnminderung bei schuldhafter Schlechtleistung des Arbeitnehmers rechtswirksam getroffen werden kann (vgl. aber oben).

2297

Unabhängig vom Bestehen einer Lohnminderungsabrede kann der Arbeitgeber auch bei der schuldhaften Schlechtleistung die Auszahlung der Vergütung soweit zu Recht verweigern, als ihm durch die Schlechtleistung ein Schaden entstanden ist und er seinen Schadensersatzanspruch im Rahmen der Pfändungsfreigrenzen zur **Aufrechnung** gestellt hat. Zur Auszahlung des unpfändbaren Betrages bleibt der Arbeitgeber aber in jedem Fall verpflichtet (vgl. Rz. 2472 ff.).

3. Kündigung wegen Schlechtleistung

2298

Die Schlechtleistung kann den Arbeitgeber ggfs. auch zu einer außerordentlichen oder ordentlichen Kündigung berechtigen. Allerdings wird hier ein **strenger Maßstab** anzulegen sein, insbesondere dann, wenn die Schlechtleistung unverschuldet erfolgt. Zur Kündigung wegen Schlechtleistung vgl. Rz. 4405, 4512.

4. Schadensersatz wegen Schlechtleistung

a) Einführung

2299

Der Arbeitnehmer haftet grundsätzlich für die von ihm durch eine schuldhafte Schlechtleistung beim Arbeitgeber verursachten Schäden.
Allerdings besteht für die Arbeitnehmerhaftung ein **abgestuftes Haftungssystem**. Danach kann die Haftung des Arbeitnehmers erheblich eingeschränkt sein. Das abgestufte Haftungssystem galt bislang ausschließlich für die sogenannte gefahrgeneigte Arbeit (vgl. Rz. 2310). Entscheidend für die Annahme einer gefahrgeneigten Arbeit waren die Umstände des Einzelfalles. Es mußte eine konkrete Gefahrenlage bestanden haben. War diese zu bejahen, so richtete sich die Haftung des Arbeitnehmers nach dem Grad seines Verschuldens (vgl. unten Rz. 2307 ff.).

Für die nicht gefahrgeneigte Arbeit bestanden bislang keine besonderen Haftungseinschränkungen. Der Große Senat des Bundesarbeitsgerichtes hatte aber bereits 1992 die Ansicht vertreten, daß bei Schäden, die der Arbeitnehmer dem Arbeitgeber in Ausführung betrieblicher Verrichtungen zugefügt hat, ein **innerbetrieblicher Schadensausgleich** durchzuführen ist, und zwar ohne Rücksicht darauf, ob im Einzelfall gefahrgeneigte Arbeit vorliegt oder nicht (*BAG GS 12.06.1992, DB 1992, 1492*). Gleichwohl sah sich der Große Senat an einer endgültigen Entscheidung gehindert, da der Bundesgerichtshof in vergleichbaren Haftungsfällen das Merkmal der Gefahrgeneigtheit als Voraussetzung für eine beschränkte Haftung aufgestellt hat. Aus diesem Grund hat der Große Senat des Bundesarbeitsgerichts den Gemeinsamen Senat der Obersten Gerichtshöfe des Bundes angerufen. Dieser hat das Vorlegungsverfahren am 16.12.1993 eingestellt. Der Bundesgerichtshof hatte nämlich zuvor seine von der Ansicht des Bundesarbeitsgerichts abweichende Rechtsprechung aufgegeben und sich der Rechtsauffassung des Bundesarbeitsgerichts angeschlossen (*BGH 23.09.1993, DB 1994, 428*). Von daher gilt zukünftig:

Die Haftungserleichterungen zugunsten des Arbeitnehmers finden nicht nur bei gefahrgeneigter Tätigkeit, sondern bei jeder betrieblichen durch das Arbeitsverhältnis veranlaßten Tätigkeit Anwendung!

Arbeitgeber werden sich also darauf einstellen müssen, daß sie bei von Arbeitnehmern verursachten Schäden zukünftig in der überwiegenden Anzahl der Schadensfälle einen Eigenanteil zu tragen haben. Dies sollte der Anlaß sein, den eigenen betrieblichen Bereich auf Risiken der Schadensverursachung zu untersuchen. Insbesondere dort, wo durch Fehlverhalten von Arbeitnehmern erhebliche Schäden entstehen können, sollte überprüft werden, ob das **Schadensrisiko** versicherbar und der Abschluß einer entsprechenden Versicherung sinnvoll ist.

Ungeachtet der neuen Rechtsprechung wird in Schadensfällen weiterhin wie folgt zu prüfen sein:

- liegt ein nach allgemeinen zivilrechtlichen Grundsätzen haftungsbegründender Tatbestand vor?, wenn ja
- greifen die Haftungserleichterungen zugunsten des Arbeitnehmers ein?

2300

Anspruchsgrundlage für einen Schadensersatzanspruch wegen Schlechtleistung ist nach allgemeinen zivilrechtlichen Grundsätzen das anerkannte **Rechtsinstitut der positiven Vertragsverletzung** (PVV). Hiervon werden diejenigen Pflichtverletzungen im Rahmen eines Vertragsverhältnisses erfaßt, die weder zum Verzug des Schuldners noch zur Unmöglichkeit der Leistung führen. Daneben kommen als Anspruchsgrundlage auch die allgemeinen **deliktischen Vorschriften** (§ 823 ff. BGB) in Betracht.

Regelmäßig wird der Arbeitgeber seinen Anspruch aber auf die positive Vertragsverletzung stützen, da die hieraus resultierende vertragliche Haftung des Arbeitnehmers auch reine Vermögensschäden des Arbeitgebers abdeckt, die von der deliktischen Haftung nicht erfaßt werden.

Ein Schadensersatzanspruch aus positiver Vertragsverletzung setzt folgendes voraus:

- schuldhafte Pflichtverletzung des Arbeitnehmers
- Eintritt eines Schadens beim Arbeitgeber
- Ursächlichkeit der Pflichtverletzung für den Schadenseintritt

b) Schuldhafte Pflichtverletzung des Arbeitnehmers

2301

Voraussetzung eines Schadensersatzanspruches nach den Grundsätzen der positiven Vertragsverletzung ist zunächst, daß es sich bei der Schlechtleistung um eine schuldhafte Pflichtverletzung durch den Arbeitnehmer handelt.

Es reicht also nicht aus, wenn lediglich das Arbeitsergebnis mangelhaft ist. Vielmehr muß feststellbar sein, daß der Arbeitnehmer durch die Schlechtleistung eine ihm obliegende **Sorgfaltspflicht nicht beachtet** hat. Welcher Sorgfaltsmaßstab anzulegen ist, bedarf einer sorgfältigen Prüfung im Einzelfall.

Abzustellen ist dabei auf die jeweilige **Berufsgruppe**, welcher der Arbeitnehmer angehört. Anhand objektiver Kriterien sind die **durchschnittlichen Anforderungen** zu ermitteln, die an Arbeitnehmer dieser Berufsgruppe gestellt werden. Entspricht danach das schadensverursachende Verhalten des Arbeitnehmers im konkreten Fall nicht den für diese Berufsgruppe allgemein üblichen Fähigkeiten und Kenntnissen, liegt eine Sorgfaltspflichtverletzung des Arbeitnehmers vor.

Pflichtverletzungen des Arbeitnehmers

Beispiel:
Der als Kraftfahrer eingestellte Arbeitnehmer betankt seinen LKW aus Unachtsamkeit mit einem falschen Kraftstoff.
Hier ist eine Sorgfaltspflichtverletzung zu bejahen, da man von einem Kraftfahrer üblicherweise erwarten kann, daß er sein Kraftfahrzeug mit dem richtigen Kraftstoff betankt.

Bei der Festlegung des Sorgfaltsmaßstabes kommt es grundsätzlich nur auf **objektive Kriterien** an. Verfügt der betroffene Arbeitnehmer jedoch über **besondere persönliche Fähigkeiten und Kenntnisse,** so werden diese zu seinen Lasten berücksichtigt.
In diesem Fall kann eine Sorgfaltspflichtverletzung auch dann vorliegen, wenn sein Verhalten zwar den durchschnittlichen Anforderungen seiner Berufsgruppe entspricht, jedoch unterhalb seiner persönlichen Möglichkeiten bleibt. Auf fehlende Fachkenntnisse, Verstandeskräfte, Geschicklichkeit oder Körperkraft kann sich der Arbeitnehmer im allgemeinen nicht berufen. Diese subjektiven Elemente können jedoch im Rahmen der groben Fahrlässigkeit berücksichtigt werden (vgl. Rz. 2312).

2302
Erforderlich ist weiterhin, daß der Arbeitnehmer die Pflichtverletzung vorsätzlich oder fahrlässig und damit **schuldhaft** begangen hat (§ 276 BGB). Hat der Arbeitnehmer bewußt gegen seine Berufspflichten verstoßen, wird regelmäßig **Vorsatz** zu bejahen sein. In allen anderen Fällen liegt im allgemeinen **Fahrlässigkeit** vor, da der Arbeitnehmer die im Verkehr erforderliche Sorgfalt außer acht gelassen hat (§ 276 Satz 2 BGB). Auf den Grad des Verschuldens kommt es nicht an. Ausreichend ist auch leichteste Fahrlässigkeit.

c) Eintritt eines Schadens beim Arbeitgeber

2303
Durch die Pflichtverletzung muß beim Arbeitgeber ein Schaden entstanden sein. Ein Schaden liegt immer dann vor, wenn der Arbeitgeber durch Schlechtleistung eine **Einbuße an seinen Lebensgütern** (Gesundheit, Eigentum) oder seinem **Vermögen** erleidet. Ein Schaden liegt auf der Hand, wenn der Arbeitnehmer das Eigentum des Arbeitgebers beschädigt. Ob ein Vermögensschaden gegeben ist, wird durch einen Vergleich zwischen zwei Vermögenslagen ermittelt. Ein Vermögensschaden liegt immer dann vor, wenn der jetzige Wert des Vermögens des Arbeitgebers geringer ist als der Wert, den das Vermögen ohne die Schlechtleistung des Arbeitnehmers haben würde.
Neben **entgangenem Gewinn** sind dabei auch **entgangene Gebrauchsvorteile** zu berücksichtigen. Typisches Beispiel für entgangene Gebrauchsvorteile ist der bei Kfz-Schäden zu zahlende Nutzungsausfall. Ferner können auch **fehlgeschlagene Aufwendungen** ein Vermögensschaden sein.

Arbeitsrecht

Beispiel:
Arbeitnehmer A beschädigt infolge Fahrlässigkeit vom Auftraggeber B zur Verfügung gestellte Materialien. B sieht hierdurch sein Vorurteil bestätigt, daß die Firma C nicht in der Lage ist, einen vom ihm erteilten Auftrag ordnungsgemäß auszuführen. Er kündigt daraufhin einen der Firma C erteilten Auftrag fristlos. Die Firma C hatte für diesen Auftrag bereits Anschaffungen getätigt. Unter anderem hatte sie eine Spezialmaschine vom Typ XY100 nebst zugehörigen Spezialwerkzeugen angeschafft. Hierfür wurden insgesamt 10.000 DM aufgewendet. Nach Kündigung des Auftrages durch B ist die Spezialmaschine nebst Zubehör nicht mehr verwendbar, da andere Aufträge trotz intensiver Bemühungen nicht hereingeholt werden konnten. Infolge der generell schlechten Konjunktur scheidet auch ein Verkauf der Spezialmaschine nebst Zubehör aus.. Arbeitgeber C meint, ihm sei infolge der Fehlleistung durch A ein Schaden entstanden.
Hier ist dem Arbeitgeber in Höhe der aufgewandten Anschaffungskosten ein Schaden entstanden, da die getätigten Anschaffungen durch die vom Arbeitnehmer veranlaßte Kündigung wertlos geworden sind.

Ein Vermögensschaden kann auch zu bejahen sein, wenn der Arbeitgeber zum Ausgleich möglicher Schäden Vorsorgemaßnahmen getroffen hat. Die damit verbundenen sogenannten **Reserve- oder Vorsorgekosten** sind aber nur dann in die Schadensfeststellung einzubeziehen, wenn die Vorsorgemaßnahmen zumindest auch getroffen wurden, um von Arbeitnehmern oder sonstigen Dritten verursachte Schäden auszugleichen. Kann der Arbeitgeber einen entsprechenden Nachweis führen, so berechnet sich der konkrete Schaden nach den auf die Reserveeinsatztage entfallenden Anteile der Kapital-, Abschreibungs- und Unterhaltungskosten.

Beispiel:
Bei jährlichen Vorsorgekosten von insgesamt 10.000 DM für eine Maschine betragen die täglichen Kosten 27,40 DM (10.000 DM : 365). Nachdem ein Arbeitnehmer eine andere Maschine schuldhaft beschädigt hat, ist die Reservemaschine 21 Tage im Einsatz gewesen. Der Arbeitgeber kann daher 575,40 DM (21 x 27,40 DM) als Schaden geltend machen.

Als sonstige Vermögensschäden kommen u.a. in Betracht:

- Produktionsausfall bei Vorratsproduktion,
- Kosten wegen des Stillstandes von Maschinen,
- Konventionalstrafen des Arbeitgebers für nicht rechtzeitige Leistung,
- Kosten für zur Schadensbeseitigung notwendiger Überstunden.

d) Ursächlichkeit der Pflichtverletzung für den Eintritt des Schadens

2304

Die schuldhafte Schlechtleistung des Arbeitnehmers muß für den Eintritt des Schadens ursächlich gewesen sein. Dieser Zurechnungszusammenhang wird allgemein als **Kausalität** bezeichnet.

Danach ist die Schlechtleistung des Arbeitnehmers kausal für den eingetretenen Schaden, wenn sie nicht hinweggedacht werden kann, ohne daß der Schaden entfiele (äquivalente Kausalität). Daneben muß die Schlechtleistung auch allgemein geeignet sein, den Schaden herbeizuführen (adäquate Kausalität). Hieraus folgt, daß die Kausalität dann zu verneinen ist, wenn der Schaden durch besonders eigenartige und nach dem gewöhnlichen Verlauf der Dinge außer Betracht zu lassende Umstände mitverursacht wurde. Derartige Umstände sind etwa anzunehmen, wenn der Schaden durch einen plötzlichen Stromausfall vergrößert wurde.

e) Umfang des Schadensersatzanspruches

2305

Steht danach eine Schadensersatzpflicht des Arbeitnehmers fest, so hat dieser den wirtschaftlichen Zustand herzustellen, der ohne seine Schlechtleistung bestehen würde (§§ 249 ff. BGB).

Es ist also der tatsächliche Schaden einschließlich des entgangenen Gewinns auszugleichen. Die Schadensersatzpflicht erstreckt sich daher auch auf alle Folgeschäden. Hierzu gehören u.a.:

- Kosten für die zur Schadensfeststellung notwendigen Sachverständigengutachten,
- Kosten der Rechtsverfolgung (Anwaltskosten),
- höhere Versicherungsprämien,
- steuerliche Nachteile.

Zu beachten ist, daß bei Ersatzbeschaffungen die zu zahlende Mehrwertsteuer dann nicht vom Arbeitnehmer ersetzt werden muß, wenn der Arbeitgeber **vorsteuerabzugsberechtigt** ist!

f) Mitverschulden des Arbeitgebers

2306

Hat bei der Entstehung des Schadens ein Verschulden des Arbeitgebers mitgewirkt, so **mindert sich der Umfang des Schadensersatzanspruches entsprechend** (§ 254 Abs. 1 BGB). Dabei ist darauf abzustellen, ob der Schaden vorwiegend von dem Arbeitnehmer oder dem Arbeitgeber verursacht worden ist. Anhand der Umstände des Einzelfalles ist dann das beiderseitige Verschulden gegeneinander abzuwägen. Das kann zur **Schadensquotelung,** aber auch zum vollständigen **Verlust** des Schadensersatzanspruches führen.

Gründe für ein Mitverschulden des Arbeitgebers sind:

- notwendige Anweisungen wurden nicht erteilt
- die erforderliche Beaufsichtigung der Arbeit ist unterblieben
- der Arbeitgeber hat mangelhaftes Werkzeug oder Arbeitsmaterial zur Verfügung gestellt
- die Arbeit war nicht hinreichend organisiert
- der Arbeitnehmer wurde erkennbar überfordert

Ein Mitverschulden liegt auch immer dann vor, wenn der Arbeitgeber es unterlassen hat, den Arbeitnehmer auf die Gefahr eines ungewöhnlich hohen Schadens aufmerksam zu machen, die der Arbeitnehmer weder kannte noch kennen musste. Das gleiche gilt, wenn es der Arbeitgeber unterlassen hat, den Schaden abzuwenden oder zu mindern (§ 254 Abs. 2 BGB).

Daher sollte bei erkennbaren Risiken dem Schadenseintritt durch **Vorsorgemaßnahmen** vorgebeugt werden. Ferner sind im Schadensfall sofort alle erforderlichen Maßnahmen zur **Schadensbegrenzung** zu treffen. Andernfalls droht ein Rechtsverlust unter dem Gesichtspunkt des Mitverschuldens!

Ein Mitverschulden des Arbeitgebers kommt daher auch dann in Betracht, wenn er **versicherbare Risiken** nicht versichert hat, z.B. der Abschluß einer Kaskoversicherung bei Kraftfahrzeugen wurde versäumt. Zwar besteht für den Arbeitgeber grundsätzlich keine ausdrückliche Verpflichtung zum Abschluß einer Kaskoversicherung, allerdings kann das Fehlen eines entsprechenden Versicherungsschutzes dazu führen, daß der Arbeitnehmer nur in Höhe der Selbstbeteiligung haftet (vgl. Rz. 2219, 2220). Unter Umständen kann auch zu berücksichtigen sein, ob dem Arbeitgeber der Abschluß einer Betriebshaftpflichtversicherung zum Schutze des Arbeitnehmers gegen Drittschäden möglich und zumutbar war *(LAG Köln 07.05.1992, DB 1992, 2093).*

Der Arbeitgeber muß sich nicht nur das eigene, sondern auch das **Mitverschulden seiner Vertreter** entgegenhalten lassen (§ 254 Abs. 2 Satz 2 BGB). Daher führt es in der Regel zu einer Minderung des Schadensersatzanspruches, wenn ein Vorgesetzter dem Arbeitnehmer eine fehlerhafte Anweisung erteilt hat.

Pflichtverletzungen des Arbeitnehmers

5. Haftungseinschränkung bei betrieblich veranlaßter Tätigkeit
a) Einführung

2307

Bei Schadensverursachung in Ausübung einer betrieblich veranlaßten Tätigkeit greifen über das Mitverschulden des Arbeitgebers hinausgehende Haftungsbeschränkungen zugunsten des Arbeitnehmers ein. Damit wird der Tatsache Rechnung getragen, daß der Arbeitgeber das **Betriebsrisiko** zu tragen hat.
Entscheidend für die Haftung des Arbeitnehmers ist der **Grad des jeweiligen Verschuldens** (Vorsatz, grobe - normale - leichteste Fahrlässigkeit), für den der Arbeitgeber beweispflichtig ist.
Der Umfang der Schadensersatzpflicht ist dann durch eine Abwägung des Verschuldens auf der einen Seite und des Betriebsrisikos auf der anderen Seite anhand des Einzelfalles zu ermitteln (vgl. Rz 2306, 2312).

b) Betrieblich veranlaßte Tätigkeit

2308

Eine betriebliche durch das Arbeitsverhältnis veranlaßte Tätigkeit wird immer dann vorliegen, wenn der Arbeitnehmer in Ausübung dieser Tätigkeit betriebliche Zwecke verfolgt. Verfolgt der Arbeitnehmer dagegen **private Zwecke**, bleibt es bei der Haftung nach den allgemeinen Grundsätzen.

Beispiel:
Ein Kraftfahrer weicht mit seinem LKW von der vorgeschriebenen Fahrtroute ab, um einen privaten Besuch zu machen. Dabei verschuldet er einen Unfall, bei dem der LKW erheblich beschädigt wird.
Der Kraftfahrer haftet hier nach den allgemeinen Grundsätzen. Die Haftungserleichterungen bei betrieblich veranlaßter Tätigkeit greifen nicht zugunsten des Arbeitnehmers ein, da er zu privaten Zwecken von der vorgeschriebenen Fahrtroute abgewichen ist und somit der Schaden nicht mehr in Ausübung einer betrieblichen Tätigkeit verursacht wurde.

Die Beweislast für das Vorliegen einer betrieblichen Tätigkeit trägt der Arbeitnehmer. Der Arbeitnehmer hat im Streitfall also darzulegen und zu beweisen, daß Umstände vorlagen, welche die Annahme einer betrieblichen und durch das Arbeitsverhältnis veranlaßten Tätigkeit begründen.

2309

Regelmäßig wird jede Tätigkeit, die der Arbeitnehmer in Erfüllung seiner Arbeitspflicht (vgl. oben Rz. 2001 ff.) durchführt, betrieblich veranlaßt sein. Problematisch sind dagegen die (seltenen) Fälle, in denen der Arbeitnehmer Tätigkeiten durchführt, die nach dem Arbeitsvertrag nicht geschuldet sind und mit denen er vom Arbeitgeber auch nicht beauftragt ist, die aber gleichwohl im Interesse des Betriebes liegen und vom Arbeitnehmer auch zu diesem Zweck durchgeführt werden.

Beispiel:
Der mit der Lohnbuchhaltung beauftragte Angestellte einer Spedition, Inhaber einer Fahrerlaubnis der Klasse 2, fährt einen LKW beiseite, der eine Einfahrt versperrt. Dabei verschuldet der Angestellte eine Kollision mit einem anderen LKW.

Auch in Fällen dieser Art wird im allgemeinen eine betrieblich veranlaßte Tätigkeit zu bejahen sein. Die Interessen des Arbeitgebers können bei der durchzuführenden Abwägung (vgl. Rz. 2306, 2312) Berücksichtigung finden.

Anderes kann nur in Betracht kommen, wenn die Übernahme der Tätigkeit für den Arbeitnehmer erkennbar gegen den mutmaßlichen Willen des Arbeitgebers erfolgt.

c) Gefahrgeneigtheit der Arbeit

2310

Obgleich nach der neueren Rechtsprechung des Bundesarbeitsgerichts (vgl. oben Rz. 2299) Haftungseinschränkungen zugunsten des Arbeitnehmers auch dann eingreifen, wenn die Arbeit nicht gefahrgeneigt ist, wird dies Kriterium nicht gänzlich unbedeutend werden. Die Gefahrgeneigtheit der Arbeit wird nämlich bei der **Gewichtung der Abwägungsfaktoren** (vgl. Rz. 2306, 2312) weiterhin zu berücksichtigen sein (*BGH 23.098.1993, DB 1994, 428*).

Unter gefahrgeneigter Arbeit versteht man eine Tätigkeit, die es ihrer Eigenart nach mit **großer Wahrscheinlichkeit mit sich bringt, daß auch dem sorgfältigen Arbeitnehmer gelegentlich Fehler unterlaufen,** die für sich allein betrachtet zwar jedesmal vermeidbar wären, mit denen aber angesichts der menschlichen Unzulänglichkeit erfahrungsgemäß zu rechnen ist (*BAG 28.07.1957, DB 1957, 947;* ständige Rechtsprechung). Entscheidend für die Annahme einer gefahrgeneigten Tätigkeit sind die Umstände des Einzelfalles. Es muß eine **konkrete Gefahrenlage** bestanden haben.

Beispiel:
Lenken eines KFZ bei Regen auf einer unübersichtlichen Straße mit schlechter Fahrbahn. Dagegen liegt keine hinreichende Gefahrenlage vor, wenn ein KFZ bei gutem Wetter auf einer verkehrsarmen und übersichtlichen Nebenstraße mit guter Fahrbahn gelenkt wird.

Im allgemeinen wird bei folgenden Arbeitnehmern eine gefahrgeneigte Tätigkeit in Betracht kommen:

Pflichtverletzungen des Arbeitnehmers

Kraftfahrer, Straßenbahnführer, Lokomotivführer, Kranführer, stark überlastete Arbeitnehmer, Maschinenarbeiter, Arbeitnehmer mit Bauaufsicht, Arbeitnehmer, die schnell weitreichende Entschlüsse fassen müssen usw..

d) Haftung bei Vorsatz

2311

Bei vorsätzlicher Schadensverursachung haftet der Arbeitnehmer in vollem Umfang für den entstandenen Schaden! Eine Einschränkung kommt nicht in Betracht.
Vorsätzlich hat der Arbeitnehmer immer dann gehandelt, wenn er den Schaden wissentlich und willentlich in dem Bewußtsein der Rechtswidrigkeit verursacht hat.

Beispiel:
Der Arbeitnehmer beschädigt aus Ärger auf seinen Arbeitgeber dessen PKW.

e) Haftung bei grober Fahrlässigkeit

2312

Bei grober Fahrlässigkeit haftet der Arbeitnehmer **"in aller Regel" auf vollen Schadensersatz**. Grobe Fahrlässigkeit liegt dann vor, wenn der Arbeitnehmer die erforderliche Sorgfalt (vgl. oben Rz. 2301) in besonders schwerem Maße verletzt. Das ist der Fall, wenn nicht beachtet wird, was jeder erkennen mußte; wenn das gewöhnliche Maß an Fehlleistung erheblich überschritten wird (*BAG, DB 1989, 797*).

Beispiel:
Fahren ohne Fahrerlaubnis, Überschreiten der Promillegrenze im Straßenverkehr, grobe Verkehrsverstöße.
Zu beachten ist, daß bei der Frage, ob der Arbeitnehmer grob fahrlässig gehandelt hat, ausnahmsweise auch subjektive Elemente zu berücksichtigen sind (vgl. oben Rz. 2301). War der Arbeitnehmer aus persönlichen Gründen der Aufgabe nicht gewachsen, wird ein grob fahrlässiges Handeln regelmäßig zu verneinen sein.

Allerdings kann dann in Ausnahmefällen ein sogenanntes **Übernahmeverschulden** vorliegen, wenn der Arbeitnehmer eine Tätigkeit übernommen hat, die seine Fähigkeiten übersteigt. Hier ist natürlich zu berücksichtigen, wenn der Arbeitgeber dem Arbeitnehmer eine entsprechende Anweisung erteilt hat. Beim Handeln auf Anweisung wird eine Haftung regelmäßig ausscheiden.

Dennoch ist hier Vorsicht angebracht! Ein Übernahmeverschulden des Arbeitnehmers wird nur schwer nachzuweisen sein. Insbesondere bei der Zuweisung von Tätigkeiten mit hohem Schadensrisiko ist daher bei der Auswahl der Arbeitnehmer darauf zu achten, ob diese auch nach ihren persönlichen Fähigkeiten der Aufgabe gerecht werden können.

2313

Ist ein grob fahrlässiges Verhalten des Arbeitnehmers zu bejahen, so **haftet der Arbeitnehmer unbeschränkt.** Die Haftung des Arbeitnehmers ist nach geltendem Recht nicht durch eine Höchstsumme begrenzt. Gleichwohl kann es nach der Rechtsprechung zu **Haftungserleichterungen** kommen. Die Entscheidung hierüber ist nach Abwägung aller Umstände des Einzelfalles zu treffen. Dabei kann sich eine Haftungserleichterung zugunsten des Arbeitnehmers insbesondere dann ergeben, wenn der **Verdienst des Arbeitnehmers in einem deutlichen Mißverhältnis zum Schadensrisiko steht.**

Beispiel:
Der als Busfahrer beschäftigte Arbeitnehmer hat grob fahrlässig einen Verkehrsunfall verursacht, bei dem an dem Bus des Arbeitgebers ein Schaden in Höhe von 110.000 DM entstanden ist.
In diesem Fall hat das BAG eine Haftungserleichterung zugunsten des Arbeitnehmers angenommen, da der Arbeitnehmer nicht in der Lage war, mit seinem Lohn Risikovorsorge zu betreiben (BAG 12.10.1989, EzA Nr. 23 zu § 611 BGB Gefahrgeneigte Arbeit).

Bei Tätigkeiten mit hohem Schadensrisiko sollte der Arbeitgeber daher entweder selbst eine entsprechende Versicherung abschließen oder eine Haftungsvereinbarung mit dem Arbeitnehmer treffen (vgl. Rz. 2317).

Insbesondere im Zusammenhang mit Kraftfahrzeugschäden kann die Abwägung aller Umstände ergeben, daß dem Arbeitnehmer auch bei grober Fahrlässigkeit die volle Haftung nicht zugemutet werden kann. **Abwägungskriterien** können sein:

- Gefahrgeneigtheit der Arbeit

- Größe der in der Arbeit liegenden Gefahr

- das vom Arbeitgeber einkalkulierte oder durch Versicherung abdeckbare Risiko

- Stellung des Arbeitnehmers im Betrieb

- Höhe des Arbeitsentgelts, in dem ggfs. eine Risikoprämie enthalten sein kann

- Höhe des Schadens

- Grad des Verschuldens!

- Dauer der Betriebszugehörigkeit

- Persönliche Verhältnisse des Arbeitnehmers

Pflichtverletzungen des Arbeitnehmers

Nicht in die Abwägung einzubeziehen ist dagegen die wirtschaftliche Leistungsfähigkeit des Arbeitnehmers schlechthin, etwa der Umstand, daß der Arbeitnehmer mehrere Häuser oder sonstiges Vermögen besitzt.

Eine genaue Beurteilung kann jeweils nur anhand der konkreten Verhältnisse des Einzelfalles erfolgen. Allerdings wird eine Haftungsbeschränkung bei grober Fahrlässigkeit des Arbeitnehmers erheblich seltener in Betracht kommen als bei normaler Fahrlässigkeit. Ist eine Haftungsbeschränkung des Arbeitnehmers zu bejahen, so wird er bei **Kraftfahrzeugschäden** vielfach nur den Selbstkostenanteil des Versicherten als Schaden zu ersetzen haben.

2314

Das Unterlassen des Abschlusses einer entsprechenden Kaskoversicherung kann dem Arbeitgeber dann als Mitverschulden zugerechnet werden.
Im übrigen sind auch bei grober Fahrlässigkeit des Arbeitnehmers sonstige Gründe für ein Mitverschulden des Arbeitgebers oder seiner Vertreter haftungsmildernd zu berücksichtigen.

f) Haftung bei normaler Fahrlässigkeit

2315

Im Falle der normalen Fahrlässigkeit kommt es **in aller Regel zu einer Aufteilung des Schadens zwischen Arbeitgeber und Arbeitnehmer.** Als normale Fahrlässigkeit werden diejenigen Pflichtverletzungen des Arbeitnehmers erfaßt, die weder eine geringfügige noch eine besonders schwerwiegende Außerachtlassung der verkehrsüblichen Sorgfalt darstellen.

Die Aufteilung des Schadens erfolgt nach den Gesamtumständen des Einzelfalles, so daß jede **Quotelung** des Schadens denkbar ist. Dabei sind Schadensanlaß und Schadensfolgen nach Billigkeitsgrundsätzen und Zumutbarkeitsgesichtspunkten gegeneinander abzuwägen (vgl. oben Rz. 2313). In vielen Fällen wird dies zu einer gleichmäßigen Schadensteilung führen.
Bei normaler Fahrlässigkeit von **Berufskraftfahrern** wird es in der Regel dem Arbeitnehmer unzumutbar sein, den Schaden über den Selbstkostenanteil einer Kaskoversicherung hinaus zu tragen.
Entscheidend sind jedoch immer die Umstände des Einzelfalles. Daher ist jeder Schadensfall sehr sorgfältig zu prüfen.

g) Haftung bei leichtester Fahrlässigkeit

2316

Bei leichtester Fahrlässigkeit des Arbeitnehmers scheidet eine Haftung für verursachte Schäden aus. Von leichtester Fahrlässigkeit ist dann auszugehen, wenn es sich um eine ganz geringfügige Verletzung der Sorgfaltspflicht handelt, die nicht

Arbeitsrecht

untypisch ist. Dies ist z.B. anzunehmen, wenn sich der Arbeitnehmer bei einem monotonen Arbeitsvorgang vergreift, wodurch ein Schaden entsteht.

h) Haftungsvereinbarung

2317
Die Anwendung der Grundsätze über die Haftungseinschränkung bei betrieblich veranlaßter Tätigkeit kann im Arbeitsvertrag oder durch eine gesonderte Vereinbarung mit dem Arbeitnehmer ausgeschlossen werden.

Ein solcher Ausschluß ist aber nur dann wirksam, wenn dem Arbeitnehmer für die Übernahme des Risikos eine entsprechende **Risikoprämie** gezahlt wird (Rz. 1158). Wie hoch diese Prämie sein muß, kann abstrakt nicht beurteilt werden. Dies wird wesentlich von der Höhe der möglichen Schäden und damit des übernommenen Risikos abhängen.
Zumindest wird die Risikoprämie den zum Abschluß einer Versicherung erforderlichen Betrag nicht wesentlich unterschreiten dürfen. **Daher ist hier Vorsicht geboten!**

Zu bedenken ist auch, daß eine volle Haftung des Arbeitnehmers wirtschaftlich wertlos sein kann, wenn dieser nicht über die entsprechenden Geldmittel verfügt. Eine Vollstreckung kann sich als erfolglos erweisen. Dagegen wird bei Abschluß einer Versicherung durch den Arbeitgeber im Schadensfall die Regulierung sichergestellt sein.

Soll dem Arbeitnehmer das Schadensrisiko übertragen werden, so empfiehlt es sich, die Risikoprämie gesondert auszuweisen und nicht in die Festlegung der Grundvergütung einzubeziehen.

Muster:

"Der Arbeitnehmer haftet bei jeder ihm übertragenen Tätigkeit uneingeschränkt für Vorsatz und jeden Grad der Fahrlässigkeit. Die Haftungseinschränkungen für betrieblich veranlaßte Tätigkeiten finden keine Anwendung. Als Ausgleich erhält der Arbeitnehmer eine monatliche Zahlung in Höhe von ... DM."

6. Mankohaftung des Arbeitnehmers

a) Einführung

2318
Unter einem Manko versteht man den Schaden des Arbeitgebers, der sich aus einer **Fehlmenge** bzw. einem **Fehlbetrag** in einem seinem Arbeitnehmer anver-

trauten Warenbestand bzw. einer von seinem Arbeitnehmer geführten Kasse ergibt.

Der Arbeitnehmer haftet für diesen Schaden entweder aufgrund einer gesonderten **Mankoabrede** oder nach den allgemeinen Haftungsgrundsätzen, wonach der Arbeitnehmer für von ihm schuldhaft verursachte Schäden Schadensersatz zu leisten hat.

Für den Arbeitgeber ist eine Mankoabrede von großem Vorteil, da sie zu einer erweiterten Haftung des Arbeitnehmers und Beweiserleichterungen zugunsten des Arbeitgebers führen kann.

Daher ist inbesondere im kaufmännischen Bereich und überall dort, wo Arbeitnehmer eigenständig ein Warenlager verwalten, der Abschluß einer Mankoabrede sinnvoll.

Von der echten Mankoabrede zu unterscheiden sind sogenannte **Beweisvereinbarungen** über das Manko. Darin wird regelmäßig festgelegt, daß der Arbeitnehmer sich auf die Unrichtigkeit einer Inventur oder Kassenprüfung nicht berufen kann, wenn er selbst teilgenommen hat oder zu Unrecht nicht teilgenommen hat (vgl. Ziff. 1 (2) der Mustermankoabrede Rz. 2320). Zu einer Haftungserweiterung zu Lasten des Arbeitnehmers führen diese Beweisvereinbarungen nicht.

b) Anforderungen an eine Mankoabrede

2319

An die Wirksamkeit von Mankoabreden sind strenge Anforderungen zu stellen. Dies gilt insbesondere dann, wenn den Arbeitnehmer eine verschuldensunabhängige Haftung treffen soll.

Der Arbeitnehmer darf durch die Mankoabrede nicht unangemessen benachteiligt werden. Daher ist es zwingend erforderlich, daß dem Arbeitnehmer für die Übernahme des Haftungsrisikos ein **angemessenes Mankogeld** gezahlt wird. Darüber hinaus müssen dem Arbeitnehmer entsprechende **Kontrollmöglichkeiten** gewährt werden, um Mankoschäden wirksam bekämpfen zu können.

Beispiel:
Der Arbeitnehmer ist nur teilzeitbeschäftigt. Während seiner Abwesenheit haben auf Weisung des Arbeitgebers auch andere Arbeitnehmer Zugang zu dem vom Arbeitnehmer verwalteten Lager.
In diesem Fall wird eine Mankoabrede unwirksam sein, da der Arbeitnehmer keine hinreichende Kontrollmöglichkeit hat.

Schließlich kann eine Mankoabrede auch dann unwirksam sein, wenn sie zu einer **Tarifunterschreitung** führt (§ 4 Abs. 3 TVG; vgl. Ziff. 3 (2) der Mustermankoabrede Rz. 2320).

c) Muster einer Mankoabrede

2320
Das nachfolgende Muster einer Mankoabrede verpflichtet den Arbeitnehmer nur für den Fall zum Schadensersatz, daß er sich nicht von jeglichem Verschulden entlasten kann (vgl. Ziff. 1 (1) Satz 2 der Mustermankoabrede).

Zulässig ist es auch, wenn eine verschuldensunabhängige Haftung vereinbart wird. Ziff. 1 (1) Satz 2 wäre dann wie folgt zu fassen:
" ..., so haftet er dafür, ohne daß es auf sein Verschulden ankommt."

Dennoch ist bei der Vereinbarung einer verschuldensunabhängigen Haftung Vorsicht geboten. Das Mankogeld muß dann so bemessen sein, daß ein dem Risiko entsprechender wirtschaftlicher Vorteil gewährt wird!

Muster einer Mankoabrede:

Zwischen der Fa. ... (nachfolgend Arbeitgeber) und

Herrn/Frau .... (nachfolgend Arbeitnehmer)

wird folgendes vereinbart:

Ziffer 1 Mankoübernahme

(1) Der Arbeitnehmer übernimmt den in der Inventur vom ... gemeinsam mit ihm ermittelten Warenbestand des Lagers in ... mit einem Wert von DM ... . Ergibt sich bei einer späteren in seiner Anwesenheit durchgeführten Inventur ein Manko, so haftet er dafür, sofern er sich nicht von jeglichem Verschulden entlasten kann.

(2) Der Arbeitnehmer kann sich nicht auf die Unrichtigkeit von in seiner Gegenwart durchgeführten Inventuren berufen.

Ziffer 2 Mankogeld

Der Arbeitnehmer erhält für die Übernahme der Mankohaftung ein monatliches Mankogeld in Höhe von DM ... .

Pflichtverletzungen des Arbeitnehmers

Ziffer 3 Mankoabzug

(1) Ein festgestelltes Manko kann im Rahmen der Pfändungsfreigrenzen von dem Entgelt des Arbeitnehmers abgezogen werden. Der Arbeitgeber ist berechtigt, als Ersatz den Wareneinkaufspreis einzusetzen.

(2) Das tarifliche Entgelt des Arbeitnehmers darf von einem Abzug nicht erfaßt werden. Es bleibt dem Arbeitnehmer in jedem Fall erhalten.

Ort, den .....

...
Unterschrift des Arbeitgebers   Unterschrift des Arbeitnehmers

---

d) Mankohaftung bei fehlender Mankoabrede

2321

Besteht zwischen den Arbeitsvertragsparteien keine Mankoabrede, so haftet der Arbeitnehmer für ein etwaiges Manko nur, wenn er das Manko verschuldet hat. Allerdings gelten dann hinsichtlich der **Beweislast im Prozeß** einige Besonderheiten.

Hat der Arbeitnehmer die **alleinige Verfügungsgewalt** und den **alleinigen Zugang** zu dem Warenlager oder der Kasse, dann muß der Arbeitgeber nur darlegen und beweisen, daß ein Manko besteht und daß der Arbeitnehmer die alleinige Verfügungsgewalt und den alleinigen Zugang zu dem Warenlager bzw. der Kasse hatte. Der Arbeitnehmer muß dann darlegen und beweisen, daß ihn an der Entstehung des Mankos kein Verschulden trifft.

Dagegen muß der Arbeitgeber auch das Verschulden des Arbeitnehmers darlegen und beweisen, wenn dieser nicht die alleinige Verfügungsgewalt und den alleinigen Zugang zu dem Warenlager bzw. der Kasse hatte.

Zweifelhaft ist, ob sich der Arbeitnehmer in diesen Fällen auf die **Haftungseinschränkungen bei betrieblich veranlaßter Tätigkeit** berufen kann. Solange die Haftungseinschränkungen an das Vorliegen einer gefahrgeneigten Arbeit geknüpft waren, konnten diese Einschränkungen nur herangezogen werden, wenn der Arbeitnehmer nicht die alleinige Verfügungsgewalt und den alleinigen Zugang hatte. Damit sollte der gewichtigen indiziellen Wirkung des Nachweises der alleinigen Verfügungsgewalt und des alleinigen Zugangs Rechnung getragen werden. Da diese Wirkung durch die Änderung der Rechtsprechung zu den Voraussetzungen der Haftungseinschränkungen nicht berührt wird, erscheint es sachgerecht, auch zukünftig Haftungseinschränkungen nur dann zuzulassen,

Arbeitsrecht

wenn dem Arbeitgeber nicht der Nachweis der alleinigen Verfügungsgewalt und des alleinigen Zugangs gelingt.

e) Mitverschulden des Arbeitgebers

2322
In allen Fällen der Mankohaftung kann es jedoch zu einer **Schadensaufteilung** kommen, wenn den Arbeitgeber ein Mitverschulden trifft (§ 254 BGB). Je nach der Schwere des Mitverschuldens kann dies auch zum **Wegfall der Haftung** des Arbeitnehmers führen.

Als Mitverschulden kommen insbesondere Organisationsmängel oder fehlende Überwachung in Betracht.

Beispiele:

- *Der Arbeitgeber veranlaßt den Arbeitnehmer, den Schlüssel zum Aufbewahrungsort im Betrieb zurückzulassen;*
- *es sind Zweitschlüssel vorhanden;*
- *eine notwendige Waren-/Kassensicherung ist unterblieben;*
- *dem Arbeitnehmer wurden unzuverlässige Mitarbeiter zugewiesen;*
- *regelmäßige Inventuren/Abrechnungen wurden nicht durchgeführt.*

7. Ansprüche geschädigter Arbeitnehmer desselben Betriebes

2323
Werden durch eine schuldhafte Schlechtleistung des Arbeitnehmers andere Arbeitnehmer desselben Betriebes geschädigt, so ist für deren Ansprüche zwischen Personen- und Sachschäden zu unterscheiden.

a) Personenschäden

2324
Für Personenschäden haftet der Arbeitnehmer nur dann, wenn er den Schaden **vorsätzlich** herbeigeführt hat oder die Schädigung bei der **Teilnahme am allgemeinen Verkehr** eingetreten ist (§§ 637 Abs. 1, 636 Abs. 1 Satz 1 RVO). Eine Teilnahme am allgemeinen Verkehr liegt vor allem dann vor, wenn sich das schädigende Ereignis auf allgemein zugänglichen Straßen und Plätzen ereignet hat.

Dagegen ist die Haftung des Arbeitnehmers ausgeschlossen, wenn die Schädigung im Zusammenhang mit einer **betrieblichen Tätigkeit** steht. Daher haftet der Arbeitnehmer z.B. nicht, wenn sich das schädigende Ereignis auf einer

Dienstfahrt, bei der Warenauslieferung oder innerhalb des Betriebes ereignet. Vom Haftungsausschluß erfaßt sind auch Schmerzensgeldansprüche.

Keine betriebliche Tätigkeit, sondern **Teilnahme am allgemeinen Verkehr** liegt auch dann vor, wenn der Arbeitnehmer einen Arbeitskollegen im privaten Pkw zu einer auswärtigen Betriebsversammlung mitnimmt. Kommt es dabei zu einem verschuldeten Verkehrsunfall, bei dem der Kollege verletzt wird, greift die Haftungsbeschränkung nicht ein.

b) Sachschäden

2325

Für Sachschäden geschädigter Arbeitnehmer desselben Betriebes haftet der Arbeitnehmer in vollem Umfang (§§ 823 ff. BGB). Indirekte Einschränkungen (Freistellungsanspruch) können sich jedoch dann ergeben, wenn der Schaden bei einer betrieblich veranlaßten Tätigkeit eingetreten ist (vgl. Rz. 2326, 2327).

8. Ansprüche geschädigter Dritter, die nicht dem Betrieb des Arbeitgebers angehören

2326

Soweit durch eine verschuldete Schlechtleistung betriebsfremde Dritte geschädigt werden, haftet der Arbeitnehmer ebenfalls in vollem Umfang für die von ihm verursachten Schäden (§§ 823 ff. BGB). Dies gilt sowohl für Personen- als auch für Sachschäden. Allerdings kann es auch hier wieder zu einer indirekten Haftungseinschränkung bei betrieblich veranlaßter Tätigkeit kommen. Die Grundsätze zur Beschränkung der Haftung des Arbeitnehmers gelten jedoch **nicht zu Lasten eines außerhalb des Arbeitsverhältnisses stehenden Dritten** (*BGH 21.12.1993, EzA § 611 Gefahrgeneigte Arbeit Nr. 27*). Der geschädigte Dritte hat also ein Wahlrecht. Er kann den Schadensbetrag entweder vom Arbeitnehmer oder dessen Arbeitgeber (vgl. Rz. 2317) erstattet verlangen. Steht der geschädigte Dritte jedoch in einem Vertragsverhältnis mit diesem Arbeitgeber, kann sich der Arbeitnehmer u.U. auf in diesem Vertagsverhältnis geltende haftungseinschränkende Geschäftsbedingungen berufen (*BGH a.a.O.*)

9. Freistellungsanspruch des Arbeitnehmers bei betrieblich veranlaßter Tätigkeit und Drittschäden

2327

Ist der Arbeitnehmer aufgrund einer schuldhaften Schlechtleistung Dritten gegenüber schadensersatzpflichtig, so hat er gegenüber dem Arbeitgeber einen **Anspruch auf völlige bzw. teilweise Freistellung von seiner Haftung** gegenüber dem Dritten, wenn die Schädigung bei einer betrieblichen durch das Arbeitsverhältnis veranlaßten Tätigkeit verursacht wurde. Nachdem das Bundesarbeitsgericht die Haftungseinschränkungen auf jede betrieblich veranlaßte Tätigkeit ausgedehnt hat, ist es nur konsequent, dies auch auf den für die gefahrgeneigte Arbeit anerkannten Freistellungsanspruch bei Drittschäden zu übertragen. Der Umfang des Freistellungsanspruches richtet sich wiederum nach dem **Grad des Verschuldens,** mit dem der Schaden verursacht wurde (vgl. Rz. 2307) Danach gilt:

- bei **leichtester Fahrlässigkeit** ist der Arbeitnehmer von der Haftung ganz freizustellen

- bei **normaler Fahrlässigkeit** ist der Arbeitnehmer je nach den Umständen des Einzelfalles von der Haftung anteilig freizustellen

- bei **grober Fahrlässigkeit** wird "in der Regel" kein Freistellungsanspruch des Arbeitnehmers gegeben sein

- bei **Vorsatz** kommt grundsätzlich kein Freistellungsanspruch in Betracht.

Im übrigen finden die o.g. Abwägungskriterien Anwendung (vgl. oben Rz. 2312 ff.).

Allerdings gelten die vorstehenden Grundätze nicht, wenn der Arbeitnehmer als berechtigter Fahrzeugführer **Versicherungsschutz** vom Kraftfahrzeugversicherer erhält. Eine Haftungsbeschränkung greift dann nicht ein, wobei es keinen Unterschied macht, ob der Arbeitgeber oder ein Dritter den Versicherungsvertrag abgeschlossen hat.

Problematisch ist es aber, wenn die Haftpflichtversicherung den **Versicherungsschutz verweigert,** da sich das Kraftfahrzeug nicht in verkehrssicherem Zustand befunden hat (abgefahrene Reifen, defekte Bremsen, Betriebserlaubnis ist erloschen etc.). In diesen Fällen hat der Arbeitnehmer selbst bei grober Fahrlässigkeit einen Freistellungsanspruch gegen den Arbeitgeber, da der Arbeitgeber verpflichtet ist, dem Arbeitnehmer ein fehlerfreies und hinreichend versichertes Fahrzeug zur Verfügung zu stellen. Im allgemeinen wird dann eine völlige Freistellung erfolgen müssen.

Das gleiche gilt auch dann, wenn der Arbeitgeber den Arbeitnehmer auf eine Fahrt schickt, obwohl dieser nicht im Besitz eines Führerscheines ist und der Arbeitgeber hiervon Kenntnis hat.

Der **geschädigte Dritte** kann den Freistellungsanspruch beim Arbeitnehmer pfänden und sich zur Einziehung überweisen lassen. Er kann dann unmittelbar gegen den Arbeitgeber vorgehen und auf Zahlung klagen. Hat der **Arbeitnehmer** den Schaden bereits selbst beglichen, so kann er ebenfalls vom Arbeitgeber Zahlung in Höhe des Freistellungsanspruches verlangen.

2328

Es besteht jedoch keine Verpflichtung des Arbeitgebers, den Arbeitnehmer (z. B. angestellte LKW-Fahrer) von **Bußgeldern** und den damit verbundenen **Verfahrenskosten** freizustellen. Das Risiko, in ein Bußgeld-Strafverfahren verwickelt und bestraft zu werden, trägt jeder Arbeitnehmer auch im Rahmen eines Arbeitsverhältnisses persönlich. Dies soll auch dann gelten, wenn der Arbeitgeber dem Arbeitnehmer nicht verkehrssichere Fahrzeuge überlassen hat *(LAG Hamm 20.12.1991, LAGE § 620 BGB Nr. 9)*.

IV. Weiterführende Literaturhinweise

2329

Blomeyer in Münchener Handbuch Arbeitsrecht, 1992, S. 887 ff.
Engel, Konventionalstrafen im Arbeitsvertrag, 1990
Jung, Mankohaftung aus dem Arbeitsvertrag, 1985
Motzer, Die "positive Vertragsverletzung" des Arbeitnehmers, 1982
Schaub, Arbeitsrechts-Handbuch 7. Auflage 1992, S. 289 ff.
Stoffels, Der Vertragsbruch des Arbeitnehmers, 1994
Thamm, Die persönliche Haftung bzw. Verantwortlichkeit von Führungskräften und Mitarbeitern in Unternehmen, DB 1994, 1021
Walker/Lohkemper, Die vorgeschlagene EG Richtlinie über die Haftung bei Dienstleistungen und ihre Bedeutung für Haftungsfragen im Arbeitsrecht, RdA 1994, 105.

8. Kapitel: Nebenpflichten des Arbeitnehmers

I.	Einführung	2350
II.	Pflicht zur Befolgung von Weisungen des Arbeitgebers	2351
	1. Einführung	2351
	2. Weisungen in bezug auf das Arbeitsverhalten	2352
	3. Weisungen in bezug auf das Ordnungsverhalten	2353
	4. Sonderfall: Verhängung von Betriebsbußen	2354
III.	Schadensverhinderungspflicht	2355
IV.	Pflicht zur Leistung von Überstunden oder anderer Arbeit in Notfällen	2356
V.	Anzeige- und Auskunftspflichten	2357
VI.	Abwerbeverbot	2358
VII.	Verbot der Annahme von Schmiergeldern	2359
VIII.	Inner- und außerbetriebliche Meinungsfreiheit	2360
IX.	Verschwiegenheitspflicht	2361
	1. Betriebs- und Geschäftsgeheimnisse	2362
	2. Persönliche Umstände und Verhaltensweisen des Arbeitgebers	2363
	3. Nachvertragliche Verschwiegenheitspflicht	2364
	4. Freistellungsanspruch des Arbeitnehmers	2365
X.	Nebentätigkeitsverbot	2366
XI.	Wettbewerbsverbot	2367
XII.	Rechtsfolgen bei Verletzung von Nebenpflichten	2368
XIII.	Weiterführende Literaturhinweise	2369

I. Einführung

2350

Die mit der Begründung des Arbeitsverhältnisses entstehenden Pflichten des Arbeitnehmers erschöpfen sich nicht nur in der Erbringung der Arbeitsleistung. Vielmehr gibt es auch beim Arbeitsvertrag, wie in jedem Vertragsverhältnis, gewisse Nebenpflichten, die zusätzlich zur geschuldeten Hauptleistungspflicht zu erbringen sind.

Die sich für den Arbeitnehmer ergebenden Nebenpflichten werden allgemein als **"Treuepflichten"** bezeichnet. Treffender ist es jedoch, von einer **Pflicht zur Wahrung schutzwürdiger Belange des Arbeitgebers** zu sprechen (§ 242 BGB).

Hieraus können sich sowohl Handlungs- als auch Unterlassungspflichten des Arbeitnehmers ergeben.

Der Inhalt der Nebenpflichten des Arbeitnehmers läßt sich abstrakt nicht bestimmen. Vielmehr muß im jeweiligen Einzelfall gefragt werden, was nach Treu und Glauben von dem Arbeitnehmer verlangt werden kann. Dabei sind zu berücksichtigen:

- Interessen des Arbeitgebers
- Interessen des Arbeitnehmers
- Stellung des Arbeitnehmers im Betrieb
- Interessen der anderen Arbeitnehmer

Im folgenden werden die wichtigsten Nebenpflichten des Arbeitnehmers dargestellt.

II. Pflicht zur Befolgung von Weisungen des Arbeitgebers

1. Einführung

2351

Der Arbeitnehmer ist verpflichtet, die vom Arbeitgeber unter Beachtung der vertraglichen und gesetzlichen Bestimmungen getroffenen Weisungen zu befolgen. Dabei ist grundsätzlich zu unterscheiden zwischen sogenannten **arbeitsbezogenen Weisungen** und solchen, die in Bezug auf das **Ordnungsverhalten des Arbeitnehmers** im Betrieb getroffen werden.

Die Unterscheidung ist deshalb von Bedeutung, da die das Ordnungsverhalten des Arbeitnehmers betreffenden Anweisungen einem Mitbestimmungsrecht des Betriebsrates unterliegen (§ 87 Abs. 1 Nr.1 BetrVG). Die Abgrenzung beider Anweisungsarten ist mitunter schwierig. Von daher sollte in der betrieblichen Praxis im Zweifel der Betriebsrat vorsorglich beteiligt werden.

Ein Weisungsrecht des Arbeitgebers besteht im allgemeinen nicht bezüglich des **außerdienstlichen Verhaltens** des Arbeitnehmers. Sein Freizeitverhalten ist allein Sache des Arbeitnehmers. Ausnahmen von diesem Grundsatz können sich jedoch aus der Stellung des Arbeitnehmers im Betrieb oder aus der Art des Betriebes ergeben.

Nebenpflichten des Arbeitnehmers

Beispiel:
Repräsentationspflichten eines vertretungsberechtigten Leitenden Angestellten, Arbeitnehmer in Tendenzbetrieben.
In diesen Fällen hat der Arbeitnehmer auch außerdienstlich Rücksicht auf die berechtigten Belange des Arbeitgebers zu nehmen (Rz. 4518).

2. Weisungen in bezug auf das Arbeitsverhalten

2352

Der Arbeitnehmer hat die arbeitsbezogenen Weisungen des Arbeitgebers zu befolgen. Unter den Begriff der arbeitsbezogenen Weisung fallen diejenigen Anordnungen des Arbeitgebers, die dieser in bezug auf das **Arbeits- und Leistungsverhalten** des Arbeitnehmers trifft.
Es wurde bereits dargestellt, daß der Arbeitgeber aufgrund seines **Direktionsrechtes** berechtigt ist, die Arbeitspflicht des Arbeitnehmers im Hinblick auf Art, Ort und Zeit der Arbeitsleistung zu konkretisieren (vgl. Rz. 2002 ff.). Hierzu gehört es auch, daß der Arbeitgeber den Arbeitnehmer im einzelnen anweist, wie, in welcher Reihenfolge und mit welchen Mitteln eine bestimmte Arbeit zu verrichten ist.

Zu den arbeitsbezogenen Anweisungen zählen aber auch

- die Anordnung, aus Kalkulationsgründen Arbeitsbelege auszufüllen
- der Erlaß einer Dienstreiseordnung
- die Einführung von Methoden zur Erfassung der Arbeitsleistung, die dem Arbeitnehmer den Nachweis der geleisteten Arbeit erleichtern sollen.

Unter Umständen können auch Rauch- und Alkoholverbote, Bekleidungsvorschriften (Rz. 2963) und sonstige Anordnungen des Arbeitgebers eine arbeitsbezogene Weisung darstellen, wenn ohne deren Befolgung der Arbeitnehmer die geschuldete Arbeitsleistung nicht ordnungsgemäß erbringen kann.

Beispiel:
Der Arbeitgeber betreibt ein Krankenhaus. Durch einseitige Anordnung erläßt er für alle Stations- und Funktionsräume sowie für die Stationsdienstzimmer ein Rauchverbot.
Soweit das Rauchverbot für die Stations- und Funktionsräume erlassen wurde, handelt es sich um eine arbeitsbezogene Anweisung, da es für Pflegepersonal zur ordnungsgemäßen Erbringung der Arbeitsleistung gehört, die Patienten nicht durch Tabakrauch in der Atemluft zu gefährden. Dagegen ist das für die Stationsdienstzimmer ausgesprochene Rauchverbot keine arbeitsbezogene Weisung, da sich dort in der Regel keine Patienten aufhalten. Es liegt insoweit eine Weisung in bezug auf das Ordnungsverhalten vor, die mitbestimmungspflichtig ist (vgl. unten Rz. 2353).

Arbeitsrecht

! Bei der Ausübung des Direktionsrechtes hat der Arbeitgeber jedoch stets die **Grundsätze billigen Ermessens** zu wahren. Dabei hat eine Interessenabwägung stattzufinden zwischen dem sich aus dem Persönlichkeitsrecht ableitenden Recht des Arbeitnehmers auf Handlungsfreiheit und den Interessen des Arbeitgebers, diese Handlungsfreiheit aus sachlichen Gründen einzuschränken.

Bei dem Erlaß eines Rauchverbotes für Büroräume sind die Grundsätze des billigen Ermessens jedenfalls dann gewahrt, wenn es sich bei dem von dem Rauchverbot betroffenen Arbeitsplatz um ein Büro handelt, das ständig von dritten Personen - insbesondere auch von Kunden - aufgesucht wird. Allerdings kann der Arbeitnehmer in diesem Fall auch verlangen, daß ihm das Rauchen gestattet wird, wenn sich gerade kein Besucher im Büro aufhält *(vgl. LAG Frankfurt/M. 06.07.1989, DB 1990, 1193).*

3. Weisungen in bezug auf das Ordnungsverhalten

2353
Der Arbeitnehmer ist auch verpflichtet, die **zur Regelung der betrieblichen Ordnung** ergehenden Anweisungen des Arbeitgebers zu befolgen. Hierunter fallen alle Weisungen des Arbeitgebers, die zur **Sicherung des ungestörten Arbeitsablaufs und des reibungslosen Zusammenlebens im Betrieb** ergehen. Dazu gehören u.a. Regelungen über:

Anwesenheitskontrollen, An-/Abmeldeverfahren, Passierscheine, Betriebsausweise, Tragen von Arbeitskleidung, Alkohol-/Rauchverbote, Benutzung von Parkmöglichkeiten auf dem Betriebsgelände, Torkontrollen, generelle Herausgabe von Werbegeschenken, Urlaubsvertretungen, Radiohören im Betrieb, Krankenkontrollen, Nutzung von betrieblichen Fernsprechanlagen für Privatgespräche, Benutzung von Wasch- und Umkleideräumen, Einführung von Stechuhren u.ä..

BR In Betrieben mit einem Betriebsrat hat dieser bei der Einführung und Ausgestaltung derartiger **allgemeingültiger Verhaltensregeln** ein **Mitbestimmungsrecht** (§ 87 Abs. 1 Nr. 1 BetrVG). Das Mitbestimmungsrecht erfaßt alle Fragen der Ordnung des Betriebs und des Verhaltens der Arbeitnehmer im Betrieb. Dem Arbeitgeber ist es dann in diesen Angelegenheiten verwehrt, einseitige Maßnahmen durchzuführen. Regelmäßig wird es zweckmäßig sein, diese Fragen der betrieblichen Ordnung in einer **Betriebsvereinbarung** zu regeln. Deren Inhalt gilt dann unmittelbar und zwingend zwischen den Arbeitsvertragsparteien (§ 77 Abs. 4 Satz 1 BetrVG).

Ob der Arbeitgeber in Betrieben ohne Betriebsrat berechtigt ist, kraft seines Direktionsrechts einseitig solche allgemeingültigen Verhaltensregeln zu erlassen, kann nur anhand des jeweiligen Regelungsgegenstandes abschließend beurteilt werden. Maßgebend sind dabei wiederum die Grundsätze billigen Ermessens.

Nebenpflichten des Arbeitnehmers

Als **Richtschnur** kann gelten:

Je schwerwiegender der Eingriff in das Persönlichkeitsrecht des Arbeitnehmers ist, desto zwingender müssen die betrieblichen Gründe sein, die die Maßnahme erfordern!
So werden etwa Torkontrollen nur dann und auch nur vorübergehend zulässig sein, wenn sich die Diebstähle häufen und der begründete Verdacht besteht, daß sie von Arbeitnehmern während der Arbeitszeit begangen werden.
Dagegen werden die Anforderungen geringer sein, wenn derartige Regelungen über die betriebliche Ordnung betriebs- oder branchenüblich sind. In diesen Fällen wird man vielfach davon ausgehen können, daß der Arbeitnehmer sich mit Abschluß des Arbeitsvertrages auch stillschweigend zur Einhaltung der Regeln und Verhaltensanweisungen in bezug auf die betriebliche Ordnung verpflichtet hat. Um hier unnötigen Abgrenzungs- und Auslegungsproblemen aus dem Weg zu gehen, empfiehlt es sich, die Regeln über das allgemeine Verhalten der Arbeitnehmer im Betrieb in einer **Arbeits- oder Betriebsordnung** zusammenzufassen und deren Einhaltung im Arbeitsvertrag ausdrücklich zu vereinbaren.

Muster:

"Der Arbeitnehmer hat die gültige Betriebsordnung erhalten. Er hat von ihrem Inhalt Kenntnis genommen und verpflichtet sich zu ihrer Einhaltung. Der Arbeitgeber ist zu Änderungen der Betriebsordnung nach den betrieblichen Erfordernissen berechtigt. Die Verpflichtung des Arbeitnehmers zur Einhaltung der jeweils gültigen Betriebsordnung wird dadurch nicht berührt."

Neben den allgemeingültigen und für alle Arbeitnehmer verbindlichen Verhaltensanordnungen kann der Arbeitgeber auch im Einzelfall gegenüber dem einzelnen Arbeitnehmer Weisungen in bezug auf sein Ordnungsverhalten im Betrieb erteilen. Besteht ein Betriebsrat, so sind solche Einzelfallanweisungen jedenfalls dann mitbestimmungspflichtig, wenn die Anordnung zumindest auch dazu dient, die generelle betriebliche Ordnung durchzusetzen. In diesen Fällen sollte der Betriebsrat vorsorglich beteiligt werden.

Kommt der Arbeitnehmer einer Anweisung in bezug auf sein Ordnungsverhalten nicht nach, so hat der Arbeitgeber zunächst die Möglichkeit, eine **Abmahnung** auszusprechen. Die Abmahnung sollte unverzüglich und schriftlich erfolgen. Dabei ist die Pflichtverletzung des Arbeitnehmers genau zu bezeichnen. Verstößt der Arbeitnehmer dennoch weiterhin gegen die erteilte Weisung, kann der Arbeitgeber unter Umständen eine **verhaltensbedingte**, in besonders schweren Fällen auch eine **außerordentliche Kündigung** aussprechen (Rz. 4400, 4501).

4. Sonderfall: Verhängung von Betriebsbußen

2354
Der Arbeitnehmer kann auch verpflichtet sein, bei Verstößen gegen Weisungen in bezug auf sein Ordnungsverhalten sogenannte Betriebsbußen zu entrichten bzw. hinzunehmen.

Voraussetzung ist jedoch, daß eine entsprechende **Betriebsbußenordnung** besteht. Solche Bußordnungen können sowohl durch Tarifvertrag (§§ 1 Abs. 1, 4 Abs. 1 TVG) als auch durch Betriebsvereinbarung (§§ 87 Abs. 1 Nr. 1, 77 Abs. 4 BetrVG) eingeführt werden. Die Bußordnung gilt dann nach den vorgenannten Bestimmungen auch unmittelbar und zwingend zwischen den Arbeitsvertragsparteien.

Als Betriebsbußen kommen eine Geldbuße bis zu einem Höchstbetrag von einem Tagesverdienst, der Entzug von Vergünstigungen und als mildere Maßnahmen die Verwarnung und der Verweis in Betracht, nicht dagegen eine Entlassung oder Rückgruppierung. Die Bußtatbestände müssen klar und eindeutig festgelegt sein, ebenso die jeweilige Art der Buße sowie die Höhe und Verwendung von Geldbußen (nicht zugunsten des Arbeitgebers, sondern nur für soziale Zwecke). Die Verhängung der Betriebsbuße im Einzelfall bedarf ebenfalls der **Beteiligung des Betriebsrates**. Zweckmäßig ist daher die Bildung eines paritätisch aus Vertretern des Arbeitgebers und des Betriebsrates zusammengesetzten Ausschusses. Das Verfahren muß rechtsstaatlichen Grundsätzen entsprechen. Hierzu gehört es vor allem, daß der Arbeitnehmer zu den erhobenen Vorwürfen gehört wird. Die Verhängung der Betriebsbuße ist schriftlich zu begründen. Der Arbeitnehmer kann diese Entscheidung gerichtlich überprüfen lassen.

Von der Betriebsbuße zu unterscheiden sind die arbeitsvertraglichen Sanktionen, insbesondere die **Vertragsstrafe** und die **Abmahnung**. Auf die Einzelheiten zur Abgrenzung zur Betriebsbuße kann hier nicht eingegangen werden. In der betrieblichen Praxis ist jedoch darauf zu achten, daß einer Vertragsstrafe oder Abmahnung über die Geltendmachung einer Vertragspflichtverletzung hinaus nicht gleichzeitig ein besonderer Disziplinierungscharakter zukommt, da andernfalls eine Beteiligung des Betriebsrates erforderlich sein kann.

III. Schadensverhinderungspflicht

2355
Der Arbeitnehmer ist verpflichtet, einen dem Betrieb oder dem Arbeitgeber drohenden Schaden zu verhindern, soweit ihm dies **möglich und zumutbar** ist.

Nebenpflichten des Arbeitnehmers

Beispiel:
Der Arbeitnehmer bemerkt an einer Maschine eine Störung und erkennt, daß die Maschine sofort abgeschaltet werden muß, um den Eintritt eines größeren Schadens an der Maschine zu vermeiden.
Der Arbeitnehmer ist in diesem Fall verpflichtet, die Maschine selbst unverzüglich abzuschalten. Die Schadensverhinderungspflicht besteht aber nur in den Grenzen der Zumutbarkeit. Von dem Arbeitnehmer kann nicht verlangt werden, daß er sich selbst in Gefahr begibt. Steht der Schadenseintritt nicht unmittelbar bevor oder kann der Arbeitnehmer selbst den Schadenseintritt nicht in zumutbarer Weise verhindern, so hat der Arbeitnehmer dem Arbeitgeber **unverzüglich den drohenden Schaden anzuzeigen.**

Beispiel:
Der Arbeitnehmer bemerkt an einer Maschine Verschleißerscheinungen und erkennt, daß diese in näherer Zukunft zur völligen Zerstörung der Maschine führen können.
Der Arbeitnehmer ist hier verpflichtet, dem Arbeitgeber seine Beobachtung unverzüglich mitzuteilen.

Problematisch ist die Anzeigepflicht des Arbeitnehmers dann, wenn der drohende Schaden von einem **Arbeitskollegen** ausgeht. In diesem Fall wird eine Anzeigepflicht des Arbeitnehmers nur dann bestehen, wenn ein Personenschaden oder ein sonstiger erkennbar erheblicher Schaden droht. Hier wird jeweils auf die Umstände des Einzelfalles abzustellen sein. Eine Einschränkung der Schadensverhinderungspflicht ist hier deshalb gerechtfertigt, da es für den Arbeitnehmer in vielen Fällen unzumutbar sein wird, einen Arbeitskollegen zu "denunzieren".

Dies gilt allerdings nicht, wenn der Arbeitnehmer zumindest auch dazu eingestellt wurde, um andere Arbeitnehmer zu beaufsichtigen. Diese Arbeitnehmer werden nur in ganz seltenen Fällen berechtigt sein, von einer Schadensanzeige abzusehen.

Unabhängig von seiner konkreten Schadensverhinderungs- und Anzeigepflicht im Einzelfall ist der Arbeitnehmer generell verpflichtet, mit den Einrichtungen des Betriebes und den ihm vom Arbeitgeber anvertrauten Arbeitsmitteln und Arbeitsstoffen sorgfältig umzugehen. Soweit es ihm möglich und zumutbar ist, hat er auch auftretende Störungen und Schäden in seinem Arbeitsbereich selbst zu beheben und den Arbeitgeber hiervon zu unterrichten.

IV. Pflicht zur Leistung von Überstunden oder anderer Arbeit in Notfällen

2356

Der Arbeitnehmer ist aufgrund seiner Treuepflicht auch verpflichtet, in Notfällen (vgl. Rz. 2022) Überstunden oder eine andere Arbeit zu erbringen.

Da es in vielen Fällen aber problematisch ist, den Notfall von sonstigen außergewöhnlichen betrieblichen Situationen abzugrenzen, empfiehlt sich eine **ausdrückliche Regelung im Arbeitsvertrag** (vgl. Rz. 1084, 2035).

V. Anzeige- und Auskunftspflichten

2357
Neben der Verpflichtung, drohende Schäden dem Arbeitgeber anzuzeigen, treffen den Arbeitnehmer noch eine Reihe weiterer Anzeige- und Auskunftspflichten. Hierzu gehören u.a.:

- Anzeige voraussehbarer Arbeitsverhinderung,
- unverzügliche Entschuldigung im Krankheitsfall,
- ggfs. Vorlage einer Arbeitsunfähigkeitsbescheinigung,
- Auskunft und Rechenschaft bei Geschäftsbesorgung (§§ 675, 666 BGB),
- im Einzelfall auch Anzeige einer Nebentätigkeit.

Der Arbeitnehmer ist im allgemeinen nicht gehindert, außerhalb seiner Arbeitszeit einer Nebentätigkeit nachzugehen (vgl. unten Rz. 2366). Infolgedessen besteht in der Regel auch keine Anzeigepflicht.

Eine Anzeigepflicht des Arbeitnehmers ergibt sich jedoch dann, wenn der Arbeitgeber ein berechtigtes Interesse daran hat, von der Nebentätigkeit Kenntnis zu erhalten. Das wird immer dann der Fall sein, wenn durch die Nebentätigkeit auch der Pflichtenkreis des Arbeitgebers berührt wird.

Beispiel:
Durch die Nebentätigkeit wird die zulässige tägliche Arbeitszeithöchstdauer überschritten. Durch die Nebentätigkeit wird der Arbeitnehmer kranken- und rentenversicherungspflichtig.
Obgleich im letzten Fall der Arbeitnehmer eine Anzeigepflicht hat, kann der Arbeitgeber die ggfs. nachzuzahlenden Sozialversicherungsbeiträge nicht gegenüber dem Arbeitnehmer als Schadensersatz geltend machen, wenn der Arbeitnehmer die Anzeige unterlassen hat (BAG 18.11.1988, DB 1988, 2468).

Eine Schadensersatzpflicht bei Unterlassen der Anzeige kann auch nicht im Arbeitsvertrag ausdrücklich vereinbart werden, da eine entsprechende Abrede nichtig ist (§§ 32 SGB I, 134 BGB). Gleiches gilt für ein umfassendes Nebentätigkeitsverbot (Art. 12 GG, § 134 BGB).

VI. Abwerbeverbot

2358

Dem Arbeitnehmer ist es nur unter **besonderen Umständen** untersagt, andere Arbeitnehmer seines Arbeitgebers abzuwerben (vgl. Rz. 4510).
Eine Abwerbung liegt nicht bereits dann vor, wenn Arbeitnehmer, von denen sich der eine unter Mitwirkung von Arbeitskollegen selbständig machen will, gemeinsam Pläne schmieden. Vielmehr ist es zur Annahme einer **Abwerbung** erforderlich, daß der Arbeitnehmer auf einen Arbeitskollegen mit einer gewissen Ernsthaftigkeit und Beharrlichkeit einwirkt mit dem Ziel, diesen zur Aufgabe seines bisherigen und zur Begründung eines neuen Arbeitsverhältnisses zu bewegen.

Eine solche Abwerbung ist aber nur dann unzulässig, wenn sie eine grobe Verletzung der Treuepflicht darstellt oder in sonstiger Form sittenwidrig ist.

Beispiel:
Der Arbeitnehmer versucht beharrlich, einen Arbeitskollegen zu bewegen, sich ohne Einhaltung einer Kündigungsfrist vom Arbeitsverhältnis zu lösen, um bei einem anderen Arbeitgeber zu arbeiten.
*In diesem Fall ist die Abwerbung unzulässig, da der Arbeitnehmer seinen Arbeitskollegen zum **Arbeitsvertragsbruch** verleiten will.*

Weitere besondere Umstände, die zur Unzulässigkeit einer Abwerbung führen können, liegen etwa dann vor, wenn der Arbeitnehmer den Abwerbeversuch gegen Bezahlung im Auftrag eines **Konkurrenzunternehmens** vornimmt oder wenn er durch die Abwerbung seinen Arbeitgeber **planmäßig zu schädigen** versucht *(LAG Rheinland-Pfalz 07.02.1992, LAGE § 626 BGB Nr. 4)*.

Zulässig ist es dagegen, wenn ein Arbeitnehmer, der beabsichtigt, sich selbständig zu machen, seine Arbeitskollegen auf einen Wechsel anspricht und auch deren Bereitschaft durch Gehaltszusagen zu fördern versucht. Zulässig ist es auch, wenn der Arbeitnehmer bei einem beabsichtigten Stellenwechsel die Vorzüge und besonderen Leistungen seines neuen Arbeitgebers herausstellt.

VII. Verbot der Annahme von Schmiergeldern

2359

Dem Arbeitnehmer ist es verboten, Schmiergelder, Geschenke oder sonstige Vorteile entgegenzunehmen **(arbeitsrechtliches Schmiergeldverbot)**. Der Arbeitnehmer kann sich unter Umständen sogar strafbar machen, wenn er im geschäftlichen Verkehr einen Vorteil als Gegenleistung dafür fordert, sich versprechen läßt oder annimmt, daß er einen anderen bei dem Bezug von Waren oder gewerblichen Leistungen im Wettbewerb in unlauterer Weise bevorzugt: **strafrechtliches Schmiergeldverbot** (§ 12 Abs. 2 UWG).

Arbeitsrecht

In der Praxis ist es immer wieder problematisch, die verbotene Vorteilsannahme von der erlaubten Annahme allgemein gebräuchlicher **Gelegenheitsgeschenke** abzugrenzen. Dabei wird auf die jeweiligen Berufszweige und die dort allgemein üblichen Gelegenheitsgeschenke abzustellen sein. Typische Gelegenheitsgeschenke sind: *Kugelschreiber, Kalender, Feuerzeuge, u.U. auch Trinkgelder, Geschäftsessen etc..*

Zu beachten ist, daß der verbotene Vorteil nicht unbedingt in einer Geld- oder Sachleistung bestehen muß. Der Begriff des Vorteils umfaßt alles, was die Lage des Arbeitnehmers irgendwie bessert. So fallen auch die Unterstützung eines Stellengesuchs oder Leistungen an Familienangehörige unter den Vorteilsbegriff.

Der Arbeitnehmer ist verpflichtet, das Angebot von Schmiergeldern und verbotener Vorteile **zurückzuweisen.**

Nicht abschließend geklärt ist die Frage, ob der Arbeitnehmer auch verpflichtet ist, den Arbeitgeber von dem Angebot zu **unterrichten.** Man wird dies bejahen müssen, da der Arbeitgeber ein legitimes Interesse daran hat, sich gegen rechtswidrige Eingriffe in seinen eingerichteten und ausgeübten Gewerbebetrieb zur Wehr zu setzen.

Umstritten ist ebenfalls, ob der Arbeitgeber von dem Arbeitnehmer die gewährten Vorteile herausverlangen kann. Ein **Herausgabeanspruch** ist zumindest für den Fall anzuerkennen, daß der Arbeitnehmer den Vorteil unberechtigterweise aus einem Geschäft erlangt hat, das er als Vertreter des Arbeitgebers für diesen abgeschlossen hat.

VIII. Inner- und außerbetriebliche Meinungsfreiheit

2360

Der Arbeitnehmer hat nach Art. 5 Abs. 1 Satz 1 GG das Recht, seine Meinung in Wort, Schrift und Bild frei zu äußern und zu verbreiten. Geschützt ist allerdings nur das Äußern und Verbreiten von Meinungen. Hierzu zählen Werturteile, Beurteilungen, Stellungnahmen, Auffassungen usw., nicht dagegen reine Tatsachenmitteilungen (vgl. unten Rz. 2361). Jedoch werden im Einzelfall die Grenzen oft fließend sein. Im Zweifel ist von einer Meinungsäußerung auszugehen.

Die **innerbetriebliche Meinungsfreiheit** des Arbeitnehmers wird jedoch durch die Grundregeln des Arbeitsverhältnisses begrenzt. Zwar ist eine parteipolitische Diskussion im Betrieb nicht schlechthin unzulässig, der Arbeitnehmer hat aber im Betrieb jedenfalls eine **provozierende parteipolitische Betätigung** zu unterlassen. Hierunter fällt auch das Tragen von auffälligen und provozierenden Politplaketten (z.B. "Anti-Atomkraft-Plakette").

Dabei sind im Einzelfall die Interessen des Arbeitgebers gegen die des Arbeitnehmers sorgfältig abzuwägen. Als Gründe für eine Einschränkung der Meinungsfreiheit kommen u.a. in Betracht:

- andere Arbeitnehmer fühlen sich belästigt,
- Störung des Betriebsfriedens,
- Beeinträchtigung des Arbeitsablaufs.

Ist eine Einschränkung der Meinungsfreiheit im Einzelfall gerechtfertigt, kann der Arbeitgeber dem Arbeitnehmer die politische Betätigung untersagen und den Arbeitnehmer abmahnen sowie ggfs. kündigen. Allerdings ist hier Vorsicht angebracht! Es darf sich nicht nur um eine geringfügige Störung handeln. Vielmehr muß das Zusammenleben im Betrieb **ernstlich gefährdet** sein.

Unzulässig ist es in jedem Fall, wenn der Arbeitnehmer unwahre und ehrenrührige Behauptungen über seinen Arbeitgeber aufstellt.
Unzulässig ist es auch, wenn sich Arbeitnehmer in ihrer Eigenschaft als Betriebsratsmitglieder parteipolitisch betätigen (§ 74 Abs. 2 Satz 2 BetrVG). In ihrer Funktion als Betriebsratsmitglieder ist ihnen ebenfalls die Werbung für eine Gewerkschaft untersagt.
Im übrigen kann jeder Arbeitnehmer im Rahmen der vorstehenden Grenzen innerhalb des Betriebes für eine Gewerkschaft werben. Die Verteilung von Werbe- und Informationsmaterial durch betriebsangehörige Gewerkschaftsmitglieder an andere Betriebsangehörige **während deren Arbeitszeit** ist jedoch nur dann zulässig, wenn dies als unerläßlich für die Erhaltung und Sicherung des Bestandes der Gewerkschaft angesehen werden muß. Ein allgemeines Zugangsrecht zum Betrieb für betriebsfremde Gewerkschaftsmitglieder zum Zwecke der Gewerkschaftswerbung besteht allerdings nicht. **Betriebsräte** haben sich vor Ausübung ihres Zugangsrechts auf Verlangen des Arbeitgebers **anzumelden** und grob den **Grund anzugeben** (*LAG Nürnberg, 18.10.1993, BB 1994, 65*).

Ob auch die **außerbetriebliche Meinungsfreiheit** des Arbeitnehmers durch die Regeln des Arbeitsverhältnisses begrenzt sein kann, ist zweifelhaft. Richtigerweise wird man dies verneinen müssen. Ausnahmen können sich allenfalls für Arbeitnehmer in sogenannten Tendenzbetrieben ergeben.

IX. Verschwiegenheitspflicht

2361

Der Arbeitnehmer ist aufgrund des Arbeitsvertrages auch zur Verschwiegenheit in bezug auf diejenigen Umstände verpflichtet, die geeignet sind, den Arbeitgeber in der Öffentlichkeit herabzuwürdigen oder sonstige Schäden und Nachteile beim Arbeitgeber herbeizuführen **(arbeitsvertragliche Verschwiegenheitspflicht)**. Diese Verschwiegenheitspflicht gilt grundsätzlich gegenüber jedem Dritten.

Ein Eingriff in die Meinungsfreiheit des Arbeitnehmers liegt nicht vor, da sich die Verschwiegenheitspflicht nur auf Tatsachen bezieht (vgl. Rz. 2360).

1. Betriebs- und Geschäftsgeheimnisse

2362
Der Arbeitnehmer hat über die für ihn als Betriebs- und Geschäftsgeheimnisse erkennbaren Umstände Stillschweigen zu bewahren. Die Weitergabe von Betriebs- und Geschäftsgeheimnissen kann unter Umständen auch als Geheimnisverrat strafbar sein, wenn sie zu Wettbewerbszwecken, aus Eigennutz oder in Schädigungsabsicht erfolgt (**strafrechtliche Verschwiegenheitspflicht,** §§ 17, 18 UWG).

Zu den Betriebs- und Geschäftsgeheimnissen zählen im allgemeinen:
Absatzmärkte, Kundenlisten, Verkaufsstrategien, Produktionsverfahren, technisches Know-How, Bilanzen, Inventuren, Kreditwürdigkeit u.a.

Soweit diese Umstände jedoch allgemein bekannt sind, werden sie nicht von der Verschwiegenheitspflicht erfaßt. Daran ändert sich auch dann nichts, wenn der Arbeitgeber diese Umstände als Betriebs- oder Geschäftsgeheimnis bezeichnet.

2. Persönliche Umstände und Verhaltensweisen des Arbeitgebers

2363
Unter die Verschwiegenheitspflicht fallen auch die persönlichen Umstände und Verhaltensweisen des Arbeitgebers.

Der Arbeitnehmer hat daher alle **ruf- und kreditschädigenden Mitteilungen** zu unterlassen. Dies gilt auch dann, wenn sie erwiesenermaßen wahr sind.
Der Arbeitnehmer ist im allgemeinen nicht berechtigt, Behörden oder sonstige Dritte über etwaige **strafbare Handlungen, Ordnungswidrigkeiten oder Vertragsverstöße** des Arbeitgebers zu informieren.
Ausnahmen gelten aber dann, wenn sich die strafbare Handlung gegen den Arbeitnehmer selbst richtet oder eine schwere Straftat vorliegt. Der Arbeitnehmer muß aber zuvor immer sorgfältig prüfen, ob der vermutete Straftatbestand auch tatsächlich verwirklicht ist. Eine leichtfertige Anzeige stellt eine schwere Nebenpflichtverletzung dar, die den Arbeitgeber in der Regel zur außerordentlichen Kündigung berechtigt.

Verstößt der Arbeitgeber gegen **Arbeitnehmerschutzvorschriften** oder bestehen sonstige Mißstände im Betrieb, so hat der Arbeitnehmer zunächst alle innerbetrieblichen Mittel auszuschöpfen. Hierzu gehört, daß er vom Arbeitgeber die Einhaltung der Bestimmungen verlangt und ggfs. den Betriebsrat einschaltet. Erst wenn der Arbeitgeber trotz alledem keine Abhilfe schafft, kann eine Abwägung der beiderseitigen Interessen ergeben, daß der Arbeitnehmer berechtigt ist, die **zuständigen Aufsichtsbehörden** in Kenntnis zu setzen. Ob der Arbeitnehmer in diesen Fällen auch berechtigt ist, sich an eine **breitere Öffentlichkeit** und insbesondere an die Presse zu wenden, hängt von den jeweiligen Umständen des Einzelfalles ab.

Grundsätzlich ist der Arbeitnehmer nicht befugt, sich zum Sachwalter der Öffentlichkeit zu machen. Dies gilt besonders dann, wenn er nicht selbst von dem Pflichtenverstoß des Arbeitgebers oder den innerbetrieblichen Mißständen betroffen ist. Im Einzelfall sind die Interessen des Arbeitgebers und die Interessen des Arbeitnehmers gegeneinander abzuwägen. Mitteilungen an eine breitere Öffentlichkeit können allenfalls dann zulässig sein, wenn sie zur Wahrung berechtigter Ansprüche oder schützenswerter Güter der Belegschaft bzw. einzelner Arbeitnehmer unbedingt erforderlich erscheinen.

3. Nachvertragliche Verschwiegenheitspflicht

2364

Die Verschwiegenheitspflicht besteht während der gesamten Dauer des Arbeitsverhältnisses.

Eine nachvertragliche Verschwiegenheitspflicht kann auch zwischen den Arbeitsvertragsparteien ausdrücklich vereinbart werden, vgl. Rz. 3034 ff.

4. Freistellungsanspruch des Arbeitnehmers

2365

Der Arbeitnehmer hat in der Regel gegen den Arbeitgeber einen Anspruch auf Freistellung von der Verschwiegenheitspflicht, wenn dies zur **Durchsetzung berechtigter Ansprüche** des Arbeitnehmers erforderlich ist und nicht überwiegende Interessen des Arbeitgebers entgegenstehen.

Verweigert der Arbeitgeber die Befreiung, so kann der Arbeitnehmer auf Freistellung von der Verschwiegenheitspflicht klagen.

Muß der Arbeitnehmer vor Gericht als Zeuge über der Verschwiegenheitspflicht unterliegende Umstände aussagen, so bedarf es hierzu einer ausdrücklichen Freistellung durch den Arbeitgeber nicht.

X. Nebentätigkeitsverbot

2366

Der Arbeitnehmer ist grundsätzlich nicht gehindert, eine Nebentätigkeit außerhalb der Arbeitszeit auszuüben (vgl. Rz. 4512).

Ein Nebentätigkeitsverbot besteht nur

- für eine Konkurrenztätigkeit des Arbeitnehmers (vgl. § 60 HGB, vgl. Rz. 3000 ff.),
- wenn dies zu einer erheblichen Beeinträchtigung der Arbeitskraft des Arbeitnehmers führt,
- während des Urlaubs, wenn die Nebentätigkeit dem Urlaubszweck widerspricht (§ 8 BUrlG),
- wenn dies ausdrücklich vertraglich vereinbart ist (Arbeits-, Tarifvertrag oder Betriebsvereinbarung).

Bei der Abfassung von vertraglichen Nebentätigkeitsverboten ist äußerste Vorsicht geboten, da durch eine solche Abrede in das Recht der Berufsfreiheit (Art. 12 GG) eingegriffen wird!

Ein Nebentätigkeitsverbot ist nur dann gerechtfertigt, wenn hierfür ein **hinreichender sachlicher Grund** besteht.

XI. Wettbewerbsverbot

2367

Zu Gegenstand, Umfang und Dauer der Pflicht zur Unterlassung von Wettbewerb vgl. Rz. 3000 ff.

XII. Rechtsfolgen bei Verletzung von Nebenpflichten

2368

Die Rechte des Arbeitgebers bei einer Verletzung von Nebenpflichten durch den Arbeitnehmer richten sich nach der Schwere der begangenen Pflichtverletzung. Folgende Rechte des Arbeitgebers kommen in Betracht:

- Abmahnung,
- Erfüllungs-/Unterlassungsklage,
- ordentliche/außerordentliche Kündigung,
- Schadensersatz.

XIII. Weiterführende Literaturhinweise

2369

Bengelsdorf u.a., Alkohol im Betrieb und am Arbeitsplatz, 1986
Binz/Sorg, Noch einmal: Rauchen am Arbeitsplatz?, BB 1994, 1709
Blomeyer in Münchener Handbuch Arbeitsrecht, 1992, S. 812 ff.
Börgmann, Arbeitsrechtliche Aspekte des Rauchens im Betrieb, RdA 1993, 275

Nebenpflichten des Arbeitnehmers

Hohn, Zutrittsrechte Dritter zum Betrieb, 1988
Klatt, Treuepflichten im Arbeitsverhältnis, 1990
Reinfeld, Verschwiegenheitspflicht und Geheimnisschutz im Arbeitsrecht, 1989
Schaub, Arbeitsrechts Handbuch, 7. Aufl. 1992, S. 322 ff.
Schmidt, Gesetzlicher Nichtraucherschutz - Ein Gebot der Stunde, BB 1994, 1213
Thümmel, Betriebsfrieden und Politplakette, 1985
Voll, Meinungsfreiheit und Treuepflicht, 1975.

9. Kapitel: Vergütungspflicht des Arbeitgebers

I.	Einführung	2400
II.	Höhe der Vergütung bei bestehender Vergütungsabrede	2401
	1. Tarifbindung beider Arbeitsvertragsparteien	2401
	2. Tarifbindung nur einer Arbeitsvertragspartei	2404
	3. Fehlende Tarifbindung der Arbeitsvertragsparteien	2405
III.	Höhe der Vergütung bei fehlender Vergütungsabrede	2406
IV.	Höhe der Vergütung bei nichtiger Vergütungsabrede	2407
V.	Höhe der Vergütung bei einer Rahmenvereinbarung	2409
VI.	Gleichbehandlungsgrundsatz in Vergütungsfragen	2410
	1. Vereinbarung der Vergütung	2411
	2. Vergütung der weiblichen Arbeitnehmer	2412
	3. Erhöhung der Vergütung	2413
	a) Individuelle Erhöhung	2413
	b) Allgemeine Erhöhung	2415
	c) Anrechnung von übertariflicher Vergütung auf tarifliche Erhöhungen	2416
	4. Gewährung von Jahressonderzahlungen	2417
	5. Vergütung der Teilzeitbeschäftigten	2418
VII.	Änderung der Vergütung	2419
	1. Einzelvertragliche Änderung	2420
	2. Tarifvertragliche Änderung	2420
	3. Anrechnung von übertariflicher Vergütung auf tarifliche Erhöhung	2421
	a) Anrechnungsvorbehalt	2422
	b) Widerrufsvorbehalt	2423
	c) Aufstockungsvereinbarung	2424
	d) Zulässigkeit der Anrechnung bei fehlender vertraglicher Regelung	2425
	e) Unzulässigkeit der Anrechnung bei fehlender vertraglicher Regelung	2426
	f) Effektivklausel im Tarifvertrag	2427
	g) Beteiligung des Betriebsrates	2428
	4. Einseitige Änderung durch den Arbeitgeber	2431
	a) Widerrufsvorbehalt	2432
	b) Änderungskündigung	2433
	c) Kürzung von Jahressonderzahlungen	2434
VIII.	Grundsatz der Bruttolohnvergütung	2435

IX.	Allgemeine Vergütungsformen	2436
	1. Zeitvergütung	2436
	2. Akkordvergütung	2437
	3. Prämienlohnvergütung	2438
X.	Provision als Sonderform der Vergütung	2439
	1. Einführung	2439
	2. Gesetzliche Regelung der Provision	2440
	a) Handelsvertreter	2440
	b) Handlungsgehilfen und sonstige Arbeitnehmer	2441
	c) Unterscheidung zwischen Alt- und Neuverträgen	2442
	3. Provisionspflichtige Geschäfte im bestehenden Arbeitsverhältnis	2443
	a) Geschäftsabschluß zwischen Arbeitgeber und Dritten	2444
	b) Mitwirkung des Arbeitnehmers	2447
	c) Werbung neuer Kunden für gleichartige Geschäfte	2448
	4. Bezirksvertretungs- und Inkassoprovision	2449
	5. Provisionspflichtige Geschäfte des ausgeschiedenen Arbeitnehmers	2450
	6. Erwerb des Provisionsanspruches	2451
	7. Wegfall des Provisionsanspruches	2452
	8. Fälligkeit des Provisionsanspruches	2453
	9. Höhe und Berechnung des Provisionsanspruches	2454
	10. Abrechnung der Provision	2455
	11. Abdingbarkeit der gesetzlichen Regelung	2456
XI.	Sonstige Sonderformen der Vergütung/Vergütungsbestandteile	2457
XII.	Auszahlung der Vergütung	2459
	1. Empfangsberechtigter	2459
	2. Fälligkeit der Vergütung	2460
	3. Ort und Art der Auszahlung	2462
	4. Abrechnung	2463
	5. Quittung	2464
	6. Beteiligung des Betriebsrates	2465
XIII.	Rückzahlung der Vergütung	2466
	1. Irrtümliche Überzahlung	2466
	2. Entreicherungseinwand des Arbeitnehmers	2467
	3. Ausschluß des Entreicherungseinwandes	2469
	4. Rückzahlungsklauseln	2470
XIV.	Verrechnung von Gegenforderungen mit dem Vergütungsanspruch	2472
	1. Aufrechnung gegenüber dem Arbeitnehmer	2472
	2. Aufrechnung gegenüber abgetretenen oder gepfändeten Vergütungsansprüchen	2475

Vergütungspflicht des Arbeitgebers

	3. Berechnung des aufrechenbaren Betrages	2477
XV.	Wegfall der Vergütungspflicht	2478
	1. Ausschlußfristen	2479
	2. Verzicht	2482
	3. Ausgleichsquittung	2483
	4. Quittung	2484
	5. Verjährung	2485
	6. Verwirkung	2486
XVI.	Rechtsfolgen bei Verletzung der Vergütungspflicht	2487
	1. Zurückbehaltungsrecht des Arbeitnehmers	2488
	2. Klage auf Auszahlung der Vergütung	2490
	3. Außerordentliche Kündigung	2491
	4. Sonderfall: Einrede der Vermögensverschlechterung	2492
XVII.	Weiterführende Literaturhinweise	2493

I. Einführung

2400

Der Arbeitgeber ist aufgrund des Arbeitsvertrages verpflichtet, dem Arbeitnehmer die vereinbarte Vergütung zu gewähren (§ 611 Abs. 1 BGB). Es handelt sich dabei um die **Hauptpflicht des Arbeitgebers** aus dem Arbeitsvertrag.
Als Vergütung sind sowohl die Grundvergütung als auch alle vom Arbeitgeber gewährten Vergütungszuschläge und Sondervergütungen anzusehen.
Die Vergütungspflicht des Arbeitgebers besteht aber im allgemeinen nur dann, wenn der Arbeitnehmer die Arbeitsleistung auch erbracht hat. Allerdings gibt es einige wesentliche Ausnahmen, auf die noch eingegangen wird (vgl. Rz. 2520 ff.).
Regelmäßig wird die Vergütung im Arbeitsvertrag ausdrücklich und auch der Höhe nach vereinbart sein. Möglich ist es aber auch, daß die Vergütungsabrede in einer gesonderten Vereinbarung getroffen wird. Nur in Ausnahmefällen fehlt eine solche Vereinbarung völlig. Aber auch dann wird regelmäßig eine Vergütungspflicht des Arbeitgebers bestehen (vgl. Rz. 2406).

Neben dem **Arbeitsvertrag** kommen als Rechtsgrundlagen für die Vergütungspflicht des Arbeitgebers sowohl ein **Tarifvertrag** als auch eine **Betriebsvereinbarung** in Betracht.
Da aber die Regelung der Arbeitsentgelte üblicherweise im Tarifvertrag erfolgt, scheidet eine Betriebsvereinbarung über die Vergütung aufgrund der gesetzlichen Sperrwirkung des Tarifvertrages (§ 77 Abs. 3 BetrVG) praktisch aus.
Aus diesem Grund wird auf die Betriebsvereinbarung in diesem Zusammenhang nicht weiter eingegangen werden.

Arbeitsrecht

II. Höhe der Vergütung bei bestehender Vergütungsabrede

1. Tarifbindung beider Arbeitsvertragsparteien

2401

Auch wenn die Arbeitsvertragsparteien tarifgebunden, d.h. Mitglieder der Tarifvertragsparteien (im allgemeinen Arbeitgeberverbände und Gewerkschaften) des in Betracht kommenden Tarifvertrages sind, richtet sich die Höhe der Vergütung in erster Linie nach dem einzelnen Arbeitsvertrag (vgl. Rz. 1086).

Nur wenn die arbeitsvertraglich vereinbarte Vergütung die tarifliche Vergütung unterschreitet, ist bei der Festlegung der Höhe der Vergütung auf den Tarifvertrag abzustellen. Das tarifvertragliche Arbeitsentgelt stellt also in jedem Falle eine **Mindestvergütung** sicher.

Dieser Vorrang der für den Arbeitnehmer vorteilhafteren einzelvertraglichen Abrede wird als sogenanntes **Günstigkeitsprinzip** bezeichnet. Den Arbeitsvertragsparteien steht es also jederzeit frei, eine höhere als die tarifvertraglich geschuldete Vergütung zu vereinbaren (§ 4 Abs. 3 TVG).

Es muß also jeweils im Einzelfall ermittelt werden, ob die arbeitsvertragliche oder die tarifvertragliche Regelung für den Arbeitnehmer günstiger ist. Dies kann unter Umständen dazu führen, daß eine **doppelte Lohnberechnung** durchgeführt werden muß, und zwar z.B. dann, wenn der Arbeitsvertrag eine Akkordvergütung vorsieht, der Tarifvertrag hingegen eine Vergütung nach Stunden.

Auch einzelvertragliche Vergütungsabreden sollten sich daher im Rahmen des tariflichen Lohnfindungssystems bewegen! Hierdurch wird die Errechnung der Vergütungshöhe in der betrieblichen Praxis erleichtert.

Die Ermittlung der tarifvertraglichen Arbeitsvergütung hat nach den im Tarifvertrag vorgegebenen Grundsätzen zu erfolgen.
In vielen Fällen wird das tarifvertragliche Entgelt noch von einer erfolgreich abgeschlossenen Ausbildung des Arbeitnehmers abhängig sein.

Beispiel:
Ein Tarifvertrag legt für einen Facharbeiter mit erfolgreich abgeschlossener Berufsausbildung einen Stundenlohn von 20 DM fest.
Damit hat jeder Facharbeiter, unabhängig von seiner konkreten Tätigkeit, einen tariflichen Vergütungsanspruch von 20 DM pro Stunde.

2402

Dagegen gehen die Tarifvertragsparteien nunmehr verstärkt dazu über, das tarifliche Entgelt anhand von konkreten Tätigkeitsmerkmalen festzulegen. Diese Merkmale werden dann in verschiedenen **Lohn- oder Gehaltsgruppen** aufgeführt. Das tarifliche Entgelt bestimmt sich danach, in welche Gruppe der Arbeitnehmer mit seiner konkreten Tätigkeit einzuordnen ist.

Vergütungspflicht des Arbeitgebers

Diese Zuordnung des Arbeitnehmers bezeichnet man als **Eingruppierung**. Die Eingruppierung unterliegt in Betrieben mit in der Regel mehr als 20 wahlberechtigten Arbeitnehmern dem **Mitbestimmungsrecht des Betriebsrates** nach § 99 Abs. 1 BetrVG. Das Mitbestimmungsrecht besteht auch hinsichtlich der Zuordnung zu Fallgruppen innerhalb einer Vergütungsgruppe, wenn damit Rechtsfolgen (z.B. für Bewährungsaufstieg) verbunden sein können (*BAG 27.07.1993, DB 1994, 1373*).

Die Höhe der Vergütung ergibt sich dann aus dem für die jeweilige Gruppe festgelegten Arbeitsentgelt.
Ob es für die Eingruppierung auf einen **förmlichen Eingruppierungsakt** des Arbeitgebers ankommt oder ob allein die Übertragung und Ausführung der in der Vergütungsgruppe beschriebenen Tätigkeit maßgebend ist, richtet sich nach dem Wortlaut des Tarifvertrages. In den meisten Fällen wird die Auslegung des Tarifvertrages ergeben, daß ein förmlicher Eingruppierungsakt des Arbeitgebers nicht erforderlich ist.

Entsteht zwischen den Arbeitsvertragsparteien in dieser Frage Streit, sollte der entsprechende Tarifvertrag einer genauen rechtlichen Prüfung unterzogen werden. Kommt es zu keiner Einigung, so kann der Arbeitnehmer im Wege der Zahlungsklage, ggfs. auch mit einer Feststellungsklage, die Eingruppierung von den Arbeitsgerichten überprüfen lassen (sogenannte **Eingruppierungsklage**).

Verlangt der Arbeitnehmer eine höhere Eingruppierung, hat er im Prozeß die Tatsachen vorzutragen und im Streitfall zu beweisen, aus denen für das Gericht der rechtliche Schluß möglich ist, daß er die tariflichen Tätigkeitsmerkmale erfüllt. Hieran ändert sich auch dann nichts, wenn der Arbeitgeber in der Beschreibung des betreffenden Arbeitsplatzes zur Kennzeichnung der dort anfallenden Tätigkeiten einen allgemeinen Tarifbegriff (z. B. "selbständig") verwendet, solange der Arbeitnehmer nicht zugleich konkrete Tätigkeiten aufführt, die den tariflichen Begriffsinhalt ausfüllen. Haben die Tarifvertragsparteien im Anschluß an allgemeine Tätigkeitsmerkmale **Beispielstätigkeiten** angeführt, die mit "z. B." eingeleitet werden, sind die allgemeinen Merkmale nach dem Willen der Tarifvertragsparteien stets dann erfüllt, wenn der Arbeitnehmer eine Beispielstätigkeit ausübt. Wird keine Beispielstätigkeit ausgeübt, bleibt dennoch eine Erfüllung der allgemeinen Merkmale zur Rechtfertigung einer höheren Eingruppierung möglich (*BAG 21.07.1993, DB 1994, 1682*).

Eine Verpflichtung des Arbeitgebers zur Eingruppierung von neu eingestellten Arbeitnehmern und zur Beteiligung des Betriebsrats an dieser Eingruppierung besteht auch dann, wenn der Arbeitgeber die Gehaltsgruppenordnung einseitig eingeführt hat und diese nunmehr Kraft **betrieblicher Übung** im Betrieb zur Anwendung kommt (*BAG 23.11.1993, EzA § 99 BetrVG 1972 Nr. 118*).

2403

Der einem Tarifvertrag abschließenden Verband angehörende Arbeitgeber bleibt an den Tarifvertrag bis zu dessen Ablauf gebunden (§ 3 Abs. 3 TVG). Dies gilt auch dann, wenn der Arbeitgeber vor Ablauf des Tarifvertrages aus dem Arbeitgeberverband austritt. Um einen Fall der **beiderseitigen Tarifbindung** der Arbeitsvertragsparteien handelt es sich daher auch dann, wenn nach dem Austritt des Arbeitgebers noch vor Ablauf des Tarifvertrages ein bei ihm beschäftigter Arbeitnehmer der den Tarifvertrag abschließenden Gewerkschaft beitritt. In diesem Fall kann der Arbeitnehmer die tarifliche Vergütung fordern (*BAG 04.08.1993, DB 1994, 104*).

Beispiel:
Eine Gewerkschaft und ein Arbeitgeberverband schließen am 31.10.1994 einen Tarifvertrag mit Laufzeit bis zum 31.12.1995 ab. Am 15.01.1995 tritt der Arbeitgeber aus dem Arbeitgeberverband aus. Am 31.01.1995 tritt ein bei diesem Arbeitgeber beschäftigter Arbeitnehmer in die den Tarifvertrag abschließenden Gewerkschaft ein. Der Arbeitnehmer kann von diesem Tage an die tarifliche Vergütung verlangen.

2. Tarifbindung nur einer Arbeitsvertragspartei

2404

Ist nur eine der Arbeitsvertragsparteien tarifgebunden, so ergibt sich die Höhe der Vergütung allein aus dem Arbeitsvertrag. Der entsprechende Tarifvertrag ist nur dann heranzuziehen, wenn:

- der Tarifvertrag für **allgemeinverbindlich** erklärt wurde (§ 5 TVG) oder
- die Arbeitsvertragsparteien im Arbeitsvertrag oder einer sonstigen Vereinbarung **ausdrücklich auf den Tarifvertrag verweisen**.

Liegt eine dieser beiden Voraussetzungen vor, so ist das auszuzahlende Arbeitsentgelt in derselben Weise wie bei beiderseitiger Tarifgebundenheit zu ermitteln (vgl. oben Rz. 2401).

Den Arbeitsvertragsparteien steht es allerdings frei, nur Teile eines Tarifvertrages in den Arbeitsvertrag einzubeziehen. Wird daher auf einen Tarifvertrag Bezug genommen, gleichzeitig aber eine bestimmte Vergütung ausdrücklich im Arbeitsvertrag vereinbart, so richtet sich die Vergütung im allgemeinen ausschließlich nach dem Arbeitsvertrag.

Nicht abschließend geklärt ist die Frage, ob der tarifgebundene Arbeitgeber auch den nicht tarifgebundenen Arbeitnehmern aus Gründen der **Gleichbehandlung** mit den tarifgebundenen Arbeitnehmern mindestens das tariflich vereinbarte Arbeitsentgelt zahlen muß.

Vergütungspflicht des Arbeitgebers

Das Bundesarbeitsgericht hat diese Frage verneint (*20.07.1960, AP Nr. 7 zu § 4 TVG*). Nach anderer Ansicht soll der Gleichbehandlungsgrundsatz Anwendung finden mit der Folge, daß auch den nicht tarifgebundenen Arbeitnehmern zumindest das tarifliche Arbeitsentgelt zu zahlen ist. Hier wird man die Entwicklung abwarten müssen.
Richtigerweise ist diese Frage zu verneinen, da andernfalls das vom Gesetzgeber gewollte Instrument der Allgemeinverbindlichkeitserklärung überflüssig wäre. Daher ist es zulässig, wenn die Vergütung nicht tarifgebundener Arbeitnehmer unterhalb des tariflichen Arbeitsentgelts bleibt.

3. Fehlende Tarifbindung der Arbeitsvertragsparteien

2405

Sind beide Arbeitsvertragsparteien nicht tarifgebunden, so gilt für die Bemessung der Vergütung das gleiche wie bei der einseitigen Tarifbindung (vgl. oben Rz. 2404). Abzustellen ist auf den Arbeitsvertrag, soweit ein in Frage kommender Tarifvertrag nicht für allgemeinverbindlich erklärt oder ausdrücklich in den Arbeitsvertrag einbezogen wurde.

III. Höhe der Vergütung bei fehlender Vergütungsabrede

2406

Haben die Arbeitsvertragsparteien keine Vergütung vereinbart, so folgt hieraus noch nicht, daß der Arbeitnehmer die Arbeitsleistung unentgeltlich zu erbringen hat. Vielmehr gilt dann eine Vergütung als **stillschweigend vereinbart**, wenn die Arbeitsleistung den Umständen nach nur gegen eine Vergütung zu erwarten ist (§ 612 Abs. 1 BGB).
Im allgemeinen wird man eine Arbeitsleistung nur gegen Entgelt erwarten können. Nur ausnahmsweise kann eine Vergütungspflicht entfallen, wenn es sich um eine reine **Gefälligkeitsleistung** oder um ein Tätigwerden aufgrund familiärer Bindungen handelt.

Zulässig ist es allerdings, wenn während einer "**unbezahlten Kennenlernphase**" der Vergütungsanspruch des Arbeitnehmers ausdrücklich oder stillschweigend ausgeschlossen wird. Dennoch ist hier Vorsicht geboten. Ein solches **Einfühlungsverhältnis ohne Vergütungsanspruch** kann nur auf kurze Zeit eingegangen werden. Ferner darf der Arbeitnehmer während dieser Zeit keine Pflichten, insbesondere keine Arbeitspflicht übernehmen.

Bei Begründung eines Einfühlungsverhältnisses sollte ausdrücklich vereinbart werden, daß der Arbeitnehmer keine Pflichten übernimmt!
Wird der Arbeitnehmer dann dennoch entgegen dieser Vereinbarung in den normalen Produktionsprozeß eingebunden, muß anhand der Umstände des Ein-

zelfalles geprüft werden, ob ein Vergütungsanspruch entstanden ist. Überwiegend wird das dann zu bejahen sein.

2257
Die Höhe der Vergütung bei fehlender Vergütungsabrede richtet sich bei dem Bestehen einer **Taxe** (z.B. Steuerberatergebührenordnung, Honorarordnung für Leistungen der Architekten und Ingenieure) nach der darin vorgesehenen **taxmäßigen Vergütung**.

In allen anderen Fällen ist die **übliche Vergütung** als vereinbart anzusehen (s. hierzu § 612 Abs. 2 BGB). Unter der üblichen Vergütung versteht man die am gleichen Ort in ähnlichen Gewerben oder Berufen für die entsprechende Arbeit unter Berücksichtigung der persönlichen Verhältnisse des Arbeitnehmers (Alter, Familienstand, Kinder) gezahlte Vergütung. Dabei ist in erster Linie auf vergleichbare Arbeitnehmer in demselben Betrieb abzustellen.
Regelmäßig wird dann die tarifliche Vergütung die übliche sein. Zur Tarifunterschreitung vgl. oben Rz. 2404.

IV. Höhe der Vergütung bei nichtiger Vergütungsabrede

2407
Erweist sich der **gesamte Arbeitsvertrag als nichtig**, so erstreckt sich die Nichtigkeit auch auf die Vergütungsabrede.
Eine Vergütungspflicht des Arbeitgebers besteht dann nur, wenn das Arbeitsverhältnis bereits in Vollzug gesetzt worden ist, indem der Arbeitnehmer die Arbeit aufgenommen hat. In diesem Fall ist die vereinbarte Vergütung bis zu dem Zeitpunkt zu zahlen, an dem sich eine der Arbeitsvertragsparteien auf die Nichtigkeit beruft. Es handelt sich dann um ein sogenanntes **faktisches Arbeitsverhältnis**, das für die Vergangenheit grundsätzlich wie ein fehlerfreies Arbeitsverhältnis behandelt wird.
Dem Arbeitgeber stehen aber unter Umständen Schadensersatzansprüche gegen den Arbeitnehmer zu, wenn die Nichtigkeit auf einer Anfechtung wegen arglistiger Täuschung des Arbeitnehmers beruht.

Beispiel:
Der Arbeitnehmer hat im Einstellungsgespräch eine tatsächlich nicht vorhandene berufliche Qualifikation angegeben. Auf seine falschen Angaben hin wird er eingestellt und nimmt die Arbeit auch auf. Nachdem der Arbeitgeber einige Zeit später von den falschen Angaben erfährt, erklärt er die Anfechtung des Arbeitsvertrages wegen arglistiger Täuschung.
Aufgrund der Anfechtung ist der Arbeitsvertrag als von Anfang an nichtig anzusehen (§ 142 Abs. 1 BGB). Der Arbeitnehmer hat hier für die Zeit seiner Tätigkeit für den Arbeitgeber dennoch einen Vergütungsanspruch erworben. Ob dem Arbeitgeber ein Schadensersatzanspruch zusteht, richtet sich nach den Umständen des Einzelfalles. Ist ein Schadensersatzanspruch zu bejahen, kann der Arbeitgeber unter Beachtung der Pfän-

dungsfreigrenzen mit dem Vergütungsanspruch des Arbeitnehmers aufrechnen (Rz. 2313).

2408

Ist **nur die Vergütungsabrede nichtig,** der übrige Arbeitsvertrag hingegen wirksam - was durch Auslegung zu ermitteln ist - so richtet sich die geschuldete Vergütung entweder nach der üblichen Vergütung (§ 612 Abs. 2 BGB) oder die Arbeitsvertragsparteien treffen eine neue Vergütungsabrede.

V. Höhe der Vergütung bei einer Rahmenvereinbarung

2409

Denkbar ist auch, daß im Arbeitsvertrag nur ein bestimmter Vergütungsrahmen vereinbart worden ist. Ein solcher Vergütungsrahmen kommt insbesondere für Sonderformen der Vergütung in Betracht.

Beispiel:
Der Arbeitgeber sagt im Arbeitsvertrag eine jährliche Gewinnbeteiligung zu, wobei er sich vorbehält, diese von Jahr zu Jahr unter Berücksichtigung des Geschäftsergebnisses festzusetzen.
Bei diesen Fallgestaltungen hat der Arbeitgeber dann die Vergütung nach **billigem Ermessen** *zu bestimmen (§ 315 Abs. 1 BGB). Erforderlich ist also eine Abwägung der beteiligten Interessen im Einzelfall. Wird die Bestimmung verzögert oder entspricht sie nicht billigem Ermessen, so kann eine der Billigkeit entsprechende Festsetzung durch Urteil des Arbeitsgerichts getroffen werden (§ 315 Abs. 3 BGB).*

VI. Gleichbehandlungsgrundsatz in Vergütungsfragen

2410

Nach dem arbeitsrechtlichen Gleichbehandlungsgrundsatz ist die sachfremde Schlechterstellung einzelner Arbeitnehmer gegenüber vergleichbaren Arbeitnehmern untersagt. Bei einem Verstoß gegen den Gleichbehandlungsgrundsatz hat der Arbeitnehmer Anspruch auf eine dem Gleichbehandlungsgrundsatz entsprechende, also erhöhte Vergütung.

Beabsichtigt der Arbeitgeber unter Verstoß gegen den Gleichbehandlungsgrundsatz einzelnen Arbeitnehmern oder einer bestimmten Gruppe eine freiwillige Zusatzleistung zu gewähren, so kann er vom Betriebsrat nicht gezwungen werden, die Zusatzleistung nunmehr allen Arbeitnehmern zu gewähren. Das **Mitbestimmungsrecht** des Betriebsrates in Fragen der **betrieblichen Lohngestaltung** nach § 87 Abs. 1 Nr. 10 BetrVG ist darauf beschränkt, die Einführung der freiwilligen Zusatzleistung abzulehnen.

Arbeitsrecht

Stimmt der Betriebsrat unter Mißachtung des Gleichbehandlungsgrundsatzes derartigen freiwilligen Zusatzleistungen des Arbeitgebers zu, so hindert dies nicht das Entstehen des Anspruches der ohne sachlichen Grund schlechtergestellten Arbeitnehmer auf die Zusatzleistung. Daher ist immer, auch bei einer im Einvernehmen mit dem Betriebsrat erfolgenden Veränderung der Lohngestaltung, **vorab genau zu prüfen**, ob der Gleichbehandlungsgrundsatz gewahrt ist.

1. Vereinbarung der Vergütung

2411

In Bezug auf die Vereinbarung der Vergütung unterliegt der Arbeitgeber nicht dem Gleichbehandlungsgrundsatz. Hier gilt vorrangig das Prinzip der **Vertragsfreiheit**. Die Arbeitsvertragsparteien können die jeweilige Vergütung frei aushandeln, ohne dabei an diejenigen Vergütungsregelungen gebunden zu sein, die der Arbeitgeber mit anderen Arbeitnehmern getroffen hat.

Beispiel:
Der Arbeitgeber entlohnt seine Facharbeiter mit je 20 DM in der Stunde. Nachdem ein Facharbeiter gekündigt hat, sucht der Arbeitgeber dringend Ersatz. Ein interessierter Facharbeiter ist aber nur bereit, für 25 DM pro Stunde bei dem Arbeitgeber tätig zu werden.
Hier ist der Arbeitgeber nicht gehindert, im Arbeitsvertrag einen Stundenlohn von 25 DM zu vereinbaren. Insbesondere haben auch seine anderen Facharbeiter keinen Anspruch auf Erhöhung ihres Stundenlohns auf gleichfalls 25 DM.
Einschränkungen des Prinzips der Vertragsfreiheit kommen vor allem dann in Betracht, wenn es um die Einstellung weiblicher Arbeitnehmer geht.

2. Vergütung der weiblichen Arbeitnehmer

2412

Bei der Vergütung weiblicher Arbeitnehmer ist der **Grundsatz der Lohngleichheit** zwischen Männern und Frauen zwingend zu beachten.
Dies folgt unmittelbar aus Art. 3 GG. Darüber hinaus wird dieser Grundsatz durch die §§ 611 a, 612 Abs. 3 BGB sowie Art. 119 EWG-Vertrag präzisiert. Danach ist es unzulässig, wenn wegen des Geschlechts bei **gleicher** oder **gleichwertiger** Arbeit eine geringere Vergütung vereinbart wird. Eine gleiche Arbeit liegt immer dann vor, wenn auf verschiedenen Arbeitsplätzen identische oder gleichartige Arbeitsvorgänge verrichtet werden.

Beispiel: *Fließbandarbeit*

Abgrenzungsschwierigkeiten ergeben sich häufig, wenn sich die Arbeit aus verschiedenen Einzelfunktionen zusammensetzt. In diesen Fällen ist nach der Verkehrsanschauung zu beurteilen, ob noch eine gleiche Arbeit geleistet wird.

Vergütungspflicht des Arbeitgebers

Hinsichtlich der Bestimmung der Arbeitswertigkeit sind besondere Verfahren entwickelt worden, auf die in diesem Rahmen nicht weiter eingegangen werden soll.

Nach der ausdrücklichen Regelung des Gesetzes ist die Vereinbarung einer geringeren Vergütung auch nicht dadurch gerechtfertigt, daß wegen des Geschlechts des Arbeitnehmers besondere Schutzvorschriften gelten.
Nur ausnahmsweise kann eine **Differenzierung beim Arbeitsentgelt** zulässig sein, wenn

- das Geschlecht unverzichtbare Voraussetzung für eine bestimmte Tätigkeit ist (§ 611 a Abs. 1 Satz 2 BGB) oder

- nicht auf das Geschlecht bezogene, sachliche Gründe bestehen.

Erfolgt unter diesen Voraussetzungen eine Lohndifferenzierung, muß der Arbeitgeber im Streitfall darlegen und beweisen können, daß nicht auf das Geschlecht bezogene, sachliche Gründe eine unterschiedliche Behandlung rechtfertigen oder das Geschlecht unverzichtbare Voraussetzung für die auszuübende Tätigkeit ist (§§ 611 a Abs. 1 Satz 3, 612 Abs. 3 Satz 3 BGB, Rz. 2976 ff.).

Rechtlichen Bedenken unterliegt insbesondere die Bildung sogenannter **Leichtlohngruppen**, in die vorwiegend weibliche Arbeitnehmer eingruppiert werden, da es sich dabei häufig um eine Umgehung des Differenzierungsverbotes handelt. So liegt ein Verstoß gegen § 612 Abs. 3 BGB bereits dann vor, wenn männliche und weibliche Arbeitnehmer mit der gleichen Arbeit beschäftigt werden und der Arbeitgeber **fast die Hälfte der Männer, dagegen nur 1/10 der Frauen über Tarif entlohnt**, wenn die höhere Entlohnung der männlichen Arbeitnehmer nicht durch Gründe gerechtfertigt ist, die nicht auf das Geschlecht bezogen sind *(BAG 23.09.1992, EzA § 612 BGB Nr. 16)*.
Allerdings ist es nicht schlechthin unzulässig, wenn ein Lohngruppensystem auf den Grad der muskelmäßigen Anspannung abstellt *(EuGH 01.07.1986, NJW 1987, 1138)*.
Bei der Eingruppierung ist jedoch darauf zu achten, daß zur Beurteilung einer "geringeren körperlichen Belastung" bzw. einer "körperlich leichten Arbeit" auch solche Umstände heranzuziehen sind, die auf den Arbeitnehmer belastend einwirken und körperliche Reaktionen hervorrufen.

Beispiel:
Lärm, ausschließlich stehende Arbeitshaltung, taktgebundene Arbeit, nervliche Belastung etc.

3. Erhöhung der Vergütung

a) Individuelle Erhöhung

2413

Es ist ohne weiteres zulässig, wenn der Arbeitgeber die Vergütung einzelner Arbeitnehmer erhöht, um deren besondere Leistungen zu belohnen oder deren Leistungsbereitschaft für die Zukunft besonders zu fördern. Der Arbeitgeber verletzt in derartigen Fällen den Gleichbehandlungsgrundsatz nicht, da ein **sachlicher Grund** für die Differenzierung vorliegt.

Problematisch ist es jedoch, wenn ein Arbeitgeber anläßlich eines Arbeitskampfes eine **Streikbruchprämie** an diejenigen Arbeitnehmer zahlt, die sich nicht an dem Streik beteiligt haben. Soweit diese Zahlung erst nach Beendigung des Streiks erfolgt und allein daran anknüpft, ob der Arbeitnehmer an dem Streik teilgenommen hat oder nicht (sog. echte Streikbruchprämie), liegt ein Verstoß gegen den **Gleichbehandlungsgrundsatz** und das **gesetzliche Maßregelungsverbot** (§ 612 a BGB) vor mit der Folge, daß auch die an dem Arbeitskampf beteiligten Arbeitnehmer einen Anspruch auf diese einmalige Leistung des Arbeitgebers haben. Anderes kann gelten, wenn die nichtstreikenden Arbeitnehmer unter streikbedingt erschwerten Bedingungen gearbeitet haben und die Einmalleistung zum Ausgleich dieser Erschwernisse erfolgt. Ein hinreichender sachlicher Grund für die Differenzierung nach der Streikbeteiligung liegt in diesen Fällen aber auch nur dann vor, wenn die während des Streiks arbeitenden Arbeitnehmer Belastungen ausgesetzt sind, **die erheblich über das normale Maß hinausgehen, das mit jeder Streikarbeit verbunden ist.** Dies ist jedenfalls dann der Fall, wenn von dem Arbeitnehmer, dem die Prämie gezahlt werden soll, während des Streiks Tätigkeiten übernommen werden, die nach dem Arbeitsvertrag nicht geschuldet sind (*BAG 28.07.1992, BB 1993, 362*).

2414

Noch nicht abschließend entschieden ist, ob die Zahlung einer sog. echten Streikbruchprämie zulässig ist, wenn diese bereits **vor oder während des Arbeitskampfes zugesagt und gewährt wird**, um streikbereite Arbeitnehmer zur Arbeitsaufnahme zu veranlassen. Das Bundesarbeitsgericht tendiert dazu, diese Fällen als zulässiges Kampfmittel des Arbeitgebers anzusehen (*BAG 13.07.1993, DB 1994, 148*). Ein Anspruch der streikbeteiligten Arbeitnehmer auf diese Prämie bestünde dann nicht. Haben die Tarifvertragsparteien jedoch zur Wiederherstellung des Arbeitsfriedens vereinbart, daß jede Maßregelung der am Streik beteiligten Arbeitnehmer untersagt ist (**sog. tarifliches Maßregelungsverbot**), so ist die Zahlung einer echten Streikbruchprämie in jedem Fall unzulässig mit der Folge, daß auch die streikbeteiligten Arbeitnehmer Anspruch auf diese Prämie haben (*BAG a.a.O.*). Offen ist, ob dies auch dann gilt, wenn der Arbeitgeber nicht allen, sondern nur einem Teil der weiterarbeitenden Arbeitnehmer eine solche Prämie gewährt (*vgl. LAG Schleswig - Holstein 10.01.1994, BB 1994, 1218, nicht rechtskräftig*).

Vergütungspflicht des Arbeitgebers

b) Allgemeine Erhöhung

2415

Hingegen liegt ein Verstoß gegen den Gleichbehandlungsgrundsatz vor, wenn der Arbeitgeber allgemein im Betrieb die Löhne und Gehälter erhöht, einzelne Arbeitnehmer aber **ohne sachlichen Grund** von dieser Erhöhung ausgenommen bleiben. Dies gilt insbesondere für die Fälle, in denen die Erhöhung zum Zwecke des **Kaufkraftausgleichs** erfolgt. Dabei spricht eine tatsächliche Vermutung bereits dann für eine Erhöhung zum Zwecke des Kaufkraftausgleichs, wenn der Arbeitgeber zwar individuell verschieden und zu unterschiedlichen Zeitpunkten, jedoch in ungefährem Jahresrhythmus die Vergütung der ganz überwiegenden Mehrzahl seiner Arbeitnehmer erhöht. Der in der Erhöhung jeweils enthaltene Grundbetrag zum Zwecke des Kaufkraftausgleichs ist notfalls durch Schätzung zu ermitteln (*BAG 11.09.1985 EzA § 242 BGB Gleichbehandlung Nr. 43*).

Darüber hinaus ist es als unzulässig zu erachten, wenn arbeitsunfähig erkrankte Arbeitnehmer oder ausgeschiedene bzw. gekündigte Arbeitnehmer von **rückwirkenden Erhöhungen** der Vergütung ausgeschlossen werden. Weder eine Erkrankung noch eine zwischenzeitlich eingetretene bzw. bevorstehende Beendigung der Betriebszugehörigkeit stellen einen sachlichen Grund zur Differenzierung dar.

c) Anrechnung von übertariflicher Vergütung auf tarifliche Erhöhungen

2416

Ein Verstoß gegen den Gleichbehandlungsgrundsatz liegt auch dann vor, wenn der Arbeitgeber berechtigterweise (vgl. Rz. 2421 ff.) übertariflich gewährte Vergütungsbestandteile nur bei einigen Arbeitnehmern auf eine Tariflohnerhöhung anrechnet, bei anderen Arbeitnehmern hingegen auf eine Anrechnung verzichtet. Dabei spielt es keine Rolle, ob die übertarifliche Vergütung freiwillig und unter Vorbehalt der jederzeitigen Rücknahme gezahlt wird.

Nur bei **Vorliegen eines sachlichen Grundes** darf eine Ungleichbehandlung der Arbeitnehmer erfolgen. Soweit eine Nichtanrechnung mit der besonderen Leistungsfähigkeit der einzelnen Arbeitnehmer begründet werden kann, ist eine Ungleichbehandlung im allgemeinen zulässig.

4. Gewährung von Jahressonderzahlungen

2417

Auch die Gewährung von Jahressonderzahlungen (Gratifikationen, 13. Monatsgehalt, vgl. Rz. 2457) unterliegt dem arbeitsrechtlichen Gleichbehandlungsgrundsatz. Diesem widerspricht es aber, wenn eine **stichtagsbezogene Regelung** (z.B. 30.09.) solche langjährig beschäftigten Arbeitnehmer von der Zahlung einer Weihnachtsgratifikation ausnimmt, die zur Einhaltung einer langen Kündigungsfrist vor diesem Stichtag kündigen müssen (*LAG Hamburg 20.12.1991, DB 1992, 844*).

 Macht dagegen eine tarifvertagliche Regelung den Anspruch auf eine Jahressonderzuwendung davon abhängig, daß das Arbeitsverhältnis am Stichtag "ungekündigt" ist, steht eine **Befristung des Arbeitsverhältnisses** einer **Kündigung** nicht gleich (*BAG 14.12.1993, EzA § 611 BGB Gratifikation, Prämie Nr. 107*).
Der befristet beschäftigte Arbeitnehmer, dessen Arbeitsverhältnis am Stichtag noch besteht, hat also auch dann einen Anspruch auf die Jahressonderzuwendung, wenn ein unbefristet beschäftigter, aber bereits gekündigter Arbeitnehmer von dieser wirksam ausgeschlossen ist (z.B. Stichtag 01.12., *BAG a.a.O.*) Ein Verstoß gegen den Gleichheitsgrundsatz liegt hierin nicht. Andersherum ist es aber auch zulässig, wenn Arbeitnehmer, die mit einem befristeten Arbeitsvertrag beschäftigt sind, der vor dem maßgebenden Stichtag endet, von der Jahressonderzahlung ausgeschlossen sind, gekündigte und bereits vor dem Stichtag ausgeschiedene Arbeitnehmer dagegen nicht (*BAG 06.10.1993, DB 1994, 539*).

Ein Verstoß gegen den **Gleichbehandlungsgrundsatz** liegt ebenfalls nicht vor, wenn ein Arbeitgeber den **Angestellten** eine höhere Weihnachtsgratifikation als den **gewerblichen Arbeitnehmern** gewährt, wenn er damit den Zweck verfolgt, eine Benachteiligung der Angestellten bei der Zahlung übertariflicher Zulagen auszugleichen (*BAG 30.03.1994, EzA § 611 BGB Gratifikation, Prämie Nr. 110*).

5. Vergütung der Teilzeitbeschäftigten

2418
Teilzeitbeschäftigten ist grundsätzlich eine verhältnismäßig gleiche Vergütung zu zahlen wie vollzeitbeschäftigten Arbeitnehmern, soweit nicht sachliche Gründe eine unterschiedliche Vergütung rechtfertigen (§ 2 BeschFG, vgl. Rz. 2979 ff.).

Ein solcher Grund kann vorliegen, wenn etwa besondere Belastungen erst ab einer bestimmten Beschäftigungsdauer **(Schwellenwert)** auftreten und der teilzeitbeschäftigte Arbeitnehmer diese Beschäftigungsdauer nicht erreicht. In diesen Fällen hat der Teilzeitbeschäftigte keinen Anspruch auf eine anteilige Leistung der zum Ausgleich für die besondere Belastung den vollzeitbeschäftigten Arbeitnehmern gewährten Vergütung.
Auch der Ausschluß von Teilzeitbeschäftigten bei der **Gewährung von zusätzlichen Leistungen des Arbeitgebers** wie etwa langfristigen Baudarlehen oder Arbeitgeberdarlehen kann gegen das Verbot der unterschiedlichen Behandlung von Teilzeitkräften gegenüber Vollzeitkräften verstoßen. Ein hinreichender sachlicher Grund für eine Ungleichbehandlung dürfte nicht bereits schon dann vorliegen, wenn etwa eine Darlehensgewährung eine Bindung - des vollzeitbeschäftigten - Arbeitnehmers an den Betrieb bezwecken soll. Besteht kein sachlicher Differenzierungsgrund, so ist dem Teilzeitbeschäftigten die Leistung der Höhe

Vergütungspflicht des Arbeitgebers

nach anteilig im Verhältnis der wöchentlichen Arbeitszeit zu der wöchentlichen Arbeitszeit einer Vollzeitkraft zu gewähren.

Zum Anspruch des Teilzeitbeschäftigten auf anteilige Verkürzung seiner Arbeitszeit vgl. Rz. 2077 b. **Überstunden**, die teilzeitbeschäftigte Arbeitnehmer über die mit ihnen arbeitsvertraglich vereinbarte Wochenarbeitszeit hinaus erbringen, sind jedoch nur dann mit Überstundenzuschlägen zu vergüten, wenn durch sie die regelmäßige Wochenarbeitszeit des entsprechenden vollbeschäftigten Arbeitnehmers überschritten wird.

Grundsätzlich ist bei der Gewährung von zusätzlichen Vergütungsbestandteilen oder sonstigen Arbeitgeberleistungen an Vollzeitbeschäftigte Vorsicht geboten, soweit nicht von vornherein die Bereitschaft besteht, dieselben Leistungen auch anteilig den Teilzeitbeschäftigten zu gewähren.

VII. Änderung der Vergütung

1. Einzelvertragliche Änderung

2419

Die Arbeitsvertragsparteien können die im Arbeitsvertrag oder in einer gesonderten Abrede vereinbarte Vergütungshöhe jederzeit durch eine neue Vereinbarung beliebig ändern. Einschränkungen bestehen jedoch dann, wenn **beide Arbeitsvertragsparteien tarifgebunden sind**. In diesem Fall darf durch die Änderung die tarifliche Vergütung nicht unterschritten werden (§ 4 Abs. 3 TVG, vgl. oben Rz. 2401).

Zu beachten ist, daß eine entsprechende **Vertragsänderung auch stillschweigend** geschehen kann. Zahlt der Arbeitgeber z.B. wiederholt eine höhere Vergütung, so kann diese Vergütung Vertragsbestandteil werden, ohne daß es einer ausdrücklichen Vertragsänderung bedarf (vgl. auch Rz. 2457).
Etwaige Überzahlungen der vertraglich vereinbarten Vergütung sollten daher stets unter Vorbehalt und dem ausdrücklichen Hinweis erfolgen, daß hierdurch die bestehenden Vereinbarungen über die Vergütung nicht berührt werden.

Hat der Arbeitgeber aber einseitig eine geringere als die geschuldete Vergütung gezahlt, so wird selbst dann kein Einverständnis des Arbeitnehmers anzunehmen sein, wenn dieser die Kürzung über längere Zeit hingenommen hat. Eine stillschweigende Verkürzung der Vergütung scheidet praktisch aus. Erforderlich ist immer eine ausdrückliche Vereinbarung.

Arbeitsrecht

2. Tarifvertragliche Änderung

2420

Soweit beide Arbeitsvertragsparteien tarifgebunden sind oder die Anwendbarkeit eines Tarifvertrages vereinbart haben, ändert sich die Höhe der geschuldeten Mindestvergütung unmittelbar mit einer entsprechenden Änderung des Tarifvertrages (Rz. 2401). Einer besonderen Abrede der Arbeitsvertragsparteien bedarf es hierfür jeweils nicht. Der Zeitpunkt der Änderung richtet sich nach dem Inkrafttreten des Tarifvertrages.

3. Anrechnung von übertariflicher Vergütung auf tarifliche Erhöhung

2421

Zahlt der Arbeitgeber eine übertarifliche Vergütung, so stellt sich bei tariflichen Lohnerhöhungen die Frage, ob der Arbeitgeber die Erhöhung in vollem Umfang an den Arbeitnehmer weitergeben muß oder ob er die bereits gezahlte übertarifliche Vergütung auf die tarifliche Erhöhung anrechnen kann. Die Antwort ergibt sich in erster Linie aus dem Inhalt der zwischen den Arbeitsvertragsparteien getroffenen Vereinbarungen.

Soweit ein Betriebsrat besteht, sind dessen Rechte zu wahren (vgl. Rz. 2428). Immer zu beachten ist der Gleichbehandlungsgrundsatz (vgl. oben Rz. 2416).

a) Anrechnungsvorbehalt

2422

Die Anrechnung ist zulässig, wenn die Arbeitsvertragsparteien dies im Arbeitsvertrag oder einer sonstigen vertraglichen Abrede vereinbart haben (sogenannter Anrechnungsvorbehalt). Dabei kann sich der Anrechnungsvorbehalt sowohl auf übertarifliche Vergütungsbestandteile als auch auf echte Leistungs- bzw. Sonderzulagen beziehen.

Eine Anrechnungsmöglichkeit kann **im Tarifvertrag selbst** vorgesehen sein. Von der Anrechnung kann der Arbeitgeber aber nur dann Gebrauch machen, wenn dies nach den die betriebliche Leistung begründenden Vereinbarungen zulässig ist, wenn also die betriebliche Leistung nicht "tariffest" ausgestaltet worden ist (*BAG 18.05.1994, EzA § 611 BGB Gratifikation, Prämie Nr. 112*).

b) Widerrufsvorbehalt

2423

Ist ein Widerrufsvorbehalt wirksam vereinbart (Rz. 2432), kann die Anrechnung auch in Form des Widerrufs der gewährten übertariflichen Zulage bis zur Höhe der Tariflohnerhöhung erfolgen.

Vergütungspflicht des Arbeitgebers

c) Aufstockungsvereinbarung

2424

Im selben Maße wie die Arbeitsvertragsparteien einen Anrechnungsvorbehalt vereinbaren können, steht es ihnen auch frei, eine sogenannte Aufstockungsvereinbarung zu treffen. Nach dem Inhalt dieser Vereinbarung ist der Arbeitgeber dann verpflichtet, die Tariflohnerhöhung zusätzlich zur bislang gezahlten Vergütung zu gewähren. Eine Anrechnung scheidet dann aus.

d) Zulässigkeit der Anrechnung bei fehlender vertraglicher Regelung

2425

Haben die Arbeitsvertragsparteien keine Vereinbarung über die Anrechnung übertarifvertraglicher Vergütungsbestandteile auf tarifvertragliche Lohnerhöhungen getroffen, so ist eine Anrechnung in der Regel zulässig, wenn es sich bei dem übertariflichen Vergütungsbestandteil um eine **allgemeine Zulage** handelt, die nicht in Verbindung mit besonderen Leistungen oder Erschwernissen gewährt wird.

Dies gilt selbst dann, wenn die übertarifliche Zulage über Jahre hinweg gewährt und eine Tariflohnerhöhung bislang jeweils in vollem Umfang an die Arbeitnehmer weitergegeben wurde. Dennoch sollte bei einer wiederholten Weitergabe von Tariflohnerhöhungen beachtet werden, daß diese Handhabung unter Umständen auch zur Annahme einer **stillschweigend vereinbarten Aufstockungsabrede** führen kann (vgl. oben Rz. 2419 sowie Rz. 2457). Um diese Risiken zu vermeiden, sollten auch übertarifliche Zulagen nur unter ausdrücklichem Vorbehalt gewährt werden.

e) Unzulässigkeit der Anrechnung bei fehlender vertraglicher Regelung

2426

Bei fehlender einzelvertraglicher Vereinbarung über die Anrechenbarkeit übertariflicher Vergütungsbestandteile wird die Auslegung des Arbeitsvertrages regelmäßig ergeben, daß sogenannte **echte Leistungszulagen oder Sonderzulagen** für Erschwernisse nicht auf eine tarifliche Erhöhung angerechnet werden dürfen.
Die bislang gezahlte Zulage ist dann in vollem Umfang auf den neuen Tariflohn aufzustocken.

Allerdings gibt es eine **Ausnahme:**
Wird eine tarifliche Zulage für den gleichen Zweck gewährt wie die schon gezahlte übertarifliche Leistungszulage, so kann der Arbeitgeber die bislang gezahlte Leistungs- bzw. Sonderzulage anrechnen.

Arbeitsrecht

Beispiel:
Der Arbeitnehmer erhält aufgrund seines Arbeitsvertrages eine übertarifliche Schmutzzulage von 30 DM im Monat. Nunmehr sieht ein anwendbarer Tarifvertrag eine Schmutzzulage von 50 DM vor.
In diesem Fall hat der Arbeitgeber die Zulage um 20 DM zu erhöhen.

Die Zulage zur Abgeltung der mit dem Vierschichtbetrieb verbundenen besonderen Belastungen ist tarifbeständig, wenn kein Anrechnungsvorbehalt ausdrücklich vereinbart worden ist *(BAG 23.03.1993, DB 1993, 1980)*. Diese Entscheidung wird auf jede **Schichtzulage** zu übertragen sein. Von daher ist dringend die Vereinbarung eines Anrechnungsvorbehaltes zu empfehlen.

f) Effektivklausel im Tarifvertrag

2427
Häufig sind in Tarifverträgen sogenannte Effektivklauseln enthalten, die verhindern sollen, daß der Arbeitgeber übertarifliche Vergütungsbestandteile auf die Tariferhöhung anrechnen kann. Derartige Klauseln lauten z.B.:
"Die Tariflohnerhöhung ist effektiv zu gewähren."
"Die Tariflohnerhöhung ist in jedem Fall zusätzlich zum tatsächlich gezahlten Lohn zu gewähren."

Diese Effektivklauseln sind im allgemeinen **unwirksam**, da sie nicht zur Festsetzung eines einheitlichen Mindestentgelts, sondern zu einer individuellen Lohnfestsetzung führen, die in Tarifverträgen unzulässig ist *(zuletzt BAG 21.07.1993, DB 1994, 1294)*.

Daher sind derartige Klauseln für den Arbeitgeber unbeachtlich. Die Anrechnung von übertariflicher Vergütung auf Tariflohnerhöhungen wird durch solche tarifvertraglichen Regelungen nicht eingeschränkt.

g) Beteiligung des Betriebsrates

2428
Nach § 87 Abs. 1 Nr. 10 BetrVG hat der Betriebsrat ein **Mitbestimmungsrecht bei Fragen der betrieblichen Lohngestaltung**. Wird das Mitbestimmungsrecht des Betriebsrats verletzt, ist eine Anrechnung übertariflich gewährter Vergütung regelmäßig unwirksam.
Mitbestimmungsfrei ist die Anrechnung, wenn dadurch das Zulagenvolumen völlig aufgebraucht wird oder die Tariflohnerhöhung vollständig und gleichmäßig auf die über-/außertarifliche Zulage angerechnet wird. Dagegen besteht ein Mitbestimmungsrecht des Betriebsrats, wenn sich durch die Anrechnung die Verteilungsgrundsätze ändern und darüberhinaus für eine anderweitige Anrechnung bzw. Kürzung ein Regelungsspielraum verbleibt *(BAG Großer Senat*

03.12.1991, BB 1992, 1418). Das ist immer dann der Fall, wenn entweder nur einzelne Arbeitnehmer von der Anrechnung betroffen sind oder eine Anrechnung in unterschiedlicher Weise erfolgt.

Beispiel:
Der Arbeitgeber nimmt einige Arbeitnehmer von der Anrechnung aus, bei einigen Arbeitnehmern wird die übertarifliche Vergütung voll auf die Tariflohnerhöhung angerechnet, bei anderen Arbeitnehmern erfolgt nur eine teilweise Anrechnung.

Zu beachten ist, daß auch eine prozentual gleichmäßige Anrechnung sämtlicher Zulagen zu einer Änderung der Verteilungsgrundsätze führen kann. Eine solche Änderung liegt nur dann nicht vor, wenn der Arbeitgeber einen bestimmten Prozentsatz der Tariflohnerhöhung auf jede Zulage anrechnet und die Zulagen in einem einheitlichen und gleichen Verhältnis zum jeweiligen Tariflohn stehen und die Tariflöhne um den gleichen Prozentsatz erhöht werden.

Beispiel:
Der Arbeitgeber zahlt allen Arbeitnehmern eine 10 %ige übertarifliche Zulage. Bei einer Tariflohnerhöhung um 6 % will der Arbeitgeber 4 % auf die übertarifliche Zulage anrechnen. Vor der Tariflohnerhöhung erhielten die Arbeitnehmer A: 2000 DM + Zulage 200 DM; B: 3000 DM + 300 DM; C: 5000 DM + 500 DM.
Die beabsichtigte Anrechung kann mitbestimmungsfrei erfolgen. Nach einer Anrechnung erhalten A 120 DM, B 180 DM und C 300 DM als Zulage. Das Verhältnis der Zulagen untereinander (2:3:5) und damit der Verteilungsgrundsatz bleiben durch die Anrechnung unverändert. In allen anderen Fällen der Anrechnung der Tariflohnerhöhung auf die Zulagen mit einem bestimmten Prozentsatz handelt es sich dagegen um eine Änderung der Verteilungsgrundsätze (vgl. BAG Großer Senat, a.a.O.).

2429

In Abgrenzung zur mitbestimmungsfreien Einzelfallregelung hat das Bundesarbeitsgericht nunmehr ausdrücklich entschieden, daß eine Änderung der Verteilungsgrundsätze vorliegt, wenn

- der Arbeitgeber eine Tarifloherhöhung auf die einer Vielzahl von Arbeitnehmern gewährte übertarifliche Zulage in Einzelfällen wegen schlechter Arbeitsleistung anrechnet,
- der Arbeitgeber die Anrechnung auf - nicht näher dargelegte - "verhaltensbedingte Gründe" stützt,
- der Arbeitgeber die Anrechnung mit der absehbaren Beendigung des Arbeitsverhältnisses bzw. mit der geringeren Betriebszugehörigkeit begründet,
- der Arbeitgeber in Einzelfällen die Anrechnung damit begründet, es habe bereits kurz zuvor eine Anhebung der Vergütung der betroffenen Arbeitnehmer stattgefunden *(BAG 27.10.1992, DB 1993, 1143).*

2430
Ein **mitbestimmungspflichtiger** kollektiver Tatbestand liegt regelmäßig auch dann vor, wenn die Tariflohnerhöhung gegenüber einem Teil der Arbeitnehmer angerechnet wird, weil sie nach Auffassung des Arbeitgebers zu viele Tage infolge Krankheit gefehlt haben. Eine Anrechnung ist jedoch **mitbestimmungsfrei**, wenn sie auf Wunsch eines Arbeitnehmers zur Vermeidung steuerlicher Nachteile vorgenommen wird.

Tarifliche Regelungen stehen dem Mitbestimmungsrecht des Betriebsrates im allgemeinen nicht entgegen. Dies gilt jedenfalls dann, wenn das Mindestentgelt im Tarifvertrag geregelt ist und der Arbeitgeber darüber hinaus eine betriebliche über-/außertarifliche Zulage gewährt.

4. Einseitige Änderung durch den Arbeitgeber

2431
Der Arbeitgeber ist grundsätzlich nicht berechtigt, die Vergütung des Arbeitnehmers einseitig zu ändern. Dies gilt sowohl für einseitige Änderungen der Vergütungsform (vgl. Rz. 2436 ff.), selbst wenn das zu einer möglichen Erhöhung des Arbeitsentgelts führt, als auch für Kürzungen der Vergütung.

a) Widerrufsvorbehalt

2432
Die Kürzung der Vergütung kann aber zulässig sein, wenn die Arbeitsvertragsparteien einen sogenannten Widerrufsvorbehalt vereinbart haben, wonach der Arbeitgeber zu einer einseitigen Kürzung der Vergütung berechtigt ist. Allerdings sind für die Vereinbarung eines solchen Widerrufsvorbehalts enge Grenzen gesetzt (Rz. 2470).

Ein Widerrufsvorbehalt ist nichtig, wenn er zur **Umgehung des zwingenden Kündigungsschutzes** führt (§ 134 BGB). Dies wird regelmäßig anzunehmen sein, wenn wesentliche Elemente des Arbeitsvertrages einer einseitigen Änderung unterliegen sollen, wodurch das Gleichgewicht zwischen Leistung und Gegenleistung grundlegend gestört würde.

Daher ist bei Vereinbarung eines Widerrufsvorbehalts Vorsicht geboten! Wesentliche Vergütungsbestandteile dürfen vom Widerrufsvorbehalt nicht erfaßt werden.
Darüber hinaus ist zu beachten, daß der Widerruf grundsätzlich nur in den **Grenzen billigen Ermessens** ausgeübt werden darf (§ 315 Abs. 1 BGB). Dies gilt selbst dann, wenn sich der Arbeitgeber den Widerruf ausdrücklich nach freiem Ermessen vorbehalten hat *(BAG 13.05.1987, EzA § 315 BGB Nr. 34)*.

Vergütungspflicht des Arbeitgebers

b) Änderungskündigung

2433

Scheidet ein Widerruf aus und gelangen die Arbeitsvertragsparteien zu keiner Einigung über eine Kürzung der Vergütung, so bleibt dem Arbeitgeber nur noch die Möglichkeit der Änderungskündigung (vgl. Rz. 4531 ff.).

Muster:

"Aufgrund wirtschaftlicher Schwierigkeiten sehe ich mich leider nicht mehr in der Lage, Sie zu den vereinbarten Bedingungen weiter zu beschäftigen. Ich bin daher gezwungen, hiermit den Arbeitsvertrag fristgerecht zum ..... zu kündigen. Gleichzeitig biete ich Ihnen die Fortsetzung des Arbeitsvertrages auf dem Ihnen bekannten Arbeitsplatz zu einem Stundenlohn von ..... DM statt wie bisher zu ..... DM zu ansonsten unveränderten Bedingungen an. Dieses Angebot halte ich bis 3 Wochen nach Zugang dieses Schreibens aufrecht. Die Rechte des Betriebsrats sind gewahrt."

Grundsätzlich unzulässig ist eine sogenannte Teilkündigung, mit der der Arbeitgeber sich nicht von dem gesamten Arbeitsvertrag sondern lediglich von der Vergütungsabrede lösen will.

c) Kürzung von Jahressonderzahlungen

2434

Ob der Arbeitgeber berechtigt ist, zugesagte Jahressonderzahlungen aufgrund fehlender Arbeitsleistung zu kürzen, hängt von der vertraglichen Regelung und wesentlich von dem Zweck ab, der mit dieser Zahlung verfolgt wird. Dieser Zweck (**reiner Entgeltcharakter, Belohnung von zurückliegender/zukünftiger Betriebstreue, Mischcharakter**) ist ggfs. durch Auslegung zu ermitteln.

Ferner kommt es auf den Grund der Fehlzeiten an (fehlendes Arbeitsverhältnis, Fehlzeiten mit/ohne Lohnfortzahlung im bestehenden Arbeitsverhältnis). Die Vielzahl der denkbaren Fallgestaltungen kann hier nicht in allen Einzelheiten dargestellt werden. Eine ausführliche Übersicht gibt *Gaul, Der Zweck von Sonderzahlungen, BB 1994, 494 ff., 565 ff.*, unter Hinweis auf die neuere Rechtsprechung des Bundesarbeitsgerichts.

Soweit einer vom Arbeitgeber gewährten Jahressonderzahlung der Zweck zugrunde liegt, neben der zusätzlichen Vergütung für die im Bezugsjahr geleistete Arbeit - zumindest auch - die in der Vergangenheit erbrachte oder die zukünftige Betriebstreue zu belohnen, ist der Arbeitgeber nicht berechtigt, ohne ausdrückliche Quotelungsregelung die Sonderzahlung wegen Fehlens jeglicher Arbeitsleistung im Bezugsjahr infolge Arbeitsunfähigkeit anteilig zu kürzen oder gar ganz auszuschließen (*LAG Hamm 20.11.1992, BB 1993, 1518*). Die anteilige

Kürzung oder gar ein Ausschluß einer solchen Sonderzahlung kann allenfalls in Betracht kommen, wenn sie ausschließlich eine zusätzliche Vergütung für die in der Vergangenheit geleisteten Dienste bezweckt.

Von daher sollte bei der Gewährung von Jahressonderzahlungen deren Zweck ausschließlich auf eine zusätzliche Vergütung für die in der Vergangenheit geleisteten Dienste vertraglich beschränkt werden und gleichzeitig eine Quotelungsregelung für den Fall der unterbliebenen Arbeitsleistung infolge von Arbeitsunfähigkeit vereinbart werden.

VIII. Grundsatz der Bruttolohnvergütung

2435

Bei dem vereinbarten oder tariflichen Arbeitsentgelt handelt es sich grundsätzlich um den Bruttobetrag. Nur wenn die Arbeitsvertragsparteien es ausdrücklich (**wortwörtlich**) vereinbart haben, schuldet der Arbeitgeber den vereinbarten Betrag als Nettovergütung. Eine solche Vereinbarung liegt aber nicht vor, wenn Arbeitgeber und Arbeitnehmer einvernehmlich zur Hinterziehung der Lohnsteuer und der Sozialversicherungsbeiträge zusammenwirken.

Eine Nettolohnvereinbarung sollte allerdings gut überlegt werden. Die Vergütung des Arbeitnehmers bleibt konstant. Das Risiko einer Änderung der Steuerklasse oder der Freibeträge des Arbeitnehmers trägt der Arbeitgeber. Nettolohnvereinbarungen sind daher in der betrieblichen Praxis eher selten. Regelmäßig ist der Arbeitnehmer Gläubiger einer Bruttolohnforderung.

Erhebt er **Klage auf Zahlung des Arbeitsentgelts**, so ist der Klageantrag grundsätzlich auf den Bruttobetrag zu richten. Soweit bereits Teilbeträge auf die Bruttolohnvergütung vom Arbeitgeber erbracht wurden (Vorschüsse, Abschlagszahlungen), kann der Bruttobetrag abzüglich des gezahlten Teilbetrages eingeklagt werden.
Nicht abschließend geklärt ist die Frage, ob der Arbeitnehmer **Zinsen** vom Brutto- oder vom Nettobetrag der Vergütung verlangen kann. Richtigerweise wird regelmäßig der Nettobetrag zu verzinsen sein. Das gleiche gilt, wenn der Arbeitnehmer die Zinsforderung als Schadensersatz geltend macht.

Entsprechend des Klageantrags kann der Arbeitnehmer ggfs. die **Zwangsvollstreckung** betreiben. Hat der Arbeitgeber zwischenzeitlich die Steuer- und Sozialversicherungsabgaben für den Arbeitnehmer entrichtet, so kann auch ein auf den Bruttobetrag lautendes Urteil nur in Höhe des Nettobetrages weiter vollstreckt werden.

Vergütungspflicht des Arbeitgebers

IX. Allgemeine Vergütungsformen

1. Zeitvergütung

2436

Bei der Zeitvergütung wird die Arbeitsleistung des Arbeitnehmers nach Stunden, Tagen, Wochen oder Monaten vergütet. Dabei ist es unerheblich, ob der Arbeitnehmer gut oder schlecht arbeitet. Der Vergütungsanspruch des Arbeitnehmers entsteht **unabhängig von Quantität und Qualität** der geleisteten Arbeit. Der Arbeitgeber ist im Falle der Schlechtleistung (vgl. oben Rz. 2294 ff.) nicht berechtigt, die vereinbarte Vergütung zu mindern. Ihm bleibt lediglich die Möglichkeit, bei verschuldeter Schlechtleistung vom Arbeitnehmer Schadensersatz zu verlangen und mit diesem Anspruch gegenüber dem Vergütungsanspruch im Rahmen der Pfändungsfreigrenzen aufzurechnen (vgl. Rz. 2472 ff.).

2. Akkordvergütung

2437

Bei der Akkordvergütung hängt das Arbeitsentgelt von der **Menge der geleisteten Arbeit** ab. Dabei kann die Menge sowohl nach **Stückzahl** (Stück-Akkord), **Flächengröße** (Flächen-Akkord), **Längenmaßen** (Maß-Akkord), **Gewicht** (Gewicht-Akkord) oder nach einer größeren Aufgabe mit verschiedenen Arbeitsinhalten (Pauschal-Akkord) bemessen werden.
Beim **Geldakkord** wird einer bestimmten Menge ein Geldbetrag (Geldfaktor) gegenübergestellt. Die Vergütung errechnet sich dann durch Multiplikation von Arbeitsmenge mal Geldfaktor.

Beispiel:
Eine Näherin erhält für jedes genähte Kleid 5 DM (= Geldfaktor). Bei einer Stückzahl von 20 Kleidern beträgt ihr Akkordlohn 100 DM.

Beim **Zeitakkord** wird eine nach wissenschaftlichen Prinzipien ermittelte Vorgabezeit festgesetzt, in der ein normaler Arbeitnehmer die geforderte Arbeit verrichten kann. Für diese Zeiteinheit wird dann ein bestimmter Geldbetrag (Geldfaktor) festgelegt. Diese festgelegten Zeiteinheiten werden mit einem bestimmten Geldbetrag vergütet, wobei unbeachtlich ist, ob der Arbeitnehmer diese Zeiteinheit unterschreitet oder überschreitet. Die Vergütung errechnet sich dann durch Multiplikation von Arbeitsmenge mal Vorgabezeit mal Geldfaktor.

Beispiel:
Für die Fertigstellung eines Kleides wird eine Vorgabezeit von 15 Minuten mit einem Geldfaktor von 5 DM festgelegt. Die Näherin näht nun in einer Stunde 6 Kleider. Ihr Akkordlohn hierfür beträgt 30 DM. Bei Einhaltung der Vorgabezeit hätte sie nur 20 DM verdient.

Beide vorstehenden Akkordformen können sowohl als **Einzel-** als auch als **Gruppenakkord** durchgeführt werden. Beim Einzelakkord wird die von dem einzelnen Arbeitnehmer erarbeitete Menge vergütet.

Beim Gruppenakkord erfolgt die Vergütung nach dem Leistungsergebnis einer Arbeitsgruppe. Die Vergütung wird dann auf die einzelnen Mitglieder der Arbeitsgruppe aufgeteilt, wobei die Aufteilung entweder durch den Arbeitgeber anhand der einzelnen Arbeitszeiten oder durch die Gruppe selbst vorgenommen werden kann.

Auch bei der Akkordvergütung trägt der Arbeitgeber das Risiko der Arbeitsqualität. Zulässig ist es allerdings, wenn die Arbeitsvertragsparteien vereinbaren, daß nur mangelfreie Arbeit vergütet wird (vgl. aber auch oben Rz. 2296!).

Obgleich beim Akkord die Vergütung von der Menge der geleisteten Arbeit abhängt, ist der Arbeitnehmer verpflichtet, die Arbeitsleistung nach seiner persönlichen Leistungsfähigkeit zu erbringen (vgl. oben Rz. 2019).

Bei der Festsetzung der Akkordsätze ist das **Mitbestimmungsrecht** des Betriebsrats zu beachten (§ 87 Abs. 1 Nr. 11 BetrVG).

3. Prämienlohnvergütung

2438
Bei der Prämienlohnvergütung wird dem Arbeitnehmer ein fester Mindestlohn garantiert. Darüber hinaus erhält er eine **leistungsabhängige Prämie**, die etwa von der Menge abhängig sein kann, aber auch von Qualität, Prozentsatz des Ausschusses, Ersparnissen an Material, Anwesenheit, Pünktlichkeit etc..

Der Vorteil eines Prämienlohnsystems liegt gegenüber der Akkordvergütung insbesondere darin, daß auch andere Anknüpfungspunkte als die Arbeitsmenge gewählt werden können.

Auch bei der Festsetzung der Prämiensätze hat der Betriebsrat ein Mitbestimmungsrecht (§ 87 Abs. 1 Nr. 11 BetrVG).

X. Provision als Sonderform der Vergütung

1. Einführung

2439
Die Provision ist eine reine **erfolgsbezogene** Vergütung, die regelmäßig in Höhe eines bestimmten Prozentsatzes vom Wert des provisionspflichtigen Geschäftes gewährt wird.

Als provisionspflichtig gelten die Geschäfte, die durch Mitwirkung des Arbeitnehmers zustande gekommen sind. Dabei kann der Arbeitnehmer den Geschäftsabschluß selbst unmittelbar herbeigeführt haben (Abschluß-, Vermittlungsprovision); ausreichend kann es aber auch sein, wenn er den Kunden zuvor für gleichartige Geschäfte geworben hat (vgl. Rz. 2448).

Vergütungspflicht des Arbeitgebers

Hiervon zu unterscheiden ist die sogenannte Umsatzprovision, mit der der Arbeitnehmer an dem Wert sämtlicher Geschäfte einer Abteilung, eines Betriebes oder eines Unternehmens beteiligt wird.

Die Provisionspflicht des Arbeitgebers entsteht nur, wenn die Arbeitsvertragsparteien die **Zahlung einer Provision für bestimmte Geschäfte vereinbart haben**. Dies bietet sich für den Arbeitgeber vor allem dort an, wo ein bestimmtes Eigeninteresse des Arbeitnehmers am Erfolg seiner Tätigkeit geweckt werden soll. Häufig werden für Außendienstmitarbeiter mit Verkaufstätigkeit derartige Vereinbarungen sinnvoll sein, um Fleiß, Einfallsreichtum und Engagement zu fördern. Dabei kann die Provision sowohl als **Zulage** zur Grundvergütung gewährt werden, aber auch als **alleinige Vergütung** mit einem garantierten Fixum. Anstelle eines garantierten Fixums zum Ende eines Abrechnungszeitraumes kann auch die Zahlung eines festen monatlichen Betrages vereinbart werden, der später dann durch verdiente Provisionen auszugleichen ist.

Bei allen denkbaren Vertragsgestaltungen muß immer sichergestellt sein, daß der Arbeitnehmer durch vollen Einsatz seiner Arbeitskraft ein hinreichendes Einkommen erlangt. Andernfalls kann die Vergütungsvereinbarung wegen eines Verstoßes gegen die guten Sitten nichtig sein (§ 138 BGB).

Die Provision ist also nur begrenzt ein taugliches Mittel, um wirtschaftliche Risiken auf den Arbeitnehmer zu verlagern.

2. Gesetzliche Regelung der Provision

a) Handelsvertreter

2440

Für den Handelsvertreter ist die Provision in den §§ 87 ff. HGB gesetzlich geregelt. Der Handelsvertreter ist aber kein Arbeitnehmer, sondern als **selbständiger Gewerbetreibender** ständig damit betraut, für einen anderen Unternehmer Geschäfte zu vermitteln oder in dessen Namen abzuschließen (§ 84 Abs. 1 Satz 1 HGB).
Gleichwohl ist die gesetzliche Regelung über die Provision des Handelsvertreters hier von Interesse, da auch die Provision der Arbeitnehmer im wesentlichen an den Bestimmungen für Handelsvertreter auszurichten ist (Rz. 2441).

Deshalb ein kurzer **Überblick** auf die gesetzliche Regelung:

- **§ 87 HGB** definiert das provisionspflichtige Geschäft und regelt gleichzeitig den Provisionsanspruch des ausgeschiedenen Handelsvertreters.
- **§ 87a HGB** bestimmt, wann der Handelsvertreter den Anspruch auf die Provision endgültig erwirbt und zu welchem Zeitpunkt dieser Anspruch fällig wird.

- Höhe und Berechnung der Provision sind in § 87b HGB geregelt.
- § 87c HGB gewährt dem Handelsvertreter neben dem Anspruch auf Abrechnung bestimmte Kontrollrechte gegenüber dem Unternehmer.

b) Handlungsgehilfen und sonstige Arbeitnehmer

2441
Handlungsgehilfe ist derjenige Arbeitnehmer, der in einem Handelsgewerbe zur Leistung kaufmännischer Dienste gegen Entgelt angestellt ist (§ 59 HGB). Für Handlungsgehilfen sind die Vorschriften über die Provision der Handelsvertreter ebenfalls anwendbar (§ 65 HGB).
Ausgenommen sind jedoch die Regelungen über die Bezirks- und Inkassoprovision. Den Arbeitsvertragsparteien steht es jedoch frei, einzelvertraglich entsprechende Regelungen zu vereinbaren.

Für diejenigen **Arbeitnehmer, die keine Handlungsgehilfen sind,** fehlt eine gesetzliche Regelung. Es besteht aber Einigkeit, daß auch die für den Handlungsgehilfen geltenden Vorschriften vereinbart und entsprechend angewendet werden können.

Wichtig ist aber folgendes: Bei der Anwendung der §§ 87 ff. HGB auf Arbeitnehmer sind immer die Unterschiede in der rechtlichen und wirtschaftlichen Stellung des Handelsvertreters einerseits und des Arbeitnehmers andererseits zu beachten. Dies bedeutet, daß nicht alle vertraglichen Gestaltungen, die gegenüber einem Handelsvertreter zulässig sind, auch auf den Arbeitnehmer übertragen werden können.

c) Unterscheidung zwischen Alt- und Neuverträgen

2442
Mit Ablauf des Jahres 1993 ist die bis dahin vorzunehmende Unterscheidung zwischen sog. Alt- und Neuverträgen weggefallen. Für alle Verträge gilt nunmehr ausschließlich das derzeitige Recht (vgl. § 29 EGHGB).

3. Provisionspflichtige Geschäfte im bestehenden Arbeitsverhältnis

2443
Provisionspflichtig sind alle im bestehenden Arbeitsverhältnis abgeschlossenen Geschäfte des Arbeitgebers, welche auf die Tätigkeit des Arbeitnehmers zurückzuführen sind oder mit Dritten abgeschlossen werden, die der Arbeitnehmer als Kunden für Geschäfte der gleichen Art geworben hat (§ 87 Abs. 1 Satz 1 HGB).

Vergütungspflicht des Arbeitgebers

a) Geschäftsabschluß zwischen Arbeitgeber und Dritten

2444

Die Provisionspflicht des Arbeitgebers setzt den Abschluß eines Geschäftes des Arbeitgebers mit einem Dritten zu einem Zeitpunkt voraus, an dem ein **wirksames Arbeitsverhältnis** zwischen den Arbeitsvertragsparteien bestanden hat.
War der Arbeitsvertrag nichtig oder ist er wirksam angefochten, so gelten auch hier die Grundsätze über das faktische Arbeitsverhältnis (vgl. oben Rz. 2407).
Die Provisionspflicht besteht in bezug auf alle Geschäftsabschlüsse bis zu dem Zeitpunkt, an dem sich eine der Arbeitsvertragsparteien auf die Nichtigkeit beruft.
Wird das Geschäft erst **nach Beendigung** des Arbeitsvertrages abgeschlossen, kommt ebenfalls ein Provisionsanspruch des Arbeitnehmers in Betracht (vgl. Rz. 2450).

2445

Abgeschlossen ist ein Geschäft immer dann, wenn der Vertrag zwischen Arbeitgeber und dem Dritten **rechtswirksam** zustande gekommen ist. Ist der Abschluß nichtig, liegt auch kein provisionspflichtiges Geschäft vor.

Problematisch ist in diesem Zusammenhang immer wieder die Frage, ob der Arbeitgeber berechtigt ist, den Abschluß eines angebahnten Geschäftes zu verweigern. Im Verhältnis zwischen Unternehmer und Handelsvertreter wird dies im allgemeinen bejaht. Ob dies auch so zwischen Arbeitgeber und Arbeitnehmer gelten kann ist zweifelhaft. Zumindest wird der Arbeitgeber den Abschluß nicht grundlos verweigern dürfen. Der Arbeitgeber ist also nicht völlig frei in seiner Entscheidung, ob er ein angebahntes Geschäft abschließt oder nicht. Will der Arbeitgeber den Abschluß verweigern, so bedarf es hierfür in der Regel eines **vernünftigen Grundes**.
Allerdings besteht eine Provisionspflicht auch nur dann, wenn der Arbeitnehmer mit dem Abschluß oder der Vermittlung des entsprechenden Geschäftes betraut war. Fällt das Geschäft nicht in den Aufgabenbereich des Arbeitnehmers, so wird im allgemeinen eine Provisionspflicht nicht gegeben sein.

2446

Anlaß für Meinungsverschiedenheiten ist in der betrieblichen Praxis auch häufig die Behandlung sogenannter **Sukzessivlieferungs- oder Bezugsverträge**. Typisches Beispiel ist der Bierlieferungsvertrag. In diesen Fällen ist wie folgt zu differenzieren:

- erfolgt der Abschluß mit der Maßgabe, daß bereits jetzt alle Leistungen als geschuldet vereinbart sind, der Abruf allerdings erst später erfolgen soll, so ist der gesamte Abschluß provisionspflichtig.

- sind dagegen lediglich spätere Aufträge in Aussicht gestellt, so ist das Geschäft nur insoweit provisionspflichtig, als bereits jetzt eine feste Abnahmeverpflichtung durch den Abschluß begründet wurde.

b) Mitwirkung des Arbeitnehmers

2447

Eine Provisionspflicht setzt immer voraus, daß der Abschluß auf die Tätigkeit des Arbeitnehmers zurückzuführen ist. Das ist immer dann der Fall, wenn der Abschluß ohne die Mitwirkung des Arbeitnehmers nicht zustandegekommen wäre.

Nicht erforderlich ist es, daß der Abschluß allein auf der Tätigkeit des Arbeitnehmers beruht. Wird ein Geschäftsabschluß durch **mehrere provisionsberechtigte Arbeitnehmer** herbeigeführt, so erwirbt jeder den vollen Provisionsanspruch, soweit nichts anderes vereinbart ist. Ein Anspruch auf Provision besteht aber trotz Mitwirkung des Arbeitnehmers nicht, wenn und soweit die Provision einem ausgeschiedenen Arbeitnehmer zusteht (§ 87 Abs. 1 Satz 2 HGB, vgl. Rz. 2450).

c) Werbung neuer Kunden für gleichartige Geschäfte

2448

Die Provisionspflicht entsteht auch ohne erneute Mitwirkung des Arbeitnehmers, wenn dieser in der Vergangenheit den Dritten als neuen Kunden geworben hatte und der Arbeitgeber nun ein gleichartiges Geschäft mit diesem Kunden abschließt. Neu angeworben war der Kunde nur dann, wenn er zuvor überhaupt nicht oder nur auf einem anderen Gebiet mit dem Arbeitgeber des Arbeitnehmers in Geschäftsverbindung stand.

Der Arbeitnehmer hat dann einen Provisionsanspruch in Bezug auf alle nachfolgenden Geschäfte gleicher Art **(Nachbestellungen)**.

4. Bezirksvertretungs- und Inkassoprovision

2449

Auch mit dem Arbeitnehmer kann eine sogenannte Bezirksvertretungs- sowie eine Inkassoprovision vereinbart werden.

Bei der Bezirksvertretungsprovision wird dem Arbeitnehmer ein **bestimmter Verkaufsbezirk** zugewiesen. Er hat dann Anspruch auf Provision von allen Geschäften, die vom Arbeitgeber mit Personen seines Bezirkes oder seines Kundenkreises während des Arbeitsverhältnisses abgeschlossen werden (§ 87 Abs. 2 Satz 1 HGB). Auf eine Mitwirkung des Arbeitnehmers kommt es dann nicht an. Provisionspflichtig sind also auch die Direktgeschäfte des Arbeitgebers mit Dritten.

Zieht der Arbeitnehmer auftragsgemäß Beträge für den Arbeitgeber ein, so hat er auch Anspruch auf eine sogenannte Inkassoprovision (§ 87 Abs. 4 HGB).

5. Provisionspflichtige Geschäfte des ausgeschiedenen Arbeitnehmers

2450

Soweit der Arbeitgeber noch während des bestehenden Arbeitsverhältnisses mit Dritten von dem später ausgeschiedenen Arbeitnehmer vermittelte Geschäfte abschließt, sind diese ohne weiteres provisionspflichtig.

Besonderheiten gelten aber dann, wenn der Abschluß des Geschäfts erst **nach Beendigung des Arbeitsvertrages** erfolgt. In diesem Fall hat der Arbeitnehmer dennoch Anspruch auf Provision, wenn er das Geschäft vermittelt hat oder es eingeleitet und so vorbereitet hat, daß der Abschluß überwiegend auf seine Tätigkeit zurückzuführen ist und gleichzeitig das Geschäft innerhalb einer angemessenen Frist nach Beendigung des Arbeitsverhältnisses abgeschlossen worden ist (§ 87 Abs. 3 Satz 1 Nr. 1 HGB).
Entscheidend sind die Umstände des Einzelfalles. Es ist also abzuwägen, ob dem ausgeschiedenen Arbeitnehmer oder seinem Nachfolger bzw. dem Arbeitgeber selbst der **überwiegende Verdienst** gebührt, den Vertragsabschluß herbeigeführt zu haben.
Für die Bestimmung der **angemessenen Frist** ist auf den Zeitraum abzustellen, in dem üblicherweise bei Geschäften dieser Art der Vertragsschluß nach der Anbahnung erfolgt.

Desweiteren besteht ein Provisionsanspruch des ausgeschiedenen Arbeitnehmers auch dann, wenn dem Arbeitnehmer oder dem Arbeitgeber das Angebot des Dritten zum Abschluß des Geschäfts noch **vor Beendigung des Vertragsverhältnisses** zugeht (§ 87 Abs. 3 Satz 1 Nr. 2 HGB).

Sowohl in den Fällen des § 87 Abs. 3 Satz 1 Nr. 1 HGB als auch bei Vorliegen der Voraussetzungen des § 87 Abs. 3 Satz 1 Nr. 2 HGB kann es allerdings zu einer **Provisionsteilung** zwischen dem ausgeschiedenen und dem nachfolgenden Arbeitnehmer kommen, wenn wegen der besonderen Umstände eine Teilung der Provision der Billigkeit entspricht (§ 87 Abs. 3 Satz 2 HGB).

6. Erwerb des Provisionsanspruches

2451

Obgleich der Provisionsanspruch bereits mit Abschluß des Geschäftes entsteht, erwirbt der Arbeitnehmer den Provisionsanspruch erst dann endgültig, sobald und soweit der Arbeitgeber oder der Dritte das **Geschäft ausgeführt** haben (§ 87a Abs. 1 HGB). Die Ausführung liegt in der Erbringung der vertraglich geschuldeten Leistung.

Steht allerdings fest, daß der Arbeitgeber das Geschäft ganz oder teilweise nicht oder nicht so ausführt, wie es abgeschlossen worden ist, erwirbt der Ar-

beitnehmer trotzdem einen endgültigen Provisionsanspruch (§ 87a Abs. 3 Satz 1 HGB).
Ob der Dritte in derartigen Fällen seinerseits die Leistung erbringt oder nicht, ist für den Provisionsanspruch des Arbeitnehmers dann unbeachtlich.

7. Wegfall des Provisionsanspruches

2452

Soweit der **Arbeitgeber** aus Gründen, die er nicht zu vertreten hat, ganz oder teilweise an den Dritten **nicht leistet**, entfällt der Provisionsanspruch des Arbeitnehmers (§ 87a Abs. 3 Satz 2 HGB).
Dies wird regelmäßig der Fall sein, wenn die Umstände außerhalb des Einflußbereiches des Arbeitgebers liegen. Im Einzelfall ist aber eine sorgfältige Prüfung angebracht.

Steht fest, daß der **Dritte** trotz Leistungsbereitschaft des Arbeitgebers **nicht leistet**, so entfällt der Provisionsanspruch des Arbeitnehmers (§ 87a Abs. 2 HGB). Hat der Arbeitgeber bereits Provisionen ausgezahlt, so ist der Arbeitnehmer verpflichtet, diese zurückzugewähren.

8. Fälligkeit des Provisionsanspruches

2453

Der Anspruch auf die Provisionszahlung wird am letzten Tage des Monats fällig, in dem über die Provision abzurechnen ist (§ 87a Abs. 4 HGB). Eine Abrechnung erfolgt in der Regel monatlich, spätestens jedoch bis zum Ende des nächsten Monats (§ 87c Abs. 1 HGB). Durch Vereinbarung der Arbeitsvertragsparteien kann der Abrechnungszeitraum bis auf höchstens 3 Monate verlängert werden.

9. Höhe und Berechnung des Provisionsanspruches

2454

Höhe und Berechnung des Provisionsanspruches richten sich grundsätzlich nach den vertraglichen Vereinbarungen der Arbeitsvertragsparteien. Soweit solche Vereinbarungen fehlen, gilt der übliche Provisionssatz als vereinbart (§ 87b Abs. 1 HGB).

Berechnungsgrundlage ist das Entgelt, das der Dritte oder der Arbeitgeber aufgrund des abgeschlossenen Geschäftes zu leisten hat. Preisnachlässe für Barzahlung sind von dem geschuldeten Betrag allerdings nicht abzuziehen. Das gleiche gilt für die lediglich aufgrund steuerrechtlicher Vorschriften in der Rechnung ausgewiesene Umsatzsteuer. Nebenkosten, insbesondere für Fracht, Verpakkung, Zoll und Steuern dürfen nur dann abgezogen werden, wenn sie dem Dritten gesondert in Rechnung gestellt werden (vgl. § 87 b Abs. 2 HGB).

Ausdrücklich gesetzlich geregelt ist ebenfalls die Berechnungsgrundlage der Provision bei **Dauerverträgen** mit einem nach Zeitabschnitten vorausbestimmten Entgelt. Ist der Dauervertrag auf bestimmte Zeit geschlossen, berechnet sich die Provision nach dem Entgelt für die Vertragsdauer.

Beispiel:
Der Arbeitnehmer hat einen auf ein Jahr geschlossenen Pachtvertrag vermittelt. Der monatliche Pachtzins beträgt 1.000 DM.
Berechnungsgrundlage für den Provisionsanspruch sind hier 12.000 DM.

Ist der Dauervertrag auf unbestimmte Zeit geschlossen, so ist die Provision vom Entgelt bis zu dem Zeitpunkt zu berechnen, zu dem erstmals von dem Dritten gekündigt werden kann.

Beispiel:
Der vermittelte Pachtvertrag ist bei einem monatlichen Pachtzins von 1.000 DM auf unbestimmte Dauer abgeschlossen. Das Vertragsverhältnis beginnt am 01.01.1995 und kann mit einer Frist von 3 Monaten jeweils zum 30.06. eines Jahres gekündigt werden.
Berechnungsgrundlage sind hier 6.000 DM, da der Vertrag frühestens nach 6-monatiger Dauer beendet werden kann.

Wird der Vertrag nicht gekündigt, so erhält der Arbeitnehmer für jeden Zeitraum zwischen 2 Kündigungsterminen erneut die vertraglich vereinbarte Provision.

Beispiel:
Der Pachtvertrag ist im vorhergehenden Fall nicht zum 30.06.1995 gekündigt worden. Der Arbeitnehmer hat nun Anspruch auf eine erneute Provisionszahlung. Berechnungsgrundlage sind nun 12.000 DM, da der Vertrag nunmehr erst wiederum zum 30.06.1996 beendet werden kann.

10. Abrechnung der Provision

2455

Der Arbeitgeber hat die Provision zum Ende der bereits dargestellten Zeiträume abzurechnen (vgl. oben Rz. 2453).
Der Arbeitnehmer kann darüber hinaus bei der Abrechnung einen **Buchauszug** und außerdem **Mitteilung** über alle Umstände verlangen, die für den Provisionsanspruch, seine Fälligkeit und seine Berechnung wesentlich sind (§ 87c Abs. 2, 3 HGB).
Soweit ein Buchauszug verweigert wird oder begründete Zweifel an der Richtigkeit oder Vollständigkeit der Abrechnung oder des Buchauszuges bestehen, kann der Arbeitnehmer auch verlangen, daß ihm **Einsicht** in die Geschäftsbü-

cher oder die sonstigen Urkunden des Arbeitgebers gewährt wird, um die Richtigkeit oder die Vollständigkeit der Abrechnung oder des Buchauszuges zu überprüfen (§ 87c Abs. 4 HGB).

11. Abdingbarkeit der gesetzlichen Regelung

2456
Die sich aus § 87c Abs. 1 - 4 HGB ergebenden Rechte des Arbeitnehmers können nicht ausgeschlossen oder beschränkt werden (§ 87c Abs. 5 HGB). Im übrigen ist es durchaus zulässig, wenn die Arbeitsvertragsparteien eine von der gesetzlichen Regelung abweichende Vereinbarung treffen.

Allerdings ist hier Zurückhaltung angebracht! Abweichende Vereinbarungen sind nur unter **Berücksichtigung der Besonderheiten des Arbeitsrechts** zulässig. Daher muß im Einzelfall eine sorgfältige Prüfung erfolgen, wenn zu ungunsten des Arbeitnehmers von der gesetzlichen Regelung abgewichen werden soll. Besonders strenge Voraussetzungen gelten für die Vereinbarung von **Provisionsausschlußklauseln**, die zum Wegfall erst nachvertraglich entstehender Provisionsansprüche führen.
Derartige Abreden werden im allgemeinen unwirksam sein. Nur ausnahmsweise können solche Ausschlußklauseln zulässig sein, wenn dies unter Berücksichtigung der beiderseitigen Interessen der Sache nach gerechtfertigt ist.

XI. Sonstige Sonderformen der Vergütung/Vergütungsbestandteile

2457
Neben den bereits dargestellten Vergütungsformen bestehen in der Praxis eine Vielzahl sonstiger Vergütungsformen, auf die hier nicht in allen Einzelheiten eingegangen werden kann (Rz. 1087 ff.).
Regelmäßig setzt sich die Vergütung wie folgt zusammen:

- **Grundvergütung**, die im allgemeinen als Zeit-, Akkord- oder Prämienlohnvergütung gewährt wird zzgl.

- **Vergütungszuschläge** in Form von Zulagen, Sonderzuwendungen etc..

Ein Anspruch des Arbeitnehmers auf solche Vergütungszuschläge besteht aber nur dann, wenn dies ausdrücklich vertraglich vereinbart ist. Eine solche Vereinbarung kann sich ergeben aus

- Tarifvertrag,

- Betriebsvereinbarung,

- Arbeitsvertrag.

Vergütungspflicht des Arbeitgebers

Werden Zusatzleistungen vom Arbeitgeber freiwillig erbracht, ist grundsätzlich zu beachten, daß die wiederholte Gewährung freiwilliger Leistungen unter Umständen zu einem einklagbaren Anspruch des Arbeitnehmers auf diese Leistungen führen kann. Voraussetzung ist allerdings mindestens eine dreimalige vorbehaltlose Zahlung. Man spricht dann von einer sogenannten **betrieblichen Übung**. Daher sollten freiwillige Leistungen immer nur unter Vorbehalt und mit dem ausdrücklichen Hinweis erfolgen, daß mit der Zahlung kein Bindungswille für die Zukunft verbunden ist.

Die nachfolgende Aufzählung soll einen Überblick über die häufigsten Sonderformen der Vergütung sowie Vergütungszuschläge geben:

- Naturalvergütung (Sachbezüge, z.B. Überlassung einer Wohnung, eines PKW, Verpflegung usw.)
- Überstundenvergütung
- Gewinnbeteiligungen/Tantiemen
- Umsatzbeteiligungen
- Sonderzuwendungen/Gratifikationen (z.B. Urlaubs-, Jubiläums-, Weihnachtsgratifikation)
- Prämien (Anwesenheits-, Pünktlichkeits-, Treueprämien)
- allgemeine Zulagen, die alle Arbeitnehmer zur Anhebung des Tariflohnes erhalten
- Sonderzulagen (Leistungs-, Erschwernis-, Funktionszulagen)
- Zuschläge für ungünstige Arbeitszeiten (Sonn-, Feiertags-, Nachtarbeit)
- zusätzliches (13. - 15.) Monatsgehalt u. a..

Im Zusammenhang mit Vergütungsfragen ist immer zu berücksichtigen, daß dem Betriebsrat bei der **betrieblichen Lohngestaltung** ein Mitbestimmungsrecht zusteht. Dieses Mitbestimmungsrecht bezieht sich insbesondere auf die Aufstellung von Entlohnungsgrundsätzen und die Einführung und Anwendung von neuen Entlohnungsmethoden sowie deren Änderung (§ 87 Abs. 1 Nr. 10 BetrVG).

2458

In der Praxis häufiger Streitfall ist die Frage, ob und in welcher Höhe der Arbeitnehmer im Eintritts-bzw. Austrittsjahr Zahlung eines vereinbarten Weihnachtsgeldes verlangen kann. Vielfach ist eine anteilige Zahlung ausdrücklich vereinbart. Fehlt dagegen eine solche Vereinbarung und wird im Arbeitsvertrag allein die Zahlung eines "Weihnachtsgeldes" in bestimmter Höhe zugesagt, so kann diese Zusage durchaus dahin verstanden werden, daß ein Anspruch auf dieses Weihnachtsgeld nur gegeben sein soll, wenn auch das Arbeitsverhältnis zu

Weihnachten noch besteht (*BAG 30.03.1994, EzA § 611 BGB Gratifikation, Prämie Nr. 109*).

XII. Auszahlung der Vergütung

1. Empfangsberechtigter

2459
Die Vergütung ist grundsätzlich an den **Arbeitnehmer** auszuzahlen. Ist der Arbeitnehmer geschäftsunfähig oder nur beschränkt geschäftsfähig, so hat die Auszahlung an den gesetzlichen Vertreter des Arbeitnehmers zu erfolgen.
Hat ein minderjähriger Arbeitnehmer den Arbeitsvertrag jedoch mit Erlaubnis seiner gesetzlichen Vertreter abgeschlossen, so ist der Arbeitgeber auch regelmäßig berechtigt, die Vergütung an den minderjährigen Arbeitnehmer auszuzahlen.
Nur ausnahmsweise kann bzw. muß die Auszahlung ganz oder teilweise an Dritte erfolgen. Hat der Arbeitnehmer einen Dritten ausdrücklich zum Empfang bevollmächtigt, kann die Vergütung an diesen ausgezahlt werden. Beruht das Recht des Dritten dagegen auf einer Abtretung der Vergütung oder auf einem Pfändungs- und Überweisungsbeschluß, darf nur der die Pfändungsfreigrenzen übersteigende Teil der Vergütung an den Dritten ausgezahlt werden. Ansonsten droht dem Arbeitgeber eine doppelte Inanspruchnahme.

2. Fälligkeit der Vergütung

2460
Die Fälligkeit der Vergütung (Auszahlungszeitpunkt) richtet sich nach den **Vereinbarungen der Arbeitsvertragsparteien**. Diese sind dabei grundsätzlich frei, den Auszahlungszeitpunkt auszuhandeln und festzulegen.

Einschränkungen gelten jedoch für bestimmte Arbeitnehmer:

- für Handlungsgehilfen (vgl. oben Rz. 2441) muß das Gehalt am Schluß eines jeden Monats gezahlt werden. Eine abweichende Vereinbarung, nach der Zahlung später erfolgen soll, ist nichtig (§ 64 HGB).

- zur Fälligkeit des Provisionsanspruches des Arbeitnehmers vgl. oben Rz. 2453.

- bei Auszubildenden ist die Vergütung für den laufenden Kalendermonat spätestens am letzten Arbeitstag des Monats zu zahlen (§ 11 Abs. 2 BBiG).

- für gewerbliche Arbeitnehmer kann der Auszahlungszeitpunkt durch die Gemeinde oder einen Kommunalverband festgelegt werden (§ 119 Abs. 2 GewO).

Regelmäßig wird durch Arbeitsvertrag oder Tarifvertrag festgelegt sein, wann die Auszahlung der Vergütung zu erfolgen hat. Üblicherweise erfolgt die Zah-

Vergütungspflicht des Arbeitgebers

lung zum Monatsende oder bis zu einem bestimmten Zeitpunkt des Folgemonats.
Besteht **keine ausdrückliche Vereinbarung** zwischen den Arbeitsvertragsparteien ist die Vergütung nach Erbringung der Arbeitsleistung zu entrichten. Ist die Vergütung nach Zeitabschnitten bemessen, so ist sie nach dem Ablauf des einzelnen Zeitabschnittes auszuzahlen (§ 614 BGB).
Naturalleistungen wie Unterkunft oder Verpflegung sind jedoch bereits mit Arbeitsbeginn zu gewähren.

2461

In der Praxis ist es durchaus gebräuchlich, auch **Zahlungen vor Fälligkeit** der Vergütung an den Arbeitnehmer zu leisten. Dabei ist zwischen sogenannten Abschlagszahlungen und Vorschüssen zu unterscheiden. Ein Anspruch auf diese Zahlungen besteht aber nur dann, wenn dies von den Arbeitsvertragsparteien ausdrücklich vereinbart wurde. Bei Notlagen des Arbeitnehmers kann sich im Einzelfall eine entsprechende Verpflichtung zur Zahlung vor Fälligkeit auch aus der Fürsorgepflicht des Arbeitgebers ergeben.

Abschlagszahlungen sind Zahlungen auf den bereits verdienten, aber noch nicht abgerechneten Lohn. Dabei wird mit der Auszahlung der Vergütungsanspruch des Arbeitnehmers unmittelbar erfüllt, so daß der ausgezahlte Betrag später bei der Abrechnung abgezogen werden kann, ohne daß die Pfändungsfreigrenze zu beachten ist.

Vorschüsse sind dagegen Geldleistungen auf noch nicht verdienten Lohn. Auch hier wird der Vergütungsanspruch vorzeitig erfüllt, so daß der ausgezahlte Betrag später im allgemeinen ohne Einschränkung bei der Abrechnung berücksichtigt werden kann.

3. Ort und Art der Auszahlung

2462

Auch Ort und Art der Auszahlung der Vergütung sind in den meisten Fällen vertraglich geregelt. Üblicherweise ist die **bargeldlose Lohnzahlung** vereinbart. Der Arbeitgeber ist danach verpflichtet, die Vergütung auf seine Gefahr und Kosten dem Arbeitnehmer zu überweisen (§ 270 Abs. 1 BGB). Ausreichend ist es, wenn der Arbeitgeber die Überweisung so rechtzeitig vornimmt, daß mit pünktlichem und ordnungsgemäßem Eingang der Zahlung auf dem Konto des Arbeitnehmers gerechnet werden kann. Ob die Zahlung dann auch tatsächlich am Fälligkeitstermin gutgeschrieben wird oder erst später ankommt, ist unerheblich.
Mit der Gutschrift auf dem Konto des Arbeitnehmers ist der Vergütungsanspruch erfüllt.

Fehlt eine vertragliche Regelung, so hat der Arbeitgeber die Vergütung regelmäßig im Betrieb an den Arbeitnehmer auszuzahlen (§ 269 Abs. 1 BGB). Der Arbeitnehmer hat dann die Vergütung dort abzuholen (Holschuld). Anderes kann für die Naturalvergütung gelten. Unterkunft und Verpflegung sind am jeweils vereinbarten Aufenthaltsort des Arbeitnehmers zu gewähren.

4. Abrechnung

2463

Ein ausdrücklicher gesetzlicher Anspruch auf eine **schriftliche Abrechnung** der Vergütung steht nur gewerblichen Arbeitnehmern in Betrieben mit mehr als 20 Arbeitnehmern zu (§§ 133, 134 Abs. 2 GewO). Allerdings wird man diesen Anspruch auch allen anderen Arbeitnehmern zubilligen müssen. Es handelt sich hier insoweit um eine Nebenpflicht des Arbeitgebers aus dem Arbeitsvertrag.
Der Arbeitgeber hat also für alle Arbeitnehmer eine entsprechende Lohnabrechnung zu erstellen und diese auszuhändigen. Dabei muß sich aus der Abrechnung ergeben:

- Art der Lohnberechnung,
- Betrag des verdienten Lohnes,
- Art und Betrag der vorgenommenen Abzüge.

Die Abrechnung muß so **klar und eindeutig gestaltet** sein, daß die Angaben für den Arbeitnehmer nachvollziehbar sind. Bei einer Zeitvergütung reicht es aus, wenn die Anzahl der geleisteten Stunden und der Stundensatz angegeben werden. Hingegen muß bei der Akkord- oder Prämienlohnvergütung eine genaue Berechnung erfolgen.
Der Arbeitnehmer kann unter Umständen vom Arbeitgeber verlangen, daß dieser ihm die Einzelheiten der Lohnabrechnung erläutert. Besteht ein Betriebsrat, so ergibt sich dieser Anspruch unmittelbar aus § 82 Abs. 2 BetrVG.

Ist eine ordnungsgemäße Lohnabrechnung unterblieben, so kann es dem Arbeitgeber verwehrt sein, sich auf eine tarifliche Ausschlußfrist zu berufen. Dies hat zur Folge, daß der Arbeitgeber auch zur Zahlung der Vergütung verpflichtet ist, wenn der Arbeitnehmer den Vergütungsanspruch erst nach Ablauf der Ausschlußfrist geltend macht.

Hat der Arbeitnehmer aber über mehrere Monate hinweg die Vergütung widerspruchslos ohne Abrechnung entgegengenommen, so kann er für diesen Zeitraum eine nachträgliche Abrechnung nicht mehr verlangen.

5. Quittung

2464

Der Arbeitgeber kann vom Arbeitnehmer verlangen, daß dieser den Empfang der Vergütung schriftlich bestätigt (Quittung, § 368 BGB).

Vergütungspflicht des Arbeitgebers

Verweigert der Arbeitnehmer die Erteilung einer Quittung, so kann der Arbeitgeber an der Vergütung ein **Zurückbehaltungsrecht** geltend machen (§ 273 Abs. 1 BGB). Er ist nur zur Auszahlung Zug um Zug gegen Erteilung einer Quittung verpflichtet.
Die Kosten der Quittung sind vom Arbeitgeber zu tragen (§ 369 Abs. 1 BGB). Zur Ausgleichsquittung vgl. Rz. 2483.

6. Beteiligung des Betriebsrates

2465

In Betrieben mit einem Betriebsrat hat dieser bei der Festlegung von Zeit, Ort und Art der Auszahlung des Arbeitsentgelts ein **Mitbestimmungsrecht** (§ 87 Abs. 1 Nr. 4 BetrVG). Regelmäßig bietet sich insoweit der Abschluß einer Betriebsvereinbarung an.

XIII. Rückzahlung der Vergütung

1. Irrtümliche Überzahlung

2466

Hat der Arbeitgeber irrtümlich eine höhere als die geschuldete Arbeitsvergütung an den Arbeitnehmer ausgezahlt, so kann er vom Arbeitnehmer die Rückzahlung des überzahlten Betrages verlangen (§ 812 Abs. 1 Satz 1 BGB).

Der Irrtum kann auf einem Berechnungsfehler des Arbeitgebers beruhen, aber auch auf der fehlerhaften Annahme, zu der Leistung aufgrund tariflicher Vorschriften verpflichtet zu sein. Schließlich kann der Arbeitnehmer auch irrtümlich in eine zu hohe tarifliche Lohngruppe eingruppiert worden sein (vgl. oben Rz. 2401).

Hat der Arbeitgeber dagegen bei der Auszahlung gewußt, daß er zur Zahlung der höheren Vergütung nicht verpflichtet war, scheidet eine Rückforderung der Überzahlung aus (§ 814 BGB).

Dies gilt allerdings nicht, wenn die Überzahlung als **Vorschuß** erfolgte. In diesem Fall ergibt sich die Rückzahlungsverpflichtung des Arbeitnehmers aus der zwischen den Arbeitsvertragsparteien abgeschlossenen Vorschußvereinbarung. Zu beachten ist jedoch, daß der Anspruch auf Rückzahlung von Vorschüssen in 2 Jahren verjährt (§§ 196 Abs. 1 Nr. 8, 9 BGB).

Der Anspruch auf Rückzahlung wegen einer irrtümlichen Überzahlung verjährt dagegen erst in 30 Jahren (§ 195 BGB).

Es ist dennoch immer sofort zu prüfen, ob **tarifvertragliche Ausschlußklauseln** existieren. Ist das der Fall, so muß die überzahlte Vergütung innerhalb der tarifvertraglich vereinbarten Frist zurückgefordert werden. Bei Fristversäumung ist die Rückforderung des Betrages ausgeschlossen.

2. Entreicherungseinwand des Arbeitnehmers

2467
Der Anspruch auf Rückzahlung wegen irrtümlicher Überzahlung ist in jedem Fall ausgeschlossen, wenn der Arbeitnehmer zu Recht einwendet, er sei nicht mehr bereichert (§ 818 Abs. 3 BGB).

Die durch die Überzahlung beim Arbeitnehmer eingetretene Bereicherung besteht nicht mehr, wenn der Arbeitnehmer das Geld ausgegeben hat, ohne daß er hierfür einen wirtschaftlichen Gegenwert (Sachwert, Forderung) erhalten hat, der sich noch in seinem Vermögen befindet. Dies wird häufig der Fall sein, wenn der Arbeitgeber sogenannte **Luxusaufwendungen** gemacht hat. Hierunter versteht man außergewöhnliche Ausgaben des Arbeitnehmers, die er ansonsten nicht gemacht hätte. Typische Beispiele sind eine aufwendige Urlaubsreise oder die Veranstaltung einer teuren Festlichkeit.
Das gleiche gilt, wenn der Arbeitnehmer nur geringfügige Überzahlungen (je nach den Umständen bis ca. 200 DM) für seinen Lebensunterhalt verbraucht hat. War die Überzahlung dagegen nicht nur geringfügig und hat der Arbeitnehmer durch die Verwendung des Geldes **eigene notwendige Aufwendungen erspart**, so bleibt er zur Rückzahlung verpflichtet. Der Arbeitnehmer kann sich also auf den Entreicherungseinwand auch dann nicht berufen, wenn er das Geld zur Tilgung eigener Schulden verbraucht hat. Hat er das Geld verschenkt, so ist nicht der Arbeitnehmer, wohl aber der Schenkungsempfänger im allgemeinen zur Rückzahlung an den Arbeitgeber verpflichtet (§ 822 BGB).

2468
Die **Darlegungs-und Beweislast** für den Wegfall der Bereicherung liegt grundsätzlich beim Arbeitnehmer. Nach der Rechtsprechung genügen **Arbeitnehmer der unteren und mittleren Einkommensgruppe** im öffentlichen Dienst ihrer Darlegungspflicht bereits dann, wenn sie die Ausgabe des zuviel Erlangten im Rahmen des angehobenen Lebensstandartes vortragen. Ob dies auch außerhalb des öffentlichen Dienstes gilt, ist in der Rechtsprechung noch umstritten (*vgl. einerseits LAG Frankfurt a.M. LAGE § 818 BGB Nr. 1; andererseits LAG Berlin LAGE § 818 BGB Nr. 5*). Nunmehr hat das Bundesarbeitsgericht klargestellt, daß diese Erleichterungen jedenfalls nur dann in Betracht kommen, wenn der Arbeitnehmer nicht zu den **Besserverdienenden** gehört (*BAG 12.01.1994, EzA § 818 BGB Nr. 6*).

3. Ausschluß des Entreicherungseinwandes

2469

Der Arbeitnehmer kann sich nicht auf den Entreicherungseinwand berufen, wenn er

- wußte, daß er die Überzahlung ohne Rechtsgrund erhalten hat (§ 819 Abs. 1 BGB),
- das Geld ausgegeben hat, nachdem der Arbeitgeber auf Rückzahlung geklagt hat (§ 818 Abs. 4 BGB) oder
- der Arbeitgeber die Auszahlung unter Vorbehalt vorgenommen hat (§ 820 Abs. 1 BGB).

Darüber hinaus können die Arbeitsvertragsparteien auch **vertraglich vereinbart** haben, daß der Arbeitnehmer auch bei Wegfall der Bereicherung zur Rückzahlung von überzahltem Lohn verpflichtet ist. Für eine solche Vereinbarung reicht es jedoch nicht aus, wenn der Arbeitnehmer auf einem vom Arbeitgeber vorgelegten Formular unterschreibt, daß ihm bekannt sei, daß er alle überzahlten Beträge zurückerstatten müsse (*BAG 18.09.1986, NZA 1987, 380*). Erforderlich ist vielmehr eine ausdrückliche Vereinbarung entweder im Arbeitsvertrag oder in einer gesonderten Abrede.

4. Rückzahlungsklauseln

2470

Häufig wird in Arbeitsverträgen vereinbart, daß der Arbeitgeber unter bestimmten Voraussetzungen (z.B. Ausscheiden aus dem Betrieb) berechtigt sein soll, bereits gezahltes Arbeitsentgelt zumindest teilweise zurückzufordern.

Der Arbeitgeber kann allerdings nicht die Rückzahlung von Vergütungsbestandteilen verlangen, wenn der Arbeitnehmer diese Vergütung durch **bereits geleistete Arbeit** verdient hat. Entsprechende Rückzahlungsklauseln im Arbeitsvertrag sind unwirksam.

Dagegen ist es zulässig, wenn **Sonderzuwendungen** (Gratifikationen, Treueprämien) mit einem Rückzahlungsvorbehalt für den Fall verbunden werden, daß der Arbeitnehmer innerhalb der näheren Zukunft aus dem Arbeitsverhältnis ausscheidet.

Allerdings sind an die Wirksamkeit solcher Rückzahlungsvorbehalte bzw. -klauseln strenge Anforderungen zu stellen. Die Rechtsprechung hat hierzu feste **Grundsätze** aufgestellt, die für die Urlaubsgratifikation unter Rz. 2898 dargelegt sind. Für die sonstigen Sonderleistungen des Arbeitgebers sind diese Grundsätze entsprechend heranzuziehen, weshalb hier auf eine Darstellung der Einzelheiten verzichtet werden kann.

Eine über die Grundsätze der Rechtsprechung hinausgehende Bindung des Arbeitnehmers durch einen Rückzahlungsvorbehalt kann allerdings durch Tarifvertrag vereinbart werden. Die tarifvertragliche Regelung gilt auch dann, wenn die Arbeitsvertragsparteien zwar nicht tarifgebunden sind, gleichwohl aber die Anwendbarkeit des Tarifvertrages einzelvertraglich vereinbart haben.

2471
Die Wirksamkeit von **Ausbildungskosten-Rückzahlungsvereinbarungen** richtet sich nach den Umständen bei Vertragsschluß. Ausschlaggebend ist, ob bei Abschluß der Vereinbarung auch außerhalb des Betriebes ein Bedarf für derart ausgebildete Arbeitskräfte in nennenswertem Umfang bestand und ob die Berufs- und Verdienstchancen des Arbeitnehmers gerade durch die vom Arbeitgeber finanzierte Ausbildung gesteigert worden sind. Aber auch bei Vorliegen dieser Voraussetzungen ist bei der Abfassung von Rückzahlungsklauseln Vorsicht geboten.

Nach der **Rechtsprechung** gilt derzeit **folgender Anhalt**: Eine Lehrgangsdauer von bis zu einem Jahr ohne Arbeitsverpflichtung rechtfertigt im Regelfall keine längere Bindung als **drei Jahre**. Bei einer Fortbildungsdauer von bis zu zwei Monaten ohne Verpflichtung zur Arbeitsleistung kann im Regelfall höchstens eine **einjährige Bindung** vereinbart werden. Etwas anderes kann in diesem Fall dann gelten, wenn die Fortbildung dem Arbeitnehmer eine **besonders hohe Qualifikation** und damit verbunden **überdurchschnittlich große Vorteile** bringt oder der Arbeitgeber für die Fortbildung ganz erhebliche Mittel aufwendet (*BAG 15.12.1993, BB 1994, 433*).

XIV. Verrechnung von Gegenforderungen mit dem Vergütungsanspruch

1. Aufrechnung gegenüber dem Arbeitnehmer

2472
Hat der Arbeitgeber gegen den Arbeitnehmer Gegenforderungen, etwa auf Rückzahlung überzahlten Lohns oder auf Schadensersatz, kann er mit diesen Forderungen grundsätzlich gegenüber der **Nettolohnforderung** des Arbeitnehmers aufrechnen, soweit dies nicht vertraglich ausgeschlossen ist (§ 387 BGB).

Die Aufrechnung bewirkt, daß sich die gegenseitigen Forderungen, soweit sie sich decken, erlöschen (§ 389 BGB). Die Aufrechnung setzt im einzelnen voraus:

- Gegenseitigkeit der Forderungen,
- Gleichartigkeit der Forderungen,
- Fälligkeit der Forderung des Arbeitgebers und
- Erfüllbarkeit der Lohnforderung des Arbeitnehmers.

Vergütungspflicht des Arbeitgebers

Diese Voraussetzungen werden in der Praxis regelmäßig vorliegen, da es um Geldforderungen geht und Rückzahlungs- und Schadensersatzansprüche des Arbeitgebers im allgemeinen sofort fällig sind. Beruht die Gegenforderung auf einem gewährten Darlehen oder einem Vorschuß, ist immer zu prüfen, ob der Anspruch zum beabsichtigten Aufrechnungszeitpunkt tatsächlich fällig ist.
Zu beachten ist ferner, daß nur gegenüber bereits entstandenen Lohnforderungen aufgerechnet werden kann. Nicht erforderlich ist es dagegen, daß die Lohnforderung bereits fällig ist.

2473
Die Aufrechnung bedarf immer einer **Erklärung** gegenüber dem Arbeitnehmer (§ 388 BGB). Die Aufrechnungserklärung ist unwirksam, wenn sie unter einer Bedingung oder einer Zeitbestimmung abgegeben wird. Die Aufrechnungserklärung kann auch formlos abgegeben werden. Ausreichend ist es, wenn der Arbeitgeber den zur Aufrechnung gestellten Betrag im Wege der Verrechnung von der Vergütung einbehält und den entsprechenden Betrag auf der Lohnabrechnung des Arbeitnehmers absetzt.

In Tarifverträgen ist häufig vereinbart, daß alle Ansprüche aus dem Arbeitsvertrag **binnen einer bestimmten Frist** gegenüber dem anderen Teil **schriftlich** geltend zu machen sind (tarifliche **Ausschlußfrist**). In diesem Fall muß auch die Aufrechnung schriftlich gegenüber dem Arbeitnehmer erklärt werden. Dabei ist die tarifvertraglich vorgegebene Frist unbedingt einzuhalten! Wird die Frist versäumt, so kann der Arbeitgeber im allgemeinen seine Forderungen weder aufrechnen noch sonst geltend machen.

Anderes gilt, wenn der Forderung des Arbeitgebers allein die Einrede der Verjährung entgegensteht. Hier kann der Arbeitgeber dennoch wirksam aufrechnen, wenn sich die beiderseitigen Forderungen zu einem Zeitpunkt aufrechenbar gegenüberstanden, an dem die Forderung des Arbeitgebers noch nicht verjährt war (§ 390 BGB).

2474
Eine wesentliche Einschränkung der Aufrechnungsmöglichkeit ergibt sich jedoch daraus, daß gegen **unpfändbare Forderungen** nicht aufgerechnet werden darf (§ 394 BGB). Das heißt, daß nur bis zur sogenannten **Pfändungsfreigrenze** aufgerechnet werden kann und der unpfändbare Anteil an der Vergütung dem Arbeitnehmer in jedem Fall auszuzahlen ist. Es ist also erforderlich, daß der Arbeitgeber selbst zuvor den pfändbaren Betrag im einzelnen errechnet. Diesen Betrag kann er dann im Wege der Verrechnung einbehalten. Gegenüber dem auszuzahlenden Restbetrag ist eine Aufrechnung unzulässig.
Zur Berechnung des pfändbaren Betrages der Vergütung vgl. Rz. 2477.

Die Berücksichtigung der Pfändungsfreigrenzen für noch nicht fällig gewordene Vergütungsansprüche kann auch nicht dadurch umgangen werden, daß der Arbeitgeber mit dem Arbeitnehmer einen sogenannten Aufrechnungsvertrag ab-

Arbeitsrecht

schließt. Zulässig ist aber die Einbehaltung auch unpfändbarer Vergütungsanteile, soweit sie fällig sind und der Arbeitnehmer hiermit einverstanden ist.

2. Aufrechnung gegenüber abgetretenen oder gepfändeten Vergütungsansprüchen

2475

Hat der Arbeitnehmer seinen Vergütungsanspruch an einen Dritten abgetreten, so kann der Arbeitgeber im allgemeinen auch gegenüber diesem Dritten die Aufrechnung mit seiner Gegenforderung erklären (§ 406 BGB). Dies hat dann zur Folge, daß der Vergütungsanspruch in Höhe der zur Aufrechnung gestellten Gegenforderung erlischt und der Arbeitgeber insoweit von seiner Vergütungspflicht frei wird.

Beispiel:
Der Arbeitnehmer hat grob fahrlässig eine Maschine des Arbeitgebers beschädigt, wodurch ein Schaden in Höhe von 300 DM entstanden ist, den er dem Arbeitgeber zu ersetzen hat. Nachdem der Arbeitgeber diesen Betrag von der Vergütung des Arbeitnehmers am Monatsende einbehalten hat, erklärt dieser, daß er kurz zuvor seinen Vergütungsanspruch an einen Dritten abgetreten hat. Dieser verlangt nun von dem Arbeitgeber die Zahlung der 300 DM.
Hier kann der Arbeitgeber auch gegenüber dem Dritten die Aufrechnung mit schuldbefreiender Wirkung erklären. Zur Zahlung ist er nicht verpflichtet.

Zu beachten ist im Zusammenhang mit Abtretungen des Vergütungsanspruches, daß der unpfändbare Teil der Vergütung nicht abgetreten werden kann (§ 400 BGB). Lediglich im Falle des gesetzlichen Forderungsübergangs (vgl. § 412 BGB) können auch unpfändbare Vergütungsbestandteile auf Dritte übergehen. In der Praxis ist dies insbesondere dann von Bedeutung, wenn der Arbeitgeber den Anspruch des Arbeitnehmers auf Arbeitsentgelt nicht erfüllt und deshalb gegenüber dem Arbeitnehmer Sozialleistungen (z.B. Arbeitslosengeld) erbracht werden. Der Vergütungsanspruch geht dann in Höhe der erbrachten Sozialleistungen auf den jeweiligen Leistungsträger über, wobei auch unpfändbare Lohnbestandteile erfaßt werden (§ 115 SGB X, vgl. Rz. 6302).

Es stellt sich dann die Frage, ob sich auch der Leistungsträger auf die Pfändungsfreigrenzen berufen kann oder ob der Arbeitgeber auch über diese Pfändungsfreigrenzen hinaus die Aufrechnung erklären kann. Dies ist im Einzelfall nach dem Zweck des Aufrechnungsverbots des § 394 BGB zu beurteilen. In bezug auf den Forderungsübergang nach der Zahlung von Arbeitslosen- und Krankengeld hat die Rechtsprechung die Anwendbarkeit des Aufrechnungsverbots des § 394 BGB zugunsten des Leistungsträgers bejaht. Der Arbeitgeber kann also nur bis zur Pfändungsfreigrenze aufrechnen.
Im übrigen ist die Aufrechnung in den Fällen der Abtretung nur dann **ausgeschlossen**, wenn der Arbeitgeber bei dem Erwerb seiner Forderung bereits von

Vergütungspflicht des Arbeitgebers

der Abtretung Kenntnis hatte oder wenn die Forderung des Arbeitgebers erst nach Erlangung der Kenntnis und später als die abgetretene Lohnforderung fällig geworden ist (§ 406 BGB).

Soweit es also um Schadensersatzansprüche oder Rückzahlungsansprüche wegen einer Überzahlung der Vergütung geht, kann der Arbeitgeber immer dann aufrechnen, wenn er erst nach dem zur Schadensersatzpflicht führenden Ereignis oder nach der Überzahlung der Vergütung von der Abtretung erfahren hat. Probleme können sich aber ergeben, wenn etwa ein gewährtes Darlehen erst nach dem Vergütungsanspruch zur Rückzahlung fällig wird. Hat der Arbeitgeber in diesen Fällen vor der Fälligkeit des Darlehens von der Abtretung erfahren, ist die Aufrechnung gegenüber dem Dritten nicht mehr möglich.

2476

Ist der Vergütungsanspruch des Arbeitnehmers von einem Dritten **gepfändet** worden, so kann der Arbeitgeber in der Regel auch gegenüber diesem Dritten aufrechnen.

Die Aufrechnung ist aber wiederum dann ausgeschlossen, wenn der Arbeitgeber seine Forderung erst nach der Pfändung erworben hat oder wenn seine Forderung erst nach der Pfändung und später als der gepfändete Vergütungsanspruch fällig geworden ist (§ 392 BGB).

Haben die Arbeitsvertragsparteien vereinbart, daß ein vom Arbeitnehmer **erhaltenes Darlehen** in monatlichen Raten durch Verrechnung mit mit dem Monatslohn getilgt werden soll, so geht diese Aufrechnungsvereinbarung einer zeitlich späteren Lohnpfändung vor *(LAG Hamm 23.03.1993, DB 1993, 1247)*.

3. Berechnung des aufrechenbaren Betrages

2477

Da die Aufrechnung nur im Rahmen der Pfändungsfreigrenzen zulässig ist, hat der Arbeitgeber zunächst den pfändbaren Betrag zu ermitteln.

Die Berechnung des **pfändbaren Betrages** hat nach Maßgabe der §§ 850 ff. ZPO zu erfolgen. Die zu berücksichtigenden Pfändungsfreigrenzen ergeben sich aus § 850c ZPO und sind der im Anhang abgedruckten Tabelle zu entnehmen.

Berechnungsgrundlage des pfändbaren Betrages ist zunächst das **Bruttoarbeitsentgelt**, das entweder monatlich, wöchentlich oder täglich gezahlt wird. Zum Bruttoarbeitsentgelt gehören alle Vergütungen, die dem Arbeitnehmer aus dem Arbeitsverhältnis zustehen ohne Rücksicht auf ihre Benennung oder Berechnungsart (§ 850 Abs. 5 ZPO).

Arbeitsrecht

Vom Bruttoarbeitsentgelt sind dann nach § 850e Nr.1 ZPO **abzuziehen**

- Steuern und Sozialversicherungsbeiträge
- unpfändbare Bezüge

Das sich danach ergebende **Nettoarbeitsentgelt** errechnet sich im einzelnen wie folgt:

- **Bruttoarbeitsentgelt** abzüglich:
  - Steuern und Sozialversicherungsbeiträge
    - Lohnsteuer
    - Kirchensteuer
    - Sozialversicherungsbeiträge
    - Krankenversicherungsbeiträge
  - unpfändbare Bezüge (§ 850a ZPO)
    - Mehrarbeitsvergütung zur Hälfte
    - Urlaubsgeld
    - Treuegelder
    - Aufwandsentschädigungen
    - Auslösungsgelder
    - Zulagen (für auswärtige Beschäftigung, Gefahren-, Schmutz-, Erschwernis- und Blindenzulage)
    - Entgelt für selbst gestelltes Arbeitsmaterial
    - Weihnachtsvergütung (bis 1/2 des monatlichen Arbeitseinkommens, höchstens bis zu 470 DM)
    - Beihilfen (Heirats-, Geburts-, Studienbeihilfe)
    - Erziehungsgelder
    - Sterbe- und Gnadenbezüge aus dem Arbeitsverhältnis

Das ermittelte Nettoarbeitsentgelt ist unpfändbar, wenn es je nach dem Zeitraum für den es gezahlt wird, nicht mehr als

- 1.209 DM monatlich
- 279 DM wöchentlich
- 55,80 DM täglich (§ 850 c ZPO) beträgt.

Dagegen ist der Mehrbetrag des Nettoarbeitsentgelts, der

- 3.796 DM monatlich
- 876 DM wöchentlich
- 175,20 DM täglich

übersteigt, voll pfändbar und kann ohne weiteres im Wege der Verrechnung einbehalten werden.

Die Pfändbarkeit bzw. die Höhe des pfändbaren Betrages des Nettoarbeitsentgelts, das zwischen

- 1.209,00 DM und 3.796,00 DM monatlich
- 279,00 DM und 876,00 DM wöchentlich
- 55,80 DM und 175,20 DM täglich

liegt, ergibt sich aus den im Anhang abgedruckten Pfändungstabellen. Dabei richtet sich der pfändbare Betrag nach der Höhe des Nettoarbeitsentgelts einerseits und den **gesetzlichen Unterhaltsverpflichtungen** des Arbeitnehmers andererseits.
Zu berücksichtigen sind dabei Unterhaltsleistungen des Arbeitnehmers gegenüber seinem Ehegatten, einem früheren Ehegatten, einem Verwandten oder der Mutter eines nichtehelichen Kindes nach §§ 1615 l, 1615 n BGB.

Beispiel:
Der Arbeitnehmer schuldet dem Arbeitgeber Schadensersatz in Höhe von 2.000 DM. Das monatliche Nettoeinkommen des Arbeitnehmers beträgt 2.645 DM. Der Arbeitnehmer ist verheiratet und hat 2 Kinder, die noch nicht berufstätig sind.
Hier sind Unterhaltspflichten für 3 Personen zu berücksichtigen, und zwar auch, wenn die Ehefrau ein eigenes Einkommen hat. Nach der Tabelle ist ein Betrag von 78,30 DM pro Monat pfändbar. Der Arbeitgeber kann also monatlich 78,30 DM von dem Arbeitseinkommen des Arbeitnehmers im Wege der Verrechnung einbehalten, bis der Schaden ausgeglichen ist.

XV. Wegfall der Vergütungspflicht

2478
Der Arbeitgeber ist zur Zahlung der geschuldeten Vergütung nicht verpflichtet, wenn der Arbeitnehmer die geschuldete Arbeitsleistung nicht erbracht hat. Allerdings gibt es Ausnahmen von diesem Grundsatz (vgl. Rz. 2520 ff.).

Darüber hinaus kann der Arbeitgeber unter den nachfolgenden Voraussetzungen berechtigt sein, die Auszahlung der Vergütung zu verweigern, obwohl der Arbeitnehmer einen wirksamen Vergütungsanspruch erworben hat.

1. Ausschlußfristen

2479
Der Vergütungsanspruch des Arbeitnehmers erlischt, wenn er nicht innerhalb einer **vereinbarten Ausschluß-, Verfall- oder Verwirkungsfrist** geltend gemacht wird. Derartige Ausschlußklauseln sind praktisch in allen Tarifverträgen

enthalten. Sie können aber auch Gegenstand einer Betriebsvereinbarung oder des einzelnen Arbeitsvertrages sein.

Die für die Geltendmachung **tariflicher Rechte** geltenden Ausschlußfristen können jedoch nur durch Tarifvertrag festgelegt werden (§ 4 Abs. 4 Satz 3 TVG). Eine einzelvertragliche Vereinbarung ist nicht möglich.
Ähnliches gilt, wenn die **Rechte aufgrund einer Betriebsvereinbarung** gewährt werden. Ausschlußfristen müssen dann entweder in einem Tarifvertrag oder einer Betriebsvereinbarung enthalten sein (§ 77 Abs. 4 Satz 4 BetrVG).

2480
Besteht eine Ausschlußfrist, so ist zunächst zu prüfen, ob der geltend gemachte Anspruch, hier der Vergütungsanspruch, auch von der Ausschlußfrist erfaßt wird. Das ist regelmäßig der Fall, wenn die Klausel etwa wie folgt formuliert ist:

"Der Ausschlußfrist unterliegen sämtliche beiderseitigen Ansprüche aus dem Arbeitsvertrag und solche, die mit dem Arbeitsvertrag in Verbindung stehen."

Der Zeitpunkt, an dem die Ausschlußfrist zu laufen beginnt, richtet sich ebenfalls nach der vertraglichen Regelung. Häufig wird auf die Fälligkeit des Anspruchs abgestellt. Regelmäßig ist darüber hinaus bestimmt, in welcher Form die Geltendmachung innerhalb der Frist zu erfolgen hat. Teilweise ist eine **schriftliche Geltendmachung** erforderlich.
Erfolgt die Geltendmachung nicht innerhalb der Ausschlußfrist, kann der Arbeitgeber die **Auszahlung der Vergütung verweigern**.

2481
Lediglich in Ausnahmefällen kann sich der Arbeitgeber nicht auf den Ablauf der Ausschlußfrist berufen, etwa dann, wenn der Arbeitgeber den Arbeitnehmer von der Geltendmachung abgehalten hat oder der Arbeitnehmer darauf vertrauen durfte, der Arbeitgeber werde die Forderung noch erfüllen.

Beispiel:
Der Arbeitgeber kann das vertraglich geschuldete Weihnachtsgeld nicht zahlen. Er versichert seinen Arbeitnehmern mehrmals, daß er das Geld nachzahlen werde, sobald er dazu in der Lage sei. Nach Ablauf der 3-monatigen Ausschlußfrist ist er der Auffassung, hierzu nicht mehr verpflichtet zu sein.
*Hier ist es **rechtsmißbräuchlich**, wenn der Arbeitgeber sich auf den Ablauf der Ausschlußfrist beruft. Er bleibt zur Zahlung verpflichtet, selbst wenn die Arbeitnehmer den Anspruch innerhalb der Ausschlußfrist nicht ausdrücklich geltend gemacht haben.*

Allerdings ist der Arbeitgeber nicht verpflichtet, den Arbeitnehmer darauf aufmerksam zu machen, daß dieser nach den vertraglichen Bestimmungen den Anspruch nicht nur mündlich, sondern schriftlich geltend machen muß. Vielmehr kann vom Arbeitnehmer im allgemeinen verlangt werden, daß er die anwendbaren Bestimmungen kennt.

Vergütungspflicht des Arbeitgebers

Allerdings ist hier darauf hinzuweisen, daß der Arbeitgeber verpflichtet ist, die maßgebenden Tarifverträge oder Betriebsvereinbarungen an geeigneter Stelle im Betrieb **auszulegen** (§§ 8 TVG, 77 Abs. 2 Satz 3 BetrVG).

Auf den Ablauf einer Ausschlußfrist kann sich der Arbeitgeber auch dann nicht berufen, wenn er **durch Abrechung eine Forderung des Arbeitnehmers vorbehaltlos ausgewiesen hat**. In diesen Fällen braucht der Arbeitnehmer diese Forderung nicht mehr geltend zu machen, um eine Ausschlußfrist zu wahren. Die Pflicht zur Geltendmachung wird auch nicht dadurch wieder begründet, daß der Arbeitgeber die Forderung später bestreitet. Von daher ist es empfehlenswert, Abrechnungen jeweils lediglich unter Vorbehalt zu erteilen, sofern nicht sicher feststeht, daß die Forderung des Arbeitnehmers begründet ist.

2. Verzicht

2482

Der Arbeitgeber ist auch dann nicht mehr zur Auszahlung fälliger Vergütungsansprüche verpflichtet, wenn der Arbeitnehmer auf diese Ansprüche zuvor verzichtet hat. Ein solcher Verzicht ist durchaus **zulässig** und kann auch **stillschweigend** erfolgen (§ 397 BGB).

Allerdings kann auf tarifvertragliche Rechte nur in einem von den Tarifvertragsparteien gebilligten Vergleich verzichtet werden (§ 4 Abs. 4 Satz 1 TVG). Ein Verzicht auf durch Betriebsvereinbarung eingeräumte Rechte ist nur mit Zustimmung des Betriebsrats zulässig (§ 77 Abs. 4 Satz 2 BetrVG).

3. Ausgleichsquittung

2483

Haben sich die Arbeitsvertragsparteien im Rahmen einer Ausgleichsquittung gegenseitig bestätigt, keine Ansprüche mehr aus dem Arbeitsverhältnis zu haben, so können damit **bestehende Vergütungsansprüche des Arbeitnehmers erloschen sein** (zur Ausgleichsquittung vgl. Rz. 4801 ff.).

4. Quittung

2484

Eine vom Arbeitnehmer erteilte Quittung hat lediglich **Beweisfunktion** (vgl. oben Rz. 2464). Hat der Arbeitnehmer den quittierten Geldbetrag tatsächlich nicht erhalten, so bleibt der Arbeitgeber zur Nachzahlung verpflichtet. Ein Verzicht des Arbeitnehmers ist nicht anzunehmen.
Allerdings sollte berücksichtigt werden, daß der Arbeitnehmer für das Ausbleiben der Zahlung beweispflichtig ist und der Arbeitgeber mit der Quittung ein starkes Beweismittel in den Händen hält.

5. Verjährung

2485

Der Anspruch auf die Vergütung verjährt in 2 Jahren, wobei die Verjährungsfrist mit Ablauf des Jahres beginnt, in dem die Vergütung fällig geworden ist (§§ 196 Abs. 1 Nr. 8, 9; 201; 198 BGB).

Nach Ablauf der Verjährungsfrist ist der Arbeitgeber berechtigt, die Auszahlung der Vergütung zu verweigern (§ 222 BGB). Es ist zulässig, wenn die Arbeitsvertragsparteien eine Abkürzung der Verjährungsfrist vereinbaren (§ 225 Satz 2 BGB).

Allerdings kann für Rechte aus einem Tarifvertrag die Verjährungsfrist nur in einem Tarifvertrag verkürzt werden.
Soweit die Rechte aufgrund einer Betriebsvereinbarung eingeräumt sind, kann eine **Abkürzung der Verjährungsfristen** nur durch Tarifvertrag oder Betriebsvereinbarung erfolgen (§ 77 Abs. 4 Satz 4 BetrVG).

Die gerichtliche Geltendmachung unterbricht die Verjährung (§ 209 BGB). Die Erhebung der Kündigungsschutzklage (§ 4 KSchG) oder eine Klage auf Feststellung des Fortbestehens des Arbeitsverhältnisses (§ 256 ZPO) unterbricht jedoch nicht die Verjährung der Zahlungsansprüche auf den Verzugslohn (§ 615 BGB, Rz. 2520 ff.).

6. Verwirkung

2486

Ausnahmsweise kann die Vergütungspflicht des Arbeitgebers auch dann entfallen, wenn der vom Arbeitnehmer geltend gemachte Anspruch verwirkt ist.

Eine Verwirkung wird dann in Betracht kommen, wenn der Arbeitnehmer das Recht längere Zeit nicht geltend gemacht hat, der Arbeitgeber damit rechnen durfte, daß der Arbeitnehmer das Recht auch nicht mehr geltend macht und die Erfüllung des Rechts dem Arbeitgeber nicht mehr zumutbar ist.
Eine Verwirkung tariflicher Rechte ist wiederum nicht möglich (§ 4 Abs. 4 Satz 2 TVG). Gleiches gilt für die Rechte aus einer Betriebsvereinbarung (§ 77 Abs. 4 Satz 3 BetrVG).

XVI. Rechtsfolgen bei Verletzung der Vergütungspflicht

2487

Der Arbeitgeber verletzt seine Vergütungspflicht, wenn er die Vergütung ganz oder teilweise nicht oder nicht rechtzeitig an den Arbeitnehmer auszahlt. Für den Arbeitnehmer kommen dann folgende Rechte in Betracht:

Vergütungspflicht des Arbeitgebers

- Zurückbehaltungsrecht an der Arbeitsleistung,
- Zahlungsklage,
- außerordentliche Kündigung.

Eine Verletzung der Vergütungspflicht durch den Arbeitgeber kommt aber dann nicht in Betracht, wenn der Arbeitgeber die Auszahlung der Vergütung zu Recht verweigert (vgl. oben Rz. 2478 ff.).

1. Zurückbehaltungsrecht des Arbeitnehmers

2488

Der Arbeitnehmer kann seine Arbeitsleistung zurückhalten, wenn der Arbeitgeber **fällige Vergütungsansprüche** nicht erfüllt (§ 273 BGB).

Der Arbeitnehmer wird jedoch gegenüber dem Arbeitgeber **deutlich machen müssen**, daß er aufgrund seines Zurückbehaltungsrechtes die Arbeit nicht leistet. Dies gilt insbesondere dann, wenn mehrere Arbeitnehmer gemeinschaftlich das Zurückbehaltungsrecht ausüben. Andernfalls kann es sich um eine unzulässige Arbeitskampfmaßnahme handeln. Beruft sich der Arbeitnehmer auf sein Zurückbehaltungsrecht, kann er die weitere Erbringung seiner Arbeitsleistung von der Auszahlung der rückständigen Vergütung abhängig machen.

Der Arbeitgeber gerät in diesem Fall regelmäßig in **Annahmeverzug** mit der Folge, daß er auch für die Zeiten, in denen der Arbeitnehmer unter Berufung auf sein Zurückbehaltungsrecht nicht arbeitet, die Vergütung zu zahlen hat (vgl. Rz. 2527). Der Annahmeverzug endet mit Zahlung der rückständigen Vergütung. Hierdurch wird der Arbeitnehmer gleichzeitig verpflichtet, die Arbeit wieder aufzunehmen.

2489

Die Ausübung des Zurückbehaltungsrechtes ist **ausgeschlossen,** wenn der Arbeitgeber mit nur geringfügigen Beträgen in Zahlungsrückstand gerät, ihm aber gleichzeitig durch eine Ausübung des Zurückbehaltungsrechtes ein unverhältnismäßig hoher Schaden entstehen würde. Der Arbeitnehmer bleibt in diesen Fällen aufgrund seiner arbeitsvertraglichen Treuepflicht (vgl. Rz. 2350) zur Erbringung seiner Arbeitsleistung verpflichtet. Anderes gilt nur dann, wenn der Arbeitgeber die Nachzahlung auch für die Zukunft ausdrücklich verweigert.

2. Klage auf Auszahlung der Vergütung

2490

Der Arbeitnehmer kann auch im bestehenden Arbeitsverhältnis rückständige Vergütungsansprüche unter Inanspruchnahme gerichtlicher Hilfe geltend machen. Die Zahlungsklage ist vor dem **Arbeitsgericht** zu erheben (§ 2 Abs. 1 Nr. 3 a ArbGG).

3. Außerordentliche Kündigung

2491
Der Arbeitnehmer ist nur dann zur außerordentlichen Kündigung wegen Zahlungsrückständen des Arbeitgebers berechtigt, wenn der Rückstand für eine **erhebliche Zeit** besteht oder einen **erheblichen Betrag** darstellt. Kündigt der Arbeitnehmer bei Vorliegen dieser Voraussetzungen außerordentlich, so kann er unter Umständen auch Ersatz des ihm durch die Kündigung enstehenden Schadens vom Arbeitgeber verlangen (§ 628 Abs. 2 BGB).

4. Sonderfall: Einrede der Vermögensverschlechterung

2492
Der Arbeitnehmer kann verlangen, daß der Arbeitgeber den Vergütungsanspruch jeweils gleichzeitig mit der erbrachten Arbeitsleistung erfüllt oder für den Vergütungsanspruch Sicherheiten stellt, wenn eine **wesentliche Verschlechterung** der Vermögensverhältnisse des Arbeitgebers eintritt, die den Vergütungsanspruch des Arbeitnehmers gefährdet (§ 321 BGB). Wird die Sicherheit nicht gestellt oder ist der Arbeitgeber nicht bereit, etwa täglich die auf den Tag entfallende Vergütung auszuzahlen, so kann der Arbeitnehmer seine Arbeitsleistung zurückhalten.

XVII. Weiterführende Literaturhinweise

2493
Gaul, Der Zweck von Sonderzahlungen, BB 1994, 494, 565
ders., Sonderleistungen und Fehlzeiten, 1994
Hanau/Vossen, Die Kürzung von Jahressonderzahlungen aufgrund fehlender Arbeitsleistung, DB 1992, 13
Hromadka, Der Große Senat zu den übertariflichen Zulagen, Folgerungen für die Praxis, DB 1992, 1573
Hunold, Gleichbehandlung im Betrieb, DB 1991, 1670
Landsnicker/Schwirtzek, Zulässigkeit untertariflicher Bezahlung im Baugewerbe, BB 1994, 1070
Langer, Gesetzliche und vereinbarte Ausschlußfristen im Arbeitsrecht, 1993
Loy, Rückzahlung von Ausbildungskosten bei Arbeitgeberwechsel, DB 1992, 2109
Reuter, Die Lohnbestimmung im Betrieb, ZfA 1993, 221
Schwarze, Zur arbeitskampfrechtlichen Zulässigkeit der Streikbruchprämie, RdA 1993, 264
Slupik, Lohnzuschlagsregelungen, BB 1994, 1631

Stege, Die Mitbestimmung des Betriebsrates bei der Anrechnung von Tariflohnerhöhungen auf übertarifliche Zulagen, DB 1992, 2342.

10. Kapitel: Vergütung ohne Arbeitsleistung

I. Annahmeverzug des Arbeitgebers	2520
1. Einführung	2521
2. Voraussetzungen	2522
a) Bestehen eines wirksamen Arbeitsverhältnisses	2523
b) Angebot der Arbeitsleistung durch den Arbeitnehmer	2524
c) Leistungsbereitschaft und Leistungsfähigkeit des Arbeitnehmers	2528
d) Nichtannahme der Arbeitsleistung durch den Arbeitgeber	2530
3. Beendigung des Annahmeverzuges	2532
4. Folgen des Annahmeverzuges	2533
5. Anrechnung anderweitigen Verdienstes	2535
a) Auskunftsanspruch des Arbeitgebers	2536
b) Ersparnisse	2537
c) Zwischenverdienst	2538
d) Böswillig unterlassener Zwischenverdienst	2539
e) Öffentlich-rechtliche Leistungen	2541
6. Vertragliche Regelung des Annahmeverzuges	2542
II. Unmöglichkeit der Arbeitsleistung und Betriebsrisiko des Arbeitgebers	2543
1. Einführung	2543
2. Voraussetzungen der Betriebsrisikolehre	2544
3. Fälle des Betriebsrisikos	2545
4. Wirtschaftsrisiko	2546
5. Vertragliche Regelung des Betriebsrisikos	2547
III. Vorübergehende Verhinderung des Arbeitnehmers	2548
1. Einführung	2549
2. Rechtsgrundlagen	2550
a) Gesetzliche Regelung	2550
b) Vertragliche Regelung	2551
3. Persönlicher Grund	2553
a) Unzumutbarkeit der Arbeitsleistung	2554
b) Abgrenzung zu objektiven Leistungshindernissen	2555
4. Häufige Fälle der vorübergehenden Verhinderung aus persönlichem Grund	2556
a) Arztbesuche und sonstige Heilbehandlungen	2557
b) Besondere Familienereignisse	2558
c) Erkrankung eines Familienangehörigen, insbesondere eines Kleinkindes	2559
d) Hindernisse auf dem Weg zum Arbeitsplatz	2560
e) Vorladung zu Behörden/Gerichten	2561

	5.	Sonstige Fälle der vorübergehenden Verhinderung aus persönlichem Grund	2562
	6.	Schuldlose Arbeitsverhinderung	2563
	7.	Arbeitsverhinderung für eine verhältnismäßig nicht erhebliche Zeit	2564
	8.	Anmeldung/Unterrichtung des Arbeitgebers	2565
	9.	Sonderfall: Vorübergehende Verhinderung im Erholungsurlaub	2566
	10.	Vergütung und Anrechnung anderweitigen Verdienstes	2567
IV.		Freistellung des Arbeitnehmers nach den Bildungsurlaubsgesetzen	2568
	1.	Einführung	2568
	2.	Anspruch auf Arbeitnehmerweiterbildung	2569
	3.	Anerkannte Bildungsveranstaltungen	2570
	4.	Freistellungsanspruch/erklärung	2573
	5.	Vergütungspflicht	2575
V.		Weiterführende Literaturhinweise	2576

Vergütung ohne Arbeitsleistung

I. Annahmeverzug des Arbeitgebers

2520

Checkliste: Annahmeverzug des Arbeitgebers

- **Hauptanwendungsfälle:**
  - Nichtbeschäftigung des Arbeitnehmers während eines Kündigungsschutzprozesses
  - Zurückbehaltungsrecht des Arbeitnehmers
- **Voraussetzungen:**
  - wirksames Arbeitsverhältnis
  - Angebot der Arbeitsleistung durch den Arbeitnehmer
    - Grundsatz: tatsächliches Angebot
    - Ausnahme: wörtliches Angebot ausreichend, wenn zur Erbringung der Arbeitsleistung eine Mitwirkungshandlung des Arbeitgebers erforderlich ist
    - Angebot entbehrlich, wenn der Arbeitnehmer Kündigungsschutzklage erhebt
  - Leistungsbereitschaft und Leistungsfähigkeit des Arbeitnehmers
  - Nichtannahme der Arbeitsleistung durch den Arbeitgeber
- **Rechtsfolgen: Fortzahlung der Vergütung (Lohnausfallprinzip) unter Anrechnung anderweitigen Verdienstes**
- **Verteidigungsmöglichkeit des Arbeitgebers nach einer unwirksamen Kündigung:**
  - Angebot der befristeten oder auflösend bedingten Weiterbeschäftigung bis zum Abschluß des Kündigungsschutzprozesses, allerdings zweifelhaft, da die prozessualen Erfolgsaussichten beeinträchtigt werden (Rz. 2526)
- **Beendigung:**
  - Annahme der angebotenen Arbeitsleistung
  - wirksame Beendigung des Arbeitsverhältnisses
  - Rücknahme der Kündigung
  - Wegfall der Leistungsbereitschaft oder Leistungsfähigkeit des Arbeitnehmers

Arbeitsrecht

1. Einführung

2521

Annahmeverzug des Arbeitgebers liegt vor, wenn der Arbeitgeber die ihm vom Arbeitnehmer ordnungsgemäß angebotene Arbeitsleistung nicht annimmt (§ 293 BGB). Für die unter diesen Voraussetzungen unterbliebene Arbeitsleistung hat der Arbeitnehmer einen **Vergütungsanspruch, ohne daß er zur Nachleistung verpflichtet ist** (§ 615 Satz 1 BGB).

In der betrieblichen Praxis werden Probleme des Annahmeverzuges insbesondere dann relevant, wenn die Arbeitsvertragsparteien um die **Wirksamkeit einer Kündigung, eines Aufhebungsvertrages oder einer Befristung streiten** und der Arbeitnehmer für den Zeitraum nach der vom Arbeitgeber gewollten Beendigung des Arbeitsverhältnisses Vergütungsansprüche stellt. Annahmeverzugsprobleme stellen sich aber auch häufig im Zusammenhang mit der Verkürzung oder Verlegung von Arbeitszeit sowie der berechtigten Zurückhaltung der Arbeitsleistung durch den Arbeitnehmer (vgl. unten Rz. 2530).

2. Voraussetzungen

2522

Voraussetzungen des Annahmeverzuges des Arbeitgebers sind:

- Bestehen eines rechtswirksamen Arbeitsverhältnisses,
- Angebot der Arbeitsleistung durch den Arbeitnehmer,
- Leistungsbereitschaft und Leistungsfähigkeit des Arbeitnehmers,
- Nichtannahme der Arbeitsleistung durch den Arbeitgeber.

a) Bestehen eines wirksamen Arbeitsverhältnisses

2523

Der Annahmeverzug des Arbeitgebers setzt ein rechtswirksames Arbeitsverhältnis voraus. Daher kommt im allgemeinen ein Annahmeverzug dann nicht in Betracht, wenn der Arbeitsvertrag **von Anfang an nichtig** ist oder ein zunächst wirksamer Arbeitsvertrag durch Anfechtung **rückwirkend nichtig** geworden ist (§ 142 Abs. 1 BGB).

Beispiel:
Abschluß eines Arbeitsvertrages mit einem geschäftsunfähigen Arbeitnehmer, Anfechtung des Arbeitsvertrages wegen Irrtums oder arglistiger Täuschung.

Allerdings gibt es eine gewichtige **Ausnahme**:
Hat der Arbeitnehmer trotz Nichtigkeit des Arbeitsvertrages die Arbeit aufgenommen (sogenanntes **faktisches Arbeitsverhältnis, Rz. 1161 ff., 1173 ff.**), kann

der Arbeitgeber bis zu demjenigen Zeitpunkt in Annahmeverzug geraten, an dem sich eine der Arbeitsvertragsparteien auf die Nichtigkeit des Arbeitsverhältnisses beruft.

Beispiel:
Der Arbeitgeber stellt einen Arbeitnehmer zum 02.05. als Kassierer ein. Der Arbeitnehmer nimmt die Arbeit auch auf. Am 13.05. erfährt der Arbeitgeber, daß der Arbeitnehmer erst kürzlich wegen Untreue verurteilt worden ist. Der Arbeitnehmer hatte dies bei Abschluß des Arbeitsvertrages trotz ausdrücklicher Nachfrage des Arbeitgebers verschwiegen. Der Arbeitgeber erklärt am 14.05. gegenüber dem Arbeitnehmer die Anfechtung des Arbeitsvertrages wegen arglistiger Täuschung.
Durch die Anfechtung ist das Arbeitsverhältnis rückwirkend als von Anfang an nichtig anzusehen (§ 142 Abs. 1 BGB). Dennoch konnte der Arbeitgeber bis zum 14.05. in Annahmeverzug geraten, da das Arbeitsverhältnis bis zu diesem Zeitpunkt wie ein wirksames Arbeitsverhältnis behandelt wird.

Annahmeverzug des Arbeitgebers scheidet ferner immer dann aus, wenn ein rechtswirksames **Arbeitsverhältnis wirksam beendet** worden ist. Der Arbeitnehmer kann dann nach der wirksamen Beendigung des Arbeitsverhältnisses nicht mehr in Annahmeverzug geraten. Dies gilt selbstverständlich auch dann, wenn die Arbeitsvertragsparteien vor dem ArbG um die Wirksamkeit der Beendigung streiten und sich eine ausgesprochene Kündigung, ein Aufhebungsvertrag oder eine Befristung im Prozeß als wirksam erweisen.

Beispiel:
Der Arbeitgeber spricht gegenüber dem Arbeitnehmer am 26.01. die außerordentliche Kündigung aus. Der Arbeitnehmer erhebt hiergegen Kündigungsschutzklage. Die Klage wird rechtskräftig abgewiesen.
In diesem Fall kann der Arbeitgeber nach dem 26.01. nicht in Annahmeverzug geraten, da ein wirksames Arbeitsverhältnis nicht mehr vorliegt. Wird der Klage jedoch stattgegeben, befindet sich der Arbeitgeber seit dem 26.01. regelmäßig im Annahmeverzug (vgl. unten Rz. 2526), da das Arbeitsverhältnis durch die Kündigung nicht beendet worden ist.

b) Angebot der Arbeitsleistung durch den Arbeitnehmer

2524

Der Annahmeverzug erfordert ein **tatsächliches Angebot** der Arbeitsleistung durch den Arbeitnehmer (§ 294 BGB). Der Arbeitnehmer muß also in Person zur rechten Zeit am rechten Ort sein und versuchen, dort seine Arbeitsleistung in der vertraglich geschuldeten Art und Weise zu erbringen.

Hat sich der Arbeitnehmer **verspätet**, so liegt ein ordnungsgemäßes Angebot nur noch dann vor, wenn dem Arbeitgeber die Annahme der Arbeitsleistung noch zumutbar ist. Andernfalls kann der Arbeitgeber nicht in Annahmeverzug geraten, wenn er die Arbeitsleistung zurückweist.

Beispiel:
Der Arbeitnehmer erscheint erst eine Stunde nach Arbeitsbeginn im Betrieb. Obwohl seine Arbeitsgruppe an diesem Tag im Betrieb beschäftigt ist und er die Arbeit aufnehmen könnte, weist der Arbeitgeber den Arbeitnehmer unter Hinweis auf dessen Unpünktlichkeit zurück.
Der Arbeitnehmer verspätet sich erneut um eine Stunde. Die Arbeitsgruppe des Arbeitnehmers ist jedoch an diesem Tag an einem weit entfernt gelegenen Arbeitsort außerhalb des Betriebes beschäftigt. Der Werksbus, der die Arbeitnehmer zum Arbeitsort bringt, ist bereits abgefahren. Andere Transportmöglichkeiten stehen dem Arbeitgeber nicht zur Verfügung. Der Arbeitgeber kann den Arbeitnehmer an diesem Tag auch nicht innerhalb des Betriebes beschäftigen. Aus diesen Gründen weist der Arbeitgeber den Arbeitnehmer zurück.
Im ersten Fall gerät der Arbeitgeber in Annahmeverzug, da der Arbeitsaufnahme durch den Arbeitnehmer keine Gründe entgegenstehen. Die bloße Unpünktlichkeit des Arbeitnehmers ist kein hinreichender Grund, der die Annahme der Arbeitsleistung unzumutbar erscheinen läßt. Dagegen ist der Arbeitgeber im zweiten Fall berechtigt, die Arbeitsleistung für diesen Tag zurückzuweisen. Er hat aufgrund der Verspätung des Arbeitnehmers keine Möglichkeit, diesen entsprechend zu beschäftigen.

2525

In einigen Fällen ist auch ein **wörtliches Angebot des Arbeitnehmers ausreichend**, und zwar

- wenn der Arbeitgeber erklärt hat, er werde die Leistung nicht annehmen, oder
- wenn zur Erbringung der Arbeitsleistung eine Handlung des Arbeitgebers erforderlich ist (§ 295 Satz 1 BGB).

Letzteres ist insbesondere dann anzunehmen, wenn der Arbeitgeber die Bereitstellung von Werkzeug, Arbeitsmaterialien, Transportmöglichkeiten etc. schuldet und diese Mitwirkungshandlung unterläßt. Dann genügt es für ein ordnungsgemäßes Angebot des Arbeitnehmers auch, wenn er den Arbeitgeber auffordert, die Mitwirkungshandlung vorzunehmen (§ 295 Satz 2 BGB).

2526

Ein **Angebot des Arbeitnehmers ist entbehrlich**, wenn der Arbeitgeber dem Arbeitnehmer außerordentlich oder ordentlich gekündigt hat und die Kündigung unwirksam ist. Nach der Rechtsprechung gerät der Arbeitgeber in diesen Fällen in Annahmeverzug, wenn er den Arbeitnehmer nicht - im Falle der ordentlichen Kündigung für die Zeit nach Ablauf der Kündigungsfrist - **aufgefordert hat, die Arbeit wieder aufzunehmen** (*BAG 19.04.1990, EzA, Nr. 66 zu § 615 BGB*). Zur Begründung wird darauf abgestellt, daß den Arbeitgeber eine kalendermäßig bestimmte Verpflichtung treffe (§ 296 Satz 1 BGB), dem Arbeitnehmer

Vergütung ohne Arbeitsleistung

einen funktionsfähigen Arbeitsplatz zur Verfügung zu stellen und ihm Arbeit zuzuweisen.

Bei einer **außerordentlichen Kündigung** ist von einer Aufforderung zur Arbeitsaufnahme aber **dringend abzuraten!** Der Arbeitgeber stützt die außerordentliche Kündigung ja gerade auf die Unzumutbarkeit der Fortsetzung des Arbeitsverhältnisses. Durch eine entsprechende Aufforderung setzt er sich in Widerspruch zu seiner Kündigungsbegründung und verschlechtert damit seine prozessualen Erfolgsaussichten. Ferner hat das Bundesarbeitsgericht ausdrücklich entschieden, daß der bei einer unwirksamen außerordentlichen Kündigung entstandene Annahmeverzug selbst dann nicht endet, wenn der Arbeitnehmer ein Angebot des Arbeitgebers ablehnt, den Arbeitnehmer für die Dauer des Kündigungsschutzprozesses vorsorglich mit einem befristeten neuen Arbeitsvertrag zu den alten Bedingungen oder mit einem durch die rechtskräftige Feststellung der Wirksamkeit der Kündigung auflösend bedingten Arbeitsvertrag weiter zu beschäftigen *(BAG 21.05.1981 und 14.11.1985 EzA Nr. 40, Nr. 46 zu § 615 BGB)*. Hieraus folgt, daß der Arbeitgeber eigentlich seine Kündigung "zurücknehmen" müßte, wenn er das Annahmeverzugsrisiko ausschalten will. Dies wird aus verständlichen Gründen regelmäßig nicht in Betracht kommen.

Aber auch bei einer unwirksamen ordentlichen Kündigung ist die Aufforderung zur Arbeitsaufnahme problematisch, da der Arbeitgeber seine Erfolgsaussichten in einem möglichen Kündigungsschutzprozeß gefährdet (vgl. Rz. 4704, 2540).

2527
Damit hat der Arbeitgeber praktisch keine Möglichkeit mehr, den Eintritt des Annahmeverzuges nach einer Kündigung zu verhindern. Allerdings kann der Arbeitgeber die wirtschaftlichen Folgen des Annahmeverzuges (Zahlung der Vergütung ohne Arbeitsleistung) dadurch mildern, daß er dem Arbeitnehmer die Möglichkeit zur Erzielung eines sogenannten Zwischenverdienstes gibt, der später auf die nachzuzahlende Vergütung anzurechnen ist (vgl. unten Rz. 2540). Zum Weiterbeschäftigungsanspruch des Arbeitnehmers nach einer Kündigung vgl. unten Rz. 4678, 4702 ff.

c) Leistungsbereitschaft und Leistungsfähigkeit des Arbeitnehmers

2528
Ein Annahmeverzug des Arbeitgebers tritt aber nur dann ein, wenn der Arbeitnehmer auch tatsächlich leistungsbereit und leistungsfähig ist (§ 297 BGB).
In der Praxis wird eine mangelnde Leistungsbereitschaft des Arbeitnehmers allerdings kaum nachweisbar sein. Von größerer Bedeutung sind dagegen die Fälle der fehlenden Leistungsfähigkeit. Eine fehlende Leistungsfähigkeit kann sich sowohl aus einer rechtlichen als auch aus einer tatsächlichen Unmöglichkeit der Arbeitsleistung ergeben.

Beispiel:
Dem als Kraftfahrer eingestellten Arbeitnehmer wird die Fahrerlaubnis entzogen.

Es handelt sich hier um einen typischen Fall für eine **rechtliche Unmöglichkeit.** Der Arbeitgeber kann dann im allgemeinen nicht in Annahmeverzug geraten. Der Arbeitgeber ist aber unter Umständen verpflichtet, dem Arbeitnehmer eine mögliche und zumutbare andere Beschäftigung anzubieten. Dies ergibt sich aus der Fürsorgepflicht des Arbeitgebers.

Beispiel:
Der Kraftfahrer wird mit der Wartung des firmeneigenen Fuhrparks betraut.

Allerdings muß beim Arbeitgeber ein entsprechender Bedarf für diese Tätigkeit bestehen. Das ist im allgemeinen der Fall, wenn ein Arbeitsplatz frei ist oder andere Arbeitnehmer erhebliche Überstunden leisten müssen. Unterläßt der Arbeitgeber unter diesen Voraussetzungen ein entsprechendes Angebot gegenüber dem Arbeitnehmer, so kann er trotz fehlender Leistungsfähigkeit des Arbeitnehmers in Annahmeverzug geraten.

2529
Eine **tatsächliche Unmöglichkeit** liegt vor allem dann vor, wenn der Arbeitnehmer erkrankt ist.

War der Arbeitnehmer zum Zeitpunkt der tatsächlichen Beendigung des Arbeitsverhältnisses nur kurzfristig und einmalig erkrankt, so gerät der Arbeitgeber mit der Wiedererlangung der Arbeitsfähigkeit in Annahmeverzug, wenn der Arbeitnehmer **Kündigungsschutzklage** erhoben hat. Zu einer Anzeige der Arbeitsfähigkeit ist der Arbeitnehmer nicht verpflichtet. Erkrankt der Arbeitnehmer nach begonnenem Annahmeverzug des Arbeitgebers, so befindet sich der Arbeitgeber nur zu den Zeiten in Annahmeverzug, in denen der Arbeitnehmer objektiv arbeitsfähig war. Dies gilt aber auch nur, wenn der Arbeitnehmer Kündigungsschutzklage erhoben hat oder in sonstiger Form gegen die Kündigung Widerspruch erhoben hat. Auch hier bedarf es keiner erneuten Anzeige der Arbeitsfähigkeit.

Beispiel:
Dem Arbeitnehmer wird zum 30.09. ordentlich gekündigt. Der Arbeitnehmer hat hiergegen fristgemäß Kündigungsschutzklage erhoben. Am 28.09. erkrankt der Arbeitnehmer für eine Woche bis zum 05.10.; am 12.10. erkrankt der Arbeitnehmer nochmals für eine Woche bis zum 19.10.. Später wird rechtskräftig festgestellt, daß die Kündigung unwirksam war.
Der Arbeitgeber gerät hier ohne ein Angebot des Arbeitnehmers nach Gesundung des Arbeitnehmers am 06.10. in Annahmeverzug. Der Annahmeverzug endet mit der erneuten Erkrankung des Arbeitnehmers am 12.10. und beginnt wiederum mit Erlangung der Arbeitsfähigkeit am 20.10.. Auch für den erneuten Beginn des Annahmeverzuges ist kein Angebot des Arbeitnehmers erforderlich.

Vergütung ohne Arbeitsleistung

Handelt es sich nicht um Annahmeverzug im Zusammenhang mit einer Kündigung, wird der Arbeitnehmer seine Arbeitsfähigkeit und Arbeitsbereitschaft jeweils nach Genesung erneut dem Arbeitgeber anzeigen müssen.

Ist dem Arbeitnehmer die Arbeitsleistung deshalb tatsächlich unmöglich, weil er trotz Erhebung einer Kündigungsschutzklage nun vorübergehend bei einem anderen Arbeitgeber arbeitet, hindert dies den Annahmeverzug des Arbeitgebers nicht, da er diese Tätigkeit durch seine Kündigung veranlaßt hat.

d) Nichtannahme der Arbeitsleistung durch den Arbeitgeber

2530

Schließlich erfordert der Annahmeverzug des Arbeitgebers, daß dieser die ihm angebotene Arbeitsleistung nicht annimmt.

Der Nichtannahme steht es gleich, wenn der Arbeitgeber dem Arbeitnehmer

- eine andere als die geschuldete Arbeitsleistung oder
- den Abschluß eines neuen Arbeitsvertrages anbietet.

Beispiel:
Der Arbeitgeber bietet nach einer unwirksamen Kündigung dem als Kraftfahrer eingestellten Arbeitnehmer eine Beschäftigung als Lagerverwalter an.
Der Arbeitgeber gerät hier in Annahmeverzug, da der Arbeitnehmer nur eine Tätigkeit als Kraftfahrer schuldet.

Ein Fall der Nichtannahme liegt auch dann vor, wenn der Arbeitgeber zwar bereit ist, die geschuldete Arbeitsleistung anzunehmen, gleichzeitig aber nicht bereit oder in der Lage ist, nicht unerhebliche rückständige Vergütungsansprüche des Arbeitnehmers zu begleichen. Beruft sich der Arbeitnehmer auf sein **Zurückbehaltungsrecht** und macht er sein Arbeitsangebot von der Bezahlung seiner ausstehenden Vergütung abhängig (§ 273 Abs. 1 BGB, vgl. oben Rz. 2488), so gerät der Arbeitgeber trotz Annahmebereitschaft in Annahmeverzug.

Beispiel:
Der Arbeitnehmer hat bereits seit 2 Monaten keine Vergütung erhalten. Nun verlangt er unter Fristsetzung von 2 Wochen Zahlung und kündigt an, andernfalls nach Fristablauf seine Arbeitsleistung zurückzubehalten.
Der Arbeitgeber gerät in diesem Fall nach Ablauf der Frist in Annahmeverzug, wenn er die ausstehende Vergütung nicht zumindest zu einem Großteil auszahlt.

2531

Das Bundesarbeitsgericht hatte jüngst die Frage zu beantworten, unter welchen Voraussetzungen der Arbeitgeber verpflichtet ist, denjenigen Arbeitnehmern Lohn zu zahlen, die einem bestreikten Betrieb oder Betriebsteil angehören und

Arbeitsrecht

ihre **Arbeit während des Streiks vergeblich anbieten.** Nachdem zunächst eine Verpflichtung zur Lohnzahlung aus Annahmeverzug bei Nichtbeschäftigung eines arbeitswilligen Arbeitnehmers bejaht wurde (*BAG 14.12.1993, BB 1994, 632*), wurde zuletzt eine Zahlungspflicht des Arbeitgebers verneint (*BAG 22.03.1994, DB 1994, 738, Presseinformation*). Zur Begründung wird angeführt, daß ein gewerkschaftlicher Streikbeschluß alle Arbeitnehmer des bestreikten Betriebs oder Betriebsteils - unabhängig von ihrer Organisationszugehörigkeit - berechtige, jederzeit an Arbeitskampfmaßnahmen teilzunehmen. Der Arbeitgeber sei daher berechtigt, den bestreikten Betrieb oder Betriebsteil für die Dauer des Streiks mit der Rechtsfolge stillzulegen, daß seine Lohnzahlungspflicht entfalle. Der Abschluß einer Notdienstvereinbarung mit der streikführenden Gewerkschaft ändere an diesem Ergebnis nichts. Bis auf weiteres ist also davon auszugehen, daß der Arbeitgeber im **Streikfall** berechtigt ist, die ihm **angebotene Arbeitsleistung zurückzuweisen**, ohne daß er hierdurch in Annahmeverzug gerät.

3. Beendigung des Annahmeverzuges

2532

Der Annahmeverzug endet

- mit wirksamer Beendigung des Arbeitsverhältnisses,
- mit ordnungsgemäßer Annahme der angebotenen Arbeitsleistung,
- im Fall des Kündigungsschutzprozesses mit Rücknahme der Kündigung oder
- mit Wegfall der Leistungsbereitschaft oder Leistungsfähigkeit des Arbeitnehmers.

4. Folgen des Annahmeverzuges

2533

Der Arbeitnehmer wird für die Dauer des Annahmeverzuges des Arbeitgebers von der Arbeitspflicht befreit. Gleichzeitig behält er seinen Vergütungsanspruch gegen den Arbeitgeber, ohne zur Nachleistung verpflichtet zu sein (§ 615 Satz 1 BGB).

2534

Für die Berechnung der vom Arbeitgeber zu zahlenden Vergütung gilt grundsätzlich das **Lohnausfallprinzip**. Der Arbeitnehmer hat Anspruch auf die Bruttolohnvergütung. Dieser Anspruch unterliegt in vollem Umfang den Vorschriften des Steuer- und Sozialversicherungsrechts. Das heißt, der Arbeitgeber hat die entsprechenden Steuer- und Sozialversicherungsbeiträge genauso abzuführen, wie wenn der Arbeitnehmer tatsächlich gearbeitet hätte. Bei **zeitbezogener Vergütung** ist die regelmäßige Stunden-, Tage-, Wochen- oder Monatsvergü-

Vergütung ohne Arbeitsleistung

tung fortzuzahlen. Zwischenzeitlich eingetretene Erhöhungen der Vergütung sind zu berücksichtigen.
Bei **leistungsbezogener Vergütung** (Akkord-, Prämienlohnvergütung) ist die Vergütung zu zahlen, die der Arbeitnehmer erreicht hätte. Dies darzulegen und zu beweisen ist Sache des Arbeitnehmers!

Zur Überprüfung seiner geltend gemachten Forderung kann folgendes als **Anhalt** herangezogen werden:

- steht eine Vergleichsperson zu Verfügung, etwa wenn der Arbeitnehmer sonst in einer Arbeitsgruppe beschäftigt worden wäre, kann auf den Verdienst eines anderen Arbeitnehmers dieser Gruppe abgestellt werden,

- fehlt eine Vergleichsperson, so kann der Durchschnittsverdienst des Arbeitnehmers der letzten 3 Monate zugrunde gelegt werden.

Macht der Arbeitnehmer einen hierüber hinausgehenden Verdienst geltend, so muß er genau darlegen und notfalls auch beweisen können, warum er gerade während des Annahmeverzuges effektiver als sonst gearbeitet hätte. Regelmäßig wird ein solcher Nachweis schwerfallen. Daher sollten ungewöhnlich hohe Forderungen des Arbeitnehmers sorgfältig geprüft werden!
Zulagen und Sondervergütungen sind ebenfalls für den Zeitraum des Annahmeverzuges zu zahlen. Hierzu gehören im allgemeinen:
Gratifikationen, Gewinnbeteiligungen, Tantiemen, Anwesenheitsprämien, Gefahren-, Erschwernis- und Funktionszulagen, Provisionen u.a.
Dagegen sind Zulagen, die an die tatsächliche Arbeitsleistung anknüpfen, z.B. eine echte Schmutzzulage, nicht fortzuzahlen.
Ob auch **Spesen** weiterzuzahlen sind, hängt davon ab, ob in dem Spesensatz Vergütungsbestandteile enthalten sind. Hier muß auf die Umstände des jeweiligen Einzelfalles abgestellt werden. Der in dem Spesensatz enthaltene Vergütungsanteil muß notfalls geschätzt werden (§ 287 Abs. 2 ZPO) und gehört zum fortzuzahlenden Arbeitsentgelt. Sonstiger **Auslagenersatz** ist nur insoweit zu zahlen, als er während des Annahmeverzuges auch tatsächlich angefallen ist.

Beispiel:
Unterhaltungskosten für Kfz, Kosten für bezogene Fachliteratur etc.

5. Anrechnung anderweitigen Verdienstes

2535

Der Arbeitnehmer muß sich auf seinen Vergütungsanspruch jedoch das anrechnen lassen, was er infolge des Unterbleibens der Dienstleistung **erspart oder durch anderweitige Verwendung seiner Dienste erwirbt oder zu erwerben böswillig unterläßt** (§§ 615 Satz 2 BGB, 11 KSchG). Der Arbeitnehmer soll also nicht besser dastehen, als er bei ordnungsgemäßer Durchführung des Arbeitsverhältnisses gestanden hätte. Hier bestehen in der Praxis erhebliche Probleme, da der Arbeitgeber für die Anrechnung anderweitigen Verdienstes darlegungs- und beweispflichtig ist. Regelmäßig wird es ihm aber schwerfallen, Ersparnisse oder anderen Verdienst des Arbeitnehmers nachzuweisen. In beschränktem Umfang stehen dem Arbeitgeber jedoch Verteidigungsmöglichkeiten zur Verfügung.

a) Auskunftsanspruch des Arbeitgebers

2536
Der Arbeitgeber hat gegen den Arbeitnehmer einen **Auskunftsanspruch über die Höhe des anderweitigen Verdienstes**, wenn feststeht oder der Arbeitgeber darlegen und notfalls auch beweisen kann, daß der Arbeitnehmer anderweitig gearbeitet hat. Solange der Arbeitnehmer die Auskunft nicht erteilt, hat der Arbeitgeber in diesem Fall ein Leistungsverweigerungsrecht (§ 320 BGB), d.h., die Vergütung muß erst ausgezahlt werden, wenn der Arbeitnehmer die Auskunft erteilt hat.

Hingegen besteht **kein Anspruch auf Auskunft darüber, ob der Arbeitnehmer überhaupt anderweitig gearbeitet hat.** Folglich hat der Arbeitgeber in diesem Fall auch kein Leistungsverweigerungsrecht. Solange der Arbeitgeber eine anderweitige Tätigkeit des Arbeitnehmers nicht nachweisen kann, ist er relativ schutzlos.

Nutzen Sie daher während des Annahmeverzuges ggf. alle Mittel aus, um festzustellen, ob der Arbeitnehmer woanders tätig wird!

b) Ersparnisse

2537
Auf den Vergütungsanspruch anzurechnen ist der Wert dessen, was der Arbeitnehmer durch das Unterbleiben der Arbeit erspart hat.

Beispiel:
Vom Arbeitgeber getragene Fahrtkosten zur Arbeitsstätte, Spesen (vgl. oben Rz. 2534), sonstiger Aufwendungsersatz etc.

c) Zwischenverdienst

2538
Der tatsächlich während des Annahmeverzuges bei einem anderen Arbeitgeber erzielte Zwischenverdienst des Arbeitnehmers ist im allgemeinen auf die Vergütung **voll anzurechnen**. Der auszuzahlende Betrag errechnet sich aus der Differenz zwischen Vergütungsanspruch und Zwischenverdienst. Übersteigt der

Vergütung ohne Arbeitsleistung

Zwischenverdienst den Vergütungsanspruch, so entfällt eine Zahlungspflicht des Arbeitgebers. Anrechenbarer Zwischenverdienst können in Einzelfällen auch erst zukünftig fällige, aber bereits entstandene Provisionsansprüche sein. Dagegen **mindert** sich der anrechenbare Zwischenverdienst durch erhöhte Aufwendungen des Arbeitnehmers, z.B. gesteigerte Anfahrtkosten. Bei der Ermittlung des anrechenbaren Zwischenverdienstes sind ebenfalls nicht die Einnahmen des Arbeitnehmers einzubeziehen, die dieser dadurch erlangt hat, daß er bei einem anderen Arbeitgeber zeitlich länger arbeitet, als er es bei dem bisherigen Arbeitgeber getan hätte.

Beispiel:
Der Arbeitnehmer ist bei seinem bisherigen Arbeitgeber 40 Stunden pro Woche für 800 DM beschäftigt. Während des Annahmeverzuges des Arbeitgebers arbeitet der Arbeitnehmer bei einem anderen Arbeitgeber 40 Stunden pro Woche für 700 DM. Durch Ableistung von Überstunden erhöht sich sein Entgelt jedoch um 80 DM in der Woche. Dieses Überstundenentgelt ist kein anrechenbarer Zwischenverdienst. Dieser beträgt lediglich 700 DM, da der Arbeitnehmer auch seinem bisherigen Arbeitgeber nur 40 Arbeitsstunden in der Woche schuldet.

Kein anrechenbarer Zwischenverdienst sind auch Vergütungsansprüche des Arbeitnehmers gegen Dritte, die der Arbeitnehmer während seiner Freizeit erworben hat (**Nebeneinnahmen**). Hier ist die Abgrenzung schwierig. Ob der Arbeitnehmer die anderweitige Tätigkeit als Freizeit oder als Ersatz für ausgefallene Arbeit betrachtet hat, richtet sich nach den objektiven wie subjektiven Umständen des Einzelfalles. Ein wesentliches Indiz für eine Ersatztätigkeit und damit für eine Anrechenbarkeit des Verdienstes wird es regelmäßig sein, wenn der Arbeitnehmer eine andere Tätigkeit zu denjenigen Tageszeiten ausübt, in denen er sonst bei dem bisherigen Arbeitgeber beschäftigt war.

d) Böswillig unterlassener Zwischenverdienst

2539

Der Arbeitnehmer muß sich auch den böswillig unterlassenen Zwischenverdienst anrechnen lassen. Böswilliges Unterlassen wird im allgemeinen dann gegeben sein, wenn der Arbeitnehmer weiß, daß für ihn eine anderweitige und zumutbare Arbeitsmöglichkeit besteht und er die Arbeitsaufnahme vorsätzlich unterläßt. In der Regel wird man vom Arbeitnehmer verlangen können, daß er sich beim **Arbeitsamt arbeitsuchend meldet**. Darüber hinaus ist er dann nicht verpflichtet, sich selbst eine andere Stelle zu suchen.
Weist das Arbeitsamt dem Arbeitnehmer eine zumutbare Stelle nach, so stellt die Ablehnung der Arbeit ein böswilliges Unterlassen dar. Was **zumutbar** ist, bestimmt sich unter Berücksichtigung aller Umstände des Einzelfalles nach Treu und Glauben. Als **Anhalt** kann gelten:

Der Arbeitnehmer ist nicht verpflichtet, eine andersartige oder geringerwertige Arbeit aufzunehmen!

2540
Problematisch ist die Frage, ob der Arbeitnehmer verpflichtet ist, ein **Angebot des Arbeitgebers auf befristete oder auflösend bedingte Weiterbeschäftigung** (vgl. oben Rz. 2526) anzunehmen. Hier ist zu differenzieren:

- Grundsätzlich ist der Arbeitnehmer verpflichtet, ein entsprechendes Angebot anzunehmen. Andernfalls muß er sich das auf den Vergütungszeitraum entfallende Entgelt als böswillig unterlassenen Verdienst anrechnen lassen!
- Ist die Weiterbeschäftigung dem Arbeitnehmer jedoch unzumutbar, ist er zur Annahme eines derartigen Angebots nicht verpflichtet. Es kommt also wiederum auf die Umstände des Einzelfalles an. Insbesondere werden hier die Art der Kündigung, (verhaltens-, personen- oder betriebsbedingte, außerordentliche Kündigung) und die vorgebrachten Kündigungsgründe zu berücksichtigen sein.

e) Öffentlich-rechtliche Leistungen

2541
Öffentlich-rechtliche Leistungen, die infolge der Arbeitslosigkeit aus der Arbeitslosenversicherung oder der Sozialhilfe gewährt werden, muß der Arbeitnehmer sich anrechnen lassen (§ 11 Nr. 3 KSchG). Allerdings ist der Arbeitgeber verpflichtet, diese Beiträge dem Leistungsträger zu erstatten.

6. Vertragliche Regelung des Annahmeverzuges

2542
Die gesetzliche Regelung über den Annahmeverzug (§ 615 BGB) kann vertraglich abbedungen werden. Die Arbeitsvertragsparteien können also etwas anderes vereinbaren. Die Vereinbarung muß aber **klar und deutlich abgefaßt** sein. Allerdings ist bei Abschluß einer solchen Vereinbarung dann Vorsicht geboten, wenn von den gesetzlichen Bestimmungen zu Lasten des Arbeitnehmers abgewichen werden soll. Keinesfalls darf der Arbeitnehmer durch eine solche Abrede unangemessen benachteiligt werden.

II. Unmöglichkeit der Arbeitsleistung und Betriebsrisiko des Arbeitgebers

1. Einführung

2543
Nach allgemeinen schuldrechtlichen Grundsätzen hat der Arbeitnehmer im Falle der Unmöglichkeit der Arbeitsleistung nur dann einen Vergütungs- bzw. Schadensersatzanspruch gegen den Arbeitgeber, wenn die Unmöglichkeit vom Ar-

beitgeber zu vertreten ist (§ 325 BGB). Dagegen verliert der Arbeitnehmer seinen Vergütungsanspruch nach diesen Grundsätzen, wenn die Arbeitsleistung unmöglich wird, ohne daß dies von ihm selbst oder vom Arbeitgeber verschuldet worden ist (§ 323 Abs. 1 BGB).

Ein Verlust des Vergütungsanspruches erscheint aber dann unbillig, wenn die Arbeitsleistung etwa deshalb unterbleibt, weil **betriebliche Störungen** eingetreten sind, wie z.B. die Unterbrechung der Stromzufuhr zum Betrieb oder Brandschäden.
Um auch in derartigen Fällen eine sozial ausgewogene und sachgerechte Regelung herbeizuführen, wurde bereits vom Reichsgericht die sogenannte **Betriebsrisikolehre** entwickelt, die seitdem auch in ständiger Rechtsprechung des Bundesarbeitsgerichts Anwendung findet.

Unter den Voraussetzungen der Betriebsrisikolehre behält der Arbeitnehmer seinen Vergütungsanspruch für die ausgefallene Arbeitsleistung.

2. Voraussetzungen der Betriebsrisikolehre

2544

Im Falle der tatsächlichen Unmöglichkeit der Arbeitsleistung findet die Betriebsrisikolehre unter folgenden Voraussetzungen Anwendung:

- der Arbeitnehmer ist zur Arbeit fähig und bereit;
- der Arbeitgeber kann ihn aus Gründen, die in seiner betrieblichen Sphäre liegen, nicht beschäftigen;
- weder der Arbeitgeber noch der Arbeitnehmer haben das Unterbleiben der Arbeitsleistung verschuldet;
- es fehlen besondere Bestimmungen über die Fälle des Betriebsrisikos in einzel- oder kollektivvertraglichen Bestimmungen.

Nur ausnahmsweise kann von der Anwendung der Betriebsrisikolehre abgesehen werden, wenn die Weiterzahlung des vollen Arbeitsentgelts für die ausgefallene Arbeit zur **Existenzgefährdung** des Betriebes führen würde.

3. Fälle des Betriebsrisikos

2545

Der betrieblichen Sphäre zuzurechnen sind insbesondere folgende Fälle des Arbeitsausfalls durch:

- Brandschäden,
- Inventuraufnahme,

- Kohle- und Rohstoffmangel,
- Maschinenschäden,
- Heizungsausfall bei plötzlichem Kälteeinbruch,
- Transportmittelausfall, wenn z.B. der Arbeitnehmer mit einem vom Arbeitgeber gestellten Transportmittel zur Arbeit gebracht wird,
- Verweigerung der Arbeitsleistung durch einzelne Arbeitnehmer (sogenannte Schlüsselarbeitnehmer), wenn deren Tätigwerden Voraussetzung für die Arbeit anderer Arbeitnehmer ist.

Besonderheiten bestehen beim Arbeitsausfall infolge von Streikmaßnahmen, worauf aber hier nicht näher eingegangen werden soll, vgl. oben Rz. 2531.

4. Wirtschaftsrisiko

2546
Im Gegensatz zu den Fällen des Betriebsrisikos ist beim Wirtschaftsrisiko die Arbeit nicht tatsächlich unmöglich, sondern lediglich unrentabel oder existenzgefährdend. Dieses Wirtschaftsrisiko hat der Arbeitgeber immer zu tragen, so daß die Auszahlung der Vergütung selbst dann nicht verweigert werden kann, wenn die Auszahlung zu einer ernsten Existenzgefährdung des Betriebes führt.

5. Vertragliche Regelung des Betriebsrisikos

2547
Die Anwendung der Betriebsrisikolehre kann einzel- oder kollektivvertraglich ausgeschlossen werden. Eine entsprechende Klausel muß jedoch klar und deutlich gefaßt sein.

Muster:

"Bezahlt wird nur die tatsächlich geleistete Arbeitszeit. Ist die Erbringung der Arbeitsleistung unmöglich, ohne daß dies von einer der Arbeitsvertragsparteien zu vertreten ist, entfällt ein Vergütungsanspruch des Arbeitnehmers auch dann, wenn die Ursachen des Arbeitsausfalls in der betrieblichen Sphäre des Arbeitgebers liegen. Es wird ausdrücklich vereinbart, daß die Grundsätze der Betriebsrisikolehre keine Anwendung finden."

III. Vorübergehende Verhinderung des Arbeitnehmers

2548

Checkliste:
Vergütungspflicht bei vorübergehender Verhinderung des Arbeitnehmers

- **Anwendungsfälle**
  - besondere Familienereignisse
  - Pflege bei plötzlicher Krankheit von Familienangehörigen
  - z.T. Arztbesuche
  - gerichtliche/behördliche Vorladungen etc.

- **Stets vorab zu prüfen: Besteht eine vertragliche Regelung?**
  - Tarifvertrag
  - Betriebsvereinbarung
  - Arbeitsvertrag
    Vertragliche Regelungen gehen der gesetzlichen Regelung vor!

    Bei Unklarheiten: Auslegung der vertraglichen Regelung.

- **Gesetzliche Regelung**
  Anspruch auf Fortzahlung der Vergütung (Lohnausfallprinzip) bei
  - Arbeitsverhinderung aus persönlichem Grund
  - ohne Verschulden
  - für eine nicht erhebliche Zeit.

1. Einführung

2549

Ein **Vergütungsanspruch trotz unterbliebener Arbeitsleistung** kommt auch dann in Betracht, wenn der Arbeitnehmer aus einem persönlichen Grund ohne sein Verschulden vorübergehend an der Erbringung der Arbeitsleistung gehindert ist (§ 616 Abs. 1 BGB).

Es handelt sich dabei um eine weitere Ausnahme von dem Grundsatz "Ohne Arbeit keinen Lohn". Erfaßt sind dabei vor allem die Fälle, in denen etwa der Arbeitnehmer wegen einer gerichtlichen Vorladung oder eines besonderen persönlichen Ereignisses (z. B. Hochzeit) die Arbeitsleistung nicht erbringen kann. Der

Arbeitsrecht

Sprachgebrauch ist insoweit nicht ganz einheitlich. Teilweise wird die vorübergehende Verhinderung des Arbeitnehmers auch als bezahlte Freistellung oder als bezahlter Sonderurlaub bezeichnet. Um Urlaub im Sinne eines Erholungsurlaubs handelt es sich bei der vorübergehenden Verhinderung des Arbeitnehmers jedoch nicht.

Für die Praxis ist es bedeutsam, daß im Zusammenhang mit der vorübergehenden Verhinderung des Arbeitnehmers häufig von den gesetzlichen Regelungen abweichende Vereinbarungen getroffen sind, die der gesetzlichen Regelung vorgehen.

Auf einen weiteren Anwendungsbereich des § 616 BGB sei hier nur kurz hingewiesen. Für einige Angestellte folgt im Krankheitsfall die Vergütungsfortzahlung ebenfalls auf der Grundlage dieser Vorschrift. Im übrigen gelten für die Vergütungsfortzahlung im Krankheitsfall Sonderregelungen, auf die hier nicht weiter eingegangen werden soll (vgl. unten Rz. 2701 ff.). Die nachfolgenden Ausführungen beschränken sich daher auf die Fälle der vorübergehenden Verhinderung des Arbeitnehmers, die nicht krankheitsbedingt sind.

2. Rechtsgrundlagen

a) Gesetzliche Regelung

2550

Nach der gesetzlichen Regelung über die vorübergehende Verhinderung des Arbeitnehmers verliert dieser seinen Vergütungsanspruch nicht, wenn er an der Arbeitsleistung gehindert ist (§ 616 Abs. 1 Satz 1 BGB)

- durch einen in seiner Person liegenden Grund,
- ohne sein Verschulden,
- für eine verhältnismäßig nicht erhebliche Zeit.

b) Vertragliche Regelung

2551

Die gesetzliche Regelung ist abdingbar, das heißt, daß die Arbeitsvertragsparteien an Stelle der gesetzlichen Regelung etwas anderes vereinbaren können. Eine solche vertragliche Regelung kann sich ergeben aus

- Tarifvertrag,
- Betriebsvereinbarung,
- Arbeitsvertrag.

Vergütung ohne Arbeitsleistung

Dabei kann der Anspruch auf Fortzahlung der Vergütung ausgeschlossen, eingeschränkt, erweitert oder in sonstiger Weise geregelt werden (vgl. aber Rz. 2365). Der Anspruch des Arbeitnehmers auf **unbezahlte Freistellung** von der Arbeit aus einem persönlichen Grund kann allerdings **nicht ausgeschlossen oder beschränkt werden**. Eine vertragliche Regelung ist nur möglich in bezug auf

- die Vergütungspflicht des Arbeitgebers und ggf.
- die Festlegung des vergütungspflichtigen Zeitraumes.

Häufig sind derartige Vereinbarungen in **Tarifverträgen** enthalten. Daher ist bei Fragen im Zusammenhang mit der schuldlosen vorübergehenden Arbeitsverhinderung aus persönlichem Grund immer zuerst zu prüfen, ob der anwendbare Tarifvertrag eine entsprechende Regelung enthält! Der völlige Ausschluß des Anspruchs erfolgt regelmäßig durch Klauseln wie: *"Bezahlt wird nur die tatsächlich geleistete Arbeitszeit"*.

In den meisten Fällen enthält der Tarifvertrag dann aber auch Ausnahmeregelungen von diesem Grundsatz. Wird der vom Arbeitnehmer geltend gemachte Verhinderungsgrund von dieser Ausnahmeregelung erfaßt, stellen sich keine weiteren Probleme. Insbesondere ist dann auch der in der Regelung ggfs. festgelegte Zeitraum der Vergütungsfortzahlung verbindlich.

Beispiel:
In einem Tarifvertrag heißt es: "Eine Gehalts- oder Urlaubsminderung tritt nicht ein bei tatsächlich notwendiger Arbeitsversäumnis infolge .... Erkrankung eines in dem Haushalt des Angestellten lebenden Kindes, wenn die Anwesenheit des Angestellten mangels anderweitiger Versorgung plötzlich notwendig ist oder wird bis zur Dauer von 16 Arbeitsstunden."
In diesem Fall hat der Arbeitnehmer lediglich Anspruch auf eine Vergütungsfortzahlung für 16 Stunden, selbst wenn die Erkrankung des Kindes länger andauert (BAG 20.06.1979, EzA § 616 BGB Nr. 16).

Ist der Verhinderungsgrund in einer bestehenden vertraglichen Regelung nicht ausdrücklich genannt, kommt es für den Vergütungsfortzahlungsanspruch darauf an, ob eine in dem Tarifvertrag ggf. enthaltene Aufzählung der Verhinderungsgründe abschließend ist. Dies ist im Wege der Auslegung zu ermitteln.

Beispiel:
*In einem Tarifvertrag ist folgende Regelung enthalten: "Gehalts- oder Urlaubsminderung tritt **zum Beispiel** nicht ein, wenn ...."*
*Da die anschließende Aufzählung der Verhinderungsgründe nur **beispielhaft** und damit nicht abschließend erfolgt, findet im Zweifel die gesetzliche Regelung auch weiterhin Anwendung.*
Der Arbeitnehmer hat dann Anspruch auf Fortzahlung der Vergütung, wenn die gesetzlichen Voraussetzungen vorliegen. Ergibt die Auslegung dagegen, daß die Aufzählung

abschließend sein soll, so besteht kein Anspruch des Arbeitnehmers auf Vergütungsfortzahlung, wenn der von ihm geltend gemachte Verhinderungsgrund nicht ausdrücklich genannt ist.

2552

Unterliegt der Betrieb des Arbeitgebers keinem Tarifvertrag oder enthält der gültige Tarifvertrag keine Regelungen, so ist der **Abschluß einer Betriebsvereinbarung** über die Regelung der vorübergehenden Verhinderung des Arbeitnehmers zweckmäßig. Hierdurch kann für den Arbeitgeber wie für die Arbeitnehmer die wünschenswerte Klarheit geschaffen werden. Dabei muß jedoch die **Sperrwirkung des § 77 Abs. 3 BetrVG** beachtet werden, wonach eine Regelung durch Betriebsvereinbarung auch dann nicht zulässig ist, wenn der Regelungsgegenstand üblicherweise in Tarifverträgen geregelt ist. Hier muß im Einzelfall eine sorgfältige rechtliche Prüfung erfolgen.

Sollen Regelungen über die vorübergehende schuldlose Verhinderung des Arbeitnehmers im **Arbeitsvertrag** getroffen werden, ist zu berücksichtigen, daß noch nicht abschließend geklärt ist, ob der völlige Ausschluß der gesetzlichen Regelung auch in einem Einzelarbeitsvertrag vereinbart werden kann (vgl. BAG a.a.O.).

Keine Bedenken dürften im allgemeinen gegen eine Regelung bestehen, die lediglich eine Beschränkung des gesetzlichen Vergütungsfortzahlungsanspruches beinhaltet, indem bestimmte persönliche Verhinderungsgründe abschließend festgelegt werden.

3. Persönlicher Grund

2553

Der gesetzliche Vergütungsfortzahlungsanspruch setzt voraus, daß die Arbeitsleistung aus einem in der Person des Arbeitnehmers liegenden Grund unterblieben ist (sogenanntes subjektives Leistungshindernis).

a) Unzumutbarkeit der Arbeitsleistung

2554

Ein hinreichender persönlicher Grund liegt immer dann vor, wenn dem Arbeitnehmer die Erbringung der Arbeitsleistung aufgrund seiner persönlichen Verhältnisse nach **Treu und Glauben nicht zumutbar ist**. Dabei muß sich die Unzumutbarkeit nicht unbedingt aus den persönlichen Eigenschaften des Arbeitnehmers ergeben. Vielmehr können auch Ursachen, die im persönlichen Umfeld des Arbeitnehmers liegen, zur Annahme eines persönlichen Grundes führen.

Vergütung ohne Arbeitsleistung

Beispiel:
Erkrankung von Familienangehörigen.

Die Anforderungen, die an das Vorliegen eines persönlichen Grundes zu stellen sind, können nicht allgemein verbindlich umschrieben werden. Abzustellen ist jeweils auf die **Umstände des Einzelfalles**, wobei die beiderseitigen Interessen gegeneinander abzuwägen sind.
Nicht erforderlich ist es, daß dem Arbeitnehmer die Arbeitsleistung tatsächlich unmöglich ist. Ausreichend ist die Unzumutbarkeit. Allerdings ist hier ein **strenger Maßstab anzulegen**, da § 616 Abs. 1 Satz 1 BGB als Ausnahmeregelung eng auszulegen ist. Der Arbeitnehmer muß sich daher bemühen, die Arbeitsverhinderung zu vermeiden.

Im allgemeinen wird von einer Unzumutbarkeit dann keine Rede sein können, wenn der Arbeitnehmer das, was er während der Zeit seiner Arbeitsverhinderung erledigen will, auch außerhalb der Arbeitszeit erledigen kann. Der Arbeitnehmer kann sich in der Regel nicht darauf berufen, daß dies mit zusätzlichen Unannehmlichkeiten verbunden sei. Zu den häufigsten Fällen der vorübergehenden Arbeitsverhinderung aus persönlichem Grund vgl. unten Rz. 2556 ff..

Ein persönlicher Grund liegt nicht vor, wenn die vorübergehende Verhinderung des Arbeitnehmers auf sogenannten objektiven Leistungshindernissen beruht.

b) Abgrenzung zu objektiven Leistungshindernissen

2555

Unter objektiven Leistungshindernissen versteht man zum einen diejenigen arbeitsverhindernden Umstände, die nicht allein den Arbeitnehmer persönlich, sondern eine Vielzahl von Personen betreffen.

Beispiel:
Politische Unruhen, Krieg, Demonstrationen, Smog-Alarm, Naturereignisse, allgemeine Witterungsverhältnisse, Glatteis, Schnee, Überschwemmungen oder allgemeine Verkehrsstörungen (vgl. hierzu unten Rz. 2560).
Unterbleibt die Arbeitsleistung aus diesen Umständen, so scheidet ein Vergütungsfortzahlungsanspruch wegen vorübergehender Verhinderung des Arbeitnehmers aus persönlichem Grund aus. Das gleiche gilt, wenn in der Person des Arbeitnehmers ein objektives Leistungshindernis vorliegt.

Beispiel:
Fehlender Führerschein bei Kraftfahrern, fehlende Berufsausübungserlaubnis (z. B. fehlende Zulassung als Rechtsanwalt), fehlende Arbeitserlaubnis eines ausländischen Arbeitnehmers o.ä.

4. Häufige Fälle der vorübergehenden Verhinderung aus persönlichem Grund

2556

Die nachfolgende Darstellung erfaßt die häufigsten Fälle der vorübergehenden Arbeitsverhinderung aus persönlichen Gründen. Zu beachten ist jeweils, daß diese Fallgestaltungen vielfach in Tarifverträgen, Betriebsvereinbarungen oder im Arbeitsvertrag geregelt sind. Prüfen Sie daher die in Betracht kommenden Rechtsgrundlagen! Ausdrückliche Vereinbarungen gehen den gesetzlichen Bestimmungen (§ 616 Abs. 1 Satz 1 BGB) vor.

a) Arztbesuche und sonstige Heilbehandlungen

2557

Arztbesuche und sonstige Heilbehandlungen stellen nur dann eine vorübergehende Verhinderung aus persönlichem Grund dar, wenn es dem Arbeitnehmer **nicht möglich war, die Behandlung außerhalb der Arbeitszeit durchführen zu lassen.**

Das wird im allgemeinen nur bei akuten Beschwerden oder dann zu bejahen sein, wenn die Festlegung des Termins außerhalb des Einflusses des Arbeitnehmers liegt. In jedem Fall muß der Arbeitnehmer schnellstmöglich seine Arbeit wieder aufnehmen.

Zu Arztbesuchen bei gleitender Arbeitszeit vgl. oben Rz. 2244..

Führt der Arztbesuch zur Feststellung der Arbeitsunfähigkeit, so unterliegt er den Regeln über die Lohnfortzahlung im Krankheitsfall (vgl. unten Rz. 2707). Eine Arbeitsverhinderung aus persönlichem Grund liegt dann nicht vor.

b) Besondere Familienereignisse

2558

Besondere Ereignisse im engen und engsten Familienkreis stellen in der Regel einen hinreichenden persönlichen Grund dar. Hierzu gehören u.a.

- Niederkunft der Ehefrau, wohl auch Niederkunft der Lebensgefährtin bei gemeinsamem Kind,

- eigene Eheschließung, silberne oder goldene Hochzeit, Eheschließung des eigenen Kindes, goldene Hochzeit der Eltern oder Schwiegereltern,

- Todesfälle bzw. Begräbnisse von im Haushalt des Arbeitnehmers lebenden Familienangehörigen oder Eltern, Kindern, Geschwistern.

Normale Familienfeiern wie z.B. der Geburtstag der Ehefrau führen dagegen nicht zur Annahme eines hinreichenden persönlichen Grundes.

Vergütung ohne Arbeitsleistung

c) Erkrankung eines Familienangehörigen, insbesondere eines Kleinkindes

2559

Die Erkrankung eines nahen Familienangehörigen ist nur dann ein hinreichender persönlicher Grund für eine bezahlte Freistellung von der Arbeit, wenn es sich um eine **plötzlich auftretende Erkrankung** handelt und dem **Arbeitnehmer keine andere Wahl bleibt**, als der Arbeit fernzubleiben. Auch bei Vorliegen dieser Voraussetzungen ist die Vergütung nur für wenige Tage weiterzuzahlen (**in der Regel für 5 Arbeitstage**, es sei denn, tarifvertraglich ist etwas anderes geregelt). Bei lang andauernden Erkrankungen müssen Betreuung und Pflege vom Arbeitnehmer auf andere Weise gesichert werden.

Bei der **Erkrankung von Kleinkindern**, die das 12. Lebensjahr noch nicht vollendet haben, hat der Arbeitnehmer unter den Voraussetzungen des § 45 SGB V einen weitergehenden Anspruch auf unbezahlte Freistellung bis zu 10 Tagen (vgl. oben Rz. 2050). Daneben besteht ein Anspruch gegen die gesetzliche Krankenkasse auf Zahlung des sogenannten Kinderkrankengeldes. Hierauf sollte der Arbeitnehmer durch den Arbeitgeber hingewiesen werden. Zu beachten ist jedenfalls, daß der Anspruch auf das Kinderkranken-Pflegegeld dem Anspruch aus § 616 BGB nachgeht. Der Arbeitnehmer kann also nicht direkt an seine gesetzliche Krankenkasse verwiesen werden. Vielmehr hat der Arbeitgeber während der ersten 5 Tage der Verhinderung das Arbeitsentgelt fortzuzahlen. Eine Ausweitung dieser Vergütungspflicht auf einen Zeitraum bis zu 10 Tagen ist abzulehnen, da es insoweit in § 45 SGB V an einem entsprechenden Verweis auf § 616 Abs. 1 BGB fehlt.

Sind beide Elternteile berufstätig, so hat regelmäßig nur einer von ihnen den Anspruch auf bezahlte Freistellung. Die Eltern haben jedoch ein **Wahlrecht**, wer die Freistellung in Anspruch nimmt. Dabei sind auch die Interessen des Arbeitgebers zu berücksichtigen, wenn beide Elternteile bei demselben Arbeitgeber beschäftigt sind. In diesen Fällen kann der Arbeitgeber im allgemeinen verlangen, daß der Elternteil die Pflege übernimmt, den er in seinem Betrieb leichter entbehren kann.

Bei **verschiedenen Krankheiten** desselben Familienangehörigen steht dem Arbeitnehmer der Anspruch auf bezahlte Freistellung wiederholt zu. Dagegen wird bei **Fortsetzungserkrankungen** dem Arbeitnehmer in der Regel kein erneuter Anspruch zustehen.

d) Hindernisse auf dem Weg zum Arbeitsplatz

2560

Hindernisse auf dem Weg zum Arbeitsplatz (sogenannte **Wegehindernisse**) können nur dann einen hinreichenden persönlichen Grund darstellen, wenn sie unmittelbar den einzelnen Arbeitnehmer betreffen.

Arbeitsrecht

Beispiel:
Autopanne, Ausfall des vom Arbeitnehmer benutzten öffentlichen Verkehrsmittels, Unfallbeteiligung u.a.

Verspätungen durch die allgemeinen Witterungsverhältnisse oder Verkehrsbedingungen (vgl. oben Rz. 2555) sind kein zur Vergütungsfortzahlung führender persönlicher Grund.

e) Vorladung zu Behörden/Gerichten

2561
Ein Anspruch auf bezahlte Freistellung zur Wahrnehmung amtlicher, insbesonderer gerichtlicher oder polizeilicher Termine besteht nur dann, wenn das **Erscheinen im öffentlichen Interesse** angeordnet wurde, z.B. Vorladung als Zeuge vor Gericht.

Soweit die Vorladung durch **private Angelegenheiten** des Arbeitnehmers veranlaßt ist, besteht kein Anspruch auf Fortzahlung der Vergütung.

Beispiel:
Erscheinen vor Gericht in eigener Sache, selbst dann, wenn das Gericht das persönliche Erscheinen des Arbeitnehmers als Partei ausdrücklich angeordnet hat; Vorführen des Kfz bei Polizei oder Technischem Überwachungsverein.

Sonstige private Angelegenheiten wie z.B. Paßverlängerung, Antrag auf Wohngeld etc. hat der Arbeitnehmer außerhalb der Arbeitszeit zu erledigen.

5. Sonstige Fälle der vorübergehenden Verhinderung aus persönlichem Grund

2562
Im allgemeinen wird auch bei den folgenden, in der Praxis selteneren Fällen ein Anspruch auf Vergütungsfortzahlung gegeben sein:

- Ablegen berufsbezogener Prüfungen,
- Ausübung staatsbürgerlicher Rechte (Wahlrecht) und Pflichten,
- Durchführung von gesundheitspolizeilichen oder ähnlichen Pflichtuntersuchungen,
- seuchenpolizeiliches Tätigkeitsverbot nach dem BSeuchenG,
- Stellungssuche, allerdings erst nach Kündigung und nicht bei befristetem Arbeitsverhältnis (vgl. § 629 BGB),
- Umzug, wenn nicht außerhalb der Arbeitszeit möglich,

- unschuldig erlittene Untersuchungshaft.

Problematisch sind dagegen folgende Verhinderungsgründe:
- Wahrnehmung von Ämtern und Ehrenämtern,
- Wahrnehmung von politischen und religiösen Pflichten,
- Wahrnehmung gewerkschaftlicher Ämter,
- Berufung zum ehrenamtlichen Richter,
- Bewerbung um ein Mandat in Land- und Bundestag.

Hier muß jeweils anhand des Einzelfalles geprüft werden, ob eine bezahlte Freistellung erfolgen muß. Teilweise bestehen Sonderregelungen, teilweise ist in diesem Zusammenhang rechtlich einiges umstritten. Vielfach wird auch nur ein Anspruch auf unbezahlte Freistellung in Betracht kommen.

6. Schuldlose Arbeitsverhinderung

2563

Ein Anspruch auf Fortzahlung der Vergütung besteht aber auch bei Vorliegen eines persönlichen Grundes nur dann, wenn die Arbeitsverhinderung unverschuldet eingetreten ist.

Unter Verschulden versteht man in diesem Zusammenhang ein sogenanntes **Verschulden gegen sich selbst**. Ein solches Verschulden ist immer dann gegeben, wenn der Arbeitnehmer eine leichtfertige und unverantwortliche Selbstgefährdung begangen hat oder sonst ein grober Verstoß gegen das von einem verständigen Menschen im eigenen Interesse zu erwartende Verhalten vorliegt.

Beispiel:
Der Arbeitnehmer hat grob fahrlässig einen Verkehrsunfall verursacht und muß deshalb einen Arzt aufsuchen.
In diesem Fall ist die Zeit für den Arztbesuch nicht zu vergüten.

7. Arbeitsverhinderung für eine verhältnismäßig nicht erhebliche Zeit

2564

Die Arbeitsverhinderung darf nur für eine "verhältnismäßig nicht erhebliche Zeit" andauern. Die gesetzliche Regelung vermeidet es damit, einen konkreten Zeitraum festzulegen. Abzustellen ist auf die jeweiligen Umstände des Einzelfalles. Dabei können folgende Kriterien zur Bestimmung des vergütungspflichtigen Zeitraumes herangezogen werden:

- Verhältnis von Verhinderungsdauer und Gesamtdauer des Arbeitsverhältnisses,

Arbeitsrecht

- Länge der Kündigungsfrist,
- objektiv notwendige Dauer der Verhinderung.

Dagegen sind nicht zu berücksichtigen

- Dringlichkeit der Arbeit,
- Notwendigkeit einer Ersatzkraft.

Hieraus ergibt sich folgender **Grundsatz:**
Je länger ein Arbeitsverhältnis Bestand hat und je länger Arbeitgeber und Arbeitnehmer durch lange Kündigungsfristen aneinander gebunden sind, desto großzügiger ist bei der Bestimmung des vergütungspflichtigen Verhinderungszeitraumes zu verfahren.
Als **Faustregel** kann gelten:

Dauer des Arbeitsverhältnisses:	Verhinderungsdauer:
bis zu 6 Monaten	3 Tage
6 - 12 Monate	1 Woche
ab 12 Monate	2 Wochen

Für die Betreuung und Pflege von Kleinkindern kann im allgemeinen ein Zeitraum von bis zu 5 Arbeitstagen als angemessen angesehen werden (vgl. oben Rz. 2559).

Äußerste Grenze ist in jedem Fall eine **Verhinderungsdauer von 6 Wochen.** Besonders problematisch ist im Hinblick auf die Bestimmung des "nicht erheblichen Zeitraumes" die Frage, wie **Mehrfachverhinderungen** zu behandeln sind. Hier wird in der Regel wie folgt zu differenzieren sein:

- erfolgt die Verhinderung mehrfach aus demselben Grund, so können die Verhinderungszeiten zusammengerechnet werden, wenn zwischen diesen Zeiten nicht ein längerer Zeitraum gearbeitet wurde,
- in allen anderen Fällen dürfen die Verhinderungszeiten nicht zusammengerechnet werden.

Ergibt sich unter Berücksichtigung aller Umstände, daß die tatsächliche Verhinderungsdauer eine "verhältnismäßig nicht erhebliche Zeit" überschreitet, so scheidet eine Fortzahlung der Vergütung ganz aus. In diesen Fällen ist dann auch der Zeitraum nicht zu vergüten, der noch nach den o.g. Grundsätzen als angemessen bewertet werden kann.

8. Anmeldung / Unterrichtung des Arbeitgebers

2565

Der Arbeitnehmer ist grundsätzlich nicht berechtigt, ohne vorherige Ankündigung der Arbeit fern zu bleiben. Kann er den Eintritt des persönlichen Grundes voraussehen, so muß er die Freistellung beim Arbeitgeber anmelden und genehmigen lassen.

Beispiel:
Bezahlte Freistellung für Eheschließung.

Kommen für die vom Arbeitnehmer begehrte Freistellung mehrere Anspruchsgrundlagen in Betracht, so hat der Arbeitgeber nicht nur zu entscheiden, ob er dem Freistellungsantrag stattgibt, sondern auch zu bestimmen, welchen Anspruch des Arbeitnehmers er erfüllen will. Ein vor der Arbeitsbefreiung erklärter Vorbehalt, nach Gewährung eines bezahlten Sonderurlaubs (vgl. z. B. § 50 Abs. 1 BAT) die Freistellung ggfs. mit dem Erholungsurlaub zu verrechnen, ist unwirksam.

Wird die bezahlte Freistellung vom Arbeitgeber verweigert, muß der Arbeitnehmer unter Umständen auch gerichtliche Hilfe in Anspruch nehmen (vgl. Rz. 2870).

Nur wenn der persönliche Grund nicht vorhersehbar war, kann der Arbeitnehmer unangemeldet von seinem Freistellungsanspruch Gebrauch machen. Er ist dann aber verpflichtet, den Arbeitgeber unverzüglich zu unterrichten.

Beispiel:
Plötzlicher Tod eines nahen Familienangehörigen.

9. Sonderfall: Vorübergehende Verhinderung im Erholungsurlaub

2566

Zu Streitigkeiten führt in der betrieblichen Praxis immer wieder die Frage, ob eine zusätzliche Vergütungs- oder Freistellungspflicht des Arbeitgebers entsteht, wenn ein persönlicher Verhinderungsgrund im Erholungsurlaub des Arbeitnehmers eintritt.

Dies ist nach Auffassung des Bundesarbeitsgerichtes zu verneinen, da in diesem Fall durch die persönliche Verhinderung kein Arbeitsausfall verursacht wird. Nach anderer Ansicht steht die Urlaubszeit der Arbeitszeit gleich; dies soll zumindest dann gelten, wenn durch die vorübergehende Verhinderung der Erholungszweck beeinträchtigt wird.

10. Vergütung und Anrechnung anderweitigen Verdienstes

2567

Das fortzuzahlende Arbeitsentgelt bestimmt sich nach dem **Lohnausfallprinzip** (vgl. oben Rz. 2534).

Der Anspruch **vermindert** sich jedoch um den Betrag, den der Arbeitnehmer für die Zeit der Verhinderung aus einer aufgrund gesetzlicher Verpflichtung bestehenden Kranken- oder Unfallversicherung erhalten hat (vgl. § 616 Abs. 1 Satz 2 BGB).

Alle anderen Leistungen an den Arbeitnehmer sind bei der Bestimmung der Vergütungshöhe nicht zu berücksichtigen, wie z.B. Zeugengelder, Entschädigungen bei ehrenamtlicher Richtertätigkeit, Leistungen der gesetzlichen Rentenversicherung oder privater Kranken- und Unfallversicherungen u.a.
Die Anrechenbarkeit dieser Leistungen kann jedoch vertraglich vereinbart werden.

IV. Freistellung des Arbeitnehmers nach den Bildungsurlaubsgesetzen

1. Einführung

2568

Nach den Bildungsurlaubsgesetzen der Bundesländer haben Arbeitnehmer regelmäßig Anspruch auf Bildungsurlaub über die **Freistellung von der Arbeit zum Zwecke der beruflichen und politischen Weiterbildung** in anerkannten Bildungsveranstaltungen bei Fortzahlung des Arbeitsentgelts, vgl. z.B. §§ 1 Abs. 1, 3 Abs. 1 Arbeitnehmerweiterbildungsgesetz Nordrhein-Westfalen (AWbG NW). Die Bundesländer haben von ihrer Gesetzgebungskompetenz in diesem Bereich in unterschiedlicher Weise Gebrauch gemacht. Dem Kern nach stimmen die gesetzlichen Regelungen jedoch weitgehend überein. Nachfolgend wird das AWbG NW zugrunde gelegt.

2. Anspruch auf Arbeitnehmerweiterbildung

2569

Der Anspruch besteht für **fünf Arbeitstage im Kalenderjahr**, wobei der Anspruch von zwei Kalenderjahren zusammengefaßt werden kann. Wird regelmäßig an mehr als fünf oder weniger als fünf Tagen in der Woche gearbeitet, so erhöht oder verringert sich der Anspruch entsprechend. Der Anspruch ensteht nach **6-monatigem Bestehen** des Arbeitsverhältnisses. Er kann einmalig in ein Folgejahr übertragen werden, wenn die Gewährung aus den Gründen des § 5 Abs. 2 AWbG NW vom Arbeitgeber abgelehnt wurde (§ 3 AWbG NW). Der Arbeitnehmer hat dem Arbeitgeber die Inspruchnahme und den Zeitraum der

Arbeitnehmerweiterbildung so frühzeitig wie möglich, mindestens **vier Wochen** vor Beginn der Bildungsveranstaltung, schriftlich mitzuteilen. Der Arbeitgeber darf die Freistellung nur ablehnen, wenn zwingende betriebliche oder dienstliche Belange oder Urlaubsanträge anderer Arbeitnehmer entgegenstehen. Die Ablehnung muß dem Arbeitnehmer unverzüglich, mindestens aber **drei Wochen** vor Beginn der Bildungsveranstaltung unter Darlegung der Gründe schriftlich mitgeteilt werden (§ 5 Abs. 2 AWbG NW).

3. Anerkannte Bildungsveranstaltungen

2570

Arbeitnehmerweiterbildung kann nur für anerkannte Bildungsveranstaltungen in Anspruch genommen werden (vgl. zu den Einzelheiten §§ 5 III, 9 AWbG NW). Allgemeine Voraussetzung hierfür ist, daß die Veranstaltung (und auch die vorangehenden Veranstaltungen, *vgl. BAG 09.11.1993 RdA 1994, 127*) **für jedermann zugänglich ist**. Die Bildungsveranstaltung muß der beruflichen oder der politischen Weiterbildung der Arbeitnehmer dienen. Ob das der Fall ist, unterliegt in vollem Umfang der gerichtlichen Überprüfung. Häufig entsteht in der Praxis Streit über die Frage, ob die beabsichtigte Bildungsveranstaltung den vorgenannten Zweck erfüllt.

2571

Eine Bildungsveranstaltung genügt nicht nur dann den Voraussetzungen zur **beruflichen Weiterbildung**, wenn sie Kenntnisse zum ausgeübten Beruf vermittelt, sondern auch, wenn das erlernte Wissen im Beruf verwendet werden kann und so auch für den Arbeitgeber von Vorteil ist (*BAG 15.06.1993, RdA 1994, 60*).

Beispiel:
Eine Krankenschwester hat während ihrer Tätigkeit italienische Patienten zu betreuen. Die Teilnahme an einem Sprachkurs "Italienisch für Anfänger" dient der beruflichen Weiterbildung dieser Krankenschwester (BAG a.a.O.).

Besonders problematisch ist der Zweck der **politischen Weiterbildung**. Dieser wird im allgemeinen gegeben sein, wenn die Veranstaltung zur Verbesserung des Verständnisses für die gesellschaftlichen, sozialen und politischen Zusammenhänge geeignet ist (*vgl. BVerfG 15.12.1987 AP Nr. 62 zu Art. 12 GG*). Dies kann letztlich immer nur anhand des konkreten Einzelfalles beurteilt werden. Maßgebend ist nicht der Titel der Veranstaltung, sondern ihr Inhalt.

Beispiel:
Nicht der politischen Weiterbildung diente eine Veranstaltung mit dem Thema "Rund um den ökologischen Alltag" (BAG 15.06.1993, BB 1993, 2160). Der Schwerpunkt der Veranstaltung lag bei ökologischen Alltagsfragen wie z.B. dem Umgang mit Holzschutzmitteln, etc. - Anerkannt hingegen wurde eine Veranstaltung unter dem Titel

Arbeitsrecht

"Ökologische Wattenmeer Exkursion" (BAG 24.08.1993, BB 1994, 644). Hier war der Lehrplan darauf angelegt, auf der Grundlage vermittelten naturkundlichen Grundlagenwissens das Verständnis der Teilnehmer für die Zusammenhänge von Industriegesellschaft und natürlichen Lebensgrundlagen zu wecken und die diesbzgl. Urteilsfähigkeit zu stärken.

4. Freistellungsanspruch/-erklärung

2573
Da Arbeitnehmerweiterbildung über die Freistellung erfolgt, ist der Anspruch des Arbeitnehmers auf **"Freistellung zum Zwecke der Teilnahme an einer Bildungsveranstaltung nach dem AWbG"** gerichtet. Gegenstand des Anspruchs ist die Abgabe einer so lautenden Erklärung durch den Arbeitgeber. Wird diese verweigert, ist der Arbeitnehmer keinesfalls berechtigt, eigenmächtig der Arbeit fernzubleiben und die Bildungsveranstaltung zu besuchen. Vielmehr muß der Arbeitnehmer grundsätzlich vor der Teilnahme an der Veranstaltung seinen Freistellungsanspruch gegebenenfalls gerichtlich im Wege der einstweiligen Verfügung durchsetzen.

2574
Um dies zu umgehen, werden in der Praxis häufig Vereinbarungen angestrebt, nach deren Inhalt eine Klärung der Frage erst nach Teilnahme an der Weiterbildungsveranstaltung erfolgen soll. Hier ist für den Arbeitgeber **Vorsicht** geboten, um Rechtsnachteile zu vermeiden. Will der Arbeitgeber die Freistellung nach dem AWbG verweigern, sollte dies klar und deutlich erklärt werden. Das Gesetz verlangt Schriftform (vgl. oben Rz. 2569).

Wird die Freistellung abgelehnt und gleichzeitig etwa ein **unbezahlter Urlaub** zur Teilnahme an der Veranstaltung vereinbart oder angeboten, führt dies im allgemeinen dazu, daß der Arbeitnehmer keinen Anspruch auf Fortzahlung des Arbeitsentgeltes bei widerspruchsloser Teilnahme an der Bildungsveranstaltung hat. Wird dagegen die Freistellung verweigert, gleichzeitig aber vereinbart, daß der Arbeitnehmer **vorbehaltlich der rechtlichen Klärung** der Fragen bzgl. des AWbG in dem betreffenden Zeitraum unbezahlten Urlaub in Anspruch nehme, ergibt sich der Vergütungsfortzahlungsanspruch nicht unmittelbar aus dem AWbG, sondern aus dieser Vereinbarung, wenn die Voraussetzungen nach dem AWbG vorliegen (*vgl. BAG 09.11.1993, DB 1994, 736; 07.12.1993, DB 1994, 737*).

Von daher sollte jede schriftliche Stellungnahme des Arbeitgebers zu dieser Frage sorgfältig formuliert sein.

Vergütung ohne Arbeitsleistung

Muster
" Sehr geehrte/r Frau/Herr, *Wir bedauern Ihnen mitteilen zu müssen, daß wir die Veranstaltung .... nicht als eine Bildungsveranstaltung nach § 9 AWbG ansehen und insoweit eine Freistellung nach § 5 AWbG nicht erfolgen kann. Ihrem Antrag vom .... können wir daher nicht entsprechen. Wir stellen Ihnen frei - wenn Sie diese Veranstaltung wahrnehmen wollen - für den Veranstaltungszeitraum .... unbezahlt Urlaub zu nehmen."*

Dem Arbeitnehmer kann auch die Anrechnung des Veranstaltungszeitraumes auf den Erholungsurlaub angeboten werden. Immer muß jedoch **klar und unmißverständlich die Ablehnung der Freistellung nach dem AWbG** erklärt werden. In diesen Fällen wird der Arbeitnehmer im allgemeinen gehalten sein, den Anspruch gegebenenfalls im einstweiligen Verfügungsverfahren durchzusetzen. Unterläßt er dies, wird er regelmäßig keine Vergütungsforderungen für den Zeitraum der Teilnahme erheben können.

In diesem Zusammenhang ist dem Arbeitgeber dringend zu empfehlen, die Ablehnung der Freistellung dem Arbeitnehmer rechtzeitig vor Beginn der Bildungsveranstaltung mitzuteilen. Bei einer Ablehnung erst wenige Tage vor dem Beginn der Veranstaltung wird nicht nur die 3-Wochenfrist des § 5 Abs. 2 AWbG mißachtet, sondern der Arbeitgeber setzt sich zudem der Gefahr aus, daß der Arbeitnehmer mit Aussicht auf Erfolg einwendet, das Ergreifen der notwendigen gerichtlichen Schritte sei ihm wegen der verspäteten Mitteilung nicht mehr möglich gewesen.

5. Vergütungspflicht

2575

Wurde der Arbeitnehmer dagegen nach dem AWbG NW freigestellt, so ist für die Zeit der Arbeitnehmerweiterbildung ohne weiteres das Arbeitsentgelt fortzuzahlen (§ 7 AWbG NW). Die Höhe des fortzuzahlenden Arbeitsentgelts bestimmt sich wiederum nach dem Lohnausfallprinzip (vgl. oben Rz. 2534).

V. Weiterführende Literaturhinweise

2576

Boewer in Münchener Handbuch Arbeitsrecht, Band 1 Individualarbeitsrecht 1992, S. 1216 ff., 1517 ff.

Clausen, Zum Begriff der beruflichen und politischen Weiterbildung nach dem AWbG NW, AuR 1990, 342

Düwell, Freistellung für die politische und berufliche Weiterbildung, BB 1994, 637 ff.

Kiefer, Die "Freistellung" nach den Bildungsurlaubsgesetzen, DB 1994, 1926 ff.

Seiter, Die neue Betriebsrisiko und Arbeitskampfrisikolehre, DB 1981, 578

Stahlhacke, Aktuelle Probleme des Annahmeverzuges im Arbeitsverhältnis, AuR 1992, 8

Schaub, Arbeitsrechts - Handbuch, S. 710 ff.

11. Kapitel: Der Arbeitgeber als Drittschuldner im Lohnpfändungsverfahren

	Checkliste	2600
I.	Einführung/Begriffsbestimmung	2601
II.	Die Vorpfändung	2604
	1. Muster einer Vorpfändung	2605
	2. Voraussetzungen	2606
	3. Durchführung	2607
	4. Wirkungen	2608
III.	Der Pfändungs- und Überweisungsbeschluß	2611
	1. Muster	2612
	2. Voraussetzungen	2613
	3. Wirkungen	2615
	a) Zahlungs-/Verfügungsverbot	2616
	b) Pfändungspfandrecht	2617
	c) Überweisung der Vergütungsforderung	2618
	4. Auskunftspflicht des Arbeitgebers	2619
	a) Voraussetzungen	2620
	b) Gegenstand der Auskunft	2621
	c) Erklärungsfrist	2628
	d) Schadensersatz bei Verletzung der Auskunftspflicht	2630
	5. Berechnung des pfändbaren Betrages	2632
	a) Berechnung durch den Arbeitgeber	2632
	b) Bestimmung durch das Gericht in Sonderfällen	2634
	6. Kosten der Bearbeitung des Pfändungs- und Überweisungsbeschlusses	2635
IV.	Sonderfälle im Lohnpfändungsverfahren	2637
	1. Vorherige (stille) Abtretung der Vergütungsforderung	2637
	2. Verschleierte Arbeitseinkommen	2640
	a) Zahlung der Vergütung an Dritte	2641
	b) "Unentgeltliche" Arbeitsleistung	2642
	3. Mehrfache Pfändung	2646
	a) Rangfolge der Pfändungen	2647
	b) Hinterlegung nach ZPO	2648
	4. Hinterlegung nach BGB	2649
	5. Vereinbarung mit dem Gläubiger über die Höhe des auszuzahlenden Betrages	2650
	6. Beendigung des Arbeitsverhältnisses während des Lohnzahlungszeitraumes	2651
	7. Nachzahlung von Vergütungsansprüchen	2652
	8. Mehrere Einkommen des Arbeitnehmers	2653

V.	Verteidigungsmöglichkeiten des Arbeitgebers als Drittschuldner	2655
	1. Fehlerhaftigkeit des Pfändungs- und Überweisungsbeschlusses	2656
	2. Einwendungen und Einreden gegen die zu vollstreckende Forderung	2657
	3. Einwendungen und Einrede gegen die Vergütungsforderung	2658
	4. Aufrechnung mit Gegenforderungen	2659
	a) Forderungen gegen den Gläubiger	2660
	b) Forderungen gegen den Arbeitnehmer	2661
	5. Schutz des guten Glaubens des Arbeitgebers	2662
	a) Zahlung an den Arbeitnehmer oder sonstige Dritte	2663
	b) Zahlung an den Gläubiger	2664
VI.	Arbeitsvertragliche Gestaltungsmöglichkeiten im Zusammenhang mit möglichen Lohnpfändungen	2665
VII.	Weiterführende Literaturhinweise	2666

Der Arbeitgeber als Drittschuldner im Lohnpfändungsverfahren

| Checkliste | |

- **Beteiligte im Lohnpfändungsverfahren:**
  - Gläubiger des Arbeitnehmers als <u>Gläubiger</u>
  - Arbeitnehmer als <u>Schuldner</u>
  - Arbeitgeber als <u>Drittschuldner</u>

- **Maßnahmen der Zwangsvollstreckung:**
  - Vorpfändung (Vorläufiges Zahlungsverbot)
  - Pfändungs- und Überweisungsbeschluß
  - Aufforderung zur Auskunft nach § 840 ZPO (Drittschuldnererklärung)

- **Vorpfändung:**
  - Wird bewirkt durch Zustellung der Vorpfändungsbenachrichtigung an den Arbeitgeber
  - Wirkungen:
    - Arbeitgeber ist es untersagt, pfändbare Vergütungsbestandteile an den Arbeitnehmer zu zahlen
    - Arbeitnehmer ist es untersagt, über seinen Vergütungsanspruch zu verfügen
    - Wegfall der Wirkungen, wenn Pfändung nicht binnen eines Monats bewirkt wird oder eine erneute Vorpfändung erfolgt

- **Pfändungs- und Überweisungsbeschluß des Vergütungsanspruchs:**
  - Wird bewirkt durch Zustellung des Pfändungs- und Überweisungsbeschlusses an den Arbeitgeber
  - Wirkungen:
    - Arbeitgeber ist es verboten, pfändbare Vergütungsbestandteile an den Arbeitnehmer zu zahlen
    - Arbeitgeber hat pfändbare Vergütungsbestandteile an den Gläubiger zu zahlen
    - Arbeitnehmer ist geboten, sich jeder Verfügung über die Forderung, insbes. ihrer Einziehung, zu enthalten
    - Wegfall der Wirkungen, wenn die Forderung des Gläubigers ausgeglichen ist oder die Forderung gerichtlich abgewiesen wird

- **Auskunft nach § 840 ZPO:**
  - Arbeitgeber hat Auskunft zu erteilen, wenn er vom Gläubiger hierzu aufgefordert wird und die Aufforderung in die Zustellungsurkunde aufgenommen wurde
    - Frist: 2 Wochen nach Zustellung
    - Auskunft ist gegenüber Gläubiger oder Gerichtsvollzieher zu erteilen
  - Gegenstand der Auskunft:
    - Ob und in wieweit der Arbeitnehmer die Forderung als begründet anerkennt
    - ob und welche Ansprüche andere Personen an die Forderung geltend machen
    - ob und wegen welcher Ansprüche die Forderung bereits für andere Gläubiger gepfändet ist.

Achtung! Eine Mißachtung des Zahlungsverbots oder der Auskunftspflicht kann zu einer doppelten Inanspruchnahme führen bzw. eine Schadensersatzpflicht des Arbeitgebers begründen.

- **Vorsicht ist geboten bei:**
  - behaupteter Abtretung der Vergütungsforderung
  - mehrfachen Pfändungen;
    Sicherungsmöglichkeit des Arbeitgebers:
    Ggf. Hinterlegung
  - Verschleiertes Arbeitseinkommen durch Zahlung der Vergütung an Dritte oder "unentgeltliche" Arbeitsleistung

- **Verteidigungsmöglichkeiten des Arbeitgebers als Drittschuldner:**
  - zu vollstreckende Forderung ist erloschen
  - Vergütungsanspruch ist bereits erfüllt
  - Aufrechnung
  - Verjährungseinwand
  - Ablauf der tariflichen Verfall- (Ausschluß-)Frist

Der Arbeitgeber als Drittschuldner im Lohnpfändungsverfahren

I. Einführung/Begriffsbestimmung

2601

Der Arbeitgeber kann als Schuldner der Vergütungsforderung seines Arbeitnehmers, ohne hierauf Einfluß zu haben, **Schuldner eines Dritten** werden, wenn im Wege der Zwangsvollstreckung der Vergütungsanspruch des Arbeitnehmers gepfändet und dem Dritten zur Einziehung oder an Zahlungs Statt überwiesen worden ist. In dem entstehenden Dreiecksverhältnis werden vom Gesetz bezeichnet als

- **Gläubiger**, der Dritte, der gegen den Arbeitnehmer eine Geldforderung hat und die Pfändung und Überweisung der Lohnforderung veranlaßt hat;
- **Schuldner**, der Arbeitnehmer, der als Inhaber seiner Lohnforderung gegenüber dem Arbeitgeber zwar Gläubiger ist, im Zwangsvollstreckungsverfahren jedoch als Schuldner des Dritten (Gläubiger) in Anspruch genommen wird;
- **Drittschuldner**, der Arbeitgeber, der durch die Pfändung und Überweisung der Vergütungsansprüche des Arbeitnehmers (Schuldners) seinerseits Schuldner des Dritten (Gläubigers) wird.

2602

Der "Übergang" der pfändbaren Bestandteile des Vergütungsanspruches vom Arbeitnehmer auf den Dritten wird durch den Erlaß eines sog. **Pfändungs- und Überweisungsbeschlusses** bewirkt, der auf Antrag des Dritten vom Vollstreckungsgericht erlassen wird. Mit der Zustellung dieses Beschlusses an den Arbeitgeber ist es diesem verboten, pfändbare Beträge der Vergütung an den Arbeitnehmer auszuzahlen. Eine Mißachtung dieses Verbots kann dazu führen, daß der Arbeitgeber den pfändbaren Anteil an der Vergütung zweimal auszahlen muß, um von seiner Vergütungspflicht freizuwerden.

2603

Da der Erlaß und die Zustellung eines Pfändungs- und Überweisungsbeschlusses oftmals nicht unerhebliche Zeit in Anspruch nimmt, versucht der Gläubiger in der Praxis regelmäßig bis dahin seine Ansprüche gegen den Arbeitnehmer durch eine sog. **Vorpfändung - auch als vorläufiges Zahlungsverbot bezeichnet -** zu sichern. Eine solche Vorpfändung bedarf keines gerichtlichen Beschlusses, sondern lediglich der Zustellung durch den Gerichtsvollzieher, um die Auszahlung pfändbarer Vergütungsbestandteile an den Arbeitnehmer zu verhindern.

Von daher wird die Vorpfändung in der Praxis häufig die erste Vollstreckungsmaßnahme gegen den Arbeitnehmer sein, mit der der Arbeitgeber im Rahmen des Lohnpfändungsverfahrens konfrontiert ist.

II. Die Vorpfändung

2604

Schon vor der eigentlichen Pfändung kann der Gläubiger aufgrund eines vollstreckbaren Schuldtitels durch den Gerichtsvollzieher dem Arbeitgeber als Drittschuldner und dem Arbeitnehmer als Schuldner die Benachrichtigung, daß die Pfändung bevorstehe, zustellen lassen mit der Aufforderung an den Arbeitgeber, nicht an den Arbeitnehmer zu zahlen und mit der Aufforderung an den Arbeitnehmer, sich jeder Verfügung über die Forderung, insbesondere ihrer Einziehung, zu enthalten (§ 845 Abs. 1 Satz 1 ZPO).

1. Muster einer Vorpfändung

2605

In der Praxis werden für die Vorpfändung (Vorläufiges Zahlungsverbot, vgl. Rz. 2603) entsprechende Benachrichtigungsformulare verwendet. Nebenstehend ist ein solches Formular als Muster exemplarisch abgedruckt:

Der Arbeitgeber als Drittschuldner im Lohnpfändungsverfahren

Herrn
Obergerichtsvollzieher

An die Verteilungsstelle
des Amtsgerichts

Datum:
Nachstehendes vorläufiges Zahlungsverbot wird übersandt mit der Bitte um sofortige Zustellung an:
1. Drittschuldner (mit Zeitangabe)
2. Schuldner

> Bitte bei Schreiben und Zahlungen an Gläubigervertreter stets angeben!

Vorläufiges Zahlungsverbot (Gemäß § 845 Zivilprozeßordnung hat dieses Verbot die Wirkung eines Arrestes)
in der Zwangsvollstreckungssache

nachstehend Gläubiger genannt,

vertreten durch

gegen

nachstehend Schuldner genannt,

Auf Grund des vollstreckbaren   des
                              vom   Az.:
☐ und des vollstreckbaren Kostenfestsetzungsbeschlusses vom   steht wegen
        DM Hauptforderung nebst   % Zinsen seit dem
        DM vorgerichtlicher Kosten des Gläubigers
        DM Wechsel- bzw. Scheckkosten
        DM Kosten des Mahnverfahrens nebst 4 % Zinsen seit dem
        DM festgesetzter Prozeßkosten nebst 4 % Zinsen seit dem
        DM voraussichtlicher Zwangsvollstreckungskosten

die Pfändung derjenigen Forderungen und Ansprüche bevor, welche dem obengenannten Schuldner zustehen gegen

Drittschuldner

☐ auf

☐ auf Zahlung des gesamten gegenwärtigen und künftigen Arbeitseinkommens (einschließlich des Geldwertes von Sachbezügen), und zwar ohne Rücksicht auf Benennung oder Berechnungsart, sowie auf Zahlung der fälligen und künftig fällig werdenden einmaligen und laufenden Geldleistungen, insbesondere von Abfindungen nach dem Kündigungsschutzgesetz usw..
Im übrigen gelten ergänzend die umseitigen Pfändungsbegrenzungen bei Arbeitseinkommen.

Gemäß § 845 ZPO werden Schuldner und Drittschuldner hiermit von der bevorstehenden Pfändung in Kenntnis gesetzt. **An Drittschuldner ergeht die Aufforderung, die bezeichnete Forderung nicht an Schuldner zu zahlen. Schuldner wird aufgefordert, sich jeder Verfügung über die bezeichneten Forderungen und Ansprüche, insbesondere ihrer Einziehung, zu enthalten.**
Dieses Zahlungsverbot hat die Wirkung eines dinglichen Arrestes (§§ 845, 930 ZPO).
Nach der Zustellung des gerichtlichen Pfändungsbeschlusses hat der Drittschuldner nach § 840 ZPO die Verpflichtung zur Erklärung,
    1. ob und inwieweit er die Forderung als begründet anerkennt und Zahlung zu leisten bereit ist,
    2. ob und welche Ansprüche andere Personen an die Forderung stellen,
    3. ob und wegen welcher Ansprüche die Forderung bereits für andere Gläubiger gepfändet ist.
Im Interesse einer vereinfachten Abwicklung wird gebeten, diese Fragen binnen 2 Wochen zu beantworten.

Rechtsanwalt

2. Voraussetzungen

2606
Die Zulässigkeit einer Vorpfändung setzt im einzelnen voraus:

- Vollstreckbarer Schuldtitel gegen den Arbeitnehmer wegen einer Geldforderung.

Ausreichend ist jeder vollstreckbare Schuldtitel (Urteil, Vergleich, etc.), also auch ein lediglich vorläufig vollstreckbares Urteil. Nicht erforderlich ist es dagegen, daß der Schuldtitel bereits mit der Vollstreckungsklausel (vgl. zu Wortlaut und Form § 725 ZPO) versehen oder bereits zugestellt ist (§ 845 Abs. 1 Satz 3 ZPO).

- Gegebenenfalls Ablauf eines bestimmten Kalendertages (§ 751 Abs. 1 ZPO).

Bei der Vollstreckung wegen Geldforderungen wird der Vollstreckungsbeginn in den seltensten Fällen vom Ablauf eines bestimmten Kalendertages abhängen, weshalb hierauf nicht weiter eingegangen werden soll. Zur Vollstreckbarkeit künftig fällig werdender Ansprüche vgl. aber § 850 d Abs. 3 ZPO (z.B. Unterhaltsansprüche).

- Gegebenenfalls verzugsbegründendes Angebot der Gegenleistung (§ 756 ZPO).

Lautet der Titel auf eine Verurteilung zur Leistung Zug um Zug (z.B. "...wird verurteilt, an den Kläger 5.000 DM nebst 4 % Zinsen seit dem 01.01.1994 zu zahlen, Zug um Zug gegen Übergabe des Pkw's der Marke ..."), so darf die Zwangsvollstreckung nicht beginnen, bevor der Gerichtsvollzieher dem Schuldner die diesem gebührende Leistung in einer den Verzug der Annahme begründenden Weise angeboten hat. Das tatsächliche Angebot kann jedoch ersetzt werden durch den Beweis, daß der Schuldner befriedigt oder im Verzug der Annahme ist. Dieser Beweis kann auch durch öffentliche oder öffentlich beglaubigte Urkunden geführt werden (z.B. regelmäßig im Tenor des Urteils, in dem der Annahmeverzug festgestellt wird).

Gleichzeitig ist es jedoch Vollstreckungsvoraussetzung, daß eine Abschrift dieser Urkunden bereits zugestellt ist oder gleichzeitig zugestellt wird. **Dieser Zustellungsnachweis ist jedoch für die Vorpfändung entbehrlich.**

Für die Zulässigkeit einer Vorpfändung kommt es ebenfalls nicht darauf an, ob der Gläubiger eine ggf. zu erbringende Sicherheitsleistung auch erbracht hat.

3. Durchführung

2607

Die Vorpfändung wird bewirkt durch Zustellung einer vom Gläubiger (Dritten) oder seinem Vertreter (z.B. Rechtsanwalt) gefertigten Benachrichtigung mit dem Inhalt,

- daß die Pfändung bevorstehe und
- der Arbeitgeber aufgefordert wird, nicht an den Arbeitnehmer zu zahlen und
- der Arbeitnehmer aufgefordert wird, sich jeder Verfügung über die Forderung zu enthalten (vgl. § 845 Abs. 1 Satz 1 ZPO).

Ein wirksamer Pfändungszugriff setzt dabei insbesondere voraus, daß die Forderung, deren Pfändung angekündigt wird, so bestimmt oder bestimmbar bezeichnet ist, daß über die Identität der späteren Pfändung mit der Vorpfändung kein Zweifel aufkommen kann.
Die Zustellung der Benachrichtigung erfolgt durch den Gerichtsvollzieher, der auf die Aufforderung des Dritten hin die Benachrichtigung auch selbst anzufertigen hat (§ 845 Abs. 1 Satz 2 ZPO).

4. Wirkungen

2608

Mit der Zustellung an den Arbeitgeber hat die Benachrichtigung die Wirkung eines sog. **Arrestes**, wenn die Pfändung der Forderung innerhalb eines Monats bewirkt wird (vgl. unten Rz. 2615). Die Frist beginnt mit der Zustellung und endet mit Ablauf des entsprechenden Tages des Folgemonats, existiert dieser Tag nicht, mit Ablauf des Folgemonats (§§ 22 ZPO, 188 Abs. 2, 187 Abs. 1 BGB).

Beispiel:
Zustellung der Vorpfändung am 09.01.1995 - Fristende ist dann der 09.02.1995, 24.00 Uhr; Zustellung der Vorpfändung am 31.01.1995 - Fristende ist dann der 28.02.1995, 24.00 Uhr.

Fällt der letzte Tag der Frist auf einen Sonntag, einen am Erklärungs- oder Leistungsorte staatlich anerkannten allgemeinen Feiertag oder einen Sonnabend, so tritt an die Stelle eines solchen Tages der nächste Werktag (§ 193 BGB).

Beispiel:
Zustellung der Vorpfändung am 29.03.1995 - Fristende ist dann Dienstag, 02.05.1995, 24.00 Uhr.

Da hier der 29.04.1995 ein Samstag ist, der folgende Montag ein Feiertag (1. Mai), tritt an seine Stelle der nächste Werktag, also der folgende Dienstag.

2609
Mit der Zustellung der Benachrichtigung ist es

- dem **Arbeitgeber** untersagt, an den Arbeitnehmer die Vergütung zu zahlen,
- dem **Arbeitnehmer** untersagt, über seinen Vergütungsanspruch zu verfügen.

Häufig wird der Arbeitnehmer vom Arbeitgeber mit der Behauptung, seinen Vergütungsanspruch bereits vor der Zustellung der Vorpfändung an einen Dritten abgetreten zu haben, die Auszahlung der Vergütung an diesen Dritten verlangen. Möglicherweise verlangt auch dieser Dritte selbst die Auszahlung. In diesen Fällen ist für den Arbeitgeber äußerste Vorsicht geboten. Es droht eine doppelte Inanspruchnahme (vgl. Rz. 2637).

Unbedenklich ist es, wenn der Arbeitgeber den nichtpfändbaren Teil der Vergütung an den Arbeitnehmer auszahlt. Hierzu ist der Arbeitgeber sogar verpflichtet.

Zur Berechnung des unpfändbaren Arbeitseinkommens vgl. Rz. 2477.

2610
Die oben dargestellte Wirkung der Vorpfändung fällt weg, wenn die Pfändung nicht fristgerecht bewirkt wird. Die Vergütung kann dann an den Arbeitnehmer in voller Höhe ausgezahlt werden. **Allerdings kann der Gläubiger die Vorpfändung wiederholen.**

Beispiel:
Der Arbeitgeber erhält die Vorpfändung am 18.01.1994. Ein Pfändungs- und Überweisungsbeschluß ergeht nicht. Am 18.02.1994 erhält der Arbeitgeber eine erneute Vorpfändung.
Hier bleibt es dem Arbeitgeber auch weiterhin untersagt, den pfändbaren Teil der Vergütung an den Arbeitnehmer auszuzahlen. Das Verbot entfällt erst dann, wenn nicht bis zum 18.03.1994 die Pfändung bewirkt oder eine erneute Vorpfändung vorgenommen wurde.

In den Fällen der wiederholten Vorpfändung bestimmt sich der Rang der Lohnpfändung nach dem Zeitpunkt der Zustellung der letzten Vorpfändung. Regelmäßig wird jedoch die Pfändung durch Zustellung eines Pfändungs- und Überweisungsbeschlusses innerhalb der Monatsfrist bewirkt sein.

III. Der Pfändungs- und Überweisungsbeschluß

2611
Die Zwangsvollstreckung in Geldforderungen erfolgt durch Erlaß und Zustellung eines Pfändungs- und Überweisungsbeschlusses (§§ 829, 835 ZPO).

Der Arbeitgeber als Drittschuldner im Lohnpfändungsverfahren

Muster

Auch der Pfändungs- und Überweisungsbeschluß wird regelmäßig auf den formularmäßigen Antrag des Gläubigers erlassen. Nachfolgend ist zur Veranschaulichung eines der gängigen Formulare abgedruckt.

An das Amtsgericht

Antrag:
Es wird um Erlaß des nachstehenden Pfändungs- und Überweisungsbeschlusses gebeten.
Die Zustellung wird
☐ selbst veranlaßt
☐ durch Vermittlung der Geschäftsstelle,
und zwar an Drittschuldner nach § 840 ZPO, erbeten.
Schuldtitel und Unterlagen über bisherige Vollstreckungskosten werden mit der Bitte um Rückgabe beigefügt.
Die eingezahlten Gerichtskosten sind aus eigenen Mitteln verauslagt worden.
Gläubiger(in) ist Prozeßkostenhilfe -nicht- bewilligt.

, den

Rechtsanwalt

Amtsgericht
Geschäftsnummer:

Pfändungs- und Überweisungsbeschluß

in der Zwangsvollstreckungssache

-nachstehend Gläubiger genannt-

vertreten durch

gegen

-nachstehend Schuldner genannt-

vertreten durch

Nach dem vollstreckbaren
des gerichts vom Az.:
☐ und dem vollstreckbaren Kostenfestsetzungsbeschluß vom
stehen dem Gläubiger gegen den Schuldner folgende Ansprüche zu:
1. Hauptforderung DM
2.   % Zinsen darauf seit dem DM
3. vorgerichtliche Kosten des Gläubigers DM
4. Wechsel- bzw. Scheckkosten DM
5. ☐ festgesetzte Kosten ☐ Kosten des Mahnverfahrens DM
6. 4 % Zinsen von den Kosten zu Ziffer 5 seit dem DM
7. bisherige Vollstreckungskosten ☐ lt. Anlage DM

Wegen dieser Ansprüche, der nachstehend aufgeführten Kosten und Zustellungskosten zu I, II und III dieses Beschlusses und der durch die Durchführung dieses Beschlusses weiter entstehenden Kosten sowie der weiter anfallenden Zinsen werden die umseitig angekreuzten angeblichen Ansprüche und Rechte des Schuldners an

Drittschuldner , gepfändet.

I. Gerichtskosten

1. Gebühr Nr. 1640 des Kostenverzeichnisses GKG DM
   Summe zu I DM

II. Antragskosten Gegenstandswert DM:

1. Gebühr §§ 11,57 BRAGO 3/10 DM
2. Gebühr §§ 11,57 BRAGO für weitere(n) Schuldner DM
3. Gebühr § 6 BRAGO für weitere(n) Auftraggeber DM
4. Post- u. Telekommunikationsdienstleistungen
   ☐ versichert ☐ Pauschale gemäß § 26 BRAGO DM
5. Umsatzsteuer (Mehrwertsteuer) % DM
   Summe zu II DM

III. Zustellungskosten (Gesetz über Kosten der Gerichtsvollzieher)

1. Gebühr für die Zustellung (§ 16) a) an den Drittschuldner DM
   b) an den Schuldner DM
2. Gebühr f. Beglaubigung v. Seiten (§ 16 Abs. 7) DM
3. Schreibauslagen, Seiten (§ 35 Abs. 1 Nr. 1, § 36) DM
4. Pauschsatz für Vordruckkosten (§ 35 Abs. 1 Nr. 2) DM
5. Post- u. Telekommunikationsdienstl. (§ 35 Abs. 1 Nr. 3)
   a) für die Zustellung an Schuldner/Drittschuldner DM
   b) für die Rücksendung der Urkunden an den Gläubiger
      unter Kosteneinziehung DM
6. Wegegeld (§ 37) DM
   dazu: Gebühr des Gläubigers für die Übersendung
   des Kostenvorschusses an den Gerichtsvollzieher DM
   Summe zu III DM

Arbeitsrecht

[ ] **Anspruch A 1 (an Arbeitgeber)**
auf Zahlung des gesamten gegenwärtigen und künftigen Arbeitseinkommens (einschließlich des Geldwertes von Sachbezügen), und zwar ohne Rücksicht auf Benennung oder Berechnungsart, sowie auf Zahlung der fälligen und künftig fällig werdenden einmaligen und laufenden Geldleistungen, insbesondere von Abfindungen nach dem Kündigungsschutzgesetz usw..

Berechnung des pfändbaren Arbeitseinkommens
Von der Pfändung ausgenommen sind Steuern, Beiträge zur Sozialversicherung, ebenso Beträge in üblicher Höhe, die der Schuldner laufend an eine Ersatzkasse, eine private Krankenversicherung oder zur Weiterversicherung zahlt, ferner die in §§ 850a bis 850c und 850e Ziff. 1 ZPO genannten Bezüge.
Von dem errechneten Nettoeinkommen ergibt sich der pfändbare Betrag unter Berücksichtigung von Unterhaltspflichten des Schuldners aus der Tabelle zu § 850c Absatz 3 ZPO in der jeweils gültigen Fassung.

[ ] **Anspruch A 2 (an Arbeitgeber)**
auf Durchführung des Lohnsteuer-Jahresausgleichs für das abgelaufene Kalenderjahr und die folgenden Kalenderjahre sowie auf Auszahlung des als Überzahlung jeweils auszugleichenden Erstattungsbetrages (unbeschränkt).

[ ] **Anspruch A 3 (an Arbeitgeber)** -bei gleichzeitiger Pfändung des Anspruchs B an Finanzamt-
auf Aushändigung der Lohnsteuerkarten mit Lohnsteuerbescheinigung für das abgelaufene Kalenderjahr zwecks Stellung des Antrages beim Finanzamt auf Antragsveranlagung (Lohnsteuer-Jahresausgleich) und Auszahlung des Erstattungsbetrages bzw. von Einkommensteuerüberzahlungen.
Dem Gläubiger wird aufgegeben, die Lohnsteuerkarte nach Gebrauch, jedoch spätestens bis zum 30. September dieses Jahres, dem zuständigen Finanzamt einzureichen.

[ ] **Anspruch B (an Finanzamt)**
auf Durchführung der Antragsveranlagung (Lohnsteuer) bzw. Einkommensteuerveranlagung für das abgelaufene Kalenderjahr sowie frühere Erstattungszeiträume und auf Auszahlung des als Überzahlung auszugleichenden Erstattungsbetrages sowie auf Auszahlung des Überschusses, der sich als Erstattungsanspruch bei Abrechnung der auf die Einkommensteuer anzurechnenden Leistungen für das abgelaufene Kalenderjahr und alle früheren Kalenderjahre ergibt, insbesondere bei Auszahlung von allen Erstattungsbeträgen von Lohn-, Einkommen-, Kirchen- und Vermögensteuer sowie der Arbeitnehmersparzulage (unbeschränkt).
Der Schuldner hat die Lohnsteuerkarten mit Lohnsteuerbescheinigung für das abgelaufene Jahr an den Gläubiger herauszugeben.

[ ] **Anspruch C (an Banken etc.)**
1. auf Abrechnungen, Zahlungen und Leistungen jeglicher Art aus der laufenden Geschäftsverbindung, insbesondere gegenwärtig und zukünftig entstehende Guthaben bzw. gegenwärtig und zukünftig zu seinen Gunsten entstehende Salden sowie auf Auszahlung des derzeitigen und zukünftigen jeweiligen Tagessaldoguthabens und Auszahlung des bei einem Rechnungsabschluß sich zu seinen Gunsten ergebenden Guthabens an sich oder an Dritte;
2. aus seinen bei der Drittschuldnerin geführten Sparkonten (einschließlich der prämienbegünstigten Spareinlagen) auf Auszahlung des Guthabens und der bis zur Auszahlung aufgelaufenen Zinsen, Zinsescinsen und Prämienauszahlungen sowie auf fristgerechte bzw. vorzeitige Kündigung der Sparverträge, der prämienbegünstigten Sparverträge und Spareinlagen gem. den Allg. Bedingungen für Sparverträge.
Es wird angeordnet, daß der Schuldner das über die jeweiligen Spargutaben ausgestellte Sparbuch an den Gläubiger -zu Händen des Gerichtsvollziehers- herauszugeben hat.
3. Anspruch auf Auskunft über den beiderseitigen Forderungsstand.
4. Anspruch auf Herausgabe von Wertpapieren aus Depot- und Verwahrverträgen sowie auf Ausfolgung hinterlegter Waren.
5. Anspruch auf Zahlungen und Leistungen jeglicher Art aus dem zu dem Wertpapierkonto gehörenden Geldkonto, auf dem die Zinsgutschriften für die festverzinslichen Wertpapiere und die Dividenden erfolgen.
6. Anspruch auf Zutritt zum Bankstahlfach und Mitwirkung der Drittschuldnerin bei der Öffnung zum Zwecke der Entnahme des Inhalts.
Es wird angeordnet, daß vom Gläubiger zu beauftragter Gerichtsvollzieher anstelle des Gläubigers Zutritt zu den Bankschließfächern zu nehmen hat, um nach dem Öffnen der Fächer den Inhalt derselben für den Gläubiger zu pfänden.
7. Anspruch auf Auszahlung der bereitgestellten, noch nicht abgerufenen Darlehnsvaluta aus bereits abgeschlossenen Kreditgeschäften.
Auf § 835 Abs. 3 Satz 2 ZPO und § 55 SGB wird Drittschuldner(in) hingewiesen.
8. Anspruch auf Auskunft über alle gegebenen Sicherheiten.

[ ] 9. Anspruch auf Rückgewähr, insbesondere durch Übertragung aller gegebenen Sicherheiten -insbesondere auf Rückübertragung des Eigentums bzw. das Anwartschaftsrecht auf (Wieder-)Erwerb des Eigentums-, nach Wegfall des Sicherungszwecks folgenden Sicherheiten:

einschließlich des Anspruches auf Abrechnung und Auszahlung des überschießenden Betrages bei Verwertung der Sicherheiten und einschließlich auf Herausgabe aller zu der Sicherheiten gehörenden Unterlagen (Versicherungspolice, Kfz.-Brief und dergleichen).

[ ] **Anspruch D (an Lebensversicherungsgesellschaft)**
auf sämtliche Ansprüche und Rechte des Schuldners einschließlich aller Gestaltungsrechte aus den mit der Drittschuldnerin abgeschlossenen Lebensversicherungsverträgen, insbesondere aus dem Lebensversicherungsvertrag Versicherungs-Nr.
Der Anspruch erstreckt sich insbesondere auf Zahlung der Versicherungssumme, das Recht auf Umwandlung in eine prämienfreie Versicherung, den Anspruch auf Zahlung des Rückkaufwertes, den Anspruch auf Auszahlung von Gewinnanteilen, das Recht auf Kündigung, das Recht auf Widerruf der Bezugsberechtigung und auf Bestimmung von Bezugsberechtigten, den Anspruch des Schuldners auf Auskunft von der Drittschuldnerin zum Zwecke der Ermittlung der Versicherungsschein-Nr. und der in Frage kommenden Verwaltungsstelle sowie das Recht auf Aushändigung der/des Versicherungsscheine(s) bzw. Ausstellung und Aushändigung eines Ersatzversicherungsscheines.
Es wird angeordnet, daß der Schuldner den/die Versicherungsschein(e) und die jeweils letzte Prämienquittung an den Gläubiger -zu Händen des Gerichtsvollziehers- herauszugeben hat.

[ ]

Der Drittschuldner darf, soweit die Ansprüche und Rechte gepfändet sind, an den Schuldner nicht mehr leisten.
Der Schuldner hat sich insoweit jeder Verfügung über die vorstehend bezeichneten Ansprüche und Rechte zum Nachteil des Gläubigers, insbesondere ihrer Einziehung, Verpfändung oder Abtretung, zu enthalten.
Zugleich werden die gepfändeten Ansprüche und Rechte dem Gläubiger zur Einziehung überwiesen.

, den

Amtsgericht   Ausgefertigt:

Rechtspfleger   als Urkundsbeamter der Geschäftsstelle des Amtsgerichts

Der Arbeitgeber als Drittschuldner im Lohnpfändungsverfahren

2. Voraussetzungen

2613

Der Pfändungs- und Überweisungsbeschluß wird vom Amtsgericht am allgemeinen Gerichtsstand (Wohnsitz) des Arbeitnehmers erlassen, wenn die nachfolgenden Voraussetzungen vorliegen:

- Schriftlicher oder zu Protokoll des Urkundsbeamten des Amtsgerichts gegebener Antrag auf Erlaß eines Pfändungs- und Überweisungsbeschlusses (vgl. Muster);
- genaue Bezeichnung des Gläubigers und des Schuldners nach Berufsstand, Vor- und Zuname sowie Anschrift im Antrag;
- genaue Bezeichnung des Drittschuldners, also des Arbeitgebers.

In der Praxis kommt es immer wieder vor, daß der Arbeitgeber nur ungenau oder gar unrichtig bezeichnet ist. Es muß jedoch davor gewarnt werden, aufgrund ungenauer oder unrichtiger Angabe des Arbeitgebers als Drittschuldner die Wirkungen des Pfändungs- und Überweisungsbeschlusses zu ignorieren. Nach der Rechtsprechung ist die unrichtige Bezeichnung bei Offenkundigkeit des wahren Sachverhaltes unschädlich, wenn der objektive Wortlaut des Beschlusses jedenfalls die Person des Arbeitnehmers und die Art der gepfändeten Forderung zweifelsfrei bezeichnet (*LAG Köln 25.11.1993, BB 1994, 944*).

Weitere Voraussetzungen sind:

2614

- Genaue Bezeichnung der Forderung, wegen der die Vollstreckung erfolgen soll;
- Fälligkeit der zu vollstreckenden Forderung (Ausnahme: Unterhaltsansprüche, vgl. § 850 d ZPO);
- genaue Bezeichnung der Forderung, in die die Vollstreckung erfolgen soll (vgl. Rückseite des Musters).

Ferner ist dem Pfändungsantrag eine Ausfertigung des mit der Vollstreckungsklausel versehenen Titels sowie der Zustellungsnachweis beizufügen. Die Vollstreckungsklausel kann jedoch entbehrlich sein, wenn aus Vollstreckungsbescheiden oder Arrestbefehlen (vgl. §§ 796, 929 ZPO) vollstreckt wird.

Zuständig für den Erlaß ist beim Amtsgericht der Rechtspfleger. Eine vorherige Anhörung des Arbeitnehmers als Schuldner findet nicht statt (§ 834 ZPO).

3. Wirkungen

2615

Die Wirkung des Pfändungs- und Überweisungsbeschlusses tritt ein, wenn der Beschluß dem Arbeitgeber als Drittschuldner zugestellt wird (§ 829 Abs. 3 ZPO). Die Zustellung kann durch den Gerichtsvollzieher oder die Post erfolgen. Vom Moment der Zustellung an ist die Pfändung als bewirkt anzusehen.

a) Zahlungs-/Verfügungsverbot

2616

Durch den Pfändungs- und Überweisungsbeschluß wird

- dem Arbeitgeber verboten, an den Arbeitnehmer zu zahlen;

- dem Arbeitnehmer geboten, sich jeder Verfügung über die Forderung, insbesondere ihrer Einziehung, zu enthalten.

b) Pfändungspfandrecht

2617

Mit der Zustellung des Pfändungs- und Überweisungsbeschlusses unterfällt der pfändbare Anteil der Vergütung einem sog. **Pfändungspfandrecht** des Gläubigers, dessen Bestand vom Bestand der zu vollstreckenden Forderung abhängt. Hat also der Arbeitnehmer diese Forderung zwischenzeitlich ausgeglichen, so verliert der Pfändungs- und Überweisungsbeschluß seine Wirkung; ebenso, wenn eine zunächst vorläufig vollstreckbare Forderung rechtskräftig abgewiesen wird.

c) Überweisung der Vergütungsforderung

2618

Die Pfandverwertung erfolgt nach Wahl des Gläubigers durch **Überweisung des gepfändeten Anspruches an Zahlungs Statt zum Nennwert oder zur Einziehung** (vgl. §§ 835 ff. ZPO). Letzteres ist der Regelfall (vgl. Rückseite Muster, Rz. 2612).

Bei der selteneren Überweisung an Zahlungs Statt geht die Vergütungsforderung auf den Gläubiger über mit der Folge, daß diese nunmehr auch Gläubiger der Vergütungsforderung ist. Bei der Überweisung zur Einziehung dagegen bleibt der Arbeitnehmer Gläubiger der Vergütungsforderung. Die Überweisung zur Einziehung ermächtigt den Gläubiger (Dritten) jedoch, die Vergütungsforderung des Arbeitnehmers einzuziehen und ggf. auch die Forderung in eigenem

Der Arbeitgeber als Drittschuldner im Lohnpfändungsverfahren

Namen einzuklagen (**Drittschuldnerklage**). Der Gläubiger ist auch ermächtigt, mit der Vergütungsforderung aufzurechnen. In ihren praktischen Auswirkungen kommt daher die Überweisung zur Einziehung dem Gläubigerwechsel sehr nahe. Für den Arbeitgeber ist entscheidend, daß der pfändbare Anteil der Vergütung an den Gläubiger auf dessen Verlangen hin auszuzahlen ist.

2618 a

Der Arbeitgeber kann sich dieser Verpflichtung nicht etwa dadurch entziehen, daß das Arbeitsverhältnis vorübergehend aufgelöst wird. Zwar wird ein Pfändungs- und Überweisungsbeschluß grundsätzlich mit Beendigung des Arbeitsverhältnisses gegenstandslos. Wird später zwischen Arbeitgeber (Drittschuldner) und Arbeitnehmer (Schuldner) ein neues Arbeitsverhältnis begründet, so erfaßt der erste Pfändungs-und Überweisungsbeschluß allerdings dann auch die Vergütungsansprüche aus dem neuen Arbeitsverhältnis, wenn **beide Arbeitsverhältnisse in einem inneren Zusammenhang stehen** (*BAG 24.03.1993, BB 1994, 721*).

Der Arbeitgeber muß also davor **gewarnt** werden, bei Vorliegen eines Pfändungs- und Überweisungsbeschlusses etwa einvernehmlich mit dem Arbeitnehmer das Arbeitsverhältnis zu beenden und es kurz darauf neu zu begründen, um die Wirkungen des Pfändungs-und Überweisungsbeschlusses zu umgehen. Zahlt der Arbeitgeber Vergütungsansprüche aus dem neuen Arbeitsverhältnis an den Arbeitnehmer aus, so läuft er Gefahr, dennoch aus dem ersten Pfändungs- und Überweisungsbeschluß in Anspruch genommen zu werden.

4. Auskunftspflicht des Arbeitgebers

2619

Regelmäßig wird der Gläubiger vom Arbeitgeber als Drittschuldner die Auskunft nach § 840 ZPO verlangen.

a) Voraussetzungen

2620

Die Auskunftspflicht entsteht aber nur dann, wenn die **Aufforderung zur Abgabe dieser Erklärungen in der Zustellungsurkunde aufgenommen wurde**. Die Aufforderung im Pfändungsbeschluß selbst genügt nicht. Da der Postzusteller die Erklärung des Drittschuldners nicht entgegennehmen kann, kommt eine Auskunftserteilungspflicht des Arbeitgebers nur in Betracht, wenn der Pfändungs- und Überweisungsbeschluß **durch den Gerichtsvollzieher** zugestellt wird. Die Aufforderung kann auch nach Zustellung des Pfändungs- und Überweisungsbeschlusses gesondert vom Gerichtsvollzieher zugestellt werden.

Sie muß dann aber auf den Pfändungsbeschluß Bezug nehmen, der nicht nochmals zugestellt werden muß.

b) Gegenstand der Auskunft

2621
Der Arbeitgeber hat auf das Verlangen des Gläubigers diesem zu erklären:
- Ob und inwieweit er die Forderung als begründet anerkenne und Zahlung zu leisten bereit sei;
- ob und welche Ansprüche andere Personen an die Forderung geltend machen;
- ob und wegen welcher Ansprüche die Forderung bereits für andere Gläubiger gepfändet sei (§ 840 Abs. 1 ZPO).

2622
Ist die Pfändung unwirksam oder besteht die gepfändete Forderung nicht oder nicht mehr, so wird der Arbeitgeber die Anerkennung der gepfändeten Forderung verweigern. Ausreichend ist dann die bloße Erklärung, "daß die Forderung nicht anerkannt werde". Eine nähere Begründung hierfür muß nicht angegeben werden. Der Arbeitgeber ist auch nicht verpflichtet, etwaig existierende Belege vorzulegen. Gleichwohl kann es zur Vermeidung gerichtlicher Auseinandersetzungen mit dem Gläubiger zweckmäßig sein, die Verweigerung zu begründen und der Erklärung entsprechende Belege beizufügen. Die Entscheidung hierüber ist anhand des jeweiligen Einzelfalles zu treffen.

2623
Will der Arbeitgeber die Forderung anerkennen, so reicht es aus, daß der Arbeitgeber angibt, **in welcher Höhe er den Bestand der Lohnforderung anerkennt**. Dieser Verpflichtung wird der Arbeitgeber regelmäßig genügen, wenn er dem Gläubiger die Höhe der Nettolohnforderung (vgl. Rz. 2477) mitteilt. Dagegen ist der Arbeitgeber nicht verpflichtet, die Höhe des Bruttoeinkommens, den Umfang der Steuer und Sozialversicherungspflicht oder den Familienstand des Arbeitnehmers anzugeben. Keinesfalls aber darf der Arbeitgeber unrichige Angaben machen. **Das Anerkenntnis ist nach zutreffender Auffassung lediglich eine Auskunft tatsächlicher Art und kein Schuldanerkenntnis**. Die Erklärung kann widerufen werden, wenn dem Arbeitgeber später Einwendungen bekannt werden. Der Arbeitgeber kann also in einem späteren Verfahren gegen den Gläubiger sich auf alle ihm zur Verfügung stehenden Einwendungen berufen, selbst wenn er die Forderung zunächst als begründet anerkannt hat. Das Anerkenntnis führt dann jedoch praktisch zu einer Umkehrung der Beweislast. Der Gläubiger genügt seiner Darlegungs- und Beweislast bereits durch Vorlage des schriftlichen Anerkenntnisses. Der Arbeitgeber muß dann darlegen und beweisen, daß die Einwendungen auch vorliegen.

Der Arbeitgeber als Drittschuldner im Lohnpfändungsverfahren

2624

Die Frage der Leistungsbereitschaft umfaßt Bestand, Art und Höhe der Forderung, soweit sie gepfändet ist. Insoweit ist also zumindest der pfändbare Betrag anzugeben.

2625

Ggf. erhobene Ansprüche anderer Personen an die Forderung sind auch dann dem Gläubiger mitzuteilen, wenn diese Ansprüche zweifelhaft oder ungewiß sind. Die anderen Berechtigten sind mit Namen, Anschrift sowie Grund und Betrag der Ansprüche zu bezeichnen. Werden von anderen Personen keine Ansprüche an die Forderung erhoben, genügt der Arbeitgeber seiner Auskunftspflicht, wenn er die entsprechende Frage verneint.

2626

Gleiches gilt, wenn keine weiteren Pfändungen vorliegen. Ist die Vergütungsforderung jedoch bereits gepfändet, so hat der Arbeitgeber dem Gläubiger die anderen Gläubiger, Art sowie die Höhe ihrer Ansprüche, den Pfändungsbeschluß nach Gericht (Behörde) und Tag mitzuteilen. Ebenfalls anzugeben sind noch wirksame Vorpfändungen (vgl. oben Rz. 2604). Nachrangige Pfändungen (vgl. unten Rz. 2647) brauchen nicht bezeichnet zu werden.

2627

Die Auskunftspflicht trifft bei juristischen Personen die gesetzlichen Vertreter, bei bürgerlich-rechtlichen Gesellschaften, der offenen Handelsgesellschaft und der KG jeden vertretungsberechtigten einzelnen Gesellschafter, nicht jedoch den Kommanditisten.

c) **Erklärungsfrist**

2628

Die Erklärung kann bei Zustellung des Pfändungs- und Überweisungsbeschlusses unmittelbar gegenüber dem Gerichtsvollzieher abgegeben werden. Sie muß jedoch **spätestens binnen zwei Wochen von der Zustellung des Pfändungs- und Überweisungsbeschlusses an gerechnet**, entweder gegenüber dem Gerichtsvollzieher oder gegenüber dem Gläubiger selbst erfolgt sein. Nicht ausreichend ist es, wenn die entsprechenden Angaben gegenüber dem Vollstreckungsgericht gemacht werden.

Die Berechnung der 2-Wochen-Frist hat nach den unter Rz. 2608 dargestellten Grundsätzen zu erfolgen.

Beispiel:
Der Arbeitgeber wird mit Zustellung des Pfändungs- und Überweisungsbeschlusses am Montag, dem 02. 01.1995 zur Abgabe der Erklärung aufgefordert. Die 2-Wochen-Frist endet dann am Montag, dem 16. 01.1995, 24.00 Uhr.

2629

Umstritten ist, ob die Erklärung binnen der 2-Wochen-Frist dem Gerichtsvollzieher oder dem Gläubiger zugegangen sein muß, oder ob es ausreichend ist, wenn die Erklärung innerhalb der Frist abgesendet wird. Richtigerweise wird man mit der Rechtsprechung verlangen müssen, **daß die Erklärung innerhalb der 2-Wochen-Frist zugeht.** Es ist also darauf zu achten, daß die Erklärung rechtzeitig abgesandt wird.

Eine Verlängerung der 2-Wochen-Frist kann nicht durch den Gerichtsvollzieher, sondern lediglich durch den Gläubiger gewährt werden. Wird eine Fristverlängerung angestrebt, muß sich der Arbeitgeber also unmittelbar an den Gläubiger wenden. Eine gewährte Fristverlängerung sollte sich der Arbeitgeber vom Gläubiger in jedem Fall **schriftlich bestätigen lassen.**

Wird die Erklärung nicht, oder nicht fristgerecht abgegeben, haftet der Arbeitgeber dem Gläubiger für den aus der Nichterfüllung seiner Verpflichtung entstehenden Schaden.

d) Schadensersatz bei Verletzung der Auskunftspflicht

2630

Neben den Fällen der nicht rechtzeitig erteilten Auskunft haftet der Arbeitgeber dem Gläubiger auch bei unvollständigen oder falschen Angaben auf Schadensersatz. Die Haftung setzt Verschulden voraus, wobei jedoch der Arbeitgeber darzulegen und zu beweisen hat, daß ihn kein Verschulden trifft.

Der Haftungsumfang ist auf den Schaden des Gläubigers beschränkt, der durch dessen Entschluß verursacht ist, die gepfändete Forderung gegen den Drittschuldner geltend zu machen oder davon abzusehen. Zum erstattungsfähigen Schaden werden regelmäßig unnütz aufgewandte Kosten der Rechtsverfolgung gehören.

Beispiel:
Der Arbeitgeber kommt dem Auskunftsverlangen des Gläubigers nicht nach. Der Gläubiger erhebt gegen den Arbeitgeber die Einziehungsklage. Im Verfahren wendet der Arbeitgeber zu Recht ein, daß der Vergütungsanspruch zum Zeitpunkt der Zustellung des Pfändungs- und Überweisungsbeschlusses bereits erloschen war. Die Klage wird abgewiesen. Die danach vom Gläubiger zu tragenden Gerichts- und Anwaltskosten kann er nunmehr vom Arbeitgeber als Schadensersatz erstattet verlangen.

2631

Dem Arbeitgeber, an den ein Auskunftsverlangen nach § 840 ZPO gerichtet wird, kann daher nur **dringendst angeraten werden, die Auskunft vollständig und fristgerecht zu erteilen.** Zwar kann der Gläubiger den Anspruch auf Auskunft nicht einklagen, im Falle der Verletzung der Auskunftspflicht droht jedoch die Inanspruchnahme auf Schadensersatz. Hier besteht für den Arbeitgeber insbesondere dann ein besonderes Risiko, wenn der Gläubiger aufgrund einer nicht erteilten oder fehlerhaften Auskunft weitere - erfolgversprechende - Vollstreckungsmaßnahmen unterläßt. Ist die spätere Durchführung solcher Vollstreckungsmaßnahmen nicht mehr möglich, so kann dies unter Umständen sogar dazu führen, daß die Forderung, aufgrund welcher die Zwangsvollstreckung betrieben wird, vom Arbeitgeber im Wege des Schadensersatzes auszugleichen ist.

5. Berechnung des pfändbaren Betrages

a) Berechnung durch den Arbeitgeber

2632

Regelmäßig wird im Pfändungs- und Überweisungsbeschluß ausgesprochen, daß das gesamte Arbeitseinkommen des Arbeitnehmers gepfändet ist (sog. Blankettpfändung). **Die Berechnung des tatsächlich gepfändeten Arbeitseinkommens hat der Arbeitgeber als Drittschuldner vorzunehmen.** Die Einzelheiten der Berechnung sind bereits oben unter Rz. 2477 dargestellt.

2633

Bezüglich des Familienstandes und der gesetzlichen Unterhaltsverpflichtungen des Arbeitnehmers kann sich der Arbeitgeber auf die Angaben in der Lohnsteuerkarte des Arbeitnehmers verlassen. Diese Angaben sind bei der Berechnung des pfändbaren Betrages zugrundezulegen. Bei Steuerklasse III, aber auch bei Steuerklasse IV, ist davon auszugehen, daß der Arbeitnehmer verheiratet ist und seinem Ehepartner auch Unterhalt gewährt. Bzgl. der Anzahl unterhaltsberechtigter Kinder wird der Arbeitgeber den Arbeitnehmer fragen müssen. Soweit keine gegenteiligen Anhaltspunkte bestehen, kann der Arbeitgeber auf die Richtigkeit der entsprechenden Auskunft des Arbeitnehmers auch vertrauen. **Bis zum Beweis des Gegenteils ist auch davon auszugehen, daß der Arbeitnehmer seinen gesetzlichen Unterhaltsverpflichtungen nachkommt.**

b) Bestimmung durch das Gericht in Sonderfällen

2634

Nur ausnahmsweise kann dem Pfändungs- und Überweisungsbeschluß der pfändbare Betrag entnommen werden. Wird die Zwangsvollstreckung aufgrund von Unterhaltsansprüchen, oder Schadensersatzansprüchen wegen vorsätzlich begangener unerlaubter Handlungen des Arbeitnehmers betrieben, so kann das Gericht auf Antrag des Gläubigers einen von den gesetzlichen Pfändungsfreibeträgen abweichenden pfändbaren Betrag des Arbeitseinkommens festsetzen (§§ 850 d, 850 f Abs. 2 ZPO). Gleiches gilt, wenn das Arbeitseinkommen des Arbeitnehmers mehr als

Arbeitsrecht

- monatlich DM 3.744,00,
- wöchentlich DM 864,00,
- täglich DM 172,80

beträgt (§ 850 f Abs. 3 ZPO). Schließlich kann der pfändbare Teil des Arbeitseinkommens auch auf Antrag des Arbeitnehmers zu seinen Gunsten von den gesetzlichen Pfändungsfreigrenzen abweichend festgesetzt sein (§ 850 f Abs. 1 ZPO). In all diesen Fällen ergibt sich der pfändbare Betrag dann unmittelbar aus dem Pfändungs- und Überweisungsbeschluß.

5. Kosten der Bearbeitung des Pfändungs- und Überweisungsbeschlusses

2635
Die ordnungsgemäße Bearbeitung des Pfändungs- und Überweisungsbeschlusses verursacht für den Arbeitgeber in aller Regel Kosten. Umstritten ist, unter welchen Voraussetzungen der Arbeitgeber vom Arbeitnehmer eine Erstattung dieser Kosten verlangen kann. Vom Gläubiger kann der Arbeitgeber jedenfalls keine Kostenerstattung verlangen.

Soweit der Arbeitsvertrag keine Kostenerstattungsvereinbarung enthält, kann der Arbeitgeber nur versuchen, den Gläubiger zu bewegen, die dem Arbeitgeber entstandenen Kosten der Bearbeitung des Pfändungs- und Überweisungsbeschlusses im Wege der Drittschadensliquidation gegenüber dem Arbeitnehmer geltend zu machen und den dann erstrittenen Betrag an den Arbeitgeber auszuzahlen oder den Anspruch an den Arbeitgeber abzutreten.

Da der Arbeitgeber hierbei jedoch auf die Mitwirkung des Gläubigers angewiesen ist, **empfiehlt es sich in jedem Fall, die Kostentragungspflicht des Arbeitnehmers entweder im Arbeitsvertrag selbst oder aber durch Abschluß einer Betriebsvereinbarung festzulegen.** Insbesondere können bei einer solchen Vereinbarung Kostenpauschalen angesetzt werden. Dies bietet den Vorteil, daß der konkret entstandene Bearbeitungsaufwand nicht in allen Einzelheiten festgehalten und dargelegt werden muß, was häufig schwierig sein wird.

2636
Üblich sind Kostenpauschalen in Höhe von 1% bis 1,5 % des gepfändeten Betrages, wenn dieser aus der Tabelle zu ermitteln ist, in allen anderen Fällen ein Betrag in Höhe von 3%. Teilweise sind auch Festbeträge in Höhe von etwa 3 DM je notwendigem Schreiben und 2 DM je Überweisung vereinbart

Der Arbeitgeber als Drittschuldner im Lohnpfändungsverfahren

Muster

"Wird der Vergütungsanspruch des Arbeitnehmers gepfändet oder abgetreten, hat der Arbeitnehmer dem Arbeitgeber in jedem einzelnen Fall den entstehenden Mehraufwand nach folgenden Kostenpauschalen zu erstatten:

- *einen Betrag in Höhe von 1,5 % des gepfändeten/abgetretenen Betrages, wenn dieser aus der Tabelle zu ermitteln ist;*
- *in allen anderen Fällen einen Betrag in Höhe von 3%.*

Der Erstattungsanspruch ensteht mit Zustellung des Pfändungs- und Überweisungsbeschlusses bzw. mit Anzeige der Abtretung und ist sofort fällig. In Höhe des Erstattungbetrages tritt der Arbeitnehmer bereits jetzt den entsprechenden Anteil an seinen pfändbaren Vergütungsbestandteilen an den Arbeitgeber ab. Der Arbeitgeber nimmt die Abtretung an. Der Arbeitgeber ist berechtigt, diesen Betrag von den unpfändbaren Vergütungsbestandteilen einzubehalten."

Durch eine solche Vereinbarung erhält der Arbeitgeber einen unmittelbaren Erstattungsanspruch gegenüber seinem Arbeitnehmer. Umstritten ist, ob der Arbeitgeber mit seinem Erstattungsanspruch gegenüber dem Gläubiger aufrechnen kann mit der Folge, daß er diesen Betrag vom pfändbaren Vergütungsanteil abziehen und einbehalten kann. Überwiegend wird eine solche Aufrechnungsmöglichkeit verneint. Richtigerweise wird man jedoch die Aufrechnung zulassen müssen. Bedenken im Hinblick auf § 406 BGB (vgl. Rz. 2475) trägt der vorstehende Formulierungsvorschlag insoweit Rechnung, als daß der Erstattungsanspruch bereits mit Zustellung des Pfändungs- und Überweisungsbeschlusses fällig wird und der Erstattungsbetrag vorab an den Arbeitgeber abtreten ist. An den Gläubiger ist dann lediglich der um die Pauschale reduzierte pfändbare Betrag auszuzahlen. **Der Arbeitgeber ist jedoch nicht berechtigt, die Kostenpauschale vom unpfändbaren Teil des Arbeitseinkommens einzubehalten.**

IV. Sonderfälle im Lohnpfändungsverfahren

1. Vorherige (stille) Abtretung der Vergütungsforderung

2637

Vielfach wird der Arbeitnehmer gegenüber dem Arbeitgeber behaupten, daß er seinen Vergütungsanspruch bereits vor der Zustellung einer Vorpfändung oder eines Pfändungs- und Überweisungsbeschlusses an einen Dritten **(Zessionar)** abgetreten habe. Es wurde bereits darauf hingewiesen, daß in diesen Fällen für den Arbeitgeber äußerste Vorsicht geboten ist. Es droht eine doppelte Inanspruchnahme, wenn sich die angebliche Abtretung als nicht existent oder unwirksam erweist.

Wird die Abtretung des gesamten Vergütungsanspruches behauptet, so ist diese Abtretung zumindest insoweit unwirksam, als sie auch unpfändbare Vergütungsbestandteile erfaßt (vgl. § 400 BGB). **Der Arbeitgeber sollte sich daher nicht auf die Auszahlung unpfändbarer Vergütungsbestandteile an Dritte einlassen.**

Soweit pfändbare Vergütungsbestandteile vom Arbeitnehmer an Dritte abgetreten wurden, geht diese Abtretung dem Einziehungsanspruch des Gläubigers vor, wenn sie zeitlich vor der Zustellung des Pfändungs- und Überweisungsbeschlusses (Vorpfändung) erfolgte. In diesen Fällen hat der Arbeitgeber den pfändbaren Betrag an den Zessionar auszuzahlen. Der Arbeitgeber sollte die Auszahlung jedoch nur gegen Aushändigung einer von dem Arbeitnehmer über die Abtretung ausgestellten Urkunde vornehmen (vgl. § 410 BGB). Gleichwohl wird eine solche Auszahlung nur dann in Betracht kommen, wenn eindeutig feststeht, daß eine wirksame vorherige Abtretung vorliegt. Zum Nachweis hierüber wird es sicherlich nicht immer ausreichen, wenn der Arbeitnehmer oder der Zessionar eine schriftliche Abtretungsvereinbarung vorlegen. Zum einen können die Angaben zum Zeitpunkt der Abtretung unzutreffend sein, zum anderen kann ebenfalls nicht ausgeschlossen werden, daß die Abtretung durch einen Gläubiger angefochten wird.

2638
Nach den Vorschriften des **Anfechtungsgesetzes** können Gläubiger Rechtshandlungen, welche der Schuldner in der dem anderen Teil bekannten Absicht, seine Gläubiger zu benachteiligen, vorgenommen hat, sowie bestimmte Verträge und Verfügungen des Schuldners mit Familienmitgliedern angefochten werden (§ 3 Anfechtungsgesetz). Erweist sich die Anfechtung als begründet, so hat dies für den Arbeitgeber zweierlei Rechtsfolgen:

- Die Auszahlung der pfändbaren Vergütungsbestandteile an den Abtretungsempfänger erfolgte ohne Rechtsgrund. Es besteht gegen den Abtretungsempfänger ein Rückzahlungsanspruch, dessen Realisierung aber ungewiß sein kann.

- Der Arbeitgeber muß den pfändbaren Vergütungsanteil an den Gläubiger auszahlen.

2639

Bei Vorliegen der gesetzlichen Voraussetzungen wird der Arbeitgeber in diesen Fällen ggf. von der Möglichkeit der Hinterlegung der pfändbaren Vergütungsbestandteile Gebrauch machen (vgl. unten Rz. 2648, 2649). Liegen die gesetzlichen Voraussetzungen dagegen nicht vor, bleibt dem Arbeitgeber lediglich die Möglichkeit, den Gläubiger zu einer Erklärung darüber zu veranlassen, ob er die

Der Arbeitgeber als Drittschuldner im Lohnpfändungsverfahren

Abtretung anfechten wird oder nicht. Kündigt der Gläubiger eine Anfechtung an, wird dann eine Hinterlegung in vielen Fällen zulässig sein. Anderenfalls kann der Arbeitgeber noch versuchen, mit allen Beteiligten einvernehmlich die Hinterlegung zu vereinbaren. Kann eine entsprechende Einigung nicht erzielt werden, bleibt dem Arbeitgeber nur, die Wirksamkeit der Abtretung selbst zu prüfen und entsprechend des Prüfungsergebnisses entweder an den Zessionar oder den Gläubiger, welcher die Zwangsvollstreckung betreibt, auszuzahlen.

Zeigt der Arbeitnehmer dem Arbeitgeber die Abtretung erst an, nachdem der Arbeitgeber bereits aufgrund der Pfändung an den Gläubiger gezahlt hat, so muß der Abtretungsempfänger die Zahlung gegen sich gelten lassen (vgl. § 407 Abs. 1 BGB). **Eine doppelte Inanspruchnahme droht dem Arbeitgeber also erst von dem Zeitpunkt an, in dem er von der Abtretung erfährt.**

2. Verschleierte Arbeitseinkommen

2640

Um die Leistungsbereitschaft des von einem Lohnpfändungsverfahren betroffenen Arbeitnehmers zu erhalten, wird der Arbeitgeber möglicherweise geneigt sein, gemeinsam mit dem Arbeitnehmer nach Wegen zu suchen, die faktisch dazu führen, daß dem Arbeitnehmer auch der pfändbare Anteil seines Arbeitseinkommens verbleibt. Solche "Umgehungsversuche" haben nur in seltenen Fällen Aussicht auf Erfolg. Die gesetzliche Regelung des § 850 h ZPO erleichtert dem Gläubiger erheblich die Zwangsvollstreckung in sog. verschleiertes Arbeitseinkommen.

a) Zahlung der Vergütung an Dritte

2641

Hat sich der Arbeitgeber verpflichtet, Leistungen an einen Dritten zu bewirken, die nach Lage der Verhältnisse ganz oder teilweise eine Vergütung für die Arbeitsleistung des Arbeitnehmers darstellen, so kann der Anspruch des Drittberechtigten insoweit aufgrund des Schuldtitels gegen den Arbeitnehmer gepfändet werden, wie wenn der Anspruch dem Arbeitnehmer zustände (§ 850 h Abs. 1 ZPO). Die Pfändung des Anspruches des Drittberechtigten setzt hier eben nicht voraus, daß der Gläubiger einen vollstreckbaren Titel gegen den Drittberechtigten hat; ebenso wenig ist es erforderlich, daß dem Drittberechtigten der gegen den Arbeitnehmer ergangene Titel zugestellt wurde. Obgleich der Pfändungsbeschluß dem Drittberechtigten als auch dem Arbeitnehmer zuzustellen ist, gilt die Pfändung bereits als bewirkt, wenn der entsprechende Pfändungs- und Überweisungsbeschluß dem Arbeitgeber als Drittschuldner zugestellt ist. Von diesem Zeitpunkt an ist dem Arbeitgeber die Auszahlung der Leistung an den Drittberechtigten untersagt.

Arbeitsrecht

b) "Unentgeltliche" Arbeitsleistung

2642
In den Fällen, in denen ein Schuldner einem Dritten in einem ständigen Verhältnis unentgeltlich oder gegen eine unverhältnismäßig geringe Vergütung Arbeiten oder Dienste leistet, die nach Art und Umfang üblicherweise vergütet werden, so gilt im Verhältnis des Gläubigers zu dem Empfänger der Arbeits- und Dienstleistungen eine angemessene Vergütung als geschuldet (§ 850 h Abs. 2 ZPO).

Beispiel:
Der vermögenslose und verschuldete Mann arbeitet im Geschäft der Ehefrau.

Unerheblich ist, ob tatsächlich ein Arbeitsvertrag besteht. **Entscheidend ist allein, ob die von dem Schuldner erbrachte Tätigkeit üblicherweise vergütet wird.** Ist das nach der Verkehrsanschauung der Fall, ist der fingierte Vergütungsanspruch nach den allgemeinen Bestimmungen pfändbar. Die Höhe des pfändbaren fingierten Vergütungsanspruches ist anhand aller Umstände des Einzelfalles, insbesondere der Art der Arbeits- und Dienstleistung, die verwandtschaftlichen oder sonstigen Beziehungen zwischen dem Dienstberechtigten und dem Dienstverpflichteten und die wirtschaftliche Leistungsfähigkeit des Dienstberechtigten zu ermitteln. Diese Kriterien sind auch für die Frage heranzuziehen, ob die entsprechende Tätigkeit überhaupt üblicherweise vergütet wird.

2643
So wird man davon ausgehen können, daß im allgemeinen die gelegentliche Aushilfe im Geschäft eines Familienmitgliedes vergütungsfrei erfolgt. Erfolgt die Tätigkeit dagegen regelmäßig, so wird die Verkehrsanschauung im allgemeinen die Üblichkeit einer Vergütung bejahen und zwar auch dann, wenn es sich lediglich um eine Teilzeitbeschäftigung handelt.

2644
Bezüglich der Höhe der Vergütung wird regelmäßig auf die **tarifliche Vergütung** abzustellen sein. Besteht ein Tarif nicht, so muß die **ortsübliche Vergütung** anhand der Verkehrsanschauung ermittelt werden.

Die Höhe der fingierten Vergütung ist vom Vollstreckungsgericht nicht festzusetzen, wohl aber außerhalb von Blankettpfändungen (vgl. Rz. 2632) der pfandfreie Betrag. Es ist also zunächst allein Sache des Arbeitgebers, die Höhe der fingierten Vergütung zu ermitteln und den danach pfändbaren Betrag an den Gläubiger auszuzahlen.

2645
Nach überwiegender Auffassung können **"rückständige Ansprüche"** aus einem verschleierten Arbeitsverhältnis nicht gepfändet werden. Selbst wenn man eine

solche Pfändung für zulässig erachtet, so wird man jedoch anhand der Umstände des Einzelfalles jeweils dazu kommen müssen, daß der Drittschuldner eine etwa geschuldete Vergütung fortlaufend ausgezahlt hätte und somit Rückstände nicht vorhanden wären. Im Ergebnis kann daher der Arbeitgeber durch Lohnpfändungen mit rückständigen Leistungen nicht belastet werden.

3. Mehrfache Pfändung

2646

Die Gefahr einer doppelten Inanspruchnahme droht dem Arbeitgeber insbesondere auch dann, wenn der Vergütungsanspruch mehrfach gepfändet wurde.

a) Rangfolge der Pfändungen

2647

Im Lohnpfändungsverfahren gilt der Grundsatz: **"Wer zuerst kommt, mahlt zuerst"**. Dies bedeutet, daß die zeitfrühere Pfändung der späteren Pfändung im Rang vorgeht (§ 804 Abs. 2, Abs. 3 ZPO). Danach hat der Arbeitgeber den pfändbaren Anteil der Vergütung zunächst an den Gläubiger auszuzahlen, dessen Pfändungs- und Überweisungsbeschluß ihm zuerst zugestellt wurde. Da aber auch auf der Grundlage vorläufig vollstreckbarer Titel ein Pfändungs- und Überweisungsbeschluß erwirkt werden kann, läuft der Arbeitgeber Gefahr, den pfändbaren Anteil der Vergütung an einen anscheinend berechtigten Gläubiger auszuzahlen, dessen Anspruch danach jedoch rechtskräftig abgewiesen wird. Da die Realisierung des sich danach ergebenden Rückzahlungsanspruches ebenfalls in einigen Fällen zweifelhaft ist, gewährt das Gesetz dem Arbeitgeber unter gewissen Voraussetzungen das **Recht zur Hinterlegung**. Allerdings ist die Hinterlegung mit z.T. nicht unerheblichen Kosten verbunden, die der Arbeitgeber jedoch von gepfändeten Betrag abziehen kann (vgl. § 391 BGB).

b) Hinterlegung nach ZPO

2648

Ist die Vergütungsforderung für mehrere Gläubiger gepfändet, so ist der Arbeitgeber berechtigt und auf Verlangen eines Gläubigers, dem die Forderung überwiesen wurde, auch verpflichtet, unter Anzeige der Sachlage und unter Aushändigung der ihm zugestellten Beschlüsse an das Amtsgericht, dessen Beschluß ihm zuerst zugestellt ist, den Schuldbetrag zu hinterlegen (§ 853 ZPO).

Die Wahrnehmung des Rechts zur Hinterlegung wird dem Arbeitgeber immer dann zu empfehlen sein, wenn vorrangige Pfändungen aufgrund eines noch nicht rechtskräftigen Titels erfolgt sind oder sonstige Zweifel an der Rangfolge der Pfändungen bestehen. Die Hinterlegung wirkt als Zahlung.

Zu hinterlegen ist bei der **Hinterlegungsstelle des Leistungsortes**. Leistungsort ist der Sitz des Arbeitgebers. Die Hinterlegung hat also bei dem Amtsgericht zu erfolgen, bei dem der Arbeitgeber seinen allgemeinen Gerichtsstand hat (vgl. § 1 Hinterlegungsordnung).

Die Annahme zur Hinterlegung bedarf einer Verfügung des Amtsgerichts als Hinterlegungsstelle. Diese Verfügung ergeht lediglich auf Antrag des Arbeitgebers, wenn er die Tatsachen angibt, welche die Hinterlegung rechtfertigen, oder wenn er nachweist, daß er durch Entscheidung oder Anordnung der zuständigen Behörde zur Hinterlegung berechtigt oder verpflichtet erklärt worden ist (§ 6 Hinterlegungsordnung). Der Arbeitgeber muß also zunächst die Hinterlegung beim Amtsgericht beantragen unter Mitteilung des Umstandes, daß mehrfache Pfändungen vorliegen. Erst wenn dem Arbeitgeber die Verfügung des Amtsgerichtes als Hinterlegungsstelle vorliegt, ist der zu hinterlegende Betrag unter Angabe der mitgeteilten Geschäftsnummer beim Amtsgericht einzuzahlen.

Gleichzeitig hat der Arbeitgeber unter Anzeige der Sachlage die ihm zugestellten Pfändungs- und Überweisungsbeschlüsse an das Amtsgericht, dessen Beschluß ihm zuerst zugestellt wurde, auszuhändigen. Eine Benachrichtigung der Pfandgläubiger braucht jedoch nicht zu erfolgen, ebenso wenig braucht eine Anzeige nach § 374 Abs. 2 BGB (vgl. Rz. 2649) zu erfolgen. Gleichwohl ist eine solche Benachrichtigung zweckmäßig und empfehlenswert.

Mit der Hinterlegung unter gleichzeitiger Anzeige der Sachlage und Aushändigung der ihm zugestellten Beschlüsse an das Amtsgericht ist der Arbeitgeber von seiner Zahlungsverpflichtung befreit.

4. Hinterlegung nach BGB

2649
Beruht die Gefahr einer doppelten Inanspruchnahme nicht auf mehrfachen Pfändungen, so kommt eine Hinterlegung nach § 372 Satz 2 BGB in Betracht. Danach kann der Arbeitgeber den pfändbaren Anteil der Vergütungsforderung mit schuldbefreiender Wirkung hinterlegen, wenn der Arbeitgeber aus einem in der Person des Arbeitnehmers liegenden Grunde oder infolge einer nicht auf Fahrlässigkeit beruhenden Ungewißheit über die Person des Gläubigers seine Verbindlichkeit nicht oder nicht mit Sicherheit erfüllen kann. Eine solche Hinterlegung wird insbesondere dann in Betracht kommen, wenn der Arbeitnehmer eine vorherige Abtretung der Vergütungsforderung behauptet (vgl. oben Rz. 2637).

Für die schuldbefreiende Wirkung einer Hinterlegung nach § 372 BGB reicht es jedoch nicht aus, wenn lediglich mehrere angebliche Forderungsinhaber auftreten. Vielmehr müssen **begründete, objektiv verständliche Zweifel über die Person des Gläubigers vorliegen**. Die Würdigung aller Umstände muß ergeben, daß es dem Arbeitgeber nicht zugemutet werden kann, den Zweifel auf eigene

Gefahr zu lösen. Im Zusammenhang mit einer behaupteten vorherigen Abtretung der Vergütungsforderung müssen also objektiv verständliche Zweifel über die Wirksamkeit der Abtretung vorhanden sein. Anderenfalls kann die Hinterlegung keine schuldbefreiende Wirkung haben.

Die schuldbefreiende Wirkung der Hinterlegung tritt jedoch erst dann ein, wenn der Arbeitgeber auf das Recht zur Rücknahme des hinterlegten Betrages verzichtet hat (§ 378 BGB). Die Gefahr einer gerichtlichen Inanspruchnahme durch den Zessionar oder den Gläubiger, der den Vergütungsanspruch gepfändet hat, kann also nur dann ausgeschlossen werden, wenn mit der Hinterlegung ein entsprechender Verzicht auf die Rücknahme gegenüber der Hinterlegungsstelle erklärt wird.

Die Hinterlegung hat der Arbeitgeber allen Gläubigern unverzüglich anzuzeigen. Unterbleibt die Anzeige, drohen Schadensersatzansprüche (vgl. § 374 Abs. 2 BGB).

5. Vereinbarung mit dem Gläubiger über die Höhe des auszuzahlenden Betrages

2650

Teilweise wird zwischen Arbeitgeber, Arbeitnehmer und Gläubiger zur Förderung der Leistungsbereitschaft des Arbeitnehmers **vereinbart, daß geringere Beträge eingehalten werden**, als dem Gläubiger unter Berücksichtigung der Pfändungsfreigrenzen zustehen. Erfolgen jedoch nach einer solchen Vereinbarung weitere Lohnpfändungen, so wird diese Vereinbarung regelmäßig dahingehend auszulegen sein, daß sie mit dem Vorliegen weiterer Pfändungen außer Kraft treten soll.

Ebenso muß ein nachrangig pfändender Gläubiger eine **Stundungsvereinbarung** zugunsten des Arbeitnehmers nur dann gegen sich gelten lassen, wenn er ihr zustimmt.

Soweit sich der Arbeitgeber gegenüber dem Gläubiger vertraglich zur Zahlung des pfändbaren Anteils der Vergütung verpflichtet hat, wird dies in der Regel dahingehend auszulegen sein, daß die Verpflichtung auf die Dauer des Arbeitsverhältnisses beschränkt ist. Zur klarstellenden Absicherung des Arbeitgebers sollte jedoch in eine solche Vereinbarung ausdrücklich die Bestimmung aufgenommen werden, daß die Verpflichtung zur monatlichen Zahlung der pfändungsfreien Beträge entfällt, wenn das Arbeitsverhältnis beendet wird.

6. Beendigung des Arbeitsverhältnisses während des Lohnzahlungszeitraumes

2651
Die Verpflichtung zur Zahlung an den Gläubiger **endet grundsätzlich mit Beendigung des Arbeitsverhältnisses**. Bis dahin ist jedoch der pfändbare Teil des Arbeitseinkommens in jedem Fall an den Gläubiger auszuzahlen. Die Berechnung des pfändbaren Betrages ist jedoch problematisch, wenn das Arbeitsverhältnis während eines Lohnzahlungszeitraumes endet.

Nach welcher Methode dann die Berechnung des pfändbaren Betrages zu erfolgen hat, ist noch nicht abschließend geklärt. Zum einen kann auf der Grundlage der tatsächlich erbrachten Arbeitsleistung der fiktive Verdienst im Abrechnungszeitraum ermittelt werden, dessen pfändbarer Betrag anteilig auf die tatsächlich gearbeiteten Tage zu verteilen ist.

Beispiel:
Der Arbeitnehmer scheidet zur Mitte eines Kalendermonats aus dem Arbeitsverhältnis aus. In der Vergangenheit war eine monatliche Nettovergütung in Höhe von 3.000 DM geschuldet. Auf dieser Grundlage ist der für den Kalendermonat pfändbare Betrag zu errechnen und anteilmäßig auf die tatsächlich gearbeiteten Tage zu verteilen. Der monatlich pfändbare Betrag ist hier also zu halbieren.

Nach einer anderen Methode ist das vom Arbeitnehmer tatsächlich in dem Kalendermonat erzielte Nettoeinkommen durch die Anzahl der Tage zu teilen, an denen vertragsgemäß zu arbeiten war und für jeden einzelnen Tag der pfändbare Betrag zu errechnen. Hier ist dann also auf den pfändungsfreien Betrag einer Vergütung nach Tagen abzustellen.

7. Nachzahlung von Vergütungsansprüchen

2652
Im allgemeinen wird der Vergütungsanspruch des Arbeitnehmers am Ende des Vergütungszeitraumes in voller Höhe vom Arbeitgeber ausgeglichen. Ist dies jedoch nicht erfolgt und werden die Vergütungsansprüche des Arbeitnehmers vor der Nachzahlung gepfändet, so ist der pfändungsfreie Betrag richtigerweise entsprechend den einzelnen Lohnzahlungszeiträumen zu ermitteln.

Beispiel:
Der Arbeitnehmer erhält eine monatliche Nettovergütung in Höhe von 3.000 DM. Für den Monat Februar 1995 werden jedoch lediglich 2.000 DM ausgezahlt. Der Restbetrag soll Mitte März gezahlt werden. Am 08.03.1995 wird dem Arbeitgeber ein Pfändungs- und Überweisungsbeschluß zugestellt. Von dem Mitte März auszuzahlenden Restbetrag der Vergütung für den Monat Februar 1995 ist dann der Betrag vom Arbeitgeber einzu-

behalten und an den Gläubiger auszuzahlen, der sich auf der Grundlage eines monatlichen Nettoeinkommens in Höhe von 3.000 DM ergibt.

Es handelt sich in diesen Fällen nach allerdings nicht unbestrittener Auffassung nicht um eine "nicht wiederkehrend zahlbare Vergütung" i.S.d. § 850 i Abs. 1 ZPO. Eine solche wäre nämlich u.U. in voller Höhe der Pfändung unterworfen.

8. Mehrere Einkommen des Arbeitnehmers

2653

Geht der Arbeitnehmer mehreren Tätigkeiten nach, woraus er verschiedene Vergütungsforderungen gegen verschiedene Arbeitgeber hat, so können die unterschiedlichen Arbeitseinkommen auf Antrag des Gläubigers vom Vollstreckungsgericht bei der Pfändung zusammengerechnet werden (§ 850 e Nr. 2 ZPO). Im Pfändungs- und Überweisungsbeschluß wird dann angeordnet, welchem Arbeitseinkommen der unpfändbare Grundbetrag (§ 850 c Abs. 1 ZPO) sowie die weiteren nicht pfändbaren Einkommensteile (vgl. Tabelle, Anhang III) zu entnehmen sind. **Dabei wird dem Arbeitseinkommen, das die wesentliche Grundlage der Lebenshaltung des Arbeitnehmers bildet, in erster Linie der unpfändbare Grundbetrag zu entnehmen sein.**
Die Bestimmung wird jeweils im Pfändungs- und Überweisungsbeschluß getroffen sein. Entsprechend dieser Anordnung haben die von einer Lohnpfändung betroffenen Arbeitgeber die Berechnung wiederum selbst vorzunehmen.

Beispiel:
Der Arbeitnehmer erhält bei Arbeitgeber A eine Nettovergütung in Höhe von monatlich 1.500 DM. Nach dem Pfändungs- und Überweisungsbeschluß sind diesem Einkommen in erster Linie die unpfändbaren Vergütungsbestandteile zu entnehmen. Bei Arbeitgeber B erhält der Arbeitnehmer eine Nettovergütung in Höhe von 900 DM.

Für die Berechnung des pfändbaren Betrages ist dann von einem Nettoeinkommen in Höhe von 2.400 DM auszugehen. Der nach der Tabelle pfändbare Betrag bei einem ledigen und nicht unterhaltspflichtigen Arbeitnehmer beträgt 833,70 DM. Arbeitgeber A hat also den Betrag von 1.500 DM an den Arbeitnehmer auszuzahlen, Arbeitgeber B einen Betrag in Höhe von 66,30 DM. Den Restbetrag in Höhe von 833,70 DM hat Arbeitgeber B an den Gläubiger abzuführen.

Deckt also das Haupteinkommen den Grundbetrag sowie die sonstigen nicht pfändbaren Einkommensteile nicht, ist der Rest dem anderen Einkommen zu entnehmen.

2654

Umstritten sind die Fälle, in denen zwar die Zusammenrechnung angeordnet ist, gleichwohl jedoch ausnahmsweise nicht alle bei der Zusammenrechnung berücksichtigten Einkünfte gepfändet sind. **Richtigerweise dehnt die Anordnung der Zusammenrechnung die Pfändung nicht auf das bislang nicht gepfändete**

Arbeitseinkommen aus. Wäre im vorstehenden Beispiel lediglich die gegenüber dem Arbeitgeber A bestehende Vergütungsforderung gepfändet, so könnten sowohl Arbeitgeber A als auch Arbeitgeber B die Vergütung in voller Höhe an den Arbeitnehmer auszahlen. Will der Gläubiger auf den pfändbaren Anteil der von Arbeitgeber B gezahlten Vergütung zugreifen, so muß er auch diesen Vergütungsanspruch pfänden und zur Einziehung überweisen lassen.

V. Verteidigungsmöglichkeiten des Arbeitgebers als Drittschuldner

2655
Gegen die ihm durch den Pfändungs- und Überweisungsbeschluß auferlegte Verpflichtung, den pfändbaren Teil der Vergütungsforderung an den Gläubiger zu zahlen, stehen dem Arbeitgeber als Drittschuldner in begrenztem Umfang Verteidigungsmöglichkeiten zu.

1. Fehlerhaftigkeit des Pfändungs- und Überweisungsbeschlusses

2656
Weist der Pfändungs- und Überweisungsbeschluß selbst Fehler auf, so können diese vom Arbeitgeber mit der sog. Erinnerung (§ 766 ZPO) geltend gemacht werden. In diesen Fällen muß der Arbeitgeber mit der Einlegung der Erinnerung selbst aktiv werden.

Wird der Arbeitgeber im Rahmen der Drittschuldnerklage (Rz. 2618) in Anspruch genommen, so ist jedenfalls die Nichtigkeit des Pfändungs- und Überweisungsbeschlusses vom Arbeitsgericht zu berücksichtigen. Ob sich der Arbeitgeber auch auf weniger gewichtige Fehler des Pfändungs- und Überweisungsbeschlusses im Verfahren der Drittschuldnerklage berufen kann, ist umstritten und noch nicht abschließend geklärt. Es kann daher nur dringend angeraten werden, anwaltliche Hilfe in Anspruch zu nehmen, wenn Anhaltspunkte dafür bestehen, daß der Pfändungs- und Überweisungsbeschluß selbst fehlerhaft ist.

2. Einwendungen und Einreden gegen die zu vollstreckende Forderung

2657
Der Arbeitgeber kann grundsätzlich keine Einwendungen und Einreden gegen die zu vollstreckende Forderung erheben. Soweit der Arbeitnehmer nicht bereits erfolglos wegen der nachfolgenden Gründe Vollstreckungsgegenklage (§ 767 ZPO) erhoben hat, bestehen jedoch zwei **Ausnahmen:**

- Der Arbeitgeber kann die Nichtigkeit des Vollstreckungstitels wegen Verstoßes gegen die guten Sitten oder

- das Erlöschen der zu vollstreckenden Forderung nach Erlaß des Pfändungs- und Überweisungsbeschlusses

geltend machen. In allen anderen Fällen kann allein der Arbeitnehmer Einwendungen und Einreden gegen die zu vollstreckende Forderung erheben, indem er etwa Wiederaufnahme des Verfahrens beantragt oder Abänderungs- (§ 323 ZPO) oder Vollstreckungsgegenklage erhebt.

3. Einwendungen und Einrede gegen die Vergütungsforderung

2658

Gegen die gepfändete Vergütungsforderung stehen dem Arbeitgeber diejenigen Einwendungen und Einreden zu, die zur Zeit der Zustellung des Pfändungs- und Überweisungsbeschlusses gegen den Arbeitnehmer begründet waren. In Betracht kommen:

- vorherige Abtretung,
- Erfüllung,
- Aufrechnung (vgl. Rz. 2659),
- Verjährung,
- Ablauf einer tariflichen Verfall-(Ausschluß-)Frist.

Anzumerken ist, daß auch eine nach der Zustellung des Pfändungs- und Überweisungsbeschlusses eintretende Verjährung oder der Ablauf einer Ausschlußfrist geltend gemacht werden kann.

4. Aufrechnung mit Gegenforderungen

2659

Der Arbeitgeber kann als Drittschuldner gegenüber dem Gläubiger die Aufrechnung mit Gegenforderungen erklären, und zwar sowohl mit Forderungen gegen den Gläubiger, als auch mit Forderungen gegen den Arbeitnehmer. Dies gilt unabhängig davon, ob dem Gläubiger der Vergütungsanspruch an Erfüllung Statt oder lediglich zur Einziehung überwiesen worden ist.

a) Forderungen gegen den Gläubiger

2660

Hat der Arbeitgeber seinerseits Forderungen gegen den Gläubiger, so kann er mit schuldbefreiender Wirkung die Aufrechnung erklären, sobald er

Arbeitsrecht

- die ihm gebührende Leistung fordern und
- die ihm obliegende Leistung bewirken kann (§ 387 BGB).

Die letztgenannte Voraussetzung liegt vor, wenn der Vergütungsanspruch des Arbeitnehmers entstanden ist. Nicht erforderlich ist, daß der Anspruch auch bereits fällig ist.

Beispiel:
Die Arbeitsvertragsparteien haben eine Vergütung nach Kalendermonaten bemessen, wobei allerdings die Vergütung erst zum 15. eines jeden Folgemonats auszuzahlen ist. Am 3. eines Folgemonats erhält der Arbeitgeber einen Pfändungs- und Überweisungsbeschluß. Die zu vollstreckende Forderung beläuft sich auf insgesamt 800 DM. Der Arbeitgeber hat gegen den Gläubiger seinerseits eine Forderung aus Kaufvertrag in Höhe von 800 DM. Der pfändbare Anteil der Vergütung des Arbeitnehmers liegt über 800 DM.
Hier kann der Arbeitgeber bereits vor dem 15. des Monats gegenüber dem Gläubiger die Aufrechnung erklären. Obgleich die Vergütung erst zum 15. auszuzahlen und damit fällig ist, ist der Vergütungsanspruch bereits mit Ablauf des Vormonats in voller Höhe entstanden, da der Vergütungsanspruch grundsätzlich unmittelbar nach Erbringung der Arbeitsleistung entsteht.

b) Forderungen gegen den Arbeitnehmer

2661
Auch Forderungen gegen den Arbeitnehmer können vom Arbeitgeber dem Gläubiger gegenüber zur Aufrechnung gestellt werden, wenn er nicht

- bei Erwerb der Forderung von der Pfändung Kenntnis hatte oder
- die Forderung erst nach Erlangung der Kenntnis und später als die gepfändete Forderung fällig wird (vgl. § 406 BGB).

5. Schutz des guten Glaubens des Arbeitgebers

2662
In nur begrenztem Umfang wird der gute Glaube des Arbeitgebers geschützt.

a) Zahlung an den Arbeitnehmer oder sonstige Dritte

2663
Hat der Arbeitgeber nach Zustellung eines Pfändungs- und Überweisungsbeschlusses den pfändbaren Vergütungsanteil an den Arbeitnehmer oder einer sonstigen Dritten (z.B. Zessionar, nachrangig pfändender Gläubiger) ausgezahlt

so wird er dennoch gegenüber dem bevorrechtigten Gläubiger von seiner Zahlungspflicht befreit, wenn er zum Zeitpunkt der Auszahlung von dem Pfändungs- und Überweisungsbeschluß keine Kenntnis hatte (§ 407 BGB).

Ein solcher Fall der Unkenntnis trotz erfolgter Zustellung kommt insbesondere dann in Betracht, wenn der Pfändungs- und Überweisungsbeschluß im Wege der Ersatzzustellung (vgl. §§ 180 ff. ZPO) zugestellt worden ist und der Zustellungsempfänger den Pfändungs- und Überweisungsbeschluß nicht an den Arbeitgeber weitergeleitet hat. Dies hat der Arbeitgeber darzulegen und zu beweisen.

In der Praxis ist dabei häufig die Frage problematisch, ob sich der Arbeitgeber auch dann auf seine Unkenntnis berufen kann, wenn einer seiner Mitarbeiter eine entsprechende Kenntnis hatte, etwa weil er den Pfändungs- und Überweisungsbeschluß entgegengenommen, ihn aber nicht an den Arbeitgeber weitergeleitet hatte.

Bei derartigen Fallgestaltungen wird sich der Arbeitgeber regelmäßig dann nicht auf seine Unkenntnis berufen können, wenn er nicht durch entsprechende organisatorische Maßnahmen sichergestellt hat, daß er von entsprechenden Zustellungen Kenntnis erhält. Letztlich werden diese Fallgestaltungen aber nur anhand des jeweiligen Einzelfalles abschließend beurteilt werden können.

b) Zahlung an den Gläubiger

2664

Zahlt der Arbeitgeber den pfändbaren Vergütungsbestandteil an den im Pfändungs- und Überweisungsbeschluß ausgewiesenen Gläubiger, so wird er hierdurch dem Arbeitnehmer gegenüber auch dann von seiner Leistungspflicht befreit, wenn der Pfändungs- und Überweisungsbeschluß zu unrecht erlassen wurde. Der Pfändungs- und Überweisungsbeschluß gilt für den Arbeitgeber als Drittschuldner gegenüber dem Arbeitnehmer solange als rechtsbeständig, bis er aufgehoben wird und die Aufhebung zur Kenntnis des Arbeitgebers gelangt (§ 836 Abs. 2 ZPO).

Dieser Schutz gilt jedoch nicht gegenüber weiteren Gläubigern des Arbeitnehmers. Ist die Vergütungsforderung mehrfach gepfändet, hat der Arbeitgeber die vorrangige Pfändung selbst festzustellen. Unterläuft ihm hierbei ein Fehler und zahlt er an einen nicht bevorrechtigten Gläubiger aus, so wird er gegenüber dem tatsächlich bevorrechtigten Gläubiger nicht von seiner Zahlungspflicht frei. Dasselbe gilt, wenn der Arbeitgeber etwa auf die Behauptung einer vorherigen Abtretung an einen Dritten zahlt (vgl. Rz. 2637).

VI. Arbeitsvertragliche Gestaltungsmöglichkeiten im Zusammenhang mit möglichen Lohnpfändungen

2665

Der Arbeitgeber hat nur geringe Möglichkeiten, die im Zusammenhang mit seiner Stellung als Drittschuldner im Lohnpfändungsverfahren entstehenden Probleme und Risiken arbeitsvertraglich auszuschließen oder zu reduzieren.

Die dem Arbeitgeber durch Gesetz zugewiesenen Verpflichtungen können nicht durch Vereinbarung mit dem Arbeitnehmer zu Lasten etwaiger Gläubiger abbedungen werden.

Gleichwohl kann arbeitsvertraglich eine gewisse Vorsorge getroffen werden.

So ist es zulässig, wenn der Arbeitgeber mit dem Arbeitnehmer durch Arbeitsvertrag oder Betriebsvereinbarung eine Unkostenpauschale für die Bearbeitung des Pfändungs- und Überweisungsbeschlusses vereinbart (vgl. oben Rz. 2636).

Um den mit einer angeblich vorherigen Abtretung der Vergütungsforderung (vgl. oben Rz. 2636) verbundenen Problemen zu entgehen, empfiehlt es sich, im Arbeitsvertrag die Abtretung der Vergütungsforderung an Dritte auszuschließen. Die Zulässigkeit einer solchen Vereinbarung folgt aus § 399 BGB.

Muster

"Die Arbeitsvertragsparteien sind sich darüber einig, daß der Vergütungsanspruch des Arbeitnehmers nicht an Dritte abgetreten werden darf. Von diesem Abtretungsverbot sind auch etwaige gewährte freiwillige Leistungen des Arbeitgebers erfaßt."

Wird dem Arbeitnehmer vom Arbeitgeber eine Werkswohnung zur Verfügung gestellt, so ist es durchaus zweckmäßig, bereits im Arbeitsvertrag zu vereinbaren, daß die monatliche Mietzinsforderung monatlich im voraus mit dem Vergütungsanspruch, soweit er pfändbar ist, aufgerechnet wird. Entsprechendes gilt bei der mietweisen Überlassung anderer Gegenstände.

VII. Weiterführende Literaturhinweise:

Denk, Die Aufrechnung des Arbeitgebers gegen die Titelforderung, RdA 1977, 140

ders., Einwendungsverlust bei pfändungswidriger Zahlung des Drittschuldners an den Schuldner, NJW 1979, 2375

Geißler, Zur Pfändung von Lohnrückständen bei verschleiertem Arbeitseinkommen, Rechtpfleger 1987, 5

Helwich, Pfändung von Arbeitseinkommen, 1987
Joost, Risikoträchtige Zahlungen des Drittschuldners bei der Forderungspfändung, WM 1981, 82
Kniebes/Holdt/Voß, Die Pfändung von Arbeitseinkommen, 1993
Mahnkopf, Ratenzahlungsvereinbarungen bei der Zwangsvollstreckung in Arbeitseinkommen, RdA 1985, 289
Reetz, Die Rechtsstellung des Arbeitgebers als Drittschuldner, 1985
Rewolle, Abreden zwischen Schuldner, Drittschuldner und Gläubiger über den pfändbaren Teil des Arbeitseinkommens des Schuldners, BB 1967, 338
Schaub, Arbeitsrechts Handbuch, 7. Auflage 1992, S. 649 ff.
Smid/Schöpf, Auskunftspflichten des Arbeitgebers als Drittschuldner, AuA 1991, 140
Staab, Die Drittschuldnerklage vor dem Arbeitsgericht, NZA 1993, 439
Stöber, Forderungspfändung, 9. Auflage 1990
Tiedtke, Stille Abtretung und Pfändung künftiger Lohnforderungen, DB 1976, 421
Zwehl von, Lohnpfändung, 14. Aufl. 1992.

12. Kapitel: Entgeltfortzahlung im Krankheitsfall

Checkliste: Anspruch des Arbeitnehmers auf Entgeltfortzahlung	2700
I. Grundlagen der Entgeltfortzahlung	2701
1. Rechtsgrundlagen der Entgeltfortzahlung	2702
a) Gründe für die Neuregelung	2703
b) Neuregelung im Überblick	2706
c) Anwendungsbereich des EFZG	2707
d) Vergleich altes - neues Recht	2708
e) Grundsatz der Entgeltfortzahlung	2709
2. Voraussetzungen der Entgeltfortzahlung	2711
a) Bestehendes Arbeitsverhältnis	2712
b) Krankheit	2713
c) Arbeitsunfähigkeit	2714
d) Ursachenzusammenhang	2717
e) Teilarbeitsunfähigkeit	2719
f) Entgeltfortzahlung bei Schwangerschaftsabbruch	2723
3. Zeitraum der Entgeltfortzahlung	2724
a) Beginn des 6-Wochen-Zeitraums	2725
b) Ende des 6-Wochen-Zeitraums	2726
4. Entgeltfortzahlung bei wiederholter Arbeitsunfähigkeit	2728
a) Arbeitsunfähigkeit infolge neuer Krankheit	2729
b) Fortsetzungserkrankungen	2731
c) Besondere Probleme bei Mehrfacherkrankungen	2732
d) Arbeitgeberwechsel und Entgeltfortzahlungsanspruch	2745
5. Höhe der Entgeltfortzahlung	2746
a) Berechnungsgrundlage	2747
b) Berechnungsverfahren	2749
c) Referenzprinzip statt Lohnausfallprinzip	2750
6. Anzeige- und Nachweispflichten	2751
a) Mitteilungspflicht	2753
b) Vorlage einer Arbeitsunfähigkeitsbescheinigung	2754
c) Sonderprobleme beim Vorlegungsverlangen	2755
d) Beweiswert der Arbeitsunfähigkeitsbescheinigung	2758
e) Überprüfung der Arbeitsunfähigkeit durch Medizinischen Dienst	2760
7. Ausschluß der Entgeltfortzahlung bei verschuldeter Arbeitsunfähigkeit	2762
a) Verschuldete Arbeitsunfähigkeit	2762
b) ABC der verschuldeten Arbeitsunfähigkeit	2763
c) Beweislast für das Verschulden	2764
8. Ausschluß der Entgeltfortzahlung in besonderen Fällen	2765
a) Befristete Arbeitsverhältnisse mit Arbeitern	2765
b) Geringfügig beschäftigte Arbeiter	2766
c) Bezug von Mutterschaftsgeld	2767

		d) Berufsausbildungsverhältnisse	2768
		e) Erziehungsurlaub	2769
		f) Weiterbeschäftigungszeitraum	2770
	9.	Rechtsmißbräuchliche Inanspruchnahme der Entgeltfortzahlung	2771
	10.	Leistungsverweigerungsrechte des Arbeitgebers	2773
		a) Allgemeines	2773
		b) Leistungsverweigerungsrecht bei Nichthinterlegung des Sozialversicherungsausweises	2774
II.	Anspruchsübergang auf den Arbeitgeber bei Dritthaftung		2776
	1. Allgemeines		2777
	2. Ausschlußtatbestände		2778
III.	Entgeltfortzahlung bei Maßnahmen der Vorsorge/Rehabilitation		2782
IV.	Besonderheiten der Entgeltfortzahlung in den neuen Bundesländern		2786
V.	Kostenausgleich bei Kleinbetrieben		2787
	1. Allgemeines		2787
	2. Einzelheiten		2788
		a) Beteiligte Arbeitgeber	2789
		b) Erstattungsfähige Leistungen	2793
		c) Kassenzuständigkeit für das Lohnausgleichsverfahren	2794
VI.	Übergangsprobleme		2798
VII.	Weiterführende Literaturhinweise		2799a

Entgeltfortzahlung im Krankheitsfall

2700

| Checkliste: Anspruch des Arbeitnehmers auf Entgeltfortzahlung |

- Bestehen eines Arbeitsverhältnisses, "faktisches" genügt
- Krankheitsbedingte Arbeitsunfähigkeit
    - Krankheit/Sterilisation/Schwangerschaftsabbruch
    - hierdurch bedingte Arbeitsunfähigkeit
    - Ursachenzusammenhang (hätte ohne die Erkrankung Anspruch auf Entgelt bestanden?)
- Ausschlußtatbestände
    - Arbeitnehmer befindet sich in Erziehungsurlaub
    - Arbeitnehmerin erhält Mutterschaftsgeld
    - Krankheit ist selbst verschuldet
    - Arbeitsverhältnis ist beendet und zwar nicht wegen der Kündigung (keine Anlaßkündigung!)
- Fortbestehen des Entgeltfortzahlungsanspruchs
    - 6-Wochen-Zeitraum noch nicht abgelaufen
    - evtl. Anrechnung einer Vorerkrankung nach den Grundsätzen über die Fortsetzungserkrankung
    - Arbeitsverhältnis ist zwischenzeitlich beendet, aber aufgrund Anlaßkündigung
- Ausschluß der Entgeltfortzahlung wegen
    - Tariflicher Ausschlußfrist
    - Verzicht/Vergleich
    - Verwirkung
- Zeitweiliges Leistungsverweigerungsrecht
    - kein ordnungsgemäßer Nachweis der Arbeitsunfähigkeit
    - keine Auskunftserteilung über Drittschädiger
    - allgemeines Zurückbehaltungsrecht bei Gegenanspruch
- Höhe des fortzuzahlenden Entgelts
    - Lohnausfall, d.h. hypothetische Betrachtung: Was wäre ohne die Krankheit verdient worden?
    - Maßgeblich ist Bruttoentgelt einschließlich aller Prämien, Provisionen, Zulagen etc.
    - Aufrechnung gegen Entgeltfortzahlung nur bis zur Pfändungsfreigrenze

Arbeitsrecht

2701

I. Grundlagen der Entgeltfortzahlung

Es gehört heute zu den **selbstverständlichen Rechten des Arbeitnehmers**, daß er bei krankheitsbedingter Arbeitsunfähigkeit seinen Anspruch auf Entgeltfortzahlung behält.

1. Rechtsgrundlagen der Entgeltfortzahlung

2702

Seit Schaffung des EFZG besteht endlich **ein einheitliches Recht der Entgeltfortzahlung im Krankheitsfall**. Die bisherige Rechtszersplitterung, die die folgende Übersicht belegt, hat ein Ende gefunden! Durch das EFZG abgelöst bzw. geändert wurden u.a. die Vorschriften über Entgeltfortzahlung

- im Arbeitsgesetzbuch der DDR : §§ 115 a ff. (Art. 54 PflegeVG)
- im Berufsbildungsgesetz: § 12 (Art. 55 PflegeVG)
- im Bürgerlichen Gesetzbuch: § 616 Abs. 2, 3 (Art 56 PfegeVG)
- in der Gewerbeordnung: § 133 c (Art 58 PfegeVG)
- im Handelsgesetzbuch: § 63 HGB (Art 59 PflegeVG)
- im Lohnfortzahlungsgesetz: §§ 1-9 (Art. 60 PflegeVG) und
- im Seemannsgesetz: §§ 48, 52 a (Art. 61 PflegeVG).

Gegen diese Vielfalt und die hiermit verbundenen Ungleichbehandlungen wurden verschiedene verfassungsrechtliche Bedenken erhoben

a) Gründe für die Neuregelung

2703

Den Schwerpunkt des EFZG bildet die nunmehr für **alle Arbeitnehmer vereinheitlichte Regelung der Entgeltfortzahlung im Krankheitsfall**. Zum Verständnis der Neuregelung kann zunächst die Kenntnis der ihr zugrundeliegenden Erwägungen beitragen.

Die **vom Gesetzgeber angestrebten Regelungsziele** sind in der amtlichen Begründung zum PflegeVG *(BT-Drs. 12/5263 vom 24.06.1993)* enthalten und lassen sich wie folgt zusammenfassen:

- Für den Bereich der Entgeltfortzahlung im Krankheitsfalle erfolgte bereits durch das **Lohnfortzahlungsgesetz von 1969** eine weitgehende Angleichung der Rechtsstellung der Arbeiter an die im BGB, HGB und in der GewO geregelte Rechtsstellung der Angestellten. Gleichwohl verblieben noch rechtliche Unterschiede zwischen Arbeitern und Angestellten bei der Entgeltfortzahlung, so insbesondere bei der Einbeziehung von kurzfristig und geringfügig Beschäftigten, bei der Pflicht zum Nachweis der Arbeitsunfähigkeit und bei Kuren und Schonungszeiten. Diese noch bestehende Ungleichbehandlung von Arbeitern und Angestellten haben das BAG und mehrere Arbeitsgerichte wegen Verstoßes gegen das Gleichheitsgebot des Grundgesetzes für verfassungswidrig gehalten und deshalb das BVerfG angerufen.

- Im Hinblick auf die Begründung in den Entscheidungen des BVerfG aus den Jahren 1982 zur Verfassungswidrigkeit der unterschiedlichen Kündigungsfristen von Arbeitern und Angestellten kann davon ausgegangen werden, daß auch im Recht der Entgeltfortzahlung im Krankheitsfalle eine **Differenzierung zwischen Arbeitern und Angestellten mit dem Grundgesetz unvereinbar** ist. Mit der Neuregelung soll diese mit der Verfassung unvereinbare Ungleichbehandlung von Arbeitern und Angestellten in der Entgeltfortzahlung beseitigt werden.

2704

- Ferner sollen die Vorschriften der **Entgeltfortzahlung** mit dem **EG-Recht** in Einklang gebracht werden. Nach der Rechtsprechung des EuGH aus dem Jahre 1989 steht **Art. 119 EGV** einer nationalen Regelung entgegen, die es den Arbeitgebern gestattet, geringfügig beschäftigte Arbeitnehmer von der Lohnfortzahlung auszunehmen, wenn dies - wie in der Bundesrepublik Deutschland - wesentlich mehr Frauen als Männer trifft. Objektive Faktoren, die nichts mit einer Diskriminierung aufgrund des Geschlechts zu tun haben und die eine solche Regelung rechtfertigen könnten, waren nach der Entscheidung des EuGH und des BAG nicht ersichtlich.

- Der Geltungsbereich der Vorschriften über die **Entgeltfortzahlung** in den alten Bundesländern wurde nicht auf das Gebiet der **neuen Bundesländer** erstreckt. Aufgrund dieser sachlich nicht länger zu rechtfertigenden Differenzierung bestand ein dringender Handlungsbedarf zur Angleichung der zwischen den alten und neuen Bundesländern noch unterschiedlichen Rechtsvorschriften der Entgeltfortzahlung.

2705

- Das bisher gesetzlich zersplitterte und nach einzelnen Arbeitnehmergruppen differenzierende System soll durch die Neuregelung auf eine neue, einheitliche Basis gestellt werden und so zu mehr Rechtssicherheit und größerer Praktikabilität für Arbeitgeber und Arbeitnehmer führen.

- Zur Sicherung der Effektivität der sozialen Sicherungssysteme bedarf es in allen Bereichen einer stärkeren Bekämpfung mißbräuchlicher Ausnutzung. Die Höhe des Krankenstandes stellt die Betriebe teilweise vor erhebliche Probleme, die nicht allein auf der Kostenseite liegen, sondern auch bei der Personaleinsatzplanung und der Mitarbeitermotivation. Die Kurzzeitkrankmeldungen sind im Zeitraum von 1970 bis 1990 von 5,4 % auf 25,6 % angestiegen.

b) Neuregelung im Überblick

2706

- Entgeltfortzahlung für alle Arbeitnehmer bei Erkrankung **vor Beginn des Beschäftigungsverhältnisses**, Arbeitsaufnahme nicht erforderlich - § 3 Abs. 1 EFZG

- Alle Arbeitnehmer erwerben nach **12 Monaten** gerechnet vom erstmaligen Auftreten des Grundleidens an einen **neuen Entgeltfortzahlungsanspruch** - § 3 Abs. 1 S. 2 Nr. 2 EFZG

- **Anzeige- und Nachweispflichten** sind für alle Arbeitnehmer vereinheitlicht und teilweise verschärft - § 5 EFZG

- Automatischer **Forderungsübergang bei Dritthaftung** - § 6 EFZG

- Vereinheitlichung der Regelung über Maßnahmen der **medizinischen Vorsorge und Rehabilitation** - § 9 EFZG

- **Abschaffung der Nachkur** (Schonungszeit) - § 9 EFZG

- Vereinheitlichung der **Leistungsverweigerungsrechte des Arbeitgebers** - § 7 EFZG

- Abschaffung der Ausschlußtatbestände für **geringfügig beschäftigte Arbeiter** und in **befristeten Arbeitsverhältnissen** mit Arbeitern - § 3 EFZG

- **Tarifliche Eingriffe** in das Entgeltfortzahlungsrecht für alle Arbeitnehmer einheitlich und unter teilweise geänderten Voraussetzungen möglich - §§ 12, 4 Abs. 4 EFZG

c) Anwendungsbereich des EFZG

2707

Nach der **Legaldefinition in § 1 Abs. 2 EFZG** sind Arbeitnehmer im Sinne des Gesetzes Arbeiter und Angestellte sowie die zu ihrer Berufsbildung Beschäftigten. Die Sonderregelungen für die Entgeltfortzahlung im Krankheitsfall für die eingangs genannten Personengruppen (Teilzeitbeschäftigte, Aushilfskräfte etc.) sind außer Kraft gesetzt.
Gleiches gilt für die **Sonderregelungen für die neuen Bundesländer** in §§ 115 a, 115 c bis 115 e AGB-DDR und für die §§ 1 bis 9 LohnFG. Die §§ 10 ff. LohnFG,

in denen das **Ausgleichsverfahren für kleinere Betriebe** geregelt ist, bleiben unverändert bestehen. Allerdings kommt es auch hier zu Neuerungen, auf die nachfolgend noch eingegangen wird (Rz. 2787).

Die Vorschriften des neuen EFZG gelten selbstverständlich auch für **geringfügig und kurzfristig Beschäftigte.** Dem § 1 Abs. 3 Nr. 1 und 2 LohnFG entsprechende Ausnahmebestimmungen finden sich nicht mehr. Für geringfügig Beschäftigte war nach den Entscheidungen des EuGH vom 13.07.1989 *(EzA § 1 LohnFG Nr. 107)* und des BAG vom 09.10.1991 *(EzA § 1 LohnFG Nr. 122)*, die im Ausschluß der Entgeltfortzahlung für diese Arbeitnehmergruppe eine mittelbare Diskriminierung von Frauen gesehen haben, nicht anders zu erwarten gewesen.

Sonderregelungen bestehen dagegen nach wie vor für **Heimarbeiter und die ihnen Gleichgestellten.**

Bei **Leiharbeitnehmern** ist die Rechtslage unverändert. Der Entgeltfortzahlungsanspruch richtet sich gegen den Verleiher, da dieser als eigentlicher Arbeitgeber angesehen wird (vgl. § 1 AÜG).

Gewisse Besonderheiten sind bei **Schwangeren und Müttern** zu beachten. Da während der Schutzfristen vor und nach der Entbindung das Arbeitsverhältnis ruht, kommt eine Anrechnung dieser Zeiten auf den Entgeltfortzahlungsanspruch nicht in Betracht (§§ 3 Abs. 3, 6 Abs. 1 MuSchG). In diesem Fall ist Mutterschaftsgeld zu gewähren. Eine bereits laufende Entgeltfortzahlungsperiode wird durch das Einsetzen des Bezugs von Mutterschaftsgeld beendet. Ein Entgeltfortzahlungsanspruch besteht aber, wenn ein Beschäftigungsverbot nach § 3 Abs. 2 MuSchG mit Arbeitsunfähigkeit einhergeht. Hier ist nicht der Mutterschutzlohn nach § 11 MuSchG zu gewähren.

d) Vergleich altes - neues Recht

2708

Einen Überblick über die neue Rechtslage vermittelt das nachfolgende Schaubild:

Stichwort	Lohn-fortzahlungsgesetz (altes Recht)	Entgelt-fortzahlungsgesetz (neues Recht)
Grundsatz der Entgeltfortzahlung	§ 1 Abs. 1	§ 3 Abs. 1
Sterilisation/Schwangerschaftsabbruch	§ 1 Abs. 2	§ 3 Abs. 2
Ausschlußtatbestände für bestimmte Arbeitnehmergruppen	§ 1 Abs. 3	
Legaldefinition Arbeitnehmer	§ 1 Abs. 4	§ 1 Abs. 2

Arbeitsrecht

Stichwort	Lohn-fortzahlungsgesetz (altes Recht)	Entgelt-fortzahlungsgesetz (neues Recht)
Berufsausbildungsverhältnisse	§ 1 Abs. 5	
Höhe des fortzuzahlenden Arbeitsentgelts	§ 2 Abs. 1	§ 4 Abs. 1
Kurzarbeit und fortzuzahlendes Arbeitsentgelt	§ 2 Abs. 2	§ 4 Abs. 3
Tarifdispositivität der Entgeltfortzahlungshöhe	§ 2 Abs. 3	§ 4 Abs. 4
Anzeige- und Nachweispflichten	§ 3 Abs. 1	§ 5 Abs. 1
Erkrankung im Ausland	§ 3 Abs. 2	§ 5 Abs. 2
Forderungsübergang bei Dritthaftung	§ 4 Abs. 1	§ 6 Abs. 1
Angaben des Arbeitnehmers bei Dritthaftung	§ 4 Abs. 2	§ 6 Abs. 2
Quotenvorrecht des Arbeitnehmers	§ 4 Abs. 3	§ 6 Abs. 3
Leistungsverweigerungsrecht des Arbeitgebers	§ 5	§ 7 Abs. 1 u. 2
Beendigung des Arbeitsverhältnisses/Anlaßkündigung	§ 6 Abs. 1	§ 8 Abs. 1
Beendigung des Arbeitsverhältnisses/Anlaßkündigung	§ 6 Abs. 2	§ 8 Abs. 2
Kuren	§ 7 Abs. 1	§ 9 Abs. 1
Anzeige- und Nachweispflichten bei Kuren	§ 7 Abs. 2	§ 9 Abs. 2
Besondere Ausschlußtatbestände bei Kuren	§ 7 Abs. 3	
Schonungszeiten/Nachkuren	§ 7 Abs. 4	
Heimarbeitnehmer/Grundsatz	§ 8 Abs. 1	§ 10 Abs. 1
Heimarbeitnehmer/Zwischenmeister	§ 8 Abs. 2	§ 10 Abs. 2
Heimarbeitnehmer/gesonderter Ausweis im Entgeltbeleg	§ 8 Abs. 3	§ 10 Abs. 3
Heimarbeitnehmer/Tarifvertrag	§ 8 Abs. 4	§ 10 Abs. 4
Heimarbeitnehmer/entsprechende Anwendung sonstiger Vorschriften	§ 8 Abs. 5	§ 10 Abs. 5
Unabdingbarkeit der Entgeltfortzahlungsvorschriften	§ 9	§ 12
Lohnfortzahlungsversicherung	§§ 10 ff.	§§ 10 ff. LFZG

e) Grundsatz der Entgeltfortzahlung

2709

Nach altem wie nach neuem Recht gilt grundsätzlich:
Jeder Arbeitnehmer hat Anspruch auf Fortzahlung des Arbeitsentgelts, wenn er infolge einer auf Krankheit beruhenden Arbeitsunfähigkeit an seiner Arbeitsleistung verhindert ist und die Arbeitsunfähigkeit nicht auf seinem Verschulden beruht. Die Anspruchsdauer beträgt 6 Wochen.

Nach Ablauf des 6-Wochen-Zeitraums besteht regelmäßig Anspruch auf Zahlung von **Krankengeld** seitens der Krankenkasse, wenn der Arbeitnehmer gesetzlich oder freiwillig versichert ist (s. Rz. 6300 ff.).

Oft versuchen Arbeitgeber die drückenden Belastungen der Entgeltfortzahlung dadurch zu reduzieren, daß sie auf die Mitarbeiter in sogenannten **Krankengesprächen** mit dem Ziel der Verringerung der Fehlzeiten einwirken. Im Verlauf dieser Gespräche wird u.a. angesprochen, ob und in welchem Umfang zukünftig mit Fehlzeiten zu rechnen ist, worauf sie zurückzuführen sind und wie sie vermindert werden können.

So sinnvoll solche "Krankengespräche" im Einzelfall auch sein mögen, ist gleichwohl Vorsicht angebracht. Zum einen ist das Persönlichkeitsrecht des Arbeitnehmers zu wahren (keine Offenbarung des Leidens!), zum anderen besteht nach teilweise in der Rechtsprechung vertretener Auffassung ein Mitbestimmungsrecht des Betriebsrats.

Dies entspricht auch der Auffassung des BAG in einer allerdings noch nicht veröffentlichten Entscheidung *(08.11.1994, 1 ABR 22/94)*. Es hat darauf erkannt, daß ein Mitbestimmungsrecht nach § 87 Abs. 1 Nr. 1 BetrVG zumindest dann besteht, wenn der Arbeitgeber viele Arbeitnehmer nach ihren Erkrankungen fragt und sie veranlaßt, die behandelnden Ärzte von der Schweigepflicht zu entbinden. Es gehe dann nicht bloß um das Arbeitsverhalten sondern um das mitbestimmungspflichtige Ordnungsverhalten der Arbeitnehmer. Im Vordergrund stehe die Aufklärung von Störfaktoren und Fehlentwicklungen unter Mitwirkung der Arbeitnehmer. Näheres wird man erst sagen können, wenn die vollen Entscheidungsgründe veröffentlicht sind.

2710

Auch die jetzt verstärkt vorgenommenen Versuche, Fehlzeiten durch **"Hausbesuche" bei Arbeitnehmern** zu reduzieren, finden ihre Grenze am Persönlichkeitsrecht des Arbeitnehmers. Dieser ist nicht verpflichtet, die Besucher in seine Wohnung zu lassen oder ihnen Auskünfte zu erteilen. Der Arbeitnehmer ist, natürlich abhängig von der Art der Erkrankung, auch nicht gehalten, sich ständig zu Hause zu befinden. Aus der gelegentlichen Abwesenheit können daher keine Schlüsse im Hinblick auf eine Verweigerung der Entgeltfortzahlung gezogen werden.

Erheblich sinnvoller zur Reduzierung von Fehlzeiten erscheinen Versuche über **Gesundheitszirkel unter sachverständiger Moderation** Ursachen von Erkrankungen zu erforschen und abzustellen.

2. Voraussetzungen der Entgeltfortzahlung

2711
Der Anspruch auf Fortzahlung des Entgelts im Krankheitsfall ist an verschiedene Voraussetzungen geknüpft. Hierher gehören namentlich:

- Bestand des Arbeitsverhältnisses
- krankheitsbedingte Arbeitsunfähigkeit.

a) Bestehendes Arbeitsverhältnis

2712
Der Anspruch auf Entgeltfortzahlung setzt regelmäßig das **Bestehen eines Arbeitsverhältnisses** voraus. Hierbei reicht ein sogenanntes **faktisches Arbeitsverhältnis** aus. Ist also der Arbeitsvertrag nicht wirksam, hat der Arbeitnehmer jedoch tatsächlich gearbeitet, so steht ihm auch ein Anspruch auf Entgeltfortzahlung zu, wenn die weiteren Voraussetzungen vorliegen. Wird der Arbeitnehmer während des Kündigungsschutzverfahrens freiwillig vom Arbeitgeber weiterbeschäftigt, bleibt ihm sein Entgeltfortzahlungsanspruch erhalten. Bei einer durch Gerichtsurteil **erzwungenen Weiterbeschäftigung** steht ihm jedoch grundsätzlich kein Anspruch auf Entgeltfortzahlung zu (s. Rz. 4702).

Ob die **Erkrankung vor Beginn des Beschäftigungsverhältnisses** bestanden hat, ist nach der Neuregelung des EFZG für alle Arbeitnehmergruppen unerheblich! Selbstverständlich ist **die tatsächliche Aufnahme der Beschäftigung erforderlich erst recht nicht erforderlich**.

b) Krankheit

2713
Voraussetzung des Anspruchs auf Entgeltfortzahlung ist, daß der Arbeitnehmer infolge **einer auf Krankheit beruhenden Arbeitsunfähigkeit an der Arbeitsleistung gehindert** ist. Unter **Krankheit** in diesem Sinne ist der regelwidrige körperliche oder geistige Zustand zu verstehen, der eine Arbeitsunfähigkeit herbeiführt oder einer Heilbehandlung bedarf. Daher stellt eine normal verlaufende Schwangerschaft keine Krankheit dar. Hier ist aber eine soziale Sicherung über den Anspruch auf Mutterschutzlohn gewährleistet.
Für die Annahme einer Krankheit ist es unerheblich, worauf diese beruht. Allerdings kommt bei **eigenverschuldeter Krankheit** ein Ausschluß des Entgeltfortzahlungsanspruchs in Betracht.

Entgeltfortzahlung im Krankheitsfall

Krankheiten, die die Arbeitsleistung nicht beeinträchtigen, sind keine solchen im Sinne des Entgeltfortzahlungsrechts.

Beispiel:
Leidet der Arbeitnehmer an einer Diabetis und ist hierdurch seine Arbeitsfähigkeit nicht beeinträchtigt, so ist er zwar im medizinischen Sinne krank, nicht jedoch im Sinne des Entgeltfortzahlungsrechts.
Er kann also nicht der Arbeit fernbleiben und Entgeltfortzahlung beanspruchen.

c) Arbeitsunfähigkeit

2714

Nicht jede Krankheit ist jedoch geeignet, den Entgeltfortzahlungsanspruch auszulösen. Vielmehr ist hierfür erforderlich, daß die **Krankheit Arbeitsunfähigkeit** nach sich zieht. Arbeitsunfähig infolge Krankheit ist der Arbeitnehmer, der aufgrund des Krankheitsgeschehens außerstande ist, **die ihm nach dem Arbeitsvertrag obliegende Arbeit** zu verrichten. Dem steht es gleich, wenn er die Arbeit nur unter der Gefahr fortsetzen könnte, in absehbarer Zeit seinen Krankheitszustand zu verschlimmern. Arbeitsunfähigkeit liegt auch dann vor, wenn der Arbeitnehmer sich präventiv behandeln läßt, um künftig nicht an seiner Arbeitsleistung gehindert zu sein.

Beispiel:
Der Arbeitnehmer läßt einen Bandscheibenvorfall operativ beheben. Hierdurch wird es ihm ermöglicht, zukünftig seine Tätigkeit als Packer weiter auszuüben.

Auch bei einer **Nachbehandlung nach ausgeheilter Krankheit** liegt Arbeitsunfähigkeit vor. Etwas anderes gilt, wenn der Arbeitnehmer infolge der Krankheit nur den **Arbeitsweg** nicht zurücklegen kann, zur Erbringung der Arbeitsleistung jedoch in der Lage wäre. **Das "Wegerisiko" trägt der Arbeitnehmer!**

Bei **Organspenden** besteht regelmäßig kein Anspruch auf Entgeltfortzahlung im Krankheitsfall. Die hierdurch verursachte Arbeitsunfähigkeit überschreitet die Grenze des vom Arbeitgeber zu tragenden Krankheitsrisikos. Regelmäßig wird der hierdurch bedingte Verdienstausfall zu den Kosten der Krankenhilfe bzw. Heilbehandlung des Empfängers der Organspende gehören und daher von der Krankenkasse oder Berufsgenossenschaft zu tragen sein.

2715

Bei **Arztbesuchen**, die der Arbeitnehmer während der Arbeitszeit unternimmt, ist wie folgt zu unterscheiden:

- Erfolgt der Arztbesuch, weil der Arbeitnehmer arbeitsunfähig erkrankt ist, ist das Entgelt fortzuzahlen.

- Begibt sich der Arbeitnehmer wegen einer nicht die Arbeitsunfähigkeit nach sich ziehenden Krankheit zum Arzt, steht ihm grundsätzlich für die Dauer der ärztlichen Behandlung Entgeltfortzahlung im Krankheitsfall zu, wenn nur die Termingestaltung des Arztes den Ausfall des Entgelts verursacht hat. Gleiches gilt, wenn ein Abwarten bis zum Dienstschluß die Genesung gefährdet oder ernste Anzeichen für eine Krankheit bestehen, auch wenn die Untersuchung den Verdacht nicht bestätigt.

- Keinen Anspruch auf Entgeltfortzahlung hat der Arbeitnehmer, wenn er den **Termin ohne Not in die Arbeitszeit legt**.

Diese Grundsätze gelten auch bei **Heilbehandlungen** (Massagen, Bestrahlungen etc.). Häufig regeln jedoch tarifliche Bestimmungen, daß für Zeiten eines notwendigen Arztbesuches das Entgelt fortzuentrichten ist.

Die gesamte Bandbreite des Themas **Entgeltfortzahlung bei Arztbesuchen** verdeutlicht die Entscheidung des LAG Schleswig-Holstein *(12.11.1992, LAGE § 4 TVG Metallindustrie Nr. 24)*. Diese hat darauf erkannt, daß **keine Entgeltfortzahlung** für einen Arztbesuch zu leisten ist, wenn **nur terminliche Schwierigkeiten** in der Organisation der Arztpraxis zu dem Arbeitsausfall führen, in einem **Tarifvertrag aber medizinische Gründe** für die Fortzahlung des Entgelts zur Voraussetzung gemacht werden. In der Praxis ist also wie folgt vorzugehen:

- Zunächst muß die **Rechtsgrundlage** gesucht werden, die **für die Entgeltfortzahlung** in Betracht kommt.

- **Häufig bestehen tarifliche Regelungen**, die entweder neben oder an die Stelle der gesetzlichen Regelung treten.

- Liegt eine **abschließende tarifliche Regelung** vor, die eine Entgeltfortzahlung im Einzelfall ausschließt, so **verbaut diese den Rückgriff auf § 616 BGB**. Sie ist dann allein maßgeblich.

2716

Für die Frage, ob Arbeitsunfähigkeit infolge Krankheit vorliegt, muß also auf den **jeweiligen Arbeitnehmer** und die von ihm **zu verrichtende Tätigkeit** abgestellt werden. Es kommt darauf an, ob dem konkreten Arbeitnehmer die von ihm geschuldete Arbeitsleistung unmöglich oder unzumutbar ist.

So kann **ein und dieselbe Krankheit bei verschiedenen Arbeitnehmern ganz unterschiedlich im Sinne des Entgeltfortzahlungsrechtes zu werten** sein.

Ist der Arbeitnehmer infolge Erkrankung nicht in der Lage, seine bisherige vertraglich geschuldete Arbeitsleistung zu erbringen, könnte er aber eine andere Tätigkeit verrichten, kann ihm eine solche regelmäßig nicht zugewiesen werden. Eine Ausnahme gilt, wenn das **Direktionsrecht des Arbeitgebers** dies zuläßt.

d) Ursachenzusammenhang

2717

Ein Entgeltfortzahlungsanspruch setzt nicht nur Krankheit und hierdurch **verursachte** Arbeitsunfähigkeit voraus, sondern verlangt auch einen **Ursachenzusammenhang zwischen der Arbeitsunfähigkeit und der Verhinderung an der Arbeitsleistung**. Die Arbeitsunfähigkeit muß die alleinige Ursache der Arbeitsverhinderung sein. Dies bedeutet: Ohne die krankheitsbedingte Arbeitsunfähigkeit hätte der Arbeitnehmer einen Anspruch auf Arbeitsentgelt erwerben müssen.

Beruht also beispielsweise die Nichtleistung der Arbeit auch auf dem **fehlenden Arbeitswillen** des erkrankten Arbeitnehmers, was natürlich nur schwer nachweisbar ist, hat dieser keinen Anspruch auf Entgeltfortzahlung. Bei einem **Arbeitskampf** ist der Arbeitgeber dann nicht zur Lohnzahlung verpflichtet, wenn dieser zur **völligen Stillegung des Betriebes** führt. Bei einem Streik ist darauf abzustellen, ob der Arbeitnehmer bei Arbeitsfähigkeit an der Arbeit verhindert gewesen wäre.

Beispiel:
*Arbeitnehmer A erkrankt im Urlaub. Während dieser Zeit wurde in seinem Betrieb gestreikt. Alle nicht am Streik teilnehmenden Arbeitnehmer wurden während der Streikdauer weiterbeschäftigt. A übersandte regelmäßig Arbeitsunfähigkeitsbescheinigungen. Im Beispielsfall steht A ein Anspruch auf Entgeltfortzahlung zu. Ein Arbeitnehmer, der während eines Urlaubs, der vor Beginn eines Streiks gewährt wird, arbeitsunfähig erkrankt, behält seinen Entgeltanspruch, wenn er sich **nicht am Streik beteiligt** und seine Beschäftigung möglich gewesen wäre.*

Bei einer **Aussperrung** muß hypothetisch gefragt werden, ob auch der jetzt erkrankte Arbeitnehmer ausgesperrt worden wäre. Wird die Arbeitszeit an einem Werktag wirksam verlegt, so hatte der Arbeitnehmer keinen **Anspruch auf Entgeltfortzahlung**. Dies gilt auch, wenn die für den 24.12. oder 31.12. vorgesehene Arbeit vorgeholt wird und der Arbeitnehmer dann an den vorgeholten Tagen erkrankt. Ursache des Arbeitsausfalls ist hier nicht die Krankheit, sondern die Verlegung der Arbeitszeit.
Bei der Verlegung der Arbeitszeit ist gegebenenfalls das **Mitbestimmungsrecht des Betriebsrates** zu berücksichtigen (§ 87 Abs. 1 Nr. 5 BetrVG)!

2718

Wird dem Arbeitnehmer ein **unbezahlter Sonderurlaub** gewährt, so steht ihm kein Anspruch auf Entgeltfortzahlung zu, wenn er in diesem Zeitraum arbeitsunfähig erkrankt. Gleiches gilt für **Zeiten des Erziehungsurlaubes** (s. Rz. 2919). Allerdings kann der Erziehungsurlauber erklären, er trete den Erziehungsurlaub erst nach **Wiederherstellung der Arbeitsfähigkeit** an. In diesem Fall ist die Vergütung fortzuzahlen.

Arbeitsrecht

Diese Beispiele machen deutlich: **Es ist eine hypothetische Betrachtung anzustellen!** Ohne die krankheitsbedingte Arbeitsunfähigkeit hätte der Entgeltfortzahlung beanspruchende Arbeitnehmer seine Arbeitsleistung erbringen können und wollen. Der **Arbeitgeber** muß darlegen und beweisen, daß die Arbeitsunfähigkeit nicht die alleinige Ursache für den Ausfall der Arbeitsleistung war.

e) Teilarbeitsunfähigkeit

2719

Ist der Arbeitnehmer infolge der krankheitsbedingten Arbeitsunfähigkeit **nur teilweise daran gehindert, seine Arbeitsleistung zu erbringen**, so spricht man von **Teilarbeitsunfähigkeit**. Überraschenderweise steht diese Teilarbeitsunfähigkeit der vollen Arbeitsunfähigkeit regelmäßig gleich. Der Arbeitnehmer ist also nicht verpflichtet, eine Arbeitsleistung teilweise zu erbringen.

Beispiel:
Die Sekretärin S ist nach schwerer Erkrankung nur in der Lage, täglich 2 Stunden zu arbeiten. Ihre übliche Arbeitszeit beträgt 8 Stunden.
Im Beispielsfall kann der Arbeitgeber von der S nicht verlangen, daß sie täglich 2 Stunden zur Arbeit erscheint.

Ob andererseits **der Arbeitnehmer verlangen kann, zumindest teilweise beschäftigt zu werden**, ist umstritten. Es kommt hier darauf an, ob dem Arbeitgeber die nur teilweise Erfüllung zumutbar ist. Regelmäßig wird die teilweise Erbringung der Arbeitsleistung aber für beide Parteien sinnvoll sein. Dies kann anders sein, wenn der Arbeitgeber eine **krankheitsbedingte Kündigung** aussprechen möchte.

2720

In diesem Zusammenhang stellt sich auch die Frage, ob der Arbeitnehmer, der seine ursprüngliche Tätigkeit krankheitsbedingt nicht ausüben kann, zur **Ableistung einer anderen Tätigkeit** verpflichtet ist.

Beispiel:
Arbeitnehmerin A ist mit Lagerarbeiten beschäftigt. Hierbei hat sie regelmäßig Pakete mit Gewichten bis zu 20 Kilo zu heben. Diese Tätigkeit ist im Stehen auszuüben. Infolge eines Bandscheibenvorfalls ist A momentan nur in der Lage, Pakete bis zu 5 Kilo zu heben. Zudem kann sie im wesentlichen nur eine sitzende Tätigkeit verrichten. Arbeitgeber B weist ihr daraufhin eine mit dem Krankheitsbild vereinbare Tätigkeit zu.

Hier gilt: Der Arbeitnehmer ist auch dann durch Krankheit bedingt arbeitsunfähig, wenn er seine vertraglich geschuldete Arbeitspflicht **anstatt voll nur teilweise erbringen kann**. *Andere, gleichartige Tätigkeiten muß er nur dann ausführen, wenn der Arbeitgeber befugt ist, ihm diese zuzuweisen. Es handelt sich also um eine Frage des* **Direktionsrechts**, *mithin um eine solche der* **arbeitsvertraglichen Vereinbarungen** *der Parteien. Schuldet A im Beispielsfall nur die stehende Tätigkeit, so ist sie insgesamt ar-*

beitsunfähig. *Das Vorliegen einer im Arbeitsrecht relevanten, zur Arbeitsunfähigkeit führenden Krankheit kann nur an der jeweils zu verrichtenden Tätigkeit gemessen werden! Je weiter der mögliche Tätigkeitsbereich ist, desto seltener liegt Arbeitsunfähigkeit vor. Andererseits kann sich ein weiter Tätigkeitsbereich zum Nachteil des Arbeitgebers auswirken, wenn es um betriebsbedingte Kündigungen geht (s. Rz. 4451 ff.).*

2721

Andere Probleme stellen sich dann, wenn der Arbeitnehmer nach Krankheit seine bisherige Tätigkeit **teilweise wieder verrichten kann, er aber weiterhin arbeitsunfähig ist**. Hier wird dem Arbeitnehmer durch die Vorschrift des § 74 SGB V eine stufenweise Wiederaufnahme seiner Tätigkeit ermöglicht, um seine **Wiedereingliederung in das Erwerbsleben** zu fördern. Daher soll der Arzt auf einer **Arbeitsunfähigkeitsbescheinigung** Art und Umfang der möglichen Tätigkeiten angeben (s. auch Rz. 2879). Wird der Arbeitnehmer nach § 74 SGB V zur Wiedereingliederung beschäftigt, bleibt hiervon die bestehende Arbeitsunfähigkeit unberührt. Das bedeutet etwa, daß ein **Urlaubsanspruch** im Wiedereingliederungsverhältnis nicht erfüllt werden kann *(BAG 19.04.1994, EzA § 7 BUrlG Nr. 95).*

Das zwischen Arbeitgeber und Arbeitnehmer zum Zwecke der Wiedereingliederung begründete Rechtsverhältnis ist "ein solches eigener Art". Dies bedeutet: Im Wiedereingliederungsverhältnis steht dem Arbeitnehmer ohne ausdrückliche Zusage **kein Vergütungsanspruch** zu. Er erhält Entgeltfortzahlung im Krankheitsfall oder Krankengeld von der Krankenkasse. Diesen interessanten Aspekt sollten die Arbeitgeber bei der Wiedereingliederung immer im Auge behalten. Andererseits ist eine nur teilweise Beschäftigung aus betrieblicher Sicht häufig nicht unproblematisch.

Die Krankenkassen standen bisher entgegen der arbeitsrechtlichen Betrachtung auf dem Standpunkt, auf das Krankengeld müsse das für die Zeit der tatsächlichen Arbeitsleistung zu beanspruchende **Teil-Arbeitsentgelt angerechnet werden**. Sie haben entsprechende Erstattungsansprüche gegen Arbeitgeber (§ 115 SGB X) geltend gemacht. Aufgrund des Besprechungsergebnisses der Spitzenverbände der Krankenkassen vom 03. und 04.03.1993 *(ErsK 1993, 269)* folgen die Krankenkassen **nunmehr der arbeitsgerichtlichen Rechtsprechung,** wonach **ohne ausdrückliche Zusage kein Anspruch auf Arbeitsentgelt** besteht. Sie gewähren deshalb nunmehr **Krankengeld in voller Höhe** und machen **keine Erstattungsansprüche gegen Arbeitgeber** mehr geltend.

2722

Nicht mit der Teilarbeitsunfähigkeit zu verwechseln ist die Frage des (mißglückten) Arbeitsversuchs.

Beispiel:
Ein Zimmerergeselle hatte sich den kleinen Finger der linken Hand verstaucht und war deshalb für 2 Wochen arbeitsunfähig krank. Der behandelnde Arzt geht jedoch nunmehr von einer Wiederherstellung der Arbeitsfähigkeit aus. Tatsächlich kann der Geselle die Arbeit nur unter Schmerzen verrichten und muß den Finger ständig abspreizen, um eine Berührung mit Arbeitsmaterialien zu vermeiden. Daraufhin wird er zur Fortsetzung der Behandlung erneut krankgeschrieben.
*Hier stellt die Arbeitsaufnahme einen **mißglückten Arbeitsversuch** dar. Dies hat zur Folge, daß die erste Erkrankung als fortbestehend angesehen wird. Die erste und die sich an den Arbeitsversuch anschließende zweite Krankheitszeit sind im Sinne des Entgeltfortzahlungsrechts zu einem einzigen Arbeitsunfähigkeitszeitraum zusammenzuziehen. Es wird nur einmal ein Anspruch auf Entgeltfortzahlung für 6 Wochen ausgelöst (s. auch Rz. 2718 ff.).*

Bei dem **mißglückten Arbeitsversuch** handelt es sich um eine Beschäftigung, zu deren Ausübung der Arbeitnehmer infolge einer bereits bei Arbeitsaufnahme bestehenden Krankheit nicht oder nur unter schwerwiegender Gefährdung seiner Gesundheit fähig ist und die deshalb vor Ablauf einer wirtschaftlich ins Gewicht fallenden Zeit endet *(BSG 19.12.1974, EEK I/447)*. Wirtschaftlich nicht ins Gewicht fallend ist eine Tätigkeit von maximal 6 Wochen.

Wichtig ist, daß beim mißglückten Arbeitsversuch **kein sozialversicherungsrechtliches Beschäftigungsverhältnis** begründet wird. Zuviel gezahlte Beiträge werden an Arbeitgeber/Arbeitnehmer zurückerstattet.

f) Entgeltfortzahlung bei Schwangerschaftsabbruch

2723

In seinem Urteil vom 28.05.1993 *(EuGRZ 1993, 229 ff.)* hat das BVerfG u.a. dazu Stellung genommen, inwieweit der Arbeitgeber bei einem **Schwangerschaftsabbruch** der Arbeitnehmerin zur **Lohnfortzahlung** verpflichtet ist. Eine unverschuldete Verhinderung an der Arbeitsleistung liegt auch im Falle einer nicht rechtswidrigen Sterilisation und des **nicht rechtswidrigen Schwangerschaftsabbruchs** vor. Nach Auffassung des Bundesverfassungsgerichts ist das Arbeitsentgelt fortzuzahlen, wenn die Schwangerschaft innerhalb von 12 Wochen nach der Empfängnis durch einen Arzt abgebrochen wird, die schwangere Frau den Abbruch verlangt und sie dem Arzt durch eine Bescheinigung nachgewiesen hat, daß sie sich mindestens drei Tage vor dem Eingriff von einer anerkannten Beratungsstelle hat beraten lassen. Bei dem sogenannten **"beratenen Schwangerschaftsabbruch"** bleibt der Arbeitgeber daher zur Lohnfortzahlung verpflichtet. Das BVerfG arbeitet also mit der Formel "nicht strafbar = nicht rechtswidrig" im Sinne der Vorschriften des Entgeltfortzahlungsrechts. Diese ist in das neue EFZG übertragen worden (§ 3 Abs. 2 EFZG).

Hier ist allerdings vermutlich noch nicht das letzte Wort gesprochen, da das BVerfG in dem zitierten Urteil den Aspekt der Entgeltfortzahlung nur am Rande, und ohne eine Abwägung der beteiligten Interessen vorzunehmen, beleuchtet hat. Vorrangig **kirchliche Arbeitgeber** sollten hier noch Möglichkeiten zu einem aussichtsreichen Vorgehen haben (Gedanke der Art. 4 GG i.V.m. Art 3 GG). Aber auch andere Arbeitgeber können unter Umständen mit Erfolg geltend machen, daß die Grenze ihrer finanziellen Belastbarkeit überschritten ist. Es empfiehlt sich, hier beim örtlichen Arbeitgeberverband oder sonstigen Organisationene nachzufragen, ob Musterverfahren anhängig gemacht worden sind. Auch bleibt die gesetzliche Neuregelung des Abtreibungsrechts abzuwarten!

3. Zeitraum der Entgeltfortzahlung

2724

Das Arbeitsentgelt wird nach den einschlägigen Vorschriften für die Dauer der Erkrankung, höchstens jedoch für die Dauer von 6 aufeinanderfolgenden Wochen, also 42 Kalendertagen, fortgezahlt. Der **6-Wochen-Zeitraum** verlängert sich nicht um Tage eines Streiks oder einer Aussperrung. Vielmehr werden auch solche Zeiten, in denen im Betrieb des erkrankten Arbeitnehmers nicht gearbeitet wird, bei der maximalen Bezugsdauer mitgerechnet!

Der **Anspruch auf Entgeltfortzahlung** für 6 Wochen entsteht im übrigen **in jedem Arbeitsverhältnis neu**, unabhängig von möglichen Ansprüchen aus vorangegangenen Arbeitsverhältnissen mit anderen Arbeitgebern. Erkrankt Arbeitnehmer A also zuerst im Arbeitsverhältnis mit Arbeitgeber B für 4 Wochen und geht er dann ein neues Arbeitsverhältnis mit Arbeitgeber C ein und erkrankt er dort an derselben Krankheit, so werden nicht die ersten 4 Wochen der Krankheit im Arbeitsverhältnis zu B angerechnet. C kann also nicht geltend machen, er schulde nur noch für 2 Wochen Entgeltfortzahlung.

a) Beginn des 6-Wochen-Zeitraums

2725

Der **6-Wochen-Zeitraum beginnt** mit dem Tage, der auf den Tag der Arbeitsunfähigkeit folgt (§ 187 Abs. 1 BGB). Der Tag, an dem die Arbeitsunfähigkeit auftritt, zählt also dann nicht mit, wenn die Arbeitsunfähigkeit erst im Laufe des Arbeitstages auftritt. Tritt sie schon zu Beginn des Arbeitstages auf, ist der Tag hingegen mit zu berücksichtigen.

Beispiel:
Erkrankt der Arbeitnehmer am 15.04. vor Arbeitsbeginn, so endet der 6-Wochen- Zeitraum am 26.05.. Erkrankt der Arbeitnehmer hingegen am 15.04. erst nach Arbeitsaufnahme, so zählt dieser Tag nicht mit. Der 6-Wochen-Zeitraum reicht vom 16.04. bis zum 27.05.

Arbeitsrecht

Erkrankt der Arbeitnehmer während der Arbeitsschicht, kann der angebrochene Arbeitstag bei der Berechnung der 6-Wochen-Frist nicht mitgezählt werden, die Frist beginnt erst am Folgetag. Der Arbeitnehmer erhält jedoch auch für die verbleibende Zeit des ersten Arbeitstages, in dessen Verlauf er erkrankt ist, den vollen Lohn ausbezahlt. Dies gilt aber nicht, wenn es sich um eine Fortsetzungserkrankung handelt und der Entgeltfortzahlungsanspruch für diese Erkrankung bereits ausgeschöpft ist (s. zur Fortsetzungserkrankung Rz. 2731 ff.).
Beginnt die **Arbeitsunfähigkeit bereits vor Aufnahme** der eigentlichen **Arbeit,** also zwischen Vertragsabschluß und Arbeitsaufnahme, so bestehen jetzt keine Unterschiede zwischen Arbeitern und Angestellten mehr.

b) Ende des 6-Wochen-Zeitraums

2726

Der Anspruch auf Fortzahlung des Arbeitsentgelts im Krankheitsfall endet mit **Wiedereintritt der Arbeitsfähigkeit, spätestens jedoch nach Ablauf des 6-Wochen-Zeitraums.** Der Anspruch auf Entgeltfortzahlung reicht aber nicht über den Tag hinaus, an dem das Arbeitsverhältnis wirksam durch eine Befristung oder Bedingung beendet wird, auch wenn zu diesem Zeitpunkt der 6-Wochen-Zeitraum noch nicht abgelaufen ist. Gleiches gilt in den Fällen der Anfechtung und der Berufung auf die Nichtigkeit eines Arbeitsverhältnisses.

Eine **Ausnahme** hiervon ist jedoch bei der sogenannten **"Anlaßkündigung"** zu machen. Kündigt der Arbeitgeber das Arbeitsverhältnis aus Anlaß der Arbeitsunfähigkeit des Arbeitnehmers oder kündigt der Arbeitnehmer das Arbeitsverhältnis aus einem vom Arbeitgeber zu vertretenden Grunde, der den Arbeitnehmer zur Kündigung aus wichtigem Grund ohne Einhaltung einer Kündigungsfrist berechtigt, so bleibt der Arbeitgeber **über die Beendigung des Arbeitsverhältnisses hinaus bis zur Gesamtdauer von höchstens 6 Wochen zur Entgeltfortzahlung verpflichtet** (Anlaßkündigung). Eine Kündigung aus Anlaß der Arbeitsunfähigkeit liegt vor, wenn diese **wesentliche mitbestimmende Bedingung** für die Kündigung war.

2727

Voraussetzung ist zunächst eine wirksame Kündigung des Arbeitsverhältnisses. Andernfalls ist der Arbeitgeber ohnehin zur Entgeltfortzahlung verpflichtet, da kein rechtliches Ende des Arbeitsverhältnisses durch die Kündigung eingetreten ist. Im Rahmen der Anlaßkündigung geht es immer um die Frage, ob der Arbeitgeber **trotz rechtlichem Ende** des Arbeitsverhältnisses Entgelt fortzahlen muß.

Bei der an sich wirksamen Kündigung muß es sich um eine **Anlaßkündigung i.S.v. § 8 Abs. 1 EFZG** gehandelt haben
Eine Kündigung aus Anlaß der Arbeitsunfähigkeit liegt vor, wenn diese **wesentlich mitbestimmende Bedingung** für die Kündigung war. Es reicht aus, daß die

Arbeitsunfähigkeit entscheidenden Anstoß zur Kündigung gegeben hat. Als Faustformel kann gelten: Bei **betriebs- oder verhaltensbedingten Kündigungen** des Arbeitgebers endet damit der Entgeltfortzahlungsanspruch im Regelfall mit Ablauf der Kündigungsfrist. Bei diesen Arten der Kündigungen ist die Arbeitsunfähigkeit im Normalfall nicht wesentlich mitbestimmende Bedingung. **Grundsätzlich erforderlich ist daher die Kenntnis des Arbeitgebers von der Arbeitsunfähigkeit im Zeitpunkt des Ausspruchs der Kündigung.** Andernfalls kann die Arbeitsunfähigkeit nicht Anlaß für die Kündigung gewesen sein (der Kenntnis des Arbeitgebers steht die Kenntnis seiner autorisierten Vertreter gleich). Bei Kenntnis des Arbeitgebers von der Arbeitsunfähigkeit ist eine **Anlaßkündigung zu vermuten.** Der Arbeitgeber kann dies jedoch widerlegen.

- **Ausnahmsweise: Anlaßkündigung auch bei fehlender Kenntnis**

Eine Anlaßkündigung kommt im Ausnahmefall auch bei Unkenntnis von der Arbeitsunfähigkeit in Betracht. Nach der **Rechtsprechung** *(BAG v. 20.08.1980, EzA § 6 LohnFG Nr 19; zuletzt LAG Köln 14.01.1993, LAGE § 6 LohnFG Nr. 2)* liegt eine solche auch dann vor, wenn der Arbeitgeber zwar von der Krankheit keine Kenntnis hat, jedoch vor Ablauf der Frist zum Nachweis der Krankheit durch den Arbeitnehmer kündigt.

Wegen der Neuregelung der Nachweispflicht nach dem EFZG ist diese Rechtsprechung jetzt wohl so zu deuten, daß die Kündigung vor Ablauf des Arbeitstages, an dem die Krankheit gem. § 5 Abs. 1 Satz 2 EFZG nachgewiesen werden muß, ausgesprochen worden ist.

Allerdings kann der Arbeitgeber auch in diesem Fall die bestehende **Vermutung für eine Anlaßkündigung** dadurch **widerlegen**, daß er jedenfalls aus anderen Gründen gekündigt hätte. Sollen Entgeltfortzahlungsansprüche vermieden werden, kommt es hier also auf die **richtige Darlegung der Kündigungsgründe** an.

Der Entgeltfortzahlungsanspruch wird i.ü. nicht dadurch ausgeschlossen, daß das Arbeitsverhältnis vorzeitig endet, weil der Arbeitnehmer die ausgesprochene Kündigung hinnimmt.

Endet das Arbeitsverhältnis durch **Aufhebungsvertrag** (Rz. 4001 ff.), so ist dieser wie eine Anlaßkündigung zu behandeln, wenn die Auflösung des Arbeitsverhältnisses auf **Initiative des Arbeitgebers** hin aus Anlaß der Arbeitsunfähigkeit vorgenommen wurde. Eine solche **Gleichstellung** ist insbesondere dann gerechtfertigt, wenn der Arbeitgeber zunächst eine Anlaßkündigung ausgesprochen hatte, sich dann jedoch mit dem Arbeitnehmer auf eine einvernehmliche Aufhebung geeinigt hat

Folgende Beispielsfälle mögen das Problem der Anlaßkündigung verdeutlichen.

Arbeitsrecht

Beispiel:
Arbeitnehmer A erscheint am 01.04. zum wiederholten Male nicht zur Arbeit. Arbeitgeber B gibt daraufhin noch am gleichen Tag das Schreiben mit der fristlosen Kündigung wegen wiederholten unentschuldigten Fehlens zur Post. A ruft am 02.04. bei B an und teilt diesem mit, sein Arzt habe ihn soeben für eine Woche arbeitsunfähig krank geschrieben.
*Eine Anlaßkündigung i.S.v. § 8 Abs. 1 Satz 1 EFZG liegt hier nicht vor, da die Arbeitsunfähigkeit des A erst eintrat, nachdem B die Kündigung abgesandt hatte. Deshalb schadet es B auch nicht, daß er vor Ablauf der in § 5 Abs. 1 Satz 2 EFZG normierten Nachweispflicht gekündigt hat. Eine Anlaßkündigung setzt also grundsätzlich eine im Zeitpunkt des **Kündigungsausspruchs objektiv bestehende Arbeitsunfähigkeit** des Arbeitnehmers voraus (vgl. BAG 20.08.1980, EzA § 6 LohnFG Nr. 15 = DB 1981, 108).*

Beispiel:
A fehlt seit dem 01.04.. Am 03.04. erkrankt er arbeitsunfähig. Nachdem A sich bis dahin noch nicht gemeldet hatte, kündigt B am 06.04. fristlos. Einen Tag später (07.04.) geht ihm die Arbeitsunfähigkeitsbescheinigung des A für die Zeit vom 03.04. bis zum 10.04. zu.
*In diesem Fall liegt **keine Anlaßkündigung iS. von § 8 Abs. 1 Satz 1 EFZG** vor. B kann sich zurecht auf die fehlende Kenntnis von der Arbeitsunfähigkeit des A berufen. Die abzuwartende Nachweisfrist des § 5 Abs. 1 Satz 2 EFZG war spätestens am 06.04. abgelaufen. Diese begann nach § 187 Abs. 1 BGB mit dem 02.04. (Tag nach dem 1. Fehltag, nicht erst mit dem 04.04., 1. Tag nach Eintritt der Arbeitsunfähigkeit!) und endete gem. § 188 Abs. 1 BGB am 05.04. (sofern Arbeitstag, wegen der Neuregelung des § 5 Abs. 1 Satz 2 EFZG!) Vgl. BAG 20.08.1980, EzA § 6 LohnFG Nr. 18 = DB 1981, 112.*

Beispiel:
A erkrankt am 01.04. arbeitsunfähig. Nachdem er sich am nächsten Tag nicht gemeldet hat, kündigt B am 03.04. mit einem dem A noch am gleichen Tag per Boten zugestellten Schreiben fristlos. Am 05.04. geht bei B die Arbeitsunfähigkeitsbescheinigung des A für die Zeit vom 01.04. bis zum 08.04. ein.
*Obwohl B zum Zeitpunkt des Kündigungsausspruchs von der Arbeitsunfähigkeit des A nichts wußte, handelt es sich um eine **Anlaßkündigung iS. von § 8 Abs. 1. S. 1 EFZG**. Denn B hat vor Ablauf der Nachweisfrist des § 5 Abs. 1 S. 2 EFZG gekündigt. (Ausnahme: B gelingt es zu beweisen, daß ihn andere Gründe als das krankheitsbedingte Fehlen des A zur Kündigung veranlaßt haben). Vgl. BAG 26.04.1978, EzA § 6 LohnFG Nr. 7.*

Beispiel:
*A ist wegen eines Magengeschwürs für die Zeit vom 01.04 bis zum 10.04. arbeitsunfähig krank geschrieben. Am 08.04. kündigt er B die Wiederaufnahme der Arbeit für den 11.04. an. Dies erfolgt jedoch nicht. Vielmehr sucht A erneut seinen Arzt auf und läßt sich **wegen des Magengeschwürs** seine Arbeitsunfähigkeit diesmal **bis zum 19.04.** attestieren. Wegen der in der Vergangenheit bei A angefallenen hohen krankheitsbedingten Fehlzeiten, kündigt daraufhin B das Arbeitsverhältnis aus eben diesem Grund ordentlich*

Entgeltfortzahlung im Krankheitsfall

unter Einhaltung der einschlägigen Kündigungsfrist **zum 26.04..** Am 19.04. bricht sich A ein Bein, was ab dem 20.04. die alleinige Ursache für seine weitere Arbeitsunfähigkeit bis zum 31.05. ist.

A kann in diesem Fall nur Entgeltfortzahlung **bis zum Ablauf der Kündigungsfrist am 26.04.** verlangen. Ein darüber hinausgehender Anspruch ergibt sich hier auch nicht aus § 8 Abs. 1 Satz 1 EFZG: Zwar handelt es sich unzweifelhaft um eine Anlaßkündigung. Die Entgeltfortzahlungspflicht endet jedoch mit **Ablauf des Verhinderungsfalls (nicht der Krankheit!), der Anlaß für die Kündigung war** (Grundsatz der Einheit des Verhinderungsfalls). Anlaß für die Kündigung war in diesem Fall die Arbeitsunfähigkeit aufgrund des Magengeschwürs. Dieser endete am 19.04. Ab dem 20.04. beruhte die Arbeitsunfähigkeit ausschließlich auf dem Beinbruch. Für dieses neue Risiko braucht der bisherige Arbeitgeber nur bis zum Ende des Arbeitsverhältnisses einzustehen (BAG 02.12.1981, EzA § 6 LohnFG Nr. 20).

4. Entgeltfortzahlung bei wiederholter Arbeitsunfähigkeit

2728

Grundsätzlich steht dem Arbeitnehmer bei jedem Krankheitsfalle ein Anspruch auf **Entgeltfortzahlung von bis zu maximal 6 Wochen** zu. Es findet also keine Addition der Fehlzeiten statt. Erkrankt der Arbeitnehmer also 8 mal pro Jahr für 6 Wochen, ist für insgesamt 48 Wochen das Entgelt fortzuzahlen.

a) Arbeitsunfähigkeit infolge neuer Krankheit

2729

Jede Arbeitsunfähigkeit, die auf einer **neuen Krankheit** beruht, begründet regelmäßig einen **neuen Entgeltfortzahlungsanspruch** für 6 Wochen. Dies gilt jedoch nicht, wenn zwischen 2 Krankheitszeiten keine Zeit der vollen Arbeitsfähigkeit vorliegt. Ein neuer Entgeltfortzahlungsanspruch wird also nicht ausgelöst, wenn während einer bestehenden Arbeitsunfähigkeit eine weitere neue Krankheit hinzutritt. Es gilt die sogenannte **"Einheit des Verhinderungsfalles"**.

2730
Beispiel:
A liegt mit einem Beinbruch im Krankenhaus. Dort zieht er sich eine Lungenentzündung zu.
Folge: Entgeltfortzahlung für insgesamt maximal 6 Wochen.

Zwischen 2 Krankheitszeiten muß der Arbeitnehmer nicht gearbeitet haben. Es genügt vielmehr völlig, wenn er **zwischenzeitlich "gesundgeschrieben"** war.

Es gilt also: Bei mehreren selbständigen Verhinderungsfällen werden mehrere Entgeltfortzahlungszeiträume ausgelöst.

Enthält eine ärztliche Bescheinigung **nur die Angabe eines Kalendertages**, so wird in der Regel Arbeitsunfähigkeit bis zum Ende der vom erkrankten Arbeitnehmer üblicherweise an diesem Kalendertag zu leistenden Arbeitszeit bescheinigt. Selbst wenn der Arbeitnehmer kurzfristig tatsächlich arbeitet, kann ein einheitlicher Verhinderungsfall vorliegen. Dies ist anzunehmen, wenn es sich um einen sogenannten **Arbeitsversuch** handelt, der erkrankte Arbeitnehmer also bei fortbestehender Arbeitsunfähigkeit versucht hat, seine Tätigkeit wieder aufzunehmen. Hier wird davon ausgegangen, daß der **ursprüngliche Verhinderungsfall fortbesteht**.

b) Fortsetzungserkrankungen

2731

Auch im **Bereich der Fortsetzungserkrankungen** gab es bisher Unterschiede.
Für Angestellte galt nach h.M., daß der Anspruch auf Entgeltfortzahlung neu entstand, wenn - gerechnet vom Ende der ersten Erkrankung an - zwischen zwei aufeinanderfolgenden Erkrankungen mindestens sechs Monate vergingen.

§ 1 Abs. 1 Satz 2 LohnFG sah für **Arbeiter** darüber hinaus aber noch eine sog. **Rahmenfrist** vor. Danach entstand der Anspruch auf Lohnfortzahlung bei Fortsetzungserkrankungen spätestens nach 12 Monaten neu. Eine entsprechende Regelung für Angestellte gab es in § 616 Abs. 2 BGB nicht und eine Übertragung der Arbeiterregelung auf Angestellte im Wege der richterlichen Rechtsfortbildung wurde von der Rechtsprechung abgelehnt *(s. mit weiteren Nachweisen Schulin, Münchener Handbuch zum Arbeitsrecht, § 82 Rn. 69).*

Dies ist entsprechend der günstigeren bisherigen Regelung für Arbeiter nun für alle Arbeitnehmer in § 3 Abs. 1 Satz 2 Nr. 2 EFZG festgeschrieben worden.

Das **Verhältnis des Sechs-Monats-Zeitraums zu dem Zwölf-Monats-Zeitraum** stellt sich so dar, daß der Sechs-Monats-Zeitraum den Vorrang genießt. Dies bedeutet, daß der Arbeitnehmer, der wegen derselben Krankheit - gerechnet vom Ende der Erkrankung an - sechs Monate nicht arbeitsunfähig war, einen neuen Entgeltfortzahlungsanspruch erwirbt. Die Zwölf-Monats-Frist beginnt dann erneut zu laufen. Es kommt dann also auf den Beginn der neuen Erkrankung an.

c) Besondere Probleme bei Mehrfacherkrankungen

2732

Die Berechnung des maximal 6-wöchigen Entgeltfortzahlungszeitraums im Krankheitsfall kann Probleme bereiten, wenn entweder **verschiedene Erkrankungen des Arbeitnehmers zeitgleich auftreten oder sich dieselbe Erkrankung mehrfach wiederholt**. In diesen Fällen stellt sich oftmals die Frage, ob eine Addition der Ausfallzeiten zu einem Entgeltfortzahlungszeitraum von maximal

6 Wochen vorzunehmen ist oder ob durch die erneute Arbeitsunfähigeit dem Arbeitnehmer auch ein neuer, wiederum maximal 6-wöchiger Anspruch auf Entgeltfortzahlung zusteht. Angesprochen sind hier u.a. die Stichworte **"Einheit des Verhinderungsfalles", Fortsetzungs- und Wiederholungserkrankung.** Mit diesem Problemkreis hat sich die Rechtsprechung schon während der Geltung der alten gesetzlichen Regelungen zur Entgeltfortzahlung wiederholt befassen müssen. Da speziell in diesem Punkt das neue Entgeltfortzahlungsgesetz an die Altregelungen (speziell § 1 LohnFG) anknüpft, gelten die dort aufgestellten Grundsätze fort.

Dabei ist immer folgendes zu beachten: Ein maximal 6-wöchiger Entgeltfortzahlungsanspruch wird **pro arbeitsunfähiger Erkrankung** ausgelöst. Dieselbe Krankheit liegt vor, wenn sie auf demselben Grundleiden beruht.

Beispiel:
Nach einem Beinbruch und sich anschließender Operation kommt es zu einer Entzündung der Operationsnarbe. Nach deren Heilung tritt eine Thrombose auf. Hier basieren sowohl die Entzündung als auch die Thrombose auf demselben Grundleiden.

2733

Mehrfacherkrankung
Die Regelung des **§ 3 Abs. 2 Satz 2 EFZG** lautet im Wortlaut wie folgt: "Wird der Arbeitnehmer infolge derselben Krankheit erneut arbeitsunfähig, so verliert er wegen der erneuten Arbeitsunfähigkeit den Anspruch nach Satz 1 *(scil. den Entgeltfortzahlungsanspruch)* für einen weiteren Zeitraum von 6 Wochen nicht, wenn

- er vor der erneuten Arbeitsunfähigkeit **mindestens 6 Monate** nicht infolge derselben Krankheit arbeitsunfähig war, oder
- seit Beginn der ersten Arbeitsunfähigkeit infolge derselben Krankheit eine Frist von **12 Monaten** abgelaufen ist".

Die eigentlich nicht schwierig aussehende Regelung wirft zum einen dann Probleme auf, wenn **verschiedene Ausfallursachen** sich zeitlich überlappen.

Hier ist zunächst von folgenden **Eckdaten** auszugehen:

Grundsätzlich hat jeder Arbeitnehmer für jede Erkrankung, die Arbeitsunfähigkeit nach sich zieht, einen Anspruch auf Entgeltfortzahlung für maximal 6 Wochen. Bei zeitlich hintereinander liegenden Arbeitsunfähigkeitszeiten, die auf verschiedenen Erkrankungen beruhen, wird also **jeweils ein eigener, maximal 6-wöchiger Entgeltfortzahlungsanspruch** ausgelöst.

Gleiches gilt, wenn es sich zwar um dieselbe Krankheit handelt, die **Vorerkrankung** aber zum Zeitpunkt des erneuten Auftretens aus medizinischer Sicht bereits **vollständig ausgeheil**t gewesen ist *(s. nur Vossen, HzA Gruppe 2, Rz. 172).*

Umgekehrt gilt bei Ausfallzeiten infolge **derselben Krankheit (Fortsetzungserkrankung)** das Gebot der Zusammenrechnung; d.h. der Arbeitnehmer kann den 6-Wochen-Zeitraum nur einmal ausschöpfen, die jeweiligen Ausfallzeiten werden addiert.

2734
Beim **Zusammentreffen von mehreren verschiedenen Verhinderungsfällen**, also zeitlich sich überschneidenden Grundleiden, kommt es oftmals zu den eingangs erwähnten Unsicherheiten. Insoweit gilt allgemein, daß der Anspruch auf Entgeltfortzahlung auf die Dauer von insgesamt 6 Wochen seit Beginn der Arbeitsunfähigkeit begrenzt ist, wenn während einer bestehenden Arbeitsunfähigkeit eine neue, von der ersten unterschiedliche, Krankheit auftritt, die ebenfalls Arbeitsunfähigkeit nach sich zieht *(s. nur BAG 12.07.1989, EzA § 616 BGB Nr. 39; 19.06.1991, EzA § 1 LohnFG Nr. 119).*

Dies findet seine Begründung darin, daß schon alle bisherigen Rechtsgrundlagen und auch das neue Entgeltfortzahlungsgesetz nur auf die **Tatsache der Arbeitsunfähigkeit** abstellen, **nicht aber auf die der Arbeitsunfähigkeit zugrundeliegende Krankheit.** Hieraus leitet sich der sog. **Grundsatz der "Einheit des Verhinderungsfalles"** ab. Treffen also mehrere Arbeitsverhinderungen zusammen, wird ansich nur ein einheitlicher Anspruch auf Entgeltfortzahlung für maximal 6 Wochen ausgelöst. Entscheidend ist hier nach Auffassung des Bundesarbeitsgerichts *(12.07.1989, a.a.O.),* daß überhaupt eine Arbeitsverhinderung infolge Arbeitsunfähigkeit vorliegt. Deshalb bilde nicht jede durch eine Krankheit vermittelte Arbeitsunfähigkeit einen eigenen Verhinderungsfall.

Fazit: Bei einem einheitlichen Verhinderungsfall endet der Anspruch auf Entgeltfortzahlung mit Ablauf von 6 Wochen. Dies gilt auch, wenn die 2. Erkrankung kurz vor Wiedererlangung der Arbeitsfähigkeit zur ersten hinzutritt.

2735

Beispiel 1: ("Einheit des Verhinderungsfalles")
Krankheit A geht vom 6.3 - 3.4, Krankheit B setzt am 3.4. ein und reicht bis zum 24.4.; hier endet der Entgeltfortzahlungsanspruch am 17.4.

Beispiel 2: (Selbständige Verhinderungsfälle)
*Krankheit A endet bereits am 1.4.; Krankheit B setzt erst am 3.4. ein.
Hier wird für die Krankheit B ein eigener maximal 6-wöchiger Entgeltfortzahlungsanspruch ausgelöst.*

Beispiel 3: (Dauer der Arbeitsfähigkeit)
Krankheit A endet am 2.4.; Krankheit B beginnt wiederum am 3.4.
Nach ganz überwiegender Ansicht spielt es für den Neubeginn der 6-Wochen-Frist bei zeitlich hintereinander auftretenden unterschiedlichen Grundleiden keine Rolle, wie lange der krankheitsfreie Zustand andauerte. Unerheblich ist auch, ob der Arbeitnehmer zwischen 2 auf verschiedenen Grundleiden beruhenden Krankheitsursachen überhaupt die Arbeit wieder aufgenommen hat. Entscheidend ist nur, daß es sich um getrennte Verhinderungstatbestände handelte. Im Beispielsfall 3 löst die erneute Erkrankung an dem Leiden B also einen nochmaligen Entgeltfortzahlungsanspruch aus.
Diese Rechtsprechung des Bundesarbeitsgerichts (s. nur 12.07.1989, EzA § 1 LohnFG Nr. 66) ist besonders mißlich, wenn man sich die **"Krankschreibepraxis" der Ärzte** vor Augen führt. Hier zeigt sich, daß die meisten Krankschreibungen am Freitag enden und neue Krankschreibungen am Montag beginnen mit der Folge, daß jeweils eine Zusammenrechnung nach dem Grundsatz der "Einheit des Verhinderungsfalles" ausscheidet.

2736
Nicht um 2 selbständige Verhinderungsfälle handelt es sich demgegenüber, wenn der Arbeitnehmer nach dem vermeintlichen Ende der Arbeitsunfähigkeit einen sog. **"mißglückten Arbeitsversuch"** unternimmt.

Beispiel 4: ("Mißglückter Arbeitsversuch")
Arbeitnehmer A hat sich eine Armfraktur zugezogen. Der Arzt geht von einer Wiederherstellung der Arbeitsfähigkeit aus. Tatsächlich hat A aber schon am ersten Tag der Wiederaufnahme der Arbeit so starke Schmerzen, daß er seinen Pflichten nicht nachkommen kann. Zudem zieht er sich infolge Überanstrengung eine Virusinfektion zu. Er meint, ihm stünde aufgrund der Virusinfektion ein erneuter Entgeltfortzahlungsanspruch für 6 Wochen zu.
Hier stellt die Arbeitsaufnahme einen **mißglückten Arbeitsversuch** dar. Dies hat zur Folge, daß die erste Erkrankung als fortbestehend angesehen wird. Die erste und die sich an den Arbeitsversuch anschließende zweite Krankheitszeit sind im Sinne des Entgeltfortzahlungsrechts zu einem einzigen Arbeitsunfähigkeitszeitraum zusammenzuziehen. Es wird nur einmal ein Anspruch auf Entgeltfortzahlung für 6 Wochen ausgelöst
Der mißglückte Arbeitsversuch hat somit den Verhinderungsfall Armfraktur nicht unterbrochen. Daher löst die Virusinfektion keinen neuen Entgeltfortzahlungsanspruch aus.

2737
Fortsetzungserkrankung
Im Grundsatz eindeutig ist auch die Rechtslage bei Fortsetzungerkrankungen. Hier gilt, daß die auf einem **einheitlichen Grundleiden beruhenden Verhinderungsfälle addiert werden**. Der Entgeltfortzahlungszeitraum ist also auf 6 Wochen begrenzt. Allerdings bestanden hier schon nach bisherigem Recht Ausnahmen im Hinblick auf den Jahreszeitraum.

Wie sich die jeweiligen Zeiträume berechnen, verdeutlicht nachfolgendes Beispiel:

Beispiel 5: (Fortsetzungserkrankung)
Arbeitnehmer A erkrankt an einem Lungenleiden vom 01.02. bis 14.03., sodann erneut vom 01.07. bis 20.08. und vom 05.02. bis 28.02. des Folgejahres.
In diesem Fall hat A Anspruch auf Gehaltsfortzahlung für den ersten und den dritten Krankheitszeitraum:.
Für den zweiten hat er deshalb keinen Anspruch auf Gehaltsfortzahlung, weil zwischen Ende der ersten (14.03.) und Beginn der zweiten Fortsetzungserkrankung (01.07.) nicht mehr als 6 Monate liegen (§ 3 Abs. 1 Nr. 1 EFZG).
Der Anspruch für den dritten Zeitraum besteht, weil zwischen Beginn der ersten Fortsetzungserkrankung (01.02.) und Beginn der dritten (05.02. des Folgejahres) mehr als 12 Monate liegen (§ 3 Abs. 1 Nr. 2 EFZG).

2738
Mehrfach- und Fortsetzungserkrankung
Offen ist damit noch die Frage, wie zu verfahren ist, **wenn rückwirkend betrachtet Fortsetzungserkrankungen auftreten, die ursprünglich aufgrund der "Einheit des Verhinderungsfalles" keinen eigenständigen Entgeltfortzahlungsanspruch ausgelöst haben.** Dabei geht es im Kern um die Frage des Vorrangs von Ursächlichkeits- vor Zumutbarkeitserwägungen.

2739
Beispiel 6: (Fortsetzungszusammenhang nicht unterbrochen)
Der Arbeitnehmer war zu folgenden Zeiten infolge Asthmas arbeitsunfähig krank: 02.11. - 17.12.1979, 17.01. - 19.02.1980, 13.05. - 10.06.1980 (Heilkur) und 21.10.1980 - 12.01.1981. Die Zeit der Heilkur war eingebettet in eine weiterreichende Ausfallzeit wegen einer Armfraktur vom 17.04. - 12.08.1980.
Hier lief also ein Teil der Fortsetzungserkrankung (Heilkur wegen Asthma) mit einer neuen Krankheit (Armfraktur) teilweise parallel.

Das BAG hatte bereits 1984 *(22.08.1984, EzA § 1 LohnFG Nr. 73)* darauf erkannt, daß in einem solchen Fall der Fortsetzungszusammenhang nicht unterbrochen wird: "Denn ob ein Fortsetzungszusammenhang zwischen der neuen und einer früheren Krankheit vorliegt und es sich daher um eine Fortsetzungserkrankung handelt oder nicht, ist eine rein tatsächliche Frage. Für deren Beantwortung bleiben weitere Umstände - wie das gleichzeitige Vorhandensein anderer Krankheitserscheinungen als selbständige Verhinderungstatbestände - außer Betracht". Auch betont das BAG *(a.a.O.)*, daß durch das zufällige Auftreten der weiteren Erkrankung mit Arbeitsunfähigkeit **keine Besserstellung des Arbeitnehmers** bedingt sein könne.

Da im Beispielsfall zwischen dem Ende der Heilkur und dem Beginn der neuen Ausfallzeit wegen Asthmas keine 6 Monate lagen und der Fortsetzungszusammenhang wegen der Armfraktur nicht unterbrochen worden war, schied der Beginn eines neuen Entgeltfortzahlungszeitraums aus. Auch der Jahreszeitraum des damals gültigen § 1 Abs. 1 Satz 2, 1. Halbs. LohnFG konnte dem Arbeitnehmer diesen nicht verschaffen, da zwischen dem 1. Auftreten der Arbeitsunfähigkeit wegen Asthmas und dem Beginn der Ausfallzeit im Oktober 1980 noch nicht 12 Monate verstrichen waren.

2740

Eine weitere Klarstellung hat dann das Urteil vom 19.06.1991 (*EzA § 1 LohnFG Nr. 119*) gebracht.
Beispiel 7: (Zeitgleiche Fortsetzungserkrankung)
Der Arbeitnehmer erkrankte vom 25.05. - 30.06. am Zwölffingerdarm. Vom 20.6. - 30.6. trat eine Lumbalgie hinzu. Vom 07.09. - 18.10. trat erneut eine Lumbalgie auf. Der von der Krankenkasse aus übergegangenem Recht (§ 115 SGB X) in Anspruch genommene Arbeitgeber vertrat die Auffassung, die Vorerkrankung sei auf den Entgeltfortzahlungsanspruch wegen Lumbalgie anrechenbar. Hier hat das BAG (a.a.O.) darauf erkannt, daß die erste Erkrankung an Lumbalgie wegen des bereits bestehenden Entgeltfortzahlungsanspruchs aufgrund der Erkrankung des Zwölffingerdarms nicht auf den ab den 07.09. bestehenden Entgeltfortzahlungsanspruch wegen Lumbalgie anrechenbar war.
*In den Entscheidungsgründen hat sich das BAG (a.a.O.) maßgeblich darauf gestützt, daß es in der zu beurteilenden Fallkonstellation nicht auf Zumutbarkeitserwägungen ankomme, sondern die **Frage der Ursächlichkeit des 1. Verhinderungsfalles entscheidend** sei. Da für die Entgeltfortzahlung nur die Erkrankung des Zwölffingerdarms, nicht aber die Lumbalgie ausschlaggebend war, kam eine Anrechnung der Zeitspanne vom 20.06. - 30.06. konsequenterweise in Betracht.*

Dieselbe Überlegung war auch in der wenig beachteten Entscheidung vom 26.02.1992 (*EEK I/1007*) ausschlaggebend.

2741

Beispiel 8: (Anrechnung zeitgleicher Fortsetzungserkrankung)
A war vom 03.04. - 15.05. wegen einer Wirbelsäulenerkrankung arbeitsunfähig krank. Vom 13.06. - 08.08. wurde er wegen eines psychischen Leidens behandelt. Während dieser Zeit trat vom 20.6. - 30.6. das Wirbelsäulenleiden erneut auf.
Auch hier schied nach Auffassung des BAG (a.a.O.) eine Anrechnung des 1. Zeitraums der Wirbelsäulenerkrankung auf den 2. Entgeltfortzahlungszeitraum aus. Die Wirbelsäulenerkrankung ab dem 20.06. stellte nämlich wegen der bereits seit dem 13.06. aufgrund des psychischen Leidens eingetretenen Arbeitsunfähigkeit keinen selbständigen Verhinderungsfall dar und konnte mithin keinen eigenen Entgeltfortzahlungsanspruch auslösen.
Allerdings weist Vossen (a.a.O. Rz. 186) zurecht darauf hin, daß die zweite Wirbelsäulenerkrankung bei der Berechnung der 6-Monats-Frist des § 1 Abs. 1 Satz 2, 2. Halbs. LohnFG (jetzt § 3 Abs. 1 Satz 2 Nr. 1 EFZG) zu berücksichtigen ist. Erkrankte der Arbeitnehmer etwa im November erneut an der Wirbelsäule, so würde die zweite Wirbelsäulenerkrankung bei der 6-Monats-Frist zu berücksichtigen sein. Er würde mithin kei-

Arbeitsrecht

nen neuen Entgeltfortzahlungsanspruch erwerben. Insoweit gelten die Grundsätze des oben erwähnten Urteils vom 22.08.1984 (EzA § 1 LohnFG Nr. 73).

2742

In einer neueren Entscheidung hatte das BAG *(02.02.1994, EzA § 1 LohnFG Nr. 125)* über eine weitere Fallkonstellation zu befinden:

Beispiel 9: (Partiell zeitgleiche Fortsetzungserkrankung)
Vom 21.01. - 02.03. ist der Arbeitnehmer wegen einer Rippenfraktur arbeitsunfähig krank. Vom 19.02. - 12.03. leidet er zudem an einem Handekzem, was ebenfalls Arbeitsunfähigkeit nach sich zieht. Dieses Handekzem tritt erneut auf vom 17.04. - 09.05. und vom 07.11. - 19.11. Der Arbeitgeber leistet bis zum 03.03. Entgeltfortzahlung (also insgesamt 6 Wochen) und sieht i.ü. den Entgeltfortzahlungszeitraum als verbraucht an. Der Arbeitnehmer erhält daraufhin Krankengeld von der klagenden Krankenkasse, die wiederum gegen den Arbeitgeber aus § 115 SGB X vorgeht. Sie meint, das Handekzem löse einen neuen Anspruch auf Entgeltfortzahlung für 6 Wochen aus.
Unzweifelhaft hat der Arbeitnehmer wegen des Handekzems keinen neuen Anspruch auf Entgeltfortzahlung wegen Verstreichens des 6-Monats-Zeitraums des § 1 Abs. 1 S. 2, 2. Halbs. LohnFG (jetzt § 3 Abs. 1 Satz 2 Nr. 1 EFZG) erworben. Zwischen dem jeweiligen Ende der Arbeitsunfähigkeitsperioden lagen nämlich nie 6 Monate.
*Im Beispielsfall bestand aber die **Besonderheit**, daß die 1. Erkrankung und die spätere Fortsetzungserkrankung **nicht zeitgleich endeten**. Hier liegt dann **für eine bestimmte Zeitspanne kein einheitlicher Verhinderungsfall** mehr vor, mit der Folge, daß der über die Ersterkrankung hinausreichende Zeitraum der Fortsetzungserkrankung auf deren spätere Abschnitte anzurechnen ist, wenn er einen eigenen Anspruch auf Entgeltfortzahlung ausgelöst hat. Ursächlich für die Entgeltfortzahlung war dann nämlich trotz des Grundsatzes der Einheit des Verhinderungsfalles nur die spätere Fortsetzungserkrankung. Im Beispielsfall bedeutete dies, daß am 3.3., dem letzten Tag des 6-Wochen-Zeitraums, als alleiniger Verhinderungsgrund das Handekzem die Entgeltfortzahlung auslöste. Dieser Tag war daher auf die späteren Zeiten der Fortsetzungserkrankung anrechenbar.*
Da zwischen dem jeweiligen Ende der einzelnen Krankheitsperioden nie 6 Monate lagen und auch der Jahreszeitraum nicht anwendbar ist, mußte das Gehalt wegen des Handekzems nur für insgesamt 42 Tage fortgezahlt werden (unter Einschluß des 3.3.).

2743

Checkliste

- Das Hinzutreten einer anderen Krankheitserscheinung als selbständiger Verhinderungsgrund unterbricht den "Fortsetzungszusammenhang" einer bestehenden Krankheit nicht (vgl. Beispiel 6).
- Im umgekehrten Fall - dem Hinzutreten einer Fortsetzungserkrankung zu einem bereits bestehenden Verhinderungsgrund - ist wie folgt zu differenzieren:

Entgeltfortzahlung im Krankheitsfall

> o Auszugehen ist vom Grundsatz der "Einheit des Verhinderungsfalles".
>
> o Enden beide Erkrankungen zur selben Zeit, oder endet die Fortsetzungserkrankung früher, fehlt es an der Ursächlichkeit der Fortsetzungserkrankung für die Entgeltfortzahlung. Tritt demnach eine **(spätere)** Fortsetzungserkrankung **erstmalig** zusammen mit einem anderen Verhinderungsfall in Erscheinung, löst das erneute Auftreten der Fortsetzungserkrankung unabhängig von dem 6-Monatszeitraum einen neuen Entgeltfortzahlungszeitraum aus (Beispiel 7).
> Eine nicht ursächlich gewordene Fortsetzungserkrankung kann aber dann relevant bleiben für die Frage, wann ein neuer 6-Wochen-Zeitraum ausgelöst wird, wenn sie nicht erstmalig, sondern bereits zum wiederholten Male aufgetreten ist (Beispiel 8).
>
> o Reicht eine **(spätere)** Fortsetzungserkrankung über den Verhinderungszeitraum einer anderen Krankheit hinaus, wird sie also für eine bestimmte Zeit **allein ursächlich** für die Entgeltfortzahlung, löst das erneute Auftreten der Fortsetzungserkrankung zwar einen neuen 6-Wochenzeitraum aus. Allerdings ist die Zeit, in der die Fortsetzungserkrankung **allein ursächlich** für die Entgeltzahlung gewesen ist, auf den **neuen 6-Wochenzeitraum anzurechnen** (Beispiel 9).

2744

Beweislast bei Wiederholungserkrankungen
Die **Darlegungs- und Beweislast** für das Vorliegen einer Fortsetzungserkrankung trifft grundsätzlich (Ausnahmen sogleich!) den Arbeitgeber.

Nach § 69 Abs. 4 SGB X *(geändert durch das zweite Gesetz zur Änderung des Sozialgesetzbuchs v. 13.06.1994, BGBl. I, 1229)* sind die Krankenkassen berechtigt, einem Arbeitgeber mitzuteilen, ob eine **fortdauernde** oder **erneute Arbeitsunfähigkeit** eines Arbeitnehmers **auf derselben Krankheit** im entgeltfortzahlungsrechtlichen Sinne **beruht**. Selbstverständlich werden keine Diagnoseergebnisse übermittelt. Beweisprobleme sind damit bei gesetzlich Versicherten ausgeräumt.

Darüber hinaus ist nach den Grundsätzen des **Anscheinsbeweises** bei bestimmten typischen Geschehensabläufen von einer Fortsetzungserkrankung auszugehen. Nach Treu und Glauben ist der Arbeitnehmer auch gehalten, dem Arbeitgeber das Vorliegen einer Fortsetzungserkrankung mitzuteilen. Kann er dies nicht sicher beurteilen, so muß er seinen behandelnden Arzt oder die Krankenkasse **von der Schweigepflicht entbinden**. Die Befreiung von der Schweigepflicht erstreckt sich aber nur auf die Frage, ob eine Fortsetzungserkrankung besteht. Weitere Auskünfte muß der Arbeitnehmer nicht erteilen. Er muß also insbesondere nicht offenbaren, an welcher Krankheit er leidet.

d) Arbeitgeberwechsel und Entgeltfortzahlungsanspruch

2745

Bei einem **Arbeitgeberwechsel** gelten die Beschränkungen des Entgeltfortzahlungsanspruches nicht. Etwaige **Vorerkrankungen** sind also insbesondere nicht auf die Dauer des Entgeltfortzahlungsanspruchs anzurechnen. **Die Frage, ob eine Fortsetzungserkrankung vorliegt, ist demnach allein aus dem Arbeitsverhältnis zu beantworten, aus dem der augenblickliche Lohnfortzahlungsanspruch hergeleitet wird. Mehrere Arbeitsunfähigkeitszeiten** wegen derselben Krankheit sind also nicht in verschiedenen Arbeitsverhältnissen zusammenzurechnen. Dies gilt auch dann, wenn ein Arbeitsverhältnis zu demselben Arbeitgeber zwischen mehreren Arbeitsunfähigkeitszeiten wegen derselben Krankheit rechtlich unterbrochen worden ist. Zwei aufeinanderfolgende rechtlich selbständige Arbeitsverhältnisse können allerdings ausnahmsweise dann wie ein einheitliches behandelt werden, wenn zwischen ihnen ein **enger sachlicher Zusammenhang** besteht.

Beim **Betriebsübergang** tritt der Betriebserwerber in die Rechte und Pflichten aus dem vorher begründeten Arbeitsverhältnis ein. Vorherige Arbeitsunfähigkeitszeiten, die auf derselben Krankheit beruhen, sind also auf die Dauer der Entgeltfortzahlung anzurechnen.

5. Höhe der Entgeltfortzahlung

2746

Die Höhe des fortzuzahlenden Entgelts bemißt sich nach dem sogenannten **"Lohnausfallprinzip"**. Maßgebend ist danach der **Verdienst, den der Arbeitnehmer während der Arbeitsunfähigkeitszeit erzielt hätte**. Er wird also so gestellt, als wenn er während der krankheitsbedingten Ausfallzeit gearbeitet hätte. Im Gegensatz zur Berechnung des **Urlaubsentgelts** wird also ein **"Blick in die Zukunft"** genommen (s. § 4 EFZG).

Maßgebend ist danach der **Verdienst, den der Arbeitnehmer während der Arbeitsunfähigkeitszeit erzielt hätte**. Er wird also so gestellt, als wenn er während der krankheitsbedingten Ausfallzeit gearbeitet hätte. Im Gegensatz zur Berechnung des **Urlaubsentgelts** (s. Rz. 2887) wird also ein **"Blick in die Zukunft"** genommen.

Die Berechnung des im Einzelfall fortzuzahlenden Entgelts ist **konkret** vorzunehmen. Es muß also das monatliche Bruttogehalt durch die in dem betreffenden Zeitraum tatsächlich anfallenden Arbeitstage geteilt und der sich hieraus ergebende Betrag mit der Anzahl der krankheitsbedingt ausgefallenen Arbeitstage multipliziert werden.

Beispiel:
Arbeitnehmer A verdient 4.000 DM brutto im Monat. Im April fielen 20 Arbeitstage an. Von diesen 20 Arbeitstagen hat A 10 krankheitsbedingt gefehlt.

Entgeltfortzahlung im Krankheitsfall

Hier ergibt sich folgende Berechnung:
4.000 DM : 20 Arbeitstage x 10 Krankheitstage = 2.000 DM Entgeltfortzahlung.
Wird jedoch ein festes Entgelt gezahlt, genügt es, dieses einfach fortzuzahlen. Berechnungsprobleme tauchen dann nicht auf.

a) Berechnungsgrundlage

2747

Berechnungsgrundlage ist das gesamte Arbeitsentgelt, das der Arbeitnehmer als Gegenleistung für seine Arbeit erhält. Neben der Grundvergütung gehören hierher im einzelnen (in alphabetischer Reihenfolge):

- Anwesenheitsprämien,
- Aufwendungsersatzleistungen, die pauschal gezahlt werden,
- Fahr- und Wegegelder, wenn sie ohne Rücksicht auf die tatsächliche Verauslagung gezahlt werden,
- Gewinnbeteiligungen, Tantiemen
- Leistungszulagen und Prämien, Provisionen, die der Arbeitnehmer während seiner Arbeitsunfähigkeit verdient hätte,
- vermögenswirksame Leistungen, Sozialzuschläge (etwa: Kinder-, Ortszuschläge)
- Zuschläge für Nacht-, Sonn- und Feiertagsarbeit.

2748

Nicht zu berücksichtigen sind hingegen alle Leistungen, die einen tatsächlichen Mehraufwand abdecken, der jedoch infolge der Arbeitsunfähigkeit nicht entsteht. Hierzu zählen Auslösungen, Schmutzzulagen und ähnliche Leistungen. Hierhin gehört auch das Schlechtwettergeld nach §§ 83 ff. AFG sowie das Wintergeld nach § 74 AFG.
Freiwillige Leistungen des Arbeitgebers, die Entgeltcharakter besitzen, sind ebenfalls zu berücksichtigen. Zum Arbeitsentgelt gehören auch Gewinnbeteiligungen und Tantiemen. Naturalleistungen (freie Wohnung, freie Waren etc.) müssen während der Arbeitsunfähigkeitszeit weiter gewährt werden.

Ob auch eine Jahressonderzahlung zu gewähren ist, hängt von den Voraussetzungen der jeweiligen Rechtsgrundlage ab.

Beispiel:
Arbeitnehmer A ist während des gesamten Jahres 1993 arbeitsunfähig krank. Arbeitgeber B verweigert ihm daraufhin die tarifliche Sonderzahlung.
Setzt der Tarifvertrag nur den tatsächlichen Bestand des Arbeitsverhältnisses zu einem bestimmten Stichtag voraus, hat A trotz seiner Dauererkrankung Anspruch auf die Son-

derzahlung. Die Überlegung, daß eine Sonderzahlung auch mit Rücksicht auf die für den Betrieb erbrachte Arbeitsleistung gewährt wird, ändert hieran nichts.

Grundsätzlich gilt hier: Ist nichts geregelt, so kommt eine Kürzung nicht in Betracht. **Ungeschriebene Kürzungsrechte** bestehen nicht. Natürlich kann aber vereinbart werden, daß Fehlzeiten zu einer Reduzierung führen.

Die ist vom BAG *(12.05.1993, 10 AZR 565/91)* nochmals bestätigt worden: In einer tariflichen Regelung über eine Sonderzahlung kann im einzelnen bestimmt werden, welche Zeiten ohne tatsächliche Arbeitsleistung sich anspruchsmindernd auswirken sollen. Über diese Bestimmung hinaus gilt nicht der Rechtssatz, daß stets eine nicht unerhebliche Arbeitsleistung Voraussetzung der Sonderleistung ist. *S. auch BAG 16.03.1994, EzA § 611 BGB Gratifikation, Prämie Nr. 111.* Eine Ausnahme kann dann gelten, wenn der Arbeitsvertrag faktisch beendet ist; wenn also etwa der Arbeitgeber wegen langanhaltender Krankheit des Arbeitnehmers auf sein Direktionsrecht verzichtet hat, um diesem einen Arbeitslosengeldanspruch zu verschaffen *(BAG 28.09.1994, 10 AZR 805/93)*.

Umstritten ist, ob und in welchem Maße auch eine stark **überproportionale Kürzung** vereinbart werden kann *(Beispiel: Anspruchsausschluß bei nur 1-tägiger Krankheit)*. Hier wird man den Gedanken des § 612 a BGB zu berücksichtigen haben. Bei derartigen Klauseln ist also Vorsicht geboten.

b) Berechnungsverfahren

2749

Keine Berechnungsprobleme tauchen auf, wenn der Arbeitnehmer **wöchentlich oder monatlich entlohnt** wird. Hier ist die vereinbarte **Vergütung schlichtweg fortzuzahlen**. Eine andere Berechnung ist nur notwendig, wenn der 6-Wochen-Zeitraum der Entgeltfortzahlung überschritten wird. Hier ist entsprechend den obigen Grundsätzen (s. Rz. 2724) nach der **konkreten Berechnungsweise** vorzugehen.

Erhält der Arbeitnehmer einen **Stundenlohn**, ist das fortzuzahlende Entgelt durch Multiplikation des Stundenlohns mit der arbeitstäglichen Stundenzahl und der Anzahl der durch die Krankheitstage ausgefallenen Arbeitstage zu errechnen.

Beispiel:
Stundenlohn 20 DM, 7,5 Stunden je Arbeitstag, 4 Tage Krankheit.
20 DM x 7,5 Stunden x 4 Arbeitstage = 600 DM

Bei **Akkordlohn und ähnlichen leistungsabhängigen Entgelten** ist auf den erzielbaren Durchschnittsverdienst abzustellen. So ist beim Gruppenakkord der Vergleich mit den verbleibenden Gruppenmitgliedern sachgerecht. Hier muß allerdings auch berücksichtigt werden, daß das Ergebnis der Akkordgruppe möglicherweise durch den vertretungsweisen Einsatz eines ungeschulten Arbeitnehmers abnimmt. Grundsätzlich ist also eine konkrete Prognose zu machen. Scheidet eine solche aus, muß nach der Bezugsmethode (s. hierzu Rz. 2888) der bisherige Durchschnittsverdienst in einem bestimmten Zeitraum errechnet werden. **Überstunden**, die der erkrankte Arbeitnehmer im Falle seiner Arbeitsfähigkeit hätte leisten müssen, sind zu berücksichtigen, wenn sie nicht nur ausnahmsweise oder gelegentlich, sondern **regelmäßig** anfallen. Wird in dem Betrieb **verkürzt gearbeitet** und würde deshalb das Arbeitsentgelt des Arbeiters im Falle seiner Arbeitsfähigkeit gemindert, so ist die verkürzte Arbeitszeit für ihre Dauer als die für den Arbeitnehmer maßgebende regelmäßige Arbeitszeit anzusehen. Dies bedeutet, daß in **Kurzarbeitszeiten vom reduzierten Verdienst auszugehen** ist. Es kommt nicht darauf an, ob die Kurzarbeit vor oder nach Beginn der Arbeitsunfähigkeit angeordnet wird.

c) Referenzprinzip statt Lohnausfallprinzip

2750

Die **Ersetzung des Lohnausfall- durch das Referenzprinzip** ist, so zumindest die überwiegende Meinung, in § 4 Abs. 4 EFZG vorgesehen. Hiernach kann durch Tarifvertrag eine anderweitige Bemessungsgrundlage vorgesehen werden. Wichtig ist, daß im Geltungsbereich eines solchen Tarifvertrages zwischen nicht tarifgebundenen Arbeitgebern und Arbeitnehmern die Anwendung der tarifvertraglichen Regelung über die Fortzahlung des Arbeitsentgelts im Krankheitsfalle vereinbart werden kann.

Im übrigen ist darauf hinzuweisen, daß § 12 EFZG ausdrücklich auf das **Verbot einer Abweichung vom EFZG zum Nachteil des Arbeitnehmers** oder der nach § 10 berechtigten Personen (Heimarbeiter) statuiert.

Die **Ersetzung des Lohnausfall- durch das Referenzprinzip** war aber, wie das BAG unlängst betont hat, nicht schrankenlos möglich. Eine anderweitige Regelung durch Tarifvertrag erstreckte sich nur auf die Berechnungsmethode des Entgeltfortzahlungsanspruchs, nicht aber auf den Umfang der Krankenbezüge (*BAG 3.3.1993, EzA § 2 LohnFG Nr. 23*). Dies hat sich nunmehr geändert, da § 4 Abs. 4 EFZG ausdrücklich die Festlegung einer anderen Bemessungsgrundlage erlaubt. Das Gesetzgeber hat das BAG insoweit korrigiert.

Zur Weitergewährung von Notdienstpauschalen bei vereinbarter Bezahlung der Arbeitsunfähigkeit nach dem Referenzprinzip s. *BAG 20.10.1993, EzA § 2 LohnFG Nr. 24*.

Arbeitsrecht

6. Anzeige- und Nachweispflichten

2751

Vereinheitlicht worden sind die bereits oben erwähnten **Anzeige- und Nachweispflichten**. An einer normativ verankerten Nachweispflicht für Angestellte im Sinne des § 3 Abs. 1 Satz 1 LohnFG fehlte es bisher. Diese hatten bisher nur nach Tarifvertrag, Betriebsvereinbarung oder Arbeitsvertrag entsprechende Belege über die Arbeitsunfähigkeit beizubringen. Hingegen besteht nach wie vor keine Verpflichtung, dem Arbeitgeber auch den Befund zu offenbaren. Selbst **Krankheitssymptome** müssen nicht geschildert werden. Gegenteiliges kann auch nicht vereinbart werden!

Die **gesetzliche Verpflichtung für alle Arbeitnehmer zu Anzeige und Nachweis** ist jetzt erstmalig vorgesehen in § 5 Abs. 1 EFZG. Die Neuregelung stellt sich wie folgt dar:

Nach § 5 Abs. 1 Satz 2 EFZG ist jeder Arbeitnehmer verpflichtet, eine Arbeitsunfähigkeitsbescheinigung spätestens an dem darauffolgenden Arbeitstag vorzulegen, wenn die **Arbeitsunfähigkeit länger als drei Kalendertage** dauert. Bisher war die Regelung so, daß nur Arbeiter eine Arbeitsunfähigkeitsbescheinigung vor Ablauf des 3. Kalendertages vorzulegen hatten. Die Neuregelung bedeutet nun allerdings nicht, daß der Arbeitgeber nicht auch schon vorher oder z.B. bei einer nur eintägigen Erkrankung eine Arbeitsunfähigkeitsbescheinigung verlangen könnte. Der Arbeitnehmer ist vielmehr bei jedem krankheitsbegründeten Fernbleiben von der Arbeit für das Vorliegen der Arbeitsunfähigkeit darlegungs- und beweispflichtig. Dementsprechend kann der Arbeitgeber die **Vorlage der ärztlichen Bescheinigung früher verlangen**. Ein solches Verlangen kann im Einzelfall erfolgen, es kann jedoch auch generell in einem Arbeitsvertrag oder einer Betriebsvereinbarung enthalten sein. Das "Verlangen" ist gleichförmig auszuüben, um Gleichbehandlungsprobleme zu vermeiden (§ 612a BGB). Bei **Verletzungen der Nachweispflicht** ist wie folgt zu unterscheiden:

- Kommt der Arbeitnehmer seiner **Nachweispflicht überhaupt nicht nach**, so kann der Arbeitgeber die Entgeltfortzahlung **auf Dauer verweigern**, es sei denn, dem Arbeitnehmer gelingt es auf andere Weise, den Nachweis über das Vorliegen einer Arbeitsunfähigkeit zu führen.

- Legt der Arbeitnehmer die Arbeitsunfähigkeitsbescheinigung **verspätet** vor, ist der Arbeitgeber nach § 7 Abs. 1 Nr. 1 EFZG berechtigt, die Fortzahlung des Arbeitsentgelts zu verweigern. Dies heißt, daß die verspätete Vorlage einer Arbeitsunfähigkeitsbescheinigung **kein endgültiges Leistungsverweigerungsrecht** begründet. Der Arbeitgeber hat also, wenn der Arbeitnehmer seinen Pflichten nachkommt oder auf andere Weise den Beweis der Arbeitsunfähigkeit führt, die **Entgeltfortzahlung nachzuholen**.

Entgeltfortzahlung im Krankheitsfall

2752

Besonderheiten gelten bei einer **im Ausland eingetretenen Arbeitsunfähigkeit**. Hier greift die Regelung des § 5 Abs. 2 EFZG ein. Der Arbeitnehmer muß den Arbeitgeber in der schnellstmöglichen Art der Übermittlung informieren. Dieser soll so in den Stand versetzt werden, ggfs. Kontrollmaßnahmen in die Wege zu leiten. Die durch die Mitteilung entstandenen **Kosten hat der Arbeitgeber** zu tragen. Dies ist eine Neuregelung, gegenüber den bisherigen Vorschriften. Hier war offen, wer die Übermittlungskosten zu tragen hatte.

Besonderheiten sind auch zu berücksichtigen, wenn der Arbeitnehmer **Mitglied einer gesetzlichen Krankenkasse** ist. Hier schreibt § 5 Abs. 2 Sätze 3 und 4 EFZG ein anderes Verfahren vor. Der Arbeitnehmer ist gegenüber dem Krankenversicherungsträger verpflichtet, die Arbeitsunfähigkeit, deren voraussichtliche Dauer oder ggf. deren Weiterbestand unverzüglich anzuzeigen. Wie bisher hat also der Arbeitgeber keinen Anspruch auf Vorlage einer Arbeitsunfähigkeitsbescheinigung, wenn die Arbeitsunfähigkeit im Ausland eingetreten ist. Der Nachweis der Arbeitsunfähigkeit wird weiterhin über die Einschaltung der Krankenversicherungsträger geführt. Nach § 5 Abs. 2 Satz 5 EFZG besteht für die gesetzlichen Krankenkassen die Möglichkeit festzulegen, daß der Arbeitnehmer Anzeige- und Nachweispflichten auch gegenüber einem **ausländischen Sozialversicherungsträger** erfüllt. In diesem Fall gilt § 5 Abs. 1 S. 5 EFZG nicht; besondere Vermerke auf der Arbeitsunfähigkeitsbescheinigung sind nicht erforderlich.

Dies alles bedeutet für den Arbeitgeber, daß er bei Eintritt der Arbeitsunfähigkeit des Arbeitnehmers im Ausland nur wenig Möglichkeiten hat, selbst an einen Nachweis über die tatsächlich eingetretene Arbeitsunfähigkeit zu kommen.

Anders stellt sich die Situation dar, wenn der **Arbeitnehmer ins Inland zurückkehrt**. Nach § 5 Abs. 2 Satz 6 EFZG ist der arbeitsunfähig erkrankte Arbeitnehmer bei der Rückkehr in das Inland verpflichtet, die Tatsache der Rückkehr sowohl der Krankenkasse als auch dem Arbeitgeber gegenüber **unverzüglich anzuzeigen**.

Kommt der im Ausland erkrankte Arbeitnehmer seinen **Anzeigepflichten** gegenüber der Krankenkasse bzw., wenn dies vorgesehen ist, dem ausländischen Sozialversicherungsträger gegenüber schuldhaft nicht nach, kann der Arbeitgeber die Entgeltfortzahlung dauerhaft verweigern. Ein Verstoß wird also **nicht** durch die **nachträgliche Anzeige an die zuständige deutsche Krankenkasse** nach Rückkehr aus dem Ausland **geheilt** *(LAG Düsseldorf 12.10.1989, DB 1990, 488)*. Begründet hat das LAG seine Auffassung überzeugend damit, daß bei einer nachträglichen Erfüllung der Hinweispflicht keine Überprüfungsmöglichkeiten bestehen. Dies ist ein auch in anderem Zusammenhang, nämlich beim Sozialversicherungsausweis, wichtiger Gedanke.

Arbeitsrecht

a) Mitteilungspflicht

2753
Der Arbeitnehmer hat seine Erkrankung **unverzüglich mitzuteilen**. Er muß alles ihm Zumutbare unternehmen, um den Arbeitgeber umgehend von seiner Arbeitsunfähigkeit zu unterrichten. Dieser soll sich hierauf einstellen können. Was im Einzelfall "unverzüglich" ist, hängt von den Umständen ab. **Allerdings darf der Arbeitnehmer die Mitteilung nicht solange hinausschieben, bis er eine sichere ärztliche Diagnose hat.** Vielmehr muß er nach seinem Kenntnisstand eine **Schätzung** vornehmen. Eine besondere Form der Mitteilung ist nicht vorgesehen. Sie kann also mündlich, schriftlich oder auch telefonisch erfolgen. Auch die Person des Mitteilenden ist unerheblich. Hier kommen etwa Arbeitskollegen, Familienangehörige oder sonstige Dritte in Betracht. Versäumt der Arbeitnehmer die Mitteilung, berührt dies seinen Entgeltfortzahlungsanspruch nicht. Allerdings können **Verstöße gegen die Nebenpflicht zur Mitteilung nach Abmahnung eine Kündigung des Arbeitsverhältnisses rechtfertigen** und zwar unabhängig davon, ob es zu einer Störung der Arbeitsorganisation oder des Betriebsfriedens gekommen ist (s. auch Rz. 4513). Auch ein Schadensersatzanspruch des Arbeitgebers ist möglich.

Hat der Arbeitgeber hingegen von der Krankheit schon Kenntnis erlangt (Betriebsunfall), so ist eine Mitteilung entbehrlich.

b) Vorlage einer Arbeitsunfähigkeitsbescheinigung

2754
Normiert ist nunmehr die Pflicht zur Vorlage einer Arbeitsunfähigkeitsbescheinigung. Diese muß folgende Angaben enthalten:

- Name des Arbeiters

- Angabe der Arbeitsunfähigkeit

- Dauer der Arbeitsunfähigkeit

- Angabe des Arztes, daß der Krankenversicherer unverzüglich eine Bescheinigung über Befund und Dauer der Arbeitsunfähigkeit erhält

- Ausstellung durch einen Arzt.

Genügt die Bescheinigung nicht diesen Anforderungen, ist der Arbeitgeber berechtigt, die Entgeltfortzahlung zu verweigern. Nach Vorlage einer ordnungsgemäßen Bescheinigung muß er allerdings **den zurückbehaltenen Teil nachzahlen**. Eine **Rückdatierung** der Arbeitsunfähigkeitsbescheinigung ist grundsätzlich unzulässig, sie kann aber ausnahmsweise für bis zu 2 Tage vorgenommen werden.

Entgeltfortzahlung im Krankheitsfall

Der Arbeitnehmer kann die Arbeitsunfähigkeit auch mittels **anderer Beweismittel** belegen. Er ist nicht allein auf die Arbeitsunfähigkeitsbescheinigung beschränkt.

c) Sonderprobleme beim Vorlageverlangen

2755

Mit der Verankerung der Nachweispflicht sind **diverse Probleme** entstanden, die z.T. noch ungeklärt sind.

Berechnung der 3-Tage-Frist
Unsicher ist zunächst, wie die **Berechnung der 3-Tage-Frist** vorzunehmen ist. Dies ist im wesentlichen darauf zurückzuführen, daß der Gesetzeswortlaut nicht eindeutig ist. Er läßt sich unschwer dahingehend verstehen, daß die Arbeitsunfähigkeitsbescheinigung erst am 5. Tag der arbeitsunfähigen Erkrankung vorzulegen ist. Beginnt nämlich die Frist zur Vorlage der Arbeitsunfähigkeitsbescheinigung erst, wenn die Krankheit länger als 3 Tage dauert (was erst am 4. Tag der Fall ist), so ist der Vorlegetag der 5. Tag. Andererseits ergibt sich aus der **Entstehungsgeschichte des Gesetzes** eindeutig, daß der Gesetzgeber eine Vorlagepflicht am 4. Tag statuieren wollte. "Gleichzeitig wird der Arbeitnehmer verpflichtet, bei mehr als dreitägiger Arbeitsunfähigkeit dem Arbeitgeber am vierten Krankheitstag eine ärztliche Bescheinigung über die Arbeitsunfähigkeit sowie deren voraussichtliche Dauer vorzulegen" *(BT-Drs. 12/5798 S. 21 und 24).* Berücksichtigt man zudem noch, daß es auch Sinn und Zweck der gesetzlichen Neuregelung war, die Kontrolle der Inanspruchnahme von Entgeltfortzahlungsleistungen zu verschärfen, so ist der **überwiegenden Ansicht in der Literatur** zu folgen, die eine Vorlagepflicht am 4. Tag der Arbeitsunfähigkeit für begründet hält.

Für die **Berechnung des Tages, an dem die Vorlagepflicht ausgelöst wird,** ist von folgenden Maßgaben auszugehen:

- Es kommt nur auf **drei Kalendertage** der Erkrankung, nicht aber auf Arbeitstage an.
- Es kommt auf die **Vorlage am folgenden Arbeitstag,** nicht aber am folgenden Kalendertag oder am folgenden Werktag an.

2756

Dies führt zu folgenden **Beispielsberechnungen:**

Beispiel 1:
Erkrankt der Arbeitnehmer am Montag, so besteht eine Vorlagepflicht am Donnerstag.

Beispiel 2:
Erkrankt der Arbeitnehmer am Mittwoch, so besteht eine Vorlagepflicht erst am Montag (nächster Arbeitstag, wenn in der 5-Tage-Woche gearbeitet wird). Der Samstag ist zwar Werk-, aber eben kein Arbeitstag.

Beispiel 3:
Ist der den 3 Tagen folgende Tag ein Feiertag, so verschiebt sich die Vorlagepflicht entsprechend auf den nächsten Arbeitstag.

Gleichwohl bleibt unsicher, was exakt unter einem **Arbeitstag i.S.d. EFZG** zu verstehen ist.

Beispiel 4:
Es wird betrieblich in der 5-Tage-Woche (Montag bis Freitag) gearbeitet. Der am Dienstag erkrankte Arbeitnehmer arbeitet aber regelmäßig nur Dienstags bis Donnerstags.

Im Beispielsfall ist unsicher, ob der folgende Arbeitstag abstrakt oder konkret zu bestimmen ist. Im 1. Fall wäre Freitags vorzulegen, im 2. Fall erst Dienstags.

Gänzlich unsicher ist, ob auch besondere betriebliche Arbeitstage zu berücksichtigen sind.

Beispiel 5:
Aufgrund eines steilen Konjunkturanstiegs wird im Betrieb vorübergehend in der 6-Tage-Woche (von Montags bis Samstags) gearbeitet. A arbeitet wiederum nur Dienstags und Donnerstags.

Die **Lösung der Fälle 4 und 5** läßt sich nur unter Berücksichtigung von Sinn und Zweck der Vorlagepflicht lösen. Dieser liegt wohl primär darin, dem Arbeitgeber eine Disposition zu ermöglichen. Er soll in den Stand versetzt werden, durch das Zeugnis eines Arztes verläßlich zu erfahren, in welcher Zeit er wieder mit dem Arbeitnehmer rechnen kann. Es soll also die zunächst vom Arbeitnehmer kraft eigener Einschätzung vorgenommene Prognose der Dauer der Arbeitsunfähigkeit durch ärztliches Zeugnis erhärtet werden. Mit dem Einsatz des nur teilzeitbeschäftigten Arbeitnehmers braucht der Arbeitgeber auch erst an dessen nächsten Arbeitstag disponieren zu können. Andererseits läßt sich auch vertreten, es solle eine frühzeitige Disposition ermöglicht werden. Dies, wie auch der Gedanke der Mißbrauchsbekämpfung, würde für einen frühen Vorlegungszeitpunkt sprechen.

Insgesamt besteht hier **eine erhebliche Unsicherheit.** Ggfs. sollte der Arbeitgeber die Vorlage einer Arbeitsunfähigkeitsbescheinigung zu einem früheren Zeitpunkt verlangen (s. sogleich).

2757

Verlangen der vorzeitigen Vorlage der Arbeitsunfähigkeitsbescheinigung
Nach § 5 Abs. 1 Satz 3 EFZG ist der Arbeitgeber berechtigt, die Vorlage der Arbeitsunfähigkeitsbescheinigung schon früher als am 4. Tag der Arbeitsunfähigkeit zu verlangen. Zu recht wird hier darauf hingewiesen, daß ein **Verlangen nicht sachlich begründet werden muß.** Es müssen also keine irgendwie gearteten Verdachtsmomente vorliegen (anders bei Einschaltung des Medizinischen Dienst der Krankenversicherung; hier sind Zweifel an der Arbeitsunfähigkeit zu verlangen, s. § 275 SGB V). Auch eine bestimmte Form des Verlangens ist nicht vorgesehen. Sie kann also **mündlich oder schriftlich, im Einzelfall oder ganz allgemein in bestimmten Fallkonstellationen** erfolgen. Allerdings hat das Verlangen das **Persönlichkeitsrecht des Arbeitnehmers** zu wahren. So darf nicht für bestimmte Arbeitnehmer durch namentlichen Aushang eine Vorlagepflicht geschaffen werden. Ansonsten müssen sich die Arbeitnehmer die Vorlagepflicht jedoch gefallen lassen, da der Arbeitgeber nur von einer ihm gesetzlich eingeräumten Befugnis Gebrauch macht.
Allerdings ist auf die **Verständlichkeit der Regelung** zu achten. Der Arbeitnehmer darf beispielsweise nicht gezwungen sein, komplizierte Prozentberechnungen anstellen zu müssen. Das Verlangen darf m.a.W. nicht indirekt auf den Arbeitnehmer abgewälzt werden.

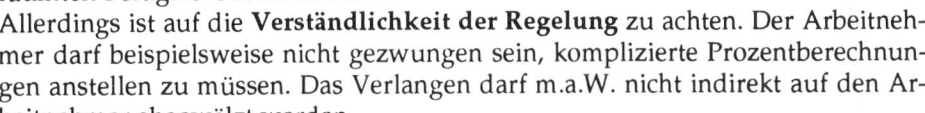

Beispiel:
Der Arbeitgeber verlangt die sofortige Vorlage der Arbeitsunfähigkeitsbescheinigung, wenn die individuelle Fehlzeitquote 10% der regelmäßigen Arbeitszeit überschreitet.

Ungeachtet dessen ist schon aus rein **pragmatischen Gründen** bei dem Vorlageverlangen **Vorsicht geboten.** Jeder Betriebspraktiker weiß aus praktischen Erfahrungen und einschlägigen Statistiken, daß Ärzte gerne bis zum Ende der Woche krankschreiben. Bei einem am Mittwoch erkrankten Arbeitnehmer besteht also bei Ausübung des Verlangens nach Vorlage der Arbeitsunfähigkeitsbescheinigung die hohe Wahrscheinlichkeit, daß Arbeitsunfähigkeit bis Freitag bescheinigt werden wird.

Mit dem Verlangen nach Vorlage einer Arbeitsunfähigkeitsbescheinigung sind aber auch diverse über die geschilderten Probleme hinausgehenden **rechtlichen Schwierigkeiten** verbunden:

Nach ganz überwiegender Meinung bewegt sich der Arbeitgeber bei seinem Vorlageverlangen nicht im rechtsfreien Raum. Da er eine gesetzliche Nebenpflicht des Arbeitnehmers konkretisiert, wird § 315 BGB anzuwenden sein. Das Vorlageverlangen muß also **billigem Ermessen** entsprechen. Allerdings ist nicht jedes Vorlageverlangen schlechthin unbillig. Zwar drückt es natürlich den Verdacht aus, der Arbeitnehmer feiere krank. Dies ist jedoch vom Arbeitnehmer nach der gesetzlichen Wertung hinzunehmen. Darüber hinausgehende Umstände können aber Unbilligkeit begründen. Zu denken ist beispielsweise an ein jeweils gezielt an bestimmte mißliebige Arbeitnehmer gerichtetes Vorlageverlangen, etwa Ausländer, Frauen oder Betriebsratsmitglieder. Hier wäre aber jeweils auch an § 612 a BGB und an den **Gleichbehandlungsgrundsatz** zu denken. Gerade letzterer ist angesprochen, wenn gezielt nur bestimmte Arbeitnehmergruppen zur Vorlage verpflichtet werden. Der **Gleichbehandlungsgrundsatz** ist hingegen nicht angesprochen, wenn jeweils einzelne Arbeitnehmer betroffen sind, ohne daß eine Gruppenbildung vorgenommen wird. Auch ist stets der sachlichen Rechtfertigung des Vorlageverlangens Rechnung zu tragen.

Beispiel:
In der Abteilung Controlling des Betriebes 1 beträgt der Krankenstand 15%; in der selben Abteilung des Betriebes 2 nur 5%.
Im Beispielsfall besteht für ein Verlangen nach sofortiger Vorlage der Arbeitsunfähigkeitsbescheinigung für die Arbeitnehmer im Betrieb 1 ein sachlicher Grund. Das Vorliegen sachlicher Gründe hat i.ü. der Arbeitgeber zu beweisen.

Gänzlich unsicher ist, ob der Arbeitgeber **Mitbestimmungsrechte des Betriebsrats** zu beachten hat, wenn er allgemeine Richtlinien für die sofortige Vorlage der Arbeitsunfähigkeitsbescheinigung erstellt. Die wohl besseren Argumente sprechen im Fall der Vorlagepflicht **gegen ein Mitbestimmungsrecht, weil der Arbeitgeber sich nur im Rahmen einer ihm ausdrücklich eingeräumten Befugnis bewegt und es letztlich nur um die individuelle Arbeitsleistung des Arbeitnehmers** geht. Möglich sind aber Regelungen durch **freiwillige Betriebsvereinbarung**. Allerdings kann weder in einer Betriebsvereinbarung noch in einem Tarifvertrag eine generelle Pflicht zur unmittelbaren Vorlage einer Arbeitsunfähigkeitsbescheinigung geschaffen werden, denn dies ist nach der Wertung des EFZG der Ausnahmefall und das EFZG ist grundsätzlich zum Nachteil des Arbeitnehmers unabdingbar (§ 12 EFZG).

d) Beweiswert der Arbeitsunfähigkeitsbescheinigung

2758
Geradezu ein **Klassiker des Entgeltfortzahlungsrechts** ist der **Beweiswert einer Arbeitsunfähigkeitsbescheinigung**. Entgegen der Ansicht des Landesarbeitsgerichts München *(27.03.1991, LAGE § 3 LohnFG Nr. 9)*, begründet die ärztliche Arbeitsunfähigkeitsbescheinigung nach Auffassung des Bundesarbeitsgerichts *(15.07.1992, EzA § 3 LohnFG Nr. 17)* eine **tatsächliche, jederzeit widerlegbare Vermutung für die Richtigkeit der in ihr enthaltenen Angaben.** Diese tatsächliche Vermutung muß also vom Arbeitgeber entkräftet werden, wenn er Zweifel an der Arbeitsunfähigkeit hegt.

Solche Zweifel können sich schon aus der Bescheinigung selbst, aber auch aus anderen Umständen ergeben. **Namentlich kommen hier in Betracht:**

- vom Arbeitnehmer angekündigte Arbeitsunfähigkeit nach Urlaubsablehnung oder zur Abwendung einer unliebsamen Arbeit
- Krankschreibung ohne ärztliche Untersuchung (Ferndiagnose)
- unerlaubte Rückdatierung der Arbeitsunfähigkeitsbescheinigung
- Schwarzarbeit während der Zeit der Krankschreibung, insbesondere auch die Tätigkeit bei einem anderen Arbeigeber
- genesungswidriges Verhalten des Arbeitnehmers
- Ablehnung des Arbeitnehmers, sich einer vertrauensärztlichen Kontrolluntersuchung zu unterziehen
- besonders auffällige Krankheitszeitpunkte: Erkrankung jeweils montags oder freitags; jeweils vor oder nach Urlaubsantritt, an arbeitsfreien Tagen des Ehegatten
- fehlende Arbeitswilligkeit des Arbeitnehmers ungeachtet der krankheitsbedingten Arbeitsunfähigkeit
- gleichsam epidemische Erkrankung von Fahrgemeinschaften
- kurze Dauer des Arzt-Patienten-Verhältnisses, häufiger Arztwechsel
- völlig ungewöhnliche Therapieanordnung für die behauptete Diagnose
- Folgebescheinigung weist dasselbe Ausstelldatum aus wie Erstbescheinigung
- Auseinandersetzung mit dem Arbeitgeber und sofortige Erkrankung
- mehrere Arbeitnehmer werden gekündigt, sie alle erkranken daraufhin, ohne daß besondere Umstände (Grippewelle) gegeben wären..

2759

Die den Beweiswert erschütternden Indizien muß der **Arbeitgeber darlegen und gegebenenfalls auch beweisen.** Er muß aber nicht nachweisen, daß der Arbeitnehmer tatsächlich nicht arbeitsunfähig war. Hat der Arbeitgeber den Beweiswert erschüttert, kann der Arbeitnehmer gleichwohl mit anderen Mitteln, etwa der Entbindung seines Arztes von der Schweigepflicht, den Beweis der Arbeitsunfähigkeit führen. Er hat dann etwa im Fall der Ausübung einer Nebentätigkeit konkret darzulegen, warum er gesundheitlich nicht in der Lage gewesen sein soll, in seinem Hauptarbeitsverhältnis zu arbeiten. Es gilt also ein **abgestuftes System** der Darlegungs- und Beweislast.

Nicht zur Erschütterung des Beweiswertes sind folgende Kriterien geeignet:

- der Arbeitnehmer wird während der behaupteten Arbeitsunfähigkeit mehrfach zu Hause nicht angetroffen
- "normale" Arbeit am Tag der Kündigung, Krankheit am Folgetag
- Teilnahme an einer Vergnügungsveranstaltung.

In diesem Zusammenhang ist darauf hinzuweisen, daß auch einer von einem **ausländischen Arzt im Ausland** ausgestellten Arbeitsunfähigkeitsbescheinigung nach der Rechtsprechung des Bundesarbeitsgerichts im allgemeinen der gleiche Beweiswert zukommt wie einer in der Bundesrepublik ausgestellten. Dies ist nur **anders zu beurteilen**, wenn sich schon aus der ausländischen Arbeitsunfähigkeitsbescheinigung selbst ergibt, daß der ausländische Arzt nicht zwischen reiner Erkrankung und krankheitsbedingter Arbeitsunfähigkeit unterschieden hat.

Diese Rechtsprechung schien nach einer Entscheidung des Europäischen Gerichtshofs teilweise obsolet geworden zu sein.

Beispiel:
Arbeitnehmer P, ein in der Bundesrepublik tätiger Gastarbeiter, verbrachte mit seiner Familie den Jahresurlaub in seiner Heimat Italien. Während des Aufenthalts meldeten sich alle Familienmitglieder bei dem gemeinsamen Arbeitgeber A krank. Dieser verweigerte die Entgeltfortzahlung. Er machte geltend, Familie P habe sich in den zurückliegenden Jahren jeweils kollektiv im Heimaturlaub krankgemeldet und entsprechende Arbeitsunfähigkeitsbescheinigungen vorgelegt. Deren Beweiswert sei durch die gruppenartige Erkrankung erschüttert.

Legt man die Rechtsprechung des Bundesarbeitsgerichts zugrunde, trifft die Ansicht des A zu. Der Europäische Gerichtshof nimmt aber Gegenteiliges an. Der Tenor seiner Entscheidung im Beispielsfall lautet: Regelmäßig voller Beweiswert der ausländischen Arbeitsunfähigkeitsbescheinigung! Der Arbeitgeber wird darauf verwiesen, den Arbeitnehmer durch einen Vertrauensarzt untersuchen zu lassen. Wie dies praktisch zu bewerkstelligen ist, bleibt völlig unklar, zumal es an einem effektiven Kontrollsystem fehlt. Vertrauensärzte auf dem Weg durch Kalabrien - ein Horrorszenario!

Ob die Rechtsprechung des EuGH auch auf Inländer Anwendung findet, die im Ausland Urlaub machen und dort arbeitsunfähig erkranken, ist unklar, aber wohl zu bejahen.

Es ist aber darauf hinzuweisen, daß das BAG *(27.04.1994, EzA § 3 LohnFG Nr. 18)* die Sache unter einem anderen Aspekt dem EuGH erneut vorgelegt hat. Eine Entscheidung steht noch aus. Bis dahin müssen alle Beteiligten mit der Unsicherheit leben.

e) Überprüfung der Arbeitsunfähigkeit durch Medizinischen Dienst

2760

Bislang führte die Begutachtung des Arbeitnehmers durch den medizinischen Dienst der Krankenversicherung (MdK) eher ein Schattendasein. Dies soll sich nach dem Willen des Gesetzgebers ändern, um die mißbräuchliche Inanspruchnahme von Entgeltersatzleistungen, also den Leistungsmißbrauch, zu verringern.

Es wurden durch Art. 4 PflegeVG striktere **Bestimmungen über die Begutachtung und Beratung durch den MdK** insbesondere bei Zweifeln an der Arbeitsunfähigkeit in §§ 275 ff. SGB V (Krankenversicherung) eingeführt, die am 01.01.1995 in Kraft getreten sind. Bislang konnte ein Arbeitgeber die Begutachtung des Arbeitnehmers durch den MdK nur bei "begründeten" Zweifeln an der Arbeitsunfähigkeit beantragen; jetzt genügen bereits bloße Zweifel. Überprüfungen sollen insbesondere angezeigt sein, wenn "Versicherte häufig oder auffällig häufig für kurze Dauer arbeitsunfähig sind oder der Beginn der Arbeitsunfähigkeit von einem Arzt festgestellt worden ist, der durch die Häufigkeit der von ihm ausgestellten Bescheinigungen über Arbeitsunfähigkeit auffällig geworden ist". Der Arbeitgeber kann in diesen Fällen verlangen, daß die Krankenkasse eine **gutachterliche Stellungnahme** des MdK zur Überprüfung der **Arbeitsunfähigkeit** einholt.

2761

Weiterhin soll der MdK bei Vertragsärzten **stichprobenartig und zeitnah** Feststellungen der Arbeitsunfähigkeit überprüfen.
Die Krankenkasse kann ein Überprüfungsbegehren zurückweisen, wenn sich die Arbeitsunfähigkeit eindeutig aus den ihr vorliegenden Unterlagen ergibt. Welche Schritte der Arbeitgeber in diesem Fall einleiten kann, ist noch offen. Zu denken ist an ein Widerspruchsverfahren.

In bestimmten Fällen kann die Untersuchung durch den MdK **in der Wohnung** des Versicherten stattfinden, bspw. wenn

- dies aufgrund des Gesundheitszustands des Versicherten angezeigt erscheint;
- ein Vorladungstermin wegen des Gesundheitszustands nicht wahrgenommen worden ist oder
- der Versicherte einem Vorladungstermin unentschuldigt nicht nachgekommen ist.

Verweigert der Versicherte die Zustimmung zur häuslichen Untersuchung, kann ihm die Krankenkasse das Krankengeld versagen (§ 276 Abs. 5 SGB V).

7. Ausschluß der Entgeltfortzahlung bei verschuldeter Arbeitsunfähigkeit

a) Verschuldete Arbeitsunfähigkeit

2762

Ein Anspruch auf Entgeltfortzahlung entfällt, wenn dem **Arbeitnehmer ein Verschulden an seiner krankheitsbedingten Arbeitsunfähigkeit trifft**. Verschulden in diesem Sinne meint, ein "Verschulden des Arbeitnehmers gegen sich selbst". Die Krankheit muß also auf einem **gröblichen Verstoß gegen das von** einem verständigen Menschen im eigenen Interesse zu erwartende Verhalten beruhen. Wann ein solches Verschulden angenommen werden kann, hängt sehr stark von den Umständen des Einzelfalles ab.

Beispiel:
A, der durch seine wenig aufregende Bürotätigkeit seine Abenteuerlust schon lange nicht mehr befriedigen kann, entschließt sich trotz unvorhersehbarer Folgen, an einem Bungee-Springen teilzunehmen. Beim Sprung aus 120 Meter Höhe zieht er sich erhebliche Verletzungen zu, die eine 4-wöchige Arbeitsunfähigkeit zur Folge haben.
In dem geschilderten Fall kann von einer besonders leichtfertigen Lebens- und Gesundheitsgefährdung ausgegangen werden, so daß kein Entgeltfortzahlungsanspruch besteht.

Unabhängig von dem geschilderten Beispiel haben sich in der Rechtsprechung bestimmte **klassische Fallgruppen** herausgebildet. Insoweit besteht eine umfangreiche Kasuistik, deren Leitlinien im folgenden dargestellt werden.

b) ABC der verschuldeten Arbeitsunfähigkeit

2763

ABC der verschuldeten Arbeitsunfähigkeit	
Aids	ist eine Krankheit im arbeitsrechtlichen Sinne. Regelmäßig liegt kein Verschulden des Arbeitnehmers vor. Dies kann anders sein, wenn der Geschlechtsverkehr mit einer Person ausgeübt wird, von der der Arbeitnehmer sicher weiß, daß diese infiziert ist. Besonders leichtsinnig handelt auch, wer mit ihm unbekannten oder kaum bekannten Sexualpartnern ohne Kondome verkehrt. Der gleiche Vorwurf ist dem Fixer zu machen, der keine Einmal-Bestecke verwendet.
Allgemeinerkrankungen	Kein Selbstverschulden liegt regelmäßig bei sogenannten Allgemeinerkrankungen vor. Hierzu zählen namentlich Erkältungs- und Infektionserkrankungen. Dies gilt aber auch bei alters- oder anlagebedingten Erkrankungen. Ein Selbstverschulden liegt ebenfalls nicht vor, wenn der Arbeitnehmer eine seine Kräfte übersteigende Arbeit übernimmt und deshalb arbeitsunfähig erkrankt. Das "Weiterrauchen" nach erlittenem Herzinfarkt bedeutet für sich allein noch nicht eine schuldhafte Herbeiführung einer Herzerkrankung (grobe Mißachtung ärztlicher Anweisungen). Etwas anderes gilt, wenn der Arbeitnehmer sich über ein eindeutiges ärztliches Rauchverbot hinwegsetzt. Ein Selbstverschulden liegt gleichfalls vor, wenn der Arbeitnehmer in besonders leichtsinniger Weise Vorkehrungen unterläßt, durch die eine Arbeitsunfähigkeit vermieden werden könnte.

ABC der verschuldeten Arbeitsunfähigkeit	
Arbeitsunfälle	Bei Arbeitsunfällen ist ein Verschulden bei grob fahrlässiger Verletzung von Unfallverhütungsvorschriften oder betrieblicher Sicherheitsvorschriften anzunehmen. Dies gilt auch, wenn der Arbeitnehmer Anweisungen, Geboten oder Verboten des Arbeitgebers in nicht nur geringfügiger Weise zuwiderhandelt. Fallgruppen des verschuldeten Arbeitsunfalls stellen das **Nichttragen von Sicherheitskleidung** (Sicherheitshandschuhe, Sicherheitsschuhe, Schutzhelm, Knieschutz etc.) dar, wenn der Arbeitgeber diese Schutzkleidung bereitstellt. Ein selbstverschuldeter Arbeitsunfall kann auch anzunehmen sein, wenn der Arbeitnehmer entgegen eines Verbots eine gefährliche Kreissäge benutzt oder einen Keilriemen bei laufendem Motor anzieht. Ein Verschulden kann ebenfalls darin bestehen, daß ein Arbeitnehmer deutlich **gegen Bestimmungen des Arbeitszeitgesetzes verstößt** und damit seine Gesundheit gefährdet. Ist der Arbeitsunfall auf übermäßigen Alkoholgenuß zurückzuführen, liegt ein Verschulden vor. Wird bei einem Unfall eine **Alkoholisierung** festgestellt, obwohl ein Alkoholverbot bestand, so spricht bereits der Beweis des ersten Anscheins für die Alkoholbedingtheit des Unfalls.
Nebentätigkeiten	Erkrankt der Arbeitnehmer während einer Nebentätigkeit, hat der Arbeitgeber des Hauptarbeitsverhältnisses grundsätzlich das Entgelt fortzuzahlen. Eine Ausnahme besteht jedoch, wenn es sich um eine verbotene oder besonders gefährliche Nebentätigkeit handelt oder diese die Kräfte des Arbeitnehmers erheblich übersteigt. Dies kann etwa anzunehmen sein, wenn Nebenbeschäftigung und Hauptarbeitsverhältnis zusammengerechnet die maximal **zulässige wöchentliche Arbeitszeit erheblich übersteigen**. Für die Frage der Entgeltfortzahlung ist es unerheblich, ob die Nebentätigkeit in selbständiger oder nichtselbständiger Form ausgeübt wird. Es bestehen keine feste Richtlinien, wann eine Nebentätigkeit in zeitlicher Hinsicht über das erlaubte Maß hinausgeht, so daß an eine Versagung des Entgeltfortzahlungsanspruchs gedacht werden kann. Hier führt kein Weg an einer Einzelfallabwägung vorbei. Die hiermit verbundenen Unsicherheiten sind von den Beteiligten hinzunehmen.

Arbeitsrecht

ABC der verschuldeten Arbeitsunfähigkeit	
Schlägereien	Bei Schlägereien oder sonstigen tätlichen Auseinandersetzungen ist jedenfalls für den Verursacher dieser Konflikte ein Verschulden anzunehmen. Gleiches gilt, wenn der Arbeitnehmer sich ohne rechtfertigenden Grund beteiligt hat; anders, wenn der Arbeitnehmer Opfer eines Überfalls war oder als Unbeteiligter in die Auseinandersetzung verwickelt wurde. Bei Arbeitsunfähigkeit infolge einer Schlägerei hat der Arbeitnehmer den Sachverhalt aufzuklären.
Selbstmordversuche	Tritt die Arbeitsunfähigkeit dadurch ein, daß der Arbeitnehmer einen Selbstmordversuch unternimmt, ist regelmäßig ein Verschulden abzulehnen.
Sicherheitsgurt	Beim Nichtanlegen des Sicherheitsgurtes oder Nichttragen eines Schutzhelmes ist regelmäßig ein Verschulden anzunehmen.
Sportunfälle	Körper- und Gesundheitsschäden, die bei sportlicher Betätigung zwecks körperlichen Ausgleichs oder Freizeitgestaltung entstehen, sind **grundsätzlich unverschuldet** und lösen, wenn sie zur Arbeitsunfähigkeit führen, den Entgeltfortzahlungsanspruch aus. Dabei ist es unerheblich, ob die Sportart in jedem Fall gefahrlos ausgeübt werden kann. Allerdings sind hier **drei Fallgruppen** zu unterscheiden: (1) Schuldhaft handelt der Arbeitnehmer, der sich in einer seine **Kräfte und Fähigkeiten deutlich übersteigenden Weise** sportlich betätigt und dadurch gesundheitlichen Schaden erleidet. Die bloß unregelmäße Trainingsteilnahme genügt hierfür nicht. Anders bei fünfmaliger Verletzung innerhalb von 2 Jahren! (2) Eine verschuldete Arbeitsunfähigkeit ist auch anzunehmen, wenn der Arbeitnehmer sich die Verletzung bei der Teilnahme an einer **gefährlichen Sportart** zugezogen hat. Eine gefährliche Sportart liegt vor, wenn das Verletzungsrisiko bei objektiver Betrachtung so groß ist, daß auch ein gut ausgebildeter Sportler bei sorgfältiger Beachtung aller Regeln dieses Risiko nicht vermeiden kann, der Sportler sich also etwa **unbeherrschbaren Gefahren** aussetzt. Die Annahme einer gefährlichen Sportart wurde **verneint** für: Amateurboxen, Fußballwettkampf, Skispringen, Grasbahnrennen, Fingerhakeln, Fallschirmspringen, Karate, Motorradrennen, Skifahren, Drachenfliegen und Moto-Cross-Rennen. Die Angriffssportart Kick-Boxen gehört jedoch zu den gefährlichen Sportarten.

Entgeltfortzahlung im Krankheitsfall

ABC der verschuldeten Arbeitsunfähigkeit	
	(3) Ein Selbstverschulden ist auch anzunehmen, wenn der Arbeitnehmer in **besonders grober Weise und leichtsinnig gegen anerkannte Regeln der jeweiligen Sportart** verstoßen hat. Abzustellen ist hierbei auf die individuelle Leistungsfähigkeit des Arbeitnehmers. Es ist die Frage zu stellen, ob dieser hinreichend geübt ist, über die körperliche Eignung verfügt, die gebotenen Ausrüstungs- und Sicherheitserfordernisse beachtet und den Sport auf einer hierzu geeigneten Anlage ausübt.
Suchtkrankheiten	Eine verschuldete Arbeitsunfähigkeit kann auch bei einer Suchterkrankung anzunehmen sein. Maßgebend für das Selbstverschulden sind allerdings die Umstände des Einzelfalles. Es gibt keinen Erfahrungssatz des Inhalts, daß eine krankhafte Alkoholabhängigkeit selbst verschuldet ist! Dabei kommt es auf das Verhalten an, das vor dem Zeitpunkt liegt, in dem die krankhafte Sucht eingetreten ist. **Nach Eintritt der Erkrankung ist regelmäßig ein Verschulden auszuschließen**. Dies ist anders, wenn der an chronischer Trunksucht Erkrankte im nüchternen Zustand seine Krankheit kennt und weiß, daß er mit dem Trinken nicht aufhören kann, wenn er einmal damit angefangen hat. Entsprechendes gilt für **Drogen- und Nikotinsucht**. Ein **Verschulden** ist etwa anzunehmen, wenn der Arbeitnehmer sich vor einer Alkohol- bzw. Drogensucht bewußt und häufig berauscht und auf seine Widerstandskraft vertraut. Gleiches gilt, wenn er nach einer stationären Entziehungskur und Aufklärung über die Gefahren der Sucht, nach mehrmonatiger Abstinenz rückfällig wird; anders, wenn der Arbeitnehmer gem. ärztlichem Gutachten nach der ersten Entziehungskur noch nicht endgültig von seiner Sucht geheilt war und ihm daher die notwendige Einsichtsfähigkeit fehlte. Ebenfalls kein Verschulden ist anzunehmen, wenn die Ursachen für die Suchterkrankung in der Persönlichkeit des Arbeitnehmers (Geistesstörung, erhebliche Belastung, Milieuschädigung) begründet sind. Bei der einzelfallbezogenen Verschuldensprüfung trifft den **Arbeitnehmer** eine **Aufklärungspflicht** über die Gründe der Erkrankung. Diese kann die Entbindung des behandelnden Arztes von der Schweigepflicht rechtfertigen. Ansonsten entfällt der Entgeltfortzahlunganspruch.
Sterilisation und Schwangerschaftsabbruch	Die infolge einer Sterilisation oder eines Schwangerschaftsabbruchs eintretende Arbeitsunfähigkeit ist unverschuldet, wenn die genannte Eingriffe durch einen Arzt ausgeführt

Arbeitsrecht

ABC der verschuldeten Arbeitsunfähigkeit	
	worden und nicht rechtswidrig sind. Der sog. beratene Schwangerschaftsabbruch gilt als nicht rechtswidrig.
Verkehrsunfälle	Ist die Arbeitsunfähigkeit durch einen verschuldeten Verkehrsunfall verursacht, scheidet ein Anspruch auf Entgeltfortzahlung aus, wenn der Arbeitnehmer die Verkehrsvorschriften grob fahrlässig verletzt und dadurch sein Leben oder seine Gesundheit leichtfertig aufs Spiel setzt. Der Verschuldensvorwurf muß sich dabei auf die unfallbedingten Verletzungen ausgewirkt haben. Beispiele für einen verschuldeten Verkehrsunfall sind etwa: Fahren mit stark überhöhter Geschwindigkeit bei fehlender Ortskenntnis, schlechten Straßen oder ungünstigen Sichtverhältnissen, Überanstrengung nach zu langer Fahrt, Trunkenheit am Steuer, Fahren nach Einnahme von Tabletten, obwohl sich der Arbeitnehmer nach Durchlesen des Beilagezettels hätte vergewissern können, daß diese zu einer Beeinträchtigung der Reaktionsfähigkeit führen, Teilnahme an der verwegenen nächtlichen Vergnügungsfahrt eines sehr riskant fahrenden Fahrers, Nichtanlegen des Sicherheitsgurtes, Nichtaufsetzen des Schutzhelms, unvorsichtiges Überqueren einer belebten Straße.
Verzögerung der Heilung	Wird die Heilung einer Krankheit durch ein erkennbar dem Heilungsprozeß zuwiderlaufendes Verhalten des Arbeitnehmers oder einen Verstoß gegen ärztliche Anweisungen verzögert oder verschlimmert, liegt ein Verschulden vor. Der arbeitsunfähig erkrankte Arbeitnehmer ist verpflichtet, sich so zu verhalten, daß er möglichst bald wieder gesund wird und alles zu unterlassen, was seine Genesung verzögern kann. Beispiele hierfür sind etwa: Mißachtung einer ärztlichen Verordnung, Nichtantritt ärztlich verordneter Heilbehandlungen oder längerer Außenaufenthalt bei fiebrigen Erkrankungen im Winter und nassem Wetter. Der Anspruch auf Entgeltfortzahlung verfällt aber immer nur für die Zeit der Verschlimmerung bzw. der Verzögerung, nicht jedoch für den gesamten Heilungszeitraum.

! Zu beachten ist aber:
Die Beispielsfälle können nur Anhaltspunkte geben und machen eine **Einzelfallprüfung** nicht entbehrlich!

c) Beweislast für das Verschulden

2764

Will der **Arbeitgeber** die Entgeltfortzahlung im Krankheitsfall im Einzelfall verweigern, so hat er die Tatsachen, aus denen sich das Verschulden des Arbeitnehmers ergeben soll, zu **beweisen**. Dies ist immer dann mißlich, wenn die maßgeblichen Umstände sich außerhalb des Wahrnehmungsbereichs des Arbeitgebers abgespielt haben. Hier können ihm **2 Erleichterungen** zugute kommen:

Liegen Umstände vor, die nach der Erfahrung des täglichen Lebens für ein Verschulden des Arbeitnehmers sprechen, muß dieser beweisen, daß die Arbeitsunfähigkeit nicht auf eigenes Verschulden zurückzuführen ist (**sogenannter Anscheinsbeweis**).

Beispiel:
Hochgradige Alkoholisierung

Allerdings reicht nicht jedes scheinbar unvernünftige Verhalten aus, um den Anschein eines Verschuldens zu geben.

Beispiel:
A verunglückt mit seinem Motorrad auf dem Nürburgring. Worauf dies zurückzuführen ist, läßt sich nicht aufklären.
Hier hat das LAG Köln (02.03.1994, LAGE § 1 LohnFG Nr. 33) darauf erkannt, daß kein Anscheinsbeweis für ein grob unvernünftiges Verhalten des A besteht, da der Nürburgring eine Fahrbahn wie eine normale Autostraße besitze. Der Anscheinsbeweis gehe nur dahin, daß A schlicht zu schnell gefahren sei. Das genügt nicht, um den Entgeltfortzahlungsanspruch auszuschließen.

Den **Arbeitnehmer** trifft eine Pflicht zur Mitwirkung an der Aufklärung aller für die Entstehung des Entgeltfortzahlungsanspruchs erheblichen Umstände. Dabei muß er ggfs. den behandelnden Arzt oder einen vom Gericht bestellten Gutachter von der Schweigepflicht entbinden. Verletzt der Arbeitnehmer diese Mitwirkungspflichten, geht das zu seinen Lasten.

Aber: Die Mitwirkungspflicht wird nur auf Verlangen des Arbeitgebers ausgelöst! Der Arbeitnehmer braucht sich also nicht ungefragt zu offenbaren.

Gewährt der Arbeitgeber in Unkenntnis der verschuldeten Arbeitsunfähigkeit Entgeltfortzahlung, kann er seine Leistung zurückverlangen. Der Arbeitnehmer soll selbst dann zur Rückzahlung verpflichtet sein, wenn er das Geld für den täglichen Bedarf verbraucht hat. Selbstverständlich kann der Arbeitgeber seinen Rückforderungsanspruch durch Aufrechnung mit einem späteren Entgeltanspruch des Arbeitnehmers erfüllen. Er muß dabei aber die Pfändungsfreigrenzen beachten.

Arbeitsrecht

8. Ausschluß der Entgeltfortzahlung in besonderen Fällen

2765

In einigen Fällen wird der **Anspruch auf Entgeltfortzahlung im Krankheitsfall kraft Gesetzes ausgeschlossen**. Hiervon waren insbesondere Arbeiter, nicht aber Angestellte betroffen.

a) Befristete Arbeitsverhältnisse mit Arbeitern

Der Ausschlußtatbestand besteht nicht mehr.

b) Geringfügig beschäftigte Arbeiter

2766

Auch geringfügig beschäftigte Arbeiter haben nunmehr einen Anspruch auf Lohnfortzahlung. Eine **geringfügige Beschäftigung** liegt vor, wenn die regelmäßige Arbeitszeit 45 Stunden monatlich oder 10 Stunden wöchentlich nicht übersteigt.

c) Bezug von Mutterschaftsgeld

2767

Ein Anspruch auf Entgeltfortzahlung im Krankheitsfall besteht nicht für Schwangere oder Wöchnerinnen während der **Schutzfristen nach dem Mutterschutzgesetz** (§ 3 Abs. 3, § 6 Abs. 1), wenn für diese Zeiten ein Anspruch auf **Mutterschaftsgeld** besteht (§ 200 RVO). Besteht kein Anspruch auf Mutterschaftsgeld, so steht der erkrankten Frau innerhalb der Schutzfrist Anspruch auf Entgeltfortzahlung zu (§ 11 MuSchG). Erkrankt die Frau vor Beginn der Schutzfrist nach dem Mutterschutzgesetz, so hat sie Anspruch auf Entgeltfortzahlung **bis zum Beginn der Zahlung des Mutterschaftsgeldes**.
Zum Anspruch auf Mutterschutzlohn bei krankheitsbedingtem Beschätigungsverbot s. *Weyand, BB 1994, 1852*.

d) Berufsausbildungsverhältnisse

2768

Nach § 1 Abs. 2 i.V.m. §§ 3 ff. EFZG haben die **zur Berufsausbildung Beschäftigten** einen Anspruch auf Fortzahlung ihrer Vergütung im Krankheitsfall nach dem EFZG.

e) Erziehungsurlaub

2769

Während des **Erziehungsurlaubs** (s. Rz. 2919) ruhen die Hauptpflichten aus dem Arbeitsvertrag. Treffen **Arbeitsunfähigkeit und Erziehungsurlaub** zusammen, so besteht kein Anspruch auf Entgeltfortzahlung gegen den Arbeitgeber. Der vereinbarte Erziehungsurlaub entfällt auch nicht durch eine vor oder während des Erziehungsurlaubs eingetretene Erkrankung. Der Arbeitnehmer kann aber einen noch nicht festgelegten **Erziehungsurlaub wegen einer Arbeitsunfähigkeit verschieben**. Hier muß der Arbeitgeber das Entgelt fortzahlen.

f) Weiterbeschäftigungszeitraum

2770

Wird der Arbeitgeber durch Gerichtsurteil verpflichtet, den Arbeitnehmer **weiterzubeschäftigen** (sog. allgemeiner Weiterbeschäftigungsanspruch), so hat der Arbeitnehmer im Falle der Krankheit keinen Anspruch auf Entgeltfortzahlung.

9. Rechtsmißbräuchliche Inanspruchnahme der Entgeltfortzahlung

2771

Ein Anspruch auf Entgeltfortzahlung im Krankheitsfall besteht dann nicht, wenn das Fortzahlungsbegehren des Arbeitnehmers den **Einwand des Rechtsmißbrauchs** begründet. Hier kommen primär **drei Fallgruppen** in Betracht:

Verschweigt der bei Abschluß des Arbeitsvertrages noch nicht arbeitsunfähige Arbeitnehmer den **unmittelbar bevorstehenden Antritt einer Kur** und reicht diese über das Ende des **zweckbefristeten Arbeitsvertrages** hinaus, so ist die Geltendmachung des Lohnfortzahlungsanspruchs rechtsmißbräuchlich.

Weiterhin kann der Arbeitgeber in bestimmten Konstellationen den **Einwand rücksichtslosen übermäßigen Eigennutzes** des Arbeitnehmers erheben. Dies ist primär dann gerechtfertigt, wenn der Arbeitnehmer die Zeit seiner Erkrankung zur Begehung strafbarer oder anderer sittlich oder rechtlich zweifelsfrei zu mißbilligender Handlungen benutzt.

Beispiele:
Ein Arbeiter nimmt während seiner Arbeitsunfähigkeit ganztägig an einem Schweißkurs teil, der in seiner praktischen Ausgestaltung seiner Arbeit am Arbeitsplatz entspricht. Während der Arbeitsunfähigkeit vertritt der Arbeitnehmer nächtelang den Barkeeper eines Barbetriebes.

Allerdings wird hier in der Regel auch eine **verschuldete Verlängerung der Arbeitsunfähigkeit** anzunehmen sein, die ohnehin den zeitweiligen Ausschluß der Entgeltfortzahlung rechtfertigt.

2772

Die Geltendmachung des Entgeltfortzahlungsanspruchs ist auch dann rechtsmißbräuchlich, wenn der Arbeitnehmer **während der Krankheit Schwarzarbeit** leistet. Es ist auch eine Kündigung möglich, da das Vertrauensverhältnis zerstört wird (s. Rz. 4512). Bei einer **Verzögerung der Genesung** durch Nebentätigkeiten im Entgeltfortzahlungszeitraum kann auch eine fristlose Kündigung ausgesprochen werden. In besonders krassen Fällen ist hier selbst eine Abmahnung entbehrlich! S. zu diesem Problemkreis auch *BAG 26.08.1993, EzA § 626 BGB n.F. Nr. 148.*

Hat ein Arbeitnehmer auf Befragung bei der Einstellung erklärt, er sei gesund, wird ihm dann aber auf einen zuvor gestellten Antrag hin nach Beginn des Arbeitsverhältnisses eine Kur (jetzt Maßnahme der medizinischen Vorsorge oder Rehabilitation) bewilligt, so kann der Arbeitgeber die während der Kur zu gewährende Entgeltfortzahlung nicht als entstandenen Schaden geltend machen. Allerdings kann ein Schaden darin liegen, daß für den "kurenden" Arbeitnehmer eine **Ersatzkraft angestellt und bezahlt** werden muß. Es kommt also auf die richtige Begründung an!

Eine **Aufrechnung des Entgeltfortzahlungsanspruchs gegen einen Schadensersatzanspruch** ist nur bis zur Höhe der Pfändungsgrenze möglich!

10. Leistungsverweigerungsrechte des Arbeitgebers

2773

In bestimmten Fällen ist der Arbeitgeber berechtigt, die Fortzahlung des Arbeitsentgelts **vorübergehend oder endgültig zu verweigern**.

a) Allgemeines

- Kommt der Arbeitnehmer seiner **Nachweispflicht überhaupt nicht nach**, so kann der Arbeitgeber die Entgeltfortzahlung **auf Dauer verweigern**, es sei denn, dem Arbeitnehmer gelingt es auf andere Weise, den Nachweis über das Vorliegen einer Arbeitsunfähigkeit zu führen.

- Legt der Arbeitnehmer die Arbeitsunfähigkeitsbescheinigung **verspätet** vor, ist der Arbeitgeber nach § 7 Abs. 1 Nr. 1 EFZG berechtigt, die Fortzahlung des Arbeitsentgelts zu verweigern. Dies heißt, daß die verspätete Vorlage einer Arbeitsunfähigkeitsbescheinigung **kein endgültiges Leistungsverweigerungsrecht** begründet. Der Arbeitgeber hat also, wenn der Arbeitnehmer seinen Pflichten nachkommt oder auf andere Weise den Beweis der Arbeitsunfähigkeit führt, die **Entgeltfortzahlung nachzuholen**.

b) Leistungsverweigerungsrecht bei Nichthinterlegung des Sozialversicherungsausweises

2774

Nach § 100 Abs. 2 SGB IV kann der Arbeitgeber während der Zeiten einer Lohnfortzahlung oder Gehaltsfortzahlung wegen Arbeitsunfähigkeit verlangen, daß der erkrankte Arbeitnehmer seinen **Sozialversicherungsausweis hinterlegt**. Solange der Arbeitnehmer dem nicht nachkommt, kann der Arbeitgeber die Entgeltfortzahlung verweigern, es sei denn, die Verletzung der Hinterlegungspflicht ist nicht zu vertreten (verschuldet). Nach wie vor unsicher ist, ob die zu vertretende Nichthinterlegung des Sozialversicherungsausweises zu einem endgültigen Verlust des Entgeltfortzahlungsanspruchs führt. Hier wurde in Anlehnung an die Rechtsprechung des BAG *(27.08. 71, EzA § 3 LohnFG Nr. 2)* zur Nichtvorlage einer ärztlichen Arbeitsunfähigkeitsbescheinigung vertreten, es trete kein Verlust des Entgeltfortzahlungsanspruchs ein. Für den Arbeitgeber werde nur ein **zeitweiliges Leistungsverweigerungsrecht** begründet. Dieses gerate in Fortfall, sobald der Arbeitnehmer die Bescheinigung vorlege.

Die Übertragung dieser Rechtsprechung widerspricht aber dem offenkundigen **Sinn und Zweck der Vorschrift des § 100 Abs. 2 SGB IV**. Die Hinterlegung des Sozialversicherungsausweises während der Zeiten des Leistungsbezuges sollte nach der Intention des Gesetzgebers den **Leistungsmißbrauch bekämpfen**. Es sollte verhindert werden, daß der Arbeitnehmer während des Bezugs von Lohnfortzahlung im Krankheitsfalle einer anderweitigen Beschäftigung nachgeht. Dieses Gesetzesziel kann aber nicht erreicht werden, wenn der Arbeitnehmer die Möglichkeit hat, den etwa bei einem weiteren Arbeitgeber hinterlegten Sozialversicherungsausweis nachträglich mit dem Ziel des Bezugs von Entgeltfortzahlungsleistungen für denselben Zeitraum beim Arbeitgeber vorzulegen und damit ein bis dahin bestehendes Leistungsverweigerungsrecht wieder zu beseitigen. Die Vorschrift des § 100 Abs. 2 SGB IV ist daher so zu verstehen, daß der **Anspruch endgültig entfällt**, solange der Arbeitnehmer auf Verlangen des Arbeitgebers den Sozialversicherungsausweis bei diesem schuldhaft nicht hinterlegt. Diese Auffassung entsprach der des Arbeitgeber Ulm *(16.06.1993, DB 1993, 1727)*. Sie scheint sich aber nunmehr auch auf **obergerichtlicher Ebene** durchzusetzen. So hat das LAG Hamm *(07.09.1993, BB 1994, 431)* jetzt im selben Sinne entschieden.

2775

Wichtig ist jedoch der Hinweis darauf, daß ein Verlust des Entgeltfortzahlungsanspruchs wegen Nichthinterlegung des Sozialversicherungsausweises nur im Falle des **Vertretenmüssens des Arbeitnehmers** eintritt. Zugangsverzögerungen, die nicht auf dem Verschulden des Arbeitnehmers beruhen - etwa ein Poststreik -, sind daher entgeltfortzahlungsrechtlich irrelevant(*s. zu dem gesamten Problemkreis auch Gola, BB 1994, 1351)*.

Arbeitsrecht

Die Anforderung des Sozialversicherungsausweises steht im übrigen unter dem Vorbehalt, daß der Arbeitgeber diese für erforderlich halten darf. Er hat also im Einzelfall nach billigem Ermessen (§ 315 BGB) zu entscheiden. Wegen der Verpflichtung zur Einzelfallentscheidung ist folgende Klausel in einem Arbeitsvertrag **nicht** vereinbarungsfähig:

"Während einer Arbeitsunfähigkeit ist der Sozialversicherungsausweis beim Arbeitgeber zu hinterlegen, sonst entfällt der Anspruch auf Entgeltfortzahlung."

Einerseits werden hier die notwendigen Zeiten der Übermittlung nicht berücksichtigt. Andererseits wird vernachlässigt, daß eine Anforderung des Sozialversicherungsausweises nur **bei gegebenem Anlaß** erfolgen darf.

Im Prozeß muß der Arbeitgeber sich auf die Einreden nach § 7 EFZG berufen. Er hat die Darlegungs- und Beweislast. Das Gericht wird also nicht von Amts wegen tätig. Das zeitweilige Leistungsverweigerungsrecht begründet eine rechtshindernde Einrede (Abweisung der Klage als zur Zeit unbegründet), das endgültige eine rechtsvernichtende (Abweisung der Klage als unbegründet).

II. Anspruchsübergang auf den Arbeitgeber bei Dritthaftung

2776
Dem Arbeitnehmer steht auch dann ein Anspruch auf Fortzahlung des Arbeitsentgelts zu, wenn die Arbeitsunfähigkeit **durch einen Dritten verursacht** worden ist.

Beispiel:
Der Dritte verursacht schuldhaft einen Verkehrsunfall, bei dem Arbeitnehmer A so erheblich verletzt wird, daß er für 4 Wochen arbeitsunfähig krank ist.
Hier steht dem A Anspruch auf Entgeltfortzahlung zu. Dieser Fall darf also nicht mit der durch den Arbeitnehmer verschuldeten Krankheit verwechselt werden.

Selbstverständlich hat der zur Entgeltfortzahlung verpflichtete Arbeitgeber in diesen Fällen ein starkes Interesse daran, **von dem Dritten seinen Schaden in Form der Fortzahlung des Arbeitsentgeltes** ohne Erhalt der Arbeitsleistung **ersetzt zu bekommen**. Hier ist seit langem entschieden, daß der Drittschädiger sich nicht darauf berufen kann, dem Arbeitnehmer sei wegen des vom Arbeitgeber fortgezahlten Entgeltes kein Verdienstausfall entstanden. Also habe dieser auch keinen Schaden. Daher könne auch der Arbeitgeber nichts verlangen. Die Vorschriften über die Pflicht des Arbeitgebers zur Entgeltfortzahlung sind nicht dazu bestimmt, den Dritten mit haftungsbefreiender Wirkung zu begünstigen. Es besteht daher Einigkeit, daß auch in diesen Fällen vom Dritten Schadensersatz an den Arbeitgeber zu leisten ist.

Entgeltfortzahlung im Krankheitsfall

Die bisherigen Unterschiede zwischen Arbeitern und Angestellten sind entfallen.

1. Allgemeines

2777

§ 6 Abs. 1 EFZG sieht vor, daß der Anspruch des Arbeitnehmers gegen den Dritten auf Schadensersatz wegen Verdienstausfalls **insoweit auf den Arbeitgeber übergeht, als dieser dem Arbeitnehmer nach dem EFZG Arbeitsentgelt fortgezahlt und die darauf entfallenden Arbeitgeberbeiträge zur Sozialversicherung sowie ggf. zu Einrichtungen der zusätzlichen Alters- und Hinterbliebenenversorgung abgeführt hat.**

Für den Anspruchsübergang kommt es **nicht darauf an**, ob der Arbeitgeber **rechtlich zur Entgeltfortzahlung verpflichtet war**. Entscheidend für den Anspruchsübergang ist vielmehr, daß er das **Arbeitsentgelt tatsächlich fortgezahlt** hat. So beispielsweise, wenn der Arbeitgeber trotz verschuldeter Arbeitsunfähigkeit volle Entgeltfortzahlung leistet. In einem vom OLG Koblenz *(14.07.93, BB 1994, 719)* entschiedenen Fall lag zumindest der Verdacht einer verschuldeten Arbeitsunfähigkeit infolge Beteiligung an einer Schlägerei vor. Gleichwohl gewährte der Arbeitgeber Entgeltfortzahlung. Ob dies mit § 6 EFZG - "nach diesem Gesetz Arbeitsentgelt fortgezahlt" - vollends vereinbar ist, erscheint zweifelhaft. Besteht nämlich **keine gesetzliche Entgeltfortzahlungspflicht**, gewährt der Arbeitgeber auch keine Entgeltfortzahlung nach dem EFZG.

Übergehende Forderungen im einzelnen:

- Fortgezahltes Arbeitsentgelt und die **Sozialversicherungsbeiträge** (Renten-, Kranken-, Arbeitslosenversicherung)
- Zahlungen des Arbeitgebers, die sich auf die gesamte Arbeitsunfähigkeitsdauer erstrecken (bspw. **Urlaubsentgelt, Weihnachtsgratifikationen, vermögenswirksame Leistungen, Erfolgsbeteiligungen und Treueprämien**)
- Laufend gezahlte Zulagen zum Arbeitsentgelt wie etwa Nachtarbeits-, Gefahren- oder Erschwerniszulagen.
- Ab **01.01.1995** auch die Arbeitgeberanteile zur Pflegeversicherung.

2. Ausschlußtatbestände

2778

Der Forderungsübergang bleibt wie bisher **in bestimmten Fällen ausgeschlossen**. Zu nennen sind hier:

Schädigung bei Arbeitsunfällen und

- nicht vorsätzliche Schädigung durch Familienangehörige, die im Zeitpunkt des Schadensereignisses mit dem Geschädigten in häuslicher Gemeinschaft leben.

Die Neuregelung des § 6 Abs. 2 EFZG entspricht der bisherigen Regelung des § 4 Abs. 2 LohnFG.

2779
Der Übergang der Schadensersatzforderung darf **nicht zum Nachteil des Arbeiters** geltend gemacht werden (§ 6 Abs. 3 EFZG).

Beispiel:
Arbeitgeber A zahlt Arbeitnehmer B Lohnfortzahlung wegen eines vom Dritten verschuldeten Unfalles.
Die Forderung des B gegen den Dritten geht somit nach der oben dargestellten Rechtslage auf den Arbeitgeber über. Stellt sich nunmehr heraus, daß der Dritte infolge Vermögenslosigkeit keinen oder keinen vollen Ersatz leisten kann, so kann der Arbeitgeber sich nicht im Rückgriff an den Arbeitnehmer wenden.

Auch wird durch diese Vorschrift das sogenannte **"Quotenvorrecht"** ausgeschlossen. Bestehen gegen den Dritten also Ansprüche des Arbeitnehmers, der Sozialversicherung und des Arbeitgebers (Forderungsübergang) und ist dieser nicht in der Lage, alle Ansprüche zu erfüllen, so **hat der Arbeitnehmer den Vorrang vor den übrigen Gläubigern**. Dies gilt nunmehr **auch zu Lasten der Krankenversicherung** (s. § 116 Abs. 4 SGB X).

2780
In bestimmten Fällen ist der **Forderungsübergang** auf den Arbeitgeber **grundsätzlich ausgeschlossen**. Dies ist zum einen anzunehmen, wenn ein Arbeitskollege des Arbeitnehmers bei gemeinsamer Arbeit fahrlässig einen **Arbeitsunfall** verursacht hat, der die Arbeitsunfähigkeit des Arbeitnehmers zur Folge hatte. Hier ist nach §§ 636, 637 RVO der Arbeitskollege generell nicht schadensersatzpflichtig.

Beispiel:
Schweißer A wird von seinem Arbeitskollegen B bei der gemeinsam zu erledigenden Arbeit fahrlässig verletzt. A ist insgesamt 6 Wochen arbeitsunfähig krank.
Nach §§ 636, 637 RVO ist die Haftung des B hier ausgeschlossen. Der Arbeitgeber muß also Entgeltfortzahlung leisten, ohne bei B Rückgriff nehmen zu können.

Die Rechtslage ist anders, wenn der die Arbeitsunfähigkeit bedingende Unfall bei der **Teilnahme am allgemeinen Verkehr** entstanden ist. Schädigt also beispielsweise im obigen Fall der B den A auf dem Weg zur Arbeit, so ist seine Haftung nicht nach §§ 636, 637 RVO ausgeschlossen.

Ein Forderungsübergang ist gleichfalls dann ausgeschlossen, wenn ein **Familienangehöriger** des geschädigten Arbeitnehmers, der in häuslicher Gemeinschaft mit diesem lebt, die Arbeitsunfähigkeit fahrlässig verursacht hat. Dieser **Familienangehörige wird nicht als Dritter im Sinne des § 6 EFZG behandelt.** Der Forderungsübergang findet nicht statt! Der Grund hierfür ist darin zu sehen, daß der Arbeitnehmer ansonsten letztlich die Lohnfortzahlung selber tragen müßte. Allerdings tritt eine Haftung ein, wenn der Familienangehörige **vorsätzlich** gehandelt hat.

2781

Damit der Arbeitgeber überhaupt in der Lage ist, gegen den Dritten vorzugehen, ist der Arbeitnehmer verpflichtet, dem Arbeitgeber alle **notwendigen Auskünfte** zu erteilen (§ 6 Abs. 2 EFZG). Dazu gehört insbesondere die Schilderung vom Verlauf des Schadensereignisses, die Angabe der Person des Schädigers, die Benennung etwaiger Zeugen sowie anderer Beweismittel. **Zu einer Verweigerung der Auskunft ist der Arbeitnehmer nicht berechtigt.** Kommt er seiner Auskunftspflicht nicht oder nicht ausreichend nach, ist der Arbeitgeber berechtigt, die **Entgeltfortzahlung solange zu verweigern, bis die Verpflichtungen erfüllt sind.** Er kann also den fortzuzahlenden Lohn zunächst zurückhalten, muß ihn dann, wenn der Arbeitnehmer seine Verpflichtungen erfüllt, jedoch nachzahlen. Zu einer endgültigen Verweigerung der Lohnfortzahlung ist der Arbeitgeber berechtigt, wenn der Arbeitnehmer den Übergang des Anspruchs gegen den Dritten vollends verhindert. Dies kann etwa in der Weise geschehen, daß er **gegen Ersatzansprüche auf den Dritten verzichtet oder dessen Person geheimhält.**

III. Entgeltfortzahlung bei Kuren und Heilverfahren

2782

Weitere Unterschiede bestanden bei **Inanspruchnahme von Kuren.** Sie spielten jedoch schon im alten Recht nur eine untergeordnete Rolle. Eine einheitliche Regelung enthält nun § 9 EFZG, die durch eine in Art. 57 PflegeVG vorgesehene Änderung des § 7 BUrlG ergänzt wird. § 7 Abs. 1 Satz 2 BUrlG legt fest, daß der Arbeitgeber dem Arbeitnehmer noch ausstehenden Urlaub zu gewähren hat, wenn dieser es im Anschluß an eine Maßnahme der medizinischen Vorsorge oder Rehabilitation verlangt.

Im einzelnen stellt sich die Neuregelung so dar:

- **Begriffsbestimmung**

In § 9 Abs. 1 EFZG wurden die **Begriffe "Vorbeugungs-, Heil- oder Genesungskur"** (vgl. § 7 Abs. 1 Satz 1 LohnFG) unter Anpassung an die sozialversicherungsrechtlichen Regelungen (vgl. z.B. §§ 23 f., 40 f. SGB V, §§ 9 ff., 15 SGB VI) durch die Begriffe **"Maßnahmen der medizinischen Vorsorge oder Rehabilitation"** ersetzt. Eine materiell-rechtliche Änderung des "Kur"-Begriffes ist damit

Arbeitsrecht

nicht verbunden. Maßnahmen der beruflichen Rehabilitation werden von dieser Regelung nicht erfaßt.

- **Grundvoraussetzungen der Entgeltfortzahlung**

2783

Nach § 9 Abs. 1 EFZG hat der Arbeitnehmer Anspruch auf Entgeltfortzahlung, wenn die Maßnahme der medizinischen Vorsorge oder Rehabilitation vom **Sozialversicherungsträger bewilligt worden ist und stationär in einer Einrichtung der medizinischen Vorsorge oder Rehabilitation durchgeführt wird**. Bislang war der Entgeltfortzahlungsanspruch bei Kuren nach § 7 Abs. 1 Satz 1 LohnFG an die Voraussetzung geknüpft, daß der Sozialleistungsträger oder die Verwaltungsbehörde die vollen Kosten einer solchen Kur übernimmt. Dazu wird in der Gesetzesbegründung wörtlich ausgeführt:

"Nach der bisher für Arbeiter in § 7 LohnFG geltenden Regelung scheidet ein Anspruch auf Entgeltfortzahlung bei ambulanten Maßnahmen der Vorsorge aus, da in diesen Fällen der Sozialversicherungsträger lediglich einen Zuschuß zahlt und das bislang geforderte Tatbestandsmerkmal der "vollen Kostenübernahme" nicht erfüllt ist. Die Neuregelung in Abs. 1 stellt darauf ab, daß die Maßnahme stationär erfolgt.
Die vorgesehene **Begrenzung auf stationäre Maßnahmen** dient der leichteren Abgrenzbarkeit zu solchen Kuren, die keinen Entgeltfortzahlungsanspruch auslösen sollen. Sie führt gegenüber der bisherigen für Arbeiter geltenden Regelung in § 7 LohnFG jedoch zu keiner inhaltlichen Änderung."

Ausweislich der Gesetzesbegründung ist also nach wie vor Voraussetzung für einen Entgeltfortzahlungsanspruch, daß ein Sozialversicherungsträger bzw. eine Verwaltungsbehörde der Kriegsopferversorgung oder ein sonstiger Sozialleistungsträger **eine stationäre Behandlung des Arbeitnehmers bewilligt und deren Kosten trägt**.

Ist der Arbeitnehmer **nicht gesetzlich versichert**, besteht ein Entgeltfortzahlungsanspruch, wenn eine Maßnahme der medizinischen Vorsorge oder Rehabilitation ärztlich verordnet worden ist und stationär in einer Einrichtung der medizinischen Vorsorge oder Rehabilitation bzw. einer vergleichbaren Einrichtung durchgeführt wird.

- **Schonungszeiten**

2784

Eine Neuerung ist hinsichtlich der **Schonungszeiten** eingetreten. Bislang stellte sich die Rechtslage so dar, daß Angestellte auch dann Anspruch auf Entgeltfortzahlung hatten, wenn im Anschluß an die Heilbehandlung eine sogenannte Nachkur (Schonungszeit) ärztlich verordnet wurde und ohne diese der Zweck der Kur gefährdet wäre. **Nach § 9 EFZG ist diese Nachkur (Schonungszeit) ersatzlos entfallen.** Um dem Arbeitnehmer im Anschluß einer Maßnahme der medizinischen Vorsorge oder Rehabilitation gleichwohl noch für einen gewissen Zeitraum die Möglichkeit zur Erholung einzuräumen, wird der Arbeitgeber verpflichtet, dem Arbeitnehmer auf dessen Verlangen Urlaub zu gewähren. Die hierfür notwendige Regelung ist nicht in das neue EFZG, sondern in das BUrlG aufgenommen worden.

Hier heißt es jetzt in § 7 Abs. 1: "Der Urlaub **ist** zu gewähren, wenn der Arbeitnehmer dies im Anschluß an eine Maßnahme der medizinischen Vorsorge oder Rehabilitation verlangt."

Aufgrund der systematischen Stellung des o.g. Einschubs hat der Arbeitnehmer einen Anspruch auf Gewährung des Urlaubs im unmittelbaren Anschluß an eine Maßnahme der medizinischen Vorsorge oder Rehabilitation. Betriebliche Gründe können dem Urlaubswunsch nicht entgegengesetzt werden.

2785

§ 10 BUrlG stellt klar, daß Maßnamen der medizinischen Vorsorge oder Rehabilitation **nicht auf den Urlaub angerechnet** werden dürfen, **soweit** ein **Anspruch auf Entgeltfortzahlung nach dem Entgeltfortzahlungsgesetz besteht.** Hieraus ergibt sich mittelbar, daß **Schonungszeiten als Urlaub gelten und den Urlaubsanspruch verkürzen.**

Nach § 9 Abs. 2 EFZG hat der Arbeitnehmer den Arbeitgeber unverzüglich über den Antritt der Maßnahme, deren voraussichtliche Dauer und eine etwaige Verlängerung zu unterrichten. Darüber hinaus ist er zur unverzüglichen Vorlage einer Bescheinigung des Sozialleistungsträgers über die Bewilligung der Maßnahme oder zur unverzüglichen Vorlage einer ärztlichen Bescheinigung über die Erforderlichkeit einer Maßnahme beim Arbeitgeber verpflichtet. Bei **Verletzung der Anzeige- oder Nachweispflicht** durch den Arbeitnehmer können Leistungsverweigerungsrechte oder Schadensersatzansprüche des Arbeitgebers entstehen, wenn der Arbeitnehmer die Pflichtverletzung zu vertreten hat (s. hierzu § 7 Abs. 2 EFZG).

Dem neuen EFZG angepaßt ist auch die für das Berufsausbildungsverhältnis geltende Regelung in § 12 BBiG.

IV. Besonderheiten der Entgeltfortzahlung in den neuen Bundesländern

2786

Die bisherigen eigenständigen Bestimmungen zur Entgeltfortzahlung in den **neuen Bundesländern** (§§ 115 a bis 115 e AGB-DDR) sind aufgehoben worden.

Arbeitsrecht

V. Kostenausgleich bei Kleinbetrieben

1. Allgemeines

2787

Um die mit der Lohnfortzahlung insbesondere für **Kleinbetriebe** verbundenen finanziellen Risiken überschaubar zu machen, ist im Lohnfortzahlungsgesetz ein **Kostenausgleichsverfahren (sog. Lohnfortzahlungsversicherung)** geschaffen worden. Arbeitgeber mit in der Regel nicht mehr als 20 Arbeitnehmern nehmen insoweit an einem überbetrieblichen Ausgleichsverfahren teil, als sie

- an Arbeiter Krankenvergütung gezahlt haben
- an Auszubildende Krankenvergütung gezahlt haben
- an weibliche Arbeitnehmer einen Zuschuß zum Mutterschaftsgeld gezahlt haben
- an weibliche Arbeitnehmer im Fall von Beschäftigungsverboten Arbeitsentgelt gezahlt haben
- für die vorstehend aufgeführten Vergütungen die Arbeitgeberanteile zur Arbeitslosen-, Kranken- und Rentenversicherung gezahlt haben.

Im Rahmen des **Ausgleichsverfahrens** werden den beteiligten Arbeitgebern 80 % ihrer Aufwendungen von der zuständigen Krankenkasse erstattet. Die hierfür **erforderlichen Mittel** werden von den am Ausgleichsverfahren beteiligten Arbeitgebern durch eine **Umlage** aufgebracht.

Wird an Angestellte Krankenvergütung gezahlt, findet ein Ausgleich nicht statt! Das Ausgleichsverfahren betrifft nur die Lohnfortzahlung an Arbeiter.

2. Einzelheiten

2788

Die Lohnfortzahlungsversicherung wird über eine Umlage der Beteiligten Arbeitgeber finanziert.

- **Umlage U 1**: Entgeltfortzahlung im Krankheitsfall;
- **Umlage U 2**: Leistungen nach dem MuSchG.

Dafür erhält der Arbeitgeber für den Fall der Entgeltfortzahlung im Krankheitsfall und bei Leistungen, die er an Arbeitnehmerinnen nach dem MuSchG zu zahlen hat, den größten Teil dieser Aufwendungen über die Lohnfortzahlungsversicherung erstattet. Zuständig für den gesamten Kostenausgleich sind die Krankenkassen.

Entgeltfortzahlung im Krankheitsfall

a) Beteiligte Arbeitgeber

Am **Ausgleichsverfahren** nehmen solche **Arbeitgeber** teil, die in der Regel nicht mehr als **20 Arbeitnehmer** beschäftigen. Durch die Satzung der für das Ausgleichsverfahren zuständigen Krankenkasse kann die Anzahl bis auf 30 Beschäftigte angehoben werden. S. im einzelnen Rz. 5659.
ng besitzen)

Nicht mitzuzählen sind Auszubildende, Schwerbehinderte, Bezieher von Vorruhestandsgeld, bestimmte Berufsgruppen (Wehr- und Zivildienstleistende, Heimarbeiter und Hausgewerbetreibende, mitarbeitende Familienangehörige in der Landwirtschaft).

2790

Teilzeitbeschäftigte
Nicht übernommen worden ist in das EFZG die Ausschlußregelung des LohnFG für geringfügig Beschäftigte **Arbeiter**. Gleiches gilt für den Ausschluß von auf 4 Wochen befristeten Arbeitsverhältnissen. Für diese Arbeitnehmer ist demzufolge ebenfalls Entgeltfortzahlung zu leisten, die ebenfalls nach § 10 LohnFG erstattungsfähig ist. Dies hat ferner zur Folge, daß auch für diese Teilzeitkräfte Umlagen zu entrichten sind.

Obwohl es jeder Logik entbehrt, wurde **im Hinblick auf die Zählweise der Teilzeitbeschäftigten** für die **Feststellung der maßgeblichen Beschäftigungszahl das LohnFG nicht geändert.**

Hinsichtlich der teilzeitbeschäftigten Arbeitnehmer gilt daher weiterhin folgende Regelung des § 10 Abs. 2 LohnFG:

- Teilzeitbeschäftigte, deren regelmäßige Arbeitszeit wöchentlich 10 oder monatlich 45 Stunden nicht übersteigt, werden nicht mitgezählt;
- andere Teilzeitbeschäftigte (die mitzählen) werden wie folgt berücksichtigt:

    o wöchentliche Arbeitszeit von bis zu 20 Stunden: Faktor 0,5
    o bei über 20 bis zu 30 Stunden Faktor 0,75
    o bei mehr als 30 Wochenstunden Gleichstellung mit einem Vollzeitbeschäftigten.

Beispiel:
Ein Betrieb beschäftigt folgende Arbeitnehmer bzw. Arbeitnehmerinnen (AN):

Beschäftigte AN	wöchentl. Arbeitszeit	anrechenbare AN
1 Meister	38 Stunden	1
3 Büroangestellte	38 Stunden	3
10 Gesellen	38 Stunden	10
6 Auszubildende	38 Stunden	nicht anzurechnen
3 Schwerbehinderte	38 Stunden	nicht anzurechnen
2 Teilzeitbeschäftigte	32 Stunden	2
1 Teilzeitbeschäftigte	25 Stunden	0,75 Teilanrechnung
3 Teilzeitbeschäftigte	20 Stunden	1,5 Teilanrechnung
1 Teilzeitbeschäftigte	12 Stunden	0,5 Teilanrechnung
2 Raumpflegerinnen	10 Stunden	nicht anzurechnen
32 Arbeitnehmer/innen		18,75 < 20

Dieser Betrieb nimmt an den Ausgleichsverfahren U1 und U2 teil.

2791
Es sind bei der Lohnfortzahlungsversicherung nur diejenigen Arbeitgeber einzubeziehen, die im letzten Kalenderjahr für einen Zeitraum **von mindestens 8 Kalendermonaten** mit ihrer Beschäftigtenzahl die maßgebliche Grenze nicht überschritten haben. Arbeitnehmer, die neu eingestellt werden, zählen immer erst vom Ersten des Folgemonats an mit. Einzelheiten bei Rz. 5660.

2792
Ist ein Betrieb erst im Verlaufe des letzten Jahres neu gegründet worden, so nimmt er **sofort** an der Lohnfortzahlungsversicherung teil, wenn zu erwarten ist, daß in der überwiegenden Anzahl der verbleibenden Kalendermonate des Jahres die maßgebliche Beschäftigtenzahl nicht überschritten wird. Die danach getroffene Feststellung bleibt **auch dann bestehen, wenn später die tatsächlichen Verhältnisse von der Schätzung abweichen.** Im **Folgejahr** wird der Betrieb dann in die Ausgleichsklasse einbezogen, wenn in der Zeit des Bestehens des Betriebes im Vorjahr an der Mehrzahl der Monatsersten die maßgeblichen Grenzen nicht überschritten wurden (wie oben, wenn Betrieb nicht während des gesamten Jahres bestanden hat).

Entgeltfortzahlung im Krankheitsfall

Beispiel:
*Neugründung im März. Verbleibende Monate im Kalenderjahr: 9
Erwartetes Unterschreiten der Grenze in der Mehrzahl der verbleibenden Monate, also mindestens in 5 Monaten und damit Teilnahme am Ausgleichsverfahren.
Tatsächlich werden die Grenzwerte bereits nach 4 Monaten, also ab August, erstmalig überschritten. Dies ändert für das laufende Kalenderjahr nichts an der Teilnahme am Ausgleichsverfahren.
Für das Folgejahr kommt es dann darauf an, ob tatsächlich in mindestens 5 Monaten die Grenzwerte überschritten wurden.*

b) Erstattungsfähige Leistungen

2793

Ein Erstattungsanspruch besteht für einen am Ausgleichsverfahren teilnehmenden Arbeitgeber für folgende Leistungen:

- Aus der Ausgleichskasse U 1
Zahlung von Krankenvergütung an **Arbeiter** oder Auszubildende (§§ 3, 9 EFZG bzw. § 12 Abs. 1 Nr. 2 b BBiG);

Nicht erstattungsfähig ist daher die **Entgeltfortzahlung an Angestellte!**

- Aus der Ausgleichskasse U 2:
  o Zahlung eines Zuschusses zum Mutterschaftsgeld an weibliche Arbeitnehmer (§ 14 Abs. 1 MuSchG);
  o Zahlung von Arbeitsentgelt an weibliche Arbeitnehmer im Fall von Beschäftigungsverboten (§11 MuSchG);
Zahlung der Arbeitgeberanteile zur Arbeitslosen-, Kranken- und Rentenversicherung für die vorstehend aufgeführten Vergütungen

Für die Erstattung im Rahmen der U 2 ist es demzufolge unerheblich, ob die Arbeitnehmerin eine Arbeiter- oder Angestelltentätigkeit ausübt.

Kein Erstattungsanspruch besteht für zusätzliche freiwillige Leistungen bzw. aufgrund von Tarifverträgen erbrachten zusätzlichen Leistungen, etwa Sonderzuwendungen wie Urlaubs- oder Weihnachtsgeld.

c) Kassenzuständigkeit für das Lohnausgleichsverfahren

2794

Für die Durchführung des Lohnausgleichsverfahrens sind die Krankenkassen zuständig (§§ 15, 16 LohnFG). Das bedeutet im Einzelnen:

Arbeitsrecht

2795
Die Höhe der Erstattung ist in den Satzungen der jeweilgen Krankenkasse geregelt (§ 16 Abs. 2 Nr. 1 LohnFG). Sie beträgt im Regelfall 80% der Aufwendungen.
Die Erstattung erfolgt auf Antrag des Arbeitgebers und kann durch Gutschrift auf dem Arbeitgeberkonto oder Verrechnung mit dem monatlich zu zahlenden Gesamtsozialversicherungsbeitrag abgewickelt werden.

2796
Die **Höhe der Umlage**, die von den Kleinbetrieben für die Lohnfortzahlungsversicherung aufzubringen ist, richtet sich nach der Satzung der zuständigen Krankenkasse. Der Umlagesatz liegt bei etwa 3% für die Umlage U 1 (Entgeltfortzahlung im Krankheitsfall) und bei ca. 1% für die Umlage U 2 (Leistungen nach dem MuSchG).
Zur Fälligkeit und weiteren Einzelheiten s. Rz. 5652.

2797
Zuständige Krankenkassen für die Durchführung der Lohnfortzahlungsversicherung sind die Orts- und Innungskrankenkassen sowie die Bundesknappschaft und die Seekasse, die Betriebskrankenkassen und die Ersatzkassen scheiden aus. Einzelheiten bei Rz. 5661.

Die durch das Umlageverfahren erhobenen Mittel werden von den Krankenkassen als Sondervermögen verwaltet. Die Satzung der Krankenkasse muß die Höhe der Umlagesätze, die Bildung von Betriebsmitteln, die Aufstellung des Haushaltes sowie Prüfung und Abnahme des Rechnungsabschlusses bestimmen.

VI. Übergangsprobleme

2798
Art. 67 PflegeVG sieht Überleitungsvorschriften auch für das EFZG vor. War der Arbeitnehmer im Zeitpunkt des Inkrafttretens des Gesetzes - also am 01.6.1994 - bereits arbeitsunfähig oder befand er sich zu diesem Zeitpunkt in einer Maßnahme der medizinischen Vorsorge oder Rehabilitation, **blieben die bisher maßgeblichen Vorschriften anwendbar, soweit diese für den Arbeitnehmer günstigere Regelungen enthalten**. Entsprechendes galt, wenn zu diesem Zeitpunkt ein **Verfahren vor einem zuständigen Gericht anhängig** war.

Wann eine Regelung günstiger für den betreffenden Arbeitnehmer ist, muß in jedem **Einzelfalle** festgestellt werden.

So ist es sicherlich nicht möglich, nachträglich höhere Anforderungen an die Anzeige- und Nachweispflichten zu stellen.

Entgeltfortzahlung im Krankheitsfall

• **Sonderproblem: Übergangsregelung und Fortsetzungserkrankung**
Nach Inkrafttreten des EFZG sind nunmehr auch **Übergangsprobleme** bei Fortsetzungserkrankungen entstanden. Bekanntlich bestand bei einer Fortsetzungserkrankung nach der bisherigen Regelung für einen Arbeiter alle 12 Monate ein neuer Anspruch auf sechswöchige Entgeltfortzahlung im Krankheitsfall. Eine Ausnahme war nur für den Fall vorgesehen, daß der Arbeitgeber vor Beginn der erneuten krankheitsbedingten Arbeitsunfähigkeit mindestens sechs Monate nicht infolge derselben Krankheit arbeitsunfähig war. In diesem Fall entstand auch ein neuer Sechs-Wochen-Zeitraum. Diese, bislang nur für Arbeiter anwendbare Regelung, ist nunmehr für Arbeiter und Angestellte geltendes Recht geworden (§ 3 Abs. 1 EFZG).
Der Gesetzgeber des EFZG hat jedoch **für diesen Sektor keine Übergangsvorschrift vorgesehen.** Daher stellt sich die Frage, ob und inwieweit der Zwölf-Monats-Zeitraum auch einem Angestellten "per sofort" einen neuen sechswöchigen Entgeltfortzahlungsanspruch verschaffen kann, der etwa am 01.06.1993 erstmalig an dem Grundleiden erkrankt ist.

Die Rechtslage ist in dieser Frage noch nicht endgültig geklärt. Von Seiten der **Arbeitgeberverbände** wird vertreten, daß anspruchsbegründende Tatsachen, wie etwa das Verstreichen des Zwölf-Monats-Zeitraums, grundsätzlich erst ab dem Zeitpunkt des Inkrafttretens des neuen Entgeltfortzahlungsgesetzes eingreifen können. Dies würde hinsichtlich der Behandlung von Fortsetzungserkrankungen im Hinblick auf die Zwölf-Monats-Frist für Angestellte bedeuten, daß der zeitliche Geltungsbereich der Neuregelung erst vom 01.06.1994 an läuft. Zeiten der Arbeitsunfähigkeit, die vor dem Tag des Inkrafttretens des EFZG bestanden, wären demnach nicht zu berücksichtigen. Folgt man dem, so ist der frühestmögliche Zeitpunkt für den Ablauf der Zwölf-Monats-Frist und damit für den Erwerb des erneuten Entgeltfortzahlungsanspruchs infolge derselben Krankheit für die Dauer von 6 Wochen der Ablauf des 31.05.1995.

Denkbar erscheint auch eine Auslegung in dem Sinne, daß dem Arbeitgeber die **unechte Rückwirkung** (Eingriff in laufende Zeiträume) zugemutet wird.

Die Rechtslage ist offen!

• **Bestehende kollektive und arbeitsvertragliche Regelungen**
Nach Art. 67 Abs. 2 PflegeVG bleiben im Zeitpunkt des Inkrafttretens des Gesetzes bestehende, **von den Vorschriften des EFZG abweichende Vereinbarungen unberührt,** soweit § 4 Abs. 4 EFZG (tarifvertragliche Abweichungen von der Bemessungsgrundlage des fortzuzahlenden Arbeitsentgeltes) und § 12 EFZG (Verbot des Abweichens zuungunsten des Arbeitnehmers) dies zuläßt. Unter Vereinbarungen sind Vorschriften im Tarif- oder Arbeitsvertrag bzw. in Betriebsvereinbarungen zu verstehen *(vgl. hierzu die Begründung zur gleichlautenden Vorschrift in Art. 12 § 2 des ersten Regierungsentwurfs vom 24.06.1993, BT-Drucks. 12/5263, S. 17).*

Wenn nicht alles täuscht, sind auch insoweit ähnliche Probleme wie beim Inkrafttreten des neuen KündFG vorgezeichnet.

2799

Vom Grundsatz her ist zunächst zu unterscheiden, ob in der bestehenden Vereinbarung **deklaratorische oder konstitutive Regelungen** enthalten sind, ob also nur auf das Gesetz verwiesen bzw. die gesetzliche Regelung ohne normativen Gehalt wörtlich übernommen worden ist oder eine eigenständige tarifvertragliche Regelung erfolgen sollte. Die zum KündFG angestellten Überlegungen dürften hier entsprechend gelten.

- Liegen **deklaratorische** Tarifnormen oder deklaratorische Regelungen eines Arbeitsvertrags oder einer Betriebsvereinbarung vor, so treten an ihre Stelle die neuen gesetzlichen Regelungen des EFZG.
- Handelt es sich um **konstitutive Regelungen**, so ergibt sich in Anlehnung an die Rechtsprechung des BAG und des EuGH folgendes:

Eine unterschiedliche Behandlung von Arbeitern und Angestellten dürfte allgemein nicht mehr zulässig sein. Nicht zuletzt die Differenzierung zwischen Arbeitern und Angestellten war ja gerade Anlaß der gesetzgeberischen Neuregelung.

Es bleiben zudem wegen der Bezugnahme auf § 12 EFZG nur für den Arbeitnehmer **günstigere Regelungen** in der Vereinbarung wirksam. Unzulässig sind alle Regelungen, die schlechtere Konditionen vorsehen als das EFZG (vgl. BT-Drucks., a.a.O.). An ihre Stelle treten die neuen gesetzlichen Vorschriften.

VI. Weiterführende Literaturhinweise

2799 a

Diller, Krankfeiern seit dem 1.6.1994 schwieriger?, NJW 1994, 1690
Gemeinschaftskommentar zum Entgeltfortzahlungsrecht, hrsg. von Birk u.a., Loseblatt, 1993
Schaub, Rechtsfragen der Arbeitsunfähigkeitsbescheinigung nach dem neuen Recht, BB 1994, 1629
Schliemann, Neues und Bekanntes im Entgeltfortzahlungsgesetz, AuR 1994, 317
Schmitt, Lohnfortzahlungsgestz, 1992
Welslau, Neues Recht zur Entgeltfortzahlung, Personalwirtschaft 9/1994 S. 49

13. Kapitel: Urlaubsrecht

I.	Einführung in das Urlaubsrecht	2800
	1. Rechtsgrundlagen des Urlaubsrechts	2800
	2. Spezifische Sonderregelungen	2801
	3. Besondere Formen des Urlaubs	2802
II.	Das ABC des Urlaubsrechts	2803
III.	Voraussetzungen des Urlaubsanspruchs	2805
	1. Persönlicher Geltungsbereich des Bundesurlaubsgesetzes	2806
	2. Erfüllung der Wartezeit	2807
	a) Bestehen eines Arbeitsverhältnisses	2808
	b) Berechnung der Wartezeit	2810
	c) Abweichende Vereinbarungen	2811
	3. Urlaubsjahr	2813
	a) Urlaubsanspruch und Urlaubsjahr	2813
	b) Rechtzeitige Geltendmachung des Urlaubsanspruchs	2815
	c) Übertragung des Urlaubs	2816
	4. Berechnung des Urlaubsanspruchs	2821
	a) Mindesturlaub nach dem Bundesurlaubsgesetz	2822
	b) Feiertage und arbeitsfreie Tage	2823
	c) Einfluß der Arbeitszeitverkürzung	2827
	d) Urlaubsberechnung in Sonderfällen	2828a
	5. Mehrurlaub	2829
	6. Teilurlaub	2830
	a) Teilurlaub im Eintrittsjahr	2831
	b) Teilurlaub bei Ausscheiden vor erfüllter Wartezeit	2832
	c) Teilurlaubsanspruch bei Ausscheiden nach erfüllter Wartezeit	2833
	d) Abweichungen vom Zwölftelungsprinzip	2834
	e) Krankheit und Teilurlaub	2835
	f) Berechnung des Teilurlaubsanspruchs	2836
	7. Vermeidung doppelter Urlaubsinanspruchnahme	2839
	a) Anrechnung bereits genommenen Urlaubs	2840
	b) Bescheinigung über genommenen Urlaub	2843
	c) Auskunftsanspruch des neuen Arbeitgebers	2844
	d) Urlaubsanspruch und Arbeitsplatzwechsel	2845
	8. Rückabwicklung bei zuviel gewährtem Urlaub	2846
	9. Erlöschen des Urlaubsanspruchs	2847
	a) Erlöschen durch Zeitablauf	2848
	b) Verzicht, Verwirkung	2849
	c) Tod des Arbeitnehmers	2850
	d) Tarifliche Verfallklauseln	2851
	e) Vergleich	2851a
	b) Verjährung	2851b

IV.	Zeitliche Lage des Urlaubs	2852
	1. Urlaubserteilung	2853
	2. Individuelle Festlegung des Urlaubs	2855
	a) Urlaubswunsch	2856
	b) Entgegenstehende dringende betriebliche Belange	2858
	c) Urlaubswünsche anderer Arbeitnehmer	2859
	d) Urlaub nach Kündigung	2860
	e) Sonderfall: Betriebsurlaub	2861
	f) Teilungsverbot	2862
	g) Beteiligung des Betriebsrats in Urlaubsfragen	2863
V.	Änderungen der zeitlichen Lage des Urlaubs	2865
	1. Veränderungen auf Wunsch des Arbeitgebers	2865
	2. Rückruf aus dem Urlaub	2866
	3. Änderung auf Wunsch des Arbeitnehmers	2867
	4. Urlaubsverhinderung	2868
	5. Anfechtung der Urlaubsfestlegung	2869
VI.	Gerichtliche Durchsetzung des Urlaubsanspruchs	2870
VII.	Maßnahmen der Vorsorge und Rehabilitation	2872
VIII.	Urlaub trotz Krankheit?	2875
IX.	Krankheit im Urlaub	2877
	1. Nichtanrechnung von Krankheitstagen	2878
	2. Nachweis der Arbeitsunfähigkeit	2879
	3. Arbeitsunfähigkeit im Urlaub und Urlaubsentgelt	2881
X.	Gefährdung des Urlaubszwecks durch den Arbeitnehmer	2882
	1. Erwerbstätigkeit im Urlaub	2883
	2. Urlaubsgemäßes Verhalten	2884
XI.	Vergütungsfragen	2885
XII.	Urlaubsentgelt	2886
	1. Berechnung des Urlaubsentgelts	2887
	a) Maßgebliches Arbeitsentgelt	2888
	b) Vorübergehende Verdienstschwankungen	2889
	c) Berechnung des Urlaubsentgelts	2890
	2. Fälligkeit des Urlaubsentgelts	2891
	3. Pfändbarkeit des Urlaubsentgelts	2892

Urlaubsrecht

XIII. Zusätzliches Urlaubsgeld	2894
1. Urlaubsgeld in arbeits-, steuer- und sozialrechtlicher Sicht	2895
2. Freiwilliges Urlaubsgeld	2897
XIV. Urlaubsabgeltung	2900
1. Voraussetzungen der Urlaubsabgeltung	2902
2. Behandlung der Urlaubsabgeltungszahlung	2903
3. Erlöschen des Urlaubsanspruchs durch Zeitablauf	2903a
XV. Besonderheiten für einzelne Personengruppen	2904
1. Schwerbehinderte	2904
2. Der Urlaub Jugendlicher	2907
3. Auswirkungen von Wehrdienst, Eignungsübung und Zivildienst auf den Urlaub	2908
4. Seeleute	2909
5. Heimarbeiter	2910
6. Arbeitnehmer im Baugewerbe	2911
XVI. Urlaub in Teilzeitarbeitsverhältnissen	2912
1. Spezifische Probleme der Teilzeitarbeit	2913
2. Urlaubsentgelt des Teilzeitbeschäftigten	2916
3. Zeitliche Festlegung des Urlaubs	2917
4. Teilzeitbeschäftigung und Urlaubsgeld	2918
XVII. Der Erziehungsurlaub	2919
1. Anspruchsberechtigte Personen	2920
2. Inanspruchnahme des Erziehungsurlaubs	2922
3. Erziehungsurlaub und Erholungsurlaub	2923
4. Erziehungsurlaub und anderweitige Erwerbstätigkeit	2925
5. Erziehungsurlaub und betriebliche Leistungen	2926
6. Auswirkungen des Erziehungsurlaubs	2927
7. Anhang: Erziehungsgeldstellen	2928
XVIII. Sonderurlaub	2929
XIX. Bildungsurlaub	2930
1. Rechtsgrundlagen des Bildungsurlaubs	2931
2. Betriebsratsbeteiligung bei Bildungsurlaub	2932
3. Einzelfälle	2933
a) Sprachkurse	2934
b) Veranstaltungen zur Ökologie	2938
c) Gesellschaftspolitische Fragen	2940
4. Verfahrensfragen	2944
XX. Weiterführende Literaturhinweise	2946

Arbeitsrecht

I. Einführung in das Urlaubsrecht

1. Rechtsgrundlagen des Urlaubsrechts

2800
Nach dem Bundesurlaubsgesetz (BUrlG) steht jedem Arbeitnehmer pro Kalenderjahr ein Anspruch auf **bezahlten Erholungsurlaub** zu. Gerade im Urlaubsrecht garantiert das Gesetz nur einen gewissen **Mindeststandard**, der heute weitgehend von der Wirklichkeit überholt ist. Nicht selten wird einem Arbeitnehmer ein Urlaubsanspruch von 6 oder mehr Wochen pro Jahr eingeräumt. Hierzu bedarf es jedoch einer Vereinbarung. Solche befinden sich in

- Tarifverträgen
- Betriebsvereinbarungen
- Einzelarbeitsverträgen.

Kollidieren dabei verschiedene Regelungen miteinander, so kann man grundsätzlich davon ausgehen, daß die jeweils günstigste für den Arbeitnehmer gilt. Es läßt sich also gestaffelt nach Günstigkeit folgende Reihenfolge aufstellen:

- Individualvereinbarung
- Tarifvertrag/Betriebsvereinbarung
- Bundesurlaubsgesetz als weitgehend unabdingbarer Mindeststandard.

Dies alles wirft wenig Probleme auf, wenn die einzelnen Regelungen aufeinander abgestimmt sind, sich also lediglich in bestimmten Sonderfragen ergänzen. Schwierig wird die Situation, wenn nur einzelne Punkte vereinbart sind, während ansonsten eine Regelung fehlt. Hier gilt grundsätzlich:

Ist keine besondere Vereinbarung getroffen, finden die Regelungen des Bundesurlaubsgesetzes ergänzend Anwendung (wichtig für Verfall, Übertragung, Abgeltung etc.).

2. Spezifische Sonderregelungen

2801
Neben die o. g. Abstufung nach vor- bzw. nachrangigen Regelungen tritt noch eine solche nach branchen-/personenspezifischen Besonderheiten. So gelten für **bestimmte Personengruppen** besondere Urlaubsvorschriften (s. Rz. 2904 ff.):

- für Jugendliche gilt das Jugendarbeitsschutzgesetz
- für Schwerbehinderte gilt das Schwerbehindertengesetz
- für Seeleute gilt das Seemannsgesetz
- für Mütter/Väter gilt das Bundeserziehungsgeldgesetz

- für Soldaten, Wehrdienstleistende und Eignungsübende finden sich Sonderregelungen im Arbeitsplatzschutzgesetz, im Eignungsübungsgesetz und im Soldatengesetz
- für Zivildienstleistende finden sich Regelungen im Zivildienstgesetz.

Von **branchenspezifischen Besonderheiten** ist vor allem das Baugewerbe betroffen. Hier regeln die für dieses Gewerbe einschlägigen Tarifverträge ausführlich, wie und in welcher Form Urlaub zu gewähren ist (s. Rz. 2911 ff.).

3. Besondere Formen des Urlaubs

2802

Neben dem Erholungsurlaub treten in der betrieblichen Praxis noch weitere Formen des Urlaubs auf, die häufig an bestimmte Ereignisse anknüpfen oder mit denen besondere Zwecke verfolgt werden. Zu nennen sind hier vor allem:

- Bildungsurlaub nach den Arbeitnehmerweiterbildungsgesetzen der Länder
- Erziehungsurlaub (s. Rz. 2919 ff.)
- Sonderurlaub aus Anlaß bestimmter Ereignisse im familiären oder persönlichen Bereich

Die "Sonderurlaube" treten regelmäßig neben den Erholungsurlaub. Es findet also **keine Anrechnung** statt.

II. Das ABC des Urlaubsrechts

2803

ABC des Urlaubsrechts	
Bildungsurlaub	dient der politischen und beruflichen Weiterbildung des Arbeitnehmers. Die Regelungen zum Bildungsurlaub befinden sich in Landesgesetzen.
Doppelurlaubsansprüche	Infolge von Arbeitsplatzwechseln kann ein Arbeitnehmer pro Jahr mehrfach Urlaubsansprüche erwerben, § 6 BUrlG.
Erziehungsurlaub	Einem Elternteil gewährter Freistellungszeitraum von zur Zeit maximal 36 Monaten.
Mehrurlaub	Der über den gesetzlichen Mindesturlaub hinausgehende Urlaub.

Arbeitsrecht

Mindesturlaub	Der jedem Arbeitnehmer unabdingbar zustehende Urlaubsanspruch von 24 Werktagen (keine Sonn-/Feiertage).
Sonderurlaub	Regelmäßig bezahlte Arbeitsfreistellung aus besonderen persönlichen Gründen.
Stichtagsprinzip	Umstände, die den Urlaub betreffen, sind auf das Jahr der Entstehung zu beziehen, regelmäßig 1.1. des Jahres.
Stückelungsverbot	Urlaub ist zusammenhängend zu gewähren. Ein Urlaubsteil muß zumindest 12 Werktage umfassen (§ 7 BUrlG).
Teilurlaub	Ansprüche auf nur einen Teil des Urlaubs entstehen immer dann, wenn das Arbeitsverhältnis nicht das ganze Kalenderjahr bestanden hat (§ 5 BUrlG).
Urlaub	Die vom Arbeitgeber bezahlte Freistellung von der Arbeitsleistung.
Urlaubsabgeltung	Kann der Urlaub ausnahmsweise wegen der Beendigung des Arbeitsverhältnisses nicht "in Natur" genommen werden, erwirbt der Arbeitnehmer einen auf Geldzahlung gerichteten Abgeltungsanspruch (§ 7 Abs. 4 BUrlG).
Urlaubsbescheinigung	Vom Arbeitgeber auszustellende Bescheinigung über den dem Arbeitnehmer gewährten Urlaub (§ 6 Abs. 2 BUrlG).
Urlaubsentgelt	Fortzahlung des Arbeitsentgelts während des Urlaubszeitraums (§ 11 BUrlG).
Urlaubsgeld	Zusätzliche Leistung des Arbeitgebers, die mit Rücksicht auf den Urlaub gezahlt wird. Zur Zahlung von Urlaubsgeld ist der Arbeitgeber nicht verpflichtet.
Urlaubsjahr	Ist das Kalenderjahr (01.01. - 31.12.), nicht aber das Beschäftigungsjahr (§ 1 BUrlG).
Wartezeit	Bevor der volle Urlaubsanspruch erworben wird, muß das Arbeitsverhältnis mindestens 6 Monate bestehen. In jedem Arbeitsverhältnis muß die Wartezeit nur einmal erfüllt werden (§ 4 BUrlG).

Urlaubsrecht

Zusatzurlaub	Ist der zu dem gesetzlichen, tariflichen oder einzelvertraglichen Urlaub hinzutretende Urlaub, der regelmäßig an bestimmte Voraussetzungen geknüpft ist.
Zwölftelungsprinzip	Dient zur Ermittlung des Teilurlaubsanspruchs. Für jeden Beschäftigungsmonat steht dem Arbeitnehmer 1/12 des Jahresurlaubs zu (§ 5 Abs. 1 BUrlG).

Gerade das Urlaubsrecht wirft in der Praxis vielfältige Probleme auf und zwar insbesondere im Hinblick auf

- Länge,
- Vergütung,
- zeitliche Lage und
- Abgeltung des Urlaubs.

Zur ersten Orientierung und zum besseren Verständnis soll der umseitige Überblick dienen.

2804

**Checkliste:
Voraussetzungen des Urlaubsanspruchs**

- **Entstehung des Urlaubsanspruchs**
  - Persönliche Voraussetzungen:
    - Handelt es sich um einen Arbeitnehmer, eine arbeitnehmerähnliche Person, einen Auszubildenden oder einen Heimarbeiter?
    - Ist die 6-monatige Wartezeit erfüllt?
- **Länge des Urlaubs**
  - Grundsätzlich: Vollurlaub
  - Ausnahmsweise nur Teilurlaub wenn
    - der Arbeitnehmer wegen Nichterfüllung der Wartezeit im Kalenderjahr keinen vollen Urlaubsanspruch erwirbt

Arbeitsrecht

> ○ der Arbeitnehmer vor Erfüllung der Wartezeit aus dem Arbeitsverhältnis ausscheidet
> ○ der Arbeitnehmer nach erfüllter Wartezeit in der ersten Hälfte eines Kalenderjahres aus dem Arbeitsverhältnis ausscheidet
> ○ Steht dem Arbeitnehmer Zusatzurlaub zu?
>   ○ nach dem Schwerbehindertengesetz
>   ○ nach dem Jugendarbeitsschutzgesetz
> ○ Berechnung des Urlaubsanspruchs nach Arbeits- oder Werktagen
> ○ Anrechnung bereits genommenen Urlaubs
> ○ Nichtanrechnung von Krankheitstagen sowie Kur- und Schonungszeiten
>
> • **Erlöschen des Urlaubsanspruchs**
>   ○ Verstreichen des Urlaubsjahres und keine Übertragungsgründe
>   ○ Arbeitnehmer kann Urlaub im Kalenderjahr oder Übertragungszeitraum nicht nehmen, etwa wegen Krankheit

III. Voraussetzungen des Urlaubsanspruchs

2805

Der **Erwerb des Urlaubsanspruchs** ist von bestimmten Voraussetzungen abhängig, die vom Arbeitnehmer erfüllt sein müssen. Hierzu zählen namentlich:

- der Arbeitnehmer unterfällt dem persönlichen Geltungsbereich des Bundesurlaubsgesetzes

- das Arbeitsverhältnis besteht mindestens 6 Monate (Erfüllung der Wartezeit)

- rechtzeitige Geltendmachung des Urlaubsanspruchs

1. Persönlicher Geltungsbereich des Bundesurlaubsgesetzes

2806

Ein Urlaubsanspruch nach dem Bundesurlaubsgesetz steht nur Arbeitnehmern zu (siehe § 1 BUrlG). Der Anspruchsteller muß also Arbeitnehmer im Sinne des Arbeitsrechts sein. **Arbeitnehmer** sind Personen, die aufgrund eines privatrechtlichen Vertrages oder eines ihm gleichgestellten Rechtsverhältnisses im Dienst eines anderen zur Arbeit verpflichtet sind, die also in persönlicher Abhängigkeit zum Arbeitgeber stehen. Ob in Teil- oder in Vollzeit gearbeitet wird, ist unerheblich. **Beamte** sind hingegen keine Arbeitnehmer. Das Bundesurlaubsgesetz gilt

Urlaubsrecht

für **Arbeiter und Angestellte** einschließlich der zur Berufsbildung Beschäftigten (§ 2 Satz 1 BUrlG). Auch **arbeitnehmerähnliche Personen** unterfallen dem Bundesurlaubsgesetz (§ 2 Satz 2 BUrlG). Hierbei handelt es sich um Personen, die, ohne in einem festen Arbeitsverhältnis zu stehen, im Auftrag und für Rechnung anderer Personen Dienste leisten und wegen ihrer wirtschaftlichen Unselbständigkeit als arbeitnehmerähnlich angesehen werden.

Für **Heimarbeiter** gelten dagegen Spezialregelungen (siehe § 12 BUrlG).

2. Erfüllung der Wartezeit

2807

Die Vorschrift des § 4 BUrlG bestimmt, daß der Arbeitnehmer den vollen Urlaubsanspruch erstmalig erwirbt, wenn er bereits 6 Monate im Arbeitsverhältnis gestanden hat (sogenannte Wartezeit). Sinn und Zweck dieser **Wartezeit** ist, zu verhindern, daß der Arbeitnehmer bei Wechsel des Arbeitsverhältnisses mehrere Erholungsurlaube im Urlaubsjahr (also dem Kalenderjahr) erhält.

Für den Arbeitgeber heißt das:
Zur Gewährung des vollen Jahresurlaubs ist er erst nach Ablauf der Wartezeit verpflichtet. Vorsicht bei Urlaubsgewährung auf Vorschuß! Es droht eine doppelte Inanspruchnahme!

Zu beachten ist, daß die Wartezeit innerhalb eines Arbeitsverhältnisses nur einmal zu erfüllen ist. Bei längerer Dauer des Arbeitsverhältnisses muß die Wartezeit also nicht in jedem Urlaubsjahr neu erfüllt werden. Vielmehr entsteht nach erfüllter Wartezeit der Urlaubsanspruch jeweils am 1.1. eines Jahres zunächst voll und verringert sich ggfs. bei einem Ausscheiden in der ersten Hälfte des Kalenderjahres. Der Arbeitnehmer kann nach erfüllter Wartezeit schon mit Beginn des Urlaubsjahres den vollen Jahresurlaub verlangen. Dies ist selbst dann nicht rechtsmißbräuchlich, wenn er davon Kenntnis hat, daß das Arbeitsverhältnis unter Umständen vor Ablauf des Urlaubsjahres enden wird. Doppelansprüchen beugt hier die Anrechnungsvorschrift des § 6 BUrlG vor (s. dazu Rz. 2840).

a) Bestehen eines Arbeitsverhältnisses

2808

Wenn § 4 BUrlG von einem mindestens 6-monatigen Bestehen des Arbeitsverhältnisses spricht, so ist hiermit der **"rechtliche Bestand"** gemeint. Es kommt mithin nicht darauf an, ob der Arbeitnehmer während des 6-Monats-Zeitraums tatsächlich gearbeitet hat.

Beispiel:
Arbeitnehmer A tritt seine neue Arbeitsstelle am 01.04.1994 an. Schon 3 Tage später erkrankt er schwer und ist in der Folge 6 Wochen arbeitsunfähig.

*In dem Beispielsfall hat die mit **Arbeitsunfähigkeit** verbundene Krankheit keinen Einfluß auf die Wartezeit. Diese wird insbesondere nicht um den Zeitraum der Arbeitsunfähigkeit verlängert. Die Wartezeit wird gleichfalls nicht dadurch berührt, daß der Arbeitnehmer tageweise der Arbeit unentschuldigt fernbleibt oder sonstige Fehlzeiten zu verzeichnen sind. Gleiches gilt bei einem witterungsbedingten Ausfall der Arbeitsleistung.*

Grundsätzlich unterbricht das **Ruhen des Arbeitsverhältnisses** die Wartezeit ebenfalls nicht. So sind beispielsweise **Wehrdienst und Wehrübungen** auf die Wartezeit anzurechnen (§§ 6, 10 ArbPlSchG). Für **Zivildienstleistende** gelten diese Bestimmungen entsprechend (§ 78 ZDG). Die Parteien können jedoch auch für einen bestimmten Zeitraum das Ruhen des Arbeitsverhältnisses vereinbaren. Hierin liegt dann eine Unterbrechung, die sich schädlich auf die Wartezeit auswirkt.

Wird ein Ruhen des Arbeitsverhältnisses vereinbart, sollte gleichwohl eine Bestimmung über die Auswirkungen auf die Wartezeit getroffen werden. Hierdurch können Folgestreitigkeiten vermieden werden.

2809
Ein sogenannter "unbezahlter Urlaub" hat regelmäßig keine Auswirkungen auf die Wartezeit. Viel wird in diesem Zusammenhang jedoch davon abhängen, wie lange das Arbeitsverhältnis suspendiert wird und auf wessen Veranlassung dies geschieht. Selbst ein **Streik** hat auf die Wartezeit in der Regel keinen Einfluß, da durch ihn die Pflichten aus dem Arbeitsverhältnis nur suspendiert werden, dieses aber rechtlich bestehen bleibt. Gleiches gilt für eine **Aussperrung**.

"Wartezeitschädlich" sind die Fälle der rechtlichen Beendigung durch Kündigung oder Zeitablauf (Befristung). Aber auch hier gilt: Keine Regel ohne Ausnahme! Selbst eine **rechtliche Unterbrechung** des Arbeitsverhältnisses ist für die Wartezeit unschädlich, wenn sie nur kurz ist. Hierfür gibt es keine festen Fristen. Es kommt nur darauf an, ob die Unterbrechung unter Berücksichtigung der Gesamtdauer des Arbeitsverhältnisses eher gering ist. Eine relativ kurze und damit wartezeitunschädliche Unterbrechung ist etwa gegeben, wenn ein zunächst befristet zur Probe angestellter Arbeitnehmer nach Ablauf der Probezeit weiterbeschäftigt wird. Gleiches gilt, wenn der ursprüngliche Arbeitsvertrag aufgehoben wird und durch einen neuen, an geänderte Tätigkeitsbereiche angepaßten ersetzt wird.

Gänzlich unerheblich für die Frage der Erfüllung der Wartezeit ist, ob sich die Position des Arbeitnehmers im Betrieb ändert:

Beispiel:
Arbeitnehmer A wird durch einen Wechsel seines Tätigkeitsbereichs vom Arbeiter zum Angestellten oder vom Sachbearbeiter zum Abteilungsleiter.

Urlaubsrecht

b) Berechnung der Wartezeit

2810

Die 6-monatige Wartezeit wird nach Beschäftigungsmonaten, nicht aber nach Kalendermonaten berechnet. Unerheblich ist, ob während des Laufs der Wartezeit das Kalenderjahr endet.

Beispiel:
Die Wartezeit beginnt am 01.10.1994. Sie endet am 31.03.1995.
*Der volle Urlaubsanspruch entsteht im Beispielsfall erstmals am 01.04.1995. Danach entsteht er jeweils zu Beginn des neuen Urlaubs- (= Kalender-) Jahres, also beispielsweise am 01.01.1996. Für das Jahr 1994 (Oktober bis Dezember) steht dem Arbeitnehmer nur ein **Teilurlaubsanspruch** zu (siehe dazu Rz. 2830).* Die **Berechnung der Frist** richtet sich nach den Bestimmungen des BGB (§§ 187 ff.). Grundsätzlich beginnt die Frist mit dem Tag der vertragsgemäßen Arbeitsaufnahme und endet nach Ablauf des 6. Monats, und zwar unabhängig davon, ob es sich bei diesem Tag um einen Sonn- oder Feiertag handelt. Ein **abweichender Fristbeginn** ist anzunehmen, wenn der Arbeitnehmer erst im Laufe des ersten Arbeitstages eingestellt wird. Hier wird nach § 187 Abs. 1 BGB dieser erste Tag nicht mitgezählt.

Beispiel:
Arbeitnehmer A meldet sich am 03.04.1994 um 10.00 Uhr bei Arbeitgeber B. Aufgrund eines vorübergehenden Personalengpasses wird er, nachdem die Parteien einen Arbeitsvertrag geschlossen haben, sofort in der Produktion eingesetzt. Hier endet die Wartezeit erst am 03.10.1994.

Ist der erste reguläre Arbeitstag ein Sonn- oder Feiertag, wird er gleichwohl mitgezählt.

c) Abweichende Vereinbarungen

2811

Von den Vorschriften über die Erfüllung der 6-monatigen Wartezeit kann durch einzelvertragliche Abmachung zwischen Arbeitgeber und Arbeitnehmer nicht zu Lasten des Arbeitnehmers abgewichen werden. Eine Verkürzung der Wartezeit ist jedoch möglich. Folgende Vereinbarungen wird man als **unzulässig** anzusehen haben:

- jährliche Neuerfüllung der Wartezeit
- tatsächliche "Nichtarbeit" verlängert die Wartezeit entsprechend
- kurze rechtliche Unterbrechungen des Arbeitsverhältnisses führen zur Verlängerung der Wartezeit
- Eignungsübung verlängert die Wartezeit.

Eine demnach unzulässige Verlängerung der Wartezeit wird nicht durch die Gewährung eines längeren Urlaubs kompensiert.

2812

Die **Tarifvertragsparteien** dürfen hingegen eine ungünstigere Vereinbarung treffen (siehe § 13 BUrlG). Wird eine solche schlechtere Tarifvereinbarung von den nicht tarifgebundenen Parteien des Arbeitsverhältnisses durch Inbezugnahme übernommen, so ist dies zulässig. Es gilt dann die ungünstigere Wartezeitregelung. Voraussetzung ist jedoch, daß die Übernahme insgesamt erfolgt. Eine "Rosinenregelung" ist unzulässig (§ 13 Abs. 1 Satz 2 BUrlG). Auch muß es sich bei der Übernahme um einen **"einschlägigen Tarifvertrag"** handeln. Der Tarifvertrag muß also von seinem **persönlichen und sachlichen Anwendungsbereich** auf das Arbeitsverhältnis passen.

Beispiel:
Ein Arbeitgeber der Metallindustrie kann nicht die Übernahme der Tarifverträge der Druckindustrie vereinbaren. Die Übernahme der einschlägigen Metalltarife ist hingegen zulässig.

Durch freiwillige **Betriebsvereinbarung** kann von der gesetzlichen Regelung nur zugunsten der Arbeitnehmer abgewichen werden. Allerdings ist die Sperre des § 77 Abs. 3 BetrVG zu beachten, derzufolge Fragen, die durch Tarifvertrag geregelt sind oder üblicherweise geregelt werden, nicht Gegenstand einer Betriebsvereinbarung sein können. Allerdings kann der Tarifvertrag den Abschluß ergänzender Betriebsvereinbarungen zulassen.

3. Urlaubsjahr

a) Urlaubsanspruch und Urlaubsjahr

2813

Der Urlaubsanspruch wird stets nur für ein **Urlaubsjahr** erworben. Jedem Arbeitnehmer steht in jedem Kalenderjahr Erholungsurlaub zu.

Urlaubsjahr ist also das Kalenderjahr, nicht aber das Beschäftigungsjahr.

Von dieser Regelung des Bundesurlaubsgesetzes kann weder durch Tarif- noch durch Einzelarbeitsvertrag oder Betriebsvereinbarung abgewichen werden (§ 13 Abs. 1 Satz 1 BUrlG). Ist demnach das **Kalenderjahr** maßgebend, so folgt hieraus, daß für alle den Urlaub betreffenden Umstände das Urlaubs- (Kalender-) Jahr entscheidend ist. Es gilt also das **Stichtagsprinzip**.

Regelmäßig (nach erfüllter Wartezeit) ist der 01.01. eines jeden Jahres der Stichtag für die Beurteilung der mit dem Urlaubsanspruch zusammenhängenden Fragen.

Beispiel:
Ein Tarifvertrag sieht ab Vollendung des 50. Lebensjahres eine Erhöhung des jährlichen Urlaubsanspruchs um 2 Tage vor. Arbeitnehmer A feiert am 03.06.1994 seinen 50. Geburtstag und beansprucht den erhöhten Urlaub.
Aus dem Stichtagsprinzip folgt hier, daß dem A kein erhöhter Urlaubsanspruch zusteht. Am Stichtag (01.01.1994) war er noch 49 Jahre alt

Beispiel:
Im Kalenderjahr 1995 erhöht sich der Urlaubsanspruch des Arbeitnehmers A um einen Tag. Im Jahr 1994 hat A gar keinen Urlaub genommen. Er meint nunmehr, auch der aus 1994 übertragene Urlaub müsse um einen Tag erhöht werden.
Auch hier gilt: Die Erhöhung zum Stichtag 01.01.1995 betrifft nur den Jahresurlaubsanspruch für 1995. Im Zeitpunkt der Entstehung des übertragenen Urlaubs für 1994 lagen die Anspruchsvoraussetzungen für eine Erhöhung noch nicht vor.

2814

Aufgrund der Bindung an das Urlaubsjahr kann ein neuer Urlaubsanspruch jeweils erst im neuen Kalenderjahr entstehen. Daher kommt eine **Urlaubsgewährung auf Vorschuß** nicht in Betracht. Eine Anrechnung vorab zuviel gewährten Urlaubs scheidet aus. Selbst wenn der Arbeitnehmer die Erteilung des Urlaubs im Vorgriff wünscht, beeinträchtigt dies den künftigen Urlaubsanspruch nicht.

Beispiel:
Arbeitnehmer A möchte im Kalenderjahr 1994 eine längere Reise antreten. Aufgrund der schlechten Konjunktur kommt dies auch Arbeitgeber B entgegen. A nimmt deshalb seinen Jahresurlaub 1994 und 1995 vom 01.08. bis 30.10.1994. Im Jahr 1995 verlangt er erneut 4 Wochen Erholungsurlaub.
Mit seinem erneuten Urlaubsverlangen wird Arbeitnehmer A regelmäßig Erfolg haben. Nur in Ausnahmefällen kann die neuerliche Geltendmachung des Urlaubsanspruchs rechtsmißbräuchlich sein.

Darum gilt:
Vorsicht bei der Erteilung von Urlaub auf Vorschuß. Es droht eine doppelte Verpflichtung.

b) Rechtzeitige Geltendmachung des Urlaubsanspruchs

2815

Nach der Konzeption des Bundesurlaubsgesetzes soll der Urlaubsanspruch grundsätzlich im Jahr seiner Entstehung (also im selben Kalenderjahr) realisiert werden. So heißt es in § 7 Abs. 3 Satz 1 BUrlG: "Der Urlaub muß im laufenden Kalenderjahr gewährt und genommen werden."

Arbeitsrecht

Zweck des Gesetzes ist es, daß jeder Arbeitnehmer zumindest einmal im Jahr Gelegenheit erhält, sich von der geleisteten Arbeit zu erholen. Wird der **Urlaub** nicht im Urlaubsjahr genommen, so **verfällt** er grundsätzlich mit dessen Ende. Die in der betrieblichen Praxis übliche **Übertragung des Urlaubsanspruchs** ist nach den Regelungen des Bundesurlaubsgesetz die Ausnahme. Sie kommt nur in Betracht, wenn die Voraussetzungen des § 7 Abs. 3 Satz 2 und 3 BUrlG (s. Rz. 2816 und 2924) vorliegen. Insoweit greift dann ein **Automatismus** ein: Liegen die Übertragungsgründe vor, ist es nicht erforderlich, daß der Arbeitnehmer den Urlaub im Urlaubsjahr geltend macht. Andererseits verfällt der Urlaubsanspruch, wenn kein Übertragungsgrund vorliegt.

Das Gesetz verlangt vom Arbeitnehmer, daß dieser tätig wird. Er muß an den Arbeitgeber herantreten und ihn auffordern, den Urlaub zu gewähren, und zwar so rechtzeitig, daß der Urlaubsanspruch noch realisiert werden kann. Bleibt er schlicht untätig, geht der Urlaubsanspruch mit Ende des Urlaubsjahres unter, sofern kein Übertragungsgrund vorliegt. Gewährt der Arbeitgeber hingegen trotz rechtzeitiger Geltendmachung keinen Urlaub, erwirbt der Arbeitnehmer einen sog. **Ersatzurlaubsanspruch** (Schadensersatz in Natur wegen Nichtgewährung des Urlaubs).

Eine **tarifliche Ausschlußklausel** (s. Rz. 2851) kann diesen Schadensersatzanspruch erfassen. Die **schriftliche Mahnung** des Arbeitnehmers, ihm Urlaub zu gewähren, **wahrt** die tarifliche Ausschlußfrist aber auch für den nach Ablauf des Urlaubsjahres oder des Übertragungszeitraums entstehenden **Schadensersatzanspruch**, der entweder auf Gewährung von Urlaub (Ersatzurlaubsanspruch) oder auf Zahlung gerichtet ist. Schadensersatzansprüche auf Urlaub oder auf Urlaubsabgeltung beruhen zwar auf einer anderen Anspruchsgrundlage als die originären Ansprüche auf Urlaub oder Urlaubsabgeltung. Sie haben jedoch **denselben Inhalt**, nämlich Freistellung von der Arbeit oder Zahlung einer bestimmten Geldsumme. Wird der Arbeitgeber als Schuldner des Urlaubsanspruchs einmal gemahnt und damit darauf hingewiesen, daß er zukünftig mit einer Forderung rechnen muß, genügt die **Mahnung auf Erfüllung von Urlaub** den Anforderungen an die tarifliche Ausschlußfrist auch in Bezug auf Ersatzansprüche (*BAG 24.11.1992, EzA § 4 TVG Ausschlußfristen Nr. 102*).

Der **Grundsatz der Nichtübertragbarkeit** gilt aber nur für den gesetzlichen Urlaubsanspruch von 18 Werktagen. Ein darüber hinausgehender sogenannter **"Mehrurlaub"** wird hiervon nicht erfaßt. Einzel- oder tarifvertraglich kann die Übertragung des Mehrurlaubs also anderweitig geregelt werden. Dabei sind folgende Fallgruppen zu unterscheiden:

- Fehlt es an einer Übertragungsregelung, so gilt das Prinzip der Nichtübertragbarkeit auch für den Mehrurlaub.

- Gleiches gilt, wenn zwar eine Regelung vorliegt, diese aber unklar oder widersprüchlich ist.

Anders ist die Lage zu beurteilen, wenn die Parteien ausdrücklich oder stillschweigend Mehrurlaub vom Bundesurlaubsgesetz ausnehmen.

c) Übertragung des Urlaubs

2816

Eine Übertragung des Urlaubs kommt nach dem Bundesurlaubsgesetz nur in bestimmten Ausnahmefällen in Betracht:

- Dringende betriebliche Gründe stehen der Realisierung des Urlaubsanspruchs im Urlaubsjahr entgegen.
- Der Arbeitnehmer ist aus persönlichen Gründen gehindert, den Urlaub im Urlaubsjahr zu nehmen.
- Der wegen Nichterfüllung der Wartezeit entstandene Teilurlaubsanspruch (siehe dazu Rz. 2832) kann immer übertragen werden.
- Der Urlaub kann aus rechtlichen Gründen im Urlaubsjahr nicht verwirklicht werden.

Eine **Übertragung** des Urlaubsanspruchs kommt zunächst in Betracht, wenn **dringende betriebliche Gründe** einer Realisierung im Urlaubsjahr entgegenstehen. Das Adjektiv "dringend" macht klar, daß nicht x-beliebige Gründe ausreichend sind. Andererseits sind auch keine zwingenden, alles überragenden betrieblichen Interessen erforderlich. Erforderlich, aber auch ausreichend ist, daß bei einer Würdigung der Umstände und Abwägung der beiderseitigen Belange die **objektiven wohlverstandenen Interessen** des Arbeitgebers bei Berücksichtigung der Aufrechterhaltung eines ordnungsgemäßen Geschäftsbetriebes die Übertragung erforderlich erscheinen lassen. Nicht als dringendes betriebliches Interesse ist es anzuerkennen, wenn aus Anlaß eines jährlich wiederholt auftretenden Vertretungsfalles eine Übertragung stattfinden soll. Kompliziert sich die betriebliche Situation jedoch beispielsweise durch eine Grippe-Epidemie, wird ein dringendes betriebliches Interesse anzunehmen sein.

Zu beachten ist also:

- Der gewöhnliche Vertretungsfall muß durch ausreichende Personalplanung aufgefangen werden.
- Gegen die Dringlichkeit spricht, daß sich die die Übertragung auslösenden Umstände turnusgemäß wiederholen.

2817

Die Übertragung ist auch möglich, wenn **in der Person des Arbeitnehmers** liegende Gründe sie rechtfertigen. Zwar verlangt der Gesetzgeber hier im Gegensatz zu den betrieblichen Gründen keine Dringlichkeit, andererseits reicht der **bloße Übertragungswunsch des Arbeitnehmers** nicht aus. Erforderlich ist, daß die Gründe zumindest mittelbar mit dem Erholungszweck zusammenhängen oder aus der persönlichen Sphäre des Arbeitnehmers herrühren.

Als anerkennenswerte persönliche Gründe kommen etwa in Betracht:

- Krankheit des Arbeitnehmers
- Krankheit naher Familienangehöriger
- ungünstige Lage des Urlaubs

Beispiel:
Arbeitnehmer A beginnt seine Tätigkeit im Kalenderjahr und erfüllt die Wartezeit erst am 20.11.
Hier kann wegen der ungünstigen Jahreszeit eine Übertragung in Betracht kommen. Gleiches gilt, wenn der Arbeitnehmer schulpflichtige Kinder hat, die im Kalenderjahr keine Schulferien mehr haben und deshalb nicht am Urlaub teilnehmen könnten. Ein die Übertragung rechtfertigender persönlicher Grund liegt auch vor, wenn der Arbeitnehmer wegen Krankheit an der Realisierung des Urlaubsanspruchs gehindert ist.

Aber Achtung:
Tritt auch in dem Übertragungszeitraum keine Genesung ein, so verfällt der Urlaubsanspruch und verwandelt sich nicht in einen Abgeltungsanspruch.

Eine **Übertragung** kann auch aus **rechtlichen Gründen** geboten sein.

Beispiel:
Arbeitnehmer A erfüllt die 6-monatige Wartezeit erst am 31.12.
Hier ist selbstverständlich eine Übertragung möglich.

2818
Sofern nach den geschilderten Fällen eine Übertragung zulässig ist, kann der Urlaub nur in den ersten 3 Monaten des Jahres genommen werden (anders allerdings bei einer Übertragung des Teilurlaubsanspruchs nach § 5 Abs. 1 a BUrlG i.V.m. § 7 Abs. 3 Satz 4 BUrlG, s. auch Rz. 2819).

Das heißt: **Der übertragene Urlaub muß binnen 3 Monaten verbraucht werden.** Geschieht dies nicht, erlischt der Urlaubsanspruch. Nach der Regelung des Bundesurlaubsgesetzes kommt in diesen Fällen auch keine **Abgeltung** in Betracht. Eine solche ist nur statthaft, wenn der Urlaub wegen der Beendigung des Arbeitsverhältnisses nicht mehr genommen werden kann. Ein längerer Übertragungszeitraum kann allerdings durch die Tarifvertragsparteien oder die Arbeitsvertragsparteien vereinbart werden. Unzulässig ist jedoch die Regelung, daß der im Übertragungszeitraum nicht genommene, gesetzliche Mindesturlaubsanspruch abgegolten wird. Urlaub ist grundsätzlich "in Natura" zu nehmen. Macht der Arbeitnehmer den übertragenen Urlaub im Übertragungszeitraum geltend, weigert sich der Arbeitgeber jedoch den Anspruch zu erfüllen, so kommen Schadensersatzansprüche des Arbeitnehmers in Betracht. Diese sind auf Urlaubsgewährung (sogenannter Ersatzurlaub) gerichtet. Nur wenn der Arbeitnehmer

Urlaubsrecht

ausscheidet und hierdurch eine Inanspruchnahme des Ersatzurlaubs ausgeschlossen ist, ist der Urlaub abzugelten.

Übertragbar sind schließlich auch **Teilurlaubsansprüche** (siehe § 7 Abs. 3 Satz 4 BUrlG).

2819

Beispiel:
Arbeitnehmer A beginnt seine Tätigkeit am 01.09. Bis zum 31.12. des Jahres kann er die 6-monatige Wartezeit nicht erfüllen.
Ihm erwächst ein Teilurlaubsanspruch von 6 Werktagen gleich einer Woche, da er für jeden vollen Monat des Bestehens des Arbeitsverhältnisses Anspruch auf 1/12 des Jahresurlaubs hat (siehe § 5 Abs. 1 a BUrlG). Dieser Teilurlaubsanspruch kann auf das gesamte folgende Urlaubsjahr übertragen werden. A ist also nicht auf den 3-monatigen Übertragungszeitraum beschränkt.

Auch bedarf es zur Übertragung keiner Begründung oder besonderen Form. Regelmäßig stellt schon die bloße Nichtgeltendmachung das stillschweigende Verlangen nach Übertragung dar.

Äußert sich Arbeitnehmer A im Beispielsfall nicht, so liegt hierin ein Übertragungsverlangen.

Der so übertragene Anspruch wird als **Teil des neuen Jahresurlaubs** behandelt. Eine **weitere Übertragung** ist dann also bis zum 31.03. des Folgejahres unter den obigen Voraussetzungen zulässig.

2820

In der betrieblichen Praxis werden die Regelungen über die Übertragung von Urlaubsansprüchen weitgehend mißachtet. Aufsparung und Übertragung sind zum Regelfall geworden.
Dies kann für beide Parteien mit nicht unerheblichen Risiken verbunden sein, zumindest sofern es sich um den Mindesturlaubsanspruch handelt.

Bestand für die Übertragung kein rechtfertigender Grund (Beispiel: *Arbeitnehmer A hat schlicht keine Lust, den Urlaub zu nehmen*) und einigen sich die Parteien auf eine Übertragung, so erlischt der Urlaubsanspruch gleichwohl mit dem Ende des Urlaubsjahres. Selbstverständlich kann der Mehrurlaub hiervon ausgenommen werden, wenn die Parteien dies vereinbaren (s. Rz. 2815 am Ende). Beruft sich der Arbeitgeber auf das Erlöschen des Urlaubsanspruchs, so ist dies nicht rechtsmißbräuchlich. Eine andere Beurteilung kann dann geboten sein, wenn der Arbeitgeber aus eigenem Interesse die Übertragungsvereinbarung betreibt. Ein rechtsmißbräuchliches Verhalten wird auch dann vorliegen, wenn Arbeitgeber und Arbeitnehmer unsicher sind, ob die Übertragungsvoraussetzungen vorliegen, sich aber ungeachtet dessen hierauf einigen und der Arbeitgeber später das

Arbeitsrecht

Erlöschen des Urlaubsanspruchs einwendet. Unter Umständen ist in der geschilderten Situation ein **Tatsachenvergleich** (s. Rz. 4048) möglich!

Beispiel:
Es ist unsicher, ob dringende betriebliche Erfordernisse, die für die Übertragung notwendig sind, vorliegen. Die Parteien beseitigen diese Unsicherheit dadurch, daß sie sich auf einen Sachverhalt einigen, der die Übertragungsvoraussetzungen ausfüllt.

Zum Erlöschen des Urlaubs durch Zeitablauf und zu anderweitigen tariflichen Regelungen s. Rz. 2848 a.

4. Berechnung des Urlaubsanspruchs

2821
Nach § 3 Abs. 1 BUrlG steht jedem Arbeitnehmer ein Mindesturlaub von zukünftig (ab 1.1.1995) 24 Werktagen im Kalenderjahr zu. Hierbei handelt es sich um einen **absoluten Mindeststandard**.

Eine Verkürzung dieses 24-tägigen Urlaubsanspruchs ist weder durch Tarifvertrag noch durch Einzelarbeitsvertrag möglich. Entgegenstehende Vereinbarungen sind unwirksam.

Dies gilt auch für einen **Verzicht des Arbeitnehmers**.

Die Zugrundelegung eines 4-wöchigen Mindesturlaubs geht an den betrieblichen Realitäten vorbei, da regelmäßig dem Arbeitnehmer ein weitaus höherer Urlaubsanspruch zusteht. Insoweit taucht die Frage auf, ob auch der über den Mindesturlaub hinausgehende Urlaub **(Mehrurlaub)** den Regeln des Bundesurlaubsgesetzes unterworfen werden kann. Die Parteien haben es in der Hand, für diesen Mehrurlaub anderweitige Regelungen zu treffen. Sie sind insoweit also nicht an den Standard des Bundesurlaubsgesetzes gebunden.

Eine abweichende Regelung kann gerade im Hinblick auf die Übertragung des Urlaubs sinnvoll sein. Wird eine solche Regelung vergessen, sind die **Grundsätze des Bundesurlaubsgesetzes regelmäßig** auch **auf** den **Mehrurlaub anzuwenden**.

Hier ist besonderes Augenmerk auf eine richtige Vertragsgestaltung zu legen. Anfänglich gemachte Fehler lassen sich regelmäßig im nachhinein nur mit Mühen wieder korrigieren.

Das Zusammenspiel von Mindest- und Mehrurlaub verdeutlicht das nachfolgende Beispiel.

Urlaubsrecht

Beispiel:
In einer Betriebsvereinbarung wird den Arbeitnehmern zusätzlich zu dem in Werktagen bemessenen Tarifurlaub ein Treueurlaub von 3 Tagen versprochen.
Mangels anderweitiger Abrede ist hier davon auszugehen, daß der **Treueurlaub ebenfalls in Werktagen zu berechnen ist.** *Ist die Arbeitszeit eines Arbeitnehmers nicht auf alle Werktage der Woche verteilt, so sind Erholungsurlaub und Treueurlaub in Arbeitstage umzurechnen. Diese Berechnung ist getrennt nach Treue- und Erholungsurlaub durchzuführen (BAG 19.04.1994, EzA § 1 BUrlG Nr. 21). Bei einer 4-Tage-Woche entspricht ein 3-tägiger Treueurlaub mithin 2 Arbeitstagen (3 Werktage: 6 x 4 Arbeitstage = 2 Arbeitstage Treueurlaub).*

Um Unklarheiten zu vermeiden, empfiehlt sich eine ausdrückliche schriftliche Fixierung.

a) Mindesturlaub nach dem Bundesurlaubsgesetz

2822

Der 24-tägige Mindesturlaub nach dem Bundesurlaubsgesetz ist auf Werktage bezogen. Werktag ist jeder Kalendertag, der nicht Sonn- oder Feiertag ist, also auch der Samstag. Die Urlaubsdauer beträgt also: 24 Urlaubstage durch 6 Werktage = 4 Wochen.

b) Feiertage und arbeitsfreie Tage

2823

Nach der Regelung des Bundesurlaubsgesetzes sind Sonntage und **Feiertage** keine Werk- also auch keine Urlaubstage. Welche Feiertage nicht anzurechnen sind, verdeutlicht die nachfolgende Zusammenstellung.

Hier ist aber zu berücksichtigen, daß sich **Verschiebungen in Folge der Umsetzung des PflegeVG** ergeben können. Es ist noch nicht endgültig sicher, ob tatsächlich alle Länder mit Ausnahme Sachsens den Buß- und Bettag abschaffen werden.

Im übrigen ist es auch denkbar, daß letztlich doch Urlaubstage zur Finanzierung der Pflegeversicherung eingesetzt werden müssen. Daher wird es entscheidend darauf ankommen, die Tagespresse zu verfolgen oder sich bei sonstigen Verbänden oder Institutionen Informationen zu verschaffen.

Arbeitsrecht

	Baden-Württemberg	Brandenburg	Berlin	Bremen	Hamburg	Hessen	Mecklenburg-Vorpommern	Niedersachsen	Nordrhein-Westfalen	Rheinland-Pfalz	Saarland	Sachsen	Sachsen-Anhalt	Schleswig-Holstein	Thüringen
Neujahr	●	●	●	●	●	●	●	●	●	●	●	●	●	●	●
Hl. Drei Könige	●	●											●		
Karfreitag	●	●	●	●	●	●	●	●	●	●	●	●	●	●	●
Ostersonntag				●											●
Ostermontag	●	●	●	●	●	●	●	●	●	●	●	●	●	●	●
1. Mai	●	●	●	●	●	●	●	●	●	●	●	●	●	●	●
Himmelfahrt	●	●	●	●	●	●	●	●	●	●	●	●	●	●	●
Pfingstsonntag				●											●
Pfingstmontag	●	●	●	●	●	●	●	●	●	●	●	●	●	●	●
Fronleichnam	●	●				●			●	●	●	○			○
Maria Himmelf.	○										●				
Tag d.dt. Einheit	●	●	●	●	●	●	●	●	●	●	●	●	●	●	●
Reformationstag		●					●					●	●		○
Allerheiligen	●	●							●	●	●				○
Buß- u. Bettag	●											●			
1. Weihnachtstag	●	●	●	●	●	●	●	●	●	●	●	●	●	●	●
2. Weihnachtstag	●	●	●	●	●	●	●	●	●	●	●	●	●	●	●

○ = Feiertag in Gemeinden (Bayern) bzw. Territorien (bisherige DDR) mit überwiegend evangelischer bzw. katholischer Bevölkerung. Im Stadtkreis Augsburg ist auch der 8. August, das Friedensfest, ein gesetzlicher Feiertag.

2824

Das **anzuwendende Feiertagsrecht** richtet sich grundsätzlich nach dem **Betriebssitz**. Ausnahmsweise kommt es bei einer dauernden auswärtigen Tätigkeit auf das Feiertagsrecht des Arbeitsortes an.

Feiertage, die auf einen Sonntag fallen, spielen für die Urlaubsberechnung keine Rolle. Nicht in den Mindesturlaub einzubeziehen sind also nur die sogenannten

Urlaubsrecht

Wochenfeiertage. Bei der Lohnzahlung an diesen Wochenfeiertagen ist nunmehr das neue Entgeltfortzahlungsgesetz einschlägig (s. Rz. 2055). Fällt die Arbeitszeit an einem gesetzlichen Feiertag aus, ist vom Arbeitgeber dem Arbeitnehmer der Arbeitsverdienst zu bezahlen, den dieser ohne den Arbeitsausfall erzielt hätte.

2825

Feiertage in einem Urlaub sind also nach dem sogenannten **"Lohnausfallprinzip"** und nicht wie Urlaubstage zu vergüten. Beim Lohnausfallprinzip wird der hypothetische Verdienst des Arbeitnehmers errechnet. Hingegen kommt es beim Urlaubsentgelt darauf an, welchen durchschnittlichen Verdienst der Arbeitnehmer in den letzten 13 Wochen vor dem Beginn des Urlaubs erhalten hat (sogenanntes **"Lebensstandardprinzip"**). Ob der Lohn nach dem Lohnausfallprinzip oder dem Lebensstandardprinzip berechnet wird, kann für den Arbeitnehmer z.B. bei umsatzabhängigen Einkommen erhebliche Auswirkungen haben.

Neben den Feiertagen sind auch **sonstige arbeitsfreie Tage** nicht in den Urlaub einzubeziehen, wenn sie der ganzen Belegschaft gewährt werden. Ansonsten würden die "Urlauber" unangemessen benachteiligt.

Beispiel:
Arbeitsfreistellung am Rosenmontag, Arbeitsfreistellung zum Firmenjubiläum.

Werden nur wenige Stunden Freistellung gewährt, stehen diese auch dem Urlauber zu. Allerdings entsteht bei besonderer Zweckbindung der Freistellung (Beispiel: *Vormittag des 24.12.* zur Vorbereitung auf das Weihnachtsfest) kein Anspruch auf Freizeitausgleich, sondern nur auf Vergütung. Der Arbeitnehmer kann demnach nicht verlangen, an einem anderen Vormittag freigestellt zu werden. Hierin soll auch **keine mittelbare Diskriminierung** teilzeitbeschäftigter Frauen liegen (*BAG 26.05.1993, EzA Art. 119 EWG-Vertrag Nr. 12*). **Teilzeitbeschäftigten** steht also nur dann ein Freizeitausgleich/Vergütungsanspruch zu, wenn sie auch tatsächlich ohne die Urlaubsinanspruchnahme zur Zeit der Freistellung hätten arbeiten müssen.

Hat der Arbeitnehmer nur das **Recht, von der Arbeit fernzubleiben**, muß er aber eine Verkürzung des Entgelts hinnehmen, sind die Auswirkungen auf den Urlaub zweifelhaft (Beispiel: *Mariä Himmelfahrt*). Eine Anrechnung auf den Urlaub ist zulässig, wenn ein Urlaubsentgelt gezahlt wird.

2826

Sonstige Tage der Arbeitsbefreiung, die in den Urlaub fallen, dürfen nicht auf diesen angerechnet werden. Dies gilt insbesondere auch für sogenannte **Bummeltage.**

Beispiel:
Arbeitnehmer A bleibt regelmäßig an einem Werktag im Monat unentschuldigt der Arbeit fern. Arbeitgeber B verrechnet diese Tage auf den Jahresurlaub.
Eine solche Verrechnung ist unzulässig. Soweit allerdings nur der **Mehrurlaub** betroffen ist, können die Parteien einverständlich eine **Anrechnung** vornehmen. Dabei ist von folgenden Maßgaben auszugehen:

- Im Zweifel nimmt der Arbeitnehmer zunächst den Mindesturlaub. Ist dieser bereits verbraucht, kann eine Anrechnung vorgenommen werden.
- Ist der Mindesturlaub noch nicht verbraucht, steht dem Arbeitnehmer jedoch noch mehr Urlaub zu, so wird man nach der Theorie der Meistbegünstigung eine Verrechnung zulassen müssen.

Streiktage werden auf den Urlaub nicht angerechnet. Der einmal bewilligte Urlaub wird also insbesondere nicht durch den Streik unterbrochen. Der Arbeitgeber muß das Urlaubsentgelt auch dann bezahlen, wenn der Lohnanspruch arbeitswilliger Arbeitnehmer infolge des Streiks entfällt. Dies gilt auch, wenn der Arbeitnehmer sich während des Streiks in Urlaub begibt. Nur wenn der urlaubende Arbeitnehmer sich **am Streik beteiligt**, kommt eine Anrechnung der Streiktage auf den Urlaub in Betracht.

Bei **Kurzarbeit** werden die durch Verkürzung der Arbeitszeit eintretenden freien Werktage auf den Urlaub angerechnet. Folge ist also eine entsprechende Verlängerung des Urlaubs.

c) Einfluß der Arbeitszeitverkürzung

2827
Ist die Arbeitszeit auf eine 5-Tage-Woche verteilt, so muß der Urlaubsanspruch umgerechnet werden, wenn er nicht ohnehin nach **Arbeitstagen** bemessen ist. Werk- und Arbeitstage müssen beim Fehlen einer solchen Regelung in Beziehung gesetzt werden. Bei Verteilung der Arbeitszeit auf 5 Tage muß die Gesamtdauer des Urlaubs durch 6 geteilt und mit 5 multipliziert werden.

Beispiel:
Urlaubsdauer = 30 Werktage
5 Arbeitstage je Woche
30 Werktage : 6 = 5 x 5 Arbeitstage je Woche = 25 Arbeitstage Urlaub

Beispiel:
Urlaubsdauer 36 Werktage
4 Arbeitstage je Woche
36 Werktage : 6 = 6
6 x 4 Arbeitstage je Woche = 24 Arbeitstage Urlaub.

Urlaubsrecht

Natürlich kann sich die Urlaubslänge beträchtlich durch eine geschickte Wahl des Zeitpunkts des Urlaubsantritts erhöhen, indem Samstage gespart werden.

2828

Beispiel:
Arbeitnehmer A hat 18 Tage Urlaub. Im Juni nimmt er 17 Tage Urlaub, und zwar so, daß der letzte Urlaubstag ein Freitag ist. Der Arbeitgeber meint, A müsse sich auch den Samstag als Urlaubstag anrechnen lassen.

Im Beispielsfall ist davon auszugehen, daß der Arbeitnehmer treuwidrig handelt, wenn er den Samstag nicht als Arbeitstag gegen sich gelten lassen will. Etwas anderes soll jedoch gelten, wenn infolge eines in den Urlaub fallenden Feiertages ein restlicher Urlaubstag verbleibt. Diesen darf der Arbeitgeber nicht auf den arbeitsfreien Samstag legen. Stückelt der Arbeitnehmer den Urlaub auf, so kann sich sein Vorteil noch vergrößern.

Beispiel:
Arbeitnehmer A mit 18 Tagen Jahresurlaub nimmt 12 Tage Urlaub unter Einschluß zweier Samstage. Muß auch in den restlichen 6 Tagen ein Samstag enthalten sein?

Im Beispielsfall sind die Ansichten umstritten. Überwiegend wird angenommen, Urlaub müsse soviele Samstage enthalten, wie es seiner rechnerischen Dauer entspricht.
Eine entsprechende arbeitsvertragliche Vereinbarung ist gleichfalls nützlich. Um den Anrechnungsproblemen zu entgehen, empfiehlt es sich, den Urlaub auf der Basis von Arbeitstagen zu gewähren.
Aber Vorsicht! Der 3-wöchige Mindesturlaubsanspruch darf nicht unterschritten werden.

d) Urlaubsberechnung in Sonderfällen

2828a

Besondere Probleme ergeben sich, wenn die Lage der wöchentlichen Arbeitszeit differiert.

Beispiel 1: Rollierendes Freizeitsystem
Die A ist bei Arbeitgeber B als Verkäuferin tätig. Die betriebliche Arbeitszeit beträgt für Vollzeitbeschäftigte 37 Wochenstunden. Aufgrund einer Betriebsvereinbarung hatte die A im Rahmen eines rollierenden Freizeitsystems 1994 26 Wochen an 5 Tagen, 21 Wochen an 4 Tagen und 5 Wochen an 3 Tagen zu arbeiten. B gewährte ihr 28 Arbeitstage Urlaub. Der einschlägige Tarifvertrag sieht für die A 36 Werktage Urlaub vor. Zusätzlich gewährt B 2 Werktage Urlaub im Urlaubsjahr.

Im Beispielsfall ist eine Umrechnung des in Werktagen ausgedrückten Urlaubs in Arbeitstage vorzunehmen. Allgemein gilt dabei: Der Urlaubsanspruch hat der nach Arbeitstagen obliegenden Arbeitspflicht verhältnismäßig zu entsprechen. Das Bundesarbeitsgericht geht wie folgt vor:

- Ermittlung der Zahl der jährlichen Werktage:
  - im Beispielsfall: 312 (6 x 52)
- Ermittlung der Zahl der persönlichen Tage der Arbeitsleistung:
  - im Beispielsfall: 229 (26 x 5 + 21 x 4 + 5 x 3)
- Quotient aus Arbeitstagen und Werktagen:
  - = 229 : 312 = 0,7339
- Quotient x Urlaubsanspruch:
  - = 0,7339 x 38 = 27.89 Arbeitstage Urlaub, aufgerundet (nach tarifvertraglicher Regelung) also 28 Arbeitstage

Beschränkt sich also die Arbeitsverpflichtung des Vollzeitarbeitnehmers im Rahmen eines rollierenden Systems auf einige Werktage je Woche, ist der in Werktagen ausgedrückte Urlaub in Arbeitstage umzurechnen. Dies geschieht dadurch, daß rechnerisch Arbeits- und Werktage zueinander in Bezug gesetzt werden.

Beispiel 2: Wochenübergreifender Schichtrhythmus
Der A ist bei Arbeitgeber B in vollkontinuierlicher Wechselschicht (Tag, Nacht, frei, frei) beschäftigt. 185 Schichten entsprechen dabei 260 jährlich möglichen Arbeitstagen eines in 5-Tage-Woche beschäftigten Arbeitnehmers. Der Tarifvertrag sieht einen Urlaubsanspruch von 33 Urlaubstagen vor.
Im Beispielsfall liegt der Schichtarbeit kein Wochenrhythmus zugrunde. Dementsprechend ist auf einen Jahresvergleich abzustellen. Dies bedeutet für die Berechnung folgendes:

- Schichten : Werktage, im Beispielsfall 185 Schichten : 260 Werktage = 0.7115
- Quotient x Urlaubstage, im Beispielsfall 0,7115 x 33 = 23,48 Urlaubsschichten

Tarifvertraglich kann bestimmt werden, daß Bruchteile von Urlaubstagen abgerundet werden (hier: von 23,48 auf 23).
Bei der Ermittlung der Zahl der Werktage sind die gesetzlichen Wochenfeiertage nicht in Abzug zu bringen.

Gerade die Komplexität der angestellten Berechnungen zeigt, daß es weitaus vorteilhafter ist, den Urlaubsanspruch gleich in Arbeitstagen oder Schichten auszudrücken.

5. Mehrurlaub

2829
Durch Gesetz, Tarifvertrag, Betriebsvereinbarung oder Einzelarbeitsvertrag kann der gesetzliche Mindesturlaubsanspruch von 18 Werktagen weiter erhöht werden. Üblicherweise wird die Gewährung von Mehrurlaub an Lebensalter oder Betriebszugehörigkeit geknüpft. In diesen Fällen stellt sich die Frage, auf welchen **Stichtag** abzustellen ist. Ist Stichtag der Beginn des Urlaubsjahres, wo-

von regelmäßig mangels anderweitiger Abmachung auszugehen ist, kommt der Arbeitnehmer, der erst im Laufe des Jahres den erhöhten Anspruch erwirbt, erst im Folgejahr in den Genuß des Mehrurlaubs. Stichtag kann aber auch der **Eintritt eines bestimmten Ereignisses** schlechthin sein.

Beispiel:
*Zusatzurlaub von 2 Tagen für das Erreichen eines bestimmten Verkaufsumsatzes.
Was im Einzelfall gewollt ist, ist durch Auslegung zu ermitteln.
Hat der Arbeitnehmer schon bislang einen erhöhten Urlaub bekommen, so stellt sich die Frage, ob eine **Anrechnung eines weiter erhöhten Urlaubs** möglich ist. Dies hängt von den Vereinbarungen der Parteien ab. Eine Anrechnung kommt dann nicht in Betracht, wenn die bisherige Erhöhung dem Arbeitnehmer zusätzlich als **echter Zusatzurlaub** gewährt worden ist. Anders ist die Situation zu beurteilen, wenn nur eine Erhöhung des Gesamturlaubs vorgenommen wurde und dem Arbeitnehmer bislang quasi die **Erhöhung auf Vorschuß** gewährt wurde. Um eine weitgehende Flexibilität sicherzustellen, erscheint es ratsam, Mehrurlaub grundsätzlich nur unter Anrechnungsvorbehalt zu gewähren (Beispiel: Vorbehalt der Erhöhung des tariflichen Jahresurlaubs). Selbstverständlich darf die Anrechnung nicht zur Auszehrung des Mindesturlaubsanspruchs führen.*

Ist der erhöhte Urlaub von der **Dauer der Betriebszugehörigkeit** abhängig, so wird diese nach §§ 187, 188 BGB berechnet. Wer etwa am 01.01. sein Arbeitsverhältnis beginnt vollendet mit 31.12. das erste Jahr der Betriebszugehörigkeit. Hat der Arbeitnehmer hingegen seine Tätigkeit erst im Laufe des 01.01. aufgenommen, so zählt dieser Tag nicht mit, die Jahresfrist endet dann erst am 01.01. des folgenden und der nächsten Jahre. Dies hat für den Arbeitnhehmer die höchst unangenehme, oben bereits angedeutete Konsequenz, daß er am **Stichtag** (01.01. des jeweiligen Kalenderjahres) noch nicht die Voraussetzungen für den erhöhten Urlaub erfüllt und daher erst zu Beginn des darauf folgenden Jahres den Mehrurlaubsanspruch realisieren kann.

Ein Wechsel in der Person des Arbeitgebers (Beispiel: Betriebsübergang) ändert i.ü. am Lauf der Betriebszugehörigkeit nichts. Unsicher ist aber, wie sich **Unterbrechungen der Betriebszugehörigkeit** auswirken. Nach einer Ansicht ist hier eine Zusammenrechnung geboten, nach anderer Ansicht soll es jeweils auf die Zeit des in Rede stehenden Beschäftigungsverhältnisses ankommen. Sicherlich wird hier zunächst zu prüfen sein, ob der erhöhte Urlaubsanspruch eine ununterbrochene Betriebszugehörigkeit voraussetzt. Ist nichts geregelt, kann darauf abgestellt werden, ob eine nur kurzfristige Unterbrechung vorliegt und ein enger Zusammenhang zwischen den Zeiten der Arbeitsverhältnisse besteht. Hier kann eine Analogie zur Rechtsprechung des Bundesarbeitsgerichts bei der Zusammenrechnung mehrerer Beschäftigungszeiten im Rahmen der Berechnung der Wartezeit des § 1 KSchG erwogen werden *(so auch GK-BUrlG/Bleistein, 5. Aufl. 1992, § 3 Rn. 66)*.
Erhöhter Urlaub kann schließlich auch für die **Arbeit unter erschwerten oder gesundheitsgefährdenden Bedingungen** versprochen werden.

6. Teilurlaub

2830

Unter Umständen stehen dem Arbeitnehmer nur Teilurlaubsansprüche zu. **Teilurlaub** bedeutet, daß der Arbeitnehmer nur Anspruch auf einen Bruchteil des Vollurlaubs hat. Solche Teilurlaubsansprüche entstehen zumeist dann, wenn das Arbeitsverhältnis nicht während des gesamten Kalenderjahres besteht. In diesen Fällen steht dem Arbeitnehmer für jeden Monat des Bestandes des Arbeitsverhältnisses ein Anspruch auf 1/12 des Jahresurlaubs zu. Dabei unterscheidet das Gesetz folgende Fallgruppen:

Nach § 5 Abs. 1 BUrlG ist der Jahresurlaub des Arbeitnehmers für jeden vollen Monat des Bestehens des Arbeitsverhältnisses zu zwölfteln

- für die Zeit eines Kalenderjahres, für die er wegen Nichterfüllung der Wartezeit in diesem Kalenderjahr keinen vollen Urlaubsanspruch erwirbt;
- wenn er vor erfüllter Wartezeit aus dem Arbeitsverhältnis ausscheidet;
- wenn er nach erfüllter Wartezeit in der ersten Hälfte eines Kalenderjahres aus dem Arbeitsverhältnis ausscheidet.

a) Teilurlaub im Eintrittsjahr

2831

Anspruch auf Teilurlaub haben alle Arbeitnehmer, die im ersten Jahr ihrer Beschäftigung die 6-monatige Wartezeit nicht erfüllen. Dies ist immer der Fall, wenn das Arbeitsverhältnis nach dem 01.07. des Kalenderjahres beginnt. Beginnt es genau mit dem 01.07., hat der Arbeitnehmer am 31.12. die Wartezeit erfüllt. Der Arbeitnehmer erwirbt dann den vollen Urlaubsanspruch, muß sich aber in einem früheren Arbeitsverhältnis gewährten Urlaub anrechnen lassen.

Nimmt er die Beschäftigung erst am 02.07. auf, hat er nur einen Teilurlaubsanspruch von 5/12!

Der Arbeitnehmer kann verlangen, daß der Teilurlaubsanspruch auf das nächste Urlaubsjahr übertragen wird.

b) Teilurlaub bei Ausscheiden vor erfüllter Wartezeit

2832

Einen Teilurlaubsanspruch erwirbt auch derjenige Arbeitnehmer, der **vor erfüllter Wartezeit** (6 Monate) aus dem Arbeitsverhältnis ausscheidet. Dies sind alle Fälle, in denen das Arbeitsverhältnis insgesamt keine vollen 6 Monate besteht. Dabei kommt es nicht darauf an, ob es in einem Urlaubsjahr beginnt und in dem anderen endet, ohne insgesamt 6 Monate bestanden zu haben. Es wird also nicht

Urlaubsrecht

jedes Jahr für sich berechnet. Dies könnte also eine erhebliche Verschlechterung der Position des Arbeitnehmers bedeuten.

Beispiel:
Beginn des Arbeitsverhältnisses: 04.11.1994.
Ende des Arbeitsverhältnisses: 15.02.1995
Folgende Berechnung ist falsch: Urlaubsanspruch 1994 (1/12) plus Urlaubsanspruch 1995 (1/12) = insgesamt 2/12.
*Vielmehr ist hier von einem **einheitlichen Teilurlaubsanspruch** vom 04.11. bis zum 15.02. auszugehen (= 3/12 des Jahresurlaubs).*

Der Teilurlaubsanspruch entsteht ab dem Zeitpunkt, in dem feststeht, daß die Wartezeit nicht mehr erfüllt werden kann. Dies ist etwa für befristet beschäftigte Aushilfskräfte bedeutsam. Diese haben einen Anspruch auf Urlaubsgewährung, auch wenn die Wartezeit noch nicht erfüllt ist. Die Gewährung in Natur hat Vorrang vor einer Abgeltung.

c) Teilurlaubsanspruch bei Ausscheiden nach erfüllter Wartezeit

2833

Hat der Arbeitnehmer die 6-monatige Wartezeit erfüllt, so entsteht der volle Urlaub jeweils am 01.01. des neuen Jahres. Scheidet der Arbeitnehmer jedoch innerhalb der ersten 6 Monate aus (bis 30.06. !), so **reduziert sich der Vollurlaub auf einen Teilurlaub**. Gehen die Arbeitsvertragsparteien davon aus, daß der Arbeitnehmer mehr als 6 Monate beschäftigt bleibt und wird diesem der volle Jahresurlaub gewährt, so kann das Entgelt für den zuviel gewährten Urlaub nicht zurückverlangt werden (§ 5 Abs. 3 BUrlG). Dabei ist es gleichgültig, auf welche Weise das Arbeitsverhältnis endet.

Etwas anderes kann nur in Betracht kommen, wenn der Arbeitnehmer sich den Urlaubsanspruch arglistig erschleicht, er also bereits fest entschlossen ist, aus dem Arbeitsverhältnis auszuscheiden.

Steht bereits zu Beginn des Kalenderjahres fest, daß der Arbeitnehmer innerhalb der ersten Jahreshälfte ausscheidet, so entsteht von vornherein nur ein gekürzter Teilurlaubsanspruch.

Beispiel:
Bereits im Dezember 1994 heben die Parteien das Arbeitsverhältnis mit Wirkung zum 31.05.1995 auf.
Arbeitnehmer A kann hier nicht verlangen, daß ihm der volle Jahresurlaub 1995 gewährt wird.

Arbeitsrecht

d) Abweichungen vom Zwölftelungsprinzip

2834

Es kann nicht vereinbart werden, daß im Fall des Ausscheidens in der zweiten Jahreshälfte nur ein Teilurlaubsanspruch entsteht. Dies gilt selbst in den Fällen des Vertragsbruchs.

Eine **Abänderung des Zwölftelungsprinzips** ist bezogen auf den Mindesturlaub von 18 Werktagen einzelvertraglich unzulässig. Etwas anderes gilt nur für einen hierüber hinausgehenden Urlaubsanspruch. Auch das Stichtagssystem ist für die Parteien des Einzelarbeitsvertrages zwingend.
In Abweichung vom **grundsätzlichen Zwölftelungsprinzip des Urlaubsrechts** kann in einem Tarifvertrag bestimmt sein, daß **jeglicher Urlaubsanspruch erstmalig** nach mehr als **3-monatiger ununterbrochener Zugehörigkeit** zu demselben Betrieb oder Unternehmen entsteht (*LAG Düsseldorf 01.09.1992, NZA 1993, 474*). Mit Ausnahme der §§ 1, 2 und 3 Abs. 1 BUrlG kann nämlich in Tarifverträgen von den Vorschriften des Bundesurlaubsgesetzes **abgewichen** werden. Die oben geschilderte tarifliche Bestimmung kann - theoretisch - zur Folge haben, daß ein Arbeitnehmer, der mehrmals jährlich keine 3-monatige Betriebszugehörigkeit erreicht, **überhaupt keinen Anspruch auf Urlaub** erwirbt.
Die Tarifvertragsparteien können i.ü. ein Stichtagssystem auch dann einführen, wenn es im Einzelfall für den Arbeitnehmer ungünstiger ist.

e) Krankheit und Teilurlaub

2835

Ist der Arbeitnehmer arbeitsunfähig krank und steht deshalb nicht genügend Zeit zur Verfügung, den Urlaubsanspruch zu erfüllen, so erlischt er (s. Rz. 2848). Eine Abgeltung scheidet also ebenso aus wie eine Übertragung.

f) Berechnung des Teilurlaubsanspruchs

2836

Bei der Berechnung des Teilurlaubsanspruchs ist von **vollen Beschäftigungsmonaten** auszugehen. Dies bedeutet für die betriebliche Praxis:

- Es kommt nicht auf Kalendermonate an, sondern auf den Zeitraum eines Monats.

- Teile von Beschäftigungsmonaten scheiden aus; es gibt keine Aufrundung.

- Bruchteile, die nicht 1/2 erreichen, sind auch nicht abzurunden. Sie sind tatsächlich zu gewähren oder eventuell abzugelten.

- Fehlen an einem vollen Monat nach dieser Berechnungsweise Tage, an denen für den Arbeitnehmer bei Fortbestehen des Arbeitsverhältnisses keine Pflicht

Urlaubsrecht

zur Arbeit bestanden hätte, entsteht für den nicht vollendeten Monat kein Urlaubsanspruch!

Beispiel:
Beginnt das Arbeitsverhältnis etwa am 28.7. und endet es am 26.8., so steht dem Arbeitnehmer für den Beschäftigungsmonat auch dann kein Urlaubsanspruch zu, wenn die beiden letzten Tage auf einen Samstag und einen Sonntag fallen.

2837

Die Bestimmung des Beschäftigungsmonats richtet sich nach den Regelungen des BGB (§§ 187 Abs. 2, 188 Abs. 2 BGB). Danach endet der Beschäftigungsmonat mit Ablauf desjenigen Tages des nächsten Monats, welcher dem Tage vorhergeht, der dem Tag des Beginns des Arbeitsverhältnisses entspricht.

Hinter diesem komplizierten Gesetzeswortlaut verbirgt sich folgendes:

Beginnt das Arbeitsverhältnis am 16.08.1994, so ist der erste Kalendermonat am 15.09.1994 erreicht. Auch ein zwischenzeitlicher Jahreswechsel ändert nichts (Beispiel: *Beginn 20.12.1994, Erreichen des ersten Beschäftigungsmonats 19.01.1995*).
Der Beschäftigungsmonat wird nicht dadurch verlängert oder hinausgeschoben, daß der Arbeitnehmer arbeitsunfähig erkrankt.
Etwas anderes gilt nur, wenn die Aufnahme der Beschäftigung erst im Laufe des Arbeitstages erfolgt. Hier ist der erste Tag der Beschäftigung nicht mitzurechnen.

Beispiel:
Beginnt die Beschäftigung im Laufe des 28.7., so endet der erste Beschäftigungsmonat am 28.8. (§ 188 Abs. 2, 1. Alt. BGB in Verbindung mit § 187 Abs. 1 BGB).

Es kommt auf den rechtlichen Bestand des Arbeitsverhältnisses an. Volle Monate ergeben sich im übrigen auch bei einer bloßen **Teilzeitbeschäftigung,** wenn der Arbeitnehmer also beispielsweise nur 3 Stunden am Tag arbeitet.

2838

Die Berechnung des Teilurlaubsanspruchs ist mathematisch genau vorzunehmen.

Beispiel:
Jahresurlaub 30 Tage, 4 Beschäftigungsmonate, Teilurlaubsanspruch =
30 Tage : 12 x 4 = 10.

Ergeben sich bei der Berechnung **Bruchteile,** die mindestens einen halben Tag ausmachen, so sind diese auf einen vollen Tag aufzurunden (siehe § 5 Abs. 2 BUrlG).

Beispiel:
Beträgt der Urlaubsanspruch 4,6 Tage, so ergibt sich ein Teilurlaub von 5 Tagen.

Diese Aufrundung schlägt dann auch auf die Urlaubsabgeltung durch. Geringere Bruchteile von Urlaubstagen sind weder auf- noch abzurunden. Vielmehr ist eine entsprechende Arbeitsbefreiung zu gewähren. Im übrigen wird eine **mehrfache Aufrundung** nicht in Betracht kommen.

Beispiel:
Teilurlaubsanspruch nach Zwölftelung 6,445 Tage
Erste Rundung: 6,45 Tage
Zweite Rundung: 6,5 Tage
Dritte Rundung: 7 Tage
Im Beispielsfall verbleibt es vielmehr bei 6,445 Tagen.

Infolge der Rundung kann es bei einem Arbeitnehmer, der zwölfmal jährlich seine Arbeitsstelle nach je einem Beschäftigungsmonat wechselt, vorkommen, daß dieser 12 x 1,5 also aufgerundet 2 Urlaubstage erhält. Ist der Arbeitnehmer hingegen zwölfmal beschäftigt, ohne jeweils einen Kalendermonat zu erfüllen, so hat er keinen Teilurlaubsanspruch. Dies ist allerdings wohl ein nur theoretischer Fall.

7. Vermeidung doppelter Urlaubsinanspruchnahme

2839
Da der volle Urlaubsanspruch nach erfüllter Wartezeit jeweils zu Beginn des Kalenderjahres entsteht, kann es vorkommen, daß ein Arbeitnehmer zwei **Vollurlaubsansprüche** im Jahr erwirbt

Beispiel:
Arbeitnehmer A ist seit 5 Jahren bei Arbeitgeber B beschäftigt. Seinen Jahresurlaub 1994 nimmt er vom 10.02. bis 15.03.1994. Am 31.03.1994 scheidet er aus dem Arbeitsverhältnis aus und nimmt am 01.04. eine Tätigkeit bei Arbeitgeber C auf. Die Wartezeit erfüllt er am 30.09.1994. Danach hätte er Anspruch auf den vollen Jahresurlaub aus dem Arbeitsverhältnis mit C.
*Entstehen dem Arbeitnehmer sowohl gegenüber dem alten als auch gegenüber dem neuen Arbeitgeber Urlaubsansprüche, so nennt man dies **Doppelurlaubsanspruch**.*

a) Anrechnung bereits genommenen Urlaubs

2840
Die **Entstehung von Doppelurlaubsansprüchen** wird vom Gesetz nicht verhindert. Allerdings soll jedem Arbeitnehmer grundsätzlich nur einmal im Urlaubsjahr ein Erholungsurlaub zustehen. Dementsprechend ist in § 6 Abs. 1 BUrlG ei-

ne **Anrechnung** vorgesehen. Der Anspruch auf Urlaub besteht nicht, soweit dem Arbeitnehmer für das laufende Kalenderjahr bereits von einem früheren Arbeitgeber Urlaub gewährt worden ist.

Beispiel:
Hat Arbeitnehmer A im obigen Beispiel zwei Urlaubsansprüche erworben, so wird der genommene erste Urlaub auf den zweiten angerechnet. Sind beide gleich lang, so geht der zweite Urlaubsanspruch quasi unter.

Durch diese Regelung wird der Arbeitgeber benachteiligt, der faktisch Urlaub im Vorgriff gewährt hat. Gleichwohl findet ein Ausgleich zwischen den Arbeitgebern nicht statt.

Dem ersten Arbeitgeber steht keine Kürzungsbefugnis zu, wenn er erfährt, daß der Arbeitnehmer noch einen zweiten Urlaubsanspruch erwirbt. **Anrechnungsbefugt ist nur der zweite Arbeitgeber.** Zur Verrechnung steht im übrigen nur der tatsächlich gewährte oder abgegoltene Urlaub.

Steht der Arbeitnehmer parallel in zwei Arbeitsverhältnissen, erwachsen ihm Urlaubsansprüche, die voneinander unabhängig sind. Er hat also eventuell einen doppelten Urlaubsanspruch! Hier bestehen Besonderheiten, wenn es um die zeitliche Lage des Urlaubs geht (s. dazu Rz. 2852 ff.).

Beispiel:
Arbeitnehmer A und Arbeitgeber B kommen am 27.05.1994 überein, das zwischen ihnen bestehende Arbeitsverhältnis einvernehmlich zum 30.09.1994 aufzuheben. Da B recht finanzschwach ist und keine große Abfindung zahlen kann, wird der A ab dem 01.06.1994 einvernehmlich von der Erbringung der Arbeitsleistung freigestellt. Er geht schon am 02.06.1994 ein neues, weiteres Arbeitsverhältnis bei Arbeitgeber C ein. A ist hier für die Zeit von Juni bis September 1994 ein doppelter Urlaubsanspruch erwachsen.

2841
Eine Verrechnung scheidet gleichfalls aus, wenn die **Urlaubsansprüche** nicht **aus demselben Kalenderjahr** resultieren.

Beispiel:
Die Verrechnung eines übertragenen Urlaubs aus dem Kalenderjahr 1994 mit einem Urlaubsanspruch aus dem Kalenderjahr 1995.

Schließlich kommt eine Verrechnung nicht in Betracht, wenn nur **Teilurlaubsansprüche** aus beiden Arbeitsverhältnissen bestehen. Dies macht das nachfolgende Beispiel eindrucksvoll deutlich.

Arbeitsrecht

Beispiel:
Erstes Arbeitsverhältnis: 01.01. - 30.04.
Zweites Arbeitsverhältnis: 01.09. - 30.11.

Hier gilt: Zur Disposition steht nur der im Vorgriff erteilte Urlaub!

Anzurechnen ist im übrigen nicht nur der gesetzliche Mindesturlaub, sondern auch der Mehrurlaub, aber nur dann, wenn er im Vorgriff gewährt wurde. Dies ist der Fall, wenn er den nach dem Zwölftelungsprinzip zu berechnenden Teilurlaubsanspruch übersteigt.

2842
Gelten in mehreren Arbeitsverhältnissen unterschiedliche Bemessungsgrundlagen für den Urlaub, so muß vor der Verrechnung eine Umrechnung auf einen gleichen Nenner erfolgen.

Beispiel:
Erstes Arbeitsverhältnis: Urlaub 36 **Werktage**
Zweites Arbeitsverhältnis: Urlaub 25 **Arbeitstage**
Bereits genommen: 30 Werktage
Die Umrechnung erfolgt im Beispielsfall wie folgt:

36 Werktage : 6 = 6 Wochen x 5 Arbeitstage = 30 Arbeitstage Urlaub.
Hat der Arbeitnehmer schon 30 Werktage = 25 Arbeitstage Urlaub genommen, so steht ihm aus dem zweiten Arbeitsverhältnis kein weiterer Urlaubsanspruch mehr zu.

In folgenden Fällen ist keine Anrechnung vorzunehmen:

- im ersten Arbeitsverhältnis wurde ein Zusatzurlaub gewährt (beispielsweise wegen besonders schwerer Arbeit)
- der Urlaub wurde im ersten Arbeitsverhältnis im Vorgriff auf ein **späteres Kalenderjahr** gewährt. Das Risiko trägt der Urlaub auf Vorschuß gewährende Arbeitgeber.

b) Bescheinigung über genommenen Urlaub

2843
Damit eine doppelte Urlaubsinanspruchnahme vermieden werden kann, ist der alte Arbeitgeber verpflichtet, dem Arbeitnehmer bei Beendigung des Arbeitsverhältnisses eine Bescheinigung über den im laufenden Kalenderjahr gewährten oder abgegoltenen Urlaub auszuhändigen (siehe § 6 Abs. 2 BUrlG). Aus dieser kann der neue Arbeitgeber entnehmen, in welchem Umfang bereits Urlaub gewährt wurde.

Muster einer Urlaubsbescheinigung

Urlaubsbescheinigung
nach § 6 Abs. 2 Bundesurlaubsgesetz

Aussteller: ....
....
....

Herr / Frau ....
geb. am .... wohnhaft in ....
Straße..

war bei uns im Kalenderjahr .... vom .... bis .... beschäftigt. Der tarif-/arbeitsvertragliche Jahresurlaub beträgt insgesamt .... Arbeits-/Werktage. Im laufenden Kalenderjahr 19.. wurden Herrn/Frau .... bereits .... Arbeits-/Werktage Urlaub gewährt/abgegolten. Dies entspricht .../12 des gesamten Jahresurlaubs.

....
Ort, Datum   Unterschrift

Auf die Erteilung der Urlaubsbescheinigung hat der Arbeitnehmer einen vor den Arbeitsgerichten klageweise erzwingbaren Anspruch.

c) Auskunftsanspruch des neuen Arbeitgebers

2844

Der neue Arbeitgeber kann von dem Arbeitnehmer die Vorlage der **Urlaubsbescheinigung** verlangen. Kommt der Arbeitnehmer dem nicht nach, kann der neue Arbeitgeber die Gewährung von Urlaub so lange ablehnen, bis die Urlaubsbescheinigung vorgelegt ist oder bereits gewährter Urlaub anderweitig nachgewiesen ist. Der neue Arbeitgeber kann auch von dem alten Arbeitgeber eine Auskunft über den dem Arbeitnehmer erteilten Urlaub einholen, wenn die Urlaubsbescheinigung nicht vorgelegt wird, sie unklar ist oder ihre Richtigkeit in Frage steht. Bestreitet der neue Arbeitgeber die Richtigkeit der Urlaubsbescheinigung, so muß er dies beweisen.

d) Urlaubsanspruch und Arbeitsplatzwechsel

2845

Besondere Probleme tauchen auf, wenn bei einem Arbeitsplatzwechsel der Urlaub aus dem ersten Arbeitsverhältnis noch nicht oder nicht vollständig abgewickelt worden ist.

Beispiel:
Der Arbeitnehmer war im ersten Arbeitsverhältnis vom 01.01. - 31.03. beschäftigt. Er hat einen Abgeltungsanspruch von 3/12 des Jahresurlaubs erworben. Im zweiten Arbeitsverhältnis ist er seit dem 01.06. beschäftigt (Ablauf der Wartezeit: 30.11., danach Vollurlaubsanspruch).

Im Beispielsfall stellt sich die Frage, ob der Arbeitnehmer zwischen der Abgeltung und der Gewährung in natura wählen oder beides kombinieren kann. Grundsätzlich steht dem Arbeitnehmer in dieser Konstellation ein Wahlrecht zu. Allerdings kommt dabei dem Freizeitanspruch der Vorrang zu. Dies setzt aber voraus, daß im Zeitpunkt der Geltendmachung des Anspruchs auch tatsächlich ein Urlaubsanspruch in natura gegenüber dem neuen Arbeitgeber besteht. Die Möglichkeit oder Wahrscheinlichkeit, daß ein solcher Anspruch erworben wird, genügt nicht. Hier kann die Abgeltung verlangt werden.

Der neue Arbeitgeber kann die Urlaubsgewährung nicht deswegen verweigern, weil der Arbeitnehmer noch einen Anspruch auf Abgeltung gegen den alten Arbeitgeber hat. Der alte Arbeitgeber kann den ihn um Abgeltung angehenden Arbeitnehmer auf den Urlaubsanspruch aus dem neuen Arbeitsverhältnis verweisen. Das Verweisungsrecht besteht nur solange, wie der Freizeitanspruch gegen den neuen Arbeitgeber besteht.

Selbst ein **Teilurlaubsanspruch** gegenüber dem neuen Arbeitgeber geht dem Abgeltungsanspruch gegenüber dem alten Arbeitgeber vor, sofern sich die Zeiträume überlappen.

Das Arbeitsgericht Reutlingen hat darauf erkannt, daß in einer solchen Konkurrenzsituation dem Arbeitnehmer ein Wahlrecht zusteht *(18.02.1993, NZA 1993, 457)*. Das Bundesarbeitsgericht hat zu diesem Problemkreis abschließend noch nicht Stellung genommen. Zu empfehlen ist daher eine entsprechende **Regelung in der Ausscheidensvereinbarung**.

Ist auch der **neue Arbeitgeber nur zur Abgeltung verpflichtet**, so haften beide Arbeitgeber nur nach Bruchteilen. Jeder Arbeitgeber muß also nur den in "seinem" Arbeitsverhältnis entstandenen Abgeltungsanspruch erfüllen.

Beispiel:
4 Tage Urlaubsabgeltung aus dem ersten Arbeitsverhältnis, 3 Tage Urlaubsabgeltung aus dem zweiten Arbeitsverhältnis. Hier haften nicht beide Arbeitgeber für 7 Tage Urlaubsabgeltung, sondern jeder nur für seinen Anteil.
Hier ist aus Sicht der Praxis besonderes Augenmerk gefragt.

Urlaubsrecht

8. Rückabwicklung bei zuviel gewährtem Urlaub

2846

Scheidet ein Arbeitnehmer nach erfüllter Wartezeit aus dem Arbeitsverhältnis in der ersten Hälfte des Kalenderjahres aus (Fall des § 5 Abs. 1 c BUrlG) und hat er schon mehr Urlaub erhalten, als ihm anteilig nach dem Zwölftelungsprinzip zusteht, so stellen sich **Rückabwicklungsprobleme**. Selbstverständlich kann der Arbeitnehmer den erhaltenen Urlaub nicht wieder herausgeben. Der Arbeitgeber wird aber ein Interesse daran haben, zumindest das **Urlaubsentgelt zurückzuerhalten**. Dem steht jedoch § 5 Abs. 3 BUrlG entgegen. Das "überzahlte" Urlaubsentgelt kann nicht zurückverlangt werden, wenn der Arbeitnehmer nach erfüllter Wartezeit in der ersten Hälfte des Kalenderjahres ausscheidet. Ausnahmen gelten nur dann, wenn der Arbeitnehmer sich den Urlaub arglistig erschlichen hat. Hat der Arbeitgeber hingegen irrtümlich zuviel Urlaubsentgelt gezahlt (Fehlberechnung), kommt eine Rückforderung in Betracht. Der Arbeitnehmer kann sich aber, wenn er auf die richtige Auszahlung vertraut hat und vertrauen durfte, darauf berufen, daß er das überzahlte Geld verbraucht hat. Dem Arbeitgeber wird hierdurch ein erhebliches Risiko aufgebürdet!

Wird dem Arbeitnehmer **aus sonstigen Gründen** zuviel Urlaub gewährt, so ist eine Rückzahlung des Urlaubsentgeltes grundsätzlich möglich.

Dabei kann den Parteien zu einer Rückzahlungsklausel (s. Rz. 2898) nur geraten werden, insbesondere wenn es um zusätzliches Urlaubsgeld geht! Auch eine Zahlung unter Vorbehalt kann sinnvoll sein.

9. Erlöschen des Urlaubsanspruchs

2847

Der Urlaubsanspruch des Arbeitnehmers erlischt, wenn dem Arbeitnehmer der Urlaub gewährt wurde. Abgesehen hiervon erlischt der Urlaubsanspruch durch Zeitablauf, Verzicht, Verwirkung und den Tod des Arbeitnehmers.

a) Erlöschen durch Zeitablauf

2848

Da der **Urlaubsanspruch** nur für das **laufende Kalenderjahr** besteht, erlischt er grundsätzlich mit dessen Ablauf, also am 31.12. Kommt hingegen eine Übertragung in Betracht, so muß der Urlaub bis zum 31.03. des Folgejahres genommen werden. Es reicht nicht aus, daß der Urlaub rechtzeitig angetreten wird. **Er muß auch in dem maßgeblichen Zeitraum abgewickelt werden.** Der Urlaubsanspruch erlischt auch dann durch Fristablauf, wenn der Arbeitnehmer etwa infolge Krankheit gar nicht in der Lage war, den Urlaub anzutreten. Selbst bei Ungewißheit über den Fortbestand des Arbeitsverhältnisses erlischt der Urlaubsanspruch, wenn er nicht geltend gemacht wird. Die Geltendmachung liegt nicht in der Erhebung der Kündigungsschutzklage! Wird der Urlaub rechtzeitig geltend gemacht, so bleibt er als **Schadensersatzanspruch** erhalten.

Die oben skizzierte **Befristung des Urlaubsanspruchs** verstößt nicht gegen das Abkommen Nr. 132 der IAO *(BAG 07.12.1993, EzA § 7 BUrlG Nr. 91)*.

Bevor der Arbeitgeber ein Erlöschen des Urlaubsanspruchs durch Zeitablauf einwendet, sollte vorab geprüft werden, ob abweichende **tarifliche Regelungen** bestehen. In diesem Zusammenhang sei exemplarisch auf die Regelung im Manteltarifvertrag für die Hohlglaserzeugung hingewiesen:

Beispiel:
"Der laufende Jahresurlaub ist bis spätestens zum 31.03. des folgenden Kalenderjahres zu gewähren und zu nehmen. Abgesehen von besonders begründeten Ausnahmefällen erlischt der Urlaubsanspruch, wenn er bis dahin nicht geltend gemacht worden ist".
Durch die zitierte Tarifvorschrift wird die gesetzliche Regelung in dreifacher Hinsicht modifiziert:

- Die Befristung des Urlaubsanspruchs wird über das Ende des Kalenderjahres hinaus auf den 31.03. des Folgejahres hinausgeschoben; es bedarf mithin in Abweichung von § 7 Abs. 3 BUrlG keinerlei Übertragungsvoraussetzungen.

- Wird der Urlaub bis zum 31.03. des Folgejahres nicht gewährt, dann genügt die rechtzeitige Geltendmachung seitens des Arbeitnehmers. Diese muß allerdings so rechtzeitig erfolgen, daß der Urlaub noch bis zum 31.03. gewährt (abgewickelt) werden kann.

- In besonders begründeten Ausnahmefällen erlischt der Urlaubsanspruch ausnahmsweise nicht, selbst wenn er nicht rechtzeitig geltend gemacht wurde.

Ein besonders begründeter Ausnahmefall liegt etwa vor, wenn ein Arbeitnehmer **langanhaltend arbeitsunfähig erkrankt** ist, das Ende der Arbeitsunfähigkeit aber absehbar ist *(so LAG Köln 22.04.1993, LAGE § 7 BUrlG Übertragung Nr. 4)*.

b) Verzicht, Verwirkung

2849

Da die Regelungen des Bundesurlaubsgesetzes für die Parteien grundsätzlich zwingend sind, ist der **Mindesturlaubsanspruch unverzichtbar** - und zwar unabhängig davon, wann der Verzicht seitens des Arbeitnehmers erklärt wird. Selbst ein vor Gericht erklärter Verzicht scheidet aus. Das **Verzichtsverbot** erfaßt sowohl den **Freistellungsanspruch** selbst als auch den Anspruch auf Urlaubsentgelt oder Urlaubsabgeltung. Dies gilt nur für den gesetzlichen Mindesturlaubsanspruch!

Urlaubsrecht

Aufgrund der Unverzichtbarkeit des Urlaubsanspruchs scheidet grundsätzlich auch dessen **Verwirkung** aus. Allerdings kann der Arbeitgeber unter Umständen geltend machen, die Urlaubsinanspruchnahme sei wegen Verstoßes gegen Treu und Glauben unzulässig, da der Arbeitnehmer besonders gravierend gegen das Gebot redlichen Verhaltens verstoßen habe.

Beispiel:
Arbeitnehmer A macht nach erfüllter Wartezeit seinen vollen Jahresurlaub am 02.01. geltend, obwohl er weiß, daß er Mitte Februar ausscheiden wird. Eine entsprechende Frage des Arbeitgebers hat er verneint.

Im Ergebnis ist jeweils eine Interessenabwägung vorzunehmen. Dabei ist stets zu berücksichtigen, daß der Freizeitanspruch besonders geschützt ist.

c) Tod des Arbeitnehmers

2850

Der Urlaubsanspruch erlischt mit dem **Tod des Arbeitnehmers**, da er an dessen Person gebunden ist. Dies bedeutet, daß eine Vererbung oder sonstige Übertragung des Urlaubsanspruchs nicht in Betracht kommt.

Beispiel 1:
Arbeitnehmer A lehnt aus persönlichen Gründen Urlaub grundsätzlich ab. Sein Kollege B ist dagegen begeisterter Urlauber. A verkauft dem B auf dessen Bitte hin seinen Urlaubsanspruch.
Wegen der Bindung an die Person hat B im Beispielsfall nicht den Urlaubsanspruch von A erworben. Dies gilt auch, wenn nur Teile des Anspruchs übertragen werden sollen

Beispiel 2:
Die A ist Alleinerbin ihres im Januar 1995 verstorbenen Mannes. Dieser war bei Arbeitgeber B bis zum Zugang eines Bescheides über eine Erwerbsunfähigkeitsrente am 30.05.1993 beschäftigt. Ihm standen noch 46 Tage Resturlaub zu.
Der Urlaubsanspruch ist an die Person des Herrn A gebunden und dementsprechend mit dessen Tode untergegangen. Er ist also nicht vererblich. Gleiches gilt für einen etwaigen Urlaubsabgeltungsanspruch nach § 7 Abs. 4 BUrlG (s. Rz. 2902 ff.).

Hat der Arbeitnehmer hingegen nach seinem Ausscheiden aus dem Arbeitsverhältnis zu recht, aber erfolglos Urlaubsabgeltung verlangt, kann ein vererblicher Schadensersatzanspruch entstehen, wenn der Arbeitnehmer vor dem Ende eines Rechtsstreits stirbt, der über diesen Anspruch geführt wird.

d) Tarifliche Verfallklauseln

2851

Unter bestimmten Umständen kann ein Urlaubsanspruch, der **über den gesetzlichen Mindesturlaub** hinausgeht, einer **tariflichen Verfallklausel** unterfallen. Entscheidend ist hier jedoch der **Wortlaut der Ausschlußfrist**. Heißt es beispielsweise in dem Tarifvertrag "gegenseitige Ansprüche aller Art aus diesem Arbeitsverhältnis - ausgenommen Lohnansprüche - können nur innerhalb einer 1-monatigen Ausschlußfrist seit Fälligkeit des Anspruchs schriftlich geltend gemacht werden", so ist diese Klausel **auf Urlaubs- und Urlaubsabgeltungsansprüche nicht anzuwenden**. Dies gilt schon deshalb, weil die Arbeitnehmer ansonsten gezwungen wären, im Januar jeden Jahres ihre Urlaubsansprüche **schriftlich** geltend zu machen, wollten sie deren Verfall verhindern. Dies entspricht aber nicht Sinn und Zweck der mitgeteilten Tarifklausel. Regelmäßig wird es daher erforderlich sein, daß der Urlaubs- oder Urlaubsabgeltungsanspruch **ausdrücklich** in der tariflichen Verfallklausel erwähnt wird. Verfallklauseln haben also regelmäßig nur für Abgeltungsansprüche Bedeutung. Diese können, bei Vorliegen der tariflichen Voraussetzungen, verfallen. In Einzelarbeitsverträgen oder Betriebsvereinbarungen können keine Ausschlußklauseln vereinbart werden.

e) Vergleich

2851 a

Ein Vergleich über den Mehrurlaub kann unter den allgemeinen Voraussetzungen abgeschlossen werden. Ggfs. ist auf § 4 Abs. 4 Satz 1 TVG **(Zustimmungsvorbehalt der Tarifparteien)** zu achten! Ein Vergleich hinsichtlich des **Mindesturlaubs** ist nicht möglich; anders Tatsachenvergleich (s. Rz. 4046).

f) Verjährung

2851 b

Eine Verjährung des Freistellungsanspruchs selbst kommt wegen der Bindung an das Urlaubsjahr und den Übertragungszeitraum nicht in Betracht. Verjähren kann daher nur der Urlaubsabgeltungsanspruch nach § 7 Abs. 4 BUrlG. Einschlägig ist § 196 Nr. 8 und 9 BGB (2-jährige Frist).

IV. Zeitliche Lage des Urlaubs

2852

Häufige Probleme tauchen auf, wenn es darum geht, die **zeitliche Lage des Urlaubs** zu fixieren. Hier prallen die Interessen von Arbeitgeber und Arbeitnehmer aufeinander. Zudem sind noch die Vorgaben des Bundesurlaubsgesetzes zu beachten.

Urlaubsrecht

1. Urlaubserteilung

2853

Die Verwirklichung des kraft Gesetzes entstandenen Urlaubsanspruchs ist davon abhängig, daß der Arbeitgeber den **Urlaub gewährt,** also den Arbeitnehmer von der Arbeit für den Urlaubszeitraum freistellt.

Muster: Urlaubserteilung

Auf Ihren Urlaubsantrag vom .... wird Ihnen ein Erholungsurlaub von .... Tagen in der Zeit vom .... bis .... bewilligt. Sie müssen Ihre Arbeit demnach am .... wieder aufnehmen. Ihr restlicher Urlaubsanspruch beträgt .... Urlaubstage.

Wichtig ist, daß die **Urlaubserteilung für den Arbeitnehmer erkennbar ist.** Es muß klar sein, daß er zu Erholungszwecken bezahlt von der Arbeit entbunden wird. Eine solche Befreiung von der Arbeitspflicht liegt nicht vor, wenn der Arbeitgeber nur auf die Arbeitsleistung des Arbeitnehmers verzichtet (Freistellung). Eine nachträgliche Verrechnung von solchen Freistellungszeiten mit Urlaubsansprüchen ist nicht möglich *(BAG 25.01.1994, EzA § 7 BUrlG Nr. 92).* So kann etwa während der **Zeit eines Beschäftigungsverbots** kein Urlaub erteilt werden, weil die Arbeitnehmerin schon aus anderen Gründen von der Tätigkeit entbunden ist. Gleiches gilt in einem **Wiedereingliederungsverhältnis.** Hier ruhen die arbeitsvertraglichen Hauptpflichten, so daß eine Befreiung von der Arbeitspflicht nicht in Betracht kommt *(BAG 19.04.1994, EzA § 74 SGB V Nr. 2).*

Selbst wenn der Arbeitnehmer nicht tätig wird, um seinen Urlaub zu realisieren (Beispiel: *er will einen Abgeltungsanspruch erwerben*), ist es dem Arbeitgeber anzuraten, den Urlaub ausdrücklich anzubieten. Hierdurch werden Abgeltungsansprüche vermieden.

Der Arbeitgeber muß also eine **zeitliche Bestimmung** treffen. Angesichts der langen Reservierungszeiten für Urlaubsreisen, Flüge und Quartiere ist der Arbeitgeber gehalten, die Festlegung in **angemessener Zeit vor dem Urlaub** zu treffen. Er muß sich dabei im Rahmen billigen Ermessens halten. Versäumt es der Arbeitgeber, seiner Festlegungsverpflichtung nachzukommen, ist der Arbeitnehmer nicht berechtigt, eine eigenständige Bestimmung zu treffen. Tritt er trotzdem eigenmächtig seinen Urlaub an (also quasi im Wege der Selbstbeurlaubung), muß er mit Konsequenzen für den Bestand des Arbeitsverhältnisses rechnen. Notfalls muß der Arbeitnehmer also zur Durchsetzung des Urlaubsanspruchs gerichtliche Hilfe in Anspruch nehmen. Aber auch hier gilt: **Keine Regel ohne Ausnahme.** Hat der Arbeitgeber bereits mehrfach zu unrecht den Urlaubswunsch zurückgewiesen und organisiert er den Betriebsablauf nicht so, daß die Urlaubswünsche nach den gesetzlichen Vorschriften erfüllt werden können, kann ausnahmsweise eine Selbstbeurlaubung in Betracht kommen. Dies setzt aber auch voraus, daß keine gerichtliche Hilfe zu erlangen ist *(Beispiel: Arbeitseinsatz in Indonesien)*. Abgesehen von solch exotischen Fällen gilt aber: es besteht kein Selbstbeurlaubungsrecht!

2854
Unterläßt der Arbeitgeber trotz Aufforderung des Arbeitnehmers die Festlegung des Urlaubs, erwächst diesem ein Schadensersatzanspruch (sog. Ersatzurlaubsanspruch).

Beispiel:
Arbeitnehmer A fordert Arbeitgeber B auf, den Jahresurlaub festzulegen. B kommt dem nicht nach, da er meint, A habe wegen mangelnder Arbeitsleistung keinen Urlaub verdient. A kann seinen Urlaub daher weder im Urlaubsjahr noch im Übertragungszeitraum realisieren.
Im Beispielsfall steht dem A ein auf die tatsächliche Urlaubsgewährung gerichteter Schadensersatzanspruch zu.
Dieser unterfällt einer tariflichen Ausschlußfrist, wenn er nicht rechtzeitig geltend gemacht wird.

Umgekehrt gilt: Macht der Arbeitnehmer seinen Urlaubsanspruch nicht geltend und legt der Arbeitgeber den Urlaub nicht von sich aus fest, so erlischt der Urlaubsanspruch. Der Arbeitgeber schuldet keinen Schadensersatz, wenn er dem Arbeitnehmer, der keinen Urlaub gefordert hat, den Urlaub nicht von sich aus anbietet. Es gilt: Der Ersatzurlaubsanspruch setzt die rechtzeitige Geltendmachung des Urlaubsanspruchs voraus. Rechtzeitig bedeutet, daß der Urlaub noch vor Ablauf der Fristen der §§ 1, 7 BUrlG gewährt werden kann.

2. Individuelle Festlegung des Urlaubs

2855
Der Arbeitgeber hat die zeitliche Lage des Urlaubs festzulegen. Dabei ist er jedoch nicht frei, sondern muß das **magische Dreieck** "Urlaubswunsch des Arbeitnehmers", "dringende betriebliche Belange" und "Urlaubswünsche anderer Arbeitnehmer" beachten. Zudem sind die zwingenden Vorgaben des Bundesurlaubsgesetzes zu respektieren.

a) Urlaubswunsch

2856
Die zeitliche Lage des Urlaubs ist zunächst davon abhängig, welchen **Urlaubswunsch der Arbeitnehmer** äußert. Dieser Wunsch ist grundsätzlich zu respek-

tieren, es sei denn, die Ausnahmetatbestände "dringende betriebliche Belange"/"Urlaubswünsche anderer Arbeitnehmer" stehen entgegen. Der Urlaubswunsch braucht vom Arbeitnehmer erst dann begründet zu werden, wenn der Arbeitgeber diesen unter Hinweis auf entgegenstehende Belange ablehnt. Im Streitfall hat der Arbeitgeber darzulegen und zu beweisen, daß der Wunsch des Arbeitnehmers nicht erfüllt werden kann, weil anderweitige Belange entgegenstehen. Anderweitige Belange können dem Urlaubswunsch **keinesfalls** entgegengesetzt werden, wenn der Arbeitnehmer im Anschluß an eine Maßnahme der medizinischen Vorsorge oder Rehabilitation seinen Urlaub verlangt (sog. Nachkur). Dies ergibt sich aus **§ 7 Abs. 1 Satz 2 BUrlG**. Der Grund hierfür liegt darin, daß der Arbeitnehmer nach Wegfall der Nachkur hierfür nun seinen Urlaub einsetzen muß, der Zweck einer Maßnahme der Vorsorge oder Rehabilitation aber nur efüllt werden kann, wenn eine Freistellung im unmittelbaren Anschluß vorgenommen wird.

Zur besseren Koordinierung der Urlaubswünsche und aus Gründen der Übersichtlichkeit empfiehlt sich, ein Musterformular für Urlaubsanträge zu benutzen.

Muster eines Urlaubsantragsformulars:

Frau/Herr   *Personal-Nr.:*
Abteilung
Ich bitte mir in der Zeit

vom...........(erster Urlaubstag) bis
zum.........(letzter Urlaubstag), also insgesamt .....Tage Erholungsurlaub
zu gewähren.

Begründung:

- *Erholungsurlaub für das Jahr ....*
- *Resturlaub aus dem Jahr ....*
- *Zusatzurlaub wegen ....*

Begründung zur zeitlichen Lage des Urlaubswunsches:

..

Datum, Unterschrift

Kommen für die begehrte Freistellung von der Arbeit mehrere Anspruchsgrundlagen in Betracht (Beispiel: *Erholungsurlaub oder Sonderurlaub für Kur*), so hat der Arbeitgeber zu bestimmen, welchen Anspruch er erfüllen will. Ein vor der Arbeitsbefreiung erklärter **Vorbehalt des Arbeitgebers**, der ihm ermöglichen soll, nach Gewährung eines Sonderurlaubs die Freistellung ggfs. mit dem Erholungsurlaub zu verrechnen, ist unwirksam.

Können sich die Arbeitsvertragsparteien nicht über die zeitliche Lage des Urlaubs einigen, kann der Arbeitnehmer den **Betriebsrat** bitten, einen Vermittlungsversuch zu unternehmen. Dies ist vor allem deshalb empfehlenswert, weil hierdurch **unnötige Belastungen des Arbeitsklimas** vermieden werden können.

2857

Gerade in Betrieben mit einer größeren Anzahl von Arbeitnehmern empfiehlt es sich, **Urlaubslisten** auszugeben, in die die Arbeitnehmer ihre Urlaubswünsche eintragen können. Der Vorteil der Urlaubsliste liegt in ihrer klarstellenden Wirkung. Zudem hat sie oft eine faktische Bindungswirkung: Der Arbeitnehmer, der seinen Wunsch schriftlich festgelegt hat, wird von diesem nicht ohne weiteres abrücken. Allerdings ist zu beachten, daß die Arbeitnehmer nicht verpflichtet sind, ihre Urlaubswünsche in Listen einzutragen. Gegebenenfalls muß der Arbeitgeber an den Arbeitnehmer herantreten und ihn nach Wünschen fragen oder den Urlaub schlichtweg festlegen. Äußert sich der Arbeitnehmer auch auf Nachfrage nicht, kann der Arbeitgeber die Bestimmung des Urlaubszeitpunktes nach seinem Gutdünken treffen. Allerdings darf er den Urlaub auch in diesem Fall nicht in einen Zeitraum legen, der üblicherweise für die Urlaubsgewährung ausscheidet (Beispiel: *November*). Haben sich die Arbeitnehmer in die Urlaubsliste eingetragen, stellt der Arbeitgeber die Urlaubswünsche zusammen und stimmt diese ab. **Der Wunsch wird also nicht schon mit der Eintragung für den Arbeitgeber verbindlich!**

Äußert der Arbeitgeber hingegen in einem ca. 4 bis 6 Wochen umfassenden Zeitraum keinen Widerspruch, so können die Arbeitnehmer von einer "Genehmigung" ihres Wunsches ausgehen. Der Arbeitgeber kann zwar auch in diesem Fall den Urlaub noch anderweitig festlegen, ist dann aber ggfs. schadensersatzpflichtig.

Es ist empfehlenswert, in der Urlaubsliste deutlich zu machen, daß die bloße Eintragung noch **keine Bindung herbeiführt**, sondern es einer endgültigen Festlegung bedarf. Schon hierdurch können Mißverständnisse verhindert werden, die ansonsten zu Folgestreitigkeiten führen.

Von der Urlaubsliste ist i.ü. der **Urlaubsplan** zu unterscheiden. Dieser enthält allgemeine Richtlinien, nach denen der Urlaub während des Urlaubsjahres abgewickelt werden soll. Dabei ist ggfs. das Mitbestimmungsrecht des Betriebsrats nach § 87 Abs. 1 Nr. 5 BetrVG zu beachten.

Urlaubsrecht

Von zunehmender Bedeutung sind Teilzeitarbeitsverhältnisse. Steht der Arbeitnehmer in mehreren, ist bei der Urlaubsgewährung hierauf Rücksicht zu nehmen. Dabei genießt eine Haupttätigkeit grundsätzlich den Vorrang vor einer bloßen Nebentätigkeit. Ist keine Haupttätigkeit auszumachen, ist in jedem Arbeitsverhältnis getrennt zu prüfen, wie die Interessen des Arbeitnehmers gewahrt werden können.

b) Entgegenstehende dringende betriebliche Belange

2858

Ein Abweichen von dem Urlaubswunsch des Arbeitnehmers kommt primär bei **entgegenstehenden betrieblichen Belangen** in Betracht. Aus dem Adjektiv "dringend" ergibt sich, daß die **Interessen des Arbeitnehmers grundsätzlich vorrangig** sind. Ergibt sich also eine Pattsituation, ist zugunsten des Arbeitnehmers zu entscheiden. Als dringende betriebliche Belange kommen etwa in Betracht:

- Betriebsurlaub
- Saisonzeiten
- Kampagnezeiten
- Vertretungsmöglichkeiten
- Betriebsstörungen
- Urlaub in der vorlesungsfreien Zeit an Hochschulen.

Jedoch reichen diese betrieblichen Belange nicht immer aus. Der Arbeitgeber muß **organisatorische Maßnahmen** treffen, damit möglichst allen Arbeitnehmern der gewünschte Urlaub zugebilligt werden kann. Ein dringender betrieblicher Belang liegt beispielsweise nicht vor, wenn der Arbeitgeber sich auf einen Vertretungsfall beruft, der jährlich wiederkehrt und schon mehrfach dem Urlaubswunsch des Arbeitnehmers entgegengehalten wurde. Selbst bei Vorliegen dringender betrieblicher Belange kann der Wunsch des Arbeitnehmers den Vorrang genießen:

Beispiel:

Arbeitnehmerin A, verheiratet mit B, zwei Kinder, hat im August Betriebsurlaub. In dieser Zeit sind auch Schulferien. Arbeitgeber C will dem B wegen dringender betrieblicher Belange im Juni Urlaub gewähren.

Dieselben Probleme sind bei nichtehelichen Lebensgemeinschaften angesprochen. Auch hier wird zu verlangen sein, daß der Urlaubswunsch der nichtehelichen Lebenspartner durch organisatorische Vorkehrungen respektiert wird.

c) Urlaubswünsche anderer Arbeitnehmer

2859

Dem Urlaubswunsch des Arbeitnehmers können des weiteren die **berechtigten Urlaubswünsche anderer Arbeitnehmer** entgegenstehen. Hier ist eine **Abwägung nach sozialen Gesichtspunkten** erforderlich. Die zu berücksichtigenden Umstände sind mannigfaltig:

- Schulferien schulpflichtiger Kinder
- Urlaub anderer Familienangehöriger
- Urlaub des Arbeitnehmers in einem Doppelarbeitsverhältnis
- Alter
- Dauer der Betriebszugehörigkeit
- Erholungsbedürfnis
- Urlaubsregelung in vorangegangenen Jahren (d. h. keine Dauerbelastung derselben Arbeitnehmer)

Zur Vermeidung von Unsicherheiten kann es sinnvoll sein, mit den Arbeitnehmern die Gewichtung der sozialen Belange zu vereinbaren. Dies kann auch in einer Betriebsvereinbarung geschehen.

d) Urlaub nach Kündigung

2860

Besondere Probleme wirft die Urlaubsfestlegung auf, wenn es um ein gekündigtes Arbeitsverhältnis geht. Häufig soll in diesen Fällen der **Urlaub in die Kündigungsfrist gelegt** werden. Auf Wunsch des Arbeitnehmers ist dies regelmäßig unproblematisch. Dabei ist insbesondere zu berücksichtigen, daß die Gewährung des Urlaubs in natura Vorrang genießt vor einer ansonsten erforderlichen Abgeltung (siehe § 5 Abs. 1c BUrlG und Rz. 2833). Das **Teilungsverbot** des § 7 Abs. 2 BUrlG (s. Rz. 2862) gilt nicht, wenn der Urlaub wegen der Beendigung nur noch teilweise genommen werden kann. Das **Arbeitsverhältnis verlängert sich** also **nicht** automatisch **um die Urlaubsdauer**.

Auch gegen den Wunsch des Arbeitnehmers kann der Urlaub vom Arbeitgeber in die Kündigungsfrist gelegt werden. Dies kommt insbesondere in Betracht, wenn ansonsten nur noch eine Abgeltung möglich ist. Aber Vorsicht: Es kann für den Arbeitnehmer unzumutbar sein, Urlaub in der Kündigungsfrist zu nehmen, wenn in dieser Zeit der Urlaubszweck wegen Stellensuche nicht verwirklicht werden kann.

Urlaubsrecht

Eine beachtliche Klarstellung hat das Bundesarbeitsgericht *(22.09.1992, EzA § 7 BUrlG Nr. 87)* hinsichtlich der Frage der **Urlaubsgewährung in der Kündigungsfrist** getroffen.

Beispiel:
Arbeitnehmer A wird am 16.01.1994 ordentlich zum 30.06.1994 gekündigt. Zu diesem Zeitpunkt steht ihm ein Urlaubsanspruch von 43 Tagen (13 Tage Resturlaub aus 1993, 30 Tage Urlaub für 1994) zu. Seine Kündigungsschutzklage wird vom Arbeitsgericht abgewiesen. Daraufhin bestimmt der Arbeitgeber die Zeit vom 08.06. bis 30.06. (15 Arbeitstage) als Urlaub. Auf die Berufung des Klägers hin wird festgestellt, daß die ordentliche Kündigung das Arbeitsverhältnis doch nicht beendet hat. Der Arbeitnehmer A bietet nunmehr seine Arbeitskraft wieder an und verlangt seinen Jahresurlaub.

*Hier sind dem Arbeitnehmer nach Auffassung des Bundesarbeitsgerichts 15 Tage Urlaub in der Kündigungsfrist wirksam gewährt worden. Der Arbeitgeber war insbesondere deshalb dazu berechtigt, den Urlaub in die Kündigungsfrist zu legen, weil der Arbeitnehmer keinen anderen Urlaubswunsch geäußert hatte. Der bloße **Widerspruch gegen die Freistellung** seitens des Arbeitgebers im Juni ist also kein Urlaubswunsch im Sinne von § 7 Abs. 1 BUrlG.*

Geht man davon aus, daß der Arbeitnehmer im Beispielsfall die Erfüllung seines Resturlaubsanspruchs aus 1993 rechtzeitig angemahnt hat, so ist dieser zwar spätestens mit Ablauf des Übertragungszeitraums am 31.03.1994 erloschen. Er besteht aber als Schadensersatzanspruch fort. A hat also im Beispielsfall noch 43 Arbeitstage - 15 Arbeitstage = 28 Arbeitstage Urlaub.

Will der Arbeitnehmer also nicht, daß der Urlaub vom Arbeitgeber einseitig in die Kündigungsfrist gelegt wird, so muß er einen entgegenstehenden Urlaubswunsch äußern. Er darf sich nicht auf einen schlichten Widerspruch beschränken.

Umgekehrt sollte der Arbeitgeber den Arbeitnehmer darauf aufmerksam machen, daß die Urlaubsgewährung in Natur Vorrang vor einer ansonsten in Betracht kommenden Abgeltung hat. Selbstverständlich ist hier stets auch die besondere Interessenlage der Parteien zu berücksichtigen. Besteht etwa eine Beschäftigungsmöglichkeit bis zum Ende der Kündigungsfrist, so wird beiden Parteien möglicherweise mehr an einer Urlaubsabgeltung liegen. Allerdings sollte dem Arbeitnehmer klar sein, daß die Urlaubsabgeltungszahlung bei Anschlußarbeitslosigkeit zum Ruhen des Arbeitslosengeldanspruchs führt (§ 117 Abs. 1 AFG).

2860 a

Besondere Probleme sind angesprochen, wenn der Arbeitgeber dem Arbeitnehmer gegenüber eine **außerordentliche Kündigung** ausspricht. Wird außerordentlich mit Auslauffrist gekündigt, so gilt im Grundsatz die Rechtslage, die für die ordentliche Kündigung dargestellt wurde. Wird **außerordentlich fristlos** gekündigt, so endet das Arbeitsverhältnis mit Zugang der Kündigungserklärung. Eine **Urlaubsgewährung in Natur** scheidet demnach logischerweise aus. Es ent-

Arbeitsrecht

steht ein **Abgeltungsanspruch** nach § 7 Abs. 4 BUrlG. Ein für die Zeit nach Beendigung des Arbeitsverhältnisses festgelegter Urlaubstermin wird hinfällig. Der Grund der Beendigung des Arbeitsverhältnisses ist bedeutungslos.
Kündigt der Arbeitgeber **außerordentlich fristlos und hilfsweise ordentlich fristgemäß**, so sind etwaige Urlaubsansprüche regelmäßig abzugelten. Eine Freistellung des Arbeitnehmers bzw. eine Urlaubsgewährung für den Fall der Unwirksamkeit der primär gewollten außerordentlichen Kündigung kommt nicht in Betracht. Der **Arbeitnehmer muß nämlich wissen, ob ihm Urlaub gewährt worden ist oder nicht**. Ansonsten wird der Erholungszweck des Urlaubs nicht gewährleistet werden können. Zudem gibt der Arbeitgeber durch sein eigenes Verhalten zu erkennen, daß er primär das Arbeitsverhältnis außerordentlich ohne Frist beenden will. Er kann sich dann nicht darauf berufen, im Fall der Unwirksamkeit der außerordentlichen Kündigung zumindest durch eine Freistellung des Arbeitnehmers dessen Urlaubsanspruch erfüllt zu haben. Hierdurch würde der Arbeitgeber zu Unrecht bevorteilt, da er trotz rechtsunwirksamer Gestaltungserklärung (unwirksame außerordentliche Kündigung) Vorteile in Form der Erfüllung des Urlaubsanspruchs erlangen würde.

Macht der Arbeitnehmer Einwände gegen die Beendigung des Arbeitsverhältnisses geltend, so ist zunächst darauf hinzuweisen, daß die **Erhebung der Kündigungsschutzklage** grundsätzlich nicht die **Geltendmachung des Urlaubsanspruchs** zum Inhalt hat. Der Arbeitgeber kommt also hier nicht mit der Urlaubsgewährung in Verzug. Dementsprechend droht dem Arbeitnehmer ein **Verfall des Urlaubsanspruchs**.

Hat die **Kündigungsschutzklage Erfolg**, stehen dem Arbeitnehmer selbstverständlich auch für die Zeit nach dem Kündigungstermin die gesetzlichen oder vertraglich vereinbarten Urlaubsansprüche zu. Dem Arbeitgeber ist es dabei verwehrt, sich darauf zu berufen, der Arbeitnehmer habe im Verlauf des Kündigungsschutzprozesses nicht gearbeitet und dementsprechend sei ihm quasi Urlaub gewährt worden. Dies gilt schon deshalb, weil der Arbeitnehmer nach § 615 Satz 2 BGB, § 11 KSchG verpflichtet ist, sich während des Verzugszeitraums um eine zumutbare anderweitige Erwerbsmöglichkeit zu kümmern. Er ist also nicht, wie es begrifflich für den Urlaub erforderlich ist, in seiner Zeiteinteilung und Zeitnutzung völlig frei. Für den Arbeitgeber ist es daher empfehlenswert, den Arbeitnehmer während des Kündigungsschutzverfahrens für **einen dem Urlaub entsprechenden Zeitraum von der Verpflichtung nach § 615 Satz 2 BGB freizustellen**.

Auch wenn der Arbeitnehmer während eines längeren Kündigungsschutzverfahrens freigestellt war, ist sein Urlaubsverlangen für die Zeit nach dem Kündigungstermin nicht rechtsmißbräuchlich. Eine **tatsächliche Arbeitsleistung** ist für den Urlaubsanspruch nämlich nach der Rechtsprechung nicht Voraussetzung.

Bei einer **unwiderruflichen Freistellung** des Arbeitnehmers während der Kündigungsfrist sollte eine Anrechnung des Freistellungszeitraums auf den Urlaub erfolgen. Nachträglich kann eine Freistellungsperiode nicht in Urlaub umgedeutet werden. Erfolgt keine Anrechnung des Erholungsurlaubs, wird der Arbeitnehmer durch unwiderrufliche Freistellung unter Fortzahlung der Bezüge sowie Urlaubsabgeltung doppelt begünstigt!

Wird der Arbeitnehmer nur zur Abfindung der Zwangsvollstreckung beschäftigt **(Allgemeiner Weiterbeschäftigungsanspruch)** steht ihm ein Urlaubsanspruch eigentlich nicht zu.

Steht dem Arbeitnehmer, was heute der Regelfall ist, mehr Urlaub als der gesetzliche Urlaub zu, können die Parteien hierfür vereinbaren, daß er ohne Berücksichtigung entgegenstehender Wünsche des Arbeitnehmers während der Dauer der Kündigungsfrist zu gewähren ist. Eine solche **Vereinbarung hilft, Konfliktfälle zu vermeiden.**

Noch unsicher ist, wie zu verfahren ist, wenn der Arbeitnehmer nach Ausspruch einer Kündigung **Urlaub für einen nach Beendigung des Arbeitsverhältnisses liegenden Zeitpunkt** verlangt.

Beispiel:
Arbeitnehmer A wird zum 30.06. gekündigt. Er verlangt Urlaub vom 01. - 15.07. des Jahres.
Hier wird man grundsätzlich davon ausgehen müssen, daß die Urlaubsgewährung wegen der durch die Kündigung ausgelösten Unsicherheit auszuscheiden hat. I.ü. ist zu überlegen, ob die Überlegungen zum allgemeinen Weiterbeschäftigungsanspruch übertragen werden können.

e) Sonderfall: Betriebsurlaub

2861

Zur Vermeidung von Koordinationsproblemen bietet es sich aus Sicht des Arbeitgebers an, einen **Betriebsurlaub** einzuführen. Hierunter ist die **einheitliche zeitliche Festlegung des Urlaubs** für alle Arbeitnehmer oder zumindest für bestimmte Arbeitnehmergruppen zu verstehen. Besteht kein Betriebsrat, kann der Arbeitgeber den Betriebsurlaub einseitig einführen. Voraussetzung ist nur, daß dringende betriebliche Belange dies gebieten.

Es empfiehlt sich, schon im Arbeitsvertrag festzulegen, daß Betriebsferien durchgeführt werden.

Für einen eventuellen **Notdienst** bieten sich vor allem die Arbeitnehmer an, die die Wartezeit nach § 4 BUrlG noch nicht erfüllt haben, denen also ansonsten Urlaub auf Vorschuß gewährt werden müßte. Wird ein Arbeitnehmer, der noch keinen vollen Urlaubsanspruch erworben hat, in Betriebsurlaub geschickt, kann ein **auf Vorschuß gewährter Urlaub** nicht zurückverlangt werden. Nimmt der Arbeitnehmer am Betriebsurlaub nicht teil, muß er beschäftigt werden.

Bei der Dauer des Betriebsurlaubs hat der Arbeitgeber das Stückelungsverbot zu beachten. Diesem ist jedenfalls dann genügt, wenn der Betriebsurlaub 3 Wochen dauert. Liegen dringende betriebliche Gründe vor, können auch 2 Wochen ausreichen (s. § 7 Abs. 2 BUrlG und Rz. 2862).

f) Teilungsverbot

2862

Bei der Urlaubsgewährung ist ferner das Teilungsverbot des § 7 Abs. 2 BUrlG zu beachten. Nach dieser Vorschrift ist der **Urlaub zusammenhängend zu gewähren** und selbstverständlich auch von den Arbeitnehmern zusammenhängend zu nehmen. Das Teilungsverbot gilt aber unmittelbar nur für den gesetzlichen Mindesturlaub von 24 Werktagen. Mehrurlaub kann grundsätzlich beliebig aufgeteilt werden. Will der Arbeitnehmer seinen Urlaub aber so zerstückeln, daß der Erholungszweck gefährdet wird, kann der Arbeitgeber dies verweigern. Er ist umgekehrt natürlich auch nicht selber zu einer portionsweisen Gewährung berechtigt. Ausnahmsweise muß auch das Teilungsverbot zurücktreten, wenn dringende betriebliche Belange dies erfordern. Daneben kommt eine Teilung in Betracht, wenn der zusammenhängenden Gewährung in der Person des Arbeitnehmers liegende Gründe entgegenstehen. Es muß sich hierbei nicht um dringende Gründe handeln. Regelmäßig ist es ausreichend, wenn die Gründe nachvollziehbar und verständlich sind. Selbst wenn nach dem Vorstehenden eine Teilung möglich ist, muß ein Urlaubsteil zumindest 12 zusammenhängende Werktage umfassen (§ 7 Abs. 2 Satz 2 BUrlG). Ein **Verstoß gegen das Teilungsverbot** kann unter Umständen höchst unangenehme Konsequenzen haben:

Der rechtswidrig geteilte Urlaub bringt den Urlaubsanspruch nicht zum Erlöschen. Der **Arbeitnehmer kann nochmals Urlaub verlangen.** Allerdings ist das **Teilungsverbot** des § 7 Abs. 2 Satz 2 BUrlG durch Tarif- oder Einzelarbeitsvertrag aber auch durch Betriebsvereinbarung **abdingbar,** wie sich aus § 13 Abs. 1 BUrlG ergibt. Bedeutung hat das Teilungsverbot also für den einseitigen Wunsch oder die einseitige Festlegung.

g) Beteiligung des Betriebsrats in Urlaubsfragen

2863

Sollen Betriebsferien eingeführt werden und besteht ein Betriebsrat, hat dieser ein Mitbestimmungsrecht nach § 87 Abs. 1 Nr. 5 BetrVG. Dieses Mitbestimmungsrecht kann durch Betriebsvereinbarung oder Betriebsabsprache ausgeübt werden.

Es empfiehlt sich aber der Abschluß einer Betriebsvereinbarung vor allem für einen Urlaubsplan, da dadurch die Lage des Urlaubs gegenüber den Arbeitnehmern bindend festgelegt wird. Eine solche ist umseitig abgedruckt.

Das Beteiligungsrecht des Betriebsrats erstreckt sich i.ü. auf mehrere Sachverhalte: Die Aufstellung allgemeiner Urlaubsgrundsätze und des Urlaubsplanes

Urlaubsrecht

sowie die Festlegung der zeitlichen Lage des Urlaubs für einzelne Arbeitnehmer, wenn zwischen dem Arbeitgeber und den beteiligten Arbeitnehmern kein Einverständnis erzielt werden kann.

Muster einer Betriebsvereinbarung über Urlaubsfragen

Zwischen Arbeitgeber und Betriebsrat wird nachfolgende Betriebsvereinbarung über die Modalitäten der Urlaubsgewährung geschlossen:

A. Eintragung in Urlaubslisten
Jeder Arbeitnehmer trägt sich bis zum 15.02. eines Kalenderjahres in die in seiner Abteilung beim jeweiligen Abteilungsleiter bereitliegenden Urlaubslisten ein. Dabei muß ein Urlaubsteil grundsätzlich mindestens ..... Kalendertage umfassen.

B. Verbindlichkeit der Eintragung
Sofern seitens des Arbeitgebers bis zum 31.03. eines Kalenderjahres kein Widerspruch gegen den geäußerten Urlaubswunsch erhoben wird, wird dieser für beide Parteien verbindlich, sofern nicht dringende betriebliche Gründe oder persönliche Gründe entgegenstehen.

C. Widerspruch des Arbeitgebers
Widerspricht der Arbeitgeber dem Urlaubswunsch des Arbeitnehmers aus dringenden betrieblichen Gründen, so wird eine Einigung unter Beachtung folgender Kriterien herbeigeführt:
.....

D. Zeitliche Lage des Urlaubs
Bei der zeitlichen Lage des Urlaubs sind folgende Personen in der Regel bevorrechtigt:

- *Mitarbeitern mit schulpflichtigen Kindern ist der Urlaub, wenn möglich, in den Schulferien zu gewähren.*

- *Mitarbeitern in mehreren Teilzeitbeschäftigungen ist der Urlaub so zu gewähren, daß die Zeiten der Arbeitsfreistellung in den Teilzeitarbeitsverhältnissen koordiniert werden können.*

- *Mitarbeitern mit gleichfalls berufstätigen Ehepartnern ist der Urlaub so zu gewähren, daß er/sie gemeinsam mit dem Partner in Urlaub gehen kann.*

- *Bei der Urlaubsgewährung haben verheiratete Arbeitnehmer Vorrang vor ledigen und ältere vor jüngeren.*

- *Die Betriebszugehörigkeit ist ebenfalls zu berücksichtigen.*

- *..........*

Können sich Arbeitgeber und Betriebsrat nicht über die zeitliche Lage des Betriebsurlaubs einigen, so entscheidet auf Antrag die **Einigungsstelle**. Der Betriebsrat darf seine Zustimmung nicht davon abhängig machen, daß den Arbeitnehmern eine bessere Bezahlung oder ein längerer Urlaub gewährt wird. Achtung: Wird das Mitbestimmungsrecht mißachtet, stellt der Arbeitgeber also einseitig allgemeine Urlaubsgrundsätze oder einen Urlaubsplan auf, ist die entsprechende Maßnahme unwirksam.

2864
Neben der Beteiligung des Betriebsrats bei der Einführung von Betriebsferien hat dieser auch bei **Urlaubsplänen** mitzubestimmen. In einem Urlaubsplan werden allgemeine Richtlinien aufgestellt, nach denen die Arbeitnehmer im Laufe des Jahres Urlaub erhalten. Der Urlaubsplan ist also von der Urlaubsliste (s. Rz. 2857) zu unterscheiden.

Der Betriebsrat hat ein sog. "Initiativrecht". Er kann also vom Arbeitgeber die Aufstellung eines Urlaubsplanes verlangen. Ist durch den in einer Betriebsvereinbarung niedergelegten Urlaubsplan die zeitliche Lage des Urlaubs der einzelnen Arbeitnehmer festgelegt worden, so ist damit der Urlaubsanspruch konkretisiert. Treffen Arbeitgeber und Arbeitnehmer im Einzelfall eine hiervon abweichende Bestimmung, so hat der Betriebsrat grundsätzlich nicht mitzubestimmen.

Er hat aber mitzubestimmen, wenn Streit über die zeitliche Lage des Urlaubs für einzelne Arbeitnehmer besteht. Können sich etwa Arbeitgeber und Arbeitnehmer nicht über den Urlaubszeitpunkt einigen, weil streitig ist, wer nach sozialen Gesichtspunkten den Vorrang verdient, entscheiden Arbeitgeber und Betriebsrat gemeinsam. Können auch sie sich nicht einigen, entscheidet die Einigungsstelle.

V. Änderungen der zeitlichen Lage des Urlaubs

2865
Gelegentlich wird es aus betrieblichen, privaten oder sonstigen Gründen erforderlich, die **zeitliche Lage des vorher bewilligten Urlaubs zu verändern**.

1. Veränderungen auf Wunsch des Arbeitgebers

Eine Änderung der zeitlichen Lage des Urlaubs auf Wunsch des Arbeitgebers ist nur in Ausnahmefällen möglich. Grundsätzlich ist der Arbeitgeber an die getroffene Festlegung gebunden. Der Arbeitnehmer genießt **Vertrauensschutz**. Nur wenn **dringende betriebliche Interessen** entgegenstehen, ist eine Änderung möglich. In der Regel wird hierbei ein **Notfall** zu verlangen sein. Bei der Abwägung ist die zeitliche Lage zu berücksichtigen: Je näher der Urlaub "vor der Tür steht", desto größer ist der Vertrauensschutz. Ist ausnahmsweise ein Widerruf des erteilten Urlaubs möglich, so muß der Arbeitgeber etwaige unnütz gewordene Kosten des Arbeitnehmers erstatten.

Beispiel:
Rücktritts-/Stornierungskosten, nutzlos abgeschlossene Versicherungen, im Hinblick auf den Urlaub erworbene Schutzbriefe etc. Auch die Kosten für Familienangehörige sind zu ersetzen, wenn diese von dem Arbeitnehmer abhängen (Beispiel: Arbeitnehmer ist als einziger in der Lage, das gecharterte Segelboot zu steuern).

Kann mit dem betroffenen Arbeitnehmer keine Einigung über den Widerruf erzielt werden, so ist nach teilweise vertretener Ansicht das Mitbestimmungsrecht des Betriebsrats nach § 87 Abs. 1 Nr. 5 BetrVG zu beachten!

2. Rückruf aus dem Urlaub

2866

Unter ganz besonders engen Voraussetzungen kommt auch ein **Rückruf aus dem Urlaub** in Betracht. Hier sind jedoch wegen des Erholungszwecks und des Stückelungsverbotes **besonders hohe Anforderungen** zu stellen. Es muß sich schlagwortartig um einen anders nicht behebbaren Notfall handeln.

Beispiel:
Die EDV-Anlage im Betrieb "stürzt ab". Nur der noch weitere 2 Wochen in Urlaub weilende Arbeitnehmer A ist zu einer Reparatur in der Lage, da spezielle Programmkenntnisse erforderlich sind.

Kommt ungeachtet dieser strengen Anforderungen ein Rückruf in Betracht, so muß der **Arbeitgeber** selbstverständlich alle hierdurch **verursachten Kosten tragen**.

3. Änderung auf Wunsch des Arbeitnehmers

2867

Die zeitliche Lage des Urlaubs kann auch auf Wunsch des Arbeitnehmers geändert werden. Dabei sind zwei Situationen zu unterscheiden:
Ist eine **Festlegung durch den Arbeitgeber noch nicht erfolgt**, so kann der Arbeitnehmer seinen Urlaubswunsch ändern. Der Arbeitgeber hat diesen geänderten Wunsch dann angemessen zu berücksichtigen.
Ist hingegen eine **Festlegung schon erfolgt**, so kann eine Verschiebung nur einvernehmlich stattfinden. Nur in Ausnahmefällen hat der Arbeitnehmer einen Anspruch auf Abänderung der zeitlichen Lage des Urlaubs. Dabei ist eine Ab-

wägung der beiderseitigen Interessen erforderlich. Zu denken ist hier etwa an besondere persönliche Lebensumstände *(Beispiel: Tod naher Angehöriger).*

4. Urlaubsverhinderung

2868

Erkrankt der Arbeitnehmer vor Beginn des Urlaubs, ist dieser jedoch bereits festgesetzt/bewilligt, so ist der Arbeitnehmer gehindert den Urlaub anzutreten. Hierbei spielt es keine Rolle, ob die Erkrankung den gesamten Urlaubszeitraum erfaßt oder nur einen Teil davon. Es ist jedenfalls eine **Neufestsetzung** erforderlich. Der Urlaub ist also zu verlegen. Keinesfalls tritt eine **automatische Verschiebung** von Urlaubsbeginn und Urlaubsende ein.

Die **Neuverhandlung des Urlaubs** bedeutet für die betriebliche Praxis:

- Der Arbeitnehmer kann nicht verlangen, daß ihm der Urlaub unmittelbar im Anschluß an die Wiederherstellung der Arbeitsfähigkeit gewährt wird.

- Der Arbeitgeber kann nicht verlangen, daß der Arbeitnehmer den Urlaub in unmittelbarem Anschluß an die Wiederherstellung der Arbeitsfähigkeit antritt.

Die Neufestsetzung ist vielmehr unter Beachtung der allgemeinen Kriterien vorzunehmen. Die Fallgruppe "Erkrankung vor Urlaubsantritt" ist strikt von der **"Erkrankung während des Urlaubs"** zu unterscheiden. Dies bedeutet für die betriebliche Praxis, daß sich der Nachweis der Krankheit nicht nach der Sondervorschrift des § 9 BUrlG (ärztliches Zeugnis, s. Rz. 2879), sondern nach den allgemeinen Grundsätzen richtet. In der Regel hat der erkrankte Arbeitnehmer also die Erkrankung nur unverzüglich anzuzeigen und innerhalb von 3 Tagen eine Arbeitsunfähigkeitsbescheinigung vorzulegen.

5. Anfechtung der Urlaubsfestlegung

2869

Ist dem Arbeitgeber bei der Festlegung des Urlaubs ein Irrtum unterlaufen, so kann er seine Erklärung anfechten. Beispiele für solche Irrtümer sind etwa Verschreiben, Versprechen oder ähnliches. Allerdings kommt eine Anfechtung wohl nur so lange in Betracht, bis der Urlaub angetreten wurde. Nach Urlaubsende scheidet sie jedenfalls aus. Es gilt der Grundsatz: Bezahlte Freizeit kann nicht nachträglich in unbezahlte verwandelt werden. Selbst bei begründeter Anfechtung drohen Schadensersatzansprüche.

Unterläuft andererseits dem Arbeitnehmer ein Irrtum bei der Äußerung seines Urlaubswunsches, so wird man annehmen müssen, daß er sich unter den gleichen Voraussetzungen wie der Arbeitgeber von dem Wunsch wieder lösen kann, wenn der Arbeitgeber diesen der Urlaubsgewährung zugrundegelegt hat.

Urlaubsrecht

VI. Gerichtliche Durchsetzung des Urlaubsanspruchs

2870

Will der Arbeitnehmer seinen Urlaubsanspruch durchsetzen, muß er im Zweifel **gerichtliche Hilfe** in Anspruch nehmen. Eine **Selbstbeurlaubung** führt eventuell zur Kündigung. Regelmäßig wird der Arbeitnehmer eine Leistungsklage erheben mit dem Ziel, Urlaubsentgelt, Urlaubsabgeltung oder ähnliches zu erhalten. Aber auch für den Arbeitgeber kann eine Leistungsklage sinnvoll sein, wenn etwa streitig ist, ob der Arbeitnehmer in einem bestimmten Zeitraum arbeiten muß oder seinen Urlaub antreten darf. Hier kommt auch eine Feststellungsklage in Betracht.

Die nachfolgenden **Muster** geben Orientierungshilfen, in welcher Form entsprechende Begehren an das Arbeitsgericht gerichtet werden können.

2871

Muster einer Leistungsklage

Absender   Ort, Datum

An das
Arbeitsgericht ....

PLZ/Ort

Klage der Firma ..., Straße, Ort, vertreten durch ...
gegen
Name, Adresse, eventuell Prozeßbevollmächtigter

Ich werde beantragen, den Beklagten zu verurteilen, in der Zeit vom ... bis ... zu den normalen Bürostunden, also vom .... bis zum ...., zur Arbeit zu erscheinen.

Sodann muß dieser Anspruch begründet werden. Hier ist etwa darzulegen, daß dem Arbeitnehmer kein Urlaub mehr zusteht, daß er aus dringenden betrieblichen, im einzelnen zu bezeichnenden Gründen, unabkömmlich ist oder daß er die Wartezeit nicht erfüllt hat. Wichtig ist, daß der Antrag ausreichend präzise begründet wird, da der Arbeitgeber die Umstände vortragen muß, aus denen sich die Arbeitspflicht ergibt.

Arbeitsrecht

Eine **Feststellungsklage** ist mit folgendem Antrag zu erheben:

Muster einer Feststellungsklage

Ich werde beantragen, festzustellen, daß der Beklagte in der Zeit vom ... bis ... verpflichtet ist, zu den üblichen Bürostunden, also ..., zur Arbeit zu erscheinen.

Besondere Bedeutung kommt im Rahmen der Urlaubserteilung einem **einstweiligen Verfügungsverfahren** zu, da es sich häufig um sehr dringende Fälle handelt. Der Antrag auf Erlaß einer einstweiligen Verfügung kann beispielsweise wie folgt formuliert werden.

Muster eines Antrags auf Erlaß einer einstweiligen Verfügung

Absender   Ort, Datum

An das
Arbeitsgericht ...

PLZ/Ort

Antrag auf Erlaß einer einstweiligen Verfügung

der Firma ..., vertreten durch ...
gegen
Herrn/Frau ...

wegen Urlaubsfestlegung

Namens und in Vollmacht der Antragstellerin beantrage ich - wegen der besonderen Dringlichkeit der Sache ohne mündliche Verhandlung - wie folgt zu erkennen:
Dem Antragsgegner wird im Wege der einstweiligen Verfügung aufgegeben, am ... zur Arbeit zu erscheinen und nicht in Urlaub zu fahren.

Begründung ...

Urlaubsrecht

Achtung: Im einstweiligen Verfügungsverfahren müssen alle Tatsachen glaubhaft gemacht werden. Es sollten also sofort eidesstattliche Versicherungen und eventuell vorhandene Urkunden vorgelegt werden.

Hat der Arbeitgeber ein Urteil erwirkt, wonach der Arbeitnehmer in einer bestimmten Zeit weiter seine Dienste zu leisten hat, also nicht in Urlaub fahren darf, so scheidet eine Zwangsvollstreckung wegen § 888 Abs. 2 ZPO aus. Der Arbeitnehmer kann nicht gezwungen werden, seine Arbeit zu leisten!

Sehr umstritten ist i.ü., ob der Arbeitnehmer seinen Urlaub selbst realisieren kann, wenn nur noch ein entsprechender Zeitraum zur Verfügung steht.

Beispiel:
Die Kündigungsfrist beträgt 4 Wochen. Dies entspricht exakt dem Urlaubsanspruch. Hier ist jedenfalls zu verlangen, daß der Arbeitnehmer zunächst (erfolglos) Urlaub verlangt. Auch darf gerichtliche Hilfe nicht oder nicht rechtzeitig zu erlangen sein. S. zum Ganzen BAG 20.01.1994, EzA § 626 BGB n.F. Nr. 153).

VII. Maßnahmen der Vorsorge und Rehabilitation

2872

Nach § 10 BUrlG dürfen **Kuren und Schonungszeiten, jetzt Maßnahmen der medizinischen Vorsorge und Rehablitation,** nicht auf den Urlaub angerechnet werden, soweit ein Anspruch auf Fortzahlung des Arbeitsentgeltes nach den gesetzlichen Vorschriften über die Entgeltfortzahlung im Krankheitsfalle besteht. Wann dies der Fall ist, ergibt sich aus dem neuen EFZG. Ist der Arbeitnehmer bereits arbeitsunfähig krank, so steht einer **Anrechnung der Krankheitszeiten** auf den Urlaubsanspruch bereits § 9 BUrlG entgegen.

2873

Entscheidend ist, daß eine **Arbeitsverhinderung infolge einer Maßnahme der medizinischen Vorsorge oder Rehabilitation** gegeben ist, die

- ein Träger der gesetzlichen Renten-, Kranken oder Unfallversicherung, eine Verwaltungsbehörde der Kriegsopferversorgung oder ein sonstiger Sozialleistungsträger bewilligt hat und daß
- die Maßnahme stationär durchgeführt wird.

Ist der **Arbeitnehmer nicht Mitglied einer gesetzlichen Krankenkasse oder ist er nicht in der gesetzlichen Rentenversicherung** versichert, so darf eine Maßnahme der Vorsorge oder Rehabilitation nicht auf den Urlaub angerechnet werden, wenn

- die Maßnahme ärztlich verordnet ist und
- sie stationär in einer Einrichtung der medizinischen Vorsorge oder Rehabilitation oder einer vergleichbaren Einrichtung durchgeführt wird.

2874

Die bisherige Unterscheidung von Arbeitern und Angestellten ist entfallen.

Eine Anrechnung der Maßnahme der Vorsorge oder Rehabilitation kommt also in folgenden Fällen in Betracht:

- dem Arbeitnehmer steht kein Anspruch auf Entgeltfortzahlung zu
- der Zeitraum, für den die Vergütung fortzuzahlen ist, ist abgelaufen
- es liegt eine verschuldete Krankheit vor.

Die **Erklärung des Arbeitgebers zur Anrechnung** der Maßnahme auf den Erholungsurlaub hat grundsätzlich vor deren Antritt zu erfolgen. Eine nachträgliche Anrechnung scheidet in der Regel aus. Eine Verweisung auf den noch nicht fälligen Urlaub für das nächste Urlaubsjahr ist unzulässig!

Der Arbeitnehmer ist verpflichtet, dem Arbeitgeber den Zeitpunkt des Antritts der Maßnahme, die voraussichtliche Dauer und eine etwaige Verlängerung unverzüglich mitzuteilen und die Bescheinigung durch den Sozialleistungsträger bzw. die ärztliche Verordnung unverzüglich, d.h. ohne schuldhaftes Zögern, vorzulegen.

VIII. Urlaub trotz Krankheit?

2875

Urlaub ohne Arbeitsleistung, insbesondere also Urlaub trotz Krankheit? Diese Frage hat das Bundesarbeitsgericht nunmehr eindeutig beantwortet. Auch der Arbeitnehmer, der im Urlaubsjahr überwiegend krank gewesen ist, hat Anspruch auf seinen Jahresurlaub *(s. nur BAG 28.01.1982, AP Nr. 11 zu § 3 BurlG Rechtsmißbrauch)*. Diese Rechtsprechung hat das Bundesarbeitsgericht seither wiederholt bestätigt.

Der Urlaubsanspruch ist vom Umfang der Arbeitsleistung unabhängig und hängt nur von der Erfüllung der Wartezeit ab. Ein **Erholungsbedürfnis des Arbeitnehmers** wird nicht vorausgesetzt.

Beispiel:
Der seit mehreren Jahren bei Arbeitgeber A beschäftigte Arbeitnehmer B ist im Jahre 1994 wegen eines Unfalls bis Oktober arbeitsunfähig krank. Schon am ersten Arbeitstag macht er seinen 6-wöchigen Jahresurlaub geltend.
Selbst in dem Beispielsfall ist das Urlaubsverlangen des Arbeitnehmers nach der Rechtsprechung des Bundesarbeitsgerichts nicht rechtsmißbräuchlich. Es besteht also insbe-

sondere kein Zusammenhang zwischen effektiver Arbeit und Urlaubsanspruch in dem Sinne, daß die Anzahl der Urlaubstage zumindest der der geleisteten Arbeitstage entsprechen müßte.

2876
Abweichende Vereinbarungen über die Kürzung des Urlaubs bei Krankheit sind, jedenfalls soweit nur der gesetzliche Mindesturlaub betroffen ist, unzulässig.
Allerdings kann ein **Mehrurlaub** an die Voraussetzung der tatsächlichen Arbeitsleistung geknüpft werden.

Es muß jedoch darauf hingewiesen werden, daß der Arbeitnehmer verpflichtet ist, seinen Urlaub in natura zu nehmen.

Beispiel:
Arbeitnehmer A ist während des Urlaubsjahres und des Übertragungszeitraumes (bis 31.03.) arbeitsunfähig krank. Nach seiner Genesung macht er einen Urlaubsabgeltungsanspruch geltend.
Im Beispielsfall kann A nicht Abgeltung verlangen. Der Urlaubsanspruch entsteht für das Kalenderjahr und ggf. den Übertragungszeitraum. Er setzt jedoch voraus, daß der Urlaub überhaupt realisiert werden kann. Ist dies beispielsweise wegen Krankheit unmöglich, so erlischt der Anspruch mit Ablauf der Übertragungsfrist oder ggfs. schon des Kalenderjahres.

Gleiches gilt, wenn der Arbeitnehmer arbeitsunfähig krank ist, im Urlaubsjahr aus dem Arbeitsverhältnis ausscheidet und die Krankheit über den Zeitpunkt des Ausscheidens hinaus fortbesteht. Die Abgeltung setzt voraus, daß der Arbeitnehmer bei Beendigung des Arbeitsverhältnisses grundsätzlich hätte Urlaub nehmen können.

IX. Krankheit im Urlaub

2877
Von der Frage des Urlaubs ohne Arbeitsleistung strikt zu trennen ist die der **Krankheit im Urlaub.**

1. Nichtanrechnung von Krankheitstagen

2878
Da der mit dem Erholungsurlaub verbundene Zweck der Erholung des Arbeitnehmers regelmäßig nur erreicht werden kann, wenn der Arbeitnehmer gesund ist, bestimmt § 9 BUrlG, daß die durch **ärztliches Zeugnis nachgewiesenen Tage der Arbeitsunfähigkeit** auf den Jahresurlaub nicht angerechnet werden. In

der Regel ist von dieser Bestimmung nicht nur der Mindesturlaub, sondern auch der Mehrurlaub erfaßt. Voraussetzung der Nichtanrechnung ist, daß die Arbeitsunfähigkeit den Erholungszweck vereitelt. Liegt eine den Erholungszweck beeinträchtigende Krankheit vor, so werden die nachgewiesenen Tage nicht auf den Urlaub angerechnet. Die bereits verbrauchten Tage bleiben jedoch verbraucht. Im übrigen verlängert sich der Urlaubszeitraum nicht automatisch um die Krankheitstage. Der Arbeitnehmer ist also verpflichtet, vereinbarungsgemäß aus dem Urlaub zurückzukehren. Tut er dies nicht, so kann dies unter Umständen die fristlose Kündigung nach sich ziehen. Selbstverständlich ist der Arbeitnehmer in dem Fall der Erkrankung über das Urlaubsende hinaus nicht verpflichtet, die Arbeit vereinbarungsgemäß wieder aufzunehmen. Es gelten dann jedoch die allgemeinen Bestimmungen über die Krankheit im Arbeitsverhältnis (Krankmeldung und Vorlage der Arbeitsunfähigkeitsbescheinigung). I.ü. schließen sich Krankheit und Urlaub nicht in allen Fällen aus.

Beispiel:
Fingerverletzung eines Flötisten.
Hier ist der Urlaubszweck wohl regelmäßig nicht gefährdet.

2. Nachweis der Arbeitsunfähigkeit

2879
Eine ständige Quelle von Ärger und Mißtrauen ist die Frage des Nachweises der Arbeitsunfähigkeit. Die Vorschrift des § 9 BUrlG verlangt insoweit, daß der Arbeitnehmer die Krankheitstage durch **ärztliches Zeugnis** nachweist. Hierfür genügt ein Attest eines deutschen oder auch ausländischen Arztes. Eine amtsärztliche Bescheinigung ist nicht erforderlich. Die ordnungsgemäß ausgestellte ärztliche Bescheinigung begründet im übrigen keine unwiderlegliche Vermutung dafür, daß tatsächlich eine den Erholungszweck beeinträchtigende Arbeitsunfähigkeit vorlag. Vielmehr kann der Beweiswert der Bescheinigung erschüttert werden.

Beispiel:
Der ausländische Arzt bestätigt dem Arbeitnehmer eine schwere Erkrankung, obwohl er ihn nicht untersucht hat (Ferndiagnose).

Andererseits steht es dem Arbeitnehmer offen, die Arbeitsunfähigkeit auch in abweichender Form nachzuweisen. Aber: Das **Risiko der Beweislosigkeit** trägt der Arbeitnehmer.
Besonders bei einer Erkrankung im nicht deutschsprachigen Ausland können Probleme auftauchen. Notfalls muß der Arbeitnehmer einen Dolmetscher hinzuziehen, damit er dem ausländischen Arzt darlegen kann, daß er arbeitsunfähig krank ist, er also außerstande ist, **die ihm nach dem Arbeitsvertrag obliegende Tätigkeit** auszuführen. Aus der Arbeitsunfähigkeitsbescheinigung muß sich also ergeben,

- daß der ausländische Arzt eine an den Kriterien des deutschen Arbeitsrechts orientierte Beurteilung der Arbeitsunfähigkeit vorgenommen hat,
- wielange die Arbeitsunfähigkeit angehalten hat.

Zu Fragen des Beweiswertes der ärztlichen Arbeitsunfähigkeitsbescheinigung s. auch Rz. 2758.

Zur Vermeidung das Betriebsklima belastender Umstände sollte der Arbeitnehmer vor Antritt eines Urlaubs durch **Aushändigung eines Merkblatts oder per Aushang** auf die Probleme "Krankheit im Urlaub" hingewiesen werden. Hinweise und Formulare zu diesen Fragen halten die Krankenversicherungsträger bereit.

2880

Merkblatt: Erkrankung im Urlaub

Liebe Arbeitnehmerin, lieber Arbeitnehmer,

gerade wer seinen Urlaub im Ausland verbringt, weiß, daß es hier wegen klimatischer und kultureller Unterschiede gelegentlich zu Erkrankungen kommt. Daher die nachfolgenden Hinweise:

Krankheitstage werden auf den Urlaub nicht angerechnet, wenn sie durch ärztliches Zeugnis nachgewiesen werden. Aus der Bescheinigung muß sich ergeben, daß der Arzt genau weiß, welche Tätigkeit Sie ausüben (Beispiel: Heben schwerer Lasten über 30 kg), daß Sie diese wegen der Erkrankung nicht hätten ausüben können und wie lange die Arbeitsunfähigkeit dauerte. Eine möglichst genaue Beschreibung ist hilfreich - gerade auch wegen möglicher Entgeltfortzahlungsansprüche und des Ersatzes von Arzt- und Medikamentenkosten. Erkundigen Sie sich vorher bei Ihrer Krankenkasse, ob ein Sozialversicherungsabkommen mit dem ausländischen Staat besteht. Schließen Sie notfalls eine Zusatzversicherung ab.

Auf jeden Fall gilt:
Krankheitstage verlängern den Urlaub nicht!
Kehren Sie rechtzeitig zurück. Ist dies wegen der Erkrankung nicht möglich, muß eine Krankmeldung erfolgen und eine Arbeitsunfähigkeitsbescheinigung vorgelegt werden. Bei eigenmächtiger Verlängerung des Urlaubs um die Dauer einer Krankheit müssen Sie mit Konsequenzen für den Bestand des Arbeitsverhältnisses rechnen.

3. Arbeitsunfähigkeit im Urlaub und Urlaubsentgelt

2881
Grundsätzlich muß der Arbeitnehmer das Urlaubsentgelt, das auf die infolge Krankheit nicht anzurechnenden Urlaubstage entfällt, zurückzahlen. Allerdings besteht während dieser Tage regelmäßig Anspruch auf Entgeltfortzahlung im Krankheitsfall, so daß eine Verrechnung stattfinden kann. Hier gewinnt jedoch die Frage an Relevanz, ob eine verschuldete Krankheit vorliegt. In diesem Fall besteht kein Anspruch auf Entgeltfortzahlung. Es kommt auch keine Verrechnung in Betracht. Der Arbeitnehmer bleibt also zur Rückzahlung des Entgelts verpflichtet. In der geschilderten Fallkonstellation wird der Arbeitnehmer jedoch regelmäßig den einfachen Weg wählen: Nichtanzeige der Krankheit, Erhalt des Urlaubsentgelts gegen Verlust eines Urlaubstages.

X. Gefährdung des Urlaubszwecks durch den Arbeitnehmer

2882
Während des Urlaubs ist der Arbeitnehmer verpflichtet, sich so zu verhalten, daß eine Gefährdung des Urlaubszwecks nicht eintritt. Urlaubszweck ist die Erholung des Arbeitnehmers im Sinne körperlicher, geistiger und seelischer Regeneration. Probleme treten in den Fallgruppen **Erwerbstätigkeit im Urlaub** und **urlaubsgemäßes** Verhalten auf.

1. Erwerbstätigkeit im Urlaub

2883
Während des Urlaubs darf der Arbeitnehmer keine dem Urlaubszweck widersprechende Erwerbstätigkeit ausführen (§ 8 BUrlG). Es ist also nicht jede Erwerbstätigkeit verboten, sondern nur eine dem Erholungszweck widersprechende. Dabei kommt es nicht darauf an, ob es sich um eine selbständige oder nichtselbständige Tätigkeit handelt. Unter einer Erwerbstätigkeit ist eine auf Gewinnerzielung gerichtete Beschäftigung zu verstehen. Wann eine dem Erholungszweck widersprechende Erwerbstätigkeit ausgeübt wird, kann nur im Einzelfall bestimmt werden. Regelmäßig zulässig sind **Kontrasttätigkeiten** (Buchhalter arbeitet auf Bauernhof, Bauarbeiter fertigt gegen Entgelt Karikaturen). Maßgebend sind in jedem Einzelfall Art und Umfang der Tätigkeit und die daraus folgende Beanspruchung des Arbeitnehmers. Steht der Arbeitnehmer in mehreren Arbeitsverhältnissen **(Teilzeit)** so kann er selbstverständlich die weiteren Tätigkeiten fortsetzen, wenn er in einem Arbeitsverhältnis Urlaub hat. Das Verbot anderweitiger Erwerbstätigkeit gilt nicht **nach Urlaubsabgeltung**. Hier kann der Arbeitnehmer sofort eine neue Tätigkeit aufnehmen.

Liegt eine verbotene Erwerbstätigkeit vor, kann der Arbeitgeber Unterlassung verlangen. Regelmäßig wird sich dieser Anspruch nur im Wege der einstweiligen Verfügung durchsetzen lassen. Eine Kürzung der Urlaubsvergütung ist hingegen nicht erlaubt. Ebensowenig entfällt der Anspruch auf die Urlaubsvergütung *(s. zuletzt LAG Köln 20.02.1993, DB 1993, 1931).* **Verbotswidrige Erwerbstätigkeit während des Urlaubs** kann aber die Kündigung rechtfertigen. In der Regel muß der Arbeitgeber vorher abmahnen. Anders ist es, wenn die verbotene Erwerbstätigkeit zugleich eine unzulässige Konkurrenztätigkeit darstellt. Hier ist u. U. die fristlose Kündigung gerechtfertigt.

Auch ein Schadensersatzanspruch des Arbeitgebers kommt in Betracht.

2. Urlaubsgemäßes Verhalten

2884

Dem Arbeitnehmer ist nicht nur die dem Urlaubszweck widersprechende Erwerbstätigkeit untersagt. Er muß sich auch **urlaubsgemäß verhalten**. Gegen diese Pflicht verstößt etwa, wer auf einer Urlaubsreise seine Freizeit so gestaltet, daß schwere Gesundheitsbeschädigungen fast unvermeidbar sind.

Die Rechte des Arbeitgebers entsprechen den oben (Rz. 2883) dargestellten.

XI. Vergütungsfragen

2885

Kaum einem Arbeitnehmer wäre damit gedient, wenn ihm zwar ein Urlaubsanspruch zustünde, er aber während dieses Zeitraums keine Vergütung erhielte. Das Bundesurlaubsgesetz gewährt dem Arbeitnehmer daher einen Anspruch auf bezahlten Erholungsurlaub. Der Arbeitnehmer erhält ein sog. **Urlaubsentgelt** (= Entgeltfortzahlung während des Urlaubs).

Dies darf nicht mit dem **Urlaubsgeld** verwechselt werden, das vom Arbeitgeber zusätzlich auf der Grundlage von Tarifverträgen oder Einzelarbeitsverträgen gezahlt wird. Schließlich kommt als weitere Vergütungsform die **Urlaubsabgeltung** hinzu. Kann der Urlaub wegen der Beendigung des Arbeitsverhältnisses nicht genommen werden, so ist er abzugelten. Zu unterscheiden sind also: **Urlaubsentgelt, Urlaubsgeld und Urlaubsabgeltung.**

XII. Urlaubsentgelt

2886

Checkliste: Höhe des Urlaubsentgelts

- Berechnungszeitraum:
  - Grundsätzlich die letzten 13 Wochen/3 Monate vor Beginn des Urlaubs
- Zu berücksichtigende Leistungen:
  - Der gesamte Arbeitsverdienst einschließlich Prämien, Zulagen, Überstundenvergütungen, Provisionen und geldwerten Sachbezügen
  - Nicht nur vorübergehende Verdiensterhöhungen während des Urlaubs
- Nicht zu berücksichtigen sind
  - Verdienstkürzungen während des Urlaubs bleiben
  - Verdienstkürzungen im Berechnungszeitraum
  - Kurzarbeit, Arbeitsausfall, unverschuldete Arbeitsversäumnis
  - Arbeitsausfall durch rechtmäßigen Streik (für rechtswidrigen Streik streitig)
- Verschuldetes Arbeitsversäumnis wird berücksichtigt und führt zur Kürzung

Urlaubsentgelt, also Weiterzahlung des Lohnes oder Gehaltes für die Zeit des Urlaubs, erhält jeder Arbeitnehmer kraft Gesetzes (siehe § 1 BUrlG: bezahlter Erholungsurlaub).

1. Berechnung des Urlaubsentgelts

2887

Nach § 11 Abs. 1 Satz 1 BUrlG bemißt sich das Urlaubsentgelt nach dem durchschnittlichen Arbeitsverdienst, den der Arbeitnehmer in den letzten 13 Wochen vor dem Beginn des Urlaubs erhalten hat (sog. **Bezugszeitraum**).

a) Maßgebliches Arbeitsentgelt

2888

Maßgebliches Entgelt ist **der gesamte Arbeitsverdienst** des Arbeitnehmers im Bezugszeitraum. Es muß also ermittelt werden, was der Arbeitgeber dem Ar-

Urlaubsrecht

beitnehmer als Gegenleistung für dessen Arbeitskraft gewährt. Im einzelnen kommen folgende Punkte in Betracht:

Arbeitsentgelt von A - Z	
Akkordlohn, Prämienlohn	ist in der Weise zu berücksichtigen, wie er tatsächlich im Berechnungszeitraum erzielt wurde. Dies gilt auch für Prämienlohn. Es kommt nicht auf den Akkordverdienst an, der aufgrund der Arbeit im Bezugszeitraum verdient wurde.
Anwesenheitsprämien	sind zu berücksichtigen
Aufwandsentschädigungen	sind grundsätzlich kein Arbeitsentgelt, sofern sie zur Abgeltung eines besonderen Aufwandes gezahlt werden (anders unter Umständen bei Pauschalen, die den Sinn haben, Arbeitslohn zu verschleiern).
Auslösungen	sind Arbeitsverdienst, wenn und soweit Zahlungen dieser Art versteuert werden müssen.
Bedienungsgelder	im Gaststättengewerbe gehören grundsätzlich zum Arbeitsentgelt. Hier kann wegen saisonaler Schwankungen auch ein längerer Bezugszeitraum zugrundegelegt werden.
Fremdprovisionen	gehören nicht zum Arbeitsentgelt.
Gratifikationen	erhöhen das Urlaubsentgelt nicht (Weihnachtsgeld etc.). Gleiches gilt für andere einmalige Zuwendungen, die nicht einem bestimmten Bezugszeitraum zugeordnet werden können.
Leistungszulagen	sind zu berücksichtigen.
Provisionen	sind neben dem Fixum bei Berechnung des Arbeitsentgelts zu berücksichtigen. Entscheidend ist, ob die Provision im Bezugszeitraum fällig, also zu zahlen gewesen wäre.

Provisionen	sind neben dem Fixum bei Berechnung des Arbeitsentgelts zu berücksichtigen. Entscheidend ist, ob die Provision im Bezugszeitraum fällig, also zu zahlen gewesen wäre.
Sachbezüge	gehören zum Arbeitslohn und sind, soweit sie nicht während des Urlaubs weitergewährt werden, angemessen in bar abzugelten. "Angemessen" meint mit dem wirklichen Wert, nicht mit dem steuerlichen Wert.
Überstundenvergütung	gehört wie die Überstundenpauschale zum Arbeitsverdienst. Wird die Überstundenvergütung aber erst in einem späteren Zeitraum ausbezahlt, erfolgt keine Berücksichtigung.
Umsatzbeteiligung	beruht nicht auf einer Leistung im Berechnungszeitraum und ist nicht zu berücksichtigen.
Zuschläge	für Nachtarbeit etc. gehören zum Arbeitsverdienst.

Maßgeblicher Bezugszeitraum sind die letzten 13 Wochen vor Beginn des Urlaubs. Ausreichend ist insoweit, wenn der Arbeitgeber die **letzten abgerechneten Lohnzahlungszeiträume** zugrunde legt. Bei monatlicher Zahlung werden die letzten 3 Monate herangezogen.

Gänzlich unproblematisch ist die Berechnung des Urlaubsentgelts, wenn der Arbeitnehmer einen gleichbleibenden Verdienst hat. Hier genügt es, wenn dieser für den Urlaubszeitraum fortgezahlt wird.

2888 a
Eine **Entscheidung aus dem Profifußballbereich** gab dem Bundesarbeitsgericht *(24.11.1992, EzA § 11 BUrlG Nr. 33)* Gelegenheit, zur Einbeziehung von Prämien in die Berechnung des Urlaubsentgelts Stellung zu nehmen.

Beispiel:
Der Lizenzfußballer L erhält neben einer Einsatzprämie von 800 DM pro Spiel eine nach dem Tabellenplatz gestaffelte Punktprämie.
In diesem Fall sind bei der Berechnung des Urlaubsentgelts sowohl die Einsatz- als auch die Punktprämien zu berücksichtigen, die im Referenzzeitraum verdient wurden. Es handelt sich in beiden Fällen um Leistungslohn, der für bestimmte Zeitabschnitte gezahlt wird.

Für **über den gesetzlichen Mindesturlaub hinausgehende Urlaubsansprüche** kann aber vereinbart werden, daß sich das Urlaubsentgelt **unter Ausschluß des**

Urlaubsrecht

Leistungslohnes berechnet. Hierfür bedarf es jedoch einer **eindeutigen abweichenden Vereinbarung**. Diese ergibt sich nicht schon daraus, daß Urlaub über den gesetzlichen Mindesturlaub gewährt wird.

b) Vorübergehende Verdienstschwankungen

2889
Probleme tauchen auf, wenn der Verdienst des Arbeitnehmers gewissen Schwankungen unterworfen ist. Hier sind zwei Punkte wichtig:

- Treten während des Berechnungszeitraums oder des Urlaubsverdienstes **Erhöhungen nicht nur vorübergehender Art** auf, so ist von dem erhöhten Verdienst auszugehen.
- Tritt die Erhöhung im Urlaub ein, ist das Urlaubsentgelt neu zu berechnen und nachzuzahlen.

Auch beim **Wechsel von der Vollzeit- zur Teilzeitbeschäftigung** berechnet sich das Urlaubsentgelt nach § 11 Abs. 1 Satz 1 BUrlG nach dem **Durchschnittsverdienst der letzten 13 Wochen**. Für eine Begrenzung des Urlaubsentgelts auf die Höhe des laufenden Arbeitsverdienstes besteht keine Grundlage. Das heißt, daß dem Arbeitnehmer das **volle Urlaubsentgelt** zu zahlen ist, obwohl er nur noch teilweise im Betrieb beschäftigt wird.

Vorsicht ist geboten, wenn im Urlaub von Teil- auf Vollzeit gewechselt wird. Hier wird teilweise eine Verdiensterhöhung angenommen.

Verdienstkürzungen, die im Berechnungszeitraum infolge von Kurzarbeit, Arbeitsausfällen oder unverschuldeter Arbeitsversäumnis eintreten, bleiben für die Berechnung des Urlaubsentgeltes außer Betracht (siehe § 11 Abs. 1 Satz 3 BUrlG). Verdienstkürzungen während des Urlaubs bleiben ebenfalls unberücksichtigt. Der Arbeitnehmer kann dementsprechend mehr an Urlaubsentgelt erhalten, als er bei regulärer Arbeit verdient hätte.

Nicht zur Kürzung des Urlaubsentgeltes führen auch Arbeitsausfälle, die in der Sphäre des Arbeitgebers liegen.

Beispiel:
Betriebsunterbrechung wegen Rohstoffmangels.

Hierher gehören auch Betriebsversammlungen. Arbeitskampfmaßnahmen führen nicht zu Verdienstkürzungen, wenn sie rechtmäßig sind. Bei rechtswidrigen Arbeitskampfmaßnahmen ist die Berücksichtigung umstritten. Schließlich bleibt die unverschuldete Arbeitsversäumnis unberücksichtigt.
Verschuldete Arbeitsausfälle (Bummeltage, Freiheitsstrafenverbüßung, Teilnahme an gefährlichen Sportarten etc.) sind jedoch zu berücksichtigen.

c) Berechnung des Urlaubsentgelts

2890
Ist der durchschnittliche Arbeitsverdienst entsprechend den obigen Grundsätzen ermittelt, kann hieraus das Urlaubsentgelt berechnet werden. Dies ist grundsätzlich nach Werktagen zu berechnen:

Beispiel:
Verdienst der letzten 13 Wochen = 15.000 DM
Werktage der letzten 13 Wochen = 78
Urlaubstage = 18
Verdienst : Werktage = Durchschnittsverdienst je Urlaubstag
Durchschnittsverdienst x Urlaubstage = Urlaubsentgelt
15.000 DM : 78 = 192,30 x 18 Werktage Urlaub = 3.461,53 DM

Auch bei einer Berechnung in der 5-Tage-Woche gelangt man zu dem Ergebnis

15.000 DM : 65 = 230,76 DM x 15 Arbeitstage Urlaub = 3.461,53 DM

Die Berechnung des Urlaubsentgelts verkompliziert sich, wenn in einer Kalenderwoche Urlaubs- und Arbeitstage fallen und in der 5-Tage-Woche gearbeitet wird.

Beispiel:
Arbeitnehmer A arbeitet in der 5-Tage-Woche. Er nimmt von Montag bis Mittwoch Urlaub. Donnerstag und Freitag arbeitet er. Er erhält einen Wochenlohn von 600 DM.
Im Beispielsfall beträgt der Lohn pro Arbeitstag 120 DM (600 DM : 5 Arbeitstage). Das Urlaubsentgelt pro Werktag beträgt 100 DM (600 DM : 6 Werktage). Hier ergibt sich folgende Berechnung:

Montag - Mittwoch = 3 Tage Urlaubsentgelt = 3 x 100 DM = 300 DM
Donnerstag - Freitag = 2 Tage Arbeitslohn = 2 x 120 DM = 240 DM
A erhält also zusammen nur 540 DM.
*Das **Bundesarbeitsgericht** hat aber entschieden, daß für Urlaubstage in angebrochenen Wochen je 1/5 des durchschnittlichen Wochenverdienstes zu zahlen ist.*

Besonderheiten gelten bei der **Berechnung des Urlaubsentgelts im Freischichtenmodell** (Arbeit an 5 Tagen mit je 8 Stunden täglich und Umsetzung der Arbeitszeitverkürzung über Freischichten). Hier geht das Bundesarbeitsgericht (08.11.1994, 9 AZR 576/90) zumindest für den Manteltarifvertrag Metall NRW davon aus, daß ein Anspruch auf Urlaubsvergütung für 8 Stunden pro Arbeitstag besteht und nicht nur ein entsprechend der verkürzten Arbeitszeit reduzierter.

2. Fälligkeit des Urlaubsentgelts

2891

Das Urlaubsentgelt ist nach § 11 Abs. 2 BUrlG vor Antritt des Urlaubs auszuzahlen. Grundsätzlich soll der Arbeitnehmer also vor Antritt des Urlaubs über den gesamten Betrag verfügen können. Das Urlaubsentgelt kann jedoch auch wie laufendes Arbeitsentgelt am betriebsüblichen Auszahlungstag gewährt werden. Man wird dem Arbeitnehmer aber dann das Recht einräumen müssen, einen **Abschlag** zu verlangen. Das Urlaubsentgelt ist lohnsteuer- und beitragspflichtig (siehe Rz. 8036).

3. Pfändbarkeit des Urlaubsentgelts

2892

Der Anspruch auf Urlaubsentgelt kann im Rahmen der Vorschriften über Pfändung von Arbeitseinkommen gepfändet werden. In der pfändbaren Höhe ist auch eine Aufrechnung oder Abtretung möglich (s. §§ 394, 400 BGB).

Unpfändbar ist hingegen der Anspruch auf Urlaubsgeld, soweit sich dieses im üblichen Rahmen hält (s. § 850 a Nr. 2 ZPO).

XIII. Zusätzliches Urlaubsgeld

2893

Häufig wird dem Arbeitnehmer neben der Fortzahlung des Entgelts während des Urlaubs (Urlaubsentgelt) noch ein zusätzlicher Betrag bezahlt. Da dieser zumeist dazu dient, urlaubsbedingte Mehraufwendungen des Arbeitnehmers abzudecken, wird er als **Urlaubsgeld** bezeichnet. Selbstverständlich kann der Arbeitnehmer, wenn eine entsprechende Regelung fehlt, kein Urlaubsgeld verlangen. Hierzu bedarf es vielmehr einer besonderen Verpflichtung des Arbeitgebers, die auf

- Tarifvertrag
- Betriebsvereinbarung
- Einzelarbeitsvertrag oder
- freiwilliger Zusage

beruhen kann. Das Urlaubsgeld kann jedoch auch ein erhöhtes Urlaubsentgelt darstellen. Was im Einzelfall gemeint ist, muß durch Auslegung ermittelt werden. Allein die Bezeichnung ist nicht ausschlaggebend! Handelt es sich in Wirklichkeit um Urlaubsentgelt, finden die Vorschriften über das Urlaubsentgelt Anwendung (s. Rz. 2886).

Arbeitsrecht

Der Arbeitgeber ist bei der Gewährung des Urlaubsgeldes an den Gleichbehandlungsgrundsatz gebunden.

Beispiel:
Arbeitgeber A gewährt seinen männlichen Beschäftigten ein Urlaubsgeld von 50 DM je Urlaubstag. Da Frauen nach seinen Feststellungen häufiger krank sind, erhalten sie nur 20 DM am Tag.
In dieser Differenzierung liegt ein Verstoß gegen den Gleichbehandlungsgrundsatz mit der Folge, daß auch die weiblichen Arbeitnehmer Anspruch auf Zahlung des erhöhten Urlaubsgeldes haben. Es tritt immer eine Meistbegünstigung ein.

2894

Die Parteien können jedoch im Hinblick auf die Zahlung des Urlaubsgeldes vereinbaren, daß dessen Gewährung von dem Bestand eines ungekündigten Arbeitsverhältnisses zu einem bestimmten Stichtag abhängt.

Beispiel:
Arbeitnehmer A ist seit 10 Jahren bei Arbeitgeber B beschäftigt. Er erhält ein zusätzliches Urlaubsgeld von 20 DM je Urlaubstag unter der Voraussetzung, daß ein ungekündigtes Arbeitsverhältnis am 01.07. des Jahres besteht. Kurz vor Erreichen des Stichtags erhält A eine betriebsbedingte Kündigung. Er meint, B könne nicht auf diese Weise seinen Anspruch auf Urlaubsgeld beseitigen.
Nach der neueren Rechtsprechung ist eine derartige Klausel auch für den Fall der betriebsbedingten Kündigung vereinbarungsfähig. A hat also keinen Anspruch auf das Urlaubsgeld von 20 DM je Urlaubstag. Es gelten dieselben Grundsätze wie bei Weihnachtsgratifikationen.

Auch kann eine Kürzung des Urlaubsgeldes für Fehlzeiten vorgesehen werden. Hier besteht jedoch ein großer Nachteil, weil nicht ohne große Schwierigkeiten zwischen **echten und unechten Fehlzeiten** differenziert werden kann, also notgedrungen auch "wirklich Kranke" betroffen werden. Daher bietet es sich an, die Zahlung des Urlaubsgeldes an einen bestimmten Prozentsatz der krankheitsbedingten Ausfälle in einem Unternehmen zu knüpfen (Modell der Fa. Opel, s. FAZ v. 28.10.1993, S. 19). Durch eine solche Regelung wird das Interesse der Gesamtbelegschaft an einem niedrigen Krankenstand gefördert. Soll eine solche Regelung eingeführt werden, ist ggfs. das **Mitbestimmungsrecht des Betriebsrats** zu beachten.

1. Urlaubsgeld in arbeits-, steuer- und sozialrechtlicher Sicht

2895

Das Urlaubsgeld gehört steuer- und sozialrechtlich zum Arbeitseinkommen, unterliegt also wie dieses der Beitrags- und Steuerpflicht. Es ist grundsätzlich vor Urlaubsantritt für jeden Urlaubstag zu zahlen (Grund: Deckung urlaubsbeding-

Urlaubsrecht

ter Mehraufwendungen). Nur ausnahmsweise kann es für Fehlzeiten gekürzt werden. Hierfür bedarf es einer entsprechenden Vereinbarung. Im Gegensatz zum Urlaubsentgelt ist das Urlaubsgeld **unpfändbar**, soweit es sich im Rahmen des Üblichen hält (siehe § 850 a Nr. 2 ZPO). Gegenüber Unterhaltsgläubigern bestimmt § 850 d Abs. 1 ZPO allerdings eine teilweise Pfändbarkeit auch des üblichen Urlaubsgeldes.

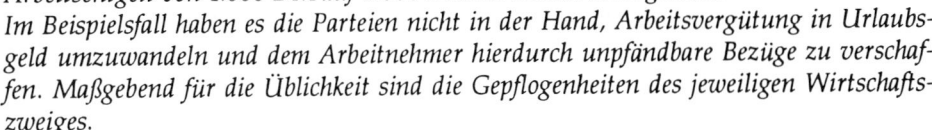

Beispiel:
Arbeitgeber A trifft mit dem hochverschuldeten Arbeitnehmer B eine Vereinbarung nach der dieser ein Urlaubsgeld von 1.000 DM je Urlaubstag erhält. Gleichzeitig wird das Arbeitsentgelt von 4.000 DM auf 2.000 DM im Monat herabgesetzt.
Im Beispielsfall haben es die Parteien nicht in der Hand, Arbeitsvergütung in Urlaubsgeld umzuwandeln und dem Arbeitnehmer hierdurch unpfändbare Bezüge zu verschaffen. Maßgebend für die Üblichkeit sind die Gepflogenheiten des jeweiligen Wirtschaftszweiges.

2896

Besondere Probleme stellen sich, wenn der Arbeitgeber ein Urlaubsgeld auf Grundlage des Einzelarbeitsvertrages oder einer Betriebsvereinbarung zahlt und später durch Tarifvertrag eine Urlaubsgeldzahlung vereinbart wird. Regelmäßig besteht hier eine **Verrechnungsmöglichkeit**. Der Arbeitnehmer erhält also nur einmal Urlaubsgeld.

Dies ist jedoch anders, wenn das Urlaubsgeld zugleich als Anwesenheitsprämie gezahlt wird und daher an weitere Voraussetzungen geknüpft ist. In diesem Zusammenhang ist zu fragen, ob und inwieweit für Fehlzeiten des Arbeitnehmers Kürzungsmöglichkeiten vorgesehen werden können. Besonderen Bedenken sind dabei Klauseln ausgesetzt, die eine überproportionale Kürzung vorsehen *(Beispiel: keine Zahlung bei nur 1 Tag Fehlzeit)*
Hier wird der **Gedanke der unzulässigen Maßregelung** naheliegen (s. § 612 a BGB).
Im Grundsatz gilt also: Eine Verrechnung von einzelvertraglichem und tariflichem Urlaubsgeld ist nur bei **Deckungsgleichheit** der Voraussetzungen möglich.

2. Freiwilliges Urlaubsgeld/Rückzahlungsvereinbarungen

2897

Zahlt der Arbeitgeber ein freiwilliges Urlaubsgeld, hat er es in der Hand, Höhe, Auszahlungszeitpunkt und weitere Einzelheiten festzulegen. Allerdings ist er an den Gleichbehandlungsgrundsatz gebunden (s. dazu oben Rz. 2973). Wird ein freiwilliges Urlaubsgeld gezahlt, muß ein **Freiwilligkeitsvorbehalt** bei jeder Zahlung gemacht werden.

Wird dies versäumt, so tritt bei **dreimaliger vorbehaltloser Zahlung** eine **Bindung** ein. Der Arbeitnehmer hat dann einen Anspruch auf die weitere Gewährung der Leistung.

Aus betrieblicher Sicht von besonderer Bedeutung für alle Sonderzahlungen (Weihnachtsgeld, Urlaubsgeld etc.) sind **Rückzahlungsklauseln**. Nach diesen muß der Arbeitnehmer, wenn er zu einem bestimmten Termin ausscheidet, die Sonderzahlung zurückgewähren. Hierdurch wird dem Arbeitnehmer die Kündigungsmöglichkeit erschwert (finanzieller Verlust). Daher nimmt die Rechtsprechung eine **Rechtskontrolle der Rückzahlungsklausel** vor. Gratifikationshöhe und Betriebsbindung müssen in einem angemessenen Verhältnis stehen. Dabei ist von folgenden Eckdaten auszugehen:

2898

- Bis 200 DM Gratifikation:
keine Rückzahlungsvereinbarung möglich, sogenannte Kleingratifikation, verbleibt auch nicht als Sockelbetrag bei höherer Gratifikationszahlung und vorzeitigem Ausscheiden

- Gratifikation zwischen 200 DM und weniger als einem Monatsverdienst:
Bindung des Arbeitnehmers bis zum 31.03.; zu diesem Termin frühestes Ausscheiden möglich, wenn Zahlung im November erfolgt. Bei anderer Auszahlung ist die dreimonatige Bindungsdauer immer entsprechend zu berechnen.

- Gratifikation ein Monatsverdienst:
Bei nur einer Kündigungsmöglichkeit bis zum 31.03. ist diese auszulassen, bei mehreren Kündigungsmöglichkeiten sind alle bis zum 31.03. auszulassen

- Gratifikation größer als ein Monatsverdienst, aber kleiner als zwei Monatsverdienste:
Keine Bindung des Arbeitnehmers über den 30.06. hinaus, wenn bis dahin mehrere Kündigungsmöglichkeiten bestehen.

- Gratifikation größer als zwei Monatsverdienste:
Bindung des Arbeitnehmers bis zum 30.09. möglich, wenn eine Staffelung der Rückzahlung vorgesehen ist. Zulässig ist Rückzahlungsklausel, die bei Ausscheiden bis zum 31.03. eineinhalb Monatsgehälter, bis zum 30.06. ein Monatsgehalt, bis zum 30.09. ein halbes Monatsgehalt beinhaltet.

Kriterium für den vollen Monatsbezug ist immer der **Auszahlungsmonat** bei Arbeitnehmern mit festen Bezügen. Es ist also nicht ein durchschnittliches Entgelt zu berechnen. **Minimale Über-/Unterschreitungen** führen nicht dazu, daß

Urlaubsrecht

die nächsthöhere oder nächstniedrigere Stufe anzuwenden ist. Eine Abweichung von 8 % ist jedenfalls nicht mehr geringfügig in diesem Sinne.
Erhält der Arbeitnehmer kein volles Monatsgehalt als Gratifikation, weil er erst im Laufe des Jahres eingetreten ist, so muß für die Dauer der zulässigen Betriebsbindung auch nur von dem **tatsächlich ausgezahlten Betrag** ausgegangen werden.
Ohne Rückzahlungsklausel ist der Arbeitnehmer auch bei Kündigung unmittelbar nach Erhalt der Gratifikation **nicht** zur Rückzahlung verpflichtet. Eine Rückzahlungsverpflichtung ergibt sich also nicht schon aus der Freiwilligkeit der Leistung!
Unsicher ist noch, wie sich die **Neuregelung der Kündigungsfristen** und die hiermit verbundene Erhöhung der Kündigungsmöglichkeiten auf die Zulässigkeit von Rückzahlungsklauseln auswirkt. Ob das Bundesarbeitsgericht an der bisherigen Rechtsprechung festhalten wird, ist ungeklärt, aber wohl zu vermuten.

2899

Keinen Anspruch auf zusätzliches Urlaubsgeld hat der Arbeitnehmer auch in folgendem Fall:

Beispiel:
In der Betriebsvereinbarung ist festgelegt, daß die Arbeitnehmer, die am Stichtag (30.06 eines jeden Jahres) in einem ungekündigten Arbeitsverhältnis stehen, Anspruch auf Urlaubsgeld in Höhe von 500 DM haben. Arbeitnehmer A kündigt am 31.05 zum 30.09. Im Ausgangsfall kommt es auf das ungekündigte Arbeitsverhältnis zu einem bestimmten Stichtag, nicht auf den Bestand des Arbeitsverhältnisses als solches an. A hat keinen Anspruch auf Urlaubsgeld.

Gleiches gilt i.ü., wenn in der Rechtsgrundlage die Zahlung einer Gratifikation neben dem Bestand eines ungekündigten Arbeitsverhältnisses an den Jahresgewinn gekoppelt ist und eine Auszahlung erst im Folgejahr stattfinden soll. Hier ist es schon gratifikationsschädlich, wenn das Arbeitsverhältnis erst im Folgejahr (bis spätestens zum **Auszahlungszeitpunkt**) gekündigt wird *(BAG 26.10.1994, 10 AZR 577/93).*

Muster einer Urlaubsgeldklausel mit Rückzahlungsvereinbarung:

Jeder Arbeitnehmer, der am 01.07. eines Kalenderjahres in einem ungekündigten Arbeitsverhältnis steht, erhält mit dem Augustentgelt ein Urlaubsgeld von einem Monatsbezug. Sollte der Arbeitnehmer vor dem 31.03. des Folgejahres durch Eigenkündigung oder durch von ihm veranlaßten Aufhebungsvertrag aus dem Arbeitsverhältnis ausscheiden, so hat er das Urlaubsgeld zum Zeitpunkt der Beendigung zurückzugewähren.

Arbeitsrecht

XIV. Urlaubsabgeltung

Checkliste Urlaubsabgeltung

2900

- Bestehen eines Urlaubsanspruchs
- Erfüllung des Urlaubsanspruchs wegen Beendigung des Arbeitsverhältnisses ist nicht möglich
- Ohne Beendigung wäre Urlaubsanspruch erfüllbar gewesen; insbesondere keine fortbestehende Arbeitsunfähigkeit
- Abgeltungsanspruch nicht verfallen oder verjährt

2901
Die Arbeitsvertragsparteien haben gelegentlich ein starkes Interesse daran, Urlaub nicht in Natur zu nehmen, sondern stattdessen einen entsprechenden Geldbetrag zu zahlen/zu erhalten. So ist der Arbeitnehmer oft aus betrieblichen Belangen gehindert, seinen Urlaub anzutreten. Andererseits hat er häufig persönliche Interessen, die einem Urlaub "in Natura" entgegenstehen.

§ Eine Urlaubsabgeltung (Abkaufen des Urlaubs) ist nach dem Bundesurlaubsgesetz jedoch nur sehr eingeschränkt möglich. Sie kommt nur in Betracht, wenn der dem Arbeitnehmer zustehende Urlaub wegen der Beendigung des Arbeitsverhältnisses ganz oder teilweise nicht mehr in Natur genommen werden kann (§ 7 Abs. 4 BUrlG).

! Die weitverbreitete Praxis, den Urlaub während des bestehenden Arbeitsverhältnisses dem Arbeitnehmer abzukaufen, ist also mit dem Gesetz nicht vereinbar. Eine entsprechende Übereinkunft ist unwirksam! Dies hat zur Folge, daß dem Arbeitnehmer der Urlaub noch einmal in Natur zusteht. **Es droht also eine doppelte Inanspruchnahme!** Der Arbeitgeber ist dabei nicht nur zur Freistellung verpflichtet. Er muß vielmehr auch das Urlaubsentgelt erneut zahlen. Nur ausnahmsweise wird dem Arbeitnehmer die erneute Geltendmachung des Urlaubsanspruchs von der Rechtsprechung wegen rechtsmißbräuchlichen Verhaltens versagt. Dies kommt nur in Betracht, wenn der Arbeitnehmer den Arbeitgeber gedrängt hat, ihm eine Abgeltung zu gewähren. Arbeiten hingegen Arbeitgeber und Arbeitnehmer einverständlich zusammen, ist eine erneute Geltendmachung möglich. Hier ist also äußerste Vorsicht geboten!
Besteht gleichwohl ein **Abgeltungsinteresse**, ist folgendes zu beachten:

Urlaubsrecht

Zur Minimierung des Risikos sollte nur der über den gesetzlichen Urlaub von 18 Werktagen hinausgehende Urlaubsteil abgegolten werden. Auch muß geprüft werden, ob der Abgeltung nicht die Bestimmungen eines Tarifvertrages oder einer Betriebsvereinbarung entgegenstehen. Schließlich muß zu Beweiszwecken genau festgelegt werden, daß und welche über den Mindesturlaub hinausgehende Tage abgegolten werden.

1. Voraussetzungen der Urlaubsabgeltung

2902

Die nach dem Gesetz zulässige Urlaubsabgeltung ist von folgenden Voraussetzungen abhängig:
- Dem Arbeitnehmer steht ein Urlaubsanspruch zu.
- Das Arbeitsverhältnis ist beendet worden.
- Wegen der Beendigung konnte der Urlaub nicht mehr in Natur genommen werden.

Ob dem Arbeitnehmer ein **Urlaubsanspruch** zusteht, ist nach den allgemeinen Voraussetzungen zu beurteilen.

Ein Urlaubsabgeltungsanspruch ist nicht auf den gesetzlichen Mindesturlaub beschränkt, sondern umfaßt den gesamten Urlaubsanspruch des Arbeitnehmers, der bei Beendigung des Arbeitsverhältnisses noch nicht erfüllt ist.

Für die Frage der Abgeltung ist es unerheblich, auf welche Weise und aus welchen Motiven das **Arbeitsverhältnis beendet** wurde. In Betracht kommen hier Kündigung, Aufhebungsvertrag oder Zeitablauf (Befristung). Geht der Betrieb auf einen neuen Inhaber über, liegt keine Beendigung des Arbeitsverhältnisses vor. Der Urlaub ist also vom neuen Arbeitgeber in Natur zu gewähren und nicht vom alten abzugelten (s. § 613 a BGB).

Schließlich hängt die Abgeltung davon ab, daß der Urlaub nur **wegen der Beendigung** nicht mehr in Natur genommen werden konnte:

Beispiel:
Arbeitnehmer A ist im Urlaubsjahr und im Übertragungszeitraum arbeitsunfähig krank und kann daher seinen Erholungsurlaub nicht antreten. Er meint, ihm stünde ein Abgeltungsanspruch zu.
Im Beispielsfall konnte A den Urlaub wegen seiner Arbeitsunfähigkeit nicht antreten. Ihm steht daher kein Abgeltungsanspruch zu. Der Urlaub ist also höchstens für so viele Tage abzugelten, wie der Arbeitnehmer im Urlaubsjahr und ggf. im Übertragungszeitraum arbeitsfähig ist.

Arbeitsrecht

Das Bundesarbeitsgericht *(08.02.1994, EzA § 7 BUrlG Nr. 92)* geht also von folgenden **Leitlinien** aus:

- Der gesetzliche Urlaubsabgeltungsanspruch kann nur erfüllt werden, wenn der Arbeitnehmer bei Fortdauer des Arbeitsverhältnisses jedenfalls für die Dauer seines Urlaubs seine vertraglich geschuldete Arbeitsleistung hätte erbringen können.

- Die Erfüllbarkeit des den Urlaubsanspruch ersetzenden Abgeltungsanspruchs setzt die Arbeitsfähigkeit des Arbeitnehmers voraus. Wer aber arbeitsunfähig krank ist, kann nicht von seiner Arbeitspflicht befreit werden.

- Die Tarifparteien können zugunsten des Arbeitnehmers eine hiervon abweichende Regelung treffen, also etwa auf das Merkmal der Arbeitsfähigkeit für den Erwerb des Abgeltungsanspruchs verzichten (s. auch Rz. 2903 a).

Für die Abgeltung **unerheblich** ist, ob der Urlaub während des Arbeitsverhältnisses hätte genommen werden können, wenn die Parteien dies gewollt hätten.

Beispiel:
Beide Parteien wissen um die baldige Beendigung des Arbeitsverhältnisses. Arbeitnehmer A nimmt gleichwohl keinen Urlaub. Auch Arbeitgeber B wird nicht tätig.
Im Beispielsfall steht dem A ein Abgeltungsanspruch zu. Will der Arbeitgeber dies verhindern, muß er Urlaub erteilen. Hierzu ist er befugt.

2. Behandlung der Urlaubsabgeltungszahlung

2903

Die **Urlaubsabgeltung ist ebenso zu berechnen wie das Urlaubsentgelt** (siehe Rz. 2887, 2890). Bruchteile von 1/2 und mehr an Urlaubstagen sind **aufzurunden**. Folglich ist ein ganzer Tag abzugelten. **Eine Abrundung kleinerer Teile** ist hingegen nicht möglich. Die Höhe des Urlaubsentgelts ist nach dem Durchschnittsverdienst der letzten 13 Wochen (3 Monate) vor Beendigung des Arbeitsverhältnisses zu berechnen. Es können also nicht besonders hohe oder niedrig vergütete Zeiträume berücksichtigt werden.

Da der **Urlaubsabgeltungsanspruch** Ersatz für das Urlaubsentgelt darstellt, gelten für Pfändung, Abtretung, Aufrechnung, Zurückbehaltung etc. die Grundsätze des Urlaubsentgelts entsprechend (s. Rz. 2850 und Rz. 2891 f). Bei der Berechnung des pfändbaren Teils ist der Nettobetrag durch die Zahl der abzugeltenden Urlaubstage zu teilen. Anwendbar ist dann die **Pfändungstabelle für die tägliche Lohnzahlung!**
Urlaubsabgeltung ist steuerpflichtiges Arbeitseinkommen (siehe Rz. 8035).

Ist der Arbeitnehmer im Anschluß an das Arbeitsverhältnis arbeitslos, so ruht sein Anspruch auf Arbeitslosengeld für die Dauer der Abgeltungszahlung (§ 117

Abs. 1 a AFG). Hat der Arbeitslose zugleich eine Abfindung erhalten, so verlängert sich der Ruhenszeitraum.

Die Parteien eines Aufhebungsvertrages oder eines arbeitsgerichtlichen Vergleichs sollten sich i.ü. davor hüten, ansich verfallenen Urlaub abzugelten. Besser ist es in dieser Situation die zusätzliche Leistung des Arbeitgebers als Abfindung auszuweisen. **Grund**: Eine Urlaubsabgeltung führt stets zum Ruhen des Anspruchs auf Arbeitslosengeld, eine Abfindungszahlung nur unter bestimmten Umständen (s. §§ 117, 117 a AFG).

3. Erlöschen des Urlaubsabgeltungsanspruchs durch Zeitablauf

2903 a

Das **Verlangen nach Urlaubsabgeltung** seitens des Arbeitnehmers kann nach Ablauf bestimmter Zeiten unbegründet sein.

Beispiel:
Arbeitnehmer A wird von Arbeitgeber B zum 29.04.1988 gekündigt. Im nachfolgenden Kündigungsschutzprozeß schließen die Parteien einen Vergleich, demzufolge das Arbeitsverhältnis am 31.05.1988 sein Ende gefunden haben soll. Am 24.04.1990 verlangt A Urlaubsabgeltung für Januar bis Mai 1988 in Höhe von 1.400 DM.
*Das Abgeltungsverlangen des A ist im Beispielsfall unbegründet. Der **Urlaubsabgeltungsanspruch** unterliegt ebenso der Befristung wie der Urlaubsanspruch, an dessen Stelle er mit Beendigung des Arbeitsverhältnisses getreten ist (s. zum Erlöschen des Urlaubsanspruchs durch Zeitablauf Rz. 2848). Der Urlaubsanspruch des A war am 01.01.1988 entstanden und spätestens am 31.12.1988 oder bei Vorliegen der Übertragungsvoraussetzungen nach § 7 Abs. 3 BUrlG am 31.03.1989 erloschen. A hätte B also zumindest mahnen müssen, um sich den Anspruch zu erhalten. Der Abgeltungsanspruch ist also an die selben Voraussetzungen gebunden wie der Freistellungsanspruch.*

Greifen aber tarifliche Vorschriften ein, so ist stets zu prüfen, ob die Tarifpartner in zulässiger Weise (§ 13 BUrlG) eine für die Arbeitnehmer **günstigere Abgeltungsregelung** getroffen haben; etwa Abgeltung des Urlaubs auch bei Nichterfüllbarkeit des Urlaubsanspruchs infolge Krankheit *(BAG 03.05.1994, BB 1994, 2281).*

XV. Besonderheiten für einzelne Personengruppen

2904

Für bestimmte, besonders schutzbedürftige Arbeitnehmergruppen hat der Gesetzgeber über den Standard des Bundesurlaubsgesetzes hinausgehende Sonderregelungen getroffen.

Arbeitsrecht

1. Schwerbehinderte

Sonderregelungen gelten zunächst für **Schwerbehinderte**, denen ein Zusatzurlaub zugebilligt wird. Als Schwerbehinderte sind Personen anzusehen, die körperlich, geistig oder seelisch behindert und infolge ihrer Behinderung in ihrer Erwerbsfähigkeit nicht nur vorübergehend um wenigstens 50 % gemindert sind. **Gleichgestellte** haben keinen Anspruch auf Zusatzurlaub.
Für die Gewährung des Zusatzurlaubes ist es unerheblich, ob der Grad der Schwerbehinderung amtlich festgestellt ist. Der **Anerkennungsbescheid** hat nur **Beweisfunktion**. Liegt jedoch ein Anerkennungsbescheid vor, so verliert der Schwerbehinderte den Zusatzurlaubsanspruch nicht automatisch dadurch, daß die Erwerbsfähigkeit wieder zunimmt. Vielmehr erlischt der Anspruch erst am Ende des dritten Kalendermonats nach Rechtskraft des Feststellungsbescheides.

Schwerbehinderte haben Anspruch auf einen bezahlten, zusätzlichen Urlaub von 5 Arbeitstagen im Urlaubsjahr. Verteilt sich die regelmäßige Arbeitszeit des Schwerbehinderten auf mehr oder weniger als 5 Arbeitstage in der Kalenderwoche, erhöht oder vermindert sich der Zusatzurlaub entsprechend.

Beispiel:
Ist der Schwerbehinderte nicht nur an 260 Arbeitstagen im Kalenderjahr (52 x 5), sondern an 273 Tagen zur Arbeit verpflichtet, so erhöht sich der 5-tägige Zusatzurlaub wie folgt:

Tage der persönlichen Arbeitsverpflichtung : regelmäßige Arbeitstage =
273 : 260 = 1,05
Quotient x 5 = Zusatzurlaub =
1,05 x 5 = 5,25

Bruchteile der so errechneten Urlaubstage werden nur aufgerundet, wenn die Voraussetzungen des § 5 Abs. 1 Buchst. a - c BUrlG (s. Rz. 2830 ff.) vorliegen. Der Teil eines zusätzlichen Urlaubstages für den Schwerbehinderten ist eben kein Teilurlaub i.S.d. § 5 BUrlG. Eine Abrundung findet keinesfalls statt.

Soweit tarifliche, betriebliche oder sonstige Urlaubsregelungen für Schwerbehinderte einen längeren Zusatzurlaub vorsehen, bleiben sie unberührt (Meistbegünstigung).

2905

In Fällen, in denen die Schwerbehinderteneigenschaft erst **im Laufe des Kalenderjahres** festgestellt wird, hat das Bundesarbeitsgericht nunmehr entschieden, daß der Zusatzurlaub zu dem Grundurlaub **hinzutritt** und diesen **verlängert**. Entstehen und Erlöschen des Anspruchs auf Zusatzurlaub richten sich ausschließlich nach dem Grundurlaub. Dies bedeutet, daß dem Schwerbehinderten im Urlaubsjahr der Zusatzurlaub in voller Höhe auch dann zusteht, wenn die

Schwerbehinderteneigenschaft erst im Laufe des Jahres festgestellt wird *(so jetzt auch LAG Köln 01.07.1994, BB 1994, 2075).*

Beispiel:
Arbeitnehmer A ist seit 5 Jahren bei Arbeitgeber B beschäftigt. Im Oktober wird bei A eine 60 %-ige Schwerbehinderung festgestellt. Für das Urlaubsjahr steht dem A der volle Zusatzurlaub von 5 Tagen zu.

Dies kann anders sein, wenn der Arbeitnehmer erst **im Laufe eines Urlaubsjahres** in das Arbeitsverhältnis eintritt. Hier kann eine **Kürzung des Zusatzurlaubs** zulässig sein. Dies ist bislang noch nicht höchstrichterlich entschieden! **Darüber hinausgehende Zwölftelungsregelungen** sind jedenfalls unwirksam. Dies gilt auch für die Tarifparteien. Der Umfang des gesetzlichen Zusatzurlaubs für Schwerbehinderte unterliegt nicht deren Disposition *(BAG 08.03.1994, EzA § 47 SchwbG 1986 Nr. 2).*

Die **Abrundungsregelung bei Teilurlaubsansprüchen** für den Schwerbehinderten gem. § 5 Abs. 2 BUrlG gilt nicht für den Zusatzurlaub Schwerbehinderter.

2906
Zusatzurlaub meint, daß der Anspruch zu dem ohne die Schwerbehinderung bestehenden Urlaubsanspruch hinzutritt. Der Arbeitgeber darf den Zusatzurlaub also nicht auf einen von ihm gewährten, über dem gesetzlichen Mindestmaß liegenden Urlaub **anrechnen**. Der Zusatzurlaub unterliegt ansonsten den selben Grundsätzen wie der Erholungsurlaub. Er kann also verlangt werden, wenn der Anspruch auf den "normalen Urlaub" besteht. Dies gilt neben der Entstehung auch für den Umfang. Ist also beispielsweise der Erholungsurlaub nur zum Teil entstanden, gilt dies ebenso für den **Zusatzurlaub**.

Wird der Zusatzurlaub nicht geltend gemacht, geht er mit Ablauf des Urlaubsjahres/Übertragungszeitraums unter. Macht der Arbeitnehmer den Zusatzurlaub geltend, war aber die Schwerbehinderung noch nicht geklärt, so ist er nachträglich zu gewähren.

Versäumt der Arbeitnehmer die Geltendmachung, hilft ihm auch die nachträgliche Feststellung der Schwerbehinderteneigenschaft nichts. Ebenso wenig genügt es, wenn der Arbeitnehmer seinem Arbeitgeber nur mitteilt, er habe einen Antrag auf Anerkennung als Schwerbehinderter gestellt.

Trifft eine tarifliche Regelung für den Schwerbehinderten eine günstigere Regelung über die Zusatzurlaubsgewährung, so gilt diese. Es findet also **keine Addition der Zusatzurlaube** statt.

2. Der Urlaub Jugendlicher

2907

Besondere Vorschriften gelten für den Urlaub von Jugendlichen, also Personen, die **mindestens 14 aber noch nicht 18 Jahre** alt sind. Einschlägig ist das Jugendarbeitsschutzgesetz. Dieses trifft folgende Bestimmungen:
Der vom Arbeitgeber zu gewährende bezahlte Erholungsurlaub beträgt jährlich

- mindestens 30 Werktage, wenn der Jugendliche zu Beginn des Kalenderjahres noch nicht 16 Jahre alt ist

- mindestens 27 Werktage, wenn der Jugendliche zu Beginn des Kalenderjahres noch nicht 17 Jahre alt ist

- mindestens 25 Tage, wenn der Jugendliche zu Beginn des Kalenderjahres noch nicht 18 Jahre alt ist

Für besondere Gruppen Jugendlicher bestehen weitergehende Sonderregelungen (s. zum Ganzen § 19 JArbSchG).

Stichtag für den erhöhten Urlaubsanspruch nach dem Jugendarbeitsschutzgesetz ist jeweils der 01.01. eines Jahres.

Beispiel:
Arbeitnehmer A wird am 02.02.1995 18 Jahre alt. Für das gesamte Kalenderjahr 1995 steht ihm der erhöhte Urlaub für Jugendliche zu.

Dies gilt auch, wenn der Jugendliche erst im Laufe des Kalenderjahres eintritt.

Beispiel:
Arbeitnehmer A, am 02.01.1995 18 Jahre alt geworden, geht am 01.03.1995 ein neues Arbeitsverhältnis ein. Der Arbeitgeber ist verpflichtet, dem A für 1995 nach Erfüllung der Wartezeit den erhöhten Jugendlichenurlaub zu gewähren.

Auch für die **zeitliche Lage des Urlaubs** ist eine **Sonderregelung** getroffen worden. So soll der Urlaub Berufsschülern in der Zeit der Berufsschulferien gegeben werden. Soweit er nicht in den Berufsschulferien gegeben wird, ist für jeden Berufsschultag, an dem die Berufsschule während des Urlaubs besucht wird, ein weiterer Urlaubstag zu gewähren.

Im übrigen gelten für den Urlaub Jugendlicher die Vorschriften des Bundesurlaubsgesetzes über Wartezeit, Teilurlaub, Ausschluß von Doppelansprüchen, Zeitpunkt, Übertragbarkeit und Abgeltung entsprechend. Besondere Vorsicht ist geboten, wenn dem Jugendlichen der Urlaub nicht oder nicht mit der vorgeschriebenen (Mindest-) Dauer gewährt wird. Hier droht die Verhängung eines Bußgeldes.

3. Auswirkungen von Wehrdienst, Eignungsübung und Zivildienst auf den Urlaub

2908

Während des **Wehrdienstes ruhen die Hauptpflichten** aus dem Arbeitsverhältnis. Urlaubsrechtlich sind hiermit folgende Konsequenzen verbunden: Der Arbeitgeber kann den Erholungsurlaub, der dem Arbeitnehmer für ein Urlaubsjahr aus dem Arbeitsverhältnis zusteht, für jeden vollen Kalendermonat, den der Arbeitnehmer Grundwehrdienst leistet, um 1/12 kürzen. Es bleibt dem Arbeitgeber also **freigestellt**, ob er eine **Kürzung** vornehmen will. Bei der Berechnung der vollen Kalendermonate des Grundwehrdienstes kommt es auf den Tag an, zu dem die Einberufung erfolgt, nicht auf den des Dienstantritts.

Das **Erfodernis des vollen Kalendermonats** bedeutet, daß in den Fällen, wo der Wehrdienst im Kalendermonat beginnt oder endet keine Kürzungsmöglichkeit besteht. Auch wenn beide Tatbestände zusammentreffen, findet keine Addition statt.

Umstritten ist, ob § 5 Abs. 2 BUrlG entsprechend gilt, wenn sich bei der Kürzung Bruchteile von Urlaubstagen ergeben.

Auf Verlangen ist dem Arbeitnehmer der ihm zustehende Erholungsurlaub vor Beginn des Grundwehrdienstes zu gewähren (§ 4 Abs. 1 Satz 2 ArbPlSchG). Hat der Arbeitnehmer den ihm zustehenden Urlaub vor seiner Einberufung nicht oder nicht vollständig erhalten, so hat der Arbeitgeber den Resturlaub nach dem Grundwehrdienst im laufenden oder im nächsten Urlaubsjahr zu gewähren. Endet das Arbeitsverhältnis während des Grundwehrdienstes oder setzt der Arbeitnehmer im Anschluß an den Grundwehrdienst das Arbeitsverhältnis nicht fort, so hat der Arbeitgeber den noch nicht gewährten Urlaub abzugelten (§ 4 Abs. 3 ArbPlSchG). Hat der Arbeitnehmer vor der Einberufung mehr Urlaub erhalten als ihm zustand (Beispiel: *Vollurlaub 1994, Einberufung 01.10.1994*), kann der Arbeitgeber den Urlaub, der dem Arbeitnehmer nach der Entlassung zusteht, um die zuviel gewährten Urlaubstage kürzen.

Der zu einer **Wehrübung** einberufene Arbeitnehmer hat Anspruch auf den vollen Urlaub. Eine Kürzung findet nicht statt! Der Wehrübende kann verlangen, daß ihm der Urlaub vor Beginn der Wehrübung gewährt wird (§ 4 Abs. 5 ArbPlSchG).

Zu Fragen der **Eignungsübung** ist das Eignungsübungsgesetz und die dazu erlassene Verordnung zu beachten. Grundsätzlich gilt, daß dem Arbeitnehmer in beruflicher Hinsicht aus der Teilnahme an der Eignungsübung keine Nachteile erwachsen dürfen.

Für **Zivildienstleistende** finden die für Wehrdienstleistende geltenden Vorschriften entsprechende Anwendung (s. § 78 ZDG).

Arbeitsrecht

Der ausländische Wehrdienst steht i.ü. bei Angehörigen von EU-Mitgliedstaaten dem deutschen gleich. Sind diese Personen im Geltungsbereich des ArbPlSchG beschäftigt, finden dessen Regelungen Anwendung.

4. Seeleute

2909
Besondere Vorschriften gelten für **Seeleute**. Einschlägig sind hier die Vorschriften des Seemannsgesetzes, die erheblich von denen des Bundesurlaubsgesetzes abweichen.

Angesichts der unterschiedlichen Regelungen empfiehlt sich die Hinzuziehung eines Fachmanns.

5. Heimarbeiter

2910
Besondere Vorschriften gelten auch für **Heimarbeiter**.
Einschlägig ist hier die Vorschrift des § 12 BUrlG, der bestimmte Veränderungen gegenüber dem Erholungsurlaub anderer Arbeitnehmer vorsieht.

Wegen der Einzelheiten empfiehlt sich die Einschaltung eines Spezialisten.

6. Arbeitnehmer im Baugewerbe

2911
Für den **Bereich des Baugewerbes**, das durch einen häufigen Wechsel des Arbeitsplatzes seitens der Arbeitnehmer gekennzeichnet ist, hat das Bundesurlaubsgesetz eine Sonderregelung getroffen. Für das Baugewerbe oder sonstige Wirtschaftszweige, in denen häufige Arbeitsplatzwechsel an der Tagesordnung sind, kann durch Tarifvertrag von den Vorschriften des Bundesurlaubsgesetzes abgewichen werden. Jeder Arbeitnehmer im Baugewerbe erhält eine **Lohnnachweiskarte, die er bei der Urlaubskasse anzufordern hat**. In diese muß der Arbeitgeber den Bruttolohn, die Dauer der Beschäftigung, die Beschäftigungstage, den Urlaubsprozentsatz, den Urlaubsentgeltanspruch sowie die gewährten Jahresurlaubs- und Zusatzurlaubstage einschließlich des hierfür gewährten Urlaubsentgelts sowie des zusätzlichen Urlaubsgeldes eintragen. Neben der Berechnung des Urlaubsanspruchs ist die Lohnnachweiskarte im Baugewerbe auch für Lohnausgleich und Zusatzversorgung von Bedeutung. Im Baugewerbe bekommt ein Arbeitgeber, der das Urlaubsentgelt an den Arbeitnehmer auszahlt, dieses von einer Urlaubskasse erstattet, die per Umlage von allen Arbeitgebern finanziert wird.

Urlaubsrecht

Nach dem BRTV-Bau kann der Urlaubsanspruch nur durch Ausfüllung der Lohnnachweiskarte erfüllt werden. Hierdurch wird gewährleistet, daß der Arbeitnehmer den Urlaub zusammenhängend erhält. Unzulässig ist also die Abgeltung des Urlaubs zum Monatsende oder zum Ende des Beschäftigungsverhältnisses. Verstößt der Arbeitgeber hiergegen, kann er u.U. doppelt in Anspruch genommen werden!

Da in den tariflichen Bestimmungen des Baugewerbes zahlreiche Sonderbestimmungen enthalten sind, kann nur empfohlen werden, einen Spezialisten hinzuzuziehen.

XVI. Urlaub in Teilzeitarbeitsverhältnissen

2912

Für das heute weit verbreitete **Teilzeitarbeitsverhältnis** gelten keine Besonderheiten im Urlaubsrecht. Das Bundesurlaubsgesetz verlangt nicht, einen bestimmten zeitlichen Umfang der Arbeitsleistung. Auch bei einem nur kurzen Teilzeitarbeitsverhältnis entstehen Urlaubsansprüche. Werden etwa studentische Hilfskräfte in Teilzeitarbeit in einem Krankenhaus beschäftigt, so haben sie **in jedem Kalenderjahr Anspruch auf Urlaub** entsprechend ihrer im Vergleich zu Vollzeitbeschäftigten jährlich geleisteten Arbeit.

1. Spezifische Probleme der Teilzeitarbeit

2913

Bei der Erfüllung der 6-monatigen Wartezeit (§ 4 BUrlG) werden die **turnusmäßigen arbeitsfreien Tage mitgerechnet.**

Besondere Probleme können sich ergeben, wenn es um die **Verteilung des Urlaubs eines Teilzeitbeschäftigten** geht.

Beispiel:
Arbeitnehmer A arbeitet nur montags, dienstags und mittwochs. Trotzdem ist von 6 Werktagen je Woche auszugehen. Dies bedeutet: Dauer des Urlaubs 30 Werktage, 3 Arbeitstage je Woche
30 Werktage : 6 Werktage je Woche = 5 Tage je Woche
5 x 3 Arbeitstage = 15 Arbeitstage Urlaub

In der **5-Tage-Woche** wird die Gesamtdauer des Urlaubs durch die Zahl "5" geteilt und mit der Zahl der für den Arbeitnehmer maßgeblichen Zahl von Arbeitstagen je Woche multipliziert:
30 Arbeitstage Urlaubsdauer, 2 Arbeitstage je Woche
30 Arbeitstage : 5 = 6
6 x 2 Arbeitstage je Woche = 12 Arbeitstage Urlaub

2914

Wesentlich komplizierter wird die Situation, wenn der Teilzeitbeschäftigte nur an wenigen Tagen im Monat arbeitet und diese auch noch differieren. Dann müssen die arbeitsfreien Tage verhältnismäßig auf die Urlaubstage angerechnet werden. Es ist also eine Abwägung der tatsächlichen Arbeitstage zu den Werktagen vorzunehmen.

Beispiel:
Arbeitnehmer A ist in Teilzeit beschäftigt. Durchschnittlich arbeitet er an 1/4 der Werktage. Der Urlaubsanspruch beträgt 32 Tage.
In dem Beispielsfall muß sich A 3/4 seiner arbeitsfreien Tage anrechnen lassen. Es verbleibt also 1/4 von 32 Tagen = 8 Tage Urlaub. An diesen 8 Beschäftigungstagen muß A also freigestellt werden.

Bei einer regelmäßigen Verteilung der Arbeitszeit kann auch eine entsprechende Freistellung in Wochen vorgenommen werden.

Beispiel:
Jeder Arbeitnehmer hat 6 Wochen Urlaub im Jahr. Arbeitnehmer A arbeitet nur montags und dienstags.
In dem Beispielsfall hat auch der A Anspruch auf 6 Kalenderwochen Urlaub. Berechnungsprobleme treten dann nicht auf.

2915

Das Bundesarbeitsgericht hat die oben skizzierte Rechtslage nochmals bestätigt: **Teilzeitbeschäftigte Arbeitnehmer**, die regelmäßig an weniger Arbeitstagen einer Woche als ein vollzeitbeschäftigter Arbeitnehmer beschäftigt sind, haben entsprechend der Zahl der für sie maßgeblichen Arbeitstage ebenso Anspruch auf Erholungsurlaub wie vollzeitbeschäftigte Arbeitnehmer. Steht also einem Vollzeitbeschäftigten ein Urlaubsanspruch von 20 Arbeitstagen zu, so gilt dies anteilig auch für einen Teilzeitbeschäftigten. Enthält ein Tarifvertrag keine Regelungen zur Umwandlung des Urlaubsanspruchs eines vollzeitbeschäftigten in den eines teilzeitbeschäftigten Arbeitnehmers, sind die für die vollzeitbeschäftigten Arbeitnehmer maßgebenden Arbeitstage und die Arbeitstage, an denen ein teilzeitbeschäftigter Arbeitnehmer zu arbeiten hat, rechnerisch zueinander in Beziehung zu setzen. Die sich dann ergebende Verhältniszahl (Bruch) ist mit dem Urlaubsanspruch für Vollzeitbeschäftigte zu multiplizieren. Ergeben sich dabei **Bruchteile von Arbeitstagen**, hat der Arbeitnehmer Anspruch auf Gewährung in diesem Umfang, es sei denn, der Tarifvertrag schließt dies ausdrücklich aus. Bei Bruchteilen von mehr als 1/2 kann entsprechend § 5 Abs. 2 BUrlG auf volle Tage aufgerundet werden.

Besondere Schwierigkeiten treten auf, wenn die Arbeitszeit des Teilzeitbeschäftigten unregelmäßig verteilt ist.

Urlaubsrecht

Beispiel:
A arbeitet donnerstags und freitags 8, samstags 4 Stunden. Die betriebsübliche Arbeitszeit eines Vollzeitbeschäftigten beträgt 37, 5 Stunden, der Urlaubsanspruch 30 Arbeitstage.
Im Beispielsfall steht dem A ein Urlaubsanspruch von 20/37, 5 zu. Es bietet sich eine stundenweise Berechnung an.

- Vollzeitbeschäftigter: 37, 5 : 5 x 30 = 225 Urlaubsstunden.

- Teilzeitbeschäftigter: 225 x 20 : 37, 5 = 120 Urlaubsstunden

Bei kapazitätsorientierter variabler Arbeitszeit (Kapovaz, § 4 BeschFG) ist ebenfalls eine Durchschnittsberechnung vorzunehmen.

Beispiel:
A arbeitet wöchentlich 10 Stunden auf Abruf. Die betriebsübliche Arbeitszeit eines Vollzeitbeschäftigten beträgt 37, 5 Stunden, sein Urlaubsanspruch 30 Arbeitstage.
Hier ergibt sich für den Vollzeitbeschäftigten ein Urlaubsanspruch von 225 Stunden (s.o.). Dem A stehen hiervon 225 x 10 : 37, 5 Stunden = 60 Stunden zu. Diese sind zu verteilen. Nimmt A etwa 2 Tage Urlaub sind ihm 2/5 x 10 Stunden = 4 Stunden anzurechnen.

Zusatz- oder Treueurlaub steht Teilzeitbeschäftigten ebenfalls zu. Ggfs. ist aber eine Kürzung nach dem Arbeitsvolumen zulässig. Dies hängt vom Zweck der zusätzlichen Urlaubsgewährung ab, etwa Ausgleich von Mehrbelastungen. Hier besteht eine Kürzungsmöglichkeit, wenn diese beim Teilzeitbeschäftigten nur anteilig auftreten.

Schwerbehinderte Teilzeitbeschäftigte haben Anspruch auf eine volle Woche Zusatzurlaub, unabhängig davon, an wieviel Tagen sie in der Woche arbeiten.

Der nur **vorübergehend zur Aushilfe** beschäftigte Arbeitnehmer hat ebenfalls einen Urlaubsanspruch. Für jeden vollen Beschäftigungsmonat der Aushilfstätigkeit ist ihm 1/12 des Jahresurlaubs zu gewähren oder abzugelten! Hier bestehen keine Besonderheiten.

Besondere Probleme bestehen aber bei dem sog. **Eintagesarbeitsverhältnis,** d.h. dem wiederholt auf einen Tag befristeten Arbeitsverhältnis. Nach überwiegender Meinung kommt hier das Entstehen eines Urlaubsanspruchs nicht in Betracht. Bei regelmäßiger tageweiser Beschäftigung wird man ggfs. die Einzeltage addieren müssen.

Arbeitsrecht

2. Urlaubsentgelt des Teilzeitbeschäftigten

2916
Probleme tauchen ebenfalls auf, wenn das **Urlaubsentgelt des Teilzeitbeschäftigten** ermittelt werden soll. Erhält der teilzeitbeschäftigte Arbeitnehmer weniger als ein vergleichbarer vollzeitbeschäftigter Arbeitnehmer, so liegt eventuell ein Verstoß gegen das **Benachteiligungsverbot** vor (§ 2 Abs. 1 BeschFG). Das Urlaubsentgelt des Teilzeitbeschäftigten muß also grundsätzlich anteilig dem eines Vollzeitbeschäftigten entsprechen.

3. Zeitliche Festlegung des Urlaubs

2917
Übt der Arbeitnehmer **mehrere Teilzeitbeschäftigungen** aus, kann es Schwierigkeiten bei der zeitlichen Festlegung des Urlaubs geben. Zwar ist grundsätzlich jedes Arbeitsverhältnis für sich zu sehen. Jeder einzelne der Teilzeitarbeitgeber hat aber die Urlaubswünsche des Arbeitnehmers mit zu berücksichtigen. Hierzu zählt insbesondere auch der Wunsch, die Urlaubsansprüche aus mehreren Teilzeitbeschäftigungen aufeinander abzustimmen.

4. Teilzeitbeschäftigung und Urlaubsgeld

2918
Die **Gleichbehandlungspflicht von Voll- und Teilzeitbeschäftigten** gilt auch beim Urlaubsgeld. So hat das Bundesarbeitsgericht jüngst darauf erkannt, daß die Vergütungsabrede eines teilzeitbeschäftigten Lehrers im Angestelltenverhältnis wegen Verstoßes gegen das Benachteiligungsverbot von Teil- und Vollzeitbeschäftigten unwirksam sein kann, soweit nach ihr kein Anspruch auf einen dem Maß der vereinbarten regelmäßigen Arbeitszeit entsprechenden Teil des Urlaubsgelds besteht, das der Arbeitgeber einem vollzeitbeschäftigten Lehrer zahlt. Das anteilige Urlaubsgeld eines vollzeitbeschäftigten Lehrers kann jedenfalls dann als übliche Vergütung beansprucht werden, wenn der Umfang der vereinbarten Arbeitszeit es regelmäßig ausschließt, daß der Teilzeitbeschäftigte in einem weiteren Arbeitsverhältnis eine vergleichbare, vollzeitbeschäftigten Arbeitnehmern zustehende Leistung ungekürzt verdienen kann.
Ob dies auch dann gilt, wenn ein Vollzeitbeschäftigter nebenberuflich tätig wird, ist noch nicht entschieden, aber wohl zu verneinen.

Auch hier können also auf den Arbeitgeber finanzielle Zusatzbelastungen zukommen. Diese sind vor Abschluß von Teilzeitarbeitsverträgen zu berücksichtigen.

Auch dem nur **vorübergehend zur Aushilfe Tätigen** steht ein Urlaubsanspruch zu. Hier bestehen insoweit keine Besonderheiten.

Urlaubsrecht

XVII. Der Erziehungsurlaub

2919

Nach dem **Bundeserziehungsgeldgesetz** (BErzGG) steht Arbeitnehmern unter bestimmten Voraussetzungen ein Anspruch auf unbezahlten Erziehungsurlaub zu. Dieser Anspruch kann nicht durch Vertrag ausgeschlossen oder beschränkt werden. Gegenteilige Vereinbarungen sind also unwirksam, selbst wenn ein erhebliches betriebliches Interesse an der weiteren Tätigkeit des Arbeitnehmers besteht. Es ist auch nicht erforderlich, daß der Arbeitgeber mit der Inanspruchnahme des Erziehungsurlaubs einverstanden ist. Unter den **Voraussetzungen des § 16 BErzGG** besteht vielmehr ein Anspruch des Arbeitnehmers darauf, schlicht von der Arbeit fernzubleiben.

1. Anspruchsberechtigte Personen

2920

Anspruch auf Erziehungsurlaub haben Arbeitnehmer bis zur Vollendung des 3. Lebensjahres eines nach dem 31.12.1991 geborenen Kindes, wenn sie

- **mit einem Kind,** für das ihnen die Personensorge zusteht, einem Stiefkind, einem Kind, das sie mit dem Ziel der Annahme als Kind in ihre Obhut aufgenommen haben, einem Kind, für das sie ohne Personensorgerecht in einem Härtefall Erziehungsgeld gemäß § 1 Abs. 7 BErzGG beziehen können oder als Nichtsorgeberechtigte mit ihrem leiblichen Kind **in einem Haushalt** leben und

- **dieses** Kind **selbst betreuen und erziehen.**

Bei einem **angenommenen Kind** und bei einem Kind in **Adoptionspflege** kann Erziehungsurlaub von insgesamt 3 Jahren ab der Inobhutnahme, längstens bis zur Vollendung des 7. Lebensjahres des Kindes genommen werden. Bei einem leiblichen Kind eines nichtsorgeberechtigten Elternteils ist die Zustimmung des sorgeberechtigten Elternteils erforderlich.

2921

Ein Anspruch auf Erziehungsurlaub besteht nicht, solange

- die Mutter als Wöchnerin bis zum Ablauf von 8 Wochen, bei Früh- und Mehrlingsgeburten von 12 Wochen, nicht beschäftigt werden darf,
- der mit dem Arbeitnehmer in einem Haushalt lebende andere Elternteil nicht erwerbstätig ist, es sei denn, dieser ist arbeitslos oder befindet sich in Ausbildung, oder
- der andere Elternteil Erziehungsurlaub in Anspruch nimmt, es sei denn, die Betreuung und Erziehung des Kindes kann nicht sichergestellt werden.

Wichtig ist in diesem Zusammenhang, daß während der 8- bzw. 12-wöchigen Beschäftigungsverbote nach dem Mutterschutzgesetz kein Anspruch auf Erzie-

Arbeitsrecht

hungsurlaub besteht. Regelmäßig kann dieser also erst nach Ablauf der Schutzfristen einsetzen, muß es aber nicht. Er kann vielmehr auch später angetreten werden.

2. Inanspruchnahme des Erziehungsurlaubs

2922

Der Arbeitnehmer muß den Erziehungsurlaub **spätestens 4 Wochen vor dem Zeitpunkt**, von dem ab er ihn in Anspruch nehmen will, vom Arbeitgeber **verlangen** und gleichzeitig erklären, für welchen Zeitraum oder für welche Zeiträume er Erziehungsurlaub in Anspruch nehmen will (§ 16 BErzGG). Eine Einverständniserklärung des Arbeitgebers ist nicht erforderlich.

Die Inanspruchnahme von Erziehungsurlaub oder ein **Wechsel unter den Berechtigten** ist dreimal zulässig.

Beispiel:
Die Elternteile A und B nehmen abwechselnd für je 3 Abschnitte Erziehungsurlaub in Anspruch.
Hierin liegt ein nicht zulässiger 5-maliger Wechsel.
Kann der Arbeitnehmer aus einem von ihm nicht zu vertretenden Grund einen sich unmittelbar an das Beschäftigungsverbot des § 6 Abs. 1 des MuSchG anschließenden Erziehungsurlaub nicht rechtzeitig verlangen, kann er dies innerhalb einer Woche nach Wegfall des Grundes nachholen. Hierher gehören etwa die Fälle, in denen die Ehegatten sich zunächst noch nicht darüber einigen können, wer von ihnen den Erziehungsurlaub in Anspruch nehmen soll, weil diese Entscheidung von noch nicht vorhersehbaren Umständen abhängt (Beispiel: *zukünftiger Gesundheitszustand der Mutter*). Voraussetzung ist aber immer eine unverschuldete Fristversäumnis. Wird die Anzeige schlicht vergessen, kann das Erziehungsurlaubsverlangen nicht nachgeholt werden.

Der **Erziehungsurlaub endet** nach Ablauf des 3-jährigen Zeitraums für seine Inanspruchnahme. Auch kann er mit Zustimmung des Arbeitgebers beendet werden. Stirbt das Kind während des Erziehungsurlaubs, endet dieser spätestens 3 Wochen nach diesem Ereignis (§ 16 Abs. 4 BErzGG).

3. Erziehungsurlaub und Erholungsurlaub

2923

Nimmt der Arbeitnehmer Erziehungsurlaub in Anspruch, steht ihm kein **Anspruch auf Erholungsurlaub** zu. Eine Kumulation der Ansprüche findet also nicht statt. Der Arbeitgeber kann vielmehr den Erholungsurlaub, der dem Arbeitnehmer für das Urlaubsjahr aus dem Arbeitsverhältnis zusteht, für jeden vollen Kalendermonat, für den der Arbeitnehmer Erziehungsurlaub nimmt, um

Urlaubsrecht

1/12 kürzen (§ 17 Abs. 1 BErzGG). Eine Kürzungsbefugnis besteht natürlich nicht, wenn der Arbeitnehmer während des Erziehungsurlaubs in Teilzeit bei dem Arbeitgeber weiter beschäftigt ist (Rz. 2925).
Hat der Arbeitnehmer vor dem Beginn des Erziehungsurlaubs **mehr Urlaub erhalten als ihm eigentlich zustand**, so kann der Arbeitgeber den Urlaub, der dem Arbeitnehmer **nach dem Ende des Erziehungsurlaubs** zusteht, um die **zuviel gewährten Urlaubstage kürzen**. Diese Kürzungsbefugnis kann der Arbeitgeber **auch erst nach dem Ende des Erziehungsurlaubs** ausüben. Auf die beabsichtigte Kürzung des Erholungsurlaubs nach Rückkehr aus dem Erziehungsurlaub braucht der Arbeitgeber den Arbeitnehmer **nicht hinzuweisen**. Die Kürzungserklärung kann **ausdrücklich oder konkludent** abgegeben werden. Es reicht aus, daß dem Arbeitnehmer nur der gekürzte Urlaub gewährt wird oder ihm erkennbar ist, daß der Arbeitgeber von der Kürzungsmöglichkeit Gebrauch machen will. Gekürzt werden kann selbstverständlich **auch die Urlaubsabgeltung** als Surrogat des Urlaubsanspruchs, mit der Folge, daß dem Arbeitnehmer dann **eine im Umfang verminderte Urlaubsabgeltung** zusteht (BAG 28.07.1992, EzA § 17 BErzGG Nr. 4).

Hat der Arbeitnehmer den ihm zustehenden Urlaub vor dem Beginn des Erziehungsurlaubs nicht oder nicht vollständig erhalten, so hat der Arbeitgeber den **Resturlaub** nach dem Erziehungsurlaub im laufenden oder im nächsten Urlaubsjahr zu gewähren. Endet das Arbeitsverhältnis während des Erziehungsurlaubs oder setzt der Arbeitnehmer im Anschluß an den Erziehungsurlaub das Arbeitsverhältnis nicht fort, so hat der Arbeitgeber den noch nicht gewährten Urlaub abzugelten.

2924
Allerdings ist die Übertragung des Urlaubs infolge Inanspruchnahme eines Erziehungsurlaubs nicht unbeschränkt möglich:

Beispiel:
Arbeitnehmerin A war bei dem Arbeitgeber von August 1982 bis zum 28.01.1989 beschäftigt. Sie war vom 26.06.1987 bis zur Geburt ihres Kindes am 29.01.1988 arbeitsunfähig erkrankt. Nach Ablauf der Schutzfrist am 25.03.1988 hatte sie Erziehungsurlaub bis zum Ende des Arbeitsverhältnisses. In den Lohnabrechnungen der A hatte der Arbeitgeber den Urlaubsanspruch jeweils mit 29 Tagen eingetragen. Die A begehrt nunmehr Abgeltung des Erholungsurlaubs für 29 Urlaubstage aus dem Kalenderjahr 1987. Im Beispielsfall kommt es nur darauf an, in welchem Umfang der übertragene und noch nicht genommene Urlaub zu Beginn des Erziehungsurlaubs hätte genommen werden können. Da der Erholungsurlaub längstens bis zum 31.03.1988 übertragen werden konnte, die A jedoch bis zum 25.03.1988 durch Krankheit bzw. Beschäftigungsverbot nach dem Mutterschutzgesetz an der Inanspruchnahme gehindert war, kam hier eine **Übertragung** *nur für 4 Urlaubstage in Betracht. Nur diese 4 Urlaubstage (zuzüglich eines samstags und eines sonntags) hätte die A vor dem 31.03.1988 nehmen können.*

Ein Abgeltungsanspruch besteht auch nicht, wenn die Arbeitnehmerin vor Kenntnis der Schwangerschaft mit dem Arbeitgeber eine **Vereinbarung** über die zeitliche Lage des Urlaubs trifft, die aber später wegen eines Beschäftigungsverbots **nicht realisiert** werden kann *(BAG 09.08.1994, 9 AZR 384/92).*

Beispiel:
Die Arbeitnehmerin will in Übereinstimmung mit dem Arbeitgeber 20 Tage zu einem bestimmten Termin Urlaub nehmen. Infolge eines durch Schwangerschaft verursachten Beschäftigungsverbots läßt sich dies nicht realisieren. Anschließend geht die Frau in Erziehungsurlaub.
Hier scheidet entsprechend den obigen Grundsätzen eine Nachgewährung aus. Die Regelung des § 9 BUrlG greift nicht ein, weil diese eine Krankheit voraussetzt. Ein Beschäftigungsverbot steht der Krankheit aber nicht gleich.

Fazit: Läßt sich ein bereits vereinbarter Urlaub aus anderen Gründen, etwa einem Beschäftigungsverbot, nicht realisieren, scheidet eine Abgeltung aus.

Hat der Arbeitnehmer vor dem Beginn des Erziehungsurlaubs mehr Urlaub erhalten als ihm eigentlich zustand, so kann der Arbeitgeber den Urlaub, der dem Arbeitnehmer nach dem Ende des Erziehungsurlaubs zusteht, um die zuviel gewährten Urlaubstage kürzen.

Beispiel:
Arbeitnehmerin A tritt am 01.10. den Erziehungsurlaub an. Zu dieser Zeit hat sie bereits den vollen Jahresurlaub genommen. Nach Rückkehr aus dem Erziehungsurlaub wird ihr 1/4 des zuviel genommenen Jahresurlaubs angerechnet.

Der Arbeitgeber ist i.ü. nicht daran gehindert, von der Kürzungsbefugnis erst nach dem Ende des Erziehungsurlaubs Gebrauch zu machen.

Ob die Kürzung des Erholungsurlaubs wegen Inanspruchnahme von Erziehungsurlaub Auswirkungen auf ein **zusätzliches Urlaubsgeld** hat und ob während des Erziehungsurlaubs überhaupt Anspruch auf zusätzliches Urlaubsgeld besteht, hängt von der **jeweiligen Rechtsgrundlage** ab. Verlangt diese etwa, daß Anspruch auf das regelmäßige Arbeitsentgelt gegeben sein muß, besteht während des Erziehungsurlaubs kein Anspruch auf zusätzliches Urlaubsentgelt.

4. Erziehungsurlaub und anderweitige Erwerbstätigkeit

2925

In bestimmtem Umfang kann ein Arbeitnehmer auch während der Inanspruchnahme von Erziehungsurlaub weiter arbeiten. Dies ist der Fall, wenn er keine volle Erwerbstätigkeit ausübt. Hiervon ist auszugehen, wenn

Urlaubsrecht

- die wöchentliche Arbeitszeit 19 Stunden nicht übersteigt (Teilzeit),
- bei einer Beschäftigung, die nicht die Beitragspflicht nach dem Arbeitsförderungsgesetz begründet, die durch Gesetz oder aufgrund eines Gesetzes festgelegte Mindestdauer einer Teilzeitbeschäftigung nicht überschritten wird, oder
- eine Beschäftigung zur Berufsbildung ausgeübt wird.

Allerdings darf eine hiernach zulässige **Teilzeitarbeit** nur mit Zustimmung des Arbeitgebers bei einem anderen Arbeitgeber oder als Selbständiger ausgeübt werden. Seine Zustimmung darf der erste Arbeitgeber aber nur verweigern, wenn betriebliche Interessen entgegenstehen. Dies hat er innerhalb einer Frist von 4 Wochen schriftlich zu begründen.

Eine vereinbarte Teilzeitbeschäftigung endet i.ü. grundsätzlich mit dem Ende des Erziehungsurlaubs. Es gelten dann wieder die ursprünglich vereinbarten Arbeitsbedingungen.

Ein Teilzeitarbeitsverhältnis darf nach überwiegender Meinung nicht während des Erziehungsurlaubs gekündigt werden. § 18 Abs. 2 BErzGG soll Anwendung finden. Es bedarf also einer behördlichen Zustimmung zur Kündigung.

5. Erziehungsurlaub und betriebliche Leistungen

2926

Wird keine zulässige Teilzeitarbeit erbracht (s. oben Rz. 2925), so **ruht das Arbeitsverhältnis** während des Erziehungsurlaubs. Es entfallen also die Hauptpflichten zur Entgeltzahlung und zur Arbeitsleistung. Die **Nebenpflichten** bleiben jedoch bestehen. So werden Zeiten des Erziehungsurlaubs auf die **Betriebszugehörigkeit** angerechnet. Ob dem Arbeitnehmer auch während des Erziehungsurlaubs betriebliche Sonderleistungen zustehen, hängt von den zugrundeliegenden Vereinbarungen ab. Regelmäßig wird der Anspruch auf tarifliche Jahressonderleistungen erhalten bleiben, wenn dieser nur den Bestand des Arbeitsverhältnisses, nicht aber die tatsächliche Arbeitsleistung voraussetzt.

Trifft ein Tarifvertrag überhaupt keine Regelung für die **Fälle einer fehlenden Arbeitsleistung im Bezugszeitraum,** so kann in der Regel nicht auf den Willen der Tarifparteien geschlossen werden, nur für den Fall einer fehlenden tatsächlichen Arbeitsleistung im gesamten Bezugszeitraum den Anspruch auf eine Sonderleistung auszuschließen und eine ausdrückliche Regelung dieses Inhalts nur im Hinblick auf die Rechtsprechung des Bundesarbeitsgerichts unterlassen zu haben *(BAG 08.12.1993, EzA § 611 BGB Gratifikation, Prämie Nr. 108).* Besteht kein Anspruch auf eine tarifliche Sonderleistung in Fällen, in denen das Arbeitsverhältnis **kraft Gesetzes ruht,** gilt dies auch für den Erziehungsurlaub *(BAG 24.11.1993, EzA § 15 BErzGG Nr. 5).* Eine solche Regelung verstößt nicht gegen höherrangiges Recht, insbesondere nicht gegen das Verbot mittelbarer Diskrimi-

nierung, obwohl der Erziehungsurlaub von mehr Frauen als Männern in Anspruch genommen wird *(LAG Köln 24.11.1993, LAGE § 611 BGB Gratifikation)*.

Angesichts der ständigen Rechtsprechung des Bundesarbeitsgerichts kann dem Arbeitgeber nur angeraten werden, bereits bei Arbeitsvertragsschluß eine Kürzungsregelung für Zeiten des Erziehungsurlaubs zu vereinbaren.

Hier ist also auf eine richtige **Vertragsgestaltung** zu achten. Regelmäßig ist es empfehlenswert, Sonderleistungen an die Voraussetzung der **tatsächlichen Erbringung der Arbeitsleistung** zu knüpfen.

Im Rahmen der **betrieblichen Altersversorgung** zählen Zeiten des Erziehungsurlaubs grundsätzlich bei den Unverfallbarkeitsfristen mit.bestimmungen einer **Unterstützungsrichtlinie einer Versorgungskasse** können dahingehend geändert werden, daß Zeiten eines ruhenden Arbeitsverhältnisses nicht mehr anspruchserhöhend als Anrechnungs- und Steigerungszeit bei der betrieblichen Altersversorgung berücksichtigt werden. Dem Arbeitgeber ist es also unbenommen, den Umfang betrieblicher Versorgungsleistungen an dem Grad der erbrachten Arbeitsleistungen der Beschäftigten auszurichten. Hierin soll keine **mittelbare Diskriminierung** liegen *(LAG Köln 21.07.1993, LAGE Art. 119 EWG-Vertrag Nr. 7 und jetzt auch BAG 15.02.1994, EzA § 1 BetrAVG Gleichberechtigung Nr. 9)*. Ohne eine entsprechende Vereinbarung unterbrechen Zeiten des Erziehungsurlaubs den **Lauf der Unverfallbarkeitsfristen** gem. § 1 BetrAVG und die **Dauer der Betriebszugehörigkeit** i.S.d. § 2 BetrAVG nicht *(BAG, a.a.O.)*.

6. Auswirkungen des Erziehungsurlaubs

2927

Gerade die Inanspruchnahme von Erziehungsurlaub bringt häufig immense **betriebliche Belastungen** mit sich. Hier bieten sich folgende **Lösungen** an:

- Es kann versucht werden, den Erziehungsurlauber dazu zu bewegen, eine **Teilzeitarbeit** (s. Rz. 2925) zu akzeptieren.
- Es können **neue Arbeitnehmer befristet eingestellt** werden (s. Rz. 2925). Ein sachlicher Grund, der die Befristung eines Arbeitsverhältnisses rechtfertigt, liegt unter anderem vor, wenn ein Arbeitnehmer zur Vertretung eines anderen Arbeitnehmers für Zeiten eines Beschäftigungsverbots nach dem Mutterschutzgesetz oder eines Erziehungsurlaubs eingestellt wird. Dabei genügt die Einstellung für Teile dieser Zeiten. Die Befristung ist auch für notwendige Zeiten der Einarbeitung zulässig. Die Dauer der Befristung des Arbeitsverhältnisses muß kalendermäßig bestimmt oder bestimmbar sein. Kehrt der Erziehungsurlauber unerwartet zurück, so kommt eine **Kündigung des befristeten Vertretungsarbeitsverhältnisses** in Betracht. Dieses kann unter Einhaltung ei-

ner Frist von 3 Wochen gekündigt werden. Die Kündigung ist jedoch frühestens zu dem Zeitpunkt zulässig, zu dem der Erziehungsurlaub endet.

Auswirkungen kann der **Erziehungsurlaub** aber nicht nur auf Seiten des Arbeitgebers, sondern auch auf Seiten des Arbeitnehmers haben. Hier geht es häufig um die Frage, ob dem Arbeitnehmer ein Anspruch auf eine **tarifliche Sonderzahlung** zusteht. Bestimmt ein **Tarifvertrag**, daß eine tarifliche Jahressonderzahlung für Zeiten gekürzt werden kann, in denen das Arbeitsverhältnis kraft Gesetzes ruht, so kann die Jahressonderzahlung auch für die Zeit gekürzt werden, in der die Arbeitnehmerin oder der Arbeitnehmer sich im Erziehungsurlaub befindet. Dies gilt selbstverständlich auch für Zeiten des Wehrdienstes.

7. Anhang: Erziehungsgeldstellen

2928
Für Fragen in Zusammenhang mit Erziehungsurlaub und Erziehungsgeld sind die Erziehungsgeldstellen der Länder zuständig. Welche Behörden die Aufgaben der Erziehungsgeldstelle wahrnehmen, ergibt sich aus nachfolgendem Überblick (Ansonsten können auch die obersten Landesbehörden Auskunft erteilen):.

Baden-Württemberg: Landeskreditbank

Bayern: Die Familienkassen bei den Versorgungsämtern in Augsburg (für Schwaben), Bayreuth (für Oberfranken), Landshut (für Niederbayern), München (für Oberbayern), Nürnberg (für Mittelfranken), Regensburg (für die Oberpfalz) und Würzburg (für Unterfranken)

Bremen: Senator für Familie und Soziales; Jugendamt für Bremerhaven

Brandenburg: Jugendämter der kreisfreien Städte und Landkreise

Hamburg: Bezirksämter

Hessen: Versorgungsämter in Darmstadt, Frankfurt, Fulda , Gießen, Marburg, Kassel und Wiesbaden

Mecklenburg-Vorpommern: Familienkassen bei den Versorgungsämtern in Schwerin, Stralsund, Rostock und Neubrandenburg

Niedersachsen: Kreisfreie Städte, Landkreise und teilweise auch kreisangehörige Gemeinden

Nordrhein-Westfalen: Versorgungsämter in Aachen, Bielefeld, Dortmund, Düsseldorf, Duisburg, Essen, Gelsenkirchen, Köln, Münster, Soest und Wuppertal

Rheinland-Pfalz: Jugendämter der kreisfreien Städte und Landkreise

Saarland: Versorgungsamt Saarland in Saarbrücken

Sachsen: Familienkassen der Ämter für Familie und Soziales in Chemnitz, Leipzig und Dresden

Sachsen-Anhalt: Ämter für Versorgung und Soziales in Magdeburg und Halle

Schleswig-Holstein: Versorgungsämter in Lübeck, Heide, Schleswig und Kiel

Thüringen: Ämter für Soziales und Familie in Suhl, Erfurt und Gera.

XVIII. Sonderurlaub

2929

Gewährt ein Arbeitgeber einer Arbeitnehmerin im Anschluß an Mutterschutz und Erziehungsurlaub einen **Sonderurlaub**, so hat diese für den Fall der erneuten Schwangerschaft keinen Anspruch auf Beendigung des Sonderurlaubs. Dies gilt zumindest dann, wenn er den Arbeitsplatz zwischenzeitlich anderweitig besetzt hat, der Grund für die Gewährung des Sonderurlaubs unverändert fortbesteht und keine schwerwiegenden Änderungen der persönlichen Verhältnisse der Arbeitnehmerin eingetreten sind (BAG 06.09.1994, 9 AZR 221/93).

Im Bereich des öffentlichen Dienstes kann u.U. unbezahlter **Sonderurlaub** nach § 50 BAT zur **Aufnahme und Durchführung eines Studiums** zu gewähren sein (BAG 25.01.1994, 9 AZR 540/91). Der Arbeitgeber hat hier eine Ermessensentscheidung zu treffen.

XIX. Bildungsurlaub

2930

In mehreren Bundesländern bestehen Gesetze, die die Verpflichtung des Arbeitgebers beinhalten, Arbeitnehmer unter Fortzahlung der Bezüge zwecks Teilnahme an Bildungs- oder Weiterbildungsmaßnahmen freizustellen, sog. **Bildungsurlaubsgesetze**. Die bestehende **Rechtszersplitterung** durch landesgesetzliche Vorschriften ist darauf zurückzuführen, daß der Bundesgesetzgeber von seiner möglichen Gesetzgebungskompetenz - Arbeitsrecht und damit auch die Arbeitnehmerweiterbildung ist Gegenstand der konkurrierenden Gesetzgebung nach Art 74 Nr. 12 GG - bislang keinen Gebrauch gemacht hat.

Wenn die **Zahl der veröffentlichten Entscheidungen** einen Rückschluß auf die Praxisrelevanz einer Rechtsmaterie zuläßt, liegt das Bildungsurlaubsrecht sicherlich auf Goldmedaillenkurs! Es vergeht kaum eine Woche, in der die Praxis sich nicht mit teilweise skurrilen Entscheidungen zu diesem Problemkreis auseinandersetzen muß. Ob die Flut an höchstrichterlichen Entscheidungen nicht zuletzt auch auf eine bestimmte Verhaltensweise der Arbeitgeber bzw. ihrer Berater zurückzuführen ist, kann an dieser Stelle nur vermutet werden. Nicht selten soll allerdings in Fragen der Arbeitnehmerweiterbildung so verfahren werden, daß **Anträge von Arbeitnehmerseite zunächst einmal vom Arbeitgeber generell abgelehnt** werden. Ein solches Verhalten gefährdet den Betriebsfrieden und ist schon von daher nicht zu empfehlen. Besser ist es, rechtzeitig das Gespräch zu suchen.

Selbstverständlich kann auf knapp bemessenem Raum keine vertiefte Darstellung des Bildungsurlaubsrechts gegeben werden. Es sollen jedoch einige **Schwerpunkte aus der Rechtsprechung** herausgegriffen und aufgearbeitet werden.

1. Rechtsgrundlagen des Bildungsurlaubs

2931

Wie bereits dargelegt (Rz. 2930), besteht auf dem Gebiet des Bildungsurlaubs eine große, durch die Ländergesetzgebung bedingte, **Rechtszersplitterung,** die eine systematische übergreifende Darstellung ausschließt. In der folgenden Übersicht finden sich einige **ausgewählte Rechtsgrundlagen** des Bildungsurlaubs:

- **Berlin:**
  - Bildungsurlaubsgesetz v. 24.10.1990, GVBl. 1990 S. 2209
- **Bremen**
  - Bremisches Bildungsurlaubsgesetz v. 18.12.1974, GBl. 1974 S. 348; ÄndG v. 21.5.1985, GBl. 1985 S. 97
- **Hamburg**
  - Hamburgisches Bildungsurlaubsgesetz v. 21.1974, GVBl. 1974 S. 6
- **Hessen**
  - Hessisches Gesetz über den Anspruch auf Bildungsurlaub v. 16.10.1984, GVBl. 1984 I S. 261
- **Niedersachsen**
  - Niedersächsisches Gesetz über den Bildungsurlaub für Arbeitnehmer und Arbeitnehmerinnen v. 25.1.1991, GVBl. 1991 S. 30
- **Nordrhein-Westfalen**
  - Gesetz zur Freistellung von Arbeitnehmern zum Zwecke der beruflichen und politischen Weiterbildung - Arbeitnehmerweiterbildungsgesetz - v. 6.11.1984, GV NW 1984 S. 678

Arbeitsrecht

- **Saarland**
  - Saarländisches Weierbildungs- und Bildungsurlaubsgesetz v. 17.1.1990, Amtsbl. 1990 S. 234
- **Schleswig-Holstein**
  - Bildungsfreistellungs- und Qualifizierungsgesetz für das Land Schleswig-Holstein v. 7.6.1990, GVBl. 1990 S. 364

2. Betriebsratsbeteiligung bei Bildungsurlaub

2932

Nicht in allen Einzelheiten geklärt ist die Frage, ob und in welchem Umfang der Betriebsrat in Fragen des Bildungsurlaubs mitzubestimmen hat.

Zu denken wäre hier zunächst an die §§ 96, 98 BetrVG. Nach letzterer Vorschrift hat der Betriebsrat bei der Durchführung von Maßnahmen der betrieblichen Berufsbildung mitzubestimmen. Diese Vorschrift ist nach Auffassung des Bundesarbeitsgerichts *(23.04.1991, EzA § 98 BetrVG 1972 Nr. 7)* weit auszulegen. Eine Maßnahme der betrieblichen Berufsbildung liegt aber nur vor, wenn der Arbeitgeber Träger oder Veranstalter der Maßnahme ist, und sie für seine Arbeitnehmer durchführt. Träger oder Veranstalter der Maßnahme ist der Arbeitgeber auch dann, wenn er die Maßnahme in Zusammenarbeit mit einem Dritten durchführt und hierbei bestimmenden Einfluß nehmen kann. Unerheblich ist, ob die Maßnahme dann inner- oder außerbetrieblich oder sogar im Ausland durchgeführt wird. Die Regelung der **§§ 96, 98 BetrVG** ist erkennbar auf **freiwillige Maßnahmen** des Arbeitgebers zugeschnitten. Da die Weiterbildungsgesetze den Arbeitnehmern aber ein individuelles Recht auf Freistellung gewähren, kommen die §§ 96, 98 BetrVG in diesem Rahmen nach überwiegender Ansicht nicht zum Tragen. Unsicher ist jedoch, ob der Betriebsrat nach **§ 87 Abs. 1 Nr. 5 BetrVG** "Urlaubsfragen" ein Mitbestimmungsrecht hat. Nach teilweise vertretener Auffassung steht dem Betriebsrat im Bereich der bezahlten und unbezahlten Freistellung von der Arbeit über § 87 Abs. 1 Nr. 5 BetrVG ein umfassendes Mitbestimmungsrecht zu. Gegen die Einräumung eines Mitbestimmungsrechts bei Fragen des Bildungsurlaubs spricht, daß letzterer **kein Urlaub i.S.d. herkömmlichen Sprachgebrauchs** ist. Auch sind die Bildungsurlaubsgesetze der Länder erst nach Inkrafttreten des BetrVG geschaffen worden. Im einzelnen ist hier aber vieles streitig. Daher empfiehlt es sich, den Betriebsrat ggfs. nach § 87 Abs. 1 Nr. 5 BetrVG oder im Rahmen einer freiwilligen Betriebsvereinbarung zu beteiligen.

3. Einzelfälle

2933

Die Entscheidungen zur Weiterbildung sind unübersehbar. Gleichwohl haben sich bestimmte **Interessenschwerpunkte** herausgebildet.

a) Sprachkurse

2934

Im Vordergrund standen zunächst Entscheidungen zur **Teilnahme an Sprachkursen**.
So hatte sich das LAG Köln *(LAGE § 7 AWbG NW Nr. 13)* mit der Frage zu befassen, ob die Teilnahme an einem **Spanisch-Kurs** für eine Krankenschwester als berufliche oder politische Weiterbildung i.S.v. § 1 AWBG NW anerkannt werden kann.

Beispiel:
Die Klägerin, eine deutsche Staatsangehörige, ist als Krankenschwester im Krankenhaus der Beklagten beschäftigt. Sie hat bei der Beklagten Bildungsurlaub beantragt für einen Spanisch-Intensivkurs für Anfänger. Die Beklagte hat den Antrag abgelehnt, die Klägerin hat daraufhin Klage auf bezahlte Freistellung für die fragliche Zeit erhoben. Sie meint, der Begriff der beruflichen Weiterbildung sei nicht dahingehend eingeschränkt, daß nur Bildungsveranstaltungen erfaßt würden, die in einem Zusammenhang mit dem derzeit ausgeübten Beruf des Arbeitnehmers stünden. Dies müsse gerade für eine Krankenschwester gelten, die in Zukunft mehr mit ausländischen Patienten befaßt sein würde. Zu den ausländischen Patienten zählten, zumindest müsse dies einkalkuliert werden, auch Spanisch sprechende Mitbürger.

Ein Anspruch nach § 1 Abs. 1 AWbG NW auf Freistellung von der Arbeit für die Teilnahme an einer Bildungsveranstaltung ("Bildungsurlaub") besteht nur dann, wenn die Bildungsveranstaltung eine **berufliche oder politische Weiterbildung** *zum Inhalt hat. Hier nimmt das LAG zunächst eine enge Auslegung des Begriffes der beruflichen Weiterbildung an. "Da das Gesetz nicht von beruflicher Bildung, sondern von beruflicher Weiterbildung spricht, sind demgemäß - zumindest in erster Linie - darunter Bildungsveranstaltungen zu verstehen, die* **dem beruflichen Weiterkommen dienlich** *sind. Daß Kenntnisse der spanischen Sprache dem beruflichen Weiterkommen der Klägerin dienlich wären, macht die Klägerin selbst nicht geltend...". Auch der* **Erwerb nützlicher Kenntnisse** *kann allerdings als berufliche Weiterbildung angesehen werden. Es muß sich aber um eine "greifbare Nützlichkeit" handeln. Hierfür reicht der Vortrag der Klägerin nicht aus, daß sie auch mit Spanisch sprechenden Patienten konfrontiert werden könnte, "weil überhaupt nicht greifbar ist, daß sie jemals einen nur Spanischsprechenden Patienten zu betreuen haben wird und ihr daher spanische Sprachkenntnisse nützlich sein würden...". Auch nach Auffassung des Bundesarbeitsgerichts (24.08.1993, EzA § 7 AWbG NW Nr. 13) ist für die Annahme beruflicher Weiterbildung erforderlich, daß diese für den Arbeitgeber ein auch nur gering einzuschätzendes Mindestmaß von greifbaren Vorteilen mit sich bringt. Ein hinreichender Bezug erfordert dabei eine Kontinuität in der Verwendung der Sprache in der beruflichen Tätigkeit.*

295

In einem ähnlich gelagerten Rechtsstreit hatte sich das BAG mit einem **Sprachkurs "Italienisch für Anfänger"** zu befassen.

Arbeitsrecht

Beispiel:
Die Klägerin ist bei dem Beklagten als Krankenschwester tätig. Sie wird auf verschiedenen Stationen eines Krankenhauses eingesetzt und hat dort u.a. italienische Patienten zu betreuen. Im August 1988 beantragte sie fünf Tage Freistellung zur Teilnahme an einer Veranstaltung mit dem Thema "Italienisch für Anfänger". Nachdem die Beklagte die Freistellung abgelehnt hatte, nahm die Klägerin Erholungsurlaub und besuchte den Sprachkurs. Danach beantragte sie u.a. festzustellen, daß ihr für die Zeit vom 26. bis 30. September 1988 Weiterbildungsurlaub nach dem AWbG NW zustand.
*Das BAG gab der Klage hinsichtlich der beantragten Feststellung statt. Ein Sprachkurs "Italienisch für Anfänger" dient der beruflichen Weiterbildung einer Krankenschwester i.S. des AWbG, die in ihrer Tätigkeit italienische Patienten zu betreuen hat. Eine Veranstaltung genügt nicht nur dann diesen gesetzlichen Voraussetzungen, wenn sie Kenntnisse zum ausgeübten Beruf vermittelt, sondern auch, wenn das erlernte Wissen im Beruf verwendet werden kann und **im weitesten Sinn so für den Arbeitgeber von Vorteil ist**. Die Fähigkeit einer Krankenschwester, sich mit Patienten in deren Muttersprache unterhalten zu können, ist für den Krankenhausträger von Vorteil, weil eine Betreuung des Patienten in der Muttersprache geeignet ist, den Heilungsprozeß zu fördern (BAG 15.06.1993, EzA § 7 AWbG NW Nr. 10).*

Fazit: Eine Bildungsveranstaltung genügt nicht nur dann den gesetzlichen Voraussetzungen zur **beruflichen Weiterbildung,** wenn sie Kenntnisse zum ausgeübten Beruf vermittelt, sondern auch dann, wenn das erlernte Wissen im Beruf verwendet werden kann und so auch für den Arbeitgeber von Vorteil ist. Die gesetzlichen Voraussetzungen werden auch dann erfüllt, wenn Kenntnisse vermittelt werden, die zwar zunächst dem Bereich der personenbezogenen Bildung zuzuordnen und von der Arbeitnehmerweiterbildung ausgeschlossen sind, die der Arbeitnehmer aber zum auch **nur mittelbar wirkenden Vorteil des Arbeitgebers** in seinem Beruf verwenden kann.

In der jüngsten Entscheidung *(BAG 24.08.1993, EzA § 7 AWbG NW Nr. 18)* begehrte ein Ingenieur Freistellung für den Sprachkurs Schwedisch II-III. Da ein beruflicher Bezug zur schwedischen Sprache fehlte, kam nur der Aspekt der politischen Weiterbildung in Betracht. Dieser wird aber vom BAG mit grundsätzlichen Erwägungen abgelehnt. Ein Sprachkurs dient hiernach dann nicht der **politischen Weiterbildung,** wenn er die Vertiefung vorhandener Sprachkenntnisse bezweckt und wenn landeskundliche und politische Themen nur die Übungsbereiche für die Anwendung der vorhandenen und erworbenen Sprachkenntnisse sind. Davon soll regelmäßig auszugehen sein. Für die Annahme politischer Weiterbildung ist aber zu verlangen, daß landeskundlich-**politische Themen inhaltlicher Schwerpunkt der Veranstaltung** und **nicht nur Nebeneffekt** sind.

2936

Praxistip:

- Nicht berufnotwendige oder sinnvolle Sprachkurse können nur unter dem Aspekt der politischen Weiterbildung besucht werden.

- Politische Weiterbildung ist bei einem Sprachkurs regelmäßig nicht anzunehmen, da landeskundlich-politische Themen den Schwerpunkt der Veranstaltung bilden müssen.
- Es genügt nicht, daß an Hand landeskundlich-politischer Themen Sprachkenntnisse geübt werden.

2937

Auch "heimatsprachliche Übungen", hier **"Übungen zur freien Rede"**, können nach dem AWbG NW förderungsfähig sein. Dabei wies der zu entscheidende Sachverhalt die Besonderheit auf, daß die Arbeitgeberin eine nur **bedingte Freistellung** gewährte.

Beispiel:
Der Kläger wollte an einer Bildungsveranstaltung zum Thema "Übungen zur freien Rede" teilnehmen. Die beklagte Arbeitgeberin wies darauf hin, daß sie das AWbG für verfassungswidrig halte und erklärte zwar die Freistellung zu gewähren, aber zunächst kein Entgelt fortzuzahlen. Der Kläger besuchte die Bildungsveranstaltung und verlangt Fortzahlung des Entgeltes.
*Zu recht! Das AbWG NW gewährt einen gesetzlich bedingten Freistellungsanspruch. § 1 AWbG NW räumt also den Arbeitnehmern ebenso wenig wie das Bundesurlaubsgesetz oder die Bildungsgesetze der Länder ein **Selbstbeurlaubungsrecht** ein. Es bedarf vielmehr einer Freistellungserklärung des Arbeitgebers. Erfüllt aber der Schuldner den Anspruch, indem er auf Antrag des Arbeitnehmers die Freistellung nach dem AWbG für einen bestimmten Zeitraum zum Besuch einer Bildungsveranstaltung erklärt, so hat der Arbeitnehmer nach § 1 Abs. 1, § 7 AWbG NW den Anspruch auf Fortzahlung des Entgeltes, das er ohne den Arbeitsausfall erhalten hätte, wenn er der Arbeit ferngeblieben ist und die Veranstaltung besucht hat.*
*Die **Erklärung des Vorbehalts der Verfassungsmäßigkeit** hat danach keine Rechtswirkungen, denn die Beklagte hat den Kläger nicht etwa unter einer Bedingung oder unter einem Vorbehalt von der Arbeitspflicht befreit, sondern ihn ohne weiteres für den Besuch der Veranstaltung 'Übungen zur freien Rede' freigestellt. Mit ihrer Erklärung, den Kläger entsprechend den Empfehlungen der Arbeitgeberverbände freizustellen, hat die Beklagte im Beispielsfall die nach dem Gesetz notwendigen Handlungen für die Arbeitsbefreiung des Klägers zum Besuch der Bildungsveranstaltung vorgenommen. Mit dem Besuch der Bildungsveranstaltung ist der mit der Freistellungserklärung beabsichtigte Erfolg eingetreten.*

b) Veranstaltungen zur Ökologie

2938

Ökologische Themenstellungen stießen ebenfalls auf reges Interesse. So hatte sich das BAG mit einer Weiterbildungsveranstaltung zum Thema **"Rund um den ökologischen Alltag"** zu beschäftigen.

Arbeitsrecht

Beispiel:
Die Klägerin ist Krankenschwester in einem Kinderkrankenhaus der Krankenanstalten der Beklagten. Sie beantragte bei der Beklagten die Gewährung von fünf Urlaubstagen nach dem AWbG NW für die Teilnahme an einer Veranstaltung mit dem Thema "Rund um den ökologischen Alltag". Die Beklagte lehnte die Freistellung ab, weil die Veranstaltung nach ihrer Auffassung weder der beruflichen noch der politischen Weiterbildung diente. Die Klägerin nahm daraufhin an fünf Tagen "überstundenfrei" und besuchte währenddessen die Veranstaltung. Danach beantragte sie festzustellen, daß die Beklagte verpflichtet ist, ihr weitere fünf Tage überstundenfrei zu gewähren, weil die Beklagte sie nach dem AWbG freistellen müsse.
*Das BAG (15.06.1993, 9 AZR 411/89) hat die Revision der Klägerin zurückgewiesen. Die Beklagte war nicht verpflichtet, die Klägerin zum Besuch der Veranstaltung mit dem Thema "Rund um den ökologischen Alltag" freizustellen. Die Veranstaltung diente nicht der beruflichen oder der politischen Weiterbildung i.S. des AWbG, weil weit überwiegend Themen behandelt wurden, die ungeeignet waren, das Verständnis der Arbeitnehmer für gesellschaftliche, soziale und politische Zusammenhänge zu verbessern, um damit die in einem demokratischen Gemeinwesen anzustrebende Mitsprache und Mitverantwortung in Staat, Gesellschaft und Beruf zu fördern. Die vermittelten Kenntnisse dienten vielmehr der **Bildung im persönlichen Bereich**, für die der Arbeitgeber nach dem AWbG weder Freistellung noch Lohnfortzahlung schuldet.*

2939

Anlaß zum Schmunzeln gab sodann eine Veranstaltung mit dem schönen Titel **"Ökologische Wattenmeerexkursion"** *(BAG 24.08.1993, EzA § 7 AWbG NW Nr. 16).*

Beispiel:
Die Kläger baten ihre Dienststelle, ihnen einen einwöchigen Bildungsurlaub für das von einem staatlich anerkannten Weiterbildungsträger angebotene Seminar "Ökologische Wattenmeerexkursion" zu gewähren. Ende Juli 1989 lehnte der Dienststellenleiter die bezahlte Freistellung ab, bot aber Freistellung unter Anrechnung auf den Erholungsurlaub an. Die Kläger besuchten daraufhin die Veranstaltung auf der Insel Föhr. Nach dem Ablaufplan des Veranstalters wurde die gegenwärtige Lage des Wattenmeers anhand von Referaten, Dia- und Filmvorträgen, Diskussionen, Ausstellungs- und Museumsbesuchen sowie Exkursionen unter historischen, naturkundlichen, wirtschaftlichen und politischen Aspekten behandelt.
*Die wegen einer Verrechnungsvereinbarung der Parteien auf "Nachgewährung" des **Erholungsurlaubs** gerichtete Klage erfolgreich. Der Arbeitgeber war verpflichtet, die Kläger zum Zwecke der Arbeitnehmerweiterbildung freizustellen. Die besuchte Veranstaltung diente nach ihrem programmatischen Inhalt trotz ihres mißverständlichen Titels der politischen Weiterbildung i.S.d. § 1 Abs. 2 AwbG NW. Zwar wurden in einem erheblichen zeitlichen Umfang historische, naturkundliche und geographische Kenntnisse vermittelt, im vorliegenden Fall war diese Vorgehensweise aber geeignet, über eine Erhöhung der persönlichen Allgemeinbildung hinausgehend auch das Verständnis der Teilnehmer für gesellschaftliche, soziale und politische Zusammenhänge zu verbessern.*

Urlaubsrecht

Sowohl von dem zeitlichen Anteil der verschiedenen Themen als auch vom didaktischen Konzept her war die Veranstaltung darauf angelegt, den Teilnehmern eine verbesserte Urteilsfähigkeit für wirtschafts- und umweltpolitische Rahmenbedingungen sowie gesellschaftliche Folgewirkungen zu verschaffen.

Der amtliche Leitsatz gibt wichtige Aufschlüsse zum Verständnis des Begriffs der politischen Weiterbildung: Eine als **"ökologische Wattenmeerexkursion"** bezeichnete Lehrveranstaltung kann der politischen Weiterbildung dienen, wenn durch die konkrete Ausgestaltung des Programms das Ziel der politischen Weiterbildung sichergestellt ist. Das ist dann der Fall, wenn der Lehrplan darauf angelegt ist, aufbauend auf der erforderlichen Vermittlung naturkundlichen Grundlagenwissens, das Interesse der Teilnehmer für das Beziehungsgeflecht zwischen Industriegesellschaft und natürlichen Lebensgrundlagen zu wecken sowie ihre Urteilsfähigkeit für umweltpolitische Rahmenbedingungen zu verbessern *(BAG 24.08.1993, EzA § 7 AWbG NW Nr. 16).*

Als ausreichende politische Weiterbildung wurde die Veranstaltung **"Der Berg ruft nicht mehr er kommt!"** anerkannt *(LAG Düsseldorf 30.11.1993, LAGE § 7 AWbG NW Nr. 15).* Das auch naturkundliche und geographische Kenntnisse vermittelt wurden, schadet nicht.

c) Gesellschaftspolitische Fragen

2940

In einem dem hessischen BildungsurlaubsG (HBUG) unterfallendem Sachverhalt war über die Bildungsveransaltung **"Die Arbeitnehmer in Betrieb, Wirtschaft und Gesellschaft"** zu entscheiden. Dabei war auch zu klären, welche Bedeutung der Anerkennung einer Bildungsveranstaltung zukommt. Mit der Anerkennung einer Bildungsveranstaltung nach § 9 Abs. 7 HBUG durch das Hessische Sozialministerium wird für Arbeitgeber und für Arbeitnehmer als Teilnehmer einer Bildungsveranstaltung nicht verbindlich darüber entschieden, daß die Voraussetzungen des § 1 HBUG über die politische Bildung und berufliche Weiterbildung gegeben sind. Die **Anerkennung der Bildungsveranstaltung ist nur eine Voraussetzung für den Anspruch auf Gewährung von Bildungsurlaub neben anderen Merkmalen.** So kann in einem gerichtlichen Verfahren überprüft werden, ob eine thematisch umstrittene Bildungsveranstaltung inhaltlich den gesetzlichen Leitvorgaben entspricht. Diese Überprüfung obliegt den Gerichten für Arbeitssachen. Sie ist auch im arbeitsgerichtlichen Urteilsverfahren über die Lohnfortzahlungsverpflichtung des Arbeitgebers möglich. Die zur Entscheidung stehende Bildungsveranstaltung mit dem Thema "Die Arbeitnehmer in Betrieb, Wirtschaft und Gesellschaft I" entspricht nach Auffassung des Bundesarbeitsgerichts *(09.02.1993, EzA § 1 BiUrlG Hessen Nr. 1)* den Anforderungen in § 1 Abs. 3 HBUG zur politischen Bildung.

2941

Ebenfalls um Bildungsurlaub nach dem Hessischen Bildungsurlaubsgesetz stritten die Parteien in einer weiteren Entscheidung des Bundesarbeitsgerichts *(09.02.1993, EzA § 3 Bildungsurlaubsgesetz Hessen Nr. 1)*. Auch hier ging es um die Reichweite der Tatbestandswirkung der ministeriellen Anerkennung als Bildungsveranstaltung. Hier stand die Veranstaltung **"Frauen in Ausbildung, Beruf, Familie und Gesellschaft - Situationsvergleich zwischen Hessen und Mazedonien"** zur Entscheidung.

Die Klägerin wollte hieran teilnehmen, die Beklagte verlangte die Vorlage eines Themenplans. Als dies die Klägerin ablehnte, verweigerte die Beklagte die Lohnzahlung für die Zeit der Teilnahme an dem Seminar. In der Entscheidung betont das BAG erneut, daß die **ministerielle Anerkennung einer Bildungsveranstaltung** für sich nicht ausreicht um den Anspruch auf Freistellung zu begründen. Sodann nimmt es zur Darlegungs- und Beweislast Stellung. Hiernach hat der Arbeitnehmer die **Darlegungs- und Beweislast** für die gesetzlichen Voraussetzungen des Anspruchs auf Bildungsurlaub nach dem HBUG. Er ist verpflichtet, im Streitfall den Gerichten für Arbeitssachen den Inhalt der Bildungsveranstaltung vorzutragen.

2942

Mit Fragen des **Leistungsverweigerungsrechts für einzelne Tage einer Weiterbildungsveranstaltung** hatte sich das BAG in der Entscheidung vom 11.05.1993 *(EzA § 7 AWbG NW Nr. 8)* zu befassen. Es ging um die Veranstaltung "BRD - DDR - Ein Vergleich - Politik und Sprache in beiden deutschen Staaten - Ein Beitrag zur argumentativen politischen Auseinandersetzung". Diese dauerte am Abreisetag nur von 9.00 bis 12.15 Uhr. Nach dem sich daran anschließenden Mittagessen fand die Heimreise statt. Der Arbeitgeber verweigerte insoweit die Entgeltfortzahlung.

Das AWbG NW enthält anders als das Hessische Bildungsurlaubsgesetz (§ 9 Abs. 4 Satz 2 HBUG) **keine Regelung über die Dauer des täglichen Arbeitsprogramms** während der Bildungsveranstaltung. Das Gesetz bestimmt auch nicht, welche Rechtsfolgen eintreten, wenn an einem oder an mehreren Tagen nicht oder wenig gearbeitet wird. Es ist daher nach Auffassung des Bundesarbeitsgerichts **insgesamt zu beurteilen, ob eine Veranstaltung der politischen oder beruflichen Weiterbildung stattgefunden hat oder nicht,** weil die Veranstaltung nur an einigen Tagen den gesetzlichen Vorgaben nicht entsprochen hat. Somit besteht ein Leistungsverweigerungsrecht nur für die Veranstaltung insgesamt, wenn die gesetzlichen Voraussetzungen des § 1 Abs. 2 AWbG NW über die berufliche und politische Weiterbildung nicht gegeben sind. Bei der Überprüfung dieser gesetzlichen Vorgaben kann im Einzelfall die Dauer des jeweiligen täglichen Arbeitsprogramms von Bedeutung sein. So kann eine Bildungsveranstaltung insgesamt dann nicht mehr der beruflichen oder politischen Weiterbildung dienen und damit keinen Freistellungsanspruch rechtfertigen, wenn die zur Verfügung stehende Unterrichtszeit nicht in ausreichendem Maße für die Weiterbildung genutzt wird. Das kann z.B. dann zutreffen, wenn an 5 Seminartagen jeweils lediglich für kurze Zeit Wissen vermittelt oder an einem oder mehreren Tagen überhaupt nicht gearbeitet wird. Eine Veranstaltung ist aber dann noch als eine der Arbeitnehmerweiterbildung anzusehen, wenn wie im Streitfall am letzten Tag nur noch 3 1/4 Zeitstunden unterrichtet wurde, an anderen Tagen aber 6 Zeitstunden und mehr zur Weiterbildung genutzt wurden. Die Verteilung des Wissensstoffes auf die 5-tägige Seminarwoche in der Weise, daß am letzten Tag genügend Zeit für die Heimreise verbleibt, ohne daß der Arbeitnehmer einen wesentlichen Teil seiner Wochenendfreizeit aufwenden muß, hindert nicht die Annahme, daß insgesamt eine Veranstaltung der politischen Weiterbildung stattgefunden hat.

2943

Eine Freistellung nach dem AWbG NW setzt voraus, daß die **Veranstaltung für Jedermann zugänglich** ist. Wenn eine Bildungsveransaltung wie ein Aufbaukurs Teil einer Veransaltungsreihe und der Träger den Besuch des Aufbaukurses von der erfolgreichen Teilnahme der vorangehenden Kurse abhängig macht, ist die Jedermannzugänglichkeit (§§ 9, 2 Abs. 4 AWbG NW) nur gewährleistet, wenn auch die vorangehenden Veransaltungen für jedermann zugänglich waren. Dafür hat, wie auch für die übrigen sachlichen Voraussetzungen der begehrten Freistellung, der Arbeitnehmer die Darlegungslast (*BAG 09.11.1993, EzA § 9 AWbG NW 5*).

4. Verfahrensfragen

2944

Verlangt ein Arbeitnehmer begründet die Freistellung für die Teilnahme an einer Weiterbildungsveranstaltung und kommt der Arbeitgeber dem nicht nach, so gerät er in **Schuldnerverzug**. Der Arbeitnehmer kann in diesem Fall ggfs. einen Schadensersatzanspruch gegen den Arbeitgeber geltend machen. Dieser ist zwar nicht auf Urlaubsgewährung gerichtet, wenn der Arbeitnehmer für die Veranstaltung Urlaub genommen hat, aber auf **nachträgliche Freistellung**.

Verweigert der Arbeitgeber zu unrecht die Teilnahme an einem Bildungsurlaub, darf der Arbeitnehmer sich nicht selbst beurlauben. Andererseits ist der Arbeitgeber nicht befugt, die **nicht geleistete Arbeitszeit vom Urlaubskonto des Arbeitnehmers abzuziehen** (*BAG 25.10.1994, 9 AZR 339/93*).

Hat der Arbeitgeber aber in der Vergangenheit die Freistellung des Arbeitnehmers zum Zwecke der Teilnahme an einer Bildungsveranstaltung abgelehnt, entsteht dadurch noch kein rechtliches Interesse an der Feststellung eines künftigen Freistellungsanspruchs für den Fall, daß dieselbe Weiterbildungseinrichtung die gleiche Veranstaltung erneut durchführen wird (*BAG v. 19.10.1993, EzA § 256 ZPO Nr. 39*). In diesen Fällen muß der Arbeitnehmer daher seinen **Freistellungsantrag so rechtzeitig geltend machen, daß dieser noch gerichtlich überprüft werden kann** (s. § 5 AWbG NW).

2945

Bei einer nur **bedingten Freistellungserklärung** ist Vorsicht geboten: Stellt der Arbeitgeber den Arbeitnehmer zum Besuch einer Weiterbildungsveranstaltung frei, hat er nach § 1 Abs. 1, 7 Satz 1 AWbG NW das Arbeitsentgelt für die Dauer der besuchten Veranstaltung fortzuzahlen. Unerheblich ist dabei, ob der Arbeitgeber bei der Freistellungserklärung den Verpflichtungswillen für die Lohnfortzahlung hat. Maßgeblich ist allein, daß der Arbeitnehmer die Erklärung des Arbeitgebers als Freistellungerklärung zum Besuch einer Veranstaltung nach § 1 Abs. 1 AWbG NW verstehen mußte *(BAG v. 09.11.1993, EzA 7 AWbG NW Nr. 17).* Lehnt hingegen der Arbeitgeber ab, den Arbeitnehmer zum Besuch einer Bildungsveranstaltung nach dem AWbG NW freizustellen, und bietet er zugleich eine unbezahlte Freistellung an, so hat der Arbeitnehmer keinen Entgeltfortzahlungsanspruch nach dem AWbG, wenn er ohne weitere Erklärung an der Veranstaltung teilgenommen hat *(BAG v. 07.12.1993, EzA 7 AWbG NW Nr. 15).*

Stellt ein Arbeitgeber nach Erlaß einer einstweiligen Verfügung den Arbeitnehmer von der Arbeit für die Teilnahme an einer Bildungsveranstaltung frei, erfüllt er damit den Anspruch auf Freistellung nach dem AWbG NW, wenn weder die Vollziehung der einstweiligen Verfügung bewirkt noch angedroht wird *(BAG 19.10.1993, EzA § 7 AWbG NW Nr. 20).*

XX. Weiterführende Literaturhinweise

2946

Böckel, Das Urlaubsrecht in der betrieblichen Praxis, 2. Aufl. 1989
Dersch/Neumann, Bundesurlaubsgesetz, 7. Aufl. 1990
Grüner/Dalichau, Bundeserziehungsgeldgesetz, Kommentar, Loseblattausgabe
Künzl, Befristung des Urlaubsanspruchs, BB 1991, 1630
Leinemann, Die neue Rspr. des Bundesarbeitsgerichts zum Urlaubsrecht, NZA 1985, 137
Leinemann, Gesetzliches und tarifliches Urlaubsrecht, ArbuR 1987, 193
Natzel, Bundesurlaubsrecht, Handkommentar, 4. Aufl. 1988
Schaub, Arbeitsrechtshandbuch, 7. Aufl. 1992, § 102
Stahlhacke/Bachmann/Bleistein/Berscheid, Gemeinschaftskommentar zum Bundesurlaubsgesetz, 5. Aufl. 1992

14. Kapitel: Nebenpflichten des Arbeitgebers

I.	Fürsorgepflicht	2952
	1. Schutz von Leben und Gesundheit des Arbeitnehmers	2953
	2. Schutz der Persönlichkeit des Arbeitnehmers	2957
	a) Überwachung	2958
	b) Datenschutz	2959
	c) Beschäftigungspflicht	2960
	d) Allgemeiner Weiterbeschäftigungsanspruch nach Kündigung	2961
	e) Bekleidungsvorschriften	2963
	3. Schutz der vom Arbeitnehmer eingebrachten Sachen	2964
	4. Beachtung der sozialversicherungsrechtlichen Vorschriften	2968
	5. Aufklärungs- und Beratungspflichten	2969
	6. Nachwirkende Fürsorgepflicht	2970
	7. Sonstige Fürsorgepflichten	2971
	8. Rechtsfolgen der Fürsorgepflichtverletzung	2972
II.	Gleichbehandlungspflicht	2973
	1. Gesetzliche Ausprägungen der Gleichbehandlungspflicht	2974
	a) Gleichbehandlung im Einzelarbeitsverhältnis	2975
	b) Gleichbehandlung bei Teilzeitbeschäftigung	2978
	c) Betriebsverfassungsrechtlicher Gleichbehandlungsgrundsatz	2983
	d) Gleichbehandlung durch Grundgesetz	2984
	2. Arbeitsrechtlicher Gleichbehandlungsgrundsatz	2985
	a) Voraussetzungen der Anwendung des Gleichbehandlungsgrundsatzes	2986
	b) Rechtsfolgen des Verstoßes gegen den arbeitsrechtlichen Gleichbehandlungsgrundsatz	2990
III.	Weiterführende Literaturhinweise	2991

2951

Aus dem Arbeitsvertrag trifft den Arbeitgeber die Hauptpflicht, das vereinbarte Arbeitsentgelt zu zahlen (s. Rz. 2252). Hierin erschöpfen sich dessen Pflichten aber nicht. Hinzu treten vielmehr eine Reihe von **Nebenpflichten**. Diese lassen sich verallgemeinernd in

- **Fürsorge- und**

- **Gleichbehandlungspflichten**

aufteilen. Gerade die Fürsorgepflicht ist stark von den Umständen des Einzelfalles abhängig. Es haben sich jedoch bestimmte **typische Fallgruppen** in der Rechtsprechung ausgeprägt, die der Betriebspraktiker unbedingt beachten muß, will er sich vor unangenehmen Schadensersatzfolgen schützen.

Arbeitsrecht

I. Fürsorgepflicht

2952

Unter den etwas altertümlichen **Begriff der Fürsorgepflicht** werden die verschiedenen den Arbeitgeber treffenden **arbeitsvertraglichen Nebenpflichten** zusammengefaßt. Grob formuliert handelt es sich um die **Treuepflichten des Arbeitgebers gegenüber dem Arbeitnehmer**. Diese verlangen grundsätzlich das Bestehen eines **wirksamen Arbeitsvertrages**. Ausnahmsweise genügt jedoch auch ein sogenanntes **faktisches Arbeitsverhältnis**. Umfang und Ausmaß der Fürsorgepflichten des Arbeitgebers hängen von den Umständen des Arbeitsverhältnisses, den Interessen des Arbeitnehmers, der Verkehrssitte, der Zumutbarkeit sowie von Treu und Glauben ab. Verallgemeinernd ausgedrückt trifft den Arbeitgeber die Pflicht, **vermeidbare Nachteile für den Arbeitnehmer von diesem fernzuhalten und dessen Interessen bei der Ausübung eigener Rechte angemessen zu berücksichtigen**. Die Fürsorgepflicht des Arbeitgebers entspricht so der Treuepflicht des Arbeitnehmers (s. Rz. 2233).

1. Schutz von Leben und Gesundheit des Arbeitnehmers

2953

Den Arbeitgeber trifft zunächst eine **allgemeine Schutzpflicht hinsichtlich Leben und Gesundheit des Arbeitnehmers**. Diese allgemeine Pflicht ist teilweise gesetzlich verankert (§ 618 BGB, § 62 HGB). Danach ist der Arbeitgeber verpflichtet, Räume, Vorrichtungen und Gerätschaften, die er zur Verrichtung der Arbeit beschafft, so einzurichten und zu unterhalten, daß der Arbeitnehmer gegen Gefahren für Leben und Gesundheit insoweit geschützt ist, als es die Natur der Dienstleistung zuläßt. Diese **allgemeine Schutzpflicht** konkretisiert sich heute in den **Vorschriften des Arbeitsschutzrechts**. Hierher gehören etwa: Arbeitsstättenverordnung, Arbeitsstoffverordnung, Arbeitssicherheitsgesetz, Gerätesicherheitsgesetz sowie Arbeitsschutz- und Unfallverhütungsvorschriften der Berufsgenossenschaften. Hierbei handelt es sich um eine Spezialmaterie, die einer allgemeinen Darstellung nicht zugänglich ist. Allerdings ist selbst in diesen Gesetzen nicht eine umfassende Regelung des Schutzes von Leben und Gesundheit des Arbeitnehmers erfolgt. Vielmehr gibt es daneben noch **gesetzlich ungeregelte Fälle**.

2954

Hierzu zählt zum einen der Bereich des **Nichtraucherschutzes**. Nach überwiegender Auffassung hat der Arbeitnehmer gegenüber dem Arbeitgeber keinen Anspruch darauf, daß dieser ein allgemeines **Rauchverbot** verhängt. Allerdings ist der Arbeitgeber verpflichtet, zumutbare Maßnahmen zu treffen, um den Arbeitnehmer vor vermeidbaren Belästigungen durch Tabakrauch zu schützen. Dabei wird man von folgenden **grundsätzlichen Erwägungen** auszugehen haben: Sowohl Raucher als auch Nichtraucher können sich auf die allgemeine Handlungsfreiheit (Art. 2 Abs. 1 GG) berufen. Da der Raucher aber Schadstoffe emittiert, sind seiner Freiheit Grenzen gesetzt, die sich nach der Intensität der Emissionen und den möglichen Gefährdungen Dritter richtet. Je größer daher die Gefahr für Dritte ist, desto enger sind die Grenzen des Rauchers zu ziehen. Auch ein Rauchverbot kann letztlich in Betracht kommen, wenn keine anderen, zumutbaren Maßnahmen ergriffen werden können *(ArbG Frankfurt 18.01.1994, BB 1994 2144).*

Beispiel:
Arbeitnehmer A arbeitet in einem Großraumbüro, in dem seitens der Kollegen viel geraucht wird. Arbeitgeber B, selbst passionierter Raucher, weigert sich, ein Rauchverbot zu erlassen. A meint, B müsse ihm wenigstens einen tabakrauchfreien Arbeitsplatz zur Verfügung stellen.
*Ob der Arbeitnehmer einen **Anspruch auf Zurverfügungstellung eines tabakrauch-freien Arbeitsplatzes** hat, ist umstritten. Jedenfalls ist der Arbeitgeber hierzu gehalten, soweit dies technisch machbar ist. Dabei sind insbesondere auch **gesundheitliche Vorbelastungen des Arbeitnehmers** (Atemwegserkrankung, Allergie) zu berücksichtigen. Entscheidend ist mithin, was nach dem Stand der Technik und den betrieblichen Verhältnissen an Schutzmaßnahmen möglich und dem Arbeitnehmer zumutbar ist. Neben einem Rauchverbot kommen eine **Verbesserung der Raumbelüftung** oder eine **Versetzung in einen tabakrauchfreien Raum** in Betracht. Allerdings kann auch der besonders anfällige Passivraucher regelmäßig nicht verlangen, daß sein Arbeitsplatz durch aufwendige bauliche oder sonstige kostspielige technische Einrichtungen "rauchfrei" gemacht wird (LAG München 02.03.1990, LAGE § 618 BGB Nr. 4).*

In Kantinen wird es dem Arbeitgeber regelmäßig zumutbar sein, einen bestimmten Bereich für Nichtraucher zu reservieren. In Toilettenräumen kann ein generelles Rauchverbot verhängt werden. Allerdings ist grundsätzlich das Mitbestimmungsrecht des Betriebsrats zu beachten (§ 87 Abs. 1 Nr. 1 BetrVG).

Verstößt ein Arbeitnehmer gegen ein rechtmäßig verhängtes Rauchverbot, kann dies eine Kündigung nach sich ziehen und zwar bei

- betriebserforderlichen Rauchverboten (Beispiel: *Brandschutz*) eine außerordentliche Kündigung

- bei sonstigen Rauchverboten nach Abmahnung eine ordentliche Kündigung.

Insgesamt kann angesichts des Trends zum Nichtraucherschutz nur empfohlen werden, diesem durch eine entsprechende **vertragliche Gestaltung** (Vereinbarung eines Rauchverbotes) Rechnung zu tragen. Ebenso kann durch ein Prämiensystem ein **Anreiz zum Nichtrauchen** geschaffen werden.

Auch der **Abschluß einer Betriebsvereinbarung über ein Rauchverbot** kann sich empfehlen. Hier sollten zumindest folgende Punkte einer Regelung zugeführt werden:

- absolutes Rauchverbot an bestimmten Stellen
- Sanktionierung eines Verstoßes
- Rauchverbot auf Wunsch der Mehrheit der Arbeitnehmer.

Muster einer Betriebsvereinbarung

Arbeitgeber und Betriebsrat schließen nachfolgende Betriebsvereinbarung über ein betriebliches Rauchverbot:

A. In den kenntlich gemachten Räumen (feuergefährdeter Bereich) besteht ein absolutes Rauchverbot. Hierzu zählen namentlich ......

B. Verstöße gegen das absolute Rauchverbot können mit einer Buße von 50 DM sanktioniert werden. Wiederholte Verstöße sollen nach Abmahnung zur Kündigung führen.

C. An sonstigen Stellen im Betrieb kann ein Rauchverbot verhängt werden, wenn die Mehrzahl der dort beschäftigten Arbeitnehmer dies in einer nach den Grundsätzen der Betriebsratswahl vorgenommenen Abstimmung verlangt.

D. Im Kantinenbereich besteht ein generelles Rauchverbot mit Ausnahme des gesondert ausgewiesenen Raucherbereichs.

E. Arbeitgeber und Betriebsrat werden in Zusammenarbeit mit den Krankenkassen Aufklärungsaktionen über die gesundheitlichen Gefahren des Rauchens durchführen.

F. Arbeitgeber und Betriebsrat werden zu gegebener Zeit ein Prämiensystem einführen, um den Anreiz zum Nichtrauchen zu verstärken.

2955

Soweit zur Verringerung von Lebens- und Gesundheitsgefahren erforderlich, hat der Arbeitgeber dem Arbeitnehmer kostenlos und in ordnungsgemäßem Zustand **persönliche Schutzmittel** wie Schutzkleidung, Schuhe, Schutzhelme zur Verfügung zu stellen. Daneben hat er diese Schutzmittel ordnungsgemäß zu warten. Die **Kosten für die Zurverfügungstellung** persönlicher Schutzmittel hat der Arbeitgeber regelmäßig allein zu tragen. Eine Beteiligung des Arbeitnehmers ist nur möglich, wenn der Arbeitgeber diesem über die gesetzliche Verpflichtung hinaus Schutzkleidung zur Verfügung stellt und der Arbeitnehmer hiervon aus freien Stücken Gebrauch macht. Soweit es erforderlich ist, sind Schutzmittel dem Arbeitnehmer ausschließlich **zu seiner persönlichen Verwendung** zur Verfügung zu stellen. Dies kann insbesondere aus hygienischen oder paßformbedingten Gründen erforderlich sein. Schließlich ist der Arbeitgeber verpflichtet, den Arbeitnehmer über die Gefahren der ausgeübten Tätigkeit zu informieren und ihn durch **Einweisung in die Schutzmittel** vor Schaden zu bewahren. Auch muß er dafür sorgen, daß die **Schutzmittel vom Arbeitnehmer benutzt werden.**

"**Normale Arbeitskleidung**" hat sich der Arbeitnehmer selbst zu beschaffen, der Arbeitgeber muß aber gegebenenfalls einen geeigneten Aufbewahrungsraum zur Verfügung stellen (§ 34 Abs. 5 ArbStättVO).

2956

Eine **Verletzung der Schutzpflichten** kann für den Arbeitgeber schwerwiegende Folgen haben. Zunächst schuldet er Schadensersatz. Darüber hinaus besteht für den Arbeitnehmer die Möglichkeit, sich nach Maßgabe der **§§ 84, 85 BetrVG** beim Arbeitgeber oder Betriebsrat zu beschweren. Schließlich steht es dem Arbeitnehmer unter bestimmten Umständen offen, seine Arbeitsleistung bis zur Behebung der Sicherheitsmängel zurückzuhalten. Da der Arbeitgeber dann in Annahmeverzug gerät (s. Rz. 2334), behält der Arbeitnehmer seinen Vergütungsanspruch. **Er ist also nicht zur Nacharbeit verpflichtet.**

So ist der Arbeitgeber etwa verpflichtet, die Räumlichkeiten im Betrieb so zu gestalten, daß ein objektiv konkretisierbares Gesundheitsrisiko durch Asbest, das über das erlaubte Maß hinausgeht, für die dort tätigen Arbeitnehmer nicht besteht. **Fazit:** Bei asbestbelastetem Arbeitsplatz kann der Arbeitnehmer das Recht haben, die Arbeit zu verweigern. Ein solches Zurückbehaltungsrecht kann sich aus der allgemeinen Vorschrift des § 273 BGB, aber auch aus speziellen Normen wie etwa § 21 GefahrstoffVO ergeben. Dabei ist stets zu prüfen, ob die speziellen Zurückbehaltungsrechte die Sachlage abschließend regeln. Ist dies der Fall, scheidet ein Rückgriff auf allgemeine Vorschriften aus *(s. zum Ganzen BAG 02.02.1994, EzA § 618 BGB Nr. 10).*

Bei der **Durchsetzung eines Schadensersatzanspruchs** hat der Arbeitnehmer grundsätzlich nur zu beweisen, daß ein ordnungswidriger Zustand vorlag, der generell geeignet war, den eingetretenen Schaden herbeizuführen. Der Arbeitgeber hat hingegen zu beweisen, daß ihn kein Verschulden trifft.

2. Schutz der Persönlichkeit des Arbeitnehmers

2957

Als weitere Ausprägung der Fürsorgepflicht hat der Arbeitgeber das **Persönlichkeitsrecht des Arbeitnehmers** zu achten. **Ausprägungen** dieses Persönlichkeitsschutzes stellen die Einschränkung der Überwachungsmöglichkeiten des

Arbeitnehmers, der Datenschutz, die Beschäftigungspflicht sowie der allgemeine Weiterbeschäftigungsanspruch nach Kündigung dar. So ist der Arbeitgeber etwa verpflichtet, den Arbeitnehmer gegen **unberechtigte Vorwürfe Dritter,** die im Zusammenhang mit der Arbeitsleistung stehen, in Schutz zu nehmen. Auch muß der Arbeitgeber grundsätzlich über die Persönlichkeit des Arbeitnehmers Verschwiegenheit bewahren. Eine Offenbarung ist nur dann zulässig, wenn betriebliche Interessen dies erfordern.

a) Überwachung

2958
Kraft seiner Fürsorgepflicht ist es dem Arbeitgeber untersagt, den Arbeitnehmer über das normale Maß hinausgehend zu **überwachen.** Dabei ist stets eine umfassende **Güterabwägung** erforderlich. Wenn besonders schutzwürdige Interessen des Arbeitgebers auf dem Spiel stehen, kann im Einzelfall auch eine besonders scharfe Überwachung gerechtfertigt sein. Grundsätzlich gilt jedoch, daß die **Interessen des Arbeitnehmers den Vorrang genießen.** So ist z.B. eine permanente optische Überwachung durch Videokameras oder Einweg-Spiegel-Glasscheiben unzulässig. Etwas anders gilt selbstverständlich in Banken und Selbstbedienungsgeschäften *(BAG 07.10.1987, EzA § 611 BGB Persönlichkeitsrecht Nr. 6).* Hier genießen die Interessen des Arbeitgebers den Vorrang. Auch der Gebrauch von Abhörgeräten (Wanzen) in Betrieben oder Büros oder das Abhören von Telefongesprächen ist regelmäßig unzulässig.

Beispiel:
Arbeitnehmer A ist Chefredakteur bei der D-Zeitschrift. Arbeitgeber B konnte Telefongespräche, die der A über seinen Dienstapparat führte, über eine sogenannte Aufschaltung unterbrechen sowie unbemerkt mithören. Hiervon machte B des öfteren Gebrauch. Dabei vernahm er unter anderem, daß der A beleidigende Äußerungen über ihn abgab. Daraufhin wurde dem A gekündigt.
*Auch **Telefongespräche,** die der Arbeitnehmer von seinem **Dienstapparat** aus führt, unterliegen dem Schutz des allgemeinen Persönlichkeitsrechts. Dieser Schutz wird nicht durch die **Kenntnis von einer Mithörmöglichkeit** beseitigt. Ob im Beispielsfall die beleidigenden Äußerungen für eine Kündigung verwendet werden können, hängt von einer Einzelfallwürdigung ab. Der Arbeitgeber muß hierfür ein **überwiegendes Verwertungsinteresse** haben. Ein solches kann etwa bestehen, wenn es gilt, **Straftaten aufzuklären** (Beispiel: unaufklärbarer Diebstahl von Betriebsmitteln). Jedoch wird zu verlangen sein, daß sich der Verdacht gegen bestimmte Personen richtet. Es kann also nicht auf Verdacht abgehört werden.*

Ob der Arbeitnehmer überhaupt berechtigt ist, Privatgespräche zu führen, hängt von den Vereinbarungen ab. Will der Arbeitgeber zur Kontrolle eine automatische Telefondatenerfassung einführen, muß er das Mitbestimmungsrecht des Betriebsrats nach § 87 Abs. 1 Nr. 6 BetrVG beachten *(s. zur Speicherung von Rufnummern BAG 27.05.1986, EzA § 87 BetrVG 1972 Kontrolleinrichtung Nr. 16).*

Nebenpflichten des Arbeitgebers

b) Datenschutz

2959

Sollen Daten über den Arbeitnehmer gespeichert werden, so ist das **Bundesdatenschutzgesetz** zu beachten. Grundsätzlich gilt hier, daß in die Privat- und Intimsphäre des Arbeitnehmers nicht tiefer eingedrungen werden darf, als dies für Zwecke des Arbeitsverhältnisses unbedingt erforderlich ist. Es muß also stets ein **konkreter Bezug** zur Arbeitstätigkeit gegeben sein. Eine **Datensammlung auf Vorrat** ist demnach ausgeschlossen. Weitere Ausprägung des Datenschutzes ist, daß der Arbeitgeber die gesammelten **Daten ordnungsgemäß zu verwahren** hat. Sie müssen also so gesichert sein, daß sie vor einem unbefugten Zugriff geschützt werden. Bei elektronischer Datenverarbeitung müssen **elektronische Abfragesperren** eingerichtet werden.

Zu beachten ist auch, daß nach Maßgabe des § 36 BDSG ein **Datenschutzbeauftragter** zu bestellen ist. Dabei muß der **Betriebsrat** unter dem Gesichtspunkt der Einstellung/Versetzung beteiligt werden. Dieser kann der Bestellung widersprechen, wenn der in Aussicht genommene Bewerber nicht die erforderliche Sachkunde und Zuverlässigkeit besitzt (§ 99 Abs. 2 Nr. 1 BetrVG i.V.m. § 36 Abs. 2 BDSG). Bedenken hiergegen können sich insbesondere daraus ergeben, daß der Arbeitnehmer neben seiner Tätigkeit als Datenschutzbeauftragter Tätigkeiten ausübt oder ausüben soll, die mit seiner **Kontrollfunktion unvereinbar** sind, weil sie ihn in einen Interessenkonflikt geraten lassen (Stichwort: der Kontrolleur kontrolliert sich selbst!). Ähnliches gilt bei sonstigen Betriebsbeauftragten, wenn ihre Tätigkeit von einer besonderen Fachkunde und Zuverlässigkeit abhängt (*s. zum Ganzen BAG 22.03.1994, EzA § 99 BetrVG 1972 Nr. 121*).

c) Beschäftigungspflicht

2960

Nach Ansicht des **Bundesarbeitsgerichts** (*27.02.1985, AP Nr. 14 zu § 611 BGB Beschäftigungspflicht*) verstößt es gegen das Persönlichkeitsrecht, wenn ein Arbeitnehmer trotz bestehenden Arbeitsverhältnisses nicht beschäftigt wird. Der Arbeitnehmer hat also, und das ist überraschend, einen **Beschäftigungsanspruch!** Die Beschäftigung kann der Arbeitgeber nur verweigern, wenn **betriebliche Interessen** im Einzelfall den **Vorrang genießen**. Hier kommen etwa in Betracht:

- Verdacht der Begehung strafbarer Handlungen
- Verdacht des Verrats von Betriebsgeheimnissen
- Ausschluß der Beschäftigungsmöglichkeit aufgrund von Betriebsstörungen oder Absatzschwierigkeiten.

Während des Laufs der Kündigungsfrist muß der Arbeitnehmer weiterbeschäftigt werden. Eine einseitige Freistellung ist grundsätzlich nicht möglich. Allerdings muß stets eine **Interessenabwägung** vorgenommen werden. So überwiegt das Nichtbeschäftigungsinteresse des Arbeitgebers während des Laufs der Kündigungsfrist, wenn die Freistellung erfolgt, weil der gekündigte Arbeitnehmer zur Konkurrenz abwandern will und wichtige Betriebs- oder Geschäftsgeheimnisse ohne die Freistellung gefährdet sind *(LAG Hamm 03.11.1993, LAGE § 611 BGB Beschäftigungspflicht Nr. 36)*. Im Ausgangsfall hat das LAG Hamm eine **Suspendierung für 9 Monate** akzeptiert. Es handelte sich allerdings um einen über weitreichende Kenntnisse verfügenden Mitarbeiter in exponierter Stellung, so daß dem Arbeitgeber schwerwiegende Schäden drohten. Die Entscheidung ist insoweit hinsichtlich des zeitlichen Rahmens der Suspendierung nicht verallgemeinerungsfähig.

Ob sich ein freigestellter Arbeitnehmer bei **einvernehmlicher Freistellung anderweitig erzielten Verdienst** anrechnen lassen muß, ist zunächst eine Frage der Vereinbarung. Eine Anrechnung scheidet jedenfalls dann aus, wenn die Parteien die Möglichkeit eines derartigen Erwerbs bedacht hatten und keine entsprechende Abrede getroffen wurde *(LAG Baden-Württemberg 21.06.1994, LAGE § 615 BGB Nr. 41)*.

d) Allgemeiner Weiterbeschäftigungsanspruch nach Kündigung

2961
Probleme der **Weiterbeschäftigung** des Arbeitnehmers tauchen häufig **nach ausgesprochener Kündigung** auf. Hier gilt grundsätzlich:

Während eines Kündigungsschutzprozesses, aber nach Ablauf der Kündigungsfrist ist der Arbeitnehmer auf sein Verlangen hin bis zum rechtskräftigen Abschluß des Kündigungsschutzrechtsstreits weiterzubeschäftigen, wenn der Betriebsrat der Kündigung ordnungsgemäß widersprochen hat (§ 102 Abs. 5 BetrVG). Davon kann sich der **Arbeitgeber nur befreien**, wenn

- die Klage des Arbeitnehmers keine hinreichende Aussicht auf Erfolg bietet oder mutwillig erscheint oder

- die Weiterbeschäftigung zu einer unzumutbaren wirtschaftlichen Belastung führen würde oder

- der Widerspruch des Betriebsrats offensichtlich unbegründet war (§ 102 Abs. 5 Nr. 1 - 3 BetrVG).

2962
Auch nach einer Kündigung ist der Arbeitnehmer aufgrund des allgemeinen Weiterbeschäftigungsanspruchs (s. Rz. 4702) weiterzubeschäftigen, wenn er mit seiner **Kündigungsschutzklage in erster Instanz obsiegt**. Dies bedeutet ande-

Nebenpflichten des Arbeitgebers

rerseits, daß der Arbeitnehmer während des Kündigungsschutzprozesses erster Instanz grundsätzlich nicht die Weiterbeschäftigung verlangen kann.

e) Bekleidungsvorschriften

2963

Der Arbeitgeber kann dem Arbeitnehmer nur dann das Tragen bestimmter Kleidungsstücke vorschreiben, wenn dies durch die **betrieblichen Verhältnisse zwingend geboten** ist.

Beispiel:
*Arbeitnehmer A ist bei Arbeitgeber B als Verkaufssachbearbeiter in einem Warenhaus angestellt, in dem an industrielle Kunden hochpreisige Büromöbel vertrieben werden. Der A hat auch Kontakt zu Kunden. Die anderen Beschäftigten tragen regelmäßig Anzug und Krawatte, während A Jeans, Turnschuhe und Sporthemd bevorzugt.
Der Arbeitgeber ist kraft seines **Direktionsrechts** befugt, dem im Verkauf tätigen Arbeitnehmer A zu untersagen, in der Gegenwart von Kunden in Jeans, Turnschuhen und Sporthemd aufzutreten. Ein Verkäufer hat nämlich im Kundenverkehr gepflegt und in einer Art und Weise aufzutreten, wie es dem **Charakter der Produkte** entspricht.*
Bei Dienstkleidung kann männlichen Arbeitnehmern das Tragen von Ohrschmuck untersagt werden.

Will der Arbeitgeber die **Einführung einer einheitlichen Arbeitskleidung** erreichen, so hat er das **Mitbestimmungsrecht des Betriebsrats** nach § 87 Abs. 1 Nr. 1 BetrVG zu beachten. Dabei kann in einer Betriebsvereinbarung durch die "zur Verbesserung des äußeren Erscheinungsbildes und Images" des Arbeitgebers eine einheitliche Arbeitskleidung eingeführt wird, **nicht geregelt werden**, daß die **Arbeitnehmer einen Teil der Kosten für die Bereitstellung der Arbeitskleidung zu tragen haben**. Insoweit wird nämlich die Verfügungsbefugnis des Arbeitnehmers über seine Arbeitsvergütung **eingeschränkt**. Es handelt sich um eine **unzulässige Lohnverwendungsabrede**.

3. Schutz der vom Arbeitnehmer eingebrachten Sachen

2964

Weiterhin trifft den Arbeitgeber eine **Schutzpflicht in bezug auf die vom Arbeitnehmer in den Betrieb eingebrachten Sachen**. Hinsichtlich des Ob und des Ausmaßes der Schutzpflicht ist wie folgt zu differenzieren:

- **persönliche, arbeitsnotwendige Sachen** des Arbeitnehmers (mit Zustimmung/Duldung für die Erledigung der Arbeit eingesetzte Gegenstände)
- **persönliche, nicht arbeitsnotwendige, aber übliche Sachen** des Arbeitnehmers (Beispiel: *Geldbörse, Kfz., Fahrrad, Uhr, Privatkleidung*)

- **persönliche, nicht arbeitsnotwendige Sachen**, also solche, die für die Erbringung der Arbeitsleistung nicht erforderlich sind (Beispiel: *wertvoller Schmuck, größere Geldbeträge, Fotoapparate, Videorekorder, Videokameras*).

Entscheidend für die Frage der Haftung des Arbeitgebers ist, ob der **Arbeitnehmer die Sachen berechtigterweise in den Betrieb mit einbringt und für deren Obhut während der Arbeitszeit nicht sorgen kann**. Der Arbeitgeber muß alles ihm Zumutbare tun, um das Eigentum des Arbeitnehmers vor Verlust und Beschädigung zu schützen. Er hat also grundsätzlich geeignete **Aufbewahrungsmöglichkeiten** zur Verfügung zu stellen (abschließbare Schränke). Allerdings ist er nicht verpflichtet, den Schutz nicht arbeitsnotwendiger persönlicher Gegenstände zu übernehmen.

2965

Ob der Arbeitgeber auch verpflichtet ist, ausreichenden und geeigneten **Parkraum** zur Verfügung zu stellen, hängt von den Umständen des Einzelfalles ab (Beispiel: *Kein Ankaufen von Nachbargrundstücken zur Schaffung von Parkraum*). Es kommt darauf an, ob dies technisch und örtlich möglich ist. Hingegen dürfte die Schaffung von sicheren **Unterstellmöglichkeiten für Fahrräder** regelmäßig zumutbar sein. Die hierfür erforderlichen Aufwendungen bewegen sich im Rahmen des Üblichen.

Stellt der Arbeitgeber einen **Parkplatz** zur Verfügung, so muß er für dessen **Verkehrssicherheit** einstehen. Hierzu gehören Sicherung, Beleuchtung und Streuung. Allerdings ist der Arbeitgeber nicht für Parkschäden verantwortlich, die durch Dritte oder andere Arbeitnehmer verursacht werden. Auch ist er nicht verpflichtet, die abgestellten Fahrzeuge gegen Schäden zu versichern.
Personenschäden, die ein Arbeitnehmer anläßlich eines Verkehrsunfalls auf einem auf dem Werksgelände gelegenen Firmenparkplatz einem anderen Kollegen zufügt, sind durch eine betriebliche Tätigkeit verursacht und fallen daher unter das **Haftungsprivileg der §§ 636, 637 RVO**. Dies gilt auch, wenn nicht nur Betriebsangehörige Zugang zu diesem Firmenparkplatz haben (*LAG Nürnberg 22.09.1992, LAGE § 63 RVO Nr. 3*).

2966

Setzt der Arbeitnehmer sein **Privatfahrzeug zur Erledigung beruflicher Tätigkeiten** ein und wird dieses hierbei beschädigt, so hat er unter Umständen Ansprüche gegen den Arbeitgeber. Dem Arbeitnehmer stehen Ersatzansprüche dann zu, wenn der Arbeitgeber zur Ermöglichung der Arbeitsausführung ein geeignetes Kfz zur Verfügung gestellt hätte, der Arbeitnehmer dem Arbeitgeber nach den Grundsätzen der gefahrgeneigten Arbeit (s. Rz. 2214) für einen Schaden an einem betriebseigenen Fahrzeug keinen Schadensersatz geschuldet hätte und die Benutzung des Arbeitnehmerfahrzeugs nicht derart finanziell honoriert wird, daß Schäden mit abgegolten werden.

Nebenpflichten des Arbeitgebers

zB

Beispiel:
Arbeitnehmer A benutzt mit Billigung des Arbeitgebers B seinen privaten Pkw für Dienstgeschäfte. Hierfür erhält er eine Kilometerpauschale von 0,52 DM. Während einer Dienstfahrt kam es zu einem Unfall mit der Folge, daß der Haftpflichtversicherer des A, der den Fremdschaden regulierte, diesen in der Schadensfreiheitsklasse zurückstufte. A verlangt Erstattung des Prämienmehraufwands.
*Der Arbeitgeber hat dem Arbeitnehmer auch **reine Vermögensschäden** zu ersetzen, wenn die oben genannten Voraussetzungen vorliegen. Die Ersatzpflicht entfällt im Beispielsfall aber deshalb, weil dem A eine **Kostenpauschale** gezahlt wird. Benutzt ein Arbeitnehmer zur Erledigung arbeitsvertraglicher Verrichtungen seinen privaten Pkw und zahlt der Arbeitgeber ihm die nach Steuerrecht anerkannte Kilometerpauschale, so hat er für "Rückstufungsschäden" in der Haftpflichtversicherung nur bei einer gesonderten Vereinbarung einzutreten. Im Zweifel gilt also: Zahlt der Arbeitgeber nur eine Kostenpauschale und war der Arbeitnehmer in der Wahl seines Pkw und der Versicherungsgesellschaft frei, so sind auch unfallbedingte Rückstufungserhöhungen abgegolten (BAG 30.04.1992, EzA § 670 BGB Nr. 23). Schließlich hätte sich die Kilometerpauschale auch nicht dadurch verringert, daß die Haftpflichtprämie infolge schadensfreien Verlaufs der Versicherung gesunken wäre.*
Natürlich kann mit dem Arbeitnehmer etwas anderes vereinbart werden.

Ob der Arbeitgeber sich durch eine Vereinbarung mit dem Arbeitnehmer verpflichten kann, für diesen etwaige **Strafmandate und Bußgelder** zu bezahlen, ist umstritten. Jedenfalls hat der Arbeitnehmer bei Fehlen einer solchen Vereinbarung **keinen Anspruch auf Ersatz** der hierfür aufgewandten Geldbeträge. Das **Risiko, in ein Bußgeldverfahren verwickelt zu werden** und bestraft zu werden, trägt jeder Arbeitnehmer persönlich. Dies gilt auch dann, wenn der Arbeitgeber dem Arbeitnehmer nicht verkehrssichere Fahrzeuge überläßt. Natürlich haftet der Arbeitgeber als Halter des Fahrzeugs in diesem Fall auch selbst für seine eigene Pflichtverletzung. Von diesem Grundsatz ist nur dann eine **Ausnahme** zu machen, wenn eine **vertragliche Regelung** vorliegt **oder** wenn der Arbeitnehmer Fahrten in einem Gebiet zu unternehmen hat, in dem **unzumutbare Maßnahmen der Strafverfolgung zu befürchten sind**, was früher etwa für die Länder des "Ostblocks" angenommen werden konnte. In diesen Fällen trifft die Fürsorgepflicht im übrigen bei Leiharbeitsverhältnissen nicht nur den Entleiher, sondern **auch den Verleiher** *(LAG Hamm 11.03.1993, LAGE § 670 BGB Nr. 11).*

2967

Die Haftung für Schäden an vom Arbeitnehmer berechtigterweise in den Betrieb eingebrachten Sachen kann nicht ausgeschlossen werden. Eine entsprechende Vereinbarung ist unwirksam!
Auch für sonstige Gegenstände kann die Haftung nicht generell ausgeschlossen werden. Bei Vorsatz ist eine solche Vereinbarung jedenfalls unwirksam. Eine einseitige Erklärung des Arbeitgebers am schwarzen Brett kann selbst dann kei-

Arbeitsrecht

nen Haftungsausschluß herbeiführen, wenn sie vom Betriebsratsvorsitzenden mitunterzeichnet ist.

4. Beachtung der sozialversicherungsrechtlichen Vorschriften

2968
Der Arbeitgeber ist nicht nur aufgrund der öffentlich-rechtlichen Bestimmungen der Reichsversicherungsordnung sowie der sonstigen Sozialgesetze, sondern auch unter dem **Gesichtspunkt der Fürsorge** verpflichtet, **sozialrechtliche Vorschriften im Interesse des Arbeitnehmers zu beachten**. Hierzu gehört etwa die Pflicht, den Arbeitnehmer bei der Sozialversicherung anzumelden. Gleiches gilt für die Pflicht, in die Versicherungskarte das volle beitragspflichtige Bruttoarbeitsentgelt einzutragen.

! Grundsätzlich gilt also: Sozialrechtliche Vorschriften hat der Arbeitgeber auch im Interesse des Arbeitnehmers zu beachten!
Hierzu kann es erforderlich sein, gegen einen Bescheid, mit dem die Einführung von Kurzarbeit abgelehnt wird, Klage zu erheben. Allerdings ist dies nicht zu verlangen, wenn die Rechtslage klar und eindeutig ist.

5. Aufklärungs- und Beratungspflichten

2969
Weiterhin treffen den Arbeitgeber zahlreiche, im Einzelfall zu präzisierende **Aufklärungs- und Beratungspflichten**. So ist der Arbeitgeber dem Arbeitnehmer zum Schadensersatz verpflichtet, wenn er falsche Meldungen bei einem Sozialversicherungsträger macht und dem Arbeitnehmer hieraus ein Nachteil entsteht. Im Zusammenhang mit dem Abschluß von **Aufhebungsverträgen** treffen den Arbeitgeber vielfältige Aufklärungs- und Hinweispflichten (s. Rz. 4030). Auch die Pflicht, die Lohnsteuer des Arbeitnehmers richtig zu berechnen, leitet sich aus dem Gedanken der Fürsorge ab. Allerdings wird der Arbeitnehmer hier regelmäßig den zu ersetzenden Schaden nur schwer darlegen können. Allein in der verspäteten Abführung liegt dieser nämlich nicht. Zudem ist der Arbeitgeber berechtigt, im Lohnsteuerabzugsverfahren nachentrichtete Lohnsteuer vom Arbeitnehmer zurückzufordern (s. Rz. 8144).

6. Nachwirkende Fürsorgepflicht

2970
Die Fürsorgepflicht des Arbeitgebers kann auch über die Beendigung des Arbeitsverhältnisses hinausgehen **(nachwirkende Fürsorgepflicht)**. So kann der Arbeitgeber in bestimmten Einzelfällen etwa zur **Wiedereinstellung des Arbeitnehmers** verpflichtet sein.

Nebenpflichten des Arbeitgebers

Beispiel:
Im Betrieb des Arbeitgebers A treten unerklärliche Verluste an Arbeitsmaterialien auf. Nach umfangreichen Ermittlungen können hierfür nur drei Arbeitnehmer verantwortlich sein. Da sich der Täter nicht ermitteln läßt, spricht der A gegenüber dem hauptverdächtigen Arbeitnehmer B nach dessen Anhörung eine Verdachtskündigung aus (s. Rz. 2971). Später stellt sich heraus, daß nicht der B sondern der Arbeitnehmer C für die Unterschlagungen verantwortlich ist.
Hier kann B kraft nachwirkender Fürsorge des A Wiedereinstellung verlangen.

7. Sonstige Fürsorgepflichten

2971

Der Kreis der sonstigen Fürsorgepflichten ist denkbar weit und einzelfallabhängig. So kann der Arbeitgeber etwa verpflichtet sein, den Arbeitnehmer in die über diesen geführte **Personalakte Einsicht nehmen zu lassen**. Auch die **Entfernung einer ungerechtfertigten Abmahnung oder Verwarnung** kann unter dem Gesichtspunkt der Fürsorge verlangt werden. Bei einer **Druckkündigung** (s. Rz. 4452) hat der Arbeitgeber aufgrund der Fürsorgepflicht alles zu unternehmen, um den ungerechtfertigten Forderungen der Arbeitskollegen oder Dritten nicht entsprechen zu müssen. Vor einer **Umsetzung** des Arbeitnehmers ist der Arbeitgeber verpflichtet, diesen anzuhören und die Maßnahme mit ihm zu besprechen. Kraft Fürsorgepflicht ist eine solche **Anhörung auch vor Verdachtskündigungen** erforderlich.

Beispiel:
Im Betrieb des Arbeitgebers A tauchen unerklärliche Verluste an Rohmaterialien auf. Hierfür können nur die im Außenlager beschäftigten Arbeitnehmer B, C oder D verantwortlich sein. A versucht u.a. mittels Detektiven den Täter zu ermitteln. Seine Bemühungen bleiben jedoch erfolglos. Aus den Personalakten weiß A, daß der Arbeitnehmer B einschlägige Vorstrafen wegen Diebstahls und Unterschlagung aufweist. Auch kommt ihm zu Ohren, daß den B erhebliche finanzielle Verpflichtungen drücken, dieser aber gleichwohl einen Pkw der gehobenen Mittelklasse angeschafft hat. Aufgrund der verdachtsverstärkenden Umstände spricht der A dem B die fristlose Kündigung wegen Verdachts des Diebstahls von Rohmaterialien aus. Auf eine Anhörung des B verzichtet er, da dieser "ohnehin nur die Tat abstreiten werde". Im übrigen sei ihm, dem A eine Anhörung auch unangenehm.
*Die von A ausgesprochene fristlose Verdachtskündigung ist unwirksam! Die **Anhörung des Arbeitnehmers** vor Ausspruch der Kündigung ist nach der Rechtsprechung des Bundesarbeitsgerichts **Wirksamkeitsvoraussetzung der Verdachtskündigung** (BAG 29.07.1993, EzA § 626 BGB Ausschlußfrist Nr. 4). Ein Verzicht auf die Anhörung ist nur möglich, wenn der Arbeitnehmer von vornherein deutlich und unmißverständlich erklärt, sich zu den Vorwürfen nicht äußern zu wollen.*

8. Rechtsfolgen der Fürsorgepflichtverletzung

2972
Verletzt der Arbeitgeber seine Fürsorgepflicht, so steht dem Arbeitnehmer ein **Erfüllungsanspruch** zu. Dieser kann also zunächst verlangen, daß der Arbeitgeber die aus dem Gedanken der Fürsorge heraus erforderlichen Maßnahmen trifft.

Ist dem Arbeitnehmer wegen einer schuldhaften Fürsorgepflichtverletzung ein Schaden entstanden, so ist der Arbeitgeber zum **Schadensersatz** verpflichtet.

Bei **Verletzung des Persönlichkeitsrechts** kann dem Arbeitnehmer auch ein Anspruch auf **Schmerzensgeld** zustehen. Dies ist jedoch nur der Fall, wenn Art und Schwere des Eingriffs die Anerkennung eines Schmerzensgeldes erforderlich machen und das Persönlichkeitsrecht des Arbeitnehmers auf andere Weise nicht ausreichend geschützt werden kann.

Beispiel:
Arbeitgeber A, der sich über den früher bei ihm beschäftigten Arbeitnehmer B maßlos geärgert hat, veröffentlicht dessen Namen in der Verbandszeitung des Arbeitgeberverbandes mit folgenden Hinweisen: "falls sich ein Herr B bei Ihnen bewerben sollte, rufen Sie an! gez. A".
Hierin liegt ein schwerwiegender Eingriff in das Persönlichkeitsrecht des B. Diesem kann ein Schadensersatzanspruch zustehen. Im Beispielsfall wurden 4.000 DM für angemessen erachtet.

Gerade in den **Fällen mangelnder Arbeitssicherheit** ist der Arbeitnehmer berechtigt, seine **Arbeitsleistung zurückzuhalten**. Seinen Lohnanspruch verliert er hierbei nicht! Allerdings muß er seine Bereitschaft zur sofortigen Wiederaufnahme der Arbeit bei Schaffung der im Rahmen der Fürsorgepflicht vom Arbeitgeber geschuldeten Arbeitsbedingungen erklären!

II. Gleichbehandlungspflicht

2973
Die Pflicht des Arbeitgebers, die in seinem Betrieb beschäftigten Arbeitnehmer gleich zu behandeln, verbietet eine **unsachliche Benachteiligung einzelner oder mehrerer Arbeitnehmer**. Diese Gleichbehandlungspflicht findet ihre Ausprägung in den Vorschriften des Grundgesetzes (Art. 3 Abs. 1 GG) und in besonderen Bestimmungen des Arbeitsrechts. Aber auch wenn eine solche gesetzliche Regelung fehlt, gilt der **allgemeine arbeitsrechtliche Gleichbehandlungsgrundsatz**.

Nebenpflichten des Arbeitgebers

1. Gesetzliche Ausprägungen der Gleichbehandlungspflicht

2974

Gesetzlich ist der allgemeine Gleichbehandlungsgrundsatz in den **Vorschriften des BGB** (§ 611a, § 611b, § 612 Abs. 3, § 612a) enthalten. Auch bei der **Teilzeitbeschäftigung** ist der Arbeitgeber zur Gleichbehandlung der Teilzeitbeschäftigten mit den Vollzeitbeschäftigten verpflichtet (§ 2 Abs. 1 BeschFG). Darüber hinaus ist der Arbeitgeber nach § 75 BetrVG zur gerechten und gleichmäßigen Behandlung aller im Betrieb tätigen Personen verpflichtet. In Gleichbehandlungsfragen einschlägig sind darüber hinaus häufig Art. 3 GG, Art. 119 EGV und der allgemeine arbeitsrechtliche Gleichbehandlungsgrundsatz.

a) Gleichbehandlung im Einzelarbeitsverhältnis

2975

Eine spezielle Ausprägung des Gleichbehandlungsgrundsatzes im Einzelarbeitsverhältnis findet sich zunächst in § 611a BGB. Danach darf der Arbeitgeber einen Arbeitnehmer bei einer Vereinbarung oder einer Maßnahme **nicht wegen seines Geschlechts benachteiligen**. Dies gilt sowohl bei der Begründung des Arbeitsverhältnisses, beim beruflichen Aufstieg, bei einer Weisung oder auch bei einer Kündigung. Eine unterschiedliche Behandlung auch wegen des Geschlechts ist jedoch **zulässig, soweit eine Vereinbarung oder eine Maßnahme die Art der vom Arbeitnehmer auszuübenden Tätigkeit zum Gegenstand hat und ein bestimmtes Geschlecht unverzichtbare Voraussetzung für diese Tätigkeit ist**. Das heißt, verboten ist die unterschiedliche Behandlung allein wegen des Geschlechts. Liegen sachliche Gründe vor, kann eine Differenzierung zwischen Männern und Frauen vorgenommen werden.

Verboten ist nicht nur die **unmittelbare Benachteiligung** wegen des Geschlechts, sondern auch die **mittelbare**. Verlangt der Arbeitgeber beispielsweise für eine bestimmte Tätigkeit ohne sachlichen Grund eine bestimmte Mindestkörpergröße, die regelmäßig nur Männer aufweisen, so liegt hierin eine mittelbare Benachteiligung (s. auch Rz. 1182). Eine **mittelbare Diskriminierung** liegt dabei schon dann vor, wenn von einer Regelung regelmäßig mehr Frauen als Männer betroffen sind. Dies trifft insbesondere auf Teilzeitbeschäftigte zu.

Zulässig ist eine Differenzierung hingegen, wenn das Geschlecht unverzichtbare Voraussetzung für die Tätigkeit ist (§ 611a Abs. 1 Satz 2 BGB).

Beispiel:
Besetzung einer Theaterrolle mit Männern/Frauen.

Auch die **Arbeitsschutzvorschriften** erlauben gelegentlich eine Differenzierung!

2976

Für den Verstoß gegen den Gleichbehandlungsgrundsatz ist im allgemeinen der **Arbeitnehmer darlegungs- und beweispflichtig**. Allerdings wird dem Arbeitnehmer die **Beweislast erleichtert**. Wenn er im Streitfall Tatsachen glaubhaft macht, die eine Benachteiligung wegen des Geschlechts vermuten lassen, trägt der Arbeitgeber die Beweislast dafür, daß nicht auf das Geschlecht bezogene, sachliche Gründe eine unterschiedliche Behandlung rechtfertigen oder das Geschlecht unverzichtbare Voraussetzung für die auszuübende Tätigkeit ist (s. § 611a Abs. 1 Satz 3 BGB). Dies bedeutet für den Arbeitnehmer, daß er im Prozeß die objektive "Schlechterbehandlung" darlegen und beweisen muß. Der Beweis dafür, daß diese Benachteiligung durch den Arbeitgeber wegen des Geschlechts erfolgt ist, kann dann durch sogenannte **Hilfstatsachen** erfolgen, die den **Rückschluß auf eine Diskriminierung** zulassen.

Beispiel:
Kann der Arbeitnehmer etwa darlegen, daß der Arbeitgeber erklärt hat, Frauen gehörten grundsätzlich an den Kochtopf und seien damit bei Kündigungen immer zuerst dran, so läßt dies den Rückschluß auf eine Diskriminierung zu.
Es wird dann die Beweislastumkehr ausgelöst. Der Arbeitgeber muß also darlegen und beweisen, daß seine Kündigungsentscheidung nicht durch die Geschlechterrolle bestimmt worden ist.

Zur **Durchsetzung von Ansprüchen auf Gleichbehandlung** kann dem Arbeitnehmer auch ein **Auskunftsanspruch** zustehen. So kann etwa ein bei einer Gehaltserhöhung übergangener außertariflicher Angestellter Auskunft darüber verlangen, um welche Prozentsätze die Bezüge der anonymisiert aufzuführenden anderen außertariflichen Angestellten erhöht worden sind (*LAG Köln 18.12.1992, BB 1993, 583*).

2977

Verletzt der Arbeitgeber den Gleichberechtigungsgrundsatz schon bei der Einstellung, ist nach dem Gesetz nicht ein Anspruch auf Einstellung, sondern auf **Schadensersatz in Geld** gegeben (§ 611a Abs. 2, 3 BGB). Siehe hierzu Rz. 1183.

Wird im Rahmen der Vergütung unzulässig differenziert, so hat der benachteiligte Arbeitnehmer einen Anspruch auf **Nachzahlung der Lohndifferenz**. Bei einem Arbeitsverhältnis darf nämlich für gleiche oder gleichwertige Arbeit nicht wegen des Geschlechts des Arbeitnehmers eine geringere Vergütung vereinbart werden als bei einem Arbeitnehmer des anderen Geschlechts (§ 612 Abs. 3 Satz 1 BGB)! Die Beweislastregelung des § 611a Abs. 1 Satz 3 BGB gilt entsprechend (§ 612 Abs. 3 Satz 3 BGB und oben Rz. 2976).

Beispiel:
Arbeitgeber A ist der Auffassung, Frauen seien weniger "arbeitsintensiv" als Männer und daher entsprechend geringer zu vergüten.

Nebenpflichten des Arbeitgebers

Hier haben die weiblichen Beschäftigten einen Anspruch auf Nachzahlung der Vergütung. Allerdings kann dieser tariflichen Ausschlußfristen unterfallen.
Die Vereinbarung einer geringeren Vergütung wird auch nicht dadurch gerechtfertigt, daß wegen des Geschlechts des Arbeitnehmers **besondere Schutzvorschriften** *gelten.*
Schließlich darf der Arbeitgeber einen Arbeitnehmer bei einer Vereinbarung oder einer Maßnahme nicht deshalb benachteiligen, weil der Arbeitnehmer **in zulässiger Weise seine Rechte ausübt**.

Beispiel:
Der Arbeitgeber zahlt auf freiwilliger Basis allen Arbeitnehmern ein 13. Monatsgehalt. Hiervon nimmt er Betriebsratsmitglieder aus, da diese "ohnehin nur Unruhe stifteten".

b) Gleichbehandlung bei Teilzeitbeschäftigung

2978

Eine weitere spezielle Ausprägung des Gleichbehandlungsgrundsatzes findet sich im **Beschäftigungsförderungsgesetz** (BeschFG). Nach dessen § 2 Abs. 1 darf der Arbeitgeber einen teilzeitbeschäftigten Arbeitnehmer nicht wegen der Teilzeitarbeit gegenüber vollzeitbeschäftigten Arbeitnehmern unterschiedlich behandeln, es sei denn, daß **sachliche Gründe** eine unterschiedliche Behandlung rechtfertigen. Teilzeitbeschäftigt sind Arbeitnehmer, deren regelmäßige Wochenarbeitszeit kürzer ist als die regelmäßige Wochenarbeitszeit vergleichbarer vollzeitbeschäftigter Arbeitnehmer des Betriebes. Fehlt es an einer regelmäßigen Wochenarbeitszeit, so ist die regelmäßige Arbeitszeit maßgeblich, die im Jahresdurchschnitt auf eine Woche entfällt.

Gerade dieses Benachteiligungsverbot aus § 2 Abs.1 BeschFG hat sich in letzter Zeit zu einem **gerichtlichen Dauerbrenner** entwickelt. Die Zahl hierzu ergangener Entscheidungen ist unüberschaubar. Gleichwohl haben sich, insbesondere im Hinblick auf **tarifliche Differenzierungen** zwischen Voll- und Teilzeitbeschäftigten bestimmte **Problemschwerpunkte** herauskristallisiert.

2979

Einen Schwerpunkt stellen **Vergütungsfragen** dar. Dem Teilzeitarbeitnehmer ist **die verhältnismäßig gleiche Vergütung** wie einem vergleichbaren Vollzeitarbeitnehmer zu zahlen. Die Rechtsprechung geht von dem **Grundsatz der Proportionalität** aus. Danach ist die "Arbeitseinheit eines Teilzeitbeschäftigten" nicht geringer zu entgelten als diejenige eines Vollzeitbeschäftigten. Für sich genommen rechtfertigen weder das unterschiedliche Arbeitspensum, noch die nebenberufliche Ausübung der Teilzeitbeschäftigung, noch besondere Pflichten im Vollzeitarbeitsverhältnis eine unterschiedliche Behandlung. Allerdings hat es das **Bundesarbeitsgericht** hingenommen, daß **ein nebenberuflich tätiger teilzeitbeschäftigter Arbeitnehmer** eine unterproportionale Vergütung erhält, wenn dieser anderweitig eine auskömmliche Existenzgrundlage hat.

Arbeitsrecht

Beispiel:
Der im Hauptberuf als selbständiger Bäckermeister tätige B ist nebenberuflich an einer Berufsschule als Lehrer mit 12 Unterrichtsstunden wöchentlich beschäftigt. Der dem B hierfür gewährte Stundensatz liegt niedriger als der vollzeitbeschäftigter Lehrkräfte.
Nach Auffassung des Bundesarbeitsgerichts kann die **hauptberufliche Tätigkeit** im Beispielsfall einen **sachlichen Grund** für die Schlechterbehandlung abgeben. Dabei ist nicht entscheidend, welche Einkünfte der Betreffende im Hauptberuf erzielt und welche soziale Absicherung er sich tatsächlich geschaffen hat oder hätte schaffen können. Vielmehr ist nur darauf abzustellen, ob er als hauptberuflich Tätiger über eine **dauerhafte Existenzgrundlage** verfügt.

Welche **Auswirkungen** der **Gleichbehandlungsgrundsatz** des § 2 Abs. 1 BeschFG hat, zeigt nachfolgendes

Beispiel:
Die tarifliche Wochenarbeitszeit der Vollzeitbeschäftigten wird um zwei Stunden verkürzt. Zum Ausgleich der Arbeitszeitverkürzung wird der Stundenlohn proportional erhöht. Nunmehr begehren auch die teilzeitbeschäftigten Arbeitnehmer einen erhöhten Stundenlohn.
Das Erhöhungsverlangen ist nach neuester Rechtsprechung begründet!

Dient eine Verkürzung der wöchentlichen Arbeitszeit dem Ausgleich besonderer Belastungen, so können Teilzeitbeschäftigte einen Anspruch auf anteilige Arbeitszeitverkürzung haben.

Beispiel:
Die A ist als Bildtechnikerin 19, 25 Stunden wöchentlich, jeweils aufgeteilt in volle Arbeitstage beschäftigt. Entsprechende Vollzeitbeschäftigte erhalten tarifvertraglich wöchentlich eine 1-stündige Verkürzung der Arbeitszeit für die besonderen Belastungen.
Im Beispielsfall kommt eine Schlechterstellung der A nur in Betracht, wenn die besonderen Erschwernisse, um deren Ausgleich es geht, bei ihr auch nicht anteilig gegeben sind. Dies muß der Arbeitgeber nachweisen. Eine nur pauschale Behauptung genügt nicht. Gegebenenfalls müssen arbeitsmedizinische, arbeitswissenschaftliche oder sonstige Erkenntnisse vorliegen, aus denen auf das Vorliegen eines Differenzierungsgrundes geschlossen werden kann.

Nur vormittags arbeitende Teilzeitkräfte nehmen an Vergünstigungen nicht teil, die Vollzeitbeschäftigte dadurch erhalten, daß sie an Brauchtums- und Vorfeiertagen ab 12.00 Uhr unter Fortzahlung der Vergütung von der Arbeit freigestellt werden (Beispiel: *Arbeitsbefreiung ab 12.00 Uhr an Karneval, Heiligabend oder Sylvester*). Hier kann kein Ausgleich begehrt werden (*BAG 26.05.1993, EzA Art 3 GG Nr. 40*).

Überstundenzuschläge stehen dem Teilzeitbeschäftigten nach überwiegender Ansicht jedoch nur für Stunden zu, in denen auch Vollzeitbeschäftigte Mehrarbeitszuschläge erhalten würden. Die Rechtslage ist insoweit allerdings umstritten. Eine abschließende Klärung steht noch aus. Unlängst hat das Landesarbeitsgericht Schleswig Holstein *(LAGE § 2 BeschFG Nr. 22)* darauf erkannt, daß Mehrleistungen, die von nicht vollzeitbeschäftigten weiblichen Angestellten über die mit ihnen arbeitsvertraglich vereinbarte Wochenarbeitszeit hinaus erbracht werden, nur dann mit Zuschlägen zu versehen sind, wenn insoweit durch sie die regelmäßige Wochenarbeitszeit des entsprechenden vollzeitbeschäftigen Angestellten überschritten wird. Eine **mittelbare Diskriminierung** sei noch nicht einmal im Ansatz zu erkennen. Dies ist schon deshalb überzeugend, weil die Frage des Aufwandes von Zeit für die Familie keinen Bezug zum Arbeitsverhältnis hat. Nach mehreren Vorlagebeschlüssen an den Europäischen Gerichtshof wird dieser sich abschließend mit dem Problem auseinandersetzen müssen.

Teilzeitbeschäftigte werden auch dann unzulässig diskriminiert, wenn Banken oder Sparkassen nur an Vollzeitbeschäftigte **zinsgünstige Darlehen** auskehren. Das Argument, Teilzeitbeschäftigte seien teurer als Vollzeitbeschäftigte, weist das Bundesarbeitsgericht ausdrücklich zurück *(BAG 27.07.1994, 10 AZR 538/93)*.

Der Anspruch Teilzeitbeschäftigter auf Gleichbehandlung mit Vollzeitbeschäftigten wird nicht dadurch ausgeschlossen, daß entsprechende Vollzeitbeschäftigte im Betrieb gar nicht vorhanden sind. Hier ist ein **doppelter Vergleich** anzustellen: Zunächst ist zu fragen, ob eine (fiktive) Vollzeitkraft einen Anspruch auf Bezahlung nach allgemein vom Arbeitgeber angewandten Grundsätzen hätte. Sodann ist zu fragen, ob Teilzeitbeschäftigte einen entsprechenden anteiligen Anspruch über § 2 Abs. 1 BeschFG haben *(BAG 12.01.1994, EzA § 2 BeschFG Nr. 32)*.

2980

Besonders häufig tauchen im Zusammenhang mit **Jahressonderzahlungen** Probleme der Differenzierung zwischen Teil- und Vollzeitbeschäftigten auf. Zu diesen Sonderzuwendungen zählen namentlich das 13. Monatsgehalt, Jahressonderleistungen, Gratifikationen, Weihnachtsgeld und Urlaubsgeld. Grundsätzlich gilt hier, daß diese auch Teilzeitbeschäftigten anteilig zu gewähren sind. **Weder das Arbeitspensum noch die nebenberufliche Ausübung der Tätigkeit rechtfertigen etwa den Ausschluß von einer Weihnachtsgeldzahlung.**

2981

Auch aus einer **betrieblichen Altersversorgung** dürfen Teilzeitbeschäftigte nicht ohne sachlichen Grund herausgenommen werden. Hierin liegt sogar eine **doppelte Diskriminierung!** Zum einen liegt ein Verstoß gegen das Differenzierungsverbot des § 2 Abs.1 BeschFG vor. Zum anderen ist auch eine mittelbare Diskriminierung gegeben, da regelmäßig wesentlich mehr Frauen als Männer in Teilzeitarbeit tätig sind *(s. zuletzt BVerfG 28.09.1992, EzA-SD Heft 1/1993 S. 5)*. Teilzeitbeschäftigte sind rückwirkend in die Versorgungswerke einzubeziehen! *S. jetzt auch EuGH 28.09.1994, EzA Art. 119 EWG-Vertrag Nr. 21 - 23)*.

Geht ein Arbeitnehmer mehreren Teilzeitbeschäftigungen nach, so sind diese für die Frage der Versicherungspflicht in der gesetzlichen Rentenversicherung zusammenzuzählen (§ 8 Abs. 2 SGB IV). Der Ausschluß solcher Arbeitnehmer von der Zusatzversorgung im öffentlichen Dienst ist sachlich nicht gerechtfertigt *(BAG 16.03.1993, EzA § 1 BetrAVG Gleichbehandlung Nr. 3).*

Nebenleistungen, die der Arbeitgeber Vollzeitbeschäftigten gewährt, sind regelmäßig Teilzeitbeschäftigten anteilig zu gewähren. Hierzu zählen etwa Jubiläumszuwendungen. Urlaubsgelder stehen dem Teilzeitbeschäftigen anteilig proportional zu. Hingegen wird bei Essenzuschüssen eine Differenzierung erlaubt sein, wenn der Teilzeitbeschäftigte nicht zur auswärtigen Verpflegung gezwungen ist.

2982

Bei **betrieblichen Sozialleistungen** ist regelmäßig eine Differenzierung zwischen Teil- und Vollzeitbeschäftigten verboten. Allerdings kann hier ein **bestimmter Umfang der Beschäftigung als Zugangsvoraussetzung** verlangt werden, da regelmäßig betriebliche Einrichtungen nur beschränkt verfügbar sind. Sollen etwa teilzeitbeschäftigte Arbeitnehmer eine allein am Familienstand und der Kinderzahl orientierte tarifliche Sozialzulage nur entsprechend ihrer Arbeitszeit anteilig erhalten, so muß dies **ausdrücklich bestimmt sein.** Dies gilt u.a. deshalb, weil eine **Sozialzulage kein Entgelt für geleistete Arbeit** darstellt. Hierfür spricht aber auch, wenn die Sozialzulage jedem Vollzeitbeschäftigten in gleicher Höhe gezahlt wird, sie also nicht von einem bestimmten Entgelt abhängt.

Aus Sicht der betrieblichen Praxis ist es daher empfehlenswert, schon **bei der Einführung einer Sozialzulage** eine **ausdrückliche Bestimmung** darüber zu treffen, in welchem Umfang Teilzeitbeschäftigten diese gewährt wird.

Liegt eine ungerechtfertigte Ungleichbehandlung vor, so sind die ohne sachlichen Grund vorenthaltenen Leistungen nachzugewähren.

Beispiel:
Arbeitnehmer A ist in Teilzeit beschäftigt und erhält kein Urlaubsgeld. Den vollzeitbeschäftigten Arbeitnehmern wird hingegen ein Urlaubsgeld von einem Monatsgehalt gewährt.
Im Beispielsfall hat A Anspruch auf ein dem Maß seiner Beschäftigung entsprechendes Urlaubsgeld.

Teilzeitbeschäftigte Betriebsratsmitglieder, die an **ganztägigen Schulungsveranstaltungen** teilnehmen, haben regelmäßig unter dem Gesichtspunkt der mittelbaren Diskriminierung Anspruch auf das einem Vollzeitbeschäftigten fortzuzahlende Entgelt, es sei denn, es liegen sachliche Gründe für eine Ungleichbehandlung vor *(so EuGH, 04.06.92, DB 1992, 1418).* Nach bisheriger Auffassung

des Bundesarbeitsgerichts kann das teilzeitbeschäftigte Betriebsratsmitglied hingegen keinen Ausgleich für den "überobligationsmäßigen Einsatz" an Freizeit beanspruchen. Es hat die Frage aber dem Europäischen Gerichtshof vorgelegt (20.10.1993, EzA § 37 BetrVG 1972 Nr. 115).
Streit kann vermieden werden, wenn vor der Schulung eine klare Absprache herbeigeführt wird.

c) Betriebsverfassungsrechtlicher Gleichbehandlungsgrundsatz

2983

Nach **§ 75 BetrVG** haben Arbeitnehmer und Betriebsrat darüber zu wachen, daß alle im Betrieb tätigen Personen nach den Grundsätzen von Recht und Billigkeit behandelt werden, insbesondere, daß jede unterschiedliche Behandlung von Personen wegen ihrer **Abstammung, Religion, Nationalität, Herkunft, politischen oder gewerkschaftlichen Betätigung oder Einstellung oder wegen ihres Geschlechts** unterbleibt. Sie haben ferner darauf zu achten, daß Arbeitnehmer nicht wegen Überschreitung bestimmter Altersstufen benachteiligt werden. Die Vorschrift des § 75 BetrVG dient dazu, die **gerechte und gleichmäßige Behandlung** aller im Betrieb tätigen Personen sicherzustellen. Die Bestimmung des § 75 BetrVG wirkt jedoch nur auf betriebsverfassungsrechtlicher Ebene. Sie kann deshalb nicht Grundlage für eine Kontrolle einzelvertraglicher Abreden sein.

d) Gleichbehandlung durch Grundgesetz

2984

Neben diesen speziellen Ausprägungen des Gleichbehandlungsgrundsatzes besteht ein **Auffangtatbestand im Grundgesetz**. Nach Art. 3 Abs. 1 GG hat jedermann ein Recht auf Gleichbehandlung mit anderen. Es gilt grundsätzlich: **Gleiches ist gleich, und Ungleiches seiner Eigenart entsprechend ungleich zu behandeln.** Eine Verletzung dieses allgemeinen Gleichheitssatzes des Grundgesetzes ist gegeben, wenn für eine Unterscheidung kein aus der Natur der Sache folgender oder sonst einleuchtender Grund zu finden ist, sich die Maßnahme also letztlich als **willkürlich** herausstellt. Konkretisiert wird dieser allgemeine Gleichheitssatz des Grundgesetzes durch Art. 3 Abs. 2 GG. Hiernach sind Männer und Frauen gleichberechtigt. Eine unterschiedliche rechtliche Behandlung zwischen Männern und Frauen ist also grundsätzlich verboten.
Ob demgegenüber eine Bevorzugung der Frauen durch sog. Quotensysteme zulässig ist, ist umstritten. Dies gilt etwa für die Regelung, daß Frauen bei gleicher Eignung, Befähigung und fachlicher Leistung bevorzugt zu befördern sind, soweit im jeweiligen Beförderungsamt kein Proporz besteht, sog. **typisierendes Quotensystem**. Die Frage der Zulässigkeit eines solchen Systems hat das Bundesarbeitsgericht dem Europäischen Gerichtshof unterbreitet (*BAG 22.06.1993, EzA Art. 3 GG Nr. 40*). Im Bereich des **öffentlichen Dienstes** gelten teilweise Sondervorschriften.

Weiterhin darf niemand wegen seines Geschlechts, seiner Abstammung, Rasse, Sprache, Heimat, Herkunft oder religiösen/politischen Anschauungen benachteiligt oder bevorzugt werden (Art. 3 Abs. 3 GG). Gleiches gilt für eine Behinderung.

2. Arbeitsrechtlicher Gleichbehandlungsgrundsatz

2985
Greift keine der speziellen Ausprägungen des Gleichbehandlungsgrundsatzes ein, ist der **allgemeine arbeitsrechtliche Gleichbehandlungsgrundsatz** von Bedeutung. Dieser gebietet es dem Arbeitgeber, die Arbeitnehmer seines Betriebs gleich zu behandeln und verbietet demnach eine willkürliche Ungleichbehandlung von einzelnen Arbeitnehmern oder Arbeitnehmergruppen. Inhaltlich ist also primär ein **Benachteiligungsverbot** angesprochen.

a) Voraussetzungen der Anwendung des Gleichbehandlungsgrundsatzes

2986
Wird ein Anspruch auf Gleichbehandlung geltend gemacht, so setzt dies zunächst das Vorliegen einer **Rechtsbeziehung zwischen Arbeitgeber und Arbeitnehmer** voraus. Dies ist in der Regel der Arbeitsvertrag. Ausreichend ist, daß rechtliche Beziehungen nachwirken.

 Beispiel:
Ruhestandsverhältnisse, wenn dem Arbeitnehmer eine Betriebsrente zugesagt ist; nachvertragliches Wettbewerbsverbot (s. Rz. 3030).

Der arbeitsrechtliche Gleichbehandlungsgrundsatz gilt also nicht für Einstellung oder Wiedereinstellung, sondern ist auf den **Bestand und die eventuellen Nachwirkungen des Arbeitsverhältnisses** beschränkt.

 Beispiel:
Der wegen Auftragsmangels entlassene Arbeitnehmer A kann nicht nach Änderung der wirtschaftlichen Verhältnisse verlangen, daß er wieder eingestellt wird. Selbstverständlich kann jedoch von den Parteien eine entsprechende Vereinbarung getroffen werden. Auch kraft nachvertraglicher Fürsorgepflicht kann u.U. eine Wiedereinstellungsverpflichtung bestehen (s. Rz. 4706 ff. und Rz. 2970).

2987
Weitere Voraussetzung des Gleichbehandlungsgrundsatzes ist, daß die **betroffenen Arbeitnehmer vergleichbar** sind. Hier müssen also **Gruppen von Arbeitnehmern** gebildet werden. Die Lage der betroffenen Arbeitnehmer muß also im wesentlichen übereinstimmen. Die **Gruppenbildung** ist dabei nach bestimmten gemeinsamen Merkmalen (Tätigkeit, Alter, Betriebszugehörigkeit etc.) vorzu-

nehmen. Ist auf diesem Wege eine Gruppe gebildet, so wird der Gleichbehandlungsgrundsatz verletzt, wenn der einzelne Arbeitnehmer ohne sachliche, sinnvolle, willkürfreie und jedermann einleuchtende Gründe anders als die übrigen Gruppenmitglieder behandelt wird. In einer **vergleichbaren Lage** befinden sich grundsätzlich alle Arbeitnehmer desselben Betriebes. Ob auch ein **Unternehmensbezug** vorzunehmen ist, erscheint zweifelhaft.

Insbesondere den **Tarifvertragsparteien** kommt bei der Gruppenbildung ein **weiter Gestaltungsspielraum** zu. Hier reicht es schon aus, wenn für die unterschiedliche Behandlung vernünftige, sich aus der Natur der Sache ergebende Gründe sprechen.

Folgende Differenzierungen sind beispielsweise nach der Rechtsprechung bei **Vorliegen eines sachlichen Grundes** erlaubt:

- Unterscheidung zwischen leitenden Angestellten und sonstigen Mitarbeitern,
- Ausschluß der leitenden Angestellten von einer Sozialplanabfindung für Arbeitnehmer,
- stärkere Bindung an den Betrieb durch höhere Gratifikation für bestimmte Arbeitnehmergruppen, wenn deren Weggang zu besonderen betrieblichen Belastungen führt.

•

In einem von 2 verschiedenen Unternehmen gemeinsam geführten Betrieb können die Arbeitnehmer des einen Unternehmens nicht Gleichbehandlung mit den Arbeitnehmern des anderen Unternehmens verlangen. Der Gleichbehandlungsgrundsatz ist also auf einen Arbeitgeber bezogen *(BAG 19.11.1992, EzA § 242 BGB Gleichbehandlung Nr. 54)*.

Hat der Arbeitgeber über Jahre hinweg ohne sachlichen Grund zwischen Arbeitern und Angestellten differenziert, so kann ein übergangener Arbeiter erstmals auch in dem Jahr Gleichbehandlung verlangen, in dem der Arbeitgeber keine Angestellten mehr beschäftigt *(BAG, a.a.O.)*.

2988
Weiterhin ist es Voraussetzung für die Anwendung des Gleichbehandlungsgrundsatzes, daß ein **kollektiver Bezug** auf seiten der begünstigten Mitarbeiter gegeben ist. Es müssen sich also auf deren Seite **Gruppen von Mitarbeitern** bilden lassen, für die eine Regelung seitens des Arbeitgebers besteht.

Beispiel:
Arbeitgeber A verspricht bei Begründung des Arbeitsverhältnisses, dem Arbeitnehmer B 10 % mehr als vergleichbaren Arbeitnehmern zu zahlen. Anderenfalls wäre B nicht bereit gewesen, für A zu arbeiten.
Hierin liegt kein Verstoß gegen den arbeitsrechtlichen Gleichbehandlungsgrundsatz.

Etwas anderes ist anzunehmen, wenn der Arbeitgeber bei **allgemeinen Lohnerhöhungen** einzelne Arbeitnehmer hiervon willkürlich ausnimmt. Dies gilt auch, wenn einzelne Arbeitnehmer **ohne erkennbaren vernünftigen Grund** schlechter bezahlt werden als die Mitarbeiter, die die betriebsübliche Entlohnung erhalten.

2989
Selbstverständlich ist auch bei Zulagen der Gleichbehandlungsgrundsatz zu beachten, wenn diese nach objektiven Kriterien vergeben werden (Beispiel: *Familienstand, Betriebszugehörigkeit, Tätigkeitsbereich*). Es ist also darauf hinzuweisen, daß der arbeitsrechtliche Gleichbehandlungsgrundsatz nicht eingreift, wenn nur **ein individueller Tatbestand** vorliegt. Beschäftigt der Arbeitgeber also nur zwei Arbeitnehmer, und zahlt er nur einem eine Weihnachtsgratifikation, kann der andere die Zahlung nicht aus Gründen der Gleichbehandlung verlangen, da keine allgemein begünstigende Regelung im Betrieb vorliegt.

Der Gleichbehandlungsgrundsatz ist in seiner Reichweite aber nicht auf Entgeltfragen beschränkt. Vielmehr findet er auch bei **sonstigen Arbeitsbedingungen** Anwendung. Hierher gehören etwa:

- Torkontrollen
- Rauchverbote
- Pausenregelungen
- Urlaubsgewährung etc.

Auch beim **Weisungsrecht** des Arbeitgebers ist der Gleichbehandlungsgrundsatz zu beachten. Einseitige Maßnahmen müssen also der **Billigkeit** entsprechen.

Beispiel:
Der Arbeitgeber führt Torkontrollen durch. Ausländische Arbeitnehmer werden regelmäßig dreimal häufiger als deutsche kontrolliert. Der Arbeitgeber nimmt an, bei diesen sei ein erhöhter Diebstahlsverdacht gegeben.

Betriebswirtschaftlich vernünftige Differenzierungen sind hingegen möglich.

Auch beim Verlangen nach **vorzeitiger Vorlage einer Arbeitsunfähigkeitsbescheinigung** sind nach dem jetzt geltenden EFZG Gleichbehandlungsfragen angesprochen (Rz. 2757).

b) Rechtsfolgen des Verstoßes gegen den arbeitsrechtlichen Gleichbehandlungsgrundsatz

2990
Verstößt eine Weisung des Arbeitgebers gegen den Gleichbehandlungsgrundsatz, so ist sie unwirksam. Der Arbeitnehmer braucht sie also nicht zu befolgen. Soweit es um finanzielle Leistungen geht, sind dem Teilzeitbeschäftigten die

entsprechenden Beträge nachzugewähren. Allerdings wird stets zu prüfen sein, ob eine Ausschlußfrist eingreift. Auch können dem Arbeitnehmer **im Einzelfall Schadensersatzansprüche** erwachsen (s. Rz. 2972)

III. Weiterführende Literaturhinweise

2991

Die Literatur zu den Themen Gleichbehandlung und Schutzpflichten des Arbeitgebers ist unübersehbar. Hier daher nur einige exemplarische Hinweise aus der neueren Literatur:

Bengelsdorf, Freizeitausgleich für teilzeitbeschäftigte Betriebsratsmitglieder, NZA 1989, 905
Holland, Teilzeitarbeit, 3. Aufl. 1992
Hunold, Gleichbehandlung im Betrieb, DB 1991, 1670
Künzl/Bengelsdorf, Der allgemeine Weiterbeschäftigungsanspruch, BB 1989, 1261
Stechl, Teilzeit- und Aushilfskräfte, 1990
Schaub, Arbeitsrechtshandbuch, 7. Aufl. 1992, §§ 108 ff.
Schüren, Der Anspruch Teilzeitbeschäftigter auf Überstundenzulage, RdA 1990, 18
Thieme, Die Praxis des Weiterbeschäftigungsanspruchs, NZA 1986 Beil. 3, S. 20
Lipke, Individualrechtliche Probleme der Teilzeitarbeit, ArbuR 1991, 76
Widmaier, Der Gleichbehandlungsgrundsatz in der jüngeren Rechtsprechung des BAG, ZTR 1990, 359

15. Kapitel: Wettbewerbsverbote

I.	Wettbewerbsverbot im bestehenden Arbeitsverhältnis	3000
	1. Umfang des Wettbewerbsverbotes	3001
	a) Zeitliche Reichweite des Wettbewerbsverbotes	3002
	b) Sachlicher Umfang des Wettbewerbsverbotes	3003
	c) Art der Wettbewerbstätigkeit und Rechtsform	3004
	d) Vorbereitungshandlungen	3005
	e) Erweitertes Wettbewerbsverbot	3006
	2. Berechtigtes geschäftliches Interesse	3007
	3. Einwilligung	3008
	4. Rechtsfolgen bei Verletzung des Wettbewerbsverbotes	3010
	a) Verpflichtung des Arbeitnehmers zu Auskunft und Rechnungslegung	3010
	b) Unterlassungsanspruch	3011
	c) Kündigung	3012
	d) Eintrittsrecht	3013
	e) Schadensersatz	3014
	f) Vertragsstrafe	3015
	g) Widerruf einer Versorgungszusage	3016
	h) Verjährung	3017
	5. Arbeitshilfen für die betriebliche Praxis	3018
	a) Wettbewerbsklauseln mit Vertragsstrafeversprechen	3018
	b) Auskunftsbegehren	3019
	c) Rechnungslegungsanspruch	3020
	d) Abmahnung	3021
II.	Wettbewerbsverbote nach Beendigung des Arbeitsverhältnisses	3030
	1. Nachvertragliches Wettbewerbsverbot - Warum?	3031
	2. Abgrenzung der nachvertraglichen Wettbewerbsabrede zu Geheimhaltungspflichten	3032
	3. Gesetzliche Regelung über Wettbewerbsabreden	3035
	a) Kaufmännische und technische Angestellte	3036
	b) Wettbewerbsabreden mit sozial Schwachen	3037
	c) Wettbewerbsabreden mit Minderjährigen	3038
	d) Wettbewerbsverbot im Berufsausbildungsverhältnis	3039
	e) Versprechen auf Ehrenwort, Verpflichtung durch Dritte	3040
	f) Wettbewerbsverbote mit freien Mitarbeitern und Organpersonen	3041
	g) Mandantenschutzklausel	3042
	4. Nachvertragliche Wettbewerbsverbote in Tarifverträgen und Betriebsvereinbarungen	3043
	5. Abschlußzeitpunkt der Wettbewerbsvereinbarung	3044
	a) Wettbewerbsverbot und Probearbeitsvertrag	3045
	b) Vorvertrag und Wettbewerbsverbot	3046
	c) Wettbewerbsverbot und Nichtantritt der Dienste	3047

III.	Vereinbarung des nachvertraglichen Wettbewerbsverbotes	3048
	1. Formelle Voraussetzungen	3049
	a) Schriftform	3049
	b) Aushändigung der Urkunde	3050
	2. Inhaltliche Voraussetzungen der Wettbewerbsabrede	3051
	a) Verpflichtung zur Entschädigungszahlung	3052
	b) Höhe der Entschädigung	3057
	c) Berechtigtes geschäftliches Interesse	3063
	d) Unbillige Erschwerung des Fortkommens	3064
	e) Zeitliche Begrenzung des Wettbewerbsverbotes	3065
	f) Räumliche Begrenzung des Wettbewerbsverbotes	3066
IV.	Rechtsmängel der Wettbewerbsabrede	3067
V.	Anspruch auf die Karenzentschädigung	3069
	1. Anrechnung anderweitigen Erwerbs	3070
	2. Steuerliche Behandlung der Karenzentschädigung	3074
	3. Sozialversicherungsrechtliche Behandlung der Karenzentschädigung	3075
	4. Pfändungsschutz	3076
VI.	Aufhebung und Änderung des Wettbewerbsverbotes	3077
	1. Einvernehmliche Aufhebung oder Änderung	3077
	2. Verzicht durch den Arbeitgeber	3078
	3. Wegfall des Wettbewerbsverbots nach Kündigung	3079
VII.	Rechtsfolgen der Verletzung des Wettbewerbsverbotes	3082
	1. Unterlassungsklage	3083
	2. Wegfall der Entschädigungspflicht	3084
	3. Auskunftsanspruch	3085
	4. Vertragsstrafen	3086
VIII.	Wettbewerbsverbot in besonderen Fallkonstellationen	3087
	1. Wettbewerbsabrede und Eintritt in den Ruhestand	3087
	2. Wettbewerbsverbot und Konkurs des Arbeitgebers	3089
	3. Wettbewerbsverbote und Betriebsübergang	3090
	4. Wettbewerbsverbot und Aufhebungsvertrag	3090a
IX.	Wettbewerbsabrede und Erstattungspflichten des Arbeitgebers	3091
X.	Arbeitshilfen für die betriebliche Praxis	3092
XI.	Weiterführende Literaturhinweise	3097

Wettbewerbsverbote

I. Wettbewerbsverbote im bestehenden Arbeitsverhältnis

3000

Während des Bestehens eines Arbeitsverhältnisses darf der Handlungsgehilfe (kaufmännische Angestellte) ohne Einwilligung des Arbeitgebers weder ein Handelsgewerbe betreiben, noch in dem Handelszweig des Prinzipals für eigene oder fremde Rechnung Geschäfte machen (§ 60 HGB). Hieraus kann nicht abgeleitet werden, daß für andere Arbeitnehmergruppen Konkurrenztätigkeit uneingeschränkt erlaubt ist. Vielmehr wird die oben zitierte Vorschrift als **Ausprägung eines allgemeinen Rechtsgedankens** gesehen, der auch für handwerklich, gewerblich oder technisch tätige Arbeitnehmer Anwendung findet. Es gilt also der allgemeine Grundsatz:

Während der Dauer des Arbeitsverhältnisses darf der Arbeitnehmer dem Arbeitgeber in dessen Geschäftszweig keine Konkurrenz machen!

1. Umfang des Wettbewerbsverbotes

3001

Nicht immer leicht zu bestimmen ist der Umfang eines Wettbewerbsverbotes. Die Frage, wann eine unerlaubte Konkurrenztätigkeit vorliegt, ist von mehreren Faktoren abhängig, die jeweils einer sorgfältigen Prüfung bedürfen. Hierbei sind zeitliche, örtliche und sachliche Komponenten zu berücksichtigen.

a) Zeitliche Reichweite des Wettbewerbsverbotes

3002

In **zeitlicher Hinsicht** gilt das Wettbewerbsverbot während des **rechtlichen Bestandes** des Arbeitsverhältnisses. Es kommt also nicht darauf an, ob der Arbeitnehmer tatsächlich beschäftigt ist.

Beispiel:
Arbeitnehmer A stellt unter Außerachtlassung sämtlicher Kündigungsfristen seine Tätigkeit schlichtweg ein und eröffnet ein Konkurrenzunternehmen.
Hier gilt das Verbot unerlaubter Konkurrenztätigkeit weiter bis zum Wirksamwerden einer eventuellen Kündigung.

Auch wenn der Arbeitnehmer vertragswidrig seine Tätigkeit nicht antritt, bleibt er an das Wettbewerbsverbot gebunden. **Suspendierung** oder **Beurlaubung** berühren das Wettbewerbsverbot gleichfalls nicht, es sei denn, der Arbeitgeber bringt zum Ausdruck, der Arbeitnehmer dürfe seine Arbeitskraft anderweitig verwerten.

Arbeitsrecht

 Nach einer Kündigung bleibt der Arbeitnehmer für den Lauf der Kündigungsfrist an das Wettbewerbsverbot gebunden!

Besonders mißlich ist die Lage für den Arbeitnehmer nach einer **außerordentlichen Kündigung,** wenn deren Wirksamkeit streitig ist. Einerseits ist er bei Unwirksamkeit der Kündigung an das Wettbewerbsverbot gebunden, andererseits muß er jedoch seine Arbeitskraft anderweitig verwerten, um seinen Lebensunterhalt zu sichern. Hier hat das **Bundesarbeitsgericht** *(20.04.1991, EzA § 626 BGB Nr. 140)* folgendes entschieden:

 Ein Arbeitnehmer ist an das für die Dauer des rechtlichen Bestandes des Arbeitsverhältnisses bestehende Wettbewerbsverbot auch dann noch gebunden, wenn der Arbeitgeber eine außerordentliche Kündigung ausspricht, deren Wirksamkeit der Arbeitnehmer bestreitet.

Wettbewerbshandlungen, die der Arbeitnehmer im Anschluß an eine unwirksame außerordentliche Kündigung des Arbeitgebers begeht, können einen wichtigen Grund für eine **weitere außerordentliche Kündigung** bilden, wenn dem Arbeitnehmer unter Berücksichtigung der besonderen Umstände des konkreten Falles ein Verschulden anzulasten ist.

 Das Wettbewerbsverbot gilt auch im Freistellungs- sowie im Weiterbeschäftigungszeitraum *(BAG 30.05.1978, AP Nr. 9 zu § 60 HGB).*

b) Sachlicher Umfang des Wettbewerbsverbotes

3003
Auch im bestehenden Arbeitsverhältnis ist dem Arbeitnehmer nicht jede, sondern nur eine im **selben Geschäftszweig liegende Tätigkeit** untersagt. **Nebentätigkeiten** sind also nicht schlechthin verboten, sondern nur dann, wenn sie dem Arbeitgeber schädlich werden können. Verboten ist die Tätigkeit nur, wenn der **Arbeitnehmer als Wettbewerber** auftritt. Geschäfte, die er mit dem Arbeitgeber als Anbieter oder Abnehmer abschließt, werden nicht erfaßt.

Für die Frage der unerlaubten Konkurrenztätigkeit ist es unerheblich, ob

- der Arbeitnehmer besondere Fachkenntnisse einbringt
- der Arbeitgeber durch die Konkurrenztätigkeit spürbare wirtschaftliche Nachteile erleidet
- der Arbeitgeber das Konkurrenzgeschäft selbst gemacht hätte.

 Maßgeblich für die Beurteilung der Frage nach der Zulässigkeit des Wettbewerbs ist die **Art der vom Arbeitnehmer ausgeübten Tätigkeit.** Eine zunächst erlaubte Tätigkeit kann also **im nachhinein unzulässig** werden, wenn der Arbeitgeber seinen Geschäftsbetrieb verlagert. Gleiches gilt selbstverständlich auch umgekehrt. Bei Änderungen des Aufgabengebietes ist also von Seiten des Arbeitnehmers, aber von Seiten des Arbeitgebers besondere Vorsicht geboten.

c) Art der Wettbewerbstätigkeit und Rechtsform

3004

Für die Beurteilung der Frage nach dem Vorliegen einer unzulässigen Wettbewerbstätigkeit ist es unerheblich, in welcher **Rechtsform** der Arbeitnehmer auftritt. Es kommt also nicht darauf an, ob er eine **selbständige Wettbewerbstätigkeit** entfaltet oder bei einem Konkurrenzbetrieb seines Arbeitgebers tätig wird. Auch eine Tätigkeit als **freier Mitarbeiter** genügt. Schaltet der Arbeitnehmer einen von ihm abhängigen und mit ihm verbundenen **Strohmann** ein, liegt gleichwohl eine unzulässige Wettbewerbshandlung vor. Gleiches gilt, wenn der Arbeitnehmer den Dritten mit Informationen aus dem Unternehmen seines Arbeitgebers versorgt. Hat der Arbeitnehmer jedoch auf die Tätigkeit des Dritten keinen Einfluß (Beispiel: Ehefrau betreibt Konkurrenzunternehmen), kommen Ansprüche des Arbeitgebers nicht in Betracht.

d) Vorbereitungshandlungen

3005

Nicht gegen das Wettbewerbsverbot verstoßen grundsätzlich **Vorbereitungshandlungen**. Ansonsten würde der Arbeitnehmer nach dem Ende des Arbeitsverhältnisses völlig unvorbereitet dastehen und zwangsläufig der staatlichen Daseinsvorsorge zur Last fallen. **Typische Fälle** sind etwa die Suche nach Mitarbeitern, die Gründung einer Gesellschaft, die Anmietung von Geschäftsräumen, Vorstellungsgespräche bei Konkurrenzunternehmen, der Kauf von Maschinen, die Beantragung etwaiger Erlaubnisse sowie der Abschluß eines Arbeitsvertrages mit einem Konkurrenzunternehmen. Entscheidender Gesichtspunkt bei der Abgrenzung von erlaubter Vorbereitungshandlung und unerlaubter Konkurrenztätigkeit ist bei der Gründung eines eigenen Unternehmens, **ob die Tätigkeit schon nach außen gerichtet** ist (unzulässig also sogenanntes "Vorfühlen" und "gut Wetter machen").
Nicht eindeutig ist, in welchem Umfang der Arbeitnehmer berechtigt ist, **andere Arbeitnehmer** seines bisherigen Arbeitgebers **abzuwerben**. Hier wird man davon ausgehen müssen, daß die bloße Frage nach einem Arbeitsplatzwechsel nicht gegen das Wettbewerbsverbot verstößt. Zulässig ist jedenfalls die **Mitteilung des Sich-Selbständig-Machens**. Insgesamt kann die Rechtsprechung nur als uneinheitlich bezeichnet werden.

e) Erweitertes Wettbewerbsverbot

3006

Selbstverständlich können Arbeitgeber und Arbeitnehmer im Arbeitsvertrag oder in einer Zusatzvereinbarung die Reichweite des Wettbewerbsverbotes klarstellen oder auch erweitern. Eine **gesonderte Vergütung** muß der Arbeitgeber für eine solche Präzisierung oder Erweiterung im bestehenden Arbeitsverhältnis

Arbeitsrecht

nicht zahlen (zum Wettbewerbsverbot nach Beendigung des Arbeitsverhältnisses Rz. 3030). Allerdings muß ein **berechtigtes Interesse** des Arbeitgebers bestehen (Rz. 3063). Der Arbeitnehmer darf also nicht grundlos in seiner Tätigkeit beeinträchtigt werden. Unzulässig ist also etwa ein generelles Nebentätigkeitsverbot. Ob ein berechtigtes Interesse des Arbeitgebers besteht, ist **gerichtlich nachprüfbar** (Rz. 3007).

2. Berechtigtes geschäftliches Interesse

3007
Eine Wettbewerbstätigkeit ist dem Arbeitnehmer nur untersagt, wenn der Arbeitgeber ein **berechtigtes geschäftliches Interesse** hieran hat. Die schützenswerten Interessen des Arbeitgebers müssen also die Wettbewerbsenthaltung des Arbeitnehmers rechtfertigen. Dies ist zumindest dann der Fall, wenn dem Arbeitgeber durch die Art der Tätigkeit eine Gefahr droht.
Ist der Arbeitnehmer A in einem **anderen Wirtschaftszweig** tätig, besteht regelmäßig kein berechtigtes Interesse des Arbeitgebers an einer Wettbewerbsenthaltung. Gleiches kann auch bei Tätigkeiten im **selben Wirtschaftszweig** gelten.

Beispiel:
Eine Putzfrau ist etwa nicht gehindert, zugleich für ein Konkurrenzunternehmen zu putzen.

Wird der Arbeitnehmer nicht durch die Art der Tätigkeit sondern durch deren **Umfang** beeinträchtigt, geht es in Wirklichkeit nicht um Konkurrenzfragen. Vielmehr hat sich der Arbeitnehmer grundsätzlich so zu verhalten, daß er seine arbeitsvertraglichen Pflichten erfüllen kann. Vereitelt er dies durch übermäßige Nebentätigkeiten, kann der Arbeitgeber nach einer Abmahnung kündigen! Auch kann er u.U. im Krankheitsfall die Entgeltfortzahlung verweigern (s. Rz. 2758).

3. Einwilligung

3008
Der Arbeitgeber kann natürlich auf den ihm durch das Wettbewerbsverbot eingeräumten Schutz verzichten, indem er dem Arbeitnehmer bestimmte oder alle **Konkurrenztätigkeiten gestattet.** Die Einwilligung kann also **sachlich beschränkt** werden.

Beispiel:
Der selbständige Handwerksmeister gestattet seinem Gesellen, bestimmte Kleinaufträge auf eigene Rechnung zu erledigen.

Wettbewerbsverbote

Rechtstechnisch handelt es sich bei der **Zustimmung** um eine **Willenserklärung**, die entsprechend den allgemeinen Regeln der §§ 119 ff. BGB angefochten werden kann.
Ob dem Arbeitnehmer die Zustimmung zur Konkurrenztätigkeit vorher (dann: Einwilligung) oder nachher (dann: Genehmigung) erteilt wird, ist unerheblich. In der betrieblichen Praxis bedeutsam ist die Frage, wann von einer **stillschweigenden Einwilligung** auszugehen ist. Dies wird man annehmen können, wenn dem Arbeitgeber die Konkurrenztätigkeit schon **bei Beginn des Arbeitsverhältnisses** bekannt ist (siehe auch § 60 Abs. 2 HGB, der diesen Rechtsgedanken enthält). Diese Vermutung soll allerdings nicht für die Alternative "Geschäftemachen" gelten.
Erlangt der Arbeitgeber hingegen erst **während des Beschäftigungsverhältnisses** von der Konkurrenztätigkeit Kenntnis, muß er nicht sofort reagieren. Allerdings ist es ihm, will er sich seine Rechte wahren, zu empfehlen, nach einer angemessenen Überlegungszeit tätig zu werden. Ansonsten läuft er Gefahr, daß von einer stillschweigenden Genehmigung ausgegangen wird.

Beispiel:
Arbeitgeber A erfährt von der Konkurrenztätigkeit seines Arbeitnehmers B, gleichwohl reagiert er nicht. B geht daraufhin davon aus, daß A keine Einwendungen habe. Mehrere Monate später bittet B den A um eine Gehaltserhöhung. A antwortet, B habe zu dem ursprünglichen Gehalt weiterzuarbeiten, ansonsten werde er ihn wegen unerlaubter Konkurrenztätigkeit entlassen.
*Konnte B hier aufgrund der Umstände das Schweigen des A auf die Wettbewerbstätigkeit als Einwilligung betrachten, so scheidet eine **Kündigung wegen Konkurrenztätigkeit** aus. Maßgeblich ist dabei der sog. objektive Empfängerhorizont, nicht aber die bloß subjektiven Vorstellungen des B.*

Erteilt der Arbeitgeber eine Einwilligung/Genehmigung, so hängt der **Umfang der Bindungswirkung** von den Umständen des Einzelfalles ab.

3009
Ist die **Einwilligung** nur unter **Widerrufsvorbehalt** erteilt, genießt der Arbeitnehmer keinen Vertrauensschutz. Allerdings kann der Arbeitgeber diese nicht ohne jeden Grund widerrufen. Vielmehr muß der Widerruf "billigem Ermessen" entsprechen.

Beispiel:
Arbeitgeber A hat dem Arbeitnehmer B die Genehmigung zur Konkurrenztätigkeit erteilt. Mehrere Monate später gerät das Unternehmen des A in eine wirtschaftliche Krise - nicht zuletzt wegen der Konkurrenztätigkeit des B. Es droht die Gefahr des Verlustes mehrerer Arbeitsplätze.
Hier ist ein Widerruf der Einwilligung zur Konkurrenztätigkeit jedenfalls zulässig, da keine sachfremden Gründe vorliegen. Anders ist der Fall zu beurteilen, wenn der Arbeit-

nehmer in den Betriebsrat gewählt worden ist und der Arbeitgeber daraufhin die Genehmigung widerruft (unzulässige Maßregelung, § 612 a BGB).

Schon angesichts der schwankenden Konjunktur kann es nur empfohlen werden, **Einwilligungen zur Konkurrenztätigkeit nur unter Widerrufsvorbehalt** zu erteilen.

Für Umfang und Grenzen der Einwilligung ist der Arbeitnehmer entsprechend dem Regel-Ausnahme-Prinzip des § 60 HGB darlegungs- und beweispflichtig.

4. Rechtsfolgen bei Verletzung des Wettbewerbsverbotes

a) Verpflichtung des Arbeitnehmers zu Auskunft und Rechnungslegung

3010

Ein verständliches Streben des Arbeitnehmers besteht darin, dem Arbeitgeber die Wettbewerbstätigkeit zu verheimlichen. Schöpft dieser gleichwohl Verdacht, hat er häufig Probleme, festzustellen, ob überhaupt und in welchem Umfang ihm Ansprüche zustehen. Um dem Arbeitgeber in dieser mißlichen Situation zu helfen, billigt ihm die Rechtsprechung einen **Auskunftsanspruch** zu, wenn der Arbeitnehmer erheblichen Anlaß zu der Vermutung gegeben hat, eine unerlaubte **Konkurrenztätikeit** zu entfalten. Diese muß also **wahrscheinlich** sein.

Fazit: Kein Anspruch auf Auskunft ins Blaue hinein!

Beispiel:
Der Arbeitgeber erfährt von einem Kunden, daß der Arbeitnehmer versucht hat, mit diesem ins Geschäft zu kommen.

Steht der Wettbewerbsverstoß fest, hat der Arbeitgeber einen Anspruch auf Auskunft und Rechnungslegung hinsichtlich Art und Umfang der getätigten Geschäfte. Ansonsten wäre der Arbeitnehmer hinsichtlich der weiteren Vorgehensweise auf bloße Mutmaßungen angewiesen.

Hat sich der Verdacht des Wettbewerbsverstoßes bestätigt, stehen dem Arbeitgeber folgende **Möglichkeiten** offen (s. auch § 61 Abs. 1 HGB):

- **Unterlassungsanspruch,**
- **Kündigung** (Vorsicht: Abmahnungserfordernis beachten; d.h. regelmäßig keine Kündigung wegen Wettberbstätigkeit ohne vorhergehende einschlägige Abmahung!)),
- **Eintrittsrecht,**
- **Schadensersatz,**
- **Vertragsstrafe,**
- **Widerruf einer Versorgungszusage** (nur im Ausnahmefall!).

Wettbewerbsverbote

b) Unterlassungsanspruch

3011

Bei unerlaubter Konkurrenztätigkeit steht dem Arbeitgeber zunächst ein **Anspruch auf Unterlassung** zu. Drohen weitere Wettbewerbshandlungen, kann dieser Unterlassungsanspruch bereits im Vorfeld geltend gemacht werden. Auch kann eine einstweilige Verfügung auf Unterlassung erwirkt werden. Hierbei reicht es aus, wenn der Arbeitgeber das Bestehen des Anspruchs und seine Verletzung glaubhaft macht. Er braucht also nicht den **vollen Beweis der Wettbewerbsverletzung** zu führen. **Eidesstattliche Versicherungen** genügen dabei (§ 294 ZPO).

c) Kündigung

3012

Dem ohne Zustimmung Wettbewerb betreibenden Arbeitnehmer drohen Konsequenzen für den Bestand seines Arbeitsverhältnisses. Er muß mit einer **ordentlichen** oder ggf. gar **außerordentlichen Kündigung** rechnen (s. Rz. 4411, 4512).

Immer zu empfehlen ist aber eine vorherige **Abmahnung** der arbeitsvertragswidrigen Konkurrenztätigkeit, da häufig Unklarheiten bestehen! Nur in ganz eklatanten Fällen wird direkt gekündigt werden können!

Nach Wirksamwerden der Kündigung ist der Arbeitnehmer aber in der Verwertung seiner Arbeitskraft frei. Er kann dem Arbeitgeber also Konkurrenz machen, wenn nicht ein nachvertragliches Wettbewerbsverbot eingreift (s. Rz. 3030). Hier muß also im Vorfeld genau abgewogen werden, was "das kleinere Übel" ist.

d) Eintrittsrecht

3013

Anstelle eines Schadensersatzanspruchs (s. Rz. 3014) kann der Arbeitgeber ein **Eintrittsrecht** geltend machen. Er kann vom Arbeitnehmer verlangen, daß dieser die von ihm abgeschlossenen Geschäfte als für den Arbeitgeber eingegangen akzeptiert. Der Vorteil dieser Möglichkeit liegt darin, daß kein Schadensnachweis geführt werden muß.

Der Arbeitgeber wird natürlich nicht anstelle des Arbeitnehmers Vertragspartner desjenigen, mit dem das Geschäft gemacht wurde. Vielmehr wird nur der Gewinn abgeschöpft. Ist der Vertrag zwischen Arbeitnehmer und Drittem noch nicht abgewickelt, ist der Arbeitgeber berechtigt, die Abtretung der sich hieraus ergebenden Ansprüche zu verlangen.

Arbeitsrecht

Das Risiko der Ausübung des Eintrittsrechts liegt aber darin, daß häufig nicht feststeht, ob überhaupt und in welcher Höhe ein Gewinn entstanden ist. Unter Umständen geht der Arbeitgeber also leer aus!

Auch ein **nachträglicher Übergang zum Schadensersatzanspruch** ist ausgeschlossen. Der Arbeitgeber kann nur Schadensersatz verlangen **oder** von seinem Eintrittsrecht Gebrauch machen. **Die einmal getroffene Wahl ist verbindlich!**
Für das Eintrittsrecht gelten die §§ 666, 667, 670 BGB. Der Arbeitgeber muß also eventuelle **Auslagen** des Arbeitnehmers **ersetzen**.

Auch hier drohen vorher nicht kalkulierbare Risiken!

e) Schadensersatz

3014

Anstelle des Eintrittsrechts kann der Arbeitgeber auch **Schadensersatz** geltend machen. Er kann verlangen, so gestellt zu werden, wie er stünde, wenn der Arbeitnehmer die verbotene Tätigkeit nicht ausgeführt hätte. Hätte er das Geschäft dann selber machen können, steht ihm der entgangene Gewinn zu. Allerdings ist es häufig schwierig, dies darzulegen. Als weitere Schadenspositionen kommen Gehaltsaufwendungen in Betracht, wenn der Arbeitgeber andere Arbeitnehmer eingesetzt hat, um den Wettbewerbsverstoß aufzudecken. Hierher gehören auch **Detektivkosten**. Diese können sogar als **Prozeßkosten** geltend zu machen sein, wenn sie nämlich zur Vorbereitung eines konkreten Prozesses gedient haben (*LAG Hamm 28.08.1991, LAGE § 1 KSchG Verhaltensbedingte Kündigung Nr. 34*). Ansprüche gegen Dritte, also etwa gegen Geschäftspartner des Arbeitnehmers kommen nur unter engen Voraussetzungen in Betracht (§ 826 BGB, § 1 UWG).

f) Vertragsstrafe

3015

Um den Beweisschwierigkeiten bei unerlaubter Konkurrenztätigkeit zu entgehen, empfiehlt sich die Vereinbarung einer **Vertragsstrafenregelung** (s. Mustervereinbarung in Rz. 3093 und dort § 5 "Vertragsstrafe" sowie nachstehend Rz. 3021). Für jede unerlaubte Konkurrenztätigkeit hat der Arbeitnehmer dann die Vertragsstrafe zu zahlen. Diese stellt quasi den **Mindestschaden** dar und entlastet den Arbeitgeber von Darlegungs- und Beweisschwierigkeiten (s. Rz. 3014).

g) Widerruf einer Versorgungszusage

3016

Unter Umständen kann der Arbeitgeber auch zum **Widerruf einer Versorgungszusage** wegen unerlaubter Konkurrenztätigkeit des Arbeitnehmers berechtigt sein. Allerdings ist dies nach der Rechtsprechung an strenge Voraussetzungen geknüpft und kommt nur in Ausnahmefällen in Betracht. Die wird etwa anzunehmen sein, wenn die Konkurrenztätigkeit für den Arbeitgeber existenzgefährdend ist.

h) Verjährung

3017

Der Arbeitgeber ist gehalten, das Schadensersatzverlangen oder das Eintrittsrecht sehr schnell, nämlich innerhalb von **drei Monaten seit Kenntniserlangung**, geltend zu machen, sofern es sich um die unerlaubte Konkurrenztätigkeit eines Handlungsgehilfen handelt. Für den Beginn der Verjährung ist die positive Kenntnis des Arbeitgebers von der Konkurrenztätigkeit erforderlich, nicht aber der genaue Inhalt des Geschäfts. Ob die kurze, dreimonatige Verjährung auch für sonstige Arbeitnehmer gilt, ist zweifelhaft, aber zu bejahen.

Es empfiehlt sich aber, Ansprüche möglichst schnell geltend zu machen, um der Gefahr der Verjährung/Verwirkung entgegenzutreten! Beachten sie auch, daß eine gerichtliche Geltendmachung erforderlich ist.

Hinsichtlich des **Beginns der Verjährung** muß sich der Arbeitgeber die Kenntnis seiner gesetzlichen Vertreter zurechnen lassen. Ohne Rücksicht auf die Kenntnis gilt eine Verjährungsfrist von 5 Jahren. Auch **konkurrierende Ansprüche** aus positiver Forderungsverletzung, unerlaubter Handlung (§ 826 BGB) oder dem UWG verjähren in dieser kurzen Frist. Schließlich ist die kurze Verjährung auch für den Anspruch auf **Herausgabe des Erlöses** maßgeblich (s. zum Ganzen BAG 28.01.1986, EzA § 61 HGB Nr. 2).

Besonderheiten bestehen, wenn der Arbeitgeber Auskünfts- und Zahlungsansprüche im Wege der Stufenklage geltend macht. Hier beginnt die durch die Auskunftsklage unterbrochene Verjährungsfrist **erneut** nach Auskunftserteilung zu laufen; die Frist läuft also nicht weiter.

Daß die kurze Verjährungsfrist des § 61 Abs. 2 HGB nur für kaufmännische Angestellte, nicht aber für **sonstige Arbeitnehmergruppen** Anwendung finden soll (BAG 16.01.1975, EzA § 60 HGB Nr. 8), ist nicht überzeugend. Geht man richtigerweise davon aus, daß § 61 HGB letztlich eine Konkretisierung der allgemeinen Treuepflicht des Arbeitnehmers darstellt, spricht alles dafür, die kurze Verjährungsschrift ebenfalls zur Anwendung zu bringen.

Da nicht auszuschließen ist, daß diese Auffassung sich auch instanzgerichtlich durchsetzen wird, sollte **vorsichtshalber** auch bei sonstigen Arbeitnehmergruppen die kurze Verjährungsfrist beachtet werden.

5. Arbeitshilfen für die betriebliche Praxis

3018

Muster: Wettbewerbsklausel mit Vertragsstrafeversprechen

§ ... des Arbeitsvertrages: Wettbewerbsklausel

Herr/Frau ... verpflichtet sich, während des Bestandes des Arbeitsverhältnisses weder ein Arbeitsverhältnis mit einem mit der Firma in Wettbewerb stehenden Unternehmen zu begründen, noch ein solches Unternehmen zu errichten oder sich an ihm zu beteiligen. Als Konkurrenztätigkeit wird namentlich, aber nicht ausschließlich angesehen: ....

Herr/Frau ..... hat für jeden Fall der Zuwiderhandlung gegen das Wettbewerbsverbot eine Vertragsstrafe von ... DM zu zahlen. Im Falle eines dauerhaften Verstoßes gegen das Konkurrenzverbot (länger als einmonatige Konkurrenztätigkeit) gilt die Vertragsstrafe für jeden angefangenen Monat als neu verwirkt. Insgesamt ist sie aber in der Höhe auf ... DM beschränkt.

Muster: Verschwiegenheitsklausel

§ ... des Arbeitsvertrages: Verschwiegenheitsklausel

Herr/Frau ... verpflichtet sich, über alle vertraulichen Angelegenheiten und Vorkommnisse (Betriebs- und Geschäftsgeheimnisse), die ihm/ihr im Rahmen seiner/ihrer Tätigkeit bekannt werden, Verschwiegenheit zu bewahren. Dies gilt auch für die Zeit nach dem Ausscheiden aus dem Arbeitsverhältnis.
Es bietet sich an, diese Verschwiegenheitsklausel mit einem Vertragsstrafeversprechen zu kombinieren. Hier kann folgender Formulierung empfohlen werden:

Herr/Frau ..... verpflichtet sich, bei Verstößen gegen die Verschwiegenheitspflicht eine Vertragsstrafe von .... DM zu zahlen. Im Falle eines dauerhaften Verstoßes gilt die Vertragsstrafe für jeden angefangenen Monat als neu verwirkt. Entscheidend ist hierbei der Zeitraum eines Monats, nicht der Kalendermonat. Insgesamt ist die Vertragsstrafe in der Höhe auf ..... DM beschränkt. Die Geltendmachung eines weiteren Schadens ist nicht ausgeschlossen.

Wettbewerbsverbote

3019
Muster: Auskunftsbegehren

Sehr geehrte Frau/Sehr geehrter Herr ...

Wir haben von einem Kunden erfahren, daß Sie zumindest gelegentlich bei der Firma ... tätig sind. Es besteht daher erheblicher Anlaß zu der Vermutung, daß Sie eine unerlaubte Konkurrenztätigkeit ausüben. Wir fordern Sie auf, bis zum ... Auskunft über Art, Umfang und Dauer der von Ihnen ausgeübten Tätigkeit zu erteilen.

3020
Muster: Rechnungslegungsanspruch

Sehr geehrter Herr/Sehr geehrte Frau ...

Sie betreiben eine unerlaubte Konkurrenztätigkeit bei der Firma ... . Wir haben uns entschlossen, unseren Schadensersatzanspruch geltend zu machen. Wir fordern Sie daher auf, uns bis zum ... in prüffähiger Form darüber Rechnung zu legen, in welchem Umfang Sie unerlaubt tätig geworden sind und welche Umsätze und Gewinne hierbei erzielt wurden.

3021
Muster: Abmahnung

Sehr geehrte Frau .../Sehr geehrter Herr ...

Zu unserem Bedauern mußten wir feststellen, daß Sie zumindest seit dem ... stundenweise bei der Firma ... in ... als ... tätig sind. Hierin liegt eine unerlaubte Konkurrenztätigkeit, durch die unsere Interessen erheblich beeinträchtigt werden. Wir fordern Sie auf, diese Konkurrenztätigkeit unverzüglich einzustellen und Ihren Pflichten fortan nachzukommen. Ansonsten müssen Sie damit rechnen, daß das Arbeitsverhältnis von uns gekündigt werden wird.

Auch weisen wir darauf hin, daß wir bei Fortsetzung der Konkurrenztätigkeit Schadensersatzansprüche geltend oder von unserem Eintrittsrecht Gebrauch machen werden.

Eine Durchschrift dieses Schreibens werden wir zu Ihren Personalakten nehmen.

II. Wettbewerbsverbote nach Beendigung des Arbeitsverhältnisses

3030

> Checkliste zur nachvertraglichen Wettbewerbsvereinbarung:

- **Vorüberlegung**
  - Soll überhaupt eine Wettbewerbsvereinbarung getroffen werden, oder
  - genügt die entschädigungslose Pflicht zur Wahrung von Geschäfts- und Betriebsgeheimnissen?
- **Geltung der Schutzvorschriften der §§ 74 ff. HGB.**
  - Grundsätzliche Anwendung auf alle Arbeitnehmergruppen
  - Nicht: freie Mitarbeiter, Organmitglieder juristischer Personen
- **Keine Wettbewerbsabrede mit bestimmten, besonders schutzwürdigen Personengruppen**
  - Auszubildende
  - Minderbesoldete
  - Minderjährige
  - Übernahme der Verpflichtung durch Dritte
  - Versprechen auf Ehrenwort
- **Abschlußzeitpunkt der Wettbewerbsabrede**
  - Grundsätzlich bis zur rechtlichen Beendigung des Arbeitsverhältnisses
  - Nach Beendigung des Arbeitsverhältnisses nur Schutz durch § 138 BGB (Sittenwidrigkeit); keine Geltung der Schutzvorschriften der §§ 74 ff. HGB
- ➢ *Zu beachtende Sonderprobleme:*
  - Wettbewerbsabrede und Probearbeitsvertrag
  - Wettbewerbsabrede und Vorvertrag
  - Wettbewerbsabrede und Nichtantritt der Dienste
- **Formelle Voraussetzungen der Wettbewerbsabrede**
  - Einhaltung der Schriftform
  - Aushändigung der Urkunde an den Arbeitnehmer
- **Materielle Voraussetzungen der Wettbewerbsabrede**
  - Verpflichtung zur Entschädigungszahlung:
  - Verweisung auf gesetzliche Mindesthöhe des § 74

- Abs. 2 HGB möglich, nicht ausreichend generelle Inbezugnahme der Vorschriften des HGB
- Keine Vereinbarung einer Bedingung; diese führt zu Wahlrecht des Arbeitnehmers
- Höhe der Entschädigung: § 74 Abs. 2 HGB
- Entschädigungslose Wettbewerbsabrede kommt praktisch nicht vor
- Berechtigtes geschäftliches Interesse des Arbeitgebers
- Keine unbillige Erschwerung des Fortkommens des Arbeitnehmers
- Zeitliche Begrenzung der Wettbewerbsabrede: maximal zwei Jahre
- Räumliche Begrenzung: kein allgemein gültiger Maßstab, Umstände des Einzelfalles

- **Anspruch auf die Karenzentschädigung**
  - Höhe der Karenzentschädigung: s. § 74 Abs. 2 HGB
  - Anrechnung anderweitigen Erwerbs, § 74 c HGB
  - Vertraglicher Ausschluß der Anrechnung anderweitigen Erwerbs möglich
  - Anrechnungsgrenzen nach § 74 c HGB 110 % oder 125 % der zuletzt bezogenen Vergütung, wenn ein Wohnsitzwechsel notwendig ist
  - Anrechnungszeitraum: der Monat, in dem das anderweitige Einkommen erzielt wurde
  - Anrechenbares Einkommen: grundsätzlich jeder anderweitige Erwerb, nicht gesetzliche und betriebliche Altersrenten
  - Fiktive Anrechnung anderweitigen Erwerbs bei böswilligem Unterlassen
  - Fälligkeit der Karenzentschädigung, monatlich nachträglich
  - Verjährung: zweijährige Verjährungsfrist
  - Ausschlußfristen: durch Auslegung der Tarifnorm zu ermitteln, ob diese auch Karenzentschädigung erfaßt
  - Pfändungsschutz, s. § 850 Abs. 3 a ZPO
  - Steuerliche Behandlung: Karenzentschädigung ist lohnsteuerpflichtig, Tarifbegünstigung nach §§ 24, 34 EStG evtl. möglich (streitig)
  - Sozialversicherungsrechtliche Behandlung: Karenzentschädigung sozialversicherungsfrei wegen § 14 SGB IV

- **Mängel der Wettbewerbsabrede**
➤ *Nichtigkeit*
  o Nichteinhaltung der Formvorschriften des § 74 Abs. 1 HGB
  o Fehlen jeglicher Karenzentschädigungszusage
  o Rechtsfolge: Keine Partei kann Rechte aus der Abrede herleiten

➤ *Unverbindlichkeit*
  o Unzureichende Karenzentschädigung
  o Fehlen des berechtigten geschäftlichen Interesses
  o Erschwerung des beruflichen Fortkommens
  o Überschreitung des 2-Jahres-Zeitraums
  o Rechtsfolge:
    Arbeitnehmer hat ein Wahlrecht. Arbeitgeber kann Arbeitnehmer zur Vornahme der Wahl auffordern. Wird diese nicht ausgeübt, geht Wahlrecht über.

- **Einfluß einer Kündigung auf die Wettbewerbsabrede (4 Fallgruppen):**
  o **Ordentliche Kündigung durch den Arbeitnehmer:**
    Wettbewerbsabrede kommt vereinbarungsgemäß zur Geltung
  o **Außerordentliche Kündigung durch den Arbeitnehmer**
    Wahlrecht des Arbeitnehmers; Wettbewerbsabrede wird unwirksam, wenn der Gehilfe vor Ablauf eines Monats nach der Kündigung schriftlich erklärt, daß er sich an das Wettbewerbsverbot nicht gebunden erachte
  o **Ordentliche Kündigung durch den Arbeitgeber:**
    Erheblicher Anlaß in der Person des Arbeitnehmers
    Wenn ja, Wettbewerbsabrede kommt zur Geltung
    Wenn nein, Wahlrecht des Arbeitnehmers; aber Arbeitgeber kann Ausschluß des Wahlrechts bewirken, wenn er mit der Kündigung eine erhöhte Karenzentschädigung anbietet
  o **Außerordentliche Kündigung durch den Arbeitgeber:**
    Wahlrecht des Arbeitgebers entsprechend Wahlrecht des Arbeitnehmers; s. oben bei außerordentlicher Kündigung durch den Arbeitnehmer

Wettbewerbsverbote

1. Nachvertragliches Wettbewerbsverbot - Warum?

3031

Im Gegensatz zur Regelung während des bestehenden Arbeitsverhältnisses (Rz. 3000) gilt für die Zeit nach **Beendigung kein gesetzliches Wettbewerbsverbot**. Dies bedeutet für den Arbeitnehmer, daß er in der Verwertung seiner Arbeitskraft grundsätzlich frei ist und frei sein muß. Auch die **nachvertragliche Treuepflicht** ändert hieran nichts.

Unerheblich ist, in welcher **Form** (selbständige oder nichtselbständige Tätigkeit) der Arbeitnehmer Wettbewerb betreibt. Unerheblich ist auch, wie schwer der bisherige Arbeitgeber durch den Wettbewerb betroffen wird.

Schranken der Wettbewerbstätigkeit ergeben sich allenfalls noch aus dem Gesetz zur Bekämpfung des unlauteren Wettbewerbs und den allgemeinen Grenzen des bürgerlichen Rechts (vorsätzliche sittenwidrige Schädigung). Diese kommen jedoch nur sehr selten zum Tragen.

Gerade vor diesem Hintergrund ist es verständlich, daß viele Arbeitgeber versuchen, sich durch eine **Wettbewerbsvereinbarung** zu schützen. Verlockend hieran ist insbesondere, daß diese zunächst kostenlos ist, die übernommene Verpflichtung sich also erst in ungewisser Zeit aktualisiert. Hierin liegt jedoch auch die große Gefahr der Wettbewerbsabrede, werden doch die übernommenen Verpflichtungen in ihrem Umfang häufig nicht richtig eingeschätzt und zwingende gesetzliche Vorschriften mißachtet.

Beispiel:
Die Arbeitsvertragsparteien treffen eine Wettbewerbsabrede. Etliche Jahre später tritt der Arbeitnehmer in den Ruhestand ein und begehrt Zahlung der Karenzentschädigung. Der erstaunte Arbeitgeber meint, für den Fall des Ruhestandes sei die Wettbewerbsabrede nicht gedacht und lehnt jede Zahlung ab.
Zu Unrecht! Ist nichts besonderes vereinbart, gilt die Wettbewerbsabrede auch für den Fall, daß das Arbeitsverhältnis durch Eintritt in den Ruhestand endet (BAG 03.07.1990, EzA § 74 c HGB Nr. 29). Auch ist der Ruheständler nicht verpflichtet, seine Arbeitskraft anderweitig zu verwerten. Er kann sich auch damit begnügen, schlicht die Karenzentschädigung zu vereinnahmen.

Es ist also darauf zu achten, bereits im Vorfeld die richtigen Weichenstellungen vorzunehmen!

Vor der Vereinbarung eines Wettbewerbsverbots müssen Reichweite und wirtschaftliche Folgen genau geprüft werden. Auch sollte stets überlegt werden, ob nicht schon durch eine bloße **Geheimhaltungsklausel** die Interessen des Arbeitgebers hinreichend berücksichtigt werden können.

Arbeitsrecht

2. Abgrenzung der nachvertraglichen Wettbewerbsabrede zu Geheimhaltungspflichten

3032

Abzugrenzen ist die **entschädigungspflichtige Wettbewerbsabrede** von der **entschädigungslosen Geheimhaltungspflicht**, die den Arbeitnehmer ohnehin trifft. Diese hindert den Arbeitnehmer zwar nicht, seine beim bisherigen Arbeitgeber erworbenen Erfahrungen zu seinem eigenen Nutzen zu verwerten. Dem werden jedoch im Hinblick auf **Art und Umfang der Tätigkeit** gewisse Grenzen gezogen.

Beispiel:
Hat ein gegen Gehalt und Provision tätiger Angestellter ein Geschäft mit einem Kunden in langwierigen Verhandlungen so weit zum Abschluß gebracht, daß die endgültige Auftragserteilung nur noch eine Formsache ist, so ist es ihm verwehrt, nach seinem Ausscheiden im Auftrag eines Konkurrenten seines früheren Arbeitgebers den Kunden zu besuchen und das Geschäft für den neuen Arbeitgeber abzuschließen.

Aber Vorsicht: Dies gilt nicht für diejenigen Geschäfte, die der Angestellte **nur angebahnt** hat. Hier kann er sich nach dem Ausscheiden wieder einschalten und versuchen, den Auftrag zugunsten seines neuen Arbeitgebers hereinzuholen.

3033

Die **nachvertragliche Treuepflicht** kann den Arbeitnehmer insbesondere verpflichten, ein **Betriebsgeheimnis** zu wahren. Allerdings ist der Grad zwischen Geheimhaltung und Wettbewerbsabrede im Einzelfall sehr schmal. So hat das **Bundesarbeitsgericht** (15.12.1987, EzA § 611 BGB Betriebsgeheimnis Nr. 1) entschieden, daß aus der Verschwiegenheitspflicht des Verkäufers eines Weinbetriebes über die Kundenlisten noch nicht die Verpflichtung folgt, die Kunden des Arbeitgebers nicht zu umwerben. Wolle der Arbeitgeber eine solche gewerbliche Betätigung seines früheren Arbeitnehmers verhindern, müsse er ein Wettbewerbsverbot vereinbaren.

Schon dieses Beispiel zeigt: **Wer sichergehen will, muß eine Wettbewerbsabrede treffen.**

3034

Eine **Geheimhaltungsklausel** kann im übrigen auch **neben** einem **Wettbewerbsverbot** vereinbart werden. In diesem Fall umfaßt sie nur die allgemeinen Betriebsinterna. Wichtigster Vorteil der Geheimhaltungsklausel ist ihre Unentgeltlichkeit. Es braucht also keine Entschädigung zugesagt zu werden. Ein **Betriebsgeheimnis** liegt vor, wenn Tatsachen im Zusammenhang mit einem Geschäftsbetrieb, die nur einem eng begrenzten Personenkreis bekannt und nicht offenkundig sind, nach dem Willen des Arbeitgebers aufgrund eines **berechtigten wirtschaftlichen Interesses** geheimgehalten werden sollen. Geheimhal-

Wettbewerbsverbote

tungsklauseln erfassen sowohl **Betriebsgeheimnisse** (also den technischen Betriebsablauf) als auch **Geschäftsgeheimnisse** (also den Geschäftsverkehr des Unternehmens).

Welche **Vor- und Nachteile** Wettbewerbsabrede und Geheimhaltungspflicht haben, zeigt nachstehender Überblick:

	Wettbewerbsabrede	Geheimhaltungspflicht
Vorteil:	Umfassender Konkurrenzschutz	Entschädigungslos
Nachteil:	Zahlung der Karenzentschädigung	Nur Schutz der Betriebsgeheimnisse

Das Muster einer Geheimhaltungsklausel, die bei Bedarf mit einem Vertragsstrafeversprechen kombiniert werden kann, findet sich bei Rz. 3018.

3. Gesetzliche Regelung über Wettbewerbsabreden

3035

Die **gesetzliche Regelung über Wettbewerbsabreden** ist uneinheitlich und unvollständig. Für bestimmte Arbeitnehmergruppen besteht eine in sich geschlossene Regelung, für andere fehlt es hieran völlig.

a) Kaufmännische und technische Angestellte

3036

Für **kaufmännische Angestellte** gelten die §§ 74 ff. HGB und für **technische** § 133 f. GewO, der aber weit hinter dem durch die §§ 74 ff. HGB gewährten Schutz zurück bleibt. Heute steht es jedoch außer Streit, daß die umfassende Regelung der Wettbewerbsverbote im HGB auf alle Arbeitnehmergruppen angewandt wird! **Grundsätzlich sind also Wettbewerbsabreden mit Arbeitnehmern ungültig, wenn sie keine Karenzentschädigung vorsehen bzw. unverbindlich, wenn eine zu niedrige Karenzentschädigung vereinbart ist.**

Die Geltung der §§ 74 ff. HGB ist im übrigen davon unabhängig, ob der Arbeitnehmer im Einzelfall konkret schutzbedürftig ist.

Beispiel:
*Vereinbarung eines Wettbewerbsverbotes mit einem am Stammkapital einer GmbH beteiligten Prokuristen.
Auch im Beispielsfall finden die Vorschriften der §§ 74 ff. HGB Anwendung.*

b) Wettbewerbsabreden mit sozial Schwachen

3037
Bei bestimmten, besonders schutzwürdigen sozial schwachen Arbeitnehmergruppen hat der Gesetzgeber die Möglichkeit zur Vereinbarung von Wettbewerbsabreden eingeschränkt. Dies gilt zunächst für die "**Minderbesoldeten**" im Sinne von § 74 a Abs. 2 Satz 1 HGB. Hierbei handelte es sich nach der Vorstellung des damaligen Gesetzgebers um Personen, deren jährliche Vergütung 1.500 DM nicht übersteigt. Dieser Wert ist heute selbstverständlich völlig unangepaßt. Wer im Einzelfall in diesem Sinne minderbesoldet ist, muß auf kompliziertem Wege ermittelt werden. Hier sollte der Rat eines Spezialisten eingeholt werden. Es steht ohnehin zu erwarten, daß die Vorschrift des § 74 a Abs. 2 Satz 1 HGB wegen mangelnder Vollziehbarkeit für verfassungswidrig gehalten wird.

Zwar werden mit **Minderbesoldeten** in der Regel kaum Wettbewerbsvereinbarungen getroffen, jedoch ist nicht zu verkennen, daß das Problem mit der **Zunahme von Teilzeitarbeit und Jobsharing** erneut an Relevanz gewinnen kann. Hier ist also unter Umständen Vorsicht geboten. Rechtsprechung zu diesem Problemkreis ist aber nicht bekannt.

c) Wettbewerbsabreden mit Minderjährigen

3038
Wettbewerbsabreden mit Minderjährigen, also unter 18 Jahre alten Personen, können nicht getroffen werden. Dies gilt unabhängig von einer Einwilligung des gesetzlichen Vertreters. Selbst eine vormundschaftsgerichtliche Genehmigung scheidet aus.
Wenn der Minderjährige zwischenzeitlich volljährig wird, kann er die ursprünglich nichtige Wettbewerbsabrede **nicht genehmigen**. Es bedarf vielmehr einer **Neuvornahme**, die den allgemeinen Formerfordernissen (s. Rz. 3049, 3050) genügen muß. Dies ist die logische Folge der Unwirksamkeit der Wettbewerbsabrede.

d) Wettbewerbsverbot im Berufsausbildungsverhältnis

3039
Eine Vereinbarung, die den **Auszubildenden** für die Zeit nach Beendigung des Berufsausbildungsverhältnisses in der Ausübung seiner beruflichen Tätigkeit beschränkt, ist nichtig. Dies gilt allerdings nicht, wenn sich der Auszubildende innerhalb der letzten 3 Monate des Berufsausbildungsverhältnisses dazu verpflichtet, nach dessen Beendigung mit dem Ausbildenden ein Arbeitsverhältnis auf unbestimmte Zeit oder ein Arbeitsverhältnis auf Zeit für die Dauer von höchstens 5 Jahren einzugehen, sofern der Ausbildende Kosten für eine weitere Berufsbildung des Auszubildenden außerhalb des Berufsausbildungsverhältnis-

ses übernimmt und diese Kosten in einem angemessenen Verhältnis zur Dauer der Verpflichtung stehen (§ 5 Abs. 1 BBiG). Selbst wenn dieser Ausnahmefall vorliegt, kann die Wettbewerbsabrede jedoch an der **Minderjährigkeit des Auszubildenden** scheitern (Rz. 3038).

e) Versprechen auf Ehrenwort, Verpflichtung durch Dritte

3040

Nichtig ist die Wettbewerbsabrede auch dann, wenn sich der Arbeitgeber die Einhaltung auf **Ehrenwort** versprechen läßt. Gleiches gilt bei der **Übernahme der Verpflichtung durch Dritte** (§ 74 a Abs. 2 Satz 3 HGB). Zulässig ist es aber, wenn der Dritte sich **neben dem Arbeitnehmer** verpflichtet.

f) Wettbewerbsverbote mit freien Mitarbeitern und Organpersonen

3041

In den Genuß des über die §§ 74 ff. HGB gewährten Schutzes kommen in der Regel nur Arbeitnehmer, nicht jedoch sonstige Gruppen. Dies gilt zunächst für die sogenannten **freien Mitarbeiter**. Grenze der Zulässigkeit von Wettbewerbsabreden ist hier die Sittenwidrigkeit (§ 138 BGB). Maßgebend ist also nach der **Formel der Rechtsprechung**, "ob ein Verstoß gegen das Anstandsgefühl aller billig und gerecht Denkenden vorliegt".

Beispiel:
Ein Steuerberater verlangt von seinem freien Mitarbeiter, daß dieser 5 Jahre nach Beendigung des freien Dienstverhältnisses in einem Umkreis von 200 km keine eigene Praxis gründet.
Hier liegt ein Sittenverstoß vor, da der Mitarbeiter praktisch gezwungen wird, seinen Beruf aufzugeben oder in eine ganz andere Region zu ziehen.

Voraussetzung für die Nichtanwendbarkeit der §§ 74 ff. HGB ist jedoch stets, daß der nominelle freie Mitarbeiter auch rechtlich als solcher angesehen werden kann! Dies beurteilt sich nach den **allgemeinen Grundsätzen**.
Auch **GmbH-Geschäftsführer** fallen grundsätzlich nicht unter den Schutz der §§ 74 ff. HGB. Gleichwohl sollen die übrigen Vorschriften entsprechend anwendbar sein. Es gilt also zu Lasten des GmbH-Geschäftsführers eine Art **Rosinentheorie**.

Beispiel:
Die GmbH kann durch schriftliche Erklärung auf die Einhaltung des Wettbewerbsverbots verzichten, so daß sie mit Ablauf eines Jahres seit der Verzichtserklärung von der Zahlung der Karenzentschädigung frei wird.

Hier ist ein Verzicht der GmbH auf die Einhaltung des Wettbewerbsverbotes entsprechend § 75 a HGB möglich, so daß der Geschäftsführer nach Ablauf eines Jahres keine Karenzentschädigung mehr beanspruchen kann (s. hierzu auch Rz. 3078).

Vorsicht ist geboten, wenn sich der **Status des Betroffenen** im Laufe der Zeit **ändert**. Wird ein Geschäftsführer später Arbeitnehmer, bleibt er an eine Wettbewerbsabrede gebunden, auch wenn sie den Anforderungen der §§ 74 ff. HGB nicht genügt. Im umgekehrten Fall des Wechsels von der Arbeitnehmer- in die Geschäftsführerposition richtet sich die Wirksamkeit des vorher vereinbarten Wettbewerbsverbotes ausnahmsweise nach dem **Zeitpunkt seines Abschlusses**.

g) Mandantenschutzklausel

3042
Die Schutzvorschriften des Handelsgesetzbuchs sind auch auf **Mandantenschutzklauseln** anwendbar. Diese sind also nur bei Zusage bezahlter Karenz verbindlich. Inhaltlich handelt es sich bei Mandantenschutzklauseln um Vereinbarungen zwischen Angehörigen der freien Berufe (Steuerberater, Rechtsanwälte) und ihren Mitarbeitern, nach denen diese nach dem Ausscheiden aus dem Arbeitsverhältnis nicht für Mandanten ihrer früheren Arbeitgeber tätig sein dürfen.

Ist eine Mandantenschutzklausel wirksam vereinbart, gilt sie im Zweifel auch für die Zeit nach Erreichen einer Altersgrenze! Ein abweichender Wille ergibt sich nicht allein aus dem Bestehen einer Versorgungszusage. S. dazu allgemein auch Rz. 3031.

Mit einem **freien Mitarbeiter** kann auch eine entschädigungslose Wettbewerbsvereinbarung getroffen werden. Voraussetzung ist aber, daß der nominelle freie Mitarbeiter auch rechtlich als solcher zu behandeln ist. Es geht also um die **Abgrenzung freier Mitarbeiter - Arbeitnehmer**. Hier besteht eine umfangreiche Kasuistik, die im Einzelfall ausgewertet werden muß *(s. etwa BAG 24.06.1992, EzA § 611 BGB Arbeitnehmerbegriff Nr. 46; s. auch Hille, Freie Mitarbeit und andere Formen freier Zusammenarbeit, 1993 und speziell für den Anwaltsbereich Berghahn, Der Rechtsanwalt als freier Mitarbeiter, 1989).*

4. Nachvertragliche Wettbewerbsverbote in Tarifverträgen und Betriebsvereinbarungen

3043

Nachvertragliche Wettbewerbsverbote können auch in **Tarifverträgen und Betriebsvereinbarungen** enthalten sein. Dies ist jedoch selten. Trotzdem sollte dies überprüft werden, will man vor unliebsamen Überraschungen sicher sein.

Wettbewerbsverbote

Abschlußzeitpunkt der Wettbewerbsvereinbarung

3044

Die Wettbewerbsabrede kann grundsätzlich bis zur **rechtlichen Beendigung des Arbeitsverhältnisses** abgeschlossen werden, z.B. also nach einer Kündigung, aber vor Ablauf der Kündigungsfrist. Unerheblich ist, ob das Arbeitsverhältnis zunächst nur **auf Probe oder als befristetes** gelten soll.

Wird die Vereinbarung erst nach Beendigung des Arbeitsverhältnisses abgeschlossen, sind die **§§ 74 ff. HGB nicht mehr anwendbar!**
Es können also beispielsweise entschädigungslose Wettbewerbsverbote getroffen werden. Die Grenze der Zulässigkeit ist hier wieder **§ 138 BGB**. Allerdings wird sich ein früherer Arbeitnehmer wohl nur selten einer Wettbewerbsabrede unterwerfen, wenn er hierfür keine Gegenleistung erhält.

a) Wettbewerbsverbot und Probearbeitsvertrag

3045

Die Arbeitsvertragsparteien können ein Wettbewerbsverbot bereits in einem **Probearbeitsvertrag** vereinbaren. Wird das Arbeitsverhältnis in der Probezeit aufgelöst, tritt das Wettbewerbsverbot und damit auch die Zahlungsverpflichtung des Arbeitgebers in Kraft. **Soll dies nicht geschehen, müssen die Parteien eine entsprechende Vereinbarung treffen.** Die Probezeitabrede selber genügt hierfür nicht.

Insbesondere kann der Arbeitgeber nicht einwenden, er habe an der Einhaltung des Verbotes wegen der kurzen Betriebszugehörigkeit kein Interesse. Er bleibt also zur Zahlung der besprochenen Karenzentschädigung verpflichtet.

b) Vorvertrag und Wettbewerbsverbot

3046

Auch ein auf den Abschluß einer Wettbewerbsabrede gerichteter **Vorvertrag** ist zulässig. Die Parteien müssen aber schon in dem Vorvertrag den **Anforderungen der §§ 74 ff. HGB** genügen. Auch darf der Vorvertrag nicht dazu führen, daß der Arbeitnehmer über das Inkrafttreten der Wettbewerbsabrede bei Beendigung des Arbeitsverhältnisses im Unklaren gehalten wird.

Beispiel:
*Nach dem Inhalt des Vorvertrages kann der Arbeitgeber sich bis zum Ausspruch der Kündigung überlegen, ob er den Abschluß eines Wettbewerbsverbots verlangt. Hierin liegt eine für den Arbeitnehmer **unzumutbare Ungewißheit**. Dies führt zur **Unverbindlichkeit des Wettbewerbsverbotes** mit der Folge, daß dem Arbeitnehmer*

ein Wahlrecht zusteht (s. Rz. 3054). Entscheidet er sich für die Wettbewerbsenthaltung, kann er die Karenzentschädigung beanspruchen.

c) Wettbewerbsverbot und Nichtantritt der Dienste

3047

Kommt es infolge **Kündigung vor Dienstantritt** (Rz. 4273) gar nicht zur Aktualisierung des Arbeitsverhältnisses, stellt sich die Frage nach der **Bindung an Wettbewerbsvereinbarungen**. Dabei ist die Wettbewerbsabrede entsprechend dem hypothetischen Willen der Parteien auszulegen. Hier ist wie folgt zu differenzieren *(BAG 26.05.1992, EzA § 74 HGB Nr. 54; Vorinstanz LAG Köln 31.10.1990, LAGE § 74 HGB Nr. 4):*

Eine **vertragliche Wettbewerbsklausel** erlangt in der Regel keine Bedeutung, wenn der Arbeitnehmer unter Verletzung des Arbeitsvertrages die Tätigkeit nicht aufnimmt, sondern sein Arbeitsverhältnis in einem Konkurrenzunternehmen fortsetzt.

Hat er aber durch eine **intensive Einweisung** gerade diejenigen Informationen erhalten, die durch das Wettbewerbsverbot geschützt werden sollen, kommt das Wettbewerbsverbot gleichwohl zum Tragen. Wird die **Vertragsbeendigung** hingegen **vom Arbeitgeber veranlaßt**, greift die Wettbewerbsklausel regelmäßig nicht ein.

Von besonderer Bedeutung ist daneben die Frage, ob es sich um **ein tätigkeitsbezogenes, ein allgemeines oder ein unternehmensbezogenes Wettbewerbsverbot** handelt. Vereinbaren die Parteien ein tätigkeitsbezogenes Wettbewerbsverbot, so ist im Zweifel davon auszugehen, daß es nur dann Gültigkeit erlangen soll, wenn der Arbeitnehmer seine Tätigkeit tatsächlich aufgenommen hat. Wird das Arbeitsverhältnis vorher beendet (Kündigung mit Freistellung während des Laufs der Kündigungsfrist oder Aufhebungsvertrag), besteht regelmäßig kein Anspruch auf die Karenzentschädigung. Bei einer allgemeinen oder unternehmensbezogenen Konkurrenzklausel kann etwas anderes gelten.

III. Vereinbarung des nachvertraglichen Wettbewerbsverbotes

3048

Zur wirksamen Begründung eines nachvertraglichen Wettbewerbsverbots müssen bestimmte **formelle und materielle Voraussetzungen** erfüllt sein.

1. Formelle Voraussetzungen

3049

Die Parteien haben zunächst die Anforderungen des **§ 74 HGB** (Schriftform, Aushändigung der Urkunde) zu beachten.

Wettbewerbsverbote

a) Schriftform

Die Wirksamkeit der Wettbewerbsabrede hängt von der Einhaltung der **Schriftform** (§ 126 BGB) ab. Es bedarf der Unterschrift beider Vertragsteile. Ist die Wettbewerbsabrede im Vertrag enthalten, so muß die Unterzeichnung auf derselben Urkunde erfolgen. Bei **mehreren gleichlautenden Urkunden** genügt es, daß die Partei die für die andere bestimmte Urkunde unterzeichnet (§ 126 Abs. 2 BGB). Nicht ausreichend ist es, wenn in dem von beiden Parteien unterschriebenen Anstellungsvertrag auf ein gesondertes Wettbewerbsverbot **verwiesen** wird, das nicht vom Arbeitgeber unterschrieben ist. Bei derartigen Verweisungen ist also Vorsicht geboten! Unzulässig ist auch die Übersendung eines Bestätigungsschreibens oder einer bloßen Anlage zum Arbeitsvertrag. Durch Übermittlung der Urkunde per **Telefax** wird die gesetzliche Schriftform nicht gewahrt.

Inhaltlich müssen sowohl die **Pflicht zur Wettbewerbsenthaltung** als auch die **Entschädigungszusage** schriftlich vereinbart werden. Es genügt also nicht, wenn nur vereinbart wird, daß ein nachvertragliches Wettbewerbsverbot gelten soll.

Für **Aufhebung oder Änderung einer Wettbewerbsabrede** genügt eine mündliche Vereinbarung. Wegen drohender Beweisschwierigkeiten ist diese aber nicht empfehlenswert.

b) Aushändigung der Urkunde

3050

Weiterhin muß der Arbeitgeber dem Arbeitnehmer die **Urkunde** (d.h. also die schriftliche Niederlegung der Wettbewerbsabrede) **aushändigen**. Dieser soll sich jederzeit über Rechte und Pflichten informieren können. Grundsätzlich wird zu verlangen sein, daß dem Arbeitnehmer die Urkunde sofort ausgehändigt wird.

Erfolgt keine fristgerechte Aushändigung, wird die Wettbewerbsabrede unwirksam! Dieser Mangel kann allerdings dadurch geheilt werden, daß der Arbeitnehmer die Urkunde verspätet in Empfang nimmt. Er muß sich dann jedoch über die Rechtsfolgen im klaren sein. Ein **reines Unterschieben der Urkunde reicht nicht aus.**

Beispiel:
Kurz vor Beendigung des Arbeitsverhältnisses überreicht der Arbeitgeber dem Arbeitnehmer neben einer Reihe anderer Arbeitspapiere die Urkunde über das Wettbewerbsverbot. Der Arbeitnehmer nimmt diese entgegen, ohne sich irgendwelche Gedanken über ihren Inhalt zu machen.
Hier ist eine Heilung des Formmangels zu verneinen.

Ist die Wettbewerbsabrede in einem Tarifvertrag oder einer Betriebsvereinbarung enthalten, sind diese auszuhändigen.

Arbeitsrecht

Jedenfalls ist es aus Sicht des Arbeitgebers empfehlenswert, sich den **Zeitpunkt der Aushändigung** zu Beweiszwecken **bestätigen zu lassen**. Denn es gilt grundsätzlich: Wer sich auf die Wettbewerbsabrede beruft muß beweisen, daß die Formvorschriften eingehalten wurden.

2. Inhaltliche Voraussetzungen der Wettbewerbsabrede

3051
Neben den dargelegten formellen Voraussetzungen müssen auch **inhaltliche** beachtet werden.

a) Verpflichtung zur Entschädigungszahlung

3052
Die Wettbewerbsabrede muß die **Verpflichtung** des Arbeitgebers **zur Entschädigungszahlung** vorsehen, ansonsten ist die Wettbewerbsabrede nichtig.

Hinsichtlich der Höhe der Entschädigung kann auf § 74 Abs. 2 HGB verwiesen werden (Die Entschädigung muß mindestens die Hälfte der zuletzt bezogenen Vergütung betragen). Hierin liegt im Zweifel eine Verweisung auf die **gesetzliche Mindesthöhe**.

Eine solche Verweisung ist auch empfehlenswert, schützt sie doch vor der Gefahr, daß die Wettbewerbsabrede im Nachhinein unverbindlich wird, wie nachfolgendes Beispiel zeigt.

Beispiel:
Arbeitnehmer A wird eine Karenzentschädigung von 1000 DM im Monat zugesagt. Im Zeitpunkt der Zusage verdient er 2000 DM. Als sich das Wettbewerbsverbot aktualisiert, beträgt sein Verdienst 7000 DM.
Im Beispielsfall ist die Wettbewerbsabrede unverbindlich, da die gesetzliche Mindesthöhe nicht erreicht wird.

Daher nochmals der Tip: Die **Entschädigungshöhe** sollte **in Prozent** der Bezüge ausgedrückt werden!

Eine wirksame Entschädigungszusage liegt regelmäßig nicht vor, wenn nur vereinbart ist, daß im übrigen die Bestimmungen des HGB Anwendung finden. Ob aber im **Einzelfall** eine wirksame Entschädigungszusage besteht, muß stets durch **Auslegung** (§§ 133, 157 BGB) ermittelt werden. Man darf nicht rein schematisch vorgehen, sondern muß stets die Vorstellungen der beteiligten Parteien berücksichtigen. Alle nachfolgend aufgeführten Einzelfälle geben daher nur **Hinweise auf eine bestimmte Sichtweise in der Rechtsprechung!**

Wettbewerbsverbote

3053

Akzeptiert wurden etwa folgende Klauseln:

- "Der Arbeitgeber verpflichtet sich zur Zahlung einer Entschädigung nach den Grundsätzen des § 74 Abs. 2 HGB."
- "Es wird die gesetzlich vorgesehene Mindestentschädigung gezahlt."
- "Hier gelten die Bestimmungen des HGB über das Wettbewerbsverbot, §§ 74 und 74 c HGB."

3054

Eine besondere Rolle spielen in der Praxis die sogenannten **bedingten Wettbewerbsverbote**. Bei diesen behält sich der Arbeitgeber vor, ob er den Arbeitnehmer auf Unterlassung von Wettbewerb in Anspruch nimmt. Nur in diesem Fall will er entschädigungspflichtig sein. Mit diesen bedingten Wettbewerbsverboten ist für den Arbeitnehmer der **erhebliche Nachteil** verbunden, daß er nicht sicher weiß, ob der Arbeitgeber auf der Einhaltung des Wettbewerbsverbots besteht. Er wird also in der freien Wahl seiner späteren Arbeitsstätte unzumutbar eingeschränkt. Solche **bedingten Wettbewerbsverbote** sind daher für den Arbeitnehmer **unverbindlich**. Dem Arbeitnehmer steht dann ein **Wahlrecht** zu *(s. zur Vorgehensweise BAG 22.05.1990, EzA § 74 HGB Nr. 53)*:

Er kann eine **Kokurrenztätigkeit** ausüben und bekommt dann selbstverständlich auch **keine Karenzentschädigung**.

Entscheidet er sich hingegen für die Einhaltung des Wettbewerbsverbots, hat er Anspruch auf die Karenzentschädigung. Hierfür reicht es aus, wenn der Arbeitnehmer sich zu Beginn der Karenzzeit endgültig für das Wettbewerbsverbot entscheidet und seinen Unterlassungsverpflichtungen nachkommt. Der Anspruch auf die Karenzentschädigung entsteht **unabhängig von einer Erklärung gegenüber dem Arbeitgeber** mit der Wettbewerbsenthaltung. Der Arbeitgeber kann jedoch, wenn der Arbeitnehmer sich nicht entscheidet, diesen unter Bestimmung einer angemessenen Frist auffordern, die Wahl zu treffen. Äußert sich dieser nicht, kann der Arbeitgeber die Wahl treffen.

3055

In folgenden Klauseln hat das Bundesarbeitsgericht eine **unzulässige Bedingung** erblickt:

- "Für die Dauer des Wettbewerbsverbotes zahlt die Firma, wenn sie es in Anspruch nimmt, die Hälfte des zuletzt gewährten Gehalts als Entschädigung."
- "Im Falle einer Kündigung kann die Firma auf die Wettbewerbsklausel verzichten. Eine Entschädigung entfällt damit."

- "Die Firma ist berechtigt, vor oder nach Beendigung dieses Vertrages auf die Wettbewerbsabrede zu verzichten."
- "Die G. behält sich die Möglichkeit vor, ein Wettbewerbsverbot auszusprechen."

3055 a

Behält sich im Rahmen einer Wettbewerbsabrede der Arbeitgeber vor, dem Arbeitnehmer vor Beendigung des Dienstverhältnisses schriftlich im einzelnen mitzuteilen, in welchem Umfang (örtlich und sachlich) das Wettbewerbsverbot gelten soll, so ist umstritten, ob hierin ein **unzulässig bedingtes Wettbewerbsverbot** liegt *(s. einerseits LAG Düsseldorf 10.02.1993, LAGE § 74 HGB Nr. 7 und andererseits LAG Düsseldorf 03.08.1993, LAGE § 74 HGB Nr. 8)*. Angesichts der durch die Konkretisierung ausgelösten **Unsicherheit** sprechen die besseren Gründe für die Annahme von Unverbindlichkeit. Hier steht aber eine letztinstanzliche Klärung durch die Rechtsprechung noch aus.

Man wird den angesprochenen Problemen zumindest teilweise dadurch entgehen können, daß zunächst eine Konkretisierung vorgenommen, aber zugleich darauf hingewiesen wird, daß sich im Laufe der Zeit Veränderungen ergeben können, über die der Arbeitnehmer laufend informiert wird.

3056

Für den Arbeitnehmer unverbindlich ist die Wettbewerbsvereinbarung auch dann, wenn die **Höhe der Karenzentschädigung** nicht mindestens die Hälfte der zuletzt bezogenen vertragsmäßigen Leistungen erreicht. Auch hier steht dem Arbeitnehmer ein Wahlrecht zu. Entscheidet er sich für die Einhaltung der Wettbewerbsabrede, so wird man davon auszugehen haben, daß ihm Karenzentschädigung in der **gesetzlichen Mindesthöhe** - und nicht etwa nur in dem geringeren vertraglich vereinbarten Umfang - zusteht.

Die **Höhe der Entschädigung** bleibt auch dann hinter § 74 Abs. 2 HGB zurück, wenn sie nicht für die gesamte Laufzeit des Wettbewerbsverbots zugesagt wird oder anderweitiger Verdienst **in erhöhtem Maße angerechnet** wird.

Festzuhalten ist jedenfalls, daß der **Arbeitgeber** aus einer gegen § 74 Abs. 2 HGB verstoßenden Entschädigungszusage keine Rechte herleiten kann, dem **Arbeitnehmer** aber ein Wahlrecht zusteht!

b) Höhe der Entschädigung

3057

Maßstab für das Entschädigungsversprechen ist die Vergütung einschließlich aller Zulagen mit Entgeltcharakter. Zu berücksichtigen sind also ohne Anspruch auf Vollständigkeit bspw.:

- Grundgehalt
- Provision, Tantieme, Gewinnbeteiligung
- Zulagen
- Freiwillige Sondervergütungen, auch wenn ein Rechtsanspruch nicht besteht
- Anteil vom 13. Monatsgehalt
- Urlaubsgeld
- Gratifikationen
- Geldwerte Naturalleistungen.

Es kommt also nicht darauf an, ob der Arbeitgeber zur Zahlung verpflichtet war. Die **faktische Gewährung** genügt. **Nicht berücksichtigt** werden hingegen die Arbeitgeberbeiträge zur Sozialversicherung und Zuschüsse zu einer privaten Versicherung. So ist etwa der Krankenversicherungszuschuß nach dem früheren § 405 RVO (heute: § 257 SGB V) ebensowenig zu berücksichtigen wie die **freiwillig** vom Arbeitgeber ausgezahlten Beiträge einer ersetzenden Lebensversicherung.

3058

Die **Hälfte der zuletzt bezogenen vertragsmäßigen Leistungen** im Sinne von § 74 Abs. 2 HGB darf nicht mit der Hälfte der zuletzt bezogenen Jahresvergütung gleichgesetzt werden. Vielmehr ist das zuletzt gezahlte Monatsgehalt mit 12 zu multiplizieren. Anschließend ist dieser Betrag um wechselnde oder nicht monatlich fällig werdende Beträge zu erhöhen und durch 2 zu dividieren.

Wie die Berechnung genau vorzunehmen ist, verdeutlicht das nachfolgende Schema:

3059

Schema zur Berechnung der Karenzentschädigung

a) Berechnung der monatlichen Karenzentschädigung

- Letztes Jahreseinkommen*) : 2 = Jahreskarenzentschädigung
  (*) letztes Monatsgehalt x 12 zzgl. wechselnder oder nicht monatlich fällig werdender Leistungen

- Jahreskarenzentschädigung : 12 = Monatliche Karenzentschädigung

---

Arbeitsrecht

b) Anrechnung anderweitigen Erwerbs

> - Letztes Jahreseinkommen (s.o. a))
>   + 10 % bzw. 25 % (bei Wohnsitzwechsel)
>   - jährlicher Karenzentschädigung
>   = **nicht anrechenbare Vergütung**
>
> - Neues Jahreseinkommen
>   - nicht anrechenbare Vergütung
>   = **anrechenbare Vergütung pro Jahr**
>
> - Karenzentschädigung
>   - anrechenbare Vergütung
>   = **zu zahlende Karenzentschädigung pro Jahr**

Beispiel:
Monatsgehalt: 4.500 DM; Jahresleistungsprämie: 6.000 DM; neuer Monatsverdienst: 4.000 DM; kein Wohnsitzwechsel

(a) Berechnung der monatlichen Karenzentschädigung

4.500 DM x 12 + 6.000 DM = 60.000 DM : 2 = 30.000 DM : 12 = 2.500 DM

(b) Anrechnung anderweitigen Erwerbs

*60.000 DM + 10 % = 66.000 DM - 30.000 DM = 36.000 DM
(nicht anrechenbare Vergütung)
12 x 4.000 DM = 48.000 DM - 36.000 DM = 12.000 DM
(anrechenbare Vergütung pro Jahr)
30.000 DM - 12.000 DM = 18.000 DM
(Karenzentschädigung pro Jahr)*

3060

Der Anspruch auf die Karenzentschädigung ist **monatlich nachträglich** zu erfüllen (§ 74 b Abs. 1 HGB). Eine Vorverlegung dieses Zeitpunktes ist zulässig, ein Hinausschieben jedoch nicht. Der Gesamtbetrag der Karenzentschädigung kann jedoch im Vorhinein zugesagt werden. Selbst dann ist jedoch eine **Abzinsungsvereinbarung** wegen der Mindestgrenze des § 74 Abs. 2 HGB nicht möglich. Vorsicht: In der Vorauszahlung der gesamten Karenzentschädigung kann ein stillschweigender Verzicht auf die Anrechnung anderweitigen Erwerbs gesehen werden (s. Rz. 3070).

Wettbewerbsverbote

3061

Der Anspruch auf die Karenzentschädigung **verjährt** nach § 196 Abs. 1 Nr. 8 BGB in 2 Jahren nach Schluß des Kalenderjahres, in dem der einzelne Anspruch fällig geworden ist.

3062

Die Karenzentschädigung kann auch von **tariflichen Ausschlußfristen** erfaßt werden. Dies ist etwa bei folgender Klausel anzunehmen:

"Ansprüche aus dem Arbeitsverhältnis verfallen in Fällen der Beendigung des Arbeitsverhältnisses, wenn sie nach schriftlicher Geltendmachung nicht innerhalb von zwei Monaten durch Klage geltend gemacht werden."

Ausnahmen von der Entschädigungspflicht, wie sie der Gesetzgeber ursprünglich vorgesehen hatte, bestehen heute praktisch nicht mehr (s. hierzu im einzelnen § 75 b HGB).

c) Berechtigtes geschäftliches Interesse

3063

Die Wirksamkeit einer Wettbewerbsabrede hängt auch davon ab, daß ein **berechtigtes geschäftliches Interesse** des Arbeitgebers besteht. Schon nach dem Wortlaut reicht also der Schutz rein **privater Interessen** niemals aus. Gleiches gilt, wenn das Wettbewerbsverbot zumindest im wesentlichen dem Ziel dient, dem Arbeitnehmer einen **Arbeitsplatzwechsel zu erschweren.** Auch bei Aufgabe des Betriebes durch den Arbeitgeber entfällt das berechtigte geschäftliche Interesse. Das Interesse des Arbeitgebers, **Fachkräfte zu Lasten der Konkurrenz zu blockieren,** genügt ebenfalls nicht. Grundsätzlich ist zu verlangen, daß zwischen der verbotenen Tätigkeit und der bisherigen Funktion eine konkrete Beziehung besteht. Es muß zu befürchten stehen, daß der Arbeitnehmer in den Kunden- und Lieferantenkreis seines früheren Arbeitgebers einbricht oder geschäftliche Geheimnisse weitergibt.

Es sind also bislang ausgeübte und neue Tätigkeit zu vergleichen.

Maßgebender Zeitpunkt für die Beurteilung des Vorliegens eines berechtigten Interesses ist der der **Geltendmachung der Wettbewerbsabrede,** nicht etwa der ihres Abschlusses. Besteht dann kein berechtigtes Interesse, kann der Arbeitnehmer sich auf die Unverbindlichkeit berufen.

Ein zunächst wirksames Wettbewerbsverbot kann also im Nachhinein unverbindlich werden! Geht das Wettbewerbsverbot über das berechtigte Interesse hinaus, so ist es auf das zulässige Maß zu reduzieren.

Beispiel:
Ist eine Wettbewerbsenthaltungsverpflichtung des Arbeitnehmers im Umkreis von 100 km vereinbart, stellt sich aber im Nachhinein heraus, daß auch 50 km den Interessen des Arbeitgebers genügen, so ist der Arbeitnehmer nur gehindert, im Umkreis von 50 km Wettbewerb zu betreiben.

d) Unbillige Erschwerung des Fortkommens

3064
Unverbindlich ist die Wettbewerbsabrede auch dann, wenn sie unter Berücksichtigung der zu gewährenden Entschädigung nach Ort, Zeit und Gegenstand eine **unbillige Erschwerung des Fortkommens** des Arbeitnehmers nach sich zieht. Ob dies der Fall ist, richtet sich nach dem **Maß der den Arbeitnehmer im Fall seines Ausscheidens treffenden Belastungen**. Selbst wenn ein erhebliches geschäftliches Interesse vorliegt, kann die Wettbewerbsabrede immer noch eine unbillige Erschwerung des Fortkommens darstellen und deshalb unverbindlich sein. Wann eine unbillige Erschwerung des Fortkommens anzunehmen ist, muß im Einzelfall unter Berücksichtigung aller Umstände geprüft werden. Namentlich kommen hier in Betracht:

- Alter des Arbeitnehmers
- Höhe der Entschädigung
- Stellung im Betrieb
- Umfang des Wettbewerbsverbots
- Mobilität der Berufsgruppenangehörigen.

Eine **über der Mindestgrenze** liegende Karenzentschädigungszusage kann eine Wettbewerbsabrede wirksam machen, die bei alleiniger Zahlung der Mindestentschädigung eine unbillige Erschwerung des Fortkommens darstellte.

Auch bei der Beurteilung der Frage der **unbilligen Erschwerung des Fortkommens** kommt es auf den Zeitpunkt der Aufnahme der Konkurrenztätigkeit an.

e) Zeitliche Begrenzung des Wettbewerbsverbotes

3065
Das Wettbewerbsverbot kann dem Arbeitnehmer Beschränkungen nur für die **Dauer von höchstens 2 Jahren** auferlegen. Darüber hinausgehend wird unwiderleglich eine unbillige Erschwerung des Fortkommens vermutet, mit der Folge, daß die Wettbewerbsabrede **insoweit unverbindlich** ist, als sie die Obergrenze überschreitet.

Wettbewerbsverbote

Die **Grenze von 2 Jahren** ist dabei eine **Höchstgrenze!** Auch bei einer kürzeren Bindung kann Unbilligkeit vorliegen.

Probleme tauchen häufig bei der **Berechnung der 2-jährigen Höchstdauer** auf. Hier kann man sich als Faustregel folgende 4 **Fallgruppen** merken:

- **Kündigt der Arbeitgeber zu Unrecht fristlos**, läuft die Frist von der tatsächlichen Beendigung des Arbeitsverhältnisses an, da der Arbeitgeber ansonsten aus seiner unwirksamen Maßnahme Vorteile in Form einer Verlängerung der Wettbewerbsbindung ziehen würde.

- **Läuft zunächst ein Kündigungsschutzprozeß**, in dessen Verlauf der Arbeitnehmer weiterbeschäftigt wird, beginnt die Frist erst mit dem tatsächlichen Ende des Arbeitsverhältnisses.

- **Wird der Arbeitnehmer nicht weiterbeschäftigt**, ist regelmäßig auf den rechtlichen Beendigungszeitpunkt abzustellen.

- **Kündigt** der **Arbeitnehmer** zu Unrecht **fristlos**, gilt das Wettbewerbsverbot vom Zeitpunkt der rechtlichen Beendigung an.

f) Räumliche Begrenzung des Wettbewerbsverbots

3066

Auch **in räumlicher Hinsicht** unterliegt die Wettbewerbsabrede gewissen Beschränkungen. Dem Arbeitnehmer muß insbesondere eine **berufliche Bewegungsfreiheit** verbleiben. In diesem Zusammenhang ist darauf hinzuweisen, daß eine für das Gebiet der früheren Bundesrepublik einschließlich Berlin-West vereinbarte Wettbewerbsabrede **im Wege der ergänzenden Vertragsauslegung** auf das gesamte heutige Gebiet der Bundesrepublik erstreckt werden kann (*LAG Berlin 26.03.1991, LAGE § 74 HGB Nr. 6*).

IV. Rechtsmängel der Wettbewerbsabrede

3067

Leidet die Wettbewerbsabrede an **Rechtsmängeln**, so ist im Hinblick auf die sich hieraus ergebenden Folgen eine differenzierte Betrachtung geboten. Es muß zwischen **Nichtigkeit** und **Unverbindlichkeit** unterschieden werden. Liegt Unverbindlichkeit vor, steht dem Arbeitnehmer, nicht aber dem Arbeitgeber, ein **Wahlrecht** zu, ob er sich für die Einhaltung der Wettbewerbsabrede entscheidet. In folgenden Fällen ist eine solche **Unverbindlichkeit** mit der Rechtsfolge des **Wahlrechts** des Arbeitnehmers anzunehmen:

- Unzureichende Karenzentschädigung
- Fehlen des berechtigten geschäftlichen Interesses
- Erschwerung des beruflichen Fortkommens
- Überschreitung des Höchstzeitraums von 2 Jahren.

Nichtigkeit der Wettbewerbsabrede ist hingegen gegeben, wenn die Formvorschriften des § 74 Abs. 1 HGB nicht eingehalten werden. Gleiches gilt, wenn überhaupt keine Karenzentschädigung zugesagt ist. In diesen Fällen können beiderseits keine Rechte aus der Wettbewerbsabrede hergeleitet werden.

Ob ein unwirksames Wettbewerbsverbot zur **Gesamtnichtigkeit** des Arbeitsvertrages führt, hängt von den Umständen des Einzelfalles ab. Regelmäßig wird dies zu verneinen sein. Umgekehrt bleibt auch die Wettbewerbsabrede von dem nichtigen Arbeitsverhältnis unberührt, es sei denn, dieses ist noch nicht in Vollzug gesetzt worden und der Arbeitnehmer hat noch keine Betriebsgeheimnisse erfahren.

3068
Den **Unterschied zwischen Unverbindlichkeit und Nichtigkeit** verdeutlicht nachfolgende Übersicht:

- **Unverbindlichkeit**
    - Wahlrecht des Arbeitnehmers
    - bei Wettbewerbsenthaltung Anspruch auf Karenzentschädigung
- **Nichtigkeit**
    - kein Wahlrecht des Arbeitnehmers
    - keine Wettbewerbsenthaltung, keine Karenzentschädigung aber evtl. Schadensersatz

V. Anspruch auf die Karenzentschädigung

3069
Liegt eine wirksame Wettbewerbsabrede vor, hat der Arbeitnehmer **Anspruch auf Zahlung einer Karenzentschädigung**. Diese beträgt entsprechend den obigen Grundsätzen zumindest die Hälfte der zuletzt bezogenen vertragsgemäßen Leistungen. Allerdings sind hier gewisse **Obergrenzen** zu beachten. So wird anderweitiger Verdienst in einem gewissen Umfang angerechnet. Auch ist zu berücksichtigen, inwieweit der Arbeitnehmer infolge der Wettbewerbsbeschränkung gezwungen ist, seinen Wohnsitz zu verlegen, um an anderer Stelle seiner Tätigkeit nachgehen zu können (s. Rz. 3070 ff.).

Wettbewerbsverbote

1. Anrechnung anderweitigen Erwerbs

3070

Der Arbeitnehmer muß sich auf die Entschädigung in einem bestimmten Umfang anrechnen lassen, was er während des Zeitraumes, für den die Entschädigung gezahlt wird, durch anderweitige Verwertung seiner Arbeitskraft erwirbt oder zu erwerben böswillig unterläßt (§ 74 c HGB). Diese **Anrechnung kann selbstverständlich vertraglich zugunsten des Arbeitnehmers ausgeschlossen werden.** Eine **erhöhte Anrechnung** kann hingegen nicht vereinbart werden.

Vereinbaren die Parteien der Wettbewerbsabrede, daß die Karenzentschädigung für die gesamte Dauer des Wettbewerbsverbots **in einem Betrage im voraus** zu zahlen ist, muß mangels gegenteiliger ausdrücklicher Abrede angenommen werden, daß der Handlungsgehilfe die Entschädigung ohne Rücksicht auf etwaige sonst anrechenbare Einnahmen erhalten soll. Hier ist also äußerste **Vorsicht geboten!**

Ist dies nicht geschehen, erfolgt die **Anrechnung nur innerhalb bestimmter Grenzen.** Sie beginnt ab einem Grenzbetrag von 110 % der in dem Arbeitsverhältnis zuletzt erhaltenen Bezüge. Ist der Arbeitnehmer jedoch wegen des Wettbewerbsverbotes gezwungen, seinen Wohnsitz zu verlegen, erhöht sich der Grenzbetrag auf 125 % des bisherigen Verdienstes. Eine Anrechnung kommt also solange nicht in Betracht, wie die gezahlte Karenzentschädigung zuzüglich des anderweitigen Erwerbs bzw. Nichterwerbs einen Betrag von 110 % / 125 % des bisher erzielten Arbeitseinkommens nicht übersteigt. Ein **erzwungener Wohnsitzwechsel**, der die Anrechnungsgrenze auf 125 % erhöht, liegt nur vor, wenn das Wettbewerbsverbot ursächlich für den Wohnsitzwechsel war, der Arbeitgeber also an seinem bisherigen Wohnsitz oder in dessen Einzugsbereich ohne das Wettbewerbsverbot eine vergleichbare Beschäftigung hätte aufnehmen können. Die **Beweislast** trifft den Arbeitnehmer.

3071

Die Anrechnung laufender Bezüge erfolgt im Regelfall nur für den Monat, in dem das anderweitige Arbeitseinkommen erzielt worden ist. Dies bedeutet:

Liegt der Neuverdienst des Arbeitnehmers also zunächst unter der Anrechnungsgrenze, so ist die Anrechnung für diese Monate später auch dann **nicht nachzuholen**, wenn der Arbeitnehmer jetzt weit mehr verdient.

Beispiel:

Arbeitnehmer A verdient im Januar und Februar nur 2.000 DM und liegt weit unter der Anrechnungsgrenze. Im März liegt sein Verdienst jedoch weit über der Anrechnungsgrenze.
Hier ist für Januar und Februar keine rückwirkende Anrechnung vorzunehmen.

Arbeitsrecht

Die erhaltene Entschädigung braucht **nicht** zurückgezahlt zu werden, wenn nach Ablauf der Verbotszeit feststeht, daß der Gesamtverdienst so hoch war, daß beim Abstellen auf den Gesamtzeitraum gar keine Entschädigung angefallen wäre. Andererseits kann der Arbeitnehmer auch **keine Nachzahlung** verlangen, wenn er sich zunächst viel anrechnen lassen muß, der Verdienst später aber wieder abfällt.

Liegen nicht laufende Bezüge sondern andere Arbeitsvergütungen vor, die sich auf das Jahr oder einen größeren Zeitraum beziehen, sind sie **anteilig** zu berechnen. Der je Monat anzurechnende Betrag muß ermittelt werden, indem die Vergütung durch die Zahl der Monate geteilt wird, für die sie gezahlt worden ist. Im Fall der **Jahresgratifikation** ergibt sich daher ein Betrag von 1/12 pro Monat.

Beispiel:
Läuft das Wettbewerbsverbot im April 1994 ab und erhält der Arbeitnehmer im Dezember 1994 eine Jahresgratifikation, so ist diese auf die gezahlte Karenzentschädigung für die Monate Januar bis April 1994 anzurechnen.

3072

Eine **monatliche Anrechnung des Neuverdienstes** kann nicht erfolgen, wenn der ehemalige Arbeitnehmer kein festes monatliches Einkommen hat. Dies kommt insbesondere bei einer **selbständigen Tätigkeit** in Betracht. Hier sind die anrechnungspflichtigen Einkünfte grundsätzlich jährlich zu ermitteln und mit der **Jahreskarenzentschädigung** zu verrechnen.

Anzurechnen ist das Arbeitseinkommen aus **jeder anderweitigen Verwertung der Arbeitskraft**. Es kommt also nicht darauf an, ob der anderweitige Erwerb aus selbständiger oder unselbständiger Tätigkeit erzielt wurde. Auslagen des Arbeitnehmers sind hierbei abzuziehen. Wird dem Arbeitnehmer von dritter Seite freiwillig etwas zugewandt, scheidet eine Anrechnung regelmäßig aus.

Vom Finanzamt anerkannte Werbungskosten können nicht von dem anrechenbaren neuen Arbeitseinkommen des Arbeitnehmers abgesetzt werden! Diese sind nicht identisch mit Auslagen im Sinne des § 74 b Abs. 2 HGB.

3073

Neben dem tatsächlich Verdienten muß sich der Arbeitnehmer noch das anrechnen lassen, was zu erwerben er **böswillig unterläßt** (§ 74 c Abs. 1 Satz 1 HGB). Ein böswilliges Unterlassen liegt vor, wenn der Arbeitnehmer **in Kenntnis der objektiven Umstände** (Arbeitsmöglichkeit, Zumutbarkeit der Arbeit, Nachteilsfolge für den Arbeitgeber) **vorsätzlich untätig bleibt oder sich wegen der Zahlungspflicht des Arbeitgebers mit einer zu geringen Vergütung zufrieden gibt**. Eine **Schädigungsabsicht** ist hier nicht erforderlich. Es reicht ein vorsätzliches Verhalten. Allerdings ist der Arbeitnehmer nicht verpflichtet, im Interesse seines ehemaligen Arbeitgebers alle Verdienstchancen zu realisieren. Er muß nur seine Arbeitskraft **in zumutbarer Weise** verwerten. So handelt ein Arbeitnehmer nicht böswillig, wenn er nach eigener Kündigung ein Weiterbeschäftigungsangebot des Arbeitgebers ablehnt. Gleiches gilt, wenn das Arbeitsverhältnis nicht durch Kündigung, sondern **aus Altersgründen** endet.

Umstritten ist, ob von einem böswilligen Unterlassen anderweitigen Erwerbs gesprochen werden kann, wenn der durch ein Wettbewerbsverbot gebundene Arbeitnehmer nach dem Ausscheiden ein **mehrjähriges Studium aufnimmt**, um die Voraussetzungen zu schaffen, seine berufliche Tätigkeit zukünftig auf eine ganz andere Grundlage stellen zu können *(den Entschädigungsanspruch bejahend BAG 08.02.1974, AP Nr. 4 zu § 74 c HGB; den Entschädigungsanspruch hingegen verneinend nunmehr LAG Hessen 28.02.1994, LAGE § 74 HGB Nr. 10)*. Dasselbe Problem stellt sich bei sonstigen Umschulungsmaßnahmen.

Da der Arbeitgeber nur selten erfahren wird, was der Arbeitnehmer anderweitig verdient, steht ihm ein **Auskunftsanspruch** zu. Bei Einkünften aus selbständiger Tätigkeit kann er die Vorlage des Einkommensteuerbescheides verlangen. Er hat **kein Recht**, in **Geschäftsbücher** einzusehen oder die Vorlage einer **Bilanz** zu verlangen. Verweigert der Arbeitnehmer die Auskunft, so kann der Arbeitgeber die Karenzentschädigung zurückhalten.

2. Steuerliche Behandlung der Karenzentschädigung

3074

Die **Karenzentschädigung** unterliegt der **Lohnsteuerpflicht**. Ob sie nur mit dem halben Steuersatz versteuert werden muß (§§ 24, 34 EStG), ist nicht unumstritten. Den Parteien kann nur angeraten werden, eine Lohnsteueranrufungsauskunft beim Betriebsstättenfinanzamt einzuholen (§ 42 e EStG). Allerdings muß beachtet werden, daß dieser nur eine **eingeschränkte Bindungswirkung** zukommt. Das für den Arbeitnehmer zuständige Finanzamt ist nicht gehindert, gegenüber diesem einen anderen Standpunkt einzunehmen als das Betriebsstättenfinanzamt. Zur steuerlichen Behandlung der Karenzentschädigung s. auch Rz. 8035 und *BFH 13.02.1987, BStBl II 1987, 386.*

3. Sozialversicherungsrechtliche Behandlung der Karenzentschädigung

3075

Die Karenzentschädigung ist sozialversicherungsfrei. Sie ist kein Arbeitsentgelt, da sie für die **Zeit nach Beendigung des Arbeitsverhältnisses** gezahlt wird und diesem nicht zugerechnet werden kann. Hiermit einher geht dann natürlich eine erhebliche Minderung der Sozialversicherungsrenten.

4. Pfändungsschutz

3076

Die Karenzentschädigung ist **Arbeitseinkommen im Sinne des Lohnpfändungsrechts**. Sie kann also wie dieses gepfändet werden. Bei der Berechnung des pfändbaren Einkommens ist die Karenzentschädigung mit einem anderweitigen Arbeitseinkommen **zusammenzurechnen** (§ 850 e Nr. 2 ZPO). Soweit die Karenzentschädigung unpfändbar ist, kann sie **weder abgetreten noch kann gegen sie aufgerechnet** werden §§ 400, 394 BGB.

VI. Aufhebung und Änderung des Wettbewerbsverbotes

1. Einvernehmliche Aufhebung oder Änderung

3077

Eine **einvernehmliche Aufhebung oder Änderung** des Wettbewerbsverbotes ist **jederzeit** möglich, und zwar auch durch mündliche Vereinbarung.

Unterliegen vertragliche Änderungen einem **vereinbarten Schriftformzwang**, so sind mündliche Vereinbarungen dann wirksam, wenn die Parteien die Maßgeblichkeit der mündlichen Vereinbarung übereinstimmend gewollt haben. Eine bloß **einvernehmliche Aufhebung des Arbeitsverhältnisses** berührt hingegen die Wettbewerbsabrede in der Regel selbst dann nicht, wenn die Wettbewerbsklausel Bestandteil des Arbeitsvertrages war. Diese ist ja gerade für den Fall der Beendigung gedacht.

Nach Beendigung des Arbeitsverhältnisses kann eine Abänderung der Wettbewerbsabrede auch ohne Einhaltung der Schutzvorschriften der §§ 74 ff. HGB erfolgen. Auch ein **entschädigungsloses Wettbewerbsverbot** ist dann möglich.

2. Verzicht durch den Arbeitgeber

3078

Der **Arbeitgeber** kann vor Beendigung des Arbeitsverhältnisses durch schriftliche Erklärung **auf das Wettbewerbsverbot** mit der Wirkung **verzichten**, daß er mit Ablauf eines Jahres seit der Erklärung von der Verpflichtung zur Zahlung der Karenzentschädigung frei wird (§ 75 a HGB). Dabei ist es grundsätzlich ohne Bedeutung, wie lange das Arbeitsverhältnis nach dem Verzicht noch weitergeführt wird. Der **Arbeitnehmer wird also sofort frei**, der Arbeitgeber muß, falls das Arbeitsverhältnis früher als ein Jahr nach der Verzichtserklärung beendet wird, von der Beendigung an bis zum Ablauf dieses Jahres die Karenzentschädigung zahlen.

Die **Verzichtserklärung** muß deutlich und zweifelsfrei erkennen lassen, daß der Arbeitnehmer mit sofortiger Wirkung von der Pflicht, Wettbewerbshandlungen zu unterlassen, befreit ist. **Vorbehalte und Bedingungen** sind unzulässig. **Nach Beendigung** des Arbeitsverhältnisses kommt ein Verzicht selbstverständlich nicht mehr in Betracht. Hier ist dann nur noch eine einvernehmliche Regelung möglich.

Während des bestehenden Arbeitsverhältnisses hat der Arbeitgeber keinen Anspruch darauf zu erfahren, welche Tätigkeit der Arbeitnehmer zukünftig ausüben will. Ansonsten hätte es der Arbeitgeber in der Hand, durch rechtzeitige Nachfrage und eventuellen Verzicht eine Verpflichtung zur Karenzentschädigungszahlung zu umgehen.

Beispiel:
Arbeitgeber A erfährt gerüchteweise, daß Arbeitnehmer B aus familiären Gründen in einem Jahr 200 km vom bisherigen Arbeitsort wegziehen muß. Daraufhin erwägt er einen Verzicht auf das Wettbewerbsverbot. Er will jedoch sichergehen und fragt B nach seinen Plänen.
Einem Auskunftsansinnen braucht B nicht nachzukommen.

3. Wegfall des Wettbewerbsverbots nach Kündigung

3079

Auch durch eine **Kündigung** kann der Bestand der Wettbewerbsvereinbarung beeinträchtigt werden. Keiner näheren Betrachtung bedarf dabei die Beendigung des Arbeitsverhältnisses durch eine **ordentliche Kündigung des Arbeitnehmers**. Genau dieser Fall sollte mit der Wettbewerbsvereinbarung geregelt werden. Ein im übrigen wirksames Wettbewerbsverbot bleibt also bestehen, der Arbeitnehmer hat Anspruch auf die Karenzentschädigung.

Kündigt der Arbeitnehmer das Arbeitsverhältnis nach § 626 BGB **aus wichtigem Grund** fristlos und liegt tatsächlich ein wichtiger Grund vor, so wird das Wettbewerbsverbot unwirksam, wenn der Arbeitnehmer vor Ablauf eines Monats nach der Kündigung schriftlich erklärt, daß er sich an die Vereinbarung nicht mehr gebunden erachtet (§ 75 Abs. 1 HGB). Gleiches gilt für eine **ordentliche arbeitnehmerseitige Kündigung** oder den Abschluß eines Aufhebungsvertrages, wenn ein außerordentlicher Kündigungsgrund für den Arbeitnehmer objektiv vorlag und dies dem Arbeitgeber auch bekannt war. Dem Arbeitnehmer steht also ein **Wahlrecht** zu.

3080

Bei einer **ordentlichen Kündigung durch den Arbeitgeber** sind **zwei Fallgruppen** zu unterscheiden:
- Besteht in der Person des Arbeitnehmers ein **erheblicher Anlaß** für die Kündigung, so bleibt dieser an die Wettbewerbsabrede gebunden.

- Liegt hingegen **kein erheblicher Anlaß** vor, so kann der Arbeitnehmer sich von der Wettbewerbsabrede lossagen. Ihm steht also ein Wahlrecht zu, ob er sich dem Wettbewerbsverbot unterwerfen will. Dieses Wahlrecht kann der Arbeitgeber ausschließen, indem er sich bei der ordentlichen Kündigung verpflichtet, für die Dauer des Wettbewerbsverbots den zuletzt bezogenen Verdienst in voller Höhe weiterzuzahlen. Dieser "Preis" dürfte dem Arbeitgeber in Zeiten von Massenentlassungen aber regelmäßig zu hoch sein.

Schwierig ist allerdings die Beurteilung der Frage, wann ein **erheblicher Anlaß** vorliegt. Sicherlich ist hierfür kein wichtiger Grund i.S.d. § 626 BGB erforderlich, andererseits kann auch nicht jeder personen- oder verhaltensbedingte Kündigungsgrund ausreichen. Ein erheblicher Anlaß soll voraussetzen, daß ein Grund vorliegt, der **über einen normalen Kündigungsgrund hinausgeht**. Dieser muß nicht vom Arbeitnehmer verschuldet sein (etwa Krankheit). Bei der **betriebsbedingten Kündigung** hat der Arbeitnehmer immer ein Wahlrecht, es sei denn, diese ist an die Stelle einer sonst auszusprechen Kündigung aus erheblichem Anlaß getreten. Entscheidend ist i.ü. nicht die formale Bezeichnung der Kündigung, sondern die objektive Lage.

Die **Frist von einem Monat** für den Arbeitnehmer, innerhalb derer er sich von dem Wettbewerbsverbot lossagen muß, beginnt grundsätzlich mit der Kündigung. Dies gilt auch dann, wenn die Parteien sich später über die Beendigung des Arbeitsverhältnisses einigen. Der Arbeitnehmer muß also unbedingt **vorsorglich die Erklärung nach § 75 Abs. 1 HGB abgeben**, selbst wenn er die Kündigung im Prozeß anficht. Andernfalls bleibt das Wettbewerbsverbot wirksam.

3081

Kündigt der Arbeitgeber das Arbeitsverhältnis **aus wichtigem Grund** wegen vertragswidrigen Verhaltens des Arbeitnehmers, so hat nach der Regelung des § 75 Abs. 2 HGB der Arbeitnehmer keinen Anspruch auf die Karenzentschädigung, soll aber an das Wettbewerbsverbot gebunden bleiben. Diese Regelung ist jedoch verfassungswidrig. An ihrer Stelle gilt folgendes: Der Arbeitgeber hat ein Wahlrecht. Er kann innerhalb eines Monats nach der außerordentlichen Vertragsbeendigung **schriftlich** erklären, daß er sich an das Wettbewerbsverbot nicht mehr gebunden halte. Von der **Pflicht zur Zahlung der Karenzentschädigung** wird der Arbeitgeber dann frei. Hier besteht eine Parallele zur berechtigten außerordentlichen Kündigung des Arbeitnehmers.

Die Lossagung muß eindeutig ergeben, daß der Arbeitgeber keine Karenzentschädigung zahlen will und den Arbeitnehmer mit sofortiger Wirkung aus dem Verbot entläßt.
nsonsten fehlt es an einer wirksamen Lossagungserklärung mit der Folge, daß der Arbeitgeber zur Zahlung der Karenzentschädigung verpflichtet bleibt.

VII. Rechtsfolgen der Verletzung des Wettbewerbsverbotes

1. Unterlassungsklage

Im Hinblick auf die getroffene Vereinbarung schuldet der Arbeitnehmer dem Arbeitgeber grundsätzlich die **Unterlassung von Wettbewerbshandlungen**. Diesen Anspruch kann der Arbeitgeber mittels einer **Unterlassungsklage** vor dem Arbeitsgericht geltend machen. Auch eine **einstweilige Verfügung** ist möglich. Die zu unterlassene Handlung muß genau bezeichnet werden.

Der Arbeitgeber ist nicht nur auf den Unterlassungsanspruch beschränkt, er kann **darüber hinaus** auch einen **Beseitigungsanspruch** geltend machen. Hierzu gehört etwa die Schließung eines dem Verbot zuwider laufenden Erwerbsgeschäftes und die Löschung im Handelsregister. Ist der Arbeitnehmer unter Verstoß gegen die Wettbewerbsvereinbarung in die Dienste eines anderen Unternehmens getreten, so kann der Arbeitgeber **die Beendigung des Vertragsverhältnisses** verlangen.

2. Wegfall der Entschädigungspflicht

Der Arbeitgeber kann aufgrund des wettbewerbswidrigen Verhaltens des Arbeitnehmers auch vom Wettbewerbsverbot **zurücktreten oder Schadensersatz wegen Nichterfüllung** verlangen. **Tritt er zurück**, verliert das Wettbewerbsverbot aber seine Wirksamkeit. Dies ist also regelmäßig ein schlechter Weg.

Übt der Arbeitnehmer eine unerlaubte Konkurrenztätigkeit aus, so wird der Arbeitgeber während dieser Zeit von seiner Pflicht zur Zahlung der Karenzentschädigung befreit (Gedanke der §§ 325, 323 BGB). Der Wegfall des Entschädigungsanspruchs beschränkt sich dabei auf **den Zeitraum, in dem der Arbeitnehmer Wettbewerb gemacht hat**. Hält er sich später wieder an das Verbot, so steht ihm die Karenzentschädigung für die Zukunft wieder zu.

3. Auskunftsanspruch

Da der Verstoß gegen ein vereinbartes Wettbewerbsverbot meist nur schwer feststellbar ist, ist es von erheblicher Bedeutung, ob und inwieweit der Arbeitnehmer dem Arbeitgeber über seine Tätigkeit zur Auskunft verpflichtet ist. Ein solcher **Auskunftsanspruch** ist im Gesetz nicht ausdrücklich geregelt, wird von

Arbeitsrecht

der Rechtsprechung aber dann anerkannt, wenn der Arbeitnehmer durch sein Verhalten Anlaß zu der Annahme gegeben hat, er habe das Wettbewerbsverbot verletzt.

4. Vertragsstrafen

3086

Zur **Sicherung einer Wettbewerbsabrede** kann auch eine **Vertragsstrafe** vereinbart werden. Ansprüche aus dieser kann der Arbeitgeber aber nur nach Maßgabe des § 340 BGB geltend machen. Er kann also nicht parallel Wettbewerbsunterlassung und Vertragsstrafe verlangen.

Vorsicht! Als Teil der Wettbewerbsabrede unterliegt das Vertragsstrafeversprechen auch im Fall nachträglicher Vereinbarung der Form des § 74 Abs. 1 HGB.

Hinsichtlich der **Höhe der Vertragsstrafe** sind die Parteien grundsätzlich frei. Allerdings kommt evtl. eine Herabsetzung der Vertragsstrafe in Betracht (s. § 343 BGB). Der Arbeitnehmer muß dann vor Gericht einen entsprechenden **Antrag** stellen. Das Gericht legt dann die **Höhe der Vertragsstrafe** unter Abwägung aller Umstände fest.

VIII. Wettbewerbsverbote in besonderen Fallkonstellationen

1. Wettbewerbsabrede und Eintritt in den Ruhestand

3087

Ein nachvertragliches Wettbewerbsverbot entfällt **nicht** dadurch, daß der Arbeitnehmer in den Ruhestand eintritt und sich möglicherweise aus dem Arbeitsleben zurückzieht, da er grundsätzlich **auch als Ruheständler Konkurrenz betreiben kann**. Diese für viele Arbeitgeber überraschende Erkenntnis muß unbedingt beachtet werden!

Es empfiehlt sich, hier eine Art **Fristenbuch** zu führen, damit ggf. rechtzeitig auf die Wettbewerbsvereinbarung verzichtet werden kann. In dieses Fristenbuch sind die bestehenden Wettbewerbsabreden und die voraussichtlichen Zeitpunkte des Ausscheidens der Mitarbeiter einzutragen. Allerdings ist der Ruheständler dann selbstverständlich auch nicht gehindert, eine **Konkurrenztätigkeit** zu entfalten. Nach Ende des Arbeitsverhältnisses und Eintritt in den Ruhestand ist ein solcher Verzicht nicht mehr möglich!

Allerdings kann die **Nichtgeltung der Wettbewerbsabrede** für den Fall des Erreichens einer bestimmten Altersgrenze oder des Eintritts in den Ruhestand vorgesehen werden. Dann unterliegt der Ruheständler jedoch auch keinem Konkurrenzverbot, ist also insbesondere an einer Konkurrenztätigkeit durch eine etwaige **Betriebsrente** nicht gehindert. Diese substituiert keine Wettbewerbsabrede!

Wettbewerbsverbote

Eine **Anrechnung von gesetzlichen Renten** auf die Karenzentschädigung kommt nicht in Betracht. Die gesetzliche Rente wird nämlich nicht durch anderweitige Verwertung der Arbeitskraft erworben. Auch eine **Betriebsrente** wird grundsätzlich nicht anzurechnen sein.

Jedoch kann in einer **Versorgungsordnung** wirksam vorgesehen werden, daß die Karenzentschädigung auf die Betriebsrente angerechnet wird. In der Wettbewerbsvereinbarung selber ist dies nicht möglich, weil ansonsten die Karenzentschädigung hinter dem durch § 74 Abs. 2 HGB festgelegten Mindestumfang zurückbleiben würde. Hier ist also auf die **richtige Vertragsgestaltung** zu achten.

3088
Entfaltet der Ruheständler entgegen einem vertraglichen Wettbewerbsverbot unerlaubte Konkurrenztätigkeit, so ist der Arbeitgeber grundsätzlich nicht berechtigt, eine **Versorgungszusage** zu **widerrufen**. Allerdings kann im extremen Einzelfall die Berufung des Arbeitnehmers auf die Zusage rechtsmißbräuchlich sein. Keineswegs kann ein Wettbewerbsverbot dadurch ersetzt werden, daß dem Arbeitnehmer eine Betriebsrente zugesagt wird (s. Rz. 3087).

Beispiel:
Dem Arbeitnehmer ist eine Betriebsrente von 34,50 DM monatlich zugesagt. Für ein nachvertragliches Wettbewerbsverbot hätten ca. 3.000 DM aufgewendet werden müssen. Hier kann der Ruheständler unbegrenzt Konkurrenztätigkeiten entfalten. Die Betriebsrente von 34,50 DM vermittelt kein nachvertragliches Wettbewerbsverbot (s. BAG 03.04.1990, EzA § 1 BetrAVG Rechtsmißbrauch Nr. 2).

Diese Rechtsprechung ist vom Bundesarbeitsgericht nochmals bestätigt worden (15.06.1993, EzA § 74 HGB Nr. 55).

Beispiel:
Der bei dem Großunternehmen G beschäftigte Arbeitnehmer A soll vorzeitig aus dem Arbeitsverhältnis ausscheiden. Zum Ausgleich der entstehenden Nachteile wird ihm die Aufstockung seiner vertraglichen Pensionszahlungen zugesagt und das bisherige Wettbewerbsverbot aufgehoben. A entfaltet in der Folge Konkurrenztätigkeit.

*Das Bundesarbeitsgericht geht davon aus, daß die **Zusage erhöhter Versorgungsleistungen** keine Pflicht des A begründet, sich einer Konkurrenztätigkeit zu enthalten. Solange der ehemlige Arbeitnehmer seine nachwirkende Verschwiegenheitspflicht nicht verletzt, ist er nicht gehindert sein Wissen, bei einem Konkurrenten einzusetzen und zu verwerten. Auch eine Umdeutung einer Abfindungszahlung in eine (teilweise) Karenzentschädigung kommt nicht in Betracht. Auch hier wird die Abfindung nicht dazu benützt, eine Karenzentschädigung zu substituieren.*

Der sichere Weg heißt daher: Wettbewerbsabrede und Anrechnung der Karenzentschädigung auf die erhöhte Betriebsrente.

2. Wettbewerbsverbot und Konkurs des Arbeitgebers

3089

Die Behandlung von **Wettbewerbsverboten im Konkurs** des Arbeitgebers ist teilweise umstritten. Ist der Arbeitnehmer bereits aus dem Arbeitsverhältnis ausgeschieden, so **berührt die Konkurseröffnung die Wettbewerbsabrede** nicht. Im Falle des Ausscheidens des Arbeitnehmers nach Konkurseröffnung hat der **Konkursverwalter ein Wahlrecht (§ 17 KO)**. Er kann überlegen, ob er die Wettbewerbsenthaltung verlangt. Dann muß er jedoch auch die Karenzentschädigung zahlen.

Bis zur Eröffnung des Konkursverfahrens erwachsene Karenzentschädigungsansprüche stehen rangmäßig Dienstbezügen gleich (§ 59 Abs. 1 Nr. 3 b KO). Sie sind demnach ebenso bevorrechtigt wie Lohn- und Gehaltsrückstände. Liegt ein mehr als 12-monatiger Zahlungsrückstand vor, handelt es sich nur um eine **einfache Konkursforderung** (§ 61 Abs. 1 Nr. 6 KO).

3. Wettbewerbsverbote und Betriebsübergang

3090

Schwierig ist die Beurteilung der **Auswirkungen eines Betriebsübergangs auf die Wettbewerbsabrede**.

Ist der Arbeitnehmer noch zum Zeitpunkt der Betriebsveräußerung im Unternehmen beschäftigt, geht die **Wettbewerbsabrede auf den Erwerber über**. Die Entscheidung über das Ob und gegebenenfalls den Umfang ihrer Wirksamkeit hängt aber nunmehr von dem **Verhältnis Arbeitnehmer/Betriebserwerber** ab. Das berechtigte Interesse muß also nun in der Person des Erwerbers bestehen. Ob der Veräußerer ein solches hatte, wird unerheblich.

Höchst umstritten ist hingegen die Frage, ob und wenn ja, in welchem Umfang der Erwerber in **Wettbewerbsabreden bereits ausgeschiedener Arbeitnehmer** eintritt. Hier ist eine klare Linie in der Rechtsprechung noch nicht gefunden. Die überwiegende Meinung geht aber davon aus, daß eine entsprechende Anwendung des § 613 a BGB nicht in Betracht kommt, so daß der bisherige Arbeitgeber zur Zahlung verpflichtet bleibt.

Die Rechtslage kann insgesamt nur als unsicher bezeichnet werden. Dem sollten die Arbeitsvertragsparteien durch eine entsprechende **Vertragsgestaltung** Rechnung tragen.

Es kann beispielsweise vereinbart werden, daß ein Betriebsübergang die Wettbewerbsabrede nicht berühren soll, daß vielmehr von nun an das Verhältnis Betriebserwerber - ausgeschiedener Arbeitnehmer maßgeblich ist.

Wettbewerbsverbote

Muster:

Geht der Betrieb durch Rechtsgeschäft auf einen anderen Inhaber über, so soll dieser in die Wettbewerbsabreden bereits ausgeschiedener Arbeitnehmer eintreten. Maßgeblich für Bestand und Umfang der Abrede soll das Verhältnis des ehemaligen Arbeitnehmers zum neuen Betriebsinhaber sein.

4. Wettbewerbsverbot und Aufhebungsvertrag

3090a

Vereinbaren die Parteien in einem Aufhebungsvertrag die Zahlung einer Abfindung und in einer gesonderten Vereinbarung, daß diese nur unter der Voraussetzung gezahlt werden soll, daß der Arbeitnehmer keine Tätigkeit bei einem Wettbewerber aufnimmt, so verstößt diese Bestimmung gegen § 74 HGB und ist nichtig. *(LAG Bremen 25.02.1994, LAGE § 74 HGB Nr. 9).* Es fehlt an der **unbedingten Zusage einer Karenzentschädigung.** Dies führt aber regelmäßig nicht zur Gesamtnichtigkeit des Aufhebungsvertrages (s. Rz. 4050 und 4078 b).

Dies entspricht im Kern auch der **Auffassung des Bundesarbeitsgerichts:** Ein nachvertragliches Wettbewerbsverbot, daß im Zusammenhang mit der einvernehmlichen Aufhebung des Arbeitsverhältnisses vereinbart wird, unterfällt demnach dem Schutz der §§ 74 ff. HGB. Dies bedeutet, daß beispielsweise keine entschädigungslose Pflicht zur Wettbewerbsenthaltung begründet werden kann. Eine etwa vereinbarte Abfindung kann auch nicht im nachhinein in eine Entschädigungszusage umgedeutet werden. Entscheidend ist also **der Zusammenhang mit der Aufhebung des Arbeitsverhältnisses.** Diesen hat das Bundesarbeitsgericht *(03.05.1994, EzA § 74 HGB Nr. 56)* im Ausgangsfall bejaht, wenn das Wettbewerbsverbot 5 Monate vor dem geplanten Ausscheidenszeitpunkt getroffen wird.

Ob und in welchen Fallkonstellationen die Nichtigkeit einer entsprechenden Vereinbarung auch die **Nichtigkeit der gesamten Aufhebungsvereinbarung** zu Folge hat, hängt von den Umständen des Einzelfalles ab und muß durch Auslegung geklärt werden.

IX. Wettbewerbsabrede und Erstattungspflichten des Arbeitgebers

3091

Bei der Vereinbarung einer Wettbewerbsabrede mit einem Arbeitnehmer muß vom Arbeitgeber die Vorschrift des § 128 a AFG beachtet werden (s. hierzu im einzelnen Rz. 7048 ff.). Ist der Arbeitnehmer nämlich arbeitslos und durch eine Vereinbarung mit dem bisherigen Arbeitgeber in seiner beruflichen Tätigkeit beschränkt, so muß der **Arbeitgeber der Bundesanstalt für Arbeit vierteljährlich das Arbeitslosengeld, das dem arbeitslosen Arbeitnehmer bezahlt wird und die Beiträge der Kranken- und Rentenversicherung für die Zeit der Beschränkung erstatten.** Das vom Arbeitgeber erstattete Arbeitslosengeld muß sich der Arbeitnehmer wie Arbeitsentgelt auf die Entschädigung für die Wettbewerbsbeschränkung anrechnen lassen. Diese reduziert sich also entsprechend.

Beispiel:
Arbeitnehmer A ist durch ein nachvertragliches Wettbewerbsverbot für sechs Monate nach Beendigung des Vertragsverhältnisses eine Konkurrenztätigkeit untersagt. Nach ordentlicher Kündigung zum 30.09.1991 meldet sich A arbeitslos und erhält bis zum 31.12.1991 8.300 DM Arbeitslosengeld. Zugleich bezahlte die Bundesanstalt für ihn die Kranken- und Rentenversicherungsbeträge in Höhe von 2.700 DM. Den Gesamtbetrag von 11.000 DM muß Arbeitgeber B erstatten. Er seinerseits kann selbstverständlich nicht die vollen 11.000 DM auf die angenommene Karenzentschädigung des A in Höhe von 6.000 DM anrechnen. Vielmehr ist eine Anrechnung nur in dem Umfang möglich, in dem auch anderweitiges Arbeitsentgelt berücksichtigt wird (§ 128 a Abs. 1 Satz 3 AFG, s. auch Rz. 3070). Regelmäßig also nur dann, wenn Arbeitslosengeld und Karenzentschädigung zusammen 110 % (125% bei erzwungenem Wohnsitzwechsel) der letzten Bezüge übersteigen.

Die Bundesanstalt ist jedoch verpflichtet, den Arbeitgeber darüber zu belehren, durch Verzicht auf die Wettbewerbsabrede den Erstattungsanspruch abzuwehren *(BSG 13.03.1990, NZA 1990, 906)*. Die Belehrungspflicht hängt nicht vom Umfang der Vermittlungsbehinderung ab.

Allerdings entfällt auch bei unterbliebener Belehrung der Erstattungsanspruch nur dann, wenn die unterbliebene Belehrung über die Möglichkeit des Verzichts auf das Wettbewerbsverbot ursächlich dafür geworden ist, daß der Arbeitgeber tatsächlich nicht verzichtet hat. Dies ist von den Sozialgerichten im Rahmen einer Prognoseentscheidung festzustellen und zu würdigen. Greift der Arbeitgeber die Erstattung nur aus Rechtsgründen an, läßt er erkennen, daß ihm die Einhaltung der Wettbewerbsabrede vorrangig erschien.

Ansonsten kommt es darauf an, wie der Arbeitgeber auf die Befragung durch die Sozialbehörden reagiert, ob er insbesondere erklärt, daß ihm der Schutz des Wettbewerbsverbots durch die nun erhöhten Kosten (Erstattungspflicht) unmöglich gemacht werde.
Der Arbeitgeber kann also die Erstattungspflicht durch seine Einlassung steuern.

Hier gilt: Eine falsche Äußerung kann teuer werden! Holen Sie vorher Rechtsrat ein.

X. Arbeitshilfen für die betriebliche Praxis

3092

| Muster einer ausführlichen Wettbewerbsvereinbarung |

3093

Zwischen der Firma ...., nachfolgend kurz Firma genannt
und
Herrn/Frau ....

wird nachfolgende Wettbewerbsabrede getroffen:

§ 1 Geltungsbereich

I. Herr/Frau .... verpflichtet sich, für die Dauer von .... Jahren nach Beendigung des Arbeitsverhältnisses ohne schriftliches Einverständnis der Firma in keiner Weise für ein Unternehmen tätig zu sein, das in nachstehenden Bereichen als Konkurrenzunternehmen anzusehen ist, es sei denn Herr/Frau.......... weist nach, daß er/sie mit den untenstehenden Erzeugnissen nicht in Berührung kommt.

II. Das Arbeitsgebiet der Firma erfaßt folgende Bereiche: ....

III. Der örtliche Geltungsbereich des Wettbewerbsverbots erstreckt sich auf ....

IV. Herrn/Frau .... ist es insbesondere versagt, ein festes Arbeitsverhältnis oder ein freies Beratungs- oder Vertretungsverhältnis zu einem Unternehmen i.S.v. Absatz 1 zu begründen. Gleiches gilt für Errichtung oder Erwerb eines Konkurrenzunternehmens oder die maßgebliche finanzielle Beteiligung an einem solchen Unternehmen.
Verboten ist mithin jede selbständige oder unselbständige Konkurrenztätigkeit.

§ 2 Entschädigung

I. Für die Dauer des Wettbewerbsverbots zahlt die Firma Herrn/Frau .... eine Entschädigung in Höhe von .....% der zuletzt gewährten Bezüge.

II. Die Entschädigung wird jeweils am Schluß eines jeden Kalendermonats gezahlt.

III. Auf die Entschädigung wird angerechnet, was Herr/Frau .... während der Dauer der Wettbewerbseinschränkung durch anderweitige Verwertung seiner/ihrer Arbeitskraft erwirbt oder zu erwerben böswillig unterläßt. Dies gilt jedoch nur, so weit die Entschädigung unter Hinzuziehung dieses Betrages die Summe der zuletzt bezogenen vertragsmäßigen Leistungen um mehr als 1/10 übersteigt.

IV. Ist Herr/Frau .... gezwungen durch das Wettbewerbsverbot seinen Wohnsitz zu verlegen, so tritt an die Stelle der Erhöhung um 1/10 eine solche um 1/4.

V. Als anderweitiger Erwerb gilt jede Art von Einkünften, die Ersatz für den Einnahmeausfall darstellen, insbesondere auch von der Firma gezahlte Ruhegelder (Zulässigkeit streitig; besser Anrechnung in Versorgungsordnung vorsehen)

VI. Herr/Frau .... wird der Firma während der Dauer der Wettbewerbsabrede auf Verlangen in prüfbarer Form Auskunft über die Höhe seines/ihres Erwerbes erteilen. Er wird am Schluß eines Kalenderjahres die Lohnsteuerkarte vorlegen.

VII. Herr/Frau .... verpflichtet sich über jeden Wohnsitzwechsel der Firma unverzüglich Mitteilung zu machen.

§ 3 Kündigung

Kündigt die Firma das Arbeitsverhältnis, ohne daß ein erheblicher Anlaß in der Person von Herrn/Frau .... gegeben ist, wird das Wettbewerbsverbot unwirksam, wenn Herr/Frau .... innerhalb eines Monats nach Zugang der Kündigung schriftlich erklärt, daß er/sie sich nicht an die Wettbewerbsvereinbarung gebunden halte. Das Wettbewerbsverbot bleibt jedoch wirksam, wenn sich die Firma bei der Kündigung bereit erklärt, die vollen, zuletzt bezogenen Leistungen an Herrn/Frau .... für die Dauer des Verbots zu zahlen. Die Firma kann sich in derselben Weise von der Wettbewerbsvereinbarung lossagen, wenn sie das Arbeitsverhältnis wegen vertragswidrigen Verhaltens von Herrn/Frau .... aus wichtigem Grund außerordentlich kündigt.

§ 4 Verzicht

Die Firma kann vor Beendigung des Arbeitsverhältnisses durch schriftliche Erklärung auf das Wettbewerbsverbot mit der Folge verzichten, daß sie nach Ablauf eines Jahres seit der Erklärung von der Verpflichtung zur Zahlung der Entschädigung befreit wird.

§ 5 Vertragsstrafe

Herr/Frau .... ist verpflichtet, für jeden Fall der Verletzung des Wettbewerbsverbots an die Firma eine Vertragsstrafe in Höhe von ..... DM zu zahlen. Die Firma ist berechtigt, die Vertragsstrafe auch ohne Nachweis eines durch die Verletzungshandlung entstandenen Schadens zu beanspruchen. Bei einer dauerhaften Verletzung des

Wettbewerbsverbots wird die Vertragsstrafe für jeden angefangenen Monat der Verletzung neu verwirkt. Die Geltendmachung weiterer im Einzelfall nachzuweisender Schäden durch die Firma bleibt von dieser Vertragsstrafenvereinbarung unberührt.

§ 6 Sonstige Vereinbarungen

Beispiel: Altersrente, Invalidität, Betriebsübergang etc.

§ 7 Geltung der handelsrechtlichen Vorschriften

Im übrigen gelten die Vorschriften der §§ 74 - 75 c HGB entsprechend.

§ 8 Salvatorische Klausel

Sollte eine Bestimmung dieser Vereinbarung unwirksam sein, so läßt dies die Wirksamkeit der übrigen unberührt. An die Stelle der nichtigen Vereinbarung tritt eine dem Parteiwillen möglichst nahekommende wirksame Vereinbarung.

§ 9 Vertragsurkunde

Herr/Frau .... bestätigt, eine Ausfertigung dieser Wettbewerbsabrede, die von beiden Parteien unterzeichnet worden ist, erhalten zu haben.

Ort, Datum

Für die Firma .... Herr/Frau ....

3094

Muster: Wettbewerbsabrede im Arbeitsvertrag

§ ... Wettbewerbsklausel

I. Herr/Frau .... verpflichtet sich, für die Dauer von ..... Jahren nach Beendigung des Arbeitsverhältnisses nicht auf folgenden Gebieten in selbständiger oder nicht selbständiger Form tätig zu werden: ....

II. Herr/Frau .... steht es offen nachzuweisen, daß nachfolgende Tätigkeiten nicht gegen die Wettbewerbsklausel verstoßen: ....

III. Der örtliche Geltungsbereich der Wettbewerbsabrede erstreckt sich auf ....

> *IV. Für die Dauer des Wettbewerbsverbots zahlt die Firma Herrn/Frau .... als Entschädigung ....% der zuletzt gezahlten Bezüge:*
>
> *V. Im übrigen sollen die Vorschriften der §§ 74 - 75 c HGB Anwendung finden.*
>
> *VI. Herr/Frau .... bestätigt, eine von beiden Vertragsparteien unterzeichnete Ausfertigung der Wettbewerbsabrede erhalten zu haben.*

3095

| Muster: Wettbewerbsverbot in Probearbeitsvertrag |

> *Das Wettbewerbsverbot wird erst wirksam, wenn das Dienstverhältnis über die vertraglich vereinbarte Probezeit hinaus fortgesetzt wird.*
>
> **oder**
>
> *Das Wettbewerbsverbot wird erst wirksam, wenn nicht eine der Parteien während der Probezeit das Dienstverhältnis kündigt.*
>
> **oder**
>
> *Das Wettbewerbsverbot wird erst wirksam, wenn das Arbeitsverhältnis über die vereinbarte Probezeit hinaus fortgesetzt wird.*

3096

| Muster: Wettbewerbsabrede und Vorvertrag |

> *Herr/Frau .... verpflichtet sich, bei Übernahme der Tätigkeit als .... nachfolgendes Wettbewerbsverbot mit der Firma zu vereinbaren:*
>
> *Es folgt: Wettbewerbsabrede*

XI. Weiterführende Literatur:

3097

Bengelsdorf, Der Anspruch auf Karenzentschädigung, DB 1985, 1585
Grunsky, Wettbewerbsverbote für Arbeitnehmer, 2. Aufl. 1987
Schaub, Arbeitsrechtshandbuch, 7. Aufl. 1992, §§ 57 und 58
Welslau, Nachvertragliche Wettbewerbsverbote, HzA Gruppe 1 Rz. 2181
Winterstein, Nachvertragliches Wettbewerbsverbot und Karenzentschädigung, NJW 1989, 1463

16. Kapitel: Arbeitnehmerüberlassung

I.	Einführung	3500
II.	Der Begriff der Arbeitnehmerüberlassung	3502
III.	Abgrenzung zur Arbeitsvermittlung	3503
IV.	Abgrenzung zu sonstigen Formen drittbezogenen Personaleinsatzes	3504
	1. Rechtliche Einordnung nach dem Geschäftsinhalt	3505
	2. Werkvertrag	3506
	3. Dienstvertrag	3507
V.	Abgrenzung zur Abordnung an Werkarbeitsgemeinschaften	3508
VI.	Erlaubnisfreie Arbeitnehmerüberlassung	3509
	1. Gelegentliche entgeltliche Überlassung von Arbeitnehmern an andere Unternehmen	3510
	2. Überlassung von Maschinen mit Bedienungspersonal	3511
	3. Arbeitnehmerüberlassung zwischen Arbeitgebern desselben Wirtschaftszweiges	3512
	4. Arbeitnehmerüberlassung im Konzern	3513
	5. Arbeitnehmerüberlassung durch Kleinunternehmen	3514
	6. Abschluß des Arbeitnehmerüberlassungsvertrages	3515
	7. Meldepflichten	3516
	8. Betriebsverfassungsrechtliche Stellung des Leiharbeitnehmers	3517
	9. Beteiligung des Betriebsrates	3518
VII.	Erlaubnispflichtige Arbeitnehmerüberlassung	3519
	1. Der Begriff der Gewerbsmäßigkeit	3520
	2. Mischbetriebe	3523
	3. Grenzüberschreitende Arbeitnehmerüberlassung	3524
	4. Die Erlaubnis nach dem Arbeitnehmerüberlassungsgesetz	3525
	5. Abschluß des Leiharbeitnehmervertrages	3526
	6. Abschluß des Arbeitnehmerüberlassungsvertrages	3527
	7. Meldepflichten	3528
VIII.	Sonderregelung im Baugewerbe	3529
IX.	Rechtsfolgen illegaler Arbeitnehmerüberlassung	3530
X.	Weiterführende Literaturhinweise	3531
XI.	Muster eines Werkarbeitsgemeinschaftsvertrages	3532
XII.	Muster eines Arbeitnehmerüberlassungsvertrages für die gelegentliche Arbeitnehmerüberlassung	3533
XIII.	Merkblatt für Leiharbeitnehmer	3534

Arbeitsrecht

Checkliste:

- **Begriff/Anwendungsfälle:**
  - der Arbeitgeber (Verleiher) unterstellt eigene Arbeitnehmer (Leiharbeitnehmer) dem Weisungsrecht eines anderen Arbeitgebers (Entleihers)
  - Arbeitnehmer eines anderen Arbeitgebers werden dem eigenen Weisungsrecht unterstellt

- **Keine Arbeitnehmerüberlassung liegt vor:**
  - Dienst-/Werkvertrag - Vorsicht! Abgrenzung zur Arbeitnehmerüberlassung nach dem tatsächlichen Geschäftsinhalt, nicht nach der Bezeichnung des Vertrages
  - verbotene Arbeitsvermittlung - wird vermutet bei einer Überlassungsdauer von länger als 9 Monaten! Rechtsfolge: Fiktion eines Arbeitsverhältnisses mit dem Entleiher.
  - Abordnung von Arbeitnehmern an Werkarbeitsgemeinschaft unter den Voraussetzungen des Art. 1 § 1 Abs. 1 Satz 2 AÜG (vgl. im einzelnen Rz. 3508)

- **Zulässigkeitsvoraussetzung bei gewerbsmäßiger Arbeitnehmerüberlassung: Erlaubnis des Landesarbeitsamtes**

- **Erlaubnis des Landesarbeitsamtes ausnahmsweise entbehrlich:**
  - gelegentliche Überlassung ohne Wiederholungsabsicht
  - Überlassung von Maschinen mit Bedienungspersonal, wenn die Personalüberlassung nur wirtschaftlich geringwertige Nebenleistung
  - Arbeitnehmerüberlassung zwischen Arbeitgebern desselben Wirtschaftszweiges, wenn dies tarifvertraglich vereinbart ist
  - nur vorübergehende konzerninterne Arbeitnehmerüberlassung
  - Arbeitnehmerüberlassung durch Arbeitgeber mit weniger als 20 Arbeitnehmern zur Vermeidung von Kurzarbeit oder Entlassungen, aber: Anzeigepflicht!

- **Rechtsfolge bei gewerbsmäßiger Arbeitnehmerüberlassung ohne Erlaubnis: Fiktion eines Arbeitsverhältnisses zwischen Leiharbeitnehmer und Entleiher**

Arbeitnehmerüberlassung

I. Einführung

3500

In der betrieblichen Praxis ist es oftmals zweckmäßig, fremdes Personal in Anspruch zu nehmen oder eigenes Personal an Dritte zu überlassen.

Die Gründe für einen solchen drittbezogenen Personaleinsatz können vielfältig sein. Möglicherweise mangelt es dem eigenen Personal an den entsprechenden Spezialkenntnissen. Ein drittbezogener Personaleinsatz kommt aber insbesondere auch dann in Betracht, wenn es darum geht, einen kurzfristig auftretenden und zeitlich begrenzten Personalbedarf zu decken. Seine Ursache kann ein solcher Bedarf sowohl in einem vorübergehenden Ausfall von Stammpersonal haben als auch in einer notwendigen Produktionssteigerung, die mit dem Stammpersonal nicht zu bewältigen ist. Denkbar ist es auch, daß Neueinstellungen wegen einer unsicheren Zukunftsprognose oder auch allein aus Kostengründen grundsätzlich vermieden werden sollen. Der Einsatz eigenen Personals in Drittbetrieben kann vor allem auch geeignet sein, einen vorübergehenden Arbeitnehmerüberhang zu beseitigen.

3501

Wird von Dritten Personal in Anspruch genommen oder eigenes Personal an Dritte überlassen, so wird dies häufig mit Begriffen wie **Zeitarbeit, Leiharbeit oder Personalleasing** bezeichnet.
Dabei wird übersehen, daß es sich rechtlich oftmals um eine **gewerbsmäßige Arbeitnehmerüberlassung** handelt, auf die das Gesetz zur Regelung der gewerbsmäßigen Arbeitnehmerüberlassung (Arbeitnehmerüberlassungsgesetz - AÜG) Anwendung findet. Danach ist eine gewerbsmäßige Arbeitnehmerüberlassung nur dann zulässig, wenn das zuständige **Landesarbeitsamt zuvor eine entsprechende Erlaubnis erteilt hat**. Anderenfalls treten Rechtsfolgen ein, die wirtschaftlich genau zum Gegenteil dessen führen können, was seitens der Beteiligten angestrebt wurde (z.B. zur Begründung eines Arbeitsverhältnisses mit dem Arbeitgeber, der fremdes Personal in Anspruch nimmt, vgl. unten Rz. 3530).

Die genaue rechtliche Einordnung des drittbezogenen Personaleinsatzes ist aber nicht nur aus diesem Grund jeweils vor Beginn einer solchen Maßnahme sorgfältig zu prüfen. Ein Verstoß gegen die Bestimmungen des Arbeitnehmerüberlassungsgesetzes kann als Ordnungswidrigkeit und ggfs. auch als Straftat geahndet werden.

Für alle Verantwortlichen im Personalbereich eines Betriebes muß also gelten:
Vorsicht bei dem Einsatz drittbezogenen Personals!
Es ist vorab genau zu prüfen, ob eine Arbeitnehmerüberlassung im Sinne des Arbeitnehmerüberlassungsgesetzes vorliegt, und wenn ja, ob die Bestimmungen des Arbeitnehmerüberlassungsgesetzes eingehalten werden.

Mit der gesetzlichen Regelung wollte der Gesetzgeber vor allem den sozialen Mindestschutz für den Leiharbeitnehmer sicherstellen. Daneben sollte auch einer Aushöhlung des staatlichen Arbeitsvermittlungsmonopols (§ 4 AFG) entgegengewirkt werden. Als weitere Zielsetzungen sind hier zu nennen:

- Fernhalten unseriöser Verleiher vom Markt,
- Unterbindung eines langfristigen Leiharbeitnehmereinsatzes und
- der Schutz ausländischer Arbeitnehmer.

Diese Zielsetzungen sind bei Rechtsfragen im Zusammenhang mit dem Einsatz drittbezogenen Personals im Auge zu behalten.

Erlaubnispflichtig ist aber nur die gewerbsmäßige Arbeitnehmerüberlassung (vgl. unten Rz. 3519). Erlaubnisfrei ist dagegen eine Überlassung von Arbeitnehmern, die **nicht gewerbsmäßig** erfolgt (vgl. unten Rz. 3509). Auf diese Fälle ist das AÜG nur bedingt anwendbar.

Die nachfolgende Darstellung befaßt sich schwerpunktmäßig mit den erlaubnisfreien Formen der Arbeitnehmerüberlassung. Bleiben bei einem beabsichtigten drittbezogenen Personaleinsatz Zweifel, ob die Voraussetzungen für eine erlaubnisfreie Arbeitnehmerüberlassung vorliegen, sollte in der Praxis vorsorglich eine entsprechende Erlaubnis beim Arbeitsamt beantragt werden.

3501 a

Mit Wirkung vom 01.01.1994 ist das AÜG in einigen für die Praxis zum Teil sehr bedeutsamen Punkten geändert worden. Neu geregelt wurde die **höchstzulässige Überlassungsdauer** (vgl. unten Rz. 3503, 3525), die Arbeitnehmerüberlassung durch Kleinunternehmen (sog. Kollegenhilfe, vgl. Rz. 3514) sowie die grenzüberschreitende gewerbsmäßige Arbeitnehmerüberlassung (vgl. Rz. 3524). Außerdem wurde der Gebührenrahmen für die Erteilung der Verleihererlaubnis erweitert (vgl. 3525). Die Neuregelung erfolgte im wesentlichen durch das erste Gesetz zur Umsetzung des Spar-, Konsolidierungs- und Wachstumsprogramms vom 21.12.1993, BGBl. I, S. 2353.

Seit dem 01.03.1994 ist auch im Baugewerbe die gewerbsmäße Arbeitnehmerüberlassung teilweise zulässig (vgl. BGBl. 1994 I. S. 2456, Rz. 3529).

II. Der Begriff der Arbeitnehmerüberlassung

3502

Eine Arbeitnehmerüberlassung liegt vor, wenn ein Arbeitgeber **(Verleiher)** einem Dritten **(Entleiher)** Arbeitnehmer **(Leiharbeitnehmer)** zur Arbeitsleistung überläßt (Art. 1 § 1 Abs. 1 Satz 1 AÜG).

Das ist der Fall, wenn der Verleiher dem Entleiher geeignete Leiharbeitnehmer zur Verfügung stellt, die der Entleiher nach **eigenen betrieblichen Erfordernissen in seinem Betrieb nach seinen Weisungen einsetzt.** Kennzeichnend für das Vorliegen einer Arbeitnehmerüberlassung ist es, daß vertragliche Beziehungen zwischen Entleiher und Leiharbeitnehmer nicht bestehen. Vielmehr besteht lediglich ein Arbeitsvertrag zwischen dem Verleiher und dem Leiharbeitnehmer sowie ein zwischen dem Verleiher und dem Entleiher abgeschlossener Vertrag, der sich auf die entgeltliche Überlassung dieses Arbeitnehmers bezieht (Arbeitnehmerüberlassungsvertrag). Zu den sozialrechtlichen Auswirkungen der Arbeitnehmerüberlassung vgl. unter Rz. 5211, 5544, 5632; zu den steuerrechtlichen Folgen vgl. unter Rz. 8010, 8167.

III. Abgrenzung zur Arbeitsvermittlung

3503

Eine Arbeitnehmerüberlassung liegt dagegen nicht vor, wenn es sich bei der Bereitstellung von Arbeitskräften um eine verbotene private Arbeitsvermittlung (vgl. § 4 AFG) handelt.

Hierunter versteht man jede Tätigkeit, die darauf gerichtet ist, Arbeitssuchende mit Arbeitgebern **zur Begründung von Arbeitsverhältnissen zusammenzuführen** (§ 13 Abs. 1 AFG, vgl. auch unten Rz. 5001).

Eine solche Arbeitsvermittlung wird immer dann vermutet, wenn die Dauer der Arbeitnehmerüberlassung im Einzelfall 9 Monate übersteigt oder der Überlassende nicht die üblichen Arbeitgeberpflichten oder das Arbeitgeberrisiko trägt (Art. 1 § 1 Abs. 2 AÜG). Unter die üblichen Arbeitgeberpflichten fallen alle arbeits-, sozial- und steuerrechtlichen Pflichten eines Arbeitgebers. Das Arbeitgeberrisiko besteht im wesentlichen im Verbot für den Verleiher, den Leiharbeitnehmer nur befristet zu beschäftigen (vgl. im einzelnen Art. 1 § 3 Abs. 1 Nr. 1 - 5 AÜG). Diese Vermutung kann allerdings widerlegt werden, wenn der Verleiher Tatsachen vorträgt, die den Vermittlungscharakter erschüttern.

Wird dagegen die 9-monatige Einsatzfrist überschritten, so wird bei der **gewerbsmäßigen Arbeitnehmerüberlassung** die verbotene Arbeitsvermittlung unwiderlegbar vermutet. Lediglich bei der **nicht gewerbsmäßigen Arbeitnehmerüberlassung** kann der Verleiher die Vermutung durch den Nachweis widerlegen, daß er auch nach dem Ablauf der 9 Monate die üblichen Arbeitgeberpflichten und das Arbeitgeberrisiko übernimmt (vgl. Rz. 3520).

Gelingt dieser Nachweis nicht oder ist er ausgeschlossen, so kommt zwischen dem Arbeitnehmer und demjenigen, an den er vermittelt worden ist, ein Arbeitsverhältnis zustande (Art. 1 § 13 AÜG).

Arbeitsrecht

3503 a
Der Gesetzgeber hatte zum 01.01.1994 die höchstzulässige Überlassungsdauer von 6 auf 9 Monate verlängert. Diese Regelung gilt zunächst bis zum **31.12.1995**. Nach derzeitiger Rechtslage gilt vom 01.01.1996 an eine höchstzulässige Überlassungsdauer von 3 Monaten. Es erscheint jedoch höchst unwahrscheinlich, daß der Gesetzgeber hieran festhält. Es ist vielmehr damit zu rechnen, daß die derzeitige Regelung verlängert, zumindest aber wieder ein Höchstüberlassungszeitraum von 6 Monaten zugelassen wird. Arbeitgebern kann nur geraten werden, diese Frage im Auge zu halten. Zu den Problemen des 9-monatigen Überlassungszeitraumes vgl. Rz. 3530.

IV. Abgrenzung zu sonstigen Formen drittbezogenen Personaleinsatzes

3504
Eine Arbeitnehmerüberlassung ist auch dann nicht gegeben, wenn es sich bei dem Vertrag zwischen Arbeitgeber und Drittem um einen **Werk- oder Dienstvertrag** handelt. In diesen Fällen wird der Arbeitnehmer nicht als Leiharbeitnehmer, sondern als **Erfüllungsgehilfe** seines Arbeitgebers bei dem Dritten tätig. Unter einem Erfüllungsgehilfen versteht man diejenigen Personen, derer sich der Schuldner (Arbeitgeber) zur Erfüllung seiner vertraglichen Verpflichtung bedient (§ 278 BGB).

Diese Formen des drittbezogenen Personaleinsatzes sind grundsätzlich ohne weiteres zulässig (Ausnahme: besondere gewerberechtliche Erlaubnis). Von daher ist oftmals in der Praxis die Versuchung groß, die Rechtsfolgen des Arbeitnehmerüberlassungsgesetzes dadurch zu vermeiden, daß entsprechende Verträge über einen drittbezogenen Personaleinsatz als Werk- oder Dienstverträge bezeichnet und vordergründig entsprechende rechtliche Elemente in den Vertrag einbezogen werden. **Vor derartigen Umgehungsversuchen kann nur dringend gewarnt werden!** Auf die Bezeichnung eines Vertrages kommt es für seine rechtliche Einordnung nur sehr bedingt an.

1. Rechtliche Einordnung nach dem Geschäftsinhalt

3505
Für die rechtliche Einordnung eines Vertrages als Werk- oder Dienstvertrag oder als Arbeitnehmerüberlassungsvertrag kommt es entscheidend auf den Geschäftsinhalt an und nicht auf die von den Vertragsparteien gewünschte Rechtsfolge oder auf eine Bezeichnung, die dem tatsächlichen Geschäftsinhalt nicht entspricht.

Dieser Geschäftsinhalt ist aufgrund einer **wertenden Gesamtbetrachtung** zu ermitteln. Er kann sich sowohl aus den ausdrücklichen Vereinbarungen der Vertragsparteien als auch aus der praktischen Durchführung des Vertrages ergeben.

Arbeitnehmerüberlassung

Weichen beide voneinander ab, so ist die tatsächliche Durchführung des Vertrages maßgebend, denn hieraus lassen sich am ehesten Rückschlüsse auf den tatsächlichen Willen der Vertragsparteien ziehen. Es ist jedoch erforderlich, daß die auf Seiten der Vertragsparteien zum Vertragsabschluß berechtigten Personen die abweichende Vertragspraxis kannten oder sie zumindest geduldet haben.

Die Abgrenzung der Arbeitnehmerüberlassung gegenüber den sonstigen Formen des drittbezogenen Personaleinsatzes hat also nach dem ausdrücklichen Inhalt des Vertrages und seiner Durchführung zu erfolgen.

2. Werkvertrag

3506

Ein Werkvertrag liegt vor, wenn der Arbeitgeber nach dem Inhalt des Vertrages entweder die Herstellung bzw. die Veränderung einer Sache oder einen anderen durch Arbeit oder Dienstleistung **herbeizuführenden Erfolg schuldet** (§ 631 BGB).

Beispiel:
Der Arbeitgeber verpflichtet sich, einen bestimmten Bauabschnitt zu errichten. Hier schuldet der Arbeitgeber einen Erfolg, nämlich die Errichtung des Bauabschnittes. Regelmäßig wird es sich bei Subunternehmerverhältnissen, Montageverträgen sowie bei Verträgen über die Anfertigung von Gutachten oder sonstigen Analysen um Werkverträge handeln.

Demgegenüber schuldet der Verleiher aufgrund eines Arbeitnehmerüberlassungsvertrages nur die Zurverfügungstellung von arbeitsbereiten und arbeitsfähigen Arbeitnehmern zum Zwecke der Arbeitsleistung beim Entleiher.

Maßgebend für die Abgrenzung von Werkvertrag und Arbeitnehmerüberlassungsvertrag sind darüber hinaus folgende Umstände:

- **Direktionsrecht**
  Beim Werkvertrag steht allein dem Werkunternehmer das Direktionsrecht (vgl. oben Rz. 2002 ff.) zu. Liegt das Direktionsrecht dagegen bei dem Dritten, so handelt es sich um eine Arbeitnehmerüberlassung.

- **Organisation**
  Der Werkunternehmer organisiert den Einsatz seiner Arbeitnehmer selbst. Er wählt das eingesetzte Personal aus und bestimmt das Arbeitstempo, ordnet Überstunden an und gewährt Freizeit und Urlaub. Er führt auch die Anwesenheits- und Arbeitszeitkontrollen durch und überwacht seine Arbeitnehmer sowie die einzelnen Arbeitsvorgänge. Werden die vorgenannten Aufgaben hingegen von dem Dritten durchgeführt, so spricht dies für das Vorliegen einer Arbeitnehmerüberlassung.

Arbeitsrecht

- **Eingliederung**
Die auf werkvertraglicher Basis eingesetzten Arbeitnehmer sind nicht in die Arbeitsläufe oder in den Produktionsprozeß des Dritten organisatorisch eingegliedert. Hierzu gehört, daß die geschuldeten Arbeiten weitgehend autonom verrichtet werden. In der bloßen Abstimmung des Arbeitseinsatzes des eingesetzten Personals auf die Produktionsabläufe oder die Arbeitszeiten des Dritten liegt noch keine betriebliche Eingliederung. Gleiches gilt für den Umstand, daß das eingesetzte Personal den Sicherheitsbestimmungen des Dritten (z.B. Tragen von Schutzkleidung) unterworfen wird.
Dagegen spricht die Bildung gemeinsamer Arbeitsgruppen mit Arbeitnehmern des Dritten regelmäßig für eine Eingliederung der eingesetzten Arbeitnehmer und damit für das Vorliegen einer Arbeitnehmerüberlassung.

- **Gewährleistung/Haftung**
Beim Werkvertrag haftet der Unternehmer für die Erstellung des Werkes bis zur Abnahme durch den Besteller (§§ 631 ff., 644 BGB). Der Unternehmer ist ferner zur Mängelgewährleistung verpflichtet (§§ 633 ff. BGB). Der Unternehmer muß auch für schuldhafte Schlechtleistungen der von ihm eingesetzten Arbeitnehmer einstehen (§ 278 BGB).
Ist eine derartige Gewährleistung bzw. Haftung nach dem Willen der Parteien ausgeschlossen oder die Haftung auf die ordnungsgemäße Auswahl der eingesetzten Arbeitnehmer beschränkt, so spricht dies für das Vorliegen einer Arbeitnehmerüberlassung.

- **Materialgestellung**
Für das Vorliegen eines Werkvertrages spricht es, wenn der Arbeitgeber die erforderlichen Werkzeuge, Maschinen und Materialien den Arbeitnehmern zur Verfügung stellt. Werden diese Materialien hingegen durch den Dritten gestellt, so deutet das auf eine Arbeitnehmerüberlassung hin.

- **Vergütungsmodalitäten**
Typisch für das Vorliegen eines Werkvertrages ist auch die Abrechnung auf der Basis von erfolgsbezogenen Festpreisen. Zwingend ist dies aber nicht. Bei schwer kalkulierbaren Arbeiten kann auch eine Abrechnung auf Stundenbasis vereinbart sein. Dagegen ist es regelmäßig Kennzeichen eines Arbeitnehmerüberlassungsvertrages, wenn die Abrechnung nach den erbrachten Lohnstunden erfolgen soll.

3. Dienstvertrag

3507
Im Gegensatz zum Werkvertrag besteht der Leistungsgegenstand des Dienstvertrages nicht in der Herbeiführung eines bestimmten Erfolges, sondern in der **Erbringung bestimmter Dienstleistungen** (§§ 611 ff. BGB).

Ein Dienstvertrag kommt unter anderem bei der Wartung von wertvollen Spezialmaschinen oder sonstigen technischen Anlagen, Durchführung von Bewachungsaufgaben,

Ausführung von Werbemaßnahmen oder Unternehmensberatungsaufgaben in Betracht. Auch Serviceleistungen im EDV-Bereich können aufgrund eines Dienstvertrages erbracht werden.

Auch beim Dienstvertrag hat die Abgrenzung zur Arbeitnehmerüberlassung nach den oben genannten Kriterien zu erfolgen. Auch hier empfiehlt es sich, die geschuldeten Dienstleistungen im Vertrag so genau wie möglich zu bezeichnen. Insbesondere muß für die Annahme eines Dienstvertrages sichergestellt sein, daß die geschuldete Dienstleistung durch den Dienstverpflichteten überhaupt selbständig, das heißt ohne Eingliederung der eingesetzten Arbeitnehmer in die Betriebsorganisation des dienstberechtigten Dritten erbracht werden kann.

V. Abgrenzung zur Abordnung an Werkarbeitsgemeinschaften

3508

Ebenfalls keine Arbeitnehmerüberlassung ist die Abordnung von Arbeitnehmern an Arbeitsgemeinschaften, wenn

- die Arbeitsgemeinschaft zur Herstellung eines Werkes gebildet wurde,
- der abordnende Arbeitgeber Mitglied der Arbeitsgemeinschaft ist,
- für alle Mitglieder der Arbeitsgemeinschaft Tarifverträge desselben Wirtschaftszweiges gelten und
- alle Mitglieder aufgrund des Arbeitsgemeinschaftsvertrages zur selbständigen Erbringung von Vertragsleistungen verpflichtet sind (Art. 1 § 1 Abs. 1 Satz 2 AÜG).

Diese Möglichkeit ist insbesondere für die Bauwirtschaft von Bedeutung (vgl. § 9 BRTV sowie unten Rz. 3529).

Der Zusammenschluß von Arbeitgebern zu einer Werkarbeitsgemeinschaft erfolgt üblicherweise in der Rechtsform einer Gesellschaft bürgerlichen Rechts (§§ 705 ff. BGB; vgl. Muster Rz. 3532). Dabei ist jedoch immer zu beachten, daß die aufgrund eines Werkarbeitsgemeinschaftsvertrages erfolgende Abordnung von Arbeitnehmern nur dann keine Arbeitnehmerüberlassung ist, wenn die vorgenannten Voraussetzungen des Art. 1 § 1 Abs. 1 Satz 2 AÜG vorliegen. Für alle Gesellschafter müssen also Tarifverträge desselben Wirtschaftszweiges gelten.

VI. Erlaubnisfreie Arbeitnehmerüberlassung

3509

Handelt es sich danach bei dem beabsichtigten drittbezogenen Personaleinsatz um eine Arbeitnehmerüberlassung, so benötigt der Verleiher nur dann keine Erlaubnis, wenn die Arbeitnehmerüberlassung **nicht gewerbsmäßig erfolgt** bzw. das AÜG die beabsichtigte Arbeitnehmerüberlassung ausdrücklich von der Er-

Arbeitsrecht

laubnispflicht ausnimmt. Zum Begriff der Gewerbsmäßigkeit vgl. unten Rz. 3520.

1. Gelegentliche entgeltliche Überlassung von Arbeitnehmern an andere Unternehmen

3510

Die nur gelegentliche entgeltliche Überlassung von Arbeitnehmern an Dritte erfolgt im allgemeinen nicht gewerbsmäßig und ist daher erlaubnisfrei. Dies setzt allerdings voraus, daß

- der Arbeitnehmer **regelmäßig im Betrieb des Verleihers arbeitet** und daß

- der Einsatz des Arbeitnehmers bei einem Drittbetrieb nur **ausnahmsweise und vorübergehend und mit seiner Zustimmung erfolgt**.

Beispiel:
Die befreundeten Arbeitgeber A und B betreiben jeweils ein Speditionsunternehmen. Als bei A plötzlich ein Kraftfahrer erkrankt und infolgedessen für 2 Wochen ausfällt, fragt A bei B an, ob dieser ihm für diesen Zeitraum einen seiner Kraftfahrer überlassen könne, da A andernfalls seine vertraglichen Verpflichtungen gegenüber seinen Auftraggebern nicht einhalten könne. Der normalerweise bei B beschäftigte Kraftfahrer C ist bereit, vorübergehend für A zu fahren, bis der dort erkrankte Kraftfahrer wieder arbeitsfähig ist.
Die beabsichtigte Arbeitnehmerüberlassung ist hier auch ohne Vorliegen einer arbeitsamtlichen Erlaubnis zulässig, da die Überlassung lediglich ausnahmsweise anläßlich der Erkrankung eines Arbeitnehmers erfolgt und C ansonsten regelmäßig im Betrieb des Arbeitgebers B arbeitet.

Für die Beurteilung, ob eine Überlassung nur gelegentlich erfolgt, kommt es entscheidend darauf an, daß es an einer Absicht des Verleihers fehlt, die Überlassungstätigkeit fortwährend zu wiederholen (vgl. unten Rz. 3521). Daher ist es nicht unproblematisch, wenn Arbeitnehmer im Wege der **unternehmerischen "Nachbarschaftshilfe"** ständig an befreundete Arbeitgeber überlassen werden.

Beispiel:
Die befreundeten Arbeitgeber A und B tauschen ständig Arbeitnehmer untereinander aus, um auftretende Personalengpässe zu beseitigen.
In diesen Fällen wird im allgemeinen eine Wiederholungsabsicht zu bejahen sein mit der Folge, daß die Überlassung von Arbeitnehmern nur dann zulässig ist, wenn das Landesarbeitsamt eine entsprechende Erlaubnis erteilt hat. Die Abgrenzung zur nur gelegentlichen Überlassung ist hier mitunter schwierig und kann nur anhand des jeweiligen Einzelfalles abschließend vorgenommen werden.

Im Hinblick darauf ist in der betrieblichen Praxis äußerste Zurückhaltung geboten, um unnötige Risiken zu vermeiden. Erweist sich der regelmäßige Austausch von Arbeitnehmern mit eng kooperierenden Unternehmen als unvermeidbar oder erwünscht, so sollte in jedem Fall eine Erlaubnis beantragt werden.

2. Überlassung von Maschinen mit Bedienungspersonal

3511

Die Überlassung von Maschinen mit Bedienungspersonal ist im Arbeitnehmerüberlassungsgesetz nicht ausdrücklich geregelt.

Es besteht jedoch Einigkeit, daß die Überlassung von Maschinen mit Bedienungspersonal dann keine erlaubnispflichtige Arbeitnehmerüberlassung darstellt, wenn die Gestellung von Arbeitnehmern nur als eine **vertragliche Nebenleistung** im Rahmen eines Kauf-, Miet- oder Leasingvertrages anzusehen ist.

Beispiel:
Vermietung von Baumaschinen (z.B. Baggern und Planierraupen) unter Gestellung des Bedienungspersonals.

Bei derartigen gemischten Verträgen ist die Personalgestellung dann eine Nebenleistung, wenn der wirtschaftliche Wert der sonstigen geschuldeten Leistung wesentlich höher ist als der Wert der Personalgestellung. Dies wird in der Regel nur bei besonders wertvollen Maschinen und technischen Anlagen (z.B. EDV) in Betracht kommen. Maßgebend ist, ob nach Sinn und Zweck des gemischten Vertrages die **Gebrauchsüberlassung des Geräts im Vordergrund steht** und die Zurverfügungstellung des Personals nur dienende Funktion hat, indem es den Einsatz des Geräts erst ermöglichen soll oder ob der Vertrag schwerpunktmäßig auf die Verschaffung der Arbeitsleistung des Personals gerichtet ist und die Überlassung des Geräts demgegenüber nur untergeordnete Bedeutung hat.
Soweit die Arbeitnehmer nur mit Werkzeugen oder mit geringwertigen Maschinen ausgestattet sind, stellt die Arbeitnehmerüberlassung die Hauptleistungspflicht des Vertrages dar, weshalb für ein gewerbsmäßiges Tätigwerden eine Erlaubnis erforderlich ist.

3. Arbeitnehmerüberlassung zwischen Arbeitgebern desselben Wirtschaftszweiges

3512

Ebenfalls erlaubnisfrei ist die Arbeitnehmerüberlassung zwischen Arbeitgebern desselben Wirtschaftszweiges, wenn sie

- zur **Vermeidung von Kurzarbeit oder Entlassungen** erfolgt und

- ein für den Entleiher und Verleiher geltender **Tarifvertrag** für diesen Fall die Unanwendbarkeit des Arbeitnehmerüberlassungsgesetzes vorsieht (Art. 1 § 1 Abs. 3 Nr. 1 AÜG).

Arbeitsrecht

4. Arbeitnehmerüberlassung im Konzern

3513

Das AÜG ist ebenfalls nicht anwendbar auf die Arbeitnehmerüberlassung zwischen Konzernunternehmen, wenn der Arbeitnehmer seine Arbeit vorübergehend nicht bei seinem Arbeitgeber leistet (Art. 1 § 1 Abs. 3 Nr. 2 AÜG).

Voraussetzung ist, daß es sich um ein **Konzernunternehmen i.S.d. § 18 AktG** handelt. Dabei muß es sich aber nicht zwingend um eine Aktiengesellschaft oder Kommanditgesellschaft auf Aktien handeln. Vielmehr können auch Konzernunternehmen, die in einer anderen Gesellschaftsform geführt werden (z.B. GmbH, Personengesellschaften) ein Konzernunternehmen im Sinne des Arbeitnehmerüberlassungsgesetzes sein. Unerheblich ist es, ob es sich um einen Gleichordnungs- oder einen Unterordnungskonzern handelt.

Der Begriff " **vorübergehend** " ist bei der konzerninternen Arbeitnehmerüberlassung weit auszulegen. Daher kann auch eine mehrjährige Arbeitnehmerüberlassung noch erlaubnisfrei zulässig sein, wenn die weitere Beschäftigung des Arbeitnehmers beim Entleiher gewährleistet ist.

Die Arbeitnehmerüberlassung von konzernangehörigen Verleihunternehmen an andere Konzernunternehmen fällt allerdings nicht unter diese Ausnahmeregelung, wenn die Arbeitnehmer ihre Arbeit ständig bei einem anderen Arbeitgeber leisten.

5. Arbeitnehmerüberlassung durch Kleinunternehmen

3514

Bis zum 31.12.1995 wird für Arbeitgeber mit weniger als 20 Beschäftigten die Arbeitnehmerüberlassung erleichtert.

Diese Arbeitgeber bedürfen keiner Erlaubnis, wenn sie zur **Vermeidung von Kurzarbeit oder Entlassungen** an einen Arbeitgeber einen Arbeitnehmer bis zur Dauer von 3 Monaten überlassen wollen. Allerdings muß die Überlassung **vorher schriftlich dem zuständigen Landesarbeitsamt angezeigt** werden. Die Anzeige muß die Personalien des Leiharbeitnehmers, die Art seiner Tätigkeit, Beginn und Dauer der Überlassung sowie Firma und Anschrift des Entleihers enthalten (Art. 1 § 1 a AÜG).

Ist die vorherige Anzeige unterblieben, so kann es sich um eine illegale Arbeitnehmerüberlassung handeln (vgl. unten Rz. 3530). Dagegen ist es seit dem 01.01.1994 nicht mehr erforderlich, daß die Überlassung an einen Arbeitgeber des selben Wirtschaftszweiges im selben oder im unmittelbar angrenzenden Handwerkskammerbezirk erfolgt.

6. Abschluß des Arbeitnehmerüberlassungsvertrages

3515

Der Arbeitnehmerüberlassungsvertrag zwischen Verleiher und Entleiher kann bei der erlaubnisfreien Arbeitnehmerüberlassung im allgemeinen formlos erfolgen. Gleichwohl ist der Abschluß eines **schriftlichen Vertrages** dringend zu empfehlen! Dies gilt insbesondere für die Arbeitnehmerüberlassung durch Kleinunternehmen, da der Arbeitgeber insoweit nur von der Erlaubnispflicht des Arbeitnehmerüberlassungsgesetzes befreit ist (vgl. Art. 1 § 1 a Abs. 1 AÜG). Daher sollte der Überlassungsvertrag in diesen Fällen auch die Erklärung enthalten, daß die erforderliche Anzeige beim Landesarbeitsamt erfolgt ist.

Im übrigen sollte der Vertrag insbesondere Regelungen über die Vergütung, die Haftung des Verleihers und den Zeitpunkt seiner Beendigung enthalten. Der Verleiher ist verpflichtet, dem Entleiher die für die Meldung nach § 28 a Abs. 4 SGB IV erforderlichen Angaben zu machen.

7. Meldepflichten

3516

Der Entleiher ist verpflichtet, die sogenannte **Entleiherkontrollmeldung** nach § 28 a Abs. 4 SGB IV vorzunehmen. In der Meldung sind der für den Arbeitnehmer zuständigen Krankenkasse der Arbeitnehmer, dessen Arbeitgeber sowie Beginn und Ende der Überlassung mitzuteilen. Zu den Einzelheiten der Kontrollmeldung vgl. Rz. 5544 ff.

Von der Kontrollmeldepflicht ausgenommen sind allerdings die Fälle des Art. 1 § 1 Abs. 3 AÜG, da insoweit das AÜG insgesamt unanwendbar ist (vgl. oben Rz. 3512, 3513).

8. Betriebsverfassungsrechtliche Stellung des Leiharbeitnehmers

3517

Obgleich das AÜG auf die nicht gewerbsmäßige Arbeitnehmerüberlassung nicht unmittelbar anwendbar ist, richtet sich die betriebsverfassungsrechtliche Stellung des Leiharbeitnehmers nach Art. 1 § 14 AÜG. Aufgrund der gleichartigen Interessenlage findet diese Vorschrift nach der Rechtsprechung **entsprechende Anwendung**.

Danach bleibt der Leiharbeitnehmer auch während der Zeit seiner Arbeitsleistung bei dem Entleiher Angehöriger des entsendenden Betriebes des Verleihers. Im Entleiherbetrieb ist der Leiharbeitnehmer bei den Wahlen zu betriebsverfassungsrechtlichen Arbeitnehmervertretungen weder wahlberechtigt noch wählbar. Allerdings ist der Leiharbeitnehmer berechtigt, die Sprechstunden der Arbeitnehmervertretungen im Entleiherbetrieb aufzusuchen und an den Betriebs-

versammlungen teilzunehmen. Darüber hinaus gelten auch für Leiharbeitnehmer im Entleiherbetrieb die §§ 81, 82 Abs. 1 und §§ 84 bis 86 BetrVG.
Obgleich der Leiharbeitnehmer grundsätzlich betriebsverfassungsrechtlich dem Betrieb des Verleihers zugeordnet ist, besteht im Hinblick auf die **Festlegung von Beginn und Ende der täglichen Arbeitszeit des Leiharbeitnehmers** einschließlich der Pausen sowie der Verteilung der Arbeitszeit auf die einzelnen Wochentage (§ 87 Abs. 1, 2 BetrVG) ein **Mitbestimmungsrecht des Betriebsrates des Entleiherbetriebes**. Dagegen stehen alle Beteiligungsrechte, die in Zusammenhang mit der Entlohnung des Leiharbeitnehmers stehen, ausschließlich dem Betriebsrat des Verleiherbetriebs zu (*BAG 15.12.1992, DB 1993, 888*).

3517 a

Die **Verlängerung der zulässigen Höchstüberlassungsdauer** von sechs auf neun Monate (vgl. unten Rz. 3525) ist betriebsverfassungsrechtlich nicht unproblematisch. Da die Rechtsprechung dem Betriebsrat des Entleiherbetriebes weitgehende Mitbestimmungsrechte hinsichtlich der Leiharbeitnehmer zubilligt, stellt sich bei verlängerter Überlassungsdauer zunehmend die Legitimationsfrage. Leiharbeitnehmer sind nämlich bei der Wahl der betriebsverfassungsrechtlichen Arbeitnehmervertretungen im Entleiherbetrieb weder wahlberechtigt noch wählbar (Art. 1, § 14 Abs. 2 AÜG). Es bleibt abzuwarten, wie Gesetzgeber oder Rechtsprechung hierauf reagieren.

9. Beteiligung des Betriebsrates

3518

Der Betriebsrat des **Entleiherbetriebes** hat bei dem Einsatz von Leiharbeitnehmern ein Mitbestimmungsrecht, so daß der Einsatz nur dann zulässig ist, wenn der Betriebsrat zugestimmt hat (Art. 1 § 14 Abs. 3 AÜG, § 99 BetrVG).

Der Betriebsrat des **verleihenden Betriebes** ist ebenfalls entsprechend zu beteiligen, wenn es sich bei der Überlassung gleichzeitig um eine Versetzung handelt (vgl. oben Rz. 2037 ff.), was bei der nicht gewerbsmäßigen Arbeitnehmerüberlassung häufig der Fall sein wird.

Während des Einsatzes der Leiharbeitnehmer kommt ferner ein Mitbestimmungsrecht des Betriebsrates des Entleiherbetriebes dann in Betracht, wenn die Leiharbeitnehmer außerhalb der betriebsüblichen Arbeitszeit eingesetzt werden sollen (vgl. § 87 Abs. 1 Nr. 2, 3 BetrVG). Soweit hierdurch Interessen der Belegschaft berührt werden (z. B. Überstundenregelung) ist ein Mitbestimmungsrecht zu bejahen. Dies gilt vor allem dann, wenn der Einsatz von Leiharbeitnehmern erfolgt, um ein Mitbestimmungsrecht des Betriebsrates zu umgehen (vgl. Rz. 2217).

Zu beachten ist, daß bei einem Einsatz von Fremdarbeitnehmern selbst dann ein Mitbestimmungsrecht des Betriebsrates gegeben sein kann, wenn der Einsatz aufgrund eines echten Werk- oder Dienstvertrages (vgl. Rz. 3506 f.) erfolgt. Eine mitbestimmungspflichtige Einstellung (§ 99 Abs. 1 BetrVG) liegt jedenfalls dann nicht vor, wenn die Drittfirma die für ein Arbeitsverhältnis typischen Entscheidungen über den Arbeitseinsatz nach Zeit und Ort zu treffen hat. Im übrigen wird es darauf ankommen, inwieweit durch die Beschäftigung kollektive Interessen betroffen sind. Hier ist im Einzelfall eine sorgfältige Prüfung vorzunehmen.

VII. Erlaubnispflichtige Arbeitnehmerüberlassung

3519

Erfolgt die beabsichtigte Arbeitnehmerüberlassung durch den Verleiher **gewerbsmäßig**, so findet das AÜG uneingeschränkt Anwendung. Die Arbeitnehmerüberlassung ist dann grundsätzlich verboten, soweit dem Verleiher nicht eine ausdrückliche Erlaubnis durch das zuständige Landesarbeitsamt erteilt wurde (Art. 1 § 1 Abs. 1 Satz 1 AÜG, sogenanntes **Verbot mit Erlaubnisvorbehalt**).

1. Der Begriff der Gewerbsmäßigkeit

3520

Ob eine gewerbsmäßige Arbeitnehmerüberlassung vorliegt, beurteilt sich nach gewerberechtlichen Maßstäben.

Unter gewerbsmäßig in diesem Sinne ist jede nicht nur gelegentliche (vgl. oben Rz. 3510), sondern auf eine gewisse Dauer angelegte und auf die Erzielung wirtschaftlicher Vorteile gerichtete selbständige Tätigkeit zu verstehen.

Aus dem Erfordernis der **Selbständigkeit** folgt, daß die Überlassung von Arbeitskräften durch Personen, die selbst Arbeitnehmer sind (z.B. sogenannte Zwischenmeister), nicht unter die Erlaubnispflicht des Arbeitnehmerüberlassungsgesetzes fällt.

3521

Das Merkmal "auf eine gewisse Dauer" meint keinen fest bestimmbaren Zeitraum. Vielmehr ist es entscheidend, ob die Überlassung auf Dauer " angelegt" ist und damit in **Wiederholungsabsicht** vorgenommen wird.

Das ist der Fall, wenn der Verleiher bereits bei der Überlassung des Arbeitnehmers plant, diesen zu einem späteren Zeitpunkt **erneut Entleihern zur Arbeitsleistung zu überlassen**. Von einer derartigen **Wiederholungsabsicht** ist jedenfalls dann auszugehen, wenn der Arbeitnehmer **ausschließlich dazu eingestellt wurde, für den Arbeitgeber als Leiharbeitnehmer tätig zu werden** (Überlas-

sungsklausel im Arbeitsvertrag, vgl. oben Rz. 2006).
Allerdings dürfte eine entsprechende Wiederholungsabsicht auch dann regelmäßig zu bejahen sein, wenn der Arbeitsvertrag des Arbeitnehmers lediglich die Verpflichtung enthält, für den Arbeitgeber nicht ausschließlich, sondern nur von Fall zu Fall auf Weisung des Arbeitgebers als Leiharbeitnehmer tätig zu werden. Dabei ist zu beachten, daß der in aller Regel schriftlich abgeschlossene Arbeitsvertrag durch nachträgliche mündliche Abreden sowie durch stillschweigendes Einvernehmen der Arbeitsvertragsparteien entsprechend geändert werden kann. Aus diesem Grunde ist es äußerst problematisch, wenn zwar der Arbeitsvertrag des Arbeitnehmers keine Verpflichtung enthält, als Leiharbeitnehmer tätig zu werden, der Arbeitnehmer aber dennoch wiederholt mit seiner Zustimmung an Dritte überlassen wird (vgl. oben Rz. 3510).

Liegt eine Wiederholungsabsicht vor, so kann bereits die **erstmalige und kurzzeitige Überlassung** von Arbeitnehmern zur Annahme der Gewerbsmäßigkeit führen. Selbst wenn eine Wiederholungsabsicht nicht feststellbar ist, ist eine einmalige Arbeitnehmerüberlassung auch dann auf Dauer angelegt, wenn der Überlassungszeitraum außergewöhnlich lang ist. Bei einer Überlassungsdauer von 2 1/2 Jahren kann gewerbsmäßiges Handeln vorliegen, ohne daß es der Feststellung einer Wiederholungsabsicht bedarf.

3522
Von entscheidender Bedeutung für die Annahme der Gewerbsmäßigkeit ist darüber hinaus das Vorliegen einer **Gewinnerzielungsabsicht** beim Verleiher.

Es kommt nicht darauf an, ob tatsächlich Gewinn erzielt wird. Auch muß nicht ein Gewinn im bilanztechnischen Sinne angestrebt werden. Ausreichend ist vielmehr jeder unmittelbare oder mittelbare wirtschaftliche Vorteil. Dabei muß es sich auch nicht um einen geldwerten Vorteil handeln. Ein mittelbarer Vorteil kann also auch dann vorliegen, wenn die Überlassung erfolgt, um bei Auftragsmangel die Lohnkosten niedrig zu halten und Entlassungen zu vermeiden. Gleiches dürfte auch dann gelten, wenn die Arbeitnehmerüberlassung in der Erwartung oder der Gewißheit erfolgt, zu einem späteren Zeitpunkt bei eigenem Personalbedarf auf Arbeitskräfte des Entleihers zurückgreifen zu können (vgl. oben Rz. 3510)

2. Mischbetriebe

3523

Unerheblich ist es, ob die Arbeitnehmerüberlassung Haupt- oder lediglich Nebenzweck eines Betriebes des Verleihers ist. Auch wenn der Betriebszweck nicht in der Überlassung von Arbeitnehmern liegt, benötigt er als sogenannter Mischbetrieb eine Erlaubnis, wenn er in Gewinnerzielungsabsicht Arbeitnehmer einem Entleiher überlassen will. Maßgeblich ist also allein der **Hauptzweck des Geschäftes im Einzelfall**.

3. Grenzüberschreitende Arbeitnehmerüberlassung

3524

Grundsätzlich erlaubnispflichtig ist auch die grenzüberschreitende gewerbsmäßige Arbeitnehmerüberlassung.

Verleiher aus den Staaten der Europäischen Gemeinschaft sowie aus einem anderen Vertragsstaat des EWR-Abkommens (derzeit Österreich, Finnland, Island, Norwegen, Schweden und - demnächst - Liechtenstein) benötigen zur Arbeitnehmerüberlassung in der Bundesrepublik Deutschland neben der Erlaubnis des Staates ihres Geschäftssitzes die Erlaubnis nach dem AÜG (Art. 1 § 3 Abs. 4 AÜG). Gleiches gilt für Verleiher aus Staaten, die mit der Europäischen Gemeinschaft in Assoziation verbunden sind (derzeit Polen, Ungarn, Bulgarien, Rumänien, Tschechische und Slowakische Republik, vgl. Art. 1 § 3 Abs. 5 AÜG). Verleiher aus dem sonstigen Ausland können in der Bundesrepublik Deutschland nicht tätig werden (vgl. Art. 1 § 3 Abs. 2 AÜG). Im gleichen Maße ist der Verleih in solche Staaten unzulässig. Die grenzüberschreitende Arbeitnehmerüberlassung in Länder der Europäischen Gemeinschaft oder einen Vertragsstaat des EWR-Abkommens bedarf der Erlaubnis nach dem AÜG und ggfs. nach den Bestimmungen des Entleiherlandes.

Bis zum 01.01.1994 konnten lediglich Verleiher aus den Ländern der Europäischen Gemeinschaft in der Bundesrepublik Deutschland tätig werden.

4. Die Erlaubnis nach dem Arbeitnehmerüberlassungsgesetz

3525

Der Verleiher hat auf schriftlichen Antrag hin einen **Anspruch** auf Erteilung der Erlaubnis (Art. 1 § 2 Abs. 1 AÜG). Der Antrag ist an das Landesarbeitsamt zu richten, in dessen Bezirk der Verleiher seinen Hauptgeschäftssitz hat. Die zu verwendenden Antragsformulare sind beim Landesarbeitsamt erhältlich. Die Erlaubnis ist zu erteilen, wenn der Arbeitgeber hinreichend **zuverlässig** ist (vgl. im einzelnen Art. 1 § 3 AÜG). Die Erlaubnis ist dagegen zu versagen, wenn der Arbeitgeber

- die Zuverlässigkeit für die Tätigkeit der Arbeitnehmerüberlassung nicht besitzt. Dies wird regelmäßig zu bejahen sein, wenn Vorschriften des Sozialversicherungs- und Lohnsteuerrechts nicht eingehalten werden oder der Arbeitgeber keine hinreichenden Kenntnisse in diesen Bereichen vorweisen kann;

- nach der Gestaltung seiner Betriebsorganisation nicht in der Lage ist, die üblichen Arbeitgeberpflichten zu erfüllen;

- mit dem Leiharbeitnehmer einen befristeten Arbeitsvertrag abschließt, es sei denn, daß sich für die Befristung aus der Person des Leiharbeitnehmers ein sachlicher Grund ergibt;

- mit dem Leiharbeitnehmer jeweils unbefristete Arbeitsverträge abschließt, diese Verträge jedoch durch Kündigung beendet und den Leiharbeitnehmer innerhalb von 3 Monaten nach Beendigung des Arbeitsverhältnisses erneut einstellt;

- die Dauer des Arbeitsverhältnisses mit dem Leiharbeitnehmer auf die Zeit der erstmaligen Überlassung an den Entleiher beschränkt oder

- einem Entleiher denselben Leiharbeitnehmer länger als 9 aufeinanderfolgende Monate überläßt, wobei der Zeitraum einer unmittelbar vorangehenden Überlassung durch einen anderen Verleiher an denselben Entleiher anzurechnen ist.

Die Erlaubnis kann unter Vorbehalt des Widerrufs oder unter Bedingungen erteilt werden (Art. 1 § 2 Abs. 2 AÜG). Die Kosten des Erlaubnisverfahrens sind vom Antragsteller zu tragen (Art. 1 § 2 a AÜG). Die Erlaubnis wird zunächst auf ein Jahr befristet erteilt. Der Verlängerungsantrag ist spätestens 3 Monate vor Ablauf dieses Jahres zu stellen. Wird der Antrag nicht vor Ablauf des Jahres abgelehnt, verlängert sich die Erlaubnis automatisch um ein weiteres Jahr. Die Erlaubnis kann erst dann unbefristet erteilt werden, wenn der Verleiher 3 aufeinanderfolgende Jahre mit der erforderlichen Erlaubnis tätig war. Die Kosten für die Erteilung der Erlaubnis können seit dem 01.01.1994 bis zu 5.000 DM betragen (Art. 1 § 2 a AÜG).

Die Erlaubnis erlischt, wenn der Verleiher von ihr ein Jahr lang keinen Gebrauch gemacht hat. Im übrigen endet sie durch Ablauf des Befristungszeitraumes sowie Rücknahme oder Widerruf der Erlaubnis.
Wird die Erlaubnis nicht oder nicht in vollem Umfang erteilt, so ist der Rechtsweg zu den Sozialgerichten eröffnet (§ 51 Abs. 1 SGG). Widerspruch und Klage (Fristen beachten!) haben keine aufschiebende Wirkung (§ 97 Abs. 2 SGG).

5. Abschluß des Leiharbeitnehmervertrages

3526

Der Abschluß des Leiharbeitnehmervertrages unterliegt bei der gewerbsmäßigen Arbeitnehmerüberlassung strengen Vorschriften. So ist der Vertrag nur wirksam, wenn der Verleiher die erforderliche **Erlaubnis** hat. Unwirksam sind im allgemeinen auch Befristungen des Leiharbeitsverhältnisses (vgl. im einzelnen Art. 1 § 9 AÜG). Unzulässig ist auch die Vereinbarung einer Beschäftigung auf Abruf zwischen Verleiherunternehmen und Leiharbeitnehmer bei gleichzeitiger Festlegung der Jahresarbeitszeit, z.B. 50 Tage.

Der Verleiher ist verpflichtet, den wesentlichen Inhalt des Arbeitsverhältnisses in einer von ihm zu unterzeichnenden **Urkunde** aufzunehmen. Zu den Einzelheiten des erforderlichen Urkundeninhalts vgl. Art. 1 § 11 Abs. 1 AÜG. Zweckmäßig ist es insoweit, den Leiharbeitnehmervertrag schriftlich abzuschließen.

Bei Vertragsschluß muß dem Arbeitnehmer ein bei den Arbeitsämtern erhältliches **Merkblatt** (Rz. 3534) über den wesentlichen Inhalt des Arbeitnehmerüberlassungsgesetzes ausgehändigt werden.

Zu den sonstigen Pflichten im bestehenden Arbeitsverhältnis vgl. Art. 1 § 11 Abs. 3 ff. AÜG. Die **betriebsverfassungsrechtliche Stellung** des Arbeitnehmers richtet sich nach Art. 1 § 14 AÜG (vgl. oben Rz. 3517). Die Beteiligungsrechte des Betriebsrates bestehen in dem gleichen Umfang wie bei der erlaubnisfreien Arbeitnehmerüberlassung. Ein Mitbestimmungsrecht des Betriebsrates im Verleiherbetrieb besteht jedoch regelmäßig nicht (§ 95 Abs. 3 Satz 2 BetrVG).

6. Abschluß des Arbeitnehmerüberlassungsvertrages

3527

Der Abschluß des Überlassungsvertrages zwischen Verleiher und Entleiher muß **schriftlich erfolgen und die Erklärung beinhalten, daß der Verleiher die erforderliche Erlaubnis besitzt** (Art. 1 § 12 AÜG).
Vom Wegfall der Erlaubnis hat der Verleiher den Entleiher rechtzeitig zu unterrichten (Art. 1 § 12 Abs. 2 AÜG).
Im übrigen ist der Verleiher verpflichtet, dem Entleiher die für die Entleiherkontrollmeldung (vgl. oben Rz. 3516) erforderlichen Angaben zu machen (Art. 1 § 12 Abs. 3, § 20 Nr. 1 AÜG).

7. Meldepflichten

3528

Der Entleiher ist zur Abgabe der Entleiherkontrollmeldung verpflichtet (vgl. oben Rz. 3516). Den Verleiher treffen umfangreiche Anzeige- und Auskunftspflichten gegenüber der Bundesanstalt für Arbeit, vgl. Art. 1 §§ 7, 8 AÜG.

VIII. Sonderregelung im Baugewerbe

3529

Grundsätzlich und damit auch für Erlaubnisinhaber verboten ist die gewerbsmäßige Arbeitnehmerüberlassung in Betrieben des Baugewerbes für Arbeiten, die üblicherweise von Arbeitern verrichtet werden (§ 12 a AFG). Ausnahmsweise gestattet ist die erwerbsmäßige Arbeitnehmerüberlassung seit dem 01.03.1994 zwischen Betrieben des Baugewerbes, wenn diese Betriebe von denselben Rahmen- und Sozialkassentarifverträgen oder von deren Allgemeinverbindlichkeit erfaßt werden (§ 12 a AFG).

Gleichwohl bleibt für die Bauwirtschaft insbesondere die Bildung von Bauarbeitsgemeinschaften zwecks gemeinsamer Durchführung von Bauvorhaben von Bedeutung.

Zulässig ist auch im Baugewerbe die nichtgewerbsmäßige Arbeitnehmerüberlassung.

Soweit die Überlassung gewerbsmäßig erfolgt, ist § 12 a AFG auch für die Arbeitnehmerüberlassung zwischen Arbeitgebern desselben Wirtschaftszweiges und die konzerninterne Arbeitnehmerüberlassung zu beachten.

IX. Rechtsfolgen illegaler Arbeitnehmerüberlassung

3530
Unter illegaler Arbeitnehmerüberlassung versteht man die gewerbsmäßige Überlassung von Arbeitnehmern an Dritte, die ohne die erforderliche Erlaubnis vorgenommen wird. Fehlt die Erlaubnis durch das Landesarbeitsamt, so treten im wesentlichen folgende Rechtsfolgen ein:

- **Fiktion eines Arbeitsverhältnisses mit dem Entleiher**
  Der Leiharbeitnehmervertrag zwischen Verleiher und Leiharbeitnehmer ist nichtig. Stattdessen wird ein Arbeitsverhältnis zwischen Entleiher und Leiharbeitnehmer fingiert, dessen Inhalt sich nach den im Entleiherbetrieb geltenden Vorschriften und Regelungen richtet (Art. 1 § 10 Abs. 1 AÜG). Der Leiharbeitnehmer kann von dem Entleiher mindestens das mit dem Verleiher vereinbarte Arbeitsentgelt verlangen. Dieser Anspruch gewährleistet jedoch nicht, daß dem Leiharbeitnehmer bei Zustandekommen des Arbeitsverhältnisses mit dem Entleiher ein bestehender Vergütungsvorsprung vor vergleichbaren Arbeitnehmern des Entleihers ungeschmälert erhalten bleibt (vgl. Art. 1 § 10 Abs. 1, Satz 4, AÜG). Das kraft gesetzlicher Fiktion zwischen dem Leiharbeitnehmer und dem Entleiher zustandegekommene Arbeitsverhältnis steht einem vertraglich begründeten gleich und kann, wenn es unbefristet ist, nur durch Kündigung oder durch Aufhebungsvertrag beendet werden. Hat der Verleiher das Arbeitsentgelt zumindest teilweise trotz Nichtigkeit des Arbeitsvertrages an den Leiharbeitnehmer gezahlt, so ist er auch zur Zahlung des Restbetrages verpflichtet. Der Leiharbeitnehmer kann seine Vergütung also sowohl vom Verleiher als auch vom Entleiher verlangen. Beide haften insoweit als Gesamtschuldner (Art. 1 §10 Abs. 3 AÜG).

- Die vom Gesetzgeber vorgenommene **Verlängerung des höchstzulässigen Überlassungszeitraumes auf neun Monate** ist für den Entleiher nicht nur von Vorteil, sondern auch mit Risiken verbunden. Verliert der Verleiher die Erlaubnis zur gewerbsmäßigen Arbeitnehmerüberlassung, gilt diese zwecks Abwicklung laufender Verträge als fortbestehend, jedoch nicht länger als sechs Monate (Art. 1 § 2 Abs. 4 Satz 4 AÜG). Der Gesetzgeber hat diesen Zeitraum nicht dem verlängerten höchstzulässigen Überlassungszeitraum angepaßt. Verliert also der Verleiher unmittelbar nach Beginn einer neunmonatigen Überlassung die Erlaubnis, so erfolgt die Überlassung in den letzten drei Monaten illegal mit der Folge, daß ein Arbeitsverhältnis mit dem Entleiher fingiert wird. Bei Überlassungszeiträumen von länger als sechs Monaten kann

Entleihern daher nur **dringend angeraten** werden, sich über den Fortbestand der Erlaubnis des Verleihers zu vergewissern. Notfalls sollte beim Landesarbeitsamt angefragt werden.

- **Schadensersatzanspruch des Arbeitnehmers**
  Der Leiharbeitnehmer hat gegen den Verleiher einen Anspruch auf Ersatz des Schadens, der ihm dadurch entstanden ist, daß er auf die Gültigkeit des Leiharbeitnehmervertrages vertraut hat. Dies gilt allerdings nur dann, wenn der Leiharbeitnehmer die Unwirksamkeit des Vertrages nicht kannte (Art. 1 § 10 Abs. 2 AÜG).

- **Haftung für die Lohnsteuer** (vgl. Rz. 8010 und 8167)

- **Haftung für Sozialversicherungsbeiträge**
  Für die Zahlung der Sozialversicherungsbeiträge haftet grundsätzlich der Entleiher. Daneben haftet aber auch der Verleiher, wenn er bereits das Arbeitsentgelt oder Teile davon an den Leiharbeitnehmer ausgezahlt hat (vgl. Rz. 5211, 5632).

- **Ordnungswidrigkeiten/strafrechtliche Folgen**
  Der illegale Verleih von Arbeitnehmern kann sowohl gegenüber dem Entleiher als auch gegenüber dem Verleiher als Ordnungswidrigkeit mit einer Geldbuße bis zu 50.000 DM geahndet werden (Art. 1 § 16 AÜG). Strafbar ist der illegale Verleih nichtdeutscher Leiharbeitnehmer ohne Arbeitserlaubnis (Art. 1 § 15 AÜG). Soweit von der Bundesanstalt für Arbeit Verstöße gegen die Vorschriften des Arbeitnehmerüberlassungsgesetzes festgestellt werden, erfolgt auch regelmäßig die Einleitung der entsprechenden Bußgeld- bzw. Strafverfahren.

X. Weiterführende Literaturhinweise

3531

Amann/Feuerborn, Neuregelungen im Arbeitnehmerüberlassungsgesetz, BB 1994, 1346 ff.; *Becker/Wulfgramm*, Kommentar zum Arbeitnehmerüberlassungsgesetz, 3. Auflage 1985; *Becker*, Leitfaden zur gewerbsmäßigen Arbeitnehmerüberlassung, 4. Aufl. 1985; *Dauner - Lieb*, Der innerbetriebliche Fremdfirmeneinsatz auf Dienst oder Werkvertragbasis im Spannungsfeld zwischen AÜG und BetrVG, NZA 1992, 817 ff.; *Engelbrecht*, Die Abgrenzung der Arbeitnehmerüberlassung von der Arbeitsvermittlung, 1979; *Leitner*, Abgrenzung zwischen Werk und Dienstvertrag und erlaubnispflichtiger Arbeitnehmerüberlassung, DB 1990, 2071 ff.; *Mummenhoff*, Arbeitnehmerüberlassung bei Freigabe der Arbeitsvermittlung, DB 1992, 1982 ff.; *Schaub*, Arbeitsrechts Handbuch, 7. Aufl. 1992, S. 918 ff.; *Siller/Schliephacke*, Fremdpersonal und Leiharbeitnehmer, 2. Aufl. 1989; *Sturm*, Gewerbsmäßige Arbeitnehmerüberlassung und werkvertraglicher Personaleinsatz, 1990.

XI. Muster eines Werksarbeitsgemeinschaftsvertrages

3532

Muster

Gesellschaftsvertrag

Ziff. 1 Gesellschafter/Zweck der Gesellschaft

(1) Die nachfolgend aufgeführten Firmen schließen sich mit Unterzeichnung dieses Vertrages zu einer Arbeitsgemeinschaft in der Form einer Gesellschaft bürgerlichen Rechts (§§ 705 ff. BGB) zusammen. Gesellschafter sind:
1._____
2._____
3._____

(2) Zweck der Gesellschaft ist die gemeinsame Ausführung des mit der Firma _____ am _____ abgeschlossenen Vertrages.

Ziff. 2 Beteiligung/Haftung

Ziff. 3 Gesellschafterversammlung

Ziff. 4 Geschäftsführung/Vertretung

Ziff. 5 Beiträge der Gesellschafter

(1) Die Gesellschafter sind verpflichtet, die zur Ausführung des Vertrages erforderlichen Arbeitskräfte an die Arbeitsgemeinschaft abzuordnen. Die Anzahl der abzuordnenden Arbeitnehmer richtet sich nach den in Ziff. 2 dieses Vertrages genannten Beteiligungsverhältnissen.

(2) Die abzuordnenden Arbeitnehmer unterliegen für den Zeitraum der Abordnung dem Weisungsrecht der Arbeitsgemeinschaft.

(3) Das von den Gesellschaftern den abgeordneten Arbeitnehmern für die Dauer der Tätigkeit für die Arbeitsgemeinschaft gezahlte Arbeitsentgelt wird den Gesellschaftern nachträglich erstattet.

(4) Sonstige Beiträge der Gesellschafter (Finanzierung).

Ziff. 6 Sonstige Vereinbarungen

XII. Muster eines Arbeitnehmerüberlassungsvertrages für die gelegentliche Arbeitnehmerüberlassung

3533

Das nachfolgende Muster eines Arbeitnehmerüberlassungsvertrages kann in den Fällen der **gelegentlichen Überlassung** von Arbeitnehmern an andere Unternehmen herangezogen werden, nicht dagegen, wenn die Überlassung gewerbsmäßig erfolgt. Bei der gewerbsmäßigen Arbeitnehmerüberlassung muß der Vertrag die Erklärung des Verleihers enthalten, daß er die Erlaubnis nach Art. 1 § 1 AÜG besitzt (vgl. im einzelnen Art. 1 § 12 AÜG).

Muster

Zwischen der Firma .... in.......................... - nachfolgend Verleiher-
und
der Firma....................... in .... - nachfolgend Entleiher -
wird folgender

Arbeitnehmerüberlassungsvertrag

geschlossen:

Ziff. 1 Überlassung

Der Verleiher überläßt dem Entleiher für die Zeit vom .... bis zum .... die nachfolgend aufgeführten Arbeitnehmer zum Einsatz in dessen Betrieb in .....

Name	Vorname
1. _____	_____
2. _____	_____
3. _____	_____

Ziff. 2 Vergütung
Der Entleiher vergütet dem Verleiher für jede Arbeitsstunde eines jeden Arbeitnehmers ....DM zzgl. MWSt. Der Verleiher kann eine wöchentliche Abschlagszahlung in Höhe von ....DM verlangen.

Ziff. 3 Arbeitszeit

(1) Die tägliche/wöchentliche Arbeitszeit der Arbeitnehmer beträgt ..../....Stunden. Soll die Arbeitszeit überschritten werden, bedarf dies der vorherigen Zustimmung des Verleihers.

(2) Der Entleiher verpflichtet sich zur Einhaltung des Arbeitszeitgesetzes.

Ziff. 4 Weisung und Überwachung

(1) Der Entleiher ist berechtigt, den überlassenen Arbeitnehmern die Weisungen bzgl. der Arbeitsleistung zu erteilen. Der Entleiher darf die Arbeitnehmer jedoch nur mit den nachfolgend aufgeführten Tätigkeiten betrauen.
- z.B. Tätigkeiten eines Bauarbeiters etc.

(2) Die Überwachung der Arbeitnehmer ist Sache des Entleihers.

Ziff. 5 Erklärung des Verleihers

Der Verleiher erklärt hiermit ausdrücklich, daß die Überlassung der Arbeitnehmer nicht der Erlaubnispflicht des AÜG unterliegt. Er erklärt ferner, daß die Überlassung nicht gewerbsmäßig erfolgt, insbesondere, daß die überlassenen Arbeitnehmer normalerweise bei ihm selbst beschäftigt und mit der in diesem Vertrag vereinbarten Überlassung an den Entleiher einverstanden sind.

Ziff. 6 Haftung des Verleihers

(1) Der Verleiher haftet dem Entleiher für die Richtigkeit der Angaben unter Ziff. 5 dieses Vertrages.

(2) Darüber hinaus haftet der Verleiher dem Entleiher nur für die ordnungsgemäße Auswahl der Arbeitnehmer für die in diesem Vertrag unter Ziff. 4 (1) angegebene Tätigkeit. Eine weitergehende Haftung trifft den Verleiher nicht.

Ziff. 7 Haftung des Entleihers

Der Entleiher übernimmt gegenüber den überlassenen Arbeitnehmern die Fürsorgepflicht eines Arbeitgebers. Insbesondere hat er dafür zu sorgen, daß die in seinem Betrieb geltenden Arbeitsschutzvorschriften eingehalten werden. Für die Erfüllung dieser Pflichten haftet der Entleiher dem Verleiher.

Ziff. 8 Kontrollmeldung

Der Entleiher hat die erforderlichen Angaben zur Abgabe der Kontrollmeldung erhalten.

Ziff. 9 Schriftform

Änderungen dieses Vertrages bedürfen der Schriftform.

Ort, Datum
Unterschriften

XIII. Merkblatt für Leiharbeitnehmer

3534

Das nachfolgend abgedruckte Merkblatt ist bei den Arbeitsämtern erhältlich und dem Leiharbeitnehmer bei Abschluß des Leiharbeitnehmervertrages auszuhändigen.

17. Kapitel: Aufhebungsvertrag

I.	Aufhebungsvertrag statt Kündigung - warum ?	4002
II.	Taktik des Aufhebungsvertrages	4003
	1. Aufhebungsvertrag anstelle betriebsbedingter Kündigung	4004
	2. Aufhebungsvertrag anstelle personenbedingter Kündigung	4005
	3. Aufhebungsvertrag anstelle verhaltensbedingter Kündigung	4006
III.	Zulässigkeit der einvernehmlichen Aufhebung	4007
	1. Aufhebung mit Wirkung für die Zukunft	4008
	2. Zeitfragen - Streitfragen	4009
	a) Aufhebung nach Arbeitsaufnahme	4010
	b) Rückwirkung nach Kündigung ohne Weiterbeschäftigung	4011
	c) Rückwirkung nach Kündigung und Weiterbeschäftigung	4012
IV.	Zustandekommen des Aufhebungsvertrages	4013
	1. Angebot und Annahme	4014
	2. Stillschweigender Vertragsschluß	4015
	a) Sonderproblem: Kündigungsverlangen des Arbeitnehmers	4018
	b) Sonderproblem: Kündigung beider Parteien	4020
	c) Sonderproblem: Schweigen auf Vertragsangebot	4021
	3. Umdeutung von Kündigungen	4022
	a) Umdeutung einer Kündigung in ein Aufhebungsvertragsangebot	4023
	b) Annahme einer in ein Aufhebungsvertragsangebot umgedeuteten Kündigung	4024
	4. Annahmefristen	4025
	a) Allgemeines	4026
	b) Überlegungs- und Widerrufsvorbehalt	4027
	5. Schriftformerfordernis	4029
	6. Aufklärungs- und Hinweispflichten des Arbeitgebers	4030
	a) Aufklärung über Verlust von Sonderkündigungsschutz	4031
	b) Aufklärung über nachteilige Folgen bei der betrieblichen Altersversorgung	4032
	c) Aufklärung über sozialrechtliche Nachteile	4033
	d) Aufklärung über steuerrechtliche Nachteile	4034
	e) Sonstige Aufklärungs- und Hinweispflichten	4034a
	7. Aufhebungsverträge mit Minderjährigen	4035
	8. Bedingte Aufhebungsverträge	4036
	a) Zulässig bedingter Aufhebungsvertrag	4037
	b) Unzulässig bedingter Aufhebungsvertrag	4039
	c) Bedingter Aufhebungsvertrag im Rahmen eines Prozeßvergleichs	4040

Arbeitsrecht

V.	Unwirksamkeit von Aufhebungsverträgen	4041
	1. Verstoß gegen gesetzliches Verbot	4042
	a) Umgehung des § 613 a BGB	4043
	b) Verpflichtung, kein Arbeitslosengeld zu beantragen	4044
	c) Abfindung einer betrieblichen Versorgungsanwartschaft	4045
	d) Rückdatierung von Aufhebungsverträgen	4046
	e) Tatsachenvergleich	4048
	2. Sittenwidrigkeit des Aufhebungsvertrages	4049
	3. Rechtsfolgen der Nichtigkeit/Teilnichtigkeit	4050
	4. Anfechtung durch den Arbeitnehmer	4051
	a) Inhaltsirrtum	4052
	b) Verkehrswesentliche Eigenschaft	4054
	c) Rechtsfolgeirrtum	4055
	d) Arglistige Täuschung und widerrechtliche Drohung	4056
	e) Anfechtungsfrist	4060
VI.	Inhalt des Aufhebungsvertrages von A - Z	4061
	1. Art und Anlaß der Beendigung	4062
	2. Beendigungszeitpunkt	4063
	3. Abfindung	4064
	a) Aufhebungsvertrag ohne Abfindung	4065
	b) Höhe des Abfindungsanspruchs	4066
	c) Fälligkeit der Abfindung	4067
	d) Abtretbarkeit des Abfindungsanspruchs	4068
	e) Aufrechnung gegen den Abfindungsanspruch	4069
	f) Pfändbarkeit des Abfindungsanspruchs	4070
	g) Vererblichkeit des Abfindungsanspruchs	4071
	h) Abfindung und neuer Beendigungstatbestand	4073
	i) Abfindungsanspruch und tarifliche Ausschlußfrist	4075
	j) Verjährung des Anspruchs auf Abfindungszahlung	4076
	k) Konkursrechtliche Behandlung des Abfindungsanspruchs	4077
	l) Abfindungsanspruch und Vergleichsverfahren	4078
	m) Abfindungsanspruch und Sozialplan	4078a
	n) Abfindungsanspruch und Karenzentschädigung	4078b
	4. Freistellung	4079
	a) Beschäftigungsanspruch des Arbeitnehmers	4079
	b) Resturlaub	4080
	c) Konkurrenztätigkeit	4081
	d) Anrechnung anderweitigen Erwerbs	4082
	e) Freistellung und Arbeitslosengeld	4083
	5. Sonstiger Inhalt	4084
VII.	Weiterführende Literaturhinweise	4101

Aufhebungsvertrag

Checkliste für Aufhebungsverträge

- **Zulässigkeit des Aufhebungsvertrages**
  - grundsätzlich immer
- **Form des Aufhebungsvertrages**
  - in der Regel formfrei
  - Ausnahme: kollektiv- oder individualvertragliche Schriftformerfordernisse
  - Achtung! einzelvertragliches Schriftformerfordernis kann konkludent abbedungen werden
  - empfehlenswert: Schriftform
- **Zeitpunkt der Beendigung des Arbeitsverhältnisses**
  - grundsätzlich keine Rückwirkung möglich;
  - anders: bloße Rückdatierung des Aufhebungsvertrages
  - aber: Vorsicht bei Vereinbarung zu Lasten Dritter (bspw. Sozialversicherungsträger)
  - bei möglicher außerordentlicher Kündigung:
    - Beendigungszeitpunkt an sich irrelevant
  - bei möglicher ordentlicher Kündigung:
    - Einhaltung der Kündigungsfrist wegen § 117 AFG
- **Freistellung des Arbeitnehmers**
  - grundsätzlich: einverständlich sofort möglich
  - Frage, ob widerrufliche oder unwiderrufliche Freistellung
  - falls unwiderrufliche Freistellung, Miterledigung von Urlaubsansprüchen empfehlenswert
  - Anrechnung anderweitigen Erwerbs während des Freistellungszeitraums
- **Art der Beendigung des Arbeitsverhältnisses**
  - einvernehmliche Beendigung

- bei betriebsbedingter Beendigung:
  Verlust von Ansprüchen auf Rückzahlung von Gratifikationen, Darlehen etc. möglich
- Achtung!
  Wegen Sperrzeit nach §§ 119, 119 a AFG ist der Kündigungsgrund von entscheidender Bedeutung

- **Abfindung**
  - grundsätzlich: Aufhebungsvertrag auch ohne Abfindungsregelung wirksam
  - Höhe der Abfindung in der Regel Maßstab der §§ 9, 10 KSchG
  - übliche Formel: 1/2 bis 1 Monatsgehalt pro Jahr der Betriebszugehörigkeit; Berücksichtigung der Chancen eines Kündigungsschutzprozesses
  - Anrechnung auf eventuelle Sozialplanleistungen vorsehen
  - Fälligkeitszeitpunkt vereinbaren

- **wichtige Fragen beim Abschluß des Aufhebungsvertrages (von A - Z)**
  - Arbeitgeberdarlehen, Rückzahlung
  - Aufklärungspflichten, Erfüllung durch Bestätigung des Arbeitnehmers sicherstellen.
  - Ausgleichsklausel, in Aufhebungsvertrag aufnehmen. Reichweite einer Ausgleichsklausel ist aber eingeschränkt.
  - betriebliche Altersversorgung

    Abfindungsverbot nach §§ 3, 17 Abs. 3 BetrAVG für unverfallbare Versorgungsanwartschaft.
    - liegt noch keine unverfallbare Anwartschaft vor, geht Arbeitnehmer grundsätzlich leer aus; anderweitige Vereinbarung (Abfindung) möglich
    - Tatsachenvergleich zulässig
    - Zustimmung des Betriebsrats erforderlich, wenn Verzicht auf betriebliche Altersversorgung, die auf einer Betriebsvereinbarung beruht (§ 77 Abs. 4 Satz 1 BetrVG).

Aufhebungsvertrag

- Unverfallbarkeitsbescheinigung nach § 2 Abs. 6 BetrAVG bei Vorliegen einer unverfallbaren Versorgungsanwartschaft
- Diensterfindungen
- Dienstwagen, Rückgabe/Weiternutzung im Freistellungszeitraum
- Geschäfts- und Betriebsgeheimnisse wahren
- Gratifikation, Prämie, Jahressonderleistung, Tantiemen
- Hinweispflichten:
  - unter bestimmten Umständen hinsichtlich arbeits- sowie sozial- u. steuerrechtlicher Konsequenzen denkbar
- Krankheit des Arbeitnehmers, Vorsicht bei Aufhebung aus Anlaß der Krankheit, Entgeltfortzahlung beachten.
- nachvertragliche Wettbewerbsverbote
- einvernehmliche Aufhebung oder Änderung möglich
- nach rechtlichem Ende des Arbeitsverhältnisses sind die Parteien nicht mehr an die Vorschriften der §§ 74 ff. HGB gebunden; anders bei Regelung vor dem Ende des Arbeitsverhältnisses
- Outplacement-Maßnahme, Übernahme der Kosten
- Rückgabe von sonstigen Gegenständen Firmenunterlagen, überlassenes Arbeitsgerät, Arbeitsbescheinigung etc.
- Urlaubsfragen:
  es muß vereinbart werden, ob Ansprüche auf Urlaubsabgeltung neben einer Abfindung erhalten bleiben sollen. Wird nichts vereinbart, stehen dem Arbeitnehmer beide Ansprüche zu. Es findet also keine automatische Verrechnung statt.
- Rückzahlung von Arbeitgeberdarlehen
- Werkswohnungen, Räumung / Weiternutzung
- Zahlung rückständiger Vergütung, Behandlung von Tantiemen, Prämien, Gratifikationen

- ○ Zeugnis:
  - ○ empfehlenswert:
    Festlegung im Aufhebungsvertrag um Folgestreitigkeiten zu verhindern.
  - ○ Zurückbehaltungsrecht
- **Aufhebungsverträge mit besonderen Personengruppen**
  - ○ Ausländer:
    Sprachrisiko
    "Heimkehrerklausel"
  - ○ Auszubildende:
    bei minderjährigen Auszubildenden ist zu beachten, daß § 113 BGB keine Anwendung findet. Vielmehr ist die Zustimmung des gesetzlichen Vertreters für den wirksamen Abschluß eines Aufhebungsvertrages erforderlich.
  - ○ Betriebsratsmitglieder
    keine Zustimmung des Betriebsrats erforderlich
    sozialrechtliche Besonderheiten,
    § 117 Abs. 2 Satz 3, 2.Hs. AFG
    Werdende Mütter
    sozialrechtliche Besonderheit § 117 Abs. 2 AFG
    keine Einschaltung des Gewerbeaufsichtsamtes
    besondere Hinweispflichten (streitig)
  - ○ Schwerbehinderte
    sozialrechtliche Besonderheiten (§ 117 Abs. 2 Satz 3 AFG):
    Einschaltung der Hauptfürsorgestelle zur Vermeidung einer Sperrzeit (regional unterschiedlich)
    Verzicht auf Sonderkündigungsschutz zulässig

Aufhebungsvertrag

I. Aufhebungsvertrag statt Kündigung - warum?

4002

Aufhebungsvertrag statt Kündigung - warum? Die Antwort auf diese Frage ist gerade angesichts der Komplexität der zu bedenkenden Fragen nicht immer leicht zu finden. Vor- und Nachteile von Aufhebungsvertrag und Kündigung ergeben sich aus der folgenden Übersicht:

- **Vorteile des Aufhebungsvertrags aus Sicht des Arbeitgebers:**
    - keine Bindung an Kündigungsfristen- und termine
    - besonderer Kündigungsschutz für Mütter, Schwerbehinderte etc. entfällt;
    - öffentliche Stellen wie Gewerbeämter, Hauptfürsorgestellen müssen nicht beteiligt werden (bei Schwerbehinderten kann aber Beteiligung der Hauptfürsorgestelle empfehlenswert sein)
    - Anhörungs- und Zustimmungserfordernisse des Betriebsrats entfallen ebenso wie eine Anhörung des Sprecherausschusses
    - im Unterschied zu einer Befristung bedarf es für den Aufhebungsvertrag keiner sachlichen Rechtfertigung
    - keine Prozeßbelastung
    - flexible Gestaltung möglich

- **Nachteile des Aufhebungsvertrages aus Sicht des Arbeitgebers:**
    - Abschluß geht zumeist mit Zahlung einer Abfindung einher
    - es drohen sozialrechtliche Folgen

- **Vorteile des Aufhebungsvertrages aus Sicht des Arbeitnehmers:**
    - es gelten keine Kündigungsfristen- und termine, kurzfristige Berufschancen können wahrgenommen werden
    - es droht keine Publizität des Kündigungsgrundes bei ansich möglicher personen- oder verhaltensbedingter Kündigung
    - regelmäßig kann eine Abfindungszahlung erreicht werden
    - bei geschickter Vertragsgestaltung lassen sich steuerrechtliche Vorteile erreichen
    - Abfindungen sind sozialversicherungsfrei
    - Prozeßrisiken und -belastungen können vermieden werden

- **Nachteile des Aufhebungsvertrages aus Sicht des Arbeitnehmers:**
    - drohender, zumindest zeitweiliger Verlust des Anspruchs auf Arbeitslosengeld durch Ruhen oder Sperrzeit
    - allgemeiner und besonderer Kündigungsschutz entfallen
    - bei Schwangeren Verlust der Arbeitsplatzgarantie
    - Verlust von Versorgungsanwartschaften

Schon im Vorgriff auf die folgenden Erörterungen kann also festgestellt werden, daß ein **geschickt gestalteter Aufhebungsvertrag** für alle Beteiligten erhebliche Vorteile bringen kann.

II. Taktik des Aufhebungsvertrages

4003

Die Frage, wann der Aufhebungsvertrag als einvernehmliches Mittel zur Konfliktbeseitigung eingesetzt werden soll, kann nicht einheitlich beantwortet werden. Vielmehr muß hier stets eine Abwägung zwischen Arbeitgeber- und Arbeitnehmerinteressen erfolgen, wobei diese nur in Ausnahmefällen vollständig deckungsgleich sein werden.

Nachfolgend soll anhand typischer Fallgestaltungen eine "Aufhebungsvertragtaktik" entwickelt werden.

1. Aufhebungsvertrag anstelle betriebsbedingter Kündigung

4004

Situation:
Dringende betriebliche Interessen (Auftragsrückgang, Schließung einer Betriebsabteilung) machen einen Personalabbau unumgänglich.

Ausgangslage:
Aus Sicht des Arbeitgebers kann in der geschilderten Situation der Abschluß eines Aufhebungsvertrages regelmäßig nur empfohlen werden. Das Risiko des Scheiterns einer betriebsbedingten Kündigung ist groß. Mit ihr sind diverse Fehlerquellen (Betriebsratsanhörung, Sozialauswahl etc.) verbunden, die nicht immer ausgeschaltet werden können.
Auch wird eine "Paralysierung" des Betriebes vermieden, da nicht jeder Arbeitnehmer sich als mögliches Opfer einer betriebsbedingten Kündigung sieht.
Schließlich wird durch den Abschluß des Aufhebungsvertrages vermieden, daß gerade die sozial stärksten, nicht aber die leistungsstärksten Arbeitnehmer im Betrieb verbleiben.

Vorgehensweise:
In der geschilderten Situation sollte mit vorher gezielt ausgewählten Arbeitnehmern jedenfalls der Abschluß eines Aufhebungsvertrages versucht werden. Hierzu wird zwar regelmäßig eine Abfindung gezahlt werden müssen, diese fällt aber angesichts der sonstigen Nachteile nicht gravierend ins Gewicht. Auch wird ansonsten häufig ein Sozialplan in etwa "gleich teuer" sein.

Aber Vorsicht:
Bei einer Vielzahl "betriebsbedingter Aufhebungsverträge" ist eine Anzeige an das Arbeitsamt zu machen (s. dazu Rz. 4164). Auch drohen Erstattungspflichten nach § 128 AFG (s. Rz. 7047 e ff.)

Aufhebungsvertrag

2. Aufhebungsvertrag anstelle personenbedingter Kündigung

4005

Situation:
Durch langanhaltende oder häufig wiederkehrende Kurzerkrankungen eines Arbeitnehmers treten Störungen im Betriebsablauf ein. Der Arbeitgeber ist entschlossen, diese durch Entlassung des alten und Einstellung eines neuen Mitarbeiters zu beheben.

Ausgangslage:
Aus Sicht des Arbeitgebers bietet sich hier vor allem dann der Abschluß eines Aufhebungsvertrages an, wenn die Schwelle der Kündigung wegen Krankheit (s. Rz. 4351) noch nicht oder jedenfalls noch nicht mit hinreichender Sicherheit überschritten ist, so daß eine an sich erforderliche Kündigung schon wegen der unsicheren Prozeßlage ausscheidet.
Im übrigen ist zu differenzieren:

Bei langanhaltender Krankheit treten in der Regel keine übergroßen Belastungen mit Lohn-/Gehaltsfortzahlungskosten auf. Auch halten sich die betrieblichen Beeinträchtigungen im Rahmen, da der Einsatz von Aushilfskräften möglich ist.
Anders stellt sich die Situation bei häufigen Kurzerkrankungen dar. Hier sind hohe Lohn-/Gehaltsfortzahlungskosten zu befürchten. Auch drohen durch die Kurzfristigkeit des Ausfalls erhebliche Beeinträchtigungen der betrieblichen Interessen.

Vorgehensweise:
Es muß zunächst genau geprüft werden, ob eine Kündigung wegen Krankheit hinreichende Aussicht auf Erfolg bietet. Erscheint dies unsicher, sollte zumindest bei häufigen Kurzerkrankungen des Arbeitnehmers der Abschluß eines Aufhebungsvertrages versucht werden. Gerade in dieser Fallgestaltung sollte der Arbeitnehmer darauf hingewiesen werden, daß bei Fortdauer der Kurzerkrankungen eine Kündigung in Betracht kommt.

Bei langanhaltenden Erkrankungen ist das Interesse am Abschluß eines Aufhebungsvertrages eher gering. Um eine langfristige Personalplanung zu ermöglichen, kann sich aber auch in dieser Fallgestaltung eine einvernehmliche Aufhebung des Arbeitsverhältnisses gegen Zahlung einer geringen Abfindung als sinnvoll erweisen. Oft werden die Kosten der Vorhaltung des Arbeitsplatzes die der Abfindungszahlung übersteigen.

3. Aufhebungsvertrag anstelle verhaltensbedingter Kündigung

4006

Situation:
Dem Arbeitnehmer fallen trotz Abmahnung häufige Pflichtverletzungen zur Last. Hierdurch werden betriebliche Interessen stark beeinträchtigt.

Arbeitsrecht

Ausgangslage:
In der geschilderten Situation ist primär eine Kündigung in Betracht zu ziehen. Die Verletzung arbeitsvertraglicher Pflichten sollte - schon aus präventiven Gründen - nicht durch Abschluß eines Aufhebungsvertrages mit Abfindungsklausel prämiert werden.

Vorgehensweise:
Ist die Situation der verhaltensbedingten Kündigung gegeben, wird der Aufhebungsvertrag in der Regel nicht empfehlenswert sein. Der Arbeitnehmer sollte vielmehr eindringlich auf kündigungsrechtliche und zeugnisrechtliche Konsequenzen hingewiesen werden. Häufig wird er dann von sich aus um die Auflösung des Arbeitsverhältnisses bitten.

Aber Vorsicht: keine Drohung oder Täuschung; Grund: Anfechtungsrisiko!
Nur dann, wenn die Schwelle zur Kündigung noch nicht erreicht ist oder ein Fehlverhalten (Beispiel: Diebstahl von Arbeitsmaterialien) nicht nachweisbar ist, kommt ein Aufhebungsvertrag als Mittel der Konfliktbeseitigung in Betracht.

Aber auch hier gilt: Schon aus Gründen der "Abschreckung" ist der Kündigung der Vorrang zu geben.

III. Zulässigkeit der einvernehmlichen Aufhebung

4007
Im Grundsatz gilt: Das Arbeitsverhältnis kann jederzeit, auch nach Ausspruch einer Kündigung (**sog. Abwicklungsvertrag**, Rz. 4166 a), wieder aufgehoben werden. Allerdings sind hierbei bestimmte zeitliche Schranken zu beachten. Dabei gilt die Faustformel, daß bereits Vergangenes nicht rückgängig gemacht werden kann, auch wenn es steuerrechtlich und sozialrechtlich noch so lukrativ ist (s. Rz. 4102 u. 4139). Bei Fehlen einer Zeitbestimmung ist im Zweifel von einer sofortigen Wirksamkeit auszugehen.

1. Aufhebung mit Wirkung für die Zukunft

4008
Aus dem Grundsatz der Vertragsfreiheit folgt die Zulässigkeit der einvernehmlichen Beendigung des Arbeitsverhältnisses mit **Wirkung für die Zukunft**.

Beispiel:
Arbeitnehmer A und Arbeitgeber B kommen am 31.03. überein, das zwischen ihnen seit 10 Jahren bestehende Arbeitsverhältnis zum 30.04. aufzuheben.

Bei einer Aufhebung mit Wirkung für die Zukunft besteht sozial- und steuerrechtlich ein gewisser Gestaltungsspielraum (s. Rz. 4063).

Aufhebungsvertrag

2. Zeitfragen - Streitfragen

4009
Eine **rückwirkende Aufhebung** des Arbeitsverhältnisses ist hingegen mit Problemen behaftet.
Sie kommt grundsätzlich nur in Betracht, wenn das Arbeitsverhältnis noch nicht in Vollzug gesetzt, d.h. aktualisiert wurde. In diesem Fall sind noch keine Folgen eingetreten, deren Beseitigung für die Parteien unzumutbar oder gar unmöglich wären. Ein **Invollzugsetzen** liegt grundsätzlich mit der tatsächlichen Arbeitsaufnahme vor.
Ist der Arbeitnehmer zum Zeitpunkt der vereinbarten Arbeitsaufnahme arbeitsunfähig krank, so wird das Arbeitsverhältnis auch ohne Aufnahme der Tätigkeit in Vollzug gesetzt.

a) Aufhebung nach Arbeitsaufnahme

4010
Der **Reiz der rückwirkenden Aufhebung** des Arbeitsverhältnisses liegt darin, daß bestimmte aus Anlaß der Beendigung gezahlte Beträge sowohl **steuer-** als auch **sozialrechtlich** vom Gesetzgeber privilegiert werden. Durch geschickte Gestaltung versuchen die Arbeitsvertragsparteien nicht selten, sich in den Genuß dieser Vorteile zu setzen. Hier sind 3 Punkte zu nennen:

- **Steuerfreiheit/Steuerermäßigung einer Abfindungszahlung**
- **keine Sozialversicherungspflicht der Abfindung**
- **durch kluge Gestaltung möglicher Doppelbezug von Abfindung und Arbeitslosengeld**

Beispiel:
*Nach 3-monatiger Tätigkeit schließen Arbeitgeber und Arbeitnehmer einen Aufhebungsvertrag rückwirkend auf "den Zeitpunkt des Beginns des Arbeitsverhältnisses". Hierdurch soll das bisher angefallene, steuer- und sozialversicherungspflichtige Arbeitsentgelt in eine steuer- und sozialversicherungsfreie Abfindung "umgewandelt" werden.
Eine solche Vereinbarung ist unzulässig und unabhängig davon weder dem Arbeitnehmer noch dem Arbeitgeber zu empfehlen.*

Nur unter besonderen Voraussetzungen wird in Zusammenhang mit einer Kündigung ein rückwirkender Aufhebungsvertrag nach Aufnahme des Arbeitsverhältnisses für zulässig erachtet.

b) Rückwirkung nach Kündigung ohne Weiterbeschäftigung

4011
Eine - allerdings zeitlich begrenzte - Rückwirkung ist möglich, wenn der Arbeitnehmer nach Ablauf der Kündigungsfrist oder Zugang der außerordentlichen

Kündigung im Verlauf eines nachfolgenden Kündigungsschutzprozesses tatsächlich nicht weiterbeschäftigt wird. Hier werden keine faktisch nicht rückgängig zu machenden Tatsachen geschaffen.

Beispiel:
Der Arbeitgeber kündigt das Arbeitsverhältnis. Hiergegen erhebt der Arbeitnehmer Kündigungsschutzklage. Während der Dauer des Kündigungsschutzprozesses wird der Arbeitnehmer nicht weiterbeschäftigt.

Hier ist wie folgt zu differenzieren:

- **Bei einer ordentlichen Kündigung kann das Ende des Arbeitsverhältnisses auf den Zeitpunkt des Ablaufs der ordentlichen Kündigungsfrist festgelegt werden.**
- **Bei einer außerordentlichen Kündigung kann das Ende des Arbeitsverhältnisses auf den Zugang der Kündigungserklärung rückbezogen werden.**

c) Rückwirkung nach Kündigung und Weiterbeschäftigung

4012
Anders ist die Situation, wenn der Arbeitnehmer im Verlauf des Kündigungsschutzprozesses freiwillig oder aufgrund eines Widerspruchs des Betriebsrats vom Arbeitgeber weiterbeschäftigt wird (s. Rz. 4678).

Beispiel:
Der Arbeitgeber kündigt das Arbeitsverhältnis. Hiergegen erhebt der Arbeitnehmer Kündigungsschutzklage. Während der Dauer des Kündigungsschutzprozesses wird der Arbeitnehmer freiwillig vom Arbeitgeber weiterbeschäftigt.

Hier ist wie folgt zu differenzieren:

- **Bei einer einvernehmlichen Weiterbeschäftigung während des Kündigungsschutzverfahrens bleibt das Arbeitsverhältnis in Vollzug und kann nur mit Wirkung für die Zukunft aufgelöst werden.**
- **Gleiches gilt bei einer erzwungenen Weiterbeschäftigung auf der Grundlage des § 102 Abs. 5 BetrVG, wenn also der Betriebsrat der ordentlichen Kündigung frist- und ordnungsgemäß widersprochen, der Arbeitnehmer Kündigungsschutzklage erhoben und Weiterbeschäftigung verlangt hat.**
- **Beschäftigt der Arbeitgeber den Arbeitnehmer nur aufgrund des allgemeinen Weiterbeschäftigungsanspruchs (s. Rz. 4702) weiter, ist eine rückwirkende Aufhebung möglich (streitig).**

Zur **schlichten Rückdatierung** in betrügerischer Absicht s. Rz. 4046.

Aufhebungsvertrag

IV. Zustandekommen des Aufhebungsvertrages

4013

Über eine einvernehmliche Aufhebung des Arbeitsverhältnisses müssen sich die Parteien einigen. Sie kann also nicht einseitig angeordnet oder erzwungen werden. Erforderlich ist eine Willensübereinstimmung.

1. Angebot und Annahme

4014

Wie jeder Vertrag kommt auch der Aufhebungsvertrag durch zwei übereinstimmende Willenserklärungen zustande. Diese bezeichnet man als **Angebot** und **Annahme**. Voraussetzung für das Zustandekommen des Aufhebungsvertrages ist dabei der **beiderseitige rechtsgeschäftliche Wille**, das **Arbeitsverhältnis** sofort oder später **zu beenden**. Wenig Probleme bereitet der **ausdrückliche Abschluß** eines Aufhebungsvertrages.

Beispiel:
Arbeitgeber und Arbeitnehmer unterschreiben auf derselben Urkunde eine Vereinbarung mit dem Inhalt, daß das Arbeitsverhältnis der Parteien mit sofortiger Wirkung gegen Zahlung einer Abfindung von 10.000 DM aufgehoben wird.

2. Stillschweigender Vertragsschluß

4015

Nicht so eindeutig ist die Rechtslage, wenn die Parteien nur eine mündliche Übereinkunft erzielen, ohne daß ausdrücklich das Wort "Aufhebungsvertrag" gebraucht wird. Hier kommt ein Vertragsschluß durch sogenanntes **"schlüssiges Verhalten"** in Betracht.
Von besonderem Interesse ist, wann von einem solchen stillschweigenden bzw. konkludenten Abschluß eines Aufhebungsvertrages auszugehen ist. Aufgrund der Tatsache, daß der Arbeitnehmer auf den gesamten Kündigungsschutz verzichtet und auch mit sozialrechtlichen Folgewirkungen, insbesondere einer Sperrzeit nach §§ 119, 119a AFG für den Bezug des Arbeitslosengeldes, rechnen muß, legt das Bundesarbeitsgericht insoweit einen **strengen Maßstab** an. Es müssen **besondere Umstände** vorliegen, aus denen auf das Einverständnis des Arbeitnehmers mit einem entsprechenden Aufhebungsvertragsangebot geschlossen werden kann.

- Der Arbeitnehmer verlangt im Anschluß an ein entsprechendes Angebot seine Arbeitspapiere heraus.
- Der Arbeitnehmer erklärt im Anschluß an eine Kündigung, daß er diese "annimmt" und verlangt die Aushändigung der Arbeitspapiere oder eines Zeugnisses.

- Der Arbeitnehmer macht Urlaubsabgeltungsansprüche (s. Rz. 2901) geltend, nachdem ihm der Arbeitgeber die Aufhebung des Arbeitsverhältnisses angetragen hat.

Entscheidend für die Frage, wann von einem **stillschweigenden Abschluß** eines Aufhebungsvertrages ausgegangen werden kann, sind die Umstände des Einzelfalles. Es kommt letztlich darauf an, wie der Erklärungsempfänger das Verhalten der erklärenden Partei unter Berücksichtigung der gegebenen Umstände verstehen mußte und durfte.

4016

Ein wichtiges gegen den Abschluß eines Aufhebungsvertrages sprechendes Indiz ist die **Rechtshängigkeit einer Kündigungsschutzklage**. Will der Arbeitnehmer also einerseits den Fortbestand des Arbeitsverhältnisses festgestellt wissen, kann nicht andererseits davon ausgegangen werden, daß er durch eine Aufhebung des Arbeitsverhältnisses seiner Kündigungsschutzklage "den Boden unter den Füßen wegzieht".

Auch wenn der Arbeitnehmer während des Kündigungsschutzprozesses unter Weiterverfolgung seines Klagebegehrens ein neues Arbeitsverhältnis eingeht, liegt hierin kein Aufhebungsvertragsangebot. Sein Verhalten wird hier letztlich dazu dienen, dem Arbeitgeber den Einwand des böswilligen Unterlassens anderweitigen Erwerbs abzuschneiden.

4017

In folgenden weiteren Fällen kann von einem **stillschweigenden Vertragsschluß** ausgegangen werden:

- Der Arbeitnehmer bittet, vor Ablauf der Kündigungsfrist ausscheiden zu dürfen, da er eine neue Stelle gefunden habe. Der Arbeitgeber erklärt, er wolle dem Arbeitnehmer "keine Steine in den Weg legen".

- Der Arbeitgeber kündigt dem Arbeitnehmer und bietet ihm gleichzeitig eine Abfindung von 10.000 DM an. Der Arbeitnehmer läßt sich die Abfindung auszahlen und sucht sich einen neuen Arbeitsplatz.

- Nach Vorhaltungen des Arbeitgebers erklärt der Arbeitnehmer, er wolle gehen. Der Arbeitgeber sagt, er könne sofort gehen. Daraufhin verläßt der Arbeitnehmer seinen Arbeitsplatz.

Ein stillschweigender Vertragsschluß ist hingegen in folgenden Fällen **zu verneinen**:

- Der Arbeitnehmer bleibt unentschuldigt von der Arbeit fern und reagiert auf Nachfragen nicht.
- Der Arbeitgeber meldet den Arbeitnehmer bei der Krankenkasse ab.

- Der Arbeitnehmer verlangt die Abgeltung seines Jahresurlaubs. Der Arbeitgeber reagiert nicht.
- Der Arbeitnehmer verlangt ein Zwischenzeugnis. Der Arbeitgeber kommt dem nach, erklärt aber, der Arbeitnehmer könne dann gleich gehen. Dieser bleibt bei seinem Wunsch.
- Der Arbeitnehmer teilt dem Arbeitgeber mit, er habe keine Lust mehr. Dieser spricht daraufhin die fristlose Kündigung aus *(BAG 04.02.1993, EzA § 20 SchwbG 1986 Nr. 1).*

a) Sonderproblem: Kündigungsverlangen des Arbeitnehmers

4018

Verlangt der Arbeitnehmer **wiederholt** vom Arbeitgeber die Kündigung und kommt dieser der Bitte nach, so endet das Arbeitsverhältnis durch Aufhebungsvertrag mit dem Ablauf der ordentlichen Kündigungsfrist; hier sind aber **Besonderheiten** zu beachten, wie der nachfolgende Fall deutlich macht..

Beispiel:
Zwischen Arbeitgeber A und Arbeitnehmer B ist es wiederholt zu Meinungsverschiedenheiten über dessen Arbeitsweise und Verhalten am Arbeitsplatz gekommen. In diesem Zusammenhang hat der B dem A mehrfach erklärt, wenn diesem seine Arbeitsweise nicht passe, könne er ihm ja kündigen. Dies sei ihm auch recht, da er ohnehin kein Interesse mehr habe, für den A tätig zu sein. Nur weil er sonst kein Arbeitslosengeld erhalte, werde er nicht selber kündigen. Nachdem B dies noch mehrfach wiederholt hat, kündigt der A das Arbeitsverhältnis ordentlich.

Gibt der Arbeitgeber wie im Beispielsfall dem ernsthaften und wiederholt geäußerten Kündigungsverlangen des Arbeitnehmers nach, so handelt es sich bei Ausspruch der begehrten "Kündigung" nicht mehr um eine einseitige Willenserklärung des Arbeitgebers. Damit ist das ursprüngliche Kündigungsverlangen als ein Angebot auf Abschluß eines Aufhebungsvertrages, die Kündigungserklärung als die Annahme des Angebots zu werten. Falls dabei nicht ein gegenteiliger Wille der Parteien explizit zum Ausdruck kommt, ist für die Frage des **Beendigungszeitpunkts** auf den Ablauf der ordentlichen Kündigungsfrist abzustellen.
Für den Arbeitnehmer hat dies die einschneidende Konsequenz, daß er seinen allgemeinen oder gegebenenfalls auch besonderen Kündigungsschutz verliert.

4019

Anders ist die Situation, wenn der Arbeitnehmer **nur einmal**, etwa aus Verärgerung oder Zorn, seinen Kündigungswunsch äußert. Hier kann nicht ernsthaft von einem Angebot auf Abschluß eines Aufhebungsvertrages ausgegangen werden. Demnach scheidet auch eine Annahme aus.

Arbeitsrecht

b) Sonderproblem: Kündigung beider Parteien

4020

Kündigen beide Parteien, so liegt darin nicht ohne weiteres ein Aufhebungsvertrag zu dem Zeitpunkt, zu dem sich die Beendigungs- bzw. Änderungswirkungen beider Kündigungen decken. Dies gilt schon deshalb, weil es an zwei mit Bezug aufeinander abgegebenen Willenserklärungen fehlt. Zudem ist die Kündigung eine einseitige Gestaltungserklärung, die gerade nicht auf eine vertragliche Einigung gerichtet ist.

Beispiel:
Der Arbeitgeber kündigt dem Arbeitnehmer wegen des Verdachts einer strafbaren Handlung fristlos. Hierüber ist der Arbeitnehmer so erbost, daß er ebenfalls die fristlose Kündigung erklärt.
Erweist sich der Verdacht gegen den Arbeitnehmer als unbegründet, so können die beiden Kündigungen nicht ohne weiteres in einen einvernehmlichen Aufhebungsvertrag umgedeutet werden.

c) Sonderproblem: Schweigen auf Vertragsangebot

4021

In dem bloßen **Schweigen auf das Angebot, einen Aufhebungsvertrag abzuschließen,** oder der **Entgegennahme einer Kündigung** liegt keine Annahmeerklärung des Arbeitnehmers.
Wie auch sonst im Rechtsverkehr gilt: Schweigen stellt grundsätzlich keine Willenserklärung dar.

Beispiel:
Erklärt der Arbeitgeber mündlich oder schriftlich gegenüber dem Arbeitnehmer, er wolle das Arbeitsverhältnis einvernehmlich beenden, so kann das Schweigen des Arbeitnehmers daraufhin keinesfalls als Zustimmung gewertet werden.
Nicht verwechselt werden darf dieses bloße Schweigen mit einer stillschweigenden Willenserklärung (s. Rz. 4015).

3. Umdeutung von Kündigungen

4022

Sprechen Arbeitgeber oder Arbeitnehmer eine Kündigung aus, so kann in dieser unter bestimmten Voraussetzungen ein Angebot auf Abschluß eines Aufhebungsvertrages gesehen werden. Man spricht hier von **"Umdeutung"**. Es wird also davon ausgegangen, daß die Kündigung, die grundsätzlich einseitig wirkt, ein (natürlich annahmebedürftiges) Angebot beinhaltet.

Aufhebungsvertrag

a) Umdeutung einer Kündigung in ein Aufhebungsvertragsangebot

4023

Unter bestimmten Voraussetzungen kann eine ordentliche oder außerordentliche Kündigung in das Angebot auf Abschluß eines Aufhebungsvertrages umgedeutet werden. Grundsätzlich kommt eine solche Umdeutung bei einer fristlosen (außerordentlichen) Kündigung in Betracht, wenn es dem **mutmaßlichen Willen** des Kündigenden entspricht, auch bei Fehlen eines wichtigen Grundes gleichwohl unter allen Umständen das Arbeitsverhältnis sofort zu beenden und dieser Wille dem Gekündigten erkennbar ist (*Bundesarbeitsgericht 04.02.1993, EzA § 20 SchwbG 1986 Nr. 1*).

Beispiel:
Der Arbeitgeber kündigt dem Arbeitnehmer wegen des Verdachts einer Straftat. In der Kündigungserklärung bringt er zum Ausdruck, daß er sich unabhängig von der Bestätigung des Verdachts im konkreten Fall wegen verschiedener anderer Vorkommnisse auf jeden Fall von dem Arbeitnehmer trennen möchte. Auch sei die Vertrauensbasis aus seiner Sicht zerstört.
Hier ist hinreichend klar erkennbar, daß der Arbeitgeber das Arbeitsverhältnis jedenfalls lösen möchte.

Bei einer befristeten (ordentlichen) Kündigung kommt selbstverständlich nur eine Umdeutung zum Zeitpunkt des vom Kündigenden angestrebten Kündigungstermins (Auslaufen der ordentlichen Kündigungsfrist) in Betracht.

Um auslegungsbedingte Unklarheiten zu vermeiden, kann es aus der Sicht des Kündigenden empfehlenswert sein, schon in der Kündigung auf ein **Einverständnis mit einer einvernehmlichen Beendigung** hinzuweisen.

b) Annahme einer in ein Aufhebungsvertragsangebot umgedeuteten Kündigung

4024

Kann eine außerordentliche oder ordentliche Kündigung in ein Angebot auf Abschluß eines Aufhebungsvertrages umgedeutet werden, kommt es nur dann zum Abschluß eines Aufhebungsvertrages, wenn der Kündigungsempfänger die Kündigung in dem Bewußtsein akzeptiert, eine rechtsgeschäftliche Willenserklärung abzugeben. Dies setzt voraus, daß die **Unwirksamkeit der Kündigung** vom Empfänger **erkannt** worden ist und entsprechend dem mutmaßlichen Willen des Kündigenden der vertraglichen Aufhebung zugestimmt wird.

Es reicht keinesfalls aus, daß der Kündigungsempfänger nur die Kündigung entgegennimmt, also eine bloße **Empfangsbestätigung** vorliegt.

Beispiel:
Der Arbeitgeber kündigt dem Arbeitnehmer ordentlich oder außerordentlich und bringt dabei im Kündigungsschreiben zum Ausdruck, daß er notfalls auch mit einer einvernehmlichen Beendigung des Arbeitsverhältnisses einverstanden ist. Der Arbeitnehmer erklärt, er "akzeptiere" die Kündigung.
Die Erklärung des Arbeitnehmers ist hier nicht ohne weiteres ausreichend, um die Annahme des in der Kündigungserklärung zum Ausdruck kommenden Vertragsangebots zu unterstellen. Hierfür hätte deutlich werden müssen, daß der Arbeitnehmer sich über mögliche sozialrechtliche Folgen eines Aufhebungsvertrages im klaren gewesen ist und diese in Kauf nehmen wollte.

4. Annahmefristen

4025
Selbstverständlich kann der Empfänger eines Angebots auf einvernehmliche Aufhebung des Arbeitsverhältnisses die andere Partei nicht beliebig lange "schmoren lassen". Vielmehr muß er **binnen bestimmter Zeit reagieren**, damit die erforderliche Rechtssicherheit gewahrt ist. Die **Überlegungszeit**, die dem Empfänger zugebilligt wird, heißt "Annahmefrist". Wird diese versäumt, kommt der Vertrag zunächst nicht zustande.

a) Allgemeines

4026
Das **gesprächsweise gemachte Angebot** auf Abschluß eines Aufhebungsvertrages kann nur sofort angenommen werden. Dies ist gerade für den Nichtjuristen häufig überraschend, muß aber unbedingt beachtet werden. Etwas anderes gilt lediglich dann, wenn der Antragende eine **Annahmefrist** bestimmt, er also der anderen Partei einen bestimmten Überlegungszeitraum zugebilligt hat. Hier kann das Angebot bis zum Ablauf der Frist angenommen werden.

Geht dem Arbeitnehmer hingegen ein **schriftliches Angebot** zu, steht ihm für die Annahme eine **angemessene Überlegungsfrist** zu. Deren Länge richtet sich zunächst nach einer etwaigen Zeitbestimmung des Antragenden, ansonsten nach den Umständen des Einzelfalles. Zu berücksichtigen sind hier neben der eigentlichen Überlegungszeit, deren Länge je nach Regelungsgehalt des Aufhebungsvertrages wohl mit mindestens 3 Tagen anzusetzen ist, auch etwaige Postlaufzeiten.

Kommt es nach diesen Vorgaben zu einer **verspäteten Annahme**, bleibt diese nicht folgenlos. Sie **gilt als neues Angebot**, das der ursprünglich Anbietende annehmen kann. Dieselbe Rechtsfolge ergibt sich, wenn eine Annahme unter Erweiterungen, Einschränkungen oder sonstigen Änderungen erfolgt. Erklärt etwa der Arbeitnehmer auf ein entsprechendes Angebot des Arbeitgebers hin, er scheide nur bei Zahlung einer Abfindung von 20000 DM, nicht aber bei einer solchen von 10000 DM aus, so liegt hierin ein neues Angebot. Es wird nicht etwa in der Form gesplittet, daß das Arbeitsverhältnis jedenfalls endet und nur noch die Höhe der Abfindung ausgehandelt werden muß.

Um Unklarheiten zu vermeiden, sollte schon im Angebot eine **Fristbestimmung** getroffen werden.

b) Überlegungs- und Widerrufsvorbehalt

4027

Ein gesetzlich ausgestaltetes, allgemeines **Widerrufsrecht**, also das Recht, die Rechtsfolgen des Aufhebungsvertrages durch eine Erklärung wieder rückgängig zu machen, besteht nicht. Gelegentlich sehen Tarifverträge jedoch ein Widerrufsrecht des Arbeitnehmers vor, dessen Anwendung aber die Tarifgebundenheit beider am Aufhebungsvertrag beteiligten Parteien voraussetzt. Die Tarifgebundenheit besteht, wenn

- die Arbeitsvertragsparteien Mitglied des tarifschließenden Verbandes sind,
- der Tarifvertrag im Arbeitsvertrag in Bezug genommen wird oder
- der Tarifvertrag für allgemeinverbindlich erklärt worden ist (s. Anhang I).

Findet der Tarifvertrag Anwendung, ist trotzdem Vorsicht geboten. Das **Widerrufsrecht** ist oftmals **verzichtbar** ausgestaltet. So heißt es beispielsweise in § 10 Abs. 9 des Manteltarifvertrages für den Einzelhandel in Nordrhein-Westfalen v. 6.7.1989: "Auflösungsverträge bedürfen der Schriftform. Jede der Parteien kann eine Bedenkzeit von drei Werktagen in Anspruch nehmen. Ein Verzicht hierauf muß schriftlich erklärt werden."

Dabei kann die **Verzichtserklärung** mangels anderer sachlicher Voraussetzungen **zusammen mit der Auflösung** des Arbeitsverhältnisses **in einer Vertragsurkunde** niedergelegt werden. Es ist nicht etwa eine gesonderte Erklärung nötig *(s. zuletzt BAG 30.09.1993, EzA § 611 BGB Aufhebungsvertrag Nr. 9)*. Dies kann jedoch selbstverständlich vereinbart werden. Eine solche Vereinbarung liegt aber nicht schon darin, daß in dem Aufhebungsvertragsmuster 2 Alternativen (Inanspruchnahme der Bedenkzeit oder nicht) aufgeführt sind, von denen eine zu streichen ist. Heißt es hier in der Erläuterung "Nichtzutreffendes bitte streichen und von beiden Parteien abzeichnen", so bedarf es nur einer **Unterschrift der Vertragsparteien am Ende des Vertragstextes**, nicht aber einer gesonderten Unterschrift, es sei denn, es ist bei der zu streichenden Klausel Raum für eine gesonderte Unterschrift gelassen.

Wenn nicht anderes bestimmt ist, hängt die Ausübung des Widerrufsrechts nicht von **sachlichen Voraussetzungen** ab. Dies ist vom Arbeitgeber zu beachten, wenn er die Aufnahme einer Widerrufsklausel akzeptiert.

Beispiel:
In dem für allgemeinverbindlich erklärten Manteltarifvertrag ist folgende Klausel enthalten: "Auflösungsverträge bedürfen der Schriftform. Jede der Parteien kann bis spätestens zum Ende des folgenden Arbeitstages widerrufen". Arbeitnehmer A soll aus verhaltensbedingten Gründen von Arbeitgeber B gekündigt werden. Stattdessen schließen die Parteien am Freitag einen Aufhebungsvertrag ab. In diesem ist auch eine Ausgleichsklausel enthalten (s. Rz. 4801 ff.). Am Montag nach Abschluß des Vertrages widerruft A diesen. B hält den Widerruf für unzulässig, da der Aufhebungsvertrag nur an die Stelle einer sonst auszusprechenden Kündigung getreten sei.
Im Ausgangsfall (ArbG Nürnberg 06.08.1993, EzA § 611 BGB Aufhebungsvertrag Nr. 12) ist der Aufhebungsvertrag unwirksam geworden, weil A sein Widerrufsrecht wirksam ausgeübt hat. Der Widerruf war nämlich nach dem eindeutigen Tarifwortlaut nicht an bestimmte Voraussetzungen gekoppelt Auch die Ausgleichsklausel hindert die Ausübung des Widerrufsrechts nicht, denn ein Verzicht auf tarifliche Rechte ist nur mit Zustimmung der Tarifparteien möglich (§ 4 TVG). In gleicher Weise bedarf es für den **Verzicht auf ein Widerrufsrecht** *keiner sachlichen Gründe (BAG 30.09.1993, EzA § 611 BGB Aufhebungsvertrag Nr. 13).*

4028

Ob dem Arbeitnehmer über die tarifvertraglich geregelten Fälle hinaus ein Widerrufsrecht zusteht, war unsicher. Nach einer in der **Rechtsprechung** *(s. etwa LAG Hamburg 03.07.1991, LAGE § 611 BGB Aufhebungsvertrag Nr. 9)* **teilweise vertretenen Ansicht** soll dem Arbeitnehmer ein Widerrufsrecht auch dann zustehen, wenn dieser völlig unvorbereitet durch den Arbeitgeber zum Abschluß eines Aufhebungsvertrages veranlaßt worden ist (sog. Überrumpelungsfälle). Dies soll dann der Fall sein, wenn die Vereinbarung in der Weise zustandegekommen ist, daß der Arbeitgeber den Arbeitnehmer zu einem Gespräch bittet, diesem das Thema des Gesprächs nicht vorab mitteilt und den Arbeitnehmer während des Gesprächs zu einer Auflösungsvereinbarung veranlaßt, ohne ihm eine Bedenkzeit oder ein Rücktrittsrecht einzuräumen. Mache der Arbeitnehmer hier unverzüglich von seinem Rücktrittsrecht Gebrauch, so könne er den Vertrag wieder aufheben.

Das **Bundesarbeitsgericht** ist hier jedoch gänzlich anderer Auffassung. Es geht davon aus, daß es **ohne entsprechende Vereinbarung** auch **kein Widerrufs- oder Rücktrittsrecht** gibt, und zwar insbesondere auch dann, wenn dem Arbeitnehmer das Thema des beabsichtigten Gesprächs vorher nicht mitgeteilt wird *(30.09.1993, EzA § 611 BGB Aufhebungsvertrag Nr. 13).* Auch aus § 242 BGB kann der Arbeitnehmer hier regelmäßig nichts herleiten. Das Bundesarbeitsgericht betont in diesem Zusammenhang besonders die grundrechtlich geschützte Freiheit der Beendigung des Arbeitsverhältnisses und lehnt eine Analogie zu den Vorschriften des Verbraucherschutzes ab (s. etwa § 7 VerbrKrG).

Zur **Anfechtung des Aufhebungsvertrages** wegen des Erzwingens einer überstürzten Entscheidung s. Rz. 4059.

Aufhebungsvertrag

Selbstverständlich steht es den Parteien grundsätzlich frei, ein Widerrufsrecht binnen einer bestimmten Frist in den Aufhebungsvertrag mit aufzunehmen.

Regelmäßig ist die Gewährung einer ausreichenden **Bedenkzeit nur empfehlenswert**, da ansonsten eine auf Zeitdruck gestützte Anfechtung des Aufhebungsvertrages, zumindest aber ein Folgekonflikt droht. Durch eine Bedenkzeit wird also letztlich die Position des Arbeitgebers in einem späteren Streitfall nicht unerheblich gestärkt.

Prozeßtaktisch kann es hilfreich sein, die Formulierung in den Aufhebungsvertrag aufzunehmen, daß die Initiative zu dessen Abschluß von beiden Seiten ("auf beiderseitigen Wunsch") ausgegangen ist. Allerdings sind bei einer solchen Formulierung auch die sozialrechtlichen Folgewirkungen zu beachten (Rz. 4125 ff.). Hier spielt die arbeitgeberseitige Veranlassung häufig eine entscheidende Rolle, wenn es um die Vermeidung von Sperr- und Ruhenszeiten geht.

5. Schriftformerfordernis

4029

Der Aufhebungsvertrag bedarf für seine Wirksamkeit grundsätzlich **nicht** der Einhaltung einer bestimmten Form. Eine abweichende Regelung kann aber tarifvertraglich oder einzelvertraglich vereinbart sein. Hier gilt: Ist **nur** für eine Kündigung die Schriftform vorgesehen, so gilt dies für den Aufhebungsvertrag nicht. Ebenso liegt der Fall bei einer **tarifvertraglichen Schriftformklausel für Ausgleichsquittungen**. Da es sich beim Aufhebungsvertrag um ein anderes Rechtsinstitut handelt, wird er von dieser Regelung nicht erfaßt.
Ist hingegen generell für die Begründung und Aufhebung des Arbeitsverhältnisses ein Schriftformerfordernis vereinbart worden, muß auch der Aufhebungsvertrag schriftlich geschlossen werden. Bei **tariflich vorgeschriebener Schriftform** ist ein nur mündlich geschlossener Aufhebungsvertrag im Zweifel unwirksam, es sei denn, die Schriftform sollte nur Beweiszwecken dienen. Regelmäßig wird aber die Einhaltung der Schriftform Wirksamkeitsvoraussetzung sein (konstitutive Bedeutung).

Ein individualvertraglich vereinbartes **Schriftformerfordernis** kann von den Parteien stillschweigend und formlos wieder aufgehoben werden. Dies ist in der Regel schon der Fall, wenn zwischen den Parteien mündlich die Auflösung des Arbeitsverhältnisses vereinbart wird.

Allein aus Beweisgründen und um Unklarheiten zu vermeiden empfiehlt es sich, unabhängig von einer bestehenden Pflicht, den Aufhebungsvertrag mit allen Regelungspunkten schriftlich niederzulegen.

6. Aufklärungs- und Hinweispflichten des Arbeitgebers

4030

Nicht einheitlich wird die Frage nach dem Bestehen von **Aufklärungspflichten** des Arbeitgebers gegenüber dem Arbeitnehmer beurteilt im Hinblick auf

- den Verlust des Sonderkündigungsschutzes
- den Verlust von betrieblichen Versorgungsanwartschaften
- sozialrechtliche und
- steuerrechtliche Nachteile.

Im Grundsatz besteht aber Einigkeit, daß es im Falle der einvernehmlichen Beendigung des Arbeitsverhältnisses **Sache der Vertragspartei ist, sich rechtzeitig über die Auswirkungen des Rechtsgeschäfts zu informieren.** Der Arbeitnehmer muß sich also über die rechtlichen Folgen seines Handelns selbst Klarheit verschaffen, wenn er von diesen die Beendigung des Arbeitsverhältnisses abhängig machen will und darf sich nicht blindlings auf den Arbeitgeber verlassen. Im **Einzelfall** kann jedoch der Arbeitgeber verpflichtet sein, den Arbeitnehmer auf für diesen nachteilige Folgen hinzuweisen. Dabei sind die Interessen der Beteiligten nach Billigkeitsgesichtspunkten und unter Berücksichtigung der Umstände des Einzelfalles gegeneinander abzuwägen. Es gilt das **Prinzip der Sachnähe:** Je näher der Arbeitnehmer der Angelegenheit selbst steht, desto eher ist eine Hinweispflicht zu verneinen und umgekehrt. Entscheidend sind auch die Umstände des Vertragsschlusses. Betreibt der Arbeitgeber die Auflösung des Arbeitsverhältnisses in seinem Interesse und unter für den Arbeitnehmer nachteiligen Umständen (etwa Verkürzung der Kündigungsfrist), so ist eine Hinweispflicht tendenziell zu bejahen. Wünscht andererseits der Arbeitnehmer die Auflösung aus persönlichen Gründen, so ist eine Hinweispflicht tendenziell zu verneinen (*LAG Hamburg 20.08.1992, LAGE § 611 BGB Aufhebungsvertrag Nr. 9 mit Anm. Welslau*).

Schon an dieser Stelle muß aber darauf hingewiesen werden: Eine **schuldhaft falsche Auskunft** verpflichtet den Arbeitgeber zum Schadensersatz! Hier ist äußerste Vorsicht geboten. Der Arbeitgeber muß eine ggfs. an ihn gerichtete Frage zutreffend beantworten oder den Arbeitnehmer an die zuständigen Stellen verweisen.

a) Aufklärung über Verlust von Sonderkündigungsschutz

4031

Nach § 9 Abs. 1 MuSchG ist jede **Kündigung** einer Frau **während der Schwangerschaft** und bis zum Ablauf von 4 Monaten nach der Entbindung unzulässig, wenn dem Arbeitgeber zur Zeit der Kündigung die Schwangerschaft oder Ent-

bindung bekannt war oder innerhalb von 2 Wochen nach Zugang der Kündigung mitgeteilt wird.
Eine vergleichbare Rechtslage besteht bei **Schwerbehinderten**. Nach § 15 SchwbG und § 21 SchwbG bedarf die ordentliche bzw. die außerordentliche Kündigung eines Schwerbehinderten für ihre Wirksamkeit der vorherigen Zustimmung der Hauptfürsorgestelle.
Grundsätzlich ist es nicht erforderlich, eine werdende Mutter oder einen Schwerbehinderten vor Abschluß eines Aufhebungsvertrages auf den Verlust dieses zwingenden Kündigungsschutzes hinzuweisen. Dies kann nur anders sein, **wenn der Arbeitnehmer sich erkennbar in einem Irrtum befindet,** er also beispielsweise annimmt, er könne trotz Aufhebungsvertrag seinen Sonderkündigungsschutz gerichtlich geltend machen.

b) Aufklärung über nachteilige Folgen bei der betrieblichen Altersversorgung

4032

Das Bundesarbeitsgericht hat betreffend öffentlicher Arbeitgeber (Bund, Länder und Gemeinden) darauf erkannt, daß diese den Arbeitnehmer auf drohende **Versorgungsschäden** aufmerksam zu machen haben. Diese Rechtsprechung ist auch auf private Arbeitgeber zu übertragen. Danach gilt folgendes:

Eine Belehrung über den drohenden Verlust einer Versorgungsanwartschaft kommt dann in Betracht, wenn der Arbeitnehmer aufgrund besonderer Umstände darauf vertrauen darf, der Arbeitgeber werde bei der vorzeitigen Beendigung des Arbeitsverhältnisses seine Interessen wahren und ihn redlicherweise vor unbedachten nachteiligen Folgen des Ausscheidens, insbesondere bei der Versorgung, bewahren.

Beispiel:
Der Arbeitgeber möchte sich von einem älteren, ordentlich unkündbaren Arbeitnehmer trennen und macht diesem ein Aufhebungsvertragsangebot.
In diesem Fall darf der Arbeitnehmer darauf vertrauen, daß der Arbeitgeber ihn auf einen Verlust von Versorgungsanwartschaften hinweist bzw. dies bei seinem Vertragsangebot berücksichtigt.

Entscheidend ist auch die Frage der **Vorkenntnis des Arbeitnehmers**: Weiß dieser oder müßte er durch die ihm ausgehändigten Unterlagen wissen, daß der Wegfall einer Versorgungsanwartschaft droht, so ist tendenziell eine Aufklärungspflicht eher zu verneinen.
Der zeitlichen Nähe des Aufhebungsvertrages zu dem für die Unverfallbarkeit einer Versorgungsanwartschaft maßgebenden Zeitpunkt mißt das Bundesarbeitsgericht hingegen keine ausschlaggebende Bedeutung zu (*Beispiel: Ausscheiden 3 Tage vor Erreichen des Stichtags*). Nach Auffassung des Bundesarbeitsgerichts ist es gerade die Eigenart einer Stichtags-/Fristenregelung, daß auch eine nur kurzfristige Über- oder Unterschreitung zu Rechtsnachteilen führt.

c) Aufklärung über sozialrechtliche Nachteile

4033

Als sozialrechtlicher Nachteil in Zusammenhang mit einem Aufhebungsvertrag kommt insbesondere eine Sperrzeit oder ein Ruhen beim Bezug des Arbeitslosengeldes in Betracht. Das Bundesarbeitsgericht erwartet insoweit zwar **keine umfassende Unterrichtung des Arbeitnehmers** durch den Arbeitgeber. Von diesem wird aber zumindest verlangt, daß er den Arbeitnehmer, sofern diesem eine Bedenkzeit eingeräumt wird, wegen diesbezüglicher Fragen an das Arbeitsamt verweist.

Der Arbeitgeber genügt seiner Hinweispflicht auch, wenn er einem von sich aus um die Auflösung des Arbeitsverhältnisses bittenden Mitarbeiter mitteilt, daß er womöglich mit Sperrzeiten rechnen müsse. Dies reicht insbesondere dann aus, wenn der Arbeitnehmer durch **Rechtsanwälte** oder **Gewerkschaftssekretäre** vertreten ist und der Aufhebungsvertrag vor **Gericht** geschlossen wird.

Angesichts der schwierigen Materie des Sozialrechts, die zudem dauernden Änderungen unterworfen ist, sollte nicht versucht werden, detaillierte Auskünfte zu diesem Problempunkt zu geben. Der Arbeitnehmer sollte vielmehr auf die Merkblätter 1 und 2 für Arbeitslose, die bei den Arbeitsämtern erhältlich sind, hingewiesen und im übrigen an die zuständigen Stellen verwiesen werden.

Schuldhaft falsche Auskünfte verpflichten den Arbeitgeber zum Schadensersatz! Daher Vorsicht bei Rechtsauskünften.

d) Aufklärung über steuerrechtliche Nachteile

4034

Im Falle der Vereinbarung einer Ratenzahlung für die Erbringung einer Abfindung können dem Arbeitnehmer unter Umständen nicht unerhebliche steuerrechtliche Nachteile entstehen. Gleiches gilt, wenn für die Zahlung der Abfindung ein Veranlagungszeitraum gewählt wird, in welchem der Arbeitnehmer ohnehin hohe Einkünfte erzielt hat und daher einer höheren Steuerprogression unterliegt.

Trotz dieser Umstände besteht Einigkeit darüber, daß der Arbeitgeber nicht verpflichtet ist, den Arbeitnehmer auf mögliche steuerrechtliche Konsequenzen der Abfindungsvereinbarung hinzuweisen oder gar auf eine steuerlich günstigere Gestaltung hinzuwirken. Der Arbeitgeber ist kein Steuerberater!

Regelmäßig genügt der Arbeitgeber seiner Sorgfaltspflicht, wenn er eine Lohnsteueranrufungsauskunft nach § 42 e EStG beim zuständigen Betriebsstättenfinanzamt einholt und das Ergebnis dem Arbeitnehmer mitteilt.

Das **Finanzamt** des Arbeitnehmers ist in dessen Lohnsteuerverfahren **nicht** an die dem Arbeitgeber erteilte Anrufungsauskunft **gebunden**. Es kann insoweit einen für den Arbeitnehmer ungünstigeren Rechtsstandpunkt vertreten (s. hierzu auch Rz. 4159).

e) Sonstige Aufklärungs- und Hinweispflichten

4034 a

Neben den skizzierten Fallgruppen kommen noch eine Reihe weiterer Punkte in Betracht. Beispielhaft lassen sich hier erwähnen

- Offenbarung einer ernsthaft drohenden Zahlungsunfähigkeit des Arbeitgebers und der hierdurch möglichen Gefährdung der Realisierung des Abfindungsanspruchs
- Hinweis auf einen bevorstehenden Betriebsübergang.

Es besteht hingegen keine Pflicht, den Arbeitnehmer auf die Möglichkeit eines Vollstreckungsschutzantrages nach § 850 i ZPO hinzuweisen.
Es ist immer **empfehlenswert, sich die Erfüllung einer Hinweispflicht im Aufhebungsvertrag schriftlich bestätigen zu lassen.** Hier ist folgende Klausel denkbar:

Muster:

Der Arbeitnehmer wurde auf mögliche sozialrechtliche Konsequenzen des Aufhebungsvertrags (Ruhen, Sperrzeit) aufmerksam gemacht. Über Versorgungsnachteile wurde er gleichfalls informiert.

Rechtlich wohl nicht möglich ist ein **genereller Verzicht des Arbeitnehmers auf etwaige Hinweise.** Hiermit können nur Wirkungen auf tatsächlichem Gebiet erzielt werden, wenn der Arbeitnehmer glaubt, wirksam verzichtet zu haben.

7. Aufhebungsverträge mit Minderjährigen

4035

Soll ein **Minderjähriger** Partner des Aufhebungsvertrages sein, so ist die Vorschrift des § 113 BGB zu beachten. Danach ist ein Minderjähriger, der durch seinen gesetzlichen Vertreter ermächtigt worden ist, in Dienst oder Arbeit zu treten, für solche Rechtsgeschäfte unbeschränkt geschäftsfähig, welche die Eingehung oder Aufhebung eines Dienst- oder Arbeitsverhältnisses der gestatteten Art oder die Erfüllung der sich aus einem solchen Verhältnis ergebenden Verpflichtungen betreffen.

Nach **allgemeiner Meinung** umfaßt die wirksame Ermächtigung zur Eingehung eines Arbeitsverhältnisses auch den Abschluß eines Aufhebungsvertrages durch den Minderjährigen ohne Beteiligung des gesetzlichen Vertreters. Die Ermächtigung des § 113 BGB ist aber grundsätzlich eng auszulegen.

Beispiel:
*Schwebend unwirksam wegen **fehlender Üblichkeit** i.S.v. § 113 BGB ist ein aus Anlaß der Schwangerschaft geschlossener Aufhebungsvertrag mit einer Minderjährigen.*

Bei **Ausbildungsverhältnissen** findet § 113 BGB keine Anwendung.
Das bedeutet für den Arbeitgeber, daß ein Aufhebungsvertrag mit einem Minderjährigen nur mit Zustimmung der gesetzlichen Vertreter, also regelmäßig der Eltern, geschlossen werden kann.

8. Bedingte Aufhebungsverträge

4036
Aus dem Grundsatz der Vertragsfreiheit folgt, daß auch **bedingte Aufhebungsverträge** abgeschlossen werden können.

Einschränkungen ergeben sich jedoch aus dem arbeitsrechtlichen Schutzprinzip. Die Vereinbarung der Bedingung darf also nicht dazu führen, daß zwingende Arbeitnehmerschutznormen - insbesondere solche des Bestandsschutzrechtes - umgangen werden (Beispiel: Aufhebung bei Krankheit des Arbeitnehmers).

a) Zulässig bedingter Aufhebungsvertrag

4037

Das Bundesarbeitsgericht hatte sich in Zusammenhang mit der Frage eines bedingten Aufhebungsvertrages u.a. mit sogenannten "Heimkehrklauseln" auseinanderzusetzen. Hier wird mit einem ausländischen Arbeitnehmer in einem Aufhebungsvertrag vereinbart, daß dieser für den Fall der endgültigen Rückkehr in seine Heimat eine Abfindung erhalten soll. Nach Auffassung des Bundesarbeitsgerichts kann die Abfindungszahlung grundsätzlich von weiteren, über die Aufgabe des Arbeitsplatzes hinausgehenden Bedingungen abhängig gemacht werden, ohne daß hiermit eine Umgehung von zwingenden Bestimmungen des Kündigungsschutzgesetzes verbunden ist. Allerdings darf nicht willkürlich zwischen einzelnen Arbeitnehmern differenziert werden.

Eine solche **"Heimkehrklausel"** kann jedoch wegen funktionswidriger Umgehung der Vorschriften des Betriebsverfassungsgesetzes unwirksam sein, wenn der Aufhebungsvertrag in Ausführung einer Betriebsvereinbarung geschlossen wird, die einen Personalabbau durch Abschluß von Aufhebungsverträgen zum Ziel hat und der deshalb eine Art "Sozialplanersatzcharakter" zukommt. Hier dürfen nicht die Pflichten des Arbeitnehmers kumuliert werden.

4038
Vorsicht ist auch geboten, wenn statt einer Kündigung ein bedingter Aufhebungsvertrag aus sozialen Gründen abgeschlossen wird.

Aufhebungsvertrag

Beispiel:
Arbeitnehmer A ist wiederholt volltrunken am Arbeitsplatz erschienen. Arbeitgeber B sieht von einer Kündigung ab, schließt aber mit dem A einen Aufhebungsvertrag des Inhalts, daß das Arbeitsverhältnis "als beendet gilt, wenn A nochmals angetrunken zum Dienst erscheint".
*Bei einer solchen Vertragsgestaltung ist der Arbeitgeber dafür darlegungs- und beweispflichtig, daß gerade die **sozialen Belange** des Arbeitnehmers für den Abschluß des Aufhebungsvertrages ausschlaggebend waren. Gerade in der Konfliktsituation wird dieser Beweis häufig nur schwer zu führen sein.*

Beispiele zulässiger Bedingungen:

- **In einem Prozeßvergleich wird die Weiterbeschäftigung des Arbeitnehmers bis zum Abschluß des Kündigungsschutzrechtsstreits vereinbart.**
- **Der Arbeitsvertrag soll als aufgehoben gelten, wenn der Arbeitnehmer nicht seine gesundheitliche Eignung durch ein ärztliches Attest nachweist.**

Die Zulässigkeit der letztgenannten Bedingung ist in einzelnen Arbeitsgerichtsbezirken **nicht unumstritten!** Besser ist es daher, zumindest die Eignung des Arbeitnehmers zu überprüfen und erst dann den Arbeitsvertrag zu schließen.

b) Unzulässig bedingter Aufhebungsvertrag

4039

Wegen **Umgehung des Kündigungsschutzgesetzes** ist die Vereinbarung, daß das Arbeitsverhältnis ende, wenn der Arbeitnehmer nicht nach dem Ende seines Urlaubs an dem vereinbarten Tag seine Arbeit wieder aufnehme, unwirksam.
Gleiches gilt in den Fällen der **bedingten Wiedereinstellungszusage**, wenn also die Wiedereinstellung von der fristgemäßen Rückkehr aus dem Urlaub, der Zustimmung des Betriebsrats oder einer günstigen Auftragslage abhängig gemacht wird, die Beschäftigung bei Abschluß des Vertrages für die Zeit nach dem Urlaub jedoch als notwendig erachtet wurde.
Auch die auflösende Bedingung der **nicht ordnungsgemäßen Erbringung der Arbeitsleistung** ist selbstverständlich unwirksam. Der Arbeitgeber ist hier auf eine Kündigung angewiesen.

Die Vereinbarung mit einem **alkoholgefährdeten Arbeitnehmer**, das Arbeitsverhältnis ende, wenn dieser Alkohol zu sich nehme, stellt gleichfalls einen unzulässigen Verzicht auf den Kündigungsschutz dar, und zwar unabhängig davon, ob der Arbeitnehmer nur aus sozialen Motiven eingestellt wird. Es sollen keine Arbeitsverhältnisse 2. Klasse geschaffen werden.

Gleiches gilt für eine Übereinkunft, nach welcher ein **Berufsausbildungsverhältnis** endet, wenn das Zeugnis des Auszubildenden in einem bestimmten Fach die Note mangelhaft aufweist. Hier liegt eine Umgehung des § 15 Abs. 2 Nr. 1 BBiG vor. Hiernach kann ein Berufsausbildungsverhältnisses nach der Probezeit nur aus wichtigem Grund gekündigt werden.

Insgesamt ist also festzuhalten, daß die aus Arbeitgebersicht "interessanten" Bedingungen in der Regel unwirksam sind. Bei bedingten Aufhebungsverträgen ist Zurückhaltung geboten!

c) Bedingter Aufhebungsvertrag im Rahmen eines Prozeßvergleichs

4040
Im Rahmen eines Prozeßvergleichs (Abschluß eines Aufhebungsvertrages vor Gericht), werden von der Rechtsprechung an die Zulässigkeit bedingter Aufhebungsverträge im Grundsatz geringere Anforderungen gestellt.

Das **Risiko der Umgehung des Kündigungsschutzes** durch Abschluß eines Aufhebungsvertrages wird hier als nicht so hoch eingeschätzt wie beim Abschluß außerhalb eines Prozesses, da häufig der Richter bei der Formulierung mitwirkt.

Als zulässig erachtet wurde beispielsweise eine Vereinbarung des Inhalts, daß das Arbeitsverhältnis ende, wenn die Klägerin für einen bestimmten Zeitraum mehr als 10 % der Arbeitstage fehlen sollte. Nach der Rechtsprechung steht hier die **Abmilderung des Prozeßrisikos** durch Vergleich im Vordergrund. Anders stellt sich die Sachlage im Rahmen eines außergerichtlichen Vergleichs vor Ausspruch einer Kündigung dar. Hier ist die geschilderte Klausel nicht vereinbarungsfähig.

Auch der **Prozeßvergleich** rechtfertigt i.ü. nicht die Anerkennung **zukünftig erst noch zu vereinbarender Befristungen**. Nur die im Prozeßvergleich vereinbarte konkrete Befristung bedarf keines weiteren sachlichen Grundes.

V. Unwirksamkeit von Aufhebungsverträgen

4041
Wie jeder zivilrechtliche Vertrag kann auch der Aufhebungsvertrag wegen Verstoßes gegen **gesetzliche Verbote** oder wegen **Sittenwidrigkeit** unwirksam sein. Die Feststellung der Unwirksamkeit ist dabei häufig mit unangenehmen Konsequenzen verbunden. Zumeist wird der bisherige Arbeitsplatz des Arbeitnehmers schon vergeben sein, so daß eine **doppelte Zahlungsverpflichtung** bei einmaliger Arbeitsleistung droht.

Fallgruppen der Unwirksamkeit sind der Verstoß gegen ein gesetzliches Verbot, die Sittenwidrigkeit eines Aufhebungsvertrages und die Anfechtung des Aufhebungsvertrages durch den Arbeitnehmer.

Aufhebungsvertrag

1. Verstoß gegen gesetzliches Verbot

4042

Verstößt der Inhalt des Aufhebungsvertrages gegen ein gesetzliches Verbot, so ist die Vereinbarung nach § 134 BGB unwirksam. Wann ein Verbotsgesetz vorliegt, ist jeweils im Einzelfall zu bestimmen. Allerdings haben sich bestimmte **typische Fallgruppen** herausgebildet, die immer wieder zu Problemen führen.

a) Umgehung des § 613 a BGB

4043

Vorsicht ist geboten, wenn im Rahmen einer Betriebsveräußerung die Arbeitnehmer dazu veranlaßt werden, mit dem Betriebsveräußerer Aufhebungsverträge zu schließen und dies dadurch motiviert ist, daß der Betriebserwerber Wiedereinstellungsgarantien zu geänderten regelmäßig schlechteren Bedingungen abgibt.

Beispiel:
Der Arbeitnehmer wird im Rahmen einer Betriebsveräußerung veranlaßt, mit dem Veräußerer Aufhebungsverträge abzuschließen, um dann mit dem Erwerber neue Arbeitsverträge zu schlechteren Bedingungen zu schließen. Ansonsten würde der Betrieb nicht von dem Erwerber übernommen.
Hier liegt eine Umgehung des § 613 a Abs. 4 BGB vor, wonach die Kündigung des Arbeitsverhältnisses durch den alten oder neuen Arbeitgeber aus Anlaß des Betriebsübergangs unwirksam ist. Damit ist zugleich ein Verstoß gegen ein gesetzliches Verbot gegeben und die entsprechende Vereinbarung unwirksam.

Eine Umgehung des § 613 a BGB liegt auch dann vor, wenn die Arbeitnehmer unter Hinweis auf die geplante Betriebsveräußerung dazu veranlaßt werden, auf ihre Altersversorgung zu verzichten und sodann mit dem Erwerber neue Arbeitsverträge ohne Zusage einer Altersversorgung abzuschließen. Es gilt also allgemein: **Bei Aufhebungsverträgen in Zusammenhang mit einem Betriebsübergang ist Vorsicht geboten.** Nur in Ausnahmefällen wird ein anläßlich des Aufhebungsvertrages erklärter Verzicht von der Rechtsprechung gebilligt. **Wird der Arbeitnehmer vor die Wahl gestellt, entweder auf Rechte zu verzichten oder ein Betriebsübergang finde nicht statt, so ist der darauf erklärte Verzicht unwirksam.**

b) Verpflichtung, kein Arbeitslosengeld zu beantragen

4044

Unwirksam sind insbesondere sogenannte **"128er-Vereinbarungen"**. Nach dem aufgehobenen § 128 AFG a.F. war der Arbeitgeber unter bestimmten Voraussetzungen verpflichtet, das von der Bundesanstalt für Arbeit an den ausgeschiedenen Arbeitnehmer gezahlte Arbeitslosengeld für einen gewissen Zeitraum zu erstatten. Um diese Erstattungspflicht zu vermeiden, wurde vielfach in einen Aufhebungsvertrag eine Klausel aufgenommen, wonach sich der ausscheidende Arbeitnehmer verpflichtete, keinen Antrag auf Arbeitslosengeld zu stellen.

Beispiel:
Der Arbeitnehmer verpflichtet sich im Aufhebungsvertrag, keinen Antrag auf Arbeitslosengeld zu stellen. Der Arbeitgeber verpflichtet sich, dem Arbeitnehmer den dem Arbeitslosengeld entsprechenden Betrag monatlich bis zum frühestmöglichen Verrentungszeitpunkt zu erstatten.
*Die Rechtsprechung hat eine solche Vereinbarung wegen Verstoßes gegen § 32 SGB I als nichtig angesehen. Nach dieser Vorschrift sind privatrechtliche Vereinbarungen, die zum Nachteil des Sozialleistungsberechtigten von Vorschriften des SGB abweichen, unwirksam. Enthält der Aufhebungsvertrag aber die Verpflichtung, kein Arbeitslosengeld zu beantragen, entstehen dadurch dem Arbeitnehmer **sozialrechtliche Nachteile** in der Kranken- und Rentenversicherung.*

Nach der **Wiedereinführung des § 128 AFG** hat diese Rechtsprechung ihre Bedeutung wiedererlangt. Das Arbeitsamt hat den Arbeitnehmer i.ü. darauf hinzuweisen, daß die 128er-Vereinbarung ihn nicht bindet. Wird dieser Hinweis unterlassen, kann der Arbeitnehmer im Wege des sozialrechtlichen Herstellungsanspruchs Schadensersatz verlangen.
Liegt eine unwirksame 128er-Vereinbarung vor, behält der Aufhebungsvertrag aber gleichwohl regelmäßig seine Wirksamkeit. Es kann aber eine Anpassung an die nun geänderte Geschäftsgrundlage in Betracht kommen. Unangenehmen Folgestreitigkeiten können die Parteien entgehen, wenn sie schon im Aufhebungsvertrag eine Vereinbarung treffen. Eine solche Klausel kann etwa lauten:

Muster:

"Sollte sich Frau/Herr ..... in der Zeit vom ..... bis zum ..... arbeitslos melden und die Firma infolgedessen mit Erstattungspflichten belastet werden, so verpflichtet sich Frau/Herr ..... einen der Erstattungspflicht entsprechenden Teil der Abfindung zurückzuzahlen".

c) **Abfindung einer betrieblichen Versorgungsanwartschaft**

4045

Auch **betriebliche Versorgungsanwartschaften** können nicht beliebig abgefunden werden. Eine Sperre ergibt sich hier aus § 3 BetrAVG. Danach können mit Zustimmung des Arbeitnehmers nur solche unverfallbaren Versorgungsanwartschaften abgefunden werden, die weniger als 10 Jahre vor dem Ausscheiden erteilt wurden.

Aufhebungsvertrag

Beispiel:
Der Aufhebungsvertrag enthält die Klausel, daß mit der vereinbarten Abfindung auch eine unverfallbare Versorgungsanwartschaft mit abgegolten sein soll, die 12 Jahre vor dem Ausscheiden erteilt wurde.
Die Abgeltung einer unverfallbaren Versorgungsanwartschaft stellt einen Verstoß gegen ein gesetzliches Verbot dar. Die im Beispiel genannte Vereinbarung ist daher unwirksam und führt zur Teilnichtigkeit (s. dazu Rz. 4050) des *Aufhebungsvertrages.*

d) Rückdatierung von Aufhebungsverträgen

4046

Gerade für den Arbeitnehmer im Hinblick auf den späteren Bezug von Arbeitslosengeld interessant ist die **Rückdatierung von Aufhebungsverträgen** zur Vermeidung von Nachteilen in der Sozialversicherung.

Beispiel:
Der Arbeitnehmer hat eine Kündigungsfrist von 3 Monaten zum Ende des Quartals. Ende April 1994 schließt er mit seinem Arbeitgeber einen Aufhebungsvertrag, demzufolge das Arbeitsverhältnis sofort enden soll. Um ein mögliches Ruhen für den Bezug des Arbeitslosengeldes nach § 117 AFG zu umgehen, wird der Aufhebungsvertrag einvernehmlich auf den 30. 09. 1993 rückdatiert.
Probleme stellen sich, wenn die Parteien des Aufhebungsvertrages diesen rückdatieren, um den Folgen des § 117 AFG zu entgehen. Nach § 117 Abs. 2 AFG ruht der Anspruch auf Arbeitslosengeld, wenn der Arbeitslose wegen der Beendigung des Arbeitsverhältnisses eine Abfindung erhalten oder zu beanspruchen hat und das Arbeitsverhältnis ohne Einhaltung einer der ordentlichen Kündigungsfrist entsprechenden Frist beendet worden ist. In diesem Fall wird vermutet, daß die Vergütung für die Zeit zwischen dem tatsächlichen Ende der Vergütungszahlung und dem vereinbarten Ende des Arbeitsverhältnisses in der Abfindung enthalten ist. Dabei steht im Ausgangspunkt fest, daß durch die Rückdatierung häufig eine **Täuschung der Arbeitsverwaltung** erreicht werden soll, um dem Arbeitnehmer den sofortigen Bezug des Arbeitslosengeldes zu ermöglichen.

Strafrechtlich kann dieses Vorgehen als gemeinschaftlicher (versuchter) Betrug zu Lasten der Bundesanstalt für Arbeit gewertet werden. Vor einer solchen Vertragsgestaltung kann daher nur gewarnt werden!

4047

Bei der Lösung der zivilrechtlichen Fallgestaltung vertraten die bisher damit befassten Landesarbeitsgerichte - mit unterschiedlichen Begründungen - die Auffassung, daß ein rückdatierter Aufhebungsvertrag seine Wirksamkeit behalte und insbesondere nicht wegen Verstoßes gegen die guten Sitten nichtig sei. Dies hat zur Folge, daß zum einen die Beendigung des Arbeitsverhältnisses feststeht, zum anderen der Arbeitnehmer sich mit der, im Hinblick auf den sofortigen Bezug des Arbeitslosengeldes, regelmäßig niedrigeren Abfindung begnügen muß. Trotzdem kann eine solche Gestaltung unangenehme Konsequenzen haben, da

Arbeitsrecht

Folgestreitigkeiten drohen und außerdem damit gerechnet werden muß, daß in einem Prozeß "schmutzige Wäsche" gewaschen wird.
I.ü. ist zweifelhaft, ob sich diese Rechtsprechung auf Sicht durchsetzen kann.

Beispiel:
Die Parteien schlossen im April 1993 einen auf den 14.02.1993 rückdatierten Aufhebungsvertrag, demzufolge das Arbeitsverhältnis mit Wirkung zum 31.03.1993 beendet wurde. Tatsächlich arbeitete die Arbeitnehmerin noch im April 1993 bei dem Beklagten. Die Rückdatierung erfolgte, um der Arbeitnehmerin bereits ab April 1993 Ansprüche gegen die Arbeitsverwaltung zu verschaffen. Nachdem dieser Versuch scheiterte, beantragte die Arbeitnehmerin vor dem ArbG, auch über den 31.03. hinaus weiterbeschäftigt zu werden.
Nach zutreffender Auffassung des ArbG Wetzlar (24.08.1993, EzA § 611 BGB Aufhebungsvertrag Nr. 14) ist der abgeschlossene **Aufhebungsvertrag nach § 138 BGB sittenwidrig und mithin unwirksam,** *da er zum Zwecke der Täuschung der Arbeitsverwaltung rückdatiert worden war, um der Arbeitnehmerin bereits ab April einen Anspruch auf Arbeitslosengeld zu verschaffen. Hier bahnt sich u.U. ein* **Wandel der Rechtsprechung** *an! Manipulationsversuche sollten daher unterlassen werden. Unsicher ist aber nach wie vor, ob der Arbeitnehmer, der in betrügerischer Absicht an der manipulierten Aufhebungsvereinbarung mitwirkt, im Nachhinein selbst die Unwirksamkeit des Aufhebungsvertrages geltend machen kann. Dies dürfte wegen Treuwidrigkeit zu verneinen sein. Anders ist die Rechtslage zu beurteilen, wenn der Arbeitnehmer nicht aktiv an der Täuschung mitwirkt, sondern diese entweder gar nicht bemerkt oder sich bei der Rückdatierung nichts denkt.*

Bei rechtzeitiger Personalplanung können sozialrechtliche Probleme vermieden werden. Hier ist **Augenmaß** gefragt. Rückdatierungsprobleme tauchen dann nicht auf.

e) Tatsachenvergleich

4048
Von der unwirksamen Rückdatierung des Aufhebungsvertrages ist ein sogenannter **Tatsachenvergleich** zu unterscheiden.

Beispiel:
Der Arbeitgeber kündigt dem Arbeitnehmer verhaltensbedingt außerordentlich. Der in der Kündigung gemachte Verhaltensvorwurf läßt sich letztlich infolge von Beweisschwierigkeiten aber nur teilweise aufrechterhalten. Ob dieser nunmehr überhaupt eine verhaltensbedingte Kündigung rechtfertigen kann, ist zweifelhaft. Daraufhin schließen die Parteien einen Aufhebungsvertrag mit einer geringen Abfindung zum Ende der ordentlichen Kündigungsfrist.

Im Ausgangspunkt stellen sich hier dieselben Fragen wie bei der Rückdatierung eines Aufhebungsvertrages. Hier gilt es, eine mögliche Sperrzeit nach § 119 AFG zu verhindern. Danach ruht der Anspruch auf Arbeitslosengeld bzw. Arbeitslosenhilfe, wenn der

Aufhebungsvertrag

Arbeitnehmer die Beendigung des Arbeitsverhältnisses veranlaßt, indem er Grund zu einer verhaltensbedingten Kündigung gibt oder es selbst durch Aufhebungsvertrag oder Eigenkündigung beendet, sofern er für diese "Veranlassung" der Beendigung keinen wichtigen Grund hat.

Eine **Einigung der Parteien auf bestimmte Beendigungssachverhalte** zur Vermeidung einer Sperrzeit nach § 119 AFG ist nicht von vornherein unzulässig. Selbstverständlich binden solche Erklärungen insoweit nicht, als Tatsachen entstellt oder fingiert werden. Es kann also kein neuer Sachverhalt erfunden werden. Den Parteien steht insbesondere bei der Tatsachenbewertung ein gewisser Beurteilungsspielraum zu. Voraussetzung ist allerdings, daß zwischen den Parteien tatsächlich Streit besteht über das Vorliegen des ursprünglich vorgesehenen Beendigungsgrundes.

Der im Beispielsfall getroffene Tatsachenvergleich über die Gründe für die Beendigung des Arbeitsverhältnisses ist daher auch für die Bundesanstalt für Arbeit als wirksam anzusehen, so daß eine Sperrzeit nach § 119 AFG ausscheidet. Dies ist nach der Verschärfung der sozialrechtlichen Vorschriften für die Aufhebung von Arbeitsverhältnissen umso wichtiger.

2. Sittenwidrigkeit des Aufhebungsvertrages

4049

In Einzelfällen kann der Aufhebungsvertrag auch sittenwidrig sein. Dies kommt beispielsweise in Betracht, wenn der Arbeitgeber die Zwangslage oder Unerfahrenheit des Arbeitnehmers ausbeutet (s. § 138 BGB). Da Fälle sittenwidriger Aufhebungsvereinbarungen in der Praxis nur selten auftreten, soll hier- auf nicht näher eingegangen werden (s. aber Rz. 4447).

3. Rechtsfolgen der Nichtigkeit

4050

Unwirksame einzelne Bestimmungen des Aufhebungsvertrages führen nach der Auslegungsregel des § 139 BGB **im Zweifel** zur **Gesamtnichtigkeit** des Vertrages.

Ein Fall der **Teilnichtigkeit** liegt hingegen vor, wenn im Rahmen eines Aufhebungsvertrages unter Verstoß gegen § 3 BetrAVG eine unverfallbare Anwartschaft auf betriebliche Altersversorgung finanziell abgegolten wird oder auch bei einer sogenannten "128er Vereinbarung".

Wann **Teil- oder Gesamtnichtigkeit** anzunehmen ist, muß durch Auslegung ermittelt werden. Es muß die Kontrollfrage gestellt werden: Kann davon ausgegangen werden, daß der Vertrag auch ohne die unwirksame Klausel geschlossen worden wäre?

Die Anwendung der Vorschrift des § 139 BGB kann und sollte ausgeschlossen werden. Haben die Parteien im Aufhebungsvertrag ausdrücklich oder konkludent eine Regelung für den Fall der Nichtigkeit einzelner Klauseln des Vertrages getroffen, so geht diese der Vorschrift des § 139 BGB vor.

Empfehlenswert ist also die Abbedingung des § 139 BGB im Aufhebungsvertrag (s. dazu das Vertragsmuster unter Rz. 4173 und dort § 20).

4. Anfechtung durch den Arbeitnehmer

4051
Die Annahme des Angebots auf Abschluß eines Aufhebungsvertrages kann nach den allgemeinen Grundsätzen der §§ 119, 123 BGB angefochten werden. Eine erfolgreiche Anfechtung führt zur **Nichtigkeit** der Vereinbarung; der Arbeitnehmer muß also auf seinem alten Arbeitsplatz weiterbeschäftigt werden.

a) Inhaltsirrtum

4052
Ein **Irrtum über den Inhalt** einer Willenserklärung liegt vor, wenn der äußere Tatbestand der Erklärung dem Willen des Erklärenden entspricht, dieser aber über die Bedeutung und Tragweite der Erklärung irrte. Als Faustformel läßt sich hier festhalten: Der Erklärende weiß, was er sagt, er weiß aber nicht, was er damit sagt.

Die Anfechtung von Aufhebungsverträgen wegen Inhaltsirrtums wird vor allem deshalb erklärt, weil der Arbeitnehmer geltend macht, sich in einem **Irrtum über das Bestehen allgemeinen oder besonderen Kündigungsschutzes** befunden zu haben oder er seine auf Aufhebung des Arbeitsverhältnisses gerichtete Willenserklärung in Unkenntnis der Umstände abgegeben habe, die diesen Kündigungsschutz begründen.

Beispiel:
Hat eine Schwangere bei Abschluß eines Aufhebungsvertrages keine Kenntnis von ihrer Schwangerschaft, so begründet dies kein Anfechtungsrecht wegen Irrtums über die inhaltliche Tragweite der abgegebenen Erklärung.
Insoweit handelt es sich grundsätzlich um einen unbeachtlichen **Rechtsfolgeirrtum**.

4053

Vorsicht bei Aufhebungsverträgen mit ausländischen Arbeitnehmern!
Bei **Aufhebungsverträgen mit ausländischen Arbeitnehmern** kommt eine Anfechtung wegen Inhaltsirrtums aufgrund von Sprachproblemen in Betracht.

Aufhebungsvertrag

Zu unterscheiden ist hier zwischen dem wirksamen **Zustandekommen** eines Aufhebungsvertrages und dessen möglicher **Anfechtung** wegen Irrtums:

Beispiel 1:
Der Arbeitgeber macht gegenüber einem ausländischen Arbeitnehmer ein schriftliches Aufhebungsvertragsangebot in deutscher Sprache. Dieser bringt dem Arbeitgeber gegenüber durch Unterschrift sein Einverständnis zum Ausdruck.
*Im Streitfall ist der **Arbeitgeber** für diejenigen Umstände **darlegungs- und beweispflichtig**, aus denen sich ergibt, daß der ausländische Arbeitnehmer den Wortlaut der Erklärung verstanden hat, der deutschen Sprache insoweit also ausreichend mächtig ist. Hier genügt es, wenn er darlegen und beweisen kann (insbesondere durch Benennung von Zeugen), daß die allgemeine Verständigung mit dem Arbeitnehmer in deutscher Sprache bisher problemlos verlaufen ist.*

Kann der Arbeitgeber seiner Darlegungs- und Beweispflicht nicht nachkommen, ist hier wegen Fehlen eines wirksamen Zugangs des Angebots ein Aufhebungsvertrag erst gar nicht zustandegekommen. Einer Anfechtung bedarf es dann nicht.

Beispiel 2:
Der Arbeitgeber durfte aufgrund äußerer Umstände davon ausgehen, der ausländische Arbeitnehmer habe das Angebot richtig verstanden, da dieser zu allen Punkten freundlich genickt hat. Tasächlich war dem ausländischen Arbeitnehmer die Bedeutung seiner Erklärung nicht klar.
*Will letzterer den dann zunächst wirksam zustandegekommenen Aufhebungsvertrag durch eine Irrtumsanfechtung seiner Annahmeerklärung rückwirkend wieder zu Fall bringen, so muß jetzt der **Arbeitnehmer** im Prozeß **darlegen und beweisen**, daß er sich über den genauen Inhalt der abgegebenen Erklärung im Irrtum befunden hat.*

Um den aufgezeigten Problemen auszuweichen, sollte bei Abschluß eines Aufhebungsvertrages mit einem ausländischen Arbeitnehmer im Zweifel immer ein **Dolmetscher** hinzugezogen und gegebenenfalls auch die Rechtsfolgen eines solchen Vertrages erörtert werden.

b) Verkehrswesentliche Eigenschaft

4054

Nach § 119 Abs. 2 BGB berechtigt ein Irrtum über solche Eigenschaften einer Person oder Sache zur Anfechtung, die im Verkehr als wesentlich angesehen werden. Als Eigenschaften einer Person werden nicht nur diejenigen Umstände angesehen, die ihre tatsächliche Beschaffenheit betreffen, wie Geschlecht, Alter etc., sondern darüber hinaus auch solche tatsächlichen und rechtlichen Verhältnisse, die nach der Verkehrsanschauung **Einfluß auf die Wertschätzung einer Person** haben. Voraussetzung ist allerdings, daß diese von einiger Dauer sind.

Arbeitsrecht

In Zusammenhang mit dem Aufhebungsvertrag kann dabei die Frage relevant werden, ob ein **Irrtum über** eine bestehende **Schwangerschaft** zugleich einen Irrtum über eine verkehrswesentliche Eigenschaft einer Person darstellt, der die Arbeitnehmerin zur Anfechtung eines abgeschlossenen Aufhebungsvertrages berechtigt. Hierzu ist zunächst zu bemerken, daß jeder Irrtum eine konkrete Fehlvorstellung im Zeitpunkt der Abgabe der Willenserklärung voraussetzt. Macht sich eine Arbeitnehmerin also bei Abschluß eines Aufhebungsvertrages über eine mögliche Schwangerschaft gar keine Gedanken, fehlt es bereits an einem rechtserheblichen Irrtum. Für die konkrete Fehlvorstellung ist die Arbeitnehmerin darlegungs- und beweispflichtig.

Im übrigen verneint das Bundesarbeitsgericht im Hinblick auf eine Schwangerschaft das Vorliegen einer verkehrswesentlichen Eigenschaft in der Person der Arbeitnehmerin und lehnt damit ein Anfechtungsrecht nach § 119 Abs. 2 BGB ab.

c) Rechtsfolgeirrtum

4055

Nicht zur Anfechtung berechtigt der sogenannte **Rechtsfolgeirrtum**, es sei denn, die Rechtsfolgen sind zum Inhalt der Erklärung gemacht worden.
Irrt sich also der Erklärende nur über die rechtlichen Folgen seiner Erklärung, die sich aufgrund der Gesetzeslage oder der Rechtsprechung ergeben, scheidet eine Anfechtung aus.

So ist z. B. der **Irrtum über mutterschutzrechtliche oder sozialrechtliche Folgen** des Aufhebungsvertrages unbeachtlich.

Entsprechendes gilt für Schwerbehinderte oder andere Arbeitnehmer, wenn diese sich über die nachteiligen Rechtsfolgen eines Aufhebungsvertrages, z. B. über die Sperrzeit für den Bezug des Arbeitslosengeldes, irren.

Im umgekehrten Falle berechtigt aber auch ein **Irrtum des Arbeitgebers über Erstattungspflichten** nach § 128 AFG nicht zur Anfechtung des Aufhebungsvertrages.
Rechtsfolge der wirksamen Anfechtung des Aufhebungsvertrages ist regelmäßig eine Schadensersatzverpflichtung der anfechtenden Partei. Der Anfechtungsgegner hat Anspruch auf Ersatz der Kosten, die ihm dadurch entstanden sind, daß er auf die Wirksamkeit des Aufhebungsvertrages vertraut hat.

d) Arglistige Täuschung und widerrechtliche Drohung

4056

Neben der Anfechtung wegen Inhaltsirrtums kommt auch eine solche wegen **arglistiger Täuschung** oder **widerrechtlicher Drohung** in Betracht.

Aufhebungsvertrag

- **Androhen einer Kündigung**

Klassiker" der Anfechtung wegen widerrechtlicher Drohung ist das **Inaussichtstellen einer Kündigung** für den Fall des Nichtabschlusses eines Aufhebungsvertrages.

Das Bundesarbeitsgericht geht davon aus, daß die Androhung einer fristlosen Kündigung dann nicht widerrechtlich ist, wenn ein verständiger Arbeitgeber diese ernsthaft in Erwägung gezogen hätte. Das ist nicht nur anhand des tatsächlichen Wissensstandes des Arbeitgebers zu beantworten, sondern es sind auch die Ergebnisse weiterer Ermittlungen zu berücksichtigen, die ein verständiger Arbeitgeber zur Aufklärung angestellt hätte. Das Bundesarbeitsgericht spricht hier von einem **"objektiv möglichen hypothetischen Wissensstand"**. Ist also eine Kündigungsmöglichkeit ernsthaft zu begründen, kommt eine Anfechtung nicht in Betracht.

4057

Auch die Drohung mit einer **ordentlichen Kündigung** berechtigt unter Umständen zur Anfechtung. Hier gelten die obigen Grundsätze entsprechend.

Beispiel:
Arbeitnehmer B erscheint wiederholt verspätet zur Arbeit. Auch zeigt er sich gegenüber den Kunden unhöflich. Arbeitgeber A mahnt den B wegen dieser Pflichtverletzungen ab. B ändert daraufhin sein Verhalten und geht dazu über, sich mit seinen Arbeitskollegen zu streiten. A stellt den B sodann vor die Alternative, entweder in die Aufhebung des Arbeitsverhältnisses einzuwilligen oder eine ordentliche verhaltensbedingte Kündigung zu riskieren. B willigt in die Aufhebung ein, erklärt jedoch später die Anfechtung. A habe ihm die Kündigung angedroht. Nur um diese zu vermeiden, habe er in die Aufhebung des Arbeitsverhältnisses eingewilligt.

Die Anfechtung des B ist hier begründet, da die Pflichtverletzung, auf die der A die Kündigung stützen will (Auftreten gegenüber den Arbeitskollegen), nicht abgemahnt ist. Eine **verhaltensbedingte Kündigung** *setzt aber grundsätzlich eine* **Abmahnung** *voraus (s. Rz. 4307). In der geschilderten Situation hätte ein verständiger Arbeitgeber demnach eine Kündigung nicht in Betracht gezogen.*

Die Rechtsprechung zur Androhung einer ordentlichen Kündigung ist auf die Fälle des Inaussichtstellens einer unbegründeten **Änderungskündigung** bzw. einer **Versetzung** zu übertragen.

Die **Äußerung der Kündigungsabsicht** unter gleichzeitiger Ankündigung der Einberufung des Betriebsrats, um über die Kündigung zu beraten, ist keine widerrechtliche Drohung, weil es an der Unmittelbarkeit des Druckes fehlt und die in Aussicht gestellte Beteiligung des Betriebsrats nicht als widerrechtlich bezeichnet werden kann.

Arbeitsrecht

Die **Beweislast für eine widerrechtliche Drohung** liegt in jedem Fall beim Arbeitnehmer.

- **Androhung einer Strafanzeige**

4058
Möglich ist auch eine Anfechtung bei rechtsgrundloser Androhung einer Strafanzeige oder eines Schadensersatzprozesses.
Die Drohung mit einer Strafanzeige ist aber dann rechtmäßig, wenn das Begehren des Drohenden mit einer Straftat in innerem Zusammenhang steht.

Beispiel:
Arbeitgeber A fordert den Kassierer B ultimativ auf, unterschlagenes Geld zurückzugeben. Andernfalls werde er Strafanzeige erstatten.

- **Verweigerung einer Bedenkzeit/Zeitdruck**

4059
Das Anfechtungsrecht kann jedenfalls dann nicht auf **Zeitdruck** gestützt werden, wenn nicht der Arbeitnehmer um eine Überlegungsfrist gebeten hat (s. aber Rz. 4027). Ob etwas anderes gilt, wenn der Drohende eine überstürzte Entscheidung erzwingt und dem Bedrohten durch das Ablehnen jeder Frist die Möglichkeit der freien Entschließung nimmt, hat das Bundesarbeitsgericht ausdrücklich offengelassen (*30.09.1993, EzA § 611 BGB Aufhebungsvertrag Nr. 13*). Wird ein längeres Gespräch ruhig und sachlich geführt, kann jedenfalls von einer Drohung durch Zeitdruck nicht gesprochen werden (BAG, a.a.O.).

Eine **Anfechtung wegen arglistiger Täuschung** seitens des Arbeitnehmers ist beispielsweise in folgenden Fällen möglich:

- **Der Arbeitgeber spiegelt dem Arbeitnehmer vor, der Kündigungsschutz gelte trotz Aufhebung des Arbeitsverhältnisses.**
- Der Arbeitgeber erklärt dem Arbeitnehmer bewußt wahrheitswidrig, der Betriebsrat habe der Kündigung schon zugestimmt.
- **Der Arbeitgeber erklärt dem Arbeitnehmer, dieser müsse nicht mit einer Sperrzeit nach § 119 AFG rechnen. Auch könne er die Abfindung in voller Höhe neben dem Arbeitslosengeld behalten.**

Eine Anfechtung wegen arglistiger Täuschung kommt auch in Betracht, wenn der Arbeitgeber den Arbeitnehmer bei einem Aufhebungsvertrag nach vorangegangener betriebsbedingter Kündigung über das Vorliegen dringender betrieblicher Erfordernisse täuscht und der Arbeitnehmer aus diesem Grunde eine verhältnismäßig **geringe Abfindung** akzeptiert. Hier kann der Arbeitnehmer aus c.i.c. im Wege der **Anpassung des Vertrages** eine angemessene Abfindung verlangen. Dies soll allerdings auf die Fälle des Vorsatzes beschränkt sein *(s. LAG Köln 07.01.1994, BB 1994, 1716).*

e) Anfechtungsfrist

4060

Bei einer **Anfechtung wegen Irrtums** muß die Anfechtung nach § 121 BGB ohne schuldhaftes Zögern, d.h. unverzüglich, erfolgen, nachdem der Anfechtungsberechtigte von dem Anfechtungsgrund Kenntnis erlangt hat. Wie lang danach die Frist konkret zu bemessen ist, richtet sich nach den Umständen des Einzelfalles. In jedem Fall steht dem Anfechtungsberechtigten eine **angemessene Überlegungsfrist** zu. Soweit dies erforderlich erscheint, darf vor der Anfechtung auch der Rat eines Rechtsanwalts eingeholt werden. Als Obergrenze dürfte in der Regel ein Zeitraum von 2 Wochen anzunehmen sein.

Bei der **Anfechtung wegen arglistiger Täuschung oder widerrechtlicher Drohung** beträgt die Anfechtungsfrist nach § 123 BGB ein Jahr ab Kenntnis von der Täuschung bzw. ab Ende der Zwangslage. Die **Zwangslage** endet bei einer (unzulässigen) Drohung mit einer Kündigung wohl mit dem Ablauf einer 14-tägigen Frist entsprechend § 626 Abs. 2 BGB und nicht bereits mit dem Abschluß des Aufhebungsvertrages.

VI. Inhalt des Aufhebungsvertrages von A - Z

4061

Der mögliche Inhalt von Aufhebungsverträgen ist denkbar weit und kann nur im jeweiligen Einzelfall präzisiert werden. Die selbstverständliche **Kernregelung** eines jeden Aufhebungsvertrages ist die einvernehmliche Beendigung des Arbeitsverhältnisses. Jedoch sollte stets sorgfältig geprüft werden, inwieweit ein **Regelungsbedarf für weitere Punkte** besteht, wobei die in der betrieblichen Praxis wichtigsten hier zumindest schlagwortartig dargestellt werden.

1. Art und Anlaß der Beendigung

4062

Da es sich bei der Aufhebung eines Arbeitsverhältnisses im Gegensatz zur Kündigung um ein gegenseitiges Rechtsgeschäft handelt, muß hierüber zwischen den Parteien ein **Einvernehmen** erzielt werden.

Anlaß für die Herstellung eines solchen Einvernehmens kann selbstverständlich eine zuvor arbeitgeber- oder arbeitnehmerseitig ausgesprochene Kündigung sein.

Wegen der möglichen **Verhängung einer Sperrzeit nach §§ 119, 119 a AFG**, die insbesondere bei verhaltensbedingter Kündigung droht, kommt dem Anlaß für die Beendigung des Arbeitsverhältnisses entscheidende Bedeutung zu. Um eine

Sperrzeit zu vermeiden, sollte daher in dem Vertrag der **Anlaß für die Beendigung** unbedingt mit aufgenommen werden. Dies bedeutet:

- **Vor Ausspruch einer arbeitgeberseitigen Kündigung**

Aus dem Vertrag muß hervorgehen, daß die Auflösung des Arbeitsverhältnisses zur Vermeidung einer arbeitgeberseitigen Kündigung vereinbart worden ist, die sonst entweder personen- oder betriebsbedingt erfolgt wäre.

- **Nach Ausspruch einer arbeitgeberseitigen Kündigung**

Hier muß deutlich werden, ob es sich um eine personen- oder betriebsbedingte Kündigung gehandelt hat.

Im Fall einer verhaltensbedingten Kündigung kommt bei Vorliegen der entsprechenden Voraussetzungen zur Vermeidung einer Sperrzeit ein **Tatsachenvergleich** in Betracht (s. Rz. 4048).

2. Beendigungszeitpunkt

4063
Eine Rückwirkung des Aufhebungsvertrages nach Arbeitsaufnahme ist grundsätzlich nicht möglich. Irrelevant ist der Beendigungszeitpunkt bei einer möglichen außerordentlichen Kündigung. Wird hingegen bei einer möglichen ordentlichen Kündigung eine der ordentlichen Kündigungsfrist entsprechende Frist bis zum Ausscheiden des Arbeitnehmers aus dem Arbeitsverhältnis nicht eingehalten, kommt es zu einem möglichen **Ruhen des Anspruchs auf Arbeitslosengeldzahlung**. Hier soll ein möglicher Doppelbezug von Arbeitsentgelt und Sozialleistungen verhindert werden.

Vor einer solchen Vertragsgestaltung kann daher nur gewarnt werden (s. Rz. 4103)! Die ordentliche Kündigungsfrist sollte jedenfalls eingehalten werden.

Zu bedenken ist auch, daß dem Arbeitnehmer, der in die Arbeitslosigkeit entlassen wird, nur ein zeitlich begrenzter Anspruch auf **Arbeitslosengeld** zusteht. Dessen Länge hängt von der die Beitragspflicht begründenden Beschäftigung ab (s. § 106 AFG). Hier ist, wenn möglich, darauf zu achten, daß die **nächst höhere Stufe** nicht um nur wenige Tage **verfehlt** wird. Dies zeigt, wie wichtig die genaue Vorbereitung des Aufhebungsvertrages ist.

3. Abfindung

4064
Aus Sicht des Arbeitnehmers steht häufig die Frage der **Abfindungszahlung** im Vordergrund. Aber auch der Arbeitgeber wird sich in seinem eigenen Interesse

Aufhebungsvertrag

hiermit befassen müssen, da ansonsten wirtschaftliche Nachteile und/oder Folgestreitigkeiten drohen.

a) Aufhebungsvertrag ohne Abfindung

4065

Auch ein Aufhebungsvertrag, in dem keine Abfindungszahlung durch den Arbeitgeber vorgesehen ist, ist wirksam, in der Praxis jedoch selten.

Häufiger Fall des Verzichts auf eine Abfindungsklausel im Arbeitsvertrag ist der der **Ersetzung einer begründeten außerordentlichen Kündigung durch die einvernehmliche Beendigung des Arbeitsverhältnisses**, um mögliche Nachteile des Arbeitnehmers beim Bezug von Arbeitslosengeld zu vermeiden.

Eine solche Vereinbarung ist allerdings, außer bei einem Tatsachenvergleich, nur dann möglich, wenn der Arbeitnehmer ohne das Verhalten auch aus anderen Gründen hätte kündigen können.

Beispiel:
Der Arbeitnehmer hat durch ein schwerwiegendes Fehlverhalten Anlaß für eine außerordentliche Kündigung gegeben. Der Arbeitgeber könnte unabhängig davon dem Arbeitnehmer aber auch betriebsbedingt kündigen.
*Wie im Fall der Kündigung steht es dem Arbeitgeber auch im Rahmen eines Aufhebungsvertrages frei, auf welche Gründe er die Auflösung des Arbeitsverhältnisses stützt. Ebensowenig wie es eine Zwangskündigung gibt, besteht ein **Begründungszwang**!*

Auch im Hinblick auf das berufliche Fortkommen des Arbeitnehmers kann es in solchen Fällen sinnvoll sein, statt eines Kündigungsausspruchs die abfindungslose Aufhebung des Arbeitsverhältnisses zu vereinbaren.

b) Höhe des Abfindungsanspruchs

4066

Während § 10 KSchG für die Auflösung des Arbeitsverhältnisses durch Urteil des Arbeitsgerichts bestimmte Höchstgrenzen festsetzt, bestehen solche für die einvernehmliche Aufhebung des Arbeitsverhältnisses nicht. **Die Parteien sind also grundsätzlich frei, höhere oder niedrigere Beträge zu vereinbaren.** In der Praxis schwankt jedoch die Abfindung für den Verlust des Arbeitsplatzes zwischen 50% und 100% eines Bruttomonatseinkommens je Jahr der Beschäftigung im Unternehmen. Mit steigendem Lebensalter und wachsender Beschäftigungsdauer nimmt die Höhe der Abfindung zu.

Ebenfalls bedeutsam sind die Aussichten des Arbeitnehmers in einem Bestandsschutzprozeß. Muß der Arbeitgeber dem Arbeitnehmer also den Bestandsschutz quasi abkaufen, was insbesondere bei Sonderkündigungsschutz in Betracht kommt, wird eine relativ hohe Abfindung zu zahlen sein.

Insgesamt wird man mit folgender **Formel** arbeiten können:

Abfindung = 0,5 - 1 Monatsgehalt (abhängig von der sozialen Schutzbedürftigkeit) x Beschäftigungsdauer in Jahren x Risikofaktor (Chancen in einem Bestandsschutzprozeß)

Zu berücksichtigen sind auch **Gleichbehandlungsgesichtspunkte,** wenn an mehrere Arbeitnehmer nach einem bestimmten Schlüssel Abfindungen wegen einer betrieblich veranlaßten Aufhebung des Arbeitsverhältnisses gezahlt werden.

c) Fälligkeit der Abfindung

4067

Der Anspruch auf Zahlung einer Abfindung wird mangels abweichender Abreden nach § 271 Abs. 1 BGB **sofort fällig**. Schon aus Gründen der Rechtssicherheit und um Folgestreitigkeiten zu vermeiden, ist jedoch die Fälligkeitsabrede grundsätzlich zu empfehlen.

In der Rechtsprechung nicht einheitlich beurteilt wird bspw. die Fälligkeit eines Abfindungsanspruchs dann, wenn im Aufhebungsvertrag allgemein festgelegt wird, daß eine Abfindung aus Anlaß der Beendigung des Arbeitsverhältnisses gezahlt werden soll und nur der Beendigungszeitpunkt konkret vereinbart wird. Nach teilweise vertretener Auffassung soll dieser Formulierung zu entnehmen sein, daß die Abfindung bis zum Ausscheidenszeitpunkt fällig wird.

Nach anderer Ansicht ist jedenfalls **ein im arbeitsgerichtlichen Vergleich titulierter Abfindungsanspruch** mangels abweichender Abrede auch dann sofort zur Zahlung fällig, wenn das Arbeitsverhältnis im Zeitpunkt des Vergleichsabschlusses noch nicht beendet ist, sondern gemäß der ausgehandelten Vergleichsregelung noch gewisse Zeit fortdauert.

Schon dieser Streit macht die **Notwendigkeit einer Fälligkeitsregelung** deutlich.

Ebenso ist wegen des im Steuerrecht nach § 11 Abs. 1 EStG geltenden **"Zuflußprinzips"**, wonach auch eine Abfindung erst in dem Jahr zu versteuern ist, in welchem sie dem Arbeitnehmer ausgezahlt wird, eine Fälligkeitsvereinbarung ratsam. Kann auf diese Weise der Zufluß auf einen Gewinnermittlungszeitraum verschoben werden, in welchem mit niedrigeren Einkünften zu rechnen ist, kommt der Arbeitnehmer bei der Versteuerung der Abfindung in den Genuß einer niedrigeren Progression.

Aufhebungsvertrag

Beispiel:
Aufhebung des Arbeitsverhältnisses gegen Zahlung einer Abfindung. Der Arbeitnehmer geht anschließend in Pension.
*Hier wird der Arbeitnehmer im Jahr der Pensionierung regelmäßig niedrigere Steuern zu zahlen haben. Damit empfiehlt es sich, den den Steuerfreibetrag der Abfindung übersteigenden Betrag erst im Jahr der Pensionierung auszuzahlen, um den **Progressionsvorteil** zu nutzen.*

d) Abtretbarkeit des Abfindungsanspruchs

4068

Nach § 399 BGB kann eine Forderung dann nicht abgetreten werden, wenn entweder die Leistung an einen anderen als den ursprünglichen Gäubiger nicht ohne Veränderung ihres Inhalts erfolgen kann oder wenn die Abtretung durch Vereinbarung mit dem Schuldner ausgeschlossen worden ist.

Der **Entschädigungscharakter der Abfindung** steht einer Abtretung nicht entgegen. Insbesondere ist hiermit nicht eine Inhaltsänderung des Anspruchs im eingangs erwähnten Sinne verbunden. Ebensowenig handelt es sich bei der Abfindung um einen höchstpersönlichen Anspruch, was eine Abtretung ebenfalls ausschließen würde.

Zu beachten sind jedoch die **Pfändungsfreigrenzen**. So ist nach § 400 BGB die Abtretung einer Forderung dann augeschlossen, wenn diese nicht der Pfändung unterworfen ist.

Eine **Abtretung** des Abfindungsanspruchs ist bereits **im voraus** zulässig, wenn der Anspruch hinreichend bestimmt oder zumindest bestimmbar ist. So kann bspw. ein Abfindungsanspruch schon dann abgetreten werden, wenn sich die Parteien über die Zahlung einer bestimmten Abfindungssumme geeinigt haben, die Fälligkeit der Zahlung aber noch gar nicht bestimmt oder für einen späteren Zeitpunkt festgelegt haben.

e) Aufrechnung gegen den Abfindungsanspruch

4069

Will der Arbeitgeber gegen die Abfindungsforderung des Arbeitnehmers **aufrechnen**, etwa wegen eines Schadensersatzanspruchs, so ist insbesondere die Vorschrift des § 394 BGB zu beachten. Danach kann gegen eine Forderung, soweit diese der Pfändung nicht unterworfen ist, nicht aufgerechnet werden. Inwieweit die Abfindungszahlung gepfändet werden kann, richtet sich nach den **allgemeinen Pfändungsvorschriften** der §§ 850 ff. ZPO.

Eine große Rolle kommt hier der Vorschrift des § 850 i BGB zu, derzufolge das Vollstreckungsgericht auf **Pfändungsschutzantrag** des beklagten Arbeitnehmers einen Teil der Abfindung für unpfändbar erklären kann (s. Rz. 4070).
Vorsicht:
Selbstverständlich kann auch ein **Aufrechnungsverbot** vereinbart werden. Ob eine entsprechende stillschweigende Vereinbarung schon immer dann anzunehmen ist, wenn der Arbeitgeber sich zur Auszahlung des Abfindungsanspruchs zu einem bestimmten Termin und auf eine bestimmte Art und Weise verpflichtet (insbesondere bei Barzahlungsvereinbarungen), erscheint fraglich.

Allerdings kann der mit der Abfindungszahlung verfolgte Zweck eine andere Beurteilung gebieten. Gehen etwa beide Seiten davon aus, daß dem Arbeitnehmer kein Arbeitslosengeld zusteht und er von der Abfindungszahlung für einen bestimmten Zeitraum leben soll, wird ein **stillschweigender Abschluß eines Aufrechnungsverbots** über die Pfändungsfreigrenzen hinaus anzunehmen sein.

f) Pfändbarkeit des Abfindungsanspruchs

4070
Gemäß den Vorschriften der §§ 850 ff. ZPO unterliegt Arbeitseinkommen, das in Geld zahlbar ist, in bestimmtem Umfang einem **Pfändungsschutz**.
Auch **Abfindungszahlungen sind Arbeitseinkommen** im Sinne dieser Vorschriften, da die Abfindung ihrer Zweckbestimmung nach in erster Linie, noch vor ihrer Entschädigungsfunktion, der **Sicherung des Lebensunterhalts** des Arbeitnehmers dient.

Dies bedeutet in der Praxis, daß von einem auf Antrag eines Gläubigers des Arbeitnehmers **formularmäßig erlassenen Pfändungs- und Überweisungsbeschluß** der Abfindungsanspruch zunächst mit erfaßt wird. Für die Abfindung gelten im übrigen die Pfändungsfreigrenzen des § 850 c ZPO nicht, da diese Vorschrift ein Arbeitseinkommen für einen fest umrissenen Zeitraum voraussetzt. Der Arbeitgeber darf also in diesem Fall weder den die Pfändungsfreigrenzen des regelmäßigen Arbeitseinkommens übersteigenden Betrag noch die Abfindung ohne Zustimmung des Drittgläubigers an den Arbeitnehmer auszahlen. Ansonsten droht eine doppelte Inanspruchnahme!

Da es sich bei einer Abfindung um eine einmalige, nicht wiederkehrende Leistung handelt, kann der Arbeitnehmer jedoch die **volle Pfändbarkeit der Abfindung** abwenden, indem er einen Antrag nach § 850 i ZPO an das zuständige Vollstreckungsgericht stellt. Nach dieser Vorschrift hat das Gericht dann dem Arbeitnehmer soviel von der Abfindung zu belassen, als er während eines angemessenen Zeitraums für seinen Lebensunterhalt benötigt.

Dieser Vollstreckungsschutz schlägt durch auf die Grenzen der Aufrechenbarkeit und der Abtretbarkeit des Abfindungsanspruchs (s. Rz. 4068)

Aufhebungsvertrag

g) Vererblichkeit des Abfindungsanspruchs

4071

Grundsätzlich ist der Abfindungsanspruch, wie jede andere Forderung auch, **vererblich**.

Im Einzelfall relevant werden kann in diesem Zusammenhang die Frage, ob das **Erleben des Auflösungszeitpunktes** Voraussetzung für den Anspruch der Erben ist. Fehlt es hier an einer vertraglichen Regelung, so hängt dies von einer **Auslegung der Abfindungsvereinbarung** ab. Das Bundesarbeitsgericht geht hier grundsätzlich davon aus, daß auch der **Tod des Arbeitnehmers vor dem avisierten Beendigungszeitpunkt** die Verpflichtung des Arbeitgebers zur Zahlung der Abfindung nicht ohne weiteres entfallen läßt. Vielmehr, so das Bundesarbeitsgericht in einer neueren Entscheidung, sei das Erleben des Auflösungszeitpunktes nicht Bedingung für die Zahlung der Abfindung. Die Abfindung sei ein vermögensrechtliches Äquivalent für die Aufgabe des Arbeitsplatzes und habe Entschädigungscharakter. Im Falle eines Vergleichs über die Beendigung des Arbeitsverhältnisses stelle sie die Gegenleistung des Arbeitgebers für die Einwilligung des Arbeitnehmers in die Auflösung des Arbeitsverhältnisses dar. **Bereits mit der Einwilligung vor seinem Tode habe der Arbeitnehmer den Vergleichsvertrag wirksam erfüllt.**

4072

Anders ist die Interessenlage, wenn im Rahmen eines **Frühpensionierungsprogrammes** ein Arbeitnehmer auf eigenen Wunsch gegen Zahlung einer Abfindung ausscheidet. Hier ist davon auszugehen, daß ein vererblicher Abfindungsanspruch nicht entsteht, da die Abfindungsvereinbarung in einem solchen Fall erkennbar nur sinnvoll ist, wenn zu dem Auflösungstermin tatsächlich noch ein Arbeitsverhältnis bestand.

Entscheidende Bedeutung kann in diesem Zusammenhang auch der Frage zukommen, ob der Arbeitgeber den Arbeitnehmer ab dem Zeitpunkt der Auflösungsvereinbarung **unwiderruflich freistellt**. Hierdurch gibt er nämlich zu erkennen, daß er den Vertrag für zumindest teilweise erfüllt ansieht und nicht von weiteren Bedingungen abhängig machen will.
Grundsätzlich kann den Parteien nur eine schriftliche Regelung des Problems angeraten werden.

h) Abfindung und neuer Beendigungstatbestand

4073

Ähnliche Probleme wie bei der Vererbbarkeit des Abfindungsanspruchs stellen sich dann, wenn das Arbeitsverhältnis vor dem im Aufhebungsvertrag vereinbarten Termin durch einen **neuen Beendigungstatbestand** (z.B. außerordentliche Kündigung) beendet wird. Auch hier ist stets das Schicksal des Abfindungsanspruchs daraufhin zu untersuchen, ob dieser dem Arbeitnehmer ungeachtet des neuen Beendigungstatbestandes zustehen soll.

Beispiel:
Arbeitgeber A und Arbeitnehmer B kommen am 02.04. überein, das zwischen ihnen bestehende Arbeitsverhältnis zum 30.06. gegen Zahlung einer Abfindung von 10000 DM aufzulösen, da "man sich auseinandergelebt habe". 2 Tage nach dieser Vereinbarung erfährt A, daß dem B ein Spesenbetrug zur Last fällt. Daraufhin entschließt er sich zur außerordentlichen Kündigung und verweigert die Zahlung der Abfindung.
Auch hier ist im Wege der **Vertragsauslegung** das Schicksal des Abfindungsanspruchs zu klären.
Dabei ist u.a. zu berücksichtigen, ob der Arbeitnehmer oder der Arbeitgeber den **neuen Beendigungstatbestand schuldhaft herbeigeführt** hat.

4074

Geht man mit der **Rechtsprechung des Bundesarbeitsgerichts** davon aus, daß der Arbeitnehmer mit der Einwilligung in den Aufhebungsvertrag seine Leistung erbracht hat, so ist ein aus der Sphäre des Arbeitgebers herrührender anderweitiger Beendigungstatbestand grundsätzlich jedenfalls nicht geeignet, den Abfindungsanspruch zu beseitigen.

Hat der Arbeitnehmer hingegen schuldhaft den neuen Beendigungstatbestand herbeigeführt, kommt möglicherweise ein Wegfall der Geschäftsgrundlage für den Aufhebungsvertrag in Betracht, was zu einer rückwirkenden Unwirksamkeit des Vertrages führen kann. Dies ist etwa im Beispielsfall anzunehmen.

Letztlich sind aber die Umstände des Einzelfalles entscheidend. Eine Vereinbarung der Auswirkungen eines neuen Beendigungstatbestandes auf den Abfindungsanspruch ist hilfreich und unbedingt zu empfehlen.

i) Abfindungsanspruch und tarifliche Ausschlußfrist

4075
Ob ein Abfindungsanspruch einer **tariflichen Ausschlußfrist** unterfällt, hängt zunächst von dem Inhalt der zugrundeliegenden Tarifnorm ab.

Tarifliche Verfallklauseln können einmal auf tarifliche Ansprüche oder sonstige, einzeln aufgeführte Forderungen beschränkt sein. In der Praxis haben sich jedoch Klauseln durchgesetzt, die in ihrer weiten Formulierung alle möglichen Ansprüche aus und in Zusammenhang mit dem Arbeitsverhältnis umfassen.

Aufhebungsvertrag

> Muster:

> *"Alle beiderseitigen Ansprüche aus dem Arbeitsverhältnis und solche, die mit dem Arbeitsverhältnis in Verbindung stehen, verfallen, wenn sie nicht innerhalb von 3 Monaten nach Fälligkeit gegenüber der anderen Vertragspartei schriftlich geltend gemacht werden".*

Eine solche Klausel umfaßt grundsätzlich auch den Abfindungsanspruch. Dies gilt nach der Rechtsprechung des Bundesarbeitsgerichts allerdings nicht für eine Abfindung, die nach § 9 und § 10 KSchG zwischen Arbeitgeber und Arbeitnehmer in einem **gerichtlichen Vergleich** vereinbart worden ist.

j) Verjährung des Anspruchs auf Abfindungszahlung

4076

Die Frage nach dem Zeitpunkt der **Verjährung eines Anspruchs auf Abfindungszahlung,** der nicht auf einem gerichtlichen Prozeßvergleich beruht, wird in der Rechtsprechung unterschiedlich beantwortet.

Nach überwiegender Meinung verjährt in Anwendung des § 196 Abs. 1 Nr. 8 bzw. Nr. 9 BGB dieser Anspruch in 2 Jahren. Folgt man dieser Ansicht, so ist zu bedenken, daß die Verjährung erst mit dem **Schluß des Kalenderjahres** beginnt, in dem der Abfindungsanspruch fällig wird.

Nach anderer Ansicht soll die **Regelverjährungsfrist** des § 195 BGB, also 30 Jahre, zur Anwendung gelangen, da Abfindungsansprüche nicht laufend monatlich oder zu bestimmten Zeiten wiederkehrend erbracht werden.

Ein in einem gerichtlichen Vergleich (Prozeßvergleich) festgelegter Abfindungsanspruch unterliegt im Gegensatz zu den außergerichtlichen Abfindungsansprüchen einer 30-jährigen Verjährung. Dies ergibt sich aus der Regelung des § 218 BGB.

Angesichts der Unsicherheiten hinsichtlich des Verjährungsbeginns empfiehlt es sich, die Rechtsprechung des zuständigen Landesarbeitsgerichts zu ermitteln!

k) Konkursrechtliche Behandlung des Abfindungsanspruchs

4077

Die **konkursrechtliche Einordnung von Abfindungsansprüchen** richtet sich nach den allgemeinen Vorschriften der Konkursordnung. Eine Bevorrechtigung kommt demnach grundsätzlich nicht in Betracht. Um eine bevorrechtigte Masseschuld handelt es sich nur dann, wenn sich der Konkursverwalter und der Arbeitnehmer auf einen Abfindungsvergleich einigen.

l) Abfindungsanspruch und Vergleichsverfahren

4078

Vergleichsforderung im Sinne der Vergleichsordnung ist nur der zur Zeit der Vergleichseröffnung bereits begründete Abfindungsanspruch. Ein solcher liegt vor, wenn zu diesem Zeitpunkt der die Auflösung des Arbeitsverhältnisses begründende Tatbestand bereits verwirklicht war.

Ansonsten ist der Abfindungsanspruch nicht Vergleichsforderung, unterliegt daher nicht den **vergleichsrechtlichen Besonderheiten**.

m) Abfindungsanspruch und Sozialplan

4078 a

Besteht ein **Sozialplan**, so kann der Arbeitnehmer nicht ohne weiteres im Rahmen des Aufhebungsvertrages gegen Abfindungszahlung auf **Sozialplanleistungen** verzichten (s. §§ 77 Abs. 4 Satz 2, 112 Abs. 1 Satz 3 BetrVG). Vielmehr bedarf es der Zustimmung des Betriebsrats. Dies gilt auch, wenn der Arbeitnehmer vor Aufstellung des Sozialplans, aber in **zeitlichem und innerem Zusammenhang mit der geplanten Betriebsänderung** aufgrund eines Aufhebungsvertrages ausscheidet. Der ausgeschiedene Arbeitnehmer unterfällt hier ebenfalls dem Sozialplan mit der Folge einer eventuellen Kumulation von einzelvertraglicher Abfindung und Sozialplanabfindung. Allerdings ist nach der Rechtsprechung regelmäßig von einem stillschweigend vereinbarten **Anrechnungsvorbehalt** auszugehen. Schon um keine falschen Hoffnungen zu wecken, empfiehlt sich eine **Anrechnungsvereinbarung**. Die Herausnahme von aus betrieblichen Gründen per Aufhebungsvertrag ausgeschiedenen Arbeitnehmern aus Sozialplanleistungen ist im übrigen regelmäßig nicht möglich *(BAG 20.04.1993, EzA § 112 BetrVG 1972 Nr. 68)*. Der betrieblich veranlaßte Aufhebungsvertrag steht insoweit unter dem Gesichtspunkt der Gleichbehandlung der betriebsbedingten Kündigung regelmäßig gleich *(BAG 20.04.1994, EzA § 112 BetrVG 1972 Nr. 75)*. Allerdings können die Betriebspartner in einem Sozialplan vereinbaren, daß Arbeitnehmer, die nach Bekanntwerden eines vom Arbeitgeber zunächst **geplanten Personalabbaus** einen Aufhebungsvertrag vereinbart haben, eine geringere Abfindung erhalten als diejenigen, die eine solche Beendigungsvereinbarung erst nach der später erfolgten Mitteilung des Arbeitgebers geschlossen haben, er beabsichtige seinen **Betrieb stillzulegen** *(BAG 24.11.1993, EzA § 112 BetrVG 1972 Nr. 71)*. Auch kann es u.U. gerechtfertigt sein, die Arbeitnehmer ganz von Sozialplanabfindungen auszunehmen, die ihr Arbeitsverhältnis durch Aufhebungsvertrag gelöst haben, nachdem sie eine neue Beschäftigung gefunden hat-

Aufhebungsvertrag

ten *(BAG 25.11.1993, EzA § 242 BGB Gleichbehandlung Nr. 58)*. Allerdings wird sich dies nur selten beweisen lassen.

Ein **Aufhebungsvertrag** ist nicht schon dann **vom Arbeitgeber veranlaßt**, wenn dieser den Arbeitnehmern nur unter Hinweis auf die wirtschaftliche Lage des Unternehmens rät, sich um eine neue Arbeitsstelle zu bemühen. Der Aufhebungsvertrag muß vielmehr an die Stelle einer sonst im Zuge der Betriebsänderung notwendig erscheinenden Kündigung treten. Hierfür ist es erforderlich, daß der Arbeitgeber die Betriebsänderung in Umrissen darlegt und den betroffenen Arbeitnehmer darauf hingewiesen hat, daß auch in dem Betrieb, in dem er tätig ist, ein möglicherweise auch ihn betreffender Personalabbau geplant ist. Liegt nach diesen Kriterien ein **betrieblich veranlaßter Aufhebungsvertrag** vor, so ist noch offen, ob in der Höhe der Sozialplanabfindung danach differenziert werden kann, ob der Arbeitnehmer wegen seines Alters (über 58 Jahre) endgültig aus dem Arbeitsverhältnis ausscheidet und mithin eine Vermutung für ein Anschlußarbeitsverhältnis nicht besteht.

Die Rechtsprechung zur betrieblichen Veranlassung eines Sozialplans ist, wie die vorhergehenden Beispiele zeigen, kompliziert. Grundsätzlich muß sich der Arbeitgeber darauf einstellen, daß aus betriebsbedingten Gründen per Aufhebungsvertrag ausgeschiedene Arbeitnehmer mit der Forderung nach Sozialplanleistungen an ihn herantreten.

n) Abfindungsanspruch und Karenzentschädigung

4078 b

Eine **erhöhte Abfindungszahlung** ersetzt keine unbedingte Zusage einer Karenzentschädigung i.S.d. § 74 HGB. Manipulationen sind hier nicht möglich. Es kann also nicht vereinbart werden, daß der Arbeitnehmer gegen eine bestimmte, erhöhte Abfindungssumme ausscheidet und dafür auf eine ihm ansonsten zustehende Karenzentschädigung verzichtet. Hier ist der Arbeitnehmer nicht gehindert, Konkurrenztätigkeiten zu entfalten. S. auch Rz. 3090 a.
Grundsätzlich gilt also:
Abfindung und Karenzentschädigung strikt voneinander trennen; ein Wettbewerbsverbot kann nur durch Zusage einer Karenzentschädigung erkauft werden.

4. Freistellung

4079

In Zusammenhang mit einem Aufhebungsvertrag ist auch zu überlegen, ob der Arbeitnehmer bis zum Zeitpunkt der rechtlichen Beendigung des Arbeitsverhältnisses von der Leistungserbringung freigestellt werden soll.

Arbeitsrecht

a) Beschäftigungsanspruch des Arbeitnehmers

Festzuhalten ist zunächst, daß bis zur rechtlichen Beendigung auf Arbeitgeberseite ein Leistungsanspruch besteht, der auf Arbeitnehmerseite mit einem Beschäftigungsanspruch korrespondiert.

Daher kommt grundsätzlich nur eine einverständliche **Abbedingung der Leistungspflicht** und damit auch des Beschäftigungsanspruchs in Betracht. Hierbei muß unbedingt in Erwägung gezogen werden, ob anderweitig in der Freistellungsperiode erzielter Verdienst angerechnet werden soll (Rz. 4082).

b) Resturlaub

4080

Weiterhin ist im Fall einer einvernehmlichen Freistellung zu überlegen, ob der Arbeitnehmer **widerruflich oder unwiderruflich freigestellt** werden soll. Zu berücksichtigen ist insoweit, daß eine widerrufliche Freistellung des Arbeitnehmers einer Urlaubserteilung nicht gleichsteht, da dieser stets mit einem Rückruf an den Arbeitsplatz rechnen muß und dementsprechend nicht frei disponieren kann.

Bei einer unwiderruflichen Freistellung wird man hingegen davon ausgehen müssen, daß damit zugleich stillschweigend der Resturlaub erteilt wurde.

Um Streitfälle zu vermeiden empfiehlt es sich aber unbedingt, zur Klarstellung eine entsprechende Klausel in den Aufhebungsvertrag aufzunehmen.

> Muster:
>
> *Der Arbeitnehmer wird unter Anrechnung seines Resturlaubs bis zum....freigestellt".*

Auch wenn dies unterblieben ist, kann nach der Rechtsprechung in einem solchen Fall die Geltendmachung eines Urlaubsabgeltungsanspruchs rechtsmißbräuchlich sein.

c) Konkurrenztätigkeit

4081

Auch während des **Freistellungszeitraums** ist dem Arbeitnehmer grundsätzlich eine **Konkurrenztätigkeit** verboten, da das gesetzliche Wettbewerbsverbot des § 60 HGB trotz Freistellung weiter gilt (s. Rz. 3000 ff.).

Aufhebungsvertrag

Entfaltet der Arbeitnehmer gleichwohl eine Konkurrenztätigkeit, berechtigt dies den Arbeitgeber zur **Kündigung**. Unter Umständen kommt hier sogar eine fristlose Kündigung in Betracht.

Beispiel:
Arbeitgeber A und Arbeitnehmer B lösen das Arbeitsverhältnis am 04.05.1992 mit Wirkung zum 01.08.1992 auf. B wird unwiderruflich freigestellt. Schon am Folgetag nimmt er nach einem vorher gefaßten Plan eine Konkurrenztätigkeit auf.

Unsicher ist, wie sich die Wettbewerbstätigkeit und die daraufhin ausgesprochene Kündigung auf den Abfindungsanspruch auswirkt. Daher ist es empfehlenswert, eine entsprechende Vertragsklausel aufzunehmen (s. Rz. 4173).

d) Anrechnung anderweitigen Erwerbs

4082

Regelungsbedürftig ist u.a. auch die Frage der **Anrechnung von anderweitigem Erwerb**, der während einer Freistellung vom Arbeitnehmer möglicherweise erzielt wird. Zu klären ist hier also, ob und gegebenenfalls in welcher Höhe sich der Arbeitnehmer auf den vom Arbeitgeber während der Freistellung weiter bezahlten Arbeitslohn einen anderweitig erzielten Erwerb anrechnen lassen muß. Es ist hier dringend zu empfehlen, Vorsorge durch eine entsprechende **Anrechnungsvereinbarung** zu treffen, andernfalls kann es zweifelhaft sein, ob sich der Arbeitnehmer seinen anderweitigen Verdienst auf die weiter bezahlten Bezüge anrechnen lassen muß. Dies muß durch eine **Auslegung der getroffenen Vereinbarung** werden. Insoweit spricht für eine Anrechnung, daß bei einer einvernehmlichen Aufhebung der Arbeitspflicht unter Fortzahlung der Bezüge der Arbeitnehmer keinen wirtschaftlichen Nachteil erleidet. Insoweit erscheint es unbillig, wenn der Arbeitnehmer ohne die Anrechnung anderweitiger Bezüge in die Lage versetzt wird, doppelt zu verdienen.

In der Rechtsprechung wird aber zum Teil die gegenteilige Auffassung vertreten. Der Arbeitgeber habe schließlich freiwillig auf die Erbringung der Arbeitsleistung verzichtet. Ohne eine gegenteilige Vereinbarung komme daher eine Anrechnung des anderweitigen Erwerbs nicht in Betracht. Eine weit gefaßte Ausgleichsklausel (s. hierzu Rz. 4811) kann die Anrechnung anderweitigen Erwerbs verhindern. Hier ist Vorsicht geboten, will man vor unliebsamen Überraschungen sicher sein.

Jedenfalls kommt eine Anrechnung keinesfalls in Betracht, wenn hierüber im Rahmen der Aufhebungsvereinbarung gesprochen wurde, die Parteien aber letztlich eine entsprechende Vereinbarung nicht getroffen haben *(LAG Baden-Württemberg 21.06.1994, LAGE § 615 BGB Nr. 41).*

Hier ist der Weg der ergänzenden Vertragsauslegung versperrt.

e) Freistellung und Arbeitslosengeld

4083

Stellt der Arbeitgeber den Arbeitnehmer gegen dessen Willen und ohne Fortzahlung der Bezüge von der Arbeitsleistung frei, so hat dieser **Anspruch auf Zahlung von Arbeitslosengeld.** Auch im ungekündigten Arbeitsverhältnis kann Arbeitslosengeld beansprucht werden, wenn die Arbeitskraft des Arbeitnehmers vom Arbeitgeber nicht angenommen, also keine weitere Verfügungsmacht beansprucht wird.

> Allerdings hat in diesem Fall die Bundesanstalt für Arbeit gegen den Arbeitgeber nach § 115 SGB X einen **Rückgriffsanspruch** in Höhe der erbrachten Zahlungen. Nach dieser Vorschrift geht ein Anspruch des Arbeitnehmers gegen den Arbeitgeber auf den Leistungsträger insoweit über, als der Arbeitgeber den Anspruch des Arbeitnehmers auf Arbeitsentgelt nicht erfüllt und deshalb ein Leistungsträger Sozialleistungen erbracht hat. Da dem Arbeitnehmer in der geschilderten Situation ein **Anspruch auf Verzugslohn** zusteht, wird regelmäßig ein Anspruchsübergang stattfinden.

Steht der Bundesanstalt für Arbeit zugleich auch ein **Erstattungsanspruch nach § 128 AFG** zu, so geht gleichwohl der Anspruch aus § 115 SGB X vor, da beide Ansprüche unterschiedliche Wirkungen haben. Die - vorrangige - Befriedigung des übergegangenen Arbeitsentgeltanspruchs hat nämlich zur Folge, daß sich der Anspruch des Arbeitnehmers auf Arbeitslosengeld auf einen späteren Zeitraum verschiebt. Ein Erstattungsanspruch nach § 128 AFG entfällt dann für den Zeitraum der ursprünglichen Gleichwohlgewährung.

5. Sonstiger Inhalt

4084

Das **Spektrum möglicher Regelungen** in einem Aufhebungsvertrag neben den bislang angesprochenen Fragen ist denkbar weit und orientiert sich an den Umständen des Einzelfalles. Die Aufhebungsvertragsparteien werden sich zu überlegen haben, welche Einzelpunkte einer Regelung zugeführt werden müssen.

Dabei sollten **taktische Erwägungen** nicht vernachlässigt werden. Oft ist es besser, zunächst Punkte bewußt offenzulassen, um das Erreichen des Hauptziels - einvernehmliche Beendigung des Arbeitsverhältnisses - nicht zu gefährden. Umgekehrt birgt eine nur knappe Regelung die Gefahr von Folgestreitigkeiten in sich. Hier gilt es jeweils abzuwägen.

Welche Fragen zu bedenken sind, kann mittels nachfolgender **Übersicht** geprüft werden.

Aufhebungsvertrag

Sonstiger Inhalt des Aufhebungsvertrages in Stichworten:
(in alphabetischer Reihenfolge)

4085

- **Arbeitgeberdarlehen,**
  Rückzahlung

4086

- **Aufklärungspflichten,**
  Erfüllung durch Bestätigung des Arbeitnehmers sicherstellen.

4087

- **Ausgleichsklausel,**
  sollte jedenfalls aufgenommen werden. Aber Vorsicht: eingeschränkte Reichweite; bestimmte Ansprüche sind unverzichtbar!

4088

- **Betriebliche Altersversorgung:**

    o Abfindungsverbot nach §§ 3, 17 Abs. 3 BetrAVG für unverfallbare Versorgungsanwartschaft.
    o liegt noch keine unverfallbare Anwartschaft vor, geht Arbeitnehmer grundsätzlich leer aus; anderweitige Vereinbarung (Abfindung) aber möglich.
    o Tatsachenvergleich zulässig.
    o Zustimmung des Betriebsrats erforderlich, wenn Verzicht auf betriebliche Altersversorgung, die auf einer Betriebsvereinbarung beruht (§ 77 Abs. 4 Satz 1 BetrVG).
    o Unverfallbarkeitsbescheinigung nach § 2 Abs. 6 BetrAVG bei Vorliegen einer unverfallbaren Versorgungsanwartschaft.

4089

- **Betriebsratsbeteiligung**
    o Beim Aufhebungsvertragsabschluß muß der Betriebsrat grundsätzlich nicht beteiligt werden. Es kann aber eine solche Beteiligung in einer Betriebsvereinbarung vorgesehen sein. Unsicher ist, ob die Bestandskraft des Aufhebungsvertrages berührt wird, wenn die vereinbarte Beteiligung unterlassen wird *(ArbG Darmstadt 07.12.1994, BR-Info Heft 3/1994 m. Anm. von Welslau)*. Hier ist angesichts der offenen Rechtslage Vorsicht geboten.

4090

- **Diensterfindungen**

Arbeitsrecht

- **Dienstwagen,**
  Rückgabe/Weiternutzung im Freistellungszeitraum

4091

- **Geschäfts- und Betriebsgeheimnis,**

4092

- **Gratifikation, Prämie, Jahressonderleistung, Tantiemen**
  (welche Leistungen sollen noch erbracht werden?)

Macht eine tarifliche Regelung den Anspruch auf eine Jahreszahlung davon abhängig, daß das Arbeitsverhältnis an einem bestimmten Stichtag ungekündigt ist, dann steht ein vor dem Stichtag abgeschlossener Aufhebungsvertrag einer Kündigung des Arbeitsverhältnisses nicht gleich.
Dies ist anders, wenn die Leistung (bspw. 13. Monatseinkommen) nach tarifvertraglicher Vereinbarung anteilig bei einer ordentlichen Kündigung zu zahlen ist. In diesem Fall hat der Arbeitgeber auch zu zahlen, wenn anstelle der ordentlichen Kündigung ein Aufhebungsvertrag abgeschlossen wird.

4093

- **Krankheit:**

Wird das Arbeitsverhältnis zumindest auch deshalb beendet, weil der Arbeitnehmer arbeitsunfähig erkrankt ist, muß berücksichtigt werden, daß diesem Ansprüche auf Entgeltfortzahlung im Krankheitsfall für bis zu 6 Wochen nach Beendigung des Arbeitsverhältnisses verbleiben. Die Aufhebung aus Anlaß der Arbeitsunfähigkeit steht der sog. Anlaßkündigung gleich (Rz. 2715).

4094

- **Nachvertragliche Wettbewerbsverbote:**
  - Einvernehmliche Aufhebung oder Änderung möglich.
  - Nach rechtlichem Ende des Arbeitsverhältnisses sind die Parteien nicht mehr an die Vorschriften der §§ 74 ff. HGB gebunden; anders bei Regelung vor dem Ende des Arbeitsverhältnisses (streitig bei Einhergehen von Aufhebungsvertrag und Wettbewerbsregelung). S. auch Rz. 4078 b.

4095

- **Outplacement-Maßnahme**
  Übernahme der Kosten

4096

- **Rückgabe von sonstigen Gegenständen:**
  Firmenunterlagen, überlassenem Arbeitsgerät, Arbeitsbescheinigungen etc.

Aufhebungsvertrag

4097

- **Urlaubsfragen**

 Zu beachten sind folgende Einzelpunkte:
 Wieviel Urlaub steht dem Arbeitnehmer noch zu; soll dieser in Natur genommen oder abgegolten werden; wann soll restliches Urlaubsentgelt/Urlaubsgeld gezahlt werden.Vorsicht: Allgemeine Ausgleichsklausel erfaßt Urlaubsabgeltungsanspruch nicht; dies muß bei Abfindungshöhe beachtet werden, um Anspruchskumulation zu vermeiden.

4098

- **Werkswohnungen,**
 Räumung/Weiternutzung

4099

- **Zahlung rückständiger Vergütung,**
 Behandlung von Tantiemen, Prämien, Gratifikationen

4100

- **Zeugnis;**
 empfehlenswert: Festlegung im Aufhebungsvertrag, um Folgestreitigkeiten zu verhindern.

- **Zurückbehaltungsrecht**
 (Was soll bei - teilweiser - Nichterfüllung des Vertrages geschehen?

-

VII. Weiteführende Literatur:

4101

Bauer, Arbeitsrechtliche Aufhebungsverträge, 3. Aufl. 1993
Bengelsdorf, Aufhebungsvertrag und Abfindungsvereinbarungen, 2. Aufl. 1994
Ernst, Aufhebungsverträge zur Beendigung von Arbeitsverhältnissen, 1993
Welslau, Aufhebungsverträge, HzA Gruppe 1, Rz. 2000 ff.
Welslau, Die Anfechtung der Aufhebung, Personalwirtschaft Heft 5/1994 S. 60
)

18. Kapitel: Sozial- und steuerrechtliche Folgen des Aufhebungsvertrages

I.	Sozialrechtliche Folgen des Aufhebungsvertrages	4102
	1. Ruhen des Anspruchs auf Arbeitslosengeld	4103
	a) Aufhebungsvertrag und Abfindung	4104
	b) Einfluß von Kündbarkeit und Kündigungsfristen auf das Ruhen des Anspruchs auf Arbeitslosengeld nach § 117 AFG	4107
	c) Umfang der Anrechnung der Abfindung	4113
	d) Zu berücksichtigende Leistungen des Arbeitgebers	4116
	e) Dauer des Ruhenszeitraums	4118
	f) Kein Ruhen des Anspruchs auf Arbeitslosengeld nach § 117 AFG	4119
	g) Hinweispflichten des Arbeitgebers im Hinblick auf ein Ruhen des Arbeitslosengeldanspruchs	4121
	h) Rückdatierung des Aufhebungsvertrages zur Vermeidung eines Ruhenszeitraums	4122
	i) Weitere Einschränkung des Gestaltungsspielraums	4122a
	j) Inanspruchnahme des Arbeitgebers durch die Bundesanstalt für Arbeit	4123
	k) Rückgriff der Bundesanstalt auf den Arbeitnehmer	4124
	2. Verhängung einer Sperrzeit nach § 119 AFG	4125
	a) Vorsätzliche/grob fahrlässige Herbeiführung der Arbeitslosigkeit	4126
	b) Kausalität	4127
	c) Wichtiger Grund	4128
	d) Beweisfragen	4131
	e) Rechtsfolgen der Sperrzeit	4132
	f) Beginn der Sperrzeit	4133
	g) Einfluß der Sperrzeit auf die Wirksamkeit des Aufhebungsvertrages	4135
	h) Zusammentreffen von Sperrzeit- und Ruhenszeitraum bzw. mehrerer Ruhenszeiträume	4136
	3. Abfindungen und Sozialversicherungsrecht	4137
	4. Muster: Berechnungsbogen der BA	4138a
II.	Steuerrechtliche Folgen des Aufhebungsvertrages	4139
	1. Allgemeines	4139
	2. Steuerfreie Abfindungen	4140
	a) Arbeitnehmereigenschaft im steuerrechtlichen Sinne	4141
	b) Auflösung des Dienstverhältnisses auf Veranlassung des Arbeitgebers	4142
	c) Weitere arbeitgeberseitig veranlaßte Lösungstatbestände	4144
	d) Ursächlichkeit zwischen Aufhebung und Abfindung	4145

   e) Gestaltungsmöglichkeiten der Parteien im Hinblick auf den
     Aufhebungszeitpunkt   4146
   f) Übersicht: Beendigungszeitpunkt und Abfindung   4149
   g) Höhe der Abfindung   4150
  3. Steuerbegünstigte Entschädigungen   4154
   a) Allgemeine Voraussetzungen der Tarifermäßigung   4154
   b) Beispielsrechnung: Ratenzahlung und Steuerermäßigung 4157
   c) Berechnung des ermäßigten Steuersatzes   4158
   d) Steuerermäßigung nach § 34 Abs. 3 EStG   4159a
  4. Brutto-Netto-Klauseln   4160

III. Weiterführende Literaturhinweise   4160a

Sozial- und steuerrechtliche Folgen des Aufhebungsvertrages

Checkliste: Steuerliche und sozialrechtliche Behandlung der Abfindung

- Zahlung einer Abfindung bei vorzeitigem Ausscheiden des Arbeitnehmers aus dem Arbeitsverhältnis (Nichteinhalten der Kündigungsfrist) kann zu einem **Ruhen des Anspruchs auf Zahlung von Arbeitslosengeld** führen (§ 117 AFG). Darum gilt:
    - Aufhebungsvertrag nur mit zeitlichem Augenmaß schließen!
    - Im Vorfeld klären, was der "wahre Wert der Abfindung" ist!
    - Informationen bei den Arbeitsämtern einholen!
    - Achtung: Besonderheiten für bestimmte Personengruppen!

- Auch wenn kein vorzeitiges Ausscheiden vorliegt, kann es zu einem **Ruhen des Anspruchs auf Zahlung von Arbeitslosengeld** nach der Vorschrift des § 117 a AFG kommen. Hier gilt:
    - Zeitlich eingeschränkter Anwendungsbereich!
    - Maximal 20 % der Abfindung führen zum Ruhen!
    - Bestimmte Voraussetzungen (Eintritt einer Sperrzeit nach § 119 AFG)
    - Geschickt gestalteter Aufhebungsvertrag hilft Sperrzeit zu vermeiden!

- Keine **Sozialversicherungspflicht der Abfindung**, es sei denn "verdecktes Arbeitsentgelt" ist in ihr enthalten (§ 14 SGB IV)

- grundsätzlich ist **Abfindung steuerpflichtig** aber:
    - Steuerfreibetrag nach § 3 Nr. 9 EStG
    - Steuerbegünstigung nach §§ 24, 34 EStG

- regelmäßig ist Bruttobetrag der Abfindung als vereinbart anzusehen; möglich aber auch Nettoabfindung

- Vorsicht!
  Verschiebung des Steuerrisikos, Behandlung von "Brutto=Netto-Klauseln" unsicher

- Möglichkeit der Lohnsteueranrufungsauskunft nach § 42 e EStG, aber: eingeschränkte Bindungswirkung

Arbeitsrecht

I. Sozialrechtliche Folgen des Aufhebungsvertrages

4102
Der Abschluß eines Aufhebungsvertrages ist in der Regel für den betroffenen Arbeitnehmer - aber auch für den Arbeitgeber - mit **gravierenden sozialrechtlichen Folgen** verbunden. Angesichts der Kernpunkte Beendigung des Arbeitsverhältnisses und Zahlung einer Abfindung werden diese nicht selten von den Parteien in den Hintergrund gedrängt, was zu Folgestreitigkeiten führen kann.

1. Ruhen des Anspruchs auf Arbeitslosengeld

4103
Wird das Arbeitsverhältnis aufgelöst und dem Arbeitnehmer eine Abfindung gezahlt, so muß dieser damit rechnen, für einige Zeit kein Arbeitslosengeld zu erhalten (sog. **Ruhen des Anspruchs auf Arbeitslosengeld**) Zu einem solchen Ruhen kann es auf zweifache Weise kommen: Nichteinhaltung der Kündigungsfrist (§ 117 AFG) und **Ruhen wegen grundloser Aufgabe der Beschäftigung** (vgl. § 117 a AFG und Rz. 4113 a ff.). Der Arbeitnehmer ist beim Ruhen des Anspruchs auf Arbeitslosengeldzahlung auf die Abfindungszahlung angewiesen, die er von seinem Arbeitgeber erhält. In dieser Situation des Ruhens zeigt sich für den betroffenen Arbeitnehmer häufig erstmals der **wahre Wert der Abfindung**. Vermeintliche steuer- und sozialrechtliche Vorteile verwandeln sich plötzlich in erhebliche Nachteile. Der Arbeitnehmer finanziert seine Arbeitslosigkeit selbst. Hier liegt es aus seiner Sicht nah, Nachverhandlungen über die Abfindungshöhe einzuleiten, um zumindest "netto" auf den ursprünglich erwarteten Betrag zu kommen. Es drohen also Folgestreitigkeiten. Besonders fatal ist es in dieser Situation, wenn vorher rückständiges Arbeitsentgelt zur Erlangung vermeintlicher Vorteile in eine Abfindung umgewandelt wurde. Dem Arbeitgeber drohen hier nicht nur arbeits- und sozialrechtliche Nachteile (Beitragsnachentrichtung), sondern unter Umständen auch strafrechtliche Konsequenzen.

Deshalb ist die **Beachtung sozialrechtlicher Vorschriften für die Parteien des Aufhebungsvertrages von größter Bedeutung**. Insgesamt gilt:

- Folgestreitigkeiten jedenfalls vermeiden!
- keine falschen Vorstellungen hinsichtlich der Abfindungshöhe in dem Arbeitnehmer wecken!
- genaue Information über steuer- und sozialrechtliche Folgen einholen!
- keine Verwandlung von Arbeitsentgelt in eine vermeintliche Abfindungszahlung!
- kein versuchter Betrug zu Lasten der Bundesanstalt für Arbeit!

Sozial- und steuerrechtliche Folgen des Aufhebungsvertrages

a) Aufhebungsvertrag und Abfindung

4104

Auch wenn die vertragliche Aufhebung eines Arbeitsverhältnisses ohne Abfindungsregelung grundsätzlich wirksam ist, sind solche Fälle in der Praxis selten. Regelmäßig geht der Abschluß des Aufhebungsvertrags mit der Zahlung einer Abfindung einher. Hieran knüpfen sich gravierende **sozialrechtliche Folgen für den betroffenen Arbeitnehmer**, aber auch - und dies wird häufig verkannt - für den Arbeitgeber. Hat der Arbeitnehmer wegen der Beendigung des Arbeitsverhältnisses eine Abfindung, Entschädigung oder ähnliche Leistung erhalten oder zu beanspruchen, so kommt es nach der Neuregelung der §§ 117, 117 a AFG in bestimmten Fällen zu einem Ruhen des Anspruchs auf Arbeitslosengeld.

Gleiches gilt i.ü., wenn dem Arbeitnehmer **Urlaubsabgeltungszahlungen** zufließen und zwar **unabhängig** davon, ob er auf die Abgeltung des Urlaubs **arbeitsrechtlich** einen **Anspruch** hatte. Einzelheiten zu den Auswirkungen einer Urlaubsabgeltung auf die Möglichkeiten des Bezugs von Arbeitslosengeld finden sich bei Rz. 2903.

4105

Welcher Teil der **Abfindung** zu einem Ruhen des Anspruchs auf Arbeitslosengeldzahlung führt, hängt davon ab, ob die ordentliche Kündigungsfrist bei der Beendigung des Arbeitsverhältnisses eingehalten wurde und aus welchen Gründen das Arbeitsverhältnis beendet wurde (§§ 117, 117 a AFG).

Durch das Ruhen des Anspruchs wird der Beginn der Arbeitslosengeldzahlungen für eine bestimmte Zeit (**Ruhenszeit**) hinausgeschoben. **Die Dauer des Bezugs des Arbeitslosengeldes wird jedoch nicht verkürzt.** Zu beachten ist aber, daß sich das Ruhen faktisch wie eine Kürzung des Arbeitslosengeldanspruchs auswirkt, wenn der Arbeitslose vor Ausschöpfung des vollen Arbeitslosengeldanspruchs wieder auf Dauer eine neue Arbeitsstelle findet.

4106

Während des Ruhenszeitraums nach § 117 AFG ist der Arbeitnehmer weder renten- noch krankenversichert. Es besteht nur ein zeitlich **eingeschränkter Krankenversicherungsschutz** (§ 19 Abs. 2 SGB V). Nach dieser Vorschrift besteht Anspruch auf Leistungen aus der Krankenversicherung längstens für einen Monat nach dem Ende der Mitgliedschaft, wenn die Mitgliedschaft des Versicherungspflichtigen endet und er keine weitere Erwerbstätigkeit ausübt. Dieser **nachgehende Leistungsanspruch** erfaßt auch mitversicherte Familienmitglieder, § 10 SGB V. Ruht also der Arbeitslosengeldanspruch länger als einen Monat, ist zwingend der Abschluß einer freiwilligen Weiterversicherung geboten. Für die Dauer des **Ruhens nach § 117 a AFG** besteht jedoch **Krankenversicherungsschutz**, § 155 AFG.

Arbeitsrecht

In der **gesetzlichen Rentenversicherung** werden Zeiten der Arbeitslosigkeit ohne den Bezug von Leistungen, also Arbeitslosengeld, unter bestimmten im Rentenrecht näher geregelten Voraussetzungen als Ausfallzeit berücksichtigt.

Steht dem Arbeitnehmer eine Abfindung oder ähnliche Leistung zwar zu, hat er sie jedoch nicht erhalten, so gewährt das Arbeitsamt Arbeitslosengeld übergangsweise auch für die Zeit, in welcher der Anspruch auf Arbeitslosengeld ruht (sog. **Gleichwohlgewährung**). Jedoch geht der Anspruch auf die Abfindung oder ähnliche Leistung dann auf die Bundesanstalt für Arbeit in der Höhe und für den Zeitraum über, in dem Arbeitslosengeld gezahlt worden ist (§ 117 Abs. 4 AFG i. v. m. § 115 SGB X). Dem Arbeitgeber droht mithin eine Inanspruchnahme im Wege des Rückgriffs.

b) Einfluß von Kündbarkeit und Kündigungsfristen auf das Ruhen des Anspruchs auf Arbeitslosengeld nach § 117 AFG

4107
Abfindungen werden vielfach als Entschädigung für den Verlust des sozialen Besitzstandes gezahlt. Sie bezwecken häufig, älteren Arbeitnehmern das vorzeitige Ausscheiden annehmbarer zu machen. Auch wird mit ihnen vom Arbeitgeber die **Unkündbarkeit oder die "Schwerkündbarkeit" abgekauft**.

Beispiel:
Kündigung von Personen mit Sonderkündigungsschutz: Schwerbehinderte, Betriebsratsmitglieder, werdende Mütter (s. im einzelnen Rz. 4551).

Das **Verhältnis von Kündbarkeit bzw. Kündigungsfrist einerseits und Abfindung andererseits** ist in § 117 AFG (Schadensfall: **Aufgabe des Arbeitsplatzes unter Nichteinhaltung der Kündigungsfrist**) wie folgt geregelt:

1. Fallgruppe: Ordentlich unkündbare Arbeitnehmer

4108
Arbeitnehmern, die **ordentlich unkündbar** sind, wird zur Anrechnung von Abfindungen eine fiktive Kündigungsfrist von 18 Monaten zugeordnet (§ 117 Abs. 2 Satz 3 AFG). Die ordentliche Kündigung ist häufig gerade bei älteren Arbeitnehmern durch Tarifvertrag, Betriebsvereinbarung oder individuelle Vereinbarung ausgeschlossen.

Beispiel:
B kann nach dem Tarifvertrag nicht mehr ordentlich gekündigt werden. Durch Vereinbarung und Zahlung einer Abfindung wird das Arbeitsverhältnis am 30.04.1994 mit Wirkung zum Ende dieses Tages gelöst.

Sozial- und steuerrechtliche Folgen des Aufhebungsvertrages

*Dies bedeutet, daß eine **fiktive Kündigungsfrist** läuft, die am 01.05.1994 beginnt und am 31.10.1995 endet. Für diesen Zeitraum führt ein Teil der Abfindung zum Ruhen des Arbeitslosengeldanspruchs.*

Beispiel:
*B vereinbart mit dem Personalchef bereits am 01.02.1993 sein Ausscheiden zum 30.04.1995 gegen Zahlung einer Abfindung.
Diese kann der B, wenn er anschließend arbeitslos ist und Arbeitslosengeld beantragt, anrechnungsfrei behalten.*

4109

Bei zeitlich begrenztem Ausschluß der ordentlichen Kündigung oder bei Vorliegen der Voraussetzungen für eine **fristgebundene Kündigung aus wichtigem Grund** (s. Rz. 4502) gilt nach neuester Gesetzesfassung (§ 117 Abs. 3 Satz 2 AFG) die Kündigungsfrist, die ohne den Ausschluß der ordentlichen Kündigung gelten würde. Diese sofort anwendbare Neuregelung trägt der Rechtsprechung des Bundesarbeitsgerichts und des Bundessozialgerichts (s. nur *BSG 13.03.1990, EzA § 117 AFG Nr. 7*) Rechnung und vermeidet die bisherige Benachteiligung der ordentlich Unkündbaren beim Ruhen des Anspruchs auf Arbeitslosengeld. Bei der Prüfung, ob die Voraussetzungen für eine **fristgebundene Kündigung aus wichtigem Grund** vorliegen, sind alle in Betracht kommenden Umstände umfassend zu würdigen und abzuwägen. So ist es dem Arbeitgeber etwa nicht zuzumuten, nach einer **Betriebsstillegung** die Dienste des altersgesicherten Arbeitnehmers noch jahrelang zu vergüten, ohne sie in Anspruch nehmen zu können. Die fiktive 18-monatige Kündigungsfrist ist aber anzuwenden, wenn es nur um einen **Personalabbau** geht und der der ausscheidende altersgesicherte Arbeitnehmer einen Anspruch auf Weiterbeschäftigung gehabt hätte.

2. Fallgruppe: "ansich" unkündbare Arbeitnehmer

4110

Arbeitnehmer, denen aufgrund von Tarifverträgen und Sozialplänen nur noch bei Zahlung von Abfindungen ordentlich gekündigt werden kann, wird eine **fiktive Kündigungsfrist von einem Jahr** zugeordnet (§ 117 Abs. 2 Satz 4 AFG).

Beispiel:
*Arbeitnehmer A und Arbeitgeber B vereinbaren am 30.04.1994, daß A zum 31.05.1994 ausscheidet und die im Sozialplan vorgesehene Abfindung von 50.000 DM erhält, obwohl der Tarifvertrag eine Kündigungsfrist von 6 Monaten vorsieht.
In diesem Fall gilt die fiktive Kündigungsfrist von einem Jahr, die am 01.05.1994 beginnt und am 30.04.1995 endet.*
Zweifelhaft ist, ob mit der Festlegung einer fiktiven Kündigungsfrist von 12 Monaten nicht ein unzulässiger Eingriff in die Regelungsbefugnis der Tarifvertragsparteien bzw. der Betriebsverfassungsorgane erfolgt ist. Vor diesem Hinter-

Arbeitsrecht

grund hatte das Sozialgericht Nürnberg dem Bundesverfassungsgericht die Frage vorgelegt, ob die Vorschrift mit Art. 3 Abs. 1, 9 Abs. 3, 14 GG vereinbar ist.
Dieser **Vorlagebeschluß** hat sich aber zwischenzeitlich dadurch erledigt, daß das Arbeitsamt die beantragten Arbeitslosengeldzahlungen zwischenzeitlich erbracht hat. Die Praxis wird auf eine Klärung der Frage daher noch warten müssen.
Auch hier gilt: Widerspruch erheben und notfalls klagen, bis eine Entscheidung getroffen worden ist.

Allerdings hat das Problem durch die Anerkennung der außerordentlichen Kündigung mit sozialer Auslauffrist erheblich an Schärfe verloren (Rz. 4109).

3. Fallgruppe: Ausschluß der ordentlichen Kündigung für begrenzte Zeit

4111
Bei Arbeitnehmern, bei denen die **ordentliche Kündigung für eine begrenzte Zeit ausgeschlossen** ist und denen der Arbeitgeber gleichwohl unter Einhaltung der ordentlichen Kündigungsfrist und Zahlung einer Abfindung kündigt, kommt eine Anrechnung der Abfindung auf das Arbeitslosengeld nicht in Betracht. Hierher gehören die Fälle des **befristeten Sonderkündigungsschutzes**, also die des zeitweisen Ausschlusses der Kündigung. **Beispiele** hierfür sind:

- Frauen während der Schwangerschaft (§ 9 MuSchG)
- Schwerbehinderte (§ 15 SchwbG)
- Betriebsräte (§ 15 KSchG).

In diesen Fällen ist die Kündigungsfrist maßgebend, die gesetzlich, tariflich oder vertraglich einzuhalten wäre, wenn der Sonderkündigungsschutz nicht bestünde.

Beispiel:
Wegen Arbeitsmangel wird einem Betriebsratsmitglied unter Einhaltung der ordentlichen Kündigungsfrist gekündigt, obwohl es während der Dauer der Zugehörigkeit zum Betriebsrat nach § 15 KSchG nicht kündbar ist. Das gekündigte Betriebsratsmitglied akzeptiert in einem Aufhebungsvertrag eine Abfindung von 50.000 DM.
Der Anspruch auf Arbeitslosengeld ruht hier nicht, weil der Arbeitgeber die ordentliche Kündigungsfrist eingehalten hat (§ 117 Abs. 2 Satz 3 AFG).

4. Fallgruppe: Arbeitnehmer mit ordentlicher Kündigungsfrist

4112

Bei Arbeitnehmern, denen vorzeitig gekündigt wird oder deren Arbeitsverhältnis durch Vereinbarung vorzeitig endet und denen wegen der Kündigung oder Auflösung eine Abfindung gezahlt wird, **ohne daß die ordentliche Kündi-**

Sozial- und steuerrechtliche Folgen des Aufhebungsvertrages

gungsfrist eingehalten wurde, ruht der Anspruch auf Arbeitslosengeld von dem Ende des Arbeitsverhältnisses bis zu dem Tage, an dem das Arbeitsverhältnis bei Einhaltung der ordentlichen Kündigungsfrist geendet hätte. Diese **Frist beginnt** mit der Kündigung, die der Beendigung des Arbeitsverhältnisses vorausgegangen ist. Bei Fehlen einer solchen Kündigung beginnt sie mit dem Tage des Abschlusses der Vereinbarung über die Beendigung des Arbeitsverhältnisses. Die Frist gilt auch, wenn das Arbeitsverhältnis im gegenseitigen Einvernehmen oder durch Urteil beendet wird (§ 117 Abs. 2 Satz 1 und 2 AFG).

Beispiel:
Der A kündigt dem B am 30.06. fristlos, obwohl er ihm ordentlich erst zum 30.09. kündigen könnte. Zugleich zahlt A an B wegen der Kündigung als Abfindung 10.000 DM. Dieser "nimmt deshalb die Kündigung hin". Am 01.07. meldet sich B arbeitslos und beantragt Arbeitslosengeld.
Hier ruht der Anspruch auf Arbeitslosengeld vom 01.07. bis 30.09., wenn der anrechnungspflichtige Teil der Abfindung (s. hierzu Rz. 4113 ff.) hierfür ausreicht.

Nach der **Neuregelung der Kündigungsfristen** durch den Gesetzgeber im Kündigungsfristengesetz kann auch für Arbeiter die ordentliche Kündigungsfrist wieder eindeutig bestimmt werden. Die bisherige, aus der Entscheidung des Bundesverfassungsgerichts vom 30.05.1990 (EzA § 622 BGB n.F. Nr. 22) herrührende Problematik, besteht jetzt nicht mehr. Sie kann allerdings für Altfälle noch Bedeutung haben.

c) Umfang der Anrechnung der Abfindung

4113

Nicht die ganze sondern nur ein **bestimmter prozentualer Anteil der Abfindung** oder ähnlichen Leistung führt zum Ruhen des Arbeitslosengeldes. Der Rest soll dem Arbeitnehmer voll erhalten bleiben. Dies beruht auf dem Gedanken, daß in der Abfindung bei vorzeitiger Beendigung des Arbeitsverhältnisses ein bestimmter Anteil von Arbeitsentgelt enthalten ist, auf dessen Erwerb der Arbeitnehmer zu Lasten der Versichertengemeinschaft verzichtet hat.

Für die **Bestimmung des Restes** kommt es im Rahmen des § 117 AFG darauf an

- wie alt der Arbeitnehmer am Tag des Ausscheidens ist und
- wieviele Jahre er dem Betrieb oder Unternehmen angehört hat.

Je nach dem bleiben mindestens 30 %, höchstens 70 % der Abfindungssumme unangetastet erhalten.

Dies verdeutlicht nachfolgende Tabelle:

Arbeitsrecht

Betriebs-zugehörigkeit in Jahren	Lebensalter zum Zeitpunkt der Beendigung des Arbeitsverhältnisses in Jahren					
	bis 40	ab 40	ab 45	ab 50	ab 55	ab 60
weniger als 5	70 %	65 %	60 %	55 %	50 %	45 %
5 und mehr	65 %	60 %	55 %	50 %	45 %	40 %
10 und mehr	60 %	55 %	50 %	45 %	40 %	35 %
15 und mehr	55 %	50%	45 %	40 %	35 %	30 %
20 und mehr	50 %	45 %	40 %	35 %	30 %	30 %
25 und mehr	45 %	40 %	35 %	30 %	30 %	30 %
30 und mehr	-	35 %	30 %	30 %	30 %	30 %
35 und mehr	-	-	30 %	30 %	30 %	30 %
der Abfindung werden angerechnet						

4113 a
Eine wichtige Änderung ist hinsichtlich des Umfangs der Anrechnung von Abfindungszahlungen auf das Arbeitslosengeld durch die mit Wirkung zum 01.01.1993 in Kraft getretene **AFG-Novelle** bewirkt worden: Während nach bisherigem Recht ein Ruhen des Anspruchs auf Arbeitslosengeldzahlung nur in Betracht kam, wenn die ordentliche Kündigungsfrist nicht eingehalten wurde, gilt nach neuester Gesetzeslage etwas anderes:
Hat der Arbeitslose wegen der Beendigung des Arbeitsverhältnisses eine **Abfindung erhalten oder zu beanspruchen und** ist wegen der Beendigung des Beschäftigungsverhältnisses eine **Sperrzeit** (s. Rz. 4125 ff.) von 8 (12) Wochen eingetreten, so ruht der Anspruch auf Arbeitslosengeld für einen bestimmten Zeitraum selbst dann, wenn die Kündigungsfrist eingehalten wurde. Schadensfall, an den die Sanktion anknüpft, ist also die **grundlose Aufgabe des Arbeitsplatzes.** Auch verkürzt sich der Anspruch auf den Bezug von Arbeitslosengeld. Insoweit ist § 117 a AFG vergleichbar mit § 119 AFG. Da der Tatbestand des § 117a AFG an die Verhängung einer Sperrzeit nach § 119 AFG anknüpft, ist es für die Arbeitsvertragsparteien umso wichtiger, deren Eintritt zu vermeiden.

4113 b
Allerdings sind die Neuregelungen nicht sofort in Kraft getreten, sie sind aber 1995 regelmäßig anzuwenden. Die Übergangsvorschrift des § 242 m Abs. 9 AFG bestimmt, daß § 117 a AFG für Ansprüche auf Arbeitslosengeld nicht anzuwenden ist, wenn der Arbeitslose innerhalb der Rahmenfrist des § 104 Abs. 2, 3 AFG mindestens 360 Kalendertage vor dem 01.01.1993 in einer die Beitrags-

pflicht begründenden Beschäftigung gestanden hat. Eine vergleichbare Regelung gilt für § 110 AFG neuer Fassung.

Hinter dem kompliziert erscheinenden Gesetzeswortlaut verbirgt sich folgendes: Vereinbaren etwa die Arbeitsvertragsparteien am 30.09.1994, daß das Arbeitsverhältnis zum 31.03.1995 beendet werden soll, kommt die Neuregelung zur Geltung. Die Rahmenfrist beträgt 3 Jahre (§ 104 Abs. 3 AFG) und wird vom 1. Tag des Beginns der Arbeitslosigkeit an zurückgerechnet. Ist der Arbeitnehmer ab dem 01.04.1995 arbeitslos, ergibt sich eine Rahmenfrist, die vom 01.04.1992 bis zum 31.03.1995 läuft. Da der Arbeitnehmer vor dem 01.01.1993 (Inkrafttreten der AFG-Novelle) nicht mehr 360 Kalendertage in einer die Beitragspflicht begründenden Tätigkeit stehen kann (vom 01.04.1992 - 31.12.1992 logisch undenkbar!), ist die Neuregelung anwendbar. Wäre das Arbeitsverhältnis ein Jahr früher beendet worden (31.03.1994), hätte der Arbeitnehmer hingegen die Rahmenfrist erfüllen können. Wenn die Neuregelung nicht anwendbar ist, gelten die bisherigen Bestimmungen (s. für § 110 AFG die Regelung in § 242 m Abs. 6 AFG).

Die Übergangsvorschrift behält aber für alle "Altfälle" ihre Bedeutung!

In der Praxis ist also **in folgenden Schritten** vorzugehen:

- Ermittlung des der Arbeitslosigkeit vorausgehenden Tages.
- Hiervon ausgehend ist die dreijährige Rahmenfrist zurückzurechnen.
- Letztlich ist zu prüfen, ob die Rahmenfrist noch so weit zurückreicht, daß von ihr noch 360 Kalendertage in einer die Beitragspflicht begründenden Tätigkeit vor dem 01.01.1993 erfaßt sind.

Hat sich der ausscheidende Arbeitnehmer **in den letzten 3 Jahren ununterbrochen in einer die Beitragspflicht begründenden Beschäftigung** befunden, sind die Voraussetzungen der Übergangsregelung erstmals am 07.01.1992 nicht mehr gegeben. Von den - schaltjahrsbedingt - 366 Kalendertagen des Jahres 1992 lassen sich nach diesem Tag nur noch 359 vor dem 01.01.1993 zurücklegen. Anders herum betrachtet, muß also der Anspruch auf Arbeitslosengeld spätestens am 07.01.1995 entstehen, wenn die Anwendung der Neuregelung vermieden werden soll (Rahmenfrist: 07.01.1992 - 06.01.1995; vom 07.01.1992 an sind noch 360 Beschäftigungstage vor dem 01.01.1993 möglich).

4113 c

Hinsichtlich der **Länge des zusätzlichen Ruhenszeitraums** ist folgende Bestimmung getroffen: Zunächst wird von der Abfindungssumme ein Freibetrag in Höhe des 90fachen kalendertäglichen Arbeitsverdienstes abgezogen (s. zur Berechnung des kalendertäglichen Arbeitsverdienstes Rz. 4114). Von dem dann noch verbleibenden Abfindungsbetrag werden 20 % unabhängig von der Einhaltung der Kündigungsfrist angerechnet. Dies geschieht in der Weise, daß die Anrechnungssumme durch den kalendertäglichen Arbeitsverdienst geteilt wird. Die so ermittelte Zahl gibt die Summe der Tage an, an denen der Anspruch auf

Arbeitslosengeld unabhängig von der Einhaltung der Kündigungsfrist ruht. Der **Ruhenszeitraum beginnt erst mit dem Ende der Sperrzeit** nach der Neuregelung des § 100 AFG (s. Rz. 4125 ff., 4136).

Beispiel:
Abfindungssumme 60.000 DM, kalendertäglicher Arbeitsverdienst (Rz. 4114) 166,67 DM, Verhängung einer Sperrzeit nach § 119 AFG wegen Arbeitsaufgabe ist gerechtfertigt, die ordentliche Kündigungsfrist wurde eingehalten.
Hier ist folgende Berechnung vorzunehmen:
Abfindungssumme 60.000 DM
abzüglich Freibetrag nach § 117 a Abs. 2 S. 2 AFG
                                                                    = 90 x 166,67 DM = 15.000 DM
restliche Abfindung   = 45.000 DM
hiervon 20 % nach § 117 a Abs. 2 S. 1 AFG   = 9.000 DM
anrechenbarer Teil der Abfindung :
kalendertäglichen Arbeitsverdienst = 9.000 DM : 166,66 DM = 54 Kalendertage
Der Anspruch auf Arbeitslosengeldzahlung ruht also unabhängig von der Einhaltung der ordentlichen Kündigungsfrist für 54 Kalendertage; und zwar im Anschluß an die Sperrzeit nach § 119 AFG.

4113 d
Die Auswirkungen des Eintritts eines Ruhenszeitraums nach § 117 a AFG auf den **Renten- und Krankenversicherungsschutz** des Arbeitnehmers sind bei Rz. 4106 erläutert.

4114
Der **Ruhenszeitraum** sowohl nach der alten als auch nach der neuen Regelung ergibt sich daraus, daß der zu berücksichtigende Teil der Abfindung durch den kalendertäglichen Brutto-Tagesverdienst geteilt wird, wobei für jeden Monat pauschal 30 Kalendertage zugrunde zu legen sind (nicht unumstritten, so aber die gängige Praxis der Bundesanstalt für Arbeit). Das Ergebnis gibt die Anzahl von Kalendertagen an, an denen der Anspruch auf Arbeitslosengeld ruht. Der Brutto-Tagesverdienst wird nach der jetzt gültigen Gesetzeslage (§ 117 Abs. 3 Satz 4 und 5 AFG) berechnet, indem die Vergütung der letzten vom Arbeitgeber abgerechneten **6 Monate** mit Anspruch auf Arbeitsentgelt durch die Anzahl der Kalendertage, die diesen Abrechnungen zugrunde liegen, geteilt wird. Unberücksichtigt bleiben dabei Arbeitsentgeltkürzungen infolge von Krankheit, Kurzarbeit, Arbeitsausfall oder Arbeitsversäumnis sowie einmalige Zuwendungen (§ 117 Abs. 3 Satz 5 AFG). Zeiten, in denen der Arbeitslose Erziehungsgeld bezogen oder nur wegen der Berücksichtigung von Einkommen nicht bezogen hat, sowie Zeiten einer stufenweisen Wiedereingliederung in das Erwerbsleben bleiben außer Betracht, soweit wegen der Betreuung oder Erziehung eines Kindes oder wegen der Wiedereingliederung das auf die Arbeitsstunde entfallende Ar-

Sozial- und steuerrechtliche Folgen des Aufhebungsvertrages

beitsentgelt oder nicht nur vorübergehend die tarifliche regelmäßige wöchentliche Arbeitszeit gemindert war.

Außer Betracht sollen auch **rückwirkende Tariflohnerhöhungen** bleiben, die erst nach der letzten Abrechnung eintreten. Fehlt ein letzter abgerechneter Lohnabrechnungszeitraum, so ist das kalendertägliche Arbeitsentgelt fiktiv anhand der arbeits- und tarifvertraglichen Regelungen zu errechnen *(BSG 14.02.1978, BSGE 46, 20, 31)*. Enthalten die Lohnabrechnungszeiträume weniger als 100 Tage mit Anspruch auf Arbeitsentgelt, so verlängert sich der Bemessungszeitraum um weitere Lohnabrechnungszeiträume bis 100 Tage mit Anspruch auf Arbeitsentgelt erreicht sind (§ 112 Abs. 2 Satz 3 AFG).

Beispiel:
A hatte in den Monaten Februar bis Juli vor Beendigung seines Arbeitsverhältnisses einen Brutto-Verdienst von jeweils 4.500 DM.
Der Brutto-Tagesverdienst berechnet sich wie folgt:
6x 4.500 DM = 27.000 DM : 180 Tage = 150 DM pro Tag.
Die Anzahl der Tage, an denen der Anspruch ruht, ergibt sich aus der Teilung der anzurechnenden Abfindung, hier etwa 3.000 DM, durch den Brutto-Tagesverdienst:
3.000 DM :150 DM pro Tag = 20 Kalendertage.

Es zählen nur volle Kalendertage, weshalb bei Bruchteils-Tagen auf volle Kalendertage abzurunden ist.

4115
Wie die Berechnung abstrakt vorzunehmen ist, verdeutlicht die nachfolgende Übersicht: Dabei ist in folgenden Schritten vorzugehen,

- Ermittlung des **Bruttotagesverdienstes** (rechte Spalte)
- Ermittlung des **zu berücksichtigenden Teils der Abfindung** nach allgemeinen Kriterien (Rz. 4113)
- Bildung des **Quotienten** aus zu berücksichtigender Abfindung und Bruttotagesverdienst
- evtl. **Abrundung** des Ergebnisses.

Arbeitsrecht

Errechnung Ruhenszeitraum für Abfindung		Errechnung Brutto-Tagesverdienst	
gezahlte Abfindung	......DM : 100	Brutto-Arbeitsentgelt der letzten Beschäftigungszeit (regelmäßig 6 Monate, s. im einzelnen Rz. 4114	......DM
zu berücksichtigender %-Anteil der Abfindung nach Tabelle (Ant.Abf.), s. die Tabelle bei Rz.4113	x Ant.Abf.	Kalendertage der letzten Beschäftigungszeit (meistens 6 Monate, mindestens 100 Tage)	: Kal.tage
zu berücksichtigender Anteil der Abfindung	= ......DM	Brutto-Tagesverdienst (Br.Tgsv.)	= DM/Tag
Brutto-Tagesverdienst	: Br.Tgsv.		
nach Abrundung: volle Tage Ruhenszeit, während der die Abfindung als verbraucht gilt	= Tage Ruhenszeit		

d) Zu berücksichtigende Leistungen des Arbeitgebers

4116
Zu berücksichtigen sind nur solche Abfindungen oder ähnliche Leistungen, die **wegen der Beendigung** des Arbeitsverhältnisses gezahlt werden. Es muß also zwischen der Beendigung des Arbeitsverhältnisses und der Entstehung des Anspruchs ein **ursächlicher Zusammenhang** bestehen. Dies ist etwa der Fall bei Leistungen, die aufgrund eines Sozialplans oder arbeitsgerichtlichen Vergleichs oder Urteils gezahlt werden. Grundsätzlich gilt der Brutto-Betrag der Abfindung als berücksichtigungspflichtig.

Übernimmt der Arbeitgeber zusätzlich die auf die Abfindung entfallende Lohnsteuer, so ist der Gesamtbetrag der Leistung um diesen Betrag zu erhöhen.

Zu der **Abfindung** gehört also u. a.:

- Gehaltsfortzahlung "über das Ende des Arbeitsverhältnisses hinaus"
- Entschädigung oder Schadensersatzansprüche wegen Auflösung des Arbeitsvertrages vor Antritt der Arbeit
- zusätzliche Zahlungen bei Jahresabschluß oder Gewinnermittlung nach Beendigung des Arbeitsverhältnisses, wenn auf diese Zahlungen nicht bereits aus dem Arbeitsverhältnis ein Anspruch bestand
- als Rente bezeichnete laufende Zahlungen, auf die nicht im Rahmen betrieblicher Altersversorgung ein Anspruch bestand

Sozial- und steuerrechtliche Folgen des Aufhebungsvertrages

- Schadensersatzansprüche nach § 628 Abs. 2 BGB wegen einer durch Vertragsverletzung des Arbeitgebers veranlaßten Kündigung des Arbeitsverhältnisses durch den Arbeitnehmer
- Zahlungen für eine im Rahmen des Aufhebungsvertrags vereinbarte entschädigungslose Wettbewerbsenthaltung des Arbeitnehmers nach Wirksamwerden der Aufhebungsvereinbarung *(BAG 03.05.1994, EzA § 74 HGB Nr. 56).*

Notwendige Kosten eines Rechtsstreits (z.B. Anwaltskosten im Arbeitsgerichtsprozeß) können abgesetzt werden, wenn der Arbeitgeber dem Arbeitnehmer diese Kosten nicht erstattet.

4117

Von der Abfindung zu unterscheiden sind also solche Leistungen, die der Arbeitnehmer auch ohne die Beendigung des Arbeitsverhältnisses hätte beanspruchen können. Hierzu gehören etwa **rückständige Teile des Arbeitsentgelts**, anteiliges Weihnachtsgeld, Gewinnbeteiligungen, Jubiläumszuwendungen, Beihilfen, Erfindervergütungen oder Karenzentschädigungen. Kurz gefaßt handelt es sich um Zahlungen, auf die aus der Zeit des Arbeitsverhältnisses ein **Rechtsanspruch** besteht.

Umgekehrt können auch nicht eindeutig vereinbarte Abfindungen in andere Entgeltbestandteile umgedeutet werden (s. etwa Rz. 3090a)!

Unerheblich ist, ob Abfindungen oder ähnliche Leistungen erst später gezahlt werden. Eine Abfindung führt also auch dann zum Ruhen des Anspruchs auf Arbeitslosengeld, wenn sie z. B. erst 3 Monate nach Ende des Arbeitsverhältnisses ausgezahlt werden soll.

Beispiel:
Arbeitgeber A vereinbart mit dem ordentlich unkündbaren Arbeitnehmer B am 01.04., daß das Arbeitsverhältnis am 30.06. enden soll und für ein Jahr eine Überbrückungshilfe von wöchentlich 300 DM gezahlt wird.
Da das Arbeitsverhältnis nicht mehr ordentlich gekündigt werden kann, gilt eine fiktive Kündigungsfrist von 18 Monaten, was zu einem Ruhen des Anspruchs auf Arbeitslosengeld führt. Die Abfindung beträgt kapitalisiert 300 DM x 52 Wochen = 15.600 DM. Davon sind 30 % ohnehin, und bei Lebensalter 55 Jahre (4 x 5 %) sowie 20 Jahren Betriebszugehörigkeit (wiederum 4 x 5 %), zusammen 70 % anrechnungsfrei. Die restlichen 30 % = 4.680 DM müssen angerechnet werden. Angenommen, der arbeitstägliche Verdienst beträgt 100 DM, so bewirkt dies ein Ruhen des Arbeitslosengeldes von (4.680 DM : 100 = 46,8) 46,8 Kalendertagen, abgerundet 46 Kalendertagen. Da der A in dieser Zeit nicht von 300 DM Überbrückungshilfe wöchentlich leben kann, wird das Arbeitslosengeld gezahlt, wobei der Anspruch gegen den Arbeitgeber auf Zahlung der wöchentlichen Überbrückungshilfe insoweit auf die Bundesanstalt für Arbeit übergeht, bis die Summe von 4.680 DM erreicht ist (§ 117 Abs. 4 AFG).

Arbeitsrecht

Zahlt der Arbeitgeber in Kenntnis des Übergangs die Überbrückungshilfe trotzdem an den Arbeitnehmer aus, muß er mit einer doppelten Inanspruchnahme rechnen.

e) Dauer des Ruhenszeitraums

4118

Ob und wie lange der Anspruch auf Arbeitslosengeld ruht, ist von folgenden Faktoren abhängig:

- **Modalitäten des Ausscheidens** (§§ 119, 117 a AFG, s. Rz 4113 a ff.)
- **Kündbarkeit, Kündigungsfrist, Kündigungsgrund**
- Anzahl der Kalendertage, die zwischen dem tatsächlichen Arbeitsende und dem Ende des Arbeitsverhältnisses bei ordentlicher Kündigungsfrist bzw. fiktiver Kündigungsfrist liegen (§ 117 Abs. 2 AFG)
- nach dem längsten Ruhenszeitraum (§ 117 Abs. 3 Satz 1 AFG: maximal ein Jahr)
- der Höhe der Abfindung
- dem Lebensalter
- der Dauer der Betriebszugehörigkeit
- dem Arbeitsentgelt der letzten Beschäftigungszeit, § 117 Abs. 3 Satz 4 AFG
- dem Zeitpunkt der Beantragung von Arbeitslosengeld.

Angesichts der Komplexität der Berechnungsfaktoren und der Schwierigkeit der Materie empfiehlt es sich, einen Spezialisten hinzuzuziehen.

f) Kein Ruhen des Anspruchs auf Arbeitslosengeld nach § 117 AFG

4119

In folgenden Fällen kommt ein **Ruhen des Anspruchs auf Arbeitslosengeld** nach § 117 AFG nicht in Betracht:

1. Fallgruppe: Außerordentliches Kündigungsrecht des Arbeitgebers
          (§ 117 Abs. 3 Satz 2 Nr. 3 AFG)

Beispiel:
*Arbeitgeber A vereinbart mit Arbeitnehmer B dessen sofortiges Ausscheiden. A hätte wegen eines Vorfalls **aus wichtigem Grund fristlos** kündigen können (s. hierzu § 626 BGB). Zahlt A aus sozialen Gründen dem B eine Abfindung, so kann B diese anrechnungsfrei behalten.
Hier droht dem B aber eine Sperrzeit nach §§ 119, 119 a AFG von bis zu 12 Wochen. Auch ein Ruhen nach § 117 a AFG (s. Rz. 4113 a f.) kann in Betracht kommen!*

2. Fallgruppe: Einhaltung der fiktiven Kündigungsfrist

Beispiel:
*Arbeitgeber A vereinbart mit dem tarifvertraglich unkündbaren Arbeitnehmer B am 31.03.1991 ein Ausscheiden zum 30.09.1992 und zahlt 30.000 DM Abfindung.
Da hier die fiktive Kündigungsfrist von 18 Monaten eingehalten wurde, ruht der Anspruch auf Arbeitslosengeld nach § 117 AFG nicht. Jedoch kann auch hier § 117 a AFG eingreifen.*

3. Fallgruppe: Einhaltung der ordentlichen Kündigungsfrist

Beispiel:
*Der Arbeitgeber kündigt mit ordentlicher Kündigungsfrist dem Arbeitnehmer B. Das Arbeitsgericht gibt der Kündigungsschutzklage des B statt, löst das Arbeitsverhältnis jedoch nach §§ 9, 10 KSchG gegen Zahlung einer Abfindung von 10.000 DM auf.
Da die ordentliche Kündigungsfrist eingehalten wurde, ruht der Anspruch auf Arbeitslosengeld nicht. Das Arbeitslosengeld wird neben der Abfindung gezahlt (§ 117 Abs. 2 Satz 1 AFG). Selbstverständlich gilt auch hier § 117 a AFG (Rz. 4113 a ff.).*

4. Fallgruppe: Auslaufen eines befristeten Beschäftigungsverhältnisses

Läuft ein befristetes Beschäftigungsverhältnis aus und zahlt der Arbeitgeber gleichwohl eine Abfindung, so ruht der Anspruch auf das Arbeitslosengeld nicht, weil das Fristende für das Beschäftigungsverhältnis eingehalten worden ist (§ 117 Abs. 3 Satz 2 Nr. 2 AFG). Hier wird auch § 117 a AFG regelmäßig nicht zu einem Ruhen führen.

4120

Der Anspruch auf Arbeitslosengeld ruht nach § 117 AFG jedoch **längstens für ein Jahr**. Dies wird immer dann bedeutsam, wenn der Zeitpunkt, zu dem ordentlich gekündigt werden konnte, mehr als ein Jahr nach der Auflösung des Arbeitsverhältnisses liegt. Gleiches gilt für diejenigen Personen, deren (fingierte) Kündigungsfrist 18 Monate beträgt (Rz. 4108). Die **18-Monatsfrist beginnt** dann nämlich mit dem Auflösungszeitpunkt, die **Jahresfrist** jedoch mit dem Zeitpunkt der Beendigung des Arbeitsverhältnisses.

g) Hinweispflichten des Arbeitgebers im Hinblick auf ein Ruhen des Arbeitslosengeldanspruchs

4121

Die Frage nach **Hinweispflichten des Arbeitgebers gegenüber dem Arbeitnehmer im Hinblick auf ein mögliches Ruhen des Arbeitslosengeldanspruchs** ist nicht einfach zu beantworten. Die Rechtsprechung geht aber grundsätzlich davon aus, daß im Zusammenhang mit der Beendigung eines Arbeitsverhältnisses

Arbeitsrecht

Aufklärungspflichten denkbar sind. Dabei ist von folgenden "Eckdaten" auszugehen:

- Jede Partei muß sich über die rechtlichen Folgen ihres Handelns selbst Klarheit verschaffen.
- Es gibt keine umfassende Unterrichtungspflicht.
- Eine falsche Auskunft verpflichtet zum Schadensersatz.

Ist der Arbeitgeber sich hinsichtlich der sozialrechtlichen Folgen nicht völlig sicher, empfiehlt es sich, den Arbeitnehmer nur darauf hinzuweisen, daß dieser unter Umständen mit sozialrechtlichen Folgen rechnen muß und ihn im übrigen an das zuständige Arbeitsamt zu verweisen.
Diesen Hinweis sollte man sich so bestätigen lassen, um späteren Streitigkeiten aus dem Wege zu gehen. In diesem Zusammenhang ist auch auf mehrere von der Bundesanstalt für Arbeit herausgegebene Merkblätter für Arbeitslose hinzuweisen. Im Zusammenhang mit Abfindungen gewinnt das Merkblatt "Auswirkung von Abfindungen auf das Arbeitslosengeld" an Bedeutung. Aus diesem können die Arbeitsvertragsparteien zumindest erste Richtwerte entnehmen, die sie ihrer Kalkulation zugrunde legen können. Siehe im übrigen Rz. 4030 ff.

h) Rückdatierung des Aufhebungsvertrages zur Vermeidung eines Ruhenszeitraums

4122
Durch eine Rückdatierung des Aufhebungsvertrages kann ein Ruhen des Anspruchs auf Arbeitslosengeldzahlung nicht vermieden werden. Es handelt sich um eine Manipulation zu Lasten der Bundesanstalt.

Beispiel:
Arbeitgeber A und der ordentlich unkündbare Arbeitnehmer B kommen am 31.03.1994 überein, daß der kränkliche B mit Wirkung zum 01.04.1994 aus dem Arbeitsverhältnis ausscheidet. Dieser erhält eine Abfindung von 10.000 DM. Der Abfindungsvertrag wird zur Umgehung eines Ruhens des Arbeitslosengeldanspruchs auf den 31.03.1992 rückdatiert. Wenige Wochen später erhebt B Klage vor dem Arbeitsgericht mit dem Antrag festzustellen, daß das Arbeitsverhältnis der Parteien zu unveränderten Bedingungen fortbestehe. Der Aufhebungsvertrag sei nämlich wegen versuchter Täuschung der Bundesanstalt für Arbeit unwirksam und sittenwidrig. Allerdings signalisiert er die Bereitschaft, die Klage zurückzunehmen, falls A sich bereit erkläre, weitere 10.000 DM "nachzuzahlen".

In dem Beispielsfall ist sich die Rechtsprechung im Ergebnis darüber einig, daß der **Aufhebungsvertrag seine Wirksamkeit behält und nur die Rückdatierung nichtig ist** *(s. allerdings zu einer neuen Entwicklung oben Rz. 4046). Ob die herrschende Meinung in der Rechtsprechung dauerhaft stabil sein wird, muß bezweifelt werden.*

Sozial- und steuerrechtliche Folgen des Aufhebungsvertrages

Im übrigen dürfte eine arbeitsgerichtliche Bestandsschutzklage, die nur mit dem Ziel geführt wird, eine höhere Abfindung zu bekommen, unzulässig sein.

Machen Sie sich nicht erpressbar. Hüten Sie sich vor Manipulationen. Gerade unter dem Vorzeichen der Bekämpfung des Leistungsmißbrauchs kann es verstärkt zu Ermittlungen seitens der Arbeitsämter kommen.

i) Weitere Einschränkungen des Gestaltungsspielraums

4122 a

Einer bislang in der Praxis beliebten Gestaltungsmöglichkeit, dem **Auslaufenlassen eines Arbeitsverhältnisses** unter Verzicht auf gegenseitige Leistungen, ist der Gesetzgeber ndurch Einführung des § 117 Abs. 3 a AFG begegnet.

Beispiel:
Die Parteien treffen am 01.04. folgende Auflösungsvereinbarung: "Das Arbeitsverhältnis endet unter Einhaltung der ordentlichen Kündigungsfrist am 30.09. Arbeitnehmer A erhält eine Abfindung von 20.000 DM. Er wird sofort und unwiderruflich von der Arbeit freigestellt und verzichtet im Gegenzug auf Entgeltansprüche.
*Durch eine solche Vertragsgestaltung wollen die Parteien vermeiden, daß ein Teil der Abfindung wegen Nichteinhaltung der ordentlichen Kündigungsfrist zum Ruhen des Anspruchs auf Arbeitslosengeldzahlung führt. Daher bleibt das **Arbeitsverhältnis formal bestehen**, das Beschäftigungsverhältnis wird hingegen aufgehoben. Nach bisheriger Gesetzes- und Rechtsprechungslage war unsicher, ob eine derartige Gestaltung den gewünschten Erfolg bringen kann. Dies ist nunmehr eindeutig zu verneinen. **§ 117 Abs. 3 a AFG** ordnet nämlich für eine solche Gestaltung an, daß § 117 Abs. 2, 3 AFG entsprechend gilt. Der Fall wird also so behandelt, als sei der Arbeitnehmer sofort am 01.04. ausgeschieden.*

j) Inanspruchnahme des Arbeitgebers durch die Bundesanstalt für Arbeit

4123

Wird das Arbeitsverhältnis nach vorangegangener Kündigung durch Vergleich rückwirkend gegen Zahlung einer Abfindung beendet, so kann es vorkommen, daß mit dem Zeitpunkt der Vereinbarung die Abfindung in dem Umfang, in dem sie zum Ruhen des Arbeitslosengeldanspruchs führt, **auf die Bundesanstalt übergeht** (§ 115 SGB X i.V.m. § 117 Abs. 4 Satz 1 AFG). Der Arbeitgeber muß dann den entsprechenden Teil der Abfindung an die Bundesanstalt weiterleiten und darf diesen nicht an den Arbeitnehmer auszahlen. Tut er dies gleichwohl, muß er eventuell mit einer doppelten Zahlungsverpflichtung rechnen, zumindest aber mit Folgestreitigkeiten. Diese können etwa eintreten, wenn die Parteien des Aufhebungsvertrages bei dessen Gestaltung nicht bedenken, daß im Laufe des Kündigungsrechtsstreits vom Arbeitnehmer Arbeitslosengeld bezogen

Arbeitsrecht

worden ist, was zu einem (teilweisen) Übergang des Abfindungsanspruchs auf die Bundesanstalt für Arbeit führt.

Beispiel:
Arbeitgeber A kündigt dem B zum 31.05. des Jahres. B erhebt Kündigungsschutzklage. Am 19.06 weist das Arbeitsamt A daraufhin, daß B Arbeitslosengeld beziehe und deshalb eventuell ein Rückgriffsanspruch nach § 115 SGB X i.V.m. § 117 Abs. 4 AFG in Betracht komme. Am 19.09. vergleichen sich die Parteien vor Gericht in der Weise, daß das Arbeitsverhältnis zum 31.05. aufgehoben werde und B eine Abfindung von 18.550 DM abzugsfrei erhalten solle. A zahlt diese in voller Höhe aus. In der Folge erstattet er dem Arbeitsamt auf Anfordern 4.467 DM des von B bezogenen Arbeitslosengeldes. A verlangt die Erstattung dieses Betrages.

Nach Auffassung des Bundesarbeitsgerichts ist der Erstattungsanspruch begründet. Es bedarf demnach einer ausdrücklichen Regelung im Vergleich, wenn der Abfindungsanspruch nicht um den darauf entfallenden Anteil an der Arbeitslosenunterstützung gekürzt werden soll, sondern die auf die Bundesanstalt übergegangenen Ansprüche vom Arbeitgeber allein getragen weden sollen. Das Wort "abzugsfrei" bezieht sich nur auf die Steuerfreiheit der Abfindung, nicht aber auf die sozialversicherungsrechtliche Seite. Auch eine allgemeine Ausgleichsklausel (s. Rz. 4801 ff.) steht der Geltendmachung nicht im Wege. Streitigkeiten lassen sich durch eine klare Vergleichsregelung vermeiden! Hier empfiehlt sich etwa folgende Klausel:

Muster:

"Sollte der Arbeitgeber von der Bundesanstalt für Arbeit auf Erstattung von Arbeitslosengeld in Anspruch genommen werden, hat der Arbeitnehmer ihm den zu erstattenden Betrag binnen 2 Wochen nach Rechnungslegung in voller Höhe/zu ....% zu ersetzen".

k) Rückgriff der Bundesanstalt auf den Arbeitnehmer

4124

Ein Rückgriff der Bundesanstalt auf den Arbeitnehmer ist hingegen nur selten möglich. Er kommt nur in Betracht, wenn der Arbeitgeber vom Arbeitslosengeldbezug durch den Arbeitnehmer nichts wußte und deshalb **mit befreiender Wirkung** an den Arbeitnehmer gezahlt hat.

2. Verhängung einer Sperrzeit nach § 119 AFG

4125

Ist ein Ruhen nach § 117 AFG vermieden worden, kann es gleichwohl Probleme mit einer Sperrzeit nach § 119 AFG geben. Dem liegt der Gedanke zugrunde, daß derjenige Arbeitnehmer, der seinen **Arbeitsplatz freiwillig aufgibt**, da-

788

Sozial- und steuerrechtliche Folgen des Aufhebungsvertrages

durch bestraft wird, daß er für einen bestimmten Zeitraum keinen Anspruch auf Leistungen der Arbeitslosenversicherung hat. Liegt eine grundlose Aufgabe des Arbeitsplatzes vor und ist eine Abfindung gezahlt worden, müssen die Parteien auch § 117 a AFG beachten (s. Rz. 4113 a ff.). Die Vermeidung von Sperrzeiten hat daher für die Parteien des Aufhebungsvertrages zentrale Bedeutung!

Nach § 119 Abs. 1 Satz 1 Nr. 1 AFG tritt eine Sperrzeit u.a. dann ein, wenn der Arbeitnehmer das Arbeitsverhältnis gelöst oder durch ein vertragswidriges Verhalten Anlaß für die Lösung des Arbeitsverhältnisses gegeben und er hierdurch seine **Arbeitslosigkeit vorsätzlich oder zumindest grob fahrlässig herbeigeführt** hat, ohne für sein Verhalten einen wichtigen Grund zu besitzen.

Eine Auflösung des Arbeitsverhältnisses nach § 119 Abs. 1 Satz 1 Nr. 1 1. Alt. AFG stellt dabei auch eine Einverständniserklärung des Arbeitnehmers dar, ohne die das Arbeitsverhältnis nicht bzw. nicht zu diesem Zeitpunkt beendet worden wäre. Dementsprechend ist grundsätzlich auch der **Abschluß eines Aufhebungsvertrages** geeignet, eine Sperrzeit auszulösen. Dabei kommt es nicht auf die dem Abschluß des Aufhebungsvertrages zugrundeliegenden Motive an. Diese gewinnen vielmehr erst dann an Bedeutung, wenn es darum geht, zu ermitteln, ob ein **wichtiger Grund** die einvernehmliche Auflösung rechtfertigt. Auch die Frage, wer die Initiative zur Auflösung des Arbeitsverhältnisses ergriffen hat, ist unerheblich.

Als einvernehmliche Beendigung ist im übrigen auch die Herabsetzung der Arbeitszeit auf weniger als 18 Stunden wöchentlich zu werten, da der Arbeitnehmer dann als arbeitslos im Sinne des § 101 Abs. 1 AFG gilt (s. hierzu auch § 102 Abs. 1 AFG i.V.m. § 101 Abs. 1 AFG).

Die **Verhängung einer Sperrzeit** scheidet regelmäßig aus, wenn die Parteien einen sog. **Abwicklungsvertrag** schließen (s. Rz. 4166 a).

a) Vorsätzliche / grob fahrlässige Herbeiführung der Arbeitslosigkeit

4126

Die Frage, wann der Arbeitnehmer im Sinne des § 119 Abs. 1 Nr. 1 AFG die Arbeitslosigkeit vorsätzlich oder grob fahrlässig herbeigeführt hat, ist von einer Einzelfallwürdigung abhängig. Der vom Gesetz verlangte **Schuldvorwurf** ist dabei nicht auf die Lösung des Arbeitsverhältnisses zu beziehen, sondern allein auf die **Herbeiführung der Arbeitslosigkeit**. Eine **grobe Fahrlässigkeit** ist beispielsweise zu verneinen, wenn der Arbeitnehmer eine feste Aussicht auf einen Anschlußarbeitsplatz hatte. Hierzu ist es nicht erforderlich, daß schon ein bindendes Angebot des in Aussicht genommenen neuen Arbeitgebers vorlag. An die Annahme der groben Fahrlässigkeit sind im übrigen **strenge Anforderungen** zu stellen. Sie liegt nur dann vor, wenn der Arbeitnehmer unter Berücksichtigung seiner persönlichen Einsichtsfähigkeiten eine Sorgfaltspflichtverletzung in ungewöhnlich hohem Maße, d.h. eine besonders grobe und **subjektiv schlechthin unentschuldbare Leichtfertigkeit** begangen hat, er also einfachste, naheliegende Überlegungen nicht anstellt und nicht beachtet, was jedem einleuchten muß. Wird nach arbeitgeberseitiger Kündigung im sich anschließenden Arbeitsgerichtsverfahren ein arbeitsgerichtlicher Vergleich geschlossen, der zur Beendigung des Arbeitsverhältnisses führt, wird eine Sperzeit regelmäßig nicht ausgelöst. Dies ist anders, wenn die Parteien im Vergleich zum Ausdruck bringen, daß die Kündigung jedenfalls unwirksam gewesen ist.

b) Kausalität

4127

Eine Sperrzeit tritt nur ein, wenn das Verhalten des Arbeitnehmers letztlich der **Grund für die Arbeitslosigkeit** war. Dies ist nicht der Fall, wenn der Arbeitnehmer mit der Kündigung oder mit dem Abschluß des Aufhebungsvertrages einer sicheren Kündigung des Arbeitgebers nur zuvorgekommen ist oder wenn dem Arbeitnehmer ansonsten aus anderen Gründen gekündigt worden wäre.

Beispiel:
Der Arbeitgeber A kündigt dem Arbeitnehmer B aus betriebsbedingten Gründen. Es hätte aber gleichfalls auch aus verhaltensbedingten Gründen gekündigt werden können. Im Kündigungsschutzverfahren schließen die Parteien einen Vergleich, demzufolge das Arbeitsverhältnis mit Ablauf der ordentlichen Kündigungsfrist als beendet angesehen wird. Im Beispielsfall fehlt es an der Kausalität, da die Kündigung nicht in erster Linie auf das Verhalten des Arbeitnehmers gestützt worden ist.

An der Kausalität fehlt es auch, wenn die **Auflösungsvereinbarung an die Stelle einer sonst auszusprechenden begründeten betriebsbedingten Kündigung tritt.**

c) Wichtiger Grund

4128

Die Verhängung einer Sperrzeit kommt nicht in Betracht, wenn der Arbeitnehmer einen wichtigen Grund für die Auflösung des Arbeitsverhältnisses hatte, ihm also die Fortführung unzumutbar war. Einen **wichtigen Grund im Sinne von § 119 AFG** stellen dabei für den Arbeitnehmer regelmäßig alle Gründe dar, die ihm arbeitsrechtlich eine Fortsetzung des Arbeitsverhältnisses unzumutbar machen, ihn also zur fristlosen Kündigung aus wichtigem Grund berechtigen. Es kommen aber gleichfalls **Gründe im persönlichen Bereich** in Betracht, die es notwendig machen, die Art der Arbeit, die Arbeitsstätte oder den Wohnort zu wechseln.

Sozial- und steuerrechtliche Folgen des Aufhebungsvertrages

Der Katalog der wichtigen Gründe ist insoweit nicht abschließend. Namentlich kommen in Betracht:

- religiöse und weltanschauliche Gründe, etwa Weigerung eines anerkannten Kriegsdienstverweigerers, an der Kriegswaffenproduktion mitzuwirken
- Einleitung eines Berufswechsels
- Beendigung einer bereits begonnenen Abendschulausbildung
- familiäre Gründe, u.U. auch Begründung einer nichtehelichen Lebensgemeinschaft
- vertragswidriges Verhalten des Arbeitgebers trotz vorheriger Abmahnung durch den Arbeitnehmer
- Ablehnung einer Auslandsbeschäftigung
- nachgewiesene gesundheitliche Gründe.

4129

Selbst wenn das Arbeitsverhältnis wegen **vertragswidrigen Verhaltens** des Arbeitnehmers aufgelöst wird, scheidet eine Sperrzeit aus, wenn der Arbeitnehmer die Vertragsverletzung mit **anerkennenswerten persönlichen Gründen** rechtfertigen kann.

Beispiel:
Arbeitnehmerin A erscheint wiederholt verspätet zur Arbeit, da sie ihr kleines Kind zum Kinderhort bringen muß. Der Arbeitgeber ist nicht bereit, dieses Verhalten auf Dauer zu akzeptieren, mahnt die A ab und stellt ihr eine fristlose Kündigung in Aussicht. Schließlich bietet er ihr aber aus sozialen Gründen den Abschluß eines Aufhebungsvertrages an, um der B nicht die Zukunft zu verbauen.
*Hier ist zu erwägen, ob das Verhalten der B nicht **durch einen wichtigen Grund gerechtfertigt** ist, mit der Folge, daß eine Sperrzeit ausscheidet.*

Einen wichtigen Grund stellt es gleichfalls dar, wenn ein **älterer Arbeitnehmer** anläßlich eines vom Arbeitgeber beabsichtigten Personalabbaus sein Arbeitsverhältnis aufgibt, um dadurch **jüngere Arbeitnehmer vor der Entlassung zu bewahren**.

4130

Scheiden Arbeitnehmer bei **betrieblichen Strukturveränderungen** aufgrund von Aufhebungsverträgen aus, so können sich hieraus Sperrzeitprobleme ergeben. Einen wichtigen Grund stellt nicht schon das Motiv des Arbeitnehmers dar, einen Arbeitsplatz für einen Arbeitslosen freizumachen. Es ist **nicht Aufgabe des Arbeitnehmers, Arbeitsmarktpolitik zu betreiben**. Im folgenden Beispielsfall kann hingegen aus sozialen Motiven ein wichtiger Grund vorliegen:

Beispiel:
Bei drohender Schließung des Betriebes infolge wirtschaftlicher Schwierigkeiten wird kurzfristig ein größerer Personalabbau erforderlich. Um die verbleibenden Arbeitsplätze für jüngere Arbeitnehmer, zumeist Familienväter und Alleinverdiener, zu erhalten, entschließt sich Arbeitnehmer A, der schon 57 Jahre alt ist, seinen Arbeitsplatz aufzugeben.

Eine Sperrzeit scheidet gleichfalls aus, wenn der Arbeitnehmer unter erheblichem Druck seiner ansonsten von der Kündigung bedrohten Kollegen in die Auflösung des Arbeitsverhältnisses einwilligt. Gleiches gilt, wenn für den Arbeitnehmer nur eine unter seiner Qualifikation liegende Beschäftigung möglich ist, die ihm angesichts der **Länge seiner Betriebszugehörigkeit** und seines **Lebensalters** nicht zugemutet werden kann.

Aber Vorsicht:
Selbst bei sozialen Motiven kommt die Verhängung einer Sperrzeit in Betracht.

d) Beweisfragen

4131
Ein ständiges Problem im Rahmen des § 119 AFG ist die Frage der **Beweislastverteilung**. Insoweit steht fest, daß die Bundesanstalt für Arbeit die Beweislast für die Tatbestandsvoraussetzungen des § 119 Abs. 1 Satz 1 Nr. 1 AFG trifft. Umstritten ist hingegen, ob dies auch für das Tatbestandsmerkmal des wichtigen Grundes gilt. **Regelmäßig** wird man jedoch davon ausgehen können, daß die **Bundesanstalt für sämtliche Merkmale**, also auch die negativen Tatbestandsvoraussetzungen, **beweispflichtig** ist. Sie muß also beweisen, daß der Arbeitnehmer keinen wichtigen Grund hatte.

e) Rechtsfolgen der Sperrzeit

4132
Die **Rechtsfolgen einer Sperrzeit** sind für den betroffenen Arbeitnehmer äußerst hart: Für die Dauer der Sperrzeit bekommt er **kein Arbeitslosengeld und keine Arbeitslosenhilfe**. Zudem wird die **Sperrzeit auf die Dauer seines Anspruchs auf Arbeitslosengeld angerechnet**. Die Anspruchsdauer wird also um die Sperrzeit verkürzt.

Beispiel:
Arbeitnehmer A gibt ohne wichtigen Grund seinen Arbeitsplatz auf. Das Arbeitsamt verhängt eine Sperrzeit von 12 Wochen (§§ 119, 119 a AFG). Angenommen, A hätte für insgesamt 26 Wochen Anspruch auf Arbeitslosengeld, so verkürzt sich die Anspruchsdauer auf 14 Wochen.
Nach der Änderung des AFG durch die mit Wirkung zum 01.01.1993 in Kraft getretene AFG-Novelle verkürzt sich die Anspruchsdauer für den Bezug von Arbeitslosengeld

Sozial- und steuerrechtliche Folgen des Aufhebungsvertrages

noch weiter und zwar in den Fällen der Sperrzeit wegen Arbeitsaufgabe (§ 119 Abs. 1 Satz 1 Nr. 1 AFG), nach neuester AFG-Fassung in jedem Fall der Sperrzeit, mindestens um ein Viertel der Anspruchsdauer, die dem Arbeitslosen bei erstmaliger Erfüllung der Voraussetzungen für den Anspruch auf Arbeitslosengeld nach dem Ereignis, das die Sperrzeit begründet hat, zusteht (§ 110 Satz 1 Nr. 2 AFG). Zukünftig muß also etwa ein älterer Arbeitnehmer mit einer angenommenen Bezugsdauer von 32 Monaten, der seinen Arbeitsplatz ohne wichtigen Grund i.S.v. § 119 Abs. 1 Satz 1 Nr. 1 AFG aufgibt, eine Verkürzung von 32 auf 24 Monate, also um 25 %, hinnehmen. Zusätzlich reduziert sich die Bezugsdauer um die Tage, an denen der Arbeitslosengeldanspruch nach § 117 a AFG ruhte (s. hierzu Rz. 4113 a ff.).
Zum **Anwendungsbereich** der Neuregelungen vgl. die Übergangsregelung des § 242 m Abs. 6 AFG (s. hierzu Rz. 4113 b).

*Zudem hat die Sperrzeit auch **Auswirkungen auf den Krankenversicherungsschutz** des Arbeitnehmers. Während der ersten 4 Wochen der Sperrzeit ist der Arbeitslose nicht in der Krankenversicherung pflichtversichert, sondern ist auf den nachgehenden Leistungsanspruch aus § 19 Abs. 2 SGB V angewiesen. Auch der **Anspruch auf Krankengeld ruht** während der Sperrzeit (§ 49 Abs. 1 Nr. 3 SGB V; allerdings gilt dies nicht bei Sperrzeiten nach § 117 a AFG). Nach Ablauf der ersten 4 Wochen der Sperrzeit greifen §§ 155 Abs. 2, 155 a AFG ein: Das Arbeitslosengeld gilt als bezogen mit der Folge, daß der Krankenversicherungsschutz des Arbeitnehmers gewährleistet wird. In der Rentenversicherung ist der Arbeitslose während der Sperrzeit nicht versichert. Weil keine Leistung bezogen wird, besteht keine Beitragspflicht. Es werden auch keine Anrechnungszeiten gutgeschrieben. Der Arbeitslose muß sich ggfs. freiwillig versichern.*

f) Beginn der Sperrzeit

4133

Die Sperrzeit beginnt an dem Tag, nachdem der Arbeitnehmer durch die Auflösung des Arbeitsverhältnisses Anlaß zu der Sperrzeit gegeben hatte. Die Laufzeit ist **unabhängig davon, ob der Arbeitslose sich arbeitslos gemeldet hat.**

Beispiel:
Arbeitgeber A und Arbeitnehmer B schließen am 20.03. einen Aufhebungsvertrag. Die Sperrzeit beginnt hier am 21.03., auch wenn B sich erst am 15.04. arbeitslos meldet.

Meldet sich der Arbeitslose erst später arbeitslos - beispielsweise weil er eine Abfindung erhalten hat und von dieser leben kann -, können die Sperrzeitfolgen vermieden werden.

Das **Arbeitsamt sollte den Arbeitslosen darauf hinweisen, daß er Sperrzeitfolgen vermeiden kann,** wenn er den Antrag auf Arbeitslosengeld erst später stellt. Versäumt das Arbeitsamt dieses, ist es schadensersatzpflichtig. Der Arbeitnehmer ist dann so zu behandeln, als hätte er den Antrag auf Arbeitslosengeld erst später, also etwa nach Ablauf der Sperrzeit gestellt.

Arbeitsrecht

Auch der **Arbeitgeber sollte den Arbeitnehmer auf eine mögliche Sperrzeit hinweisen**, insbesondere wenn er die Auflösung des Arbeitsverhältnisses aus eigenem Anlaß betreibt. Hier drohen Schadensersatzpflichten!

4134

Die **Länge der Sperrzeit** beträgt regelmäßig 12 Wochen, also 72 Leistungstage nach § 114 AFG. In Fällen besonderer Härte kann die Sperrzeit jedoch auch auf 6 Wochen verkürzt werden, wenn der Sperrzeitanlaß dies gebietet. Dies ist unabhängig von den persönlichen wirtschaftlichen Verhältnissen des Arbeitnehmers zu beurteilen. Die Sperrzeit kann etwa verkürzt werden, wenn sie im Verhältnis zum Anlaß **besonders hart** erscheint oder wenn der Arbeitnehmer entschuldbar über das Vorliegen eines wichtigen Grundes irrte. Gleiches gilt für ein zur Beendigung des Arbeitsverhältnisses führendes vertragswidriges Verhalten des Arbeitnehmers, das aber unter der Schwelle des wichtigen Grundes liegt.

Beispiele:

- *Arbeitnehmer A hat durch ständiges Zuspätkommen die Kündigung veranlaßt. Das Zuspätkommen ist auf eine schwere Erkrankung des Kindes des Arbeitnehmers zurückzuführen.*

- *Wiederherstellung einer langjährig bestehenden nichtehelichen Lebensgemeinschaft.*

Ob eine **Verkürzung der Sperrzeit** möglich ist, muß das Arbeitsamt von Amts wegen prüfen. Gleichwohl geschieht dies nicht in allen Fällen. Für den Arbeitnehmer ist es daher sinnvoll, immer einen entsprechenden Antrag zu stellen.

g) Einfluß der Sperrzeit auf die Wirksamkeit des Aufhebungsvertrages

4135

Unter Umständen kann infolge der für beide Parteien unerwarteten Sperrzeitverhängung die **Geschäftsgrundlage des Aufhebungsvertrages** beeinträchtigt, dieser also in seinem Bestand gefährdet werden:

Beispiel:
Arbeitgeber A und Arbeitnehmer B schließen einen Aufhebungsvertrag mit sofortiger Wirkung, demzufolge B gegen Zahlung von 20.000 DM aus dem Arbeitsverhältnis ausscheidet. Beide Parteien gehen davon aus, daß eine Sperrzeit nicht verhängt werde, weil B einen wichtigen Grund für die Auflösung habe (etwa Wunsch des B, jüngeren Arbeitnehmern Platz zu machen). Das Arbeitsamt erkennt einen wichtigen Grund nicht an und verhängt eine Sperrzeit. B fühlt sich an die Auflösung des Arbeitsverhältnisses daher nicht mehr gebunden.
Für den Arbeitgeber stellt sich hier das Problem, daß ein vermeidbarer Folgesstreit eintritt. Er muß damit rechnen, daß er den B weiterbeschäftigen muß oder sich diese Weiterbeschäftigung durch eine erhöhte Abfindung abkaufen lassen muß. **Regelmäßig wird aber nur eine Anpassung des Aufhebungsvertrages in Betracht kommen.** *Diese*

Sozial- und steuerrechtliche Folgen des Aufhebungsvertrages

kann etwa in der Weise vorgenommen werden, daß der Arbeitgeber während des Laufs der Sperrzeit für den Arbeitnehmer bestimmte Leistungen erbringt, beispielsweise dessen Versicherung aufrechterhält.

Es ist ratsam, schon im Aufhebungsvertrag festzuhalten, daß der Arbeitnehmer auf eine mögliche Sperrzeit sowie sonstige sozialrechtliche Konsequenzen hingewiesen wurde. Eventuell kann auch eine ergänzende Regelung des Inhalts getroffen werden, daß im Fall der Sperrzeitverhängung bestimmte Zahlungen geleistet werden.

h) Zusammentreffen von Sperrzeit- und Ruhenszeitraum bzw. mehrerer Ruhenszeiträume

4136

Mehrere Ruhenszeiträume werden zusammengerechnet! Es kann also hierdurch zu einem Ruhen über ein Jahr hinaus kommen.

Beispiel:
Arbeitnehmer A erhält Urlaubsabgeltung für 30 Arbeitstage und eine Abfindung von 100.000 DM, die zu einem angenommenen Ruhenszeitraum von 11 Monaten führt. Hier ist eine Addition der Ruhenszeiträume (11 Monate und 6 Wochen) vorzunehmen.

Beim **Zusammentreffen von Ruhenszeitraum und Sperrzeittatbestand** findet hingegen **keine Addition** statt. Beide Zeiträume laufen nebeneinander. Auch kann das Arbeitsamt überlegen, ob es sich auf § 117 AFG (Ruhen) oder § 119 AFG (Sperrzeit) stützt. Allerdings besteht insoweit eine Ausnahme für **Ruhenszeiten nach dem neuen § 117 a** AFG (s. Rz. 4113 a ff.). Der Ruhenszeitraum nach § 117 a AFG schließt an die Sperrzeit an! Es tritt also zunächst eine Sperrzeit ein, dann ein möglicherweise weitergehendes Ruhen nach § 117 AFG (Ruhen über das Ende der Sperrzeit hinaus) und eventuell ein weiteres Ruhen nach § 117 a AFG. Zum zeitlichen **Anwendungsbereich der Neuregelung** s. Rz. 4113 b.

4136 a

Wie sich die verschiedenen Ruhens- und Sperrzeitvorschriften zu Lasten des Arbeitnehmers auswirken verdeutlichen nachfolgende Beispiele:

Beispiel 1:
Arbeitgeber A und Arbeitnehmer B heben das bestehende Arbeitsverhältnis einvernehmlich zum 31.12. auf. Hierdurch kommt es zu einem Ruhen des Anspruchs auf Arbeitslosengeld nach § 117 AFG für einen Monat. Auch tritt eine 12-wöchige Sperrzeit nach § 119 Abs. 1 Nr. 1 AFG ein. Die AFG-Novelle soll noch nicht anwendbar sein.
Der Ruhenszeitraum und die Sperrzeit laufen parallel, so daß dem 1-monatigem Ruhenszeitraum neben der Sperrzeit keine eigenständige Bedeutung zukommt. Nach Ablauf der 12-wöchigen Sperrzeit hat der Arbeitnehmer Anspruch auf Arbeitslosengeld.

Arbeitsrecht

Die Gesamtdauer des möglichen Bezugs von Arbeitslosengeld verkürzt sich um 12 Wochen (Sperrzeit).

Beispiel 2:
Fall wie oben bei Beispiel 1. Allerdings soll der Ruhenszeitraum nach § 117 AFG 4 Monate betragen.
Hier reicht der Ruhenszeitraum über den der Sperrzeit hinaus. Der längere Ruhenszeitraum ist also für den Beginn des Anspruchs auf Arbeitslosengeldzahlung maßgeblich. Die Sperrzeit verkürzt wiederum die Gesamtbezugsdauer für den Arbeitslosengeldanspruch.

Die Beispiele 1 und 2 zeigen

- §§ 117, 119 AFG laufen vom Beginn der Arbeitslosigkeit an parallel,

- für den Beginn der Arbeitslosengeldzahlungen ist der jeweils längere Tatbestand ausschlaggebend,

- § 119 AFG führt aber zu einer Verkürzung der Bezugsdauer des Arbeitslosengeldanspruchs und zwar auch dann, wenn der Ruhenszeitraum nach § 117 AFG länger ist,

- ein kürzerer Ruhenszeitraum fällt neben einer längeren Sperrzeit nicht ins Gewicht.

Ein Ruhenszeitraum nach § 117 a AFG schließt sich immer an den länger dauernden Tatbestand (§ 117 AFG oder § 119 AFG) an. Er läuft also nicht parallel zu diesen Tatbeständen.
Wie die verschiedenen Tatbestände ineinandergreifen, verdeutlichen die Beispiele 3 und 4:

Beispiel 3:
Arbeitgeber A und Arbeitnehmer B schließen am 30.09.1994 einen Aufhebungsvertrag, nach dem das Arbeitsverhältnis der Parteien zum 31.03.1995 gegen Zahlung einer Abfindung von 60.000 DM enden soll. Dies entspricht einem Jahreseinkommen (12 x 5.000 DM). Die ordentliche Kündigungsfrist des B beträgt tarifvertraglich sechs Monate. Für die Auflösung des Arbeitsverhältnisses steht ihm kein wichtiger Grund zur Seite.
*B wird, da ihm für die Auflösung des Arbeitsverhältnisses kein wichtiger Grund zur Seite stand, zunächst mit einer **Sperrzeit** von 12 Wochen rechnen müssen (vgl. §§ 119 Abs. 1 Satz 1 Nr. 1, 119 a Nr. 1, AFG, 117 a Abs. 1 S. 2 AFG).*

*Anschließend, also nach dem Ende der Sperrzeit, ruht der Anspruch auf Arbeitslosengeld nach § **117 a AFG**.*

*Die **Länge des Ruhenszeitraums** berechnet sich unter Zugrundelegung der angegebenen Zahlenwerte wie folgt:*

Sozial- und steuerrechtliche Folgen des Aufhebungsvertrages

Abfindung: 60.000 DM
abzgl. Freibetrag nach § 117 a Abs. 2 S. 2 AFG
(Arbeitsentgelt für 90 Kalendertage = 90 x 5.000 DM : 30) = 15.000 DM
restlicher Abfindungsbetrag = 45.000 DM
hiervon 20 % = 9.000 DM
(anrechenbarer Teil der Abfindung nach § 117 a Abs. 2 S. 1 AFG)
Die 9.000 DM anrechenbare Abfindung führen zu einem Ruhenszeitraum von 54 Tagen. Dies zeigt nachfolgende Berechnung:
Kalendertäglicher Verdienst = 5.000 DM monatlich : 30 = ca. 167 DM
9.000 DM : 167 DM/Kalendertag
9.000 DM : 167 = 54 Kalendertage
Einen Anspruch auf Arbeitslosengeld kann A also erst nach 12 Wochen (=84 Kalendertage) + 54 Tagen geltend machen.
*Weiterhin kommt es zu einer **Verkürzung der Anspruchsdauer für den Bezug von Arbeitslosengeld**: Angenommen, B hat nach bisheriger Rechtslage einen Maximalanspruch von 32 Monaten Arbeitslosengeld (§ 106 AFG), so tritt eine Minderung von einem Viertel = 8 Monaten ein. B stehen demnach noch 24 Monate Arbeitslosengeld zu. Weiterhin vermindert sich die Bezugsdauer um die nach § 117 a AFG zu berücksichtigenden Tage. Insgesamt steht ihm somit ein Arbeitslosengeldanspruch für 24 Monate abzüglich der in die 54 Tage fallenden Leistungstage zu.*
Wird bei dem Ausscheiden die **ordentliche Kündigungsfrist nicht eingehalten**, so verlängert sich der Ruhenszeitraum nochmals.

4136 b

Beispiel 4:
Sachverhalt wie oben. Jedoch wird die Kündigungsfrist von 6 Monaten zum Quartal nicht eingehalten. B scheidet vielmehr mit einer Frist von nur 2 Monaten zum Quartal aus.
Hier erfolgt zunächst eine **Vorweganrechnung des Abfindungsanteils nach § 117 AFG**. Es wird davon ausgegangen, daß wegen Lebensalter und Betriebszugehörigkeit des B 30 % der Abfindung zu berücksichtigen sind (s. Rz. 4113). Es ergibt sich demnach folgende Berechnung:
30 % von 60.000 DM = 18.000 DM.
Dies entspricht einem Verdienst von drei Monaten und 18 Tagen. Der Anspruch ruht damit während dieser Zeit, also auch über den Ablauf der Sperrzeit hinaus. Hieran schließt sich der **weitere Ruhenszeitraum nach § 117 a AFG** an. Dieser Zeitraum wird nach der Höhe der zu berücksichtigenden Abfindung ermittelt. Hier gilt:
Abfindung - Anrechnung nach § 117 Abs. 2 und 3 AFG =
60.000 DM - 18.000 DM = 42.000 DM
Abzüglich Freibetrag nach § 117 a AFG = 15.000 DM = 27.000 DM
Hiervon 20 % = 5.400 DM
Die nach § 117 a AFG anrechenbare Abfindung in Höhe von 5.400 DM entspricht einem Arbeitsentgelt von ca. 32 Tagen = 1 Monat und 2 Tage. Für diese Zeit ruht der Anspruch also zusätzlich.
Auch hier tritt eine Verkürzung der Gesamtbezugsdauer ein.

Arbeitsrecht

3. Abfindungen und Sozialversicherungsrecht

4137

Die **beitragsrechtliche Behandlung von Abfindungen** ist heute unumstritten: Bundesarbeitsgericht und Bundessozialgericht haben übereinstimmend entschieden, daß die Abfindungszahlung nicht zum beitragspflichtigen Arbeitsentgelt gehört. Es werden also keine Pflichtbeiträge zur Kranken-, Renten- und Arbeitslosenversicherung geschuldet.

Es muß aber betont werden, daß dies nur für **"wirkliche" Abfindungszahlungen** gilt.

Wird also in die Abfindung schon verdienter Arbeitslohn mit einbezogen (Beispiel: rückständiges Arbeitsentgelt, Urlaubsgeld, Weihnachtsgeld, Provisionen, Tantiemen etc.), so unterliegt dies in dem Umfang der Beitragspflicht, in dem es auch vorher beitragspflichtig gewesen wäre. Es gilt also die **Faustformel**:

Rückständiges Arbeitsentgelt kann nicht in eine beitragsfreie Abfindung umgewandelt werden. Vorsicht bei versteckter Lohnzahlung!

Beispiel:
Arbeitgeber A und Arbeitgeber B heben das zwischen ihnen bestehende Arbeitsverhältnis mit Wirkung zum 30.04. auf. B erhält einen als Abfindung bezeichneten Betrag von 8.000 DM. Hierin sind u.a. Urlaubsgeld und Gewinnbeteiligung in Höhe von insgesamt 3.000 DM enthalten.
*Beitragsfrei ist hier nur der reine Abfindungsbetrag in Höhe von 5.000 DM. Bei den weiteren 3.000 DM handelt es sich in Wirklichkeit um **beitragspflichtiges Arbeitseinkommen**, das auch als solches behandelt wird.*

4138

Die Einbeziehung von an sich beitragspflichtigem Arbeitsentgelt in eine beitragsfreie Abfindung ist für den Arbeitgeber daneben mit einer weiteren unangenehmen Konsequenz verbunden. Ist der Beitragsabzug unterblieben und wird der Arbeitgeber später von der Einzugsstelle in Anspruch genommen, so hat er unter Umständen **keine Rückgriffsmöglichkeit gegen den ausgeschiedenen Arbeitnehmer** mehr. Beiträge zur Kranken-, Renten- und Arbeitslosenversicherung darf der Arbeitnehmer nämlich nur **vom laufenden Arbeitsentgelt** abziehen (§ 28 g SGB IV). Ein Beitragsabzug darf dabei nur bei den nächsten drei Lohn- oder Gehaltszahlungen vorgenommen werden. Später ist dies nur noch möglich, wenn der Abzug **ohne Verschulden** unterblieben ist oder der Arbeitnehmer seine Mitteilungspflichten nach § 28 o SGB VI vorsätzlich, also bewußt und gewollt, oder grob fahrlässig nicht erfüllt hat. **Nachträgliche Forderungen auf Schadensersatz oder Bereicherung sind kraft Gesetzes ausgeschlossen.** Wird die Beitragspflicht also erst festgestellt, nachdem der Arbeitnehmer ausgeschieden ist, **muß der Arbeitgeber den Beitrag alleine zahlen**.

Sozial- und steuerrechtliche Folgen des Aufhebungsvertrages

4. Muster: Berechnungsbogen der BA

4138 a

Stammnummer

A. Berechnung des Ruhenszeitraumes nach § 117 Abs. 2 und 3 AFG

zu verwenden, wenn
- wegen der Beendigung des Arbeitsverhältnisses eine Abfindung, Entschädigung oder ähnliche Leistung gewährt wurde und
- das Arbeitsverhältnis bei Einhaltung einer der ordentlichen Kündigungsfrist des Arbeitgebers entsprechenden Frist — bei Unkündbaren ggf. Jahres- oder 18-Monats-Frist — später geendet hätte.

1. Letzter Tag des Arbeitsverhältnisses
2. Vergleichsberechnungen zum letzten Tag des Ruhenszeitraumes
   (nur Alternativen ausfüllen, die als günstigste in Betracht kommen)

   2.1 Kalendertag 1 Jahr nach dem letzten Tag des Arbeitsverhältnisses (§ 117 Abs. 3 Satz 1)

   2.2 fiktiver letzter Tag des Arbeitsverhältnisses bei Einhaltung der Fristen nach § 117 Abs. 2

   ermittelt aus
   2.21 Tag der Kündigung bzw. Vereinbarung über die Beendigung des Arbeitsverh.
   2.22 Frist nach § 117 Abs. 2
   - ☐ ordentliche Kündigungsfrist des Arbeitgebers
     (weil ordentliche Arbeitgeberkündigung möglich oder nur zeitlich begrenzt ausgeschlossen)
       ☐ Kalendertage   ☐ Werktage   ☐ Wochen   ☐ Monate
       zum ☐ Wochenschluß ☐ Monatsschluß ☐ Vierteljahresschluß ☐ ohne feststehenden Endtermin
   - ☐ ein Jahr nach dem unter 2.21 angegebenen Tag
     (weil zeitlich unbegrenzt ausgeschlossene ordentliche Arbeitgeberkündigung nur bei Zahlung einer Abfindung usw. möglich)
   - ☐ 18 Monate nach dem unter 2.21 angegebenen Tag
     (weil ordentliche Arbeitgeberkündigung zeitlich unbegrenzt ausgeschlossen)

   2.3 Kalendertag, bis zu dem der zu berücksichtigende Anteil der Abfindung usw. verdient worden wäre (§ 117 Abs. 3 Satz 1 Nr. 1)

Gesamtbetrag der Abfindung, Entschädigung oder ähnlichen Leistung — DM
Hierin sind enthalten:
☐ Rückständiges Arbeitsentgelt — (2.31) ./. DM
☐ Gewinnbeteiligung — ./. DM
☐ — ./. DM

Wegen Beendigung des Arbeitsverhältnisses gezahlte Abfindung usw. mithin — (2.32) DM

zu berücksichtigender Anteil der Abfindung usw. (zutreffendes Feld ankreuzen)	Lebensalter am Ende des Arbeitsverhältnisses				
	unter 40 Jahre	ab 40 Jahre	ab 45 Jahre	ab 50 Jahre	ab 55 Jahre	ab 60 Jahre
	vH	vH	vH	vH	vH	vH
weniger als 5 Jahre	70	65	60	55	50	45
5 und mehr Jahre	65	60	55	50	45	40
10 und mehr Jahre	60	55	50	45	40	35
15 und mehr Jahre	55	50	45	40	35	30
20 und mehr Jahre	50	45	40	35	30	30
25 und mehr Jahre	45	40	35	30	30	30
30 und mehr Jahre		35	30	30	30	30
35 und mehr Jahre			30	30	30	30

(Betriebs- oder Unternehmenszugehörigkeit)

: 100 x vH-Satz = zu berücksichtigender Anteil der Abfindung DM

Arbeitsentgelt während der letzten Beschäftigungszeit DM : Kalendertage der letzten Beschäftigungszeit Kal.-Tage = (2.33) Entgelt pro Kalendertag DM

(2.34) letzter Tag des Arbeitsverhältnisses + Ruhen für volle Kalendertage Kal.-Tage

2.4 Das Arbeitsverhältnis war i.S. des § 117 Abs. 3 Satz 2 Nr. 2 von vornherein befristet bis

2.5 Das Arbeitsverhältnis konnte vom Arbeitgeber i.S. des § 117 Abs. 3 Nr. 3 fristlos gekündigt werden am

3. Dem Arbeitnehmer günstigster letzter Tag des Ruhenszeitraumes (aus 2.1 bis 2.5) — (3.1)
ggf. Kalendertage einer Urlaubsabgeltung (Differenz zwischen Ende des Arbeitsverhältnisses und fiktivem Urlaubsende gem. Nr. 10 b der Arbeitsbescheinigung) — (3.2)
Ende (letzter Tag) des Ruhenszeitraumes — (3.3)

Arbeitsrecht

B. Berechnung des Ruhenszeitraumes nach § 117a AFG*

Zu verwenden, wenn
- wegen der Beendigung des Beschäftigungsverhältnisses eine Abfindung, Entschädigung oder ähnliche Leistung gewährt wurde,
- und eine Sperrzeit von mindestens acht Wochen eingetreten ist,
- die arbeitgeberseitige Kündigungsfrist nicht eingehalten wurde (Pkt. 1),
- oder die Kündigungsfrist eingehalten wurde (Pkt. 2).

1. Abfindung wegen der Beendigung des Beschäftigungsverhältnisses unter Nichteinhaltung der Kündigungsfrist (§ 117a Abs. 3 - A 2.32) ⟶ ☐ DM

   1.1 Auf den Ruhenszeitraum nach § 117 Abs. 2 entfallendes Arbeitsentgelt nach § 117 Abs. 3 Satz 2 Nr. 1

   tatsächlicher Ruhenszeitraum (A 2.34 - A 3.1 = Kal.Tage)   Entgelt pro Kalendertag (A 2.33)

   vom .... bis .... = Kal.Tage .... x ☐ DM ⟶ ./. ☐ DM

   1.2 Restbetrag der Abfindung (Ergebnis aus Abzug 1.1 von 1)

2. Abfindung wegen Beendigung des Beschäftigungsverhältnisses unter Einhaltung der Kündigungsfrist (§ 117a Abs. 1 und 2) ⟶ ☐ = DM

3. Berechnung des Freibetrages nach § 117a Abs. 2 Satz 2 (90fache des kal.-täglichen Arbeitsentgeltes)

   Entgelt pro Kalendertag (A 2.33)

   90 x ☐ DM ⟶ ./. ☐ DM

   3.1 Zwischensumme ⟶ = ☐ DM

   3.2 Weiterer Freibetrag nach § 117a Abs. 2 Satz 1 (80 v.H.) ⟶ ☐ : 5

   3.3 Zu berücksichtigender Anteil gem. § 117a Abs. 2 ⟶ = ☐ DM

   Entgelt pro Kalendertag (A 2.33) ⟶ ☐ DM

   Ruhen für volle Kal.Tage ⟶ = ☐

4. Ruhenszeitraum nach § 117a (im Anschluß an den jeweils längeren Zeitraum)

   ☐ nach einer Sperrzeit ⟶ von ☐ bis ☐

   oder

   ☐ nach einem Ruhenszeitraum gem. § 117 ⟶ von ☐ bis ☐
   (im Anschluß an A 3.3)

Minderung der Anspruchsdauer wegen des Eintritts einer Sperrzeit (§ 110 Satz 1 Nr. 2 AFG)

☐ keine Minderung (Ereignis liegt länger als 1 Jahr zurück)

☐ Minderung um die tatsächliche Dauer der Sperrzeit, mindestens aber um ein Viertel der Anspruchsdauer ⟶ = ☐ Tage

Minderung der Anspruchsdauer nach § 110 Satz 1 Nr. 1a AFG

(Minderung der Leistungstage um Ruhenszeitraum nach § 117a Abs. 2 bei Arbeitslosigkeit) ⟶ = ☐ Tage

---

* (gilt nur für Arbeitslose, die innerhalb der Rahmenfrist nicht mindestens 360 Kalendertage vor dem 1.1.93 in einer die Beitragspflicht begründenden Beschäftigung gestanden haben).

Sozial- und steuerrechtliche Folgen des Aufhebungsvertrages

II. Steuerrechtliche Folgen des Aufhebungsvertrages

1. Allgemeines

4139

Aus Anlaß der Beendigung des Arbeitsverhältnisses gezahlte Abfindungen sind in begrenztem Umfang **steuerfrei und/oder einem ermäßigten Steuersatz zu unterwerfen.** Aufgrund der steuerlichen Vorteile liegt für die Arbeitsvertragsparteien der Gedanke nahe, dem Arbeitnehmer Vorteile zu verschaffen, indem bereits erdiente Ansprüche in die Abfindung einbezogen werden. Die Abfindung stellt sich dann in der Regel als ein **Sammelbecken verschiedener Entgeltbestandteile** dar. Die Privilegierung der Steuerfreiheit/Steuerbegünstigung tritt jedoch nur unter bestimmten, im Einkommenssteuergesetz näher festgelegten Voraussetzungen ein.

2. Steuerfreie Abfindungen

4140

Nach § 3 Nr. 9 EStG sind Abfindungen wegen einer vom Arbeitgeber veranlaßten oder gerichtlich ausgesprochenen Auflösung des Dienstverhältnisses bis zu einer bestimmten Höchstgrenze **steuerfrei.** Diese beträgt für Arbeitnehmer vor Vollendung des 50. Lebensjahres 24.000 DM. Hat der ausscheidende Arbeitnehmer das 50. Lebensjahr bereits vollendet und hat das Arbeitsverhältnis mehr als 15 Jahre bestanden, so erhöht sich diese Grenze auf 30.000 DM und um weitere 6.000 DM auf 36.000 DM, wenn der Arbeitnehmer zum Zeitpunkt seines Ausscheidens das 55. Lebensjahr vollendet und das Arbeitsverhältnis mindestens 20 Jahre bestanden hat.

"Abfindungen" im Sinne dieser Vorschrift sind **Entschädigungen, die der Arbeitnehmer als Ausgleich für die mit der Auflösung des Dienstverhältnisses verbundenen Nachteile**, insbesondere den Verlust des Arbeitsplatzes, erhält. Nicht hierher gehören also andere Bezüge, die nur aus Anlaß der Auflösung des Arbeitsverhältnisses gezahlt werden. Keine Abfindungen sind demnach Zahlungen zur Abgeltung vertraglicher Ansprüche, die der Arbeitnehmer aus dem Dienstverhältnis bis zum Zeitpunkt der Auflösung bereits verdient hatte.

a) Arbeitnehmereigenschaft im steuerrechtlichen Sinne

4141

In den Genuß einer steuerfreien Abfindung kommen grundsätzlich nur **Arbeitnehmer im steuerrechtlichen Sinne.** Auszuscheiden sind demnach beispielsweise Gesellschafter - Geschäftsführer einer Personengesellschaft. Diese erhalten nämlich keinen Arbeitslohn im steuerrechtlichen Sinne, sondern einen Anteil am Gewinn.

Für ein Arbeitsverhältnis im lohnsteuerrechtlichen Sinne spricht etwa:

- Verpflichtung zur persönlichen Erbringung der Arbeitsleistung
- feste Bezüge
- feste Arbeitszeit
- kein nennenswertes Vergütungsrisiko bei Krankheit
- kein oder nur geringes unternehmerisches Risiko

b) Auflösung des Dienstverhältnisses auf Veranlassung des Arbeitgebers

4142
Die Steuerfreiheit verlangt eine Auflösung des Dienst- oder Arbeitsverhältnisses. Ob diese durch eine Kündigung oder durch Abschluß eines Aufhebungsvertrages eintritt, ist unerheblich.

Zusätzlich muß die Auflösung durch den Arbeitgeber **veranlaßt** sein. Dies ist der Fall, wenn er die **entscheidenden Ursachen** für die Auflösung gesetzt hat. Maßgebend sind die tatsächlichen Gründe, die zur Auflösung führen. Auf ein Verschulden des Arbeitgebers kommt es insoweit nicht an. In folgenden Fällen ist eine Veranlassung durch den Arbeitgeber anzunehmen:

4143

- **Kündigung durch den Arbeitgeber**
  Ausnahme: Kündigung wegen vertragswidrigen Verhaltens des Arbeitnehmers (Diebstahl, Tätlichkeiten, Beleidigungen gegenüber Vorgesetzten oder Mitarbeitern, beharrliche Arbeitsverweigerung, Vertrauensbruch).

- **Kündigung durch den Arbeitgeber und gerichtliche Auflösung des Arbeitsverhältnisses auf Antrag einer der Parteien nach §§ 9, 10 KSchG.**

- **Kündigung durch den Arbeitnehmer infolge vom Arbeitgeber gesetzter Gründe.**

- **Gerichtliche oder außergerichtliche Aufhebung** des Arbeitsverhältnisses durch Vergleich **aufgrund vom Arbeitgeber getroffener Maßnahmen**.

In der Regel kommt also eine Steuerbefreiung nur dann nicht in Betracht, wenn der Arbeitnehmer sich vertragswidrig verhält oder aus persönlichen Gründen an den Arbeitgeber mit der Bitte um Auflösung des Arbeitsverhältnisses herantritt. Aber selbst bei einer trotz vertragswidrigen Verhaltens des Arbeitnehmers gezahlten Abfindung ist eine Steuerbefreiung nicht von vornherein ausgeschlossen, da auch in diesem Fall nicht immer eine Kündigung gerechtfertigt ist.

Sozial- und steuerrechtliche Folgen des Aufhebungsvertrages

c) Weitere arbeitgeberseitig veranlaßte Lösungstatbestände

4144

Eine **Veranlassung seitens des Arbeitgebers** zur Auflösung des Dienstverhältnisses ist auch in folgenden Fällen zu bejahen:

- Stillegung eines Betriebes/eines Betriebsteils
- Verlegung der Betriebsstätte
- Wirtschaftliche Schwierigkeiten des Arbeitgebers
- Personalabbau
- Personalumstrukturierungen
- Eröffnung des Konkursverfahrens
- Frühpensionierung des Arbeitnehmers auf Betreiben des Arbeitgebers

Es kann nur empfohlen werden, schon **im Vergleich** festzuhalten, warum das Arbeitsverhältnis beendet wird, um dem Finanzamt gegenüber zu dokumentieren, daß eine arbeitgeberseitige Veranlassung vorliegt.

Den Arbeitsvertragsparteien kommt dabei auch ein gewisser **Spielraum** zu. So werden **Tatsachenvergleiche** (s. dazu oben Rz. 4048) akzeptiert.

Beispiel:
Arbeitnehmer A wird wegen Diebstahlverdachts fristlos gekündigt. In dem späteren Kündigungsschutzprozeß läßt sich der Verdacht nicht erhärten. Die Tatsachenlage bleibt mithin unklar. Angesichts der mit der Kündigung verbundenen Vorbelastung des Arbeitsverhältnisses, die zukünftig eine gedeihliche Zusammenarbeit nicht erwarten läßt, kommen die Parteien überein, das Arbeitsverhältnis einvernehmlich aus betrieblichen Gründen aufzuheben.

Im übrigen besteht eine **Vermutung** dafür, daß in den Fällen der Abfindungszahlung eine Veranlassung durch den Arbeitgeber gegeben ist.

d) Ursächlichkeit zwischen Aufhebung und Abfindung

4145

Weitere Voraussetzung der Steuerfreiheit ist, daß die Abfindung **wegen** der Aufhebung des Dienst- oder Arbeitsverhältnisses gezahlt wird. Es muß also ein ursächlicher Zusammenhang zwischen der Zahlung und der Aufhebung bestehen. Deshalb liegt keine Abfindung vor, wenn **rückständiges Arbeitsentgelt unter dem Deckmantel der Abfindung** steuerfrei ausgezahlt werden soll. Auf dieses hätte der Arbeitnehmer nämlich unabhängig von der Kündigung Anspruch gehabt. Gleiches gilt selbstverständlich für bereits erdiente Gratifikationen, Tantiemen und Prämien.

Arbeitsrecht

Beispiel:
Arbeitgeber A und Arbeitnehmer B kommen im März überein, das zwischen ihnen bestehende Arbeitsverhältnis gegen Zahlung von 15.000 DM zum 30.06. aufzulösen. A schlägt vor, der Arbeitnehmer B solle den Steuerfreibetrag voll ausschöpfen. Er werde daher rückständiges Gehalt von brutto 12.000 DM im Wert von 9.000 DM auf die Abfindung aufschlagen.

Eine derartige **Umwandlung von rückständigem Entgelt in eine steuerfreie Abfindung** ist nicht möglich.

Entscheidungserheblich für die Beantwortung der Frage, welcher Teil einer aus Anlaß der Aufhebung des Arbeitsverhältnisses geleisteten Zahlung als Abfindung anzusehen und dementsprechend steuerfrei ist, ist der **Zeitpunkt der Auflösung des Arbeitsverhältnisses**. Die Steuerbehörden müssen sich dabei an den Vereinbarungen der Arbeitsvertragsparteien orientieren. Deren **zeitliche Festlegungen sind demnach grundsätzlich bindend**.
Allerdings gilt auch bei der Frage der Steuerfreiheit einer Abfindung, daß eine **rückwirkende Aufhebung** (s. dazu Rz. 4010) des **vollzogenen Arbeitsvertrages** nicht möglich ist.

e) Gestaltungsmöglichkeiten der Parteien im Hinblick auf den Aufhebungszeitpunkt

4146
Anzuerkennen ist eine Auflösung des Arbeitsverhältnisses zum Zeitpunkt des Abschlusses des Aufhebungsvertrages oder zu einem späteren Zeitpunkt.

Beispiel:
Arbeitnehmer A wird am 30.06. zum 31.12. gekündigt. Am 30.09. vereinbaren die Parteien eine Auflösung des Arbeitsverhältnisses mit sofortiger Wirkung. A erhält 3 Monatsgehälter als Abfindung.

Beispiel:
3 Monate vor Auslaufen eines befristeten Arbeitsverhältnisses wird dieses einvernehmlich aufgehoben. Der Arbeitnehmer A erhält eine Abfindung von einem Monatsgehalt.

Die Arbeitsvertragsparteien haben es also in der Hand, in welchem Umfang Arbeitslohn oder eine steuerfreie Abfindung gezahlt wird. Unschädlich ist insoweit auch eine Zahlung in Raten. Bei der **Ratenzahlung** werden die Parteien aber die §§ 24, 34 EStG und die damit verbundene Steuerermäßigung zu beachten haben.

4147
Unter bestimmten Umständen kommt auch eine **rückwirkende Aufhebung** (s. Rz. 4010 ff.) des Arbeitsverhältnisses in Betracht. Hierfür ist jedoch stets erforderlich, daß es sich quasi um ein **"gestörtes Arbeitsverhältnis"** handelt. So müs-

sen es die Finanzbehörden akzeptieren, wenn die Parteien nach Ausspruch einer ordentlichen oder außerordentlichen Kündigung in einem nachfolgenden Vergleich das Ende des Arbeitsverhältnisses auf den Ablauf der ordentlichen Kündigungsfrist oder den Zugang der außerordentlichen Kündigung festlegen. Zu einer solchen **Verfügung über den Bestand des Arbeitsverhältnisses** sind die Arbeitsvertragsparteien befugt.

Beispiel:
Arbeitnehmer A erhält am 30.04. eine außerordentliche Kündigung, gegen die er im Wege der Kündigungsschutzklage vorgeht. Im Gütetermin am 29.05. vereinbaren die Parteien die Auflösung des Arbeitsverhältnisses zum 30.04. Es wird eine Abfindungszahlung vereinbart, die sich am Mai-Gehalt orientiert.

4148

Anders stellt sich die Situation dar, wenn der Arbeitnehmer nach vorangegangener **arbeitgeberseitiger Kündigung** aufgrund Vereinbarung der Parteien, gem. § 102 Abs. 5 BetrVG oder aufgrund des allgemeinen Weiterbeschäftigungsanspruchs weiter beschäftigt wird (s. Rz. 4702) Hier wird laufender Arbeitslohn erzielt, der zu versteuern ist. Gleiches gilt bei einer einvernehmlichen Aufhebung, die das Ende des Arbeitsverhältnisses auf einen Zeitpunkt vor Ablauf der ordentlichen Kündigungsfrist oder vor Zugang der außerordentlichen Kündigung vorverlegt, wenn tatsächlich weitergearbeitet wurde.

Ebenfalls **steuerlich nicht anzuerkennen** ist eine Gestaltung, die ein Ende des Arbeitsverhältnisses zum Ablauf der ordentlichen Kündigungsfrist vorsieht, den Arbeitnehmer aber gegen Bezahlung von der Arbeit sofort freistellt. Eine Steuerbefreiung dieser Zahlungen kommt nicht in Betracht. Vielmehr handelt es sich um normalen **Arbeitslohn**.

Dies gilt selbst dann, wenn die Fortzahlung des Arbeitsentgelts sich mehr als **soziale Maßnahme** darstellt.

Beispiel:
Die Parteien einigen sich 1992 nach langer schwerer Erkrankung des Arbeitnehmers A darauf, daß das Arbeitsverhältnis am 31.12.1995 aufgelöst wird. Für die Restlaufzeit des Vertrages wird A von jeder Arbeitsleistung entbunden. A begehrt für die laufenden Leistungen die Anwendung des § 3 Nr. 9 EStG.
Dies hat der Bundesfinanzhof (27.04.1994, EzA § 3 EStG Nr. 1) abgelehnt. Der grundsätzliche **Bestand des Arbeitsverhältnisses** *werde durch die bezahlte Freistellung nicht berührt. Bis zum vereinbarten Ende des Arbeitsverhältnisses geleistete Zahlungen seien deshalb keine Abfindungen, sondern Erfüllungsleistungen in dem* **(modifizierten) Dienstverhältnis**. *Die typischerweise auftretenden Härten würden angesichts der Fortzahlung des Arbeitsentgelts im Beispielsfall gerade nicht auftreten.*

Arbeitsrecht

Der Fall macht noch einmal eindringlich deutlich, was die Parteien bei der Vertragsgestaltung zu beachten haben:

- Der Bundesfinanzhof stellt auf eine formale Betrachtungsweise ab.
- Auch modifizierter Arbeitslohn ist keine Abfindung.
- Steuerrechtlich ist es am günstigsten, einen möglichst frühen Beendigungszeitpunkt zu wählen.

f) Übersicht: Beendigungszeitpunkt und Abfindung

4149

Welchen **Entscheidungsspielraum** die Parteien haben, verdeutlicht die nachfolgende Übersicht:

- Im **ungestörten Arbeitsverhältnis** ist keine Rückwirkung möglich
- Im **gestörten Arbeitsverhältnis** ist eine rückwirkende Festlegung auf den Zeitpunkt des Ablaufs der ordentlichen Kündigungsfrist oder Zugang der außerordentlichen Kündigung möglich.

g) Höhe der Abfindung

4150

Die Höhe der steuerfreien Abfindung richtet sich nach Alter und Betriebszugehörigkeit und beträgt entweder 24.000 DM, 30.000 DM oder 36.000 DM. Maßgebend für die Berechnung der Dauer der Betriebszugehörigkeit ist der Zeitpunkt der Auflösung des Arbeitsverhältnisses/des Wirksamwerdens einer Kündigung. Auch eine **bezahlte Freistellungsperiode** ist also bei der Berechnung der Dauer der Betriebszugehörigkeit zu berücksichtigen. Auf folgende Fälle ist ein besonderes Augenmerk zu richten:

4151

Ist ein Dienstverhältnis aus vom Arbeitnehmer nicht zu vertretenden Gründen aufgelöst worden und war der Arbeitnehmer anschließend arbeitslos, so sind bei der Ermittlung des maßgebenden Freibetrages auch Dienstzeiten zu berücksichtigen, die der Arbeitnehmer vor der Arbeitslosigkeit bei dem Arbeitgeber verbracht hat, wenn er unmittelbar im Anschluß an die Arbeitslosigkeit erneut ein Dienstverhältnis zu dem selben Arbeitgeber eingegangen ist.

4152

Bei **Beschäftigungen innerhalb eines Konzerns** sind Zeiten, in denen der Arbeitnehmer früher bei anderen rechtlich selbständigen Unternehmen des Konzerns tätig war, im allgemeinen nicht zu berücksichtigen. Sind jedoch bei früheren Umsetzungen innerhalb des Konzerns an den Arbeitnehmer keine Abfindungen gezahlt worden, weil der Konzern diese Umsetzung als Fortsetzung eines einheitlichen Dienstverhältnisses betrachtet hat, so ist für die Ermittlung des Freibetrages von einer Gesamtbeschäftigungsdauer für den Konzern auszugehen, wenn der Arbeitsvertrag hierfür wichtige Anhaltspunkte, wie z.B. die Berechnung der Pensionsansprüche, des Urlaubsanspruchs oder des Dienstjubiläums des Arbeitnehmers enthält. Werden **Arbeitnehmer im Baugewerbe zu Arbeitsgemeinschaften entsandt**, berechnet sich die Dauer des nach § 3 Nr. 9 EStG maßgebenden Dienstverhältnisses aus der Summe der Zeiten im Stammbetrieb und auf den Baustellen der Arbeitsgemeinschaften. Das gleiche gilt auch, wenn der Arbeitnehmer ein eigenständiges Dienstverhältnis zur Arbeitsgemeinschaft begründet hat und vom Stammbetrieb freigestellt worden ist, sofern während der Beschäftigung bei der Arbeitsgemeinschaft das Dienstverhältnis zum Stammbetrieb lediglich ruht und der Arbeitnehmer gegenüber dem Stammbetrieb weiterhin Rechte besitzt.

4153

Beispiel zur Berechnung der Dauer der Betriebszugehörigkeit
Der 56jährige Arbeitnehmer A, der seit dem 01.02.1973 bei dem Arbeitgeber beschäftigt ist, vereinbart mit diesem am 20.01.1993 sein Ausscheiden mit Wirkung zum 31.12.1993 gegen Zahlung einer Abfindung in Höhe von 36.000 DM. Ab dem 01.04.1993 wird er gegen Fortzahlung seines Gehaltes freigestellt. Im Mai 1993 geht er ein neues Arbeitsverhältnis ein.

Für die Frage, in welchem Umfang hier eine Abfindung steuerfrei ist, kommt es nur auf folgende Daten an:

- Lebensalter: 56 Jahre
- Zeitpunkt der rechtlichen Beendigung: 31.12.1993
- Eintrittszeitpunkt: 01.02.1973

Zum vorgesehenen rechtlichen Ende ist der Arbeitnehmer über 55 Jahre alt und das Arbeitsverhältnis hat über 20 Jahre bestanden. Demnach ist eine Abfindung von 36.000 DM steuerfrei. Unerheblich ist also, daß der Aufhebungsvertrag schon am 20.01.1993 geschlossen wurde, daß der Arbeitnehmer freigestellt wurde und daß er ein neues Arbeitsverhältnis angetreten hat.

Das Beispiel zeigt, daß schon ein geringfügiger zeitlicher Fehler erhebliche finanzielle Einbußen bringen kann. Auf die richtige zeitliche Gestaltung ist somit erhöhtes Augenmerk zu richten.

Wichtig ist, sich stets klarzumachen, daß das Steuerrecht - im Gegensatz zum Sozialrecht - auf eine sehr formale Betrachtungsweise abstellt!

3. Steuerbegünstigte Entschädigungen

a) Allgemeine Voraussetzungen der Tarifermäßigung

4154

Liegen die Voraussetzungen für eine Steuerbefreiung nach § 3 Nr. 9 EStG nicht vor oder überschreitet die Abfindung den Steuerfreibetrag, so kann dennoch eine **Steuerbegünstigung nach §§ 24, 34 EStG** in Betracht kommen. Im Gegensatz zu § 3 Nr. 9 EStG handelt es sich hierbei nicht um die Gewährung eines Steuerfreibetrages, sondern lediglich um eine **Tarifermäßigung**. Für Entschädigungen, die als Ersatz für entgangene oder entgehende Einnahmen gewährt werden, kann auf Antrag die darauf entfallende Einkommensteuer um die **Hälfte des durchschnittlichen Steuersatzes** ermäßigt werden, falls die weiteren Voraussetzungen nach § 24 EStG vorliegen.

Nach § 24 Nr. 1 a, b EStG gehören zu den begünstigten Einkünften auch **Entschädigungen, die als Ersatz für entgangene oder entgehende Einnahmen oder für die Aufgabe oder Nichtausübung einer Tätigkeit gezahlt werden.**

4155

Für die Annahme der **Tarifbegünstigung** ist es unschädlich, wenn der Arbeitnehmer - etwa durch Abschluß eines Aufhebungsvertrages - an dem zum Einnahmeausfall führenden Ereignis mitgewirkt hat, sofern er unter einem nicht unerheblichen tatsächlichen, rechtlichen oder wirtschaftlichen Druck gehandelt hat. Dies ist der Fall, wenn der Arbeitgeber die Beendigung des Dienstverhältnisses veranlaßt hat (s. Rz. 4142).

4156

Weitere Voraussetzungen für die Anwendung der Tarifbegünstigung nach ist, daß die Zahlung auf einer **neuen Rechts- oder Billigkeitsgrundlage** beruht. Zahlungen in Erfüllung eines fortbestehenden Anspruchs sind mithin keine Entschädigungen. Etwas anderes gilt aber, wenn die Zahlung in einem Aufhebungsvertrag vorgesehen wird.

Beispiel:
Der Arbeitnehmer ist auf der Grundlage eines befristeten Arbeitsvertrages bei dem Arbeitgeber beschäftigt. 6 Monate vor dessen Auslaufen heben die Parteien das Arbeitsverhältnis am 06.02. einvernehmlich auf. Der Arbeitnehmer erhält eine Abfindungszahlung in Höhe von 9 Monatsgehältern.
Hier stellt der Vertrag vom 06.02. eine neue Rechtsgrundlage dar. Eine die Steuerbefreiung nach § 3 Nr. 9 EStG übersteigende Summe kann also tarifbegünstigt sein.

Aus Sinn und Zweck des § 34 EStG folgt, daß eine abzumildernde steuerliche Härte regelmäßig nur vorliegt, wenn die Abfindung in einer Summe gezahlt wird und es hierdurch im Veranlagungszeitraum zu einer **Erhöhung der Steuerprogression** kommt.

Sozial- und steuerrechtliche Folgen des Aufhebungsvertrages

Hier ist auf die richtige Vertragsgestaltung zu achten. Vermeiden Sie Ratenzahlung!

b) Beispielsrechnung: Ratenzahlung und Steuerermäßigung

4157

Welche **gravierenden Konsequenzen** mit der Vereinbarung einer Ratenzahlung verbunden sind, verdeutlichen die nachstehenden Beispiele eindringlich:

Der Arbeitgeber zahlt nach fristloser Kündigung am 04.02. aufgrund arbeitsgerichtlichen Vergleichs vom 20.03. eine Abfindung von 50.000 DM:
a) In einem Einmalbetrag im Ausscheidensjahr
b) In 4 Jahresraten zu je 12.500 DM
c) In 2 Raten zu je 25.000 DM im Ausscheidensjahr
d) In 2 Raten, und zwar 24.000 DM im Ausscheidens- und 26.000 DM im Folgejahr.

Geht man von einer Veranlassung der Aufhebung des Arbeitsverhältnisses aus, so sind jeweils 24.000 DM steuerfrei. Sodann ist eine Differenzierung vorzunehmen:

Variante a)
Der 24.000 DM übersteigende Betrag der Abfindung ist mit dem ermäßigten Steuersatz nach §§ 24, 34 EStG zu besteuern.

Variante b)
Hier fehlt es an einer Zusammenballung der Einnahmen. Eine Tarifermäßigung kommt also nicht in Betracht.

Variante c)
Hier ist wie im Fall a) der ermäßigte Steuersatz anzuwenden, da trotz Ratenzahlung eine Zusammenballung vorliegt.

Variante d)
Auch hier wird für den im Folgejahr gezahlten Betrag eine Tarifermäßigung in Betracht kommen. Da der im Ausscheidensjahr gezahlte Betrag ohnehin steuerfrei ist, hat er auch keinen Einfluß auf die Progression.

Ist allerdings der bei den ersten Raten gebotene Abzug des Freibetrags im Lohnsteuerabzugsverfahren unterblieben, so kann er bei den Raten der Folgejahre nach einer Entscheidung des FG Rheinland *(26.01.1994, EzA § 3 EStG Nr. 2)* nicht nachgeholt werden.

Es besteht **kein Wahlrecht des Arbeitnehmers.**

c) Berechnung des ermäßigten Steuersatzes

4158

Der ermäßigte Steuersatz des § 34 Abs. 1 EStG beträgt die **Hälfte des Durchschnittssteuersatzes**. Hierbei wird das gesamte zu versteuernde Einkommen einschließlich der außerordentlichen Einkünfte ermittelt. Dieser Betrag wird erhöht um die dem sog. **Progressionsvorbehalt unterliegenden Einkünfte**. Zu diesen gehören u.a. Arbeitslosengeld, Arbeitslosenhilfe, Kurzarbeitergeld und zahlreiche weitere Leistungen nach Sozialgesetzen (s. den Katalog des § 32 b EStG). Für den so erhaltenen Betrag wird der Steuerbetrag nach der zutreffenden Einkommensteuertabelle (Grundtabelle oder Splittingtabelle) festgestellt. Die Tabellensteuer wird ins Verhältnis gesetzt zu dem auf den Eingangsbetrag der Tabellenstufe abgerundeten Einkommen. Der so ermittelte durchschnittliche Steuersatz wird auf 4 Dezimalstellen abgerundet. Der ermäßigte Steuersatz beträgt die Hälfte dieses durchschnittlichen Steuersatzes.

4159

Beispiel (angenommene Werte):

Einkünfte aus nichtselbständiger Tätigkeit	50 TDM
Abfindung (60 TDM abzgl. 24 TDM Steuerfreibetrag nach § 3 Nr. 9 EStG)	36 TDM
	86 TDM
abzügl. Sonderausgaben etc., geschätzt	6 TDM
	80 TDM
Einkommensteuer bei 80 TDM nach der Grundtabelle =	16.134 DM
Durchschnittlicher Steuersatz	20,17 %
Ermäßigter Steuersatz	10,085 %

Die vom Arbeitnehmer zu entrichtende Einkommensteuer berechnet sich wie folgt:

Zu versteuerndes Einkommen	80 TDM
abzügl. steuerpflichtiger Teil der Abfindung	36 TDM
	44 TDM
darauf entfallende Einkommensteuer nach der Grundtabelle	9.238 DM
Steuer auf den mit dem ermäßigten Steuersatz zu versteuernden Teil der Abfindung (10, 085 % x 36 TDM) =	3.630,60 DM
Einkommensteuer gesamt	12.868,60 DM

Gegenüber der Grundbelastung von 16.134 DM ergibt sich also für den Arbeitnehmer ein Vorteil von 3.256,40 DM.

Der Arbeitgeber kann die Hälfte des Lohnsteuerbetrages des Arbeitnehmers aus dem steuerbegünstigten Abfindungsbetrag einbehalten und den Rest gleich an den Arbeitnehmer auszahlen (s. § 39 b Abs. 3 Satz 10 EStG).

Sozial- und steuerrechtliche Folgen des Aufhebungsvertrages

Aber Vorsicht: **Erkennt das Finanzamt die Voraussetzungen der §§ 24, 34 EStG nicht an und erfüllt der Arbeitnehmer die Nachforderung nicht, lebt die gesamtschuldnerische Haftung des Arbeitgebers wieder auf.**

Um derartige Nachteile zu vermeiden, ist es sinnvoll, vor oder nach Abschluß des Aufhebungsvertrages eine **Lohnsteueranrufungsauskunft** einzuholen, um zu ermitteln, wie das Finanzamt die Abfindung oder Entschädigungszahlung behandelt. Nach § 42 e EStG hat das Finanzamt in einem konkreten Fall, auf den die Vorschriften des Lohnsteuerrechts anzuwenden sind, Auskunft zu erteilen.

Da im **Veranlagungsverfahren des Arbeitnehmers** eine andere Ermittlung des Durchschnittssteuersatzes vorgenommen wird als im **Lohnsteuerabzugsverfahren** durch den Arbeitgeber, kann es sich für den Arbeitnehmer empfehlen, auch wenn kein Grund für eine Pflichtveranlagung besteht, eine Einkommensteuererklärung abzugeben. Im Steuerabzugsverfahren durch den Arbeitgeber erfolgt die Entlastung nur bis zur Höhe des halben **Grenzsteuersatzes**, im Veranlagungsverfahren wird hingegen die Entschädigung mit dem halben **Durchschnittssteuersatz** belastet.

d) Steuerermäßigung nach § 34 Abs. 3 EStG

4159 a

Liegen die Voraussetzungen für eine Steuerbefreiung bzw. eine Steuerermäßigung nicht vor, kann die Steuerlast auf Antrag durch **Verteilung der Einkünfte auf drei Jahre** gemildert werden (§ 34 Abs. 3 EStG).

Beispiel (angenommene Werte):
Arbeitnehmer A verdient 60.000 DM pro Jahr. Eine ihm arbeitsvertraglich zugesagte, unverfallbare Betriebsrente wird durch Zahlung von 15.000 DM kapitalisiert. Hier ist folgende Berechnung vorzunehmen (angenommene Werte):

Lohnsteuer auf 65.000 (DM 60.000 DM + 1/3 von 15.000 DM =
geschätzt 16.000 DM
Lohnsteuer auf 60.000 DM = 14.500 DM
Auf 5.000 DM entfällt also eine Steuerdifferenz von 1.500 DM. Diese ist mit 3 zu multiplizieren (= 4.500 DM).

Geht man davon aus, daß bei einer Normalbesteuerung von 75.000 DM (60.000 DM + 15.000 DM Abfindung) 20.000 DM Steuern anfallen, ergibt sich ein Steuervorteil von 1.000 DM durch die Anwendung der Drittelregelung (Lohnsteuer auf 60.000 DM = 14.500 DM + Lohnsteuer auf 15.000 DM = 4.500 DM = 19.000 DM Gesamtlohnsteuer).

Arbeitsrecht

4. Brutto-Netto-Klauseln

4160

Grundsätzlich sind die von den Parteien vereinbarten Abfindungsbeträge als **Bruttosummen** gemeint. Etwa anfallende Steuern hat also der Arbeitnehmer zu tragen. Gelegentlich wird von den Parteien des Aufhebungsvertrages vereinbart, daß eine **Abfindung brutto, netto oder brutto = netto** auszuzahlen ist. Eine solche Vereinbarung ist nicht eindeutig, allerdings unproblematisch, wenn der übereinstimmende Parteiwille in die eine oder andere Richtung geht. Ansonsten ist wie folgt zu differenzieren:

Wird eine **Netto-Abfindung vereinbart**, so trägt der Arbeitgeber das Risiko einer Besteuerung. Erkennt das Finanzamt die Steuerbefreiung oder Steuerermäßigung nicht an, so ist der Arbeitgeber verpflichtet, den Arbeitnehmer von Nachforderungen seitens des Finanzamtes freizustellen bzw. wenn er selbst in Anspruch genommen wird, die nachverlangte Lohnsteuer abzuführen.

Soweit ausdrücklich eine **Brutto-Abfindung vereinbart** wird, bleibt es bei der gesetzlichen Regel, nach der der Arbeitnehmer Steuerschuldner ist. Er hat also die Lohn-/Einkommensteuer zu tragen. Bei einer solchen Brutto-Abfindung ist der Abfindungsbetrag bis zur Höhe des Freibetrages nach § 3 Nr. 9 EStG ungekürzt auszuzahlen. Ansonsten ist er dem **Lohnsteuerabzugsverfahren** zu unterwerfen.

Noch nicht eindeutig entschieden ist die Behandlung von **Brutto=Netto-Klauseln**. In der Rechtsprechung bleibt die Frage offen, ob in diesem Fall immer eine Netto-Vereinbarung im obigen Sinne anzunehmen ist.

Kommt es zum Streit, trägt der Arbeitnehmer nach überwiegender Auffassung die Beweislast dafür, daß die Abfindung an ihn netto ausgezahlt werden soll.

Um **Folgestreitigkeiten** zu vermeiden, sollte die Frage, wer die auf die Abfindung/Entschädigung eventuell zu entrichtenden Steuern zu tragen hat, angesprochen und einer klaren Vereinbarung zugeführt werden.

III. Weiterführende Literaturhinweise

4160 a

Bauer, Arbeitsrechtliche Aufhebungsverträge, 3. Aufl. 1993, S. 259 ff.
Bauer, Steuerliche Optimierung von Abfindungen, NZA 1991, 617
Gagel, Sicherung des sozialen Schutzes durch richtige Wahl des Zeitpunkts für die Auflösung des Arbeitsverhältnisses, AuR 1992, 255
Gagel/Vogt, Beendigung von Arbeitsverhältnissen, 4. Aufl. 1994
Offerhaus, Zur Besteuerung von Arbeitgeberleistungen bei Auflösung des Dienstverhältnisses, DB 1991, 2456

Sozial- und steuerrechtliche Folgen des Aufhebungsvertrages

Seitrich, Abfindung wegen Umsetzung im Konzern - einkommensteuerfrei?, BB 1987, 389

Waltermann, Sozialrechtliche Konsequenzen arbeitsrechtlicher Aufhebungsverträge, NJW 1992, 1136

19. Kapitel: Aufhebungsverträge in besonderen Situationen

I.	Aufhebungsverträge in besonderen betrieblichen Situationen	4161
	1. Betriebsübergang	4161
	2. Konkurs- und Vergleichsverfahren	4162
	3. Betriebsänderung	4163
	4. Massenentlassung	4164
	a) Fallgruppen zur Anzeigepflicht i.R. des § 17 KSchG	4165
	b) Rechtsfolgen der unterlassenen Anzeige	4166
	5. Abwicklungsverträge	4166a
II.	Aufhebungsverträge im Rahmen des Prozeßvergleichs	4167
	1. Besonderheiten des Prozeßvergleichs	4167
	2. Fragerechte und Offenbarungspflicht beim Prozeßvergleich	4167a
	3. Widerrufsvorbehalt	4168
	4. Kosten	4169
	5. Streitwert	4170
III.	Arbeitshilfen für die betriebliche Praxis: Aufhebungsvertragsmuster	4171
	Muster eines einfachen Aufhebungsvertrages	4171
	Muster eines Aufhebungsvertrages mit Abfindungsregelung	4172
	Muster eines ausführlichen Aufhebungsvertrages	4173
IV.	Taktische Überlegungen:	4174

Checkliste: Aufhebungsverträge in besonderen Situationen

- Betriebsänderungen
  - auch ein bloßer Personalabbau kann eine Betriebsänderung darstellen;
  - Betrieblich veranlaßte Aufhebungsverträge zählen bei der Betriebsänderung mit
- Betriebsveräußerungen
  - Problem der Umgehung des § 613 a Abs. 4 BGB, "Lemgoer Modell" (Aufhebungsvertrag mit Wiedereinstellungszusage) unzulässig
- Massenentlassungen
  - betrieblich veranlaßte Aufhebungsverträge zählen im Rahmen des § 17 KSchG und der §§ 111 ff. BetrVG mit, wie sich aus § 112 a Abs. 1 BetrVG ergibt

- Besonderheiten des Prozeßvergleichs
  - Form:
  - gerichtliche Protokollierung,
  - Genehmigung seitens der Parteien
  - Widerrufsvorbehalt: Festlegung, wann, wo u. wem gegenüber Widerruf ausgeübt werden soll.
  - Kostenregelung:
    Entgegen § 12a Abs. 1 Satz 1 ArbGG kann die Partei die Erstattung der Anwaltskosten im Arbeitsgerichtsprozeß verlangen, wenn bei eigener Prozeßführung mindestens gleich hohe Kosten entstanden wären (Beispiel: Vermeidung eigener Reisekosten durch Hinzuziehung eines Anwalts; hier sind die hypothetischen Reisekosten erstattungsfähig). Daher keine übereilte Kostenaufhebung
  - Streitwert: § 12 Abs. 7 ArbGG: i.d.R. 1/4 Jahresbezug, nicht nur 3 Monatsbezüge
  - Verhalten vor Gericht
    Wortlaut des Prozeßvergleichs mitschreiben, das gerichtliche Protokoll wird erst später zugestellt.
  - Fragerecht hinsichtlich Anschlußarbeitsverhältnis umstritten, daher auf richtige Vergleichsgestaltung achten!

I. Aufhebungsverträge in besonderen betrieblichen Situationen

1. Betriebsübergang

4161

Auch in Zusammenhang mit einem **Betriebsübergang** steht es den Parteien grundsätzlich frei, einen Aufhebungsvertrag abzuschließen. Der Arbeitnehmer kann sowohl mit dem Veräußerer als auch mit dem Erwerber die Aufhebung des Arbeitsverhältnisses vereinbaren.

Allerdings müssen sich die Parteien vor einer **unzulässigen Umgehung des § 613 a Abs. 4 BGB** hüten. Eine solche liegt vor, wenn der Arbeitnehmer unter Hinweis auf die geplante Betriebsveräußerung und eine Arbeitsplatzgarantie des Erwerbers veranlaßt wird, sein Arbeitsverhältnis selbst (fristlos) zu kündigen bzw. ein Aufhebungsvertragsangebot anzunehmen, um dann sofort im Anschluß einen neuen Arbeitsvertrag zu schlechteren Bedingungen abzuschließen. Eine solche Umgehung des § 613 a BGB macht den Aufhebungsvertrag nichtig. Es geht nach Sinn und Zweck bei einer solchen Vertragsgestaltung nur um die

Aufhebungsverträge in besonderen Situationen

Verringerung des sozialen Schutzes des Arbeitnehmers durch den Abschluß "billigerer" Arbeitsverträge.

Spiegelt der Arbeitgeber dem Arbeitnehmer ungeachtet einer geplanten Veräußerung vor, der Betrieb werde alsbald stillgelegt, und veranlaßt er diesen hierdurch zum Abschluß eines Aufhebungsvertrages, kommt eine **Anfechtung** nach § 123 BGB in Betracht.

Zahlt der alte oder neue Arbeitgeber an die übergehenden Arbeitnehmer einen Betrag, damit diese ihr Widerspruchsrecht nicht ausüben, handelt es sich richtiger Ansicht nach nicht um steuerbegünstigte Abfindungen *(Bauer, Aufhebungsverträge, Rz. 832)*.

2. Konkurs- und Vergleichsverfahren

4162

Soll im **Konkurs des Arbeitgebers** ein Aufhebungsvertrag geschlossen werden, sind bestimmte Besonderheiten zu berücksichtigen.
Zunächst ist darauf hinzuweisen, daß der Arbeitgeber als Gemeinschuldner mit Eröffnung des Konkursverfahrens die Befugnis zur Verfügung über sein Vermögen verliert. Vertragspartei des Aufhebungsvertrages auf Arbeitgeberseite kann also nur der Konkursverwalter sein.
Weiterhin ist im Hinblick auf § 117 AFG und ein mögliches Ruhen des Anspruchs auf Arbeitslosengeld die Vorschrift des § 22 KO mit den **verkürzten Kündigungsfristen** zu beachten. Nach dieser Norm kann im Konkurs mit gesetzlicher Kündigungsfrist die Kündigung ausgesprochen werden. Den gesetzlichen stehen dabei die tariflichen Kündigungsfristen gleich. Einzelvertragliche Verlängerungen der Kündigungsfristen müssen, im Gegensatz zu Verkürzungen, vom Konkursverwalter nicht eingehalten werden. Hierauf ist besonderes Augenmerk zu richten.

Im **Vergleichsverfahren** gelten im Hinblick auf Aufhebungsverträge keine Besonderheiten. Diese können jederzeit und ohne Einschaltung des Vergleichsgerichts abgeschlossen werden. Die aus einem Vergleichsschluß resultierende Abfindungsforderung ist gewöhnliche, d.h. nicht privilegierte Vergleichsforderung. Nicht vom Vergleich erfaßt wird hingegen die nach Eröffnung des Vergleichs entstehende Abfindungsforderung.

3. Betriebsänderung

4163

Besteht eine **Betriebsänderung** im bloßen **Personalabbau**, so zählen betrieblich veranlaßte Aufhebungsverträge bei den nach § 17 KSchG (Interessenausgleich) bzw. § 112 a BetrVG (Sozialplan) erforderlichen Richtwerten mit. Eine **Veranlas-**

sung besteht nicht, wenn der Arbeitnehmer unabhängig vom geplanten Personalabbau aus eigenem Wunsch ausscheidet. Gleiches gilt, wenn eine personen- oder verhaltensbedingte Kündigung ausgesprochen wird. Anders ist die Situation zu beurteilen, wenn der Arbeitgeber Aufhebungsverträge anstelle einer betriebsbedingten Kündigung aufgrund eines einheitlichen unternehmerischen Plans einsetzt. Zum **Verhältnis von Sozialplanabfindung und einzelvertraglicher Abfindung** vgl. Rz. 4078 a.

4. Massenentlassung

4164
Nach § 17 KSchG ist der Arbeitgeber verpflichtet, dem Arbeitsamt Entlassungen im dort genannten Umfang anzuzeigen. **Entlassung i. S. dieser Vorschrift ist grundsätzlich nur die durch Kündigung herbeigeführte Beendigung des Arbeitsverhältnisses.** Ausnahmsweise kann aber auch die durch Aufhebungsverträge herbeigeführte Beendigung des Arbeitsverhältnisses eine Massenentlassung i.S.v. § 17 KSchG darstellen. Insoweit ist zwischen verschiedenen **Fallgruppen** zu differenzieren.

a) Fallgruppen zur Anzeigepflicht i.R. des § 17 KSchG

4165
1. Fallgruppe:
Eine Anzeigepflicht nach § 17 KSchG wird nicht dadurch beseitigt, daß sich Arbeitgeber und Arbeitnehmer nach einer **ausgesprochenen betriebsbedingten Kündigung** über eine einvernehmliche Beendigung einigen. Ansonsten könnte sich der Arbeitgeber auf diesem Wege der Anwendung des § 17 KSchG entziehen.

2. Fallgruppe:
Eine **Gleichstellung von Aufhebungsvertrag und Massenentlassung** ist auch dann geboten, wenn der Arbeitgeber im Vorfeld eines Personalabbaus einer bestimmten Zahl von Arbeitnehmern seine konkret bestehende Kündigungsabsicht unter gleichzeitigem Angebot eines Aufhebungsvertrages mit Abfindungsregelung mitteilt. Die erklärte Kündigungsabsicht muß dann die alleinige Ursache für die einvernehmliche Beendigung des Arbeitsverhältnisses sein. Unerheblich ist allerdings das Interesse des Arbeitnehmers, die Abfindung zu erhalten.

3. Fallgruppe:
Eine Gleichstellung scheidet aus, wenn der Arbeitnehmer **aus eigenem Antrieb** den Abschluß eines Aufhebungsvertrages veranlaßt. Hier kann nicht von einer Entlassung gesprochen werden.

b) Rechtsfolgen der unterlassenen Anzeige

4166

Unterläßt der Arbeitgeber die Anzeige einer Massenentlassung, sind sämtliche der Entlassung zugrundeliegenden Kündigungen unwirksam. Bislang noch nicht entschieden ist, ob dies auch für Aufhebungsverträge gilt. Rückt man in den Vordergrund, daß der Arbeitsmarkt durch die Massenentlassungsanzeige auf eine Vielzahl von Arbeitslosen vorbereitet werden soll, spricht einiges für die Annahme der Unwirksamkeit des Aufhebungsvertrages.

Andererseits geht es gerade beim Aufhebungsvertrag auch um den Schutz der Privatautonomie des Arbeitnehmers. Dieser darf nicht dadurch in seiner Absicht, das Arbeitsverhältnis zu beenden, blockiert werden, weil der Arbeitgeber die Massenentlassungsanzeige unterläßt. **Dem Betriebspraktiker kann angesichts der ungeklärten Rechtsfrage aber nur empfohlen werden, einer möglichen Anzeigepflicht nach § 17 KSchG vorsorglich nachzukommen.** Das Problem einer möglichen Entlassungssperre nach § 18 KSchG kann dabei durch frühzeitige Planung umgangen werden.

5. Abwicklungsverträge

4166 a

Seit einigen Monaten macht das Stichwort vom **Abwicklungsvertrag** die Runde. Ausgelöst wurde die Diskussion um den Abwicklungsvertrag durch einen Beitrag von Hümmerich *(NZA 1994, 200)*. Zum Verständnis der Problematik muß man sich folgendes vor Augen führen:

Bei **einvernehmlicher Beendigung** des Arbeitsverhältnisses bestehen im wesentlichen **2 Varianten:**

- Aufhebungsvertrag ohne vorausgehende Kündigung

- Aufhebungsvertrag nach vorangegangener Kündigung; d.h. der Arbeitnehmer erklärt in einer Vereinbarung ggfs. unter Abfindungszahlung, keine Einwände gegen die Kündigung erheben zu wollen. Darüber hinaus sind zahlreiche weitere Regelungsgegenstände denkbar. Der Fantasie sind insoweit keine Grenzen gesetzt.

Für diese 2. Variante des Aufhebungsvertrages hat Hümmerich *(NZA 1994, 200)* den aus dem Arbeitsförderungsrecht entlehnten Begriff **Abwicklungsvertrag geprägt.** Der Abwicklungsvertrag soll sich vom Aufhebungsvertrag dadurch unterscheiden, daß er das Arbeitsverhältnis nicht selbst beendet. Das Arbeitsverhältnis wird vielmehr formal durch die Kündigung des Arbeitgebers beendet. Durch den **nachgeschalteten Abwicklungsvertrag** werden durch beiderseitiges Rechtsgeschäft nur die Modalitäten der Abwicklung, quasi "die Nachwehen" des Arbeitsverhältnisses, geregelt. Insoweit ähnelt der Abwicklungsvertrag der Ausgleichsquittung mit Verzichtswirkung (Rz. 4801 ff.). Er wird sich im Umfang der

Verzichtswirkung an den für Ausgleichsquittungen herausgebildeten strengen Grundsätzen messen lassen müssen. Hier gilt als **Fausformel** grundsätzlich: Die angestrebte Verzichtswirkung wird nur dann erreicht, wenn dem Arbeitnehmer deutlich und eindringlich klar gemacht wird, auf welche Rechtsposition er zukünftig keinen Anspruch mehr erheben kann.

4166 b
Vorteile des Abwicklungsvertrages als besonderer dieser Form des Aufhebungsvertrages liegen u.a. im Bereich des Arbeitsförderungsrechts, scheidet doch die Beendigung des Arbeitsverhältnisses durch Kündigung als Lösungstatbestand i.S.v. § 119 Abs. 1 Nr. 1 AFG aus mit der Folge, daß weder eine Sperrzeit noch - folgerichtig - ein Ruhen mit Sperrzeitwirkung in Betracht kommen (s. Rz. 4125 ff.). Wichtig erscheint der Hinweis darauf, daß die Verhängung von Sperrzeiten mit Schaffung des neuen § 117 a AFG, der ein Ruhen mit Sperrzeitwirkung anordnet, eminent an Bedeutung gewonnen hat! Dabei entspricht es der ständigen Rechtsprechung des Bundessozialgerichts *(07.12.1984, Soziale Sicherheit 1984,.388)* daß ein **Lösen des Arbeitsverhältnisses i.S.v. § 119 Abs. 1 Nr. 1 AFG** nicht angenommen werden kann, wenn der Arbeitnehmer sich nicht mit einer Klage gegen eine ihm gegenüber ausgesprochenen Kündigung wehrt. Hierin liegt eben kein Fehlverhalten gegenüber der Versichertengemeinschaft, das über § 119 AFG zu sanktionieren wäre. Allerdings weist das Bundessozialgericht in der zitierten Entscheidung auch darauf hin, daß die Sperrzeitregelung bezweckt, die Gemeinschaft der Beitragszahler davor zu schützen, daß Anspruchsberechtigte das Risiko ihrer Arbeitslosigkeit manipulieren. An dieser Aussage wird sich auch der Abwicklungsvertrag gerade unter den Vorzeichen der Bekämpfung des Leistungsmißbrauchs messen lassen müssen. Dies gilt insbesondere dann, wenn die Parteien im Vorfeld der Kündigung bereits die wesentlichen Punkte der späteren Abwicklungsvereinbarung klären. Hier liegen Entscheidungen noch nicht vor. Daher ist einstweilen Vorsicht geboten.

4166 c
Vorteile des Umweges über die Kündigung mit anschließender Abwicklungsvereinbarung liegen sicherlich auch in der Vermeidung von Erstattungspflichten nach § 128 AFG. § 128 Abs. 1 Satz 2 Nr. 4 AFG schließt die Erstattungspflicht aus, wenn das Arbeitsverhältnis durch sozial gerechtfertigte arbeitgeberseitige Kündigung geendet hat. Der reine Aufhebungsvertrag reicht insoweit nach allgemeiner Meinung nicht aus. Etwas anderes gilt, wenn die Parteien sich im Nachhinein über die weiteren Einzelheiten der Beendigung des Arbeitsverhältnisses einigen.

Vorteile können auch im Bereich der augenscheinlich an Bedeutung zunehmenden **Anfechtung des Aufhebungsvertrages wegen Drohung** mit einer widerrechtlichen Kündigung gesehen werden. Hier entsprach es aber schon bislang der überwiegenden Auffassung, daß im Falle des Ausspruchs der Kündigung unter anschließender Aufhebung des Arbeitsverhältnisses, eine Anfechtungsmöglichkeit grundsätzlich auszuscheiden hat.

Aufhebungsverträge in besonderen Situationen

4166 d

Daß die 2. Variante des Aufhebungsvertrages, also mit den Worten Hümmerichs *(a.a.O)* der Abwicklungsvertrag, nicht nur vorteilhaft ist, zeigen folgende, in ihrer Bedeutung unterschiedlich zu gewichtende, Punkte *(s. auch Grunewald, NZA 1994, 441)*:

Zu vernachlässigen ist, daß dem Abwicklungsvertrag eine ordentliche Kündigung voraus (eine außerordentliche scheidet wegen der regelmäßigen Sperrzeitfolge nach § 119 AFG naturgemäß aus) vorausgeht. Eine **schnelle Beendigung des Arbeitsverhältnisses** ist daher nicht möglich. Diese sollte vor dem Hintergrund des § 117 Abs. 2, 3 AFG mit den durch diese Norm angedrohten Nachteilen im Bereich der Arbeitslosenversicherung von den Parteien i.ü. auch nicht angestrebt werden. Die Nichteinhaltung der ordentlichen arbeitgeberseitigen Kündigungsfrist ist das "klassische Eigentor", das u.U. neben überflüssigem Ärger auch schadensersatzrechtliche Folgen nach sich ziehen wird (Ansprüche des Arbeitnehmers aus culpa in contrahendo).

Des weiteren setzt das Vorangehen der Kündigung notgedrungen auch die **Beteiligung des Betriebsrats** mit der dieser immanenten Fehlerquellen voraus. Ob es hier gelingen wird, dem Betriebsrat den geplanten "Deal" schmackhaft zu machen, ist eine Frage des Einzelfalles. Selbst wenn dies gelingen sollte, stellen sich gleichwohl noch die Probleme der Beteiligung von Behörden im Bereich des besonderen Kündigungsschutzes (Schwangere, Erziehungsurlauber, Schwerbehinderte etc.). Für diese Personengruppe bringen Abwicklungsverträge daher keine Hilfe.

Schließlich stellt sich die Frage, inwieweit nicht in den Fällen, wo die vorangehende Kündigung schon vor dem Hintergrund der später beabsichtigten vergleichsweisen Beendigung des Arbeitsverhältnisses nur ausgesprochen wird, um den Eintritt einer Sperrzeit zu vermeiden, ein **Umgehungstatbestand** vorliegt. Hier ist einstweilen Vorsicht geboten!

I.ü. muß sich jeder Arbeitgeber genau überlegen, mit welchem Arbeitnehmer er den Deal "Abwicklungsvertrag" durchzuführen gedenkt. Hat er nämlich die Kündigung ausgesprochen und löst sich der Arbeitnehmer von der Vorstellung demnächst dem Heer der Arbeitslosen anzugehören, so hindert ihn nichts daran, die **Unwirksamkeit der Kündigung gerichtlich geltend** zu machen. Umgekehrt gilt entsprechendes: Nichts hindert den Arbeitnehmer daran, nach verstreichen der 3-Wochen-Frist davon Abstand zu nehmen, noch eine Abwicklungsvereinbarung mit eventueller Abfindungszahlung zu treffen. Der erfolgreiche Abwicklungsvertrag verlangt also beiderseits ein **besonderes Vertrauensverhältnis** und scheidet demnach aus, wenn es nur darum geht, dem Arbeitnehmer in Form der Kündigung einen Schuß vor den Bug zu setzen. Diese Möglichkeit bestand schon immer, auch die möglichen Folgen sind die gleichen geblieben.

4166 e

Fazit:

- Der Begriff "Abwicklungsvertrag bringt für sich nichts Neues; er stellt unter Zugrundelegung der bisherigen Terminologie eine Variante des Aufhebungsvertrages dar.

- Liegt ein Kündigungsgrund vor, können wie bisher die Folgen der Kündigung einvernehmlich geregelt werden. Dies kann auch in Form der Ausgleichsquittung - ggfs. mit Verzichtswirkung - geschehen.

- Liegt kein Kündigungsgrund vor, war der Arbeitgeber auch bislang nicht gehindert eine Kündigung auszusprechen, um dem Arbeitnehmer einen Schuß vor den Bug zu setzen. Wie die Folgen dieser Kündigung bewältigt werden, bleibt der parteiautonomen Regelung überlassen.

- Wird die Kündigung aufgrund vorherigem Übereinkommens nur vorgeschaltet, um arbeitsförderungsrechtliche Nachteile zu vermeiden, liegt der Gedanke an eine Umgehung nahe. Das Risiko der Aufdeckung der Manipulation müssen die Parteien genau einschätzen. Auch hieran hat sich durch den Abwicklungsvertrag nichts geändert.

- Für den Arbeitnehmer bietet der Abwicklungsvertrag Vorteile bei der Rechtsschutzversicherung (regelmäßige Deckungszusage).

II. Aufhebungsverträge im Rahmen des Prozeßvergleichs

1. Besonderheiten des Prozeßvergleichs

4167

Während der Aufhebungsvertrag im allgemeinen formfrei zustandekommt, ist beim **gerichtlichen Vergleich** eine **Protokollierung** vorgeschrieben. Nach Verlesung des Protokolls durch das Gericht müssen die Parteien den protokollierten Text genehmigen.
Bei der Gestaltung des Prozeßvergleichs kommt den Parteien ein größerer Spielraum zu (s. Rz. 4040). Dies zeigt sich etwa bei Befristungen.

2. Fragerechte und Offenbarungspflicht beim Prozeßvergleich

4167 a

Gerade die Situation des **Prozeßvergleichs** verlangt ein **besonderes taktisches Geschick**. So ist es aus Sicht des Arbeitgebers wegen der Höhe der zu zahlenden Abfindung interessant zu erfahren, ob der Arbeitnehmer bereits einen **Anschlußarbeitsplatz** gefunden hat. In diesem Fall wird er regelmäßig nicht bereit sein, eine so hohe Abfindung zu zahlen. Umgekehrt hat der Arbeitnehmer ein starkes Interesse daran, einen Anschlußarbeitsplatz zu verschweigen, um eine möglichst hohe und nicht um angerechnete Verzugslohnansrüche geschmälerte

Aufhebungsverträge in besonderen Situationen

Abfindung zu erhalten. Ob der Arbeitnehmer die Frage des Arbeitgebers nach dem Anschlußarbeitsplatz im Rahmen gerichtlicher Vergleichsverhandlungen zutreffend beantworten muß, war bislang noch ungeklärt. Dies hat das ArbG Rheine *(25.06.1993, EzA § 123 BGB Nr. 38 m. Anm. von Welslau)* verneint. Eine unrichtige Antwort rechtfertigt hiernach nicht die Herabsetzung einer vergleichsweise vereinbarten Abfindung. Nunmehr hat das LAG Hamm *(19.05.1994, BB 1994, 2072)* in der Berufungsentscheidung darauf erkannt, daß der Arbeitnehmer die Frage nach der Anschlußbeschäftigung wahrheitsgemäß beantworten muß. Von sich aus ist der Arbeitnehmer allerdings nicht verpflichtet, eine Anschlußbeschäftigung zu offenbaren. Allerdings hat das LAG die Berufung gleichwohl zurückgewiesen, da **kein Schaden für den Arbeitgeber** entstanden sei. Die Abfindung wurde nach den in der arbeitsgerichtlichen Praxis allgemein üblichen Regeln (0,5 - 1 Monatsgehalt pro Jahr der Beschäftigung) berechnet.

Ob sich die Ansicht des LAG Hamm *(a.a.O.)* allgemein durchsetzen wird, ist zur Zeit noch nicht absehbar. Daher sollte die **Vergleichspraxis** das Problem durch Verwendung folgender Klausel umgehen:

Muster:

"Der Arbeitnehmer erhält eine Abfindung von .... DM. Die Abfindungssumme reduziert sich für den Fall, daß der Arbeitnehmer binnen sechs Monaten einen Anschlußarbeitsplatz findet, für jeden vollen Monat der neuen Beschäftigung um

.......DM. Sollte der Arbeitnehmer den Anschlußarbeitsplatz binnen 6 Monaten aus nicht zu vertretenden Gründen wieder verlieren, so wird die Abfindung nachgezahlt. Der Arbeitnehmer verpflichtet sich, das Eingehen eines Anschlußarbeitsverhältnisses dem Arbeitgeber binnen einer Woche anzuzeigen."

3. Widerrufsvorbehalt

4168

Häufig geht der Abschluß eines Prozeßvergleichs mit Vereinbarung eines **Widerrufsvorbehaltes** einher.
Der mit der Prozeßführung betraute Praktiker wird hier genau festhalten müssen, wem gegenüber und in welcher Frist der Widerruf auszuüben ist.
Ist der Widerruf gegenüber dem Gericht auszuüben, reicht es nicht, wenn er gegenüber dem Vertragsgegner erklärt wird. Die Widerrufsfrist ist dann nicht gewahrt. Der Vergleich bleibt wirksam!

Auch muß der Widerrufsschriftsatz von der Partei oder ihrem Prozeßvertreter unterzeichnet werden, wenn eine Partei sich vorbehält, den Prozeßvergleich bis zu einem bestimmten Zeitpunkt mit Schriftsatz zum Arbeitsgericht zu widerrufen!

Zugleich ist es ratsam, sich den Inhalt des Vergleichs wenigstens in groben Zügen zu notieren, da das Protokoll den Parteien oft erst erheblich später zugestellt wird.

Im Sinne einer endgültigen Beilegung des Streits und wegen der damit verbundenen Rechtsunsicherheit sollte ein **Widerrufsvorbehalt** regelmäßig vermieden werden.

Hierzu dient auch eine **umfassende Vollmacht für den Prozeßvertreter.** Eine entsprechende Absprache sollte im Vorfeld getroffen werden.

4. Kosten

4169

Im Urteilsverfahren vor den Arbeitsgerichten besteht kein Anspruch der gewinnenden Partei auf Entschädigung wegen Zeitversäumnis und auf Erstattung der Kosten für die Hinzuziehung eines Rechtsanwalts.

Entgegen dieser grundsätzlichen Regelung kann die Partei die Erstattung der Anwaltskosen im Arbeitsgerichtsprozeß verlangen, wenn bei eigener Prozeßführung mindestens gleich hohe Kosten entstanden wären.

Vermeidet also die Partei eigene Reisekosten durch Hinzuziehung eines gerichtsansässigen Rechtsanwaltes, so sind die **hypothetischen Reisekosten** der Partei erstattungsfähig.

Vor einer übereilten Einwilligung in einen wechselseitigen Kostenerstattungsverzicht kann demnach nur gewarnt werden.

5. Streitwert

4170

Der Streitwert bei Beendigungsstreitigkeiten beträgt nach § 12 Abs. 7 ArbGG regelmäßig den für die Dauer eines Vierteljahres maßgeblichen Bruttoverdienst des Arbeitnehmers.

Eine Abfindung bleibt hierbei außer Betracht. Hinzuzurechnen sind Zuschläge und regelmäßige Prämien. Nicht zu berücksichtigen sind Sonderleistungen, wie (anteiliges) Weihnachts- oder Urlaubsgeld und Trennungsentschädigungen. **Streitwert ist also nicht etwa der Abfindungsbetrag!**

III. Arbeitshilfen für die betriebliche Praxis: Aufhebungsvertragsmuster

4171

Muster eines einfachen Aufhebungsvertrages

Herr/Frau ....und die Firma .... sind sich darüber einig, daß das zwischen den Parteien bestehende Arbeitsverhältnis am .... in beiderseitigem Einvernehmen/aus betrieblichen Gründen/aufgrund betriebsbedingter Kündigung vom .... endet/enden wird.

Ort/Datum..............

Für die Firma ....   Arbeitnehmer ....

4172

Muster eines Aufhebungsvertrages mit Abfindungsregelung

Zwischen ....
und
Herrn/Frau ....

wird folgende Vereinbarung getroffen:

§ 1 Aufhebung des Arbeitsverhältnisses

Die Parteien sind sich darüber einig, daß das Arbeitsverhältnis vom ...... mit Ablauf des .... aufgrund betriebsbedingter Umstände/arbeitgeberseitiger Veranlassung/ordentlicher betriebsbedingter Kündigung........ enden wird.

§ 2 Abfindung
Herr/Frau .... erhält wegen der Beendigung des Arbeitsverhältnisses eine Abfindung im Sinne der 9, 10 KSchG, 3 Nr. 9 EStG von ..... DM. Diese wird mit der rechtlichen Beendigung des Arbeitsverhältnisses, also am .... gezahlt. Eine Zahlung vor Fälligkeit ist nur im Einvernehmen mit Herrn/Frau .... möglich.

§ 3 Freistellung
Herr/Frau .... wird unwiderruflich bis zur rechtlichen Beendigung des Arbeitsverhältnisses von der Arbeitsleistung freigestellt. Er/Sie muß sich anderweitigen Ver-

dienst anrechnen lassen/nicht anrechnen lassen/in folgendem Umfang anrechnen lassen. Noch ausstehender Urlaub wird in die Freistellungsperiode gelegt.

§ 4. Ausgleichsklausel
Mit Erfüllung dieser Vereinbarung sind sämtliche gegenseitigen Ansprüche, gleich aus welchem Rechtsgrund, aus dem Arbeitsverhältnis und aus Anlaß seiner Beendigung erfüllt.
Dies gilt insbesondere auch für folgende Ansprüche:
- Arbeitnehmererfindungsvergütung
- Restlohn/Gehalt
- Urlaubsgeld
- Sonstiges.......
Sollte für die Mitarbeiter der Firma .... bis zum .... ein Sozialplan erstellt werden, aus dem sich für Herrn/Frau .... eine höhere Abfindung ergibt, so erhöht sich der Abfindungsbetrag nach § 2 dieser Vereinbarung entsprechend. Eine bereits gezahlte Abfindung wird angerechnet.

§ 5 Hinweise
Auf mögliche Konsequenzen der Abfindungszahlung für den Bezug von Arbeitslosengeld wurde Herr/Frau .... hingewiesen. Er/Sie erklärte, sich hiernach bereits beim Arbeitsamt erkundigt zu haben/über ausreichende Informationen zu verfügen/die ausgehändigten ;Merkblätter zum Arbeitslosengeld zur Kenntnis genommen zu haben.

Ort, Datum ....

Für die Firma ....   Herr/Frau ....

4173

Muster eines ausführlichen Aufhebungsvertrages

Zwischen .... als Arbeitgeber (nachfolgend Firma)

und

Herr/Frau ....

wird nachfolgender Aufhebungsvertrag geschlossen:

Aufhebungsverträge in besonderen Situationen

§ 1 Aufhebung des Arbeitsverhältnisses
Das zwischen den Parteien bestehende Arbeitsverhältnis wird mit Ablauf des ....
auf Veranlassung der Firma/aus betrieblichen Gründen/wegen Stillegung der x-Abteilung/aus persönlichen Gründen/wegen Krankheit beendet.

§ 2 Freistellung
Bis zum Austrittstag wird Herr/Frau .... von der Arbeitsleistung freigestellt unter Fortzahlung der Bezüge/ohne Fortzahlung der Bezüge.
Die Firma kann Herrn/Frau .... während der Freistellungsperiode jederzeit ganz oder teilweise unter Einhaltung einer Ankündigungsfrist von 3 Tagen an den Arbeitsplatz zurückrufen/kann Herrn/Frau nicht zurückrufen.
Herr/Frau .... steht es frei seine/ihre Arbeitskraft schon im Freistellungszeitraum anderweitig zu verwerten. Ausgeschlossen hiervon ist die Tätigkeit in einem Konkurrenzunternehmen. Die Parteien sind sich einig, daß die vorgesehene Tätigkeit als ... nicht gegen das Wettbewerbsverbot verstößt.
Herr/Frau .... muß sich den während der Freistellungszeit erzielten anderweitigen Verdienst anrechnen lassen/nicht anrechnen lassen/in folgendem Umfang anrechnen lassen ....
Während der Freistellungsperiode darf Herr/Frau .... sein/ihr bisheriges Büro für private Zwecke in folgendem Umfang nutzen: ....
Eingeschlossen ist auch die angemessene Nutzung des Schreibdienstes für Zwecke der Bewerbung.

§ 3 Resturlaub
Der Herrn/Frau .... bis zur rechtlichen Beendigung des Arbeitsverhältnisses zustehende Resturlaub von ..... Tagen wird während des Freistellungszeitraums von .... bis .... gewährt/wird nach Rücksprache im Freistellungszeitraum gewährt/wird durch die unwiderrufliche Freistellung und die Erlaubnis zu anderweitiger Tätigkeit abgegolten.

Kann Herr/Frau .... Urlaub wegen der vorzeitigen Beendigung des Arbeitsverhältnisses nicht nehmen, so erhält er/sie eine Urlaubsabgeltung von ...... DM mit Ende des Arbeitsverhältnisses, also am ... .

§ 4 Abfindung
Herr/Frau .... erhält für den Verlust des Arbeitsplatzes eine Abfindung nach §§ 3 Nr. 9, 24, 34 EStG, §§ 9, 10 KSchG in Höhe von ...... DM. Die Abfindungszahlung ist am .... fällig. Eine Zahlung vor Fälligkeit ist ausgeschlossen. Die Abfindung wird ohne Abzug von Sozialversicherungsabgaben und soweit möglich lohnsteuerfrei ausgezahlt. Steuerschuldner ist Herr/Frau ..../die Firma.
oder
Wegen der steuerlichen Behandlung der Abfindung wird auf die eingeholte Lohnsteueranrufungsauskunft verwiesen.

Sollte Herr/Frau .... das Ende des Arbeitsverhältnisses nicht erleben, so soll der Abfindungsanspruch auf seine/ihre Erben übergehen/nicht auf seine/ihre Erben übergehen.

Herr/Frau .... wurde darauf hingewiesen, daß er/sie wegen der vorzeitigen Beendigung des Arbeitsverhältnisses mit dem Ruhen des Anspruchs auf Arbeitslosengeld rechnen muß/mit einer Sperrzeit rechnen muß.

Herr/Frau .... kann das Arbeitsverhältnis unter Einhaltung einer Frist von ... Wochen auch vor dem in § 1 genannten Zeitpunkt beenden. Die hierdurch entfallenden Bezüge werden in folgendem Umfang zu der Abfindung addiert: .....
Die Firma erklärt ausdrücklich, daß die vorzeitige Beendigung auf ihren Wunsch erfolgt und in ihrem Interesse liegt. Herr/Frau .... wurde auf die mit dem vorzeitigen Ausscheiden u.U. verbundenen steuer- und sozialrechtlichen Folgen hingewiesen.

Berücksichtigung eines etwaigen Anschlußarbeitsverhältnisses bei der Abfindungshöhe, s. Musterformulierung bei Rz. 4167 a.

§ 5 Betriebliche Altersversorgung
Die Parteien sind sich darüber einig, daß Herr/Frau .... wegen des vorzeitigen Ausscheidens keinen Anspruch auf eine unverfallbare Anwartschaft nach dem BetrAVG erworben hat.

oder

Herr/Frau .... hat eine unverfallbare Anwartschaft auf Leistungen der betrieblichen Altersversorgung erworben. Eine Bescheinigung nach 2 Abs. 6 BetrAVG wird erteilt.

oder

Die unverfallbare Anwartschaft, die Herr/Frau .... auf Zahlung einer Altersrente von ...... DM ab Vollendung des .... Lebensjahres erworben hat, wird nach versicherungsmathematischen Grundsätzen durch Einmalzahlung von ..... DM fällig am .... abgefunden (aber Vorsicht: Abfindungsverbot nach 3 Abs. 1 BetrAVG).

§ 6 Zeugnis
Herr/Frau .... erhält zunächst das anliegende Zwischenzeugnis.
Das Endzeugnis wird, soweit rechtlich zulässig, mit dem Zwischenzeugnis übereinstimmen.

oder

In dem Zeugnis wird klargestellt, daß Herr/Frau .... auf eigenen Wunsch/aus betrieblichen Gründen/wegen Stillegung der x-Abteilung ausscheidet.

Aufhebungsverträge in besonderen Situationen

Auskünfte wird die Firma nur im Rahmen des Zeugnisses erteilen.

oder

Herr/Frau .... wird ein Zeugnis entsprechend dem anliegenden Entwurd erhalten.

§ 7 Wettbewerbsvereinbarung
Von diesem Vertrag bleibt die Wettbewerbsabrede zwischen den Parteien unberührt. Die Parteien sind sich darüber einig, daß die von Herrn/Frau beabsichtigte Aufnahme der Tätigkeit als .... für die Firma .... nicht gegen das vereinbarte Wettbewerbsverbot verstößt.

oder

Das vereinbarte Wettbewerbsverbot wird mit sofortiger Wirkung aufgehoben.

oder

Das vereinbarte Wettbewerbsverbot wird wie folgt geändert: ....

§ 8 Verschwiegenheit
Herr/Frau........... wird auch nach Beendigung des Arbeitsverhältnisses Verschwiegenheit über Betriebs- und Geschäftsgeheimnisse wahren. Hierzu zählen namentlich ......

§ 9 Dienstwagen
Der überlassene Dienstwagen wird am ..... zu folgenden Konditionen übernommen: ...../wird am ...... zurückgegeben.

§ 10 Werkwohnung

§ 11 Darlehen

§ 12 Diensterfindung
Herr/Frau erhält für die Diensterfindung vom ... . Weitergehende Ansprüche bestehen nicht.

§ 13 Firmenunterlagen
Herr/Frau .... wird folgende Firmenunterlagen am .... zurückgeben/hat folgende Firmenunterlagen zurückgegeben: ....

§ 14 Arbeitsentgelt, Gratifikationen, Gewinnbeteiligungen
Restliches Arbeitsentgelt wird am ...... gezahlt.
Herr/Frau .... wird trotz vorzeitigen Ausscheidens eine Weihnachtsgratifikation in Höhe von ...... DM am .... gezahlt. Der Anspruch von Herrn/Frau .... auf Ge-

winnbeteiligung wird durch Zahlung von .... DM abgegolten/die Gewinnbeteiligung wird am .... gezahlt/eine Gewinnbeteiligung wird nicht gezahlt.

§ 15 Aufrechnung
Eine Aufrechnung seitens der Firma gegen Ansprüche, die Herr/Frau .... aus diesem Aufhebungsvertrag erwirbt, ist ausgeschlossen/nicht ausgeschlossen.

§ 16 Zurückbehaltungsrecht
Der Firma steht ein/kein Zurückbehaltungsrecht hinsichtlich der aus dem Vertrag resultierenden Verbindlichkeiten zu.

§ 17 Ausgleich aller Ansprüche
Die Parteien sind sich darüber einig, daß mit vorstehender Vereinbarung sämtliche Ansprüche aus dem Arbeitsverhältnis, aus seiner Beendigung und für die Zeit nach der Beendigung erledigt und abgegolten sind, soweit nicht vorstehend etwas anderes bestimmt worden ist.

Diese werden die Parteien unter folgenden Kriterien einer Regelung zuführen. Davon unberührt bleiben Ansprüche ....

§ 18 Wirksamwerden der Vereinbarung
Die Vereinbarung wird sofort wirksam. Herr/Frau ...... hat die Möglichkeit diese Vereinbarung binnen 3 Tagen nach Unterzeichnung, spätestens also am .... gegenüber der Firma durch schriftliche Erklärung zu widerrufen./Herr/Frau ...... kann binnen einer Bedenkzeit von 3 Tagen von dieser Vereinbarung zurücktreten.

oder

Herr/Frau .... wurde bereits am .... ein Entwurf dieser Vereinbarung ausgehändigt. Er/Sie hat diesen geprüft. Er/Sie hat diesen geprüft und sich über die bestandsschutzrechtlichen und sozialrechtlichen Folgen des Ausscheidens vergewissert.

§ 19 Rücknahme anhängiger Klagen
Herrn/Frau .... verpflichtet sich, die von ihm/ihr erhobene Kündigungsschutzklage/ ....-klage umgehend zurückzunehmen.

Gerichtliche und außergerichtliche Kosten werden gegeneinander aufgehoben./ Herr/Frau .... trägt ..... Kosten./

Die Firma übernimmt sämtliche gerichtlichen und außergerichtlichen Kosten.

Aufhebungsverträge in besonderen Situationen

> *§ 20 Salvatorische Klausel*
> *Sollte eine Bestimmung dieser Vereinbarung unwirksam sein, soll die Wirksamkeit der übrigen Bestimmung hiervon nicht berührt werden. Die Parteien verpflichten sich, die unwirksame Bestimmung durch eine dieser in Interessenlage und Bedeutung möglichst nahekommende wirksame Vereinbarung zu ersetzen.*
>
> *Ort, Datum ....*
>
> *Für die Firma .... Herr/Frau ....*

IV. Taktische Überlegungen - Welchen Aufhebungsvertrag wann einsetzen?

4174

Im Grundsatz steht fest: Je umfassender die Regelung, desto eher können Folgestreitigkeiten vermieden werden, desto schwieriger aber auch die Verhandlungen.

Dabei hat der **ausführliche Aufhebungsvertrag** den Vorteil einer umfassenden Erledigung des Streites einschließlich aller "Nebenkriegsschauplätze". In der Regel werden hierdurch die Interessen der beteiligten Parteien am besten gewahrt und die Befriedungsfunktion kommt voll zum Zuge.

4175

Der **einfache Aufhebungsvertrag** hat hingegen einen doppelten Nachteil.
Zum einen kann es vorkommen, daß bestimmte, von den Parteien als regelungsbedürftig angesehene Fragen noch offen geblieben sind (sog. Dissens). War den Parteien dies bewußt (offener Dissens), so ist im Zweifel kein Vertrag zustandegekommen, wenn die Parteien sich noch nicht über alle Punkte, über die nach Erklärung auch nur einer Partei eine Vereinbarung getroffen werden sollte, geeinigt haben. Dies gilt unabhängig von der Wichtigkeit der noch fehlenden Abrede. War den Parteien die Regelungsbedürftigkeit nicht bekannt, so liegt ein versteckter Dissens vor und es ist zu klären, ob der Vertrag auch ohne die noch offene Regelung aufrechterhalten werden kann.
Auch wird es beim einfachen Aufhebungsvertrag häufig zu **Folgestreitigkeiten** kommen, wenn es etwa um die Frage der Zeugniserteilung oder um rückständiges Arbeitsentgelt geht.

Regelmäßig ist also folgende **Vorgehensweise** empfehlenswert:
Gehen die Parteien im beiderseitigen Einvernehmen auseinander, sollten möglichst alle offenen Punkte geregelt und eine Ausgleichsklausel aufgenommen werden. Geht es hingegen primär darum, nur den "mißliebigen" Arbeitnehmer loszuwerden, bietet sich der einfache Aufhebungsvertrag an.

Aber Vorsicht:
- Keine Überrumpelungstaktik, es droht ansonsten eine Anfechtung.
- Beachtung der Dissensproblematik.

Weiterführende Literatur ist bei Rz. 4101 verzeichnet.

20. Kapitel: Allgemeines zur Kündigung

	ABC der Kündigung	4200
I.	Kündigungserklärung	4201
II.	Sind nur schriftliche Kündigungen wirksam?	4204
	1. Schriftformvereinbarung	4205
	2. Schriftform als Wirksamkeitsvoraussetzung	4206
	3. Aufhebung des Schriftformerfordernisses	4207
III.	Begründungszwang für Kündigungen	4208
IV.	Unklare Kündigungserklärung	4211
V.	Zugang der Kündigungserklärung	4212
	1. Zugang gegenüber Anwesenden	4213
	2. Zugang gegenüber Abwesenden	4214
	3. Sonderfälle: Urlaub, Krankheit etc.	4215
	4. Zugangsvereinbarung	4218
	5. Einschaltung eines Prozeßbevollmächtigten	4219
	6. Beweislast für den Zugang	4220
VI.	Kündigung durch einen Bevollmächtigten des Arbeitgebers	4221
VII.	Allgemeines zu Kündigungsfristen und ihrer Berechnung	4222
	1. Versäumung der Kündigungsfrist	4224
	2. Vorzeitige Kündigung	4225
	3. Kündigung vor Dienstantritt	4226
VIII.	Verzicht auf Kündigungsrecht durch Abmahnung	4227
IX.	Kündigungen in erheblichem Umfang, Massenentlassungen	4229
X.	Weiterführende Literaturhinweise	4234

ABC der Kündigung

4200

Naturgemäß stehen Kündigungs- und Kündigungsschutzrecht im Brennpunkt des Interesses der Arbeitsvertragsparteien. Das nachfolgende ABC erläutert in alphabetischer Reihenfolge wichtige kündigungsschutzrechtliche Fachbegriffe, die in den folgenden Kapiteln wieder auftauchen.

Arbeitsrecht

- **Abmahnung**

Eine Abmahnung ist regelmäßig vor Ausspruch einer verhaltensbedingten Kündigung (siehe dort) erforderlich. Sie stellt den Ausdruck der Mißbilligung wegen der Verletzung von arbeitsvertraglichen Pflichten durch eine der Arbeitsvertragsparteien dar und kann somit als Vorstufe zur Kündigung bezeichnet werden. Regelmäßig enthält die Abmahnung drei Bestandteile:

- detaillierte Schilderung des beanstandeten Verhaltens
- die Aufforderung, das beanstandete Verhalten zu ändern
- die Inausssichtstellung des Verlustes des Arbeitsplatzes bei Fortsetzung des gerügten Verhaltens

Eine Abmahnung ist im übrigen auch dann eine Abmahnung im Rechtssinne, wenn die Worte Abmahnung oder Kündigung nicht gebraucht werden, sich aber aus dem Gesamtzusammenhang ergibt, daß ein bestimmtes Verhalten als arbeitsvertragswidrig gerügt wird und dessen Fortsetzung Konsequenzen für den Bestand des Arbeitsverhältnisses nach sich ziehen soll.

- **Anzeigepflichten bei Massenentlassungen**

Gemäß § 17 Abs. 1 KSchG hat der Arbeitgeber Entlassungen, die innerhalb von 30 Tagen einen bestimmten, von der Betriebsgröße abhängigen zahlenmäßigen Umfang erreichen, gegenüber dem Arbeitsamt anzuzeigen. Entscheidend ist dabei der Zeitpunkt der Beschlußfassung zur Massenentlassung. Unter einer Entlassung i.S.v. § 17 Abs. 1 KSchG ist die tatsächliche Beendigung des Arbeitsverhältnisses zu verstehen. Folgende Ausscheidensgründe rechnen mit:

- betriebsbedingte Entlassung
- personenbedingte Entlassung
- verhaltensbedingte Entlassung
- vom Arbeitgeber veranlaßte Eigenkündigung des Arbeitnehmers
- Entlassungen aufgrund ohne Vorbehalt angenommener Änderungskündigungen
- außerordentliche Kündigung aus betriebsbedingten Gründen
- Abschluß von Aufhebungsverträgen
  Das Arbeitsamt kann bei Massenentlassungen unter bestimmten Umständen eine Entlassungssperre (§ 18 KSchG) erlassen.

- **Allgemeiner Kündigungsschutz**

Als allgemeiner Kündigungsschutz wird der im Kündigungsschutzgesetz geregelte Kündigungsschutz bezeichnet. Das Kündigungsschutzgesetz beschränkt das Kündigungsrecht des Arbeitgebers zugunsten des Arbeitnehmer-

Allgemeines zur Kündigung

schutzes. Das Eingreifen des allgemeinen Kündigungsschutzes hängt von zwei Voraussetzungen ab:

- im Betrieb müssen regelmäßig mehr als 5 Arbeitnehmer beschäftigt werden (§ 23 Abs. 1 KSchG)
- das Arbeitsverhältnis des gekündigten Arbeitnehmers in demselben Betrieb oder Unternehmen muß ohne Unterbrechungen länger als 6 Monate bestanden haben, sog. Wartezeit (§ 1 Abs. 1 KSchG).

Findet das Kündigungsschutzgesetz Anwendung, so gilt es für ordentliche und außerordentliche Beendigungs- sowie Änderungskündigungen. Vom allgemeinen Kündigungsschutz nach dem Kündigungsschutzgesetz ist der sog. Sonderkündigungsschutz (s. Rz. 4552 ff.) zu unterscheiden.

- **Änderungskündigung**

Eine Änderungskündigung beinhaltet die Kündigung des Arbeitsverhältnisses zu einem bestimmten Zeitpunkt verbunden mit dem Angebot, dieses danach zu geänderten Bedingungen fortzusetzen. Eine Änderungskündigung hat regelmäßig Vorrang vor einer Beendigungskündigung. Ist der Arbeitgeber schon aufgrund des Direktionsrechts zur einseitigen Änderung der Arbeitsbedingungen berechtigt, ist der Ausspruch einer Änderungskündigung rechtsunwirksam. Die Änderungskündigung kommt sowohl in Form der ordentlichen als auch in Form der außerordentlichen Änderungskündigung vor. Wird im Geltungsbereich des Kündigungsschutzgesetzes eine Änderungskündigung ausgesprochen, so kann der Arbeitnehmer das in ihr enthaltene Vertragsangebot unter dem Vorbehalt annehmen, daß die ihm angetragene Änderung der Arbeitsbedingungen nicht sozial ungerechtfertigt ist (§ 2 KSchG).

- **Aushilfsarbeitsverhältnis**

Nach § 622 Abs. 4 BGB kann ein Aushilfsarbeitsverhältnis einzelvertraglich mit kürzeren als den gesetzlichen Kündigungsfristen vereinbart werden, wenn es nicht länger als drei Monate andauert. Allerdings können Aushilfsarbeitsverhältnisse nicht unbeschränkt begründet werden. Benötigt der Arbeitgeber Dauerarbeitskräfte, scheidet der Abschluß mehrerer hintereinander geschalteter befristeter Aushilfsarbeitsverhältnisse aus.

- **Außerordentliche Kündigung**

Das Arbeitsverhältnis - und zwar auch das befristete - kann nach § 626 Abs. 1 BGB außerordentlich gekündigt werden, wenn dem Kündigenden unter Berücksichtigung der Umstände des Einzelfalles und Abwägung der gegenseitigen Interessen die Fortsetzung bis zum Ablauf der Kündigungsfrist oder einer vereinbarten Beendigung durch Befristung nicht zuzumuten ist. Dies ist regelmäßig nur bei besonders schwerwiegenden Vertragsverletzungen der Fall. Regelmäßig wird dem eine Abmahnung vorausgehen müssen. Das Recht zur außerordentlichen Kündigung gilt für Arbeitnehmer und Arbeitgeber. Der Vorteil der außerordentlichen Kündigung liegt darin, das regelmäßig keine Kündigungsfrist einzuhalten ist. Sie kann aber auch mit sozialer Auslauffrist, also einer Art "Gnadenfrist" ausgesprochen werden. Die außerordentliche Kündigung kommt in den Formen der Beendigungs- und der Änderungskündigung vor.

- **Auszubildende**

Für Auszubildende gelten besondere Kündigungsvorschriften. Nach § 15 Abs. 1 BBiG kann ein Berufsausbildungsverhältnis während der mindestens ein-, höchstens dreimonatigen Probezeit durch jederzeitige Kündigung ohne Kündigungsfrist beendet werden. Nach Ablauf der Probezeit kann das Berufsausbildungsverhältnis nur noch durch außerordentliche Kündigung des Auszubildenden oder des Ausbilders oder des Auszubildenden mit vierwöchiger Kündigungsfrist wegen Berufsaufgabe oder -wechsels nach § 15 Abs. 2 BBiG beendet werden. Die Kündigung muß schriftlich und nach der Probezeit unter Angabe der Kündigungsgründe erfolgen.

- **Befristetes Arbeitsverhältnis**

Ein befristetes Arbeitsverhältnis kann ordentlich, das heißt mit Kündigungsfrist, nur gekündigt werden, wenn dies ausdrücklich vereinbart ist. Regelmäßig kommt nur eine außerordentliche Kündigung in Betracht.

- **Begründungszwang**

Regelmäßig bedarf eine Kündigung keiner Begründung (Ausnahme: Berufsausbildungsverhältnis, § 15 BBiG). In einem etwaigen Prozeß muß der Arbeitgeber selbstverständlich die Kündigungsgründe darlegen und beweisen (§ 1 Abs. 2 Satz 4 KSchG). Die Arbeitsvertragsparteien können auch die Begründungspflicht für eine Kündigung vereinbaren.

- **Betriebsbedingte Kündigung**

Im Geltungsbereich des Kündigungsschutzgesetzes kann eine Kündigung des Arbeitgebers aus betrieblichen Gründen sozial gerechtfertigt sein. Dies ist der Fall, wenn dringende betriebliche Erfordernisse der Weiterbeschäftigung des Arbeitnehmers entgegenstehen (§ 1 Abs. 2 Satz 1 KSchG). Eine betriebsbedingte Kündigung kann auf inner- oder außerbetriebliche Ursachen zurückzuführen sein (Beispiele: Auftragsmangel, Umsatzrückgang, Produktionseinstellung,

Allgemeines zur Kündigung

Rationalisierung etc.). Ist eine Kündigung demnach an sich betriebsbedingt, kann sich die stets vorzunehmende Interessenabwägung nur noch im Ausnahmefall zugunsten des Arbeitnehmers auswirken. Allerdings hat der Arbeitgeber auch die Sozialauswahl, das heißt die Auswahl unter den für eine Kündigung in Betracht kommenden mehreren Arbeitnehmern, korrekt vorzunehmen (siehe unter Sozialauswahl).

- **Betriebsratsanhörung**

Besteht in dem Betrieb des Arbeitgebers ein Betriebsrat, so ist dieser vor jeder Kündigung anzuhören (§ 102 Abs. 1 Satz 1 BetrVG). Dem Betriebsrat sind also die Kündigungsgründe mitzuteilen. Der Betriebsrat ist im übrigen auch anzuhören, wenn der Arbeitnehmer noch nicht dem allgemeinen Kündigungsschutz unterfällt. Kommt der Arbeitgeber der Anhörungspflicht nicht nach, ist eine ausgesprochene Kündigung rechtsunwirksam (§ 102 Abs. 1 Satz 3 BetrVG). Hat der Betriebsrat Bedenken gegen die Kündigung, so hat er dies dem Arbeitgeber innerhalb einer Woche mitzuteilen, anderenfalls gilt seine Zustimmung als erteilt. Im Falle einer außerordentlichen Kündigung beträgt die Äußerungsfrist des Betriebsrats nur drei Tage. Widerspricht der Betriebsrat der Kündigung, kann der Arbeitgeber diese gleichwohl aussprechen. Allerdings steht dem Arbeitnehmer dann unter bestimmten weiteren Voraussetzungen ein Weiterbeschäftigungsanspruch zu.

- **Betriebsratsmitglieder**

Betriebsratsmitglieder oder Mitglieder anderer Arbeitnehmervertretungen genießen sog. Sonderkündigungsschutz nach § 15 KSchG. Die Kündigung eines Mitglieds eines Betriebsrats, einer Jugend- oder Auszubildendenvertretung ist demnach grundsätzlich unzulässig, es sei denn, daß Tatsachen vorliegen, die den Arbeitgeber zur Kündigung aus wichtigem Grund ohne Einhaltung einer Kündigungsfrist berechtigen und eine Zustimmung des Betriebsrats zur Kündigung vorliegt (§ 103 BetrVG) oder diese durch gerichtliche Entscheidung ersetzt ist. Mitgliedern der soeben aufgezählten Arbeitnehmervertretungen steht im übrigen auch ein sog. nachwirkender Kündigungsschutz zu. Nach Beendigung ihrer Amtszeit ist die Kündigung innerhalb eines Jahres unzulässig, es sei denn, daß Tatsachen vorliegen, die den Arbeitgeber zur Kündigung aus wichtigem Grund ohne Einhaltung einer Kündigungsfrist berechtigen. Der nachwirkende Kündigungsschutz besteht auch für Ersatzmitglieder des Betriebsrats. Dies gilt unabhängig davon, ob sie endgültig nachgerückt sind oder nur vorübergehend als Stellvertreter tätig waren. Gegenüber Mitgliedern des Wahlvorstandes ist ab ihrer Bestellung und gegenüber Wahlbewerbern ab ihrer Aufstellung die ordentliche Kündigung unzulässig, und zwar für sechs Monate (§ 15 Abs. 3 KSchG). Hier bestehen jedoch Ausnahmen (§ 15 Abs. 4 KSchG).

Arbeitsrecht

- **Betriebsübergang**

Geht ein Betrieb oder ein Betriebsteil durch Rechtsgeschäft auf einen anderen Inhaber über, so hat dies Auswirkungen auf das Kündigungsrecht. Gemäß § 613 a Abs. 4 BGB ist die Kündigung eines Arbeitsverhältnisses durch den alten oder neuen Arbeitgeber aus Anlaß des Betriebsübergangs unwirksam. Allerdings kann das Arbeitsverhältnis aus anderen Gründen gekündigt werden. Eine Kündigung aus Anlaß des Betriebsübergangs liegt vor, wenn dieser das tragende Motiv der Kündigung ist. Dabei kommt es auf den Zeitpunkt des Kündigungsausspruchs an.

- **Bürgerlich-rechtlicher Kündigungsschutz**

Als bürgerlich-rechtlicher Kündigungsschutz wird der Kündigungsschutz nach dem BGB bezeichnet. Hier kommen primär vier Fallgruppen in Betracht: So kann eine Kündigung nach § 138 Abs. 1 BGB wegen Verstoßes gegen die guten Sitten nichtig sein, sie kann gegen Treu und Glauben verstoßen (§ 242 BGB), sie kann gegen ein gesetzliches Verbot verstoßen (§ 134 BGB) oder eine unzulässige Maßregelung des Arbeitnehmers darstellen (§ 612a BGB). Hierher gehört auch der Fall der Kündigung aus Anlaß des Betriebsübergangs (siehe dort). Dem bürgerlich-rechtlichen Kündigungsschutz kommt insbesondere dann große Bedeutung zu, wenn der Arbeitnehmer nicht dem allgemeinen oder besonderen Kündigungsschutz unterfällt (s. Rz. 4621 ff.).

- **Darlegungs- und Beweislast**

Unter dem Stichwort Darlegungs- und Beweislast wird die Frage behandelt, wer in einem Kündigungsschutzprozeß (siehe dort) die Rechtfertigung einer Kündigung vorzutragen und ggfs. zu beweisen hat. Regelmäßig trifft den Arbeitgeber die Darlegungs- und Beweislast (§ 1 Abs. 2 Satz 4 KSchG). Nur bei der sog. Sozialauswahl bei betriebsbedingten Kündigungen kehrt sich die Beweislast um (§ 1 Abs. 3 Satz 3 KSchG). Allerdings gibt es bei Fragen der Darlegungs- und Beweislast schwierige Abstufungen und Probleme, die die Hinzuziehung eines Spezialisten erforderlich machen.

- **Erziehungsurlaub**

Nach § 18 Abs. 1 Satz 1 BErzGG darf der Arbeitgeber das Arbeitsverhältnis ab dem Zeitpunkt, von dem an Erziehungsurlaub verlangt worden ist, höchstens jedoch sechs Wochen vor Beginn des Erziehungsurlaubs, und während des Erziehungsurlaubs nicht kündigen. Allerdings kann die für den Arbeitsschutz zuständige oberste Landesbehörde in besonderen Fällen ausnahmsweise eine Kündigung für zulässig erklären.

Allgemeines zur Kündigung

Besondere Vorschriften gelten für die Beendigung eines befristeten Arbeitsverhältnisses, das zur Überbrückung des Ausfalls eines Erziehungsurlaubers begründet worden ist. Nach § 21 Abs. 4 BErzGG kann ein solches befristetes Arbeitsverhältnis unter Einhaltung einer Frist von drei Wochen gekündigt werden, wenn der Erziehungsurlaub ohne Zustimmung des Arbeitgebers vorzeitig beendet wird und der Arbeitnehmer dem Arbeitgeber die vorzeitige Beendigung seines Erziehungsurlaubs mitgeteilt hat. Die Kündigung ist frühestens zu dem Zeitpunkt zulässig, zu dem der Erziehungsurlaub endet. In diesem Fall ist das Kündigungsschutzgesetz nicht anzuwenden. Das Sonderkündigungsrecht nach § 21 Abs. 4 BErzGG kann jedoch vertraglich ausgeschlossen werden (§ 21 Abs. 6 BErzGG).

- **Fristlose Kündigung**

Als fristlose Kündigung wird die Kündigung bezeichnet, die das Arbeitsverhältnis ohne Einhaltung einer Kündigungsfrist beenden soll. Regelmäßig handelt es sich hier um eine außerordentliche Kündigung (s. dort).

- **Hauptfürsorgestelle**

Die Kündigung eines Schwerbehinderten (s. dort) bedarf der vorherigen Zustimmung der Hauptfürsorgestelle (§§ 14, 21 SchwbG). Eine ohne vorherige Zustimmung ausgesprochene Kündigung ist nichtig (§ 15 SchwbG i.V.m. § 134 BGB). Die Hauptfürsorgestelle muß im übrigen auch dann zustimmen, wenn das Kündigungsschutzgesetz keine Anwendung findet, weil es sich um einen sog. Kleinbetrieb handelt. Besteht das Arbeitsverhältnis des Schwerbehinderten aber noch nicht länger als 6 Monate, bedarf es keiner Zustimmung der Hauptfürsorgestelle.

- **Jugend- und Auszubildendenvertreter**

Jugend- und Auszubildendenvertreter genießen Sonderkündigungsschutz (siehe §§ 15 KSchG, 103 BetrVG und die Ausführungen unter dem Stichwort "Betriebsratsmitglieder").

- **Krankheitsbedingte Kündigung**

Im Geltungsbereich des Kündigungsschutzgesetzes stellt einen Fall die sog. krankheitsbedingte Kündigung dar. Es handelt sich hier um einen Unterfall der personenbedingten Kündigung nach § 1 Abs. 2 KSchG (s. dort). Die Rechtsprechung hat hier vier Fallgruppen herausgebildet:

  o die Kündigung wegen häufiger Kurzerkrankungen
  o die Kündigung wegen langandauernder Erkrankung

o Erkrankung von unabsehbarer Dauer
  o die Kündigung wegen dauernder krankheitsbedingter Unmöglichkeit, die Arbeitsleistung zu erbringen.

Die krankheitsbedingte Kündigung ist regelmäßig in drei Stufen zu prüfen:

  o negative Gesundheitsprognose
  o erhebliche Beeinträchtigung betrieblicher Interessen
  o Interessenabwägung.

- **Kündigung vor Dienstantritt**

Die Kündigung eines Arbeitsvertrages kann auch vor Dienstantritt erfolgen, wenn also das Arbeitsverhältnis noch gar nicht aktualisiert worden ist. Umstritten ist, wann bei einer Kündigung vor Dienstantritt die Kündigungsfrist zu laufen beginnt. Hier kann sich aus den Umständen ergeben, daß das Arbeitsverhältnis erst aktualisiert werden sollte, bevor der Lauf der Kündigungsfrist beginnt.

- **Kündigungserklärung**

Die Kündigungserklärung ist eine einseitige rechtsgestaltende Willenserklärung. Sie dient dazu, das Arbeitsverhältnis mit Wirkung für die Zukunft zu beenden. Die Kündigungserklärung kommt in Form der außerordentlichen und in Form der ordentlichen Kündigung vor. Für das Wirksamwerden einer Kündigungserklärung ist deren Zugang beim Kündigungsgegner erforderlich.

- **Kündigungsfrist**

Regelmäßig kann das Arbeitsverhältnis nur unter Einhaltung einer bestimmten Zeitspanne zwischen dem Ausspruch der Kündigung und dem beabsichtigten letzten Tag des Arbeitsverhältnisses beendet werden. Diese Zeitspanne heißt Kündigungsfrist. Welche Kündigungsfrist einzuhalten ist, hängt von der Person des Arbeitnehmers und der Dauer des Beschäftigungsverhältnisses ab. Wird eine außerordentliche Kündigung ("fristlose Kündigung") ausgesprochen, bedarf es regelmäßig nicht der Einhaltung einer Frist.

- **Kündigungsschutzgesetz**

Das Kündigungsschutzgesetz ist das Kernstück des allgemeinen Kündigungsschutzes. Die Kündigung des Arbeitnehmers durch den Arbeitgeber wird nur unter bestimmten Voraussetzungen für zulässig erklärt. Es gilt also keine Kündigungsfreiheit.

Allgemeines zur Kündigung

- **Kündigungsschutzklage**

Will der Arbeitnehmer im Geltungsbereich des Kündigungsschutzgesetzes die Rechtsunwirksamkeit einer Kündigung geltend machen, so hat er eine Kündigungsschutzklage zu erheben. Diese ist fristgebunden. Sie muß binnen drei Wochen nach Zugang der Kündigung erhoben werden. Wird die Frist versäumt und scheidet auch eine Wiedereinsetzung aus, so kann die Rechtsunwirksamkeit der Kündigung nicht mehr damit begründet werden, daß gegen Grundsätze des Kündigungsschutzgesetzes verstoßen worden ist. Allerdings können sonstige Fehler der Kündigung (z.B. fehlende Anhörung des Betriebsrats) auch nach Ablauf der Drei-Wochen-Frist geltend gemacht werden (§ 13 Abs. 3 KSchG).

- **Massenentlassung**

Will der Arbeitgeber Entlassungen vornehmen, die innerhalb von 30 Tagen einen bestimmten, von der jeweiligen Betriebsgröße abhängigen, zahlenmäßigen Umfang erreichen, so hat er dies gegenüber dem Arbeitsamt nach § 17 Abs. 1 KSchG anzuzeigen (siehe Anzeigepflicht bei Massenentlassungen).

- **Mutterschutz**

Sonderkündigungsschutz steht auch (werdenden) Müttern zu. Nach § 9 Abs. 1 MuSchG ist die Kündigung gegenüber einer Frau während der Schwangerschaft und bis zum Ablauf von vier Monaten nach der Entbindung unzulässig, wenn dem Arbeitgeber zur Zeit der Kündigung die Schwangerschaft oder Entbindung bekannt war oder innerhalb zweier Wochen nach Zugang der Kündigung mitgeteilt wird. Das Überschreiten der Mitteilungsfrist ist unschädlich, wenn es auf einem von der Frau nicht zu vertretenden Grunde beruht und die Mitteilung unverzüglich nachgeholt wird. Im Einzelfall kann die für den Arbeitsschutz zuständige oberste Landesbehörde oder die von ihr bestimmte Stelle eine Kündigung für zulässig erklären. Dies wird vor allem der Fall sein, wenn es um Kündigungen aus wichtigem Grund geht.

- **Personenbedingte Kündigung**

Eine Kündigung kann im Geltungsbereich des Kündigungsschutzgesetzes durch Gründe in der Person des Arbeitnehmers bedingt sein (§ 1 Abs. 2 Satz 1 KSchG). Hier kommen insbesondere Umstände in Betracht, die ihre Ursache in der Sphäre des Arbeitnehmers haben. Ein Verschulden ist insoweit nicht Voraussetzung. Auch eine Abmahnung ist nach überwiegender Meinung entbehrlich. Hauptanwendungsfall der personenbedingten Kündigung ist die krankheitsbedingte Kündigung (siehe dort). Zu nennen sind aber auch die fehlende

Arbeitserlaubnis, der Entzug des Führerscheines oder die Verbüßung längerer Haftstrafen.

- **Probearbeitsverhältnis**

  Ein Probearbeitsverhältnis kann rechtlich in zwei Erscheinungsformen auftauchen:

  o befristetes Probearbeitsverhältnis
  o unbefristetes Arbeitsverhältnis mit vorgeschalteter Probezeit.

  Ein befristetes Probearbeitsverhältnis kann mangels anderweitiger Vereinbarung nicht ordentlich gekündigt werden. Hier kommt nur eine außerordentliche Kündigung in Betracht. Ist das Probearbeitsverhältnis unbefristet vereinbart worden, kann es durch Kündigung beendet werden. Die Vereinbarung eines Probearbeitsverhältnisses hat dabei nach Auffassung des Bundesarbeitsgerichts zur Folge, daß das Arbeitsverhältnis mit der kürzestmöglichen Kündigungsfrist beendet werden kann. Der Sonderkündigungsschutz nach dem Mutterschutzgesetz gilt auch im Probearbeitsverhältnis. Der Sonderkündigungsschutz nach dem Schwerbehindertengesetz findet erst nach 6 Monaten Anwendung. Der Betriebsrat ist auch bei der Kündigung eines Probearbeitsverhältnisses zu beteiligen.

- **Schriftform**

  Für die Kündigung ist die Einhaltung der Schriftform regelmäßig nicht Wirksamkeitsvoraussetzung. Allerdings kann anderes vereinbart werden. Schon aus Beweisgründen ist eine schriftliche Kündigung stets zu empfehlen. Soll ein Berufsausbildungsverhältnis beendet werden, ist die Schriftform gesetzlich vorgeschrieben (§ 15 BBiG)
  Ein konstitutives Schriftformerfordernis kann durch Telefax nicht gewahrt werden.

- **Schwangere**

  Schwangere genießen einen Sonderkündigungsschutz nach dem Mutterschutzgesetz (siehe dort).

- **Schwerbehinderte**

  Schwerbehinderte und ihnen Gleichgestellte genießen Sonderkündigungsschutz. Für eine Kündigung ist die vorherige Zustimmung der Hauptfürsorgestelle erforderlich (§§ 14, 21 SchwbG). Eine ohne vorherige Zustimmung der Hauptfürsorgestelle ausgesprochene Kündigung ist unwirksam (siehe Hauptfürsorgestelle). Bei der Kündigung Schwerbehinderter sind auch besondere Kündigungsfristen zu beachten (§ 16 SchwbG). Der Sonderkündigungsschutz für Schwerbehinderte kann nicht durch Vereinbarung ausgeschlossen werden. Er besteht neben dem allgemeinen Kündigungsschutz bzw. sonstigem Sonderkündigungsschutz (Beispiel: Mutterschutzgesetz).

- **Sonderkündigungsschutz**

Als Sonderkündigungsschutz bezeichnet man den über den bürgerlich-rechtlichen und den allgemeinen Kündigungsschutz hinausgehenden, weiteren Kündigungsschutz. Dieser Sonderkündigungsschutz kommt bestimmten Arbeitnehmergruppen zu. Zu nennen sind hier etwa:

- Mitglieder von Betriebsverfassungsorganen, Jugend- und Auszubildendenvertretungen
- Mütter, Schwangere
- Schwerbehinderte
- Erziehungsurlauber.

Der Sonderkündigungsschutz zeichnet sich dadurch aus, daß die Kündigung einer Person, die dem Sonderkündigungsschutz unterfällt, an weitere Voraussetzungen geknüpft ist. Häufig ist hier die Zustimmung öffentlicher Stellen erforderlich.

- **Sozialauswahl**

Wird einem Arbeitnehmer aus dringenden betrieblichen Erfordernissen (betriebsbedingte Kündigung, s. dort und Rz. 4451 ff.) gekündigt, so ist die Kündigung unwirksam, wenn der Arbeitgeber bei der Auswahl dieses Arbeitnehmers aus mehreren vergleichbaren anderen Arbeitnehmern soziale Gesichtspunkte nicht oder nicht ausreichend berücksichtigt hat (§ 1 Abs. 3 Satz 1 KSchG). Die Sozialauswahl verlangt demnach, daß in aller Regel der sozial stärkste Arbeitnehmer als erster seinen Arbeitsplatz verliert. Bei der Sozialauswahl sind beispielsweise zu berücksichtigen:

- Lebensalter
- Betriebszugehörigkeit
- Unterhaltspflichten.

In die Sozialauswahl einzubeziehen sind die vergleichbaren Arbeitnehmer des Betriebes, nicht also des gesamten Unternehmens. Bei der Sozialauswahl steht dem Arbeitgeber ein Wertungsspielraum zu. Vergleichbar und damit in die Sozialauswahl einzubeziehen, sind alle Arbeitnehmer, deren Funktion auch von dem Arbeitnehmer wahrgenommen werden könnte, dessen Arbeitsplatz wegfällt. Ein Verdrängungswettbewerb nach unten findet im übrigen nicht statt. Niedriger bewertete Positionen sind also nicht einzubeziehen. Zur Er-

Arbeitsrecht

leichterung der Sozialauswahl können die Betriebspartner Auswahlrichtlinien vereinbaren. Starre Punktetabellen werden aber dem Prinzip der Einzelfallwürdigung nicht gerecht und sind deshalb unwirksam. Kündigt der Arbeitgeber einem sozial stärkeren Arbeitnehmer nicht, können sich alle gekündigten Arbeitnehmer auf diesen Auswahlfehler mit der Folge berufen, daß alle Kündigungen sozial ungerechtfertigt sind.

- **Teilkündigung**

Eine Teilkündigung ist regelmäßig unzulässig. Mit der Teilkündigung will der Kündigende den Bestand des Arbeitsverhältnisses grundsätzlich unangetastet lassen, aber bestimmte Bedingungen aus dem Arbeitsverhältnis "herausbrechen". Von der (unzulässigen) Teilkündigung ist die Änderungskündigung (siehe dort) zu unterscheiden. Das wirtschaftliche Ergebnis einer Teilkündigung kann über einen zulässigen Widerrufsvorbehalt erreicht werden. Allerdings kann der Kernbestand des Arbeitsverhältnisses (Vergütungs- /Arbeitspflicht) nicht unter Widerrufsvorbehalt gestellt werden. Anstelle eines zulässigen Widerrufsvorbehalts kann auch das Recht zur Teilkündigung vereinbart werden. Gegen eine solche Teilkündigung kann der Kündigungsempfänger mit gerichtlichen Mitteln (Feststellungsklage nach § 256 ZPO) vorgehen.

- **Ultima-ratio-Prinzip** siehe Verhältnismäßigkeitsgrundsatz

- **Verhältnismäßigkeitsgrundsatz**

Im gesamten Kündigungssschutz gilt der Verhältnismäßigkeitsgrundsatz. Die Kündigung kann also nur als äußerstes Mittel in Betracht kommen. Vorrangig sind mildere geeignete Maßnahmen zu überprüfen. Als mildere Maßnahmen kommen namentlich in Betracht:

   ○ Ausübung eines Widerrrufsvorbehalts
   ○ Abmahnung
   ○ Versetzung
   ○ Änderungskündigung.

Inwieweit der Verhältnismäßigkeitsgrundsatz auch außerhalb des Kündigungsschutzgesetzes zur Anwendung gelangt, ist umstritten.

- **Verhaltensbedingte Kündigung**

Durch den Ausspruch einer verhaltensbedingten Kündigung will der Arbeitgeber die Verletzung von arbeitsvertraglichen Pflichten durch den Arbeitnehmer sanktionieren. Voraussetzung einer solchen verhaltensbedingten Kündigung ist ein schuldhaftes Verhalten des Arbeitnehmers, schuldlose Pflichtver-

Allgemeines zur Kündigung

letzungen reichen nicht aus. Regelmäßig verlangt der Verhältnismäßigkeitsgrundsatz, daß der Arbeitgeber bei Störungen im Leistungsbereich (Erbringung der Arbeitsleistung) vor Ausspruch der Kündigung eine Abmahnung (siehe dort) ausspricht. Im sog. Vertrauensbereich ist eine solche Abmahnung hingegen nur erforderlich, wenn der Arbeitnehmer mit vertretbaren Gründen annehmen konnte, sein Verhalten sei nicht vertragswidrig bzw. werde vom Arbeitgeber zumindest nicht als schwerwiegendes Fehlverhalten eingestuft. Eine verhaltensbedingte Kündigung ist in zwei Stufen zu prüfen. Zunächst ist festzustellen, ob das beanstandete Verhalten an sich geeignet ist, eine Kündigung zu rechtfertigen. Dann ist eine umfassende Interessenabwägung vorzunehmen.

- **Wehrpflichtige**

Während des Wehrdienstes oder einer Wehrübung ruht das Arbeitsverhältnis (§ 1 Abs. 1 ArbPlSchG). Nach § 2 Abs. 1 ArbPlSchG darf ein Arbeitgeber einem Arbeitnehmer von der Zustellung des Einberufungsbescheides bis zur Beendigung des Wehrdienstes oder der Wehrübung nicht ordentlich kündigen. Dies gilt auch für freiwillige Wehrübungen und für Zeitsoldaten. Insbesondere eine Kündigung aus Anlaß des Wehrdienstes ist unzulässig. Die außerordentliche Kündigung des Arbeitsverhältnisses bleibt hingegen nach § 2 Abs. 3 ArbPlSchG möglich. Regelmäßig ist die Einberufung zum Wehrdienst aber kein wichtiger Grund i.S.v. § 626 BGB. Besonderheiten gelten bei Kleinbetrieben und bei Unzumutbarkeit der Weiterbeschäftigung.

- **Weiterbeschäftigung**

Unter dem Stichwort Weiterbeschäftigung wird diskutiert, inwiefern der Arbeitnehmer nach Ablauf der Kündigungsfrist an seinem bisherigen Arbeitsplatz weiter zu beschäftigen ist. Zu unterscheiden sind hier der betriebsverfassungsrechtliche Weiterbeschäftigungsanspruch und der allgemeine Weiterbeschäftigungsanspruch.
Der betriebsverfassungsrechtliche Weiterbeschäftigungsanspruch wird ausgelöst, wenn der Betriebsrat einer ordentlichen Kündigung des Arbeitgebers frist- und ordnungsgemäß widersprochen und der Arbeitnehmer Kündigungsschutzklage erhoben hat. Er ist dann bis zum rechtskräftigen Abschluß des Kündigungsrechtsstreits bei unveränderten Arbeitsbedingungen weiter zu beschäftigen.
Dem Arbeitnehmer kann auch ein allgemeiner Weiterbeschäftigungsanspruch zustehen. Ob ein solcher allgemeiner Weiterbeschäftigungsanspruch gegeben ist, hängt von einer Interessenabwägung ab. Er kommt regelmäßig nicht in Betracht, bis die erste Instanz im Kündigungsschutzrechtsstreit abgeschlossen ist. Gewinnt der Arbeitnehmer den Kündigungsschutzprozeß in erster Instanz, so hat er ein überwiegendes Beschäftigungsinteresse, mit der Folge, daß ihm ein Weiterbeschäftigungsanspruch zusteht. Verliert er sodann in der zweiten In-

stanz, gewinnt das Interesse des Arbeitgebers an der Nichtbeschäftigung die Überhand.

- **Wichtiger Grund**

Eine außerordentliche Kündigung ist nur dann gerechtfertigt, wenn dem Kündigenden ein wichtiger Grund zur Seite steht. Als wichtiger Grund kommen regelmäßig nur schwerwiegende Vertragsverletzungen in Betracht. Regelmäßig ist hier eine vorherige Abmahnung zu verlangen. Im übrigen besteht kein Katalog wichtiger Gründe. Es ist jeweils eine Einzelfallwürdigung vorzunehmen. Allerdings haben sich insoweit klassische Fallgruppen wichtiger Gründe herausgebildet.

- **Zivildienstleistende**

Zivildienstleistenden steht derselbe Kündigungsschutz wie Wehrdienstleistenden zu (siehe Wehrpflichtige). Bis zur Beendigung des Zivildienstes kommt eine ordentliche Kündigung demnach nicht in Betracht. Die Möglichkeit zur außerordentlichen Kündigung bleibt hingegen unbenommen.

- **Zugang der Kündigung**

Bei der Kündigung handelt es sich um eine empfangsbedürftige Willenserklärung, die erst mit ihrem Zugang beim Kündigungsempfänger wirksam wird. Mündliche Kündigungen gehen sofort zu, allerdings stellt sich hier das Beweisproblem. Schriftliche Kündigungen gehen dann zu, wenn sie so in den Machtbereich des Kündigungsempfängers gelangt sind, daß unter normalen Umständen mit einer Kenntnisnahme gerechnet werden kann. Kündigungen per Einschreiben gehen nicht schon mit Hinterlassen des Benachrichtigungszettels, sondern erst mit Abholung des Briefes von der Post zu.

Allgemeines zur Kündigung

Vorüberlegungen vor Ausspruch der Kündigung

- Eingreifen des allgemeinen Kündigungsschutzes nach dem Kündigungsschutzgesetz
- Tarif-/einzelvertraglich vereinbarte oder gesetzliche Erschwernisse der Kündigung
  - Art des Kündigungsgrundes
  - Wichtiger Grund
  - Personen-/verhaltens-/betriebsbedingte Kündigung
  - Sozialauswahl
  - Abmahnung erforderlich
  - Abmahnung ausgesprochen
- Betriebsratsanhörung erfolgt
  - Anhörungsverfahren eingeleitet
  - Anhörungsfrist abgelaufen
  - Stellungnahme des Betriebsrats:
  - Widerspruch/Zustimmung/Bedenken
- Bei Sonderkündigungsschutz: Zustimmung der zu beteiligenden öffentlichen Stellen
  - Zustimmungsverfahren eingeleitet
  - Zustimmung erteilt/abgelehnt
- Ausspruch der Kündigung
  - Schriftlich/mündlich
  - Stellungnahme des Betriebsrats bei Widerspruch beifügen
  - Beweis des Zugangs der Kündigung sicherstellen
- Weiterbeschäftigung des Arbeitnehmers bis zum Ablauf der Kündigungsfrist oder Suspendierung
- Droht Weiterbeschäftigung über den Ablauf der Kündigungsfrist hinaus?
  - Allgemeiner Weiterbeschäftigungsanspruch
  - Betriebsverfassungsrechtlicher Weiterbeschäftigungsanspruch

Checkliste: Ausspruch der Kündigung

- Muß die Kündigung schriftlich ausgesprochen werden? (Zweckmäßig ist die Schriftform immer)
- Stellungnahme des Betriebsrats der Kündigung im Falle eines Widerspruchs beifügen (§ 102 Abs. 4 BetrVG)
- Ist der fristgerechte Zugang der Kündigungserklärung gesichert durch
  - Übergabe am Arbeitsplatz?
  - Übermittlung durch Boten?
- Ist der Beweis für den Zugang gesichert (Empfangsbestätigung des Arbeitnehmers, protokollierte Erklärung des Boten)?
- Soll der Arbeitnehmer während der Kündigungsfrist den ihm noch zustehenden Erholungsurlaub nehmen?
- Soll der Arbeitnehmer während der Kündigungsfrist von der Arbeit freigestellt werden?
- Sonstiges
  - Arbeitsmittel herausgeben lassen
  - Pkw-Übergabe
  - Rückzahlungsansprüche sonstiger Art
  - Überstundenabrechnung offen?
  - Unverfallbare Versorgungsansprüche?
  - Vorschüsse/Spesenvorschuß usw. und Darlehen
  - Wettbewerbsverbot, nachvertragliches: Kommt Verzicht in Betracht?

Allgemeines zur Kündigung

I. Kündigungserklärung

4201

Neben dem Aufhebungsvertrag und dem Befristungseintritt kann das Arbeitsverhältnis durch eine **Kündigung** enden. Die Kündigung ist eine einseitige empfangsbedürftige Willenserklärung, d.h. der zu kündigende Arbeitnehmer braucht nicht sein **Einverständnis** zu erklären. Sogar ein ausdrücklicher Widerspruch hindert - bei Vorliegen der weiteren Voraussetzungen - die Beendigungswirkung nicht.

Beispiel:
Arbeitgeber A kündigt Arbeitnehmer B durch mündliche Erklärung zum nächst möglichen Termin, da der B unentschuldigt gefehlt habe. B bestreitet dies und weist die Kündigung deshalb zurück.
Der von B erklärte Widerspruch hindert die Beendigungswirkung der Kündigung nicht. Es handelt sich um eine einseitige Erklärung des Kündigenden. Natürlich kann die einseitige Wirkung nur unter bestimmten Voraussetzungen eintreten (s. dazu Rz. 4321 ff.).

Eine Erklärung kann nur dann als Kündigung qualifiziert werden, wenn aus ihr klar und eindeutig der Wille hervorgeht, das Arbeitsverhältnis zu beenden. Es gilt insoweit der **Bestimmtheitsgrundsatz**. Das Wort "Kündigung" braucht freilich nicht verwandt zu werden. Für die Frage, ob eine Erklärung als Kündigung angesehen werden kann, kommt es nicht darauf an, wie der Erklärungsempfänger die Erklärung subjektiv verstehen will, sondern darauf, wie ein **objektiver Erklärungsempfänger** die Erklärung verstehen durfte.

Beispiel:
Erklärt etwa ein Arbeitnehmer, daß er ihm noch zustehende Urlaubstage nehme und sich nicht ausnutzen lasse, so liegt hierin keine Kündigungserklärung. Der Arbeitnehmer hat nämlich nicht eindeutig bekundet, daß er sein Arbeitsverhältnis aufgeben wolle.

4202

Da die Kündigung eine einseitige Erklärung darstellt, soll der Erklärungsempfänger geschützt werden. Er soll nicht darüber im unklaren gehalten werden, ob das Arbeitsverhältnis beendet worden ist oder nicht. Daher sind sogenannte **bedingte Kündigungen** unwirksam.

Beispiele:
(1) Arbeitgeber A erklärt dem Arbeitnehmer B die Kündigung für den Fall, daß sich der Auftragsrückgang weiter fortsetzt.

(2) A erklärt dem B die Kündigung, falls dieser nicht innerhalb einer bestimmten Frist seine Leistungen verbessere.

In beiden Fällen sind die ausgesprochenen Kündigungen wegen der mit ihnen verbundenen Bedingung (Auftragsrückgang bzw. Leistungsverbesserung) unwirksam.
*Dies ist immer dann der Fall, wenn der Eintritt der Bedingung ungewiß ist und der Gekündigte durch die Bedingung in eine ungewisse Lage versetzt wird. Dagegen sind solche Bedingungen wirksam, deren Eintritt allein vom Willen des Kündigungsempfängers abhängig ist. Der Gekündigte muß sich also **im Zeitpunkt der Kündigung** sofort entschließen können, ob er die Bedingung erfüllen will und kann oder nicht. In diesem Fall entsteht für den Gekündigten keine Ungewißheit über den Fortbestand des Arbeitsverhältnisses. Häufigster Fall ist hier der der Änderungskündigung (s. Rz. 4531 ff.).*

Beispiel:
A erklärt dem B die Kündigung für den Fall, daß dieser sich nicht mit einer Versetzung von Bielefeld nach München einverstanden erklärt.
Hier liegt es allein an B, ob er sich versetzen lassen oder die Beendigung des Arbeitsverhältnisses in Kauf nehmen will.

4203
Ebenso wie die bedingte Kündigung ist auch eine **Teilkündigung** unwirksam. Hier will der Kündigende nur erreichen, daß ein bestimmter Teil des Arbeitsverhältnisses beseitigt wird, während es im übrigen fortbestehen soll. Krassester denkbarer Fall: A kündigt dem B die Zahlung des Arbeitsentgelts, besteht aber weiter auf Erbringung der Arbeitsleistung.

II. Sind nur schriftliche Kündigungen wirksam?

4204
Die Kündigung bedarf kraft Gesetzes grundsätzlich **keiner Schriftform**, sieht man einmal von Berufsausbildungsverhältnissen ab (§ 15 Abs. 3 BBiG). Freilich kann im Einzelarbeitsvertrag oder in einem Tarifvertrag für die Kündigung die Schriftform vorgesehen sein.

1. Schriftformvereinbarung

4205
Ist insofern Schriftform vereinbart oder durch Tarifvertrag Schriftform vorgeschrieben, stellt sich zunächst die Frage, ob die Schriftform nur für die ordentliche oder auch für die außerordentliche Kündigung gilt. Trifft eine **Schriftformklausel** für die ordentliche Kündigung Regelungen hinsichtlich der Kündigungsfrist, des Kündigungszeitpunkts und der Form, wird jedoch die außerordentliche Kündigung darin nicht erwähnt, so bedarf die **außerordentliche Kündigung keiner Schriftform**.

Eine Formvorschrift in Tarifverträgen soll im Zweifel nur für die ordentliche Kündigung gelten.

Allgemeines zur Kündigung

Da dies jedoch eine Frage der Auslegung des jeweiligen Tarifvertrages ist, sollte in Zweifelsfällen das **Schriftformerfordernis stets** gewahrt werden.

2. Schriftform als Wirksamkeitsvoraussetzung

4206

Ist einzelvertraglich oder tarifvertraglich die Schriftform für die Kündigung vereinbart bzw. vorgeschrieben, so stellt sich das Problem, ob die Einhaltung der Form **Wirksamkeitsvoraussetzung** ist oder nur **Beweiszwecken** dienen soll. Dies muß durch Auslegung ermittelt werden.

Beispiel:
Die Formulierung "Die Kündigung ist schriftlich auszusprechen" soll auf eine echte Formvorschrift hinweisen. Das gleiche soll für die Formulierung gelten "Die Kündigung bedarf der Schriftform".

Für die Annahme einer bloßen Beweissicherungsfunktion soll es **besonderer Abreden** bedürfen.

Haben die Parteien vereinbart, daß die Kündigung durch **eingeschriebenen Brief** erfolgen soll, so ist im allgemeinen davon auszugehen, daß nur die Schriftform der Kündigung Wirksamkeitsvoraussetzung sein sollte und daß nur bei deren Vernachlässigung die Nichtigkeit eintritt. Im übrigen geht ein Einschreiben nicht schon dann zu, wenn dem Empfänger ein Benachrichtigungsschein hinterlassen wird. Dieser vermittelt keine Kenntnis des Inhalts. Die Kündigung geht daher erst mit Abholung des Einschreibens zu. Weigert sich der Empfänger das Einschreiben abzuholen, muß er dessen Inhalt nach einer Frist von 3 - 7 Tagen gegen sich gelten lassen

Ist die Schriftform Wirksamkeitsvoraussetzung für die Kündigung, so ist eine mündliche Kündigung nichtig (§§ 125, 126 BGB). Diesen Mangel kann der Arbeitnehmer auch nach Ablauf der **Drei-Wochen-Frist des § 4 Satz 1 KSchG** geltend machen (§ 13 Abs. 3 KSchG). Auch per **Telefax** wird bei konstitutiver Schriftform nicht wirksam gekündigt werden können.

3. Aufhebung des Schriftformerfordernisses

4207

Die Arbeitsvertragsparteien können ein einzelvertraglich vereinbartes Formerfordernis **jederzeit auch mündlich aufheben**. Die einvernehmliche Aufhebung des Formerfordernisses hat aber der Kündigende zu beweisen.

Die Kündigung eines Arbeitsverhältnisses sollte ungeachtet von Formerfordernissen schon aus Beweisgründen stets schriftlich erfolgen.

III. Begründungszwang für Kündigungen

4208

Eine Kündigung bedarf, sieht man einmal von Berufsausbildungsverhältnissen (§ 15 BBiG) ab, **kraft Gesetzes keiner Begründung**. Der Arbeitgeber muß selbstverständlich bei der Kündigung von Arbeitnehmern, die dem **Kündigungsschutzgesetz** unterliegen, die Kündigungsgründe im Kündigungsschutzprozeß darlegen und beweisen (§ 1 Abs. 2 Satz 4 KSchG). Ein Begründungszwang ist allein für die Kündigung von Berufsausbildungsverhältnissen nach der Probezeit vorgesehen (§ 15 Abs. 3 BBiG). Danach bedarf die Kündigung eines Berufsausbildungsverhältnisses nach Ablauf der Probezeit, wenn der Auszubildende die Berufsausbildung aufgeben oder sich für einen anderen Beruf ausbilden lassen will oder wenn das Ausbildungsverhältnis fristlos gekündigt wird, der Begründung. Die Begründung ist hier ebenso wie die Schriftform Wirksamkeitsvoraussetzung für die Kündigung, d.h. bei Nichteinhaltung der Schriftform und des Begründungszwanges ist die Kündigung nichtig.

4209

Selbstverständlich können die Arbeitsvertragsparteien die Begründungspflicht für eine Kündigung vereinbaren. Gleiches gilt für die Tarifvertragsparteien. Eine evtl. vereinbarte Schriftform umfaßt dann auch die Begründung. Soweit eine Begründungspflicht einzel- oder tarifvertraglich als **Wirksamkeitsvoraussetzung** für die Kündigung vorgeschrieben ist, führt die fehlende Begründung zur Unwirksamkeit der Kündigung. Es ist aber auch bei einem vereinbarten Begründungszwang stets zu prüfen, ob die Begründung tatsächlich Wirksamkeitsvoraussetzung für die Kündigung sein oder ob dem Gekündigten nur die Kündigungsgründe transparent gemacht werden sollen. § 15 Abs. 3 BBiG kann insoweit nicht als Auslegungsregel herangezogen werden.

Dennoch sollte eine Kündigung schon vorprozessual stets umfassend begründet werden, schon um Schadensersatzpflichten auszuweichen.
Soweit für die **außerordentliche Kündigung** angeordnet ist, daß der Kündigende dem Kündigungsempfänger den Kündigungsgrund unverzüglich mitzuteilen hat, handelt es sich dabei schon nach der Gesetzesfassung um keine Wirksamkeitsvoraussetzung für eine fristlose Kündigung (vgl. § 626 Abs. 2 Satz 3 BGB).

Soweit **ordentliche Kündigungen** nicht dem Kündigungsschutzgesetz unterliegen, etwa weil der Arbeitnehmer die Wartezeit (§ 1 Abs. 1 KSchG) noch nicht erfüllt hat oder weil er in einem Kleinstbetrieb (§ 23 Abs. 1 Satz 2 KSchG) beschäftigt ist, besteht für den Arbeitgeber, soweit kein Sonderkündigungsschutz eingreift, Kündigungsfreiheit. Der Arbeitgeber ist also auch nicht aufgrund der **Fürsorgepflicht** (s. Rz. 2952) zu einer Begründung gezwungen.

Es ist sogar gefährlich, in diesen Fällen eine Begründung zu geben, weil dies den Arbeitnehmer veranlassen kann, den mitgeteilten Kündigungsgrund an dem

Allgemeines zur Kündigung

stets eingreifenden bürgerlich-rechtlichen Kündigungsschutz (§§ 134, 138 Abs. 1, 242, 612 a BGB) messen zu lassen.

Nach der Rechtsprechung löst der Arbeitgeber mit einer völlig unsubstantiierten Begründung nicht den Verdacht aus, nur aus nicht mit Tatsachen belegbaren, sondern von der Rechtsordnung mißbilligten Gründen gekündigt zu haben. Da der Arbeitgeber jedoch auch bei Kündigungen innerhalb der ersten 6 Monate des Bestandes eines Arbeitsverhältnisses dem **Betriebsrat** Kündigungsgründe benennen muß, ist das Unterlassen einer Begründung nur beschränkt möglich.

4210

Bei Kündigungen, die dem **Kündigungsschutzgesetz** unterliegen, ist die **vorprozessuale** Begründung der Kündigung ebenfalls keine Wirksamkeitsvoraussetzung.

Soweit aus der **Fürsorgepflicht** ein Anspruch auf Bekanntgabe der Kündigungsgründe abgeleitet wird, ist die Sanktion mager: Wenn der Arbeitgeber seiner Verpflichtung zur Bekanntgabe der Kündigungsgründe nicht nachkommt oder diese Verpflichtung schlecht erfüllt, soll eine Schadensersatzpflicht in Betracht kommen. Der Schaden soll in den **Rechtsverfolgungskosten** des Kündigungsgegners bestehen, wenn dieser nach Mitteilung der Kündigungsgründe eine bereits erhobene Kündigungsschutzklage zurücknimmt; der Schaden soll ferner im **Verdienstausfall** infolge eines u.U. nicht rechtzeitigen Antritts eines neuen Arbeitsverhältnisses bestehen können. Dabei ist freilich zu berücksichtigen, daß der Arbeitnehmer in einem derartigen Schadensersatzprozeß seine außergerichtlichen Kosten erster Instanz wiederum nicht erstattet erhält.

Dennoch ist der Arbeitgeber gut beraten, einem entsprechenden Begründungsverlangen des Arbeitnehmers voll zu genügen, und zwar in **schriftlicher** Form, da er ansonsten im Kündigungsschutzprozeß mit seinen erst jetzt vorgebrachten Kündigungsgründen u.U. nicht "ernst" genommen wird.

IV. Unklare Kündigungserklärung

4211

Die **Auslegung einer Kündigungserklärung** erfolgt vom Empfängerhorizont aus. Ist die Willenserklärung mehrdeutig, so kann der Empfänger sie so verstehen, wie sie **auch** verstanden werden kann. Eine Kündigung mit **zu kurz bemessener Kündigungsfrist** ist nicht unwirksam. Es ist vielmehr im Wege der **Umdeutung** davon auszugehen, daß der Kündigende das Arbeitsverhältnis zum nächstzulässigen Termin beenden wollte.

Erklärt ein Arbeitgeber dem befristet eingestellten Arbeitnehmer, daß das Arbeitsverhältnis zu dem vereinbarten Termin endet (sog. **Nichtverlängerungsanzeige**), so liegt hierin nach der Rechtsprechung **keine Kündigung**. Bei einer wirksamen Befristung endet das Arbeitsverhältnis also zum vereinbarten Zeitpunkt.

Etwas anderes soll nur dann gelten, wenn die Parteien schon zuvor über die **Rechtswirksamkeit der Befristung gestritten** haben.

Deshalb sollte immer dann, wenn hinsichtlich des Befristungsgrundes Zweifel bestehen, **vorsorglich ordentlich gekündigt werden**, und zwar unter Beachtung der Beteiligungsrechte des Betriebsrats.

Die Erklärung "wenn Sie so weitermachen, ist für Sie am Ersten der Letzte" stellt keine Kündigung dar. Das gleiche gilt für die Aufforderung, sich einen anderen Arbeitsplatz zu suchen. Hierbei handelt es sich allenfalls um die **bloße Vorankündigung einer Kündigung**. Fordert dagegen der Arbeitnehmer die Arbeitspapiere, so soll hierin eine Kündigung liegen (s. hierzu im Zusammenhang mit einem Aufhebungsvertrag, Rz. 4013 ff.).

Es sollte peinlichst darauf geachtet werden, daß aus der Kündigungserklärung eindeutig der Wille hervorgeht, das Arbeitsverhältnis zu einem **bestimmten** Termin mit einer **bestimmten** Frist zu beenden. Dabei muß auch klargestellt werden, ob es sich um eine ordentliche, eine außerordentliche oder um eine außerordentliche Kündigung mit sozialer Auslauffrist handeln soll.

Beispiel:
Der Arbeitgeber schreibt dem Arbeitnehmer, da sie seit Ende März 1992 für uns keine Tätigkeit mehr ausgeführt haben, betrachten wir das Arbeitsverhältnis zum 31.03.1992 als beendet.
Hier hat das LAG Nürnberg (18.02.1994, BB 1994, 1290) die Annahme einer Kündigungserklärung verneint. *Der Sinn des Schreibens bestehe darin, dem Arbeitnehmer die Rechtsauffassung mitzuteilen, wer nicht arbeite, beende sein Arbeitsverhältnis selbst. Es handele sich quasi um eine Bestätigung einer (vermuteten) Beendigungserklärung des Arbeitnehmers.*

Fazit: Der einseitige Beendigungswille muß deutlich zum Ausdruck gebracht werden!

Wie eine schriftliche Kündigung aussehen sollte, zeigt das nachfolgende Muster einer ordentlichen Kündigung:

Allgemeines zur Kündigung

Muster einer Kündigung

hiermit kündige ich das mit Ihnen seit ...
bestehende Arbeitsverhältnis zum nächstzulässigen Termin, dem ...

Die Kündigung erfolgt aus folgenden Gründen:
......
Der Betriebsrat wurde vor der Kündigung angehört. Die Stellungnahme des Betriebsrats ist beigefügt.

Hochachtungsvoll

V. Zugang der Kündigungserklärung

4212

Da die Kündigung eine **empfangsbedürftige Willenserklärung** ist, muß sie dem Kündigungsgegner zugehen. Dieser muß also in die Lage versetzt werden, in zumutbarer Weise von der Kündigungserklärung Kenntnis nehmen zu können.

Damit die **Ausschlußfrist des § 626 Abs. 2 BGB** und die Kündigungsfristen gewahrt werden, muß die außerordentliche Kündigung innerhalb der Ausschlußfrist von 2 Wochen und die ordentliche Kündigung so rechtzeitig zugehen, daß diese Fristen noch gewahrt sind.

1. Zugang gegenüber Anwesenden

4213

Eine Kündigung, die einem **Anwesenden** gegenüber abzugeben ist, geht in aller Regel **sofort** zu und wird damit wirksam. Ist der Kündigungsempfänger jedoch taub oder versteht er die Sprache nicht, so wird kein Zugang bewirkt. Auch die einem Anwesenden übergebene schriftliche Kündigungserklärung wird sofort wirksam. Dies gilt unabhängig davon, ob der Kündigungsempfänger die Erklärung zur Kenntnis nimmt oder nicht.

2. Zugang gegenüber Abwesenden

4214

Die Kündigungserklärung unter **Abwesenden** wird wirksam, wenn sie so in den Machtbereich des Empfängers gelangt ist, daß unter gewöhnlichen Umständen damit zu rechnen war, daß der gekündigte Arbeitnehmer von ihr Kenntnis nehmen konnte. Wird ein Brief gegen 16.00 Uhr in den Hausbriefkasten des Arbeitnehmers geworfen, so geht er also erst am nächsten Tag zu, da nicht erwartet werden kann, daß der Arbeitnehmer seinen Briefkasten zweimal leert. Dies gilt auch für Sendungen, die in ein Postschließfach gelegt werden. Die Erklärung geht aber dann zu, wenn ein Kündigungsschreiben unter der Wohnungstür des Empfängers durchgeschoben wird.

3. Sonderfälle: Urlaub, Krankheit etc.

4215

Problematisch war lange Zeit, wann ein Schreiben zugeht, wenn sich der Gekündigte **infolge Urlaub, Krankheit, Haft oder Kur** nicht mehr an seinem gewöhnlichen Aufenthaltsort aufhält.

Die Rechtsprechung steht nunmehr wiederum auf dem Standpunkt, daß eine Kündigung **auch während des Urlaubs zugeht**, auch wenn der Arbeitnehmer verreist ist. Dabei ist es ohne Bedeutung, ob der Arbeitgeber die urlaubsbedingte Abwesenheit kennt oder nicht. Dies gilt in aller Regel sogar dann, wenn ihm die Urlaubsanschrift bekannt ist. Dem Arbeitnehmer erwächst daraus kein Schaden, da er, soweit er die Klagefrist für eine Kündigungsschutzklage versäumt (§ 4 Satz 1 KSchG), mit dem Antrag auf Zulassung einer verspäteten Klage (§ 5 KSchG) stets Erfolg haben wird.

4216

Noch ungeklärt ist die Rechtslage, wenn dem Arbeitnehmer während seines **Urlaubs eine Änderungskündigung** zugeht. Versäumt nämlich der Arbeitnehmer die Frist für die Annahme unter Vorbehalt (§ 2 Satz 2 KSchG), so erlischt sein Recht, einen Vorbehalt zu erklären. Eine nachträgliche Zulassung des Vorbehaltes entsprechend § 5 KSchG ist nicht möglich. Dem Arbeitnehmer kann hier nur auf dem Wege geholfen werden, daß man den Arbeitgeber nach **Treu und Glauben** für verpflichtet erachtet, sich mit der Annahme unter Vorbehalt trotz Fristablauf einverstanden zu erklären. Dem Arbeitnehmer kann nicht die Wohltat der Annahme unter Vorbehalt und der Änderungsschutzklage dadurch abgeschnitten werden, daß der Arbeitgeber den Zugang einer Änderungskündigung während des Urlaubs des Arbeitnehmers bewirkt.

Ein Zugang wird auch dadurch bewirkt, daß die Erklärung **einer Person ausgehändigt** wird, die nach der Verkehrsanschauung als **ermächtigt** anzusehen ist, den Empfänger bei der Empfangnahme zu vertreten (Familienangehörige, Lebensgefährten, Vermieter, Hausangestellte).

Lehnt ein als **Empfangsbote** anzusehender Familienangehöriger des abwesenden Arbeitnehmers die Annahme eines Kündigungsschreibens des Arbeitgebers ab, so muß der Arbeitnehmer die Kündigung nur dann als zugegangen gegen sich gelten lassen, wenn er auf die Annahmeverweigerung, etwa durch vorherige Absprache mit dem Angehörigen, Einfluß genommen hat *(BAG 11.11.1992, EzA § 130 BGB Nr. 24)*. Der Zugang kann aber in diesen Fällen dadurch bewirkt wer-

Allgemeines zur Kündigung

den, daß die Erklärung durch den Boten schlicht in den Hausbriefkasten eingeworfen wird. Wird der Arbeitnehmer durch den Boten also nicht angetroffen, so ist **Vorsicht geboten**. Die Kündigungserklärung sollte **keinesfalls dritten Personen** ausgehändigt werden, von denen nicht klar ist, welche Stellung sie bekleiden.

4217

Die Ausführungen zu den Empfangsboten gelten auch für **Einschreibesendungen**. Ob der Postbote dabei gegen Vorschriften der Postordnung verstößt, ist ohne Belang.
Eingeschriebene Briefe gehen dem abwesenden Empfänger erst zu, wenn dieser die Post **abholt**. Die bloße Hinterlassung des **Benachrichtigungsscheins** bewirkt nach der Rechtsprechung noch keinen Zugang. Holt der Adressat die Einschreibesendung nicht ab, so gilt der Zugang zu dem Zeitpunkt als bewirkt, zu dem üblicherweise ein eingeschriebener Brief nach Hinterlegung des Benachrichtigungsscheins vom Empfänger abgeholt wird. Ob dies im Regelfall der Tag nach Zugang des Benachrichtigungsscheins ist, erscheint zweifelhaft. Spätestens nach **Ablauf einer Woche** gilt jedoch der Zugang als bewirkt.

Wer es duldet, daß die an ihn adressierte Post ständig auf die Treppe im Hausflur gelegt wird, kann unter dem Gesichtspunkt der **Zugangsvereitelung** (§ 242 BGB) nicht geltend machen, die dort niedergelegte Post müsse verlorengegangen sein. Geht auf diese Weise die Benachrichtigung über einen Einschreibebrief verloren, ist der Zugang zu dem Zeitpunkt anzunehmen, zu dem es dem Adressaten möglich und zumutbar gewesen wäre, den Benachrichtigungszettel einzulösen, mangels Vorliegen besonderer Umstände ist dies nach der Rechtsprechung spätestens innerhalb einer Woche der Fall.
Mit einem Fall der **Zugangsvereitelung** war das LAG Hamm *(12.10.1992, LAGE § 130 BGB Nr. 17)* befaßt. Der Arbeitgeber sandte an den Arbeitnehmer per Telefax ein Kündigungsschreiben. Dieser hielt zu diesem Zeitpunkt ein Telekom-Telefaxgerät ohne Dokumentenspeicher angeschlossen. Der Arbeitgeber erhielt einen Sendebericht, worin die fehlerfreie Übersendung des Schreibens durch "OK-Mitteilung" bestätigt wurde. Der Arbeitnehmer hat im nachfolgenden Prozeß behauptet, die Kündigungserklärung sei ihm nicht ausgedruckt worden, da er in sein Gerät kein Papier eingelegt habe. Die Bescheinigung der ordnungsgemäßen Übersendung durch das Sendeprotokoll sei erfolgt, weil der Papiersensor defekt gewesen sei.
Hier ist es dem Arbeitnehmer nach **Treu und Glauben** verwehrt, sich auf den Nichtzugang der Willenserklärung zu berufen, für den er selbst durch sein Verhalten die alleinige Ursache gesetzt hat. Es reicht dabei aus, wenn der Nichtzugang auf Umstände zurückzuführen ist, die zum **alleinigen Einflußbereich des Empfängers** gehören. Hier hatte der Arbeitnehmer die Verpflichtung, das Telefaxgerät für Mitteilungen des Arbeitgebers empfangsbereit zu halten, nicht erfüllt, indem er kein Papier in das Gerät nachgelegt hatte.

Von der Frage, ob durch Telefax wirksam gekündigt werden kann, ist streng die Frage zu unterscheiden, ob ein gesetzliches oder tarifliches Schriftformerfordernis durch Telefax gewahrt werden kann (s. Rz. 4206). Man wird aber davon auszugehen haben, daß ein konstitutives Schriftformerfordernis durch Telefax nicht gewahrt werden kann. Hier bestehen aber noch rechtliche Unsicherheiten! Vor einer entsprechenden Verfahrensweise kann also nur gewarnt werden.

4. Zugangsvereinbarung

4218

Arbeitgeber und Arbeitnehmer können über das Wirksamwerden einer Kündigungserklärung keine von der gesetzlichen Regelung **abweichende Parteivereinbarung** treffen, also z.B. vereinbaren, daß das Datum der Aufgabe zur Post entscheidend sein soll. Dies folgt schon daraus, daß ansonsten die gesetzlichen Mindestkündigungsfristen (§ 622 BGB) verkürzt würden. Auch würde die Klagefrist des § 4 Satz 1 KSchG in unzulässiger Weise verkürzt. Der Zugang kann durch förmliche Zustellung, die durch Vermittlung des Gerichtsvollziehers erfolgen muß, ersetzt werden (§ 132 BGB).

5. Einschaltung eines Prozeßbevollmächtigten

4219

Ob ein **Zugang beim Prozeßbevollmächtigten** bewirkt werden kann, ist eine Frage der **Prozeßvollmacht**. Die Prozeßvollmacht, aufgrund derer eine Kündigung mit der allgemeinen Feststellungsklage nach § 256 ZPO angegriffen wird, bevollmächtigt den Prozeßbevollmächtigten zur Entgegennahme aller Kündigungen, die den mit der Feststellungsklage verbundenen weiteren Streitgegenstand betreffen. Es kommt insoweit nicht darauf an, ob und wann die Kündigungen auch dem **Arbeitnehmer selbst** zugegangen sind.

6. Beweislast für den Zugang

4220

Den Zugang hat **derjenige zu beweisen, der sich auf den Zugang beruft**. Es ist in jedem Fall der volle Beweis zu erbringen. Der Nachweis der Einlieferung bei der Post genügt für den Beweis des Zugangs **nicht**. Es gibt keinen Erfahrungssatz des Inhalts, daß abgesandte Briefe den Empfänger auch erreichen. Dies gilt für gewöhnliche Briefe und für Einschreibesendungen.

Der Zugang sollte gesichert werden durch Beförderung durch **Boten**. Der Bote sollte jedoch in Anwesenheit des Kündigungsgegners den Brief öffnen, damit nicht behauptet werden kann, der Brief habe kein Schreiben enthalten. Auch Einschreiben/Rückschein stehen dem Erklärenden als Beweismittel zur Verfügung.

Allgemeines zur Kündigung

VI. Kündigung durch einen Bevollmächtigten des Arbeitgebers

4221

Die Kündigung kann auch durch einen **Bevollmächtigten** erklärt werden. Dies ist auf der Arbeitgeberseite sogar die Regel.

Von Bedeutung ist hier die Vorschrift des § 174 Satz 1 BGB. Danach ist ein einseitiges Rechtsgeschäft, also auch eine Kündigung, die ein Bevollmächtigter gegenüber einem anderen vornimmt, unwirksam, wenn der Bevollmächtigte eine Vollmachtsurkunde nicht vorlegt und der andere die Kündigung aus diesem Grunde unverzüglich zurückweist.

Beispiel:
Arbeitgeber A beschließt an seinem Urlaubsort den mißliebigen Arbeitnehmer B zu kündigen. Kurz entschlossen beauftragt er hiermit seinen Rechtsanwalt R und schickt ihm eine entsprechende Vollmacht per Post. R spricht unter Vorlage einer Kopie der Vollmacht gegenüber B die Kündigung aus. Dieser weist die Kündigung wegen fehlenden Nachweises der Bevollmächtigung zurück.
Zu Recht! Die Bevollmächtigung ist im Original vorzulegen. Selbst die Übermittlung einer Faxkopie vom Original reicht nicht (OLG Hamm, 26.10.1990, NJW 1991, 1185).

Die Zurückweisung ist freilich ausgeschlossen, wenn der Vollmachtgeber den anderen von der Bevollmächtigung in Kenntnis gesetzt hat (§ 174 Satz 2 BGB). Die Zurückweisung macht die Kündigung **nichtig**. Eine Wiederholung der Kündigung ist erforderlich.

Die Vollmachtsurkunde, die vorgelegt werden muß, muß die Vornahme von Kündigungen mit umfassen. Die Zurückweisung muß nicht sofort, wohl aber unverzüglich, d.h. ohne schuldhaftes Zögern erfolgen. Der Erklärungsempfänger kann also Rechtsrat einholen. Ein Zeitraum von einer Woche dürfte in der Regel nicht zu lange sein.

Die **Zurückweisung** ist aber **ausgeschlossen**, wenn der Vertretene den Erklärungsgegner von der Vollmacht in Kenntnis gesetzt hat. Zur Wirksamkeit einer Kündigung bedarf es **keiner Vorlage einer Vollmachtsurkunde**, wenn die Kündigung durch einen Prokuristen des Arbeitgebers ausgesprochen wird und die Prokura im Handelsregister eingetragen und bekanntgemacht worden ist. Der Arbeitgeber hat in einem derartigen Fall nach der Rechtsprechung seine Belegschaft über die von der Prokura miterfaßte Kündigungsberechtigung in Kenntnis gesetzt. Der Gekündigte muß die Prokuraerteilung gegen sich gelten lassen. Dies gilt auch dann, wenn der Prokurist nicht mit einem die Prokura andeutenden Zusatz zeichnet (§ 51 HGB).

§ 174 Satz 2 BGB gilt auch für **Personalabteilungsleiter**. Von diesen kann ebenfalls die Vorlage einer Vollmachtsurkunde nicht verlangt werden. Etwas anderes gilt aber für den bloßen **Sachbearbeiter** einer Abteilung. Zu beachten ist, daß es

in den Fällen der Kündigung durch den Personalabteilungsleiter oder durch den Prokuristen nicht darauf ankommt, ob diese im Innenverhältnis, etwa aufgrund einer internen Geschäftsordnung zur Kündigung befugt sind. Der Arbeitnehmer kann sich in diesen Fällen also nicht auf die fehlende Kündigungsbefugnis im Innenverhältnis berufen und mit dieser Begründung die Kündigung zurückweisen. Für ihn ist nur das Außenverhältnis maßgebend *(BAG 29.10.1992, EzA § 174 BGB Nr. 10)*. Dies hat das Bundesarbeitsgericht nochmals bestätigt *(18.05.1994, EzA § 102 BetrVG 1972 Nr. 85)*.

Hat der Kündigende **keine Vertretungsmacht** gehabt, so ist die Kündigung an sich unwirksam (§ 180 Satz 1 BGB). Hat jedoch derjenige, welchem gegenüber die Kündigung vorgenommen wurde, die von dem Vertreter behauptete Vertretungsmacht bei der Vornahme des Rechtsgeschäfts nicht beanstandet oder ist er damit einverstanden gewesen, daß der Vertreter ohne Vertretungsmacht handelt, so finden die Vorschriften über Verträge (§§ 177 ff BGB) entsprechende Anwendung, d.h. der Vertretene kann die Kündigung **genehmigen**.
Bei einer **Kündigung durch einen Minderjährigen** finden die §§ 112, 113 BGB Anwendung. Der Minderjährige muß die Kündigung selbst aussprechen.

VII. Allgemeines zu Kündigungsfristen und ihrer Berechnung

4222
Die **ordentliche Kündigung** kann zumeist nur zu bestimmten Terminen (Monats-, Quartalsschluß) unter Einhaltung bestimmter Fristen erfolgen. Soweit eine tarifliche Kündigungsfrist für Arbeiter wegen eines möglichen Verstoßes gegen Art 3 GG nicht sicher ausmachbar ist, kann sich der Arbeitgeber nicht damit "retten", daß er die Kündigung zum **nächstzulässigen Termin** ausspricht. Die Bestimmtheit der Kündigungserklärung erfordert, daß der Arbeitgeber klarstellt, zu welchem Zeitpunkt er das Arbeitsverhältnis beendet sehen will. Im Rahmen der **Betriebsratsanhörung** ist es freilich unschädlich, wenn der Arbeitgeber nur mitteilt, zum nächst zulässigen Termin kündigen zu wollen.

Für die **Fristenberechnung** gelten die §§ 186 ff BGB. Nach § 187 Abs. 1 BGB ist der Tag, an dem gekündigt wird, nicht in die Frist einzurechnen. Ist also eine monatliche Kündigung zum Monatsschluß vereinbart, so ist spätestens am letzten Tag des Vormonats zu kündigen. Bei 6-wöchiger Kündigungsfrist zum Quartalsende muß die Kündigung spätestens am 17.02. (im Schaltjahr: 18.02.), 19.05., 19.08. bzw. 19.11. zugehen. Fällt der letzte Tag, an dem noch hätte gekündigt werden können, auf einen Sonntag, Samstag oder staatlich anerkannten **Feiertag** (s. Rz. 2823), so muß die Kündigung **spätestens** am Feiertag zugehen. Der Folgetag ist nicht ausreichend. § 193 BGB ist nicht anwendbar.

4223
Die Kündigungsfrist kann **verlängert** werden (s. § 622 Abs. 4, 5 BGB n.F.). Ist die Kündigungsfrist verlängert, so ist, soweit nichts anderes vereinbart ist, davon

Allgemeines zur Kündigung

auszugehen, daß der Kündigungstermin (Beispiel: Quartalsschluß) unverändert bleibt. Umstritten ist, ob eine **einzelvertragliche Verlängerung** von Kündigungsfristen für den Arbeitnehmer immer günstiger ist. Für die Verlängerung von Kündigungsfristen gelten aber Höchstgrenzen (s. etwa § 624 BGB). Aber auch schon bei kürzeren Kündigungsfristen kann Unwirksamkeit anzunehmen sein (§ 138 BGB, Art. 12 GG).

1. Versäumung der Kündigungsfrist

4224

Wird die Kündigungsfrist versäumt, so ist die Kündigung **nicht unwirksam**. Es handelt sich vielmehr im Zweifel um eine Kündigung zum nächstzulässigen Termin.

2. Vorzeitige Kündigung

4225

Wird **vorzeitig gekündigt**, so liegt darin im Zweifel ein Verzicht auf eine etwaige kürzere Kündigungsfrist. Zweifelhaft ist, ob dem Arbeitnehmer durch eine vorzeitige Kündigung der Kündigungsschutz genommen werden kann, den er bei rechtzeitiger Kündigung gehabt hätte.

Beispiel:
X ist von der A-OHG zum 01.01. eingestellt worden. Die Kündigungsfrist beträgt nach dem Arbeitsvertrag 6 Wochen zum Jahresende. Die X-OHG kündigt am 02.03. zum 31.12. des Jahres.
*Da es für das Eingreifen des Kündigungsschutzgesetzes darauf ankommt, ob der Arbeitnehmer im Zeitpunkt des Zugangs der Kündigung die Wartezeit des § 1 Abs.1 KSchG erfüllt, könnte in der vorzeitigen Kündigung eine **treuwidrige Vereitelung der Erfüllung der Wartezeit** liegen. Davon kann nur ausgegangen werden, wenn der Arbeitgeber die Kündigung nur deshalb vor Ablauf der 6-monatigen Wartefrist erklärt, um den Eintritt des Kündigungsschutzes zu verhindern und wenn dieses Vorgehen unter Berücksichtigung der im Einzelfall gegebenen Umstände gegen Treu und Glauben verstößt. Dies gilt sowohl für den Fall, daß der Arbeitgeber kurz vor Erfüllung der Wartezeit kündigt als auch für den Fall, daß der Arbeitgeber längere Zeit vor Erfüllung der Wartezeit vorzeitig die Kündigung ausspricht.*

3. Kündigung vor Dienstantritt

4226

Unsicher ist, wann die Kündigungsfrist bei einer **Kündigung vor Dienstantritt** in Gang gesetzt wird. Fallen Abschluß des Arbeitsvertrages und vereinbarter Dienstantritt zeitlich auseinander, so kann unstreitig bereits vor Dienstantritt ordentlich und außerordentlich gekündigt werden. Auch bei einer derartigen Kündigung ist jedoch der Betriebsrat zu hören. Wann die **Kündigungsfrist** in Gang gesetzt wird, soll sich nach der Rechtsprechung aus einer Würdigung der Interessenlage im Einzelfall ergeben. Eine allgemeine Erfahrungsregel, daß die Kündigungsfrist bereits vor Dienstantritt zu laufen beginnt, hat die Rechtsprechung ebenso abgelehnt wie den Grundsatz, daß die Kündigungsfrist regelmäßig erst von dem Tage des Dienstantrittes an läuft. Typische Vertragsgestaltungen können aber nach der Rechtsprechung für und gegen die Annahme sprechen, die Parteien hätten eine auf die Dauer der vereinbarten Kündigungsfrist beschränkte Realisierung des Arbeitsverhältnisses gewollt, also vereinbart, daß die Kündigungsfrist erst mit Dienstantritt in Gang gesetzt wird.

Beispiel:
*Die Parteien haben die **kürzestmögliche Kündigungsfrist** vereinbart.*
*Dies spricht nach der Rechtsprechung **gegen** die Vereinbarung der Realisierung des Arbeitsverhältnisses für diesen Zeitraum. Gleiches soll auch für die Vereinbarung einer **Probezeit** gelten. In beiden Fällen läuft die Kündiungsfrist also noch vor Beginn des Arbeitsverhältnisses.*

VIII. Verzicht auf Kündigungsrecht durch Abmahnung

4227

Hat der Arbeitgeber eine **Abmahnung** ausgesprochen, so hat er damit konkludent auf sein Kündigungsrecht **wegen der Gründe, die Gegenstand der Abmahnung waren, verzichtet.** Er kann daher eine Kündigung nicht allein auf die abgemahnten Gründe stützen, sondern erst bei einer erneuten gleichartigen oder ähnlichen Pflichtwidrigkeit auf diese abgemahnten Gründe unterstützend zurückgreifen (s. zur Abmahnung auch Rz. 4307).
Hier ist also Vorsicht geboten!

Dagegen darf der Arbeitgeber einen Arbeitnehmer nach erfolgloser Kündigung wegen desselben unstreitigen, für eine Kündigung aber allein nicht ausreichenden vertragswidrigen Verhaltens abmahnen. Dies ist schon deshalb geboten, weil ansonsten der Arbeitnehmer das Urteil im Kündigungsschutzprozeß mißverstehen kann.

Beispiel:
Die A ist bei der C-OHG als Kassiererin beschäftigt. Sie hat die Weisung, von den Kunden an der Kasse zu verlangen, daß sie alle Waren aus dem Warenkorb nehmen und an der Kasse präsentieren. Die A hält sich nicht an diese Weisung. Daraufhin kündigt ihr die C-OHG. A wendet sich dagegen mit der Kündigungsschutzklage.
Die Kündigungsschutzklage hat Erfolg, da der Kündigung keine Abmahnung vorangegangen ist. Die C-OHG ist jedoch nicht gehindert, die A im nachhinein wegen dieses Vorgangs abzumahnen.

Es versteht sich von selbst, daß eine ursprünglich berechtigte Abmahnung durch **Zeitablauf** ihre kündigungsrechtliche Bedeutung verliert, also gegenstandslos wird. Dies läßt sich jedoch nach der Rechtsprechung nicht anhand bestimmter Regelfristen (z.B. 2 Jahre), sondern nur aufgrund aller Umstände des Einzelfalls beurteilen. Es ist also vor Ausspruch einer verhaltensbedingten Kündigung stets zu prüfen, ob nicht eine vorangegangene Abmahnung wegen einer gleichartigen oder ähnlichen Pflichtwidrigkeit bereits verbraucht ist.

Der **Betriebsrat** ist bei Ausspruch einer Abmahnung nicht zu beteiligen. Der Betriebsrat hat auch kein Recht auf Einsichtnahme in eine Abmahnung.

4228

Schwierigkeiten stellen sich bei der Abgrenzung der Abmahnung von sogenannten **Betriebsbußen** ein. Eine Maßnahme der Betriebsstrafgewalt liegt nach der Rechtsprechung immer dann vor, wenn das beanstandete Verhalten geahndet werden soll. Wortlaut und Begleitumstände sollen entscheiden, wie die Erklärung im Einzelfall verstanden werden muß. Dabei soll es auf den Empfängerhorizont des Arbeitnehmers ankommen.

IX. Kündigungen in erheblichem Umfang, Massenentlassungen

4229

Will der Arbeitgeber Entlassungen **erheblichen Umfangs** vornehmen, so ist er verpflichtet, seine Absicht dem Arbeitsamt zuvor anzuzeigen (§§ 17, 22 KSchG). Der sogenannte **Massenentlassungsschutz** will Massenentlassungen nicht verbieten, sondern arbeitsmarktpolitisch mildern. Die Arbeitsverwaltung soll durch die vorzeitige Information die Möglichkeit erhalten, rechtzeitig Maßnahmen zur Vermeidung oder Verzögerung umfangreicher Arbeitslosigkeit einzuleiten.

Der Schutz der §§ 17, 22 KSchG erstreckt sich ohne Rücksicht auf die Dauer der Betriebszugehörigkeit auf alle Arbeitnehmer einschließlich der Auszubildenden und Volontäre. Nicht als Arbeitnehmer gelten vertretungsberechtigte Organmitglieder juristischer Personen, vertretungsberechtigte Personen von Personengesamtheiten, Geschäftsführer, Betriebsleiter und ähnliche leitende Personen, soweit diese zur selbständigen Einstellung oder Entlassung von Arbeitnehmern berechtigt sind (§ 17 Abs. 5 KSchG).

Der Schutz bezieht sich auf **anzeigepflichtige "Entlassungen"**. Unter Entlassung ist die tatsächliche Beendigung des Arbeitsverhältnisses zu verstehen, die auf eine ordentliche Kündigung durch den Arbeitgeber zurückgeht. Auf den Kündigungsgrund kommt es nicht an. Eine Eigenkündigung des Arbeitnehmers fällt grundsätzlich nicht unter den Begriff der Entlassung. Fristlose Entlassungen werden ebenfalls bei der Berechnung der Mindestzahl der Entlassungen nicht mitgerechnet (§ 17 Abs. 4 Satz 2 KSchG). Ob **Änderungskündigungen** mitgerechnet werden, hängt entscheidend davon ab, wie der Arbeitnehmer auf die

Änderungskündigung reagiert. Nimmt er das Angebot auf Änderung der Arbeitsbedingungen an, unterbleibt eine Beendigung des Arbeitsverhältnisses; lehnt er es ab, so wird aus der Änderungs- eine Beendigungskündigung und damit eine Entlassung. Nimmt dagegen der Arbeitnehmer das Änderungsangebot unter dem Vorbehalt des § 2 KSchG an, so stellt dies ebenfalls keine Entlassung dar.

4230

Der Arbeitgeber ist verpflichtet, dem Arbeitsamt Anzeige zu erstatten, bevor er

- in Betrieben mit in der Regel mehr als 20 und weniger als 60 Arbeitnehmern mehr als 5 Arbeitnehmer

- in Betrieben mit in der Regel mindestens 60 und weniger als 500 Arbeitnehmern 10 von 100 der im Betrieb regelmäßig beschäftigten Arbeitnehmer oder aber mehr als 25 Arbeitnehmer,

- in Betrieben mit in der Regel mindestens 500 Arbeitnehmern mindestens 30 Arbeitnehmer

innerhalb von 30 Kalendertagen entläßt (§ 17 Abs. 1 KSchG).

Maßgebend ist insoweit der Zeitpunkt der Entlassung. Es kommt dabei nicht auf die tatsächliche Beschäftigtenzahl zu diesem Zeitpunkt, sondern auf diejenige Personalstärke an, die für den Betrieb im allgemeinen kennzeichnend ist.

Bei der **Berechnung der Zahl der entlassenen Arbeitnehmer bleiben solche unberücksichtigt, die infolge nicht dem Massenentlassungsschutz unterliegender Tatbestände ausscheiden** (z.B. fristlose Entlassungen, Befristung, Anfechtung etc.). Maßgebender Zeitpunkt für die Berechnung der Zahlen ist also nicht die Kündigung, sondern das Ausscheiden. Es werden alle Entlassungen innerhalb von 30 Kalendertagen zusammengerechnet, auch wenn sie sukzessive erfolgen.

Beschließt der Arbeitgeber, den Betrieb zu einem bestimmten Zeitpunkt stillzulegen, und entläßt er anschließend stufenweise Personal, so stellt der im Zeitpunkt dieser Beschlußfassungen, **nicht aber** der spätere, verringerte Personalbestand die für die Anzeigepflicht nach § 17 Abs.1 KSchG maßgebende regelmäßige Arbeitnehmerzahl dar. Der im Zeitpunkt des Stillegungsbeschlusses vorhandene Personalbestand bleibt auch dann für die Anzeigepflicht maßgebend, wenn der Arbeitgeber zunächst allen Arbeitnehmern zu dem vorgesehenen Stillegungstermin kündigt und später er oder an seiner Stelle der Konkursverwalter wegen zwischenzeitlich eingetretenen Vermögensverfalls zu demselben Termin vorsorglich nochmals kündigt.

Ist eine Massenentlassung im Sinne von § 17 Abs. 1 KSchG gegeben, so hat der Arbeitgeber dem Arbeitsamt eine **Anzeige zu erstatten**.

Allgemeines zur Kündigung

4231

Die Anzeige bedarf der **Schriftform**. Sie hat u.a. Angaben über die Zahl der in der Regel beschäftigten Arbeitnehmer, die Zahl der zu entlassenden Arbeitnehmer, die Gründe für die Entlassungen und den Zeitraum, in dem die Entlassungen vorgenommen werden sollen, zu enthalten (§ 17 Abs. 3 Satz 4 KSchG). Ferner hat der Arbeitgeber dem Arbeitsamt eine **Abschrift** seiner gesetzlich vorgeschriebenen Mitteilung an den **Betriebsrat** und dessen Stellungnahme zu den Entlassungen zuzuleiten. Fehlt die Stellungnahme des Betriebsrats, so ist die Anzeige nur wirksam, wenn der Arbeitgeber glaubhaft macht, daß er den Betriebsrat mindestens zwei Wochen vor Erstattung der Anzeige unterrichtet hat und den Stand seiner - ebenfalls notwendigen - Beratungen mit dem Betriebsrat darlegt (§ 17 Abs. 3 Satz 1, 2, 3 KSchG).

Die Anzeige muß vor der tatsächlichen Entlassung erstattet werden. Kann der Arbeitgeber die Zahl der notwendigen Entlassungen nicht voraussehen, ist eine **vorsorgliche Anzeige** möglich.

4232

Trotz der Beteiligung des Betriebsrats im Rahmen der Massenentlassung ist der Betriebsrat auch noch vor den Kündigungen nach § 102 BetrVG zu hören (vgl. Rz. 4669).

Wenn erkennbare Veränderungen des Betriebes innerhalb der nächsten 12 Monate voraussichtlich zu einer Massenentlassung führen, muß der Arbeitgeber auch dies dem **Landesarbeitsamt unverzüglich schriftlich mitteilen (§ 8 Abs. 1 AFG)**. Verletzt der Arbeitgeber diese Mitteilungspflicht vorsätzlich oder grob fahrlässig, so hat er der **Bundesanstalt für Arbeit** die Aufwendungen zu erstatten, die ihr durch die Umschulung der Entlassenen oder auf eine andere Tätigkeit umgesetzten Arbeitnehmer für die Dauer von 6 Monaten entstehen.

Hat der Arbeitgeber die Anzeige **nicht, nicht rechtzeitig oder nicht ordnungsgemäß erstattet**, so sind **alle anzeigepflichtigen Entlassungen** unwirksam. Dies gilt auch für Entlassungen, die unterhalb der anzeigepflichtigen Zahlen des § 17 Abs. 1 KSchG liegen. Der Arbeitnehmer hat jedoch ein **Wahlrecht**: Er kann die Unwirksamkeit geltend machen oder die Entlassung hinnehmen.

Mit dem Eingang der Anzeige beim Arbeitsamt beginnt eine **einmonatige Sperrfrist**, vor deren Ablauf anzeigepflichtige Entlassungen nur mit Zustimmung des Landesarbeitsamts wirksam werden (§ 18 Abs. 1 KSchG). Dies bedeutet, daß die ausgesprochenen Kündigungen zwar wirksam sind, aber ihre das Arbeitsverhältnis beendende Wirkung bis zum Ende der Frist gehemmt ist. Kann bei einer Massenentlassung die Kündigung eines Angestellten wegen später ablaufender Sperrfrist nicht zu dem im Kündigungsschreiben genannten Kündigungstermin rechtswirksam werden, so wirkt die Kündigung erst zum nächstzulässigen Kündigungstermin.

Arbeitsrecht

4233

Das Landesarbeitsamt kann die Sperrzeit verkürzen, wobei die Zustimmung auch rückwirkend bis zum Tag der Antragstellung erteilt werden kann (§ 18 Abs.1 KSchG). Das Landesarbeitsamt kann im Einzelfall die Sperrzeit jedoch auch bis zu **längstens 2 Monaten** nach dem Eingang der Anzeige beim Arbeitsamt **verlängern** (§ 18 Abs. 2 KSchG).

Nach Ablauf der gesetzlichen, verkürzten oder verlängerten Sperrfrist können die Entlassungen durchgeführt werden, sofern die Kündigungsfristen eingehalten sind und die Kündigungsschutzvorschriften nicht entgegenstehen. Auch die Zustimmung des Landesarbeitsamtes zur Massenentlassung nimmt dem gekündigten Arbeitnehmer nicht den Kündigungsschutz nach § 1 KSchG. Die beabsichtigten Entlassungen müssen innerhalb eines Monats seit Ablauf der Sperrfrist (sog. **Freifrist**) durchgeführt werden. Andernfalls bedarf es unter den Voraussetzungen des § 17 Abs. 1 KSchG einer erneuten Anzeige (§ 18 Abs. 4 KSchG).

Insgesamt ist die Rechtlage bei Massenentlassungen schwierig. Von daher wird es sich empfehlen, einen Spezialisten heranzuziehen oder sich beim Arbeitsamt zu erkundigen.

X. Weiterführende Literaturhinweise

4234

Allgemeines zu Fragen des Kündigungsrechts finden sich in einer Unzahl von Büchern. Nachfolgend werden daher nur einige Hinweise gegeben, die ihrerseits wieder weiterführende Literatur enthalten.

Hönsch/Natzel, Handbuch des Fachanwalts Arbeitsrecht, 2. Aufl. 1994, Teil D
Münchener Handbuch zum Arbeitsrecht, Band 2, 1993, § 115
Schaub, Arbeitsrechtshandbuch, 7. Aufl. 1992, §§ 123 ff.
Schulz, Kündigungsschutz im Arbeitsrecht von A-Z, 1992
Zöllner/Loritz, Arbeitsrecht, 4. Aufl. 1992, § 22

21. Kapitel: Kündigungsfristen

I.	Gesetzliche Regelfristen	4251
	1. Neue gesetzliche Regelung	4251
	2. Bestehende tarifliche Regelungen	4252
	3. Kündigungsfristen in den neuen Bundesländern	4252a
II.	Verlängerte Fristen für Arbeitnehmer	4253
III.	Kürzere tarifliche Fristen	4254
IV.	Kleinunternehmen	4255
V.	Inbezugnahme tariflicher Kündigungsfristen	4256
VI.	Übergangsvorschriften	4257
VII.	Kündigungsfristen in Sonderfällen	4258
	1. Auszubildende	4258
	2. Wehrpflichtige	4259
	3. Schwangere und Mütter	4260
	4. Schwerbehinderte	4261
	5. Heimarbeiter und Hausgewerbetreibende	4262
	6. Seeleute	4262a
	7. Arbeitsverhältnisse auf längere Zeit	4263
	8. Kündigungsfristen für GmbH-Geschäftsführer	4263
VIII.	Kündigung bei Probe-, Aushilfsarbeitsverhältnissen, Berufsausbildungsverhältnissen	4264
	1. Das Probearbeitsverhältnis	4264
	a) Unbefristete Probearbeitsverhältnisse	4265
	b) Befristete Probearbeitsverhältnisse	4266
	c) Berufsausbildungsverhältnis in der Probezeit	4267
	2. Aushilfsarbeitsverhältnisse	4268
	a) Unbefristete Aushilfsarbeitsverhältnisse	4269
	b) Befristete Aushilfsarbeitsverhältnisse	4270
IX.	Kündigung in befristeten Arbeitsverhältnissen	4271
X.	Kündigungsfristen bei Fortsetzung eines Arbeitsverhältnisses	4272
XI.	Kündigung vor Dienstantritt	4273
XII.	Kündigung im Konkurs	4274
XIV.	Weiterführende Literaturhinweise	4275

Checkliste: Kündigungsfrist

- Welche Kündigungsfrist ist einzuhalten gemäß
  - Einzelarbeitsvertrag?
    Achtung: Vereinbarung wirksam?
  - Tarifvertrag?
    Achtung: Tarifliche Kündigungsfrist wirksam?
  - Gesetz?
    Eingreifen der gesetzlichen Neuregelung?
    Altfall?
    Welche spezielle gesetzliche Regelung greift ein?
- Zu welchem Zeitpunkt soll das Arbeitsverhältnis beendet werden?
- An welchem Tage spätestens muß die Kündigung zugegangen sein, damit die Kündigungsfrist gewahrt wird?
  Achtung! Rechtzeitigen Zugang der Kündigung ggf. durch Boten sicherstellen!
- Soll aus besonderen Gründen zu einem späteren Termin als dem nächstmöglichen Termin gekündigt werden? Wenn ja, zu welchem?

4250

Bei einer ordentlichen Kündigung ist eine **Kündigungsfrist** einzuhalten. Wie lang im Einzelfall die Kündigungsfrist zu bemessen ist, ist gesetzlich geregelt. Die einschlägigen Fristen ergeben sich insbesondere aus den Vorschriften des Bürgerlichen Gesetzbuchs (§ 622). Häufig sind jedoch auch in Tarifverträgen Kündigungsfristen vereinbart. Auch die Arbeitsvertragsparteien können die gesetzlichen Fristen verlängern, dürfen aber für den Arbeitnehmer keine längeren Fristen als für den Arbeitgeber vereinbaren (§ 622 Abs. 5 BGB). Sie können auch einschlägige tarifliche Kündigungsfristenregelungen in Bezug nehmen (§ 622 Abs. 4 Satz 2 BGB).

Bei der **Suche nach der zutreffenden Kündigungsfrist** ist zunächst von den speziellen Vorschriften auszugehen (bspw. arbeitsvertragliche oder tarifvertragliche Vereinbarungen). Greifen solche nicht ein, sind die allgemeinen gesetzlichen Regelungen zu Grunde zu legen.

Kündigungsfristen

I. Gesetzliche Regelfristen

4251

Das **Bundesverfassungsgericht** (30.05.1990, *EzA* § 622 BGB n.F. Nr. 27) hatte entschieden, daß § 622 Abs. 2 BGB mit dem allgemeinen Gleichheitssatz des Grundgesetzes unvereinbar ist, soweit hiernach die Kündigungsfristen für Arbeiter kürzer waren als die für Angestellte. Dies bedeutete für die Praxis, daß die diskriminierenden Bestimmungen bis zur Neuregelung durch den Gesetzgeber von staatlichen Stellen **nicht mehr angewendet werden durften** und der Gesetzgeber verpflichtet war, die Rechtslage unverzüglich mit dem Grundgesetz in Einklang zu bringen (s. dazu Vorauflage Rz. 4251 ff.).

1. Neue gesetzliche Regelung

Mit Wirkung zum 15.10.1993 ist der Bundesgesetzgeber seinem Gesetzgebungsauftrag nachgekommen und hat ein neues Kündigungsfristenrecht geschaffen.

Hiernach stellt sich die gesetzliche Regelung in § 622 BGB wie folgt dar:

§ **622** (1) Das Arbeitsverhältnis eines Arbeiters oder eines Angestellten (Arbeitnehmers) kann mit einer Frist von **vier Wochen zum 15.** oder **zum Ende eines Kalendermonats** gekündigt werden.

(2) Für eine Kündigung durch den Arbeitgeber beträgt die **Kündigungsfrist**, wenn das Arbeitsverhältnis in dem Betrieb oder Unternehmen

➤ *zwei Jahre bestanden hat*, **einen** *Monat zum Ende eines Kalendermonats,*

➤ *fünf Jahre bestanden hat*, **zwei** *Monate zum Ende eines Kalendermonats,*

➤ *acht Jahre bestanden hat*, **drei** *Monate zum Ende eines Kalendermonats,*

➤ *zehn Jahre bestanden hat*, **vier** *Monate zum Ende eines Kalendermonats,*

➤ *zwölf Jahre bestanden hat*, **fünf** *Monate zum Ende eines Kalendermonats,*

➤ *fünfzehn Jahre bestanden hat*, **sechs** *Monate zum Ende eines Kalendermonats,*

➤ *zwanzig Jahre bestanden hat*, **sieben** *Monate zum Ende eines Kalendermonats.*

Bei der Berechnung der Beschäftigungsdauer werden Zeiten, die **vor der Vollendung des 25. Lebensjahres** des Arbeitnehmers liegen, **nicht berücksichtigt**.

(3) Während einer vereinbarten **Probezeit, längstens** für die **Dauer von sechs Monaten**, kann das Arbeitsverhältnis mit einer **Frist von zwei Wochen** gekündigt werden.

(4) Von den Absätzen 1 bis 3 **abweichende Regelungen** können durch **Tarifvertrag** vereinbart werden. Im Geltungsbereich eines solchen Tarifvertrages gelten die abweichenden tarifvertraglichen Bestimmungen **zwischen nichttarifgebundenen** Arbeitgebern und Arbeitnehmern, wenn ihre Anwendung zwischen ihnen **vereinbart** ist.

(5) **Einzelvertraglich** kann eine **kürzere** als die in Absatz 1 genannte **Kündigungsfrist nur vereinbart** werden,

1. wenn ein Arbeitnehmer zur vorübergehenden **Aushilfe** eingestellt ist; dies gilt **nicht**, wenn das Arbeitsverhältnis **über die Zeit von drei Monaten hinaus** fortgesetzt wird;

2. wenn der **Arbeitgeber** in der Regel **nicht mehr als zwanzig Arbeitnehmer** ausschließlich der zu ihrer Berufsbildung Beschäftigten beschäftigt und die **Kündigungsfrist vier Wochen nicht unterschreitet**. Bei der Feststellung der Zahl der beschäftigten Arbeitnehmer sind nur **Arbeitnehmer** zu berücksichtigen, deren regelmäßige Arbeitszeit **wöchentlich zehn Stunden** oder **monatlich 45 Stunden** übersteigt.

Die einzelvertragliche Vereinbarung **längerer** als der in den Absätzen 1 bis 3 genannten Kündigungsfristen bleibt hiervon **unberührt**.

(6) Für die Kündigung des Arbeitsverhältnisses durch den Arbeitnehmer darf keine längere Frist vereinbart werden als für die Kündigung durch den Arbeitgeber.

Die Vorschrift des § 622 BGB n.F. ist nach Maßgabe der neuen Vorschrift des Art. 222 EGBGB in Kraft getreten:

Bei einer **vor dem Inkrafttreten** des Kündigungsfristengesetzes **zugegangenen Kündigung gilt Art. 1 KündFG**, wenn zu diesem Zeitpunkt

(1) das **Arbeitsverhältnis noch nicht beendet** ist und die Vorschriften des Artikels 1 KündFG **für den Arbeitnehmer günstiger** als die vor dem Inkrafttreten des Gesetztes geltenden gesetzlichen Vorschriften sind oder

(2) ein **Rechtsstreit anhängig ist**, bei dem die **Entscheidung** über den Zeitpunkt der Beendigung des Arbeitsverhältnisses **abhängt von:**

a) der Vorschrift des **§ 622 Abs. 2 Satz 1 und 2, 1. Halbs. des Bürgerlichen Gesetzbuchs** in der Fassung des Artikels 2 Nr. 4 des Ersten Arbeitsrechtsbereinigungsgesetzes vom 14.8.1969 (BGBl. I, 1106) **oder**

b) der Vorschrift des § 2 Abs. 1 Satz 1 des **Gesetzes über die Fristen für die Kündigung von Angestellten** in der im BGBl. Gliederungsnummer 800-1 veröffentlichten bereinigten Fassung, das zuletzt durch Art. 30 des Gesetzes vom 18.12.1989 (BGBl. I, 2261) geändert worden ist, soweit danach die Beschäftigung von in der Regel mehr als zwei Angestellten durch den Arbeitgeber Voraussetzung für die Verlängerung der Fristen für die Kündigung von Angestellten ist.

2. Bestehende tarifliche Regelungen

4252

Im Anschluß an diese Entscheidung des Bundesverfassungsgerichts ist es in der Rechtsprechung wiederholt zu Meinungsverschiedenheiten darüber gekommen, was mit bestehenden tariflichen Regelungen, die zwischen Arbeitern und Angestellten differenzieren, passiert.

Auch tarifliche Kündigungsfristen müssen sich am Maßstab des Art. 3 GG messen lassen. Allerdings ist nicht schlechthin jede unterschiedliche Behandlung von Arbeitern und Angestellten in Tarifverträgen unwirksam, solange nur ein **sachlicher Grund** die Differenzierung rechtfertigt. Hier kann nach Auffassung des Bundesarbeitsgerichts *(23.01.1992, EzA § 622 BGB n.F. Nr. 41)* insbesondere das **Bedürfnis nach flexibler Personalplanung im produktiven Bereich** eine erheblich kürzere Grundkündigungsfrist für Arbeiter rechtfertigen, wenn diese im Gegensatz zu den Angestellten nur in der Produktion tätig sind. Ein Bedürfnis nach flexibler Personalplanung kann z.B. wegen produkt-, mode- und saisonbedingter Auftragsschwankungen bestehen. Zu nennen ist hier auch die "Just-in-time-Produktion".

Im **Baugewerbe** ist ein besonderes Interesse auf Arbeitgeberseite anerkannt, auf Konjunktureinbrüche und Auftragsrückgänge unmittelbar und ohne erhebliche Zeitverzögerung reagieren zu können. Diese rasche Reaktionsmöglichkeit ist insbesondere deshalb geboten, weil die Arbeit auf den Baustellen saisonalen sowie witterungsbedingten Einflüssen ausgesetzt ist. Aus diesem Grund verstößt die Grundkündigungfrist des § 12 Ziff. 1.1 BRTV-Bau von 12 Werktagen für Arbeiter im Gegensatz zu der für Angestellte im Baugewerbe von 6 Wochen zum Quartal nicht gegen Art. 3 Abs. 1 GG *(BAG 02.04.1992, EzA § 622 BGB n.F. Nr. 43)*.

Der **Prüfungsmaßstab** gilt sowohl für unterschiedliche Grundfristen als auch für ungleich verlängerte Fristen für Arbeiter und Angestellte mit längerer Betriebszugehörigkeit und höherem Lebensalter.

Beispiel:
Der Tarifvertrag des Lackiererhandwerks sieht für ältere Angestellte (ab Vollendung des 40. Lebensjahres) eine Kündigungsfrist von 3 Monaten zum Quartalsende vor. Die gleiche Kündigungsfrist gilt für ältere Arbeiter erst ab Vollendung des 50. Lebensjahres.

Arbeitsrecht

Besteht für diese tarifvertragliche Regelung kein sachlich gerechtfertigter Grund, liegt ein Verfassungsverstoß vor. Über diesen entscheiden die Arbeitsgerichte eigenständig.

Die Frage, ob die einschlägige tarifliche Kündigungsfrist verfassungsgemäß ist, kann nur unter Berücksichtigung des **gesamten Tarifinhalts beurteilt** werden. Es greift dann die gesetzliche Regelung ein.

Wenn die Kündigungsgrundfrist oder die verlängerten Kündigungsfristen für die ordentliche Kündigung von Arbeitern **in Tarifverträgen eigenständig geregelt** sind, haben die Gerichte für Arbeitssachen in eigener Kompetenz zu prüfen, ob die Kündigungsregelungen im Vergleich zu den für Angestellte geltenden Bestimmungen mit dem Gleichheitssatz des Grundgesetzes vereinbar sind. An diesen sind nämlich auch die Tarifvertragspartner gebunden. An sachlichen Gründen für unterschiedliche Regelungen fehlt es, wenn die schlechtere Rechtsstellung der Arbeiter, d.h. also die kürzere Kündigungsfrist, nur auf einer **pauschalen Differenzierung** zwischen den Gruppen der Angestellten und Arbeiter beruht. **Sachlich gerechtfertigt** sind hingegen hinreichend gruppenspezifisch ausgestaltete unterschiedliche Regelungen, die z.B. entweder nur eine verhältnismäßig kleine Gruppe nicht intensiv benachteiligen, oder funktions-, branchen- oder betriebsspezifischen Interessen im Geltungsbereich des Tarifvertrages mit Hilfe verkürzter Kündigungsfristen für Arbeiter entsprechen. Hier sind z.B. zu nennen: Überwiegende Beschäftigung von Arbeitern in der Produktion. Aber auch andere **sachliche Differenzierungsgründe** können in Betracht kommen.

Ob auch bei Vorliegen eines Flexibilitätsbedürfnisses in der Zukunft noch der herkömmliche große Unterschied von 2 Wochen ohne Termin für Arbeiter im Vergleich zu 6 Wochen zum Quartal für Angestellte haltbar ist, hat das Bundesarbeitsgericht offengelassen *(10.03.1994, EzA § 622 BGB n.F. Nr. 50)*. Hier bahnt sich ein Rechtsprechungswandel an, auf den die Praxis sich einstellen sollte. In einer noch nicht veröffentlichten Entscheidung des Bundesarbeitsgerichts hat sich dieser Rechtsprechungswandel nunmehr vollzogen.

Was die **Ermittlungstiefe** anbelangt, hat das Bundesarbeitsgericht *(16.09.1993, EzA § 622 BGB n.F. Nr. 45)* festgestellt, daß es ausreicht, wenn die Wirksamkeit einer tariflichen Kündigungsfristenregelung nur von einer Prtei oder vom Gericht bezweifelt wird. Sodann müssen die Arbeitsgerichte **von Amts wegen** die für oder gegen die Verfassungsmäßigkeit sprechenden Umstände ermitteln. Hierbei werden erhebliche Anforderungen an die Ermittlungspflicht gestellt. Die bloße Tatsache, daß in der Produktion mehr Arbeiter beschäftigt sind, genügt nicht.

Ist eine tarifliche Kündigungsfrist nicht mit Art. 3 GG vereinbar, so ist sie nichtig. An ihre Stelle tritt regelmäßig die gesetzliche Regelung, es sei denn, es wäre ein anderer Wille der Tarifpartner im Wege der Auslegung zu ermitteln *(BAG 10.03.1994, EzA § 622 BGB n.F. Nr. 48)*. Die hier angesprochenen Fragen tariflicher Kündigungsfristen sind teilweise noch umstritten. Daher empfiehlt sich ein Studium der einschlägigen Literatur. Geht es um die Wirksamkeit einer bestimmten tariflichen Kündigungsfristenregelung, hilft häufig ein Blick in die Entscheidungssammlungen zu § 622 BGB (EzA, LAGE, AP), da hier die wichtigsten Entscheidungen abgedruckt sind.

3. Kündigungsfristen in den neuen Bundesländern

4252a

Auch in den neuen Bundesländern gilt das Kündigungsfristengesetz (Art. 5 des Kündigungsfristengesetzes). Nur für den Bereich des öffentlichen Dienstes bestehen Sonderregelungen.

II. Verlängerte Fristen für Arbeitnehmer

4253

Arbeitnehmern mit längerer Betriebszugehörigkeit kommen verlängerte Kündigungsfristen zugute, damit diese auf dem Arbeitsmarkt nach einer Kündigung länger die Möglichkeit haben, eine neue Stelle zu finden, s. § 622 Abs. 2 BGB. Die Verlängerung gilt also **nur für die Arbeitgeberkündigungsfrist**. Eine Übernahme der Verlängerung für den Arbeitnehmer ist möglich.

Für eine Kündigung durch den Arbeitgeber beträgt die Kündigungsfrist, wenn das Arbeitsverhältnis in dem Betrieb oder Unternehmen

- zwei Jahre bestanden hat, einen Monat zum Ende eines Kalendermonats,
- fünf Jahre bestanden hat, drei Monate zum Ende eines Kalendermonats,
- acht Jahre bestanden hat, drei Monate zum Ende eines Kalendermonats,
- zehn Jahre bestanden hat, fünf Monate zum Ende eines Kalendermonats,
- zwölf Jahre bestanden hat, fünf Monate zum Ende eines Kalendermonats,
- fünfzehn Jahre bestanden hat, sechs Monate zum Ende eines Kalendermonats,
- zwanzig Jahre bestanden hat, sieben Monate zum Ende eines Kalendermonats.

Bei der Berechnung der Beschäftigungsdauer werden Zeiten, die vor der Vollendung des 25. Lebensjahres des Arbeitnehmers liegen, nicht berücksichtigt.

Die bisherigen Unterschiede zwischen Arbeitern und Angestellten sind aufgehoben worden. Für das Eingreifen der verlängerten Kündigungsfristen kommt es auf den Zeitpunkt des Zugangs der Kündigung an. Es geht also um vollendete Jahre der Beschäftigung. Das volle Ausschöpfen der Zeiträume ist also zulässig. Da es auf den rechtlichen Bestand des Arbeitsverhältnisses ankommt, scha-

Arbeitsrecht

den Krankheitszeiten etc. nicht. Im Falle des Betriebsübergangs findet ebenfalls keine Unterbrechung statt.

III. Kürzere bzw. längere tarifliche Fristen

4254

§ 622 Abs. 4 Satz 1 BGB in der Fassung des Kündigungsfristengesetzes gestaltet alle Kündigungsfristen **tarifdispositiv**. Der Sinn und Zweck dieser Tarifdispositivität liegt darin, die Besonderheiten einzelner Wirtschaftsbereiche oder Beschäftigungsgruppen angemessen zu berücksichtigen. Von der Tarifdispositivität erfaßt sind

- die Grundkündigungsfrist und der Kündigungstermin,
- die verlängerte Kündigungsfrist,
- die Kündigungsfrist während der Probezeit.

Mit der Formulierung "Abweichende Regelung" sind sowohl Verschlechterungen als auch Verbesserungen der gesetzlichen Regelung erfaßt. In Betracht kommen also Verkürzungen und Verlängerungen der Kündigungsfrist und des Kündigungstermins. In Konsequenz der Vereinheitlichung der Kündigungsfristen gilt die **Tariföffnungsklausel** zukünftig auch für die verlängerten Kündigungsfristen der Angestellten.

Von der Tarifdispositivität erfaßt sind auch abweichende Regelungen hinsichtlich der Kündigungstermine und der Voraussetzungen, von denen der Anspruch auf eine verlängerte Kündigungsfrist abhängt. Zu nennen sind hier etwa

- Dauer der Betriebszugehörigkeit und
- Berechnung der Betriebszugehörigkeit ab einem bestimmten Alter.

Hervorzuheben ist jedoch, daß auch die Tarifparteien an § 622 Abs. 6 BGB n.F. gebunden sind. Für die Kündigung des Arbeitsverhältnisses durch den Arbeitnehmer darf keine längere Frist vereinbart werden als für die Kündigung durch den Arbeitgeber. Es besteht also ein **Benachteiligungsverbot** zu Gunsten der Arbeitnehmer. Die frühere Beschränkung auf den Einzelarbeitsvertrag ist aufgehoben worden.

IV. Kleinunternehmen

4255

Wichtig für **kleinere Unternehmen** ist die Vorschrift des § 622 Abs. 5 Satz 1 Nr. 2 BGB n.F. Hiernach kann **einzelvertraglich** eine **kürzere** als die in § 622 Abs. 1 BGB n.F. genannte Kündigungsfrist nur vereinbart werden, wenn der Arbeitgeber in der Regel nicht mehr als zwanzig Arbeitnehmer ausschließlich der zu ih-

Kündigungsfristen

rer Berufsbildung Beschäftigten beschäftigt und die Kündigungsfrist vier Wochen nicht unterschreitet. Möglich sind also abweichende Vereinbarungen hinsichtlich des Kündigungstermins, bis hin zum Verzicht auf den Kündigungstermin. Da sich § 622 Abs. 5 BGB n.F. ausdrücklich nur auf Absatz 1 der Vorschrift bezieht, ist für Arbeitnehmer mit längeren Kündigungsfristen die Kleinunternehmensklausel wohl bedeutungslos.

Bei der **Feststellung der Zahl der beschäftigten Arbeitnehmer** sind nur Arbeitnehmer zu berücksichtigen, deren regelmäßige Arbeitszeit wöchentlich 10 Stunden oder monatlich 45 Stunden übersteigt. Die einzelvertragliche Vereinbarung längerer als der in den Absätzen 1 bis 3 des § 622 BGB n.F. genannten Kündigungsfristen bleibt hiervon unberührt.

Bemerkenswert ist hier, daß nicht an den Betriebs-, sondern an den **Unternehmensbegriff** angeknüpft wird. Entscheidend ist mithin die Zahl der von einem Arbeitgeber beschäftigten Arbeitnehmer. Die **Differenzierung** zwischen größeren und kleineren Arbeitgebern wird man für zulässig halten müssen.

Unsicher ist jedoch, ob möglicherweise mit der Nichtberücksichtigung der nicht über zehn Stunden wöchentlich oder 45 Stunden monatlich beschäftigten Arbeitnehmer ein Verstoß gegen europarechtliche Vorgaben verbunden ist **(Gedanke der mittelbaren Diskriminierung, Art. 119 EWG-Vertrag).**

Steigt im Nachhinein die Zahl der Beschäftigten über 20 an, wird die Abkürzungsvereinbarung unwirksam. Ob sie bei einem Absinken unter die Schwellengrenze automatisch wieder auflebt, ist unsicher aber wohl zu bejahen.

V. Inbezugnahme tariflicher Kündigungsfristen

4256

Nach § 622 Abs. 4 Satz 2 BGB n.F. gelten die in Satz 1 genannten abweichenden tarifvertraglichen Bestimmungen auch zwischen nicht tarifgebundenen Arbeitgebern und Arbeitnehmern im Geltungsbereich eines entsprechenden Tarifvertrages, wenn ihre Anwendung **einzelvertraglich vereinbart** ist. Die bisherige Rechtslage (§ 622 Abs. 3 Satz 2 BGB a.F.) besteht daher fort.

Die Übernahme der tariflichen Regelung muß aber insgesamt erfolgen und es muß sich um einen **einschlägigen Tarifvertrag** handeln. Wie die Inbezugnahme erfolgt, ist gleichgültig (Verweis, Wiederholung, Mischform). Unzulässig ist jedenfalls ein Herauspicken einzelner Teile einer geschlossenen tariflichen Kündigungsfristenregelung. Auch ein nur nachwirkender Tarifvertrag (§ 4 Abs. 5 TVG) kann nach überwiegender Ansicht in Bezug genommen werden.

Arbeitsrecht

VI. Übergangsvorschriften

4257
Für die Lösung von Übergangsfällen ist Art. 222 EGBGB in das EGBGB eingefügt worden. Hiernach gilt folgendes: Bei einer vor dem 15. Oktober 1993 zugegangenen Kündigung gilt Art. 1 des Kündigungsfristengesetzes, also die Neufassung der Kündigungsfristen, wenn am 15. Oktober 1993

- das Arbeitsverhältnis noch nicht beendet ist und die Vorschriften des Art. 1 des Kündigungsfristengesetzes für den Arbeitnehmer günstiger als die vor dem 15. Oktober 1993 geltenden gesetzlichen Vorschriften sind oder
- ein Rechtsstreit anhängig ist, bei dem die Entscheidung über den Zeitpunkt der Beendigung des Arbeitsverhältnisses abhängt von
  - der Vorschrift des § 622 Abs. 2 Satz 1 und Satz 2 1. Halbs. des BGB in der bisherigen Fassung oder
  - der Vorschrift des § 2 Abs. 1 Satz 1 des Gesetzes über die Fristen für die Kündigung von Angestellten, soweit danach die Beschäftigung von in der Regel mehr als zwei Angestellten durch den Arbeitgeber Voraussetzung für die Verlängerung der Fristen für die Kündigung von Angestellten ist.

Da **Art. 222 EGBGB** auch die Fälle in die Neuregelung einbezieht, in denen vor Inkrafttreten der Neuregelung die Kündigung dem Arbeitnehmer zugegangen, der kündigungsrechtliche Sachverhalt zum Zeitpunkt des Inkrafttretens der Neuregelung noch nicht abgeschlossen und schließlich die Neuregelung für den gekündigten Arbeitnehmer günstiger ist als die bisherige Regelung, kann es zu verfassungsrechtlichen Problemen kommen *(Wollgast, AuR 1993, 325 ff.)*. Es kommt hierdurch nämlich regelmäßig zu einer **Ungleichbehandlung zwischen Arbeitern und Angestellten** in den Fällen, in denen vor dem 15.10.1993 eine Kündigung zugegangen ist.

Beispiel:
Dem Arbeiter A und dem Angestellten B gehen am 14.10.1993 Kündigungen unter Zugrundelegung der bisherigen Grundkündigungsfristen zu. A kann sich hier nach Art. 222 EGBGB auf die Neuregelung berufen. Für ihn gilt die 4-Wochen-Frist. Für B ist die alte Regelung günstiger. Es bleibt daher bei der 6-Wochen-Frist.
Hierdurch kommt es zweifellos zu einer Ungleichbehandlung. Fraglich ist aber, ob diese nicht für die Übergangszeit hinzunehmen ist.

Diese Problematik darf aber als geklärt gelten. Bundesarbeitsgericht und Bundesverfassungsgericht waren inzwischen mit der Übergangsregelung befaßt und haben diese als verfassungskonform angesehen. Daher bestehen nur noch geringe bis gar keine Aussichten mit Erfolg einen Verfassungsverstoß anzunehmen *(vgl. zum Problemkreis BVerfG 25.01.1994, EzA § 626 BGB n.F. Nr. 46 und BAG 17.03.1994, EzA § 622 BGB n.F. 22 und zur Anwendbarkeit des Art. 222 EGBGB auf*

Kündigungsfristen

den Fall des Streits über das Wirksamwerden einer Änderungskündigung BAG 12.01.1994, EzA § 622 BGB n.F. Nr. 47).

Nach wie vor unsicher ist aber, was mit **Verweisungsklauseln in Altverträgen** von Angestellten passiert. Angesprochen ist das Verhältnis der neuen gesetzlichen Regelungen zu Vereinbarungen, die vor dem Hintergrund des alten Rechtszustandes geschlossen worden sind. Hier war die **Inbezugnahme gesetzlicher oder tariflicher Bestimmungen** nicht selten.

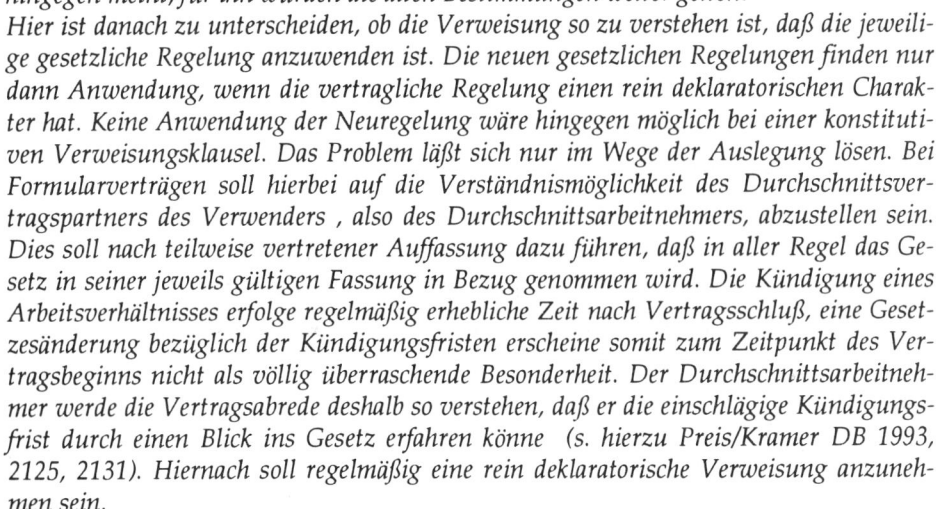

Beispiel:
Der Angestellte A ist seit neun Jahren bei Arbeitgeber B beschäftigt. In dem Arbeitsvertrag findet sich folgende Klausel: "Die Kündigungsfristen und Kündigungstermine richten sich nach den gesetzlichen Bestimmungen". B ist der Auffassung, er könne sich bei einer Kündigung des A nunmehr auf die für ihn günstigere Neuregelung berufen. A hingegen meint, für ihn würden die alten Bestimmungen weiter gelten.
Hier ist danach zu unterscheiden, ob die Verweisung so zu verstehen ist, daß die jeweilige gesetzliche Regelung anzuwenden ist. Die neuen gesetzlichen Regelungen finden nur dann Anwendung, wenn die vertragliche Regelung einen rein deklaratorischen Charakter hat. Keine Anwendung der Neuregelung wäre hingegen möglich bei einer konstitutiven Verweisungsklausel. Das Problem läßt sich nur im Wege der Auslegung lösen. Bei Formularverträgen soll hierbei auf die Verständnismöglichkeit des Durchschnittsvertragspartners des Verwenders, also des Durchschnittsarbeitnehmers, abzustellen sein. Dies soll nach teilweise vertretener Auffassung dazu führen, daß in aller Regel das Gesetz in seiner jeweils gültigen Fassung in Bezug genommen wird. Die Kündigung eines Arbeitsverhältnisses erfolge regelmäßig erhebliche Zeit nach Vertragsschluß, eine Gesetzesänderung bezüglich der Kündigungsfristen erscheine somit zum Zeitpunkt des Vertragsbeginns nicht als völlig überraschende Besonderheit. Der Durchschnittsarbeitnehmer werde die Vertragsabrede deshalb so verstehen, daß er die einschlägige Kündigungsfrist durch einen Blick ins Gesetz erfahren könne (s. hierzu Preis/Kramer DB 1993, 2125, 2131). Hiernach soll regelmäßig eine rein deklaratorische Verweisung anzunehmen sein.
Ob diese Auffassung vollends überzeugend ist, kann noch **nicht abschließend beurteilt werden**. Immerhin ist auch eine Argumentation denkbar, die davon ausgeht, daß die bisherige Kündigungsfristenregelung für Angestellte in langer Tradition als Fixpunkt betrachtet wurde mit der Folge, daß von einer Fortgeltung der bisherigen Regelung auszugehen ist.

Hier kann man jeder Partei mangels Vorliegen von Entscheidungen zu diesem Problemfeld nur raten: Es kommt auf den Versuch an! Allerdings hält die weit überwiegende Ansicht die Annahme einer deklaratorischen Regelung für richtig, so daß jedenfalls ein erhebliches Prozeßrisiko besteht.

Keine Probleme beinhalten Verweisungsklauseln, die **konkret auf eine bestimmte gesetzliche Regelung Bezug nehmen**. Wird etwa auf die Kündigungsfristen für Angestellte verwiesen, so ist hinreichend klargestellt, daß es bei einer

Kündigungsfrist von sechs Wochen zum Quartal bleiben soll. Gleiches gilt natürlich auch, wenn die Fristdauer konkret benannt ist. Heißt es etwa "Kündigungsfrist sechs Wochen zum Quartal", so wird diese Klausel durch die Neuregelung der Kündigungsfristen nicht berührt.

Sprechen die Parteien in ihrer Vereinbarung von "der gesetzlichen Kündigungsfrist von sechs Wochen zum Quartalsende", so kommt es darauf an, welche Komponente der Klausel in den Vordergrund gerückt wird. Hier wird man regelmäßig davon ausgehen müssen, daß dabei die genau gekennzeichnete Frist von sechs Wochen zum Quartalsende den Vorzug genießt.

Der Hinweis auf die gesetzliche Kündigungsfrist tritt demgegenüber zurück.

Kommt es infolge der Übergangsregelung zu einer fortdauernden Ungleichbehandlung, kann der Arbeitgeber nicht unter Berufung auf den Gleichbehandlungsgrundsatz für alle Arbeitnehmer einheitliche Kündigungsfristen "erkündigen". Dies würde dazu führen, daß ein **arbeitsrechtliches Schutzprinzip** in sein Gegenteil verkehrt würde.

VII. Kündigungsfristen in Sonderfällen

4258

Übersicht: Kündigungsfristen in Sonderfällen

- Auszubildende
- Wehrpflichtige
- Schwangere und Mütter
- Schwerbehinderte
- Heimarbeiter
- Hausgewerbetreibende
- Seeleute
- Arbeitsverhältnisse auf längere Zeit
- GmbH-Geschäftsführer

Kündigungsfristen

1. Auszubildende

Falls ein **Auszubildender** nach Ablauf der Probezeit die Berufsausbildung aufgeben oder sich für eine andere Berufstätigkeit ausbilden lassen will, kann er mit einer Frist von 4 Wochen kündigen (§ 15 Abs. 2 Nr. 2 BBiG). Nach Ansicht des Bundesarbeitsgerichts kann ein Berufsausbildungsvertrag entsprechend der Vorschrift des § 15 Abs. 1 BBiG bereits vor Beginn der Berufsausbildung von beiden Vertragsparteien ordentlich entfristet gekündigt werden, wenn die Parteien keine abweichende Regelung vereinbart haben und sich der Ausschluß der Kündigung vor Beginn der Ausbildung für den Auszubildenden nicht aus den konkreten Umständen ergibt. Auch ein **Berufsausbildungsverhältnis** kann während der Probezeit unter Zubilligung einer Auslauffrist wirksam ordentlich gekündigt werden. Die **Auslauffrist** muß allerdings so bemessen sein, daß sie nicht zu einer unangemessen langen Fortsetzung des Berufsausbildungsvertrages führt, der nach dem endgültigen Entschluß des Kündigenden nicht bis zur Beendigung der Ausbildung durchgeführt werden soll.

Erstmals hat das Bundesarbeitsgericht *(27.05.1993, EzA § 22 KO Nr. 5)* entschieden, unter welchen Voraussetzungen ein Ausbildungsverhältnis im Konkurs des Arbeitgebers beendet werden kann. Nach § 22 Abs. 1 Satz 1 KO kann ein in dem Haushalte, Wirtschaftsbetriebe oder Erwerbsgeschäfte des Gemeinschuldners angetretenes Dienstverhältnis von jedem Teil gekündigt werden. Die **Kündigungsfrist** ist dabei **die gesetzliche**, falls nicht eine kürzere Frist bedungen war (§ 22 Abs. 1 Satz 2 KO). Als gesetzliche Kündigungsfristen werden dabei nach ständiger Rechtsprechung des Bundesarbeitsgerichts auch die **tariflichen** angesehen (§ 15 BBiG). Im Ausbildungsverhältnis ist jedoch die ordentliche Kündigung vom Ausnahmefall der Kündigung durch den Auszubildenden bei Berufsaufgabe abgesehen, ausgeschlossen. Dies führt jedoch nicht dazu, daß das Ausbildungsverhältnis im Konkurs des Ausbilders außerordentlich gekündigt werden kann. Vielmehr ist in den Fällen der **Betriebsstillegung** durch den Konkursverwalter die Kündigungsfrist einzuhalten, die für das Arbeitsverhältnis gelten würde, wenn die Ausbildung zu dem erstrebten Beruf geführt hätte.

Beispiel:
Strebt der Auszubildende eine Tätigkeit an, die zum Angestelltenberuf führt, so ist die für Angestellte maßgebliche Kündigungsfrist einzuhalten.

2. Wehrpflichtige

4259

Will ein Arbeitgeber, der in seinem Betrieb in der Regel 5 oder weniger Arbeitnehmer ausschließlich der zu ihrer Berufsbildung Beschäftigten beschäftigt, im Falle des **Grundwehrdienstes** einem unverheirateten Arbeitnehmer kündigen, wenn ihm infolge der Einstellung einer Ersatzkraft die Weiterbeschäftigung des Arbeitnehmers nach Entlassung aus dem Wehrdienst nicht zugemutet werden kann, so darf die Kündigung nur unter Einhaltung einer Frist von 2 Monaten für den Zeitpunkt der Entlassung aus dem Wehrdienst ausgesprochen werden (§ 2 Abs. 3 ArbPlSchG).

3. Schwangere und Mütter

4260

Eine Frau kann **während der Schwangerschaft** und während der **Schutzfrist** nach der Entbindung ohne Einhaltung einer Frist zum Ende der Schutzfrist nach der Entbindung kündigen (§ 10 Abs. 1 Satz 1 MuSchG). Der Arbeitgeber kann einer Frau während der Schwangerschaft mit normaler Kündigungsfrist kündigen. Allerdings bedarf er nach § 9 Abs. 3 MuSchG hierzu der Zustimmung der für den Arbeitsschutz zuständigen Landesbehörde.

Während des **Erziehungsurlaubs** gibt es ein **Sonderkündigungsrecht** nach § 19 BErzGG. Hiernach kann der Arbeitnehmer das Arbeitsverhältnis zum Ende des Erziehungsurlaubs nur mit einer Frist von 3 Monaten kündigen.

4. Schwerbehinderte

4261

Gegenüber **Schwerbehinderten** und Gleichgestellten, die nicht unter § 20 SchwbG fallen, d.h. Kündigungsschutz nach § 15 SchwbG besitzen, beträgt die Frist für die Kündigung des Arbeitgebers mindestens 4 Wochen (§ 16 SchwbG). Diese Vorschrift hat nach der Neuregelung der Kündigungsfristen nur noch für in zulässiger Weise verkürzte tarifliche Kündigungsfristen Bedeutung.

Soweit in Arbeitsverträgen, Tarifverträgen oder Gesetzen geregelt ist, daß eine ordentliche Kündigung nur zu bestimmten Kündigungsterminen erfolgen kann, hat der Arbeitgeber sowohl diese Termine als auch die Mindestfrist nach dem Schwerbehindertengesetz zu beachten. Es gelten also **beide Privilegierungen** nebeneinander.

Fällt der Schwerbehinderte oder Gleichgestellte unter § 20 SchwbG (s. Rz. 4573), gilt die normale, gesetzliche, tarifliche oder vertragliche Kündigungsfrist.

5. Heimarbeiter und Hausgewerbetreibende

4262

Auch für Heimarbeiter hat sich die Kündigungsfrist durch das Kündigungsfristengesetz geändert. Hier gilt folgende Neuregelung (vgl. im einzelnen § 29 Heimarbeitsgesetz):

Das Beschäftigungsverhältnis eines in **Heimarbeit** Beschäftigten im Sinne des § 1 Abs. 1 Heimarbeitsgesetz kann beiderseits an jedem Tag für den Ablauf des folgenden Tages gekündigt werden (§ 29 Abs. 1 Heimarbeitsgesetz). Wird ein in

Kündigungsfristen

Heimarbeit Beschäftigter von einem Auftraggeber oder Zwischenmeister länger als 4 Wochen beschäftigt, so kann das Beschäftigungsverhältnis beiderseits nur mit einer Frist von 2 Wochen gekündigt werden (§ 29 Abs. 2 Heimarbeitsgesetz). Wird ein in Heimarbeit Beschäftigter überwiegend von einem Auftraggeber oder Zwischenmeister beschäftigt, so kann das Beschäftigungsverhältnis mit einer Frist von vier Wochen zum Fünfzehnten oder zum Ende eines Kalendermonats gekündigt werden. Während einer vereinbarten Probezeit, längstens für die Dauer von sechs Monaten beträgt die Kündigungsfrist zwei Wochen (§ 29 Abs. 3 Heimarbeitsgesetz). Unter den in Abs. 3 Satz 1 genannten Voraussetzungen beträgt die Frist für eine Kündigung durch den Auftraggeber oder Zwischenmeister, wenn das Beschäftigungsverhältnis

- zwei Jahre bestanden hat, einen Monat zum Ende eines Kalendermonats,
- fünf Jahre bestanden hat, zwei Monate zum Ende eines Kalendermonats,
- acht Jahre bestanden hat, drei Monate zum Ende eines Kalendermonats,
- zehn Jahre bestanden hat, vier Monate zum Ende eines Kalendermonats,
- zwölf Jahre bestanden hat, fünf Monate zum Ende eines Kalendermonats,
- fünfzehn Jahre bestanden hat, sechs Monate zum Ende eines Kalendermonats,
- zwanzig Jahre bestanden hat, sieben Monate zum Ende eines Kalendermonats.

Auch hier werden bei der Berechnung der Beschäftigungsdauer die Zeiten, die vor der Vollendung des 25. Lebensjahres des Beschäftigten liegen, nicht berücksichtigt.

Nach § 29 Abs. 5 des Heimarbeitsgesetzes gelten im übrigen die Vorschriften des § 622 Abs. 4 bis Abs. 6 BGB n.F. über abweichende Vereinbarungen entsprechend.

6. Seeleute

4262a

Auch für Seeleute ist eine Neuregelung vorgesehen.

Nach **§ 63 Abs. 1 Seemannsgesetz** kann das **Heuerverhältnis** eines Besatzungsmitglieds während der ersten drei Monate mit einer Frist von einer Woche gekündigt werden. Dauert die erste Reise länger als drei Monate, so kann die Kündigung während der ersten sechs Monate noch in den auf die Beendigung der Reise folgenden drei Tagen mit Wochenfrist ausgesprochen werden. Nach Ablauf der vorbezeichneten Zeiten beträgt die Kündigungsfrist vier Wochen zum Fünfzehnten oder zum Ende eines Kalendermonats, wenn das Heuerverhältnis in dem Betrieb oder Unternehmen zwei Jahre bestanden hat.

Nach **§ 63 Abs. 2 Seemannsgesetz** beträgt die Kündigungsfrist für eine Kündigung durch den Reeder, wenn das Heuerverhältnis in dem Betrieb oder Unternehmen

- acht Jahre bestanden hat, drei Monate zum Ende eines Kalendermonats,
- zehn Jahre bestanden hat, vier Monate zum Ende eines Kalendermonats,
- zwölf Jahre bestanden hat, fünf Monate zum Ende eines Kalendermonats,
- fünfzehn Jahre bestanden hat, sechs Monate zum Ende eines Kalendermonats,
- zwanzig Jahre bestanden hat, sieben Monate zum Ende eines Kalendermonats.

Nach **§ 63 Abs. 2 a Seemannsgesetz** finden die §§ 622 Abs. 3 bis Abs. 6 BGB n.F. entsprechende Anwendung.

7. Arbeitsverhältnisse auf längere Zeit

4263

Ist das **Arbeitsverhältnis auf Lebenszeit** einer Person oder für länger als 5 Jahre eingegangen, so kann es von dem Arbeitnehmer nach Ablauf von 5 Jahren mit einer Frist von 6 Monaten gekündigt werden (§ 624 BGB).

8. Kündigungsfristen für GmbH-Geschäftsführer

Das KündFG regelt die Kündigungsfristen für Arbeitnehmer. Nach überwiegender Ansicht sind GmbH-Geschäftsführer gerade keine Arbeitnehmer. Es besteht daher eine Regelungslücke. Diese ist durch entsprechende Anwendung des § 622 BGB zu schließen

VIII. Kündigung bei Probe- und Aushilfsarbeitsverhältnissen, Berufsausbildungsverhältnissen

1. Das Probearbeitsverhältnis

4264

Soll ein **Probearbeitsverhältnis** gekündigt werden, ist zunächst zu ermitteln, ob dieses **befristet** oder **unbefristet** ausgestaltet wurde. Ein Probearbeitsverhältnis kann nämlich rechtlich entweder **auf bestimmte Zeit zur Probe** oder **auf unbestimmte Zeit mit vorgeschalteter Probezeit** ausgestaltet werden. Ist keine gegenteilige Vereinbarung getroffen, ist bei einer Einstellung des Arbeitnehmers zur Probe die Probezeit als Beginn eines **Arbeitsverhältnisses auf unbestimmte Zeit** anzusehen. Hier ist also von vornherein auf die richtige **Vertragsgestaltung** zu achten!

Kündigungsfristen

a) Unbefristete Probearbeitsverhältnisse

4265

Unbefristete Arbeitsverhältnisse mit vorgeschalteter Probezeit enden nicht automatisch mit Ablauf der Probezeit, sondern bedürfen zu ihrer Beendigung während der Probezeit einer **Kündigung**. Im allgemeinen wünschen die Parteien, sich während der Probezeit möglichst schnell wieder voneinander lösen zu können. Allerdings kann für die vorgeschaltete Probezeit die ordentliche Kündigung auch vertraglich ausgeschlossen werden. Meist vereinbaren die Parteien jedoch ausdrücklich kürzere Kündigungsfristen als die später geltenden. Dies ist zulässig.

§ 622 Abs. 3 BGB n.F. trifft erstmals eine ausdrückliche gesetzliche Regelung der Kündigungsfrist während einer vereinbarten Probezeit, soweit diese sechs Monate nicht übersteigt. **Die Kündigungsfrist beträgt hiernach zwei Wochen.** Sie gilt, ohne daß es weiterer Vereinbarungen bedarf. Allein die Verabredung der Probezeitklausel führt also zur Anwendung der 2-Wochen-Frist. Die relativ kurze 2-Wochen-Frist trägt dem praktischen Bedürfnis beider Arbeitsvertragsparteien Rechnung, in einer überschaubaren Zeit der Beschäftigung die Leistungsfähigkeit des Arbeitnehmers und die Arbeitsbedingungen zu erproben. Unbefristete Einstellungen werden dadurch für den Arbeitgeber erleichtert. Wird eine Probezeit von mehr als sechsmonatiger Dauer vereinbart, gilt nach Ablauf des sechsten Beschäftigungsmonats die gesetzliche Grundkündigungsfrist. Entscheidend ist dabei hinsichtlich der Einhaltung der 6-Monats-Frist der **Zeitpunkt des Zugangs der Kündigung.** Die zweiwöchige Kündigungsfrist kann also bis zum Ablauf von sechs Monaten ausgenutzt werden, auch wenn das Ende der Kündigungsfrist erst nach diesem Zeitpunkt liegt.

Auch durch die **Neufassung des § 622 BGB** hat sich an der Differenzierung zwischen dem unbefristeten Probearbeitsverhältnis und dem befristeten Probearbeitsverhältnis nichts geändert (s. Rz. 4266), so jedenfalls die ganz überwiegende Meinung.

Längere Kündigungsfristen können selbstverständlich einzelvertraglich vereinbart werden. Die Vereinbarung einer Kündigungsfrist, die kürzer als zwei Wochen ist, ist nach § 622 Abs. 3 BGB i.V.m. § 622 Abs. 5 Satz 2 BGB unwirksam. An die Stelle einer solchen unwirksamen Regelung tritt die gesetzliche Regelung. Es gilt dann also eine zweiwöchige Kündigungsfrist während der Probezeit (§ 622 Abs. 3 BGB).

Die **Tarifvertragsparteien** haben auch für Probearbeitsverhältnisse eine gesteigerte Gestaltungsbefugnis, § 622 Abs. 4 BGB. Im Extremfall ist eine entfristete ordentliche Kündigung möglich.

b) Befristete Probearbeitsverhältnisse

4266

In einem **befristeten Probearbeitsverhältnis** ist die **ordentliche** Kündigung beiderseits **grundsätzlich ausgeschlossen**. Es endet regelmäßig ohne Kündigung durch Fristablauf. Eine dennoch ausgesprochene ordentliche Kündigung ist unwirksam. Ein befristeter Probearbeitsvertrag kann demnach nur aus wichtigem Grund gekündigt werden (s. Rz. 4501). Hieran hat sich auch nach der Neufassung des Kündigungsfristengesetzes nach überwiegender Meinung nichts geändert (s. Rz. 4265).

Allerdings können die Arbeitsvertragsparteien vereinbaren, daß das befristete Probearbeitsverhältnis gleichwohl ordentlich gekündigt werden kann. Da die Befristung grundsätzlich für einen Ausschluß der ordentlichen Kündigung spricht, muß eine derartige **Ausnahmeregelung** aber ausdrücklich getroffen werden oder der dahingehende beiderseitige Wille aus den Umständen eindeutig erkennbar sein.

Teilt der Arbeitgeber dem Arbeitnehmer nur mit, ein befristeter Probearbeitsvertrag werde nicht verlängert, so stellt dies selbstverständlich keine Kündigung dar.

c) Berufsausbildungsverhältnis in der Probezeit

4267

Das **Berufsausbildungsverhältnis** kann während der Probezeit fristlos gekündigt werden (§ 15 Abs. 1 BBiG). Nach Ablauf der Probezeit bestehen nur noch eingeschränkte Kündigungsmöglichkeiten (§ 15 Abs. 2 BBiG). S. im einzelnen auch Rz. 4258.

2. Aushilfsarbeitsverhältnisse

4268

Bei einem **Aushilfsarbeitsverhältnis** will der Arbeitgeber nur einen vorübergehenden Mehrbedarf an Arbeitskräften abdecken, der etwa durch den Ausfall von Stammkräften oder einen zeitlich begrenzten zusätzlichen Arbeitsanfall begründet sein mag. Es soll also von vornherein ein nicht auf Dauer angelegtes Arbeitsverhältnis begründet werden. Diese Absicht muß jedoch auch **in dem Arbeitsvertrag** zum Ausdruck kommen. Bei einem Aushilfsarbeitsverhältnis im Sinne von § 622 Abs. 5 Satz 1 Nr. 1 BGB muß der Inhalt des Arbeitsvertrages die nur vorübergehend beabsichtigte Beschäftigung zur Aushilfe durch die sogenannte "Aushilfsklausel" deutlich ausweisen. Außerdem muß der Tatbestand des nur vorübergehenden Bedarfs auch **objektiv** gegeben sein. Bei einem zeitlich befristeten Aushilfsarbeitsverhältnis ist es dagegen nicht unbedingt erfor-

Kündigungsfristen

derlich, die konkreten betrieblichen oder außerbetrieblichen Gründe für den vorübergehenden Bedarf ebenfalls zum Inhalt des Arbeitsverhältnisses zu machen.

Die Unterscheidung zwischen befristeten und unbefristeten Arbeitsverhältnissen greift also auch beim Aushilfsarbeitsverhältnis ein.

a) Unbefristete Aushilfsarbeitsverhältnisse

4269

Für ein **unbefristetes Aushilfsarbeitsverhältnis** gelten grundsätzlich die gesetzlichen Kündigungsfristen des §§ 622 Abs. 1 u. 622 Abs. 2 BGB. Nach § 622 Abs. 5 Satz 1 BGB n.F. kann die gesetzliche Kündigungsfrist im Rahmen eines Aushilfsarbeitsverhältnisses während der ersten drei Monate verkürzt werden. Diese Möglichkeit der Fristverkürzung gilt unbeschränkt. Es kann also auch eine entfristete ordentliche Kündigung vereinbart werden. Für die Einhaltung der dreimonatigen Beschäftigungsfrist kommt es auf den **Zugang der Kündigung** an. Die zulässigerweise in einem Aushilfsarbeitsvertrag vereinbarte verkürzte Kündigungsfrist kann daher bis zum Ablauf von drei Monaten ausgenutzt werden, selbst wenn das Ende der Kündigungsfrist erst nach diesem Zeitpunkt liegen sollte (*MünchKomm/Schwerdtner, BGB, 2. Aufl., § 622 Rdnr. 57*). Wird das Aushilfsarbeitsverhältnis über die Dauer von drei Monaten hinaus fortgesetzt, werden Vereinbarungen über Kündigungsfristen unwirksam, wenn sie den gesetzlichen Kündigungsfristen widersprechen. Es kommt dann die gesetzliche Regelung des § 622 BGB zum Tragen, es sei denn, es ist zulässigerweise etwas anderes vereinbart.

Vor **unbefristeten Aushilfsarbeitsverhältnissen** kann im übrigen nur gewarnt werden! Wird bspw. eine zur Aushilfe auf unbestimmte Zeit eingestellte Arbeitnehmerin schwanger, so genießt sie trotz des Aushilfscharakters des Arbeitsverhältnisses den vollen Mutterschutz, einschließlich eines etwaigen Erziehungsurlaubs. Dies kann im Extremfall dazu führen, daß eine nur wenige Tage beschäftigte Aushilfe für mehrere Monate weiterbezahlt werden muß.

b) Befristete Aushilfsarbeitsverhältnisse

4270

Die Parteien können vereinbaren, daß ihr Aushilfsarbeitsverhältnis nach Ablauf einer bestimmten Zeit oder zu einem bestimmten Kalendertermin enden soll **(befristetes Aushilfsarbeitsverhältnis)**. Auch ist eine Vereinbarung möglich, daß die Dauer des Arbeitsverhältnisses von dem Aushilfszweck abhängig gemacht werden soll.

Beispiel:
Genesung eines erkrankten Arbeitnehmers.

Ein solcher **"zweckbefristeter Arbeitsvertrag"** ist nach § 620 Abs. 2 BGB dann zulässig, wenn der Zeitpunkt der Zweckerfüllung voraussehbar ist und in überschaubarer Zeit liegt. Ob nur ein befristetes Aushilfsarbeitsverhältnis gewollt ist oder ob die Befristung nur die Höchstdauer darstellen und gleichzeitig den Parteien die Möglichkeit eingeräumt sein soll, vorzeitig zu kündigen, hängt von dem Inhalt der getroffenen Vereinbarungen ab. Auch die Vereinbarung einer **Höchstdauer mit zwischenzeitlicher Kündigungsmöglichkeit** ist also eine zulässige Vertragsgestaltung. Soll der Aushilfsarbeitsvertrag auf längere Zeit als 6 Monate befristet werden, muß ein sachlicher Grund bestehen.

IX. Kündigung in befristeten Arbeitsverhältnissen

4271
Ein befristetes Arbeitsverhältnis kann unter den Voraussetzungen des § 626 BGB (s. Rz. 4501 ff.) **außerordentlich** gekündigt werden. Eine **ordentliche** Kündigung ist hingegen in befristeten Arbeitsverhältnissen grundsätzlich **ausgeschlossen**. Eine gleichwohl ausgesprochene Kündigung ist unwirksam. Allerdings kann auch bei einem befristeten Arbeitsverhältnis eine ordentliche Kündigungsmöglichkeit vereinbart werden.

Wollen sich Arbeitgeber oder Arbeitnehmer eine solche Möglichkeit eröffnen, ist auf eine richtige **Vertragsgestaltung** zu achten. Hier empfiehlt sich eine **eindeutige Regelung**, da die Annahme eines ordentlichen Kündigungsrechts in befristeten Arbeitsverhältnissen die Ausnahme ist.

X. Kündigungsfristen bei Fortsetzung eines Arbeitsverhältnisses

4272

Wird ein Arbeitsverhältnis nach Ablauf der eigentlich vorgesehenen Zeit auf **unbestimmte Zeit fortgesetzt**, gelten die vertraglich vereinbarten und nicht die gesetzlichen Fristen zumindest dann, wenn die vereinbarte Kündigungsregelung aufgrund der Auslegung des ursprünglichen Vertrages auch auf den Fall der Fortsetzung des Arbeitsverhältnisses zu beziehen ist oder die Parteien bei Fortsetzung des Arbeitsverhältnisses eine entsprechende Vereinbarung getroffen haben. Lassen sich diese Fälle nicht feststellen, richtet sich die Kündigungsfrist nach den normalen gesetzlichen oder tariflichen Bestimmungen.

XI. Kündigung vor Dienstantritt

4273
Eine ordentliche Kündigung eines Arbeitsvertrages kann auch **vor Dienstantritt** erfolgen, wenn bereits durch den Vertragsschluß vertragliche Beziehungen entstehen und nur die Aktualisierung des Arbeitsverhältnisses noch nicht eingetreten ist (s. hierzu auch Rz. 4226). Der Ausschluß eines Rechts zur ordentlichen

Kündigungsfristen

Kündigung des Arbeitsvertrages vor Dienstantritt erfordert jedoch eine **eindeutige Vereinbarung** der Parteien. Fehlt eine solche, ist bei der Auslegung des Vertrages nicht von einer allgemeinen Erfahrungsregel auszugehen, derzufolge der Vertrag erst nach Antritt des Arbeitsverhältnisses gekündigt werden dürfe. Vielmehr müssen besondere Umstände vorliegen, die einen gesteigerten Vertrauensschutz für den Kündigungsempfänger erforderlich machen (Einstellung für einen Dauerarbeitsplatz, Abwerbung aus einem bestehenden Arbeitsverhältnis).

Wann bei einer Kündigung vor Dienstantritt die Kündigungsfrist zu laufen beginnt, hängt von den getroffenen Vereinbarungen ab. Es kann also von den Parteien vorgesehen werden, daß die Kündigungsfrist bereits mit dem Zugang der Kündigung zu laufen beginnt, so daß das Arbeitsverhältnis sich erst gar nicht aktualisiert. Andererseits kann auch vereinbart werden, daß die Kündigungsfrist erst von dem Tage an berechnet wird, an dem das **Arbeitsverhältnis vertragsgemäß aktualisiert** werden sollte. Fehlt es hier an eindeutigen Parteivereinbarungen, dann ist die beiderseitige Interessenlage maßgeblich dafür, wann die Kündigungsfrist zu laufen beginnt.
Bei der **Würdigung dieser Interessenlage** kommt es entscheidend auf die konkreten Umstände an. Allgemeine Erfahrungsregelungen oder der Grundsatz des Vertrauensschutzes können hier nicht herangezogen werden.

Bedeutung kommt bspw. auch hier der Tatsache zu, daß der Arbeitnehmer auf **Veranlassung des neuen Arbeitgebers** einen gesicherten Arbeitsplatz aufgegeben hat. Hier wird regelmäßig sein Vertrauen darauf, zumindest das neue Beschäftigungsverhältnis für eine bestimmte Zeit aufzunehmen, schützenswert sein, so daß die Kündigungsfrist erst mit der vertragsmäßigen Aktualisierung des Arbeitsverhältnisses beginnt.

Gelangt man zu dem Ergebnis, daß die Kündigungsfrist bei einer vor Dienstantritt ausgesprochenen ordentlichen Kündigung erst in dem Zeitpunkt, zu dem die Aktualisierung des Arbeitsverhältnisses vereinbart war, beginnt, dann ist auf den Zeitpunkt des vertraglich vereinbarten Beginns des Arbeitsverhältnisses abzustellen. Es kommt also nicht darauf an, wann die Arbeit **tatsächlich aufgenommen worden ist**.

Eine vertragliche Vereinbarung, nach der **einseitig** die arbeitnehmerseitige Kündigung vor Dienstantritt ausgeschlossen ist, verstößt gegen § 622 Abs. 6 BGB und ist deshalb unwirksam. Die hierdurch entstehende Regelungslücke kann nicht einfach durch die Anwendung der gesetzlichen Vorschriften geschlossen werden. Es greift also nicht der Grundsatz ein, daß grundsätzlich eine Kündigung vor Dienstantritt für beide Vertragsparteien möglich ist. Vielmehr sind die Interessenlage und der Parteiwille im einzelnen zu ermitteln.

XII. Kündigung im Konkurs

4274

Bei einer Kündigung im Konkurs ist die Vorschrift des § 22 KO zu beachten. Ein in dem Haushalte, Wirtschaftsbetriebe oder Erwerbsgeschäfte des Gemeinschuldners angetretenes Dienstverhältnis kann von jedem Teil gekündigt werden. Die Kündigungsfrist ist, falls nicht eine kürzere Frist bedungen war, die gesetzliche. Als gesetzliche Frist werden auch die **tariflichen Fristen** angesehen. Kündigt der Konkursverwalter, so kann der andere Teil **Schadensersatz** verlangen.

Die Regelungen über die Kündigung von Arbeitsverhältnissen im Konkurs werden im Zuge der geplanten **Insolvenzrechtsreform** neu gestaltet werden. Bis 1999 bleibt es jedoch bei der Altregelung.

XIV. Weiterführende Literaturhinweise

4275

Adomeit/Thau, Das Gesetz zur Vereinheitlichung der Kündigungsfristen von Arbeitern und Angestellten, NJW 1994, 11

Bauer, Entwurf eines Kündigungsfristengesetzes, NZA 1993, 495

Bauer, Kündigung und Kündigungsschutz vertretungsberechtigter Organmitglieder, BB 1994, Heft 12

Bauer/Rennpferdt, Kündigungsfristen, AR-Blattei SD Kündigung V, Kündigungsfristen

Buchner, Die Kündigungsfristen für Arbeiter nach der Entscheidung des Bundesverfassungsgerichts vom 30.05.1990, NZA 1991, 41

Fenski, Verfassungswidrigkeit der gem. § 622 Abs. 3 Satz 1 BGB tariflich verkürzten Kündigungsfristen für ältere Arbeiter, DB 1991, 2438

Hromadka, Rechtsfragen zum Kündigungsfristengesetz, BB 1993, 2372

Kehrmann, Neue gesetzliche Kündigungsfristen für Arbeiter und Angestellte, AiB 1993, 740

Preis/Kramer, Das neue Kündigungsfristengesetz, DB 1993 2125

Voss, Auswirkungen des Gesetzes zur Vereinheitlichung der Kündigungsfristen (KündFG) auf das Arbeitnehmerüberlassungsgesetz, NZA 1994, 57

Wank, Die neuen Kündigungsfristen für Arbeitnehmer (§ 622 BGB), NZA 1993, 961

Widlak, Einheitliche Kündigungsfristen für Arbeiter und Angestellte, AuA 1993, 353

Wollgast, Verfassungswidrigkeit der Übergangsregelung des Kündigungsfristengesetzes, AuR 1993, 325

22. Kapitel: Die Kündigung als "letztes Mittel"

I.	Kann der Arbeitnehmer an anderer Stelle weiterbeschäftigt werden?	4301
II.	Wo muß nach der anderen Beschäftigungsmöglichkeit gesucht werden?	4302
III.	Welche Voraussetzungen muß der Ausweicharbeitsplatz erfüllen?	4304
IV.	Weiterführende Literaturhinweise	4308

I. Kann der Arbeitnehmer an anderer Stelle weiterbeschäftigt werden?

4301

Nach der ständigen Rechtsprechung gilt im Kündigungsschutzrecht ganz allgemein der Grundsatz, daß eine Beendigungskündigung nur **als äußerstes Mittel** in Betracht kommt. Daraus folgt u. a., daß keine Möglichkeit zu einer anderweitigen zumutbaren Beschäftigung, wenn auch unter Umständen zu schlechteren Bedingungen, bestehen darf. Der Arbeitgeber hat also vor jeder Beendigungskündigung zu prüfen, ob es ihm nicht zumutbar ist, den Arbeitnehmer auf einem anderen gleichwertigen oder geringerwertigen Arbeitsplatz weiterzubeschäftigen. Dies gilt **unabhängig von einem Widerspruch des Betriebsrats** nach § 102 Abs. 3 BetrVG. Eine Beförderungsmöglichkeit muß der Arbeitgeber hingegen für den Arbeitnehmer nicht suchen.
Umstritten ist, ob das Ultima-ratio-Prinzip auch außerhalb des Geltungsbereichs des KSchG zur Anwendung kommt. Dies dürfte zu verneinen sein.

II. Wo muß nach der anderen Beschäftigungsmöglichkeit gesucht werden?

4302

Diese Weiterbeschäftigungspflicht ist dabei **betriebs- und unternehmensbezogen**. Besteht also das Unternehmen aus mehreren Betrieben, so hat der Arbeitgeber in Bezug auf **jeden dieser Betriebe** zu untersuchen, ob eine Weiterbeschäftigung möglich ist. Ein konzernbezogener Kündigungsschutz besteht im Grundsatz nicht. Er kann sich freilich aus den vertraglichen Abreden ergeben.
Wann von einem solchen Konzernbezug auszugehen ist, ist fraglich. Ein kündigungsrechtlich relevanter Konzernbezug ist nicht bereits dann anzunehmen, wenn Arbeitnehmer in einem Konzernunternehmen - ohne versetzt oder abgeordnet zu werden - **bestimmten fachlichen Weisungen** durch ein anderes Konzernunternehmen unterstellt werden. Dies gilt jedenfalls dann, wenn dadurch noch kein **Vertrauenstatbestand** begründet wird, der einem vereinbarten oder in der Vertragsabwicklung konkludent durchgeführten Versetzungsvorbe-

halt gleichgestellt werden kann (*BAG 27.11.1991, EzA § 1 KSchG Betriebsbedingte Kündigung Nr. 72*).

4303

Eine konzernbezogene Betrachtung ist nicht nur dann geboten, wenn sich ein anderes Konzernunternehmen ausdrücklich zur Übernahme des Arbeitnehmers bereit erklärt hat, sondern auch und vor allem dann, wenn sich eine solche Verpflichtung unmittelbar aus dem **Arbeitsvertrag** oder einer **sonstigen vertraglichen Absprache** ergibt. Der Arbeitnehmer kann von vornherein für den Unternehmens- und den Konzernbereich eingestellt worden sein oder sich arbeitsvertraglich mit einer Versetzung innerhalb der Unternehmens- bzw. Konzerngruppe einverstanden erklärt haben. Bei einer solchen Vertragsgestaltung ist der Arbeitgeber verpflichtet, zunächst eine Unterbringung des Arbeitnehmers in einem anderen Unternehmens- oder Konzernbetrieb zu versuchen, bevor er dem Arbeitnehmer aus betriebsbedingten Gründen kündigt. Gleiches gilt dann, wenn der Arbeitgeber dem Arbeitnehmer eine diesbezügliche Zusage macht oder eine Übernahme durch einen anderen Unternehmens- oder Konzernbetrieb in Aussicht stellt. Voraussetzung ist allerdings stets, daß dem Beschäftigungsbetrieb aufgrund einer Abstimmung mit dem herrschenden Unternehmen oder dem anderen Konzernbetrieb ein bestimmender Einfluß auf die "Versetzung" eingeräumt worden und die Entscheidung darüber nicht dem grundsätzlich zur Übernahme bereiten Unternehmen vorbehalten worden ist. Inwieweit hier konzernrechtliche Leitungsmacht ausgeübt werden muß, ist unsicher.

Aus Arbeitnehmersicht mißlich ist, daß das Bundearbeitsgericht (*20.01.1994, EzA § 1 KSchG Betriebsbedingte Kündigung Nr. 74*) vom Arbeitnehmer auch im Falle des konzerndimensionalen Kündigungsschutzes verlangt, konkret aufzuzeigen, wie er sich eine **anderweitige Beschäftigungsmöglichkeit** vorstellt. Der Arbeitnehmer ist hier auf umfassende eigene Nachforschungen angewiesen. Legt es der Arbeitgeber darauf an zu "mauern", so wird der Arbeitnehmer seiner Darlegungslast nur schwer nachkommen können.

III. Welche Voraussetzungen muß der Ausweicharbeitsplatz erfüllen?

4304

Die Verpflichtung zur Weiterbeschäftigung auf einem freien, gleichwertigen oder zumutbaren geringerwertigen Arbeitsplatz setzt zunächst einen **freien Arbeitsplatz** voraus. Als frei sind solche Arbeitsplätze anzusehen, die zum Zeitpunkt des Zugangs der Kündigung unbesetzt sind; sofern der Arbeitgeber bei Ausspruch der Kündigung mit hinreichender Sicherheit vorhersehen kann, daß ein Arbeitsplatz bis zum Ablauf der Kündigungsfrist, z. B. aufgrund des Ausscheidens eines anderen Arbeitnehmers, zur Verfügung stehen wird, ist ein erartiger Arbeitsplatz als frei anzusehen.

Die Kündigung als "letztes Mittel"

Die Verpflichtung zur Weiterbeschäftigung bezieht sich **nicht** auf einen frei gewordenen Arbeitsplatz **zu besseren Bedingungen**. Es gibt **keinen Anspruch auf Beförderung**.

4304

Unter bestimmten Voraussetzungen ist dem Arbeitgeber vor einer Kündigung auch eine **Umschulung** zumutbar.

Beispiel:
A ist bei der X-GmbH als Laborfacharbeiterin beschäftigt. Sie vermag wegen einer berufsbezogenen Krankheit auf Dauer ihren Beruf nicht mehr auszuüben. Sie verlangt die Umschulung und anschließende Weiterbeschäftigung als Bürokraft.

Nach der Rechtsprechung ist eine Kündigung auch dann rechtsunwirksam, wenn die Weiterbeschäftigung des Arbeitnehmers nach zumutbaren Umschulungs- und Fortbildungsmaßnahmen auf einem freien Arbeitsplatz möglich ist. Es muß aber mit hinreichender Sicherheit voraussehbar sein, daß nach Abschluß der Umschulungs- und Fortbildungsmaßnahmen ein freier Arbeitsplatz vorhanden sein wird. Der Arbeitgeber ist zu **keiner Personalplanung gezwungen** (s. aber § 92 BetrVG). Er hat also keinen Arbeitsplatz zu schaffen und auch bei einer noch nicht voraussehbaren Vakanz einen frei werdenden Arbeitsplatz ohne Berücksichtigung der betrieblichen Interessen für den Umschüler bereitzuhalten.

4305

Aus dem Ultima-ratio-Prinzip folgt auch der **Vorrang der Änderungskündigung** (§ 2 KSchG) vor einer Beendigungskündigung. Dies bedeutet, daß der Arbeitgeber vor jeder Kündigung überprüfen muß, ob es ihm zumutbar ist, das Arbeitsverhältnis zu geänderten Bedingungen fortzusetzen. Der Arbeitgeber muß nach der Rechtsprechung von sich aus dem Arbeitnehmer eine beiden Parteien zumutbare Weiterbeschäftigung auf einem freien Arbeitsplatz **auch zu geänderten Bedingungen** anbieten. Bei diesen Verhandlungen mit dem Arbeitnehmer hat der Arbeitgeber klarzustellen, daß bei Ablehnung des Änderungsangebotes eine Kündigung beabsichtigt ist, und hat ihm eine Überlegungsfrist von einer Woche einzuräumen (daher sog. Wochengespräch). Dieses Angebot kann der Arbeitnehmer unter einem dem § 2 KSchG entsprechenden Vorbehalt annehmen. Der Arbeitgeber muß dann eine Änderungskündigung aussprechen, d. h. das Ursprungsarbeitsverhältnis ordentlich kündigen und dem Arbeitnehmer anbieten, zu veränderten Arbeitsbedingungen weiterzuarbeiten. Lehnt der Arbeitnehmer das Änderungsangebot vorbehaltlos und endgültig ab, dann kann der Arbeitgeber eine Beendigungskündigung aussprechen. Diese Grundsätze gelten für die personen-, verhaltens- und betriebsbedingte Kündigung, mag auch dem Arbeitgeber bei verschuldeten erheblichen Vertragsverletzungen eine Weiterbeschäftigung zu anderen Bedingungen nur ausnahmsweise zumutbar sein. Kann aber etwa ein Arbeitnehmer aufgrund seines Gesundheitszustandes einen bestimmten Arbeitsplatz nicht mehr ausfüllen, so ist der Arbeitgeber gehalten, vor einer Beendigungskündigung zu überprüfen, ob er den Arbeitnehmer auf einem anderen freien **gleichwertigen oder geringerwertigen** Arbeitsplatz weiterbeschäftigen kann.

Selbstverständlich gibt es auch noch die **klassische Änderungskündigung** in der Form, daß der Arbeitgeber unmittelbar die Kündigung ausspricht. Das Vorgehen über das Wochengespräch, das schwierige Probleme bei der Anhörung des Betriebsrats aufwirft, ist dann obsolet.

In einer hochinteressanten Entscheidung hatte sich das Bundesarbeitsgericht (*19.05.1993, EzA § 1 KSchG Betriebsbedingte Kündigung Nr. 73*) erneut mit der **Reichweite des ultima-ratio-Prinzips** unter Berücksichtigung der Änderungskündigung zu befassen.

Beispiel:
Der Arbeitgeber beschließt im Rahmen einer Umorganisation seines Betriebes eine Reduzierung des Servicebereiches um täglich acht Stunden. Gegenüber den beiden sozial schwächsten Arbeitnehmern im Servicebereich spricht er eine Änderungskündigung von Vollzeitbeschäftigung auf 50%ige Teilzeitbeschäftigung aus, weil ihm dies bei Besserung der wirtschaftlichen Lage ein Aufstocken der Stundenzahl ermöglicht und er zudem in den arbeitsintensiven Morgenstunden auf zwei Kräfte zurückgreifen kann. Der sozial stärkere von den beiden gekündigten Arbeitnehmern meint, der Arbeitgeber habe eine Beendigungskündigung statt zweier Änderungskündigungen aussprechen müssen.

Zu klären war erstmals, ob ein Arbeitgeber als Folge des durch seine organisatorische Maßnahme entstandenen Arbeitskräfteüberhangs eine **Mehrzahl von Änderungskündigungen** *zur Verkürzung der Arbeitszeit* **anstelle einzelner Beendigungskündigungen** *aussprechen darf. Nach Auffassung des Bundesarbeitsgerichts gehört die Bestimmung, ob ein umfangmäßig konkretisierter Dienstleistungsbedarf nur mit Volltags- oder teilweise auch mit Halbtagsbeschäftigungen abgedeckt werden soll, zum Bereich der Unternehmenspolitik. Etwas anderes gilt nur, wenn für die Umgestaltung keine sachlich begründbaren, betrieblichen Erfordernisse vorliegen. Auch aus den Wertungen des § 1 Abs. 3 KSchG ergibt sich keine Verpflichtung zum Ausspruch einer Beendigungskündigung anstelle zweier Änderungskündigungen. Dies gebietet insbesondere auch nicht der* **Verhältnismäßigkeitsgrundsatz.**

Festzuhalten gilt aber: Eine **Atomisierung der Arbeitsverhältnisse** *zur Flucht aus dem Kündigungsschutz ist nicht zulässig!*

4306

Aus dem **Grundsatz der Verhältnismäßigkeit** folgt auch, daß der Arbeitgeber bei verschuldeten Vertragsverletzungen grundsätzlich nur kündigen kann, wenn er zuvor den Arbeitnehmer wegen einer gleichen oder ähnlichen Pflichtwidrigkeit zumindest schon einmal **abgemahnt** hat (s. Rz. 4415 ff.). Er muß also den Arbeitnehmer im Regelfall darauf hinweisen, daß er die mißbilligte Verhaltensweise nicht weiter hinnehmen und im Wiederholungsfall Konsequenzen für den Bestand des Arbeitsverhältnisses ziehen werde.

Die Kündigung als "letztes Mittel"

4307

Die **Auswirkungen eines Verstoßes gegen das Ultima-ratio-Prinzip** verdeutlicht nachstehender Sachverhalt.

Beispiel:
Der Arbeitgeber spricht anstelle einer eigentlich angemessenen Änderungskündigung (hier: von Dekorateurin zu Kassiererin) eine Beendigungskündigung aus. Es wird arbeitsgerichtlich festegstellt, daß die beendigungskündigung unwirksam ist, weil eine Tätigkeit als Kassiererin möglich war. Dies nimmt das ArbG in die Entscheidungsgründe auf. Der Arbeitgeber spricht daraufhin sofort eine Änderungskündigung aus und verlangt von der Arbeitnehmerin unter Berufung auf die Begründung des arbeitsgerichtlichen Urteils den unmittelbaren Einsatz als Kassiererin. Die Arbeitnehmerin weigert sich und begeht stattdessen Verzugslohn.
Zu recht! Der Arbeitgeber hätte hier bis zum Wirksamwerden der 2. Kündigung die Tätigkeit als Dekorateurin anbieten müssen. Daß die Klägerin sich selbst im Vorprozeß auf die Möglichkeit des Einsatzes als Kassiererin berufen hat, spielt demgegenüber keine Rolle. Dies geschah nur in Wahrnehmung ihrer berechtigten prozessualen Belange (s. zum Ganzen BAG 27.01.1994, EzA § 615 BGB Nr. 80).

IV. Weiterführende Literaturhinweise

4308

HönschNatzel, Handbuch des Fachanwalts Arbeitsrecht, 2. Aufl. 1994, Teil D Rn. 157
Gemeinschaftskommentar zum Kündigungsschutzgesetz und zu sonstigen kündigungsrechtlichen Vorschriften, 3. Aufl. 1989, § 1 Rn. 296
Preis, Prinzipien des Kündigungsrechts bei Arbeitsverhältnissen, S. 313 ff.
Stahlhacke/Preis, Kündigung und Kündigungsschutz im Arbeitsverhältnis, 5. Aufl. 1991, S. 161 f. und 222

23. Kapitel: Kündigungsschutz nach dem Kündigungsschutzgesetz

I. Betriebsgröße 4322

II. Geschützte Arbeitnehmer 4328

III. Auswirkungen des Kündigungsschutzgesetzes 4335

IV. Weiterführende Literaturhinweise 4336

4320

Übersicht: Anwendungsbereich des Kündigungsschutzgesetzes

- Mindestgröße des Betriebs
    - Mindestens 6 Arbeitnehmer dauerhaft beschäftigt
        - Auszubildende zählen nicht mit
        - Teilzeitbeschäftigte unter 10 Stunden wöchentlich oder 45 Stunden monatlich zählen nicht mit

- Mindestbeschäftigungsdauer 6 Monate
    - Verkürzung durch einzelvertragliche Vereinbarung nach h.M. möglich
    - Verlängerung unzulässig
    - Anrechnungsvereinbarungen: Anrechnung von Vordienstzeiten zulässig, aber nicht unstreitig
    - Einbeziehung von Zeiten eines früheren Arbeitsverhältnisses ebenfalls zulässig, aber nicht unstreitig

- Weitere Besonderheiten des Kündigungsschutzgesetzes
    - Für Saison- und Kampagnebetriebe (§ 22 KSchG)
    - Für Betriebe der öffentlichen Hand (§ 23 KSchG)

- Achtung! Besonderheiten können sich bei bestimmten Personengruppen ergeben:
    - Organmitglieder, bspw. GmbH-Geschäftsführer, Vorstandsmitglieder von Aktiengesellschaften oder Genossenschaften
    - Gesellschafter von Personenhandelsgesellschaften
    - Beamte
    - Auszubildende (teilweise streitig)
    - Beschäftigte in kirchlichen/religiösen Einrichtungen

Arbeitsrecht

4321
Das Kündigungsschutzgesetz findet nicht in allen Betrieben Anwendung. Vielmehr ist eine bestimmte Betriebsgröße, nicht Unternehmensgröße erforderlich. Auch der Arbeitnehmer muß bestimmte Voraussetzungen erfüllen, um Kündigungsschutz nach dem Kündigungsschutzgesetz zu genießen.

I. Betriebsgröße

4322
Nach § 23 Abs. 1 Satz 2 KSchG finden die Vorschriften des Kündigungsschutzgesetzes keine Anwendung auf Betriebe und Verwaltungen, in denen **in der Regel 5 oder weniger Arbeitnehmer** ausschließlich der zur Berufsbildung Beschäftigten (Auszubildende, Volontäre, Praktikanten) beschäftigt werden. **Teilzeitbeschäftigte** werden bei der Bestimmung der Regelbeschäftigtenzahl nur berücksichtigt, wenn ihre regelmäßige Arbeitszeit wöchentlich 10 oder monatlich 45 Stunden übersteigt (§ 23 Abs. 1 Satz 3 KSchG). Ist dies der Fall, zählen sie voll mit.

4323
Die Regelung, daß es in sogenannten **Kleinstbetrieben** keinen Kündigungsschutz mehr gibt, sieht man einmal von dem Kündigungsschutz nach bürgerlichem Recht ab (vgl. Rz. 4621 ff.), verstößt nicht gegen den Gleichheitssatz der Verfassung (Art. 3 GG). Auch ein Verstoß gegen europarechtliche Vorgaben ist vom EuGH nunmehr abgelehnt worden (*EuGH 30.11.1993, EzA-SD Heft 26/1993 S. 5*). Die Kleinbetriebsklausel kann daher insgesamt als uneingeschränkt gültig angesehen werden.
Ob ein Betrieb unter das Kündigungsschutzgesetz fällt, bestimmt sich nach der **Regelbeschäftigtenzahl im Zeitpunkt der Kündigungserklärung**. Arbeitnehmer im Sinne von § 23 Abs. 1 Satz 2 KSchG ist dabei nur derjenige, der aufgrund eines privatrechtlichen Vertrages in einem Verhältnis persönlicher Abhängigkeit Arbeitsleistungen erbringt. Deshalb werden z.B. Zivildienstleistende nicht mitgerechnet. Auch Organmitglieder, also etwa der Vorstand einer AG, zählen nicht mit.

Entscheidend ist, wieviel Arbeitnehmer der Betrieb **im Regelfall** aufweist. Dabei steht die Rechtsprechung auf dem Standpunkt, daß mehrere in einem Gebäude untergebrachte Unternehmen unter bestimmten Voraussetzungen als ein Betrieb im Sinne von § 23 Abs. 1 Satz 2 KSchG angesehen werden können, was z.B. dann der Fall ist, wenn von mehreren in einem Gebäude untergebrachten Unternehmen im Rahmen einer gemeinsamen Arbeitsorganisation und unter einer einheitlichen Leitungsmacht **arbeitstechnische Zwecke** verfolgt werden. Dies gilt auch dann, wenn in einer solchen Organisationsform verschiedene arbeitstechnische Zwecke verfolgt werden. Nicht vorausgesetzt ist, daß die beteiligten Unternehmen ausdrücklich eine rechtliche Vereinbarung über die einheitliche Leitung des gemeinsamen Betriebes geschlossen haben. Vielmehr reicht es aus, wenn sich eine solche Vereinbarung aus den näheren Umständen des Einzelfalls ergibt.

4324

Bei der **Ermittlung der Regelbeschäftigtenzahl** im Sinne von § 23 Abs. 1 Satz 2 KSchG ist nach der Rechtsprechung nicht auf die zufällige Belegschaftsstärke zur Zeit der Kündigung, sondern auf die Zahl der im normalen Betrieb beschäftigten Arbeitnehmer abzustellen. Hierdurch sollen zufällige Schwankungen vermieden werden.
Gelegentlich hat die Rechtsprechung auch auf einen **Vergleichszeitraum von 12 Monaten** abgestellt. Befindet sich eine Arbeitnehmerin beispielsweise im Erziehungsurlaub, so wird dadurch die Regelbeschäftigtenzahl nicht verändert, wenn vor und nach dem Erziehungsurlaub der Betrieb mit der gleichen Beschäftigtenzahl unverändert ausgestattet ist. Dieses Ergebnis wird bestätigt durch die Regelung in § 21 Abs. 7 BErzGG. Mit dieser Bestimmung wird sichergestellt, daß bei der Ermittlung der Anzahl der beschäftigten Arbeitnehmer nur der **Erziehungsurlaubsberechtigte oder die für ihn eingestellte Ersatzkraft mitgezählt** wird, wenn die Anwendung arbeitsrechtlicher Gesetze von der Zahl der im Betrieb beschäftigten Arbeitnehmer abhängt. Damit soll gewährleistet werden, daß bei einer regelmäßigen Beschäftigtenzahl von 5 Arbeitnehmern, von denen eine Person im Erziehungsurlaub ist und für sie (zusätzlich) eine Ersatzkraft eingestellt worden ist, die Kleinstbetriebsklausel trotz einer Zahl von nunmehr 6 Arbeitnehmern weiterhin gilt. Diese Grundsätze gelten ganz allgemein auch **für sonstige ruhende Arbeitsverhältnisse** (z. B. Ableistung von Wehrdienst).

4325

Das Kündigungsschutzgesetz setzt nicht voraus, daß der Arbeitnehmer ein **bestimmtes Alter** erreicht hat. Auch leitende Angestellte nehmen am Kündigungsschutz teil. Für **leitende Angestellte** im Sinne von § 14 KSchG gilt jedoch die Besonderheit, daß bei einer sozial ungerechtfertigten Kündigung der Antrag des Arbeitgebers auf Auflösung des Arbeitsverhältnisses keiner Begründung bedarf (§ 14 Abs. 2 Satz 2 KSchG). Für den leitenden Angestellten gilt daher der Grundsatz **"Dulde und Liquidiere!"**. Gleiches gilt für Betriebsleiter i.S.v. § 14 Abs. 2 Satz 1 KSchG. Zum Begriff des Betriebsleiter s. *BAG 25.11.1993, EzA § 14 KSchG Nr. 3*. **Betriebsleiter** ist hiernach jedenfalls, wer einen selbständigen Betrieb mit zahlreichen Arbeitnehmern leitet und dabei personell und wirtschaftlich bedeutende **Entscheidungsspielräume** hat.

4326

Für Kündigungen von juristischen Personen und Personengesamtheiten gegenüber ihren unmittelbaren **Organvertretern** gilt das Kündigungsschutzgesetz nicht. Das Kündigungsschutzgesetz ist daher nicht anwendbar auf die Kündigung des Dienstverhältnisses von Vorstandsmitgliedern einer AG, Geschäftsführern einer GmbH und geschäftsführenden Gesellschaftern einer offenen Handelsgesellschaft oder Kommanditgesellschaft. Dies gilt jedoch nur für Kündigungen gegenüber ihren **unmittelbaren Organvertretern**. Auf die von einer GmbH & Co. KG ausgesprochene Kündigung eines zwischen ihr und dem Geschäftsführer ihrer Komplementär-GmbH bestehenden Anstellungsvertrags ist daher das Kündigungsschutzgesetz anwendbar. Das Kündigungsschutzgesetz ist auch anwendbar, wenn zwischen einem Geschäftsführer und der GmbH bzw. zwischen dem Vorstand und der AG zwei Rechtsverhältnisse bestehen, von denen eines ein dienstlich abgrenzbares Arbeitsverhältnis ist.

Nach bisheriger Rechtsprechung des Bundesarbeitsgerichts galten Besonderheiten dann, wenn ein **Angestellter einer GmbH ohne eine wesentliche Änderung seiner Vergütung zum Geschäftsführer bestellt** wurde. In diesem Fall war **im Zweifel** davon auszugehen, daß das bisherige Arbeitsverhältnis nur suspendiert und nicht endgültig beendet wurde. Wurde daher der Angestellte bei einer derartigen Vertragsgestaltung als Geschäftsführer abberufen, wurde das Arbeitsverhältnis wieder auf seinen ursprünglichen Inhalt zurückgeführt, so daß sich die Gesellschaft nur im Wege einer Kündigung, die dem Kündigungsschutzgesetz unterliegt, von dem Angestellten trennen konnte. Hier scheint sich nun eine **Umkehrung der Rechtsprechung** anzubahnen. Der Leitsatz der Entscheidung des Bundesarbeitsgerichts vom 07.10.1993 (*EzA § 5 ArbGG 1979 Nr. 9*) lautet: "Soll der Arbeitnehmer zwecks späterer Anstellung als GmbH-Geschäftsführer zunächst in einem Arbeitsverhältnis erprobt werden, so ist im Zweifel anzunehmen, daß mit Abschluß des Geschäftsführervertrages das ursprüngliche Arbeitsverhältnis beendet sein soll".

Aus den Entscheidungsgründen ergibt sich, daß dies nicht nur auf den Sonderfall der Erprobung beschränkt sein soll. Das Bundesarbeitsgericht geht nunmehr davon aus, daß es zwar Fälle geben mag, in denen ein Arbeitsverhältnis trotz Abschluß eines freien Dienstvertrages ruhend fortbestehen soll. Fehle es aber an einer solchen Vereinbarung, sei **im Normalfall von einer automatischen Vertragsumwandlung auszugehen**. Das Bundesarbeitsgericht zieht insoweit eine Parallele zur Befristungsrechtsprechung. Auch hier wird regelmäßig auf den letzten befristeten Vertrag abgestellt. Die ursprüngliche Zweifelsregel zugunsten des Arbeitsvertrages ist also de facto umgekehrt (*s. auch LAG Düsseldorf, LAGE § 5 ArbGG 1979 Nr. 9*).

Da hier noch keine endgültige Sicherheit besteht, sollte aber der Arbeitsvertrag bei der Bestellung zum Geschäftsführer **ausdrücklich aufgehoben** werden. Dann bestehen keine Probleme (*s. hierzu BAG 21.02.1994, EzA § 2 ArbGG 1979 Nr. 28*).

Mitarbeitende Gesellschafter einer GmbH können, soweit sie persönlich abhängig sind, Arbeitnehmer sein. Dies hängt ganz wesentlich von der Ausgestaltung des Gesellschaftsvertrages ab. In diesem Zusammenhang ist es auch denkbar, daß ein Gesellschafter teilweise Leistungen aufgrund des Gesellschaftsvertrages und teilweise solche aufgrund eines privatrechtlichen Arbeitsvertrages zur Gesellschaft erbringt.

Kündigungsschutz nach dem Kündigungsschutzgesetz

Beispiel:
Gesellschafter A der X-GmbH ist gesellschaftsvertraglich verpflichtet, monatlich einen Tag der Gesellschaft für Beratungszwecke zur Verfügung zu stehen. Da ein leitender Mitarbeiter ausscheidet, verpflichtet sich der A in einem Arbeitsvertrag mit der Gesellschaft, weitere 4 Tage gegen einen Tagessatz von 2.000 DM der Gesellschaft beratend zur Verfügung zu stehen.

4327
Unter den **persönlichen Geltungsbereich** des allgemeinen Kündigungsschutzes fallen auch solche Arbeitnehmer, die neben einer hauptamtlichen Beamtentätigkeit in geringem zeitlichen Umfang Arbeitsleistungen im Rahmen einer Nebenbeschäftigung erbringen. Der Umstand, daß ein nebenberuflich tätiger Arbeitnehmer als Beamter auf Lebenszeit weitgehend wirtschaftlich und sozial abgesichert ist, stellt nach der Rechtsprechung keinen Grund für eine Kündigung des nebenberuflich ausgeübten Teilzeitarbeitsverhältnisses dar. Die arbeitsmarkt-, beschäftigungs- und sozialpolitisch motivierte Absicht des Arbeitgebers, anstelle von nebenberuflich tätigen Teilzeitarbeitnehmern Arbeitslose im Rahmen von Vollzeitarbeitsverhältnissen zu beschäftigen, vermag danach eine Kündigung nicht zu rechtfertigen.

2. Geschützte Arbeitnehmer

4328
Das Kündigungsschutzgesetz greift nur ein, wenn das Arbeitsverhältnis des zu kündigenden Arbeitnehmers im Zeitpunkt des Wirksamwerdens der Kündigung, d. h. im Zeitpunkt des Zugangs der Kündigung ohne Unterbrechung **länger als 6 Monate** gewährt hat. Dies gilt auch für Arbeitsverhältnisse von Schwerbehinderten (§ 20 Abs. 1 Nr. SchwbG). Im Falle einer Betriebsveräußerung (§ 613 a BGB) wird selbstverständlich die Beschäftigungsdauer im Veräußererbetrieb mitberücksichtigt. Wird ein Ausgebildeter vom Ausbilder übernommen, so genießt er wegen der Anrechnung der Ausbildungszeit sofort Kündigungsschutz.

Trotz des Gesetzeswortlauts sind nach der Rechtsprechung **kurzfristige rechtliche Unterbrechungen** des Arbeitsverhältnisses unerheblich.

Beispiel:
A ist von der O-OHG wegen Auftragsmangels entlassen worden. 4 Tage nach Ablauf der Kündigungsfrist wird er von dem bisherigen Arbeitgeber wieder eingestellt.
In diesem Beispiel besteht ein enger sachlicher Zusammenhang, so daß die bisherige Beschäftigungsdauer bei der Bestimmung der Wartezeit mitberücksichtigt wird.

4329

Zeiten eines **früheren Arbeitsverhältnisses** mit dem Arbeitgeber sind nach der Rechtsprechung anzurechnen, wenn zwischen beiden Arbeitsverhältnissen ein **enger sachlicher Zusammenhang** besteht. Für die Frage des engen sachlichen Zusammenhangs kommt es insbesondere auf Anlaß und Dauer der Unterbrechung sowie Art der Weiterbeschäftigung an. Die Dauer der Unterbrechung ist für sich allein ein wichtiger, aber nicht ausschlaggebender Umstand; von Bedeutung ist auch, von welcher Partei und aus welchem Anlaß das frühere Arbeitsverhältnis beendet worden ist und ob die weitere Beschäftigung des Arbeitnehmers seiner früheren Stellung entspricht. Ein enger sachlicher Zusammenhang ist auf jeden Fall zu verneinen, wenn die Zeit der Unterbrechung **unverhältnismäßig lang** war. Auch insoweit ist nach der Rechtsprechung stets eine Einzelfall bezogene Würdigung erforderlich. Eine Unterbrechung von 2 3/4 Monaten im Falle des mehrfach befristet angestellten Arbeitnehmers hat die Rechtsprechung als so erheblich angesehen, daß allein dies einen engen sachlichen Zusammenhang zu dem bisher befristeten Arbeitsverhältnis ausschließt.

Die Regelung in Art. 1 § 1 Abs. 1 BeschFG 1985, wonach ein sachlicher Zusammenhang zu einem vorhergehenden befristeten oder unbefristeten Arbeitsvertrag mit demselben Arbeitgeber insbesondere dann anzunehmen ist, wenn zwischen den Arbeitsverträgen ein Zeitraum von weniger als 4 Monaten liegt, hat nach der Rechtsprechung auf die Berechnung der Wartefrist des § 4 Satz 1 KSchG keinen Einfluß (*BAG EzA § 1 KSchG 1969 Nr. 46*).

4330

Offen gelassen hat die Rechtsprechung bislang, ob auf die **Wartefrist** auch die Zeit der Unterbrechung anzurechnen ist. Da die Wartefrist der Erprobung dient, während der Unterbrechung aber eine **Erprobung** ausgeschlossen ist, ist eine derartige Anrechnung abzulehnen.

Ist zwischen den Arbeitsvertragsparteien streitig, ob ein unstreitig begründetes, dann tatsächlich unterbrochenes Arbeitsverhältnis auch rechtlich unterbrochen war, so hat der Arbeitgeber darzulegen und zu beweisen, daß auch eine rechtliche Unterbrechung vorlag.

4331

Tatsächliche Unterbrechungen - etwa durch Krankheit oder Urlaub - sind für den Lauf der Wartefrist unschädlich.

4332

Da das Kündigungsschutzrecht Arbeitnehmerschutzrecht darstellt, kann die Wartezeit **rechtsgeschäftlich verkürzt**, aber nicht verlängert werden. Es kann also mit einem Arbeitnehmer vereinbart werden, daß dieser vom ersten Tag des Beschäftigungsverhältnisses an Kündigungsschutz genießen soll. Eine zeitliche Vorverlagerung des allgemeinen Kündigungsschutzes kann auch im Wege einer

Kündigungsschutz nach dem Kündigungsschutzgesetz

stillschweigenden Vereinbarung der Arbeitsvertragsparteien erfolgen. Eine derartige stillschweigende Vereinbarung kann beispielsweise angenommen werden, wenn ein Arbeitnehmer vor der Aufgabe des bisherigen Arbeitsplatzes dem neuen Arbeitgeber erklärt hat, daß er Wert auf eine Dauerstellung lege und dieser dies akzeptiert.

Ob auch vor Erfüllung der Wartezeit das Kündigungsschutzgesetz eingreifen kann, ist unsicher. Dies gilt insbesondere für den Fall, daß der Arbeitgeber früher kündigt als nach Gesetz oder Vertrag zur Wahrung der Kündigungsfrist notwendig ist und dieses Vorgehen den Anschein erweckt, als sollte die Erfüllung der Wartezeit vereitelt werden.

Beispiel:
A ist bei der C-KG am 01.01.1994 eingestellt worden. Seine einzelvertragliche Kündigungsfrist beträgt 6 Wochen zum Jahresende. Die C-KG kündigt das Arbeitsverhältnis am 30.06.1994 zum 31.12.1994.
*Nach der Rechtsprechung liegt dann kein Verstoß gegen Treu und Glauben vor, wenn der Arbeitgeber kurz vor Ablauf der Wartefrist kündigt, um z. B. einen Rechtsstreit über die Rechtfertigung der Kündigung zu vermeiden. Der Arbeitgeber übt damit lediglich die ihm während dieses Zeitraums noch eingeräumte **Kündigungsfreiheit** aus.*

Diese Grundsätze gelten erst recht, wenn der Arbeitgeber **längere Zeit vor Erfüllung der Wartezeit** die Kündigung ausspricht. Will sich daher ein Arbeitgeber von einem Arbeitnehmer kurz nach Begründung des Arbeitsverhältnisses wieder trennen, so sollte er, da es für die Erfüllung der Wartezeit auf den Zugang der Kündigung und nicht auf den Zeitpunkt des Ablaufs der Kündigungsfrist ankommt, die Kündigung so frühzeitig wie möglich aussprechen.

4333

Auf eine **Kündigung vor Dienstantritt** ist das Kündigungsschutzgesetz nicht anwendbar, auch wenn Vertragsschluß und Dienstbeginn weit mehr als 6 Monate auseinanderfallen.

Beispiel:
Z hat mit der A-GmbH am 01.01.1994 einen Arbeitsvertrag abgeschlossen. Als Zeitpunkt des Dienstantritts war der 01.10.1994 vereinbart worden.
Hier läuft die Wartefrist erst ab dem 01.10.1994, da in dem Zeitraum zwischen Vertragsschluß und Dienstantritt eine Erprobung des Arbeitnehmers nicht möglich war und die Wartefrist eben ein gesetzliches Probearbeitsverhältnis darstellt. In einer vorzeitigen Kündigung liegt regelmäßig auch keine Vereitelung des Eintritts des Kündigungsschutzes (s. Rz. 4332).

4334

Auf den Kündigungsschutz kann der Arbeitnehmer **rechtswirksam** erst nach Ausspruch der Kündigung **verzichten**. Das Kündigungsschutzgestz ist zugunsten des Arbeitnehmers zwingendes Recht. Der Verzicht auf die Erhebung einer

Kündigungsschutzklage erfolgt regelmäßig im Rahmen einer sog. **Ausgleichsquittung** (siehe Rz. 4801). Aus der Vereinbarung muß jedoch eindeutig hervorgehen, daß der Arbeitnehmer auf den Kündigungsschutz verzichtet bzw. sich verpflichtet, eine bereits erhobene Kündigungsschutzklage zurückzunehmen, ansonsten bleibt die entsprechende Klausel der Ausgleichsquittung wirkungslos. Grundsätzlich gilt hier: Kommt die Verzichtswirkung nicht eindeutig und für jedermann verständlich zum Ausdruck, entfaltet die Ausgleichsquittung keine Rechtswirkung.

Das LAG Düsseldorf *(02.10.1992, LAGE § 4 KSchG Nr. 22)* hat noch einmal bestätigt, daß der Arbeitnehmer nach erfolgter Kündigung auch **innerhalb der Klagefrist des § 4 S. 1 KSchG** wirksam auf die **Erhebung einer Kündigungsschutzklage verzichten kann**. Es besteht hier also kein Verzichtsverbot. Auch ist der Verzicht nicht daran geknüpft, daß dem Arbeitnehmer Widerrufsmöglichkeiten oder Rücktrittsrechte eingeräumt werden. Dies ist allerdings in der Literatur nicht unumstritten.

In dem der Ausgangsentscheidung zugrunde liegenden Fall hatte die Arbeitnehmerin gegenüber dem Arbeitgeber erklärt, daß sie keine rechtlichen Schritte gegen die Kündigung unternehmen werde. Dennoch erhob sie im folgenden Kündigungsschutzklage. Dabei hat sie die Auffassung vertreten, ein wirksamer Verzicht auf die Klageerhebung sei nicht innerhalb der Dreiwochenfrist des § 4 Satz 1 KSchG möglich. Dies ist schon deshalb nicht überzeugend, weil **keine gesetzliche Regelung besteht, die dem Arbeitnehmer den Verzicht auf den Kündigungsschutz untersagt.**

Das Kündigungsschutzgesetz schützt i.ü. auch vor sonstigen Abreden, die geeignet sind, den Bestandsschutz zu unterlaufen. Dies gilt etwa für Befristungen und auflösende Bedingungen. Der Schutz des Kündigungsschutzgesetzes greift aber auch ein, wenn **wesentliche Bestandteile des Arbeitsverhältnisses befristet** werden. Angesprochen ist die Frage der Umgehung des Änderungsschutzes. Dieser wird nicht umgangen, wenn eine Provisionszusage befristet wird, die neben das Tarifgehalt tritt und nur 15 % der Gesamtvergütung ausmacht *(BAG 21.04.1993, EzA § 2 KSchG Nr. 20 und dazu Leuchten, NZA 1994, 721)*. Entscheidend war hier, daß es sich um eine **zusätzliche Vergütung** handelte!

Wünscht der Arbeitnehmer die arbeitgeberseitige Kündigung, so ist Vorsicht geboten. Ein stillschweigender Abschluß eines Aufhebungsvertrages (s. Rz. 4001) kann hier nicht ohne weiteres angenommen werden. Auch von einem rechtswirksamen Verzicht auf den Kündigungsschutz kann nicht ausgegangen werden, da der Verzicht vor Ausspruch der Kündigung erfolgt ist. Richtiger Auffassung nach wird man eine dennoch erhobene Kündigungsschutzklage jedoch als **treuwidrig** ansehen müssen.

Kündigungsschutz nach dem Kündigungsschutzgesetz

III. Auswirkungen des Kündigungsschutzgesetzes

4335

Greift das Kündigungsschutzgesetz ein, so hat dies schwerwiegende Auswirkungen auf die Möglichkeiten des Arbeitgebers, eine wirksame Kündigung auszusprechen. Hierauf wird im einzelnen in den folgenden Kapiteln eingegangen (s. Rz. 4351 ff.).

Zu nennen sind insbesondere

- Notwendigkeit der sozialen Rechtfertigung einer Kündigung,
- Eingreifen des Verhältnismäßigkeitsprinzips,
- mögliche Auflösung des Arbeitsverhältnisses durch gerichtliches Gestaltungsurteil nach §§ 9, 10 KSchG.

Auf Seiten des Arbeitnehmers ist insbesondere die Notwendigkeit der Erhebung einer **fristgebundenen Kündigungsschutzklage** zur Geltendmachung der fehlenden sozialen Rechtfertigung einer Kündigung zu nennen (s. §§ 4, 7, 13 Abs. 1 KSchG). In diesem Zusammenhang ist immer wieder das Problem angesprochen, wann die Klagefrist schuldhaft versäumt ist, mit der Folge, daß auch die Zulassung einer verspäteten Klage ausscheidet (§ 5 KSchG). Hier hat das LAG Nürnberg (*23.07.1993, LAGE § 5 KSchG Krankheit Nr. 61*) eine beachtliche Klarstellung getroffen. Die Klagefrist ist hiernach schuldhaft versäumt, wenn die rechtskundig vertretene Partei am letzten Tag der Frist per Telefax unter Benutzung eines gerichtsfremden Telefaxes die Klage einreicht, die Inhaberin des Anschlusses, im Ausgangsfall die Staatsanwaltschaft, die Klage jedoch erst verspätet weiterleitet. Der klagende Arbeitnehmer kann sich dann auch nicht darauf berufen, in der Vergangenheit seien entsprechende Prozeßschriften immer fristgerecht weitergeleitet worden.
Auch Krankheit allein rechtfertigt die nachträgliche Zulassung der Kündigungsschutzklage nicht. Es ist erforderlich, daß infolge der Krankheit bis zum Ablauf der Klagefrist die rechtzeitige Klageerhebung unmöglich wird. Entscheidend ist, ob der Arbeitnehmer durch seine Krankheit objektiv gehindert war, eine Klage zu formulieren bzw., solange seine Entscheidungsfähigkeit dies erlaubte, andere Personen um entsprechende Hilfe anzugehen (*LAG Köln 01.09.1993, LAGE § 5 KSchG Nr. 62*).

Neben den soeben geschilderten Auswirkungen beinhaltet das Kündigungsschutzgesetz noch Sonderregelungen für bestimmte Personen- und Fallgruppen:

- Kündigungsschutz von Mitgliedern des Betriebsrats bzw. der Personalvertretung (§ 15 KSchG),
- Anzeigepflicht bei Massenentlassungen (§ 17 KSchG),
- Entlassungssperren (§ 18 KSchG) und Zulässigkeit von Kurzarbeit (§ 19 KSchG).

IV. Weiterführende Literaturhinweise

4336

Hönsch/Natzel, Handbuch des Fachanwalts Arbeitsrecht, 2. Aufl. 1994, Teil D Rn. 130 ff.

Schaub, Arbeitsrechtshandbuch, 7. Aufl. 1992, § 128

Stahlhacke/Preis, Kündigung und Kündigungsschutz im Arbeitsverhältnis, 5. Aufl. 1991, Rz. 592 ff.

Tschöpe, Die Bestimmung der in der Regel beschäftigten Arbeitnehmer, BB 1983, 1416

Wenzel, Kündigung und Kündigungsschutz, 6. Aufl. 1994, Rn. 191 ff.

24. Kapitel: Personenbedingte Kündigung

I.	"Personenbedingte" Kündigungsgründe	4351
II.	Arbeitsunfähigkeit	4352
III.	Kündigung wegen Krankheit	4354
IV.	Alkoholmißbrauch	4363
V.	Erreichen des 65. Lebensjahres	4366
VI.	Wehrdienstverpflichtung im Ausland	4367
VII.	Fehlen der Arbeitserlaubnis/Sonstiges	4368
VIII.	Weiterführende Literaturhinweise	4370

Checkliste: krankheitsbedingten Kündigung

- Faustformel: Bis zu 6 Wochen im Jahr ist die Krankheit kündigungsrechtlich irrelevant
- Langanhaltende Erkrankung
  - Zeitpunkt der Erkrankung
  - Voraussichtliche Dauer der Erkrankung
  - Zukünftig weitere überdurchschnittliche Krankheitszeiten zu erwarten?
  - Auswirkungen der langanhaltenden Erkrankung
  - Möglichkeiten zur Überbrückung der langanhaltenden Erkrankung:
    - Versetzung
    - Befristete Neueinstellung
    - Umorganisation der Arbeit
  - Ursachen der langanhaltenden Erkrankung: Bei betrieblicher Sphäre größere Rücksichtnahme zu verlangen
- Weniger einschneidende Maßnahmen:
  - Versetzung
  - Umsetzung
  - Umschulung
  - Änderungskündigung

> - Häufige Kurzerkrankungen
>   - Bisherige Fehlzeiten
>   - Tendenz, Blick in die Zukunft
>   - Krankheitsursachen, wenn bekannt
>   - Negative Prognose (weitere Kurzerkrankungen zu erwarten?)
>   - Betriebliche Auswirkungen der häufigen Kurzerkrankungen:
>   - Hohe Entgeltfortzahlungskosten
>   - Betriebsablaufstörungen
>   - Möglichkeiten zur Überbrückung der häufigen Ausfallzeiten durch weniger einschneidende Maßnahmen:
>   - Versetzung
>   - Umsetzung
>   - Umschulung
>   - Änderungskündigung
> - Auf Dauer oder unabsehbare Zeit eingeschränkte Leistungsfähigkeit
>   - Negative Prognose
>   - Erhebliche Beeinträchtigung betrieblicher Interessen
>   Achtung! Insbesondere wirtschaftliche Belastung durch Äquivalenzstörung, Direktionsrecht nicht mehr ausübbar
>   - Interessenabwägung: Belastung für den Arbeitgeber billigenswerter Weise nicht mehr hinzunehmen

I. "Personenbedingte" Kündigungsgründe

4351
Eine Kündigung ist zunächst dann gerechtfertigt, wenn sie durch Gründe in der Person des Arbeitnehmers bedingt ist. Der Hauptanwendungsfall der personenbedingten Kündigung ist die **krankheitsbedingte Kündigung**. In diesem Zusammenhang ist zwischen der Kündigung wegen **lang anhaltender Krankheit** und der **Kündigung wegen häufiger Kurzerkrankungen** zu unterscheiden. Eine dritte Fallgruppe bildet der Tatbestand, daß der Arbeitnehmer **dauernd unfähig** ist, die geschuldete Arbeitsleistung zu erbringen.

Dem steht der Fall der **Krankheit von nicht absehbarer Dauer** gleich (*BAG 21.05.1993, EzA § 1 KSchG Krankheit Nr. 38*). Die Ungewißheit der Wiederaufnahme der Arbeit kann hier wie eine feststehende dauernde Arbeitsunfähigkeit zu einer erheblichen Beeinträchtigung betrieblicher Interessen führen. Neben der

Personenbedingte Kündigung

krankheitsbedingten Kündigung bestehen aber noch eine Reihe sonstiger personenbedingter Kündigungsgründe.

II. Arbeitsunfähigkeit

4352

Eine **Arbeitsunfähigkeit** liegt vor, wenn der Erkrankte nicht oder nur mit der Gefahr, in absehbarer Zukunft seinen Zustand zu verschlimmern, fähig ist, seiner bisherigen Erwerbstätigkeit nachzugehen. Der arbeitsrechtliche Begriff der Erkrankung ist nicht mit dem medizinischen Begriff der Erkrankung identisch. Eine vom Arzt festgestellte Krankheit wird arbeitsrechtlich erst relevant, wenn die Erkrankung den Arbeitnehmer hindert, die von ihm vertraglich geschuldete Arbeitsleistung zu erbringen. Krankheitsbefunde, durch die der Arbeitnehmer nicht gehindert ist, seine Verpflichtungen aus dem Arbeitsverhältnis zu erfüllen, sind arbeitsrechtlich ohne Bedeutung. Das bedeutet, daß die Arbeitsfähigkeit nicht losgelöst von der nach dem Arbeitsvertrag zu verrichtenden Tätigkeit bestimmt werden kann. Ob eine sogenannte **Teilarbeitsunfähigkeit** anerkannt werden kann, ist unsicher.

4353

Beispiel:
Die A ist bei der X-OHG als Packerin und Lagerarbeiterin beschäftigt. Sie hat sich eine Zehe gebrochen und ist deshalb arbeitsunfähig geschrieben worden. Die X-OHG verweigerte die Lohnfortzahlung mit dem Hinweis, daß die A in dem fraglichen Zeitraum mit einer sitzenden Tätigkeit hätte betraut werden können.
Eine sogenannte Teilarbeitsunfähigkeit kommt allenfalls dann in Betracht, wenn der Arbeitgeber kraft seines Direktionsrechtes den Inhalt der Arbeitstätigkeit so bestimmen kann, daß sich die Erkrankung im arbeitsrechtlichen Sinne nicht mehr auswirkt. In Ausübung des Direktionsrechts kann der Arbeitgeber einen arbeitsunfähig erkrankten Arbeitnehmer jedoch nicht zu einer anderen, arbeitsvertraglich nicht geschuldeten Leistung heranziehen.

Beispiel:
M ist als Dreher bei der Z-AG beschäftigt. Er hat sich die Hand gebrochen. Die Z-AG fordert D auf, den Telefondienst zu übernehmen.
Hierzu ist D nicht verpflichtet, da der Telefondienst nicht zu den arbeitsvertraglich geschuldeten Leistungen gehört.

III. Kündigung wegen Krankheit

4354

Die Kündigung wegen Krankheit hat immer mehr an Bedeutung gewonnen, weil viele Tarifverträge und Sozialpläne einen Verzicht auf betriebsbedingte Kündigungen enthalten. Nach der Rechtsprechung ist die Berechtigung einer

Kündigung wegen langanhaltender Erkrankung bzw. wegen häufiger Kurzerkrankungen in **drei Stufen** zu prüfen:

- Zunächst ist eine **negative Gesundheitsprognose** erforderlich, d. h. es muß auch in der Zukunft mit ganz erheblichen Ausfallzeiten des Arbeitnehmers gerechnet werden können.
- Die prognostizierten Fehlzeiten sind nur dann geeignet, eine krankheitsbedingte Kündigung sozial zu rechtfertigen, wenn sie zu einer **erheblichen Beeinträchtigung** der betrieblichen Interessen führen, und zwar entweder durch hohe Lohnfortzahlungskosten oder durch Betriebsablaufstörungen.
- Schließlich muß die Weiterbeschäftigung dem Arbeitgeber unzumutbar sein (Interessenabwägung, Einzelfallwürdigung.)

Dieses **Grundschema** wird vom Bundesarbeitsgericht für alle Arten der krankheitsbedingten Kündigung verwendet. Besondere Probleme wirft dabei nicht nur die 3. Stufe, sondern wegen des Prognoserisikos auch die 1. Stufe auf.

4355
Dagegen besteht auf der 2. Stufe eine gewisse Klarheit. Wiederholte kurzfristige Ausfallzeiten des Arbeitnehmers können zu schwerwiegenden Störungen im Produktionsprozeß führen **(Betriebsablaufstörungen)**. Sie sind nur dann als Kündigungsgrund geeignet, wenn sie nicht durch mögliche Überbrückungsmaßnahmen vermieden werden können. Hierzu gehören Maßnahmen, die anläßlich des konkreten Ausfalls eines Arbeitnehmers ergriffen werden.

Kündigungsgrund kann jedoch auch eine **erhebliche wirtschaftliche Belastung** des Arbeitgebers sein. Davon ist auszugehen, wenn auch für die Zukunft mit immer neuen, außergewöhnlich hohen **Lohnfortzahlungskosten** zu rechnen ist.
Hier bedarf es keiner weiteren Betriebsablaufstörungen. Vielmehr ist eine erhebliche Beeinträchtigung betrieblicher Interessen schon dann dargelegt, wenn zukünftig Lohnfortzahlungskosten für mehr als 6 Wochen pro Jahr zu besorgen sind. Das Vorhalten einer Personalreserve ist ebenfalls überflüssig. Eine solche wird nur zugunsten des Arbeitgebers bei der Interessenabwägung berücksichtigt *(BAG 29.07.1993, EzA § 1 KSchG Krankheit Nr. 40).*
Auf einer **dritten Stufe** ist sodann zu prüfen, ob diese Beeinträchtigungen aufgrund der Besonderheiten des Einzelfalls dem Arbeitgeber billigerweise noch zumutbar sind. Es ist also eine **umfassende Interessenabwägung** vorzunehmen. Dabei sind auch die Sozialdaten des Arbeitnehmers zu berücksichtigen (Alter, Familienstand etc.). Dies ist aber nicht unstreitig. Besonders zu berücksichtigen ist natürlich, daß die krankheitsbedingten Ausfallzeiten auf **betriebliche Ursachen** (etwa überdurchschnittlich gesundheitsgefährdender Arbeitsplatz) zurückzuführen sind. Hier ist vom Arbeitgeber eine **gesteigerte Rücksichtnahme** zu verlangen. Auch ist immer zu prüfen, ob nicht ein Arbeitsplatz zur Verfügung steht, auf dem sich die gesundheitliche Beeinträchtigung nicht auswirkt. Hat der Arbeitnehmer etwa eine Allergie, die durch den Kontakt mit bestimmten Ar-

beitsmaterialien ausgelöst wird, so kommt eine Beendigungskündigung nicht in Betracht, wenn ein anderer freier und zumutbarer Arbeitsplatz zur Verfügung steht, auf dem der Arbeitnehmer nicht mit den allergieverursachenden Stoffen in Berührung kommt.
Hervorzuheben ist in diesem Zusammenhang aber, daß das Bundesarbeitsgericht *(23.09.1993, EzA § 1 KSchG Krankheit Nr. 37)* stets betont, daß eine krankheitsbedingte Kündigung nicht erst dann in Betracht kommt, wenn die Fehlzeiten die Kündigung unumgänglich machen.

Zu den einzelnen vorzunehmenden Prüfungsschritten ist folgendes anzumerken:

1. Stufe: Negative Prognose
Problematisch ist bei der krankheitsbedingten Kündigung häufig schon die erste Stufe, also die negative Prognose, bei vielen einmaligen Erkrankungen.
Hier hat das Bundesarbeitsgericht *(14.01.1993, EzA § 1 KSchG Krankheit Nr. 39)* immerhin im Ansatz Klarheit geschaffen. Die nicht auf Betriebsunfällen beruhenden krankheitsbedingen Fehlzeiten, ihre jeweilige Dauer und ihre Ursachen sind in erster Linie für die Rechtfertigung der Besorgnis künftiger Erkrankungen (negative Prognose) die maßgeblichen Anhaltspunkte.

Der Tatrichter kann dabei davon ausgehen, daß **auf einmaligen Ursachen beruhende Fehltage nicht zur Fehlzeitprognose herangezogen werden können**. Schon die negative Prognose ist also nicht möglich, wenn der Arbeitnehmer darlegt, seine Fehlzeiten seien auf einmalige Vorfälle zurückzuführen. **Erkrankungen mit Ausnahmecharakter** bleiben also unberücksichtigt. Es bleibt demnach ein erhebliches **Prognoserisiko**. Der Arbeitgeber kann nämlich bei Ausspruch der Kündigung mangels vorhandener Kenntnisse und Nichtvorliegens eines Informationsanspruchs nicht zwischen Erkrankungen mit Wiederholungsgefahr und solchen ohne Wiederholungsgefahr unterscheiden. Er ist also gezwungen, ins Blaue hinein zu kündigen.

4356

2. Stufe: Erhebliche Beeinträchtigung betrieblicher Interessen
Liegen keine Betriebsablaufstörungen vor bzw. können keine Betriebsablaufstörungen nachgewiesen werden (s. Rz. 4355), so kann der Arbeitgeber eine krankheitsbedingte Kündigung auch auf die Belastung mit außergewöhnlich hohen **Lohnfortzahlungskosten** stützen (s. Rz. 4355).
6 Wochen Lohnfortzahlung im Jahr hat der Arbeitgeber immer hinzunehmen.
Allerdings besteht **kein Grundsatz** des Inhalts, daß Lohnfortzahlungskosten, die - bezogen auf die **Gesamtdauer des Bestehens des Arbeitsverhältnisses** - **durchschnittlich** den Umfang einer Vergütung für 6 Wochen jährlich nicht übersteigen, in der Regel nicht geeignet sind, eine unzumutbare wirtschaftliche Belastung des Arbeitgebers darzustellen *(BAG, 13.08.1992, EzA § 1 KSchG Krankheit Nr. 36)*. Es wird also **keine Durchschnittsberechnung** angestellt. Eine solche hätte - je nach Fallgestaltung - fatale Auswirkungen auf Arbeitnehmer- bzw. Arbeitgeberseite. Besteht etwa das Arbeitsverhältnis 20 Jahre ohne krankheitsbe-

dingte Ausfallzeiten, so könnte der Arbeitnehmer zunächst mehrere Jahre fehlen, ohne daß an eine krankheitsbedingte Kündigung überhaupt zu denken wäre.

Bei der Prüfung, ob eine erhebliche wirtschaftliche Beeinträchtigung betrieblicher Interessen vorliegt, ist maßgeblich, **welche Kostenbelastung der Arbeitgeber in der Zukunft zu besorgen hat**. Deshalb berücksichtigt die Rechtsprechung nur die Lohnfortzahlungskosten (einschließlich der Lohnnebenkosten), die auf die in Zukunft zu erwartenden, im Rahmen der negativen Gesundheitsprognose ermittelten Ausfallzeiten entfallen.

4357

Die **bisherige Belastung** mit Lohnfortzahlungskosten wird nur im Rahmen der sogenannten **Interessenabwägung** berücksichtigt.

Sieht ein **Tarifvertrag** die Verpflichtung des Arbeitgebers vor, Arbeitnehmern mit längerer Unternehmenszugehörigkeit im Krankheitsfall über den gesetzlichen 6-Wochen-Zeitraum hinaus für bestimmte Zeiträume einen Zuschuß zum Krankengeld zu zahlen, so kann allein daraus nicht gefolgert werden, 6 Wochen übersteigende krankheitsbedingte Ausfallzeiten des Arbeitnehmers seien grundsätzlich nicht geeignet, eine ordentliche Kündigung zu rechtfertigen. Festzuhalten ist, daß nur eine **unzumutbar hohe wirtschaftliche Belastung** des Arbeitgebers durch bereits gezahlte und künftig zu erwartende Lohnfortzahlungskosten eine krankheitsbedingte Kündigung sozial rechtfertigen kann.

4358

Ob die finanziellen Belastungen dem Arbeitgeber noch zumutbar sind, soll insbesondere von der Dauer des ungestörten Arbeitsverhältnisses abhängen. Je länger ein Arbeitsverhältnis ungestört, d. h. ohne Ausfallzeiten, bestanden hat, desto mehr **Rücksichtnahme** soll vom Arbeitgeber zu erwarten sein.

Beispiel:
S ist seit dem 15.06.1978 bei der B als gewerblicher Arbeitnehmer beschäftigt. Er hatte ab 1983 folgende krankheitsbedingte Fehlzeiten:
1983 - 5 Krankheitszeiträume - 38 Arbeitstage
1984 - 5 Krankheitszeiträume - 68 Arbeitstage
1985 - 3 Krankheitszeiträume - 49 Arbeitstage
1986 - 3 Krankheitszeiträume - 98 Arbeitstage
1987 - 2 Krankheitszeiträume - 30 Arbeitstage
B gewährte dem K Lohnfortzahlung in Höhe von insgesamt 33.318 DM. Die Arbeitgeberbeiträge zur Sozialversicherung beliefen sich auf 6.011,90 DM.
Früher fanden sich hier in Urteilen häufig umständliche Prozentberechnungen. Nunmehr scheint das Bundesarbeitsgericht aber einen geänderten, präziseren und daher praxisfreundlicheren Maßstab anzulegen. In einer neueren Entscheidung (BAG 29.07.1993, EzA § 1 KSchG Krankheit Nr. 40) betont das Gericht, daß allein außerge-

Personenbedingte Kündigung

*wöhnlich hohe Lohnfortzahlungskosten, die für **jeweils einen Zeitraum von mehr als 6 Wochen** aufzuwenden sind, eine krankheitsbedingte Kündigung rechtfertigen können, und zwar auch dann, wenn der Arbeitgeber keine Personalreserve vorhält. Offensichtlich will das Bundesarbeitsgericht zukünftig auf umständliche Prozentberechnungen verzichten. Hierin liegt ein für die betriebliche Praxis begrüßenswerter klarstellender Schritt. Unsicher ist, ob Leistungen der Lohnfortzahlungsversicherung mit zu berücksichtigen sind.*

4359

Ist es zu **Störungen im Betriebsablauf** gekommen, so können schon jährliche Ausfallzeiten von weniger als 6 Wochen erhebliche betriebliche Auswirkungen zur Folge haben und damit eine ordentliche Kündigung rechtfertigen.

Da krankheitsbedingte Kündigungen nicht "vom Himmel fallen", empfiehlt es sich, ab dem Zeitpunkt, zu dem ein Arbeitsverhältnis auffällig wird, ein sogenanntes **Störungsprotokoll** anzufertigen, um in einem möglichen Kündigungsschutzprozeß derartige Betriebsablaufstörungen auch beweisen zu können.

Auch vor einer krankheitsbedingten Kündigung muß der Arbeitgeber jedoch überprüfen, ob er den Arbeitnehmer nicht auf einem freien gleichwertigen oder freien geringerwertigen Arbeitsplatz in seinem Betrieb einsetzen kann, auf dem sich das Leiden nicht auswirkt (vgl. Rz. 4301).

4360

Ist der Arbeitnehmer **dauernd außerstande**, die vertraglich geschuldete Leistung zu erbringen, so ist eine ordentliche Kündigung gerechtfertigt, ohne daß der Arbeitgeber darüber hinausgehende Betriebsbeeinträchtigungen darlegen müßte.

Beispiel:
*M ist in der Großküche des O als Küchengehilfe beschäftigt. Er muß nach dem Arbeitsvertrag schwere Kübel heben. Bei M stellt sich ein Wirbelsäulensyndrom ein, was dazu führt, daß er die Kübel nicht mehr zu heben vermag.
Hier ist der Arbeitgeber zu einer ordentlichen Kündigung wegen dauernder Unfähigkeit, die vertraglich geschuldete Leistung zu erbringen, befugt. Er ist freilich verpflichtet, zu prüfen, ob der Arbeitnehmer auf einem anderen freien gleichwertigen oder zumutbaren geringerwertigen Arbeitsplatz eingesetzt werden kann.*

Diese Rechtsprechung hat das Bundesarbeitsgericht *(21.05.1992, EzA § 1 KSchG Krankheit Nr. 38)* nun auf eine **Krankheit von nicht absehbarer Dauer** übertragen. Ist ein Arbeitnehmer bereits längere Zeit arbeitsunfähig krank und ist im Zeitpunkt der Kündigung die Wiederherstellung der Arbeitsfähigkeit noch völlig ungewiß, so kann diese Ungewißheit **wie eine feststehende dauernde Arbeitsunfähigkeit** zu einer erheblichen Beeinträchtigung betrieblicher Interessen führen und eine ordentliche Kündigung rechtfertigen, da der Arbeitgeber dauer-

haft oder auf unabsehbare Zeit gehindert ist, sein Direktionsrecht auszuüben. Hierin liegt eine **schwerwiegende Störung des Äquivalenzverhältnisses**. Selbst der befristete Einsatz von Aushilfskräften wird angesichts der nach § 1 BeschFG auf 18 Monate beschränkten Möglichkeiten hier regelmäßig ausscheiden, wenn solche Arbeitnehmer einen Dauerarbeitsplatz für sich reklamieren. Weiterer betrieblicher Beeinträchtigungen bedarf es dann nicht mehr.

4361
Grundsätzlich ist i.ü. auch bei einer **Kündigung wegen dauernder Unfähigkeit die vertraglich geschuldete Arbeitsleistung zu erbringen** eine 3-stufige Prüfung vorzunehmen. Dabei gelten Besonderheiten vor allem auf der 2. Stufe. Wirtschaftliche Belastungen mit Lohnfortzahlungskosten werden hier regelmäßig nicht eintreten, da der Arbeitgeber nach der gesetzlichen Regelung Entgeltfortzahlung nur für 6 Wochen schuldet. Allerdings kann es z.B. dadurch zu Störungen kommen, daß der Arbeitnehmer im Leistungslohn nicht mehr eingesetzt werden kann und der Zahlung des vollen Zeitlohnes keine adäquate Arbeitsleistung gegenübersteht.
Auch ist zu berücksichtigen, daß das **Austauschverhältnis von Leistung und Gegenleistung** erheblich gestört ist.

Zu einem **Ringtausch** ist der Arbeitgeber nicht verpflichtet. Kann ein Schwerbehinderter aus gesundheitlichen Gründen seine arbeitsvertraglich geschuldete Leistung nicht mehr erbringen, so läßt sich aus dem Schwerbehindertenrecht kein Anspruch auf Fortzahlung der Arbeitsvergütung herleiten. Der Vergütungsanspruch entfällt daher auch dann, wenn keine Kündigung ausgesprochen wird. Den Arbeitgeber trifft freilich die Verpflichtung, den Schwerbehinderten so zu fördern, daß er seine eingeschränkte Arbeitskraft durch entsprechende Tätigkeit noch einsetzen kann (§ 14 Abs. 2 Satz 1 SchwbG).

4362
Der Arbeitgeber ist aufgrund einer nebenvertraglichen Verpflichtung gehalten, sich über den künftigen Krankheitsverlauf und seine Auswirkungen auf den Betrieb **zu unterrichten**, bevor er aus Anlaß der Erkrankung eine Kündigung ausspricht. Eine Verletzung der **Nachforschungsobliegenheit** durch den Arbeitgeber führt aber nicht unmittelbar zur Unwirksamkeit der Kündigung. Es kommt vielmehr darauf an, ob die Kündigung nach dem Sachverhalt, der zum Zeitpunkt des Zugangs der Kündigung gegeben war, gerechtfertigt ist.

Eine Verletzung dieser Pflicht kann aber in Ausnahmefällen zu Schadensersatzansprüchen führen.

Auch eine **außerordentliche Kündigung** wegen Krankheit kann in **eng begrenzten Ausnahmefällen** in Betracht kommen, wenn aufgrund tarifvertraglicher oder einzelvertraglicher Vereinbarungen die **ordentliche Kündigung ausgeschlossen** ist. Dabei ist die für die ordentliche krankheitsbedingte Kündigung gebotene dreistufige Prüfung grundsätzlich auch bei der außerordentlichen krankheitsbedingten Kündigung vorzunehmen *(BAG 09.09.1992, EzA § 626 BGB n.F. Nr. 142)*. Allerdings ist die außerordentliche krankheitsbedingte Kündigung sehr selten, weil schon die Anforderungen an die ordentliche krankheitsbedingte Kündigung hoch sind *(s. KR-Hillebrecht, § 626 BGB Rz. 105)*. Zu denken ist hier primär an die Fälle des **zeitweiligen Ausschlusses des ordentlichen Kündigungsrechts**.

Eine außerordentliche krankheitsbedingte Kündigung eines Betriebsratsmitglieds bedarf grundsätzlich der Zustimmung des Betriebsrats (§ 103 BetrVG). Verweigert dieser seine Zustimmung, so kommt die Ersetzung der Zustimmung durch das Arbeitsgericht nur in Betracht, wenn die dauernde krankheitsbedingte Leistungsminderung offensichtlich ist *(ArbG Hagen 05.08.1993, EzA § 103 BetrVG 1972 Nr. 34)*. Dies gebietet der erweiterte Bestandsschutz nach § 103 BetrVG.

Auch kommt eine Kündigung eines Betriebsratsmitglieds wegen Krankheit nach § 15 KSchG nur bei Vorliegen eines wichtigen Grundes i.S.v. § 626 BGB in Betracht. Bei der Zumutbarkeitsprüfung im Rahmen des § 15 KSchG ist auf die ohne den Sonderkündigungsschutz eingreifende Kündigungsfrist abzustellen *(BAG 18.02.1993, EzA § 15 KSchG n.F. Nr. 40)*. Entscheidend ist damit, ob der Arbeitgeber ohne den besonderen Kündigungsschutz des Betriebsratsmitglieds zu einer außerordentlichen Kündigung i.S.v. § 626 BGB oder nur zu einer ordentlichen berechtigt wäre. Soweit nur eine ordentliche Kündigung möglich wäre, darf dem Betriebsratsmitglied nicht gekündigt werden. Das Arbeitsverhältnis eines Betriebsratsmitglieds kann daher in aller Regel nicht wegen häufiger krankheitsbedingter Fehlzeiten außerordentlich gekündigt werden *(BAG, a.a.O.)*.

Von der Kündigung wegen Krankheit ist i.ü. streng die Kündigung wegen **Androhung einer Krankheit** zu unterscheiden. Hierbei handelt es sich um einen verhaltensbedingten Kündigungsgrund (s. Rz. 4403). Gleiches gilt für sonstige Nebenpflichtverletzungen in Zusammenhang mit Arbeitsunfähigkeitszeiten.

IV. Alkoholmißbrauch

4363

Alkoholmißbrauch wertet die Rechtsprechung als Krankheit. Die Kündigung wegen Alkoholismus ist daher nach den für die krankheitsbedingte Kündigung geltenden Grundsätzen zu beurteilen. Allerdings kann sich nach der Rechtsprechung aus den Besonderheiten der Trunksucht unter Berücksichtigung der jeweiligen Aufgabenstellung des Arbeitnehmers die Notwendigkeit ergeben, an die **Prognose geringere Anforderungen** zu stellen. Der Arbeitgeber muß jedoch vor einer Kündigung wegen Trunksucht dem Arbeitnehmer die Möglichkeit eröffnen, sich einer **Entziehungskur** zu unterziehen.

4364

Verstößt ein Arbeitnehmer infolge Alkoholabhängigkeit gegen seine Arbeitsvertragspflichten, so kann ihm infolge der Abhängigkeit kein Schuldvorwurf gemacht werden. Eine **verhaltensbedingte Kündigung** (s. Rz. 4400 ff.) kommt daher nicht in Betracht. Der Alkoholismus kann auch nicht abgemahnt werden. Maßgebender Zeitpunkt für die Beurteilung der Rechtfertigung der Kündigung ist der Sachverhalt, der im Zeitpunkt des Zugangs der Kündigung vorgelegen hat. Eine **Therapiebereitschaft**, die erst nach Zugang der Kündigung gegeben ist, findet im Kündigungsschutzprozeß keine Berücksichtigung mehr.

Beispiel:
Arbeitnehmer A ist alkoholkrank. Mehrfach bietet ihm Arbeitgeber B an, sich einer Therapie zu unterziehen. Dies lehnt A stets ab. Auch die Ankündigung einer Kündigung ändert hieran nichts. Erst unter dem Druck einer daraufhin tatsächlich ausgesprochenen Kündigung macht A die Therapie und wird von seinem Leiden vollständig geheilt. Ein Rückfall steht nicht zu erwarten. A besteht auf einer Rücknahme der Kündigung.
Zu Unrecht! Entscheidend ist nur die Situation bei Kündigungsausspruch.

4365

Im Rahmen der **Betriebsratsanhörung** muß der Arbeitgeber dem Betriebsrat neben der Art der Kündigung, der Kündigungsfrist sowie den sozialen Daten des Arbeitnehmers die Ausfallzeiten der Vergangenheit und die geleistete Lohnfortzahlung mitteilen. Dabei darf aber **keine Addition der Ausfallzeiten und der Lohnfortzahlungskosten** vorgenommen werden. Vielmehr ist dem Betriebsrat mitzuteilen, in welchen Zeiträumen der Arbeitnehmer erkrankt war und in welcher Höhe er jeweils Lohnfortzahlung erhalten hat. Ansonsten ist das Anhörungsverfahren nach § 102 Abs. 1 Satz 3 BetrVG nicht ordnungsgemäß und die Kündigung unwirksam.

V. Erreichen des 65. Lebensjahres

4366

Das **Erreichen des 65. Lebensjahres** stellt in der Privatwirtschaft keinen hinreichenden Grund für eine personenbedingte Kündigung dar. Vielmehr soll es weiterer Umstände bedürfen, um die Kündigung als sozial gerechtfertigt erscheinen zu lassen (so z. B. das Interesse am Schutz vor Überalterung der Belegschaft). Der Anspruch des Versicherten auf eine **Rente wegen Alters** ist nicht als ein Grund anzusehen, der die Kündigung eines Arbeitsverhältnisses durch den Arbeitgeber bedingen kann (§ 41 Abs. 4 SGB VI).

Hinzuweisen ist in diesem Zusammenhang auf die **Neuregelung der Altersgrenzen**. Hier sind Vereinabrungen nun wieder möglich. Allerdings muß ein sachlicher Grund bestehen. Auch der sozialen Absicherung des Arbeitnehmers kommt in diesem Zusammenhang großes Gewicht bei.

VI. Wehrdienstverpflichtung im Ausland

4367

Der längere **ausländische Wehrdienst** kann ein in der Person des Arbeitnehmers liegender Grund zur Kündigung sein. Sozial gerechtfertigt ist die Kündigung aus diesem Grunde nur dann, wenn die Fehlzeit des Arbeitnehmers zu einer erheblichen Beeinträchtigung der betrieblichen Interessen führt und der Ausfall nicht durch zumutbare Maßnahmen zu überbrücken ist. Dies gilt aber nur für den **normalen Wehrdienst**. Bei einem **abgekürzten Wehrdienst bis zu 2 Monaten** steht dem ausländischen Arbeitnehmer ein Leistungsverweigerungsrecht zu.

VII. Fehlen der Arbeitserlaubnis/Sonstiges

4368

Ist einem ausländischen Arbeitnehmer die nach § 19 Abs. 1 AFG erforderliche **Arbeitserlaubnis** rechtskräftig versagt worden, so ist eine ordentliche Kündigung regelmäßig sozial gerechtfertigt, weil der Arbeitnehmer dann zur Leistung der vertraglich geschuldeten Dienste dauernd außerstande ist. Ist über die von dem ausländischen Arbeitnehmer beantragte Arbeitserlaubnis noch nicht rechtskräftig entschieden, so ist für die soziale Rechtfertigung einer wegen Fehlens der Erlaubnis ausgesprochenen Kündigung darauf abzustellen, ob für den Arbeitgeber bei objektiver Beurteilung im **Zeitpunkt des Zugangs** der Kündigung mit der Erteilung der Erlaubnis in absehbarer Zeit nicht zu rechnen war und der Arbeitsplatz dem Arbeitnehmer ohne erhebliche betriebliche Beeinträchtigungen nicht offengehalten werden konnte.

Kümmert sich der ausländische Arbeitnehmer nur schleppend oder überhaupt nicht um die Arbeitserlaubnis, so kommt eine **verhaltensbedingte Kündigung** in Betracht.

4369

Die personenbedingte Kündigung kann auch auf eine zerrüttete Ehe gestützt werden.

Beispiel:
Die Klägerin und ihr Ehemann sind beide Gesellschafter einer GmbH mit 5% bzw. 95%. Der Ehemann ist Geschäftsführer, die Ehefrau Arbeitnehmerin der GmbH. Diese beschäftigt mehr als 5 Arbeitnehmer, so daß das Kündigungsschutzgesetz eingreift. In der Folge kommt es zu Streitigkeiten unter den Eheleuten, eine Scheidung bahnt sich an. Der Ehemann spricht daraufhin namens der GmbH der Klägerin gegenüber die Kündigung aus. Diese erhebt Kündigungsschutzklage.
Hier ist zunächst zu prüfen, ob überhaupt ein Arbeitsverhältnis besteht oder ob es sich nur um ein steuerliches "Scheinarbeitsverhältnis" handelt. Nach dem Sachverhalt ist ein Arbeitsverhältnis anzunehmen.

Geht man hiervon aus, stellt sich die Frage der sozialen Rechtfertigung der Kündigung. Diese bejaht das LAG Köln (26.01.1994, LAGE § 1 KSchG Personenenbedingte Kündigung Nr. 11) im Ausgangsfall. Bei der zerrütteten Ehe sei für den Ehemann die Zusammenarbeit mit der Klägerin unzumutbar. Auf ein Verschulden an der Zerrüttung komme es hingegen nicht an.

VIII. Weiterführende Literatur

4370

Bauer/Lingemann, Personalabbau und Altersstrukur, NZA 1993, 625
Boewer, Krankheit als Kündigungsgrund, NZA 1988, 678
Eich, Rechtsfragen bei krankheit des Arbeitnehmers, BB 1988, 197
Gola, Krankheit im Arbeitsverhältnis, BB 1987, 197
Schaub, Arbeitsrechtshandbuch, 7. Aufl. 1992, § 129
Wenzel, Kündigung und Kündigungsschutz, 6. Aufl. 1994, Rz. 206 ff.
Willemsen, Alkohol und Arbeitsrecht, DB 1988, 2304

25. Kapitel: Verhaltensbedingte Kündigung

I.	Was sind "verhaltensbedingte" Kündigungsgründe?	4400
II.	Unentschuldigte Fehlzeiten	4401
III.	Einzelfälle aus der Rechtsprechung	4402
	1. Politische Betätigung im Betrieb	4401
	2. Androhung einer Krankmeldung	4403
	3. Verzögerung des Heilungsprozesses	4404
	4. Minderleistung	4405
	5. Verspätete Vorlage der Arbeitsunfähigkeitsbescheinigung	4406
	6. Verbüßung einer Freiheitsstrafe	4407
	7. Arbeitsverweigerung aus Gewissensgründen	4408
	8. Mehrfache Ausübung einer geringfügigen Beschäftigung	4410
	9. Verstoß gegen Wettbewerbsverbot	4411
	10. Mißachtung von Sicherheitsvorschriften	4412
	11. Straftat zum Nachteil des Arbeitgebers	4413
	12. Außerdienstliches Verhalten	4414
IV.	Abmahnung vor verhaltensbedingter Kündigung	4415
V.	Entfernung einer Abmahnung aus der Personalakte	4422
VI.	Weiterführende Literaturhinweise	4425

Checkliste: Verhaltensbedingte Kündigung

- Abmahnung erforderlich, siehe Checkliste vor Rz. 4415
- Verhaltensbedingter Kündigungsgrund, 2-stufige Prüfung:
  - Kündigungsgrund an sich geeignet
  - Interessenabwägung, Einzelfallwürdigung
- Beispiele möglicher verhaltensbedingter Kündigungsgründe von A - Z:
  - Alkoholmißbrauch
  - Anpumpen von Arbeitskollegen
  - Anschwärzen von Arbeitskollegen
  - Anstiftung zum Arbeitsvertragsbruch
  - Anzeigen gegen den Arbeitgeber
  - Arbeitsunfähigkeitsbescheinigung, verspätete Vorlage
  - Arbeitsverweigerung ohne rechtfertigenden Grund
  - Beleidigungen

> - Betriebsfrieden, Störung des
> - Geschenke, Annahme trotz Verbots des Arbeitgebers und nicht nur gebräuchliches Gelegenheitsgeschenk
> - Konkurrenz trotz des gesetzlichen Wettbewerbsverbots während des Arbeitsverhältnisses
> - Krankheitsandrohung bei Abschlagen von Freizeit oder Zuweisung unangenehmer Arbeit
> - Manko, zumindest bei wiederholten hohen Mankobeträgen
> - Nebentätigkeit, die die Haupttätigkeit beeinträchtigt
> - Rauchverbot, Verstoß gegen ein betriebliches
> - Straftaten zum Nachteil des Arbeitgebers
> - Tätlichkeiten gegenüber dem Arbeitgeber
> - Telefongespräche, unerlaubte Telefonbenutzung für Ferngespräche
> - Toilette, erhebliche Verschmutzung trotz vorheriger Abmahnung
> - Unpünktlichkeiten, dauernde
> - Urlaubsüberschreitung
> - Verlassen des Arbeitsplatzes für nicht unerhebliche Zeit ohne Genehmigung

I. Was sind "verhaltensbedingte" Kündigungsgründe?

4400

Unter die sogenannte **verhaltensbedingte Kündigung** fällt der gesamte Bereich der **arbeitsvertraglichen Pflichtwidrigkeiten**. Hierzu zählt z. B. das häufige Nichteinhalten der Arbeitszeit, die Selbstbeurlaubung, die Nichteinhaltung betrieblicher Rauch- und Alkoholverbote oder die unberechtigte Kritik an Arbeitgeber und Vorgesetzten. Eine verhaltensbedingte Kündigung setzt regelmäßig ein **schuldhaftes Verhalten** voraus. Ob ein bestimmtes schuldhaftes Verhalten eine verhaltensbedingte Kündigung rechtfertigt, ist zunächst davon abhängig, wie stark der Betrieb durch das Verhalten des Arbeitnehmers belastet worden ist. Die Dauer der Betriebszugehörigkeit spielt in diesem Zusammenhang ebenfalls eine ganz erhebliche Rolle.

Da es **keine allgemein gültigen Maßstäbe** zu der Frage gibt, wann eine verhaltensbedingte Kündigung sozial gerechtfertigt ist, empfiehlt es sich so vorzugehen, daß zunächst mittels der nachstehenden Übersicht und des Arbeitsvertrages geprüft wird, ob überhaupt ein **Grund** gegeben ist, der eine **verhaltensbedingte Kündigung** rechtfertigen kann. Es muß also ansich ein Kündigungs-

Verhaltensbedingte Kündigung

grund bestehen. Dabei kann auch auf die Übersicht zu den wichtigen Gründen i.S.d. § 626 BGB zurückgegriffen werden (s. Rz. 4507 ff.). Hier kann man davon ausgehen, daß ein Verhalten, das zur außerordentlichen Kündigung herangezogen werden kann, erst recht zur Begründung einer ordentlichen Kündigung dienen kann. Hervorzuheben ist, daß es bei der Frage, ob ein Verhalten an sich als Kündigungsgrund in Betracht kommt, nicht darauf ankommt, ob es zu **Betriebsablaufstörungen** gekommen ist. Diese wirken sich nur bei der Interessenabwägung zulasten des Arbeitnehmers aus. **Auch ohne Betriebsablaufstörungen kann also ggfs. verhaltensbedingt gekündigt werden!**

Liegt hiernach an sich ein verhaltensbedingter Kündigungsgrund vor, ist in einem **zweiten Schritt** zu untersuchen, ob es einer **Abmahnung** bedarf und ob diese ggfs. ausgesprochen worden ist.

Schließlich ist in einem **dritten Schritt** die **Interessenabwägung** vorzunehmen. Dabei sind die gegenseitigen Interessen umfassend gegeneinander abzuwägen. Zu fragen ist hier insbesondere, warum es zu dem Pflichtenverstoß gekommen ist und ob nicht mildere Mittel zur Verfügung stehen, die zukünftig Pflichtverstöße als ausgeschlossen erscheinen lassen. Wie schon dargelegt, wirken sich Betriebsablaufstörungen hier zulasten des Arbeitnehmers aus. In diesem Bereich kommt es selbstverständlich auch darauf an, wie lange das Arbeitsverhältnis bestanden hat, ohne daß Pflichtwidrigkeiten aufgetaucht sind. Dabei gilt die **Faustformel**: Je länger das Arbeitsverhältnis ungestört bestanden hat, desto eher sind vom Arbeitgeber bestimmte Pflichtwidrigkeiten hinzunehmen.

Gerade dieser dritte Prüfungsschritt, also die Interessenabwägung, wirft in der Praxis die größten **Schwierigkeiten** auf, da eine Einzelfallwürdigung vorzunehmen ist. Grundsätzlich wird man davon ausgehen müssen, daß eine Kündigung Aussicht auf Erfolg hat, wenn das Arbeitsverhältnis schon belastet ist, also bereits mehrere Pflichtverletzungen und ggfs. Abmahnungen vorliegen. Gleichwohl bleibt hier ein großes Prognoserisiko bestehen.

II. Unentschuldigte Fehlzeiten

4401

Wiederholtes **unentschuldigtes Fehlen** eines Arbeitnehmers nach Abmahnung (vgl. Rz. 4307) ist an sich geeignet, eine verhaltensbedingte Kündigung zu rechtfertigen. Dies gilt zumindest dann, wenn es sich um wiederholtes ganztägiges und unentschuldigtes Fehlen handelt. Ob auch nur jedes kurzfristige Fehlen von wenigen Minuten in gleicher Weise als Störung des Arbeitsverhältnisses kündigungsrechtlich relevant werden kann oder ob insoweit eine Vertragspflichtverletzung von einigem Gewicht vorliegen muß, ist unsicher. Ist es aufgrund des wiederholten unentschuldigten Fehlens zu nachteiligen Auswirkungen im Betrieb **(Betriebsablaufstörungen)** gekommen, so wirkt sich dies zu Lasten des Arbeitnehmers aus, eine verhaltensbedingte Kündigung ist dann erst recht gerechtfertigt.

Arbeitsrecht

III. Einzelfälle aus der Rechtsprechung

1. Politische Betätigung im Betrieb

4402

Ist es aufgrund einer **politischen Betätigung** des Arbeitnehmers im Betrieb (z.B. Plakettentragen) zu einer Störung des Betriebsfriedens gekommen, so kann nach Abmahnung eine verhaltensbedingte ordentliche Kündigung in Betracht kommen.

2. Androhung einer Krankmeldung

4403

Auch die **Ankündigung einer Krankheit** kann eine verhaltensbedingte Kündigung rechtfertigen. Droht z. B. ein Arbeitnehmer die Vorlage einer Arbeitsunfähigkeitsbescheinigung an, wenn die angeordnete Schichtzeit nicht abgeändert wird, so rechtfertigt dies, soweit dies gegenüber dem Arbeitgeber geschieht, ohne Abmahnung die ordentliche Kündigung. Der Arbeitgeber braucht also nicht abzuwarten, bis der Arbeitnehmer tatsächlich "blau macht". Kündigungsgrund ist also bereits die Ankündigung der Pflichtverletzung *(BAG 05.11.1992, EzA § 626 BGB n.F. Nr. 143)*. Unerheblich ist auch, ob der Arbeitnehmer später tatsächlich erkrankt.

Dabei legt die Rechtsprechung grundsätzlich einen äußerst strengen Maßstab an. So hat bspw. das Arbeitsgericht Paderborn *(11.05.1994, EzA § 1 KSchG Verhaltensbedingte Kündigung Nr. 46)* unlängst entschieden, daß die Androhung einer Erkrankung auch dann zur (außerordentlichen) Kündigung berechtigt, wenn der Arbeitnehmer bereits 58 Jahre alt ist und er seit fast 25 Jahren bei dem Arbeitgeber beschäftigt ist.

3. Verzögerung des Heilungsprozesses

4404

Bei einer Erkrankung, die zur Arbeitsunfähigkeit geführt hat, ist der Arbeitnehmer aus der dem Arbeitsvertragsverhältnis zugrundeliegenden Treuepflicht auch zu einem **gesundheitsfördernden Verhalten** verpflichtet. Verstößt der Arbeitnehmer gegen diese Verpflichtung, so können zunächst erhebliche Vorbehalte hinsichtlich der Arbeitsunfähigkeitsbescheinigung gerechtfertigt sein. Im übrigen kann die Verletzung der Pflicht zu einem genesungsfördernden Verhalten nach den Umständen des Einzelfalls die ordentliche arbeitgeberseitige Kündigung rechtfertigen, ohne daß es des Nachweises einer tatsächlichen Verzögerung des Heilungsprozesses bedarf.

Auch eine außerordentliche Kündigung kann in Betracht kommen *(BAG 26.08.1993, EzA § 626 BGB n.F. Nr. 148)*. Einer derartigen außerordentlichen Kündigung muß dann keine vergebliche Abmahnung vorausgegangen sein. Eine solche ist bei schwerwiegenden Störungen im Leistungsbereich überflüssig. Entscheidend hiefür ist, daß eine so grobe Pflichtverletzung vorlag, daß der Arbeitnehmer mit einer Billigung seiner Verhaltensweise nicht rechnen konnte. Dies ist etwa anzunehmen, wenn ein Arbeitnehmer seine **Genesungszeit** dadurch **verlängert**, daß er im Zeitraum der Krankschreibung nächtelang Reinigungsarbeiten in einer Zweitbeschäftigung verrichtet.

4. Minderleistung

4405

Auch eine **Minderleistung** kann, soweit der Arbeitnehmer sein Verhalten steuern kann, nach Abmahnung eine verhaltensbedingte Kündigung rechtfertigen.

5. Verspätete Vorlage der Arbeitsunfähigkeitsbescheinigung

4406

Verletzt der Arbeitnehmer im Fall der Arbeitsunfähigkeit seine **Anzeigepflicht** (§ 5 EFZG), so ist ein derartiges Verhalten, soweit es der Arbeitnehmer zu vertreten hat, nach vorheriger Abmahnung geeignet, eine ordentliche Kündigung zu rechtfertigen.
Das gleiche gilt für den Fall der nicht rechtzeitigen Vorlage der Arbeitsunfähigkeitsbescheinigung. Die Anzeige muß dabei unverzüglich, d. h. ohne schuldhaftes Zögern erfolgen. Nach der Rechtsprechung muß der Arbeitgeber jedenfalls **am ersten Tag unterrichtet werden**, und zwar durch **Zugang der Anzeige**. Das bloße Absenden der Erklärung am gleichen Tage genügt nicht.

Auch die schuldhafte Verletzung der Pflicht, die **über den bislang schon bekannten Termin hinausgehende**, fortdauernde Arbeitsunfähigkeit anzuzeigen, rechtfertigt nach vergeblicher Abmahnung eine verhaltensbedingte ordentliche Kündigung. Dabei sind durch die Nichtvorlage eingetretene Störungen im Betriebsablauf oder im Betriebsfrieden im Rahmen der Interessenabwägung noch zu Lasten des Arbeitnehmers zu bewerten.

6. Verbüßung einer Freiheitsstrafe

4407

Die Arbeitsverhinderung wegen **Verbüßung einer Freiheitsstrafe** stellt nach der Rechtsprechung keinen Grund für eine verhaltens- sondern für eine **personenbedingte Kündigung** (s. Rz. 4351 ff.) dar. Nach der Rechtsprechung hängt es von der Art und dem Ausmaß der betrieblichen Auswirkungen ab, ob eine haftbedingte Nichterfüllung der Arbeitspflicht eine außerordentliche oder ordentliche Kündigung rechtfertigt. Allgemein gültige feste Zumutbarkeitsgrenzen lassen sich danach nicht festlegen.

7. Arbeitsverweigerung aus Gewissensgründen

4408

Auch die **Arbeitsverweigerung aus Gewissensgründen** stellt nach der Rechtsprechung einen Grund für eine personenbedingte Kündigung dar.

Beispiel:
A war als Arzt in der Forschungsabteilung der B, einer deutschen Tochter des international tätigen Pharmakonzerns, beschäftigt. Im Frühjahr 1987 begann die B mit Forschungsarbeiten an einer Substanz, die geeignet ist, Brechreiz zu unterdrücken. In einem internen Firmenvermerk hieß es dazu, falls sich die Strahlenkrankheit, hervorgerufen entweder bei der Strahlenbehandlung des Krebses oder als mögliche Folge eines Nuklearkrieges, als behandelbar oder verhütbar erweisen sollte, würden die Marktchancen für eine solche Substanz signifikant erhöht werden. A lehnte die Mitwirkung bei der Erforschung dieser Substanz unter Berufung auf eine Gewissensentscheidung ab. B hatte daraufhin das Arbeitsverhältnis ordentlich gekündigt.

*Bei der Konkretisierung der arbeitsvertraglich geschuldeten Leistung hat nach der Rechtsprechung der Arbeitgeber einen ihm offenbarten Gewissenskonflikt des Arbeitnehmers zu berücksichtigen. Vor einer Kündigung muß der Arbeitgeber versuchen, den Arbeitnehmer mit Arbeiten zu befassen, bei denen der Gewissenskonflikt nicht auftritt. Ist eine andere Beschäftigungsmöglichkeit für den Arbeitnehmer nicht gegeben, so kommt freilich eine **ordentliche personenbedingte Kündigung** in Betracht. Die Gewissensentscheidung des Arbeitnehmers schränkt nämlich die unternehmerische Freiheit, den Inhalt der Produktion zu bestimmen, nicht ein.*

4409

Die **Betreuung eines Kindes** ist nur dann ein Grund, der Arbeit fernzubleiben, wenn sich der Arbeitnehmer in einer Zwangslage befindet, die ihm keine andere Wahl läßt. Der Arbeitnehmer und sein Ehegatte haben alles zu tun, um den Konflikt abzuwenden. Der Arbeitgeber ist auch nicht verpflichtet, für eine nicht absehbare Zeit zur Betreuung eines Kindes unbezahlte Freistellung von der Arbeit zu gewähren. Weigert sich ein Arbeitnehmer, wegen der Betreuung seines Kindes die Arbeitspflicht zu erfüllen, ist, soweit die Sicherstellung der Versorgung des Kindes nicht absehbar ist, eine **ordentliche Kündigung gerechtfertigt**. Liegen aber andererseits die Voraussetzungen des § 45 SGB V vor, so kann der Arbeitnehmer sich selbst freistellen, wenn der Arbeitgeber zu Unrecht die Freistellung verweigert. Eine gleichwohl ausgesprochene Kündigung verstößt dann bereits gegen § 612 a BGB *(LAG Köln 13.10.1993, LAGE § 612 a BGB Nr. 5)*.

8. Mehrfache Ausübung einer geringfügigen Beschäftigung

4410

Der Arbeitgeber kann von einem **geringfügig Beschäftigten** (§ 8 SGB IV) nicht verlangen, daß dieser auf eine weitere geringfügige Beschäftigung bei einem anderen Arbeitgeber verzichtet, wenn diese mit der geschuldeten Arbeitsleistung zeitlich nicht zusammentrifft und auch sonst mit den Pflichten aus dem Arbeitsverhältnis vereinbar ist. Der Arbeitnehmer verletzt durch ein derartiges Verhalten nicht seine vertraglichen Pflichten und kann deshalb auch nicht gekündigt werden, wenngleich der Arbeitgeber die Versicherungsfreiheit des Arbeitsverhältnisses verliert. Der Arbeitnehmer ist freilich verpflichtet, die Aufnahme einer weiteren geringfügigen Beschäftigung seinem Arbeitgeber mitzuteilen. Verletzt der Arbeitnehmer diese Anzeigepflicht, ist er dem Arbeitgeber zum Schadensersatz verpflichtet. Zu dem zu ersetzenden Schaden gehören nicht die Arbeitgeberanteile der Beiträge zur gesetzlichen Kranken- und Rentenversicherung, die der Arbeitgeber nachentrichtet. Dies ist allerdings nicht unumstritten. Ob im Falle der **Verletzung der Anzeigepflicht** eine ordentliche verhaltensbedingte Kündigung möglich ist, ist unsicher, aber wohl abzulehnen, da auch bei Erfüllung der Anzeigepflicht der Arbeitgeber kündigungsrechtlich nicht reagieren konnte.

9. Verstoß gegen Wettbewerbsverbot

4411

Die **Verletzung des für die Dauer des Arbeitsverhältnisses bestehenden Wettbewerbsverbots** (vgl. § 60 HGB) kann sogar eine außerordentliche Kündigung rechtfertigen, die - da durch die Konkurrenztätigkeit der Vertrauensbereich berührt wird - nicht einmal eine Abmahnung voraussetzt. Etwas anderes gilt nur, soweit der Arbeitnehmer mit vertretbaren Gründen annehmen konnte, sein Verhalten sei nicht vertragswidrig bzw. werde vom Arbeitgeber zumindest nicht als erhebliches, den Bestand des Arbeitsverhältnisses gefährdendes Fehlverhalten angesehen. Diese Grundsätze gelten auch für die **freien Berufe**.

10. Mißachtung von Sicherheitsvorschriften

4412

Die **vorsätzliche Mißachtung von Sicherheitsvorschriften**, die dem Schutz von Leben und Gesundheit von Arbeitskollegen sowie von erheblichen Sachwerten dienen, ist grundsätzlich geeignet, eine verhaltensbedingte ordentliche oder außerordentliche Kündigung zu rechtfertigen. Durch ein solches Verhalten wird sowohl der Leistungs- wie auch der Vertrauensbereich des Arbeitsverhältnisses berührt, so daß keine Abmahnung erforderlich ist.

11. Straftat zum Nachteil des Arbeitgebers

4413

Eine verhaltensbedingte ordentliche oder außerordentliche Kündigung kommt auch in Betracht, wenn der Arbeitnehmer **Vermögens- oder Eigentumsdelikte zu Lasten des Arbeitgebers** begangen hat. Dabei kommt es nicht auf die Höhe des entstandenen Schadens an. Auch ist im Grundsatz in diesen Fällen eine Abmahnung (vgl. Rz. 4307) entbehrlich, da hier der Vertrauensbereich angesprochen ist.

Von einer solchen Tatkündigung ist im übrigen eine Verdachtskündigung zu unterscheiden. Eine solche liegt nur vor, wenn der Arbeitgeber die Kündigung damit begründet, gerade der Verdacht eines nicht erwiesenen Verhaltens habe das für die Fortsetzung des Arbeitsverhältnisses erforderliche Vertrauensverhältnis zerstört. Kündigt der Arbeitgeber nach rechtskräftiger Verurteilung des Arbeitnehmers in einem Strafverfahren, wird regelmäßig nicht mehr nur eine Verdachts-, sondern eine Tatkündigung vorliegen (BAG 26.03.92, EzA § 626 BGB Verdacht strafbarer Handlung Nr. 4).

Auch Tätlichkeiten gegenüber Arbeitskollegen sind an sich geeignet, einen Grund für eine ordentliche oder sogar außerordentliche Kündigung abzugeben. Allerdings zeigt sich gerade hier, wie schwierig gerade die 2. Stufe der verhaltensbedingten Kündigung, die Interessenabwägung, zu bewältigen ist.

Beispiel:
Der seit fast 30 Jahren bei dem Arbeitgeber beschäftigte Arbeitnehmer A, dessen Personalakte ansonsten "sauber" ist, erscheint stark angetrunken am Arbeitsplatz. Der Arbeitgeber will ihn vom Werkschutz nach Hause fahren lassen. A weigert sich mit der Begründung, der Werkschutzwagen sei ihm zu klein. In der Folge kommt es zu einer tätlichen Auseinandersetzung, bei der die Werkschutzmitarbeiter erheblich verletzt werden und hoher Sachschaden entsteht.
Hier hat das BAG (30.09.1993, EzA § 626 BGB n.F. Nr. 152) die ausgesprochenen Kündigungen (ordentliche und außerordentliche) an der Interessenabwägung scheitern lassen und dabei wesentlich auf die lange Betriebszugehörigkeit, die saubere Personalakte und die fehlende Wiederholungsgefahr abgestellt.

Die Entscheidung zeigt eindringlich, daß das Schielen auf bestimmte Fallgruppen von Kündigungsgründen nur bedingt weiterhelfen kann.

12. Außerdienstliches Verhalten

4414

Ein **außerdienstliches Verhalten** eines Arbeitnehmers, das weder zur konkreten Beeinträchtigung des Arbeitsverhältnisses noch zu einer konkreten Gefährdung im Vertrauensbereich geführt hat, ist nicht geeignet, einen Grund im Verhalten des Arbeitnehmers im Sinne von § 1 Abs. 2 KSchG zu bilden. Außerhalb von kirchlichen Einrichtungen und von Tendenzunternehmen ist im Grundsatz das außerdienstliche Verhalten eines Arbeitnehmers **kündigungsrechtlich irrelevant**.

Verhaltensbedingte Kündigung

4415

| Checkliste: Abmahnungserfordernis vor Kündigung |

- Abmahnung überhaupt erforderlich
  - Nicht: Bei personenbedingter Kündigung
  - Nicht: Bei betriebsbedingter Kündigung

- Abmahnung grundsätzlich erforderlich bei verhaltensbedingten Kündigungen
  - Ausnahmen hiervon:
    - Störungen im Vertrauensbereich, Beispiele: Vermögensdelikte, wie Diebstahl, Betrug, Unterschlagung, Untreue
    - Unbehebbare Leistungsmängel
    - Ernstliche Weigerung des Arbeitnehmers, sein Verhalten zu ändern
    - Privater Lebensbereich betroffen, den der Arbeitnehmer nicht beeinflussen kann
    - Innerhalb der ersten 6 Monate des Arbeitsverhältnisses (streitig)
    - In Kleinbetrieben, § 23 Abs. 1 Satz 2 KSchG (streitig)

- Erforderlich ist die Abmahnung insbesondere bei Störungen im Leistungsbereich:
  - Schlechte Arbeitsergebnisse
  - Verspätungen
  - Bummelei etc.

- Auch bei Störung im Leistungsbereich keine Abmahnung, wenn ein so grober Pflichtverstoß vorliegt, daß der Arbeitnehmer mit einer Billigung seines Verhaltens keinesfalls rechnen kann (besonders schwere Pflichtverletzung).

- Abmahnungsbefugnis: Nicht nur der kündigungsberechtigte Mitarbeiter, sondern alle Mitarbeiter, die nach ihrer Stellung im Betrieb befugt sind, verbindliche Anweisungen bezüglich Ort, Zeit, Art und Weise der Erbringung der Arbeitsleistung zu erteilen

- Achtung: Abmahnung verbraucht Kündigungsrecht im konkreten Fall! Daher: "Gleichschaltung" von Abmahnungs- und Kündigungsbefugnis sinnvoll!

> - Form der Abmahnung:
>   - Grundsätzlich formfrei
>   - Aber Schriftform empfehlenswert
>   - Beweis des Zugangs und der Kenntnisnahme sicherstellen
> - Notwendigen Inhalt der Abmahnung beachten!
> - Grundsätzlich keine Beteiligung des Betriebsrats vor einer Abmahnung, anders im öffentlichen Dienst

IV. Abmahnung vor verhaltensbedingter Kündigung

Aus dem **Grundsatz der Verhältnismäßigkeit** folgt auch, daß der Arbeitgeber bei verschuldeten Vertragsverletzungen grundsätzlich nur kündigen kann, wenn er zuvor den Arbeitnehmer wegen einer gleichen oder ähnlichen Pflichtwidrigkeit zumindest schon einmal **abgemahnt** hat. Da der Arbeitgeber **innerhalb der ersten 6 Monate** des Bestandes eines Arbeitsverhältnisses **frei kündigen** kann, entfällt das Abmahnungserfordernis bei Kündigungen innerhalb der ersten 6 Monate eines Beschäftigungsverhältnisses.

4416

Von einer **Abmahnung** kann nur gesprochen werden, wenn der Arbeitgeber den Arbeitnehmer deutlich und ernsthaft auf die Pflichtverletzung hinweist und ihn auffordert, ein genau bezeichnetes Fehlverhalten zu ändern bzw. aufgeben. Außerdem muß in der Abmahnung zum Ausdruck kommen, daß der Arbeitnehmer damit rechnen muß, daß weitere Pflichtverletzungen die Fortsetzung des Arbeitverhältnisses gefährden. Die Abmahnung darf nicht lediglich einen Hinweis auf die Folgen der Vertragsverletzung haben (Manko etc.). Vielmehr ist die Pflichtwidrigkeit darin zu benennen. Dies folgt daraus, daß die Abmahnung von ihrer Funktion her nicht auf eine spätere Kündigung ausgerichtet ist, sondern auf das Abstellen des Leistungsmangels.

Die Abmahnung ist formlos möglich. Einer Betriebsratsbeteiligung bedarf es nicht.

Verhaltensbedingte Kündigung

Muster einer Abmahnung

Firma

Anschrift des Arbeitnehmers

Sehr geehrte(r) Frau/Herr...,

Nach der vorliegenden ärztlichen Arbeitsunfähigkeitsbescheinigung vom ...... waren Sie in der Zeit vom ...... bis zum ...... arbeitsunfähig krank.
Sie haben entgegen Ihrer Verpflichtung Ihre Arbeitsunfähigkeit und deren voraussichtliche Dauer nicht unverzüglich mitgeteilt. Eine Mitteilung erfolgte vielmehr erst nach Ablauf von ... Arbeitstagen.

Sie haben damit Ihre Pflichten aus dem Arbeitsvertrag verletzt.

Ich/wir weise(n) Sie darauf hin, daß Sie im Wiederholungsfalle mit der Kündigung des Arbeitsverhältnisses rechnen müssen.

Eine Durchschrift dieser Abmahnung wird zu Ihren Personalakten genommen und dem Betriebsrat zur Kenntnisnahme zugeleitet.

.... den.......... ....
(Ort) (Datum) (Unterschrift Arbeitgeber)

Zur Kenntnis genommen am: ....
  (Datum) (Unterschrift Arbeitnehmer)

Achtung! Wichtig im Zusammenhang mit der Abmahnung:

- Pflichtverletzung konkret benennen!
- **mehrere** Pflichtverletzungen in **mehreren** Abmahnungen! Keine Sammelabmahnung!
- deutliche Androhung, das Arbeitsverhältnis zu beenden!
- Beweis des Zugangs sicherstellen!

Arbeitsrecht

- Abmahnung auch noch nach unwirksamer Kündigung zulässig
(aber kein Wechsel von der Abmahnung zur Kündigung möglich;
Merke: Abmahnung verbraucht Kündigung!)

Es empfiehlt sich, **schriftlich** abzumahnen! Da der Arbeitgeber bei einer späteren Kündigung wegen einer gleichen oder ähnlichen Pflichtwidrigkeit die Berechtigung dieser Abmahnung beweisen muß, empfiehlt es sich auch, zu versuchen, den Arbeitnehmer zu bewegen, daß er die Richtigkeit der erhobenen Vorwürfe schriftlich bestätigt.

4417

Sollen **ausländische Arbeitnehmer** abgemahnt werden, so sollte die Abmahnung in deren Heimatsprache abgefaßt sein. **Wertungen** (Betrugsversuch etc.) sollten in einer Abmahnung nicht ausgesprochen werden. Will ein Arbeitgeber **mehrere Pflichtwidrigkeiten** abmahnen, so sollte er für jede Pflichtwidrigkeit eine gesonderte Abmahnung aussprechen. Faßt er die Abmahnungen nämlich in einer sogenannten **Sammelabmahnung** zusammen, so entfaltet eine derartige Abmahnung keine Wirkung, wenn auch nur einer der darin enthaltenen Vorwürfe unberechtigt war. Auch ist eine derartige in Teilpunkten unberechtigte Abmahnung insgesamt aus der Personalakte zu entfernen. Ob die **Abmahnung** dann **wiederholt** werden kann, ist unsicher. Dies hängt u.a. vom Zeitablauf ab. Handelte es sich etwa nur um eine geringfügige Pflichtverletzung und ist schon längere Zeit verstrichen, dann scheidet eine Wiederholung der Abmahnung aus.

4418

Als **abmahnungsberechtigte Personen** kommen nicht nur kündigungsberechtigte Personen, sondern alle Mitarbeiter in Betracht, die aufgrund ihrer Aufgabenstellung dazu befugt sind, verbindliche Weisungen bezüglich des Ortes, der Zeit sowie der Art und Weise der arbeitsvertraglich geschuldeten Arbeitsleistung zu erteilen.

4419

Einer Abmahnung ist nach wohl überwiegender Meinung in der Literatur nur ein Verhalten zugänglich, das für den Arbeitnehmer **steuerbar** ist. Der Arbeitnehmer muß also auf das beanstandete Verhalten Einfluß nehmen können, wenn er nur will. Deshalb kann ein Arbeitnehmer nicht wegen Alkoholismus oder einer sonstigen Erkrankung abgemahnt werden. Demgegenüber vertritt die Rechtsprechung (*BAG 21.04.1993, EzA § 543 ZPO Nr. 8*) die gegenteilige Auffassung. Für die Frage, ob eine im Leistungsbereich ergangene Abmahnung zu Recht ergangen ist, kommt es demnach nicht darauf an, ob das beanstandete Verhalten dem Arbeitnehmer auch subjektiv vorgeworfen werden kann. Die Frage der Steuerbarkeit des Verhaltens ist demnach nur im **kündigungsrechtlichen Bereich** von Bedeutung. Hier ist klar, daß ein nicht steuerbares Verhalten seltener kündigungsrechtliche Folgen auslösen wird.

Das Abmahnungserfordernis gilt für alle Störungen im Bereich der gegenseitigen Hauptpflichten (sogenannter **Leistungsbereich**). Bei einer Störung im **Ver-**

Verhaltensbedingte Kündigung

trauensbereich (Eigentums- und Vermögensdelikte zu Lasten des Arbeitgebers) ist eine Abmahnung nur erforderlich, wenn der Arbeitnehmer mit vertretbaren Gründen (unklare Regelungen oder Anweisungen) annehmen konnte, sein Verhalten sei nicht rechtswidrig oder werde vom Arbeitgeber zumindest nicht als ein erhebliches, den Bestand des Arbeitsverhältnisses gefährdendes Fehlverhalten angesehen. Dies wird eher selten in Betracht kommen. Anders ist die Rechtslage bei leichteren Verstößen zu beurteilen. Solche sind etwa anzunehmen, wenn ohnehin Streit darüber besteht, wie sich der Arbeitnehmer konkret verhalten muß, was also zu seinen arbeitsvertraglichen Pflichten gehört. S. zu einem solchen Fall *BAG 07.10.1993, EzA § 611 BGB Kirchliche Arbeitnehmer Nr. 40* (Kündigung eines Chefarztes in einem katholischen Ktrankenhaus wegen homologer Insemination).

4420

Eine Abmahnung ist **entbehrlich**, wenn der Arbeitnehmer nicht willens ist, sich vertragsgerecht zu verhalten. Dies ist der Fall, wenn der Arbeitnehmer die Pflichtwidrigkeit seines Verhaltens kennt, er sich aber trotzdem hartnäckig und uneinsichtig weigert, sein Verhalten zu ändern, sondern die Pflichtwidrigkeit fortsetzt *(BAG 18.05.1994, EzA § 611 BGB Abmahnung Nr. 31).*

Auch besonders schwere Verstöße bedürfen keiner Abmahnung, da hier der Arbeitnehmer von vornherein damit rechnen kann, daß sein Verhalten nicht hingenommen wird und er sich bewußt sein muß, daß er mit seiner Pflichtwidrigkeit den Arbeitsplatz aufs Spiel setzt.

Beispiel:
A ist bei der Z-Spedition seit 7 Monaten als Fahrer beschäftigt. Er führt an dem Lkw aufgrund grober Fahrlässigkeit einen Totalschaden in Höhe von 100.000 DM herbei. In dieser Situation ist es dem Arbeitgeber nicht zumutbar, den Wiederholungsfall hinzunehmen. Er kann deshalb auch dann eine ordentliche Kündigung aussprechen, wenn der Arbeitnehmer wegen einer gleichen oder ähnlichen Pflichtwidrigkeit noch nicht abgemahnt worden war.

4421

Auch gegenüber **Betriebsratsmitgliedern** ist eine Abmahnung möglich. So ist der Arbeitgeber berechtigt, auch ohne Mitwirkung des Betriebsrats ein nicht freigestelltes Betriebsratsmitglied wegen Versäumnis von Arbeitszeit abzumahnen, wenn es Betriebsratstätigkeiten wahrgenommen hat, die es nicht für erforderlich im Sinne von § 37 Abs. 2 BetrVG halten durfte.

Beispiel:
Das nichtfreigestellte Betriebsratsmitglied B sagt zu seiner Arbeitskollegin A, er wolle an einer Sitzung des Arbeitsgerichts als Zuschauer teilnehmen. Die A solle ggfs. auf Nachfrage den Chef darüber informieren.

Arbeitsrecht

Soweit freilich **ausschließlich betriebsverfassungsrechtliche Pflichten** verletzt werden, wird im Regelfall nur das Verfahren nach § 23 Abs. 1 BetrVG eingreifen. Es sind in diesem Bereich also zwei verschiedene Ebenen streng voneinander zu trennen.

Vor Ausspruch der Abmahnung muß der **Betriebsrat nicht beteiligt** werden. Es empfiehlt sich jedoch, dem Betriebsrat nach erfolgter Abmahnung eine Abschrift des Abmahnungsschreibens zugänglich zu machen. Die Abmahnung braucht nicht innerhalb bestimmter Regelfristen geltend gemacht zu werden. Es empfiehlt sich jedoch, mit dem Ausspruch einer Abmahnung nicht allzulang zu warten.

Zwischen der Abmahnung und der Kündigung wegen Leistungsmängeln muß dem Arbeitnehmer ein **hinreichender Zeitraum zur Leistungssteigerung** verbleiben. Hat sich also jahrelang ein bestimmtes Fehlverhalten eingeschlichen, so kann der Arbeitgeber nicht verlangen, daß dieses ad hoc abgestellt wird.

Beispiel:
Alle Arbeitnehmer kommen seit Jahren trotz Dienstbeginns um 7.00 Uhr erst um 10.00 Uhr. Der Arbeitgeber spricht daraufhin allen gegenüber eine Abmahnung aus. Als am nächsten Tag wieder einige Arbeitnehmer erst um 9.00 Uhr kommen, erhalten diese eine ordentliche verhaltensbedingte Kündigung.

Eine **Anhörung des Arbeitnehmers** vor Ausspruch einer Abmahnung ist **nicht** Voraussetzung für deren Wirksamkeit. Etwas anderes gilt im Bereich des öffentlichen Dienstes. Hier ist für die Wirksamkeit einer Abmahnung gem. § 13 Abs. 2 Satz 1 BAT die vorherige Anhörung des Arbeitnehmers erforderlich (s. hierzu auch *BAG 21.05.1992, EzA § 1 KSchG Verhaltensbedingte Kündigung Nr. 42*).

V. Entfernung einer Abmahnung aus der Personalakte

4422
Der Arbeitnehmer kann nach der Rechtsprechung verlangen, daß der Arbeitgeber eine mißbilligende Äußerung aus den Personalakten entfernt, wenn diese **unrichtige Tatsachenbehauptungen** enthält, die den Arbeitnehmer in seiner Rechtsstellung und seinem beruflichen Fortkommen beeinträchtigen können. Ist also eine schriftliche Abmahnung zu den Personalakten genommen worden, so kann der Arbeitnehmer deren Entfernung verlangen, wenn der darin erhobene Vorwurf nicht gerechtfertigt ist. Dabei kommt es nach der Rechtsprechung darauf an, ob der erhobene Vorwurf **objektiv gerechtfertigt** ist. Es soll also nicht darauf ankommen, ob das beanstandete Verhalten dem Arbeitnehmer auch **subjektiv** vorgeworfen werden kann. Unerheblich ist freilich, ob eine gleichartige oder ähnliche Pflichtwidrigkeit im Wiederholungsfall eine Kündigung rechtfertigen würde.

Verhaltensbedingte Kündigung

Verbindet der Arbeitgeber mit der Abmahnung **Wertungen** (z.B. Vorwurf des Betrugsversuchs), so ist mit dieser Wertung die Tatsachenbehauptung verbunden, der Arbeitnehmer habe den Arbeitgeber mit dem beanstandeten Verhalten in seinem Vermögen geschädigt. Kann eine Vermögensschädigung nicht dargetan werden, muß die Abmahnung aus der Personalakte entfernt werden.

Achtung!
Deshalb sollte in Abmahnungen auf Wertungen allgemein verzichtet werden!

Ebenso wie unrichtige Tatsachenbehauptungen, die Gegenstand einer zu den Personalakten genommenen Abmahnung waren, sind auch Abmahnungen aus der Personalakte zu entfernen, wenn darin enthaltene Vorwürfe weder hinreichend genaue zeitliche noch inhaltliche Angaben enthalten.

4423
Ist ein Arbeitsverhältnis bereits rechtsbeständig beendet, so besteht ein Anspruch auf Entfernung einer Abmahnung aus den Personalakten nur dann, wenn der klagende Arbeitnehmer eine drohende konkrete Beeinträchtigung darlegt. Hierher gehören etwa die Fälle, in denen die Personalakte an Dritte weitergegeben wird, so etwa im öffentlichen Dienst.

Der Arbeitnehmer hat das **Recht**, die Entfernung einer unberechtigten Abmahnung aus der Personalakte zu verlangen. Er ist hierzu jedoch **nicht verpflichtet**. Geht er gegen die Abmahnung nicht vor, so ist er nicht gehindert, in einem anschließenden Kündigungsschutzprozeß die Berechtigung der Abmahnung zu bestreiten. Der Arbeitgeber kann dadurch in ganz erhebliche Beweisschwierigkeiten geraten.
Deshalb sollte er von vornherein versuchen, den Arbeitnehmer bei Ausspruch der Abmahnung dazu zu bewegen, die Richtigkeit der **erhobenen Vorwürfe zu bestätigen**. Gelingt ihm dies nicht, so sollte er auf andere Weise zu sichern versuchen, daß er den Beweis der Berechtigung der Abmahnung in einem möglichen anschließenden Kündigungsschutzprozeß erbringen kann.

Nach ganz überwiegender Meinung hat der Arbeitgeber keine Möglichkeit die angesprochenen Beweisprobleme auf dem Wege zu umgehen, daß er nach Ausspruch einer Abmahnung sich deren Richtigkeit gerichtlich bestätigen läßt, indem **er eine positive Feststellungsklage erhebt**. Hier fehlt es am Rechtsschutzinteresse. Die Beweisprobleme muß der Arbeitgeber also anderweitig lösen.

Werden in einer Abmahnung **mehrere Pflichtverletzungen** gerügt (s. Rz. 4308), so ist die Abmahnung nach der **Rechtsprechung** schon dann aus den Personalakten zu entfernen, wenn einer dieser Vorwürfe zu Unrecht erhoben worden ist. Die Abmahnung entfaltet in diesen Fällen auch hinsichtlich der Vorwürfe, die zu Recht erfolgt sind, keine Wirkung.

4424

Tarifliche Ausschlußfristen (s. Rz. 3950) gelten auch für das Verlangen des Arbeitnehmers, eine Abmahnung aus den Personalakten zu entfernen. I.ü. bestehen **keine Regelfristen,** wie lange überhaupt eine Pflichtwidrigkeit abgemahnt werden kann und wie lange eine Abmahnung wirksam bleibt.

Ganz geringfügige Pflichtverstöße dürfen überhaupt nicht abgemahnt werden. Ansonsten ist zu beachten, daß nicht bereits jede erneute Pflichtwidrigkeit bereits eine verhaltensbedingte Kündigung rechtfertigt. Kommt der Pflichtwidrigkeit kein besonderes Gewicht zu, so ist unter Umständen, vor einer Kündigung **eine erneute Abmahnung auszusprechen**. Im übrigen muß sich die vorausgegangene Abmahnung stets auf eine Pflichtwidrigkeit beziehen, die der erneuten Pflichtwidrigkeit entspricht.

Beispiel:
A ist von dem Geschäftsführer der C-GmbH wegen Unpünktlichkeit abgemahnt worden. Eine Woche später verstößt er gegen ein betriebliches Alkoholverbot und wird daraufhin gekündigt.
Diese Kündigung ist unwirksam, da die vorangegangene Abmahnung sich nicht auf eine Pflichtwidrigkeit bezogen hat, die der erneuten Pflichtwidrigkeit entspricht. Eine vorweggenommene Abmahnung ist gänzlich unwirksam.

Beispiel:
Die O-AG hat vor dem Werkstor ein großes Schild mit der Aufschrift angebracht: "Wer hier säuft, fliegt raus." Der Arbeitnehmer Z verstößt in der Folgezeit erstmals gegen das betriebliche Alkoholverbot.
In diesem Fall ist eine Kündigung nicht möglich, soweit es sich nicht um einen ganz besonders schwerwiegenden Verstoß handelt. Z ist nämlich nicht wirksam abgemahnt worden. Eine Abmahnung kann immer erst dann erfolgen, wenn sich die Pflichtwidrigkeit bereits ereignet hat.

Die Abmahnungsgrundsätze gelten auch für **verhaltensbedingte Änderungskündigungen** und im Grundsatz auch für die **außerordentliche Kündigung durch den Arbeitnehmer**.

Beispiel:
B ist von seinem Arbeitgeber A permanent zur Mehrarbeit herangezogen worden. B kündigt daraufhin das Arbeitsverhältnis fristlos.
Diese Kündigung ist unwirksam, da auch der Arbeitnehmer grundsätzlich verpflichtet ist, vor einer außerordentlichen Kündigung den Arbeitgeber abzumahnen, soweit ihm die Fortsetzung des Arbeitsverhältnisses nicht bereits unzumutbar geworden ist.

VI. Weiterführende Literaturhinweise

4425

Beckerle/Schuster, Die Abmahnung, 1988

Eich, Anspruch auf Entfernung einer berechtigten Abmahnung aus der Personalakte durch Zeitablauf, NZA 1988, 759

Falkenberg, Die Abmahnung, NZA 1988, 489

Schaub, Arbeitsrechtshandbuch, 7. Aufl. 1992, § 130

Schunck, Gescheiterte Abmahnung: kündigungsrechtliche Konsequenzen?, NZA 1993, 828

Sibben, Abschied vom Erfordernis der einschlägigen Abmahnung, NZA 1993, 583

26. Kapitel: Betriebsbedingte Kündigung und soziale Auswahl

I.	Was sind "betriebsbedingte" Kündigungsgründe?	4451
II.	Sonderfall: "Druckkündigung"	4452
III.	Unternehmerentscheidung und betriebsbedingte Kündigung	4453
IV.	Inner- und außerbetriebliche Gründe	4460
V.	Sozialauswahl	4462
	1. Was heißt "Sozialauswahl"?	4462
	2. In welchem Umfang findet die Auswahl statt?	4465
	3. Welche Arbeitnehmer sind zu berücksichtigen?	4466
	4. Welche sozialen Gesichtpunkte sind bei der Auswahl zu berücksichtigen?	4468
VI.	Weiterführende Literaturhinweise	4475

Checkliste: Betriebsbedingte Kündigung

- **Persönliche Daten des Arbeitnehmers**
    - Name, Vorname:
    - Lebensalter:
    - Arbeitsplatz:
    - Ausgeübte Tätigkeit:
    - Betriebs- oder Unternehmenszugehörigkeit seit:
    - Familienstand:
        - verheiratet
        - Ehepartner erwerbstätig oder nicht
        - Zahl der Unterhaltsberechtigten (Ehefrau, Kinder usw.):
- **Dringende betriebliche Erfordernisse**
    - **Innerbetriebliche** Ursachen
        - Rationalisierungsmaßnahmen
        - Produktionseinschränkung
        - organisatorische Veränderungen, und zwar...

- **Außerbetriebliche** Ursachen
  (z.B. Auftragsmangel oder Umsatzrückgang)?
    - Unmittelbare Auswirkung auf Arbeitsanfall und Arbeitskräftebedarf
    - Anlaß für innerbetriebliche Maßnahmen
- **Wegfall von Arbeitsplätzen**
    - Zahl und Art der ganz oder teilweise wegfallenden Arbeitsplätze: möglichst genaue Beschreibung
    - Wegfall der Arbeitsplätze
        - auf Dauer
        - nur vorübergehend, voraussichtlich bis ......
- **Auswirkungen auf den konkreten Arbeitsplatz des einzelnen Arbeitnehmers**
    - Fällt sein Arbeitsplatz weg?
    - Seine Aufgaben entfallen völlig
    - Seine Aufgaben entfallen teilweise, die verbleibenden werden wie folgt verteilt:
        - Seine Aufgaben werden von folgenden Arbeitnehmern miterledigt: ...
        - Sein Arbeitsplatz wird mit folgendem sozial schutzbedürftigerem Arbeitnehmer besetzt
- **Weniger einschneidende Maßnahmen**
    - Arbeitsstreckung
    - Abbau von Überstunden
    - Kurzarbeit
        - noch nicht eingeführt, Grund:
        - schon eingeführt; Gründe, die zur Kurzarbeit führten:
    - Umsetzung oder Versetzung des Arbeitnehmers auf einen freien Arbeitsplatz möglich?
        - Folgende gleichwertige Arbeitsplätze sind frei oder werden demnächst frei
          - im Betrieb
          - in einem anderen Betrieb des Unternehmens
          - in einem Konzernbetrieb (Ausnahme!)
        - Ist der Arbeitnehmer für diese Beschäftigungen geeignet?

Betriebsbedingte Kündigung und soziale Auswahl

- ○ Warum kann er nicht versetzt werden?
- ○ Kann der Arbeitnehmer die erforderliche Qualifikation durch Fortbildung oder Umschulung erwerben?
- ○ Ist die Umschulung unzumutbar?
- Besteht die Möglichkeit einer Änderungskündigung?
- Kontrollfragen:
  - ○ Kann der Arbeitnehmer zu schlechteren Arbeitsbedingungen im Betrieb oder in einem anderen Betrieb des Unternehmens weiterbeschäftigt werden?
  - ○ Wurde diese Beschäftigung dem Arbeitnehmer angeboten?
  - ○ Der Arbeitnehmer hat
    - das Angebot angenommen (Kündigung damit gegenstandslos)
    - das Angebot abgelehnt
    - das Angebot unter Vorbehalt angenommen

- **Soziale Auswahl**
  - Folgende im selben Betrieb (alle Abteilungen) beschäftigte Arbeitnehmer sind vergleichbar und austauschbar:
  - Die Vergleichbarkeit richtet sich vor allem nach folgenden Gesichtspunkten:
    - ○ Art der Tätigkeit
    - ○ Anforderungen des Arbeitsplatzes und erforderliche Qualifikation
    - ○ Stellung in der betrieblichen Hierarchie
  - Folgende Arbeitnehmer können nicht in die soziale Auswahl einbezogen werden, weil eine ordentliche Kündigung arbeitsvertraglich, tarifvertraglich oder gesetzlich ausgeschlossen ist (z.B. Betriebsratsmitglieder und Jugendvertreter)
  - Folgende Arbeitnehmer genießen einen besonderen Kündigungsschutz
    - ○ nach dem Schwerbehindertengesetz:
    - ○ nach dem Mutterschutzgesetz:

> - Soziale Daten jedes einzelnen vergleichbaren Arbeitnehmers
> - Bei der sozialen Auswahl dürfen **nicht berücksichtigt** werden:
>   - Einberufung zum Wehrdienst
>   - Teilnahme an Eignungsübungen
>   - Teilnahme an Einsätzen und Ausbildungsveranstaltungen des Zivilschutzes
>   - Freiwillige Teilnahme an Wehrübungen, soweit sie in einem Kalenderjahr insgesamt nicht länger als 6 Wochen dauern

I. Was sind "betriebsbedingte" Kündigungsgründe?

4451

Eine Kündigung ist auch dann gerechtfertigt, wenn sie durch **dringende betriebliche Erfordernisse** bedingt ist.

Als dringende betriebliche Erfordernisse kommen **außerbetriebliche Gründe** (Auftragsmangel, Umsatzrückgang) und **innerbetriebliche Gründe** (Stillegung, Rationalisierungsmaßnahmen, Vergabe von bislang betriebsintern erledigten Arbeiten an Fremdfirmen etc.) in Betracht.

Gewinnverfall und Unrentabilität rechtfertigen freilich nicht ohne weiteres die Annahme dringender betrieblicher Erfordernisse, weil sie auf den verschiedensten Gründen beruhen können und sich nicht unmittelbar auf die Arbeitsplätze auswirken.

II. Sonderfall: "Druckkündigung"

4452

Besonderheiten gelten bei der betriebsbedingten **Druckkündigung**. Eine Druckkündigung liegt dann vor, wenn Dritte (Auftraggeber, Kunden oder die Belegschaft) unter Androhung von schwerwiegenden Nachteilen für den Arbeitgeber von diesem die Entlassung eines bestimmten Arbeitnehmers verlangen. Ist das Verlangen durch ein Verhalten des Arbeitnehmers oder einen personenbedingten Grund objektiv gerechtfertigt, so liegt es im Ermessen des Arbeitgebers, ob er eine personen- oder verhaltensbedingte Kündigung aussprechen will.

Betriebsbedingte Kündigung und soziale Auswahl

Fehlt es dagegen an einer **objektiven Rechtfertigung** der Drohung, so kommt nur eine Druckkündigung aus betriebsbedingten Gründen in Betracht. Der Arbeitgeber hat sich in diesen Fällen zunächst aufgrund seiner arbeitsvertraglichen Fürsorgepflicht schützend vor den betroffenen Arbeitnehmer zu stellen und alles Zumutbare zu versuchen, die Belegschaft von ihrer Drohung abzubringen. Nur wenn daraufhin trotzdem ein Verhalten in Aussicht gestellt wird - z. B. Streik oder Massenkündigung bzw. der Abzug von Aufträgen - und dadurch dem Arbeitgeber schwere Schäden drohen, kann die Kündigung sozial gerechtfertigt sein. Dabei ist jedoch Voraussetzung, daß die Kündigung das einzig praktisch in Betracht kommende Mittel ist, um die Schäden abzuwenden. Soweit die Voraussetzungen einer betriebsbedingten Druckkündigung gegeben sind, steht dem Arbeitnehmer nicht einmal ein Anspruch auf Entschädigung zu. Die vorherige Anhörung des Arbeitnehmers ist keine Wirksamkeitsvoraussetzung für eine Druckkündigung.

III. Unternehmerentscheidung und betriebsbedingte Kündigung

4453

Im Rahmen der betriebsbedingten Kündigung ist anerkannt, daß die sogenannten **Unternehmerentscheidungen** von den Arbeitsgerichten nicht auf ihre Notwendigkeit und Zweckmäßigkeit überprüft werden dürfen. Zur Überprüfung steht nach der Rechtsprechung allein, ob eine Maßnahme **offenbar unsachlich, unvernünftig oder willkürlich** ist. Hierdurch wird dem Arbeitgeber ein großer Gestaltungsspielraum eingeräumt, der von den Begründungsschwierigkeiten entbindet, die bei der Berufung auf außerbetriebliche Ursachen auftreten (vgl. auch Rz. 4455). Dies zeigt etwa der folgende Sachverhalt.

Beispiel:

Die K war 1971 im Werk H der Z-KG als Reinigungskraft beschäftigt. Im Jahre 1984 entschloß sich die Z-KG, den Reinigungsdienst kostengünstiger an eine Fremdfirma zu übertragen. Im Zuge dieser Maßnahme kündigte sie der K mit Schreiben vom 20.01.1985. Hiergegen hat die K Kündigungsschutzklage erhoben und unter anderem folgendes vorgebracht: Die Z-KG berücksichtige nicht die ihr und ihren Kolleginnen entstehenden Nachteile. Sie habe seit 1971 ohne Beanstandungen für die Beklagte gearbeitet, sei schwerbehindert und habe für ein Kind zu sorgen. Ihr Ehemann sei seit Anfang 1984 arbeitsunfähig und werde nicht mehr arbeitsfähig werden. Sie habe im Vertrauen darauf, bis zum Erreichen des Rentenalters bei der Z-KG arbeiten zu können, ein kleines Haus gebaut und deswegen noch erhebliche Schulden abzutragen. Sie sei somit dringend auf ihren Arbeitsverdienst angewiesen, während es der Z-KG nur darum gehe, ihren Gewinn zu vergrößern.
*Die Entscheidung, die Reinigungsarbeiten auf eine Fremdfirma zu übertragen, war eine sogenannte **Unternehmerentscheidung**, die von den Arbeitsgerichten nicht auf ihre Notwendigkeit und Angemessenheit überprüft werden darf.*

4454

Unternehmerentscheidungen sind alle Entscheidungen, die der Unternehmer **im Hinblick auf den Markt** trifft, also etwa über die Hereinnahme oder Nichthereinnahme eines Auftrags, die Planung der Absatzgebiete und die Werbung sowie seine Einkaufspolitik und die Finanzierungsmethoden. Unternehmerentscheidungen sind jedoch **auch** die unternehmensinternen Entscheidungen über die Fortführung oder Stillegung des Betriebes, seine Verlagerung, eine Betriebseinschränkung, die Änderung des Betriebszweckes, des Produktions- und Investitionsprogramms, die Fabrikations- und Arbeitsmethoden, Rationalisierungsvorhaben und Organisationsänderungen.

Beispiel:
A ist seit 1970 bei der X-OHG, einem Bauunternehmen, beschäftigt. Er wurde für Hilfsarbeiten eingesetzt. Die Aufträge der X-OHG waren vom Beginn des Jahres 1984 an bis zum Ausspruch der Kündigung um mehr als 50 % zurückgegangen. Die K-OHG übertrug deshalb, um die Facharbeiter zu halten, die verbliebenen Hilfsarbeiten auf die Facharbeiter. So wurde nur noch ein Hilfsarbeiter benötigt. Deshalb kündigte sie mit Schreiben vom 19.11.1984 K zum 31.03.1985. Dieser hat sich gegen die Kündigung mit seiner Kündigungsschutzklage gewendet.

*Die Weiterbeschäftigung nur noch eines Hilfsarbeiters und die Verteilung der dessen Pensum übersteigenden Hilfsarbeiten auf die verbliebenen Facharbeiter stellt nach der Rechtsprechung eine **Unternehmerentscheidung** dar. Die X-OHG hat danach eine Organisationsmaßnahme vorgenommen und damit eine gestaltende, nicht unmittelbar vom Auftragsrückgang abhängige, jedoch mittelbar hierauf beruhende Unternehmerentscheidung getroffen, die sich im Rahmen der von ihr eingegangenen Selbstbindung hält, ihr Personal nur soweit abzubauen, wie es der Auftragsrückgang erfordert. Diese Entscheidung kann auch nicht als **willkürlich oder sachfremd** gewertet werden.*

4455

Aus der **Respektierung der** sog. **Unternehmerentscheidung** folgt zugleich, daß bei betriebsbedingten Kündigungen nicht zu prüfen ist, ob die vom Arbeitgeber aufgrund seiner Unternehmerentscheidung erwarteten Vorteile in einem vernünftigen Verhältnis zu den Nachteilen stehen, die der Arbeitnehmer durch die Kündigung erleidet. Persönliche Umstände des Arbeitnehmers können sich nur in seltenen Ausnahmefällen noch zu dessen Gunsten auswirken. Eine nur begrenzt nachprüfbare Unternehmerentscheidung kann bei der Umwandlung eines **Halbtags- in einen Ganztagsarbeitsplatz** nur bedingt angenommen werden. Nach der Rechtsprechung soll beispielsweise eine ordentliche Kündigung nicht durch dringende betriebliche Erfordernisse bedingt sein, wenn der Arbeitgeber einen halbtagsbeschäftigten Arbeitnehmer kündigt, weil er aus betrieblichen Gründen den vom zu kündigenden Arbeitnehmer besetzten Halbtagsarbeitsplatz in einen Ganztagsarbeitsplatz umwandeln will. In diesen Fällen soll der Arbeitgeber zuerst versuchen müssen, vor der Kündigung der vorhandenen Halbtagskraft, die aus familiären Gründen nicht ganztags arbeiten kann, eine weitere Halbtagskraft einzustellen. Etwas anderes gilt nur dann, wenn die Einstellung einer weiteren Halbtagskraft für den Betrieb technisch, organisatorisch oder wirtschaftlich nicht tragbar ist. Solche Gründe hat im **Kündigungsschutzprozeß** der Arbeitgeber darzulegen.

4456

Ob eine nur begrenzt nachprüfbare **Unternehmerentscheidung** auch dann vorliegt, wenn sich der Arbeitgeber entschließt, einen Ganztagsarbeitsplatz in zwei Teilzeitarbeitsverhältnisse aufzuteilen, ist unsicher. Anerkannt ist in diesem Zusammenhang nunmehr, daß es dem Arbeitgeber bei Vorliegen vernünftiger Gründe nicht verwehrt ist, anstelle einer Beendigungskündigung zwei Änderungskündigungen auszusprechen (s. Rz. 4305 f.), wenn er insgesamt eine Stelle einsparen will. Hieraus wird wohl abzuleiten sein, daß auch die Umwandlung von einem Ganztags- in zwei Halbtagsarbeitsverhältnisse im Rahmen der Unternehmerentscheidung möglich ist. Was selbstverständlich nicht möglich ist, ist eine Atomisierung von Arbeitsverhältnissen, um dem Kündigungsschutz zu entfliehen (§ 23 KSchG). Entschließt sich der Arbeitgeber daher, statt eines Ganztags- zukünftig zehn Teilzeitarbeitsverhältnisse einzuführen, so liegt keine bindende Unternehmerentscheidung vor.

4457

Lehnt der Arbeitgeber zur Vermeidung betriebsbedingter Kündigungen in betriebsratslosen Betrieben die Einführung von **Kurzarbeit** ab, so liegt hierin wohl eine zu respektierende Unternehmerentscheidung. In Betrieben mit einem Betriebsrat steht die Rechtsprechung auf dem Standpunkt, daß im Kündigungsschutzprozeß die Möglichkeit der Einführung von Kurzarbeit zur Abwendung betriebsbedingter Kündigungen dann nicht geprüft wird, wenn der Betriebsrat die Einführung von Kurzarbeit nicht verlangt hat.

Selbstverständlich ist, daß zwar auch die arbeitgeberseitige Kündigung eine Unternehmerentscheidung ist. Sie ist aber keine Unternehmerentscheidung, die von den Gerichten im Kündigungsschutzprozeß grundsätzlich als bindend hinzunehmen wäre. **Wäre dies anders, so bedürfte es keines Kündigungsschutzgesetzes.**

4458

Auch der Entschluß, die **Lohnkosten** zu senken und eine zu diesem Zwecke ausgesprochene Änderungskündigung stellen keine im Kündigungsschutzprozeß von den Gerichten vorgegebene hinzunehmende grundsätzlich bindende Unternehmerentscheidung dar.

Die auf die Mißbrauchskontrolle beschränkte Überprüfung organisatorischer Unternehmerentscheidungen macht es nach der Rechtsprechung nicht entbehrlich, in jedem Fall gerichtlich zu prüfen, ob die Organisationsänderung eine Beendigungs- oder Änderungskündigung unvermeidbar macht, oder ob das geänderte unternehmerische Konzept nicht auch durch andere Maßnahmen verwirklicht werden kann.

Arbeitsrecht

Beispiel:
Die C war bei der A-AG als Packerin im Einschichtbetrieb arbeitstägig in der Zeit von 6.00 - 16.45 Uhr beschäftigt. Ihr Kind besuchte während der Arbeitszeit einen Kindergarten und mußte dort bis spätestens 18.00 Uhr abgeholt werden. Wegen eines von der A-AG erwarteten hohen Produktionsaufkommens legte diese in der Abteilung, in der die C tätig war, eine weitere Schicht von 14.00 - 22.00 Uhr ein, die als Wechselschicht durchgeführt werden sollte. Verschiedene Arbeitnehmerinnen wurden weiterhin ausschließlich in der Frühschicht eingesetzt. Außerdem hatte sich eine Arbeitnehmerin bereit erklärt, ausschließlich in der Spätschicht zu arbeiten. C weigert sich wegen ihres Kindes, in der Spätschicht zu arbeiten. Sie erhält daraufhin eine betriebsbedingte Änderungskündigung.
Der Übergang vom Einschichtbetrieb zur Wechselschicht war sicherlich eine unternehmerische Entscheidung, die von der A-AG ausgesprochene betriebsbedingte Änderungskündigung jedoch nicht unvermeidbar, um das unternehmerische Konzept umzusetzen.

4459
Unternehmerentscheidungen können auch **manipuliert** werden.

Beispiel:
Der Automobilhändler Z führt seinen Verkaufsbetrieb derart, daß er neben 10 Verkäufern einen Verkaufsleiter beschäftigt. Er entschloß sich, den Verkaufsbetrieb wieder ohne einen Verkaufsleiter zu führen und die in diesem Dienstposten laut Funktionsbeschreibung zusammengefaßten Aufgaben anderweitig aufzuteilen.
Hierin liegt sicherlich eine Unternehmerentscheidung. Unterstellt man jedoch einmal, daß der Verkaufsleiter hohe krankheitsbedingte Fehlzeiten aufgewiesen hat, kann der Arbeitgeber auf dem "Umweg" über eine Unternehmerentscheidung die hohen Hürden der krankheitsbedingten Kündigung aus der Welt räumen. Auch können prognosebedingte Unsicherheiten vermieden werden.

IV. Inner- und außerbetriebliche Gründe

4460
Keine Unternehmerentscheidung stellt der bloße Entschluß dar, Personal abzubauen. Dafür müssen immer **innerbetriebliche oder außerbetriebliche Gründe** gegeben sein.

Inner- und außerbetriebliche Gründe begründen nur dann ein innerbetriebliches Erfordernis für eine betriebsbedingte Kündigung, wenn sie sich **konkret** auf die Einsatzmöglichkeit des gekündigten Arbeitnehmers auswirken. Dies darf aber nicht dahingehend mißverstanden werden, daß der Arbeitgeber darlegen und beweisen muß, daß der "konkrete Arbeitsplatz" des betroffenen Arbeitnehmers weggefallen ist. Es ist vielmehr stets zu prüfen, ob durch einen bestimmten inner- oder außerbetrieblichen Grund ein **Überhang an Arbeitskräften** entstanden ist, durch den unmittelbar oder mittelbar das Bedürfnis zur Weiterbeschäfti-

Betriebsbedingte Kündigung und soziale Auswahl

gung eines oder mehrerer Arbeitnehmer entfallen ist. Es ist also nicht auf einen bestimmten, räumlich fixierten Arbeitsplatz abzustellen, weil Ort und Art der Tätigkeit des Arbeitnehmers oft wechseln und es wegen des Gebots der sozialen Auswahl (§ 1 Abs. 3 KSchG) bei mehreren vergleichbaren Arbeitsplätzen kündigungsrechtlich unerheblich ist, welcher bestimmte Arbeitsplatz entbehrlich geworden ist.

4461

Vom Arbeitsgericht ist immer zu überprüfen, ob die zur Begründung dringender betrieblicher Erfordernisse angeführten innerbetrieblichen oder außerbetrieblichen Gründe **tatsächlich** vorliegen und wie sich diese Gründe im betrieblichen Bereich auswirken, d.h. in welchem Umfang durch sie Arbeitsplätze ganz oder teilweise weggefallen sind. Diese Überprüfung steht freilich unter dem **Vorbehalt der Respektierung unternehmerischer Entscheidungen**.

4461a

Eine betriebsbedingte Kündigung ist auch während einer **Kurzarbeitsperiode** zulässig, wenn über die Gründe hinaus, die zur Einführung von Kurzarbeit geführt haben, weitergehende inner- und außerbetriebliche Gründe vorliegen, die ergeben, daß nicht nur vorübergehend, sondern auf (unbestimmte) Dauer für den Arbeitnehmer eine Weiterbeschäftigungsmöglichkeit entfallen ist.

Auch bei der **betriebsbedingten Kündigung ist stets der Verhältnismäßigkeitsgrundsatz zu wahren.**
So kann etwa die Kündigung eines Hausmeisterehepaares zum Zwecke der Kosteneinsparung und Fremdvergabe der Tätigkeiten sozialwidrig sein, wenn die Kündigung vor allem mit wirtschaftlichen Erwägungen der Mieter des Arbeitgebers begründet wird *(LAG München 12.03.1993, LAGE § 1 KSchG Betriebsbedingte Kündigung Nr. 24)*. Dies gilt bei einer 18-jährigen Tätigkeit selbst dann, wenn sich die Kosten der Hausbetreuung auf etwa ein Drittel verringern!

Scheidet ein Arbeitskollege in einem absehbaren Zeitraum aus, der in etwa der Dauer der erforderlichen zumutbaren Einarbeitung des gekündigten Arbeitnehmers entspricht, ist die Kündigung bereits nach § 1 Abs. 2 Satz 3 KSchG unwirksam *(LAG Nürnberg 15.03.1994, LAGE § 102 BetrVG 1972 Nr. 40)*.

V. Sozialauswahl

1. Was heißt "Sozialauswahl"?

4462

Ist nur für einen Teil vergleichbarer Arbeitnehmer eine Beschäftigungsmöglichkeit entfallen, so ist eine Kündigung auch sozial ungerechtfertigt, wenn der Arbeitgeber bei der **Auswahl soziale Gesichtspunkte** nicht oder nicht ausreichend berücksichtigt hat (§ 1 Abs. 3 Satz 1 KSchG). Die Notwendigkeit der sozialen

Auswahl entfällt jedoch, wenn betriebstechnische, wirtschaftliche oder sonstige berechtigte betriebliche Bedürfnisse die Weiterbeschäftigung eines oder mehrerer Arbeitnehmer bedingen und damit einer Auswahl nach sozialen Gesichtspunkten entgegenstehen (§ 1 Abs. 3 Satz 2 KSchG).

4463

Die Grundsätze der sozialen Auswahl hat der Arbeitgeber auch bei der **Massenentlassung** zu beachten. Die allgemeinen Schwierigkeiten, die mit dieser sozialen Auswahl bei Massenkündigungen verbunden sind, stellen dabei keine berechtigten betrieblichen Belange dar, die nach § 1 Abs. 3 Satz 2 KSchG die Weiterbeschäftigung sämtlicher Arbeitnehmer einer Betriebsabteilung bedingen und deshalb die Einbeziehung der Betriebsabteilung in die soziale Auswahl ausschließen. Der Austausch Hunderter von Arbeitnehmern kann zwar den ordnungsgemäßen Betriebsablauf erheblich stören und für den Arbeitgeber ein berechtigtes betriebliches Interesse begründen, von einem solchen Massenaustausch Abstand zu nehmen. Es obliegt jedoch nach der Rechtsprechung dem Arbeitgeber, von welcher Zahl an und aus welchen Gründen der Austausch zwischen mehr oder weniger schutzbedürftigen Arbeitnehmern die betrieblichen Interessen beeinträchtigt. Auf diese Zahl von Arbeitnehmern beschränkt sich sodann die soziale Auswahl.

4464

Die Grundsätze der Sozialauswahl gelten auch bei der Vornahme von **Änderungskündigungen** (§ 1 Abs. 2 KSchG). Im übrigen steht dem Arbeitgeber bei der Sozialauswahl zwar kein Ermessens-, wohl aber ein Beurteilungsspielraum zu. Nur der deutlich sozial Schwächere kann sich auf die Fehlerhaftigkeit der Auswahl berufen.

Wird mehreren Arbeitnehmern aus dringenden betrieblichen Erfordernissen zur selben Zeit gekündigt, einem vergleichbaren Arbeitnehmer dagegen nicht, der erheblich weniger hart von der Kündigung betroffen wäre, können sich **alle gekündigten Arbeitnehmer** auf diesen Auswahlfehler mit Erfolg berufen. Dies kann zur Folge haben, daß bei einer Massenentlassung Hunderte von Kündigungen unwirksam sind, obwohl letztendlich nur ein Arbeitnehmer erfolgreich seinen bisherigen Arbeitsplatz verteidigen kann.

2. In welchem Umfang findet die Auswahl statt?

4465

Die Sozialauswahl ist **betriebsbezogen**, nicht unternehmensbezogen und schon gar nicht konzernbezogen. Andererseits ist sie auch nicht nur auf eine bestimmte Abteilung zu beschränken. Verfügt daher ein Unternehmen über mehrere Betriebe, so sind nur die vergleichbaren Arbeitnehmer in die Sozialauswahl einzubeziehen, die in dem Betrieb tätig sind, in dem die betriebsbedingten Kündigungen vorgenommen werden sollen.

Betriebsbedingte Kündigung und soziale Auswahl

Die Sozialauswahl hat betriebsübergreifend zu erfolgen, wenn mehrere Unternehmen einen Gemeinschaftsbetrieb unterhalten; in diesem Fall ist also nicht auf eine bestimmte Abteilung abzustellen *(BAG 05.05.1994, EzA § 1 KSchG Soziale Auswahl Nr. 31).*

3. Welche Arbeitnehmer sind zu berücksichtigen?

4466

In die Sozialauswahl sind nur **vergleichbare Arbeitnehmer** einzubeziehen. Dafür kommt es nach der Rechtsprechung in erster Linie auf die ausgeübte Tätigkeit an. Der betroffene Arbeitnehmer muß danach die Funktion der anderen Arbeitnehmer wahrnehmen können. Diese Voraussetzung ist sowohl bei Identität der Arbeitsplätze als auch dann gegeben, wenn der Arbeitnehmer aufgrund seiner Ausbildung und seiner Fähigkeiten eine andersartige, aber gleichwertige Arbeit verrichten kann. Eine gewisse **Einarbeitungszeit** hat dabei der Arbeitgeber hinzunehmen.

Beispiel:
Die O war zunächst 4 Jahre lang als Montagearbeiterin bei der F-GmbH in der Pedal-Montage und sodann 3 Jahre auf eigenen Wunsch als Putzfrau beschäftigt. Die F-GmbH übertrug in der Folgezeit alle anfallenden Reinigungsarbeiten einem Gebäudereinigungsunternehmen und kündigte unter anderem der Klägerin. Eine Sozialauswahl nahm sie nicht vor, da sie nur die Arbeiterinnen im Reinigungsdienst für vergleichbar hielt.
*Die Übertragung der Reinigungsarbeit auf das Gebäudereinigungsunternehmen war sicherlich eine sogenannte Unternehmerentscheidung (vgl. Rz. 4453). Die Sozialauswahl war jedoch fehlerhaft. Diese ist nicht nur nach arbeitsplatzbezogenen Merkmalen vorzunehmen. Die Arbeiterin war aufgrund ihrer Ausbildung und ihrer Fähigkeit in der Lage, eine **andersartige, aber gleichwertige Tätigkeit** aufzunehmen, so z.B. in der Pedal-Montage. Sie mußte daher mit allen Arbeiterinnen und Arbeitern dieser Abteilung, soweit sie die gleiche Vergütungsgruppe aufwiesen, verglichen werden.*

An der Vergleichbarkeit fehlt es freilich, wenn der Arbeitgeber den Arbeitnehmer nicht einseitig, d.h. aufgrund seines **Direktionsrechts** auf einen anderen Arbeitsplatz versetzen kann. Wird ein Arbeitnehmer nicht für eine bestimmte Tätigkeit eingestellt, dann kann ihm innerhalb seiner Vergütungsgruppe grundsätzlich jede Tätigkeit zugewiesen werden. Die Arbeitspflicht kann sich zwar in der Folgezeit auf eine bestimmte Tätigkeit konkretisieren. Eine **Konkretisierung** tritt aber noch nicht allein dadurch ein, daß ein Arbeitnehmer eine längere Zeit eine bestimmte Tätigkeit verrichtet. Neben dem Zeitablauf sind besondere Umstände erforderlich, aus denen sich die Vorstellung der Parteien ergibt, der Arbeitnehmer solle in Zukunft nur noch diese Tätigkeiten verrichten.

Hält man an diesem Kriterium fest, so können **Teilzeitbeschäftigte und Vollzeitbeschäftigte** nicht für vergleichbar erachtet werden, weil z. B. der Teilzeitbe-

schäftigte nicht einseitig auf einen Vollzeitarbeitsplatz versetzt werden kann. Dies ist aber umstritten.

4467
Die **tarifliche Eingruppierung** kann für die Frage, ob Arbeitnehmer austauschbar sind, in engen Grenzen herangezogen werden. Bei ausgesprochenen Hilfstätigkeiten kommt der identischen Eingruppierung für die Vergleichbarkeit ein ausreichender Indizwert zu.

Umgekehrt verliert die tarifliche Eingruppierung bei steigender beruflicher Qualifikation an Bedeutung, weil die betriebliche Spezialisierung ebenso wie ein aktueller Kenntnisstand der Austauschbarkeit entgegenstehen *(BAG 05.05.1994, EzA § 1 KSchG 1969 Soziale Auswahl Nr. 31)*. Austauschbarkeit meint "alsbaldige Substituierbarkeit!

Arbeitnehmer, die am allgemeinen Kündigungsschutz noch nicht teilnehmen, also die Wartezeit (§ 1 Abs. 1 KSchG) noch nicht erfüllt haben, müssen als erste weichen.
Der Vergleich hat sich allein auf derselben Ebene der Betriebshierarchie (**sog. horizontale Vergleichbarkeit**) zu vollziehen. Eine **vertikale oder gruppenübergreifende Sozialauswahl** wird von der Rechtsprechung nicht anerkannt.

Beispiel:
C war bei der K-KG als Obermonteur tätig. Auf der Obermonteurebene war ein Arbeitskräfteüberhang entstanden. C erwies sich als der sozial Stärkste. Er erklärt sich bereit, in dem Betrieb auch als Monteur tätig zu werden und verlangt eine erneute Sozialauswahl auf der Monteurebene.

Eine derartige gruppenübergreifende oder vertikale Sozialauswahl erkennt die Rechtsprechung nicht an. Eine Erweiterung des auswahlrelevanten Personenkreises auf die verschiedenen Ebenen der Betriebshierarchie ist danach nicht möglich. Dies gilt auch für die Einbeziehung von Arbeitnehmern auf höheren Ebenen der Betriebshierarchie. Gegen eine derartige vertikale Sozialauswahl sprechen bereits praktische Schwierigkeiten.

4. Welche sozialen Gesichtspunkte sind bei der Auswahl zu berücksichtigen?

4468
Das Gesetz verlangt von dem Arbeitgeber, daß er bei der Auswahl unter vergleichbaren Arbeitnehmern **soziale Gesichtspunkte** ausreichend berücksichtigt (§ 1 Abs. 3 Satz 1 KSchG). Das Gesetz legt nicht ausdrücklich fest, welche Kriterien zu berücksichtigen und wie sie zu gewichten sind. Einigkeit besteht darüber, was die Grundkriterien für die Sozialauswahl sind:

Betriebsbedingte Kündigung und soziale Auswahl

- die Dauer der Betriebszugehörigkeit,
- das Lebensalter und
- die Zahl der Unterhaltspflichten.

Dabei nimmt die **Dauer der Beschäftigung den höchsten Stellenwert** ein. Ob die Tatsache, daß der Ehepartner gleichzeitig in einem Arbeitsverhältnis steht, bei der Sozialauswahl Berücksichtigung finden darf, ist unsicher.

Große Vorsicht ist auch bei der Berücksichtigung von **Vermögensverhältnissen bzw. von Verbindlichkeiten (Schulden)** geboten. Bildet der Verdienst von Mann und Frau die Existenzgrundlage der Familie, so kann dieser Umstand auf keinen Fall bei der Sozialauswahl berücksichtigt werden. Der Begriff "Soziale Gesichtspunkte" im Sinne von § 1 Abs. 3 Satz 1 KSchG ist **arbeitsplatzbezogen**, also in Bezug auf die durch das Gesetz geschützte Person des Arbeitnehmers zu interpretieren. Die Erkrankung der Ehefrau des Arbeitnehmers löst deshalb keine erhöhte soziale Schutzbedürftigkeit aus, soweit sie nicht erhöhte Unterhaltsverpflichtungen zur Folge hat.

4469

Gerichtliche Tabellen, die das Gewicht der einzelnen Sozialdaten festlegen, sind nach der Rechtsprechung des BAG unzulässig. Derartige Tabellen sind demnach mit der Notwendigkeit der Einzelfallwürdigung im Kündigungsschutzprozeß nicht zu vereinbaren. Auch soll insoweit eine Rechtsgrundlage für die Schaffung von Punktesystemen durch die Arbeitsgerichte fehlen.

4470

Sogenannte **Auswahlrichtlinien** gem. § 95 BetrVG sind jedoch von den Arbeitsgerichten zu akzeptieren, soweit diese der Wertung des § 1 Abs. 2 Satz 1 KSchG entsprechen und Raum für eine abschließende Berücksichtigung individueller Besonderheiten des Einzelfalles lassen. Auswahlrichtlinien sind dann zu akzeptieren, wenn sie wenigstens die sozialen Gesichtspunkte "Lebensalter", "Betriebszugehörigkeit" und "Unterhaltspflichten" angemessen berücksichtigen. Auf die betrieblichen Bedürfnisse ist nur bei der Frage abzustellen, ob sie einer Auswahl nach sozialen Gesichtspunkten entgegenstehen und schließlich zur Vermeidung von unbilligen Härten, die die Anwendung jedes Schemas mit sich bringt. Entsprechendes gilt für die Regelung von Auswahlrichtlinien in einem sogenannten **Interessenausgleich** (§§ 111, 112 BetrVG).

Hinweis:
Ist ein derartiges Punkteschema unwirksam, so führt dies noch nicht zur Unwirksamkeit der Kündigung. Dem Arbeitgeber wird vielmehr das Recht eingeräumt, näher darzulegen, warum das Ergebnis der Auswahl trotz des fehlerhaften Schemas zutreffend ist.

4471

Die Notwendigkeit einer Sozialauswahl besteht nicht, wenn **betriebstechnische, wirtschaftliche oder sonstige berechtigte betriebliche Bedürfnisse** die Weiterbeschäftigung eines oder mehrerer bestimmter Arbeitnehmer bedingen (§ 1 Abs. 3 Satz 2 KSchG). Da in die Sozialauswahl nur vergleichbare Arbeitnehmer einzubeziehen sind, geht es dabei vorrangig um die Frage, inwieweit **Leistungsgesichtspunkte** einer Sozialauswahl entgegenstehen. Die Rechtsprechung stand lange Zeit auf dem Standpunkt, daß die **Notwendigkeit einer Sozialauswahl nach § 1 Abs. 2 Satz 3 KSchG** nur dann entfällt, wenn der geordnete Betriebsablauf und die Rentabilität des Betriebes in irgendeiner Form von der Weiterbeschäftigung eines Arbeitnehmers abhängen, also für den Betrieb eine **Zwangslage** entsteht, wenn er unter mehreren vergleichbaren Arbeitnehmern den sozial stärkeren in die Auswahlentscheidung miteinbezieht. Diese restriktive Auslegung hat die Rechtsprechung in der Folgezeit aufgegeben. Die Notwendigkeit einer Sozialauswahl soll nunmehr bereits dann entfallen, wenn die Leistungsunterschiede so erheblich sind, daß auf den leistungsstärkeren Arbeitnehmer **im Interesse eines geordneten Betriebsablaufs** nicht verzichtet werden kann. Reine Nützlichkeitserwägungen stehen aber weiterhin der Notwendigkeit einer Sozialauswahl nicht entgegen.

4472

Krankheitsbedingte Ausfallzeiten sind nur dann zu berücksichtigen, wenn die Voraussetzungen einer krankheitsbedingten Kündigung vorliegen. Dies ist folgerichtig. Es wäre nämlich ein Widerspruch, wenn die nach der Rechtsprechung wegen ihrer Krankheit oder Krankheitsanfälligkeit ganz besonders schutzbedürftigen Arbeitnehmer ausgerechnet bei der Sozialauswahl im Rahmen betriebsbedingter Kündigungen schlechter gestellt wären als bei der krankheitsbedingten Kündigung. Der Anwendungsbereich des § 1 Abs. 2 Satz 3 KSchG ist schmal. Es bleibt abzuwarten, ob er im Rahmen der Massenentlassungen in den neuen Bundesländern eine verstärkte Bedeutung erlangt hat.

4473

Bei der sozialen Auswahl im Rahmen einer betriebsbedingten Kündigung darf der **Anspruch eines Arbeitnehmers auf eine Rente wegen Alters vor Vollendung des 65. Lebensjahres** nicht berücksichtigt werden (§ 41 Abs. 4 Satz 2 SGB VI). Ob ein Arbeitnehmer vorzeitig in den Ruhestand treten kann und in welchem Umfang ihm dann Leistungen der Alterssicherung zufließen, ist demnach im Rahmen der Sozialauswahl unerheblich. Wird dieser Gesichtspunkt gleichwohl berücksichtigt, kann der Arbeitnehmer sich auf die Fehlerhaftigkeit der Sozialauswahl berufen und die Kündigung zu Fall bringen.

Widerspricht der Arbeitnehmer im Rahmen eines Teilbetriebsübergangs dem Übergang seines Arbeitsverhältnisses auf den Betriebserwerber, so war bislang unklar, ob er sich gegenüber den ihm daraufhin kündigenden Betriebsveräußerer noch auf eine fehlerhafte Sozialauswahl berufen kann.

Betriebsbedingte Kündigung und soziale Auswahl

Beispiel:
Arbeitgeber A unterhält einen aus 2 Teilbetrieben bestehenden Betrieb. Teilbetrieb 2 wird an den Erwerber E veräußert. Arbeitnehmer B, der im Teilbetrieb 2 beschäftigt ist, befürchtet, daß er mit E "nicht so gut kann" und widerspricht daher dem Übergang seines Arbeitsverhältnisses. Er macht gegenüber der daraufhin ausgesprochenen ordentlichen betriebsbedingten Kündigung geltend, er sei sozial stärker als die im Teilbetrieb 1 beschäftigten und nicht gekündigten Arbeitnehmer X - Z, deren Aufgaben er ebenfalls nach seiner Qualifikation ebenfalls ausführen könne. Wegen fehlerhafter Sozialauswahl sei seine Kündigung daher unwirksam.

In dieser Konstellation sind gleich mehrere Fragenkreise berührt. Zunächst einmal besteht nach der ständigen und nunmehr auch vom Europäischen Gerichtshof abgesegneten Rechtsprechung des Bundesarbeitsgerichts ein **Widerspruchsrecht des Arbeitnehmers**. Er braucht sich also nicht mit dem Betrieb verkaufen zu lassen. Die Ausübung dieses Widerspruchsrechts ist auch an keine Voraussetzungen geknüpft. Gleichwohl hat das Bundesarbeitsgericht entschieden, daß der Arbeitnehmer sich auf eine *fehlerhafte Sozialauswahl* nur dann berufen kann, wenn er für den Widerspruch gegen den Betriebsübergang **sachliche Gründe** hat (BAG 07.04.1993, EzA § 1 KSchG Soziale Auswahl Nr. 30). Führt man sich vor Augen, daß die Ausübung des Widerspruchsrechts an sich an keine weiteren Voraussetzungen gebunden ist, erscheint die neue Rechtsprechung des Bundesarbeitsgerichts inkonsequent. Gleichwohl muß sich die Praxis hierauf einstellen (s. auch Rz. 4629).

Die Anforderungen an den sachlichen Grund hat das LAG Hamm *(19.07.1994, LAGE § 1 KSchG Soziale Auswahl Nr. 11)* präzisiert. Hiernach kann in folgenden Fällen ein sachlicher Grund angenommen werden:

- Fortsetzung der Arbeit in einem nicht sozialplanpflichtigen Betrieb
- Im Betrieb kann kein Betriebsrat gewählt werden
- Betriebserwerber ist allgemein als unzuverlässig bekannt
- Betriebserwerber ist im besonderen für Konkurse bekannt
- Stillegung des übernommenen Betriebsteils steht bereits fest
- Betriebsübergang erfolgt nur, um betriebsverfassungsrechtliche Mitbestimmungsregelungen zu umgehen
- Schmälerung des sozialen Besitzstandes durch Arbeit in einem Kleinbetrieb; damit korrespondierend sicherer Arbeitsplatz beim Veräußerer (großes Unternehmen, viele vergleichbare Arbeitnehmer, potentiell mehr offene Stellen).

Die oben genannten Kriterien führen teilweise dazu, daß ein hypothetischer Bestandsschutzprozeß geführt werden muß. Liegt keiner der genannten Fälle oder ein vergleichbarer Fall vor, handelt der dem Betriebsübergang widersprechende Arbeitnehmer rechtsmißbräuchlich, wenn er sich auf eine fehlerhafte Sozialauswahl gegenüber dem Betriebsveräußerer beruft.

4474

Für eine **Erweiterung der Sozialauswahl** hat sich das LAG Düsseldorf *(09.07.1993, LAGE § 1 KSchG Soziale Auswahl Nr. 12)* ausgesprochen, wenn in einem anderen Betrieb des Unternehmens freie Arbeitsplätze vorhanden sind, die eine Weiterbeschäftigung der von der Kündigungsmaßnahme betroffenen Arbeitnehmer zulassen, die Anzahl der gekündigten Arbeitnehmer aber größer ist als die zur Verfügung stehenden vakanten Arbeitsplätze. Bietet der Arbeitgeber allen in die Sozialauswahl einzubeziehenden und von einer betriebsbedingten Kündigung betroffenen Arbeitnehmern in anderen Betrieben des Unternehmens einen **vakanten Arbeitsplatz zu vergleichbaren Bedingungen** an, sind diese gleichwertigen Arbeitsplätze aber mit unterschiedlichen Belastungen für die persönliche Lebensführung der Arbeitnehmer verbunden, so kann ebenfalls die **Notwendigkeit einer Sozialauswahl** gegeben sein. Hierdurch wird der Arbeitgeber mit einem erheblichen Risiko belastet, da er nun verschiedene Fehlerquellen ausschließen muß. Andererseits wird jeder Arbeitgeber ohnehin nur aus gutem Grund solche ihm erkennbaren sozialen Härten nicht berücksichtigen.

VI. Weiterführende Literaturhinweise

4475

Die Literatur zu Fragen der betriebsbedingten Kündigung ist unübersehbar. Die folgenden Nachweise sind daher nur ein Ausschnitt aus einer ganzen Flut von Materialien.

Ascheid, Die betriebsbedingte Kündigung, NZA 1991, 873

Berger-Delhey, Die betriebsbedingte Kündigung, DB 1991, 1571

v. Hoyningen-Huene, Betriebsbedingte Kündigung und Weiterbeschäftigungspflicht, DB 1993, 1185

Schaub, Die betriebsbedingte Kündigung in der Rechtsprechung des BAG, NZA 1987, 217

Schaub, Personalabbau im Betrieb und neueste Rechtsprechung zum Kündigungsschutzrecht, BB 1993, 1089

Stahlhacke/Preis, Kündigung und Kündigungsschutz im Arbeitsverhältnis, 5. Aufl. 1991, Rz. 624 ff.

Wenzel, Kündigung und Kündigungsschutz, 6. Aufl. 1994, Rz. 241 ff.

Checkliste "Sozialauswahl"

I. Bestimmung des Personenkreises, der in die Auswahl nach sozialen Gesichtspunkten einzubeziehen ist (Vergleichbarkeit)

1. Die Sozialauswahl ist hinsichtlich der Berücksichtigung sozialer Gesichtspunkte betriebsbezogen. Eine Einschränkung auf bestimmte Abteilungen oder diejenigen Betriebsteile, in denen der Bedarf für Arbeitskräfte entfallen ist, ist gesetzlich nicht zulässig.

2. Der Kreis der in die soziale Auswahl einzubeziehenden vergleichbaren Arbeitnehmer richtet sich in erster Linie nach arbeitsplatzbezogenen Merkmalen, also zunächst nach der ausgeübten Tätigkeit. Dies gilt auch, wenn der Arbeitnehmer aufgrund seiner Fähigkeiten und Ausbildung eine andersartige, aber gleichwertige Tätigkeit ausführen kann. Die Notwendigkeit einer kurzen Einarbeitungszeit steht der Vergleichbarkeit nicht entgegen.

3. Es fehlt an der Vergleichbarkeit, wenn der Arbeitgeber den Arbeitnehmer nicht einseitig (kraft Direktionsrechts) auf einen anderen Arbeitsplatz versetzen kann.

4. Auswahlrichtlinien gemäß § 95 BetrVG können die gesetzlichen Mindestanforderungen an die Sozialauswahl nicht verdrängen.

II. Auswirkungen einer Unternehmerentscheidung auf den Kreis vergleichbarer Arbeitnehmer

1. Bei einer Kündigung wegen außerbetrieblicher Umstände (Auftragsmangel) ist es ausreichend, wenn der Arbeitgeber darlegt, daß durch einen Auftragsmangel ein Überhang an Arbeitskräften besteht.

2. Vorhandene Arbeit kann der Arbeitgeber anders verteilen, indem er die weiter noch vorhandenen Hilfsarbeiten auf die Facharbeiter verteilt. Diese Organisationsmaßnahme stellt eine **Unternehmerentscheidung** dar.

III. Soziale Auswahl im engeren Sinne

1. Die soziale Auswahl bei einer Kündigung aus dringenden betrieblichen Gründen hat aufgrund der Besonderheiten des konkreten Einzelfalles zu erfolgen.

2. Punktetabellen des Arbeitgebers oder der Betriebsparteien (§ 95 BetrVG) sind als ein Mittel der **Vorauswahl** zulässig. Es hat allerdings immer eine einzelfallbezogene **Endabwägung** stattzufinden. Daher keine "Verabsolutierung"!

3. Bei der sozialen Auswahl sind alle sozial beachtenswerten Umstände zu berücksichtigen. Dazu gehören beispielsweise **das Lebensalter, die Dauer der Betriebszugehörigkeit und die Unterhaltsverpflichtungen.**

4. Bei der sozialen Auswahl darf nicht berücksichtigt werden, ob der zu kündigende Arbeitnehmer Anspruch auf eine Rente wegen Alters vor Vollendung des 65. Lebensjahres hat.

27. Kapitel: Außerordentliche Kündigung

I.	Allgemeines	4501
II.	Altersgesicherte Arbeitnehmer	4502
III.	Verhältnis zur Anfechtung	4503
IV.	Unabdingbarkeit	4504
V.	Darlegungs- und Beweislast	4506
VI.	Wichtiger Grund	4507
VII.	Einzelfälle zum wichtigen Grund	4509
VIII.	Wahrung der Ausschlußfrist	4523
IX.	Weiterführende Literaturhinweise	4528

4500

Checkliste: Außerordentliche Kündigung

- Wichtiger Grund
  - Unzumutbarkeit der Fortsetzung des Arbeitsverhältnisses bis zum Ablauf der Kündigungsfrist
  - einschlägige Abmahnung erforderlich/erfolgt?
  - Soziale Auslauffrist möglich
- Einhaltung der 2-Wochen-Frist des § 626 Abs. 2 BGB
  - Kenntniserlangung von Kündigungsgrund
  - Sicherstellung des rechtzeitigen Zugangs der Kündigung innerhalb der 2-Wochen-Frist
  - Betriebsratsanhörung verlängert 2-Wochen-Frist nicht
- Besonderheiten bei der außerordentlichen Kündigung eines Schwerbehinderten: § 21 Abs. 5 SchwbG
- Besonderheiten auch bei der außerordentlichen Kündigung einer Schwangeren (§ 9 MuSchG)
- Keine Besonderheiten bei der Kündigung von Amtsträgern nach dem Betriebsverfassungsgesetz (§ 103 BetrVG, § 15 KSchG), aber Zustimmungserfordernis

Arbeitsrecht

I. Allgemeines

4501

Das Recht der **außerordentlichen Kündigung** ist, sieht man von den in der Schiffahrt Beschäftigten (§§ 64 - 68, 78 SeemG) und Auszubildenden (§ 5 BBiG) ab, ausschließlich in § 626 BGB geregelt.

Die außerordentliche Kündigung ist im Regelfall eine **fristlose Kündigung**. Es kann jedoch auch aus wichtigem Grund mit einer Frist gekündigt werden (außerordentliche befristete Kündigung). In bestimmten Fällen ist der Arbeitgeber sogar bei einer außerordentlichen Kündigung zur Einhaltung einer Kündigungsfrist gezwungen. Durch die Gewährung einer sogenannten **sozialen Auslauffrist** verliert die Kündigung nicht ihren Charakter als außerordentliche Kündigung.

Bei der **Bemessung der sozialen Auslauffrist** ist zu berücksichtigen, daß je mehr die Dauer der tatsächlichen Beschäftigung der ordentlichen Kündigungsfrist entspricht oder diese gar überschreitet, die Voraussetzung der Unzumutbarkeit der Fortsetzung des Arbeitsverhältnisses bis zum Ablauf der ordentlichen Kündigungsfrist entfällt. Der Arbeitgeber kann also bei einer außerordentlichen Kündigung mit sehr langer sozialer Auslauffrist nicht mehr vorbringen, daß ihm die Fortsetzung des Arbeitsverhältnisses bis zum Ablauf der ordentlichen Kündigungsfrist unzumutbar sei.

Im übrigen muß der Arbeitgeber, wenn er außerordentlich mit einer sozialen Auslauffrist kündigt, deutlich und zweifelsfrei erklären, daß es sich um eine außerordentliche Kündigung handeln soll. Die Erklärung einer außerordentlichen Kündigung aus wichtigem Grund muß also für den Erklärungsempfänger **zweifelsfrei** den Willen des Erklärenden erkennen lassen, daß er von seinem Recht zur außerordentlichen Kündigung Gebrauch machen will. Auch gegenüber dem **Betriebsrat** muß der Arbeitgeber darstellen, ob eine außerordentliche oder ordentliche Kündigung gewollt ist.

II. Altersgesicherte Arbeitnehmer

4502

In bestimmten Fällen ist die Einhaltung einer sozialen Auslauffrist sogar geboten. Dies ist z. B. in den Fällen der Betriebsstillegung bei sogenannten **Altersgesicherten**, d.h. ordentlich unkündbaren Arbeitnehmern der Fall. Ist ein Arbeitnehmer einzelvertraglich oder tarifvertraglich ordentlich unkündbar, so kann er nach der Rechtsprechung im Falle der Betriebsstillegung sogar außerordentlich gekündigt werden. Bei dieser außerordentlichen Kündigung muß aber die Frist eingehalten werden, die gelten würde, wenn die ordentliche Kündigung einzelvertraglich oder tarifvertraglich nicht ausgeschlossen wäre. Auch in diesem Fall muß der Arbeitgeber jedoch klarstellen, daß eine **außerordentliche Kündigung gewollt** ist. Zur Einhaltung der ordentlichen Kündigungsfrist ist der Arbeitgeber auch gezwungen bei einer **krankheitsbedingten Kündigung eines Altersgesi-**

cherten, d.h. ordentlich unkündbaren Arbeitnehmers. Durch den Ausschluß des ordentlichen Kündigungsrechts sollen nämlich diese Arbeitnehmer privilegiert werden. Käme nunmehr ihnen gegenüber eine außerordentliche fristlose Kündigung in Betracht, obwohl der gleiche Kündigungssachverhalt bei ordentlich noch kündbaren Arbeitnehmern nur eine fristgemäße ordentliche Kündigung rechtfertigen würde, so würde dieses Privileg in sein Gegenteil umschlagen.

III. Verhältnis zur Anfechtung

4503

Unberührt von dem Recht zur außerordentlichen Kündigung bleibt die Möglichkeit, den Arbeitsvertrag durch **Anfechtung gemäß §§ 119, 123 BGB** zu beenden.

Beispiel:
B ist von der A-OHG als kaufmännischer Leiter eingestellt worden. Bei der Einstellung hatte B gefälschte Zeugnisse vorgelegt. Nach einem halben Jahr bemerkt die A-OHG, daß sie von B insoweit getäuscht worden ist. Sie erklärt die außerordentliche Kündigung und die Anfechtung des Arbeitsvertrages.

*Die **Rechtsprechung** steht auf dem Standpunkt, daß das Anfechtungsrecht (§ 123 BGB) nicht durch das Recht zur außerordentlichen Kündigung verdrängt wird. Dem Arbeitgeber steht vielmehr ein **Wahlrecht** zu. Dieses Wahlrecht ist schon deshalb von Bedeutung, weil bei einer Anfechtung des Arbeitsvertrags kein Sonderkündigungsschutz, also kein Mutterschutz oder kein Schwerbehindertenschutz eingreifen kann, da dieser Sonderkündigungsschutz immer an den Beendigungstatbestand "Kündigung" anknüpft. Auch muß bei der Anfechtung des Arbeitsvertrages der **Betriebsrat** nicht angehört werden. Von Bedeutung ist auch, daß für die Anfechtung dem Arbeitgeber eine **Frist von einem Jahr (§ 124 BGB)** zur Verfügung steht, während er das außerordentliche Kündigungsrecht innerhalb von 2 Wochen ab Kenntnis des Kündigungsgrundes ausüben muß. Erklärt der Arbeitgeber nach einer entfristeten Kündigung die Anfechtung, so kann freilich zweifelhaft sein, ob er mit der Kündigung nicht auf sein **Anfechtungsrecht verzichtet** hat. Deshalb sollte in allen Fällen, in denen eine arglistige Täuschung bei der Einstellung nicht ausgeschlossen werden kann, **gleichzeitig** sowohl die außerordentliche Kündigung als auch die Anfechtung wegen arglistiger Täuschung erklärt werden.*

IV. Unabdingbarkeit

4504

Das Recht zur außerordentlichen Kündigung ist für beide Arbeitsvertragsparteien unabdingbar. Schon in einem Arbeitsvertrag kann also **nicht vereinbart** werden, daß das außerordentliche Kündigungsrecht für beide Arbeitsvertragsparteien oder für eine der beiden Arbeitsvertragsparteien ausgeschlossen ist. Die Vorschrift des § 626 BGB über die außerordentliche Kündigung steht Vereinbarungen entgegen, durch die der für die Wirksamkeit der außerordentlichen Kündigung erforderliche wichtige Grund beseitigt, eingeschränkt oder erweitert wird. **In einem Arbeitsvertrag kann also nicht festgelegt werden, daß bestimmte Tatbestände die Arbeitsvertragsparteien zur außerordentlichen Kündigung berechtigen.** Ob ein **wichtiger Grund** zur außerordentlichen Kündigung vorliegt, bestimmt sich allein nach der **gesetzlichen Regelung** (§ 626 Abs. 1 BGB). Derartige vertragliche Festlegungen sind allein ein **Indiz** dafür, welche Pflichtverletzungen die Parteien für besonders gravierend erachtet haben. Mit dem zwingenden Charakter des außerordentlichen Kündigungsrechtes ist es aber vereinbar, wenn Arbeitgeber und Betriebsrat vereinbaren, daß Kündigungen der Zustimmung des Betriebsrats bedürfen und daß bei Meinungsverschiedenheiten über die Berechtigung der Nichterteilung der Zustimmung die Einigungsstelle entscheidet (§ 102 Abs. 6 BetrVG).

4505

Spricht der Arbeitgeber aus Gründen, die eine außerordentliche Kündigung rechtfertigen könnten, vor Ablauf der 2-Wochenfrist des § 626 Abs. 2 Satz 1 BGB eine ordentliche Kündigung aus, so **verzichtet er dadurch in schlüssiger Weise auf sein Recht zur außerordentlichen Kündigung**. Eine dennoch ausgesprochene außerordentliche Kündigung ist rechtsunwirksam.

V. Darlegungs- und Beweislast

4506

Wie bei der ordentlichen Kündigung trifft auch bei der außerordentlichen Kündigung den Kündigenden die **Darlegungs- und Beweislast** für die Tatsachen, die die Kündigung rechtfertigen sollen. Wer eine außerordentliche Kündigung ausspricht und damit ein Gestaltungsrecht ausübt, ist also darlegungs- und beweisbelastet für alle Umstände, die als wichtige Gründe geeignet sein können, die Grundlagen für seine Rechtsausübung darzustellen. Bestreitet allerdings der Arbeitnehmer, rechtswidrig eine Vertragsverletzung begangen zu haben, so muß er **substantiiert** die Tatsachen vortragen, aus denen sich die Berechtigung zu einem bestimmten Verhalten ergibt.

VI. Wichtiger Grund

4507

Das Arbeitsverhältnis kann von jedem Vertragsteil aus wichtigem Grund ohne Einhaltung einer Kündigungsfrist gekündigt werden. Ein **wichtiger Grund** ist gegeben, wenn Tatsachen vorliegen, aufgrund derer dem Kündigenden unter **Berücksichtigung aller Umstände des Einzelfalls und unter Abwägung der Interessen beider Vertragsteile** die Fortsetzung des Arbeitsverhältnisses bis zum Ablauf der Kündigungsfrist oder bis zur vereinbarten Beendigung des Arbeitsverhältnisses nicht zugemutet werden kann (s. insoweit den Gesetzeswortlaut des § 626 Abs. 1 BGB).

Außerordentliche Kündigung

4508

Der wichtige Grund setzt nicht unbedingt ein **Verschulden** voraus. Dies schließt jedoch nicht aus, daß ein Verschulden für die Zumutbarkeit zur Fortsetzung des Arbeitsverhältnisses von Bedeutung ist. Bei der Beurteilung der Rechtswirksamkeit einer außerordentlichen Kündigung ist zunächst zu prüfen, ob ein bestimmter Sachverhalt **an sich** geeignet ist, einen wichtigen Grund zur außerordentlichen Kündigung abzugeben.

VII. Einzelfälle zum wichtigen Grund

4509

Einen eigentlichen Katalog wichtiger Gründe zur Kündigung gibt es nicht. Derartige Kataloge sind auch nicht ungefährlich, da sie häufig zu der Annahme veranlassen, eine Einzelfallprüfung sei entbehrlich. Die **Rechtsprechung** steht deshalb zu Recht auf dem Standpunkt, daß auch bei einem abstrakt erheblichen Verhalten die Unzumutbarkeit der Fortsetzung des Arbeits- oder Dienstverhältnisses gerade für die **konkreten Arbeitsvertragsparteien individuell** zu prüfen ist. Dies heißt für die betriebliche Praxis:
Es ist eine Einzelfallprüfung vorzunehmen!
Gleichwohl haben sich bestimmte **typische Fallgruppen** herausgebildet, in denen die Rechtsprechung Leitlinien geben kann:

1. Wichtige Gründe für die Kündigung durch den Arbeitgeber

4510

- **Anzeigen gegen den Arbeitgeber**
Die Rechtsprechung steht auf dem Standpunkt, daß der Arbeitgeber zur fristlosen Kündigung berechtigt sein kann, wenn der Arbeitnehmer gegen ihn bei staatlichen Stellen Anzeigen erstattet. Dies ist unabhängig davon, ob der mitgeteilte Sachverhalt der Wahrheit entspricht oder nicht. Erstattet freilich der Arbeitnehmer wegen einer Beleidigung durch den Arbeitgeber Strafanzeige, so rechtfertigt dies keine Entlassung. Etwas anderes gilt aber, wenn heimlich Geschäftsunterlagen mitgenommen werden, um eine Strafanzeige gegen den Arbeitgeber vorzubereiten. Im Einzelfall wird man bei Anzeigen gegen den Arbeitgeber danach differenzieren müssen, ob der Verstoß gegen Gesetzesrecht die Interessen des Arbeitnehmers berührt. Selbst in diesem Fall wird der Arbeitnehmer jedoch erst dann zur Anzeige schreiten dürfen, wenn Vorstellungen bei Betriebsrat und Arbeitgeber keine Abhilfe erbracht haben.

- **Verleitung zu Änderungskündigungen**
Verleitet ein Arbeitnehmer seine Kollegen zu gleichzeitigen und gleichartigen Änderungskündigungen (s. hierzu Rz. 4531), um höhere Akkordlöhne zu erzwingen, so liegt hierin eine schwere Verletzung der Interessenwahrungspflicht,

Arbeitsrecht

wenn der Handelnde Mitglied der Tarifkommission der zuständigen Gewerkschaft ist und daher wußte, daß Tarifverhandlungen im Gange und noch nicht abgeschlossen waren.

• **Abwerbung**

Wirbt ein Arbeitnehmer **während des Bestandes des Arbeitsverhältnisses** Arbeitnehmer für Drittbetriebe ab, so ist bei der Annahme einer Treuepflichtverletzung mit der Folge der Anerkennung einer außerordentlichen Kündigung Vorsicht geboten. Ein Recht zur außerordentlichen Kündigung wird dann zu bejahen sein, wenn sich der Arbeitnehmer einem Drittbetrieb gegenüber zur Abwerbung verpflichtet hat. Gleiches gilt, wenn die Abwerbung im Auftrag eines Konkurrenzunternehmens und zum Zweck des Wettbewerbs erfolgt oder eine sittenwidrige Schädigung oder eine Aufforderung zum Vertragsbruch beinhaltet. Der **bloße Hinweis** eines Arbeitnehmers an seinen Arbeitskollegen, daß er sich selbständig mache und hierfür noch Mitarbeiter suche, stellt keine zur Kündigung berechtigende Treuepflichtverletzung dar.

4511

• **Arbeitsverweigerung**

Auch eine **unberechtigte** Arbeitsverweigerung kann zur außerordentlichen Kündigung berechtigen. Um eine Arbeitsverweigerung feststellen zu können, gilt es zunächst auszumachen, zu welcher Dienstleistung der Arbeitnehmer nach dem Arbeitsvertrag verpflichtet ist. Es sind also Umfang und Grenzen des Direktionsrechts zu bestimmen. Ist im Arbeitsvertrag eine bestimmte Tätigkeit vereinbart, so ist allein diese geschuldet. Der Arbeitgeber kann dem Arbeitnehmer nicht einseitig eine andere Tätigkeit zuweisen und damit die vertraglich vereinbarte Leistungspflicht verändern.

Ist beispielsweise ein Autoschlosser verpflichtet, im Rahmen seiner Tätigkeit die von ihm reparierten Wagen auch Probe zu fahren und auf den Parkplätzen vor und nach der Reparatur abzustellen, so stellt die Weigerung, das Auto zu fahren, eine Arbeitsverweigerung dar. Verweigert dagegen ein Auszubildender "Nebenarbeiten", wie Getränkeholen, so stellt dies angesichts der Zielsetzung des Ausbildungsverhältnisses selbstverständlich keinen wichtigen Grund zur außerordentlichen Kündigung dar. Hier liegt noch nicht einmal eine Vertragsverletzung vor.

Eine unberechtigte Arbeitsverweigerung kann insbesondere dann angenommen werden, wenn der Arbeitnehmer sich **beharrlich** weigert, bestimmten Anweisungen des Arbeitgebers nachzukommen.

Beispiel:
Der Arbeitnehmer arbeitete bei dem Arbeitgeber an einem Brennofen, der eine Temperatur von ca. 900 Grad aufweist. In diesem Brennofen hatte der Arbeitnehmer wiederholt in einem mit Wasser gefüllten Behälter Konservendosen erhitzt. Hierdurch bestand die Gefahr, daß das Wasser in dem Behälter sehr schnell verdampfte und die Konservendosen explodierten, was später auch tatsächlich geschah. Der Arbeitnehmer wurde mehr-

fach aufgefordert, dies zu unterlassen, kam entsprechenden Anweisungen jedoch nicht nach. Schließlich explodierte eine Konservendose, was eine einmonatige Arbeitsunfähigkeit des Arbeitnehmers zur Folge hatte. Der Arbeitgeber sprach daraufhin die fristlose Kündigung aus.
Im Beispielsfall ist nach Auffassung des LAG Köln (17.03.1993, LAGE § 626 BGB Nr. 71) die **außerordentliche Kündigung** gerechtfertigt. Einer **Abmahnung** bedurfte es nicht, da der Arbeitnehmer sich beharrlich geweigert hatte, den berechtigten Anweisungen des Arbeitgebers nachzukommen. Auch war der Vertrauensbereich betroffen, da der Arbeitgeber nicht mehr davon ausgehen konnte, daß der Arbeitnehmer auf das gebotene Sicherheitsbedürfnis Rücksicht nehmen werde. Daß im Betrieb des Arbeitgebers sonst keine Möglichkeit bestand, sich Essen warm zu machen, vermochte das Verhalten des Arbeitnehmers auch nicht zu entschuldigen.

Eine fristlose Kündigung wegen **Verweigerung von Überstunden** kommt nicht in Betracht, wenn keine entsprechende Verbindlichkeit des Arbeitnehmers zur Ableistung von Überstunden besteht.

Bleiben **ausländische Arbeitnehmer** an **hohen religiösen Feiertagen** ihres Mutterlandes der Arbeit fern, so liegt hierin zwar objektiv eine Arbeitsverweigerung. Sie rechtfertigt jedoch nicht in allen Fällen die fristlose Kündigung. Auch die religiösen Gebräuche ausländischer Arbeitnehmer können bei der Würdigung des außerordentlichen Kündigungsrechts nicht außer Betracht bleiben.
Eine Arbeitsverweigerung rechtfertigt freilich die außerordentliche Kündigung nur dann, wenn sie **als beharrlich qualifiziert** werden kann. Es genügt also regelmäßig nicht der einmalige Verstoß, selbst wenn er mit Wissen und Wollen erfolgt. Bloße Vergeßlichkeit stellt ohnehin keinen wichtigen Grund zur außerordentlichen Kündigung dar. Entscheidend ist also, daß der Arbeitnehmer sich wiederholt Anweisungen der Vorgesetzten in einer Weise widersetzt hat, die den Schluß zuläßt, daß er auch zukünftig Anweisungen mißachten wird. Zwischen Einzelverstößen muß nach der Rechtsprechung des Bundesarbeitsgerichts ein innerer Zusammenhang bestehen.

• **Unpünktlichkeit**
Eine außerordentliche Kündigung kann auch bei wiederholten Unpünktlichkeiten des Arbeitnehmers zum Tragen kommen. Welche Anforderungen hier im Einzelfall an die Häufigkeit und die Auswirkungen der Verspätungen zu stellen sind, läßt sich nicht allgemeingültig darstellen.

4512

• **Schlechtleistung**
Im Falle der Schlechtleistung des Arbeitnehmers (s. Rz. 2201 f.) kommt nur dann eine außerordentliche Kündigung zum Zuge, wenn der Arbeitnehmer vorsätzlich seine Leistungskraft zurückhält. Ein weitergehendes außerordentliches Kündigungsrecht ist nur bei **besonders schwerem und folgenreichem Versagen** von Leitenden Angestellten und Angestellten in gehobenen Stellungen anzuerken-

nen. Grundsätzlich rechtfertigt Schlechtarbeit die fristlose Kündigung also nur, wenn sie vorsätzlich erfolgt!

Ein **fahrlässiges Verhalten** kann nur dann ausreichen, wenn es sich um Wiederholungsfälle handelt.

Bei **Berufskraftfahrern** kann Trunkenheit am Steuer einen wichtigen Grund zur außerordentlichen Kündigung darstellen.

- **Konkurrenztätigkeit**

Der Arbeitnehmer ist **während des Bestehens des Arbeitsverhältnisses** verpflichtet, sich jeder Konkurrenztätigkeit gegenüber seinem Arbeitgeber zu enthalten (s. Rz. 3000 ff.). Verstößt der Arbeitnehmer gegen das Konkurrenzverbot, so kann dies die außerordentliche Kündigung rechtfertigen.

- **Nebentätigkeit**

Ob der Arbeitnehmer aufgrund seiner Treuepflicht eine **Nebentätigkeit** zu unterlassen hat, ist zweifelhaft (s. hierzu Rz. 2249). Eine Nebentätigkeit, die keine Konkurrenztätigkeit zum Inhalt hat, ist nur dann unzulässig, wenn die vertraglich geschuldete Leistung durch die Nebentätigkeit beeinträchtigt wird. Es besteht also kein generelles Nebentätigkeitsverbot! Wird durch eine erlaubte Nebentätigkeit die Arbeitskraft beeinträchtigt, so greift allein aufgrund dieses Umstandes kein ordentliches oder außerordentliches Kündigungsrecht ein. Soweit jedoch die Nebentätigkeit rechtswirksam verboten ist, kann bei deren Ausübung ein außerordentliches Kündigungsrecht zum Tragen kommen.

- **Schwarzarbeit**

Wird **Schwarzarbeit während der Arbeitszeit** ausgeübt, so kann dies zur außerordentlichen Kündigung berechtigen. **Schwarzarbeit außerhalb der Arbeitszeit** kann die außerordentliche Kündigung nach vorangegangener Abmahnung nur rechtfertigen, wenn der Arbeitnehmer in Wettbewerb zu dem Arbeitgeber tritt (s. oben).

4513

- **Krankheit**

Auch eine schwere Erkrankung des Arbeitnehmers, die eine alsbaldige Wiedergenesung nicht erwarten läßt, rechtfertigt die außerordentliche Kündigung nicht. Selbst wenn der Arbeitgeber keine Ersatzkraft beschaffen kann, ist es regelmäßig, unabhängig von der bisherigen Dauer des Arbeitsverhältnisses und des Lebensalters des Arbeitnehmers, zumutbar, **zumindest die ordentliche Kündigungsfrist einzuhalten**. Dies gilt auch dann, wenn einem Arbeitnehmer aufgrund eines vertrauensärztlichen Gutachtens eine weitere Tätigkeit untersagt wird und wenn eine dauernde Erkrankung vorliegt. Ist die **ordentliche Kündigung ausgeschlossen**, so kann freilich die Erkrankung u.U. einen Grund für eine außerordentliche Kündigung darstellen.

Außerordentliche Kündigung

- **Nachweis der Erkrankung / Arbeitsunfähigkeitsbescheinigung**
Die Nichtbeachtung der Anzeige- und Nachweispflicht des § 5 EFZG kann die Kündigung rechtfertigen, wenn die Anzeigepflicht **wiederholt und vorsätzlich** verletzt wird. Dies gilt auch für die Verpflichtung des Arbeitnehmers, über seine Erkrankung ein Attest vorzulegen. Ein außerordentliches Kündigungsrecht kann jedoch auch beim Erschleichen von Attesten in Betracht kommen. Gleiches gilt, wenn der Arbeitnehmer nach der Genesung die Arbeit nicht wieder rechtzeitig antritt.

- **Krankfeiern**
Besondere Schwierigkeiten stellen sich ein, wenn der Arbeitnehmer seine Krankheit rechtzeitig angezeigt und die Arbeitsunfähigkeitsbescheinigung fristgerecht vorgelegt hat, sein Verhalten aber den Verdacht des Krankfeierns erweckt. Daß der Arbeitnehmer während der Krankheit Restaurants, Bars, Kinos etc. aufsucht, rechtfertigt die außerordentliche Kündigung nicht in jedem Fall. Vielmehr ist insoweit zunächst auf die **Art der Erkrankung** abzustellen. Beispielsweise kann einem Kraftfahrer, der sich das Bein gebrochen hat, der Besuch von Kinos oder Bars nicht als vertragswidriges Verhalten angelastet werden. Es ist vielmehr in jedem Einzelfall zu prüfen, welche ärztlichen Auflagen bestanden und wie sich der Dienstpflichtige darauf eingerichtet hat. Entspricht das Verhalten des Arbeitnehmers nicht diesen Anforderungen, so rechtfertigt auch ein einmaliger Vorfall noch nicht die außerordentliche Kündigung, es sei denn es liegt ein **besonders gravierender Pflichtenverstoß** vor (Beispiel: Nachtschichten in einer Putzkolonne während der Zeit der Erkrankung im Hauptarbeitsverhältnis, s. etwa *BAG 26.08.1993, EzA § 626 BGB n.F. Nr. 148*). Das Verhalten muß objektiv geeignet sein, den Genesungsprozeß nicht unerheblich zu verzögern (s. dazu unten). Hat der Dienstpflichtige ein derartiges Verhalten an den Tag gelegt, so kann freilich die außerordentliche Kündigung alternativ darauf gestützt werden, daß er entweder überhaupt nicht erkrankt war oder den Genesungsprozeß vorsätzlich verzögert hat.

- **Verzögerung der Genesung**
Die außerordentliche Kündigung kann auch damit begründet werden, daß der Arbeitnehmer seine Genesung verzögert. Ein arbeitsunfähig erkrankter Arbeitnehmer hat alles zu unterlassen, was die Wiederherstellung seiner Arbeitsfähigkeit verzögern kann. Hier gehört etwa die **Ausübung von Nebentätigkeiten während der Krankschreibungsphase**. Es braucht auch nicht vorher abgemahnt zu werden, wenn die Pflichtwidrigkeit so schwer ist, daß der Arbeitnehmer keinesfalls mit einer Billigung seines Verhaltens rechnen konnte.

- **Ankündigung einer Krankheit**
Einen wichtigen Grund kann es darstellen, wenn ein Arbeitnehmer für den Fall, daß eine von ihm gewünschte Begünstigung ausbleibt, seine Erkrankung ankündigt *(BAG 05.11.1992, EzA § 626 BGB n.F. Nr. 143)*. Dabei kommt es nicht darauf

an, ob er in der Folge tatsächlich der Arbeit fern bleibt. Kündigungsgrund ist die bloße Ankündigung der Pflichtwidrigkeit. S. auch *ArbG Paderborn 11.05.1994, EzA § 1 KSchG Verhaltensbedingte Kündigung Nr. 46.*

Aus Sicht der Praxis ist es für diese Fälle besonders bedeutsam, über den Inhalt von derartigen Gesprächen einen Vermerk zu machen. Dieser kann im Rahmen eines nachfolgenden Prozesses als Beweismittel dienen.

4514

- **Urlaubsüberschreitung**

Bei Urlaubsüberschreitungen wird man zunächst die **Verschuldensfrage** zu berücksichtigen haben. Kann ein Arbeitnehmer wegen einer Naturkatastrophe seinen Arbeitsplatz nicht rechtzeitig wieder einnehmen, so entfällt sowohl ein außerordentliches als auch ein ordentliches Kündigungsrecht. Im übrigen wird es auf die Dauer der Urlaubsüberschreitung ankommen. Kurzfristige Urlaubsüberschreitungen reichen regelmäßig nicht aus. Verlängert ein Arbeitnehmer den ihm wegen Erkrankung eines nahen Angehörigen bewilligten Urlaub eigenmächtig, so kann eine fristlose Kündigung berechtigt sein, wenn die Urlaubsverlängerung auf eine fortdauernde, allerdings nicht mehr lebensbedrohende Erkrankung des Angehörigen zurückzuführen ist. **Kündigt** ein Arbeitnehmer bereits vor Urlaubsantritt eine **Urlaubsüberschreitung an** und legt er anschließend eine Arbeitsunfähigkeitsbescheinigung vor, so wird man den Beweiswert der Arbeitsunfähigkeitsbescheinigung nicht immer mit der Folge auf Null reduzieren können, daß ein Kündigungsrecht eintritt.

- **Selbstbeurlaubung**

Die Selbstbeurlaubung des Arbeitnehmers rechtfertigt **grundsätzlich** die außerordentliche Kündigung. Verlängert beispielsweise ein Arbeitnehmer, der im ersten Teil des Urlaubs erkrankt, eigenmächtig seinen Urlaub um diese Arbeitstage, so ist die außerordentliche Kündigung gerechtfertigt. Selbst wenn man beim Arbeitnehmer keine Kenntnis des Urlaubsrechts voraussetzen kann, verletzt er mit einer derartigen Selbstbeurlaubung die arbeitsrechtliche Treuepflicht. Ein Recht zur Selbstbeurlaubung ist dem geltenden Recht fremd! Ausnahmen vom Kündigungsrecht bestehen aber insbesondere dann, wenn der Arbeitgeber durch sein Verhalten die Selbstbeurlaubung maßgeblich mit beeinflußt hat **(etwa unberechtigte Urlaubsverweigerung)** und gerichtliche Hilfe nicht rechtzeitig zu erlangen ist *(BAG 20.01.1994, EzA § 626 BGB n.F. Nr. 153).*

- **Annahme und Forderung von Schmiergeldern**

Die Annahme und das Fordern von Schmiergeldern stellt eine schwere Treuepflichtverletzung dar. Soweit es sich hierbei nicht um Gelegenheitsgeschenke und in manchen Branchen um die Annahme von Trinkgeldern handelt, rechtfertigt die Hingabe und das Fordern sowie die Annahme von Schmiergeldern die außerordentliche Kündigung. Dies gilt ohnehin, wenn der Arbeitnehmer solche Leistungen von sich aus fordert. Auf eine Schädigung des Arbeitgebers kommt es nicht an, da sein **Vertrauen in die Unanfechtbarkeit seines Angestellten** schon durch ein derartiges Verhalten erschüttert wird.

- **Verrat von Betriebs- und Geschäftsgeheimnissen**

Der Arbeitnehmer ist verpflichtet, Betriebs- und Geschäftsgeheimnisse nicht zu verraten. Ein Verrat berechtigt den Arbeitgeber zur außerordentlichen Kündigung (s. zur Reichweite von Betriebs- und Geschäftsgeheimnissen Rz. 3000 ff.). Aus Arbeitgebersicht ist es zu empfehlen, den Umfang der Geheimhaltungsbedürftigkeit vertraglich möglichst exakt festzulegen. Dies erhöht die Erfolgsaussichten einer eventuellen Kündigung.

4515

- **Trunkenheit am Steuer**

Daß Trunkenheit am Steuer ein hinreichender Grund zur fristlosen Entlassung eines Berufskraftfahrers sein kann, ist anerkannt. Sogar die fristlose Kündigung eines Postomnibusfahrers, der sich während seines Urlaubs im angetrunkenen Zustand mit einem Blutalkoholgehalt von 2,1 Promille ans Steuer seines Privatwagens gesetzt hat, ist vom Bundesarbeitsgericht akzeptiert worden. Das Bundesarbeitsgericht verlangt jedoch, daß der Arbeitgeber bei Berufskraftfahrern nach Verlust des Führerscheins die Möglichkeit der Weiterbeschäfigung auf einem anderen Arbeitsplatz prüft.

- **Gefährlichkeit des Arbeitnehmers**

Einem Arbeitnehmer, der Frau und Kind erschossen und anschließend einen Selbstmordversuch unternommen hat und dem Zurechnungsunfähigkeit zuerkannt worden ist, kann bei Gefährdung von Kollegen, die sich weigern, mit ihm zusammenzuarbeiten, außerordentlich gekündigt werden.

4516

- **Strafbare Handlungen**

Strafbare Handlungen, die sich gegen den Arbeitgeber richten, können das Recht zur außerordentlichen Kündigung begründen. Dies ist z.B. der Fall, wenn ein Schachtmeister einem Subunternehmer falsche Leistungen bescheinigt. Das gleiche gilt bei Betrugshandlungen. Es entspricht der überwiegenden Rechtsprechung, daß Eigentumsdelikte auch im Versuchsstadium stets die fristlose Entlassung eines Arbeitnehmers rechtfertigen. Entscheidend ist dabei nicht der Wert der entwendeten Sache, sondern die **Zerstörung des Vertrauensverhältnisses**. Ob auch kleinere Verfehlungen die außerordentliche Kündigung rechtfertigen, ist umstritten. Dies ist z.B. verneint worden bei der Entwendung von 3 bis 5 Zigaretten aus einer Besucherschatulle. Allerdings hat das Bundesarbeitsgericht auch entschieden, daß die Entwendung eines Stückes Bienenstichkuchen durch eine Büffetkraft an sich geeignet ist, einen wichtigen Grund zur außerordentlichen Kündigung abzugeben. Es muß aber noch einmal betont werden, daß hier jeweils eine Einzelfallprüfung vorzunehmen ist.

- **Spesenbetrug**

Der Spesenbetrug berechtigt nicht in allen Fällen zur außerordentlichen Kündigung. Die Rechtsprechung steht auf dem Standpunkt, daß die Liquidation nicht entstandener Übernachtungsspesen in der Regel das Recht zur fristlosen Kündigung begründet. Etwas anderes soll nur dann der Fall sein, wenn der Arbeitgeber ein derartiges **Verhalten in ähnlichen Fällen hingenommen oder sogar gefördert** hat.

4517

- **Veränderungen von Zeitangaben auf einer Stempelkarte**

Die Veränderung von Zeitangaben auf einer Stempelkarte soll selbst bei geringfügigem Schaden ohne Abmahnung die fristlose Kündigung rechtfertigen. Das gleiche soll beispielsweise gelten, wenn eine angestellte Telefonistin über die betriebliche Fernsprechanlage umfangreiche private Telefongespräche auf Kosten des Arbeitgebers führt, obwohl ihr solche Gespräche ausdrücklich untersagt sind. Sucht ein Angestellter seinen Arbeitgeber zu falschen Angaben über die Verhältnisse des Arbeitnehmers gegenüber dem Finanzamt oder dem Arbeitsamt zu veranlassen, dann stellt ein solches Verhalten einen wichtigen Grund zur fristlosen Kündigung dar.

- **Beleidigungen, Verdächtigungen**

Ob **Beleidigungen, üble Nachrede oder Verdächtigungen** die außerordentliche Kündigung rechtfertigen können, ist zweifelhaft. Von der Rechtsprechung wird ein wichtiger Grund bejaht, wenn die Würdigung der Umstände des Einzelfalls die Fortsetzung des Arbeits- und Dienstverhältnisses als unzumutbar erscheinen läßt. Grobe Beleidigungen des Arbeitgebers oder seines Vorgesetzten können die außerordentliche Kündigung rechtfertigen, wenn dadurch die Vorgesetztenfunktion untergraben wird. Eine üble Nachrede zum Nachteil eines Vorgesetzten kann ebenso wie eine grundlose Beschuldigung durch Vorgesetzte die außerordentliche Kündigung rechtfertigen, wenn dadurch die Grundlagen einer gedeihlichen Zusammenarbeit beeinträchtigt werden. Unter einer groben Beleidigung ist nur eine besonders schwere, kränkende Beleidigung, d.h. eine bewußte und gewollte Ehrenkränkung aus gehässigen Motiven zu verstehen. Entscheidend sind immer die Sitten und Gebräuche der beteiligten Verkehrskreise. Daß die Verwendung des Götz-Zitates unter Arbeitnehmern nicht besonders schwerwiegt, ist eindeutig. Der Portier eines Großstadt-Hotels kann jedoch fristlos entlassen werden, wenn er dieses Zitat in Anwesenheit eines weiblichen Gastes gegenüber einem Arbeitskollegen gebraucht.

4518

- **Politische Betätigung**

Die außerbetriebliche politische Betätigung rechtfertigt als solche weder die außerordentliche noch die ordentliche Kündigung. Das Verbot der innerbetrieblichen parteipolitischen Betätigung ist selbstverständlich auch von den Arbeitnehmern zu beachten. Nimmt ein Arbeitnehmer trotz der Androhung der Entlassung während der Arbeitszeit an einer politischen Demonstration teil, so rechtfertigt dies nicht unbedingt die fristlose oder ordentliche Kündigung.

- **Überzahl von Ehrenämtern**
Die Übernahme von Ehrenämtern in Gemeinderäten, Kreistagen etc. rechtfertigt die außerordentliche Kündigung nicht. Es ist eine Analyse von Fehlzeiten und Auswirkungen dieser Fehlzeiten auf den Betrieb vorzunehmen. Hierbei kommt es auch auf die **Stellung des Arbeitnehmers im Betrieb** an.

- **Außerdienstliches Verhalten**
Außerdienstliches Verhalten kann im Regelfall die außerordentliche Kündigung nicht rechtfertigen. Wirkt sich das außerdienstliche Verhalten innerbetrieblich aus, so ist es selbstverständlich kündigungsrelevant.

2. Wichtige Gründe für die Kündigung durch den Arbeitnehmer

4519

Auch der Arbeitnehmer kann selbstverständlich in bestimmten Fallkonstellationen fristlos aus wichtigem Grund das Arbeitsverhältnis beenden. Auch hier ist jeweils eine Einzelprüfung vorzunehmen. Die nachfolgenden Ausführungen können daher allenfalls einen Überblick geben.

- **Wunsch nach Arbeitsplatzwechsel**
Die Möglichkeit, einen günstigeren Arbeitsplatz anzutreten, rechtfertigt die außerordentliche Kündigung nicht. Das kurzfristige Angebot eines Studienplatzes oder die Ladung zum Strafantritt rechtfertigen die außerordentliche Kündigung, wenn die Termine bei Wahrung der ordentlichen Kündigungsfrist nicht eingehalten werden können. Eine beabsichtigte Eheschließung läßt es hingegen nicht als unzumutbar erscheinen, die ordentliche Kündigungsfrist einzuhalten.

4520

- **Verletzung von Fürsorgepflichten**
Bei der Verletzung von Fürsorgepflichten kann dem Arbeitnehmer ein Recht zur außerordentlichen Kündigung zustehen. Hierbei kommt es auf die Intensität der Verletzung und auf die Qualität der verletzten Fürsorgepflicht an. So rechtfertigt beispielsweise das ständige Verlangen des Arbeitgebers, die nach der Arbeitszeitordnung zulässige Arbeitszeit zu überschreiten, die außerordentliche Kündigung ohne Rücksicht auf die anfängliche Bereitschaft des Arbeitnehmers zur Leistung der verbotenen Mehrarbeit.

- **Verletzung der Beschäftigungspflicht**
Verletzt der Arbeitgeber seine Beschäftigungspflicht schuldhaft, so kann der Arbeitnehmer zumindest nach entsprechenden Gegenvorstellungen außerordentlich kündigen.

4521

- **Beleidigungen**
Bei groben Beleidigungen kann der Arbeitnehmer fristlos kündigen, und zwar wegen seines freien Kündigungsrechts grundsätzlich unter weniger strengen Voraussetzungen als der Arbeitgeber.

- **Verdächtigungen**
Eine außerordentliche Kündigung durch den Arbeitnehmer ist auch gerechtfertigt, wenn dieser zu Unrecht verdächtigt wird.

- **Lohnrückstände**
Lohnrückstände rechtfertigen die außerordentliche Kündigung durch den Arbeitnehmer nur, wenn der Rückstand für eine erhebliche Zeit besteht oder einen erheblichen Betrag ausmacht. Bei einer **Neueinstellung** wird man freilich gewisse Verzögerungen bei der rechtzeitigen Zahlung des Gehaltes hinzunehmen haben. Auch die länger andauernde Unterlassung der Abführung einbehaltener Steuer- und Sozialversicherungsbeiträge rechtfertigt die außerordentliche Kündigung durch den Arbeitnehmer.

4522

- **Widerruf einer erteilten Prokura**
Widerruft der Arbeitgeber vertragswidrig eine Prokura, so kann er schadensersatzpflichtig werden. Zugleich kann auch eine außerordentliche Kündigung des Arbeitnehmers in Betracht kommen.

VIII. Wahrung der Ausschlußfrist

4523

Bei der **außerordentlichen Kündigung** gilt es, die Ausschlußfrist des § 626 Abs. 2 Satz 1, 2 BGB zu wahren. Danach kann die fristlose Kündigung nur innerhalb von 2 Wochen ab Kenntnis des Kündigungssachverhalts ausgesprochen werden. Entscheidend ist im Grundsatz die **Kenntnis des Kündigungsberechtigten**. Diese Regelung ist zwingend und kann weder durch Einzelarbeitsvertrag noch durch Tarifvertrag abgeändert werden. Die Ausschlußfrist ist nur dann gewahrt, wenn die fristlose Kündigung **innerhalb von 2 Wochen** dem anderen Teil zugeht. Durch die Notwendigkeit der **Betriebsratsanhörung** wird die Frist nicht verlängert.

Außerordentliche Kündigung

4524

Für den Beginn der Ausschlußfrist kommt es auf den Zeitpunkt an, zu dem der Arbeitgeber eine **sichere und möglichst vollständige positive Kenntnis** von den für die Kündigung maßgebenden Tatsachen hat. Selbst grob fahrlässige Unkenntnis genügt nicht.

Solange der Kündigungsberechtigte die für die Aufklärung des Sachverhalts nach pflichtgemäßem Ermessen **notwendig erscheinenden Maßnahmen** mit der gebotenen Eile durchführt, kann die Ausschlußfrist nicht beginnen (*BAG 31.03.1994, EzA § 626 BGB Ausschlußfrist Nr. 5*). Der Beginn der Ausschlußfrist darf indessen nicht länger als unbedingt notwendig hinausgeschoben werden. Sie ist nur solange gehemmt, wie der Kündigungsberechtigte aus verständlichen Gründen mit der gebotenen Eile noch Ermittlungen anstellt, die ihm eine umfassende und zuverlässige Kenntnis des Kündigungssachverhalts verschaffen sollten.

Hält der Arbeitgeber einen bestimmten Kenntnisstand für ausreichend, eine fristlose Kündigung wegen Verdachts einer strafbaren Handlung oder wegen begangener Straftat auszusprechen, so muß er nach § 626 Abs. 2 BGB binnen zwei Wochen kündigen, nachdem er diesen Kenntnisstand erlangt hat (*BAG 29.07.1993, EzA § 626 BGB Ausschlußfrist Nr. 4*).

4525

Eine **Regelfrist** gibt es insoweit **nicht**. Die Anhörung des Arbeitnehmers wirkt freilich nur fristhemmend, wenn sie spätestens innerhalb einer Woche stattfindet, nachdem der Arbeitgeber den Vorgang kennt, der zur außerordentlichen Kündigung führen kann. Wenn eine schriftliche Stellungnahme des Kündigungsgegners zu dem Sachverhalt, der zum Anlaß einer außerordentlichen Kündigung genommen werden soll, dem Kündigungsberechtigten ausnahmsweise noch keine sichere und vollständige Kenntnis von den für die Kündigung maßgebenden Tatsachen verschafft hat, kann es sachlich gerechtfertigt und geboten sein, den Kündigungsgegner zu den gegen ihn erhobenen Vorwürfen erneut anzuhören. Die Frist des § 626 Abs. 2 BGB beginnt dann erst mit der **zweiten Anhörung**, sofern diese alsbald nach der schriftlichen Stellungnahme erfolgt.

Eine beachtliche Klarstellung zum Lauf der **Ausschlußfrist bei einer Kündigung wegen der Begehung von Straftaten** hat eine neue Entscheidung des Bundesarbeitsgerichts gebracht. Soll wegen einer Straftat gekündigt werden, so steht es dem Kündigenden grundsätzlich frei, anstatt eigene Ermittlungen durchzuführen, den Ausgang des Ermittlungs- bzw. Strafverfahrens abzuwarten. Das bedeutet aber nicht daß der Arbeitgeber trotz eines hinlänglich begründeten Anfangsverdachts zunächst von eigenen weiteren Ermittlungen absehen und den Verlauf des Ermittlungs- bzw. Strafverfahrens abwarten darf, um sodann spontan, ohne daß sich neue Tatsachen ergeben hätten, zu einem willkürlich gewählten Zeitpunkt Monate später selbständig Ermittlungen aufzunehmen um in der Folge binnen 2-Wochen-Frist zu kündigen (*BAG 29.07.1993, EzA § 626 BGB Ausschlußfrist Nr. 4*).

Der Arbeitgeber kann auch deshalb den Ausgang eines Strafverfahrens abwarten, weil es ihm auf das **Werturteil** ankommt, das mit der Verurteilung verbunden ist.

4526

Bei sogenannten **Dauergründen** (z.B. unberechtigte Urlaubsverlängerung, sonstiges unentschuldigtes Fernbleiben vom Arbeitsplatz), beginnt die Frist mit dem letzten Vorfall, der ein weiteres und letzteres Glied in der Kette bildet. Weder der Verdacht strafbarer Handlungen noch eine begangene Straftat stellen Dauerzustände dar, die es dem Arbeitgeber ermöglichen, bis zur strafrechtlichen Verurteilung des Arbeitnehmers zu irgendeinem beliebigen Zeitpunkt eine fristlose Entlassung auszusprechen *(BAG 29.07.1993, EzA § 626 BGB Ausschlußfrist Nr. 4)*.

Entscheidend ist im Grundsatz die Kenntnis des **Kündigungsberechtigten**.

Die Kenntnis **anderer Personen** ist aber dann von Bedeutung, wenn diese eine ähnlich selbständige Stellung haben wie gesetzliche oder rechtsgeschäftliche Vertreter des Arbeitgebers und nicht nur zur Meldung sondern vorab auch zur Feststellung der für eine außerordentliche Kündigung maßgebenden Tatsachen verpflichtet sind. Der Kündigungsberechtigte muß sich die Kenntnis eines Dritten dann zurechnen lassen, wenn es dessen Stellung im Betrieb erwarten läßt, daß er **den Kündigungsberechtigten informiert.**
Hinzukommen muß, daß die verspätet erlangte Kenntnis darauf beruht, daß die Organisation des Betriebes zu einer Verzögerung führt, obwohl eine andere Organisation sachgerecht und zumutbar wäre. **Organisationsmängel, die den Informationsfluß beeinträchtigen, muß der Arbeitgeber sich zurechnen lassen.** Bei Gesamtvertretung ist für den Beginn der Frist auf die Kenntnis schon eines Vertreters abzustellen. Ist die Gesellschafterversammlung für die Kündigung zuständig, so beginnt die Frist erst zu laufen, wenn alle Gesellschafter Kenntnis haben.

Es sind also stets **2 Komponenten** zu beachten: Die selbständige Stellung des Dritten im Betrieb und Verzögerung der Kenntniserlangung des Kündigungsberechtigten durch eine schuldhaft fehlerhafte Organisation *(BAG 18.05.1994, EzA § 626 BGB Ausschlußfrist Nr. 6)!*

Angesichts der vielfältigen Unwägbarkeiten hinsichtlich des Beginns der Ausschlußfrist kann dem Arbeitgeber nur angeraten werden, mit dem Ausspruch einer außerordentlichen Kündigung nicht allzu lange zuzuwarten.

4527

Die **ohne hinreichende Vertretungsmacht** erklärte außerordentliche Kündigung kann vom Vertretenen mit rückwirkender Kraft nur innerhalb der 2-wöchigen Ausschlußfrist genehmigt werden.

Außerordentliche Kündigung

Ist die Ausschlußfrist **versäumt**, so ist der Arbeitgeber nicht gehindert, dennoch wegen des gleichen Vorgangs noch eine ordentliche Kündigung auszusprechen. In Zweifelsfällen sollte auch hier - selbstverständlich nach entsprechender Beteiligung des Betriebsrats - eine sogenannte **Verbundkündigung** ausgesprochen werden, d.h. der Arbeitgeber sollte primär außerordentlich und vorsorglich ordentlich kündigen.

Muster: Außerordentliche Kündigung

Firma

Anschrift des Arbeitnehmers

Sehr geehrte(r) Frau/Herr

Hiermit kündige ich das mit Ihnen bestehende Arbeitsverhältnis fristlos, hilfsweise ordentlich zum nächstzulässigen Termin, dem

Die Kündigung erfolgt aus folgenden Gründen:

...

Der Betriebsrat wurde sowohl zur außerordentlichen als auch zur hilfsweise ausgesprochenen ordentlichen Kündigung angehört. Die Stellungnahme des Betriebsrats ist beigefügt.

Hochachtungsvoll

IX. Weiterführende Literaturhinweise

4528

Becker-Schaffner, Die Rechtsprechung zur Ausschlußfrist des § 626 Abs. 2 BGB, DB 1987, 2147
Gamillscheg, Der zwingende Charakter des § 626 BGB, ArbuR 1981, 105
Gerauer, Nochmals - Beginn der Ausschlußfrist bei Dauertatbeständen, BB 1988, 2032
Kapischke, Beginn der Ausschlußfrist des § 626 Abs. 2 BGB, BB 1989, 1061
Schaub, Arbeitsrechtshandbuch, 7. Aufl. 1992, § 125
Schwerdtner, Das Recht zur außerordentlichen Kündigung als Gegenstand rechtsgeschäftlicher Vereinbarungen im Rahmen des Handelsvertreterrechts, DB 1989, 1757

28. Kapitel: Änderungskündigung

I.	Allgemeines	4531
II.	Reaktionen auf eine Änderungskündigung	4534
	1. Vorbehaltlose Annahme	4535
	2. Annahme unter Vorbehalt	4536
	3. Vorbehaltlose Ablehnung	4537
	4. Sonderprobleme bei der Annahme unter Vorbehalt	4538
III.	Änderungskündigung und Gleichbehandlungsgrundsatz	4542
IV.	Außerordentliche Änderungskündigung	4543
V.	Betriebsbedingte ordentliche Änderungskündigung	4544
VI.	Betriebsratsbeteiligung und Änderungskündigung	4545
VII.	Änderungskündigung gegenüber Betriebsratsmitgliedern	4547
VIII.	Änderungskündigung und Beendigungskündigung	4548
IX.	Weiterführende Literaturhinweise	4549

Checkliste: Änderungskündigung

- Grundsätzlich keine Besonderheiten gegenüber Beendigungskündigungen
- Aber: Vorrang der Änderungskündigung vor der Beendigungskündigung; ultima-ratio-Prinzip
- Reaktionsmöglichkeiten des Arbeitnehmers
    - Vorbehaltlose Ablehnung des Änderungsangebots
    - Vorbehaltlose Annahme des Änderungsangebots
    - Annahme des Änderungsangebots unter Vorbehalt
- Auch bei Änderungskündigung gilt grundsätzlich:
    - Betriebsratsanhörung erforderlich
    - Soziale Rechtfertigung der Änderungskündigung ist zu prüfen, Prüfungsmaßstab teilweise streitig
    - Kündigungsfristen und -termine beachten
    - Außerordentliche und ordentliche Änderungskündigung möglich

Arbeitsrecht

I. Allgemeines

4531

Bei der **Änderungskündigung** kündigt der Arbeitgeber das Arbeitsverhältnis und bietet dem Arbeitnehmer an, zu veränderten, im Regelfall verschlechterten Arbeitsbedingungen, weiterzuarbeiten.

Von der sogenannten Änderungskündigung ist die **Teilkündigung** zu unterscheiden. Teilkündigungen sind, sieht man von tarifvertraglichen Teilkündigungsklauseln ab, grundsätzlich unzulässig.

Beispiel:
P hat in seinem Arbeitsvertrag die Verpflichtung zum Bewohnen einer Werksdienstwohnung übernommen. In der Folgezeit kündigt er nur diese Verpflichtung.
Dies ist nicht möglich. P hat nur die Möglichkeit, den gesamten Arbeitsvertrag zu kündigen und dem Arbeitgeber anzubieten, bei ihm ohne die Verpflichtung zum Bewohnen der Werksdienstwohnung weiter zu arbeiten.

4532

Von der sogenannten Teilkündigung ist der **Widerrufsvorbehalt** zu unterscheiden. Der Widerrufsvorbehalt ist dadurch gekennzeichnet, daß die Arbeitsvertragsparteien bei bestimmten Leistungen vereinbart haben, daß der Arbeitgeber diese widerrufen kann. Der Widerrufsvorbehalt findet sich vor allem bei sogenannten **freiwilligen Sozialleistungen** (Gratifikationen, Jubiläumszuwendungen, betriebliche Altersversorgung).

Beispiel:
L ist bei der städtischen Musikschule M als Musiklehrer beschäftigt. Seine wöchentliche Arbeitszeit beträgt 20 Stunden. Die Vergütung beträgt pro Stunde 50 DM. In dem Arbeitsvertrag ist gleichzeitig vereinbart, daß bei nachlassender Nachfrage nach Musikunterricht die Wochenstundenzahl und die entsprechende Vergütung einseitig vom Arbeitgeber reduziert werden kann.
Eine arbeitsvertragliche Vereinbarung, die bei arbeitszeitabhängiger Vergütung den Arbeitgeber berechtigten soll, die zunächst festgelegte Arbeitszeit später einseitig nach Bedarf zu reduzieren, stellt nach der Rechtsprechung eine objektive **Umgehung des zwingenden Kündigungsschutzrechtes** *dar und ist daher nach § 134 BGB nichtig (vgl. auch § 4 BeschFG 1985). Hier bedarf es stets einer Änderungskündigung!*

Nach der Rechtsprechung stellt es einen Verstoß gegen den **Grundsatz der Verhältnismäßigkeit** dar, wenn der Arbeitgeber bei einer widerruflich ausgestalteten Sozialleistung von seinem Widerrufsrecht keinen Gebrauch macht, sondern eine Änderungskündigung ausspricht. Aus dem Grundsatz der Verhältnismäßigkeit soll auch folgen, daß eine Änderungskündigung unwirksam ist, wenn der Arbeitgeber das gleiche Ziel durch Ausübung seines **Direktionsrechts** erreichen kann.

Änderungskündigung

Da im Einzelfall äußerst zweifelhaft sein kann, wie weit das Direktionsrecht reicht, kann dem Arbeitgeber in Zweifelsfällen nur geraten werden, sein Direktionsrecht auszuüben und **vorsorglich** eine Änderungskündigung auszusprechen.

Die Änderungskündigung hat deshalb in der betrieblichen Praxis eine nicht unerhebliche Bedeutung erlangt, weil die Rechtsprechung auf dem Standpunkt steht, daß der Arbeitgeber vor jeder ordentlichen Beendigungskündigung von sich aus dem Arbeitnehmer einen freien gleichwertigen bzw. freien geringerwertigen zumutbaren Arbeitsplatz anzubieten hat (siehe Rz. 4305).

4533

Ein mit "Änderungskündigung" überschriebener Brief des Arbeitgebers enthält dann keine Änderungskündigung im Rechtssinne, wenn die angestrebte neue Vertragsgestaltung nicht **gleichzeitig** mitgeteilt wird. Daran ändert sich nichts, wenn mehrere Tage nach Ausspruch der Kündigung unter Bezugnahme auf die "Änderungskündigung" die neuen Arbeitsbedingungen mitgeteilt werden, da das Änderungsangebot gleichzeitig mit der Kündigung unterbreitet werden muß.

Die Änderungskündigung kann eine **ordentliche** oder eine **außerordentliche** Kündigung sein. Die Vorschriften über die Änderungskündigung (§§ 2, 4 Satz 2 KSchG) sind auf die außerordentliche Änderungskündigung entsprechend anwendbar. Die Notwendigkeit der Anerkennung eines Rechts zur außerordentlichen Änderungskündigung folgt schon aus der Notwendigkeit, dem Arbeitnehmer, der gesetzlich oder vertraglich ordentlich nicht kündbar ist, also nur außerordentlich gekündigt werden kann, den Weg der Änderungsschutzklage nach §§ 2, 4 Satz 2 KSchG nicht zu verschließen. Dies erlangt vor allem bei sogenannten **altersgesicherten**, d. h. ordentlich unkündbaren Arbeitnehmern immer größere praktische Bedeutung.

II. Reaktionen auf eine Änderungskündigung

4534

Der von einer Änderungskündigung betroffene Arbeitnehmer hat drei Möglichkeiten, auf die Änderungskündigung zu reagieren:

1. Vorbehaltlose Annahme

4535

Einmal kann er das Änderungsangebot **vorbehaltlos annehmen**. Damit ist der Vertragsinhalt einverständlich verändert worden. Die Kündigung hat sich erledigt.

2. Annahme unter Vorbehalt

4536

Der Arbeitnehmer kann auch die **Annahme mit dem Vorbehalt** verbinden, daß die Änderung der Arbeitsbedingungen nicht im Sinne von § 1 Abs. 2, 3 Satz 1 KSchG sozial ungerechtfertigt ist. Mit der fristgerecht erklärten Annahme unter Vorbehalt hat sich das Änderungsangebot insoweit erledigt, als es mit einer bedingten Kündigung verbunden war. Auf diesem Wege wird der Arbeitnehmer vom **Risiko des endgültigen Verlustes des Arbeitsplatzes befreit**, dem er dann ausgesetzt ist, wenn er das Angebot vorbehaltlos ablehnt.

3. Vorbehaltlose Ablehnung

4537

Der Arbeitnehmer, demgegenüber eine Änderungskündigung ausgesprochen worden ist, kann aber das Änderungsangebot auch **vorbehaltlos ablehnen** und Kündigungsschutzklage erheben.

4. Sonderprobleme bei der Annahme unter Vorbehalt

4538

Normalerweise wird der Arbeitnehmer zur Minimierung seines Risikos das Angebot unter dem Vorbehalt, daß die Änderung der Arbeitsbedingungen sozial gerechtfertigt war, annehmen. Dabei hat der Arbeitnehmer jedoch zwei Konsequenzen zu bedenken:

Bei einer Annahme unter Vorbehalt und einer anschließenden Änderungsschutzklage (§§ 2, 4 Satz 2 KSchG) ist dem Arbeitnehmer die Möglichkeit genommen, die Auflösung des Arbeitsverhältnisses im Kündigungsschutzprozeß zu beantragen (§§ 9, 10 KSchG). Ein derartiger Antrag setzt nämlich voraus, daß das Gericht feststellt, daß die Kündigung sozial ungerechtfertigt war. Ferner ist zu bedenken, daß der Arbeitnehmer bei einer Annahme unter Vorbehalt zunächst zu den veränderten Arbeitsbedingungen arbeiten muß.

Beispiel:
M ist bei der B-AG in München-Bogenhausen beschäftigt. Er wird im Wege der Änderungskündigung nach Oberhausen-Sterkrade versetzt.
Mit Ablauf der Kündigungsfrist muß M, auch wenn er Änderungsschutzklage erhoben hat, zunächst in Oberhausen arbeiten.

Die **Rechtsprechung** hat es bislang dahingestellt sein lassen, ob in entsprechender Anwendung des § 102 Abs. 5 BetrVG dann ein betriebsverfassungsrechtlich begründeter Weiterbeschäftigungsanspruch besteht, wenn die Änderung der Arbeitsbedingungen mit einer Umgruppierung oder Versetzung verbunden ist,

Änderungskündigung

dazu die Zustimmung des Betriebsrats fehlt und es dem Arbeitgeber verwehrt ist, die Maßnahmen vorläufig durchzuführen (vgl. §§ 99, 100 BetrVG).

Ob bereits in der **schlichten Fortsetzung** der Arbeit die Annahme des Änderungsangebots gesehen werden kann, ist unsicher. Ein Arbeitnehmer, der zu geänderten Arbeitsbedingungen über den Ablauf der Kündigung hinaus weiterarbeitet, ohne einen Vorbehalt zu erklären, erklärt damit in jedem Fall, das Änderungsangebot annehmen zu wollen. Ein derartiges Rechtsgeschäft kann jedoch anfechtbar sein.

4539

Der Vorbehalt muß dem **Arbeitgeber gegenüber erfolgen**. Er kann schriftlich oder mündlich erklärt werden. Ist der Vorbehalt erfolgt, kann er nicht einseitig zurückgenommen werden. Auch in der Erhebung der Kündigungsschutzklage kann die Erklärung des Vorbehalts liegen, wenn aus ihr hinreichend deutlich hervorgeht, daß der Arbeitnehmer beabsichtigt, das Arbeitsverhältnis zunächst zu den geänderten Arbeitsbedingungen fortzusetzen. Freilich ist darauf zu achten, daß der Vorbehalt innerhalb der Kündigungsfrist, spätestens jedoch innerhalb von **3 Wochen nach Zugang der Kündigung** erklärt sein muß (§ 2 Satz 2 KSchG). Bei einer außerordentlichen Kündigung muß, da in der Regel keine Kündigungsfrist besteht, der Vorbehalt **unverzüglich** erklärt werden.

Versäumt der Arbeitnehmer diese Frist, so erlischt das Recht, den Vorbehalt zu erklären. Eine nachträgliche Zulassung des Vorbehalts entsprechend § 5 KSchG oder eine Wiedereinsetzung in den vorigen Stand (§§ 230 ff. ZPO) ist nicht möglich.

Geht die Änderungskündigung dem Arbeitnehmer während seines **Urlaubs** zu, so kann die Frist des § 2 Satz 2 KSchG nach Rückkehr aus dem Urlaub abgelaufen sein. Dem Arbeitnehmer wäre dann die Änderungsschutzklage verwehrt. § 5 KSchG ist nach ganz überwiegender Meinung auf die Erklärung des Vorbehalts **nicht anwendbar**. Dem Arbeitnehmer kann nur auf dem Wege geholfen werden, daß man den Arbeitgeber nach **Treu und Glauben** für verpflichtet erachtet, sich mit der Annahme unter Vorbehalt trotz Fristablaufs einverstanden zu erklären.

4540

Die Wahrung der Klagefrist (§ 4 Satz 2 KSchG) und die Wahrung der Frist zur Erklärung des Vorbehalts nach § 2 Satz 2 KSchG sind **unterschiedlich** zu beurteilen, da für die Erklärung des Vorbehalts, zu den in der Änderungskündigung angebotenen Bedingungen weiterarbeiten zu wollen, eine Prozeßhandlung nicht erforderlich ist. Deshalb ist die Frist nach § 2 Satz 2 KSchG nicht gewahrt, wenn die Klageschrift, in der erstmals der Vorbehalt zur Weiterarbeit zu den angebotenen geänderten Bedingungen vom Arbeitnehmer erklärt wird, zwar innerhalb der 3-Wochen-Frist beim Arbeitsgericht eingeht, aber erst nach Ablauf der 3-Wochen-Frist dem Arbeitgeber zugestellt wird. Gleichwohl kann das Kündigungsschutzverfahren entsprechend § 4 Satz 2 KSchG durchgeführt werden, wenn die Kündigungsschutzklage innerhalb von 3 Wochen beim Arbeitsgericht erhoben wird und die Kündigungsfrist für die ausgesprochene ordentliche Änderungskündigung länger als 3 Wochen ist. Zumindest wird dies dann gelten, wenn der Arbeitnehmer mit **Wissen und Wollen des Arbeitgebers** nach Ablauf der Kündigungsfrist unter Vorbehalt zu den geänderten Arbeitsbedingungen weiter arbeitet. Der Arbeitnehmer, der unter Vorbehalt angenommen hat, muß innerhalb von 3 Wochen ab Zugang der Kündigung Klage auf Feststellung erheben, daß die Änderung der Arbeitsbedingungen sozial ungerechtfertigt ist (§ 4 Satz 2 KSchG). Wird die **Klagefrist nicht gewahrt**, so erlischt ein vom Arbeitnehmer erklärter Vorbehalt (§ 7, 2. Halbsatz KSchG).

4541

Stellt das Gericht fest, daß die Änderung der Arbeitsbedingungen **sozial nicht gerechtfertigt** war, so gilt die Änderungskündigung als von Anfang an rechtsunwirksam (§ 8 KSchG). Weist das Gericht rechtskräftig die Klage ab, so steht umgekehrt fest, daß an die Stelle der alten Arbeitsbedingungen mit Ablauf der Kündigungsfrist die geänderten Arbeitsbedingungen getreten sind.

III. Änderungskündigung und Gleichbehandlungsgrundsatz

4542

Die Berufung des Arbeitgebers auf den **Gleichbehandlungsgrundsatz** stellt für sich allein nach der Rechtsprechung kein dringendes betriebliches Erfordernis für eine Änderungskündigung (etwa zur Vereinheitlichung der Kündigungsfristen) dar. Das Bundesarbeitsgericht steht auf dem Standpunkt, daß ansonsten der arbeitsrechtliche Gleichbehandlungsgrundsatz als arbeitsrechtliches Schutzprinzip in sein Gegenteil verkehrt würde.

Beispiel:
C hat den Betrieb der A-OHG übernommen. Den Beschäftigten der A-OHG stand arbeitsvertraglich kein Anspruch auf eine Weihnachtsgratifikation zu, während die Beschäftigten des C einen Anspruch auf Weihnachtsgratifikation hatten.
In diesem Fall kann C keine betriebsbedingte Massenänderungskündigung mit dem Ziel aussprechen, die Weihnachtsgratifikation auch für seine Stammbelegschaft in Wegfall kommen zu lassen.

IV. Außerordentliche Änderungskündigung

4543

Ein wichtiger Grund für eine **außerordentliche Änderungskündigung** setzt nach der **Rechtsprechung** zunächst auf seiten des Kündigenden voraus, daß die Fortsetzung derjenigen bisherigen Arbeitsbedingungen, deren Änderung er anstrebt, jeweils unzumutbar geworden ist, d.h. daß die vorgesehenen Änderun-

Änderungskündigung

gen für ihn unabweisbar sind. Darüber hinaus müssen die neuen Bedingungen dem gekündigten Arbeitnehmer zumutbar sein. Beide Voraussetzungen müssen danach **kumulativ** vorliegen.

V. Betriebsbedingte ordentliche Änderungskündigung

4544

Hinsichtlich **betriebsbedingter ordentlicher Änderungskündigungen** stellt das **Bundesarbeitsgericht** darauf ab, daß das Änderungsangebot des Arbeitgebers daran zu messen sei, ob dringende betriebliche Erfordernisse im Sinne von § 1 Abs. 2 Satz 1 KSchG das Änderungsangebot bedingen und ob der Arbeitgeber sich bei einem an sich anerkennenswerten Anlaß zur Änderungskündigung darauf beschränkt hat, nur solche Änderungen vorzuschlagen, die der Arbeitnehmer billigerweise hinnehmen muß. Dabei geht das Bundesarbeitsgericht von der Rechtmäßigkeit einer betriebsbedingten Änderungskündigung nur aus, wenn bei Ausspruch der Kündigung eine akute Gefahr für die Arbeitsplätze oder eine Existenzgefährdung des Betriebes erkennbar ist. Abzustellen ist dabei auf die **wirtschaftlichen Verhältnisse im Bereich des Betriebes**. Das dringende Bedürfnis, eine unselbständige Betriebsabteilung (Werkstatt) wegen hoher Kostenbelastung zu sanieren, stellt noch kein dringendes betriebliches Erfordernis für eine Änderungskündigung zum Zwecke der Streichung außertariflicher Zulagen gegenüber den in der Werkstatt beschäftigten Arbeitnehmern dar. Abzustellen ist vielmehr auf die wirtschaftlichen Verhältnisse im Bereich des **Betriebes**. Im übrigen steht die **Rechtsprechung** nicht auf dem Standpunkt, daß der Grund für die Änderungskündigung nicht so gewichtig sein müßte, um die Beendigung ohne Rücksicht auf das Änderungsangebot zu rechtfertigen. An die Rechtfertigung einer Änderungskündigung werden daher **keine geringeren Anforderungen als an die Rechtfertigung einer Beendigungskündigung** gestellt.

In seiner Entscheidung vom 19.05.1993 (*EzA § 1 KSchG Betriebsbedingte Kündigung Nr. 73*) hat das Bundesarbeitsgericht zur **Sozialauswahl bei der betriebsbedingten Änderungskündigung** Stellung genommen. Da es hier um die soziale Rechtfertigung des Änderungsangebotes geht, ist auch bei der sozialen Auswahl darauf abzustellen, wie sich die vorgetragene Vertragsänderung auf den sozialen Status vergleichbarer Arbeitnehmer auswirkt. Es ist zu prüfen, ob der Arbeitgeber statt die Arbeitsbedingungen des gekündigten Arbeitnehmers zu ändern, diese Änderung einem anderen vergleichbaren Arbeitnehmer hätte anbieten können, dem sie in sozialer Hinsicht eher zumutbar gewesen wäre. Dabei ist auch zu berücksichtigen, daß die Änderungskündigung mit einer Änderung der Vergütung oder der Arbeitszeit verbunden sein kann.

Die **Abwägung** darf also nicht nur auf Lebensalter und Dauer der Betriebszugehörigkeit beschränkt werden. Vielmehr sind alle zu berücksichtigenden Umstände gegeneinander abzuwägen, wobei dem Arbeitgeber ein gewisser Wertungsspielraum zusteht.

Änderungskündigungen sind im übrigen unwirksam, wenn im **Zeitpunkt des Zugangs der Kündigung** ein **Kündigungsverbot** besteht. Der Massenentlassungsschutz der §§ 17 ff. KSchG gilt nicht für Änderungskündigungen, die von dem Arbeitnehmer unter dem Vorbehalt der sozialen Rechtfertigung angenommen worden sind.

VI. Betriebsratsbeteiligung und Änderungskündigung

4545

Da die Änderungskündigung eine Kündigung beinhaltet, ist der Betriebsrat **vor jeder Änderungskündigung** zu hören (§ 102 BetrVG). Dabei muß der Arbeitgeber dem Betriebsrat auch das Änderungsangebot mitteilen, weil nur dadurch der Betriebsrat in den Stand versetzt wird, eigenständig und ohne weitere Nachprüfung zu entscheiden, ob die Kündigung berechtigt erscheint, oder ob er Widerspruch erheben soll oder kann. Unterrichtet der Arbeitgeber den Betriebsrat im Anhörungsverfahren nur über die **wirtschaftlichen Verhältnisse des unselbständigen Betriebsteiles**, in dem die Änderungskündigungen ausgesprochen werden sollen, nicht aber zugleich über die Ertragslage des **Betriebes**, dann kann er sich im Kündigungsschutzprozeß jedenfalls nicht auf ein dringendes Sanierungsbedürfnis im Bereich des Betriebes berufen.

Ist mit einem Änderungsangebot eine **Versetzung (§ 95 Abs. 3 BetrVG) oder Umgruppierung** verbunden, so hat der **Betriebsrat** in Betrieben mit in der Regel mehr als 20 wahlberechtigten Arbeitnehmern bei diesen personellen Maßnahmen auch nach § 99 BetrVG mitzubestimmen. Er muß dabei den **Betriebsrat sowohl nach § 99 BetrVG als auch nach § 102 BetrVG beteiligen**. Die Möglichkeit, beide Verfahren miteinander zu verbinden, bedeutet aber nicht zugleich, daß in der Unterrichtung des Betriebsrats von einer mitbestimmungspflichtigen personellen Einzelmaßnahme und der hierzu erteilten Zustimmung zugleich die Mitwirkung des Betriebsrats oder dessen Zustimmung liegt, zur Durchführung der personellen Maßnahme eine Änderungskündigung auszusprechen. Zur Vermeidung von Unklarheiten ist es daher nicht nur zweckmäßig sondern **notwendig, den Betriebsrat nicht nur von der beabsichtigten Änderung der Arbeitsbedingungen, sondern auch von der geplanten Durchführung dieser Maßnahme im Wege der Änderungskündigung zu unterrichten**.

Bislang war es umstritten, wie sich die Situation darstellt, wenn der Arbeitgeber unter Anhörung des Betriebsrats eine **Änderungskündigung zum Zwecke der Versetzung** oder **Umgruppierung** ausspricht, den Betriebsrat nach §§ 99, 95 Abs. 3 BetrVG aber nicht beteiligt.

Beispiel:
Arbeitgeber B will Arbeitnehmer A zukünftig nicht mehr im Innendienst, sondern im Außendienst beschäftigen. A ist hierzu einvernehmlich nicht bereit. B spricht daraufhin

Änderungskündigung

nach vorheriger Anhörung des Betriebsrats eine ordentliche Änderungskündigung aus. Eine Zustimmung zur Versetzung des A holt er beim Betriebsrat hingegen nicht ein.

*Hier wurde teilweise die Auffassung vertreten die nicht erteilte oder ersetzte Zustimmung des Betriebsrats mache die Kündigung - schwebend - unwirksam. Nunmehr hat das Bundesarbeitsgericht (30.09.1993, EzA § 99 BetrVG 1972 Nr. 118) die Rechtsfrage im gegenteiligen Sinne entschieden. Will der Arbeitgeber also mit einer fristgerechten Änderungskündigung eine Versetzung des Arbeitnehmers i.S.v. § 95 Abs. 3 BetrVG bewirken, so ist die Zustimmung des Betriebsrats nach § 99 BetrVG Wirksamkeitsvoraussetzung nur für die **tatsächliche Zuweisung** des neuen Arbeitsbereichs nach Ablauf der Kündgungsfrist bzw. Zugang der außerordentlichen Kündigung. D.h. der Arbeitgeber kann die geänderten Vertragsbedingungen **nicht durchsetzen**, solange das Verfahren nach § 99 BetrVG nicht ordnungsgemäß durchgeführt ist. Sein durch die erfolgreiche Änderungskündigung eigentlich erweitertes Direktionsrecht kann er nicht ausnutzen. Der betroffene Arbeitnehmer ist in dem alten Arbeitsbereich weiterzubeschäftigen ist. Dieser kann ihm nicht entzogen werden, da er einen Beschäftigungsanspruch hat und die Voraussetzungen für eine Suspendierung nicht vorliegen. Im Beispielsfall kann B also vorerst weiterhin seiner Tätigkeit im Innendienst nachgehen. Eine **gegenteilige Weisung** des B wäre **nichtig** (§ 134 BGB). Der Arbeitgeber ist, will er die mißliche Situation beenden, gehalten, den Betriebsrat nach § 99 BetrVG zu beteiligen und ggfs. die erforderliche Zustimmung durch das Arbeitsgericht ersetzen zu lassen. Wird die **Zustimmung endgültig nicht ersetzt**, bleibt es unter Anwendung des Rechtsgedankens aus § 275 BGB bei dem bisherigen Vertragsinhalt. Hier kann natürlich u.U. eine Beendigungskündigung ausgesprochen werden, wenn der bisherige Arbeitsplatz weggefallen war.*

Die gleichen Rechtsfolgen ergeben sich grundsätzlich, wenn der Arbeitgeber bei **Umgruppierungen** gegen das Mitbestimmungsrecht des Betriebsrats verstößt.

4546

Die Rechtslage verkompliziert sich weiter, wenn ein Arbeitnehmer in einen anderen Betrieb des Unternehmens versetzt werden soll. Eine derartige **Versetzung** stellt sich für den aufnehmenden Betrieb als Einstellung (§ 99 BetrVG) dar und bedarf der **Zustimmung des dortigen Betriebsrates**, auch wenn die Versetzung voraussichtlich nicht länger als einen Monat dauern wird (vgl. § 95 Abs. 3 BetrVG).

Für den **abgebenden Betrieb** ist zu unterscheiden:

- Ist die Versetzung auf Dauer angelegt, so stellt sie sich als Ausscheiden aus dem Betrieb dar, das der Zustimmung des Betriebsrats des abgebenden Betriebes nur dann bedarf, wenn die Versetzung nicht im Einverständnis des Arbeitnehmers erfolgt.

- Bei vorübergehenden Versetzungen in einen anderen Betrieb ist dagegen nach der Rechtsprechung der **abgebende Betrieb immer** zu beteiligen.

VII. Änderungskündigung gegenüber Betriebsratsmitgliedern

4547

Nach § 15 Abs. 1 KSchG ist auch die ordentliche Änderungskündigung gegenüber den dort genannten Mitgliedern von betriebsverfassungsrechtlichen Organen unzulässig. Hierüber besteht, soweit es um eine ordentliche Änderungskündigung gegenüber dem besonders geschützten Arbeitnehmer als einzelnem geht, Einigkeit.

Im Streit ist dagegen, ob dieser besondere Kündigungsschutz auch für **ordentliche Massen- oder Gruppenänderungskündigungen** gilt, durch die die Arbeitsbedingungen aller Arbeitnehmer oder einer Arbeitnehmergruppe geändert werden sollen.

Beispiel:
Die X-AG hat eine ordentliche Massenänderungskündigung zum Abbau einer Weihnachtsgratifikation gegenüber allen Beschäftigten des Unternehmens einschließlich der Mitglieder betriebsverfassungsrechtlicher Organe ausgesprochen.

Das Bundesarbeitsgericht geht davon aus, daß auch eine ordentliche Massen- oder Gruppenänderungskündigung Betriebsratsmitglieder nicht erreichen kann. Das Bundesarbeitsgericht stützt diese Auffassung auf den Wortlaut und den inneren Aufbau der Norm bzw. auf den Willen des Gesetzgebers. Freilich hat das Bundesarbeitsgericht auf die Möglichkeit einer außerordentlichen Änderungskündigung verwiesen. Die Anforderungen an eine derartige außerordentliche Änderungskündigung sind jedoch in der Rechtsprechung äußerst streng.

Der Arbeitgeber wird sich sein Vorgehen hier genau überlegen müssen!

Wichtige **Aufschlüsse zur Wahrung der Ausschlußfrist bei der betriebsbedingten außerordentlichen Änderungskündigung eines Betriebsratsmitglieds** hat das Urteil des LAG Köln (24.02.1994, *LAGE* § 103 BetrVG 1872 Nr. 9) gebracht. Beantragt der Arbeitgeber die Ersetzung der Zustimmung des Betriebsratsmitglieds zu einer außerordentlichen betriebsbedingten Änderungskündigung (Wegfall einer für die bisherige Tätigkeit des Betriebsratsmitglieds bestehenden Aufsichtsfunktion), so beginnt die Ausschlußfrist des § 626 Abs. 2 BGB grundsätzlich erst mit dem vorgesehenen Eintritt der organisatorischen Veränderung. Der Arbeitgeber könnte zwar vorher kündigen, muß es aber insbesondere dann nicht, wenn er eine auf die veränderte Beschäftigung abgestellte Auslauffrist beachtet. Hier gilt also nichts anderes als bei der teilweisen oder völligen Stillegung des Betriebes.

Insgesamt gilt, daß der gesetzliche Ausschluß des ordentlichen Kündigungsrechts für Betriebsratsmitglieder nicht dazu führen darf, daß die Möglichkeit einer außerordentlichen Änderungskündigung gegenüber den allgemeinen Anforderungen des § 626 Abs. 2 BGB erleichtert wird (*LAG Köln, a.a.O.*).

VIII. Änderungskündigung und Beendigungskündigung

4548

Das Bundesarbeitsgericht *(19.05.93, EzA § 1 KSchG Betriebsbedingte Kündigung Nr. 73)* hatte über das Verhältnis von Beendigungs- und Änderungskündigung zu entscheiden.

Beispiel:
Der Arbeitgeber beschließt im Rahmen einer Umorganisation seines Betriebes eine Reduzierung des Servicebereiches um täglich acht Stunden. Gegenüber den beiden sozial schwächsten Arbeitnehmern im Servicebereich spricht er eine Änderungskündigung von Vollzeitbeschäftigung auf 50%ige Teilzeitbeschäftigung aus, weil ihm dies bei Besserung der wirtschaftlichen Lage ein Aufstocken der Stundenzahl ermöglicht und er zudem in den arbeitsintensiven Morgenstunden auf zwei Kräfte zurückgreifen kann. Der sozial stärkere von den beiden gekündigten Arbeitnehmern meint, der Arbeitgeber habe eine Beendigungskündigung statt zweier Änderungskündigungen aussprechen müssen.

Zu klären war erstmals, ob ein Arbeitgeber als Folge des durch seine organisatorische Maßnahme entstandenen Arbeitskräfteüberhangs eine **Mehrzahl von Änderungskündigungen** zur Verkürzung der Arbeitszeit **anstelle einzelner Beendigungskündigungen** aussprechen darf. Nach Auffassung des Bundesarbeitsgerichts gehört die Bestimmung, ob ein umfangmäßig konkretisierter Dienstleistungsbedarf nur mit Volltags- oder teilweise auch mit Halbtagsbeschäftigungen abgedeckt werden soll, zum Bereich der Unternehmenspolitik. Etwas anderes gilt nur, wenn für die Umgestaltung keine sachlich begründbaren, betrieblichen Erfordernisse vorliegen. Auch aus den Wertungen des § 1 Abs. 3 KSchG ergibt sich keine Verpflichtung zum Ausspruch einer Beendigungskündigung anstelle zweier Änderungskündigungen. Dies gebietet insbesondere auch nicht der **Verhältnismäßigkeitsgrundsatz**.

IX. Weiterführende Literaturhinweise

4549

Becker-Schaffner, Die Änderungskündigung aus materiell-rechtlicher und prozessualer Sicht, BB 1991, 129
Berger-Delhey, Betriebsbedingte Änderungskündigung, DB 1991, 1571
Kanz, Kündigungsschutz und Mitbestimmung bei Herabgruppierungen, ZTR 189, 219
Löwisch, Die Änderung von Arbeitsbedingungen auf individualrechtlichem Wege, insbesondere durch Änderungskündigung, NZA 1988, 633
Schaub, Arbeitsrechtshandbuch, 7. Aufl. 1992, § 137
Wenzel, Kündigung und Kündigungsschutz, 6. Aufl. 1994, Rz. 296 ff.

Muster einer Änderungskündigung

Firma

- Anschrift des Arbeitnehmers -

Sehr geehrte(r) Frau/Herr....,

hiermit kündigen wir das mit Ihnen seit .... bestehende Arbeitsverhältnis ordentlich zum ....

Wir bieten Ihnen aber gleichzeitig an, das Arbeitsverhältnis ab .... zu den bisherigen Bedingungen fortzusetzen, allerdings mit folgenden Änderungen: ....

Die Änderungskündigung erfolgt aus folgenden Gründen:
....
Wir bitten für diese Maßnahme um Ihr Verständnis und versichern Ihnen, daß wir auch in Zukunft an einer guten Zusammenarbeit mit Ihnen interessiert sind.

Der Betriebsrat hat der Änderungskündigung nach § 102 BetrVG zugestimmt. Da die Änderungskündigung gleichzeitig eine Versetzung beinhaltet, hat er auch nach § 99 BetrVG seine Zustimmung erklärt.
Wir nehmen insoweit Bezug auf die beigefügten Kopien der Stellungnahmen des Betriebsrats.

Hochachtungsvoll

.... , den.......... ....
(Ort) (Datum) (Unterschrift)

29. Kapitel: Besonderer Kündigungsschutz

I.	Schwangere und Mütter	4552
II.	Sonderkündigungsschutz für Schwerbehinderte	4570
III.	Wehrpflichtige und Zivildienstleistende	4590
IV.	Mitglieder von Betriebsverfassungsorganen	4599
V.	Vertrauensmänner und -frauen der Schwerbehinderten	4615
VI.	Sonderkündigungsschutz während des Erziehungsurlaubs	4616
VII.	Weiterführende Literaturhinweise	4618

Checkliste: Sonderkündigungsschutz

- Liegt ein **Ausbildungsverhältnis** vor und ist die Probezeit abgelaufen? (§ 15 BBiG)
- Ist der Arbeitnehmer als **Wehrpflichtiger** einberufen?
  - im Grundwehrdienst
  - im Dienst auf höchstens 2 Jahre
  - in einer Wehrübung
  - im Zivildienst
- Ist oder war **(nachwirkender Kündigungsschutz)** der Arbeitnehmer
  - Mitglied des Betriebsrats
  - Mitglied der Jugend- oder Auszubildendenvertretung
  - Mitglied des Wahlvorstandes
  - Wahlbewerber
  - Mitglied der Schwerbehindertenvertretung?
  (§ 15 KSchG)
- Ist die Arbeitnehmerin schwanger oder hat sie in den 4 Monaten vor dem beabsichtigten Ausspruch der Kündigung ein Kind geboren? (§ 9 MuSchG)
  Ggfs.: Liegt die Zulässigerklärung der zuständigen Behörde (in NRW Regierungspräsident) vor?

> - Befindet sich der Arbeitnehmer im **Erziehungsurlaub** (§ 18 BErzGG)
>   - Wenn ja, ist die Zulässigerklärung der zuständigen Behörde beantragt?
>   - Liegt die Zustimmung vor?
> - Ist der Arbeitnehmer **schwerbehindert** oder hat er die Feststellung der Schwerbehinderteneigenschaft bzw. die Gleichstellung beantragt (§§ 15 ff. SchwbG)
>   - Wenn ja, ist die Zustimmung der Hauptfürsorgestelle beantragt?
>   - Liegt die Zustimmung vor?

4551

Bestimmten besonders schutzwürdigen Personengruppen billigt der Gesetzgeber einen **erhöhten Bestandsschutz** ihres Arbeitsverhältnisses zu. Dieser besondere Bestandsschutz wird als Sonderkündigungsschutz bezeichnet. Ob Sonderkündigungsschutz eingreift, muß vom Arbeitgeber vor jeder Kündigung geprüft werden. Jedes Versäumnis kann hier die Unwirksamkeit der ausgesprochenen Kündigung zur Folge haben. Der Sonderkündigungsschutz tritt dabei nicht an die Stelle des allgemeinen Kündigungsschutzes, sondern zu diesem hinzu. Es sind also mehrere Hürden zu nehmen, wenn hier erfolgreich gekündigt werden soll. Häufig empfiehlt sich daher in diesen Fällen der Versuch, einen **Aufhebungsvertrag** abzuschließen (s. Rz. 4000). Allerdings bestehen hier sozialrechtliche Besonderheiten.

Der besondere Kündigungsschutz ist i.ü. davon unabhängig, ob die nun schwangere Arbeitnehmerin ihrerseits für eine in Schwangerschaft und Erziehungsurlaub gegangene Arbeitnehmerin eingestellt wurde *(s. hierzu etwa EuGH 14.07.1994, EzA Art. 119 EWG-Vertrag Nr. 17).*

I. Schwangere und Mütter

4552

Das **Mutterschutzgesetz** (MuSchG) enthält einen besonderen Kündigungsschutz während der Schwangerschaft und bis zum Ablauf von 4 Monaten nach der Entbindung (§ 9 MuschG). Dieser besondere Kündigungsschutz gilt auch für schwangere Auszubildende.

Erforderlich ist zum Zeitpunkt des Kündigungszugangs eine **Schwangerschaft** oder eine nicht länger als 4 Monate zurückliegende **Entbindung**. Während die

Totgeburt eine Entbindung darstellt, wird durch eine **Fehlgeburt** die Schwangerschaft ohne Entbindung beendet. Eine Frau scheidet daher bei einer Fehlgeburt aus dem Geltungsbereich des Mutterschutzgesetzes aus. Gleiches gilt für den **Schwangerschaftsabbruch**. Beim Tod des Kindes nach der Geburt bleibt freilich der Kündigungsschutz erhalten.

Bislang war unklar, ob der **Sonderkündigungsschutz** für Schwangere auch in den Fällen einer **Kündigung vor Dienstantritt** (s. hierzu Rz. 4226) zum Tragen kommt. Nach § 9 MuSchG greift der Sonderkündigungsschutz für Schwangere ein, wenn zum Zeitpunkt des Kündigungszugangs eine Schwangerschaft besteht. Nunmehr hat das LAG Düsseldorf *(30.09.1992, LAGE § 9 MuSchG Nr. 18)* in einer allerdings noch nicht rechtskräftigen Entscheidung darauf erkannt, daß es für das Eingreifen des Sonderkündigungsschutzes allein auf das **Bestehen eines Arbeitsverhältnisses im Zeitpunkt des Kündigungszugangs**, nicht aber auf dessen Aktualisierung ankommt. Das Kündigungsverbot des § 9 MuSchG greift demnach mit Abschluß des Arbeitsverhältnisses ein, gleichgültig zu welchem Zeitpunkt die Arbeit tatsächlich aufgenommen wird. Dies muß auch in den Fällen gelten, in denen die Arbeitnehmerin zum Zeitpunkt der vorgesehenen Arbeitsaufnahme arbeitsunfähig krank ist.

4553

Zur **Kenntnis des Beginns der Schwangerschaft** ist von dem Zeugnis eines Arztes oder einer Hebamme über den voraussichtlichen Tag der Niederkunft auszugehen und von diesem Tag um 280 Tage zurückzurechnen. Dabei ist bei der Rückrechnung der voraussichtliche Entbindungstag nicht mitzuzählen.
Die Kündigung einer Schwangeren bzw. einer Frau innerhalb von 4 Monaten nach der Entbindung ist nur dann unzulässig, wenn dem Arbeitgeber zur Zeit der Kündigung die Schwangerschaft oder die Entbindung bekannt war oder innerhalb **zweier Wochen nach Zugang der Kündigung** mitgeteilt wird.
Dabei ist es unerheblich, woher der Arbeitgeber seine Kenntnis hat. Der Kenntnis des Arbeitgebers steht die Kenntnis der Personen gleich, die den Arbeitgeber im Rahmen des Arbeitsverhältnisses gegenüber der Arbeitnehmerin vertreten (Vorgesetzte, Personalsachbearbeiter). **Darlegungs- und beweispflichtig für die Kenntnis des Arbeitgebers** ist die Arbeitnehmerin. Es muß also der Arbeitgeber oder ein Vertreter Kenntnis von den betreffenden Umständen haben. Wenn jedoch in einem Betrieb die Übung besteht, daß schwangere Arbeitnehmerinnen ihre Schwangerschaft dem unmittelbaren Dienstvorgesetzten anzeigen, kann sich der Arbeitgeber nicht darauf berufen, daß diese Mitteilungen nicht zu ihm selbst oder seinem Stellvertreter gelangt sind.

4554

Hat der Arbeitgeber keine Kenntnis von der Schwangerschaft bzw. Entbindung, so muß die Arbeitnehmerin ihm ihre Schwangerschaft (Entbindung) mündlich, schriftlich oder durch Vorlage einer entsprechenden Bescheinigung anzeigen. Es genügt insoweit die Mitteilung durch den **Ehemann, die Eltern oder die Prozeßbevollmächtigten** der Schwangeren.

Die **nachträgliche Mitteilung** der Schwangerschaft muß das Bestehen einer Schwangerschaft zum Zeitpunkt des Zugangs der Kündigung oder die Vermutung einer solchen Schwangerschaft zum Inhalt haben. Dagegen ist eine Mitteilung der Schwangerschaft ohne Rücksicht darauf, ob der Erklärungsempfänger daraus das Bestehen dieses Zustandes zum Zeitpunkt der Kündigung entnehmen kann, nicht ausreichend. Teilt die Arbeitnehmerin ausdrücklich nur das Bestehen einer Schwangerschaft mit, so hängt es von den Umständen des Einzelfalles ab, ob die Mitteilung dahingehend ausgelegt werden kann, daß die Schwangerschaft bereits bei Zugang der Kündigung bestanden hat. **§ 9 Abs. 1 Satz 1 MuSchG** schreibt nur die Mitteilung der Schwangerschaft (Entbindung) innerhalb der gesetzlich vorgeschriebenen Frist vor.

4555

Hat der Arbeitgeber Zweifel an der behaupteten Schwangerschaft, so kann er deren Nachweis verlangen (streitig). Der **Nachweis** einer Schwangerschaft braucht erst innerhalb einer angemessenen Frist nach Aufforderung des Arbeitgebers erbracht zu werden. Selbst wenn der Nachweis binnen angemessener Frist unterbleibt, geht dadurch der Kündigungsschutz nicht verloren. Die Verletzung der Nachweispflicht kann aber im Einzelfall dazu führen, daß die Berufung auf den Kündigungsschutz als **unzulässige Rechtsausübung** erscheint. Dies wird vor allem dann der Fall sein, wenn die Schwangere wiederholten Nachweisaufforderungen längere Zeit nicht nachkommt und der Arbeitgeber den Eindruck gewinnen muß und darf, die Schwangere wolle sich nicht auf den Sonderkündigungsschutz berufen.

Die Zwei-Wochenfrist wird auch durch die Mitteilung gewahrt, eine Schwangerschaft sei **wahrscheinlich oder werde vermutet**. In diesen Fällen der nur möglichen Schwangerschaft kann aber der Arbeitgeber den Nachweis der Schwangerschaft durch das Zeugnis eines Arztes oder einer Hebamme oder auf seine Kosten einen Schwangerschaftsfrühtest fordern. Die Arbeitnehmerin muß diesem Verlangen binnen angemessener Frist nachkommen. Insoweit verliert jedoch die Arbeitnehmerin grundsätzlich nicht den Kündigungsschutz, wenn sie den Nachweis innerhalb angemessener Frist unterläßt.

Die Mitteilungsfrist des § 9 Abs. 1 Satz 1 MuSchG ist eine **Ausschlußfrist**. Die Arbeitnehmerin verliert ihren Sonderkündigungsschutz, wenn sie trotz Kenntnis ihrer Schwangerschaft die Frist schuldhaft versäumt. Der Sonderkündigungsschutz bleibt dagegen erhalten, wenn die Arbeitnehmerin im Zeitpunkt der Kündigung schwanger war, ihren Arbeitgeber aber hiervon unverschuldet nicht innerhalb der Frist unterrichtet hat, dies jedoch unverzüglich nachholt. Eine schuldhafte Verzögerung der Mitteilung liegt nicht bereits darin, daß die Arbeitnehmerin alsbald nach Kenntnis von der Schwangerschaft einen Prozeßbevollmächtigten mit der Klageerhebung gegen die bis dahin nicht angegriffene Kündigung beauftragt und die Schwangerschaft nur in der Klageschrift mitteilt. Eine Verzögerung der Mitteilung durch den Prozeßbevollmächtigten hat die Arbeitnehmerin nach der Rechtsprechung nicht zu vertreten. Eine Arbeitnehmerin handelt nicht schuldhaft, wenn sie eine Schwangerschaft bloß vermutet und dem Arbeitgeber nicht mitteilt. Verschuldet ist ihre Unterlassung erst von dem Zeitpunkt an, zu dem **zwingende Anhaltspunkte** gegeben sind, die das Vorliegen einer Schwangerschaft praktisch unabweisbar erscheinen lassen. Von einem unverschuldeten Versäumen der Zwei-Wochen-Frist ist auch dann auszugehen, wenn die schwangere Frau trotz Kenntnis vom Bestehen einer Schwangerschaft mit der entsprechenden Mitteilung an den Arbeitgeber zuwartet, bis sie vom Arzt eine **Schwangerschaftsbestätigung** erhält, aus der sie den Beginn der Schwangerschaft entnehmen kann.

Noch ungeklärt ist, wie es sich auf den Lauf der Zwei-Wochen-Frist auswirkt, wenn die schwangere Frau während der **Mitteilungsfrist krankgeschrieben** und ihr Bettruhe verordnet ist.

4556

Die **Darlegungs- und Beweislast** für eine unverschuldete Versäumung der Mitteilungsfrist und für die unverzügliche Nachholung der Mitteilung trägt die Arbeitnehmerin. Bestreitet also der Arbeitgeber nach einer von ihm ausgesprochenen Kündigung die erstmalige Kenntnis einer Arbeitnehmerin von ihrer Schwangerschaft, so trägt sie dafür die Darlegungs- und Beweislast (*LAG Berlin 05.07.1993, LAGE § 9 MuSchG Nr. 19*). Auch der Beweis von Negativa sei grundsätzlich möglich. Voraussetzung ist aber immer, daß die entsprechende Beweisführungslast überhaupt ausgelöst wird. Hierfür ist ein substantiiertes Bestreiten der negativen Tatsache erforderlich.

Hinsichtlich der **sachlichen Reichweite des Kündigungsverbots nach § 9 MuSchG** ist auf folgendes hinzuweisen: Gegenüber einer Schwangeren und einer Frau bis zum Zeitraum von 4 Monaten nach der Entbindung ist jede Kündigung unzulässig. Das **temporäre Kündigungsverbot** betrifft also nicht nur die ordentliche, sondern auch die außerordentliche Kündigung.

4557

§ 9 Abs. 3 MuSchG eröffnet jedoch die Möglichkeit, daß die **zuständige Behörde** in besonderen Fällen eine Kündigung für zulässig erklären kann. Eine nach § 9 Abs. 1 MuSchG nichtige fristgemäße Kündigung kann grundsätzlich nicht in eine Anfechtung wegen Irrtums oder Täuschung **umgedeutet** werden. Der Arbeitgeber, der trotz der unwirksamen Entlassung die Arbeitnehmerin nicht beschäftigt, gerät regelmäßig in **Annahmeverzug**, soweit nicht ausnahmsweise dem Arbeitgeber die Annahme der Arbeitsleistung nicht zugemutet werden kann. Dies ist nach der Rechtsprechung nur in ganz engen Grenzen möglich, nämlich dann, wenn durch die Entgegennahme der Arbeitsleistung Leben und Gesundheit des

Arbeitgebers oder anderer Mitarbeiter gefährdet werden. Hier ist der berühmte "Madonna mit dem Beilchen-Fall" zu nennen *(BAG GS 26.04.1956, BAGE 5, 66)*.

Auch in Zeiten des Mutterschutzes und des Erziehungsurlaubs kann eine Kündigung durch die jeweils zuständige Behörde genehmigt werden. Dabei stehen die **Kündigungsverbote** nach dem **Mutterschutzgesetz** und dem **Bundeserziehungsgeldgesetz nebeneinander**. Bei Vorliegen von Mutterschaft und zusätzlich Erziehungsurlaub benötigt der Arbeitgeber für eine Kündigung die Zulässigkeitserklärung der Arbeitsschutzbehörde **nach beiden Gesetzen** (s. § 9 Abs. 3 MuSchG und § 18 Abs. 1 BErzGG).

4558

Unzulässig ist auch eine **Änderungskündigung** sowie eine Kündigung während eines **Probearbeitsverhältnisses** oder im **Vergleichs- und Konkursverfahren**. Im Vergleichs- oder Konkursverfahren kann aber eine Kündigung mit behördlicher Erlaubnis möglich sein. Eine Kündigung kann rechtswirksam während dieses Zeitraums erst erklärt werden, wenn die Kündigungsschutzzeit abgelaufen ist. Die Kündigung kann also nicht schon zu deren Ende erklärt werden. D.h.: Während der Zeit des besonderen Kündigungsschutzes nach § 9 MuSchG kann nicht wirksam gekündigt werden!

4559

Das Kündigungsverbot gilt nicht für Frauen, die von demselben Arbeitgeber im Familienhaushalt mit hauswirtschaftlichen, erzieherischen oder pflegerischen Arbeiten in einer ihre Arbeitskraft voll in Anspruch nehmenden Weise beschäftigt werden, und zwar für die Zeit nach Ablauf des 5. Schwangerschaftsmonats (§ 9 Abs. 1 Satz 2, 1. Halbsatz MuSchG). Zu dieser **Personengruppe** zählen **insbesondere** Hausgehilfinnen, Tagesmädchen, Köchinnen, Kindermädchen, Kindergärtnerinnen, Hauslehrerinnen, Kranken- und Säuglingsschwestern sowie Sprach- und Musiklehrerinnen. Voll in Anspruch genommen ist eine Frau regelmäßig nur bei einer Wochenarbeitszeit von 40 Stunden. Für Teilzeitbeschäftigte mit einer täglichen Arbeitszeit von weniger als 5 Stunden und Frauen mit mehreren Arbeitgebern gilt der volle Schutz nach § 9 Abs. 1 Satz 1 MuSchG.
Nach Auflösung des Arbeitsverhältnisses wird von diesem Zeitpunkt an bis zum Einsetzen der Leistungen des Mutterschaftsgeldes eine **Sonderunterstützung** zu Lasten des Bundes gezahlt (§ 12 Abs. 1 Satz 1 MuSchG).

4560

Das Mutterschutzgesetz schließt weder eine Kündigung durch die Schwangere und Mutter noch **die vertragliche Aufhebung des Arbeitsverhältnisses** aus.
Ebenso kann sich ein Arbeitgeber bei einem rechtswirksam **befristeten Arbeitsvertrag** grundsätzlich auf die Beendigung des Arbeitsverhältnisses durch Fristablauf trotz inzwischen eingetretener Schwangerschaft berufen. Nur ausnahmsweise ist hier die Berufung auf die Befristung treuwidrig.

Besonderer Kündigungsschutz

Beispiel:
Die Parteien hatten am 01.02.1994 zunächst einen auf die Dauer von 6 Monaten befristeten Probearbeitsvertrag abgeschlossen. Am 09.07.1994 unterrichtete die Arbeitnehmerin den Arbeitgeber von ihrer Schwangerschaft. Mit Schreiben vom gleichen Tage machte der Arbeitgeber die Arbeitnehmerin darauf aufmerksam, daß der Arbeitsvertrag nach Ablauf der 6-monatigen Probezeit nicht verlängert werde. Unter dem 29.08.1994 stellte der Arbeitgeber der Klägerin ein Zeugnis aus, in dem dieser unter anderem bestätigt wurde, daß ihre Arbeitsweise einwandfrei und daß sie pünktlich, fleißig und ehrlich war.

Dieser Beispielfall zeigt ein doppeltes: Einmal sollten mit Personen, bei denen Mutterschutz noch in Betracht kommen kann, nur befristete Probearbeitsverhältnisse abgeschlossen werden. Wird nämlich sofort ein Arbeitsverhältnis auf unbestimmte Zeit abgeschlossen mit vorangeschalteter Probezeit, so löst die Schwangerschaft das **Kündigungsverbot** des § 9 MuSchG aus. Zum anderen sollte der Arbeitgeber bei Abschluß eines befristeten Probearbeitsverhältnisses nicht die Übernahme in ein Arbeitsverhältnis auf unbestimmte Zeit in Aussicht stellen bzw. die Arbeitsleistung der Arbeitnehmer während der Probezeit über Gebühr loben. Schon gar nicht sollte er der Arbeitnehmerin nach Ablauf des befristeten Arbeitsverhältnisses ein zu überschwengliches Zeugnis ausstellen. ***In allen Fällen riskiert nämlich der Arbeitgeber, daß die Berufung auf den Fristablauf als rechtsmißbräuchlich angesehen wird.***

4561

Eine Frau kann während der Schwangerschaft und während der Schutzfrist nach der Entbindung (§ 6 Abs. 1 MuSchG) das Arbeitsverhältnis unter Einhaltung einer Frist zum Ende der Schutzfrist nach der Entbindung kündigen (§ 10 Abs. 1 MuSchG). Wird das Arbeitsverhältnis derart aufgelöst und wird die Frau innerhalb eines Jahres nach der Entbindung in ihren bisherigen Betrieb wieder eingestellt, so gilt, soweit Rechte aus dem Arbeitsverhältnis von der Dauer der Betriebs- oder Berufszugehörigkeit oder von der Dauer der Beschäftigungs- oder Dienstzeit abhängen, das Arbeitsverhältnis als **nicht unterbrochen (§ 10 Abs. 2 Satz 1 MuSchG)**. Dies gilt nicht, wenn die Frau in der Zeit von der Auflösung des Arbeitsverhältnisses bis zur Wiedereinstellung bei einem **anderen Arbeitgeber beschäftigt** war (§ 10 Abs. 2 Satz 2 MuSchG).

4562

Der Arbeitsvertrag mit einer schwangeren Arbeitnehmerin, durch den sich diese ausschließlich zur **Nachtarbeit** im Sinne von § 8 MuSchG verpflichtet hat, ist nicht nichtig, wenn bei Vertragsabschluß noch mit der Erteilung einer Ausnahmegenehmigung nach § 8 Abs. 6 MuSchG zu rechnen war. Die schwangere Arbeitnehmerin ist jedoch bei einer derartigen Fallgestaltung auch ohne Befragung verpflichtet, ihre Schwangerschaft zu offenbaren. Kommt sie ihrer **Offenbarungspflicht** nicht nach, so kann eine Anfechtung wegen arglistiger Täuschung (§ 123 BGB) in Betracht kommen, soweit der Arbeitnehmerin Arglist nachgewiesen werden kann. Ob an dieser Rechtsprechung auf Dauer festgehalten werden wird ist nach der Entscheidung des Europäischen Gerichtshofs (14.07.1994, EzA

Art. 119 EWG-Vertrag Nr. 17) ein wenig zweifelhaft geworden. Hier ist das letzte Wort vermutlich noch nicht gesprochen. S. zum Nachtarbeitsverbot für Frauen *BAG 28.01.1992, EzA § 19 AZO Nr. 5.*

II. Sonderkündigungsschutz für Schwerbehinderte

4570
Die ordentliche und die außerordentliche Kündigung eines **schwerbehinderten Arbeitnehmers** sind nur möglich, wenn zuvor die Zustimmung der **Hauptfürsorgestelle** vorliegt (§§ 15, 21 SchwbG). Dies gilt freilich nur, wenn das Arbeitsverhältnis des Schwerbehinderten im Zeitpunkt des Zugangs der Kündigung und der Erklärung ohne Unterbrechung bereits **länger als 6 Monate** bestanden hat. Auch Auszubildende sind Arbeitnehmer im Sinne des Schwerbehindertenrechts.

4571
Schwerbehinderte im Sinne dieses Gesetzes sind Personen mit einem **Grad der Behinderung von wenigstens 50%**. Die Schwerbehinderteneigenschaft tritt kraft Gesetzes ein, wenn eine Behinderung mit einem derartigen Grad gegeben ist. Eine entsprechende behördliche Bestätigung (Versorgungsämter) ist nach der gesetzlichen Regelung keine Voraussetzung und folglich hat der versorgungsamtliche **Feststellungsbescheid (§ 4 Abs. 1 SchwbG)** bezüglich der Schwerbehinderteneigenschaft **keine rechtsbegründende** sondern lediglich erklärende Wirkung.

Allerdings treten die rechtlichen Wirkungen der Schwerbehinderteneigenschaft nicht ohne weiteres ein. Sie müssen vom Schwerbehinderten **in Anspruch genommen werden**. Hat der Schwerbehinderte vor Ausspruch der Kündigung einen entsprechenden **Antrag** (§ 4 Abs. 1 SchwbG) nicht gestellt, so kann er sich auf die eingeräumten Schutzrechte daher nicht berufen.

4572
Der Sonderkündigungsschutz des Schwerbehindertengesetzes gilt auch für sogenannte **Gleichgestellte** (§ 2 Abs. 2 SchwbG).
Danach sollen Personen mit einem **Grad der Behinderung von weniger als 50%, aber mindestens 30%** aufgrund einer Feststellung auf ihren Antrag vom Arbeitsamt den Schwerbehinderten gleichgestellt werden, wenn sie infolge ihrer Behinderung ohne die Gleichstellung einen geeigneten Arbeitsplatz (§ 7 Abs. 1 SchwbG) nicht erlangen oder nicht behalten können. Die Gleichstellung, die auch befristet erteilt werden kann, beginnt bereits mit dem **Tag des Eingangs des Antrags** (§ 2 Abs. 1 Satz 2 SchwbG).

Der Sonderkündigungsschutz für Schwerbehinderte gilt für ordentliche und außerordentliche Kündigungen des Arbeitgebers. Dabei ist es gleichgültig, ob es sich um eine Beendigungs- oder Änderungskündigung oder um Einzel-, Gruppen- oder Massenkündigungen handelt.

Besonderer Kündigungsschutz

4573

Die Beendigung des Arbeitsverhältnisses eines Schwerbehinderten bedarf auch dann der vorherigen Zustimmung der Hauptfürsorgestelle, wenn sie im Falle des Eintritts der **Berufsunfähigkeit oder Erwerbsunfähigkeit** auf Zeit ohne Kündigung erfolgt (§ 22 SchwbG).

Bei einem reinen **Auslandsarbeitsverhältnis** eines Schwerbehinderten, das nach Vertrag und Abwicklung auf den Einsatz des Arbeitnehmers bei ausländischen Baustellen beschränkt ist und keinerlei Ausstrahlung auf den inländischen Betrieb des Arbeitgebers hat, bedarf die Kündigung des Arbeitgebers auch dann keiner Zustimmung der Hauptfürsorgestelle, wenn die Arbeitsvertragsparteien die Anwendung deutschen Rechts vereinbart haben und die Kündigung im Bundesgebiet ausgesprochen werden soll.

4574

Der Sonderkündigungsschutz für Schwerbehinderte gilt jedoch **nicht ausnahmslos**.

Der Kündigungsschutz gilt zunächst nicht für Schwerbehinderte, deren Arbeitsverhältnis im Zeitpunkt des Zugangs der Kündigungserklärung ohne Unterbrechung noch **nicht länger als 6 Monate** bestanden hat (§ 20 Abs. 1 Nr. 1 SchwbG). Der Arbeitgeber ist in diesen Fällen jedoch verpflichtet, die Hauptfürsorgestelle innerhalb von 4 Tagen von der Kündigung zu unterrichten. Verletzt der Arbeitgeber diese **Unterrichtungsobliegenheit**, so führt dies nicht zur Unwirksamkeit der Kündigung. Der Arbeitgeber ist dann jedoch dem Schwerbehinderten unter Umständen schadensersatzpflichtig.

Keinen Sonderkündigungsschutz nach dem Schwerbehindertengesetz genießen auch Personen, die auf Stellen im Sinne des § 7 Abs. 2 Nr. 2 - 5 SchwbG beschäftigt werden. Ein Fall des **§ 7 Abs. 2 Nr. 2 SchwbG** liegt **nicht** vor, wenn der Schwerbehinderte eine echte Erwerbstätigkeit ausübt, bei der keine karitativen oder religiösen Zwecke im Vordergrund stehen.

Der Ausnahmetatbestand des **§ 7 Abs. 2 Nr. 3 SchwbG** ist nach Ansicht des Bundesarbeitsgerichts **nicht** erfüllt, wenn ein Arbeitsverhältnis nach **§ 19 Abs. 2 Halbs. 1, 1. Alt. BSHG** vorliegt. Hier handelt es sich um ein **echtes Arbeitsverhältnis**. Die Arbeit hat **nicht nur therapeutischen Charakter**, sondern dient dazu, dem **Sozialhilfesuchenden** eine **ausreichende Lebensunterlage zu sichern** (*BAG 04.02.1993, EzA § 20 SchwbG 1986 Nr. 1*). Nach § 7 Abs. 2 Nr. 4 SchbG i.V.m. § 20 Abs. 1 Nr. 2 SchwbG findet der Kündigungsschutz keine Anwendung bei Maßnahmen der **Arbeitsbeschaffung** nach §§ 91, 99 AFG.
Für die Praxis ist es wichtig, daß die Ausnahmevorschriften des § 20 Abs. 1 Nr. 2 i.V.m. § 7 Abs. 2 Nrn. 2 - 4 SchwbG **eng auszulegen** sind. Auch eine entsprechende Anwendung wird daher nur selten in Betracht kommen (*BAG, a.a.O.*).

Sonderkündigungsschutz wird ebenfalls nicht gewährt, wenn der Schwerbehinderte dadurch sozial abgesichert ist, daß er das 58. Lebensjahr vollendet und Anspruch auf eine Abfindung, Entschädigung oder ähnliche Leistungen aufgrund eines Sozialplans hat oder Anspruch auf Knappschaftsausgleichsleistungen nach § 98 a RKG oder auf Anpassungsgeld für entlassene Arbeitnehmer des Bergbaus (s. zum Ganzen § 20 Abs. 1 Nr. 2, 3 SchwbG).

Der Sonderkündigungsschutz für Schwerbehinderte findet auch keine Anwendung bei Entlassungen, die aus **Witterungsgründen** vorgenommen werden, sofern die Wiedereinstellung der Schwerbehinderten bei Wiederaufnahme der Arbeit gewährleistet ist (§ 20 Abs. 2 SchwbG).

Für den Sonderkündigungsschutz ist es unerheblich, ob der Arbeitnehmer bereits bei der Begründung des Arbeitsverhältnisses Schwerbehinderter war oder es erst während des Arbeitsverhältnisses geworden ist. Für den Sonderkündigungsschutz ist es auch unerheblich, ob der Arbeitgeber den Arbeitnehmer zur Erfüllung seiner Beschäftigungspflicht einer bestimmten Mindestzahl von Schwerbehinderten (§ 5 Abs. 1 SchwbG) oder über die dort festgelegte Pflichtgrenze hinaus beschäftigt. Beschäftigt der Arbeitgeber beispielsweise 20% Schwerbehinderte, kann er sich gleichwohl nicht darauf berufen, daß nur die innerhalb der vorgeschriebenen Beschäftigungsquote liegenden Sonderkündigungsschutz in Anspruch nehmen könnten. **Jeder einzelne Schwerbehinderte kann sich also ungeachtet der über die gesetzliche Verpflichtung hinausgehenden Beschäftigung Schwerbehinderter auf seinen Sonderkündigungsschutz berufen.**
Bedeutungslos für den Sonderkündigungsschutz ist es auch, ob dem Arbeitnehmer bei Ausspruch der Kündigung die Schwerbehinderteneigenschaft des Arbeitnehmers bekannt war oder nicht.

4575

Nach der Rechtsprechung greift der Sonderkündigungsschutz für Schwerbehinderte jedoch nicht ein, wenn die Schwerbehinderteneigenschaft im Zeitpunkt der Kündigung weder festgestellt (§ 4 SchwbG) noch ein Antrag auf Erteilung eines entsprechenden Bescheides gestellt war. Eine Arbeitgeberkündigung bedarf in diesen Fällen nicht der vorherigen Zustimmung der Hauptfürsorgestelle.

Dies gilt auch, wenn das Versorgungsamt aufgrund eines nach der Kündigung gestellten Antrags die Schwerbehinderteneigenschaft oder deren wesentliche Voraussetzungen **rückwirkend** für die Zeit vor der Kündigung feststellt. Die Schwerbehinderteneigenschaft ist in diesen Fällen aber rechtlich nicht völlig unerheblich. Es entfällt zwar die Notwendigkeit der Zustimmung der Hauptfürsorgestelle. Im Streit um die Rechtswirksamkeit der Kündigung im Kündigungsschutzverfahren wird bei der sozialen Rechtfertigung einer ordentlichen Kündigung oder beim Vorliegen eines wichtigen Grundes die Schwerbehinderteneigenschaft aber mitberücksichtigt.

Besonderer Kündigungsschutz

4576

Hat der Arbeitnehmer im Zeitpunkt des Zugangs der Kündigung einen Bescheid über seine Schwerbehinderteneigenschaft erhalten (§ 4 SchwbG) oder wenigstens einen entsprechenden Antrag beim Versorgungsamt gestellt und ist dies dem Arbeitgeber bekannt, so bedarf die Kündigung der vorherigen Zustimmung der Hauptfürsorgestelle. Der volle Sonderkündigungsschutz steht jedoch dem Arbeitnehmer auch dann zu, wenn er innerhalb einer **Frist von einem Monat nach Zugang der Kündigung** dem Arbeitgeber seine bereits festgestellte oder zur Feststellung beantragte Schwerbehinderteneigenschaft mitteilt. Unterläßt dies der Arbeitnehmer, ist die Kündigung nicht bereits wegen des Fehlens der Zustimmung der Hauptfürsorgestelle unwirksam.

4577

Auch bei einer **außerordentlichen Kündigung** muß der Arbeitnehmer dem Arbeitgeber, soweit er diesen nicht schon zu einem vorherigen Zeitpunkt informiert hat, innerhalb einer **Regelfrist** von einem Monat eine entsprechende Mitteilung machen. Bei einer außerordentlichen Kündigung kann der Arbeitgeber dann **innerhalb von 2 Wochen nach Kenntniserlangung** von einer bereits festgestellten oder beantragten Schwerbehinderteneigenschaft die **Zustimmung zu einer außerordentlichen Kündigung bei der Hauptfürsorgestelle beantragen** (§ 21 Abs. 2 SchwbG). Der Arbeitnehmer darf diese Regelfrist von einem Monat nach Zugang der Kündigung grundsätzlich voll ausschöpfen. Die Mitteilung von der festgestellten oder beantragten Schwerbehinderteneigenschaft muß gegenüber dem Arbeitgeber oder einem Vertreter des Arbeitgebers erfolgen, der **kündigungsberechtigt** ist oder eine ähnliche selbständige Stellung innehat. Es reicht nicht aus, wenn nur ein untergeordneter Vorgesetzter davon informiert wird.

4578

Legt der schwerbehinderte Arbeitnehmer dem Arbeitgeber innerhalb der einmonatigen Regelfrist einen die Schwerbehinderteneigenschaft **verneinenden Feststellungsbescheid** des Versorgungsamtes vor, ohne auf einen zwischenzeitlich eingelegten Widerspruch hinzuweisen, so liegt hierin keine wirksame Geltendmachung des besonderen Kündigungsschutzes.

Ob bei einem fehlenden Antrag auf Feststellung der Schwerbehinderteneigenschaft oder bei unterlassener nachträglicher Mitteilung des Arbeitnehmers von der Schwerbehinderteneigenschaft der Sonderkündigungsschutz dann anwendbar ist, wenn die **Schwerbehinderteneigenschaft offenkundig** ist, ist höchstrichterlich noch nicht entschieden.
Allerdings ist jedenfalls darauf hinzuweisen, daß die Fälle offenkundiger Schwerbehinderung selten sind. Es ist nämlich zu verlangen, daß auch der für den Kündigungsschutz wichtige Grad der Behinderung offensichtlich ist!

Arbeitsrecht

Beispiel:
K wurde seit 1955 von der G als Monteur beschäftigt. Seit dem 22.11.1985 ist er Schwerbehinderter i. S. des § 1 SchwbG. Mit Schreiben vom 09.09.1987, das dem K spätestens Ende September 1987 zuging, kündigte G das Arbeitsverhältnis zum 31.12.1987. Mit seiner Klage wandte sich K gegen diese Kündigung. Er hat behauptet, etwa ein Jahr vor Kündigungsausspruch habe er dem Betriebsleiter und dem Lohnbuchhalter der G seine Schwerbehinderteneigenschaft angezeigt. Im übrigen sei seine Schwerbehinderteneigenschaft offenkundig, da er hochgradig sehbehindert und schwerhörig sei. Die G hat vorgetragen, von der Schwerbehinderteneigenschaft des K erst durch die Klageschrift erfahren zu haben.

*Die Regelfrist von einem Monat war nicht gewahrt. Die Mitteilung gegenüber dem Betriebsleiter und Lohnbuchhalter reichte nicht aus. Die Schwerbehinderteneigenschaft war auch nicht offenkundig. Offenkundig muß **nach der Rechtsprechung** nicht nur die Schwerbehinderung, sondern auch der hierauf beruhende Grad der Behinderung von 50% sein. Für eine solche Annahme reichte der pauschale Vortrag des K, er sei hochgradig sehbehindert und schwerhörig nicht aus. K kann daher keinen Sonderkündigungsschutz für Schwerbehinderte geltend machen.*

4579

Die Zustimmung zu der ordentlichen Kündigung hat der Arbeitgeber bei der örtlich zuständigen Hauptfürsorgestelle **schriftlich** zu beantragen (§ 17 Abs. 1 Satz 1 SchwbG). Die Hauptfürsorgestelle soll die Entscheidung **innerhalb eines Monats nach Eingang des Antrages** treffen (§ 18 Abs. 1 SchwbG). Sie entscheidet nach freiem pflichtgemäßem Ermessen.

Das **Ermessen der Hauptfürsorgestelle ist eingeschränkt,** wenn der Betrieb nicht nur vorübergehend eingeschränkt oder nicht nur vorübergehend wesentlich eingeschränkt werden soll, s. § 19 Abs. 1 Satz 1, Satz 2 SchwbG. Dies gilt freilich nicht, wenn eine Weiterbeschäftigung auf einem freien Arbeitsplatz in einem anderen Betrieb desselben Arbeitgebers möglich und zumutbar ist (§ 19 Abs. 1 Satz 3 SchwbG). Danach soll die Zustimmung erteilt werden, wenn dem Schwerbehinderten ein anderer angemessener und zumutbarer Arbeitsplatz gesichert ist (§ 19 Abs. 2 SchwbG).

Wie die Zustimmung zur Kündigung eines Schwerbehinderten zu beantragen ist, verdeutlicht das nachfolgende Muster. Auch die Hauptfürsorgestellen halten vielfach Informationsbroschüren bereit.

Besonderer Kündigungsschutz

> **Muster: Antrag auf Zustimmung zur Kündigung eines Schwerbehinderten**
>
> *Firma*
>
> *Adresse der Hauptfürsorgestelle*
>
> *Antrag auf Zustimmung zur ordentlichen Kündigung/außerordentlichen Kündigung/außerordentlichen, hilfsweise ordentlichen Kündigung/Änderungskündigung (nichtzutreffendes bitte streichen)*
> *des..........................*
> *(Name, Vorname, Geburtsdatum, Familienstand, Anschrift)*
>
> *Sehr geehrte Damen und Herren,*
>
> *wir beabsichtigen, Frau/Herrn .... ordentlich/außerordentlich/außerordentlich, hilfsweise ordentlich zu kündigen. Wir bitten Sie deshalb, zuvor der beabsichtigten Personalmaßnahme zuzustimmen. Unser Kündigungsentschluß stützt sich auf folgenden Sachverhalt:*
>
> *1. Die Erwerbsminderung von Herrn .... beträgt ....%.*
> *Herr .... ist bei uns als .... seit .... beschäftigt. Er verdient zur Zeit .... DM brutto/monatlich. Die Kündigung ist vorgesehen zum .... Die gesetzliche/vertragliche/tarifvertragliche Kündigungsfrist beträgt............ .*
>
> *2. In unserem Betrieb werden zur Zeit ...... Arbeitnehmer beschäftigt, davon .... Schwerbehinderte/Gleichgestellte. Der Pflichtsatz beträgt gem. § 5 SchwbG ....*
>
> *3. Die Kündigung ist nötig, weil ....*
>
> *4. Stellungnahmen des Betriebsrates und des Vertrauensmanns der Schwerbehinderten fügen wir bei.*
>
> *............   , den..........   ....*
> *(Ort)   (Datum)   (Unterschrift)*

4580

Kommt die Hauptfürsorgestelle zu dem Ergebnis, daß die Kündigung nicht zustimmungsbedürftig ist, so erteilt sie ein sogenanntes **Negativattest**. Dieses Negativattest beseitigt - ebenso wie die Zustimmung - die Kündigungssperre (§ 15 SchwbG).

Wird die Zustimmung erteilt, kann der Arbeitgeber die Kündigung nur **innerhalb eines Monats nach Zustellung des Bescheides** erklären (§ 18 Abs. 3

Arbeitsrecht

SchwbG). Die Kündigung kann wirksam erst nach **Zustellung des Zustimmungsbescheides** der Hauptfürsorgestelle an den Arbeitgeber erfolgen. Die Zustimmung ist bereits dann erteilt, wenn nur dem Arbeitgeber, nicht jedoch dem Schwerbehinderten der Zustimmungsbescheid zugestellt worden ist (§ 18 Abs. 2 SchwbG). Dieser Zeitpunkt ist auch maßgeblich für den Beginn der einmonatigen Frist, innerhalb derer die Kündigung nach Zustellung des Bescheides auszusprechen ist (s. § 18 Abs. 3 SchwbG).

Die **Kündigungsfrist** für die Kündigung eines Schwerbehinderten beträgt ungeachtet ansonsten geltender kürzerer Fristen mindestens 4 Wochen, § 16 SchwbG.

Trotz der Zustimmung der Hauptfürsorgestelle muß der Arbeitgeber vor Ausspruch der Kündigung den **Betriebsrat** anhören (§ 102 BetrVG, vgl. Rz. 4651). Die Betriebs- (Personalrats-) anhörung muß i.ü. auch dann nicht wiederholt werden, wenn die Zustimmung der Hauptfürsorgestelle erst nach einem längeren Verfahren erteilt wird, der eigentliche Kündigungssachverhalt aber unverändert ist *(BAG 18.05.1994, EzA § 611 BGB Abmahnung Nr. 31)*.

4581
Die Vorschriften über den Sonderkündigungsschutz gelten auch bei der außerordentlichen Kündigung der Arbeitsverhältnisse von Schwerbehinderten, soweit das Arbeitsverhältnis bereits länger als 6 Monate in dem Betrieb bestanden hat.
Es gelten hier jedoch auch Besonderheiten. Die Zustimmung kann nur **innerhalb von 2 Wochen beantragt** werden. Maßgebend ist der Eingang des Antrags bei der Hauptfürsorgestelle. Die Frist beginnt mit dem Zeitpunkt, in dem der Arbeitgeber von den für die Kündigung maßgebenden Tatsachen Kenntnis erlangt (§ 21 Abs. 2 SchwbG).
Hat der Arbeitgeber bei Ausspruch einer außerordentlichen Kündigung keine Kenntnis davon, daß der Arbeitnehmer die Feststellung seiner Schwerbehinderteneigenschaft beantragt hat oder daß diese Feststellung bereits getroffen war, teilt aber der Arbeitnehmer dies dem Arbeitgeber innerhalb der Regelfrist von einem Monat mit, so kann der Arbeitgeber **innerhalb von 2 Wochen** nach Kenntniserlangung die Zustimmung zu einer außerordentlichen Kündigung beantragen (§ 21 Abs. 2 SchwbG).

4582
Die Hauptfürsorgestelle soll die Zustimmung erteilen, wenn die Kündigung aus einem Grunde erfolgt, der nicht im Zusammenhang mit der Behinderung steht (§ 21 Abs. 4 SchwbG).

Beispiel:
Der Arbeitnehmer A, der als Schwerbehinderter anerkannt ist, hat dem Betrieb seines Arbeitgebers Werkzeug im Werte von 500 DM entwendet. Der Arbeitgeber beantragt die Zustimmung der Hauptfürsorgestelle zur außerordentlichen Kündigung.

Besonderer Kündigungsschutz

Hier besteht kein Zusammenhang zwischen der Schwerbehinderung des Arbeitnehmers und dem Kündigungsgrund. Die Hauptfürsorgestelle muß daher in diesem Fall die Zustimmung erteilen.

Die Hauptfürsorgestelle hat ihre Entscheidung innerhalb von **2 Wochen vom Tage des Eingangs des Antrages** an zu treffen. Wird innerhalb dieser Frist eine Entscheidung nicht getroffen, so gilt die Zustimmung als erteilt (§ 21 Abs. 3 SchwbG), so daß der Arbeitgeber die Kündigung aussprechen kann.

Die Hauptfürsorgestelle muß, wenn sie den Antrag ablehnen will, ihre Entscheidung dem Arbeitgeber innerhalb der 2-wöchigen Frist in irgendeiner Weise bekannt geben, sei es auch nur durch (fern-) mündliche Unterrichtung.

Die **Zustimmungsfiktion** (§ 21 Abs. 3 Satz 2 SchwbG) greift indes nach der Rechtsprechung nicht ein, wenn die den Antrag des Arbeitgebers ablehnende Entscheidung innerhalb der Frist des § 21 Abs. 3 Satz 1 SchwbG den Machtbereich der Hauptfürsorgestelle verlassen hat. Es genügt also, wenn die Hauptfürsorgestelle den Bescheid rechtzeitig zur Post gibt *(BAG 09.02.1994, EzA § 21 SchbG 1986 Nr. 5)*.

Es **empfiehlt** sich daher in Zweifelsfällen, daß der Arbeitgeber vor Ausspruch der außerordentlichen Kündigung sich noch bei der Hauptfürsorgestelle informiert. Erhält er eine aus seiner Sicht positive Antwort, kann er kündigen.

4583
Ist die Zustimmung der Hauptfürsorgestelle zu einer außerordentlichen Kündigung erteilt, so kann die Kündigung auch nach Ablauf der 2-Wochenfrist des § 626 Abs. 2 Satz 2 BGB noch erfolgen, wenn sie unverzüglich, d. h. ohne schuldhaftes Zögern nach Erteilung der Zustimmung erklärt wird (§ 21 Abs. 5 SchwbG). Das Erfordernis einer unverzüglichen Kündigung gilt entsprechend, wenn ein Negativattest erteilt worden ist. Soweit das Gesetz (§ 21 Abs. 5 SchwbG) verlangt, daß die Kündigung unverzüglich erklärt wird, so bedeutet dies, daß sie innerhalb dieses Zeitraums dem Schwerbehinderten auch zugegangen sein muß.

Die Absendung der Kündigungserklärung innerhalb dieses Zeitraums genügt demnach nicht.

Hat der Arbeitgeber mit Einschreiben außerordentlich gekündigt, war dieses Einschreiben jedoch nicht zustellbar, so kann sich der Arbeitnehmer unter Umständen nach Treu und Glauben nicht darauf berufen, die Kündigung sei nicht unverzüglich erklärt worden, wenn ihm der Benachrichtigungsschein über die Niederlegung des Einschreibebriefs bei der Postanstalt (z. B. durch Einwurf in den Hausbriefkasten) im Sinne des § 130 BGB zugegangen ist.
Dies ist nach der **Rechtsprechung** der Fall, wenn der Arbeitnehmer weiß, daß bei der Hauptfürsorgestelle ein Zustimmungsverfahren anhängig ist, er den Be-

nachrichtigungsschein tatsächlich erhält oder die Unkenntnis von dessen Zugang zu vertreten hat. Der Arbeitnehmer hat in dem Zeitraum, in dem er mit einer Kündigung rechnen muß, seine Post sorgfältig durchzusehen.

4584
Die **Schwerbehindertenvertretung** ist vom Arbeitgeber in allen Angelegenheiten, die einen Schwerbehinderten betreffen, rechtzeitig und umfassend zu unterrichten und vor einer Entscheidung zu hören. Die getroffene Entscheidung ist ihr unverzüglich mitzuteilen (§ 25 Abs. 2 Satz 1 SchwbG).

Strittig ist, ob die Verletzung der Anhörungspflicht gegenüber der Schwerbehindertenvertretung (§ 25 Abs. 2 SchwbG) die Rechtsunwirksamkeit der Kündigung zur Folge hat. Dies wird überwiegend abgelehnt.

Geht der Arbeitnehmer sowohl vor den Arbeitsgerichten gegen die Kündigung vor als auch vor den Verwaltungsgerichten gegen die Zustimmung der Hauptfürsorgestelle, so stellt sich die Frage, ob das arbeitsgerichtliche Verfahren bis zur Beendigung des verwaltungsgerichtlichen Verfahrens auszusetzen ist (§ 148 ZPO). Dies steht im pflichtgemäßen Ermessen des Gerichts *(BAG 26.09.1991, EzA § 1 KSchG Personenbedingte Kündigung Nr. 110)*

Die **Schwerbehindertenvertretung** hat im übrigen auch das Recht, an **beratenden Sitzungen gemeinsamer Ausschüsse** von Arbeitgeber und Betriebsrat i.S.d. § 28 Abs. 3 BetrVG teilzunehmen *(BAG 21.04.1993, EzA § 25 SchwbG 1986 Nr. 2)*.

III. Wehrpflichtige und Zivildienstleistende

4590

Das Arbeitsplatzschutzgesetz gilt für alle Arbeitnehmer, die aufgrund des Wehrpflichtgesetzes Wehrdienst bei der Bundeswehr leisten. Es gilt also für Arbeiter, Angestellte und die zu ihrer Berufsbildung Beschäftigten, s. auch § 15 Abs. 1 ArbPlSchG.

4591
Bei **ausländischen Arbeitnehmern**, die in ihrem Heimatland Wehrdienst leisten, ist zu differenzieren. Das Arbeitsplatzschutzgesetz enthält an sich nur Schutzbestimmungen zugunsten der Arbeitnehmer, deren Einberufung durch Maßnahmen veranlaßt worden ist, die auf der deutschen Wehrgesetzgebung beruhen. Eine **Gleichstellung** ausländischer Arbeitnehmer mit den Schutzvorschriften dieses Gesetzes ist nach der Rechtsprechung nur bei Arbeitnehmern geboten, die Angehörige eines Mitgliedstaates der Europäischen Gemeinschaft und im Geltungsbereich des Arbeitsplatzschutzgesetzes beschäftigt sind. Auf Arbeitnehmer aus nicht EG-Ländern ist das Arbeitsplatzschutzgesetz daher nicht anwendbar.

Besonderer Kündigungsschutz

4592

Der Schutz des Arbeitsplatzes bezieht sich auf den **verkürzten und den vollen Grundwehrdienst** (§ 5 WehrpflG), auf Pflichtwehrübungen (§ 6 WehrpflG) und freiwillige Wehrübungen (§ 4 Abs. 3 WehrpflG), die in einem Kalenderjahr zusammen nicht länger als 6 Wochen dauern (§ 10 ArbPlSchG), bei sogenannten Kurzwehrübungen von nicht mehr als 3 Tagen ist der Arbeitnehmer während des Wehrdienstes und unter Weitergewährung des Arbeitsentgelts von der Arbeitsleistung freigestellt (§ 11 Abs. 1 ArbPlSchG).

4593

Das Arbeitsplatzschutzgesetz gilt auch im Falle des Wehrdienstes als **Soldat auf Zeit** für die zunächst auf 6 Monate festgesetzte Dienstzeit (Probezeit) und die endgültig auf insgesamt nicht mehr als 2 Jahre festgesetzte Dienstzeit mit der Maßgabe, daß die für den Grundwehrdienst geltenden Vorschriften anzuwenden sind (§ 16 a Abs. 1 ArbPlSchG).

Wird ein Arbeitnehmer zum Grundwehrdienst bzw. zur Wehrübung einberufen, so **ruht das Arbeitsverhältnis** während des Wehrdienstes (§ 1 Abs. 1 ArbPlSchG).
Von der Zustellung des Einberufungsbescheides bis zur Beendigung des Grundwehrdienstes sowie während einer Wehrübung darf der Arbeitgeber **nicht ordentlich kündigen** (§ 3 Abs. 1 ArbPlSchG). Dieses Kündigungsverbot gilt auch während einer vereinbarten Probezeit. Eine trotzdem ausgesprochene außerordentliche Kündigung ist unwirksam. Auf die Kenntnis des Arbeitgebers kommt es nicht an. Die Unwirksamkeit der Kündigung braucht der Arbeitnehmer nicht innerhalb von 3 Wochen nach Zugang der Kündigung geltend zu machen (§ 13 Abs. 3 KSchG).

Das Recht des Arbeitgebers zur **außerordentlichen Kündigung**, d. h. zur fristlosen Kündigung, bleibt unberührt (§ 2 Abs. 3 Satz 1 ArbPlSchG). Die Einberufung als solche stellt keinen Kündigungsgrund dar (§ 2 Abs. 3 Satz 2 ArbPlSchG).

Ob aus **betrieblichen Gründen** während des Wehrdienstes gekündigt werden kann, ist streitig.

4594

In **Kleinbetrieben (weniger als 6 Arbeitnehmer**, ausschließlich der zu ihrer Berufsbildung Beschäftigten) gilt die Einberufung zum Grundwehrdienst von mehr als 6 Monaten als wichtiger Grund (§ 2 Abs. 3 Satz 2 ArbPlSchG). Voraussetzung dafür ist, daß der Arbeitnehmer unverheiratet ist und dem Arbeitgeber infolge Einstellung einer Ersatzkraft die Weiterbeschäftigung des Arbeitnehmers nach der Entlassung aus dem Wehrdienst nicht zugemutet werden kann. Eine hiernach zulässige Kündigung darf jedoch nur unter Einhaltung einer Frist von 2 Monaten zum Zeitpunkt der Entlassung aus dem Wehrdienst ausgesprochen werden (§ 2 Abs. 3 Satz 5 ArbPlSchG).

4595

Eine **Weiterbeschäftigung** des aus dem Wehrdienst entlassenen Arbeitnehmers ist dem Arbeitgeber dann unzumutbar, wenn er das Beschäftigungsverhältnis mit der Ersatzkraft nicht mehr lösen kann. Allerdings ist vom Arbeitgeber zu erwarten, daß er von vornherein nur ein befristetes Arbeitsverhältnis mit der Ersatzkraft eingeht, so daß der Arbeitsplatz für den Wehrpflichtigen nach der Entlassung aus dem Wehrdienst wieder rechtzeitig frei wird.

4596

Vor und nach dem Wehrdienst darf der Arbeitgeber zwar grundsätzlich ordentlich bzw. außerordentlich kündigen, aber nicht aus **Anlaß des Wehrdienstes** (§ 2 Abs. 2 Satz 1 ArbPlSchG).
Aus Anlaß des Wehrdienstes erfolgt jede Kündigung, für die der bevorstehende oder bereits abgeleistete Wehrdienst den Grund abgibt. Es genügt, daß der Wehrdienst mitbestimmendes Motiv des Arbeitgebers war. Eine derartige Kündigung ist unwirksam.

Ist es streitig, ob der Arbeitgeber aus Anlaß des Wehrdienstes gekündigt hat, so trifft die **Beweislast den Arbeitgeber** (§ 2 Abs. 2 Satz 3 ArbPlSchG). Dieser muß also nachweisen, daß die Kündigung schon vor der Musterung beschlossen oder betrieblich erforderlich war.

4597

Muß der Arbeitgeber aus dringenden betrieblichen Erfordernissen Arbeitnehmer entlassen, so darf er bei der Auswahl der zu Entlassenden den Wehrdienst eines Arbeitnehmers nicht zu dessen Ungunsten berücksichtigen (§ 2 Abs. 2 Satz 2 ArbPlSchG). Im Streitfall muß wiederum der Arbeitgeber beweisen, daß er bei der Auswahl der zu entlassenden Arbeitnehmer den Wehrdienst eines Arbeitnehmers nicht zu dessen Ungunsten berücksichtigt hat.

4598

Für anerkannte **Kriegsdienstverweigerer**, d. h. für Wehrpflichtige, die aus Gewissensgründen den Kriegsdienst mit der Waffe verweigern und einen Zivildienst außerhalb der Bundeswehr leisten, ist das Arbeitsplatzschutzgesetz entsprechend anwendbar (§ 78 Abs. 1 Satz 1 ZDG).

Von diesen Zivildienstleistenden sind die Dienstpflichtigen zu unterscheiden, die nicht nur den Dienst mit der Waffe, sondern auch den Ersatzdienst aus Gewissensgründen verweigern, aber zu einer Tätigkeit im Kranken-, Heil- und Pflegebereich bereit sind (§ 15 a ZDG). Auf diesen Personenkreis ist das Arbeitsplatzschutzgesetz nicht anwendbar, so daß ein besonderer Kündigungsschutz fehlt.

IV. Mitglieder von Betriebsverfassungsorganen

4599

Einen besonderen Kündigungsschutz genießen auch **Mitglieder eines Betriebsrats, einer Jugend- und Auszubildendenvertretung, einer Bordvertretung oder eines Seebetriebsrates (§ 15 Abs. 1 KSchG), einer Personalvertretung und einer Jugend- und Auszubildendenvertretung (§ 15 Abs. 2 KSchG) sowie eines Wahlvorstandes und Wahlbewerbern (§ 15 Abs. 3 KSchG)**. Keinen besonderen Kündigungsschutz genießen **Ersatzmitglieder**, also die Mitglieder des Betriebsrates, die ein zeitweilig verhindertes Mitglied des Betriebsrates vertreten bzw. nach Ausscheiden eines Mitglieds in den Betriebsrat nachrücken sollen (§ 15 BetrVG). Etwas anderes gilt freilich dann, wenn sie nachgerückt oder als Vertreter für ein zeitweilig verhindertes Betriebsratsmitglied tätig geworden sind. Da eine zeitweilige Verhinderung herbeigeführt werden kann, können dann auch Ersatzmitglieder in großem Umfang Sonderkündigungsschutz erlangen (Rz. 4604).

Keinen Sonderkündigungsschutz genießen die Bewerber für den Wahlvorstand, die Mitglieder des Wirtschaftsausschusses (§ 107 BetrVG), sofern sie nicht auch dem Betriebsrat angehören, die Mitglieder einer Einigungsstelle, einer betrieblichen Beschwerdestelle oder tariflichen Schlichtungsstelle. Überraschenderweise genießen auch keinen Sonderkündigungsschutz die Mitglieder des Sprecherausschusses der Leitenden Angestellten. Keinen Sonderkündigungsschutz genießen ferner gewerkschaftliche Vertrauensleute in den Betrieben. Auch auf Arbeitnehmervertreter im Aufsichtsrat ist § 15 KSchG nicht anwendbar.

4600

Der Schutz der **Mitglieder des Wahlvorstandes** beginnt mit dem Zeitpunkt der Bestellung und besteht bis zur Bekanntgabe des Wahlergebnisses (§ 15 Abs. 3 Satz 1 KSchG). Danach hat das Wahlvorstandsmitglied 6 Monate lang nachwirkenden Kündigungsschutz. Dies gilt freilich nicht, wenn der Wahlvorstand durch einen anderen Wahlvorstand ersetzt worden ist (§ 15 Abs. 3 Satz 2 KSchG).

Die in einer nichtigen Wahl gewählten Wahlvorstandsmitglieder genießen nicht den besonderen Kündigungsschutz des § 15 Abs. 3 KSchG. Mitglieder des Wahlvorstandes, die vor Durchführung der Betriebsratswahl ihr Amt niederlegen, erwerben vom Zeitpunkt der Amtsniederlegung an den 6-monatigen nachwirkenden Kündigungsschutz. Innerhalb dieses Zeitraumes ist also nur eine außerordentliche Kündigung möglich (§ 15 Abs. 3 KSchG, § 103 BetrVG).

Der Schutz des Wahlbewerbers setzt im Zeitpunkt der Aufstellung des Wahlvorschlages ein (§ 15 Abs. 3 Satz 1 KSchG). Notwendig ist, daß ein Wahlvorstand bestellt ist und für den Wahlbewerber ein Wahlvorschlag vorliegt, der die nach dem Betriebsverfassungsgesetz erforderliche Mindestzahl von **Stützungsunterschriften** aufweist. Auf die Einreichung des Wahlvorschlags beim Wahlvorstand kommt es nicht an. Der Arbeitnehmer ist also nicht besonders geschützt, solange nicht wenigstens ein Wahlvorschlag für seine Person aufgestellt ist, der den Anforderungen des § 14 Abs. 6 BetrVG genügt. Allerdings kann auch in diesem Falle eine Arbeitgeberkündigung unwirksam sein, wenn sie nur ausgesprochen wird, um den demnächst zu erwartenden Kündigungsschutz des Arbeitnehmers als Wahlbewerber zu vereiteln.

Der besondere Kündigungsschutz nach § 15 Abs. 3 Satz 1 KSchG endet mit der Bekanntgabe des Wahlergebnisses; sofern der Bewerber nicht gewählt worden ist, folgt der nachwirkende Schutz unter Ausschluß des ordentlichen Kündigungsrechts in den sich anschließenden 6 Monaten (§ 15 Abs. 3 KSchG).

4601

Für die **Betriebsratsmitglieder** setzt der Schutz mit der Bekanntgabe des Wahlergebnisses oder, wenn zu diesem Zeitpunkt noch ein Betriebsrat besteht, mit Ablauf von dessen Amtszeit ein (§ 21 Abs. 2 BetrVG, § 15 Abs. 1 Satz 1 KSchG).

Ob bei einer Betriebsratswahl gegen wesentliche Vorschriften über das Wahlrecht, die Wählbarkeit oder das Verfahren verstoßen worden und die Wahl daher anfechtbar ist (§ 19 BetrVG), ist für den besonderen Kündigungsschutz der gewählten Betriebsratsmitglieder **unerheblich**, solange die Wahl nicht aufgrund einer Anfechtung gerichtlich rechtskräftig für unwirksam erklärt worden ist.

Ist hingegen die Betriebsratswahl **nichtig**, weil gegen allgemeine Grundsätze jeder ordnungsgemäßen Wahl in so hohem Maße verstoßen worden ist, daß auch der Anschein einer dem Gesetz entsprechenden Wahl nicht mehr vorliegt, so besteht kein Vertrauensschutz zugunsten eines aus einer solchen Wahl hervorgegangenen Betriebsrats. Die Nichtigkeit einer Wahl kann jederzeit geltend gemacht werden.

4602

Der Schutz von Betriebsratsmitgliedern und der ihnen gleichgestellten Personen (§ 15 Abs. 1 KSchG) **dauert bis zur Beendigung der Amtszeit**. Danach genießt das Betriebsratsmitglied für die **Dauer eines Jahres nachwirkenden Kündigungsschutz**; dies bedeutet, daß während dieses Zeitraums ein ordentliches Kündigungsrecht ausgeschlossen ist. Dies gilt aber nicht, wenn die Beendigung der Mitgliedschaft auf einer gerichtlichen Entscheidung beruht (§ 15 Abs. 1 Satz 2 KSchG i.V.m. § 23 Abs. 1 BetrVG).

Die Amtszeit endet **nach 4 Jahren** (§ 21 Satz 1 BetrVG), spätestens am 31.05. des Jahres, in dem nach § 13 Abs. 1 BetrVG die regelmäßigen Betriebsratswahlen stattfinden. Die Amtszeit eines außerhalb des regelmäßigen Wahlzeitraums gewählten Betriebsrats endet mit der Bekanntgabe des Wahlergebnisses des neugewählten Betriebsrats.

Besonderer Kündigungsschutz

4603

Die Mitgliedschaft im Betriebsrat **erlischt** vor Ablauf der Amtszeit durch Niederlegung des Betriebsratsamtes, Beendigung des Arbeitsverhältnisses, Verlust der Wählbarkeit, Ausschluß aus dem Betriebsrat oder Auflösung des Betriebsrats aufgrund gerichtlicher Entscheidung oder durch gerichtliche Entscheidung über die Feststellung der Nichtwählbarkeit (§ 24 Abs. 1 Nr. 2 - 6 BetrVG).

Auch Betriebsratsmitglieder, die ihr Amt niedergelegt haben, besitzen aber nachwirkenden Kündigungsschutz, d. h. auch sie sind innerhalb eines Jahres ordentlich unkündbar. Beschließt der Betriebsrat seinen Rücktritt, führt er aber die Geschäfte weiter, ist der neue Betriebsrat gewählt und das Wahlergebnis bekanntgegeben worden (§ 22 BetrVG), so genießen die Betriebsratsmitglieder den Schutz des § 15 Abs. 1 Satz 1 KSchG.

4604

Ersatzmitglieder des Betriebsrats genießen den Sonderkündigungsschutz, solange sie stellvertretend für ein verhindertes ordentliches Betriebsratsmitglied dem Betriebsrat angehören. Dieser Schutz besteht nach der Rechtsprechung für die **gesamte Dauer der Vertretung** und nicht nur an den Tagen, an denen sie Geschäfte eines Betriebsratsmitglieds (z. B. Sitzungsteilnahme) wahrnehmen. Die Vertretung beginnt mit der Arbeitsaufnahme des Ersatzmitgliedes an dem Tag, an dem das **ordentliche Betriebsratsmitglied erstmals verhindert** ist. Eine förmliche Benachrichtigung des Ersatzmitglieds ist nicht erforderlich. Da das Ersatzmitglied **automatisch nachrückt,** bedarf es weder einer (förmlichen) Benachrichtigung über den Vertretungsfall noch einer ausdrücklichen Annahmeerklärung. Mit dem Erwerb der Vollmitgliedschaft im Betriebsrat setzt auch der besondere Kündigungsschutz ein. Dies gilt unabhängig davon, ob das Ersatzmitglied bereits betriebsrätlich aktiv geworden ist.

Allerdings muß das Ersatzmitglied die **Bereitschaft zum Nachrücken** haben *(s. zum Ganzen LAG Schleswig-Holstein 07.04.1994, LAGE § 15 KSchG Nr. 8).* Ebenso greift der besondere Bestandsschutz ein, wenn das Ersatzmitglied zur Vertretung eines ordentlichen Mitglieds aufgefordert wird, aber an der geplanten Betriebsratssitzung deshalb nicht teilnehmen kann, weil der Vorgesetzte ihm dies wegen Unabkömmlichkeit untersagt *(LAG Brandenburg 25.10.1993, LAGE § 15 KSchG Nr. 8).*

Das erste Ersatzmitglied der jeweiligen Vorschlagsliste ist solange Vertreter im Betriebsrat, wie ein Vertretungsfall gegeben ist. Weitere Ersatzmitglieder rücken nach, solange und soweit weitere Vertretungsfälle eintreten.

4605

Tritt bei einem zur Amtsausübung berufenen Ersatzmitglied nachträglich ebenfalls ein Verhinderungsfall ein, so behält das Ersatzmitglied den Sonderkündigungsschutz auch während der eigenen Verhinderung, sofern deren Dauer im

Vergleich zur voraussichtlichen Dauer des Vertretungsfalls als unerheblich anzusehen ist. Eine ersichtlich unbedeutende Unterbrechung der Amtsausübung gilt nicht als Unterbrechung der Berufung des Ersatzmitgliedes zur stellvertretenden Wahrnehmung des Betriebsratsamtes. Den den Betriebsratsmitgliedern **gleichwertigen Sonderkündigungsschutz** haben Ersatzmitglieder bis zum Ende der Vertretung eines ordentlichen Betriebsratsmitglieds.

Nach Beendigung des Vertretungsfalles genießen Ersatzmitglieder, die stellvertretend für ein zeitweilig verhindertes ordentliches Betriebsratsmitglied dem Betriebsrat angehören und Aufgaben eines Betriebsratsmitglieds wahrgenommen haben, grundsätzlich nachwirkenden Kündigungsschutz, d. h. auch bei ihnen ist innerhalb eines Jahres die ordentliche Kündigung ausgeschlossen. Noch nicht höchstrichterlich entschieden ist die Frage, ob der nachwirkende Kündigungsschutz auch dann eingreift, wenn dem Arbeitgeber bei Ausspruch der ordentlichen Kündigung nicht bekannt ist, daß das Ersatzmitglied vor Ablauf eines Jahres stellvertretend als Mitglied des Betriebsrats amtiert hat.

4606
Für Mitglieder einer **Jugend- und Auszubildendenvertretung**, einer Bordvertretung und eines Seebetriebsrats gelten die gleichen Regelungen wie für Betriebsratsmitglieder (vgl. § 15 Abs. 1 KSchG).

Solange ein Amtsträger im Sinne des § 15 KSchG Sonderkündigungsschutz genießt, sei es während der Amtzeit, sei es im **Nachwirkungszeitraum**, ist eine ordentliche Kündigung durch den Arbeitgeber unzulässig.

Etwas anderes gilt nur dann, wenn der Gesamtbetrieb oder eine Betriebsabteilung stillgelegt wird (§ 15 Abs. 4, 5 KSchG). In diesen Fällen ist auch gegenüber dem betriebsverfassungsrechtlichen Mandatsträger eine ordentliche Kündigung möglich.

4607
Eine ordentliche Kündigung ist ansonsten gegenüber **betriebsverfassungsrechtlichen Mandatsträgern** auch dann nichtig, wenn ein wichtiger Grund vorgelegen, aber der Arbeitgeber eine außerordentliche Kündigung unterlassen hat.
Ein Betriebsratsmitglied darf grundsätzlich auch nicht zum Zwecke der Änderung seines Arbeitsvertrages (z. B. Herabgruppierung) ordentlich gekündigt werden. Nach der Rechtsprechung ist eine solche ordentliche Kündigung selbst dann unzulässig, wenn gleichzeitig allen anderen Arbeitnehmern des Betriebes oder einer Betriebsabteilung eine derartige Änderungskündigung, d.h. die sogenannte Massen- oder Gruppenänderungskündigung, erklärt wird. Eine **Massenänderungskündigung** soll auch gegenüber einem erfolglosen Wahlbewerber innerhalb der 6 Monate nach Bekanntgabe des Wahlergebnisses zulässig sein (vgl. § 15 Abs. 2 Satz 2 KSchG).

Besonderer Kündigungsschutz

4608

Unter bestimmten Voraussetzungen ist jedoch auch gegenüber einem Betriebsratsmitglied eine **außerordentliche Änderungskündigung** möglich. Die Anforderungen an eine solche außerordentliche Änderungskündigung sind jedoch **äußerst streng**.

Grundsätzlich darf der gestzliche Ausschluß der Unkündbarkeit nämlich nicht dazu führen, daß die Möglichkeit einer außerordentlichen Kündigung unter erleichterten Voraussetzungen gegeben ist *(LAG Köln 24.02.1994, LAGE § 103 BetrVG 1972 Nr. 9 und Rz. 4547)*. So muß bei der Unzumutbarkeit auf die fiktive Kündigungsfrist, die ohne den Ausschluß der ordentlichen Kündigung gelten würde, abgestellt werden.

4609

Wird eine **ordentliche Kündigung** vor Eintritt des besonderen Kündigungsschutzes ausgesprochen, ist sie zulässig, auch wenn die Kündigungsfrist während der Schutzzeit ausläuft. Geht die Kündigung nach Eintritt des Kündigungsschutzes zu, so ist sie unzulässig, selbst wenn die Kündigungsfrist erst nach der Schutzzeit endet.
Dem besonders geschützten betriebsverfassungsrechlichen Mandatsträger kann auch außerordentlich gekündigt werden, wenn die Voraussetzungen für diesen Beendigungstatbestand gegeben sind, also ein wichtiger Grund zur fristlosen Kündigung vorliegt (§ 626 Abs. 1 BGB).
Bei der Beurteilung, ob ein wichtiger Grund zur fristlosen Kündigung gegeben ist, darf die Mitgliedschaft dem Betriebsrat weder zum Vor- noch zum Nachteil gereichen.

4610

Bei Betriebsratsmitgliedern und sonstigen betriebsverfassungsrechtlichen Mandatsträgern ist im übrigen zwischen einer Verletzung von **Amtspflichten** und der Verletzung von **Vertragspflichten** zu unterscheiden. Ein grober Verstoß eines Betriebsratsmitglieds gegen seine Amtspflichten rechtfertigt in der Regel nur den Ausschluß aus dem Betriebsrat (§ 23 Abs. 1 BetrVG). Pflichtverletzungen im Rahmen der Betriebsratstätigkeit rechtfertigen eine außerordentliche Kündigung nur, wenn das Betriebsratsmitglied gleichzeitig gegen seine Pflichten aus dem Arbeitsverhältnis schwer verstoßen hat. Im Regelfall wird man feststellen können, daß eine außerordentliche Kündigung eines Betriebsratsmitglieds nur in Ausnahmefällen möglich ist.
Die 2-Wochenfrist, innerhalb derer eine außerordentliche Kündigung ausgesprochen werden muß (§ 626 Abs. 2 BGB) gilt auch bei dem besonderen Kündigungsschutz für betriebsverfassungsrechtliche Mandatsträger. Sie beginnt mit der Kenntnis des Arbeitgebers von den kündigungserheblichen Tatsachen.

4611

Vom Beginn bis zur Beendigung der Amtszeit (Betriebsratsmitglieder) sowie von der Bestellung (Wahlvorstandsmitglieder) beziehungsweise von der Ausführung des Wahlvorschlags (Wahlbewerber) bis zur Bekanntgabe des Wahlergebnisses ist für die Zulässigkeit der Kündigung ferner Voraussetzung, daß der **Betriebsrat der außerordentlichen Kündigung zugestimmt hat** bzw. daß die Zustimmung des Betriebsrats durch **gerichtliche Entscheidung ersetzt** worden ist (§ 103 BetrVG, § 15 Abs. 1, 3 KSchG).

Soll ein Betriebsratsmitglied wegen einer nicht offensichtlichen dauernden krankheitsbedingten Leistungsunfähigkeit gekündigt werden, so kommt eine Ersetzung der Zustimmung nicht in Betracht *(ArbG Hagen 05.08.1993, EzA § 103 BetrVG 1972 Nr. 34).*

Die Zustimmung des Betriebsrats bzw. die ersetzte Zustimmung ist **Wirksamkeitsvoraussetzung für die Kündigung.** Sie muß ausnahmslos vor Kündigungsausspruch vorliegen. Die nachträgliche Zustimmung ist rechtlich bedeutungslos. Der Arbeitgeber muß die Zustimmung innerhalb der Frist des § 626 Abs. 2 BGB beim Betriebsrat beantragen und ihm die Gründe für die beabsichtigte außerordentliche Kündigung angeben. Der Betriebsrat ist verpflichtet, seine Entscheidung **unverzüglich, spätestens innerhalb von 3 Tagen dem Arbeitgeber mitzuteilen** (§ 102 Abs. 2 S. 3 BetrVG). Gibt er innerhalb dieser Frist keine zustimmende Erklärung ab, so gilt dies als **Verweigerung** der Zustimmung.

Der Betriebsrat kann die von ihm zunächst verweigerte oder noch nicht erteilte Zustimmung zur beabsichtigten außerordentlichen Kündigung nach Einleitung eines Verfahrens nach § 103 Abs. 2 BetrVG auch dann noch nachträglich erteilen, wenn die Voraussetzungen des § 626 Abs. 1 BGB erfüllt sind.

4612

Will der Arbeitgeber in einem **betriebsratslosen Betrieb** dem Wahlvorstandsmitglied oder einem Wahlbewerber kündigen, dann muß er unmittelbar die Zustimmung des Arbeitsgerichts zur Kündigung einholen (entsprechend § 103 Abs. 2 BetrVG). Die Kündigung ist dann erst nach Rechtskraft des Zustimmungsbeschlusses zulässig.

4613

Gleiches gilt, wenn der Arbeitgeber dem **Betriebsobmann,** d.h. dem einzigen Betriebsratsmitglied kündigen will, sofern er gewählt ist und ein Ersatzmitglied fehlt. Auch in diesem Falle muß der Arbeitgeber vor der Kündigung die Zustimmung des Arbeitsgerichts einholen.

4614

Wird der Betrieb **stillgelegt,** so ist die Kündigung der in § 15 KSchG geschützten Person frühestens zum Zeitpunkt der Stillegung zulässig, es sei denn, daß ihre Kündigung zu einem früheren Zeitpunkt durch zwingende betriebliche Erfordernisse bedingt ist (§ 15 Abs. 4 KSchG). Die Kündigung ist als ordentliche Kün-

digung nur unter Einhaltung der Kündigungsfrist, frühestens aber zum Stillegungszeitpunkt, möglich.
Wird einer der in § 15 Abs. 1 - 3 KSchG genannten betriebsverfassungsrechtlichen Mandatsträger in einer Betriebsabteilung beschäftigt, die stillgelegt wird, so ist er in eine andere Betriebsabteilung zu übernehmen (§ 15 Abs. 1 KSchG). Ist dies aus betrieblichen Gründen nicht möglich, so ist eine ordentliche Kündigung möglich (15 Abs. 4 KSchG entsprechend). Die Kündigung eines Betriebsratsmitglieds wegen einer Betriebsstillegung ist nur dann gerechtfertigt, wenn keine Weiterbeschäftigungsmöglichkeit in einem **anderen Betrieb des Unternehmens besteht.** Der Kündigungsschutz ist hier ausnahmsweise unternehmensbezogen! Besteht eine unternehmensbezogene Weiterbeschäftigungsmöglichkeit, so muß dem Betriebsratsmitglied der entsprechende Arbeitsplatz angeboten oder aber sofort eine Änderungskündigung ausgesprochen werden. Erst bei Ablehnung des Änderungsangebots kommt eine Beendigungskündigung in Betracht.

Soll ein Betriebsratsmitglied wegen der Betriebstillegung oder der Stillegung einer Betriebsabteilung ordentlich gekündigt werden, so ist der Betriebsrat vor dieser Kündigung anzuhören (§ 102 BetrVG).

V. Vertrauensmänner und -frauen der Schwerbehinderten

4615

In Betrieben, in denen wenigstens **5 Schwerbehinderte nicht nur vorübergehend beschäftigt** sind, werden als Schwerbehindertenvertretung ein Vertrauensmann oder eine Vertrauensfrau und wenigstens ein Stellvertreter gewählt, der den Vertrauensmann oder die Vertrauensfrau im Falle der Verhinderung vertritt (§ 24 Abs. 1 Satz 1 SchwbG).
Die **Amtszeit** der Schwerbehindertenvertretung beträgt ebenso wie die Amtszeit des Betriebsrats 4 Jahre (§ 24 Abs. 8 Satz 1 SchwbG).
Die Vertrauensmänner/-frauen besitzen den gleichen **Kündigungsschutz wie ein Mitglied des Betriebsrats** (§ 24 Abs. 3 Satz 1 SchwbG). Stellvertreter nehmen während der Dauer der Vertretung die gleiche Rechtsstellung wie Ersatzmitglieder des Betriebsrats ein (§ 26 Abs. 3 Satz 2 SchwbG).

VI. Sonderkündigungsschutz während des Erziehungsurlaubs

4616

Der Arbeitgeber darf das Arbeitsverhältnis ab dem Zeitpunkt, von dem an **Erziehungsurlaub** verlangt worden ist, höchstens jedoch 6 Wochen vor Beginn des Erziehungsurlaubs, und während des Erziehungsurlaubs nicht kündigen (§ 18 Abs. 1 Satz 1 BErzGG). Dies gilt für ordentliche und außerordentliche Kündigungen. Voraussetzung ist immer, daß der Arbeitnehmer entsprechend den allgemeinen Voraussetzungen einen Anspruch auf Erziehungsurlaub hat.

Arbeitsrecht

Verlangt der Arbeitnehmer vom Arbeitgeber Erziehungsurlaub, so greift der Kündigungsschutz nach § 18 Abs. 1 Satz 1 BErzGG schon dann sofort ein, wenn das Verlangen 6 Wochen vor Beginn des Erziehungsurlaubs oder während der 6-Wochen-Frist erfolgt. Erfolgt das Verlangen früher als 6 Wochen vor Beginn des Erziehungsurlaubs, so ist der Sonderkündigungsschutz nicht bereits mit dem Verlangen gegeben, sondern setzt erst ab dem 6-Wochen-Zeitpunkt vor Beginn des Erziehungsurlaubs ein.

Anknüpfungspunkt für die Fristberechnung ist in jedem Fall der Beginn des Erziehungsurlaubs nach § 16 BErzGG. Sind die Anspruchsvoraussetzungen für den Erziehungsurlaub erfüllt und hat der Arbeitnehmer eine dem § 16 BErzGG genügende Erklärung abgegeben, so kann der Arbeitnehmer zum vorgesehenen Zeitpunkt und für die begehrte Dauer der Arbeit fernbleiben. Einer **Einverständniserklärung des Arbeitgebers** bedarf es nicht *(s. zum Ganzen BAG 17.02.1994, EzA § 611 BGB Abmahnung Nr. 30).*

In besonderen Fällen kann ausnahmsweise eine Kündigung durch **behördliche Erlaubnis** für zulässig erklärt werden (§ 18 Abs. 1 Satz 2 BErzGG). Die Zulässigkeitserklärung erfolgt durch die für den Arbeitsschutz zuständige oberste Landesbehörde oder die von ihr bestimmte Stelle. Zuständige Stellen sind, wie auch in den Fällen des § 9 Abs. 3 MuSchG:

- die Gewerbeaufsichtsämter in Baden-Württemberg, Bayern, Bremen, Niedersachsen und Schleswig-Holstein sowie in den neuen Bundesländern,
- die Regierungspräsidenten in Hessen und Nordrhein-Westfalen,
- die Ämter für Arbeitsschutz in Berlin und Hamburg, das Landesgewerbeamt in Rheinland-Pfalz und
- der Minister für Frauen, Arbeit, Gesundheit und Soziales im Saarland.

Insoweit bestehen "allgemeine Verwaltungsvorschriften zum Kündigungsschutz beim Erziehungsurlaub".

4617
Die Zulässigkeitserklärung ist vom Arbeitgeber bei der zuständigen Behörde **schriftlich** zu beantragen. Die Behörde hat ihre Entscheidung **unverzüglich** zu treffen, nachdem sie dem Arbeitgeber und dem Betriebsrat Gelegenheit zur Äußerung gegeben hat. Die Zulässigkeitsprüfung muß vor der Kündigung erfolgen, braucht jedoch noch nicht bestandskräftig zu sein.
Als Arbeitnehmer im Sinne des **Bundeserziehungsgeldgesetzes** gelten auch die zu ihrer Berufsausbildung Beschäftigten (§ 20 Abs. 1 BErzGG). Die Zeit des Erziehungsurlaubs wird auf die **Berufsausbildungszeit** nicht angerechnet.

Hieraus folgt ein doppeltes: Ein Berufsausbildungsverhältnis, dessen Dauer im Erziehungsurlaub abläuft, kann während dieses Zeitraums nicht enden. Der vertragliche Ausbildungszeitraum verlängert sich um die Dauer des Erziehungsurlaubs.

Anspruch auf Erziehungsurlaub haben auch die in **Heimarbeit** Beschäftigten und die ihnen Gleichgestellten, soweit sie am Stück mitarbeiten (§ 20 Abs. 2 BErzGG)

Die Kündigungsverbote nach dem MuSchG und dem BErzGG stehen i.ü. nebeneinander. Bei Vorliegen von Mutterschutz und Erziehungsurlaub ist also eine Zustimmung **der jeweils zuständigen Behörde** erforderlich (s. § 9 Abs. 3 MuSchG, § 18 Abs. 1 BErzGG), ansonsten ist die ausgesprochene Kündigung unwirksam.

VII. Weiterführende Literaturhinweise

4618

Düchs, Zur Abgrenzung von Schwerbehindertenrecht und Arbeitsrecht bei der Kündigung Schwerbehinderter

Fenski/Eylert, Untersuchungsgrundsatz und Mitwirkungspflichten im Zustimmungsersetzungsverfahren nach § 103 Abs. 2 BetrVG, BB 1990, 2401

Lorenz, Verbesserter Arbeitsplatzschutz wehrpflichtiger Arbeitnehmer, DB 1978, 890

Mareck, Die Kündigung von Betriebsratsmitgliedern. Eine Übersicht zur Rechtsprechung, BB 1986, 1082

Sahmer, Das Gesetz über den Schutz des Arbeitsplatzes bei Einberufung zum Wehrdienst (Arbeitsplatzschutzgesetz), Loseblatt

Schaub, Arbeitsrechtshandbuch, 7. Aufl. 1992, §§ 143, 144, 70, 179

Stahlhacke/Preis, Kündigung und Kündigungsschutz im Arbeitsverhältnis, 5. Aufl. 1991, Rz. 781 ff.

Wenzel, Kündigung und Kündigungsschutz, 6. Aufl. 1994, Rz. 495 ff.

30. Kapitel: Bürgerlich-rechtlicher Kündigungsschutz

I. Allgemeines   4621

II. Unwirksamkeit einer rechtsmißbräuchlichen Kündigung   4622

III. Sonstige Unwirksamkeitsfälle   4625

IV. Kündigung aus Anlaß eines Betriebsübergangs   4626

V. Weiterführende Literaturhinweise   4632

I. Allgemeines

4621

Nach der Rechtsprechung soll neben dem Kündigungsschutzgesetz noch Raum für **bürgerlich-rechtlichen Kündigungsschutz** sein. So kann eine Kündigung nach § 138 Abs. 1 BGB wegen **Verstoßes gegen die guten Sitten** nichtig sein (§ 13 Abs. 2 KSchG), sie kann gegen die Gebote von **Treu und Glauben** verstoßen (§ 242 BGB). Eine Kündigung ist auch dann unwirksam, wenn sie gegen ein **gesetzliches Verbot** verstößt (§ 134 BGB) oder eine **unzulässige Maßregelung** des Arbeitnehmers darstellt (§ 612 a BGB). Letztendlich ist eine Kündigung nach bürgerlichem Recht auch dann unwirksam, wenn die Kündigung des Arbeitsverhältnisses eines Arbeitnehmers durch den bisherigen Arbeitgeber oder durch den neuen Inhaber wegen des **Übergangs eines Betriebs** oder eines Betriebsteils erfolgt, der Übergang eines Betriebs oder eines Betriebsteils Motiv für die Kündigung war (§ 613 a Abs. 4 Satz 1 BGB).

Bürgerlich-rechtlicher Kündigungsschutz ist deshalb so wichtig, weil er unabhängig von der Erfüllung der Wartezeit des § 1 KSchG und auch in Kleinbetrieben eingreift. Auch muß die Klagefrist des § 4 KSchG nicht eingehalten werden.

II. Unwirksamkeit einer rechtsmißbräuchlichen Kündigung

4622

Eine Kündigung kann freilich nur dann wegen **Rechtsmißbrauchs** nichtig sein, wenn sie aus anderen Gründen, die durch das Kündigungsschutzgesetz nicht erfaßt sind, Gebote von Treu und Glauben verletzt und deshalb nicht mehr vom Recht gebilligt werden kann. Ansonsten würde die Grundentscheidung des Kündigungsschutzgesetzes, daß ein Arbeitnehmer Kündigungsschutz erst genießt, wenn er länger als 6 Monate in dem Betrieb oder Unternehmen beschäftigt war, unterlaufen.

Arbeitsrecht

Als mögliche **Fälle einer treuwidrigen oder ungehörigen Kündigung** hat die Rechtsprechung im wesentlichen die Tatbestände des widersprüchlichen Verhaltens des kündigenden Arbeitgebers, des Ausspruchs einer Kündigung in ehrverletzender Form und die Fälle der willkürlichen Kündigung angesehen.

Beispiel:
K war seit dem 15.08.1994 bei dem Arbeitgeber als Florist eingestellt worden. Nachdem K von einer HIV-Infektion erfahren hatte, unternahm er am 24.08.1994 einen Selbsttötungsversuch, der zu einer Behandlung im Krankenhaus führte und zu einer Arbeitsunfähigkeit ab dem 24.08.1994. Etwa eine Woche später unterrichtete er seinen Arbeitgeber von der Infektion und von dem Krankenhausaufenthalt. Die dem K am 13.11.1994 zugegangene ordentliche Kündigung hatte der Arbeitgeber ausgesprochen, nachdem ihm K eine Bescheinigung des behandelnden Arztes vom 31.10.1994 zugeleitet hatte, nach der der Kläger "bis auf weiteres arbeitsunfähig" war.
Wegen der fehlenden Erfüllung der Wartezeit konnte sich K noch nicht auf das Kündigungsschutzgesetz berufen. Die Kündigung konnte nur daraufhin überprüft werden, ob sie aus sonstigen Gründen rechtsunwirksam ist. Nach Auffassung der Rechtsprechung hat hier der Arbeitgeber schon nach dem objektiven Geschehensablauf die Kündigung nicht aus niedrigen und verwerflichen Beweggründen ausgesprochen, da er die Kündigung erst aussprach, nachdem auch Anfang November 1994 die Wiederherstellung der Arbeitsfähigkeit des Klägers noch nicht absehbar war.

In einem nunmehr entschiedenen Fall hat das Bundesarbeitsgericht einen Verstoß gegen § 242 BGB aber bejaht *(23.06.1994, EzA § 242 BGB Nr. 39)*. Es ist hiernach rechtsmißbräuchlich, wenn der Arbeitgeber unter Ausnutzung der Privatautonomie (Kündigungsfreiheit) das **persönliche (Sexual-) Verhalten** des Arbeitnehmers in der Probezeit zum Anlaß einer Kündigung nimmt. Im Ausgangsfall wurde eine Kündigung wegen der Homosexualität des Arbeitnehmers ausgesprochen. Diese ist aber arbeitsrechtlich nur relevant, wenn es eine Beziehung zum Arbeitsverhältnis gibt, das persönliche Verhalten also auf den betrieblichen Bereich durchschlägt und es dort zu Störungen kommt. Der Arbeitgeber ist nicht zum Sittenwächter berufen! Problematisch ist aber, daß der Arbeitnehmer dafür beweispflichtig ist, daß die Kündigung wegen seines privaten Verhaltens ausgesprochen wurde.

4623

Die **Rechtsprechung** steht auch auf dem Standpunkt, daß allein durch die Wahl des Zeitpunktes des Ausspruchs einer Kündigung noch kein Fall des § 138 Abs. 1 BGB bzw. des § 242 BGB vorliegt. So stellt allein der Zugang einer Kündigung am 24.12. ("Heiliger Abend") noch keinen Fall einer ungehörigen Kündigung dar. Die **Treuwidrigkeit** kann sich nicht allein aus dem Zeitpunkt des Zugangs der Kündigung ergeben. Hinzu kommen muß eine Beeinträchtigung berechtigter Interessen des Kündigungsgegners, insbesondere die Mißachtung seiner Persönlichkeit. Der Zugang einer Kündigung kurz nach einer **Fehlgeburt**

Bürgerlich-rechtlicher Kündigungsschutz

soll noch nicht zur Treuwidrigkeit und damit zur Unwirksamkeit der Kündigung führen.

Beispiel:
O ist nach einem schweren Arbeitsunfall ins Krankenhaus eingeliefert worden. Am gleichen Tag ließ ihm der Arbeitgeber unmittelbar vor einer auf dem Unfall beruhenden Operation eine betriebsbedingte Kündigung aushändigen.
Diese Kündigung ist nach § 242 BGB nichtig, auch wenn Motiv für die Kündigung nicht der Unfall, sondern betriebsbedingte Gründe waren, zu denen zuvor der Betriebsrat angehört worden ist.
Umstritten ist freilich, ob eine derartige Kündigung zur Unzeit automatisch unwirksam ist oder von dem Empfänger der Kündigung unverzüglich zurückgewiesen werden muß.

4624
Eine treuwidrige Kündigung liegt auch dann vor, wenn der kündigende Arbeitgeber aufgrund einer **nicht bestätigten Aussage vom Hörensagen** unsubstantiierte Verdächtigungen von weitreichender Tragweite für das spätere berufliche Fortkommen des Arbeitnehmers (Verdacht des Haschisch-Konsums) zum Anlaß einer ordentlichen Kündigung nimmt, ohne dem Arbeitnehmer vor Ausspruch der Kündigung Gelegenheit zu geben, zu den Vorwürfen Stellung zu nehmen. Eine derartige Kündigung ist freilich aber auch schon deshalb unwirksam, weil der Arbeitgeber nach der neueren Rechtsprechung verpflichtet ist, vor einer sogenannten **Verdachtskündigung** den Arbeitnehmer anzuhören.

III. Sonstige Unwirksamkeitsfälle

4625
Eine Kündigung ist auch dann unwirksam, wenn der Arbeitgeber einem Arbeitnehmer wegen eines **Gewerkschaftsbeitritts** oder wegen sonstiger gewerkschaftlicher Aktivitäten kündigt (Art. 9 Abs. 3 Satz 2 GG).

Um nicht Gefahr zu laufen, daß eine Kündigung innerhalb der ersten 6 Monate eines Beschäftigungsverhältnisses an den §§ 242, 138 Abs. 1 BGB gemessen wird, sollte der Arbeitgeber bei Kündigungen während dieses Zeitraumes keine Gründe nennen. Weniger ist hier mehr!

Bürgerlich-rechtlicher Kündigungsschutz ergibt sich auch aus § 612 a BGB. Eine Kündigung kann eine Maßregelung im Sinne dieser Norm sein.

Beispiel:
Der Arbeitnehmer Z beschwert sich durchschnittlich einmal im Monat bei den zuständigen Stellen im Betrieb, weil er sich vom Arbeitgeber benachteiligt fühlt. Die Geschäftsleitung beschließt daher, das Beschäftigungsverhältnis mit Z ordentlich zu kündigen.
Diese ordentliche Kündigung ist bereits deshalb unwirksam, weil Z nur von seinem Recht aus § 84 BetrVG Gebrauch gemacht hat.

 § 612 a BGB enthält ein **allgemeines Diskrimierungsverbot.** Diese Norm soll verhindern, daß Arbeitnehmerrechte deshalb nicht wahrgenommen werden, weil die Arbeitnehmer bei ihrer Inanspruchnahme mit Benachteiligungen rechnen müssen. Geschützt ist damit die Willensfreiheit des Arbeitnehmers bei der Entscheidung darüber, ob er ein Recht ausüben will oder nicht. Die Kündigung des Arbeitgebers ist freilich nur dann unwirksam, wenn sie eine **unmittelbare Reaktion** auf die Wahrnehmung der Rechte des Arbeitnehmers darstellt. Wegen § 612 a BGB unwirksam ist auch eine Kündigung, die der Arbeitgeber ausspricht, weil der Arbeitnehmer seinen Freistellungsanspruch nach § 45 SGB V realisiert. Dabei ist nicht das Bewußtsein des Arbeitgebers erforderlich, daß das Verhalten des Arbeitnehmers rechtmäßig war *(LAG Köln 13.10.1993, LAGE § 612 a BGB Nr. 5).* Allerdings trifft ansonsten den Arbeitnehmer die volle **Beweislast für die Voraussetzungen des § 612 a BGB.** Die Beweiserleichterung des § 611 a Abs. 1 Satz 3 BGB kann nicht übertragen werden *(BAG 25.11.1993, EzA § 14 KSchG Nr. 3).*

IV. Kündigung aus Anlaß eines Betriebsübergangs

4626
Nach § 613 a Abs. 4 BGB ist die Kündigung des Arbeitsverhältnisses eines Arbeitnehmers durch den bisherigen Arbeitgeber oder durch den neuen Inhaber **wegen des Übergangs eines Betriebs oder Betriebsteils** unwirksam. Dies ist eine Folge der gesetzlichen Anordnung des § 613 a Abs. 1 Satz 1 BGB, daß bei einem rechtsgeschäftlichen Übergang eines Betriebs oder Betriebsteils der Erwerber in die Rechte und Pflichten aus den im Zeitpunkt des Übergangs bestehenden Arbeitsverhältnissen eintritt. Das Recht zur Kündigung des Arbeitsverhältnisses aus anderen Gründen bleibt freilich nach § 613 a Abs. 4 Satz 2 BGB unberührt. § 613 a BGB gilt im übrigen grundsätzlich auch bei einer Veräußerung durch den Konkursverwalter.

4627
Werden Arbeitnehmer mit dem Hinweis auf eine geplante Betriebsveräußerung und Arbeitsplatzgarantien des Erwerbers veranlaßt, ihre Arbeitsverhältnisse mit dem Betriebsveräußerer selbst fristlos zu kündigen oder Auflösungsverträgen zuzustimmen, um dann mit dem Betriebserwerber neue Arbeitsverträge, nämlich Arbeitsverträge zu schlechteren Bedingungen abschließen zu können, so liegt darin nach der Rechtsprechung eine Umgehung des § 613 a Abs. 4 Satz 1 BGB. Dies gilt aber nur bei kollektiven Tatbeständen ("Lemgoer-Modell"). Einzelne Aufhebungsverträge aus Anlaß eines Betriebsübergangs stellen keine Umgehung des § 613 a Abs. 4 Satz 1 BGB dar.

Ist ein Betriebsübergang mit einer wesentlichen Änderung des Leistungsortes verbunden, wird also die Betriebsstätte verlagert, so sind Kündigungen durch den Veräußerer unter bestimmten Voraussetzungen möglich.

Bürgerlich-rechtlicher Kündigungsschutz

Beispiel:
Die K-GmbH, die in Berlin PVC-Fußböden herstellt, verkaufte ihre gesamten sachlichen Mittel und das Know-how an eine französische Aktiengesellschaft in Lyon. Die Produktion wurde in Lyon fortgeführt.
Erklärt ein Arbeitnehmer bereits vor der Betriebsveräußerung, daß er nicht bereit sei, das Arbeitsverhältnis am künftigen Betriebssitz fortzusetzen, so kann ihm bereits der Betriebsveräußerer aus betriebsbedingten Gründen kündigen, wenn er selbst keine Beschäftigungsmöglichkeit für die Arbeitnehmer mehr hat.

Ein **Wechsel der Gesellschafter einer Personenhandelsgesellschaft** ist auch dann nicht als Betriebsübergang zu behandeln, wenn sämtliche Gesellschafter ausgetauscht werden.

4628
Eine Kündigung wegen des Übergangs eines Betriebs oder Betriebsteils im Sinne von § 613 a Abs. 4 Satz 1 BGB liegt auch dann vor, wenn der Arbeitgeber zum Zeitpunkt der Kündigung den Betriebsübergang bereits geplant, dieser bereits greifbare Formen angenommen und die Kündigung aus der Sicht des Arbeitgebers ausgesprochen wird, um den geplanten Betriebsübergang vorzubereiten und zu ermöglichen. Bei dieser Fallgestaltung wirkt sich ein **späteres Scheitern des erwarteten und eingeleiteten Betriebsübergangs** auf den Kündigungsgrund nicht aus, d.h. die Kündigung ist aus Gründen des § 613 a Abs. 4 Satz 1 BGB unwirksam. Andererseits ist die Kündigung nach § 613 a Abs. 4 Satz 1 BGB nicht unwirksam, wenn der Arbeitgeber eine Betriebsstillegung endgültig geplant und schon eingeleitet oder bereits durchgeführt hatte und sich anschließend die Möglichkeit der Betriebsveräußerung ergibt und wahrgenommen wird.

4629
Widerspricht der Arbeitnehmer im Rahmen eines Teilbetriebsübergangs dem Übergang seines Arbeitsverhältnisses auf den Betriebserwerber, so war bislang unklar, ob er sich gegenüber den ihm daraufhin kündigenden Betriebsveräußerer noch auf eine fehlerhafte Sozialauswahl berufen kann.

Beispiel:
Der Arbeitgeber hat einen aus zwei Teilbetrieben bestehenden Betrieb. Er entschließt sich, den Betriebsteil Stauerei an einen anderen Arbeitgeber zu veräußern. Der Arbeitnehmer widerspricht dem Übergang seines Arbeitsverhältnisses und erhält daraufhin eine betriebsbedingte Kündigung. Nunmehr macht er geltend, dem Arbeitgeber sei ein Fehler bei der Sozialauswahl unterlaufen. Er habe insoweit mit den Arbeitnehmern des beim Arbeitgeber verbleibenden Teilbetriebes verglichen werden müssen.
In dieser Konstellation sind gleich mehrere Fragenkreise berührt. Zunächst einmal besteht nach der ständigen und nunmehr auch vom Europäischen Gerichtshof abgesegneten Rechtsprechung des Bundesarbeitsgerichts ein **Widerspruchsrecht des Arbeitnehmers**. Er braucht sich also nicht mit dem Betrieb verkaufen zu lassen. Die Ausübung dieses Widerspruchsrechts ist auch an keine Voraussetzungen geknüpft. Gleichwohl hat

Arbeitsrecht

*das Bundesarbeitsgericht entschieden, daß der Arbeitnehmer sich auf eine **fehlerhafte Sozialauswahl** nur dann berufen kann, wenn er für den Widerspruch gegen den Betriebsübergang **sachliche Gründe** hat (BAG 07.04.1993, EzA § 1 KSchG Soziale Auswahl Nr. 30). Führt man sich vor Augen, daß die Ausübung des Widerspruchsrechts an sich an keine weiteren Voraussetzungen gebunden ist, erscheint die neue Rechtsprechung des Bundesarbeitsgerichts inkonsequent. Gleichwohl muß sich die Praxis hierauf einstellen (s. auch Rz. 4629). Noch ungeklärt ist auch, wie die Gründe des Arbeitnehmers beschaffen sein müssen, die eine Einbeziehung in die Sozialauswahl rechtfertigen.*

4630

Einen ersten Anhaltspunkt liefert in dieser Frage nunmehr ein Urteil des LAG Hamm *(19.07.1994, LAGE § 1 KSchG Soziale Auswahl Nr. 11).* Hiernach kann in folgenden Fällen ein sachlicher Grund angenommen werden:

- Fortsetzung der Arbeit in einem nicht sozialplanpflichtigen Betrieb
- Im Betrieb kann kein Betriebsrat gewählt werden
- Betriebserwerber ist allgemein als unzuverlässig bekannt
- Betriebserwerber ist im besonderen für Kokurse bekannt
- Stillegung des übernommenen Betriebsteils steht bereits fest
- Betriebsübergang erfolgt nur, um betriebsverfassungsrechtliche Mitbestimmungsregelungen zu umgehen
- Schmälerung des sozialen Besitzstandes durch Arbeit in einem Kleinbetrieb; damit korrespondierend sicherer Arbeitsplatz beim Veräußerer (großes Unternehmen, viele vergleichbare Arbeitnehmer, potentiell mehr offene Stellen).

Die oben genannten Kriterien führen teilweise dazu, daß ein hypothetischer Bestandsschutzprozeß geführt werden muß. Liegt keiner der genannten Fälle oder ein vergleichbarer Fall vor, handelt der dem Betriebsübergang widersprechende Arbeitnehmer rechtsmißbräuchlich, wenn er sich auf eine fehlerhafte Sozialauswahl gegenüber dem Betriebsveräußerer beruft. Regelmäßig ist es erforderlich, daß der Arbeitnehmer bei Kenntnis der Umstände des Betriebsübergangs das Widerspruchsrecht binnen 3 Wochen ausübt *(BAG 22.04.1993, EzA § 613 a BGB Nr. 112).* Der Veräußerer oder der Erwerber müssen dem Arbeitnehmer keine Erklärungsfrist setzen. Ist der Arbeitnehmer nicht rechtzeitig über den Betriebsübergang unterrichtet worden, kann er sein Widerspruchsrecht auch später noch ausüben, und zwar sowohl gegenüber dem Veräußerer als auch gegenüber dem Erwerber. Der Widerspruch wirkt auf den Zeitpunkt des Betriebsübergangs zurück *(BAG 22.04.1993, EzA § 613 a BGB Nr. 111).*

Unsicher ist aus Arbeitnehmersicht i.ü. häufig, gegen wen im Zusammenhang mit einem (Teil-) Betriebsübergang Kündigungsschutzklage zu erheben ist, wenn er die maßgeblichen Umstände nicht genau kennt. Im Zweifel bietet es sich an, beide möglichen Arbeitgeber zu verklagen. Allerdings kann dies Kostenfolgen haben.

4631
Setzt sich die Rechtsprechung des Europäischen Gerichtshofs durch, bedarf es i.ü. in allen Fällen des **Outsourcing** zukünftig keiner Kündigung mehr. Dieser hat - für die Praxis völlig überraschend - darauf erkannt, daß ein Betriebsübergang auch vorliegt, wenn keine Vermögensgegenstände übertragen werden, sondern bislang hausintern erledigte Aufgaben auf ein drittes Unternehmen delegiert werden (*EuGH 14.04.1994, EzA § 613 a BGB Nr. 113*). Ob sich diese - heftig kritisierte - Rechtsprechung durchsetzen wird, ist noch unsicher, aber wohl zu bezweifeln. Gleichwohl muß die Praxis zunächst mit dem Urteil leben. In den Fällen des Outsourcing ist also allseits große Vorsicht geboten.

V. Weiterführende Literaturhinweise

4632
Gemeinschaftskommentar zum Kündigungsschutzgesetz und zu sonstigen kündigungsschutzrechtlichen Vorschriften, 3. Aufl. 1989, § 613 a BGB Rz. 104 ff.
Helpertz, Widerspruch des Arbeitnehmers und Sozialauswahl beim Betriebsübergang, DB 1990, 1562
Hillebrecht, Der Bestandsschutz des Arbeitsverhältnisses im Zusammenhang mit § 613a BGB, NZA 1989, Beil. 4
Kreitner, Kündigungsschutzrechtliche Probleme beim Betriebsinhaberwechsel, 1989
Schaub, Arbeitsrechtshandbuch, 7. Aufl. 1992, §§ 118
Stahlhacke/Preis, Kündigung und Kündigungsschutz im Arbeitsverhältnis, Rz. 155 ff.

31. Kapitel: Betriebsratsanhörung bei Kündigungen

I.	Bedeutung der Betriebsratsanhörung	4651
II.	Anhörung bei Kündigung leitender Angestellter	4652
III.	Vor welchen Kündigungen ist der Betriebsrat anzuhören?	4653
IV.	Was muß mitgeteilt werden?	4654
V.	Probleme bei der Einleitung des Anhörungsverfahrens	4667
VI.	Anhörung bei Massenentlassungen	4669
VII.	Anhörung bei Schwerbehinderten	4670
VIII.	Abschluß des Anhörungsverfahrens	4671
IX.	Mängel bei der Anhörung	4673
X.	Vertrauensschutz im Zustimmungsersetzungsverfahren	4674
XI.	Betriebsratsanhörung und Umdeutung einer Kündigung	4675
XII.	Auslegung der Stellungnahme des Betriebsrats	4677
XIII.	Weiterführende Literaturhinweise	4679

Arbeitsrecht

Checkliste:
Anhörung des Betriebsrats vor der Kündigung (§ 102 BetrVG)

- Kann das Arbeitsverhältnis auch ohne Anhörung beendet werden (bspw. Anfechtung des Arbeitsvertrages, Auslaufen einer Befristung, Abschluß eines Aufhebungsvertrages)?
- Wann ist das Anhörungsverfahren spätestens einzuleiten, damit die Kündigungsfrist gewahrt werden kann?
  - Anhörung muß **vor** Kündigungsausspruch erfolgen!
- Ist der Betriebsrat über die beabsichtigte Kündigung informiert?
  - zusätzlich bei Behinderten:
    Ist die Schwerbehindertenvertretung informiert?
- Kündigungsgründe konkret benannt?
  - Wichtig!
    Alle Kündigungsgründe benennen! Das Nachschieben von Kündigungsgründen ist nur in Ausnahmefällen problemlos möglich!
- Hat der Betriebsrat Stellung genommen oder ist die Wochenfrist für die Stellungnahme abgelaufen?
- Ist der Beweis für die Anhörung des Betriebsrats gesichert?
  - Empfangsbestätigung des Betriebsratsvorsitzenden
  - protokollierte Erklärung eines Boten
- Betriebsrat hat Bedenken: Soll die Kündigung trotzdem ausgesprochen werden?
- Betriebsrat legt Widerspruch ein:
  - Widerspruch des Betriebsrats rechtzeitig?
  - Welche Gründe nennt der Betriebsrat?
  - Entsprechen die Gründe den gesetzlichen Voraussetzungen?
  - Sind die Gründe sachlich zutreffend?
  - Soll trotz des Widerspruchs gekündigt werden?

> - Weiterbeschäftigung des Arbeitnehmers:
>   - Richtig begründeter Widerspruch des Betriebsrats mit Antrag auf Weiterbeschäftigung über die Kündigungsfrist hinaus?
>   - Hat der Arbeitnehmer Kündigungsschutzklage erhoben und ist er deshalb bis zum rechtskräftigen Abschluß des Rechtsstreits weiterzubeschäftigen? (nur auf Verlangen des Arbeitnehmers)
>   - Hat der Arbeitnehmer zur Weiterbeschäftigung aufgefordert?
>   - Entbindung von der Pflicht zur Weiterbeschäftigung beim Arbeitsgericht beantragt (§ 102 Abs. 5 BetrVG)?

I. Bedeutung der Betriebsratsanhörung

4651

In Betrieben mit einem Betriebsrat ist der Betriebsrat vor **jeder Kündigung** zu hören. Der Arbeitgeber hat dem Betriebsrat die Gründe für die Kündigung mitzuteilen. Eine ohne Anhörung des Betriebsrats ausgesprochene Kündigung ist nach § 102 Abs. 1 Satz 3 BetrVG unwirksam, wie immer der Kündigungssachverhalt auch gelagert sein mag. Dabei steht der unterlassenen Betriebsratsanhörung nach der ständigen Rechtsprechung die **nicht ordnungsgemäße Betriebsratsanhörung gleich**, also eine Anhörung, bei der der Betriebsrat nicht ausführlich über den Kündigungssachverhalt informiert wurde.
Die Anhörung des Betriebsrats ist daher **Wirksamkeitsvoraussetzung** für eine Kündigung. Der Betriebsrat hat dem Arbeitgeber im Falle der **ordentlichen Kündigung** seine Einwände **innerhalb einer Woche schriftlich** mitzuteilen. Äußert er sich innerhalb dieser Frist nicht, gilt seine Zustimmung als erteilt, (außerordentliche Kündigung: Äußerungsfrist 3 Tage). Die Berechnung der Frist richtet sich nach dem BGB. Fällt das Ende der Frist für die Stellungnahme also auf einen Sonn- oder Feiertag, endet die Frist erst am nächsten Werktag. Unsicher ist, ob der Betriebsrat seine Erklärung nur innerhalb der üblichen Arbeitszeiten wirksam abgeben kann *(so LAG Hamm 11.02.92, LAGE § 102 BetrVG 1972 Nr. 33)*. Daher gilt: Im Zweifelsfall die Dienststunden der Personalabteilung einhalten.
Vor **Aufhebungsverträgen** oder bei einer Anfechtung des Arbeitsvertrages bedarf es keiner Betriebsratsanhörung (BAG 11.11.1993, EzA § 123 BGB Nr. 40).

II. Anhörung bei Kündigung Leitender Angestellter

4652

Bei **leitenden Angestellten** (§ 5 Abs. 3 BetrVG) erschöpft sich die Beteiligung des Betriebsrats freilich in einem Informationsanspruch, dessen Verletzung zivilrechtlich folgenlos bleibt. Der Arbeitgeber hat den Betriebsrat über die beabsichtigte Entlassung nur rechtzeitig zu informieren. Da im Einzelfall zweifelhaft sein kann, ob ein Arbeitnehmer Leitender Angestellter ist oder nicht, **empfiehlt** es sich, den Betriebsrat nach § 105 BetrVG und nach § 31 des Gesetzes über Sprecherausschüsse der leitenden Angestellten zu informieren und hilfsweise den Betriebsrat nach §§ 105, 102 BetrVG zu unterrichten.

III. Vor welchen Kündigungen ist der Betriebsrat anzuhören?

4653

Die Verpflichtung zur Anhörung des Betriebsrats **besteht vor jeder Kündigung**. Dabei macht es keinen Unterschied, ob es sich um eine ordentliche oder außerordentliche, um eine Beendigungs- oder Änderungskündigung oder ob es sich um eine Einzelkündigung oder eine Massenentlassung handelt. Die Anhörungspflicht besteht auch bei einer Kündigung innerhalb der ersten 6 Monate des Bestandes eines Arbeitsverhältnisses, also während des Zeitraums, in dem **an sich Kündigungsfreiheit** gegeben ist.

IV. Was muß mitgeteilt werden?

4654

Die Mitteilungsobliegenheit ist **"subjektiv determiniert"**. Teilt der Arbeitgeber objektiv kündigungsrechtlich erhebliche Tatsachen dem Betriebsrat deshalb nicht mit, weil er darauf die Kündigung (zunächst) nicht stützen will, oder weil er sie für seinen Kündigungsentschluß für unerheblich oder entbehrlich hält, dann ist die Anhörung selbst ordnungsgemäß. Die in objektiver Hinsicht unvollständige Anhörung verwehrt es aber dem Arbeitgeber, im Kündigungsschutzprozeß Gründe **nachzuschieben**, die über die Erläuterung des mitgeteilten Sachverhalts hinausgehen. Weil der Arbeitgeber die ihm bei Ausspruch der Kündigung bekannten, aber dem Betriebsrat nicht mitgeteilten Kündigungsgründe im Kündigungsschutzprozeß nicht nachschieben kann, **empfiehlt** es sich, den Betriebsrat umfassend über die objektiv gegebenen Kündigungsgründe zu informieren. Der Arbeitgeber verletzt seine Pflicht zur Unterrichtung des Betriebsrats, wenn er aus seiner subjektiven Sicht dem Betriebsrat **bewußt unrichtige oder unvollständige** Sachdarstellungen unterbreitet oder einen für die Entschließung des Betriebsrats wesentlichen Umstand verschweigt. Enthält der Arbeitgeber somit dem Betriebsrat bewußt ihm bekannte und seinen Kündigungsentschluß bestimmende Umstände vor, die nicht nur eine Ergänzung oder Konkretisierung des mitgeteilten Sachverhalts darstellen, sondern diesem erst das

Gewicht eines Kündigungsgrundes geben oder weitere Kündigungsgründe beinhalten, dann ist das **Anhörungsverfahren fehlerhaft**, die Kündigungen also nach § 102 Abs. 1 Satz 2 BetrVG unwirksam.

Ob die **subjektive Determinierung** der Anhörung sich auch auf die im Rahmen der Interessenabwägung bedeutsamen **persönlichen Umstände** des Arbeitnehmers (etwa Lebensalter, Betriebszugehörigkeit, Unterhaltspflichten etc.) erstreckt, muß bezweifelt werden *(anders LAG Düsseldorf 02.03.1993, LAGE § 102 BetrVG 1972 Nr. 35)*. Hier besteht die Gefahr, daß der Arbeitgeber im Anhörungsbogen schlicht angibt, daß persönliche Umstände ihn nicht weiter interessierten und er diese daher gar nicht mitteile. Hierdurch würde das Anhörungsverfahren letztlich sinnentleert. Ob dies auch der Auffassung des Bundesarbeitsgerichts entspricht, steht nicht fest. Das BAG hat die **Nichtzulassungsbeschwerde** gegen das Urteil des LAG Düsseldorf **zurückgewiesen**, ohne in der Sache selbst Stellung zu nehmen *(Beschl. v. 25.10.1993, 2 AZN 482/93, n.v.)*.

4655

Bei einer **Kündigung innerhalb der ersten 6 Monate** des Arbeitsverhältnisses richtet sich der Inhalt der Mitteilungspflicht des Arbeitgebers nach § 102 BetrVG nicht nach den objektiven Merkmalen der Kündigungsgründe des noch nicht anwendbaren § 1 KSchG, sondern nach den Umständen, aus denen der Arbeitgeber subjektiv seinen Kündigungsentschluß herleitet *(BAG 18.05.1994, EzA § 102 BetrVG 1972 Nr. 85)*. Der Arbeitgeber handelt dabei aus seiner subjektiven Sicht konsequent, wenn er trotz konkreter Anhaltspunkte seinen Kündigungsentschluß nur aus subjektiven Umständen herleitet. Handelt es sich also um eine **Kündigung innerhalb der ersten 6 Monate** des Bestandes eines Arbeitsverhältnisses, dann ist die Substantiierungspflicht gegenüber dem Betriebsrat daran zu messen, welche konkreten Umstände oder subjektiven Vorstellungen zum Kündigungsentschluß geführt haben. Hat der Arbeitgeber keine Gründe oder wird sein Entschluß allein von subjektiven, durch Tatsachen nicht belegbare Vorstellungen bestimmt, so reicht die **Unterrichtung über diese Vorstellungen** aus. Der Arbeitgeber handelt dann aus seiner subjektiven Sicht konsequent, indem er trotz konkreter Ansatzpunkte seinen Kündigungsentschluß nur aus subjektiven Werturteilen herleitet. Dagegen kommt er seiner Unterrichtungspflicht nicht nach, wenn er auch aus seiner subjektiven Sicht dem Betriebsrat bewußt unrichtige oder unvollständige Sachdarstellungen unterbreitet oder wenn er bewußt ihm bekannte, genau konkretisierbare Kündigungsgründe nur pauschal vorträgt, obwohl sein Kündigungsentschluß auf der Würdigung konkreter Kündigungssachverhalte beruht.

Diffizil wird die Ordnungmäßigkeit der Anhörung auch in den ersten 6 Monaten des Arbeitsverhältnisses, wenn der Arbeitgeber sich nicht auf **persönliche Eignungskriterien,** sondern auf ein **mangelhaftes Leistungsverhalten** des Arbeitnehmers stützen will. Hier sind im Grunde die der Bewertung zugrundeliegenden Tatsachen anzugeben. Allerdings legt das BAG *(18.05.1994, EzA § 102 BetrVG 1972 Nr. 85)* hier einen relativ großzügigen Maßstab an.

4656

Im übrigen darf der Arbeitgeber die Gründe dem Betriebsrat gegenüber **nicht pauschal, schlagwortartig oder stichwortartig** umschreiben. Vielmehr muß er den als maßgebend betrachteten Sachverhalt unter Angabe von Tatsachen, aus denen der Kündigungsentschluß hergeleitet wird, so beschreiben, daß der Betriebsrat **ohne zusätzliche eigene Nachforschungen** in die Lage versetzt wird, die Stichhaltigkeit der Kündigungsgründe zu prüfen und sich über eine Stellungnahme schlüssig zu werden.

§ 102 BetrVG gebietet es dem Arbeitgeber, dem Betriebsrat Information zu geben bzw. nicht vorzuenthalten, aufgrund derer bzw. ohne die bei ihm ein falsches Bild über den Kündigungssachverhalt entsteht. Eine bewußt und gewollt unrichtige Mitteilung der für den Kündigungsentschluß des Arbeitgebers maßgebenden Kündigungsgründe führt zu einem fehlerhaften und damit unwirksamen Anhörungsverfahren.

4657

Will der Arbeitgeber im Wege der **Änderungskündigung** die Arbeitsbedingungen einseitig ändern, so hat er dem Betriebsrat das Änderungsangebot und die Gründe für die beabsichtigte Änderung der Arbeitsbedingungen mitzuteilen. Hat der Arbeitgeber zunächst dem Arbeitnehmer nur das Änderungsangebot unterbreitet, so muß er, wenn er sich eine Beendigungskündigung vorbehalten und dazu eine **erneute Anhörung** des Betriebsrats ersparen will, zugleich bei der Betriebsratsanhörung verdeutlichen, daß er im Falle der Ablehnung des Änderungsangebots durch den Arbeitnehmer die Beendigungskündigung beabsichtigt. Die Anhörungsobliegenheit greift auch dann ein, wenn das Arbeitsverhältnis vor Dienstantritt gekündigt werden soll.

4658

Das Anhörungsverfahren ist nur dann **ordnungsgemäß eingeleitet**, wenn der Arbeitgeber dem Betriebsrat die Person des zu kündigenden Arbeitnehmers, die Kündigungsart, die Kündigungsfrist und die Kündigungsgründe unter näherer Umschreibung des ihnen zugrunde liegenden Sachverhalts mitteilt. Der Arbeitgeber ist nach der Rechtsprechung grundsätzlich gehalten, dem Betriebsrat die **Kündigungsfrist** mitzuteilen, es sei denn, dem Betriebsrat sind die zu beachtenden Fristen ohnehin bekannt. Ob das Ganze auch hinsichtlich des **Kündigungstermins** gilt, ist unsicher. Soweit etwa bei tarifvertraglich unterschiedlichen Kündigungsfristen für Arbeiter und Angestellte die einzuhaltende Kündigungsfrist zweifelhaft ist, reicht es aus, daß der Arbeitgeber dem Betriebsrat mitteilt, mit welcher Kündigungsfrist er das Arbeitsverhältnis beenden will.

Es ist nicht zulässig, daß der Arbeitgeber dem Betriebsrat nur mitteilt, daß er das Arbeitsverhältnis zum nächsten zulässigen Termin beendet sehen will.

Betriebsratsanhörung bei Kündigungen

4659

Die ordnungsgemäße Anhörung des Betriebsrats setzt auch voraus, daß der Arbeitgeber dem Betriebsrat die **Art** der beabsichtigten Kündigung, also insbesondere mitteilt, ob eine ordentliche oder eine außerordentliche Kündigung ausgesprochen werden soll. Dies gilt auch im Fall der beabsichtigten Kündigung eines "unkündbaren" Arbeitnehmers, wenn der Arbeitgeber ohne jede Erläuterung eine nach der objektiven Rechtslage nur außerordentlich mögliche Kündigung unter Einhaltung einer Frist aussprechen will. Ist also ein **Arbeitnehmer "altersgesichert"**, so muß der Arbeitgeber dem Betriebsrat mitteilen, ob er dem Arbeitnehmer ordentlich oder außerordentlich zu kündigen beabsichtigt.

Die Informationspflicht gegenüber dem Betriebsrat geht nicht so weit wie die Darlegungspflicht im Kündigungsschutzprozeß. Der Arbeitgeber ist deshalb nicht verpflichtet, dem Betriebsrat Unterlagen oder Beweismaterial zur Verfügung zu stellen, bzw. Einsicht in die Personalakte des betreffenden Arbeitnehmers zu gewähren. Zu einer Einsicht in die Personalakte ist der Arbeitgeber nicht einmal befugt. Er macht sich gegenüber dem Arbeitnehmer schadensersatzpflichtig, wenn er dem Betriebsrat ohne dessen Einverständnis Einsicht in die Personalakte gewährt.

4660

Der Arbeitgeber hat dem Betriebsrat nicht nur über den Kündigungssachverhalt, sondern auch über die **persönlichen Daten** des zu kündigenden Arbeitnehmers (Alter, Familienstand, Unterhaltspflichten, Dauer der Betriebszugehörigkeit, Beruftstätigkeit des Ehepartners laut Lohnsteuerkarte) zu unterrichten, weil diese Daten für die Interessenabwägung und die Bestimmung der Kündigungsfrist von Bedeutung sein können (s. etwa LAG Nürnberg 15.03.1994, LAGE § 102 BetrVG 1972 Nr. 40). Nach der Rechtsprechung gehören die persönlichen Umstände des Gekündigten nicht zum Kündigungsgrund, wohl aber zur **Interessenabwägung** für die Entscheidung über die Zumutbarkeit oder Unzumutbarkeit der Fortsetzung des Arbeitsverhältnisses. Dabei ist die Dauer der Betriebszugehörigkeit auch dann dem Betriebsrat mitzuteilen, wenn die Kündigung auf Vermögensdelikte zu Lasten des Arbeitgebers gestützt wird. Die Unterhaltspflichten sind bei vorsätzlichen Vermögensdelikten zum Nachteil des Arbeitgebers allenfalls dann mitzuteilen, wenn sie das bestimmende Motiv für die Tat wahren.

4661

Einigkeit besteht darüber, daß pauschale, schlagwortartige oder stichwortartige Bezeichnungen für Kündigungsgründe dem Anhörungsverfahren nicht gerecht werden. Etwas anderes gilt nur dann, wenn der Betriebsratsvorsitzende bereits einen entsprechenden Kenntnisstand hat.

Unter bestimmten Voraussetzungen hat der Arbeitgeber dem Betriebsrat auch erhebliche, für den Arbeitnehmer sprechende Umstände und Einlassungen des Arbeitnehmers mitzuteilen. Dies gilt aber nur für konkrete Vorwürfe, deren tatsächliche, für den Arbeitgeber maßgebliche Grundlagen schon vor der Kündigung umstritten waren. In diesen Fällen soll es der Grundsatz der **vertrauensvollen Zusammenarbeit** (§ 2 Abs. 1 BetrVG) gebieten, daß der Arbeitgeber dem Betriebsrat auch die Umstände mitteilt, die **gegen eine Kündigung** sprechen. Davon ist die Rechtsprechung ausgegangen, wenn der Arbeitgeber im Anhörungsverfahren gegenüber dem Betriebsrat verschweigt, daß die einzige in Betracht kommende Tatzeugin, den von einer Zeugin vom Hörensagen erhobenen Vorwurf einer schweren Pflichtverletzung nicht bestätigt. Eine nicht ordnungsgemäße Anhörung soll auch dann vorliegen, wenn der Arbeitgeber den Betriebsrat nicht darüber informiert, daß der Arbeitnehmer in einer **Gegendarstellung** die gegen ihn erhobenen Vorwürfe in Abrede gestellt hat.

4662
Eine wirksame Anhörung des Betriebsrats zu einem vom Arbeitnehmer angekündigten, aber noch nicht eingetretenen Verhalten ist unzulässig. Eine sogenannte **Vorratsanhörung** wird nicht anerkannt.

Beispiel:
Der Arbeitnehmer A verlangt von seinem Arbeitgeber im Februar Urlaub für den Monat August. Der Arbeitgeber verweigert den Urlaub unter Hinweis auf dringende betriebliche Erfordernisse. Nunmehr kündigt der Arbeitnehmer an, daß er vom 01. - 31.08. der Arbeit fernbleiben werde.

*Leitet nunmehr im März der Arbeitgeber ein Anhörungsverfahren für den Fall ein, daß der Arbeitnehmer am 01.08. der Arbeit fernbleibt, so ist dies eine Betriebsratsanhörung, die den Anforderungen des § 102 Abs. 1 BetrVG nicht genügt. Der Arbeitgeber hätte freilich im konkreten Fall die **Ankündigung eines Vertragsbruches** zum Anlaß einer ordentlichen oder außerordentlichen Kündigung ohne Abmahnung nehmen können. Hier ist also besonders auf die richtige Vorgehensweise zu achten!*

4663
Bei **betriebsbedingten Kündigungen** hat der Arbeitgeber dem Betriebsrat zunächst die dringenden betrieblichen Erfordernisse mitzuteilen, die zu einem Arbeitskräfteüberhang in dem Betrieb oder Unternehmen geführt haben. Der Arbeitgeber hat dem Betriebsrat auch die Gründe für die von ihm getroffene **Sozialauswahl** mitzuteilen. Der Arbeitgeber muß also dem Betriebsrat mitteilen, welche Arbeitnehmer er für vergleichbar erachtet, welche **Auswahlkriterien** er seiner Entscheidung zugrunde gelegt und wie er die einzelnen Auswahlkriterien gewichtet hat. Der Arbeitgeber hat seine Angaben zum Kreis der für vergleichbar erachteten Arbeitnehmer im Prozeß zu konkretisieren, wenn sich der Arbeitnehmer auf eine Gruppe anderer, nach ihrer Tätigkeit vergleichbarer Arbeitnehmer beruft, die er nach Zahl, Person und Sozialdaten nicht genau bezeichnen kann.

Bei einer **verhaltensbedingten Kündigung** darf der Arbeitgeber dem Betriebsrat nicht den Arbeitnehmer entlastende Umstände bewußt vorenthalten. Ansonsten liegt keine ordnungsgemäße Anhörung vor. Die **Darlegungs- und Beweislast** dafür, daß eine irreführende Darstellung des Kündigungssachverhalts nicht bewußt erfolgt ist, trägt der Arbeitgeber *(LAG Köln 30.09.1993, LAGE § 102 BetrVG 1972 Nr. 36)*!

4664

Der Arbeitgeber braucht im Regelfall den Betriebsrat zu einer Stellungnahme **nicht aufzufordern**. Etwas anderes gilt nur dann, wenn der Zweck der Unterrichtung für den Betriebsrat nicht ausmachbar ist. Dies ist z. B. der Fall, wenn der Arbeitgeber dem Betriebsrat die Gründe für eine bereits erfolgte Kündigung mitteilt, um die Gründe wiederholen zu können, sich der Betriebsrat dessen aber nicht bewußt ist.

Die Mitteilung der Kündigungsgründe ist **zwingend**. Einer weiteren Darlegung der Kündigungsgründe gegenüber dem Betriebsrat durch den Arbeitgeber bedarf es aber nicht, wenn der Betriebsrat bei Einleitung des Anhörungsverfahrens bereits über den erforderlichen Kenntnisstand verfügt, um über die konkret beabsichtigte Kündigung eine Stellungnahme abgeben zu können. Dabei ist es unerheblich, ob es sich um einen Klein- oder Großbetrieb handelt. Der Betriebsrat muß sich freilich nur das Wissen eines zur Entgegennahme von Erklärungen berechtigten oder hierzu **ausdrücklich ermächtigten Betriebsratsmitglieds** zurechnen lassen (§ 26 Abs. 3 Satz 2 BetrVG). Unterläßt es der Arbeitgeber, den Betriebsrat über die Gründe der Kündigung zu unterrichten, weil er irrigerweise davon ausgeht, daß dieser bereits über den erforderlichen und aktuellen Kenntnisstand verfügt, so geht diese Fehleinschätzung des Kenntnisstandes des Betriebsrates zu seinen Lasten.
Hier ist also Vorsicht geboten!

4665

Scheitert eine Kündigung, zu der der Betriebsrat ordnungsgemäß angehört worden ist und der er vorbehaltlos zugestimmt hatte, am fehlenden Zugang beim Kündigungsgegner, so ist vor einer erneuten Kündigung eine nochmalige Anhörung des Betriebsrats dann entbehrlich, wenn sie in engem zeitlichen Zusammenhang ausgesprochen und auf den selben Sachverhalt gestützt wird. Die Berufung auf das Fehlen einer erneuten Anhörung des Betriebsrates soll in diesen Fällen nach der Rechtsprechung rechtsmißbräuchlich sein.
Angesichts des Umstandes, daß unsicher ist, wann von einem engen zeitlichen Zusammenhang gesprochen werden kann, empfiehlt es sich gerade bei kurzen Kündigungsfristen, den Betriebsrat **erneut anzuhören** und die Kündigung auszusprechen.

4666

Vor der Konstituierung eines Betriebsrats besteht keine Anhörungspflicht des Arbeitgebers nach § 102 BetrVG. Den Arbeitgeber trifft auch keine Verpflichtung, mit dem Ausspruch der Kündigung zu warten, bis sich der Betriebsrat konstituiert hat.

Arbeitsrecht

V. Probleme bei der Einleitung des Anhörungsverfahrens

4667
Wird das Anhörungsverfahren außerhalb der Arbeitszeit des Betriebsratsvorsitzenden eingeleitet (fernmündliche Mitteilung), so kann dies **fehlerhaft** mit der Folge sein, daß die Frist des § 102 Satz 1 BetrVG nicht in Gang gesetzt wird. Nach der Rechtsprechung sind der Betriebsratsvorsitzende und bei dessen Verhinderung sein Stellvertreter berechtigt, aber grundsätzlich nicht verpflichtet, eine Mitteilung des Arbeitgebers außerhalb der Arbeitszeit und außerhalb der Betriebsräume entgegenzunehmen. Ob in einzelnen Fällen - insbesondere bei außerordentlichen Kündigungen - etwas anderes zu gelten hat, hat die **Rechtsprechung** unentschieden gelassen. Die **widerspruchslose Entgegennahme** einer Mitteilung des Arbeitgebers nach § 102 BetrVG durch den Betriebsratsvorsitzenden oder (bei dessen Verhinderung) durch dessen Stellvertreter setzt aber grundsätzlich die Wochenfrist des § 102 Abs. 2 Satz 1 BetrVG auch dann in Gang, wenn die Mitteilung außerhalb der Arbeitszeit und außerhalb der Betriebsräume erfolgt.

Grundsätzlich gilt also: Wird einem unzuständigen Betriebsratsmitglied ein Anhörungsbogen übergeben, so ist dieser Erklärungsbote des Arbeitgebers. Das Anhörungsverfahren wird also erst dann eingeleitet, wenn der Bote die Erklärung dem zuständigen Mitglied des Betriebsrats überbringt. Mängel liegen also im Verantwortungsbereich des Arbeitgebers! Diese können zur Unwirksamkeit einer ausgesprochenen Kündigung führen. Deshalb sollte auf eine korrekte Einleitung des Anhörungsverfahrens großer Wert gelegt werden. Mängel bei der Beschlußfassung selber fallen hingegen in den Verantwortungsbereich des Betriebsrats, wirken sich also zu Lasten des zu Kündigenden aus (*s. zum Ganzen zuletzt BAG 16.10.1991, EzA § 102 BetrVG 1972 Nr. 83 und Rz. 4673*).

Es liegt auch keine ordnungsgemäße Anhörung vor, wenn erst ein Betriebsratsmitglied dem Betriebsratsvorsitzenden auf dessen Nachfragen Kenntnis von den wesentlichen Kündigungstatsachen verschafft und diese Mitteilung aber nicht auf Veranlassung des Arbeitgebers erfolgt (*LAG Nürnberg 24.02.1994, LAGE § 102 BetrVG Nr. 38*). Fazit: **Eigene Ermittlungen muß der Betreiebsratsvorsitzende nicht anstellen, tut er es gleichwohl, heilt dies die fehlerhafte Einleitung des Anhörungsverfahrens nicht.!**

4668
Ist ein Betriebsrat für die Dauer der Äußerungsfristen des § 102 Abs. 2 BetrVG **beschlußunfähig** im Sinne von § 33 Abs. 2 BetrVG, weil in dieser Zeit mehr als die Hälfte der Betriebsratsmitglieder an der Amtsausübung verhindert sind und nicht durch Ersatzmitglieder vertreten werden können, so nimmt der Restbetriebsrat in entsprechender Anwendung des § 22 BetrVG die Beteiligungsrechte nach § 102 BetrVG wahr.

VI. Anhörung bei Massenentlassungen

4669

§ 102 BetrVG gilt selbstverständlich auch bei **Massenentlassungen**. Dabei stellt sich nur die Frage, ob die Einlassungsfrist des § 102 Abs. 2 Satz 1 BetrVG sich in diesen Fällen **automatisch** verlängert. Dies lehnt die **Rechtsprechung** ab. Eine automatische oder einstweilige Verlängerung der Anhörungsfrist des § 102 BetrVG zugunsten des Betriebsrats ist auch bei Massenentlassungen danach nicht möglich. Die Anhörungsfrist des § 102 BetrVG kann zwar durch Vereinbarung zwischen Betriebsrat und Arbeitgeber verlängert werden. Jedoch besteht auch bei Massenentlassungen kein Anspruch des Betriebsrats auf eine solche Vereinbarung. Nach dem die gesamte Rechtsordnung beherrschenden Grundsatz von **Treu und Glauben** soll jedoch im Einzelfall die Berufung des Arbeitgebers auf die Einhaltung der einwöchigen Anhörungsfrist des § 102 BetrVG rechtsmißbräuchlich sein, weil die Frist einvernehmlich verlängert werden kann und der Arbeitgeber nach § 2 BetrVG zur **vertrauensvollen Zusammenarbeit mit** dem Betriebsrat verpflichtet ist. Der Rechtsmißbrauch kann danach nicht allein mit objektiven Umständen wie der Zahl der Kündigungen und den sich hieraus für die Bearbeitung im Betriebsrat ergebenden Schwierigkeiten begründet werden. Wesentlich ist danach auch, ob und wann der Arbeitgeber die geplanten Entlassungen mit dem Betriebsrat bereits im Rahmen der §§ 111 ff. BetrVG erörtert hat und ob der Betriebsrat die Verhandlungen über einen Interessenausgleich und die Bildung einer **Einigungsstelle** durch Ausnutzung formaler Rechtspositionen verschleppt und auf eine Verzögerung der nach dem Unternehmenskonzept geplanten Entlassungen hingearbeitet hat. Eine **Fristverlängerung** kommt auch nur dann in Betracht, wenn der Betriebsrat innerhalb der Wochenfrist vom Arbeitgeber eine Verlängerung verlangt hat. Der Arbeitgeber sollte in allen Fällen der Massenentlassung die Einlassungsfrist von einer Woche verlängern, soweit dies der Betriebsrat innerhalb der Wochenfrist des § 102 Abs. 2 Satz 1 BetrVG verlangt.

VII. Anhörung bei Schwerbehinderten

4670

Ist der zu kündigende Arbeitnehmer ein **Schwerbehinderter**, so kann der Arbeitgeber das Verfahren zur Anhörung des Betriebsrats vor dem Antrag auf Zustimmung der Hauptfürsorgestelle (vgl. Rz. 4579), während des Zustimmungsverfahrens oder erst nach dessen Ende einleiten. Eine bestimmte zeitliche Reihenfolge für die Anhörung des Betriebsrats und für die Stellung des Antrags auf Zustimmung der Hauptfürsorgestelle ist danach im **Betriebsverfassungsgesetz** ebenso wenig vorgeschrieben wie im **Personalvertretungsgesetz**. Wird freilich der Betriebsrat vor Einleitung des Zustimmungsverfahrens (§§ 15, 21 SchwbG) angehört, so ist zu beachten, daß der Arbeitgeber verpflichtet ist, bei einem sich länger hinziehenden Zustimmungsverfahren den Betriebsrat **erneut anzuhören**, wenn sich der Kündigungssachverhalt zwischenzeitlich **wesentlich verändert**

Arbeitsrecht

hat. Ist dies nicht der Fall, muß die Anhörung auch dann nicht wiederholt werden, wenn zwischenzeitlich ein längerer Zeitraum vergangen ist.

Gleichwohl sollte, soweit eine ordentliche Kündigung beabsichtigt ist, zunächst die Hauptfürsorgestelle um ihre Zustimmung ersucht und danach der Betriebsrat angehört werden. Dies schützt vor dem Risiko, daß im Nachhinein eine wesentliche Veränderung des Kündigungssachverhalts geltend gemacht wird.

War dem Arbeitgeber bei Äußerung der Kündigungsabsicht **nicht bekannt**, daß der Arbeitnehmer einen Antrag auf Anerkennung als Schwerbehinderter gestellt hat, so muß das Verfahren zur Anhörung des Betriebsrats nicht wiederholt werden, wenn der Arbeitnehmer auf einen entsprechenden Antrag hinweist, **die Zustimmung zur Kündigung seitens der Hauptfürsorgestelle aber erteilt wird** oder der Antrag auf Zuerkennung der Schwerbehinderteneigenschaft zurückgewiesen wird.

Teilt ein gekündigter Arbeitnehmer **binnen eines Monats nach Kündigung** dem Arbeitgeber mit, er habe **vor dem Zugang** der Kündigung bereits einen Antrag auf Zuerkennung der Schwerbehinderteneigenschaft gestellt, so muß der Arbeitgeber den Betriebsrat **erneut nach § 102 BetrVG anhören**, wenn er jetzt mit Zustimmung der Hauptfürsorgestelle **nochmals kündigen will**. Ob zu einer solchen erneuten Anhörung eine rechtliche Verpflichtung besteht, war bislang umstritten, ist nunmehr aber vom Bundesarbeitsgericht bejaht worden *(16.09.1993, EzA § 102 BetrVG 1972 Nr. 84)*. Nach Auffassung des Bundesarbeitsgerichts besteht in diesem Fall keine Parallele zu dem Sachverhalt, in dem die Kündigung am fehlenden Zugang beim Kündigungsempfänger scheiterte (s. Rz. 4665). Auch eine Gleichbehandlung mit dem Fall der vorbehaltlosen und ausdrücklichen Zustimmung des Betriebsrats zur außerordentlichen Kündigung wird vom Bundesarbeitsgericht abgelehnt (s. Rz. 4675).
Grundsätzlich gilt also: Scheitert die erste, dem Schwerbehinderten zugegangene Kündigung an der fehlenden Zustimmung der Hauptfürsorgestelle, so muß der Betriebsrat zu der **nach Erteilung der Zustimmung beabsichtigten zweiten Kündigung** erneut angehört werden.

VIII. Abschluß des Anhörungsverfahrens

4671

Ist das Anhörungsverfahren nach § 102 BetrVG **abgeschlossen**, so kann der Arbeitgeber, wie immer die Stellungnahme des Betriebsrats ausgefallen ist, die Kündigung aussprechen.

Solange freilich der Betriebsrat eine **abschließende Stellungnahme** noch nicht abgegeben hat, muß der Arbeitgeber den Ablauf der Fristen des § 102 Abs. 2 BetrVG abwarten. § 102 BetrVG sieht auch für **Eilfälle** keinen Ausnahmetatbestand vor. Soweit daher der Betriebsrat noch keine abschließende Stellungnahme abgegeben hat, hat der Arbeitgeber bei einer ordentlichen Kündigung **eine Woche** und bei einer außerordentlichen Kündigung **3 Tage** abzuwarten.

4672

Unsicher ist, wann zu einem früheren Zeitpunkt von einer **abschließenden Stellungnahme** des Betriebsrats ausgegangen werden kann. Von einer abschließenden Stellungnahme des Betriebsrats kann keine Rede sein, wenn der Betriebsratsvorsitzende dem Arbeitgeber nur mündlich mitteilt, zugleich aber eine schriftliche Wiedergabe dieser Bedenken in Aussicht stellt oder der Arbeitgeber aus sonstigen Gründen noch mit einer schriftlichen Stellungnahme des Betriebsrats rechnen muß. Der Arbeitgeber kann die Kündigung jedoch schon vor Ablauf der dem Betriebsrat eingeräumten Äußerungsfristen des § 102 Abs. 2 BetrVG aussprechen, wenn der Betriebsrat, ohne sachlich zu der **Kündigungsabsicht** Stellung zu nehmen, lediglich erklärt hat, er werde sich zu der Kündigung nicht äußern und darin eine abschließende Stellungnahme liegt. Soweit der Betriebsrat dies **nicht ausdrücklich** erklärt, ist durch Auslegung zu ermitteln, ob eine bestimmte Äußerung (z.B. er nehme die Kündigungsabsicht zur Kenntnis) oder ob ein bestimmtes Verhalten diesen Erklärungsinhalt hat. Hierbei kann insbesondere die **Übung des Betriebsrats** von maßgeblicher Bedeutung sein.

IX. Mängel bei der Anhörung

4673

Ist die Anhörung des Betriebsrats unterblieben oder ist sie nicht ordnungsgemäß durchgeführt worden, so ist die Kündigung nach § 102 Abs. 1 Satz 3 BetrVG unheilbar nichtig (s. zu Mängeln bei der Einleitung des Anhörungsverfahrens Rz. 4667). Der Betriebsratsvorsitzende oder dessen Stellvertreter können weder allgemein noch im Einzelfall ermächtigt werden, zu einer vom Arbeitgeber beabsichtigten Kündigung eine verbindliche Stellungnahme abzugeben. Für die Stellungnahme ist der Betriebsrat als kollegiales Organ bzw. ein entsprechender Ausschuß zuständig.

Mängel bei der Anhörung, die in den Zuständigkeits- und Verantwortungsbereich des Betriebsrats fallen, berühren grundsätzlich die Ordnungsmäßigkeit des Anhörungsverfahrens nicht und wirken sich auch nicht auf die Rechtswirksamkeit der Kündigung aus, selbst wenn der Arbeitgeber im Zeitpunkt der Kündigung weiß oder vermuten kann, daß die Behandlung der Angelegenheiten durch den Betriebsrat nicht fehlerfrei gewesen ist. Diese Mängel fallen in den **Risikobereich** des Arbeitnehmers. Dies folgt schon daraus, daß ansonsten der Betriebsrat es in der Hand hätte, mit einer nicht ordnungsgemäßen Beschlußfassung den Kündigungsschutz perfekt zu machen!

Etwas anderes gilt aber dann, wenn der Betriebsratsvorsitzende, dem der Arbeitgeber die Kündigungsabsicht mündlich mitteilt, der Kündigung sofort zustimmt. In diesem Fall weiß nämlich der Arbeitgeber, daß es sich lediglich um eine **persönliche Stellungnahme** des Betriebsratsvorsitzenden handelt. Hat der Arbeitgeber durch unsachgemäßes Verhalten die fehlerhafte Betriebsratsanhörung veranlaßt (Anregung, im Umlaufverfahren zu entscheiden), so ist ebenfalls das Anhörungsverfahren unwirksam. Fehler des Arbeitgebers bei der Einleitung des Anhörungsverfahrens werden im übrigen nicht dadurch geheilt, daß der Betriebsrat zu der Kündigung Stellung nimmt.

Mängel bei der Anhörung, die zur Unwirksamkeit des Anhörungsverfahrens führen, hindern den Arbeitgeber im Grundsatz nicht, nach deren Behebung eine **erneute Kündigung wegen derselben Kündigungsgründe** auszusprechen. Hiervon ist die Situation der Trotz- oder Wiederholungskündigung strikt zu unterscheiden (s. Rz. 4709a). In diesem Fall sind die **Kündigungsgründe quasi verbraucht!** Sollte eine Kündigung aus wichtigem Grund ausgesprochen werden, kann selbstverständlich die 2-Wochen-Frist des § 626 Abs. 2 BGB abgelaufen sein.

X. Vertrauensschutz im Zustimmungsersetzungsverfahren

4674

Im **Zustimmungsersetzungsverfahren** nach § 103 Abs. 2 BetrVG geht die Rechtsprechung von einer **Durchbrechung des Vertrauensschutzes** aus. Nach den Grundsätzen des Vertrauensschutzes darf danach der Arbeitgeber grundsätzlich auf die Wirksamkeit eines Zustimmungsbeschlusses nach § 103 BetrVG vertrauen, wenn ihm der Betriebsratsvorsitzende oder sein Vertreter mitteilt, der Betriebsrat habe die beantragte Zustimmung erteilt. Dies soll aber nicht gelten, wenn der Arbeitgeber die Tatsachen kennt oder kennen muß, aus denen die Unwirksamkeit des Beschlusses folgt.

XI. Betriebsratsanhörung und Umdeutung einer Kündigung

4675

Hat der Arbeitgeber eine **unwirksame außerordentliche Kündigung** ausgesprochen, so stellt sich das Problem, ob diese unwirksame außerordentliche Kündigung auch in Betrieben mit einem Betriebsrat im Kündigungsschutzprozeß in eine ordentliche Kündigung umgedeutet werden kann. Wegen der **unterschiedlichen Beteiligungsrechte des Betriebsrats** bei einer ordentlichen und außerordentlichen Kündigung stimmt die Rechtsprechung einer Umdeutung einer unwirksamen außerordentlichen Kündigung in eine ordentliche Kündigung (§ 140 BGB) nur zu, wenn der Arbeitgeber den Betriebsrat bei der Anhörung deutlich darauf hingewiesen hat, daß die beabsichtigte außerordentliche Kündigung hilfsweise als ordentliche Kündigung gelten soll oder wenn der Betriebsrat ausdrücklich oder vorbehaltlos der außerordentlichen Kündigung, die sich im nachhinein als unwirksam herausstellt, zugestimmt hat und einer ordentlichen Kündigung erkennbar nicht entgegengetreten wäre.

4676

Um die Schwierigkeiten bei der Umdeutung von unwirksamen außerordentlichen Kündigungen in ordentliche Kündigungen bei Betrieben mit einem Betriebsrat zu vermeiden, sollte in allen Grenzfällen eine sog. **Verbundkündigung** ausgesprochen werden, d.h. es sollte primär außerordentlich und vorsorglich für den Fall der Unwirksamkeit der außerordentlichen Kündigung ordentlich gekündigt werden.

Dabei ist freilich zu beachten, daß der Arbeitgeber, soweit nicht zu einem früheren Zeitpunkt eine abschließende Stellungnahme des Betriebsrats vorliegt, mit der außerordentlichen Kündigung 3 Tage und mit der ordentlichen Kündigung eine Woche warten muß.

XII. Auslegung der Stellungnahme des Betriebsrats

4677

Für die **Auslegung der Stellungnahme** des Betriebsrats ist vom **Wortlaut** des Betriebsratsschreibens auszugehen, so wie es vom Arbeitgeber als Erklärungsempfänger unter Berücksichtigung der ihm bekannten Umstände nach Treu und Glauben und unter Berücksichtigung der Verkehrssitte aufgefaßt werden muß. Erklärt der Betriebsrat, daß er die beabsichtigte außerordentliche Kündigung für sozial zu hart halte und bittet er um Disziplinarmaßnahmen, so spricht er sich nach der **Rechtsprechung** gegen jegliche Beendigung des Arbeitsverhältnisses aus und befürwortet nur einen Verweis oder eine Verwarnung.

Nach der Rechtsprechung trägt der Arbeitgeber die **Darlegungs- und Beweislast** dafür, daß die Anhörung des Betriebsrats ordnungsgemäß durchgeführt worden ist. Danach muß der Arbeitnehmer die ordnungsgemäße Anhörung des Betriebsrats jedoch bestreiten, damit die entsprechende Darlegungslast des Arbeitgebers ausgelöst wird und das Gericht Anlaß hat, sich mit dieser Frage zu beschäftigen. Regelmäßig genügt danach gem. § 138 Abs. 4 ZPO ein Bestreiten mit Nichtwissen, weil die Betriebsratsanhörung keine Handlung des Arbeitnehmers und gewöhnlich auch nicht Gegenstand seiner Wahrnehmung ist.

Hat der Arbeitnehmer die ordnungsgemäße Betriebsratsanhörung bestritten, so sollte, soweit Zweifel an der ordnungsgemäßen Anhörung bestehen, der Betriebsrat erneut angehört und die Kündigung wiederholt werden.

4678

Hat der Betriebsrat gegen eine ordentliche Kündigung Bedenken, so kann er aus bestimmten Gründen nach § 102 Abs. 3 BetrVG ein **Widerspruchsrecht** ausüben. Liegt ein derartiger Widerspruch tatsächlich vor, so ist die Kündigung nach § 1 Abs. 2 Satz 2, 3 KSchG ebenfalls sozial ungerechtfertigt. Die **Rechtsprechung** steht auf dem Standpunkt, daß die Möglichkeit der **Weiterbeschäftigung** an einem anderen Arbeitsplatz in demselben Betrieb oder in einem anderen Betrieb des Unternehmens (§ 102 Abs 3 Nr. 3 BetrVG) auch dann im Kündigungsschutzprozeß zu berücksichtigen ist, wenn der Betriebsrat der Kündigung nicht widersprochen hat.

Das Widerspruchsrecht des § 102 Abs. 3 BetrVG bezieht sich nicht nur auf betriebsbedingte, sondern auch auf personen- und verhaltensbedingte Gründe. Der Schwerpunkt des Widerspruchsrechtes wird freilich stets bei betriebsbedingten Kündigungen liegen, da den Arbeitgeber insbesondere bei verhaltensbedingten Kündigungen die Fortsetzung des Arbeitsverhältnisses an einem anderen Arbeitsplatz nur in Ausnahmefällen einmal zumutbar sein wird.

Welche Anforderungen an die Ausübung des Widerspruchsrechts zu stellen sind, ist streitig. Soweit es um die Weiterbeschäftigungsmöglichkeit geht, muß verlangt werden, daß der Betriebsrat auf eine konkrete anderweitige Beschäftigungsmöglichkeit aufmerksam macht. **Durch den Widerspruch wird der Arbeitgeber an der Kündigung nicht gehindert.** Der Arbeitgeber ist freilich dann, soweit der Arbeitnehmer bereits Kündigungsschutz genießt, also die Wartezeit des § 1 Abs. 1 KSchG erfüllt und nicht in einem Kleinstbetrieb beschäftigt ist, zur Weiterbeschäftigung zu unveränderten Arbeitsbedingungen verpflichtet (§ 102 Abs. 5 BetrVG).

Dieser **betriebsverfassungsrechtliche Weiterbeschäftigungsanspruch** kann im Wege der einstweiligen Verfügung durchgesetzt werden. Dabei genügt es nach der Meinung des LAG Hamm *(24.01.1994, LAGE § 102 BetrVG 1972 Beschäftigungspflicht Nr. 14)* zur Begründung der Dringlichkeit, also des Verfügungsgrundes, außer dem drohenden Zeitablauf keiner Darlegung und Glaubhaftmachung weiterer Umstände.

XIII. Weiterführende Literaturhinweise

4678

Bayer, Anforderungen an den Arbeitgeber bei der Anhörung des Betriebsrats zu einer Kündigung, DB 1992, 782

Griese, Neuere Tendenzen bei der Anhörung des Betriebsrats vor der Kündigung, BB 1990, 1899

Kliemt, § 102 Abs. 4 BetrVG - keine unentdeckte Formvorschrift!, NZA 1993, 921

Oetker, Die Anhörung des Betriebsrats vor Kündigungen, BB 1989, 417

Rummel, Die Anhörung des Betriebsrats vor krankheitsbedingten Kündigungen, NZA 1984, 76

Schwerdtner, Grenzen der Zulässigkeit des Nachschiebens von Kündigungsgründen im Kündigungsschutzprozeß, NZA 1987, 361

Wenzel, Kündigung und Kündigunggschutz, 6. Aufl. 1994, Rz. 271 ff

Betriebsratsanhörung bei Kündigungen

> Muster: Anhörung des Betriebsrats vor Kündigung

Kopf:

An den
Betriebsrat der ...
z.H. des Betriebsratsvorsitzenden ...

Text:

Die Firma ... beabsichtigt den Arbeitnehmer

Name
Vorname
Geburtsdatum
Familienstand
Kinder
Wohnhaft in ...

ordentlich zu kündigen.

Der zu kündigende Arbeitnehmer ... ist seit dem ... als ... zuletzt in der Betriebsabteilung ... beschäftigt. Er arbeitet mit der vollen Arbeitszeit/in Teilzeit/zur Aushilfe.

Begründung der Kündigung:

Die Kündigung ist erforderlich weil ...

Der Betriebsrat wird gebeten, der beabsichtigten Kündigung zuzustimmen.

Eventuell:

Es wird gebeten, wegen der besonderen Eilbedürftigkeit, sofort eine Betriebsratssitzung einzuberufen und die beabsichtigte Kündigung zum Gegenstand dieser Sitzung zu machen. Die besondere Eilbedürftigkeit ist darin begründet, daß ...

Muster: Empfangsbestätigung über die Einleitung des Anhörungsverfahrens

Wir bestätigen, die Unterrichtung über die beabsichtigte Kündigung des Arbeitnehmers ... am ... erhalten zu haben.

Ort, den ...

gez. der Betriebsratsvorsitzende

32. Kapitel: Fragen in Zusammenhang mit dem Kündigungsschutzprozeß

I. Weiterbeschäftigung während des Kündigungsschutzprozesses?	4702
II. Zu welchem Zeitpunkt ist die Wirksamkeit einer Kündigung zu beurteilen?	4706
III. Wer trägt die Darlegungs- und Beweislast im Kündigungsschutzprozeß?	4710
IV. Kündigungsschutzklage	4718
V. Der Auflösungsantrag	4719
VI. Weiterführende Literaturhinweise	4720

I. Weiterbeschäftigung während des Kündigungsschutzprozesses?

4702
Während des Kündigungsschutzprozesses steht dem Arbeitnehmer unter bestimmten Voraussetzungen ein **sogenannter Weiterbeschäftigungsanspruch** zu, d.h. der Arbeitgeber ist verpflichtet, den Arbeitnehmer zu unveränderten Arbeitsbedingungen weiter zu beschäftigen. Durch diesen Weiterbeschäftigungsanspruch soll gesichert werden, daß der einzelne Arbeitnehmer seinen konkreten Arbeitsplatz verteidigen kann. Das Kündigungsschutzgesetz soll nicht zu einem **Abfindungsgesetz** werden. Zum **betriebsverfassungsrechtlichen Weiterbeschäftigungsanspruch** s. Rz. 4678.

Nach der **Rechtsprechung** steht dem gekündigten Arbeitnehmer zunächst ein Weiterbeschäftigungsanspruch mit Ablauf der Kündigungsfrist bzw. bei einer außerordentlichen Kündigung mit deren Zugang zu, wenn sich schon aus dem **eigenen Vortrag des Arbeitgebers ohne Beweiserhebung** und ohne daß ein Beurteilungsspielraum gegeben wäre, jedem Kundigen die Unwirksamkeit der Kündigung geradezu aufdrängen muß, bzw. wenn ein **besonderes Beschäftigungsinteresse** gegeben ist. Solches Beschäftigungsinteresse ist insbesondere gegeben, wenn es sich um **Ausbildungsverhältnisse** im weitesten Sinne handelt. Im übrigen soll ein Weiterbeschäftigungsanspruch nur eingreifen, wenn **ein Arbeitsgericht einer Instanz der Kündigungsschutzklage stattgegeben hat** und der Weiterbeschäftigung **keine überwiegenden Interessen des Arbeitgebers** entgegenstehen. Derartige überwiegende Interessen des Arbeitgebers an einer Nichtbeschäftigung können sich aus der Stellung des Arbeitnehmers im Betrieb, aus dem Kündigungsgrund (Straftat) oder aus der wirtschaftlichen Unzumut-

Arbeitsrecht

barkeit einer Weiterbeschäftigung ergeben. Diese Grundsätze gelten für ordentliche und außerordentliche Kündigungen, für Befristungsstreitigkeiten und beim **Streit über die Wirksamkeit eines Aufhebungsvertrages.**

4703
Hat der Arbeitgeber nach Zuerkennung eines Weiterbeschäftigungsanspruchs durch das Arbeitsgericht **erneut eine Kündigung ausgesprochen**, so kommt es darauf an, ob diese erneute Kündigung zu einer **erneuten Ungewißheit** über den Fortbestand des Arbeitsverhältnisses führt, die derjenigen entspricht, die vor Verkündung des Urteils bestanden hat, das die Unwirksamkeit der ersten Kündigung festgestellt hat. Dementsprechend soll nach der **Rechtsprechung** eine weitere offensichtlich unwirksame Kündigung den Weiterbeschäftigungsanspruch ebensowenig wie eine weitere Kündigung zu Fall bringen, die auf dieselben Gründe gestützt wird, die nach Auffassung des Arbeitsgerichts schon für die erste Kündigung nicht ausgereicht haben. War freilich die **erste Kündigung aus formalen Gründen** (z.B. fehlende Anhörung des Betriebsrats) für unwirksam erklärt worden, so stellt die nach Behebung des formalen Mangels ausgesprochene zweite Kündigung aus denselben Gründen eine Unsicherheit über den Fortbestand des Arbeitsverhältnisses her, die derjenigen vor Verkündung des Urteils über die erste Kündigung entspricht. Stützt der Arbeitgeber eine weitere Kündigung auf einen **neuen Lebenssachverhalt**, der es möglich erscheinen läßt, daß die erneute Kündigung eine andere rechtliche Beurteilung erfährt, dann wird damit eine zusätzliche Ungewißheit über den Fortbestand des Arbeitsverhältnisses begründet, die das schutzwürdige Interesse des Arbeitgebers an der Nichtbeschäftigung wieder überwiegen läßt.

4704
Unsicher ist, ob und wie das sogenannte Weiterbeschäftigungsverhältnis rückabgewickelt wird.

Beispiel:
Arbeitnehmer A wurde ordentlich zum 30.06.1994 gekündigt. Hiergegen hat er sich mit seiner Kündigungsschutzklage gewandt und gleichzeitig beantragt, ihn zu unveränderten Arbeitsbedingungen weiter zu beschäftigen. Das Arbeitsgericht hat der Kündigungsschutzklage und dem Weiterbeschäftigungsantrag stattgegeben. Seit dem 01.08.1994 wurde A zur Abwendung der Zwangsvollstreckung weiter beschäftigt. Mit Urteil vom 20.03.1995 hat das LAG das Urteil des Arbeitsgerichts aufgehoben und die Klage insgesamt abgewiesen.
*Erfolgt die **Weiterbeschäftigung freiwillig**, so kann dies auf einer Vereinbarung beruhen, aufgrund derer das Arbeitsverhältnis auflösend bedingt durch die rechtskräftige Abweisung der Kündigungsschutzklage fortgesetzt werden soll.*

Vor einer derartigen freiwilligen Weiterbeschäftigung kann jedoch nur gewarnt werden, da damit der Ausgang eines möglichen Kündigungsschutzprozesses präjudiziert wird. Dem Arbeitgeber wird es z.B. nicht mehr gelingen, dringende betriebliche Erfordernisse, die einer Weiterbeschäftigung des Arbeitnehmers entgegenstehen, im Kündigungsschutzprozeß darzulegen und zu beweisen, wenn er dem Arbeitnehmer freiwillig angeboten hat, diesen bis zum rechtskräftigen Abschluß des Kündigungsschutzprozesses zu unveränderten Arbeitsbedingungen weiter zu beschäftigen. Anders kann sich freilich die Sachlage bei einer krankheitsbedingten Kündigung darstellen.

4705

Bei einer **Weiterbeschäftigung zur Abwendung der Zwangsvollstreckung**, erfolgt die Rückabwicklung nach dem Recht der **ungerechtfertigten Bereicherung** (§ 812 Abs. 1 Satz 1, 1. Alternative BGB). Dies bedeutet, daß dem Arbeitnehmer nur der **Wert seiner Arbeitsleistung** verbleibt. Als Obergrenze ist dabei das anzusehen, was die Parteien selbst für angemessen erachten. Der Wert der Arbeitsleistung bestimmt sich also nach der üblichen oder hilfsweise der angemessenen Vergütung. Die hiernach ermittelte Vergütung muß nicht immer dem Tariflohn entsprechen *(s. BAG 12.02.1992, EzA § 611 BGB Beschäftigungspflicht Nr. 52)*. Sie kann vielmehr auch darüber oder darunter liegen. Den geringeren Wert der Arbeitsleistung im Weiterbeschäftigungszeitraum hat freilich der Arbeitgeber darzulegen und zu beweisen.

Ist mangels anderer Erkenntnisse für den nach § 818 Abs. 2 BGB zu leistenden Wertersatz vom Tariflohn auszugehen, bedeutet dies, daß der übertarifliche Lohn zuzüglich des hierauf entfallenden Arbeitgeberanteils für Sozialversicherung vom Arbeitnehmer an den Arbeitgeber zurückzuzahlen ist.

Für die Tage, an denen der Arbeitnehmer aufgrund gesetzlicher oder tariflicher Vorschriften von der Arbeit **unter Fortzahlung des Lohnes freigestellt** war (Urlaub, Feiertage sowie Heiligabend und Sylvester, Arbeitsunfähigkeit) ist der Arbeitgeber um keine Arbeitsleistung bereichert. Deshalb hat der Arbeitnehmer nicht Beträge zurückzuerstatten. Der Arbeitgeber sollte in diesen Fällen stets unter Vorbehalt leisten und den Arbeitnehmer ausdrücklich auf dieses nicht unerhebliche **Rückabwicklungsrisiko** hinweisen. Allerdings vertritt das BAG die Auffassung, daß eine Zahlung unter Vorbehalt nicht genügt, um die verschärfte Haftung des Empfängers auszulösen *(BAG 12.02.1992, EzA § 611 BGB Beschäftigungspflicht Nr. 52)*. Eine Änderung dieser Rechtsprechung scheint aber nicht ausgeschlossen!

II. Zu welchem Zeitpunkt ist die Wirksamkeit einer Kündigung zu beurteilen?

4706

Maßgeblicher Zeitpunkt für die Beurteilung der Rechtfertigung einer ordentlichen Kündigung ist der Sachverhalt, der zum Zeitpunkt des Zugangs der Kündigung objektiv vorgelegen hat. Frühere Umstände, die zu einer Abmahnung geführt haben, können und müssen bei der Würdigung des neuen Kündigungsgrundes jedoch mit herangezogen werden, sofern sie nicht bereits lange Zeit zurückliegen und daher kein Gewicht mehr haben.

Daraus folgt für **krankheitsbedingte Kündigungen**, daß die Entwicklung einer Krankheit bis zur letzten mündlichen Verhandlung in der Tatsacheninstanz dann keine Berücksichtigung mehr finden kann, wenn die Ursache für diese Entwicklung erst nach Zugang der Kündigung gesetzt wurde.

Beispiel:
Z ist Alkoholiker. Er weist ganz erhebliche Ausfallzeiten auf. Obwohl ihn sein Arbeitgeber wiederholt aufgefordert hat, sich einer Entziehungskur zu unterziehen, verweigerte Z eine entsprechende Maßnahme. Nach erfolgter Kündigung unterzieht er sich erfolgreich dieser Entziehungskur.
Dieser Umstand kann im Kündigungsschutzprozeß nicht mehr berücksichtigt werden. Das gleiche gilt, wenn sich ein Arbeitnehmer vor Ausspruch der Kündigung einer notwendigen und Erfolg versprechenden Operation verweigert hat. Unterzieht er sich nach erfolgter Kündigung nunmehr der Operation, so kann auch dieser Umstand im Kündigungsschutzprozeß nicht mehr berücksichtigt werden. Dies gilt nach der **Rechtsprechung** *selbst für den Fall, daß nach erfolgter Kündigung ein neues medizinisches Präparat oder eine neue Heilmethode auf dem Markt erscheint und nunmehr bei dem wegen Krankheit gekündigten Arbeitnehmer erfolgreich angewandt wird.*

Werden nach einer betriebsbedingten Kündigung (siehe Rz. 4451) wegen eines **veränderten Auftragsvolumens** wieder Neueinstellungen notwendig, so ändert dies nichts daran, daß die betriebsbedingten Kündigungen rechtswirksam waren, soweit im Zeitpunkt des Zugangs der Kündigung dringende betriebliche Erfordernisse vorgelegen haben, die zu einem Arbeitskräfteüberhang geführt haben. Ob insoweit ein Wiedereinstellungsanspruch in Betracht kommt, ist höchstrichterlich noch nicht entschieden. Ein solcher Wiedereinstellungsanspruch ist bislang nur anerkannt worden, wenn sich das Beschäftigungsvolumen noch während des Laufs der Kündigungsfrist verändert. Können in diesem Falle nicht alle gekündigten Arbeitnehmer neu eingestellt werden, so ist eine **Auswahl nach sozialen Gesichtspunkten** vorzunehmen.

4707

Der Grundsatz, daß es für die Beurteilung der Rechtmäßigkeit einer ordentlichen Kündigung auf den Sachverhalt ankommt, der im Zeitpunkt des Zugangs der Kündigung vorgelegen hat, wird durchbrochen in bezug auf die Weiterbeschäftigung auf einem freien gleichwertigen oder geringerwertigen Arbeitsplatz im Betrieb. Nach der Rechtsprechung ist von einem freien Arbeitsplatz auszugehen, wenn der Arbeitgeber bei Ausspruch der Kündigung mit **hinreichender Sicherheit vorhersehen** kann, daß ein Arbeitsplatz bis zum Ablauf der Kündigungsfrist, z. B. aufgrund des Ausscheidens eines anderen Arbeitnehmers, zur Verfügung stehen wird.

Fragen in Zusammenhang mit dem Kündigungsschutzprozeß

Auch bei der sogenannten **Sozialauswahl** (vgl. Rz. 4462) bleiben die sozialen Gesichtspunkte unberücksichtigt, die sich erst nach Zugang der Kündigung ergeben haben.

4708

Stellt sich im **Kündigungsschutzprozeß** heraus, daß die vom Arbeitgeber angeführten Gründe die ordentliche Kündigung nicht zu rechtfertigen vermögen, so stellt sich die Frage, ob und unter welchen Voraussetzungen der Arbeitgeber weitere **Kündigungsgründe nachschieben** kann. Hierbei ist zu unterscheiden zwischen Betrieben mit einem Betriebsrat und Betrieben ohne einen Betriebsrat. In Betrieben **mit einem Betriebsrat** können nach der Rechtsprechung Tatsachen **uneingeschränkt nachgeschoben** werden, die lediglich der Erläuterung und Konkretisierung der dem Betriebsrat mitgeteilten Gründe dienen, **nicht aber andere Umstände**, die erstmals einen kündigungsrelevanten Sachverhalt umschreiben. Dies folgt daraus, daß dem Betriebsrat grundsätzlich die Gründe für die Kündigung mitzuteilen sind.

Deshalb kann nur der **Rat** gegeben werden, dem Betriebsrat alle bei Ausspruch der Kündigung bekannten Kündigungsgründe mitzuteilen. Soziale Rücksichtnahme auf den Arbeitnehmer wandelt sich im Kündigungsschutzprozeß in einen Nachteil des Arbeitgebers um.

Besondere Vorsicht ist geboten bei einer Kündigung wegen des Verdachts einer strafbaren Handlung oder des Verdachts einer schweren Vertragsverletzung. Da die Rechtsprechung auf dem Standpunkt steht, daß es sich bei dem Verdacht einer strafbaren Handlung bzw. dem Verdacht einer schweren Vertragsverletzung und der für erwiesen erachteten Straftat oder der für erwiesen erachteten Vertragsverletzung um zwei unterschiedliche Kündigungsgründe handelt, sollte der Betriebsrat in allen Zweifelsfällen **vorsorglich** zu einem entsprechenden Verdacht angehört werden.

4709

Kündigungsgründe, die der Arbeitgeber erst **nach Ausspruch der Kündigung** in Erfahrung bringt, die aber bereits vor Ausspruch der Kündigung entstanden waren, können in Betrieben mit einem Betriebsrat nur nachgeschoben werden, wenn der Arbeitgeber hierzu den Betriebsrat zuvor **anhört**. Dem Betriebsrat müssen insoweit die entsprechenden Einlassungsfristen des § 102 Abs. 2 BetrVG eingeräumt werden.
Im **Zustimmungsersetzungsverfahren** nach § 103 Abs. 2 BetrVG können nach der **Rechtsprechung** nur solche Gründe vorgebracht werden, die zuvor dem Betriebsrat mit dem Ziel mitgeteilt worden sind, die Zustimmung zur außerordentlichen Kündigung des Betriebsratsmitglieds zu erhalten.

In Betrieben ohne Betriebsrat gilt etwas anderes. Materiellrechtlich können **Kündigungsgründe**, die bei Ausspruch der Kündigung bereits entstanden waren, in betriebsratslosen Betrieben **immer nachgeschoben** werden. Insoweit sind aber die **prozessualen Verspätungsvorschriften** zu beachten. Bei einer außerordentlichen Kündigung müssen die später bekannt gewordenen weiteren wichtigen Gründe nicht einmal innerhalb der Ausschlußfrist des § 626 Abs. 2 BGB nachgeschoben werden.

4709 a
Von dem Nachschieben von Kündigungsgründen ist die Frage zu unterscheiden, ob nach einem für den Arbeitgeber negativen Urteil in einem Kündigungsschutzprozeß dieser auf **dieselben Gründe** eine **erneute Kündigung** stützen kann (Situation der Wiederholungskündigung) und wie der Arbeitnehmer hierauf reagieren sollte. **Ist in einem Kündigungsrechtsstreit entschieden, daß das Arbeitsverhältnis durch eine bestimmte Kündigung nicht aufgelöst worden ist, so kann der Arbeitgeber eine erneute Kündigung nicht auf Kündigungsgründe stützen, die er schon zur Begründung der ersten Kündigung vorgebracht hat und die in dem ersten Kündigungsschutzprozeß materiell geprüft worden sind, mit dem Ergebnis, daß sie die Kündigung nicht rechtfertigen können.** Dies gilt sowohl für eine Wiederholungs- als auch für eine sog. Trotzkündigung. Gegen die ausgesprochene zweite Kündigung muß der Arbeitnehmer allerdings nach §§ 4, 7 KSchG Klage erheben, dieser wird aber schon wegen des vorherigen Urteils ohne weiteres stattgegeben *(s. zum Ganzen BAG 26.08.1993, EzA § 322 ZPO Nr. 9).*

Aus Sicht des Arbeitnehmers ist es also in der geschilderten Situation nur wichtig, die Trotz- oder Wiederholungskündigung rechtzeitig anzugreifen. Der Arbeitgeber kann hingegen auf die Nachlässigkeit des Arbeitnehmers spekulieren und die mögliche Kostenfolge in Kauf nehmen.

Anders als in der Situation der Trotz- oder Wiederholungskündigung ist freilich zu entscheiden, wenn **die Kündigung nur aus formalen Gründen scheitert**, etwa einer fehlerhaften Betriebsratsanhörung. Hier ist der Arbeitgeber nach erneut durchgeführter - ordnungsgemäßer - Betriebsratsanhörung nicht gehindert, die Kündigung auf dieselben materiellen Kündigungsgründe zu stützen.

III. Wer trägt die Darlegungs- und Beweislast im Kündigungsschutzprozeß?

4710

Im Kündigungsschutzprozeß hat der **Arbeitgeber** die Tatsachen zu beweisen, die die Kündigung bedingen (§ 1 Abs. 2 Satz 4 KSchG). Lediglich im Rahmen der sogenannten **Sozialauswahl** bei betriebsbedingten Kündigungen (§ 1 Abs. 3 Satz 3 KSchG) kehrt sich die Beweislast um.

Die Voraussetzungen für die Anwendbarkeit des Kündigungsschutzgesetzes - die Erfüllung der Wartezeit (§ 1 Abs. 1 KSchG), die Größe des Betriebes (§ 23 Abs. 1 Satz 2 KSchG) und den Umstand, daß eine Kündigung ausgesprochen worden ist - hat der **Arbeitnehmer** zu beweisen. Seine Klage ist demnach schon schlüssig, wenn aus ihr hervorgeht, daß er länger als 6 Monate in dem Beschäftigungsverhältnis gestanden hat, der Betrieb in der Regel mehr als 5 Beschäftigte hat und eine Kündigung ausgesprochen worden ist, die er nicht für gerechtfertigt hält.

Bei dem **Hauptanwendungsfall** der **personenbedingten Kündigung** - der Kündigung wegen Krankheit (vgl. Rz. 4351) - gelten nach der Rechtsprechung folgende Grundsätze:

- Der Arbeitgeber darf sich bei einer Kündigung wegen Krankheit zunächst mit dem **pauschalen Vortrag** der Tatsachen begnügen, aus denen sich ergeben soll, daß der Arbeitnehmer auch in **Zukunft** Ausfallzeiten haben wird und unzumutbare betriebliche und/oder wirtschaftliche Störungen auftreten.

- Nur für den Fall der **langanhaltenden Erkrankungen** sowie für den Fall der **Wiederholungserkrankungen** steht die **Rechtsprechung** auf dem Standpunkt, daß sich der Arbeitgeber zunächst auf die Angabe der Ausfallzeiten in der Vergangenheit beschränken kann. Der Dauer der bisherigen Arbeitsunfähigkeit kommt danach eine gewisse Indizwirkung zu.

- Der Arbeitnehmer muß sodann darlegen, weshalb mit seiner alsbaldigen Genesung zu rechnen ist. Dieser **prozessualen Mitwirkungspflicht** (§ 138 Abs. 2 ZPO) genügt der Arbeitnehmer schon dadurch, daß er die Behauptung des Arbeitgebers bestreitet und gleichzeitig die ihn behandelnden Ärzte von der **Schweigepflicht entbindet**. Ansonsten muß der Arbeitnehmer offenlegen, welche Krankheiten den Ausfallzeiten zugrunde lagen und/oder welche ärztlichen Maßnahmen getroffen wurden, aus denen sicher hervorgeht, daß ein Leiden ausgeheilt ist. Kommt der Arbeitnehmer dieser prozessualen Mitwirkungspflicht nicht nach, so ist seine Einlassung prozessual unerheblich, d.h. die Kündigungsschutzklage abzuweisen.

4711

Die **Rechtsprechung** hält daran fest, daß mangels gesicherter Erkenntnisse in diesem Zusammenhang die Möglichkeit entfällt, die Beweisanforderungen zu erleichtern. Vielmehr hält sie daran fest, daß der zu fordernde volle Beweis in aller Regel wegen der erforderlichen Sachkenntnis nur durch ein **medizinisches Gutachten** zu führen ist. Dies gilt selbst dann, wenn der Arbeitnehmer ungewöhnlich hohe Ausfallzeiten aufzuweisen hat.

Die nicht mehr hinzunehmenden **betrieblichen und/oder wirtschaftlichen Auswirkungen** hat selbstverständlich der **Arbeitgeber** darzulegen und gegebenenfalls zu beweisen. Wegen der fehlenden Sachnähe kann sich, was die betrieblichen Auswirkungen anbetrifft, der Arbeitnehmer darauf beschränken, die Behauptungen des Arbeitgebers schlicht zu bestreiten, um seiner prozessualen Mitwirkungspflicht zu genügen. Zur Darlegung **erheblicher Betriebsstörungen** bei einer Kündigung wegen Krankheit ist es erforderlich, daß der Arbeitgeber im einzelnen vorträgt, in welcher Weise er den Ausfall bisher überwunden hat und warum die bisherigen Maßnahmen nicht fortgesetzt werden können. Dennoch wird man vom Arbeitgeber nicht verlangen können, daß er **zukünftige** Betriebsstörungen darlegt. Es muß ausreichen, wenn er darlegt und beweist, welche Betriebsablaufstörungen in der Vergangenheit eingetreten sind. Die **Rechtsprechung** hat in anderem Zusammenhang festgestellt, daß von einem Arbeitgeber Unmögliches verlangt würde, wenn er zukünftige Betriebsstörungen darlegen müßte. Behauptet der Arbeitnehmer, daß **seine Ausfallzeiten betriebliche Ursachen** haben, so trägt der Arbeitgeber die Darlegungs- und Beweislast dafür, daß ein solcher vom Arbeitnehmer behaupteter ursächlicher Zusammenhang nicht besteht. Insoweit muß der Arbeitnehmer seinen Arzt wiederum von der Schweigepflicht entbinden.

Der Arbeitgeber muß auch darlegen, welche Überbrückungsmaßnahmen getroffen worden sind (Einstellung von Aushilfskräften, Anordnung von Überstunden) bzw. warum solche **Überbrückungsmaßnahmen** nicht mehr möglich waren.

4712

Bei **verhaltensbedingten Kündigungen** muß der Arbeitgeber die einzelne **Vertragsverletzung** so genau wie möglich benennen, auf die er die Kündigung zu stützen beabsichtigt. Er muß auch darlegen, ob und wann der Arbeitnehmer **abgemahnt** worden ist, daß diese Abmahnung für den Arbeitnehmer unmißverständlich war und daß nach der letzten (immer noch nicht verbrauchten) Abmahnung eine weitere Vertragsverletzung aufgetreten ist, soweit nicht ausnahmsweise eine Abmahnung entbehrlich ist (s. Rz. 4307).

Besondere Probleme stellen sich bei Kündigungen wegen **unentschuldigten Fehlens des Arbeitnehmers**. Der Arbeitgeber genügt in diesem Zusammenhang zunächst seiner Darlegungslast, wenn er die Dauer der Fehlzeiten darlegt. Bestreitet der Arbeitnehmer den Vorwurf, unentschuldigt gefehlt zu haben, muß der Arbeitgeber darlegen und beweisen, daß der Arbeitnehmer unentschuldigt gefehlt hat. Der Arbeitnehmer muß jedoch substantiiert bestreiten, daß er unentschuldigt fehlte. Beruft er sich also etwa auf eine **Arbeitsunfähigkeit**, so muß er entweder ein Attest vorlegen oder erklären, warum er nicht zum Arzt gehen konnte und an welcher Krankheit er litt. Soweit der Arbeitnehmer sein Fernbleiben mit einer **Urlaubsbewilligung** begründet, muß er vortragen, wer ihm den Urlaub bewilligt hat, da der Arbeitgeber erst dadurch in den Stand versetzt wird, die Richtigkeit der Angaben des Arbeitnehmers zu überprüfen und gegebenenfalls zu widerlegen.

4713

Auch bei verhaltensbedingten Kündigungen muß der Arbeitgeber überprüfen, ob nicht seinen Interessen dadurch genügt ist, daß der Arbeitnehmer auf einem anderen Arbeitsplatz in dem Betrieb beschäftigt wird. Dies muß freilich dem Arbeitgeber auch **zumutbar** sein. Im übrigen muß der Arbeitnehmer zunächst darlegen, wie er sich eine anderweitige Beschäftigung vorstellt, wenn eine Weiterbeschäftigung auf seinem bisherigen Arbeitsplatz nicht möglich ist. Erst nach einem substantiierten Vortrag des Arbeitnehmers muß der Arbeitgeber darlegen und beweisen, daß eine Versetzung auf einen entsprechenden freien Arbeitsplatz **nicht möglich** ist.

4714

Beruft sich der Arbeitgeber auf den **betriebsbedingten Wegfall** eines Arbeitsplatzes, so darf er sich bei **außerbetrieblichen** Gründen (Auftragsmangel, Umsatzrückgang) nicht mit schlagwortartigen Formulierungen wie Gewinnverlust oder Umsatzrückgang begnügen. Er muß seine Angaben so konkret machen, daß der gekündigte Arbeitnehmer in den Stand versetzt wird, Gegentatsachen vorzutragen. Der Arbeitgeber muß also konkrete Zahlen über den Umsatzrückgang mit Vergleichszahlen für das Vorjahr und den gegenwärtigen Auftragsbestand darlegen und die **Personalbedarfsplanung** offenlegen. Bei **innerbetrieblichen Gründen** muß der Arbeitnehmer diese innerbetrieblichen Maßnahmen darlegen. Darüber hinaus muß er sowohl bei innerbetrieblichen als auch außerbetrieblichen Gründen darlegen und gegebenenfalls beweisen, wie sich diese Umstände auf die Beschäftigungsmöglichkeit gerade des gekündigten Arbeitnehmers auswirken. Der Wegfall des Arbeitsplatzes muß dabei bereits **greifbare Formen** angenommen haben bzw. nach Ablauf der Kündigungsfrist greifbare Formen annehmen. Führt ein dauerhafter Umsatzrückgang zur Verringerung einer bestimmten Arbeitsmenge, so kann ein Arbeitgeber die Kündigung eines Arbeitnehmers darauf stützen, daß durch den Umsatzrückgang ein **dringendes betriebliches Erfordernis** zur Entlassung des Arbeitnehmers entstanden ist. Wenn Umfang und Dauer des Umsatzrückganges strittig sind, hat das Gericht zu überprüfen, ob ein dauerhafter Umsatzrückgang vorliegt und in welchem Ausmaß er sich auf die Arbeitsmenge bestimmter Arbeitnehmer auswirkt. Liegt ein dauerhafter Umsatzrückgang vor, dann kann die Dringlichkeit der Personalreduzierung auch nicht mit dem Hinweis auf die Möglichkeit der **Einführung von Kurzarbeit** geleugnet werden. Hinsichtlich der Weiterbeschäftigungsmöglichkeit auf einem freien Arbeitsplatz genügt zunächst der **allgemeine Vortrag** des Arbeitgebers, daß wegen der notwendigen Betriebsänderung eine Weiterbeschäftigung des Arbeitnehmers nicht mehr möglich sei. Es ist **Sache des Arbeitnehmers,** darzulegen, wie er sich eine anderweitige Beschäftigung vorstellt, wenn sein bisheriger Arbeitsplatz in Wegfall gekommen ist. Erst danach muß der Arbeitgeber eingehend erläutern, aus welchen Gründen eine Versetzung auf einen entsprechenden freien gleichwertigen oder geringerwertigen Arbeitsplatz nicht möglich ist.

4715

Ob bei der Auswahl der gekündigten Arbeitnehmer **soziale Gesichtspunkte** nicht oder nicht ausreichend berücksichtigt wurden, hat der **Arbeitnehmer zu beweisen** (§ 1 Abs. 3 Satz 3 KSchG). Die Rechtsprechung geht insoweit von einer **abgestuften Darlegungslast** aus. Es ist zunächst Sache des Arbeitnehmers, die

Fehlerhaftigkeit der Sozialauswahl darzulegen, sofern er über die dazu erforderlichen Informationen verfügt. Soweit der Arbeitnehmer nicht in der Lage ist, zur sozialen Auswahl Stellung zu nehmen und er deswegen den Arbeitgeber zur **Mitteilung der Gründe auffordert,** die ihn zu der Auswahl veranlaßt haben, hat der Arbeitgeber als Folge seiner materiellen Auskunftspflicht (§ 1 Abs. 3 Satz 1, 2. Halbsatz KSchG) substantiiert im Prozeß vorzutragen. Der Arbeitnehmer hat freilich keinen Anspruch auf die vollständige Auflistung der Sozialdaten aller objektiv vergleichbaren Arbeitnehmer. Der Arbeitgeber muß lediglich seine **subjektiven, von ihm tatsächlich angestellten Auswahlüberlegungen** mitteilen. Gibt der Arbeitgeber keine oder keine vollständige Auskunft über seine subjektiven Erwägungen ab, so kann der Arbeitnehmer bei fehlender eigener Kenntnis seiner Substantiierungspflicht nicht genügen. In diesen Fällen ist der der fehlenden Kenntnis des Arbeitnehmers entsprechende Vortrag, es seien sozial stärkere Arbeitnehmer als er vorhanden, schlüssig und ausreichend. Dieser der Kenntnis des Arbeitnehmers entsprechende Vortrag, der Arbeitgeber habe soziale Gesichtspunkte nicht ausreichend beachtet, ist zugleich unstreitig, wenn der **Arbeitgeber bei seiner auskunftsverweigernden** Haltung verbleibt, denn dieser hat damit nicht hinreichend bestritten (§ 138 Abs. 2 ZPO).

4716
Die gleichen Erwägungen gelten auch dann, wenn dem Vortrag des Arbeitgebers zu entnehmen ist, daß er die Sozialauswahl nicht unter Berücksichtigung des Vortrages des Arbeitnehmers auf die aus dessen Sicht vergleichbaren Arbeitnehmer erstreckt hat. Er muß insoweit im Prozeß **seinen Vortrag ergänzen.**

4717
Stützt der Arbeitnehmer die Sozialwidrigkeit einer Kündigung auf den Umstand, daß ein **Widerspruchsgrund im Sinne von § 102 Abs. 3 BetrVG** bestanden hat und daß der Betriebsrat aus einem dieser Gründe der Kündigung innerhalb der Einlassungsfristen (§ 102 Abs. 2 Satz 1 BetrVG) schriftlich widersprochen hat, so obliegt dem Arbeitgeber die Darlegungs- und Beweislast, daß der Widerspruch nicht begründet ist.

Insgesamt kann jedem Beteiligten eines Kündigungsschutzprozesses angesichts dieser schwierigen Darlegungs- und Beweisfragen nur empfohlen werden, den Rat eines Fachkundigen in Anspruch zu nehmen. Es gilt: **Fehler im Kündigungsschutzprozeß sind teuer!**

IV. Kündigungsschutzklage

4718
Auf die Notwendigkeit der Erhebung einer **fristgebundenen Kündigungsschutzklage** wurde bereits an mehreren Stellen hingewiesen (s. §§ 4, 7 KSchG). Da das Bundesarbeitsgericht vom sog. punktuellen Streitgegenstand ausgeht, geht es im Kündigungsschutzprozeß grundsätzlich immer nur um die Wirksam-

keit einer einzigen Kündigung. **Folgekündigungen werden also nicht erfaßt.** Sie gelten als nicht durch die Kündigungsschutzklage angegriffen. Daher wurde in der Praxis häufig folgender Antrag gestellt: "... beantragen wir festzustellen, daß das Arbeitsverhältnis der Parteien nicht durch die Kündigung vom ... aufgelöst worden ist, sondern unverändert fortbesteht". Diese Formulierung sollte nach dem Willen des Klägers durch die Kombination von Kündigungsschutz und allgemeiner Feststellungsklage alle Folgekündigungen erfassen.

Das **Bundesarbeitsgericht** *(16.03.1994, EzA § 4 KSchG n.F. Nr. 40)* legt an eine solche Antragstellung aber **nunmehr** einen **strengeren Maßstab** an. Befaßt sich die Antragsbegründung ausschließlich mit der Frage, ob durch eine bestimmte Kündigung wirksam gekündigt worden ist, liegt kein gegenüber der normalen Kündigungsschutzklage erweiterter Streitgegenstand vor mit der Folge, daß Folgekündigungen nicht erfaßt werden. Das BAG versteht die Antragskumulation nur als bloße Floskel, nicht als selbständige Klage! Dies bedeutet, daß der Arbeitnehmer und sein Vertreter besondere Obacht auf Folgekündigungen geben müssen, wollen sie nicht Gefahr laufen, daß das Arbeitsverhältnis durch eine weitere Kündigung nach §§ 4, 7 KSchG beendet wird. Andererseits eröffnen sich hier für den Arbeitgeber wieder längst verloren geglaubte Möglichkeiten.

V. Der Auflösungsantrag

4719

Stellt das Gericht fest, daß das Arbeitsverhältnis durch die Kündigung nicht aufgelöst ist, ist jedoch dem Arbeitnehmer die Fortsetzung des Arbeitsverhältnisses nicht zuzumuten, so hat das Gericht auf **Antrag des Arbeitnehmers** das Arbeitsverhältnis aufzulösen und den Arbeitgeber zur Zahlung einer angemessenen Abfindung zu verurteilen (§ 9 Abs. 1 Satz 1 KSchG). Die gleiche Entscheidung hat das Gericht auf **Antrag des Arbeitgebers** zu treffen, wenn Gründe vorliegen, die eine den Betriebszwecken dienliche weitere Zusammenarbeit zwischen Arbeitgeber und Arbeitnehmer nicht mehr erwarten lassen (§ 9 Abs. 1 Satz 2 KSchG). Das Gericht hat für die Auflösung des Arbeitsverhältnisses den Zeitpunkt festzusetzen, an dem es bei sozial gerechtfertigter Kündigung geendet hätte. Hiermit kann für den Arbeitnehmer die unangenehme Konsequenz verbunden sein, daß er erhebliche Ansprüche auf Verzugslohn verliert. Daher ist größte Vorsicht geboten.

Auch auf eine **außerordentliche Kündigung** hin kann unter den oben skizzierten Umständen der **Arbeitnehmer** einen **Auflösungsantrag** stellen (§ 13 Abs. 1 Satz 3 KSchG). Voraussetzung ist auch hier, daß ihm die Fortsetzung des Arbeitsverhältnisses nicht mehr zuzumuten ist. Die oben angesprochene Verzugslohnproblematik stellt sich ebenfalls. Für die Unzumutbarkeit der Fortsetzung des Arbeitsverhältnisses ist kein wichtiger Grund i.S. von § 626 BGB erforderlich (s. Rz. 4509 ff.).

VI. Weiterführende Literaturhinweise

4720

Bauer/Hahn, Der Auflösungsantrag in zweiter Instanz, DB 1990, 2471

Brill/Schwerdtner, Aktuelle Fragen zum Weiterbeschäftigungsanspruch gekündigter Arbeitnehmer, 1986

Habscheid, Neue Probleme zum Streitgegenstand, RdA 1989, 88

Lepke, Zur Rechtsnatur der Klagefrist des § 4 KSchG, DB 1991, 2034

Popp, Streitwert im arbeitsgerichtlichen Bestandsschutzprozeß, DB 1990, 481

Schaub, Praktische Probleme bei kumulativen Feststellungsanträgen im Kündigungsschutzprozeß, NZA 1990, 85

Schwerdtner, Vom Beschäftigungs- zum Weiterbeschäftigungsanspruch, ZIP 1985, 1361

Walker, Bereicherungsrechtliche Rückabwicklung des Weiterbeschäftigungsverhältnisses, DB 1988, 1596

Wenzel, Kündigung und Kündigungsschutz, 6. Aufl. 1994, Rz. 325 ff.

33. Kapitel: Ausgleichsquittung

	Checkliste: Ausgleichsquittung	4801
I.	Ausgleichsquittung - Warum?	4802
II.	Funktion und Rechtsnatur der Ausgleichsquittung	4803
	1. Bestätigungsfunktion	4803
	2. Verzichtsfunktion	4804
III.	Inhalt der Ausgleichsquittung	4805
	1. Verzicht auf Erhebung einer Kündigungsschutzklage	4806
	2. Anforderungen an den Wortlaut der Erklärung	4809
	3. Wirkung des Verzichts	4810
	4. Umfang der Verzichtswirkung	4811
IV.	Unverzichtbare Ansprüche	4813
	1. Verzicht auf tarifvertragliche Rechte	4814
	2. Verzicht auf Rechte aus Betriebsvereinbarungen	4815
	3. Gesetzlich unverzichtbare Ansprüche	4816
	a) Urlaubsanspruch	4817
	b) Entgeltfortzahlungsanspruch	4818
	c) Versorgungsanwartschaft	4819
	d) Zeugnisanspruch	4820
V.	Verzichtbare Ansprüche	4821
VI.	Wirksamwerden der Verzichtserklärung	4822
VII.	Aufklärungs- und Hinweispflichten	4823
VIII.	Erzwingung der Abgabe einer Ausgleichsquittung	4824
IX.	Ausgleichsquittungen mit besonderen Personengruppen	4825
	1. Ausländische Arbeitnehmer	4825
	2. Minderjährige	4826
X.	Beseitigung der Rechtsfolgen der Ausgleichsquittung	4827
	1. Empfangsbestätigung	4828
	2. Willenserklärung	4829
	a) Arglistige Täuschung/Widerrechtliche Drohung	4830
	b) Inhalts-, Erklärungs-, Motivirrtum	4831
	3. Darlegungs- und Beweislast	4833
XI.	Arbeitshilfen für die betriebliche Praxis	4834

4801

Checkliste: Ausgleichsquittung

- **Sinn und Zweck**
  - Bestätigungsfunktion
  - Verzichtsfunktion
  - Achtung: Verzicht auf Erhebung einer Kündigungsschutzklage muß klar und unmißverständlich zum Ausdruck kommen

- **Unverzichtbar sind etwa folgende Ansprüche:**
  - Rechte aus Tarifverträgen und Betriebsvereinbarungen (Zustimmungserfordernis)
  - Mindesturlaubs- bzw. Urlaubsabgeltungsanspruch
  - Noch nicht entstandene Ansprüche auf Entgeltfortzahlung im Krankheitsfall

- Ausgleichsquittung mit besonderen Personengruppen
  - Ausländische Arbeitnehmer: Sprachrisiko
  - Minderjährige, Auszubildende: Zustimmung der gesetzlichen Vertreter

- Hinweispflichten/Widerrufsmöglichkeiten beachten!

- Anfechtungstatbestände vermeiden!

Regelmäßig geht die Beendigung eines Arbeitsverhältnisses mit der Unterzeichnung einer **Ausgleichsquittung** einher.

I. Ausgleichsquittung - Warum?

4802

Die aus Anlaß der Beendigung des Arbeitsverhältnisses abgegebene Ausgleichsquittung kommt dem praktischen Bedürfnis der Arbeitsvertragsparteien entgegen, die zwischen ihnen bestehenden Beziehungen sachlich und zeitlich möglichst schnell abzuschließen. Sie dient demnach dazu, kosten- und zeitintensive **Folgestreitigkeiten zu vermeiden und die Beweisführung zu erleichtern**.

Ausgleichsquittung

Zugleich kommt der Ausgleichsquittung, was in der Praxis häufig verkannt wird, eine **Befriedungsfunktion** zu, wenn das Arbeitsverhältnis streitig beendet wird, die Parteien aber dessen Abwicklung vertraglich vereinbaren.

Insgesamt ist die Ausgleichsquittung daher **ein wichtiges Instrument der Personalarbeit** bei der Abwicklung des Arbeitsverhältnisses. Da der Inhalt der Ausgleichsquittung nicht festgelegt ist, erlaubt sie eine flexible Gestaltung und kommt in ihren Wirkungen einem Aufhebungsvertrag gleich, dessen Bestandteil sie auch häufig ist.

Allerdings darf nicht verkannt werden, daß der **Trend der Rechtsprechung** dahin geht, einer Ausgleichsquittung immer dann ihre Wirkung zu versagen, wenn die Regelung für den betroffenen Arbeitnehmer schmerzhaft oder überraschend ist. Um so wichtiger ist daher die **richtige Gestaltung der Ausgleichsquittung** unter Beachtung der von der Rechtsprechung entwickelten und im folgenden aufgezeigten Kriterien.

II. Funktion und Rechtsnatur der Ausgleichsquittung

4803

Hinsichtlich **Funktion und Rechtsnatur der Ausgleichsquittung** sind verschiedene Elemente zu unterscheiden, was insbesondere an Bedeutung gewinnt, wenn es um "Störfälle" geht (s. Rz. 4827).

1. Bestätigungsfunktion

Der Ausgleichsquittung kommt zunächst eine **Bestätigungsfunktion** zu. Es handelt sich insoweit um eine Empfangsbestätigung, mithin um eine **Quittung** i.S.d. § 368 BGB. Dies hat zur Folge, daß der Arbeitgeber gegen den Arbeitnehmer einen Anspruch auf Bestätigung hat, wenn die Voraussetzungen des § 368 BGB vorliegen. Hierfür ist kein irgendwie geartetes rechtliches Interesse erforderlich. Vielmehr reicht das **bloße Quittungsverlangen** bereits aus. Verlangt der Arbeitgeber also eine Quittung, hat der Arbeitnehmer diese zu erteilen.

Inhaltlich werden beispielsweise folgende Punkte häufig vom **Arbeitnehmer** aus Anlaß der Beendigung des Arbeitsverhältnisses bestätigt:

- Erhalt der Lohn-, Gehalts-, Vergütungsabrechnung
- Erhalt der Arbeitspapiere, wie z.B. Lohnsteuerkarte, Versicherungsnachweisheft, Urlaubsbescheinigung etc.
- Erhalt eines einfachen/qualifizierten Zeugnisses

Vom **Arbeitgeber** können etwa folgende Punkte bestätigt werden:

Arbeitsrecht

- Erhalt von Firmenunterlagen
- Rückgabe des Dienstwagens
- Erhalt von Arbeitsmaterialien, wie bspw. Werkzeug etc.
- Rückgabe von Büroschlüsseln etc.

Die Ausgleichsquittung in Form der Empfangsbestätigung beinhaltet demnach keinen Anspruchsverzicht, sondern stellt nur eine **Wissenserklärung** dar.

Beispiel:
Bestätigt der Arbeitnehmer den Empfang der letzten Lohn- bzw. Gehaltsabrechnung, so erkennt er damit nicht deren inhaltliche Richtigkeit an.

Die Ausgleichsquittung dient bei eventuellen Streitigkeiten als **Beweismittel**. Die **Möglichkeit des Gegenbeweises** bleibt jedoch erhalten. So kann beispielsweise der Einwand nachträglicher Verfälschung erhoben werden.

2. Verzichtsfunktion

4804
Neben der Bestätigungsfunktion kommt der Ausgleichsquittung - und darin liegt ihr primärer Zweck - auch eine **Verzichtswirkung** zu, wenn die Parteien ihr eine entsprechende Bedeutung zumessen. So dürfen die Arbeitsvertragsparteien einander bestätigen, daß keine wechselseitigen Ansprüche mehr bestehen. Die Rechtsnatur dieser Vereinbarung hängt von den Umständen des Einzelfalles ab, ist aber zumeist nicht von ausschlaggebender Bedeutung.
In der Regel stellt eine Ausgleichsquittung ein **negatives Schuldanerkenntnis** dar, d.h. die Parteien gehen davon aus, daß beiderseits keine Ansprüche mehr bestehen und bestätigen dies einander.

III. Inhalt der Ausgleichsquittung

4805
Der **Inhalt einer Ausgleichsquittung** ist denkbar weit und reicht vom Verzicht auf die Erhebung einer Kündigungsschutzklage bis hin zum Verzicht auf Rechte aus Betriebsvereinbarungen und Tarifverträgen. Dennoch lohnt es sich, einige Schwerpunkte in der betrieblichen Praxis genauer zu analysieren.

1. Verzicht auf Erhebung einer Kündigungsschutzklage

4806
Ist vom Arbeitgeber eine Kündigung ausgesprochen, kann der Arbeitnehmer z.B. in Form einer sog. Ausgleichsquittung auf die **Erhebung einer Kündi-**

Ausgleichsquittung

gungsschutzklage und somit letztlich auf die Geltendmachung der Unwirksamkeit der Kündigung verzichten.

Ein **Verzicht vor Ausspruch der Kündigung** ist hingegen wegen Umgehung des allgemeinen und besonderen Bestandsschutzes unwirksam. Diese Bestimmungen enthalten zugunsten des Arbeitnehmers zwingendes, unabdingbares Recht, so daß ein Verzicht weder bei Abschluß des Arbeitsvertrages noch während des Arbeitsverhältnisses möglich ist. Auch der Verzicht auf den Kündigungsschutz in einem **Sozialplan** ist unzulässig, die Klausel "Abfindung nur dann, wenn keine Kündigungsschutzklage erhoben wird" also unwirksam.

4807

Jedoch kann nach überwiegender Ansicht das Verzichtsverbot nicht auf den **Zeitraum zwischen Zugang der Kündigung und Ablauf der 3-Wochenfrist** nach § 4 Satz 1 KSchG ausgedehnt werden.

Beispiel:
Dem Arbeitnehmer wird außerordentlich gekündigt. Er ist über soviel Undankbarkeit tief enttäuscht. Um die "leidige Angelegenheit" möglichst schnell hinter sich zu bringen, unterschreibt er eine ihm vorgelegte Ausgleichsquittung. In dieser heißt es u.a.: "Auf mein mir bekanntes Recht, Kündigungsschutzklage zu erheben, verzichte ich." Am folgenden Tag ist die Enttäuschung der Verärgerung gewichen und der Arbeitnehmer entschließt sich, doch eine Kündigungsschutzklage zu erheben.

*Der Arbeitnehmer hätte im Beispielsfall grundsätzlich das Recht, binnen 3-Wochenfrist (§ 13 Abs. 1 Satz 1 i.V.m § 4 Abs. 1 Satz 1 KSchG) Kündigungsschutzklage zu erheben. Folgt man der **Rechtsprechung**, hat er hierauf jedoch wirksam verzichtet.*
*Danach kann der Arbeitnehmer bereits **unmittelbar nach Zugang** der Kündigung auf das Recht, diese einer gerichtlichen Überprüfung zuzuführen, verzichten. Er kann frei darüber entscheiden, ob er die Kündigung akzeptieren will oder nicht. Dem Arbeitnehmer wird also **keine Überlegungsfrist** zugebilligt.*

4808

Allerdings kann eine solche Widerrufs- oder Überlegungsfrist durch Tarifvertrag vorgesehen oder einzelvertraglich vereinbart werden.
Vor Unterzeichnung der Ausgleichsquittung sollte dieser Punkt jedenfalls geprüft werden. Ansonsten drohen unangenehme Folgestreitigkeiten.

Bei der Gestaltung der Widerrufsfrist ist auf folgende Einzelheiten zu achten:

- Bis wann soll der Widerruf ausgeübt werden?
- Wem gegenüber soll der Widerruf ausgeübt werden?
- Soll ein Verzicht auf das Widerrufsrecht möglich sein und wenn ja, soll der Arbeitnehmer hierauf verzichten können?
- Soll der Verzicht in derselben Urkunde erklärt werden können?

Wie das Widerrufsrecht im Einzelfall ausgestaltet wird, bleibt den Parteien überlassen. Jedoch kann der nachstehende Formulierungsvorschlag hilfreich sein.

Muster einer Widerrufsklausel:

Der Arbeitnehmer hat das Recht, diese Ausgleichsquittung binnen 3 Tagen nach Unterzeichnung zu widerrufen. Der Widerruf ist schriftlich gegenüber dem .... zu erklären. Ein Verzicht auf das Widerrufsrecht ist unzulässig/ist in einer gesonderten Urkunde zu erklären. Über das Widerrufsrecht wurde der Arbeitnehmer belehrt.

In dem **Verzicht auf die Erhebung einer Kündigungsschutzklage** kann ein Aufhebungsvertrag (s. Rz. 4001), ein **Vergleich** oder ein **Klageverzichtsvertrag** liegen. Ist vom Arbeitnehmer bereits ein Kündigungsrechtsstreit anhängig gemacht, so handelt es sich nur um ein **Klagerücknahmeversprechen**, das der weiteren klageweisen Geltendmachung der Forderung entgegenstehen kann. Der Arbeitgeber kann also den Verzicht im Prozeß mit der Wirkung geltend machen, daß die Klage des Arbeitnehmers abgewiesen wird. **Im Prozeß muß sich der Arbeitgeber auf den Verzicht berufen!** Das Arbeitsgericht fragt also nicht von sich aus, ob der Arbeitnehmer auf sein Recht, Klage zu erheben, verzichtet hat.

2. Anforderungen an den Wortlaut der Erklärung

4809

Angesichts des etwaigen Verzichts auf den Kündigungsschutz mit den damit verbundenen einschneidenden Folgen (endgültiger Verlust des Arbeitsplatzes, mögliche sozialrechtliche Nachteile) sind an die **Verzichtserklärung strenge Anforderungen** zu stellen. Der Verzicht muß in der Urkunde **unmißverständlich** zum Ausdruck kommen. Als **nicht ausreichend** hat das BAG folgende Klausel angesehen:

"Ich erkläre hiermit, daß mir aus Anlaß der Beendigung des Arbeitsverhältnisses keine Ansprüche mehr zustehen".

Anerkannt wurde hingegen folgende Formulierung:

"Ich erhebe gegen die Kündigung keine Einwendungen und werde mein Recht, das Fortbestehen des Arbeitsverhältnisses geltend zu machen, nicht wahrnehmen oder eine mit diesem Ziel erhobene Klage nicht durchführen".

Ausgleichsquittung

Es ist jedoch darauf hinzuweisen, daß das BAG die Anforderungen an die Auslegung von Ausgleichsquittungen weiter **erheblich verschärft** hat. Eine Ausgleichsquittung mit einem dem Wortlaut nach eindeutigen Forderungsverzicht liegt nach dieser Entscheidung nur dann vor, wenn sich aus den Umständen ergibt, daß **der Arbeitnehmer die Bedeutung dieser Erklärung auch erkannt hat**.

Dies kann durch eine entsprechende vertragliche Gestaltung sichergestellt werden (s. Rz. 4836).

Nach einer neueren Entscheidung des LAG Berlin (*18.01.1993, LAGE § 4 KSchG Ausgleichsquittung Nr. 3*) ist zweifelhaft geworden, ob ein **formularmäßiger Verzicht auf den Kündigungsschutz** in einer Ausgleichsquittung überhaupt möglich ist. Das LAG geht davon aus, daß dem Arbeitnehmer, der aus Anlaß der Zahlung des restlichen Lohnes und der Aushändigung der Arbeitspapiere eine Ausgleichsquittung unterzeichnet, der ebenfalls erklärte Verzicht auf den Kündigungsschutz nicht zugerechnet werden kann. Es liege eine **überraschende Klausel** vor, die entsprechend dem Rechtsgedanken des § 3 AGB-Gesetz unwirksam sei.

Es handelt sich noch um eine **Einzelfallentscheidung**. Sie zeigt gleichwohl die deutliche Tendenz der Rechtsprechung, den Umfang der Verzichtswirkung einer Ausgleichsquittung besonders kritisch zu betrachten. Es helfen, wenn überhaupt, nur klare und eindeutige Verzichtserklärungen. Regelmäßig wird man davon ausgehen müssen, daß der Verzicht auf nicht ausdrücklich in der Ausgleichsquittung erwähnte Rechte für den Arbeitnehmer unerwartet und der entsprechende Passus daher unwirksam ist.

Ob der Arbeitgeber aus arbeitsrechtlicher Fürsorgepflicht heraus verpflichtet ist, den Arbeitnehmer auf den Inhalt der Ausgleichsquittung hinzuweisen, ist umstritten, vom Bundesarbeitsgericht aber bislang verneint worden.

Allerdings kann eine **Hinweispflicht** gegenüber besonders schutzbedürftigen Arbeitnehmern, also etwa Ausländern, Schwangeren, Jugendlichen und erkennbar rechtsunkundigen Personen durchaus in Betracht kommen (s. auch Rz. 4812).

3. Wirkung des Verzichts

4810

Hat der Arbeitnehmer entsprechend den obigen Ausführungen wirksam auf die Erhebung der Kündigungsschutzklage verzichtet, so ist eine dennoch erhobene **Klage bereits unzulässig**.

Arbeitsrecht

4. Umfang der Verzichtswirkung

4811

Ist eine Ausgleichsquittung nicht nur in Form einer Empfangsbestätigung abgegeben worden, sondern beinhaltet sie auch einen Anspruchsverzicht, stellt sich die Frage nach dem **Umfang der Verzichtswirkung**. Dabei ist von dem in der Ausgleichsquittung verkörperten Willen der Parteien auszugehen. Regelmäßig nicht vom Umfang der Ausgleichsquittung erfaßt werden solche Forderungen, die objektiv außerhalb des Vorstellungsinhalts der Parteien liegen und subjektiv unvorstellbar waren. Liegt eine - empfehlenswerte - **enumerative Aufzählung** verzichtbarer Ansprüche vor, stellen sich bei der Auslegung in der Regel keine Probleme, sofern dem Arbeitnehmer die Bedeutung seiner Erklärung klar war, was der Arbeitgeber durch eine entsprechende Vorgehensweise sicherstellen kann.

4812

Anders stellt sich die Rechtslage dar, wenn **nur generell auf Ansprüche verzichtet** wird.

Beispiel:
Der Arbeitnehmer erklärt, keine Ansprüche aus dem beendeten Arbeitsverhältnis zu haben.
Hier ist der Umfang der Verzichtswirkung durch Auslegung unter Zugrundelegung von Wortlaut, Sinn und Zweck sowie Heranziehung der Begleitumstände zu ermitteln. Wichtiges Hilfsmittel für die Auslegung ist insoweit die Frage, ob die Parteien wechselseitig auf bestimmte Forderungen verzichtet haben.
Erklärt beispielsweise nur der Arbeitnehmer nach betriebsbedingter ordentlicher Kündigung, keine Ansprüche mehr zu haben, so kann nicht davon ausgegangen werden, daß hiervon ihm unbekannte Ansprüche erfaßt werden. Ein Verzicht ohne Gegenleistung widerspricht also regelmäßig der Lebenserfahrung.
Ist die Ausgleichsquittung demnach wie in dem obigen Beispiel formuliert, liegt eine reine Bestätigung vor, die Arbeitspapiere erhalten zu haben. Unter Umständen liegt hierin auch noch eine Anerkennung der Richtigkeit einer Lohnabrechnung. Dies hängt jedoch von den Umständen des Einzelfalles ab.

Grundsätzlich gilt also: **Auslegungsunklarheiten durch enumerative Aufzählungen vermeiden!**

IV. Unverzichtbare Ansprüche

4813

In bestimmtem Umfang kommt ein Verzicht auf Ansprüche überhaupt nicht oder nur mit Zustimmung Drittbeteiligter in Betracht. Wird der Verzicht dennoch erklärt, ist er unwirksam. Hier ist Vorsicht geboten.

Ausgleichsquittung

1. Verzicht auf tarifvertragliche Rechte

4814

Ein **Verzichtsverbot mit Zustimmungsvorbehalt** gilt einmal für Ansprüche aus Tarifverträgen (§ 4 Abs. 4 TVG). Nach dieser Vorschrift darf auf tarifliche Rechte grundsätzlich nicht verzichtet werden, es sei denn, die Tarifvertragsparteien billigen den vergleichsweisen Verzicht. Das Verzichtsverbot gilt aber nur für die Tarifgebundenen. Arbeitgeber und Arbeitnehmer müssen also Mitglied des tarifschließenden Verbandes sein. Dem steht der Fall gleich, daß der Tarifvertrag für allgemeinverbindlich erklärt worden ist (s. Anhang I). Gilt der Tarifvertrag hingegen nur kraft **einzelvertraglicher Inbezugnahme**, greift das Verzichtsverbot nicht ein.

Ist beispielsweise in einem **für allgemeinverbindlich erklärten Tarifvertrag** eine **Widerrufsmöglichkeit** für Aufhebungsverträge vorgesehen, so kann der Arbeitnehmer bei Abschluß einer Auflösungsvereinbarung hierauf nicht wirksam verzichten *(ArbG Nürnberg 06.08.1993, EzA § 611 BGB Aufhebungsvertrag Nr. 12)*. Der dennoch ausgesprochene Verzicht hindert ihn nicht, gleichwohl den Aufhebungsvertrag zu widerrufen.

Das Verzichtsverbot gilt im übrigen auch nicht für sog. **Tatsachenvergleiche**. Hierunter ist eine Fallkonstellation zu verstehen, in der es bereits zweifelhaft ist, ob überhaupt der tarifliche Anspruch von den tatsächlichen Voraussetzungen her gegeben ist (daher: Tatsachenvergleich, s. auch Rz. 4048).

Beispiel:
Arbeitnehmer A und Arbeitgeber B sind beide Mitglieder des tarifschließenden Verbandes. Der einschlägige Tarifvertrag sieht vor, daß Arbeitnehmern, die überwiegend mit einer Tätigkeit im Kühlhaus beschäftigt sind, ein "Kältezuschlag" von 5 DM pro Arbeitsstunde zu zahlen ist. A macht diesen Zuschlag gerichtlich geltend. Im Prozeß läßt sich nicht klären, ob tatsächlich eine überwiegende Tätigkeit im Kühlhaus vorgelegen hat. Vergleichsweise vereinbaren die Parteien, daß B dem A zur Abgeltung eines möglicherweise entstandenen Anspruchs 600 DM zahlt.
*Hier wird also eine **tatsächliche Unsicherheit** im Wege des gegenseitigen Nachgebens beseitigt. Wichtig ist aber: die tatsächliche Unsicherheit muß wirklich bestehen, sie darf nicht nur einvernehmlich von den Parteien erfunden werden.*

2. Verzicht auf Rechte aus Betriebsvereinbarungen

4815

Nur mit Zustimmung des Betriebsrats darf auch auf **Rechte aus einer Betriebsvereinbarung** verzichtet werden (§ 77 Abs. 4 Satz 2 BetrVG). Auch hier unterliegt das Verzichtsverbot den obigen Einschränkungen. Tatsachenvergleiche sind also möglich. Auch hier gelten aber die obigen Einschränkungen (s. Rz. 4814). Schädlich ist die "künstliche" Herbeiführung einer Vergleichssituation.

3. Gesetzlich unverzichtbare Ansprüche

4816

Neben diesen "Verzichtserschwerungen" gibt es bestimmte, **gesetzlich als unverzichtbar eingestufte Ansprüche**.

a) Urlaubsanspruch

4817

Im Hinblick auf Urlaubsansprüche gilt ein solches Verzichtsverbot. Nach § 13 Abs. 1 Satz 3 BUrlG sind die Bestimmungen des Bundesurlaubsgesetzes grundsätzlich zwingend. **Mindesturlaubsanspruch und Urlaubsabgeltungsansprüche** sind demnach unverzichtbar. Eine abweichende Vereinbarung ist **nach § 134 BGB** nichtig. Dies gilt auch im Fall des Ausscheidens im ersten Kalenderhalbjahr, wenn die 6-monatige Wartezeit erfüllt ist. Auch hier ist jedoch unter den genannten Voraussetzungen ein Tatsachenvergleich möglich (Rz. 4048).
Desweiteren besteht die Möglichkeit, auf Urlaub und Urlaubsabgeltung zu verzichten, soweit der Anspruch über der Höhe des gesetzlichen Mindesturlaubsanspruchs von 18, zukünftig 24 Werktagen liegt. Hier ist nur der **gesetzliche Mindesturlaub** unverzichtbar. Zum Verzicht auf tariflichen Mehrurlaub s. Rz. 4814; zu Betriebsvereinbarungen s. Rz. 4815.

b) Entgeltfortzahlungsanspruch

4818

Grundsätzlich kann auf noch nicht entstandene oder noch nicht fällige Ansprüche auf **Entgeltfortzahlung im Krankheitsfall** nicht verzichtet werden, auf bereits entstandene nach Beendigung des Arbeitsverhältnisses hingegen schon.
Ein vor Beendigung des Arbeitsverhältnisses geschlossener Erlaßvertrag (etwa in Form einer Ausgleichsquittung) müßte, auch wenn er am letzten Tag des Arbeitsverhältnisses zustandegekommen ist, jedenfalls an der Unabdingbarkeit der Entgeltfortzahlungsansprüche gemäß § 12 EFZG scheitern.

c) Versorgungsanwartschaft

4819

Ebenfalls unverzichtbar ist eine Versorgungsanwartschaft, die nach § 3 Abs. 1 BetrAVG nicht abgefunden werden darf. Ein solches Abfindungsverbot besteht jedenfalls für Anwartschaften, die auf einer mehr als 10 Jahre vor dem Ausscheiden erteilten Versorgungszusage beruhen. Verzichtbar sind aber verfallbare Anwartschaften.
Eine Ausgleichsquittung, in der der Arbeitnehmer nur erklärt, keine Ansprüche aus dem Arbeitsverhältnis mehr zu haben, erfaßt nicht Betriebsrentenansprüche.

Auch ein entschädigungsloser Erlaß der Versorgungsanwartschaft ist unzulässig, wenn er in Zusammenhang mit der Beendigung des Arbeitsverhältnisses steht.

d) Zeugnisanspruch

4820

Ob ein Verzicht auf den Zeugnisanspruch möglich ist, ist streitig. Entscheidend ist hier der Verzichtszeitpunkt. Eine **allgemeine Verzichtserklärung** in Zusammenhang mit einer Kündigung oder einem Aufhebungsvertrag ist aber keinesfalls ausreichend (s. auch Rz. 4909).

V. Verzichtbare Ansprüche

4821

Auf sonstige Ansprüche kann grundsätzlich verzichtet werden. Beispiele hierfür sind etwa:

- Entgeltfortzahlungsansprüche nach Beendigung des Arbeitsverhältnisses und Fälligkeit,
- Karenzentschädigungsansprüche nach Fälligkeit,
- Ansprüche nach dem Arbeitnehmererfindungsgesetz,
- über das gesetzliche Mindestmaß hinausgehende Ansprüche auf Erholungsurlaub.

Allerdings ist nochmals zu betonen, daß der Verzicht **eindeutig zum Ausdruck kommen** muß.

VI. Wirksamwerden der Verzichtserklärung

4822

Grundsätzlich wird die Verzichtserklärung mit dem in der Ausgleichsquittung festgelegten Zeitpunkt wirksam. Ist kein Zeitpunkt festgelegt, wird sie sofort wirksam. In einzelnen Tarifverträgen sind jedoch Schutzfristen und Widerrufsrechte zugunsten der Arbeitnehmer festgelegt (s. hierzu Rz. 4027).

VII. Aufklärungs- und Hinweispflichten

4823

Angesichts des unter Umständen weiten Umfangs und der weitreichenden Konsequenzen ist streitig, ob eine Aufklärungspflicht besteht. Grundsätzlich muß jede Partei sich selbst vor nachteiligen Rechtsfolgen schützen. Eine andere Beurteilung kann möglicherweise gegenüber **besonders schutzbedürftigen Arbeitnehmern** geboten sein (ausländische Arbeitnehmer, schwangere Arbeitnehmerinnen).

VIII. Erzwingung der Abgabe einer Ausgleichsquittung

4824
Der Arbeitgeber hat grundsätzlich keinen Anspruch gegen den Arbeitnehmer auf Abgabe einer Ausgleichsquittung. Dies gilt jedenfalls, soweit es sich um den **Verzicht auf Rechte** handelt. Geht es hingegen nur um eine **reine Bestätigung**, so hat der Arbeitnehmer diese unter den Voraussetzungen des § 368 BGB abzugeben (bloße Quittungsfunktion, s. Rz. 4803).

Allerdings darf der Arbeitgeber nicht die Arbeitspapiere oder fälligen Restlohn zurückhalten, um die Abgabe einer Ausgleichsquittung zu erzwingen. **An Arbeitspapieren steht dem Arbeitgeber kein Zurückbehaltungsrecht zu!** Andernfalls kommt jedenfalls eine Anfechtung wegen widerrechtlicher Drohung in Betracht. Diese hat regelmäßig zur Folge, daß der mit der Ausgleichsquittung angestrebte Zweck nicht erreicht wird.

IX. Ausgleichsquittungen mit besonderen Personengruppen

1. Ausländische Arbeitnehmer

4825
Besondere Probleme stellen sich, wenn ein **ausländischer, der deutschen Sprache und Schrift nicht oder nicht ausreichend mächtiger Arbeitnehmer eine Ausgleichsquittung unterzeichnet**, die in deutscher Sprache abgefaßt ist und die nicht durch einen Dolmetscher übersetzt wird. In diesem Fall ist nach überwiegender Ansicht der Arbeitgeber gehindert, sich auf Rechtswirkungen der Ausgleichsquittung zu berufen. Auch der ausländische Arbeitnehmer muß die Ausgleichsquittung aber gegen sich gelten lassen, wenn er deren Inhalt versteht bzw. ihn zumindest hätte verstehen können, die Ausgleichsquittung aber ungelesen unterschreibt. Das **hinreichende Verständnis des Arbeitnehmers ist, sofern es nicht unstreitig ist, vom Arbeitgeber zu beweisen.**

Anders ist die Rechtslage, wenn der ausländische Arbeitnehmer den Inhalt der von ihm unterzeichneten Ausgleichsquittung nicht richtig verstanden hat. Hier kommt eine Anfechtung wegen Inhaltsirrtums in Betracht.

Insgesamt ist es empfehlenswert, gerade auch gegenüber ausländischen Arbeitnehmern sicherzustellen, daß diese vom Inhalt Kenntnis nehmen können. Nur so können die Folgestreitigkeiten, die mit der Ausgleichsquittung vermieden werden sollen, auch tatsächlich vermieden werden.

2. Minderjährige

4826

Auch ein **minderjähriger, beschränkt geschäftsfähiger Arbeitnehmer** kann wirksam eine Ausgleichsquittung unterzeichnen, wenn er ermächtigt ist, in Dienst und Arbeit zu treten (§ 113 BGB). Dies ist nicht der Fall, wenn die gesetzlichen Vertreter des Minderjährigen den Arbeitsvertrag für diesen unterzeichnet haben oder zumindest für diesen auftreten. Im übrigen ist die Frage des Vorliegens einer Ermächtigung durch Auslegung zu klären.

Ein **minderjähriger Auszubildender** kann hingegen keine Ausgleichsquittung unterzeichnen, da § 113 BGB auf Berufsausbildungs- und gleichgelagerte Verhältnisse keine Anwendung findet.

X. Beseitigung der Rechtsfolgen der Ausgleichsquittung

4827

In bestimmten Konstellationen können die Rechtsfolgen der Ausgleichsquittung wieder beseitigt werden. Dies kommt zum einen durch einen **Widerruf** in Betracht, wenn dieser kollektiv- oder individualvertraglich vorgesehen ist (s. Rz. 4808). **Hauptfall** ist jedoch die **Anfechtung**. Dabei muß zwischen den verschiedenen Arten der Ausgleichsquittung unterschieden werden.

1. Empfangsbestätigung

4828

Da es sich bei der bloßen Empfangsbestätigung nur um eine Wissens-, nicht aber um eine Willenserklärung handelt, scheidet eine Anfechtung grundsätzlich aus. Allerdings kann der **Umfang der Beweiswirkung** der Ausgleichsquittung entfallen, wenn sie unter Einfluß von Täuschungen oder Drohungen abgegeben worden ist. Wird die Ausgleichsquittung vom Arbeitnehmer im voraus erteilt, so ist ihre Beweiskraft bereits dann erschüttert, wenn der Gläubiger (der Arbeitnehmer) den **Beweis der Vorauserteilung** führt.

2. Willenserklärung

4829

Beinhaltet die Ausgleichsquittung zugleich auch einen Verzicht auf Rechte liegt eine Willenserklärung vor, die unter den Voraussetzungen der §§ 119, 123 BGB angefochten werden kann.

a) Arglistige Täuschung / Widerrechtliche Drohung

4830

Eine solche Anfechtung kommt zum einen unter dem Gesichtspunkt der **widerrechtlichen Drohung** (§ 123 BGB) in Betracht. Diese liegt beispielsweise vor, wenn der Arbeitgeber dem Arbeitnehmer die Unterzeichnung der Ausgleichsquittung dadurch abnötigt, daß er erklärt, anderenfalls die Erfüllung bestehender Ansprüche - etwa auf Herausgabe der Arbeitspapiere - zu verweigern. Gleiches gilt für die rechtsgrundlose Drohung mit der Einleitung eines Strafverfahrens.

Weiterhin kommt eine Anfechtung wegen **arglistiger Täuschung** (§ 123 BGB) in Betracht. Spiegelt der Arbeitgeber dem Arbeitnehmer **bewußt wahrheitswidrig** vor, es bestünden keine Ansprüche mehr und wird letzterer hierdurch zur Unterzeichnung einer Ausgleichsquittung veranlaßt, so kommt eine Anfechtung wegen Arglist in Betracht.

Die Anfechtung kann in den Fällen der arglistigen Täuschung oder widerrechtlichen Drohung nur **binnen Jahresfrist** erfolgen (§ 124 Abs. 1 BGB). Die Frist beginnt im Fall der arglistigen Täuschung mit dem Zeitpunkt, in dem der getäuschte Arbeitnehmer die Täuschung entdeckt, im Fall der Drohung mit dem Ende der Zwangslage. **Anfechtungsgegner** ist grundsätzlich der Vertragspartner, also der Arbeitgeber.

b) Inhalts-, Erklärungs-, Motivirrtum

4831

Im übrigen kann der Arbeitnehmer die Rechtswirkungen der Ausgleichsquittung unter den Voraussetzungen des **§ 119 BGB** beseitigen.

Ein **Inhaltsirrtum** liegt dabei vor, wenn der Arbeitnehmer sich Fehlvorstellungen über die inhaltliche Bedeutung seiner Erklärung macht, er also mit dieser eine andere Bedeutung verbindet.

Beispiel:
Der Arbeitnehmer meint, nur eine einfache Empfangsbescheinigung zu unterschreiben und den Erhalt des Restlohnes zu quittieren, tatsächlich verzichtet er aber auf noch ausstehendes Urlaubsgeld.

Voraussetzung der Anfechtung wegen Inhaltsirrtums ist jedoch stets, daß der Arbeitnehmer sich **konkrete Fehlvorstellungen** macht. Dies hat er darzulegen und zu beweisen. Die **bewußte Unkenntnis** des Inhalts der Ausgleichsquittung berechtigt demnach nicht zur Anfechtung wegen Inhaltsirrtums. Unterschreibt also der Arbeitnehmer die **Ausgleichsquittung** ungelesen, so kann er sie nicht im nachhinein anfechten.

Ausgleichsquittung

Ausländische Arbeitnehmer sind dann zur Anfechtung wegen Inhaltsirrtums berechtigt, wenn sie aufgrund **sprachlicher Schwierigkeiten** nicht in der Lage sind, den Inhalt der Ausgleichsquittung richtig zu verstehen, der Arbeitgeber aber auf eine **Verständnismöglichkeit** vertrauen kann. Fehlt es schon an letzterem kann sich der Arbeitgeber nicht auf die Wirkungen der Ausgleichsquittung berufen. Eine Anfechtung erübrigt sich dann.

4832

Wenig praktische Relevanz kommt dagegen dem **Erklärungsirrtum** (Versprechen, Verschreiben) zu. Hier besteht selbstverständlich unter den Voraussetzungen des § 119 BGB eine Anfechtungsmöglichkeit.

Unbeachtlich - also nicht zur Anfechtung berechtigend - ist ein bloßer **Motivirrtum**. Dieser kann etwa in der Form auftreten, daß der Arbeitnehmer sich falsche Vorstellungen über die rechtlichen und wirtschaftlichen Folgen seiner Erklärung macht.

Beispiel:
Der Arbeitnehmer geht davon aus, der Anspruchsverzicht erfasse keine Ansprüche auf Urlaubsgeld, da diese "tarifvertraglich gesichert" seien.
Hier gilt allgemein: **Ein Irrtum über die rechtlichen Folgen ist grundsätzlich unbeachtlich!** *Eine Anfechtung begründet er nicht. Wer sicher gehen will, muß die Hilfe eines Rechtskundigen in Anspruch nehmen.*

3. Darlegungs- und Beweislast

4833

Bei der Anfechtung ist grundsätzlich der Arbeitnehmer, der die Rechtsfolgen der Ausgleichsquittung beseitigen will, darlegungs- und beweisbelastet. Dies bringt in der Praxis größere Probleme mit sich, da eine Parteivernehmung des Arbeitnehmers auf seinen eigenen Antrag hin nicht in Betracht kommt.
Wird die Ausgleichsquittung in voraus erteilt, so ist die Beweiskraft erschüttert, wenn der Beweis der Vorauserteilung gelingt.
Zur Beweisverteilung, wenn ausländische Arbeitnehmer eine Ausgleichsquittung unterzeichnet haben s. Rz. 4825
Regelmäßig wird der Arbeitnehmer also nur unter großen Schwierigkeiten in der Lage sein, sich von der einmal unterzeichneten Ausgleichsquittung zu lösen.

Weiterführende Literatur:
Spezielle Literatur zum Thema Ausgleichsquittung ist in jüngster Zeit nicht erschienen; Nachweise aus der älteren Literatur finden sich in allen arbeitsrechtlichen Standardwerken.

XI. Arbeitshilfen für die betriebliche Praxis

4834

Muster einer Empfangsbescheinigung

Arbeitgeber (Name, Anschrift)

Empfangsbescheinigung

Hiermit bestätige ich, Name, Vorname, geboren am ..., in ..., folgende Unterlagen am heutigen Tag erhalten zu haben:

Gehalts-/Lohn-/Vergütungsabrechnung für den Monat ...
Lohnsteuerkarte für das Kalenderjahr ...
Urlaubsbescheinigung
Versicherungsnachweisheft
Zeugnis
Sonstiges: ...

Ort, Datum   Unterschrift des Arbeitnehmers

4835

Muster einer Empfangsbestätigung und Verzichtserklärung

Wie oben und zusätzlich:

Ich erkläre, daß ich gegen die Kündigung durch die Firma ... vom ... keine Einwendungen erheben und mein mir bekanntes Recht, das Fortbestehen des Arbeitsverhältnisses auf gerichtlichem Wege geltend zu machen, nicht wahrnehmen bzw. eine mit diesem Ziel erhobene Klage nicht durchführen oder wieder zurücknehmen werde.

Ferner verzichte ich auf etwaige Ansprüche, die mir noch aus dem Arbeitsverhältnis zustehen.

Ausgleichsquittung

Alternativ:

Ich verzichte auf folgende Ansprüche: ...

- *Entgeltfortzahlungsanspruch*
- *Weihnachtsgeld, Sonderzahlung, Gratifikation*
- *Urlaubsabgeltung für ... Tage (nach Erhalt des gesetzlichen Mindesterholungsurlaubs)*

Diese Ausgleichsquittung habe ich sorgfältig durchgelesen und ihren Inhalt verstanden. Eine Kopie habe ich erhalten.

Bei ausländischen Arbeitnehmern:

Mir ist der Inhalt der Erklärung in meine Heimatsprache übersetzt worden. Ich habe ihn verstanden und bin mit ihm einverstanden.

Alternativ:

Ich habe eine in meine Heimatsprache übersetzte Ausfertigung dieser Ausgleichsquittung bekommen. Deren Inhalt habe ich verstanden.

Ort, Datum   Unterschrift des Arbeitnehmers

Zum Muster einer Quittung für Arbeitspapiere s. auch Rz. 4864.

34. Kapitel: Arbeitspapiere

I.	Welche Bescheinigungen gehören zu den "Arbeitspapieren"?	4841
	1. Pflichten während des Arbeitsverhältnisses	4842
	2. Pflichten nach Beendigung des Arbeitsverhältnisses	4843
	a) Herausgabepflicht	4843
	b) Zeitpunkt der Herausgabe	4845
	c) Art und Weise der Herausgabe	4850
	d) Zurückbehaltung der Arbeitspapiere	4852
	e) Tarifliche Ausschlußfristen, Verjährung und Verwirkung	4853
II.	Was passiert, wenn der Arbeitgeber seine Pflichten verletzt?	4854
	1. Schadensersatzansprüche	4854
	a) Zivilrechtlicher Schadensersatzanspruch des Arbeitnehmers	4855
	b) Öffentlich-rechtliche Ersatzpflichten	4856
	2. Prozessuale Durchsetzung von Ausfüllungs-, Berichtigungs- und Herausgabeansprüchen	4857
	a) Zuständige Gerichte	4857
	b) Durchsetzung eines Anspruchs gegenüber dem Arbeitgeber	4860
	c) Einstweiliger Rechtsschutz	4861
	d) Beweislastverteilung	4862
III.	Weiterführende Literaturhinweise	4862a
IV.	Muster	4863
	Muster einer Ersatzbescheinigung für die Lohnsteuerkarte	4863
	Muster einer Quittung für Arbeitspapiere	4864

I. Welche Bescheinigungen gehören zu den "Arbeitspapieren"?

4841

Das Spektrum an Arbeitspapieren ist breit. An dieser Stelle wird daher nur ein Überblick über die in der Praxis häufigsten Bescheinigungen gegeben. In erster Linie dient dieses Kapitel dazu, Hinweise zum **Umgang mit den Arbeitspapieren allgemein** zu geben. Inhaltliche Fragen zu einzelnen Arbeitspapieren werden demgegenüber in Zusammenhang mit derem jeweiligen Anwendungsbereich erörtert (vgl. insoweit die **Randziffernhinweise.**).

Zu den Arbeitspapieren gehören unter anderen

- das einfache oder qualifizierte Zeugnis
  (§ 630 BGB, § 130 Abs. 1, Abs. 2 GewO, § 73 HGB, § 8 BBiG; s. Rz. 4899 ff.),

- das Sozialversicherungsnachweisheft (§§ 1 ff. 2. DEVO, s. Rz. 5500 ff.),

- die Lohnsteuerkarte
  (§ 39 EStG, s. Rz. 8042),
- die einfache und besondere Lohnsteuerbescheinigung
  (§ 41b EStG, 135 LStR, s. Rz. 8116 ff.),
- die Arbeitsbescheinigung
  (§ 133 AFG, s. Rz. 7015),
- die Urlaubsbescheinigung
  (§ 6 Abs. 2 BUrlG, s. Rz. 4843),
- die Lohnnachweiskarte bei einer Beschäftigung im Baugewerbe
  (§ 2 BRTV-Bau, s. Rz. 2911),
- die Krankenkassenbescheinigung
  (§ 183 Abs. 3 SGB V, früher § 518 RVO),
- Entgeltbescheinigungen
  (§ 194 SGB VI, früher § 1401 Abs. 1 RVO),
- die Arbeitserlaubnis nach § 19 AFG sowie
- die Gesundheitsbescheinigung von Jugendlichen
  (§ 32 JArbSchG).

Zu den Arbeitspapieren gehört auch der Sozialversicherungsausweis (§§ 95 ff. SGB IV, vgl. Rz. 5535). Dieser wird grundsätzlich nicht dem Arbeitgeber übergeben, sondern ist ihm bei Beginn der Beschäftigung nur vorzulegen (§ 98 Abs. 1 SGB IV). Allerings kann der Arbeitgeber für die **Zeit einer Lohn- oder Gehaltsfortzahlung wegen Arbeitsunfähigkeit** gem. § 100 Abs. 2 SGB IV die Hinterlegung des Sozialversicherungsausweises verlangen. Darüber hinaus besteht für bestimmte Arbeitnehmergruppen die Pflicht, den Ausweis stets mitzuführen und auf Verlangen der zuständigen Behörde für Kontrollzwecke vorzulegen (§ 99 Abs. 2 SGB IV).

1. Pflichten während des Arbeitsverhältnisses

4842

Während des bestehenden Arbeitsverhältnisses trifft den Arbeitgeber im Hinblick auf die ihm übergebenen Papiere eine **Verwahrungspflicht**. Diese ergibt sich zum Teil unmittelbar aus den einschlägigen Gesetzesvorschriften (s. beispielsweise § 28 o Abs. 1 SGB IV: "Er [der Arbeitnehmer] hat dem Arbeitgeber jedes Heft mit Versicherungsnachweisen der Sozialversicherung unverzüglich auszuhändigen, **der es aufzubewahren hat.**").

Für die Verletzung seiner Aufbewahrungspflicht haftet der Arbeitgeber nach § 276 BGB bei **Vorsatz oder Fahrlässigkeit auf Schadensersatz**. Meist wird dieser in der Mitwirkung bei der Neubeschaffung von Papieren bestehen sowie im

2. Pflichten nach Beendigung des Arbeitsverhältnisses

a) Herausgabepflicht

4843

Bei Beendigung des Arbeitsverhältnisses hat der Arbeitgeber die in seinem Besitz befindlichen Arbeitspapiere nach Durchführung etwaiger noch erforderlicher Eintragungen (bspw. die Lohnsteuerbescheinigung, vgl. Rz. 8116) **an den Arbeitnehmer herauszugeben**.

Hinweis:
Zu den Arbeitspapieren im weiteren Sinne könnte man u.U. auch die Bewerbungsunterlagen nebst Lebenslauf eines Arbeitnehmers zählen, die dieser vor Beginn des Arbeitsverhältnisses dem Arbeitgeber übersandt hat. Insoweit bestehen aber **keine Rückgabepflichten**. Diese Unterlagen werden **mit Einstellung des Arbeitnehmers** Eigentum des Arbeitgebers.

Auch der Anspruch auf Herausgabe der Arbeitspapiere ist **teilweise gesetzlich verankert**. Dies gilt etwa für

- die Arbeitsbescheinigung (§ 133 Abs. 1 Satz 5 AFG),
- die Lohnsteuerkarte (§ 39b Abs. 1 Satz 3 EStG, vgl. 8122)
- die Lohnsteuerbescheinigung (§ 41b Abs. 1 Satz 4 EStG, vgl. Rz. 8122) und
- das Sozialversicherungsnachweisheft (§ 4 Abs. 2 Satz 1 2. DEVO, s. auch Rz. 5505).

4844

Soweit es an einer solchen gesetzlichen Verankerung fehlt, resultiert der **Herausgabeanspruch** aus der sogenannten **"nachwirkenden Fürsorgepflicht"** des Arbeitgebers. Nach Auffassung der Rechtsprechung des Bundesarbeitsgerichts enden die Pflichten eines Arbeitgebers nämlich nicht abrupt mit der rechtlichen oder tatsächlichen Beendigung eines Arbeitsverhältnisses. Vielmehr wirken die Arbeitgeberpflichten in bestimmten Fällen (dies gilt insbesondere auch im Zeugnisrecht, vgl. Rz. 4885) über den Zeitpunkt der Beendigung des Arbeitsverhältnisses hinaus.
In Bezug auf die Arbeitspapiere gilt, daß diese dem Arbeitgeber nach Sinn und Zweck nur wegen und für die Dauer des Arbeitsverhältnisses übergeben worden sind, diese also nach Beendigung des Arbeitsverhältnisses dem Arbeitnehmer unverzüglich zurückzugewähren sind.

Zusätzlich kann der Arbeitnehmer bestimmte Arbeitspapiere vom Arbeitgeber auch **in seiner Eigenschaft als Eigentümer** nach den Vorschriften des Bürgerlichen Gesetzbuches (§§ 985 ff. BGB) zurückverlangen.

So werden etwa nach überwiegender Ansicht Arbeitserlaubnis, Gesundheitszeugnis und Sozialversicherungsnachweisheft nach Ausstellung durch die Behörde **Eigentum des Arbeitnehmers** und bleiben es auch nach Aushändigung an den Arbeitgeber.

b) Zeitpunkt der Herausgabe

4845

Da der Arbeitnehmer möglichst bei seinem Ausscheiden aus dem Betrieb seine Arbeitspapiere ausgefüllt in den Händen halten soll, sind diese ihm **grundsätzlich** im Zeitpunkt der **tatsächlichen** und nicht erst der rechtlichen **Beendigung** des Arbeitsverhältnisses ordnungsgemäß ausgefüllt herauszugeben.

In der Personalpraxis sind daher folgende **Fallgestaltungen** sind zu unterscheiden:

4846

- Endet das Arbeitsverhältnis durch **ordentliche Kündigung**, fallen der Zeitpunkt der tatsächlichen und der rechtlichen Beendigung regelmäßig zusammen. Dem Arbeitnehmer sind die Arbeitspapiere dann **im Zeitpunkt seines tatsächlichen Ausscheidens** mit Ablauf der Kündigungsfrist auszuhändigen.

Eine Ausnahme gilt für das **Arbeitszeugnis**. Hier kann der Arbeitnehmer bereits **nach Zugang der Kündigungserklärung**, also noch vor Ablauf einer Kündigungsfrist, seinen Anspruch auf Zeugniserteilung geltendmachen, den der Arbeitgeber sodann unverzüglich (innnerhalb einer angemessenen Bearbeitungszeit) erfüllen muß (vgl. Einzelheiten Rz. 4891 ff.).

4847

- Auf den Zeitpunkt der tatsächlichen Beendigung des Arbeitsverhältnisses ist auch dann abzustellen, wenn dieses **einvernehmlich aufgehoben** wird. In der Regel kann sich der Arbeitgeber hier auf den Beendigungszeitpunkt einstellen.

- Endet das Arbeitsverhältnis durch **außerordentliche Kündigung oder ist der Beendigungszeitpunkt streitig**, so wird der Anspruch auf Herausgabe der Arbeitspapiere **auch dann mit der tatsächlichen Beendigung fällig** (§ 271 BGB), wenn die rechtliche Beendigung beispielsweise infolge unwirksamer Kündigung nicht eintritt. Dies folgt schon daraus, daß der Arbeitnehmer unter Umständen verpflichtet ist, eine andererweitige Beschäftigung aufzunehmen, um sich dem Vorwurf des böswilligen Unterlassens anderweitigen Erwerbs nicht auszusetzen (§ 615 Satz 2 BGB und § 11 KSchG).

4848

Ist dem Arbeitgeber aufgrund **zwingender betrieblicher Abläufe** die Herausgabe einzelner Arbeitspapiere im Zeitpunkt der tatsächlichen Beendigung unmöglich, so wird der Anspruch erst zu dem Zeitpunkt fällig, in dem der Arbeitgeber bei gebotener Eile die ausgefüllten Papiere **frühestmöglich bereitstellen kann**. Verzögerungen können sich etwa hinsichtlich Lohnsteuerkarte und Lohnsteuerbescheinigung wegen des Einsatzes einer EDV-Anlage ergeben.

Beispiel:
Der Arbeitgeber läßt seine Lohnabrechnungen durch ein Fremdunternehmen jeweils zum letzten Werktag eines Monats unter Zuhilfenahme einer EDV-Anlage erstellen.
Hier wird der Herausgabeanspruch des Arbeitnehmers hinsichtlich Lohnsteuerkarte und Lohnsteuerbescheinigung erst zu dem Zeitpunkt fällig, in dem üblicherweise die Abrechnung durch das Drittunternehmen erfolgt.

Eine Verzögerung kann sich auch dann ergeben, wenn der Arbeitnehmer beispielsweise im Gruppenakkord arbeitet und für die endgültige Abrechnung zunächst das Ergebnis der betreffenden Gruppe zu einem bestimmten Stichtag abgewartet werden muß.

Allerdings hat der Arbeitgeber in all diesen Fällen dem Arbeitnehmer die Verzögerung zu bestätigen und ihm eine **Zwischenbescheinigung** auszustellen, die er dem nächsten Arbeitgeber vorlegen kann (vgl. § 41b Abs. 1 Satz 6 EStG und das Muster Rz. 4863).

Diese muß die für den neuen Arbeitgeber unentbehrlichen Angaben enthalten, also je nach dem, welches Arbeitspapier die Zwischenbescheinigung ersetzen soll, bspw.

- Arbeitszeit,
- Beschäftigungsdauer,
- sämtliche Eintragungen auf der Lohnsteuerkarte oder im Sozialversicherungsnachweisheft.

Die Zwischenbescheinigung vertritt demnach während einer bestimmten Zeit die Arbeitspapiere. Sie setzt den Arbeitnehmer in den Stand, auch ohne die Originalarbeitspapiere eine neue Beschäftigung anzutreten und verhindert zugleich Schadensersatzansprüche wegen verspäteter Herausgabe gegen den ursprünglichen Arbeitgeber (s. dazu nachfolgend Rz. 4855).

4849

Zu einer **vorzeitigen Herausgabe der Arbeitspapiere** ist der Arbeitgeber **nicht verpflichtet**. Verlangt etwa der Arbeitnehmer unter **Verletzung seiner Vertragspflicht vorzeitig** seine Papiere heraus, braucht der Arbeitgeber dem nicht Folge zu leisten. Er ist nicht verpflichtet, daran mitzuwirken, dem vertragsbrüchigen Arbeitnehmer die anderweitige Verwertung seiner Arbeitskraft zu ermöglichen.

c) Art und Weise der Herausgabe

4850

Grundsätzlich gilt: Der Arbeitnehmer muß die **Arbeitspapiere** beim Arbeitgeber abholen. Es handelt sich bei der Herausgabepflicht um eine sogenante "**Holschuld**". Der Arbeitnehmer kann also im Regelfall nicht die Übersendung der Papiere fordern (*LAG Frankfurt a.M. 01.03.1984, DB 1984, 2200*). Allerdings muß der Arbeitgeber die Arbeitspapiere auch **abholbereit** in seinem Betrieb liegen haben. Der Arbeitgeber muß sich und seine bestehende Organisation darauf einstellen, daß der Arbeitnehmer am Ende des Beschäftigungsverhältnisses die Arbeitspapiere herausverlangt. Er muß **hinreichende Vorkehrungen** treffen, um seiner Pflicht zur Ausstellung und Aushändigung ohne schuldhaftes Zögern nachkommen zu können. Dabei müssen betriebsorganisatorische Gründe und Arbeitnehmerinteressen gegeneinander abgewogen werden (vgl. oben Rz. 4845).

Der Arbeitgeber ist **ausnahmsweise** verpflichtet, dem Arbeitnehmer die Papiere zu übersenden, wenn

- der Arbeitgeber beim Ausscheiden des Arbeitnehmers aus dem Betrieb nicht in der Lage ist, die Arbeitspapiere an diesen auszuhändigen;
- im Falle eines **Vertragsbruchs des Arbeitnehmers** der Arbeitgeber dem Arbeitnehmer **verboten** hat, den Betrieb noch einmal zu betreten.

Der Arbeitgeber hat die Arbeitspapiere in diesen Fällen **auf seine Kosten** an den Arbeitnehmer zu übermitteln. Er trägt dabei auch die **Gefahr der Übersendung**, ist also dafür verantwortlich, daß die Papiere den Arbeitnehmer tatsächlich erreichen.

4851

Eine Pflicht zur Übersendung der Arbeitspapiere wird teilweise auch dann angenommen, wenn die Abholung der Papiere für den Arbeitnehmer mit **unverhältnismäßig hohen Kosten** oder besonderen Mühen verbunden ist (bspw. der Arbeitnehmer erkrankt ist oder anläßlich der Auflösung seines Arbeitsverhältnisses seinen Wohnsitz in einen weit entfernten Ort verlegt hat).

Im Gegensatz zu den oben genannten Fällen hat hier die **Übersendung der Arbeitspapiere aber auf Kosten und Gefahr des Arbeitnehmers** zu erfolgen, denn letztlich scheitert die Abholung der Papiere allein aus Gründen, die in seinem Bereich liegen.

Den **Empfang der Arbeitspapiere** hat der Arbeitnehmer auf Verlangen des Arbeitgebers zu quittieren (§ 368 BGB; vgl. auch Rz. 4852).

d) Zurückbehaltung der Arbeitspapiere

4852

Nach allgemeiner Meinung besteht **kein Recht des Arbeitgebers, die Herausgabe der Arbeitspapiere wegen eigener Gegenansprüche - unabhängig von deren Berechtigung - zu verweigern**. Ein solches "Zurückbehaltungsrecht" besteht selbst in den Fällen grober Pflichtverletzung durch den Arbeitnehmer nicht (*LAG Düsseldorf 18.04.1966, BB 1967, 1207*).
Angesichts ihrer Bedeutung für die Erlangung einer neuen Stelle wäre ein Zurückbehaltungsrecht mit dem Wesen des Arbeitsvertrages und der Fürsorgepflicht unvereinbar. Auch soll verhindert werden, daß der Arbeitgeber durch die Zurückbehaltung der Arbeitspapiere den Arbeitnehmer zumindest indirekt zur Erfüllung seiner Arbeitspflicht zwingen kann.

Wegen des Ausschlusses des Zurückbehaltungsrechts ist es ihm ebenfalls untersagt, die Aushändigung der Arbeitspapiere von der **Unterzeichnung einer Ausgleichsquittung** abhängig zu machen (diese ist nicht zu verwechseln mit der **Quittung i.S.d. § 368 BGB**, die eine reine Empfangsbestätigung darstellt und zu deren Erteilung der Arbeitnehmer auf Verlangen des Arbeitgebers verpflichtet ist; vgl. zum Ganzen Rz. 4803 f.).

e) Tarifliche Ausschlußfristen, Verjährung und Verwirkung

4853

Sind auf das Arbeitsverhältnis **tarifliche Ausschlußfristen** anwendbar, unterliegt der **Herausgabeanspruch des Arbeitnehmers** nicht der tariflichen Ausschlußfrist, wenn der Anspruch auf dessen Eigentümerstellung hinsichtlich des herausverlangten Papiers beruht (s. Rz. 4844). Nicht abschließend geklärt ist die Frage, ob der arbeitsvertragliche Anspruch auf **ordnungsgemäße Ausfüllung** der Arbeitspapiere unter eine tarifliche Ausschlußfrist fällt, wenn diese Verpflichtung auch auf **öffentlich-rechtlichen Vorschriften** beruht (für die Anwendung der Ausschlußfrist: *LAG Düsseldorf, 15.07.1970, DB 1970, 1934*).

Der Anspruch auf Herausgabe der Arbeitspapiere **verjährt in 30 Jahren (§ 195 BGB)**. In bestimmten Fällen kann **ausnahmsweise** noch vor Eintritt der Verjährung der Herausgabeanspruch des Arbeitnehmers "**verwirkt**" sein. Die Verwirkung eines Rechts bedeutet, daß der Berechtigte es über einen längeren Zeitraum nicht geltend gemacht hat und die verspätete Geltendmachung für den An-

Arbeitsrecht

spruchsgegner aufgrund besonderer Umstände unzumutbar ist. Besondere Umstände sind in diesem Zusammenhang immer dann anzunehmen, wenn der Anspruchsgegner auf die Nichtausübung des Rechts vertrauen durfte und auch tatsächlich vertraut hat (s. bspw. für das Zeugnis Rz. 4908).

II. Was passiert, wenn der Arbeitgeber seine Pflichten verletzt?

1. Schadensersatzansprüche

4854

Verletzt der Arbeitgeber schuldhaft seine Pflicht zur ordnungsgemäßen Ausstellung oder Aushändigung der Arbeitspapiere, so ist er u. U. verpflichtet, den hieraus entstehenden Schaden zu ersetzen.

Zu unterscheiden ist hier zwischen einem **zivil- bzw. privatrechtlichen Schadensersatzanspruch** des betroffenen **Arbeitnehmers** und einem **öffentlich-rechtlichen Schadensersatzanspruch** der Behörde, die durch die falsch ausgestellte Bescheinigung Nachteile erlitten hat.

a) Zivilrechtlicher Schadensersatzanspruch des Arbeitnehmers

4855

Der Arbeitnehmer kann einen zivil- bzw. privatrechtlichen Anspruch auf Ersatz eines ihm durch die fehlende oder unrichtige Ausstellung der Arbeitspapiere entstandenen Schadens haben.

Dieser Schaden kann bspw. in einem **Verdienstausfall** bestehen, wenn nämlich der Arbeitnehmer wegen des Fehlens der Arbeitspapiere keine neue Stelle erhält. Es kommen aber auch sonstige Aufwendungen und allgemeine Kosten (Porto-, Telefon-, Bearbeitungs-, Fahrtkosten etc.) in Betracht.

Die praktische Durchsetzbarkeit eines solchen (zivilrechtlichen) Schadensersatzanspruchs erscheint allerdings mehr als zweifelhaft.

Der **Arbeitnehmer** muß nämlich für die prozessuale Durchsetzung des Anspruchs **darlegen und beweisen**, daß der Schaden gerade wegen der Nichtaushändigung bzw. der fehlerhaften oder verspäteten Ausstellung der Arbeitspapiere entstanden ist.

Hierfür reichen allgemeine Behauptungen nicht aus. Vielmehr muß der Arbeitnehmer die Einzelheiten und Umstände vorbringen, aus denen sich ergibt, daß **ein bestimmter Arbeitgeber** bereit gewesen ist, ihn einzustellen, jedoch **aufgrund der fehlenden oder fehlerhaften Arbeitspapiere** davon Abstand genommen hat. Angesichts der vielfältigen Gründe, die zum Scheitern einer Einstellung führen können, wird der vom Arbeitnehmer geforderte Nachweis nur in Ausnahmefällen gelingen (vgl. *BAG 25.10.1967, EzA § 73 HGB Nr. 1* zur verspäteten Zeugniserteilung).

b) Öffentlich-rechtliche Ersatzpflichten

4856

Kommt der Arbeitgeber seinen Pflichten nicht nach, kann neben der zivilrechtlichen Schadensersatzhaftung auch eine **öffentlich-rechtliche** in Betracht kommen. So ist der Arbeitgeber der Bundesanstalt für Arbeit zum Schadensersatz verpflichtet, wenn er vorsätzlich oder fahrlässig eine Arbeitsbescheinigung unrichtig ausfüllt (§ 145 AFG).
Der Haftungstatbestand kann nach der Rechtsprechung aber grundsätzlich nur dann erfüllt sein, wenn auf eine **eindeutige Frage** eine **falsche Antwort** gegeben wird. Das zusätzliche Ausfüllen von Rubriken, die andere im Einzelfall nicht vorliegende Fallgestaltungen betreffen, ist grundsätzlich kein Fehler sondern nur überflüssig (*BSG 30.01.1990, NZA 1990, 790*).
Der Arbeitgeber kann sich also nur dann schadensersatzpflichtig machen, wenn er eine **von ihm zu beantwortende Frage** falsch beantwortet.

Die **BfA** darf sich auf die **Angaben des Arbeitgebers verlassen**. Sie ist nicht verpflichtet, diese ohne erkennbaren Anlaß zu überprüfen.

Neben der Schadensersatzpflicht begeht derjenige Arbeitgeber, der seinen öffentlich-rechtlichen Pflichten nicht oder nur unvollständig nachkommt, eine Ordnungswidrigkeit und kann mit einem **Bußgeld** belegt werden (vgl. §§ 111 ff. SGB IV; §§ 230 ff. AFG).

Zu den Meldepflichten des Arbeitgebers im einzelnen s. Rz. 5500 ff.

2. Prozessuale Durchsetzung von Ausfüllungs-, Berichtigungs- und Herausgabeansprüchen

a) Zuständige Gerichte

4857

Der Arbeitgeber schuldet nach Ende des Arbeitsverhältnisses nicht nur die Herausgabe der Arbeitspapiere, sondern auch deren **Ausfüllung und gegebenenfalls deren Berichtigung**.

Hierbei handelt es sich um Verpflichtungen, die einerseits im **öffentlichen** Recht, andererseits im **privaten** (Arbeits-)Recht wurzeln. Für den Fall einer gerichtlichen Auseinandersetzung muß dann eine **genaue Prüfung der gerichtlichen Zuständigkeit** (ArbG einerseits, Sozial- und Finanzgericht andererseits) erfolgen. Die sachliche Zuständigkeit der einzelnen Gerichtszweige hängt im wesentlichen davon ab, ob es sich (noch) um eine privatrechtliche Streitigkeit aus dem Arbeitsverhältnis handelt (dann Zuständigkeit des ArbG) oder um eine sogenannte "öffentlich-rechtliche" Streitigkeit (dann Zuständigkeit von Sozial- oder

Finanzgericht). Die Abgrenzung ist im Einzelfall schwierig und zum Teil auch in der Rechtsprechung nicht endgültig geklärt. Der folgende Überblick über die Zuständigkeit der einzelnen Gerichte kann daher nur als Anhaltspunkt dienen.

4858
Übersicht über die **Zuständigkeit der einzelnen Gerichtszweige** bei Streitigkeiten im Zusammenhang mit Arbeitspapieren:

- Die **Arbeitsgerichte** sind **immer zuständig**, wenn es um **bürgerlich-rechtliche Arbeitspapiere** (Zeugnis, Urlaubsbescheinigung, Lohnnachweiskarte) geht; und zwar sowohl für Erteilung (Ausstellung und Herausgabe) als auch für Ansprüche auf Ergänzung und Berichtigung. Dies ergibt sich aus der Regelung des § 2 Abs. 1 Nr. 3 e ArbGG 1979.

- Soweit **"öffentlich-rechtliche" Arbeitspapiere** betroffen sind (insbesondere Arbeitsbescheinigung, Lohnsteuerkarte, Sozialversicherungsnachweisheft), ist die Rechtslage umstritten. Die wohl überwiegende Ansicht in Rechtsprechung und Literatur differenziert wie folgt:

Für **Klagen auf Erteilung,** d.h. Ausstellung und Herausgabe, eines "öffentlich-rechtlichen" Arbeitspapiers sind die **Arbeitsgerichte** nach § 2 Abs. 1 Nr. 3 e) ArbGG 1979 zuständig. Ausstellung bedeutet dabei die vollständige - mit Unterschrift und Datumsangabe versehene - Beantwortung aller Fragen des amtlichen Formblatts durch den Arbeitgeber.
Dies gilt auch dann, wenn die Herausgabepflicht in einer öffentlich-rechtlichen Norm gesetzlich verankert ist (bspw. für die Arbeitsbescheinigung in § 133 Abs. 1 Satz 5 AFG; vgl. Rz. 4843). Nach Auffassung des Bundesarbeitsgerichts (zuletzt *15.01.1992, EzA § 133 AFG Nr. 5*) wird durch die öffentlich-rechtliche Vorschrift nur die arbeitsvertragliche Fürsorgepflicht des Arbeitgebers gegenüber dem Arbeitnehmer konkretisiert.

Beispiel:
(1) A ist über einen längeren Zeitraum für B als "freier Mitarbeiter" tätig gewesen. Sozialversicherungsbeiträge und Steuern sind von B nicht abgeführt worden. Mit seiner Klage vor dem ArbG begehrt A zum einen die Feststellung, daß in dem Beschäftigungszeitraum ein Arbeitsverhältnis bestanden hat sowie die Verurteilung des B, ihm eine Arbeitsbescheinigung gem. § 133 AFG auszustellen und auszuhändigen.
Für beide Klageanträge ist das ArbG sachlich zuständig.

(2) Nach Beendigung des Arbeitsverhältnisses behält der Arbeitgeber die bereits ordnungsgemäß ausgefüllte Lohnsteuerkarte mit der Begründung zurück, er sei zur Herausgabe nur gegen Ersatz des vom Arbeitnehmer am Firmenfahrzeug verursachten Schadens bereit.
Für die Klage auf Herausgabe der Lohnsteuerkarte ist das ArbG sachlich zuständig. (Im übrigen hat die Klage auch Aussicht auf Erfolg, weil dem Arbeitgeber

Arbeitspapiere

kein Zurückbehaltungsrecht an Arbeitspapieren zusteht, vgl. Rz. 4852).

Geht es nicht um die Erteilung eines "öffentlich-rechtlichen" Arbeitspapiers, sondern ausschließlich um dessen **inhaltliche Richtigkeit, Ergänzung oder Berichtigung**, so ist das jeweilige **Fachgericht** sachlich zuständig. Demzufolge ist bspw. für die Berichtigung einer Lohnsteuerkarte das Finanzgericht, für die inhaltliche Ergänzung einer Arbeitsbescheinigung das Sozialgericht zuständig.

Hinweis:
Macht demgegenüber der Arbeitnehmer einen **Anspruch aus dem Arbeitsverhältnis** geltend und ist in diesem Zusammenhang als **öffenlich-rechtliche Vorfrage** auch die korrekte Einbehaltung der Lohnsteuer für den Anspruch von Bedeutung, so behält nach Auffassung von Teilen der instanzgerichtlichen Rechtsprechung und jetzt auch nach der des BFH das ArbG auch für die Prüfung dieser Vorfrage seine sachliche Zuständigkeit (*so bspw. LAG Hamm, 16.06.1988, DB 1988, 2316; BFH 29.06.1993, BB 1993, 1936*).

Beispiel:
Der Arbeitnehmer klagt einen Teil seines Bruttoverdienstes mit der Begründung ein, der Arbeitgeber habe von seinem Arbeitslohn zu hohe Lohnsteuer einbehalten.
Hier ist das ArbG sachlich auch zuständig für die Prüfung des korrekten Lohnsteuerabzugs, weil davon der geltendgemachte Anspruch des Arbeitnehmers aus dem Arbeitsverhältnis (Lohn- bzw. Gehaltszahlung) mit abhängt.

4859
Steht die Zuständigkeit des einen oder anderen Gerichtszweigs fest, so stellt sich darüber hinaus die Frage, ob ein **Rechtsschutzbedürfnis** für eine Klage besteht. Hierfür wird verlangt, daß dem Kläger **keine einfachere Möglichkeit** zur Seite steht, um sein Ziel zu erreichen. Dies kann der Fall sein, wenn die Einschaltung der zuständigen Behörde schneller und einfacher zum Ziel führt. Allerdings hat das *BAG* (*15.01.1992, EzA § 133 AFG Nr. 5*) darauf erkannt, daß das Rechtsschutzbedürfnis für eine Klage auf Erteilung einer Arbeitsbescheinigung durch ein laufendes Verwaltungsverfahren beim Arbeitsamt zwecks Arbeitslosengeldgewährung nicht beeinträchtigt wird. Der wichtigste Zweck der Arbeitsbescheinigung, die Beschleunigung des Verwaltungsverfahrens, werde im Regelfall durch die arbeitsgerichtliche Verurteilung des Arbeitgebers zur Erteilung der Bescheinigung gefördert.

Im Streitfall empfiehlt es sich angesichts der insgesamt schwierigen Materie einen Fachmann (Rechtsanwalt, ggf. auch Steuerberater) hinzuzuziehen.

b) Durchsetzung eines Anspruchs gegenüber dem Arbeitgeber

4860

Die **Vollstreckung** eines Urteils **auf Herausgabe der Arbeitspapiere** erfolgt in der Weise, daß der Gerichtsvollzieher dem Arbeitgeber die **Arbeitspapiere wegnimmt** und sie dem Arbeitnehmer übergibt.

Auf Antrag des Arbeitnehmers kann bereits im Urteil nach § 255 ZPO eine **Frist zur Herausgabe** festgesetzt werden.

Ist der Arbeitgeber dazu verurteilt worden, bestimmte **Eintragungen vorzunehmen** (Ausstellung, Berichtigung, Ergänzung) oder **Auskünfte zu erteilen**, kann der Arbeitgeber mit **Zwangsgeld** oder ggf. auch **Zwangshaft** zur Vornahme der Handlung angehalten werden.

c) Einstweiliger Rechtsschutz

4861

Die Arbeitspapiere können in **dringenden Fällen** ausnahmsweise noch vor Abschluß des eigentlichen Verfahrens vom Arbeitnehmer im Wege einer **einstweiligen Verfügung** herausverlangt werden.

Ob die prozessualen Voraussetzungen hierfür im Einzelfall gegeben sind, kann jedoch nur mit Hilfe eines Rechtsanwalts geklärt werden, so daß auf eine allgemeine Darstellung der Voraussetzungen des einstweiligen Rechtsschutzes an dieser Stelle verzichtet wird.

d) Beweislastverteilung

4862

Grundsätzlich muß der die Herausgabe begehrende **Arbeitnehmer darlegen und beweisen**, daß sich die Papiere **im Besitz des Arbeitgebers** befinden.
Angesichts der gängigen Praxis der Weitergabe der Arbeitspapiere an den Arbeitgeber bei Begründung eines Arbeitsverhältnisses, geht die Rechtsprechung aber - jedenfalls bis zum Vorliegen gegenteiliger Anhaltspunkte - davon aus, daß der Arbeitgeber dem Arbeitnehmer die Arbeitspapiere **abverlangt** und auch **ausgehändigt bekommen hat**.

Letztlich muß daher der Arbeitgeber die Umstände vortragen und ggf. beweisen, aus denen sich ergibt, daß er im konkreten Fall (ausnahmsweise!) die Arbeitspapiere nicht vom Arbeitnehmer erhalten hat.

III. Weiterführende Literaturhinweise:

4862 a

Buchner, Münchner Handbuch zum Arbeitsrecht, Band 1, Individualarbeitsrecht, § 45 Rn. 34 ff.
Haupt, Handbuch zum Arbeitsrecht (HzA), Gruppe 1, Teilbereich 3, 3. Abschn.: Arbeitspapiere
Kitzelmann, Die einstweilige Verfügung auf Herausgabe der Arbeitspapiere, ArbuR 1970, 299
Müller, Die Eintragung des Arbeitgebers in die Arbeitspapiere und ihre Berichtigung, DB 1973, 570
ders., Die Zuständigkeit der Arbeitsgerichte zur Entscheidung steuer- und sozialversicherungsrechtlicher Fragen, DB 1977, 997
Peterek, Zur Aushändigung der Arbeitspapiere bei beendetem Arbeitsverhältnis, DB 1968, 173
Schaub, Arbeitsrechts-Handbuch, 7. Aufl. 1992, § 33 Der Austausch von Arbeitspapieren; § 149 Herausgabe und Ausfüllung der Arbeitspapiere

4863

IV. Muster

Muster einer Zwischenbescheinigung für die Lohnsteuerkarte

Herr/Frau .... geb. am ....
wohnhaft in .... Straße ....
war vom .... bis .... in unserem Unternehmen beschäftigt.

Auf der uns bei Beschäftigungsbeginn ausgehändigten Lohnsteuerkarte für das Jahr 19.... befinden sich folgende Eintragungen:

A. Allgemeine Eintragungen:

Gemeinde / AGS	Finanzamt	Nr.	Geb.-Datum
Steuerklasse	Kinderfreibeträge	Kinderzahl f. Berlinzulage	Kirchensteuerabzug: Arbeitnehmer|Ehegatte
Gemeindebehörde		Datum	

B. Steuerfreibeträge:

Bei der Berechnung der Lohnsteuer sind vom tatsächlichen Arbeitslohn als steuerfrei abzuziehen (in DM):

Jahresbetrag	monatlich	wöchentlich	täglich	Eintragung gilt bis
--------------	--------------	--------------	---------	---------------------

Die Lohnsteuerbescheinigung konnte aus technischen Gründen nicht sofort ausgehändigt werden. Sie wird Herrn/Frau .... unverzüglich, spätestens innerhalb von 8 Wochen nach Beendigung des Dienstverhältnisses (§ 41 b Abs. 1 Satz 7 EStG), nachgereicht. Diese Bescheinigung soll bis zu diesem Zeitpunkt als Unterlage für die Berechnung der Lohn- und Kirchensteuer dienen.

Für weitere Auskünfte stehen wir Ihnen jederzeit zur Verfügung.

....
Ort, Datum   Unterschrift

Muster einer Quittung für Arbeitspapiere

Ausfertigung für Arbeitnehmer/Arbeitgeber

Anläßlich meines Ausscheidens aus dem Arbeitsverhältnis mit der Firma .... bestätige ich, folgende Arbeitspapiere ordnungsgemäß erhalten zu haben:

1. Arbeitsbescheinigung
2. Einfaches / Qualifiziertes Arbeitszeugnis
3. Entgeltbescheinigung für die Zeit vom .... bis ....
4. Ersatz- oder Zwischenbescheinigungen über ....
5. Lohnsteuerkarte für das Jahr ....
6. Urlaubsbescheinigung
7. Sozialversicherungsnachweisheft Nr.: .... und Abmeldung

Die Aushändigung der Lohnsteuerkarte / der Abmeldung / der Lohnsteuerbescheinigung kann aus technischen Gründen erst nach dem .... erfolgen.

Die fehlende(n) Unterlage(n) wird / werden unverzüglich nach Vornahme der erforderlichen Eintragungen, spätestens bis zum Ablauf von 8 Wochen nach Beendigung des Arbeitsverhältnisses an den Arbeitnehmer übersandt.

Ein Exemplar dieser Quittung ist mir ausgehändigt worden.

....
Ort, Datum   Unterschrift

35. Kapitel: Zeugnis

Übersicht: Zeugnisarten	4880
Checkliste für die Zeugniserteilung	4881
Muster eines einfachen Zeugnisses	4882
Muster eines qualifizierten Zeugnisses	4883
Muster eines qualifizierten Ausbildungszeugnisses	4884

I.	Gesetzliche Grundlagen des Zeugnisrechts	4885
II.	Wer hat Anspruch auf ein Zeugnis?/Wer muß ein Zeugnis erteilen?	4886
	1. Anspruchsberechtigte Personen	4886
	2. Anspruchsverpflichtete Personen	4887
	3. Geltendmachung des Zeugnisanspruchs	4889
	4. Zeugnis - eine Holschuld des Arbeitnehmers	4890
III.	Wann muß ein Zeugnis erteilt werden?	4891
	1. Entstehung des Zeugnisanspruchs allgemein	4891
	2. Kündigung	4892
	3. Vorläufiges Zeugnis und Endzeugnis	4893
	4. Befristete und auflösend bedingte Arbeitsverhältnisse	4884
	5. Aufhebungsvertrag	4895
	6. Zwischenzeugnis	4896
IV.	Formvorschriften	4897
V.	Inhalt und Zeugnissprache	4898
	1. Einfaches Zeugnis	4899
	2. Qualifiziertes Zeugnis	4900
	a) Allgemeines	4900
	b) Leistung und Leistungsbeurteilung	4901
	c) Führung	4903
	d) Sonstiger Zeugnisinhalt	4904
	3. Zeugnisformulierung	4905
	a) Grundsätze	4905
	b) Zeugnissprache	4906
	4. Wechsel zwischen einfachem und qualifiziertem Zeugnis	4907
VI.	Bis zu welchem Zeitpunkt kann vom Arbeitgeber eine Zeugniserteilung verlangt werden?	4908
VII.	Mitbestimmungsrechte des Betriebsrats bei der Zeugniserteilung	4910
VIII.	Nachträgliche Abänderung eines Zeugnisses	4911

	1. Widerruf	4911
	2. Berichtigung	4912
IX.	Gerichtliche Geltendmachung des Zeugniserteilungs- sowie des Zeugnisberichtigungsanspruchs	4913
	1. Zeugniserteilungsanspruch	4913
	2. Einstweilige Verfügung	4914
	3. Berichtigungsanspruch	4915
	4. Beweislast des Arbeitgebers	4916
	5. Streitwert	4917
X.	Schadensersatz bei verspäteter oder unrichtiger Zeugniserteilung	4918
	1. Haftung gegenüber dem Arbeitnehmer	4918
	2. Haftung gegenüber neuem Arbeitgeber	4919
XI.	Was ist bei einer Auskunft über einen ausgeschiedenen Arbeitnehmer an einen Folgearbeitgeber zu beachten?	4920
	1. Auskunftsersuchen durch den Bewerbungsempfänger	4921
	2. Auskunftserteilung durch den bisherigen Arbeitgeber	4922
	a) Auf Wunsch des Arbeitnehmers	4922
	b) Auf Wunsch des Bewerbungsempfängers	4923
	3. Haftung bei Auskunftserteilung	4924
XII.	Weiterführende Literaturhinweise	4925

4880

Übersicht: Zeugnisarten

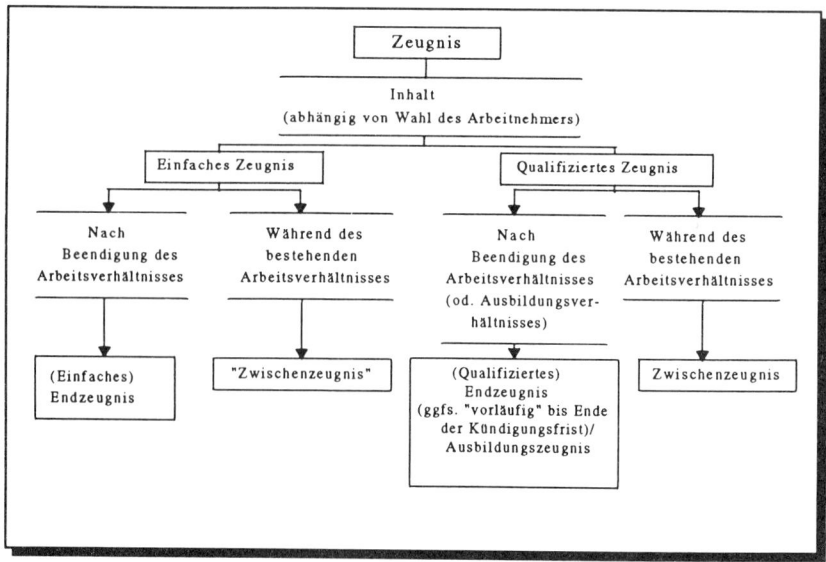

Zeugnis

4881

Checkliste und Muster für die Zeugniserteilung

Die Checkliste und die Musterzeugnisse sind als **Orientierungshilfen** zu verstehen. Der Zeugnisaussteller hat vor dem Hintergrund der im Anschluß gemachten Ausführungen **in jedem Einzelfall** zu prüfen, mit welchen Formulierungen er den Anforderungen des Zeugnisempfängers **individuell** gerecht wird.

Sehr detaillierte Formulierungshilfen finden sich auch bei *A. Weuster/B. Scheer*, Arbeitszeugnisse in Textbausteinen, 5. Aufl. 1993.

Checkliste für die Zeugniserteilung

Bestandteile und Aufbau des einfachen und qualifizierten Zeugnisses, unter Berücksichtigung der zusätzlichen Besonderheiten von Zwischen-, vorläufigem und Ausbildungszeugnis.

Für alle Zeugnisse

- **Firmenbogen, wenn Verwendung geschäftsüblich**
  - sonst: maschinenschriftlich oder
  - mit PC erstellter Briefkopf mit Name und Anschrift des Arbeitgebers

- **Überschrift**
  - "Zeugnis"
  - "Ausbildungszeugnis"
  - "Zwischenzeugnis"
  - "Vorläufiges Zeugnis"

- **Angaben zur Person des Arbeitnehmers**
  - Name, Vorname (ggf. Geburtsname und Titel)
  - Geburtsdatum (falls Verwechslungsgefahr)
  - Geburtsort (falls Verwechslungsgefahr)
  - Dauer des Beschäftigungsverhältnisses (Zeitpunkt der **rechtlichen** Beendigung)
  - Berufs- bzw. Positionsbezeichnung

- **Beschreibung der ausgeführten Tätigkeiten**
  - Aufgaben, Verantwortung, Kompetenzen (möglichst genaue Beschreibung)

- o evtl. Werdegang im Betrieb
- o daneben ggf. ausgeübte Sonderaufgaben (bspw. längere Stellvertretungen in anderem Tätigkeitsbereich)
- o längere Unterbrechungen (z.B. Wehrdienst, Krankheit etc.) **nur**, wenn für die Beurteilungsgrundlage **erheblich** (Faustformel: mehr als die Hälfte der Gesamtbeschäftigungsdauer)

➤ *Besonderheiten beim Ausbildungszeugnis*
- o durchlaufene Ausbildungsabteilungen
- o erworbene Kenntnisse und Fertigkeiten
- o Berufsschulbesuch

- **Beendigung des Arbeitsverhältnisses**
  - o Austrittstermin (falls nicht bereits in der Einleitung)
  - o Beendigungsmodalitäten nur auf Wunsch des Arbeitnehmers

- **Schlußfloskel und Beendigungsformel (str.; nicht erzwingbar)**
  - o Dankes- und Bedauern-Formel
  - o Zukunftswünsche

➤ *Besonderheiten beim Ausbildungszeugnis*
- o zusätzliche Aussage darüber, ob und inwieweit das Ausbildungsziel erreicht wurde
- o ggf. zusätzliche Aussage zur Übernahme in den Betrieb

➤ *Besonderheit beim Zwischenzeugnis*
- o zusätzliche Angabe des Grundes der Erteilung des Zwischenzeugnisses, bspw. Vorgesetztenwechsel, Betriebsübernahme etc.

- **Ausstellungsdatum und Unterschrift**

Zusätzlich für ein qualifiziertes Zeugnis

- **Beurteilung der Arbeitsleistung über Gesamtzeitraum**
  - o Leistungsbereitschaft
  - o fachliches Können
    (ggf. Hinweis auf Weiterbildung)
  - o Arbeitserfolg

○ Arbeitsweise
○ abschließende Gesamtbeurteilung der Arbeitsleistung

➤ *Besonderheiten beim Ausbildungszeugnis*
○ Ausbildungsbereitschaft und -befähigung des Auszubildenden
○ Lern- und Arbeitsweise
○ Lernerfolge
○ besondere fachliche Fähigkeiten

- **Beurteilung des Sozialverhaltens (dienstliche Führung)**
  ○ Verhalten gegenüber Vorgesetzten und Mitarbeitern
  ○ ggf. Führungsverhalten
  ○ Verhalten gegenüber Dritten (Kunden, Mandanten etc.)
  ○ sonstiges dienstliches Verhalten

➤ *Besonderheiten beim Ausbildungszeugnis*
○ Sozialverhalten gegenüber Vorgesetzten, Ausbildern, Mitarbeitern und anderen Auszubildenden

4882

Muster eines einfaches Zeugnisses

Firma _____

Zeugnis

Herr/Frau _____ geboren am _____ in _____, war vom _____ bis zum _____ als _____ in unserem Betrieb tätig.

Herr/Frau _____ arbeitete in der _____-Produktion und hatte alle anfallenden Arbeiten an der _____-Maschine auszuführen. Insbesondere zählten hierzu_____.

Das Arbeitsverhältnis endet mit dem heutigen Tag in gegenseitigem Einvernehmen aufgrund ordentlicher Kündigung von Herrn/Frau_____.

Wir bedauern das Ausscheiden von Herrn/Frau und wünschen ihm/ihr für die Zukunft alles Gute.

Ort, Datum   Unterschrift

Zeugnis

4883

Muster eines qualifizierten Zeugnisses

(überdurchschnittliche Beurteilung)

Firma _____

Zeugnis

Herr/Frau _____ geboren am _____ in _____, war vom _____ bis zum _____ als _____ in unserem Betrieb tätig.

Sein/Ihr Aufgabengebiet umfaßte in der Hauptsache_____.
Zusätzlich bearbeitete er/sie_____.
Zu seinem/ihrem Tätigkeitsbereich zählte insbesondere die eigenverantwortliche Bearbeitung von _____.
Im Vertretungsfall übernahm Herr/Frau _____ außerdem _____.

[Bei Tätigkeiten in verschiedenen Bereichen:]
Sein/Ihr Aufgabengebiet umfaßte zunächst_____. Am _____ wurde Herr/Frau _____ in die Abteilung _____ versetzt. Dort nahm er/sie folgende Aufgaben wahr: _____.

Herr/Frau _____ zeigte stets Initiative und eine hohe Motivation. Bereits nach kurzer Einarbeitungszeit arbeitete er/sie vollkommen selbständig und bewältigte neue Aufgaben aufgrund seines/ihres soliden Fachwissens erfolgreich.

Insgesamt hat Herr/Frau _____ die ihm übertragenen Aufgaben stets zu unserer vollen Zufriedenheit erledigt.

Sein/Ihr Verhalten gegenüber Vorgesetzten und Mitarbeitern war einwandfrei. Von unseren Kunden wurde er/sie wegen seiner/ihrer Zuvorkommenheit sehr geschätzt.

Herr/Frau _____ verläßt unseren Betrieb auf eigenen Wunsch, um sich beruflich zu verbessern.

Wir danken ihm/ihr für die geleistete Arbeit und wünschen ihm/ihr für die Zukunft alles Gute.

Ort, Datum   Unterschrift

4884

Muster eines qualifizierten Ausbildungszeugnisses

(überdurchschnittliches Ausbildungsergebnis)

Firma _____

Ausbildungszeugnis

Herr/Frau _____ *geboren am* _____ *in* _____, *ist vom* _____ *bis zum* _____ *in unserem Betrieb zum* _____ *ausgebildet worden.*

Im Verlauf seiner/ihrer Ausbildung wurde Herr/Frau in die Arbeiten der Abteilungen _____ *eingeführt. Herr/Frau erhielt entsprechend der Ausbildungsordnung für* _____ *fundierte Kenntnisse in den Bereichen* _____.

Während seiner/ihrer Ausbildung besuchte Herr/Frau _____ *die Berufsschule sowie den ergänzenden Unterricht in unserem Hause.*

Herr/Frau _____ *verfügt über eine gute Auffassungsgabe und folgte sowohl der praktischen als auch theoretischen Ausbildung stets mit großem Eifer.*

Er/Sie beherrscht alle Fertigkeiten und Kenntnisse eines/einer _____ *gut.*

Insgesamt waren wir mit den Leistungen von Herrn/Frau _____ *stets voll zufrieden.*

Sein/Ihr Verhalten gegenüber Vorgesetzten, Ausbildern, Mitarbeitern und den anderen Auszubildenden war einwandfrei.
Dieses gilt ebenso für das Verhalten gegenüber Kunden.

Herr/Frau legte am _____ *vor der Industrie- und Handelskammer* _____ *die Abschlußprüfung mit der Note gut ab.*

Nach Beendigung der Ausbildung haben wir Herrn/Frau als _____ *wunschgemäß in die* _____ *Abteilung übernommen.*

Ort, Datum   *Unterschrift*

Zeugnis

4885

I. Auf welchen gesetzlichen Regelungen beruht das Zeugnisrecht?

Für das berufliche Fortkommen des Arbeitnehmers ist es nahezu unerläßlich, Nachweise über frühere Tätigkeiten und Leistungen zu besitzen. Umgekehrt ist in einer Vielzahl der Fälle das Zeugnis für den Arbeitgeber der einzig mögliche Anhaltspunkt, um sich vom Bewerber ein Bild machen und zumindest eine Vorauswahl treffen zu können.
Dem Zeugnis kommt daher in zweierlei Hinsicht entscheidende Bedeutung zu, nämlich

- einerseits für das berufliche Fortkommen des Arbeitnehmers,
- andererseits zur Unterrichtung eines neuen Arbeitgebers.

Nach § 630 Abs. 1 BGB kann der Arbeitnehmer vom Arbeitgeber bei Beendigung des Arbeitsverhältnisses ein schriftliches Zeugnis über Art und Dauer seiner Tätigkeit fordern. Ähnliche Regelungen enthalten

- § 73 HGB für kaufmännische Angestellte,
- § 113 GewO für gewerbliche Arbeiter und
- § 8 BBiG für Auszubildende.

Aber selbst wenn keine der genannten Anspruchsgrundlagen eingreifen sollte, besteht ein Anspruch des Arbeitnehmers auf Zeugniserteilung aufgrund der "allgemeinen Fürsorgepflicht des Arbeitgebers" (vgl. Rz. 4844).

Trotz der auf den ersten Blick unterschiedlichen Regelungen für die einzelnen Arbeitnehmergruppen ist das Zeugnisrecht letztlich für alle Beschäftigten einheitlich.

II. Welche Beschäftigten haben Anspruch auf ein Zeugnis und wer muß dieses dann erteilen?

1. Anspruchsberechtigte Personen

4886

Grundsätzlich hat **jeder Arbeitnehmer** einen Rechtsanspruch auf Erteilung eines Zeugnisses. Einen allgemein festgeschriebenen Arbeitnehmerbegriff gibt es nicht. Nach der überwiegenden Ansicht in Rechtsprechung und Literatur fallen unter diesen Begriff "all diejenigen Personen,

- die aufgrund eines **privatrechtlichen Vertrages** oder eines gleichgestellten Rechtsverhältnisses
- **im Dienste eines anderen** zur Verrichtung von Arbeit verpflichtet sind und dabei

- zum Arbeitgeber in einem **persönlichen Abhängigkeitsverhältnis** stehen".
(vgl. zum Arbeitnehmerbegriff auch Rz. 5202).

Unerheblich ist, ob es sich bei dem Arbeitsverhältnis um

- eine **Voll- oder Teilzeitbeschäftigung**,

- eine **Haupt- oder Nebentätigkeit**,

- ein **Probe- oder Praktikantenarbeitsverhältnis** handelt.

Im Zweifel ist zunächst davon auszugehen, daß ein in einem Betrieb Beschäftigter, der hinsichtlich Zeit, Dauer und Ort der Ausführung seiner Tätigkeit den unmittelbaren Weisungen des Arbeitgebers unterworfen ist, auch **Arbeitnehmer im arbeitsrechtlichen Sinn** ist und damit einen Zeugnisanspruch hat. Daneben sind auch die in **Heimarbeit** Beschäftigten Arbeitnehmer. Gleiches gilt für die **Leiharbeitnehmer** (vgl. Rz. 3500 ff.). Diese bleiben allerdings auch während der Arbeit beim Entleiher **Arbeitnehmer des Verleihers**, so daß sich ihr Zeugnisanspruch ausschließlich gegen diesen richtet.

2. Anspruchsverpflichteter

4887
Das Zeugnis kann vom Arbeitgeber selbst oder durch einem von ihm beauftragten Bearbeiter (bspw. dem Personalleiter) ausgestellt werden.

Ein für die Zeugniserteilung beauftragter Arbeitnehmer muß in jedem Fall **"ranghöher"** sein als der Arbeitnehmer, für den das Zeugnis ausgestellt wird. Der für den Arbeitgeber tätig werdende Vertreter muß außerdem bei diesem beschäftigt sein. Unzulässig ist bspw. die Ausstellung eines Zeugnisses durch einen mit der Interessenwahrnehmung des Arbeitgebers beauftragten Rechtsanwalt (*LAG Hamm 02.11.1966, DB 1966, 1815*).

4888
Einzelfragen:

- *Arbeits- und Entgeltbescheinigungen*
In der Praxis werden häufig Arbeits- und Entgeltbescheinigungen ausgefüllt, damit der Arbeitnehmer mit ihnen den Nachweis bestimmter Tätigkeiten bzw. Einkommen führen kann. Diese Bescheinigungen sind **keine "Zeugnisse" im arbeitsrechtlichen Sinne**. Der Arbeitgeber ist zur Ausstellung solcher Bestätigungen aufgrund seiner Fürsorgepflicht gegenüber dem Arbeitnehmer verpflichtet.

- *Arbeitsbescheinigung nach § 133 AFG*
Der Arbeitgeber hat gegenüber der Bundesanstalt für Arbeit eine **öffentlich-rechtliche Pflicht zur Ausstellung der Arbeitsbescheinigung nach § 133 AFG**.

Zeugnis

Der Arbeitnehmer benötigt die Bescheinigung zur Darlegung der Tatsachen, die für den Bezug von Arbeitslosengeld von Bedeutung sind (vgl. Einzelheiten Rz. 7015). Auch diese Bescheinigung läßt den Zeugnisanspruch des Arbeitnehmers unberührt, selbst wenn hier Art und Dauer der Tätigkeit bescheinigt werden müssen.

- *Betriebsübergang*
Im Falle des **Betriebsübergangs nach § 613a BGB** tritt der Erwerber in die Rechte und Pflichten aus den im Zeitpunkt des Übergangs bestehenden Arbeitsverhältnissen ein. Der Zeugnisanspruch richtet sich ab diesem Zeitpunkt gegen den neuen Arbeitgeber. Kann dieser nicht aufgrund eigener Anschauung die Leistungen des Arbeitnehmers beurteilen, muß er sich ggf. beim bisherigen Arbeitgeber erkundigen.

- *Konkurs des Arbeitgebers*
Beim **Konkurs des Arbeitgebers** sind die folgenden Besonderheiten zu beachten:
  o auch im Konkurs bleibt dessen **Verpflichtung zur Zeugniserteilung für die Arbeitsverhältnisse bestehen**, die den Konkurseintritt nicht überdauert haben. Ist ein Arbeitnehmer noch **vor** Konkurseröffnung aus dem Arbeitsverhältnis ausgeschieden und hat Klage auf Erteilung eines Zeugnisses erhoben, wird dieser Rechtsstreit nach Konkurseröffnung gegen den Arbeitgeber als dem sog. "Gemeinschuldner" fortgesetzt.
  o ist der Arbeitnehmer erst **nach** Konkurseröffnung aus dem Arbeitsverhältnis ausgeschieden, hat der **Konkursverwalter den Zeugnisanspruch zu erfüllen**, und zwar unabhängig davon, wie lange das Arbeitsverhältnis nach Konkurseröffnung noch fortgeführt worden ist (*BAG* 30.01.1990, *EzA* § 630 BGB Nr. 13). Auch in diesem Fall ist der Konkursverwalter als neuer Arbeitgeber gehalten, sich ggf. beim bisherigen Arbeitgeber kundig zu machen.

- *Referenzzeugnis*
Geben Vorgesetzte über Arbeitnehmer im eigenen Namen ein sogenanntes **"Referenzzeugnis"** ab, also ein Empfehlungsschreiben auf persönlicher Ebene, so ändert dies nichts am **arbeitsvertraglichen Zeugnisanspruch** des Arbeitnehmers.

3. Geltendmachung des Zeugnisanspruchs

4889

Die Pflicht des Arbeitgebers zur Zeugniserteilung besteht nur, wenn der Arbeitnehmer einen entsprechenden **Anspruch geltend macht**. Dies gilt insbesondere für das sog. "qualifizierte" Zeugnis, das nach § 630 Satz 2 BGB nur "auf Verlangen" auszustellen ist (s. Rz. 4900). Erst von diesem Zeitpunkt an ist auch eine Haftung des Arbeitgebers wegen verspäteter Zeugniserteilung möglich (vgl. Rz. 4918).

Etwas anderes gilt nach Beendigung eines **Berufsausbildungsverhältnisses**. Hier hat der Ausbildende nach § 8 Abs. 1 Satz 1 BBiG dem Auszubildenden auch **ohne dessen ausdrückliches Verlangen** ein Zeugnis auszustellen.

Für die Geltendmachung ist gesetzlich **keine Form** einzuhalten. Allerdings kann zur Wahrung von Ausschlußfristen ein **tarifvertragliches Schriftformerfordernis** oder die **gerichtliche Geltendmachung** des Anspruchs vorgeschrieben sein. Die Erhebung einer Kündigungsschutzklage allein erfüllt in diesem Fall noch nicht das Formerfordernis und wahrt damit ebenfalls nicht eine mögliche Ausschlußfrist.

Auch ohne Formvorschrift empfiehlt sich schon aus Beweisgründen stets die schriftliche Geltendmachung des Anspruchs auf Zeugniserteilung.

4. Abholung des Zeugnisses durch den Arbeitnehmer

4890
Die Zeugnisschuld ist eine **Holschuld**, d.h. der Arbeitgeber muß das Zeugnis am Ort seiner gewerblichen Niederlassung zur Abholung bereithalten. Nur ausnahmsweise kann der Arbeitgeber aufgrund nachwirkender Fürsorgepflicht gehalten sein, das Zeugnis zu übersenden (vgl. Fallgestaltungen unter Rz. 4850).

Der Arbeitgeber darf die Zeugniserteilung **nicht wegen noch bestehender Ansprüche gegen den Arbeitnehmer** (bspw. einen Schadensersatzanspruch) **verweigern** (vgl. auch Rz. 4852).

III. Wann muß ein Zeugnis erteilt werden?

1. Entstehung des Zeugnisanspruchs allgemein

4891
Der Anspruch auf Zeugniserteilung entsteht nach dem Gesetzeswortlaut (§ 630 BGB, § 73 HGB, § 8 BBiG) "bei Beendigung" des Arbeits- oder Ausbildungsverhältnisses bzw. "bei Abgang" (§ 113 Abs. 1 GewO). Unabhängig von den unterschiedlichen Formulierungen hat der Arbeitnehmer einen Zeugnisanspruch **nicht erst bei rechtlicher**, sondern bereits bei **tatsächlicher Beendigung** des Arbeitsverhältnisses. Dafür spricht schon der Gesetzeswortlaut, der den Zeugnisanspruch "bei" und nicht "nach" Beendigung des Arbeitsverhältnisses gewährt. Anders wäre auch den Interessen des Arbeitnehmers nur unvollkommen Rechnung getragen, da dieser das Zeugnis bereits vor der rechtlichen Beendigung des Arbeitsverhältnisses, die von der tatsächlichen insbesondere bei länge-

2. Kündigung

4892

Die tatsächliche Beendigung des Arbeitsverhältnisses tritt **im Fall der Kündigung grundsätzlich mit deren Zugang** beim Kündigungsempfänger (Arbeitgeber oder Arbeitnehmer) ein. Ab diesem Zeitpunkt muß der Arbeitgeber einem Zeugnisverlangen des Arbeitnehmers unverzüglich, d.h. ohne schuldhaftes Zögern, nachkommen. Dies gilt unabhängig davon, ob es sich um eine **ordentliche (befristete)** oder **außerordentliche (fristlose) Kündigung** handelt. Auch im Fall des Vertragsbruches steht dem Arbeitnehmer ein Zeugnisanspruch zu.

Beispiel:
Der Arbeitgeber kündigt dem Arbeitnehmer ordentlich zum 30.06.1995. Hiergegen wehrt sich der Arbeitnehmer mit einer fristgemäß erhobenen Kündigungsschutzklage und verlangt gleichzeitig die Erteilung eines qualifizierten Zeugnisses. Bis zum Ablauf der Kündigungsfrist soll der Arbeitnehmer weiter im Betrieb arbeiten.
In diesem Fall muß der Arbeitgeber dem Verlangen des Arbeitnehmers auf Erteilung eines qualifizierten Zeugnisses ohne schuldhaftes Zögern nachkommen, selbst wenn dieser noch bis zum Ablauf der Kündigungsfrist im Betrieb weiterarbeitet.
(Das Zeugnisverlangen bringt im übrigen kein Einverständnis des Arbeitnehmers mit der Kündigung zum Ausdruck.)

3. Vorläufiges Zeugnis und Endzeugnis

4893

In welchen Fällen der Arbeitgeber berechtigt ist, dem Zeugnisverlangen des Arbeitnehmers zunächst mit einem **"vorläufigen Zeugnis"** nachzukommen, ist nicht abschließend geklärt.
Ein Bedürfnis hierfür kann immer dann entstehen, wenn sich - wie im Fall der **Weiterbeschäftigung** des Arbeitnehmers **während einer längeren Kündigungsfrist** bzw. **während der Dauer eines Kündigungsschutzprozesses** (vgl. Rz. 4702) - die für das Zeugnis maßgeblichen Umstände bis zu dessen endgültigem Ausscheiden noch entscheidend ändern können.

Um der Gefahr einer falschen Gesamtbeurteilung entgegenzuwirken, wird man dem Arbeitgeber die Möglichkeit einräumen müssen, dem Arbeitnehmer zunächst ein "vorläufiges" Zeugnis zu erteilen. Erst bei Ausscheiden des Arbeitnehmers wird dann dem Arbeitnehmer ein "endgültiges" Zeugnis ausgestellt. Der Arbeitgeber ist dabei selbstverständlich nicht verpflichtet, die im "vorläufigen Zeugnis" verwendeten Formulierungen auch ins Endzeugnis zu übernehmen.

(Zu berücksichtigen ist aber die **inhaltliche Bindungswirkung** eines vorläufigen Zeugnisses (vgl. Rz. 4896).)

Beispiel:
Sachverhalt wie im Fall oben.
Liegt hier zwischen der Kündigungserklärung und dem Ablauf der ordentlichen Kündigungsfrist eine erhebliche Zeitspanne (bspw. 9 Monate), kann der Arbeitgeber dem Zeugnisverlangen des Arbeitnehmers zunächst mit einem "vorläufigen" Zeugnis nachkommen und ein endgültiges Zeugnis nach Ablauf der Kündigungsfrist ausstellen.

Unabhängig von einem Kündigungsschutzprozeß hat ein gekündigter Arbeitnehmer **spätestens mit Ablauf der Kündigungsfrist** oder bei seinem **tatsächlichen Ausscheiden aus dem Betrieb Anspruch** auf ein **qualifiziertes Endzeugnis** und nicht nur auf ein **vorläufiges Zeugnis** *(BAG 27.02.1987, EzA § 630 Nr. 11).*

4. Befristete und auflösend bedingte Arbeitsverhältnisse

4894

Bei **befristeten** und **auflösend bedingten Arbeitsverhältnissen**, die ohne Kündigungsfrist auslaufen, entsteht der Zeugnisanspruch nach überwiegender Ansicht eine **angemessene Zeit vor der Beendigung** des Beschäftigungsverhältnisses (Faustformel: 2-3 Monate vorher).

5. Aufhebungsvertrag

4895

Auch nach dem Abschluß eines **Aufhebungsvertrages** besteht ein Zeugnisanspruch. Hier kann der Arbeitnehmer die Erteilung des Zeugnisses regelmäßig **ab dem Zeitpunkt des Vertragsschlusses** fordern.

6. Zwischenzeugnis

4896

Nicht abschließend geklärt ist die Frage, ob der Arbeitnehmer unter bestimmten Voraussetzungen auch **im ungekündigten Arbeitsverhältnis** einen Anspruch auf Erteilung eines sog. "Zwischenzeugnisses" hat (obwohl auch in der Rechtsprechung die Begriffe "Zwischenzeugnis" und "vorläufiges Zeugnis" oftmals gleichgesetzt werden, sollte hier deutlich unterschieden werden zwischen einem "Zwischenzeugnis", das **während** des Arbeitsverhältnisses erteilt wird, und dem "vorläufigen Zeugnis", dem wie beim Endzeugnis die **Kündigung** des Arbeitsverhältnisses vorausgeht).

Zeugnis

Eine entsprechende Gesetzesvorschrift, die einen solchen Anspruch normiert, ist nicht vorhanden. Allerdings gibt es oftmals tarifvertragliche Regelungen, die dem Arbeitnehmer den Anspruch auf Erteilung eines Zeugnisses während des bestehenden Arbeitsverhältnisses bei **Vorliegen von "triftigen Gründen"** gewähren (bspw. § 61 Abs. 2 BAT).

Als Beispiele für einen "triftigen Grund" kommen danach in Betracht:
- Inaussichtstellen der Kündigung durch den Arbeitgeber;
- der Wunsch des Arbeitnehmers eine Fach- oder Hochschule zu besuchen bzw. sonstige Weiterbildungsangebote zu nutzen, für welche die Vorlage eines Zeugnisses Zulassungsvoraussetzung ist;
- die Versetzung von einem Konzernunternehmen ins andere;
- wesentliche Änderungen im Unternehmensgefüge, insbesondere Ausscheiden von dem Arbeitnehmer vorgesetzten Führungskräften, Verkauf des Unternehmens und Inhaberwechsel.

Nach Auffassung des Bundesarbeitsgerichts *(BAG 21.01.1993, EzA § 630 BGB Nr. 18)* ist ein Grund im allgemeinen dann als "triftig" anzusehen, wenn dieser bei verständiger Betrachtungsweise den Wunsch des Arbeitnehmers nach Erteilung eines Zwischenzeugnisses als berechtigt erscheinen läßt. Dies soll dann der Fall sein, wenn das Zwischenzeugnis geeignet ist, den mit ihm angestrebten Erfolg zu fördern. Insoweit ist nach Meinung des Bundesarbeitsgerichts bei der Auslegung des Begriffs des "triftigen Grundes" nicht "kleinlich" vorzugehen.

Zu berücksichtigen ist daneben, daß der Arbeitnehmer seinen Arbeitsplatz grundsätzlich frei wählen kann. Dieses Recht würde nur unvollkommen gewährt, wenn der Anspruch des Arbeitnehmers auf Erteilung eines Zwischenzeugnisses vom Vorliegen eines im einzelnen nicht näher definierten "triftigen Grundes" abhängig gemacht werden soll.

Außer in den genannten Fällen, in denen weitgehende Einigkeit besteht, sollte daher jedem Arbeitnehmer bis zur Grenze des Mißbrauchs ein Anspruch auch auf Erteilung eines Zwischenzeugnisses zugebilligt werden. Auch für den Arbeitgeber kann die regelmäßige "Zwischenbeurteilung" eines Arbeitnehmers im Hinblick auf das später zu erteilende Endzeugnis durchaus von Vorteil sein (vgl. "Tip" Rz. 4906).

Hat ein Arbeitgeber ein Zwischenzeugnis ausgestellt, so unterliegt er - wie auch beim vorläufigen Zeugnis - **keiner formalen Bindung** im Hinblick auf die **Formulierungen** im Endzeugnis *(LAG Düsseldorf 02.07.1976, DB 1976, 2310)*.

Nicht zu verkennen und von viel größerer Tragweite ist aber, daß das Zwischenzeugnis **inhaltlich** eine nicht unerhebliche Bindungswirkung auslösen kann. Dies gilt jedenfalls dann, wenn sich die **Beurteilungsgrundlagen** seit der Erteilung des Zwischenzeugnisses **nicht** oder **nicht wesentlich geändert** haben.

Selbst wenn nach Erteilung des Zwischenzeugnisses negative Vorfälle eingetreten sind, muß der Arbeitgeber die Bedeutung des **Gesamtbildes**, welches ein Zeugnis vermitteln soll, ausreichend berücksichtigen. Hier gilt der Grundsatz, daß **einmalige Vorfälle** - positiver oder negativer Art - bei der Gesamtbeurteilung unberücksichtigt bleiben müssen (vgl. Rz. 4901). Inhaltliche Abweichungen zum Nachteil des Arbeitnehmers im Endzeugnis können demzufolge nur dann gerechtfertigt sein, wenn die während der Zeit bis zur Erteilung des Endzeugnisses aufgetretenen Vorkommnisse nach Auffassung des Arbeitgebers **für das Gesamtbild prägend** waren.

Im übrigen gelten für das Zwischenzeugnis die gleichen Grundsätze wie für die Erteilung eines Endzeugnisses.

IV. Was für Formvorschriften sind bei der Ausstellung des Zeugnisses zu beachten?

4897
Das Arbeitszeugnis ist **schriftlich** zu erteilen. Bei dem heutigen Stand der Technik kann **üblicherweise** verlangt werden, daß das Zeugnis **maschinenschriftlich** erstellt wird. Keinesfalls ausreichend ist die handschriftliche Abfassung des Zeugnisses mit Bleistift, da Änderungen durch Radierung möglich sind.

Es dürfen keine nachträglichen **Verbesserungen** enthalten. In einem solchen Fall ist das Zeugnis neu zu schreiben. Enthält das Zeugnis **Schreibfehler**, so hat der Arbeitnehmer zumindest dann einen Anspruch auf Ausstellung eines neuen, fehlerfreien Zeugnisses, wenn diese negative Folgen für ihn haben könnten *(ArbG Düsseldorf 19.12.1984, NJW 1986, 1281)*.

Das Zeugnis muß mit einem **ordnungsgemäßen Briefkopf** ausgestaltet sein, aus dem **Name und Anschrift des Ausstellers** erkennbar sind. Dabei ist es grundsätzlich nicht zu beanstanden, wenn der Briefkopf mit Schreibmaschine oder Personalcomputer selbst gestaltet wird. Werden jedoch im Geschäftszweig des Arbeitgebers für schriftliche Äußerungen **üblicherweise Firmenbögen** verwendet und benutzt auch der Arbeitgeber solches Geschäftspapier, muß er auch das Zeugnis auf einem solchen Bogen erteilen *(BAG 03.03.1993 EzA 630 BGB Nr. 17)*. Auch technisch einwandfreie Kopien von Zeugnisurkunden sind als Originalurkunden anzusehen, wenn die Kopie mit einer Original-Unterschrift des Arbeitgebers versehen ist *(LAG Bremen 23.06.1989, LAGE 630 BGB Nr. 6)*.

Die **Person des Arbeitnehmers** ist mit Vorname, Nachname, Beruf und ggf. akademischem Grad und öffentlich-rechtlichem Titel genau zu bezeichnen. Ist dem Absolventen einer Fachhochschule der Titel "Diplom-Ingenieur, Dipl. Ing." verliehen worden, ist die Hinzufügung des Zusatzes "FH" unzulässig.
Darüber hinausgehende Angaben wie Geburtsdatum, Geburtsort und Anschrift des Arbeitnehmers sollten - jedenfalls dann, wenn auch ohne diese Angaben ei-

ne zweifelsfreie Identifizierung der Person möglich ist - nur auf dessen Wunsch hinzugefügt werden.
Männliche Arbeitnehmer sind im Zeugnis mit "Herr" anzusprechen. Weibliche Arbeitnehmer haben die Wahl, ob sie mit "Frau" oder "Fräulein" tituliert werden möchten.

Die im Zeugnis gebrauchten **Formulierungen** müssen klar und verständlich sein. Die Textsprache ist deutsch, auch bei der Abfassung des Zeugnisses für einen ausländischen Arbeitnehmer.
(Zur Zeugnisformulierung und Zeugnissprache im einzelnen vgl. Rz. 4905 f.).

Der Arbeitgeber darf ein Arbeitszeugnis nicht mit **Geheimzeichen** oder ähnlichen Merkmalen (Verwendung bestimmter Zeichen, Stempel, einer bestimmten Wortwahl oder Benutzung eines bestimmten Papiers) versehen, die den Zeugnisempfänger in einer aus dem Wortlaut des Zeugnisses nicht ersichtlichen Weise kennzeichnen. Hierbei handelt es sich um einen in § 113 Abs. 3 GewO zum Ausdruck kommenden allgemeinen Grundsatz des Zeugnisrechts. Ebensowenig dürfen Worte durch **Unterstreichungen** oder **Anführungszeichen** hervorgehoben werden. Unzulässig ist auch die Verwendung von **Ausrufungs- oder Fragezeichen**.

Wesentlicher Bestandteil des Zeugnisses ist das **Datum der Ausstellung**. Dies ist grundsätzlich das Datum des Ausstellungstages, nicht das des tatsächlichen oder rechtlichen Endes des Arbeitsverhältnisses.
Lange Zeit fehlte es an einer abschließenden Stellungnahme des Bundesarbeitsgerichts zu der Frage, welches Datum ein Zeugnis zu tragen hat, das vom Arbeitgeber **nachträglich berichtigt** worden ist.
Schon zuvor vertrat die überwiegende Meinung in der arbeitsrechtlichen Literatur und der instanzgerichtlichen Rechtsprechung die Auffassung, daß das berichtigte Zeugnis das **Datum des ursprünglich und erstmals erteilten Zeugnisses** behält. Dies unabhängig davon, ob der Arbeitgeber von sich aus die Berichtigung vorgenommen hat, er dazu gerichtlich verurteilt oder durch Prozeßvergleich angehalten worden ist.
Mit der Entscheidung vom 23.09.1992 (*EzA § 630 BGB Nr. 16*) hat das Bundesarbeitsgericht diesen lange schwelenden Streit weitgehend entschärft und darauf erkannt, daß ein vom Arbeitgeber berichtigtes Zeugnis jedenfalls dann auf das **ursprüngliche Ausstellungsdatum zurückzudatieren** ist, wenn die verspätete Ausstellung **nicht vom Arbeitnehmer zu vertreten ist**.
Dies ist nach der Entscheidung regelmäßig dann der Fall, wenn der Arbeitgeber seiner Zeugniserteilungspflicht zunächst nicht korrekt nachkommt und der Arbeitnehmer erfolgreich einen Zeugnisberichtigungsanspruch (vgl. Rz. 4912) geltend machen kann.
In diesem Zusammenhang teilt das Bundesarbeitsgericht die Auffassung, daß das Ausstellungsdatum in einem berichtigten Zeugnis den Arbeitnehmer in seinem beruflich Fortkommen hindern könne, da aus der Zeitdifferenz zwischen dem Ausscheiden aus dem Arbeitsverhältnis und dem Zeugnisdatum ersichtlich

sei, daß eine Auseinandersetzung über das ursprüngliche Zeungis stattgefunden habe.

Offen gelassen hat das Bundesarbeitsgericht die Frage, ob auch ein Arbeitnehmer, der erst einige Zeit nach seinem Ausscheiden **erstmalig ein Zeugnis verlangt**, wegen der u.U. drohenden Nachteile ebenfalls eine Rückdatierung auf den Tag der Beendigung verlangen kann (wohl zu Recht verneinend insoweit *LAG Bremen v. 23.06.1989 LAGE 630 BGB Nr. 6*).

Das Zeugnis ist **handschriftlich am Ende zu unterzeichnen**. Der Arbeitnehmer hat allerdings keinen Anspruch darauf, daß sein Zeugnis vom Arbeitgeber persönlich unterschrieben wird *(LAG Frankfurt a.M. 30.06.1992, ARSt 1993, 140)*. Allein entscheidend ist auch hier die Stellung des Unterzeichners, die ranghöher sein muß als die des Arbeitnehmers (vgl. Rz. 4887), sowie dessen Vollmacht zur Abgabe verbindlicher Erklärungen für den Arbeitgeber.

V. Welchen Inhalt muß ein Zeugnis haben und wie ist dieser zu formulieren?

4898

Inhaltlich unterscheidet das Gesetz zwischen zwei Arten von Zeugnissen:

- dem **einfachen** und

- dem **qualifizierten Zeugnis**.

Ob der Arbeitgeber das eine oder das andere auszustellen hat, hängt allein von der **Wahl des Arbeitnehmers** ab.

Die Begriffe "Zwischenzeugnis", "Vorläufiges Zeugnis" und "Ausbildungszeugnis" unterscheiden demgegenüber nur nochmals nach **Anlaß und Zeitpunkt** der Zeugniserteilung.

Inhaltlich handelt es sich aber auch in diesen Fällen, abhängig von der Wahl des Arbeitnehmers, um ein einfaches oder qualifiziertes Zeugnis (vgl. Übersicht Rz. 4880).

1. Einfaches Zeugnis

4899

Das einfache Zeugnis stellt ausschließlich eine Bestätigung des Arbeitgebers über die **Art** und **Dauer** der Beschäftigung dar (vgl. § 630 Abs. 1 BGB). **Nicht enthalten** sind also insbesondere Aussagen über **Leistung und Führung** des Arbeitnehmers. Sein Zweck besteht darin, dem Arbeitnehmer beim Arbeitsplatzwechsel einen lückenlosen Nachweis über seine bisherige fachspezifische Tätigkeit zu ermöglichen *(BAG 12.08.1976, EzA § 630 BGB Nr. 7)*.

Zeugnis

Die **Art der Beschäftigung** ist so genau und vollständig zu beschreiben, daß sich ein Dritter hierüber ein Bild machen kann. Die bisherigen Aufgaben des Arbeitnehmers, seine Verantwortung und Kompetenzen sollten hier genauso Erwähnung finden, wie gegebenenfalls der Werdegang im Unternehmen über die gesamte Dauer der Tätigkeit. Wie weitgehend dafür **Einzelheiten** in das Zeugnis aufzunehmen sind, hängt von der verrichteten Arbeit ab.

Beispiel:
Die Tätigkeit eines Lagerhilfsarbeiters in einer Großhandlung bedarf keiner umfassenden Beschreibung. Anders ist dies bei einem Facharbeiter oder Mechaniker.

Allgemeine Angaben genügen nicht, wenn der Arbeitnehmer mit Sonderaufgaben (bspw. regelmäßiger Vertretung von Vorgesetzten) betraut war.
Ein Beurteilungsspielraum steht dem Arbeitgeber hier praktisch nicht zu. Selbstverständlich müssen alle in das Zeugnis aufgenommenen Tatsachen der **Wahrheit** entsprechen (vgl. zu Wahrheitspflicht und Beurteilungsspielraum im einzelnen Rz. 4905).

Hinsichtlich der **Dauer** kommt es darauf an, wie lange das Arbeitsverhältnis **rechtlich** Bestand hatte. Unerheblich sind demnach z.B. Zeiten der Freistellung nach Ausspruch, aber vor Wirksamwerden der Kündigung.

Beispiel:
Der Arbeitgeber kündigt dem Arbeitnehmer wegen des Verdachts einer Straftat am 28.02.1995 zwar unter Einhaltung der ordentlichen Kündigungsfrist zum Ablauf des 31.03.1995, erteilt diesem aber wegen des Straftatverdachts ein sofortiges Hausverbot. Als Beendigungszeitpunkt ist hier der 31.03.1995 in das Arbeitszeugnis aufzunehmen.

Auch **kürzere Unterbrechungen** (Krankheit, Urlaub) bleiben im Zeugnis **regelmäßig unberücksichtigt**.
Längere Zeiten der Arbeitsunterbrechung (bspw. Wehr- oder Zivildienstzeiten, langandauernde Krankheitszeiten, sonstige Arbeitsbefreiungen) sind aber **jedenfalls dann im Zeugnis** - ggf. ohne Angabe des Grundes - **zu erwähnen**, wenn diesen **für die Einschätzung der Gesamtbeurteilung des Arbeitnehmers** eine Bedeutung zukommt. Schließlich muß dem Arbeitgeber schon im Interesse der Zeugniswahrheit die Möglichkeit eingeräumt werden, auf die für ihn wegen der längeren Fehlzeit nur eingeschränkte Beurteilungsgrundlage hinzuweisen (vgl. auch Rz. 4904)

Hinweis:
Als Faustregel kann hier gelten, daß die Unterbrechung dann im Zeugnis Erwähnung finden sollte, wenn sie **mehr als die Hälfte der Gesamtbeschäftigungszeit** ausgemacht hat.

Der Zeitraum des rechtlichen Bestandes des Arbeitsverhältnisses ist **datumsmäßig** genau festzulegen.

Der **Grund der Beendigung** des Arbeitsverhältnisses, also **warum** gekündigt wurde, hat weder mit der Art noch mit der Dauer des Arbeitsverhältnisses zu tun und darf daher nur auf Wunsch des Arbeitnehmers in das Zeugnis aufgenommen werden (*LAG Köln 29.11.1990, LAGE § 630 BGB Nr. 11*).
Gleiches gilt für die **Beendigungsmodalität**, also die **Art** der Kündigung (ordentliche, außerordentliche) sowie für die Frage, von welcher Seite dies Kündigung erklärt wurde.

Beispiel:
"Frau... ist durch betriebsbedingte ordentliche Kündigung seitens des Arbeitgebers vom 30.04.1995 mit Wirkung zum 30.06.1995 aus unserem Betrieb ausgeschieden".
Ohne ausdrückliches Verlangen des Arbeitnehmers ist die Aufnahme eines solchen Passus' in ein Zeugnis unzulässig. Der Arbeitnehmer hat Anspruch auf Entfernung der Formulierung und kann das Entfernungsverlangen notfalls gerichtlich geltend machen (vgl. Rz. 4913 f.).

2. Qualifiziertes Zeugnis

a) Allgemeines

4900

Das auf Verlangen des Arbeitnehmers ausgestellte **qualifizierte Zeugnis** unterscheidet sich vom einfachen dadurch, daß es sich **zusätzlich** auf **Leistung** und **Führung des Arbeitnehmers während des Bestehens des Arbeitsverhältnisses** erstreckt. Eine Beschränkung des qualifizierten Zeugnisses auf die zusätzliche Beurteilung allein der Leistung **oder** der Führung ist nicht möglich, da das Zeugnis ein **Gesamtbild** von der Persönlichkeit des Arbeitnehmers vermitteln soll (*ArbG Düsseldorf 01.10.1987, DB 1988, 508*).

Aus demselben Grund kann der Arbeitnehmer auch **nicht** die Erteilung eines Zeugnisses **nur für einen bestimmten Zeitraum** des Arbeitsverhältnisses oder, bei gemischter Tätigkeit, **für jede Funktion gesondert** fordern (*LAG Frankfurt a.M. 14.09.1984, NZA 1985, 27*).
Ebensowenig ist es ausreichend, wenn sich aus der positiven Leistungsbeurteilung nur gewisse positive Rückschlüsse auf das Führungsverhalten des Arbeitnehmers ziehen lassen (*LAG Düsseldorf 30.05.1990 LAGE § 630 BGB Nr. 10*).

b) Leistung und Leistungsbeurteilung

4901
Unter den Begriff der **Leistung** fallen insbesondere Umstände wie

- das körperliche und geistige **Leistungsvermögen,**
- **fachliches Wissen und Können,**
- **Leistungsbereitschaft,**
- **Arbeitsweise und Arbeitserfolg.**

Einzelne Aspekte könnten hier bspw. Verhandlungsgeschick, Ausdrucksvermögen, Verantwortungsbereitschaft etc. sein. Für die Frage des Fachwissens kann darüber hinaus von Bedeutung sein, inwieweit der Arbeitnehmer während des Arbeitsverhältnisses an Schulungs- und Weiterbildungsmaßnahmen teilgenommen hat.

Das Leistungsvermögen ist an einem **Maßstab vergleichbarer Kräfte** zu messen. Hinsichtlich der **Bewertung der einzelnen Leistungsmerkmale** hat der Arbeitgeber einen **Beurteilungsspielraum** (s.a. Rz. 4899). Aber auch hier sollte er um **größtmögliche Objektivität** bemüht sein. Es muß eine wahrheitsgemäße, nach sachlichen Maßstäben ausgerichtete und **nachprüfbare Gesamtbewertung** der Leistung des Arbeitnehmers erfolgen. Einmalige Vorfälle oder Umstände positiver oder negativer Art bleiben dabei unberücksichtigt *(BAG 18.06.1960 NJW 1960, 1973)*.

4902

Für die **Gesamtbewertung** der Leistung im Zeugnis haben sich in der betrieblichen Praxis bestimmte Formulierungen herausgebildet, die einer **Notenskala gleichzusetzen** sind (vgl. *LAG Hamm 13.02.1992, LAGE § 630 BGB Nr. 16*):

Standardformulierungen zur Leistungsbeurteilung	
Er (sie) hat die ihm (ihr) übertragenen Aufgaben **stets zu unserer vollsten Zufriedenheit** erledigt	bescheinigt eine sehr gute Leistung *(BAG 23.09.1992, EzA § 630 BGB Nr. 16)*
Er (sie) hat die ihm (ihr) übertragenen Aufgaben **stets zu unserer vollen Zufriedenheit** erledigt	bedeutet eine gute Leistung *(LAG Düsseldorf 26.02.1985, DB 1985, 2692)*
Er (sie) hat die ihm (ihr) übertragenen Aufgaben **zu unserer vollen Zufriedenheit** erledigt	dem Arbeitnehmer wird eine zumindest befriedigende, weil nicht zu beanstandende, Durchschnittsleistung attestiert *(BAG 12.08.1976, EzA § 630 BGB Nr. 7; LAG Düsseldorf 12.03.1986, LAGE § 630 BGB Nr. 2)*

Er (sie) hat die ihm (ihr) übertragenen Aufgaben **zu unserer Zufriedenheit** erledigt	bescheinigt eine unterdurchschnittliche, aber ausreichende Leistung (*LAG Frankfurt 10.09.1987, LAGE § 630 BGB Nr. 3; LAG Hamm 19.10.1990, LAGE § 630 Nr. 12*)
Er (sie) hat die ihm (ihr) übertragenen Aufgaben **im großen und ganzen zu unserer Zufriedenheit** erledigt	bringt eine mangelhafte Leistung zum Ausdruck (*vgl. Notenskala LAG Hamm 13.02.1992, LAGE § 630 BGB Nr. 16*)
Er (sie) hat sich **bemüht**, die ihm (ihr) übertragene Arbeit zu unserer Zufriedenheit zu erledigen oder führte die ihm (ihr) übertragenen Aufgaben mit großem Fleiß und Interesse durch	bedeutet eine völlig ungenügende Beurteilung. Diese ist nur dann zulässig, wenn die negative Wertung durch Tatsachen zu belegen ist (*vgl. BAG 24.03.1977, EzA § 630 BGB Nr. 9*)

Wichtig bei zusammenfassenden Zeugnisfloskeln, und zwar unabhängig davon, ob es sich um die zusammenfassende Beurteilung einzelner Leistungsmerkmale oder der Leistung insgesamt handelt, ist zum einen der **Zeitfaktor**. Mit dem Wort "stets" oder anderen gleichbedeutenden Redewendungen ("jederzeit") bringt der Arbeitgeber zum Ausdruck, daß die von ihm abgegebene Leistungsbeurteilung einheitlich für die gesamte Beschäftigungszeit gelten soll. Fehlt dieser Zeitfaktor völlig, so kommt dieser Tatsache die Bedeutung eines "beredten Schweigens" zu, d.h. die vorgenommene Beurteilung gilt **zeitlich nur eingeschränkt**.

Eine Abstufung in der Leistungsbeurteilung wird zum anderen dadurch erreicht, daß den **Leistungsfaktor** ("Zufriedenheit") näher **bestimmende Eigenschaftsworte** ("vollen", "vollsten") weggelassen oder hinzugefügt werden.

Bei den oben genannten Beispielen handelt es sich durchweg um Gesamtbeurteilungen der Arbeitsleistung eines Arbeitnehmers, bei denen auf **individuelle Leistungsmerkmale** nicht eingegangen wird.
Gerade weil für die Gesamtbeurteilungen weitgehend ein Konsens hinsichtlich deren Bedeutung besteht, neigen die Verfasser von Arbeitszeugnissen immer mehr dazu, sich auf eine allgemeine Bewertung zu beschränken. Das qualifizierte Arbeitszeugnis ist aber nur dann noch ein Erkenntnismittel mit einer bestimmten Aussagekraft, wenn zusätzlich zu einer ausführlichen Tätigkeitsbeschreibung auch ausreichende und sehr **individuelle Informationen** über Eignung, Befähigung und Leistung des betreffenden Arbeitnehmers gegeben werden. Sinnvoll erscheint eine abschließende Bewertung erst danach, um dem Leser des Zeugnisses die Einschätzung der Leistung insgesamt zu erleichtern.

Zeugnis

c) Führung

4903

Auch die Beurteilung der **Führung** soll ein Gesamtbild der für die Beschäftigung wesentlichen Charaktereigenschaften und Persönlichkeitszüge des Arbeitnehmers vermitteln. Hierzu gehört das **Sozialverhalten** gegenüber Mitarbeitern und Vorgesetzten ebenso wie bei leitenden Angestellten die **Fähigkeit zum Führen von Untergebenen**. Zu bewerten ist **nur die Führung während der Arbeitszeit**. Verhalten außerhalb des Betriebs darf nur erwähnt werden, wenn es die Führung während der Arbeitszeit beeinträchtigt hat (BAG 29.01.1986, DB 1986, 1340).

Beispiel:
Aufgrund seines nicht unerheblichen Alkoholkonsums am Wochenende kommt der Arbeitnehmer regelmäßig auch am Montag alkoholisiert in den Betrieb. Hierunter leiden seine Arbeitsergebnisse jedenfalls bis zum Nachmittag in nicht geringem Maße.

Unter den Begriff der "Führung" fällt auch ein **arbeitsvertragswidriges Verhalten** des Arbeitnehmers.
Ein Vertragsbruch kann daher bei der Beurteilung der Führung Berücksichtigung finden. Allerdings darf auch in diesem Fall der Arbeitnehmer eine **wohlwollende Formulierung** erwarten (LAG Hamm 24.09.1985, LAGE 630 BGB Nr. 1).

Beispiel:
(Nichteinhaltung der vereinbarten Kündigungsfrist durch den Arbeitnehmer)
Unzulässige Formulierung:
"Herr/Frau... hat seinen Arbeitsplatz vertragswidrig und vorzeitig zum 31.12. verlassen".
Zulässige, wohlwollende Formulierung:
"Herr/Frau... hat unsere Gesellschaft aus eigenem Entschluß am 31.12. verlassen, um sofort eine neue Tätigkeit aufzunehmen".

Die ausdrückliche Erwähnung eines Vertragsbruchs ist **gänzlich unzulässig**, wenn sich dieser bereits aus dem von üblichen Kündigungsfristen abweichenden Beendigungsdatum des Arbeitsverhältnisses ergibt (LAG Köln 08.11.1989 LAGE § 630 BGB Nr. 8).

Beispiel:
*"Herr/Frau... war vom 01.01.1985 bis zum **24.06.1989** in unserem Unternehmen beschäftigt".*

Dasselbe gilt für die Erwähnung einer fristlosen **arbeitgeberseitigen Kündigung aufgrund eines Vertragsbruchs**. Auch hier ist deren ausdrückliche Erwähnung unzulässig, wenn sich diese in einem "ungeraden" Beendigungsdatum widerspiegelt (LAG Düsseldorf 22.01.1988 LAGE § 630 BGB Nr. 4).

Grundsätzlich gilt, daß der Arbeitgeber dort, wo nach der Verkehrsanschauung mit einer Aussage gerechnet wird, z.B. hinsichtlich der Ehrlichkeit von Handlungsgehilfen, Kassierern, Verkäufern, der Loyalität von Sekretärinnen etc., **nicht schweigen darf** *(BAG 29.07.1971, EzA § 630 BGB Nr. 1)*. Hier berechtigt auch der bloße Verdacht der Unehrlichkeit den Arbeitgeber nicht dazu, den Zusatz "ehrlich" im Zeugnis zu unterlassen. Fehlt die hier erwartete Aussage, so kommt diese Tatsache auch hier einem "beredten Schweigen" gleich, d.h. der kundige Leser des Zeugnisses folgert zum Nachteil des Betreffenden das Nichtvorliegen der erwarteten Eigenschaft.

Andererseits muß sich der Arbeitgeber an der Beurteilung, die er dem Arbeitnehmer erteilt hat, diesem und einem Dritten gegenüber festhalten lassen. So ist die Rückforderung eines Mankos, das nach Ausscheiden des Kassierers festgestellt worden ist und dem im Zeugnis ein "ehrliches" Verhalten bescheinigt wurde, ausgeschlossen *(BAG 08.02.1972, EzA § 630 BGB Nr. 3)*. Gegenüber einem Dritten kann die unrichtige Bewertung einen Schadensersatzanspruch auslösen (vgl. unten Rz. 4919).

d) Sonstiger Zeugnisinhalt

4904

- **Beendigungsgrund, Beendigungsmodalität**
  Zur Unzulässigkeit der Aufnahme von Beendigungsgrund und -modalität in das Zeugnis allgemein s.o. Rz. 4899. **Keinesfalls** darf im Zeugnis vermerkt werden, es werde aufgrund eines **gerichtlichen Urteils** oder **Vergleichs** erteilt.

- **Betriebsratstätigkeit**
  Eine Tätigkeit des Arbeitnehmers im **Betriebsrat** ist grundsätzlich nur auf dessen Verlangen ins Zeugnis aufzunehmen *(BAG, 19.08.1992, EzA § 630 BGB Nr. 14)*. Auch eine Umschreibung und damit Andeutung der Arbeitnehmervertretung, bspw. "er setzte sich für die Belange seiner Kollegen ein" oder "er ist inner- und außerbetrieblich ein sehr engagierter Mitarbeiter" muß unterbleiben.
  Eine Ausnahme wird man hier machen müssen, wenn das Betriebsratsmitglied über einen **längeren Zeitraum für die Betriebsratstätigkeit freigestellt** gewesen ist und deswegen die **Gesamtbeurteilung** von Leistung und Führung **nur eingeschränkt** möglich ist.

- **Erkrankung(en) des Arbeitnehmers**
  Gleiches gilt für eine **Erkrankung** des Arbeitnehmers, und zwar auch im Falle wiederholter und längerer Erkrankung. Eine Ausnahme wird man in dem Fall zu machen haben, in dem die Krankheitszeiten so lang gewesen sind, daß eine abschließende Beurteilung durch den Arbeitgeber gar nicht mehr möglich ist. Krankheitsbedingte Fehlzeiten sind aber niemals Gegenstand der Leistungs- oder Führungsbeurteilung des Arbeitnehmers, d.h. selbst häufige Fehlzeiten rechtfertigen keine negative Beurteilung.

- **Schlußfloskel**
  Üblicherweise endet das Zeugnis mit einer **Schlußfloskel**, in welcher der Arbeitgeber sein Bedauern über den Weggang sowie seine "Wünsche für die Zukunft" des ausscheidenden Arbeitnehmers zum Ausdruck bringt.
  Beispiel:
  "Wir bedauern das Ausscheiden von Herrn/Frau, danken für die geleistete Arbeit und wünschen für den weiteren Berufsweg alles Gute".

  Das gänzliche **Fehlen der Schlußformulierung** kann eine negative Schlußfolgerung für die Beendigung des Arbeitsverhältnisses bedeuten bzw. die Leistung des Arbeitnehmers insgesamt abwerten.
  Da die Schlußformel von der Rechtsprechung überwiegend noch als reiner "Akt der Höflichkeit" angesehen wird, kann der Arbeitgeber aber nicht gezwungen werden, diese in das Zeugnis aufzunehmen.

  Demgegenüber machen nach Auffassung des LAG Köln (*29.11.1990, LAGE § 630 BGB Nr. 11*) das vom Arbeitgeber geschuldete Wohlwollen und die Rechtskraftbindung an die festgestellte Sozialwidrigkeit einer Kündigung es zum einen erforderlich, im Anschluß an einen **arbeitsgerichtlichen Vergleich** die (unwirksame) Kündigung und den Kündigungsschutzprozeß im Zeugnis unerwähnt zu lassen und andererseits etwaige nachteilige Rückschlüsse des Zeugnislesers **durch eine wohlwollende Formulierung (vgl. Beispiel)** zu vermeiden.

- **Straftaten während des Arbeitsverhältnisses**
  Straftaten und -verfahren sind für ein Zeugnis **nur dann relevant**, wenn
  - sie **mit dem Arbeitsverhältnis in Verbindung** stehen und
  - ihr Vorliegen **nachweisbar** feststeht (entweder gerichtliche Entscheidung oder eindeutige Fakten, insbes. zusammen mit einem Eingeständnis). Ein bloßer Straftatverdacht ist also nicht ausreichend!

Der Arbeitgeber darf in so einem Fall bei der Führungsbeurteilung des Arbeitnehmers **keinesfalls den nachweisbaren Straftatbestand völlig unberücksichtigt lassen**, bspw. um dem Arbeitnehmer nicht die Zukunftsperspektiven zu verbauen. Derartig gravierende Umstände dürfen nicht verschwiegen werden, falls in solchen Fällen die Ausstellung eines qualifizierten Zeugnisses überhaupt verlangt wird. Verlangt der Arbeitnehmer überhaupt ein qualifiziertes Zeugnis, trägt er grundsätzlich das Risiko, daß dieses Nachteiliges über ihn enthält.

Hier besteht ein Haftungsrisiko des Arbeitgebers, wenn nachgewiesene Straftatbestände, die sich während des Arbeitsverhältnisses ereignet haben, wider besseres Wissen im Zeugnis in keiner Weise Erwähnung finden und einem nachfolgenden Arbeitgeber vom Arbeitnehmer ein Schaden zugefügt wird (vgl. auch Rz. 4919).

Ob im Hinblick auf die Zukunft des Arbeitnehmers **die Straftat als solche** (Unterschlagung, Diebstahl etc.) im Zeugnis erwähnt werden muß, ist abschließend nicht geklärt. Insoweit ist auch zu berücksichtigen, daß ein entsprechender Hinweis dem Arbeitnehmer sein Leben lang anhängen würde (selbst im Bundeszentralregister werden Vorstrafen nach bestimmter Zeit getilgt). Andererseits wird man dem Arbeitgeber auch eine ausdrückliche Erwähnung der Straftaten insbesondere dann nicht verwehren dürfen, wenn aus diesem **Anlaß** das Arbeitsverhältnis beendet worden ist.

In jedem Fall muß aber zumindest indirekt das Fehlverhalten des Arbeitnehmers in dessen Führungsbeurteilung zum Ausdruck kommen.
Beispiel:

"Sein Verhalten gab Anlaß zu Beanstandungen" oder "das persönliche Verhalten von Herrn/Frau ... war nicht frei von Beanstandungen. Ihm/Ihr fiel es schwer, sich in die betriebliche Ordnung einzufügen".

- **Vorstrafen**
  Vorstrafen dürfen auch dann nicht im Zeugnis erwähnt werden, wenn sie zur Entlassung geführt haben. Ebenso ist die Aufnahme des **bloßen Verdachts einer strafbaren Handlung** unzulässig.

- **Wettbewerbsverbot**
  Ein bestehendes **Wettbewerbsverbot** ist in das Zeugnis nicht aufzunehmen, da es weder mit der Leistung noch der Führung des Arbeitnehmers in Zusammenhang steht (s. Rz. 3030).

3. Zeugnisformulierung

a) Grundsätze

4905
Bei der **Formulierung** des Zeugnisses muß seiner **Doppelfunktion** Rechnung getragen werden:
Einerseits soll es dem Arbeitnehmer als Unterlage für eine neue Bewerbung dienen, die nur dann Aussicht auf Erfolg haben kann, wenn seine Leistung nicht falsch oder zu gering bewertet worden ist. Andererseits hat es die Aufgabe, einen Dritten zu unterrichten, der die Einstellung des Zeugnisinhabers erwägt und dessen Interessen möglicherweise dann gefährdet sind, wenn der Arbeitnehmer zu hoch eingeschätzt worden ist.

Zeugnis

Oberster **Grundsatz** im Rahmen der Zeugniserteilung ist daher, daß **alle im Zeugnis aufgenommenen Tatsachen wahr** sein müssen. Andernfalls kommt eine **Haftung des Zeugnisausstellers** für die unrichtige Erteilung sowohl gegenüber dem Zeugnisempfänger als auch dem neuen Arbeitgeber in Betracht (dazu Rz. 4918 f.).

Es ist allerdings nicht zu verkennen, daß jede Art von Bewertung ein subjektives Element beinhaltet. Die Formulierung des Zeugnisses ist Sache des Arbeitgebers. So steht es ihm grundsätzlich frei, bestimmte Eigenschaften und Leistungen des Arbeitnehmers mehr hervorzuheben oder zurücktreten zu lassen (*BAG 29.07.1971, EzA § 630 BGB Nr. 1*).

Insoweit hat der Arbeitgeber unvermeidlich einen **Beurteilungsspielraum** (*BAG 12.08.1976, EzA § 630 BGB Nr. 7*). . Dieser ist naturgemäß bei der Leistungsbeurteilung größer als bei der bloßen Darstellung der Tätigkeit (Rz. 4899). Aber auch bei der Leistungsbeurteilung muß sich der Arbeitgeber um **möglichst objektive, nachvollziehbare Bewertungskriterien** bemühen.
Der Beurteilungsspielraum ist **gerichtlich dahingehend überprüfbar**, ob **willkürliche oder überzogene Maßstäbe** der Bewertung zugrundegelegt wurden.
Dies ist bspw. der Fall, wenn sämtliche Einzelleistungen in einem Zeugnis, die ohne Einschränkungen und daher mit "sehr gut" bewertet worden sind, in ihrer Gesamtheit nur zu einer "guten" Bewertung führen (BAG 23.09.1992, EzA § 630 BGB Nr. 16) .
Bestätigt worden ist mit dieser Entscheidung auch, daß der Arbeitgeber auf die **Verkehrssitte Rücksicht zu nehmen hat**, nach der in der Praxis des Arbeitslebens bestimmten Zeugnisformulierungen ganz bestimmte Wertungen zugerechnet werden. Dies geht soweit, daß grammatikalische Ungereimtheiten ("vollsten" Zufriedenheit) in Kauf genommen werden (s. Beispiele für die Leistungsbeurteilung Rz. 4902).

Hat ein Arbeitnehmer in mehreren Jahren nur selten Fehlleistungen gezeigt, so muß mindestens ein Durchschnittszeugnis erteilt werden (*LAG Düsseldorf 26.02.1985, DB 1985, 2692*).

Der Arbeitgeber kann wegen des Beurteilungsspielraums hingegen nicht gezwungen werden, eine nicht beanstandete Leistung als "sehr gute" zu bewerten (*LAG Düsseldorf 12.03.1986, LAGE § 630 BGB Nr. 2*).

Schließlich hat nach der Rechtsprechung (*vgl. nur BAG 26.11.1962, AP Nr. 10 zu § 826 BGB*) der Arbeitgeber das Zeugnis im Interesse des Arbeitnehmers mit **Wohlwollen** zu erstellen. Dies bedeutet nicht, daß nur positive und damit dem Arbeitnehmer günstige Bewertungen in das Zeugnis aufgenommen werden dürfen. Ein solches Zeugnis widerspräche dem zuvor erläuterten Grundsatz der Wahrheitspflicht. Ein Arbeitnehmer, der ein qualifiziertes Zeugnis verlangt, muß damit rechnen, daß darin auch negative Aussagen enthalten sein können.

Unter einem wohlwollenden Maßstab ist vielmehr zu verstehen, daß das Zeugnis aus der Sicht eines verständigen Arbeitgebers abzufassen ist und nicht durch Vorurteile oder Voreingenommenheit bestimmt sein darf, die ein Fortkommen des Arbeitnehmers unnötig erschweren. Im Rahmen der Zeungiserteilung dürfen daher **auch negative Eigenschaften und Vorfälle nur in einer adäquaten Weise** zum Ausdruck kommen (vgl. das Beispiel für den Vertragsbruch, Rz. 4903).

Probleme entstehen hier oftmals dann, wenn der Arbeitnehmer sich gegen eine vom Arbeitgeber ausgesprochene Kündigung mit einer **Kündigungsschutzklage** zur Wehr setzt. Auch in dieser Situation muß der Arbeitgeber in der Lage sein, ein an objektiven Maßstäben ausgerichtetes Zeugnis zu erteilen.
Der Versuch, einen bspw. durch Abfindungsvergleich beendeten Kündigungsschutzprozeß durch ein negatives Zeugnis "wettzumachen", endet dann oftmals in einem weiteren (für den Arbeitgeber wenig aussichtsreichen) Zeugnisberichtigungsstreit.

b) Zeugnissprache

4906
Viele Redewendungen in Arbeitszeugnissen, die beim unkundigen Leser einen positiven Eindruck erwecken, erweisen sich für den verständigen Betrachter keinesfalls als positive Beurteilung, sondern als außerordentlich negativ. Diese Differenz zwischen der Bedeutung einer Formulierung im allgemeinen Sprachgebrauch und in einem Zeugnis kann so groß sein, daß man hier nicht mehr weit von einem "Geheimcode" entfernt ist. Dies führt für alle Beteiligten zu einer erheblichen Rechtsunsicherheit. Trotz der unterschiedlichen Interpretationsmöglichkeiten im Einzelfall soll hier auf die in der Praxis häufigsten Formulierungstechniken hingewiesen werden (vgl. im einzelnen *Weuster/Scheer*, Arbeitszeugnisse in Textbausteinen, 5. Aufl. 1993, S. 21 ff. sowie *Weuster*, Zeugnisgestaltung und Zeugnissprache zwischen Informationsfunktion und Werbefunktion, *BB 1992, 58*):

- negative Wertungen werden vor allem bei der Leistungsbeurteilung (s. Beispiele oben) hinter fein abgestuften positiven Formulierungen versteckt.

- es fehlen Aussagen an Stellen, wo üblicherweise Aussagen erwartet werden ("beredtes Schweigen", bspw. hinsichtlich "Ehrlichkeit", "Loyalität" eines Arbeitnehmers, aber auch Führungsqualitäten bei leitenden Angestellten).

- an sich Nachrangiges wird vorangestellt
  Beispiel:
  "Das Verhalten von Herrn/Frau_____ gegenüber Mitarbeitern und Vorgesetzten war stets einwandfrei".
  Die Beurteilung des Verhaltens gegenüber Mitarbeitern vor dem gegenüber Vorgesetzten kann darauf hinweisen, daß zu den Mitarbeitern ein weit besseres Verhältnis bestand als zu den Vorgesetzten.

- besondere Hervorhebung von Selbstverständlichkeiten anstatt eines Hinweises auf besondere Eigenschaften oder Fähigkeiten
  Beispiel:
  "Er/Sie hat alle Arbeiten ordnungsgemäß/pflichtbewußt/ordentlich erledigt"
  *bescheinigt fehlende Eigeninitiative und einen Mangel an **besonderen** Leistungen, die es lohnt einzeln zu erwähnen.*

- Einschränkungen in der Aussage durch Vermeidung von aktiven Verben
  Beispiel:
  "Er/Sie hatte den Zahlungsverkehr mit Kunden zu bearbeiten" anstatt
  "Er/Sie bearbeitete den Zahlungsverkehr mit Kunden"

- Verwendung von mehrdeutigen oder ungewöhnlichen Redewendungen
  Beispiel:
  "Er/Sie war tüchtig und wußte sich gut zu verkaufen"
  meint im Klartext, daß der oder die Betreffende sich auf Kosten anderer in den Vordergrund drängte.

- Widersprüche innerhalb der einzelnen Zeugniskomponenten
  Bspw. kann das Fehlen des Schlußabsatzes mit der Dankesformel und den Wünschen für die Zukunft trotz einer zuvor durchschnittlichen oder guten Leistungsbeurteilung eine Verärgerung des Arbeitgebers andeuten.

Festzuhalten ist, daß für eine Beurteilung, die sowohl der Wahrheitspflicht als auch dem geforderten Wohlwollen genügen soll, bei den naturgemäß schon bestehenden sprachlichen Unwägbarkeiten der Gebrauch von **eindeutigen und offenen Aussagen** unerläßlich ist. Diese müssen für den Zeugnisleser **verständlich** sein und keinen Platz für überzogene Deutungen lassen. Schließlich verbietet auch das von der Rechtsprechung geforderte Gebot der wohlwollenden Zeugniserteilung nicht jede negative Aussage, sofern diese nur **durch Tatsachen gerechtfertigt** ist und in einer angemessenen Weise zum Ausdruck gebracht wird.

Bereits während des laufenden Arbeitsverhältnisses für den "Ernstfall" Zeugniserteilung vorbauen:

Der Arbeitgeber sollte sich in regelmäßigen Abständen Gedanken hinsichtlich Leistung und Führung der einzelnen Arbeitnehmer machen und diese "Zwischenbeurteilungen" mit den entscheidenden Gründen auch schriftlich festhalten. Verlangt ein Arbeitnehmer von sich aus ein "Zwischenzeugnis", sollte auch diesem Wunsch bereitwillig nachgekommen werden. Nur auf diese Weise ist es überhaupt möglich, eine zutreffende Gesamtbeurteilung aufgrund von **nachprüfbaren Tatsachen** für einen längeren Zeitraum (u.U. mehrere Jahre) in einem Zeugnis zu bescheinigen.

Die Nachprüfbarkeit der Beurteilungsgrundlagen (bspw. bestimmte Verhaltensweisen und Vorfälle, die zu einer schlechten Beurteilung des Arbeitnehmers geführt haben) ist dann von erheblicher Bedeutung, wenn der Arbeitgeber in einem Rechtsstreit die Gründe für seine Beurteilungen nicht nur darlegen, sondern beim Bestreiten durch den Arbeitnehmer auch beweisen muß (vgl. Rz. 4916).

4. Wechsel zwischen einfachem und qualifiziertem Zeugnis

4907

Ein **qualifiziertes Zeugnis** kann der Arbeitnehmer bis zur Grenze der Verwirkung **auch dann noch verlangen, wenn er bereits ein einfaches Zeugnis erhalten hat.** Hierfür spricht schon der Wortlaut der einschlägigen Bestimmungen, wonach das Zeugnis "auf Verlangen" des Arbeitnehmers auf Führung und Leistung "zu erstrecken" ist. Auch kann sich die Notwendigkeit eines einfachen Zeugnisses erst zu einem späteren Zeitpunkt herausstellen.

Der umgekehrte Fall, in dem der Arbeitnehmer **zunächst ein qualifiziertes Zeugnis** verlangt, ist höchstrichterlich noch nicht entschieden. Die Meinungen in der Fachliteratur zu dieser Frage sind uneinheitlich. Warum das sich aus den gesetzlichen Bestimmungen ergebende Wahlrecht des Arbeitnehmers zwingend nur in eine Richtung ausgeübt werden darf, bleibt dabei allerdings offen. Aus der Fürsorgepflicht des Arbeitgebers ergibt sich, daß dieser den beruflichen Fortgang des Arbeitnehmers nicht unnötig erschweren darf. Hat nun der Arbeitnehmer ein qualifiziertes Zeugnis erhalten, das nicht seinen Erwartungen entspricht, ist nicht einzusehen, warum ihm der Weg zu dem für seinen beruflichen Werdegang möglicherweise vorteilhafteren einfachen Zeugnis abgeschnitten sein soll.

VI. Bis zu welchem Zeitpunkt kann vom Arbeitgeber eine Zeugniserteilung verlangt werden?

4908

Wie jeder andere privatrechtliche Anspruch erlischt auch der Zeugnisanspruch gem. § 362 BGB durch **Erfüllung**. Diese tritt dann ein, wenn dem Arbeitnehmer ein nach Form und Inhalt den gesetzlichen Vorschriften entsprechendes Zeugnis erteilt worden ist (zum Wechsel der Zeugnisart vgl. Rz. 4907).

Der Erfüllungsanspruch **verjährt** nach § 195 BGB in 30 Jahren. Für die Praxis bedeutsam sind jedoch viel häufiger die außerhalb von Erfüllung und Verjährung liegenden Erlöschenstatbestände durch

- **Ausschlußklauseln,**
- **Verwirkung** und
- **Verzicht.**

Bestehen **tarifliche Ausschlußfristen**, so fällt auch der Zeugnisanspruch als Anspruch aus dem Arbeitsverhältnis unter diese Fristen.

Zeugnis

Beispiel:
§ ... des Tarifvertrags lautet:
*"Alle gegenseitigen Ansprüche aus dem Arbeitsverhältnis und solche, die mit dem Arbeitsverhältnis in Verbindung stehen, verfallen, wenn sie nicht **innerhalb von 3 Monaten** nach der Fälligkeit gegenüber der anderen Vertragspartei **schriftlich** geltend gemacht werden".*

Ausschlußklauseln können darüber hinaus nach der Rechtsprechung des Bundesarbeitsgerichts *(BAG 24.03.1988, EzA § 4 TVG Ausschlußfrist Nr. 72)* auch im **Einzelvertrag** gesondert vereinbart werden, solange die Grenze der Sittenwidrigkeit (§ 138 Abs. 1 BGB) nicht überschritten wird. Sittenwidrig sind insbes. solche Regelungen, die den Arbeitnehmer **einseitig** benachteiligen.

Beispiel:
"Alle Ansprüche des Arbeitnehmers gegen den Arbeitgeber verfallen, wenn sie nicht innerhalb von 2 Monaten nach Beendigung des Arbeitsverhältnisses schriftlich geltend gemacht werden. Die Ansprüche des Arbeitgebers gegen den Arbeitnehmer werden von dieser Regelung nicht berührt."

Unabhängig davon unterliegt auch der Zeugnisanspruch der **Verwirkung**, d.h. noch vor Ablauf der Verjährungsfrist kann dessen Geltendmachung ausgeschlossen sein. Nach der Rechtsprechung des Bundesarbeitsgerichts *(17.02.1988, EzA § 630 BGB Nr. 12)* ist hierfür Voraussetzung, daß der Arbeitnehmer

- sein Recht über eine längere Zeit nicht geltend gemacht hat (sog. Zeitmoment),
- dadurch beim Arbeitgeber der Eindruck entstanden ist, er werde dieses auch nicht mehr ausüben (sog. Umstandsmoment) und
- der Arbeitgeber sich darauf eingestellt hat und ihm nach Treu und Glauben die Erfüllung des Anspruchs nicht mehr zumutbar ist.

4909

Exakte Grenzen oder Fristen für das zeitliche Moment gibt es dabei nicht. Es kommt jeweils auf die Umstände des Einzelfalles an, insbes. auch darauf, ob nur ein einfaches oder ein qualifiziertes Zeugnis verlangt wird (im entschiedenen Fall hat das Bundesarbeitsgericht 10 Monate als ausreichend angesehen, um das Zeitmoment zu erfüllen; in einem anderen Urteil *(BAG 17.10.1973, BB 1973, 195)* **bereits 5 Monate)**.

Der Anspruch des Arbeitnehmers auf Erteilung des Zeugnisses ist **zwingend und unverzichtbar**. Er kann nicht **im voraus** für die Zukunft ausgeschlossen werden.

Zu bejahen ist jedoch die Möglichkeit des Verzichts auf den Anspruch **nach Beendigung** des Arbeitsverhältnisses, wenn die Parteien mit hinreichender Deutlichkeit den Zeugnisanspruch erfassen wollten und die Willenserklärung frei von Mängeln (Täuschung, Drohung) abgegeben wurde (vgl. Rz. 4820).

Arbeitsrecht

Für die **Abgeltungsklausel** in einem gerichtlichen oder außergerichtlichen Vergleich, in der die Abgeltung der gegenseitigen Ansprüche der Parteien festgestellt wird, gilt ebenfalls: wird in der Klausel der Zeugnisanspruch nicht ausdrücklich als mit erledigt genannt, wird er von dieser nicht erfaßt *(BAG 16.09.1974, EzA § 630 BGB Nr. 5)*.

Im Fall von **Verlust oder Beschädigung des Zeugnisses** ist der Arbeitgeber verpflichtet, ein neues Zeugnis auszustellen, wenn die Ausstellung noch zumutbar ist. Unzumutbar ist die Ersatzausstellung ohne entsprechende Unterlagen oder eine sichere Erinnerung. **Ohne Bedeutung** ist, wodurch der Verlust oder die Beschädigung eingetreten ist, insbesondere, ob den Arbeitnehmer hieran ein **Verschulden** trifft. Der Anspruch des Arbeitnehmers auf Ersatz ist **kein neuer Zeugnisanspruch.**

VII. Unterliegt die Zeugniserteilung der Mitbestimmung durch den Betriebsrat?

4910
Wie bereits dargelegt ist die Formulierung des Zeugnisses Sache des Arbeitgebers. Der Arbeitnehmer kann nach § 82 Abs. 2 BetrVG **vom Arbeitgeber verlangen**, daß mit ihm die **Beurteilung seiner Leistungen erörtert wird** und ihm Einsicht in die über ihn geführte **Personalakte** gewährt wird (§ 83 Abs. 1 BetrVG). In beiden Fällen hat er das Recht, ein **Mitglied des Betriebsrats hinzuzuziehen**. Der Betriebsrat hat aber **kein Mitbestimmungsrecht nach dem BetrVG** hinsichtlich des **Inhalts von Zeugnissen,** auch dann nicht, wenn er auf eine Beschwerde (§ 85 Abs. 1 BetrVG) des Arbeitnehmers hin tätig wird.
Werden jedoch **allgemeine Beurteilungsgrundsätze** auch zur Grundlage der Leistungsbeurteilung im Zeugnis gemacht, besteht für deren Aufstellung ein Mitbestimmungsrecht des Betriebsrats nach § 94 Abs. 2 BetrVG.

VIII. In welchen Fällen kann oder muß der Inhalt eines Zeugnisses nachträglich geändert werden?

1. Widerruf

4911
Hat sich der Arbeitgeber bei der **Ausstellung geirrt** und ist das **Zeugnis deshalb unrichtig**, kann er ausnahmsweise die mit dem Zeugnis abgegebene Erklärung zwar nicht anfechten, aber **widerrufen** und Zug um Zug gegen Neuerteilung die Herausgabe des Zeugnisses verlangen. Dieses Widerrufsrecht gilt für alle Zeugnisarten (End-, Zwischenzeugnis und vorläufiges Zeugnis).
Hat der Arbeitgeber dagegen das Zeugnis aufgrund einer **gerichtlichen Verurteilung** erteilt, so **scheidet ein Widerruf** wegen der Rechtskraft des Urteils

grundsätzlich aus. Gleiches muß angenommen werden, wenn das Zeugnis nach einem **gerichtlichen Vergleich** ausgestellt worden ist.

Ein Widerruf kommt insbesondere auch dann in Betracht, wenn aufgrund nachträglich bekanntgewordener Umstände die **grobe Unrichtigkeit** des Zeugnisses erkennbar wird und sich das Interesse eines anderen Arbeitgebers an einer Mitteilung dieser Umstände geradezu aufdrängt.

Beispiel:
*Der Arbeitgeber hat seinem auch für die Abrechnungen zuständigen Arbeitnehmer im Zeugnis ein "ehrliches und zuverlässiges Verhalten" bestätigt. Nach dem Ausscheiden des Arbeitnehmers wird festgestellt, daß dieser eine Unterschlagung zum Nachteil des Arbeitgebers begangen hat.
In diesem Fall kann der Widerruf des Zeugnisses zur **Abwendung von Schadensersatzansprüchen** (vgl. dazu unten Rz. 4918 ff.) zwingend sein.*

Die **Beweislast** für die Unrichtigkeit des Zeugnisses **trägt der Arbeitgeber**.

2. Berichtigung

4912

Der Arbeitnehmer hat einen Anspruch auf Erteilung eines Zeugnisses, das nach **Form und Inhalt den gesetzlichen Bestimmungen entspricht**. Erteilt der Arbeitgeber ein Zeugnis, welches den Anforderungen nicht genügt, muß der Arbeitnehmer einen Anspruch auf Änderung bzw. Berichtigung des Zeugnisses haben. Da das Gesetz einen Berichtigungsanspruch nicht kennt, sieht die Rechtsprechung in dem **Änderungsverlangen** weiterhin die **Geltendmachung des Erfüllungsanspruchs** *(BAG 23.02.1983, EzA § 70 BAT Nr. 15).*

Der Berichtigungsanspruch muß **ausdrücklich geltend gemacht werden**. Die bloße Erhebung einer Kündigungsschutzklage ist hierfür nicht ausreichend. Ein Anspruch auf Berichtigung besteht von vornherein nicht, wenn der beanstandete Text ohne jede Bedeutung ist, bspw. das Vorliegen eines unbedeutenden Schreibfehlers.

Auch der Berichtigungsanspruch unterliegt den oben unter Rz. 4908 genannten Erlöschenstatbeständen. Eine tarifliche Ausschlußfrist beginnt von dem Zeitpunkt an zu laufen, in welchem der Arbeitnehmer sein Zeugnis erhalten hat. Die Berichtigung erfolgt durch Ausstellung eines neuen Zeugnisses. Dies trägt **das Ausstellungsdatum des berichtigten Zeugnisses** (vgl. Rz. 4897). Eine Bezugnahme auf das Gerichtsurteil oder den Vergleich, der zur Berichtigung geführt hat, ist **unzulässig** (vgl. oben Rz. 4904).

Arbeitsrecht

IX. Wie wird ein Zeugniserteilungs- oder Zeugnisberichtigungsanspruch gerichtlich geltend gemacht?

1. Zeugniserteilungsanspruch

4913

Weigert sich der Arbeitgeber, **überhaupt ein Zeugnis auszustellen**, so kann der Arbeitnehmer nach seiner Wahl auf Erteilung eines einfachen oder qualifizierten Zeugnisses klagen. Die inhaltliche Ausgestaltung des zu erteilenden Zeugnisses spielt hierbei keine Rolle. Der Arbeitgeber hat im Fall seines Unterliegens das gewünschte Zeugnis nach den allgemeinen Grundsätzen zu erstellen.
Für die prozessuale Geltendmachung des Zeugnisanspruchs sind die **Arbeitsgerichte sachlich zuständig**.

Die **Zwangsvollstreckung** des Titels auf Erteilung eines Zeugnisses - sei es Urteil oder Vergleich - erfolgt, da die Zeugniserteilung nur vom Arbeitgeber selbst erbracht werden kann und mithin eine nicht vertretbare Handlung vorliegt, mittels Androhung eines Zwangsgeldes oder Zwangshaft (vgl. Rz. 4913) durch das Arbeitsgericht erster Instanz.

Der **Vollstreckungsanspruch** auf Erteilung eines **qualifizierten Zeugnisses** ist bereits dann **erfüllt**, wenn ein **qualifiziertes Zeugnis in der notwendigen Form erteilt** worden ist. Die **inhaltliche Richtigkeit** ist nur in einem **erneuten Verfahren** nachprüfbar (*LAG Frankfurt a.M. 16.06.1989, LAGE § 630 Nr. 7*).
Etwas anderes gilt nur dann, wenn im Rahmen eines Prozeßvergleichs der **genaue Inhalt** im Vergleich festgelegt worden ist. Nicht ausreichend ist hier allerdings die oftmals gebrauchte Formulierung, der Arbeitgeber verpflichte sich, ein "wohlwollendes" Zeugnis auszustellen.
Eines Verfahrens zum Zwecke der Berichtigung bedarf es auch dann nicht, wenn es darum geht, **bestimmte Zusätze**, z.B. "ausgestellt aufgrund des Urteils/Vergleichs vom..." wegzulassen.

2. Einstweilige Verfügung

4914

Zeugniserteilungs- und Berichtigungsanspruch kann der Arbeitnehmer unter den Voraussetzungen der §§ 62 Abs. 2 ArbGG, § 940 ZPO auch mittels **einstweiliger Verfügung** durchsetzen (vgl. auch Rz. 4915).

3. Berichtigungsanspruch

4915

Hat der Arbeitnehmer ein Zeugnis erhalten, sei es unmittelbar nach Beendigung des Arbeitsverhältnisses oder aufgrund eines Urteils über die Ausstellung eines qualifizierten Zeugnisses, und ist er dann mit dessen **Inhalt nicht einverstanden**, so muß er auch in diesem Fall weiter auf Erfüllung klagen (vgl. oben Rz.

4912). Im Klageantrag muß der Arbeitnehmer **genau bezeichnen**, was in welcher Form geändert werden soll. Er muß also das **Berichtigungsverlangen** notfalls ganz oder in einzelnen Punkten **selbst formulieren**.
Es ist dann Sache des Gerichts, das Begehren zu prüfen und ggf. das Zeugnis selbst in einzelnen Punkten oder insgesamt neu zu verfassen.

4. Beweislast des Arbeitgebers

4916

Der **Arbeitgeber** muß die Tatsachen darlegen und beweisen, die der Zeugniserteilung und der darin enthaltenen Bewertung zugrundeliegen *(BAG 25.10.1967, EzA § 73 HGB Nr. 1)*. Hier reichen allgemeine Angaben zur Rechtfertigung einer schlechten Beurteilung (bspw. "der Arbeitnehmer hat das Arbeitspensum nicht bewältigt" oder "es traten häufig Arbeitsrückstände auf" etc.) nicht aus. Der Arbeitgeber muß möglichst genau darlegen, welche Vorkommnisse zum Anlaß für die schlechte Beurteilung genommen worden sind. Gerade bei einer längeren Zeitspanne kann der Arbeitgeber seiner Darlegungspflicht nur nachkommen, wenn bereits während des Arbeitsverhältnisses Zwischenbeurteilungen vorgenommen und diese schriftlich festgehalten worden sind (vgl. "Tip" Rz. 4906). Werden die vorgebrachten Umstände vom Arbeitnehmer bestritten, muß der Arbeitgeber durch Zeugen (Vorarbeiter, Meister, andere Arbeitnehmer) die vorgebrachten Tatsachen beweisen.
Nicht abschließend geklärt ist bisher die Darlegungs- und Beweislast für eine vom Arbeitnehmer **angestrebte Verbesserung der Beurteilung** nach Erteilung eines **zumindest durchschnittlichen Zeugnisses**. Diese Frage hat das Bundesarbeitsgericht auch in seiner jüngsten Entscheidung vom 23.09.1992 *(EzA § 630 BGB Nr. 16)* ausdrücklich offengelassen. Vor dem Hintergrund der allgemeinen Regelungen der zivilprozessualen Darlegungs- und Beweislast (§ 138 Abs. 2 ZPO) wird man von folgenden Grundsätzen auszugehen haben:
Hat der Arbeitnehmer eine **durchschnittliche Leistung** im Zeugnis bescheinigt bekommen und will er eine **gute Benotung**, muß **er zunächst aus seiner Sicht die Tatsachen schlüssig darlegen**, die eine gute Benotung rechtfertigen. Es ist dann Sache des Arbeitgebers, diese Tatsachen zu erschüttern oder darzulegen, daß er trotz dieser Umstände seinen **Beurteilungsspielraum** bei der Benotung nicht überschritten hat.
Liegt eine **überdurchschnittliche Leistungsbeurteilung** vor und begehrt der Arbeitnehmer eine weitere Verbesserung i.S. einer **Bestbenotung**, so muß dessen Tatsachenvortrag zur Rechtfertigung dieser Spitzenbenotung letztlich so eindeutig und überzeugend sein, daß aus Sicht des Gerichts der **Arbeitgeber trotz seines Beurteilungsspielraums keine andere Wahl gehabt hat, als die Bestnote zu vergeben** *(so auch LAG Frankfurt a.M. 06.09.1991, EzA § 630 BGB Nr. 14)*.

5. Streitwert

4917

Der **Streitwert**, aufgrund dessen sich anteilig die Gerichts- und ggfs. Anwaltskosten bemessen, beträgt (im Regelfall) bei der **Klage auf Zeugniserteilung oder -berichtigung ein Bruttomonatsgehalt**.

X. Kann der Arbeitgeber für eine unrichtige Zeugniserteilung auf Schadensersatz in Anspruch genommen werden?

1. Haftung gegenüber dem Arbeitnehmer

4918

Verletzt der Arbeitgeber schuldhaft seine arbeitsvertragliche Pflicht, dem Arbeitnehmer ein wahrheitsgemäßes Zeugnis auszustellen oder wird das Zeugnis verspätet erteilt, so haftet er dem Arbeitnehmer auf **Schadensersatz**. Der zu ersetzende **Schaden** besteht regelmäßig in dem **Verdienstausfall**, den der Arbeitnehmer dadurch erleidet, daß er wegen des fehlenden oder unrichtig erteilten Zeugnisses keine neue Arbeitsstelle findet oder zu schlechteren Bedingungen eingestellt wird. Allerdings muß der **Arbeitnehmer** diesen Schadensverlauf beweisen. Angesichts der vielfältigen Ursachen, auf denen die Nichteinstellung beruhen kann, wird dieser Nachweis wohl nur in Ausnahmefällen gelingen (vgl. auch Rz. 4862).

2. Haftung gegenüber neuem Arbeitgeber

4919

Auch gegenüber einem nachfolgenden Arbeitgeber kommt grundsätzlich eine Haftung für ein dem Arbeitnehmer falsch ausgestelltes Zeugnis in Betracht.
Eine sittenwidrige Schädigung, die zum Schadensersatz verpflichtet, liegt z.B. vor, wenn ein Arbeitgeber eine Unterschlagung des Arbeitnehmers verschweigt und diesem bescheinigt, er habe seine Stelle "voll ausgefüllt und die übertragenen Aufgaben zur Zufriedenheit" erledigt *(BGH 22.9.1970, AP Nr. 16 zu § 826 BGB)*.

Der Arbeitgeber muß bei der Formulierung eines Zeugnisses immer dann **vorsichtig** sein, wenn der Arbeitnehmer während des Arbeitsverhältnisses eine **strafbare Handlung** begangen hat. Hier ist zu beachten, daß die Wahrheitspflicht bei der Zeugniserteilung oberster Grundsatz ist!

Wird die **Unrichtigkeit** des ausgestellten Zeugnisses dem Arbeitgeber erst **nachträglich bekannt**, so ist der Arbeitgeber gehalten, den **neuen Arbeitgeber auf die Unrichtigkeit des Zeugnisses hinzuweisen**, wenn es aus nachträglicher Sicht **grob unrichtig** ist und ein Dritter durch Vertrauen auf die im Zeugnis gemachten Aussagen Schaden nehmen könnte. Dies gilt **auch dann**, wenn ihn **bei Erteilung des Zeugnisses kein Verschulden** traf.

Die Rechtsprechung *(BGH 15.05.1979, EzA § 630 BGB Nr. 10)* steht allgemein auf dem Standpunkt, daß der Aussteller eines Zeugnisses gegenüber dem zukünftigen Arbeitgeber eine **nach Treu und Glauben unerläßliche Mindestgewähr für die Richtigkeit des Zeugnisses** übernehme. Daraus ergibt sich umgekehrt eine **Berichtigungspflicht** des Ausstellers gegenüber dem neuen Arbeitgeber, deren Verletzung zu einem Schadensersatzanspruch führt, wenn er

- **bewußt ein unrichtiges** Zeugnis erteilt hat, sofern die Unrichtigkeit einen Punkt betrifft, der die **Verläßlichkeit des Arbeitnehmers im Kern** berührt
- oder bei einem zunächst **unbewußt** falsch ausgestellten Zeugnis später dessen **grobe Unrichtigkeit** erkennt und ihm eine Unterrichtung des neuen Arbeitgebers **zuzumuten ist** (insbes. die nachträgliche Kenntnis von einer strafbaren Handlung).

Dies **gilt nicht**, wenn die Unrichtigkeit auf **bloßer Nachlässigkeit** beruht: Der Zeugnisaussteller muß zumindest die **Unrichtigkeit des Zeugnisses** (bei oder nach der Ausstellung) **klar erkannt** haben, auch wenn danach bereits das fahrlässige Unterlassen der Unterrichtung des neuen Arbeitgebers für eine Haftung ausreichen kann.

XI. Was ist bei einer Auskunft über einen ausgeschiedenen Arbeitnehmer an einen Folgearbeitgeber zu beachten?

4920

Häufig hat der Arbeitgeber bei Bewerbungen den Wunsch, zusätzliche Informationen neben dem Zeugnis zu erhalten. Dies gilt insbesondere, je mehr sich das Lesen von Zeugnissen durch die Verwendung von mehrdeutigen Formulierungen und Floskeln zu einer "Geheimwissenschaft" entwickelt. Aufgrund der im Arbeitsverhältnis geltenden Fürsorgepflicht ist der Arbeitgeber verpflichtet, bereits **vor Abschluß eines Arbeitsvertrages** auf die berechtigten Interessen eines Bewerbers Rücksicht zu nehmen. Es versteht sich daher von selbst, daß aus dem sicher legitimen Interesse des Arbeitgebers an weiteren Auskünften dem Bewerber **keine ungerechtfertigten Nachteile** erwachsen dürfen.

1. Auskunftsersuchen durch den Bewerbungsempfänger

4921

Ein solcher Nachteil kann sich schon allein aus dem Auskunftsersuchen des Bewerbungsempfängers ergeben, nämlich dann, wenn der Arbeitnehmer sich aus einem **ungekündigten Arbeitsverhältnis** heraus beworben hat. Eine Auskunft beim derzeitigen Arbeitgeber sollte in einem solchen Fall **nur mit Zustimmung**

des Bewerbers eingeholt werden. Umgekehrt ist der Umstand, daß der Bewerber auf sein ungekündigtes Arbeitsverhältnis ausdrücklich hinweist oder sich in sonstiger Weise, etwa aus der Korrespondenz mit dem Bewerber oder aus einem Vorstellungsgespräch ergibt, daß er sich in einem ungekündigten Arbeitsverhältnis befindet, ausreichend, um beim gegenwärtigen Arbeitgeber **zunächst keine Auskunft** einzuholen.

Wendet sich der Bewerbungsempfänger trotzdem an den derzeitigen Arbeitgeber und entsteht dem Bewerber hierdurch ein Schaden, so ist der Bewerbungsempfänger auch dann zum Schadensersatz verpflichtet, wenn kein Arbeitsvertrag zustandekommt.

2. Auskunftserteilung durch den bisherigen Arbeitgeber

a) Auf Wunsch des Arbeitnehmers

4922

Neben der Pflicht des Arbeitgebers, ein Zeugnis auszustellen, ist dieser unter dem Gesichtspunkt der **nachvertraglichen Fürsorgepflicht** auch dazu **verpflichtet, auf Wunsch des Arbeitnehmers einem Dritten**, mit dem er in Verhandlung über den Abschluß eines Arbeitsvertrages steht, in bestimmtem Umfang **mündlich, fernmündlich oder schriftlich Auskünfte über dessen Leistungen und Verhalten zu erteilen** (*LAG Berlin 08.05.1989, EzA § 242 BGB Auskunftspflicht Nr. 2*). Die in diesem Zusammenhang gegebenen Auskünfte müssen wahr sein. Sie dürfen **über den Inhalt des erteilten qualifizierten Zeugnisses nicht hinausgehen**. So verletzt der Arbeitgeber das allgemeine Persönlichkeitsrecht des Arbeitnehmers, wenn er dessen Personalakten einem Dritten ohne Wissen des Betroffenen zugänglich macht und diesem dadurch u.a. auch Einblick in den bisherigen Arbeitsvertrag verschafft *(BAG 18.12.1984, EzA § 611 BGB Persönlichkeitsrecht Nr. 2)*.

Entspricht die Auskunft der Wahrheit, so kann diese auch dann gegeben werden, wenn sie dem Arbeitnehmer schadet.

b) Auf Wunsch des Bewerbungsempfängers

4923

Praktisch wichtiger sind die Fälle, in denen Arbeitgeber über Arbeitnehmer auf **Wunsch eines Bewerbungsempfängers** Auskünfte erteilen sollen, **von denen der Bewerber nichts weiß**. **Auch ohne Zustimmung** und sogar **gegen den Wunsch des Arbeitnehmers** ist der bisherige Arbeitgeber **grundsätzlich berechtigt, wahrheitsgemäße Auskünfte** über die Person und das während des Arbeitsverhältnisses gezeigte Verhalten des Arbeitnehmers zu geben *(BAG a.a.O.)*. Auch insoweit gilt aber, daß das Auskunftsrecht **grundsätzlich nicht über den Inhalt des qualifizierten Zeugnisses hinausgeht** und der Arbeitgeber für **falsche Auskünfte auf Schadensersatz** haftet (s. Rz. 4924)

Das **Recht besteht nicht**, wenn der Arbeitgeber darauf in einer Vereinbarung mit dem Arbeitnehmer **verzichtet** hat, was oftmals in Vergleichen vor dem Arbeitsgericht geschieht. Auch bestehen gegen Vereinbarungen, die das **Recht inhaltlich beschränken**, keine Bedenken *(LAG Hamburg 16.8.1984, DB 1985, 284)*.

Einigkeit besteht darüber, daß der **bisherige Arbeitgeber nicht verpflichtet** ist, einem entsprechenden Auskunftsersuchen nachzukommen.
Wird ein Auskunftsersuchen ohne Zustimmung des Arbeitnehmers zurückgewiesen, sollte die Ablehnung begründet werden, um dem Nachfragenden keinen Anlaß für falsche Schlußfolgerungen zu geben.

Hat der Arbeitgeber eine Auskunft über den Arbeitnehmer erteilt, so muß er in der Regel dem ausgeschiedenen Arbeitnehmer **auf Verlangen die Auskunft bekanntgeben**.

3. Haftung bei Auskunftserteilung

4924

Die Haftung richtet sich nach den **gleichen Grundsätzen wie bei der Zeugniserteilung** (vgl. Rz. 4918 f.) Unrichtige Auskünfte können auch hier **Schadensersatzansprüche** in Höhe des beim neuen Arbeitgeber entgangenen Verdienstes begründen, wenn aufgrund der Auskunft von der Einstellung Abstand genommen wurde. Enthält die Auskunft des Arbeitgebers nicht nur Tatsachen, die selbstverständlich wahr sein müssen, sondern auch eine **Beurteilung und Bewertung**, insbesondere des Temperaments und des Charakters des Arbeitnehmers, so muß jedoch berücksichtigt werden, daß diese notwendig subjektiv sind und von den Anforderungen und Maßstäben bestimmt werden, die der Arbeitgeber an seine Arbeitnehmer stellt und die bei jedem Arbeitgeber zwangsläufig anders sind. Derartige Bewertungen können nur dann vom Gericht beanstandet werden, wenn sie den Rahmen des pflichtgemäßen Ermessens überschreiten, d.h. subjektiv unrichtig und von Vorurteil und Voreingenommenheit geprägt sind.
Im Rahmen der **Beweislast** stellen sich für den Arbeitnehmer weitgehend dieselben Probleme wie bei der Geltendmachung eines Schadensersatzes wegen fehlerhafter Zeugniserteilung. Er muß darlegen und beweisen, daß der potentielle Arbeitgeber bereit gewesen wäre, ihn einzustellen und nur wegen der unrichtigen Auskunft davon Abstand genommen hat.
Neben der Geltendmachung von Schadensersatzansprüchen kann der Arbeitnehmer auf **Beseitigung der Beeinträchtigung** durch Widerruf der Auskunft, bei **Wiederholungsgefahr auch auf Unterlassung klagen**.

XII. Weiterführende Literaturhinweise:

4925

Haupt, Handbuch zum Arbeitsrecht (HzA), Gruppe 1, Teilbereich 3, 4. Abschn.: Zeugnis

Schleßmann, Das Arbeitszeugnis, 13. Aufl. 1993, *Schulz*, Alles über Arbeitszeugnisse, 3. Aufl. 1993

Schmid, Rechtsprobleme bei der Einholung von Auskünften über Bewerber, DB 1982, 769

ders., Zur Interpretation von Zeugnisinhalten, DB 1988, 2253

Kölsch, Die Haftung des Arbeitgebers bei nicht ordnungsgemäßer Zeugniserteilung, NZA 1985, 382

Schaub, Arbeitsrechts-Handbuch, 7. Aufl. 1992, § 146 Zeugnis

Weuster/Scheer, Arbeitszeugnisses in Textbausteinen, 5. Aufl. 1993

Weuster, Arbeits- und Ausbildungszeugnisse, AiB 1992, 328

ders., Zeugnisgestaltung und Zeugnissprache zwischen Informations- und Werbefunktion, BB 1992, 58

36. Kapitel: Arbeitsgerichtsverfahren

I. Beschlußverfahren	4950
1. Gegenstand	4950
2. Rechtsschutzinteresse	4951
3. Verfahrensablauf	4952
4. Beteiligte	4953
5. Erledigung	4954
6. Einstweiliger Rechtsschutz	4955
7. Kosten	4956
II. Urteilsverfahren	4957
1. Gegenstand	4957
2. Verfahrensablauf	4958
a) Gütetermin	4958
b) Kammertermin	4959
c) Verhandlungsgrundsatz	4960
3. Terminsvorbereitung	4961
4. Verhalten im Termin	4962
5. Verfahrensbeendigung	4963
6. Einstweiliger Rechtsschutz	4964
7. Kosten	4965

Übersicht: Arbeitsgerichtsverfahren

Verfahrensart	Beschlußverfahren	Urteilsverfahren
Verfahrensgegenstand	**insbes. betriebsverfassungsrechtliche** Streitigkeiten zwischen Betriebsrat und Arbeitgeber	insbes. Streitigkeiten zwischen Arbeitnehmer und Arbeitgeber, die das **Arbeitsverhältnis** betreffen
Verfahrensablauf	Anhörungstermin vor der Kammer	Gütetermin vor dem Vorsitzenden, Vergleichsgespräch; Kammertermin vor der Kammer, streitige Verhandlung
Verfahrensprinzip	Untersuchungsgrundsatz: Gericht erforscht den Sachverhalt	Verhandlungsgrundsatz: Parteien müssen Tatsachen im Verfahren vortragen
Verfahrensergebnis	Beschluß	Urteil

Arbeitsrecht

I. Beschlußverfahren

1. Gegenstand

4950

In bestimmten Streitigkeiten findet beim ArbG das Beschlußverfahren statt. Dieses betrifft nach § 2 a ArbGG insbesondere die Angelegenheiten aus dem Betriebsverfassungsgesetz. Darüberhinaus werden aber auch Angelegenheiten aus dem Sprecherausschußgesetz, dem Mitbestimmungsgesetz, dem Mitbestimmungsergänzungsgesetz und dem Betriebsverfassungsgesetz von 1952 sowie Fragen über die Tariffähigkeit und die Tarifzuständigkeit einer Vereinigung im Rahmen eines Beschlußverfahrens behandelt.

Die weit überwiegende Anzahl der Beschlußverfahren betrifft dabei die Angelegenheiten aus dem Betriebsverfassungsgesetz. Diese sind immer dann betroffen, wenn die durch das Betriebsverfassungsgesetz geregelte Ordnung des Betriebes und die gegenseitigen Rechte und Pflichten der Betriebspartner als Träger dieser Ordnung im Streit sind. Solche Streitfälle sind vielfältiger Weise denkbar. Hierzu gehören beispielsweise auch schon alle Probleme, die im Zusammenhang mit der Errichtung eines Betriebsverfassungsorgans auftreten können. Ebenso können alle Aspekte der Wahl eines Betriebsverfassungsorgans in einem Beschlußverfahren aufgegriffen werden. Auch Streitigkeiten innerhalb der einzelnen Betriebsverfassungsorgane oder zwischen diesen sind Angelegenheiten aus dem Betriebsverfassungsgesetz. Entsprechendes gilt für Streitigkeiten über die Einigungsstelle und über die Verpflichtung des Arbeitgebers, die Kosten der Betriebsratstätigkeit zu tragen. Die qualitativ und quantitativ wichtigste Gruppe der Angelegenheiten aus dem Betriebsverfassungsgesetz sind Streitigkeiten über Beteiligungsrechte des Betriebsrates. Über das Beschlußverfahren kann der Betriebsrat seine Beteiligungsrechte durchsetzen, arbeitgeberseitige Verletzungen dieser Beteiligungsrechte feststellen und sanktionieren lassen. Der Arbeitgeber seinerseits kann die verweigerte Beteiligung des Betriebsrates an bestimmten betrieblichen Maßnahmen im Rahmen des Beschlußverfahrens ersetzen lassen.

2. Rechtsschutzinteresse

4951

Das Rechtsschutzinteresse ist eine Zulässigkeitsvoraussetzung für jedes Beschlußverfahren. Es besteht, wenn die Klärung der Streitigkeit im Interesse des Betriebsfriedens notwendig erscheint. Dies ist regelmäßig der Fall, wenn der Ausgangspunkt des Konfliktes in der Zukunft erneut auftreten kann. An einem Rechtsschutzinteresse fehlt es aber, wenn die gerichtliche Entscheidung auf ein bloßes Rechtsgutachten hinauslaufen würde.

Arbeitsgerichtsverfahren

Im Einzelfall ist die Abgrenzung schwierig. So nimmt die Rechtsprechung beispielsweise an, daß ein Rechtssschutzinteresse für die Klärung der Frage, ob ein Arbeitnehmer den Status eines leitenden Angestellten hat, besteht. Wenn der konkrete Arbeitnehmer aber im Verlauf des anhängigen Beschlußverfahrens aus dem Anstellungsverhältnis ausscheidet, fällt das Rechtsschutzinteresse mit der Folge weg, daß der Antrag als unzulässig zurückgewiesen wird. Diese Folge kann von dem Antragsteller durch eine Antragsänderung dann vermieden werden, wenn der ausgeschiedene Arbeitnehmer sofort durch einen neuen Arbeitnehmer ersetzt wurde und der Streit zwischen den Betriebsparteien fortbesteht.

3. Verfahrensablauf

4952

Nach § 83 Abs.1 ArbGG hat das Gericht im Beschlußverfahren den Sachverhalt im Rahmen der gestellten Anträge von Amts wegen zu erforschen. Im Beschlußverfahren gilt also der Untersuchungsgrundsatz.

Das Gericht ist allerdings nicht gehalten, "ins Blaue hinein" Ermittlungen anzustellen. Ausgangspunkt der Ermittlungstätigkeit des Gerichtes ist vielmehr der Sachvortrag der Beteiligten. Nur wenn das Gericht auf dieser Grundlage zu der Überzeugung gelangt, daß noch eine weitere Aufklärung erforderlich ist, hat es entsprechend tätig zu werden.

Dabei wird es sich in erster Linie mit konkreten Fragen und Auflagen an die Beteiligten des Verfahrens selbst halten.

4. Beteiligte

4953

Im Beschlußverfahren gibt es keinen Kläger und keinen Beklagten. Vielmehr werden die Subjekte im Beschlußverfahren "Beteiligte" genannt.

Wer Beteiligter des Verfahrens ist, hängt von dem konkreten Streitgegenstand des Verfahrens ab. Neben dem Antragsteller sind immer die Personen oder Organe Beteiligte, die durch die begehrte Entscheidung in ihrer betriebsverfassungsrechtlichen, personalvertretungsrechtlichen oder mitbestimmungsrechtlichen Rechtsstellung unmittelbar betroffen sind. Das bloße Interesse einer Person oder eines Organs an einer Entscheidung genügt nicht. Betroffen ist aber stets diejenige Person oder Stelle, der gegenüber vom Antragsteller ein Recht geltend gemacht wird - also der Antragsgegner. In aller Regel sind die Beteiligten der Betriebsrat und der Arbeitgeber.

Auch in Rechtsstreitigkeiten über die betriebsverfassungsrechtliche Zulässigkeit personeller Einzelmaßnahmen (Einstellung, Versetzung, Eingruppierung, Umgruppierung) ist der jeweils betroffene Arbeitnehmer nicht zu beteiligen.
Eine Beteiligung eines von einer außerordentlichen Kündigung betroffenen Betriebsratsmitglieds hat nach § 103 Abs. 3 Satz 2 BetrVG zu erfolgen.

5. Erledigung

4954
Ein Beschlußverfahren kann durch eine gerichtliche Entscheidung, die in der Form eines Beschlusses ergeht, beendet werden. Darüber hinaus können die Beteiligten nach § 83 a ArbGG einen verfahrensbeendenden Vergleich schließen oder das Verfahren für erledigt erklären. Im letzteren Fall ist das Verfahren vom Vorsitzenden des Arbeitsgerichts förmlich einzustellen.

Wenn der Antragsteller das Verfahren einseitig für erledigt erklärt hat, ist den übrigen Beteiligten vom Gericht eine Frist einzuräumen, innerhalb derer sie mitzuteilen haben, ob sie der Erledigung zustimmen. Hier ist zu beachten, daß die Zustimmung als erteilt gilt, wenn sich die Beteiligten innerhalb der bestimmten Frist nicht äußern.

6. Einstweiliger Rechtsschutz

4955
Auch im Beschlußverfahren sind einstweilige Verfügungen möglich. Sie sind auch erforderlich, um einen effektiven Rechtsschutz zu garantieren. Ein Antrag auf Erlaß einer einstweiligen Verfügung ist nur zulässig, wenn dem Anspruchsteller ein besonderer Grund zur Seite steht, nach dem es ihm nicht zuzumuten ist, seinen Anspruch im normalen Beschlußverfahren zu verfolgen. Dies ist der Verfügungsgrund. Dieser liegt vor, wenn die Besorgnis besteht, daß die Verwirklichung eines Rechtes ohne eine alsbaldige einstweilige Regelung vereitelt oder wesentlich erschwert wird. Dabei handelt es sich um Ausnahmefälle.

Soweit ein Betriebsrat ein Beteiligungsrecht durch eine Unterlassungsverfügung sichern will, ist zu beachten, daß ihm diese Beteiligungsrechte nicht als Selbstzweck zugewiesen wurden. Nur wenn der mit der Beteiligung des Betriebsrates bezweckte Schutz der Arbeitnehmer ohne Vornahme einer Unterlassungsverfügung unwiederbringlich vereitelt wird, ist eine solche zulässig.

7. Kosten

4956
Das Beschlußverfahren ist gerichtskostenfrei. Soweit dem Betriebsrat durch die Einschaltung eines Prozeßbevollmächtigten Kosten entstehen, hat diese regel-

mäßig der Arbeitgeber nach § 40 Abs. 1 BetrVG zu tragen. Denn die Prozeßführung gehört zur Tätigkeit des Betriebsrates.

Davon besteht insofern eine Ausnahme, als der Betriebsrat ein Beschlußverfahren mutwillig anhängig gemacht hat.

II. Urteilsverfahren

1. Gegenstand

4957

Die Arbeitsgerichte entscheiden im Urteilsverfahren praktisch über alle Streitigkeiten zwischen Arbeitgebern und Arbeitnehmern, die in dem Arbeitsverhältnis wurzeln. Dabei handelt es sich insbesondere um Streitigkeiten, die die gegenseitigen Pflichten und Rechte aus dem Arbeitsverhältnis betreffen. Dies reicht von A - wie Abmahnung - bis Z - wie Zeugnis.

Eine gewisse Bedeutung haben daneben noch die Rechtsstreitigkeiten zwischen verschiedenen Arbeitnehmern. Soweit besteht insbesondere eine Zuständigkeit der Arbeitsgerichte, wenn Anprüche aus unerlaubten Handlungen hergeleitet werden, die mit dem Arbeitsverhältnis im Zusammenhang gestanden haben. Dies ist beispielsweise der Fall, wenn ein Arbeitnehmer seinen Kollegen während der Arbeit tätlich verletzt. Auch Verkehrsunfälle zwischen Arbeitnehmern auf dem Betriebsgelände des Arbeitgebers unterfallen der Zuständigkeit des Arbeitsgerichtes.

2. Verfahrensablauf

4958

Das arbeitsgerichtliche Urteilsverfahren gliedert sich in 2 Abschnitte. Es beginnt mit dem Titelverfahren und setzt sich bei dessen Scheitern im Kammerverfahren fort.

a) Güteverhandlung

Kern des Güteverfahrens ist die Güteverhandlung. Diese findet nur vor dem Vorsitzenden statt. Die ehrenamtlichen Richter der Kammer werden nicht beteiligt. Ziel und Zweck der Güteverhandlung ist es, eine gütliche Einigung herbeizuführen. Die Güteverhandlung ist eine Besonderheit des arbeitsgerichtlichen Urteilsverfahrens, die sich bewährt hat. In ihr werden ein erheblicher Teil aller Verfahren bereits erledigt. Der Erfolg einer Güteverhandlung hängt maßgeblich von den Moderationsfähigkeiten des Vorsitzenden und der Vorbereitung durch die Parteien ab.

Arbeitsrecht

Die Güteverhandlung kann in ihrer Wichtigkeit gar nicht hoch genug eingeschätzt werden. Sie ist **die** Gelegenheit, den Rechtsstreit auf wirtschaftlich vernünftige Weise beizulegen. Dies gilt insbesondere für Kündigungsschutzverfahren. Diese haben nämlich eine eigene Dynamik. Das mit einem Kündigungsschutzverfahren verbundene wirtschaftliche Risiko für einen Arbeitgeber steigt nämlich in der Regel mit dessen Dauer an. Dies folgt daraus, daß der Arbeitgeber in dem Fall, daß am Ende des Verfahrens die Unwirksamkeit der ausgesprochenen Kündigung festgestellt wird, regelmäßig verpflichtet ist, für die gesamte Zwischenzeit die Arbeitsvergütung unter dem Gesichtspunkt des Annahmeverzuges nachträglich zu erstatten. Eine Verfahrensdauer von einem halben Jahr bis zum erstinstanzlichen Urteil ist inzwischen keine Seltenheit mehr. Dies gilt insbesondere dann, wenn auch noch eine Beweiserhebung notwendig ist. Dies bedeutet beispielsweise bei einem Arbeitsverhältnis, in dem der Arbeitnehmer eine Bruttovergütung in Höhe von 4.000 DM verdient hat, daß das Risiko bis zur erstinstanzlichen Entscheidung auf mehr als 25.000 DM angewachsen ist (6 x 4.000 zzgl. Arbeitgeberanteile). Demgegenüber findet der Gütetermin sehr schnell statt. Zwar wird auch hier die im Gesetz vorgesehene Terminierungsfrist von 2 Wochen inzwischen kaum noch eingehalten. Aber mit einer Terminierung binnen 4 Wochen nach Klageerhebung kann in aller Regel gerechnet werden. Zu diesem Zeitpunkt ist das Risiko für die Beteiligten noch kalkulierbar und tragbar.

In dem Gütetermin soll das gesamte Streitverhältnis mit den Parteien unter freier Würdigung aller Umstände erörtert werden. Dabei kann dann natürlich nur das erörtert werden, was die Parteien bis zu dem frühen Verhandlungstermin in das Verfahren eingebracht haben. Je mehr die Parteien im Vorfeld dem Vorsitzenden in bezug auf das streitige Rechtsverhältnis mitgeteilt haben, desto eher können sie darauf hoffen, schon im Gütetermin Hinweise auf rechtliche Probleme und insbesondere auf die Rechtsmeinung des Vorsitzenden zu erhalten. Natürlich ist es auch möglich, im Verhandlungstermin selbst die Umstände des Falls mündlich vorzutragen. Dabei darf aber nicht verkannt werden, daß die Gütetermine in der Arbeitsgerichtspraxis zeitlich eng begrenzt sind. Im Durchschnitt wird ein Vorsitzender darauf achten, daß ein Gütetermin nicht länger als 10 Minuten dauert. In dieser kurzen Zeitspanne können häufig nicht alle - sondern nur die wichtigsten - Aspekte eines Streitfalles erörtert werden.

Eine gütliche Einigung kann durch einen Vergleich erfolgen. Dieser ist quasi ein Vertrag zwischen den Parteien, mit dem die bestehende Streitigkeit geregelt wird. Dieser Vergleich ist im Termin zu protokollieren. Rechtsunerfahrene Parteien könnten insoweit die Formulierungshilfe des Vorsitzenden in Anspruch nehmen.

Sofern eine Partei zu dem Gütetermin trotz ordnungsgemäßer Ladung nicht erscheint, kann gegen sie ein Versäumnisurteil ergehen. Gegen ein solches Versäumnisurteil kann nur binnen einer Woche Rechtsmittel eingelegt werden.

Wenn beide Parteien nicht zum Gütetermin erscheinen wird das Ruhen des Verfahrens mit der Folge angeordnet, daß nach einem Ablauf von weiteren 6 Monaten das Verfahren ausgetragen wird. Dies können die Parteien nur dadurch verhindern, daß sie in dieser 6-Monats-Frist einen Terminierungsantrag stellen.

b) Kammertermin

4959

Nach dem Scheitern des Gütetermins wird durch das Gericht ein Kammertermin zur Fortsetzung der streitigen Verhandlung bestimmt. Diese Verhandlung findet, wie der Name schon sagt - vor der Kammer statt, die aus dem Vorsitzenden und 2 ehrenamtlichen Richtern besteht.

Die Verhandlung beginnt mit dem Aufruf der Sache. Dieser erfolgt in den meisten Gerichten über eine Lautsprecheranlage. Man kann aber den Gerichtssaal auch schon vorher betreten. Sofern dort schon eine andere Verhandlung stattfindet, ist es für den Unkundigen interessant und sinnvoll, dieser zuzuhören.

Die Verhandlung wird durch den Vorsitzenden eröffnet und geleitet. Die Art und Weise der Verhandlungsführung hängt zum einen von den objektiven Rahmenbedingungen, zum anderen aber auch von der Person des Vorsitzenden ab. Eine Rolle spielen dabei neben der zeitlichen Enge des Termins - für einen Kammertermin werden in aller Regel 30 Minuten anberaumt - auch die Qualität der schriftsätzlichen Vorbereitung des Termins. Sofern Fragen offengeblieben sind, wird der Vorsitzende versuchen, diese im Gespräch zu klären. Darüber hinaus ist der Vorsitzende gehalten, das tatsächlich und rechtlich Wichtige des Rechtsstreits anzusprechen und den Parteien Gelegenheit zur Stellungnahme zu geben. Auch die gütliche Erledigung des Rechtsstreits spielt eine wichtige Rolle in den Erörterungen. Schließlich sind in der mündlichen Verhandlung auch die Anträge zu stellen. Wenn eine vergleichsweise Erledigung des Rechtsstreits im Termin nicht erreicht wird, schließt der Vorsitzende nach der Antragstellung die mündliche Verhandlung mit dem Hinweis, daß eine Entscheidung am Schluß der Verhandlung ergehen wird. Dies bedeutet, daß am Ende des Termintages eine Entscheidung des Gerichtes verkündet wird. Diese kann dann ein Urteil oder nur ein Vertagungs- oder Beweisbeschluß sein.

Das Ergebnis erfahren die Parteien, die die Verkündung nicht abwarten, durch die Zustellung der Terminsprotokolle. Sie können aber auch vorher schon beim Gericht anrufen und das Ergebnis abfragen.

Wenn in einem Kammertermin nur eine Partei erscheint, kann wie im Gütetermin ein Versäumnisurteil gegen die nicht erschienene Partei ergehen. Erscheinen beide Parteien nicht, wird auch hier das Ruhen des Verfahrens angeordnet.

Im Mittelpunkt des Kammertermins wird in aller Regel der Versuch des Gerichtes stehen, eine vergleichsweise Erledigung des Rechtsstreites herbeizuführen. Auch rechtliche Hinweise des Gerichtes sind in diesem Zusammenhang zu verstehen. Durch sie wird deutlich, wie das Gericht die Verteilung von Chancen und Risiken im Prozeß sieht.

c) Verhandlungsgrundsatz

4960
Im Urteilsverfahren darf das Gericht seiner Entscheidung nur das Tatsachenmaterial zugrundelegen, das von den Parteien vorgetragen ist. Das Urteilsverfahren unterscheidet sich hier grundsätzlich von dem erläuterten Beschlußverfahren.

Hier liegt eine besondere Gefahr für rechtsunkundige Parteien. Diese wissen nämlich häufig gar nicht, welche Tatsachen für die Entscheidung ihrer Streitigkeit erheblich sind. Beispielsweise vergißt ein auf Überstundenvergütung klagender Arbeitnehmer darzulegen, daß er seine Ansprüche innerhalb der anzuwendenden tariflichen Ausschlußfrist formgerecht geltend gemacht hat. Oder ein Arbeitgeber, der die Wirksamkeit einer wegen wiederholter Schlechtleistung ausgesprochenen ordentlichen Kündigung verteidigen will, versäumt mitzuteilen, daß der Arbeitnehmer wegen anderer Schlechtleistungen bereits abgemahnt worden ist.

Das Gericht hat zwar die Möglichkeit, von einem Fragerecht Gebrauch zu machen. Dies geht aber nicht soweit, daß es den jeweils darlegungspflichtigen Parteien den Vortrag "in den Mund legt".

Die Darlegung bestimmter Tatsachen wird auch nicht dadurch ersetzt, daß eine Partei sich pauschal auf einen Zeugen beruft. Über die Vernehmung eines Zeugen kann nämlich nur die Bestätigung eines streitigen Parteivorbringens erreicht werden. Alles andere wäre eine unzulässige Ausforschung des Zeugen.

 Vor diesem Hintergrund gilt: Der Schlüssel einer erfolgreichen Prozeßführung liegt in einer umfassenden Tatsachenaufbereitung.

3. Terminsvorbereitung

4961

Checkliste: Terminsvorbereitung

- Kann der Termin wahrgenommen werden?
  Muß Verlegung beantragt werden?
    - Stimmen die Angaben in der Klageschrift über
    - Betriebszugehörigkeitsdauer
    - Durchschnittsverdienst
    - Lebensalter
    - soziale Verhältnisse

- Was sind die Grundlagen des Arbeitsverhältnisses
    - schriftlicher Arbeitsvertrag
    - Tarifvertrag, ggfs. welcher

- Sind bestimmte gerichtliche Auflagen zu erfüllen oder Fristen zu beachten?

Der Verlauf eines Gerichtstermins hängt auch davon ab, ob und wie gut die Beteiligten darauf vorbereitet sind. Im Rahmen der Terminsvorbereitung sollten verschiedene Aspekte berücksichtigt werden.

Zunächst einmal sollte sich eine Partei vor dem Termin über ihre Ziele im klaren sein. Nur auf den ersten Blick ergibt sich nämlich das Verfahrensziel aus den Anträgen. Dem steht aber gegenüber, daß in der Praxis vergleichsweise häufig ein Ergebnis gefunden wird, das mit keinem der verfolgten Anträge identisch ist. So werden beispielsweise Kündigungsschutzstreitigkeiten überwiegend über Abfindungsvergleiche erledigt. Es ist also sinnvoll, sich bei einem Kündigungsschutzstreit vor dem Termin (Güte- oder Kammertermin) Gedanken darüber zu machen, ob diese Lösung in Betracht kommt und gegebenenfalls welche Modalitäten vereinbart werden können.

Es ist nicht möglich, an dieser Stelle alle Umstände zu beleuchten, die dabei eine Rolle spielen können. Zwei Aspekte spielen aber regelmäßig eine Rolle. Zum einen ist dies der mit der Durchführung eines streitigen Verfahrens unter Umständen verbundene Aufwand. Dieser umfaßt zum einen die Kosten. Darüber hinaus muß aber auch der zeitliche Aufwand berücksichtigt werden. Selbst wenn man einen Prozessbevollmächtigten eingeschaltet hat, müssen letztlich doch die Parteien das Tatsachenmaterial sichten und aufbereiten. Darüber hinaus muß damit gerechnet werden, daß das Gericht das persönliche Erscheinen der Parteien zum Termin anordnet. Und schließlich kann eine Beweisaufnahme erforderlich werden, in deren Rahmen beispielsweise Mitarbeiter oder Kunden vernommen werden. Letztlich ist zu beachten, daß gegen streitige Entscheidungen regelmäßig das Rechtsmittel der Berufung gegeben ist und somit nicht ausgeschlossen werden kann, daß das gesamte Verfahren in einer zweiten Instanz wieder aufgerollt wird.

Dieser Aspekt sollte insbesondere bei Streitigkeiten über Abmahnungen und Zeugnisformulierungen beachtet werden.

Der zweite Aspekt ist der des Verfahrensrisikos. Bei Leistungsklagen, die auf die Zahlung eines bestimmten Betrages (Weihnachtsgeld, Urlaubsgeld, Gehaltserhöhung usw.) gerichtet sind, ist das Risiko meist überschaubar. Anders verhält es sich aber insbesondere bei den Kündigungsschutzstreitigkeiten. Hier ist zu berücksichtigen, daß das wirtschaftliche Risiko des Arbeitgebers mit der Dauer des Verfahrens ansteigt.
Es ist insbesondere auch zu berücksichtigen, daß ein rechtskräftiges Urteil 2. Instanz über eine Kündigungsschutzstreitigkeit selten vor Ablauf eines Jahres nach Ausspruch der Kündigung zu erreichen ist. Sowohl personelle Dispositionen des Arbeitgebers als auch diesbezügliche Entscheidungen des Arbeitnehmers können während der Dauer des Verfahrens nur vorläufig sein. Das Ergebnis des Verfahrens ist schließlich nicht vorher bekannt. Vor diesem Hintergrund ist den Praktikern zuzustimmen, die gerade bei Kündigungsschutzstreitigkeiten meinen, daß ein früher schlechter Vergleich immer besser ist als ein spätes obsiegendes erstinstanzliches Urteil.

Beispiel für eine Abfindungsberechnung:
Der 35-jährige gewerbliche Arbeitnehmer A wurde nach genau 3-jähriger Betriebszugehörigkeit betriebsbedingt ordentlich gekündigt. Er verdiente zuletzt 4.000 DM brutto/Monat.
Nach der gängigen **Faustformel** *wird eine Abfindung in Höhe von einem Bruttoeinkommen für 2 Beschäftigungsjahre berechnet, für A also (3 Beschäftigungsjahre x 4000 DM) : 2 Beschäftigungsjahre = 6.000 DM netto.*

Diese Faustformel ist nur der Ausgangspunkt einer Berechnung. Es kann angezeigt sein, von der so errechneten Abfindung **Risikoabschläge** *abzuziehen. Dabei werden die Erfolgsaussichten der Kündigungsschutzklage zu berücksichtigen sein.*
Regelmäßig rechtfertigt die Verteilung der Darlegungs- und Beweislast eine Chancenprognose von 2 : 1 zugunsten des Arbeitnehmers.

Des weiteren können im Einzelfall besondere persönliche Umstände des Arbeitnehmers **soziale Aufschläge** rechtfertigen. In Betracht kommen beispielsweise die Schwerbehinderteneigenschaft oder ein Lebensalter über 50 Jahre.
Derartige Aufschläge können je nach Gewichtigkeit 1/2 - 1 Bruttomonatsverdienst je Umstand betragen.

Arbeitsgerichtsverfahren

Schließlich kann sich ein Aufschlag aus dem Annahmeverzugsrisiko des Arbeitgebers rechtfertigen, das mit der Dauer des Verfahrens ansteigt (vgl. Rz. 4958).

Neben der Zielbestimmung gehört zur Terminsvorbereitung die Beachtung gerichtlicher Auflagen. Beispielsweise kann durch den Vorsitzenden das persönliche Erscheinen des Geschäftsführers zum Termin angeordnet worden sein. In diesen Fällen empfiehlt es sich, zu überprüfen, ob der geladene Geschäftsführer zur Klärung der Sache wirklich etwas beitragen kann. Gerade bei größeren Unternehmen wird dies häufig nicht der Fall sein. Dann kann sich der geladene Geschäftsführer nach § 141 Abs. 3 ZPO durch einen in der Sache informierten Mitarbeiter vertreten lassen. Diesem muß dann eine Vollmacht für den Termin ausgestellt werden.

In Vorbereitung des schnell anberaumten Gütetermins ist es darüber hinaus sinnvoll, die Richtigkeit der klägerischen Angaben in der Klageschrift anhand der Personalunterlagen zu überprüfen. Sofern beispielsweise Betriebszugehörigkeitsdauer oder Personaldaten oder die Vergütung seitens des Klägers falsch bezeichnet wurden, sollte dies richtig gestellt werden. Es empfiehlt sich, Unterlagen wie Arbeitsvertrag, Abmahnungen, Verdienstbescheinigungen, Tarifverträge im Termin parat zu haben, um eventuelle Fragen des Vorsitzenden beantworten zu können.

In Vorbereitung des Kammertermins ist es immer sinnvoll, die Grundlagen des Arbeitsverhältnisses schriftsätzlich zu benennen und gegebenenfalls Kopien von Verträgen oder getroffenen Absprachen zur Akte zu reichen.

Darüber hinaus sind Auflagen des Gerichtes genau zu beachten. Diesen Auflagen ist nämlich zu entnehmen, welchen Tatsachenvortrag das Gericht für entscheidungserheblich hält. Dabei kann nur empfohlen werden, die Auflagen so detailliert wie möglich zu befolgen. Dies gilt insbesondere dann, wenn das Gericht zu einer sogenannten "substantiierten Stellungnahme" aufgefordert hat. Damit macht das Gericht nämlich deutlich, daß ein pauschaler Vortrag nicht genügt.

Die Nichtbeachtung gesetzter Fristen kann zur Folge haben, daß das verspätete Vorbringen von dem Gericht bei der Entscheidungsfindung nicht mehr berücksichtigt wird. Es ist darum zu empfehlen, gesetzte Fristen auch zu beachten.

Unabhängig davon sollte eine Partei das aus ihrer Sicht erhebliche Tatsachenmaterial so früh wie möglich in das Verfahren einbringen. Damit wächst die Chance, schon im ersten Kammertermin eine abschließende Entscheidung zu erhalten.

4. Verhalten im Termin

4962

Die Gesprächsleitung im Termin obliegt dem Vorsitzenden. Er stellt Fragen und fordert zu Stellungnahmen auf.

Der Vorsitzende ist mit "Herr Vorsitzender/Frau Vorsitzende", die beisitzenden Richter mit "Herr Richter/Frau Richterin" und die Gegenpartei bzw. deren Prozessbevollmächtigte mit Namen anzusprechen.

Bei den Gerichten gibt es eine Sitzordnung, nach der die klagende Partei vom Vorsitzenden aus gesehen links und die beklagte Partei rechts Platz zu nehmen hat. Es ist zu empfehlen, sich in der mündlichen Verhandlung um ein sachliches Auftreten zu bemühen. Insbesondere ehrabschneidende Formulierungen gegenüber der anderen Partei sollten unterlassen werden.

Für den Fall, daß Vergleiche oder Widerrufsvergleiche im Termin geschlossen werden oder der Vorsitzende Auflagenbeschlüsse verkündet, sollten diese möglichst mitgeschrieben werden. Dadurch kann der mit der Zustellung der Terminsprotokolle verbundene Zeitverlust vermieden werden.

5. Verfahrensbeendigung

4963

Das Verfahren kann im Gütetermin durch Vergleich oder Klagerücknahme oder Anerkenntnis erledigt werden. Ein streitiges Urteil kann im Gütetermin nicht ergehen. Dieses ist nur im Kammertermin möglich.

Ein besonderer Fall der vergleichsweisen Erledigung ist der Abschluß eines Widerrufsvergleichs. Das spezifische eines Widerrufsvergleichs ist, daß sich eine oder beide Parteien den Widerruf des abgeschlossenen Vergleichs binnen einer bestimmten Frist vorbehalten haben. Sofern sie form- und fristgerecht von diesem Widerruf Gebrauch machen, wird der geschlossene Widerrufsvergleich mit der Folge hinfällig, daß das Verfahren streitig fortgesetzt werden muß. Dabei ist zu beachten, daß die in der Vorbehaltsklausel festgelegten Regeln für die Vornahme des Widerrufs eingehalten werden. Beispielsweise ist eine Schriftform einzuhalten oder der Widerruf innerhalb der vereinbarten Frist an das Gericht zu senden. Dann wäre ein telefonischer Widerruf oder die Zusendung des Widerrufs an den Verfahrensgegner nicht wirksam.

6. Einstweiliger Rechtsschutz

4964

Auch bei dem den Urteilsverfahren zuzurechnenden Streitgegenständen ist ein Antrag auf Erlaß einer einstweiligen Verfügung möglich. Die Möglichkeit, dieses besonders geregelte Eilverfahren in Anspruch zu nehmen, ist aber wie beim Beschlußverfahren an besondere Voraussetzungen geknüpft.

Es bedarf eines besonderen Verfügungsgrundes. Der Antragsteller muß glaubhaft machen, daß die Verwirklichung eines Individualanspruches gefährdet oder aus besonderen Gründen die Sicherung eines Zustandes in seinem Interesse notwendig ist.

In Betracht kommt das Erfordernis einer einstweiligen Verfügung beispielsweise bei der Durchsetzung von Urlaubsgewährung, Entgeltzahlung, Beschäftigung und Herausgabe von Arbeitspapieren. Beispielsweise kann der Grund für eine einstweilige Verfügung in bezug auf Vergütungsansprüche darin liegen, daß der Arbeitnehmer auf die Entgeltzahlung angewiesen ist, um eine Notlage zu vermeiden. Allerdings ergeben sich aus der Begrenztheit dieses Grundes auch Einschränkungen für eine mögliche Anordnung. Im Rahmen einer einstweiligen Verfügung werden dem Arbeitnehmer regelmäßig nur Vergütungszahlungen in dem Umfang zugesprochen werden können, die er für die Deckung des Lebensunterhaltes notwendig ist.

Die dem Verfügungsgrund und dem Anspruch selbst zugrundliegenden Tatsachen müssen von dem Anspruchsteller im Verfügungsverfahren glaubhaft gemacht werden. Dies geschieht in aller Regel durch die Abgabe einer eidesstattlichen Versicherung. Dabei genügt es nicht, daß unter Bezugnahme auf die Antragsschrift die Richtigkeit aller in dieser enthaltenen tatsächlichen Behauptungen eidesstattlich versichert wird, vielmehr müssen in einer gesonderten Schrift diese Behauptungen noch einmal zusammengefaßt oder aufgelistet werden.

Das Gericht kann mit oder ohne mündliche Verhandlung entscheiden. Sofern es auf eine mündliche Verhandlung verzichtet, entscheidet es durch Beschluß. Nach einer mündlichen Verhandlung ergeht die Entscheidung in Form eines Urteils.

Das Gericht kann die Ladungs- und Einlassungsfristen drastisch verkürzen.

7. Kosten

4965

Nach § 12 a ArbGG besteht im Urteilsverfahren des 1. Rechtszuges kein Anspruch der obsiegenden Partei auf Kostenerstattung. Dies umfaßt insbesondere die Kosten der Hinzuziehung eines Prozeßbevollmächtigten und einen etwa erlittenen Dienstausfall. Lediglich Reisekosten (Kosten für Übernachtung, Fahrtauslagen, Verpflegungsgelder) sind erstattungsfähig. Im Urteilsverfahren werden Gerichtsgebühren erhoben. Sofern die Parteien vor Gericht einen den Prozeß beendenden Vergleich abschließen, entfallen die Gerichtsgebühren.

Neben den Gerichtsgebühren sind aber in jedem Fall gerichtliche Auslagen zu ersetzen. Diese umfassen beispielsweise Zustellgebühren, Dolmetscher- und Sachverständigenkosten.

Wenn eine streitige Entscheidung ergeht, wird von Amts wegen über die Kostenlast entschieden. Bei Vergleichen gilt, sofern die Parteien nichts anderes vereinbaren, die Regel, daß die Kosten gegeneinander aufgehoben werden. Dies bedeutet, daß jede Partei ihre eigenen Kosten selbst zu tragen hat und die gerichtlichen Kosten geteilt werden. Wenn die Parteien den Rechtsstreit in der Hauptsache für erledigt erklärt haben, entscheidet das Gericht über die Kosten unter Berücksichtigung des bisherigen Sach- und Streitstandes nach billigem Ermessen. Diese Kostenentscheidung verursacht wiederum eine gerichtliche Gebühr. Vor diesem Hintergrund ist es in den Fällen, in denen erst geringe gerichtliche Kosten angefallen sind, wirtschaftlicher, die Gerichtskosten freiwillig zu übernehmen und auf eine Kostenentscheidung zu verzichten.

37. Kapitel: Anbahnung des Arbeitsverhältnisses und Arbeitsvermittlung

I.	Wegfall des Vermittlungsmonopols des Arbeitsamtes	5001
II.	Vermittlung durch das Arbeitsamt	5004
III.	Private Arbeitsvermittlung mit Erlaubnis des Arbeitsamtes	5010
IV.	Vermittlung in berufliche Ausbildungsstellen	5015
V.	Erlaubnisfreie Tätigkeiten zur Anbahnung von Arbeitsverhältnissen	5016
VI.	Weiterführende Literaturhinweise	5020

I. Wegfall des Vermittlungsmonopols des Arbeitsamtes

5001
Wenn ein Arbeitgeber für einen freien Arbeitsplatz einen geeigneten Arbeitnehmer sucht oder umgekehrt ein Arbeitnehmer einen neuen Arbeitsplatz, können sie die Suche selbst vornehmen. Hierfür bieten sich u.a. ein Aushang im Betrieb, das Herumfragen bei Kollegen und Bekannten oder eine Zeitungsannonce an. Der Selbstsuche fehlt aber nicht selten die notwendige Breitenwirkung. Deshalb kommt der Arbeitsvermittlung besondere Bedeutung zu. Wirksame Arbeitsvermittlung ist wesentliche Voraussetzung für einen funktionierenden Arbeitsmarkt.

Wegen ihrer hohen Bedeutung war Arbeitsvermittlung traditionell als Bestandteil staatlicher Daseinsvorsroge anerkannt und den Arbeitsämtern vorbehalten; sie besaßen das Vermittlungsmonopol. Arbeitsvermittlung durch private Unternehmen war nur mit besonderer Erlaubnis des Arbeitsamtes zugelassen. Erteilt wurde sie nur für bestimmte Berufszweige, z.B. für die Vermittlung in künstlerischen Berufen (Künstleragenturen).

In den letzten Jahren ist das Monopol der Arbeitsämter bei der Arbeitsvermittlung in die Kritik geraten. Die Freizügigkeitsgarantie und Wettbewerbsfreiheit innerhalb der Europäischen Union trug dazu ebenso bei wie Zweifel, ob die Arbeitsämter ihre Aufgabe noch ausreichend effektiv erfüllen könnten. Namentlich für Führungskräfte (leitende Angestellte) bediente sich die private Wirtschaft zunehmend der Tätigkeit von Personalberatern und erreichte so im Rahmen erlaubter Selbstsuche ohne Inanspruchnahme des Arbeitsamtes die gewünschte Breitenwirkung.

5002
Zu Anfang 1994 wurde das Vermittlungsmonopol der Arbeitsämter deshalb gelockert. Private Arbeitsvermittlung sollte in größerem Umfang zugelassen werden können. Die Lockerung sollte in erster Linie solcher privater Vermittlung zugute kommen, die nicht auf Gewinn ausgerichtet ist, also für ihre Tätigkeit nur Ersatz der Aufwendungen beansprucht. Gedacht war an eine Kammer oder einen Verband, die es übernehmen, in einer Region oder einer Branche die von den dazu gehörigen Unternehmen gesuchten Arbeitskräfte zu vermitteln. Unter bestimmten Voraussetzungen, namentlich für leitende Angestellte, sollte auch auf Gewinn gerichtete private Arbeitsvermittlung zugelassen werden können. Vorgesehen war schließlich, in bestimmten Regionen als Modellversuch ganz allgemein private Arbeitsvermittlung zu ermöglichen, um Erfahrungen damit zu gewinnen.

5003
Unter dem Eindruck der anhaltenden Probleme auf dem Arbeitsmarkt hat das Beschäftigungsförderungsgesetz 1994 *(v. 26.07.1994, BGBl. I S. 1786)* schließlich mit Wirkung ab 01.08.1994 das **Vermittlungsmonopol der Arbeitsämter aufgehoben.**

Jetzt gilt: Welcher Arbeitgeber für freie Arbeitsplätze geeignete Arbeitnehmer sucht oder welcher Arbeitnehmer einen neuen Arbeitsplatz sucht, kann wie bisher kostenfrei die Vermittlungstätigkeit des Arbeitsamtes in Anspruch nehmen. Neu ist, daß er **nunmehr auch private Arbeitsvermittlungsbüros** einschalten kann.

Nach wie vor gilt aber: Private oder gewerbliche Arbeitsvermittlung darf **nur mit besonderer Erlaubnis** des Arbeitsamtes betrieben werden!

II. Vermittlung durch das Arbeitsamt

5004
Sucht der Arbeitgeber für einen freien Arbeitsplatz einen geeigneten Bewerber, meldet er das dem Arbeitsamt, beschreibt die Anforderungen und nennt die Arbeitsbedingungen. Der Vermittler wird aus dem Kreis der registrierten Arbeitslosen geeignete Bewerber vorschlagen und diese auffordern, sich bei dem Arbeitgeber vorzustellen. Die Vermittlungstätigkeit des Arbeitsamtes ist kostenlos.

Das **Vermittlungsgesuch** schafft **keinen bürgerlich-rechtlichen Auftrag**, im Namen des Arbeitgebers mit dem Arbeitsuchenden Vertragsverhandlungen zu führen. Das Arbeitsamt bringt die am Abschluß des Arbeitsvertrages interessierten Parteien nur zueinander, es wirkt **wie ein Makler**. Den Arbeitsvertrag auszuhandeln und abzuschließen ist Sache des Arbeitgebers und des Arbeitsuchenden.

Anbahnung des Arbeitsverhältnisses und Arbeitsvermittlung

Die Vermittlungstätigkeit des Arbeitsamtes ist **schlichtes Verwaltungshandeln** auf der Grundlage öffentlichen Rechts. Für Schäden, die z.B. durch eine Fehlvermittlung entstehen (etwa: Vermittlung eines Kraftfahrers, der keinen Führerschein besitzt oder unter Nichtbeachtung gesundheitlicher Einschränkungen), muß die Bundesanstalt nach den Grundsätzen über die Amtshaftung einstehen (§ 839 BGB, Art. 34 GG). Streitigkeiten über solchen Schadenersatzanspruch wegen fehlerhafter Vermittlung sind vor dem Landgericht auszutragen.

5005
Das Arbeitsamt darf nicht am Zustandekommen von Arbeitsverhältnissen zu tarifwidrigen Bedingungen oder unter Verstoß gegen Mindestarbeitsbedingungen mitwirken. Es muß die Vermittlung ablehnen, wenn es z.B. die Tarifwidrigkeit der Bedingungen und die Tarifgebundenheit von Arbeitgeber und Arbeitsuchenden kennt. Auf sein Verlangen hin muß das Arbeitsamt den Arbeitsuchenden auch über die Tarifwidrigkeit von Arbeitsbedingungen beraten.

5006
Während eines **Streiks oder einer Aussperrung** darf das Arbeitsamt in dem vom Arbeitskampf unmittelbar betroffenen Bereich Arbeit nur vermitteln, wenn es Arbeitgeber und auch Arbeitsuchender nach ausdrücklichem Hinweis auf den laufenden Arbeitskampf verlangen. Damit das Arbeitsamt von einem Arbeitskampf Kenntnis erlangt, ist der Arbeitgeber verpflichtet, den Ausbruch eines Arbeitskampfes dem für seinen Betriebssitz örtlich zuständigen Arbeitsamt schriftlich anzuzeigen. Die Anzeige kann auch von einer Gewerkschaft erstattet werden.

5007
Auch in sonstiger Hinsicht handelt das **Arbeitsamt** bei der Vermittlung **unparteiisch**. So dürfen z.B. Arbeitsuchende grundsätzlich nicht nach der Zugehörigkeit zu einer politischen Partei, einer Gewerkschaft oder einer Religionsgemeinschaft gefragt werden. Erlaubt sind solche Fragen nur, wenn es die Eigenart des Betriebes oder die Art der Beschäftigung sachlich rechtfertigen, etwa bei einer Tätigkeit in einem privaten Haushalt oder in einem sog. Tendenzbetrieb.

5008
Dem Arbeitgeber steht es frei, den oder die vom Arbeitsamt vorgeschlagenen Arbeitsuchenden einzustellen oder nicht. Stellt er einen vorgeschlagenen Bewerber nicht ein, so vermerkt er das auf der vom Arbeitsamt ausgestellten Vermittlungskarte und gibt **stichwortartig den Grund** an, z.B.:

- Stelle bereits besetzt oder
- nicht geeignet oder
- nicht zur Vorstellung erschienen

5009

Der Arbeitsuchende ist allerdings gehalten, der Vermittlung des Arbeitsamtes Folge zu leisten. Dazu gehört es, sich bei dem Arbeitgeber binnen angemessener Frist vorzustellen und, sofern dieser einstellungsbereit ist, die Stelle anzunehmen und auch anzutreten. Nimmt der Arbeitsuchende die Stellung nicht an oder tritt er sie nicht an und hat er für sein Verhalten **keinen wichtigen Grund** zur Seite, setzt das Arbeitsamt eine **Sperrzeit von regelmäßig 12 Wochen** fest. Für diese Zeit erhält er kein Arbeitslosengeld; im Wiederholungsfall erlischt der Anspruch auf Arbeitslosengeld vollständig. Vorausgesetzt wird dabei, daß dem Arbeitsuchenden die Stellung unter Nennung des Arbeitgebers und der Art der Tätigkeit konkret angeboten und er vom Arbeitsamt auch über die Rechtsfolgen bei Nichtannahme oder Nichtantritt belehrt worden ist.

III. Private Arbeitsvermittlung mit Erlaubnis des Arbeitsamtes

5010

Will eine Kammer oder ein Arbeitgeberverband, ein bisher in der Personalberatung tätiges Unternehmen oder ein privater Gewerbetreibender ähnlich wie das Arbeitsamt Arbeitskräfte vermitteln, benötigt er dazu eine **Erlaubnis**. Sie muß **beim Arbeitsamt beantragt** werden.

Auf die Erlaubnis besteht Rechtsanspruch und das Arbeitsamt wird sie erteilen, wenn der Antragsteller die folgenden Voraussetzungen erfüllt:

- Er muß die erforderliche **Eignung** für die angestrebte Tätigkeit besitzen. Gefordert wird eine qualifizierte Berufsausbildung mit hinreichenden Kenntnissen der Berufsfelder. Bei einer juristischen Person oder Personengesellschaft (z.B. Kammer, GmbH, KG o.ä.) müssen für die Tätigkeit verantwortliche natürliche Personen bestellt sein, welche die notwendige Eignung besitzen.

- Die Eignung wird angenommen, wenn der Antragsteller entweder über eine anerkannte Berufsausbildung verfügt oder ein Hochschulstudium abgeschlossen hat und mindestens 3 Jahre berufstätig war oder

- wenn er mindestens 3 Jahre beruflich Aufgaben des Personalwesens, der Arbeitsvermittlung, Personalberatung oder Arbeitnehmerüberlassung wahrgenommen hat; liegt solche einschlägige Berufserfahrung vor, kommt es auf eine Berufsausbildung nicht an.

- Er muß die erforderliche **persönliche Zuverlässigkeit** besitzen; bei juristischen Personen oder Personengesellschaften kommt es auch hier auf die Zuverlässigkeit der Verantwortlichen an. Die Anforderungen in Bezug auf die Zuverlässigkeit ähneln denen, wie sie für Erlaubnisse im Bereich des Gewerberechts gelten (z.B. polizeiliches Führungszeugnis, Auskunft aus dem Gewerbezentralregister).

Anbahnung des Arbeitsverhältnisses und Arbeitsvermittlung

- Er muß in **geordneten Vermögensverhältnissen** leben und dies durch Auskunft über Einträge im Schuldnerverzeichnis des für ihn in den letzten 5 Jahren zuständigen Amtersgerichts belegen und
- er muß über **angemessene Geschäftsräume** verfügen.

5011

Die Erlaubnis wird auf Antrag zunächst auf 3 Jahre befristet erteilt. Frühestens 6 Monate vor Ablauf der 3 Jahre kann Antrag auf Verlängerung gestellt werden. Sie wird dann unbefristet verlängert.

Wichtig ist: Das Arbeitsamt muß binnen 4 Wochen seit Zugang des Antrags darüber entscheiden. Geschieht das nicht, gilt die Erlaubnis ohne weiteres als erteilt!

Für die Bearbeitung des Antrags erhebt das Arbeitsamt eine **Gebühr**. Sie beträgt 1.000 DM für die Erteilung einer befristeten und 2.000 DM für die Erteilung einer unbefristeten Erlaubnis.

5012

Ähnlich wie eine gewerberechtliche Erlaubnis kann auch die **Vermittlungserlaubnis** vom Arbeitsamt **wieder aufgehoben** werden, wenn

- der Vermittler über mehr als 2 Jahre keine Vermittlungstätigkeit ausgeübt hat,
- wenn sich herausstellt, daß die Voraussetzungen für die Erlaubnis von Anfang an nicht vorgelegen haben, z.B. wenn die erforderliche Zuverlässigkeit in Wahrheit fehlte,
- wenn die Voraussetzungen für die Erlaubnis später wegfallen, z.B. keine angemessenen Geschäftsräume mehr vorhanden oder die Vermögensverhältnisse jetzt nicht mehr als geordnet angesehen werden können oder
- wenn der Vermittler wiederholt und in schwerwiegender Weise gegen gesetzliche Bestimmungen oder eine Auflage des Arbeitsamtes verstoßen hat.

5013

Private Arbeitsvermittlung mit Erlaubnis des Arbeitsamtes ist **nicht kostenlos**. Der private Vermittler darf für seine Tätigkeit eine Vergütung beanspruchen.

Wichtig ist: Grundsätzlich darf eine **Vergütung nur vom Arbeitgeber** und nicht vom Arbeitsuchenden verlangt werden. Entgegenstehende Vereinbarungen sind nichtig!
Die Vergütung muß im Vermittlungsvertrag schriftlich vereinbart werden. Sie darf nur verlangt werden, wenn der Arbeitsvertrag durch die Vermittlungstätigkeit zustande gekommen ist. Die Höhe der Vergütung darf **12 v.H.** des Arbeitsentgelts nicht übersteigen. Bei der Vermittlung in Arbeitsverhältnisse von länger als 12 Monaten darf die Vergütung bis zu 12 v.H. des Arbeitsentgelts für ein Jahr

reichen. Bei Vermittlung in nur kurzfristige Arbeitsverhältnisse von bis zu 7 Tagen Dauer darf die Vergütung bis zu 15 v. H. des Arbeitsentgelts betragen (§ 12 AVermV i.d.F.vom 1.8.1994, BGBl.I S.1946).

Vom Arbeitsuchenden darf nur ausnahmsweise eine Vergütung für die Vermittlungstätigkeit verlangt werden, sofern das durch Rechtsverordnung ausdrücklich zugelassen worden ist. Die ArbeitsvermittlungsVO (AVermV) vom 11.03.1994 *(BGBl. I S. 563)* i.d.F.vom 01.08.1994 *(BGBl. I S. 1946)* erlaubt die Belastung des Arbeitsuchenden mit einer Vermittlungsvergütung nur für den Bereich der Künstlervermittlung (Künstler, Artisten, Fotomodelle, Werbetyp, Mannequin, Dressmen, Doppelgänger, Stuntmen, Discjockey), bei Berufssportlern oder bei Personen, die in Au-Pair-Arbeitsverhältnissen tätig werden.

Exklusivvereinbarungen sind unzulässig und nichtig. Der Vermittler darf im Vertrag mit dem Arbeitgeber oder dem Arbeitsuchenden nicht ausschließen, daß diese andere private Vermittler oder das Arbeitsamt in Anspruch nehmen.

5014

Der mit Erlaubnis tätige private Arbeitsvermittler muß dem Arbeitsamt ähnlich wie ein Arbeitgeber die zur Beobachtung des Arbeitsmarktes notwendigen statistischen Meldungen erstatten (vgl. Rz. 6124). Die Meldungen sind auf einem amtlichen Vordruck halbjährlich am 1.August (für das 1.Halbjahr) und am 1.Februar des Folgejahres (für das 2.Halbjahr) zu erstatten *(VO vom 01.08.1994, BGBl. I S. 1949)*. Er ist auch im übrigen dem Arbeitsamt auf Verlangen auskunftspflichtig und verpflichtet, seine Geschäftsbücher vorzulegen.

Namen und weitere Angaben über Stellenbewerber sowie Daten über Zahl und Art offener Stellen, über Entlohnung und Arbeitsbedingungen (personenbezogene Daten sowie Betriebs- und Geschäftsgeheimnisse) darf der private Vermittler nur erheben, vrarbeiten und nutzen, wenn der Betroffene im Einzelfall nach Maßgabe des § 4 BDSG eingewilligt hat; der Vermittler muß diese Einwilligung einholen. Diese Daten dürfen nur für die Vermittlungstätigkeit verwendet und müssen nach deren Abschluß grundsätzlich gelöscht werden; dem Vermittler überlassene Unterlagen sind zurückzugeben.

IV. Vermittlung in berufliche Ausbildungsstellen

5015

Die Vermittlung in berufliche Ausbildungsstellen ist weiterhin in erster Linie dem Arbeitsamt vorbehalten.
Unter denselben Voraussetzungen wie bei privater Arbeitsvermittlung (oben Rz. 5010) kann das Arbeitsamt für die Ausbildungsstellen-Vermittlung an private Vermittler eine Erlaubnis erteilen, wenn das zum Ausgleich auf dem Ausbildungsstellenmarkt für einzelne Berufs- oder Personengruppen oder zur Unterbringung eines Bewerberjahrgangs zweckmäßig ist. Anders als bei der

Anbahnung des Arbeitsverhältnisses und Arbeitsvermittlung

Arbeitsvermittlung darf die **Vermittlung in berufliche Ausbildungsstellen** aber **nur unentgeltlich** erfolgen.

V. Erlaubnisfreie Tätigkeiten zur Anbahnung von Arbeitsverhältnissen

5016

Schon unter dem bisherigen Arbeitsvermittlungsmonopol des Arbeitsamtes war für Arbeitgeber wie für Arbeitsuchende die **Selbstsuche** ohne weiteres erlaubt. Daran hat sich nichts geändert. Zur erlaubnisfreien Selbstsuche gehört auch die Aufgabe von Stellenangeboten oder -gesuchen in Zeitungen oder in elektronischen Medien.

Wer allerdings **Stellenlisten** ("Anzeigenmarkt") herausgeben, vertreiben oder aushängen will oder auch listengleiche Auszüge oder Sonderdrucke aus Zeitungen oder Zeitschriften, betreibt Arbeitsvermittlung und benötigt dazu die Erlaubnis des Arbeitsamtes.

Erlaubnisfrei im Rahmen der Selbstsuche ist die **Mitwirkung von Personalberatern,** deren sich Unternehmen vor allem bei der Suche nach Führungskräften gerne bedienen. Wenn sich die Tätigkeit des Personalberaters auf die Auswahl und Beurteilung von Bewerbern für eine konkrete Stelle beschränkt, ist das erlaubnisfrei. Die Arbeit des Personalberaters kann aber leicht in den Bereich der echten Arbeitsvermittlung hineinreichen, wenn er z.B. auch mit der Suche nach geeigneten Kräften beauftragt ist. In der Vergangenheit sind hier Abgrenzungsprobleme entstanden. Sie bestehen heute nicht mehr, weil der Personalberater die Möglichkeit hat und nutzen wird, vom Arbeitsamt die Erlaubnis zur privaten Arbeitsvermittlung zu erlangen. Er kann dann sowohl geeignete Bewerber auf dem Arbeitsmarkt suchen als auch den Arbeitgeber bei Auswahl und Beurteilung beraten.
Arbeitnehmerüberlassung (Leiharbeit) kann ebenso die Grenzen zur Arbeitsvermittlung überschreiten. Werden Arbeitnehmer Dritten zur Arbeitsleistung überlassen und übernimmt der Verleiher nicht die üblichen Arbeitgeberpflichten oder das Arbeitgeberrisiko oder übersteigt die Dauer der Überlassung im Einzelfall 9 Monate, so wird vermutet, daß der Verleiher Arbeitsvermittlung betreibt; er bedarf dann der dazu erforderlichen Erlaubnis.

5017

Erlaubnisfrei sind **Maßnahmen öffentlich-rechtlicher Stellen** der sozialen Sicherung zur Anbahnung von Arbeitsverhältnissen, wenn es um die Unterbringung der von diesen Stellen betreuten Personen geht. Darunter fallen z.B. die Träger der Jugendhilfe oder der Sozialhilfe, die Hauptfürsorgestellen für Schwerbehinderte oder die BfA oder die Landesversicherungsanstalten im Rahmen der beruflichen Rehabilitation. Sie arbeiten mit den Arbeitsämtern eng zusammen und stimmen sich ab.

5018

Erlaubnisfrei ist weiterhin die **gelegentliche und unentgeltliche Empfehlung** von Arbeitskräften zur Einstellung. Das sind im Alltagsleben übliche Fälle zwischenmenschlicher oder freundschaftlicher Hilfe durch Empfehlung zur Einstellung oder durch Hinweise auf Beschäftigungsmöglichkeiten, für die ein Entgelt weder erwartet noch vereinbart wird (z.B. Empfehlung durch Kollegen, Nachbarn oder Vereiskameraden). Ersatz barer Auslagen oder ein kleines Anerkennungsgeschenk sind kein Entgelt und machen solche nachbarliche oder freundschaftliche Empfehlung nicht zur erlaubnispflichtigen Arbeitsvermittlung.

Zu beachten bleibt allerdings, daß empfohlenen Arbeitskräfte **aus dem Inland,** aus den Mitgliedstaaten der Europäischen Gemeinschaft oder den Vertragsstaaten des Abkommens über den Europäischen Wirtschaftsraum kommen müssen. Stammen sie aus dem sonstigen **Ausland** (z.B. aus außereuropäischen Staaten), gilt die Erlaubnisfreiheit nicht.

5019

Wer den Arbeitgeber in dessen alleinigem Interesse und Auftrag bei der Selbstsuche nach Arbeitskräften unterstützt, handelt erlaubnisfrei, auch wenn er für seine Mithilfe ein Entgelt erhält. Voraussetzung ist, daß eine lediglich unterstützende Tätigkeit in beratender Funktion für den Arbeitgeber ausgeübt wird, so daß der Arbeitgeber Herr des Verfahrens bleibt (§ 13 Abs. 3 Nr. 3 AFG in der ab 01.08.1994 gültigen Fassung des BeschFG 1994).

VI. Weiterführende Literaturhinweise

5020

Masuch in Ambs u.a., GK-AFG, Erläut. zu §§ 4 ff. AFG, Loseblatt
Hennig in Hennig/Kühl/Heuer/Henke, AFG, Kommentar, Erläut. zu §§ 4 ff. AFG, Loseblatt
Wagner in HzS, Gruppe 7, Loseblatt

38. Kapitel: Arbeitserlaubnis für ausländische Arbeitnehmer

I. Allgemeines	5050
II. Formen der Arbeitserlaubnis	5051
1. Die besondere Arbeitserlaubnis	5051
2. Die Arbeitserlaubnis in besonderen Fällen	5052
3. Die allgemeine Arbeitserlaubnis	5053
III. Räumliche und zeitliche Geltung der Arbeitserlaubnis	5054
IV. Auswirkungen einer fehlenden Arbeitserlaubnis auf das Arbeitsverhältnis	5055
V. Straf- und Bußgeldregelungen	5056
VI. Weiterführende Literaturhinweise	5057

I. Allgemeines

5050

Ausländische Arbeitnehmer benötigen eine Arbeitserlaubnis des Arbeitsamtes, falls sie in der Bundesrepublik eine Beschäftigung ausüben wollen (§ 19 AFG). Das Verbot gilt nur für eine Tätigkeit als Arbeitnehmer (einschließlich einer Berufsausbildung), nicht dagegen für eine selbständige Erwerbstätigkeit.

Eine Arbeitserlaubnis darf nur dann erteilt werden, wenn die für den rechtmäßigen Inlandsaufenthalt erforderliche ausländerrechtliche Erlaubnis vorliegt bzw. wenn die Beschäftigung nicht durch eine ausländerrechtliche Auflage ausgeschlossen ist.

Von der Arbeitserlaubnispflicht sind solche ausländischen Arbeitnehmer **ausgenommen,** die einen besonderen Status besitzen. Hierunter fallen vor allem Arbeitnehmer aus Mitgliedstaaten der EU.

Auch zwischenstaatliche Vereinbarungen (Verträge zwischen der Bundesrepublik und anderen Staaten) können Ausnahmen von der Arbeitserlaubnispflicht bzw. den erleichterten Zugang zu einer Arbeitserlaubnis vorsehen. Es gibt aber auch Ausnahmen von der Erlaubnispflicht ausländischer Arbeitnehmer, die nicht auf eine bestimmte Staatsangehörigkeit des Arbeitnehmers abstellen. Dabei geht es vor allem um Ausländer, die ihren Wohnsitz im Ausland haben und für eine begrenzte Zeit zur Arbeitsaufnahme in die Bundesrepublik einreisen wollen.

II. Formen der Arbeitserlaubnis

1. Die besondere Arbeitserlaubnis

5051
Die "besondere Arbeitserlaubnis" wird unabhängig von der Lage und Entwicklung des Arbeitsmarktes, ohne Beschränkung auf bestimmte Betriebe, Berufsgruppen oder Gewerbezweige und zudem unbefristet erteilt. Voraussetzung für die Erteilung einer besonderen Arbeitserlaubnis ist, daß der ausländische Arbeitnehmer in den letzten 8 Jahren für mindestens 5 Jahre eine Beschäftigung im Inland ausgeübt hat.

Sind die Voraussetzungen erfüllt, so besteht auf die besondere Arbeitserlaubnis ein **Rechtsanspruch**, d.h., dem Arbeitsamt wird für die Erteilung kein Ermessen eingeräumt.

2. Die Arbeitserlaubnis in besonderen Fällen

5052
Die "Arbeitserlaubnis in besonderen Fällen" umfaßt verschiedene Fallgruppen, in denen die Erteilung der Erlaubnis nicht von der Lage und Entwicklung des Arbeitsmarktes abhängig gemacht wird. In Betracht kommen vor allem folgende Personengruppen:

- Personen, die in einer Lebensgemeinschaft mit einem deutschen Familienangehörigen stehen und im Besitz einer ausländerrechtlichen Aufenthaltserlaubnis sind,

- unanfechtbar anerkannte Asylberechtigte (nicht: Asylbewerber),

- ausländische Flüchtlinge mit deutschem Reiseausweis,

- Personen mit 6-jährigem, ununterbrochenem Inlandsaufenthalt, die eine ausländerrechtliche Aufenthaltserlaubnis oder Aufenthaltsbefugnis besitzen.

Dieser Katalog wird durch Sonderregelungen ergänzt, von denen eine Härtefallregelung wegen ihrer großen praktischen Bedeutung hervorzuheben ist: Eine "Arbeitserlaubnis in besonderen Fällen" ist auch dann (d.h., unabhängig von der Zugehörigkeit zu einer der oben genannten Fallgruppen) zu erteilen, wenn die Versagung der Erlaubnis nach den besonderen Verhältnissen des Ausländers eine Härte bedeuten würde. Zu der Frage, wann die **Härtefallregelung** greift, gibt es eine umfangreiche Rechtsprechung des Bundessozialgerichts, die hier nicht näher dargelegt werden kann *(BSG Die Sozialgerichtsbarkeit 1993, 404).*

Sind die Voraussetzungen für die "Arbeitserlaubnis in besonderen Fällen" erfüllt, so besteht ein **Rechtsanspruch** auf Erteilung der Erlaubnis. Dies gilt auch für die Härtefallregelung, wo dem Arbeitsamt bei der Entscheidung über den Härtefall kein Beurteilungsspielraum zusteht.

3. Die allgemeine Arbeitserlaubnis

5053

Besteht kein Anspruch auf eine "besondere Arbeitserlaubnis" oder eine "Arbeitserlaubnis in besonderen Fällen", so kommt für den ausländischen Arbeitnehmer die Erteilung einer "allgemeinen Arbeitserlaubnis" in Betracht. Bei der Prüfung der Erteilung einer **allgemeinen Arbeitserlaubnis** muß das Arbeitsamt vor allem zwei Gesichtspunkte heranziehen, nämlich

- die Lage und Entwicklung des Arbeitsmarktes sowie
- die Verhältnisse des einzelnen Falles.

Die "Lage und Entwicklung des Arbeitsmarktes" steht dann einer Beschäftigung des ausländischen Arbeitnehmers entgegen, wenn bevorrechtigte Arbeitnehmer (d.h. in der Regel: Deutsche und EU-Ausländer) auf den Arbeitsplatz vermittelt werden können, der in Frage kommt. Die allgemeine Arbeitserlaubnis ist daher zu versagen, wenn auf dem Arbeitsmarkt ein deutliches Übergewicht an bevorrechtigten Arbeitsuchenden besteht.

Selbst wenn Lage und Entwicklung des Arbeitsmarktes gegen die Erteilung einer allgemeinen Arbeitserlaubnis sprechen, muß das Arbeitsamt gleichwohl eine Erteilung unter dem Gesichtspunkt der "Verhältnisse des einzelnen Falles" prüfen. Um berücksichtigungsfähig zu sein, müssen diese Verhältnisse stets einen Bezug zum Arbeitsmarkt haben.

Bei der **erstmaligen Erteilung** einer allgemeinen Arbeitserlaubnis kommt regelmäßig nur eine Arbeitserlaubnis in Betracht, die auf eine bestimmte berufliche Tätigkeit in einem bestimmten Betrieb beschränkt ist. Auch wird die erstmalige Erteilung für bestimmte Personengruppen davon abhängig gemacht, daß eine Wartezeit (d.h. eine Mindestzeit des rechtmäßigen Inlandsaufenthalts) zurückgelegt wurde.

Der ausländische Arbeitnehmer hat einen **Rechtsanspruch** auf die allgemeine Arbeitserlaubnis, falls eine Zusammenschau der "Lage und Entwicklung des Arbeitsmarktes" mit den "Verhältnissen des einzelnen Falles" die Erteilung der Erlaubnis fordert. Ebenso wie bei der "besonderen Arbeitserlaubnis" und der "Arbeitserlaubnis in besonderen Fällen" wird also dem Arbeitsamt kein Entscheidungsermessen eingeräumt.

III. Räumliche und zeitliche Geltung der Arbeitserlaubnis

5054

Der räumliche Geltungsbereich einer allgemeinen Arbeitserlaubnis erstreckt sich auf den Bezirk desjenigen Arbeitsamtes, das die Erlaubnis erteilt hat; Einschränkungen oder Erweiterungen sind möglich. Die besondere Arbeitserlaubnis und die Arbeitserlaubnis in besonderen Fällen gelten für das gesamte Bundesgebiet, jedoch kann das Arbeitsamt Beschränkungen vornehmen.

Im Hinblick auf die zeitliche Geltungsdauer einer Arbeitserlaubnis gibt es differenzierte Regelungen: Die allgemeine Arbeitserlaubnis wird für die Dauer der Beschäftigung erteilt, längstens jedoch für 3 Jahre. Die Arbeitserlaubnis in besonderen Fällen ist regelmäßig unbefristet zu erteilen. Die besondere Arbeitserlaubnis wird stets unbefristet ausgestellt.

IV. Auswirkungen einer fehlenden Arbeitserlaubnis auf das Arbeitsverhältnis

5055

Um die Arbeitserlaubnis muß sich der ausländische Arbeitnehmer selbst vor dem Antritt der Arbeit bemühen. Es ist dem Arbeitgeber gesetzlich verboten, einen ausländischen Arbeitnehmer zu beschäftigen, der nicht im Besitz einer Arbeitserlaubnis ist.

Dieses Beschäftigungsverbot wird aber vom Bundesarbeitsgericht so ausgelegt, daß die Beschäftigung nicht zur rechtlichen Nichtigkeit des Arbeitsvertrages führt. Es gilt vielmehr, daß der Arbeitgeber in der Regel dazu berechtigt ist, das Arbeitsverhältnis durch **ordentliche Kündigung** zu beenden *(vgl. BAG AP Nr. 2 - 4 zu § 19 AFG; zur ordentlichen Kündigung s. Rz. 4368).*

V. Straf- und Bußgeldregelungen

5056

Gegen einen Arbeitnehmer, der eine Beschäftigung ohne die erforderliche Arbeitserlaubnis aufnimmt, kann ein Bußgeld verhängt werden.

Gegenüber dem Arbeitgeber kommen sowohl ein Bußgeld als auch eine Strafe in Betracht **(§§ 227 a, 229 AFG)**:

Wer als Arbeitgeber einen ausländischen Arbeitnehmer ohne Arbeitserlaubnis beschäftigt, kann vom Arbeitsamt mit einem Bußgeld belegt werden.

Wer als Arbeitgeber einen ausländischen Arbeitnehmer ohne Arbeitserlaubnis zu Arbeitsbedingungen beschäftigt, die in einem auffälligen Mißverhältnis zu den Arbeitsbedingungen deutscher Arbeitnehmer stehen, wird mit einer Geld- oder Freiheitsstrafe bestraft.

Wer als Arbeitgeber gleichzeitig mehr als 5 ausländische Arbeitnehmer ohne Arbeitserlaunis für mindestens 30 Kalendertage beschäftigt, wird ebenfalls mit einer Geld- oder einer Freiheitsstrafe bestraft.

Arbeitserlaubnis für ausländische Arbeitnehmer

Nach den Bestimmungen des Schwarzarbeitsgesetzes kann außerdem mit einem Bußgeld belegt werden, wer als Unternehmer einen weiteren Unternehmer beauftragt, von dem er weiß (oder leichtfertig nicht weiß), daß der weitere Unternehmer ausländische Arbeitskräfte ohne die erforderliche Arbeitserlaubnis beschäftigt.

VI. Weiterführende Literaturhinweise

5057.

Becker-Schaffner, Arbeitserlaubnis und Arbeitsvertrag, AuR 1977, 76
Bieback, Arbeitserlaubnisrecht, 1985
Engels, Auswirkungen der fehlenden Arbeitserlaubnis auf das Arbeitsverhältnis ausländischer Arbeitnehmer, RdA 1976, 165
Heldmann, Befristung des Arbeitsverhältnisses durch befristete Arbeitserlaubnis?, BB 1975, 1306

39. Kapitel: Versicherungs- und Beitragspflicht zu den Zweigen der Sozialversicherung

I.	Versicherungspflichtige Beschäftigung und selbständige Tätigkeit	5200
	1. Die Unterscheidung Arbeiter/Angestellte	5201
	2. Der Begriff des Arbeitnehmers	5205
	3. Arbeitnehmertätigkeit gegen Entgelt	5208
	4. Berufsausbildungsverhältnis	5209
	5. Mittelbares Arbeitsverhältnis	5210
	6. Leiharbeitnehmer	5211
	7. Familienangehörige als Arbeitnehmer	5212
	8. Gesellschafter und Geschäftsführer	5213
	9. Vorstandsmitglieder von Aktiengesellschaften	5217
	10. Beschäftigungsverhältnis in der Pflegeversicherung	5217a
II.	Versicherungsfreiheit und Befreiung von der Versicherungspflicht bei bestimmten Personengruppen	5218
	1. Allgemeines	5218
	2. Geringfügige Beschäftigung in der Kranken-, Pflege- und Rentenversicherung	5220
	a) Allgemeines	5220
	b) Voraussetzungen der geringfügigen Beschäftigung	5221
	c) Besonderheiten	5222
	3. Kurzzeitige Beschäftigung in der Arbeitslosenversicherung	5224
	4. Kurzfristige Beschäftigung in der Kranken-, Renten-, Pflege- und Arbeitslosenversicherung	5225
	5. Beamte	5226
	6. Altersrentner	5227
	7. Höherverdiener in der Krankenversicherung	5228
	8. Hauptberuflich Selbständige in der Kranken- und Pflegeversicherung	5229
	9. Werkstudenten	5230
III.	Verteilung der Beitragslast	5231
	1. Grundsatz der hälftigen Verteilung der Beitragslast und Sonderregelungen für die Pflegeversicherung	5231
	2. Ausnahme: Arbeitgeber trägt die volle Beitragslast bei Geringverdienern	5232
	3. Arbeitgeberanteil zur Renten- und Arbeitslosenversicherung für beschäftigte Altersrentner	5233
IV.	Beitragssatz	5234

Sozialrecht

V.	Besonderheiten im Zusammenhang mit der Frage der Versicherungs- und Beitragspflicht	5238
	1. Beschäftigung eines Arbeitnehmers im Ausland (Aus- und Einstrahlung, über- und zwischenstaatliches Recht)	5238
	a) Aus- und Einstrahlung	5238
	b) Über- und zwischenstaatliches Recht	5241
	2. Beschäftigung im Beitrittsgebiet und Besonderheiten bei deutsch-deutschen Beschäftigungsverhältnissen	5244
	a) Beschäftigung im Beitrittsgebiet	5244
	b) Besonderheiten bei deutsch-deutschen Beschäftigungsverhältnissen	5245
	3. Mißglückter Arbeitsversuch	5247
	4. Beschäftigung im Rahmen von Arbeitsbeschaffungsmaßnahmen (ABM)	5248
VI.	Weiterführende Literaturhinweise	5249

5200

In diesem Kapitel geht es darum, für welche Personen in der Kranken-, Unfall-, Renten-, Pflege- und Arbeitslosenversicherung eine Versicherungspflicht besteht, so daß Sozialversicherungsbeiträge zu entrichten sind. Der 5. Abschnitt (Rz. 5600 ff.) behandelt dann die Frage, wie - bei gegebener Versicherungspflicht - die Beiträge zu berechnen sind und die Beitragsabführung geschieht. Zu beachten ist stets, daß die Versicherungspflicht zu den fünf Versicherungszweigen getrennt zu prüfen ist. Im Normalfall eines vollzeitarbeitenden Arbeitnehmers wird zwar in allen Sozialversicherungszweigen eine Versicherungspflicht gegeben sein. Es kann aber Sonderfälle von Arbeitnehmern geben, in denen eine Versicherungspflicht nur in einem bestimmten Versicherungszweig eingreift.

I. Versicherungspflichtige Beschäftigung und selbständige Tätigkeit

Versicherungspflichtig ist nur, wer als "Arbeitnehmer" tätig ist (die modernen Sozialgesetze sprechen von einer Tätigkeit als "abhängig Beschäftigter"). Somit ist es für die Frage der Versicherungspflicht entscheidend, ob jemand als Selbständiger oder als Arbeitnehmer eine Erwerbstätigkeit ausübt.

1. Die Unterscheidung Arbeiter/Angestellte

5201

Steht fest, daß eine Person "Arbeitnehmer" ist, und damit der Versicherungs- und Beitragspflicht unterliegt (dazu Rz. 5205), spielt die Unterscheidung in Arbeiter und Angestellte in bestimmten Teilbereichen des Sozialversicherungsrechts eine Rolle. Hierbei geht es vor allem um die Rentenversicherungszugehö-

Versicherungs- und Beitragspflicht zu den Zweigen der Sozialversicherung

rigkeit: Für Arbeiter sind die Landesversicherungsanstalten zuständig, für Angestellte wird die Rentenversicherung von der Bundesversicherungsanstalt für Angestellte (BfA) durchgeführt. Eine mittelbare Bedeutung hat die Unterscheidung von Arbeitern und Angestellten auch für die Bestimmung derjenigen Krankenkasse (der sog. Einzugsstelle, vgl. Rz. 5634), die die Sozialversicherungsbeiträge einzieht: Nur Angestellte (und einige Arbeiter) können Mitglieder von Ersatzkassen sein, so daß die Ersatzkasse auch die zuständige Einzugsstelle ist.

Die Unterscheidung in Arbeiter und Angestellte beruht auf dem Grundgedanken, daß die **Beschäftigung eines Angestellten überwiegend geistiger Art** ist ("Kopfarbeit"), während ein Arbeiter überwiegend körperlich tätig wird ("Handarbeit"). Für die genaue Prüfung bildet aber diese Unterscheidung in überwiegend geistige oder körperliche Arbeit nur die letzte Stufe eines Indizienkatalogs.

5202

Nach diesem **Katalog,** der auf die Frage der Eigenschaft als Angestellter abstellt, sind nacheinander folgende Fragen zu stellen:

- Übt der Arbeitnehmer einen Beruf aus, der von der Aufzählung des Gesetzes beispielhaft als Angestelltenberuf genannt wird?
- Gehört der Arbeitnehmer zu denjenigen Berufsgruppen, die nach der Rechtsprechung des Bundessozialgerichts als Angestelltenberufe anerkannt sind?
- Ergibt sich aus der Verkehrsauffassung eine Zuordnung zum Kreis der Angestellten?
- Spricht das Berufsbild für eine Qualifikation als Angestellter?
- Werden im Einzelfall überwiegend geistige oder körperliche Tätigkeiten ausgeübt?

Dieser Indizienkatalog ist so anzuwenden, daß auf eine spätere Frage nur dann einzugehen ist, wenn eine vorrangige Frage nicht bejaht werden konnte. Zu den einzelnen Fragen ist zu bemerken:

5203

- Zu Frage 1):
  Nach der beispielhaften, im Gesetz (§ 133 Abs. 2 SGB VI) enthaltenen Aufzählung sind als "Angestellte" insbesondere anzusehen:
    o Angestellte in leitender Stellung,
    o technische Angestellte in Betrieb, Büro und Verwaltung, Werkmeister und andere Angestellte in einer ähnlich gehobenen oder höheren Stellung,

○ Büroangestellte, soweit sie nicht ausschließlich mit Botengängen, Reinigen, Aufräumen oder ähnlichen Arbeiten beschäftigt werden, einschließlich Werkstattschreibern,
○ Handlungsgehilfen und andere Angestellte für kaufmännische Dienste, auch wenn der Gegenstand des Unternehmens kein Handelsgewerbe ist, Gehilfen und Praktikanten in Apotheken,
○ Bühnenmitglieder und Musiker ohne Rücksicht auf den künstlerischen Wert ihrer Leistungen,
○ Angestellte in Berufen der Erziehung, des Unterrichts, der Fürsorge, der Krankenpflege und Wohlfahrtspflege,
○ Schiffsführer, Offiziere des Decksdienstes und Maschinendienstes, Schiffsärzte, Funkoffiziere, Zahlmeister, Verwalter und Verwaltungsassistenten sowie die in einer ähnlich gehobenen oder höheren Stellung befindlichen Mitglieder der Schiffsbesatzung von Binnenschiffen oder deutschen Seeschiffen,
○ Bordpersonal der Zivilluftfahrt.

5204

- Zu Frage 2):
Auf die Wiedergabe der Rechtsprechung des Bundessozialgerichts zu bestimmten Berufsgruppen wird hier ebenfalls verzichtet *(vgl. etwa BSG Die Sozialgerichtsbarkeit 1988, 558).*

- Zu Frage 3):
Die "Verkehrsauffassung" ist die Auffassung der beteiligten Berufskreise auf Bundesebene, die aus Tarifverträgen ersichtlich ist.

- Zu Frage 4):
Das "Berufsbild" ergibt sich aus den Richtlinien über Ausbildung, Prüfung und Arbeitsweise.

- Zu Frage 5):
Ob im Einzelfall überwiegend geistige oder körperliche Tätigkeiten ausgeübt werden, ist nicht nur aufgrund des Ausmaßes der manuellen Betätigung zu entscheiden. Ergeben arbeitsvertragliche Regelungen, daß eine Zuordnung als Arbeiter oder Angestellter beabsichtigt ist, so sind diese Regelungen ausschlaggebend.

Zu Einzelfällen der Zuordnung zum Kreis der Arbeiter oder der Angestellten vgl. auch *Gschwendtner, Berufs - ABC der Rentenversicherungszugehörigkeit, 6. Aufl. 1988.*

Versicherungs- und Beitragspflicht zu den Zweigen der Sozialversicherung

2. Der Begriff des Arbeitnehmers

5205

Der Begriff des Arbeitnehmers (im Sprachgebrauch der Sozialversicherungsgesetze: des "abhängig Beschäftigten", vgl. § 7 SGB IV) ist kein feststehender Begriff in dem Sinne, daß es eine allgemeingültige Definition gibt, die für alle denkbaren Fälle eine zweifelsfreie Einordnung ermöglicht. Vielmehr ist ein **Indizienkatalog** heranzuziehen, der allerdings (anders als bei der Bestimmung der Angestellteneigenschaft) offen gestaltet ist, d.h., es gibt keine festgelegte Stufenfolge und keine bestimmte Anzahl von Indizien.

Hinter dem Indizienkatalog steht der Grundgedanke, daß die Eigenschaft als Arbeitnehmer vor allem durch die **"persönliche Abhängigkeit"** des Beschäftigten gegenüber dem Arbeitgeber gekennzeichnet ist. Diese persönliche Abhängigkeit kommt wiederum vor allem in der Eingliederung des Arbeitnehmers in die Organisation des Betriebes zum Ausdruck. Ob eine solche Eingliederung in den Betrieb vorliegt, ist danach zu beurteilen, ob der Arbeitnehmer zur Befolgung von Weisungen des Arbeitgebers verpflichtet ist.

Ist eine persönliche Abhängigkeit und damit eine Arbeitnehmereigenschaft zu verneinen, so handelt es sich bei der betroffenen Person um einen Selbständigen. Wesentliches Kennzeichen einer selbständigen Tätigkeit ist es, daß die Berufstätigkeit frei gestaltet und die Arbeitszeit selbst bestimmt werden kann.

5206

Zum (nicht abschließenden) Katalog von Indizien, die **für** eine Arbeitnehmereigenschaft sprechen, zählen folgende Punkte:

- Verpflichtung zur Ausführung von detaillierten Weisungen des Arbeitgebers über die Ausführung der Arbeit,
- Bindung an eine bestimmte Arbeitszeit, verbunden mit der Verpflichtung, regelmäßig im Betrieb zu erscheinen,
- Anspruch auf Erholungsurlaub, auf Entgeltfortzahlung und auf Fortzahlung von Urlaubs- und Weihnachtsgeld,
- Stellung der Arbeitsgeräte durch den Arbeitgeber.

5207

Ein (ebenfalls nicht abschließender) Katalog von Gegenindizien, die **gegen** eine Arbeitnehmereigenschaft sprechen, umfaßt folgende Punkte:

- Freiheit von Weisungen,
- freie Verfügung über die Arbeitszeit,
- Erledigung der Arbeit an einem selbst gewählten Ort,
- Tragen des Unternehmerrisikos,

- Einsatz eigenen Kapitals und eigener Betriebsmittel,
- Benutzung eigener Arbeitsgeräte.

3. Arbeitnehmertätigkeit gegen Entgelt

5208

Genau genommen ist die Versicherungspflicht zur Kranken-, Renten-, Pflege- und Arbeitslosenversicherung (nicht aber zur Unfallversicherung) nicht nur an die Arbeitnehmereigenschaft geknüpft. Vielmehr ist weitere Voraussetzung, daß die Beschäftigung gegen ein "Arbeitsentgelt" ausgeübt wird (dies gilt nicht für eine Berufsausbildung, vgl. Rz. 5209). Auf den Begriff des Arbeitsentgelts wird an anderer Stelle näher eingegangen (vgl. Rz. 5602 ff.). Wichtig ist, daß es Fallgruppen gibt, in denen der Arbeitnehmer trotz des Bezugs von Arbeitsentgelt nicht der Versicherungspflicht in einem bestimmten Versicherungszweig unterliegt (so gibt es z.B. in der Kranken-, Pflege- und Rentenversicherung eine Versicherungsfreiheit wegen geringfügiger Beschäftigung, vgl. Rz. 5220 ff.).

4. Berufsausbildungsverhältnis

5209

Im sozialversicherungsrechtlichen Sinne (d.h., für die Frage des Vorliegens einer Versicherungspflicht) wird ein Berufsausbildungsverhältnis ebenso behandelt wie ein Arbeitsverhältnis (§ 7 Abs. 2 SGB IV). Wer in einer betrieblichen (oder auch überbetrieblichen, aber betriebsähnlichen) Berufsausbildung steht, ist demnach sozialversicherungspflichtig.

Eine Besonderheit besteht insofern, als es - anders als bei ausgelernten Arbeitnehmern - für die Versicherungspflicht zur Kranken-, Renten-, Pflege- und Arbeitslosenversicherung nicht erforderlich ist, daß dem zur Berufsausbildung Beschäftigten ein Entgelt gezahlt wird. Fehlt es an der Entgeltzahlung, so werden die Beiträge auf der Grundlage eines Arbeitsentgelts von 40,60 DM im Jahre 1995 berechnet (in den neuen Ländern: 32, 90 DM).

5. Mittelbares Arbeitsverhältnis

5210

Von einem "mittelbaren Arbeitsverhältnis" wird dann gesprochen, wenn ein Arbeitnehmer ("mittelbarer Arbeitnehmer") durch Einschaltung eines Mittelsmannes eine Arbeitsleistung erbringt, die einem Dritten zugutekommt. Der Dritte ist dann sozialversicherungsrechtlich als Arbeitgeber anzusehen und daher in vollem Umfang mit den sozialversicherungsrechtlichen Verpflichtungen eines Arbeitgebers belastet ("mittelbarer Arbeitgeber"). Eine andere - meist zu bejahende - Frage ist es, ob der Mittelsmann selbst als Arbeitnehmer einzustufen ist.

Versicherungs- und Beitragspflicht zu den Zweigen der Sozialversicherung

Für das Bestehen eines mittelbaren Arbeitsverhältnisses ist nicht zu fordern, daß ein solches Verhältnis ausdrücklich im Arbeitsvertrag festgeschrieben ist. Vielmehr kommt es allein auf die tatsächlichen Verhältnisse an. Oftmals werden mittelbare Arbeitsverhältnisse mit den Familienangehörigen eines Arbeitnehmers begründet, der dann als "Mittelsmann" anzusehen ist. So kann z.B. ein mittelbares Arbeitsverhältnis mit der Ehefrau eines als Hausverwalter angestellten Ehemannes zustande kommen, wenn die Ehefrau bei der Verwaltung mithilft. Ein weiteres Beispiel für ein mittelbares Arbeitsverhältnis bildet die Fallgestaltung, daß sich ein Kapellmeister (Mittelsmann) gegenüber einem mittelbaren Arbeitgeber (z.B. Gastwirt oder Rundfunkanstalt) dazu verpflichtet, ein Orchester aus mehreren Musikern zusammenzustellen; jeder einzelne Musiker ist dann als mittelbarer Arbeitnehmer des Dritten zu qualifizieren.

6. Leiharbeitnehmer

5211

Der Begriff des Leiharbeitnehmers entstammt dem Arbeitsrecht und bezeichnet einen Arbeitnehmer, der im Rahmen einer sog. **Arbeitnehmerüberlassung** tätig wird, also von einem Unternehmer (dem Verleiher) einem weiteren Unternehmer (dem Entleiher) zur Verfügung gestellt wird, um dort seine Arbeitsleistung zu erbringen. Zur Arbeitnehmerüberlassung vgl. Rz. 3500 ff.

Im Hinblick auf die sozialversicherungsrechtliche Beurteilung muß zwischen erlaubter und unerlaubter Arbeitnehmerüberlassung unterschieden werden:

Im Rahmen einer erlaubten Arbeitnehmerüberlassung ist der Verleiher als Arbeitgeber im sozialversicherungsrechtlichen Sinne anzusehen, so daß ihn die üblichen Arbeitgeberpflichten treffen (Meldung, Beitragsberechnung, Beitragsentrichtung usw.). Auch der Entleiher hat aber im Zusammenhang mit der Beitragsentrichtung und den Meldungen bestimmte Verpflichtungen. So ist beispielsweise auch der Entleiher zur Beitragsentrichtung verpflichtet, falls zuvor der Verleiher erfolglos herangezogen wurde.

Handelt es sich um eine unerlaubte Arbeitnehmerüberlassung (besitzt also der Verleiher nicht die erforderliche Erlaubnis des Arbeitsamtes), so gilt:

- Der Entleiher ist aufgrund gesetzlicher Anordnung als Arbeitgeber anzusehen, trägt also in der Sozialversicherung die üblichen Arbeitgeberpflichten.
- Daneben bleibt aber auch der Verleiher Schuldner der Sozialversicherungsbeiträge, sofern er an den Leiharbeitnehmer ein Arbeitsentgelt gezahlt hat. Ver- und Entleiher haften also beide für die Beiträge (vgl. Rz. 5632).

Sozialrecht

7. Familienangehörige als Arbeitnehmer

5212
Ein Arbeitsverhältnis kann auch mit einem Familienangehörigen bestehen. Das wichtige Kriterium der "persönlichen Abhängigkeit" ist dann naturgemäß nicht so stark ausgeprägt wie bei anderen Arbeitsverhältnissen. Um Mißbräuchen (Scheinarbeitsverhältnissen) vorzubeugen, kann aber auf gewisse Mindestanforderungen an ein entgeltliches Arbeitsverhältnis unter Angehörigen nicht verzichtet werden. Als wichtigstes Indiz für das Vorliegen eines Arbeitsverhältnisses ist es anzusehen, wenn die dem Familienangehörigen gewährte Vergütung nicht nur ein "Taschengeld" darstellt, sondern eine echte Gegenleistung für die geleistete Arbeit. Zur Abgrenzung eines Beschäftigungsverhältnisses von einer familiären Mitarbeit gibt es eine umfangreiche Rechtsprechung des BSG (vgl. etwa *BSG Die Sozialgerichtsbarkeit 1988, 383*).

8. Gesellschafter und Geschäftsführer

5213
Erbringt eine Person als Gesellschafter und/oder Geschäftsführer eine Arbeitsleistung für die Gesellschaft, so kann die Frage nach einem sozialversicherungspflichtigen Beschäftigungsverhältnis Schwierigkeiten bereiten. Im einzelnen gilt:

Im Rahmen einer **Gesellschaft des bürgerlichen Rechts (BGB-Gesellschaft)** ist der mitarbeitende Gesellschafter in aller Regel nicht als sozialversicherungspflichtiger Arbeitnehmer anzusehen. Etwas anderes gilt nur in den seltenen Ausnahmefällen, wo der BGB-Gesellschafter außerhalb des mit der Gesellschaft bestehenden Rechtsverhältnisses wie ein Außenstehender von der Gesellschaft beschäftigt wird.

Bei einer **offenen Handelsgesellschaft (OHG)** ist der mitarbeitende Gesellschafter regelmäßig kein sozialversicherungspflichtiger Arbeitnehmer. Dies hängt damit zusammen, daß alle Gesellschafter persönlich haften und deshalb ein Unternehmerrisiko tragen, welches in der Regel einer Arbeitnehmereigenschaft entgegensteht.

5214
Geht es dagegen um die Mitarbeit in einer **Kommanditgesellschaft (KG)**, so ist für die sozialversicherungsrechtliche Beurteilung zwischen den Komplementären (persönlich haftende Gesellschafter) und den Kommanditisten (nur mit ihrer Einlage haftende Gesellschafter) zu unterscheiden:

Da ein in der Gesellschaft mitarbeitender **Komplementär** - ebenso wie der Gesellschafter einer OHG - ein persönliches Haftungsrisiko trägt, kann er regelmäßig nicht als Arbeitnehmer angesehen werden. Anders verhält es sich bei einem

Versicherungs- und Beitragspflicht zu den Zweigen der Sozialversicherung

Kommanditisten, der aufgrund eines besonderen Vertrages für die KG tätig ist. Ein solcher Kommanditist wird regelmäßig der Sozialversicherungspflicht unterliegen. Ist ein Kommanditist allerdings in der Weise an der Geschäftsführung beteiligt, daß er die Geschicke der Gesellschaft maßgeblich bestimmt, so ist keine sozialversicherungspflichtige Arbeitnehmereigenschaft gegeben.

5215

Im Rahmen einer **Gesellschaft mit beschränkter Haftung (GmbH)** kann es vorkommen, daß ein Gesellschafter nicht nur aufgrund des Gesellschaftsvertrages in einer Beziehung zur GmbH steht, sondern auch auf der Grundlage eines Dienstvertrages (z.B. als Geschäftsführer). Ein solcher "Gesellschafter-Geschäftsführer" ist in der Regel dann als sozialversicherungspflichtiger Arbeitnehmer zu betrachten, wenn er

- für seine Tätigkeit eine Vergütung erhält, die von Gewinn und Verlust unabhängig ist, und
- aufgrund seiner Gesellschaftsanteile keinen maßgeblichen Einfluß auf die Geschicke der GmbH ausüben kann.

Ob die Gesellschaftsanteile dem Gesellschafter-Geschäftsführer einen maßgeblichen Einfluß sichern, richtet sich danach, ob die Anteile in Verbindung mit dem Gesellschaftsvertrag dazu führen, daß er in der Gesellschafterversammlung jeden Beschluß verhindern kann, der ihm nicht genehm ist. Es ist nicht stets erforderlich, daß der Anteil am Stammkapital bei mindestens 50% liegt. Vielmehr ist ein maßgeblicher Einfluß schon dann zu bejahen, wenn der Gesellschafter-Geschäftsführer eine Sperrminderheit besitzt, wenn also nach dem Gesellschaftsvertrag eine qualifizierte Mehrheit zur Beschlußfassung erforderlich ist, die ohne ihn nicht zustande kommt.

5216

Für die Mitarbeit von Gesellschaftern an einer **GmbH & Co KG** gelten hinsichtlich der mitarbeitenden Kommanditisten der KG die obigen Ausführungen zur KG, hinsichtlich der mitarbeitenden GmbH-Gesellschafter die Ausführungen zur GmbH entsprechend.

9. Vorstandsmitglieder von Aktiengesellschaften

5217

Die Vorstandsmitglieder einer Aktiengesellschaft (AG) sind nach ausdrücklicher Gesetzesregelung von der Renten- und Arbeitslosenversicherungspflicht ausgenommen (§ 1 Satz 3 SGB VI und § 168 Abs. 6 AFG). Nach der Rechtsprechung des Bundessozialgerichts *(NZA 1987, 614)* ist diese Ausnahmeregelung darüber hinaus für alle Sozialversicherungszweige maßgebend. Das Bundessozialgericht hat ferner entschieden, daß **auch** die **Stellvertreter** der Vorstandsmitglieder einer AG sowie die Vorstandsmitglieder von größeren Versicherungsvereinen auf

Gegenseitigkeit (VVaG) nicht der Sozialversicherungspflicht unterfallen *(BSG NJW 1974, 208).*

10. Beschäftigungsverhältnis in der Pflegeversicherung

5217a

Nur in der Pflegeversicherung gilt seit dem 01.01.1995 folgende **Sonderregelung** zum Vorliegen eines versicherungspflichtigen Beschäftigungsverhältnisses (§ 20 Abs. 4 SGB XI):

Es wird vom Gesetz die widerlegbare Vermutung aufgestellt, daß eine versicherungspflichtige Beschäftigung nicht vorliegt wenn,

- die Beschäftigung von untergeordneter wirtschaftlicher Bedeutung ist und
- in den letzten 10 Jahren keine Versicherungspflicht zur Kranken- oder Rentenversicherung bestanden hat.

Eine **"Beschäftigung von untergeordneter wirtschaftlicher Bedeutung"** wird in der sozialversicherungsrechtlichen Praxis dann angenommen, wenn die Höhe des Bruttoarbeitsentgelts

- nicht in einem angemessenen Verhältnis zur Arbeitsleistung steht oder
- einen Betrag von 2.030 DM monatlich im Jahre 1995 nicht übersteigt (in den neuen Bundesländern liegt der Betrag bei 1.645 DM).

II. Versicherungsfreiheit und Befreiung von der Versicherungspflicht bei bestimmten Personengruppen

1. Allgemeines

5218

Bestimmte Personengruppen gehören zwar an sich zum Kreis der sozialversicherungspflichtigen Arbeitnehmer (d.h., die Arbeitnehmereigenschaft und die Entgeltlichkeit der Tätigkeit sind an sich zu bejahen), werden aber durch Ausnahmevorschriften von der Sozialversicherung ausgenommen.

Im Hinblick auf diese Ausnahmevorschriften unterscheidet man zwei Konstellationen, nämlich

- die **"Versicherungsfreiheit"**, die automatisch bei bestimmten Personen greift, und
- die **"Befreiung von der Versicherungspflicht"**, die auf Antrag möglich ist.

Versicherungs- und Beitragspflicht zu den Zweigen der Sozialversicherung

Bei der Frage nach der Versicherungsfreiheit bzw. der Befreiung von der Versicherungspflicht zeigen sich die Auswirkungen des gegliederten, in vier verschiedene Versicherungszweige aufgeteilten Sozialversicherungssystems der Bundesrepublik. Es muß nämlich jeder Versicherungszweig gesondert betrachtet werden, da die Versicherungsfreiheitsbestimmungen in den einzelnen Versicherungszweigen teilweise voneinander abweichen.

5219
Die nachfolgend (Rz. 5220-5230) erläuterten Fallgruppen betreffen die wichtigsten Fälle einer Versicherungsfreiheit. Auf eine nähere Darstellung der praktisch weniger bedeutsamen Befreiung von der Versicherungspflicht, die nur in der Kranken-, Renten- und Pflegeversicherung vorkommt, wird hier verzichtet. Es sollen nur folgende Hinweise angebracht werden:

In der **Krankenversicherung** ist (auf Antrag, der innerhalb von 3 Monaten zu stellen ist) eine Befreiung von der Versicherungspflicht unter anderem für folgende Personen vorgesehen:

- höherverdienende Arbeitnehmer, die wegen Erhöhung der Jahresarbeitsentgeltgrenze an sich krankenversicherungspflichtig werden (dieses Befreiungsrecht gilt auch in der Pflegeversicherung),
- höherverdienende Arbeitnehmer, die seit mindestens 5 Jahren krankenversicherungspflichtig waren, nunmehr auf eine Halbtagsbeschäftigung übergehen und deshalb an sich krankenversicherungspflichtig werden,
- Arbeitnehmer, die während eines Erziehungsurlaubs eine Teilzeitbeschäftigung (von bis zu 19 Wochenstunden) aufnehmen und deshalb an sich krankenversicherungspflichtig werden.

Der wichtigste Fall einer Befreiung von der Versicherungspflicht in der gesetzlichen **Rentenversicherung** betrifft Angestellte, die Mitglieder einer berufsständischen Versorgungseinrichtung sind.

Wer **freiwilliges Mitglied der gesetzlichen Krankenversicherung** ist (z.B. höherverdienende Arbeitnehmer oder Beamte), wird an sich ab dem 01.01.1995 **versicherungspflichtig in der sozialen Pflegeversicherung**. Der betroffene Personenkreis kann jedoch von der Versicherungspflicht in der sozialen Pflegeversicherung befreit werden, wenn er dies beantragt und eine gleichwertige private Pflegeversicherung vorweisen kann. Der **Befreiungsantrag** ist bis zum **30.06.1995** zu stellen (wird erst nach dem 31.03.1995 eine freiwillige Krankenversicherung aufgenommen, so gilt für die Befreiung von der sozialen Pflegeversicherung eine Dreimonatsfrist).

2. Geringfügige Beschäftigung in der Kranken-, Pflege- und Rentenversicherung

a) Allgemeines

5220

Nur in der Kranken-, Pflege- und Rentenversicherung gibt es die wichtige Versicherungsfreiheit wegen geringfügiger Beschäftigung (§ 7 SGB V, § 20 Abs. 1 SGB XI und § 5 Abs. 2 SGB VI). In der Arbeitslosenversicherung kommt es dagegen nicht auf die Geringfügigkeit an (insbesondere nicht auf die Höhe des Arbeitsentgelts), sondern auf die "Kurzzeitigkeit" eines Arbeitsverhältnisses (siehe Rz. 5224). In der Unfallversicherung gibt es von vornherein keine "geringfügige" (oder auch "kurzzeitige") Beschäftigung, sondern der Arbeitnehmer ist ohne Rücksicht auf den Umfang der Arbeitszeit und die Höhe des Arbeitsentgelts unfallversichert.

Ein "geringfügig Beschäftigter" darf nicht mit einem "Geringverdiener" verwechselt werden. Dieser ist sozialversicherungspflichtig, jedoch besteht die Besonderheit, daß allein der Arbeitgeber die Beiträge zu tragen hat (Frage der Verteilung der Beitragslast, vgl. Rz. 5232). In der Pflegeversicherung ist zu beachten, daß ggfs. eine Rentenversicherungspflicht aufgrund einer nicht erwerbsmäßigen Pflegetätigkeit eintreten kann.

b) Voraussetzungen der geringfügigen Beschäftigung

5221

Die Geringfügigkeit einer Arbeitnehmerbeschäftigung ergibt sich aus einer Kombination von wochenstündlicher und entgeltlicher Geringfügigkeit. Die Versicherungsfreiheit wegen geringfügiger Beschäftigung hat nämlich (gem. § 8 Abs. 1 Nr. 1 SGB IV) zur Voraussetzung, daß

- die Beschäftigung regelmäßig für weniger als 15 Wochenstunden ausgeübt wird, **und**

- das monatliche Arbeitsentgelt regelmäßig einen Grenzwert von einem Siebtel der sog. Bezugsgröße nicht übersteigt (dieser Grenzwert, der für jedes Kalenderjahr neu festgelegt wird, beläuft sich im Jahr 1995 auf 580 DM monatlich; in den neuen Bundesländern 470 DM).

Nur dann, wenn **beide** Voraussetzungen gegeben sind, besteht letztlich eine Versicherungsfreiheit. Daß eine Beschäftigung für weniger als 15 Stunden ausgeübt wird, reicht also für eine Versicherungsfreiheit nicht aus, wenn die Entgeltgrenze überschritten wird. Umgekehrt führt ein Unterschreiten der Entgeltgrenze dann nicht in der Kranken-, Pflege- und Rentenversicherung zur Versicherungsfreiheit wegen Geringfügigkeit, wenn die Beschäftigung einen Umfang von mindestens 15 Wochenstunden erreicht.

Versicherungs- und Beitragspflicht zu den Zweigen der Sozialversicherung

Eine tabellarische Übersicht zur Geringfügigkeitsgrenze und zu anderen wichtigen Sozialversicherungswerten findet sich unten Rz. 5627.

c) Besonderheiten

5222

Hinsichtlich der "entgeltlichen Geringfügigkeit" (die immer neben der wochenstündlichen Geringfügigkeit vorliegen muß) gilt die Besonderheit, daß diese Grenze nur dann maßgeblich ist, wenn der Arbeitnehmer neben dem Beschäftigungsentgelt keine weiteren Einnahmen (z.B. aus Vermietung und Verpachtung) erzielt; als Einnahmen zählen dabei alle Einkünfte im Sinne des Einkommensteuerrechts (sog. Gesamteinkommen, vgl. § 16 SGB IV).

Hat der (an sich entgeltlich geringfügig beschäftigte und außerdem für weniger als 15 Wochenstunden arbeitende) Arbeitnehmer solche Einkünfte vorzuweisen, so gilt: Eine Versicherungsfreiheit wegen Geringfügigkeit ist infolge einer **"Gesamteinkommensklausel"** auch dann noch gegeben, wenn

- zwar das Beschäftigungsentgelt die Grenze von einem Siebtel der Bezugsgröße (580 DM monatlich im Jahre 1995, jedoch in den neuen Bundesländern nur 470 DM) übersteigt,

- aber dieses Beschäftigungsentgelt den Betrag von einem Sechstel des monatlichen Gesamteinkommens (Summe aus dem Beschäftigungsentgelt und den anderen Einkünften) nicht überschreitet.

Dazu folgendes **Beispiel:**
Ein Arbeitnehmer arbeitet für 14 Wochenstunden gegen ein Entgelt von 600 DM monatlich (in den alten Bundesländern im Jahre 1995). Daneben bezieht er Einkünfte aus Vermietung und Verpachtung in Höhe von 3.600 DM monatlich.

Läßt man zunächst die "Gesamteinkommensklausel" außer Betracht, so besteht keine Versicherungsfreiheit in der Kranken-, Pflege- und Rentenversicherung, weil die Entgeltgrenze von 580 DM überschritten wird (die wöchentliche Arbeitszeit von 14 Stunden führt allein noch nicht zur Kranken-, Pflege- und Rentenversicherungspflicht, begründet aber auf jeden Fall eine Versicherungsfreiheit in der Arbeitslosenversicherung wegen Kurzzeitigkeit, vgl. Rz. 5224).

Die Anwendung der Gesamteinkommensklausel führt im Beispielsfall dann aber doch zu einer Versicherungsfreiheit in der Kranken-, Pflege- und Rentenversicherung. Das Gesamteinkommen liegt nämlich bei 4.200 DM monatlich (Arbeitsentgelt von 600 DM zuzüglich der Einkünfte in Höhe von 3.600 DM), ein Sechstel hiervon beläuft sich auf 700 DM. Demnach überschreitet das Entgelt von 600 DM zwar die Geringfügigkeitsgrenze von 580 DM, nicht aber den Wert von einem Sechstel des Gesamteinkommens (700 DM), der letztlich für die Frage der Versicherungsfreiheit maßgebend ist.

5223

Eine weitere Besonderheit der Geringfügigkeitsregelung besteht darin, daß **für die Geringfügigkeitsprüfung mehrere geringfügige Beschäftigungen zusammengezählt werden** (§ 8 Abs. 2 SGB IV). Diese Zusammenrechnung hat in vielen Fällen zur Folge, daß Mehrfachbeschäftigte in der Kranken-, Pflege- und Rentenversicherung versicherungspflichtig sind, obwohl die einzelnen Beschäftigungen für sich genommen versicherungsfrei wären. Es ist aber stets darauf zu achten, daß nur geringfügige Beschäftigungen zusammengerechnet werden dürfen und müssen.

Umfaßt also eine Beschäftigung mindestens 15 Wochenstunden, so ist sie nicht geringfügig und darf auch nicht mit anderen Beschäftigungen zusammengerechnet werden, wenn deren Geringfügigkeit zu prüfen ist.

Dazu ebenfalls ein **Beispiel**:
Ein Arbeitnehmer arbeitet (in den alten Bundesländern im Jahre 1995)

- *beim Arbeitgeber A für 16 Wochenstunden gegen ein Entgelt von 540 DM monatlich,*
- *beim Arbeitgeber B für 8 Wochenstunden gegen ein Entgelt von 320 DM monatlich,*
- *beim Arbeitgeber C für 6 Wochenstunden gegen ein Entgelt von 200 DM monatlich.*

Für diesen Arbeitnehmer gilt hinsichtlich der Frage der Versicherungsfreiheit in der Kranken-, Pflege- und Rentenversicherung: Es besteht Versicherungspflicht in der Beschäftigung beim Arbeitgeber A, jedoch Versicherungsfreiheit in den Beschäftigungen bei den Arbeitgebern B und C (in der Arbeitslosenversicherung besteht in allen 3 Beschäftigungen Versicherungsfreiheit, weil alle Beschäftigungen "kurzzeitig" sind und weil eine Zusammenrechnung nicht stattfindet, vgl. Rz. 5224).

Die Lösung des Fallbeispiels beruht auf folgenden Erwägungen: Die Beschäftigung beim Arbeitgeber A ist bereits für sich genommen nicht mehr geringfügig, denn es wird die 14-Stunden-Grenze überschritten (daß die Entgeltgrenze von 580 DM nicht überstiegen wird, reicht zur Begründung der Geringfügigkeit nicht aus). Deshalb ist diese Beschäftigung einerseits der Kranken-, Pflege- und Rentenversicherungspflicht unterworfen, andererseits bei der Frage der Versicherungsfreiheit (Geringfügigkeit) der Beschäftigungen bei den Arbeitgebern B und C **nicht** mitzurechnen. Vielmehr sind nur diese beiden Beschäftigungen (die beide für sich genommen geringfügig sind) in die Zusammenrechnung einzubeziehen.

Die Zusammenrechnung (die 14 Wochenstunden und 520 DM ergibt) begründet aber keine Kranken-, Pflege- und Rentenversicherungspflicht, da die Geringfügigkeitsgrenzen auch nach der Zusammenrechnung nicht überschritten werden.

Versicherungs- und Beitragspflicht zu den Zweigen der Sozialversicherung

3. Kurzzeitige Beschäftigung in der Arbeitslosenversicherung

5224

Nur in der Arbeitslosenversicherung existiert eine Versicherungsfreiheit von "kurzzeitigen Beschäftigungen" (§ 169 a Abs. 1 AFG). Eine Beschäftigung ist dann "kurzzeitig", wenn sie für **weniger als 18 Wochenstunden** ausgeübt wird (§ 102 AFG). Anders als in der Kranken-, Pflege- und Rentenversicherung, wo es unter anderem auf eine Entgeltgrenze ankommt (Versicherungsfreiheit wegen geringfügiger Beschäftigung, vgl. Rz. 5221) ist also in der Arbeitslosenversicherung eine Beschäftigung ohne Rücksicht auf die Höhe des erzielten Entgelts versicherungsfrei, sofern sie unter 18 Wochenstunden liegt.

Für den Fall eines teilzeitbeschäftigten, unter 18 Wochenstunden liegenden Arbeitnehmers mit einem Entgelt von mehr als 580 DM monatlich (in den alten Bundesländern) heißt dies, daß zwar zur Kranken-, Pflege- und Rentenversicherung eine Versicherungspflicht besteht, nicht aber zur Arbeitslosenversicherung.

Zu beachten ist, daß für die Frage nach der Versicherungsfreiheit mehrere kurzzeitige Beschäftigungen **nicht** zusammenzurechnen sind (anders als bei der Frage nach der Geringfügigkeit in der Kranken-, Pflege- und Rentenversicherung, vgl. Rz. 5223). Übt also ein Arbeitnehmer nebeneinander mehrere Beschäftigungen von weniger als 18 Wochenstunden aus, so besteht insgesamt eine Versicherungsfreiheit in der Arbeitslosenversicherung.

4. Kurzfristige Beschäftigung in der Kranken-, Renten-, Pflege- und Arbeitslosenversicherung

5225

Die "kurzfristige Beschäftigung" ist nach der gesetzlichen Regelung ein Unterfall der "geringfügigen Beschäftigung" (vgl. § 8 Abs. 1 Nr. 2 SGB IV), hat aber eine eigenständige Bedeutung.

Dabei geht es praktisch um **Aushilfsbeschäftigungen**: "Kurzfristig" und damit sozialversicherungsfrei sind solche Arbeitsverhältnisse, die im voraus auf bis zu 2 Monate befristet sind (oder nach ihrer Eigenart auf bis zu 2 Monate begrenzt sind).

Die Versicherungsfreiheit wegen kurzfristiger Beschäftigung kommt aber nicht zum Zuge, wenn die (bis zu 2 Monate lange) Beschäftigung

- mit einem Entgelt verbunden ist, das über einem Siebtel der monatlichen Bezugsgröße liegt (im Jahre 1995: 580 DM monatlich in den alten und 470 DM monatlich in den neuen Bundesländern), **und**

- berufsmäßig ausgeübt wird (d.h., die Lebensgrundlage abgibt).

Die Versicherungsfreiheit wegen kurzfristiger Beschäftigung gibt es (anders als die geringfügige Beschäftigung) nicht nur in der Kranken-, Pflege- und Rentenversicherung, sondern auch in der Arbeitslosenversicherung.

5. Beamte

5226
Aktive Beamte und Ruhestandsbeamte sind in allen Zweigen der Sozialversicherung (also auch in der Unfallversicherung) versicherungsfrei. Allerdings kann es in der Arbeitslosenversicherung vorkommen, daß ein unter 65jähriger Ruhestandsbeamter versicherungspflichtig ist. In diesem Versicherungszweig gibt es nämlich keine Versicherungsfreiheitsregelung, die auf Ruhestandsbeamte zugeschnitten ist. Vielmehr sind alle Arbeitnehmer arbeitslosenversicherungsfrei, die das 65. Lebensjahr vollendet haben. Auch kann es vorkommen, daß für einen Beamten, der freiwilliges Mitglied der gesetzlichen Krankenversicherung ist, eine Versicherungspflicht in der sozialen Pflegeversicherung eintritt (zum Befreiungsrecht in der Pflegeversicherung vgl. Rz. 5219).

Die **Versicherungsfreiheit von aktiven Beamten** bezieht sich grundsätzlich nur auf die Beamteneigenschaft als solche. Übt also ein Beamter eine Nebenbeschäftigung aus (die nicht schon wegen Geringfügigkeit bzw. Kurzzeitigkeit oder Kurzfristigkeit versicherungsfrei ist, vgl. bereits Rz. 5220-5225), so ist er nicht automatisch als "Nebentätigkeitsarbeitnehmer" versicherungsfrei. Vielmehr gilt dann:

Ein aktiver Beamter mit **Nebenbeschäftigung** ist stets bezüglich der Kranken- und Pflegeversicherung sowie regelmäßig auch bezüglich der Arbeitslosenversicherung in der Nebenbeschäftigung versicherungsfrei. Dagegen besteht aufgrund der Nebentätigkeit eine Versicherungspflicht in der Unfall- und Rentenversicherung.

Übt ein Ruhestandsbeamter eine Beschäftigung aus, so ist zu beachten: Besteht Rentenversicherungsfreiheit nur wegen der Beamteneigenschaft, so muß der Arbeitgeber gleichwohl den halben Rentenversicherungsbeitrag zahlen. Besteht eine Arbeitslosenversicherungsfreiheit des beschäftigten Ruhestandsbeamten nur wegen Vollendung des 65. Lebensjahres, so muß der Arbeitgeber außerdem den Arbeitgeberanteil zur Arbeitslosenversicherung zahlen (vgl. Rz. 5233).

6. Altersrentner

5227
Hinsichtlich der Frage der Versicherungsfreiheit von Altersrentnern muß zwischen den verschiedenen Versicherungszweigen unterschieden werden:

Versicherungs- und Beitragspflicht zu den Zweigen der Sozialversicherung

In der Rentenversicherung sind Altersrentner versicherungsfrei. Allerdings gilt dies nur für Bezieher einer Vollrente wegen Alters, nicht aber für die Bezieher einer sog. Teilrente (vgl. zu den Teilrenten Rz. 6322 ff.). Trotz der Versicherungsfreiheit muß aber für die Rentenversicherung (wie bei den Ruhestandsbeamten) ein Arbeitgeberanteil entrichtet werden.

In der Kranken- und Pflegeversicherung besteht keine Versicherungsfreiheit von Altersrentnern, sondern es führt eine Nebenbeschäftigung zur Krankenversicherungspflicht. Diese Versicherungspflicht geht derjenigen Kranken- und Pflegeversicherung vor, die an die Eigenschaft als Rentner anknüpft. Für die Berechnung des auf das Arbeitsentgelt bezogenen Beitrags des beschäftigten Rentners zur Krankenversicherung wird nicht der allgemeine Beitragssatz der zuständigen Krankenkasse herangezogen, sondern ein ermäßigter Beitragssatz (vgl. Rz. 5237). Daneben wird noch ein besonderer Krankenversicherungsbeitrag erhoben, der nur auf die Rente und auf weitere Einkünfte bezogen ist.

In der Arbeitslosenversicherung gilt wiederum die Regelung, daß eine Versicherungsfreiheit für alle Arbeitnehmer besteht, die das 65. Lebensjahr vollendet haben. Für diese Personen (bei denen es sich regelmäßig um Altersrentner handelt) muß dann ein Arbeitgeberanteil abgeführt werden.

7. Höherverdiener in der Krankenversicherung

5228

Nur in der Krankenversicherung gibt es für Höherverdiener eine **Versicherungspflichtgrenze** (sog. Jahresarbeitsentgeltgrenze des § 6 Abs. 1 Nr. 1 SGB V), die zu Beginn eines jeden Kalenderjahres erhöht wird. Im Jahre 1995 liegt diese Grenze bei (umgerechnet) 5.850 DM monatlich (in den neuen Bundesländern bei 4.800 DM). Wer als Arbeitnehmer (Arbeiter oder Angestellter) diese Grenze überschreitet, ist krankenversicherungsfrei. Zur genauen Berechnung der Jahresarbeitsentgeltgrenze vgl. Rz. 5614 (vgl. ferner die tabellarische Übersicht Rz. 5627).

Es muß beachtet werden, daß der Arbeitgeber für diese Höherverdiener einen Zuschuß zum Krankenversicherungsbeitrag und auch zum Pflegeversicherungsbeitrag zahlen muß (vgl. Rz. 5669 ff.). Im übrigen gibt es die Krankenversicherungspflichtgrenze nicht in der knappschaftlichen Krankenversicherung (in der vor allem Bergleute versichert sind).

8. Hauptberuflich Selbständige in der Kranken- und Pflegeversicherung

5229

Nur für die Kranken- und Pflegeversicherung gilt die Regelung, daß Personen versicherungsfrei bleiben, die im Hauptberuf selbständig tätig sind (§ 5 Abs. 5 SGB V). Damit wird erreicht, daß diese Personen auch dann nicht der gesetzlichen Versicherung angehören, wenn sie nebenher als Arbeitnehmer tätig sind.

"Hauptberuflich" wird die selbständige Erwerbstätigkeit dann ausgeübt, wenn diese Tätigkeit (und nicht die daneben verrichtete Arbeitnehmertätigkeit) den Mittelpunkt des Erwerbslebens darstellt. Die Sozialversicherungsträger gehen davon aus, daß

- in der Regel hauptberuflich selbständig ist, wer als Arbeitgeber mindestens einen Arbeitnehmer in seinem Betrieb beschäftigt,
- in der Regel nicht hauptberuflich selbständig ist, wer eine Arbeitnehmertätigkeit für mindestens 18 Wochenstunden ausübt und daraus im Jahre 1995 ein Arbeitsentgelt von mehr als 2.030 DM monatlich erzielt (in den neuen Ländern 1.685 DM).

9. Werkstudenten

5230

In der Kranken-, Pflege-, Renten- und Arbeitslosenversicherung besteht eine Versicherungsfreiheit von Hochschulstudenten, die nebenbei einer Beschäftigung nachgehen (sog. Werkstudenten). Diese Versicherungsfreiheit greift aber nur dann ein, wenn die Beschäftigung dem Studium nach Art und Dauer untergeordnet ist. Von einer solchen zur Versicherungsfreiheit führenden Unterordnung ist dann auszugehen, wenn die Beschäftigung einen Umfang von 20 Wochenstunden nicht überschreitet. Während der Semesterferien besteht Versicherungsfreiheit auch dann, wenn die 20-Stunden-Grenze überschritten wird.

III. Verteilung der Beitragslast

5231

Steht die Versicherungs- und Beitragspflicht eines Arbeitnehmers fest, so stellt sich die weitere Frage nach der Verteilung der Beitragslast in der Kranken-, Renten-, Pflege- und Arbeitslosenversicherung. Im Bereich der Unfallversicherung tritt diese Frage nicht auf, da hier stets der Arbeitgeber die Beiträge zu tragen hat.

1. Grundsatz der hälftigen Verteilung der Beitragslast und Sonderregelung für die Pflegeversicherung

In der Kranken-, Renten-, Pflege- und Arbeitslosenversicherung gilt die Regelung, daß sich Arbeitnehmer und Arbeitgeber die Beitragslast teilen. Für jeden der 4 Versicherungszweige sind also an der Beitragstragung der Arbeitnehmer und der Arbeitgeber jeweils zu gleichen Teilen beteiligt. Bezieht man den **Grundsatz der hälftigen Verteilung** auf den Beitragssatz (Rz. 5234 ff.), so gilt: Für Arbeitnehmer und Arbeitgeber ist jeweils die Hälfte des Beitragssatzes maßgebend. Nur in der knappschaftlichen Rentenversicherung gibt es die Sonderregelung, wonach der Arbeitgeber den größeren Teil der Beitragslast zu tragen hat.

In der zum 01.01.1995 neu eingeführten **Pflegeversicherung** gilt folgende **Sonderregelung:** Für den Fall, daß in einem Bundesland bis Ende 1994 kein (gesetzlicher, landesweiter und stets auf einen Werktag fallender) Feiertag abgeschafft ist, müssen die Arbeitnehmer, die in diesem Bundesland ihren Beschäftigungsort haben, ab dem 01.01.1995 den gesamten Pflegeversicherungsbeitrag selbst tragen. Der Arbeitnehmer muß also den vollen Beitrag von 1% des Bruttoarbeitsentgelts aufbringen und nicht nur einen Satz von 0,5% (zu den sozialversicherungsrechtlichen Beitragssätzen vgl. auch unten Rz. 5234).

Unterbleibt in einem Bundesland die Feiertagsstreichung, so kommt es für die Frage der Tragung des Pflegeversicherungsbeitrags in Zweifelsfällen darauf an, was unter dem **"Beschäftigungsort"** zu verstehen ist. Dieser Begriff wird im Sozialversicherungsrecht gesetzlich definiert (§ 9 SGB IV): Beschäftigungsort ist grundsätzlich der Ort, an dem die Beschäftigung tatsächlich ausgeübt wird. Als Beschäftigungsort gilt der Ort, an dem eine feste Arbeitsstätte errichtet ist, falls Personen von dieser Stätte aus mit einzelnen Arbeiten außerhalb der Stätte beschäftigt werden. Sind Personen bei einem Arbeitgeber in mehreren festen Arbeitsstätten beschäftigt, gilt als Beschäftigungsort die Arbeitsstätte, in der sie überwiegend beschäftigt sind.

Von der Frage nach der Verteilung der Beitragslast ist die andere Fragestellung zu unterscheiden, von wem letztlich die in der Kranken-, Renten-, Pflege- und Arbeitslosenversicherung anfallenden Beiträge (deren Summe man als "Gesamtsozialversicherungsbeitrag" bezeichnet) an welche Stelle abzuführen sind. Insoweit gilt, daß der Arbeitgeber den Gesamtsozialversicherungsbeitrag an die zuständige Einzugsstelle (Krankenkasse) abführen muß, also als Beitragsschuldner behandelt wird (vgl. Rz. 5632). Die Unfallversicherungsbeiträge werden unmittelbar an die zuständige Berufsgenossenschaft entrichtet (vgl. Rz. 5673 ff.).

2. Ausnahme: Arbeitgeber trägt die volle Beitragslast bei Geringverdienern

5232

Der Grundsatz der hälftigen Verteilung der Beitragslast wird bei den Geringverdienern durchbrochen: Der Arbeitgeber trägt für diese Personen die volle Beitragslast in jedem der 4 Versicherungszweige, muß also den vollen Beitrag entrichten.

"Geringverdiener" ist, wer mit seinem Arbeitsentgelt im Jahre 1995 nicht über 610 DM monatlich liegt (in den neuen Ländern 500 DM). In der knappschaftlichen Rentenversicherung liegt die Grenze bei 750 DM monatlich (in den neuen Ländern bei 610 DM).

Da die Entgeltgrenze für die Kranken-, Pflege- und Rentenversicherungsfreiheit wegen Geringfügigkeit derzeit (im Jahre 1995) bei 580 DM monatlich liegt (vgl. Rz. 5221), führt das Zusammenspiel mit der Geringfügigkeitsgrenze dazu, daß die alleinige Beitragstragung zur Kranken-, Pflege- und Rentenversicherung nur bei Personen greift, die (im Jahre 1995 in den alten Ländern) mit ihrem Arbeitsentgelt über 580 DM, aber nicht über 610 DM monatlich liegen.

Eine tabellarische Übersicht zur Geringverdienergrenze und zu anderen wichtigen Sozialversicherungswerten findet sich unter Rz. 5627.

3. Arbeitgeberanteil zur Renten- und Arbeitslosenversicherung für beschäftigte Altersrentner

5233

Beschäftigt ein Arbeitgeber einen Altersrentner, so muß er den Arbeitgeberanteil (also den halben Sozialversicherungsbeitrag) tragen und an die Einzugsstelle (Krankenkasse) entrichten, soweit es um die Renten- und Arbeitslosenversicherung geht. Dieser Arbeitgeberanteil (für Personen, die an sich versicherungsfrei sind) ist seinem Wesen nach kein echter Sozialversicherungsbeitrag, sondern eine Art sozialpolitische Abgabe, um den finanziellen Anreiz zur Beschäftigung von Altersrentnern zu beseitigen.

Genau genommen muß in diesem Zusammenhang noch beachtet werden, daß

- in der Rentenversicherung der Beitragsanteil nur zu entrichten ist, wenn der Betroffene eine Vollrente wegen Alters bezieht (nicht aber eine Teilrente, vgl. Rz. 6322);
- in der Rentenversicherung stets nur der "halbe" Beitrag anfällt, also auch bei geringverdienenden Altersrentnern (vgl. Rz. 5232);
- in der Arbeitslosenversicherung nicht auf die Eigenschaft als Altersrentner abgestellt wird, sondern darauf, daß ein Arbeitnehmer das 65. Lebensjahr vollendet hat;
- die Pflicht zur Entrichtung des Arbeitgeberanteils entfällt, wenn die Beschäftigung des Altersrentners bereits aus anderen als Altersgründen versicherungsfrei ist (z.B. in der Rentenversicherung wegen Geringfügigkeit - vgl. Rz. 5221 ff. - und in der Arbeitslosenversicherung wegen Kurzzeitigkeit, vgl. Rz. 5224).

IV. Beitragssatz

5234

Die Höhe der für den einzelnen Arbeitnehmer abzuführenden Sozialversicherungsbeiträge ergibt sich dadurch, daß der Beitragssatz auf die sog. Beitragsbemessungsgrundlage angewendet wird. Diese Beitragsbemessungsgrundlage wird regelmäßig vom Bruttoarbeitsentgelt des Arbeitnehmers gebildet, das wei-

Versicherungs- und Beitragspflicht zu den Zweigen der Sozialversicherung

ter unten (Rz. 5602 ff.) näher erläutert wird. **In den einzelnen Sozialversicherungszweigen** gelten seit dem 01.01.1995 **folgende Beitragssätze:**

- Rentenversicherung: 18,6% (je 9,3% für den Arbeitgeber und den Arbeitnehmer, in der knappschaftlichen Rentenversicherung jedoch insgesamt 24,7%, wovon der Arbeitnehmer lediglich 9,3% trägt),

- Arbeitslosenversicherung: 6,5% (je 3,25% für den Arbeitgeber und den Arbeitnehmer),

- Pflegeversicherung: 1% (je 0,5% für den Arbeitgeber und den Arbeitnehmer, zum Sonderfall der fehlenden Feiertagsstreichung vgl. oben Rz. 5231),

- Krankenversicherung: der Beitragssatz wird von jeder Krankenkasse gesondert festgesetzt (und liegt derzeit im bundesweiten Durchschnitt etwa bei 13%); als Besonderheit ist hier außerdem zu beachten, daß es neben dem allgemeinen auch einen erhöhten und einen ermäßigten Beitragssatz gibt.

Mit dem erhöhten bzw. ermäßigten Beitragssatz zur Krankenversicherung hat es folgendes auf sich:

5235

Bei Arbeitnehmern, denen ein Anspruch auf Lohnfortzahlung für mindestens 6 Wochen nicht zusteht, kommt in der gesetzlichen Krankenversicherung der **erhöhte Beitragssatz** zur Anwendung, der in der Kassensatzung festgelegt wird. Hierbei handelt es sich um seltene Ausnahmefälle.

5236

Der erhöhte Beitragssatz der Krankenversicherung kommt aber nicht nur dann in Frage, wenn der Anspruch auf Lohnfortzahlung (wie bei den o.g. Personengruppen) gänzlich ausgeschlossen ist. Entscheidend ist vielmehr, daß der Anspruch auf Lohnfortzahlung unter 6 Wochen liegt (wie z.B. bei einem auf 5 Wochen befristeten Arbeitsverhältnis, wo der Lohnfortzahlungsanspruch nicht über das Ende der Befristung hinausreichen darf).

5237

Der **ermäßigte Beitragssatz** zur Krankenversicherung kommt bei Personen zum Zuge, die ohne Anspruch auf Krankengeld in der gesetzlichen Krankenversicherung versichert sind. Dieser ermäßigte Beitragssatz, der ebenfalls von der Kassensatzung festgelegt wird, betrifft vor allem

- freiwillig Versicherte (bei diesem Personenkreis sieht die Satzung der Kasse oft den Ausschluß des Krankengeldes vor) und

- Bezieher einer Alters- oder Erwerbsunfähigkeitsrente (diese Personen sind nach dem Gesetz auch dann vom Krankengeldanspruch ausgeschlossen, wenn sie nebenher eine Beschäftigung ausüben).

Eine tabellarische Übersicht zu den Beitragssätzen der Renten- und Arbeitslosenversicherung sowie zu anderen wichtigen Sozialversicherungswerten findet sich unter Rz. 5627.

V. Besonderheiten im Zusammenhang mit der Frage der Versicherungs- und Beitragspflicht

1. Beschäftigung eines Arbeitnehmers im Ausland (Aus- und Einstrahlung, über- und zwischenstaatliches Recht)

a) Aus- und Einstrahlung

5238
Wird der Arbeitnehmer eines deutschen Unternehmens im Ausland eingesetzt, so stellt sich die Frage der sozialversicherungsrechtlichen Beurteilung. Hierbei geht es mit anderen Worten um die Fragestellung, ob der Arbeitnehmer zur deutschen oder zur ausländischen Sozialversicherung pflichtig ist (oder sogar in beiden Staaten eine Sozialversicherungspflicht besteht).

Für die Beantwortung dieses Problemkreises ist es von zentraler Bedeutung, ob eine sog. Ausstrahlung vorliegt. **"Ausstrahlung"** bedeutet, daß der Arbeitnehmer trotz des Auslandsaufenthalts weiterhin der Versicherungspflicht in der deutschen Sozialversicherung unterliegt. Die Ausstrahlung (gem. § 4 SGB IV) ist an die Voraussetzungen geknüpft, daß die Beschäftigung

- im Rahmen eines in der Bundesrepublik Deutschland bestehenden Beschäftigungsverhältnisses ausgeübt wird,
- infolge einer Entsendung des Arbeitnehmers ausgeübt wird und
- nach ihrer Eigenart oder ihrer vertraglichen Ausgestaltung im voraus zeitlich begrenzt ist.

Die erste Voraussetzung, die ein **inländisches Beschäftigungsverhältnis** fordert, ist dann gegeben, wenn die vertraglichen Bindungen des Arbeitnehmers in der Bundesrepublik Deutschland geschaffen wurden. Davon ist in der Regel auch dann auszugehen, wenn im Rahmen einer Arbeitnehmerüberlassung (vgl. Rz. 3500 ff.) ein Leiharbeitnehmer von einem inländischen Verleiher ins Ausland entsendet wird.

Die zweite Voraussetzung für das Vorliegen einer "Ausstrahlung" (und damit für das Weiterbestehen einer inländischen Versicherungspflicht) ist mit dem Stichwort der **"Entsendung"** verbunden. Darunter versteht man die vom Arbeitgeber veranlaßte und in seinem Interesse liegende Ortsveränderung, die ins Ausland vorgenommen wird.

Versicherungs- und Beitragspflicht zu den Zweigen der Sozialversicherung

Die Definition der "Entsendung" bringt es mit sich, daß all diejenigen Arbeitnehmer von der Ausstrahlung (und damit letztlich von der Anwendung des inländischen Sozialversicherungsrechts) ausgeschlossen sind, die im Ausland (am Ort der Auslandsbeschäftigung) eingestellt werden (sog. Ortskräfte). Ebenfalls keine "Entsendung" stellt es dar, wenn der Arbeitnehmer in einem ausländischen Staat für eine Beschäftigung in einem anderen ausländischen Staat eingestellt wird. Hingegen liegt eine Ausstrahlung vor, wenn der Arbeitnehmer im Inland lediglich deshalb eingestellt wird, um ins Ausland entsendet zu werden.

Für die Erfüllung der dritten Ausstrahlungsvoraussetzung **(zeitliche Begrenzung** infolge der Eigenart der Beschäftigung oder einer vertraglichen Vereinbarung) kann keine feste Zeitgrenze angegeben werden. Vielmehr muß in Zweifelsfällen (entsprechend dem Grundgedanken der Ausstrahlungsregelung) geprüft werden, ob trotz längerer Entsendung der Schwerpunkt der Beschäftigung noch im Inland liegt. Als Faustregel kann aber gesagt werden, daß bei Überschreitung einer Zeitgrenze von 2 Jahren keine "Entsendung" mehr gegeben ist.

5239

Das deutsche Sozialversicherungsrecht enthält auch Regelungen zur "Einstrahlung", die das Gegenstück zur "Ausstrahlung" bildet. Einstrahlung bedeutet also, daß unter bestimmten Voraussetzungen der in der Bundesrepublik tätige, aus dem Ausland entsendete Arbeitnehmer nicht der deutschen Sozialversicherung unterworfen ist. Die Voraussetzungen einer Entsendung sind (im § 5 SGB V entsprechend den Voraussetzungen der Ausstrahlung) so ausgestaltet, daß eine Beschäftigung

- im Rahmen eines im Ausland bestehenden Beschäftigungsverhältnisses ausgeübt wird,
- infolge einer Entsendung des Arbeitnehmers ausgeübt wird und
- nach ihrer Eigenart oder ihrer vertraglichen Ausgestaltung im voraus zeitlich begrenzt ist.

Wegen des Entsprechungsverhältnisses von Aus- und Einstrahlung treten bei der Anwendung dieser 3 Voraussetzungen dieselben Probleme auf, die soeben (Rz. 5238) für die Ausstrahlung abgehandelt wurden.

5240

Die Grundsätze zur Ein- und Ausstrahlung sind auch innerhalb der Bundesrepublik von Bedeutung. Diese Grundsätze werden nämlich im Verhältnis vom westlichen zum östlichen Deutschland so lange entsprechend angewendet, wie in West und Ost unterschiedliche Berechnungsgrößen in der Sozialversicherung bestehen (vgl. Rz. 5245).

b) Über- und zwischenstaatliches Recht

5241

Die Regelungen zur Ein- und Ausstrahlung sind nicht die einzigen Regelungen, die bei "Auslandsfällen" beachtet werden müssen. Es gilt nämlich der Grundsatz, daß das überstaatliche Recht (d.h., das Recht der EU und des Europäischen Wirtschaftsraumes) und das zwischenstaatliche Recht (d.h., das Recht, das auf Sozialversicherungsabkommen beruht) **dem inländischen Recht vorgeht** und damit den unter Rz. 5238 dargelegten Aus- und Einstrahlungsregelungen). So gibt es im EU-Recht die wichtige Bestimmung, daß innerhalb der Mitgliedstaaten für die Entsendung eines Arbeitnehmers von einem in einen anderen Mitgliedstaat folgendes gilt: Der entsendete Arbeitnehmer unterliegt weiterhin der Sozialversicherungspflicht des entsendenden Staates, wenn die Entsendung voraussichtlich einen Zeitraum von 12 Monaten nicht überschreitet. Steht dagegen von vornherein fest, daß die Entsendung länger als 12 Monate andauern wird, so endet die Sozialversicherungspflicht im entsendenden Staat bereits mit dem Beginn der Entsendung. Von den EU-Mitgliedstaaten können allerdings auch abweichende Vereinbarungen zur sozialversicherungsrechtlichen Beurteilung von entsendeten Arbeitnehmern vereinbart werden.

5242

Was das überstaatliche Recht (also die Sozialversicherungsabkommen der Bundesrepublik mit Staaten außerhalb der EU) angeht, können die Einzelheiten der (je nach Abkommen unterschiedlich gefaßten) Entsendungsregelungen hier nicht näher behandelt werden.

5243

Für den gesetzlichen Krankenversicherungsschutz von Arbeitnehmern, die von der Bundesrepublik ins Ausland entsendet werden, gilt folgende Regelung (§ 17 SGB V): Erkrankt der gesetzlich krankenversicherte Arbeitnehmer während einer Entsendung in das **"vertragslose Ausland"** (also in einen Staat, der weder zur EU bzw. zum Europäischen Wirtschaftsraum gehört noch mit der Bundesrepublik Deutschland ein Sozialversicherungsabkommen geschlossen hat), so erhält er die Krankenversicherungsleistungen vom deutschen Arbeitgeber. Leistungsberechtigt sind ebenfalls die mitversicherten Familienangehörigen des entsendeten Arbeitnehmers ("Familienversi- cherte"), sofern sie diesen im Ausland begleiten oder besuchen. Der Arbeitgeber bekommt die Aufwendungen von der gesetzlichen Krankenkasse des Arbeitnehmers erstattet, und zwar in Höhe der Krankenversicherungsleistungen, die im Inland von der Kasse zu leisten wären.

Versicherungs- und Beitragspflicht zu den Zweigen der Sozialversicherung

2. Beschäftigung im Beitrittsgebiet und Besonderheiten bei deutsch - deutschen Beschäftigungsverhältnissen

a) Beschäftigung im Beitrittsgebiet

5244

Aufgrund des Umstandes, daß im Beitrittsgebiet (also im Gebiet der neuen Bundesländer einschließlich Ostberlin) derzeit noch ein niedrigeres Lohn- und Einkommensniveau herrscht, sind in Ostdeutschland auch wichtige sozialversicherungsrechtliche Berechnungsgrößen niedriger angesetzt als im westlichen Teil Deutschlands. Im einzelnen sind im Beitrittsgebiet für das Jahr 1995 folgende Werte maßgebend:

- Die Beitragsbemessungsgrenze der gesetzlichen Renten- und Arbeitslosenversicherung beträgt 6.400 DM monatlich.
- Die Jahresarbeitsentgeltgrenze der gesetzlichen Krankenversicherung (die vor allem eine Versicherungspflichtgrenze für Höherverdiener darstellt, vgl. Rz. 5228) liegt bei 4.800 DM monatlich (nach Umrechnung auf einen Monatswert).
- Die Geringfügigkeitsgrenze der gesetzlichen Kranken- und Rentenversicherung (die regelmäßig in diesen Versicherungszweigen zur Versicherungsfreiheit führt, vgl. Rz. 5221) beläuft sich auf 470 DM monatlich.
- Die Geringverdienergrenze (bis zu der in der Kranken-, Pflege-, Renten- und Arbeitslosenversicherung der Arbeitgeber die volle Beitragslast zu tragen hat, vgl. Rz. 5232) liegt bei 500 DM monatlich.

Die wichtigsten Sozialversicherungswerte für das Jahr 1995 finden sich auch in der tabellarischen Übersicht Rz. 5627.

b) Besonderheiten bei deutsch-deutschen Beschäftigungsverhältnissen

5245

Die unterschiedlichen, unter Rz. 5244 dargelegten Berechnungsgrößen machen es erforderlich, für deutsch-deutsche Beschäftigungsverhältnisse besondere Konkurrenzregelungen einzuführen.

Mit dem Stichwort der "deutsch-deutschen Beschäftigungsverhältnisse" sind Sachverhalte gemeint, wo ein Arbeitnehmer in dem einen (westlichen oder östlichen) Teil der Bundesrepublik Deutschland tätig ist, aber die Beschäftigung eine Beziehung zum anderen Teil aufweist. Es stellt sich dann die Frage, welche sozialversicherungsrechtlichen Berechnungswerte (diejenigen der alten oder der neuen Bundesländer) maßgebend sind.

In diesem Zusammenhang gilt zunächst einmal der Grundsatz, daß es auf den Beschäftigungsort ankommt. Ist also der Arbeitnehmer beispielsweise für ein westdeutsches Unternehmen tätig, liegt aber der Beschäftigungsort (Betrieb) in

Sozialrecht

den neuen Bundesländern, so sind grundsätzlich die ostdeutschen Berechnungswerte heranzuziehen.

Handelt es sich jedoch um einen "Entsendungsfall" (z.B. um die Entsendung eines westdeutschen leitenden Angestellten in die neuen Bundesländer), so sind im Verhältnis vom westlichen zum östlichen Teil Deutschlands die Grundsätze zur "Aus- und Einstrahlung" entsprechend anwendbar (vgl. Rz. 5238). Wird also beispielsweise ein Arbeitnehmer von einem westdeutschen Arbeitgeber in den neuen Bundesländern eingesetzt, so sind (analog den Grundsätzen zur "Ausstrahlung") weiterhin die westlichen Berechnungsgrößen maßgebend, wenn die Beschäftigung

- im Rahmen eines in den alten Bundesländern bestehenden Beschäftigungsverhältnisses ausgeübt wird,
- infolge einer Entsendung ausgeübt wird und
- nach ihrer Eigenart oder ihrer vertraglichen Ausgestaltung im voraus zeitlich begrenzt ist.

5246

In einzelnen Fällen kann es vorkommen, daß ein westdeutscher Arbeitnehmer vorübergehend im östlichen Teil Deutschlands (oder umgekehrt) tätig ist, ohne daß die soeben erläuterten Grundsätze der Ausstrahlung greifen. In einer solchen Fallgestaltung kann durch einen bei der Einzugsstelle (Krankenkasse) zu stellenden Antrag gleichwohl erreicht werden, daß der Arbeitnehmer weiterhin dem westdeutschen Sozialversicherungsrecht unterliegt.

Der Antrag auf dieses Beibehalten der Pflichtversicherung (in der Kranken-, Unfall-, Renten-, Pflege- und Arbeitslosenversicherung) kann nicht vom Arbeitnehmer gestellt werden, sondern nur von einer Stelle im westlichen bzw. östlichen Deutschland (in der Regel: vom bisherigen Arbeitgeber). Diese Stelle hat dann die Arbeitgeberpflichten zu erfüllen. Zwecks Vermeidung einer Doppelversicherung kann bei der ostdeutschen Krankenkasse ein entsprechender Antrag auf Befreiung von der Versicherungspflicht eingereicht werden.

3. Mißglückter Arbeitsversuch

5247

Im Fall des sog. mißglückten Arbeitsversuchs kommt ein sozialversicherungspflichtiges Beschäftigungsverhältnis nicht zustande, obwohl an sich eine versicherungspflichtige Beschäftigung von einem Arbeitnehmer aufgenommen wurde. Der Arbeitgeber erhält dann seinen Beitragsanteil zur Sozialversicherung (ebenso wie der Arbeitnehmer) zurückerstattet.

Versicherungs- und Beitragspflicht zu den Zweigen der Sozialversicherung

Das Vorliegen eines "mißglückten Arbeitsversuchs" ist an 2 Voraussetzungen gebunden:

- Es muß bei Aufnahme der Beschäftigung festgestanden haben, daß der Arbeitnehmer an sich die Arbeit aus gesundheitlichen Gründen nicht aufnehmen konnte.
- Die Arbeit wurde wegen des schlechten Gesundheitszustandes tatsächlich aufgegeben, und zwar vor Ablauf einer wirtschaftlich ins Gewicht fallenden Zeit.

Allein der Umstand, daß bei Beschäftigungsbeginn eine Arbeitsunfähigkeit gegeben war (oder drohte), kann also einen mißglückten Arbeitsversuch nicht begründen. Vielmehr ist in diesen Fällen entscheidend, ob die Arbeit "vor Ablauf einer wirtschaftlich ins Gewicht fallenden Zeit" aufgegeben wurde.

Das Bundessozialgericht hat es bisher vermieden, sich zu der Frage festzulegen, wann eine "wirtschaftlich ins Gewicht fallende Zeit" abgelaufen ist *(vgl. BSG NZS 1993, 547)*. Man wird aber davon ausgehen können, daß diese Zeitgrenze jedenfalls immer dann überschritten ist, wenn der Arbeitnehmer (trotz der Arbeitsunfähigkeit) für mindestens 6 Wochen tatsächlich gearbeitet hat. Auf den wirtschaftlichen Wert der Arbeitsleistung kommt es dabei nicht an.

4. Beschäftigung im Rahmen von Arbeitsbeschaffungsmaßnahmen (ABM)

5248

Bei den ABM handelt es sich um Förderungsleistungen der Bundesanstalt für Arbeit, welche der Schaffung von Arbeitsgelegenheiten für arbeitslose Arbeitnehmer dienen. Die Förderung geschieht vor allem dadurch, daß dem Träger der ABM, der als Arbeitgeber anzusehen ist, für die betroffenen Arbeitnehmer ein Lohnkostenzuschuß des Arbeitsamtes gezahlt wird (vgl. Rz. 6315 ff).

Für das Verhältnis zwischen dem Träger der ABM und dem betroffenen Arbeitnehmer gilt, daß es sich grundsätzlich um ein normales Arbeitsverhältnis handelt. Für das Sozialversicherungsrecht folgt daraus, daß den Träger die üblichen Pflichten treffen (Beitragstragung, Anmeldung zur Versicherung usw.).

Was die arbeitsrechtliche Seite anbelangt, so gibt es allerdings nach ausdrücklicher gesetzlicher Regelung (§ 93 Abs. 2 AFG) **besondere Kündigungsmöglichkeiten:**

- Das Arbeitsverhältnis kann fristlos gekündigt werden, wenn das Arbeitsamt den Arbeitnehmer aus der ABM abberuft.
- Der Arbeitnehmer kann das Arbeitsverhältnis fristlos kündigen, wenn er eine andere Arbeit findet (oder an einer beruflichen Bildungsmaßnahme teilnehmen kann).

VI. Weiterführende Literaturhinweise

5249
Brackmann, Handbuch der Sozialversicherung, Loseblatt, 1989
Geiken, Die Versicherung der Arbeitnehmer, 8. Aufl. 1994
Handbuch zum Sozialrecht, Gruppe 10a, Loseblatt, Neuwied
Marburger, Die Versicherungspflicht, 1989

40. Kapitel: Meldepflichten des Arbeitgebers bei Beginn der Beschäftigung

I.	Allgemeines zu den Meldepflichten	5500
II.	Anmeldung des Arbeitnehmers bei der Einstellung	5501
	1. Meldepflichtiger Personenkreis	5501
	2. Adressat der Meldungen	5503
	3. Meldefristen	5504
	4. Form und Inhalt der Meldungen	5505
III.	Ausfüllen des Meldevordrucks als Anmeldung	5506
	1. Benutzung des Sozialversicherungsnachweisheftes	5507
	2. Verwendung des Ersatz-Versicherungsnachweises	5519
IV.	Besonderes Meldeverfahren bei unständig Beschäftigten	5525
V.	Meldung für geringfügig Beschäftigte	5530
	1. Meldepflichtiger Personenkreis	5530
	2. Adressat der Meldung	5532
	3. Meldefrist	5533
	4. Form und Inhalt der Meldung	5534
VI.	Meldepflichten in Zusammenhang mit dem Sozialversicherungsausweis	5535
	1. Der Sozialversicherungsausweis	5535
	2. Sofortmeldung	5540
	3. Kontrollmeldung	5542
	4. Kontrollmeldung bei Arbeitnehmerüberlassung (Leiharbeit) durch Entleiher	5544

I. Allgemeines zu den Meldepflichten

5500

Versicherungspflicht in der Kranken- und Rentenversicherung und Beitragspflicht zur Bundesanstalt für Arbeit tritt bei Verwirklichung der gesetzlichen Voraussetzungen kraft Gesetzes ohne besonderes Zutun ein. Vom Entstehen der Versicherung müssen die Sozialversicherungsträger Kenntnis erlangen, sie müssen die Beitragsabführung überwachen und die abgeführten Beiträge dem einzelnen Versicherten zuordnen können. Diesem Zweck dienen die Meldungen, die der Arbeitgeber der Krankenkasse als Einzugsstelle zu erstatten hat.

Der Bundesanstalt für Arbeit liefern sie zugleich eine Grundlage für ihre statistische Beobachtung des Arbeitsmarktes. Die **Rechtsgrundlage für die Meldepflichten des Arbeitgebers** findet sich in § 28 a des IV. Buches Sozialgesetzbuch (SGB IV). Die näheren Einzelheiten regelt die 2. Datenerfassungsverordnung (2. DEVO). Für Meldungen auf maschinell verwertbaren Datenträgern oder durch Datenübertragung im Rahmen der elektronischen Datenverarbeitung gilt ergänzend die 2. Datenübermittlungsverordnung (2. DÜVO).

Zur Erstattung der Meldungen ist der Arbeitgeber verpflichtet. Gibt er eine Meldung vorsätzlich oder grob fahrlässig (leichtfertig) nicht, nicht rechtzeitig oder nicht vollständig ab, handelt er ordnungswidrig und kann mit Geldbuße bis zu 5.000 DM belegt werden. Darüber hinaus kommen Ansprüche auf Schadensersatz z.B. der Krankenkasse in Betracht, wenn diese wegen unterlassener Abmeldung des Versicherten irrtümlich noch Leistungen an diesen gewährt hat.

Meldepflichtige Tatbestände (Meldeanlässe) entstehen

- bei Beginn der Beschäftigung (Einstellung) (dazu bei Rz. 5500 ff.)
- während des laufenden Arbeitsverhältnisses (dazu bei Rz. 6100 ff.)
- bei Ende der Beschäftigung (dazu bei Rz. 7004 ff.)

II. Anmeldung des Arbeitnehmers bei der Einstellung

1. Meldepflichtiger Personenkreis

5501
Bei der **Einstellung** ist der **versicherungs- und beitragspflichtig beschäftige Arbeitnehmer** bei der Einzugsstelle anzumelden.

Der Arbeitgeber muß deshalb prüfen, ob der Arbeitnehmer der Versicherungspflicht zu den Zweigen der Sozialversicherung und der Beitragspflicht zur Bundesanstalt für Arbeit unterliegt. In der Mehrzahl der Fälle bereitet das keine Schwierigkeiten, weil in aller Regel Versicherungs- und Beitragspflicht gegeben sind.

In manchen Fällen können aber Zweifel auftreten. So kann z.B. zweifelhaft sein, ob ein neuer Mitarbeiter abhängig beschäftigt (und damit versicherungspflichtig) oder aber sog. **freier Mitarbeiter** (und damit rechtlich selbständig und nicht versicherungspflichtig) ist oder ob ein sog. **Werkstudent** seines Studiums wegen versicherungsfrei ist oder aber, weil seinem Erscheinungsbild nach überwiegend Arbeitnehmer, der Versicherungs- und Beitragspflicht unterliegt (näheres dazu oben bei Rz. 5201 ff.).

Ebenso kann die **Berechnung des Arbeitsentgelts** Zweifel auslösen, ob die Jahresarbeitsentgeltgrenze überschritten und damit Versicherungsfreiheit in der Krankenversicherung eingetreten ist (s. dazu unten bei Rz. 5601, 5626).

Meldepflichten des Arbeitgebers bei Beginn der Beschäftigung

In solchen Zweifelsfällen sollte zur Vermeidung von Fehlern die Krankenkasse als Einzugsstelle um **Auskunft und Beratung** angegangen werden. Lassen sich Zweifel nicht durch Rückfrage bei der Einzugsstelle ausräumen, weil z.B. Ermittlungen zum Sachverhalt notwendig sind, kann die förmliche Entscheidung der Einzugsstelle über die Versicherungs- und Beitragspflicht durch entsprechenden Antrag herbeigeführt werden. Die Entscheidung regelt die Frage dann für die Beteiligten verbindlich.

5502

Anzumelden sind bei der Einstellung hiernach

- Arbeitnehmer, die in der Kranken- und Rentenversicherung versicherungspflichtig und zur Bundesanstalt für Arbeit beitragspflichtig sind (Regelfall).
Die ab 1995 eingeführte neue soziale Pflegeversicherung folgt hinsichtlich der Versicherungspflicht den Regeln der gesetzlichen Krankenversicherung: Wer versicherungspflichtig in der Krankenversicherung ist, ist es grundsätzlich auch zur sozialen Pflegeversicherung! Deshalb schließt die **Meldung** zur Krankenversicherung die Meldung **zur sozialen Pflegeversicherung** ein (§ 50 SGB XI i.d.F. des PflegeVG vom 26.05.1994, BGBl. I S.,1014). Die Beiträge zur sozialen Pflegeversicherung werden ebenso wie die Beiträge zur Krankenversicherung entrichtet (§ 28 d SGB IV n.F.). Im Beitragsnachweis werden die Beiträge zur sozialen Pflegeversicherung mit dem Beitragsgruppenschlüssel P oder numerisch 006 angegeben.

- Arbeitnehmer, die in der Rentenversicherung versicherungspflichtig und zur Bundesanstalt für Arbeit beitragspflichtig sind, aber wegen Überschreitens der **Jahresarbeitsentgeltgrenze** in der Krankenversicherung versicherungsfrei sind. Die Grenze liegt 1995 bei monatlich 5.850 DM und in den östlichen Bundesländern (Beitrittsgebiet) bei monatlich 4.800 DM.
Auch freiwillige Mitglieder der gesetzlichen Krankenversicherung sind in der sozialen Pflegeversicherung versicherungspflichtig! Sie können sich davon aber auf besonderen Antrag befreien lassen (§ 22 SGB XI), wenn sie einen ausreichenden privaten Pflegeversicherungsschutz nachweisen. Ansonsten wirkt die Beitrittserklärung zur gesetzlichen Krankenversicherung als Anmeldung zur sozialen Pflegeversicherung.

- Arbeitnehmer, die in der Kranken- und Rentenversicherung versicherungspflichtig, aber z.B. wegen einer Arbeitszeit von weniger als 18 Stunden wöchentlich ("kurzzeitige Beschäftigung") zur Bundesanstalt für Arbeit beitragsfrei sind (vgl. Rz. 5224),

- Arbeitnehmer, die Altersrente beziehen und für die deshalb unter Fortbestand der Versicherungs- und Beitragspflicht in den übrigen Versicherungszweigen der eigene Beitragsanteil zur Rentenversicherung entfällt, also zur Rentenversicherung nur der Arbeitgeberanteil zu entrichten ist (vgl. Rz. 5227),

Sozialrecht

- Arbeitnehmer nach Vollendung des 65. Lebensjahres, für die der eigene Beitragsanteil zur Bundesanstalt für Arbeit entfällt und in diesem Zweig nur der Arbeitgeberanteil zu entrichten ist,
- Arbeitnehmer in Altersteilzeitarbeit nach Maßgabe des Altersteilzeitgesetzes mit Wochenarbeitszeit von mindestens 18 Stunden,
- Arbeitnehmer, die eine Teilrente wegen Alters beziehen,
- Für Arbeitnehmer, die für eine versicherungsfreie und beitragsfreie geringfügige Beschäftigung eingestellt werden, ist eine besondere Meldung zu erstatten (näheres dazu unten bei Rz. 5530),
- Besondere Meldungen sind schließlich für Arbeitnehmer in bestimmten Gewerbezweigen im Zusammenhang mit dem Sozialversicherungsausweis vorgeschrieben (näheres unten bei Rz. 5540, 5542).

2. Adressat der Meldungen

5503

Die Meldungen sind an die **zuständige Einzugsstelle** zu richten. Für versicherungspflichtige und beitragspflichtige Arbeitnehmer ist das die für den Betrieb zuständige Ortskrankenkasse (AOK), Betriebskrankenkasse (BKK) oder Innungskrankenkasse (IKK), die den Gesamtsozialversicherungsbeitrag einzieht.

Hat der versicherungspflichtig Beschäftigte (in aller Regel: Angestellte) die Mitgliedschaft bei einer Ersatzkasse gewählt, ist die Meldung an diese Ersatzkasse zu richten (z.B. Barmer Ersatzkasse, Deutsche Angestellten-Krankenkasse, Hamburg-Münchner-Ersatzkasse, Kaufmännische Krankenkasse KKH).

Ist der Arbeitnehmer **rentenversicherungspflichtig und beitragspflichtig** zur Bundesanstalt für Arbeit, aber z.B. wegen Überschreitens der Jahresarbeitsentgeltgrenze krankenversicherungsfrei, sind die Meldungen an die Krankenkasse zu richten, welcher der Arbeitnehmer als freiwilliges Mitglied angehört. Das gilt auch, wenn er freiwilliges Mitglied einer Ersatzkasse ist. Sie ist für ihn dann Einzugsstelle.

Abweichend davon ist im Interesse der Arbeitserleichterung die Betriebskrankenkasse des Arbeitgebers Einzugsstelle auch für solche Arbeitnehmer, die bei einer fremden Betriebskrankenkasse freiwillig versichert sind; für sie sind die Meldungen deshalb an die "eigene" Betriebskrankenkasse zu richten.

Gehört der krankenversicherungsfreie Arbeitnehmer gar keiner Krankenkasse an, weil er z.B. **privatversichert** ist, so sind die Meldungen an die Krankenkasse als Einzugsstelle zu richten, die im Falle bestehender Krankenversicherung zuständig wäre. Das ist die für den Betrieb zuständige BKK oder IKK oder, falls solche Kasse nicht besteht, die AOK.

Meldepflichten des Arbeitgebers bei Beginn der Beschäftigung

5503 a

Arbeitnehmer, die in den östlichen Bundesländern oder im östlichen Teil Berlins beschäftigt und nach Maßgabe der für den Rechtskreis Ost gültigen Berechnungsgrößen krankenversicherungspflichtig sind (vgl. dazu Rz. 5244, 5245; die Jahresarbeitsentgeltgrenze für den Rechtskreis Ost liegt 1995 bei monatlich 4.800 DM), die ihren Wohnsitz aber weiterhin im alten Bundesgebiet oder im Westteil Berlins haben (also im "Rechtskreis West"), haben noch ein besonderes Kassenwahlrecht. Gemäß 312 Abs. 7a SGB V können sie statt der für sie im Rechtskreis Ost an sich zuständigen Krankenkasse die für sie zuletzt im Rechtskreis West zuständige Krankenkasse als für sie zuständig wählen. Bestand z.B. bei Berufsanfängern im Rechtskreis West noch keine Krankenversicherung, wird diejenige ("West-") Krankenkasse gewählt, die zuständig wäre, wenn die Beschäftigung im Rechtskreis West ausgeübt würde. Besteht eine in beiden Rechtskreisen zuständige überregionale Betriebskrankenkasse, so kann dort die Durchführung der Krankenversicherung nach "Westrecht" gewählt werden. Wird die Wahl **innerhalb von 2 Wochen nach Beschäftigungsbeginn** ausgeübt, beginnt die gewählte Mitgliedschaft mit dem Beschäftigungsbeginn, anderenfalls nach Ablauf des auf die Ausübung des Wahlrechts folgenden übernächsten Monats.

Die Ausübung des Wahlrechts muß dem Arbeitgeber mitgeteilt werden. Verlegt der Arbeitnehmer nach Ausübung der Wahl seinen **Wohnsitz** in den Rechtskreis Ost, verbleibt es bei der gewählten Zuständigkeit. Die Ausübung des Wahlrechts hat für den Arbeitgeber **folgende Konsequenzen:**

- Für die Frage der Krankenversicherungspflicht gelten weiterhin die im Rechtskreis Ost gültigen Berechnungsgrößen, also die Jahresarbeitsentgeltgrenze 1995 von monatlich 4.800 DM.

- Die Beiträge zur Krankenversicherung werden nach dem Beitragssatz der gewählten Krankenkasse unter Berücksichtigung der im Rechtskreis West gültigen Beitragsbemessungsgrenze (1995: monatlich 5.800 DM) berechnet. Für die Beiträge zur Rentenversicherung und zur Bundesanstalt für Arbeit gilt die Beitragsbemessungsgrenze für den Rechtskreis Ost (sie liegt 1995 bei monatlich 6.400 DM).

- Der Arbeitgeber meldet den Arbeitnehmer bei der gewählten Krankenkasse an, sie ist zuständige Einzugsstelle. War er zuvor bereits zu einer Krankenkasse im Rechtskreis Ost gemeldet, muß dort zugleich die Abmeldung vorgenommen werden (vgl. Rz. 5506 ff.).

Die Meldung muß **manuell erstattet** und kann nicht im maschinellen Verfahren nach der DÜVO vorgenommen werden. Für die Anmeldung gilt der Beitragsgruppenschlüssel 100 und für die Renten- und Arbeitslosenversicherung der Beitragsgruppenschlüssel 011 bzw. 021.

Sofern nicht eine für beide Rechtskreise zuständige überregionale Betriebskrankenkasse besteht, muß die Anmeldung zur Krankenversicherung im Westkreis

Sozialrecht

und zur Renten- und Arbeitslosenversicherung im Ostkreis auf zwei getrennten Meldevordrucken aus dem SVN-Heft (vgl. Rz. 5506 ff.) vorgenommen werden. Beide Anmeldevordrucke sind oben rechts mit dem Rotstiftzusatz "Ost/West" zu versehen. Bei einer gemeinsamen Betriebskrankenkasse ist der Rotstiftzusatz "Kassenwahlrecht § 312 Abs. 7 a SGB V" anzubringen.

3. Meldefristen

5504
Die Anmeldung ist **binnen 2 Wochen nach Beginn der Beschäftigung** zu erstatten. Für die besondere Meldung **geringfügig Beschäftigter** und die besondere Meldung in bestimmten Gewerbezweigen (näheres bei Rz. 5530, 5540) gelten kürzere Fristen.

4. Form und Inhalt der Meldungen

5505
Die Meldungen sind auf besonderen Vordrucken in der darin vorgesehenen Weise zu erstatten.
Grundsätzlich sind die **Formblätter des Sozialversicherungsnachweisheftes (SVN-Heft)** zu verwenden. Das SVN-Heft erhält der Arbeitnehmer vom Rentenversicherungsträger; es ist bereits mit seinem Namen, seiner Versicherungsnummer und der Angabe seiner Staatsangehörigkeit versehen. Der Arbeitnehmer hat das SVN-Heft bei der Einstellung dem Arbeitgeber **auszuhändigen**.

```
Versicherungsnummer
Bereich Geburtsdatum      Serien-Nr.    Geburtsname
```

VERSICHERUNGSNACHWEISE
DER SOZIALVERSICHERUNG

ausgestellt von der   ausgestellt am
Bundesversicherungsanstalt für Angestellte
Postanschrift: Postfach · 1000 Berlin 88   Hauptverwaltung:
                                                Ruhrstraße 2, Berlin-Wilmersdorf

Herrn, Frau, Fräulein

Bitte beim Arbeitgeber abgeben

Veuillez remettre à l'employeur

Παραδώσατέ το παρακαλώ στόν έργοδότη

Please pass over to employer

Si prega di consegnare al datore di lavoro

Izvolite predati poslodavcu

Entréguese al patrono

Lütfen, işverene teslim ediniz

Meldepflichten des Arbeitgebers bei Beginn der Beschäftigung

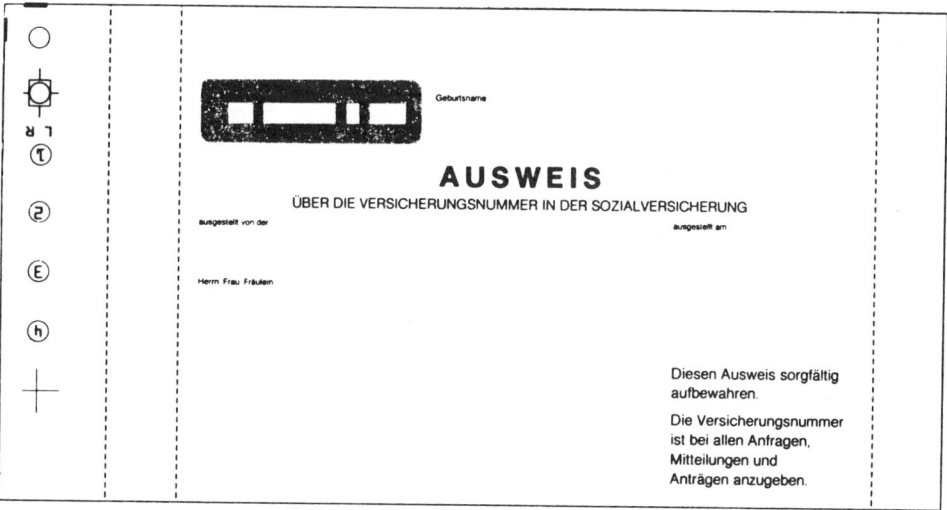

Sozialrecht

Hat der Arbeitnehmer bei der Einstellung z.B. als Berufsanfänger noch kein SVN-Heft in Händen, kann der Sondervordruck "Ersatzversicherungsnachweis" benutzt werden.

Der ausgefüllte Meldevordruck ist dem SVN-Heft zu entnehmen und geht an die Krankenkasse. Eine Durchschrift erhält der Arbeitnehmer als Beleg, eine weitere bleibt beim Arbeitgeber und ist **wie die Lohnunterlagen aufzubewahren**.

5506

III. Ausfüllen des Meldevordrucks als Anmeldung

Meldepflichten des Arbeitgebers bei Beginn der Beschäftigung

1. Benutzung des Sozialversicherungsnachweisheftes

5507

- **Kastenfeld:** Anschrift
  In das oberste Feld mit der Überschrift "bei Anmeldung: Anschrift" ist die im Meldezeitpunkt aktuelle Adresse des Arbeitnehmers einzutragen, auch wenn sie mit der bereits vom Rentenversicherungsträger auf dem Deckblatt des SVN-Heftes vorgenommenen Eintragung übereinstimmt.

- **Kastenfeld:** verheiratet: ja
  Wenn der Arbeitnehmer im Zeitpunkt der Meldung verheiratet ist, wird das Kastenfeld mit einem "x" ausgefüllt, anderenfalls bleibt es leer.

5508

- **Kastenfeld:** Kontrollmeldung: ja
  Wird die Anmeldung zugleich als Kontrollmeldung wegen Nichtvorlage des Sozialversicherungsausweises genutzt (dazu unten bei Rz. 5542), ist in das Kastenfeld ein "x" einzutragen.

5509

- **Kastenfeld:** Rentner oder Rentenantragsteller: ja
  In dieses Kastenfeld ist ein "x" einzutragen, wenn der Arbeitnehmer eine Rente aus der gesetzlichen Rentenversicherung bezieht oder beantragt hat. Der Ar-

beitnehmer hat dem Arbeitgeber auf Befragen darüber Auskunft zu erteilen. Solche Rente kann auch eine Hinterbliebenenrente für Witwen oder Witwer oder für Waisen sein. Die Frage kommt deshalb auch für jüngere Arbeitnehmer in Betracht.

5510

- **Kastenfeld**: Mehrfachbeschäftigter: ja
  In dieses Kastenfeld ist ein "x" einzutragen, wenn der Arbeitnehmer noch eine andere versicherungspflichtige Beschäftigung ausübt. Der Arbeitnehmer ist entsprechend zu befragen und auskunftspflichtig; die Kassenzuständigkeit kann davon abhängen.

5511

- **Kastenfeld**: Angaben zur Tätigkeit
  In dieses in die Teilfelder A und B unterteilte Kastenfeld sind bezogen auf die Verhältnisse zum Meldezeitpunkt im linken Teilfeld A Angaben über die ausgeübte Tätigkeit zu machen und im rechten Teilfeld B solche über die Stellung im Beruf (erste Stelle rechts) sowie über die Ausbildung (zweite Stelle rechts).
  Für die Angaben sind Schlüsselzahlen zu verwenden. Sie können dem amtlichen Schlüsselverzeichnis entnommen werden, das von der Bundesanstalt für Arbeit herausgegeben wird und bei den Arbeitsämtern erhältlich ist.
  Die ausgeübte Tätigkeit (linkes Teilfeld A) ist mit einer dreistelligen Schlüsselzahl auszufüllen.

Beispiel:
Kfz-Schlosser in einer Reparaturwerkstatt:
Schlüsselzahl 281
Kfz-Schlosser im Motorenbau:
Schlüsselzahl 273

In die rechte Teilspalte B sind zwei jeweils einstellige Schlüsselzahlen einzutragen. Die erste Stelle gibt die Stellung im Beruf an, die zweite die Ausbildung.

5512

Die Stellung im Beruf (erste Stelle rechtes Teilfeld B) ist nach Vollzeit- oder Teilzeitbeschäftigung zu differenzieren und wie folgt zu verschlüsseln:

- **Vollzeitbeschäftigte**
  - Auszubildender (Lehrling, Anlernling, Praktikant, Volontär): 0
  - Arbeiter, der nicht als Facharbeiter tätig ist: 1
  - Arbeiter, der als Facharbeiter tätig ist: 2
  - Meister, Polier (sei er Arbeiter oder Angestellter): 3
  - Angestellter (aber nicht Meister im Angestelltenverhältnis): 4
  - Heimarbeiter/Hausgewerbetreibender: 7

Meldepflichten des Arbeitgebers bei Beginn der Beschäftigung

○ **Teilzeitbeschäftigte**
  ○ mit Wochenarbeitszeit von weniger als 18 Stunden: 8
  ○ mit Wochenarbeitszeit von 18 Stunden und mehr,
    aber nicht vollbeschäftigt: 9

5513

Die Ausbildung des Arbeitnehmers (zweite Stelle rechtes Teilfeld B) ist als persönliches Merkmal des Beschäftigten unabhängig davon anzugeben, ob die Ausbildung Bezug zur ausgeübten Beschäftigung hat. Es ist wie folgt zu verschlüsseln:

○ Volks- oder Hauptschule, mittlere Reife oder
  gleichwertige Schulbildung,
  ohne abgeschlossene Berufsausbildung: 1
○ mit abgeschlossener Berufsausbildung (Lehre,
  Anlernausbildung, Berufsfach- oder Fachschule): 2
○ Abitur (allgemeine oder fachgebundene Hochschulreife)
  ohne abgeschlossene Berufsausbildung 3
○ mit abgeschlossener Berufsausbildung 4
○ Abschluß einer Fachhochschule 5
○ Hochschul- oder Universitätsabschluß 6
○ Ausbildung unbekannt, keine Angabe möglich 7

Beispiel:
Kfz-Schlosser in einer Reparaturwerkstatt als Facharbeiter; der Beschäftigte hat Volksschulabschluß und eine abgeschlossene Lehre.
Einzutragen ist wie folgt:

A	B
281	22

5514

• **Kastenfeld:** Betriebsnummer
In das Kastenfeld ist die dem Betrieb vom Arbeitsamt zugeteilte Betriebsnummer einzutragen. Ist noch keine Betriebsnummer zugeteilt, hat sie der Arbeitgeber unverzüglich beim Arbeitsamt zu beantragen. In Eilfällen kann das auch fernmündlich geschehen.

5515

• **Kastenfeld:** Beitragsgruppe (n)
Hier ist die für den Arbeitnehmer zutreffende Beitragsgruppe einzusetzen, nach welcher der Beitrag an die Krankenkasse abgeführt wird. Für die Beitragsgruppen KV (Krankenversicherung), RV (Rentenversicherung) und BA

(Bundesanstalt für Arbeit) gelten folgende Schlüsselzahlen, die im übrigen auf der Rückseite des Vordrucks abgedruckt sind:

○ **Krankenversicherung (KV)**
  kein Beitrag 0
  allgemeiner Beitrag 1
  erhöhter Beitrag 2
  ermäßigter Beitrag 3
○ **Rentenversicherung (RV)**
  kein Beitrag 0
  voller Beitrag Arbeiterrentenversicherung (ArV) 1
  voller Beitrag Angestelltenversicherung (AnV) 2
  halber Beitrag ArV 3
  halber Beitrag AnV 4
○ **Bundesanstalt für Arbeit (BA)**
  kein Beitrag 0
  Beitrag 1
  halber Beitrag 2

In der Krankenversicherung kommt die Schlüsselzahl 0 (kein Beitrag) in Betracht, wenn der Arbeitnehmer krankenversicherungsfrei ist, z.B. wegen Überschreitens der Jahresarbeitsentgeltgrenze. In der Regel ist mit 1 zu verschlüsseln (allgemeiner Beitrag). Der erhöhte Beitragssatz (Schlüsselzahl 2) gilt für Personen, die keinen Anspruch auf Lohnfortzahlung für mindestens 6 Wochen bei Arbeitsunfähigkeit haben und der ermäßigte Beitrag (Schlüsselzahl 3) für solche, für die kein Anspruch auf Krankengeld besteht.

Für die Rentenversicherung ist 0 zu verschlüsseln, wenn der Arbeitnehmer z.B. von der Rentenversicherung befreit ist. Im übrigen ist in Angestelltenversicherung (Schlüsselzahl 2) und Arbeiterrentenversicherung (Schlüsselzahl 1) zu trennen. Der halbe Beitrag (Schlüsselzahlen 3 oder 4) gilt für solche Arbeitnehmer, bei denen nur der Arbeitgeberanteil für die Rentenversicherung zu entrichten ist (z.B. Bezieher einer Altersrente).

Zur Bundesanstalt für Arbeit ist der halbe Beitrag (nur Arbeitgeberanteil, Schlüsselzahl 2) zu entrichten, wenn der Arbeitnehmer das 65. Lebensjahr vollendet hat.

5516

- **Kastenfeld:** Beginn der Beschäftigung
  Das Datum des Beginns der Beschäftigung ist bei der Anmeldung nach Tag, Monat und Jahr in jeweils zweistelligen Zahlen anzugeben.

Beispiel:
Bei Beginn am 01.05.1994: 010594.

Meldepflichten des Arbeitgebers bei Beginn der Beschäftigung

5517

- **Kastenfeld:** Grund der Abgabe
  In das Kastenfeld ist die auf der Rückseite des Vordrucks ersichtliche Schlüsselzahl einzutragen, bei Anmeldung zu Beginn der Beschäftigung also: Schlüsselzahl 0.

5518

- **Ergänzende Angaben:**
  Im unteren Vordruck-Abschnitt links ist die vorgedruckte Kassenart (z.B. AOK, BKK, IKK usw.) zu unterstreichen und um den Namen der jeweiligen Kasse zu ergänzen (z.B. AOK Berlin). Die Abkürzung EK steht für Ersatzkasse, die Abkürzung LKK für Landwirtschaftliche Krankenkasse.

Der Name des Arbeitgebers und seine Anschrift können durch Stempelaufdruck angegeben werden. Soweit die Kontonummer des Arbeitgebers nicht mit seiner Betriebsnummer identisch ist, muß sie im unteren rechten Feld eingetragen werden. Hat der Arbeitgeber noch keine Kontonummer, sollte das entsprechend vermerkt werden ("Erstanmeldung").

2. Verwendung des Ersatz-Versicherungsnachweises

5519

Der Ersatz-Versicherungsnachweis ähnelt dem Vordruck im SVN-Heft. Er ist deshalb in derselben Weise auszufüllen wie jener (dazu oben bei Rz. 5506). Erweiterte Angaben fordert er im wesentlichen hinsichtlich der Personalien des Arbeitnehmers.

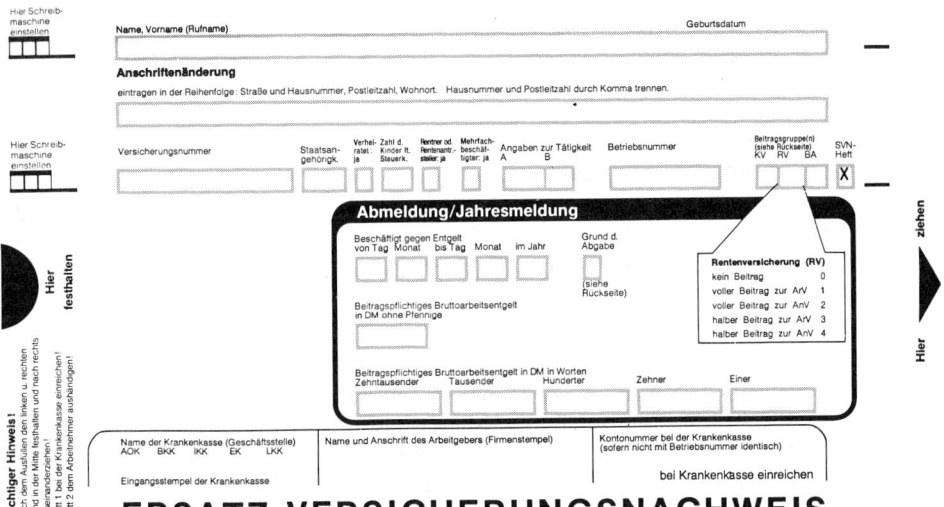

Sozialrecht

5520

- **Kastenfeld:** Name, Vorname, Rufname
  Die Namen sind, durch Komma getrennt, einzutragen und zwar beginnend mit dem Familiennamen. Doppelnamen sind mit Bindestrich einzutragen.

5521

- **Kastenfeld:** Geburtsdatum
  Das Geburtsdatum ist in der Reihenfolge Tag, Monat, Jahr mit jeweils zwei Ziffern einzutragen. Ist der Versicherte am 07. Februar 1956 geboren, ist wie folgt einzutragen: 07 02 56.

5522

- **Kastenfeld:** Versicherungsnummer
  In das Kastenfeld wird die Versicherungsnummer des Arbeitnehmers eingetragen. Hat er keine Versicherungsnummer oder kann sie nicht festgestellt werden, sind im mittleren rechten Feld ergänzende Angaben notwendig:

  o Staatsangehörigkeit (z.B. deutsch)
  o Geburtsort
  o Geburtsname, sofern er vom Familiennamen abweicht
  o Geschlecht (das entsprechende Kastenfeld ist mit einem "x" zu versehen)
  o Art der Versicherung in der gesetzlichen Rentenversicherung (in das entsprechende Kastenfeld ist ein "x" einzutragen, in aller Regel wird das Kastenfeld "Pflichtversicherter" anzukreuzen sein).

Meldepflichten des Arbeitgebers bei Beginn der Beschäftigung

5523

- **Kastenfeld:** Staatsangehörigkeit
  In das kleine Kastenfeld neben dem für die Versicherungsnummer ist die Staatsangehörigkeit mit der dreistelligen Schlüsselzahl des vom Statistischen Bundesamt herausgegebenen Schlüsselverzeichnisses einzutragen

Beispiel:	Belgien	124
	Dänemark	126
	Deutschland	000
	Frankreich	129
	Griechenland	134
	Spanien	161
	Großbritannien	168
	Irland	135
	Italien	137
	Luxemburg	143
	Niederlande	148
	Rumänien	154
	Polen	152
	Türkei	163
	Staatenlos	997
	ohne Angabe	999

5524

- **Kastenfeld:** EG-Ausländer
  Bei der erstmaligen Aufnahme einer versicherungspflichtigen Beschäftigung in Deutschland durch einen EG-Ausländer ist in dem großen Kastenfeld "Anmeldung" unter dem Datum des Beginns der Beschäftigung außerdem das Geburtsland des Ausländers in Worten einzusetzen, gleichgültig, ob es mit seiner Staatsangehörigkeit übereinstimmt oder abweicht. Ferner ist die Versicherungsnummer des Landes einzutragen, dessen Staatsangehörigkeit der EG-Ausländer besitzt, sofern diese Nummer bekannt ist.

IV. Besonderes Meldeverfahren bei unständig Beschäftigten

5525

Unständig Beschäftigte sind solche Arbeitnehmer, deren Beschäftigung auf weniger als eine Woche nach der Natur der Sache befristet zu sein pflegt oder im voraus durch Arbeitsvertrag beschränkt ist. Es handelt sich um Personen, die zwar abhängige Arbeit verrichten, aber ohne festes Arbeitsverhältnis bald hier, bald dort, heute mit dieser und morgen mit jener Arbeit beschäftigt sind (z.B. Lohnschlächter, Aushilfskellner).

Sozialrecht

! Welcher Betrieb erstmalig oder voraussichtlich letztmalig eine Person unständig beschäftigt, hat dies der für den Betrieb zuständigen Krankenkasse formlos anzuzeigen. Diese Meldepflicht besteht unabhängig von der Verpflichtung zur An- und Abmeldung nach den allgemeinen Regeln.

Anstelle der allgemeinen Meldung kann für unständig Beschäftigte mit der Krankenkasse ein vereinfachtes Listenverfahren vereinbart werden. In diesem Fall hat der Arbeitgeber bis zum 5. Werktag eines Monats für den Vormonat eine besondere Meldung zu erstatten, und zwar auf einem besonderen Listenvordruck. Diese Meldung enthält:

- Name, Anschrift und Betriebsnummer des Arbeitgebers
- Name, Anschrift, Geburtsdatum und Versicherungsnummer der Arbeitnehmer
- die Beitragsgruppen
- die einzelnen Tage, an denen die Beschäftigung ausgeübt wurde
- die Höhe des in der Rentenversicherung beitragspflichtigen Arbeitsentgelts
- die einbehaltenen Krankenversicherungsbeiträge

Dieses Meldeverfahren kann auch für versicherungspflichtig kurzfristig Beschäftigte angewendet werden.

V. Meldung für geringfügig Beschäftigte

1. Meldepflichtiger Personenkreis

5530

Mehrere geringfügige Beschäftigungen werden **zusammengerechnet** und lösen bei Überschreiten der Arbeitszeit- und/oder -entgeltgrenze Versicherungs- und Beitragspflicht aus. Auch wenn der erste Arbeitgeber des geringfügig Beschäftigten von dessen zweiter Beschäftigung nichts weiß, tritt die Beitragspflicht ein und der Arbeitgeber sieht sich plötzlich entsprechenden Forderungen der Krankenkasse ausgesetzt. Soweit die **Geringverdienergrenze** (1995: 610 DM monatlich im Rechtskreis West; 500 DM im Rechtskreis Ost) reicht, muß der Arbeitgeber die angefallenen Beiträge allein tragen und darf den Arbeitnehmer nicht hälftig heranziehen.

Wenn der geringfügig beschäftigte Arbeitnehmer trotz Befragung die Aufnahme der weiteren geringfügigen Beschäftigung seinem Arbeitgeber vorsätzlich oder fahrlässig verschweigt, kann der Arbeitgeber vom Arbeitnehmer wegen der dadurch eingetretenen Beitragsbelastung **u.U. Schadensersatz verlangen!** Das ist jetzt vom Bundesarbeitsgericht höchstrichterlich anerkannt *(16.03.1994, 8 AZR 112/93).*

Meldepflichten des Arbeitgebers bei Beginn der Beschäftigung

Eine gewisse Kontrollmöglichkeit für den Arbeitgeber schafft hier der Sozialversicherungsausweis (vgl.unten Rz. 5535, 5536).

Damit die Krankenkassen als Einzugsstellen Überschneidungen geringfügiger Beschäftigungen besser feststellen können, muß die Aufnahme einer geringfügigen Beschäftigung vom Arbeitgeber gemeldet werden (ebenso die Beendigung und die Änderung der Art der geringfügigen Beschäftigung, z.B. Wechsel von der kurzfristigen zur geringfügig entlohnten Beschäftigung). Diese Meldungen dienen freilich **nur der Unterrichtung der Sozialversicherungsträger**; aus Datenschutzgründen darf die Krankenkasse einem Arbeitgeber keine Auskunft erteilen, ob ein bestimmter Arbeitnehmer womöglich noch weitere geringfügige Beschäftigungen ausübt.

5531

Der Arbeitgeber muß im Grundsatz **jeden Beschäftigten melden**, der eine geringfügige Beschäftigung aufnimmt (dazu oben Rz. 5220).
Für **folgende Personengruppen** braucht die Aufnahme einer geringfügigen Beschäftigung aber **nicht gemeldet** zu werden (vgl. § 109 SGB IV):

- Arbeitnehmer bis zum vollendeten **16. Lebensjahr**, die eine allgemeinbildende Schule besuchen, sofern die fragliche Beschäftigung die Geringfügigkeitsgrenze nicht überschreitet (z.B. **Schüler in Ferienjobs**). Wenn der Schüler im Lauf der Beschäftigung sein 16. Lebensjahr vollendet, muß die Anmeldung für geringfügig Beschäftigte erstattet werden; Beginn-Datum ist der Tag nach Vollendung des 16. Lebensjahres;

- Arbeitnehmer als **Beschäftigte in privaten Haushalten** (Haushaltshilfen), sofern die einzelne Beschäftigung die Geringfügigkeitsgrenze nicht überschreitet (Rz. 5538);

- mitarbeitende **Ehegatten und Familienangehörige landwirtschaftlicher Unternehmer** für die Beschäftigung als mitarbeitender Familienangehöriger (Rz. 5538);

- Arbeitnehmer, die im Rahmen eines im Ausland bestehenden Beschäftigungsverhältnisses nach Deutschland entsandt werden, für die in diesem Rahmen hier ausgeübte Beschäftigung **(z.B. entsandte Montagekräfte)**;

- Beschäftigte im **Schaustellergewerbe** und solche, die beim **Auf- und Abbau von Messen und Ausstellungen** tätig sind und deren Beschäftigung innerhalb eines Monats nach ihrer Eigenart oder im voraus vertraglich auf längstens 6 Tage begrenzt zu sein pflegt, es sei denn, die Beschäftigung wird berufsmäßig ausgeübt;

- **Beschäftigte in der Land- und Forstwirtschaft**, deren Beschäftigung innerhalb von 3 Monaten nach ihrer Eigenart oder im voraus vertraglich auf längstens 18 Tage begrenzt zu sein pflegt **(Ernteaushilfen)**.

Diese Ausnahme von der Anmeldepflicht gilt aber wiederum nicht, wenn solche kurzfristigen Beschäftigungen berufsmäßig ausgeübt werden; dann muß die Anmeldung für geringfügig Beschäftigte erstattet werden.

2. Adressat der Meldung

5532

Die Meldung ist an die **Krankenkasse** zu erstatten, die im Falle der Versicherungspflicht zuständig wäre. Das ist die für den Betrieb zuständige AOK, BKK oder IKK unabhängig davon, ob der geringfügig beschäftigte Arbeitnehmer womöglich freiwillig bei einer anderen Kasse versichert ist und ebenso unabhängig davon, ob er mehrfach beschäftigt ist und z.B. neben der geringfügigen noch eine Hauptbeschäftigung ausübt und darin bei einer anderen Kasse pflichtversichert ist.

3. Meldefrist

5533

Die Meldung muß **binnen einer Woche nach Beginn der Beschäftigung** erstattet werden.

4. Form und Inhalt der Meldung

5534

Für die Meldung ist ein besonderer Vordruck (vgl. nebenstehende Abbildung) zu verwenden, der bei der Krankenkasse erhältlich ist

Meldepflichten des Arbeitgebers bei Beginn der Beschäftigung

Muster: Meldung für geringfügig Beschäfigte

Kontrollmeldung/Sofortmeldung/Meldung für geringfügig Beschäftigte

1 A

bei Krankenkasse einreichen

Wichtiger Hinweis - bei der erstmaligen Erhebung von Daten:
Die hiermit angeforderten personenbezogenen Daten werden unter Beachtung des Bundesdatenschutzgesetzes erhoben; ihre Kenntnis ist zur Durchführung des Meldeverfahrens nach Maßgabe des Vierten Buches Sozialgesetzbuch sowie der Zweiten Datenerfassungs-Verordnung erforderlich.

* (falls Versicherungsnummer nicht bekannt)

Name
Vorname — Geburtsdatum *
Straße und Hausnummer
Postleitzahl — Wohnort
Versicherungsnummer

Beim Ausfüllen mit der Schreibmaschine können Sie fortlaufend schreiben; Sie brauchen die Kästchen dabei nicht zu beachten.

A Kontrollmeldung

B Sofortmeldung

Beginn der Beschäftigung — Mehrfachbeschäftigt: ja — Geringfügige Beschäftigung: ja

C Meldung für geringfügig Beschäftigte

Anmeldung
Beginn der Beschäftigung — Geringfügig entlohnte Beschäftigung — Kurzfristige Beschäftigung — Mehrfachbeschäftigt: ja

Abmeldung
Ende der Beschäftigung — Geringfügig entlohnte Beschäftigung — Kurzfristige Beschäftigung

Wenn keine deutsche Versicherungsnummer eingetragen ist:
Staatsangehörigkeit
Geburtsort
Geburtsname
Geschlecht: männlich / weiblich

Name der Krankenkasse (Geschäftsstelle)
AOK BKK IKK EK LKK See-KK BKN

Name, Anschrift und Unterschrift des Arbeitgebers (Firmenstempel)

Betriebsnummer

Konto-Nr. bei der Krankenkasse (sofern nicht mit der Betriebsnummer identisch)

Eingangsstempel der Krankenkasse

Das Formblatt dient ebenso für die Kontroll- und die Sofortmeldung (dazu unten bei Rz. 5540, 5542). Für die Meldung für geringfügig Beschäftigte sind neben den Personalien und der Versicherungsnummer des Beschäftigten (im oberen Teil des Vordrucks) die Angaben im unteren Abschnitt C zu machen:

- bei der Anmeldung ist das entsprechende Kastenfeld mit einem "x" zu versehen
- Beginn der Beschäftigung nach Tag, Monat und Jahr ist jeweils mit zwei Ziffern anzugeben (z.B. 07 05 93)
- geringfügig entlohnte Beschäftigung/kurzfristige Beschäftigung: das Zutreffende ist in dem zugeordneten Kastenfeld mit einem "x" zu bezeichnen (zu dem Unterschied vgl. Rz. 5221, 5225).
- bei Mehrfachbeschäftigung ist das entsprechende Kastenfeld mit einem "x" zu versehen, anderenfalls bleibt es leer.

Kann keine deutsche Versicherungsnummer eingetragen werden, sind die links unten ersichtlichen Angaben erforderlich zu "Staatsangehörigkeit", "Geburtsort", "Geburtsname" und "Geschlecht" des Arbeitnehmers.

Am unteren Rand sind durch Unterstreichen der zutreffenden Abkürzung (z.B. AOK) und Hinzusetzen des Namens die zuständige Krankenkasse zu bezeichnen, Name und Anschrift des Arbeitgebers anzugeben und schließlich die Betriebsnummer oder eine davon abweichende Kontonummer der Krankenkasse. Die Betriebsnummer erteilt auf formlosen Antrag das Arbeitsamt.

Das für versicherungspflichtige unständig und kurzfristig Beschäftigte mögliche vereinfachte Listenverfahren (dazu Rz. 5525) kann mit der Krankenkasse auch für versicherungsfreie Beschäftigte dieser Art vereinbart werden.

VI. Meldepflichten in Zusammenhang mit dem Sozialversicherungsausweis

1. Der Sozialversicherungsausweis

5535
Jeder Beschäftigte erhält einen Sozialversicherungsausweis (SV-Ausweis). Er muß unter bestimmten Voraussetzungen bei der Beschäftigung stets mitgeführt, bei Kontrollen vorgelegt und bei Inanspruchnahme von Sozialleistungen (Krankengeld, Arbeitslosengeld) beim Sozialleistungsträger hinterlegt werden. Mit diesem Instrument soll illegale Beschäftigung ("Schwarzarbeit") verhindert und der mißbräuchlichen Inanspruchnahme von Sozialleistungen sowie dem Mißbrauch der Versicherungsfreiheit geringfügiger Beschäftigungen begegnet werden.

Meldepflichten des Arbeitgebers bei Beginn der Beschäftigung

Wer z.B. bei der Krankenkasse Krankengeld oder beim Arbeitsamt Arbeitslosengeld beantragt, muß nicht nur seinen SV-Ausweis für die Dauer des Leistungsbezuges dort hinterlegen, sondern auch seine **Lohnsteuerkarte**. Davon befreit ist er nur für eine Lohnsteuerkarte mit der Lohnsteuerklasse VI oder wenn überwiegende Interessen des Betroffenen der Hinterlegung entgegenstehen (§ 150 b AFG). Ohne Lohnsteuerkarte und SV-Ausweis ist es dem Betroffenen erheblich erschwert, während des Bezuges der Sozialleistung eine Beschäftigung aufzunehmen.

Der Beschäftigte ist verpflichtet, den SV-Ausweis bei Beginn der Beschäftigung dem Arbeitgeber vorzulegen und für den Arbeitgeber besteht die Verpflichtung, sich den SV-Ausweis vorlegen zu lassen.

Der **Arbeitgeber kann auch verlangen**, daß der **Sozialversicherungsausweis bei ihm hinterlegt** wird, nämlich für die Zeit, für die bei **Arbeitsunfähigkeit** Lohn- oder Gehaltsfortzahlung zu leisten ist. Solange der erkrankte Arbeitnehmer dem nicht nachkommt, kann der Arbeitgeber die Entgeltfortzahlung verweigern (§ 100 Abs. 2 SGB IV).

Der SV-Ausweis wird für jeden Arbeitnehmer ohne besonderen Antrag von Amts wegen vom Rentenversicherungsträger ausgestellt. Das geschieht **bei erstmaliger Vergabe einer Versicherungsnummer**, also bei erstmaliger Aufnahme einer Beschäftigung im Inland. Wer bereits eine Versicherungsnummer hat, erhält den Ausweis bei Ausstellung eines neuen SVN-Heftes. Dafür läuft eine Übergangsfrist noch bis zum 31.12.1995. Die Ausstellung der SV-Ausweise ist bis Jahresende 1993 aber im allgemeinen abgeschlossen worden. Welcher Arbeitnehmer noch keinen SV-Ausweis hat, kann sich an die Krankenkasse wenden, die als Einzugsstelle den Gesamtsozialversicherungsbeitrag einzieht; im Zweifel wendet er sich an die AOK.

5536

Bis zur Ausstellung des SV-Ausweises kann der **Ausweis über die Versicherungsnummer im SVN-Heft** als Ausweis verwendet werden; Arbeitgeber sollten freilich beachten, daß bis Ende 1993 im allgemeinen jeder Arbeitnehmer einen SV-Ausweis erhalten hat.

Der in der früheren DDR übliche Ausweis für Arbeit und Sozialversicherung hatte eine andere Bedeutung. Er war Nachweis über die versicherungspflichtige Beschäftigung und die beitragspflichtigen Entgelte, die vom Betrieb darin bescheinigt wurden. Er behält seine Bedeutung für die Rentenversicherung und muß sorgfältig aufbewahrt werden.

Sozialrecht

5537

Muster: Sozialversicherungsausweis

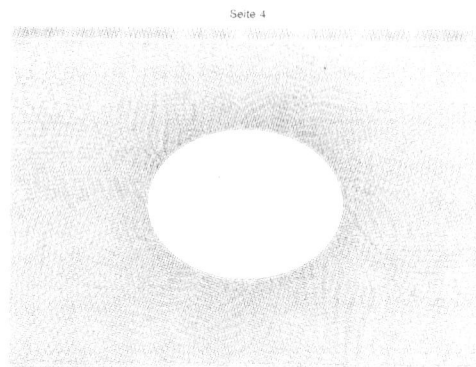

Meldepflichten des Arbeitgebers bei Beginn der Beschäftigung

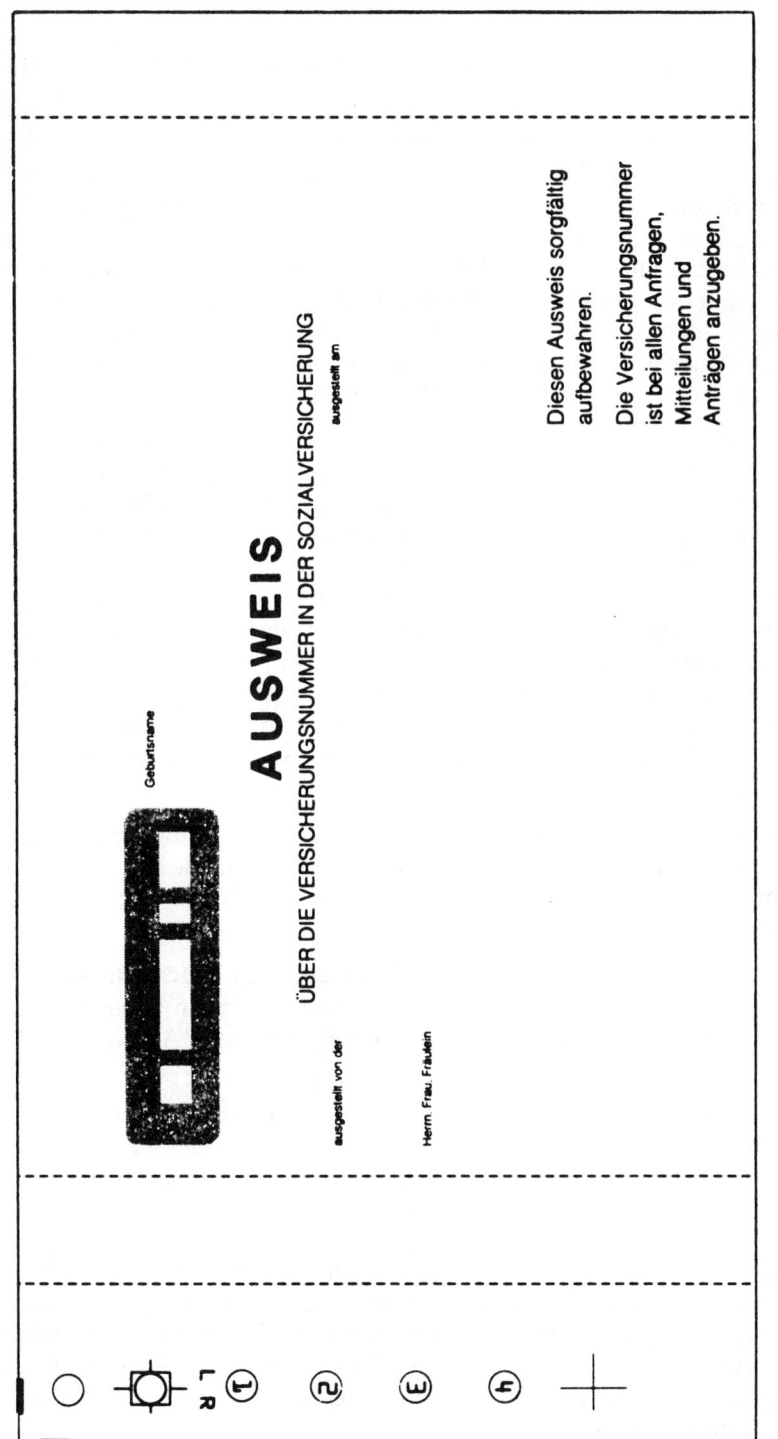

5538
Bestimmte Gruppen von Beschäftigten erhalten **keinen SV-Ausweis**, nämlich:

- Arbeitnehmer, die in ihrer Beschäftigung zur Kranken- und Rentenversicherung versicherungsfrei und zur Bundesanstalt für Arbeit beitragsfrei sind. Das gilt vor allem für **Beamte, Versorgungsempfänger** (pensionierte Beamte) oder für **Studenten**. Wird neben der versicherungs- und beitragsfreien Beschäftigung (z.B. als Beamter) noch eine zweite geringfügige (Neben-) Beschäftigung ausgeübt, besteht hingegen die Ausweis- und Meldepflicht. Für Beamte und Pensionäre gilt deshalb: Sie erhalten einen SV-Ausweis, wenn sie eine geringfügige (Neben-)Beschäftigung aufnehmen; für Studenten gilt: Sie erhalten keinen SV-Ausweis, wenn sie eine Beschäftigung bis zu 20 Wochenstunden bzw. in den Semesterferien eine Vollzeitbeschäftigung ausüben;

- **Beschäftigte in privaten Haushalten**, sofern die einzelne Beschäftigung die Geringfügigkeitsgrenze nicht überschreitet. Die Beschäftigung muß sich auf den privaten Haushalt beschränken. Es kommt nur darauf an, ob die einzelne Beschäftigung im privaten Haushalt des Arbeitgebers die Geringfügigkeitsgrenze des § 8 Abs. 1 SGB IV nicht überschreitet und es spielt insoweit keine Rolle, ob der Arbeitnehmer womöglich anderswo noch eine weitere geringfügige Beschäftigung ausübt. **Für im privaten Haushalt geringfügig Beschäftigte** besteht deshalb keine Ausweispflicht und für den Arbeitgeber **entfällt die Pflicht zur Meldung** der geringfügigen Beschäftigung. Unabhängig davon entsteht jedoch die Versicherungs- und Beitragspflicht für die geringfügige Beschäftigung, sobald der Arbeitnehmer eine weitere solche geringfügige Beschäftigung aufnimmt.

- **Schüler bis zum vollendeten 16. Lebensjahr**, wenn die einzelne Beschäftigung die Geringfügigkeitsgrenze nicht überschreitet; wie bei den Beschäftigten im privaten Haushalt kommt es wegen der Geringfügigkeitsgrenze nur auf die einzelne Beschäftigung an;

- mitarbeitende **Ehegatten und Familienangehörige landwirtschaftlicher Unternehmer**, soweit die Mitarbeit im landwirtschaftlichen Unternehmen betroffen ist. Für etwaige weitere Beschäftigungen besteht Ausweis- und Meldepflicht.

- Beschäftigte, die im Rahmen eines im Ausland bestehenden Beschäftigungsverhältnisses nach Deutschland entsandt werden. Sie müssen sich jedoch von der AOK ihres deutschen Beschäftigungsortes einen Ersatzausweis ausstellen lassen.

In einer Reihe von Wirtschaftszweigen wird der SV-Ausweis mit einem **Lichtbild** versehen und **muß vom Arbeitnehmer stets mit sich geführt werden**, damit er bei Kontrollen vorgelegt werden kann. Bei diesem Personenkreis ist auch die Sofortmeldung fällig (vgl. unten Rz. 5540). Der Arbeitgeber ist übrigens verpflichtet, den betroffenen Arbeitnehmer über seine Pflicht, den SV-Ausweis mit sich zu führen, zu belehren.

Meldepflichten des Arbeitgebers bei Beginn der Beschäftigung

Es handelt sich um folgende Bereiche (im einzelnen: Katalog der Spitzenverbände der Sozialversicherungsträger, WzS 1993, 249):

- **Baugewerbe** einschl. des Ausbau- und Baunebengewerbes und des Garten- und Landschaftsbaues. Ob die Tarifverträge für das Baugewerbe auf den Betrieb Anwendung finden, ist nicht entscheidend.

- **Schaustellergewerbe** (Schaubuden, Schießbuden, Losbuden, Karussells u.ä. auf Jahrmärkten, Volksfesten u.dgl., ferner Zirkusse, Marionettentheather oder Wanderbühnen);

- **Gebäudereinigungsgewerbe** (Gebäude-, Fassaden-, Räume- und Inventarreinigung sowie Industriereinigung);

- Unternehmen, die sich am **Auf- und Abbau von Messen und Ausstellungen** beteiligen (Messe-Standbau). Für Messe-Aussteller (sog. Messebeschicker) besteht die Mitführungspflicht nicht, auch wenn das Unternehmen den Auf- und Abbau des Messestandes selbst vornimmt;

- **Gaststätten- und Beherbergungsgewerbe**; dazu gehören neben Hotels, Gasthöfen, Pensionen, Restaurants, Cafes, Schankwirtschaften Kantinen u.a. auch Campingplätze, Ferienhäuser und Ferienwohnungen, Imbißhallen (mobile Imbißstätten), Caterer und Party-Services sowie Gastronomiebetriebe auf Seeschiffen;

- **Güter- und Personenbeförderungs-Gewerbe**; dazu wird gezählt u.a. die Personenbeförderung mit Stadt-, Schnell- und Straßenbahnen, der Betrieb von Berg- und Seilbahnen, von Taxis oder Mietwagen mit Fahrer, ferner Fluß- und Kanalfähren oder auch private Kurierdienste (Brief-, Zeitungs- und Paketdienste). Dazu zählen nunmehr auch nicht im Güterbeförderungsgewerbe beschäftigte Personen, die an der Beförderung von Gütern einschl. Be- und Entladen beteiligt sind. Von der Mitführungspflicht befreit sind diese Beschäftigten nur, wenn sie Güter nur auf dem Betriebsgelände des Arbeitgebers befördern oder wenn sie nur im Werkverkehr arbeiten; dann besteht auch keine Verpflichtung zur Sofortmeldung (vgl. hierzu § 99 Abs. 2 SGB IV i.d.F. des Gesetzes vom 26.07.1994, BGBl. I S. 1792).

5539
Jeder Arbeitnehmer darf **nur einen SV-Ausweis** besitzen. Der Verlust und das Wiederauffinden muß der Krankenkasse unverzüglich angezeigt werden. Unbrauchbar gewordene oder Zweit-Ausweise sind zurückzugeben. Verstöße dagegen werden als Ordnungswidrigkeiten geahndet. Der nach Verlust des ersten Ausweises ausgestellte Ersatzausweis trägt neben dem Ausstellungsdatum die Folgenummer (z.B. -2).

Seinen SV-Ausweis muß der Arbeitnehmer dem Arbeitgeber zu Beschäftigungsbeginn vorlegen. **Andernfalls ist die Kontrollmeldung fällig** (vgl. unten Rz. 5542). Auch der Arbeitgeber ist verpflichtet, sich den SV-Ausweis vorlegen zu lassen.

Der Arbeitgeber sollte in seinen Lohn- und Personalunterlagen festhalten, daß der SV-Ausweis vorgelegt worden ist, z.B. Kopie des Ausweises zu den Unterlagen nehmen oder die Vorlage durch den Arbeitnehmer durch Unterschrift bestätigen lassen.

Bei **geringfügig Beschäftigten** sollte der SV-Ausweis **für die Dauer der Beschäftigung beim Arbeitgeber hinterlegt** werden. Dadurch wird dem Arbeitnehmer die Aufnahme einer weiteren geringfügigen Beschäftigung erschwert, denn er müßte dort seinen Ausweis ebenfalls vorlegen; der Arbeitgeber kann sich so davor schützen, daß ohne sein Wissen bei Aufnahme einer weiteren geringfügigen Beschäftigung Beitragspflicht einsetzt. Eine **Fotokopie des SV-Ausweises reicht in diesem Falle nicht aus**.

Die Hinterlegung des SV-Ausweises beim Arbeitgeber ist aber **freiwillig** und muß mit dem Arbeitnehmer **vereinbart** werden. Nur für die Zeit, für die bei Arbeitsunfähigkeit Entgeltfortzahlung zu leisten ist, kann der Arbeitgeber vom Arbeitnehmer die Hinterlegung des SV-Ausweises verlangen und bis dahin die Lohnfortzahlung verweigern.

2. Sofortmeldung

5540
Für alle diejenigen Beschäftigten, die zur stetigen Mitführung des SV-Ausweises mit Lichtbild verpflichtet sind (Baugewerbe, Gaststätten- und Beherbergungsgewerbe, Beförderungsgewerbe, vgl. oben Rz. 5538), **muß der Arbeitgeber die Sofortmeldung erstatten.**

Sie dient der besseren Überwachung bei Bekämpfung von Leistungsmißbrauch und illegaler Beschäftigung. Bei Kontrollen wird gelegentlich die "Ausrede" benutzt, die Beschäftigung sei soeben erst begonnen worden, so daß die Anmeldung noch nicht erfolgt sein könne. Diese Ausrede soll mit der Sofortmeldung abgeschnitten werden. Deshalb die **kurze Frist** dafür:

Die Sofortmeldung muß **spätestens am Tage des Beginns der Beschäftigung** erstattet werden!

Weil die Sofortmeldung nur der Kontrolle dient, ersetzt sie nicht die normale Anmeldung (oben Rz. 5501) und ebenso nicht die normale Anmeldung geringfügig Beschäftigter (oben Rz. 5530). Wenn der Arbeitgeber spätestens am Tage der Aufnahme der Beschäftigung die normale Anmeldung auf einem Beleg aus dem SVN-Heft bereits vornehmen kann, kann er die Sofortmeldung auf diesem Beleg mit erstatten. Nur dann entfällt eine gesonderte Sofortmeldung.

Meldepflichten des Arbeitgebers bei Beginn der Beschäftigung

5541

Adressat ist die zuständige Krankenkasse als Einzugsstelle.

Form und Inhalt richten sich nach dem Vordruck, der auch für die Meldung einer geringfügigen Beschäftigung verwendet wird (Abb. oben bei Rz. 5534).

Für die Sofortmeldung ist neben den Personalien und der Versicherungsnummer der Abschnitt B des Vordrucks auszufüllen. Das Kastenfeld "Sofortmeldung" ist mit "x" anzukreuzen, das Datum des Beschäftigungsbeginns nach Tag, Monat und Jahr jeweils mit zwei Ziffern zu bezeichnen (z.B. 03.08.95) und es ist in den entsprechenden Kastenfeldern jeweils mit "x" anzukreuzen, ob eine geringfügige Beschäftigung oder eine Mehrfachbeschäftigung gegeben ist.

Im Falle einer geringfügigen Beschäftigung kann zugleich der Abschnitt C ausgefüllt und damit die vorgeschriebene Anmeldung vorgenommen werden (vgl. oben Rz. 5534); solche kombinierte Meldung muß dann aber innerhalb der kurzen Frist für die Sofortmeldung - noch am Tage der Aufnahme der Beschäftigung - vorgenommen werden.

3. Kontrollmeldung

5542

Die Kontrollmeldung dient dazu, die Einhaltung der Vorschriften über den SV-Ausweis zu überwachen. Wie die Sofortmeldung ersetzt sie nicht die allgemeine Anmeldung für versicherungspflichtige oder geringfügig Beschäftigte (dazu Rz. 5501, 5530). Wird die für die Kontrollmeldung gültige kurze Frist beachtet, kann sie freilich mit der allgemeinen Anmeldung kombiniert werden.

Die Kontrollmeldung muß unverzüglich **am 4. Tage nach Beschäftigungsaufnahme** erstattet werden, wenn der Arbeitnehmer bei Beginn der Beschäftigung seinen SV-Ausweis nicht vorlegt oder die Vorlage bis zum 3. Tage nachholt.

In den Gewerbezweigen, in denen der Beschäftigte den SV-Ausweis mit Lichtbild stets mit sich führen muß (oben Rz. 5538) und in denen die Sofortmeldung fällig ist (oben Rz. 5540), muß der Arbeitgeber, falls der SV-Ausweis ihm nicht vorgelegt wird (z.B. weil er soeben in Verlust geraten ist), die **Kontrollmeldung noch am Tage der Beschäftigungsaufnahme** zugleich mit der Sofortmeldung erstatten; dem Arbeitnehmer sollte eine Kopie der Kontrollmeldung überlassen werden, damit er bis zur Beschaffung des SV-Ausweises für etwaige Kontrollen einen Beleg hat.

5543

Adressat der Kontrollmeldung ist die für den Betrieb zuständige Krankenkasse. Das gilt auch bei Ersatzkassenmitgliedern und bei geringfügig Beschäftigten sowie bei Mehrfachbeschäftigten.

Für die Kontrollmeldung wird derselbe Vordruck verwendet, wie er auch für die Sofortmeldung und die Meldung geringfügig Beschäftigter gilt (Abb. oben bei Rz. 5534).

Auf dem Vordruck wird der Abschnitt A durch "x" markiert. Anzugeben sind die Personalien des Arbeitnehmers und seine Versicherungsnummer, ersatzweise das Geburtsdatum.

Die Personalien soll der Arbeitgeber nach Möglichkeit amtlichen Unterlagen entnehmen, zu deren Vorlage der Arbeitnehmer verpflichtet ist (Personalausweis, Reisepaß, Führerschein). Stehen amtliche Unterlagen nicht zur Verfügung, muß sich der Arbeitgeber wegen der kurzen Meldefrist auf die Angaben des Arbeitnehmers zu den Personalien verlassen. Er sollte diesen Umstand freilich in seinen Unterlagen festhalten.

4. Kontrollmeldung bei Arbeitnehmerüberlassung (Leiharbeit) durch Entleiher

5544
Im Falle der Arbeitnehmerüberlassung (Leiharbeit) ist der Verleiher Arbeitgeber und hat sämtliche damit zusammenhängenden Pflichten einschließlich der Meldepflicht zu erfüllen.

Dem Entleiher obliegt es jedoch, eine besondere Kontrollmeldung zu erstatten.

Zu melden sind jeweils Beginn und Ende der Überlassung. Die Meldefrist beträgt 2 Wochen seit Beginn der Überlassung. Bei kurzfristiger Überlassung können unter Wahrung der Frist Beginn und Ende zugleich gemeldet werden.

5545
Inhalt und Form der Meldung richten sich nach dem dafür vorgesehenen besonderen Vordruck

Dieser ist umseitig abgebildet.

Meldepflichten des Arbeitgebers bei Beginn der Beschäftigung

Muster: Kontrollmeldung bei Arbeitnehmerüberlassung

Kontrollmeldung nach § 28a Abs.4 SGB IV für Krankenkasse und Arbeitsamt

bei Krankenkasse einreichen

Versicherungsnummer

Leiharbeitnehmer
Name, Vorname

Geburtsdatum — Tag, Monat, Jahr | Staatsangehörigkeit | Beginn der Überlassung — Tag, Monat, Jahr | Ende der Überlassung — Tag, Monat, Jahr

Anschrift (mit Postleitzahl)

Verleiher
Name, Vorname (Firma) | Telefon | Betriebsnummer

Anschrift (mit Postleitzahl)

Konto-Nr. bei der Krankenkasse, sofern nicht mit der Betriebsnummer identisch

Entleiher
Name, Vorname (Firma) | Telefon | Betriebsnummer

Anschrift (mit Postleitzahl)

Name der Krankenkasse (Geschäftsstelle): AOK BKK IKK EK LKK See-KK BKN

Firmenstempel und Unterschrift des Entleihers

Konto-Nr. bei der Krankenkasse (sofern nicht mit der Betriebsnummer identisch)

Eingangsstempel der Krankenkasse

KONTROLLMELDUNG DURCH ENTLEIHER

Einzutragen sind:

- Personalien des Leiharbeitnehmers einschließlich Versicherungsnummer, Geburtsdatum und Staatsangehörigkeit sowie Anschrift
- Beginn bzw. Ende der Überlassung
- Name bzw. Firma des Verleihers mit Anschrift sowie der Betriebsnummer des Verleihers
- Name bzw. Firma mit Anschrift und Betriebsnummer des Entleihers

Die Angaben über den Verleiher, seine Betriebsnummer und die für die Leiharbeitnehmer zuständige Krankenkasse sind bei dem Leiharbeitnehmer oder beim Verleiher vom Entleiher zu erfragen.

Zweckmäßig ist es, wenn der Verleiher den Vordruck entsprechend vorbereitet und der Entleiher ihn lediglich ergänzt, unterzeichnet und bei der Krankenkasse einreicht.

5546

Adressat der Kontrollmeldung ist die Krankenkasse, deren Mitglied der Leiharbeitnehmer ist. Nur wenn der Leiharbeitnehmer gar keiner Krankenkasse angehört, ist die für den Betrieb des Entleihers zuständige Krankenkasse der richtige Adressat.

Die Krankenkasse erhält die Urschrift und erste Durchschrift der Kontrollmeldung. Die zweite Durchschrift hat der Entleiher 3 Jahre aufzubewahren.

41. Kapitel: Beitragsentrichtung zur Sozialversicherung

I.	Beitragspflichtiges Entgelt	5601
	1. Definition des Arbeitsentgelts	5602
	a) Grundsatz	5602
	b) Besonderheit bei der Nettolohnvereinbarung	5603
	c) Sachbezüge	5604
	2. Beitragsfreies Arbeitsentgelt	5604
	a) Steuerfreie Einnahmen	5605
	b) Pauschalversteuerte Einnahmen	5606
	c) Besonderheiten	5607
	3. Entgeltgrenzen	5608
	a) Beitragsbemessungsgrenze	5608
	b) Jahresarbeitsentgeltgrenze der Krankenversicherung	5613
	4. Beitragsberechnung	5615
	a) Allgemeines	5616
	b) Grundsätze der Beitragsabrechnung	5617
	c) Abrechnung von Einmalzahlungen	5620
	d) Abrechnung von Entgeltnachzahlungen	5622
	e) Beitragsabrechnung bei Arbeitsunterbrechungen	5623
	5. Alphabetische Auflistung zur Frage der Sozialversicherungspflicht von Arbeitsentgelten	5626
	6. Tabellarische Übersicht zu den wichtigsten Werten der Sozialversicherung	5627
II.	Beitragsabführung und Beitragsüberwachung	5628
	1. Grundsätze	5628
	2. Beitragseinbehalt durch den Arbeitgeber	5629
	3. Der Arbeitgeber als Beitragsschuldner	5632
	4. Beitragsentrichtung	5633
	a) Allgemeines	5633
	b) Zuständige Einzugsstelle	5634
	c) Fälligkeit der Beiträge	5636
	d) Erstattung von zu Unrecht entrichteten Beiträgen	5641
	5. Beitragsüberwachung	5643
	a) Allgemeines	5643
	b) Ort der Überwachung und vorzulegende Unterlagen	5644
	c) Pflichten des Arbeitgebers zur Mitwirkung an der Überwachung	5646

III.	Aufzeichnungspflichten des Arbeitgebers	5648
	1. Allgemeines	5648
	2. Inhalt und Aufbewahrung von Lohn- und Beitragsunterlagen	5649
	3. Einreichung von Beitragsnachweisen	5652
IV.	Entscheidungen der Einzugsstelle	5655
V.	Lohnfortzahlungsversicherung für Kleinbetriebe	5658
	1. Allgemeines	5658
	2. An der Lohnfortzahlungsversicherung teilnehmende Arbeitgeber	5659
	3. Zuständige Krankenkasse	5661
	4. Höhe und Fälligkeit der Umlage	5662
	5. Erstattungsfähige Entgelte	5664
	6. Versicherung für Arbeitgeberaufwendungen bei Mutterschaft	5665
VI.	Beitragszuschüsse des Arbeitgebers an den Arbeitnehmer	5669
	1. Beitragszuschuß zur privaten Krankenversicherung	5669
	a) Voraussetzungen	5669
	b) Höhe	5671
	2. Beitragszuschuß zur freiwilligen Krankenversicherung	5672
	3. Beitragszuschüsse zu einer Pflegeversicherung	5672a
VII.	Beitragsentrichtung zur Unfallversicherung	5673
	1. Allgemeines	5673
	2. Berechnung und Nachweis des Arbeitsentgelts	5675
	3. Besonderheiten	5677
	4. Beitragsbescheid	5678
VIII.	Verhängung von Strafen und Bußgeldern gegen pflichtwidrig handelnde Arbeitgeber	5679
IX.	Weiterführende Literaturhinweise	5680

Beitragsentrichtung zur Sozialversicherung

5600

Steht die Versicherungs- und Beitragspflicht zu allen bzw. zu bestimmten Zweigen der Sozialversicherung fest und sind auch die Fragen nach der Verteilung der Beitragslast und dem Beitragssatz geklärt (vgl. Rz. 5200 ff.), so stellt sich die weitere Frage, in welcher Höhe und auf welche Art und Weise die Sozialversicherungsbeiträge zu entrichten sind. Mit dieser Frage befaßt sich das vorliegende Kapitel.

Die nachfolgenden Ausführungen beschäftigen sich zunächst nur mit den Beiträgen zur Kranken-, Renten-, Pflege- und Arbeitslosenversicherung. Diese werden im sog. Lohnabzugsverfahren entrichtet (durch Abführung des sog. Gesamtsozialversicherungsbeitrags an die gesetzliche Krankenkasse, die als sog. Einzugsstelle fungiert). Die Unfallversicherung, die ein besonderes Beitragseinzugsverfahren kennt, wird gesondert abgehandelt (Rz. 5673 ff.).

I. Beitragspflichtiges Entgelt

5601

Die Höhe des Beitrags zur Kranken-, Renten-, Pflege- und Arbeitslosenversicherung wird ermittelt, indem das beitragspflichtige Arbeitsentgelt mit dem jeweils gültigen Beitragssatz (unter Beachtung der Beitragsbemessungsgrenze) vervielfältigt wird. Somit ist es von entscheidender Bedeutung, was unter dem die Beitragsbemessungsgrundlage abgebenden "Arbeitsentgelt" zu verstehen ist (vgl. Rz. 5602 ff.) und welche Entgeltbestandteile von der Beitragspflichtigkeit ausgenommen sind.

1. Definition des Arbeitsentgelts

a) Grundsatz

5602

"Arbeitsentgelt" im Sinne des Sozialversicherungsrechts ist jede vermögenswerte Leistung, die der Arbeitnehmer als Gegenleistung für seine Arbeit erhält (§ 14 SGB IV). Anzusetzen ist also das Bruttoentgelt (und zwar auch bei der Vereinbarung eines sog. Nettoentgelts, vgl. Rz. 5603), wobei nicht nur Barleistungen zählen, sondern auch sog. Sachbezüge (vgl. Rz. 5604).

Zum Arbeitsentgelt gehören alle laufenden und einmaligen Einnahmen aus einer Beschäftigung, wobei es nicht darauf ankommt,

- ob ein Rechtsanspruch auf das Entgelt besteht,
- unter welcher Bezeichnung das Arbeitsentgelt gezahlt wird,
- ob das Entgelt unmittelbar aus der Arbeitnehmertätigkeit oder nur im Zusammenhang mit dieser Tätigkeit erzielt wird.

b) Besonderheit bei der Nettolohnvereinbarung

5603
Ist zwischen dem Arbeitnehmer und dem Arbeitgeber ein Netto-Arbeitsentgelt vereinbart, so ist es zum Zwecke der Beitragserhebung auf einen Bruttobetrag umzurechnen. In diesem Falle gelten als Arbeitsentgelt die Einnahmen des Arbeitnehmers einschließlich der darauf entfallenden Steuern und der dem Arbeitnehmeranteil entsprechenden Beiträge zur Kranken-, Renten-, Pflege- und Arbeitslosenversicherung (§ 14 Abs. 2 SGB IV).

c) Sachbezüge

5604
Wie bereits erwähnt, gehören zum sozialversicherungsrechtlichen Arbeitsentgelt nicht nur Barbezüge, sondern auch sog. Sachbezüge. Hierunter sind vor allem freie (oder zumindest verbilligte) **Kost und Wohnung** zu verstehen.

Zum Zwecke der Beitragsberechnung ist es notwendig, den Wert der Sachbezüge (in DM) zu bestimmen. Diese Bestimmung erfolgt alljährlich durch eine Verordnung des Bundes, die sog. **Sachbezugsverordnung**, die jährlich neue Sachbezugswerte festlegt.

Im einzelnen **gelten für das Jahr 1995 folgende Berechnungswerte,** deren Struktur teilweise von dem bislang geltenden Berechnungsverfahren abweicht:

Der Wert für **Verpflegung** beläuft sich auf monatlich 339 DM. Wird Verpflegung nur teilweise zur Verfügung gestellt, sind monatlich für Frühstück 75 DM, für Mittagessen 132 DM und für Abendessen 132 DM anzusetzen. Wird freie Verpflegung auch für Familienangehörige eines Arbeitnehmers gewährt, so sind bestimmte Erhöhungswerte vorgesehen.

Der Wert für freie **Unterkunft** beläuft sich auf monatlich 315 DM, wobei Besonderheiten für Familienunterkünfte und Mehrfachbelegungen vorgesehen sind. In den neuen Bundesländern liegt der Monatswert für Unterkunft bei 180 DM.

Für freie **Wohnung** ist grundsätzlich der ortsübliche Mietpreis als Sachbezugswert maßgebend. Für Energie, Wasser und sonstige Wohnungsnebenkosten ist der ortsübliche Preis anzusetzen. Eine "Wohnung" ist im Gegensatz zu einer "Unterkunft" dann vorhanden, wenn eine in sich geschlossene Einheit von Räumen vorliegt, in denen ein selbständiger Haushalt geführt werden kann.

Werden Verpflegung, Unterkunft oder Wohnung verbilligt als Sachbezug zur Verfügung gestellt, ist der Unterschiedsbetrag zwischen dem vereinbarten Preis und dem Wert maßgebend, der sich aus den vorstehenden Berechnungsgrundsätzen und Berechnungswerten ergibt.

2. Beitragsfreies Arbeitsentgelt

a) Steuerfreie Einnahmen

5605

In der Sozialversicherung bleiben folgende Einnahmen beitragsfrei, sofern sie zugleich lohnsteuerfrei sind: Einmalige Zuwendungen, laufende Zulagen, Zuschläge und Zuschüsse. Das Sozialversicherungsrecht lehnt sich hier also an das Steuerrecht an, denn aus der Steuerfreiheit folgt die Sozialversicherungsfreiheit.

Die wichtigsten Fälle einer auf das Lohnsteuerrecht zurückgehenden Beitragsfreiheit sind in die Auflistung eingearbeitet, die weiter unten (Rz. 5626) abgedruckt ist.

b) Pauschalversteuerte Einnahmen

5606

Beitragsfrei sind auch Einnahmen, für die nach dem Steuerrecht eine sog. Pauschalversteuerung möglich ist und bei denen der Arbeitgeber von dieser Möglichkeit der Pauschalversteuerung Gebrauch gemacht hat. Hierunter fallen

- Aufwendungen für Mahlzeiten im Betrieb sowie für Essenszuschüsse,
- Arbeitslohn aus Anlaß von Betriebsveranstaltungen,
- Erholungsbeihilfen,
- Fahrtkostenzuschüsse,
- Zukunftssicherungsleistungen (das sind Zuwendungen für eine zusätzliche Altersversorgung),
- Beiträge für eine private Unfallversicherung des Arbeitnehmers.

Die wichtigsten Fälle dieser aus einer Pauschalbesteuerung folgenden Beitragsfreiheit sind ebenfalls in die erwähnte Auflistung (Rz. 5626) aufgenommen worden.

In diesem Zusammenhang ist noch darauf hinzuweisen, daß das Steuerrecht zwar auch die Möglichkeit der Pauschalversteuerung des Arbeitslohns von kurzfristig oder in geringem Umfang Beschäftigten kennt.

Das Arbeitsentgelt dieser Personen ist aber im sozialversicherungsrechtlichen Sinne beitragspflichtig, sofern nicht eine Versicherungs- und Beitragsfreiheit greift.

c) Besonderheiten

5607

Wegen weiterer Besonderheiten, die bei der Bestimmung des sozialversicherungspflichtigen Arbeitsentgelts zu beachten sind (z.B. der Beitragsfreiheit von Krankengeldzuschüssen oder der Frage nach der Beitragsfreiheit von Abfindungen bei Beendigung des Arbeitsverhältnisses) wird wiederum auf die erwähnte Auflistung (Rz. 5626) hingewiesen.

3. Entgeltgrenzen

a) Beitragsbemessungsgrenze

5608

Die Beitragsbemessungsgrenze ist diejenige Grenze, bis zu der in der Renten- und Arbeitslosenversicherung das (an sich beitragspflichtige) Arbeitsentgelt zur Beitragsberechnung herangezogen wird (§ 159 SGB VI und § 175 Abs. 1 Nr. 1 AFG). Liegt also ein Arbeitnehmer mit seinem Arbeitsentgelt über der Beitragsbemessungsgrenze, so ändert das zwar nichts an der Versicherungs- und Beitragspflicht, jedoch werden Beiträge für das über der Beitragsbemessungsgrenze liegende Entgelt nicht mehr erhoben.

Die Beitragsbemessungsgrenze, die zum 1. Januar eines jeden Jahres neu festgesetzt wird, ist in der **Renten- und Arbeitslosenversicherung** gleich hoch. Sie beläuft sich im Jahre 1995 auf 7.800 DM monatlich (das sind 93.600 DM jährlich). Für die knappschaftliche Rentenversicherung (wo im wesentlichen Bergleute versichert sind) gilt die Besonderheit, daß die Beitragsbemessungsgrenze im Jahre 1995 bei 9.600 DM monatlich bzw. 115.200 DM jährlich liegt.

Die Beitragsbemessungsgrenze der Renten- und Arbeitslosenversicherung muß von der sog. Jahresarbeitsentgeltgrenze der gesetzlichen **Krankenversicherung** unterschieden werden (zu dieser Grenze des § 6 Abs. 1 Nr. 1 SGB V vgl. Rz. 5613 ff.). Die Jahresarbeitsentgeltgrenze ist eine Versicherungspflichtgrenze, d.h., ein darüber liegender Höherverdiener ist krankenversicherungsfrei (vgl. Rz. 5228). Die Jahresarbeitsentgeltgrenze hat aber in der Krankenversicherung auch die Bedeutung einer Beitragsbemessungsgrenze (vgl. § 223 Abs. 3 SGB V).

Die Beitragsbemessungsgrenze der **Pflegeversicherung** liegt stets bei 75% der Beitragsbemessungsgrenze der Renten- und Arbeitslosenversicherung (§ 55 Abs. 2 SGB XI). Somit beläuft sich diese Grenze im Jahre 1995 auf 5.850 DM monatlich bzw. 70.200 DM jährlich.

In den neuen Bundesländern gelten für 1995 niedrigere Beitragsbemessungsgrenzen, nämlich in der Renten- und Arbeitslosenversicherung 6.400 DM monatlich bzw. 76.800 DM jährlich und in der Pflegeversicherung 4.800 DM monatlich bzw. 93.600 DM jährlich.

Beitragsentrichtung zur Sozialversicherung

5609

Wird das Arbeitsentgelt eines sozialversicherungspflichtigen Arbeitnehmers in vollen Kalendermonaten abgerechnet, so bereitet die Beitragsberechnung keine Probleme. Ist dagegen nur ein **Teilmonat beitragspflichtig** (weil das Arbeitsverhältnis im Verlaufe eines Kalendermonats beginnt oder endet), so muß - anders als z.B. bei einer Beitragslücke wegen eines unbezahlten Urlaubs oder eines Arbeitskampfes - die anteilige monatliche Beitragsbemessungsgrenze berücksichtigt werden. Dies geschieht durch Ablesen des kalendertäglichen Arbeitsentgelts aus der Beitragstabelle der Krankenkasse. Meistens ist aber die Umrechnung auf kalendertägliche Werte nicht erforderlich, da die Beitragstabellen der Krankenkassen auch Tabellen über (anteilige) Beitragsbemessungsgrenzen enthalten.

5610

Im Hinblick auf beitragspflichtige **Einmalzahlungen** (also insbesondere auf Weihnachts- und Urlaubsgelder) gilt die Besonderheit, daß an die Stelle der monatlichen Beitragsbemessungsgrenze eine anteilige **Jahresbeitragsbemessungsgrenze** tritt (§ 227 Abs. 3 SGB V).

Dies bedeutet: Für den Monat, dem die einmalige Entgeltzahlung zuzuordnen ist (regelmäßig für den Monat der Auszahlung der Einmalzahlung) ist nicht auf die monatliche Beitragsbemessungsgrenze abzustellen. Vielmehr ist für einen bestimmten Zeitraum eine anteilige Jahresbeitragsbemessungsgrenze festzustellen. Der Zeitraum beginnt mit dem Beginn des Kalenderjahres (frühestens jedoch mit dem Beginn der versicherungspflichtigen Beschäftigung) und endet mit Ablauf des Monats, dem die Einmalzahlung zuzuordnen ist. Für diesen Zeitraum wird dann geprüft, ob das darin erzielte Arbeitsentgelt (anteiliges Jahresentgelt) die anteilige Jahresbeitragsbemessungsgrenze überschreitet. Nur derjenige Teil der Einmalzahlung, der diese Grenze übersteigt, ist letztlich beitragsfrei.

Das Abstellen auf eine anteilige Jahresbeitragsbemessungsgrenze bewirkt eine **erweiterte Beitragspflichtigkeit von Einmalzahlungen** bei Personen, die mit ihrem laufenden Arbeitsentgelt unter der Beitragsbemessungsgrenze liegen (im Hinblick auf die Einmalzahlung aber an sich die Beitragsbemessungsgrenze überschreiten).

Beispiel:

Ein Arbeitnehmer, der seit Beginn des Jahres 1995 in einem Beschäftigungsverhältnis steht und ein laufendes Arbeitsentgelt von 4.000 DM monatlich (in den alten Bundesländern) erzielt, erhält im November 1995 eine Einmalzahlung (einmalig gezahltes Arbeitsentgelt) von ebenfalls 4.000 DM.
An sich wäre im November 1995 ein Teil des Gesamtentgelts von 8.000 DM sozialversicherungsfrei, weil die Beitragsbemessungsgrenzen der Kranken- und Pflegeversicherung einerseits und der Renten- und Arbeitslosenversicherung andererseits zum Teil überschritten werden. In Wirklichkeit ist jedoch die gesamte Einmalzahlung beitragspflich-

tig, und zwar wegen der Heranziehung einer anteiligen Jahresbeitragsbemessungsgrenze, die sich wie folgt errechnet:

- *Kranken- und Pflegeversicherung: Die anteilige Beitragsbemessungsgrenze (zugleich Jahresarbeitsentgeltgrenze, vgl. Rz. 5613) für Januar bis November 1995 liegt in der Krankenversicherung bei 11 mal 5.850 DM, das sind 64.350 DM.*
- *Renten- und Arbeitslosenversicherung: Die anteilige Beitragsbemessungsgrenze liegt bei 11 mal 7.800 DM, das sind 85.800 DM.*
- *Von der anteiligen Beitragsbemessungsgrenze sind bis zur Einmalzahlung im November 1995 bereits ausgeschöpft:*
  - *in der Kranken- und Pflegeversicherung: 11 mal 4.000 DM, das sind 44.000 DM,*
  - *in der Renten- und Arbeitslosenversicherung: ebenfalls 44.000 DM.*

Somit sind noch nicht ausgeschöpft:

- *in der Kranken- und Pflegeversicherung: 20.350 DM,*
- *in der Renten- und Arbeitslosenversicherung: 41.800 DM,*

weshalb sowohl in der Kranken- und Pflegeversicherung als auch in der Renten- und Arbeitslosenversicherung die Einmalzahlung vom November 1995 in vollem Umfang der Beitragspflicht unterworfen ist.

5611

Ergänzend sei darauf hingewiesen, daß es sich um ein vereinfachtes Beispiel handelt. In der Praxis müssen oftmals folgende Umstände zusätzlich berücksichtigt werden:

- Ist im Verlaufe des Jahres bereits eine Einmalzahlung (z.B. Urlaubsgeld) gewährt worden, so ist diese Zahlung bei der Ermittlung der anteiligen Jahresbeitragsbemessungsgrenze abzusetzen.
- Bestand im Verlaufe des Jahres für eine begrenzte Zeit ein Krankengeldbezug mit einer daraus folgenden Beitragsfreiheit in der Krankenversicherung, so bleibt der Zeitraum des Krankengeldbezuges bei der Ermittlung der anteiligen Jahresbeitragsbemessungsgrenze außer Betracht.

5612

Werden einmalige Zahlungen im ersten Kalendervierteljahr geleistet, so gilt für die Beitragsberechnung folgende Sonderregelung (sog. Märzklausel des § 227 Abs. 4 SGB V): Die Einmalzahlung ist nach ausdrücklicher gesetzlicher Anordnung dem letzten Entgeltabrechnungszeitraum des Vorjahres (also regelmäßig dem Dezember des Vorjahres) zuzuordnen, falls

- die anteilige Jahresbeitragsbemessungsgrenze für das laufende Kalenderjahr (gerechnet bis zum Zeitpunkt der Einmalzahlung) nicht überschritten wird und

b) Jahresarbeitsentgeltgrenze der Krankenversicherung

5613

Die Jahresarbeitsentgeltgrenze, die es nur in der gesetzlichen Krankenversicherung gibt, ist eine **Versicherungspflichtgrenze für Höherverdiener:** Wer über der Jahresarbeitsentgeltgrenze liegt, ist krankenversicherungsfrei (vgl. Rz. 5228). Hinsichtlich der Frage der Beitragspflichtigkeit von Einmalzahlungen gilt, daß eine "anteilige Jahresarbeitsentgeltgrenze" zu bilden ist, denn die Jahresarbeitsentgeltgrenze hat in der Krankenversicherung zugleich die Bedeutung einer Beitragsbemessungsgrenze (vgl. das Beispiel Rz. 5610).

5614

Die hauptsächliche Bedeutung der Jahresarbeitsentgeltgrenze liegt aber bei der Frage, wann ein Höherverdiener wegen Überschreitens der Jahresarbeitsentgeltgrenze krankenversicherungsfrei wird. Hierzu bedarf es einer Definition der Jahresarbeitsentgeltgrenze und des Jahresarbeitsentgelts.

Die Jahresarbeitsentgeltgrenze, die zu Beginn eines jeden Jahres neu festgesetzt wird, beläuft sich stets auf 75% der jährlichen Beitragsbemessungsgrenze der gesetzlichen Renten- und Arbeitslosenversicherung (entspricht also im Grundsatz der Beitragsbemessungsgrenze der Pflegeversicherung). Im Jahre 1995 liegt die Jahresarbeitsentgeltgrenze in den alten Bundesländern bei 70.200 DM (das sind umgerechnet 5.850 DM monatlich), in den neuen Ländern bei 57.600 DM (das sind umgerechnet 4.800 DM monatlich). Wird die Jahresarbeitsentgeltgrenze überschritten, so endet die Krankenversicherungspflicht mit Ablauf des Kalenderjahres, in dem die Überschreitung erfolgt. Die Krankenversicherungsfreiheit tritt aber nicht ein, wenn voraussichtlich das Jahresarbeitsentgelt diejenige Jahresarbeitsentgeltgrenze nicht übersteigt, die vom Beginn des nächsten Kalenderjahres an gilt. Bei rückwirkender Erhöhung des Arbeitsentgelts endet die Versicherungspflicht mit Ablauf des Kalenderjahres, in dem der Anspruch auf das erhöhte Entgelt entstanden ist.

Für Personen, die bei der Bundesknappschaft versichert sind (das sind im wesentlichen Bergleute) gibt es keine Jahresarbeitsentgeltgrenze.

5615

Die **Definition des "Jahresarbeitsentgelts"** geht im Grundsatz dahin, daß es sich um das regelmäßige Bruttoentgelt handelt, das im Zeitraum eines Jahres aus einem Arbeitsverhältnis erzielt wird und der Sozialversicherungspflicht unterliegt. Nicht als Jahresarbeitsentgelt zählen aber Zuschläge, die mit Rücksicht auf den Familienstand gezahlt werden (z.B. erhöhte Ortszuschläge im öffentlichen Dienst).

Da auf das "regelmäßige" Entgelt abgestellt wird, ist

- eine Einmalzahlung (z.B. von Weihnachtsgeld) nur dann einzubeziehen, wenn auf die Zahlung ein Anspruch besteht oder wenn zumindest die Zahlung mit hinreichender Wahrscheinlichkeit erwartet werden kann,
- eine Mehrarbeitsvergütung nur ausnahmsweise (nämlich bei vollkommen regelmäßiger Gewährung) einzubeziehen,
- bei schwankendem Entgelt eine Schätzung des regelmäßigen Jahresarbeitsentgelts vorzunehmen, wobei das Ergebnis der Schätzung (Versicherungspflicht oder Versicherungsfreiheit) so lange maßgeblich bleibt, bis sich die tatsächlichen Grundlagen der Schätzung verändert haben,
- das Jahresarbeitsentgelt zu ermitteln, indem das 12-fache des monatlichen Durchschnittsentgelts angesetzt wird, wobei (regelmäßig gewährte) Einmalzahlungen hinzuzurechnen sind.

Aus alledem ergibt sich, daß das Jahresarbeitsentgelt meist unter dem sozialversicherungspflichtigen Bruttoentgelt liegt.

Steht ein Arbeitnehmer in mehreren Arbeitsverhältnissen, so ist für die Ermittlung des Jahresarbeitsentgelts die Summe des regelmäßigen Entgelts aus allen Beschäftigungen zu bilden. In die Zusammenrechnung werden aber nur solche Beschäftigungen einbezogen, die für sich genommen der Krankenversicherungspflicht unterliegen (außer Betracht bleiben also Beschäftigungen, die wegen Geringfügigkeit versicherungsfrei sind, vgl. Rz. 5220).

Die Wochen- und Tagesbeträge der Beitragsbemessungsgrenze und der Jahresarbeitsverdienstgrenze (sowie weitere wichtige Werte der Sozialversicherung) sind aus der tabellarischen Übersicht zu ersehen, die weiter unten (Rz. 5627) abgedruckt ist.

4. Beitragsberechnung

a) Allgemeines

5616

Die Berechnung des Beitrags zur Kranken-, Renten-, Pflege- und Arbeitslosenversicherung geschieht in der Weise, daß - getrennt für jeden Versicherungszweig - der Beitragssatz mit dem Arbeitsentgelt vervielfältigt wird.

Die Beitragssätze wurden bereits erläutert (Rz. 5234). Auch wurden bereits zum Begriff des Arbeitsentgelts Ausführungen gemacht (Rz. 5602 ff.). Schließlich wurde auch dargelegt, inwieweit Entgeltgrenzen (nämlich die Beitragsbemessungsgrenze und die Jahresarbeitsentgeltgrenze) bei der Beitragsberechnung zu berücksichtigen sind (Rz. 5608 ff.).

Beitragsentrichtung zur Sozialversicherung

Nachfolgend wird deshalb nur auf den Abrechnungsvorgang eingegangen, nämlich auf die Grundsätze der Beitragsabrechnung, die Abrechnung von Einmalzahlungen und die Abrechnung von Entgeltnachzahlungen.

b) Grundsätze der Beitragsabrechnung

5617

Die Sozialversicherungsbeiträge werden nach dem Arbeitsentgelt berechnet, das im Beitragsabrechnungszeitraum erzielt wurde. Es stehen dem Arbeitgeber zwei Möglichkeiten der Beitragsberechnung zur Verfügung, nämlich

- die genaue Berechnung nach dem tatsächlichen Arbeitsentgelt (unter Heranziehung des Beitragssatzes) oder
- die Ermittlung der Lohnabzüge (d.h., der Abzüge von Steuern und Sozialversicherungsbeiträgen) anhand einer Tabelle, die nach Lohnsteuerstufen eingeteilt ist.

Ist ein Kalendermonat nur teilweise mit Beiträgen belegt, so muß das monatliche Teilarbeitsentgelt durch die Anzahl der Kalendertage geteilt werden. Der daraus ermittelte Betrag des kalendertäglichen Entgelts ist dann wiederum mit der Anzahl der belegten Kalendertage zu vervielfältigen. Liegt das Teilmonatsentgelt bereits über der Beitragsbemessungsgrenze bzw. der Jahresarbeitsentgeltgrenze, so ist für den betreffenden Monat nur ein Beitrag unter Zugrundelegung dieser Grenze zu berechnen.

5618

Der sozialversicherungsrechtliche Beitragsabrechnungszeitraum ist der jeweilige Kalendermonat. Führt ein Arbeitgeber die Abrechnung ausnahmsweise in anderen Zeitabständen durch (z.B. wöchentlich), so muß er zunächst ein monatliches Arbeitsentgelt ermitteln und hiervon die Beiträge berechnen.

Im Hinblick auf die Zuordnung des Arbeitsentgelts zu einem bestimmten Beitragsabrechnungszeitraum gilt, daß es auf den Zeitpunkt des Erzielens des Entgelts ankommt. "Erzielt" wird das Entgelt nicht im Kalendermonat der Auszahlung, sondern in dem Monat, für den die Arbeitsleistung erbracht wurde.

5619

Es ist aber zulässig, in bestimmten Fällen nicht auf den Kalendermonat der Arbeitsleistung, sondern auf den Kalendermonat der tatsächlichen Auszahlung abzustellen. Dies gilt für Zuwendungen, die zwar als Bestandteile des laufenden Arbeitsentgelts anzusehen sind (also nicht etwa als "einmalig gezahltes Arbeitsentgelt", vgl. Rz. 5620 ff.), die aber variabel sind, weil ihre Höhe erst nach der Lohnabrechnung endgültig feststeht. Zu diesen Zuwendungen zählen vor allem Mehrarbeitsvergütungen, aber z.B. auch Provisionen.

Die Sonderregelung für diese **"variablen Entgeltbestandteile"** besteht darin, daß es zulässig ist, wenn der Berechnung des Sozialversicherungsbeitrags nicht der Monat der Erbringung der Arbeitsleistung zugrundegelegt wird, sondern der nächste oder auch der übernächste Monat. Die Zuordnung zu einem späteren Monat ist aber nur dann gestattet, wenn eine "regelmäßige verspätete Abrechnung" mit ein- oder zweimonatiger "Phasenverschiebung" erfolgt. Geschieht die verspätete Abrechnung der variablen Entgeltbestandteile unregelmäßig (oder mit einer "Phasenverschiebung" von mehr als zwei Monaten), so sind die Entgelte (z.B. Provisionen) für die Beitragsberechnung auf die Monate aufzuteilen, in denen die dazugehörige Arbeitsleistung erbracht wurde.

Ebenso wie bei den variablen, mit regelmäßiger Phasenverschiebung gezahlten Entgeltbestandteilen wird auch ein Abstellen auf den nächsten oder übernächsten Monat für zulässig erachtet, wenn der Arbeitnehmer der Arbeit ferngeblieben ist, so daß es zu einer Minderung des Arbeitsentgelts kommt. Diese **"Entgeltminderung wegen Fehlzeiten"** wird dem Arbeitgeber nämlich oftmals erst nach Beginn der monatlichen Entgeltabrechnung bekannt. Es kommt dann zu einer Überzahlung des Arbeitsentgelts, die durch einen Abzug vom Entgelt des Folgemonats oder des übernächsten Monats ausgeglichen wird. Hier ist es zulässig, für die Beitragsberechnung auf das tatsächlich im Kalendermonat ausgezahlte Entgelt abzustellen.

c) Abrechnung von Einmalzahlungen

5620

Einmalzahlungen (vom Gesetz in § 227 SGB V als "einmalig gezahltes Arbeitsentgelt" bezeichnet) sind solche Zuwendungen, die zwar zum beitragspflichtigen Entgelt gehören, aber nicht monatlich (genau genommen: nicht für die Abrechnung in einem bestimmten Arbeitszeitraum) ausgezahlt werden (z.B. Weihnachtsgeld, Urlaubsgeld, Tantiemen). Als Einmalzahlung ist es auch anzusehen, wenn der Arbeitnehmer nach dem Ausscheiden aus dem Arbeitsverhältnis eine Sonderzahlung erhält. Laufende, sozialversicherungspflichtige Zulagen (z.B. Mehrarbeitsvergütungen) sind auch dann **nicht** als Einmalzahlung einzustufen, wenn sie in größeren Zeitabständen gewährt werden; vielmehr handelt es sich um laufendes Arbeitsentgelt.

5621

Für die sozialversicherungsrechtliche Behandlung von Einmalzahlungen gilt der Grundsatz, daß diese Zahlungen dem Kalendermonat zugeordnet werden, in dem die tatsächliche Auszahlung erfolgt. Es sind aber folgende Besonderheiten zu beachten:

- Aus Vereinfachungsgründen ist es zulässig, die Einmalzahlung dem Vormonat der tatsächlichen Auszahlung zuzuordnen, sofern zum Zeitpunkt der Auszahlung noch nicht das laufende Arbeitsentgelt des Vormonats abgerechnet wurde.

- Wurde das Arbeitsverhältnis beendet oder ruht das Arbeitsverhältnis (z.B. wegen eines Wehr- oder Zivildienstes), so ist die Einmalzahlung dem letzten Abrechnungsmonat des Kalenderjahres zuzuordnen, in dem die Einmalzahlung tatsächlich geleistet wurde. Daraus folgt, daß die Einmalzahlung für den Fall beitragsfrei bleibt, daß im Kalenderjahr ihrer Zahlung überhaupt kein Entgeltabrechnungszeitraum gegeben ist (so z.B. beim Ausscheiden aus der Beschäftigung zum 31.12. des Vorjahres).

Zur erweiterten Beitragspflichtigkeit von Einmalzahlungen, die mit der Ansetzung einer anteiligen Jahresbeitragsbemessungsgrenze zusammenhängt, vgl. Rz. 5610 ff.

d) Abrechnung von Entgeltnachzahlungen

5622

Wird Arbeitsentgelt für vergangene Monate nachgezahlt, so müssen für die sozialversicherungsrechtliche Behandlung **zwei verschiedene Fallgruppen** auseinandergehalten werden:

Die eine Fallgruppe ist dadurch gekennzeichnet, daß der Arbeitnehmer von vornherein einen Anspruch auf das Arbeitsentgelt hatte, dieser Anspruch aber vom Arbeitgeber verspätet erfüllt wird. Für die Berechnung der Sozialversicherungsbeiträge gilt dann, daß die Nachzahlung auf die einzelnen Monate des Nachzahlungszeitraumes zu verteilen ist, also letztlich für diese Monate eine Beitragsneuberechnung stattfinden muß. Dieselbe Neuberechnung muß im übrigen "spiegelbildlich" vorgenommen werden, falls der Arbeitnehmer ein Weihnachtsgeld zurückzuzahlen hat (die Beitragsberechnung für den entsprechenden Monat des Vorjahres muß dann nochmals erfolgen).

Die zweite, sozialversicherungsrechtlich anders zu behandelnde Fallgruppe ist dann gegeben, wenn ein Arbeitsentgelt (z.B. aufgrund eines Tarifvertrages) rückwirkend erhöht wird. Es ist dann zulässig, daß entsprechend den Abrechnungsregelungen verfahren wird, die für einmalige Zahlungen gelten.

e) Beitragsabrechnung bei Arbeitsunterbrechungen

5623

Im Grundsatz ist die Sozialversicherungspflicht und damit die Pflicht zur Beitragsabführung an die Voraussetzung gebunden, daß tatsächlich ein Arbeitsverhältnis gegen Arbeitsentgelt ausgeübt wird. Fällt also das Entgelt weg, so endet grundsätzlich auch die Versicherungs- und Beitragspflicht. Davon gibt es allerdings Ausnahmen: Die Mitgliedschaft zur Krankenversicherung bleibt bei bestimmten Tatbeständen erhalten, nämlich (gem. § 192 Abs. 1 Nr. 1 SGB V)

- für einen Monat bei unbezahltem Urlaub, unentschuldigtem Fehlen oder unrechtmäßigem Streik und
- zeitlich unbegrenzt bei einem rechtmäßigen Streik.

Liegt ein solcher Fall der Mitgliedschaftserhaltung vor (z.B. ein unbezahlter Urlaub von nicht mehr als 4 Wochen), so gilt für den betroffenen Zeitraum, daß weder eine Abmeldung des Arbeitnehmers von der Sozialversicherung vorzunehmen ist noch eine Beitragsentrichtung zur Sozialversicherung erfolgen muß. Die Berücksichtigung der monatlichen Beitragsbemessungsgrenze geschieht in der Weise, daß die tatsächlichen Beiträge des betroffenen (nur teilweise mit Entgelt belegten) Kalendermonats bis zur monatlichen Beitragsbemessungsgrenze anzusetzen sind (anders als bei "angebrochenen" Kalendermonaten, vgl. Rz. 5609).

5624
Erhält der Arbeitnehmer von einem Sozialleistungsträger bestimmte Leistungen, insbesondere ein **Krankengeld** (oder auch Mutterschaftsgeld, Erziehungsgeld, Versorgungskrankengeld, Verletztengeld oder Übergangsgeld), so sind während dieser Zeit vom Arbeitgeber keine Sozialversicherungsbeiträge zu entrichten. Eine Ausnahme gilt, wenn ein Krankengeldbezieher eine Teilzeitarbeit verrichtet; aus dem erzielten Teilarbeitsentgelt (welches auf das Krankengeld angerechnet wird) sind dann Sozialversicherungsbeiträge abzuführen. Zu beachten ist im übrigen, daß Einmalzahlungen fast stets beitragspflichtig sind (vgl. Rz. 5620).

5625
Beruht eine Arbeitsunterbrechung auf Kurzarbeit oder auf schlechtem Wetter, so wird es regelmäßig zur Zahlung von Kurzarbeitergeld bzw. Schlechtwettergeld kommen (zu diesen vom Arbeitsamt finanzierten und vom Arbeitgeber auszuzahlenden Leistungen vgl. Rz. 6306 ff). Es gilt dann für die Berechnung der Sozialversicherungsbeiträge folgendes:

Zur Berechnung der Kranken- und Pflegeversicherungsbeiträge ist für die wegen Kurzarbeit bzw. schlechten Wetters ausgefallenen Arbeitsstunden nicht das tatsächlich erzielte, sondern ein fiktives Arbeitsentgelt anzusetzen. Dieses fiktive Entgelt wird in der Weise ermittelt, daß die Zahl der dem Kurzarbeitergeld bzw. Schlechtwettergeld zugrundeliegenden Stunden (Ausfallstunden) mit dem Entgelt zu vervielfältigen ist, nach dem sich die Bemessung des Kurzarbeitergeldes bzw. Schlechtwettergeldes richtet. Hinsichtlich der Frage nach der Tragung der Beiträge gilt, daß die Beiträge

- je zur Hälfte vom Arbeitgeber und Arbeitnehmer aufgebracht werden, soweit in der betroffenen Zeit das tatsächliche Arbeitsentgelt gezahlt wird,
- von den Arbeitgebern allein zu tragen sind, soweit die Beiträge (über das tatsächlich erzielte Entgelt hinaus) auf das fiktive Arbeitsentgelt entfallen.

Bei der Berechnung der Beiträge zur Rentenversicherung ist dagegen für die ausgefallene Zeit nicht von einem fiktiven Arbeitsentgelt, sondern vom Betrag des Kurzarbeitergeldes bzw. Schlechtwettergeldes auszugehen. Beitragsbemes-

Beitragsentrichtung zur Sozialversicherung

sungsgrundlage ist also das tatsächliche Arbeitsentgelt zuzüglich des Kurzarbeitergeldes bzw. Schlechtwettergeldes. Hinsichtlich der Beitragstragung gilt wiederum, daß sich Arbeitgeber und Arbeitnehmer bezüglich des tatsächlich erzielten Arbeitsentgelts die Beitragslast teilen, daß aber der Arbeitgeber die aus dem Kurzarbeitergeld bzw. Schlechtwettergeld zu zahlenden Beiträge allein aufzubringen hat.

Die Beiträge zur Arbeitslosenversicherung werden bei Kurzarbeit bzw. schlechtem Wetter nur aus dem tatsächlich erzielten Arbeitsentgelt berechnet, wobei die Beitragslast zur Hälfte vom Arbeitgeber und zur anderen Hälfte vom Arbeitnehmer zu tragen ist.

5. Alphabetische Auflistung zur Frage der Sozialversicherungspflicht von Arbeitsentgelten

5626

Die nachfolgende Auflistung gibt - ohne Anspruch auf Vollständigkeit - die wichtigsten Besonderheiten wieder, die bei der Frage nach der Sozialversicherungspflicht von Arbeitgeberzuwendungen zu beachten sind. Hierbei werden bestimmte Zuwendungsarten in alphabetischer Reihenfolge abgehandelt.

Sozialversicherungspflicht von Arbeitsentgelten	
Abfindungen	aus Anlaß der Beendigung eines Arbeitsverhältnisses sind sozialversicherungsfrei. Keine Abfindung in diesem Sinne (und damit sozialversicherungspflichtig) sind jedoch Zahlungen zur Abgeltung von Ansprüchen aus dem Arbeitsverhältnis, die der Arbeitnehmer bis zur Auflösung des Arbeitsverhältnisses erlangt hat (geschuldetes Arbeitsentgelt). Wurde ein Arbeitsverhältnis vorzeitig (vor Ablauf der ordentlichen Kündigungsfrist) aufgelöst, so sind auch solche Abfindungen sozialversicherungsfrei, die Ansprüche abgelten sollen, welche bis zur ordentlichen Beendigung des Arbeitsverhältnisses entstanden wären.
Abnutzungsentschädigungen	die für das Tragen von Kleidung gewährt werden, sind sozialversicherungspflichtig.

Sozialrecht

Sozialversicherungspflicht von Arbeitsentgelten	
Abschlagszahlungen	auf das Arbeitsentgelt sind (ebenso wie Teilzahlungen oder Vorauszahlungen auf das Arbeitsentgelt) sozialversicherungspflichtig.
Akkordzuschüsse	sind sozialversicherungspflichtig. Im übrigen sind sog. Akkordlohn-Spitzenbeträge (die im Baugewerbe nach Fertigstellung eines Vorhabens gezahlt werden) nicht als einmalig gezahltes, sondern als laufendes Arbeitsentgelt anzusehen und folglich auf die entsprechenden Lohnabrechnungszeiträume aufzuteilen.
Anwesenheitsprämien	die für ein nicht eingetretenes Arbeitsversäumnis gezahlt werden, sind sozialversicherungspflichtig.
Arbeitskleidung	(Berufskleidung), die dem Arbeitnehmer unentgeltlich oder verbilligt überlassen wird, ist sozialversicherungsfrei.
Aufmerksamkeiten	die der Arbeitgeber dem Arbeitnehmer in kleinerem Umfang zukommen läßt (z.B. Blumen und Bücher) sind sozialversicherungsfrei.
Aufwandsentschädigungen	die einem Arbeitnehmer in der Privatwirtschaft gewährt werden, sind sozialversicherungspflichtig.
Auslagenersatz	(d.h., Ersatz von Aufwendungen, die der Arbeitnehmer für seinen Arbeitgeber erbracht hat) ist sozialversicherungsfrei.
Baukostenzuschüsse	die ein Arbeitgeber zum Auf- oder Ausbau eines Hauses (oder einer neuen Wohnung) gewährt, sind in begrenztem Umfang sozialversicherungsfrei. Der Freibetrag liegt beim Zwölffachen des Betrages, der als

Beitragsentrichtung zur Sozialversicherung

Sozialversicherungspflicht von Arbeitsentgelten	
	monatliche Auslösung für eine doppelte Haushaltsführung in Betracht kommt.
Beihilfen	die von Arbeitgebern in Krankheits- oder Unglücksfällen gewährt werden, sind bis zu einem Betrag von 1.000 DM jährlich sozialversicherungsfrei.
Belegschaftsrabatte	sind Preisnachlässe, die der Arbeitgeber für vom Betrieb hergestellte Waren bzw. vom Betrieb erbrachte Dienstleistungen gewährt und die überwiegend für den Bedarf der Arbeitnehmer gedacht sind (z.B. Haustrunk im Brauereigewerbe und Freiflüge in Luftverkehrsunternehmen). Belegschaftsrabatte sind sozialversicherungsfrei bis zu einem Wert von 2.400 DM im Kalenderjahr.
Belohnungen	die vom Arbeitgeber im Zusammenhang mit der Verhütung von Unfällen oder der Hilfeleistung bei Unfällen gewährt werden, sind sozialversicherungspflichtig. Dagegen sind solche Belohnungen sozialversicherungsfrei, die von Berufsgenossenschaften zur Unfallverhütung gezahlt werden.
Betriebsveranstaltungen	Zuwendungen, die der Arbeitgeber an den Arbeitnehmer im Rahmen von Betriebsveranstaltungen erbringt, sind sozialversicherungsfrei. Hierzu zählen etwa Speisen, Getränke, Süßigkeiten und die Übernahme von Fahrtkosten.
Darlehen	des Arbeitgebers an den Arbeitnehmer sind sozialversicherungsfrei, wenn sie nicht als Vergütung für geleistete Arbeit (Lohnvorschuß) gezahlt werden.
Dienstwohnung	Wird dem Arbeitnehmer vom Arbeitgeber im Rahmen des Arbeitsverhältnisses eine verbilligte Dienstwohnung überlassen, so

Sozialversicherungspflicht von Arbeitsentgelten	
	ist die Verbilligung sozialversicherungspflichtig.
Erfindervergütungen	die vom Arbeitgeber an den Arbeitnehmer für eine Diensterfindung gewährt werden (und die eine nach dem Patentrecht schutzfähige Erfindung betreffen), sind sozialversicherungspflichtig.
Erholungsbeihilfen	des Arbeitgebers an den Arbeitnehmer sind nur dann sozialversicherungsfrei, wenn sie zur Abwehr oder Besserung einer Berufskrankheit erforderlich sind oder deshalb notwendig sind, weil der erholungsbedürftige Arbeitnehmer ohne die Beihilfe aus finanziellen Gründen nicht dazu in der Lage wäre, in Erholung zu gehen.
Erschwerniszuschläge	zum Arbeitsentgelt (z.B. Gefahren-, Hitze- und Schmutzzulagen) sind sozialversicherungspflichtig.
Essenszuschüsse	die vom Arbeitgeber zur Verbilligung von Mahlzeiten der Arbeitnehmer gewährt werden (z.B. in einer Kantine oder Gaststätte) sind sozialversicherungsfrei, wenn sie pauschal besteuert werden, sind aber bei fehlender Pauschalbesteuerung insofern sozialversicherungspflichtig, als zwischen dem Kostenanteil des Arbeitnehmers und dem maßgebenden Wert der Sachbezugsverordnung ein Unterschiedsbetrag entsteht.
Familienzuschläge	die zum Arbeitsentgelt bei einem bestimmten Familienstand bzw. einer bestimmten Kinderzahl gewährt werden, sind sozialversicherungspflichtig. Bei der Entgeltermittlung für die Versicherungspflichtgrenze der gesetzlichen Krankenversicherung (Jahresarbeitsentgeltgrenze) werden Familienzuschläge nicht mitgezählt.

Beitragsentrichtung zur Sozialversicherung

Sozialversicherungspflicht von Arbeitsentgelten	
Fehlgeldentschädigungen	(Mankogelder) für Arbeitnehmer im Kassen- oder Zähldienst sind sozialversicherungsfrei, soweit die pauschale monatliche Entschädigung nicht über 30 DM liegt. Wird keine pauschale Entschädigung vorgenommen, sondern der tatsächliche Kassenfehlbetrag vom Arbeitgeber ersetzt, so besteht eine vollständige Sozialversicherungsfreiheit.
Feiertagsarbeitszuschläge	sind nur in der Unfallversicherung stets sozialversicherungspflichtig. In den anderen Sozialversicherungszweigen sind die Zuschläge sozialversicherungsfrei, sofern folgende Voraussetzungen erfüllt sind: Feiertagsarbeit an den Weihnachtsfeiertagen (sowie am 24. Dezember ab 14 Uhr) und am 1. Mai, sofern 150% der Grundlohns nicht überstiegen werden; Feiertagsarbeit an anderen gesetzlichen Feiertagen (sowie am 31.Dezember ab 14 Uhr) sofern 125% des Grundlohns nicht überstiegen werden.
Ferienaufenthalte	Gewährt der Arbeitgeber dem Arbeitnehmer Zuschüsse zu Ferien- oder Erholungsaufenthalten (oder wird vom Arbeitgeber eine kostenlose oder verbilligte Unterbringung in einem Erholungsheim gewährt), so ist die Zuwendung nur dann sozialversicherungsfrei, wenn sie pauschal versteuert wird.
Freie Unterkunft und Verpflegung	die der Arbeitgeber gewährt, ist sozialversicherungspflichtig. Die Bewertung der freien Unterkunft und Verpflegung geschieht nach der Sachbezugsverordnung, die für jedes Kalenderjahr neu veröffentlicht wird.
Freifahrten	mit Werksbussen zwischen Wohn- und Arbeitsort sind sozialversicherungsfrei.
Heimarbeiterzuschläge	die einem Heimarbeiter zur Abgeltung des

Sozialrecht

Sozialversicherungspflicht von Arbeitsentgelten	
	Umstandes gewährt werden, daß bei Arbeitsunfähigkeit keine Lohnfortzahlung geleistet wird, sind sozialversicherungsfrei
Jubiläumszuwendungen	die im zeitlichen Zusammenhang mit einem Arbeitnehmerjubiläum gewährt werden, sind sozialversicherungsfrei, sofern sie bestimmte Grundbeträge nicht übersteigen. Diese Beträge belaufen sich auf 600 DM bei einem 10jährigen Jubiläum, 1.200 DM bei einem 25jährigen Jubiläum, 2.400 DM bei einem 35-40jährigen Jubiläum, 2.400 DM bei einem 45-50jährigen Jubiläum, 2.400 DM bei einem 55-60jährigen Jubiläum. Für ein Geschäftsjubiläum beträgt der Grenzbetrag 2.400 DM, sofern das Jubiläum begangen wird, weil das Geschäft 25 Jahre oder ein Vielfaches von 25 Jahren bestanden hat.
Karenzentschädigungen	die vom Arbeitgeber an den Arbeitnehmer wegen eines vereinbarten Wettbewerbsverbots gezahlt werden, sind sozialversicherungsfrei.
Kindergartenplatz	Stellt der Arbeitgeber einen kostenlosen oder verbilligten Kindergartenplatz im Betrieb zur Verfügung (oder wird ein Zuschuß zur Unterbringung des Kindes in einem beriebsfremden Kindergarten geleistet), so ist diese Zuwendung sozialversicherungsfrei.
Kraftfahrzeugüberlassung	Überläßt der Arbeitgeber dem Arbeitnehmer ein Kraftfahrzeug zum privaten Gebrauch, so ist der daraus vom Arbeitnehmer gezogene Vorteil sozialversicherungspflichtig.
Krankengeldzuschüsse	Erhält ein Arbeitnehmer Krankengeld aus der gesetzlichen Krankenversicherung (nicht: Krankentagegeld aus der privaten

Sozialversicherungspflicht von Arbeitsentgelten	
	Krankenversicherung), so sind während der Zeit des Krankengeldbezuges geleistete Arbeitgeberzuschüsse sozialversicherungsfrei, sofern sie zusammen mit dem Krankengeld nicht das letzte Nettoentgelt übersteigen.
Krankenversicherungszuschüsse	Der Arbeitgeberzuschuß zu einer privaten oder freiwilligen Krankenversicherung des höherverdienenden Arbeitnehmers ist sozialversicherungsfrei, soweit er aufgrund gesetzlicher Verpflichtung gewährt wird (zur Ausgestaltung dieser Zuschüsse vgl. unten zu VI., Rz. 5669 ff.).
Lebensversicherung	Zahlt der Arbeitgeber Prämien für eine pauschal versteuerte Direktversicherung des Arbeitnehmers, so sind diese Aufwendungen sozialversicherungsfrei. Leistet der Arbeitgeber für einen von der gesetzlichen Rentenversicherungspflicht befreiten Arbeitnehmer Zuschüsse zu einer Lebensversicherung (oder einer freiwilligen Versicherung in der gesetzlichen Rentenversicherung oder einer Versicherung in einem berufsständischen Versorgungswerk), so sind diese Zuschüsse sozialversicherungsfrei. Die Sozialversicherungsfreiheit besteht jedoch höchstens bis zur Höhe des (fiktiven) Arbeitgeberbeitrags zur Rentenversicherung und ist auf die Hälfte der tatsächlichen Versicherungsaufwendungen des Arbeitnehmers begrenzt.
Losgewinne	die vom Arbeitnehmer bei einer vom Arbeitgeber veranstalteten Verlosung erzielt werden, sind nur dann sozialversicherungspflichtig, wenn ein enger Bezug zur Arbeitsleistung besteht. Davon ist auszugehen, wenn die Teilnahmeberechtigung von bestimmten Leistungen des Arbeitnehmers abhängig gemacht wird, oder die Verlosung wesentlich dazu dient, den Arbeitneh-

Sozialversicherungspflicht von Arbeitsentgelten	
	mern eine Zusatzvergütung für geleistete Arbeit zugute kommen zu lassen und zugleich einen Anreiz für erfolgreiche Arbeit zu schaffen.
Mehrarbeitszuschläge	sind sozialversicherungspflichtig. Zur zeitlichen Zuordnung von Mehrarbeitszuschlägen vgl. Rz. 5619.
Mutterschaftsgeldzuschüsse	die der Arbeitgeber nach dem Mutterschutzgesetz zu gewähren hat, sind sozialversicherungsfrei. Dagegen sind Überstundenvergütungen nicht sozialversicherungsfrei, wenn sie während der Mutterschutzfristen gezahlt werden.
Nachtarbeitszuschläge	sind sozialversicherungsfrei, sofern sie 25% des Grundlohns nicht übersteigen (hat die Nachtarbeit vor 0 Uhr begonnen, so erhöht sich dieser Prozentsatz für die Zeit von 0 bis 4 Uhr auf 40%).
Provisionen	sind sozialversicherungspflichtig.
Reisekosten	Werden dem Arbeitnehmer vom Arbeitgeber Reisekosten erstattet, die unmittelbar durch das Arbeitsverhältnis verursacht wurden, so sind diese Reisekostenerstattungen sozialversicherungsfrei.
Schadensersatzleistungen	des Arbeitgebers an den Arbeitnehmer sind sozialversicherungsfrei, wenn es sich im rechtlichen Sinne um einen Schadensersatz handelt, der unmittelbar aus einer gesetzlichen Verpflichtung folgt (sog. echter Schadensersatz, z.B. wegen unerlaubter Handlungen). Dagegen unterliegen solche Schadens- ersatzleistungen der Sozialversicherungspflicht, die ihre Grundlage im Arbeitsvertrag haben.

Beitragsentrichtung zur Sozialversicherung

Sozialversicherungspflicht von Arbeitsentgelten	
Sonntagsarbeitszuschläge	sind sozialversicherungsfrei, soweit sie 50% des Grundlohns nicht übersteigen.
Urlaubsabgeltungen	sind sozialversicherungspflichtig und als einmalig gezahlte Einnahmen zu behandeln.
Urlaubsgeld	ist sozialversicherungspflichtig.
Vermittlungsprovisionen	(für Arbeitnehmer bei Kreditinstituten, Versicherungsunternehmen, Reisebüros etc.) sind sozialversicherungspflichtig, wenn der Arbeitnehmer die Vermittlung im Rahmen des Arbeitsverhältnisses ausübt.
Vermögensbeteiligungen	die vom Arbeitgeber kostenlos oder verbilligt ermöglicht werden (z.B. Aktien inländischer Unternehmen einschließlich Belegschaftsaktien) sind sozialversicherungsfrei, sofern der Vorteil für den Arbeitnehmer nicht über 600 DM jährlich und außerdem nicht über der Hälfte des Wertes der Vermögensbeteiligung liegt. Zudem ist Voraussetzung für die Sozialversicherungsfreiheit, daß sich der Arbeitnehmer dazu verpflichtet, in den nächsten 6 Jahren nicht über die Vermögensbeteiligung zu verfügen.
Vermögenswirksame Leistungen	des Arbeitgebers sind sozialversicherungspflichtig. Diese Leistungen sind aber ausnahmsweise sozialversicherungsfrei, wenn sie in einen Zeitraum fallen, in dem Krankengeld oder Mutterschaftsgeld aus der gesetzlichen Krankenversicherung, Übergangsgeld aus der gesetzlichen Rentenversicherung oder Erziehungsgeld gezahlt wird.
Wegegelder	die für Arbeiter im Wald-, Straßen- und Wasserbau gewährt werden, sind sozial-

Sozialversicherungspflicht von Arbeitsentgelten	
	versicherungspflichtig.
Weihnachtszuwendungen	sind sozialversicherungspflichtig.
Werkzeuggeld	ist sozialversicherungsfrei, soweit es die einschlägigen Aufwendungen des Arbeitnehmers nicht offensichtlich übersteigt.
Zinsersparnisse	aus Anlaß von unverzinslichen oder zinsverbilligten Arbeitgeberdarlehen sind sozialversicherungsfrei, wenn der Effektivzins nicht über 5,5% liegt oder das Darlehen (bzw. die Summe der gewährten und vom Arbeitnehmer noch nicht getilgten Darlehen) einen Wert von 5.000 DM nicht übersteigt. Ist das Darlehen vor dem 01.01.1989 im Zusammenhang mit dem Erwerb oder der Errichtung einer Wohnung gewährt worden, so bleibt ein Zinsvorteil von bis zu 2.000 DM jährlich sozialversicherungsfrei.

Beitragsentrichtung zur Sozialversicherung

6. Tabellarische Übersicht zu den wichtigsten Werten der Sozialversicherung

5627

Die nachstehende Übersicht bietet einen Überblick über die wichtigsten Berechnungswerte des Jahres 1995 für die Sozialversicherung in den alten und neuen Bundesländern. Dabei handelt es sich nicht nur um Werte für die eigentliche Beitragsberechnung, sondern auch um Werte zur Beantwortung der Frage, ob überhaupt eine Versicherungspflicht besteht (bei der Geringfügigkeitsgrenze der Kranken- und Rentenversicherung und bei der Jahresarbeitsentgeltgrenze der Krankenversicherung).

Beitragsbemessungsgrenze der Renten- und Arbeitslosenversicherung	jährl. 93.600 DM mtl. 7.800 DM (in der knappschaftlichen RV: jährl. 115.200 DM)	jährl. 76.800 DM mtl. 6.400 DM (in der knappschaftlichen RV: jährl. 93.600 DM)
Jahresarbeitsentgeltgrenze der Krankenversicherung und Beitragsbemessungsgrenze der Pflegeversicherung	jährl. 70.200 DM mtl. 5.850 DM	jährl. 57.600 DM mtl. 4.800 DM
Beitragssatz der Rentenversicherung	18,6 % (in der knappschaftlichen RV: 24,7 %)	18,6 % (in der knappschaftlichen RV: 24,7 %)
Beitragssatz der Arbeitslosenversicherung	6,5 %	6,5 %
Entgeltgrenze für geringfügige Beschäftigungen in der Kranken-, Pflege- und Rentenversicherung	580 DM mtl.	470 DM mtl.
Geringverdienergrenze für die alleinige Beitragstragung durch den Arbeitgeber (gilt für die Kranken-, Pflege-, Renten- und Arbeitslosenversicherung)	610 DM mtl. (in der knappschaftlichen RV: 750 DM mtl.)	500 DM mtl. (in der knappschaftlichen RV: 610 DM mtl.)

II. Beitragsabführung und Beitragsüberwachung

1. Grundsätze

5628

Die Beiträge zur Kranken-, Renten-, Pflege- und Arbeitslosenversicherung werden im sog. Lohnabzugsverfahren entrichtet: Der Arbeitgeber muß die zu den 4 Versicherungszweigen abzuführenden Beiträge zunächst berechnen (vgl. Rz. 5600 ff.). Im Vorfeld der eigentlichen Beitragsentrichtung hat der Arbeitgeber ein Recht zur Einbehaltung des anfallenden Arbeitnehmeranteils zur Sozialversicherung, also des halben Beitrags (vgl. Rz. 5629 ff.). Sodann hat der **Arbeitgeber**, der **Schuldner der Sozialversicherungsbeiträge** ist, die Summe der Beiträge zur Kranken-, Renten-, Pflege- und Arbeitslosenversicherung (die sich jeweils aus einem Arbeitgeber- und Arbeitnehmeranteil zusammensetzt und vom Gesetz als "Gesamtsozialversicherungsbeitrag" bezeichnet wird) an die zuständige Einzugsstelle (Krankenkasse) zu entrichten. Die Beitragsentrichtung unterliegt bestimmten Überwachungsregelungen.

2. Beitragseinbehalt durch den Arbeitgeber

5629

Zwecks Beitragsentrichtung ist der Arbeitgeber dazu berechtigt, den Arbeitnehmeranteil zur Kranken-, Renten-, Pflege- und Arbeitslosenversicherung einzubehalten (also vom Bruttogehalt abzuziehen). Der Abzug erfolgt grundsätzlich für die laufende Lohnzahlungsperiode, also in monatlichen Abständen.

In diesem Zusammenhang stellt sich die Frage, ob und inwieweit ein **"nachträglicher Beitragsabzug"** möglich ist, also ein Abzug der Arbeitnehmeranteile in einem späteren Monat. Hier gilt der Grundsatz, daß ein unterbliebener Abzug nur innerhalb der nächsten drei Monate nachgeholt werden darf (§ 28 g SGB IV).

Außer diesem "Verbot des nachträglichen Beitragsabzugs" gibt es auch ein "Verbot des Abzugs auf anderem Wege", denn der Arbeitgeber darf die Arbeitnehmeranteile nur im Wege des Abzugs vom Arbeitsentgelt einbehalten. Dieses Verbot hat zur Folge, daß dem Arbeitgeber keinerlei nachträgliches Abzugsrecht mehr zusteht, wenn der Arbeitnehmer aus der Beschäftigung ausgeschieden und deshalb kein Arbeitsentgelt mehr zu zahlen ist.

5630

Vom "Verbot des nachträglichen Beitragsabzugs" (nicht aber vom "Verbot des Abzugs auf anderem Wege") gibt es eine Ausnahme, wenn der Abzug ohne Verschulden des Arbeitgebers unterblieben ist. Es muß aber beachtet werden, daß der Begriff des "Verschuldens" sehr streng gehandhabt wird. Praktisch ist dem Arbeitgeber nur in den seltenen Fällen kein Verschulden anzulasten, wo er von der Einzugsstelle (Krankenkasse) schriftlich eine fehlerhafte Auskunft über die Beitragspflicht bzw. Beitragshöhe erhalten hat.

Beitragsentrichtung zur Sozialversicherung

5631

Sowohl das "Verbot des nachträglichen Beitragsabzugs" als auch das "Verbot des Abzugs auf anderem Wege" sind außer Kraft gesetzt, wenn der Arbeitnehmer vorsätzlich oder grob fahrlässig den Auskunfts- und Vorlagepflichten nicht nachgekommen ist, die ihn gegenüber dem Arbeitgeber treffen. Diese Ausnahme vom Arbeitnehmerschutz ist vor allem bei der vom Arbeitnehmer verschwiegenen Zweitbeschäftigung von Bedeutung: Übt ein Arbeitnehmer nebeneinander mehrere geringfügige Beschäftigungen aus, so ist im Sozialversicherungsrecht eine Zusammenrechnung vorgesehen, die regelmäßig zu einer Versicherungs- und Beitragspflicht in der Kranken-, Pflege- und Rentenversicherung führt (vgl. Rz. 5223). Gibt nun der Arbeitnehmer die Beschäftigung jeweils dem anderen Arbeitgeber nicht an, so unterbleibt die Beitragsentrichtung zur Kranken-, Pflege- und Rentenversicherung, obwohl an sich aufgrund der gebotenen Zusammenrechnung eine Versicherungs- und Beitragspflicht des Arbeitnehmers besteht. Bei dieser Fallgestaltung ist der Arbeitgeber zu einem nachträglichen (mehr als drei Monate umfassenden) Beitragsabzug berechtigt. Darüber hinaus hat der Arbeitgeber - rechtlich gesehen - auch die Möglichkeit, den Arbeitnehmer nach dem Ausscheiden aus der Beschäftigung zu belangen.

3. Der Arbeitgeber als Beitragsschuldner

5632

Obwohl sich der Arbeitgeber und der Arbeitnehmer in der Kranken-, Renten-, Pflege- und Arbeitslosenversicherung die Beitragslast grundsätzlich teilen, ist der Arbeitgeber gegenüber der Einzugsstelle (Krankenkasse) der alleinige Beitragsschuldner (§ 28 e SGB IV). Er hat also den Gesamtsozialversicherungsbeitrag zum Zeitpunkt der Fälligkeit (vgl. Rz. 5636 ff.) an die Einzugsstelle zu zahlen.

Ist ein Arbeitnehmer mehrfach beschäftigt, so darf insgesamt gesehen die Beitragsbemessungsgrenze nicht überschritten werden, d.h., es ist das erzielte Arbeitsentgelt ggfs. im Wege einer Verhältnisrechnung aufzuteilen.

Ist ein Arbeitnehmer im Rahmen einer von der Bundesanstalt für Arbeit erlaubten **Arbeitnehmerüberlassung** tätig, so gilt hinsichtlich der Frage nach dem Beitragsschuldner: An sich ist der Verleiher der Schuldner, da ihn grundsätzlich die sozialversicherungsrechtlichen Arbeitgeberpflichten treffen. Ist allerdings der Arbeitgeber trotz Mahnung nicht seiner Pflicht zur Beitragsentrichtung nachgekommen, so geht die Zahlungspflicht auf den Entleiher über (dieser haftet dann gegenüber der Einzugsstelle wie ein "selbstschuldnerischer Bürge").

Im Falle der unerlaubten Arbeitnehmerüberlassung gilt der Entleiher als Arbeitgeber, weshalb er auch die Sozialversicherungsbeiträge zu entrichten hat. Zahlt aber der Verleiher dem Arbeitnehmer (ganz oder teilweise) das Arbeitsentgelt, so hat er auch die entsprechenden Sozialversicherungsbeiträge abzuführen. Die

Verpflichtung des Verleihers tritt neben die Pflicht des Entleihers. Beide haften als sog. Gesamtschuldner, d.h., sowohl der Verleiher als auch der Entleiher können von der Einzugsstelle belangt werden.

4. Beitragsentrichtung

a) Allgemeines

5633

Der Arbeitgeber muß den Gesamtsozialversicherungsbeitrag (Gesamtheit der für einen Arbeitnehmer abzuführenden Beiträge zur Kranken-, Renten-, Pflege- und Arbeitslosenversicherung) an eine bestimmte **Krankenkasse** entrichten, die **als Einzugsstelle tätig** ist (§ 28 h SGB IV). Hierbei sind bestimmte Fälligkeitstermine zu beachten. Wurden die Beiträge zu Unrecht entrichtet, so sind sie zurückzuerstatten.

Die Verpflichtung des Arbeitgebers zur monatlichen Entrichtung von Sozialversicherungsbeiträgen besteht unabhängig davon, ob das Arbeitsentgelt erst verspätet (in einem der Folgemonate) ausgezahlt wird. Als maßgeblicher Zeitpunkt des Eingangs der Beiträge bei der Einzugsstelle zählt das Datum der Wertstellung (bei rückwirkender Wertstellung das Datum der Buchung).

b) Zuständige Einzugsstelle

5634

Die Einzugsstelle für den Gesamtsozialversicherungsbeitrag des Arbeitnehmers ist stets eine gesetzliche Krankenkasse. Im Normalfall bereitet die (in § 28 i SGB IV geregelte) Bestimmung der zuständigen Einzugsstelle keine Schwierigkeiten: Der Arbeitnehmer ist bei der jeweiligen Ortskrankenkasse krankenversicherungspflichtig, die dann zugleich die Einzugsstelle ist. Um die zuständige Einzugsstelle für jeden denkbaren Fall zu bestimmen, müssen jedoch folgende Punkte beachtet werden:

Ist der Arbeitnehmer bei einer gesetzlichen Krankenkasse krankenversichert, so wird diese Kasse zugleich als Einzugsstelle tätig. Hierbei kommt es nicht darauf an, ob der Arbeitnehmer bei der Kasse pflichtversichert oder freiwillig versichert ist. Zu den gesetzlichen Krankenkassen gehören vor allem die Orts-, Betriebs- und Innungskrankenkassen sowie die Ersatzkassen. In Sonderfällen kommen als gesetzliche Krankenkassen auch die Bundesknappschaft, die See-Krankenkasse und die landwirtschaftlichen Krankenkassen in Betracht. Für freiwillig krankenversicherte Arbeitnehmer, die nicht bei der Betriebskrankenkasse ihres Arbeitgebers versichert sind, gilt die Sonderregelung, daß gleichwohl diese Betriebskrankenkasse für den Beitragseinzug zuständig ist.

Beitragsentrichtung zur Sozialversicherung

Ist der Arbeitnehmer nicht Mitglied der gesetzlichen Krankenversicherung, so ist Einzugsstelle diejenige Krankenkasse, die im Falle einer gesetzlichen Pflichtkrankenversicherung zuständig wäre. Es kommen hier nur Orts-, Betriebs- und Innungskrankenkassen in Betracht.

5635

Für größere Arbeitgeber, die eine zentrale Stelle für die Lohn- und Gehaltsabrechnung besitzen, gelten folgende Besonderheiten. Soweit die Sozialversicherungsbeiträge an sich an mehrere Ortskrankenkassen zu entrichten sind, kann auf Antrag der Arbeitgeber eine Entrichtung an den AOK-Landesverband oder (falls die Betriebe des Arbeitgebers in mehreren Landesverbandsbezirken liegen) an den AOK-Bundesverband vorgenommen werden.

Daneben hat der mit einer zentralen Abrechnungsstelle ausgestattete Arbeitgeber auch noch eine weitere Möglichkeit, falls die Betriebe in den Bezirken mehrerer Orts- oder Innungskrankenkassen betroffen sind: Die Renten- und Arbeitslosenversicherungsbeiträge für nicht gesetzlich krankenversicherte (oder bei einer Allgemeinen Ortskrankenkasse oder einer Innungskrankenkasse versicherte) Arbeitnehmer können auf Antrag an diejenige Orts- bzw. Innungskrankenkasse entrichtet werden, in deren Bezirk die zentrale Abrechnungsstelle des Arbeitgebers liegt.

c) Fälligkeit der Beiträge

5636

Die Fälligkeit des Gesamtsozialversicherungsbeitrags richtet sich nach dem Datum, das **in der Satzung der jeweiligen Einzugsstelle (Krankenkasse) festgelegt** ist. Das Gesetz (§ 23 Abs. 1 SBG IV) bestimmt hierzu lediglich, daß die Beiträge im Verlaufe der ersten Hälfte des Folgemonats fällig werden. "Folgemonat" in diesem Sinne ist der Kalendermonat, der dem Kalendermonat folgt, in dem die Beschäftigung ausgeübt wurde, die dem Arbeitsentgelt zugrundeliegt. Von Betrieben, in denen üblicherweise erst nach dem 10. des Folgemonats abgerechnet wird, sind am (von der Kassensatzung festgelegten) Fälligkeitstag Beiträge in voraussichtlicher Höhe der Beitragsschuld abzuführen; verbleibt eine Restschuld, so wird diese eine Woche nach dem betriebsüblichen Abrechnungszeitraum fällig.

Von den meisten Einzugsstellen (Krankenkassen) wurde der Fälligkeitstag auf den 15. des Folgemonats festgelegt.

5637

Werden Sozialversicherungsbeiträge vom Arbeitgeber nicht rechtzeitig bis zum Ablauf des Fälligkeitstages entrichtet, so muß die Einzugsstelle einen **Säumniszuschlag** von 1% erheben. Der Zuschlag wird für jeden angefangenen Säumnismonat erhoben, wobei die rückständigen Sozialversicherungsbeiträge mit einem auf hundert DM nach unten abgerundeten Betrag anzusetzen sind.

Der Säumniszuschlag ist bei einem Beitragsrückstand von unter 200 DM nicht zu erheben, wenn der Zuschlag gesondert schriftlich anzufordern wäre. Der Zuschlag ist auch dann nicht zu erheben, wenn eine Beitragsforderung durch Bescheid der Einzugsstelle für die Vergangenheit festgestellt wird und der Arbeitgeber glaubhaft nacht, daß er unverschuldet keine Kenntnis von seiner Beitragspflicht hatte.

Diese Regelungen zum Säumniszuschlag (§ 24 SGB IV) gelten ab dem 01.01.1995 und lösen die bisherigen, weniger strengen Regelungen ab. Ist der Einzugsstelle vom Arbeitgeber eine Einzugsermächtigung erteilt worden, so gilt jedoch neuerdings folgende Erleichterung: Als Zahltag ist nicht der Tag der Wertstellung anzusehen, sondern der Tag der Fälligkeit. Es wird also zugunsten des Arbeitgebers unwiderlegbar davon ausgegangen, daß die Einzugsstelle aufgrund der Einzugsermächtigung die Beiträge rechtzeitig abbucht.

5638
Eine **Stundung** der Beiträge soll nach der gesetzlichen Vorgabe nur gegen eine angemessene Verzinsung und regelmäßig nur gegen Sicherheitsleistung erfolgen. Die Stundung hat außerdem zur Voraussetzung, daß

- die sofortige Einziehung mit erheblichen Härten für den zahlungspflichtigen Arbeitgeber verbunden wäre und
- der Beitragsanspruch durch die Stundung nicht gefährdet wird.

5639
Neben der Stundung besteht für die Einzugsstelle (Krankenkasse) auch noch die Möglichkeit der Niederschlagung und des Erlasses von Beitragsforderungen (vgl. § 76 SGB IV).

Bei der **Niederschlagung** wird auf die Einziehung von Beiträgen verzichtet, ohne daß dadurch die Beitragsschuld im rechtlichen Sinne erlischt. Eine Niederschlagung kommt in Betracht, wenn die ausstehende Beitragsschuld sehr niedrig ist (so daß eine Beitreibung einen unverhältnismäßigen Verwaltungsaufwand erfordern würde) oder wenn von vornherein feststeht, daß die Einziehung keinen Erfolg haben wird.

Der **Erlaß** von Beitragsansprüchen kommt nur selten in Frage. Denkbar ist ein Erlaß (der im rechtlichen Sinne die Beitragsforderung zum Erlöschen bringt) beispielsweise dann, wenn der Beitragseinzug für den Arbeitgeber eine besondere Härte bedeuten würde, der nicht durch eine Stundung Rechnung getragen werden kann. Wird von der Krankenkasse (Einzugsstelle) ein Erlaß mit dem Arbeitgeber vereinbart, so wird es sich meist um einen Teilerlaß handeln. Vom Gesetz wird als Voraussetzung eines Erlasses gefordert, daß die Beitragseinziehung nach Lage des einzelnen Falles unbillig wäre.

5640

Die Frist für die **Verjährung** der Beitragsansprüche beläuft sich auf 4 Jahre, in den Fällen der vorsätzlichen Beitragsvorenthaltung auf 30 Jahre (§ 25 SGB IV). Die Verjährungsfrist beginnt mit Ablauf des Kalenderjahres, in dem der betreffende Beitragsanspruch fällig wurde.

d) Erstattung von zu Unrecht entrichteten Beiträgen

5641

Sind zu Unrecht Beiträge zur Kranken-, Renten-, Pflege- und Arbeitslosenversicherung entrichtet worden, so sind sie zu erstatten (§§ 26, 27 SGB IV). Der Erstattungsanspruch steht demjenigen zu, der die Beiträge getragen hat, so daß regelmäßig der Arbeitgeber und der Arbeitnehmer jeweils die Hälfte erhalten. Der Erstattungsanspruch ist mit 4% zu verzinsen.

Die Erstattung von zu Unrecht zur Kranken-, Pflege- und Rentenversicherung entrichteten Beiträgen ist ausgeschlossen, wenn aus diesen Versicherungszweigen aufgrund der Beiträge eine Leistung an den Arbeitnehmer gewährt wurde. In der Krankenversicherung ist eine Erstattung auch dann ausgeschlossen, wenn eine Leistung für den Zeitraum erbracht wurde, für den Beiträge zu Unrecht entrichtet worden sind. Bei zu Unrecht entrichteten Arbeitslosenversicherungsbeiträgen ist der Erstattungsbetrag um Leistungen zu kürzen, die aus der Arbeitslosenversicherung gewährt werden.

Der Erstattungsanspruch verjährt in 4 Jahren nach Ablauf des Kalenderjahres, in dem die Beiträge entrichtet worden sind (bei Beanstandung der Beiträge durch den Sozialversicherungsträger jedoch erst 4 Jahre nach Ablauf des Kalenderjahres der Beanstandung).

5642

Zum Zwecke der Verwaltungsvereinfachung haben sich die Sozialversicherungsträger auf bestimmte Grundsätze zur Durchführung der Erstattung geeinigt. Nach diesen Grundsätzen

- kann der Arbeitgeber unter bestimmten Voraussetzungen die unrechtmäßig entrichteten Beiträge mit den laufend zu entrichtenden Beiträgen verrechnen,

- wird eine Erstattung oder Verrechnung von der Einzugsstelle (Krankenkasse) vorgenommen, falls keine Verrechnung durch den Arbeitgeber stattfindet (weil dieser zur Verrechnung nicht bereit oder die Verrechnung nicht zulässig ist),

- kommt es nur in Sonderfällen dazu, daß der Träger der Renten- bzw. Arbeitslosenversicherung in das Verfahren der Beitragserstattung einbezogen wird.

Sozialrecht

! Eine Verrechnung (durch den Arbeitgeber oder die Einzugsstelle) ist unter anderem dann nicht zulässig, wenn

- nicht sichergestellt ist, daß der Arbeitnehmer seinen Anteil an den zu Unrecht entrichteten Beiträgen zurückerhält oder

- der Arbeitnehmer von der Möglichkeit Gebrauch macht, zu Unrecht entrichtete Rentenversicherungsbeiträge in freiwillige Beiträge umzuwandeln.

Eine Verrechnung durch den Arbeitgeber ist im übrigen stets ausgeschlossen, wenn der Zeitraum, für den die Beiträge entrichtet wurden, länger als 6 Monate zurückliegt.

5. Beitragsüberwachung

a) Allgemeines

5643

Die Richtigkeit der Beitragsentrichtung ist in 4-jährigen Abständen von der Einzugsstelle (Krankenkasse) durch Maßnahmen der Beitragsüberwachung (**Betriebsprüfungen** gem. § 28 p SGB IV) nachzuprüfen. Es besteht auch die Möglichkeit, die Beitragsüberwachung in kürzeren Abständen durchzuführen. Die von der Einzugsstelle (Krankenkasse) vorzunehmende Prüfung erstreckt sich auf die Beiträge zur Kranken-, Renten-, Pflege- und Arbeitslosenversicherung. Die Rentenversicherungsträger sind verpflichtet, an der Beitragsüberwachung angemessen mitzuwirken. Besitzt der zu überwachende Arbeitgeber eine Betriebskrankenkasse, so wird er vom Rentenversicherungsträger geprüft. Die Arbeitsämter sind an der Beitragsüberwachung nicht beteiligt.

Zwischen der Einzugsstelle (Krankenkasse) und dem Rentenversicherungsträger kann vereinbart werden, daß eine der beiden Institutionen die Durchführung der Beitragsüberwachung übernimmt. Außerdem kann der Arbeitgeber zwecks Vermeidung von Mehrfachprüfungen beantragen, daß eine gemeinsame Prüfung (Beitragsüberwachung) durch alle zuständigen Versicherungsträger vorgenommen wird.

! Die Beitragsüberwachung ist dem Arbeitgeber vorher anzukündigen. Die Ankündigungsfrist soll einen Monat nicht unterschreiten und muß mindestens 14 Tage betragen, jedoch kann der Arbeitgeber auf die Einhaltung dieser Mindestfrist verzichten. Ohne vorherige Ankündigung ist die Beitragsüberwachung nur zulässig, wenn besondere Gründe (z.B. ein begründeter Verdacht der Beitragshinterziehung) dies rechtfertigen.

Das Ergebnis der Prüfung ist dem Arbeitgeber binnen 2 Monaten schriftlich mitzuteilen.

Beitragsentrichtung zur Sozialversicherung

b) Ort der Überwachung und vorzulegende Unterlagen

5644

Die Beitragsüberwachung (Betriebsprüfung durch Einsichtnahme in die Lohnunterlagen) kann entweder in den Geschäftsräumen des Arbeitgebers oder im Hause des überwachenden Versicherungsträgers stattfinden. Der Arbeitgeber hat grundsätzlich die Wahl zwischen den beiden Örtlichkeiten für die Beitragsüberwachung. Besteht allerdings der begründete Verdacht einer Beitragshinterziehung, so kann der überwachende Versicherungsträger (ohne vorherige Ankündigung) die Prüfung in den Geschäftsräumen des Arbeitgebers vornehmen.

5645

Vom Arbeitgeber sind alle Unterlagen dem Versicherungsträger zur Einsichtnahme vorzulegen, die für das Versicherungs- und Beitragsrecht der Sozialversicherung von Bedeutung sind. Hierzu gehören alle Unterlagen, die Aussagen zu den beschäftigten Personen, zum Arbeitsentgelt und zur Beitragsentrichtung enthalten. Vorzulegen sind auch Unterlagen, die mit der Frage der Versicherungsfreiheit oder der Entsendung des Arbeitnehmers ins Ausland zusammenhängen. Die Überwachung erstreckt sich nicht nur auf die Lohn- und Gehaltsabrechnung, sondern z.B. auch auf die Kassenbücher. Dagegen ist es dem überwachenden Versicherungsträger verwehrt, in Unterlagen Einsicht zu nehmen, die der Finanzbuchhaltung des Betriebes dienen.

c) Pflichten des Arbeitgebers zur Mitwirkung an der Überwachung

5646

Im Verfahren der Beitragsüberwachung treffen den Arbeitgeber bestimmte Mitwirkungspflichten. Er hat

- dem Prüfer einen geeigneten Arbeitsplatz sowie geeignete Hilfsmittel zur Verfügung zu stellen (falls die Prüfung in den Räumen des Arbeitgebers stattfindet),
- die prüfungserheblichen Unterlagen so zu führen, daß der Prüfer sich binnen angemessener Zeit einen Überblick über die Lohn- und Gehaltsabrechnung verschaffen kann,
- angemessene Hilfestellungen beim Prüfungsvorgang zu geben,
- aus Anlaß der Prüfung festgestellte Mängel unverzüglich (ggfs. nach angemessener Fristsetzung) zu beheben sowie dafür Sorge zu tragen, daß die Mängel nicht noch einmal auftreten.

5647

Läßt der zu überwachende Arbeitgeber die Gehaltsabrechnung mit Hilfe der elektronischen Datenverarbeitung vornehmen, so gelten besondere Grundsätze für das Prüfverfahren und die Mitwirkungspflichten des Arbeitgebers. In der Regel stellt der prüfende Versicherungsträger sog. Testaufgaben, mit deren Hilfe die Tauglichkeit der vom Arbeitgeber eingesetzten Gehaltsabrechnungsprogramme geprüft wird. Der Arbeitgeber hat die maschinelle Verarbeitung der Testaufgaben durchzuführen und die aus der Verarbeitung resultierenden Unterlagen dem Prüfer vorzulegen.

Der Arbeitgeber kann die Verarbeitung von Testaufgaben ablehnen, muß dann aber auf Anforderung bestimmte Unterlagen ausdrucken, die bestimmte Fallgruppen betreffen (sog. Selektionsprüfung). Diese "prüfungsrelevanten Fallgruppen" sind:

- versicherungsfreie Beschäftigte,
- nach dem Arbeitsförderungsgesetz beitragsfrei Beschäftigte,
- in der Rentenversicherung versicherungsfrei Beschäftigte,
- kurzzeitig Beschäftigte,
- Beschäftigte, die eine Rente wegen Erwerbsminderung (Berufs- oder Erwerbsunfähigkeitsrente) oder eine Altersrente beziehen,
- Beschäftigte, für die zur Renten- und Arbeitslosenversicherung nur der Arbeitgeberanteil zu entrichten ist,
- bestimmte Berufsgruppen,
- bestimmte Lohnarten,
- Einmalzahlungen, die dem Vorjahr zugeordnet worden sind.

Zusätzlich zur Selektionsprüfung hat der Arbeitgeber Fälle vorzulegen, die manuell abgerechnet worden sind (oder in denen das sozialversicherungspflichtige Arbeitsentgelt manuell vorgegeben wurde).

III. Aufzeichnungspflichten des Arbeitgebers

1. Allgemeines

5648

Die (in § 28 f SGB IV geregelte) Verpflichtung des Arbeitgebers zur Führung von Aufzeichnungen (also von Lohn- und Beitragsunterlagen) steht in einem engen Zusammenhang mit der soeben (Rz. 5643 ff.) geschilderten Beitragsüberwachung. Die Aufzeichnungen sind nämlich Gegenstand der Beitragsüberwachung und die Verpflichtung zur Führung der Unterlagen macht die Überwachung erst möglich.

Die Verpflichtung des Arbeitgebers zur Führung von Lohn- und Beitragsunterlagen besteht im Hinblick auf alle Personen, die vom Arbeitgeber beschäftigt werden. Die Unterlagen müssen also auch für die sog. geringfügig Beschäftigten geführt werden, die in der Kranken-, Pflege- und Rentenversicherung versicherungsfrei sind (vgl. Rz. 5220 ff.) und für die regelmäßig auch eine Beitragsfreiheit in der Arbeitslosenversicherung gegeben ist, nämlich infolge Kurzzeitigkeit der Beschäftigung (vgl. Rz. 5224). Die Unterlagen müssen vollständig und richtig geführt werden. Sie müssen darüber hinaus so gestaltet sein, daß sie es einem sachverständigen Dritten (insbesondere dem Prüfer im Verfahren der Beitragsüberwachung) ermöglichen, binnen angemessener Frist einen Überblick über die Gehaltsabrechnung zu vermitteln.

Keine Verpflichtung zur Führung der Lohnunterlagen besteht bei Arbeitnehmern, die in privaten Haushalten beschäftigt werden.

2. Inhalt und Aufbewahrung von Lohn- und Beitragsunterlagen

5649

Die Lohnunterlagen des Arbeitgebers müssen folgende Mindestangaben zur Person eines Beschäftigten enthalten:

- den Familien- und Vornamen (ggfs. zusammen mit dem betrieblichen Ordnungsmerkmal),
- das Geburtsdatum,
- die Anschrift,
- den Beginn und das Ende der Beschäftigung,
- die Beschäftigungsart,
- die für die Versicherungsfreiheit oder die Befreiung von der Versicherungspflicht maßgebenden Angaben,
- das Arbeitsentgelt, seine Zusammensetzung und zeitliche Zuordnung,
- das beitragspflichtige Arbeitsentgelt bis zur Beitragsbemessungsgrenze, seine Zusammensetzung und zeitliche Zuordnung,
- den Beitragsgruppenschlüssel,
- die Einzugsstelle,
- den vom Beschäftigten zu tragenden Anteil am Gesamtsozialversicherungsbeitrag, getrennt nach Beitragsgruppen,
- die für die Erstattung von Meldungen erforderlichen Daten,
- bei Entsendung: Eigenart und zeitliche Begrenzung der Beschäftigung,
- bei Bezug von Kurzarbeitergeld und Schlechtwettergeld: das gezahlte Kurzarbeiter- bzw. Schlechtwettergeld und das ausgefallene meldepflichtige Arbeitsentgelt.

Sozialrecht

Da es sich um Mindestinhalte handelt, kann der Arbeitgeber über den Beschäftigten noch weitere Daten anlegen (wozu aber keine sozialversicherungsrechtliche Verpflichtung besteht).

5650

Als Beitragsunterlage (auch als "Beitragsabrechnung" bezeichnet) sind für jeden Beschäftigten, für jeden Beitragsabrechnungszeitraum und im übrigen getrennt nach Einzugsstellen folgende Angaben auf einer Liste zu erfassen:

- der Familien- und Vorname (ggfs. zusammen mit dem betrieblichen Ordnungsmerkmal),
- das beitragspflichtige Bruttoarbeitsentgelt bis zur Beitragsbemessungsgrenze,
- der Beitragsgruppenschlüssel,
- die Sozialversicherungstage,
- die Beiträge zur Kranken-, Renten-, Pflege- und Arbeitslosenversicherung, jeweils getrennt, sowie die vom Arbeitgeber allein zu tragenden Beitragsanteile zur Renten- und Arbeitslosenversicherung.

5651

Die Lohn- und Beitragsunterlagen sind vom Arbeitgeber bis zum Ablauf des Kalenderjahres aufzubewahren, das dem Jahr der letzten Beitragsüberwachung folgt.

3. Einreichung von Beitragsnachweisen

5652

Für jeden Beitragsabrechnungszeitraum hat der Arbeitgeber bei der Einzugsstelle (Krankenkasse) einen Beitragsnachweis einzureichen. Der Zeitpunkt, bis zu dem die Einreichung erfolgen muß, wird von der jeweiligen Einzugsstelle (Krankenkasse) festgelegt. Wird der Nachweis verspätet eingereicht, so kann die Einzugsstelle die Sozialversicherungsbeiträge schätzen (und später ggfs. eine Korrektur entsprechend der tatsächlichen Beitragshöhe vornehmen).

5653

Der Beitragsnachweis ist an Hand eines bundesweit gültigen Vordrucks vorzunehmen. Der Vordruck kann (durch entsprechende Kennzeichnung) auch in zwei Sonderformen verwendet werden, nämlich

- als Dauer-Beitragsnachweis (falls das Arbeitsentgelt für längere Zeit gleich bleibt, was praktisch nur bei Kleinbetrieben der Fall ist),
- als Korrektur-Beitragsnachweis (unter anderem für den Fall, daß einmalige Zuwendungen, die im ersten Kalendervierteljahr gezahlt werden, dem letzten Entgeltzeitraum des Vorjahres zuzurechnen sind, sog. Märzklausel, vgl. Rz. 5612).

Beitragsentrichtung zur Sozialversicherung

Ein besonderes Vordruckformular gibt es für Beiträge von Beziehern von Kurzarbeitergeld bzw. Schlechtwettergeld. Die amtlichen Vordrucke brauchen dann nicht verwendet zu werden, wenn mittels elektronischer Datenverarbeitung ein Nachweis erstellt wird, dessen Aufbau dem amtlichen Vordruck entspricht. Vordruckmuster sind nachfolgend abgedruckt.

Arbeitgeber	Betriebs-/Beitragskonto-Nr. des Arbeitgebers

(Name und Anschrift der Krankenkasse)

Zeitraum

von: Tag*) Monat Jahr

bis: Tag*) Monat Jahr

Kennzeichen eintragen: D, K ☐
D = Dauer-Beitragsnachweis
K = Korrektur-Beitragsnachweis für abgelaufene Kalenderjahre

*) Tag nur angeben, wenn Lohnabrechnungszeitraum vom Kalendermonat abweicht.

Beitragsnachweis

	Beitragsgruppe		Gesamtbeitrag	
	alphab.	numer.	DM	Pf
Beiträge zur Krankenversicherung – allgemeiner Beitrag –	G	100		
Beiträge zur Krankenversicherung – erhöhter Beitrag –	H	200		
Beiträge zur Krankenversicherung – ermäßigter Beitrag –	F	300		
Beiträge zur sozialen Pflegeversicherung	P	006		
Beiträge zur Rentenversicherung der Arbeiter	K	010		
Beiträge zur Rentenversicherung der Angestellten	L	020		
Beiträge zur Bundesanstalt für Arbeit	M	001		
Beiträge zur Rentenversicherung der Arbeiter – Arbeitgeberanteil –	1/2 K	030		
Beiträge zur Rentenversicherung der Angestellten – Arbeitgeberanteil –	1/2 L	040		
Beiträge zur Bundesanstalt für Arbeit – Arbeitgeberanteil –	1/2 M	002		
Umlage nach dem Lohnfortzahlungsgesetz – für Krankheitsaufwendungen – (LFZG)	U1	000		
Umlage nach dem Lohnfortzahlungsgesetz – für Mutterschaftsaufwendungen – (LFZG)	U2	009		
Gesamtsumme				
*) Es wird bestätigt, daß die Angaben mit denen der Lohn- und Gehaltsunterlagen übereinstimmen und in diesen sämtliche Entgelte enthalten sind.	Beiträge zur Krankenversicherung – freiwillige Mitglieder*)			
	– Erstattung gemäß § 10 LFZG			
	zu zahlender Betrag/Guthaben			

Datum, Unterschrift

*) freiwillige Angabe des Arbeitgebers

Sozialrecht

Arbeitgeber	Betriebs-/Beitragskonto-Nr. des Arbeitgebers

(Name und Anschrift der Krankenkasse)

Zeitraum
von: Tag*) Monat Jahr
bis: Tag*) Monat Jahr

Kennzeichen eintragen: K ☐
K = Korrektur-Beitragsnachweis für abgelaufene Kalenderjahre

*) Tag nur angeben, wenn Lohnabrechnungszeitraum vom Kalendermonat abweicht.

Besonderer Beitragsnachweis
für Beiträge aus bzw. für Kurzarbeitergeld (KUG) oder Schlechtwettergeld (SWG)

Beiträge zur	Beitragsgruppe alphab.	Beitragsgruppe numer.	KUG/SWG DM	KUG/SWG Pf	Ausfallentgelt DM	Ausfallentgelt Pf	Beitrag DM	Beitrag Pf
Krankenversicherung – allgemeiner Beitrag –	G	100						
Krankenversicherung – erhöhter Beitrag –	H	200						
Krankenversicherung – ermäßigter Beitrag –	F	300						
soziale Pflegeversicherung	P	006						
Rentenversicherung der Arbeiter	K	010						
Rentenversicherung der Angestellten	L	020						
Rentenversicherung der Arbeiter – Arbeitgeberanteil –	1/2 K	030						
Rentenversicherung der Angestellten – Arbeitgeberanteil –	1/2 L	040						
Gesamtsumme								

Es wird bestätigt, daß die Angaben mit denen der Lohn- und Gehaltsunterlagen übereinstimmen und in diesen sämtliche Entgelte enthalten sind.

Zusätzliche Angabe für nicht rv-beitragspflichtige Beschäftigte, die beitragspflichtig zur BA sind:

	DM	Pf
Ausfallentgelt		

Datum, Unterschrift

5654
Die Beiträge zur Renten- und Arbeitslosenversicherung (je nach Kasse auch diejenigen zur Kranken- und Pflegeversicherung) werden mindestens einmal jährlich abgestimmt, indem ein Vergleich zwischen den gezahlten und den tatsächlich eingegangenen Entgelten vorgenommen wird. Kommt es zu (nicht nur geringfügigen) Differenzen, so müssen diese aufgeklärt werden.

IV. Entscheidungen der Einzugsstelle

5655

Die Versicherungs- und Beitragspflicht zur Sozialversicherung tritt zwar schon dann ein, wenn die Voraussetzungen des Gesetzes (also eine Arbeitnehmertätigkeit gegen Entgelt) vorliegen. In Zweifelsfällen muß jedoch geklärt werden, ob überhaupt diese Voraussetzungen gegeben sind.

Die Entscheidung über solche Zweifelsfälle wird von der zuständigen Einzugsstelle (Krankenkasse) getroffen, soweit es um den sog. Gesamtsozialversicherungsbeitrag geht, also um die Versicherungs- und Beitragspflicht in der Kranken-, Renten-, Pflege- und Arbeitslosenversicherung. Diese Entscheidungsbefugnis der Einzugsstelle (Krankenkasse) besteht auch dann, wenn die Beitragsüberwachung ausnahmsweise nicht der Einzugsstelle, sondern dem Rentenversicherungsträger obliegt (§ 28 h Abs. 2 SGB IV).

Die Einzugsstelle (Krankenkasse) entscheidet nicht nur über die Frage der Versicherungs- und Beitragspflicht, sondern auch über alle weiteren Fragestellungen, die im Zusammenhang mit dem Verfahren der Beitragsentrichtung stehen.

5656

Eine besondere, im Gesetz ausdrücklich geregelte Entscheidungsmöglichkeit der Einzugsstelle (Krankenkasse) besteht im Erlaß eines sog. **Lohnsummenbescheides** (§ 28 f Abs. 2 SGB IV): Verletzt der Arbeitgeber seine Aufzeichnungspflichten (vgl. Rz. 5648 ff.) derart, daß die Arbeitnehmer bzw. die vom einzelnen Arbeitnehmer erzielten Arbeitsentgelte nicht mehr (oder nur mit unverhältnismäßig großem Verwaltungsaufwand) festgestellt werden können, so ist ein solcher Lohnsummenbescheid zulässig. Dieser Bescheid zeichnet sich dadurch aus, daß auf der Grundlage der insgesamt gezahlten Entgelte (Lohnsumme) die Beiträge zur Kranken-, Renten- und Arbeitslosenversicherung erhoben werden, ohne daß die einzelnen Arbeitnehmer namentlich benannt werden. Läßt sich auch die Lohnsumme nicht ermitteln, wird von der Einzugsstelle (Krankenkasse) eine Schätzung vorgenommen.

Werden vom Arbeitgeber nachträglich Unterlagen vorgelegt, die eine genaue Bestimmung der Sozialversicherungsbeiträge zulassen, so ist der Lohnsummenbescheid ganz oder teilweise aufzuheben.

5657

Alle grundlegenden Entscheidungen der Einzugsstelle, die den Arbeitgeber in seinen Rechten betreffen (Entscheidungen über die Versicherungspflicht, die Beitragspflicht und die Beitragserhebung einschließlich der Lohnsummenbescheide) sind sog. Verwaltungsakte, gegen die der Arbeitgeber mit folgenden Rechtsbehelfen vorgehen kann:

Es ist zunächst binnen eines Monats ein **Widerspruch** bei der Einzugsstelle (Krankenkasse) einzulegen. Wird der Widerspruch (durch sog. Widerspruchsbescheid) zurückgewiesen, so kann binnen eines Monats eine **Klage** beim zuständigen Sozialgericht erhoben werden.

Zu beachten ist, daß in den vorliegenden Fällen weder Widerspruch noch Klage eine "aufschiebende Wirkung" haben, d.h., trotz der Anfechtung des Bescheides müssen vom Arbeitgeber die Beiträge zunächst einmal entrichtet werden. Der Arbeitgeber kann zwar beim Sozialgericht beantragen, daß die aufschiebende Wirkung des Beitragsbescheides angeordnet wird (im Wege des vorläufigen Rechtsschutzes). Das Gericht wird diesem Antrag aber nur in Ausnahmefällen stattgeben (vgl. Rz. 7548).

V. Lohnfortzahlungsversicherung für Kleinbetriebe

1. Allgemeines

5658

Da die Verpflichtung zur Lohnfortzahlung (die bei Arbeitsunfähigkeit des Arbeitnehmers besteht, vgl. Rz. 5700 ff.) für Kleinbetriebe eine erhebliche finanzielle Belastung mit sich bringt, ist für diese Betriebe eine besondere Lohnfortzahlungsversicherung vorgesehen: Die beteiligten Arbeitgeber zahlen eine Umlage, die von der Krankenkasse eingezogen und verwaltet wird. Die Kasse erstattet dann dem Arbeitgeber die Lohnfortzahlungsaufwendungen aus dem Umlagefonds.

Wichtig ist, daß nur die Aufwendungen für erkrankte Arbeiter (sowie für erkrankte Auszubildende) erstattet werden, nicht aber die Aufwendungen für die Fortzahlung des Gehalts eines arbeitsunfähig erkrankten Angestellten.

Neben der Lohnfortzahlungsversicherung gibt es für Kleinbetriebe auch noch eine Versicherung für Arbeitgeberaufwendungen bei Mutterschaft, die ähnlich ausgestaltet ist (vgl. Rz. 5665 ff.).

2. An der Lohnfortzahlungsversicherung teilnehmende Arbeitgeber

5659

Am Ausgleichsverfahren nehmen solche Arbeitgeber teil, die in der Regel nicht mehr als 20 Arbeitnehmer beschäftigen. Durch die Satzung der für das Ausgleichsverfahren zuständigen Krankenkasse kann die Anzahl bis auf 30 Beschäftigte angehoben werden.

Bei der Feststellung der maßgebenden Anzahl der Beschäftigten werden alle Arbeiter und Angestellten mitgezählt (ohne Rücksicht darauf, daß nur die Fortzahlungsaufwendungen für die Arbeiter erstattungsfähig sind und daß bestimmte

Beitragsentrichtung zur Sozialversicherung

Arbeitnehmer keinen Anspruch auf Fortzahlung besitzen). Nicht mitzuzählen sind allerdings

- Auszubildende,
- Schwerbehinderte,
- Bezieher von Vorruhestandsgeld,
- bestimmte Berufsgruppen (Wehr- und Zivildienstleistende, Heimarbeiter und Hausgewerbetreibende, mitarbeitende Familienangehörige in der Landwirtschaft).

Hinsichtlich der teilzeitbeschäftigten Arbeitnehmer gilt folgendes:

- Teilzeitbeschäftigte, deren regelmäßige Arbeitszeit wöchentlich 10 oder monatlich 45 Stunden nicht übersteigt, werden nicht mitgezählt;
- andere Teilzeitbeschäftigte (die mitzählen) werden in der Weise berücksichtigt, daß
  - bei einer wöchentlichen Arbeitszeit von bis zu 20 Stunden der Faktor 0,5 angesetzt wird,
  - bei über 20 bis zu 30 Stunden der Faktor 0,75 gilt,
  - bei mehr als 30 Wochenstunden eine Gleichstellung mit einem Vollzeitbeschäftigten erfolgt.

5660

Im Hinblick auf den Zeitraum, der für die Feststellung der Beschäftigtenzahl heranzuziehen ist, gilt: Es sind diejenigen Arbeitgeber in die Lohnfortzahlungsversicherung einzubeziehen, die im letzten Kalenderjahr für einen Zeitraum von mindestens 8 Kalendermonaten mit ihrer Beschäftigtenzahl die maßgebliche Grenze nicht überschritten haben. Hat ein Betrieb nicht während des gesamten vorausgegangenen Kalenderjahres bestanden, so ist er an der Lohnfortzahlungsversicherung beteiligt, wenn während des Bestehens des Betriebes in der überwiegenden Anzahl der Kalendermonate die maßgebliche Beschäftigtenzahl nicht überschritten wurde. Ist ein Betrieb erst im Verlaufe des letzten Jahres neu gegründet worden, so nimmt er an der Lohnfortzahlungsversicherung teil, wenn zu erwarten ist, daß in der überwiegenden Anzahl der verbleibenden Kalendermonate des Jahres die maßgebliche Beschäftigtenzahl nicht überschritten wird.

3. Zuständige Krankenkasse

5661

Als zuständige Krankenkassen für die Durchführung der Lohnfortzahlungsversicherung kommen die Orts- und Innungskrankenkassen sowie die Bundesknappschaft und die Seekasse in Betracht (die Betriebskrankenkassen und die Ersatzkassen scheiden aus). Im einzelnen gilt:

Sozialrecht

Zuständig ist die gesetzliche Krankenkasse, bei der die Arbeitnehmer des beteiligten Kleinbetriebes krankenversichert sind. Ist der Arbeitnehmer Mitglied einer Ersatzkasse, so wird die Lohnfortzahlungsversicherung von der Kasse durchgeführt, die zuständig wäre, wenn keine Ersatzkassenmitgliedschaft bestehen würde. Ist der Arbeitnehmer krankenversicherungsfrei, so ist die gesetzliche Krankenkasse für die Lohnfortzahlungsversicherung zuständig, die bei einer Krankenversicherungspflicht des Arbeitnehmers zuständig wäre.

4. Höhe und Fälligkeit der Umlage

5662
Die Höhe der Umlage, die von den Kleinbetrieben für die Lohnfortzahlungsversicherung aufzubringen ist, richtet sich nach der Satzung der zuständigen Krankenkasse. Meist liegt der Umlagesatz bei etwa 3%.

Berechnungsgrundlage der Umlage ist die Summe der Arbeitsentgelte aller Arbeitnehmer (Angestellte, Arbeiter, Auszubildende), jedoch sind die Entgelte von folgenden Personengruppen nicht heranzuziehen:

- Gehälter der Angestellten,
- Löhne derjenigen Arbeiter, die nicht lohnfortzahlungsberechtigt sind.

Hierbei ist zu beachten, daß seit dem 01.06.1994 solche Arbeiter nicht mehr von der Lohnfortzahlungsberechtigung ausgeschlossen sind, deren Wochenarbeitszeit bei nicht mehr als 10 Wochenstunden (bzw. nicht mehr als 45 Monatsstunden) liegt. Nicht mehr ausgeschlossen sind auch Arbeiter, deren Arbeitsverhältnis auf höchstens vier Wochen befristet ist. Diese Personen sind also einerseits in die Umlageberechnung mit einzubeziehen und können andererseits im Krankheitsfalle einen Erstattungsanspruch des Kleinbetriebes auslösen.

Es ist dasjenige Arbeitsentgelt zur Umlageberechnung heranzuziehen, von dem Rentenversicherungsbeiträge zu entrichten sind bzw. bei bestehender Rentenversicherungspflicht zu entrichten wären.

5663
Der Fälligkeitstermin für die Beiträge zur Lohnfortzahlungsversicherung entspricht dem Termin für die Fälligkeit des Gesamtsozialversicherungsbeitrags (vgl. oben Rz. 5636 ff.). Die Fälligkeit richtet sich also nach der Kassensatzung, die meistens den 15. des Folgemonats als Fälligkeitsdatum bestimmt.

5. Erstattungsfähige Entgelte

5664
Der an der Lohnfortzahlungsversicherung beteiligte Arbeitgeber hat gegen die Krankenkasse einen Anspruch auf Erstattung von 80% des Entgelts, das er Ar-

Beitragsentrichtung zur Sozialversicherung

beitern oder Auszubildenden bei Arbeitsunfähigkeit fortzuzahlen hat. Da sich der Erstattungsanspruch auf den Bruttolohn bezieht, erfaßt er auch die Arbeitnehmeranteile zur Kranken-, Renten-, Pflege- und Arbeitslosenversicherung (sowie die Lohn- und Kirchensteuer und die vermögenswirksamen Leistungen).

Der zuständigen Krankenkasse ist die Möglichkeit eingeräumt, die Höhe der Erstattung in ihrer Satzung zu beschränken (z.B. den Umlagesatz herabzusetzen).

Die Erstattung erfolgt nur auf Antrag des Arbeitgebers und kann auf verschiedene Weise bewerkstelligt werden (Gutschrift auf dem Arbeitgeberkonto oder Verrechnung mit dem monatlich zu zahlenden Gesamtsozialversicherungsbeitrag).

6. Versicherung für Arbeitgeberaufwendungen bei Mutterschaft

5665

Für bestimmte Leistungen, die ein Arbeitgeber aus Anlaß der Mutterschaft einer Arbeitnehmerin aufzubringen hat, gibt es eine gesonderte Versicherung. Diese Versicherung ist nach denselben Grundsätzen aufgebaut wie die Lohnfortzahlungsversicherung, d.h., es handelt sich um ein Umlageverfahren für Kleinbetriebe.

Hinsichtlich der Frage nach den am Umlageverfahren teilnehmenden Arbeitgebern gelten die Ausführungen zur Lohnfortzahlungsversicherung entsprechend. Die Umlage ist auch von solchen Arbeitgebern zu entrichten, die nur männliche Arbeitnehmer beschäftigen.

5666

Die zuständige Kasse ist dieselbe wie bei der Lohnfortzahlungsversicherung. Auch die Höhe und Fälligkeit der Umlage entsprechen den Regelungen zur Lohnfortzahlungsumlage (siehe Rz. 5662 f.), jedoch sind in die Berechnung auch die Gehälter der Angestellten mit einzubeziehen. Der Umlagesatz ist deutlich niedriger als bei der Lohnfortzahlungsversicherung und liegt regelmäßig unter 1%.

5667

Im Hinblick auf die erstattungsfähigen Beträge besteht insofern ein Unterschied zur Lohnfortzahlungsversicherung, als es nicht um Aufwendungen wegen Arbeitsunfähigkeit, sondern wegen Mutterschaft geht (außerdem kommt es nicht darauf an, ob die Aufwendungen für eine Arbeitnehmerin im Arbeiter- oder Angestelltenberuf entstanden sind).

Erstattungsfähig sind

- der Zuschuß zum Mutterschaftsgeld, den der Arbeitgeber nach dem Mutterschutzgesetz zu zahlen hat (für 6 Wochen vor dem mutmaßlichen Tag der Entbindung bzw. regelmäßig 8 Wochen nach der Entbindung);

- das Mutterschaftsentgelt, das Arbeitnehmerinnen gezahlt wird, die wegen eines Beschäftigungsverbots die Entlohnungsart wechseln und dadurch ein geringeres Entgelt erzielen;

- das Arbeitsentgelt, das der Arbeitgeber solchen Arbeitnehmerinnen fortzuzahlen hat, die wegen eines Beschäftigungsverbots (oder wegen eines Mehr-, Nacht- oder Sonntagsarbeitsverbots) ganz oder teilweise mit der Arbeit aussetzen;

- die auf den Mutterschaftslohn entfallenden Anteile der Beiträge zur Kranken-, Renten- und Arbeitslosenversicherung.

5668
Der Erstattungssatz ist derselbe wie bei der Lohnfortzahlungsversicherung, liegt also bei 80% (kann aber von der Krankenkasse herabgesetzt werden).

Wie bei der Lohnfortzahlungsversicherung wird die Erstattung von der Krankenkasse nur auf Antrag vorgenommen.

VI. Beitragszuschüsse des Arbeitgebers an den Arbeitnehmer

1. Beitragszuschuß zur privaten Krankenversicherung

a) Voraussetzungen

5669
Arbeitnehmer, die bei einem privaten Krankenversicherungsunternehmen versichert sind, haben unter bestimmten Voraussetzungen einen Anspruch darauf, daß ihnen der Arbeitgeber einen Zuschuß zum Krankenversicherungsbeitrag zahlt (§ 257 Abs. 2 SGB V).

Voraussetzung für den Zuschußanspruch ist, daß der privat krankenversicherte Arbeitnehmer aus der Sicht der gesetzlichen Krankenversicherung zu bestimmten Personengruppen gehört. Die wichtigste Untergruppe bilden höherverdienende Arbeitnehmer, die nur wegen Überschreitens der Jahresarbeitsentgeltgrenze krankenversicherungsfrei sind (vgl. Rz. 5228). Ferner kommt ein Zuschuß für solche Personen in Betracht, die an sich wegen Unterschreitung der Jahresarbeitsentgeltgrenze krankenversicherungspflichtig sind, aber auf Antrag von der Krankenversicherungspflicht befreit wurden, nämlich aus Anlaß

- einer Erhöhung der Jahresarbeitsentgeltgrenze,

- der Aufnahme einer Teilzeitbeschäftigung während eines Erziehungsurlaubs,

- des Wechsels von einer Vollzeit- in eine Teilzeitbeschäftigung (sofern vorher für mindestens 5 Jahre eine Beschäftigung ausgeübt wurde, die wegen Überschreitens der Jahresarbeitsentgeltgrenze versicherungsfrei war).

Beitragsentrichtung zur Sozialversicherung

5670

Weitere Voraussetzung für den Anspruch auf den Arbeitgeberzuschuß zur privaten Krankenversicherung ist, daß der Arbeitnehmer vom Krankenversicherungsunternehmen für sich und für seine Angehörigen (die bei unterstellter Krankenversicherungspflicht in die sog. Familienversicherung einbezogen würden) Vertragsleistungen beanspruchen kann, die ihrer Art nach den Leistungen der gesetzlichen Krankenversicherung entsprechen. Es ist nicht erforderlich, daß die privaten Krankenversicherungsleistungen dem gesamten Leistungskatalog der gesetzlichen Krankenversicherung entsprechen. Seit dem 01.07.1994 wird der Zuschuß nur gezahlt, wenn das private Krankenversicherungsunternehmen bestimmten Anforderungen genügt (§ 257 Abs. 2a SGB V). Diese Anforderungen werden in aller Regel erfüllt.

b) Höhe

5671

Der Zuschuß zur privaten Krankenversicherung beläuft sich auf die Hälfte des Betrages, den der Arbeitnehmer an diejenige gesetzliche Krankenkasse zu zahlen hätte, die bei bestehender Krankenversicherungspflicht zuständig wäre. Bei dieser Kasse (deren Beitragssatz für die Zuschußberechnung maßgeblich ist) kann es sich nur um eine Orts-, Betriebs- oder Innungskrankenkasse handeln (nicht dagegen um eine Ersatzkasse). Die Zuschußhöhe ist auf die Hälfte des Betrages begrenzt, den der Arbeitnehmer tatsächlich für seine private Krankenversicherung aufwendet.

Bei der Zuschußberechnung sind auch die Beitragsaufwendungen von Familienangehörigen zu berücksichtigen, falls die Angehörigen (im Falle einer unterstellten Krankenversicherungspflicht familienversichert wären und)

- selbst in der privaten Krankenversicherung oder selbst freiwillig in der gesetzlichen Krankenversicherung versichert sind oder
- Beiträge zur gesetzlichen Krankenversicherung der Studenten leisten, falls bei unterstellter Krankenversicherungspflicht des Arbeitnehmers die studentische Krankenversicherung durch eine Familienversicherung verdrängt würde.

Der Beitragszuschuß zählt nicht zum sozialversicherungspflichtigen Arbeitsentgelt, sofern er aufgrund einer gesetzlichen Verpflichtung gezahlt wird.

2. Beitragszuschuß zur freiwilligen Krankenversicherung

5672

Arbeitnehmer, die

- bei einer gesetzlichen Krankenkasse freiwillig versichert sind und
- in der gesetzlichen Krankenversicherung nur wegen Überschreitens der Jahresarbeitsentgeltgrenze krankenversicherungsfrei sind,

haben ebenfalls gegen ihren Arbeitgeber einen Anspruch auf Zahlung eines Beitragszuschusses (§ 257 Abs. 1 SGB V).

Die Höhe des Zuschusses beläuft sich auf die Hälfte des Betrages, der bei Krankenversicherungspflicht des Arbeitnehmers an diejenige Kasse zu zahlen wäre, bei der die freiwillige Versicherung besteht. Anders als beim Zuschuß zu einer privaten Krankenversicherung (vgl. Rz. 5671) ist also die maßgebliche (den Beitragssatz bestimmende) Krankenkasse nicht stets eine Orts-, Betriebs- oder Innungskrankenkasse, sondern es kann sich auch um eine Ersatzkasse handeln, falls der Arbeitnehmer dort freiwillig versichert ist.

Der Zuschuß ist (ebenso wie derjenige zur privaten Krankenversicherung) auf die Hälfte des Betrages begrenzt, den der Arbeitnehmer tatsächlich für seine freiwillige Krankenversicherung aufwendet. Eine weitere Gemeinsamkeit mit dem Zuschuß zur privaten Krankenversicherung besteht darin, daß der Zuschuß insoweit von der Sozialversicherungspflicht freigestellt ist, als er aufgrund gesetzlicher Verpflichtung geleistet wird.

3. Beitragszuschüsse zu einer Pflegeversicherung

Beschäftigte, die in der gesetzlichen Krankenversicherung freiwillig versichert sind, werden in der sozialen Pflegeversicherung als Pflichtversicherte geführt (§ 20 Abs. 3 SGB XI). Für diesen Personenkreis ist ab dem 01.01.1995 (Einführung der Pflegeversicherung) ein Beitragszuschuß des Arbeitgebers vorgesehen (§ 61 Abs. 1 SGB XI), der dem Beitragszuschuß nachgebildet ist, welcher zur freiwilligen Krankenversicherung gezahlt wird (vgl. Rz. 5672).

Beschäftigte, der nicht der gesetzlichen Krankenversicherung angehören, sind verpflichtet, für die Zeit ab dem 01.01.1995 eine private Pflegeversicherung abzuschließen (§ 23 SGB XI). Ab diesem Zeitpunkt ist für diesen Personenkreis ein Arbeitgeberzuschuß vorgesehen (§ 61 Abs. 2 und 6 SGB XI), welcher dem Beitragszuschuß zur privaten Krankenversicherung nachgebildet ist (vgl. Rz. 5669 bis 5671).

VII. Beitragsentrichtung zur Unfallversicherung

1. Allgemeines

5673
Der jährliche Beitrag, den der Arbeitgeber (in der Unfallversicherung als "Unternehmer" bezeichnet) für seine Arbeitnehmer an die zuständige Berufsgenossenschaft (Träger der gesetzlichen Unfallversicherung) zu zahlen hat, ergibt sich aus einer Vervielfältigung von drei Faktoren (vgl. § 725 Abs. 1 RVO). Es sind dies

- das Arbeitsentgelt (Gesamtheit der jährlichen Arbeitnehmerentgelte)
- die sog. Gefahrklasse
- der sog. Beitragsfuß

wobei das Produkt - geteilt durch 1.000 - den jährlichen Beitrag ergibt.

Zusätzlich sind noch einige Besonderheiten des Finanzierungsverfahrens zu berücksichtigen. Die Beiträge werden mittels eines Beitragsbescheides der Berufsgenossenschaft erhoben.

5674

Die Bestimmung des Arbeitsentgelts richtet sich nach denselben Grundsätzen wie in der Kranken-, Renten-, Pflege- und Arbeitslosenversicherung (vgl. Rz. 5602 ff.), jedoch sind einige Punkte zusätzlich zu beachten. Die Gefahrklasse gibt den Grad der Unfallgefahr an, der im Gewerbezweig des jeweiligen Unternehmens besteht. Der Beitragsfuß ist eine bestimmte Berechnungsgröße, in die unter anderem die Gesamtausgaben der zuständigen Berufsgenossenschaft und die im Unternehmen erzielten Arbeitsentgelte (jeweils bezogen auf das vergangene Kalenderjahr) eingehen.

Die Unfallversicherungsbeiträge sind vom Unternehmer direkt an die zuständige Berufsgenossenschaft zu zahlen (die Zuständigkeit der als Einzugsstelle tätigen Krankenkasse erstreckt sich lediglich auf die Beiträge zur Kranken-, Renten- und Arbeitslosenversicherung). Die Beiträge sind allein vom Arbeitgeber aufzubringen.

Für die Beitragsberechnung ist auf die Arbeitnehmer abzustellen, die gesetzlich unfallversichert sind. Dabei handelt es sich praktisch um alle Arbeitnehmer, auch um Teilzeitkräfte. Nicht unter dem Schutz der gesetzlichen Unfallversicherung stehen lediglich Beamte.

2. Berechnung und Nachweis des Arbeitsentgelts

5675

Der Begriff des "Arbeitsentgelts" ist in der Unfallversicherung derselbe wie in den anderen Sozialversicherungszweigen. Für die Beitragsentrichtung zur Unfallversicherung sind jedoch Besonderheiten zu berücksichtigen:

Das tatsächlich vom einzelnen Arbeitnehmer erzielte Arbeitsentgelt geht in die Beitragsberechnung nur bis zu einer Höchstgrenze ein, die von der jeweiligen Berufsgenossenschaft festgelegt wird.

Von der jeweiligen Berufsgenossenschaft hängt es auch ab, ob für die Beitragsberechnung ein bestimmter Mindestbetrag des Arbeitsentgelts (bezogen auf den einzelnen Arbeitnehmer) anzusetzen ist. Regelmäßig gibt es keine solche Mindestgrenze, da in den Satzungen der meisten Berufsgenossenschaften angeordnet ist, daß das tatsächlich erzielte Entgelt (unter Beachtung der Höchstgrenze) heranzuziehen ist.

5676
Zum Nachweis der Arbeitsentgelte versenden die Berufsgenossenschaften um die Jahreswende ein Lohnnachweisformular, das vom Unternehmer innerhalb einer bestimmten Frist (regelmäßig bis Mitte Februar) auszufüllen und zurückzusenden ist. Im Lohnnachweis sind die Arbeitsentgelte nicht einzeln aufzuführen, sondern in der Regel als Lohnsumme (geordnet nach den Gefahrenklassen des für das Unternehmen maßgebenden Gefahrtarifs).

Wird der jährliche Lohnnachweis vom Arbeitgeber nicht rechtzeitig (oder nicht vollständig) eingereicht, so wird die Lohnsumme von der Berufsgenossenschaft geschätzt (unabhängig davon, ob den Unternehmer ein Verschulden trifft). Außerdem kann der Unternehmer bei verschuldeter Fristversäumnis mit einer Geldbuße belegt werden. Da zur Einreichung des Lohnnachweises eine gesetzliche Verpflichtung besteht, kann sich der Unternehmer im Bußgeldverfahren nicht darauf berufen, daß er von der Berufsgenossenschaft keinen Nachweisvordruck erhalten habe.

Um die jährlichen Lohnnachweise nachprüfen zu können, sind die Berufsgenossenschaften dazu berechtigt, die Lohnunterlagen des Unternehmers einzusehen. Dieser ist verpflichtet, die Unterlagen für eine von der Berufsgenossenschaft festgesetzte Frist (die mindestens 3 Jahre beträgt) aufzubewahren.

3. Besonderheiten

5677
Um dem Unternehmer einen Anreiz zur verstärkten Unfallverhütung zu geben, werden unter Abweichung von der grundsätzlichen (vgl. Rz. 5673) Berechnungsformel Beitragsnachlässe gewährt bzw. Beitragszuschläge erhoben. Die Höhe der Nachlässe bzw. Zuschläge richtet sich nach der Zahl der im Unternehmen aufgetretenen Arbeitsunfälle (wobei die näheren Einzelheiten von der Berufsgenossenschaft festgelegt werden).

Wichtig ist, daß hierbei bestimmte Unfälle nicht mitzählen, was sich finanziell zugunsten des Unternehmers auswirkt. Unberücksichtigt bleiben stets sog. Wegeunfälle (Unfälle auf dem Weg zur oder von der Arbeit), da sie außerhalb des betrieblichen Einflußbereichs liegen. Die Berufsgenossenschaft ist dazu ermächtigt, in ihrer Satzung weitere Unfälle (z.B. Unfälle infolge höherer Gewalt) auszunehmen.

Beitragsentrichtung zur Sozialversicherung

Für den Unternehmer ist es daher wichtig, die im Beitragsbescheid der Berufsgenossenschaft angegebenen Unfälle genau zu prüfen.

Eine weitere Besonderheit besteht darin, daß zur finanziellen Unterstützung von einigen finanzschwachen Berufsgenossenschaften eine Umlage von den anderen Berufsgenossenschaften erhoben wird. Zur Finanzierung der Umlage ziehen die Berufsgenossenschaften einen bestimmten Anteil der Lohnsumme des einzelnen Unternehmens heran, wobei ein Freibetrag angesetzt wird.

Stellt ein Unternehmen seine Tätigkeit ein, so ist in den Satzungen der Berufsgenossenschaften regelmäßig vorgesehen, daß vom Unternehmer eine Beitragsabfindung (mit der Folge des Erlöschens der Beitragsschuld) oder eine Sicherheitsleistung (in Höhe der zu erwartenden Beitragszahlungen) verlangt werden kann.

Schließlich ist noch darauf hinzuweisen, daß die Mittel für das Konkursausfallgeld (zu dieser Leistung des Arbeitsamtes vgl. Rz. 6319 ff.) von den Berufsgenossenschaften durch Beiträge der Unternehmer erhoben werden.

4. Beitragsbescheid

5678

Mit dem Beitragsbescheid (§ 746 RVO) fordert die Berufsgenossenschaft alljährlich vom Unternehmer den Beitrag des vorausgegangenen Kalenderjahres an. Der Beitragsbescheid wird regelmäßig im April versandt; zuvor werden Vorschüsse angefordert.

Der Beitragsbescheid muß so gestaltet sein, daß es dem Unternehmer ermöglicht wird, die Berechnung nachzuprüfen (jedoch braucht die Ermittlung des Beitragsfußes nicht näher aufgeschlüsselt zu werden).

Nach gesetzlicher Regelung (§ 23 Abs. 3 SGB IV) werden die Unfallversicherungsbeiträge am 15. des Monats fällig, der dem Monat der Bescheidzustellung folgt. Eine Stundung, eine Niederschlagung oder ein Erlaß der fälligen Beiträge können unter denselben Bedingungen zugelassen werden, die auch für die Beiträge zur Kranken-, Renten- und Arbeitslosenversicherung gelten, welche von der Einzugsstelle (Krankenkasse) eingezogen werden (vgl. Rz. 5638 f.).

Der Beitragsbescheid ist ein Verwaltungsakt, gegen den dieselben Rechtsbehelfe eingelegt werden können wie gegen einen Bescheid der Einzugsstelle. Dabei ist vor allem zu beachten, daß Widerspruch und Klage keine aufschiebende Wirkung haben (vgl. Rz. 5657).

VIII. Verhängung von Strafen und Bußgeldern gegen pflichtwidrig handelnde Arbeitgeber

5679

Wer als Arbeitgeber der Einzugsstelle (Krankenkasse) Beiträge des Arbeitnehmers zur Sozialversicherung (Kranken-, Renten-, Pflege- und Arbeitslosenversicherung) vorenthält, wird mit einer Freiheitsstrafe bis zu fünf Jahren oder mit Geldstrafe bestraft.

Das Gericht kann aber von einer Bestrafung absehen, wenn folgende Voraussetzungen (nebeneinander) gegeben sind:

- Die Beiträge wurden nachträglich binnen einer angemessenen (von der Einzugsstelle gesetzten) Frist entrichtet,
- der Arbeitgeber befindet sich in einer finanziellen Zwangslage,
- der Arbeitgeber teilt (spätestens zum Zeitpunkt der Fälligkeit) an die Einzugsstelle schriftlich mit, wie hoch die vorenthaltenen Beiträge sind und weshalb - trotz ernsthafter Bemühungen - die fristgemäße Entrichtung nicht möglich war.

Dagegen liegt kein Straftatbestand, sondern lediglich eine Ordnungswidrigkeit (also ein Anlaß für die Verhängung eines Bußgeldes) vor, wenn der Arbeitgeber vom Arbeitsentgelt des Arbeitnehmers einen höheren als den zulässigen Beitragsanteil einbehält. Weitere Bußgeldvorschriften greifen z.B. bei fehlender Führung von Lohnunterlagen oder bei unterbliebener Einreichung des Beitragsnachweises.

IX. Weiterführende Literaturhinweise

5680

Brackmann, Handbuch der Sozialversicherung, Loseblatt. 1989
Gleitze/Krause/von Maydell/Merten, Gemeinschaftskommentar zum SGB, Gemeinsame Vorschriften für die Sozialversicherung, 2. Aufl., 1992
Handbuch zum Sozialrecht, Gruppe 10a, Loseblatt, 1994
Marburger, Handbuch des Beitragswesens der Kranken-, Renten und Arbeitslosenversicherung, Loseblatt, 1993
Schneider, Der Gesamtsozialversicherungsbeitrag, 5. Aufl. 1985

42. Kapitel: Meldungen und Auskunftspflichten des Arbeitgebers im laufenden Beschäftigungsverhältnis

I.	Meldungen an die Einzugsstelle aus besonderem Anlaß	6100
	1. Wechsel des Versicherungszweiges	6101
	2. Wechsel der Beitragsgruppe	6102
	3. Wechsel der Krankenkasse	6106
	4. Wechsel der Betriebsstätte aus dem oder in das Beitrittsgebiet	6107
	5. Beginn und Ende einer Berufsausbildung	6108
	6. Eintritt oder Wegfall der Versicherungspflicht im laufenden Beschäftigungsverhältnis als Meldegrund	6110
	7. Unterbrechung des Arbeitsentgelts	6111
	8. Bezug von Erziehungsgeld und Erziehungsurlaub	6115
	9. Konkurseröffnung	6116
	10. Die Jahresmeldung	6117
	a) Allgemeines zur Jahresmeldung	6117
	b) Frist und Form der Jahresmeldung	6118
	c) Verwendung des Versicherungsnachweisvordrucks für die Jahresmeldung	6119
	11. Einmalig gezahlte Entgelte	6120
	12. Meldung von Änderungen, Berichtigung und Stornierung einer Meldung	6121
	a) Meldung von Änderungen	6121
	b) Berichtigung und Stornierung einer Meldung	6122
II.	Melde- und Auskunftspflichten des Arbeitgebers gegenüber dem Arbeitsamt	6124
	1. Statistische Meldungen und Auskünfte	6124
	2. Meldungen betreffend Schwerbehinderte	6125
	3. Mitteilung über Auswirkungen geplanter Betriebsveränderungen und Massenentlassungsanzeige	6126
	4. Anzeigepflichten bei Arbeitskampf	6133
	5. Anzeige bei Kurzarbeit	6134
	6. Schlechtwetteranzeige im Baugewerbe	6138
	7. Auskunftspflicht bei Konkursausfallgeld	6140
	8. Beschäftigungs- und Verdienstbescheinigungen für Sozialleistungsbezieher	6141
	a) Bescheinigung über Nebeneinkünfte	6141
	b) Entgeltbescheinigung zugunsten Dritter	6142

Sozialrecht

I. Meldungen an die Einzugsstelle aus besonderem Anlaß

6100
Auch während des laufenden Arbeits- und Beschäftigungsverhältnisses sind aus mannigfaltigen Gründen vom Arbeitgeber Meldungen an die Krankenkasse zu erstatten. Die Anläße dafür liegen zum Teil im Formalen, wenn es z. B. um die Änderung des Familiennamens eines Arbeitnehmers geht oder darum, eine vorangegangene Meldung zu berichtigen. Vor allem für Zwecke der Rentenversicherung dient die Jahresmeldung, die am Jahresende für jeden versicherungspflichtig Beschäftigten zu erstatten ist. Wichtige Meldetatbestände ergeben sich aus Veränderungen im Arbeitsverhältnis, die für die Versicherungs- und Beitragspflicht des Arbeitnehmers von unmittelbarer Bedeutung sind. Zu denken ist z. B. an den Fall, daß durch Änderungen von Arbeitszeit und Arbeitsentgelt eine bisher versicherungsfreie geringfügige Beschäftigung nunmehr versicherungspflichtig wird oder umgekehrt ein bisher versicherungspflichtig Beschäftigter jetzt mit seinem Entgelt die Jahresarbeitsentgeltgrenze der gesetzlichen Krankenversicherung überschreitet und fortan in diesem Versicherungszweig versicherungsfrei ist. Von Bedeutung sind ferner die Unterbrechung der Beschäftigung z. B. durch Gewährung unbezahlten Urlaubs oder durch Streik oder Aussperrung im Arbeitskampf, ferner die Unterbrechung der Entgeltzahlung z.B. bei Arbeitsunfähigkeit. Wegen der noch unterschiedlichen Bemessungsgrenzen im östlichen und westlichen Teil Deutschlands muß schließlich der Krankenkasse gemeldet werden, wenn ein Arbeitnehmer innerhalb seines Arbeitsverhältnisses von einer Betriebsstätte im Beitrittsgebiet (östliche Bundesländer und östliche Bezirke Berlins) in eine Betriebsstätte im übrigen Bundesgebiet wechselt oder umgekehrt; seit dem 01.01.1992 müssen auch Beginn und Ende eines Berufsausbildungsverhältnisses gemeldet werden.

1. Wechsel des Versicherungszweiges

6101
Wird ein Arbeiter im Rahmen des fortbestehenden Beschäftigungsverhältnisses bei seinem Arbeitgeber in das Angestelltenverhältnis übernommen oder umgekehrt, ändert sich die Zuständigkeit des Rentenversicherungsträgers. Statt bei einer Landesversicherungsanstalt (LVA) ist der bisherige Arbeiter als Angestellter nunmehr bei der Bundesversicherungsanstalt für Angestellte (BfA) rentenversichert oder umgekehrt.

Deshalb muß für ihn zum Datum der Veränderung erstattet werden:

- eine Abmeldung sowie
- eine Anmeldung.

Für diese Meldung an die Krankenkasse als Einzugsstelle sind wie für alle Meldungen dieser Art die Vordrucke aus dem SVN-Heft zu verwenden (Rz. 5506).

Meldungen und Auskunftspflichten des Arbeitgebers

Anmeldung und Abmeldung sind auf gesonderten Vordrucken zu erstatten; beide Meldungen dürfen nicht auf einem Vordruck zusammengefaßt werden!

In dem Kastenfeld "Grund der Abgabe" auf dem Vordruck aus dem Versicherungsnachweisheft ist die Abmeldung mit der Schlüsselzahl 4 und die Anmeldung mit der Schlüsselzahl 1 einzutragen.

Mit dem Wechsel des Versicherungszweiges ist ein Wechsel der Beitragsgruppe in der Rentenversicherung verbunden. In dem Kastenfeld "Beitragsgruppe" ist deshalb in dem Teilfeld RV der nunmehr gültige Schlüssel einzutragen. Beim Wechsel in das Angestelltenverhältnis ist nunmehr die Beitragsgruppe RV 2 statt bisher RV 1 anzugeben.

Für die Meldung gilt die übliche Frist für Anmeldungen. Die Meldung muß innerhalb von 2 Wochen seit der Veränderung bei der Krankenkasse erstattet werden.

2. Wechsel der Beitragsgruppe

6102

Im laufenden Beschäftigungsverhältnis können Veränderungen eintreten, die den Wegfall oder das (Wieder-) Einsetzen von Versicherungs- und Beitragspflicht in einem der Versicherungszweige oder in allen zur Folge haben. In solchen Fällen muß der Wechsel der Beitragsgruppe gemeldet werden.

6103

Zum Wechsel der Beitragsgruppe kommt es:

- Beim Übertritt vom Arbeiter- in das Angestelltenverhältnis oder umgekehrt mit der Konsequenz des Wechsels des Rentenversicherungszweiges (dazu oben bei Rz. 6101).

- Bei Ausdehnung der Wochenarbeitszeit von bisher weniger als 18 Stunden auf 18 Stunden und mehr oder umgekehrt bei Einschränkung auf fortan weniger als 18 Wochenstunden. Bei weniger als 18 Stunden Wochenarbeitszeit lag eine zur Bundesanstalt für Arbeit beitragsfreie kurzzeitige Beschäftigung vor. Für sie galt der Beitragsgruppenschlüssel: BA 0. Infolge Ausdehnung der Wochenarbeitszeit auf 18 Stunden und mehr wird sie jetzt beitragspflichtig und ist nunmehr mit dem Schlüssel BA 1 zu versehen bzw. umgekehrt bei entsprechender Einschränkung der Wochenarbeitszeit.

- Wenn der Arbeitnehmer sein 65. Lebensjahr vollendet und seine Beitragspflicht zur Bundesanstalt für Arbeit mit Ablauf des Monats des Geburtstages entfällt. Zu zahlen bleibt zur Arbeitslosenversicherung nur der Arbeitgeberanteil (halber Beitrag), so daß als neue Beitragsgruppe BA 2 anzugeben ist.

Sozialrecht

- Wenn mit Zubilligung einer Rente wegen Erwerbsunfähigkeit aus der gesetzlichen Rentenversicherung an den Arbeitnehmer die Beitragspflicht zur Bundesanstalt für Arbeit wegfällt. Maßgebend dafür ist der aus dem Rentenbescheid ersichtliche Zeitpunkt des Beginns dieser Rente; das Datum des Rentenbescheides ist nicht wesentlich. Die neue Beitragsgruppe ist mit BA 0 zu verschlüsseln.

6104

Bezieht ein Arbeitnehmer schon seit 1991 oder länger eine **Invalidenrente** nach dem Rentenrecht der früheren DDR, so muß beachtet werden: Diese Rente gilt ab 1.1.1992 als Rente wegen Erwerbsunfähigkeit und der Arbeitnehmer ist beitragsfrei in der Arbeitslosenversicherung, wenn die Hinzuverdienstgrenze nicht überschritten wird.

Sie liegt 1995 für eine Beschäftigung, die neben dem Invalidenrentenbezug ausgeübt wird, bei monatlich 580 DM im Rechtskreis West und bei monatlich 470 DM im Rechtskreis Ost. Überschreitet der **Hinzuverdienst** die Grenzwerte nur gelegentlich (pro Kalenderjahr nicht öfter als zweimal und dabei um nicht mehr als das Doppelte des Grenzwertes), so ist das unschädlich und der Arbeitnehmer bleibt beitragsfrei zur Arbeitslosenversicherung.

Andernfalls gilt seine Invalidenrente nur noch als Berufsunfähigkeitsrente und der Arbeitnehmer wird beitragspflichtig zur Arbeitslosenversicherung; er muß mit der Beitragsgruppe BA 1 gemeldet werden.

6105

- Wenn der Arbeitnehmer Vollrente wegen Alters aus der gesetzlichen Rentenversicherung erhält und fortan nur noch der Arbeitgeberanteil zur Rentenversicherung zu entrichten ist; es ist die neue Beitragsgruppe RV 3 oder 4 anzugeben.
  Das neue, seit dem 01.01.1992 gültige, Rentenrecht sieht erstmals auch eine Teilrente wegen Alters vor, neben der noch Entgelt aus Erwerbstätigkeit erzielt wird. Solche Teilrente hat auf die Beitragsgruppe keinen Einfluß.

- Wenn infolge Ausdehnung der Arbeitszeit auf wöchentlich mehr als 10 oder monatlich mehr als 45 Stunden Anspruch auf Lohnfortzahlung bei Arbeitsunfähigkeit entsteht oder umgekehrt infolge Einschränkung der Arbeitszeit wegfällt; bei Ausdehnung der Arbeitszeit gilt der allgemeine Beitrag zur Krankenversicherung mit der Beitragsgruppe KV 1; bei Wegfall des Lohnfortzahlungsanspruchs der erhöhte Beitrag mit der Beitragsgruppe KV 2.

- Wenn infolge Überschreitens der Jahresarbeitsentgeltgrenze die Versicherungspflicht in der Krankenversicherung wegfällt (neue Beitragsgruppe KV 0) oder umgekehrt bei Unterschreiten einsetzt (neue Beitragsgruppe KV 1).

Zur Meldung des Beitragsgruppenwechsels ist zum Zeitpunkt der Veränderung (z. B. zum 30.06.1993) unter Verwendung des Vordrucks aus dem Sozialversicherungsnachweisheft eine Abmeldung vorzunehmen, und zwar:

Meldungen und Auskunftspflichten des Arbeitgebers

- unter Angabe der bisherigen Beitragsgruppe
- mit der Angabe des Entgelts 00 000
- mit dem Schlüssel 4 im Kastenfeld "Grund der Abgabe"

und zugleich (z. B. zum 01.07.1993) eine Anmeldung

- mit Angabe der neuen Beitragsgruppe
- und dem Schlüssel 1 im Kastenfeld "Grund der Abgabe".

Die Meldung des Beitragsgruppenwechsels durch Anmeldung und Abmeldung ist auch während beitragsloser Zeiten erforderlich.

Beispiel:
Der Arbeitnehmer hat bis zum 15.02.1995 Entgeltfortzahlung wegen Arbeitsunfähigkeit erhalten.
Er ist zum 15.02.1995 mit Angabe des Entgelts und Schlüssel 3 abzumelden. Vollendet er nun im März sein 65. Lebensjahr, muß zum 31.03./01.04.1995 durch An- und Abmeldung der Beitragsgruppenwechsel (neue Beitragsgruppe: BA 2) gemeldet werden.

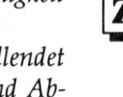

3. Wechsel der Krankenkasse

6106

Zum Wechsel in der Zuständigkeit der Krankenkasse kann es kommen, wenn der Arbeitnehmer zu einer Ersatzkasse überwechselt oder umgekehrt dort ausscheidet und zur Primärkasse (AOK, BKK, IKK) wechselt oder wenn er durch Änderung seines Beschäftigungsortes (z. B. Wechsel in eine andere Zweigniederlassung seines Arbeitgebers) in den Zuständigkeitsbereich einer anderen Ortskrankenkasse gelangt.
In solchem Fall ist eine Abmeldung bei der bisherigen Krankenkasse und eine Anmeldung bei der nunmehr zuständigen Krankenkasse zu fertigen. Die Abmeldung ist in Kastenfeld "Grund der Abgabe" mit dem Schlüssel 4 zu versehen und muß das Entgelt ausweisen. Die Anmeldung trägt den Schlüssel 1.

4. Wechsel der Betriebsstätte aus dem oder in das Beitrittsgebiet

6107

Wechselt ein Arbeitnehmer unter Fortbestand des Beschäftigungsverhältnisses zu seinem Arbeitgeber von einer Betriebsstätte in den östlichen Bundesländern und im östlichen Teil Berlins in eine Betriebsstätte im übrigen Bundesgebiet oder umgekehrt, so muß solcher Wechsel durch Abmeldung und Anmeldung der Einzugsstelle gemeldet werden. Die Meldung ist auch dann erforderlich, wenn mit dem Wechsel der Betriebsstätte keine Veränderung in der örtlichen Zuständigkeit der Krankenkasse einhergeht, weil z. B. eine Betriebskrankenkasse besteht. Die Meldung ist erforderlich, weil Beschäftigungszeiten im "Osten" rentenrechtlich besonders behandelt werden, bis die Einheitlichkeit der Lebensverhältnisse hergestellt ist.

Ist ein Arbeitnehmer mit Wohnsitz im Rechtskreis West im Rechtskreis Ost beschäftigt, steht ihm das Wahlrecht zu, die Pflichtversicherung in der gesetzlichen Krankenversicherung bei einer Krankenkasse im Westkreis durchzuführen (vgl. § 312 Abs. 7 a SGB V; näheres dazu oben Rz. 5503 a).

5. Beginn und Ende einer Berufsausbildung

6108
Zeiten einer Berufsausbildung werden in der gesetzlichen Rentenversicherung besonders bewertet. Sie werden mit 0,075 Entgeltpunkten pro Kalendermonat berücksichtigt; der Versicherte wird damit so behandelt, als habe er in der Ausbildungszeit 90 v. H. des Durchschnittsverdienstes aller Versicherten erzielt. Zeiten der Berufsausbildung müssen vom Rentenversicherungsträger deshalb gesondert erfaßt werden, und zwar auch dann, wenn der Berufsausbildung ein Beschäftigungsverhältnis bei demselben Arbeitgeber unmittelbar vorausgeht (z. B. der Ungelernte nimmt eine Berufsausbildung auf) oder wenn sich der Berufsausbildung ein Beschäftigungsverhältnis bei demselben Arbeitgeber unmittelbar anschließt.

Der Beginn einer Berufsausbildung ist durch die normale Anmeldung und das Ende durch die normale Abmeldung zu melden, wenn der Ausgebildete beim Arbeitgeber nicht weiterbeschäftigt wird.

! Die besondere Meldung für Beginn und Ende der Berufsausbildung ist nur zu erstatten, wenn der Ausbildung bei demselben Arbeitgeber ein Beschäftigungsverhältnis unmittelbar voranging oder nach Ausbildungsende unmittelbar folgt, der Ausgebildete also im Betrieb weiterbeschäftigt wird.

Muß der Arbeitgeber zu Beginn und bei Ende des Berufsausbildungsverhältnisses ohnehin eine An- und/oder Abmeldung erstatten, weil z. B. mit dem Wechsel vom Beschäftigungs- in ein Ausbildungsverhältnis bzw. umgekehrt ein Wechsel der Beitragsgruppe einhergeht, bedarf es keiner weiteren gesonderten Meldung. Aus den Angaben zur Art der Tätigkeit in dem entsprechenden Kastenfeld des Vordrucks (dazu oben Rz. 5511) erkennt der Rentenversicherungsträger, ob es sich um ein Berufsausbildungsverhältnis handelte.

Kommt aber nach den allgemeinen Regeln keine Meldung über Beginn und Ende einer Berufsausbildung im Anschluß an eine vorangegangene Beschäftigung oder mit nachfolgender Beschäftigung in Betracht, so muß die gesonderte Ausbildungsmeldung erstattet werden.

Meldungen und Auskunftspflichten des Arbeitgebers

6109

War der Arbeitnehmer bei dem Arbeitgeber bereits beschäftigt und soll nun eine Berufsausbildung beginnen, ist eine Abmeldung zu erstatten mit dem Abgabegrund Schlüsselzahl 4 und eine Anmeldung mit dem Abgabegrund Schlüsselzahl 1.

Wechselt der Arbeitnehmer im Laufe des Kalendermonats vom Beschäftigungs- in das Ausbildungsverhältnis, so kann der Arbeitgeber taggenaue Ab- und Anmeldungen vornehmen. Zur Vereinfachung kann er aber auch als Beginn der Ausbildung den ersten des Monats wählen und melden, in dem die Ausbildung beginnt und dementsprechend als Ende der Beschäftigung den letzten Tag des Vormonats.
In der Anmeldung des Beginns der Berufsausbildung ist im Kastenfeld "Art der Tätigkeit" im Teilfeld B (Stellung im Beruf) die Schlüsselzahl 0 einzugeben.

Wird der Ausgebildete nach Ausbildungsende beim Arbeitgeber weiterbeschäftigt, so ist das Ausbildungsende mit der Abmeldung mit Abgabegrund 4 und der Beschäftigungsbeginn mit der Anmeldung und dem Abgabegrund 1 zu melden, sofern nicht eines Beitragsgruppenwechsels wegen ohnehin eine Meldung fällig ist. Auch hier kann anstelle einer taggenauen Meldung das Monatsende bzw. der Beginn des Folgemonats für Ausbildungsende und Beschäftigungsbeginn gemeldet werden.

Die Meldung des Ausbildungsbeginns im Anschluß an eine Beschäftigung (Anmeldung) ist innerhalb von 2 Wochen nach dem Beginn und das Ende innerhalb von 6 Wochen danach zu melden.

6. Eintritt oder Wegfall der Versicherungspflicht im laufenden Beschäftigungsverhältnis als Meldegrund

6110

Überschreitet das Arbeitsentgelt die Jahresarbeitsentgeltgrenze des laufenden Kalenderjahres, so endet die Versicherungspflicht in der gesetzlichen Krankenversicherung mit dem Ablauf dieses Jahres, wenn auch die für das Folgejahr gültige Grenze überschritten wird. Anläßlich einer Erhöhung der Jahresarbeitsentgeltgrenze kann die Versicherungspflicht zur Krankenversicherung wieder einsetzen.

In solchen Fällen sind wegen des Wechsels der Beitragsgruppe Ab- und Anmeldungen zu erstatten (siehe oben Rz. 6102).
Wird eine bislang versicherungs- und beitragspflichtige Beschäftigung durch Veränderung von Arbeitsentgelt und/oder Arbeitszeit zu einer geringfügigen Beschäftigung und damit versicherungsfrei, so muß eine Abmeldung mit dem Abgabegrund Schlüsselzahl 4 und mit Angabe des Entgelts vorgenommen wer-

den. Sodann ist der Beginn der geringfügigen Beschäftigung auf dem besonderen Vordruck zu melden (dazu oben Rz. 5530).

Umgekehrt ist das Ende der geringfügigen Beschäftigung auf dem besonderen Vordruck (siehe oben Rz. 5530) zu melden und eine Anmeldung auf dem Vordruck aus dem Sozialversicherungsnachweisheft vorzunehmen, wenn infolge Veränderung von Arbeitszeit und/oder Arbeitsentgelt die Geringfügigkeitsgrenze überschritten und die Beschäftigung versicherungspflichtig wird.

7. Unterbrechung des Arbeitsentgelts

6111

Im laufenden Beschäftigungsverhältnis kann aus verschiedenen Gründen eine Unterbrechung in der Fortzahlung des Arbeitsentgelts eintreten. Gründe dafür können z. B. sein:

- längere Arbeitsunfähigkeit über das Ende des Lohnfortzahlungszeitraumes (in aller Regel: 6 Wochen) hinaus,
- unbezahlter Urlaub,
- Streik oder Aussperrung im Arbeitskampf,
- Einberufung zum Wehrdienst oder Zivildienst oder zu einer Wehrübung.

Solche Umstände sind dann Anlaß für eine Meldung an die Krankenkasse als Einzugsstelle, wenn die Versicherung davon betroffen wird. Die Wirkungen sind in den einzelnen Versicherungszweigen unterschiedlich.

Die gesetzliche Rentenversicherung wird betroffen, wenn eine Unterbrechung des Arbeitsentgelts für mindestens einen vollen Kalendermonat eintritt, weil für diesen Kalendermonat dann mangels Arbeitsentgelts keine Beiträge entrichtet werden und dieser Kalendermonat für die Rentenversicherung ausfällt.

Beispiel:
Ende der Entgeltfortzahlung bei Arbeitsunfähigkeit am 05.07.1995, die Arbeit wird sodann am 29.08.1995 wieder aufgenommen:
Es tritt keine Unterbrechung für mindestens einen vollen Kalendermonat ein.
Aber:
Wiederaufnahme der Arbeit erst am 05.09.1995:
Hier tritt Unterbrechung ein, weil der Monat August unbelegt ist.

6112

In der gesetzlichen Krankenversicherung sind die Wirkungen anders. Hier ist das Versicherungsverhältnis betroffen, wenn die Zahlung von Arbeitsentgelt für mehr als einen Monat unterbrochen wird, also für einen Zeitraum von mehr als 30 Tagen, unabhängig vom Lauf des Kalendermonats.

Meldungen und Auskunftspflichten des Arbeitgebers

Beispiel:
Arbeitnehmer erhält unbezahlten Urlaub vom 05.07.1995 bis zum 02.08.1995. Die Unterbrechung dauert weniger als einen Monat (30 Tage) und ist deshalb unerheblich; Anders ist es, wenn der unbezahlte Urlaub vom 05.07.1995 bis zum 07.08.1995 dauert. Dann ist die Unterbrechung für die Krankenversicherung bedeutsam.

Auch bei Überschreitung der Frist von einem Monat (30 Tage) bleibt die Unterbrechung des Arbeitsentgelts für die Krankenversicherung ohne Bedeutung, wenn

- die Unterbrechung des Arbeitsentgelts auf einem rechtmäßigen Arbeitskampf mit Streik oder Aussperrung beruht; in diesem Fall bleibt dem Arbeitnehmer die Krankenversicherung auch ohne Bezug von Arbeitsentgelt bis zum Ende des rechtmäßigen Arbeitskampfes erhalten;
- dem Arbeitnehmer Krankengeld, Mutterschaftsgeld oder Erziehungsgeld zu gewähren ist oder tatsächlich gewährt wird;
- dem Arbeitnehmer während der Dauer einer medizinischen Rehabilitationsmaßnahme (in aller Regel vom Rentenversicherungsträger) Übergangsgeld oder eine ähnliche Leistung gezahlt wird; durch solche Zahlung bleibt die Krankenversicherung erhalten.

Dauert die Unterbrechung des Arbeitsentgelts mindestens einen vollen Kalendermonat an (01. - 30. bzw. 31. eines Monats), ohne daß zugleich die Krankenversicherung betroffen wird (z. B. während eines Arbeitskampfes oder während Bezuges von Krankengeld), so muß zu Beginn der Unterbrechung auf dem Vordruck aus dem Sozialversicherungsnachweisheft eine Abmeldung vorgenommen werden. Sie ist in dem Kastenfeld "Grund der Abgabe" mit dem Schlüssel 3 zu versehen und hat mit Angabe des Entgelts zu erfolgen.

Diese Abmeldung wirkt als Unterbrechungsmeldung.

6113

Bei Wiederaufnahme der Arbeit und Wiederaufnahme der Entgeltzahlung bedarf es keiner erneuten Anmeldung.

1. Beispiel:
Entgeltfortzahlung wegen Arbeitsunfähigkeit bis zum 12.02.1995. Fortdauer der Arbeitsunfähigkeit mit Bezug von Krankengeld bis zum 15.05.1995, Wiederaufnahme der Arbeit am 16.05.1995.
Es ist eine Abmeldung für die Beschäftigungszeit vom 01.01. bis zum 12.02.1995 zu erstatten, mit Angabe des Entgelts für diesen Zeitraum und bei Abgabegrund mit der Schlüsselzahl 3. Eine Anmeldung zum 16.05.1995 ist nicht erforderlich.

Sozialrecht

2. Beispiel:
Arbeitnehmer befindet sich ab 06.01.1995 im rechtmäßigen Streik. Wiederaufnahme der Arbeit am 01.04.1995.
Es ist eine Abmeldung für die Beschäftigungszeit vom 01.01. bis zum 31.01.1995 mit Angabe des Entgelts und dem Schlüssel 3 bei "Grund der Abgabe" zu erstatten. Zum 01.04.1995 bedarf es keiner erneuten Anmeldung.

Die Meldefrist für die Unterbrechungsmeldung beträgt 2 Wochen nach Ablauf des ersten Monats der Unterbrechung.

Diese Unterbrechungsmeldung ohne erneute Wiederanmeldung bei einer Unterbrechung des Arbeitsentgelts für mindestens einen vollen Kalendermonat betrifft vor allem Fälle der **Arbeitsunfähigkeit mit Krankengeldbezug,** den Bezug von Mutterschaftsleistungen und die Dauer eines rechtmäßigen Arbeitskampfes.

6114
Vor allem in Fällen, in denen der Arbeitnehmer **unbezahlten Urlaub für mehr als einen Monat** (30 Tage) erhalten hat, bedarf es sowohl der Abmeldung zu Beginn der Unterbrechung des Arbeitsentgelts als auch der Anmeldung bei Wiederaufnahme von Arbeit und Entgeltzahlung, weil ohne Entgeltzahlung die Mitgliedschaft des Arbeitnehmers nach Ablauf eines Monats endet.

Beispiel:
Unbezahlter Urlaub vom 16.03. bis zum 20.04.1995.
Mitgliedschaft in der gesetzlichen Krankenversicherung endet nach einem Monat am 15.04.1995.
Zum 15.04.1995 ist eine Abmeldung mit Entgeltangabe für die Beschäftigungszeit 01.01.1995 bis 15.03.1995 mit der Schlüsselzahl 2 bei "Grund der Abgabe" zu erstatten. Erneute Anmeldung zum 21.04.1995 mit der Schlüsselzahl 0.

Dauert der unbezahlte Urlaub mehr als einen Monat (30 Tage) an und wird dabei zugleich ein voller Kalendermonat erfaßt, müssen mehrere Abmeldungen erstattet werden, weil für die Rentenversicherung nur solche Zeiten (Kalendermonate) bescheinigt werden dürfen, für die auch Beiträge entrichtet werden.

Beispiel:
Unbezahlter Urlaub vom 21.01. bis zum 03.09.1995
Mitgliedschaft in der Krankenversicherung endet nach einem Monat am 20.02.1995.
1. *Abmeldung für Beschäftigungszeit vom 01.01. bis zum 31.01.1995 mit Entgeltangabe und dem Schlüssel 3 bei "Grund der Abgabe";*
2. *Abmeldung für die in der Rentenversicherung nicht belegte Zeit des Fortbestands der Mitgliedschaft in der Krankenversicherung vom 01.02. bis zum 20.02.1995 mit der Schlüsselzahl 2 bei "Grund der Abgabe"; im Kastenfeld "Entgelt" ist 00 000 einzutragen.*

Die Abmeldung (Unterbrechungsmeldung) ist binnen der üblichen Abmeldefrist von 6 Wochen zu erstatten. Für die erneute Wiederanmeldung gilt die Anmeldefrist von 2 Wochen.

8. Bezug von Erziehungsgeld und Erziehungsurlaub

6115

Für die Dauer des Bezuges von Mutterschaftsgeld oder von Erziehungsgeld bleibt die Mitgliedschaft in der Krankenversicherung erhalten. Dasselbe gilt für die Dauer des Bezuges von Familiengeld, wie es in manchen Bundesländern nach Landesrecht gewährt wird und es gilt ebenso für die Dauer des Erziehungsurlaubs. Zum Zeitpunkt des Endes des Bezuges von Erziehungsgeld muß deshalb anders als früher keine Abmeldung erstattet werden.

In aller Regel war bereits durch den Bezug des Mutterschaftsgeldes die versicherungspflichtige Beschäftigung ohne Fortzahlung von Arbeitsentgelt für mindestens einen Kalendermonat unterbrochen und es ist mit dem Tage vor Beginn des Mutterschaftsgeldbezuges Unterbrechungsmeldung zu erstatten. Schließt sich wie im allgemeinen üblich der Erziehungsurlaub unmittelbar an, muß keine weitere Meldung zu dessen Beginn erstattet werden.

Beispiel:
Beginn der Beschäftigung am 01.01.
Schutzfrist beginnt am 15.08.
Entbindung am 26.09.
Schutzfrist endet am 21.11.
Erziehungsurlaub beginnt am 22.11.
Fällig ist Unterbrechungsmeldung für die Zeit vom 01.01.bis zum 14.08.wie folgt:
Beschäftigt vom 01.01 bis zum 14.08. mit Entgeltangabe,
Grund der Abgabe Schlüsselzahl 3.

Endet das Beschäftigungsverhältnis im Anschluß an den Erziehungsurlaub oder wird anschließend Sonderurlaub ohne Entgelt in Anspruch genommen, muß zum letzten Tage des Erziehungsurlaubs Abmeldung erstattet werden mit der Schlüsselzahl 2 bei Grund der Abgabe und der Entgeltangabe 0000.

9. Konkurseröffnung

6116

Bei Insolvenz des Arbeitgebers gilt für Konkursfälle, die nach dem 30.09.1993 eingetreten sind (Tag der Konkurseröffnung oder Abweisung mangels Masse) eine neue Regelung.
Für **freigestellte Arbeitnehmer** muß zum Insolvenztag eine Abmeldung mit der Schlüsselzahl 7 bei Grund der Abgabe vorgenommen werden. Darin ist das bisher in einer früheren (z.B. Jahres-)Meldung noch nicht gemeldete Entgelt einzu-

tragen, das bis zum Insolvenztag gezahlt worden ist zuzüglich des noch zustehenden, aber noch nicht ausgezahlten Arbeitsentgelts. Zugleich ist ohne neue Anmeldung eine weitere Entgeltmeldung mit der Schlüsselzahl 8 beim Abgabegrund zum Tage des rechtlichen Endes des Arbeitsverhältnisses (nach Auslaufen der gültigen Kündigungsfrist) abzugeben. Darin ist das Arbeitsentgelt anzugeben, auf das der Arbeitnehmer in dem Meldezeitraum Anspruch hat. Fällt das rechtliche Ende des Arbeitsverhältnisses in das nächste Kalenderjahr, muß außerdem die Jahresmeldung mit Abgabegrund Schlüsselzahl 8 erstattet werden.

Für **weiterbeschäftigte Arbeitnehmer** ist zum Insolvenztag die Abmeldung mit Abgabegrund Schlüsselzahl 2 vorzunehmen und darin das bisher noch nicht gemeldete Arbeitsentgelt einzutragen, das bis zum Insolvenztag gezahlt worden ist zuzüglich des Arbeitsentgelts, auf das der Arbeitnehmer noch Anspruch hat. Zugleich ist mit dem Tage nach Konkurseröffnung eine neue Anmeldung mit Abgabegrund Schlüsselzahl 0 fällig.

Obgleich die Arbeitgebereigenschaft auf den Konkursverwalter übergeht, kann für diese Meldungen noch die bisherige Betriebsnummer des insolventen Arbeitgebers benutzt werden.

10. Die Jahresmeldung

a) Allgemeines zur Jahresmeldung

6117
Für jeden versicherungspflichtig und beitragspflichtig Beschäftigten muß der Arbeitgeber zu Beginn des neuen Kalenderjahres die Dauer der Beschäftigung und das beitragspflichtige Arbeitsentgelt im abgelaufenen Kalenderjahr melden, sofern das Beschäftigungsverhältnis über den Jahreswechsel hinaus fortbesteht, der Arbeitnehmer also auch im neuen Jahr bei dem Arbeitgeber beschäftigt bleibt.
Auf der Jahresmeldung darf nur die Dauer der Beschäftigung und das Arbeitsentgelt des abgelaufenen Kalenderjahres gemeldet werden unabhängig davon, ob das Beschäftigungsverhältnis in diesem abgelaufenen Kalenderjahr nur für wenige Tage bestanden hat, also z. B. erst am 27.12. des vergangenen Jahres begonnen hat.

Die Jahresmeldung gilt nur für versicherungspflichtig und beitragspflichtig Beschäftigte. Keine Jahresmeldung ist für Arbeitnehmer zu erstatten, die geringfügig und damit versicherungsfrei beschäftigt werden.

Die Jahresmeldung ist nur erforderlich, wenn das Beschäftigungsverhältnis **über den Jahreswechsel hinaus** unverändert fortbesteht. Sie ist deshalb nicht erforderlich, wenn bereits aus anderen Gründen zum 31.12. des Kalenderjahres eine Abmeldung oder Unterbrechungsmeldung zu erstatten ist.

Meldungen und Auskunftspflichten des Arbeitgebers

Keine Jahresmeldung ist hiernach zu erstatten, wenn

- das Arbeitsverhältnis zum 31.12. des abgelaufenen Jahres endete und deshalb die normale Abmeldung fällig ist;
- wegen eines zum 01.01. des neuen Jahres wirksam werdenden Beitragsgruppenwechsels oder Wechsels des Versicherungszweiges oder Wechsels der Krankenkasse zum 31.12. des abgelaufenen Jahres aus diesem besonderen Anlaß eine Abmeldung zu erstatten ist; in solchem Fall werden Dauer der Beschäftigung und Entgelthöhe in dieser Abmeldung bescheinigt;
- wegen Unterbrechung des Arbeitsentgelts im vorangegangenen Kalenderjahr (z. B. längere Arbeitsunfähigkeit, Arbeitskampf) bereits eine Meldung (Unterbrechungsmeldung) erstattet worden ist und diese Unterbrechung über den 31.12. hinaus im neuen Kalenderjahr andauert.

b) Frist und Form der Jahresmeldung

6118

Die Jahresmeldung muß **bis spätestens zum 31.03. eines jeden Jahres** für das Vorjahr erstattet werden. Eine Fristverlängerung ist nicht vorgesehen. Tritt zum Jahreswechsel eine Veränderung ein (Beitragsgruppenwechsel, Kassenwechsel usw.) und wird anstelle der Jahresmeldung deshalb eine Abmeldung fällig, dann muß deren Frist (6 Wochen) eingehalten werden und die gesonderte Jahresmeldung entfällt.

Für die Jahresmeldung wird der auch für Anmeldung und Abmeldung gültige Vordruck aus dem Sozialversicherungsnachweisheft verwendet (dazu oben Rz. 5506). Steht kein Heft mehr zur Verfügung, kann der Vordruck Ersatzversicherungsnachweis benutzt werden. Er ist mit den Personalien und der Versicherungsnummer des Arbeitnehmers zu versehen.

Nimmt der Arbeitgeber zwar nicht an dem besonderen Verfahren maschineller Datenübermittlung nach der Datenübermittlungsverordnung teil, verfügt er aber über die Ausstattung, die Lohn- und Gehaltsabrechnungen maschinell durchzuführen, kann die Jahresmeldung auf Endlosvordrucken erstellt werden.

Die Benutzung solcher Endlosvordrucke anstelle der Einzelnachweise aus dem Sozialversicherungsnachweisheft ist nur mit Zustimmung der Krankenkasse zulässig. Erforderlich ist ein entsprechender Antrag des Arbeitgebers bei der Krankenkasse als Einzugsstelle.

Sozialrecht

c) Verwendung des Versicherungsnachweisvordrucks für die Jahresmeldung

6119
Der Vordruck ist wie bei der Anmeldung (Rz. 5506) und bei der Abmeldung auszufüllen. Personalien des Arbeitnehmers, seine Anschrift, etwaige Rentnereigenschaft und die Art seiner Tätigkeit sind nach dem Stand anzugeben, den sie im Zeitpunkt der Abgabe der Meldung (also z. B. März 1994) aufweisen, auch wenn die Meldung im übrigen die Daten des abgelaufenen Jahres aufzuweisen hat.

Im Kastenfeld "beschäftigt gegen Entgelt von ... bis ..."
ist die Zeit anzugeben, in der das Beschäftigungsverhältnis im abgelaufenen Jahr ohne Unterbrechung bestanden hat. Hat es z.B. am 01.07.1995 begonnen und besteht es über den 31.12.1995 hinaus fort, so wird eingetragen:

01.07. bis 31.12.1995
Grund der Abgabe: Schlüsselzahl 3
Entgelt in DM ...

War das Beschäftigungsverhältnis (die Entgeltzahlung) im abgelaufenen Jahr für weniger als einen Monat unterbrochen, so ist das unschädlich und als Beschäftigungszeit wird gemeldet: 01.01. bis 31.12.93, wenn die Beschäftigung über das gesamte Jahr bestanden hat.

War hingegen das Beschäftigungsverhältnis (die Entgeltzahlung) für längere Zeit unterbrochen und war deshalb bereits im vergangenen Kalenderjahr eine Abmeldung erfolgt, in der auch das Arbeitsentgelt bis zum Unterbrechungszeitpunkt bescheinigt worden war, so ist für die Jahresmeldung nur noch die Zeit nach Widerauufnahme der Arbeit zu melden.

Beispiel:
Bezug von Krankengeld vom 17.3. bis 02.07.1995. Wiederaufnahme der Beschäftigung am 03.07.1995.
In der Jahresmeldung wird als Zeitraum der Beschäftigung gemeldet: 03 07 bis 31 12 95 sowie das Entgelt für diesen Zeitraum.

Im Kastenfeld "beitragspflichtiges Bruttoarbeitsentgelt"
darf nur das für den zuvor bescheinigten Zeitraum maßgebliche Arbeitsentgelt bescheinigt werden. Arbeitsentgelt, das in einer vorausgegangenen Abmeldung (aus besonderem Anlaß, z. B. Beitragsgruppenwechsel) bereits gemeldet worden war, darf in der Jahresmeldung nicht erneut auftauchen.

Im Kastenfeld "Grund der Abgabe"
ist die Schlüsselzahl 3 für die Jahresmeldung zu verwenden.

Meldungen und Auskunftspflichten des Arbeitgebers

11. Einmalig gezahlte Entgelte

6120

Erhält der Arbeitnehmer während des fortbestehenden Arbeitsverhältnisses eine beitragspflichtige (oder: teilweise beitragspflichtige) Einmalzahlung (Sonderzuwendung), so löst eine solche Zahlung im Grundsatz keine besondere Meldung an die Krankenkasse aus. Der beitragspflichtige Teil der Einmalzahlung wird dem laufenden Arbeitsentgelt hinzugerechnet und die Gesamtsumme in die nächstfällige Meldung aufgenommen. Bei unveränderten Bedingungen der Beschäftigung wird das die Jahresmeldung sein, es kann aber auch eine aus besonderem Anlaß notwendige Meldung (Abmeldung) sein.

In die nächstfällige Meldung aufgenommen wird die Einmalzahlung auch, wenn das Beschäftigungsverhältnis unterbrochen oder inzwischen beendet ist, sofern die dafür notwendige Abmeldung noch nicht erstattet wurde.

Folgt für das Kalenderjahr der Zuordnung oder der Gewährung der Einmalzahlung keine Meldung mehr, weil z. B. die Einmalzahlung dem vorangegangenen Kalenderjahr zuzuordnen ist und die Jahresmeldung bereits abgegeben wurde, dann ist die Aufnahme der Einmalzahlung in die nächstfällige Meldung nicht möglich. In diesem Fall erfolgt die Meldung der Einmalzahlung durch Berichtigung der zuletzt abgegebenen Meldung für den fraglichen Zeitraum, also z. B. der Jahresmeldung.

Für die Berichtigung ist ein besonderer Vordruck zu verwenden (dazu unten Rz. 6122).

Berichtigung der letzten oder Aufnahme in die nächstfällige Meldung ist nicht möglich, wenn für das einmalig gezahlte Arbeitsentgelt ein anderer Beitragsgruppenschlüssel gilt. In diesen Fällen ist die Einmalzahlung gesondert zu melden. Ebenso wird die während einer beitragsfreien Zeit des Beschäftigungsverhältnisses gewährte Einmalzahlung durch Sondermeldung nachgewiesen.

Für die besondere Meldung der Einmalzahlung wird der übliche Vordruck aus dem Sozialversicherungsnachweisheft verwendet, notfalls der Ersatzversicherungsnachweis.

In das Kastenfeld "Beschäftigt gegen Entgelt vom ... bis" ist der Zeitraum vom ersten bis zum letzten Tag (30./31.) des Kalendermonats und das Jahr der Zuordnung der Einmalzahlung anzugeben; im Kastenfeld "Grund der Abgabe" ist mit der Schlüsselzahl 5 zu verschlüsseln.

Beispiele:
Beschäftigt gegen Entgelt vom 01.01.1994 bis laufend, Arbeitsentgelt 40.000 DM Einmalzahlungen Mai 200 DM, August 500 DM, Dezember 3.000 DM, kein Beitragsgruppenwechsel:
Jahresmeldung zum 31.12.1995 mit Abgabegrund Schlüsselzahl 3
Zeitraum 01 01 bis 31 12 95
Entgelt 43.700 DM

Beschäftigt gegen Entgelt vom 01.01. bis 02.04.1995 mit Arbeitsentgelt 17.500 DM Krankengeldbezug 03.04. bis 17.04.1995, Ende des Arbeitsverhältnisses zum 30.06.1995,
Einmalzahlung Mai 500 DM
Unterbrechungsmeldung zum 02.04.1995 für die Zeit 01.01.bis 02.04.1995 mit Schlüsselzahl 3 und Arbeitsentgelt 18.000 DM
sowie ferner
Abmeldung zum 30.06.1995 für die Zeit 03.04.bis 30.06.1995 mit Arbeitsentgelt 00000.

Aber:
Beispiel wie vor, jedoch Einmalzahlung August 500 DM:
Unterbrechungsmeldung zum 02.04.1995 für die Zeit 01.01. bis 02.04.1995 mit Schlüsselzahl 3 und Arbeitsentgelt 17.500 DM,
sowie ferner
Abmeldung zum 30.06.1995 für die Zeit 03.04. bis 30.06.1995 mit Schlüsselzahl 2 und Arbeitsentgelt 00000
und schließlich
gesonderte Meldung für den Zuordnungszeitraum 01.06. bis 30.06.1995 mit Schlüsselzahl 5 und Arbeitsentgelt 00 500 DM.

12. Meldung von Änderungen, Berichtigung und Stornierung einer Meldung

a) Meldung von Änderungen

6121
Ändert sich der Name eines Beschäftigten (z. B. nach Eheschließung) und/oder seine Staatsangehörigkeit (z. B. bei Einbürgerung eines Ausländers), so ist das der Krankenkasse als Einzugsstelle unverzüglich vom Arbeitgeber zu melden.

Ändert sich lediglich die Anschrift des Arbeitnehmers, so bedarf es deswegen keiner gesonderten Meldung; die neue Anschrift kann mit der nächstfälligen Meldung mitgeteilt werden. Bei Namens- und/oder Änderung der Staatsangehörigkeit erhält der Beschäftigte vom Rentenversicherungsträger ein neues Sozialversicherungsnachweisheft, das er dem Arbeitgeber auszuhändigen hat. Hierfür bedarf es der Änderungsmeldung.
Für die Änderungsmeldung muß ein besonderer, bei der Krankenkasse erhältlicher Vordruck verwendet werden.

Meldungen und Auskunftspflichten des Arbeitgebers

Meldung von Änderungen, Berichtigungen, Stornierungen   bei Krankenkasse einreichen

06

- [ ] Namensänderung
- [ ] Berichtigung/Stornierung einer Anmeldung
- [ ] Berichtigung/Stornierung einer Abmeldung/Jahresmeldung
- [ ] Änderung der Staatsangehörigkeit

ausgestellt am:

ACHTUNG! Zutreffendes ankreuzen und die Felder „Versicherter" bis „Versicherungsnummer" stets ausfüllen; in den Feldern B und C 1 bei Berichtigung/Stornierung „Es wurden (zuletzt) gemeldet" und zusätzlich bei Berichtigung „Es waren zu melden", bei Stornierung lediglich ein „X" ausfüllen.

Versicherter (Name)

Vorname — Geburtsdatum

Straße und Hausnummer

Postleitzahl — Wohnort

Versicherungsnummer

Erläuterungen siehe Rückseite!

Beim Ausfüllen mit der Schreibmaschine können Sie fortlaufend schreiben, Sie brauchen die Kästchen dabei nicht zu beachten

A Namensänderung (Zutreffender Name)

Versicherter (Name)

Vorname

Anschriftenänderung – Straße und Hausnummer

Postleitzahl — Wohnort

B Berichtigung/Stornierung einer Anmeldung

	Es wurden gemeldet	Es waren zu melden	Stornierung
Betriebsnummer			
Beginn der Beschäftigung		Grund der Abgabe A B	Grund der Abgabe A B
Angaben zur Tätigkeit			

C Berichtigung/Stornierung einer Abmeldung/Jahresmeldung

1) Berichtigung von Beschäftigungszeitraum/Entgelt/Grund der Abgabe/ oder Stornierung insgesamt

Es wurden zuletzt gemeldet: von ___ bis ___   Entgelt in vollen DM ___   Grund der Abgabe ___   Beitragsgr. KV RV BA ___

Es waren zu melden: von ___ bis ___   Entgelt in vollen DM ___   Grund der Abgabe ___   Stornierung ___

von ___ bis ___

2) Berichtigung von Betriebsnummer/ Angaben zur Tätigkeit

für den gemeldeten Beschäftigungszeitraum: von ___ bis ___

Es wurden zuletzt gemeldet — Betriebsnummer ___ A B

Es waren zu melden ___ A B

Angaben zur Tätigkeit

D Änderung der Staatsangehörigkeit

Zutreffende Staatsangehörigkeit

Name der Krankenkasse (Geschäftsstelle)
AOK BKK IKK EK LKK See-KK BKN

Name, Anschrift und Unterschrift des Arbeitgebers (Firmenstempel)

Betriebsnummer

Kontonr. bei der Krankenkasse (sofern nicht mit der Betriebsnummer identisch)

Eingangsstempel der Krankenkasse

Sozialrecht

ERLÄUTERUNGEN

Grund der Abgabe

Anmeldung	
Beginn der Beschäftigung	0
Sonstige Gründe	1

Abmeldung/Jahresmeldung	
Ende der Beschäftigung (Tod ausgenommen)	2
Jahresentgelt und Unterbrechung bei Fortbestehen des Beschäftigungsverhältnisses	3
Sonstige Gründe	4
Einmalig gezahltes Arbeitsentgelt (§ 6a Abs. 3 2. DEVO)	5
Ende der Beschäftigung wegen Todes	9

Beitragsgruppen

Krankenversicherung (KV)	
kein Beitrag	0
allgemeiner Beitrag	1
erhöhter Beitrag	2
ermäßigter Beitrag	3
Beitrag zur landwirtschaftlichen KV	4
halber Beitrag	5

Rentenversicherung (RV)	
kein Beitrag	0
voller Beitrag zur ArV	1
voller Beitrag zur AnV	2
halber Beitrag zur ArV	3
halber Beitrag zur AnV	4

Bundesanstalt für Arbeit (BA)	
kein Beitrag	0
Beitrag	1
halber Beitrag	2

Meldungen und Auskunftspflichten des Arbeitgebers

Meldung von Änderungen, Berichtigungen, Stornierungen
bei Krankenkasse einreichen

☐ Namensänderung

☐ Berichtigung / Stornierung einer Anmeldung

☐ Berichtigung / Stornierung einer Abmeldung / Jahresmeldung

☐ Änderung der Staatsangehörigkeit

ausgestellt am:
ACHTUNG!
Zutreffendes ankreuzen und die Felder „Versicherter" bis „Versicherungsnummer" stets ausfüllen; in den Feldern B und C 1 bei Berichtigung/Stornierung „Es wurden (zuletzt) gemeldet" und zusätzlich bei Berichtigung „Es waren zu melden", bei Stornierung lediglich ein „X" ausfüllen.

Versicherter (Name, Vorname) — Geburtsdatum

Straße und Hausnummer — Postleitzahl und Wohnort

Versicherungsnummer

ERLÄUTERUNGEN siehe Rückseite!

A Namensänderung (Zutreffender Name)

Anschriftenänderung eintragen in der Reihenfolge: Straße und Haus Nr., PLZ Wohnort (Haus Nr. und PLZ durch Komma trennen)

B Berichtigung / Stornierung einer Anmeldung
- Betriebsnummer
- Beginn der Beschäftigung
- Angaben zur Tätigkeit A B

Es wurden gemeldet / Es waren zu melden / Stornierung
Tag Monat Jahr
Grund der Abgabe

C Berichtigung / Stornierung einer Abmeldung / Jahresmeldung

1) Berichtigung von Beschäftigungszeitraum / Entgelt / Grund der Abgabe / oder Stornierung insgesamt

Es wurden zuletzt gemeldet
von Tag Monat bis Tag Monat Jahr — Entgelt in vollen DM — Grund der Abgabe — Beitragsgr KV RV BA

Es waren zu melden
von Tag Monat bis Tag Monat Jahr — Entgelt in vollen DM — Grund der Abgabe — Stornierung

2) Berichtigung von Betriebsnummer / Angaben zur Tätigkeit

für den gemeldeten Beschäftigungszeitraum
von Tag Monat bis Tag Monat Jahr

Es wurden zuletzt gemeldet / Es waren zu melden
- Betriebsnummer
- Angaben zur Tätigkeit A B

D Änderung der Staatsangehörigkeit
Zutreffende Staatsangehörigkeit — Nicht ausfüllen!

Name der Krankenkasse (Geschäftsstelle)
AOK BKK IKK EK LKK See KK BKN

Name, Anschrift und Unterschrift des Arbeitgebers (Firmenstempel)

Betriebsnummer

Konto Nr. bei der Krankenkasse (sofern nicht mit der Betriebsnummer identisch)

Eingangsstempel der Krankenkasse

Sozialrecht

Bei Änderung des Namens und/oder der Staatsangehörigkeit ist auf dem Vordruck links oben das Kastenfeld "Namensänderung" und/oder "Änderung der Staatsangehörigkeit" mit "X" zu markieren. Sodann sind im Kopf des Vordrucks Name, Geburtsdatum, Anschrift und Versicherungsnummer des Beschäftigten einzutragen.

In diesem Feld im Kopf des Vordrucks muß der bisherige Name des Beschäftigten angegeben werden und ebenso seine bisherige Adresse, wenn die Meldung zugleich wegen der Anschriftenänderung genutzt wird.

Die Namensänderung ist schließlich im Abschnitt A des Vordrucks einzutragen; hier ist der jetzt zutreffende (neue) Name anzugeben und eine jetzt etwa gültige neue Adresse.

Bei Änderung der Staatsangehörigkeit ist im unteren Abschnitt D nur die jetzt zutreffende (neue) Staatsangehörigkeit anzugeben, und zwar entweder in Worten oder unter Benutzung der Schlüsselzahl des Staatsangehörigkeitsverzeichnisses (dazu oben Rz. 5523).

Im unteren Abschnitt ist die zuständige Krankenkasse zu bezeichnen und die Betriebsnummer des Arbeitgebers anzugeben.

Anders als die üblichen Meldungen auf den Versicherungsnachweisen muß die Änderungsmeldung vom Arbeitgeber oder seinem bevollmächtigten Vertreter unterschrieben werden!

Der Firmenstempel alleine genügt nicht!

b) Berichtigung und Stornierung einer Meldung

6122
Es bleibt nicht aus, daß bei den zahlreichen vom Arbeitgeber abzugebenden Meldungen Fehler unterlaufen. Dabei kann es sich um Schreibfehler, Rechenfehler oder auch Irrtümer (z. B. Verwechselung von Daten) handeln. Solche Fehler müssen berichtigt werden **(Berichtigungsmeldung)**.

Ebenso kann es vorkommen, daß eine Meldung an eine gar nicht zuständige Krankenkasse gerichtet wurde oder für den fraglichen Beschäftigten eine Meldung überhaupt nicht zu erstatten war. Dann bedarf es der **Stornierung**.

Bei folgenden Fehlern ist eine Berichtigungsmeldung fällig:

- Fehler bei der Angabe der Betriebsnummer,
- Fehler bei der Angabe des Beschäftigungsbeginns,
- Fehler bei der Angabe des Beschäftigungszeitraumes,

Meldungen und Auskunftspflichten des Arbeitgebers

- Fehler bei der Angabe des beitragspflichtigen Bruttoarbeitsentgelts,
- Fehler bei der Angabe des Grundes der Abgabe (falsche Schlüsselzahl),
- Fehler bei der Angabe der Art der Tätigkeit (falsche Schlüsselzahlen).

Berichtigungsmeldung kommt auch für geringfügig Beschäftigte in Betracht, wenn z. B. die Art der geringfügigen Beschäftigung oder der Beginn falsch gemeldet worden waren.

Für die Berichtigung muß der besondere, auch für Änderungen gültige Vordruck (s. Rz. 6121) benutzt werden.

Im Kopf des Vordrucks muß das entsprechende Kastenfeld mit "X" markiert werden, je nach dem, ob es sich um die Berichtigung (oder Stornierung) einer Anmeldung oder einer Abmeldung/Jahresmeldung handelt. Die Personalien des Beschäftigten mit Versicherungsnummer sind in jedem Fall einzutragen.

6123

Sodann ist entweder der Abschnitt B (Korrektur einer Anmeldung) oder der Abschnitt C (Korrektur einer Abmeldung/Jahresmeldung) auszufüllen. Dabei sind in den entsprechenden Kastenfeldern zunächst die zuvor gemeldeten und zu korrigierenden fehlerhaften Daten einzutragen und sodann die tatsächlich zutreffenden Daten. Es ist immer nur das Feld auszufüllen mit den Daten, die berichtigt werden sollen, bei Entgeltberichtigung also nur das darauf bezogene Kastenfeld.

Die Richtigkeit der Berichtigungsmeldung muß vom Arbeitgeber durch Unterschrift im unteren Vordruckfeld bestätigt werden; der Firmenstempel genügt nicht!

In folgenden Fällen ist eine Meldung zu **stornieren**:
- die Meldung auf Versicherungsnachweis wurde an die unzuständige Krankenkasse gerichtet,
- für den Beschäftigten war gar keine Meldung zu erstatten (z. B. Personenverwechselung) oder
- für die Meldung wurden die Beitragsgruppen falsch angegeben.

Für die Stornierung ist der auch für Änderungen und Berichtigungen gültige besondere Vordruck zu benutzen (dazu oben bei Rz. 6121).

Im Kopf des Vordrucks ist das zutreffende Kastenfeld mit "X" zu markieren. Es müssen sodann die Personalien des Betroffenen mit Versicherungsnummer eingetragen werden.

Sodann ist im Abschnitt B (für Stornierung einer Anmeldung) oder im Abschnitt C (für Stornierung einer Abmeldung/Jahresmeldung) der zuvor gemeldete Beschäftigungsbeginn (bei Anmeldung) oder Beschäftigungszeitraum (bei Abmeldung/Jahresmeldung) in dem entsprechenden Kastenfeld einzutragen und schließlich das rechte Kastenfeld "Stornierung" mit "X" zu markieren. War die Anmeldung oder Abmeldung/Jahresmeldung z. B. bei der unzuständigen Krankenkasse erfolgt, so ist nach deren Stornierung die entsprechende Meldung bei der zuständigen Kasse zu wiederholen.

Wurden bei einer Anmeldung oder einer Abmeldung/Jahresmeldung falsche Beitragsgruppen angegeben, so muß auch solche Meldung storniert werden. Im Abschnitt C des Vordrucks wird dazu das Kastenfeld "Beitragsgruppen" mit den (falsch) gemeldeten Beitragsgruppen ausgefüllt und das Kastenfeld "Stornierung" mit "X" markiert. So muß auch bei Stornierung einer Anmeldung verfahren werden. Die fehlerhafte und soeben stornierte Meldung ist schließlich auf den üblichen Versicherungsnachweisen mit den zutreffenden Beitragsgruppen zu wiederholen.

Die Richtigkeit der Stornierungsmeldung muß vom Arbeitgeber auf dem Vordruck durch **Unterschrift** bestätigt werden. Anders als bei den üblichen Meldungen auf Versicherungsnachweis genügt der Firmenstempel allein nicht!

II. Melde- und Auskunftspflichten des Arbeitgebers gegenüber dem Arbeitsamt

1. Statistische Meldungen und Auskünfte

6124

Zu den Aufgaben der Bundesanstalt für Arbeit gehört die Arbeitsmarkt- und Berufsforschung. Die Bundesanstalt beobachtet Umfang und Art der Beschäftigung, Lage und Entwicklung des Arbeitsmarktes und der Berufe sowie der beruflichen Bildungsmöglichkeiten. Zu diesem Zweck führt die Bundesanstalt regelmäßig statistische Erhebungen durch.

Auf Verlangen der Bundesanstalt für Arbeit sind vor allem Arbeitgeber, aber überdies alle Erwerbspersonen verpflichtet, die notwendigen Auskünfte zu erteilen. Dabei müssen die von den Arbeitsämtern herausgegebenen Erhebungsbögen verwendet und die Richtigkeit der Angaben muß auf dem Erhebungsbogen durch Unterschrift bestätigt werden. Die Verletzung der Auskunftspflicht ist eine Ordnungswidrigkeit und wird mit Geldbuße geahndet.

Werden auf dem Erhebungsbogen Einzelangaben zu persönlichen und sachlichen Verhältnissen verlangt und gemacht, unterliegen sie in den Händen der Bundesanstalt für Arbeit der Geheimhaltung. Lediglich zur Verfolgung schwerer Steuerstraftaten ist eine Weitergabe der Daten an die Finanzbehörden erlaubt.

Meldungen und Auskunftspflichten des Arbeitgebers

Der Auskunftspflichtige darf die Antwort auf solche Fragen verweigern, deren Beantwortung ihn selbst oder einen nahen Angehörigen (z.B. Ehegatten, Verwandten in gerader Linie) der Gefahr strafgerichtlicher Verfolgung oder eines Ordnungswidrigkeitsverfahrens aussetzen würde.

2. Meldungen betreffend Schwerbehinderte

6125

In Zusammenhang mit der nach dem Schwerbehindertengesetz bestehenden Verpflichtung des Arbeitgebers, in seinem Betrieb in einem bestimmten Umfang Schwerbehinderte zu beschäftigen, steht die Pflicht des Arbeitgebers, jährlich einmal bis spätestens zum 31.03. für das vorangegangene Kalenderjahr dem Arbeitsamt Anzeige zu erstatten.

Ist ein Arbeitgeber vor allem wegen der geringen Größe seines Betriebs zur Beschäftigung Schwerbehinderter nicht verpflichtet, braucht er die Anzeige nur alle 5 Jahre zu erstatten. In der Anzeige ist für das vorangegangene Kalenderjahr (bzw. für die vorangegangenen Kalenderjahre) aufgegliedert nach Monaten anzugeben

- die Zahl der Arbeitplätze;
- die Zahl solcher Arbeitsplätze, die nach der Natur der Arbeit oder nach dem Arbeitsvertrag nur auf die Dauer von 8 Wochen begrenzt sind oder auf denen Arbeitnehmer kurzfristig beschäftigt sind (weniger als 18 Wochenstunden);
- die Zahl solcher Arbeitsplätze, auf denen Teilnehmer an Arbeitsbeschaffungsmaßnahmen (ABM) beschäftigt werden oder auf denen Personen beschäftigt werden im Rahmen der Eingliederung Behinderter oder im Rahmen karitativer oder religiöser Beweggründe;
- ferner die Zahl der im Betrieb oder in den getrennt anzugebenden einzelnen Betrieben beschäftigten Schwerbehinderten, Gleichgestellten oder sonst anrechnungsfähigen Personen, sowie
- Mehrfachanrechnungen und
- der Gesamtbetrag der geschuldeten Ausgleichsabgabe.

Darüber hinaus muß der Arbeitgeber für jeden einzelnen Betrieb getrennt ein Verzeichnis der im Betrieb beschäftigten Schwerbehinderten, Gleichgestellten und sonst anrechnungsfähigen Personen führen. Das Verzeichnis muß er dem Arbeitsamt oder der Hauptfürsorgestelle auf Verlangen vorlegen. Mit der Anzeige ist jährlich das Verzeichnis in zwei Abschriften dem Arbeitsamt einzureichen.

Die Abschrift des Verzeichnisses der beschäftigten Schwerbehinderten und der Jahresanzeige muß dem Betriebsrat ausgehändigt werden.

3. Mitteilung über Auswirkungen geplanter Betriebsveränderungen und Massenentlassungsanzeige

6126

Führen Betriebsveränderungen zu einer größeren Zahl von Entlassungen oder von Umsetzungen auf geringer entlohnte Tätigkeiten, kann der regionale Arbeitsmarkt davon ganz erheblich betroffen werden. Damit das Arbeitsamt möglichst frühzeitig aktiv werden kann, muß es von bevorstehenden Betriebsveränderungen rechtzeitig unterrichtet werden. Deshalb ist der Arbeitgeber verpflichtet, erkennbare Betriebsveränderungen mit Auswirkung auf den Arbeitsmarkt anzuzeigen.

Diese Anzeigepflicht aufgrund des § 8 AFG steht in engem Zusammenhang mit der Anzeigepflicht bei Massenentlassungen (§ 17 KSchG) und den betriebsverfassungsrechtlichen Unterrichtungspflichten des Arbeitgebers gegenüber dem Betriebsrat.

Sobald für den Arbeitgeber erkennbar wird, daß Betriebsveränderungen z.B. aus technologischen oder strukturellen Gründen in den nächsten 12 Monaten mit hoher Wahrscheinlichkeit zu Entlassungen oder Umsetzungen auf geringer entlohnte Tätigkeiten führen werden, und zwar in größerer Anzahl, muß die Anzeige ohne schuldhaftes Zögern (unverzüglich) erfolgen. Es muß eine größere Anzahl von Entlassungen oder Umsetzungen zu erwarten sein. Welche Anzahl von Arbeitnehmern betroffen sein muß, hängt von der Betriebsgröße ab. Es gelten dieselben Grenzen wie bei der Massenentlassungsanzeige. In Betrieben mit in der Regel zwischen 21 und 29 Beschäftigten genügt die zu erwartende Entlassung oder Umsetzung von mindestens 6 Arbeitnehmern. Bei größeren Betrieben mit zwischen 60 und 499 Beschäftigten müssen 26 oder mehr Arbeitnehmer oder 10 v.H. der regelmäßig Beschäftigten betroffen sein und bei einer größeren Beschäftigtenzahl 30 und mehr Arbeitnehmer.

6127

In der Anzeige muß nur die Zahl der von Entlassung oder Umsetzung betroffenen Arbeitnehmer ohne namentliche Bezeichnung genannt werden. Soweit bereits möglich, sollte jedoch eine Liste der Betroffenen mit Namen, Alter, Beruf/Tätigkeit beigefügt werden, um dem Arbeitsamt mit Blick auf deren Vermittlung einen Überblick zu ermöglichen. Bei Schwerbehinderten muß angegeben werden, welche Schwerbehinderte betroffen sein werden und wie sich die Zahl der im Betrieb beschäftigten Schwerbehinderten verringert.

Der nach den Vorschriften des Betriebsverfassungsgesetzes von solchen Maßnahmen zu unterrichtende Betriebsrat muß vom Arbeitgeber auch über die Anzeige verständigt werden und seine Stellungnahme ist der Anzeige beizufügen. Wirksam erstattet ist die Anzeige aber auch ohne Beifügung der Stellungnahme des Betriebsrats.

Meldungen und Auskunftspflichten des Arbeitgebers

6128

Adressat der Anzeige ist der Präsident des Landesarbeitsamtes, das für den Sitz des Betriebes zuständig ist.

Die Einschaltung der höheren Instanz hat den Sinn, an überörtlicher Stelle zu prüfen, ob im Einzelfall das verständliche betriebliche Interesse an der Geheimhaltung der in den 12 Monaten zu erwartenden Betriebsentwicklung überwiegt oder das arbeitsmarktpolitische Interesse an frühzeitiger Einleitung von Maßnahmen durch das Arbeitsamt. Der Präsident des Landesarbeitsamtes leitet die Anzeige sodann an das für den Betrieb örtlich zuständige Arbeitsamt weiter.

Von der Anzeige in den nächsten 12 Monaten zu erwartender Betriebsveränderung ist die Massenentlassungsanzeige zu unterscheiden. Die eine ersetzt nicht die andere.

6129

Anzeigepflichtig sind Arbeitgeber mit Betrieben, in denen regelmäßig mindestens 21 Arbeitnehmer beschäftigt werden. Die Anzeige wird fällig, wenn innerhalb von 30 Tagen (einem Monat) eine größere Anzahl von Arbeitnehmern entlassen werden sollen, und zwar bei einer Betriebsgröße bis zu 59 Beschäftigten müssen 6, bei 60 bis zu 499 Arbeitnehmern müssen 26 und mehr oder 10 v.H. der regelmäßig Beschäftigten und bei 500 und mehr Arbeitnehmern müssen 30 und mehr Beschäftigte betroffen sein.

Der Massenentlassungsanzeige muß eine **Stellungnahme des Betriebsrates** beigefügt werden, anderenfalls ist sie unwirksam.

Für die Anzeige stehen Vordrucke der Arbeitsämter zur Verfügung. Anzugeben ist die Zahl der Beschäftigten des Betriebs, Zahl und Zeitpunkt der beabsichtigten Entlassung und ihre Gründe. Zweckmäßig ist die Aufschlüsselung nach den Arbeitnehmergruppen (Ungelernte, Facharbeiter, Angestellte).

Wird die Anzeige geplanter Betriebsveränderungen und/oder die Massenentlassungsanzeige nicht, nicht rechtzeitig oder nicht ordnungsgemäß vorgenommen, treffen den Arbeitgeber eine Reihe von Sanktionen.

6130

Anzeigepflichtige Massenentlassungen sind unwirksam, wenn die Massenentlassungsanzeige nicht erstattet worden ist. Freilich muß sich der betroffene Arbeitnehmer darauf berufen und die Unwirksamkeit etwa durch Klage zum Arbeitsgericht geltend machen. Im übrigen setzt die Massenentlassungsanzeige eine Sperrfrist von einem Monat in Lauf. Innerhalb dieser Monatsfrist ist eine Entlassung grundsätzlich unwirksam und bedarf zu ihrer Wirksamkeit der Zustimmung des Landesarbeitsamtes. Das Landesarbeitsamt kann die Sperrfrist im Einzelfall auf bis zu 2 Monate verlängern oder auch bis zum Tage der Antragstellung abkürzen. Bei seiner Entscheidung über eine etwaige Abkürzung berücksichtigt das Landesarbeitsamt, ob die Massenentlassung auf einer zu erwarten-

den Betriebsveränderung beruht und ob die dafür notwendige Anzeige rechtzeitig erstattet wurde oder aus welchen Gründen die Anzeige unterblieb.
Erst nach Ablauf der gegebenenfalls verkürzten Sperrfrist können Entlassungen wirksam vorgenommen werden.
Die Entscheidung über Verlängerung oder Abkürzung der Sperrfrist von grundsätzlich einem Monat trifft das Landesarbeitsamt durch einen besonderen Ausschuß; für Betriebe bis zu 500 Arbeitnehmern kann die Aufgabe einem Ausschuß bei dem örtlichen Arbeitsamt übertragen werden. Ob eine Kündigung den Vorschriften über die Massenentlassung unterfällt und deshalb womöglich wegen unterlassener Anzeige oder wegen Laufs der Sperrfrist unwirksam ist, wird im Kündigungsschutzprozeß vom Arbeitsgericht entschieden.

Will sich der Arbeitgeber hingegen gegen eine vom Landesarbeitsamt ausgesprochene Verlängerung der Kündigungssperrfrist auf 2 Monate wenden oder will er eine zunächst abgelehnte Verkürzung der Sperrfrist erreichen, so muß er gegen die Entscheidung des Landesarbeitsamtes Widerspruch einlegen und sodann Klage zum Sozialgericht erheben.

6131
Hat der Arbeitgeber die zu erwartende Betriebsveränderung nicht rechtzeitig angezeigt, so steht dem Arbeitsamt eine weitere Sanktion zur Verfügung. Das Arbeitsamt kann **von dem Arbeitgeber Ersatz der Kosten verlangen,** die es für die Umschulung der von Entlassung oder Umsetzung betroffenen Arbeitnehmer für die Dauer von sechs Monaten aufwenden muß. Für diesen Schadensersatzanspruch muß das Arbeitsamt allerdings beweisen, daß der Arbeitgeber die Anzeige vorsätzlich oder grob fahrlässig unterlassen hat. Dazu gehört der Nachweis, daß der Arbeitgeber bereits 12 Monate zuvor die Betriebsveränderung so deutlich erkannte oder nach den Umständen ohne weiteres erkennen mußte, daß ihm die Auswirkung auf die betrieblichen Arbeitsplätze klar war oder sich doch aufdrängen mußte.

6132
Im Zusammenhang mit den Anzeige - und Unterrichtungspflichten des Arbeitgebers bei betrieblichen Veränderungen empfiehlt sich folgendes Vorgehen:

- Unterrichtung des Betriebsrates nach den Vorschriften des Betriebsverfassungsgesetzes
- Anzeige der für die nächsten 12 Monate erkennbaren Betriebsveränderungen an den Präsidenten des Landesarbeitsamtes unter Beifügung einer Stellungnahme des Betriebsrates
- Weiterleitung der Anzeige an das örtliche Arbeitsamt durch den Präsidenten des Landesarbeitsamtes

Meldungen und Auskunftspflichten des Arbeitgebers

> - sofern erforderlich: Einschaltung des Präsidenten des Landesarbeitsamtes als Vermittler in das Einigungsverfahren nach dem Betriebsverfassungsgesetz
> - sodann schließlich Massenentlassungsanzeige an das Arbeitsamt.

4. Anzeigepflichten bei Arbeitskampf

6133

Im Arbeitskampf muß sich die Bundesanstalt für Arbeit mit ihren Arbeitsämtern neutral verhalten. Sie darf in den Arbeitskampf nicht durch Arbeitsvermittlung eingreifen und daran mitwirken, etwa durch Streik oder Aussperrung frei gewordene Arbeitsplätze zu besetzen. Nur wenn es Arbeitsuchender und Arbeitgeber trotz Hinweises auf den Arbeitskampf ausdrücklich verlangen, darf im von Streik und/oder Aussperrung unmittelbar betroffenen Bereich Arbeit vermittelt werden. Neutralität ist ebenso bei Gewährung von Leistungen zu wahren. Arbeitslosengeld oder Kurzarbeitergeld wird an von Streik oder Aussperrung Betroffene nicht gewährt.

Der notwendigen Unterrichtung des Arbeitsamtes von Ausbruch und Ende eines Arbeitskampfes dient die entsprechende Anzeigepflicht des Arbeitgebers.

Auch wenn die Arbeitsvermittlung während eines Arbeitskampfes in der Praxis nur eine geringe Rolle spielt, weil allenfalls befristete Tätigkeiten in die Nachfrage gelangen, besteht die Anzeigepflicht. Sie besteht unabhängig davon, ob der Arbeitskampf rechtmäßig ist oder nicht. Ändert sich der vom Arbeitskampf unmittelbar betroffene Bereich, z.B. durch Ausdehnung eines Streiks, ist eine weitere Anzeige als Änderungsmeldung fällig.

Die Anzeige ist schriftlich zu erstatten, und zwar vom Arbeitgeber. Neben ihm kann die Anzeige auch von einer Gewerkschaft erstattet werden, sie trifft aber keine Verpflichtung. Im Namen und in Vollmacht einzelner Arbeitgeber darf die Meldung auch vom Arbeitgeberverband erstattet werden, und zwar auch zusammengefaßt für mehrere Betriebe oder Unternehmen.

5. Anzeige bei Kurzarbeit

6134

Die Anzeige des Arbeitsausfalles ist zwingende Voraussetzung für die Gewährung von Kurzarbeitergeld (dazu Rz. 6306).

Anzeigepflichtig ist der Arbeitgeber, eine Stellungnahme des Betriebsrats muß beigefügt werden. Der Betriebsrat darf die Anzeige auch von sich aus erstatten, wenn es der Arbeitgeber unterläßt.

Die wirksame Anzeige muß schriftlich erstattet und vom Arbeitgeber oder einer vertretungsberechtigten Person unterschrieben sein. Übermittlung durch Fernkopierer (Telefax) ist zulässig, telefonische Anzeige genügt aber nicht. Die vom Arbeitsamt herausgegebenen Vordrucke sollen benutzt werden; sind aber nicht zwingend vorgeschrieben.

Die Anzeige wird an das für den Sitz des Betriebes örtlich zuständige Arbeitsamt gerichtet. Es genügt nicht, sie bei einer anderen Stelle oder einem anderen Arbeitsamt einzureichen.

In der Anzeige müssen folgende Angaben enthalten sein:
- Firma und Anschrift,
- Bezeichnung und Sitz des verkürzt arbeitenden Betriebsteiles,
- Beginn des Arbeitsausfalles,
- die betriebsübliche und die verkürzte Arbeitszeit,
- Anzahl der im Betrieb beschäftigten Arbeitnehmer insgesamt,
- Anzahl der von Kurzarbeit betroffenen Arbeitnehmer,
- Gründe für den Arbeitsausfall.

Vor allem die Gründe für den Arbeitsausfall müssen glaubhaft gemacht werden. Dazu gehört ihre Schilderung und Beifügung beweiskräftiger Belege.

Über einen Zeitraum von 6 Monaten hinaus wird Kurzarbeitergeld nur noch gewährt, wenn der Arbeitnehmer der Arbeitsvermittlung zur Verfügung steht und der Arbeitgeber mit der Aufnahme einer Beschäftigung bei einem anderen Arbeitgeber einverstanden ist. Deshalb muß der Arbeitgeber zum Ende einer **Bezugszeit von 6 Monaten** dem Arbeitsamt die Empfänger von Kurzarbeitergeld nach Namen, Anschrift, Alter und Beruf melden.

6135
Beruht der Arbeitsausfall auf den **Folgen eines Arbeitskampfes,** so darf Kurzarbeitergeld nur gewährt werden, wenn der Arbeitnehmer daran nicht unmittelbar beteiligt ist. In solchen Fällen ist besonders sorgfältig darzulegen und glaubhaft zu machen, daß der Arbeitsausfall als Auswirkung eines in anderen Bereichen geführten Arbeitskampfes unvermeidbar ist. Die Stellungnahme der sachkundigen Betriebsvertretung gewinnt hierbei erhebliche Bedeutung.

Der Betriebsrat hat deshalb hierzu einen eigenen Unterrichtungsanspruch gegen den Arbeitgeber, der sich auf § 75 Abs. 1 a AFG gründet.

Meldungen und Auskunftspflichten des Arbeitgebers

Auf die Anzeige hin prüft das Arbeitsamt, ob dem Grunde nach die Voraussetzungen für das Kurzarbeitergeld erfüllt sind und es erläßt einen entsprechenden Anerkennungs- oder Ablehnungsbescheid. Den Bescheid erhält, wer die Anzeige erstattet hat. War das der Betriebsrat und erhält er deshalb den Bescheid des Arbeitsamtes, geht an den Arbeitgeber eine Durchschrift.

Lehnt das Arbeitsamt auf die Anzeige hin die Anerkennung ab und ist der Arbeitgeber damit nicht einverstanden, muß er innerhalb der Frist von einem Monat seit Zustellung des Bescheides dagegen Widerspruch einlegen, und zwar beim Arbeitsamt. Bleibt der Widerspruch erfolglos, ist gegen den Widerspruchsbescheid innerhalb eines Monats nach Zustellung Klage zum Sozialgericht gegeben (näheres zum Verfahren bei Rz. 7528).

Hat der Betriebsrat die Anzeige erstattet und den Ablehnungsbescheid erhalten, kann er dagegen Widerspruch einlegen, bzw. Klage erheben.

6136

Für die Zahlung des Kurzarbeitergeldes ist außer der Anzeige des Arbeitsausfalles noch ein gesonderter **Leistungsantrag** erforderlich. Der Antrag muß **innerhalb von 3 Monaten** gestellt werden; die Frist beginnt mit Ablauf des Kalendermonats, in welchem die Tage liegen, für die Kurzarbeitergeld beantragt wird. Für Kurzarbeitstage im Monat Januar beginnt die Antragsfrist z.B. am 1. Februar und läuft am 30. April ab Verteilen sich die Tage der Kurzarbeit auf mehrere Monate, ist für den Fristbeginn der Ablauf des letzten betroffenen Kalendermonats maßgebend.

Die Frist muß unbedingt eingehalten werden. Weil der Poststempel des letzten Tages der Frist nicht ausreicht, muß die Postlaufzeit einkalkuliert werden. Der Antrag muß am letzten Tage der Frist beim Arbeitsamt eingegangen sein!

Geht der Leistungsantrag erst verspätet beim Arbeitsamt ein, darf Kurzarbeitergeld nicht mehr gewährt werden; die Ansprüche der Arbeitnehmer auf die Leistung gehen endgültig verloren. Der Arbeitgeber kann wegen der von ihm womöglich verschuldeten Verspätung von den Arbeitnehmern auf **Schadenersatz** in Anspruch genommen werden!
In dem Antrag (nicht schon in der Anzeige des Arbeitsausfalles) müssen die betroffenen Arbeitnehmer mit Namen, Anschrift und Versicherungsnummer genau bezeichnet werden.

6137

Anders als für den Leistungsantrag besteht für die Anzeige des Arbeitsausfalles keine bestimmte Frist. Für Tage vor Eingang der Anzeige des Arbeitsausfalles beim Arbeitsamt wird allerdings kein Kurzarbeitergeld gewährt. Eine nicht sogleich erstattete Anzeige verkürzt damit den Leistungsanspruch der betroffenen Arbeitnehmer, wofür der Arbeitgeber auf Schadenersatz haftet.

Sozialrecht

Hat das Arbeitsamt auf die Anzeige des Arbeitsausfalles hin die Anerkennung durch entsprechenden Bescheid abgelehnt und hat der Arbeitgeber (oder der Betriebsrat) dagegen Widerspruch beim Arbeitsamt eingelegt, läuft die Frist für den Leistungsantrag dennoch weiter! Der Leistungsantrag muß deshalb auch in solchem Falle rechtzeitig innerhalb der Frist von 3 Monaten gestellt werden. Freilich wird ihn das Arbeitsamt wegen seiner vorangegangenen Ablehnung der Gründe des Arbeitsausfalles ebenfalls ablehnen. Dieser ablehnende Leistungsbescheid wird sodann automatisch in das laufende Widerspruchs- oder Klageverfahren einbezogen und muß vom Arbeitgeber nicht noch gesondert angefochten werden.

6. Schlechtwetteranzeige im Baugewerbe

Ähnliches wie für das Kurzarbeitergeld gilt für das Schlechtwettergeld im Baugewerbe. Zunächst ist der witterungsbedingte Arbeitsausfall dem Arbeitsamt anzuzeigen, sodann folgt der Leistungsantrag. Schlechtwettergeld soll nach der jüngsten Gesetzesänderung ab 1996 nicht mehr gewährt werden.

Anzeigepflichtig ist der Arbeitgeber. Der Betriebsrat darf die Anzeige ebenfalls erstatten.

Achtung:
Adressat der Anzeige ist ausschließlich das Arbeitsamt, in dessen Bezirk die betroffene Baustelle liegt. Sind mehrere Baustellen in unterschiedlichen Arbeitsamtsbezirken betroffen, müssen mehrere Anzeigen jeweils an die einzelnen Arbeitsämter erstattet werden. Die Anzeige muß schriftlich erstattet werden, telefonische Anzeige genügt nicht. Übermittlung durch Fernkopierer (Telefax) ist zulässig.

In der Anzeige müssen angegeben werden:

- der Ort der Baustelle (Adresse) und die Art der Arbeiten,

- Tag und Grund des Arbeitsausfalles,

- Anzahl der betroffenen Bauarbeiter,

- Sitz der Lohnstelle des Betriebes,

- die auf der Baustelle getroffenen Wetterschutzvorkehrungen.

Früher mußte witterungsbedingter Arbeitsausfall dem Arbeitsamt täglich angezeigt werden. Das gilt heute nicht mehr. Heute ist der Arbeitsausfall einer Kalenderwoche als Sammelanzeige bis zum 3. Tag der Folgewoche (Mittwoch) zu melden; die Anzeige muß zu diesem Zeitpunkt beim für die betroffene Baustelle örtlich zuständigen Arbeitsamt eingehen; die Aufgabe zur Post und der Poststempel des letzten Tages der Frist genügen nicht.

Meldungen und Auskunftspflichten des Arbeitgebers

Die Postlaufzeit muß, wenn die Anzeige per Post übermittelt wird, deshalb einkalkuliert werden. Der Anzeigende darf sich auf die gewöhnliche Postlaufzeit verlassen. Führen außergewöhnliche und nicht vorhersehbare Verzögerungen bei der Post zu einem verspäteten Eingang, gereicht das dem Anzeigenden nicht zum Verschulden. Er kann Wiedereinsetzung in den vorigen Stand wegen des Fristversäumnisses verlangen (näheres zum Verfahren bei Rz. 7520).

6139

Unvollständige Angaben in der Anzeige oder Fehler können nachträglich korrigiert werden, z.B. eine fehlerhafte Angabe der Baustelle oder der Ausfallwoche infolge Verwechslung oder Schreibfehlers. Korrektur ist aber nur dann erlaubt, wenn die besondere Beweisfunktion der Anzeige nicht berührt wird. Die Anzeige soll es dem Arbeitsamt schließlich ermöglichen, umgehend prüfen zu können, ob der Arbeitsausfall auf der Baustelle tatsächlich witterungsbedingt ist.

Anders als beim Kurzarbeitergeld erläßt das Arbeitsamt beim Schlechtwettergeld von sich aus keinen gesonderten Bescheid über Anerkennung oder Ablehnung dem Grunde nach. Solcher Bescheid ergeht nur, wenn es der Arbeitgeber verlangt. Lehnt das Arbeitsamt in dem Bescheid die Anerkennung dem Grunde nach ab, ist dagegen Widerspruch und nach erfolglosem Widerspruchsverfahren Klage zum Sozialgericht gegeben (wie bei der Kurzarbeitsanzeige, dazu oben Rz. 6138).

7. Auskunftspflicht bei Konkursausfallgeld

6140

Für die Gewährung und Berechnung des Konkursausfallgeldes an die vom Konkurs des Arbeitgebers betroffenen Arbeitnehmer ist das Arbeitsamt auf die erforderlichen Informationen vor allem wegen des Umfangs der Lohnrückstände angewiesen. Deshalb sind alle Personen, die bei Feststellung der maßgeblichen Tatsachen behilflich sein können, zur Auskunft verpflichtet.

Die Auskunftspflicht trifft den Arbeitgeber (Gemeinschuldner), den Konkursverwalter, die Arbeitnehmer selbst und sämtliche Personen, die Einblick in die Lohnunterlagen hatten, also z.B. auch die Mitarbeiter oder ehemaligen Mitarbeiter im Lohnbüro.

Dem Arbeitsamt ist über alle maßgeblichen Tatsachen Auskunft zu geben. Dazu gehört auch die Vorlage von Lohnunterlagen zur Einsicht. Die Auskunft kann das Arbeitsamt im Vollstreckungswege mit Zwangsmitteln durchsetzen. Ein Verstoß gegen die Auskunftspflicht ist im übrigen als Ordnungswidrigkeit mit Geldbuße bedroht.

Sozialrecht

Bei fehlender, fehlerhafter oder unvollständiger Auskunft haftet der Pflichtige der Bundesanstalt für Arbeit daneben auf Ersatz des dadurch herbeigeführten Schadens.

8. Beschäftigungs- und Verdienstbescheinigungen für Sozialleistungsbezieher

a) Bescheinigung über Nebeneinkünfte

6141

Ein Arbeitsloser darf ohne Gefahr für seinen Anspruch auf Arbeitslosengeld oder Arbeitslosenhilfe daneben eine kurzzeitige Beschäftigung (bis zu 18 Wochenstunden) ausüben. Solche kurzzeitige Beschäftigung läßt den Anspruch auf die Sozialleistung bestehen; freilich wird Einkommen aus solcher Beschäftigung in bestimmtem Umfang auf die Sozialleistung angerechnet. Dasselbe gilt, wenn andere Leistungen des Arbeitsamtes bezogen werden, z.B. Kurzarbeiter- oder Schlechtwettergeld, Unterhalts- oder Übergangsgeld.

Um die möglichen Folgen von Nebeneinkünften für den Sozialleistungsanspruch prüfen und die Anrechnung ordnungsgemäß vornehmen zu können, benötigt das Arbeitsamt Kenntnis davon sowie die erforderlichen Unterlagen. Der Arbeitgeber ist deshalb verpflichtet, dem Beschäftigten Art und Dauer der Beschäftigung und die Höhe des Arbeitsentgelts für den Zeitraum zu bescheinigen, für den der Arbeitnehmer eine laufende Sozialleistung der beschriebenen Art beantragt hat oder bezieht.

Sobald der Arbeitnehmer oder das Arbeitsamt beim Arbeitgeber um die Bescheinigung nachsucht, entsteht für ihn die Auskunfts- und Bescheinigungspflicht.

Für die Bescheinigung ist ein besonderer **Vordruck des Arbeitsamtes** vorgesehen. Den Vordruck braucht sich der Arbeitgeber nicht selbst zu beschaffen. Fordert das Arbeitsamt die Bescheinigung, wird es den Vordruck zur Ausfüllung mitschicken. Andernfalls ist es Sache des Arbeitnehmers, dem Arbeitgeber den Vordruck zum Ausfüllen vorzulegen. Empfänger der Bescheinigung ist der Arbeitnehmer; er hat sie sodann beim Arbeitsamt einzureichen.

Es ist im übrigen nicht von Bedeutung, ob der Betroffene als Arbeitnehmer beschäftigt wird oder rechtlich als Selbständiger tätig wird (z.B. als freier Mitarbeiter). Es kommt nur darauf an, ob ihm Entgelt gewährt wird. Deshalb ist solche Bescheinigung **auch für freie Mitarbeiter** auszustellen.

Zuwiderhandlungen gegen die Auskunfts- und Bescheinigungspflicht sind ordnungswidrig und werden mit Geldbuße geahndet. Daneben haftet der Arbeitgeber dem Arbeitsamt auf Ersatz des Schadens, der durch Nichterteilung oder Falscherteilung der Bescheinigung entsteht.

Meldungen und Auskunftspflichten des Arbeitgebers

b) Entgeltbescheinigung zugunsten Dritter

6142

Vor allem für die Gewährung von Arbeitslosenhilfe kommt es nicht nur darauf an, welche Einkünfte der Anspruchsteller selbst bezieht und über welches Vermögen er verfügt; wichtig sind ebenso die Einkünfte dritter Personen, die dem Anspruchsteller Unterhalt gewähren oder zum Unterhalt verpflichtet sind. Das Arbeitsamt muß deshalb auch die Einkommensverhältnisse dieser Personen prüfen und feststellen. Sie sind dem Arbeitsamt zu diesem Zweck zur Auskunft verpflichtet.

Zur Auskunft verpflichtet ist aber ebenso der Arbeitgeber, bei dem ein solcher Angehöriger des Anspruchstellers beschäftigt ist. Das Arbeitsamt soll auf diesem Wege unmittelbar beim Arbeitgeber des auskunftspflichtigen Angehörigen Ermittlungen anstellen können.

Betroffen sind nur **nahe Angehörige des Anspruchstellers.** Dazu gehören der Ehegatte, seine Kinder und Eltern (nicht: Geschwister) und der Partner einer eheähnlichen Gemeinschaft.

Verlangt das Arbeitsamt in bezug auf einen Arbeitnehmer Auskunft über Art und Umfang der Beschäftigung sowie das Arbeitsentgelt, so ist der Arbeitgeber zur Auskunft verpflichtet.

Der Arbeitgeber wird die verwandtschaftlichen und unterhaltsrechtlichen Beziehungen seines Arbeitnehmers in aller Regel nicht kennen; ihm ist allenfalls bekannt, ob der Arbeitnehmer verheiratet ist. Damit sie der Arbeitgeber erkennen kann, wird das Arbeitsamt die näheren Umstände zur Begründung seines Auskunftsersuchens darlegen. Der Arbeitgeber braucht sie nicht nachzuprüfen.

6143

Zur wirksamen Bekämpfung von Leistungsmißbrauch und von illegaler Beschäftigung sind die Arbeitsämter und zu ihrer Unterstützung die Hauptzollämter befugt, **Außenprüfungen in Betrieben** vorzunehmen, um festzustellen ob

- der Arbeitgeber für den Bezug von Arbeitslosengeld oder -hilfe oder anderer Sozialleistungen notwendige Angaben z.B. in einer Arbeitsbescheinigung zutreffend bescheinigt hat;
- Leistungen des Arbeitsamtes zu Unrecht bezogen werden oder wurden oder
- ausländische Arbeitnehmer über die notwendige Arbeitserlaubnis verfügen und ob sie nicht zu ungünstigeren Bedingungen als deutsche Arbeitnehmer beschäftigt werden oder wurden.

Bei solcher Außenprüfung dürfen die Personalien sämtlicher in den Geschäftsräumen oder auf dem Betriebsgrundstück des Arbeitgebers tätigen Personen überprüft werden und die angetroffenen Personen sind auskunftspflichtig. Der Arbeitgeber ist verpflichtet, auf Verlangen die einschlägigen Geschäftsunterlagen vorzulegen.

43. Kapitel: Ergänzende Sozialleistungen im laufenden Beschäftigungsverhältnis

I. Leistungen bei Krankheit und Mutterschaft	6300
1. Leistungen bei Krankheit, insbesondere Krankengeld	6300
2. Leistungen Mutterschaft	6302
II. Leistungen bei Kindererziehung	6303
III. Leistungen bei Kurzarbeit	6304
1. Allgemeines	6304
2. Dauer und Höhe des Kurzarbeitergeldes	6305
3. Arbeitgeberpflichten	6312
IV. Leistungen bei Insolvenz (Konkursausfallgeld)	6317
V. Leistungen bei Schlechtwetter	6319
VI. Arbeitsbeschaffungsmaßnahmen	6321
VII. Hinzuverdienstgrenzen bei Rentenbeziehern (Teilrenten)	6324
VIII. Weiterführende Literaturhinweise	6328

I. Leistungen bei Krankheit und Mutterschaft

1. Leistungen bei Krankheit, insbesondere Krankengeld

6300

Bei **Krankheit** eines Arbeitnehmers, der Mitglied einer gesetzlichen Krankenkasse ist, kommen zwei verschiedene Arten von Leistungsansprüchen aus der gesetzlichen Krankenversicherung in Betracht. Es handelt sich um

- die sog. **Krankenbehandlung**, die aus verschiedenen Dienst- und Sachleistungen besteht (z.B. ärztliche Behandlung, Krankenbehandlung und Versorgung mit Arznei- und Hilfsmitteln) und

- das **Krankengeld**.

6301

Ein direkter **Bezug zum Arbeitsverhältnis** besteht nur beim Krankengeld. Das Krankengeld beginnt an dem Tag, welcher dem Tag der ärztlichen Feststellung der Arbeitsunfähigkeit folgt. Da aber eine vom Arbeitgeber geleistete **Entgeltfortzahlung dem Krankengeld vorgeht**, setzt das Krankengeld regelmäßig erst nach Ablauf der 6 Wochen ein, für die den Arbeitgeber eine Pflicht zur Entgeltfortzahlung trifft (zur Lohnfortzahlungsversicherung für Kleinbetriebe vgl. Rz. 5658 ff.).

Kommt der Arbeitgeber seiner Verpflichtung zur Entgeltfortzahlung nicht nach, so setzt das Krankengeld sofort (nach dem Tage der ärztlichen Feststellung der Arbeitsunfähigkeit) ein. Der Entgeltfortzahlungsanspruch geht dann auf die Kasse über, so daß diese beim Arbeitgeber Rückgriff nehmen kann.

Der Anspruch auf Krankengeld besteht **längstens für 78 Wochen** (nach dem Ablauf von weiteren 78 Wochen kann der Anspruch unter engen Voraussetzungen wieder aufleben). Während der Dauer des Krankengeldanspruchs besteht die Mitgliedschaft in der gesetzlichen Krankenversicherung fort, die in diesem Falle beitragsfrei ist. Trat die das Krankengeld auslösende Arbeitsunfähigkeit vor Beendigung des Arbeitsverhältnisses ein, so ist die Beendigung ohne Einfluß auf die Dauer des Krankengeldanspruchs.

Zur **Renten-, Pflege- und Arbeitslosenversicherung** besteht eine Versicherungs- und Beitragspflicht, jedoch muß sich der **Arbeitgeber nicht an der Beitragstragung beteiligen** (an der jeweils zur Hälfte die Kasse und der Krankengeldbezieher teilnehmen). Zuschüsse des Arbeitgebers zum Krankengeld sowie vermögenswirksame Leistungen bleiben während der Zeit des Krankengeldbezuges beitragsfrei.

Das **Krankengeld** beläuft sich auf **80% des letzten Bruttoarbeitsentgelts**, darf aber den **Betrag des letzten Nettoentgelts nicht übersteigen**. Aus der Sicht des Arbeitnehmers folgt eine Schmälerung der so berechneten Krankengeldhöhe daraus, daß noch der (halbe) Beitrag zur Renten- und Arbeitslosenversicherung abzuziehen ist.

Das letzte **Bruttoentgelt**, das von grundlegender Bedeutung für die Krankengeldberechnung ist, besteht aus dem sog. **Regelentgelt**, d.h., aus dem zuletzt regelmäßig erzielten Arbeitsentgelt, soweit es der Beitragsberechnung unterliegt (zum sozialversicherungspflichtigen Arbeitsentgelt vgl. Rz. 5602 ff.). Für die Berechnung des Regelentgelts ist das im letzten vor Beginn der Arbeitsunfähigkeit abgerechneten Entgeltabrechnungszeitraum erzielte Bruttoentgelt heranzuziehen. Dabei ist (anders als bei der Berechnung der Beiträge zur Sozialversicherung) einmalig gezahltes Arbeitsentgelt nicht zu berücksichtigen.

2. Leistungen bei Mutterschaft

6302

Während der **Schutzfristen** (also für die **6 Wochen vor** der mutmaßlichen **Entbindung** und regelmäßig für **8 Wochen nach der Entbindung**) erhält die gesetzlich krankenversicherte Arbeitnehmerin von der Kasse ein Mutterschaftsgeld. Die Höhe des Mutterschaftsgeldes richtet sich nach dem durchschnittlichen Nettoentgelt der letzten drei Kalendermonate vor dem Beginn der Schutzfristen, jedoch darf das Mutterschaftsgeld einen Betrag von 25,- DM täglich nicht übersteigen.

Wichtig ist, daß der Arbeitgeber einen **Zuschuß zum Mutterschaftsgeld** zahlen muß, falls das **tatsächliche Arbeitsentgelt** der Arbeitnehmerin höher lag als das (auf 25 DM pro Tag begrenzte) Mutterschaftsgeld. Der Arbeitgeberzuschuß geht dann auf die Differenz zwischen dem Mutterschaftsgeld und dem Nettolohn. Kleinbetriebe sind in eine besondere (durch eine Umlage unter den beteiligten Arbeitgebern finanzierte) Versicherung einbezogen, aus der die Aufwendungen für den Arbeitgeberzuschuß erstattet werden (vgl. Rz. 5666). Der Zuschuß unterliegt nicht der Beitragspflicht zur Sozialversicherung.

Bestehen infolge der Schwangerschaft bzw. Mutterschaft der Arbeitnehmerin gesetzliche Beschäftigungsbeschränkungen oder Beschäftigungsverbote (außerhalb der normalen Mutterschutzfristen), so trifft den Arbeitgeber für diese Zeiträume eine **Verpflichtung zur Entgeltfortzahlung**. Die dadurch einem Kleinbetrieb entstehenden Aufwendungen werden ebenfalls aus der erwähnten Versicherung erstattet.

II. Leistungen bei Kindererziehung

6303

Als staatliche Leistung bei Kindererziehung wird für erziehende Elternteile ein Erziehungsgeld nach dem **Bundeserziehungsgeldgesetz** gewährt. Anspruchsberechtigt sind nicht nur Mütter, sondern auch erziehende Väter. Die Anspruchsberechtigung besteht unabhängig davon, ob der erziehende Elternteil vor der Kindesgeburt als Arbeitnehmer tätig war.

Die **Dauer des Erziehungsgeldes** beläuft sich auf **24 Monate**. Neben dem Erziehungsgeldbezug ist eine Teilzeitbeschäftigung zulässig (d.h., die Beschäftigung beseitigt nicht den Anspruch auf das Erziehungsgeld), falls sie für nicht mehr als 19 Wochenstunden ausgeübt wird. Die Höhe des Erziehungsgeldes beträgt 600,- DM monatlich, jedoch findet ggf. eine Einkommensanrechnung statt.

Für den Arbeitgeber von wesentlich größerer Bedeutung ist der Anspruch des erziehenden Elternteils auf den **Erziehungsurlaub**, der ebenfalls im Bundeserziehungsgeldgesetz geregelt ist. Die Dauer des Erziehungsurlaubs beläuft sich auf drei Jahre, wobei zwischen Vater und Mutter ein dreimaliger Wechsel der Anspruchsberechtigung möglich ist.

Die wichtigste Konsequenz aus der Inanspruchnahme eines Erziehungsurlaubs durch den Arbeitnehmer ist ein **gesetzliches Verbot der Arbeitgeberkündigung**. Außerdem gibt es im Zusammenhang mit dem Erziehungsurlaub Sonderregelungen zum Erholungsurlaub und zum Abschluß von befristeten Arbeits-

Sozialrecht

verträgen mit Erziehungsurlaubsvertretungen. Zur Frage der Kürzung von betrieblichen Sonderzuwendungen (z.B. Weihnachtsgratifikationen) aus Anlaß eines Erziehungsurlaubs gibt es eine differenzierte Rechtsprechung des Bundesarbeitsgerichts *(zuletzt 06.09.1994, 9 AZR 98/93)*.

III. Leistungen bei Kurzarbeit (Kurzarbeitergeld)

1. Allgemeines

6304

Das Arbeitsamt gewährt nach den gesetzlichen Bestimmungen (§§ 63 ff. AFG) ein **Kurzarbeitergeld**. Diese Leistung wird unter der allgemeinen Voraussetzung gewährt, daß bei einem vorübergehenden Arbeitsausfall zu erwarten ist, daß die Arbeitsplätze im Betrieb oder in einer Betriebsabteilung erhalten bleiben. Neben der Arbeitsplatzerhaltung wird mit dem Kurzarbeitergeld auch das Ziel verfolgt, den Lohnausfall teilweise auszugleichen, der beim Arbeitnehmer aufgrund der Kurzarbeit eintritt.

Das Kurzarbeitergeld ist vom Arbeitgeber zu berechnen und auszuzahlen. Deshalb soll nachfolgend auf zwei Gesichtspunkte näher eingegangen werden, nämlich auf die Dauer und Höhe des Kurzarbeitergeldes (unten zu 2.) sowie auf die mit der Zahlung des Kurzarbeitergeldes zusammenhängenden Arbeitgeberpflichten (unten zu 3.).

2. Dauer und Höhe des Kurzarbeitergeldes

6305

Das Kurzarbeitergeld beginnt mit dem Tag, an dem alle Anspruchsvoraussetzungen erfüllt sind. Nach der gesetzlichen Grundsatzregelung kann das Kurzarbeitergeld bis zum Ablauf von 6 Monaten seit dem Tag gewährt werden, für den erstmals Kurzarbeitergeld gewährt worden ist (§ 67 Abs. 1 AFG). Der Bundesarbeitsminister hat jedoch von der Möglichkeit Gebrauch gemacht, die sechsmonatige Höchstbezugsdauer durch Rechtsverordnung zu verlängern (§ 67 Abs. 2 AFG).

Nach derzeitiger Rechtslage (Verordnung vom 01.12.1994) gilt folgendes: Das strukturelle Kurzarbeitergeld (§§ 63 Abs. 4, 67 Abs. 2 Nr. 3 AFG) wird für höchstens 24 Monate gewährt, und zwar bis zum 31.12.1997. Das konjunkturelle Kurzarbeitergeld (§§ 63 Abs. 1, 67 Abs. 2 Nr. 1 und 2 AFG) wird in der Zeit bis zum 30.06.1995 für 24 Monate, in der anschließenden Zeit bis zum 31.12.1995 für 18 Monate und in der weiteren Zeit bis zum 30.06.1996 für 12 Monate gewährt. Für die Zeit ab dem 01.07.1996 ist beim konjunkturellen Kurzarbeitergeld das Eingreifen der gesetzlichen Regelbezugsdauer von 6 Monaten vorgesehen.

Ergänzende Sozialleistungen im laufenden Beschäftigungsverhältnis

Eine kurzarbeitsfreie Zeit von mindestens einem Monat innerhalb der Bezugsfrist verlängert diese entsprechend (§ 67 Abs. 1 S. 2 AFG). Eine neue Bezugsfrist kann erst 3 Monate nach Ablauf der letzten Bezugsfrist beginnen (§ 67 Abs. 3 AFG).

Wird in einem Betrieb das Kurzarbeitergeld über 6 Monate hinaus gewährt, so fordert das Gesetz, daß der Kurzarbeitergeldbezieher der Arbeitsvermittlung zur Verfügung steht und der Arbeitgeber mit der Aufnahme einer Beschäftigung bei einem anderen Arbeitgeber einverstanden ist (§ 67 Abs. 4 S. 1 AFG).

6306

Kurzarbeitergeld wird u.a. **nicht gewährt** für Zeiten,

- in denen aus anderen als kurzarbeitsbedingten Gründen die Arbeit ausfällt (z.B. gesetzliche Feiertage, bezahlte oder unbezahlte Urlaubstage),

- in denen eine weitere Beschäftigung ausgeübt wird, die über 17 Wochenstunden liegt (weitere, nicht nur kurzzeitige Beschäftigung).

6307

Außer in den Fällen der Ausschöpfung der Höchstbezugsfrist endet das Kurzarbeitergeld insbesondere dann, wenn die **betrieblichen oder persönlichen Voraussetzungen** des Kurzarbeitergeldanspruchs **wegfallen**.

Zu den **betrieblichen Voraussetzungen** des Kurzarbeitergeldes gehört es zunächst, daß der betriebliche Arbeitsausfall auf wirtschaftlichen Ursachen oder auf einem unabwendbaren Ereignis beruht. Ferner ist zu fordern, daß der Arbeitsausfall unvermeidbar ist. Außerdem müssen bezüglich des Umfangs des Arbeitsausfalls bestimmte Mindesterfordernisse erfüllt sein: In einem zusammenhängenden Zeitraum von mindestens 4 Wochen muß für mindestens ein Drittel der tatsächlich im Betrieb beschäftigten Arbeitnehmer jeweils ein Arbeitsausfall von mehr als 10% der Arbeitszeit eintreten.

Zur Erfüllung der **persönlichen Voraussetzungen** für den Anspruch auf Kurzarbeitergeld ist erforderlich, daß der von Kurzarbeit betroffene Arbeitnehmer

- nach Beginn des Arbeitsausfalls eine arbeitslosenversicherungspflichtige Beschäftigung ungekündigt fortsetzt (oder aus zwingenden Gründen aufnimmt) sowie

- infolge des Arbeitsausfalls ein vermindertes Arbeitsentgelt bezieht.

6308

Ist die endgültige Stillegung des Betriebs beabsichtigt oder ist eine Erhaltung der betrieblichen Arbeitsplätze nicht mehr zu erwarten, so entfällt der Anspruch auf Kurzarbeitergeld, so daß das Arbeitsamt den Anerkennungsbescheid aufzuheben hat *(BSG 25.4.1990 und 25.4.1991, Entscheidungssammlung Sozialrecht [3], 4100 §§ 63 Nr. 1 und 2).*

6309
Die **Höhe des Kurzarbeitergeldes (§ 68 AFG)** beläuft sich seit dem 1.1.1994 auf

- **67% des ausgefallenen Nettoarbeitsentgelts** für Arbeitnehmer **mit mindestens einem Kind** und
- **60 % des ausgefallenen Nettoarbeitsentgelts** für Arbeitnehmer **ohne Kind**.

Zur Ableitung des Nettoentgelts aus dem Bruttoarbeitsentgelt ist auf die für das jeweilige Kalenderjahr maßgebliche Leistungstabelle zurückzugreifen, die an die Lohnsteuerklasse (Leistungsgruppe) des Arbeitnehmers anknüpft. Es handelt sich um die tabellarischen Anlagen 4a bzw. 4b der für das jeweilige Kalenderjahr geltenden AFG- Leistungsverordnung.

Das für die Berechnung des Kurzarbeitergeldes **maßgebliche Bruttoarbeitsentgelt** richtet sich nach

- dem **Stundenlohn,** den der Arbeitnehmer ohne den Arbeitsausfall gehabt hätte und
- der Zahl der durch Kurzarbeit **ausgefallenen Arbeitsstunden**,

wobei einmalige Zahlungen, Mehrarbeitszuschläge und steuer- und sozialversicherungsrechtliche Zuschläge außer Betracht bleiben.

Wird das Bruttoentgelt monatlich gezahlt, so ist der Stundenlohn nach folgender Formel zu ermitteln:

$$\frac{\text{Monatsgehalt X 3}}{\text{Wö. AZeit (Std.) X 13}}$$

Der Arbeitszeitausfall wird nur bis zur regelmäßigen betriebsüblichen Wochenarbeitszeit berücksichtigt, höchstens jedoch bis zur tariflichen Wochenarbeitszeit; von dieser tariflichen Wochenarbeitszeit sind Zeiten abzuziehen, für die Anspruch auf Arbeitsentgelt besteht (§§ 65 Abs. 2a, 69 AFG).

Beispiel:
Tarifliche Höchstarbeitszeit im Abrechnungszeitraum von 4 Wochen: *160 Stunden*
Arbeitsentgelt wurde gezahlt für   *145 Stunden*
Kurzarbeit wurde geleistet für   *25 Stunden*
Ergebnis: Kurzarbeitergeld ist zu leisten für den Ausfall von 15 Stunden.

Ergänzende Sozialleistungen im laufenden Beschäftigungsverhältnis

6311

Ist ein Arbeitnehmer vor Beginn der Kurzarbeit **arbeitsunfähig** geworden, so gilt: An die Stelle des Kurzarbeitergeldes tritt ein Anspruch auf Krankengeld in Höhe des Kurzarbeitergeldes, solange ein Anspruch auf Lohnfortzahlung gegeben ist (§ 164 Abs. 2 AFG).

Auf das Kurzarbeitergeld wird ein Einkommen zur Hälfte (nach Abzug von Steuern und Sozialversicherungsbeiträgen) **angerechnet**, das der Arbeitnehmer an Ausfalltagen aufgrund einer anderen Beschäftigung oder einer selbständigen Tätigkeit erzielt (§ 68 Abs. 5 AFG).

Das Kurzarbeitergeld wird trotz bestehenden Anspruchs **nicht ausgezahlt** (sog. Ruhen nach § 70 AFG)

- bei Arbeitskämpfen,
- beim Zusammentreffen mit anderen Lohnersatzleistungen (z.B. Unterhaltsgeld, Krankengeld oder Erwerbsunfähigkeitsrente,
- bei Verletzung vom Meldepflichten durch den Kurzarbeitergeldbezieher (vgl. § 5 der Kurzarbeitergeld-Anordnung des Verwaltungsrats der Bundesanstalt für Arbeit vom 30.6.1971).

3. Arbeitgeberpflichten

6312

Die Kurzarbeit muß dem Arbeitsamt vom Arbeitgeber (oder Betriebsrat) **angezeigt werden**, um einen Anspruch auf Kurzarbeitergeld auslösen zu können (vgl. § 64 Abs. 1 Nr. 4 AFG). Erstattet der Arbeitgeber die Anzeige, so ist eine **Stellungnahme des Betriebsrats** beizufügen (§ 72 Abs. 1 AFG). Die Anzeige muß den kurzarbeitenden Betrieb bzw. Betriebsteil bezeichnen sowie eine Mitteilung über Beginn, Ende, Umfang und Gründe des Arbeitsausfalls enthalten (so § 1 der Kurzarbeitergeld-Anordnung vom 30.6.1971). Mit der Anzeige sind die Voraussetzungen für die Notwendigkeit von Kurzarbeit glaubhaft zu machen.

Die Anzeige muß **schriftlich** bei dem Arbeitsamt angezeigt werden, in dessen Bezirk der Betrieb oder Betriebsteil liegt. Vor Eingang der Anzeige beim Arbeitsamt kann der Anspruch auf Kurzarbeitergeld nicht einsetzen (§ 66 AFG). Verzögerungen im Postverkehr hat der Arbeitgeber zu vertreten. Beruht der Arbeitsausfall auf einem unabwendbaren Ereignis, so wird Kurzarbeitergeld frühestens vom ersten Tage dieses Ereignisses an gewährt, wenn danach die Anzeige unverzüglich erstattet worden ist.

Liegt der letzte Tag, für den Kurzarbeitergeld gezahlt worden ist, länger als **3 Monate** zurück, muß die Anzeige bei erneuter Kurzarbeit erneut vorgenommen werden. Bei Ablauf der ersten **6 Monate** des Kurzarbeitergeldbezuges hat der Arbeitgeber dem Arbeitsamt den Bezieher zu melden, und zwar mit Namen, Anschrift, Alter und Beruf.

6313
Das Arbeitsamt muß dem Anzeigenden unverzüglich einen **schriftlichen Bescheid** darüber erteilen, ob die betrieblichen Voraussetzungen für das Kurzarbeitergeld anerkannt werden. Dieser Anerkennungsbescheid bezieht sich nicht auf den Leistungsanspruch des einzelnen Arbeitnehmers.

Lehnt das Arbeitsamt die Anerkennung ab, so kann der Arbeitgeber dagegen mit einem **Widerspruch beim Arbeitsamt** vorgehen; dasselbe gilt für die Leistungsablehnung in einem späteren Leistungsverfahren. Beim erfolglosem Widerspruch kann der Arbeitgeber Klage vor dem Sozialgericht erheben (zu den Klagearten im Anerkennungs- bzw. Leistungsverfahren vgl. *BSG 15.02.1990, NZA 1990, 705*).

6314
Unabhängig von der Anzeige muß das Kurzarbeitergeld bei dem Arbeitsamt beantragt werden, in dessen **Bezirk die für den Betrieb zuständige Lohnstelle** liegt (§ 72 Abs. 2 AFG). Ebenso wie hinsichtlich der Anzeige gilt auch hier, daß neben dem Arbeitgeber auch der **Betriebsrat antragsberechtigt** ist. Dagegen ist der **einzelne Arbeitnehmer nicht zur Antragstellung berechtigt**.

Der Arbeitnehmer hat jedoch einen Anspruch darauf, daß der Arbeitgeber den Antrag auf Kurzarbeitergeld beim Arbeitsamt stellt. Unterbleibt die Antragstellung infolge schuldhaften Verhaltens des Arbeitgebers, so führt dies zu einem **Schadensersatzanspruch des Arbeitnehmers**. Im übrigen kann den Arbeitgeber eine Erstattungspflicht gegenüber dem Arbeitsamt für den Fall treffen, daß Kurzarbeitergeld zu Unrecht geleistet wurde. Für die Gewährung von Kurzarbeitergeld bei einem Arbeitskampf gelten besondere Bestimmungen, die ebenfalls zu einem Rückerstattungsanspruch gegenüber dem Arbeitsamt führen können (§ 72 Abs. 1a AFG in Verbindung mit dem *Runderlaß 16/87 der Bundesanstalt für Arbeit vom 03.04.1987, NZA 1987, 304*).

Für die wirksame Antragstellung gelten nicht die strengen Form- und Zuständigkeitsvorschriften wie bei der Anzeige. Der Antrag muß innerhalb einer **Ausschlußfrist von 3 Monaten** gestellt werden. Fristbeginn ist der erste Tag, für den das Kurzarbeitergeld beantragt wird. Mit dem Antrag sind die Namen, Anschriften und Sozialversicherungsnummern der Arbeitnehmer mitzuteilen, für die Kurzarbeitergeld beantragt wird.

Ergänzende Sozialleistungen im laufenden Beschäftigungsverhältnis

6315

Der Arbeitgeber ist dazu verpflichtet, das Kurzarbeitergeld kostenlos zu berechnen und auszuzahlen (§ 72 Abs. 3 AFG, zur Dauer und Höhe des Kurzarbeitergeldes vgl. oben zu 2.). Dieser Berechnung hat der Arbeitgeber die Eintragungen auf der Lohnsteuerkarte sowie ggf. eine Bestätigung des Arbeitsamtes über ein den höheren Leistungssatz (67%) begründendes Kind zugrundezulegen.

Das Kurzarbeitergeld wird **nachträglich** für den Zeitraum ausgezahlt, für den es beantragt worden ist. Der Arbeitgeber muß vom Arbeitsamt empfangene Beträge unverzüglich an kurzarbeitergeldberechtigten Arbeitnehmer weiterleiten. Er ist aber nicht dazu verpflichtet, das Kurzarbeitergeld vorzustrecken.

Bei der Abrechnung mit dem Arbeitsamt hat der Arbeitgeber die Voraussetzungen für die Gewährung von Kurzarbeitergeld nachzuweisen, was in der Regel durch geeignete Personal- und Lohnunterlagen geschieht.

6316

Der frühere Zuschuß der Bundesanstalt für Arbeit zu den Arbeitgeberaufwendungen für die Rentenversicherung von Kurzarbeitern, der zusammen mit dem Kurzarbeitergeld abgerechnet werden konnte, ist zum 31.12.1993 weggefallen. Seit dem 1.1.1994 geht der auf die Arbeitsausfalltage entfallende Rentenversicherungsbeitrag - ebenso wie schon bisher der Beitrag zur Krankenversicherung - voll zu Lasten des Arbeitgebers (§§ 163, 166 AFG).

Zur Berechnung der Kranken- und Rentenversicherungsbeiträge für Bezieher von Kurzarbeitergeld vgl. oben, 5. Kapitel, I. 4. e), Rz. 5625).

IV. Leistungen bei Insolvenz (Konkursausfallgeld)

6317

Das **Konkursausfallgeld (§§ 141a ff. AFG)** ist eine Leistung des Arbeitsamtes, die den Arbeitnehmer vor einem Lohnausfall schützen soll, wenn der Arbeitgeber zahlungsunfähig wird.

Anspruch auf Konkursausfallgeld hat ein Arbeitnehmer, der bei **Eröffnung des Konkursverfahrens** über das Vermögen des Arbeitgebers noch Ansprüche auf Arbeitsentgelt hat, und zwar für die letzten der Konkurseröffnung vorausgehenden 3 Monate.

Dem Zeitpunkt der Eröffnung des Konkursverfahrens sind **folgende Tatbestände gleichgestellt:**

Sozialrecht

- Die Abweisung eines Antrags auf Eröffnung des Konkursverfahrens mangels Masse;
- die vollständige Beendigung der Betriebstätigkeit (falls ein Antrag auf Eröffnung des Konkursverfahrens nicht gestellt wurde oder ein Konkursverfahren offensichtlich mangels Masse nicht in Betracht kommt).

Den Tag der Konkurseröffnung (bzw. den Tag, an dem einer der beiden gleichgestellten Tatbestände eingetreten ist) bezeichnet man als "Insolvenztag". Dieser Stichtag ist zunächst einmal deshalb von Bedeutung, weil er eine Antragsfrist von zwei Monaten in Gang setzt.

Außerdem ist der Insolvenztag wichtig für die Festlegung des dreimonatigen Zeitraumes, aus dem das Kurzarbeitergeld ermittelt wird, des sog. Ausfallzeitraumes.

Der **Ausfallzeitraum** umfaßt

- die drei dem Insolvenztag unmittelbar vorausgehenden Monate, falls das Arbeitsverhältnis an diesem Stichtag noch bestanden hat;
- die drei letzten Monate des Arbeitsverhältnisses, falls dieses bereits vor dem Insolvenztag geendet hat;
- die letzten drei Monate vor der Kenntniserlangung durch den weiterarbeitenden Arbeitnehmer, falls der Arbeitnehmer von der Abweisung (des Antrags auf Eröffnung des Konkursverfahrens) oder von der Konkurseröffnung keine Kenntnis hatte.

Die Höhe des Konkursausfallgeldes entspricht dem **vollen Nettoentgelt**, das der Arbeitnehmer für die letzten 3 Monate des Arbeitsverhältnisses (die der Konkurseröffnung vorausgehen) zu beanspruchen hat.

6318
Wurde der Anspruch auf Arbeitsentgelt einem Dritten übertragen (z.B. einem Kreditinstitut), so steht dem Dritten auch das entsprechende Konkursausfallgeld zu; der Anspruch auf das Konkursausfallgeld selbst kann erst nach der Antragstellung auf einen Dritten übertragen werden.

Mit der Stellung des Antrags gehen die Arbeitsentgeltansprüche des Arbeitnehmers gegen den Arbeitgeber, die das Konkursausfallgeld begründen, auf das Arbeitsamt über.

Das Konkursausfallgeld wird durch eine Arbeitgeberumlage finanziert, die von den Berufsgenossenschaften erhoben wird (vgl. Rz. 5677).

Ergänzende Sozialleistungen im laufenden Beschäftigungsverhältnis

V. Leistungen bei Schlechtwetter

6319

Ist ein Bauarbeiter in der Winterzeit (sog. **Schlechtwetterzeit vom November des laufenden bis zum März der folgenden Jahres**) von einem Arbeitsausfall betroffen, so gewährt das Arbeitsamt ein (vom Arbeitgeber zu berechnendes und auszuzahlendes) Schlechtwettergeld.
Die allgemeinen Voraussetzungen für den Anspruch auf Schlechtwettergeld bestehen darin, daß das Arbeitsverhältnis in der Schlechtwetterzeit nicht aus witterungsbedingten Gründen gekündigt werden kann und daß für die **Zeit vom 25. 12. bis 1.1. ein Lohnausgleich** für ausgefallene Arbeit vorgesehen ist. Diese allgemeinen Schlechtwettergeldvoraussetzungen knüpfen also an arbeitsrechtliche Gegebenheiten an. In der Praxis sind die arbeitsrechtlichen Vorbedingungen regelmäßig erfüllt.
Neben den allgemeinen gibt es noch betriebliche und persönliche Voraussetzungen für das Schlechtwettergeld. Zu den **betrieblichen Voraussetzungen** gehört es vor allem, daß der Arbeitsausfall ausschließlich durch zwingende Witterungsgründe verursacht wurde (außerdem ist erforderlich, daß auf der Baustelle die Arbeitszeit an einem Arbeitstag mindestens für eine Stunde ausfällt). Die **persönlichen Anspruchsvoraussetzungen** sind erfüllt, wenn der vom witterungsbedingten Arbeitsausfall betroffene Arbeitnehmer Arbeiter ist (kein Angestellter), eine arbeitslosenversicherungspflichtige Beschäftigung ausübt, bei Beginn des Arbeitsausfalls auf einen witterungsabhängigen Arbeitsplatz beschäftigt ist und für den witterungsbedingten Arbeitsausfall kein Arbeitsentgelt erhält.

Die **Höhe des Schlechtwettergeldes** richtet sich nach dem **letzten Nettoentgelt,** wobei eine Anlehnung an die Berechnung des Kurzarbeitergeldes erfolgt (vgl. Rz. 6309).

6320

Der Arbeitgeber ist gehalten, den witterungsbedingten Arbeitsausfall wöchentlich dem Arbeitsamt anzuzeigen. Wird die Anzeige verspätet erstattet, so kann das Schlechtwettergeld für die entsprechende Woche nicht gezahlt werden. Unabhängig von diesem Anzeigeerfordernis muß der Arbeitgeber bis zum 30. Juni beim Arbeitsamt einen Antrag auf das Schlechtwettergeld stellen. Dem Antrag ist eine Stellungnahme des Betriebsrats beizufügen (der auch selbst zur Antragstellung berechtigt ist).

Der Arbeitgeber hat dem Arbeitsamt die Voraussetzungen für die Gewährung des Schlechtwettergeldes nachzuweisen. Der Arbeitgeber hat auch das Schlechtwettergeld (kostenlos) zu errechnen und auszuzahlen.

Zur Berechnung der Sozialversicherungsbeiträge für Bezieher von Schlechtwettergeld vgl. Rz. 5625.

Das Schlechtwettergeld wird für Zeiten nach dem 31.12.1995 nicht mehr gezahlt.

VI. Arbeitsbeschaffungsmaßnahmen

6321

Arbeitsbeschaffungsmaßnahmen sind Leistungen des Arbeitsamtes, die der schnellen Entlastung des Arbeitsmarktes und darüber hinaus der Schaffung von Dauerarbeitsplätzen dienen.

Die Durchführung von Arbeitsbeschaffungsmaßnahmen erfolgt **nicht** durch die **Arbeitsämter**, sondern durch sog. **Träger der Arbeitsbeschaffungsmaßnahmen**, die von den Arbeitsämtern finanziell unterstützt werden. Als Träger werden zumeist private Institutionen tätig, die gemeinnützige Zwecke verfolgen. Der Träger kann die Arbeitsbeschaffungsmaßnahmen entweder selbst durchführen (sog. Regiearbeiten) oder ein Wirtschaftsunternehmen mit der Durchführung beauftragen (sog. Vergabearbeiten als Regelfall).

Arbeitsbeschaffungsmaßnahmen werden auf schriftlichen Antrag des Trägers beim Arbeitsamt gewährt. Grundsätzlich besteht - bei Erfüllung der Förderungsvoraussetzungen - kein Anspruch des Trägers auf Förderung, sondern das Arbeitsamt entscheidet nach Ermessen.

Hinsichtlich der Ausgestaltung von Arbeitsbeschaffungsmaßnahmen kann im wesentlichen zwischen **zwei Grundformen** unterschieden werden, nämlich

- den allgemeinen Maßnahmen zur Arbeitsbeschaffung und
- den Maßnahmen zur Arbeitsbeschaffung für ältere Arbeitnehmer.

6322

Die "allgemeinen Arbeitsbeschaffungsmaßnahmen" haben zur Voraussetzung, daß die zu fördernden Arbeiten zusätzlich durchgeführt werden, im öffentlichen Interesse liegen und arbeitsmarktpolitisch zweckmäßig sind.

"Zusätzlich" sind Arbeiten, die ohne die Arbeitsbeschaffungsmaßnahmen nicht oder erst zu einem späteren Zeitpunkt durchgeführt würden. Dieses Kriterium der **"Zusätzlichkeit"** wird vor allem deshalb gefordert, weil wirklich neue Arbeitsplätze entstehen sollen.

Die Arbeiten liegen dann im **"öffentlichen Interesse"**, wenn sie der Allgemeinheit unmittelbar oder mittelbar zugute kommen. Wichtig ist, daß allein die Beschäftigung des Arbeitslosen noch kein "öffentliches Interesse" in diesem Sinne begründet.

Bei Beurteilung der **"arbeitsmarktpolitischen Zweckmäßigkeit"** ist auf die beruflichen und regionalen Teilarbeitsmärkte zu achten. Die Maßnahmen sollen vorrangig den Problemgruppen des Arbeitsmarktes zugute kommen und die Vermittlungsaussichten dieser Personen verbessern.

Ergänzende Sozialleistungen im laufenden Beschäftigungsverhältnis

Die Dauer der Förderung ist stets begrenzt und soll im Regelfall ein Jahr nicht überschreiten. Allerdings ist gesetzlich vorgesehen, daß

- die Höchstdauer unter bestimmten Voraussetzungen auf zwei Jahre verlängert werden kann,
- in Ausnahmefällen die Höchstdauer bei drei Jahren liegt,
- in besonderen Fällen mehrere Förderungsmaßnahmen "aneinandergereiht" werden können.

Die Förderung von Arbeitsbeschaffungsmaßnahmen geschieht in der Regel durch **Gewährung von Lohnkostenzuschüssen**. Das Arbeitsamt übernimmt also im wirtschaftlichen Ergebnis einen Teil der Lohnkosten des Trägers.

Eine allgemeine Arbeitsbeschaffungsmaßnahme darf grundsätzlich nur solchen Arbeitnehmern zugute kommen, die Arbeitslosengeld bzw. Arbeitslosenhilfe beziehen oder im letzten Jahr für mindestens 6 Monate beim Arbeitsamt arbeitslos gemeldet waren.

Dem Maßnahmeträger werden die Arbeitnehmer zugewiesen, wobei schwer vermittelbare Arbeitslose bevorzugt werden sollen. Der Träger und der Arbeitnehmer haben keinen Anspruch darauf, einer bestimmten Maßnahme zugewiesen zu werden.

6323

Die **"Maßnahmen zur Arbeitsbeschaffung für ältere Arbeitnehmer"** können vom Arbeitsamt aus arbeitsmarktpolitischen Zweckmäßigkeitsgründen heraus gewährt werden, wenn der Arbeitnehmer

- mindestens das 50. Lebensjahr vollendet hat,
- innerhalb der letzten 18 Monate für mindestens 12 Monate beim Arbeitsamt arbeitslos gemeldet war (oder in einer allgemeinen Arbeitsbeschaffungsmaßnahme beschäftigt war),
- gegenwärtig Arbeitslosengeld bzw. Arbeitslosenhilfe bezieht,
- zusätzlich eingestellt und beschäftigt wird.

Zu Besonderheiten im Zusammenhang mit der Frage der Sozialversicherungspflicht von Arbeitsbeschaffungsmaßnahmen vgl. Rz. 5248.

VII. Hinzuverdienstgrenzen bei Rentenbeziehern (Teilrenten)

6324

Für bestimmte Rentenarten aus der gesetzlichen Rentenversicherung gibt es Hinzuverdienstgrenzen, deren Überschreitung zum **Wegfall des Rentenanspruchs** führt.

Sozialrecht

Hinzuverdienstgrenzen sind **nur bei Altersrenten** zu beachten, nicht dagegen bei Renten wegen Berufs- bzw. Erwerbsunfähigkeit (jedoch wird regelmäßig überhaupt kein Anspruch auf eine Erwerbsunfähigkeitsrente bestehen, wenn der betreffende Arbeitnehmer noch weiter arbeitet).

Außer dem gilt ganz allgemein, daß Hinzuverdienstgrenzen nur bei solchen Altersrentnern eingreifen, die **noch nicht das 65. Lebensjahr** vollendet haben. Keinerlei Hinzuverdienstgrenze (auch nicht vor Vollendung des 65. Lebensjahres) besteht für Frauen, die Ende 1991 einen Anspruch auf Altersrente nach dem Recht der ehemaligen DDR hatten und diese Rente weiterhin beziehen.

Im übrigen muß stets zwischen "westdeutschen" und "ostdeutschen" (für das Beitrittsgebiet geltenden) Hinzuverdienstgrenzen unterschieden werden. Bei einer Altersvollrente (keine Teilrente) liegt die westdeutsche **Hinzuverdienstgrenze bei 580 DM** monatlich im Jahre 1995. Im **Beitrittsgebiet** liegt der Wert bei **470 DM monatlich**.

6325

Neben der Altersvollrente gibt es auch **Teilrenten** aus der gesetzlichen Rentenversicherung, nämlich in Höhe von einem Drittel, der Hälfte oder zwei Dritteln der Vollrente.

Die **Hinzuverdienstgrenzen bei den Teilrenten** sind kompliziert ausgestaltet, da nicht nur zwischen den drei Arten von Teilrenten unterschieden werden muß, sondern auch für jede Teilrentenart eine "allgemeine" und eine "individuelle Hinzuverdienstgrenze" gelten (ferner sind für das Beitrittsgebiet die Hinzuverdienstgrenzen niedriger angesetzt).

Die "allgemeine Hinzuverdienstgrenze" ist eine Mindestgrenze des erlaubten Hinzuverdienstes, die für alle Personen gilt, welche im letzten Kalenderjahr nicht mehr als die Hälfte des Entgelts eines Durchschnittsverdieners erreicht haben. War der Verdienst höher, so greift die "individuelle Hinzuverdienstgrenze". Dabei handelt es sich um eine Höchstgrenze, die nur bei solchen Arbeitnehmern zu Anwendung kommt, die im letzten Kalenderjahr einen so hohen Verdienst erzielt haben, daß die Beitragsbemessungsgrenze der gesetzlichen Renten- und Arbeitslosenversicherung überstiegen wurde.

6326

Es gelten im ersten Halbjahr 1995 folgende monatliche **Hinzuverdienstgrenzen bei den Teilrenten** in den **alten Bundesländern** (angegeben sind für jede Rentenart nacheinander die allgemeine und die individuelle Hinzuverdienstgrenze):

- Bei der 1/3-Teilrente: mindestens 1.610 DM und höchstens 5.661 DM,
- bei der 1/2-Teilrente: mindestens 1.208 DM und höchstens 4.245 DM,
- bei der 2/3-Teilrente: mindestens 805 DM und höchstens 2.830 DM.

Ergänzende Sozialleistungen im laufenden Beschäftigungsverhältnis

Für die **neuen Bundesländer** gelten folgende Werte:

- Bei der 1/3-Teilrente: mindestens 1.241 DM und höchstens 4.373 DM,
- bei der 1/2-Teilrente: mindestens 931 DM und höchstens 3.280 DM,
- bei der 2/3-Teilrente: mindestens 620 DM und höchstens 2.187 DM.

Das Überschreiten einer Hinzuverdienstgrenze bewirkt nicht, daß der Rentenanspruch vollständig entfällt. Vielmehr besteht dann ein Anspruch auf die jeweils niedrigere Teilrente.

6327

Will ein älterer Arbeitnehmer eine Teilrente beanspruchen und deshalb seine Arbeitsleistung einschränken (z.B. Übergang von einer Vollzeit- zu einer Teilzeitarbeit), so kann er nach dem Gesetz vom Arbeitgeber verlangen, daß die Möglichkeit der Einschränkung der Arbeitsleistung erörtert wird. Macht der Arbeitnehmer für seinen Arbeitsbereich Vorschläge zur Einschränkung der Arbeitsleistung, so muß der Arbeitgeber zu diesen Vorschlägen Stellung nehmen.

Hinsichtlich des **Kündigungsschutzes von älteren, zum Bezug einer Altersrente berechtigten Arbeitnehmern** gilt seit dem 01.08.1994 folgendes (Neufassung des § 41 Abs. 4 Satz 3 SGB VI durch Gesetz vom 26.07.1994, BGBl. I, S. 1797):

Eine Vereinbarung zwischen Arbeitnehmer und Arbeitgeber, welche die automatische (nicht mit dem Erfordernis der Kündigung verbundene) Beendigung des Arbeitsverhältnisses zu einem Zeitpunkt vorsieht, in dem der Arbeitnehmer vor Vollendung des 65. Lebensjahres eine Altersrente beantragen kann, gilt als auf die Vollendung des 65. Lebensjahres abgeschlossen.

Hinsichtlich der Auswirkungen dieser gesetzlichen Neuregelung muß zwischen Tarifverträgen und sonstigen Vereinbarungen unterschieden werden:

Tarifvertragliche Regelungen, die eine automatische Beendigung des Arbeitsverhältnisses mit dem 65. Lebensjahr vorsehen, sind in aller Regel zulässig.

Soweit es um sonstige Vereinbarungen geht (nämlich um einzelvertragliche Vereinbarungen zwischen Arbeitgeber und Arbeitnehmer oder um Betriebsvereinbarungen), ist folgendes zu beachten: Eine vereinbarte Altersgrenze (über eine automatische Beendigung des Arbeitsverhältnisses) ist nur wirksam, wenn sie auf einen sachlichen Grund zurückgeführt werden kann. Als "sachlicher Grund" wird beispielsweise die Sicherung einer ausgewogenen Altersstruktur im Rahmen der Betriebs- und Personalplanung anzusehen sein, falls der ausscheidende Arbeitnehmer das 65. Lebensjahr vollendet hat und eine ausreichende Altersversorgung enthält.

Sozialrecht

Nach ausdrücklicher Bestimmung des Gesetzes (letzter Teilsatz des § 41 Abs. 3 Satz 3 SGB VI) ist jedoch die Vereinbarung einer automatischen Beendigung stets wirksam, wenn zwischen Arbeitnehmer und Arbeitgeber eine einzelvertragliche Vereinbarung über die Altersgrenze in den letzten drei Jahren vor der Altersrentenberechtigung geschlossen wurde oder wenn eine länger zurückliegende Vereinbarung in diesem Dreijahreszeitraum vom Arbeitnehmer bestätigt wurde.

VIII. Weiterführende Literaturhinweise

6328

Literaturübersicht Kurzarbeit
Bähringer/Spiegelhalter, Kurzarbeit, 11. Aufl. 1987
Niemann, Das Kurzarbeitergeld, BlStSozArbR 1974, 33
Säcker, Die Gewährung von Kurzarbeitergeld bei Strukturkrisen, BB 1973, 1217

Literaturübersicht Konkursausfallgeld
Heilmann, Erfahrungen mit dem Gesetz über das Konkursausfallgeld, BB 1979, 275
Henrich, Sicherung rückständiger Arbeitsentgelte bei Konkursen, RdA 1974, 37
Schneider, Die arbeits- und sozialversicherungsrechtliche Absicherung des Arbeitnehmers im Konkurs des Arbeitgebers, JZ 1976, 1

44. Kapitel: Sozialrechtliche Wirkungen bei Beendigung des Arbeitsverhältnisses

I.	Ende des Beschäftigungs- und Ende des Arbeitsverhältnisses	7000
II.	Meldungen des Arbeitgebers beim Ausscheiden des Arbeitnehmers	7004
	1. Abmeldung bei der Krankenkasse	7004
	a) Regelfall der Abmeldung	7004
	b) Auflösung des Arbeitverhältnisses während Unterbrechung der Beschäftigung	7005
	c) Meldung bei Streit um die Kündigung	7006
	d) Frist und Form der Abmeldung	7007
	2. Meldung nachträglicher Zahlungen	7008
	3. Verfahren bei Rückzahlung einer Weihnachtsgratifikation	7009
	4. Verfahren bei nachträglicher Beitragsforderung	7010
	5. Vorausbescheinigung des Arbeitsentgelts für die Rente	7011
III.	Die Arbeitsbescheinigung	7015
	1. Allgemeines zur Arbeitsbescheinigung	7015
	2. Ausfüllen des amtlichen Vordrucks	7016
	3. Benutzung firmeneigener Vordrucke	7031
	4. Durchsetzung des Anspruchs bei Streit um die Arbeitsbescheinigung	7031
	5. Schadensersatzpflicht des Arbeitgebers	7033
IV.	Entgeltnachzahlungen an den ausgeschiedenen Arbeitnehmer	7035
V.	Anrechnung von Abfindungen auf das Arbeitslosengeld	7039
	1. Abfindung wegen Beendigung des Arbeitsverhältnisses	7039
	2. Anrechnung bei vorzeitiger Beendigung des Arbeitsverhältnisses	7041
	3. Problemfälle vorzeitiger Beendigung	7042
	4. Dauer und Umfang der Anrechnung einer Abfindung bei vorzeitigem Ausscheiden	7045
	5. Anrechnung einer Abfindung bei fristgerechtem Ausscheiden ohne wichtigen Grund mit Sperrzeitfolge	7048
VI.	Erstattungspflicht des Arbeitgebers	7051
	1. Allgemeine Voraussetzungen	7051
	2. Ausnahmen und Befreiungsmöglichkeiten	7052
	3. Geltendmachung durch das Arbeitsamt	7055
VII.	Folgen eines Wettbewerbsverbots	7059
	1. Wettbewerbsverbot bewirkt Erstattungspflicht	7059
	a) Allgemeines	7059
	b) Wettbewerbsverbot zwischen Arbeitgeber und Arbeitnehmer	7060
	c) Bisheriger Arbeitgeber erstattungspflichtig	7061

d) Nachvertragliches Wettbewerbsverbot	7062
e) Nichtiges Wettbewerbsverbot	7063
f) Unverbindliches Wettbewerbsverbot	7064
g) Verursachung der Arbeitslosigkeit	7065
2. Umfang der Erstattungspflicht des Arbeitgebers	7066
a) Erstattung der Aufwendungen des Arbeitsamtes	7066
b) Anrechnung auf die Karenzentschädigung	7067
c) Geltendmachung der Forderung durch das Arbeitsamt	7068
3. Beratungspflichten des Arbeitsamtes und Befreiungsmöglichkeiten des Arbeitgebers	7069
a) Verzicht auf Einhaltung des Wettbewerbsverbots	7069
b) Beratungs- und Belehrungspflichten des Arbeitsamtes	7070
c) Folgen unterlassener Beratung und Belehrung durch das Arbeitsamt	7071
VIII. Weiterführende Literaturhinweise	7073

I. Ende des Beschäftigungs- und Ende des Arbeitsverhältnisses

7000
Das aufgrund des Arbeitsvertrages bestehende Arbeitsverhältnis zwischen Arbeitgeber und Arbeitnehmer endet durch

- Kündigung,
- gegenseitiges Einvernehmen (Aufhebungsvertrag),
- arbeitsgerichtlichen Vergleich (z.B. im Kündigungsschutzprozeß),
- Ablauf der vereinbarten Frist, wenn das Arbeitsverhältnis befristet war,
- Tod des Arbeitnehmers.

Häufig geht mit dem Arbeitsverhältnis zugleich auch das **sozialrechtliche Beschäftigungsverhältnis** zu Ende. In vielen Fällen kann das sozialversicherungsrechtliche Beschäftigungsverhältnis aber abweichend zu einem anderen Zeitpunkt enden. Es kann beendet sein, obwohl das arbeitsrechtliche Arbeitsverhältnis formal noch fortbesteht oder auch über dessen Ende hinaus.

7001
Das sozialrechtliche Beschäftigungsverhältnis **orientiert sich** eher **am Tatsächlichen.** Es besteht fort, solange

Sozialrechtliche Wirkungen bei Beendigung des Arbeitsverhältnisses

- der Arbeitnehmer in den Betrieb des Arbeitgebers eingegliedert bleibt,
- der Arbeitnehmer der Weisungsbefugnis des Arbeitgebers (Direktionsrecht) unterliegt und vor allem
- der Arbeitnehmer Anspruch auf das Arbeitsentgelt hat.

Wenn trotz fortbestehenden Arbeitsvertrages der Entgeltanspruch wegfällt, z. B. bei Vereinbarung unbezahlten Urlaubs oder im Falle eines Streik, wird das sozialrechtliche Beschäftigungsverhältnis **unterbrochen** und es wird die Abmeldung bei der Krankenkasse erforderlich (dazu oben Rz. 6111).

Im besonderen Fall kann das sozialrechtliche Beschäftigungsverhältnis über das zeitliche Ende des Arbeitsverhältnisses hinaus fortbestehen. So ist es, wenn der Arbeitgeber das Arbeitsverhältnis **aus Anlaß der Arbeitsunfähigkeit des Arbeitnehmers kündigt**. Dem Arbeitnehmer bleibt dann der Lohnfortzahlungsanspruch für die Dauer von 6 Wochen erhalten (bisher § 6 LohnFG, jetzt § 8 EFZG). Das ist ein echter Anspruch auf Arbeitsentgelt; er unterliegt der Beitragspflicht und führt im Ergebnis zur Verlängerung des sozialrechtlichen Beschäftigungsverhältnisses über das Ende des Arbeitsverhältnisses hinaus.

Der fortbestehende Anspruch auf Arbeitsentgelt bis zum Wirksamwerden der Kündigung läßt das Beschäftigungsverhältnis auch im **Konkurs** des Arbeitgebers fortbestehen. Das bleibt so, auch wenn der Arbeitnehmer bereits zuvor endgültig von der Arbeit freigestellt wird und sich arbeitslos meldet.

7002
Für die **gesetzliche Unfallversicherung** enden das Beschäftigungsverhältnis und die Beitragspflicht allerdings schon mit der endgültigen Freistellung des Arbeitnehmers nach Konkurseröffnung, also noch während des Laufs der Kündigungsfrist. Mit der endgültigen Freistellung endet nämlich das Arbeitsunfallrisiko.

7003
Endet das Arbeitsverhältnis wie häufig durch Kündigung, so endet das Beschäftigungsverhältnis jedenfalls zunächst mit dem tatsächlichen Wirksamwerden der Kündigung, also mit dem letzten Arbeitstag. Wenn der Arbeitnehmer die Kündigung nicht hinnehmen will und Kündigungsschutzklage zum Arbeitsgericht erhebt, kommt es auf das Ergebnis des Arbeitsgerichtsprozesses an. Stellt das Arbeitsgericht die Unwirksamkeit der Kündigung und das Fortbestehen des Arbeitsverhältnisses über den Kündigungszeitpunkt hinaus fest und erhält der Arbeitnehmer für die entsprechende Zeit Arbeitsentgelt nachgezahlt, so besteht auch das Beschäftigungsverhältnis bis zu dem vom Gericht im Urteil oder von den Parteien im Vergleich festgelegten Endzeitpunkt fort. Das nachgezahlte Entgelt muß der Krankenkasse durch erneute An- und Abmeldung gemeldet werden. Vereinbaren die Parteien, das gekündigte Arbeitsverhältnis um die dem Arbeitnehmer noch zustehenden Urlaubstage zu verlängern, endet das Beschäfti-

Sozialrecht

gungsverhältnis mit dem Ablauf des letzten Urlaubstages. Anders ist es, wenn es im Kündigungsprozeß nicht zur Nachzahlung von Arbeitsentgelt kommt, sondern die Zahlung einer Abfindung für den Verlust des Arbeitsplatzes festgelegt wird. Auch wenn sich die Abfindung der Höhe nach am Arbeitsentgelt orientiert, ist sie doch kein Arbeitsentgelt, unterliegt nicht der Beitragspflicht und verlängert das Beschäftigungsverhältnis deshalb nicht.

! Der Abfindung kann allerdings doppelter Charakter beizumessen sein, zum Teil Entschädigung für den Verlust des Arbeitsplatzes, zum Teil nachgezahltes Arbeitsentgelt für die Zeit zwischen dem tatsächlichen Wirksamwerden der Kündigung und dem schließlich festgelegten Ende des Arbeitsverhältnisses. Soweit sie Arbeitsentgelt für die Zeit bis zum Ende des Arbeitsverhältnisses enthält, ist die Abfindung beitragspflichtig. Bei Vereinbarung einer Abfindung muß deshalb die Zielrichtung deutlich und die Berechnung nachvollziehbar gemacht werden, um spätere Auseinandersetzung mit der Krankenkasse zu vermeiden.

Wird mit dem Arbeitnehmer beim Ausscheiden eine **Abfindung** vereinbart, so stellt sich nicht nur die Frage, ob der Betrag der Beitragspflicht unterliegt. Die Abfindung kann für den Arbeitnehmer zu sozialrechtlichen Nachteilen führen. Sie wird unter bestimmten Voraussetzungen auf sein **Arbeitslosengeld angerechnet** (dazu unten Rz. 7039 ff). Ebenso kann die Gewährung einer Abfindung für den Verlust des Arbeitsplatzes bewirken, daß das beitragspflichtige Arbeitsverhältnis zu einem Zeitpunkt endet, zu dem die Anwartschaft für Arbeitslosengeld noch nicht erfüllt ist. Der ausgeschiedene Arbeitnehmer läuft Gefahr, keinen Anspruch auf Arbeitslosengeld zu erwerben (dazu unten Rz. 7039).

Verurteilt das Arbeitsgericht den Arbeitgeber zur **Weiterbeschäftigung** des zunächst gekündigten Arbeitnehmers, lebt das Beschäftigungsverhältnis wieder auf und der Arbeitnehmer muß erneut angemeldet werden.

II. Meldungen des Arbeitgebers beim Ausscheiden des Arbeitnehmers

1. Abmeldung bei der Krankenkasse

a) Regelfall der Abmeldung

7004
Die sozialrechtliche Versicherungs- und Beitragspflicht knüpft an die Beschäftigung gegen Entgelt an. Entfällt der Entgeltanspruch, wird das sozialrechtliche Beschäftigungsverhältnis unterbrochen, auch wenn das zugrundeliegende Arbeitsverhältnis arbeitsrechtlich fortbesteht. Deshalb werden auch im laufenden Arbeitsverhältnis aus zur Unterbrechung des Entgeltanspruchs führenden Anlässen Abmeldungen (Unterbrechungsmeldungen) an die Krankenkasse fällig (dazu oben bei Rz. 6111 ff.).

Sozialrechtliche Wirkungen bei Beendigung des Arbeitsverhältnisses

Abzumelden ist der Arbeitnehmer schließlich, wenn das Arbeitsverhältnis beendet wird und er bei dem Arbeitgeber ausscheidet. Die Abmeldung ist bedeutsam nicht nur zur Unterrichtung der Krankenkasse, sondern ebenso des Arbeitsamtes und sie dient zugleich der Bescheinigung des Arbeitsentgelts für die Rentenversicherung.

Zu melden ist gleichfalls das Ende einer versicherungsfreien geringfügigen Beschäftigung.

b) Auflösung des Arbeitsverhältnisses während Unterbrechung der Beschäftigung

7005

Aufmerksamkeit verdient der Fall, daß das Arbeitsverhältnis während des anhaltenden Unterbrechungszeitraumes aufgelöst wird. Der Arbeitnehmer ist z. B. arbeitsunfähig krank, der Zeitraum der Entgeltfortzahlung läuft ab und er erhält von der Krankenkasse Krankengeld. Jetzt wird das Arbeitsverhältnis beendet.

Enden sowohl die Entgeltfortzahlung als auch das Arbeitsverhältnis in demselben Monat, kommt es also zu keiner Entgeltunterbrechung für mehr als einen Monat, ist nur eine Abmeldung zum Zeitpunkt des Ausscheidens fällig.

Beispiel:
Arbeitnehmer ist seit 03.03.1995 arbeitsunfähig krank, Entgeltfortzahlung bis zum 13.04.1995, ab 14.04.1995 wird Krankengeld gewährt. Auflösung des Arbeitsverhältnisses zum 30.04.1995.
Abmeldung mit Schlüsselzahl 2 bei Grund der Abgabe mit Entgelteintragung für Beschäftigungszeit vom 01.01. bis 30.04.95.

Anders ist es, wenn die Unterbrechung des Entgelts mehr als einen Monat andauert, bevor das Arbeitsverhältnis aufgelöst wird. In solchem Fall müssen zwei Abmeldungen erstattet werden, zunächst für die Unterbrechung zum Ende des Lohnfortzahlungszeitraumes (mit Entgeltangabe und Schlüssel 3 bei Grund der Abgabe) und sodann für das Ende des Arbeitsverhältnisses (ohne Entgeltangabe mit Schlüsselzahl 2).

Beispiel:
Arbeitsunfähigkeit seit 11.03.1995, Entgeltfortzahlung bis zum 21.04.1995, ab 22.04.1995 wird Krankengeld gewährt. Ausscheiden zum 10.05.1995.
Erste Abmeldung für Zeitraum vom 01.01. bis 21.04.95.
Grund der Abgabe: Schlüsselzahl 3 mit Entgelteintragung für Beschäftigungszeitraum;
Zweite Abmeldung für Zeitraum vom 22.04. bis 10.05.95.
Grund der Abgabe: Schlüsselzahl 2 ohne Entgelteintragung (Entgeltkastenfeld wird mit 00 000 ausgefüllt).

Sozialrecht

c) Meldung bei Streit um die Kündigung

7006
Über die Rechtmäßigkeit einer Kündigung kann es zwischen den Parteien des Arbeitsvertrages zum Streit kommen; der Arbeitnehmer erhebt bei dem Arbeitsgericht Kündigungsschutzklage.

Unbeschadet solchen Streits muß der Arbeitgeber die Abmeldung bei der Krankenkasse zu dem Zeitpunkt vornehmen, zu dem die Beschäftigung zunächst tatsächlich endet.

Wird später z. B. durch Urteil des Arbeitsgerichts oder im Wege des Vergleichs festgestellt, daß das Arbeitsverhältnis über den zunächst vom Arbeitgeber gesetzten Endzeitpunkt hinaus fortbestanden hat mit der Folge eines Entgeltanspruchs für die weitere Zeit, ist hierfür eine Anmeldung vorzunehmen und sodann die Abmeldung zu dem im Urteil oder Vergleich bestimmten Endzeitpunkt.

d) Frist und Form der Abmeldung

7007
Das Ausscheiden ist innerhalb von 6 Wochen durch Abmeldung zu melden. Das Ende einer geringfügigen Beschäftigung muß innerhalb einer Woche danach gemeldet werden.

Für die Abmeldung wird der Versicherungsnachweis aus dem SVN-Heft verwendet. Kann er nicht sogleich beim Ausscheiden des Arbeitnehmers ausgefüllt werden, sollte ein Versicherungsnachweis herausgetrennt werden, denn das Heft muß dem Arbeitnehmer beim Ausscheiden ausgehändigt werden. Der Arbeitgeber muß die für den Arbeitnehmer bestimmte Kopie des Versicherungsnachweises diesem dann zusenden. Notfalls kann der Vordruck Ersatz-Versicherungsnachweis benutzt werden.

Für die Meldung des Endes der geringfügigen Beschäftigung gilt der besondere Vordruck (dazu oben Rz. 5530 ff.).

Hinweise zum Ausfüllen des Vordrucks als Abmeldung finden sich bei Rz. 5506.

2. Meldung nachträglicher Zahlungen

7008
Mitunter erhält der Arbeitnehmer noch nach seinem Ausscheiden vom Arbeitgeber Entgelt nachgezahlt. Es kann sich um eine beim Ausscheiden noch nicht abgerechnete Tariflohnerhöhung handeln oder um eine Urlaubsabgeltung oder eine Jahressonderzuwendung (einmalige Zahlung).

Sozialrechtliche Wirkungen bei Beendigung des Arbeitsverhältnisses

Kann solche Zahlung bei der Abmeldung nicht mehr berücksichtigt werden, weil sie bereits erstattet ist, muß die Abmeldung nachträglich berichtigt werden. Die nachträgliche Zahlung ist dem Bestimmungszeitraum zuzuordnen, dem bereits gemeldeten Entgelt hinzuzurechnen und insgesamt im Wege der Berichtigung zu melden.

Weil nach dem Ausscheiden kein Versicherungsnachweis aus dem SVN-Heft des Arbeitnehmers mehr verfügbar sein wird, muß der Vordruck Ersatz-Versicherungsnachweis Verwendung finden. Hinweise zum Ausfüllen dieses Vordrucks bei der Berichtigung finden sich oben zu Rz. 6122.

3. Verfahren bei Rückzahlung einer Weihnachtsgratifikation

7009

Mitunter ist in einem Tarifvertrag oder einem Einzelarbeitsvertrag vorgesehen, daß eine Weihnachtszuwendung vom Arbeitnehmer zurückgezahlt werden muß, wenn er das Arbeitsverhältnis bis zu einem bestimmten Zeitpunkt im Folgejahr (z. B. 31.03.) aufkündigt. Durch die Rückzahlung mindert sich das für die Beitragsberechnung heranzuziehende und zu meldende Arbeitsentgelt für das betroffene abgelaufene Kalenderjahr.

Ist die bis zum 31.03. des Folgejahres abzugebende Jahresmeldung (dazu oben Rz. 6117) noch nicht erstattet, kann die Korrektur vorgenommen und in der Jahresmeldung berücksichtigt werden. Andernfalls ist die Jahresmeldung zu berichtigen (zur Berichtigung oben bei Rz. 6122).

4. Verfahren bei nachträglicher Beitragsforderung

7010

Ob Zahlungen an den Arbeitnehmer der Beitragspflicht unterliegen und dafür Beiträge zu entrichten und die Entgelte zu melden sind, kann im Einzelfall zweifelhaft sein. Der Arbeitgeber hält sie womöglich für beitragsfrei und läßt sie bei Beitragsberechnung und Meldung außer Ansatz. Stellt sich nun später z. B. anläßlich einer Betriebsprüfung durch die Krankenkasse die Beitragspflicht solcher Zahlungen heraus, muß die Entgelt- und Beitragsberechnung für den maßgebenden Zeitraum korrigiert werden. Die darüber seinerzeit erstatteten Meldungen (z. B. Jahresmeldung oder Abmeldung) sind nunmehr zu berichtigen (näheres zur Berichtigung oben bei Rz. 6122).

5. Vorausbescheinigung des Arbeitsentgelts für die Rente

7011

Arbeitsverhältnisse enden nicht selten, weil der Arbeitnehmer in den Ruhestand treten und Altersrente in Anspruch nehmen will. Die Regelaltersrente beginnt mit Vollendung des 65. Lebensjahres, in vielen Fällen kommt sie schon vom 60. oder 63. Lebensjahr an in Frage.

Das seit dem 01.01.1992 gültige neue Rentenrecht sah in § 41 Abs. 4 SGB VI zur weiteren Flexibilisierung der Altersgrenzen eine Stärkung der Entschließungsfreiheit des Arbeitnehmers vor. Ob und wann er in die Rente geht, sollte allein der Entscheidung des Arbeitnehmers unterliegen. Das gilt nach wie vor. So darf der Arbeitgeber die Möglichkeit des Arbeitnehmers, Rente wegen Alters in Anspruch nehmen zu können, **nicht zum Kündigungsgrund** nehmen. Ebensowenig darf er die Möglichkeit, Altersrente in Anspruch nehmen zu können, vor Vollendung des 65. Lebensjahres im Rahmen der sozialen Auswahl bei einer betriebsbedingten Kündigung berücksichtigen. Er darf also nicht den 63-jährigen Arbeitnehmer auswählen und dessen Arbeitsverhältnis betriebsbedingt kündigen, nur weil der doch ohne weiteres Rente beanspruchen könnte.

Die Regelung des neuen Rentenrechts beschränkte darüber hinaus aber auch einzelvertragliche und vor allem tarifvertragliche Festlegungen, wonach das Arbeitsverhältnis eines Arbeitnehmers automatisch zu dem Zeitpunkt endet, von dem an Altersrente in Anspruch genommen werden kann. Das Bundesarbeitsgericht hat nämlich aus § 41 Abs.4 Satz 3 SGB VI bisheriger Fassung im praktischen Ergebnis ein Verbot tarifvertraglicher Altersgrenzen hergeleitet *(BAG 28.10.1993, 7 AZR 135/93)*. Weil eine Blockierung von Arbeitsplätzen durch ältere, wirtschaftlich durch die Altersrente gesicherte Arbeitnehmer angesichts der angespannten Lage auf dem arbeitsmarkt nicht vertretbar erschien, hat der Gesetzgeber reagiert und das Rentenrecht mit Wirkung **ab 01.08.1994** wieder geändert (Gesetz zur Änderung des SGB VI v. 26.07.1994, BGBl. I S. 1797). Jetzt gilt:

Eine Vereinbarung, die die Beendigung des Arbeitsverhältnisses eines Arbeitnehmers ohne Kündigung (also automatisch) zu einem Zeitpunkt vorsieht, in dem der Arbeitnehmer **vor Vollendung seines 65. Lebensjahres** eine Rente wegen Alters beantragen kann (also z.B. zum 60. oder zum 63. Lebensjahr), gilt dem Arbeitnehmer als auf die Vollendung des 65. Lebensjahres abgeschlossen, es sei denn, daß die Vereinbarung innerhalb der letzten 3 Jahre vor diesem Zeitpunkt abgeschlossen oder von dem Arbeitnehmer bestätigt worden ist. Das bedeutet, daß die **Vereinbarung einer Altersgrenze zum 65. Lebensjahr** des Arbeitnehmers jetzt ohne weiteres zulässig ist. Frühere Altersgrenzen sind es nur, wenn der Arbeitnehmer zeitnah zustimmt.

Hat sich der Arbeitnehmer zum Übertritt in den Ruhestand entschlossen, wird er seinen **Rentenantrag** so rechtzeitig stellen wollen, daß die Altersrente nahtlos an sein letztes Arbeitsentgelt anschließen kann. Zur Zeit des Rentenantrages fehlt aber noch das für die Rentenberechnung unerläßliche Arbeitsentgelt für die letzte Phase des Arbeitsverhältnisses, weil dieses schließlich noch andauert.

Damit dennoch die Rente rechtzeitig berechnet werden kann, muß der Arbeitgeber auf Verlangen des Arbeitnehmers, der die Rente beantragen möchte, das

Sozialrechtliche Wirkungen bei Beendigung des Arbeitsverhältnisses

voraussichtliche Arbeitsentgelt bis zum Ende der Beschäftigung in einer Vorausbescheinigung angeben, und zwar für eine Zeit **bis zu 3 Monaten im voraus.**

7012
Vorauszubescheinigen ist das für den Zeitraum von bis zu 3 Monaten vorhersehbare Arbeitsentgelt einschließlich vorhersehbarer beitragspflichtiger Einmalzahlungen. Ist das Arbeitsentgelt für die nächsten 3 Monate nicht vorhersehbar, wird das Durchschnittsentgelt der letzten 6 Monate angegeben.

Die Vorausbescheinigung wird dem Arbeitnehmer schriftlich, aber formlos erteilt.

Versicherungsnachweise dürfen für die Vorausbescheinigung nicht verwendet werden!

Die Vorausbescheinigung macht zum Ende der Beschäftigung nicht die förmliche Abmeldung entbehrlich.

Es kann vorkommen, daß am Ende das tatsächlich erzielte Arbeitsentgelt doch von dem Betrag abweicht, der als voraussichtliches Entgelt in der Vorausbescheinigung angegeben worden war. Die Beitragsberechnung und die Meldung an die Krankenkasse erfolgten dann auf Grundlage des tatsächlich erzielten Entgelts unabhängig von der Vorausschätzung.

7013
Mitunter will der Arbeitnehmer sichergehen, die Rente auf jeden Fall im nahtlosen Anschluß an das letzte Arbeitsentgelt zu erhalten und stellt seinen Rentenantrag deshalb sehr frühzeitig. Er wünscht dann womöglich eine Vorausbescheinigung für einen längeren Zeitraum als 3 Monate. Der Arbeitgeber ist zu so weiträumiger Voraussicht nicht verpflichtet, kann solche Bescheinigung aber freiwillig erteilen. Der Rentenversicherungsträger wird eine Vorausbescheinigung für einen längeren Zeitraum als 3 Monate auch nur akzeptieren und die Rente danach berechnen, wenn es um erkennbar festes und unverändertes Arbeitsentgelt (z. B. unverändertes Monatsgehalt) geht.

Die Vorausbescheinigung birgt nämlich sowohl für den Arbeitnehmer als auch für den Rentenversicherungsträger ein Risiko. Weicht am Ende das tatsächlich erzielte Arbeitsentgelt von dem in der Vorausbescheinigung genannten Betrag ab, findet keine Neuberechnung der Rente statt: es bleibt bei dem, was im voraus bescheinigt worden war. Das kann zu Gunsten, aber auch zu Lasten des Arbeitnehmers ausgehen.

Eine Vorausbescheinigung für einen längeren Zeitraum hat diese Wirkung nicht; dann würde eine aufwendige neue Berechnung der Rente erforderlich. Deshalb sind die Rentenversicherungsträger gegenüber Vorausbescheinigungen für einen längeren Zeitraum zurückhaltend.

Sozialrecht

7014
Hat der Arbeitgeber das voraussichtliche Arbeitsentgelt zu gering bescheinigt als es am Ende tatsächlich war, kann sich das in freilich engen Grenzen auf die Rentenhöhe auswirken. Ein Schadensersatzanspruch des Arbeitnehmers gegen den Arbeitgeber wegen dieser Differenz kann nur dann in Frage kommen, wenn dem Arbeitgeber oder dessen Mitarbeiter der Vorwurf gemacht werden kann, die Vorausschau fahrlässig angestellt zu haben, z. B. wenn eine kurz bevorstehende beitragspflichtige Einmalzahlung vergessen wurde.

III. Die Arbeitsbescheinigung

1. Allgemeines zur Arbeitsbescheinigung

7015
Bei Beendigung der Beschäftigung erhält der Arbeitnehmer vom Arbeitgeber seine Arbeitspapiere ausgehändigt. Neben einem Zeugnis und dem Sozialversicherungsnachweisheft gehört dazu die Arbeitsbescheinigung. Der Arbeitnehmer benötigt sie zur Vorlage beim Arbeitsamt, wenn er dort Arbeitslosengeld, Arbeitslosenhilfe oder andere Leistungen beantragen will. Das Arbeitsamt soll rasch und ohne zeitraubende Rückfragen feststellen können, ob und welche Ansprüche dem Arbeitslosen zustehen und es soll sie rasch berechnen können. Deshalb ist es auf die Daten der letzten Beschäftigung angewiesen, die der Arbeitgeber zu diesem Zweck zu bescheinigen hat. Die Arbeitsbescheinigung muß für jeden Arbeitnehmer ausgestellt werden, egal, ob für ihn Sozialversicherungsbeiträge an die Krankenkasse abzuführen waren oder nicht. Anspruch auf die Arbeitsbescheinigung haben deshalb auch versicherungsfrei und beitragsfrei beschäftigte Arbeitnehmer z. B. Studenten, geringfügig Beschäftigte oder Teilzeitbeschäftigte mit einer Wochenarbeitszeit bis zu 18 Stunden, die als kurzzeitig Beschäftigte in der Arbeitslosenversicherung beitragsfrei sind.

2. Ausfüllen des amtlichen Vordrucks

7016

Für die Arbeitsbescheinigung muß der Arbeitgeber den von der Bundesanstalt für Arbeit herausgegebenen Vordruck benutzen. Er ist beim Arbeitsamt erhältlich.

7017
Die neuen, seit 1994 gültigen **Vordrucke** sind klar und übersichtlich gestaltet. Die nachfolgenden Hinweise zum Ausfüllen folgen dem Aufbau des amtlichen Vordrucks.

Sozialrechtliche Wirkungen bei Beendigung des Arbeitsverhältnisses

7018

Im 1. Abschnitt ("Allgemeine Angaben zum Arbeitnehmer und zum Beschäftigungsverhältnis") sind der Name des Arbeitnehmers einzutragen, ferner die Dauer der Beschäftigung mit Beginn- und Endzeitpunkt und die Funktion.

7019

Im 2. Abschnitt werden Angaben zur **Lohnsteuerkarte** und zur **Sozialversicherung** erbeten. Die in der Lohnsteuerkarte eingetragenen Merkmale (Lohnsteuerklasse, Angaben über Kinder) sind für die Berechnung des Arbeitslosengeldes von Bedeutung. Maßgebend sind grundsätzlich die Eintragungen zu Beginn des Jahres, in dem das Beschäftigungsverhältnis endete. Sind im laufenden Jahr Änderungen der Eintragung in die Lohnsteuerkarte vorgenommen worden (z.B. wegen Eheschließung oder Geburt von Kindern), muß auch der Inhalt der neuen Eintragung und das Datum des Wirksamwerdens der Änderung angegeben werden.

Beim Antrag auf Arbeitslosengeld verlangt das AA gemäß § 150 b AFG vom Antragsteller die **Hinterlegung der Lohnsteuerkarte** (und des Sozialversicherungsausweises). Der Arbeitgeber muß in der Arbeitsbescheinigung deshalb angeben, aus welchen Gründen und für welche Zeit nach dem Ausscheiden die Lohnsteuerkarte dem Arbeitnehmer noch nicht ausgehändigt werden kann.

Weiter ist hier anzugeben, ob für den Arbeitnehmer **Beiträge zur Bundesanstalt für Arbeit (BA)** und zur gesetzlichen **Rentenversicherung** abgeführt wurden oder ob der Arbeitnehmer als **beitragsfrei zur BA** geführt wurde: Ggfls. ist der Zeitraum einzusetzen und der für die Beitragsfreiheit angenommene Grund (z.B. kurzzeitige Beschäftigung unter 18 Wochenstunden) stichwortartig zu vermerken

7020

Im 3. Abschnitt des Vordrucks ("Angaben zum Betrieb oder zur Betriebsabteilung") geht es um **Beschäftigungen in saisonabhängigen Betrieben oder Betriebsabteilungen**. Die Angaben sind von Bedeutung, weil für die sog. Saisonarbeiter besondere Regeln für die Anwartschaftszeit beim Arbeitslosengeld gelten (§ 104 Abs. 1 Satz 4 AFG i. V. m. Anwartschaftszeitverordnung i.d.F. vom 15.10.1984, BGBl. I S.1277). Das Arbeitsamt muß die Anwartschaftszeit genau berechnen können und benötigt dafür die Angaben, ob der ausgeschiedene Arbeitnehmer in einem sog. Saisonbetrieb beschäftigt war. Gefragt wird, ob der Arbeitnehmer in einem Betrieb oder in einer Betriebsabteilung beschäftigt war, in dem oder in der in aller Regel jährlich wiederkehrend

- die Produktion oder Dienstleistung für eine zusammenhängende Zeit von mehr als 35 Kalendertagen vollständig eingestellt wird und dabei die Beschäftigungsverhältnisse der in Produktion oder Dienstleistung beschäftigten Arbeitnehmer beendet werden;

Beispiel:
Ein Hotel schließt regelmäßig vom 01.11. bis 15.12. und entläßt für diese Zeit alle in der Dienstleistung Beschäftigten.

- die Beschäftigungsverhältnisse der auf witterungsabhängigen Arbeitsplätzen Beschäftigten aus witterungsbedingten Gründen beendet werden (z. B. in einem Forstbetrieb in der Winterzeit);
- wegen einer Produktionssteigerung für eine zusammenhängende Zeit von wenigstens 4, aber weniger als 12 Wochen Arbeitnehmer beschäftigt werden (z. B. Beschäftigung zusätzlicher Kräfte in einer Ausflugsgaststätte in der Sommerzeit).

Wichtig ist nur, ob der Betrieb (die Betriebsabteilung), worin der Arbeitslose zuvor beschäftigt war, zu einer der saisonabhängigen Gruppen gehört. Es ist egal, aus welchen Gründen das einzelne Arbeitsverhältnis dessen endete, für den die Arbeitsbescheinigung ausgestellt werden muß. Er muß also nicht aus Saison- oder Witterungsgründen entlassen worden sein.

7021

Im 4. Abschnitt des amtlichen Vordrucks ("Weitere Angaben zum Beschäftigungsverhältnis") gilt die erste Frage **Unterbrechungen in der Gewährung von Arbeitsentgelt.** Für die beitragspflichtige Beschäftigung ist die Gewährung von Arbeitsentgelt wesentlich; fällt das Arbeitsentgelt weg, entfällt auch die Beitragspflicht. Im Vereinfachungsinteresse soll diese Wirkung aber nicht eintreten, wenn der einzelne Unterbrechungszeitraum (z.B. bei unbezahltem Urlaub) **4 Wochen** nicht übersteigt; solche kurzfristigen Unterbrechungen bis zu 4 Wochen bleiben für den Anspruch auf Arbeitslosengeld unschädlich (vgl. § 104 Abs. 1 Satz 3 AFG).

Anzugeben sind hier Zeiträume, in denen es im fortbestehenden Arbeits- und Beschäftigungsverhältnis zur Unterbrechung des Arbeitsentgelts gekommen ist, sofern der einzelne Unterbrechungszeitraum jeweils 4 Wochen überschritten hat. Die Angaben werden für die letzten **7 Jahre** des Beschäftigungsverhältnisses benötigt. Der Unterbrechungszeitraum ist anders als die entsprechenden Unterbrechungszeiträume von einem Monat (30 Tagen) in der gesetzlichen Krankenversicherung und von einem Kalendermonat (1. bis 30/31.eines Kalendermonats) in der gesetzlichen Rentenversicherung. Die Daten aus den Meldungen an die Einzugsstelle (Krankenkasse) können deshalb nur mit der Maßgabe übernommen werden, daß es hier auf einen Zeitraum von jeweils mehr als 4 Wochen ankommt.

Die zweite Frage in diesem Abschnitt betrifft **Zeiträume einer ABM-Beschäftigung** oder einer Beschäftigung im Rahmen von besonderen Arbeitsbeschaffungsmaßnahmen zur Verbesserung der Umwelt, der sozialen Dienste oder der Jugendhilfe nach der Sonderregelung in § 242 s AFG bzw. der auch Arbeiten im Breitensport, der freien Kulturarbeit oder zur Vorbereitung denkmalpflegerischer Maßnahmen einschließenden Sonderregelung für den Osten Deutschlands (§ 249 h AFG).

7022

Die dritte Frage dieses 4. Abschnitts betrifft Personen, die eine Tätigkeit als **Geschäftsführer** ausgeübt haben. Bei Teilhabern z.B. an einer GmbH, die zum Geschäftsführer bestellt werden, kann die Beitragspflicht ihrer Beschäftigung fraglich sein. Es kommt auf die Höhe ihres Anteils an. Auch bei einer Minderheitsbeteiligung kann der Mitgesellschafter-Geschäftsführer womöglich nicht als abhängig Beschäftigter (Arbeitnehmer) zu sehen sein (vgl. Rz. 5213 ff.). In solchem Falle empfiehlt sich neben der gefragten Angabe der Beteiligungsquote das Hinzufügen einer Erläuterung.

7023

Im 5. Abschnitt werden **Angaben zur Beendigung des Beschäftigungs- und Arbeitsverhältnisses** erbeten.
Hat der Ausscheidende das Arbeitsverhältnis von sich aus gelöst (Eigenkündigung, Angebot oder Zustimmung zum Auflösungsvertrag), oder hat er durch sein vertragswidriges Verhalten dem Arbeitgeber den wichtigen Grund zur außerordentlichen (fristlosen) Kündigung geliefert, ohne daß er für sein Handeln einen wichtigen Grund zur Seite hat, kommt für ihn eine Sperrzeit in Betracht und er erhält für regelmäßig 12 Wochen kein Arbeitslosengeld. Für seine Prüfung benötigt das Arbeitsamt deshalb die Angaben, auf welche Weise oder aufgrund welcher Umstände das Arbeitsverhältnis beendet worden ist.

Die letzte Zeile ist auszufüllen, wenn das arbeitsvertragliche Arbeitsverhältnis trotz Beendigung der sozialrechtlich bedeutsamen entgeltlichen Beschäftigung noch fortbesteht. Das kann z.B. der Fall sein, wenn der Arbeitnehmer arbeitsunfähig krank ist und sowohl Lohnfortzahlung als auch der Bezug von Krankengeld ausgelaufen sind oder wenn das Arbeitsverhältnis aus sonstigen Gründen formal, also gleichsam symbolisch, aufrechterhalten wird.

7024

Im 6. Abschnitt geht es um die maßgebliche Kündigungsfrist. Die Angaben über die **für den Arbeitgeber maßgebliche Kündigungsfrist** benötigt das Arbeitsamt zur Prüfung vor allem darauf, ob und in welchem Umfang eine dem Arbeitnehmer beim Ausscheiden gewährte Abfindung auf das Arbeitslosengeld angerechnet werden muß (vgl. dazu Rz. 7039 ff.).

Wegen der Haftung des Arbeitgebers für Fehler in der Arbeitsbescheinigung (Rz. 7033) ist beim Ausfüllen dieses Abschnitts besondere Sorgfalt angezeigt. Eine beim Ausscheiden gewährte Abfindung ist im Abschnitt 10 des amtlichen Vordrucks einzutragen.

Die Fragen nach der für den Arbeitgeber maßgeblichen Kündigungsfrist und zu einem Ausschluß der ordentlichen Arbeitgeberkündigung müssen **stets beant-**

wortet werden, auch wenn das Arbeitsverhältnis auf andere Weise (z.B. Auflösungsvertrag, Vergleich, außerordentliche Kündigung) endete.

Die dritte Teilfrage in diesem Abschnitt, ob eine fristgebundene Kündigung aus wichtigem Grunde erfolgte, bezieht sich auf Arbeitnehmer, denen tarif- oder einzelvertraglich nicht ordentlich gekündigt werden kann, bei denen aber eine außerordentliche Kündigung aus wichtigem Grunde mit einer der ordentlichen Kündigungsfrist entsprechenden sozialen **Auslauffrist** zulässig ist. Das kann z.B. bei einer Betriebsstillegung der Fall sein.

7025

Im 7. und 8. Abschnitt werden Angaben zum Arbeitsentgelt erbeten. Der amtliche Vordruck gibt dazu im 7. Abschnitt ausführliche Hinweise. Zu bescheinigen sind jetzt die Lohnabrechnungszeiträume der **letzten 6 Monate mit mindestens 100 Tagen** mit Anspruch auf Arbeitsentgelt; liegen in den letzten 6 Monaten keine 100 Tage mit Anspruch auf Arbeitsentgelt (z.B. unbezahlter Urlaub oder Bezug von Krankengeld), so müssen zusätzliche weitere Lohnabrechnungszeiträume eingetragen werden, bis mindestens 100 Tage mit Anspruch auf Arbeitsentgelt erreicht sind. In der Vergangenheit kam es nur auf die letzten 3 Monate an; das hat sich jetzt geändert.

7026

Im 9. Abschnitt des amtlichen Vordrucks geht es um die wöchentliche Arbeitszeit. Einzutragen ist die regelmäßige Wochenarbeitszeit derjenigen Gruppe von Arbeitnehmern, welcher der Betroffene angehörte. Die erste Spalte gilt für Betriebe, die tarifgebunden sind oder tarifliche Regelungen praktisch anwenden Galt keine Tarifregelung und wurde auch keine solche Regelung angewendet, ist die einzelvertraglich vereinbarte oder tatsächliche regelmäßige Arbeitszeit anzugeben. Für die Beurteilung von Mehrarbeitszeit oder von Bereitschaftsdienst gibt der Vordruck Ausfüllhinweise.

7027

Im 10. Abschnitt des amtlichen Vordrucks wird u.a. nach über das Ende des Beschäftigungsverhältnisses hinaus gezahltem **Arbeitsentgelt** gefragt. Zu solchen Zahlungen kann es z.B. aufgrund arbeitsgerichtlichen Urteils oder Vergleichs vor dem Arbeitsgericht kommen, wenn im Urteil oder im Vergleich festgelegt wird, daß das Arbeitsverhältnis zu einem späteren Zeitpunkt endet, als zunächst mit der Kündigung ausgesprochen worden war. Weitere denkbare Fälle, die hier anzugeben sind, sind die Zahlung einer **Urlaubsabgeltung** und schließlich einer **Abfindung** (dazu Rz. 7039 ff.)

7028.

Macht der Arbeitnehmer **nachträglich Anspruch auf Arbeitsentgelt, Abfindung** oder eine ähnliche Entschädigung geltend und wird ein solcher Anspruch anerkannt oder durch Urteil zugesprochen, sollte der Arbeitgeber das **Arbeits-**

amt unverzüglich davon unterrichten. Gewährt nämlich das Arbeitsamt inzwischen Arbeitslosengeld für den Zeitraum, auf den die Arbeitgeberzahlung anzurechnen ist, ist der Anspruch auf die Zahlung auf das Arbeitsamt übergegangen und steht anstelle des Ausgeschiedenen nunmehr dem Arbeitsamt zu. Der Arbeitgeber läuft Gefahr, bei Zahlung an den Ausgeschiedenen nicht von seiner Schuld gegenüber dem Arbeitsamt als neuem Gläubiger frei zu werden.

7029

Die Frage nach einem **Wettbewerbsverbot** steht in Zusammenhang damit, daß ein solches Verbot die Verfügbarkeit des Arbeitslosen beeinträchtigt. Besteht der Arbeitgeber auf Einhaltung, muß er deshalb dem Arbeitsamt das Arbeitslosengeld für den Ausgeschiedenen erstatten. Durch Verzicht auf Einhaltung der Wettbewerbsabrede kann er sich von der Erstattungspflicht befreien (näheres bei Rz. 7056).

3. Benutzung firmeneigener Vordrucke

7030

Möchte der Arbeitgeber nicht den amtlichen Vordruck benutzen, sondern die Arbeitsbescheinigung mit Hilfe seiner betriebseigenen EDV-Anlage maschinell erstellen, kann er das mit dem Arbeitsamt vereinbaren. Zuständig ist der Direktor des für den Betriebssitz örtlich zuständigen Arbeitsamtes. In der Vereinbarung werden die Einzelheiten über die Ausgestaltung der EDV-Bescheinigung festgelegt.

Ohne Vereinbarung mit dem Arbeitsamt darf nur der amtliche Vordruck verwendet werden!

4. Durchsetzung des Anspruchs bei Streit um die Arbeitsbescheinigung

7031

Stellt der Arbeitgeber die Arbeitsbescheinigung nicht aus oder aber nur unvollständig oder nimmt er eine vom Arbeitnehmer verlangte Berichtigung des Inhalts nicht vor, ist der Arbeitnehmer womöglich gezwungen, gegen den Arbeitgeber auf dem Klagewege vorzugehen.

7032

Geht es dem Arbeitnehmer allein darum, die Arbeitsbescheinigung überhaupt zu erhalten, z.B. weil der Arbeitgeber ein Zurückbehaltungsrecht geltend macht, und besteht kein Streit um den Inhalt der Bescheinigung, kommt Klage zum Arbeitsgericht in Betracht. Ein Zurückbehaltungsrecht steht dem Arbeitgeber übrigens nicht zu! Er muß die Arbeitsbescheinigung erteilen und herausgeben, auch wenn er aus dem Arbeitsverhältnis noch Gegenansprüche gegen den Ausgeschiedenen hat. Immer wenn es aber auch um den Inhalt der Arbeitsbescheinigung geht und der Arbeitnehmer z.B. Korrektur hinsichtlich der Dauer der Be-

Sozialrecht

schäftigung, der Entgeltangabe oder des Grundes für das Ausscheiden verlangt, ist für eine Klage nicht das Arbeitsgericht, sondern das Sozialgericht zuständig *(BAG 15.01.1992, NZA 1992,996).*

Solche Klage, sei es zum Arbeitsgericht, sei es zum Sozialgericht, ist allerdings selten und in aller Regel nicht erforderlich. Der Arbeitnehmer benötigt die Arbeitsbescheinigung in den meisten Fällen zur Vorlage beim Arbeitsamt, damit sein Anspruch auf Arbeitslosengeld festgestellt und berechnet werden kann. Er kann deshalb **das Arbeitsamt einschalten** und das Arbeitsamt fordert dann den Arbeitgeber auf, die Arbeitsbescheinigung zu erteilen oder inhatlich zu berichtigen.

Kommt der Arbeitgeber der Aufforderung nicht nach, kann das Arbeitsamt gegen ihn Geldbuße festsetzen und mit Zwangsmitteln vorgehen !

Unabhängig davon kann das Arbeitsamt die Angaben des Arbeitgebers in der Arbeitsbescheinigung, wenn Zweifel auftauchen oder z. B. von dem Arbeitslosen geltend gemacht werden, beim Arbeitgeber etwa durch Rückfragen überprüfen.

Kommt es zwischen dem Arbeitslosen und dem Arbeitsamt zum Streit über einen Leistungsanspruch oder seine Berechnung und erhebt der Arbeitslose schließlich gegen das Arbeitsamt Klage zum Sozialgericht, kann das Gericht zur Aufklärung des Streitfalles den Arbeitgeber oder einen sachkundigen Mitarbeiter als Zeugen vorladen und auffordern, geeignete (Lohn-) Unterlagen vorzulegen, wenn diese Angaben für den Leistungsanspruch des Arbeitslosen wesentlich sind. Der Zeugenvorladung zum Gericht muß Folge geleistet werden.

5. Schadensersatzpflicht des Arbeitgebers

7033
Fehlerhafte Angaben in der Arbeitsbescheinigung können dazu führen, daß dem Arbeitslosen irrtümlich zuviel Arbeitslosengeld bewilligt wird, weil z. B. eine anzurechnende Abfindung nicht ordnungsgemäß angegeben wurde oder daß Arbeitslosengeld bewilligt wird, auf das an sich kein Anspruch bestand, weil z.B. die Dauer der beitragspflichtigen Beschäftigung falsch angegeben wurde.

! Für solchen Schaden des Arbeitsamtes **haftet der Arbeitgeber** dem Amt **auf Schadensersatz,** wenn er schuldhaft falsche Angaben gemacht hat.

Der Schaden des Arbeitsamtes besteht in der eingetretenen Überzahlung an den Arbeitslosen, soweit sie nicht durch Rückforderung rückgängig gemacht werden kann. Rückforderung beim Arbeitslosen ist bei zum Lebensunterhalt verbrauchten Leistungen kaum möglich, sofern nicht der Arbeitslose den Fehler selbst genau erkannt hatte. Zusätzliche Verwaltungskosten oder eine Verzinsung kann das Arbeitsamt in aller Regel nicht in Rechnung stellen, wohl aber die Beiträge zur Krankenversicherung des Arbeitslosen, wenn diesem irrtümlich Arbeitslosengeld oder -hilfe bewilligt worden war und der Irrtum auf dem Fehler in der Arbeitsbescheinigung beruhte.

7034

Das Arbeitsamt wird im gegebenen Fall seinen Anspruch bei dem Arbeitgeber schriftlich anmelden. Kommt es darüber zum Streit, kann das Arbeitsamt gegen den Arbeitgeber einen **Leistungsbescheid** auf Zahlung erlassen, gegen den sich der Arbeitgeber dann mit dem **Widerspruch** und sodann mit der **Klage zum Sozialgericht** wehren kann.

Ob das Arbeitsamt die Forderung einseitig durch Leistungsbescheid festsetzen darf und damit den Arbeitgeber auf den Klageweg zwingen kann, ist umstritten. Nach der bisher noch vorherrschenden Auffassung **muß das Arbeitsamt**, will es seinen Anspruch durchsetzen, **gegen den Arbeitgeber selbst Klage erheben**. Zuständig dafür ist auch in diesem Falle das Sozialgericht.

Die Fragen in dem umfangreichen Vordruck für die Arbeitsbescheinigung sind nicht immer leicht zu beantworten. Zu Angaben verpflichtet ist der Arbeitgeber nur über Tatsachen, die für den Anspruch des Arbeitslosen von Bedeutung sein können. Zu den Tatsachen gehören zunächst z. B. die Daten der Beschäftigung und deren Art. Dazu gehören aber auch einfache Rechtsbegriffe der Alltagssprache, wie etwa die Begriffe Arbeitsentgelt, Urlaubsabgeltung oder Kündigung. Für die Richtigkeit dieser angegebenen Tatsachen hat der Arbeitgeber einzustehen.

Nicht einzustehen hat er hingegen, wenn es um Rechtsfragen geht und der Arbeitgeber hier einem Irrtum oder Fehlverständnis unterliegt. Es dürfen keine Angaben verlangt werden, die beim Arbeitgeber eine eigene rechtliche Wertung voraussetzen. Die Grenze zwischen Tatsachen, Rechtsbegriffen der Alltagssprache und Begriffen mit rechtlicher Wertung ist fließend. Hat der Arbeitgeber zu einzelnen Fragen Zweifel, sollte er sie unter Angabe der entsprechenden Tatsachen deutlich machen ("zweifelhaft") oder gegebenenfalls auf einem Anlagebogen näher erläutern. So kann er einem möglichen Vorwurf, fehlerhaft ausgefüllt zu haben, am besten begegnen.

IV. Entgeltnachzahlungen an den ausgeschiedenen Arbeitnehmer

7035

Wenn dem Arbeitnehmer für die Zeit bis zu seinem Ausscheiden noch rückständiges Arbeitsentgelt zusteht, so bestehen sozialversicherungsrechtlich keine Besonderheiten. Das Entgelt ist, wie auch sonst üblich, beitragspflichtig und der Krankenkasse zu melden; wird es erst nach erfolgter Abmeldung gezahlt, muß die Abmeldung deswegen berichtigt werden (Berichtigungsmeldung, dazu oben Rz. 6122).

Es kann vorkommen, daß dem Arbeitnehmer noch für die Zeit nach seinem tatsächlichen Ausscheiden Arbeitsentgelt oder eine Urlaubsabgeltung zusteht.

Beispiele:
Der zahlungsunfähige Arbeitgeber hat den Arbeitnehmer ordentlich gekündigt, aber mit sofortiger Wirkung endgültig von der Arbeit freigestellt.
Dem Arbeitnehmer verbleibt der Entgeltanspruch bis zum Ablauf der ordentlichen Kündigungsfrist.

Der Arbeitgeber hat unwirksam gekündigt, sei es wegen Nichteinhaltung der ordentlichen Kündigungsfrist, sei es fristlos, aber ohne wichtigen Grund, sei es unter Verletzung von Kündigungsschutzregeln (Mutterschutz, Schwerbehinderte, Betriebsratsmitglieder, Wahlvorstände!). Im Kündigungsschutzprozeß wird die Unwirksamkeit der Kündigung und ein entsprechend späteres Ende des Arbeitsverhältnisses dann festgestellt.
Auch hier verbleibt dem Arbeitnehmer für die entsprechende Dauer sein Anspruch auf Arbeitsentgelt.

Soweit es um die Entrichtung von Beiträgen aus dem Arbeitsentgelt geht, besteht trotz faktischen Endes der Beschäftigung des Arbeitnehmers das sozialrechtliche Beschäftigungsverhältnis für die Dauer des Entgeltanspruchs weiter. Das nachzuzahlende Entgelt unterliegt wie auch sonst der Beitrags- und Meldepflicht. Weil die Abmeldung häufig bereits vorgenommen sein wird, muß Berichtigungsmeldung erstattet werden (dazu Rz. 6122).

7036
Auf der anderen Seite ist der tatsächlich und endgültig ausgeschiedene Arbeitnehmer faktisch arbeitslos. Er kann sich beim Arbeitsamt melden und Arbeitslosengeld beantragen. Sind die dafür notwendigen sonstigen Voraussetzungen erfüllt und kann das Arbeitsamt ihn nicht vermitteln, wird er die Leistung erhalten.

Zwar zahlt das Arbeitsamt im Grundsatz kein Arbeitslosengeld für die Zeit, für die der ausgeschiedene Arbeitnehmer noch Arbeitsentgelt verlangen kann; der Anspruch ruht insoweit. Erhält der Arbeitslose das ihm noch zustehende Arbeitsentgelt vom Arbeitgeber aber tatsächlich nicht ausgezahlt (z. B. wegen Zahlungsunfähigkeit oder wegen Streits um die Kündigung) wird das Arbeitsamt einspringen und Arbeitslosengeld auch für diesen Zeitraum zahlen.

In solchem Fall tritt das Arbeitsamt an die Stelle des an sich zahlungspflichtigen Arbeitgebers. Der Lohnanspruch des Arbeitnehmers geht deshalb bis zur Höhe des gezahlten Arbeitslosengeldes für denselben Zeitraum auf das Arbeitsamt über. Das Arbeitsamt ist jetzt Gläubiger dieses Lohnanspruchs gegen den Arbeitgeber und kann ihn vor dem Arbeitsgericht auf Zahlung verklagen.

Sozialrechtliche Wirkungen bei Beendigung des Arbeitsverhältnisses

7037

Weil das Arbeitsamt für die Dauer der Zahlung von Arbeitslosengeld auch für den Arbeitnehmer die Beiträge zur Krankenversicherung getragen hat, muß der Arbeitgeber dem Arbeitsamt auch die gezahlten Krankenkassenbeiträge erstatten, soweit er ansonsten als Arbeitgeber Beiträge zu entrichten gehabt hätte. Die Verpflichtung ist der Höhe nach auf den Betrag begrenzt, den das Arbeitsamt an Beiträgen aufgewendet hat und weiter auf den Betrag, den der Arbeitgeber bei rechtzeitiger Lohnzahlung zu zahlen gehabt hätte.

Soweit der Arbeitgeber dem Arbeitsamt die Beiträge erstattet, wird er gegenüber der Krankenkasse frei. Nur eine verbleibende Differenz hat er an die Krankenkasse als Rest-Beitrag zu entrichten.

Tritt das Arbeitsamt mit Arbeitslosengeld und Krankenkassenbeiträgen für den säumigen Arbeitgeber ein, wird es ihn davon unterrichten und darauf hinweisen, daß der Lohnanspruch nunmehr dem Arbeitsamt zusteht.

Auch ohne solche Mitteilung muß der Arbeitgeber mit dem Übergang des Lohnanspruchs auf das Arbeitsamt schon dann rechnen, wenn ihm erkennbar wird, daß der ausgeschiedene Arbeitnehmer Arbeitslosengeld beantragt hat oder beantragen wird.

7038

Muß er damit rechnen oder hat er sogar Mitteilung vom Arbeitsamt erhalten, wird er von seiner Schuld nicht frei, wenn er dennoch an den ausgeschiedenen Arbeitnehmer zahlt. Er setzt sich der Gefahr aus, noch einmal an das Arbeitsamt zahlen zu müssen.

Vor nachträglichen Zahlungen an den ausgeschiedenen Arbeitnehmer empfiehlt sich deshalb Rückfrage beim Arbeitsamt!

Zum Ruhen des Anspruchs auf Arbeitslosengeld führt übrigens auch eine dem ausgeschiedenen Arbeitnehmer gewährte Urlaubsabgeltung.

V. Anrechnung von Abfindungen auf das Arbeitslosengeld

1. Abfindung wegen Beendigung des Arbeitsverhältnisses

7039

Nicht selten erhalten Arbeitnehmer wegen der Beendigung ihres Arbeitsverhältnisses eine Abfindung vom Arbeitgeber.

Sie kann festgesetzt werden z.B.

Sozialrecht

- im Aufhebungsvertrag beim Ausscheiden im gegenseitigen Einvernehmen,
- im Kündigungsschutzprozeß vor dem Arbeitsgericht durch Urteil oder Vergleich oder
- bei Betriebsänderungen oder bei Betriebsstillegung in einer Betriebsvereinbarung (Sozialplan).

Durch die Abfindung soll der Arbeitnehmer eine Entschädigung für den Verlust des Arbeitsplatzes erhalten. Häufig ist in der Abfindung aber auch das Arbeitsentgelt für eine bestimmte Zeitspanne enthalten. So ist es, wenn das Arbeitsverhältnis schon vor dem Zeitpunkt enden soll, zu dem es vom Arbeitgeber hätte ordentlich gekündigt werden können, sei es, daß dem Arbeitnehmer eine längere Kündigungsfrist zustand, sei es, daß eine ordentliche Kündigung z.B. wegen Alters oder langer Betriebszugehörigkeit überhaupt nicht möglich ist. Dieser Entgeltanteil in der Abfindung bildet zwar eine Rechengröße bei der Kalkulation, wird aber nur selten gesondert ausgewiesen. Enthält die Abfindungsvereinbarung ausdrücklich eine Position für rückständiges Arbeitsentgelt für die Zeit bis zum Ende des Arbeitsverhältnisses, so so handelt es sich insoweit um nachträgliches Arbeitsentgelt (Rz. 7035).

Näheres zur arbeitsrechtlichen Seite findet sich oben bei Rz. 4066 ff.. Hier sollen die **sozialrechtlichen Konsequenzen** aufgezeigt werden. Der ausscheidende Arbeitnehmer läuft Gefahr, daß die Abfindung oder Teile davon auf das Arbeitslosengeld angerechnet werden. Wegen der Anrechnung bekommt er womöglich für eine gewisse Zeitspanne kein Arbeitslosengeld und ist auf den Verbrauch der Abfindung angewiesen. Es kann auch der Fall eintreten, daß durch Vereinbarung einer Abfindung im Rahmen eines Vergleichs vor dem Arbeitsgericht im Kündigungsschutzprozeß die für das Arbeitslosengeld wichtige Dauer der beitragspflichtigen Beschäftigung verkürzt wird und der Arbeitnehmer auf solche Weise seinen Anspruch auf Arbeitslosengeld verliert (vgl. oben Rz. 7003).

Beispiel:
Der Arbeitgeber kündigt fristlos zum Ende November. Der Gekündigte erhebt zum Arbeitsgericht die Kündigungsschutzklage. Im Termin vor dem Arbeitsgericht schließen die Parteien im März des folgenden Jahres schließlich den folgenden Vergleich:
1. Die Parteien sind sich einig, daß das Arbeitsverhältnis durch ordentliche betriebsbedingte Kündigung (erst) zum 15. März beendet ist;
2. Der Arbeitnehmer erhält für den Verlust des Arbeitsplatzes entsprechend §§ 9,10 KSchG eine Abfindung in Höhe von .....;
3. Die Parteien sind sich einig, daß mit der Erfüllung dieses Vergleichs sämtliche gegenseitigen finanziellen Ansprüche aus dem Arbeitsverhältnis ausgeglichen sind.

In solchem Falle ergeben sich für den ausgeschiedenen Arbeitnehmer abgesehen von der Frage der Anrechnung der Abfindung auf das Arbeitslosengeld zusätzliche Probleme. Hat er aufgrund der zunächst ausgesprochenen fristlosen Kündigung seit Ende November nicht mehr gearbeitet, war das beitragspflichtige

Sozialrechtliche Wirkungen bei Beendigung des Arbeitsverhältnisses

Beschäftigungsverhältnis (zunächst) zu diesem Termin beendet und nur die Zeit bis Ende November kann auf die Anwartschaft für das Arbeitslosengeld angerechnet werden. Wird nun im arbeitsgerichtlichen Vergleich ein späteres Ende des Arbeitsverhältnisses festgelegt, so rechnet diese weitere Zeitspanne (im Beispiel: bis März des folgenden Jahres) nur dann für die Anwartschaft auf Arbeitslosengeld mit, wenn dafür auch Arbeitsentgelt geschuldet wird. Das wird regelmäßig gemäß § 615 BGB der Fall sein, wenn sich die fristlose Kündigung vor dem Arbeitsgericht als nicht zu halten erweist. Wenn der Arbeitnehmer freilich in dem Vergleich die Abfindung ausdrücklich "für den Verlust des Arbeitsplatzes" erhält und zudem im Vergleich die "Ausgleichsquittung" unter Verzicht auf alle weitergehenden finanziellen Ansprüche erteilt, dann wird für die fragliche Zeitspanne gerade kein Arbeitsentgelt geschuldet und es bewendet dabei, daß für den Anspruch auf Arbeitslosengeld nur die Zeit bis zum faktischen Ausscheiden Ende November angerechnet werden kann. Reicht sie für einen Anspruch nicht aus, hat sich der Arbeitnehmer durch Zustimmung zum Vergleich seiner wirtschaftlichen Sicherung für die Dauer der Arbeitslosigkeit begeben.

Tip

Wegen der Konsequenzen für den Arbeitnehmer sollte bei Zweifeln, ob eine Abfindung zur Anrechnung gelangen wird oder gar den Anspruch auf Arbeitslosengeld vernichtet oder verkürzt wird, vor Abschluß der Vereinbarung das Arbeitsamt um Rat und Auskunft gebeten werden!

Die Gefahr der Anrechnung der Abfindung auf das Arbeitslosengeld besteht, wenn

- das Arbeitsverhältnis ohne Einhalten der für den Arbeitgeber maßgeblichen Kündigungsfrist endet **(vorzeitiges Ausscheiden gegen Abfindung)** oder wenn

- das Arbeitsverhältnis zwar fristgerecht unter Beachtung der gültigen Kündigungsfrist endet, der Arbeitnehmer aber ohne wichtigen Grund ausscheidet **(grundloses Ausscheiden)**, namentlich wenn er gegen Abfindung auf bestehenden Kündigungsschutz "verzichtet".

7040

Betroffen von möglicher Anrechnung sind alle Zuwendungen des Arbeitgebers, welche die Bereitschaft des Arbeitnehmers zum Ausscheiden zu fördern geeignet sind, unabhängig davon, ob sie als Abfindung oder anders bezeichnet werden. Dazu gehören u.a.

- Abfindungen für den Verlust des Arbeitsplatzes,
- Schadenersatzansprüche des Arbeitnehmers aus § 628 Abs. 2 BGB,
- monatliche Ausgleichszahlungen bis zum Beginn einer betrieblichen Altersversorgung,
- Leistungen von juristisch selbständigen Versorgungseinrichtungen, wenn sie mit dem Arbeitgeber wirtschaftlich verbunden sind.

Sozialrecht

Nicht betroffen sind nur solche Leistungen, auf welche ein Arbeitnehmer beim Ausscheiden in jedem Falle Anspruch hat, z.B. Ausschüttung von Gewinnanteilen, Treueprämien, Jubiläumsgelder oder tarifliche Übergangsgelder, für deren Gewährung vorzeitiges Ausscheiden keine Rolle spielt. Nicht betroffen sind ebenso Abfindungen wegen der Anwartschaft auf betriebliche Altersversorgung.

2. Anrechnung bei vorzeitiger Beendigung des Arbeitsverhältnisses

7041

Nicht "vorzeitig" scheidet der Arbeitnehmer aus, wenn das Arbeitsverhältnis **unter Einhalten der für den Arbeitgeber gültigen Kündigungsfrist** endet. Es kommt nur darauf an, ob diese Frist eingehalten wird unabhängig davon, wer gekündigt hat oder ob ein Aufhebungsvertrag oder ein Vergleich geschlossen wurde. Eine längere Auslauffrist hätte dem Arbeitnehmer in solchem Fall nicht zugestanden, weshalb in der Abfindung auch nicht der Preis für die Hinnahme einer verkürzten Frist erblickt werden kann. Bei solchem "normalen" (fristgerechten) Ausscheiden kann allerdings die Anrechnung der Abfindung wegen Ausscheidens ohne wichtigen Grund mit Sperrzeitfolge in Betracht kommen (dazu unten Rz. 7048).

Mitunter wird ein Arbeitnehmer vom Arbeitgeber endgültig und ohne Lohnfortzahlung freigestellt, das Arbeitsverhältnis jedoch formal (als ruhend) aufrechterhalten, z.B. um dem Betroffenen die Anwartschaft auf betriebliche Altersversorgung zu sichern. In solchem Fall ist die **faktische Beendigung** der Beschäftigung maßgeblich; mit dem Ende der faktischen Beschäftigung scheidet der Arbeitnehmer aus dem sozialrechtlichen Beschäftigungsverhältnis aus und es kommt für die Anrechnungsfrage darauf an, ob **bezogen auf diesen Zeitpunkt** die gültige Kündigungsfrist eingehalten worden ist.

Nicht vorzeitig scheidet der Arbeitnehmer ebenfalls aus, wenn der Arbeitgeber zu dem Zeitpunkt, zu dem das Arbeitsverhältnis beendet wurde, ein Recht zur **Kündigung aus wichtigem Grunde** hatte. Auch wenn der Arbeitgeber anstelle der an sich möglichen außerordentlichen (fristlosen) Kündigung, etwa im Interesse des Arbeitnehmers, eine "neutrale" Beendigungsform wählt (z.B. Aufhebungsvertrag) stünde dem Arbeitnehmer doch keine längere Frist zu.

Nimmt der Arbeitgeber ein Recht zur außerordentlichen (fristlosen) Kündigung aus wichtigem Grunde (§ 626 BGB) in Anspruch und spricht er die außerordentliche (fristlose) Kündigung aus, können Probleme auftauchen.

Beispiel:
Der Arbeitnehmer erhebt gegen die außerordentliche Kündigung beim Arbeitsgericht die Kündigungsschutzklage. Um dem Arbeitnehmer das berufliche Fortkommen nicht zu erschweren, schließen die Parteien im Rahmen des Prozesses einen Auflösungsvertrag oder

einen Vergleich. Darin wird festgelegt, daß das Arbeitsverhältnis einvernehmlich oder durch ordentliche Arbeitgeberkündigung endet, und zwar zu demselben Zeitpunkt wie durch die zunächst ausgesprochene fristlose Kündigung oder zwar zu einem späteren Zeitpunkt, aber jedenfalls noch vor Ablauf der für den Arbeitgeber gültigen ordentlichen Kündigungsfrist. Ferner erhält der Arbeitnehmer eine Abfindung zugesprochen.

Die Abfindung wird nur dann nicht auf das Arbeitslosengeld des Ausgeschiedenen angerechnet, wenn der Arbeitgeber im Zeitpunkt des Ausscheidens ein Recht zur außerordentlichen Kündigung aus wichtigem Grunde hatte. Wenn der Arbeitgeber im Kündigungsschutzprozeß die zunächst ausgesprochene außerordentliche Kündigung aus wichtigem Grunde im praktischen Ergebnis "zurücknimmt" und durch eine neutrale Beendigungsform ersetzt, wird das Arbeitsamt bei der Frage der Anrechnung der Abfindung im Zweifel davon ausgehen, daß ein wichtiger Grund zur außerordentlichen Arbeitgeberkündigung tatsächlich nicht vorlag. Es wird deshalb ein vorzeitiges Ausscheiden des Arbeitnehmers vor Ablauf der an sich gültigen ordentlichen Kündigungsfrist annehmen und die Abfindung zur Anrechnung stellen. Ist der ausgeschiedene Arbeitnehmer damit nicht einverstanden, kann er sich mit Widerspruch und anschließend mit Klage zum Sozialgericht dagegen wenden. Im Prozeß zwischen dem Ausgeschiedenen und dem Arbeitsamt um die Frage der Anrechenbarkeit der Abfindung wird der wichtige Kündigungsgrund dann vom Sozialgericht selbständig nachgeprüft unabhängig davon, welche Feststellungen das Arbeitsgericht dazu getroffen hatte oder welche Motive zum arbeitsgerichtlichen Vergleich führten.

3. Problemfälle vorzeitiger Beendigung

7042

• **Ordentlich unkündbare Arbeitnehmer**
Vor allem bei älteren Arbeitnehmern mit langer Betriebszugehörigkeit ist die ordentliche Kündigung häufig durch Tarif- oder Einzelvertrag ausgeschlossen. Hier legt § 117 AFG eine fiktive Kündigungsfrist von **18 Monaten** zugrunde. Das bedeutet: Das Arbeitsverhältnis endet "vorzeitig", wenn es vor Ablauf der Beendigungsfrist von 18 Monaten endet und die Abfindung wird für die Dauer der Beendigungsfrist angerechnet, jedoch längstens für ein Jahr vom Endzeitpunkt des Arbeitsverhältnisses an gerechnet.

Im Falle einer **Betriebsstillegung** erkennt das Arbeitsrecht dem Arbeitgeber die Befugnis zu, auch ordentlich unkündbare Arbeitnehmer außerordentlich (aus dem wichtigen Grunde der Betriebsstillegung) zu kündigen, jedoch unter Einhalten der ordentlichen Kündigungsfrist als Auslauffrist (*BAGE 48, 220*). In der Betriebsvereinbarung(Sozialplan) sind dann häufig Abfindungen vorgesehen.

Auch für Sozialplanabfindungen gelten die Anrechnungsbestimmungen!

Sozialrecht

In der Vergangenheit kam es bei diesen Betriebsstillegungs-Fällen zu Problemen, weil eine genaue gesetzliche Regelung fehlte. Jetzt gilt: Es kommt darauf an, ob die Frist eingehalten wurde, die normalerweise ohne den Ausschluß der ordentlichen Kündigung für den Arbeitgeber als Kündigungsfrist maßgeblich wäre; wird sie nicht eingehalten, liegt ein "vorzeitiges" Ausscheiden vor.

7043

• **Nur gegen Abfindung ordentlich kündbare Arbeitnehmer**
Ist ein Arbeitnehmer nach Tarif- oder Einzelarbeitsvertrag an sich ordentlich nicht kündbar, kann er nur gegen Abfindung ordentlich gekündigt werden, so legt § 117 Abs. 2 Satz 4 AFG eine fiktive Kündigungsfrist von einem Jahr zugrunde und die Abfindung wird für diese Zeitspanne angerechnet ohne Rücksicht darauf, welche Frist der Tarif- oder Einzelarbeitsvertrag für diese Art ordentlicher Kündigung vorsieht. Bestimmt er z.B. dafür eine Kündigungsfrist von 6 Monaten und wird diese eingehalten, scheidet der Arbeitnehmer für das Arbeitsamt dennoch "vorzeitig" aus, weil es eine Beendigungsfrist von einem Jahr zugrunde legen muß. Wegen verfassungsrechtlicher Bedenken gegen diese Regelung hatte das SG Nürnberg die Frage der Gültigkeit der Vorschrift dem BVerfG zur Entscheidung vorgelegt. Nachdem das Arbeitsamt in dem zugrunde liegenden Fall das beanspruchte Arbeitslosengeld nunmehr gewährt hat, hat das SG Nürnberg seinen Vorlagebeschluß aufgehoben *(Beschluß vom 08.12.1993, S 13 Al 547/93)*. Die Problematik der Regelung bleibt damit offen. Allerdings ist sie weitgehend entschärft, denn in den wichtigen Fällen sozialplanpflichtiger Betriebsveränderungen und Betriebsstillegungen kommt es bei der Anrechnungsfrage für an sich Unkündbare jetzt auf die "normale" Kündigungsfrist an (vgl. oben Rz. 7042).

7044

• **Vorübergehend ordentlich unkündbare Arbeitnehmer**
Bei bestimmten Arbeitnehmern ist die ordentliche Kündigung vorübergehend ausgeschlossen, z.B. für

• Betriebsratsmitglieder (§ 15 KSchG),

• Schwerbehinderte (§ 15 SchwbG) oder

• im Mutterschutz (§ 9 MuSchG).

Wird dennoch gegen Abfindung ordentlich gekündigt, ist darauf abzustellen, ob die normalerweise gültige ordentliche Kündigungsfrist eingehalten worden ist. Wenn nicht, wird die Abfindung wegen vorzeitigen Ausscheidens angerechnet. Ist die Frist eingehalten, kommt Anrechnung wegen Ausscheidens ohne wichtigen Grund in Betracht (vgl. Rz. 7048).

4. Dauer und Umfang der Anrechnung einer Abfindung bei vorzeitigem Ausscheiden

7045

Der Zeitraum, für den die Abfindung auf das Arbeitslosengeld zur Anrechnung gelangt (Anrechnungs- oder Ruhenszeit), beginnt mit dem Tage der Kündigung. Schließen die Beteiligten einen Aufhebungsvertrag, beginnt die Frist mit dem Tage des Vertragsschlusses.

Der Tag der Kündigung bleibt auch maßgebend, wenn z.B. im Kündigungsschutzprozeß später ein anderer, danach liegender Zeitpunkt vereinbart wird. Sie bleibt immer maßgebend, wenn die Kündigung der auslösende Faktor für die Beendigung des Arbeitsverhältnisses war.

Die Anrechnungs- oder Ruhenszeit läuft bis zum Ablauf der normalen ordentlichen Kündigungsfrist. Bei Unkündbaren läuft sie 18 Monate oder, wenn nur gegen Abfindung ordentlich gekündigt werden kann, 12 Monate (vgl. Rz. 4113).

Wenn ein befristetes Arbeitsverhältnis vorzeitig gelöst wird, läuft sie bis zum Ende der ursprünglich vorgesehenen Frist.

Vor allem bei den langen Fristen für Unkündbare muß zusätzlich beachtet werden, daß der Anrechnungs- oder Ruhenszeitraum längstens ein Jahr beträgt, gerechnet vom letzten Tage des Arbeitsverhältnisses an. Auch wenn z.B. die vom Gesetz zugeordnete fiktive Kündigungsfrist von 18 Monaten seit Ausspruch der Kündigung oder seit Abschluß des Aufhebungsvertrages noch läuft, endet der Anrechnungs- oder Ruhenszeitraum spätestens ein Jahr nach dem Ende des Arbeitsverhältnisses.

Für die Dauer der Anrechnungs- oder Ruhenszeit ruht der Anspruch auf Arbeitslosengeld. Der Arbeitnehmer erhält also für längstens ein Jahr nach Ende des Arbeitsverhältnisses kein Arbeitslosengeld.

7046

In vielen Fällen verkürzt sich aber die Anrechnungs- oder Ruhenszeit.

Zur Verkürzung der bei langen Kündigungsfristen entsprechend langen Anrechnungs- oder Ruhenszeit kommt es, weil die dem Arbeitnehmer gewährte Abfindung nicht in vollem Umfang zur Anrechnung gelangt. Ihr sozialer Anteil, die Entschädigung für den Verlust des Arbeitsplatzes, soll dem Arbeitnehmer verbleiben. Angerechnet werden soll nur der Anteil, der den Ausgleich für entgangenes Arbeitsentgelt darstellt (Entgeltanteil).

Für die Aufteilung dieser beiden Anteile wird nicht danach gefragt, wie die Vertragsparteien die Elemente der Abfindung im einzelnen Fall kalkuliert haben und ob überhaupt ein Entgeltanteil eingerechnet wurde. Es kommt vielmehr zu einer pauschalen Aufteilung der Abfindung. Sie orientiert sich

- am Lebensalter des Arbeitnehmers und
- an der Dauer seiner Betriebszugehörigkeit.

Welcher Anteil der Abfindung danach als Entgeltanteil angesehen wird und zur Anrechnung gelangt, ergibt sich aus folgender Tabelle:

Betriebs-zugehörigkeit in Jahren	Lebensalter zum Zeitpunkt der Beendigung des Arbeitsverhältnisses in Jahren					
	bis 40	ab 40	ab 45	ab 50	ab 55	ab 60
weniger als 5	70 %	65 %	60 %	55 %	50 %	45 %
5 und mehr	65 %	60 %	55 %	50 %	45 %	40 %
10 und mehr	60 %	55 %	50 %	45 %	40 %	35 %
15 und mehr	55 %	50 %	45 %	40 %	35 %	30 %
20 und mehr	50 %	45 %	40 %	35 %	30 %	30 %
25 und mehr	45 %	40 %	35 %	30 %	30 %	30 %
30 und mehr	-	35 %	30 %	30 %	30 %	30 %
35 und mehr	-	-	30 %	30 %	30 %	30 %
	der Abfindung werden angerechnet					

Von der Abfindung werden als Entgeltanteil mindestens 30 v.H. zur Anrechnung genommen (z.B. Arbeitnehmer ab 60 Jahre bei mindestens 15-jähriger Betriebszugehörigkeit) und höchsten 70 v.H. (Arbeitnehmer unter 40 Jahren bei weniger als 5 Jahren Betriebszugehörigkeit).

7047
Die Anrechnungs- oder Ruhenszeit ergibt sich nun, wenn der für den Arbeitnehmer nach Lebensalter und Dauer der Betriebszugehörigkeit maßgebliche Prozentanteil (zwischen 30 v.H. und 70 v.H.) der Abfindungssumme durch sein zuletzt kalendertäglich erzieltes Arbeitsentgelt geteilt wird.

Für diese Berechnung wird das auch in der Arbeitsbescheinigung auszuweisende Arbeitsentgelt (vgl. Rz. 7025) der letzten abgerechneten Lohnabrechnungszeiträume der letzten 6 Monate (nur die beim Ausscheiden bereits abgerechneten Lohnabrechnungszeiträume!) durch die Zahl an Kalendertagen geteilt, in denen es erzielt wurde. Das Ergebnis ist der kalendertägliche Arbeitsverdienst.

Sozialrechtliche Wirkungen bei Beendigung des Arbeitsverhältnisses

Beispiel:
Das Arbeitsverhältnis des 54-jährigen Angestellten X wird nach 26 Jahren Betriebszugehörigkeit am 31.03. durch Aufhebungsvertrag beendet; die ordentliche Kündigungsfrist hätte 9 Monate betragen. Er bekommt eine Abfindung in Höhe von 24 Monatsgehältern (3.750 DM), also von DM 90.000 DM.

Der Anrechnungszeitraum läuft

- bis zum Ende der ordentlichen Kündigungsfrist, also bis zum 31.12. (grundsätzlicher Anrechnungszeitraum), **oder**

- bis zum 31.03. des folgenden Jahres (Höchstbegrenzung der Anrechnungszeit auf ein Jahr seit Ende des Arbeitsverhältnisses) **oder**

- für die Zahl von Tagen, die sich aus folgender Berechnung ergibt: maßgeblicher Anteil der Abfindung 30 v.H. von 90.000 DM = 27.000 DM, geteilt durch letztes kalendertägliches Arbeitsentgelt, hier 125 DM.

Ergebnis: 216 Tage, gerechnet ab Ende des Arbeitsverhältnisses.
Der kürzere Zeitraum ist maßgebend, so daß der Anrechnungs- oder Ruhenszeitraum in diesem Beispiel nicht bis zum 31.12., sondern für 216 Tage bis zum 02.11. läuft; ab 03.11. kann Arbeitslosengeld gewährt werden.

Wenn der arbeitslos gewordene Arbeitnehmer die Abfindung erst später oder in Teilbeträgen ausgezahlt erhält oder wenn sie in der Form eines monatlichen Zuschusses gewährt wird, wird dennoch nach den dargestellten Regeln angerechnet; eine Abfindung in Form eines laufenden Zuschusses wird dabei kapitaliert. In diesen Fällen wird das Arbeitsamt Arbeitslosengeld zahlen und die anzurechnenden Abfindungsbeträge beim Arbeitgeber einfordern.

5. Anrechnung einer Abfindung bei fristgerechtem Ausscheiden ohne wichtigen Grund mit Sperrzeitfolge

7048

Vielen älteren Arbeitnehmern mit längerer Betriebszugehörigkeit kann nicht sozial gerechtfertigt gekündigt werden (vgl. § 1 KSchG). Soll ein geplanter Personalabbau auch sie erfassen, wird mit ihnen ein Auflösungsvertrag geschlossen in der Erwartung, daß sie unter den für Ältere geltenden erleichterten Voraussetzungen zunächst Arbeitslosengeld erhalten und sodann ab Vollendung des 60. Lebensjahres Altersrente wegen Arbeitslosigkeit. Sie erhalten eine Abfindung zum Ausgleich dafür, daß sie Auflösung des Arbeitsverhältnisses hinnehmen und so auf ihren Kündigungsschutz "verzichten".

Betriebliche Personalprobleme sollen nicht zu Lasten der Sozialversicherung gelöst werden. Deshalb wirkt § 117 a AFG solchem "Frühverrentungsprogramm" entgegen: Erhält ein Arbeitnehmer wegen des Ausscheidens eine Abfindung oder hat er sie zu beanspruchen, wird sie auch dann auf das Arbeitslosengeld angerechnet, wenn das Arbeitsverhältnis fristgerecht und nicht "vorzeitig" endet,

Sozialrecht

sofern der Arbeitnehmer sein Arbeitsverhältnis (in aller Regel durch Aufhebungsvertrag) ohne wichtigen Grund gelöst hat und deshalb eine Sperrzeit gemäß § 119 Abs. 1 AFG von 12 Wochen eintritt.

7049
Einen wichtigen Grund zur Auflösung des Arbeitsverhältnisses hat der Arbeitnehmer nur zur Seite, wenn ihm unter Berücksichtigung aller Einzelfallumstände und unter Abwägung seiner Interessen mit denen der Versichertengemeinschaft ein anderes Verhalten nicht zugemutet werden kann. So liegt es z.B., wenn dem Arbeitnehmer zu dem maßgeblichen Zeitpunkt ohnehin hätte betriebs- oder personenbedingt gekündigt werden dürfen und mit dem Aufhebungsvertrag nur eine andere Form der Lösung des Arbeitsverhältnisses gewählt wurde. Fehlen solche Umstände und soll der Ältere durch sein Ausscheiden den Arbeitsplatz eines Jüngeren erhalten helfen, so wird das nicht als wichtiger Grund anerkannt. Beim **Ausscheiden im Rahmen einer sozialplanpflichtigen Betriebsänderung** kann sich der Arbeitnehmer auf den wichtigen Grund nur berufen, wenn er im Rahmen eines kurzfristigen und drastischen Personalabbaues eines Großbetriebes ausgeschieden ist, sofern dieser Personalabbau für die Erhaltung der übrigen Arbeitsplätze notwendig und für den örtlichen Arbeitsmarkt von erheblicher Bedeutung ist. Im konkreten Einzelfall wird das Arbeitsamt und im Streitfall das Sozialgericht die Auflösungsgründe prüfen und bewerten.

Fehlt der wichtige Grund für das Ausscheiden, tritt für den Ausgeschiedenen eine Sperrzeit von 12 Wochen ein, während der er kein Arbeitslosengeld erhält. Zugleich wird die Gesamtanspruchsdauer für das Arbeitslosengeld um ein Viertel der bei Beginn der Arbeitslosigkeit bestehenden Höchstanspruchsdauer verkürzt.

! Bei Älteren vom 54. Lebensjahr an bewirkt Ausscheiden ohne wichtigen Grund mit Sperrzeitfolge eine Verkürzung der Anspruchsdauer beim Arbeitslosengeld von 2 Jahren 8 Monate auf nur 2 Jahre! Diese Folge tritt auch ein, wenn keine Abfindung gewährt wird.

7050
Die beim fristgerechten, jedoch grundlosen Ausscheiden gewährte Abfindung wird auf das Arbeitslosengeld wie folgt angerechnet:

- Von der Abfindungssumme bleibt ein **Freibetrag** anrechnungsfrei, und zwar in Höhe des in den letzten 3 Monaten (90 Tagen) erzielten Arbeitsentgelts;

- Von dem verbleibenden Betrag werden **20 v.H.** zur Anrechnung herangezogen.

- Der Anrechnungszeitraum beginnt mit dem Ende der Sperrzeit von 12 Wochen und verlängert so die Zeit, für die kein Arbeitslosengeld gezahlt wird;

Sozialrechtliche Wirkungen bei Beendigung des Arbeitsverhältnisses

- Der Anrechnungszeitraum umfaßt die Zahl an Tagen, in denen der ausgeschiedene Arbeitnehmer die zur Anrechnung heranzuziehende Summe als Arbeitsentgelt verdient hätte. Diese Summe dividiert durch das kalendertägliche Arbeitsentgelt ergibt die Zahl an Tagen, in denen das Arbeitslosengeld nicht gewährt wird.

Beispiel:
Der 54-jährige Angestellte scheidet zum 31.03. durch Aufhebungsvertrag ohne wichtigen Grund aus. Er bekommt eine Abfindung in Höhe von 24 Monatsgehältern (3.750 DM), also von 90 000 DM.

1. Konsequenz:
Es tritt eine Sperrzeit von 12 Wochen bis zum 23.06. ein, die Anspruchsdauer für Arbeitslosengeld verkürzt sich um ein Viertel;

2. Konsequenz:
Von der Abfindung bleibt der Freibetrag in Höhe von 3 Monatsgehältern anrechnungsfrei. Der Restbetrag von 78.750 DM gelangt zu 20 v.H., also 15.750 DM, zur Anrechnung. Bei einem kalendertäglichen Arbeitsentgelt von (3.750 DM : 30) 125 DM entspricht die Anrechnungssumme von 15.750 DM dem Arbeitsentgelt für 126 Tage. Deshalb wird für weitere 126 Tage nach dem 23.06. kein Arbeitslosengeld gewährt.

Wird im Falle eines Aufhebungsvertrages wegen vorzeitigen Ausscheidens und Ausscheidens ohne wichtigen Grund die Abfindung aus beiden Gründen angerechnet, verlängert sich der Anrechnungszeitraum entsprechend. In solchem Falle der Kumulation wird zunächst die Abfindung wegen vorzeitigen Ausscheidens angerechnet (dazu oben Rz. 7047). Von dem verbleibenden Abfindungsbetrag wird zunächst der Freibetrag in Höhe von 3 Monatsgehältern abgezogen, der Restbetrag wird sodann mit 20 v.H. zur Anrechnung herangezogen für die Zeitspanne ab Ende der Sperrzeit oder, falls dieser Zeitpunkt später liegt, ab Ende des Anrechnungszeitraumes aus der ersten Anrechnung.

Diese seit dem 01.01.1993 gültigen Vorschriften wollen dem Ausscheiden älterer Arbeitnehmer vor Erreichen der allgemeinen Rentenaltersgrenze entgegenwirken und sehen deshalb erhebliche Konsequenzen bei ihrer sozialen Absicherung vor. Hinzu tritt die Verpflichtung des Arbeitgebers, dem Arbeitsamt das Arbeitslosengeld für eine bestimmte Zeit zu erstatten (dazu Rz. 7051). Die sozialrechtlichen Folgen eines Ausscheidens mit Abfindung müssen deshalb genau bedacht werden!

Sozialrecht

Sozialrechtliche Konsequenzen eines Aufhebungsvertrages vor allem bei älteren Arbeitnehmern

- **Vorzeitiges Ausscheiden ohne Einhalten der normalen Kündigungsfrist gegen Zahlung einer Abfindung**
  - Anrechnung der Abfindung auf das Arbeitslosengeld; der Arbeitslose wird auf den Verbrauch seiner Abfindung verwiesen. Ohne Bezug von Arbeitslosengeld besteht für ihn kein Krankenversiche- rungsschutz.

- **Fristgerechtes Ausscheiden unter Einhaltung der gültigen Kündigungsfrist, aber ohne wichtigen Grund**
  - Kann dem Arbeitnehmer nicht sozial gerechtfertigt gekündigt werden, wird ein wichtiger Grund vom Arbeitsamt selten anerkannt werden

  - Konsequenz für den **Arbeitnehmer**:
    - Sperrzeit von 12 Wochen für Arbeitslosengeld
    - Verkürzung der Gesamtanspruchsdauer für Arbeitslosengeld um ein Viertel
    - Anrechnung einer beim Ausscheiden erhaltenen Abfindung abzüglich Freibetrag
    - Anrechnungszeitraum verkürzt Gesamtanspruchsdauer beim Arbeitslosengeld

  - Konsequenz für den **Arbeitgeber**:
    - Geringere Motivation des Arbeitnehmers, dem Abschluß eines Aufhebungsvertrages gegen Abfindung zuzustimmen;
    - Erstattungspflicht gegenüber dem Arbeitsamt für gezahltes Arbeitslosengeld gem. § 128 AFG

  - Vor einem solche Arbeitnehmer betreffenden Personalabbau sollte der Arbeitgeber wegen der möglichen Konsequenzen deshalb Beratung beim Arbeitsamt einholen!

VI. Erstattungspflicht des Arbeitgebers (§ 128 AFG)

1. Allgemeine Voraussetzungen

7051

Im Rahmen von Maßnahmen zum Personalabbau kommt es in der betrieblichen Praxis zum Abschluß von **Aufhebungsverträgen** vor allem mit älteren, kündigungsgeschützten Arbeitnehmern, häufig gegen **Abfindung**. Beweggrund dafür ist, daß diese älteren Arbeitnehmer nach dem Ausscheiden zunächst Arbeitslosengeld in Anspruch nehmen und damit zugleich die Voraussetzungen schaffen können, vom 60. Lebensjahr an die Altersrente wegen Arbeitslosigkeit zu erhalten. Solche "**Frühverrentungsprogramme**" sollen aber nicht zu Lasten der Arbeitslosenversicherung gehen. Der ausscheidende Arbeitnehmer riskiert eine Sperrzeit für 12 Wochen und die Anrechnung der Abfindung auf das Arbeitslosengeld (dazu oben Rz.7049). Konsequenzen treffen aber auch den Arbeitgeber. Er muß unter bestimmten Voraussetzungen dem Arbeitsamt das für den Arbeitslosen aufgewendete Arbeitslosengeld erstatten. Rechtsgrundlage dafür ist **§ 128 AFG**.

Arbeitslosengeld erstatten muß der Arbeitgeber, wenn:

- das Arbeitsverhältnis ab **Vollendung des 56. Lebensjahres** des Arbeitnehmers endet; endet es vor dem 56. Lebensjahr, kommt es nicht zur Erstattungspflicht;

- der Arbeitnehmer zu dem Arbeitgeber innerhalb der letzten 4 Jahre vor Beginn der Arbeitslosigkeit für **mindestens 720 Tage** (2 Jahre) in beitragspflichtiger Beschäftigung gestanden hat, sei es ununterbrochen, sei es in mehreren Beschäftigungsverhältnissen; Keine Erstattungspflicht entsteht deshalb für Personen, die in der fraglichen Zeitspanne nicht beitragspflichtig beschäftigt waren. Das wirkt sich namentlich für beitragsfreie geringfügige oder kurzzeitige (Teilzeit-) Beschäftigungen aus oder auch für Geschäftsführer z.B. einer GmbH, die zugleich Mitgesellschafter und darum nicht beitragspflichtige Arbeitnehmer sind.
Erstattungspflichtig ist nicht immer der letzte Arbeitgeber! Sie trifft den, bei dem der Arbeitnehmer in den letzten 4 Jahren vor Beginn der Arbeitslosigkeit für mindestens 720 Tage in beitragspflichtiger Beschäftigung gestanden hat.

- der Arbeitnehmer zu Beginn der Arbeitslosigkeit nicht die Voraussetzungen für eine **andere Sozialleistung** als Arbeitslosengeld erfüllt, also wenn nicht die Voraussetzungen für z.B. Krankengeld oder Rente wegen Berufs- oder Erwerbsunfähigkeit erfüllt sind. Sind sie erfüllt und kann der Ausgeschiedene z.B. Krankengeld oder Rente wegen Berufs- oder Erwerbsunfähigkeit beanspruchen, fällt der Betroffene nicht in den Risikobereich der Arbeitslosenversicherung und es bedarf keiner Erstattung. Es kommt nur darauf an, ob die gesetzlichen Voraussetzungen für z.B. die Rente wegen Berufs- oder Erwerbsunfähigkeit erfüllt sind und nicht darauf, ob der Betroffene sie auch tatsächlich beantragt (näheres bei Rz. 7052).

7052

Sind die vorgenannten Voraussetzungen erfüllt, wird der Arbeitgeber dennoch nicht stets mit der Erstattungspflicht belastet. Es bestehen eine Reihe von Ausnahmen und Befreiungsmöglichkeiten.

Keine Erstattungspflicht tritt ein

- bei **Kleinbetrieben** mit nicht mehr als regelmäßig 20 Arbeitnehmern (ohne Auszubildende, für Teilzeitkräfte gilt die Anrechnungsregel nach § 10 Abs. 2 LFZG). Maßgebend ist das dem Ausscheiden vorangehende Kalenderjahr.
Beim Ausscheiden eines Arbeitnehmers im Laufe des Jahres 1995 kommt es für die Frage der Erstattungspflicht deshalb darauf an, ob in dem fraglichen Betrieb im Jahre 1994 nicht mehr als regelmäßig 20 Arbeitnehmer beschäftigt worden sind. Gehört der Betrieb hiernach nicht zu den Kleinbetrieben, entsteht die Erstattungspflicht zunächst. Verringert sich dann aber die Zahl der regelmäßig beschäftigten Arbeitnehmer und fällt der Betrieb nunmehr in die Kategorie der Kleinbetriebe, fällt die zunächst entstandene Erstattungspflicht vom folgenden Jahr an wieder weg.

- bei **mittleren Betrieben** mit regelmäßig mehr als 20, aber nicht mehr als 40 Arbeitnehmern entsteht die Erstattungspflicht nur im Umfang von einem Drittel und der Arbeitgeber braucht dem Arbeitsamt nur ein Drittel seiner Aufwendungen zu ersetzen. Bei mehr als 20, jedoch nicht mehr als 60 Arbeitnehmern entsteht sie nur im Umfang von zwei Dritteln (geminderte Erstattungspflicht). Auch hier kommt es für das Entstehen der Erstattungspflicht und ihre Fortdauer hinsichtlich der Betriebsgröße jeweils auf die Verhältnisse des Vorjahres an.

- bei **kürzerer Betriebszugehörigkeit** des ausgeschiedenen Arbeitnehmers, denn die Erstattungspflicht wurzelt in der erhöhten Fürsorgepflicht gegenüber langjährig Beschäftigten. Grundvoraussetzung für das Entstehen der Erstattungspflicht ist, daß der Arbeitnehmer innerhalb der letzten 4 Jahre vor Beginn der Arbeitslosigkeit für mindestens 720 Tage (2 Jahre) in beitragspflichtiger Beschäftigung gestanden hat, sei es ununterbrochen, sei es in mehreren Beschäftigungsverhältnissen. Ist nun das Arbeitsverhältnis nach dem 56., aber **vor Vollendung des 57. Lebensjahres** des Arbeitnehmers beendet worden, entfällt die Erstattungspflicht, wenn der Arbeitnehmer innerhalb der letzten 18 Jahre insgesamt **weniger als 15 Jahre** (auch mit Unterbrechungen) bei dem Arbeitgeber beschäftigt war. Bei Beendigung des Arbeitsverhältnisses **nach dem 57. Lebensjahr** entfällt die Erstattungspflicht, wenn der Arbeitnehmer innerhalb der letzten 12 Jahre insgesamt **weniger als 10 Jahre** bei dem Arbeitgeber beschäftigt war. Ob die Beschäftigung beitragspflichtig war, ist unerheblich; es werden deshalb auch beitragsfreie geringfügige oder kurzzeitige (Teilzeit-) Beschäftigungen hier mitgerechnet.

Der Arbeitgeber muß deshalb schon bei der Einstellung eines 47-jährigen Arbeitnehmers die Möglichkeit einer späteren Erstattungspflicht einkalkulieren!

- Besonders wichtig und im Einzelfall problembehaftet ist: Die Erstattungspflicht tritt nicht ein, wenn der Ausgeschiedene die Voraussetzungen für eine **andere Sozialleistung** als Arbeitslosengeld oder -hilfe erfüllt, wenn er also nicht in den Risikobereich der Arbeitslosenversicherung fallen muß (vgl. oben Rz. 7051). Es kommt nicht darauf an, ob er eine andere Sozialleistung beantragt hat oder tatsächlich bezieht, sondern nur darauf, ob er die gesetzlichen Voraussetzungen dafür erfüllt, sie also zum gegebenen Zeitpunkt in Anspruch nehmen könnte.
  Alternative Sozialleistungen, die zum Ausschluß der Erstattungspflicht führen, sind
- **Altersrente** für langjährig Versicherte ab Vollendung des 63. Lebensjahres,
- Altersrente für anerkannte Schwerbehinderte oder für Berufs- oder Erwerbsunfähige ab Vollendung des 60. Lebensjahres,
- Altersrente wegen Arbeitslosigkeit ab Vollendung des 60. Lebensjahres,
- Altersrente für Frauen ab Vollendung des 60. Lebensjahres,
- Altersrente für langjährig unter Tage beschäftigte Bergleute ab Vollendung des 60. Lebensjahres,
- Ruhestandsbezüge für Beamte, Richter und Soldaten, die vor dem 65. Lebensjahr in den (Vor-)Ruhestand treten,
- **Rente wegen Erwerbsunfähigkeit oder wegen Berufsunfähigkeit,**
- **Krankengeld** aus der gesetzlichen Krankenversicherung,
- Versorgungskrankengeld nach Maßgabe des Bundesversorgungsgesetzes,
- **Verletztengeld** aus der gesetzlichen Unfallversicherung,
- **Übergangsgeld** während einer Rehabilitationsmaßnahme aus der gesetzlichen Rentenversicherung.
- ob eine **befreiende private Lebensversicherung** (bei Arbeitnehmern, die von der Rentenversicherungspflicht befreit waren) als alternative Sozialleistung angesehen werden kann und zum Ausschluß der Erstattungspflicht führt, ist umstritten. Die Arbeitsämter rechnen sie nicht dazu. Es gibt aber gewichtige Gegenstimmen (*z.B. Hess in GK-AFG, § 128 Rz. 58,59 mit weiteren Nachweisen*).

Ob der betroffene Arbeitnehmer die Voraussetzungen für eine solche andere Sozialleistung erfüllt, muß das Arbeitsamt von sich aus prüfen und entscheiden. Maßgebender Zeitpunkt dafür ist der Beginn des Anspruchs auf Arbeitslosengeld, frühestens aber der Tag der Vollendung des **58. Lebensjahres** des Arbeitslosen, weil zu diesem Termin die Erstattungspflicht beginnt.

Das Arbeitsamt darf vom Arbeitgeber keine Erstattung verlangen, solange nicht feststeht, daß der betroffene Arbeitslose nicht die Voraussetzungen für eine alternative Sozialleistung erfüllt (Negativ-Feststellung)!

Diese Feststellung ist nicht selten aufwendig und schwierig. Sie verlangt enges Zusammenwirken von Arbeitsamt und den anderen Sozialleistungsträgern, vor allem dem Rentenversicherungsträger. Das Arbeitsamt allein kann nicht wissen, ob der Betroffene z.B. die versicherungsrechtlichen Voraussetzungen erfüllt, um

Sozialrecht

eine vorzeitige Altersrente vom 60. oder vom 63. Lebensjahr an beanspruchen zu können. Erst recht ist nicht ohne Einschaltung des Rentenversicherungsträgers und nicht ohne ärztliche Untersuchung und Begutachtung zu ermitteln, ob der Betroffene berufs- oder erwerbsunfähig ist.

Die notwendigen Ermittlungen muß das Arbeitsamt von sich aus durchführen. Freilich benötigt es dafür Anhaltspunkte. Sie kann das Arbeitsamt aus den Angaben gewinnen, die der Arbeitslose bei der Arbeitslosmeldung und beim Antrag auf Arbeitslosengeld gemacht hat, z.B. wenn er auf bestehende Gesundheitsstörungen und daraus resultierende Einschränkungen seiner beruflichen Leistungsfähigkeit hingewiesen hat. Liegen entsprechende Anhaltspunkte vor, wird das Arbeitsamt z.B. Auskünfte von der Krankenkasse einholen oder den Rentenversicherungsträger einschalten. Aber auch der **Arbeitgeber kann und soll Anhaltspunkte liefern,** die ihm bekannt geworden sind (z.B. Hinweis auf längere Krankheitszeiten o.ä.).Das Arbeitsamt kann dann z.B. eine ärztliche Untersuchung des Arbeitslosen veranlassen. Der Arbeitslose ist mitwirkungspflichtig.

! Im Erstattungsbescheid muß das Arbeitsamt genau darlegen, daß der Arbeitslose nicht die Voraussetzungen für eine andere Sozialleistung erfüllt und welche Ermittlungen dazu durchgeführt worden sind. Der zur Erstattung herangezogene Arbeitgeber sollte den Bescheid deshalb stets sorgfältig prüfen. Enthält der Bescheid keine hinreichenden Angaben dazu, kommt Widerspruch und nachfolgend Klage zum Sozialgericht dagegen in Betracht.

Kann ausnahmsweise auch nach Ausschöpfen aller in Betracht kommenden Ermittlungsmöglichkeiten nicht geklärt werden, daß der Arbeitslose nicht die Voraussetzungen für eine alternative Sozialleistung erfüllt, so geht das zu Lasten des Arbeitsamtes und der Erstattungsanspruch entsteht nicht. So kann es z.B. sein, wenn sich der Arbeitslose nachhaltig weigert, sich einer ärztlichen Untersuchung zu unterziehen und Anhaltspunkte dafür bestehen, daß eine Rente wegen Berufs- oder Erwerbsunfähigkeit in Frage kommt.

7053
Keine Erstattungspflicht tritt ferner ein, wenn:

- der Arbeitnehmer **selbst gekündigt** und keine Abfindung oder ähnliche Leistung erhalten oder zu beanspruchen hat. In einem solchen Fall ist die Beendigung des Arbeitsverhältnisses nicht dem Arbeitgeber zuzurechnen und er hat auch nicht durch eine Abfindung sein Interesse an der Beendigung zum Ausdruck gebracht. Ein **Aufhebungsvertrag** steht der Eigenkündigung nicht gleich und hindert die Erstattungspflicht deshalb nicht. Beim Aufhebungsvertrag hat schließlich auch der Arbeitgeber an der Beendigung mitgewirkt. Unter besonderen Umständen kann ein Aufhebungsvertrag ausnahmsweise wie eine Arbeitnehmer-Eigenkündigung wirken und die Erstattungspflicht entfallen lassen, z.B. wenn allein der Arbeitnehmer die Beendigung des Arbeitsverhältnisses verlangte und nur die äußere Form eines Aufhebungsvertrages gewählt wurde. Das Arbeitsamt befragt den durch Eigenkündigung ausgeschiedenen Arbeitnehmer, ob der Arbeitgeber womöglich bei der Beendigung des Arbeitsverhältnisses mitgewirkt hat.

- der Arbeitgeber das Arbeitsverhältnis durch **sozial gerechtfertigte Kündigung** beendet hat. Auf formale Fehler der Kündigung kommt es nicht an, nur auf die soziale Rechtfertigung i.S.d. § 1 KSchG. An eine rechtskräftige Entscheidung des Arbeitsgerichts zur sozialen Rechtfertigung ist das Arbeitsamt gebunden. Das gilt freilich nicht für Prozeß- oder Versäumnisurteile des Arbeitsgerichts oder für Prozeßvergleiche. Auch die Fiktion der Wirksamkeit der Kündigung bei verspäteter Klage (§ 7 KSchG) gilt nicht. Immer wenn keine die Kündigungsumstände genau würdigende Entscheidung des Arbeitsgerichts vorliegt, prüft das Arbeitsamt und im Streitfall das Sozialgericht die Frage der sozialen Rechtfertigung eigenständig und der Arbeitgeber muß diese Umstände dann genau darlegen. Geht es um die soziale Rechtfertigung einer Kündigung (§ 1 KSchG) und endet ein darum geführter Arbeitsgerichtsprozeß durch einen Vergleich, so akzeptiert das Arbeitsamt die soziale Rechtfertigung der Kündigung und damit den Befreiungsgrund, wenn sich die Umstände für die soziale Rechtfertigung der Kündigung aus dem vom Arbeitsgericht im Verhandlungstermin protokollierten Sachverhalt und entsprechender richterlicher Wertung ergeben. Das bedeutet: In solchen Fällen genügt es nicht, daß im Terminprotokoll nur der von den streitenden Parteien geschlossene Vergleich festgehalten wird. Zum Nachweis der sozialen Rechtfertigung der Kündigung gegenüber dem Arbeitsamt sollte der Arbeitgeber darauf achten, daß im Terminprotokoll die Umstände für die soziale Rechtfertigung festgehalten werden und ebenso eine Wertung des Arbeitsgerichts dazu. Aus ihr muß deutlich werden, daß das Arbeitsgericht die Umstände für die soziale Rechtfertigung als ausreichend erachtet hat.

Beispiel:
Der Vorsitzende (des Arbeitsgericht) weist die Parteien darauf hin, daß die vom Beklagten (Arbeitgeber) vorgebrachten Umstände die Kündigung sozial zu rechtfertigen geeignet sind. Nach ausführlicher Erörterung schließen die Parteien auf dringenden Vorschlag des Gerichts folgenden Vergleich....

Über die bisherige arbeitsgerichtliche Rechtsprechung hinaus anerkennt das Arbeitsamt im übrigen das Arbeitgeberinteresse an einer **leistungsfähigen Altersstruktur** seines Betriebes als dringendes betriebliches Bedürfnis, welches die Sozialauswahl verdrängen kann. Einer ausgewogenen Altersstruktur des Betriebes gebührt deshalb Vorrang vor der Sozialauswahl. Den erforderlichen Nachweis dazu kann der Arbeitgeber in pauschalierender Form durch Zuordnung der betroffenen Arbeitnehmer zu bestimmten Gruppen und Funktionen führen. Einen konkreten Einzelnachweis muß der Arbeitgeber nur bei Unstimmigkeiten zwischen ihm, dem Arbeitnehmer und dem Betriebsrat führen.

Weil für sie nicht einschlägig, gilt die Wegfallmöglichkeit der Erstattungspflicht nicht für Arbeitnehmer, denen nicht ordentlich gekündigt werden kann und ebenso nicht für solche Arbeitnehmer, für die das KSchG nicht anwendbar ist, z.B. für beitragspflichtig beschäftigte **GmbH-Geschäftsführer**. Diese Frage ist allerdings noch umstritten und noch nicht höchstrichterlich geklärt *(vgl. Hess in GK-AFG, § 128 Rz. 72 m.w.N.)*.

- der Arbeitgeber zum Zeitpunkt der Beendigung des Arbeitsverhältnisses zur **außerordentlichen Kündigung** aus wichtigem Grunde ohne Einhaltung einer Kündigungsfrist oder mit sozialer Auslauffrist berechtigt war, unabhängig davon, welche Auflösungsform (z.B. Aufhebungsvertrag) gewählt wurde. Der Arbeitgeber muß die Umstände darlegen und nachweisen. Betroffen sind Fälle einer Betriebsstillegung und Arbeitnehmer, die arbeitsunfähig im Sinne der Krankenversicherung sind (§ 44 SGB V) und auf Dauer ihre Arbeit nicht mehr verrichten können.

- der Arbeitgeber zu einem **drastischen Personalabbau** in einer Größenordnung gezwungen ist, der nicht mehr im Rahmen normaler Fluktuation bewältigt werden kann. Nach Ursache und Anlaß für den Personalabbau wird nicht gefragt. Wesentlich ist nur, ob überproportional ältere Arbeitnehmer davon betroffen sind. Bei einem Personalabbau innerhalb eines Jahres (nicht: Kalenderjahres!) um mehr als 3 v.H. dürfen unter den Ausscheidenden nicht mehr ältere Arbeitnehmer (Vollendung des 56.Lebensjahres) sein, als dem Anteil dieser Personengruppe an der Gesamtbelegschaft entspricht. Wird ein Personalabbau innerhalb eines Jahres um mindestens 10 v.H. notwendig, darf der Anteil Älterer unter den Ausscheidenden nicht mehr als das Zweifache des Anteils Älterer an der Gesamtbelegschaft ausmachen. Ist das der Fall, entfällt die Erstattungspflicht;

- es zu einem **kurzfristigen drastischen Personalabbau** um mindestens 20 v.H. kommt. In einer solchen krisenhaften Situation sowohl für den Betrieb wie für den örtlichen Arbeitsmarkt tritt die Befreiung von der Erstattungspflicht unabhängig vom Umfang des Anteils Älterer an den Ausscheidenden ein. **Kurzfristig** ist der Personalabbau, wenn er innerhalb von 2 bis 3 Monaten vorgenommen werden muß. Der Personalabbau muß von einer Größenordnung sein, die für den örtlichen Arbeitsmarkt Bedeutung hat. Neben der Zahl Betroffener ist von Bedeutung, ob der Betrieb in einem anerkannten Fördergebiet oder in einer strukturschwachen Region mit überdurchschnittlicher Arbeitslosenquote liegt oder ob der Betrieb den örtlichen Arbeitsmarkt dominiert;

- ein **besonderer Härtefall** gegeben ist, weil die Belastung mit der Erstattungsforderung den Fortbestand des Unternehmens oder die verbleibenden Arbeitsplätze gefährdete. Der Nachweis darüber muß vom Arbeitgeber auf seine Kosten durch Sachverständigengutachten z.B. eines Wirtschaftsprüfers oder der Industrie- und Handelskammer geführt werden.

- der Arbeitnehmer bis zum 31.12.1995 aus einem im Beitrittsgebiet gelegenen Betrieb nach einer 2-jährigen Beschäftigung ausscheidet. Im **Osten Deutschlands** tritt die Erstattungspflicht damit erst ab 1996 in Kraft. Bis dahin sind die Betriebe generell davon befreit.

7054

Häufig wird der Arbeitgeber kaum erkennen können, ob bei einem kurzfristigen drastischen Personalabbau oder bei einem langsameren, aber **nachhaltigen Personalabbau** nun die Voraussetzungen erfüllt sind, unter denen die Erstattungspflicht wegfällt. Zur besseren Kalkulierbarkeit und zur Planungssicherheit kann der Arbeitgeber in Fällen des Personalabbaues vom Arbeitsamt eine Vorab-Entscheidung darüber verlangen. Wenn er die näheren Umstände darlegt und nachweist (vgl. oben Rz. 7053) wird er **im voraus von der Erstattungspflicht entbunden** und gewinnt damit Sicherheit für seine weitere Planung. Erkennt das Arbeitsamt die vorgebrachten Gründe für eine Vorab-Befreiung von der Erstattungspflicht nicht an und lehnt es deshalb die Befreiung ab, kann der Arbeitgeber gegen diese Entscheidung **Widerspruch** einlegen und, wenn das erfolglos bleibt, gegen den Widerspruchsbescheid **Klage zum Sozialgericht** erheben (dazu Rz. 7516, 7528 ff.).

Zu allen mit der Erstattungspflicht und mit Ausnahmen und Befreiungsmöglichkeiten zusammenhängenden Fragen kann der Arbeitgeber im übrigen **Beratung beim Arbeitsamt** erhalten. Ist der Arbeitgeber unsicher, ob eine bestimmte Personalmaßnahme womöglich zur Erstattungspflicht führt oder sind ihm die Befreiungsmöglichkeiten unklar, sollte er den Rat des Arbeitsamtes einholen.

3. Geltendmachung der Forderung durch das Arbeitsamt

7055

Die Erstattungsforderung des Arbeitsamtes **beginnt mit Vollendung des 58. Lebensjahres** des ehemaligen Mitarbeiters und sie **endet mit Vollendung des 60. Lebensjahres** ohne Rücksicht darauf, ob der Arbeitslose von diesem Zeitpunkt an Altersrente bezieht oder nicht. Der Erstattungszeitraum umfaßt somit 2 Jahre. Zu erstatten sind dem Arbeitsamt die Aufwendungen für Arbeitslosengeld, Arbeitslosenhilfe sowie für die Beiträge zur Kranken- und Rentenversicherung zugunsten des betroffenen Arbeitslosen.

Das Arbeitsamt setzt die Erstattungsforderung und ihre genaue Höhe gegenüber dem zahlungspflichtigen Arbeitgeber durch Bescheid fest (dazu unten Rz. 7057).

7056

Die Erstattungspflicht entsteht (unter den weiteren Voraussetzungen, vgl. oben Rz. 7051), wenn ein Arbeitnehmer **ab Vollendung des 56. Lebensjahres** aus dem Betrieb ausscheidet. Die Erstattungsforderung besteht aber nur für den Zeitraum von 2 Jahren von der Vollendung des 58. bis zur Vollendung des 60. Lebensjahres des Arbeitslosen.

Der Arbeitgeber hat zur Planungssicherheit deshalb Interesse, frühzeitig und verbindlich zu klären, ob er mit Erstattungsforderungen zu rechnen hat. Bei größeren personellen Maßnahmen (**drastischer Personalabbau,** vgl. oben Rz. 7053) kann er die Vorab-Entscheidung des Arbeitsamtes herbeiführen und schon im voraus von der Erstattungspflicht entbunden werden (oben Rz. 7054).

Scheidet ein Arbeitnehmer zwischen dem 56. und dem 58. Lebensjahr im Rahmen von personellen Einzelmaßnahmen aus dem Betrieb aus, liegt es ebenso im Interesse des Arbeitgebers, zu klären, ob vom 58. Lebensjahr des Arbeitslosen an mit einer Erstattungsforderung zu rechnen sein wird. Das Arbeitsamt trifft deshalb **unmittelbar nach dem Ausscheiden** eine erste **Teil-Entscheidung** über die Erstattungspflicht. Darin wird entschieden,

- ob eine hinreichend lange Betriebszugehörigkeit gegeben ist (vgl. oben Rz. 7052),
- der Ausgeschiedene das Arbeitsverhältnis durch eigene Kündigung ohne Abfindung beendet hat (vgl. Rz. 7053),
- der Arbeitgeber das Arbeitsverhältnis durch sozial gerechtfertigte Kündigung beendet hat (vgl. oben Rz. 7053),
- der Arbeitgeber einen wichtigen Grund zur außerordentlichen Kündigung zur Seite hatte (vgl. oben Rz. 7053).

Hat der Arbeitgeber eine der Befreiungsmöglichkeiten auf seiner Seite (z.B. er war zur außerordentlichen Kündigung berechtigt oder der Arbeitnehmer hat selbst gekündigt), wird unmittelbar nach dem Ausscheiden festgestellt, daß es nicht zur Erstattungspflicht kommt. Liegt keine solche Befreiungsmöglichkeit vor, stellt das Arbeitsamt im Rahmen seiner Teil-Entscheidung dies verbindlich fest.

Wenn das Arbeitsamt vom Arbeitgeber vorgebrachte Befreiungsgründe nicht anerkennt (z.B. lehnt es die Anerkennung des wichtigen Grundes für das Recht zur außerordentlichen Kündigung ab), sollte der Arbeitgeber gegen diesen Bescheid Widerspruch und nachfolgend Klage zum Sozialgericht erheben. Andernfalls wäre dieser Punkt nämlich für das weitere Verfahren verbindlich im Sinne des Arbeitsamtes entschieden.

7057
Wenn durch die Vorab-Entscheidung in Fällen drastischen Personalabbaues oder durch die Teil-Entscheidung über Befreiungsmöglichkeiten bei personellen Einzelmaßnahmen unmittelbar nach dem Ausscheiden des betroffenen Arbeitnehmers bereits die Befreiung von der Erstattungspflicht ausgesprochen worden ist, kommt es nicht zum Einsetzen der Erstattungsforderung ab Vollendung des

Sozialrechtliche Wirkungen bei Beendigung des Arbeitsverhältnisses

58. Lebensjahres des Arbeitslosen. Andernfalls erteilt das Arbeitsamt nach Vollendung des 58. Lebensjahres des Arbeitslosen einen **Bescheid über Feststellung der Erstattungspflicht** dem Grunde nach.

Das Arbeitsamt prüft zu diesem Zeitpunkt des Einsetzens der Erstattungsforderung sämtliche Voraussetzungen der Erstattungspflicht und die in Frage kommenden Befreiungsmöglichkeiten (soweit darüber nicht bereits vorab entschieden worden war) und stellt die Erstattungspflicht **verbindlich für den gesamten Erstattungszeitraum von 2 Jahren fest.**

Nach Feststellung der Erstattungspflicht dem Grunde nach erhält der Arbeitgeber im Abstand von 3 Monaten **Abrechnungsbescheide** über die Höhe des zu erstattenden Betrages für den jeweiligen Abrechnungszeitraum von 3 Monaten.

Dieses Vorgehen des Arbeitsamtes birgt **für den Arbeitgeber** gewisse **Gefahren.** In der Fachliteratur wird mit guten Gründen angezweifelt, ob das Arbeitsamt die Entscheidung über die Erstattungspflicht des Arbeitgebers in einen Feststellungsbescheid dem Grunde nach und dann in vierteljährliche Abrechnungsbescheide aufspalten darf *(kritisch: Buchner NZA 1993,481; Weber NZS 1994,150).*

Bei seiner Prüfung und in seinem Bescheid muß das Arbeitsamt nämlich vor allem auch feststellen, daß der Arbeitslose nicht die Voraussetzungen für eine alternative Sozialleistung erfüllt (dazu oben Rz. 7052). Ob ein Arbeitsloser z.B. wegen gesundheitlicher Einschränkung seines Leistungsvermögens die Voraussetzungen für eine Rente wegen Berufs- oder Erwerbsunfähigkeit erfüllt, läßt sich nicht ein für allemal in die Zukunft hinein feststellen. Auch wenn der Arbeitslose z.B. bei Vollendung seines 58. Lebensjahres diese Voraussetzungen noch nicht erfüllt, kann das im Laufe des bis zum 60. Lebensjahr reichenden Erstattungszeitraumes anders werden. Das Arbeitsamt darf aber zu keinem Zeitpunkt Erstattung vom Arbeitgeber verlangen, wenn nicht feststeht, daß der Arbeitslose die Voraussetzungen für eine alternative Sozialleistung nicht erfüllt.

Weil der zum 58.Lebensjahr des Arbeitslosen ergehende Bescheid über die Feststellung der Erstattungspflicht dem Grunde nach (Grund-Erstattungsbescheid) gar keine Aussage über das Nichtbestehen der Voraussetzungen für eine alternative Sozialleistung über den gesamten Erstattungszeitraum hinweg treffen kann, sollte dagegen Widerspruch und nachfolgend Klage zum Sozialgericht erhoben werden *(so auch Weber NZS 1994,150,156).*

Unabhängig von der noch nicht höchstrichterlich geklärten Rechtsfrage, ob zum 58. Lebensjahr des Arbeitslosen die Erstattungspflicht dem Grunde nach durch einen Grund-Erstattungsbescheid festgestellt werden darf, muß jedenfalls in den nachfolgenden vierteljährlichen **Abrechnungsbescheiden** vom Arbeitsamt stets erkennbar gemacht werden, daß darin nicht nur die Höhe der Forderung (rechnerisch) richtig ermittelt ist, sondern auch die Voraussetzungen für die Erstattungspflicht weiterhin bestehen ! Das arbeitsamt muß in jedem dieser Abrechnungsbescheide deutlich werden lassen, daß es für den einzelnen Abrechnugszeitraum die Frage nach den Voraussetzungen für eine alternative Sozialleistung geprüft und entschieden hat. Enthält der Abrechnungsbescheid dazu nichts, sondern berechnet er nur den Zahlungsbetrag, empfiehlt sich dagegen Widerspruch und nachfolgend Klage zum Sozialgericht. Weil die Klage keine aufschiebende Wirkung hat, kommt, um Zwangsbeitreibung der Forderung zu vermeiden, Antrag auf **einstweiligen Rechtsschutz** beim Sozialgericht in Betracht (dazu vgl. Rz. 7532, 7548).

7058

Wenn das Arbeitsamt einen Grund-Erstattungsbescheid erlassen hat oder wenn einer der vierteljährlichen Abrechnungsbescheide ergeht, der Arbeitgeber dagegen nicht mit Widerspruch und nachfolgender Klage vorgegangen ist und nunmehr Anhaltspunkte dafür gewinnt, daß der betroffene frühere Arbeitnehmer jetzt die Voraussetzungen für z.B. eine Rente wegen Berufs- oder Erwerbsunfähigkeit erfüllt, empfiehlt sich der Antrag an das Arbeitsamt, den Erstattungsbescheid mit Blick auf den möglichen Anspruch auf eine andere Sozialleistung zu überprüfen und zu korrigieren. Das Arbeitsamt ist zur Überprüfung verpflichtet und muß den Erstattungsbescheid von dem Zeitpunkt an korrigieren, zu dem der Arbeitslose Anspruch auf eine andere Sozialleistung hat (vgl. Rz.7521).

VII. Folgen eines Wettbewerbsverbots

1. Wettbewerbsverbot bewirkt Erstattungspflicht

a) Allgemeines

7059

Der Arbeitgeber hat oft Interesse daran, daß der Arbeitnehmer nach seinem Ausscheiden aus den Diensten des Arbeitgebers keine Tätigkeit aufnimmt, bei der er in Wettbewerb zu seinem früheren Arbeitgeber tritt. Beide Seiten vereinbaren deshalb ein Wettbewerbsverbot, worin dem Arbeitnehmer für eine bestimmte Frist nach seinem Ausscheiden berufliche Betätigung im Geschäftszweig des Arbeitgebers untersagt wird. Für die Geltungsdauer der Vereinbarung (Karenzzeit) erhält der Arbeitnehmer eine Karenzentschädigung in vereinbarter Höhe. Abgesehen vom Einzelarbeitsvertrag kann ein Wettbewerbsverbot auch im Tarifvertrag oder in einer Betriebsvereinbarung vorgesehen sein; solche Fälle sind freilich selten.

Näheres zur arbeitsrechtlichen Seite des Wettbewerbsverbots findet sich oben bei Rz. 3031 ff. Meldet sich der ausgeschiedene, nun arbeitslos gewordene Arbeitnehmer beim Arbeitsamt, so wird seine Vermittlung in Arbeit durch das Wettbewerbsverbot erschwert. Weil die im Wettbewerbsverbot vereinbarte Beschränkung beruflicher Betätigung den Interessen des bisherigen Arbeitgebers dient, soll dieser für den sozialen Schutz des Arbeitslosen aufkommen.

Sozialrechtliche Wirkungen bei Beendigung des Arbeitsverhältnisses

Für die Geltungsdauer des Wettbewerbsverbots **soll der Arbeitgeber dem Arbeitsamt die Aufwendungen** für Arbeitslosengeld und Arbeitslosenhilfe **ersetzen** (§ 128 a AFG).

b) Wettbewerbsverbot zwischen Arbeitgeber und Arbeitnehmer

7060

Für das Arbeitsamt hat das Wettbewerbsverbot nur Bedeutung, soweit es die berufliche Betätigung auf dem Arbeitsmarkt als Arbeitnehmer einschränkt. Geht es nur um die Beschränkung selbständiger oder freiberuflicher Tätigkeit, besteht keine Erstattungspflicht.

Der Begriff Arbeitgeber und Arbeitnehmer wird sozialversicherungsrechtlich verstanden, nicht arbeitsrechtlich. Arbeitnehmer ist hiernach auch der Geschäftsführer einer GmbH, sofern er nicht kraft Beteiligung (Stimmenmehrheit oder doch Sperrminorität) herrschenden Einfluß auf die Gesellschaft ausüben kann oder faktisch wie ein Alleininhaber die Geschäfte der Gesellschaft führt. Vereinbart die Gesellschaft mit einem angestellten, nicht herrschenden Geschäftsführer ein Wettbewerbsverbot, tritt die Erstattungspflicht ein, wenn er nach seinem Ausscheiden vom Arbeitsamt Arbeitslosengeld erhält. Ob für das Wettbewerbsverbot die Regeln der §§ 74 ff. HGB anzuwenden sind oder nicht, spielt keine Rolle.

c) Bisheriger Arbeitgeber erstattungspflichtig

7061

Dem Arbeitsamt ersatzpflichtig ist der bisherige Arbeitgeber. Das ist nicht nur der letzte Arbeitgeber, bei dem der nunmehr Arbeitslose zuletzt beschäftigt war. Von der Ersatzpflicht betroffen sein kann vielmehr **auch der vorletzte oder jeder frühere Arbeitgeber** des nunmehr Arbeitslosen, sofern ein mit diesem vereinbartes Wettbewerbsverbot noch jetzt fortgilt. War z.B. die letzte Beschäftigung nur von kurzer Dauer, kann die Geltungsdauer der Wettbewerbsvereinbarung mit dem vorletzten Arbeitgeber durchaus noch anhalten und deshalb diesen ersatzpflichtig machen.

d) Nachvertragliches Wettbewerbsverbot

7062

Für das Arbeitsamt ist lediglich von Bedeutung, ob sich ein Wettbewerbsverbot auf die jetzt bestehende Arbeitslosigkeit und den darauf gegründeten Anspruch auf Arbeitslosengeld oder -hilfe noch auswirkt. Es spielt deshalb keine Rolle, ob das Wettbewerbsverbot schon während des Arbeitsverhältnisses vereinbart wurde oder erst beim oder nach dem Ausscheiden des Arbeitnehmers. Im Grundsatz besteht die Erstattungspflicht des Arbeitgebers auch für das nachvertragliche (nach dem oder beim Ausscheiden vereinbarte) Wettbewerbsverbot.

Allerdings kann die Besonderheit des Einzelfalles dazu führen, daß der Arbeitgeber von der Ersatzpflicht frei ist.

Beispiel:
Der Arbeitnehmer begeht Unregelmäßigkeiten und setzt den Grund zur fristlosen Entlassung. Beide Seiten kommen überein, daß der Arbeitnehmer selbst kündigt und sich zur Einhaltung eines Wettbewerbsverbots im Rahmen der Schadensregulierung verpflichtet. Karenzentschädigung wird nicht gewährt. Dafür nimmt der Arbeitgeber den Arbeitnehmer nicht auf Schadensersatz in Anspruch.
In diesem Fall hat die Rechtsprechung berücksichtigt, daß das Wettbewerbsverbot Teil der Schadensregulierung nach unredlichem Arbeitnehmerverhalten ist und nicht vorrangig - wie sonst üblich - dem Arbeitgeberinteresse dient; es dient ebenso dem Interesse des Arbeitnehmers an seinem weiteren beruflichen Fortkommen. In solchem Falle trifft den Arbeitgeber keine Erstattungspflicht wegen des nachvertraglichen Wettbewerbsverbots.

Das bedeutet aber nicht, daß ein nachvertraglich vereinbartes Wettbewerbsverbot den Arbeitgeber immer dann von der Ersatzpflicht gegenüber dem Arbeitsamt freistellt, wenn das Wettbewerbsverbot im Zusammenhang mit einer Schadensregulierung vereinbart wurde.

Beispiel:
Der Arbeitnehmer tritt während des Arbeitsverhältnisses nebenher mit eigenem Gewerbebetrieb unzulässig in Wettbewerb zum Arbeitgeber. Es kommt zur fristlosen Kündigung durch den Arbeitgeber und zum Abschluß eines Wettbewerbsverbots, worin sich der Arbeitnehmer auch verpflichtet, das Verbot nicht durch Einschaltung von Familienangehörigen zu umgehen. Es wird Karenzentschädigung festgesetzt und ebenso der Schadensersatzanspruch des Arbeitgebers; beides wird gegeneinander verrechnet.
Auch hier geht es um Schadensregulierung nach fehlerhaftem Arbeitnehmerverhalten. Dennoch soll das Wettbewerbsverbot in seiner auf Angehörige ausgedehnten Form in erster Linie das Arbeitgeberinteresse sichern. Weil der Arbeitnehmer am Ende doch fristlos gekündigt wird, ist es auch nicht sein Preis für eine neutrale Lösung des Arbeitsverhältnisses. Der Arbeitgeber ist also erstattungspflichtig.

e) Nichtiges Wettbewerbsverbot

7063
Ein Wettbewerbsverbot kann arbeitsrechtlich nichtig sein, wenn es z.B. nicht schriftlich geschlossen wurde oder wenn die Karenzentschädigung entfiel. Möglicherweise erkennen aber die Vertragsparteien die Nichtigkeit nicht und halten sich dennoch für gebunden oder der Arbeitgeber verlangt vom Arbeitnehmer trotzdem Einhaltung des Wettbewerbsverbots und dieser ist unsicher und folgt

dem Wunsch. Wird ein solches an sich nichtiges und unwirksames Wettbewerbsverbot dennoch tatsächlich vollzogen und der Arbeitnehmer in seiner beruflichen Betätigung beschränkt, tritt die Erstattungspflicht ein.

Allerdings besteht hier eine Beratungs- und Belehrungspflicht des Arbeitsamtes und die Möglichkeit der Befreiung des Arbeitgebers von der Verpflichtung (dazu unten bei Rz. 7059, 7060).

Ist das Wettbewerbsverbot nichtig, will aber der Arbeitnehmer ohne entsprechende Forderung des Arbeitgebers und trotz eines Hinweises des Arbeitsamtes auf die Nichtigkeit dennoch daran festhalten, braucht der Arbeitgeber kein Arbeitslosengeld zu erstatten, denn der Arbeitnehmer beseitigt dann von sich aus seine Verfügbarkeit für den Arbeitsmarkt und hat gar keinen Anspruch auf Arbeitslosengeld.

f) Unverbindliches Wettbewerbsverbot

7064

In manchen Fällen ist das Wettbewerbsverbot zwar wirksam, aber für den Arbeitnehmer nicht verbindlich, z.B. wenn es sein Fortkommen unbillig erschwert oder für mehr als 2 Jahre Geltung beansprucht. Hier hat der Arbeitnehmer ein Wahlrecht. Er kann die Vereinbarung einhalten oder sich rechtzeitig vor der Karenzzeit durch Erklärung gegenüber dem Arbeitgeber davon lossagen.
Die Entscheidung liegt zunächst bei dem Arbeitnehmer. Solange er sich nicht lossagt, bleibt das Verbot wirksam und der Arbeitgeber bleibt dem Arbeitsamt erstattungspflichtig.
Freilich bestehen auch hier Beratungs- und Belehrungspflichten des Arbeitsamtes und die Möglichkeit der Befreiung des Arbeitgebers (dazu unten bei Rz. 7070).

g) Verursachung der Arbeitslosigkeit

7065

Bemüht sich der mit dem Wettbewerbsverbot belastete ausgeschiedene Arbeitnehmer selbst und in Zusammenarbeit mit dem Arbeitsamt um eine neue Beschäftigung, läßt sich praktisch nicht feststellen, ob und inwieweit das Wettbewerbsverbot oder andere Umstände es sind, die auf die Dauer der Arbeitslosigkeit einwirken. Für das Arbeitsamt und seinen Erstattungsanspruch gegen den Arbeitgeber ist es deshalb ohne Bedeutung, welche Erschwernis bei der Vermittlung des Arbeitslosen im Einzelfall von dem Wettbewerbsverbot herrührt.

Der Arbeitgeber ist immer dann erstattungspflichtig, wenn der Arbeitnehmer durch die Klausel in der Vereinbarung rechtlich in seiner beruflichen Betätigung als Arbeitnehmer beschränkt ist. Der Arbeitgeber kann dem Arbeitsamt nicht entgegenhalten, der Arbeitnehmer wäre auch ohne das Wettbewerbsverbot angesichts der Lage des Arbeitsmarktes arbeitslos geblieben.

Zum Ausgleich dafür kann sich der Arbeitgeber sozialrechtlich von dem Wettbewerbsverbot befreien.

Wenn es auch nicht darauf ankommt, welche tatsächlichen Wirkungen ein Wettbewerbsverbot im einzelnen Fall für die Vermittlung des Arbeitslosen hat, so bestehen doch Grenzen. Das Verbot muß geeignet sein, die berufliche Betätigung zu beeinflussen.
Womöglich ist der Arbeitslose gesundheitlich gar nicht mehr in der Lage, einer Beschäftigung von mehr als kurzzeitigem Umfang (Grenze: 18 Wochenstunden) nachzugehen. Dann kann das Wettbewerbsverbot seine Bedeutung auch für das Arbeitsamt verlieren. Allerdings muß beachtet werden: das Arbeitsamt muß so lange Arbeitslosengeld zahlen, bis der Rentenversicherungsträger entschieden hat, daß der Arbeitslose im Sinne der gesetzlichen Rentenversicherung berufs- oder erwerbsunfähig ist; dessen Entscheidung wird das Arbeitsamt herbeiführen. Bis dahin bleibt der Arbeitgeber wegen des Wettbewerbsverbots erstattungspflichtig.

2. Umfang der Erstattungspflicht des Arbeitgebers

a) Erstattung der Aufwendungen des Arbeitsamtes

7066
Für die Dauer der Gültigkeit oder tatsächlichen Anwendung des Wettbewerbsverbots muß der Arbeitgeber dem Arbeitsamt die Beträge erstatten, die das Amt dem Arbeitslosen an Arbeitslosengeld oder Arbeitslosenhilfe gezahlt hat oder zahlt.

Nimmt der Arbeitslose an einer vom Arbeitsamt geförderten Maßnahme der beruflichen Fortbildung teil und erhält er für diese Zeit vom Arbeitsamt Unterhaltsgeld, so braucht dieses vom Arbeitgeber nicht erstattet zu werden.

Für die Dauer des Leistungsbezuges ist der Arbeitslose auf Kosten des Arbeitsamtes kranken- und rentenversichert; das Arbeitsamt zahlt dafür die Beiträge. Auch diese Beiträge zur Kranken- und Rentenversicherung muß der Arbeitgeber dem Arbeitsamt ersetzen.

b) Anrechnung auf die Karenzentschädigung

7067
Der Arbeitgeber soll nicht doppelt belastet werden, sowohl mit der Karenzentschädigung, die er dem Arbeitnehmer schuldet, als auch mit dem Arbeitslosengeld, das er dem Arbeitsamt ersetzen soll. Er darf deshalb den Betrag des Arbeitslosengeldes, den ihm das Arbeitsamt in Rechnung stellt, dem Arbeitnehmer auf dessen Karenzentschädigung anrechnen. Die Anrechnung ist freilich nur in Grenzen erlaubt.

Sozialrechtliche Wirkungen bei Beendigung des Arbeitsverhältnisses

Aus Karenzentschädigung und Arbeitslosengeld zusammengerechnet muß dem früheren Arbeitnehmer 110 v.H. des letzten vertragsmäßigen Arbeitsentgelts verbleiben. Der Arbeitgeber darf nur anrechnen, was diese Grenze übersteigt.

Die vom Arbeitgeber dem Arbeitsamt zu ersetzenden Kranken- und Rentenversicherungsbeiträge dürfen dem Arbeitnehmer nicht auf die Karenzentschädigung angerechnet werden.

c) Geltendmachung der Forderung durch das Arbeitsamt

7068

Die Erstattung an das Arbeitsamt erfolgt vierteljährlich. Das Arbeitsamt gibt die Erstattungsbeträge, getrennt nach Hauptleistung und Beiträgen, im Abstand von 3 Monaten dem Arbeitgeber zur Zahlung auf, und zwar nachträglich für das abgelaufene Quartal.

Die Anforderung geschieht durch an den Arbeitgeber gerichteten Leistungsbescheid des Arbeitsamtes. Zuvor muß der Arbeitgeber über die bevorstehende Erstattungspflicht unterrichtet und zur Sache angehört werden. Fehlt die Anhörung, wird sie auch im Widerspruchsverfahren nicht nachgeholt, ist der Bescheid schon deshalb rechtswidrig und wird auf Klage hin aufgehoben.

Ist der Arbeitgeber nicht einverstanden, kann er gegen den Verwaltungsakt beim Arbeitsamt Widerspruch einlegen und nach erfolglosem Widerspruchsverfahren Klage zum Sozialgericht erheben.

3. Beratungspflichten des Arbeitsamtes und Befreiungsmöglichkeiten des Arbeitgebers

a) Verzicht auf Einhaltung des Wettbewerbsverbots

7069

Mancher Arbeitgeber hat bei Abschluß des Wettbewerbsverbots mit dem Arbeitnehmer nicht mit der Erstattungsforderung des Arbeitsamtes gerechnet oder deren Umfang unterschätzt. Möglicherweise hat er auch die Nichtigkeit einer Wettbewerbsabrede nicht erkannt und aus dieser Unkenntnis heraus vom Arbeitnehmer die Einhaltung verlangt.

Immer dann, wenn sich die getroffene Wettbewerbsabrede nachträglich wegen ihrer sozialrechtlichen Folgen (Erstattungsanspruch des Arbeitsamtes!) als nicht mehr sinnvoll erweist, kann der Arbeitgeber sozialrechtlich auf Einhaltung des Wettbewerbsverbots verzichten.

Arbeitsrechtlich bleibt er zur Zahlung der Karenzentschädigung verpflichtet. Mit Blick auf das Arbeitsamt - **also sozialrechtlich** - muß er den Arbeitnehmer **von dem Wettbewerbsverbot freistellen** und das dem Arbeitnehmer oder am besten dem Arbeitsamt gegenüber eindeutig erklären.

Vom Zugang der Verzichtserklärung an ist der Arbeitnehmer wieder uneingeschränkt vermittlungsfähig. Von diesem Zeitpunkt an braucht der Arbeitgeber kein Arbeitslosengeld mehr zu ersetzen.

b) Beratungs- und Belehrungspflichten des Arbeitsamtes

7070
Niemand kann erwarten, daß ein Arbeitgeber die Gestaltungsmöglichkeiten erkennt, sich unter Beibehaltung der Karenzentschädigungspflicht durch Verzicht auf das Wettbewerbsverbot von der Erstattungspflicht gegenüber dem Arbeitsamt zu befreien. Sobald das Arbeitsamt vor allem durch die Arbeitslosmeldung des ausgeschiedenen Arbeitnehmers von dem Wettbewerbsverbot erfährt, muß es deshalb sowohl den arbeitslos gewordenen Arbeitnehmer als auch den bisherigen Arbeitgeber beraten und belehren.
Das Arbeitsamt muß den Arbeitgeber auf das Einsetzen der Erstattungspflicht hinweisen und darüber unterrichten, daß er sich durch Verzicht auf das Verbot befreien kann. Es wird den Arbeitgeber zu einer entsprechenden Erklärung auffordern. Erweist sich das Wettbewerbsverbot als nichtig oder für den Arbeitnehmer unverbindlich, muß es die Betroffenen auch darüber belehren und wird zur Erklärung auffordern, ob sie dennoch daran festhalten wollen.

Es liegt dann in der Entscheidung des Arbeitgebers, ob er den Verzicht aussprechen bzw. die Nichtigkeit anerkennen und nicht mehr am Verbot festhalten will.

c) Folgen unterlassener Beratung und Belehrung durch das Arbeitsamt

7071

Wenn es das Arbeitsamt trotz Kenntnis vom Wettbewerbsverbot versäumt, den Arbeitgeber über die Möglichkeit des Verzichts zu belehren und zu beraten, kann der Arbeitgeber der Erstattungsforderung des Arbeitsamtes entgegenhalten, er hätte bei rechtzeitiger Unterrichtung den Verzicht ausgesprochen. Auf diese Weise kann er die Erstattungsforderung des Arbeitsamtes erfolgreich abwehren.

Die Beratungspflicht des Arbeitsamtes folgt aus seiner Aufgabe, effektive Arbeitsvermittlung zu betreiben und Vermittlungshindernisse auszuräumen. Zeigt sich für das Arbeitsamt, daß eine Anfrage beim Arbeitgeber zwecklos erscheint, braucht es den Versuch nicht zu unternehmen und der Arbeitgeber darf sich auf die fehlende Beratung nicht berufen. Der Ausweg, sich auf fehlende Beratung zu berufen, ist dem Arbeitgeber deshalb versperrt, wenn er bereits zuvor durch sein Verhalten deutlich gemacht hat, daß ihm an der Einhaltung des Wettbewerbsverbots durch den Arbeitnehmer liegt. So ist es z.B., wenn der Arbeitgeber den Arbeitnehmer auf Einhaltung des Wettbewerbsverbots vor dem Zivil- oder Arbeitsgericht verklagt hat oder im anhängigen Kündigungsschutzprozeß die Einhaltung verlangt.

Ist die Situation nicht so eindeutig und kommt ein Verzicht des Arbeitgebers auf das Wettbewerbsverbot als möglich in Betracht, muß das Arbeitsamt beraten und belehren und der Arbeitgeber darf die Erstattungsforderung mit Hinweis auf fehlende Beratung abwehren.

7072

Allerdings reicht dazu nicht die bloße Behauptung des Arbeitgebers aus, er hätte bei rechtzeitiger Information den Verzicht ausgesprochen. Im Streitfall muß die Behauptung erhärtet und bewiesen werden können.

Macht der Arbeitgeber im Streitfall z.B. geltend, die gesetzlich angeordnete Erstattungspflicht sei unangemessen hoch und belaste den Wettbewerbsschutz zu stark oder bringt er vor, das Wettbewerbsverbot habe angesichts der Lage auf dem Arbeitsmarkt die Vermittlungsmöglichkeiten des betroffenen Arbeitnehmers praktisch nicht oder nur unwesentlich eingeschränkt und die Arbeitslosigkeit habe in Wahrheit andere Ursachen, dann läßt der Arbeitgeber erkennen, daß es ihm im Grunde auf Einhaltung des Wettbewerbsverbots ankam. Er wird sich in solchem Falle nicht darauf berufen können, bei rechtzeitiger Unterrichtung hätte er verzichtet.

Anders ist es, wenn der Arbeitgeber z.B. darlegen kann, die Erstattungspflicht sei bei Abschluß des Wettbewerbsverbots zunächst nicht erkannt und nicht einkalkuliert worden, sie verteuere das Verbot und mache es jetzt für ihn unwirtschaftlich. Dann läßt sich schlußfolgern, er hätte bei rechtzeitiger Beratung und Belehrung darauf verzichtet.

VIII. Weiterführende Literaturhinweise

7073

Zur Erstattungspflicht nach § 128 AFG:

Durchführungsanweisungen (DA) der Bundesanstalt für Arbeit zu § 128, Dienstblatt-Runderlaß 11/93 in NZA 1994, 733
Hess in Ambs u.a., GK-AFG, Erläut. zu § 128 AFG, Loseblatt
Stolz, Der neue § 128 AFG - Erste praktische Erfahrungen, BB 1993, 1650
Stolz, Die Erstattungspflicht des Arbeitgebers nach § 128 AFG n.F. - eine Checkliste, NZS 1993, 62
Stolz, Die neue Dienstanweisung zu § 128 AFG, NJW 1994, 2137
Weber, Verfahrensrechtliche Fragen im Zusammenhang mit § 128 AFG, NZS 1994, 150
Wissing, Die Erstattungspflicht des Arbeitgebers nach § 128 AFG, NZA 1993, 385

Sozialrecht

Zur Ersattungspflicht nach § 128 a AFG:

Beise, Erstattung von Arbeitslosengeld bei nachvertraglicher Wettbewerbsabrede, DB 1990, 1037
Bengelsdorf, Der Anspruch auf Karenzentschädigung, DB 1985, 1585
Hess in Ambs u.a., GK-AFG, Erläut. zu § 128 a AFG, Loseblatt
Heuer in Hennig/Kühl/Henke/Heuer, AFG, Kommentar, Erläut. zu § 128 AFG, Loseblatt

45. Kapitel: Beschäftigungsfördernde Leistungen des Arbeitsamtes für Arbeitgeber

I.	Förderleistungen an Arbeitgeber im Überblick	7100
II.	Zuschuß zur Einarbeitung neuer Arbeitskräfte	7101
	1. Inhalt und Zweck des Einarbeitungszuschusses	7101
	2. Zuschußvoraussetzungen	7102
	3. Höhe und Dauer des Zuschusses	7107
	4. Antrag und Bewilligungsverfahren; Rückzahlungspflicht	7108
III.	Zuschuß bei Einstellung schwer vermittelbarer Arbeitsloser	7110
IV.	Probebeschäftigung	7114
V.	Förderung der Beschäftigung Behinderter	7116
VI.	Förderung bei Ausbildungskosten	7120
VII.	Starthilfe für Existenzgründer	7122
VIII.	Sonstige Förderungen	7123
IX.	Weiterführende Literaturhinweise	7127

I. Förderleistungen an Arbeitgeber im Überblick

7100

Im Rahmen ihrer aktiven Arbeitsmarktpolitik beschränkt sich die Bundesanstalt für Arbeit mit ihren Arbeitsämtern nicht darauf, bei eingetretener Arbeitslosigkeit Lohnersatzleistungen zu gewähren. Sie wirkt in manngifaltier Weise darauf hin, den Eintritt von Arbeitslosigkeit zu vermeiden oder bestehende Arbeitslosigkeit durch Vermittlung in Arbeit zu beheben. Dazu stellt das Leistungssystem des AFG auch **Fördermittel für Arbeitgeber** bereit. Sie sollen helfen, betriebliche Personalprobleme oder schwierige Situationen im Zuge von Strukturveränderungen zu bewältigen und dienen über die wirtschaftliche Sicherung des Betriebes hinaus damit zugleich der Schaffung und Sicherung von Arbeitsplätzen. Im Vordergrund stehen **Lohnkostenzuschüsse** vor allem bei der Neueinstellung von Arbeitskräften und Zuschüsse zur Ausbildungsvergütung bei der Bereitstellung betrieblicher Ausbildungsplätze. Ferner werden Sachkosten- und sonstige Zuschüsse als Hilfe zur Schaffung besonderer Arbeitsplätze oder betrieblicher Einrichtungen z.B. für Behinderte oder zur

Bereitstellung von Arbeitnehmerunterkünften gewährt. Ebenso können Arbeitgeber für Einrichtungen zur Beschäftigung oder beruflichen Qualifizierung von besonders schwer vermittelbaren Langzeitarbeitslosen Zuschüsse zu Investitionskosten, Betriebsmittelaufwand und Personalkosten erhalten. Schließlich stellt das Arbeitsamt für **Existenzgründer** auch Starthilfen bereit.

II. Zuschuß zur Einarbeitung neuer Arbeitskräfte

1. Inhalt und Zweck des Einarbeitungszuschusses

7101

Nicht immer gelingt es, für freie Arbeitsplätze voll qualifizierte Arbeitskräfte zu finden. Der Arbeitgeber ist darauf angewiesen, auf einem Facharbeiterplatz Bewerber mit Ausbildung in einem Nachbarberuf einzusetzen oder auf einem Anlernplatz Kräfte ohne einschlägige Erfahrung. Er muß die neuen Mitarbeiter dann nicht nur wie üblich in den Arbeitsplatz einweisen, sondern über einen längeren Zeitraum einarbeiten, bis sie die erwartete volle Leistung erbringen können. Für diese Zeit der notwendigen Einarbeitung eines neu eingestellten Arbeitnehmers kann der Arbeitgeber als Lohnkostenzuschuß den **Einarbeitungszuschuß** erhalten. Rechtsgrundlage sind § 49 AFG und ergänzend § 25 der Fortbildungs- und Umschulungsanordnung der BA (AFuU).

Ähnlich wie bei einer Fortbildung oder Umschulung soll mit Hilfe des Zuschusses durch Einarbeitung im Betrieb die berufliche Qualifizierung des Arbeitnehmers erreicht oder verbessert werden. Deshalb ist nicht jede Neueinstellung zuschußfähig, es müssen noch weitere Voraussetzungen hinzutreten.

2. Zuschußvoraussetzungen

7102

Der Einarbeitungszuschuß kommt in Betracht, wenn der neu eingestellte Arbeitnehmer

- vor Beginn der Einarbeitung **arbeitslos** ist oder

- nach Zeiten der **Kindererziehung** oder der Pflege von Angehörigen wieder in das Erwerbsleben zurückkehrt; zwischen der letzten Erwerbstätigkeit und der Rückkehr in das Erwerbsleben müssen in diesem Falle mindestens drei Jahre liegen und der Arbeitnehmer darf seit Rückkehr in das Erwerbsleben nicht schon wieder länger als ein Jahr erwerbstätig gewesen sein; oder

- vor Beginn der Einarbeitung zwar noch in einem Arbeitsverhältnis steht, aber **unmittelbar von Arbeitslosigkeit bedroht** ist, weil z.B. das Arbeitsverhältnis. bereits gekündigt oder die Eröffnung des Konkurses über das Vermögen des Arbeitgebers bereits beantragt ist.

Beschäftigungsfördernde Leistungen des Arbeitsamtes für Arbeitgeber

Die Arbeitsämter verlangen im allgemeinen, daß sich der neu eingestellte Arbeitnehmer zuvor **arbeitslos gemeldet** und daß auch der Arbeitgeber die zu besetzende Stelle dem Arbeitsamt gemeldet hat und machen den Zuschuß davon abhängig, daß das Arbeitsverhältnis durch Vermittlung des Arbeitsamtes zustande kommt. Das Bundessozialgericht hat hierzu aber klargestellt, daß weder die Meldung noch die Vermittlung durch das Arbeitsamt zwingende Voraussetzungen für den Einarbeitungszuschuß sein dürfen *(BSG 12.05.1993, SozR 3-4100 § 49 Nr. 5)*. Wird ein Zuschußantrag mit solcher Begründung von vornherein abgelehnt, empfiehlt sich deshalb Widerspruch gegen den Ablehnungsbescheid (vgl. dazu Rz. 7516) und ggfls. Klage zum Sozialgericht (vgl. Rz. 7528 ff).
Allerdings muß in diesem Zusammenhang beachtet werden: Nur in Bezug auf solche Arbeitsuchende, die nach Kindererziehung oder Pflege von Angehörigen in das Erwerbsleben zurückkehren, besteht unmittelbarer Rechtsanspruch auf die Förderung; in allen anderen Fällen darf das Arbeitsamt **nach Ermessen entscheiden.** Im Rahmen seines Ermessens darf das Arbeitsamt im Einzelfall darauf verweisen, daß für den fraglichen Arbeitsplatz z.B. geeignete und voll qualifizierte Fachkräfte zur Verfügung stehen, die einer besonderen Einarbeitung und damit eines Zuschusses nicht bedürfen. Ebenso darf das Arbeitsamt im Rahmen seines Ermessens berücksichtigen, ob der betroffene Arbeitnehmer zuvor bereits an einer vom Arbeitsamt geförderten Maßnahme der beruflichen Bildung teilgenommen hat. Hat ihm das Arbeitsamt z.B. bereits die Teilnahme an einer beruflichen Fortbildungsmaßnahme gefördert und liegt deren Ende nicht länger als ein Jahr zurück, kann eine erneute Qualifizierungsmaßnahme und damit der Einarbeitungszuschuß abgelehnt werden.

7103

Weitere Voraussetzungen für den Einarbeitungszuschuß sind:

- Der Einzuarbeitende muß in der Vergangenheit **mindestens 6 Monate beruflich tätig** gewesen sein. Hierfür genügt jede Art beruflicher (auch selbständiger) Tätigkeit einschließlich einer nicht abgeschlossenen Berufsausbildung oder der Arbeit im eigenen Haushalt.

- Der Einzuarbeitende muß für die konkrete Tätigkeit gesundheitlich und fachlich **geeignet** sein und eine erfolgreiche Einarbeitung innerhalb des dafür zur Verfügung stehenden Zeitraumes erwarten lassen.

- Die Einarbeitung darf **nicht bei dem bisherigen Arbeitgeber** erfolgen. Innerbetriebliche Umsetzungen sind deshalb nicht förderungsfähig. Allerdings ist es unschädlich, wenn der jetzt einzuarbeitende Arbeitnehmer früher schon einmal bei demselben Arbeitgeber gearbeitet hatte, sofern zwischen dem Ende des letzten und dem Beginn des neuen Beschäftigungsverhältnisses mindestens 3 Monate liegen oder wenn die frühere Beschäftigung ein Probearbeitsverhältnis war. Auf der anderen Seite steht aber auch eine nur kurzfristige und befristete Beschäftigung bei demselben Arbeitgeber der Förderung entgegen, es sei denn, diese Beschäftigung war eine befristete Urlaubsvertretung auf einem bestimmten Arbeitsplatz und der Betroffene soll nunmehr auf einem anderen Arbeitsplatz in eine Dauerbeschäftigung eingearbeitet werden.

7104

Der Einarbeitungszuschuß kommt nur in Betracht, wenn der neu eingestellte Arbeitnehmer mit seinen derzeit vorhandenen beruflichen Kenntnissen und Fertigkeiten - z.B. wegen einer längeren Erwerbspause zur Kinderbetreuung - nicht imstande ist, von Anfang an den Anforderungen des neuen Arbeitsplatzes zu genügen, sondern nur eine Minderleistung erbringen kann. Er muß also über das übliche Maß betrieblicher Einweisung hinaus einer besonderen Einarbeitung bedürfen, um volle Leistung am neuen Arbeitsplatz erbringen zu können. Die **Einarbeitungszeit** muß deshalb **mehr als 4 Wochen** umfassen und darf auf der anderen Seite nicht länger als regelmäßig 6 Monate, höchstens ein Jahr andauern.

Beispiel:
Eine Textilfacharbeiterin, die über eine Ausbildung in industrieller Bekleidungsfertigung verfügt, benötigt für eine Beschäftigung als Verkäuferin mit Änderungsschneiderei in einem Jeans-Shop aufgrund ihrer vorhandenen fachlichen Kenntnisse lediglich die übliche betriebliche Einweisung und keine qualifizierende Einarbeitung, so daß der Einarbeitungszuschuß nicht in Betracht kommen kann.

Fehlende Berufspraxis kennzeichnet jeden Berufsanfänger. Es reicht deshalb nicht aus, daß einem **Berufsanfänger** die allgemein übliche Einweisung zuteil werden muß oder es um eine Einarbeitung geht, die im gesamten Berufszweig für Bewerber ohne Berufserfahrung erforderlich und üblich ist. Der Einarbeitungszuschuß soll dem Arbeitgeber einen Ausgleich gewähren für das Mißverhältnis zwischen dem (vollen) Arbeitsentgelt und der in der Übergangszeit nur zu erwartenden Minderleistung.

Dieser Ausgleichsbedarf entfällt, wenn mit Rücksicht auf die zunächst nur zu erwartende Minderleistung für die Dauer der Einarbeitungsphase ein **geringeres Arbeitsentgelt** vereinbart wurde z.B. mit stufenweiser Anhebung bis zur vollen Höhe nach abgeschlossener Einarbeitungszeit. In solchem Falle wird kein Zuschuß gewährt.

7105

Ebenfalls kein Zuschuß wird gewährt, wenn der Arbeitgeber im eigenen Interesse von sich aus darauf angewiesen ist, neu eingestellte Kräfte einzuarbeiten. So ist es z.B., wenn auf dem gesamten Arbeitsmarkt für seine besonderen Bedürfnisse geeignete Arbeitnehmer nicht vorhanden sind.

7106

Die Einarbeitung im Betrieb ist der Sache nach eine berufliche Qualifizierungsmaßnahme. An sie werden deshalb bestimmte Anforderungen gestellt. Das Arbeitsamt verlangt einen **Einarbeitungsplan**. Darin muß angegeben werden, wie

Beschäftigungsfördernde Leistungen des Arbeitsamtes für Arbeitgeber

die vorgesehene Einarbeitung nach Dauer und inhaltlicher Ausgestaltung mit Blick auf das angestrebte Ziel vorgenommen und welche beruflichen Kenntnisse dabei vermittelt werden sollen. Geht es z.B. um die Unterweisung in der Bedienung komplizierter Geräte, kann die Einarbeitung zeitweise auch in Form reiner Schulung durchgeführt werden.

3. Höhe und Dauer des Zuschusses

7107

Die Dauer des Zuschusses richtet sich nach dem im Einzelfall zur Einarbeitung nötigen Zeitraum. Die Höchstdauer liegt bei **6 Monaten**. In besonders begründeten Ausnahmefällen kann der Zuschuß **bis zu einem Jahr** reichen. Solche Ausnahmefälle werden angenommen, wenn es um die Einarbeitung von Arbeitnehmern geht, die wegen Kindererziehung oder Pflege von Angehörigen ihre Erwerbstätigkeit für länger als 6 Jahre unterbrochen hatten oder um solche, die schwerbehindert sind oder älter als 50 Jahre oder die länger als zwei Jahre arbeitslos waren.

Die Höhe des Einarbeitungszuschusses wird im Einzelfall bestimmt. Sie orientiert sich an dem Unterschied zwischen den Anforderungen des Arbeitsplatzes und dem danach bemessenen Arbeitsentgelt auf der einen und dem zunächst nur vorhandenen (geminderten) Leistungsvermögen des Arbeitnehmers auf der anderen Seite. Die Obergrenze liegt bei **30 v.H.** des tariflichen oder ortsüblichen **Arbeitsentgelts**. Wie in Bezug auf die Dauer des Zuschusses kann er in besonderen Fällen bis zu 50 v.H. reichen. Bemessen wird der Einarbeitungszuschuß anhand des zu Beginn der Einarbeitung maßgeblichen Arbeitsentgelts. Lohnveränderungen, die während der Zuschußdauer eintreten (z.B. tarifliche Lohnsteigerungen) bleiben auf die Höhe des Zuschusses ohne Einfluß. Ist der Arbeitgeber z.B. durch Tarifvertrag, Sozialplan oder Rationalisierungsabkommen selbst zu gleichartigen Leistungen verpflichtet, werden sie angerechnet und mindern den Zuschuß bzw lassen ihn entfallen.

4. Antrag und Bewilligungsverfahren; Rückzahlungspflicht

7108

Der Zuschuß wird auf Antrag gewährt. Der Arbeitgeber muß **den Antrag vor Beginn der Einarbeitung** bei dem für seinen Betrieb örtlich zuständigen Arbeitsamt stellen. Dabei muß er den Einarbeitungsplan (Rz. 7106) beifügen. Auf Verlangen des Arbeitsamtes muß auch eine Stellungnahme des Betriebsrats mit vorgelegt werden. Die Bewilligung kann mit Auflagen oder Bedingungen verbunden werden, z.B. mit der Auflage, die zweckentsprechende Mittelverwendung nachzuweisen. Die bewilligte Leistung wird monatlich nachträglich ausgezahlt und unterliegt nicht der Umsatzsteuer.

Geht es um die Rückkehr in das Erwerbsleben nach Kindererziehung oder Pflege von Angehörigen, so besteht auf den Zuschuß bei Erfüllung der Voraussetzungen ein Rechtsanspruch. In den anderen Fällen liegt die Gewährung im **Ermessen des Arbeitsamtes** (vgl. Rz. 7102). Der Anspruch auf sachgerechte Ermessensausübung kommt wegen des Gleichbehandlungsgebots einem direkten Rechtsanspruch jedoch nahe. Auf Erschöpfung der für diese Leistungsart bereitgestellten Haushaltmittel darf sich das Arbeitsamt nicht berufen. Auch bei knappen Haushaltmitteln muß sichergestellt werden, daß eine Zuschußgewährung noch gegen Ende des Haushaltjahres möglich ist. Im Rahmen seines Ermessens darf das Arbeitsamt hierzu die Zuschüsse z.B. unter der Obergrenze von 30 v.H. des Entgelts halten oder berücksichtigen, wie lange der Betroffene zuvor arbeitslos war.

7109
Der Einarbeitungszuschuß soll helfen, dem Arbeitnehmer einen Dauerarbeitsplatz zu verschaffen. Der Zweck wäre verfehlt, wenn der Eingearbeitete bald wieder entlassen und nun ein anderer eingestellt und eingearbeitet würde, der wiederum zu bezuschussen wäre. Deshalb muß das Arbeitsverhältnis mit dem Eingearbeiteten nach Ende der Einarbeitungszeit (von regelmäßig 6 Monaten) noch mindestens für 6 Monate fortbestehen; bei längerer Einarbeitungszeit noch mindestens 12 Monate danach. Andernfalls muß der Arbeitgeber den erhaltenen **Zuschuß** dem Arbeitsamt **zurückzahlen**.

Die Rückzahlungspflicht entfällt nur dann, wenn das Arbeitsverhältnis vor Ablauf der Nachfrist von 6 oder 12 Monaten vom Arbeitnehmer selbst beendet wird oder wenn der Arbeitgeber zum Zeitpunkt der Beendigung berechtigt war, aus wichtigem Grunde ohne Einhaltung der ordentlichen Kündigungsfrist zu kündigen, auch wenn er in solchem Fall z.B. eine Auflösungsvereinbarung geschlossen hat.

III. Zuschuß bei Einstellung schwer vermittelbarer Arbeitsloser

7110
Wer 50 Jahre alt oder älter, wer schwerbehindert oder schon längere Zeit arbeitslos ist, findet unter den üblichen Bedingungen des allgemeinen Arbeitsmarktes häufig nur sehr schwer einen neuen Arbeitsplatz. Die hohe Berufserfahrung z.B. eines Älteren kann für den Arbeitgeber aber von besonderem Wert sein. Entschließt er sich, einen freien Arbeitsplatz z.B. mit einem Älteren zu besetzen, wird seine Bereitschaft, einem sonst schwer vermittelbaren Arbeitslosen einen Dauerarbeitsplatz zu schaffen, durch einen Lohnkostenzuschuß gefördert (*Eingliederungsbeihilfe*, § 54 AFG, s. auch §§ 20 ff. der *FdA-AnO* vom 27.01.1993, ANBA S. 394).

Beschäftigungsfördernde Leistungen des Arbeitsamtes für Arbeitgeber

7111

Begünstigt sind Arbeitsuchende, die entweder bereits **arbeitslos** sind oder aber **von Arbeitslosigkeit unmittelbar bedroht** sind(vgl. Rz. 7102). Hinzukommen muß, daß ihre Unterbringung unter den üblichen Bedingungen des allgemeinen Arbeitsmarktes erschwert ist. Dies hat Geltung insbesondere z.B. für **Ältere, für Schwerbehinderte oder für Personen**, die schon für **längere Zeit arbeitslos** sind. Anders als beim Einarbeitungszuschuß (Rz. 7101 ff.) dient die Förderung hier nicht der beruflichen Qualifizierung, sondern der Arbeitsaufnahme. Freilich kann bei Neueinstellung eines sonst schwer vermittelbaren Arbeitslosen zunächst dessen Einarbeitung notwendig sein. Liegen zugleich die Voraussetzungen für einen Einarbeitungszuschuß vor (Rz. 7101 ff.), so wird nur dieser gewährt.

Der Arbeitgeber kann die Beihilfe erhalten, wenn er

- einen Arbeitslosen einstellt, der wegen seines Alters, als anerkannter Schwerbehinderter oder wegen der Dauer seiner Arbeitslosigkeit sonst **schwer vermittelbar** ist oder

- einen zu dem genannten Personenkreis gehörigen Arbeitsuchenden, der zwar noch in einem Arbeitsverhältnis steht, aber unmittelbar von Arbeitslosigkeit bedroht (z.B. bereits gekündigt ist und

- dem Arbeitsuchenden einen dem Leistungsvermögen angemessenen Dauerarbeitsplatz bereitstellt. Dazu gehört es, daß ein **unbefristeter Arbeitsvertrag** abgeschlossen wird. Lassen erkennbare Betriebsveränderungen oder bevorstehende Kurzarbeit die Erwartung nicht zu, daß es zu einem Dauerarbeitsverhältnis kommen wird, kann der Zuschuß nicht gewährt werden.

Die Schwervermittelbarkeit muß nicht dadurch zum Ausdruck kommen, daß der Einzustellende bereits für eine gewisse Zeit arbeitslos war und Vermittlungsbemühungen bislang scheiterten, denn begünstigt sind auch Personen, die z.B. wegen einer ausgesprochenen Kündigung unmittelbar von Arbeitslosigkeit bedroht sind und deshalb einen neuen Arbeitsplatz suchen. Der Zuschußgewährung steht es deshalb nicht entgegen, wenn die Einstellung **nahtlos** an das bisherige (gekündigte) Beschäftigungsverhältnis **anschließt** und ihr steht ebensowenig entgegen, daß der neue Arbeitgeber den Arbeitnehmer in Absprache mit dem bisherigen Arbeitgeber übernimmt.

Auf der anderen Seite ist das **Lebensalter** des einzustellenden Arbeitsuchenden nur ein Anhaltspunkt für die Schwervermittelbarkeit. Wer 50 Jahre oder älter ist, gilt auf dem Arbeitsmarkt zwar häufig als nicht mehr voll wettbewerbsfähig und kann deshalb schwerer vermittelbar sein als ein Jüngerer. Nicht jeder 50-jährige ist aber schwer vermittelbar. Es kommt im Einzelfall auf die vorhandene berufliche Qualifikation und die Anpassungs- und Umstellungsfähigkeit an.

> Erforderlich für die Zuschußgewährung ist schließlich, daß sie ihren arbeitsmarktpolitischen Zweck erfüllt: Durch den Zuschuß soll der Arbeitgeber zur Einstellung eines sonst schwer vermittelbaren Arbeitsuchenden motiviert werden. Die Zuschußgewährung muß für den Arbeitgeber zumindest **eine wesentliche Bedingung für die Einstellung** sein. Sie ist es nicht, wenn der Arbeitgeber auf jeden Fall zur Einstellung des fraglichen Arbeitsuchenden entschlossen und bereit ist, z.B. weil dieser ihm vom bisherigen Arbeitgeber als geeignet empfohlen wurde oder weil er einen neuen Mitarbeiter dringend braucht und keine Zeit für weitere Suche hat. Der Zuschuß muß also für die Einstellung ausschlaggebend, er darf nicht nur willkommene "Beigabe" sein *(vgl. LSG Berlin 22.02.1994, L 14 Ar 59/93).*

7112
Die Eingliederungsbeihilfe wird als Zuschuß gewährt. Die Förderzeit liegt bei **regelmäßig 6 Monaten** und kann in besonderen Fällen bis zu einem Jahr, in besonders schwerwiegenden Problemfällen bis zu 2 Jahren reichen. Ist der Arbeitnehmer während der Förderzeit arbeitsunfähig erkrankt, wird dieser Zeitraum nicht angerechnet. Die Beihilfe wird aber auch für solche Zeit gezahlt, soweit Lohnfortzahlung zu leisten ist. Ihre Höhe richtet sich nach dem Ausmaß der vermittlungshemmenden Wettbewerbsbeschränkungen bei dem betroffenen Arbeitnehmer. Die Obergrenze liegt bei **50 v.H.** des tariflichen oder ortsüblichen **Arbeitsentgelts**. Bei einer Förderdauer von mehr als 6 Monaten wird sie nach Ablauf der ersten 6 Monate für die weitere Dauer um mindestens 10 v.H. abgesenkt.

7113
Will der Arbeitgeber die Beihilfe in Anspruch nehmen, muß er rechtzeitig **vor der Einstellung** des Arbeitnehmers den **Antrag** bei seinem zuständigen Arbeitsamt stellen. Das Arbeitsamt kann eine Stellungnahme des Betriebsrats verlangen. Die Gewährung steht im Ermessen des Arbeitsamtes (vgl. Rz. 7108).
Werden die Fördermittel nicht zweckentsprechend verwendet und darüber Nachweis geführt, kann das Arbeitsamt die Bewilligung aufheben und die Leistung zurückfordern. Eine **Rückzahlungspflicht** besteht ebenso, wenn das Arbeitsverhältnis bald nach Ende der Förderzeit vom Arbeitgeber ohne wichtigen Kündigungsgrund beendet wird (vgl. Rz. 7109)

IV. Probebeschäftigung

7114
Auch eine vor unbefristeter Anstellung als Vorlauf vereinbarte Probebeschäftigung kann vom Arbeitsamt durch Übernahme der Kosten gefördert werden. Die Probebeschäftigung kann bis zu 3 Monaten dauern und hat zum Ziel, die Vermittlungsaussichten des Arbeitsuchenden zu verbessern.

Beschäftigungsfördernde Leistungen des Arbeitsamtes für Arbeitgeber

7115

Kostenübernahme für eine Probebeschäftigung von bis zu 3 Monaten kommt in Betracht, wenn der Arbeitsuchende

- zuvor für mindestens **18 Monate** beim Arbeitsamt **arbeitslos gemeldet** war;
- bei anerkannten **Schwerbehinderten** genügt es, wenn sie zuvor arbeitslos gemeldet waren. Eine bestimmte Mindestdauer der Arbeitslosigkeit wird hier nicht gefordert.

Der Arbeitgeber erhält als Zuschuß für die Probebeschäftigung bis zu **100 v.H. des** tariflichen oder ortsüblichen **Arbeitsentgelts,** und zwar für die vereinbarte Dauer bis zu 3 Monaten. Bei Behinderten können zusätzlich auch sonstige Kosten z.B. für die Einrichtung des Arbeitsplatzes übernommen werden.

Notwendig für den Zuschuß ist, daß der **Antrag** beim zuständigen Arbeitsamt rechtzeitig **vor Beginn der Probebeschäftigung** gestellt wird. Das Arbeitsamt entscheidet nach seinem pflichtgemäßen Ermessen (dazu vgl. Rz. 7108).

V. Förderung der Beschäftigung Behinderter

7116

Eine Behinderung sagt im allgemeinen nichts über die berufliche Leistungsfähigkeit aus. Bei richtigem Arbeitseinsatz brauchen Behinderte den Vergleich mit Nichtbehinderten nicht zu scheuen. Freilich erscheint die Integration Behinderter in den Betriebsablauf mitunter schwierig, weil z.B. der vorgesehene Arbeitsplatz der Körperbehinderung entsprechend hergerichtet werden muß. Um die Eingliederung Behinderter in das Erwerbsleben zu erleichtern, wird die Einstellung und Beschäftigung Behinderter im Rahmen der beruflichen Rehabiliation in besonderer Weise gefördert. Diese Aufgabe obliegt neben dem Arbeitsamt in erster Linie den Rentenversicherungsträgern (Bundesversicherungsanstalt für Angestellte, Bundesknappschaft, Landesversicherungsanstalten) und nach Arbeitsunfällen den Berufsgenossenschaften als Unfallversicherungsträgern. In jedem Fall wirkt das Arbeitsamt beratend mit und wird einen dort gestellten Förderantrag ggfls. an die richtige Stelle weiterleiten.

7117

Bei Einstellung eines Behinderten kann der Arbeitgeber Lohn- und Sachkostenzuschüsse erhalten. Gewährt werden

- als Lohnkostenzuschuß die **Eingliederungshilfe** für eine Dauer von **bis zu 2 Jahren** und in Höhe von bis zu **80 v.H. des** tariflichen oder ortsüblichen **Arbeitsentgelts.** Die Leistung ähnelt dem Einarbeitungszuschuß (Rz. 7101) und der Eingliederungsbeihilfe (Rz. 7110). Wenn der Arbeitgeber ohne gesetzliche Verpflichtung oder über diese hinaus anerkannte Schwerbehinderte einstellt und beschäftigt, kann er aus Mitteln der Ausgleichsabgabe bis zur Dauer von 3

Jahren weitere Lohnkostenzuschüsse bis zu 80 v.H. des Tariflohnes erhalten. Gewährt werden kann ebenso

- Übernahme der Kosten für eine befristete **Probebeschäftigung** (vgl. Rz. 7114) oder

- ein **Ausbildungszuschuß** für die Dauer der Berufsausbildung eines Behinderten.

- Macht die Einstellung und Beschäftigung des Behinderten im Betrieb eine behindertengerechte **Ausstattung des Arbeitsplatzes** oder sonstige angemessene Arbeitshilfen notwendig, erhält der Arbeitgeber für diese Sachkosten ebenfalls Zuschuß bis zur Höhe der entstehenden Kosten.

7118
Für die Eingliederungshilfe bei Behinderten ist es nicht erforderlich, daß sie zuvor arbeitslos waren oder von Arbeitslosigkeit unmittelbar bedroht sind. Deshalb kommt der Zuschuß auch in Frage, wenn es um eine der Behinderung wegen notwendige **Umschulung** auf einen anderen Arbeitsplatz **beim bisherigen Arbeitgeber** geht. Allerdings kommt die besondere Förderung zugunsten Behinderter erst in Frage, wenn die allgemeinen Fördermittel (z.B. Einarbeitungszuschuß, Eingliederungsbeihilfe) nicht ausreichen und wegen der Schwere oder Eigenart der Behinderung besondere Förderung notwendig wird.

7119
Um die dauerhafte Eingliederung des Behinderten zu gewährleisten, besteht auch für die Förderzuschüsse zugunsten Behinderter eine **Rückzahlungspflicht** des Arbeitgebers für den Fall, daß er das Arbeitsverhältnis bald nach Ende der Förderzeit ohne wichtigen Kündigungsgrund beendet (vgl. Rz. 7109).

VI. Förderung bei Ausbildungskosten

7120
Zuschüsse zu Ausbildungsvergütungen und zu weiteren Sach- und Personalkosten bei betrieblicher Ausbildung gehören zum Instrumentarium der Förderung der Ausbildung Jugendlicher in Betrieben und überbetrieblichen Einrichtungen. Begünstigt sind bestimmte Gruppen jugendlicher Ausbildungsbewerber, die ohne spezielle Hilfen nur schwer in der Lage sind, eine Ausbildung erfolgreich durchzustehen. Dazu gehören:

- **ausländische Auszubildende** und

- **lernbeeinträchtigte deutsche Auszubildende,** z.B. verhaltensgestörte Jugendliche, ehemals Drogenabhängige, strafentlassene Jugendliche,

- wenn ihnen auch nach Teilnahme an berufsvorbereitenden Maßnahmen **ohne** weitere **Förderung keine qualifizierte Ausbildungsstelle** vermittelt werden kann.

Beschäftigungsfördernde Leistungen des Arbeitsamtes für Arbeitgeber

Bei betrieblicher Ausbildung erfolgt die Förderung vor allem durch Stütz- und Förderunterricht, wobei für die entsprechende Zeit der Teil der Ausbildungsvergütung vom Arbeitsamt übernommen wird. Bei Ausbildung in überbetrieblichen Einrichtungen kommen laufende Zuschüsse zur Ausbildungsvergütung in Betracht. Hinzu treten Zuschüsse zu Sach- und Personalkosten.

7121
Laufende Zuschüsse bis zu 60 v.H. der Ausbildungsvergütung werden darüber hinaus bei der Ausbildung Behinderter in einem Ausbildungsberuf gewährt.

VII. Starthilfe für Existenzgründer

7122
Namentlich für beruflich qualifizierte Arbeitsuchende kommt als Ausweg aus bestehender Arbeitslosigkeit mitunter auch die Gründung einer **selbständigen Existenz** in Betracht. Neben den Maßnahmen der Wirtschaftsförderung (z.B. zinsverbilligte Kredite) können Existenzgründer auch vom Arbeitsamt Starthilfe erhalten (§ 55 a AFG). Sie kommt in Betracht für

- Arbeitslose, die vor Aufnahme ihrer selbständigen Tätigkeit für **mindestens 4 Wochen Arbeitslosengeld** oder Arbeitslosenhilfe **bezogen** haben;
- Arbeitnehmer, die zuvor für mindestens 4 Wochen sog. Struktur-Kurzarbeitergeld bei "**Kurzarbeit Null**" bezogen haben oder
- Arbeitnehmer, die zuvor für mindestens 4 Wochen in einer Arbeitsbeschaffungsmaßnahme **(ABM)** beschäftigt waren.

Erhalten können sie die Starthilfe, wenn sie

- eine selbständige Tätigkeit mit einer wöchentlichen Arbeitszeit **von mindestens 18 Stunden** aufnehmen und
- die Stellungnahme einer **fachkundigen Stelle** vorlegen, daß diese selbständige Tätigkeit voraussichtlich eine dauerhafte ausreichende Lebensgrundlage bieten wird. Wesentlich ist, ob der Existenzgründer nach einer angemssenen Anlaufzeit aus seiner selbständigen Tätigkeit voraussichtlich auf Dauer ein Einkommen erzielen kann, das dem durchschnittlichen monatlichen Bruttoeinkommen von Arbeitnehmern mindestens zu zwei Dritteln entspricht. Die fachkundige Stellungnahme kann u.a. bei der örtlichen Industrie- und Handelskammer, der Handwerkskammer oder dem einschlägigen Fachverband eingeholt werden. Hier kann sich der Existenzgründer auch nach den Aussichten im angestrebten Gewerbezweig und nach Fördermöglichkeiten im Rahmen der Wirtschaftsförderung erkundigen.

Sozialrecht

7122a
Als Starthilfe erhält der Existenzgründer ein **Überbrückungsgeld** für im allgemeinen **26 Wochen**. Das Überbrückungsgeld wird in derselben Höhe gewährt wie das zuvor bezogene Arbeitslosengeld; im Ergebnis bekommt der nun selbständig tätige frühere Arbeitslose also das bisherige Arbeitslosengeld für ein halbes Jahr weiter. Wer zuvor in Kurzarbeit Null oder in einer Arbeitsbeschaffungsmaßnahme gestanden hat, erhält als Überbrückungsgeld den Betrag, der ihm als Arbeitslosengeld zugestanden hätte, wäre er arbeitslos gewesen. Das Überbrückungsgeld unterliegt nicht der Einkommensteuerpflicht.

Zusätzlich kann der Existenzgründer Zuschüsse für seine Aufwendungen zur **Krankenversicherung** und **Altersversorgung** erhalten. Sie werden pauschal in Höhe von einem Drittel des Überbrückungsgeldes gewährt.

Den notwendigen **Antrag** muß der Existenzgründer rechtzeitig vor Aufnahme der selbständigen Tätigkeit beim Arbeitsamt stellen. Die fachkundige Stellungnahme sollte er sich zuvor besorgen, denn er muß sie mit dem Antrag vorlegen.

VIII. Sonstige Förderungen

7123
Neben den Lohnkostenzuschüssen gewährt das Arbeitsamt in einer Reihe von Fällen auch **Sachkostenzuschüsse** oder entsprechende Darlehn. Das gilt namentlich bei

- einer erforderlichen behindertengerechten **Arbeitsplatzausstattung** als ergänzender Förderung, wenn für den einzustellenden Behinderten bereits Eingliederungshilfe oder bei Auszubildenden Ausbildungshilfe gewährt wurde;
- Errichtung von **Arbeitnehmerwohnheimen** durch Betriebe; hier kann der Betrieb für Bau und Einrichtung unter Beachtung bestimmter Obergrenzen Zuschüsse oder zinsverbilligte Darlehn erhalten;
- Errichtung überbetrieblicher **Lehrwerkstätten** oder anderer Einrichtungen überbetrieblicher Berufsausbildung; durch Zuschüsse und Darlehn werden Bau, Einrichtung und Unterhaltung solcher Einrichtungen gefördert.

Anträge auf solche Fördermittel müssen bei dem örtlich zuständigen Arbeitsamt gestellt werden. Das Arbeitsamt erteilt auch Auskünfte über die näheren Einzelheiten der Förderung.

7124
Langzeitarbeitslose, die z.B. wegen Alters, fehlenden beruflichen Abschlusses oder gesundheitlicher Leistungseinschränkungen in ihrer Wettbewerbsfähigkeit gemindert sind, sind besonders schwer vermittelbar. Ihre Wiedereingliederung in das Erwerbsleben durch Beschäftigung und berufliche Qualifizierung bedarf

deshalb spezieller Förderung. Solche Förderung können Einrichtungen beanspruchen, die schwer vermittelbare Langzeitarbeitslose entweder in eigenen Einrichtungen beschäftigen oder selbst oder bei Dritten beruflich qualifizieren. Als Träger solcher Maßnahmen kommen neben öffentlichen und gemeinnützigen Unternehmen oder Einrichtungen auch private Unternehmen oder Einrichtungen in Betracht, die für die Aufgabe aufgrund ihrer Erfahrung besonders geeignet sind. Sie erhalten Zuschüsse zu den Investitionskosten, für den Betriebsmittelaufwand und die Kosten für das notwendige Ausbildungs- und Betreuungspersonal Rechtsgrundlage für diese neue Fördermöglichkeit für sog. **Arbeitsförderbetriebe** ist § 62 d AFG.

7125

Zuschüsse zu den Lohnkosten können Arbeitgeber auch im Rahmen der **Arbeitsbeschaffungsmaßnahmen** (ABM) erhalten.

Arbeitsbeschaffungsmaßnahmen sollen vor allem älteren Arbeitsuchenden oder Langzeitarbeitslosen zugute kommen. Der Lohnkostenzuschuß liegt zwischen 50 und 75 v.H. des Arbeitsentgelts und kann in bestimmten besonders förderungsbedürftigen Regionen 90 bis 100 v.H. des Arbeitsentgelts erreichen. Allerdings ist das Arbeitsentgelt nur noch zu 90 v.H. des für gleiche oder vergleichbare ungeförderte Tätigkeiten üblichen Arbeitsentgelts berücksichtigungsfähig. Gefördert wird im allgemeinen für ein Jahr.

Förderung erhalten kann der Arbeitgeber nur für solche Arbeitnehmer, die ihm **vom Arbeitsamt zugewiesen** worden sind, wobei er freilich Auswahlvorschläge machen kann. Die Arbeiten müssen im öffentlichen Interesse liegen und der Betrieb muß als Träger von Arbeitsbeschaffungsmaßnahmen anerkannt sein. Über Einzelheiten unterrichten die Arbeitsämter, wo auch die notwendigen Anträge zu stellen sind.

7126

Für bestimmte Bereiche ist eine besondere Förderung im Rahmen von Arbeitsbeschaffungsmaßnahmen vorgesehen. Zunächst nur im Osten Deutschlands, nunmehr auch in den alten Bundesländern werden Arbeiten gefördert, die der **Umweltsanierung** dienen und ebenso Arbeiten im Bereich der sozialen Dienste oder der freien Jugendhilfe (§§ 242 s, 249 h AFG). Im Osten Deutschlands werden darüber hinaus noch Arbeiten im Bereich des Breitensports, der freien Kulturarbeit und zur Vorbereitung denkmalpflegerischer Arbeiten gefördert.
Arbeiten vor allem zur Umweltsanierung sollen von den Maßnahmeträgern an private Wirtschaftsunternehmen vergeben werden. Ihnen kommt damit die Förderung zugute. Wie bei den allgemeinen Arbeitsbeschaffungsmaßnahmen werden die zu fördernden Arbeitnehmer dem Betrieb vom Arbeitsamt zugewiesen. Als Lohnkostenzuschuß wird hier bei dieser besonderen Form von Arbeitsbeschaffungsmaßnahmen ein **Pauschalbetrag** gezahlt, der im Jahre 1994 bei monatlich 1.585 DM liegt.

IX. Weiterführende Literaturhinweise

7127
Bartling, Direkte und indirekte Subventionierung durch die Bundesanstalt für Arbeit, BB 1993, 208
Feckler in Ambs u.a., GK-AFG, Erläut. zu § 249 h AFG, Loseblatt
Schmidt, Produktive Arbeitsförderung Ost, BABl. 1/1993, 10
Weiland, "h" wie Hoffnung, Arbeitsförderung Ost, BABl. 4/1994, 5

46. Kapitel: Klageverfahren vor dem Sozialgericht

I.	Zuständigkeit der Sozialgerichte	7500
	1. Allgemeines zur Zuständigkeit	7500
	2. Typische Fälle der Zuständigkeit des Sozialgerichts	7502
	3. Örtliche Zuständigkeit	7511
	4. Verweisung an das zuständige Gericht	7512
II.	Gerichtsaufbau und Besetzung der Richterbank	7513
III.	Der Gang des Verfahrens vor dem Sozialgericht	7516
	1. Vor Klageerhebung: Widerspruchsverfahren	7516
	2. Klage ohne Widerspruchsverfahren	7526
	3. Das Klageverfahren	7528
	4. Aufschiebende Wirkung der Klage	7532
	5. Beiladung Dritter zum Rechtsstreit	7535
	6. Von der Klageerhebung bis zum Gerichtstermin	7536
	7. Mündliche Verhandlung vor dem Gericht	7542
	8. Urteil ohne mündliche Verhandlung vor dem Gericht	7543
	9. Beendigung des Rechtsstreits ohne Urteil	7544
	a) Der Gerichtsbescheid	7544
	b) Rücknahme der Klage	7545
	c) Anerkenntnis des Klageanspruchs	7546
	d) Der Vergleich	7547
	10. Vorläufiger Rechtsschutz	7548
IV.	Berufung, Revision und Beschwerde	7551
	1. Die Berufung	7551
	2. Beschwerde gegen Entscheidungen des Sozialgerichts	7553
	3. Revision gegen Urteile des Landessozialgerichts	7555
V.	Kosten im sozialgerichtlichen Verfahren	7556
	1. Keine Gerichtskosten	7556
	2. Außergerichtliche Kosten (Anwaltskosten)	7557
	a) Wer trägt die Kosten	7557
	b) Höhe der Kosten	7558
	3. Prozeßkostenhilfe	7560
	4. Kosten des Widerspruchsverfahrens	7561
VI.	Weiterführende Literaturhinweise	7563

Sozialrecht

I. Zuständigkeit der Sozialgerichte

1. Allgemeines zur Zuständigkeit

7500
Vor dem Amts- oder Landgericht geht es um privatrechtliche Streitigkeiten, z.B. den Rechtsstreit unter Kaufleuten. Vor dem Arbeitsgericht wird um Rechte und Pflichten aus einem Arbeitsverhältnis gestritten. Vor dem Sozialgericht ist Klagegegner im allgemeinen eine Behörde als Einrichtung des Staates. Es geht um Ansprüche und Verpflichtungen aus dem öffentlichen Recht, um Streitigkeiten zwischen Bürger und Staat. Die Sozialgerichte sind deshalb neben den allgemeinen Verwaltungsgerichten und den Finanzgerichten (für Steuerstreitigkeiten) besondere Verwaltungsgerichte.

7501
Das Sozialgericht ist immer dann zuständig, wenn es zur Klärung der umstrittenen Rechtsbeziehungen auf die Anwendung der Sozialgesetze ankommt, wenn sich also die umstrittenen Rechte und Pflichten aus den Sozialversicherungsgesetzen oder sonstigen Sozialgesetzen ergeben. Dazu gehören vor allem folgende Bereiche:

- Angelegenheiten der gesetzlichen Kranken-, Renten- und Unfallversicherung sowie der neuen Pflegeversicherung,
- Angelegenheiten der Arbeitslosenversicherung und der weiteren Aufgaben der Bundesanstalt für Arbeit (Arbeitsförderungsrecht),
- Angelegenheiten des Kindergeldes und des Erziehungsgeldes,
- Angelegenheiten des Sozialen Entschädigungsrechts (Kriegsopferversorgung, Entschädigung der Opfer von Gewalttaten und bei Impfschäden, Ausgleichsleistungen wegen der Folgen von sog. SED-Unrecht).
- Anerkennung als Schwerbehinderter und Erteilung des entsprechenden Ausweises,
- Streitigkeiten wegen der Arbeitgeber-Umlage und der Erstattung im Rahmen der Lohnfortzahlungs-Versicherung nach dem Entgeltfortzahlungsgesetz (bisher: Lohnfortzahlungsgesetz).

Angelegenheiten der Sozialhilfe nach dem Bundessozialhilfegesetz (BSHG) gehören allerdings nicht vor das Sozialgericht. Über sie entscheidet das Verwaltungsgericht.

Klageverfahren vor dem Sozialgericht

2. Typische Fälle der Zuständigkeit des Sozialgerichts

• **Streit um die Versicherungs- und Beitragspflicht**

7502

Beispiel 1:
Der Arbeitgeber beschäftigt in seinem Betrieb u.a. den Studenten A, die Aushilfskraft B und den Rentner C. In der Annahme, sie seien versicherungs- und beitragsfrei, hat er zwar die notwendigen Meldungen erstattet, aber keine Beiträge an die Krankenkasse als Einzugsstelle entrichtet. Im Rahmen einer Betriebsprüfung stellt die Krankenkasse nun fest, daß A, B und C versicherungs- und beitragspflichtig sind und erläßt einen entsprechenden Bescheid, in dem vom Arbeitgeber auch die Beiträge nachgefordert werden. Der Arbeitgeber hält die Entscheidung der Krankenkasse für falsch.

Beispiel 2:
G ist Mitgesellschafter einer GmbH. Er wird zum Geschäftsführer bestellt und bekommt ein entsprechendes Gehalt. G und die anderen Mitgesellschafter sind unsicher, ob G nun als Geschäftsführer Arbeitnehmer der GmbH ist und der Versicherungs- und Beitragspflicht unterliegt. Um sicherzugehen, beantragt G bei der Krankenkasse die Entscheidung darüber. Diese verneint in ihrem Bescheid das Bestehen von Versicherungs- und Beitragspflicht. G ist damit nicht einverstanden.
Von solchem Bescheid der Krankenkasse als Einzugsstelle sind der Arbeitgeber, der Arbeitnehmer und ebenso die anderen Sozialversicherungsträger (Bundesversicherungsanstalt für Angestellte, Landesversicherungsanstalt, Bundesanstalt für Arbeit) betroffen. Jeder von ihnen kann dagegen Widerspruch bei der Krankenkasse einlegen und, falls der erfolglos bleibt, Klage zum Sozialgericht erheben. Hat einer von ihnen die Klage erhoben (z.B. der Arbeitgeber), sind auch die anderen notwendig am Verfahren beteiligt und werden vom Gericht zum Rechtsstreit beigeladen (Rz. 7535).

7503

Beispiel:
Die Propagandistin P erhält von der Firma F einen Vertrag als freie Mitarbeiterin. Sie ist der Meinung, eigentlich sei sie versicherungs- und beitragspflichtige Arbeitnehmerin. Sie will erreichen, daß sie zur Krankenkasse angemeldet wird und Beiträge für sie entrichtet werden.
Für solchen Streit zwischen Arbeitgeber und Arbeitnehmer um die Frage der Versicherungs- und Beitragspflicht zur Sozialversicherung ist nicht das Arbeitsgericht sondern das Sozialgericht zuständig!

7504

Beispiel:
Nach einer Betriebsprüfung fordert die Krankenkasse als Einzugsstelle einen hohen Betrag an rückständigen Beiträgen vom Arbeitgeber nach. Der Arbeitgeber hält den Bescheid für falsch, denn bei den zugrunde gelegten Entgelten habe es sich um beitragsfreie Sonderzuwendungen gehandelt.

Sozialrecht

Gegen den Beitragsbescheid muß der Arbeitgeber zunächst Widerspruch einlegen und, falls das erfolglos bleibt, Klage zum Sozialgericht erheben.

Ebenso zuständig ist das Sozialgericht, wenn sich die Beitragsforderung nicht gegen den Arbeitgeber richtet, sondern z.B. gegen dessen Bürgen oder gegen die Gesellschafter einer Kommanditgesellschaft wegen rückständiger Beiträge der KG. Vor das Sozialgericht gehört auch die Klage bei Streit um die Zulässigkeit einer Sachpfändung wegen Beitragsrückständen.

Auch wenn gegen den Beitragsbescheid Klage zum Sozialgericht erhoben ist, darf die Krankenkasse ihre Beitragsforderung notfalls zwangsweise beitreiben! Will der Arbeitgeber das abwenden, kommt ein Antrag beim Sozialgericht auf vorläufigen Rechtsschutz in Betracht (dazu Rz. 7548 ff.).

7505

Beispiel 1:
Der Arbeitnehmer will erreichen, daß der Arbeitgeber für ihn ordnungsgemäß Beiträge zur Sozialversicherung abführt.

Beispiel 2:
Der Arbeitnehmer ist der Meinung, er sei versicherungs- und beitragsfrei und wendet sich dagegen, daß der Arbeitgeber für ihn Beiträge vom Lohn abzieht und an die Krankenkasse abführt.
Die Frage des ordnungsgemäßen Beitragsabzugs hängt eng mit der Versicherungs- und Beitragspflicht zusammen und gehört bei Streit zwischen den Parteien des Arbeitsverhältnisses deshalb vor das Sozialgericht. Allerdings ist es der bessere Weg, in solchem Streitfall die Krankenkasse einzuschalten und deren sodann anfechtbare Entscheidung herbeizuführen.

Mußte der Arbeitgeber z.B. nach einer Betriebsprüfung durch die Krankenkasse und entsprechendem Beitragsbescheid für den Arbeitnehmer Beiträge für eine zurückliegende Zeit nachträglich zahlen, kann er den unterbliebenen Abzug des Arbeitnehmeranteils nur noch bei den nächsten 3 Entgeltzahlungen nachholen. Später ist ein Beitragsabzug vom Lohn nur noch zulässig, wenn beide Seiten kein Verschulden an der Nichtzahlung der Beiträge trifft. Das wird selten der Fall sein, weil es als Verschulden angerechnet wird, daß die Krankenkasse nicht rechtzeitig um Prüfung und Entscheidung gebeten worden ist.

Beispiel 3:
Der Arbeitgeber verlangt von dem inzwischen ausgeschiedenen Arbeitnehmer Erstattung des auf ihn entfallenden Arbeitnehmeranteils der nachzuzahlenden Beiträge.

Beispiel 4:
Der geringfügig und deshalb beitragsfrei beschäftigte Arbeitnehmer verschweigt dem Arbeitgeber trotz ausdrücklicher Frage, daß er noch eine weitere geringfügige Beschäftigung bei einem anderen Arbeitgeber verrichtet. Der Arbeitgeber muß deshalb, weil beide

geringfügigen Beschäftigungen zusammengerechnet werden und damit Versicherungs- und Beitragspflicht auslösen, die fälligen Beiträge für den Arbeitnehmer auf Anforderung der Krankenkasse nachzahlen. Er verlangt nun vom Arbeitnehmer Schadenersatz (Solcher Schadenersatzanspruch wird vom Bundesarbeitsgericht bejaht.

Beispiel 5:
Der Arbeitnehmer, für den der Arbeitgeber keine Beiträge zur Sozialversicherung abgeführt hatte, verlangt vom Arbeitgeber wegen der unterlassenen Beitragszahlung Schadenersatz, weil die fehlenden Beiträge seine spätere Rente schmälern.
Solcher Streit wurzelt im Arbeitsverhältnis. Er gehört deshalb vor das Arbeitsgericht.

7506

Beispiel:
Der Arbeitnehmer ist wegen Überschreitens der Jahresarbeitsentgeltgrenze zur Krankenversicherungs versicherungsfrei. Er versichert sich freiwillig bei der Krankenkasse oder bei einem privaten Versicherungsunternehmen. Vom Arbeitgeber verlangt er den Beitragszuschuß.
Der Streit um einen Beitragszuschuß nach § 257 SGB V (Rz. 5669) gehört vor das Sozialgericht; dort müßte der Arbeitnehmer Klage gegen den Arbeitgeber erheben. Geht es hingegen um einen z.B. tariflich oder im Einzelarbeitsvertrag festgelegten Zuschuß zu dem Beitrag für eine private Lebensversicherung oder zur freiwilligen Rentenversicherung, so muß im Streitfall Klage zum Arbeitsgericht erhoben werden.

- **Streit um die Arbeitsbescheinigung**

7507

Zu den Arbeitspapieren, die dem Arbeitnehmer bei seinem Ausscheiden vom Arbeitgeber ausgehändigt werden müssen, gehört auch die **Arbeitsbescheinigung**. Er benötigt sie vor allem zur Vorlage beim Arbeitsamt, wenn er Arbeitslosengeld in Anspruch nehmen will (Rz. 7015).

Es ist im einzelnen umstritten, ob bei Streit um eine Arbeitsbescheinigung das Arbeitsgericht oder das Sozialgericht angerufen werden müssen. Als **Faustregel** kann gelten: Weigert sich der Arbeitgeber, die Arbeitsbescheinigung überhaupt zu erteilen oder will er sie nicht herausgeben, so kann der Arbeitnehmer vor dem Arbeitsgericht auf Erteilung bzw. Herausgabe klagen. Geht es dem Arbeitnehmer hingegen um den Inhalt der Arbeitsbescheinigung (z.B. um die korrekte Angabe des in den letzten 6 Monaten erzielten Arbeitsentgelts), so müßte er vor dem Sozialgericht gegen den Arbeitgeber klagen. In aller Regel benötigt der Arbeitnehmer die Bescheinigung für das Arbeitsamt.

Der bessere Weg ist es dann, das Arbeitsamt einzuschalten. Es kann und wird die Bescheinigung oder ihre inhaltliche Richtigstellung beim Arbeitgeber erwirken.

Sozialrecht

- **Streitfälle bei Konkurs des Arbeitgebers**

7508
Die Klage zum Sozialgericht kommt bei Konkurs des Arbeitgebers in Betracht, wenn es um Ansprüche auf Konkursausfallgeld geht, aber auch für Feststellung einer bestrittenen Forderung oder des Konkursvorrechts für sozialversicherungsrechtliche (vor allem: Beitrags-) Forderungen.
Nicht selten ist es ein Sozialversicherungsträger (vor allem: eine Krankenkasse), der wegen Beitragsrückständen beim Amtsgericht den Konkursantrag stellt. Vor dem Amtsgericht kann der Schuldner seine Einwendungen vorbringen und die Konkurseröffnung mit der sofortigen Beschwerde zum Landgericht anfechten.

Der Schuldner hat aber noch einen zweiten Weg, den Konkursantrag der Krankenkasse abzuwehren. Durch Klage zum Sozialgericht kann er zu erreichen versuchen, daß die Krankenkasse den Konkursantrag nicht stellt oder den bereits gestellten Antrag wieder zurücknimmt. Im eiligen Fall muß beim Sozialgericht Antrag auf Erlaß einer einstweiligen Anordnung gestellt werden (zum vorläufigen Rechtsschutz s. Rz. 7548).

Das Sozialgericht tritt freilich nicht an die Stelle des Amtsgerichts als Konkursgericht. Ob das Konkursrecht den Eröffnungsantrag rechtfertigt und dem Amtsgericht die Konkurseröffnung bzw. Ablehnung mangels Masse erlaubt, wird allein von diesem Gericht entschieden. Die Klage zum Sozialgericht zielt auf einen anderen Gesichtspunkt ab. Es liegt im **Ermessen der Krankenkasse**, ob sie den Konkursantrag stellt oder nicht. Das Ermessen muß sachgerecht ausgeübt, alle Umstände des einzelnen Falles müssen berücksichtigt werden. Dabei kann von Bedeutung sein, in welcher Situation der Betrieb sich befindet, wie hoch die (Beitrags-) Forderung ist, ob sie nach Grund und Höhe unbestritten ist oder ob darum Prozeß geführt wird. Hat die Krankenkasse solche oder ähnliche besonderen Umstände im Einzelfall nicht berücksichtigt, kann ihre Entscheidung, den Konkursantrag zu stellen, vom Sozialgericht als ermessensfehlerhaft aufgehoben oder kann die Kasse zur Rücknahme ihres fehlerhaft gestellten Konkursantrags verpflichtet werden. Geht es um solche Gesichtspunkte, ist dafür die Klage zum Sozialgericht eröffnet.

- **Streit mit dem Arbeitsamt**

7509
Streitigkeiten mit dem Arbeitsamt gehören vor das Sozialgericht. Sie können u.a. in folgenden Bereichen entstehen:

- Kurzarbeitergeld, Schlechtwettergeld im Baugewerbe;
- Lohnkostenzuschüsse und andere Förderleistungen (vgl. Rz. 7100 ff.);
- Erlaubnis zur privaten Arbeitsvermittlung oder zur gewerblichen Arbeitnehmerüberlassung.

Klageverfahren vor dem Sozialgericht

- **Streit im Rahmen der Lohnfortzahlungsversicherung**

7510

Das Lohnfortzahlungsgesetz sieht zum Ausgleich der Arbeitgeberbelastung mit den Kosten der Entgeltfortzahlung bei Arbeitsunfähigkeit des Arbeitnehmers für Kleinbetriebe eine Erstattung der Aufwendungen des Arbeitgebers vor (Rz. 5668). Die Erstattung erfolgt durch die Krankenkasse. Sie erhebt dafür bei den betroffenen Betrieben eine besondere Umlage. Streit um diese Umlage oder um die Erstattung der Arbeitgeberaufwendungen wird auf Klage vom Sozialgericht entschieden.

Die Arbeitsgerichte sind hingegen zuständig, wenn es um die Ansprüche des Arbeitnehmers gegen den Arbeitgeber auf Entgeltfortzahlung bei Arbeitsunfähigkeit geht.

3. Örtliche Zuständigkeit

7511

Bei welchem konkreten Gericht die Klage erhoben werden muß, richtet sich im allgemeinen nach dem Wohnsitz des Beklagten. Anders ist es vor dem Sozialgericht. Im Interesse der Bürgernähe soll das für den Bürger nächstgelegene Gericht zuständig sein. Örtlich zuständig ist deshalb das Sozialgericht, in dessen Bezirk **der Kläger** seinen Wohnsitz oder Sitz hat. Der Arbeitnehmer kann wahlweise auch vor dem Sozialgericht klagen, das für seinen Beschäftigungsort zuständig ist.

Nur wenn der Kläger seinen Wohnsitz oder Sitz im Ausland hat, ist dasjenige Sozialgericht zuständig, in dessen Bezirk der Beklagte seinen Sitz hat.

Maßgebend sind und bleiben immer die Verhältnisse zur Zeit der Erhebung der Klage. Verlegt z.B. der Kläger im Laufe des Prozesses seinen Wohnsitz in eine andere Stadt, ändert sich die örtliche Zuständigkeit nicht und der Prozeß bleibt bei dem Sozialgericht, bei dem er begonnen hatte.

4. Verweisung an das zuständige Gericht

7512

Irrt sich der Kläger und erhebt er seine Klage beim Arbeitsgericht statt richtig beim Sozialgericht (oder umgekehrt) oder wählt er fehlerhaft das Sozialgericht Köln statt richtig das Sozialgericht Leipzig, darf das nicht zuständige Gericht über die Klage nicht sachlich entscheiden. Das angerufene Gericht wird den Irrtum erkennen, Kläger wie Beklagten auf die Unzuständigkeit hinweisen und Gelegenheit zur Stellungnahme einräumen. Alsdann wird es die Klage durch Beschluß an das zuständige Gericht verweisen; der Prozeß wird dann dort fortgesetzt. Eines besonderen Antrags bedarf es dazu nicht.

Sozialrecht

Es kann im Einzelfall durchaus zweifelhaft sein, ob für eine bestimmte Klage nun das Sozialgericht oder z.B. das Arbeitsgericht zuständig ist. Möglicherweise ist der Kläger deshalb mit der Verweisung an ein anderes Gericht nicht einverstanden, z.B. wegen des unterschiedlichen Kostenrisikos.
In diesem Falle kann er gegen den Verweisungsbeschluß innerhalb eines Monats nach dessen Zustellung **Beschwerde** einlegen, über die dann die nächste Instanz entscheidet. Keine Beschwerdemöglichkeit gibt es allerdings, wenn ein Sozialgericht wegen örtlicher Unzuständigkeit an ein anderes Sozialgericht verwiesen hat.

II. Gerichtsaufbau und Besetzung der Richterbank

7513
Über eine Klage entscheidet in erster Instanz das Sozialgericht. Zweite Instanz ist das Landessozialgericht (LSG). Revisionsinstanz schließlich ist das Bundessozialgericht (BSG). Es hat, wie derzeit noch das Bundesarbeitsgericht, seinen Sitz in Kassel.

7514
Wie das Arbeitsgericht ist das Sozialgericht mit einem Berufsrichter als Vorsitzenden und zwei ehrenamtlichen Richtern besetzt. Anders als beim Landesarbeitsgericht wirken im Senat des Landessozialgerichts neben dem Vorsitzenden zwei weitere Berufsrichter mit, hinzu treten auch hier zwei ehrenamtliche Richter. Ebenso besetzt ist das Bundessozialgericht in Kassel.

7515
Die ehrenamtlichen Richter sind Fachleute der Praxis. Nicht wenige von ihnen wirken gleichzeitig bei einem Arbeitsgericht mit. Sie kommen aus dem Kreis der Versicherten (Arbeitnehmer) und der Arbeitgeber. Besonderes gilt für die Kammern für Angelegenheiten des Sozialen Entschädigungs- und des Schwerbehindertenrechts und bei den Kammern für Angelegenheiten der Kassenärzte (Kassenzahnärzte).

In ihr Amt berufen werden die ehrenamtlichen Richter von der Landesregierung auf die Dauer von 4 Jahren, Wiederholung ist möglich. Die Kandidaten werden Vorschlagslisten entnommen, die von den Arbeitgeberverbänden und den Gewerkschaften sowie anderen Arbeitnehmervereinigungen mit berufs- oder sozialpolitischer Zielsetzung eingereicht werden.
Die ehrenamtlichen Richter erhalten für ihre Tätigkeit Auslagenersatz sowie eine Aufwandsentschädigung oder Ersatz des nachgewiesenen Verdienstausfalles.

Klageverfahren vor dem Sozialgericht

III. Der Gang des Verfahrens vor dem Sozialgericht

1. Vor Klagerhebung: Widerspruchsverfahren

7516

In aller Regel wendet sich der Betroffene mit seiner Klage gegen einen Bescheid, den z.B. die Krankenkasse oder das Arbeitsamt erlassen hat.

Beispiele:
Die Krankenkasse erläßt gegen den Arbeitgeber einen Bescheid, worin sie Beiträge für beschäftigte Arbeitnehmer nachfordert.
Das Arbeitsamt lehnt in seinem Bescheid das beantragte Kurzarbeitergeld oder den beantragten Einarbeitungszuschuß ab.
*In solchem Falle muß vor Erhebung der Klage das **Widerspruchsverfahren** durchgeführt werden; die Behörde soll ihre beanstandete Entscheidung unter Berücksichtigung der vorgebrachten Einwendungen noch einmal überprüfen.*

Gegen den beanstandeten Bescheid muß der Betroffene deshalb zunächst Widerspruch bei der Stelle einlegen, die den Bescheid erlassen hat.

7517

Besonders wichtig ist es, die für den Widerspruch geltende **Frist zu beachten**. Sie beginnt mit der Bekanntgabe des Widerspruchs und läuft genau einen Monat.

Bescheide der Sozialversicherungsträger werden im allgemeinen durch einfachen oder eingeschriebenen Brief bekanntgegeben. Auch wenn er im einzelnen Fall bereits früher eingegangen sein sollte, gilt solcher Bescheid als am 3.Tage nach Aufgabe zur Post bekanntgegeben. Die Frist läuft dann bis zu dem entsprechenden Tage des folgenden Monats.

Beispiel:
Bescheid wird zur Post gegeben am 14.03.1995. Er gilt als bekannt gegeben am 17.03.1995. Die Frist endet am 17.04.1995

Kann der Bescheidadressat nachweisen, daß ihn der Brief nicht innerhalb des 3-Tage-Zeitraumes erreicht hat, sondern erst später (bei Einschreibsendungen wird das Datum der Aushändigung von der Post vermerkt), beginnt die Frist erst mit dem Tage des tatsächlichen Zugangs zu laufen.
Der Adressat sollte den Tag des Zugangs immer auf dem Schriftstück vermerken (z.B.Eingangsstempel).

Fällt das Ende der Frist auf einen Sonnabend, Sonntag oder gesetzlichen Feiertag, endet die Frist erst am nächsten Werktag.

Beispiel:
Gilt als bekannt gegeben am 17.03.1995. Die Frist endet am 18.04.1995 (Dienstag nach Ostern)

7518
Der Widerspruch muß spätestens **am letzten Tage der Frist** bei dem Versicherungsträger **eingegangen** sein. Aufgabe zur Post und Poststempel des letzten Tages reichen nicht aus!
Zur Wahrung der Frist genügt es aber, das Widerspruchsschreiben bis zum Ende des letzten Tages der Frist bei jeder anderen deutschen Behörde (im Ausland beim deutschen Konsulat) abzugeben; es wird von dort an die richtige Stelle weitergeleitet.

In eiligen Fällen kann zur Vermeidung der Postlaufzeit deshalb das Widerspruchsschreiben z.B. bei der örtlichen Gemeindeverwaltung, dem Amtsgericht oder bei einem am Ort befindlichen anderen Sozialversicherungsträger ohne Rücksicht auf die Zuständigkeit abgegeben werden.

Übermittlung des Widerspruchsschreibens mittels Fernkopierer **(Telefax)** ist zulässig (vgl. dazu auch Rz. 7531)

Zur Wahrung der Frist genügt es im übrigen, wenn gegen den beanstandeten Bescheid zunächst nur Widerspruch eingelegt wird; eine **Begründung** kann **später** nachgereicht werden.

7519
Ist die **Frist für den Widerspruch** versäumt, kann der verspätete Widerspruch noch zugelassen werden, wenn die Fristversäumung entschuldigt ist. Wer **ohne sein Verschulden** verhindert war, die Frist einzuhalten, kann "Wiedereinsetzung in den vorigen Stand" beantragen.

7520
Entschuldigt ist nur, wer die gebotene Sorgfalt an den Tag gelegt hat. Von Kaufleuten, Arbeitgeberverbänden, Rechtsanwälten u.ä. wird eine genaue Fristenkontrolle und -überwachung erwartet. Versäumnisse einer Hilfskraft oder eines Bevollmächtigten gehen zu Lasten des Betroffenen. Fristversäumung wegen Urlaubsabwesenheit kann bei Privatleuten unverschuldet sein; von Kaufleuten oder Rechtsanwälten werden entsprechende Vorkehrungen für die Dauer der Abwesenheit erwartet. Krankheitsbedingte Fristversäumung ist nur dann entschuldigt, wenn der Betroffene so ernsthaft erkrankt war, daß er auch keinen anderen mit der Einlegung des Widerspruchs beauftragen konnte (vgl. Rz. 7531).

Auf die übliche Postlaufzeit für einen Brief darf man vertrauen. Eine dennoch auftretende **Postverzögerung** ist deshalb grundsätzlich unverschuldet (vgl. Rz. 7531).

Der versäumte Widerspruch muß umgehend nach Wegfall des Hindernisses (z.B.nach Rückkehr aus dem Urlaub) nachgeholt werden. Die näheren Umstände, warum die Monatsfrist unverschuldet versäumt wurde, müssen dargelegt und durch entsprechende Belege nachgewiesen werden. Nach Ablauf eines Jahres seit dem Ende der Monatsfrist ist die "Wiedereinsetzung in den vorigen Stand" grundsätzlich nicht mehr möglich.

7521
Wer es vergessen hatte, rechtzeitig Widerspruch einzulegen oder wer sich erst später entschließt, z.B. den Beitragsbescheid der Krankenkasse anzufechten, kann auch nach Ablauf der Monatsfrist noch erreichen, daß seine Einwendungen berücksichtigt werden und der Versicherungsträger seine **Entscheidung noch einmal überprüft**. § 44 des Zehnten Buches Sozialgesetzbuch **(SGB X)** schreibt ausdrücklich vor, daß die Sozialversicherungsträger verpflichtet sind, auch z.B. wegen Versäumung der Widerspruchsfrist bestandskräftig gewordene Entscheidungen zu überprüfen und ggfls. zu korrigieren, wenn sich herausstellt, daß sie geltendem Recht widersprechen.

Beispiel:
Der Arbeitgeber hat es versäumt, gegen den Beitragsbescheid der Krankenkasse rechtzeitig Widerspruch einzulegen oder er hat erst nach Ablauf der Widerspruchsfrist von einem Monat fachkundigen Rat eingeholt und sich nun entschlossen, die Beitragsforderung anzugreifen. Er bringt vor und kann es belegen, daß die von der Krankenkasse als versicherungs- und beitragspflichtige Beschäftigte angenommenen Arbeitnehmer in Wahrheit nur Aushilfen im Rahmen geringfügiger Beschäftigung waren oder Studenten, die für die Dauer der Semesterferien beschäftigt worden sind.
Trotz Verstreichens der Widerspruchsfrist bleibt die Krankenkasse verpflichtet, die vorgebrachten Umstände zu würdigen und ihren Beitragsbescheid, falls die vom Arbeitgeber geltend gemachten Tatsachen zutreffen, zu korrigieren.

Die Pflicht zu erneuter Überprüfung besteht in tatsächlicher wie in rechtlicher Hinsicht. Es kann also geltend gemacht werden, daß der Sozialversicherungsträger bei seiner ersten Entscheidung bestimmte tatsächliche Umstände außer acht gelassen oder fehlerhaft eingeschätzt hat und ebenso, daß die Rechtslage falsch gewürdigt wurde. Der Betroffene muß freilich **triftige Gründe** vorbringen können, daß die Entscheidung fehlerhaft sei.

Der Versicherungsträger wird seine Entscheidung dann überprüfen. Lehnt er eine Änderung der ursprünglichen Entscheidung ab, kann gegen diesen Bescheid sodann fristgemäß Widerspruch und ggfls Klage erhoben werden.

7522
Über den Rechtsbehelf, der gegen die Behördenentscheidung in Betracht kommt und die dafür gültige Frist wird der Betroffene durch die **Rechtsmittelbelehrung** unterrichtet, die jeder Bescheid (regelmäßig am Ende oder auf einem

besonderen Blatt) enthält. Sie gibt auch die Stelle und deren Adresse an, bei welcher der Rechtsbehelf (Widerspruch) und sodann Klage einzureichen ist.

7523

In den meisten Fällen **bewirkt der Widerspruch keinen Aufschub!** So darf die Krankenkasse trotz Einlegung des Widerspruchs ihren Beitragsbescheid vollziehen und die Forderung zwangsweise beitreiben. Nur wenn eine zuvor gewährte Leistung jetzt zurückgefordert wird, bewirkt der Widerspruch Aufschub. Um die zwangsweise Beitreibung einer beanstandeten Beitragsforderung abzuwenden, muß der Betroffene beim Sozialgericht **vorläufigen Rechtsschutz** beantragen (Rz. 7548).

7524

Das Widerspruchsverfahren ist gebührenfrei. Seine eigenen Aufwendungen (z.B. Anwaltskosten) muß der Betroffene zunächst selbst tragen. Hat er Erfolg, bekommt er sie ganz oder teilweise erstattet. Näheres bei Rz. 7562.

2. Klage ohne Widerspruchsverfahren

7525

Keines vorgeschalteten Widerspruchsverfahrens bedarf es, wenn sich die Klage nicht gegen einen Bescheid eines Sozialversicherungsträgers richtet. So kann z.B. der Arbeitnehmer gegen den Arbeitgeber sogleich beim Sozialgericht Klage auf Korrektur der Arbeitsbescheinigung erheben.

7526

Die Sozialversicherungsträger sind verpflichtet, einen gestellten Antrag in angemessener Frist zu bearbeiten und durch Erlaß des Bescheides darüber zu entscheiden. Geschieht das nicht, kann ohne vorgeschaltetes Widerspruchsverfahren **Untätigkeitsklage** beim Sozialgericht erhoben werden mit dem Ziel, die Behörde zum Erlaß des Bescheides zu verurteilen.

Beispiel:
Der Arbeitgeber A hat beim Arbeitsamt beantragt, ihm für die beabsichtigte Einstellung und Beschäftigung des Arbeitnehmers B einen Einarbeitungszuschuß zu bewilligen. Er hatte alle dazu notwendigen Unterlagen eingereicht. Nun hört er vom Arbeitsamt lange nichts.
Sind seit Antragstellung 6 Monate verstrichen und ist bis dahin noch kein Bescheid ergangen, kann A beim Sozialgericht Untätigkeitsklage gegen die Bundesanstalt für Arbeit erheben mit dem Ziel, diese zum umgehenden Erlaß des Bescheides zu verurteilen.

Die Untätigkeitsklage ist **nicht vor Ablauf von 6 Monaten** seit Antragstellung zulässig.
Die beklagte Behörde kann vorbringen, daß zureichende Gründe sie an der fristgerechten Entscheidung hindern, wenn z.B. noch notwendige zeitaufwendige

Ermittlungen angestellt werden müssen oder auch wenn bei einer Flut von Anträgen eine außergewöhnliche Arbeitsbelastung eingetreten ist. Das Gericht kann dann die Wartefrist angemessen verlängern und das Verfahren so lange aussetzen. Erkennt es die vorgebrachten Gründe nicht an, wird es die beklagte Behörde zum umgehenden Erlaß des Bescheides verurteilen. Voraussetzung ist freilich, daß der Antragsteller alle von ihm verlangten Angaben gemacht und sämtliche notwendigen Unterlagen auch eingereicht hat, damit die Behörde imstande ist, die Entscheidung zu treffen.

7527

Untätigkeitsklage kann auch erhoben werden, wenn über einen **Widerspruch** nicht in angemessener Frist entschieden wurde.

Beispiel:
Das Arbeitsamt hat den beantragten Einarbeitungszuschuß abgelehnt. Gegen den Bescheid hat der Arbeitgeber A Widerspruch eingelegt und dafür seine Gründe vorgebracht. Er wartet auf den Widerspruchsbescheid.
*Nach Ablauf eines Monats kann A beim Sozialgericht Untätigkeitsklage erheben und die Verurteilung zum Erlaß des Widerspruchsbescheides beantragen. Die **Wartefrist** beträgt hier grundsätzlich **3 Monate**. Sie beträgt aber **nur einen Monat**, wenn es um den Widerspruch gegen die Entscheidung einer **Krankenkasse** (vor allem in Beitragssachen) oder des **Arbeitsamtes** geht.*

Wird von der beklagten Seite geltend gemacht, daß besondere Gründe sie an der rechtzeitigen Entscheidung hindern, kann das Gericht auch hier die Wartefrist angemessen verlängern (vgl. oben Rz. 7526).

3. Das Klageverfahren

7528

Vor dem Sozialgericht und dem Landessozialgericht besteht kein Anwaltszwang. Dem Kläger steht es frei, einen Prozeßbevollmächtigten zu bestellen.

Dafür kommen neben Rechtsanwälten wie beim Arbeitsgericht auch die Vertreter von Arbeitgeberverbänden, von Gewerkschaften und ähnlichen Arbeitnehmervereinigungen in Betracht, die ihren Mitgliedern Rechtsschutz gewähren.

Nur vor dem Bundessozialgericht in Kassel besteht die Verpflichtung, einen Rechtsanwalt oder Vertreter eines Verbandes zum Prozeßbevollmächtigten zu bestellen; der Klage darf nicht allein tätig werden.

In jedem Falle muß der Prozeßbevollmächtigte eine **schriftliche**, vom Kläger unterschriebene **Prozeßvollmacht** beim Gericht einreichen. Es genügt nicht, daß der Bevollmächtigte z.B. bereits im vorgeschalteten Widerspruchsverfahren seine Vollmacht eingereicht hat. Fehlt die schriftliche Prozeßvollmacht und wird sie

Sozialrecht

auf Verlangen des Gerichts auch nicht binnen einer bestimmten Frist nachgereicht, ist die Klage unzulässig und wird ohne Eingehen auf die Sache abgewiesen. Das gilt im sozialgerichtlichen Verfahren auch für Rechtsanwälte!

7529

Wer beim Sozialgericht Klage erheben will, kann das **schriftlich** (durch Brief an das Gericht) tun oder er kann das Gericht aufsuchen und seine Klage dort mündlich zu Protokoll geben; das Gericht unterhält dafür eine Rechtsantragsstelle.

Für die **Klageschrift** gibt es **keine besonderen Förmlichkeiten**. Es genügt, wenn das Gericht erkennen kann, wer die Klage erhebt, gegen wen sie sich richten soll und worum es geht. Die Klageschrift soll

- den Kläger nach Namen und Anschrift bezeichnen,
- ebenso den Beklagten,
- den Bescheid bezeichnen, gegen den sie sich richtet (Angabe von Datum und Aktenzeichen des Bescheides und des Widerspruchsbescheides),
- einen Antrag enthalten, über den das Gericht entscheiden soll,
- vom Kläger oder dem Prozeßbevollmächtigten unterschrieben sein.

Fehlt eine der Angaben, ist das unschädlich und kann nachgeholt werden. Das Gericht wird, wenn nötig, dazu auffordern.

Weil die Klageschrift vom Gericht der beklagten Seite zur Stellungnahme übersandt wird, soll der Kläger davon und von allen weiteren Schriftsätzen jeweils eine **Abschrift** beifügen. Werden Dritte zum Prozeß beigeladen, müssen entsprechend mehr Abschriften eingereicht werden.

7530

Von großer Bedeutung ist es, daß der Kläger die **Klagefrist beachtet und einhält**. Die Frist für die Klage beträgt genau **einen Monat** und sie beginnt mit der Zustellung bzw. Bekanntgabe des angegriffenen Bescheides bzw. Widerspruchsbescheides. Lebt der Kläger im Ausland, hat er für die Klage 3 Monate Zeit.

Widerspruchsbescheide werden in aller Regel durch die Post mit (blauer) Postzustellungsurkunde zugestellt. Das Datum der Zustellung wird auf der Urkunde vermerkt. Die Frist endet dann an dem entsprechenden Tage des folgenden Monats oder am nächsten Werktag, wenn dieser letzte Tag der Frist ein Sonnabend(Samstag), Sonn- oder Feiertag ist.

Beispiel:
Der Bescheid wird zugestellt am 05.05.1995. Die Klagefrist endet am 06.06.1995 (Dienstag nach Pfingsten).

Klageverfahren vor dem Sozialgericht

7531

Wenn der Postzusteller den Adressaten nicht antrifft und auch kein Hausgenosse (z.B. Familienmitglied) oder Firmenmitarbeiter zugegen ist, wird er die Sendung beim Postamt hinterlegen und in der Wohnung bzw. im Büro des Adressaten einen Benachrichtigungszettel hinterlassen.

In solchem Falle ist das **Datum der Niederlegung** für die Frist maßgeblich und nicht das Datum, zu dem die Sendung tatsächlich beim Postamt abgeholt wird.

Die Klage muß bis zum Ende des letzten Tages der Frist beim Gericht eingegangen sein; entscheidend ist der Eingangsstempel des Gerichts. Der Poststempel des letzten Tages der Frist reicht nicht aus!
Übermittlung der Klageschrift mittels Fernkopierer **(Telefax)** ist zulässig. Es empfiehlt sich, das Originalschreiben mit üblicher Post nachzureichen.

Liegt das Sozialgericht nicht am Ort des Klägers, kann die Klageschrift bis zum Ende des letzten Tages der Frist auch bei einem anderen Gericht abgegeben oder in dessen Nachtbriefkasten eingeworfen werden (z.B. beim örtlichen Amtsgericht) oder auch bei einer anderen Behörde am Ort (z.B. bei der örtlichen Gemeindebehörde oder bei der örtlichen Zweigstelle einer gesetzlichen Krankenkasse).

Ist die **Klagefrist versäumt,** und sei es auch nur um einen Tag, muß das Sozialgericht die Klage ohne Eingehen auf die Sache selbst als verspätet abweisen.

Unter Umständen kann die verspätete Klage dennoch zugelassen werden. Wenn der Kläger **ohne sein Verschulden** verhindert war, die Monatsfrist einzuhalten, kann das Gericht ihm "Wiedereinsetzung in den vorigen Stand" gewähren.

Beispiel:
Nach Rückkehr aus dem Urlaub wird im Hausbriefkasten der Benachrichtigungszettel vorgefunden, daß beim Postamt eine Sendung mit Postzustellungsurkunde niedergelegt worden ist. Bei Abholung ergibt sich, daß es sich um den Widerspruchsbescheid auf den vor einiger Zeit eingelegten Widerspruch gegen den Bescheid des Arbeitsamtes handelt. Seit dem Zustellungstage ist inzwischen mehr als ein Monat verstrichen.
Oder:
Die Monatsfrist für die Klage läuft am Montag ab. Der Kläger gibt seine Klageschrift am Freitag zur Post. Tatsächlich geht der Brief erst am Dienstag beim Gericht ein.

Bei versäumter Klagefrist muß der Kläger dem Gericht darlegen und nachweisen, welche Umstände ihn hinderten, die Monatsfrist einzuhalten und vor allem, daß ihn dafür kein Verschulden trifft.

Verzögerungen in der Briefbeförderung **durch die Post** dürfen dem Bürger nicht als Verschulden angerechnet werden. Auf die üblichen Postlaufzeiten darf der Bürger vertrauen *(so BVerfGE 62, 334, 336; BVerfG NJW 1994, 1854)*. Erreichen nach allgemeiner Erfahrung am Freitag aufgegebene Sendungen am folgenden Montag den Ort des Gerichts, kann eine dennoch auftretende Verzögerung dem Betroffenen nicht als Verschulden angerechnet werden und er wird "Wiedereinsetzung in den vorigen Stand" erhalten.

Plötzliche Störung des Telefax-Geräts: Der Kläger darf die Rechtsmittelfrist voll ausnutzen und deshalb bis zum letzten Tage warten. Er muß nicht damit rechnen, daß in letzter Minute eine unvorhersehbare "Panne" auftritt, z.B. das Telefax-Gerät versagt. Wird die rechtzeitige Übermittlung der Klageschrift durch einen technischen Defekt des Telefax-Geräts unmöglich, so wird die Verspätung regelmäßig unverschuldet und es wird Wiedereinsetzung in den vorigen Stand zu gewähren sein. Anders ist es nur, wenn der Defekt vorhersehbar war (z.B. weil bekannt war, daß das Gerät nicht richtig funktionierte) oder wenn der Defekt zu einem Zeitpunkt auftritt, zu dem noch Abhilfe möglich und zumutbar ist (z.B. am Mittag des letzten Tages der Frist und Reparatur oder Inanspruchnahme eines anderen Geräts oder Beauftragung eines Boten sind noch mögliche Alternativen; *(so BSG 31.03.1993, SozR 3-1500 § 67 Nr. 7)*. Ähnliches gilt, wenn ein sonst stets zuverlässiger Mitarbeiter versehentlich eine falsche Fax-Nummer angewählt hatte, die Sendung deshalb erst verspätet beim Gericht als dem richtigen Adressaten eingeht und der Fehler bei der Absendung durch das Fax-Gerät abends nach Büroschluß nicht mehr bemerkt werden konnte *(BSG 26.08.1994, 13 RJ 11/94)*.

Krankheit ist nur dann Entschuldigungsgrund, wenn der Kläger dadurch gehindert ist, einen kurzen Brief an das Gericht selbst zu schreiben oder einen anderen damit zu beauftragen. Es kommt darauf an, ob es ihm zumutbar ist, die notwendigen Schritte einzuleiten. Erleidet der Kläger z.B. am letzten Tag der Frist einen Herzanfall und kann er deshalb seine Absicht nicht verwirklichen, an diesem Tage noch rechtzeitig die Klage zu fertigen und zum Gericht zu bringen, trifft ihn an dem Fristversäumnis kein Verschulden.

Urlaub ist als Entschuldigungsgrund für Fristversäumnis anerkannt *(BSG SozR 1500 § 67 Nr. 6)*.

Ein **Irrtum über die Rechtslage** ist regelmäßig kein ausreichender Entschuldigungsgrund. Wer auf die Klage verzichtet, weil er sie nicht für erfolgversprechend hält, kann sich nicht auf unverschuldete Fristversäumung berufen, wenn er sich nach fachkundiger Beratung doch entschließt, die Klage zu erheben. Nicht unverschuldet ist die Versäumung selbst dann, wenn ihn eine unzutreffende Auskunft über die Rechtslage dazu bewogen hat, keine Klage zu erheben.

Versäumnisse eines Prozeßbevollmächtigten (z.B. Rechtsanwalts) oder eines gesetzlichen Vertreters werden dem Kläger zugerechnet. Auf seine Hilfskräfte (z.B. Firmenmitarbeiter) darf der Kläger aber ebenso vertrauen wie der Rechtsanwalt auf seine Mitarbeiter in der Kanzlei. Ist durch entsprechende organisatorische Maßnahmen sichergestellt, daß Fristsachen rechtzeitig vorgelegt werden und sind die Mitarbeiter ordnungsgemäß belehrt und überwacht, liegt kein Verschulden darin, daß es im Einzelfall dennoch zu einer "Panne" kommt.

Entscheidend ist immer, ob der Kläger die **gehörige Sorgfalt** an den Tag gelegt hat. An Kaufleute oder Rechtsanwälte werden dabei höhere Anforderungen gestellt als an eine Privatperson. Wenngleich z.B. Urlaub als Entschuldigungsgrund anerkannt ist, wird von Kaufleuten oder Rechtsanwälten doch erwartet, daß sie in ihrem Büro für die Zeit ihrer Abwesenheit entsprechende Vorkehrungen treffen.

4. Aufschiebende Wirkung der Klage

7532

Hat ein Sozialversicherungsträger eine beantragte Leistung oder Erlaubnis abgelehnt und wendet der Kläger sich vor Gericht gegen diese Ablehnung, muß er die Entscheidung des Gerichts abwarten. Die Klage allein verhiflt noch nicht zu der Leistung oder Erlaubnis.

Ist es aber so, daß z.B. die Krankenkasse als Einzugsstelle vom Arbeitgeber die Nachzahlung von Beiträgen verlangt oder, daß z.B. das Arbeitsamt eine zuvor erteilte Erlaubnis wieder entzieht, hat der Betroffene häufig ein besonderes Interesse, daß vor Entscheidung des Gerichts über die Klage gegen den belastenden Bescheid keine vollendeten Tatsachen geschaffen werden; er möchte, daß die Situation bis zur gerichtlichen Entscheidung möglichst unverändert bleibt und z.B. die geforderten Beiträge nicht zwangsweise beigetrieben werden.

7533

Dennoch gilt: Die Klage **bewirkt** im allgemeinen **keinen Aufschub**. Anders ist es nur. wenn z.B. das Arbeitsamt eine zuvor gewährte (Förder-)Leistung vom Arbeitgeber zurückfordert und sich die Klage gegen den Rückforderungsbescheid richtet. Hier muß das Arbeitsamt mit seiner Forderung abwarten, bis das Gericht entschieden hat.

Komplizierter ist es, wenn z.B. eine Rente oder eine andere Sozialleistung herabgesetzt oder entzogen werden soll oder wenn z.B. das Arbeitsamt eine zuvor erteilte Erlaubnis zur gewerbsmäßigen Arbeitnehmerüberlassung entzogen oder nicht weiter verlängert hat.

In diesen Fällen hilft die Erhebung der Klage allein nicht, die Wirkung des angegriffenen Bescheides aufzuhalten. Der Kläger kann aber - zweckmäßig zugleich in der Klageschrift - beantragen, den **Vollzug des angegriffenen Bescheides einstweilen auszusetzen**. Das Gericht kann dann anordnen, daß der Bescheid bis zur endgültigen Entscheidung nicht vollzogen werden darf, damit nicht vollendete Tatsachen geschaffen werden. Es kann seine Anordnung von einer Sicherheitsleistung (z.B. Bankbürgschaft) abhängig machen. Ob es den Vollzug einstweilen aussetzt, hängt wesentlich von den Erfolgsaussichten der Klage ab.

In allen Fällen, in denen die Klage allein keinen Aufschub bewirkt, hat der Kläger die Möglichkeit, **vorläufigen Rechtsschutz** durch eine einstweilige Anordnung des Gerichts zu erreichen (dazu Rz. 7548).

5. Beiladung Dritter zum Rechtsstreit

7535

Es kommt nicht selten vor, daß ein zwischen Kläger und Beklagtem umstrittenes Rechtsverhältnis zugleich die rechtlichen Interessen anderer betrifft. Erhebt z.B. beim Streit um die Versicherungs- und Beitragspflicht von Beschäftigten der Arbeitgeber gegen die Krankenkasse die Klage, so sind an dem umstrittenen Rechtsverhältnis die betroffenen Arbeitnehmer ebenso beteiligt wie als Rentenversicherungsträger die Bundesversicherungsanstalt für Angestellte oder die zuständige Landesversicherungsanstalt sowie die Bundesanstalt für Arbeit. Wegen der ihm zustehenden Kontrollrechte ist der Betriebsrat am Streit mit dem Arbeitsamt um Kurzarbeitergeld oder Schlechtwettergeld beteiligt. Im Verlauf des Prozesses kann sich auch ergeben, daß der mit der Klage verfolgte Anspruch zwar nicht gegen den beklagten Versicherungsträger besteht (weil dieser z.B. dafür nicht zuständig ist), sehr wohl aber gegenüber einem anderen Versicherungsträger bestehen kann.

In all diesen Fällen soll erreicht werden, den Streit für alle davon Betroffenen in einem Prozeß verbindlich zu klären. Die unmittelbar betroffenen Dritten werden ohne besonderen Antrag vom Gericht zum Rechtsstreit beigeladen.

Die Beiladung dient ihrer Unterrichtung von dem Rechtsstreit und dazu, daß sie ihre Argumente in den Prozeß einbringen können. Sie erlangen die Rechte und Pflichten von Prozeßbeteiligten. Das Urteil des Gerichts wirkt für und gegen die Beigeladenen; wie Kläger und Beklagter können sie gegen ein sie beschwerendes Urteil Rechtsmittel einlegen.

6. Von der Klagerhebung bis zum Gerichtstermin

7536

Vor dem Arbeitsgericht folgt auf die Erhebung der Klage im allgemeinen recht bald die Ladung zum Gerichtstermin. Im sozialgerichtlichen Verfahren ist das etwas anders.

Häufig streiten die Prozeßbeteiligten nicht nur um reine Rechtsfragen. Umstritten sind vielmehr tatsächliche Umstände, z.B. welche Ursachen der Arbeitsausfall hatte, für den Kurzarbeitergeld verlangt wird. Das Sozialgericht muß deshalb den wahren Sachverhalt aufzuklären versuchen. Die dazu notwendigen Feststellungen trifft das Gericht von sich aus; es zieht aber auch die Prozeßbeteiligten zur Mitwirkung heran.

Das Gericht übersendet die Klageschrift der beklagten Seite und fordert sie zur Gegenäußerung auf. Es zieht die Akten des Versicherungsträgers bei und wertet sie aus. Je nach Sachlage stellt es weitere Ermittlungen an. So werden z.B. Akten und Unterlagen von anderen beigezogen, Auskünfte eingeholt oder auch ein schriftliches Sachverständigengutachten angefordert. Die Prozeßbeteiligten werden davon unterrichtet und können zu den Ergebnissen Stellung nehmen.

7537
Kommt es auf **Zeugen** an, werden sie im allgemeinen im Verhandlungstermin oder einem gesonderten Beweistermin vom Gericht vernommen. Wohnen sie vom Sitz des Gerichts weit entfernt, veranlaßt das Gericht ihre Vernehmung vor einem Gericht an ihrem Heimatort. Die Prozeßbeteiligten werden zu solchen Terminen geladen und können der Vernehmung beiwohnen. In geeigneten Fällen kann es genügen, daß sich ein Zeuge zu Fragen des Gerichts schriftlich äußert; die Entscheidung darüber liegt in der Hand des Gerichts.

Die Aufklärung ds Sachverhalts liegt im Interesse des Klägers und er soll daran mitwirken. Das Gericht kann die besonderen Umstände seines Falles nur berücksichigen, wenn er sie auch darlegt.

Es ist deshalb Aufgabe des Klägers, dem Gericht alle Umstände zu nennen und geeignete Beweismittel dafür vorzulegen (z.B.Lohnunterlagen, Verträge u.ä.) oder zu benennen (z.B. Zeugen), die nach seiner Auffassung für die Sache Bedeutung haben können.

7538
Das vorbereitende Verfahren dient auch dazu, verfahrensrechtliche Mängel zu beseitigen. Fehlt z.B. noch die schriftliche Prozeßvollmacht des vom Kläger bestellten Prtozeßbevollmächtigten, wird das Gericht sie anfordern und dafür eine Frist setzen. Hat der Kläger die Klage erhoben, ohne das Widerspruchsverfahren abzuwarten und ist seine Klage deshalb an sich unzulässig, wird Gelegenheit gegeben, den Mangel zu beseitigen. Das Widerspruchsverfahren wird nachgeholt und der Widerspruchsbescheid wird automatisch in das Klageverfahren einbezogen.

Hinweise geben wird das Gericht ebenso, wenn neue Gesichtspunkte in tatsächlicher oder in rechtlicher Hinsicht auftauchen, die den Beteiligten bisher nicht bekannt waren oder für sie keine Rolle spielten. Sie erhalten Gelegenheit, sich dazu zu äußern. Der in der Verfassung verankerte Grundsatz des **rechtlichen Gehörs** verlangt es, daß das Gericht bei seiner Entscheidung nur solche Umstände berücksichtigt, die auch den Prozeßbeteiligten bekannt geworden sind und zu denen sie sich äußern konnten.

7539
Der vorbereitende Verfahrensabschnitt läuft im allgemeinen schriftlich ab. In geeigneten Fällen kann das Gericht auch einen Termin zur Erörterung mit den Beteiligten anberaumen und sie dazu laden. Auch wenn er z.B. einen Rechtsanwalt zum Prozeßbevollmächtigten bestellt hat, kann der Kläger zu diesem **Erörterungstermin** persönlich geladen werden, wenn nur er die notwendigen Auskünfte und Erläuterungen geben kann. Der Erörterungstermin hilft zeitaufwendigen Schriftwechsel vermeiden und bietet sich z.B. bei umfangreichen oder unübersichtlichen Sachverhalten an.

7540
Nicht immer läßt sich ein umstrittener Sachverhalt hinreichend sicher aufklären. Auch nach Auswertung aller verfügbaren Unterlagen oder Vernehmung von Zeugen bleiben Zweifel, wie sich ein Geschehen nun tatsächlich abgespielt hat. Hier gilt der Grundsatz der objektiven Beweislast. Er gibt die Regel für die Folgen, wenn ein umstrittener Anspruch oder eine umstrittene Verpflichtung nicht sicher bewiesen werden kann.

Wer einen Anspruch erhebt, muß die dafür notwendigen tatsächlichen Umstände beweisen. Kann das Gericht diese Umstände nicht sicher feststellen, ist der Anspruch nicht begründet und die Klage wird abgewiesen. Die objektive Beweislast trifft freilich nicht immer den Kläger. Häufig wendet sich die Klage gegen eine dem Kläger auferlegte Verpflichtung. Es ist also der Versicherungsträger, der einen Anspruch gegen den Betroffenen geltend macht und gegen den sich der Kläger wendet.

7541
Verlangt z.B. die Krankenkasse vom Arbeitgeber Sozialversicherungsbeiträge für Beschäftigte, muß die im Prozeß beklagte Kasse die tatsächlichen Voraussetzungen ihrer Beitragsforderung beweisen. Dazu gehört der Nachweis, daß der Arbeitgeber den oder die Arbeitnehmer für eine bestimmte Zeit gegen ein bestimmtes Entgelt beschäftigt hat, so daß sie versicherungs- und beitragspflichtig sind. Hier liegt die objektive Beweislast bei der beklagten Krankenkasse. Hat der Arbeitgeber die fraglichen Arbeitnehmer beschäftigt, wendet er aber ein, sie seien z.B. als Student oder wegen Geringfügigkeit versicherungsfrei, muß er wiederum diese Umstände beweisen können. Gerade in solchen Beitragsstreitigkeiten trifft den Arbeitgeber - sei er Kläger oder Beigeladener des Rechtsstreits - eine besondere Mitwirkungspflicht. Kann er nämlich entgegen seiner Verpflichtung für die fraglichen Arbeitnehmer keine ordnungsgemäß geführten Personal- und Lohnkonten vorlegen, darf die Krankenkasse ihre Beitragsforderung auch schätzen. Der Arbeitgeber kann sich der Schätzung gegenüber nicht darauf berufen, daß exakte Lohnaufzeichnungen nicht vorliegen.

7. Mündliche Verhandlung vor dem Gericht

7542

Den Termin zur mündlichen Verhandlung beraumt das Sozialgericht im allgemeinen erst an, wenn der Streitstoff in dem vorbereitenden Verfahrensabschnitt so weit geklärt worden ist, daß abschließend über die Klage entschieden werden kann.

Während das vorbereitende Verfahren in der Hand des Berufsrichters liegt, wirken in der mündlichen Verhandlung neben ihm auch die beiden ehrenamtlichen Richter mit.

Zu dem Gerichtstermin werden die Prozeßbeteiligten oder ihre Prozeßbevollmächtigten geladen; die Ladung soll ihnen spätestens zwei Wochen vor dem Termin zugehen.

Kann der Kläger den Termin aus persönlichen oder beruflichen Gründen nicht wahrnehmen, kann er das Gericht um **Verlegung des Termins** bitten. Er muß dafür aber gewichtige Gründe vorbringen können. Es empfiehlt sich, dem Gericht z.B. einen bevorstehenden Urlaub oder eine längere Geschäftsreise rechtzeitig mitzuteilen, damit es das bei der Terminsbestimmung berücksichtigen kann.

Die Beteiligten sind im Grundsatz nicht verpflichtet, den Termin wahrzunehmen. Anders als im Zivilprozeß vor dem Amts- oder Landgericht oder beim Arbeitsgericht kennt das sozialgerichtliche Verfahren **kein Versäumnisurteil** bei Ausbleiben eines Prozeßbeteiligten im Termin. Wer den Termin nicht wahrnehmen kann, läuft deshalb keine Gefahr, daß "automatisch" gegen ihn entschieden wird.

Ist nur einer der Prozeßbeteiligten (z.B. der beklagte Sozialversicherungsträger) im Termin vertreten oder erscheint niemand von den Prozeßbeteiligten, kann das Sozialgericht dennoch entscheiden und sein Urteil fällen. Tauchen freilich im Termin neue Umstände auf, die dem abwesenden anderen Beteiligten unbekannt sind, verlangt der Grundsatz rechtlichen Gehörs, daß ihm Gelegenheit zur Stellungnahme eingeräumt wird. Die Sache muß dann vertagt und ein neuer Termin anberaumt werden.

Hält es das Gericht für zweckmäßig, kann es das **persönliche Erscheinen des Klägers** oder eines Beigeladenen (z.B. des beigeladenen Arbeitnehmers) anordnen. Das geschieht,. wenn das Gericht noch klärungsbedürftige Fragen hat oder aus sonstigen Gründen eine mündliche Erörterung der Sache für tunlich hält. Der Anordnung des persönlichen Erscheinens muß Folge geleistet werden. Bleibt der Kläger ohne Entschuldigung fern, kann gegen ihn ein Ordnungsgeld verhängt werden. Der persönlich geladene Kläger oder Beigeladene erhält im übrigen wie ein Zeuge Entschädigung für seine baren Auslagen (z.B. Fahrtkosten) und Zeitverlust (z.B. Verdienstausfall) aus der Staatskasse.

8. Urteil ohne mündliche Verhandlung vor dem Gericht

7543

Nicht immer ist es erforderlich, daß eine mündliche Verhandlung vor dem Sozialgericht stattfindet. Es kann sein, daß es nur um reine Rechtsfragen geht, zu denen sich die Prozeßbeteiligten bereits schriftlich umfassend geäußert haben. Vielleicht hat auch bereits zuvor eine mündliche Verhandlung z.B. mit Zeugenvernehmung stattgefunden, die nur vertagt wurde, damit die Beteiligten zu den Zeugenaussagen noch schriftlich Stellung nehmen konnten,

In solchen oder ähnlichen Fällen, in denen es nach Meinung aller Beteiligten nichts mehr zu erörtern gibt, können sie auf die **mündliche Verhandlung verzichten**. Dazu ist erforderlich, daß Kläger, Beklagter und Beigeladene übereinstimmend dem Gericht gegenüber schriftlich erklären, daß sie mit Entscheidung ohne eine mündliche Verhandlung einverstanden sind.

Das Sozialgericht entscheidet dann in der vollen Besetzung mit den ehrenamtlichen Richtern auf der Grundlage des gesamten Akteninhalts. Das Urteil erhalten die Beteiligten zugestellt.

9. Beendigung des Rechtsstreits ohne Urteil

a) Der Gerichtsbescheid

7544

Um das Gericht zu entlasten und in einfach gelagerten Fällen das aufwendige Urteilsverfahren zu ersparen, kann das Sozialgericht über die Klage auch durch einen Gerichtsbescheid entscheiden. Den Gerichtsbescheid erläßt der Berufsrichter ohne Mitwirkung der ehrenamtlichen Richter und ohne vorherige mündliche Verhandlung im schriftlichen Verfahren. Der Gerichtsbescheid hat die **volle Wirkung eines Urteils**.

Als Rechtsmittel dagegen kommt deshalb regelmäßig die Berufung in Betracht (vgl Rz 7551). Nur wenn in einer Sache gegen ein Urteil keine Berufung gegeben wäre, kann gegen den Gerichtsbescheid als Rechtsbehelf binnen Monatsfrist Antrag auf mündliche Verhandlung gestellt werden. Wird dieser Antrag rechtzeitig gestellt, muß das Sozialgericht Termin zur mündlichen Verhandlung anberaumen und sodann durch Urteil über die Klage entscheiden.

Die Beteiligten müssen freilich wissen, daß das Gericht keinen Gerichtstermin anberaumen und im schriftlichen Verfahren durch Gerichtsbescheid entscheiden möchte. Das Gericht muß ihnen deshalb seine Absicht mitteilen und ihnen angemessene Frist zur Stellungnahme einräumen.

Der Kläger kann z.B. darlegen, aus welchen Gründen nach seiner Meinung eine mündliche Verhandlung doch stattfinden sollte. Vor allem sollten sich die Beteiligten darauf einrichten, **innerhalb der eingeräumten Frist** ihre Argumente vollständig schriftlich vorzubringen, damit sie das Gericht noch berücksichtigen kann.

b) Rücknahme der Klage

7545

Der Kläger kann seine Klage jederzeit zurücknehmen, etwa wenn ihm deutlich wird, daß sie keine Aussicht auf Erfolg hat. Er braucht dafür nicht die Zustimmung des Prozeßgegners. Rücknahme der Klage ist auch noch in der zweiten Instanz (Berufungsverfahren vor dem Landessozialgericht) und in der Revisionsinstanz vor dem Bundessozialgericht möglich.

Die Rücknahme der Klage erledigt den Prozeß und führt dazu, daß die mit der Klage angegriffene Verwaltungsentscheidung bestandskräftig und unanfechtbar wird.

Wenn es der Kläger beantragt, entscheidet das Gericht über die **Kosten** nach der Rücknahme durch besonderen Beschluß. Wie auch sonst entstehen keine Gerichtskosten. Seine eigenen Aufwendungen (z.B. Anwaltskosten) wird der Kläger bei Rücknahme der Klage in aller Regel selbst zu tragen haben. Sind Dritte zum Rechtsstreit beigeladen (z.B. Arbeitnehmer im Streit mit der Krankenkasse um die Versicherungspflicht), muß der Kläger damit rechnen, daß er deren Aufwendungen (z.B. für den Anwalt des beigeladenen Arbeitnehmers) übernehmen muß.

c) Anerkenntnis des Klageanspruchs

7546

Im Verlauf des Rechtsstreits kann sich z.B. nach dem Ergebnis der vom Gericht angestellten Ermittlungen herausstellen, daß der mit der Klage verfolgte Anspruch entgegen der zunächst vom beklagten Versicherungsträger vertretenen Auffassung doch begründet ist. Tritt das klar zutage, wird der beklagte Versicherungsträger den Klageanspruch anerkennen. Das kann schriftlich oder im Verhandlungstermin zu Protokoll des Gerichts erklärt werden. Durch das Anerkenntnis erhält der Kläger, was er verlangt hat. Deshalb bedarf es keines gerichtlichen Urteils mehr. Nimmt der Kläger das Anerkenntnis der Gegenseite an und erklärt er damit sein Einverständnis, ist der Rechtsstreit erledigt. Sollte der Beklagte der im Anerkenntnis übernommenen Verpflichtung nicht nachkommen, kann aus dem angenommenen Anerkenntnis vollstreckt werden.

Die beklagte Seite kann das Anerkenntnis auch auf die Kosten erstrecken; andernfalls entscheidet darüber noch das Gericht (zu den Kosten unten Rz. 7556).

Es kann auch vorkommen, daß die beklagte Seite den Klageanspruch nur zu einem Teil anerkennt. Der Kläger kann dieses Teil-Anerkenntnis annehmen, so daß der Prozeß in diesem Punkt erledigt ist; zu streiten und zu entscheiden ist über den Restanspruch.

! Weil das angenommene Anerkenntnis auch Grundlage für eine Zwangsvollstreckung bildet, bedarf es nicht eines im Zivilprozeß üblichen Anerkenntnisurteils des Gerichts. Auf der anderen Seite verliert der Kläger, dessen Anspruch vom Beklagten voll anerkannt wird, sein Bedürfnis nach gerichtlichem Rechtsschutz. Weigert er sich, das Anerkenntnis anzunehmen und besteht er auf einem Urteil des Gerichts, riskiert er die Abweisung der Klage wegen Unzulässigkeit.

d) Der Vergleich

7547
Ausgangspunkt für den Abschluß eines Vergleichs zur Beilegung des Prozesses ist im allgemeinen eine Ungewißheit der Prozeßbeteiligten in tatsächlicher oder rechtlicher Hinsicht. Sie soll durch gegenseitiges Nachgeben beseitigt werden.

Unterschieden wird zwischen dem Prozeßvergleich und dem außergerichtlichen Vergleich.

Der **Prozeßvergleich** wird im Verhandlungstermin vor Gericht zu dessen Protokoll geschlossen. Er erledigt den Rechtsstreit sowohl zur Hauptsache als auch wegen der Kosten, weil in aller Regel jede Seite ihre Kosten selbst trägt. Freilich können sich die Beteiligten auch wegen der Kosten vergleichen oder die Kostenfrage ausklammern und der Entscheidung des Gerichts überlassen.

Der **außergerichtliche Vergleich** wird von den Beteiligten außerhalb des gerichtlichen Verfahrens geschlossen. Damit der Prozeß beendet werden kann, müssen die Beteiligten dem Gericht ihre Einigung mitteilen. Je nach Verabredung im Vergleich nimmt der Kläger die Klage zurück oder beide Beteiligten erklären den Rechtsstreit für erledigt.

10. Vorläufiger Rechtsschutz

7548
Nur in wenigen Fallgruppen führt allein schon die Erhebung der Klage dazu, daß der angegriffene Bescheid bis zur gerichtlichen Entscheidung nicht vollzogen werden darf. Keinen Aufschub bewirkt die Klage vor allem bei Beitragsforderungen der Krankenkasse (dazu oben Rz. 7532).

Klageverfahren vor dem Sozialgericht

Wenn der Kläger z.B. verhindern will, daß die Krankenkasse noch vor endgültiger Entscheidung des Gerichts ihre **Beitragsforderung** aus dem mit der Klage angegriffenen Beitragsbescheid zwangsweise beitreiben will, kann er beim Sozialgericht um vorläufigen Rechtsschutz nachsuchen und zu diesem Zweck eine einstweilige Anordnung beantragen (vgl. oben Rz. 5657).

Mit solcher **einstweiligen Anordnung** wird das Gericht dann dem beklagten Versicherungsträger aufgeben, bis zum gerichtlichen Urteil die umstrittene Forderung nicht zwangsweise beizutreiben.

Solcher Antrag ist auch **schon vor Klageerhebung** möglich, wenn z.B. unmittelbar nach Erlaß des Widerspruchsbescheides oder schon vorher die Vollstreckung droht.

Über den Antrag auf vorläufigen Rechtsschutz entscheidet das Gericht durch Beschluß. Der Prozeßgegner muß angehört werden. In Eilfällen kann das mittels Fernkopierer (Telefax) oder notfalls telefonisch erfolgen. Das Gericht kann nach seinem Ermessen auch mündliche Verhandlung über den Antrag anberaumen.

Das Verfahren um einstweiligen Rechtsschutz soll schnell zur Entscheidung führen; manchmal muß binnen weniger Stunden die Entscheidung fallen. Das Gericht kann deshalb nicht in umfangreiche Ermittlungen zum Sachverhalt eintreten, sondern ist auf eine summarische Prüfung der Sache aufgrund des Vorbringens beider Seiten angewiesen.

Der **Antrag** sollte deshalb eingehend begründet, Unterlagen oder ähnliche Beweismittel sollten beigefügt werden.

Tip

7549

Für die Entscheidung des Gerichts ist Richtschnur, welche **Erfolgsaussichten** die Klage zur Hauptsache hat. Je größer die Erfolgsaussicht für die Klage ist, desto weniger kann dem Kläger zugemutet werden, bis zum endgültigen Urteil zu warten bzw. zuzulassen, daß die Gegenseite schon zuvor **vollendete Tatsachen** schafft.

Häufig läßt sich zu Prozeßbeginn noch nicht abschätzen, ob die Klage Erfolg haben wird. Fordert die Krankenkasse z.B. vom Arbeitgeber Sozialversicherungsbeiträge für eine Anzahl von Beschäftigten als Ergebnis einer Betriebsprüfung und wirkt der Beitragsbescheid sorgfältig begründet, so kann erst nach Zeugenbefragung und sonstigen Ermittlungen eingeschätzt werden, ob die Einwendungen des Arbeitgebers dagegen durchgreifen. In solchen im Ergebnis noch offenen Fällen ist das Gericht auf eine Abwägung der widerstreitenden Interessen angewiesen.

7550

Es kommt darauf an, ob dem Betroffenen wesentliche Nachteile drohen, die auch durch einen späteren Erfolg in der Hauptsache nicht mehr beseitigt werden können; es darf nicht so sein, daß vollendete Tatsachen geschaffen werden, die dann nicht mehr rückgängig zu machen sind. **Wirtschaftliche Nachteile** allein reichen nicht aus, weshalb eine hohe Beitragsforderung für sich betrachtet keinen vorläufigen Rechtsschutz rechtfertigt. Besteht aber z.B. wegen der Höhe der Forderung, deren Rechtmäßigkeit im Hauptverfahren noch geprüft werden muß, bei ihrer Beitreibung eine Gefahr für den Bestand des Betriebes, kann Aussetzung des Vollzuges in Betracht kommen. Das Gericht kann die Aussetzung auch von einer Sicherheitsleistung (z.B. Bankbürgschaft) abhängig machen, Teilzahlungen zulassen oder die Vollzugsaussetzung zeitlich begrenzen.

Lehnt das Sozialgericht den Antrag auf vorläufigen Rechtsschutz ab, kann gegen diesen Beschluß Beschwerde eingelegt werden, über die dann vom Landessozialgericht entschieden wird. Dessen Entscheidung ist endgültig.

Wegen der Kosten des Verfahrens s. Rz. 7556.

IV. Berufung, Revision und Beschwerde

1. Berufung gegen das Urteil des Sozialgerichts

7551

Gegen das Urteil des Sozialgerichts kann die unterlegene Prozeßpartei grundsätzlich Berufung zum Landessozialgericht einlegen. Nur in Fällen mit geringerer Bedeutung ist sie ausgeschlossen und das Sozialgericht entscheidet endgültig, vor allem bei Klagen auf eine Geld- oder Sachleistung im Wert **bis zu 1.000 DM**. Geht es um eine Leistung für mehr als ein Jahr (z.B. um eine Rente und deren Höhe), so ist die Berufung unabhängig vom Wert immer eröffnet. Wegen der Berufung gegen einen Gerichtsbescheid s. oben bei Rz. 7544.

Ist die Berufung ausgeschlossen, weil es um nicht mehr als den Wert von 1.000 DM geht, kann das Sozialgericht sie dennoch zulassen, z.B. wenn die Sache über den Einzelfall hinaus grundsätzliche Bedeutung hat. Ein Beteiligter kann die Zulassung auch ausdrücklich beantragen und, falls das Sozialgericht die Zulassung ablehnt, wegen der Nichtzulassung der Berufung Beschwerde zum Landessozialgericht erheben. Wird der Beschwerde stattgegeben, läuft das Verfahren als Berufungsverfahren weiter; es muß dann nicht noch gesondert Berufung gegen das Urteil eingelegt werden.

7552

Für die Berufung gilt die übliche Monatsfrist, sie wird vom Tage der Zustellung des sozialgerichtlichen Urteils an gerechnet (vgl. zur Fristberechnung Rz. 7517, 7520, 7530).

Klageverfahren vor dem Sozialgericht

Eingelegt werden muß die Berufung beim Landessozialgericht, und zwar schriftlich oder zu gerichtlichem Protokoll, wofür das Gericht eine Rechtsantragstelle unterhält.

Die Berufungsschrift **muß unterschrieben sein!** Telegrafische Einlegung oder Einlegung durch Fernkopierer **(Telefax)** ist zulässig; bei Einlegung durch Telefax sollte der Originalschriftsatz umgehend nachgesandt werden.

Zur Wahrung der Frist genügt es, wenn die Berufungsschrift bis zum letzten Tage der Frist bei dem Sozialgericht eingeht, dessen Urteil angefochten wird. Anders als bei der Klage kann die Berufung aber nicht bei anderen Stellen oder Behörden abgegeben werden.

Wenn die Berufung nicht ausgeschlossen ist (z.B. in den Fällen mit einem Wert bis zu 1.000 DM) und form- und fristgerecht eingelegt wird, prüft das Landessozialgericht die Sache in vollem Umfang nach. Neue Tatsachen und neue Beweismittel können vorgebracht werden und finden Berücksichtigung. Das gilt auch, wenn das Sozialgericht durch Gerichtsbescheid entschieden hat.

7553

In aller Regel ist das Urteil des Sozialgerichts vollstreckbar und bleibt es, auch wenn z.B. die Gegenseite Berufung einlegt. Auf Antrag kann aber der Vorsitzende des Berufungssenats die Vollziehung des Urteils einstweilen aussetzen oder von einer Sicherheitsleistung abhängig machen. Die Entscheidung trifft er nach seinem Ermessen, sie ist nicht anfechtbar.

2. Beschwerde gegen Entscheidungen des Sozialgerichts

7554

Alle Entscheidungen des Sozialgerichts, die einen bestimmten besonderen Verfahrensabschnitt abschließen, können mit der Beschwerde zum Landessozialgericht angefochten werden, z.B.

- Beschluß über Ablehnung der Entschuldigung bei Fristversäumnis (Wiedereinsetzung in den vorigen Stand),
- Beschluß über Ablehnung von Prozeßkostenhilfe,
- Beschluß über Ablehnung vorläufigen Rechtsschutzes
- Entscheidung über Nichtzulassung der Berufung

Eingelegt werden muß die Beschwerde beim Sozialgericht. Es gilt die übliche Monatsfrist, gerechnet vom Tage der Bekanntgabe (in aller Regel: Zustellung durch die Post) des angegriffenen Beschlusses.

Sozialrecht

Das Sozialgericht kann der Beschwerde, wenn sie überzeugend begründet ist, abhelfen. Andernfalls legt es sie dem Landessozialgericht vor, das dann endgültig entscheidet. Ebenso ist es bei der Beschwerde gegen die Nichtzulassung der Berufung (vgl. Rz. 7551).

3. Revision gegen Entscheidungen des Landessozialgerichts

7555

Gegen das Urteil des Landessozialgerichts ist Revision zum Bundessozialgericht in Kassel nur möglich, wenn das Landessozialgericht die Revision im Urteil ausdrücklich zugelassen hat, z.B. wegen grundsätzlicher Bedeutung der Sache. Ferner ist die Revision bei Verfahrensfehlern möglich.

Hat es das Landessozialgericht abgelehnt, die Revision im Urteil zuzulassen, kann dagegen Beschwerde zum Bundessozialgericht eingelegt werden. Dieses Gericht kann dann die Revision zulassen und damit den Weg zur dritten Instanz eröffnen.

Beschwerde und Revision zum Bundessozialgericht darf der Kläger nicht selbst einlegen. Er **muß einen Rechtsanwalt** oder Verbandsvertreter (Vertreter der Arbeitgebervereinigung, Rechtsschutzvertreter einer Gewerkschaft) zum Prozeßbevollmächtigten bestellen.

V. Kosten im sozialgerichtlichen Verfahren

1. Keine Gerichtskosten

7556

Das sozialgerichtliche Verfahren ist in allen Instanzen gerichtskostenfrei. Es entstehen weder Gebühren noch werden Auslagen erhoben.

Dieser Grundsatz kennt nur wenige Ausnahmen. Im Prozeß um eine Rente oder um Krankengeld kommt es auf das Ausmaß krankheitsbedingter Minderung der Leistungsfähigkeit an. Ärzte werden als medizinische Sachverständige gehört. Hier hat der Kläger die Möglichkeit, z.B. als Gegenbeweis die Anhörung des Arztes seines Vertrauens als Sachverständigen zu verlangen. Dessen Kosten muß er dann vorschießen (§ 109 SGG).

Eine weitere Ausnahme bilden die sog. Mutwillenskosten. Sie können vom Gericht einem Beteiligten auferlegt werden, der den Prozeß mutwillig führt, ihn verschleppt oder das Gericht irre führt und dadurch dem Gericht oder anderen Beteiligten Kosten verursacht. Damit soll dem Mißbrauch der Gerichtskostenfreiheit begegnet werden (§ 192 SGG).

Klageverfahren vor dem Sozialgericht

2. Außergerichtliche Kosten (Anwaltskosten)

a) Wer trägt die Kosten

7557

Weil es keine Gerichtskosten gibt, beschränkt sich die Kostenentscheidung des Gerichts auf die außergerichtlichen Kosten, also die Aufwendungen des Klägers und etwaiger Beigeladener. Die Entscheidung wird im Urteil getroffen oder auf Antrag durch Beschluß, wenn das Verfahren anders beendet wird, z.B. durch angenommenes Anerkenntnis.

Im allgemeinen steuert das Ergebnis zur Hauptsache auch die Frage, wer die außergerichtlichen Kosten zu erstatten hat. Verliert der Kläger den Prozeß, muß er seine Kosten selbst tragen. Gewinnt er, bekommt er sie von der Gegenseite erstattet. Allerdings ist dem Sozialgericht Ermessen eingeräumt. Es kann im einzelnen Fall von der Regel abweichen.
Sind Dritte als Beigeladene am Prozeß beteiligt (z.B. die Arbeitnehmer im Beitragsstreit), so muß das Gericht auch über deren Kosten entscheiden. Es kommt darauf an, welche Interessen der Beigeladene im Prozeß verfolgt und welche Anträge er gestellt hat. Danach richtet sich, ob er zur Gewinner- oder zur Verliererseite gerechnet wird.

b. Höhe der Kosten

7558

Als außergerichtliche Kosten fallen namentlich die Gebühren eines Rechtsanwalts an. Die Aufwendungen der Behörden, Versicherungsträger und anderer öffentlicher Stellen, die in aller Regel auf der Beklagtenseite stehen oder beigeladen sind, sind nicht erstattungsfähig. Auf sie erstreckt sich das Kostenrisiko des Klägers nicht. Ausnahmen hiervon bestehen nur z.B. bei Streitigkeiten im Bereich des Kassenarztrechts.

Die Anwaltsgebührenordnung sieht für den Rechtsanwalt im sozialgerichtlichen Verfahren eine **Rahmengebühr** vor. Seit dem Kostenrechtsänderungsgesetz vom 24.06.1994 *(BGBl. I S. 1325)* liegt der Rahmen

- bei 100 bis 1.300 DM für die erste Instanz,
- bei 120 bis 1.520 DM für die zweite Instanz und
- bei 170 bis 2.540 DM für die dritte Instanz.

Innerhalb dieses Rahmens wird die Gebühr nach Bedeutung der Sache, Umfang und Schwere der Anwaltstätigkeit und den Einkommensverhältnissen des Mandanten festgesetzt.

Sozialrecht

Für den **Durchschnittsfall** geht die Praxis von einer **mittleren Gebühr** aus, so daß

- 700 DM für die erste Instanz,
- 820 DM für die zweite Instanz und
- 1.360 DM für die dritte Instanz

anfallen. In den östlichen Bundesländern liegen die Gebühren z. Zt. noch 20 v.H. unter diesem Wert.

7559

Hat der Rechtsanwalt beim Abschluß eines Vergleichs mitgewirkt oder daran, daß die Behörde während des Prozesses ihren angegriffenen Bescheid zugunsten des Klägers ändert, erhöht sich der Gebührenrahmen um 50 v.H. Die mittlere Gebühr für das Verfahren erster Instanz liegt dann bei 1.050 DM (in den östlichen Bundesländern abzüglich 20 v.H.).

Für Arbeitgeber ist zu beachten, daß die Rahmengebühr des § 116 BRAGO für eine ganze Reihe von Fallgruppen nicht gilt. Klagt nämlich ein Arbeitgeber gegen z.B. die Krankenkasse, die Berufsgenossenschaft oder das Arbeitsamt, richtet sich die Anwaltsgebühr wie auch sonst im Zivilprozeß oder vor dem Arbeitsgericht nach dem Streitwert, also dem Geldwert des umstrittenen Anspruchs. Dieser Wert wird auf Antrag vom Gericht festgesetzt. Auf der Grundlage dieses Wertes berechnet der Anwalt seine Gebühren wie üblich anhand der Tabelle zu § 11 BRAGO.

Zu der Gebühr treten Nebenkosten (Porto, sonstige Auslagen), die mit 15 v.H. der festgesetzten Gebühr, höchstens 40 DM, pauschaliert werden können. Dazu kommt die gesetzliche Mehrwertsteuer.

3. Prozeßkostenhilfe

7560

Wer wegen geringer finanzieller Mittel an der Kostenhürde zu scheitern droht, kann Prozeßkostenhilfe erlangen. Ihm wird ein Anwalt seiner Wahl beigeordnet, der seine Gebühr aus der Staatskasse erhält.

Prozeßkostenhilfe darf nur gewährt werden, wenn Einkommensgrenzen nicht überschritten werden; übersteigt das Einkommen den Mindestsatz, wird dem Betroffenen Ratenzahlung in bestimmter Höhe nachgelassen. Unabhängig von der finanziellen Seite kommt Prozeßkostenhilfe nur in Frage, wenn die Klage hinreichende Erfolgsaussichten hat und nicht mutwillig ist und wenn die Vertretung durch einen Anwalt erforderlich scheint (§ 73 a SGG i.V.m. § 115 ZPO).

4. Kosten des Widerspruchsverfahrens

7561

Das der Klage vorausgehende Widerspruchsverfahren ist gebührenfrei. das Kostenrisiko erstreckt sich auf die Gebühren eines bevollmächtigten Anwalts.

Bleibt der Widerspruch erfolglos und wird gegen den Widerspruchsbescheid Klage zum Sozialgericht erhoben, gehören die Aufwendungen des Widerspruchsverfahrens zu den außergerichtlichen Kosten des Prozesses, über deren Erstattung durch die Gegenseite das Gericht im Urteil entscheidet.
Weil die Gebührenordnung der Rechtsanwälte darüber keine besondere Bestimmung trifft, wird für die **Höhe der Gebühr** auf den allgemeinen Gebührenrahmen (oben Rz. 7558) zurückgegriffen und auf zwei Drittel ermäßigt.
In den sog. Arbeitgebersachen (s. Rz. 7559) rechnet der Anwalt wie auch sonst üblich nach dem Gegenstandswert ab. Ihm stehen drei Viertel der sich aus der Tabelle der Gebührenordnung ergebenden normalen Gebühr zu.

7562

Anders liegt es, wenn der Widerspruchsbescheid nicht mit der Klage angefochten wird, das Verfahren also mit diesem Widerspruchsbescheid abschließt.

Bleibt der Widerspruch erfolglos, muß der Betroffene seine Anwaltskosten selbst tragen. Andernfalls erhält er sie erstattet, worüber, ähnlich wie im Urteile, im Widerspruchsbescheid entschieden wird. Vorausgesetzt wird, daß der Widerspruch erfolgreich und die Hinzuziehung eines Anwalts geboten war.

Hierüber kann es zum Streit kommen. Lehnt die Behörde trotz erfolgreichen Widerspruchs die Erstattung der Kosten ab, weil z.B. ein Anwalt nicht notwendig gewesen sei, so ist diese Entscheidung selbständig anfechtbar. Gegen den Kostenpunkt im Widerspruchsbescheid wird Klage zum Sozialgericht erhoben; die Kostenfrage ist dann als Hauptsache Gegenstand des Prozesses und wird vom Sozialgericht entschieden.

VI. Weiterführende Literaturhinweise

7563

Hennies in Ergänzbares Lexikon des Rechts, Gruppe 11 (Sozialrecht) Stichwort Sozialgerichtsbarkeit, Loseblatt
Schmeling in Hennig (Hrsg.) Handbuch zum Sozialrecht (HzS) Gruppe 12; Loseblatt,
Kummer in Sozialrechtshandbuch (SRH), S. 550 ff, 1988;
Hennig/Danckwerts/König, Sozialgerichtsgesetz, Kommentar, Loseblatt,
Meyer-Ladewig, Sozialgerichtsgesetz mit Erläuterungen, 5. Aufl. 1993;
Peters/Sautter/Wolff, Kommentar zur Sozialgerichtsbarkeit, Loseblatt

47. Kapitel: Überblick über das Lohnsteuerabzugsverfahren

I. Lohnsteuer und Einkommensteuer	8001
II. Rechtsgrundlagen der Lohnsteuer	8002
III. Aufgaben des Arbeitgebers	8003

System des Lohnsteuerabzugsverfahren

Vorab zu klärende Fragen:
- Wer ist als **Arbeitgeber** zum LSt.-Abzug verpflichtet?
- Wer ist **Arbeitnehmer** im steuerrechtlichen Sinn?

↓

Was gehört zum steuerpflichtigen Arbeitslohn?
- "Laufender Arbeitslohn" (Bar- und Sachbezug)
- "Sonstige Bezüge" (Bar- und Sachbezug)

↓

Ermittlung der Lohnsteuer

↓

Lohnsteuerkarte
muß vom Arbeitnehmer dem Arbeitgeber vorgelegt werden.

Keine Lohnsteuerkarte:
- schuldhaft oder unverschuldet?
- Ersatzbescheinigung vorhanden?

Pauschalierung der Lohnsteuer
- Aushilfskräfte
- Teilzeitkräfte

↓

Lohnsteuerabzug
- nach den Merkmalen der **Lohnsteuerkarte*)**
  (Steuerklasse, Kinderfreibeträge, Konfessionszugehörigkeit)
- mit Hilfe der **Lohnsteuertabellen:**
  ○ laufender Arbeitslohn nach der Tages-, Wochen- oder Monatstabelle (abhängig von der Zahlungsweise)
  ○ sonstige Bezüge über 300 DM nach der Jahreslohnsteuertabelle

*)Bei schuldhaft nicht vorgelegter Lohnsteuerkarte: Abzug nach der höchsten Steuerklasse VI

Pauschaler Steuersatz:
- Aushilfskräfte 25%
- Teilzeitkräfte 15%

↓

Seit 01.01.1993: **Zusatztabellen** für niedrige Einkommen
Ab 01.01.1995: **Solidaritätszuschlag** iHv. 7,5% der Lohnsteuer

↓

Aufzeichnungen im Lohnkonto

↓

Anmeldung und Abführung der Lohnsteuer an das Betriebsstättenfinanzamt

↓

Lohnsteuerbescheinigung
- beim Ausscheiden des Arbeitnehmers
- spätestens am Jahresende

← - - - *ggf.* **Lohnsteuerjahresausgleich** durch den Arbeitgeber

Lohnsteuerrecht

I. Lohnsteuer und Einkommensteuer

8001

Die "Lohnsteuer" ist entgegen ihrem Wortlaut **keine selbständige Steuerart** wie die Einkommensteuer, die Umsatzsteuer, die Gewerbesteuer u.s.w. Sie ist vielmehr eine **besondere Erhebungsform der Einkommensteuer**. Als "Lohnsteuer" wird die Einkommensteuer bezeichnet, die bei "Einkünften aus nichtselbständiger Arbeit" durch den Abzug vom Arbeitslohn erhoben, also unmittelbar vom Arbeitgeber einbehalten und an das zuständige Finanzamt abgeführt wird. Die "Einkünfte aus nichtselbständiger Arbeit" sind dabei nur eine der insgesamt 7 Einkunftsarten, die der Einkommensteuer unterfallen. Zu den weiteren Einkunftsarten gehören bspw. die "Einkünfte aus selbständiger Arbeit", die "Einkünfte aus Gewerbebetrieb" und die "Einkünfte aus Kapitalvermögen".

II. Rechtsgrundlagen der Lohnsteuer

8002

Da es sich bei der "Lohnsteuer" nur um einen Unterfall der Einkommensteuer **(Einkommensteuerabzug vom Arbeitslohn = Lohnsteuer)** handelt, gibt es auch kein eigenes Lohnsteuergesetz, sondern diese wird auf der Grundlage des **Einkommensteuergesetzes (EStG i.d. Fassung v. 7.9.1990, BGBl. I S. 1899** mit späteren Änderungen), genauer § 2 Abs. 1 Nr. 4 i.V.m. § 38 Abs. 1 Satz 1 EStG, erhoben. Zum Einkommensteuergesetz ist die Lohnsteuer-Durchfüh- rungsverordnung (LStDV) ergangen, in der weitere Einzelheiten des Lohnsteuerabzugs geregelt sind. Wichtige ergänzende Bestimmungen, insbesondere für das Rechtsbehelfsverfahren (s. hierzu Rz. 8166 f.) und die Außenprüfung durch das Finanzamt (Rz. 8150 f.) enthält die **Abgabenordnung (AO)**. Schließlich sind zur Klärung von Zweifels- und Auslegungsfragen sowie zur Sicherstellung einer gleichmäßigen Besteuerung aller Arbeitnehmer zahlreiche **Verwaltungserlasse** der obersten Finanzbehörden und der Länder ergangen, die in den **Lohnsteuerrichtlinien (LStR)** in der Fassung vom 07. Oktober 1993 ihren Niederschlag gefunden haben.

Die LStR behandeln überwiegend Zweifels- und Auslegungsfragen, die sich bei der Anwendung des Einkommensteuerrechts im Bereich der Lohnbesteuerung ergeben können. Sie geben außerdem zur **Verwaltungsvereinfachung** und zur Vermeidung von Härtefällen den Finanzämtern Anweisungen, wie in bestimmten Fällen zu verfahren ist. Im Gegensatz zum EStG, der LStDV und der AO binden die LStR demzufolge nur die **Finanzbehörden**, **nicht** die **Finanzgerichte** (in der Praxis sehen allerdings auch die Finanzgerichte die Richtlinien häufig als entscheidungsverbindlich an).

III. Aufgaben des Arbeitgebers

8003

Der **Arbeitnehmer** ist der **eigentliche Schuldner der Lohnsteuer**, denn sein Arbeitslohn wird der Besteuerung unterworfen. Allerdings hat der Gesetzgeber dem **Arbeitgeber** die Pflicht auferlegt, die **Lohnsteuer für Rechnung des Arbeitnehmers** bei jeder Lohnzahlung vom Arbeitslohn **einzubehalten** und an das zuständige Finanzamt abzuführen.

Dem Arbeitgeber werden hier Aufgaben übertragen, die bei den sonstigen Steuererhebungen weitgehend vom Finanzamt selbst wahrgenommen werden. Der **Arbeitgeber haftet** andererseits **ohne** Rücksicht auf sein **Verschulden** für die ordnungsgemäße Abführung der Lohnsteuer (vgl. Einzelheiten Rz. 8162 f.). Das bedeutet, daß das Finanzamt bei Unregelmäßigkeiten auch von ihm ganz oder zum Teil die Lohnsteuerschuld des Arbeitnehmers einfordern kann.

Der Arbeitgeber muß u.a. prüfen

- ob die von ihm beschäftigten Personen Arbeitnehmer im steuerrechtlichen Sinn sind

- ob bestimmte Zuwendungen an die Arbeitnehmer zum Arbeitslohn oder zu den nicht steuerbaren Leistungen gehören

- wie hoch die auf den Arbeitslohn entfallende Lohnsteuer ist

- zu welchem Zeitpunkt die Lohnsteuer anzumelden und abzuführen ist.

All diese genannten Pflichten sind vom Arbeitgeber **unentgeltlich** zu erbringen. Verfassungsmäßige Bedenken gegen diese Inanspruchnahme hat die Rechtsprechung zurückgewiesen (*BFH 05.07.1963, BStBl. III, 468*).

48. Kapitel: Vorab zu klärende Fragen und Begriffe

I.	Wer ist als Arbeitgeber zum Lohnsteuerabzug verpflichtet?	8004
II.	Wer ist Arbeitnehmer im Steuerrecht?	8005
	1. Definition des Arbeitnehmerbegriffs im Steuerrecht	8005
	2. Arbeitnehmerbegriff außerhalb des Steuerrechts	8006
	3. "Arbeitsverhältnis" als Voraussetzung der Arbeitnehmereigenschaft	8007
III.	In welchen Fällen kann der Arbeitnehmerbegriff Probleme bereiten?	8010
	1. Arbeitnehmerüberlassung	8010
	2. Ausbildungsverhältnis	8011
	3. Aushilfskräfte, Gelegenheitsarbeiter	8012
	4. Familienangehörige	8013
	5. Freie Mitarbeiter	8014
	6. Vertreter	8015
IV.	Unterliegen alle Arbeitnehmer uneingeschränkt der Lohnsteuer?	8016
V.	Welche Finanzämter sind zuständig?	8017
	1. Betriebsstättenfinanzamt des Arbeitgebers	8017
	2. Wohnsitzfinanzamt des Arbeitnehmers	8018

I. Wer ist als Arbeitgeber zum Lohnsteuerabzug verpflichtet?

8004

Der Begriff des Arbeitgebers ist weder im Einkommensteuergesetz noch in der Lohnsteuerdurchführungsverordnung definiert. Er ergibt sich letztlich aus der Umkehr des Arbeitnehmerbegriffs. Als Arbeitgeber zum Lohnsteuerabzug verpflichtet ist danach, wer aufgrund eines Arbeitsvertrages Anspruch auf die Arbeitskraft eines Arbeitnehmers hat und berechtigt ist, diesem Weisungen zu erteilen. Arbeitgeber können sowohl natürliche als auch juristische Personen sein.

Beispiel:

- *natürliche Person*
    - Freiberufler (bspw. Arzt, Rechtsanwalt, Steuerberater),
    - Gewerbetreibende (Selbständiger Malermeister, Kraftfahrzeugmeister, Bäcker etc.)

- *juristische Person des privaten Rechts*
  - AG, GmbH, eingetragener Verein (e.V.)
- *juristische Person des öffentlichen Rechts*
  - Bund, Land, Gemeinde, Kirche etc.
- *nicht- bzw. teilrechtsfähige Personengesellschaft*
  - OHG, KG, Gesellschaft Bürgerlichen Rechts u.s.w.

Eine natürliche Person kann **sowohl selbständig als auch unselbständig** tätig sein. Demnach kann sie sowohl Arbeitgeber als auch Arbeitnehmer sein, sofern dies verschiedene Tätigkeitsbereiche betrifft.

Beispiel:
Der bei einer Bank in leitender Position angestellte Arbeitnehmer beschäftigt für seinen Privathaushalt eine Haushaltshilfe. Hier bekleidet der Arbeitnehmer in Bezug auf die Hausangestellte eine Arbeitgeberfunktion.

Für die Frage, wer Arbeitgeber eines Arbeitnehmers ist, ist **allein entscheidend**, wem der Arbeitnehmer seine **Arbeitsleistung schuldet**. Davon zu trennen ist die Frage, wer dem Arbeitnehmer den Lohn ausbezahlt. Lohnzahlender und Arbeitgeber können durchaus verschiedene Personen sein.

Beispiel:
Der geschiedene Ehemann hat sich verpflichtet, seiner vormaligen Ehefrau, die nach der Scheidung wieder berufstätig ist, eine Haushaltshilfe zu bezahlen. Die Hausangestellte wird von der geschiedenen Ehefrau eingestellt. Der Einfachheit halber überweist der Ex-Ehemann den vereinbarten Arbeitslohn an die Hausangestellte direkt und führt die einbehaltene Lohnsteuer an das zuständige Finanzamt ab.
Obwohl der Ex-Ehemann den Arbeitslohn zahlt und die Lohnsteuer an das Finanzamt abführt, ist nicht er, sondern seine geschiedene Frau die Arbeitgeberin der Hausangestellten, da diese ausschließlich ihr die vertraglich vereinbarte Arbeitsleistung schuldet.

II. Wer ist Arbeitnehmer im Steuerrecht?

1. Definition des Arbeitnehmerbegriffs im Steuerrecht

8005

Eine Definition des Arbeitnehmerbegriffs im (lohn-)steuerrechtlichen Sinne findet sich in § 1 LStDV.
Danach sind für den Begriff des Arbeitnehmers **folgende Kriterien entscheidend**:

- Natürliche Person
  Im Gegensatz zur Arbeitgebereigenschaft können juristische Personen keine Arbeitnehmerstellung bekleiden.

Vorab zu klärende Fragen und Begriffe

Beispiel:
*Eine Gebäudereinigungs-GmbH verpflichtet sich, ein Bürogebäude zu reinigen. Hier ist die GmbH nicht etwa Arbeitnehmerin des Auftraggebers, denn als juristische Person kann diese im Gegensatz zur natürlichen **keine persönliche Arbeitsleistung**, die von den Weisungen eines anderen abhängig ist, erbringen.*

- Arbeitsverhältnis (s. dazu Rz. 8007)
- Bezug von Arbeitslohn

    o aufgrund eines **bestehenden Arbeitsverhältnisses**

    Beispiel:
    Lagerarbeiter in der Industrie;
    Kaufmännischer Angestellter in einer Spedition u.s.w.

    o oder aufgrund eines bereits **beendeten Arbeitsverhältnisses**

    Beispiel:
    Der Arbeitnehmer erhält nach seinem Ausscheiden aus dem Unternehmen eine Betriebsrente.

    o oder **durch den Rechtsnachfolger eines Arbeitnehmers**

    Beispiel:
    Nach dem Tod des Arbeitnehmers geht im Wege der gesetzlichen Erbfolge die Betriebsrente auf die Witwe über.
    In diesem Fall wird die Witwe als Rechtsnachfolger Arbeitnehmer im steuerrechtlichen Sinne. Sie muß nun die Lohnsteuer von der erhaltenen Betriebsrente zahlen.

2. Arbeitnehmerbegriff außerhalb des Steuerrechts

8006

Obwohl oftmals ein Beschäftigter, der im (lohn-)steuerrechtlichen Sinne als Arbeitnehmer anzusehen ist, auch im arbeits- oder sozialrechtlichen Sinne eine Arbeitnehmerstellung einnimmt, muß dies nicht zwingend der Fall sein. Unterschiede ergeben sich hier aus den abweichenden Regelungszwecken der einzelnen Rechtsgebiete (vgl. dazu Rz. 1501 und Rz. 5202).
Grundsätzlich gilt daher, daß es für die Beurteilung der Frage, ob lohnsteuerrechtlich eine Arbeitnehmereigenschaft vorliegt, es **nicht** auf die **arbeits- oder sozialrechtliche Betrachtung** ankommt.

Lohnsteuerrecht

Beispiel:
(1) Das Vorstandsmitglied einer AG oder der Geschäftsführer einer GmbH muß zwar als Arbeitnehmer Lohnsteuer zahlen, aber keine Sozialabgaben entrichten, da eine Arbeitnehmereigenschaft im sozialrechtlichen Sinne nicht vorliegt.

(2) Arbeitsrechtlich ist die Witwe eines Arbeitnehmers keine Arbeitnehmerin. Sie kann es aber lohnsteuerrechtlich sein, wenn sie aufgrund des Arbeitsverhältnisses des verstorbenen Arbeitnehmers als dessen Rechtsnachfolger Arbeitslohn bezieht, bspw. in Form einer Betriebsrente.

3. "Arbeitsverhältnis" als Voraussetzung der Arbeitnehmereigenschaft

8007
Das **Vorliegen eines Arbeitsverhältnisses** ist das entscheidende Merkmal für die Bestimmung der Arbeitnehmereigenschaft eines Beschäftigten.

Nicht notwendig ist dafür das Vorliegen eines schriftlichen Arbeitsvertrages. Soweit nicht ausnahmsweise zwingende gesetzliche Vorschriften entgegenstehen (dies können auch tarifvertragliche Regelungen mit Gesetzeswirkung sein), kann ein Arbeitsvertrag auch mündlich wirksam geschlossen werden.

Ein Arbeitsverhältnis liegt immer dann vor, wenn der Beschäftigte (=Arbeitnehmer) dem Arbeitgeber seine Arbeitskraft schuldet und von diesem wegen seiner **Weisungsgebundenheit persönlich abhängig** ist. Abzugrenzen ist ein Arbeitsverhältnis und damit die Arbeitnehmereigenschaft von der **selbständigen Tätigkeit**.

Beispiel:
*Übernimmt ein Malermeister die Renovierung von Büroräumen, ist er selbstverständlich an die Weisungen des Unternehmers als Auftraggeber hinsichtlich Farbgestaltung, Umfang der vorzunehmenden Arbeiten, Fertigstellungstermin etc. gebunden. Er ist aber nicht persönlich abhängig von seinem Auftraggeber. In Bezug auf die **Art und Weise der Durchführung** der Arbeiten, hinsichtlich des **Personaleinsatzes** etc. ist er **in seiner Entscheidung frei**. Er schuldet regelmäßig nicht seine persönliche Arbeitskraft, muß also nicht zu einer bestimmten Zeit an einem vom Arbeitgeber bestimmten Ort sein. Andererseits reicht die bloße Anwesenheit und das Bemühen um eine ordnungsgemäße Arbeitsleistung nicht aus, sondern geschuldet wird ein **konkreter Arbeitserfolg**, nämlich die Fertigstellung der Räume entsprechend den getroffenen Absprachen.*

Ob ein Arbeitsverhältnis oder eine selbständige Tätigkeit des Beschäftigten vorliegt, läßt sich nicht immer so eindeutig bestimmen. Die Finanzgerichte und die Finanzverwaltungen haben einen Katalog von Merkmalen aufgestellt, die entweder kennzeichnend für ein Arbeitsverhältnis oder für eine selbständige Tätigkeit sein sollen (ein Teil dieser kennzeichnenden Merkmale klingt bereits im obigen Beispiel an). Je nach dem, ob im Einzelfall ein Übergewicht auf der einen

Vorab zu klärende Fragen und Begriffe

oder anderen Seite festzustellen ist, wird sodann ein Arbeitsverhältnis und damit die Arbeitnehmereigenschaft bejaht oder verneint.

8008

Kennzeichnend für ein **Arbeitsverhältnis** und die **Arbeitnehmereigenschaft** sind demnach u.a.:

- persönliche Abhängigkeit des Beschäftigten
- Eingliederung in den geschäftlichen Bereich des Arbeitgebers
- Weisungsgebundenheit hinsichtlich Zeit, Ort und Art der Tätigkeit
- Festgehalt
- soziale Absicherung (Entgeltfortzahlung im Krankheitsfall, Urlaubsanspruch etc.)

Merkmale einer **selbständigen Tätigkeit** sind bspw.:

- Unternehmerrisiko
- freie Arbeitsgestaltung
- keine Pflicht zur persönlichen Leistungserbringung
- erfolgsabhängige Entlohnung (bspw. Provision)
- Tätigkeit für mehrere Auftraggeber

Entscheidend für die Arbeitnehmereigenschaft einer Person ist nun allerdings nicht die zahlenmäßige Gegenüberstellung der Einzelmerkmale die für bzw. gegen eine selbständige Tätigkeit sprechen. Die Rechtsprechung und die Verwaltung gehen vielmehr von einer **Gesamtabwägung aller Umstände im Einzelfall** aus.
Der Wille des Arbeitgebers, bei Vertragsschluß mit der Person kein Arbeitsverhältnis begründen zu wollen, spielt in diesem Zusammenhang keine Rolle.

Wegen der dem Arbeitgeber im Lohnsteuerverfahren auferlegten Pflichten ist die zutreffende Entscheidung der Frage, ob ein Beschäftigter selbständig tätig wird oder als Arbeitnehmer anzusehen ist, von erheblicher Bedeutung.

In der Praxis birgt die geschilderte Gesamtabwägung aller Umstände allerdings ein nicht unerhebliches Risiko der Fehleinschätzung. Um insbesondere haftungsrechtlichen Nachteilen zu entgehen, die dann entstehen können, wenn fälschlicherweise ein Lohnsteuerabzug nicht vorgenommen wurde, **empfiehlt sich folgendes Vorgehen:**

Lohnsteuerrecht

8009

- Der Begriff des Arbeitsverhältnisses ist weit. Insbesondere ist er nicht vom **Umfang der ausgeübten Tätigkeit** und auch nicht davon, ob die Tätigkeit **haupt- oder nebenberuflich** ausgeübt wird, abhängig.
Auch die Aushilfskraft, die nur wenige Stunden in der Woche tätig wird, ist bei Vorliegen der weiteren Merkmale Arbeitnehmer.
Ist ein Beschäftigter **weisungsgebunden**, schuldet er nicht einen bestimmten Arbeitserfolg sondern seine **Arbeitskraft** und ist er unmittelbar in den **Betriebsablauf** des Arbeitgebers **eingegliedert**, ist für den **Regelfall** von einem **Arbeitsverhältnis** mit den sich daraus ergebenden Pflichten für den Arbeitgeber auszugehen.
Behält der Arbeitgeber die Lohnsteuer ein und führt diese an das zuständige Finanzamt ab, bleibt es allein dem Arbeitnehmer überlassen, gegebenenfalls beim Finanzamt die Erstattung zu beantragen und gegen einen ablehnenden Bescheid den Rechtsweg zu beschreiten.

- Häufige Problemfälle in der Praxis stellen die **Vertreter** sowie die sog. "**freien Mitarbeiter**" dar (vgl. Rz. 8010). Darauf hinzuweisen ist, daß es im Streitfall darauf ankommt, wie sich die **tatsächlichen Gegebenheiten** darstellen. Auch wenn die Parteien bspw. nur ein freies Mitarbeiterverhältnis vereinbaren wollten, die tatsächlichen Umstände aber die Merkmale einer persönlichen Abhängigkeit des Beschäftigten aufweisen, liegt ein Arbeitsverhältnis vor. Gleiches gilt für die Frage, ob ein selbständiges oder abhängiges Vertreterverhältnis vorliegt.
Soll hier ein Lohnsteuerabzug nicht erfolgen, kann wegen des **Haftungsrisikos** nur dringend geraten werden, zuvor eine **Lohnsteueranrufungsauskunft** (s. hierzu im einzelnen Rz. 8137) einzuholen.

III. In welchen Fällen kann der Arbeitnehmerbegriff Probleme bereiten?

1. Arbeitnehmerüberlassung

8010

Von Arbeitnehmerüberlassung oder von einem Leiharbeitsverhältnis wird bei einem Rechtsverhältnis gesprochen, bei dem ein selbständiger Unternehmer (Verleiher) einen Arbeitnehmer, mit dem er einen Arbeitsvertrag geschlossen hat, vorübergehend an einen anderen Unternehmer (Entleiher) "ausleiht". Die gewerbsmäßige Überlassung ist durch das Arbeitnehmerüberlassungsgesetz (AÜG) zum Teil geregelt. Die nichtgewerbsmäßige Arbeitnehmerüberlassung, also z.B. das gelegentliche "Ausleihen" von Arbeitnehmern zwischen Betrieben zur Deckung eines kurzfristigen Personalmehrbedarfs oder das Überlassen von Arbeitnehmern zwischen Betrieben, die wirtschaftlich unter einer Leitung stehen, ist nicht gesetzlich geregelt (Einzelheiten vgl. Rz. 3500 ff.).

Vorab zu klärende Fragen und Begriffe

Arbeitnehmer, die von ihrem Arbeitgeber zur Arbeitsleistung an andere Unternehmen ausgeliehen werden (gewerbsmäßig oder gelegentlich), stehen auch während der Arbeitsausübung bei dem **fremden Unternehmen** in einem Arbeitsverhältnis zu dem entsendenden Arbeitgeber. Dies gilt auch dann, wenn diese Arbeitnehmer aufgrund vertraglicher Vereinbarung den Weisungen des fremden Unternehmers zu folgen verpflichtet sind und in dessen Betrieb eingegliedert sind oder wenn gar das Unternehmen, bei dem der Arbeitnehmer tätig wird, die Entlohnung im Auftrag oder in Vertretung des die Arbeitnehmer zur Verfügung stellenden Unternehmers vornimmt.

Bei der Arbeitnehmerüberlassung ist daher steuerrechtlich der **Verleiher Arbeitgeber der Leiharbeitnehmer**. Dies gilt auch bei einer gewerbsmäßigen, unerlaubten Arbeitnehmerüberlassung. Zwar gilt nach § 10 Abs. 1 AÜG bei einer unerlaubten gewerbsmäßigen Arbeitnehmerüberlassung ein Arbeitsverhältnis zwischen Entleiher und Leiharbeitnehmer als zustandegekommen, doch ist diese **Fiktion des Arbeitnehmerüberlassungsgesetzes steuerrechtlich nicht maßgebend.**

Allerdings **haftet** unter bestimmten Voraussetzungen auch der Entleiher neben dem Verleiher für die vom Verleiher nicht abgeführte Lohnsteuer nach § 42d Abs. 6 EStG (s. hierzu Rz. 8167).

2. Ausbildungsverhältnis

8011

Die Ausbildung eines Auszubildenden erfolgt im Rahmen eines **Arbeitsverhältnisses i.S.d. Lohnsteuerrechts**. Die Ausbildungsvergütung ist steuerpflichtiger Arbeitslohn mit den für den Arbeitgeber im Lohnsteuerabzugsverfahren zu erbringenden Verpflichtungen.

3. Aushilfskräfte, Gelegenheitsarbeiter

8012

Aushilfskräfte bzw. Gelegenheitsarbeiter, die in einem Unternehmen vorübergehend als Ersatz oder zur Verstärkung des Stammpersonals eingesetzt werden, sind für die Dauer ihrer Tätigkeit in den Betrieb eingegliedert und weisungsgebunden. Sie sind daher **steuerlich als Arbeitnehmer** zu behandeln, und zwar **unabhängig vom Umfang ihrer Tätigkeit**; im Einzelfall also auch dann, wenn die Tätigkeit nur stundenweise, beispielsweise zwecks Entladung eines Lkw oder Containers, ausgeübt wird (*BFH 18.01.1974, BStBl. II, S. 301*).

Für den Lohnsteuerabzug gelten zunächst keine Besonderheiten, auch wenn unter Umständen die gesamte einbehaltene Lohnsteuer nach einer vom Arbeitnehmer gem. § 46 Nr. 8 EStG beantragten Veranlagung zur Einkommensteuer (bis zum Inkrafttren des Steueränderungsgesetzes 1992: **Antrag auf Lohnsteuerjahresausgleich**, vgl. zur Änderung Rz. 8126 f.) zu erstatten ist.

Lohnsteuerrecht

Häufig liegen hier allerdings die Voraussetzungen für eine **"Pauschalierung der Lohnsteuer"** vor (s. dazu Rz. 8078).

Ein Arbeitsverhältnis über eine Aushilfstätigkeit kann grundsätzlich **nicht** neben einem "normalen" Beschäftigungsverhältnis bei **demselben Arbeitgeber** begründet werden. Dies gilt auch dann, wenn es sich um unterschiedliche Tätigkeiten handelt. Etwas anderes gilt ausnahmsweise nur dann, wenn ein Arbeitnehmer mit Vorruhestandsbezügen oder einer Werkspension weiter für seinen bisherigen Arbeitgeber tätig bleibt (*BFH 27.07.1990, BStBl. II, S. 931*, vgl. Rz. 8081).

4. Familienangehörige

8013
Auch Familienangehörige können Arbeitnehmer sein. Dies setzt allerdings voraus, daß ein Familienmitglied (insbesondere Ehefrau, Ehemann, Kind) im Geschäftsbetrieb oder Haushalt eines anderen Mitglieds **nicht nur gelegentlich** sondern über die **rein familiäre Verpflichtung** hinaus im Rahmen eines Arbeitsverhältnisses tätig wird.

Beispiel:
Die Ehefrau eines Tankstellenpächters ist als Kassiererin im Tankstellenbetrieb angestellt.

Der Vorteil einer solchen Vertragsgestaltung liegt darin, daß die an den mitarbeitenden Ehegatten gezahlte Vergütung für diesen Arbeitslohn und für den Arbeitgeber-Ehegatten eine den **Gewinn mindernde Betriebsausgabe** darstellt. Wegen der hier naturgemäß hohen Mißbrauchsgefahr durch die Vereinbarung von sog. **"Scheinarbeitsverhältnissen"**, wird ein **Ehegatten-Arbeitsverhältnis** steuerrechtlich nur unter besonders strengen Voraussetzungen anerkannt, die im einzelnen in Abschn. 69 LStR festgelegt sind. Danach gilt:

- Das Arbeitsverhältnis muß **ernsthaft vereinbart** sein und auch **tatsächlich durchgeführt** werden.

Ein schriftlicher Arbeitsvertrag als Beleg für die Ernsthaftigkeit des Arbeitsverhältnisses ist hier zwingend erforderlich.

- Die **vertragliche Gestaltung** muß auch **unter Dritten üblich** sein.
  Dies bedeutet insbesondere, daß der Arbeitslohn des mitarbeitenden Ehegatten nicht den Betrag übersteigen darf, den ein fremder Arbeitnehmer für eine gleichartige Tätigkeit erhalten würde. Insbesondere können Heirats- und Geburtsbeihilfen, Unterstützungen, Aufwendungen für die Zukunftssicherung und ähnliche Zuwendungen an den Arbeitnehmer-Ehegatten nur insoweit berücksichtigt und als Betriebsausgaben beim Arbeitgeber-Ehegatten abgezogen werden, wie die Zuwendungen **in dem Betrieb des Unternehmens üblich**

sind. So kann beispielsweise Weihnachtsgeld nur dann als Arbeitslohn behandelt werden, soweit dieses auch **familienfremden Arbeitnehmern** des Betriebs gezahlt wird.

- Das Arbeitsverhältnis muß **tatsächlich durchgeführt** werden.
Der Arbeitnehmer-Ehegatte muß seine geschuldete Arbeitsleistung **tatsächlich erbringen** und der vereinbarte Arbeitslohn muß in **seinen Verfügungsbereich gelangen**.

Der Arbeitslohn des mitarbeitenden Ehegatten muß auf ein Konto überwiesen werden, das auf **seinen Namen** lautet. Unschädlich ist es allerdings, wenn der Arbeitgeber-Ehegatte unbeschränkte Verfügungsvollmacht für dieses Konto besitzt.
Steuerlich nicht anerkannt wird hingegen, wenn der Arbeitslohn auf ein Konto überwiesen wird, welches auf den **Namen des Arbeitgeber-Ehegatten** lautet, oder wenn der Arbeitslohn auf ein **gemeinsames Konto** der Ehegatten überwiesen wird.

- Schließlich müssen selbstverständlich aus dem Arbeitsverhältnis auch alle weiteren Folgerungen wie **Einbehaltung und Abführung der Lohnsteuer** und ggfs. der **Sozialversicherungsbeiträge** gezogen werden.

Arbeitsverhältnisse mit anderen Familienmitgliedern (bspw. Kindern) sind unter den gleichen Voraussetzungen zulässig.

5. Freie Mitarbeiter

8014

Bei sog. "freien Mitarbeitern" ist aufgrund der allgemeinen Abgrenzungsmerkmale (s. Rz. 8008) zu prüfen, ob eine **nichtselbständige Tätigkeit** und damit ein Arbeitsverhältnis, oder ob eine **selbständige, nicht lohnsteuerpflichtige Tätigkeit** vorliegt. Dem freien Mitarbeiter steht ein Steuererstattungsanspruch zu, falls irrtümlich Lohnsteuer einbehalten worden ist, obwohl eine selbständige Tätigkeit ausgeübt wurde.

6. Vertreter

8015

Vertreter (Handelsvertreter, Reisevertreter, Agenten) können ihre Tätigkeit sowohl **selbständig** als auch innerhalb eines **Arbeitsverhältnisses** ausüben. Auch hier ist die Abgrenzung zum Zweck der lohnsteuerrechtlichen Behandlung nach den allgemeinen Merkmalen zu treffen (s. Rz. 8008).
Hervorzuheben ist hier nochmals, daß es nicht auf die von den Parteien gewählte Bezeichnung des Arbeitsverhältnisses ankommt sondern auf die **tatsächlichen Gegebenheiten**. Bei der Entscheidung der Frage, ob ein Vertreter selbständig

oder unselbständig tätig ist, kommt es im Rahmen einer Gesamtabwägung wesentlich darauf an, inwieweit er ein **nicht nur unerhebliches unternehmerisches Risiko** trägt. Dies ist insbesondere dann der Fall, wenn sich seine Vergütung ganz oder zum überwiegenden Teil nach dem Erfolg seiner Tätigkeit richtet, der Vertreter also fast ausschließlich auf **Provisionsbasis** arbeitet.

Insbesondere in diesem Fall sollte eine Lohnsteueranrufungsauskunft zur Vermeidung eines Haftungsrisikos eingeholt werden (Einzelheiten Rz. 8137).

IV. Unterliegen alle Arbeitnehmer unbeschränkt der Lohnsteuer?

8016

Unbeschränkt steuerpflichtig sind alle Arbeitnehmer, die ihren **Wohnsitz** oder ihren **gewöhnlichen Aufenthalt** (§§ 8, 9 AO) **im Inland (Bundesrepublik Deutschland)** haben. "Unbeschränkt steuerpflichtig" bedeutet, daß das gesamte Einkommen einer Person unabhängig davon, wo es erwirtschaftet wird (also "weltweit") der Einkommensteuer unterworfen wird. Demgegenüber unterliegen alle natürlichen (also nicht die juristischen) Personen, die nicht unbeschränkt steuerpflichtig sind, als sog. "Steuerausländer" einer beschränkten Steuerpflicht. Hier werden nur die Einkünfte zur Einkommensteuer herangezogen, die im Inland erzielt werden. Das im Ausland bezogene Einkommen bleibt außer Betracht. Beschränkt steuerpflichtige Arbeitnehmer erhalten **keine Lohnsteuerkarte** (s. Rz. 8042). Diese müssen sich jedoch gem. § 39 d Abs. 1 EStG die Tatsache der beschränkten Steuerpflicht durch eine **amtliche Bescheinigung des Betriebsstättenfinanzamts** (s. Rz. 8017) bestätigen lassen. Die Bescheinigung tritt an die Stelle der Lohnsteuerkarte und ist vom Arbeitgeber als **Beleg zum Lohnkonto** zu nehmen (vgl. auch Rz. 8077 und 8111).

V. Welche Finanzämter sind zuständig?

1. Betriebsstättenfinanzamt des Arbeitgebers

8017

Im Zusammenhang mit dem Lohnsteuerabzug ist für den Arbeitgeber allein das sog. **"Betriebsstättenfinanzamt"** von Bedeutung. Das Betriebsstättenfinanzamt ist das Finanzamt, in dessen Bezirk sich die jeweilige Betriebsstätte des Arbeitgebers befindet. Die Zuständigkeit des Betriebsstättenfinanzamts bleibt auch in den Fällen erhalten, in denen der Arbeitgeber die Lohnsteuer selbst übernimmt (Pauschalierung) (s. hierzu Rz. 8078).

Der **Begriff der "Betriebsstätte"** ist in § 41 Abs. 2 EStG definiert. Als Betriebsstätte im lohnsteuerrechtlichen Sinn wird danach der Betrieb oder Teil des Betriebs des Arbeitgebers angesehen, in dem der für die Durchführung des Lohnsteuerabzugs maßgebende Arbeitslohn ermittelt wird. Dabei ist unter Ermittlung des für die Durchführung des Lohnsteuerabzugs maßgebenden Arbeitslohns die

Vorab zu klärende Fragen und Begriffe

Zusammenstellung der für den Lohnsteuerabzug relevanten Lohnteile, bei einer maschinellen Lohnabrechnung die Feststellung der für den Lohnsteuerabzug relevanten Eingabewerte zu verstehen.

Für die Ermittlung des maßgebenden Arbeitslohns sind zunächst **Feststellungen tatsächlicher Art** erforderlich. So müssen die Unterlagen, in denen beispielsweise abgeleistete Arbeitszeiten, Überstunden, Zulagen oder Arbeitsausfallzeiten notiert werden, vom zuständigen Sachbearbeiter ausgewertet werden. Sodann müssen die **Besteuerungsmerkmale** eines jeden Arbeitnehmers aus den in den Betriebsstätten zu führenden **Lohnkonten** (s. hierzu Rz. 8103 f.) entnommen werden. Im Falle eines maschinellen Lohnsteuerabzugsverfahrens muß der Arbeitslohn also quasi "computerreif" festgestellt werden. Es kommt **nicht** darauf an, wo die Berechnung der Lohnsteuer letztlich vorgenommen wird und wo die für die Durchführung des Lohnsteuerabzugs maßgebenden Unterlagen (z.B. die Lohnsteuerkarten, die Lohnsteuerbescheinigungen etc.) aufbewahrt werden.

Sämtliche Unterlagen und damit auch die Lohnsteuerkarten müssen allerdings bei einer Lohnsteuer-Außenprüfung (s. hierzu Rz. 8150) in der Betriebsstätte bereitgestellt, notfalls also zu diesem Zweck wieder dorthin verbracht werden.

Verfährt der Arbeitgeber bei bestimmten Arbeitnehmergruppen oder Betriebsteilen **unterschiedlich**, so brauchen nicht alle der selben Betriebsstätte anzugehören. Ein Arbeitgeber kann also **mehrere Betriebsstätten** unterhalten.

Beispiel:
Ein Unternehmen besitzt mehrere Filialen. Der für die Durchführung des Steuerabzugs maßgebende Arbeitslohn der Filialangestellten wird vor Ort ermittelt, der der Filialleiter in der Unternehmenszentrale.
In diesem Fall sind die einzelnen Filialen die Betriebsstätten der Filialangestellten und die Zentrale ist die Betriebsstätte der leitenden Angestellten. Das für den Lohnsteuerabzug zuständige Finanzamt für die leitenden Angestellten ist also das, in dessen Bezirk die Zentrale des Unternehmens liegt. Für den Lohnsteuerabzug der übrigen Arbeitnehmer sind die Finanzämter zuständig, in deren Bezirken die einzelnen Filialen liegen.

2. Wohnsitzfinanzamt des Arbeitnehmers

8018

Vom Betriebsstättenfinanzamt des Arbeitgebers zu unterscheiden ist das sog. **"Wohnsitzfinanzamt"** des Arbeitnehmers. Das Wohnsitzfinanzamt ist beispielsweise zuständig für dessen Antragsveranlagung (früher: Lohnsteuerjahresausgleich, vgl. Rz. 8127). Ebenso ist es zuständig für **Eintragungen auf der Lohnsteuerkarte** (s. hierzu im einzelnen Rz. 8044), z.B. die Eintragung eines Steuerfreibetrages, die Eintragung der Zahl der Kinder, die Zahl der Kinderfreibeträge i.S.v. § 39 Abs. 3a EStG usw. Das Wohnsitzfinanzamt des Arbeitnehmers ist nach § 19 AO das Finanzamt, in dessen Bezirk der Arbeitnehmer zum Zeitpunkt der Antragstellung seine Wohnung hat. Dieses kann auch ein zweiter Wohnsitz sein, wenn sich der Steuerpflichtige dort überwiegend aufhält. Abweichend davon ist bei Ehegatten, die beide Arbeitnehmer sind und einen mehrfachen Wohnsitz haben, das Finanzamt des Familienwohnsitzes zuständig.

Beispiel:
(1) Ein verheirateter Arbeitnehmer, dessen Ehegatte nicht berufstätig ist, wohnt mit seiner Familie in Bielefeld. Er arbeitet in Essen, wo er sich ein Zimmer gemietet hat und kehrt nur am Wochenende zu seiner Familie zurück.
Wohnsitzfinanzamt ist in diesem Fall das Finanzamt Essen, da nicht beide Ehegatten Arbeitnehmer sind und der berufstätige Ehegatte seine Wohnung, von der aus er seiner Beschäftigung regelmäßig nachgeht, nicht in Bielefeld, sondern in Essen unterhält.

(2) Die Ehefrau (s. oben (1)) arbeitet ebenfalls in Essen.
Wohnsitzfinanzamt ist in diesem Fall das Finanzamt Bielefeld, da beide Ehegatten Arbeitnehmer sind und sich der Familienwohnsitz in Bielefeld befindet.

49. Kapitel: Feststellung des zu versteuernden Arbeitslohns

I.	Begriff des Arbeitslohns allgemein	8019
	1. Abgrenzung zwischen Arbeitslohn und nicht steuerbaren Leistungen des Arbeitgebers	8022
	2. Steuerfreier Arbeitslohn	8027
	3. Bewertung von Sachbezügen	8029
	a) Sachbezüge ohne amtlichen Sachbezugswert	8030
	b) Sachbezüge nach der amtlichen Sachbezugsverordnung	8033
	4. ABC des steuerpflichtigen und steuerfreien Arbeitslohns, einschließlich der nicht steuerbaren Bezüge	8035
II.	Zeitpunkt der Besteuerung des Arbeitslohns	8036
	1. Veranlagungszeitraum - Zufluß von Arbeitslohn	8036
	2. Lohnzahlungs- und Lohnabrechnungszeitraum	8036a
	3. Abschlagszahlung	8036b
	4. Sonderfall: Abweichende Lohnzahlungszeiträume	8036c
	5. Rückzahlung von Arbeitslohn durch den Arbeitnehmer	8036d
III.	Vermögenswirksame Leistungen	8037
	1. Begriff der vermögenswirksamen Leistungen	8038
	2. Änderungen im Vermögensbildungsgesetz ab 1994	8038a
	3. Aufzeichnungspflichten des Arbeitgebers	8039
	4. Antrag des Arbeitnehmers auf Arbeitnehmer-Sparzulage	8040
IV.	Was bedeutet "Laufender Arbeitslohn" und "Sonstige Bezüge"?	8041

I. Begriff des Arbeitslohns allgemein

8019

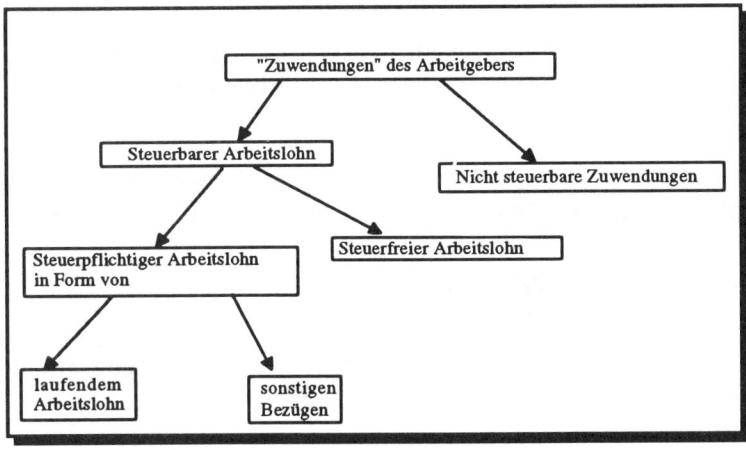

8020

Der Arbeitslohn umfaßt alle Einnahmen, die einem Arbeitnehmer aus einem **bestehenden** oder **früheren Arbeitsverhältnis** zufließen. Dabei ist es unerheblich, unter welcher Bezeichnung oder in welcher Form die Einnahmen gewährt werden. Für den Arbeitslohn sind danach charakteristisch:

- **Zufluß von Einnahmen aus einem bestehenden oder früheren Arbeitsverhältnis**

Beispiel:
Der Arbeitnehmer erhält nach seinem Ausscheiden aus dem Unternehmen eine Betriebsrente.

- **in Geld oder als Sachbezug**

Beispiel:
*Ein Unternehmer überläßt seinen Arbeitnehmern kostenlos Werkswohnungen.
Der Arbeitgeber übernimmt in der Wohnung des Arbeitnehmers die Kosten der Einrichtung eines Telefons sowie einen bestimmten Betrag der monatlich anfallenden Telefonkosten.*

- **als einmalige oder laufende Einnahme**

Beispiel:
Der Arbeitgeber gewährt dem Arbeitnehmer zusätzlich zu seinem vertraglich vereinbarten Lohn wegen guter Arbeitsleistung eine einmalige Prämie von 500 DM.

- **mit oder ohne Rechtsanspruch**

Beispiel:
*Vgl. obiges Beispiel.
Hier hat der Arbeitnehmer nur einen Rechtsanspruch auf das vertraglich vereinbarte Arbeitsentgelt, nicht jedoch auf die freiwillig gewährte Prämie des Arbeitgebers.*
Das gleiche gilt, falls der Arbeitgeber für den Arbeitnehmer oder dessen Angehörige Versicherungsleistungen für den Fall des Unfalls, der Invalidität, des Alters oder des Todes leistet, ohne dazu verpflichtet zu sein.

8021

Unerheblich ist, unter welcher **Bezeichnung** oder in welcher **Form** Arbeitsentgelt gewährt wird. Was alles unter den Begriff des Arbeitslohns fällt, soll beispielhaft die folgende Aufstellung verdeutlichen:

- **Lohn** = Arbeitsentgelt eines Arbeiters (laufender Bezug (vgl. zum Begriff Rz. 8041) mit Rechtsanspruch).

- **Gehalt** = Arbeitsentgelt eines Angestellten (laufender Bezug mit Rechtsanspruch).

Feststellung des zu versteuernden Arbeitslohns

- **Provision** = Prozentsatz vom Wert eines besorgten oder vermittelten Geschäfts, beispielsweise beim Vertreter (laufender oder einmaliger Bezug mit oder ohne Rechtsanspruch).
- **Gratifikation** = Entgelt neben dem eigentlichen Arbeitslohn aus einem besonderen Anlaß, beispielsweise Weihnachts- oder Urlaubsgeld (einmaliger Bezug, mit oder ohne Rechtsanspruch).
- **Tantieme** = Gewinn- oder Umsatzbeteiligung, beispielsweise für leitenden Angestellten (einmaliger Bezug mit oder ohne Rechtsanspruch).
- **Andere Bezüge und Vorteile**, beispielsweise Belegschaftsrabatt oder Überlassung eines Firmen-Kfz zur privaten Nutzung (laufender oder einmaliger Bezug mit oder ohne Rechtsanspruch).
- **Zuschläge** für die Besonderheit der Arbeit, beispielsweise Erschwernis- oder Schmutzzulage (laufender oder einmaliger Bezug mit oder ohne Rechtsanspruch).
- **Besondere Entlohnungen** für Überstunden, Überschichten und Sonntagsarbeit (laufender oder einmaliger Bezug, in der Regel mit Rechtsanspruch).
- Gelder aus einer **betrieblichen Altersversorgung** (also laufender Bezug mit Rechssanspruch).
- **Witwen- und Waisengelder** (laufender Bezug mit Rechtsanspruch).

1. Abgrenzung zwischen Arbeitslohn und nicht steuerbaren Leistungen des Arbeitgebers

8022

Arbeitslohn liegt nur dann vor, wenn das Vermögen des Arbeitnehmers **wirtschaftlich vermehrt** worden ist, d. h. dieser in irgendeiner Form bereichert wurde. Ob eine Bereicherung vorliegt, ist objektiv zu beurteilen und nicht etwa aus der Sicht des Arbeitnehmers.

Beispiel:
Der Arbeitgeber stellt dem Arbeitnehmer eine Werkswohnung zur Verfügung. Bewohnt der Arbeitnehmer diese Wohnung, liegt ein nach objektiven Maßstäben zu beurteilender Vorteil ohne Rücksicht auf die persönlichen Wohnbedürfnisse des Arbeitnehmers vor. Dieser Vorteil besteht in dem Mietwert der bezogenen Wohnung.

Aber nicht alles, was ein Arbeitgeber aufwendet, bedeutet für den Arbeitnehmer eine Bereicherung. In diesen Fällen liegt nicht Arbeitslohn vor, sondern eine **nicht steuerbare Zuwendung**. Hierzu gehören insbesondere **Annehmlichkeiten, Aufmerksamkeiten** und **Schadensersatzleistungen**.

8023

- **Annehmlichkeit**

Beispiel
*Der Arbeitgeber stellt zur Verbesserung der Arbeitsbedingungen Aufenthalts- und Erholungsräume sowie betriebseigene Dusch- und Badeanlagen zur Verfügung.
In diesem Fall macht der Arbeitgeber Aufwendungen, die mit einem Arbeitsverhältnis in Verbindung stehen, gleichwohl nicht den einzelnen Arbeitnehmer in seinem Vermögen wirtschaftlich bereichern. Es handelt sich daher nicht etwa um (anteiligen) Arbeitslohn, sondern um sogenannte **nicht steuerbare Zuwendungen**.*

"Annehmlichkeiten" und damit nicht steuerbare Zuwendungen sind auch die Vorteile "anläßlich" einer **üblichen Betriebsveranstaltung**, weil sie in ganz überwiegend eigenbetrieblichem Interesse des Arbeitgebers zugewendet werden und die Arbeitnehmer die Teilnahme an solchen Veranstaltungen regelmäßig als Aufgabe empfinden. Der Arbeitgeber nimmt hier die Betriebsveranstaltung nicht zum Anlaß, den Arbeitnehmer zusätzlich zu entlohnen, sondern will mit seinen Aufwendungen den Kontakt der Arbeitnehmer untereinander und das Betriebsklima fördern. Betriebsveranstaltungen sind z. B. Betriebsausflüge, Weihnachtsfeiern, Jubiläumsfeiern (s. im einzelnen "ABC" Rz. 8035). Die **Abgrenzung zwischen Annehmlichkeiten und steuerbarer Zuwendung** kann im Einzelfall **schwierig** sein.

8024

- **Gelegenheitsgeschenk**

Nach der früheren Rechtsprechung des Bundesfinanzhofs gehörten einmalige Sachzuwendungen des Arbeitgebers an den Arbeitnehmer, die eine Aufmerksamkeit oder Ehrung sein sollten, als **Gelegenheitsgeschenk** nicht zum Arbeitslohn. Nach der neueren Rechtsprechung sind dagegen auch diese Zuwendungen, unabhängig von Höhe und Anlaß, durch das individuelle Arbeitsverhältnis veranlaßt und gehören **zum steuerbaren und steuerpflichtigen Arbeitslohn**. Nur kleinere Aufmerksamkeiten (Blumen, Pralinen, Buch usw.) bleiben nach Abschn. 73 Abs. 1 LStR von der Besteuerung als geldwerter Vorteil dann ausgenommen, wenn diese dem Arbeitnehmer oder dessen Angehörigen **aus besonderem persönlichen Anlaß zugewendet werden**. Hiernach sind Fälle, in denen der Wert der als Aufmerksamkeit gewährten Sache einen Betrag von 60 DM nicht übersteigt, regelmäßig nicht zu beanstanden.

Jede **Geldzuwendung**, unabhängig von ihrer Höhe, gehört stets zum steuerpflichtigen Arbeitslohn.

Feststellung des zu versteuernden Arbeitslohns

8025

• **Schadensersatzleistung**

Nicht steuerbar und damit steuerfrei sind solche Schadensersatzleistungen, die der Arbeitgeber an den Arbeitnehmer aufgrund einer **unmittelbaren gesetzlichen Verpflichtung** erbringt.

Beispiel:
Der Arbeitgeber beschädigt mit seinem Kraftfahrzeug auf dem Firmengelände das dort abgestellte Fahrzeug des Arbeitnehmers.
Überweist der Arbeitgeber dem Arbeitnehmer zusammen mit dem nächsten Gehalt einen Betrag für den entstandenen Schaden, so liegt insoweit kein Arbeitslohn, sondern eine **nicht steuerbare Zuwendung des Arbeitgebers vor.**

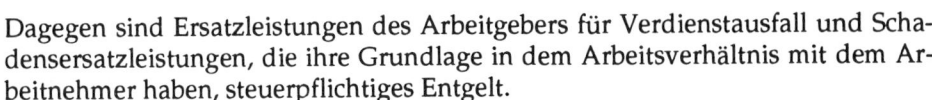

Dagegen sind Ersatzleistungen des Arbeitgebers für Verdienstausfall und Schadensersatzleistungen, die ihre Grundlage in dem Arbeitsverhältnis mit dem Arbeitnehmer haben, steuerpflichtiges Entgelt.

Beispiel:
Der Arbeitgeber hat seine Vertragspflicht aus dem Arbeitsvertrag gegenüber seinem Arbeitnehmer nicht erfüllt und leistet hierfür eine Entschädigung.
Da ein unmittelbarer Zusammenhang mit dem Arbeitsverhältnis besteht, liegt ein ***steuerpflichtiger Arbeitslohn vor.***

8026

• **Auslagenersatz, durchlaufende Gelder**

Nicht zum Arbeitslohn gehören auch solche Beträge, die der Arbeitnehmer vom Arbeitgeber erhält, um sie für **ihn auszugeben (durchlaufende Gelder)** sowie die Beträge, mit denen Auslagen des Arbeitnehmers für den Arbeitgeber ersetzt werden **(Auslagenersatz)**.

Weitere Fälle von nicht steuerbaren Bezügen finden sich unter Punkt "ABC des steuerpflichtigen und steuerfreien Arbeitslohns, einschließlich der nicht steuerbaren Bezüge" (Rz. 8035).

2. Steuerfreier Arbeitslohn

8027

Nach dem bisher Gesagten war zunächst zu prüfen, ob es sich bei dem an den Arbeitnehmer gezahlten Entgelt um **Arbeitslohn** gehandelt hat, **oder** ob eine lohnsteuerlich nicht relevante und daher **"nicht steuerbare Zuwendung"** vorgelegen hat. Steht danach fest, daß es sich bei dem an den Arbeitnehmer gezahlten Entgelt um Arbeitslohn handelt, muß weiter geprüft werden, ob dieser Arbeitslohn **steuerpflichtig** oder **steuerfrei** ist. Regelmäßig unterliegt der an den Arbeitnehmer gezahlte Arbeitslohn natürlich auch der Lohnsteuerpflicht. Aus verschiedenen Gründen hat der Gesetzgeber aber **bestimmte Einnahmen** entweder vollständig oder zum Teil **steuerfrei** gelassen. Den Katalog der steuerfreien Einnahmen enthält § 3 Nr. 1 - 67 EStG. Die in der Praxis wichtigsten Fälle des steuerfreien Arbeitslohns sind ebenfalls im "ABC" Rz. 8035 berücksichtigt.

8028

3. Bewertung von Sachbezügen

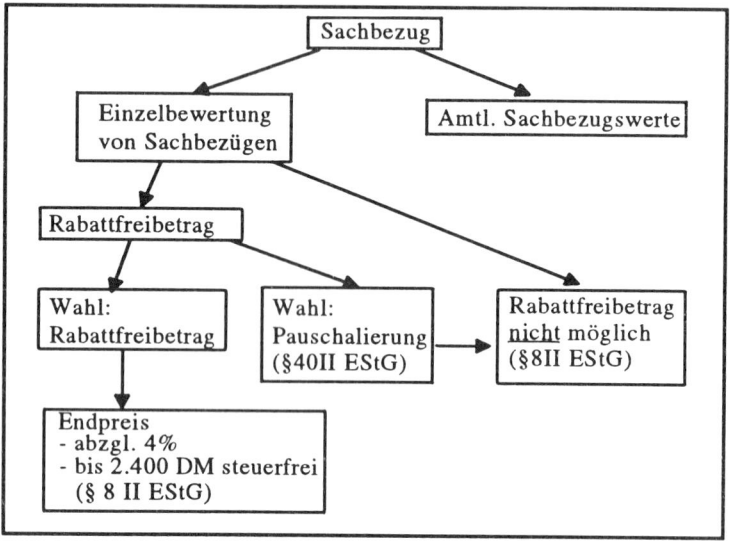

8029
Auch Sachbezüge gehören zum steuerpflichtigen Arbeitslohn eines Arbeitnehmers (vgl. Rz. 8019). Zu den Sachbezügen gehören **alle Zuwendungen des Arbeitgebers**, die **nicht in Währungsgeld**, sondern in der Überlassung oder Gebrauchsüberlassung von **wirtschaftlichen Gütern** bestehen. Insbesondere gehört hierzu der Bezug von

- freier Wohnung
- freier Heizung und Beleuchtung
- freier Kost
- freier Kleidung usw.

Damit diese Sachbezüge überhaupt dem Lohnsteuerabzug unterworfen werden können, müssen diese in **Geldeswert umgerechnet** werden. Hier stellt sich re-

Feststellung des zu versteuernden Arbeitslohns

gelmäßig das Problem, mit welchem **Wert** die Sachbezüge anzusetzen sind. Nach Abschn. 31 der LStR ist der Geldwert eines Sachbezugs entweder durch **Einzelbewertung** zu ermitteln **oder** mit einem **amtlichen Sachbezugswert** anzusetzen. Zu unterscheiden ist also zunächst zwischen Sachbezügen,

- die **einzeln** bewertet werden müssen und
- solchen, die nach der **amtlichen Sachbezugsverordnung** zu bewerten sind.

a) Sachbezüge ohne amtlichen Sachbezugswert

8030

Sachbezüge, für die es **keine** amtlichen Sachbezugswerte gibt (vgl. Rz. 8033), sind mit den **üblichen Endpreisen am Abgabeort** im Zeitpunkt der Abgabe anzusetzen.
Der übliche Endpreis einer Ware oder Dienstleistung ist der Preis, der für diese Ware oder Dienstleistung im **allgemeinen Geschäftsverkehr** nach der Preisangabenverordnung gegenüber Letztverbrauchern angegeben wird. Er schließt die Umsatzsteuer und sonstige Preisbestandteile ein und läßt den Abzug eines Preisnachlasses in der Regel nicht zu. Bietet der Arbeitgeber allerdings die zu bewertende Ware oder Dienstleistung unter vergleichbaren Bedingungen in nicht unerheblichem Umfang fremden Letztverbrauchern zu einem niedrigeren als dem üblichen Endpreis an, ist dieser Endpreis anzusetzen. Maßgebend für die Preisfeststellung ist der Ort, an dem der Arbeitgeber dem Arbeitnehmer den Sachbezug anbietet. Dies ist meistens der **Ort der Arbeitsstätte**.

Beispiel:
Anstelle des Weihnachtsgeldes schenkt ein Arbeitgeber seinem Arbeitnehmer ein Farbfernsehgerät. Das Gerät hat der Arbeitgeber von einem befreundeten Händler zum Preis von 800 DM erworben, dieser wiederum bietet das Gerät seinen Kunden (Endabnehmern) zum Preis von 1.000 DM zum Kauf an. Als lohnsteuerrechtlich relevanter Endpreis ist hier der Einzelhandelspreis in Höhe von 1.000 DM anzusetzen.

8031

Eine **Sonderregelung** gilt für Waren oder Dienstleistungen, die nicht von Dritten, sondern **im Unternehmen des Arbeitgebers hergestellt, vertrieben oder erbracht werden**.

Beispiel:
Ein Automobilunternehmen überläßt einem Arbeitnehmer verbilligt einen Kraftwagen.

Unterfällt der gewährte Sachbezug den genannten Kriterien, so ist **weiter zu differenzieren**:

Lohnsteuerrecht

- entweder sollen die sich aus der verbilligten (oder unentgeltlichen) Abgabe ergebenden Vorteile dem sogenannten **Rabattfreibetrag** in Höhe von 2.400 DM pro Kalenderjahr zugeführt werden oder
- der Bezug dieser Leistungen wird nach § 40 EStG **pauschal versteuert**.

Dies bedeutet umgekehrt, daß der Rabattfreibetrag nur dann in Anspruch genommen werden kann, wenn der Arbeitgeber von der Möglichkeit der Pauschalbesteuerung nach § 40 EStG **keinen Gebrauch macht** (s. zur Pauschalbesteuerung Rz. 8078).

8032
Macht der Arbeitgeber von der Möglichkeit der Pauschalierung **keinen Gebrauch**, so ist die Bewertung der Sachbezüge, die vom Arbeitgeber hergestellt, vertrieben oder erbracht werden, wie folgt vorzunehmen:

- es ist der Endpreis anzusetzen, zu dem der Arbeitgeber oder der dem Abgabeort nächst ansässige Einzelhändler die Waren oder Dienstleistungen fremden Letztverbrauchern im allgemeinen Geschäftsverkehr anbietet.
- dieser Endpreis ist um **4 %** zu kürzen.
- der verbleibende Endpreis ist der Geldwert des Sachbezugs. Dieser Geldwert abzüglich eines unter Umständen gezahlten Entgelts des Arbeitnehmers ist als Arbeitslohn anzusetzen.

Dieser Arbeitslohn ist bis zur Höhe von insgesamt **2.400 DM pro Kalenderjahr** als **Rabattfreibetrag steuerfrei**.

Beispiel:
Der Automobilhersteller im obigen Beispiel überläßt seinem Arbeitnehmer den Kraftwagen zu folgenden Bedingungen:

PKW-Listenpreis:	*30.000 DM*
abzüglich Personalrabatt in Höhe von 20 %:	*6.000 DM*
vom Arbeitnehmer gezahlter Kaufpreis:	*24.000 DM*

Der zu versteuernde Arbeitslohn berechnet sich wie folgt:

Endpreis des PKW für fremden Letztverbraucher:	*30.000 DM*
abzüglich 4 %:	*1.200 DM*
verbleibender Endpreis:	*28.800 DM*
abzüglich Entgelt des Arbeitnehmers:	*24.000 DM*
Arbeitslohn:	*4.800 DM*
abzüglich Rabattfreibetrag:	*2.400 DM*
steuerpflichtiger Arbeitslohn:	*2.400 DM*

Feststellung des zu versteuernden Arbeitslohns

Hinweis:
Der Rabattfreibetrag in Höhe von 2.400 DM gilt pro Arbeitsverhältnis **je Kalenderjahr**. Bekäme der Arbeitnehmer im oben genannten Beispiel noch einen zweiten PKW zu verbilligten Konditionen, so wäre der Rabattfreibetrag **nicht** noch ein zweites Mal zu gewähren, sondern der Betrag von 4.800 DM insgesamt lohnsteuerpflichtiger Arbeitslohn.

b) Sachbezüge nach der amtlichen Sachbezugsverordnung

8033

Beim Bezug von Waren oder Dienstleistungen, deren Wert in der **amtlichen Sachbezugsverordnung** festgelegt ist, kommt es allein auf diesen Wert bzw. das dort festgelegte Berechnungsverfahren an.

In der Sachbezugsverordnung 1995 (*diese lag bei Redaktionsschluß noch als Entwurf vor*) sind amtliche Berechnungswerte bzw. -verfahren u.a. für die Gewährung von **freier Verpflegung** (vgl. ABC Lohnsteuer, "Mahlzeiten", Rz. 8035), **Unterkunft und Wohnung** festgelegt (zur **sozialversicherungsrechtlichen Bewertung** vgl. auch Rz. 5604).

Bei der Gewährung von Sachbezügen mit amtlichem Sachbezugswert ist **wie folgt zu differenzieren**:

- Der in der Sachbezugsverordnung für die zur Vergügung gestellte Ware oder Dienstleistung ausgewiesene Wert ist als **steuerpflichtiger und beitragspflichtiger Wert** anzusetzen, sofern der Arbeitnehmer die Ware bzw. Dienstleistung **unentgeltlich** erhält **und** der **Wert nicht** nach § 40 EStG **pauschal versteuert wird** (bspw. bei Mahlzeiten) **oder** eine solche **pauschale Besteuerung nicht vorgesehen ist**.

- Sofern der Arbeitnehmer einen Anteil zu zahlen hat, **vermindert** sich insoweit der steuer- und beitragspflichtige Wert der Ware oder Dienstleistung.
  Als zu versteuernder Arbeitslohn ist dann der **Unterschiedsbetrag** zwischen dem **vereinbarten Preis** und dem **Wert** anzusetzen, der sich aus den Berechnungsgrundsätzen und -werten der **Sachbezugsverordnung** ergibt (vgl. Beispiel Rz. 8034 am Ende).

8034

Bei der **Gewährung von Wohnraum** unterscheidet die Sachbezugsverordnung zwischen der Gewährung von **freier Unterkunft** und **freier Wohnung**. Dabei setzt eine "Wohnung" eine Einheit von in sich abgeschlossenen Räumen voraus, in denen ein selbständiger Haushalt geführt werden kann. Soweit diese Voraussetzungen nicht vorliegen, handelt es sich um eine **Unterkunft**. Ein "freie Woh-

Lohnsteuerrecht

nung" ist mit dem **ortsüblichen Mietpreis** zu bewerten. Dabei sind allerdings die sich aus der Lage zum Betrieb ergebenden Beeinträchigungen mit zu berücksichtigen. Für Energie, Wasser und sonstige Nebenkosten ist der Endpreis am Abgabeort anzusetzen.

Demgegenüber sind für eine "**freie Unterkunft**" folgende Sachbezugswerte festgeschrieben sind:

Sachbezugswert für freie Unterkunft	monatlich DM	kalendertäglich DM
Alte Bundesländer	315,00	10,50
Neue Bundesländer	180,00	6,00

In dem Wert für freie Unterkunft sind Heizung und Beleuchtung enthalten. Soweit der Arbeitgeber keine Heizung zur Verfügung stellt (bspw. der Arbeitnehmer trägt die Heizkosten selbst), vermindert sich der Wert für die Unterkunft für jeden Kalendermonat um 24 DM.

Die genannten Werte **vermindern** sich auch

- bei Aufnahme des Beschäftigten in den Haushalt des Arbeitgebers oder bei Unterbringung in einer Gemeinschaftunterkunft um **15 %**
- für Jugendliche bis zur Vollendung des 18. Lebensjahres und Auszubildende um **25 %** (sofern diese im Haushalt des Arbeitgebers aufgenommen oder in einer Gemeischaftsunterkunft untergebracht sind um **15%**)
- bei Belegung mit
  - 2 Beschäftigten um **40 %**
  - 3 Beschäftigten um **50 %**
  - mehr als 3 Beschäftigten um **60 %**.

Liegen **mehrere Voraussetzungen** vor, ist der Prozentsatz der weiteren Nummer auf den sich aus der vorhergehenden Berechnung ergebenden Betrag anzuwenden.

Beispiel:
Der Arbeitgeber gewährt dem Arbeitnehmer 1995 in den alten Bundesländern Unterkunft für 100 DM pro Monat.
*Der als **steuerpflichtiger Arbeitslohn monatlich** anzusetzende Sachbezugswert errechnet sich wie folgt:*

amtl. Sachbezugswert für freie Unterkunft	315 DM*)
abzgl. vom Arbeitnehmer gezahltem Entgelt	100 DM
verbleiben als steuerpflichtiger Arbeitslohn pro Monat	<u>215 DM</u>

*) ohne Vorliegen von Kürzungstatbeständen!

Feststellung des zu versteuernden Arbeitslohns

Für die Gewährung von **freier Verpflegung** sieht die Sachbezugsverordnung 1995 erstmals einen **eigenen Wert** (unabhängig von der Gewährung von freier Unterkunft) vor. Unter freier Verpflegung sind die Mahlzeiten **Frühstück, Mittagessen und Abendessen** zu verstehen.

Gesonderte Werte gibt es weiterhin für die unentgeltliche oder verbilligte Überlassung von **Kantinenmahlzeiten** (vgl. ABC Lohnsteuer, "Mahlzeiten", Rz. 8035). Soweit **keine volle Verpflegung** gewährt wird, sind die **anteiligen Werte** (vgl. untere Tabelle) für die einzelnen Mahlzeiten anzusetzen.

Nach der Begründung des Entwurfs zur Sachbezugsverordnung sind Abschläge von den festgesetzten Werten für Mahlzeiten an **Jugendliche und Auszubildende** nicht mehr gerechtfertigt. Um einen übermäßigen Anstieg des Sachbezugswerts zu vermeiden, erfolgt die **Anpassung jedoch schrittweise**. Für Jugendliche bis zur Vollendung des 18. Lebensjahres und Auszubildende vermindert sich daher 1995 noch der amtliche Wert für Verpflegung um 10 %.

Übersicht: Sachbezugswerte für freie Verpflegung

Wert für freie Verpflegung	Monatlich DM	Kalendertäglich DM *(gerundet)*
Arbeitnehmer allgemein	339,00	11,30
Jugendliche u. Azubis	305,10	10,20

Werden vom Arbeitgeber nicht sämtliche Mahlzeiten gewährt, ist für die zur Verfügung gestellten Mahlzeiten der anteilige Sachbezugswert anzusetzen.

Übersicht: Anteilige Sachbezugswerte für freie Verpflegung

Zeitraum	Arbeitnehmer allgemein		Jugendliche u. Azubis	
	Frühstück DM	Mittag- u. Abendessen DM	Frühstück DM	Mittag- u. Abendessen DM
monatlich	75,00	132,00	67,50	118,80
kalendertäglich *(gerundet)*	2,50	4,40	2,30	4,00

4. ABC des steuerpflichtigen und steuerfreien Arbeitslohns, einschließlich der nicht steuerbaren Bezüge

8035

ABC des steuerpflichtigen und steuerfreien Arbeitslohns	
Abfindungen	⇨ *Abfindungen wegen Auflösung eines Arbeitsverhältnisses* sind grundsätzlich **bis zur Höhe von 24.000 DM steuerfrei** (vgl. § 3 Nr. 9 EStG). Sie sind **bis zur Höhe von 30.000 DM steuerfrei**, wenn der Arbeitnehmer das **50. Lebensjahr** vollendet hat und das Arbeitsverhältnis **mindestens 15 Jahre** bestand. Hat der Arbeitnehmer das **55. Lebensjahr** vollendet und bestand das Arbeitsverhältnis **mindestens 20 Jahre**, bleibt die Abfindung **bis zu 36.000 DM** steuerfrei. Der den Freibetrag übersteigende Teilbetrag der Abfindung ist steuerpflichtig. Es kann aber eine **Steuerermäßigung um 50 %** nach den §§ 24, 34 i.V.m. § 39 b Abs. 3 letzter Satz EStG in Betracht kommen (vgl. im einzelnen Rz. 4139 ff.). ⇨ *Abfindungen zur Ablösung einer Direktversicherung (vgl. Rz. 8084) nach § 3 Abs. 1 des Betriebsrentengesetzes* sind **steuerfrei**, soweit sich der Abfindungsanspruch gegen das Versicherungsunternehmen richtet. ⇨ *Abfindungen wegen vorzeitiger Räumung einer Werkswohnung* sind **steuerpflichtig**, soweit sie nicht Kostenersatz für Einbauten, Instandsetzungen usw. sind.
Altersrente	→**Rente**
Annehmlichkeiten	beispielsweise Ausgestaltung des Arbeitsplatzes, die Zurverfügungstellung von betrieblichen Freizeiteinrichtungen durch den Arbeitgeber etc. sind kein steuerbarer Arbeitslohn und damit **steuerfrei** (vgl. auch Rz. 8023).
Antrittsgebühren	im grafischen Gewerbe sind in begrenztem Umfang als Sonntagsarbeitszuschläge (§ 3 b EStG) **steuerfrei**.
Anwesenheitsprämien	die der Arbeitgeber als Belohnung für ein nicht eingetretenes Arbeitsversäumnis zahlt, sind **steuerpflichtiger Arbeitslohn**.

Feststellung des zu versteuernden Arbeitslohns

ABC des steuerpflichtigen und steuerfreien Arbeitslohns	
Arbeitgeberbeiträge	⇨ zur *Sozialversicherung* des Arbeitnehmers sind **steuerfrei**, § 3 Nr. 62 EStG, soweit der Arbeitgeber zur Beitragsleistung **gesetzlich verpflichtet** ist. Bei versicherungspflichtigen Arbeitnehmern ist hiernach regelmäßig die Hälfte des Beitrags an die nach den §§ 168, 173 - 181, 183 und 184 SGB V zuständige Krankenkasse steuerfrei. Zuständige Kassen sind u. a. die Orts-, Betriebs- und auch die Ersatzkassen. ⇨ zur *Insolvenzsicherung* an den Pensions-Sicherungs-Verein auf Gegenseitigkeit sind gem. § 3 Nr. 62 EStG **steuerfrei**. ⇨ für *Direktversicherungen* und Zuwendungen an Pensionskassen, die der Arbeitgeber zusätzlich zum Arbeitsentgelt leistet oder die aus Einmalzahlungen aufgebracht werden, sind **steuerpflichtig**. Nach § 40 b Abs. 1 EStG können diese Arbeitgeberleistungen aber pauschal mit einem Steuersatz von 15% versteuert werden (vgl. Rz. 8084).
Arbeitnehmerbeiträge	zur Sozialversicherung, die der Arbeitnehmer aufgrund **gesetzlicher Verpflichtung** zu leisten hat, sind **steuerpflichtig**, wenn der Arbeitgeber diese Beiträge **übernimmt**. Bei Geringverdienern im Sinne des § 249 SGB V hat der Arbeitgeber die Beiträge allein aufzubringen. Hier fällt ein Arbeitnehmerbeitrag erst gar nicht an, so daß auch die vom Arbeitnehmer sonst aufzubringende Hälfte des Beitrags steuerfrei bleibt.
Arbeitnehmersparzulagen	➔**vermögenswirksame Leistungen**
Arbeitskleidung	gehört, wenn es sich um typische Berufskleidung handelt (beispielsweise Hostessenuniform, Arbeitsschutzkleidung), **nicht zum steuerpflichtigen Arbeitslohn** (§ 3 Nr. 31 EStG, Abschnitt 20 LStR). Gleiches gilt für eine aus betrieblichen Gründen gewährte Barablösung eines Anspruchs auf Gestellung von Arbeitskleidung (s. auch Rz. 8027).

ABC des steuerpflichtigen und steuerfreien Arbeitslohns	
Aufmerksamkeiten	des Arbeitgebers, die im gesellschaftlichen Verkehr üblich sind und zu keiner ins Gewicht fallenden Bereicherung des Arbeitnehmers führen, sind **steuerfrei** (**Sachwert** nicht mehr als **60 DM**, vgl. Rz. 8024). Als Aufmerksamkeit bis zu einem Wert von **60 DM** steuerfrei ist auch die Bewirtung von Arbeitnehmern durch den Arbeitgeber anläßlich und während eines **außergewöhnlichen Arbeitseinsatzes im Betrieb** (bspw. bei Überstunden oder einer betrieblichen Besprechung)
Aufwandsentschädigungen	sind **grundsätzlich steuerpflichtig**. Eine Ausnahme gilt nur für eine nebenberufliche Tätigkeit als Übungsleiter, Ausbilder, Pfleger oder Erzieher bis zur Höhe von 2.400 DM jährlich (§ 3 Nr. 26 EStG)..
Ausbildungsvergütungen	von Auszubildenden sind **steuerpflichtiger** Arbeitslohn.
Auslagenersatz	d. h. die Erstattung von Ausgaben, die der Arbeitnehmer für seinen Arbeitgeber geleistet hat und einzeln nachweisen kann, ist **steuerfrei** (§ 3 Nr. 50 EStG).
Aussperrungsunterstützungen	➔**Streikgelder**.
Barabgeltung	bei Ablösung eines vertraglichen oder tariflichen Anspruchs des Arbeitnehmers auf Gestellung von Arbeitskleidung o. ä. ist **steuerfrei**.
Beihilfen	des Arbeitgebers, die dem Arbeitnehmer bei Krankheits- oder Unglücksfällen gewährt werden, sind bis zu **1.000 DM** pro Kalenderjahr steuerfrei (Abschn. 11 Abs. 2 LStR).
Berufsausbildung	➔**Ausbildungsbeihilfe**.
Bedienungszuschläge	➔**Trinkgelder**.
Berufskleidung	die vom Arbeitgeber gestellt wird, ist kein Arbeitslohn (s. auch Rz. 8027).
Betriebliche Altersversorgung	➔**Renten**.
Betriebsveranstaltungen	Die **üblichen Zuwendungen** bei einer Betriebsveranstaltung (z. B. bei Betriebsausflügen, Jubiläumsfeiern, Weihnachtsfeiern etc.) sind steuerfrei. Als übliche Zuwendung gelten insbesondere

Feststellung des zu versteuernden Arbeitslohns

ABC des steuerpflichtigen und steuerfreien Arbeitslohns	
	die Überlassung von Speisen, Getränken, Tabakwaren und Süßigkeiten, die Übernahme von Fahrtkosten und von Eintrittsgeldern beim Besuch von Museen, Kulturdenkmälern, kulturellen oder sportlichen Veranstaltungen im Rahmen eines Betriebsausflugs sowie die Überreichung von Geschenken ohne bleibenden Wert. Bis zu **200 DM je Teilnehmer** wird die Üblichkeit vom Finanzamt unterstellt (Abschnitt 72 LStR). In diese Freigrenze sind sowohl die Aufwendungen für **Angehörige des Arbeitnehmers** als auch die Aufwendungen für den **äußeren Rahmen** mit einzubeziehen. Demnach sind zunächst die **Gesamtaufwendungen des Arbeitgebers (einschließlich Umsatzsteuer)** durch die Zahl der Teilnehmer zu teilen. Die Zuwendungen sind sodann steuerfrei, wenn der auf den Arbeitnehmer entfallende Durchschnittsbetrag, ggfs. zuzüglich des auf Angehörige entfallenden Durchschnittsbetrags, höchstens 200 DM beträgt. Andernfalls gehört der **Gesamtbetrag** zum steuerpflichtigen Arbeitslohn. **Hinweis:** Eine Betriebsveranstaltung liegt nicht vor, wenn die Veranstaltung nur in der Übergabe von Weihnachtspäckchen besteht oder sich im Besuch einer kulturellen oder sportlichen Veranstaltung erschöpft.
Bewirtung	Nimmt der Arbeitnehmer an einer betrieblich veranlaßten Bewirtung von betriebsfremden Personen (beispielsweise Kunden) des Arbeitgebers teil, liegt **kein steuerpflichtiger Arbeitslohn** vor (Abschn. 70 Abs. 3 Nr. 2 LStR).
Bußgelder	die vom Arbeitgeber übernommen werden, führen zu **steuerpflichtigem** Arbeitslohn.
Darlehen	die der Arbeitgeber dem Arbeitnehmer gewährt, sind **steuerfrei**, soweit es sich nicht um Arbeitslohnvorschüsse für geleistete Arbeit handelt.
Deputate	sind **steuerfrei**, soweit der Rabattfreibetrag von 2.400 DM jährlich nicht überschritten wird (s. auch **Rabatte**)
Dienstwohnung	➔ **Werkswohnung**.

ABC des steuerpflichtigen und steuerfreien Arbeitslohns	
Direktversicherung	➔ **Arbeitgeberbeiträge**.
Doppelte Haushaltsführung	Hat der Arbeitnehmer seinen Hauptwohnsitz nicht am Beschäftigungsort, muß er dort aber berufsbedingt einen Zweitwohnsitz unterhalten (**doppelte Haushaltsführung i.S.v. § 9 Abs. 1 Nr. 5 EStG**), so kann der Arbeitgeber nach § 3 Nr. 16 EStG die damit verbundenen Kosten dem Arbeitnehmer **steuerfrei** ersetzen, soweit sie bei diesem als Werbungskosten anerkannt würden. Die Regelung des § 9 Abs. 1 Nr. 5 EStG setzt grds. das Bestehen eines **Familienhausstandes** am Hauptwohnsitz voraus und ist daher in erster Linie auf **verheiratete Arbeitnehmer** anwendbar. In bestimmten Fällen erkennt der Bundesfinanzhof aber auch bei unverheirateten Arbeitnehmern einen Familienhausstand an. Daneben ist ein steuerfreier Kostenersatz in bestimmtem Umfang bei einer **beschränkten doppelten Haushaltsführung** unabhängig vom Vorliegen eines Familienhausstandes möglich (zu den Voraussetzungen im einzelnen vgl. Abschn. 43 LStR). Als ersatzfähige Kosten kommen in Betracht: - *Fahrtkosten* **Tatsächliche Aufwendungen** für die **erste Fahrt** zum Beschäftigungsort und die **letzte Fahrt** vom Beschäftigungsort zum Ort des eigenen Hausstands. Darüber hinaus die Fahrtkosten für **eine Familienheimfahrt wöchentlich** zuzüglich etwaiger Kfz-Unfallkosten oder anstelle der Kosten einer Familienheimfahrt die Kosten eines Telefongesprächs bis zu einer 15-minütigen Dauer. - *Verpflegungsmehraufwendungen* Für die **ersten 2 Wochen** - bei Arbeitnehmern mit **Einsatzwechseltätigkeit** für die ersten **3 Monate** - mit einem **Pauschbetrag von 46 DM pro Tag**. (Die 3-Monatsfrist gilt bis zum **31.12.1994** nicht für Arbeitnehmer mit Familienhausstand bzw. Wohnung in den alten Bundesländern (einschl. West-Berlins), die eine **Einsatzwechseltätigkeit in den neuen Bundesländern** oder im

Feststellung des zu versteuernden Arbeitslohns

ABC des steuerpflichtigen und steuerfreien Arbeitslohns	
	Ostteil von Berlin ausüben. **Nach Ablauf von 2 Wochen bzw. 3 Monaten** können für Verpflegungskosten **pauschal 16 DM je Tag** steuerfrei ersetzt werden. Dies gilt seit 1993 im Rahmen der **beschränkten doppelten Haushaltsführung** auch für Arbeitnehmer ohne Familienhausstand. - *Unterbringungskosten* Steuerfrei ersatzfähig sind die Aufwendungen für das Mieten einer Wohnung am Beschäftigungsort. Neben dem Mietzins gehören hierzu auch die weiteren Kosten in Zusammenhang mit der Wohnung (bspw. Heizung, Licht, Umzugskosten, notwendiges Mobiliar etc.).
Durchlaufende Gelder	das sind Gelder, die der Arbeitnehmer vom Arbeitgeber erhält, um sie für diesen zu verwenden. Sie sind **steuerfrei** (§ 3 Nr. 50 EStG).
Einmalige Bezüge	beispielsweise 13. Monatsgehalt, Weihnachtszuwendungen, Urlaubsgeld, Urlaubsabgeltungen, Gratifikationen und Tantiemen sind **steuerpflichtig** (vgl. im einzelnen Rz. 8041).
Eintrittskarten	die der Arbeitgeber unentgeltlich oder verbilligt überläßt, sind grundsätzlich **steuerpflichtiger** Arbeitslohn, ausnahmsweise im Zusammenhang mit einer üblichen **Betriebsveranstaltung** steuerfrei.
Erfindervergütungen	die im Zusammenhang mit dem Arbeitsverhältnis gezahlt werden, sind **steuerpflichtig**, wenn es sich dabei um Patente oder gebrauchsmusterschutzfähige Neuerungen handelt.
Erlaß von Forderungen	die der Arbeitgeber gegenüber dem Arbeitnehmer hat, führt zu **steuerpflichtigem** Arbeitslohn.
Erschwerniszuschläge	z. B. Schmutzzulagen, Gefahrenzuschläge, etc. sind **steuerpflichtig**.
Essenszuschüsse	➜**Mahlzeiten**.
Fahrtkostenersatz	für Fahrten des Arbeitnehmers zwischen Wohnung und Arbeitsstätte im eigenen Pkw oder Taxi sind **grundsätzlich steuerpflichtig**. Der Arbeitgeber hat jedoch nach § 40 Abs. 2 Satz 2 EStG die Möglichkeit, den Fahrtkostenersatz mit 15 % **pauschal zu versteuern** (s. hierzu

ABC des steuerpflichtigen und steuerfreien Arbeitslohns	
	Rz. 8078). Die Pauschalbesteuerung ist aber auf die Beträge beschränkt, die der Arbeitnehmer als **Werbungskosten** geltend machen könnte. Dies hat zu Folge, daß bei Fahrten mit dem eigenen Pkw die Arbeitgeberleistung nur bis zu einem Betrag von 0,65 DM pauschal besteuert werden darf. Bei einer **Dienstreise** oder einem **Dienstgang** können als **Reisekosten** die im einzelnen **nachgewiesenen tatsächlichen Fahrtkosten** einschließlich etwaiger Unfallkosten steuerfrei ersetzt werden. **Ohne Einzelnachweis** der tatsächlichen Aufwendungen können **pauschal** steuerfrei ersetzt werden je Fahrtkilometer 0,52 DM bei einem Kfz, 0,23 DM bei einem Motorrad, 0,14 DM bei einem Mofa/Moped und 0,07 DM bei einem Fahrrad. Bei einer **Einsatzwechseltätigkeit** (Abschn. 37 Abs. 6 LStR) ist darüber hinaus der Ersatz der Aufwendungen für die Fahrten zwischen Wohnung und der jeweiligen Einsatzstelle bis zu einer Dauer von 3 Monaten steuerfrei, wenn die Entfernung mehr als 20 km beträgt.(Nähere Einzelheiten s. Abschn. 37 LStR). Zum ➔**Job-Ticket** s. dort
Fehlgeldentschädigungen	(beispielsweise sog. Mankogelder, Zählgelder), die Arbeitnehmer im Kassen- und Zähldienst gezahlt werden, sind bis zu **30 DM monatlich steuerfrei** (Abschnitt 70 Abs. 2 Nr. 11 LStR).
Feiertagsarbeitszuschläge	➔**Zuschläge**
Fernsprechanschluß	Der Arbeitnehmer kann vom Arbeitgeber die Ausgaben für einen Telefonanschluß, die Telefoneinrichtung und für die laufenden Telefongebühren **nur dann in vollem Umfang** als **steuerfreien Auslagenersatz** erstattet bekommen, wenn der Telefonanschluß als **Zweitanschluß** in der Wohnung des Arbeitnehmers eingerichtet worden ist und so gut wie ausschließlich im Interesse des Arbeitgebers benutzt wird. Anderenfalls (Dienstgespräche vom **Privatanschluß** des Arbeitnehmers) muß dieser die betrieblich veranlaßten Gespräche **grds. einzeln aufzeichnen und abrechnen**.

Feststellung des zu versteuernden Arbeitslohns

ABC des steuerpflichtigen und steuerfreien Arbeitslohns	
	Ohne Einzelaufzeichnung kann der Anteil der betrieblich veranlaßten Gesprächsgebühren aus Vereinfachungsgründen wie folgt **geschätzt werden**: **Gesprächsgebühren** - **bis 100 DM/Monat**: 20%; - **mehr als 100 DM**, aber **weniger als 200 DM/ Monat**: 20 DM zzgl. 40% des über 100 DM hinausgehenden Teilbetrags; - **über 200 DM/Monat**: 60 DM zzgl. des über 200 DM hinausgehenden Teilbetrags. Bei einem **Privatanschluß** des Arbeitnehmers ist die steuerfreie Erstattung einer entsprechenden anteiligen Einrichtungs- und Grundgebühr **nicht zulässig**.
Firmenwagen	→**Kraftfahrzeugüberlassung**
Geburtsbeihilfen	anläßlich der Geburt eines Kindes sind bis zur Höhe von **700 DM steuerfrei** (§ 3 Nr. 15 EStG).
Geburtstagsgeschenke	→**Aufmerksamkeiten**
Heiratsbeihilfen	sind bis zu einer Höhe von **700 DM steuerfrei** (§ 3 Nr. 15 EStG).
Incentive-Reisen	die der Arbeitgeber als Prämie für erfolgreiche Verkäufer ausschreibt und kostenlos gewährt, sind als **Sachbezug steuerpflichtig**.
Job-Ticket	Der →**Fahrtkostenersatz** des Arbeitgebers für Fahrten des Arbeitnehmers zwischen Wohnung und Arbeitsstätte ist grds. steuerpflichtiger Arbeitslohn. Leistungen des Arbeitgebers für Fahrten zwischen Wohnung und Arbeitsstätte **mit öffentlichen Verkehrsmitteln im Linienverkehr** ("Job-Ticket") sind jedoch nach § 3 Nr. 34 EStG **steuerfrei.** Dies gilt für die unentgeltliche oder verbilligte Zurverfügungstellung von Fahrtausweisen, Zuschüssen zu den Fahrtkosten und Leistungen Dritter, die mit Rücksicht auf das Arbeitsverhältnis erbracht werden. Voraussetzung für die Steuerfreiheit der Arbeitgeberleistungen ist allerdings, daß es sich um **zusätzliche Leistungen** handelt, die nicht durch Umwandlung des geschuldeten Arbeitslohns finanziert werden.

ABC des steuerpflichtigen und steuerfreien Arbeitslohns
Da der **Erwerb einer Fahrkarte** für die Steuerfreiheit des Arbeitgeberzuschusses ausreichend ist, kommt es nicht darauf an, ob und in welchem Umfang der Arbeitnehmer die Fahrkarte **tatsächlich** nutzt. Benutzt der Arbeitnehmer **sowohl öffentliche als auch individuelle Verkehrsmittel** ("park and ride"), sind die Leistungen steuerfrei, soweit sie die Aufwendungen des Arbeitnehmers für die öffentlichen Verkehrsmittel im Linienverkehr nicht übersteigen. Für die Arbeitstage, an denen das Kfz benutzt wurde, sind trotz des steuerfreien Arbeitgeberzuschusses die Kfz-Kosten in Höhe der gesetzlichen Kilometer-Pauschale (z.Zt. 0,70 DM pro Entfernungskilometer) als Werbungskosten abziehbar. **Nachweis für die Steuerfreiheit/Aufbewahrungspflichten:** Die **Voraussetzung der Steuerfreiheit** ist entweder nachzuweisen ⇨ durch **Vorlage** der vom Arbeitnehmer benutzten **Fahrausweise** und deren **Aufbewahrung** als Beleg zum Lohnkonto (vgl. Rz. 8111) oder ⇨ durch eine **Erklärung des Arbeitnehmers** gegenüber dem Arbeitgeber, daß ihm für Fahrten zwischen Wohnung und Arbeitsstätte mit einem öffentlichen Verkehrsmittel im Linienverkehr Aufwand entstanden ist, der ebenso hoch oder höher ist als der vom Arbeitgeber gewährte Zuschuß. Der **Arbeitnehmer** hat dem Arbeitgeber anzuzeigen, wenn sich diese Voraussetzungen ändern, z.B. indem der Aufwand unter den gewährten Zuschußbetrag sinkt. Die Erklärung ist ebenfalls als Beleg zum Lohnkonto aufzubewahren. Sie kann bis zu einer Änderungsanzeige des Arbeitnehmers dem **Lohnsteuerabzug zugrunde gelegt** werden. (zu weiteren Einzelheiten vgl. Rz. 8103 f.)

Feststellung des zu versteuernden Arbeitslohns

ABC des steuerpflichtigen und steuerfreien Arbeitslohns	
Jubiläumszuwendungen	sind in bestimmtem Umfang steuerfrei (§ 3 LStDV): ⇨ Zuwendung anläßlich eines **Arbeitnehmerjubiläums** 10-jährig bis 600 DM 25-jährig bis 1.200 DM 40-, 50-, oder 60-jährig oder bis zu höchstens 5 Jahre vor einem dieser genannten Zeitpunkte bis 2.400 DM ⇨ Zuwendung anläßlich **eines Geschäftsjubiläums** anläßlich 25-jährigen Bestehens oder eines mehrfachen von 25 Jahren bis zu 1.200 DM. Gem. Abschn. 23 Abs. 5 LStR 1993 gilt dies nunmehr auch für Zuwendungen an **ehemalige Arbeitnehmer und ihre Hinterbliebenen** unabhängig davon, ob diese noch in einem Arbeitsverhältnis stehen oder bei einem anderen Arbeitgeber tätig sind.
Karenzentschädigung	wegen eines Wettbewerbsverbots kann **steuerpflichtig** oder steuerfrei sein (Lohnsteueranrufungsauskunft einholen!) (vgl. Rz. 8137).
Kraftfahrzeugüberlassung	zum privaten Gebrauch. Wird einem Arbeitnehmer ein Kraftfahrzeug zum privaten Gebrauch vom Arbeitgeber überlassen, so gelten die vom Arbeitnehmer für private Fahrten ersparten Kosten eines gleichartigen Kraftfahrzeugs als steuerpflichtiger Arbeitslohn. Dabei sind insgesamt vier Berechnungsmethoden zugelassen, die hier nur im Überblick dargestellt werden können: - **Einzelnachweis** der Privatfahrten und **Aufteilung der gesamten Kfz-Kosten**; - Einzelnachweis der Privatfahrten und Bewertung mit dem **km-Satz** von 0,52 DM; - **Schätzung mit 30-35%** der gesamten Kfz.-Kosten; - **1% - Regelung**. Die Einzelheiten zu den Berechnungsmethoden vgl. in Abschn. 31 Abs. 7 LStR.
Lehrlingsvergütungen	➔**Ausbildungsvergütungen**

ABC des steuerpflichtigen und steuerfreien Arbeitslohns	
Lohnfortzahlung	für Feiertage, Urlaubstage und im Krankheitsfall ist **steuerpflichtiger Arbeitslohn**.
Mahlzeiten	die unentgeltlich oder verbilligt zusätzlich zum vereinbarten Arbeitsentgelt gewährt werden ("Kantinenessen"), sind **nur dann und insoweit** lohnsteuerrechtlich zu erfassen, als der Preis, den der **Arbeitnehmer** für die Mahlzeit **zahlt**, den **festgelegten Sachbezugswert** nicht erreicht **und** der Arbeitgeber von der Möglichkeit der **Lohnsteuerpauschalierung nach § 40 EStG** keinen Gebrauch gemacht hat (für **freie Verpflegung** sieht die Sachbezugsverordnung 1995 erstmals **eigene Werte** vor, vgl. Rz. 8034). Die Werte für eine verbilligte oder unentgeltliche Kantinenmahlzeit stellen sich für 1995 wie folgt dar (alte und neue Bundesländer): **Erwachsene:** 4,40 DM **Jugendliche:** 4,00 DM
Mankogelder	→**Fehlgeldentschädigungen**
Nachtarbeit	→**Zuschläge** für Sonntags-, Feiertags- und Nachtarbeit.
Rabatte	des Arbeitgebers s. Rz. 8031
Reisekosten	Bei einer **Dienstreise** oder einem **Dienstgang** können als **Reisekosten** zum einen die nachgewiesenen **tatsächlichen Fahrtkosten** oder -ohne Einzelnachweis- eine **Fahrtkostenpauschale** steuerfrei vom Arbeitgeber ersetzt werden (s.→**Fahrtkostenersatz**). Neben den Fahrtkosten gehören zu den Reisekosten sämtliche sonstigen Kosten, die unmittelbar durch die Dienstreise oder den Dienstgang verursacht worden sind (**Verpflegungsmehraufwendungen, Unterkunftskosten, Reisenebenkosten**, bspw. Gebühren für die Gepäckaufbewahrung, Park- und Telefongebühren etc.). Die **nachgewiesenen** Aufwendungen können -bis auf die Verpflegungsmehraufwendungen- grds. **in voller Höhe steuerfrei** vom Arbeitgeber erstattet wer-

Feststellung des zu versteuernden Arbeitslohns

ABC des steuerpflichtigen und steuerfreien Arbeitslohns	
	den. Für die Erstattung nachgewiesener **Verpflegungsmehraufwendungen** gilt demgegenüber eine **Höchstbetragsgrenze**. **Ohne Einzelnachweis** können daneben Übernachtungskosten und Verpflegungsmehraufwand mit festgelegten **Pauschalsätzen** erstattet werden (s. zu den näheren Einzelheiten sowie den einzelnen Pauschalsätzen Abschn. 39-40 LStR).
Renten	Der Begriff "Rente" im allgemeinen Sprachgebrauch ist nicht mit dem steuerrechtlichen Rentenbegriff identisch. Ein Lohnsteuerabzug kommt grundsätzlich nur für solche Vergütungen in Betracht, die aufgrund eines früheren Arbeitsverhältnisses und außerdem **nicht aufgrund eigener Beitragsleistungen** gezahlt werden. Hierbei handelt es sich um "Versorgungsbezüge" oder "Pensionen". Hingegen ist die Altersrente aus einer betrieblichen Pensionskasse lohnsteuerfrei, weil die Zuführung an die Pensionskasse bereits steuerpflichtig war. Altersrenten kraft Gesetzes, z.B. nach der RVO, sind grds. mit dem sog. Ertragsanteil als "sonstiger Bezug" einkommensteuerpflichtig, § 22 Nr. 1 EStG.
Sachbezüge	wie z.B. freie Verpflegung, mietfreie Wohnung, unentgeltlich abgegebene Waren, zur Privatnutzung überlassenes Kraftfahrzeug, ein zinsloser Kredit etc. sind **steuerpflichtiger Arbeitslohn**. Für die Bewertung sind die *üblichen Endpreise* oder die entsprechenden *amtlichen Sachbezugswerte* maßgebend (§ 8 Abs. 2 EStG, § 17 Abs. 1 Nr. 3 SGB IV; vgl. auch Rz. 8033).
Schadensersatzleistungen	sind steuerfrei, soweit es sich um einen sog. **echten Schadensersatz** aufgrund unmittelbarer gesetzlicher Verpflichtung handelt. (vgl. Rz. 8025).
Sozialversicherungsbeiträge	→**Arbeitgeberbeiträge** und **Arbeitnehmerbeiträge**.
Streikgelder	der Gewerkschaften sind **lohnsteuerfrei**.
Sparzulagen	→**vermögenswirksame Leistungen**.
Trinkgelder	sind dann steuerpflichtig, wenn auf diese ein **Rechtsanspruch** besteht (bspw. der 10% - ige

Lohnsteuerrecht

ABC des steuerpflichtigen und steuerfreien Arbeitslohns	
	Bedienungszuschlag im Gaststättengewerbe). Dagegen gehören **Trinkgelder ohne Rechtsanspruch** der Arbeitnehmer nur insoweit zum steuerpflichtigen Arbeitslohn, soweit sie im Kalenderjahr den Betrag von **2.400 DM** übersteigen (hierzu zählt beispielsweise das freiwillige Trinkgeld eines Gastes an das Bedienungspersonal, Abschn. 106 Abs. 3 u. 4 LStR).
Urlaubsgeld	sowie die Entgeltfortzahlung während der Urlaubstage unterliegen der **Lohnsteuerpflicht**.
Urlaubsabgeltung	für nicht genommene Urlaubstage, ist **lohnsteuerpflichtiges Arbeitseinkommen**.
Werkzeuggelder	sind **steuerfrei**, soweit diese die Aufwendungen des Arbeitnehmers im Betrieb des Arbeitgebers nicht offensichtlich übersteigen (§ 3 Nr. 30 EStG). Gem. Abschn. 19 LStR sind **Werkzeuge** nur solche Hilfsmittel, die zur leichteren Handhabung, zur Herstellung oder zur Bearbeitung eines Gegenstands verwendet werden (Hammer, Zange, Säge, Bohrer, Fräsen etc.). Nicht zu den Werkzeugen gehören die **Arbeitsmittel** (Computer, Schreibmaschinen, Fotoapparate, Fax-Geräte etc.)
Zählgelder	➔ Fehlgeldentschädigungen
Zuschläge	für Sonntags-, Feiertags- und Nachtarbeit können **ganz** oder **teilweise steuerfrei** sein. ⇨ *Sonntagsarbeitszuschläge*: für Sonntagsarbeit von 0 - 24 Uhr (als Sonntagsarbeit gilt auch die Arbeit am Montag von 0 - 4 Uhr, wenn die Nachtarbeit vor 0 Uhr aufgenommen wurde.), **Steuerfrei: 50%** des Grundlohns. ⇨ *Feiertagsarbeitszuschläge*: für Arbeit an gesetzlichen Feiertagen von 0 - 24 Uhr (als Feiertagsarbeit gilt auch die Arbeit des auf den Feiertag folgenden Tages von 0 - 4 Uhr, wenn die Arbeit vor 0 Uhr aufgenommen wurde), **Steuerfrei: 125%** des Grundlohns.

ABC des steuerpflichtigen und steuerfreien Arbeitslohns	
	⇨ *Nachtarbeitszuschläge*: für Nachtarbeit von 20 - 6 Uhr, **Steuerfrei: 25%** des Grundlohns; für Nachtarbeit von 0 - 4 Uhr, wenn die Nachtarbeit vor 0 Uhr aufgenommen wurde, **Steuerfrei: 40%** des Grundlohns. ⇨ *Sonderfälle*: Arbeit an **Silvester** von 14 - 24 Uhr, **Steuerfrei: 125%** des Grundlohns; Arbeit an **Heiligabend** von 14 - 24 Uhr, Arbeit an den **Weihnachtsfeiertagen** von 0 - 24 Uhr; Arbeit am **1. Mai** von 0 - 24 Uhr (als Feiertagsarbeit gilt auch in den letzten beiden Fällen die Arbeit des auf den Feiertag folgenden Tages von 0 - 4 Uhr, wenn die Arbeit vor 0 Uhr aufgenommen wurde), **Steuerfrei: jeweils 150%** des Grundlohns. **Hinweis:** In allen Fällen setzt die Steuerfreiheit von Zuschlägen voraus, daß diese **neben dem Grundlohn** für **tatsächlich geleistete Arbeit** gezahlt werden.

II. Zeitpunkt der Besteuerung des Arbeitslohns

1. Veranlagungszeitraum - Zufluß von Arbeitslohn

8036

Das Arbeitseinkommen wird der Einkommensteuer in **periodischen Abschnitten** (sogenannten **Veranlagungszeiträumen,** § 25 Abs. 1 EStG) unterworfen. Der Veranlagungszeitraum ist dabei regelmäßig das **Kalenderjahr**. Der Arbeitslohn wird innerhalb des Kalenderjahres besteuert, in welchem er dem Steuerpflichtigen zugeflossen ist. Ein **Zufluß** liegt vor, wenn der Arbeitnehmer über die Einnahmen verfügen kann. Auszugehen ist dabei von einer **wirtschaftlichen Verfügungsmacht**.

Beispiel:
- *Barauszahlung des Arbeitslohns* = **sofortige Verfügungsmacht**
- *Übergabe von Scheck oder Verrechnungsscheck* = **sofortige Verfügungsmacht**
- *Überweisung an den Arbeitnehmer* = *Verfügungsmacht, wenn **Gutschrift** auf dem **Konto** des Arbeitnehmers erfolgt ist (auf die Kenntnis des Arbeitnehmers kommt es nicht an).*

2. Lohnzahlungs- und Lohnabrechnungszeitraum

8036 a

Probleme können entstehen, wenn noch ausstehender Arbeitslohn aus einem alten Kalenderjahr erst kurze Zeit nach Beginn des neuen Kalenderjahres dem Arbeitnehmer zufließt. Für diesen Fall hat der Gesetzgeber die Regelung getroffen, daß "laufender Arbeitslohn" (hierzu Rz. 8041) als in dem Kalenderjahr bezogen gilt, in dem der **Lohnzahlungszeitraum** endet. Der Lohnzahlungszeitraum ist der Zeitraum, für den jeweils der laufende Arbeitslohn gezahlt wird (bspw. Monat, Woche, Tag) unabhängig davon, wie der Arbeitslohn berechnet wird, ob es sich also um Zeitlohn oder Leistungslohn (Akkordlohn, Stücklohn) handelt.
Erfolgt die Abrechnung des Arbeitslohns stets für einen Lohnzahlungszeitraum (also bspw. Monat, Woche, Tag), stimmen **Lohnzahlungs-** und **Lohnabrechnungszeitraum** überein.

3. Abschlagszahlung

8036 b

Zur Vereinfachung der Lohnabrechnung und damit des Lohnsteuerabzugs rechnen viele Arbeitgeber den Arbeitslohn aber nicht bei jeder Lohnzahlung genau ab. Sie zahlen ihren Arbeitnehmern den Arbeitslohn für den üblichen (z.B. wöchtlichen) Lohnzahlungszeitraum in Form von **Abschlagszahlungen** nur in ungefährer Höhe aus und nehmen eine genaue **Lohnabrechnung** erst für einen **längeren Lohnzahlungszeitraum** (bspw. 4 Wochen) vor. Um nicht bereits von jeder Abschlagszahlung die Lohnsteuer einbehalten zu müssen, kann in diesen Fällen der Lohnabrechnungszeitraum als Lohnzahlungszeitraum angesehen werden mit der Folge, daß erst bei der endgültigen Lohnabrechung die Lohnsteuer einzubehalten ist. Hierfür müssen bestimmte Voraussetzungen erfüllt sein:

- der Lohnabrechnungszeitraum darf **5 Wochen** nicht übersteigen
- die Lohnabrechnung muß **innerhalb von 3 Wochen** nach Ablauf des Lohnabrechnungszeitraums erfolgen.

Beispiel:
Der Arbeitnehmer erhält seinen Arbeitslohn monatlich. Der Arbeitgeber leistet jeweils am Ende eines Monats eine Abschlagszahlung und rechnet den Arbeitslohn endgültig am 15. des Folgemonats ab.

Feststellung des zu versteuernden Arbeitslohns

*Der Arbeitgeber braucht bei Zahlung des Abschlags **noch keine Lohnsteuer einzubehalten**, da der Lohnabrechnungszeitraum (Monat) die **5-Wochen-Zeitspanne** nicht überschreitet. Da außerdem die Lohnabrechnung am 15. des Folgemonats noch **innerhalb der 3-Wochenfrist** nach Ablauf des Lohnabrechnungszeitraums (vorangegangener Monat) liegt, genügt die Einbehaltung der Lohnsteuer im Zeitpunkt der endgültigen Abrechnung am 15. des Folgemonats.*

4. Sonderfall: Abweichende Lohnzahlungszeiträume

8036 c

Die Berechnung der Lohnsteuer bei monatlichen, wöchentlichen und täglichen Lohnzahlungszeiträumen wird mit Hilfe der **Lohnsteuertabellen** (vgl. Rz. 8049) vorgenommen. Bestehen im Einzelfall abweichende Lohnzahlungszeiträume (bspw. 10 Tage, 2 oder 4 Wochen), für die keine Lohnsteuertabellen aufgestellt werden, ist gem. § 39 b Abs. 4 EStG die Lohnsteuer durch Vervielfachung der Beträge aus der Lohnsteuertages- oder Lohnsteuerwochentabelle mit der Zahl der Kalendertage oder Wochen zu ermitteln.
Dies gilt auch dann, wenn nur einzelne abweichende Lohnzahlungszeiträume bei Beginn oder Ende eines Beschäftigungsverhältnisses vorliegen.

Beispiel:
Der Arbeitnehmer (Steuerklasse I/0) wird am 20.04.1995 eingestellt und erhält für den Monat April ein anteiliges Arbeitsentgelt i.H.v. 1.000 DM. Ab Mai beträgt sein regelmäßiges monatliches Entgelt 3.000 DM.
Das Arbeitsentgelt für den Monat April ist durch 10 Kalendertage (21.-30. April) zu teilen. Auf den sich ergebenden Tagesbetrag von 100 DM entfällt bei Anwendung der Lohnsteuertagestabelle eine Lohnsteuer i.H.v. 14,71 DM. Die vom Arbeitgeber einzubehaltende Lohnsteuer für den Monat April beträgt damit 147,10 DM (10 x 14,71 DM).

5. Rückzahlung von Arbeitslohn durch den Arbeitnehmer

8036 d

Zahlt ein Arbeitnehmer Arbeitslohn zurück, der dem Lohnsteuerabzug unterlegen hat (bspw. die Weihnachtsgratifikation oder das Urlaubsgeld bei vorzeitigem Ausscheiden aus dem Arbeitsverhältnis), so ergibt sich dadurch für den Arbeitnehmer eine Steuerminderung im Kalenderjahr der Rückzahlung.
Wird der **Arbeitslohn noch während des bestehenden Arbeitsverhältnisses** (etwa während der Kündigungsfrist) zurückbezahlt, so kann der Arbeitgeber die zurückbezahlten Beträge einschließlich der darauf entfallenden Steuerabzugsbeträge **vom zu versteuernden laufenden Arbeitslohn abziehen**. Die Lohnsteuer wird in diesem Fall nur von dem den zurückbezahlten Betrag übersteigenden Arbeitslohn abgezogen.

Beispiel:
Der Arbeitnehmer (Monatslohn 2.500 DM, Steuerklasse I/0) scheidet zum 28.02.1995 aus dem Arbeitsverhältnis aus. Im Dezember 1994 ist ihm eine Weihnachtsgratifikation i.H.v. 800 DM unter der Bedingung gezahlt worden, daß das Arbeitsverhältnis nicht vor dem 31.03.1995 gelöst wird. Die Rückzahlung der Weihnachtsgratifikation erfolgt duch Verrechnung mit der Entgeltzahlung für den Monat Februar 1995.

Laufender Arbeitslohn für Februar 1995	2.500 DM
abzgl. Rückzahlung	800 DM
Zu versteuernder Arbeitslohn	1.700 DM

Kann der zurückbezahlte Arbeitslohn bei größeren Beträgen nicht in voller Höhe auf einmal abgezogen werden, kann die Rückzahlung für die Lohnsteuerberechnung **auf mehrere Lohnzahlungszeiträume verteilt** werden.

Daneben hat der Arbeitgeber auch die Möglichkeit, den früheren Lohnzahlungszeitraum wieder **"aufzurollen"** und die Lohnsteuer unter Berücksichtigung der Rückzahlung neu zu berechnen.

Schließlich kann er die Rückzahlung auch im Rahmen eines für den Arbeitnehmer durchgeführten **Lohnsteuerjahresausgleich** (vgl. Rz. 8126 f.) vom steuerpflichtigen Jahresarbeitslohn absetzen.

Die Ausgleichs- und Verrechnungsmöglichkeiten sind jedoch **ausgeschlossen**, wenn der Arbeitgeber die Lohnsteuerbescheinigung auf der Rückseite der Lohnsteuerkarte (vgl. Rz. 8116) bereits ausgestellt hat und die Lohnsteuerkarte an den Arbeitnehmer zurückgegeben worden ist.

In diesen Fällen berücksichtigt das Finanzamt den zurückbezahlten Betrag im Jahresausgleichs- bzw. Veranlagungsverfahren des Arbeitnehmers (vgl. Rz. 8126).

Hat dieser an einen **früheren Arbeitgeber**, also nach Beendigung des Arbeitsverhältnisses, versteuerten Arbeitslohn zurückbezahlt, so wird der Ausgleich ebenfalls bei der Veranlagung zur Einkommensteuer durch das zuständige Finanzamt vorgenommen.

III. Vermögenswirksame Leistungen

8037
Für vermögenswirksame Leistungen erhalten Arbeitnehmer nach dem 5. Vermögensbildungsgesetz eine **Sparzulage**. Die Arbeitnehmer-Sparzulage wird nach Ablauf des Kalenderjahres **vom Finanzamt** ausbezahlt.

1. Begriff der vermögenswirksamen Leistungen

8038
Vermögenswirksame Leistungen sind **Teile vom Arbeitslohn**, die der Arbeitgeber für den Arbeitnehmer in bestimmter Weise **anlegt**. Dabei dürfen vermögenswirksame Leistungen auf verschiedene Anlagearten verteilt werden.

Feststellung des zu versteuernden Arbeitslohns

Bei der vermögenswirksamen Leistung kann es sich entweder um eine **zusätzliche Zahlung des Arbeitgebers** handeln oder um einen **Teil des ohnehin geschuldeten Arbeitslohns**, der auf Verlangen des Arbeitnehmers vermögenswirksam angelegt wird. Werden die vermögenswirksamen Leistungen vom Arbeitgeber **zusätzlich zum geschuldeten Arbeitslohn** erbracht (bspw. aufgrund einzelvertraglicher Abrede mit dem Arbeitnehmer, einer Betriebsvereinbarung oder eines Tarifvertrages), handelt es sich um **steuerpflichtigen Arbeitslohn**. Es gelten insoweit keine Besonderheiten (vgl. "ABC", Rz. 8035).
In beiden Fällen ist allerdings eine **Vereinbarung** zwischen dem Arbeitgeber und dem Arbeitnehmer im Hinblick auf die vermögenswirksame Anlage erforderlich. Aus der Vereinbarung muß sowohl **Höhe** und **Zeitpunkt** des vermögenswirksam anzulegenden Arbeitslohns hervorgehen sowie die **Art der Anlage** (also ggfs. Unternehmen oder Institut, bei dem die Anlage erfolgen soll).

Zum Abschluß eines Vertrages über die vermögenswirksame Anlage von Teilen des Arbeitslohns ist der **Arbeitgeber verpflichtet**. Verlangt der Arbeitnehmer, Lohnteile gesondert von anderen vermögenswirksamen Leistungen anzulegen, besteht die Verpflichtung für den Arbeitgeber nur dann, wenn die Überweisung in gleichbleibenden Beträgen von

- mindestens 25 DM monatlich
- oder 75 DM vierteljährlich
- oder einmal im Kalenderjahr mit mindestens 75 DM

verlangt wird. Eine vermögenswirksame Anlage von Lohnteilen wird im übrigen nicht dadurch ausgeschlossen, daß der Arbeitgeber freiwillig zusätzliche vermögenswirksame Zuwendungen leistet.

8038 a

2. Änderungen im Vermögensbildungsgesetz ab 1994

Die vielfachen steuergesetzlichen Änderungen des Jahres 1994 haben sich auch auf das Vermögensbildungsgesetz und damit die Anlage der vermögenswirksamen Leistungen ausgewirkt. Die Änderungen lassen sich wie folgt zusammenfassen:

- die **Anlagemöglichkeiten** für vermögenswirksame Leistungen wurden **beschränkt**
- für den **Arbeitgeber** wurde die **Durchführung des Anlageverfahrens** nach dem Vermögensbildungsgesetz **vereinfacht**
- die Höhe der **Arbeitnehmer-Sparzulage für Vermögensbeteiligungen** wurde **halbiert**
- die **Fälligkeit der Zulage** wurde **verschoben**

Erläuterungen zu den Änderungen im einzelnen:
Die Beschränkung der Anlagemöglichkeiten betrifft die **außerbetrieblichen Anlage** vermögenswirksamer Leistungen in **Vermögensbeteiligungen.** Diese ist wegen des damit oftmals betriebenen Mißbrauchs eingeschränkt worden (auf diese spezielle Möglichkeit der Anlage vermögenswirksamer Leistungen in Wertpapieren, Kaufverträgen, Beteiligungs-Verträgen und Beteiligungs-Kaufverträgen mit dem Arbeitgeber sowie Anlagen zum Erwerb von Grundstücken und Wohneigentum o.ä. wird an dieser Stelle nicht näher eingegangen; s. *Klein/Flockermann*, HzL Gruppe 4).

Die Vereinfachung des Anlageverfahrens stellt sich wie folgt dar:
Die vermögenswirksame Leistung hat der Arbeitgeber grundsätzlich wie bisher nach Wahl des Arbeitnehmers **unmittelbar an das Institut oder Unternehmen** (Bausparkasse, Versicherungsunternehmen, Kreditinstitut oder Beteiligungsunternehmen) unter **Angabe seiner Konto- oder Vertragsnummer** zu leisten.
Bei der Überweisung an das Institut oder Unternehmen hat der Arbeitgeber die vermögenswirksamen Leistungen **als solche zu kennzeichnen**. Bei einer Überweisung im Januar oder Dezember ist zusätzlich kenntlich zu machen, welchem Jahr die Leistung zuzuordnen ist.

Dagegen ist das bisher für das Institut oder Unternehmen geltende **Bestätigungsverfahren weitgehend aufgehoben** worden. Bisher mußte das Unternehmen oder Institut dem Arbeitgeber die vermögenswirksame Anlage schriftlich bestätigen und gleichzeitig mitteilen, ob die vermögenswirksamen Leistungen mit 20 % oder 10 % oder nicht mit einer Sparzulage begünstigt sind. Nach der **neuen Regelung** braucht das Institut oder Unternehmen dem Arbeitgeber nur noch Mitteilung zu machen, wenn eine Anlage nach den Vorschriften des 5. VermBG **nicht möglich** ist. Diese Änderung geht einher mit der Halbierung des Zulagensatzes von 20% auf 10% für die Anlage vermögenswirksamer Leistungen in Vermögensbeteiligungen (§ 13 Abs. 2 5. VermBG). Dies gilt für **alle vermögenswirksamen Leistungen**, die ab dem 01.01.1994 angelegt werden, **unabhängig** vom **Zeitpunkt des Vertragsschlusses** (§ 17 Abs. 1 5. VermBG). Zu den **Änderungen bei den Aufzeichnungspflichten** sogleich unter Rz. 8039.

Weggefallen ist im übrigen die **Nachweispflicht des Arbeitnehmers** bei einer Anlage nach § 2 Abs. 1 Nr. 5 5. VermBG (Wohnungsbau). Dieser braucht für den Erhalt der Begünstigung dem Arbeitgeber nicht mehr nachzuweisen, daß er die vermögenswirksamen Leistungen tatsächlich zum Wohnungsbau verwendet hat.

Zur Auszahlung und geänderten Fälligkeit der Zulage vgl. Rz. 8040.

3. Aufzeichnungspflichten des Arbeitgebers

8039

Im Lohnkonto des einzelnen Arbeitnehmers hatte der Arbeitgeber bisher die vermögenswirksamen Leistungen und die zulagebegünstigten vermögenswirksamen Leistungen getrennt danach einzutragen, ob eine Zulagenbegünstigung von 10 %, 20 % oder ob keine Zulagenbegünstigung gewährt wurde (vgl. Lohnkonto Rz. 8112). Zudem mußten in der Lohnsteuerbescheinigung des Arbeitnehmers die begünstigten vermögenswirksamen Leistungen ebenfalls getrennt nach Höhe der Begünstigung bescheinigt werden.

Diese **Aufzeichnungsverpflichtung des Arbeitgebers** sowie die Verpflichtung zur Aufbewahrung von Urkunden, Belegen und Bestätigungen über die Anlage vermögenswirksamer Leistungen **ist weggefallen**. Die vermögenswirksamen Leistungen sind **erstmals für 1994** nicht mehr vom Arbeitgeber, sondern **auf Verlangen des Arbeitnehmers von dem Anlageinstitut zu bescheinigen** (§ 15 Abs. 1 5. VermBG).

Die Zeilen 7 und 8 auf der Lohnsteuerbescheinigung 1994 sind deshalb **nicht mehr auszufüllen** (vgl. Rz. 8118).

Dadurch **entfällt für 1994** auch die **Ausschreibung einer "Besonderen Lohnsteuerbescheinigung"** zur Bescheinigung der zulagenbegünstigten vermögenswirksamen Leistungen für Arbeitnehmer, die nur **pauschalbesteuerte Bezüge** im Sinne der §§ 40 oder 40 a EStG erhalten haben (vgl. Rz. 8121), und für **beschränkt einkommensteuerpflichtige Arbeitnehmer** (Abweichung von Abschnitt 135 Abs. 9 Satz 3 LStR; *BMF-Schreiben v. 01.02.1994, BStBl. S. 119*)

4. Antrag des Arbeitnehmers auf Arbeitnehmer-Sparzulage

8040

Die Arbeitnehmer-Sparzulage wird dem Arbeitnehmer auch weiterhin **nur auf Antrag** beim Wohnsitzfinanzamt gewährt. Ein Antrag wird entweder im Rahmen der Antragsveranlagung (früher: Lohnsteuerjahresausgleich) oder im Rahmen einer ggfs. abzugebenden Einkommensteuer-Erklärung gestellt. Wenn beides ausscheidet, kann der Antrag auch gesondert gestellt werden. In jedem Fall muß der Antrag **bis zum Ende des 2. Kalenderjahres** nach dem Kalenderjahr gestellt werden, in dem die vermögenswirksamen Leistungen angelegt worden sind.

Beispiel:
Für die vermögenswirksamen Leistungen des Jahres 1995 muß der Antrag spätestens am 31.12.1997 gestellt worden sein.

Dem Antrag ist wegen der geänderten Aufzeichnungspflichten nicht mehr die die vom Arbeitgeber ausgestellte Lohnsteuerbescheinigung beizufügen, sondern die **Bescheinigung des Anlageinstituts** (vgl. Rz. 8039).

Anspruch auf die Sparzulage haben nur Arbeitnehmer, deren zu versteuerndes Einkommen in dem Kalenderjahr, in dem die vermögenswirksamen Leistungen angelegt worden sind, 27.000 DM - bei Zusammenveranlagung von Ehegatten 54.000 DM - nicht übersteigt.

Nach der **Neuregelung** ist die Fälligkeit der vom Finanzamt auf Antrag festgesetzten Zulage für bestimmte vermögenswirksame Leistungen, die ab dem 01.01.1994 angelegt wurden, verschoben worden. Nicht davon betroffen sind die Zulagen, die zum ersten Erwerb von Anteilen an Bau- und Wohnungsgenossenschaften oder unmittelbar zum Wohnungsbau (bspw. Entschuldung) verwendet werden, da bei diesen Anlageformen keine Sperrfrist für die Auszahlung besteht (zu den Einzelheiten vgl. § 14 Abs. 4 5. VermBG).

IV. Was bedeutet "Laufender Arbeitslohn" und "Sonstige Bezüge"?

8041

Die Unterscheidung beim Arbeitslohn zwischen Bestandteilen, die **"laufend"** gewährt werden und einmaligen Zahlungen, den **"sonstigen Bezügen"**, ist notwendig, weil der Lohnsteuerabzug vom "laufenden Arbeitslohn" von dem bei den "sonstigen Bezügen" z.T. abweicht.

Zum **"laufenden Arbeitslohn"**, der dem Arbeitnehmer **fortlaufend** und **regelmäßig** gewährt wird, gehören insbesondere

- Monatsgehälter,

- Wochen- und Tageslöhne,

- Mehrarbeitsvergütungen,

- Zuschläge und Zulagen,

- geldwerte Vorteile aus der ständigen Überlassung eines Firmenwagen zur privaten Nutzung,

- Nachzahlungen und Vorauszahlungen, wenn sich diese ausschließlich auf Lohnzahlungszeiträume beziehen, die im Kalenderjahr der Zahlungen enden.

Ein **"sonstiger Bezug"** ist der Arbeitslohn, der nicht als laufender Arbeitslohn gezahlt wird. Hierzu gehören insbesondere einmalige Arbeitslohnzahlungen, die neben dem laufenden Arbeitslohn (auch Grundlohn genannt) gezahlt werden, z.B.:

- 13. und 14. Monatsgehälter,

- einmalige Abfindungen und Entschädigungen,

- Gratifikationen und Tantiemen, die nicht fortlaufend gezahlt werden,

- Jubiläumszuwendungen,

- Urlaubsgelder, die nicht fortlaufend gezahlt werden,

Feststellung des zu versteuernden Arbeitslohns

- Entschädigungen zur Abgeltung nicht genommenen Urlaubs,
- Weihnachtszuwendungen,
- Nachzahlungen und Vorauszahlungen, wenn sich der Gesamtbetrag, oder ein Teilbetrag der Nachzahlung oder Vorauszahlung auf Lohnzahlungszeiträume bezieht, die in einem anderen Jahr als dem der Zahlung enden (vgl. Rz. 8063).

Der **"laufende Arbeitslohn"** ist nach der für den Lohnzahlungszeitraum maßgebenden **Lohnsteuertabelle** (Monats-, Wochen- oder Tagestabelle) (vgl. Rz. 8049) zu besteuern.

"Sonstige Bezüge" werden nach den Besteuerungsmerkmalen des einzelnen Arbeitnehmers (Steuerklasse, Freibeträge) besteuert, die **im Zeitpunkt des Bezugs** gelten. Anders als beim "laufenden Arbeitslohn" steht hier nicht der Lohnzahlungszeitraum (vgl. Rz. 8042) im Vordergrund (zum Lohnsteuerabzug von "sonstigen Bezügen" s. im einzelnen Rz. 8059).

50. Kapitel: Bedeutung der Lohnsteuerkarte

I. Allgemeines zur Bedeutung der Lohnsteuerkarte	8042
II. Maßgeblichkeit der Lohnsteuerkarte	8043
III. Bescheinigungen auf der Lohnsteuerkarte, insbes. Steuerklassen und Freibeträge	8044
1. Überblick über die eintragbaren Freibeträge	8046
2. Überblick über die Steuerklassen	8047

I. Allgemeines zur Bedeutung der Lohnsteuerkarte

8042

Die **Lohnsteuerkarte** ist ein wichtiges Hilfsmittel für die Erhebung der Lohnsteuer durch den Arbeitgeber. Auch ohne lohnsteuerrechtliche Fachkenntnisse muß ein Arbeitgeber in der Lage sein, die auf einen zu zahlenden Arbeitslohn für einen bestimmten Lohnzahlungszeitraum entfallende Lohnsteuer richtig zu ermitteln und an das Finanzamt abzuführen. Zu diesem Zweck enthält jede ausgestellte Lohnsteuerkarte **individuelle Besteuerungsmerkmale des Arbeitnehmers**, die auf die sog. **Lohnsteuertabelle** (s. hierzu unten Rz. 8049) abgestimmt sind.

Die Lohnsteuerkarte ist eine öffentliche Urkunde und, soweit Eintragungen des Arbeitgebers enthalten sind, eine Privaturkunde. Die Eintragungen auf der Lohnsteuerkarte unterliegen in jedem Fall einem strafrechtlichen Schutz. Arbeitgeber, Arbeitnehmer und anderen Personen ist es nach § 39 Abs. 6 Satz 4 EStG **untersagt, Eintragungen auf der Lohnsteuerkarte zu ändern oder zu ergänzen.** Eine Ausnahme gilt für den Arbeitgeber nur hinsichtlich solcher Eintragungen, die er **selbst** vorzunehmen hat. Amtliche Eintragungen sind durch die zuständige Behörde zu ändern oder zu ergänzen. Nach § 39 Abs. 2 EStG haben die Gemeinden jedem **unbeschränkt einkommensteuerpflichtigen Arbeitnehmer** (näheres bei Rz. 8016) für jedes Kalenderjahr unentgeltlich eine Lohnsteuerkarte auszustellen. Zuständig ist die Gemeindebehörde, bei der der Arbeitnehmer mit seiner Hauptwohnung gemeldet ist. Da die Gemeinde die Lohnsteuerkarte aufgrund ihrer melderechtlichen Unterlagen ausstellt, ist intern für die Ausstellung der Lohnsteuerkarte regelmäßig das Einwohnermeldeamt zuständig. Die ausgestellte Lohnsteuerkarte ist dem Arbeitnehmer zu übermitteln, und zwar so, daß er diese bis spätestens zum **31.10.** in seinem Besitz hat.

Der Arbeitgeber hat bis zur Beendigung des Arbeitsverhältnisses bzw. des Kalenderjahres die **Pflicht zur Aufbewahrung** der Lohnsteuerkarte (vgl. Rz. 4842). Vor Ablauf des Kalenderjahres darf der Arbeitgeber die Lohnsteuerkarte nur dann **endgültig** herausgeben, wenn das Arbeitsverhältnis beendet ist und der Arbeitnehmer keinen Arbeitslohn mehr erhält. Maßgebend ist in diesem Zusammenhang das **Ende des Arbeitsverhältnisses** (rechtliches oder tatsächliches, vgl. Rz. 4846 f.) und nicht der Zeitpunkt der letzten Lohnzahlung.

Alle **Arbeitnehmer** sind **verpflichtet**, bei Beginn eines Kalenderjahres oder bei Aufnahme eines Arbeitsverhältnisses dem Arbeitgeber die von der Gemeindebehörde ausgeschriebene **Lohnsteuerkarte vorzulegen**. Für den Arbeitgeber ergibt sich aus der Tatsache, daß der Arbeitnehmer eine Lohnsteuerkarte vorlegt, gleichzeitig dessen unbeschränkte Steuerpflichtigkeit. Steht der Arbeitnehmer gleichzeitig, also nebeneinander, in mehreren Arbeitsverhältnissen, so hat er sich von der Gemeindebehörde **für jedes Arbeitsverhältnis** eine Lohnsteuerkarte ausstellen zu lassen und diese sodann jedem Arbeitgeber vorzulegen. In diesem Fall ist eine endgültige Herausgabe der Lohnsteuerkarte auch dann zulässig, wenn der Arbeitnehmer die Karte gegen die bisher dem anderen Arbeitgeber vorgelegte Lohnsteuerkarte austauschen will, um einen für ihn günstigeren Lohnsteuerabzug zu erreichen (**Steuerkartenwechsel**, Abschn. 114 Abs. 3 LStR; vgl. auch Beispiel Rz. 8047 zur Steuerklasse VI).

Legt ein Arbeitnehmer dem Arbeitgeber eine Lohnsteuerkarte nicht vor, hat der Arbeitgeber den Lohnsteuerabzug grundsätzlich nach dem unter Rz. 8073 ff. beschriebenen Verfahren vorzunehmen. Ausnahmsweise kann jedoch auch eine Pauschalierung der Lohnsteuer (s. hierzu Rz. 8079 ff.) in Betracht kommen, für die eine Vorlage der Lohnsteuerkarte nicht erforderlich ist.

II. Maßgeblichkeit der Lohnsteuerkarte

8043

Im Lohnsteuerabzugsverfahren gilt der Grundsatz der sog. **Maßgeblichkeit der Lohnsteuerkarte**. Nach diesem Grundsatz muß sich der Arbeitgeber stets nach den Eintragungen auf der Lohnsteuerkarte richten. Dies gilt **selbst dann**, wenn ihm die **Unrichtigkeit** einzelner Eintragungen **bekannt ist**. Der Arbeitgeber hat auch die von einem etwaigen früheren Arbeitgeber eingetragenen Beträge zu übernehmen.

Beispiel:
*(1) Auf der Lohnsteuerkarte des Arbeitnehmers ist die Steuerklasse I eingetragen. Dem Arbeitgeber ist hingegen bekannt, daß der Arbeitnehmer verheiratet ist und eine Versteuerung in der Steuerklasse I ausscheidet.
Gleichwohl hat der Arbeitgeber den Lohnsteuerabzug entsprechend der Steuerklasse I vorzunehmen. Nimmt der Arbeitgeber den Lohnsteuerabzug nach einer anderen Steuer-*

klasse vor (bspw. Steuerklasse III) und führt dieses Vorgehen zu einem Differenzbetrag, so **haftet der Arbeitgeber** für die zuwenig einbehaltene Lohnsteuer.

(2) Nach einem Arbeitsplatzwechsel legt der Arbeitnehmer dem neuen Arbeitgeber eine Lohnsteuerkarte vor, auf welcher der erste Arbeitgeber einen höheren Lohnsteuerbetrag bescheinigt hat als er tatsächlich einbehalten und abgeführt hat. Am Ende des Jahres führt der neue Arbeitgeber einen Lohnsteuerjahresausgleich durch und erstattet aufgrund der unrichtigen Bescheinigung des ersten Arbeitgebers dem Arbeitnehmer zuviel Lohnsteuer.
In diesem Fall **haftet für den nunmehr entstandenen Lohnsteuerfehlbetrag ausschließlich der erste Arbeitgeber**, der die falsche Eintragung auf der Lohnsteuerkarte des Arbeitnehmers vorgenommen hatte.

III. Bescheinigungen auf der Lohnsteuerkarte, insbes. Steuerklassen und Freibeträge

8044

Im Einkommensteuergesetz ist zwar geregelt, daß die Gemeinden jedem unbeschränkt einkommensteuerpflichtigen Arbeitnehmer jährlich eine Lohnsteuerkarte nach **amtlich vorgeschriebenem Muster** auszustellen haben, nicht jedoch, wie eine Lohnsteuerkarte nun auszusehen hat. Damit in allen Bundesländern eine einheitliche Lohnsteuerkarte zur Anwendung kommt, veröffentlicht jedes Jahr der Bundesminister der Finanzen im Bundessteuerblatt einen entsprechenden Erlaß, der als Anlage ein amtliches Lohnsteuerkartenmuster enthält (vgl. für die Lohnsteuerkarte 1995 das abgedruckte Muster unter Rz. 8045 bzw. 8116). Die amtlichen Lohnsteuerkartenvordrucke enthalten aus Sicherheitsgründen eine Art Wasserzeichen (drei senkrechte Balken). Die Farbe der Karte wechselt von Jahr zu Jahr in einem Vierjahresrhythmus in der Reihenfolge rot - gelb - grün - orange. Die Farbe für die Lohnsteuerkarte 1995 ist grün.

Lohnsteuerrecht

8045

Alle Eintragungen in der Lohnsteuerkarte genau prüfen!
Lesen Sie die Informationsschrift „Lohnsteuer '95"

Ordnungsmerkmale des Arbeitgebers

Lohnsteuerkarte 1995

Gemeinde und AGS

Finanzamt und Nr.

Geburtsdatum

I. Allgemeine Besteuerungsmerkmale

| Steuer-klasse | Kinder unter 18 Jahren; Zahl der Kinderfreibeträge |

Kirchensteuerabzug

(Datum)

(Gemeindebehörde)

II. Änderungen der Eintragungen im Abschnitt I

Steuerklasse	Zahl der Kinderfreibeträge	Kirchensteuerabzug	Diese Eintragung gilt, wenn sie nicht widerrufen wird:	Datum, Stempel und Unterschrift der Behörde
			vom 1995 an bis zum 31. 12. 1995	I. A.
			vom 1995 an bis zum 31. 12. 1995	I. A.
			vom 1995 an bis zum 31. 12. 1995	I. A.

III. Für die Berechnung der Lohnsteuer sind vom Arbeitslohn als steuerfrei **abzuziehen**:

Jahresbetrag DM	monatlich DM	wöchentlich DM	täglich DM	Diese Eintragung gilt, wenn sie nicht widerrufen wird:	Datum, Stempel und Unterschrift der Behörde
				vom 1995 an bis zum 31. 12. 1995	I. A.
in Buchstaben	-tausend		Zehner und Einer wie oben -hundert		
				vom 1995 an bis zum 31. 12. 1995	I. A.
in Buchstaben	-tausend		Zehner und Einer wie oben -hundert		
Ggf. zusätzlich zum o. a. Freibetrag				vom 1995 an	I. A.
in Buchstaben	-hundert (Zehner und Einer wie oben) bei der Tätigkeit als				

6. 94

Bedeutung der Lohnsteuerkarte

IV. Lohnsteuerbescheinigung für das Kalenderjahr 1995 und besondere Angaben

	vom – bis		vom – bis		vom – bis	
1. Dauer des Dienstverhältnisses						
2. Zeiträume ohne Anspruch auf Arbeitslohn	Anzahl „U":		Anzahl „U":		Anzahl „U":	
	DM	Pf	DM	Pf	DM	Pf
3. Bruttoarbeitslohn einschl. Sachbezüge ohne 9. bis 11.						
4. Einbehaltene Lohnsteuer von 3.						
5. Einbehaltener Solidaritätszuschlag von 3.						
6. Einbehaltene Kirchensteuer des Arbeitnehmers von 3.						
7. Einbehaltene Kirchensteuer des Ehegatten von 3. (nur bei konfessionsverschiedener Ehe)						
8. In 3. enthaltene steuerbegünstigte Versorgungsbezüge						
9. Steuerbegünstigte Versorgungsbezüge für mehrere Kalenderjahre						
10. Arbeitslohn für mehrere Kalenderjahre ohne 9.						
11. Ermäßigt besteuerte Entschädigungen						
12. Einbehaltene Lohnsteuer von 9. bis 11.						
13. Einbehaltener Solidaritätszuschlag von 9. bis 11.						
14. Einbehaltene Kirchensteuer des Arbeitnehmers von 9. bis 11.						
15. Einbehaltene Kirchensteuer des Ehegatten von 9. bis 11. (nur bei konfessionsverschiedener Ehe)						
16. Kurzarbeiter- u. Schlechtwettergeld, Zuschuß z. Mutterschaftsgeld, Verdienstausfallentschädigung (Bundesseuchengesetz), Aufstockungsbetrag (Altersteilzeitgesetz)						
17. Steuerfreier Arbeitslohn nach	Doppelbesteuerungsabkommen					
	Auslandstätigkeitserlaß					
18. Steuerfreie Arbeitgeberleistungen für Fahrten zwischen Wohnung und Arbeitsstätte						
19. Pauschalbesteuerte Arbeitgeberleistungen für Fahrten zwischen Wohnung und Arbeitsstätte						
20. Steuerfreie Verpflegungszuschüsse bei Fahrtätigkeit oder Einsatzwechseltätigkeit						
21. Steuerfreie Arbeitgeberleistungen bei doppelter Haushaltsführung						
22. Steuerfreie Arbeitgeberzuschüsse zur freiwilligen Krankenversicherung						
23. Arbeitnehmeranteil am Gesamtsozialversicherungsbeitrag						
Anschrift des Arbeitgebers (lohnsteuerliche Betriebsstätte) Firmenstempel, Unterschrift; **Finanzamt**, an das der Arbeitgeber die Lohnsteuer abgeführt hat						

Lohnsteuerrecht

Kurz eingegangen werden soll an dieser Stelle auf den **Aufbau einer Lohnsteuerkarte** unter Hervorhebung der für den Arbeitgeber wichtigen Eintragungen. Wie aus dem Muster ersichtlich, gliedert sich die **Vorderseite** der Lohnsteuerkarte in einen Kopfteil und drei Abschnitte.

Im **Kopfteil** sind folgende Angaben enthalten:

- die Bezeichnung "Lohnsteuerkarte" sowie die Jahreszahl des Kalenderjahres, für das die Lohnsteuerkarte gilt;
- die Bezeichnung der Gemeinde nebst
- einem amtlichen Gemeindeschlüssel (AGS);
- die Bezeichnung des Finanzamts, zu dessen Zuständigkeitsbezirk die ausstellende Gemeinde bzw. deren Stadtteil gehört sowie
- den bundeseinheitlichen Finanzamtsschlüssel, der unter anderem Arbeitgebern mit maschineller Lohnberechnung die Erfüllung ihrer lohnsteuerlichen Pflichten erleichtern soll;
- schließlich das Geburtsdatum des Arbeitnehmers, was wegen der Gewährung eines Altersentlastungsbetrages notwendig ist;
- abschließend die Adresse des Arbeitnehmers.

Unter **"I. Allgemeine Besteuerungsmerkmale"** trägt die ausstellende Gemeinde die für den Lohnsteuerabzug entscheidenden Daten ein:

- **Steuerklasse** des Arbeitnehmers (s. hierzu im einzelnen Rz. 8047).

- Die **Zahl der Kinderfreibeträge**. Ein solcher wird eingetragen in den **Steuerklassen I bis IV**, und zwar grundsätzlich mit dem Zähler 0,5 für jedes zu berücksichtigende Kind, ausnahmsweise mit dem Zähler 1 für ein Kind. Die Zahl der Kinderfreibeträge ist für den Arbeitgeber wichtig, um **entsprechend der Lohnsteuertabelle** die einzubehaltende Lohnsteuer richtig auszurechnen (s. hierzu im einzelnen Rz. 8053). Da der Anspruch auf eine **Berlinzulage** (s. Rz. 8086) mit Ablauf des Kalenderjahres 1994 weggefallen ist, wird die Zahl der Kinder eines Arbeitnehmers **nicht mehr** auf der Lohnsteuerkarte **vermerkt**.
- Schließlich die **Bescheinigung der Religionsgemeinschaft**, welcher der Arbeitnehmer angehört, um den Kirchensteuerabzug zu gewährleisten (s. hierzu im einzelnen Rz. 8065). Die am häufigsten verwendeten Abkürzungen sind:
    - ev = evangelisch (protestantisch),
    - lt = evangelisch-lutherisch
    - rf = evangelisch-reformiert
    - fr = französisch-reformiert
    - rk = römisch-katholisch
    - ak = altkatholisch
    - is = israelitisch

Bedeutung der Lohnsteuerkarte

Zusätzlich sind für einzelne Länder noch weitere Abkürzungen zugelassen. Gehört der Arbeitnehmer und (oder) sein Ehegatte keiner Religionsgemeinschaft an, für die der Arbeitgeber die Kirchensteuer einzubehalten hat, so sind zwei Striche "--" einzutragen.

Ab **1995** ist das Kirchensteuermerkmal für den **Ehegatten** nur noch bei konfessionsverschiedenen Eheleuten einzutragen. Bei konfessionsgleichen und bei glaubensverschiedenen Eheleuten ist das Kirchensteuermerkmal des Ehegatten nicht mehr zu bescheinigen (*BMF-Schreiben v. 28.06.1994, BStBl. I, S. 455*).

Beispiel:

Konfessionszugehörigkeit		*Eintragung im Feld:*
Arbeitnehmer	*Ehegatte*	*"Kirchensteuerabzug"*
ev	rk	ev rk
ev	ev	ev
rk	--	rk
--	ev	--
--	--	--

In Abschnitt **"II. Änderungen der Eintragungen im Abschnitt I"** ist Raum für den Vermerk von den entsprechenden Änderungen.

Wegen des **Grundsatzes der Maßgeblichkeit** der Lohnsteuerkarte (s. Rz. 8043) hat der Arbeitgeber den Lohnsteuerabzug so lange entsprechend den im I. Abschnitt "Allgemeine Besteuerungsmerkmale" eingetragenen Daten vorzunehmen, bis im Abschnitt II eine **Änderung durch die zuständige Behörde eingetragen worden ist**. Dies gilt auch dann, wenn er von der Unrichtigkeit einzelner der im I. Abschnitt eingetragenen Besteuerungsmerkmale Kenntnis erhalten hat.

Der Abschnitt **"III. Für die Berechnung der Lohnsteuer sind vom Arbeitslohn als steuerfrei abzuziehen:"** ist für die Eintragung von **Steuerfreibeträgen durch die Behörden** vorgesehen und bei der Berechnung des Lohnsteuerabzugs vom Arbeitgeber entsprechend zu berücksichtigen (s. hierzu Rz. 8053). Durch die Eintragung von Freibeträgen soll verhindert werden, daß der Arbeitgeber zunächst zuviel Lohnsteuer einbehält und der Arbeitnehmer sich diese erst im Rahmen des Lohnsteuerjahresausgleichs (jetzt: "Antragsveranlagung" s. Rz. 8127) am Ende des Kalenderjahres zurückerstatten lassen kann.

1. Überblick über die eintragbaren Freibeträge

8046

Nach § 39a Abs. 1 EStG können folgende Beträge auf der Lohnsteuerkarte unter den dort näher genannten Voraussetzungen als **Freibetrag** eingetragen werden:

- Pauschalbeträge für Behinderte und Hinterbliebene;

- Werbungskosten, soweit der Arbeitnehmerpauschalbetrag von 2.000 DM regelmäßig überschritten wird;
- Sonderausgaben mit Ausnahme von Vorsorgeaufwendungen, soweit die entsprechenden Pauschbeträge überschritten werden;
- außergewöhnliche Belastungen;
- die Steuerbegünstigung für die zu eigenen Wohnzwecken genutzte Wohnung im eigenen Haus

Nach einer Entscheidung des Bundesfinanzhofs (29.04.1992, BStBl. II, 752) stellte es einen Verstoß gegen den verfassungsrechtlichen Gleichbehandlungsgrundsatz dar, daß Verluste aus Vermietung und Verpachtung von Lohnsteuerzahlern im Lohnsteuerermäßigungsverfahren nur eingeschränkt geltend gemacht werden konnten, während bei Einkommensteuerpflichtigen ohne Einschränkung eine Minderung der Einkommensteuervorauszahlungen vorgenommen wurde. Mit der Änderung des § 39 a Abs. 1 Nr. 5 EStG ist daher auch die Eintragung eines **Freibetrags für negative Einkünfte aus Vermietung und Verpachtung** gesetzlich neu geregelt worden.

Die Eintragung eines Freibetrages setzt in allen genannten Fällen einen **Antrag des Arbeitnehmers** voraus, der auf amtlichem Vordruck bis zum **30. November des Kalenderjahrs**, für das die Lohnsteuerkarte gilt, beim für den Arbeitnehmer zuständigen Wohnsitzfinanzamt gestellt werden kann.

Auf der **Rückseite** der Lohnsteuerkarte befindet sich der Abschnitt "**IV. Lohnsteuerbescheinigung für das Kalenderjahr ... und besondere Angaben**" (vgl. Muster Rz. 8116). Dieser ist für die **Eintragungen des Arbeitgebers** bestimmt. Hier sind die **Lohnsteuerbescheinigung** für das Kalenderjahr und besondere Angaben einzutragen (Einzelheiten zur Lohnsteuerbescheinigung s. Rz. 8117 f.).

2. Überblick über die Steuerklassen

8047
Für die Einbehaltung der Lohnsteuer sind die Steuerklassen das **wesentlichste Besteuerungsmerkmal**. Die Lohnsteuertabellen (s. hierzu Rz. 8049) sind auf die **Steuerklassen abgestimmt**. Nur mit diesen Hilfsmitteln ist der Arbeitgeber überhaupt in der Lage, den ansonsten komplizierten Lohnsteuerabzug mit seinen unterschiedlichen Tarifen, Frei- und Pauschbeträgen etc., die zudem bei jedem Arbeitnehmer von dessen persönlichen Verhältnissen abhängig sind, zutreffend vorzunehmen.

Wie bereits erwähnt, ist der Arbeitgeber im Rahmen des Lohnsteuerabzugsverfahrens an die Eintragungen auf der Lohnsteuerkarte auch hinsichtlich der Steuerklasse des Arbeitnehmers gebunden. An dieser Stelle soll daher nur ein kurzer Überblick über die verschiedenen Lohnsteuerklassen gegeben werden, der dem besseren Verständnis des Lohnsteuerabzugs dienen soll.

Bedeutung der Lohnsteuerkarte

Im Einkommensteuergesetz (§ 38 b) sind **sechs Steuerklassen** vorgesehen. Die Steuerklassen I bis III haben die Funktion, bestimmte Steuerfreibeträge zu gewähren. Durch die Steuerklassen IV bis VI soll demgegenüber verhindert werden, daß ein Steuerfreibetrag mehrfach gewährt wird. Die Freibeträge sind zahlenmäßig in die Lohnsteuertabellen (s. Rz. 8049) eingearbeitet. Durch die Zuordnung eines Arbeitnehmers in eine der Steuerklassen und durch Ablesen des Lohnsteuerbetrages in der entsprechenden Rubrik der Steuertabelle werden die Freibeträge zutreffend berücksichtigt.

- **Steuerklasse I**
  Folgende Arbeitnehmer sind der Steuerklasse I zuzuordnen:
  - **ledige** oder bereits **längere Zeit geschiedene** Arbeitnehmer
    Beispiel:
    Eine 21-jährige ledige Bürokauffrau wird der Steuerklasse I zugeordnet.
  - ein Arbeitnehmer, der zwar verheiratet ist, aber von seinem Ehegatten **dauernd getrennt** lebt oder dessen **Ehegatte im Ausland** lebt
  - verwitwete Arbeitnehmer **ab dem 2. Kalenderjahr nach dem Tod** des Ehegatten
    Beispiel:
    Eine 40-jährige Arbeitnehmerin, die seit dem 30.03.1993 verwitwet ist, ist ab dem 01.01.1995 der Steuerklasse I zuzuordnen.

- **Steuerklasse II**
  Hierunter fallen die zur **Steuerklasse I aufgeführten Arbeitnehmer, in deren Wohnung** (Haupt- oder Nebenwohnung) mindestens **1 Kind gemeldet** ist, für das der Arbeitnehmer einen Kinderfreibetrag erhält. Der Arbeitnehmer erhält für Kinder, sowohl leibliche als auch Adoptivkinder, bis zur Vollendung des 18. Lebensjahres, unter besonderen Voraussetzungen auch bis zur Vollendung des 27. Lebensjahres und darüber hinaus, einen Kinderfreibetrag in Höhe von 4.104 DM bzw. für Kinder aus einer geschiedenen oder dauernd getrennten Ehe sowie für nichteheliche Kinder jedes Elternteils einen Kinderfreibetrag von 2.052 DM. Entscheidend für die Steuerklasse II ist dabei der **Haushaltsfreibetrag,** der zusätzlich dem Arbeitnehmer gewährt wird, in dessen Haushalt das Kind gemeldet ist.

Beispiel:
(1) Eine 22-jährige ledige Arbeitnehmerin mit einem Kind ist in die Steuerklasse II einzuordnen, wenn das Kind für ihre Wohnung gemeldet ist.
*In diesem Fall erhält die Arbeitnehmerin auch den sog. **Haushaltsfreibetrag** zugerechnet.*

(2) Der Vater des nichtehelichen Kindes ist hingegen in die Steuerklasse I einzureihen, da er zwar einen anteiligen Kinderfreibetrag beanspruchen kann, nicht jedoch einen Haushaltsfreibetrag.

- **Steuerklasse III**
  Steuerklasse III erhalten folgende Arbeitnehmer:
  - **verheiratete**, die nicht dauernd von ihrem Ehegatten getrennt leben, wenn
    - nur **ein Ehegatte Arbeitslohn** bezieht oder
    - der **andere Ehegatte in die Steuerklasse V** eingereiht ist.
    - Voraussetzung ist weiterhin, daß beide Ehegatten unbeschränkt steuerpflichtig sind, also im Inland leben;
  - **geschiedene für das Kalenderjahr, in dem die Ehe aufgelöst worden ist**,
    - wenn im Scheidungsjahr beide Ehegatten unbeschränkt einkommensteuerpflichtig waren und nicht dauernd getrennt gelebt haben und
    - der andere Ehegatte wieder geheiratet hat, von seinem neuen Ehegatten nicht dauernd getrennt lebt und er und sein neuer Ehegatte unbeschränkt einkommensteuerpflichtig sind.
    (Ist dies nicht der Fall und hat auch der in Frage stehende Arbeitnehmer selbst nicht wieder geheiratet, richtet sich die Beurteilung der Geschiedenen nach den Verhältnissen zu Beginn des Kalenderjahrs: Das hat zur Folge, daß die Ehegatten die ihnen einmal bescheinigten Steuerklassen für das ganze Scheidungsjahr behalten. Im Scheidungsjahr kann also der Arbeitnehmer ggfs. auch aus diesem Grund der Steuerklasse III zugeordnet bleiben);
  - **verwitwete**, wenn der Ehegatte im zurückliegenden Kalenderjahr verstorben war, beide Ehegatten im Zeitpunkt des Todes im Inland gewohnt und nicht dauernd getrennt gelebt haben. Verwitwete erhalten also für das Jahr, in dem der Ehegatte stirbt und für das folgende noch die Steuerklasse III.

- **Steuerklasse IV**
  Hierunter fallen **verheiratete Arbeitnehmer**, die von ihrem Ehegatten nicht dauernd getrennt leben, wenn beide Ehegatten im Inland leben, also unbeschränkt steuerpflichtig sind, **der Ehegatte ebenfalls Arbeitslohn** bezieht und für den Ehegatten nicht eine Lohnsteuerkarte mit der **Lohnsteuerklasse V** ausgeschrieben worden ist, sondern eine mit der **Steuerklasse IV**. Diese Steuerklasse ist identisch mit der Steuerklasse I. Die Ehegatten werden somit wie Alleinstehende behandelt. Steuerklasse IV ist für Ehegatten vorgesehen, deren Arbeitslohn ungefähr gleich hoch ist.

- **Steuerklasse V**
  Diese gilt ebenfalls nur für **Verheiratete**, wenn beide Ehegatten im Inland und nicht dauernd getrennt leben und zusätzlich **beide Ehegatten Arbeitslohn beziehen**. Steuerklasse V bekommt ein Ehegatte nur, wenn der **andere Ehegatte auf Antrag** beider Ehegatten in **die Steuerklasse III** eingereiht wird. Die Steuerklasse V unterscheidet sich von der Steuerklasse IV dadurch, daß die Freibeträge, die bei der Einkommensteuerveranlagung oder beim Lohnsteuerjahresausgleich auch dann doppelt zu berücksichtigen sind, wenn nur ein Ehegatte

Bedeutung der Lohnsteuerkarte

Arbeitslohn bezieht, bei der Steuerklasse V nicht berücksichtigt werden, weil sie bereits beim anderen Ehegatten in der Steuerklasse III erfaßt sind.

- **Steuerklasse VI**
  Ein Arbeitnehmer, der **gleichzeitig in mehreren Arbeitsverhältnissen** steht, hat dem ersten Arbeitgeber eine Lohnsteuerkarte mit den Angaben und der Steuerklasse vorzulegen, die seinem steuerlichen Familienstand entspricht. Dem zweiten und jedem weiteren Arbeitgeber hat er eine Lohnsteuerkarte vorzulegen, auf der die Steuerklasse VI bescheinigt ist.

  Diese Steuerklasse ist die **ungünstigste**. Hier werden überhaupt keine Freibeträge mehr berücksichtigt, weil diese bereits aufgrund der ersten Steuerkarte zum Tragen kommt.

Beispiel:
Ein lediger, kinderloser Arbeitnehmer ist als kaufmännischer Angestellter in einem Kaufhaus beschäftigt. Am Wochenende arbeitet er als Diskjockey in einer Diskothek. Der Arbeitnehmer bekommt eine Lohnsteuerkarte mit der Steuerklasse I für seine hauptberufliche Tätigkeit in dem Kaufhaus und eine weitere mit der Steuerklasse VI für seine nebenberufliche Tätigkeit als Diskjockey.

51. Kapitel: Ermittlung der Lohn- und Kirchensteuer

I. Ermittlung der Lohn- und Kirchensteuer bei
   Vorlage der Lohnsteuerkarte (Regelfall) 8048
   1. Verschiedene Verfahrensweisen beim Lohnsteuerabzug 8048
   2. Lohnsteuertabellen 8049
   3. Lohnsteuerabzug vom "laufenden Arbeitslohn" 8053
      a) Allgemeine Vorgehensweise 8053
      b) Berücksichtigung eines Versorgungs-Freibetrags 8054
      c) Berücksichtigung eines Altersentlastungsbetrags 8055
      d) Wegfall des Tariffreibetrags 8056
      e) Beispielsfall: Lohnsteuerabzug vom laufenden Arbeitslohn 8058
   4. Lohnsteuer auf "sonstige Bezüge" 8059
      a) Vereinfachte Besteuerung bei sonstigen
         Bezügen bis 300 DM. 8060
      b) Individuelle Steuerberechnung bei sonstigen
         Bezügen ab 301 DM 8061
      c) Arbeitslohn für mehrere Jahre 8063
      d) Entlassungsentschädigungen als sonstiger Bezug 8064
   5. Steuerfreistellung des Existenzminimums 8065
      a) Beschluß des Bundesverfassungsgerichts 8065
      b) Neue gesetzliche Übergangsregelung 8065a
      c) Lohnsteuer-Zusatztabellen 8065b
      d) Merkblatt zur Steuerfreistellung des
         Existenzminimums für Arbeitnehmer 8065c
   6. Kirchensteuer 8066
      a) Kirchensteuerabzug vom "laufenden Arbeitslohn" 8067
      b) Kirchensteuer bei sonstigen Bezügen 8072

II. Ermittlung und Einbehaltung der Lohn- und Kirchensteuer bei
    fehlender Lohnsteuerkarte 8073
    1. Schuldhafte Nichtvorlage der Lohnsteuerkarte 8074
    2. Unverschuldetes Fehlen der Lohnsteuerkarte 8076
    3. Sonderfall: Beschränkt steuerpflichtige Arbeitnehmer 8077

III. Wegfall der Berlin-Förderung 8077a

Lohnsteuerrecht

I. Ermittlung der Lohn- und Kirchensteuer bei Vorlage der Lohnsteuerkarte (Regelfall)

1. Verschiedene Verfahrensweisen beim Lohnsteuerabzug

8048
Die Durchführung des Lohnsteuerabzugverfahrens richtet sich nach verschiedenen Kriterien. Das Verfahren ist unterschiedlich, je nach dem, ob

- eine **Lohnsteuerkarte vorliegt (Regelfall)**
- eine **Lohnsteuerkarte nicht vorgelegt** wird oder von vornherein gänzlich **fehlt**
- eine **Pauschalierung** der Lohnsteuer möglich ist und auch vorgenommen werden soll.

2. Lohnsteuertabellen

8049
Die Einkommensteuer und damit auch die "Lohnsteuer" bemißt sich nach dem **zu versteuernden Einkommen**. Das zu versteuernde Einkommen ist nicht identisch mit dem gesamten Betrag des Arbeitslohns, den der Arbeitgeber dem Arbeitnehmer "brutto" schuldet. Vielmehr sind von den Einnahmen des Arbeitnehmers zunächst bestimmte **Frei- und Pauschbeträge abzuziehen**, bevor die Einkünfte als zu versteuerndes Einkommen der Lohnsteuer unterworfen werden können. Welche Freibeträge für den einzelnen Arbeitnehmer gelten, hängt nicht zuletzt von dessen persönlichen Verhältnissen (ledig oder verheiratet, mit oder ohne Kinder etc.) ab. Ein wichtiges Hilfsmittel ist in diesem Zusammenhang bereits genannt worden: Die Einteilung der Arbeitnehmer in verschiedene Steuerklassen (s. Rz. 8047).

Das zweite wichtige Hilfsmittel stellen die **Lohnsteuertabellen** dar. Damit nicht der Arbeitgeber beim Lohnsteuerabzug stets sämtliche Abzugsbeträge selbst errechnen und abziehen muß, was letztlich auch zu zeitaufwendig und zu kompliziert wäre, gibt es für diesen Zweck Tabellen, die nach § 38 c Abs. 1 und 2 EStG vom Bundesminister der Finanzen auf der Grundlage der Einkommensteuertabellen bis zu Arbeitslöhnen von jährlich 120.000 DM ausgestellt werden (beträgt der Arbeitslohn mehr als 120.000 DM, ist der Lohnsteuertabelle eine dieser Vorschrift entsprechende Anleitung zur Ermittlung der Lohnsteuer angefügt).

Diese Tabellen sind nach **Lohnstufen** gestaffelt. Ebenso wie bei der Einkommensteuerveranlagung muß auch beim Lohnsteuerabzug berücksichtigt werden, daß **der Steuersatz abhängig von der Höhe des Arbeitslohns unterschiedlich** ist. Wegen der verschiedenen Lohnzahlungszeiträume gibt es neben Jahreslohnsteuertabellen noch Monats-, Wochen- und Tageslohnsteuertabellen. Zur Vereinfachung des Lohnsteuerabzuges sind in die Lohnsteuertabellen, getrennt nach

Ermittlung der Lohn- und Kirchensteuer

Steuerklasse und Zahl der auf der Lohnsteuerkarte eingetragenen Kinderfreibeträge, folgende Frei- und Pauschbeträge eingearbeitet:

- ein Grundfreibetrag für alle Arbeitnehmer
- ein Arbeitnehmer-Pauschbetrag für Werbungskosten,
- ein Sonderausgaben-Pauschbetrag,
- eine allgemeine bzw. besondere Vorsorgepauschale,
- der Haushaltsfreibetrag und
- der Kinderfreibetrag.

Übersicht über die derzeit gültigen Frei- und Pauschbeträge (Bestandteile der Lohnsteuertabellen)

8050

Steuerklasse und Zahl der Kinderfreibeträge	Grundfreibetrag	Arbeitnehmer-Pauschbetrag	Sonderausgaben-Pauschbetrag	Vorsorge-Pauschale	Kinderfreibetrag	Haushaltsfreibetrag
I	5.616	2.000	108	Abhängig von der Höhe des Arbeitslohns sowie davon, ob Rentenversicherungspflicht besteht.	-	-
I/0,5	5.616	2.000	108		2.052	-
II/0,5	5.616	2.000	108		2.052	5.616
II/1	5.616	2.000	108		4.104	5.616
III	11.232	2.000	216		-	-
III/0,5	11.232	2.000	216		2.052	-
III/1	11.232	2.000	216		4.104	-
IV	5.616	2.000	108		-	-
IV/0,5	5.616	2.000	108		1.026	-
IV/1	5.616	2.000	108		2.052	-
V	-	2.000	-		-	-
VI	-	-	-		-	-

Nicht eingearbeitet werden konnten

- der **Versorgungs-Freibetrag** (vgl. Rz. 8054) und
- der **Altersentlastungsbetrag** (vgl. Rz. 8055)

Diese Beträge muß der **Arbeitgeber** beim Lohnsteuerabzug noch **selber berücksichtigen**. Bevor also die Lohnsteuer vom Bruttoarbeitslohn anhand der Lohnsteuertabelle vom Arbeitgeber abgelesen werden kann, müssen diese Freibeträge (ganz oder anteilig) und die auf der Lohnsteuerkarte eingetragenen (s. Rz. 8046) vom Arbeitslohn abgerechnet werden (Einzelheiten vgl. Rz. 8058).

Da die Vorsorgepauschale darüber hinaus nicht bei allen Arbeitnehmern gleich hoch ist, werden **zwei verschiedene Lohnsteuertabellen**, eine allgemeine und eine besondere, aufgestellt.

Hinweis:
Die tatsächlichen Vorsorgeaufwendungen bleiben beim Lohnsteuerabzug und beim Lohnsteuerjahresausgleich durch den Arbeitgeber außer Betracht. Auch wenn die tatsächlichen Vorsorgeaufwendungen die Vorsorgepauschale übersteigen, können sie nicht als Freibetrag auf der Lohnsteuerkarte eingetragen, sondern nur bei einer Veranlagung zur Einkommensteuer vom Finanzamt berücksichtigt werden.

8051
Die **allgemeine Lohnsteuertabelle** ist insbesondere anzuwenden für

- Arbeitnehmer, die einen **Beitragsanteil zur gesetzlichen Rentenversicherung (Arbeitnehmeranteil)** entrichten;

- Arbeitnehmer, die von der Versicherungspflicht in der gesetzlichen Rentenversicherung auf Antrag befreit worden sind und die deshalb steuerfreie Arbeitgeberzuschüsse für eine Lebensversicherung, für die freiwillige Weiterversicherung in der gesetzlichen Rentenversicherung oder für eine öffentlich-rechtliche Versicherungs- oder Versorgungseinrichtung ihrer Berufsgruppe erhalten können;

- Arbeitnehmer, die wegen **geringfügiger Beschäftigung**, ihres geringen Arbeitslohns oder als Praktikanten bzw. Studenten keinen Beitragsanteil zur gesetzlichen Rentenversicherung entrichten. Dabei kommt es nicht darauf an, daß der Arbeitgeber für sozialversicherungspflichtige Arbeitnehmer mit geringem Arbeitslohn den gesamten Sozialversicherungsbeitrag zu übernehmen hat;

- Arbeitnehmer, die von ihrem Arbeitgeber nur Versorgungsbezüge im Sinne des § 19 Abs. 2 Nr. 2 EStG erhalten (sogenannte Werkspensionäre). Dies sind Personen, die von Arbeitgebern in der freien Wirtschaft aufgrund einer Versorgungszusage (ohne eigene Beitragsleistung) Pensionen (sogenannte Betriebsrenten) beziehen, die dem Lohnsteuerabzug unterliegen (hierfür muß dem Arbeitgeber eine Lohnsteuerkarte vorgelegt werden);

- ausländische Arbeitnehmer, die mit dem Arbeitslohn aus der Tätigkeit für einen inländischen Arbeitgeber von der gesetzlichen Rentenversicherungspflicht befreit worden sind, weil sie in der Sozialversicherung des Heimatstaates versichert sind.

Ermittlung der Lohn- und Kirchensteuer

8052

Die **besondere Lohnsteuertabelle** ist insbesondere anzuwenden für den Kreis **nicht sozialversicherungspflichtiger Arbeitnehmer**, beispielsweise

- Beamte, Richter, Berufssoldaten
- Arbeitnehmer, die von ihrem Arbeitgeber nur Versorgungsbezüge im Sinne des § 19 Abs. 2 Nr. 1 EStG erhalten, z.B. Beamtenpensionäre, Bezieher von Witwen- oder Waisengeld aufgrund beamtenrechtlicher oder entsprechender gesetzlicher Vorschriften.

Diese Aufzählung ist keineswegs abschließend, sondern enthält nur die wichtigsten Arbeitnehmergruppen.

Welche Tabelle anzuwenden ist, richtet sich also grundsätzlich danach, ob der Arbeitnehmer in dem vorliegenden Arbeitsverhältnis **rentenversicherungspflichtig** ist:

- bei **rentenversicherungspflichtigen Arbeitnehmern** ist **stets die allgemeine Lohnsteuertabelle** anzuwenden (für Arbeitnehmer in der Privatwirtschaft der **Regelfall**).
- bei **rentenversicherungsfreien Arbeitnehmern** ist die besondere Lohnsteuertabelle dann anzuwenden, wenn sie zum Personenkreis des § 10 c Abs. 3 EStG gehören. Auf die näheren Einzelheiten soll an dieser Stelle nicht eingegangen werden (vgl. *Klein/Flockermann*, HzL Gruppe 3, S. 315).

Durch das Zinsabschlagsgesez vom 09.11.1992 wurde u.a. die Vorsorgepauschale (vgl. Rz. 8049) mit Wirkung ab 01.01.1993 erhöht. Es gelten daher seit dem **Veranlagungszeitraum 1993 neue Lohnsteuertabellen.** Für den Veranlagungszeit- räume 1994 und 1995 sind demgegenüber keine Veränderungen eingetreten (Dies gilt **nicht für die Lohnsteuerzusatztabellen**, vgl. Rz. 8065 f.).
Zum ab dem **01.01.1995** erneut eingeführten **Solidaritätszuschlag** vgl. Rz. 8087 f.

3. Lohnsteuerabzug vom "laufenden Arbeitslohn"

a) Allgemeine Vorgehensweise

8053

Um einen zutreffenden Lohnsteuerabzug vom **"laufenden Arbeitslohn"** überhaupt vornehmen zu können, muß zunächst festgestellt werden,

- daß es sich bei der an den Arbeitgeber geleisteten Zuwendung (Geld- oder Sachbezug) überhaupt um **Arbeitslohn** im steuerrechtlichen Sinn handelt (vgl. hierzu Rz. 8019) und
- ob **"laufender Arbeitslohn"** oder ein **"sonstiger Bezug"** vorliegt.

Lohnsteuerrecht

Für die Einbehaltung der Lohnsteuer vom **laufenden Arbeitslohn** hat der Arbeitgeber nunmehr den **Lohnzahlungszeitraum** (vgl. Rz. 8036) festzustellen. Vom Arbeitslohn sind sodann abzuziehen

- der auf den Lohnzahlungszeitraum entfallende **Anteil des Versorgungsfreibetrages**;
- ein **(anteiliger) Altersentlastungsbetrag** sowie
- ein möglicherweise auf der Lohnsteuerkarte eingetragener **Freibetrag**.

Sodann ist zu klären, ob die **allgemeine (Regelfall)** oder **besondere Lohnsteuertabelle** anzuwenden ist (vgl. Rz. 8049 ff.).
Ob im Anschluß daran die allgemeine oder besondere Lohnsteuertabelle für **Monat**, **Woche** oder **Tag** zur Anwendung kommt, richtet sich nach dem vereinbarten **Lohnzahlungszeitraum** (vgl. Rz. 8036).

Schließlich hat der Arbeitgeber in der entsprechenden **Tabelle** abhängig von der **Höhe des gezahlten Lohns** und der weiteren auf der Lohnsteuerkarte eingetragenen **Besteuerungsmerkmale** wie Steuerklasse, Kinderfreibetrag etc. die **Höhe der einzubehaltenden Lohnsteuer** zu ermitteln.

b) Berücksichtigung eines Versorgungs-Freibetrags

8054

Arbeitnehmer sind auch solche Personen, die Arbeitslohn aus einem **früheren Arbeitsverhältnis** beziehen (vgl. Rz. 8019). Dasselbe gilt für deren Rechtsnachfolger (Erben). Diese Einnahmen werden als Versorgungsbezüge bezeichnet und müssen **nicht in vollem Umfang versteuert** werden. Von diesen Bezügen wird ein Freibetrag abgezogen (§ 19 Abs. 2 EStG). Dieser richtet sich nach der Höhe der Versorgungsbezüge und beträgt

- 40 % der Versorgungsbezüge,
- höchstens jedoch 6.000 DM.

Hierbei handelt es sich um einen **Jahresbetrag**, der auch dann in voller Höhe gewährt wird, wenn der Arbeitnehmer nur während eines Teils des Veranlagungszeitraums Versorgungsbezüge bezogen hat.
Werden Versorgungsbezüge laufend gezahlt, so darf vor Anwendung der Lohnsteuertabelle der Versorgungs-Freibetrag nur mit dem auf den **Lohnzahlungszeitraum** entfallenden **anteiligen Betrag** abgezogen werden. Bei monatlicher Lohnzahlung ist der Jahresbetrag mit 1/12, bei wöchentlicher Lohnzahlung der Monatsbetrag mit 7/30 und bei täglicher Lohnzahlung der Monatsbetrag mit 1/30 anzusetzen. Dabei kann der sich ergebende Monatsbetrag auf den nächsten vollen DM-Betrag, der Wochenbetrag auf den nächsten durch 10 teilbaren Pfen-

Ermittlung der Lohn- und Kirchensteuer

nigbetrag und der Tagesbetrag auf den nächsten durch 5 teilbaren Pfennigbetrag aufgerundet werden. Es können demnach **höchstens**

- monatlich   500,00 DM,
- wöchentlich   116,70 DM
- täglich   16,70 DM

berücksichtigt werden. Der dem Lohnzahlungszeitraum entsprechende anteilige Höchstbetrag darf auch dann nicht überschritten werden, wenn in früheren Lohnzahlungszeiträumen desselben Kalenderjahres wegen der damaligen Höhe der Versorgungsbezüge ein niedrigerer Betrag als der Höchstbetrag angesetzt worden ist. Eine Verrechnung des in einem Monat nicht ausgeschöpften Höchstbetrages mit den den Höchstbetrag übersteigenden Beträgen eines anderen Monats ist **nicht zulässig**. Ein Ausgleich erfolgt erst beim Lohnsteuerjahresausgleich durch den Arbeitgeber oder bei einer Veranlagung des Arbeitnehmers zur Einkommensteuer (welche gegebenenfalls ausschließlich zum Zwecke der Lohnsteuerrückerstattung vorzunehmen ist, vgl. hierzu Rz. 8128).

Beispiel:
Ein pensionierter Arbeitnehmer bezieht 1995 eine Betriebsrente von anfänglich 800 DM und ab 01.07.1995 1.400 DM.
Vor Anwendung der Monatstabelle hat der Arbeitgeber den Versorgungsfreibetrag abzuziehen. Für den verbleibenden Betrag ist die Lohnsteuer nach der maßgebenden Steuerklasse aus der Monatstabelle abzulesen. Der Versorgungsfreibetrag beträgt:

- *Monatslohn 800 DM x 40 %   =   320 DM monatlich*
- *Monatslohn 1.400 DM x 40 %   =   560 DM monatlich.*
- *Höchstbetrag: 6.000 DM : 12   =   500 DM monatlich.*

*Die in der Zeit von 01.01. bis Juni nicht ausgeschöpften Beträge in Höhe von insgesamt 1.080 DM (500 DM minus 320 DM = 180 DM x 6) können beim Lohnsteuerabzug ab dem 01.07.1995 **nicht** verrechnet werden. Eine Verrechnung ist erst beim Lohnsteuerjahresausgleich durch den Arbeitgeber oder im Rahmen einer Einkommensteuerveranlagung nach Ablauf des Jahres möglich.*

c) Berücksichtigung eines Altersentlastungsbetrags

8055

Arbeitnehmer, die vor Beginn des Kalenderjahres das **64. Lebensjahr** vollendet haben, erhalten gem. § 24 a EStG einen **Altersentlastungsbetrag** (Für 1995 betrifft dies alle Arbeitnehmer, die vor dem **02.01.1931** geboren sind). Ob bei dem Arbeitnehmer der Altersentlastungsbetrag zu berücksichtigen ist, muß der Arbeitgeber nach dem auf der Lohnsteuerkarte eingetragenen **Geburtsdatum** beur-

Lohnsteuerrecht

teilen (s. auch Rz. 8044). Der Altersentlastungsbetrag beträgt 40 % des Arbeitslohns, sofern es sich nicht um steuerbegünstigte Versorgungsbezüge (vgl. Rz. 8054) handelt, **höchstens** jedoch 3.720 DM im Kalenderjahr. Bei laufendem Arbeitslohn darf der Altersentlastungsbetrag nur mit dem auf den Lohnzahlungszeitraum entfallenden **anteiligen Betrag** berücksichtigt werden. Insoweit gilt die gleiche Regelung wie beim Versorgungsfreibetrag. Als Altersentlastungsbetrag können demnach höchstens berücksichtigt werden

- monatlich   310,00 DM
- wöchentlich   72,40 DM
- täglich   10,35 DM.

Diesen anteiligen Altersentlastungsbetrag hat der Arbeitgeber **vor Anwendung der Lohnsteuertabelle** vom Arbeitslohn **abzuziehen**.

Beispiel:
Ein Arbeitnehmer, der am 21.06.1930 geboren ist, bezieht im Kalenderjahr 1995 Arbeitslohn aus einer aktiven Beschäftigung. Der Monatslohn beträgt anfänglich 600 DM und ab dem 01.07.1995 1.000 DM.
Vor Anwendung der Monatstabelle hat der Arbeitgeber den Altersentlastungsbetrag abzuziehen. Für den verbleibenden Betrag ist die Lohnsteuer nach der maßgebenden Steuerklasse aus der Monatstabelle abzulesen. Der Altersentlastungsbetrag beträgt monatlich.:

- *Monatslohn 600 DM x 40 %   =   240 DM*
- *Monatslohn 1.000 DM x 40 %   =   400 DM*
- *Höchstbetrag: 3.720 : 12   =   310 DM*

*Die in der Zeit von **Januar** bis **Juni** nicht ausgeschöpften Beträge von insgesamt 420 DM (310 DM minus 240 DM = 70 DM x 6) können beim Lohnsteuerabzug ab 01.07.1995 **nicht verrechnet** werden. Eine Verrechnung ist auch hier erst nach Ablauf des Jahres beim Lohnsteuerjahresausgleich oder bei einer Veranlagung zur Einkommensteuer möglich.*

Auf Vergütungen, von denen die Lohnsteuer zu Lasten des Arbeitgebers pauschal erhoben wird (z.B. auf pauschal versteuerte Vergütungen an Teilzeitbeschäftigte (vgl.Rz. 8078)), darf der Altersentlastungsbetrag **nicht** angewendet werden.

d) Wegfall des Tariffreibetrags

8056
Die Vorschriften über die Gewährung eines **Tariffreibetrags für eine Beschäftigung in den neuen Bundesländern** war bis zum **31.12.1993** befristet. Für Lohn-

Ermittlung der Lohn- und Kirchensteuer

zahlungszeiträume, die nach diesem Datum enden, darf daher **kein Tariffreibetrag** mehr von Arbeitslohn abgezogen werden.

8057

Dies **gilt auch für Nachzahlungen von Arbeitslohn**, die den Zeitraum 1991-1993 betreffen. Hierbei handelt es sich um "sonstige Bezüge" (vgl. Rz. 8041), für die schon nach der alten Rechtslage der Abzug eines Tariffreibetrags nicht vorgenommen werden durfte (*vgl. Luchterhand Arbeits- und Sozialrecht, Ausgabe 1993*).

e) Beispielsfall: Lohnsteuerabzug vom laufenden Arbeitslohn

8056

Der Arbeitnehmer (Steuerklasse III/0, sozialversicherungspflichtig) erhält im Kalenderjahr 1995 ein Monatsgehalt in Höhe von 5.000 DM. Der Arbeitslohn wird vom Arbeitgeber jeweils am 5. eines Monats für den vorangegangenen Monat überwiesen. Auf der Lohnsteuerkarte 1995 ist ein Monatsfreibetrag in Höhe von 500 DM eingetragen. Aufgrund des Alters ist dem Arbeitnehmer ein Altersentlastungsbetrag zu gewähren. Mit Wirkung zum 01.05. des Jahres ändert sich der Freibetrag von 500 DM auf 700 DM.

Die Lohnsteuer soll beispielhaft für die Monate

- *Januar und*
- *Juni*

ermittelt werden:

- *Einbehaltung der Lohnsteuer für den Monat **Januar***

○ Feststellung des Lohnzahlungszeitraums:	monatlich
○ Höhe des laufenden Arbeitslohns:	5.000,00 DM
○ Abzug der Freibeträge:	
○ anteiliger Altersentlastungsbetrag (Höchstbetrag):	./. 310,00 DM
○ anteiliger Versorgungsfreibetrag:	entfällt
○ Freibetrag auf der Lohnsteuerkarte:	500,00 DM
○ zu versteuernder Arbeitslohn:	4.190,00 DM
○ Anwendung der Lohnsteuertabelle:	
○ "Allgemeine Lohnsteuertabelle 1995", da Arbeitnehmer sozialversicherungs- und rentenversicherungspflichtig	
○ Lohnsteuertabelle "Monat": Lohnstufe 4.194,15 DM, ausgewiesene Lohnsteuer	472,33 DM

Vom Arbeitgeber sind also für den Monat Januar 472,33 DM Lohnsteuer einzubehalten.

Lohnsteuerrecht

- *Ermittlung der Lohnsteuer für den **Monat Juni***

  o Ermittlung des Lohnzahlungszeitraums: monatlich
  o Höhe des laufenden Arbeitslohns: 5.000,00 DM
  o Abzug der Freibeträge:
    o anteiliger Altersentlastungsbetrag (Höchstbetrag): ./. 310,00 DM
    o anteiliger Versorgungsfreibetrag: entfällt
    o Freibetrag auf der Lohnsteuerkarte
      (mit Wirkung zum 01.05. 1995 erhöht): 700,00 DM
  o vom Arbeitnehmer zu versteuerndes Einkommen: 3.990,00 DM
  o Anwendung der "Allgemeinen Lohnsteuertabelle" 1995
    für "Monat" (vgl. oben): Lohnstufe 3.991,65 DM,
    ausgewiesene Lohnsteuer 436,16 DM

Der Arbeitgeber hat für den Monat Juni 436,16 DM Lohnsteuer einzubehalten.

4. Lohnsteuer auf "sonstige Bezüge"

8059
Wie bereits erwähnt (vgl. Rz. 8041), kommt es für den Zeitpunkt der Besteuerung **sonstiger Bezüge** auf deren **Zufluß** an und nicht, wie beim laufenden Arbeitslohn, auf den Lohnzahlungszeitraum. Grundsätzlich wird bei der Ermittlung der auf die sonstigen Bezüge entfallenden Lohnsteuer vom **voraussichtlichen Jahresarbeitslohn** ausgegangen und unter Anwendung der Jahreslohnsteuertabelle die geschuldete Lohnsteuer ermittelt.
Von dieser Verfahrensweise wird allerdings **in zwei Fällen abgewichen**:

- werden in einem Lohnzahlungszeitraum neben laufendem Arbeitslohn auch sonstige Bezüge von insgesamt nicht mehr als **300 DM** gezahlt, so sind sie zur Berechnung der Steuer dem laufenden Arbeitslohn hinzuzurechnen. Die arbeitsaufwendige Berechnung durch Hochrechnung auf den Jahresarbeitslohn ist in diesem Fall entbehrlich.

- bei sonstigen Bezügen, die in einer größeren Zahl von Fällen gewährt werden, kann das **Betriebsstättenfinanzamt** unter bestimmten Voraussetzungen zulassen, daß die Lohnsteuer mit einem **besonderen Pauschsteuersatz** zu Lasten des Arbeitgebers erhoben wird.

a) Vereinfachte Besteuerung bei sonstigen Bezügen bis 300 DM.

8060
Ein sonstiger Bezug, der 300 DM nicht übersteigt, ist **stets als laufender Arbeitslohn** zu behandeln. Der sonstige Bezug wird in diesem Fall dem laufenden Arbeitslohn des Lohnzahlungszeitraums hinzugerechnet, in dem er gezahlt wird. Aus Vereinfachungsgründen können mehrere Bezüge, die im selben Lohnzahlungszeitraum gezahlt werden, für die Berechnung der 300-DM-Grenze **zusam-

mengefaßt und als **einheitlicher sonstiger Bezug** versteuert werden. Für die Feststellung der 300-DM-Grenze sind nur die steuerpflichtigen sonstigen Bezüge, bei einer Pauschalierung (vgl. Rz. 8078 f.) nur der **nicht pauschalierte** Teil der sonstigen Bezüge maßgebend.

Die Vereinfachungsregelung ändert aber nichts am Zeitpunkt der steuerlichen **Erfassung beim Zufluß**.

Beispiel:
Der Arbeitgeber zahlt eine tarifvertragliche Lohnerhöhung von 240 DM für die Monate September bis Dezember am 10.01. des Folgejahres.
Bei der rückwirkend gezahlten Lohnerhöhung in Höhe von 240 DM handelt es sich um einen sonstigen Bezug. Da die Nachzahlung 300 DM nicht übersteigt, ist diese vereinfacht als laufender Arbeitslohn zu versteuern. Die Nachzahlung ist allerdings zusammen mit dem laufenden Lohn im **Monat Januar** *zu versteuern, da erst in diesem Monat die Zahlung dem Arbeitnehmer zugeflossen ist.*

Daß die Nachzahlung 300 DM nicht übersteigt und daher vereinfacht zu besteuern ist, beantwortet lediglich die Frage nach dem **"Wie"** der Besteuerung, nicht die nach dem **"Wann"**, welche sich ausschließlich nach dem Zuflußzeitpunkt richtet.

b) Individuelle Steuerberechnung bei sonstigen Bezügen ab 301 DM

8061

Sonstige Bezüge, die die 300-DM-Grenze übersteigen, dürfen für die Berechnung der Lohnsteuer dem laufenden Arbeitslohn **nicht** hinzugerechnet werden. Ihre Besteuerung richtet sich nach der **Jahreslohnsteuertabelle**, der ein mittels eines bestimmten **Schätzungsverfahrens** ermittelter Jahresarbeitslohn zugrundezulegen ist. Ziel dieser Verfahrensweise ist es, eine zu hohe Besteuerung des sonstigen Bezuges im Zuflußzeitpunkt zu verhindern. Der Arbeitnehmer wird so behandelt, als hätte er in jedem Monat des Kalenderjahres 1/12 des sonstigen Bezugs erhalten.

Die erstmalig seit dem 01.01.1994 eingeführten **Lohnsteuerzusatztabellen** für Arbeitnehmer mit geringem Einkommen (Einzelheiten vgl. Rz. 8065 f.) gelten auch für die **Besteuerung der "sonstigen Bezüge"**. Je nach dem, ob ein sonstiger Bezug im Rahmen der individuellen Steuerberechnung oder als laufender Arbeitslohn versteuert wird, ist ergänzend entweder die Jahres-Zusatztabelle oder - abhängig vom Lohnzahlungszeitraum - die Monats-, Wochen- oder Tages-Zusatztabelle zu berücksichtigen.

Lohnsteuerrecht

8062

Schematisch läßt sich das Verfahren zur individuellen Berechnung folgendermaßen darstellen:

(1) Berechnung des voraussichtlichen Jahresarbeitslohns

Voraussichtlicher laufender Jahresarbeitslohn ist

- der im Kalenderjahr bereits **gezahlte laufende Arbeitslohn** und

- der bis zum Ende des Kalenderjahres **voraussichtlich noch zufließende laufende Arbeitslohn.**

(a) Zum **bereits gezahlten laufenden Arbeitslohn** gehören der für die bereits abgelaufenen Lohnzahlungszeiträume zugeflossene steuerpflichtige Bruttoarbeitslohn einschließlich aller steuerpflichtigen Vergütungen wie z.B. Überstundenvergütungen, Erschwerniszuschläge, zusätzliche vermögenswirksame Leistungen. Steuerfreie Bezüge bleiben außer Ansatz. Mitzuzählen ist allerdings im gleichen Kalenderjahr bereits bezogener und auf der Lohnsteuerkarte bescheinigter Arbeitslohn aus früheren Arbeitsverhältnissen bei anderen Arbeitgebern.

(b) Der **künftig noch zu zahlende laufende Arbeitslohn** ist anhand der absehbaren Verhältnisse **zu schätzen.** Als Vereinfachungsregelung ist in Abschn. 119 Abs. 3 Satz 3 LStR zugelassen, daß der künftig noch zu zahlende laufende Arbeitslohn durch Umrechnung des bisher zugeflossenen laufenden Arbeitslohns auf die Restzeit des Kalenderjahres ermittelt werden kann. **Künftige Lohnerhöhungen** können also nach dieser Vereinfachungsregelung **außer Ansatz** bleiben, auch wenn mit der Lohnerhöhung sicher zu rechnen ist.

(2) Berechnung des maßgebenden Jahresarbeitslohns

Der für die Besteuerung des sonstigen Bezugs maßgebende Jahresarbeitslohn ergibt sich, wenn von dem voraussichtlichen Jahresarbeitslohn (also der Summe der Beträge aus (a) und (b)) folgende Freibeträge abgezogen werden:

- ein auf der Lohnsteuerkarte eingetragener Freibetrag

- der Altersentlastungsbetrag (soweit dessen Voraussetzungen vorliegen, vgl. Rz. 8055) und

- der Versorgungs-Freibetrag (ebenfalls soweit die Voraussetzungen hierfür vorliegen, vgl. Rz. 8054)

(3) Berechnung der Lohnsteuer für den sonstigen Bezug

Für die Besteuerung des sonstigen Bezugs ist zunächst die Jahreslohnsteuer für den maßgebenden Jahresarbeitslohn **ohne** den sonstigen Bezug und sodann die

Ermittlung der Lohn- und Kirchensteuer

Jahreslohnsteuer für den maßgebenden Jahresarbeitslohn **einschließlich** des sonstigen Bezugs zu ermitteln. Der Unterschiedsbetrag zwischen diesen beiden Jahreslohnsteuerbeträgen entspricht der für den sonstigen Bezug geschuldeten Lohnsteuer.

Beispiel:
*Der Arbeitnehmer erhält bei monatlicher Lohnabrechnung für die Monate Januar bis Juni 18.000 DM Grundvergütung sowie 1.000 DM Überstundenvergütung. Für den Monat Juli bekommt er ein **Urlaubsgeld** in Höhe von 800 DM. Der laufende Arbeitslohn für diesen Monat beträgt 3.000 DM zzgl. 170 DM Überstundenvergütung. Für den Monat November hat der Arbeitnehmer mit einer Leistungsprämie in Höhe von 1.500 DM zu rechnen. Auf der Lohnsteuerkarte des Arbeitnehmers sind die Steuerklasse I/0 und ein steuerfreier Jahresbetrag von 700 DM eingetragen.*

Steuerberechnung für das Urlaubsgeld in Höhe von 800 DM:

(1) Voraussichtlicher laufender Jahresarbeitslohn

- *Januar bis Juli:*
  18.000 DM + 1.000 DM + 3.000 DM + 170 DM =   22.170,00 DM

- *Voraussichtlich noch zufließender Arbeitslohn*
  (Umrechnung des bisher gezahlten Arbeitslohns auf
  12 Monate: 22.170 DM : 7 = 3.167,15 DM)
  5 x 3.167,15 DM =   15.835,75 DM.

- *Voraussichtlicher laufender Jahresarbeitslohn*
  22.170 DM + 15.835,75 DM =   38.005,75 DM

(Die im November zu erwartende Leistungsprämie in Höhe von 1.500 DM bleibt außer Ansatz)

(2) Berechnung des maßgebenden Jahresarbeitslohns

- *Voraussichtlicher laufender Jahresarbeitslohn:*   38.005,75 DM
  - *abzüglich:*
    Jahres-Freibetrag lt. Lohnsteuerkarte: 700,00 DM
- *Maßgebender Jahresarbeitslohn:*   37.305,75 DM

(3) Berechnung der Lohnsteuer für das Urlaubsgeld

Lohnsteuer nach Klasse I/0 der allgemeinen Jahreslohnsteuertabelle 1995

- *Vom maßgebenden Jahresarbeitslohn in Höhe von*
  37.305,75 DM: 5.674,00 DM

- *Vom maßgebenden Jahresarbeitslohn einschließlich Urlaubsgeld*
  (37.305,75 DM + 800 DM = 38.105,75 DM) 5.900,00 DM

- *Differenz = Lohnsteuer für sonstigen Bezug (Urlaubsgeld):* 226,00 DM

c) **Arbeitslohn für mehrere Jahre**

8063
Werden **Vorauszahlungen** oder **Nachzahlungen** für eine Tätigkeit geleistet, die sich über **mehr als 12 Monate** erstreckt, so sind diese sonstigen Bezüge mit **1/3** bei der Ermittlung des maßgebenden Jahresarbeitslohns anzusetzen. Die sich ergebende Lohnsteuer für den Teilbetrag des sonstigen Bezugs ist sodann mit dem 3-fachen Betrag zu erheben. Diese Regelung ist auch dann anzuwenden, wenn der Arbeitslohn nicht für eine abgrenzbare Sondertätigkeit gezahlt wird oder wenn ein Grund für die Zusammenballung der Vergütungen in einem Jahr nicht vorliegt.

Bei der Besteuerung von **Jubiläumszuwendungen** ist das sog. Drittelungsverfahren anzuwenden, wenn die Jubiläumszuwendung eine **mehr als 12 Monate** dauernde Tätigkeit abgelten soll. Zuwendungen, die ohne Rücksicht auf die Dauer der Betriebszugehörigkeit lediglich aus Anlaß eines Firmenjubiläums erfolgen, erfüllen die Voraussetzungen für die Anwendung des Drittelungsverfahrens nicht. Die geschilderte Drittelregelung gilt nicht, wenn sonstige Bezüge als **Entschädigung** mit dem halben Steuersatz besteuert werden. Die Begünstigung durch die Anwendung der Drittelregelung und die Anwendung des halben Steuersatzes schließen sich gegenseitig aus.

Der mit 1/3 angesetzte sonstige Bezug darf weder um den Versorgungsfreibetrag noch um den Altersentlastungsbetrag gekürzt werden, auch wenn die Voraussetzungen für den Abzug dieser Beträge im Grundsatz erfüllt sind.

Beispiel:
Der Arbeitnehmer (Lohnsteuerkarte mit Steuerklasse III/0) erhält einen Monatslohn von 2.000 DM. Anläßlich seiner 10-jährigen Betriebszugehörigkeit erhält er im Mai 1995 ein Jubiläumsgeschenk in Höhe von 1.500 DM.
Das Jubiläumsgeschenk bleibt nur bis zur Höhe von 600 DM steuerfrei (vgl. Rz. 8035). Die Lohnsteuer für den steuerpflichtigen Teil des Jubiläumsgeschenks in Höhe von 900 DM ist wie folgt zu berechnen:

- *Voraussichtlicher laufender Jahresarbeitslohn*
  (12 x 2.000 DM): 24.000,00 DM.

Ermittlung der Lohn- und Kirchensteuer

- *Lohnsteuer nach Steuerklasse III/0 der Jahreslohnsteuertabelle 1995*

    o **vom maßgebenden Jahresarbeitslohn**
    (Der "maßgebende Jahresarbeitslohn" entspricht
    hier dem "voraussichtlichen laufenden Jahresarbeitslohn",
    da keine Freibeträge anzurechnen sind):
    Lohnsteuer für 24.000 DM: 1.170,00 DM

    o *vom maßgebenden Jahresarbeitslohn einschließlich*
    **eines Drittels des steuerpflichtigen Teils des
    Jubiläumsgeschenkes**
    24.000 DM + 300 DM = 24.300 DM: 1.212,00 DM

    o *Differenz:*   42,00 DM

- Die **Lohnsteuer für den steuerpflichtigen Teil**
  der Jubiläumszuwendung beträgt
  (3 x 42 =)   126,00 DM

Wurden sonstige Bezüge nach der im Beispiel dargestellten sog. "Drittelregelung" besteuert, so sind diese im Lohnkonto und auf der Lohnsteuerkarte 1995 **gesondert zu bescheinigen** (vgl. Rz. 8118).

d) Entlassungsentschädigungen als sonstiger Bezug

8064

Entlassungsentschädigungen sind bis zu einem Betrag von **24.000 DM grundsätzlich steuerfrei**, wobei für ältere Arbeitnehmer höhere Steuerfreibeträge in Frage kommen können (§ 3 Nr. 9 EStG; vgl. Rz. 8035). Ist eine Entlassungsentschädigung zum Teil steuerpflichtig, weil der steuerfreie Höchstbetrag überschritten wird, so ist der steuerpflichtige Teil als sonstiger Bezug zu versteuern. Dabei wird die für den sonstigen Bezug ermittelte Lohnsteuer **nur zur Hälfte** erhoben, da eine Entlassungsentschädigung, die anläßlich einer vom Arbeitgeber veranlaßten Entlassung gezahlt wird, bis zu einem Betrag von maximal 30 Millionen DM steuerbegünstigt ist (§§ 24 Nr. 1, 34 EStG). Auch wenn die Steuer für sonstige Bezüge nur zur Hälfte erhoben wird, darf der sonstige Bezug um den Altersentlastungsbetrag gekürzt werden, wenn der Arbeitnehmer die altersmäßigen Voraussetzungen erfüllt und der Altersentlastungsbetrag bei der Feststellung des maßgebenden Jahresarbeitslohns noch nicht verbraucht ist. Entsprechendes gilt für den Versorgungsfreibetrag.

Beispiel:
Der Arbeitnehmer (Steuerklasse III/0) mit einem Monatslohn von 4.000 DM scheidet zum 30.06.1995 aus dem Arbeitsverhältnis aus und erhält eine Entschädigung wegen

Lohnsteuerrecht

Entlassung aus dem Arbeitsverhältnis auf Veranlassung des Arbeitgebers. Die Entschädigung beträgt 40.000 DM.
Sie ist in Höhe von 24.000 DM steuerfrei. Die Steuer für den steuerpflichtigen Teil der Entschädigung errechnet sich wie folgt:

- *Voraussichtlicher laufender Jahresarbeitslohn*
  (12 x 4.000 DM)=   48.000,00 DM
  (dabei wird unterstellt, daß der Arbeitnehmer
  ab dem 01.07. in einem neuen Dienstverhältnis steht).

- *Lohnsteuer nach Steuerklasse III/0 der Jahreslohnsteuertabelle 1995*

  ○ *vom maßgebenden Jahresarbeitslohn*
  *(dieser ist auch hier **identisch** mit dem*
  "voraussichtlichen laufenden Jahresarbeitslohn",
  da keine Freibeträge abzurechnen sind)
  (48.000 DM) =   5.234,00 DM

  ○ *vom maßgebenden Jahresarbeitslohn **einschließlich***
  des steuerpflichtigen Teils der Entschädigung
  (48.000 DM + 16.000 DM = 64.000 DM =)   8.838,00 DM

  ○ *Differenzbetrag = Lohnsteuer für den sonstigen Bezug =*   3.604,00 DM

- *Ermäßigter Steuersatz (50 %) =*   1.802,00 DM

Die ermäßigt besteuerten Entschädigungen und die hierauf entfallende Lohnsteuer müssen im **Lohnkonto gesondert aufgezeichnet** und auf der **Lohnsteuerkarte gesondert bescheinigt** werden (vgl. Rz. 8118).

5. Steuerfreistellung des Existenzminimums

a) Beschluß des Bundesverfassungsgerichts

8065

Nach dem Beschluß des Bundesverfassungsgerichts vom 25.09.1992 (*BStBl.* I, 1851) war ab 1993 sicherzustellen, daß bei der Einkommensbesteuerung dem Steuerpflichtigen die Erwerbsbezüge steuerfrei belassen werden, die er zur **Deckung eines existenznotwendigen Bedarfs** benötigt. In seinem Beschluß hat das Bundesverfassungsgericht zugleich festgestellt, daß der in die Lohnsteuertabellen eingearbeitete Grundfreibetrag i.H.v. 5.616 DM bei Ledigen bzw. 11.232 DM bei Verheirateten zur Sicherung des Existenzminimums **nicht ausreicht** und dementsprechend vom Gesetzgeber bis spätestens zum 01.01.1996 neu festzuset-

zen ist. Bis zum Inkrafttreten einer Neuregelung behalten die in den Lohnsteuertabellen eingearbeiteten Freibeträge ihre Gültigkeit. Allerdings mußte dem Steuerpflichtigen bereits ab 1993 im Lohnsteuerverfahren ein Existenzminimum sichergestellt werden, das erheblich über dem Grundfreibetrag liegt.

b) Neue gesetzliche Übergangsregelung

8065 a

Die Sicherung eines steuerfreien Existenzminimums wurde zunächst durch Verwaltungsanweisungen geregelt. Diese Verwaltungsregelungen sind nunmehr durch eine **gesetzliche Übergangsregelung** abglöst worden: Der neu in das Einkommensteuergesetz eingefügte § 32 d EStG enthält i.V.m. seinen Anlagen die Tarifvorschriften zur Entlastung bei niedrigem Erwerbseinkommen. Entsprechendes gilt für das Lohnsteuerabzugsverfahren aufgrund des ebenfalls neuen § 61 EStG.

Danach werden steuerfrei gestellt:

Kalenderjahr	Alleinstehende	nicht dauernd getrenntlebende Ehegatten
1993	10.529 DM	21.509 DM
1994	11.069 DM	22.139 DM
1995	11.555 DM	23.111 DM

(Der zunächst aufgrund der Verwaltungsregelung für 1993 zugesagte höhere Satz von 12.000 DM für Ledige wird - ggf. durch einen Billigkeitserlaß - wohl trotz der gesetzlichen Neuregelung beibehalten werden)

Auf dieser Grundlage sind vom Bundesministerium für Finanzen neue Lohnsteuer-Zusatztabellen für 1995 (vgl. Rz. 8065 b) bekanntgemacht worden.
Diese enthalten neben der gänzlichen Freistellung von der Lohnsteuer einen Übergangsbereich, in welchem die gemilderte Lohnsteuer stufenweise auf die Lohnsteuer erhöht wird, die nach der Allgemeinen bzw. Besonderen Lohnsteuertabelle einzubehalten ist. Die neuen Lohnsteuer-Zusatztabellen gelten für Lohnzahlungszeiträume, die im Kalendjahr 1995 enden bzw. für sonstige Bezüge, die im Jahr 1995 zufließen.

Die gesetzlichen Neuregelungen knüpfen im wesentlichen an die zuvor schon getroffenen Verwaltungsanweisungen an, enthalten aber auch einige Neuerungen.

Lohnsteuerrecht

§

Im einzelnen ist von folgendem auszugehen:

- Ergibt sich für einen **unbeschränkt einkommensteuerpflichtigen Arbeitnehmer** in den **Steuerklassen I bis IV** nach der allgemeinen oder besonderen Lohnsteuertabelle ein in der **Zusatztabelle** (vgl. Rz. 8065 b) ausgewiesener Lohnsteuerbetrag, so ist die in der Zusatztabelle ausgewiesene **gemilderte Lohnsteuer** vom **laufenden Arbeitslohn** einzubehalten oder der Lohnsteuerberechnung für **sonstige Bezüge** (vgl. Rz. 8059) zugrunde zu legen.

- Die Zusatztabelle ist **nicht anzuwenden**

    o in den Fällen der **Nettolohnbesteuerung** (vgl. Rz. 8094 f.);
    o einer **Pauschalierung nach § 40 Abs. 1 EStG** (vgl. Rz. 8084) oder
    o wenn dies der **Arbeitnehmer beantragt** hat (s. unten "Hinweis").

- Bei einem Arbeitnehmer, der die Voraussetzungen für den Abzug des **Versorgungs-Freibetrags** oder des **Altersentlastungsbetrags** (vgl. Rz. 8054 f.) erfüllt, ist die Zusatztabelle nur anzuwenden, wenn **ohne Abzug** des Versorgungs-Freibetrags oder des Altersentlastungsbetrags die in der Zusatztabelle ausgewiesene gemilderte Lohnsteuer geringer ist als die Lohnsteuer, die sich für den um den Versorgungs-Freibetrag oder Altersentlastungsbetrag geminderten Arbeitslohn nach der allgemeinen oder besonderen Lohnsteuertabelle ergibt.

- Hat der Arbeitgeber für einen Arbeitnehmer die Lohnsteuer nach der Zusatztabelle ermittelt, so hat er dies im **Lohnkonto** (vgl. Rz. 8103) und in der **Lohnsteuerbescheinigung** (vgl. Rz. 8116) durch Eintragung des **Großbuchstaben Z** anzugeben.

- Ist im Lohnkonto oder auf der Lohnsteuerkarte des Ausgleichsjahrs der Großbuchstabe "Z" eingetragen worden, darf der Arbeitgeber für den Arbeitnehmer **keinen Lohnsteuer-Jahresausgleich** (vgl. Rz. 8126 f.) durchführen (§ 42 b Abs. 1 Nr. 4 b EStG)

Aufgrund der neu hinzugekommenen Vorschrift des § 46 Abs. 2 Nr. 7 EStG ist nunmehr ebenfalls gesetzlich geregelt, daß Arbeitnehmer, bei denen die Lohnsteuer nach der Zusatztabelle erhoben worden ist, **von Amts wegen zur Einkommensteuer veranlagt** werden. Sie sind verpflichtet, nach Ablauf des Kalenderjahrs eine **Einkommensteuererklärung** (vgl. Rz. 8126) abzugeben. Das Finanzamt prüft, ob die Höhe des Erwerbseinkommens unter Einbeziehung steuerfreier Bezüge und bestimmter Steuervergünstigungen die beim Steuerabzug vom Arbeitslohn durchgeführte Milderung rechtfertigt.

Hinweis:
Bei Arbeitnehmern, deren **laufender monatlicher Arbeitslohn** in den Anwendungsbereich der Zusatztabelle fällt, ergibt sich bei Zahlung eines **"sonstigen Bezugs"** (bspw. Urlaubs- oder Weihnachtsgeld, vgl. Rz. 8059 f.) ein "Aufholeffekt: Ist der sonstige Bezug nach der Lohnsteuer-Zusatztabelle zu versteuern, er-

Ermittlung der Lohn- und Kirchensteuer

gibt sich nämlich eine Lohnsteuer für den sonstigen Bezug die höher ist als die, die sich ohne Anwendung der Lohnsteuer-Zusatztabelle ergeben würde. Hierdurch wird die im Verhältnis zum voraussichtlichen Jahresarbeitslohn zu geringe Lohnsteuerbelastung des laufenden Arbeitslohns auf einen Schlag ausgeglichen.

Wenn der Arbeitnehmer die höhere Belastung von sonstigen Bezügen mit Lohnsteuer aufgrund des Lohnsteuerabzugsverfahrens vermeiden will, kann er nach der gesetzlichen Neuregelung (im Gegensatz zu der bisher geltenden Verwaltungsanweisung) durch **Antrag gegenüber dem Arbeitgeber** auf die Anwendung der Zusatztabelle **verzichten**.

In diesem Zusammenhang ist folgendes zu beachten:

- Der Antrag auf Nichtanwendung der Lohnsteuer-Zusatztabellen muß dem Arbeitgeber **vor der ersten Lohnabrechnung 1995** vorliegen, bei der die **Lohnsteuer-Zusatztabelle anzuwenden wäre**.

- Hat der Arbeitgeber (oder ein früherer Arbeitgeber) bei einer Lohnabrechnung im Jahr 1995 die Lohnsteuer-Zusatztabelle **bereits angewendet**, ist ein Antrag für die folgenden Lohnzahlungszeiträume des Jahres **ausgeschlossen**.

- Der Arbeitnehmer hat die Möglickeit, seinen Antrag auf Nichtanwendung der Zusatztabellen auf die **Lohnabrechnungen des laufenden Kalenderjahres** zu beschränken oder einen **Antrag mit Dauerwirkung** auf für die Lohnabrechnungen künftiger Kalenderjahre zu stellen.

- Beide Anträge können für das **laufende Kalenderjahr nicht zurückgenommen werden**. Ein Antrag mit Dauerwirkung kann bis zur ersten Lohnabrechnung des Kalenderjahrs widerrufen werden, für das er nicht mehr gelten soll.

Die Nichtanwendung der Zusatztabelle führt zwar zu einem **höheren Nettobetrag des sonstigen Bezugs**. Demgegenüber **verringern** sich aber auch die **Nettobeträge des laufenden Arbeitslohns** bei Anwendung der "normalen" Lohnsteuertabelle. Im übrigen ergibt sich natürlich unabhängig davon, ob der Lohnsteuerabzug nach der Lohnsteuer-Zusatztabelle oder der "normalen" Lohnsteuertabelle erfolgt, **im Ergebnis keine unterschiedliche Einkommensbesteuerung**. Etwaige Unterschiede werden spätestens im Rahmen der Veranlagung zur Einkommensteuer ausgeglichen.

Entgegen der ursprünglichen Verwaltungsanweisung ist der **Arbeitgeber** steuerlich **nicht mehr verpflichtet**, den Arbeitnehmer auf die Veranlagungspflicht hinzuweisen (*BMF-Schreiben v. 20.07.1993, BStBl. I, S. 559*). Ein entsprechender Hinweis - auch zur Verzichtsmöglichkeit des Arbeitnehmers auf die Anwendung der Zusatz-Tabellen - wird von der Finanzverwaltung aber nach wie vor als **zweckmäßig** angesehen. Dementsprechend stellt das Betriebsstättenfinanzamt dem Arbeitgeber auf Anforderung wie bisher entsprechende Merkblätter (vgl. Muster Rz. 8065 c) zur Unterrichtung der betroffenen Arbeitnehmer zur Verfügung.

Lohnsteuerrecht

8065 b

c) Lohnsteuer-Zusatztabellen 1995

Lohnsteuer - Zusatztabellen 1995

Milderung der Lohnsteuer in Steuerklassen I, II und IV bei Anwendung der

Jahreslohnsteuertabelle		Monatslohnsteuertabelle		Wochenlohnsteuertabelle		Tageslohnsteuertabelle	
tabellar. Lohnsteuer	gemilderte Lohnsteuer	tabellar. Lohnsteuer	gemilderte Lohnsteuer	tabellar. Lohnsteuer	gemilderte Lohnsteuer	tabellar. Lohnsteuer	gemilderte Lohnsteuer
DM	DM	DM	DM	DM	DM	DM	DM
von 10,00		von 0,83		von 0,19		von 0,02	
bis 1.135,00	0,00	bis 94,58	0,00	bis 22,06	0,00	bis 3,15	0,00
1.146,00	27,00	95,50	2,25	22,28	0,52	3,18	0,07
1.157,00	55,00	96,41	4,58	22,49	1,06	3,21	0,15
1.168,00	82,00	97,33	6,83	22,71	1,59	3,24	0,22
1.179,00	110,00	98,25	9,16	22,92	2,13	3,27	0,30
1.190,00	137,00	99,16	11,41	23,13	2,66	3,30	0,38
1.201,00	165,00	100,08	13,75	23,35	3,20	3,33	0,45
1.211,00	190,00	100,91	15,83	23,54	3,69	3,36	0,52
1.222,00	217,00	101,83	18,08	23,76	4,21	3,39	0,60
1.233,00	245,00	102,75	20,41	23,97	4,76	3,42	0,68
1.244,00	272,00	103,66	22,66	24,18	5,28	3,45	0,75
1.255,00	300,00	104,58	25,00	24,40	5,83	3,48	0,83
1.266,00	327,00	105,50	27,25	24,61	6,35	3,51	0,90
1.277,00	355,00	106,41	29,58	24,83	6,90	3,54	0,98
1.288,00	382,00	107,33	31,83	25,04	7,42	3,57	1,06
1.299,00	410,00	108,25	34,16	25,25	7,97	3,60	1,13
1.310,00	437,00	109,16	36,41	25,47	8,49	3,63	1,21
1.321,00	465,00	110,08	38,75	25,68	9,04	3,66	1,29
1.332,00	492,00	111,00	41,00	25,90	9,56	3,70	1,36
1.343,00	520,00	111,91	43,33	26,11	10,11	3,73	1,44
1.354,00	547,00	112,83	45,58	26,32	10,63	3,76	1,51
1.365,00	575,00	113,75	47,91	26,54	11,18	3,79	1,59
1.376,00	602,00	114,66	50,16	26,75	11,70	3,82	1,67
1.387,00	630,00	115,58	52,50	26,96	12,25	3,85	1,75
1.398,00	657,00	116,50	54,75	27,18	12,77	3,88	1,82
1.409,00	685,00	117,41	57,08	27,39	13,31	3,91	1,90
1.420,00	712,00	118,33	59,33	27,61	13,84	3,94	1,97
1.431,00	740,00	119,25	61,66	27,82	14,38	3,97	2,05
1.442,00	767,00	120,16	63,91	28,03	14,91	4,00	2,13
1.453,00	795,00	121,08	66,25	28,25	15,45	4,03	2,20
1.464,00	822,00	122,00	68,50	28,46	15,98	4,06	2,28
1.475,00	850,00	122,91	70,83	28,68	16,52	4,09	2,36
1.486,00	877,00	123,83	73,08	28,89	17,05	4,12	2,43
1.497,00	905,00	124,75	75,41	29,10	17,59	4,15	2,51
1.508,00	932,00	125,66	77,66	29,32	18,12	4,18	2,58
1.520,00	962,00	126,66	80,16	29,55	18,70	4,22	2,67
1.531,00	990,00	127,58	82,50	29,76	19,25	4,25	2,75
1.542,00	1.017,00	128,50	84,75	29,98	19,77	4,28	2,82
1.553,00	1.045,00	129,41	87,08	30,19	20,31	4,31	2,90
1.564,00	1.072,00	130,33	89,33	30,41	20,84	4,34	2,97
1.575,00	1.100,00	131,25	91,66	30,62	21,38	4,37	3,05
1.586,00	1.127,00	132,16	93,91	30,83	21,91	4,40	3,13
1.598,00	1.157,00	133,16	96,41	31,07	22,49	4,43	3,21
1.609,00	1.185,00	134,08	98,75	31,28	23,04	4,46	3,29
1.620,00	1.212,00	135,00	101,00	31,50	23,56	4,50	3,36
1.631,00	1.240,00	135,91	103,33	31,71	24,11	4,53	3,44
1.642,00	1.267,00	136,83	105,58	31,92	24,63	4,56	3,51
1.654,00	1.297,00	137,83	108,08	32,16	25,21	4,59	3,60
1.665,00	1.325,00	138,75	110,41	32,37	25,76	4,62	3,68
1.676,00	1.352,00	139,66	112,66	32,58	26,28	4,65	3,75
1.687,00	1.380,00	140,58	115,00	32,80	26,83	4,68	3,83
1.699,00	1.410,00	141,58	117,50	33,03	27,41	4,71	3,91
1.710,00	1.437,00	142,50	119,75	33,25	27,94	4,75	3,99
1.721,00	1.465,00	143,41	122,08	33,46	28,48	4,78	4,06
1.733,00	1.495,00	144,41	124,58	33,69	29,06	4,81	4,15
1.744,00	1.522,00	145,33	126,83	33,91	29,59	4,84	4,22
1.755,00	1.550,00	146,25	129,16	34,12	30,13	4,87	4,30
1.767,00	1.580,00	147,25	131,66	34,35	30,72	4,90	4,38
1.778,00	1.607,00	148,16	133,91	34,57	31,24	4,93	4,46
1.789,00	1.635,00	149,08	136,25	34,78	31,79	4,96	4,54
1.801,00	1.665,00	150,08	138,75	35,01	32,37	5,00	4,62
1.812,00	1.692,00	151,00	141,00	35,23	32,90	5,03	4,70
1.823,00	1.720,00	151,91	143,33	35,44	33,44	5,06	4,77
1.835,00	1.750,00	152,91	145,83	35,68	34,02	5,09	4,86
1.846,00	1.777,00	153,83	148,08	35,89	34,55	5,12	4,93
1.857,00	1.805,00	154,75	150,41	36,10	35,09	5,15	5,01
1.869,00	1.835,00	155,75	152,91	36,34	35,68	5,19	5,09
1.880,00	1.862,00	156,66	155,16	36,55	36,20	5,22	5,17

Ermittlung der Lohn- und Kirchensteuer

Lohnsteuer - Zusatztabellen 1995

Milderung der Lohnsteuer in Steuerklasse III bei Anwendung der

Jahreslohnsteuertabelle		Monatslohnsteuertabelle		Wochenlohnsteuertabelle		Tageslohnsteuertabelle	
tabellar. Lohnsteuer	gemilderte Lohnsteuer	tabellar. Lohnsteuer	gemilderte Lohnsteuer	tabellar. Lohnsteuer	gemilderte Lohnsteuer	tabellar. Lohnsteuer	gemilderte Lohnsteuer
DM	DM	DM	DM	DM	DM	DM	DM
von 20,00 bis 2.270,00	0,00	von 1,66 bis 189,16	0,00	von 0,38 bis 44,13	0,00	von 0,05 bis 6,30	0,00
2.292,00	54,00	191,00	4,50	44,56	1,05	6,38	0,15
2.314,00	110,00	192,83	9,16	44,99	2,13	6,42	0,30
2.336,00	164,00	194,66	13,66	45,42	3,18	6,48	0,45
2.358,00	220,00	196,50	18,33	45,85	4,27	6,55	0,61
2.380,00	274,00	198,33	22,83	46,27	5,32	6,61	0,76
2.402,00	330,00	200,16	27,50	46,70	6,41	6,67	0,91
2.422,00	380,00	201,83	31,66	47,09	7,38	6,72	1,05
2.444,00	434,00	203,66	36,16	47,52	8,43	6,78	1,20
2.466,00	490,00	205,50	40,83	47,95	9,52	6,85	1,36
2.488,00	544,00	207,33	45,33	48,37	10,57	6,91	1,51
2.510,00	600,00	209,16	50,00	48,80	11,66	6,97	1,66
2.532,00	654,00	211,00	54,50	49,23	12,71	7,03	1,81
2.554,00	710,00	212,83	59,16	49,66	13,80	7,09	1,97
2.576,00	764,00	214,66	63,66	50,08	14,85	7,15	2,12
2.598,00	820,00	216,50	68,33	50,51	15,94	7,21	2,27
2.620,00	874,00	218,33	72,83	50,94	16,99	7,27	2,42
2.642,00	930,00	220,16	77,50	51,37	18,08	7,33	2,58
2.664,00	984,00	222,00	82,00	51,80	19,13	7,40	2,73
2.686,00	1.040,00	223,83	86,66	52,22	20,22	7,46	2,88
2.708,00	1.094,00	225,66	91,16	52,65	21,27	7,52	3,03
2.730,00	1.150,00	227,50	95,83	53,08	22,36	7,58	3,19
2.752,00	1.204,00	229,33	100,33	53,51	23,41	7,64	3,34
2.774,00	1.260,00	231,16	105,00	53,93	24,50	7,70	3,50
2.796,00	1.314,00	233,00	109,50	54,36	25,55	7,76	3,65
2.818,00	1.370,00	234,83	114,16	54,79	26,63	7,82	3,80
2.840,00	1.424,00	236,66	118,66	55,22	27,68	7,88	3,95
2.862,00	1.480,00	238,50	123,33	55,65	28,77	7,95	4,11
2.884,00	1.534,00	240,33	127,83	56,07	29,82	8,01	4,26
2.906,00	1.590,00	242,16	132,50	56,50	30,91	8,07	4,41
2.928,00	1.644,00	244,00	137,00	56,93	31,96	8,13	4,56
2.950,00	1.700,00	245,83	141,66	57,36	33,05	8,19	4,72
2.972,00	1.754,00	247,66	146,16	57,78	34,10	8,25	4,87
2.994,00	1.810,00	249,50	150,83	58,21	35,19	8,31	5,02
3.016,00	1.864,00	251,33	155,33	58,64	36,24	8,37	5,17
3.040,00	1.924,00	253,33	160,33	59,11	37,41	8,44	5,34
3.062,00	1.980,00	255,16	165,00	59,53	38,50	8,50	5,50
3.084,00	2.034,00	257,00	169,50	59,96	39,55	8,56	5,65
3.106,00	2.090,00	258,83	174,16	60,39	40,63	8,62	5,80
3.128,00	2.144,00	260,66	178,66	60,82	41,68	8,68	5,95
3.150,00	2.200,00	262,50	183,33	61,25	42,77	8,75	6,11
3.172,00	2.254,00	264,33	187,83	61,67	43,82	8,81	6,26
3.196,00	2.314,00	266,33	192,83	62,14	44,99	8,87	6,42
3.218,00	2.370,00	268,16	197,50	62,57	46,08	8,93	6,58
3.240,00	2.424,00	270,00	202,00	63,00	47,13	9,00	6,73
3.262,00	2.480,00	271,83	206,66	63,42	48,22	9,06	6,88
3.284,00	2.534,00	273,66	211,16	63,85	49,27	9,12	7,03
3.308,00	2.594,00	275,66	216,16	64,32	50,43	9,18	7,20
3.330,00	2.650,00	277,50	220,83	64,75	51,52	9,25	7,36
3.352,00	2.704,00	279,33	225,33	65,17	52,57	9,31	7,51
3.374,00	2.760,00	281,16	230,00	65,60	53,66	9,37	7,66
3.398,00	2.820,00	283,16	235,00	66,07	54,83	9,43	7,83
3.420,00	2.874,00	285,00	239,50	66,50	55,88	9,50	7,98
3.442,00	2.930,00	286,83	244,16	66,92	56,97	9,56	8,13
3.466,00	2.990,00	288,83	249,16	67,39	58,13	9,62	8,30
3.488,00	3.044,00	290,66	253,66	67,82	59,18	9,68	8,45
3.510,00	3.100,00	292,50	258,33	68,25	60,27	9,75	8,61
3.534,00	3.160,00	294,50	263,33	68,71	61,44	9,81	8,77
3.556,00	3.214,00	296,33	267,83	69,14	62,49	9,87	8,92
3.578,00	3.270,00	298,16	272,50	69,57	63,58	9,93	9,08
3.602,00	3.330,00	300,16	277,50	70,03	64,75	10,00	9,25
3.624,00	3.384,00	302,00	282,00	70,46	65,80	10,06	9,40
3.646,00	3.440,00	303,83	286,66	70,89	66,88	10,12	9,55
3.670,00	3.500,00	305,83	291,66	71,36	68,05	10,19	9,72
3.692,00	3.554,00	307,66	296,16	71,78	69,10	10,25	9,87
3.714,00	3.610,00	309,50	300,83	72,21	70,19	10,31	10,02
3.738,00	3.670,00	311,50	305,83	72,68	71,36	10,38	10,19
3.760,00	3.724,00	313,33	310,33	73,11	72,41	10,44	10,34

Lohnsteuerrecht

8065 c

d) Merkblatt zur Steuerfreistellung des Existenzminimums

1. Allgemeines

Sie haben dieses Merkblatt von Ihrem Arbeitgeber erhalten, weil Sie bei der Höhe Ihres laufenden Arbeitslohns unter den Anwendungsbereich der Lohnsteuerzusatztabellen fallen, die abweichend von den normalen Lohnsteuertabellen keine oder nur eine geringere Lohnsteuer vorsehen. Diese Steuermilderung beruht auf den §§ 32 d und 61 EStG. Mit diesen Vorschriften wird für eine Übergangszeit bis 1995 der Entscheidung des Bundesverfassungsgerichts Rechnung getragen, nach der die Erwerbsbezüge steuerfrei zu belassen sind, die ein Steuerpflichtiger zur Deckung seines existenznotwendigen Bedarfs benötigt.

Aus diesen Vorschriften ergeben sich gegenüber der bisherigen Verwaltungsregelung Neuerungen (s. auch Nr. 4) und im übrigen Auswirkungen, die über das Lohnsteuer-Abzugsverfahren hinausgehen. Deshalb nehmen Sie sich bitte die Zeit und lesen Sie die folgenden Hinweise.

2. Ausmaß der Steuermilderung

Von jeglicher Einkommensteuerbelastung sind Personen befreit, deren Erwerbsbezüge die folgenden Grenzen nicht überschreiten:

Kalenderjahr	Alleinstehende	nicht dauernd getrenntlebende Ehegatten
1993	10.529 DM	21.509 DM
1994	11.069 DM	22.139 DM
1995	11.555 DM	23.111 DM

Bei darüber hinausgehenden Erwerbsbezügen wird die Steuerbelastung stufenweise an die normale Höhe herangeführt.
Die Steuermilderung gilt nur für Personen, die ihren Wohnsitz oder gewöhnlichen Aufenthalt im Inland haben. Die Milderungsregelung bezieht sich entsprechend der Entscheidung des Bundesverfassungsgerichts auf die Erwerbsbezüge des Steuerpflichtigen. Zu diesen Erwerbsbezügen gehören nicht nur die steuerpflichtigen Einkünfte, sondern auch steuerfreie Bezüge, die zur Deckung des existenznotwendigen Bedarfs verwendet werden können. Eine Reihe steuerfreier Einnahmen oder steuerfreier Einkommensteile müssen also in die Rechnung einbezogen werden. Das gilt auch für bestimmte steuerliche Maßnahmen, die zwar zu einer Minderung der steuerlichen Bemessungsgrundlage, aber nicht zu einer

Ermittlung der Lohn- und Kirchensteuer

Minderung des verfügbaren Einkommens führen. So werden z.B. in die Ermittlung der Erwerbsbezüge einbezogen:

- pauschal besteuerter Arbeitslohn für Teilzeitbeschäftigungen,
- steuerfreie Lohnersatzleistungen wie Arbeitslosengeld, Kurzarbeitergeld und Krankengeld,
- steuerfreier ausländischer Arbeitslohn,
- steuerfreie Zuschläge für Sonntags-, Feiertags- oder Nachtarbeit,
- steuerfreie Entlassungsabfindungen,
- steuerfreie Erziehungs- und Ausbildungsbeihilfen,
- steuerfreie Rentenanteile und steuerfreie Zinsen.

Ebenso sind Einkommensminderungen zur Förderung des selbstgenutzten Wohneigentums nach §§ 10 e bis 10 h EStG den Erwerbsbezügen hinzuzurechnen. Von der Höhe des so ermittelten Erwerbseinkommens hängt es ab, inwieweit die sich nach dem Einkommensteuergesetz ergebende Steuer im Hinblick auf Ihr Existenzminimum gemildert werden kann.

3. Verfahren

Die tatsächlichen Erwerbsbezüge können erst nach Ablauf des Kalenderjahres festgestellt werden. Andererseits soll die Steuerentlastung des Existenzminimums bereits im Laufe des Jahres eintreten. Im Lohnsteuer-Abzugsverfahren kommt hinzu, daß der Arbeitgeber nur den Arbeitslohn aus dem zu ihm bestehenden Dienstverhältnis kennt. Aus diesem Grunde kann die Milderung der Lohnsteuer im Laufe des Kalenderjahres nur vorläufigen Charakter haben. Um überprüfen zu können, ob nach der Ermittlung der Erwerbsbezüge die Milderung der Lohnsteuer zu Recht erfolgt ist, müssen Arbeitnehmer, bei denen die Lohnsteuer gemildert worden ist, zur Einkommensteuer veranlagt werden.

Der Arbeitgeber wird die Steuermilderung auf Ihrer Lohnsteuerkarte oder auf der besonderen Lohnsteuerbescheinigung, die Sie bei Beendigung des Dienstverhältnisses oder am Ende des Kalenderjahres ausgehändigt erhalten, durch die Eintragung des Buchstaben "Z" kenntlich machen. In diesem Fall sind Sie verpflichtet, nach Ablauf des Kalenderjahres unaufgefordert eine Einkommensteuererklärung abzugeben. Die Einkommensteuererklärung geben Sie bitte bei dem Finanzamt ab, in dessen Bezirk Sie im Zeitpunkt der Abgabe der Erklärung wohnen. Dort erhalten Sie auf Anforderung auch die Einkommensteuer-Erklärungsvordrucke. Für Ehegatten ist das Finanzamt des Familienwohnsitzes zuständig. Denken Sie bitte auch an die Abgabefrist. Sie läuft am 31. Mai des jeweiligen Folgejahres ab, wenn Sie keine Verlängerung beantragen.

Lohnsteuerrecht

Ergibt die Feststellung sämtlicher Erwerbsbezüge, daß aufgrund der Milderungsregelung zu wenig Lohnsteuer einbehalten worden ist, wird der Fehlbetrag durch einen Einkommensteuerbescheid nachgefordert und einen Monat nach Bekanntgabe des Bescheids fällig.

4. Verzicht auf die Lohnsteuermilderung

Wenn Sie aufgrund umfangreicher Erwerbsbezüge, die beim Lohnsteuerabzug nicht berücksichtigt werden können, mit einer Nachzahlung rechnen und diese vermeiden möchten, können Sie bei Ihrem Arbeitgeber beantragen, daß er die Lohnsteuer-Zusatztabellen nicht anwendet, sondern statt dessen die Lohnsteuer nach der jeweils in Betracht kommenden allgemeinen oder besonderen Lohnsteuertabelle erhebt.

Der Antrag auf Nichtanwendung der Lohnsteuer-Zusatztabelle kann darüber hinaus auch für die Arbeitnehmer interessant sein, die sonstige Bezüge, z.B. Urlaubsgeld oder Weihnachtsgeld, erhalten. Wenn nämlich der laufende monatliche Arbeitslohn im Anwendungsbereich der Lohnsteuer-Zusatztabelle liegt, ergibt sich regelmäßig für den sonstigen Bezug eine Lohnsteuer, die höher ist als die Lohnsteuer, die sich ohne Anwendung der Lohnsteuer-Zusatztabelle ergeben würde. Hierdurch wird die im Verhältnis zum voraussichtlichen Jahresarbeitslohn zu geringe Lohnsteuerbelastung des laufenden Arbeitslohns ausgeglichen. Wer auf einen höheren Nettobetrag des sonstigen Bezugs Wert legt und dabei in Kauf nimmt, daß sich die Nettobeträge des laufenden Arbeitslohns verringern, sollte deshalb ebenfalls die Nichtanwendung der Lohnsteuer-Zusatztabelle beantragen.

Der Antrag auf Nichtanwendung Lohnsteuer-Zusatztabelle muß Ihrem Arbeitgeber vor der Lohnabrechnung vorliegen, bei der erstmals im Kalenderjahr für Sie die Lohnsteuer-Zusatztabelle anzuwenden wäre. Wenn bei einer Lohnabrechnung des laufenden Kalendjahrs die Lohnsteuer-Zusatztabelle bereits angewendet worden ist, kann der Antrag für die folgenden Lohnzahlungzeiträume desselben Kalenderjahrs nicht mehr gestellt werden.

Hat der Arbeitgeber Ihrem Antrag entsprochen, kann dieser Antrag für dasselbe Kalenderjahr nicht mehr zurückgenommen werden.

6. Kirchensteuer

8066

Neben der Lohnsteuer ist bei jeder Lohnzahlung an Arbeitnehmer, die der Kirchensteuerpflicht unterliegen, auch die **Kirchensteuer einzubehalten** und an das Finanzamt abzuführen. Bei Arbeitnehmern, die eine **Lohnsteuerkarte** vorgelegt haben, ergibt sich die Kirchensteuerpflicht aus den Eintragungen der Besteuerungsmerkmale für den Kirchensteuerabzug in Teil I der Lohnsteuerkarte

Ermittlung der Lohn- und Kirchensteuer

(vgl. Rz. 8044). Bei der **Pauschalierung** der Lohnsteuer ohne Vorlage einer Lohnsteuerkarte ist die Kirchensteuer ebenfalls pauschal zu errechnen (vgl. Rz. 8082). Der Arbeitgeber **haftet** für die zutreffende Einbehaltung und Abführung der Kirchensteuer ebenso, wie für die zutreffende Einbehaltung und Abführung der Lohnsteuer. Die Höhe der Kirchensteuer ist in den einzelnen Ländern verschieden, da das Kirchensteuerrecht in den Ländern der Bundesrepublik **nicht einheitlich geregelt** ist. Derzeit gelten folgende Kirchensteuersätze:

Land	Kirchensteuersatz
Baden-Württemberg, Bayern, Bremen und Hamburg:	**8 % der Lohnsteuer**
Berlin, Brandenburg, Hessen, Mecklenburg-Vorpommern, Niedersachsen, Nordrhein-Westfalen, Rheinland-Pfalz, Saarland, Sachsen, Sachsen-Anhalt, Schleswig-Holstein und Thüringen:	**9 % der Lohnsteuer**

Der Arbeitgeber hat sich nach den Bestimmungen des Landes zu richten, in dem sein **Betrieb** liegt (§ 41 Abs. 2 EStG), und zwar unabhängig davon, ob ein Beschäftigter in dem selben oder in einem anderen Bundesland wohnt. **Ausnahmen** gibt es in Niedersachsen, Nordrhein-Westfalen und Rheinland-Pfalz: Hier kann beim Finanzamt **beantragt** werden, daß die Kirchensteuer nach dem Steuersatz berechnet wird, der am **Wohnort** des Mitarbeiters gilt.

Hinweis:
Auskünfte erteilen insoweit das Finanzamt oder die zuständige Kirchensteuererbehörde.

Bei kirchensteuerpflichtigen Beschäftigten beginnt der Steuerabzug bei der **ersten Lohnzahlung** nach einer Neueinstellung und endet mit der **letzten Lohnzahlung**. Wer während eines Arbeitsverhältnisses Mitglied einer Religionsgemeinschaft wird, hat ab dem auf den Aufnahmetag **folgenden Kalendermonat** Kirchensteuer zu entrichten. Ein Übertritt wirkt sich erst nach dem Ende der bisherigen Kirchensteuerpflicht aus. Bei einem Kirchenaustritt, auch bei einem Übertritt zu einer anderen Religionsgemeinschaft, hört der Steuerabzug

- in Baden-Württemberg, Bayern, Niedersachsen, Rheinland-Pfalz und im Saarland mit **Ablauf des Monats** auf, in dem die Kirchenaustrittserklärung wirksam abgegeben wird

- in Berlin, Brandenburg, Bremen, Hamburg, Hessen, Mecklenburg-Vorpommern, Nordrhein-Westfalen, Sachsen, Sachsen-Anhalt, Schleswig-Holstein und Thüringen einen Monat später auf, nämlich erst mit Ablauf des Kalendermonats, der dem **Monat folgt**, in dem der Kirchenaustritt erklärt wurde. Maßgebend ist auch hier jeweils der **amtliche Eintrag auf der Lohnsteuerkarte**.

Bei verheirateten, nicht getrenntlebenden Arbeitnehmern muß für jeden Ehegatten das für ihn zutreffende Kirchensteuermerkmal auf der Lohnsteuerkarte eingetragen sein.

a) Kirchensteuerabzug vom laufenden Arbeitslohn

8067

Bemessungsgrundlage für die Anwendung des Kirchensteuersatzes von 8 % oder 9 % ist die **einzubehaltende Lohnsteuer**.
Die Kirchensteuer bemißt sich dabei **aussschließlich** nach der Lohnsteuer **ohne den Solidaritätszuschlag** (vgl. Rz. 8091).

Bei Arbeitnehmern, auf deren Lohnsteuerkarte Kinderfreibeträge eingetragen sind, werden **vor Anwendung** des Kirchensteuersatzes von 8 % oder 9 % die Abzugsbeträge nach § 51a EStG **gekürzt**.

8068

Steuerklassen	mit Zahl der Kinderfreibeträge	Kürzungsbetrag			
		jährlich	monatlich	wöchentlich	täglich
I - III	0,5	150 DM	12,50 DM	2,91 DM	0,41 DM
	1	300 DM	25,00 DM	5,83 DM	0,83 DM
	1,5	450 DM	37,50 DM	8,75 DM	1,25 DM
	2	600 DM	50,00 DM	11,66 DM	1,66 DM
	2,5	750 DM	62,50 DM	14,58 DM	2,08 DM
	3	900 DM	75,00 DM	17,50 DM	2,50 DM
IV	0,5	75 DM	6,25 DM	1,45 DM	0,20 DM
	1	150 DM	12,50 DM	2,91 DM	0,41 DM
	1,5	225 DM	18,75 DM	4,37 DM	0,62 DM
	2	300 DM	25,00 DM	5,83 DM	0,83 DM
	2,5	375 DM	31,25 DM	7,29 DM	1,04 DM
	3	450 DM	37,50 DM	8,75 DM	1,25 DM

Ermittlung der Lohn- und Kirchensteuer

Beispiel:
Ein Arbeitnehmer in Nordrhein-Westfalen hat auf seiner Lohnsteuerkarte 1995 folgende Eintragungen: Steuerklasse III; Zahl der Kinderfreibeträge 1; Kir-chensteuerabzug: ev. Sein Monatslohn beträgt 6.800 DM.
Hierfür ergibt sich eine Lohnsteuer lt. allgemeiner Lohnsteuertabelle 1995 in Höhe von 1.055 DM. Die hierauf entfallende Kirchensteuer errechnet sich wie folgt:

Lohnsteuer monatlich	1.376,83 DM
Abzugsbetrag für 1 Kinderfreibetrag	25,00 DM
Bemessungsgrundlage für die Kirchensteuer	1.351,83 DM
Kirchensteuer 9 % =	121,66 DM

Die geltenden Abzugsbeträge von 300 DM bzw. 150 DM jährlich sind - ebenso wie der jeweilige Kirchensteuersatz - **in die Lohnsteuertabellen bereits eingearbeitet**, so daß der Arbeitgeber die Kirchensteuer ohne weiteres - entsprechend der Zahl der Kinderfreibeträge - aus der Lohnsteuertabelle, Spalte Kirchensteuer 8 % oder 9 % ablesen kann.

8069

Daneben gibt es in verschiedenen Ländern eine **Mindestkirchensteuer**. Diese wird erhoben, wenn bei Anwendung des maßgebenden Prozentsatzes von 8 % oder 9 % auf die Bemessungsgrundlage die sich hiernach ergebende Kirchensteuer geringer ist als der Mindestbetrag. Dies kommt insbesondere dann in Betracht, wenn z.B. durch die Kürzung der Lohnsteuer um die Abzugsbeträge für Kinder die Bemessungsgrundlage sehr gering ist oder 0 DM beträgt. Der Mindestbetrag ist immer dann einzubehalten, wenn vom Arbeitslohn des Arbeitnehmers **grundsätzlich Lohnsteuer einzubehalten** ist. Zur Mindestkirchensteuer vgl. die folgende Tabelle:

Lohnsteuerrecht

8070

Land / Stadt	Mindestbetrag der Kirchensteuer in DM [1]			
	Monat	Woche	Tag	Besonderheiten
Baden-Württemberg	0,6	0,14	0,02	-
Bayern	-	-	-	-
Berlin	-	-	-	-
Brandenburg	-	-	-	-
Bremen	-	-	-	-
Hamburg	0,6	0,14	0,02	ja [5]
Hessen	0,3	0,07	0,01	ja [3]
Mecklenburg-Vorpommern	-	-	-	-
Niedersachsen	0,6	0,14	0,02	-
Nordrhein-Westfalen	-	-	-	-
Rheinland-Pfalz	-	-	-	-
Saarland	-	-	-	-
Sachsen	0,6	0,14	0,02	ja [2]
Sachsen-Anhalt	-	-	-	-
Schleswig-Holstein	0,6	0,14	0,02	ja [4,5]
Thüringen	0,6	0,14	0,02	ja [2]

8071
Anmerkungen zur Tabelle:

[1] In den Ländern mit **Mindestbetrags**-Kirchensteuer (außer in Hessen) ist - falls **Lohnsteuer** erhoben wird - immer die Kirchensteuer mit dem ausgewiesenen Mindestbetrag einzubehalten.

[2] Kein Mindestbetrag für röm.-kath. Kirchensteuer.

[3] In Hessen ist der Mindestbetrag von 0,30 DM monatlich, 0,07 DM wöchentlich, 0,01 DM täglich **nur einzubehalten**, wenn die Lohnsteuer nach Abzug des

Ermittlung der Lohn- und Kirchensteuer

"Kinderkürzungsbetrags" mehr als 0 (null) DM beträgt und demzufolge auch **Kirchensteuer erhoben wird.**

[4)] In Schleswig-Holstein ist, auch wenn **keine Lohnsteuer abgezogen** wird, in den Lohnsteuerklassen I bis IV (Steuerklassen V und IV s. Anm. [5)]) eine **Mindestkirchensteuer** einzubehalten. Diese beträgt bei einem monatlichen Lohnzahlungszeitraum 0,60 DM. Entsprechend bei einem wöchentlichen 0,14 DM und bei einem täglichen Lohnzahlungszeitraum 0,02 DM.

[5)] In Schleswig-Holstein und Hamburg sind Mindestbeträge in den Steuerklassen V und VI nicht einzubehalten, jedoch die nach der Lohnsteuer bemessene Kirchensteuer.
Befreit von dieser Mindestkirchensteuer sind in Schleswig-Holstein Arbeitnehmer, die ein bestimmtes Einkommen unterschreiten. Die jeweils gültigen Einkommensgrenzen können bei den zuständigen Kirchenbehörden erfragt werden.

b) Kirchensteuer bei sonstigen Bezügen

8072

Sonstige Bezüge, die 300 DM nicht übersteigen, werden wie laufender Arbeitslohn behandelt (vgl. Rz. 8060). Ist dies nicht der Fall, wird grundsätzlich der **allgemein geltende Kirchensteuersatz (8 % bzw. 9 %) zugeschlagen.** Ein ggf. bei der Besteuerung des laufenden Arbeitslohnes nicht ausgeschöpfter Kürzungsbetrag für Kinder darf in keinem Fall bei der Ermittlung der Kirchensteuer für den sonstigen Bezug berücksichtigt werden.
(Zum Kirchensteuerabzug im Fall der **Lohnsteuerpauschalierung** s. Rz. 8082)

II. Ermittlung und Einbehaltung der Lohn- und Kirchensteuer bei fehlender Lohnsteuerkarte

8073

Auch in Fällen, in denen der Arbeitnehmer dem Arbeitgeber **keine Lohnsteuerkarte vorlegt,** muß der Arbeitgeber entsprechend den Lohnzahlungszeiträumen den Lohnsteuerabzug für den Arbeitnehmer vornehmen. Zu unterscheiden sind hier **zwei Fälle:**

- der Arbeitnehmer hat **schuldhaft** dem Arbeitgeber die Lohnsteuerkarte nicht vorgelegt,

- der Arbeitnehmer hat **ohne Verschulden** die Vorlage der Lohnsteuerkarte unterlassen.

Lohnsteuerrecht

1. Schuldhafte Nichtvorlage der Lohnsteuerkarte

8074

Der Arbeitnehmer handelt in folgenden Fällen **nicht schuldhaft**:

- legt der Arbeitnehmer die Lohnsteuerkarte zum **Jahresbeginn** nicht vor, kann davon ausgegangen werden, daß dies ohne Verschulden geschehen ist, wenn die Lohnsteuerkarte **bis zum 31.03.** des laufenden Jahres vorgelegt wird.

- beim Wechsel des Arbeitgebers kann es vorkommen, daß der letzte Arbeitgeber dem Arbeitnehmer die Lohnsteuerkarte noch nicht herausgegeben hat, weil er sie für das EDV-Verfahren noch braucht. Dafür hat er dem Arbeitnehmer aber eine **Zwischenbescheinigung** über den erhaltenen Arbeitslohn sowie die einbehaltene und abgeführte Lohnsteuer zu erteilen (s. hierzu Rz. 4848). Die Zwischenbescheinigung muß der Arbeitnehmer dem neuen Arbeitgeber bei Beginn des Arbeitsverhältnisses vorlegen. Innerhalb der darauffolgenden **10 Wochen** muß der Arbeitnehmer dann auch seine Lohnsteuerkarte dem neuen Arbeitgeber vorlegen. Werden diese Bedingungen eingehalten, liegt kein Verschulden für den Bereich von 10 Wochen vor.

- bei Eintritt in ein neues Dienstverhältnis wird eine Frist von **6 Wochen** zur Vorlage der Lohnsteuerkarte geduldet. Wird die Lohnsteuerkarte innerhalb dieser 6-Wochen-Frist dem Arbeitgeber vorgelegt, liegt so lange kein Verschulden des Arbeitnehmers vor.

- eine dem Arbeitnehmer während des Arbeitsverhältnisses ausgehändigte Lohnsteuerkarte muß **binnen 6 Wochen** wieder an den Arbeitgeber **zurückgegeben werden**. Wird diese Frist eingehalten, so liegt für diese 6 Wochen kein Verschulden des Arbeitnehmers vor.

In allen anderen Fällen und auch bei Überschreiten der genannten Zeiträume muß ein Verschulden des Arbeitnehmers angenommen werden. Allerdings kann der Arbeitnehmer den Gegenbeweis dahingehend führen, daß er die Verzögerung nicht zu vertreten hat. In einem solchen Fall muß der Arbeitgeber den **Nachweisbeleg für das Nichtverschulden** zum **Lohnkonto** nehmen (vgl. Rz. 8111).

8075

Hat der Arbeitnehmer schuldhaft die Lohnsteuerkarte dem Arbeitgeber nicht vorgelegt (weil er z.B. eine vorübergehend überlassene Lohnsteuerkarte zur Änderung der Steuerklasse oder zur Eintragung eines Freibetrages immer wieder zuhause vergessen hat), zahlt er für diese Nachlässigkeit mehr Steuern: Der Arbeitgeber hat in diesen Fällen nämlich den **Lohnsteuerabzug** nach der für den Arbeitnehmer ungünstigsten **Steuerklasse VI** vorzunehmen. Dies gilt auch dann, wenn der Arbeitgeber von Umständen Kenntnis hat oder wenn ihm solche Umstände vom Arbeitnehmer mitgeteilt werden, die einen anderen Lohnsteuerabzug rechtfertigen würden. Einen Ausgleich kann der Arbeitgeber selbst im betrieblichen Lohnsteuerjahresausgleich **nicht** vornehmen. Erst im Rahmen einer durch das Finanzamt auf Antrag des Arbeitnehmers vorzunehmenden Lohnsteuer-Ausgleichsveranlagung werden die wirklichen Besteuerungsmerkmale des Arbeitnehmers zugrundegelegt.

2. Unverschuldetes Fehlen der Lohnsteuerkarte

8076

Wird die Lohnsteuerkarte **ohne Verschulden** des Arbeitnehmers nicht vorgelegt (wenn beispielsweise der Arbeitnehmer beim Eintritt in das Arbeitsverhältnis eine Zwischenbescheinigung vorgelegt hat und die Dauer der Nichtvorlage der Lohnsteuerkarte 10 Wochen nicht übersteigt), muß der Arbeitgeber den Lohnsteuerabzug nach den **bisher bekannten** oder durch **amtliche Unterlagen bewiesenen Verhältnissen** vornehmen. Die Kenntnis des Arbeitgebers von den wirklichen Verhältnissen ist für ihn ausreichend, bestimmt andererseits auch zwingend sein Handeln. Ein Abweichen davon ist nicht zulässig.

Hier ist zu empfehlen, daß der Arbeitgeber seine Kenntnis bzw. den Nachweis der Umstände im **Lohnkonto vermerkt**.

| Tip |

Liegt die Lohnsteuerkarte beim Jahreswechsel noch nicht vor, kann der Arbeitgeber für den **Monat Januar** die Lohnsteuer nach den Eintragungen auf der Lohnsteuerkarte 1994 berechnen. Korrekturen, die aufgrund der später vorgelegten Lohnsteuerkarte erforderlich werden, sind bei der nächsten Lohnabrechnung durchzuführen.

3. Sonderfall: Beschränkt steuerpflichtige Personen

8077

Beschränkt steuerpflichtige Personen (vgl. Rz. 8016), die im Inland keinen Wohnsitz und auch keinen gewöhnlichen Aufenthalt haben, dort jedoch Einkünfte beziehen, erhalten keine **Lohnsteuerkarte**. Der Arbeitnehmer muß sich jedoch gem. § 39 d Abs. 1 EStG die Tatsache der beschränkten Steuerpflicht durch eine **amtliche Bescheinigung des Betriebsstättenfinanzamts des Arbeitgebers** (vgl. Rz. 8017) bestätigen lassen. Die Bescheinigung muß sodann vom Arbeitgeber als **Beleg zum Lohnkonto** genommen werden. Diese ordnet dem Arbeitnehmer die Steuerklasse I zu und **tritt an die Stelle der Lohnsteuerkarte** (§ 39 d Abs. 3 Satz 4 EStG). Dementsprechend können auf Antrag des Arbeitnehmers auf der Bescheinigung auch Freibeträge eingetragen werden (§ 39 d Abs. 2 EStG), die der Arbeitgeber entsprechend den Freibeträgen auf der Lohnsteuerkarte beim Lohnsteuerabzug zu berücksichtigen hat.

Solange die Bescheinigung vom Arbeitnehmer vor Beginn des Kalenderjahres oder bei Eintritt in das Arbeitsverhältnis schuldhaft nicht vorgelegt wird, muß der Arbeitgeber wie bei der schuldhaften Nichtvorlage der Lohnsteuerkarte durch unbeschränkt Steuerpflichtige eine erhöhte Lohnsteuer nach der Steuerklasse VI einbehalten.

Auch im übrigen gelten die Vorschriften für den Lohnsteuerabzug bei unbeschränkt Steuerpflichtigen für den bei beschränkt Steuerpflichtigen entsprechend.

III. Wegfall der Berlin-Förderung

8077 a

Die Vergünstigungen für Arbeitnehmer nach dem **Berlin-Förderungsgesetz (BerlinFG)** bestanden zum einen in einer steuer- und sozialabgabenfreien **Arbeitnehmerzulage**, zum anderen in einer **Lohnsteuerermäßigung**. Die Arbeitnehmerzulage wurde gewährt für Arbeitslohn aufgrund eines **gegenwärtigen** Arbeitsverhältnisses, die Lohnsteuerermäßigung ausschließlich für Bezüge aufgrund eines **früheren** Arbeitsverhältnisses (beispielsweise Betriebsrente etc.).

Diese Arbeitnehmervergünstigungen aufgrund des Berlin-Förderungsgesetzes wurden seit dem 01.10.1991 **stufenweise abgebaut** und sind mit Ende des Kalenderjahres 1994 endgültig weggefallen (*zu den Einzelheiten vgl. "Luchterhand Arbeits- und Sozialrecht 1994", Rz. 8087 f.*).

52. Kapitel: Pauschalierung der Lohn- und Kirchensteuer

I. Pauschalierung der Lohn- und Kirchensteuer für
   Teilzeitbeschäftigte und Aushilfskräfte — 8078
   1. Vereinheitlichung der Arbeitslohngrenzen — 8078a
   2. Kurzfristig beschäftigte Arbeitnehmer — 8079
   3. Geringfügig beschäftigte Arbeitnehmer — 8080
   4. Allgemeine Hinweise für die Pauschalierung bei
      Teilzeitbeschäftigungen — 8081
   5. Kirchensteuer bei Lohnsteuerpauschalierung — 8082

II. Pauschalierung in anderen Fällen — 8084

III. Überwälzung der pauschalen Lohnsteuer auf den Arbeitnehmer — 8085

IV. Wegfall der Berlin-Förderung — 8085a

I. Pauschalierung der Lohn- und Kirchensteuer für Teilzeitbeschäftigte und Aushilfskräfte

8078

Bisher wurde erläutert, wie der Arbeitgeber die Lohnsteuer jeweils aufgrund des ermittelten Arbeitslohns und der persönlichen Daten feststellen kann. Der Gesetzgeber hat daneben aber auch die Möglichkeit einer **pauschalen Lohnsteuererhebung** eingeräumt

- bei Aushilfs- und Teilzeitbeschäftigungen (s. Rz. 8079 f.),
- bei Zukunftssicherungsleistungen und
- in besonderen Fällen (s. hierzu Rz. 8084).

In diesen Fällen **übernimmt** der **Arbeitgeber die Lohnsteuer**. Der pauschal besteuerte Arbeitslohn und die pauschale Lohnsteuer bleiben bei einer Veranlagung zur Einkommensteuer bzw. beim Lohnsteuerjahresausgleich und der Antragsveranlagung **außer Ansatz**. Die pauschale Lohnsteuer ist weder auf die Einkommensteuer noch auf die Jahreslohnsteuer anzurechnen.

Völlig außer Betracht bleiben auch alle Aufwendungen des Arbeitnehmers, die mit diesem pauschal besteuerten Arbeitslohn unmittelbar zusammenhängen (insbesondere gibt es hier **keinen Werbungskostenabzug**).

Hinweis:
Auf eine pauschale Besteuerung von Arbeitslohn hat der Arbeitnehmer keinen Rechtsanspruch. Er kann **nicht verlangen**, daß der Arbeitgeber hiervon Gebrauch macht. Wenn die Voraussetzungen für eine Pauschalierung erfüllt wer-

den, liegt deren Anwendung allein in der **Entscheidungsfreiheit des Arbeitgebers**. Aushilfs- und Teilzeitbeschäftigte sind wie alle anderen Arbeitnehmer **grundsätzlich verpflichtet**, ihrem Arbeitgeber zu Beginn des Kalenderjahres oder bei Aufnahme des Arbeitsverhältnisses eine **Lohnsteuerkarte vorzulegen**. Das gilt auch in den Fällen, wo absehbar ist, daß der Arbeitnehmer auf das Kalenderjahr gesehen voraussichtlich keine Lohnsteuer schuldet und die ggf. einbehaltene Lohnsteuer im Rahmen einer Veranlagung zur Einkommensteuer (vgl. Rz. 8126) zurückerstattet wird. Nur wenn der Arbeitgeber von der Möglichkeit der Lohnsteuerpauschalierung Gebrauch macht, kann auf die Vorlage der Lohnsteuerkarte verzichtet werden. Die Pauschalierung der Lohnsteuer für Teilzeitbeschäftigte muß dabei nicht einheitlich für alle in Betracht kommenden Arbeitnehmer durchgeführt werden. Der Arbeitgeber kann die Pauschalierung auf bestimmte Arbeitnehmer beschränken (vgl. Abschn. 128 Abs. 1 S. 5 LStR). Unzulässig ist es allerdings, im Laufe des Kalenderjahres **ausschließlich** deshalb zwischen der Regel- und der Pauschalbesteuerung zu wechseln, um hierdurch die mit der Regelbesteuerung verbundenen Frei- und Pauschbeträge auszunutzen (*BFH 20.12.1991, BStBl. 1992 II, 695*).

Beispiel:
Der Arbeitgeber hat den Monatslohn von 520 DM für Januar bis September zulässigerweise pauschal versteuert. In den Monaten Oktober bis Dezember versteuert er den Arbeitslohn nach der Allgemeinen Lohnsteuertabelle, damit der Arbeitnehmer (Steuerklasse I) in den Genuß des Arbeitnehmer-Pauschbetrags i.H.v. 2.000 DM kommt. Aufgrund des in die Lohnsteuertabelle bereits eingearbeiteten Pauschbetrags ist Lohnsteuer für die Monate Oktober bis Dezember nicht einzubehalten.
Der Wechsel von der Pausch- zur Regelbesteuerung ist nach Auffassung des BFH wegen Rechtsmißbrauchs unzulässig, der Arbeitslohn für die Monate Oktober bis Dezember mit dem Pauschsteuersatz vom Arbeitgeber nachzuversteuern.

8078 a

1. Vereinheitlichung der Arbeitslohngrenzen

Mit der Änderung des § 40 a Abs. 2 EStG durch das Mißbrauchsbekämpfungs- und Steuerbereinigungsgesetzes *(v. 21.12.1993, BStBl. I 1994, 50)* hat der Gesetzgeber seit 1994 die dahin unterschiedlichen Arbeitslohngrenzen für geringfügige Beschäftigungen im **Sozialversicherungs- (vgl. Rz. 5220 f.) und im Steuerrecht vereinheitlicht**.

Nach der Neuregelung entsprechen die Arbeitslohngrenzen für die Lohnsteuerpauschalierung nunmehr denen des Sozialvericherungsrechts:

- Bei der Beschäftigung **in geringem Umfang und gegen geringen Arbeitslohn** (s. Rz. 8080) ist die Grenze für den Monatsverdienst an die Arbeitsentgeltgrenze für die Sozialversicherungsfreiheit von geringfügig Beschäftigten angeglichen.

Pauschalierung der Lohn- und Kirchensteuer

- Zugleich ist auch die dort vorgesehene **Dynamisierung** (jährliche Neufestsetzung der Bezugsgröße i.S.v. § 18 Abs. 1 SGB IV) mit übernommen worden. Demzufolge errechnen sich -wie schon bisher im Sozialversicherungsrecht- auch im Lohnsteuerrecht die für eine Pauschalierung einzuhaltenden **Arbeitslohngrenzen** durch einen bestimmten **Bruchteil der sozialversicherungsrechtlichen Bezugsgröße**. Dieser beträgt

    o für die **Monatslohngrenze 1/7**,
    o bei kürzeren Lohnzahlungsräumen **1/30** und
    o für die Stundenlohngrenze in allen Fällen der Teilzeitbeschäftigung **1/200**

der Bezugsgröße. Diese ist für **1995** festgelegt worden auf **4.060 DM** (neue Bundesländer: 3.290 DM).

Lohnsteuerpauschalierung bei sozialversicherungsfreier Beschäftigung 1995*)

Grenzwerte:	Geringfügige Beschäftigung (alte/neue Bundesl.)	Kurzfristige Beschäftigung (alte/neue Bundesl.)
Monatslohn	580 DM /470 DM	---
Wochenlohn	---	---
Tageslohn	---	120 DM
Stundenlohn	20,30 DM /16,45 DM	20,30 DM / 16,45 DM
Dauer	---	18 Tage am Stück; max. 50 Tage (2 Monate) innerhalb von 12 Monaten
Std./Woche	**weniger** als 15 Std.	---

*) zu den sozialversicherungsrechtlichen Werten vgl.auch Rz. 5220 f.

2. Kurzfristig beschäftigte Arbeitnehmer

8079

Eine Art der Teilzeitbeschäftigung, für die eine Pauschalierung der Steuer möglich ist, ist die **kurzfristige Beschäftigung**. Ein Arbeitnehmer ist kurzfristig beschäftigt, wenn folgende **3 Voraussetzungen** erfüllt sind:

- er darf bei dem Arbeitgeber nur **gelegentlich** arbeiten. Das heißt: Die Tätigkeit darf sich zwar wiederholen, aber sie darf nicht regelmäßig wiederkehren;

Beispiel:
Der Arbeitnehmer wird von einem Speditionsunternehmen in unregelmäßigen Abständen teils stundenweise, teils für einen oder mehrere Tage, zu Be- und Entladear-

Lohnsteuerrecht

beiten beschäftigt. Wiederholungen werden nicht vereinbart.
Auch wenn der Arbeitgeber den Arbeitnehmer mehrfach im Kalenderjahr beschäftigt, handelt es sich gleichwohl um eine kurzfristige Tätigkeit.

- die Beschäftigungsdauer darf **höchstens 18 hintereinanderliegende Tage** umfassen (arbeitsfreie Wochenenden, Feiertage usw. werden hierbei nicht berücksichtigt);
- der Arbeitslohn darf während dieser Zeit durchschnittlich **120 DM pro Arbeitstag** und die **durchschnittliche Stundenlohngrenze 1/200** der monatlichen Bezugsgröße nicht übersteigen. Die Grenze für **1995** beträgt also **20,30 DM** (16,45 DM).

Zwar kann an einzelnen Tagen etwas mehr verdient werden, aber im **Durchschnitt** darf sich für die gesamte Beschäftigungsdauer kein höherer Tagesbetrag ergeben. Das bedeutet: Eine kurzfristige Beschäftigung darf **höchstens** 2.160 DM (18 Tage x 120 DM) einbringen.

Ausnahme:
Bei Aushilfsbeschäftigungen, die wegen eines plötzlichen und unvorhergesehenen Ereignisses notwendig werden, darf zwar auch kein höherer Stundenlohn bezahlt werden, aber der **Tageshöchstbetrag** kann die 120 DM-Grenze **überschreiten**.

Im übrigen müssen die 3 eingangs genannten Voraussetzungen **gleichzeitig** erfüllt sein. Der Pauschalsteuersatz, den der Arbeitgeber in Fällen der kurzfristigen Beschäftigung einzubehalten und abzuführen hat, beträgt **25 % des Arbeitslohns**.

Beispiel:
Der Arbeitnehmer wird befristet vom 29.03. bis 18.04.1995 (= 21 Kalendertage) beschäftigt. Er arbeitet an 5 Tagen in der Woche jeweils 8 Stunden, wöchentlich also 40 Stunden. Der Arbeitslohn beträgt für die gesamte Beschäftigungszeit 1.500 DM.
*Eine Pauschalierung der Lohnsteuer mit 25 % **(kurzfristige Beschäftigung)** ist möglich:*

- *Beschäftigungszeit 29.03. bis 18.04.1995 = 13 Arbeitstage (Kalendertage abzüglich arbeitsfreier Samstage, abzüglich Osterfeiertage),*
- *Arbeitslohn nicht mehr als 120 DM je Arbeitstag (1.500 : 13 = 115,40 DM)*
- *Stundenlohn nicht mehr als 19,60 DM (115,40 DM : 8 = 14,43 DM pro Stunde)*
- *die pauschale Lohnsteuer beträgt demnach 25 % von 1.500 DM = 375 DM.*

(Zu den Aufzeichnungspflichten im Fall der Pauschalbesteuerung s. Rz. 8114 f.)

3. Geringfügig beschäftigte Arbeitnehmer

8080

Die weitere Möglichkeit einer Teilzeitbeschäftigung ist eine Beschäftigung **"in geringem Umfang und gegen geringen Arbeitslohn"**. Diese ist gegeben, wenn

- die Beschäftigung beim einzelnen Arbeitgeber auf **86 Stunden pro Monat** begrenzt ist und
- der Arbeitslohn **die Geringfügigkeitsgrenzen in der Sozialversicherung nicht überschreitet**.

Das bedeutet für **1995**, daß der Arbeitslohn **580 DM** (470 DM) **monatlich** und je **Arbeitsstunde** durchschnittlich **20,30 DM** (16,45 DM) nicht überschreiten darf. Bei kürzeren als monatlichen Lohnzahlungszeiträumen darf die Beschäftigungsdauer 20 Stunden und der Arbeitslohn **135,33 DM** (109,66 DM) **wöchentlich** nicht überschreiten.

Der Pauschalsteuersatz für Beschäftigte in geringem Umfang und gegen geringen Arbeitslohn beträgt **15 % des Arbeitslohns**.

Hinweis:
Werden die genannten Arbeitszeit- und Arbeitslohngrenzen einer Beschäftigung in geringem Umfang und gegen geringen Arbeitslohn nicht überschritten, kann die Lohnsteuer **auch im Fall einer kurzfristigen Beschäftigung** (vgl. oben Rz. 8079) statt mit 25 % mit 15 % pauschal erhoben werden.
Ist für einen Lohnzahlungszeitraum eine der oben genannten Grenzen überschritten, so **darf nur für diesen Zeitraum das Pauschalierungsverfahren nicht angewendet werden**. Die Zulässigkeit der Pauschalierung für andere Zeiträume wird hiervon nicht berührt. Im übrigen gehören zur **Beschäftigungsdauer auch solche Zeiträume**, in denen der Arbeitslohn wegen Urlaub, Krankheit oder gesetzlicher Feiertage **fortgezahlt** wird (auf die Besonderheit von Aushilfskräften in Betrieben der Land- und Forstwirtschaft wird an dieser Stelle nicht eingegangen).
Soll die Beschäftigung gleichzeitig **sozialversicherungsfrei** bleiben, muß die **wöchentliche** Beschäftigungsdauer **unter 15 Stunden** liegen (vgl. Rz. 5220 f.).

Beispiel:
Der Arbeitgeber beschäftigt im Kalenderjahr 1995 wöchentlich regelmäßig am Donnerstag eine Aushilfskraft. Der Arbeitnehmer erhält für diesen Tag bei einer Arbeitszeit von 8 Stunden einen Arbeitslohn von 120 DM.
Die Lohnsteuer kann in diesem Fall mit 15 % pauschaliert werden, da die wöchentliche Arbeitszeit nicht mehr als 20 Stunden und der wöchentliche Arbeitslohn nicht mehr als 135,33 DM beträgt. Außerdem übersteigt der auf einen Stundenlohn umgerechnete Arbeitslohn nicht den Betrag von 20,30 DM, da dieser in dem Beispiel 15 DM beträgt.
Die Beschäftigung ist im übrigen auch sozialversicherungsfrei, da diese einen Umfang von weniger als 15 Stunden wöchentlich hat.

4. Allgemeine Hinweise für die Pauschalierung bei Teilzeitbeschäftigungen

8081

Unter **Arbeitsstunde** ist in allen Fällen der Pauschalierung die **Zeitstunde** zu verstehen. Wird der Arbeitslohn für kürzere Zeiteinheiten gezahlt, ist der Arbeitslohn **umzurechnen**.

Beispiel:
Ein Sportverein vereinbart mit einem nebenberuflich tätigen Übungsleiter ein Übungsleiterentgelt von 18 DM je Übungseinheit. Eine Übungseinheit dauert 45 Minuten.
In diesem Fall muß das Übungsleiterentgelt auf eine Zeitstunde hochgerechnet werden und beträgt demzufolge 24 DM pro Stunde. Sofern der Übungsleiterpauschbetrag gem. § 3 Nr. 26 EStG überschritten wird, entfällt die Möglichkeit der Pauschalierung für den steuerpflichtigen Teil der Vergütung, da das Übungsleiterentgelt über dem zulässigen Höchstbetrag von z.Zt. 20,30 DM pro Zeitstunde liegt.

Steuerfreie Einnahmen (wie im Beispielsfall Einnahmen bis zur Höhe des Übungsleiterpauschbetrags von 2.400 DM pro Jahr) werden bei der Prüfung, ob die Pauschalierungsgrenzen überschritten sind, **nicht berücksichtigt** (Abschn. 128 Abs. 4 S. 1 LStR).

Bezüge, die **nicht zum laufenden Arbeitslohn** gehören **(sonstige Bezüge)** sind für die Feststellung der Pauschalierungsgrenzen rechnerisch gleichmäßig auf die Lohnzahlungs- oder Lohnabrechnungszeiträume zu verteilen, in denen die Arbeitsleistung erbracht wird. Dies gilt insbesondere für Weihnachtsgeld, Urlaubsgeld oder Beiträge zu einer Direktversicherung (vgl. Rz. 8048). Diese Beträge sind auf die gesamte Beschäftigungszeit (Kalenderjahr) zu verteilen. Werden die Grenzen infolge der Zusammenrechnung mit den pauschal besteuerten Bezügen überschritten, so ist der laufende Arbeitslohn nach der maßgebenden Lohnsteuertabelle zu versteuern.

Beispiel:
Eine teilzeitbeschäftigte Aushilfskraft mit einem monatlichen Arbeitslohn von 580 DM erhält am Jahresende eine anteilige Leistungsprämie in Höhe von 120 DM.
Der monatliche Arbeitslohn in Höhe von 580 DM ist anteilig um 10 DM pro Monat (120 : 12 = 10) zu erhöhen. Damit übersteigt der Arbeitslohn die monatliche Pauschalierungsgrenze von 580 DM, so daß die Pauschalierung mit 15 % für das ganze Kalenderjahr 1995 unzulässig ist. Die 590 DM sind dem normalen Lohnsteuerabzug zu unterwerfen.

Die Pauschalierung der Lohnsteuer kann - **anders** als im Rahmen des **Sozialversicherungsrechts** (vgl. Rz. 5223), wo mehrere geringfügige Beschäftigungen zusammengerechnet werden - **gleichzeitig für mehrere nebeneinander ausgeübte Tätigkeiten bei verschiedenen Arbeitgebern** in Anspruch genommen werden. Der einzelne Arbeitgeber braucht für die Anwendung der Pauschalierungsvorschriften **nicht** prüfen, ob der Arbeitnehmer noch in einem anderen Arbeitsverhältnis steht. Dessen Prüfung hinsichtlich der Anwendung der lohnsteuerrechtlichen Pauschalierungsvorschriften beschränkt sich ausschließlich darauf, ob das **bei ihm** eingegangene Arbeitsverhältnis die Voraussetzungen für eine Pauschalierung erfüllt. Zu beachten ist jedoch, daß ein Arbeitnehmer nicht gleichzeitig bei **einem Arbeitgeber** in zwei Arbeitsverhältnissen stehen kann.

Beispiel:
Der Arbeitgeber beschäftigt in seinem Unternehmen den Arbeitnehmer als Fahrer. An den Wochenenden pflegt der Arbeitnehmer den Privatbesitz des Arbeitgebers (z.B. Gartenarbeit, kleinere Hausreparaturen, Pflege der Privatkraftfahrzeuge des Arbeitgebers). Der Arbeitgeber entlohnt den Arbeitnehmer für diese Tätigkeit privat.
Der Umfang dieser privaten Tätigkeit und die Höhe des Lohnes liegen im Rahmen der unter "2." genannten Grenzen.
*Eine Versteuerung des laufenden Arbeitslohns als Fahrer nach den Merkmalen der Steuerkarte als erstes Arbeitsverhältnis und eine Pauschalversteuerung mit 15 % für die Wochenendtätigkeit als zweites Arbeitsverhältnis ist **nicht zulässig**. Es handelt sich in diesem Fall um ein erweitertes **einheitliches Arbeitsverhältnis**.*

Dies galt in der Vergangenheit ohne jede Einschränkung auch dann, wenn ein Arbeitnehmer mit Vorruhestandsbezügen oder einer Werkspension weiterhin für seinen bisherigen Arbeitgeber tätig war. Eine Pauschalierung des Arbeitslohns aus der aktiven Beschäftigung war neben der Besteuerung des Vorruhestandsgeldes oder der Werkspension nach den Merkmalen der Lohnsteuerkarte wegen dem Grundsatz des einheitlichen Beschäftigungsverhältnisses nicht zulässig. Der BFH hat in einer Entscheidung (*BFH 27.07.1990, BStBl. II, 931*) diesen Grundsatz jedoch dahingehend eingeschränkt, daß ein einheitliches Beschäftigungsverhältnis nur bei 2 **aktiven Beschäftigungen** (s. Beispielsfall oben) anzunehmen ist. Eine Pauschalierung nach § 40 a EStG ist daher für den Ausnahmefall zulässig, daß eine **aktive Beschäftigung** neben dem **Bezug von Vorruhestandsgelt oder einer Betriebsrente** ausgeübt wird.

5. Kirchensteuer bei Lohnsteuerpauschalierung

8082

Kann die Lohnsteuer pauschaliert werden, gilt dies **grundsätzlich auch** für die **Kirchensteuer**. Bemessungsgrundlage für die pauschale Kirchensteuer ist dabei die **pauschale Lohnsteuer**.

Der Steuersatz für die zu pauschalierende Kirchensteuer ist in den einzelnen Ländern des Bundesgebietes unterschiedlich hoch. Auch das Verhältnis für die Aufteilung der pauschalen Kirchensteuer auf die evangelische und römischkatholische Kirche ist nicht einheitlich. Die Steuersätze für die Kirchensteuerpauschalierung bei "kurzfristigen Beschäftigungen", "Beschäftigungen in geringem Umfang und gegen geringen Arbeitslohn", in besonderen Fällen sowie bei Zukunftssicherungsleistungen, ergeben sich aus folgender Tabelle:

8083

Bundesland	Kirchensteuer bei Lohnsteuerpauschalierung
Hamburg	4,5 %
Berlin*, Brandenburg*, Mecklenburg-Vorpommern, Sachsen, Sachsen-Anhalt, Thüringen	5 %
Niedersachsen	6 %
Baden-Württemberg, Bayern, Bremen, Hessen, Nordrhein-Westfalen, Rheinland-Pfalz, Saarland, Schleswig-Holstein	7 %

* Für Arbeitnehmer, die Arbeitslohn für eine gegenwärtige Beschäftigung in Berlin i.S.d. § 23 Nr. 4 a BerlinFG beziehen, beträgt der Pauschsatz 5,8 %

Die Kirchensteuer wird grundsätzlich **unabhängig** von der **tatsächlichen Religionszugehörigkeit** eines Arbeitnehmers entsprechend festgelegter Prozentwerte auf die steuererhebenden Religionsgemeinschaften umgelegt.

Von der Erhebung der auf die pauschale Lohnsteuer entfallenden Kirchensteuer kann der Arbeitgeber nur hinsichtlich derjenigen Arbeitnehmer absehen, die **nachgewiesenermaßen** keiner kirchensteuererhebenden Körperschaft angehören. Der Arbeitgeber muß sich hierfür von denjenigen Arbeitnehmern, die keine Lohnsteuerkarte vorgelegt haben, eine entsprechende **schriftliche Erklärung** vorlegen lassen. Diese Erklärung ist als **Beleg zum Lohnkonto** zu nehmen. Führt der Arbeitgeber den Nachweis für **einen Teil** der Arbeitnehmer, so ist für die übrigen Arbeitnehmer die Kirchensteuer mit dem **vollen Kirchensteuersatz** auf die pauschale Lohnsteuer zu erheben und nach Konfessionen getrennt abzuführen.

Eine Ausnahme gilt bei der Kirchensteuerpauschalierung nach § 40a EStG für **Aushilfskräfte und Teilzeitbeschäftigte**. Hier ist durch bundeseinheitliche Verwaltungsanweisung zugelassen worden, daß auch beim Ausscheiden einiger konfessionsloser Arbeitnehmer die Kirchensteuerpauschalierung für die restlichen Arbeitnehmer mit dem für die Pauschalierungen vorgesehenen **ermäßigten Kirchensteuersatz** durchgeführt werden kann.

II. Pauschalierung in anderen Fällen

8084

Über die Pauschalierungsmöglichkeiten bei den verschiedenen Zukunftssicherungsleistungen und die dafür notwendigen Voraussetzungen soll hier nur ein kurzer Überblick gegeben werden. Zu weiteren Einzelheiten s. *Klein/Flockermann*, HzL Gruppe 3, S. 347 ff.

Pauschalierung der Lohn- und Kirchensteuer

Beiträge des Arbeitgebers für die **Zukunftssicherung des Arbeitnehmers**, die dieser für den Arbeitnehmer zusätzlich oder anstelle des geschuldeten Arbeitslohns **ohne gesetzliche Verpflichtung** aufwendet, sind steuerpflichtiger Arbeitslohn (vgl. "ABC- Arbeitgeberbeiträge" Rz. 8035). Unter den Begriff der "Zukunftssicherung" fallen dabei alle Aufwendungen zur Sicherung der wirtschaftlichen Existenz des Arbeitnehmers oder dessen Angehörigen für den Fall der Krankheit, des Unfalls, der vorzeitigen Arbeitsunfähigkeit, des Alters oder des Todes.

Bestimmte steuerpflichtige Zukunftssicherungsleistungen können nach § 40 b EStG mit einem **Steuersatz von 15% pauschal besteuert** werden. Im einzelnen handelt es sich hierbei um Beiträge zu einer

- Direktversicherung
- Pensionskasse oder
- Gruppenunfallversicherung.

Praktisch wichtigster Fall ist dabei die **Direktversicherung**. Darunter ist eine Lebensversicherung auf das Leben des Arbeitnehmers zu verstehen, die durch den Arbeitgeber bei einem inländischen oder ausländischen Versicherungsunternehmen abgeschlossen worden ist und bei der der Arbeitnehmer oder seine Hinterbliebenen hinsichtlich der Versorgungsleistungen des Versicherers ganz oder teilweise bezugsberechtigt sind. Dasselbe gilt für eine Lebensversicherung, die nach Abschluß durch den Arbeitnehmer vom Arbeitgeber übernommen worden ist (zu den weiteren Voraussetzungen s. Abschn. 129 LStR 1993).

Für die Pauschalierung der Aufwendungen für eine Direktversicherung nach § 40 b EStG ist es unerheblich, ob die Beiträge **zusätzlich** zu dem ohnehin geschuldeten Arbeitslohn oder aufgrund einer Vereinbarung mit dem Arbeitnehmer **anstelle** des geschuldeten Barlohns erbracht werden (sog. "Barlohnumwandlung"). Dies gilt selbst dann, wenn der Barlohn so weit herabgesetzt wird, daß aus der Barlohnkürzung nicht nur die Zukunftssicherungsleistung, sondern zugleich die pauschale Steuer finanziert werden kann. In diesem Fall entstehen dem Arbeitgeber also durch Übernahme der Beiträge einschließlich Pauschalbesteuerung keine zusätzlichen Kosten. Die durch die Barlohnkürzung finanzierte pauschale Steuer stellt auch **keinen zusätzlichen Arbeitslohn** dar (Abschn. 129 Abs. 2, Satz 1 u. 2 LStR).

Bei **pauschal besteuerten Teilzeitarbeitsverhältnissen** (vgl. Rz. 8078) ist die Pauschalierung ebenfalls zulässig, wenn es sich dabei um das **erste Arbeitsverhältnis** handelt (*BFH 08.12.1989, BStBl. 1990 II, 398*).

Nur hingewiesen werden soll auch auf die Pauschalierung der Lohnsteuer in **"besonderen Fällen"** nach § 40 Abs. 1 EStG. Hierzu zählen die Sachverhalte, in denen

- der Arbeitgeber in einer größeren Zahl von Fällen **sonstige Bezüge** zahlt, soweit die sonstigen Bezüge für einen Arbeitnehmer **2.000 DM im Kalenderjahr** nicht übersteigen,

- Lohnsteuer **in einer größeren Zahl von Fällen nachzuerheben** ist, weil die Lohnsteuer nicht vorschriftsmäßig einbehalten worden ist.

Eine weitere Möglichkeit der Versteuerung bestimmter Lohnteile mit einem festen Pauschsatz ohne Antrag des Arbeitgebers und ohne Anrechnung auf die 2.000-DM-Grenze besteht dann, wenn

- unentgeltliche oder verbilligte **Kantinenmahlzeiten im Betrieb** durch den Arbeitgeber gewährt werden,
- bei **steuerpflichtigen Zuwendungen** des Arbeitgebers an den Arbeitnehmer aus Anlaß von **Betriebsveranstaltungen**,
- für **steuerpflichtige Erholungsbeihilfen** durch den Arbeitgeber.

Vgl. im einzelnen *Klein/Flockermann*, HzL Gruppe 3, S. 250, 354 f.

III. Überwälzung der pauschalen Lohnsteuer auf den Arbeitnehmer

8085

Bei der Pauschalierung für teilzeitbeschäftigte Personen wird ebenso wie bei der Pauschalierung der Lohnsteuer in besonderen Fällen davon ausgegangen, daß **der Arbeitgeber die pauschale Lohnsteuer zu übernehmen hat** und deswegen **Schuldner** der pauschalen Lohnsteuer wird. Der pauschal besteuerte Arbeitslohn und die pauschale Lohnsteuer bleiben auch bei einer Veranlagung zur Einkommensteuer des Arbeitnehmers oder bei der Lohnsteuer-Ausgleichsveranlagung außer Ansatz. Zwischen Arbeitgeber und Arbeitnehmer kann allerdings **vereinbart** werden, daß entgegen dieser Vermutung die **pauschale Lohnsteuer vom Arbeitnehmer** zu tragen ist. In diesen Fällen gehört die Lohnsteuer nicht zum Arbeitslohn für die Berechnung der pauschalen Lohnsteuer. Dasselbe gilt für eine vom Arbeitnehmer übernommene pauschale Kirchensteuer.

Beispiel:
Der Arbeitgeber zahlt einer Aushilfskraft pro Tag einen Arbeitslohn von 150 DM. Beide Parteien haben vereinbart, daß der Arbeitnehmer dem Arbeitgeber die pauschal abgeführte Lohnsteuer zu ersetzen hat.
Bei dieser Vereinbarung ergibt sich folgende Berechnung der pauschalen Lohnsteuer:
arbeitsrechtlich zu zahlender Bruttolohn: 150 DM.
Dieser Bruttolohn enthält bereits 25 % Lohnsteuer, die der Arbeitnehmer vereinbarungsgemäß zu tragen hat.
Vereinbarter Nettolohn ist daher 120 DM (150 DM : 1,25 = 120 DM). Da der vereinbarte Nettolohn die Tageslohngrenze von 120 DM nicht übersteigt, ist eine Pauschalierung der Lohnsteuer mit 25 % zulässig.

IV. Wegfall der Berlin-Förderung

8085 a

Bei der **Lohnsteuerpauschalierung** galten letztmalig für Lohnzahlungszeiträume, die im Kalenderjahr 1994 endeten, ermäßigte Steuersätze, wenn der Arbeitslohn für eine gegenwärtige Beschäftigung in Berlin i.S.d. § 23 Nr. 4 a BerlinFG bezogen wurde. Die ermäßigten Steuersätze betrugen für 1994

- im Fall einer Pauschalierung für **kurzfristig Beschäftigte** (vgl. Rz. 8079) 23,1 % (statt 25%)

- im Fall einer Pauschalierung für **geringfügig Beschäftigte** (vgl. Rz. 8080) 13,9% (statt 15%).

Mit dem **Auslaufen der Berlin-Förderung** zum Ende des Jahres 1994 sind auch für diese Beschäftigungen die normalen Pauschalsätze des § 40 a EStG anzuwenden.

53. Kapitel: Solidaritätszuschlag 1995

I.	Solidaritätszugschlag-Gesetz 1995	8087
II.	Erhebung des Solidartätszuschlags	8087
	1. Höhe des Solidaritätszuschlags	8088
	2. Abzug vom laufenden Arbeitslohn	8089
	3. Abzug bei "sonstigen Bezügen" und Steuerpauschalierung	8089
	4. Nettolohnvereinbarung	8089
III.	Lohnsteuer-Jahresausgleich durch den Arbeitgeber	8090
IV.	Solidaritätszuschlag und Kirchensteuer	8091
V.	Aufzeichnung, Anmeldung und Bescheinigung des Solidaritätszuschlags	8091
VI.	Beispiel: Lohnsteuer/Solidaritätszuschlag vom laufenden Arbeitslohn	8092
VII.	Solidaritätszuschlag-Tabellen (reduzierter Zuschlag)	8093

I. Solidaritätszugschlag-Gesetz 1995

8087

Wie schon im Zeitraum vom 01.07.1991 bis zum 30.06.1992, ist seit dem **01.01.1995** vom Arbeitgeber neben der Lohnsteuer erneut ein Solidartitätszuschlag vom Arbeitslohn einzubehalten. Das Solidaritätszuschlagsgesetz 1995 wurde als Art. 31 im Rahmen des "Gesetzes zur Umsetzung des des Föderalen Konsolidierungsprogramms" (*BGBl. I 1993, 975 = BStBl. I 1993, 510, 523*) eingeführt. Das vom Arbeitgeber zu beachtende Verfahren ist geregelt im "Merkblatt zum Solidaritätszuschlag im Lohnsteuerabzugsverfahren ab 1995" (*BMF 20.09.1994, BStBl. I, 757*). Die dort gemachten Ausführungen sind in der folgenden Darstellung berücksichtigt worden.

II. Erhebung des Solidartätszuschlags

Der Solidaritätszuschlag ist

- vom **laufenden Arbeitslohn** zu erheben, der für einen nach dem **31.12.1994** endenden Lohnzahlungszeitraum **gezahlt wird** und
- von **sonstigen Bezügen** zu erheben, die nach dem **31.12. 1994 zufließen**.

Bemessungsgrundlage des Solidaritätszuschlags ist die jeweilige Lohnsteuer.

1. Höhe des Solidaritätszuschlags

8088

Der Solidaritätszuschlag beträgt - wie in der Vergangenheit - **7,5% der Lohnsteuer** und ist jeweils **gesondert** zu ermitteln

- für den **laufenden Arbeitslohn**,
- für die **sonstigen Bezügen** und
- für die **Steuerpauschalierung** nach den §§ 40 bis 40 b EStG.

Anders als bei der "Altregelung", wird der Solidaritätszuschlag 1995 jedoch nicht "ab ersten Mark" Lohnsteuer erhoben. Bis zu bestimmten Einkommensgrenzen wird der Solidaritätszuschlag nicht erhoben. Werden diese Grenzen überschritten, gibt es - ähnlich wie bei der Freistellung des Existenzminimums - einen Übergangsbereich, in dem der Solidaritätszuschlag nicht in voller Höhe von 7,5 % erhoben wird. Einen Überblick über diese für den Solidaritätszuschlag und gleichzeitig für die Freistellung des Existenzminimums wichtigen Einkommensgrenzen vermittelt das folgende Schaubild.

	Einkommensgrenzen 1995: Lohnsteuer/Solidaritätszuschlag		

Steuerklasse	Bruttolohn- bzw. gehalt		
	keine LSt. bis...	kein SolZ. bis...	reduzierter SolZ. bis...
	Monatswerte		
I/0	1.386,15 DM	1.651,65 DM	1.867,65 DM
II/1	2.326,65 DM	2.547,15 DM	2.727,15 DM
III/0	2.569,65 DM	3.096,15 DM	3.537,15 DM
III/1	2.988,15 DM	3.514,65 DM	3.955,65 DM
III/2	3.406,65 DM	3.933,15 DM	4.347,15 DM
	Jahreswerte		
I/0	16.633,99 DM	19.819,99 DM	22.411,99 DM
II/1	27.919,99 DM	30.565,99 DM	32.725,99 DM
III/0	30.835,99 DM	37.207,99 DM	42.445,99 DM
III/1	30.587,99 DM	42.175,99 DM	47.467,99 DM
III/2	40.879,99 DM	47.197,99 DM	52.165,99 DM

Bruchteile eines Pfennigs, die sich im folgenden bei der Berechnung des Solidaritätszuschlags ergeben, bleiben jeweils außer Betracht.

Solidaritätszuschlag 1995

Wird die Lohnsteuer infolge **rückwirkender Änderungen** von Besteuerungsmerkmalen (z.B. rückwirkende Änderung der Zahl der Kinderfreibeträge) **neu ermittelt,** so ist **auch der Solidaritätszuschlag neu zu ermitteln.** In diesen Fällen ist ein etwa zuviel einbehaltener Solidaritätszuschlag dem Arbeitnehmer zu erstatten; ein etwa zu wenig einbehaltener Solidaritätszuschlag ist nachzuerheben. Das gilt auch bei **nachträglicher Eintragung von Freibeträgen** auf der Lohnsteuerkarte (vgl. Rz. 8044 f.).

2. Abzug vom laufenden Arbeitslohn

8089

Beim **laufenden Arbeitslohn** ergibt sich die Höhe des Solidaritätszuschlags - abhängig vom Lohnzahlungszeitraum - aus den unter Rz. 8093 abgedruckten Tabellen 1-3. Bei höheren als in den Tabellen ausgewiesenen Lohnsteuerbeträgen ist der Solidaritätszuschlag mit in voller Höhe mit 7,5 % der Lohnsteuer zu berechnen.
Bei **abweichenden Lohnzahlungszeiträumen** ist die Lohnsteuer nach § 39 b Abs. 4 EStG unter Anwendung der Wochen- oder Tageslohnsteuertabelle durch Vervielfachung zu ermitteln (vgl. Rz. 8036c). In entsprechender Weise ist für die Ermittlung des Solidaritätszuschlag unter Zuhilfenahme der Tabellen 2 und 3 zu verfahren.

3. Abzug bei "sonstigen Bezügen" und Steuerpauschalierung

Für den Steuerabzug von **sonstigen Bezügen** und für die **Steuerpauschalierung** ist der Solidaritätszuschlag **stets mit 7,5 %** der entsprechenden Lohnsteuer zu berechnen.

4. Nettolohnvereinbarung

Übernimmt der Arbeitgeber in den Fällen einer **Nettolohnvereinbarung** (vgl. Rz. 8094 f.) auch den Solidaritätszuschlag, so ist die Lohnsteuer nach dem Bruttoarbeitslohn zu berechnen, der nach Kürzung um die Lohnabzüge einschließlich des Solidaritätszuschlags den ausgezahlten Nettolohnbetrag ergibt. Übernimmt der Arbeitgeber den Solidaritätszuschlag nicht, so bleibt dieser bei der Berechnung des Bruttoarbeitslohns außer Betracht. Der Nettolohn ist um den Solidaritätszuschlag zu mindern (vgl. Beispiel 2 Rz. 8094 b).

III. Lohnsteuer-Jahresausgleich durch den Arbeitgeber

8090

Wenn der Arbeitgeber für den Arbeitnehmer einen **Lohnsteuer-Jahresausgleich durchführt** (vgl. Rz. 8126 f.), ist auch für den **Solidaritätszuschlag ein Jahresausgleich durchzuführen.**

 Der **Jahresbetrag** des Solidaritätszuschlags ergibt sich aus der Tabelle 4, Rz. 8093. Bei höheren als in der Tabelle ausgewiesenen Jahreslohnsteuerbeträgen ist der Solidaritätszuschlag mit 7,5 % der Jahreslohnsteuer zu berechnen.

Übersteigt die Summe der einbehaltenen Zuschlagsbeträge den Jahresbetrag des Solidaritätszuschlags, so ist der Unterschiedsbetrag dem Arbeitnehmer **vom Arbeitgeber zu erstatten**. Übersteigt der Jahresbetrag des Solidaritätszuschlags die Summe der einbehaltenen Zuschlagsbeträge, so kommt eine **nachträgliche Einbehaltung** des Unterschiedsbetrags durch den Arbeitgeber **nur nach Maßgabe des § 41 c EStG** in Betracht.

IV. Solidaritätszuschlag und Kirchensteuer

8091

Der Solidaritätszuschlag bezieht sich nur auf die Lohnsteuer, nicht auf die Kirchensteuer. Die Kirchensteuer bemißt sich nach der **Lohnsteuer ohne den Solidaritätszuschlag** (vgl. Rz. 8066 f.).

V. Aufzeichnung, Anmeldung und Bescheinigung des Solidaritätszuschlags

Der Solidaritätszuschlag ist im **Lohnkonto** (§ 41 EStG, vgl. Rz. 8103 f.), in der **Lohnsteuer-Anmeldung** (§ 41 a EStG, vgl. Rz. 8095 f.) und in der **Lohnsteuerbescheinigung** (z. B. auf der Lohnsteuerkarte - § 41 b E StG, vgl. Rz. 8116 f.) **gesondert** neben der Lohnsteuer und Kirchensteuer **einzutragen**.

VI. Beispiel: Lohnsteuer/Solidaritätszuschlag vom laufenden Arbeitslohn

8092

Beispiel:
Der Arbeitnehmer (Steuerklasse III/1, sozialversicherungspflichtig) erhält im Kalenderjahr 1995 ein Monatsgehalt in Höhe von 3.700 DM.

o *zu versteuernder Arbeitslohn:*	*3.700,00 DM*
o *Anwendung der allgem. Lohnsteuertabelle "Monat":*	
o *Lohnstufe 3.703,65 DM, ausgewiesene Lohnsteuer*	*309,50 DM*
o *Gemilderte Lohnsteuer lt.* **Zusatztabelle 1995**	*300,83 DM*
o *reduzierter Solidaritätszuschlag lt. Tabelle 1*	*15,76 DM*

Vom Arbeitgeber sind monatlich 300,83 DM Lohnsteuer sowie ein Solidaritätszuschlag i.H.v. 15,76 DM einzubehalten und abzuführen. Übersteigt die Lohnsteuer die in den Tabellen genannten Werte, ist der Solidaritätszuschlag stets in voller Höhe mit 7,5% der Lohnsteuer einzubehalten.

Solidaritätszuschlag 1995

Solidaritätszuschlag-Tabellen (reduzierter Zuschlag) 8093
Tabelle 1: Solidaritätszuschlag für Monatslohnsteuerbeträge

	Steuerklassen I, II, IV, V und VI							Steuerklasse III			
	Monats-lohn-steuer	Soli-daritäts-zuschlag	Monats-lohn-steuer	Soli-daritäts-zuschlag	Monats-lohn-steuer	Soli-daritäts-zuschlag		Monats-lohn-steuer	Soli-daritäts-zuschlag	Monats-lohn-steuer	Soli-daritäts-zuschlag
	DM	DM	DM	DM	DM	DM		DM	DM	DM	DM
von	0,83						von	1,66			
bis	111,00	0,00	132,00	4,20	154,00	8,60	bis	222,00	0,00	288,83	13,36
	111,08	0,01	132,16	4,23	154,75	8,75		223,83	0,36	290,66	13,73
	111,91	0,18	133,00	4,40	155,00	8,80		225,33	0,66	291,66	13,93
	112,00	0,20	133,16	4,43	155,16	8,83		225,66	0,73	292,50	14,10
	112,66	0,33	133,91	4,58	155,75	8,95		227,50	1,10	294,50	14,50
	112,83	0,36	134,00	4,60	156,16	9,03		229,33	1,46	296,16	14,83
	113,66	0,53	134,08	4,61	156,66	9,13		230,00	1,60	296,33	14,86
	113,75	0,55	134,83	4,76	157,00	9,20		231,16	1,83	298,16	15,23
	114,50	0,70	135,00	4,80	157,66	9,33		233,00	2,20	300,16	15,63
	114,66	0,73	135,83	4,96	158,00	9,40		234,83	2,56	300,83	15,76
	115,00	0,80	135,91	4,98	158,58	9,51		235,00	2,60	302,00	16,00
	115,41	0,88	136,25	5,05	159,16	9,63		236,66	2,93	303,83	16,36
	115,58	0,91	136,83	5,16	159,50	9,70		238,50	3,30	305,83	16,76
	116,25	1,05	137,66	5,33	160,00	9,80		239,50	3,50	307,66	17,13
	116,50	1,10	137,83	5,36	160,50	9,90		240,33	3,66	309,50	17,50
	117,08	1,21	138,66	5,53	161,00	10,00		242,16	4,03	310,33	17,66
	117,41	1,28	138,75	5,55	161,41	10,08		244,00	4,40	311,50	17,90
	117,50	1,30	139,66	5,73	162,16	10,23		244,16	4,43	313,33	18,26
	117,91	1,38	140,50	5,90	162,41	10,28		245,83	4,76	315,33	18,66
	118,33	1,46	140,58	5,91	163,00	10,40		247,66	5,13	317,16	19,03
	119,25	1,65	141,00	6,00	163,33	10,46		249,16	5,43	319,00	19,40
	119,33	1,66	141,50	6,10	164,00	10,60		249,50	5,50	321,00	19,80
	119,75	1,75	141,58	6,11	164,33	10,66		251,33	5,86	322,83	20,16
	120,16	1,83	142,50	6,30	165,16	10,83		253,33	6,26	324,83	20,56
	121,08	2,01	143,33	6,46	165,25	10,85		253,66	6,33	326,66	20,93
	121,16	2,03	143,41	6,48	166,16	11,03		255,16	6,63	328,66	21,33
	122,00	2,20	143,50	6,50	166,25	11,05		257,00	7,00	330,50	21,70
	122,08	2,21	144,33	6,66	167,00	11,20		258,33	7,26	332,50	22,10
	122,83	2,36	144,41	6,68	167,16	11,23		258,83	7,36	334,33	22,46
	122,91	2,38	145,33	6,86	168,00	11,40		260,66	7,73	336,33	22,86
	123,66	2,53	145,83	6,96	168,16	11,43		262,50	8,10	338,16	23,23
	123,83	2,56	146,25	7,05	169,08	11,61		263,33	8,26	340,16	23,63
	124,58	2,71	146,33	7,06	169,16	11,63		264,33	8,46	342,00	24,00
	124,66	2,73	147,25	7,25	170,08	11,81		266,33	8,86	344,00	24,40
	124,75	2,75	147,33	7,26	170,16	11,83		267,83	9,16	345,83	24,76
	125,66	2,93	148,08	7,41	171,00	12,00		268,16	9,23	347,83	25,16
	126,50	3,10	148,16	7,43	171,16	12,03		270,00	9,60	349,83	25,56
	126,66	3,13	149,08	7,61	172,00	12,20		271,83	9,96	351,66	25,93
	126,83	3,16	149,33	7,66	172,16	12,23		272,50	10,10	353,66	26,33
	127,50	3,30	150,08	7,81	172,91	12,38		273,66	10,33		
	127,58	3,31	150,16	7,83	173,16	12,43		275,66	10,73		
	128,33	3,46	150,41	7,88	173,91	12,58		277,50	11,10		
	128,50	3,50	151,00	8,00	174,16	12,63		279,33	11,46		
	129,16	3,63	151,16	8,03	174,91	12,78		281,16	11,83		
	129,41	3,68	151,91	8,18	175,33	12,86		282,00	12,00		
	130,33	3,86	152,16	8,23	175,83	12,96		283,16	12,23		
	131,16	4,03	152,91	8,38	176,33	13,06		285,00	12,60		
	131,25	4,05	153,16	8,43	176,83	13,16		286,66	12,93		
	131,66	4,13	153,83	8,56	177,33	13,26		286,83	12,96		

Tabelle 2: Solidaritätszuschlag für Wochenlohnsteuerbeträge

Steuerklassen I, II, IV, V und VI						Steuerklasse III			
Wochen-lohn-steuer	Soli-daritäts-zuschlag	Wochen-lohn-steuer	Soli-daritäts-zuschlag	Wochen-lohn-steuer	Soli-daritäts-zuschlag	Wochen-lohn-steuer	Soli-daritäts-zuschlag	Wochen-lohn-steuer	Soli-daritäts-zuschlag
DM	DM	DM	DM	DM	DM	DM	DM	DM	DM
von 0,19						von 0,38			
bis 25,90	0,00	30,80	0,98	35,93	2,00	bis 51,80	0,00	67,39	3,11
25,91	0,00	30,83	0,98	36,10	2,04	52,22	0,08	67,82	3,20
26,11	0,04	31,03	1,02	36,16	2,05	52,57	0,15	68,05	3,25
26,13	0,04	31,07	1,03	36,20	2,06	52,65	0,17	68,25	3,29
26,28	0,07	31,24	1,06	36,34	2,08	53,08	0,25	68,71	3,38
26,32	0,08	31,26	1,07	36,43	2,10	53,51	0,34	69,10	3,46
26,52	0,12	31,28	1,07	36,55	2,13	53,66	0,37	69,14	3,46
26,54	0,12	31,46	1,11	36,63	2,14	53,93	0,42	69,57	3,55
26,71	0,16	31,50	1,12	36,78	2,17	54,36	0,51	70,03	3,64
26,75	0,17	31,69	1,15	36,86	2,19	54,79	0,59	70,19	3,67
26,83	0,18	31,71	1,16	37,00	2,22	54,83	0,60	70,46	3,73
26,93	0,20	31,79	1,17	37,13	2,24	55,22	0,68	70,89	3,81
26,96	0,21	31,92	1,20	37,21	2,26	55,65	0,77	71,36	3,91
27,12	0,24	32,12	1,24	37,33	2,28	55,88	0,81	71,78	3,99
27,18	0,25	32,16	1,25	37,45	2,31	56,07	0,85	72,27	4,08
27,31	0,28	32,35	1,29	37,56	2,33	56,50	0,94	72,41	4,12
27,33	0,29	32,37	1,29	37,66	2,35	56,93	1,02	72,68	4,17
27,41	0,30	32,58	1,33	37,83	2,38	56,97	1,03	73,11	4,26
27,51	0,32	32,78	1,37	37,89	2,39	57,36	1,11	73,57	4,35
27,61	0,34	32,80	1,38	38,03	2,42	57,78	1,19	74,00	4,44
27,82	0,38	32,90	1,40	38,11	2,44	58,13	1,26	74,43	4,52
27,84	0,38	33,01	1,42	38,26	2,47	58,21	1,28	74,90	4,62
27,94	0,40	33,03	1,42	38,34	2,48	58,64	1,36	75,32	4,70
28,03	0,42	33,25	1,47	38,53	2,52	59,11	1,46	75,79	4,79
28,25	0,47	33,44	1,50	38,55	2,53	59,18	1,47	76,22	4,88
28,27	0,47	33,46	1,51	38,77	2,57	59,53	1,54	76,68	4,97
28,46	0,51	33,48	1,51	38,79	2,57	59,96	1,63	77,11	5,06
28,48	0,51	33,67	1,55	38,96	2,61	60,27	1,69	77,58	5,15
28,66	0,55	33,69	1,55	39,00	2,62	60,39	1,71	78,01	5,24
28,68	0,55	33,91	1,60	39,20	2,66	60,82	1,80	78,47	5,33
28,85	0,59	34,02	1,62	39,23	2,66	61,25	1,89	78,90	5,42
28,89	0,59	34,12	1,64	39,45	2,71	61,44	1,92	79,37	5,51
29,06	0,63	34,14	1,64	39,47	2,71	61,67	1,97	79,80	5,60
29,08	0,63	34,35	1,69	39,68	2,75	62,14	2,06	80,26	5,69
29,10	0,64	34,37	1,69	39,70	2,76	62,49	2,13	80,69	5,77
29,32	0,68	34,55	1,73	39,90	2,80	62,57	2,15	81,16	5,87
29,51	0,72	34,57	1,73	39,93	2,80	63,00	2,24	81,62	5,96
29,55	0,73	34,78	1,77	40,13	2,84	63,42	2,32	82,05	6,05
29,59	0,73	34,84	1,78	40,17	2,85	63,58	2,35	82,52	6,14
29,75	0,77	35,01	1,82	40,34	2,88	63,85	2,41		
29,76	0,77	35,03	1,82	40,40	2,90	64,32	2,50		
29,94	0,80	35,09	1,83	40,58	2,93	64,75	2,59		
29,98	0,81	35,23	1,86	40,63	2,94	65,17	2,67		
30,13	0,84	35,27	1,87	40,81	2,98	65,60	2,76		
30,19	0,85	35,44	1,90	40,91	3,00	65,80	2,80		
30,41	0,90	35,50	1,92	41,02	3,02	66,07	2,85		
30,60	0,94	35,68	1,95	41,14	3,04	66,50	2,94		
30,62	0,94	35,73	1,96	41,26	3,07	66,88	3,01		
30,72	0,96	35,89	1,99	41,37	3,09	66,92	3,02		

Solidaritätszuschlag 1995

Tabelle 3: Solidaritätszuschlag für Tageslohnsteuerbeträge

	Steuerklassen I, II, IV, V und VI						Steuerklasse III			
	Tages-lohn-steuer	Soli-daritäts-zuschlag	Tages-lohn-steuer	Soli-daritäts-zuschlag	Tages-lohn-steuer	Soli-daritäts-zuschlag		Tages-lohn-steuer	Soli-daritäts-zuschlag	Tages-lohn-steuer	Soli-daritäts-zuschlag
	DM	DM	DM	DM	DM	DM		DM	DM	DM	DM
von	0,02						von	0,04			
bis	3,73	0,00	4,70	0,20	5,57	0,37	bis	7,40	0,00	9,62	0,44
	3,75	0,01	4,71	0,20	5,60	0,38		7,46	0,01	9,68	0,45
	3,76	0,01	4,75	0,21	5,63	0,38		7,51	0,02	9,72	0,46
	3,78	0,01	4,77	0,21	5,66	0,39		7,52	0,02	9,75	0,47
	3,79	0,01	4,78	0,21	5,70	0,40		7,58	0,03	9,81	0,48
	3,81	0,02	4,81	0,22	5,73	0,40		7,64	0,04	9,87	0,49
	3,82	0,02	4,84	0,22	5,76	0,41		7,66	0,05	9,87	0,49
	3,83	0,02	4,86	0,23	5,77	0,41		7,70	0,06	9,93	0,50
	3,84	0,02	4,87	0,23	5,79	0,41		7,76	0,07	10,00	0,52
	3,85	0,03	4,90	0,24	5,80	0,42		7,82	0,08	10,02	0,52
	3,87	0,03	4,91	0,24	5,83	0,42		7,83	0,08	10,06	0,53
	3,88	0,03	4,93	0,24	5,84	0,42		7,88	0,09	10,12	0,54
	3,90	0,04	4,96	0,25	5,86	0,43		7,95	0,11	10,19	0,55
	3,91	0,04	4,97	0,25	5,87	0,43		7,98	0,11	10,25	0,57
	3,93	0,04	5,00	0,26	5,89	0,43		8,01	0,12	10,31	0,58
	3,94	0,04	5,01	0,26	5,91	0,44		8,07	0,13	10,34	0,58
	3,97	0,05	5,03	0,26				8,13	0,14	10,38	0,59
	3,99	0,05	5,06	0,27				8,13	0,14	10,44	0,60
	4,00	0,06	5,07	0,27				8,19	0,15	10,51	0,62
	4,03	0,06	5,09	0,27				8,25	0,17	10,57	0,63
	4,06	0,07	5,10	0,28				8,30	0,18	10,63	0,64
	4,09	0,07	5,12	0,28				8,31	0,18	10,70	0,66
	4,12	0,08	5,13	0,28				8,37	0,19	10,76	0,67
	4,15	0,09	5,15	0,29				8,44	0,20	10,82	0,68
	4,18	0,09	5,16	0,29				8,45	0,21	10,88	0,69
	4,21	0,10	5,17	0,29				8,50	0,22	10,95	0,71
	4,22	0,10	5,19	0,29				8,56	0,23	11,01	0,72
	4,25	0,11	5,20	0,30				8,61	0,24	11,08	0,73
	4,27	0,11	5,22	0,30				8,62	0,24	11,14	0,74
	4,28	0,11	5,23	0,30				8,68	0,25	11,21	0,76
	4,30	0,12	5,25	0,31				8,75	0,27	11,27	0,77
	4,31	0,12	5,26	0,31				8,77	0,27	11,33	0,78
	4,34	0,12	5,28	0,31				8,81	0,28	11,40	0,80
	4,37	0,13	5,30	0,32				8,87	0,29	11,46	0,81
	4,38	0,13	5,31	0,32				8,92	0,30	11,52	0,82
	4,40	0,14	5,33	0,32				8,93	0,30	11,59	0,83
	4,43	0,14	5,35	0,33				9,00	0,32	11,66	0,85
	4,46	0,15	5,36	0,33				9,06	0,33	11,72	0,86
	4,49	0,15	5,38	0,33				9,08	0,33	11,78	0,87
	4,50	0,16	5,40	0,34				9,12	0,34		
	4,52	0,16	5,41	0,34				9,18	0,35		
	4,53	0,16	5,43	0,34				9,25	0,37		
	4,54	0,16	5,44	0,34				9,31	0,38		
	4,56	0,17	5,46	0,35				9,37	0,39		
	4,58	0,17	5,47	0,35				9,40	0,40		
	4,59	0,17	5,50	0,36				9,43	0,40		
	4,62	0,18	5,53	0,36				9,50	0,42		
	4,65	0,19	5,54	0,36				9,55	0,43		
	4,68	0,19	5,56	0,37				9,56	0,43		

Lohnsteuerrecht

Tabelle 4:
Solidaritätszuschlag beim Lohnsteuer-Jahresausgleich durch den Arbeitgeber

Steuerklassen I, II und IV				Steuerklasse III			
Jahres-lohn-steuer	Soli-daritäts-zuschlag	Jahres-lohn-steuer	Soli-daritäts-zuschlag	Jahres-lohn-steuer	Soli-daritäts-zuschlag	Jahres-lohn-steuer	Soli-daritäts-zuschlag
DM	DM	DM	DM	DM	DM	DM	DM
von 10				von 20			
bis 1.332	0,00	1.692	72,00	bis 2.664	0,00	3.384	144,00
1.343	2,20	1.699	73,40	2.686	4,40	3.398	146,80
1.352	4,00	1.710	75,60	2.704	8,00	3.420	151,20
1.354	4,40	1.720	77,60	2.708	8,80	3.440	155,20
1.365	6,60	1.721	77,80	2.730	13,20	3.442	155,60
1.376	8,80	1.733	80,20	2.752	17,60	3.466	160,40
1.380	9,60	1.744	82,40	2.760	19,20	3.488	164,80
1.387	11,00	1.750	83,60	2.774	22,00	3.500	167,20
1.398	13,20	1.755	84,60	2.796	26,40	3.510	169,20
1.409	15,40	1.767	87,00	2.818	30,80	3.534	174,00
1.410	15,60	1.777	89,00	2.820	31,20	3.554	178,00
1.420	17,60	1.778	89,20	2.840	35,20	3.556	178,40
1.431	19,80	1.789	91,40	2.862	39,60	3.578	182,80
1.437	21,00	1.801	93,80	2.874	42,00	3.602	187,60
1.442	22,00	1.805	94,60	2.884	44,00	3.610	189,20
1.453	24,20	1.812	96,00	2.906	48,40	3.624	192,00
1.464	26,40	1.823	98,20	2.928	52,80	3.646	196,40
1.465	26,60	1.835	100,60	2.930	53,20	3.670	201,20
1.475	28,60	1.846	102,80	2.950	57,20	3.692	205,60
1.486	30,80	1.857	105,00	2.972	61,60	3.714	210,00
1.495	32,60	1.862	106,00	2.990	65,20	3.724	212,00
1.497	33,00	1.869	107,40	2.994	66,00	3.738	214,80
1.508	35,20	1.880	109,60	3.016	70,40	3.760	219,20
1.520	37,60	1.892	112,00	3.040	75,20	3.784	224,00
1.522	38,00	1.903	114,20	3.044	76,00	3.806	228,40
1.531	39,80	1.914	116,40	3.062	79,60	3.828	232,80
1.542	42,00	1.926	118,80	3.084	84,00	3.852	237,60
1.550	43,60	1.937	121,00	3.100	87,20	3.874	242,00
1.553	44,20	1.949	123,40	3.106	88,40	3.898	246,80
1.564	46,40	1.960	125,60	3.128	92,80	3.920	251,20
1.575	48,60	1.972	128,00	3.150	97,20	3.944	256,00
1.580	49,60	1.983	130,20	3.160	99,20	3.966	260,40
1.586	50,80	1.995	132,60	3.172	101,60	3.990	265,20
1.598	53,20	2.006	134,80	3.196	106,40	4.012	269,60
1.607	55,00	2.018	137,20	3.214	110,00	4.036	274,40
1.609	55,40	2.029	139,40	3.218	110,80	4.058	278,80
1.620	57,60	2.041	141,80	3.240	115,20	4.082	283,60
1.631	59,80	2.052	144,00	3.262	119,60	4.104	288,00
1.635	60,60	2.064	146,40	3.270	121,20	4.128	292,80
1.642	62,00	2.075	148,60	3.284	124,00	4.150	297,20
1.654	64,40	2.087	151,00	3.308	128,80	4.174	302,00
1.665	66,60	2.099	153,40	3.330	133,20	4.198	306,80
1.676	68,80	2.110	155,60	3.352	137,60	4.220	311,20
1.687	71,00	2.122	158,00	3.374	142,00	4.244	316,00

54. Kapitel: Lohnsteuerabzug bei Nettolohnvereinbarung

I. Nettolohn - Bruttolohn	8094
II. Nettolohnvereinbarung	8094a
III. Lohnsteuerabzugsverfahren	8094b
1. Laufender Arbeitslohn als Nettolohn	8094b
2. Nettolohnvereinbarung bei sonstigen Bezügen	8094c

I. Nettolohn - Bruttolohn

8094

Der Entgeltanspruch des Arbeitnehmers gegen den Arbeitgeber für die geleistete Tätigkeit ist **im Zweifel** auf den **Bruttolohn** gerichtet.
Der Arbeitgeber kann aber die Lohnabzüge, also die Lohn- und Kirchensteuer, die Arbeitnehmeranteile an den Sozialversicherungsbeiträgen und seit **01.01.1995 auch den Solidaritätszuschlag** (vgl. Rz. 8087 f.) ganz oder zumindest teilweise tragen und dem Arbeitnehmer einen **Nettolohn** auszahlen. In diesem Fall übernimmt der Arbeitgeber eine **fremde Schuld**, denn anders als bei der Pauschalierung der Lohnsteuer (vgl Rz. 8078 f.) bleibt der Arbeitnehmer gegenüber dem Finanzamt Schuldner der Lohnsteuer. Die übernommenen Lohnabzüge stellen einen **zusätzlichen lohnsteuerpflichtigen Arbeitslohn** dar.

II. Nettolohnvereinbarung

8094 a

Um einen echten "Nettolohn" handelt es sich aber nur dann, wenn die Übernahme der Lohnsteuer und der übrigen Lohnabzüge zwischen dem Arbeitgeber und dem Arbeitnehmer **schriftlich oder mündlich vereinbart** worden ist. Wegen der Außergewöhnlichkeit einer Nettolohnvereinbarung und ihrer Folgen verlangt der Bundesfinanzhof (*28.02.1992, BStBl. II, 441*) insoweit einen klaren und einwandfreien Abschluß. Der einfache Hinweis des Arbeitgebers, daß bestimmte Beträge steuerfrei bleiben sollen, reicht allein nicht aus. Ebenso ist keine Nettolohnvereinbarung anzunehmen, wenn Arbeitgeber und Arbeitnehmer zur Lohnsteuerhinterziehung einvernehmlich zusammenwirken (*BFH 21.02.1992, BStBl. II, 443*). Liegt eine wirksame Nettolohnvereinbarung vor, so darf der Arbeitnehmer mit der Auszahlung des Nettolohns davon ausgehen, daß der Arbeitgeber die Lohnsteuer vorschriftsmäßig einbehalten und abgeführt hat. Dies hat zur Folge, daß die Lohnsteuer aus Sicht des Arbeitnehmers selbst dann als entrichtet gilt und bei dessen Jahressteuerfestsetzung angerechnet wird, wenn der Arbeitgeber sie **nicht abgeführt** hat.

Dies gilt allerdings nur dann, wenn der Arbeitnehmer dem Arbeitgeber auch die Lohnsteuerkarte zur Vornahme des Lohnsteuerabzugs **vorschriftsmäßig ausgehändigt** hat.

III. Lohnsteuerabzugsverfahren

Eine Nettolohnvereinbarung kann sowohl für den laufenden Arbeitslohn als auch für sonstige Bezüge getroffen werden.

1. Laufender Arbeitslohn als Nettolohn

8094 b

Da die vom Arbeitgeber getragene Lohnsteuer und die ggfs. ebenfalls übernommenen Arbeitnehmerbeiträge zur Sozialversicherung für den Arbeitnehmer zusätzlichen Arbeitslohn darstellen, müssen diese auch im Rahmen des Lohnsteuer-Abzugsverfahrens entsprechend berücksichtigt werden. Zur Ermittlung der zutreffenden Abzugsbeträge muß in diesem Fall der **laufende Nettolohn auf einen Bruttolohn hochgerechnet** werden. Das **Berechnungsverfahren** ist im einzelnen in Abschnitt 122 LStR mit mehreren Beispielen erläutert. Gleichwohl handelt es sich um eine umständliche und nicht unkomplizierte Verfahrensweise. Die Berechnung soll daher nur kurz an einem Beispiel dargestellt werden. Im übrigen empfiehlt es sich, sog. Monats-Nettolohntabellen zu verwenden, die zu Netto-Löhnen (-Gehältern) die entsprechenden Bruttolohnstufen eines Monatslohns (-Gehalts) unter Berücksichtigung des Lohnsteuer-, Kirchensteuer- und Sozialversicherungsabzugs ausweisen.

Beispiel:
*Ein rentenversicherungspflichtiger Arbeitnehmer, Steuerklasse I, erhält 1995 einen **monatlichen Nettolohn von 2.500 DM**. Mit dem Arbeitgeber ist vereinbart, daß dieser die **Lohnsteuer** übernehmen soll.*
*Die Lohnsteuer würde ohne Übernahme durch den Arbeitgeber (also für 2.500 DM) gemäß der allgemeinen **Lohnsteuertabelle 1995** 308,66 DM betragen. Der zu ermittelnde Bruttoarbeitslohn liegt aber unter Berücksichtigung der übernommenen Lohnsteuer über 2.806,66 DM (2.500 DM + 308,66 DM). Der genaue Betrag muß im Wege des "Abtastens" ermittelt werden.*
Durch "Ausprobieren" mit Hilfe der Lohnsteuertabelle muß ein Bruttolohn gefunden werden, der nach Abzug der Lohnsteuer laut Tabelle einem Nettolohn von 2.500 DM entspricht:

Lohnsteuerabzug bei Nettolohnvereinbarung

- *Ausgangsbetrag (Nettolohn)*   2.500,00 DM
  - *Lohnsteuer darauf (Steuerklasse I)*   308,66 DM
- *Summe A:*   2.808,66 DM
  - *Obere Stufengrenze (das ist der in der Lohnsteuertabelle nächsthöhere Wert, für den die Lohnsteuer ausgewiesen ist) für die Summe A*   2.812,65 DM
  - *Lohnsteuer darauf*   386,00 DM
  - *Differenz*   2.426,65 DM
    also weniger als 2.500 DM.

Das bedeutet, der gesuchte Bruttolohn ist noch nicht gefunden. Es ist daher solange weiter zu probieren, bis die Differenz (Bruttolohn abzüglich Lohnsteuer) einen Betrag ergibt, der dem Nettolohn von 2.500 DM entspricht.

- *Summe B: 2.500 DM + 386 DM = 2.886,00 DM*
  - *Obere Stufengrenze für die Summe B:*   2.889,15 DM
  - *Lohnsteuer darauf*   408,41 DM
  - *Differenz*   2.480,74 DM
    also weniger als 2.500 DM
- *Summe C: 2.500 DM + 408,41 DM = 2.908,41 DM*
  - *Obere Stufengrenze für die Summe C:*   2.911,65 DM
  - *Lohnsteuer darauf*   414,08 DM
  - *Differenz*   2.497,57 DM
    also weniger als 2.500 DM
- *Summe D: 2.500 DM + 414,08 DM = 2.914,08 DM*
  - *Obere Stufengrenze für die Summe D:*   2.916,15 DM
  - *Lohnsteuer darauf*   416,33 DM
  - *Differenz*   2.499,82 DM
    also weniger als 2.500 DM
- *Summe E: 2.500 DM + 416,33 DM = 2.916,33 DM*
  - *Obere Stufengrenze für die Summe E:*   2.920,65 DM
  - *Lohnsteuer darauf*   417,50 DM
  - *Differenz*   2.503,15 DM

Dieser gefundene Nettolohn von 2.503,15 DM liegt nur um 3,15 DM über dem vereinbarten Lohn.
Zieht man vom Bruttoarbeitslohn i.H.v. 2.920,65 DM den Betrag von 3,15 DM ab (= 2.917,50 DM) und berechnet davon die tarifmäßige Lohnsteuer, so ist diese genauso hoch wie bei einem um 3,15 DM höheren Bruttoarbeitslohn.

Der gesuchte Bruttoarbeitslohn beträgt somit 2.917,50 DM, die hiervon einzubehaltene Lohnsteuer 417,50 DM.

Lohnsteuerrecht

Übernimmt der Arbeitgeber außer der Lohnsteuer auch die Kirchensteuer, den Arbeitnehmeranteil an den Sozialversicherungsbeiträgen oder den **Solidaritätszuschlag** (vgl. Rz. 8089), so sind bei der Ermittlung des für den Lohnsteuerabzug maßgebenden Bruttoarbeitslohns auch diese weiteren Beträge **miteinzubeziehen**.

Beispiel:
Sachverhalt wie im obigen Beispiel. Allerdings übernimmt der Arbeitgeber nicht nur die Lohnsteuer, sondern auch die Kirchensteuer (Steuersatz 8%) sowie den Arbeitnehmeranteil am Gesamtsozialversicherungsbeitrag i.H.v. 18,75%. Ein Freibetrag ist auf der Lohnsteuerkarte nicht eingetragen. Der Ausgangsbetrag (Nettolohn) ist demzufolge für die oben dargestellte Berechnung wie folgt zu erhöhen:

- *Ausgangsbetrag (Nettolohn)* — 2.500,00 DM
  - *Lohnsteuer darauf (Steuerklasse I)* — 308,66 DM
  - *Solidaritätszuschlag (7,5%)* — 23,14 DM
  - *Kirchensteuer (8%)* — 24,69 DM
  - *Gesamtsozialversicherung (18,75%)* — 468,75 DM
  - *Summe A* — 3.325,24 DM

- *Obere Stufengrenze für Summe A:* — 3.325,65 DM
  - *Lohnsteuer darauf* — 531,16 DM
  - *Solidaritätszuschlag (7,5%)* — 39,83 DM
  - *Kirchensteuer (8%)* — 42,49 DM
  - *Gesamtsozialversicherung (18,75%)* — 623,55 DM
  - *Lohnabzug insgesamt* — 1.237,03 DM

- *Differenz* — 2.088,62 DM

und damit weniger als 2.500 DM.

- *Summe B: 2.500 DM + 1.186,42 DM =* — 3.737,03 DM

- *Obere Stufengrenze für Summe B: 3.739,65 DM*
  - *Lohnsteuer darauf* — 645,33 DM
  - *Solidaritätszuschlag (7,5%)* — 48,39 DM
  - *Kirchensteuer (8%)* — 51,62 DM
  - *Gesamtsozialversicherung (18,75%)* — 701,18 DM
  - *Lohnabzug insgesamt* — 1.446,52 DM

- *Differenz* — 2.290,51 DM

Dieser Betrag liegt immer noch unter dem gesuchten Nettobetrag von 2.500 DM. Die Lohnsteuertabelle muß daher entsprechend dem gezeigten Verfahren weiter "abgetastet" werden, bis die Differenz einen Betrag von 2.500 DM ergibt bzw. einen geringfügig höheren, bei dem aber -wie im ersten Berechnungsbeispiel- der um die Abweichung "bereinigte" Bruttobetrag noch in der gleichen Lohnstufe liegt.

Lohnsteuerabzug bei Nettolohnvereinbarung

Hinweis:
Liegen die Voraussetzungen für den Abzug eines anteiligen Versorgungsfreibetrags oder Altersentlastungsbetrags (vgl. Rz. 8053 f.) für den betreffenden Lohnzahlungszeitraum vor, so sind diese gem. Abschn. 122 Abs. 2 LStR aus Vereinfachungsgründen bereits **vor** der oben beschriebenen Steuerberechnung vom **Nettolohn** abzuziehen. Außerdem ist von dem so gekürzten Nettolohn ein etwaiger Freibetrag nach Maßgabe der Eintragungen auf der Lohnsteuerkarte abzuziehen.

2. Nettolohnvereinbarung bei sonstigen Bezügen

8094 c

Wird hinsichtlich eines **sonstigen Bezugs** (vgl. Rz. 8041) eine Nettolohnvereinbarung getroffen (bspw. Gewährung einer Nettogratifikation als Erfolgsprämie zum Jahresende), ist die Lohnsteuer grundsätzlich in gleicher Weise durch "Abtasten" der Lohnsteuertabelle zu ermitteln. Fraglich ist allerdings, ob dies anhand der **Jahreslohnsteuertabelle** zu erfolgen hat, nach der sich üblicherweise die Besteuerung der sonstigen Bezüge richtet (vgl. Rz. 8061) oder (abhängig vom Lohnzahlungszeitraum) nach der **Monats-, Wochen- oder Tagestabelle**. Dies ist wie folgt zu entscheiden:
Zunächst findet auch hier die Regelung der vereinfachten Besteuerung sonstiger Bezüge bis 300 DM Anwendung (vgl. Rz. 8060). Bis zu diesem Betrag gilt der sonstige Bezug demzufolge als **laufender Arbeitslohn**. Dafür wäre allerdings vorab die Feststellung erforderlich, daß der **netto** gezahlte sonstige Arbeitslohn den Betrag von 300 DM **brutto** nicht übersteigt. Insoweit gilt gem. Abschn. 122 Abs. 4 Nr. 2 LStR eine Vereinfachungsregelung. Erst wenn der **netto** gezahlte sonstige Bezug **225 DM** übersteigt, ist davon auszugehen, daß der Bruttobetrag die Grenze von 300 DM überschreitet. Ausgangsgröße für das "Abtasten" der **Monats-, Wochen- oder Tagestabelle** in der unter Rz. 8094b geschilderten Weise ist dann der **Nettobetrag** des monatlich laufenden (Brutto-) Arbeitslohns entsprechend Tabelle zzgl. des **sonstigen Nettobezugs**.
Ab einem sonstigen Nettobezug von **über 225 DM** ist für das "Abtasten" die **Jahreslohnsteuertabelle** anzuwenden.
In diesem Fall ist der Bruttobetrag festzustellen, der nach Abzug der Lohnsteuer den ausgezahlten Nettobetrag ergibt. Bei der Ermittlung des maßgebenden Jahresarbeitslohns sind der voraussichtliche laufende Jahresarbeitslohn und frühere, netto gezahlte sonstige Bezüge mit den entsprechenden Bruttobeträgen anzusetzen. Übernimmt der Arbeitgeber nicht nur die auf den sonstigen Bezug entfallende Lohnsteuer, sondern auch die hierauf entfallende Kirchensteuer, die Arbeitnehmeranteile an den Sozialversicherungsbeiträgen (Kranken-, Renten-, Arbeitslosenversicherung) oder den Solidaritätsbeitrag, so sind diese dem sonstigen Bezug vor der in mehreren Schritten erfolgenden Berechnung der Lohnsteuer nur **einmal** hinzuzurechnen (ansonsten würde die Einbeziehung der tat-

sächlich abgeführten Sozialversicherungsbeiträge die Höhe der Lohn- und Kirchensteuer beeinflussen, was sich wiederum auf die abzuführenden Sozialversicherungsbeiträge auswirken könnte).

Ein Berechnungsbeispiel für das soeben abstrakt beschriebene Verfahren befindet sich in Abschn. 122 Abs. 4 Beispiel C LStR.

Hinweis:
Im **Lohnkonto** und in den **Lohnsteuerbescheinigungen** sind in allen Fällen von Nettolohnzahlungen die nach den oben beschriebenen Verfahren ermittelten **Bruttoarbeitslöhne** anzugeben und als einbehaltene Steuerbeträge die vom Arbeitgeber übernommenen Steuerbeträge einzutragen (vgl. auch Rz. 8108).

55. Kapitel: Einbehaltung, Anmeldung und Abführung der Lohnsteuer

I.	Einbehaltung der Lohnsteuer	8095
II.	Anmeldung der Lohnsteuer	8096
	1. Muster einer Lohnsteueranmeldung	8098
	2. Berichtigung der Lohnsteueranmeldung	8101
III.	Lohnsteuerabführung	8102

I. Einbehaltung der Lohnsteuer

8095

Die Einbehaltung der berechneten Lohnsteuer (zur Berechnung vgl. Rz. 8048 ff.) geschieht in der Weise, daß der Arbeitgeber den **Arbeitslohn** um die zuvor errechnete **Lohnsteuer kürzt**. Zur Auszahlung kommt nur der gekürzte Arbeitslohn **(= Nettolohn)**. Die errechnete Lohnsteuer wird zurückbehalten. Die Pflicht zur Einbehaltung der Lohnsteuer besteht auch dann, wenn der Arbeitnehmer zur Einkommensteuer veranlagt wird. Die steuerlichen Rechtsverhältnisse des Arbeitnehmers sind vom Arbeitgeber nur insoweit zu berücksichtigen, als sie sich **aus der Lohnsteuerkarte ergeben**. Andere Tatsachen darf der Arbeitgeber nicht berücksichtigen (zur Maßgeblichkeit der Lohnsteuerkarte vgl. Rz. 8043).

Die Einbehaltungspflicht besteht für den Arbeitgeber grundsätzlich bei **jeder Lohnzahlung**.

Von der Pflicht zur Einbehaltung der Lohnsteuer bei jeder Lohnzahlung gibt es **eine Ausnahme:**

Der Arbeitgeber zahlt für einen üblichen Lohnzahlungszeitraum den Arbeitslohn nur in ungefährer Höhe aus **(Abschlagszahlung)**. Die genaue Lohnabrechnung wird erst zu einem späteren Zeitpunkt vorgenommen (vgl. Rz. 8063). Hier ist es aus Vereinfachungsgründen zulässig, die Lohnsteuer **erst bei der Lohnabrechnung** zu erheben. Der **Lohnabrechnungszeitraum** darf allerdings **5 Wochen** nicht überschreiten und die Lohnabrechnung muß **innerhalb von 3 Wochen** nach dessen Ablauf vorgenommen werden.

Wird zuwenig Lohnsteuer einbehalten, und kann oder will der Arbeitgeber diesen Fehler nicht korrigieren, muß er eine **Anzeige an das Betriebsstättenfinanz-**

amt machen. Diese Anzeige über die zu geringe Einbehaltung der Lohnsteuer ist ggf. auch für die zurückliegenden 4 Jahre zu erstatten. Dies gilt ohne Rücksicht auf die Verjährung eines Steueranspruchs (vgl. im einzelnen Rz. 8145).

II. Anmeldung der Lohnsteuer

8096

Der Arbeitgeber hat die bei der Lohn- bzw. Gehaltszahlung erhobene Lohn- und Lohnkirchensteuer **monatlich, vierteljährlich** oder **einmal im Jahr anzumelden und abzuführen**. Dies hängt davon ab, wie hoch der Lohnsteuerbetrag im Vorjahr war.

Die Lohnsteueranmeldung ist auf einem amtlich vorgeschriebenen Vordruck (vgl. Rz. 8098) abzugeben und muß vom Arbeitgeber selbst oder seinem beauftragten Vertreter unterschrieben werden. Der Vordruck ist beim Finanzamt kostenlos erhältlich. Allen steuerlich bereits erfaßten Arbeitgebern werden die Anmeldungsvordrucke vom Finanzamt zur Jahreswende unaufgefordert zugesandt. Für jede Betriebsstätte und für jeden Lohnsteueranmeldungszeitraum ist eine **einheitliche Lohnsteueranmeldung** einzureichen. Die Abgabe mehrerer Lohnsteueranmeldungen für dieselbe Betriebsstätte und denselben Lohnsteueranmeldungszeitraum, beispielsweise getrennt nach den verschiedenen Bereichen der Lohnabrechnung (gewerbliche Arbeitnehmer, Gehaltsempfänger, Pauschalierungen usw.) ist **nicht zulässig**. Da die Lohnsteueranmeldung vom Arbeitgeber oder von einer zu seiner Vertretung berechtigten Person unterschrieben werden muß, kann die Lohnsteueranmeldung nicht per Telefax eingereicht werden. Mit der Unterschrift wird versichert, daß die Angaben in der Lohnsteueranmeldung wahrheitsgemäß nach bestem Wissen und Gewissen gemacht werden. Eine Lohnsteueranmeldung ist **unabhängig von der Abführung der Lohnsteuer** selbst dann abzugeben, wenn in einem Lohnsteueranmeldungszeitraum **Lohnsteuer nicht einzubehalten** war, Lohnsteuer **nicht übernommen** wurde oder der Arbeitgeber **keine Arbeitnehmer mehr beschäftigt**. Der Arbeitgeber hat in diesem Fall in der Lohnsteueranmeldung zu erklären, daß im Anmeldungszeitraum keine Lohnsteuer einzubehalten war. Hierbei handelt es sich um eine sog. **"Nullanmeldung"**. Nur wenn der Arbeitgeber dem Betriebsstättenfinanzamt formlos mitteilt, daß bei ihm keine Arbeitnehmer mehr beschäftigt sind, braucht er ab diesem Zeitpunkt keine Lohnsteueranmeldung mehr einzureichen.

8097

Die Lohnsteueranmeldung muß spätestens am **10. Tag** nach Ablauf des **Lohnsteueranmeldungszeitraums** abgegeben werden. Dieser Anmeldungszeitraum richtet sich nach der Höhe der für das Vorjahr abzuführenden Lohnsteuer. Folgende Zeiträume kommen in Betracht:

Einbehaltung, Anmeldung und Abführung der Lohnsteuer

- **Kalendermonat**
  War für das vorangegangene Kalenderjahr Lohnsteuer von **mehr als 6.000 DM** abzuführen, so ist Anmeldungszeitraum der Kalendermonat.

- **Kalendervierteljahr**
  War für das vorangegangene Kalenderjahr Lohnsteuer von **mehr als 1.200 DM**, aber **höchstens 6.000 DM** abzuführen, so ist Anmeldungszeitraum das Kalendervierteljahr.

- **Kalenderjahr**
  War für das vorangegangene Kalenderjahr Lohnsteuer von **nicht mehr als 1.200 DM** abzuführen, so ist Anmeldungszeitraum das Kalenderjahr.

Für die Bestimmung des Anmeldungszeitraums ist im übrigen die Summe der einbehaltenen und übernommenen Lohnsteuer ohne Kürzung um die der Lohnsteuer entnommenen Bergmannsprämien und Berlinzulagen maßgebend.

Beispiel:
Der Arbeitgeber hat für das Kalenderjahr 1994 insgesamt 1.364 DM Lohnsteuer an das Finanzamt abgeführt. Der Betrag setzt sich wie folgt zusammen:

einbehaltene Lohnsteuer   1.364 DM
abzüglich Berlin-Zulagen   164 DM
abzuführender Betrag   1.200 DM
*Lohnsteueranmeldungszeitraum für das Kalenderjahr 1995 ist das **Kalenderjahr**.*

Hat der Betrieb nicht während des ganzen vorangegangenen Kalenderjahres bestanden, so ist die im vorangegangenen Kalenderjahr einbehaltene und übernommene Lohnsteuer für die Feststellung des Abführungstermins auf einen **Jahresbetrag umzurechnen**.

Hat der Betrieb im vorangegangenen Kalenderjahr **noch nicht** bestanden, so richtet sich der Zeitpunkt für die Abführung der Lohnsteuer danach, ob die **im ersten vollen Kalendermonat** nach der Eröffnung des Betriebs einbehaltene und übernommene Lohnsteuer nach Umrechnung auf einen Jahresbetrag den Betrag **von 6.000 DM überstiegen** hat oder noch nicht überstiegen hat.

Beispiel:
Betriebseröffnung   01.03.1995
Lohnsteuer März =   600 DM
umgerechneter Jahresbetrag =   7.200 DM.

Dieser Betrag übersteigt die Grenze von 6.000 DM. Lohnsteueranmeldungszeitraum ab 01.03.1995 ist somit der **Kalendermonat**.
Der Lohnsteueranmeldungszeitraum ist je nach Höhe der in einem Kalenderjahr insgesamt anzumeldenden Lohnsteuer **gesetzlich vorgeschrieben**. Der Arbeit-

geber kann jedoch ohne weiteres anstelle eines jährlichen oder vierteljährlichen Anmeldungszeitraumes die Lohnsteueranmeldung monatlich abgeben, wenn er dies für zweckmäßig hält.

Bei verspäteter Abgabe der Lohnsteueranmeldung kann das Finanzamt einen **Verspätungszuschlag** festsetzen in Höhe von **bis zu 10 %** des anzumeldenden Betrages. Regelmäßig wird jedoch bei einer bis zu 5 Tagen verspäteten Abgabe der Anmeldung hiervon abgesehen.

Einbehaltung, Anmeldung und Abführung der Lohnsteuer

1. Muster einer Lohnsteueranmeldung

8098

Lohnsteuerrecht

8099
Unter Rz. 8098 ist das Muster einer Lohnsteueranmeldung 1995 abgedruckt. Die Lohnsteueranmeldung ist wie folgt auszufüllen:

- *Zeilen 1- 3:*
  Hier ist die dem Arbeitgeber vom Finanzamt für den Lohnsteuerabzug zugewiesene Steuernummer einzutragen.

- *Zeilen 5-10; 12-16:*
  Unter "Finanzamt" ist das Betriebsstättenfinanzamt einzutragen (zum Betriebsstättenfinanzamt s. Rz. 8017).
  Nach der Anschrift des Betriebsstättenfinanzamts ist den Zeilen 12-16 die Arbeitgeberanschrift bzw. die Anschrift der Betriebsstätte (vgl. Rz. 8017) anzugeben.

- **Anmeldungszeitraum:**
  Abhängig vom Lohnsteueranmeldungszeitraum im Einzelfall (vgl. hierzu Rz. 8097) sind hier entweder der entsprechende Kalendermonat, das Quartal oder das Kalenderjahr als Lohnsteueranmeldungszeitraum anzukreuzen.

- **Berichtigung von Lohnsteueranmeldungen:**
  Falls eine **berichtigte Steueranmeldung** abgegeben werden soll (vgl. hierzu Rz. 8144), so ist hinter die (grüne) Ordnungskennziffer "10" eine "1" einzutragen.

- **Zahl der beschäftigten Arbeitnehmer:**
  Hinter der (grünen) Ordnungskennziffer "86" ist die Anzahl der beschäftigten Arbeitnehmer einzutragen.

- **Abführung der Steuerabzugsbeträge:**
  ○ *Zeile 18*
  In Zeile 18 sind die einbehaltenen und übernommenen Steuerabzugsbeträge (bspw. aufgrund einer **Lohnsteuerpauschalierung**, vgl. Rz. 8097) in **einem** Betrag einzutragen. Wird wegen einer Neuberechnung der Lohnsteuer für bereits abgelaufene Lohnzahlungszeiträume desselben Kalenderjahres mehr an Lohnsteuer erstattet als einbehalten wurde, und führt dieses zu einem negativen Betrag, ist der Betrag mit rot einzutragen oder mit einem Minuszeichen zu kennzeichnen. Pfennigbeträge können auf 10 Pfennig zugunsten des Arbeitgebers gerundet werden.
  ○ *Zeilen 19 und 20*
  Zulagen nach dem Berlin-Förderungsgesetz sind für Lohnzahlungszeiträume, die nach dem 31.12. 1994 enden, nicht mehr auszuzahlen. Werden Bergmannsprämien nach dem Bergmannsprämiengesetz gezahlt, so sind diese von dem Betrag abzuziehen, den der Arbeitgeber für seine Arbeitnehmer insgesamt an Lohnsteuer einzubehalten hat. Demzufolge ist bei der **nächsten Lohnsteueranmeldung** ein entsprechender Betrag von der einzubehaltenden und abzuführenden Lohnsteuer abzuziehen und in den Zeilen 19 und 20 einzutragen.

Einbehaltung, Anmeldung und Abführung der Lohnsteuer

○ *Zeile 21*
Hier ist der **verbleibende Betrag** der Lohnsteuer nach Abzug der ausbezahlten Zulagen bzw. Prämien einzutragen. Übersteigt dieser Betrag die insgesamt einzubehaltende und abzuführende Lohnsteuer, so ist dieser Negativbetrag ebenfalls rot einzutragen oder deutlich mit einem Minuszeichen zu versehen. Der übersteigende Betrag wird auf **Antrag vom Finanzamt ausgezahlt** (vgl. Anm. zu Zeile 31).

○ *Zeile 22*
Seit dem **Veranlagungszeitraum 1995** ist ein Solidaritätszuschlag nach dem Muster des bereits 1991/1992 erhobenen Solidaritätszuschlags wieder eingeführt worden. Zu den Einzelheiten vgl. Rz. 8087 ff. Der Gesamtbetrag des im Anmeldungszeitraum einbehaltenen Zuschlags ist in dieser Zeile einzutragen.

○ *Zeilen 23 und 24*
Hier ist die jeweils einbehaltene Kirchensteuer, getrennt nach den einzelnen steuererhebenden Religionsgemeinschaften, einzutragen.

○ *Zeile 30*
In Zeile 30 ist der gesamte Betrag einzutragen, der an das Finanzamt der Betriebsstätte abzuführen ist.

○ *Zeile 31*
Zeile 31 enthält den erforderlichen Erstattungsantrag an das Betriebsstättenfinanzamt für den Fall, daß entweder vom Arbeitgeber z.B. wegen einer neuen Berechnung der Lohnsteuer für bereits abgelaufene Lohnzahlungszeiträume desselben Kalenderjahres mehr an Lohnsteuer erstattet wurde, als dieser einbehalten hat (vgl. Zeile 18) oder wenn der aus der Lohnsteuer zu entnehmende Betrag den Betrag der insgesamt einbehaltenen Lohnsteuer übersteigt (vgl. Zeile 21).

○ *Zeilen 32 und 33*
Für den Fall, daß beim Arbeitgeber besondere Verrechnungswünsche bestehen (beispielsweise Verrechnung der abzuführenden Lohnsteuer mit einem Umsatzsteuererstattungsanspruch) und er diese auf einem gesonderten Blatt angegeben hat, ist hinter der (grünen) Ordnungsziffer "29" eine "1" einzutragen.

○ *Zeile 34*
Bei Widerruf einer Einzugsermächtigung für den Anmeldungszeitraum ist hinter der (grünen) Ordnungsziffer "26" ebenfalls eine 1 einzutragen.

- **Zeilen 35 - 38:**
Datum und Unterschrift nicht vergessen.

Der Arbeitgeber hat unabhängig davon, ob er Lohnsteuer einzubehalten hatte oder ob die einbehaltene Steuer an das Finanzamt abgeführt worden ist, dem Finanzamt der Betriebsstätte **in jedem Fall bis zum Abführungszeitpunkt eine Lohnsteueranmeldung abzugeben** (vgl. auch Rz. 8096).

Lohnsteuerrecht

zB

8100
Beispiel: Anmeldung und Abführung der Lohnsteuer
(1) Der Arbeitgeber hat im Kalenderjahr 1994 insgesamt 7.000 DM Lohnsteuer einbehalten und abgeführt. In den Monaten Januar bis März 1995 hat er jeweils monatlich 300 DM Lohnsteuer vom Arbeitslohn der in seinem Betrieb beschäftigten Arbeitnehmer einbehalten.
*Der Arbeitgeber hat jeweils die in einem abgelaufenen Monat einbehaltene Lohnsteuer spätestens am 10. des folgenden Monats anzumelden und abzuführen. Lohnsteueranmeldungszeitraum ist hier der **Kalendermonat**, da die 1994 insgesamt abzuführende Lohnsteuer **mehr als 6.000 DM** betrug.*

*(2) Der Arbeitgeber hat seinen Betrieb zum 01.04.1995 eröffnet. **Im April 1995** hat er **180 DM**, in den Monaten Mai bis Juli 1995 insgesamt 620 DM Lohnsteuer ermittelt und einbehalten.*
*Der Arbeitgeber hat vierteljährlich bis zum 10. des auf das abgelaufene Quartal folgenden Monats die in diesem Quartal einbehaltene Lohnsteuer anzumelden und abzuführen. Der maßgebende Lohnsteueranmeldungszeitraum ist hier das **Kalendervierteljahr**, da sich aus der im **Monat April 1995** (erster voller Kalendermonat) einbehaltenen Lohnsteuer von 180 DM eine auf einen **Jahresbetrag umgerechnete Lohnsteuer von 2.160 DM ergibt**. Die Höhe der in den Monaten Mai bis Juli einbehaltenen Lohnsteuer ist für die Bestimmung des Lohnsteueranmeldungszeitraumes ohne Bedeutung.*

2. Berichtigung der Lohnsteueranmeldung

8101
Stellt der Arbeitgeber nach Abgabe der Lohnsteueranmeldung beim Betriebsstättenfinanzamt fest, daß er z.B. durch einen **Schreibfehler**, **Rechenfehler** oder durch ein anderes Versehen in der Lohnsteueranmeldung unrichtige Angaben gemacht hat, dann ist beim Betriebsstättenfinanzamt eine **berichtigte Lohnsteueranmeldung** einzureichen, die als solche besonders kenntlich zu machen ist (vgl. Rz. 8099). In die berichtigte Lohnsteueranmeldung sind alle Angaben für den entsprechenden Lohnsteueranmeldungszeitraum aufzunehmen, und zwar auch diejenigen Angaben, die nicht zu berichtigen sind. Nicht möglich ist es daher, nur Unterschiedsbeträge dem Betriebsstättenfinanzamt nachzumelden.
(Vgl. auch "Änderung des Lohnsteuerabzugs", Rz. 8144).

III. Lohnsteuerabführung

8102
Der Arbeitgeber hat **spätestens am 10. Tag nach Ablauf eines jeden Anmeldungszeitraums** die insgesamt einbehaltene und übernommene Lohnsteuer an das Betriebsstättenfinanzamt abzuführen. Der Termin für die Abführung der Lohnsteuer deckt sich also mit dem Tag, an dem die **Lohnsteueranmeldung** beim Betriebsstättenfinanzamt einzureichen ist. Auch hier gewährt die Finanz-

Einbehaltung, Anmeldung und Abführung der Lohnsteuer

verwaltung eine **Schonfrist von 5 Tagen**. Diese beginnt mit Ablauf der gesetzlichen Frist.

Diese Frist gilt seit dem 01.01.1994 **nicht** mehr bei Zahlungen in **bar** oder **durch Scheck**.

Eine wirksam geleistete Zahlung gilt als entrichtet

- bei **Übergabe** oder **Übersendung** von Zahlungsmitteln **am Tag des Eingangs**;
- bei **Überweisung** oder **Einzahlung auf ein Konto der Finanzkasse** an dem Tag, an dem der Betrag der Finanzkasse **gutgeschrieben** wird und
- bei Vorliegen einer **Einzugsermächtigung am Fälligkeitstag**.

Die Übergabe eines Schecks steht einer Barzahlung gleich.

Führt der Arbeitgeber die Lohnsteuer nicht rechtzeitig ab, so ist ein Säumniszuschlag zu entrichten. Der Säumniszuschlag beträgt für jeden angefangenen Monat der Säumnis 1 % des rückständigen, auf 100 nach unten abgerundeten Steuerbetrags. Bei einer Säumnis bis zu 5 Tagen wird ein Säumniszuschlag nur dann nicht erhoben, wenn die Zahlung trotz einer (rechtzeitig und ordnungsgemäß vorgenommenen) Überweisung eingetreten ist (s.o.).

Bei Überweisung der Lohn- und Kirchensteuer auf ein Konto der Finanzkasse des Betriebsstättenfinanzamts ist auf dem Überweisungsträger **folgendes anzugeben**:

- die Steuernummer des Arbeitgebers,
- der Lohnsteueranmeldungszeitraum (z.B. Januar 1995 oder II. Quartal 1995),
- die getrennten Beträge für Lohn- und Kirchensteuer, wobei die Kirchensteuer wiederum für die einzelnen Konfessionen getrennt anzugeben ist.

Die gleichen Angaben sind bei der Abgabe eines Schecks erforderlich. Bei der Überweisung der Lohn- und Kirchensteuer ist darauf zu achten, daß die Gutschrift beim Finanzamt rechtzeitig erfolgt.

56. Kapitel: Buchführung - Aufzeichnungspflichten des Arbeitgebers

I.	Lohnkonto	8103
	1. Eintragungen im Lohnkonto	8104
	2. Belege zum Lohnkonto	8111
	3. Sammellohnkonto	8113
II.	Lohnsteuerbescheinigung	8116
	1. Allgemeine Lohnsteuerbescheinigung	8116
	2. Besondere Lohnsteuerbescheinigung	8119
	3. Verbleib der Lohnsteuerkarten und Lohnsteuerbescheinigungen	8122
	4. Aufzeichnungspflichten im maschinellen Lohnabzugsverfahren	8124

I. Lohnkonto

8103

Der Arbeitgeber muß **in jedem Jahr** für **jeden Arbeitnehmer** ein **Lohnkonto** einrichten (vgl. § 41 Abs. 1 EStG i.V.m. § 4 LStDV). Das Lohnkonto, in das alle für den Lohnsteuerabzug erforderlichen Merkmale einzutragen sind, stellt den wesentlichsten **Nachweis des Arbeitgebers** über die vorschriftsmäßige Berechnung der Lohnsteuer dar.

Eine Ausnahme von der Pflicht zur Führung von Lohnkonten besteht in den Fällen, in denen der Arbeitslohn des Arbeitnehmers

- 780 DM monatlich
- 182 DM wöchentlich
- 26 DM täglich

nicht übersteigt, da in diesen Fällen normalerweise **keine Lohnsteuer einzubehalten ist** (§ 4 Abs. 4 LStDV). Der Arbeitslohn darf in diesen Fällen allerdings während des **ganzen Kalenderjahres** die genannten Beträge nicht überschreiten. Ergibt sich im Laufe eines Kalenderjahres, daß die Arbeitslohngrenzen überschritten werden, muß für den Arbeitnehmer ein Lohnkonto angelegt und die unterbliebenen Eintragungen für die zurückliegende Zeit **nachgeholt** werden. Ist ausnahmsweise Lohnsteuer einzubehalten, obwohl die Arbeitslohngrenzen nicht überschritten werden (beispielsweise wenn bei schuldhafter Nichtvorlage der Steuerkarte die Steuerklasse VI anzuwenden ist), so muß ebenfalls ein **Lohnkonto geführt** werden. Dieses gilt in gleicher Weise, falls keine Lohn- aber **Kirchensteuer** einzubehalten ist.

Die Lohnkonten sind am Ort der Betriebsstätte zu führen (zum Begriff der Betriebsstätte vgl. Rz. 8017).

1. Eintragungen im Lohnkonto

8104

Eine besondere **Form** des Lohnkontos ist nicht vorgeschrieben. Diese hängt weitgehend von der Art der Lohnabrechnung ab. Bedient sich der Arbeitgeber der manuellen Abrechnung, wird das Lohnkonto regelmäßig in Karteiform, Buchform, Heftform, Lose-Blatt-Form usw. geführt werden. Bei der **maschinellen Lohnabrechnung** (vgl. hierzu *Flockermann-Klein*, HzL Gruppe 6) können im Durchschreibeverfahren gefertigte Lohnstreifen des einzelnen Arbeitnehmers untereinander auf dessen Lohnkonto aufgeklebt werden.

Beim **Ausscheiden des Arbeitnehmers** ist das Lohnkonto spätestens am Ende des Kalenderjahres abzuschließen und bis zum **Ablauf des 6. Kalenderjahres**, das auf die zuletzt eingetragene Lohnzahlung folgt, aufzubewahren. Die Aufbewahrungsfrist beginnt am 01.01. des Kalenderjahres, das auf das Kalenderjahr folgt, für welches das betreffende Lohnkonto die letzte Zahlung ausweist. Dies bedeutet, daß das Lohnkonto für das Jahr 1995 bis zum 31.12.2001 aufzubewahren ist.

8105

Der **Inhalt des Lohnkontos** ist in § 4 Abs. 1 und 2 LStDV gesetzlich vorgeschrieben. Hierbei handelt es sich allerdings nur um **Mindestvorschriften**, über die hinaus der Arbeitgeber in der Regel weitere Vermerke in das Lohnkonto aufnehmen wird. Folgende Daten sind danach bei Lohn- und Gehaltszahlungen in das Lohnkonto einzutragen:

In den **Kopf des Lohnkontos** sind sämtliche Merkmale aufzunehmen, die auf der Vorderseite der Lohnsteuerkarte eingetragen sind (Name, Anschrift, Geburtsdatum, Steuerklasse, Religionszugehörigkeit, Zahl der Kinderfreibeträge, Zahl der Kinder für Zwecke der Berlin-Zulage usw.). Auch hier gilt der **Grundsatz der Maßgeblichkeit** der Lohnsteuerkarte (vgl. Rz. 8043).
Außerdem ist sowohl die Gemeinde, die die Lohnsteuerkarte ausgestellt hat, als auch das Finanzamt einzutragen, in dessen Bezirk die Lohnsteuerkarte ausgestellt worden ist.

Zusätzlich zu den allgemeinen Daten ist im Lohnkonto "B" einzutragen, wenn die einbehaltene oder übernommene Lohnsteuer nach der **besonderen Lohnsteuertabelle** ermittelt worden ist (vgl. hierzu Rz. 8052).

Buchführung - Aufzeichnungspflichten des Arbeitgebers

8106

Wenn der Arbeitgeber bei einem Arbeitnehmer für die Ermittlung der Lohnsteuer eine der **Zusatztabellen** angewendet hat (vgl. Rz. 8065 f.), so hat er dies im Lohnkonto zudem durch die Eintragung des **Großbuchstabens "Z"** anzugeben (§ 61 Abs. 4 EStG).

Ändern sich im Laufe des Jahres die Steuerklasse oder die auf der Lohnsteuerkarte oder in einer entsprechenden Bescheinigung eingetragene **Zahl der Kinderfreibeträge** und die **Zahl** der durch die Berlin-Zulage **begünstigten Kinder**, so ist auch der **Zeitpunkt** anzugeben, von dem an die Änderung gilt.

8107

Bei **Lohn- und Gehaltszahlungen** sind in das Lohnkonto folgende Daten einzutragen:

- **Tag** der Lohnzahlung sowie der **Lohnzahlungszeitraum**

- der gezahlte **Bruttoarbeitslohn**, getrennt nach Barlohn und Sachbezügen. Ein eventuell bei der Lohnabrechnung gekürzter Altersentlastungsbetrag oder Versorgungs-Freibetrag darf **nicht** vom Bruttolohn abgezogen werden. Die Berücksichtigung dieser Beträge ist bei der **Berechnung der Lohnsteuer** zu vermerken. Versorgungsbezüge sind als solche zu kennzeichnen. Die vom Arbeitgeber **zusätzlich gezahlten vermögenswirksamen Leistungen** müssen ebenfalls im Bruttoarbeitslohn enthalten sein. Nicht zum Bruttoarbeitslohn gehören jedoch die unter Rz. 8108 einzeln aufgeführten Beträge, die grundsätzlich gesondert einzutragen sind.

- **Sachbezüge** sind einzeln zu bezeichnen und unter Angabe des Abgabetages oder des Abgabezeitraumes bei laufenden Sachbezügen anzugeben. Einzutragen ist auch der für steuerliche Zwecke **maßgebende Wert**. Dies kann entweder der amtliche Sachbezugswert sein, wenn für diesen Sachbezug amtliche Werte festgesetzt und anwendbar sind, oder es ist der Endpreis am Abgabeort maßgebend (= Einzelhandelspreis gegenüber Letztverbrauchern einschließlich Mehrwertsteuer, vgl. Rz. 8030).

8108

Waren und Dienstleistungen, auf deren unentgeltliche oder verbilligte Abgabe der **Rabattfreibetrag** (vgl. Rz. 8031) anwendbar ist, sind **gesondert zu kennzeichnen** und ohne Kürzung um den Rabattfreibetrag von 2.400 DM einzutragen. Auf Antrag des Arbeitgebers soll das Betriebsstättenfinanzamt aber auf die Aufzeichnung von Sachbezügen für solche Arbeitnehmer verzichten, für die durch betriebliche Regelungen und entsprechende Überwachungsmaßnahmen gewährleistet ist, daß der Rabattfreibetrag von 2.400 DM jährlich nicht überschritten wird. Den Antrag auf Befreiung von der besonderen Aufzeichnungspflicht genehmigt das Finanzamt insbesondere dann, wenn es im Hinblick auf die betrieblichen Verhältnisse nach der Lebenserfahrung so gut wie ausgeschlossen ist, daß der Freibetrag von 2.400 DM im Einzelfall überschritten wird.

- **sonstige Bezüge**, die nach der **Jahreslohnsteuertabelle** besteuert worden sind, sind grundsätzlich in gleicher Weise im Lohnkonto aufzuzeichnen wie laufender Arbeitslohn. Lediglich sonstige Bezüge, die **pauschal** mit einem besonders ermittelten Pauschsteuersatz versteuert werden, sind gesondert aufzuzeichnen, damit die hierfür geltende 2000 DM-Grenze vom Finanzamt nachgeprüft werden kann.

8109

- Im Lohnkonto **gesondert einzutragen** ist folgender Arbeitslohn, der für die Ermittlung des **Bruttoarbeitslohns nicht mitzählt**:
  - **steuerfreie Bezüge**. Trinkgelder sind nur einzutragen, wenn sie 2.400 DM im Kalenderjahr übersteigen. Mit Genehmigung des Betriebsstättenfinanzamts braucht der Arbeitgeber Reisekosten, durchlaufende Gelder, Auslagenersatz und sonstige steuerfreie Bezüge nach § 3 EStG nicht in das Lohnkonto einzutragen, wenn es sich um Fälle von geringer Bedeutung handelt oder wenn die zuverlässige Nachprüfung in anderer geeigneter Weise sichergestellt ist (beispielsweise durch eine entsprechende Buchführung).
  - **Vergütungen für eine mehrjährige Tätigkeit und die davon einbehaltene Lohnsteuer.**
  - **ermäßigt besteuerte Entschädigungen** i.S.d. § 34 Abs. 1 EStG (z.B. der steuerpflichtige Teil einer Abfindung, vgl. Rz. 8064) und die davon einbehaltene Lohnsteuer.
  - **pauschal besteuerte Bezüge und die darauf entfallende Lohnsteuer** (falls diese Beträge nicht auf einem Sammellohnkonto, vgl. Rz. 8113, gebucht werden). Hierunter fallen:
    - Mahlzeiten, Erholungsbeihilfen und Zuwendungen aus Anlaß von Betriebsveranstaltungen (§ 40 Abs. 2 EStG)
    - Zuschüsse für Fahrten zwischen Wohnung und Arbeitsstätte (§ 40 Abs. 2 EStG)
    - Bezüge der Teilzeitbeschäftigten (§ 40a EStG)
    - besondere Zukunftssicherungsleistungen, die nach § 40b EStG pauschal besteuert worden sind
    - ferner gehören hierzu Bezüge, die nach einem besonderen Pauschsteuersatz besteuert worden sind. Hierunter fallen:
    - sonstige Bezüge unter 2.000 DM jährlich je Arbeitnehmer in einer größeren Zahl von Fällen (§ 40 Abs. 1 Nr. 1 EStG)
    - Nacherhebung von Lohnsteuer aufgrund einer Lohnsteuer-Außenprüfung in einer größeren Zahl von Fällen (§ 40 Abs. 1 Nr. 2 EStG)
- die vom Bruttoarbeitslohn einbehaltene **Lohnsteuer und Kirchensteuer.**
- der einbehaltene **Solidaritätszuschlag** (vgl. Rz. 8091)

Buchführung - Aufzeichnungspflichten des Arbeitgebers

- Trägt der Arbeitgeber im Fall der **Nettolohnzahlung** (vgl. Rz. 8094 ff.) die auf den Arbeitslohn entfallende Steuer selbst, ist in jedem Fall der durch Abtasten der Lohnsteuertabelle ermittelte **Bruttoarbeitslohn** und die hierauf entfallende **Lohn- und Kirchensteuer** sowie der **Solidaritätsbeitrag** einzutragen.

8110

- **Fehlzeiten:** Der Großbuchstabe "U" (für Unterbrechung) ist in den Fällen im Lohnkonto einzutragen, in denen das Beschäftigungsverhältnis zwar weiterbesteht, der Anspruch auf Arbeitslohn aber für **mindestens 5 aufeinanderfolgende Arbeitstage im wesentlichen** weggefallen ist. Der Anspruch ist gem. Abschn. 131 Satz 1 LStR im wesentlichen weggefallen, wenn z.B. lediglich vermögenswirksame Leistungen oder Krankengeldzuschüsse gezahlt werden.
  Die Eintragung des genauen Zeitraums ist nicht erforderlich, da die Bescheinigung auf der Lohnsteuerkarte 1994 lediglich die Gesamtzahl der im Lohnkonto 1994 vermerkten U's verlangt. In folgenden Fällen ist beispielsweise auf dem Lohnkonto der Großbuchstabe "U" zu vermerken (Unterbrechungszeitraum mehr als 5 Arbeitstage):

  - **unentschuldigtes** Fernbleiben von der Arbeit,
  - Krankheit **außerhalb** des Lohnfortzahlungszeitraums,
  - unbezahlter Urlaub etc.

  Kein "U" ist insbesondere zu vermerken, wenn

  - Kurzarbeiter- oder Schlechtwettergeld,
  - zum Mutterschaftsgeld ein Arbeitgeberzuschuß oder
  - der Zuschuß nach § 4 a der Mutterschutzverordnung bzw. einer entsprechenden Landesregelung gezahlt wird.

  Bei Unterbrechungszeiten muß ein "U" für jeden relevanten Unterbrechungszeitraum vermerkt werden.

2. Belege zum Lohnkonto

8111

Im Interesse des Nachweises eines ordnungsgemäß durchgeführten Lohnsteuerabzugs ist vorgeschrieben, daß bestimmte Unterlagen als Belege zum Lohnkonto genommen werden müssen. Zu den wichtigsten Unterlagen gehören:

- die Bescheinigung über die bei einem **beschränkt einkommensteuerpflichtigen Arbeitnehmer** anzuwendende Steuerklasse und Kinderzahl (§ 39d Abs. 3 Satz 2 EStG)

- die **Anzeige** des Arbeitnehmers über die **freiwilligen Trinkgelder** (Abschn. 106 Abs. 4 Satz 3 LStR)

- die Berechnung des **voraussichtlichen Jahresarbeitslohns**, der der Besteuerung von **sonstigen Bezügen** zugrundegelegt worden ist, die dem Arbeitnehmer nach Ausscheiden aus dem Dienstverhältnis zugeflossen sind (Abschn. 119 Abs. 6 Satz 7 LStR)

- Nachweise über eine **entschuldbare Nichtvorlage der Lohnsteuerkarte** (siehe Abschn. 124 Abs. 2 Satz 3 LStR).

8112
Sonderfall: Vermögenswirksame Leistungen durch den Arbeitgeber

Durch die Neufassung des 5. Vermögensbildungsgesetzes vom 19.01.1989 ist die Auszahlung der Arbeitnehmersparzulage durch den Arbeitgeber abgeschafft worden. Sie ist daher im Lohnkonto nicht mehr auszuweisen.

Aufgrund einer Änderung des Vermögensbildungsgesetzes ist nunmehr auch die Pflicht des Arbeitgebers entfallen, bei jeder Abrechnung den Anlagebetrag einzutragen. Diese **Aufzeichnungsverpflichtung des Arbeitgebers** sowie die Verpflichtung zur Aufbewahrung von Urkunden, Belegen und Bestätigungen über die Anlage vermögenswirksamer Leistungen **ist weggefallen**. Die vermögenswirksamen Leistungen sind **erstmals für 1994** nicht mehr vom Arbeitgeber, sondern **auf Verlangen des Arbeitnehmers von dem Anlageinstitut zu bescheinigen** (§ 15 Abs. 1 5. VermBG, vgl. Rz. 8037).

3. Sammellohnkonto

8113
Unter dem steuerlichen Begriff "Sammellohnkonto" ist ein Lohnkonto zu verstehen, das für **mehrere Arbeitnehmer gemeinsam** geführt wird. Die Namen der betroffenen Arbeitnehmer müssen dabei im Sammellohnkonto **nicht** gesondert vermerkt werden. Die Aufzeichnung des Arbeitslohnes und der darauf entfallenden Lohnsteuer in einem steuerlichen Sammellohnkonto ist bei den **pauschal besteuerten Bezügen zulässig,** so

- bei der Nacherhebung von Lohnsteuer in einer größeren Zahl von Fällen;
- bei Zuwendungen in Form von Mahlzeiten oder bei Zuwendungen anläßlich von Betriebsveranstaltungen und bei Erholungsbeihilfen.

8114
Das Sammellohnkonto besteht aus folgenden Angaben:

- **Tag** der Zahlung,
- **Zahl der Arbeitnehmer**, denen die Bezüge gewährt worden sind,
- **Summe** der insgesamt gezahlten Bezüge,

Buchführung - Aufzeichnungspflichten des Arbeitgebers

- **Höhe der Lohnsteuer** und ggf. **Kirchensteuer,**
- **Hinweis auf** die als **Belege zum Sammellohnkonto** aufzubewahrenden Unterlagen (Zahlungsnachweise, Berechnungsunterlagen über den Pauschsteuersatz).

8115

Für **Aushilfskräfte und Teilzeitbeschäftigte**, deren Lohnsteuer der Arbeitgeber nach Pauschsätzen berechnet (vgl. hierzu Rz. 8078 f.), brauchen ebenfalls keine einzelnen Lohnkonten geführt zu werden. Es genügt, wenn der Arbeitgeber Aufzeichnungen führt, aus denen sich für die einzelne Aushilfskraft ergibt:

- **Name** und **Anschrift**,
- **Dauer** der Beschäftigung,
- Zahl der tatsächlichen **Arbeitsstunden**,
- **Tag der Zahlung** sowie
- die **Höhe des Arbeitslohns**.

Bei Bezügen, die nicht zum laufenden Arbeitslohn gehören, muß aber auch deren Verteilung auf die Beschäftigungszeit aus den Aufzeichnungen ersichtlich sein (vgl. hierzu auch Rz. 8081).

Lohnsteuerrecht

II. Lohnsteuerbescheinigung

1. Allgemeine Lohnsteuerbescheinigung

8116

IV. Lohnsteuerbescheinigung für das Kalenderjahr 1995 und besondere Angaben

	vom – bis		vom – bis		vom – bis	
1. Dauer des Dienstverhältnisses						
2. Zeiträume ohne Anspruch auf Arbeitslohn	Anzahl „U":		Anzahl „U":		Anzahl „U":	
	DM	Pf	DM	Pf	DM	Pf
3. Bruttoarbeitslohn einschl. Sachbezüge ohne 9. bis 11.						
4. Einbehaltene Lohnsteuer von 3.						
5. Einbehaltener Solidaritätszuschlag von 3.						
6. Einbehaltene Kirchensteuer des Arbeitnehmers von 3.						
7. Einbehaltene Kirchensteuer des Ehegatten von 3. (nur bei konfessionsverschiedener Ehe)						
8. In 3. enthaltene steuerbegünstigte Versorgungsbezüge						
9. Steuerbegünstigte Versorgungsbezüge für mehrere Kalenderjahre						
10. Arbeitslohn für mehrere Kalenderjahre ohne 9.						
11. Ermäßigt besteuerte Entschädigungen						
12. Einbehaltene Lohnsteuer von 9. bis 11.						
13. Einbehaltener Solidaritätszuschlag von 9. bis 11.						
14. Einbehaltene Kirchensteuer des Arbeitnehmers von 9. bis 11.						
15. Einbehaltene Kirchensteuer des Ehegatten von 9. bis 11. (nur bei konfessionsverschiedener Ehe)						
16. Kurzarbeiter- u. Schlechtwettergeld, Zuschuß z. Mutterschaftsgeld, Verdienstausfallentschädigung (Bundesseuchengesetz), Aufstockungsbetrag (Altersteilzeitgesetz)						
17. Steuerfreier Arbeitslohn nach — Doppelbesteuerungsabkommen						
— Auslandstätigkeitserlaß						
18. Steuerfreie Arbeitgeberleistungen für Fahrten zwischen Wohnung und Arbeitsstätte						
19. Pauschalbesteuerte Arbeitgeberleistungen für Fahrten zwischen Wohnung und Arbeitsstätte						
20. Steuerfreie Verpflegungszuschüsse bei Fahrtätigkeit oder Einsatzwechseltätigkeit						
21. Steuerfreie Arbeitgeberleistungen bei doppelter Haushaltsführung						
22. Steuerfreie Arbeitgeberzuschüsse zur freiwilligen Krankenversicherung						
23. Arbeitnehmeranteil am Gesamtsozialversicherungsbeitrag						
Anschrift des Arbeitgebers (lohnsteuerliche Betriebsstätte) Firmenstempel, Unterschrift:						
Finanzamt, an das der Arbeitgeber die Lohnsteuer abgeführt hat						

8117

Als **"Lohnsteuerbescheinigung"** werden die Eintragungen bezeichnet, die der Arbeitgeber auf der **Rückseite der Lohnsteuerkarte in Abschnitt IV.** (vgl. Muster Rz. 8116) vorzunehmen hat. Der Arbeitgeber hat die Lohnsteuerbescheinigung bereits während des laufenden Kalenderjahres auszustellen, wenn das Arbeitsverhältnis eines Arbeitnehmers vor Ablauf des Kalenderjahres endet, ansonsten **nach Ablauf eines jeden Kalenderjahres (31.12.) für sämtliche Arbeitnehmer**, deren Lohnsteuerkarten ihm vorliegen.

Die Ausschreibung der Lohnsteuerbescheinigung bedeutet gleichzeitig den Abschluß des Lohnkontos des betreffenden Mitarbeiters. Bescheinigt wird der steuerpflichtige Bruttoarbeitslohn ohne pauschal besteuerte Bezüge, ohne Kürzungs- und Freibeträge (Abschn. 135 LStR). In der Lohnsteuerbescheinigung ist darüber hinaus stets die Dauer des Arbeitsverhältnisses anzugeben. Zusätzlich ist die Anzahl der im Lohnkonto vermerkten "U" einzutragen. Hat der Arbeitgeber bei einem Arbeitnehmer für die Lohnsteuer aufgrund der **Zusatztabelle** (vgl. Rz. 8065) ermittelt, hat er dies auch in der Lohnsteuerbescheinigung durch die Eintragung des **Großbuchstabens "Z"** anzugeben.

8118

Folgende Einzelheiten sind bei der Ausstellung der Lohnsteuerbescheinigung 1995 (vgl. Muster Rz. 8116) zu beachten:

- *Zeile 1*: Angabe der Beschäftigungsdauer
- *Zeile 2*: Angabe der im Lohnkonto vermerkten "U". Der genaue Unterbrechungszeitraum braucht **nicht** angegeben zu werden.
  Der Zeitraum, für den der Arbeitnehmer die Lohnsteuerkarte dem Arbeitgeber schuldhaft nicht vorgelegt hat, wird auf der Lohnsteuerkarte **nicht** mehr vermerkt.
- *Zeile 3*: **Bescheinigung des Bruttoarbeitslohns**. Der steuerpflichtige Bruttoarbeitslohn ist einschließlich des Werts der Sachbezüge, aber **ohne pauschal besteuerte Bezüge** und **ohne Kürzungs- und Freibeträge** zu bescheinigen. Eine Ausnahme gilt allerdings für Sachbezüge, auf die der Rabattfreibetrag anwendbar ist (vgl. Rz. 8031). Diese Sachbezüge dürfen nur mit dem um den Rabattfreibetrag gekürzten Wert im Bruttoarbeitslohn enthalten sein. Ebenso dürfen ermäßigt besteuerte Entlassungsentschädigungen und sonstige ermäßigt besteuerte Bezüge nicht mehr in Zeile 3 bescheinigt werden. Sie müssen vielmehr besonders bescheinigt werden, und zwar

  ○ steuerbegünstigte Versorgungsbezüge für mehrere Kalenderjahre in *Zeile 9*
  ○ sonstige Bezüge für mehrere Kalenderjahre, für die die Lohnsteuer nach dem Drittelungsverfahren ermittelt worden ist, in *Zeile 10*

o sonstige Bezüge, von denen die Lohnsteuer zur Hälfte einbehalten worden ist (z. B. steuerpflichtige Abfindungen) in *Zeile 11*

Die auf ermäßigt besteuerte sonstige Bezüge entfallen Steuerabzugsbeträge sowie der darauf entfallende Solidaritätszuschlag sind in den *Zeilen 12 - 15* der Lohnsteuerbescheinigung gesondert einzutragen. Zu den Steuerabzugsbeträgen gehören insbesondere die hierauf entfallende Lohn- und Kirchensteuer. Die zusätzlichen vermögenswirksamen Leistungen des Arbeitgebers müssen ebenfalls im Bruttojahresarbeitslohn enthalten sein.

- *Zeile 4:* Hier ist die vom Arbeitslohn im Kalenderjahr 1995 insgesamt einbehaltene Lohnsteuer einzutragen.

Als einbehaltene **Lohnsteuer** und **Kirchensteuer** (s. unten) sind **stets** die Beträge zu bescheinigen, die sich nach Verrechnung mit den vom Arbeitgeber für das Kalenderjahr beim **Lohnsteuerjahresausgleich** (vgl. 8126 ff.) erstatteten Steuerbeträge ergeben. Übersteigen die erstatteten Beträge die vom Arbeitgeber einbehaltenen Steuerbeträge, so ist als einbehaltener Steuerbetrag jeweils der **übersteigende Betrag in Rot** zu bescheinigen oder mit einem deutlichen **Minuszeichen** zu versehen (Abschn. 135 Abs. 4 Nr 1 LStR).

- *Zeile 5:* Hier ist der Betrag des seit 1995 wieder einzubehaltenden **Solidaritätszuschlags** (vgl. Rz. 8087 f.) einzutragen.

- *Zeilen 6 und 7:* Der Arbeitgeber hat hier die vom Arbeitslohn im Kalenderjahr 1995 insgesamt einbehaltene Kirchensteuer einzutragen (Zum Bescheinigungsumfang bei durchgeführtem **Lohnsteuerjahresausgleich** s. o.!). Die für den Arbeitnehmer einbehaltene Kirchensteuer ist nicht nach kirchensteuererhebungsberechtigten Religionsgemeinschaften getrennt zu bescheinigen. Die Zuordnung der Kirchensteuer ergibt sich nur aus der von der Gemeinde bescheinigten Religionsgemeinschaft auf der Vorderseite der Lohnsteuerkarte (vgl. Rz. 8044). Bei konfessionsgleichen Ehen (z. B. beide Ehegatten sind evangelisch) gilt dies auch für den Teil der Kirchensteuer, der auf den Ehegatten entfällt. Nur bei konfessionsverschiedenen Ehen, d. h. wenn für die Ehegatten Kirchensteuer für unterschiedliche Religionsgemeinschaften einzubehalten war (Ehemann: evangelisch; Ehefrau: katholisch) ist der auf den Ehegatten entfallene Teil der Kirchensteuer in *Zeile 7* anzugeben.

- *Zeilen 8 und 9:* Hier ist der **Bruttobetrag der steuerbegünstigten Versorgungsbezüge** anzugeben, und zwar in *Zeile 10* die Versorgungsbezüge, die zu mehreren Kalenderjahren gehören und in *Zeile 9* die übrigen Versorgungsbezüge. Zu den steuerbegünstigten Versorgungsbezügen gehören solche, für die der

Buchführung - Aufzeichnungspflichten des Arbeitgebers

Versorgungsfreibetrag gewährt wird. Der in den *Zeilen 9 und 10* einzutragende Bruttobetrag darf dabei nicht um den Versorgungsfreibetrag gekürzt werden.

- *Zeile 10*: Einzutragen ist hier der Arbeitslohn, der sich auf mehrere Kalenderjahre bezieht.

Der hier bescheinigte Arbeitslohn für mehrere Jahre **darf nicht** in dem in *Zeile 3* bescheinigten Bruttojahresarbeitslohn enthalten sein.

- *Zeile 11*: Einzutragen sind **ermäßigt besteuerte Entschädigungen**, beispielsweise die steuerpflichtigen Teile von Abfindungen anläßlich der Auflösung eines Arbeitsverhältnisses. Zu beachten ist hier, daß in dem in *Zeile 3* zu bescheinigenden Bruttoarbeitslohn weder die steuerfreien Teile von Abfindungen noch deren ermäßigt besteuerten Teile enthalten sein dürfen.

- *Zeile 12*: Hier ist die **Summe der Lohnsteuer** einzutragen, die auf ermäßigt besteuerte Abfindungen, den Arbeitslohn für mehrere Kalenderjahre sowie die steuerbegünstigten Versorgungsbezüge zurückzuführen ist.

- *Zeile 13*: Anzugeben ist hier der auf der einbehaltenen Lohnsteuer aus *Zeile 12* basierende **Solidaritätszuschlag**.

- *Zeile 14*: Anzugeben ist hier die ebenfalls auf der einbehaltenen Lohnsteuer aus *Zeile 12* basierende **Kirchensteuer**.

- *Zeile 15*: Bei **konfessionsverschiedener Ehe** ist hier die einbehaltene Kirchensteuer des Ehegatten einzutragen, die aufgrund steuerbegünstigter Versorgungsbezüge und Arbeitslohn für mehrere Kalenderjahre sowie ermäßigt besteuerte Entschädigungen einbehalten worden ist. *Zeile 15* verfolgt dabei den gleichen Zweck wie *Zeile 7*.

- *Zeile 16*: Hier ist einzutragen
  o das Kurzarbeitergeld,
  o das Schlechtwettergeld,
  o der Zuschuß zum Mutterschaftsgeld,
  o der Aufstockungsbetrag nach dem Altersteilzeitgesetz,
  o die Verdienstausfallentschädigungen nach dem Bundesseuchengesetz.
Anzugeben sind hier die **tatsächlich gezahlten Beträge**. Sind vom Arbeitnehmer ausgezahlte Beträge ganz oder teilweise zurückgefordert worden, so darf nur die um den Rückforderungsbetrag geminderte Lohnersatzleistung bescheinigt werden. Ergibt die Verrechnung von ausgezahlten und zurückgeforderten Beträgen einen negativen Betrag, so ist dieser Betrag - als negativ ge-

Lohnsteuerrecht

kennzeichnet - zu bescheinigen. Die Bescheinigung der genannten Beträge ist notwendig wegen des sogenannten "Progressionsvorbehalts".

- *Zeile 17:* Getrennt voneinander ist hier der Arbeitslohn einzutragen, der nach einem **Doppelbesteuerungsabkommen** oder nach dem **Auslandstätigkeitserlaß** nicht dem Lohnsteuerabzug unterworfen wurde (vgl. hierzu im einzelnen *Klein/Flockermann,* HzL Gruppe 7, S. 40 u. 124).

- *Zeile 18:* **Steuerfreie Arbeitgeberleistungen** für Fahrten zwischen Wohnung und Arbeitsstätte. Hierzu zählen bspw. die Kosten des Arbeitgebers für ein dem Arbeitnehmer überlassenes "Job-Ticket", vgl. "ABC", Rz. 8035.

- **pauschal besteuerte** Arbeitgeberleistungen für Fahrten zwischen Wohnung und Arbeitsstätte *(Zeile 19)*
  Werden Arbeitgeberzuschüsse zu Aufwendungen für Fahrten zwischen Wohnung und Arbeitsstätte pauschal versteuert, so kann der Arbeitnehmer insoweit keine Werbungskosten beim Lohnsteuerjahresausgleich oder bei der Veranlagung zur Einkommensteuer geltend machen. Der Arbeitgeber hat daher die pauschal mit 15 % besteuerten Fahrtkostenzuschüsse zu bescheinigen.

- *Zeilen 20 - 23:* Hier können vom Arbeitgeber, **ohne** daß dazu eine **Verpflichtung** besteht, weitere Angaben gemacht werden.

  Im einzelnen handelt es sich hierbei um geleistete

  o steuerfreie Verpflegungszuschüsse bei Fahrtätigkeit oder Einsatzwechseltätigkeit *(Zeile 20),*
  o steuerfreie Arbeitgeberleistungen bei doppelter Haushaltsführung *(Zeile 21)*
  o Zuschüsse zur freiwilligen Krankenversicherung *(Zeile 22)*
     und die Angabe des
  o **Arbeitnehmer**anteils am Gesamtsozialversicherungsbeitrag *(Zeile 23).*
     Hier wird ab dem 01.01.1995 auch der Arbeitnehmeranteil zur **sozialen Pflegeversicherung** mit erfaßt.

- *Letzte Zeile:* Hier hat der Arbeitgeber die **Anschrift der lohnsteuerlichen Betriebsstätte** sowie des Finanzamts, an das der Arbeitgeber die Lohnsteuer abgeführt hat, anzugeben und die Lohnsteuerbescheinigung durch Unterschrift und Firmenstempel abzuschließen.

Buchführung - Aufzeichnungspflichten des Arbeitgebers

2. Besondere Lohnsteuerbescheinigung

8119

– Bitte Rückseite beachten –

Besondere Lohnsteuerbescheinigung für das Kalenderjahr 1995
Auf Verlangen dem Arbeitnehmer auszuhändigen, sonst bis zum 31. Dezember 1996 dem Finanzamt der Betriebsstätte einzusenden.

Name, Vorname des Arbeitnehmers				Geburtsdatum	
Straße, Hausnummer, Postleitzahl, Wohnort					
Dem Lohnsteuer-abzug wurden zugrunde gelegt	Steuerklasse	Zahl der Kinderfreibeträge	vom	bis	
	Steuerklasse	Zahl der Kinderfreibeträge	vom	bis	
	Kirchensteuermerkmale	Steuerfreier Jahresbetrag lt. Lohnsteuerkarte 1995 oder besonderer Bescheinigung des Finanzamts			DM
Vorgelegen hat	Lohnsteuerkarte 1995, ausgestellt von der Gemeinde im Bezirk des Finanzamts			Bescheinigung des Finanzamts	

Arbeitgeber

Anschrift der Betriebsstätte (Straße, Hausnummer und Ort)

Telefon

Ort, Datum

(Stempel/Unterschrift)

		vom – bis	
1. Dauer des Dienstverhältnisses			
2. Zeiträume ohne Anspruch auf Arbeitslohn	Anzahl .U.	DM	Pf
3. Bruttoarbeitslohn einschl. Sachbezüge ohne 9. bis 11.			
4. Einbehaltene Lohnsteuer von 3.			
5. Einbehaltener Solidaritätszuschlag von 3.			
6. Einbehaltene Kirchensteuer des Arbeitnehmers von 3.			
7. Einbehaltene Kirchensteuer des Ehegatten von 3. (nur bei konfessionsverschiedener Ehe)			
8. In 3. enthaltene steuerbegünstigte Versorgungsbezüge			
9. Steuerbegünstigte Versorgungsbezüge für mehrere Kalenderjahre			
10. Arbeitslohn für mehrere Kalenderjahre ohne 9.			
11. Ermäßigt besteuerte Entschädigungen			
12. Einbehaltene Lohnsteuer von 9. bis 11.			
13. Einbehaltener Solidaritätszuschlag von 9. bis 11.			
14. Einbehaltene Kirchensteuer des Arbeitnehmers von 9. bis 11.			
15. Einbehaltene Kirchensteuer des Ehegatten von 9 bis 11 (nur bei konfessionsverschiedener Ehe)			
16. Kurzarbeiter- u. Schlechtwettergeld, Zuschuß z. Mutterschaftsgeld, Verdienstausfallentschädigung (Bundesseuchengesetz), Aufstockungsbetrag (Altersteilzeitgesetz)			
17. Steuerfreier Arbeitslohn nach	Doppelbesteuerungsabkommen		
	Auslandstätigkeitserlaß		
18. Steuerfreie Arbeitgeberleistungen für Fahrten zwischen Wohnung und Arbeitsstätte			
19. Pauschalbesteuerte Arbeitgeberleistungen für Fahrten zwischen Wohnung und Arbeitsstätte			
20. Steuerfreie Verpflegungszuschüsse bei Fahrtätigkeit oder Einsatzwechseltätigkeit			
21. Steuerfreie Arbeitgeberleistungen bei doppelter Haushaltsführung			
22. Steuerfreie Arbeitgeberzuschüsse zur freiwilligen Krankenversicherung und zur Pflegeversicherung			
23. Arbeitnehmeranteil am Gesamtsozialversicherungsbeitrag			
Finanzamt, an das der Arbeitgeber die Lohnsteuer abgeführt hat			

Finanzamt _____

8120

Ist es dem Arbeitgeber nicht möglich, die Lohnsteuerbescheinigung auf der Rückseite der Lohnsteuerkarte auszuschreiben, da ihm eine solche bis zum 31.12.1995 oder im Zeitpunkt der Beendigung des Arbeitsverhältnisses vom Arbeitnehmer **nicht vorgelegt worden** ist, so hat er **ersatzweise** in bestimmten Fällen eine **besondere Lohnsteuerbescheinigung** nach amtlich vorgeschriebenem Vordruck (vgl. Muster) zu erteilen. Hier kommen insbesondere die folgenden Fälle in Betracht:

- der Arbeitnehmer hat es unterlassen, die Lohnsteuerkarte dem Arbeitgeber auszuhändigen;
- der Arbeitgeber hat für einen während des Kalenderjahres ausgeschiedenen Arbeitnehmer die Lohnsteuerbescheinigung auf der Lohnsteuerkarte entgegen seiner Verpflichtung nicht ausgeschrieben.

Sonderfall: Teilzeitbeschäftigte

8121

Für Teilzeitbeschäftigte, deren Bezüge nach § 40 a EStG pauschal besteuert werden und die dementsprechend eine Lohnsteuerkarte nicht vorzulegen brauchen (vgl. Rz. 8042), sind grundsätzlich auch besondere Lohnsteuerbescheinigungen **nicht auszuschreiben**.

Gleiches gilt für Arbeitnehmer, die nur nach § 40 EStG pauschal besteuerte Bezüge erhalten und beschränkt einkommensteuerpflichtige Arbeitnehmer, die eine Bescheinigung nach § 39 d Abs. 1 EStG vorgelegt haben.

Auch die bisher ausnahmsweise für die genannten Personengruppen bestehende Pflicht, eine Lohnsteuerbescheinigungen auszuschreiben, wenn zulagebegünstigte vermögenswirksame Leistungen für diese angelegt wurden, ist aufgrund der **Änderung des Vermögensbildungsgesetzes entfallen** (vgl. Rz. 8039).

Im übrigen stimmen die in der "besonderen Lohnsteuerbescheinigung" zu machenden Angaben mit denen der "allgemeinen" Lohnsteuerbescheinigung auf der Rückseite der Lohnsteuerkarte überein.

3. Verbleib der Lohnsteuerkarten und Lohnsteuerbescheinigungen

8122

Der Arbeitgeber hat dem Arbeitnehmer **nach dem 31.12.** die Lohnsteuerkarte mit der Lohnsteuerbescheinigung **unverzüglich auszuhändigen**, wenn der Arbeitnehmer zur Einkommensteuer veranlagt wird oder selbst einen entsprechenden Antrag gestellt hat. Gleiches gilt für die besondere Lohnsteuerbescheinigung. Soweit Lohnsteuerkarten mit Lohnsteuerbescheinigungen dem Arbeitnehmer nicht ausgehändigt worden sind, müssen sie dem Betriebsstättenfinanzamt bis zum Ablauf des Kalenderjahres, das auf das Kalenderjahr folgt, für das die Lohnsteuerkarte gilt, eingereicht werden. Eine nicht ausgehändigte Lohnsteuerkarte 1995 muß daher bis zum 31.12.1996 dem Betriebsstättenfinanzamt übersandt werden.

Diese Regelung gilt in gleicher Weise für die einem Arbeitgeber verbliebenen besonderen Lohnsteuerbescheinigungen.
Umgekehrt haben Arbeitnehmer, die am Schluß des Kalenderjahres im Besitz ihrer Lohnsteuerkarte sind, z. B. weil sie zu diesem Zeitpunkt nicht in einem Arbeitsverhältnis gestanden haben, die Lohnsteuerkarte spätestens bis zum Ablauf des Folgejahres dem Finanzamt einzusenden, in dessen Bezirk die Gemeinde liegt, die die Lohnsteuerkarte ausgestellt hat. Eine Ausnahme besteht nur insoweit, als die Lohnsteuerkarte für eine Einkommensteuererklärung noch benötigt wird.

4. Aufzeichnungspflichten im maschinellen Lohnabzugsverfahren

8124

Das Einkommensteuergesetz selbst enthält **keine Vorschrift** zu den Besonderheiten einer maschinellen Ermittlung und Aufzeichnung der für den Lohnsteuerabzug erforderlichen Merkmale. Die Vorschriften zur Lohnsteuerermittlung sind ganz auf die Anwendung von Lohnsteuertabellen abgestellt. Bis zum Jahre 1974 hatte daher der Arbeitgeber die maschinelle Lohnsteuerberechnung auf der Basis der Einkommensteuerformeln der Oberfinanzdirektion anzuzeigen. Seit 1975 sieht die Lohnsteuerdurchführungsverordnung eine Anzeige des maschinellen Verfahrens nicht mehr vor. Der Arbeitgeber darf somit die Lohnsteuer **ohne Anzeige** bei der Oberfinanzdirektion und **ohne eine Genehmigung** maschinell ermitteln, wenn die in Abschn. 121 Abs. 1 LStR näher dargelegten Voraussetzungen erfüllt sind. Danach gilt:

- die maschinell ermittelte Lohnsteuer darf von der Lohnsteuer, die nach der maßgebenden Lohnsteuertabelle zu erheben wäre, **nicht oder nur unwesentlich abweichen**. Als unwesentlich werden Abweichungen bis zum nächst höheren oder nächst niedrigeren Steuerbetrag in der maßgebenden Lohnsteuertabelle angesehen. Die Abweichungen sind am Ende des Kalenderjahres oder bei Beendigung des Dienstverhältnisses vor Ablauf des Kalenderjahres auszugleichen. Dies gilt auch in den Fällen, in denen der Arbeitgeber zur Durchführung eines Lohnsteuerjahresausgleichs nicht berechtigt ist (vgl. zum Lohnsteuerjahresausgleich des Arbeitgebers Rz. 8126).

- das maschinelle Verfahren muß eine **vorschriftsmäßige Lohnsteuererhebung gewährleisten**. Ist dies nicht der Fall, kann das Betriebsstättenfinanzamt die Ermittlung der Lohnsteuer nach den Lohnsteuertabellen anordnen.

- der **Arbeitnehmer kann verlangen**, daß die Lohnsteuer nach den Lohnsteuertabellen zugrundegelegt wird, wenn die maschinell ermittelte Lohnsteuer diese **übersteigt**.

Auf die einzelnen Besonderheiten des maschinellen Lohnsteuerabzugsverfahren hinsichtlich Lohnkonto, Lohnsteuerkarte und Lohnsteuerbescheinigung soll an dieser Stelle nicht eingegangen werden. Eine detaillierte Beschreibung des maschinellen Lohnsteuerabzugsverfahrens findet sich bei *Klein/Flockermann*, HzL Gruppe 6.

57. Kapitel: Lohnsteuerjahresausgleich durch den Arbeitgeber

I.	Allgemeines zum Lohnsteuerjahresausgleich und zur Einkommensteuerveranlagung	8126
II.	Zuständigkeit des Arbeitgebers	8129
III.	Verbot des Lohnsteuerjahresausgleichs durch den Arbeitgeber	8130
IV.	Durchführung des Lohnsteuerjahresausgleichs durch den Arbeitgeber	8131
	1. Lohnsteuerjahresausgleich	8131
	2. Kirchensteuerjahresausgleich	8134
V.	Aufzeichnungs- und Bescheinigungspflichten beim Lohnsteuerjahresausgleich	8135
VI.	Frist für den Lohnsteuerjahresausgleich durch den Arbeitgeber	8136

Lohnsteuerrecht

8125

Checkliste:

- Besteht eine **Berechtigung** oder **Verpflichtung** zum Lohnsteuerjahresausgleich?
- Ermittlung des für den Lohnsteuerjahresausgleich **maßgebenden Jahresarbeitslohns**

  o Bruttojahresarbeitslohn gemäß Lohnsteuerbescheinigung
     o abzüglich Altersentlastungsbetrag
     o abzüglich Versorgungs-Freibetrag
     o abzüglich eines eingetragenen Jahresfreibetrags
     o Ergebnis: maßgebender Jahresarbeitslohn

- **Emittlung des möglichen Erstattungsbetrags:**

  o **Lohn-, ggfs. Kirchensteuer** und **Solidaritätszuschlag** aus der Jahreslohnsteuertabelle für den **maßgebenden** Jahresarbeitslohn
  o abzüglich der beim **laufenden Lohnsteuerabzug** während des Jahres einbehaltenen Beträge

- **Ergebnis:**
  Der dem Arbeitnehmer zu erstattende (negative) Differenzbetrag

I. Allgemeines zum Lohnsteuerjahresausgleich und zur Einkommensteuerveranlagung

8126

Bei der "Lohnsteuer" als Unterfall der Einkommensteuer handelt es sich um eine **Jahressteuer**. Das bedeutet, daß grundsätzlich die Einkünfte innerhalb eines Kalenderjahres der Besteuerung unterworfen werden. Wird nun beim Lohnsteuerabzug monatlich, wöchentlich oder täglich die Lohnsteuer vom Arbeitgeber einbehalten und abgeführt, so wird jedesmal stillschweigend unterstellt, daß die dem Steuerabzug zu diesem Zeitpunkt zugrunde gelegten Einkünfte dem Arbeitnehmer über das gesamte Jahr gleichmäßig zufließen. Schwanken allerdings die Einkünfte des Arbeitnehmers oder ändern sich die einzelnen Besteuerungsmerkmale (z. B. Steuerklasse), so wird die Lohnsteuer zwar nach wie vor **für**

Lohnsteuerjahresausgleich durch den Arbeitgeber

den **Lohnabrechnungszeitraum zutreffend** einbehalten, auf das **Jahr** hochgerechnet allerdings **unrichtig**. Ein Ausgleich dieser Unrichtigkeiten wird durch den am Jahresende vorzunehmenden Lohnsteuerjahresausgleich erreicht.

8127

Zu unterscheiden ist hier der Lohnsteuerjahresausgleich, der vom **Arbeitgeber** unmittelbar für den Arbeitnehmer am Ende des Kalenderjahres durchgeführt wird, und der, den das (Wohnsitz-) Finanzamt auf **Antrag des Arbeitnehmers** durchführt. An die Stelle dieses Lohnsteuerjahresausgleichs durch das Finanzamt ist durch das Steueränderungsgesetz 1992 eine **Veranlagung des Arbeitnehmers zur Einkommensteuer** (sog. **Antragsveranlagung gem.** § 46 Abs. 2 Nr. 8 EStG) getreten. Ergibt sich bei einer Antragsveranlagung entgegen den Erwartungen des Arbeitnehmers eine Nachzahlung, so kann die Nachzahlung durch Rücknahme des Antrags auf Veranlagung in den Fällen vermieden werden, in denen auch bisher schon eine Nachforderung nicht möglich war und der Tatbestand einer Pflichtveranlagung nicht erfüllt ist (zu den Einzelheiten des "Lohnsteuerjahresausgleichs" durch das Finanzamt vgl. *Klein/Flockermann*, HzL Gruppe 3, S. 411 ff.).

Eines besonderen Antrags des Arbeitnehmers auf Durchführung des Lohnsteuerjahresausgleichs durch **den Arbeitgeber** bedarf es **nicht**.

8128

Weiter zu unterscheiden sind der Lohnsteuerjahresausgleich durch den Arbeitgeber und die Antragsveranlagung noch von der Pflicht zur **Einkommensteuerveranlagung**. Bei Vorliegen bestimmter gesetzlicher Voraussetzungen reicht der Lohnsteuerabzug durch den Arbeitgeber allein nicht aus. Der Arbeitnehmer ist in diesen Fällen verpflichtet, **zusätzlich** eine **Einkommensteuererklärung** abzugeben und wird daraufhin **zur Einkommensteuer veranlagt**. Dabei wird die beim Lohnsteuerabzug durch den Arbeitgeber bereits einbehaltene Steuer angerechnet. Zur Abgabe einer Einkommensteuererklärung ist der Arbeitnehmer bspw. immer dann verpflichtet, wenn er ein bestimmtes zu versteuerndes Einkommen im Kalenderjahr erzielt hat, nämlich

- als Lediger mehr als **27.000 DM** und
- als Verheirateter mehr als **54.000 DM** bei zusammen veranlagten Ehegatten.

Nur im Wege der Einkommensteuerveranlagung können vom Arbeitnehmer auch die tatsächlich entstandenen **"Werbungskosten"** (also alle Aufwendungen, die durch den Beruf veranlaßt worden sind) steuerlich geltend gemacht werden, wenn diese über den Pauschalbetrag von 2.000 DM hinausgehen.

Lohnsteuerrecht

Nach der gesetzlichen Neuregelung des § 46 Abs. 2 Nr. 7 wird eine Veranlagung zur Einkommensteuer auch dann durchgeführt, wenn der Arbeitgeber die Lohnsteuer für den Veranlagungszeitraum oder einen Teil davon nach der **Lohnsteuer-Zusatztabelle** ermittelt hat (vgl. Rz. 8065 f.). Auch in diesem Fall ist der Arbeitnehmer also verpflichtet, eine Einkommensteuererklärung abzugeben.

II. Zuständigkeit des Arbeitgebers

8129

Der Arbeitgeber ist **berechtigt**, einen Lohnsteuerjahresausgleich durchzuführen, wenn der Arbeitnehmer

- am **Ende des Kalenderjahres** in seinen Diensten steht und

- zu diesem Zeitpunkt **unbeschränkt steuerpflichtig** ist, dem Arbeitgeber also seine **Lohnsteuerkarte vorgelegt** hat.

War der Arbeitnehmer während des Kalenderjahres allerdings auch für **andere Arbeitgeber** tätig, so kann der Arbeitgeber den Lohnsteuerjahresausgleich nur dann durchführen, wenn die Lohnsteuerkarte **alle Lohnsteuerbescheinigungen aus etwaigen vorangegangenen Arbeitsverhältnissen enthält**. Dies ist eine **zwingende Voraussetzung**. Liegen dem Arbeitgeber in einem solchen Fall die Steuerbescheinigungen nicht zusammenhängend für das ganze Ausgleichsjahr einschließlich der Ausfalltage vor, ist die Durchführung des Arbeitgeberjahresausgleichs **unzulässig** (zu weiteren Fällen der Unzulässigkeit vgl. Rz. 8130).

Der Arbeitgeber ist **verpflichtet** einen Lohnsteuerjahresausgleich durchzuführen, wenn er **am 31.12. des Kalenderjahres** mindestens **10 Arbeitnehmer** beschäftigt hat. Auch hier gilt allerdings, daß der Arbeitgeber nur für diejenigen Arbeitnehmer einen Lohnsteuerjahresausgleich durchführen darf, die entweder während des gesamten Kalenderjahres ununterbrochen bei ihm gearbeitet haben oder die zwar auch bei anderen Arbeitgebern gearbeitet haben, die Lohnsteuerkarte aber alle entsprechenden Lohnsteuerbescheinigungen aufweist.

III. Verbot des Lohnsteuerjahresausgleichs durch den Arbeitgeber

8130

Nach § 42 b Abs. 1 Satz 4 EStG darf der Arbeitgeber den Lohnsteuerjahresausgleich in folgenden Fällen **nicht durchführen**:

- der Arbeitnehmer wünscht die Durchführung nicht (bspw. um schneller in den Besitz der Lohnsteuerkarte für die Antragsveranlagung zu gelangen)

- der Arbeitnehmer war für das Ausgleichsjahr oder für einen Teil des Ausgleichsjahrs nach den **Steuerklassen V oder VI** zu besteuern.

Beispiel:
Für eine Steuerklassenänderung ist dem Arbeitnehmer durch den Arbeitgeber die Lohnsteuerkarte wieder überlassen worden. Trotz mehrfacher Aufforderung durch den Arbeitgeber versäumte es der Arbeitnehmer im Anschluß daran, diesem die Lohnsteuerkarte wieder zurückzugeben. Der Arbeitgeber hatte daher ab dem Zeitpunkt der Aushändigung der Lohnsteuerkarte an den Arbeitnehmer diesen nach der ungünstigsten Steuerklasse VI zu besteuern (vgl. auch Rz. 8075).
*Der Arbeitgeber darf selbst dann keinen Lohnsteuerjahresausgleich durchführen, wenn ihm die Besteuerungsmerkmale des Arbeitnehmers **bekannt** sind und er **weiß**, daß er zuviel Lohnsteuer abgeführt hat. In diesem Fall ist es Sache des Arbeitnehmers, sich im Wege einer Antragsveranlagung die zuviel gezahlte Lohnsteuer erstatten zu lassen.*

- der Arbeitnehmer war für einen Teil des Ausgleichsjahrs nach den **Steuerklassen III oder IV** zu besteuern.

Beispiel:
Der Arbeitnehmer heiratet am 01.03. 1995 und läßt sich ab diesem Zeitpunkt die Steuerklasse von bisher I in III ändern.
Der Arbeitgeber darf für diesen Arbeitnehmer **keinen Lohnsteuerjahresausgleich** durchführen.

- dem Arbeitnehmer sind im Ausgleichsjahr **Lohnersatzleistungen** gewährt worden, und zwar
  - Kurzarbeitergeld
  - Schlechtwettergeld
  - Zuschuß zum Mutterschaftsgeld nach dem Mutterschutzgesetz bzw. gem. § 4a Mutterschutzverordnung
  - Entschädigungen für Verdienstausfall nach dem Bundesseuchengesetz oder
  - Aufstockungsbeträge nach dem Altersteilzeitgesetz

- im Lohnkonto oder auf der Lohnsteuerkarte ist mindestens ein **Großbuchstabe "U"** für Unterbrechung bescheinigt (vgl. Rz. 8109), d.h. der Lohnanspruch war für einen bestimmten Zeitraum weggefallen oder

- der **Großbuchstabe "Z"**, weil der Arbeitgeber die Lohnsteuer nach der **Lohnsteuer-Zusatztabelle** (vgl. Rz. 8065 f.) ermittelt hat (s. die **Neuregelung** des § 42 Abs. 1 Satz 4 b EStG).

- der Arbeitnehmer hat im Kalenderjahr 1994 Arbeitslohn bezogen, der nach einem **Doppelbesteuerungsabkommen** oder nach dem **Auslandstätigkeitserlaß** vom Lohnsteuerabzug befreit war (vgl. *Klein/Flockermann* HzL, Gruppe 7, S. 40 u. 124).

- dem Arbeitgeber liegt die Lohnsteuerkarte für das Ausgleichsjahr **nicht** oder **nicht mehr** vor (vgl. bereits oben Rz. 8075).
- der Arbeitnehmer hat für das Ausgleichsjahr Arbeitslohn bezogen, der sowohl nach der **allgemeinen** als auch nach der **besonderen Lohnsteuertabelle** zu besteuern war.

Diese Einschränkungen sind grundsätzlich im Interesse des Arbeitgebers gemacht, um ihm erhebliche Ermittlungsarbeiten hinsichtlich der Besteuerungsgrundlagen des Arbeitnehmers zu ersparen. Der Arbeitgeber soll sich an die Angaben der Lohnsteuerkarte halten können.

IV. Durchführung des Lohnsteuerjahresausgleichs durch den Arbeitgeber

1. Lohnsteuerjahresausgleich

8131

Zunächst ist der gesamte Lohn des Arbeitnehmers anhand der Lohnsteuerbescheinigungen auf der Lohnsteuerkarte festzustellen. Maßgebend ist hier der **steuerpflichtige Brutto-Jahresarbeitslohn**, einschließlich des Werts der Sachbezüge. Außer Ansatz bleiben lediglich steuerfreier Arbeitslohn und Arbeitslohn, der vom Arbeitgeber mit einem Pauschalsteuersatz versteuert wurde (beispielsweise Fahrtkostenzuschüsse). Sonstige Bezüge gehören zum Arbeitslohn, soweit sie dem Arbeitnehmer im betreffenden Kalenderjahr zugeflossen sind. Umgekehrt bedeutet dies, daß Vergütungen für mehrjährige Tätigkeiten außer Ansatz bleiben. Ermäßigt besteuerte Abfindungen und Bezüge, die eine Entlohnung für eine Tätigkeit darstellen, die sich über mehrere Jahre erstreckt hat, einschließlich die auf diese Teile des Arbeitslohnes entfallende Lohnsteuer, hat der Arbeitgeber nur dann in den Lohnsteuerjahresausgleich einzubeziehen, wenn der Arbeitnehmer dies ausdrücklich beantragt. Da sich dies für den Arbeitnehmer in der Regel steuerlich nachteilig auswirkt (die Bezüge werden dann nämlich mit der **vollen Tabellensteuer** versteuert), sind die Fälle in der Praxis wenig relevant. Der Arbeitgeber hat daher regelmäßig ermäßigt besteuerte Abfindungen und Arbeitslohn für mehrere Jahre nicht mit einzubeziehen.

Gehören zum Jahresarbeitslohn **steuerbegünstigte Versorgungsbezüge**, so sind diese um den Versorgungs-Freibetrag von 40 %, höchstens 6.000 DM, zu kürzen. Dabei spielt es keine Rolle, ob und inwieweit die Versorgungsbezüge bereits beim laufenden Lohnsteuerabzug um den Versorgungsfreibetrag gekürzt worden sind. Bei Arbeitnehmern, die vor Beginn des Ausgleichsjahres das 64. Lebensjahr vollendet hatten und die noch in einem aktiven Beschäftigungsverhältnis stehen, sind die für die aktive Tätigkeit gezahlten Arbeitslöhne um den Altersentlastungsbetrag von 40 % dieser Löhne, höchstens um 3.720 DM jährlich zu kürzen.

Lohnsteuerjahresausgleich durch den Arbeitgeber

Schließlich ist der Jahresarbeitslohn um einen auf der Lohnsteuerkarte des Ausgleichsjahrs etwa eingetragenen **Jahresfreibetrag** zu kürzen. Der Arbeitgeber ist in jedem Fall an die Eintragungen auf der Lohnsteuerkarte gebunden. Ein höherer Freibetrag darf selbst dann nicht berücksichtigt werden, wenn dem Arbeitnehmer offensichtlich ein höherer Freibetrag zusteht. Der Arbeitgeber muß in diesem Fall den höheren Betrag im Wege der Antragsveranlagung beim Finanzamt geltend machen.

8132

Von dem so ermittelten **maßgebenden Jahresarbeitslohn** ist die Lohnsteuer anhand der auf der Lohnsteuerkarte zuletzt eingetragenen Steuerklasse und der Zahl der Kinderfreibeträge mit Hilfe der Jahreslohnsteuertabelle festzustellen. Von diesem Betrag ist sodann die beim laufenden Lohnsteuerabzug während des Jahres einbehaltene **Lohn- und Kirchensteuer sowie der einbehaltene Solidaritätszuschlag (s.u.) abzuziehen.**

8133

Der **(negative) Differenzbetrag** ist dem Arbeitnehmer im Lohnsteuerjahresausgleich zu **erstatten**. Der dem Arbeitnehmer zu erstattende Betrag ist vom Arbeitgeber bar auszuzahlen. Dies kann auch durch Verrechnung mit der vom Arbeitgeber bei der nächsten Gehaltszahlung einzubehaltenden Lohnsteuer und ggfs. zusätzlicher Barauszahlung des Restbetrags erfolgen. Die dem Arbeitnehmer zu erstattende Lohnsteuer ist dem Betrag zu entnehmen, den der Arbeitgeber für seine Arbeitnehmer für den Lohnzahlungszeitraum, in den die Erstattung fällt, insgesamt an Lohnsteuer erhoben hat (§ 42 b Abs. 3 EStG). Kann die zu erstattende Lohnsteuer aus diesem Betrag nicht gedeckt werden, so wird der Fehlbetrag dem Arbeitgeber auf Antrag vom Betriebsstättenfinanzamt ersetzt (vgl. hierzu Rz. 8093).

Hat der Arbeitgeber allerdings im Laufe des Kalenderjahres die Lohnsteuer **falsch berechnet** und stellt er dies beim Jahresausgleich fest, so muß er den **Lohnsteuerabzug berichtigen** und die zuwenig einbehaltene Lohnsteuer **nachfordern** oder dem Finanzamt **Anzeige nach § 41 c EStG** erstatten.

Wenn der Arbeitgeber für den Arbeitnehmer einen **Lohnsteuer-Jahresausgleich durchführt**, ist auch für den **Solidaritätszuschlag ein Jahresausgleich durchzuführen** (vgl. Rz. 8090).

2. Kirchensteuerjahresausgleich

8134

Wird für den Arbeitnehmer ein Lohnsteuerjahresausgleich durchgeführt, ist auch die **Kirchensteuer** mit auszugleichen.

Bei der Besteuerung **sonstiger Bezüge** im Laufe des Kalenderjahres mußte der Arbeitgeber die Kirchensteuer stets mit 8 % oder 9 % aus der Lohnsteuer errechnen, die sich für den sonstigen Bezug ergab. Eine Kürzung der für den sonstigen Bezug errechneten Lohnsteuer um die Kürzungsbeträge für Kinder, die bei der Besteuerung des laufenden Arbeitslohns nicht voll ausgeschöpft wurden, ist nicht zulässig (vgl. Rz. 8071). Soweit hiernach bei der Besteuerung sonstiger Bezüge **zuviel Kirchensteuer** einbehalten wird, erfolgt der Ausgleich bei dem Lohnsteuerjahresausgleich durch den Arbeitgeber. Der Arbeitgeber kann in diesen Fällen die Kirchensteuer **auch dann erstatten**, wenn sich bei dem vom Arbeitgeber durchgeführten Lohnsteuerjahresausgleich **keine Lohnsteuererstattung** ergibt.

Ist ein Arbeitnehmer im Laufe des Kalenderjahres aus der Kirche **ausgetreten** und dieser **Zeitpunkt** auf der Lohnsteuerkarte **vermerkt**, so ist wie folgt vorzugehen:

Zunächst ist der Teil des auszugleichenden Lohnsteuerbetrags festzustellen, der auf den **Zeitraum** entfällt, in dem der Arbeitnehmer dem **Kirchensteuerabzug unterlegen hat**.
In einem zweiten Schritt ist die **auszugleichende Kirchensteuer** aus diesem Teil der Lohnsteuer zu berechnen.

Beispiel:
*Ein Arbeitnehmer in Nordrhein-Westfalen mit der Steuerklasse I ist lt. Lohnsteuerkarte mit **Wirkung zum 01.05.1994** aus der evangelischen Kirche ausgetreten. Die im Lohnsteuerjahresausgleich zu erstattende Lohnsteuer beträgt 90 DM.*
Auf die Zeit vom **01.01.** bis zum **30.04.1994** entfallen demnach 1/3 von 90 DM = 30 DM. Die auszugleichende Kirchensteuer beträgt demnach 9 % von 30 DM = 2,70 DM.

Zu beachten ist hier die **Mindestkirchensteuer** (vgl. Rz. 8069), die verschiedene Bundesländer erheben. Tritt der Arbeitnehmer im Laufe des Kalenderjahres aus der Kirche aus, so errechnet sich die Mindestkirchensteuer durch Vervielfältigung der entsprechenden **monatlichen Mindestkirchensteuer** mit der **Anzahl der Monate**, in der die Kirchensteuerpflicht bestand.

V. Aufzeichnungs- und Bescheinigungspflichten beim Lohnsteuerjahresausgleich

8135
Der dem Arbeitnehmer vom Arbeitgeber im Rahmen des Lohnsteuerjahresausgleichs **erstattete Betrag** muß im **Lohnkonto** stets **besonders aufgezeichnet** werden (vgl. auch Rz. 8104).

Im Gegensatz dazu ist der **Erstattungsbetrag** in der **Lohnsteuerbescheinigung** seit 1991 **nicht mehr gesondert einzutragen**. Als einbehaltene Lohnsteuer ist stets der Betrag zu bescheinigen, der sich nach Verrechnung mit der vom Arbeitgeber für das Kalenderjahr beim Lohnsteuerjahresausgleich erstatteten Lohnsteuer ergibt (vgl. Rz. 8118). Wenn im Falle des Arbeitgeberwechsels der Erstattungsbetrag so hoch ist, daß der neue Arbeitgeber auch die in den vorherigen Arbeitsverhältnissen einbehaltene und bereits auf der Lohnsteuerkarte bescheinigte Lohnsteuer teilweise erstattet, so ist von dem Arbeitgeber, der den Lohnsteuerjahresausgleich durchgeführt hat, als einbehaltene Lohnsteuer **ein Minusbetrag** zu bescheinigen. Dabei handelt es sich um den Betrag, um den die erstattete Lohnsteuer die vom Arbeitgeber selbst einbehaltene Lohnsteuer übersteigt. Der übersteigende Betrag ist **rot** zu bescheinigen oder mit einem deutlichen **Minuszeichen** zu versehen.

Als einbehaltene Lohnsteuer ist auch hier der Betrag einzutragen, der sich nach Verrechnung mit der im Lohnsteuerjahresausgleich erstatteten Lohnsteuer ergibt. Ebenso gilt: Ist mehr an Lohnsteuer erstattet als einbehalten worden, muß der Arbeitgeber den übersteigenden Betrag **rot** eintragen oder mit einem deutlichen **Minuszeichen** versehen (vgl. bereits im Rahmen der Anmeldung Rz. 8099).

VI. Frist für den Lohnsteuerjahresausgleich durch den Arbeitgeber

8136

Der Arbeitgeber darf den Lohnsteuerjahresausgleich **frühestens** bei der Lohnabrechnung **für den letzten** im **Ausgleichsjahr** endenden **Lohnzahlungszeitraum**, **spätestens** bei der Lohnabrechnung für den letzten Lohnzahlungszeitraum, der im **Monat März** des dem Ausgleichsjahr folgenden Kalenderjahres endet, durchführen. Der Arbeitgeber muß demzufolge den Jahresausgleich für das Jahr **1994** für einen monatlich entlohnten Arbeitnehmer spätestens bis zur Lohnabrechnung für **März 1995** durchgeführt haben. Für das Jahr **1995**, darf für einen monatlich entlohnten Arbeitnehmer **frühestens** bei der Berechnung der auf den Arbeitslohn für **Dezember 1995** entfallenden Lohnsteuer der Jahresausgleich durchgeführt werden, **spätestens** mit der Lohnabrechnung für **März 1996**.

58. Kapitel: Störfälle

I.	Vorbeugen durch "Anrufungsauskunft"	8137
	1. Was ist eine "Anrufungsauskunft"?	8137
	2. Wer kann sich mit einem Auskunftsersuchen an das Finanzamt wenden?	8138
	3. Welches Finanzamt ist für die Erteilung einer Anrufungsauskunft zuständig?	8139
	4. Ist für das Auskunftsersuchen eine bestimmte Form vorgeschrieben?	8140
	5. Über welche Sachverhalte kann Auskunft begehrt werden?	8141
	6. Welche Wirkung hat die Anrufungsauskunft?	8142
II.	Änderung des Lohnsteuerabzugs	8144
	1. Wann kommt eine Änderung in Betracht?	8144
	2. Vorgehen bei Änderung des Lohnsteuerabzugs	8148
III.	Kontrollinstrument Lohnsteueraußenprüfung	8150
	1. Allgemeines zur Lohnsteueraußenprüfung	8150
	2. Wie wird eine bevorstehende Außenprüfung angekündigt?	8153
	3. Welche Möglichkeiten hat der Arbeitgeber nach Zuleitung einer Prüfungsanordnung?	8155
	4. Was wird bei einer Außenprüfung überprüft?	8156
	5. Wie geht eine Außenprüfung vor sich?	8157
	6. Wie und wann wird eine Außenprüfung abgeschlossen?	8158
	7. Welche Maßnahmen kann die Finanzbehörde im Anschluß an eine Lohnsteuer-Außenprüfung treffen?	8159
IV.	Verbindliche Zusage nach § 204 AO	8160
V.	Haftungsrisiko des Arbeitgebers	8162
	1. Haftungstatbestände	8162
	2. Rückgriffsanspruch des Arbeitgebers	8166
	3. Haftung bei Arbeitnehmerüberlassung	8167
VI.	Rechtsschutz	8168
	1. Allgemeines zum Rechtsschutzverfahren	8168
	2. Das Einspruchsverfahren	8170
	a) Wogegen kann im Lohnsteuerverfahren Einspruch erhoben werden?	8170
	b) Wo ist der Einspruch einzulegen?	8171
	c) Ist eine bestimmte Form einzuhalten?	8172
	d) Welche Einspruchsfrist ist einzuhalten?	8173
	e) Was ist im Fall einer Fristversäumnis zu tun?	8174
	f) Was kostet ein Einspruchsverfahren?	8175

g) Was tut das Finanzamt, wenn der Einspruch eingelegt wurde?	8176
h) Kann durch die Einlegung eines Einspruchs die Erhebung der Steuer verhindert werden?	8177
3. Beschwerde	8178
a) Wogegen kann eine Beschwerde gerichtet werden?	8178
b) Wo ist die Beschwerde einzureichen?	8179
c) Welche Formen und Fristen gilt es bei der Beschwerde zu beachten?	8180
d) Welche Kosten entstehen für das Beschwerdeverfahren?	8181
4. Klage beim Finanzgericht	8182
VII. Weiterführende Literaturhinweise zum Lohnsteuerabzugsverfahren	8183

I. Vorbeugen durch "Anrufungsauskunft"

1. Was ist eine "Anrufungsauskunft"?

8137

Nach § 42 e EStG haben sowohl **Arbeitgeber** als auch **Arbeitnehmer** das Recht, an das Finanzamt der Betriebsstätte eine **Anfrage** zur Klärung der steuerlichen Behandlung von Tatbeständen zu richten, die der Arbeitgeber im **Steuerabzugsverfahren** zu beurteilen hat. Mit dem Lohnsteuerabzugsverfahren hat der Gesetzgeber dem einzelnen Arbeitgeber eine Reihe von Pflichten und Risiken auferlegt (vgl. Rz. 8003). Insbesondere das **Haftungsrisiko** kann dem Arbeitgeber nur dann zugemutet werden, wenn das Finanzamt in Zweifelsfällen eine verbindliche Auskunft über die Handhabung des Lohnsteuerrechts gibt. Für diesen Zweck hat der Gesetzgeber die Möglichkeit der sogenannten "Anrufungsauskunft" geschaffen.

2. Wer kann sich mit einem Auskunftsersuchen an das Finanzamt wenden?

8138

Mit einem Auskunftsersuchen können sich sowohl der **Arbeitgeber** als auch der **Arbeitnehmer** sowie in besonderen Fällen auch dritte Personen, die anstelle des Arbeitgebers für die Lohnsteuer in Anspruch genommen werden können, an die Finanzbehörde wenden. Der Arbeitnehmer ist zwar unmittelbar bei der Anwendung der lohnsteuerrechtlichen Vorschriften nicht beteiligt, ist aber vom Lohnsteuerabzug **wirtschaftlich** betroffen, weil er für seine Rechnung erfolgt. Ist im Einzelfall die Arbeitgeber- oder Arbeitnehmereigenschaft zweifelhaft, ist auch derjenige anfrageberechtigt, für den sich diese Problematik stellt.

Störfälle

3. Welches Finanzamt ist für die Erteilung einer Anrufungsauskunft zuständig?

8139

Zuständig für die Erteilung der Anrufungsauskunft ist das **Finanzamt der Betriebsstätte** (vgl. hierzu Rz. 8017). Dies wiederum kann allerdings nur im Rahmen seiner örtlichen Zuständigkeit tätig werden. Falls ein Arbeitgeber mit mehreren Betriebsstätten in verschiedenen Finanzamtsbezirken tätig ist, müssen sich die Finanzämter untereinander, ggfs. unter Einschaltung übergeordneter Finanzbehörden, abstimmen, falls dies zu einer einheitlichen Beurteilung eines bestimmten Sachverhalts notwendig erscheint.

Die Auskunft durch das **Wohnsitzfinanzamt des Arbeitnehmers** (vgl. hierzu Rz. 8018) ist **keine Anrufungsauskunft** im Sinne des § 42 e EStG und bindet das Betriebsstättenfinanzamt des Arbeitgebers nicht.

4. Ist für das Auskunftsersuchen eine bestimmte Form vorgeschrieben?

8140

Im Grundsatz gilt, daß die Auskunft **nur auf Anfrage** zu erteilen ist. Eine bestimmte Form ist hierfür **nicht** vorgeschrieben, so daß auch mündliche Anfragen ausreichen. Allerdings **empfiehlt es sich** schon aus Beweisgründen, die Anfrage an die zuständige Finanzbehörde immer **schriftlich** abzufassen. Dies gilt um so mehr, wenn es sich um schwierigere und komplexere Sachverhalte handelt.
Ebenso gibt es für die **Erteilung der Auskunft** durch die Finanzbehörde keine gesetzliche Formvorschrift. Unklarheiten und Beweisschwierigkeiten gehen aber auch hier zu Lasten dessen, der sich auf die Auskunft beruft. Diesem Risiko muß ein Auskunftsberechtigter ausweichen können. Daher hat jeder Berechtigte einen Anspruch auf **schriftliche Auskunfterteilung**.

5. Über welche Sachverhalte kann Auskunft begehrt werden?

8141

Gegenstand der Anrufungsauskunft können **alle Fragen** sein, welche die **Einbehaltung, Anmeldung, Abführung** und **Übernahme der Lohnsteuer durch den Arbeitgeber** und die für ihn damit zusammenhängenden Pflichten betreffen. Demgegenüber können Fragen über Steuervergünstigungen, die der Arbeitnehmer in Anspruch nehmen will, nicht Gegenstand der Anrufungsauskunft sein. Werbungskostenfragen können dann Gegenstand der Anrufungsauskunft sein, wenn sie im **Rahmen des steuerfreien Arbeitgeberersatzes** von Bedeutung sind.

Das Auskunftsverlangen muß sich auf **konkrete Einzelfragen** beziehen. Auskunft kann beispielsweise darüber verlangt werden,

Lohnsteuerrecht

- ob eine Arbeitnehmereigenschaft vorliegt;
- inwieweit eine anläßlich der Auflösung eines Arbeitsverhältnisses gezahlte Entschädigung als steuerfreie bzw. steuerermäßigte Abfindung anzusehen ist;
- inwieweit eine anläßlich eines Wettbewerbsverbotes gezahlte Karenzentschädigung der steuerlichen Tarifermäßigung unterliegt;
- inwieweit Unterlagen für den Lohnsteuerabzug Bedeutung haben und wie lange diese aufzubewahren sind;
- ob die geführten Lohnkonten den lohnsteuerrechtlichen Vorschriften entsprechen;
- wie Lohnsteuer von sonstigen Bezügen im Einzelfall zu ermitteln ist usw.

6. Welche Wirkung hat die Anrufungsauskunft?

8142
Durch die einmal erteilte Auskunft wird das Finanzamt **in bestimmtem Umfang gebunden**. Hier ist zu differenzieren: Handelt der Arbeitgeber entsprechend der von ihm erbetenen und vom Finanzamt erteilten Auskunft, so kann das Finanzamt den Arbeitgeber später wegen unrichtig einbehaltener Lohnsteuer **nicht in Anspruch nehmen**, falls es später die ihm vorgelegte Rechtsfrage anders beurteilt. Umgekehrt ist der Arbeitgeber aber nicht verpflichtet, der Auskunft entsprechend zu handeln. In diesem Fall trägt er allerdings das Haftungsrisiko.

Dem **Arbeitnehmer** gegenüber ist das Finanzamt grundsätzlich nicht an die im Rahmen des Lohnsteuerabzugsverfahrens dem Arbeitgeber gegenüber erteilte Anrufungsauskunft gebunden. Es kann deshalb im Rahmen einer Antragsveranlagung oder einer sonstigen Veranlagung zur Einkommensteuer die steuerlichen Tatbestände **abweichend von der erteilten Anrufungsauskunft** beurteilen und besteuern.

Beispiel:
Das Betriebsstättenfinanzamt teilt dem Arbeitgeber auf dessen Anfrage in einer Anrufungsauskunft mit, daß die aufgrund einer Betriebsvereinbarung gezahlten Zuschläge für die Sonntags-, Feiertags- und Nachtarbeit nach § 3 b EStG steuerfrei seien. Bei einer Lohnsteueraußenprüfung (vgl. Rz. 8137 f.) stellt das Finanzamt bei unverändertem Sachverhalt fest, daß ein Teil der Zuschläge entgegen der Auskunft steuerpflichtig ist. Hier kann aufgrund der Auskunft zum Steuerabzug beim Arbeitgeber keine Lohnsteuer nachgefordert werden. Allerdings kann das Finanzamt beim Arbeitnehmer die entsprechende Lohnsteuer nach Abschluß des Lohnsteuerabzugsverfahrens nachfordern.

Anders war bisher hingegen der Fall zu beurteilen, wenn der Arbeitnehmer als **Beteiligter im Lohnsteuerabzugsverfahren selbst** eine Anrufungsauskunft vom Betriebsstättenfinanzamt erhalten hatte.

Störfälle

Diese Auffassung hat der BFH mit seinem Urteil vom 09.10.1992 (DB 1993, 73) **aufgegeben.** Demnach entfaltet auch eine **dem Arbeitnehmer** erteilte Anrufungsauskunft nach § 42 e EStG immer **nur Bindungswirkung für das Lohnsteuerabzugsverfahren,** hingegen **nicht** für die **Veranlagung des Arbeitnehmers zur Einkommensteuer.** Demzufolge kann das Finanzamt vom **Arbeitnehmer** abweichend von einer ihm erteilten Anrufungsauskunft im Rahmen einer späteren Einkommensteuerveranlagung **noch Lohnsteuer nachfordern.** Dies gilt auch für die Arbeitnehmer, die wegen eines Lohnsteuerabzugs nach der Lohnsteuerzusatztabelle (vgl. Rz. 8065 b) **zwingend** zur Einkommensteuer veranlagt werden.

Besondere Bedeutung hat diese Entscheidung daneben für solche Lohnsteueranrufungsauskünfte, die in Zusammenhang mit dem **Abschluß eines Aufhebungsvertrages** hinsichtlich der **Steuerfreiheit von vereinbarten Abfindungen** erteilt werden (vgl. Rz. 4159).

8143

Die **Bindungswirkung** gegenüber dem Finanzamt **erlischt**

- wenn die Finanzbehörde eine unzutreffende Auskunft widerruft (dieser Widerruf ist allerdings **nur für die Zukunft möglich**) oder
- wenn die für die Auskunft maßgeblichen gesetzlichen Grundlagen entfallen. Hier erlischt die Bindung **automatisch** ohne ausdrücklichen Widerruf.

Der Arbeitgeber muß sich daher über die Fortentwicklung des Lohnsteuerrechts **(Gesetzesänderungen, Verwaltungsanweisungen, höchstrichterliche Urteile)** auch bei Einholung einer Anrufungsauskunft stets ausreichend informieren.
Eine haftungsweise Inanspruchnahme des Arbeitgebers wegen zuwenig erhobener Lohnsteuer kann nur ausnahmsweise wegen Unbilligkeit ausgeschlossen sein, wenn dieser den Lohnsteuerabzug ohne Berücksichtigung von Gesetzesänderungen durchgeführt hat, weil es ihm in der kurzen Zeit zwischen der Verkündung des Gesetzes und den folgenden Lohnabrechnungen nicht möglich war, die Gesetzesänderung zu berücksichtigen. Dies wird von der Finanzverwaltung unter Anlegung eines strengen Maßstabes geprüft. Für die pauschale Lohnsteuer gilt dieser Haftungsausschluß von vornherein nicht (Abschn. 147 Abs. 7 Nr. 2 LStR).

II. Änderung des Lohnsteuerabzugs

1. Wann kommt eine Änderung in Betracht?

8144

Oftmals stellt sich für den Arbeitgeber die Frage, ob der bisher vorgenommene Lohnsteuerabzug korrekt vorgenommen wurde oder ggfs. eine Berichtigung vorzunehmen ist. Folgende Fälle kommen in Betracht:

- der Arbeitnehmer legt eine geänderte Lohnsteuerkarte vor, deren Eintragungen auf bereits abgerechnete Monate zurückwirken oder
- der Arbeitgeber erkennt von sich aus, daß er den Lohnsteuerabzug nicht richtig durchgeführt hat.

Für eine Änderung des Lohnsteuerabzugs gelten nach § 41 c EStG folgende **Grundsätze:**

Erkennt der Arbeitgeber, daß er im Laufe eines Kalenderjahres zuviel oder zuwenig Lohnsteuer einbehalten hat, ist er **berechtigt**, bei der jeweils nächst folgenden Lohnzahlung den Lohnsteuerabzug **zu berichtigen**. Die Änderung ist grundsätzlich zu Gunsten oder zu Ungunsten des Arbeitnehmers zulässig. Auf die Höhe der zu erstattenden oder nachträglich einzubehaltenden Steuer kommt es nicht an. Die für Fälle der Nachforderung durch das Finanzamt bestehende Vorschrift, daß Beträge bis zu 20 DM nicht nachzufordern sind, gilt nicht für die nachträgliche Einbehaltung durch den Arbeitgeber. Der Arbeitgeber ist zur Änderung des Lohnsteuerabzugs **nur befugt**, soweit die Lohnsteuer von **ihm selbst** einbehalten worden ist oder einzubehalten war.

8145
Macht der Arbeitgeber von seiner Berechtigung zur Änderung des Lohnsteuerabzugs in den Fällen **keinen Gebrauch**, in denen die Änderung zu einer **Nachforderung** von Lohnsteuer führen würde, so hat er dies dem Finanzamt **unverzüglich anzuzeigen**. Eine Anzeigepflicht besteht auch in dem Fall, in dem der Arbeitslohn aus Geld- und Sachbezügen besteht und der Barlohn zur Deckung der Lohnsteuer nicht ausreicht bzw. der Arbeitnehmer den Fehlbetrag nicht zur Verfügung stellt (selten!).

Kann der Arbeitgeber die Lohnsteuer **nicht nachträglich einbehalten**, weil

- Eintragungen auf der Lohnsteuerkarte eines Arbeitnehmers, die nach Beginn des Arbeitsverhältnisses vorgenommen worden sind, auf einen Zeitpunkt vor Beginn des Arbeitsverhältnisses zurückwirken,
- der Arbeitnehmer vom Arbeitgeber Arbeitslohn nicht mehr bezieht oder
- der Arbeitgeber nach Ablauf des Kalenderjahres bereits die Lohnsteuerbescheinigung ausgeschrieben hat,

so müssen diese Fälle ebenfalls dem **Betriebsstättenfinanzamt unverzüglich angezeigt** werden. Die Anzeige muß schriftlich erstattet werden. Sie muß den Namen und die Anschrift des Arbeitnehmers, die auf der Lohnsteuerkarte eingetragenen Besteuerungsmerkmale (Steuerklasse, Zahl der Kinderfreibeträge, Geburtstag usw.) sowie den Anzeigegrund und die für die Berechnung einer Lohnsteuernachforderung erforderliche Mitteilung über Höhe und Art des Arbeitslohns (z. B. Auszug aus dem Lohnkonto) enthalten. Vordrucke für die Anzeige sind beim Finanzamt kostenlos erhältlich (vgl. Muster).

Störfälle

8146

| Steuernummer | Ort, Datum |

Arbeitgeber — Anschrift der Betriebsstätte

Telefon

Finanzamt _____

Anzeige über nicht durchgeführten Lohnsteuerabzug

Für den Arbeitnehmer (Name, Vorname, Anschrift) | geboren am

Zutreffendes bitte ankreuzen ☒

wird folgendes angezeigt:

☐ Der Barlohn des Arbeitnehmers reicht zur Deckung der Lohnsteuer nicht aus; der Arbeitnehmer hat den Fehlbetrag an Lohnsteuer nicht zur Verfügung gestellt und der Fehlbetrag konnte auch nicht durch Zurückbehalten anderer Bezüge aufgebracht werden (§ 38 Abs. 4 EStG).

☐ Von der Berechtigung zur nachträglichen Einbehaltung von Lohnsteuer wird kein Gebrauch gemacht (§ 41c Abs. 4 EStG).

☐ Die Lohnsteuer kann nachträglich nicht einbehalten werden (§ 41c Abs. 4 EStG), weil

☐ Eintragungen auf der Lohnsteuerkarte des Arbeitnehmers oder der entsprechenden Bescheinigung des Finanzamts, die nach Beginn des Dienstverhältnisses vorgenommen worden sind, auf einen Zeitpunkt vor Beginn des Dienstverhältnisses zurückwirken;

☐ der Arbeitnehmer Arbeitslohn nicht mehr bezieht;

☐ nach Ablauf des Kalenderjahrs bereits die Lohnsteuerbescheinigung ausgeschrieben wurde.

Auf der Rückseite dieses Vordrucks bzw. auf einem gesonderten Blatt (z. B. Auszug aus dem Lohnkonto) sind angegeben:

1. Die auf der Lohnsteuerkarte oder der entsprechenden Bescheinigung des Finanzamts eingetragenen und ggf. geänderten Besteuerungsmerkmale (Steuerklasse, Zahl der Kinderfreibeträge, Kinderzahl für Berlin-Zulage, Religionszugehörigkeit und Steuerfreibetrag).
2. Die für die Berechnung der Steuernachforderung erforderlichen Angaben über Art und Höhe des bisherigen und ggf. geänderten Arbeitslohns sowie die hierauf entfallenden Steuerabzugsbeträge für jeden betroffenen Lohnzahlungszeitraum.

(Stempel und Unterschrift)

Lohnsteuerrecht

Zur Verdeutlichung der Pflichten des Arbeitgebers im Rahmen der Lohnsteueränderung vergleiche auch das folgende Schema:

8147

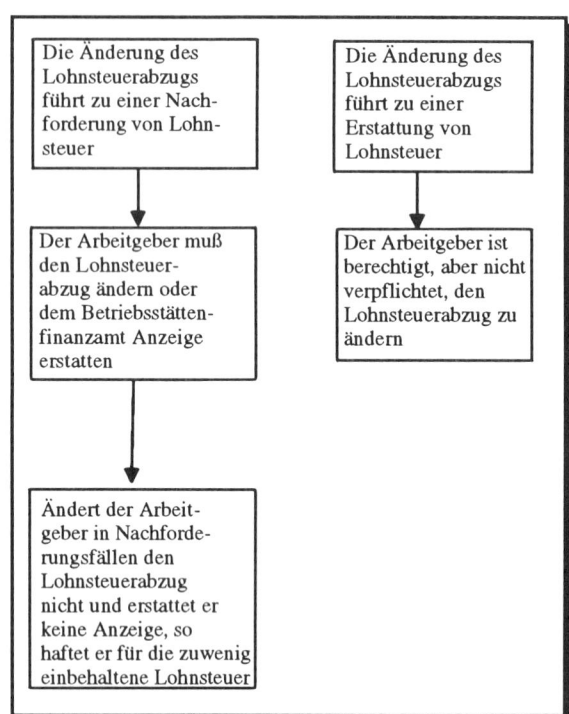

2. Vorgehen bei Änderung des Lohnsteuerabzugs

8148

Die Änderung des Lohnsteuerabzugs ist bei der **nächsten Lohnzahlung** vorzunehmen, die auf die Vorlage der Lohnsteuerkarte mit den rückwirkenden Eintragungen folgt. Grundsätzlich können Eintragungen auf der Lohnsteuerkarte rückwirkend von der Gemeinde oder dem Finanzamt geändert werden. Der **Geltungszeitpunkt** einer Änderung ergibt sich dabei aus dem Abschnitt **"II. Änderungen der Eintragungen im Abschnitt I."** auf der Lohnsteuerkarte (vgl. auch Rz. 8044).

Der Arbeitgeber darf im Feld **"Nachträgliche Einbehaltung von Lohnsteuer"** die Einbehaltung **nicht auf mehrere Lohnzahlungen verteilen**. Die Pfändungsschutzbestimmungen der §§ 850 ff. ZPO gelten im Fall der nachträglichen Einbehaltung von Lohnsteuer durch den Arbeitgeber **nicht**, was bedeutet, daß durch nachträglich einbehaltene Lohnsteuer der dem Arbeitnehmer für den betreffenden Lohnzahlungszeitraum zustehende Arbeitslohn theoretisch bis auf 0 DM absinken kann. **Übersteigt** die nachträglich einzubehaltende Lohnsteuer den an den Arbeitnehmer auszuzahlenden Barlohn, so ist die nachträgliche Einbehaltung insgesamt zu unterlassen und dem Finanzamt **Anzeige zu erstatten**.

Eine zu erstattende Lohnsteuer hat der Arbeitgeber dem Lohnsteuerbetrag zu entnehmen, der von ihm **insgesamt für alle Arbeitnehmer** zum nächst fälligen Zeitpunkt an das Finanzamt abzuführen wäre. Reicht dieser Betrag nicht aus, so wird der ganze Betrag dem Arbeitgeber auf Antrag vom Betriebsstättenfinanzamt **ersetzt** (vgl. Rz. 8093).

Die Änderung des Lohnsteuerabzugs ist nur möglich für Lohnzahlungszeiträume, für die vom Arbeitgeber Lohnsteuer einbehalten worden ist. Der Arbeitgeber darf keine Änderungen des Lohnsteuerabzugs vornehmen, die auf einen Zeitpunkt **vor Beginn des Arbeitsverhältnisses** zurückwirken.

8149

Nach Ablauf des Kalenderjahres ist die Änderung des Lohnsteuerabzugs nur zulässig, wenn der Arbeitgeber die Lohnsteuerbescheinigung auf der Rückseite der Lohnsteuerkarte **noch nicht ausgefüllt** hat. Eine Änderung des Lohnsteuerabzugs nach Ablauf des Kalenderjahres ist in der Weise vorzunehmen, daß auf den maßgebenden Jahresarbeitslohn die Jahreslohnsteuertabelle anzuwenden und die im Laufe des Kalenderjahres einbehaltene Lohnsteuer gegenüberzustellen ist. Die Differenz zwischen der Jahreslohnsteuer und der einbehaltenen Lohnsteuer ist die Lohnsteuer, die nachträglich einzubehalten oder aber zu erstatten ist.

Eine Erstattung darf nur dann unter Anwendung der Jahreslohnsteuertabelle vorgenommen werden, wenn der Arbeitgeber zur **Durchführung des Lohnsteuerjahresausgleichs berechtigt ist** (vgl. Rz. 8129). Darf der Arbeitgeber den Lohnsteuerjahresausgleich nicht durchführen, ist nach Ablauf des Kalenderjahres eine Änderung des Lohnsteuerabzugs mit Erstattungsfolge **nicht mehr möglich**. In diesen Fällen kann der Arbeitnehmer die Erstattung im Wege der Antrags- oder sonstigen Einkommensteuerveranlagung erreichen. In Betracht kommt auch ein Erstattungsantrag nach § 37 Abs. 2 AO.

Soweit der Arbeitgeber aufgrund einer Änderung des Lohnsteuerabzugs nach Ablauf des Kalenderjahres nachträglich Lohnsteuer einbehält, handelt es sich um Lohnsteuer des abgelaufenen Kalenderjahres, die zusammen mit der übrigen einbehaltenen Lohnsteuer des **abgelaufenen Kalenderjahres** in einer Summe in der Lohnsteuerkarte anzugeben ist.

Wurde die Lohnsteuerkarte demgegenüber bereits ausgefüllt und dem Arbeitnehmer bereits ausgehändigt, ist eine Erstattung oder Nachforderung von Lohnsteuer **nur noch durch das Finanzamt möglich.**

III. Kontrollinstrument Lohnsteueraußenprüfung

1. Allgemeines zur Lohnsteueraußenprüfung

8150

Das Betriebsstättenfinanzamt überwacht die ordnungsgemäße Einbehaltung und Abführung der Lohnsteuer etc. durch turnusmäßige **Lohnsteueraußenprüfungen**. Eine "Außenprüfung" kann aber auch andere den Arbeitgeber betreffende Steuerarten umfassen, etwa Umsatzsteuer und Gewerbesteuer etc.. Die Durchführung bzw. Anordnung der Außenprüfung ist grundsätzlich **Ermessensentscheidung** des Finanzamtes.

Eine Außenprüfung ist bei Personen, die zur Einbehaltung von Steuern verpflichtet sind, also auch Arbeitgebern (§ 193 Abs. 2 Nr. AO), **unbeschränkt zulässig.**

Bei den zu prüfenden Betrieben differenziert das Finanzamt nach der **Betriebsgröße**. Es unterscheidet

- *Großbetriebe* (mit einer lückenlosen Überprüfung),
- *Mittel- und Kleinbetriebe* (mit der Möglichkeit der regelmäßigen Prüfung) und
- *Kleinstbetriebe* (die regelmäßig nur in einem begrenzten Umfang und - angesichts der Personalknappheit auch in den Finanzbehörden - sehr selten überprüft werden).

Die Einordnung als Groß-, Mittel-, Klein- oder Kleinstbetrieb erfolgt nach bestimmten Einordnungsmerkmalen alle drei Jahre (vgl. nachfolgende Übersicht zum Stichtag 01.01.1995).

Störfälle

Einheitliche Abgrenzungsmerkmale für den XIV. Prüfungsturnus (ab 1. Januar 1995)				
Betriebsart	Betriebsmerkmale	Großbetriebe	Mittelbetriebe	Kleinbetriebe
Handelsbetriebe	Gesamtumsatz oder steuerlicher Gewinn	über 11,5 Mio. über 450.000	über 1,3 Mio. über 90.000	über 250.000 über 48.000
Fertigungsbetriebe	Gesamtumsatz oder steuerlicher Gewinn	über 6,5 Mio über 400.000	über 800.000 über 90.000	über 250.000 über 48.000
Freie Berufe	Gesamtumsatz oder steuerlicher Gewinn bzw. Betriebseinnahmen aus freiberuflicher Tätigkeit oder steuerlicher Gewinn	über 6,5 Mio. über 850.000	über 1,2 Mio. über 200.000	über 250.000 über 48.000
Andere Leistungsbetriebe	Gesamtumsatz oder steuerlicher Gewinn	über 8 Mio. über 450.000	über 1,1 Mio über 90.000	über 250.000 über 48.000
Kreditinstitute	Aktivvermögen oder steuerlicher Gewinn	über 200 Mio. über 750.000	über 50 Mio. über 250.000	über 15 Mio. über 60.000
Versicherungsunternehmen	Jahresprämieneinnahmen	über 40 Mio.	über 6,5 Mio.	über 2,5 Mio.
Land- und forstwirtschaftliche Betriebe	Wirtschaftswert der selbstbewirtschafteten Fläche oder steuerlicher Gewinn	über 250.000 über 150.000	über 125.000 über 80.000	über 60.000 über 48.000

8151

An dieser Stelle soll nur ein **Überblick über die Außenprüfung** gegeben werden. Vor allem kleinere und mittlere Betriebe werden mit einer Lohnsteuer-Außenprüfung häufiger konfrontiert werden als mit einer allgemeinen Außen- bzw. Betriebsprüfung. Die wesentlichen Rechte und Pflichten des Arbeitgebers bei einer Außenprüfung ergeben sich auch aus dem in der Anlage abgedruckten Merkblatt der Finanzämter "Ihre wesentlichen Rechte und Mitwirkungspflichten bei der Außenprüfung".

8152

Ihre wesentlichen Rechte und Mitwirkungspflichten bei der Außenprüfung

Die Außenprüfung soll dazu beitragen, daß die Steuergesetze gerecht und gleichmäßig angewendet werden; deshalb ist auch zu Ihren Gunsten zu prüfen (§ 199 Abgabenordnung - AO -).

Beginn der Außenprüfung
Wenn Sie wichtige Gründe gegen den vorgesehenen Zeitpunkt der Prüfung haben, können Sie beantragen, daß ihr Beginn hinausgeschoben wird (§ 197 Abs. 2 AO). Wollen Sie wegen der Prüfungsanordnung Rückfragen stellen, wenden Sie sich bitte an die prüfende Stelle und geben Sie hierbei den Namen des Prüfers an. Über den Prüfungsbeginn sollten Sie ggfs. Ihren Steuerberater unterrichten.

Der Prüfer wird sich zu Beginn der Außenprüfung unter Vorlage seines Dienstausweises bei Ihnen vorstellen (§ 198 AO).

Ablauf der Außenprüfung
Haben Sie bitte Verständnis dafür, daß Sie für einen reibungslosen Ablauf der Prüfung zur Mitwirkung verpflichtet sind. Sie können darüber hinaus auch sachkundige Auskunftspersonen benennen.

Legen Sie bitte dem Prüfer Ihre Aufzeichnungen, Bücher, Geschäftspapiere und die sonstigen Unterlagen vor, die er benötigt, erteilen Sie ihm die erbetenen Auskünfte und erläutern Sie ggfs. die Aufzeichnungen (§ 200 Abs. 1 AO).

Stellen Sie ihm zur Durchführung der Außenprüfung bitte einen geeigneten Raum oder Arbeitsplatz sowie die erforderlichen Hilfsmittel unentgeltlich zur Verfügung (§ 200 Abs. 2 AO).

Werden die Unterlagen nur in Form der Wiedergabe auf einem Datenträger aufbewahrt, kann der Prüfer verlangen, daß Sie auf Ihre Kosten diejenigen Hilfsmittel zur Verfügung stellen, die zur Lesbarmachung erforderlich sind, bzw. daß Sie auf Ihre Kosten die Unterlagen unverzüglich ganz oder teilweise ausdrucken oder ohne Hilfsmittel lesbare Reproduktionen beibringen (§ 147 Abs. 5 AO).

Über alle Feststellungen von Bedeutung wird Sie der Prüfer während der Außenprüfung unterrichten, es sei denn, Zweck und Ablauf der Prüfung werden dadurch beeinträchtigt (§ 199 Abs. 2 AO).

Ergebnis der Außenprüfung
Wenn sich die Besteuerungsgrundlagen durch die Prüfung ändern, haben Sie das Recht auf eine Schlußbesprechung. Sie erhalten dabei Gelegenheit, einzelne Prüfungsfeststellungen nochmals zusammenfassend zu erörtern
(§ 201 AO).

Über das Ergebnis der Außenprüfung ergeht bei Änderung der Besteuerungsgrundlagen ein schriftlicher Prüfungsbericht, der Ihnen auf Antrag vor seiner Auswertung übersandt wird. Zu diesem Bericht können Sie Stellung nehmen (§ 202 AO).

Rechtsbehelfe können Sie allerdings nicht gegen den Bericht, sondern nur gegen die aufgrund der Außenprüfung ergehenden Steuerbescheide einlegen.

Wird bei Ihnen eine abgekürzte Außenprüfung durchgeführt, findet eine Schlußbesprechung nicht statt (§ 203 AO). Anstelle des schriftlichen Prüfungsberichts erhalten Sie spätestens mit den Steuer-/Feststellungsbescheiden eine schriftliche Mitteilung über die steuerlich erheblichen Prüfungsfeststellungen.

Ablauf der Außenprüfung beim Verdacht einer Steuerstraftat oder einer Steuerordnungswidrigkeit
Ergibt sich während der Außenprüfung der Verdacht einer Steuerstraftat oder einer Steuerordnungswidrigkeit gegen Sie, so dürfen hinsichtlich des Sachverhalts, auf den sich der Verdacht bezieht, die Ermittlungen bei Ihnen erst fortgeführt werden, wenn Ihnen die Einleitung eines Steuerstraf- oder Bußgeldverfahrens mitgeteilt worden ist (vgl. § 397 AO). Soweit die Prüfungsfeststellungen auch für Zwecke eines Steuerstraf- oder Bußgeldverfahrens verwendet werden können, darf Ihre Mitwirkung bei der Aufklärung der Sachverhalte nicht erzwungen werden (§ 393 Abs

> 1 Satz 2 AO). Wirken Sie bei der Aufklärung der Sachverhalte nicht mit (vgl. §§ 90, 93 Abs , 200 Abs. 1 AO), können daraus allerdings im Besteuerungsverfahren für Sie nachteilige Folgerungen gezogen werden; ggfs. sind die Besteuerungsgrundlagen zu schätzen, wenn eine zutreffende Ermittlung des Sachverhalts deswegen nicht möglich ist (§ 162 AO).

2. Wie wird eine bevorstehende Außenprüfung angekündigt?

8153
Von einer bevorstehenden Außenprüfung erfährt der Betroffene durch die ihm bekannt gegebene **Prüfungsanordnung** (s. Muster Rz. 8154). Diese legt das Prüfungsprogramm fest (was geprüft werden soll), nennt den Prüfer und sagt auch, wann mit der Prüfung begonnen werden soll. Die Prüfungsanordnung wird schriftlich **mindestens 2 Wochen** vor dem Prüfungstermin dem Betroffenen zugeleitet.

Störfälle

8154

Finanzamt

Steuernummer

Ort, Datum

Anschrift

Auskunft erteilt

1. ....

Prüfungsanordnung
(§§ 196, 197 der Abgabenordnung)

Sehr geehrte ....

Aufgrund des § 193 der Abgabenordnung (AO) und des § 42 f des Einkommensteuergesetzes (EStG) ordne ich an, daß

☐ bei Ihnen   ☐ bei   Name u. Anschrift d. Arbeitgebers

eine Lohnsteueraußenprüfung durohgeführt wird.

Die Prüfung soll beginnen am | Mit der Prüfung ist beauftragt

Zu prüfender Zeitraum | Soweit die Festsetzungsfrist nicht bereits abgelaufen ist, (§§ 169-171 AO), ist auch zu prüfen, ob Sie ggf. Steuernachforderungen aufgrund der letzten Lohnsteuer-Außenprüfung übernommen haben.

Die Lohnsteuer-Außenprüfung erstreckt sich auf

☐ Lohnsteuer, Kirchensteuer, Arbeitnehmersparzulage, Berlin-Zulage
☐ Steuerabzug vom Kapitalertrag   ☐ Steuerabzug nach § 50 a Abs. 4 Nr. 1 u. 2 EStG
☐ Bergmannsprämien   ☐ Steuerabzug von Aufsichtsratvergütungen nach § 50 a Abs. 1 EStG
☐ Umsatzsteuer für Sachzuwendungen u. sonstige Leistungen an Arbeitnehmer sowie den Vorsteuerabzug bei Reisekosten

☐

☐ Die Prüfung wird als abgekürzte Außenprüfung durchgeführt (§ 203 AO).
☐ Nach § 194 Abs. 1 Satz 2 AO wird der Umfang der Lohnsteuer-Außenprüfung auf folgende Sachverhalte beschränkt:

Rechtsbehelfsbelehrung - Beschwerde -
Ihre Rechte und Pflichten bei der Lohnsteuer-Außenprüfung entnehmen Sie bitte den Hinweisen auf der Rückseite

nur auf der Reinschrift abgedruckt!

Hochachtungsvoll
2. Herr/Frau .... hat am .... auf die Einhaltung der Frist zur Bekanntgabe der Prüfungsanordnung u. d. Prüfungsbeginns verzichtet (§ 197 Abs. 1 Satz 2 AO).   Erl. (Nz., Datum)

3. Prüfungsanordnung u. Festl.d. Prüfungsbeginns bekanntgegeben
   ☐ durch übersendung   ☐ durch übergabe

4. Betriebsprüfungsstelle/Betriebsprüfungsfinanzamt ggf. benachrichtigen.

5. ZdA / Wv: ....

I. A.

Umweltschutzpapier - umweltschonend zu 100 % aus Altpapier hergestellt

3. Welche Möglichkeiten hat der Arbeitgeber nach Zuleitung einer Prüfungsanordnung?

8155

Kommt dem Arbeitgeber der Prüfungstermin ungelegen, besteht die Möglichkeit, auf seinen **Antrag** hin den **Prüfungsbeginn** auf einen anderen Zeitpunkt **zu verlegen**. Voraussetzung dafür ist allerdings, daß wichtige Gründe glaubhaft gemacht werden können. Wichtige Gründe für ein Hinausschieben des Prüfungsbeginns können z. B. sein:

- Erkrankung des Arbeitgebers
- Erkrankung des Arbeitnehmers oder seines für Auskünfte erforderlichen Steuerberaters oder maßgeblichen Mitarbeiters
- beträchtliche Betriebsstörungen infolge Umbaus oder höherer Gewalt.

Ein Antrag auf Prüfungsverlegung kann **grundsätzlich formlos** (z. B. fernmündlich) gestellt werden. In einem solchen Fall kann der Arbeitgeber auch auf die 14-tägige Zustellfrist der Prüfungsanordnung vor Prüfungsbeginn **verzichten**.

Bestehen Zweifel, ob eine Prüfungsanordnung zu Recht ergangen ist oder umfaßt diese nicht die zutreffenden Zeiträume, besteht auch die Möglichkeit, gegen die Anordnung **Beschwerde** (vgl. Rz. 8176) einzulegen.

4. Was wird bei einer Außenprüfung überprüft?

8156

Der **Umfang der Prüfung** im Einzelfall wird durch die **Prüfungsanordnung** bestimmt. Entsprechend dieser Anordnung kann die Prüfung eine oder mehrere Steuerarten, einen oder mehrere Besteuerungszeiträume umfassen oder sich auf bestimmte Sachverhalte beschränken. Im Rahmen der Prüfung eines Unternehmers kann sich die Prüfung auch auf nichtbetriebliche Teile erstrecken.

Beispiel:
*Im Jahre 1994 erhält die 1990 gegründete Z-KG vom Finanzamt eine Prüfungsanordnung, in der eine Außenprüfung für die Jahre 1990 - 1993 angekündigt wird. Auch die steuerlichen Verhältnisse des persönlich haftenden Gesellschafters A sollen danach in die Prüfung einbezogen werden. A erhält hierüber eine **gesonderte Prüfungsordnung**.*
Dieses Vorgehen ist zulässig. Umfangreiche Begründungen für die Prüfung des persönlich haftenden Gesellschafters sind entbehrlich.

Anders ist dies in den Fällen, in denen auch ein **Nichtunternehmer** geprüft werden soll.

Die Lohnsteueraußenprüfung erstreckt sich auf die Verhältnisse aller Arbeitnehmer, und zwar **unabhängig davon**, ob sie dem Steuerabzug unterliegen oder ob die Steuer für ihren Arbeitslohn ganz oder teilweise vom Arbeitgeber übernommen wird. Geprüft werden dabei die **tatsächlichen** und **rechtlichen Verhältnisse**, die für die Steuerpflicht und die Bemessung der Steuer maßgebend sind.

5. Wie geht eine Außenprüfung vor sich?

8157

Bei **Beginn der Prüfung** hat der Prüfer sich **auszuweisen** und den Beginn der Außenprüfung unter Angabe von Datum und Uhrzeit **aktenkundig** zu machen. Der Arbeitgeber ist verpflichtet, dem oder den Prüfern das Betreten der Geschäftsräume in den üblichen Geschäftsstunden zu gestatten und ihnen die erforderlichen Hilfsmittel und einen geeigneten Arbeitsplatz zur Verfügung zu stellen. Ihnen ist Einsicht in die Lohnsteuerkarten der Arbeitnehmer, die Lohnkonten, die Lohnbücher des Betriebes sowie Geschäftsbücher, Sachkonten und Buchführungsunterlagen zu gewähren, soweit dies nach dem Ermessen des Prüfers zur Durchführung der Lohnsteuerprüfung erforderlich ist. Der Arbeitgeber und die für ihn tätigen Personen sind **zur Auskunftserteilung verpflichtet**.

6. Wie und wann wird eine Außenprüfung abgeschlossen?

8158

Der **zeitliche Umfang** einer Außenprüfung ist nicht festgeschrieben. Auch dieses steht im **Ermessen** der prüfenden Behörde. Letztlich wird der zeitliche Umfang aber auch von der Größe des zu prüfenden Unternehmens bzw. der Größe des geprüften Betriebes des Arbeitgebers abhängen. Am Ende der Außenprüfung steht in der Regel eine **Schlußbesprechung**. Diese ist allerdings entbehrlich, wenn sich keine Änderungen der Besteuerungsgrundlagen ergeben haben. In der Praxis ist die Schlußbesprechung oder auch eine Vorbesprechung ohne die Vorgesetzten des Betriebsprüfers das Forum, in dem streitige Punkte diskutiert und Fragen erörtert werden, die einen Beurteilungsspielraum lassen.

Besteht die Möglichkeit, daß in der Folge der Betriebsprüfung ein **Strafverfahren** gegen den Steuerpflichtigen eingeleitet werden könnte, muß der Steuerpflichtige in der Schlußbesprechung darauf **hingewiesen** werden. Über das Ergebnis der Außenprüfung ergeht ein **schriftlicher Prüfungsbericht**, der ggfs. als Grundlage für die Erstellung von **Änderungsbescheiden** dient.

7. Welche Maßnahmen kann die Finanzbehörde im Anschluß an eine Lohnsteuer-Außenprüfung treffen?

8159

Soweit eine Lohnsteuer-Außenprüfung ergibt, daß **Lohnsteuer nachzuerheben** ist, wird die zuständige Finanzbehörde regelmäßig **Haftungs-** bzw. **Nachforderungsbescheide** gegen den Arbeitgeber erlassen. Dies ist zulässig, weil die

Lohnsteueranmeldungen des Arbeitgebers nur einer **Steuerfestsetzung unter Vorbehalt der Nachprüfung gleichstehen** (§ 68 AO), so daß die bisherigen Lohnsteuerfestsetzungen solange aufgehoben oder geändert werden können wie der Vorbehalt reicht. Zweck einer Steuerfestsetzung unter Vorbehalt ist die Gewährleistung eines möglichst ökonomischen Steuerfestsetzungverfahrens. Die Steuer wird zunächst **ohne besondere Prüfung** allein aufgrund der **Angaben des Steuerpflichtigen** festgesetzt, wobei die spätere Überprüfung vorbehalten bleibt. Beispielsweise richtet sich die Finanzbehörde bei der Lohnsteuerfestsetzung allein nach den Angaben, die der Arbeitgeber im Rahmen der Lohnsteueranmeldung macht. Zulässig ist eine Vorbehaltsfestsetzung aber nur, solange der Steuerfall **nicht abschließend geprüft** worden ist. Deshalb muß insbesondere nach Abschluß einer Außenprüfung der **Vorbehalt aufgehoben** werden.

Eine Angabe des Vorbehaltsvermerks ist nicht notwendig, wenn die Steuerfestsetzung bereits kraft Gesetzes unter dem Vorbehalt der Nachprüfung steht. Dies betrifft u. a. **auch die Steueranmeldung und bestimmte Eintragungen auf der Lohnsteuerkarte.** Steht eine Steuerfestsetzung unter dem Vorbehalt der Nachprüfung, so erfaßt dieser Vorbehalt die gesamte Steuerfestsetzung. Eine Beschränkung ist hier nicht zulässig. Das bedeutet, daß die Gesamtsteuerfestsetzung - solange der Vorbehalt wirksam ist - in vollem Umfang aufhebbar und änderbar ist. Oberste Grenze bildet hier wie auch in anderen Fällen die sogenannte Festsetzungsverjährung (§§ 169 ff. AO), die bis zu 10 Jahren betragen kann.

IV. Verbindliche Zusage nach § 204 AO

8160

Unabhängig von dem Recht auf Anrufungsauskunft nach § 42 e EStG (vgl. Rz. 8137) steht dem Arbeitgeber **im Anschluß an eine Lohnsteueraußenprüfung** das Recht auf eine **verbindliche Zusage (§ 204 AO)** zu: Der Arbeitgeber kann sich durch eine verbindliche Zusage der Finanzbehörde Gewißheit darüber verschaffen, wie ein für die **Vergangenheit** beurteilter Sachverhalt in **Zukunft** lohnsteuerrechtlich zu behandeln ist. Deckt sich der später verwirklichte Sachverhalt mit dem, der der verbindlichen Zusage zugrunde gelegt worden ist, so ist diese für die Besteuerung bindend (§ 206 AO). Ebenso wie eine Anrufungsauskunft bietet somit auch die verbindliche Zusage für den Arbeitgeber die Möglichkeit, sich künftig vor der **haftungsweisen Inanspruchnahme** für zuwenig erhobene Lohnsteuer zu schützen.

Beispiel:
Der Arbeitgeber beantragt im Anschluß an eine Lohnsteuer-Außenprüfung eine verbindliche Zusage darüber, daß er zukünftig bei Betriebsveranstaltungen auch die nahen Angehörigen der Arbeitnehmer einladen könne. Das Finanzamt erklärt ihm daraufhin zutreffend, daß Aufwendungen für die Teilnahme eines Ehegatten oder Angehörigen des Arbeitnehmers ebenso zu beurteilen sind, wie Aufwendungen für den Arbeitnehmer selbst.

8161

Im einzelnen ist die Erteilung eine verbindlichen Zusage von **folgenden Voraussetzungen** abhängig:

- zwischen der verbindlichen Zusage und der Lohnsteuer-Außenprüfung muß ein **zeitlicher Zusammenhang** bestehen.
- der Sachverhalt, für den die Zusage begehrt wird, muß von den Prüfern bereits **für die Vergangenheit** geprüft und im ausführlichen **Bericht dargestellt** worden sein. Handelt es sich um einen Sachverhalt, den der Prüfer nicht beanstandet hat, muß er gleichwohl im Hinblick auf die begehrte Zusage in den Prüfungsbericht aufgenommen werden.
- der Arbeitgeber muß die verbindliche Zusage grundsätzlich schon **während der Außenprüfung beantragt** haben.
- die Kenntnis der künftigen steuerrechtlichen Behandlung muß für die **geschäftlichen Maßnahmen** des Arbeitgebers von Bedeutung sein (weite Auslegung).
- ein Antrag kann abgelehnt werden, wenn sich der Sachverhalt **nicht** für eine verbindliche Zusage **eignet** (z. B. hinsichtlich zukünftiger Angemessenheit von bestimmten Warenpreisen), wenn zu dem betreffenden Sachverhalt die Herausgabe von **allgemeinen Verwaltungsvorschriften** oder eine **Grundsatzentscheidung des Bundesfinanzhofs** nahe bevorsteht oder die Zusage einen **unverhältnismäßig hohen Verwaltungsaufwand** erfordert.

Gegen die Ablehnung einer verbindlichen Zusage kann der Arbeitgeber **Einspruch** einlegen (vgl. Rz. 8168 f.).

Die verbindliche Zusage ist nur wirksam, wenn sie von der Finanzbehörde, das ist beispielsweise das Finanzamt, **nicht der Prüfer selbst, schriftlich** erteilt oder als verbindlich gekennzeichnet wird. Die verbindliche Zusage hat schließlich die Entscheidung über den Sachverhalt, Entscheidungsgründe und die Rechtsvorschriften, auf die die Entscheidung gestützt wird, zu enthalten.

Entspricht der später verwirklichte Sachverhalt demjenigen, der der verbindlichen Zusage zugrundegelegen hat, tritt eine **Bindungswirkung** ein: Die Finanzbehörde ist für die Besteuerung an die damals gemachte Zusage gebunden. Dies gilt selbst dann, wenn sie dem geltenden Recht widerspricht, aber den Arbeitgeber begünstigt.

V. Haftungsrisiko des Arbeitgebers

1. Haftungstatbestände

8162

Grundsätzlich ist der Arbeitnehmer im Rahmen des Lohnsteuerabzugs Steuerschuldner. Der Arbeitgeber behält nur für den Arbeitnehmer die Lohnsteuer ein und führt diese auch an das Finanzamt ab. Insoweit **haftet der Arbeitgeber** aber nach § 42 d EStG für die richtige Einbehaltung und Abführung der Lohnsteuer. Wichtig ist in diesem Zusammenhang, daß der Arbeitgeber auch **ohne ein eigenes Verschulden** haftet. Das Finanzamt muß dem Arbeitgeber also kein Verschulden nachweisen, sondern es reicht bereits die Feststellung, daß Lohnsteuer unrichtig einbehalten wurde.

Wird Lohnsteuer z. B. bei Teilzeitbeschäftigten (vgl. Rz. 8078 f.) pauschaliert erhoben, ist der Arbeitgeber von vornherein **alleiniger Schuldner** der pauschalen Lohnsteuer. Insoweit kommt eine Haftung, also ein Einstehen für eine **fremde Schuld** wie für die Lohnsteuer des Arbeitnehmers, nicht in Betracht. Unterläuft in diesem Zusammenhang dem Arbeitgeber ein Fehler, führt er also die pauschale Lohnsteuer gar nicht oder in zu geringem Umfang ab, wird diese bei ihm **nachgefordert**.

Der Arbeitgeber haftet

- für die Lohnsteuer, die er einzubehalten und abzuführen hat;
- für die Lohnsteuer, die er beim Lohnsteuerjahresausgleich zu unrecht erstattet hat;
- für die Lohnsteuer, die aufgrund fehlender Angaben im Lohnkonto oder in der Lohnsteuerbescheinigung verkürzt worden ist.

Im einzelnen bedeutet "richtige Einbehaltung und Abführung" der Lohnsteuer, daß der Arbeitgeber keine von ihm beschäftigten Personen, die Arbeitnehmer sind, vom Lohnsteuerabzug ausnehmen darf. Dies gilt auch für die Personen, die zur Einkommensteuer veranlagt werden (s. Rz. 8128) oder auf das Jahr gesehen voraussichtlich lohnsteuerfrei bleiben (z. B. aushilfsweise beschäftigte Studenten).

Der Arbeitgeber hat **alle Leistungen**, die Arbeitslohn sind und nicht aufgrund einer bestimmten Vorschrift steuerfrei sind, dem Lohnsteuerabzug zu unterwerfen.

Der Arbeitgeber muß die Lohnsteuer **richtig berechnen**, d. h. die dem Lohnzahlungszeitraum entsprechende Lohnsteuertabelle unter Berücksichtigung der persönlichen Besteuerungsmerkmale des Arbeitnehmers, die auf der Lohnsteuerkarte genannt sind, zutreffend anwenden.

Die Lohnsteuer muß zu den festgesetzten Terminen an das Finanzamt **abgeführt** werden. Für die einbehaltene Lohnsteuer hat der Arbeitgeber nicht nur persönlich einzustehen, sondern die Nichtabführung kann bei Vorliegen weiterer Voraussetzungen auch als **Steuerhinterziehung** strafbar sein.

8163

Soweit eine Haftung des Arbeitgebers wegen Verletzung der o. g. Pflichten in Betracht kommt, besteht eine sogenannte "Gesamtschuldnerschaft" zwischen Arbeitgeber und Arbeitnehmer. Dies bedeutet, daß die Finanzbehörde die Lohnsteuerschuld sowohl gegenüber dem Arbeitgeber als auch gegenüber dem Arbeitnehmer nach ihrer **Wahl** geltend machen kann. Allerdings muß das Finanzamt die Wahl zwischen Arbeitgeber und Arbeitnehmer als Schuldner nach **pflichtgemäßem Ermessen** ausüben und dabei die Interessen aller Beteiligten unter Berücksichtigung aller Umstände sorgfältig gegeneinander abwägen. Die Rechtsprechung des Bundesgerichtshofs hat den Vorrang der Arbeitgeberhaftung dabei immer mehr eingeschränkt.

Gründe, die **gegen** die vorrangige Inanspruchnahme des Arbeitgebers sprechen, sind beispielsweise:

- die Lohnsteuer kann ebenso einfach und ebenso glatt vom Arbeitnehmer nachgefordert werden,
- der Arbeitnehmer ist bereits aus dem Betrieb ausgeschieden, was bedeutet, der Arbeitgeber hätte Schwierigkeiten, einen Regreßanspruch gegen den Arbeitnehmer geltend zu machen,
- der Arbeitnehmer wird ohnehin zur Einkommensteuer veranlagt und die zuwenig einbehaltene Lohn-/Einkommensteuer kann in diesem Verfahren nachgefordert werden.
- Nach der Entscheidung des BFH (*09.10.1992, DB 1993, 209*) ist die Inanspruchnahme des Arbeitgebers als Schuldner nach § 42 d EStG in der Regel auch dann **ermessensfehlerhaft**, wenn die Steuer beim **Arbeitnehmer** deshalb nicht mehr nachgefordert werden kann, weil dessen **Veranlagung zur Einkommensteuer bereits bestandskräftig und eine nachträgliche Abänderung nicht mehr in Betracht kommt.** Hier hätte es die Finanzbehörde nämlich in der Hand gehabt, durch eine von vornherein korrekte Rechtsanwendung die fehlende Lohnsteuer vom Arbeitnehmer über die Einkommensteuerveranlagung nachzufordern. Der BFH hat mit dieser Entscheidung seine **ursprünglich vertretene Auffassung** (*BFH 26.07.1974, BStBl. II, 756 = DB 1975, 31*) **aufgegeben**, daß auch in einem solchen Fall der Arbeitgeber noch als Haftungsschuldner herangezogen werden kann.

Gründe, die **für** eine vorrangige Inanspruchnahme des Arbeitgebers sprechen, können sein:
- die Inanspruchnahme des Arbeitgebers dient der Vereinfachung, weil gleiche oder ähnliche Berechnungsfehler bei einer größeren Zahl von Arbeitnehmern

gemacht worden sind (*BFH 24.01.1992, BStBl.* II 696: Regelmäßig bei mehr als 40 Arbeitnehmern),

- der Arbeitgeber hat gegen seine Pflichten im Lohnsteuer-Abzugsverfahren in grober Weise verstoßen,

- das Finanzamt kann die Arbeitnehmer wegen unterlassener oder fehlerhafter Aufzeichnungen überhaupt nicht mehr ausfindig machen.

8164

Ausnahmsweise kann die Inanspruchnahme des Arbeitgebers auch dann **wegen Unbilligkeit ausgeschlossen** sein, wenn die Nachforderung der Lohnsteuer beim Arbeitnehmer gar nicht mehr möglich ist. Ein solcher Fall liegt insbesondere dann vor, wenn der Arbeigeber aufgrund einer **Lohnsteueranrufungsauskunft** die Lohnsteuer falsch einbehalten hat oder das Finanzamt nach Prüfung und Erörterung der Rechtsfrage mit dem Arbeitgeber diesen in seiner unrichtigen Rechtsauslegung bestärkt hat.

Keinesfalls haftet der Arbeitgeber, wenn er zuwenig Lohnsteuer einbehalten und abgeführt hat, weil der Arbeitnehmer seiner Anzeigepflicht zur Änderung der Lohnsteuerkarte nicht nachgekommen ist. Gleiches gilt in dem Fall, wenn der Arbeitgeber dem Betriebsstättenfinanzamt nach Durchführung des Lohnsteuerjahresausgleichs **unverzüglich angezeigt** hat, daß er von seiner Berechtigung zur nachträglichen Einbehaltung von Lohnsteuer keinen Gebrauch machen will (vgl. Rz. 8144).

Haftet der Arbeitgeber für zuwenig oder gar nicht einbehaltene und abgeführte Lohnsteuer des Arbeitnehmers, erläßt die Finanzbehörde einen **Haftungsbescheid** nach § 191 AO. Unter bestimmten Voraussetzungen kann die nachzuerhebende Lohnsteuer auch **pauschal** erhoben werden (vgl. hierzu Rz. 8084).

Für die durch den Haftungsbescheid angeforderten Steuerbeträge ist eine **Zahlungsfrist von einem Monat** zu setzen.

In dem Haftungsbescheid muß das Finanzamt angeben

- den Namen des Arbeitnehmers,

- die Höhe der auf den Arbeitnehmer entfallenden Steuer für die einzelnen Kalenderjahre und

- die Berechnungsgrundlage für die Nachforderung.

Darzulegen sind auch die **Gründe für die Ermessensausübung**, also warum der Arbeitgeber in Anspruch genommen worden ist. Enthält der Haftungsbescheid keine Ermessenserwägungen, so können diese im Einspruchsverfahren noch nachgeholt werden.

Störfälle

8165

Wird pauschale Lohnsteuer nacherhoben, bei der der **Arbeitgeber Schuldner** der Steuer ist, ergeht kein Haftungs-, sondern ein **Nachforderungsbescheid**. Der Haftungsbescheid kommt hier nicht in Betracht, da der **Arbeitgeber selbst** der Steuerschuldner ist. U. U. kann der Nachforderungsbescheid auch mit einem Haftungsbescheid zusammengefaßt werden, wenn der Arbeitgeber gleichzeitig als Haftungsschuldner in Anspruch genommen wird.

Wird der Arbeitgeber für die Lohnsteuer **mehrerer Arbeitnehmer** in Anspruch genommen, muß im Haftungsbescheid oder einer Anlage hierzu die **auf den einzelnen Arbeitnehmer** entfallende Steuerschuld angegeben werden, damit der Arbeitgeber die Höhe der nachgeforderten Lohnsteuer überprüfen und von den Arbeitnehmern Ersatz der verauslagten Lohnsteuer fordern kann. Zur Angabe der auf den einzelnen Arbeitnehmer entfallenden Steuerschuld im Haftungsbescheid ist das Finanzamt aber nur dann verpflichtet, wenn dies für das Finanzamt möglich und zumutbar ist.

Eine Ausnahme besteht hier insbesondere dann

- wenn viele Arbeitnehmer betroffen sind,
- es sich um kleine Lohnsteuer-Nachforderungsbeträge handelt oder
- aufgrund von im wesentlichen gleichliegenden Sachverhalten sich die einzelnen Arbeitnehmer schwer ermitteln lassen.

2. Rückgriffsanspruch des Arbeitgebers

8166

Wird der Arbeitgeber für die Lohnsteuer des Arbeitnehmers in Anspruch genommen, hat er seinerseits einen **Rückgriffsanspruch gegen den Arbeitnehmer**. Dies gilt selbstverständlich nicht, wenn mit dem Arbeitnehmer eine sog. "Nettolohnvereinbarung" getroffen worden war.

3. Haftung bei Arbeitnehmerüberlassung

8167

Für die Lohnsteuer eines **Leiharbeitnehmers** haftet zunächst der **Verleiher**, da er in der Regel Arbeitgeber des Leiharbeitnehmers ist. Neben der Lohnsteuerhaftung des Verleihers besteht aber auch eine Lohnsteuerhaftung des Entleihers, wenn es sich um "**gewerbsmäßige Arbeitnehmerüberlassung**" handelt (§ 42 d Abs. 6 EStG). Unerheblich ist es in diesem Fall, ob der Verleiher eine Erlaubnis nach dem AÜG besitzt, es sich also um eine legale Arbeitnehmerüberlassung handelt. Allerdings hat der Entleiher im Falle der legalen Arbeitnehmerüberlassung, also wenn dem Verleiher die Arbeitnehmerüberlassung erlaubt ist, die

Möglichkeit der Enthaftung. Dieser haftet nämlich nicht, wenn er nachweist, daß er den im AÜG vorgesehenen Meldepflichten nachgekommen ist. Hingegen ist bei illegaler Arbeitnehmerüberlassung eine Enthaftung des Entleihers **nicht möglich**. Dies gilt selbst dann, wenn der Entleiher davon ausgegangen ist, daß dem Verleiher die Arbeitnehmerüberlassung erlaubt ist. Auch eine diesbezügliche schriftliche Erklärung des Verleihers im Überlassungsvertrag ist **nicht ausreichend**.

Um diesen Haftungsproblematiken auszuweichen, sollte sich der Arbeitgeber in den Fällen, in denen er sich Arbeitnehmern eines **gewerbsmäßigen Entleihers** bedient, bei dem für den Verleiher zuständigen Landesarbeitsamt über das **Vorliegen der Erlaubnis nach dem AÜG** vergewissern.

VI. Rechtsschutz

1. Allgemeines zum Rechtsschutzverfahren

8168
Zu unterscheiden ist zunächst zwischen dem **außergerichtlichen** und dem **gerichtlichen** Rechtsbehelfsverfahren. Für die Rechtsschutzmöglichkeiten speziell im Steuerrecht ergibt sich vereinfacht folgendes Bild:

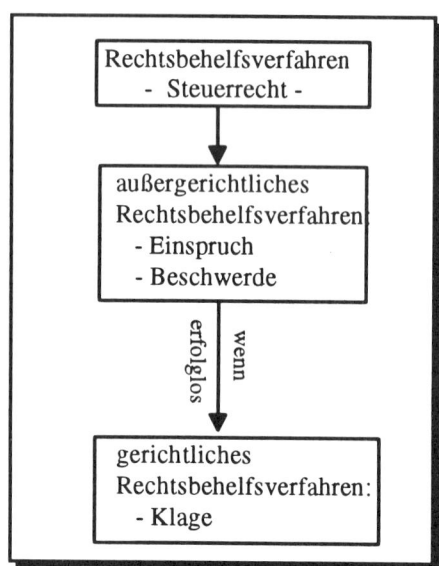

8169

Beim **außergerichtlichen Rechtsbehelfsverfahren** entscheidet entweder die örtliche Behörde selbst, die den Bescheid erlassen hat, oder die in der Verwaltungshierarchie nächsthöhere Behörde (beispielsweise örtliche Behörde: Finanzamt - nächsthöhere Behörde: Oberfinanzdirektion). Zur Selbstkontrolle der Verwaltung und zur Entlastung der Finanzgerichte sollen die betroffenen Behörden zunächst selbst ihr Handeln nochmals überprüfen. Erst wenn nach nochmaliger Überprüfung durch die Verwaltungsbehörden dem Begehren des einzelnen nicht stattgegeben worden ist, steht diesem der Weg zu den **Gerichten** offen.

Ein Überblick gegeben werden soll an dieser Stelle nur über das **außergerichtliche Rechtsbehelfsverfahren**, da für das gerichtliche Klageverfahren die Hinzuziehung eines Spezialisten (Rechtsanwalt oder Steuerberater) unabdingbar ist.

Das außergerichtliche Rechtsbehelfsverfahren ist durch Art. 4 bis 8 des Grenzpendlergesetzs v. 24.06.1994 *(BGBl. I, 1395)* **reformiert** worden. Die bedeutsamste Rechtsänderung besteht dabei in der **Zusammenfassung von Einspruch und Beschwerde** zu einem **einheitlichen Rechtsbehelf**, dem **Einspruch**. Durch diese Zusammenfassung werden zukünftig insbesondere die oft schwer nachvollziehbaren Abgrenzungsprobleme zwischen beiden Verfahren vermieden. Da die Änderungen erst mit Wirkung zum **01.01.1996** in Kraft treten, werden in dieser Ausgabe beide Verfahren entsprechend der z.Zt. noch gültigen Rechtslage getrennt dargestellt. Auch die Zulässigkeit des Rechtsbehelfs richtet sich **bis zum 31.12.1995** nach den **bis dahin geltenden Vorschriften** der AO.

2. Das Einspruchsverfahren

a) Wogegen kann im Lohnsteuerverfahren Einspruch erhoben werden?

8170

Im Rahmen des Lohnsteuerverfahrens kann der Arbeitgeber **Einspruch** erheben gegen:

- einen **Haftungsbescheid** des Finanzamtes, durch den er als Haftungsschuldner in Anspruch genommen wird;
- einen **Nachforderungsbescheid**, in dem von ihm pauschale Lohnsteuer nachgefordert wird;
- gegen die **eigene Lohnsteueranmeldung**, wenn für einen Lohnzahlungszeitraum die Lohnsteuer entsprechend einer Auskunft oder einer Anordnung des Finanzamts, aber entgegen der Auffassung des Arbeitgebers berechnet und einbehalten worden ist und er die Absicht hat, die steuerliche Behandlung durch die Steuergerichte nachprüfen zu lassen.

(vgl. im weiteren die Aufzählung in § 348 Abs. 1 AO).

b) Wo ist der Einspruch einzulegen?

8171
Der Einspruch ist bei der Finanzbehörde einzulegen, deren Bescheid angefochten wird oder bei der ein Antrag auf Erlaß eines Bescheids gestellt worden ist. Im Lohnsteuer-Abzugsverfahren ist dies also **regelmäßig das Betriebsstättenfinanzamt**. Wird der Einspruch bei einer unzuständigen Behörde eingelegt, ist dies grundsätzlich unschädlich. Die unzuständige Behörde leitet sodann den Einspruch an die zuständige weiter. Hier trifft den Arbeitgeber aber ein zusätzliches Risiko: Wird wegen dieser Weiterleitung die **Einspruchsfrist** (vgl. Rz. 8171) nicht eingehalten, geht das zu seinen Lasten.

c) Ist eine bestimmte Form einzuhalten?

8172

Nach § 357 Abs. 1 AO sind Rechtsbehelfe, zu denen auch der Einspruch gehört, **schriftlich** einzureichen, zur Niederschrift zu erklären oder durch Telegramm bzw. Telefax einzulegen. Eine telefonische Einlegung ist nicht möglich.
Zwingend ist auch die **Unterschrift** unter dem Einspruch. Neben den genannten Formerfordernissen müssen **weitere Formalien** erfüllt sein:

- Der Einspruch muß erkennbar als Rechtsbehelf gewollt sein. Eine unrichtige Bezeichnung ist jedoch unschädlich (beispielsweise Beschwerde statt Einspruch).

- Es muß erkennbar sein, von wem der Einspruch stammt und gegen welchen Bescheid er sich wendet. Der Einspruch könnte demnach wie folgt aussehen:

Absender

*An das
Betriebsstättenfinanzamt*

Betrifft: Haftungsbescheid vom ...

Steuernummer

Sehr geehrte Damen und Herren,

gegen den o. a. Bescheid lege ich hiermit Einspruch ein.

Begründung:

Der Bescheid ist in folgenden Punkten unrichtig:

1. ...

2.

3..... usw.

Ich bitte daher um eine Überprüfung des Haftungsbescheids.

(Unterschrift)

d) Welche Einspruchsfrist ist einzuhalten?

8173

Der Rechtsbehelf ist **innerhalb eines Monats** (nicht innerhalb von 4 Wochen!) **nach Bekanntgabe** des Bescheids einzulegen. Bekanntgabe bedeutet, daß der betroffene Arbeitgeber die Möglichkeit der Kenntnisnahme hat;
das ist regelmäßig dann der Fall, wenn ihm der Bescheid per Post zugegangen ist.

e) Was ist im Fall einer Fristversäumnis zu tun?

8174

Im Falle der **Fristversäumnis** kommt eine **Wiedereinsetzung in den vorigen Stand** in Betracht. Die Wiedereinsetzung hat folgende Voraussetzungen:

- Versäumen der Einspruchsfrist

- schuldlose Verhinderung
- Antrag auf Wiedereinsetzung
- Glaubhaftmachung von Tatsachen zur Begründung der schuldlosen Verhinderung
- Nachholung der versäumten Einspruchserhebung
- Geltendmachung des Einspruchs **innerhalb eines Monats** nach Wegfall des Hindernisses

Der Arbeitgeber muß die Frist **schuldlos** versäumt haben: Die Abwesenheit von zuhause und eine darauf beruhende Fristversäumnis ist entschuldbar, wenn die Abwesenheit **vorübergehend** ist. Vorübergehend bedeutet **höchstens 6 Wochen**. Bei länger andauernder Abwesenheit müssen entsprechende Vorkehrungen für eine mögliche Bekanntgabe eines Bescheids getroffen werden, also z. B. ein Stellvertreter benannt werden.

Krankheit entschuldigt regelmäßig **nicht**. Etwas anderes kann nur dann gelten, wenn beispielsweise aufgrund eines Unfalls der Betroffene über einen längeren Zeitraum nicht in der Lage ist, Geschäfte des täglichen Lebens wahrzunehmen. Wichtig ist, daß die Wiedereinsetzungsgründe dem Finanzamt rechtzeitig mitgeteilt werden. Demzufolge muß innerhalb der Frist von einem Monat nach Wegfall des Hindernisses nicht nur der unterlassene **Einspruch nachgeholt** werden, sondern in dieser Zeitspanne dem Finanzamt auch die **Gründe für die Fristversäumnis** dargelegt werden.

f) Was kostet ein Einspruchsverfahren?

8175

Das Einspruchsverfahren ist **kostenfrei**. Auch dann, wenn das Einspruchsverfahren erfolglos bleibt, entstehen keinerlei finanzielle Belastungen. Andererseits sind die Kosten eines Rechtsanwalts oder Steuerberaters, der im Einspruchsverfahren tätig wird, auch bei Erfolg des Einspruchs **nicht erstattungsfähig**.

g) Was tut das Finanzamt, wenn der Einspruch eingelegt wurde?

8176

Das Finanzamt bzw. die zuständige Behörde allgemein muß die Sache **in vollem Umfang** neu prüfen. Dies bedeutet aber auch, daß das Finanzamt nach Prüfung zu einer für den Arbeitgeber **nachteiligen Beurteilung** kommen kann. Denn die gesamte Überprüfung der Sach- und Rechtslage kann natürlich auch Fehler zu Lasten des Steuerpflichtigen zu Tage fördern. In diesem Fall wird die Finanzbehörde allerdings den Betroffenen zunächst auf diese Möglichkeit hinweisen. Dieser kann den Einspruch dann ggfs. zurücknehmen. Hält das Finanzamt den

Einspruch für unbegründet, so ergeht eine **Einspruchsentscheidung**. Diese ist in einer bestimmten Form abzufassen und zu begründen. Ebenso muß ihr eine **Rechtsbehelfsbelehrung** beigefügt werden.

h) Kann durch die Einlegung eines Einspruchs die Erhebung der Steuer verhindert werden?

8177

Die Einlegung eines Einspruchs verhindert die Vollziehung eines Bescheids (also beispielsweise eines Haftungsbescheids) **nicht**. Dafür ist ein **gesonderter Antrag auf Aussetzung der Vollziehung** notwendig, der allerdings wegen der strengen Voraussetzungen für die Vollziehungsaussetzung nur in Ausnahmefällen Aussicht auf Erfolg verspricht.

3. Beschwerde

a) Wogegen kann eine Beschwerde gerichtet werden?

8178

Eine **Beschwerde** ist möglich gegen **alle anderen Verfügungen und sonstige Verwaltungsakte** des Finanzamtes, für die nicht ausdrücklich das Einspruchsverfahren vorgeschrieben ist. Hierunter fallen u. a.:

- die **Festsetzung eines Verspätungszuschlags** bei der Abgabe der Lohnsteueranmeldung;
- die **Festsetzung von Säumniszuschlägen** bei der Zahlung von Lohn- und Kirchensteuer;
- die **Anordnung einer Lohnsteuer-Außenprüfung**;
- die **Ablehnung eines Antrags auf Pauschalierung** der Lohnsteuer;
- die Androhung und Festsetzung eines **Zwangsmittels**;
- die **Ablehnung eines Antrags auf Aussetzung der Vollziehung**;
- die **Ablehnung eines Stundungs- oder Erlaßantrags**.

b) Wo ist die Beschwerde einzureichen?

8179

Die Beschwerde kann sowohl bei der **erlassenden Behörde** (also regelmäßig dem Betriebsstättenfinanzamt) als auch bei der **entscheidenden Behörde** (Oberfinanzdirektion) eingelegt werden. Hier zeigt sich, daß das Beschwerdeverfahren **wesentlich anders** abläuft als das Einspruchsverfahren. Zunächst überprüft das Finanzamt selbst noch einmal die angeordnete Maßnahme. Ist es der Auffassung, rechtmäßig gehandelt zu haben, teilt es also die Ansicht des Beschwerdeführers (Arbeitgebers) nicht, wird die Beschwerde der **nächsthöheren Behörde** (Oberfinanzdirektion) zur Entscheidung vorgelegt.

c) Welche Formen und Fristen gilt es bei der Beschwerde zu beachten?

8180

Hinsichtlich **Form** und **Frist** gelten die zum Einspruch gemachten Ausführungen (Rz. 8170).

d) Welche Kosten entstehen für das Beschwerdeverfahren?

8181

Auch das Beschwerdeverfahren ist **kostenfrei**.

4. Klage beim Finanzgericht

8182

Bleiben die außergerichtlichen Rechtsbehelfe "Einspruch" und "Beschwerde" erfolglos, bleibt nur noch die **Klage zum Finanzgericht**. Über diese Möglichkeit müssen das Finanzamt bzw. die Oberfinanzdirektion in der Rechtsbehelfsbelehrung zur Einspruchs- und Beschwerdeentscheidung informieren. Im Gegensatz zum außergerichtlichen Einspruchs- und Rechtsbehelfsverfahren ist das **Klageverfahren nicht kostenlos**. Hier werden Gerichtsgebühren erhoben. Letztlich muß diejenige Partei die Kosten zahlen, die den Prozeß verliert. Dabei trägt die unterliegende Partei die gesamten Kosten des Verfahrens, also sowohl die Gerichtskosten als auch die Kosten, die der obsiegenden Partei durch Hinzuziehung eines Rechtsanwalts oder Steuerberaters entstanden sind.

Wegen der Komplexität des Klageverfahrens und des Prozeßrisikos sollte in jedem Fall die Hilfe eines Rechtsanwalts oder Steuerberaters in Anspruch genommen werden.

VII. Weiterführende Literaturhinweise zum Lohnsteuerabzugsverfahren

8183

Klein/Flockermann/Gersch, Handbuch zum Lohnbüro (HzL), Losebl., Std. 09/94
Offerhaus/Schmidt, Lohnsteuerrecht für Arbeitgeber, 2. Aufl. 1990
Schönfeld, ABC des Lohnbüros, Ausg. 1994.

Anhang I: Allgemeinverbindliche Tarifverträge

Unter I. sind die gültigen und für allgemeinverbindlich erklärten Tarifverträge abgedruckt. Unter II. finden sich die Tarifverträge, deren Allgemeinverbindlichkeit seit Veröffentlichung des vorherigen Verzeichnisses (Stand: 01.07.1994) endete.

I. Gültige und für allgemeinverbindlich erklärte Tarifverträge

(Stand: 01.10.1994)

Wirtschaftsgruppe: Land- und Forstwirtschaft, Fischerei

- **Land- und Forstwirtschaft, alte Bundesländer**
  - TV Zusatzversorgung vom 20.11.1973, i.d.F. der Erklärung zu Protokoll vom 9.3.1988, av ab 9.3.1988
- **Land- und Forstwirtschaft Thüringen**
  - Mantel-TV vom Februar 1992, av ab 12.10.1993 (Die AVE ist befristet bis 31.12.1994)
- **Garten-, Landschafts- und Sportplatzbau, alte Bundesländer**
  - TV Berufsbildung vom 1.4.1977, i.d.F. des Änderungs-TV vom 11.3.1991, av ab 1.4.1991
  - TV Förderung der Aufrechterhaltung der Beschäftigungsverhältnisse während der Winterperiode - TV Lohnausgleich - (Arbeiter) vom 7.4.1981, i.d.F. des Änderungs-TV vom 26.4.1993, av ab 1.7.1993
  - Bundesrahmen-TV (Arbeiter) vom 30.4.1992, i.d.F. des Änderungs-TV vom 13.12.1993, av ab 1.1.1994
- **Garten-, Landschafts- und Sportplatzbau, neue Bundesländer**
  - TV Berufsbildung vom 11.3.1991, i.d.F des Änderungs-TV vom 7.6.1991, av ab 1.7.1991
  - Bundesrahmen-TV (Arbeiter) vom 30.4.1992, i.d.F. des Änderungs-TV vom 13.12.1993, av ab 1.1.1994
  - Lohnausgleichs-TV zur Förderung der Aufrechterhaltung des Beschäftigungsverhältnisses während der Winterperiode (Arbeiter) vom 30.4.1992, av ab 12.6.1992
- **Privatforsten, Nordrhein-Westfalen**
  - Rahmen-TV (Angestellte) vom 27.2.1992, av ab 1.1.1992
  - TV vermögenswirksame Leistungen (Angestellte) vom 27.5.1983, i.d.F. des Änderungs-TV vom 27.2.1992, av ab 1.1.1984
  - Gehalts-TV einschließlich Unterhaltshilfe für Forstpraktikanten vom 17.2.1993, av ab 1.11.1992

Anhang I: Allgemeinverbindliche Tarifverträge

Wirtschaftsgruppe: Steine und Erden, Keramik, Glas
- **Steine- und Erdenindustrie und Betonsteinhandwerk, Bayern**
  - Mantel-TV (Arbeiter) nebst Anhänge 1 bis 9 vom 22.4.1993, av ab 1.1.1993
  - TV überbetriebliche Alters- und Invalidenbeihilfe vom 29.4.1970/ 18.2.1993, av ab 1.7.1993
  - TV ergänzende Alters- und Invalidenbeihilfe und ergänzendes Sterbegeld vom 18.2.1993, av ab 1.7.1993
  - TV Verfahren für die Zusatzversorgung vom 29.4.1970/18.2.1993, av ab 1.7.1993
  - TV Verfahren für die Zusatzversorgung der Wehrpflichtigen vom 29.4.1970/18.2.1993, av ab 1.7.1993

- **Transportbetongewerbe, Bayern**
  - Mantel-TV (Arbeiter) nebst Anlagen 1 und 2 vom 22.4.1993, av ab 1.1.1993
  - TV vom 22.3.1993 zur Übernahme der Zusatzversorgungs- und Verfahrens-TVe für die Steine- und Erdenindustrie und das Betonsteinhandwerk, Bayern (s.o), av ab 1.7.1993

- **Sand- und Kiesindustrie, Bayern**
  - Mantel-TV (Arbeiter) nebst Anlagen 1 bis 3 vom 22.4.1993, av ab 1.1.1993

- **Steine- und Erdenindustrie, Saarland**
  - Mantel-TV vom 30.4.1979, av ab 1.1.1980

- **Betonsteingewerbe, Bremen, Hamburg, Niedersachsen, Nordrhein-Westfalen, Schleswig-Holstein**
  - TV überbetriebliche Zusatzversorgung vom 1.4.1986, i.d.F. des Änderungs-TV vom 10.12.1990, av ab 1.1.1991
  - Verfahrens-TV überbetriebliche Zusatzversorgung vom 1.4.1986, i.d.F. des Änderungs-TV vom 10.12.1990, av ab 1.1.1991

- **Betonsteingewerbe, Berlin (West)**
  - TV über das Urlaubsverfahren vom 1.1.1993, av ab 1.1.1993
  - TV über das Verfahren für die Zusatzversorgung vom 1.3.1993, i.d.F. des Änderungs-TV vom 1.1.1994, av ab 1.1.1994

- **Steinmetz-, und Steinbildhauerhandwerk, Bundesrepublik Deutschland**
  - TV über das Verfahren für die Zusatzversorgung und für die Berufs- bildung vom 26.7.1991, i.d.F. des Änderungs-TV vom 28.8.1992, av ab 1.10.1992

- **Steinmetz- und Steinbildhauerhandwerk, alte Bundesländer**
  - Verfahrens-TV für die Zusatzversorgung der Dienstpflichtigen vom 20.5.1981, i.d.F. des Änderungs-TV vom 28.8.1992, av ab 1.10.1992 (gilt nicht in Berlin)

- **Steinmetz- und Steinbildhauerhandwerk, Berlin (West)**
  - Urlaubs-TV (Arbeiter) vom 23.11.1983, av ab 1.1.1984
  - Verfahrens-TV für den Urlaub (Arbeiter) vom 23.11.1983, av ab 1.1.1984

Anhang I: Allgemeinverbindliche Tarifverträge

- **Keramische Industrie und Glasveredelung, Regierungsbezirke Koblenz und Trier, kreisfreie Städte Mainz und Worms, Landkreise Alzey-Worms und Mainz-Bingen**
    - Lohnrahmen-TV vom 15.1.1990, av ab 15.4.1991
    - Gehaltsrahmen-TV vom 15.1.1990, av ab 15.4.1991
    - TV zur Regelung der Jahressondervergütung vom 25.1.1993, av ab 1.1.1993
    - TV vermögenswirksame Leistungen vom 20.4.1993, av ab 1.1.1993
- **Ziegelindustrie, Bayern**
    - Rahmen-TV (Arbeiter) vom 9.4.1990, av ab 1.1.1990
    - Mantel-TV (Angestellte) vom 9.4.1990, av ab 1.1.1991

Wirtschaftsgruppe: Eisen- und Stahlerzeugung, Metallverarbeitung

- **Elektrohandwerk, Bayern**
    - Mantel-TV (Arbeiter) vom 25.3.1975, i.d.F. des Änderuns-TV vom 22.2.1989 (Neufassung des § 12 (Bestimmungen für Montagearbeiten)), av ab 1.3.1989
    - TV Arbeitszeit (Arbeiter) vom 6.3.1987, av ab 1.9.1988
- **Elektrohandwerk Mecklenburg-Vorpommern**
    - Mantel-TV vom 27.11.1991, av ab 1.10.1992
- **Metall- und Elektrohandwerke, Berlin (West)**
    - Mantel-TV (Arbeiter) vom 26.3.1986, av ab 1.1.1987
    - TV Sonderzahlungen (Arbeiter) vom 16.12.1976, av ab 1.1.1977
    - Urlaubs-TV (Arbeiter) vom 17.1.1980, av ab 1.1.1980
    - TV vermögenswirksame Leistungen (Arbeiter) vom 13.1.1983, av ab 1.1.1983
    - TV Ausbildungsvergütungen vom 30.10.1993, av ab 1.11.1993
- **Metall- und Elektrohandwerke Berlin(Ost), Brandenburg**
    - TV über Sonderzahlungen (Arbeiter) vom 10.6.1991, av ab 1.7.1993
    - Mantel-TV (Arbeiter) vom 10.6.1991, für Brandenburg av ab 1.7.1993, für Berlin av ab 1.11.1993
    - TV für Auszubildende (ohne Vergütung) vom 10.6.1991, für Brandenburg av ab 1.7.1993, für Berlin av ab 1.11.1993
    - Urlaubs-TV (Arbeiter) vom 10.6.1991, für Brandenburg av ab 1.7.1993, für Berlin av ab 1.11.1993
    - Lohn-TV (ohne Lohntabelle) vom 10.6.1991, für Brandenburg av ab 1.7.1993, für Berlin av ab 1.11.1993
- **Heizungs-, Klima- und Sanitärtechnik, Berlin (West)**
    - Mantel-TV vom 5.6.1986 - mit Anlagen 1 und 2 sowie Anlage vom 25.6.1986 - i.d.F. des Wiederinkraftsetzungs-TV vom 13.6.1989, av ab 1.4.1989

Anhang I: Allgemeinverbindliche Tarifverträge

○ TV zur berufsbezogenen Weiterbildung vom 1.4.1987, i.d.F. der Wiederinkraftsetzung vom 25.4.1989, av ab 1.4.1989
○ TV vermögenswirksame Leistungen vom 21.3.1985, av ab 1.5.1986
○ TV betriebliche Sonderzahlungen vom 21.3.1985, av ab 1.5.1986
○ Urlaubs-TV (Arbeiter) vom 21.3.1985, av ab 1.5.1986
○ Urlaubs-TV (Angestellte) vom 21.3.1985, av ab 1.5.1986
○ TV für Auszubildende vom 25.4.1989, av ab 1.4.1989

- **Kraftfahrzeuggewerbe, Berlin (West)**
  ○ Mantel-TV vom 29.6.1988 - mit Anlage zu § 6 Nummer 1 Protokollnotiz, av ab 1.10.1989
  ○ TV für Auszubildende vom 27.4.1989, av ab 1.9.1989 (Urlaubsbestimmungen av ab 1.4.1989)
  ○ Gehalts-TV vom 29.6.1989 - mit Anhang zu Nummer 2 -, av ab 1.2.1990

- **Sanitär- und Heizungstechnik, Saarland**
  ○ Urlaubs-TV vom 15.1.1980, av ab 1.1.1980

- **Mechanikerhandwerk, Saarland**
  ○ TV betriebliche Sonderzahlungen vom 4.1.1973, av ab 1.10.1973

- **Schneid- und Besteckwarenherstellung, Solingen**
  ○ Mantel-TV (Heimarbeiter) vom 14.10.1974, av ab 1.1.1975
  ○ TV Jahressonderzahlungen (Heimarbeiter) vom 5.1.1977, i.d.F. des Änderungs-TV vom 20.8.1992, av ab 1.4.1992
  ○ Urlaubs-TV (Heimarbeiter) vom 3.3.1979, av ab 1.5.1979
  ○ Zusatz-TV für die Berechnung des Tagessatzes bei Kurzarbeitergeldbezug vom 16.2.1988, av ab 1.5.1987
  ○ TV vermögenswirksame Leistungen (Heimarbeiter) vom 16.1.1989, av ab 1.1.1989

- **Handwerksbetriebe für Graveure, Galvaniseure und Metallschleifer, Gürtler und Metalldrücker, Ziseleure und verwandte Berufe, alte Bundesländer - außer Hamburg -**
  ○ TV vermögenswirksame Leistungen vom 12.8.1988, av ab 23.3.1989

Wirtschaftsgruppe: Holz

- **Korbwaren-, Korbmöbel- und Kinderwagenindustrie, Bayern**
  ○ Mantel-TV (Heimarbeiter) vom 6.5.1976, av ab 1.4.1976

- **Knopfindustrie, Regierungsbezirke Oberpfalz, Niederbayern, Oberfranken**
  ○ Mantel-TV vom 9.6.1992, av ab 1.6.1992

- **Holz- und kunststoffverarbeitendes Handwerk, Bremen, Hamburg, Niedersachsen, Nordrhein-Westfalen, Saarland, Schleswig-Holstein**
  ○ TV über die Errichtung von Innovationsstelle und Förderungswerk vom 12.12.1990, i.d.F. des Änderungs-TV vom 1.8.1991, av ab 1.12.1991
  ○ Beitrags- und Verfahrens-TV vom 12.12.1990, av ab 1.12.1991

Anhang I: Allgemeinverbindliche Tarifverträge

- **Holz- und kunststoffverarbeitendes Handwerk, Hamburg**
  - Lohnrahmen-TV vom 7.1.1992, av ab 1.12.1993
- **Holz- und kunststoffverarbeitendes Handwerk Hessen**
  - Mantel-TV vom 1.4.1992, i.d.F. des Ergänzungs-TV vom 18.8.1992, av ab 1.1.1992
  - Lohn- und Gehalts-TV vom 6.12.1993, av ab 1.1.1994
- **Holz- und kunststoffverarbeitendes Handwerk, Rheinland-Pfalz sowie Glaserhandwerk, Regierungsbezirk Rheinhessen-Pfalz und Landkreise Birkenfeld, Bad Kreuznach, Rhein-Hunsrück**
  - Mantel-TV vom 2.12.1991, i.d.F. des Änderungs-TV vom 6.4.1993, av ab 1.6.1992
- **Schreinerhandwerk, Saarland**
  - Mantel-TV vom 1.7.1992, av ab 1.1.1993
  - Lohn-TV mit Arbeitszeitregelungen vom 5.5.1993, av ab 1.7.1993
  - Gehalts-TV mit Arbeitszeitregelungen vom 17.6.1992, i.d.F. des Änderungs-TV vom 5.5.1993, av ab 1.7.1993
  Hinweis: Die Lohn- und Gehaltssätze der vorstehend genannten Tarifverträge sind mit Wirkung vom 1.7.1994 ersetzt worden durch Änderungstarifvertrag, der noch nicht für allgemeinverbindlich erklärt wurde

Wirtschaftsgruppe: Papier

- **Papier- und pappeverarbeitende Industrie, Berlin (West)**
  - TV vermögenswirksame Leistungen (Arbeiter) vom 26.1.1971, av ab 26.2.1971

Wirtschaftsgruppe: Leder, Schuhe

- **Schuhmacherhandwerk, Bayern**
  - TV Gestehungszeiten für orthopädische Arbeiten (Arbeiter) vom 9.1.1952, av ab 13.10.1952

Wirtschaftsgruppe: Textil

- **Textilindustrie, Nordbayern (ohne Regensburg)**
  - Mantel-TV (Arbeiter) vom 18.5.1973, av ab 1.5.1984
  - Mantel-TV (Angestellte) vom 20.12.1972, av ab 1.5.1984
- **Textilindustrie, Südbayern**
  - Mantel-TV (Arbeiter) vom 12.5.1980, av ab 1.1.1981
  - TV vermögenswirksame Leistungen vom 31.5.1972, av ab 1.1.1973

Anhang I: Allgemeinverbindliche Tarifverträge

- **Textilindustrie, Berlin (West)**
  - Mantel-TV (Arbeiter) vom 22.4.1970, i.d.F. des TV vom 19.6.1984, av ab 1.12.1984
  - Mantel-TV (Angestellte) vom 22.4.1970, i.d.F. des TV vom 19.6.1984, av ab 1.12.1984
  - TV vermögenswirksame Leistungen vom 13.11.1972, av ab 1.1.1973
  - TV Kündigungsschutz und Verdienstsicherung älterer Arbeitnehmer (Arbeiter) vom 19.6.1974, av ab 30.8.1974
  - TV Kündigungsschutz und Verdienstsicherung älterer Arbeitnehmer (Angestellte) vom 19.6.1974, av ab 30.8.1974
  - Rationalisierungsschutzabkommen vom 21.6.1988, av ab 1.5.1989
  - TV über ein Lohngruppenschema vom 16.12.1988, av ab 1.9.1989
  - TV Jahressonderzahlungen vom 7.9.1990, nebst Protokollnotiz vom 15.2.1991, av ab 1.5.1991
  - Arbeitszeitabkommen vom 17.5.1991, av ab 1.5.1991

- **Textilindustrie, Hamburg**
  - Mantel-TV (Arbeiter) vom 14.7.1970, i.d.F. des Änderungs-TV vom 9.10.1972, av ab 1.7.1972

- **Textilindustrie, Schleswig-Holstein**
  - Mantel-TV (Arbeiter) vom 14.7.1970, i.d.F. des Änderungs-TV vom 9.10.1972, av ab 1.1.1973

- **Textilindustrie, Hamburg und Schleswig-Holstein**
  - Mantel-TV (Angestellte) vom 14.1.1972, i.d.F. des Änderungs-TV vom 9.10.1972, av für Hamburg ab 1.7.1972, für Schleswig-Holstein ab 1.1.1973
  - TV vermögenswirksame Leistungen vom 20.5.1972, i.d.F. des Änderungs-TV vom 9.10.1972, av für Hamburg ab 1.7.1972, für Schleswig-Holstein ab 1.1.1973
  - Urlaubs-TV vom 12.5.1982, av ab 1.5.1982
  - Arbeitszeitabkommen (Arbeiter) vom 14.5.1991, av ab 1.5.1991
  - Arbeitszeitabkommen (Angestellte) vom 14.5.1991, av ab 1.5.1991
  - TV Jahressonderzahlungen vom 23.8.1990, av für Schleswig-Holstein ab 1.5.1991, für Hamburg ab 17.10.1991

- **Textil- und Bekleidungsindustrie, Saarland**
  - TV zur Sicherung älterer Arbeitnehmer vom 30.10.1974, av ab 1.5.1988
  - TV vermögenswirksame Leistungen vom 20.12.1976, i.d.F. des Änderungs-TV vom 8.4.1988, av ab 1.5.1988
  - Urlaubs-TV vom 23.10.1979, i.d.F. des Änderungs-TV vom 8.4.1988, av ab 1.5.1988
  - Mantel-TV (Bekleidungs-, Wäsche- und Miederindustrie, Textilindustrie, Stepp- und Daunendeckenindustrie) vom 6.12.1968, i.d.F. vom 8.12.1988, av ab 1.1.1989
  - Rationalisierungsschutzabkommen (Bekleidungs-, Wäsche- und Miederindustrie, Textilindustrie, Stepp- und Daunendeckenindustrie) vom 8.12.1988, i.d.F. des Zusatz-TV vom 10.3.1989, av ab 1.9.1989

Anhang I: Allgemeinverbindliche Tarifverträge

- ○ TV Optimierung der Maschinenlaufzeiten (Textilindustrie) vom 8.12.1988, av ab 1.1.1990
- ○ TV-Jahressonderzahlungen vom 28.10.1991, av ab 28.10.1991
- ○ Lohn-TV mit Arbeitszeitregelung (Textilindustrie) vom 24.1.1994, av ab 1.1.1994
- ○ Lohn-TV mit Arbeitszeitregelung (Bekleidungs-, Wäsche- und Miederindustrie) vom 24.1.1994, av ab 1.1.1994
- ○ Gehalts-TV mit Arbeitszeitregelung vom 24.1.1994, av ab 1.1.1994
- ○ TV Ausbildungsvergütungen vom 24.1.1994, av ab 1.1.1994
- ○ Urlaubsgeld-TV vom 24.1.1994, av ab 1.1.1994

- **Bandweberei (Hausbandweber), Nordrhein-Westfalen**
  - ○ Rahmen-TV vom 7.7.1991, av ab 28.4.1992
  - ○ Entgelt-TV mit Entgeltlisten vom 1.7.1991, av ab 28.4.1992
  - ○ Urlaubs-TV vom 1.7.1991, av ab 28.4.1992
  - ○ TV Teuerungszuschlag vom 1.7.1993, av ab 1.7.1993

Wirtschaftsgruppe: Bekleidung

- **Bekleidungsindustrie, alte Bundesländer (ohne Berlin und Saarland)**
  - ○ Mantel-TV (Arbeiter) vom 17.5.1979, mit Protokollnotiz vom 22.1.1980, av ab 1.5.1984
  - ○ TV vermögenswirksame Leistungen vom 9.5.1972, av ab 1.1.1973 (av mit Ausnahme von Bremen und Niedersachsen)

- **Bekleidungsindustrie, alte Bundesländer (ohne Saarland)**
  - ○ Rationalisierungsschutzabkommen vom 5.7.1988 mit Protokollnotiz vom 14.9.1988, av ab 1.1.1989
  - ○ Arbeitszeitabkommen (Arbeiter) vom 7.6.1991, av ab 1.5.1991

- **Bekleidungsindustrie, Regierungsbezirke Karlsruhe, Stuttgart, Tübingen**
  - ○ Urlaubs-TV (Arbeiter) vom 13.5.1980, av ab 1.11.1980

- **Bekleidungsindustrie, Regierungsbezirk Freiburg**
  - ○ Urlaubs-TV (Arbeiter) vom 13.5.1980, av ab 1.11.1980

- **Bekleidungsindustrie, Bayern (ohne Regierungsbezirk Unterfranken)**
  - ○ Mantel-TV (Angestellte) vom 5.6.1978, i.d.F. des Änderungs-TV vom 10.6.1992, av ab 1.5.1992
  - ○ TV Arbeitszeit (Angestellte) vom 7.6.1991, av ab 1.5.1991

- **Bekleidungsindustrie, Regierungsbezirk Unterfranken**
  - ○ Mantel-TV (Angestellte) vom 12.6.1978, i.d.F. des Änderungs-TV vom 10.6.1992, av ab 1.5.1992
  - ○ Urlaubs-TV vom 13.5.1980, av ab 1.1.1980
  - ○ TV Arbeitszeit (Angestellte) vom 7.6.1991, av ab 1.5.1991

Anhang I: Allgemeinverbindliche Tarifverträge

- **Bekleidungsindustrie, Berlin (West)**
  o Mantel-TV (Arbeiter) vom 26.5.1981, av ab 1.7.1981
  o Nachtrag vom 10.6.1992 zum Mantel-TV, av ab 1.4.1993
  o TV vermögenswirksame Leistungen vom 30.11.1972, i.d.F. des Änderungs-TV vom 24.9.1976, av ab 1.10.1976
  o TV Kündigungsschutz und Verdienstsicherung älterer Arbeitnehmer (Arbeiter) vom 17.7.1974, av ab 13.9.1974
  o TV Kündigungsschutz und Verdienstsicherung älterer Arbeitnehmer (Angestellte) vom 17.7.1974, av ab 13.9.1974
  o Urlaubs-TV (Arbeiter) vom 19.5.1980, av ab 1.1.1980
  o Urlaubs-TV (Angestellte) vom 19.5.1980, av ab 1.1.1980
- **Bekleidungsindustrie, Hamburg und Schleswig-Holstein**
  o Urlaubs-TV vom 27.5.1982, av ab 1.5.1982
  o Arbeitszeitabkommen (Angestellte) vom 7.6.1991, av ab 1.5.1991 (nur für Hamburg)
- **Bekleidungsindustrie, Hessen**
  o Mantel-TV (Angestellte) vom 4.6.1981, av ab 1.6.1981
  o Urlaubs-TV vom 28.5.1979, av ab 1.1.1979
  o Urlaubsgeld-TV vom 21.5.1980, av ab 1.5.1980
  o TV Arbeitszeit (Angestellte) vom 7.6.1991, av ab 1.5.1991
- **Bekleidungsindustrie, Regierungsbezirke Arnsberg, Detmold, Münster**
  o Mantel-TV (Angestellte) vom 7.6.1991, av ab 1.3.1992
  o Urlaubs-TV (Arbeiter) vom 13./17.5.1980, av ab 1.5.1980
  o Urlaubs-TV (Angestellte) vom 13./17.5.1980, av ab 1.5.1980
  o TV zusätzliches Urlaubsgeld (gewerbliche Arbeitnehmer, Auszubildende) vom 30.6.1993, av ab 11.1993
- **Bekleidungsindustrie, Rheinland-Pfalz**
  o Mantel-TV (Angestellte) vom 29.5.1979, av ab 1.5.1979
- **Schirmindustrie, alte Bundesländer (ohne Berlin)**
  o TV vermögenswirksame Leistungen vom 21.5.1973, av ab 1.1.1974

Wirtschaftsgruppe: Nahrungs- und Genußmittel
- **Brot- und Backwarenindustrie, alte Bundesländer**
  o TV Errichtung einer Zusatzversorgungskasse vom 20.02.1970, i.d.F. des Änderungs-TV vom 22.9.1992, av ab 1.10.1992
  o Verfahrens-TV Zusatzversorgungskasse vom 20.2.1970, i.d.F. des Änderungs-TV vom 22.9.1992, av ab 1.10.1992
- **Brot- und Backwarenindustrie, Rheinland-Pfalz**
  o TV Verteilung der wöchentlichen Arbeitszeit vom 5.8.1980, av ab 1.11.1981

Anhang I: Allgemeinverbindliche Tarifverträge

- **Mühlenindustrie, Nordrhein-Westfalen**
  - Entgeltrahmen-TV vom 23.4.1982, av ab 4.1.1990
  - TV vermögenswirksame Leistungen vom 29.10.1991, av ab 1.2.1992

- **Bäckerhandwerk, alte Bundesländer**
  - TV Errichtung einer Zusatzversorgungskasse vom 20.2.1970, i.d.F. des Änderungs-TV vom 27.11./3.12.1991, av ab 1.1.1992
  - TV Errichtung eines Förderungswerkes vom 20.2.1970, i.d.F. des Änderungs-TV vom 8.12.1988, av ab 1.1.1989
  - Verfahrens-TV für Zusatzversorgungskasse und Förderungswerk vom 20.02.1970, i.d.F. des Änderungs-TV vom 27.11./3.12.1991, av ab 1.1.1992

- **Bäckerhandwerk, Baden-Württemberg**
  - Mantel-TV mit Protokollnotiz vom 12.12.1991, av ab 1.3.1992

- **Bäckerhandwerk, Berlin (West)**
  - Mantel-TV vom 7.3.1991, i.d.F. der Protokollnotiz vom 22.8.1991, av ab 1.1.1991

- **Bäckerhandwerk, Bremen und Niedersachsen**
  - Vorruhestands-TV vom 15.5.1985, av ab 1.6.1985
  - Mantel-TV vom 5.6.1989, i.d.F. des Änderungs-TV vom 13.4.1994, av ab 1.4.1994

- **Bäckerhandwerk, Hamburg, Schleswig-Holstein**
  - Mantel-TV vom 18.5.1993, av ab 1.1.1993 (einzelne Bestimmungen - Überstundenzuschläge - av ab 1.7.1993)

- **Bäckerhandwerk, Nordrhein-Westfalen und Regierungsbezirk Koblenz und Trier**
  - TV Einführung der Fünf-Tage-Woche vom 1.5.1981, av ab 1.7.1982
  - Mantel-TV vom 2.1.1994, i.d.F. des Änderungs-TV vom 15.2.1994, av ab 1.1.1993
  - Lohn- und Gehalts-TV vom 13.5.1994, av ab 1.1.1994

- **Bäckerhandwerk, Sachsen-Anhalt**
  - Mantel-TV vom 27.8.1992, av ab 25.2.1993

- **Konditorenhandwerk, Berlin (West)**
  - Mantel-TV vom 7.3.1991, i.d.F. der Protokollnotiz vom 22.8.1991, av ab 1.1.1991

- **Konditorenhandwerk, Berlin (Ost)**
  - Mantel-TV vom 15.9.1992, i.d.F. des Änderungs-TV vom 15.3.1993, av ab 1.11.1993

- **Bäcker- und Konditorenhandwerk Brandenburg sowie Bäckerhandwerk, Berlin (Ost)**
  - Mantel-TV vom 15.9.1992, i.d.F. des Änderungs-TV vom 23.2.1993, für Brandenburg av ab 1.7.1993, für Berlin av ab 1.11.1993

Anhang I: Allgemeinverbindliche Tarifverträge

- **Bäcker- und Konditorenhandwerk Mecklenburg-Vorpommern**
  - Mantel-TV vom 22.2.1994, av ab 1.1.1994
  - Lohn- und Gehalts-TV vom 22.2.1994, av ab 1.5.1994
- **Weinkellereien und Weinhandlungen, Rheinland-Pfalz**
  - Entgeltrahmen-TV vom 9.5.1980, av ab 1.4.1984
- **Fleischerhandwerk, Niedersachsen**
  - Mantel-TV vom 29.5.1991, i.d.F. des Änderungs-TV vom 15.11.1993, av ab 15.11.1993

Wirtschaftsgruppe: Baugewerbe

- **Baugewerbe, Bundesrepublik Deutschland**
  - Bundesrahmen-TV (Arbeiter) vom 3.2.1981, i.d.F. des Änderungs-TV vom 10.9.1992, av ab 1.1.1993
  - TV Berufsbildung vom 29.1.1987, i.d.F. des Änderungs-TV vom 10.9.1992, av ab 1.1.1993,
  - TV Sozialkassenverfahren vom 12.11.1986, i.d.F. des Änderungs-TV vom 10.9.1992, av ab 1.1.1993,
- **Baugewerbe, Bundesrepublik Deutschland (mit Ausnahme des Landes Berlin)**
  - TV zur Förderung der Aufrechterhaltung der Beschäftigungsverhältnisse während der Winterperiode (TV Lohnausgleich) vom 8.12.1987, i.d.F. des Änderungs-TV vom 25.6.1992, av ab 1.11.1992
- **Baugewerbe, alte Bundesländer**
  - TV vermögenswirksame Leistungen (Arbeiter) vom 1.4.1971, i.d.F. des Änderungs-TV vom 12.11.1984, av ab 1.1.1985
  - TV vermögenswirksame Leistungen (Poliere und Schachtmeister) vom 1.4.1971, i.d.F. des Änderungs-TV vom 12.11.1984, av ab 1.1.1985
  - TV vermögenswirksame Leistungen (technische und kaufmännische Angestellte) vom 1.4.1971, i.d.F. des Änderungs-TV vom 12.11.1984, av ab 1.1.1985
  - TV zusätzliche Alters- und Invalidenbeihilfe vom 28.12.1979, i.d.F. des Änderungs-TV vom 6.3.1992, av ab 1.1.1992 (Abschnitt I Nummer 3 und 8 des Änderungs-TV vom 6.3.1992, av ab 1.4.1992
  - Vorruhestands-TV vom 26.9.1984, i.d.F. des Änderungs-TV vom 30.4.1990, av ab 1.5.1990
  - Verfahrens-TV Vorruhestand vom 12.12.1984, i.d.F. des Änderungs-TV vom 6.3.1992, av ab 1.1.1992
  - TV Ergänzungsbeihilfe für langjährige Zugehörigkeit vom 18.11.1985, i.d.F. des Änderungs-TV vom 6.3.1992, av ab 1.1.1992
  - TV zur Minderung von Lohneinbußen in der Schlechtwetterzeit (TV Winterausgleichszahlung) vom 18.6.1990, av ab 1.7.1990

Anhang I: Allgemeinverbindliche Tarifverträge

- **Baugewerbe, Bayern**
    - Urlaubsregelungen (gewerbliche Arbeitnehmer) vom 13.11.1992, av ab 1.1.1993
- **Baugewerbe, Berlin**
    - Verfahrens-TV Berufsbildung vom 8.2.1979, i.d.F. des Änderungs-TV vom 13.1.1993, av ab 1.1.1993
    - Protokollnotiz zu den beiden vorgenannten Tarifverträgen vom 6.5.1993, av ab 6.5.1993
    - Verfahrens-TV Urlaub, Lohnausgleich und Zusatzversorgung (Arbeiter) vom 28.12.1979, i.d.F. des Änderungs-TV vom 22.12.1993, av ab 1.1.1994
    - TV Rahmenbestimmungen für Akkordarbeiten (RTV Akkord, Arbeiter) nebst Protokollnotiz vom 28.2.1985, i.d.F. des Änderungs-TV vom 12.12.1990, av ab 1.1.1991 für Berlin (West) und ab 1.11.1991 für Berlin (Ost)
    - TV Sozialaufwandsersattung (Arbeiter) vom 10.2.1993, av ab 1.10.1992
    - TV zur Förderung der Aufrechterhaltung der Beschäftigungsverhältnisse im Berliner Baugewerbe während der Winterperiode (TV Lohnausgleich - Berlin, Arbeiter) vom 1.10.1993, av ab 1.10.1993
- **Baugewerbe, Berlin (West)**
    - Akkord-TV für Stahlbiege- und verlegearbeiten (Arbeiter) vom 30.5.1979, i.d.F. des Änderungs-TV vom 10.5.1982, av ab 1.5.1982
- **Maler- und Lackiererhandwerk, Bundesrepublik Deutschland (ohne Saarland)**
    - Rahmen-TV (Arbeiter) vom 30.3.1992, i.d.F. des Änderungs-TV nebst Protokollnotiz vom 1.9.1992, av ab 1.4.1992
    - TV über das Verfahren für den Urlaub und die Zusatzversorgung vom 23.11.1992, av ab 1.1.1993
- **Maler- und Lackiererhandwerk, alte Bundesländer (ohne Saarland)**
    - TV ergänzende Zusatzversorgung vom 30.09.1981, i.d.F. des Änderungs-TV vom 17.12.1990, av ab 1.1.1991
    - TV vermögenswirksame Leistungen vom 13.5.1991, av ab 1.1.1992
- **Maler- und Lackiererhandwerk, Saarland**
    - Rahmen-TV (Arbeiter) ohne Anhang (Schlichtungsabkommen) vom 8.10.1993, av ab 1.1.1994
    - TV vermögenswirksame Leistungen (Arbeiter) vom 30.4.1981, av ab 1.5.1981
- **Dachdeckerhandwerk, Bundesrepublik Deutschland**
    - Rahmen-TV (Arbeiter) vom 27.11.1990, i.d.F. des Änderungs-TV vom 12.6.1992, av ab 1.7.1992
    - TV Sozialkassenverfahren (Arbeiter) vom 5.12.1990, i.d.F. des Änderungs-TV vom 1.8.1991, av ab 1.10.1991

Anhang I: Allgemeinverbindliche Tarifverträge

- ○ TV zur Förderung der Aufrechterhaltung der Beschäftigungsverhältnisse während der Winterperiode (TV Lohnausgleich Dachdecker) vom 1.6.1988, i.d.F. des Änderungs-TV vom 18.3.1991, av ab 1.4.1991
- ○ TV über die Berufsbildung vom 8.11.1989, i.d.F. des Änderungs-TV vom 24.5.1993, av ab 1.4.1993
- ○ TV über das Erstattungsverfahren für die Berufsbildung vom 4.10.1978, i.d.F. des Änderungs-TV vom 18.3.1991, av ab1.4.1991
- ○ TV überbetriebliche Alters- und Invalidenbeihilfe (Arbeiter) vom 7.7.1978, i.d.F. des Änderungs-TV vom 18.3.1991, av ab 1.4.1991
- ○ Verfahrens-TV Zusatzversorgung der Dienstpflichtigen vom 17.12.1980, i.d.F. des Änderungs-TV vom 1.8.1991, av ab 1.10.1991
- ○ TV über die Gewährung eines Teiles eines 13. Monatseinkommens (Arbeiter) vom 12.6.1992, av ab 1.7.1992
- ○ TV vermögenswirksame Leistungen vom 10.7.1991, av ab 1.6.1993

- **Dachdeckerhandwerk, alte Bundesländer**
  - ○ TV ergänzende überbetriebliche Alters- und Invalidenbeihilfe (Arbeiter) vom 8.3.1977, i.d.F. des Änderungs-TV vom 18.3.1991, av ab 1.4.1991

- **Fliesen- und Plattenlegergewerbe, Bayern**
  - ○ Zusatz-TV zum Bundesrahmen-TV für das Baugewerbe mit Anlage "Stücklohnsätze" vom 19.3.1991, av ab 1.9.1991

- **Fliesen-, Platten- und Mosaiklegergewerbe, Berlin (West)**
  - ○ TV-Übernahme des Bundesrahmen-TV für das Baugewerbe (Arbeiter) vom 3.3.1972, i.d.F. des Änderungs-TV vom 8.11.1983, av ab 1.1.1984
  - ○ Akkord-TV (Arbeiter) vom 27.8.1986, av ab 1.1.1987

- **Gerüstbaugewerber, Bundesrepublik Deutschland**
  - ○ TV über die Berufsbildung vom 2.7.1991, i.d.F. des Änderungs-TV vom 6.11.1991, av ab 1.9.1991
  - ○ TV über die überbetriebliche Zusatzverordnung vom 21.9.1987, i.d.F. des Änderungs-TV vom 2.7.1991, av ab 1.9.1991

- **Gerüstbaugewerbe, Bundesrepublik Deutschland (ohne Berlin)**
  - ○ TV zur Förderung der Aufrechterhaltung der Beschäftigungsverhältnisse während der Winterperiode (TV Lohnausgleich - Arbeiter) vom 15.8.1983, i.d.F. des Änderungs-TV vom 27.7.1993, av ab 1.12.1993
  - ○ Rahmen-TV (Arbeiter) vom 27.7.1993, av ab 1.1.1993 (§ 5 Lohn und Eingruppierung - av ab 1.7.1993, § 1 Nr. 2 Abchnitt I Buchstabe b - Betrieblicher Geltungsbereich - av ab 1.1.1994
  - ○ TV vermögenswirksame Leistungen vom 28.6.1991, av ab 1.9.1991

- **Gerüstbaugewerbe, Berlin**
  - ○ Rahmen-TV (Arbeiter) vom 14.7.1989, i.d.F. des Änderungs-TV vom 21.2.1991, av ab 1.3.1991 für Berlin (West)) und ab 1.4.1992 für Berlin (Ost), jedoch § 9 des Änderungs-TV vom 21.2.1991 (Urlaubsdauer) ab 1.1.1992

Anhang I: Allgemeinverbindliche Tarifverträge

- o TV vermögenswirksame Leistungen (Arbeiter) vom 13.6.1985, i.d.F des Änderungs-TV vom 21.2.1991, av ab 1.7.1991 für Berlin (West) und ab 1.4.1992 für Berlin (Ost)
- o Sozialkassen-Verfahrens-TV vom 3.7.1991, av ab 1.7.1991
- o TV zur Förderung der Aufrechterhaltung der Beschäftigungsverhältnisse während der Winterperiode (Arbeiter) vom 20.10.1985, i.d.F. des Änderungs-TV vom 21.2.1991, av ab 1.7.1991

- **Kachelofen- und Luftheizungsbauerhandwerk, Berlin (West)**
  - o Urlaub-TV (Arbeiter) vom 11.2.1987, i.d.F. des Änderungs-TV vom 1.12.1992, av ab 1.1.1993
  - o Verfahrens-TV Urlaub (Arbeiter) vom 12.2.1987, i.d.F. des Änderungs-TV vom 1.12.1992, av ab 1.1.1993

- **Glaserhandwerk, Niedersachsen**
  - o Rahmen-TV (Arbeiter) vom 15.11.1991, av ab 1.1.1992

Wirtschaftsgruppe: Handel
- **Groß- und Außenhandel, Bayern**
  - o TV vermögenswirksame Leistungen vom 15.3.1983, av ab 1.3.1983
  - o Gehalts-TV einschließlich Ausbildungsvergütungen vom 21.4.1993, av ab 1.4.1993 (Ausbildungsvergütungen av ab 1.9.1993) - AVE-Ende für Gehalt: 31.3.1994, für Ausbildungsvergütungen: 31.8.1994

- **Groß- und Außenhandel, Hessen**
  - o TV vermögenswirksame Leistungen vom 12.2.1979, av ab 1.2.1979

- **Groß- und Außenhandel, Niedersachsen**
  - o TV vermögenswirksame Leistungen vom 5.6.1981, av ab 1.1.1981

- **Groß- und Außenhandel, Nordrhein-Westfalen**
  - o Lohnrahmen-TV vom 14.3.1980, av ab 1.5.1980
  - o Gehaltsrahmen-TV vom 14.3.1980, av ab 1.5.1980
  - o TV vermögenswirksame Leistungen vom 21.5.1985, i.d.F. des Änderungs-TV vom 20.7.1990, av ab 19.6.1990
  - o Urlaubsgeldabkommen vom 31.3.1993, av ab 1.1.1993
  - o TV Jahressonderzahlung vom 31.3.1993, av ab 1.1.1993

- **Pharmazeutischer Großhandel, Berlin (West)**
  - o TV Verteilung der Arbeitszeit vom 3.7.1963, av ab 1.9.1963

- **Einzelhandel, Baden-Württemberg**
  - o TV vermögenswirksame Leistungen vom 26.10.1983, av ab 4.1.1984
  - o Lohn- und Gehalts-TV einschließlich Ausbildungsvergütungen vom 9.6.1993, av ab 1.4.1993 (Ausbildungsvergütungen av ab 1.9.1993)
  - o Mantel-TV vom 13.1.1994, av ab 7.4.1994

Anhang I: Allgemeinverbindliche Tarifverträge

- **Einzelhandel, Bayern**
  - Mantel-TV vom 22./23.6.1993, av ab 1.1.1993
  - TV über Sonderzahlung (Urlaubsgeld und Sonderzuwendung) vom 22./23.6.1993, av ab 1.1.1993
  - Rahmen-TV über vermögenswirksame Leistungen vom 22./23.6.1993, av ab 1.1.1993
  - TV über die Höhe der vermögenswirksamen Leistungen vom 22./23.6.1993, av ab 1.1.1993
  - Lohn-TV einschließlich Ausbildungsvergütungen vom 22./23.6.1993, av ab 1.5.1993 (Ausbildungsvergütungen av ab 1.9.1993)
  - Gehalts-TV einschließlich Ausbildungsvergütungen vom 22./23.6.1993, av ab 1.5.1993 (Ausbildungsvergütungen av ab 1.9.1993

- **Einzelhandel, Hamburg**
  - Mantel-TV vom 18.6.1993, av ab 1.1.1993, jedoch § 2 B Nr. 5 ab 1.1.1994, § 7 A Nr. 2 ab 1.7.1993 für Teilzeitbeschäftigte, deren Arbeitszeit weniger als die Hälfte der tariflichen Wochenarbeitszeit entspricht und § 12 A Nr. 3 ab 1.1.1995
  - Lohn-TV vom 18.6.1993, av ab 1.5.1993, jedoch § 3 - Ausbildungsvergütungen - av ab 1.8.1993
  - Gehalts-TV vom 18.6.1993, av ab 1.5.1993, jedoch § 3 - Ausbildungsvergütungen - av ab 1.8.1993

- **Einzelhandel, Hessen (ohne Landkreise Limburg und Oberlahn)**
  - Lohn-TV einschließlich Ausbildungsvergütungen vom 16/17.6.1993, av ab 1.3.1993
  - Gehalts-TV einschließlich Ausbildungsvergütungen vom 16/17.6.1993, av ab 1.3.1993
  - TV über Sonderzahlungen (Urlaubsgeld und Sonderzuwendungen) vom 16./17.6.1993, av ab 1.1.1993
  - TV vermögenswirksame Leistungen vom 16./17.6.1993, av ab 1.1.1993
  - Mantel-TV vom 31.3.1994, av ab 1.1.1994

- **Einzelhandel, Niedersachsen**
  - Gehalts- und Lohn-TV einschließlich Ausbildungsvergütungen vom 11.8.1993, av ab 1.5.1994
  - Mantel-TV vom 11.8.1993, av ab 1.1.1993
  - TV Sonderzahlungen vom 11.8.1993, av ab 1.1.1993
  - TV vermögenswirksame Leistungen vom 11.8.1993, av ab 1.4.1993
  - TV über Elternurlaub vom 11.8.1993, av ab 1.1.1993

- **Einzelhandel, Nordrhein-Westfalen**
  - Mantel-TV vom 23.7.1993, av ab 1.1.1993
  - TV über Sonderzahlungen (Urlaubsgeld und Sonderzuwendung) vom 28.71993, av ab 1.1.1993
  - TV über die Höhe vermögenswirksamer Leistungen vom 23.7.1993, av ab 1.1.1993

Anhang I: Allgemeinverbindliche Tarifverträge

- Rahmen-TV über vermögenwirksame Leistungen vom 23.7.1993, av ab 1.11993
- Gehalts-TV einschließlich Ausbildungsvergütungen vom 23.7.1993, av ab 1.4.1993
- Lohn-TV einschließlich Ausbildungsvergütungen vom 23.7.1993, av ab 1.4.1993
- TV über Entgeltfortzahlung im Krankheitsfall vom 23.7.1993, av ab 11.6.1994

- **Einzelhandel, Rheinland-Pfalz**
  - Mantel-TV vom 22.6.1993, av ab 1.1.1993
  - TV über vermögenswirksame Leistungen vom 22.6.1993, av ab 13.11.1993
  - TV über Sonderleistungen (Urlaubsgeld, Sonderzahlung) vom 22.6.1993, av ab 1.5.1993
  - Lohn-TV einschließlich Ausbildungsvergütungen vom 22.6.1993, av ab 1.5.1993
  - Gehalts-TV einschließlich Ausbildungsvergütungen vom 22.6.1993, av ab 1.5.1993

- **Einzelhandel, Saarland**
  - Mantel-TV vom 24.6.1993, av ab 1.1.1993
  - TV über Sonderzahlungen (Urlaubsgeld und Sonderzuwendung) vom 24.6.1993, av ab 1.1.1993
  - Lohn- und Gehalts-TV einschließlich Ausbildungsvergütungen vom 24.6.1993, av ab 1.4.1993

- **Einzelhandel, Schleswig-Holstein**
  - Mantel-TV vom 2.7.1993, av ab 1.1.1993
  - TV über Sonderzahlung (Urlaubsgeld, Sonderzuwendung) vom 2.7.1993, av ab 1.1.1993
  - Rahmen-TV über vermögenswirksame Leistungen vom 2.7.1993, av ab 1.1.1993
  - TV über die Höhe vermögenswirksamer Leistungen vom 2.7.1993, av ab 1.1.1993
  - Gehalts-TV vom 2.7.1993, av ab 1.6.1993
  - Lohn-TV vom 2.7.1993, av ab 1.6.1993
  - TV über Ausbildungsvergütungen vom 2.7.1993, av ab 1.3.1994

Wirtschaftsgruppe: Straßenverkehr, Spedition, Schiffahrt, Luftfahrt
- **Deutsche Seeschiffahrt, alte Bundesländer**
  - TV Sozialwerk für Seeleute vom 15.9.1970, i.d.F. des Änderungs-TV vom 15.12.1980, av ab 1.1.1981, AVE-Ende: 31.12.1994
- **Privates Omnibusgewerbe, Bayern**
  - TV über Mindestfahrerbesatzung für Kraftomnibusse vom 26.6.1991, av ab 25.4.1992

Anhang I: Allgemeinverbindliche Tarifverträge

○ Mantel-TV (Arbeiter) vom 6.6.1991, i.d.F. des Änderungs-TV vom 11.8.1992, av ab 1.4.1991
○ Lohn-TV Nr. 17 vom 7.2.1994, av ab 1.4.1994

Wirtschaftsgruppe: Gaststätten und Beherbergung
- **Hotel- und Gaststättengewerbe, Baden-Württemberg**
  ○ Mantel-TV vom 24.3.1994, av ab 1.4.1994
- **Hotel- und Gaststättengewerbe, Berlin (West)**
  ○ TV vermögenswirksame Leistungen vom 1.6.1982, av ab 1.6.1982
- **Hotel- und Gaststättengewerbe, Brandenburg**
  ○ Mantel-TV vom 15.11.1991, i.d.F. des Änderungs-TV vom 8.7.1992, av ab 16.6.1992
  ○ Entgeltrahmen-TV vom 15.11.1991, av ab 16.6.1992
- **Hotel- und Gaststättengewerbe Hessen**
  ○ Mantel-TV mit Anlage und Protokollnotizen vom 22.12.1992, av ab1.1.1993
- **Hotel- und Gaststättengewerbe, Niedersachsen**
  ○ Mantel-TV vom 28.8.1991, av ab 1.1.1991 (§ 3 av ab 1.10.1991, § 19 av ab 1.12.1991)
- **Hotel- und Gaststättengewerbe, Nordrhein-Westfalen**
  ○ Mantel-TV vom 1.3.1991, av ab 1.1.1991
- **Hotel- und Gaststättengewerbe, Saarland**
  ○ Entgelt-TV nebst Protokoll-Notiz vom 15.6.1993, av ab 1.7.1993991

Wirtschaftsgruppe: Reinigung und Körperpflege
- **Wäschereigewerbe, alte Bundesländer (ohne Berlin)**
  ○ Lohn- und Gehalts-TV einschließlich Ausbildungsvergütungen vom 22.4.1994, av ab 1.5.1994
- **Gebäudereinigerhandwerk, Bundesrepublik Deutschland (ohne Berlin und den Handwerkskammerbezirk Leipzig)**
  ○ Rahmen-TV (gewerbliche Arbeitnehmer) vom 6.5.1992, i.d.F. des Änderungs-TV vom 5.2.1993, av ab 1.1.1992 (alte Bundesländer) bzw. ab 22.8.1992 (neue Bundesländer)
- **Gebäudereinigerhandwerk, Baden-Württemberg**
  ○ Lohn-TV einschließlich Ausbildungsvergütungen vom 18.3.1994, av ab 1.5.1994
- **Gebäudereinigerhandwerk, Berlin**
  ○ Rahmen-TV (Arbeiter) vom 14.4.1989, i.d.F. des Wiederinkraftsetzungs-TV vom 7.12.1993, av ab 1.1.1994

Anhang I: Allgemeinverbindliche Tarifverträge

- **Gebäudereinigerhandwerk, Bremen und Teile von Niedersachen**
  - Lohn-TV einschließlich Ausbildungsvergütungen vom 21.2.1994, av ab 1.1.1994
- **Gebäudereinigerhandwerk, Hamburg, Schleswig-Holstein und Teile von Niedersachen**
  - Lohn-TV einschließlich Ausbildungsvergütungen vom 9.2.1994, av ab 1.3.1994
- **Gebäudereinigerhandwerk, Hessen**
  - Lohn-TV einschließlich Ausbildungsvergütungen vom 19.4.1994, av ab 1.6.1994
- **Gebäudereinigerhandwerk, Nordrhein-Westfalen**
  - Lohn-TV einschließlich Ausbildungsvergütungen vom 31.1.1994, av ab 1.1.1994
- **Gebäudereinigerhandwerk, Regierungsbezirk Trier**
  - Lohn-TV einschließlich Arbeitszeitregelung und Ausbildungsvergütungen vom 31.1.1994, av ab 1.1.1994
- **Gebäudereinigerhandwerk Thüringen**
  - Lohn- und Gehalts-TV einschließlich Ausbildungsvergütungen vom 10.12.1993, i.d.F. des Änderungs-TV vom 20.5.1994, av ab 1.1.1994
- **Friseurhandwerk, Baden-Württemberg, Bayern, Berlin, Bremen, Hamburg, Nordrheinwestfahlen, Rheinland-Pfalz mit Außnahme der Handwerkskammerbezirke Koblenz, Mainz, Trier**
  - Mantel-TV Nr. 3 vom 3.7.1991, i.d.F. der Protokollnotiz vom 2.6.1992 und des Änderungs-TV vom 4.2.1993, av ab 1.1.1994
- **Friseurhandwerk, Brandenburg, Mecklenburg-Vorpommern, Sachsen, Sachsen-Anhalt, Thüringen**
  - TV vom 30.10.1991 über die Einbeziehung der 5 neuen Bundesländern in den Manteltarifvertrag Nr. 3 für das Friseurhandwerk vom 3.7.1991, av ab 23.12.1992, jedoch für § 15 Abs. 1 des in Bezug genommenen Manteltarifvertrags Nr. 3 av ab 15.10.1993
- **Friseurhandwerk, Bayern**
  - TV Weihnachtsgeld vom 28.3.1993, av ab 23.7.1993
  - Mantel-TV (Auszubildende) vom 1.12.1993, av ab 1.7.1994
  - Lohn-TV mit Zusatzvereinbarung vom 28.5.1994,, av ab 1.5.1994
- **Friseurhandwerk, Berlin**
  - Vergütungs-TV vom 18.3.1993, av ab 1.4.1993
  - TV Ausbildungsvergütungen vom 18.3.1993, av ab 1.4.1993
- **Friseurhandwerk, Bremen**
  - Lohnrahmen-TV vom 25.11.1991, av ab 1.1.1992

Anhang I: Allgemeinverbindliche Tarifverträge

- **Friseurhandwerk, Hessen**
  - TV vermögenswirksame Leistungen vom 24.5.1977 i.d.F. des Ände- rungs-TV vom 26.3.1984, av ab 1.5.1984
  - TV Jubiläumszuwendung vim 9.12.1991, av ab 18.3.1992
  - Mantel-TV (Arbeitnehmer) vom 9.12.1991, av ab 1.1.1992
  - Mantel-TV (Auszubildende) vom 9.12.1991, av ab 18.3.1992
  - TV Zuwendung für Beschäftigte vom 8.4.1991, av ab 26.10.1991
  - TV Zuwendung an Auszubildende vom 8.4.1991, av ab 26.10.1991
  - Lohn- und Gehalts-TV vom 17.1.1994, av ab 1.1.1994
  - TV Ausbildungsvergütungen vom 17.1.1994, av ab 1.1.1994

- **Friseurhandwerk, Niedersachsen (ohne die Gemeinden Langen, Loxstedt, Nordholz, Schiffdorf sowie die Samtgemeinden Bederkesa, Beverstedt, Hagen, Land Wursten)**
  - Mantel-TV vom 8.2.1993, av ab 1.4.1993
  - Mantel-TV für Auszubildende vom 20.9.1993, av ab 1.1.1994
  - Lohn-TV vom 17.11994, av ab 1.4.1994
  - TV Ausbildungsvergütungen vom 17.1.1994, av ab 1.8.1994

- **Friseurhandwerk, niedersächsische Gemeinden Langen, Loxstedt, Nordholz, Schiffdorf sowie die Samtgemeinden Bederkesa, Beverstedt, Hagen, Land Wursten**
  - Lohnrahmen-TV vom 25.11.1991, av ab 1.1.1992

- **Friseurhandwerk, Nordrhein-Westfalen**
  - TV über Weihnachtszuwendungen (Arbeitnehmer) vom 17.12.1992, av ab 1.1.1993
  - TV Weihnachtszuwendung (Auszubildende) vom 2.12.1993, av ab 1.1.1994
  - Lohn-TV vom 2.12.1993, av ab 1.1.1994
  - TV Ausbildungsvergütungen vom 2.12.1993, av ab 1.1.1994

- **Friseurhandwerk, Handwerkskammerbezirke Rheinhessen, Koblenz, Trier**
  - TV Jubiläumszuwendungen vom 7.7.1982, i.d.F. des Wiederinkraftsetzungs-TV vom 11.4.1991, av ab 1.8.1991
  - Mantel-TV vom 17.1.1992, i.d.F. des Änderungs-TV vom 14.9.1992, av ab 1.2.1992
  - Mantel-TV (Auszubildende) vom 7.8.1992, av ab 1.3.1993
  - TV über Weihnachtszuwendungen für Arbeitnehmer vom 11.11.1991, i.d.F. des Wiederinkraftsetzungs-TV vom 12.1.1994, av ab 1.1.1994
  - TV Weihnachtszuwendungen an Auszubildende vom 11.11.1991, i.d.F. des Wiederinkraftsetzungs-TV vom 12.1.1994, av ab 1.1.1994

- **Friseurhandwerk, Innungsgebiet Lübeck**
  - Mantel-TV vom 13.11./16.12.1992, av ab 1.3.1994
  - TV über ein Lohngruppenverzeichnis vom 4.4.1993, av ab 1.3.1994
  - Lohntabelle vom 4.4.1993, av ab 1.3.1994

Anhang I: Allgemeinverbindliche Tarifverträge

- **Friseurhandwerk, Sachsen-Anhalt**
  - Lohn- und Gehalts-TV einschließlich Ausbildungsvergütungen vom 3.4.1992, av ab 2.12.1992
- **Friseurhandwerk Thüringen**
  - Lohn- und Gehalts-TV einschließlich Ausbildungsvergütungen vom 16.12.1992, av ab 1.3.1993
- **Industrielle Wäschereien und Wäschevermietbetriebe, Berlin (West)**
  - Mantel-TV mit Protokollnotiz vom 31.8.1992 einschließlich Anlage vom 2.1.1993, av ab 1.7.1993
  - Lohn-TV vom 23.11.1993, av ab 1.10.1993
  - Gehalts-TV vom 23.11.1993, av ab 1.10.1993
  - Urlaubs-TV vom 23.10.1993, av ab 1.1.1994

Wirtschaftsgruppe: Wissenschaft, Sport, Kunst, Publizistik

- **Verlage von Tageszeitungen, alte Bundesländer**
  - TV Altersversorgung (Redakteure) vom 27.6.1986, av ab 1.1.1987
- **Zeitschriftenverlage, alte Bundesländer**
  - TV Altersversorgung (Redakteure) vom 27.6.1986, av ab 1.1.1987
  - TV über das Redaktionsvolontariat vom 22.9.1990, av ab 13.4.1991
  - Mantel-TV (Redakteure) vom 22.9.1990, av ab 1.1.1990 (AVE ist befristet bis zum 31.12.1994)

Wirtschaftsgruppe: Sonstige private Dienstleistungen

- **Bewachungsgewerbe, Baden-Württemberg**
  - Mantel-TV nebst Protokollnotizen (Arbeiter) vom 25.6.1992, av ab 1.10.1992
- **Bewachungsgewerbe, Bayern**
  - Mantel-TV (Arbeiter) vom 19.1.1993, av ab 1.1.1993 nebst Protokollnotiz vom 22.4.1993, av ab 1.5.1993
- **Bewachungsgewerbe, Berlin**
  - Mantel-TV vom 23.12.1992, av ab 26.1.1994
- **Bewachungsgewerbe, Bremen**
  - Mantel-TV (Arbeiter) vom 11.3.1992, av ab 30.9.1993
- **Bewachungsgewerbe, Hamburg**
  - Mantel-TV (Arbeiter) vom 15.4.1993, av ab 13.10.1993
- **Wach- und Sicherheitsgewerbe, Hessen**
  - Mantel-TV vom 28.10.1992, av ab 1.1.1993 (§ 15 - Urlaubs- und Weihnachtsgeld - av ab 1.7.1993)
- **Geld-, Wert- und Sicherheitstransportgewerbe, Hessen**
  - Mantel-TV vom 1.12.1990, av ab 10.7.1992

Anhang I: Allgemeinverbindliche Tarifverträge

- **Bewachungsgewerbe, Mecklenburg-Vorpommern**
  - Lohn-TV vom 21.6.1993, av ab 15.3.1994
  - Gehalts-TV mit Protokollnotiz vom 21.6.1993, av ab 15.3.1994
- **Wach- und Sicherheitsgewerbe, Niedersachsen**
  - Mantel-TV (Arbeiter) vom 27.2.1992, av ab 1.1.1992
- **Wach- und Sicherheitsgewerbe, Nordrhein-Westfalen**
  - Mantel-TV vom 2.4.1993 mit Protokollnotiz vom 24.8.1993, av ab 1.1.1993
  - Lohn-TV nebst Anhang vom 2.4.1993 mit Protokollnotiz vom 24.8.1993, av ab 1.5.1993
  - Gehalts-TV einschließlich Ausbildungsvergütungen vom 2.4.1993 mit Protokollnotiz vom 24.8.1993, av ab 1.5.1993
- **Bewachungsgewerbe, Rheinland-Pfalz und Saarland**
  - Lohn-TV vom 17.9.1993, av ab 1.10.1993
  - Lohn-TV (Bundeswehr) mit Arbeitszeitbestimmungen vom 17.9.1993, av ab 1.10.1993
  - Gehalts-TV einschließlich Ausbildungsvergütungen vom 17.9.1993, av ab 1.10.1993
- **Bewachungsgewerbe, Sachsen**
  - Mantel-TV vom 28.4.1992, av ab 1.7.1993
  - Lohn-TV einschließlich Protokollnotiz vom 8.9.1993, av ab 2.3.1994
  - Gehalts-TV einschließlich Protokollnotiz vom 8.9.1993, av ab 2.3.1994
- **Bewachungsgewerbe, Schleswig-Holstein**
  - Mantel-TV (Arbeiter) vom 9.12.1991, av ab 1.1.1992

II. Tarifverträge, deren Allgemeinverbindlichkeit seit der Veröffentlichung des vorherigen Verzeichnisses (Stand: 1. Juli 1994) endete

- **Steinmetz- und Steinbildhauerhandwerk, alte Bundesländer**
  - TV überbetriebliche Alters- und Invalidenbeihilfe vom 1.12.1986, i.d.F. des Änderungs-TV vom 28.8.1992, av ab 1.10.1992 - AVE-Ende: 30.6.1994
- **Keramische Industrie und Glasveredelung, Regierungsbezirke Koblenz und Trier, kreisfreie Städte Mainz und Worms, Landkreise Alzey-Worms und Mainz-Bingen**
  - TV über die Höhe der Jahressondervergütung vom 25.1.1993, av ab 1.1.1993 - AVE-Ende: 31.12.1993
- **Bekleidungsindustrie, Berlin (West)**
  - Urlaubsgeldtabelle vom 30.6.1993, av ab 1.11.1993 - AVE-Ende: 30.4.1994
  - Lohn-TV vom 30.6.1993, av ab 1.5.1993 ohne Lohngruppenverzeichnis und Nachtrag bzw. ab 1.6.1993 mit Lohngruppenverzeichnis und Nachtrag - AVE-Ende: 30.4.1994

Anhang I: Allgemeinverbindliche Tarifverträge

- ○ Gehalts-TV vom 30.6.1993, av ab 1.5.1993 ohne Gehaltstafel bzw. ab 1.6.1993 mit Gehaltstafel - AVE-Ende: 30.4.1994
- **Bäckerhandwerk, Bundesrepublik Deutschland**
  - ○ TV Ausbildungsvergütungen vom 7.7.1993, av ab 3.9.1993 - AVE-Ende: 31.7.1994
- **Baugewerbe, Berlin**
  - ○ TV vom 29.4.1988, mit Anhang und Protokollnotiz i.d.F. vom 6.7.1992 (Neufassung) zur Ergänzung des Bundesrahmen-TV (Arbeiter) für das Baugewerbe, av ab 1.1.1992 - AVE-Ende: 31.12.1993
- **Maler- und Lackiererhandwerk, Saarland**
  - ○ TV vermögenswirksame Leistungen (Auszubildende) vom 23.7.1992, av ab 1.1.1993 - AVE-Ende: 31.7.1994
  - ○ TV über Ausbildungsvergütungen und Jahressondervergütung für Auszubildende vom 15.6.1993, av ab 1.8.1993, - AVE-Ende: 31.7.1994
- **Groß- und Außenhandel, Bayern**
  - ○ Mantel-TV vom 12.7.1990, av ab 8.8.1991 - AVE-Ende: 31.12.1993
- **Groß- und Außenhandel, Nordrhein-Westfalen**
  - ○ Lohn-TV einschließlich Ausbildungsvergütungen vom 31.3.1993, av ab 1.3.1993, bzw. für die genossenschaftlichen Großhandels- und Dienstleistungsunternehmen ab 1.4.1993 - AVE-Ende: 31.3.1994
  - ○ Gehalts-TV einschließlich Ausbildungsvergütungen vom 31.3.1993, av ab 1.3.1993, bzw. für die genossenschaftlichen Großhandels- und Dienstleistungsunternehmen ab 1.4.1993 - AVE-Ende: 31.3.1994
- **Einzelhandel, Thüringen**
  - ○ Lohn- und Gehalts-TV einschließlich Ausbildungsvergütungen vom 23.4.1993, av ab 1.3.1994 - AVE-Ende: 30.4.1994
- **Friseurhandwerk, Baden-Württemberg**
  - ○ Entgelt-TV vom 11.5.1993, av ab 1.6.1993 - AVE-Ende: 31.5.1994
  - ○ TV Ausbildungsvergütungen vom 11.5.1993, av ab 1.8.1993 - AVE-Ende: 31.7.1994
- **Friseurhandwerk, Bremen**
  - ○ TV Weihnachtszuwendungen vom 8.11.1988, av ab 1.2.1989 - AVE-Ende: 31.7.1994
  - ○ TV Ausbildungsvergütungen vom 14.1.1994, av ab 1.2.1994 - AVE-Ende: 31.7.1994
- **Friseurhandwerk, Hamburg**
  - ○ Lohn-TV vom 7.6.1993, av ab 1.8.1993 - AVE-Ende: 31.7.1994
- **Friseurhandwerk, Hessen**
  - ○ Ausbildungsvergütungs-TV vom 11.1.1993, av ab 1.8.1993 - AVE-Ende: 31.7.1994

Anhang I: Allgemeinverbindliche Tarifverträge

- **Friseurhandwerk, Niedersachsen (ohne die Gemeinden Langen, Loxstedt, Nordholz, Schiffdorf sowie die Samtgemeinden Bederkesa, Beverstedt, Hagen, Land Wursten)**
    - TV für Auszubildende über Ausbildungsvergütungen und Weihnachtszuwendungen vom 8.7.1993, av ab 1.8.1993 - AVE-Ende: 31.7.1994
- **Friseurhandwerk, niedersächsische Gemeinden Langen, Loxstedt, Nordholz, Schiffdorf sowie die Samtgemeinden Bederkesa, Beverstedt, Hagen, Land Wursten**
    - TV Weihnachtszuwendung vom 8.11.1988, av ab 14.3.1989 - AVE-Ende: 31.7.1994
    - TV Ausbildungsvergütungen vom 14.1.1994, av ab 1.2.1994 - AVE-Ende: 31.7.1994
- **Friseurhandwerk, Handwerkskammerbezirke Rheinhessen, Koblenz, Trier**
    - Lohn- und Gehalts-TV vom 28.6.1993, av ab 1.8.1993 - AVE-Ende: 31.7.1994
    - TV Ausbildungsvergütungen vom 28.6.1993, av ab 1.8.1993 - AVE-Ende: 31.7.1994
- **Bewachungsgewerbe, Hamburg**
    - Lohn-TV einschließlich Urlaubsregelung sowie Urlaubs- und Weihnachtsgeld vom 15.4.1993, av ab 1.5.1993, jedoch §§ 3, 6 und 7 av ab 13.10.1993 - AVE-Ende: 30.4.1994

Anhang II: Die Zahl im Arbeitsrecht

ab **1** Gewerkschaftsmitglied	zahlreiche Rechte der zuständigen Gewerkschaft nach §§ 2 Abs. 2, 14 Abs. 5, 16 Abs. 1 S. 6, 17 Abs. 3 BetrVG
ab **1** Betriebsarzt oder Arbeitssicherheitsfachkraft	Bildung eines Arbeitsschutzausschusses nach § 11 ArbSiG
ab **1** Arbeitnehmer	Gewährung von Kurzarbeitergeld nach § 63 AFG
ab **1** Arbeitnehmer auf einer Baustelle	Verpflichtung des Arbeitgebers eine abschließbare Toilette zur Verfügung zu stellen nach § 48 ArbStättVO
ab **3** Jugendlichen	Verpflichtung des Arbeitgebers: Aushang über Beginn und Ende der täglichen Arbeitszeit und der Pausen der Jugendlichen an geeigneter Stelle im Betrieb nach § 48 JArbSchG
ab **3** Angestellten ausschl. Auszubildende (Angestellte: mehr als 10 Stunden/Woche oder 45 Stunden/Monat)	verlängerte Kündigungsfristen nach § 2 AngKSchG Achtung: diese Vorschrift ist möglicherweise verfassungswidrig
ab **4** Frauen	Verpflichtung des Arbeitgebers: Aushang eines Abdrucks des Mutterschutzgesetzes nach § 18 MuSchG
bis **5** Arbeitnehmer ohne Auszubildende (Arbeitnehmer: mehr als 10 Stunden/Woche oder 45 Stunden/Monat)	1. Abschnitt des Kündigungsschutzgesetzes nicht anwendbar nach § 23 Abs. 1 S. 2, 3 KSchG
bis **5** Arbeitnehmer ohne Auszubildende (Arbeitnehmer: mehr als 10 Stunden/Woche oder 45 Stunden/Monat)	Wehrdienst kann wichtiger Kündigungsgrund gegenüber unverheirateten Arbeitnehmern sein nach § 2 Abs. 3 ArbPlSchG

Anhang II: Die Zahl im Arbeitsrecht

bis 5 Arbeitnehmer	Besonderer Kündigungsschutz von Kriegsdienstverweigerern nach § 78 Abs. 1 ZDG i.V.m. § 2 ArbPlSchG
ab 5 Schwerbehinderten	Wahl eines Vertrauensmannes der Schwerbehinderten nach § 24 SchwbG (s. auch § 26 Abs. 3 SchwbG)
ab 5 bis 20 ständig wahlberechtigten Arbeitnehmern (davon 3 wählbar)	Wahl eines Betriebsrates möglich: 1 Person (Betriebsobmann) nach § 1 i.V.m. § 9 BetrVG
ab 5 bis 20 jugendlichen Arbeitnehmern unter 18 Jahren oder Auszubildenden unter 25 Jahren	Wahl einer Jugend- und Auszubildendenvertretung möglich: 1 Jugend- und Auszubildendenvertreter nach § 62 BetrVG
ab 5 wahlberechtigten Arbeitnehmern	Mitbestimmung des Betriebsrates (Betriebsobmann) bei Kündigungen nach §§ 1, 102 BetrVG
ab 5 Arbeitnehmern	Zustimmung des Betriebsrates bei außerordentlicher Kündigung von Mitgliedern des Betriebsrates, der Jugendvertretung, des Wahlvorstandes sowie von Wahlbewerbern nach §§ 1, 103 BetrVG
ab 5 Arbeitnehmern	Mitbestimmung des Betriebsrates (Betriebsobmanns nach § 9 BetrVG) in sozialen Angelegenheiten nach §§ 1, 87 BetrVG
ab 5 Arbeitnehmern, die mit der automatisierten Verarbeitung personenbedingter Daten ständig beschäftigt sind	Bestellung eines Datenschutzbeauftragten nach § 36 BDSG

Anhang II: Die Zahl im Arbeitsrecht

ab **6** Arbeitnehmern ohne Auszubildende	Geltung des Kündigungsschutzgesetzes § 23 Abs. 1 S. 3 KSchG
ab **6 - 50** Arbeitern/Angestellten	Minderheitsgruppe erhält zumindest einen Vertreter im Betriebsrat (§ 10 BetrVG)
ab **6** Arbeitnehmern verschiedenen Geschlechts	Toilettenräume ausschließlich für Betriebsangehörige vorbehalten, für Männer und Frauen vollständig getrennt nach § 37 ArbStättVO (Sollvorschrift)
ab **9** Betriebsratsmitgliedern	Betriebsausschuß nach § 27 BetrVG
ab **10** Leitenden Angestellten	Wahl eines Sprecherausschusses: 1 leitender Angestellter nach §§ 1, 4 SprAuG
ab **10** Arbeitnehmern auf Baustellen, auf denen sie länger als 2 Wochen beschäftigt werden	Verpflichtung des Arbeitgebers zur Verfügungstellung besonderer Waschräume nach § 47 ArbStättVO
ab **11** Arbeitnehmern	Ein leicht erreichbarer Pausenraum ist zur Verfügung zu stellen nach § 29 ArbStättVO
ab **16** bis **24** Arbeitsplätzen	Beschäftigungspflicht von Schwerbehinderten: 1 Pflichtplatz nach §§ 5, 7 SchwbG
bis **20** Arbeitnehmern ausschließlich der zu ihrer Berufsbildung Beschäftigten	Zulässigkeit zum Abschluß befristeter Arbeitsverträge bis zur Dauer von 2 Jahren mit neu eingestellten AN oder im unmittelbaren Anschluß an die Berufsausbildung nach § 1 Abs. 2 BeschFG

Anhang II: Die Zahl im Arbeitsrecht

bis **20** Arbeitnehmern (außer Ansatz bleiben Schwerbehinderte und Arbeitnehmer mit mehr als 10 Stunden/Woche oder 45 Stunden/Monat; Arbeitnehmer mit nicht mehr als 20 Stunden/Woche werden mit 0,5 Arbeitnehmern mit nicht mehr als 30 Stunden/Woche werden mit 0,75 angesetzt)	Teilnahme am Ausgleichsverfahren (Lohnausgleichskasse). Die Kassensatzung kann die AN-Zahl bis auf 30 heraufsetzen nach § 10 Abs. 2 LohnFG und § 16 Abs. 2 Ziff. 4 LohnFG
ab **20** Arbeitnehmern	Verbot der Vereinbarung einer Lohnverwirkung für den Fall des Vertragsbruches des Arbeitnehmers nach §§ 134 Abs. 1, 133 h GewO
ab **20** Arbeitnehmern	Bei regelmäßiger Lohnzahlung ist schriftlicher Beleg über Lohnhöhe und Abzüge auszuhändigen nach §§ 134 Abs. 2, 133 h GewO
ab **21** wahlberechtigten Arbeitnehmern	Bei Betriebsänderungen Mitbestimmung des Betriebsrates: Unterrichtung, Beratung, Interessenausgleich, Sozialplan nach §§ 111, 112 BetrVG
ab **21** wahlberechtigten Arbeitnehmern	Mitbestimmungsrecht des Betriebsrates bei personellen Einzelmaßnahmen (Einstellung, Ein-/ Umgruppierung, Versetzung) nach § 99 BetrVG
ab **21** Arbeitnehmer in neugegründedeten Betrieben eines Unternehmens ohne Begrenzung auf eine bestimmte Beschäftigtenzahl	Genereller Ausschluß der Erzwingbarkeit eines Sozialplanes bei Betriebsänderungen einschließlich Massenentlassungen in den ersten 4 Jahren nach der Gründung des Unternehmens (Ausn.: Neugründung im Rahmen einer Umwandlung) nach § 112 a Abs. 2 BetrVG

Anhang II: Die Zahl im Arbeitsrecht

ab **21** bis **50** wahlberechtigten Arbeitnehmern	3 Betriebsratsmitglieder nach § 9 BetrVG
ab **21** bis **50** jugendlichen Arbeitnehmern unter 18 Jahren oder Auszubildenden unter 25 Jahren	Die Jugend- und Auszubildendenvertretung: 3 Jugend- und Auszubildendenvertreter nach § 62 BetrVG
ab **21** bis **59** Arbeitnehmern	Anzeigepflicht des Arbeitgebers bei erkennbaren Veränderungen des Betriebes innerhalb der nächsten 12 Monate mit voraussichtlichen Entlassungen von mehr als 5 Arbeitnehmern innerhalb von 30 Kalendertagen nach § 8 AFG i.V.m. § 17 KSchG
ab **21** bis **59** Arbeitnehmern	Anzeige des AG an das Arbeitsamt bei Entlassung von mehr als 5 Arbeitnehmern innerhalb von 30 Kalendertagen nach § 17 KSchG
ab **21** bis **1000** wahlberechtigten Arbeitnehmern	AG ist verplichtet, AN über die wirtschaftliche Lage und Entwicklung des Unternehmens mindestens einmal vierteljährlich nach § 110 Abs. 2 BetrVG zu unterrichten
ab **25** bis **41** Arbeitsplätzen	Beschäftigungspflicht von Schwerbehinderten: 2 Pflichtplätze nach §§ 5, 7 SchwbG
ab **42** bis **58** Arbeitsplätzen	Beschäftigungspflicht von Schwerbehinderten: 3 Pflichtplätze nach §§ 5, 7 SchwbG
bis **50** Arbeiter oder Angestellte	Minderheitengruppe erhält im Betriebsrat mindestens 1 Vertreter nach § 10 BetrVG
ab **51** bis **150** wahlberechtigten Arbeitnehmern	5 Betriebsratsmitglieder nach § 9 BetrVG

Anhang II: Die Zahl im Arbeitsrecht

ab **51** bis **200** jugendlichen Arbeitnehmern unter 18 Jahren oder Auszubildenden unter 25 Jahren	Jugend- und Auszubildendenvertretung: 5 Jugend- und Auszubildendenvertreter nach § 62 BetrVG
ab **51** bis **200** Arbeitern bzw. Angestellten	Minderheitengruppe erhält im Betriebsrat mindestens 2 Vertreter nach § 10 BetrVG
ab **59** bis **74** Arbeitsplätzen	Beschäftigungspflicht von Schwerbehinderten: 4 Pflichtplätze nach §§ 5, 7 SchwbG
ab **60** bis **249** Arbeitnehmern	Betriebsänderung ausschließlich durch Personalabbau: Sozialplan erst erzwingbar, wenn 20 %, mindestens 37 Arbeitnehmer entlassen werden nach § 112 a Abs. 1 Ziff. 2 BetrVG
ab **60** bis **499** Arbeitnehmern	Meldepflicht des Arbeitgebers bei erkennbaren Veränderungen des Betriebes innerhalb der nächsten 12 Monate mit voraussichtlichen Entlassungen von 10 % oder von mehr als 25 Arbeitnehmern innerhalb von 30 Kalendertagen nach § 8 AFGi.V.m. § 17 KSchG
ab **60** bis **499** Arbeitnehmer	Anzeigepflicht bei Entlassung von 10 % oder von mehr als 25 Arbeitnehmern innerhalb von 30 Kalendertagen nach § 17 KSchG
ab **75** bis **91** Arbeitsplätzen	Beschäftigungspflicht von Schwerbehinderten: 5 Pflichtplätze nach §§ 5, 7 SchwbG
ab **92** bis **108** Arbeitsplätzen	Beschäftigungspflicht von Schwerbehinderten: 6 Pflichtplätze nach §§ 5, 7 SchwbG
ab **101** ständig beschäftigte Arbeitnehmer	Bildung eines Wirtschaftsausschusses nach § 106 BetrVG

Anhang II: Die Zahl im Arbeitsrecht

ab **101** Arbeitnehmern	bei besonderen Unfallgefahren muß mindestens ein Sanitätsraum oder eine vergleichbare Einrichtung vorhanden sein nach § 38 Abs. 1 Ziff. 2 ArbSstättVO
ab **151** bis **300** Arbeitnehmern	7 Betriebsratsmitglieder nach § 9 BetrVG
ab **300** bis **600** Arbeitnehmern	Freistellung eines Betriebsratsmitglieds nach § 38 BetrVG
ab **301** bis **600** Arbeitnehmern	9 Betriebsratsmitglieder nach § 9 BetrVG
ab **500** Arbeitnehmern	Meldepflicht des Arbeitgebers bei erkennbaren Veränderungen des Betriebes innerhalb der nächsten 12 Monate mit voraussichtlichen Entlassungen von mindestens 30 Arbeitnehmern innerhalb von 30 Kalendertagen nach § 8 AFG i.V.m. § 17 KSchG
ab **500** Arbeitnehmern	Anzeigepflicht bei Entlassung von mindestens 30 Arbeitnehmern innerhalb von 30 Kalendertagen nach § 17 KSchG
ab **500** Arbeitnehmern	Betriebsänderung durch Personalabbau: Sozialplan erst erzwingbar, wenn 10 %, mindestens 60 AN entlassen werden nach § 112 a Abs. 1 Ziff. 4 BetrVG
ab **601** wahlberechtigten Arbeitnehmern	11 Betriebsratsmitglieder nach § 9 BetrVG
ab **1001** wahlberechtigten Arbeitnehmern	15 Betriebsratsmitglieder nach § 9 BetrVG
ab **2001** wahlberechtigten Arbeitnehmern	19 Betriebsratsmitglieder nach § 9 BetrVG

Anhang II: Die Zahl im Arbeitsrecht

ab **3001** wahlberechtigten Arbeitnehmern	23 Betriebsratsmitglieder nach § 9 BetrVG
ab **4001** wahlberechtigten Arbeitnehmern	27 Betriebsratsmitglieder nach § 9 BetrVG
ab **5001** wahlberechtigten Arbeitnehmern	29 Betriebsratsmitglieder nach § 9 BetrVG

Sachregister

Abfindung Rz. 4064, 5626, 7003, 7039
- ABC, Lohnsteuer Rz. 8035
- Abtretbarkeit Rz. 4068
- als sonstiger Bezug im Lohnsteuerabzugsverfahren Rz. 8064
- Anrechnung auf Arbeitslosengeld Rz. 4103, 7039, 7040, 7045, 7048
- Anrechnung bei fristgerechtem Ausscheiden ohne wichtigen Grund Rz. 7048
- Anrechnung bei vorzeitiger Beendigung des Arbeitsverhältnisses Rz. 7041
- Aufrechnung Rz. 4069
- Aufzeichnungspflichten des Arbeitgebers Rz. 8109, 8118
- Begriff Rz. 4064
- Berechnung Rz. 4961
- Brutto-Netto-Klausel Rz. 4160
- Fälligkeit Rz. 4067
- Freibetrag bei der Anrechnung Rz. 7050
- Höhe Rz. 4066
- Konkursverfahren Rz. 4077
- Pfändbarkeit Rz. 4070
- Sozialplananspruch Rz. 4078 a
- Sozialrechtliche Konsequenzen Rz. 7039
- Sozialversicherungsfreiheit Rz. 4137
- Steuerermäßigung Rz. 4154
- Steuerfreiheit Rz. 4140
- tarifliche Ausschlußfrist Rz. 4075
- und sozialversicherungspflichtiges Arbeitsentgelt Rz. 5626
- Vererblichkeit Rz. 4071
- Vergleichsverfahren Rz. 4078
- Verjährung Rz. 4076
- Versorgungsanwartschaft Rz. 4045
- wegen Auflösung eines Arbeitsverhältnisses, ABC Lohnsteuer Rz. 8035
- wegen Bendigung des Arbeitsverhältnisses Rz. 7039, 7040
- wegen vorzeitiger Räumung einer Werkswohnung, ABC Lohnsteuer Rz. 8035
- zur Ablösung einer Direktversicherung, ABC Lohnsteuer Rz. 8035

Abgrenzung
- Arbeiter, Angestellter Rz. 5201 ff.

Abhängigkeit
- persönliche ~ als Difinitionskriterium des Arbeitnehmers Rz. 5205 ff.

Abholung des Zeugnisses Rz. 4890
Ablehnender Feststellungsbescheid Rz. 4578

Ablösungsprinzip Rz. 1304
Abmahnung Rz. 4415 ff.
- abmahnungsberechtigte Person Rz. 4418
- ausländische Arbeitnehmer Rz. 4417
- Betriebsratsmitglieder Rz. 4421
- Entbehrlichkeit Rz. 4420
- Entfernungsverlangen Rz. 4422
- Leistungsbereich Rz. 4419
- Sammelabmahnung Rz. 4416, 4417
- Vertrauensbereich Rz. 4419

Abmeldung Rz. 6105
- bei der Krankenkasse Rz. 7004
- Muster Rz. 4416

Abnutzungsentschädigung Rz. 5626
Abschlagszahlung Rz. 5626
Abschlagszahlung, Lohnsteuerabzug Rz. 8036 b
Abschluß des Anhörungsverfahrens Rz. 4671
Abtretungsverbot Rz. 1801
Abwerbung Rz. 2293, 2358, 4510
Abwicklung nichtigen Vertrages Rz. 1350
Änderungskündigung Rz. 4216, 4464, 4531, 4657
- außerordentliche ~ Rz. 4533
- betriebsbedingte, ordentliche Rz. 4544
- Betriebsratsbeteiligung Rz. 4545
- Betriebsratsmitglied Rz. 4547
- Gleichbehandlungsgrundsatz Rz. 4542
- Klagefrist Rz. 4550
- Reaktionsmöglichkeiten des Arbeitnehmers Rz. 4534
- - Annahme unter Vorbehalt Rz. 4536
- - Sonderfälle Rz. 4538
- - vorbehaltlose Ablehnung Rz. 4537
- - vorbehaltlose Annahme Rz. 4535
- Sozialauswahl Rz. 4544
- Teilkündigung Rz. 4531
- Verhältnis zur Beendigungskündigung Rz. 4305
- Vorbehaltserklärungsfrist Rz. 4540
- Widerrufsvorbehalt Rz. 4532
- Zugang im Urlaub Rz. 4216
- zum Zwecke der Umgruppierung, Betriebsratsbeteiligung Rz. 4545
- Zum Zwecke der Versetzung, Betriebsratsbeteiligung Rz. 4545

Aids Rz. 2758
- Fragerecht des Arbeitgebers Rz. 1051

Akkordlohn Rz. 1815

Sachregister

Akkordlohn-Spitzenbetrag Rz. 5626
Akkordzuschuß
- und sozialversicherungspflichtiges Arbeitsentgelt Rz. 5626

Aktie, s. Vermögensbeteiligung
Aktiengesellschaften
- Vorstandsmitglieder als sozialversicherungspflichtige Arbeitnehmer Rz. 5217

Alkohol Rz. 1820
Alkoholmißbrauch Rz. 4363
Alkoholverbot Rz. 2235, 2236
Allgemeine Arbeitsbedingungen Rz. 1310
Allgemeine Arbeitsbeschaffungsmaßnahme Rz. 6316
Allgemeine Arbeitserlaubnis Rz. 5053
Allgemeine Voraussetzungen Rz. 6306, 6312
Allgemeinerkrankung Rz. 2758
Altersentlastungsbetrag Rz. 8055
Altersgesicherte Arbeitnehmer Rz. 4659
Altersgrenze Rz. 1602
Altersgrenzen
- Vereinbarung von Altersgrenzen und Kündigungsschutz Rz. 6327

Altersrente Rz. 7011
Altersrentner Rz. 5227
- und Hinzuverdienst Rz. 6324 ff.
- und Kündigungsschutz Rz. 6327
- Versicherungsfreiheit in der Renten- und Arbeitslosenversicherung Rz. 5227

Amtliche Sachbezugswerte Rz. 8033
Amtsgericht Rz. 7508
Anbahnungsverhältnis Rz. 1001 ff.
anderweitiger Erwerb Rz. 3070
Androhen einer Krankmeldung Rz. 4403
Anerkenntnis des Klageanspruchs Rz. 7546
Anfechtbarkeit
- Anfechtung Rz. 1166 ff.
- Anfechtungsfristen Rz. 1165
- arglistige Täuschung, widerrechtliche Drohung Rz. 1169 f.
- Rechtsfolgen Rz. 1173 ff.

Anfechtung
- Abwicklung des angefochtenen Vertrages Rz. 1162
- Anfechtungserklärung Rz. 1153
- Anfechtungsfrist Rz. 1154
- Erklärungsirrtum Rz. 1155
- Inhaltsirrtum Rz. 1156

- Irrtum über wesentliche Eigenschaften Rz. 1157
- Irrtum wegen Drohung/Täuschung Rz. 1158

Anfechtungsfristen Rz. 4060
Anfechtungsgesetz Rz. 2638
Angemessenheitskontrolle Rz. 1420
Angestellte Rz. 1553, 2756
Angestellteneigenschaft Rz. 1550
Angestelltenstatus Rz. 1550
- Vereinbarkeit Rz. 1555

Angestellter
- Abgrenzung zum Arbeiter Rz. 5201 ff.

Anhörung Rz. 7057
Ankündigungsfrist Rz. 5643
Anmeldung Rz. 6105
Anmeldung der Lohnsteuer Rz. 8096 ff.
- Berichtigung Rz. 8101
- Muster Rz. 8098

Anmeldung des Arbeitnehmers Rz. 5501
Annahmefristen Rz. 4025
Annahmeverzug Rz. 2520 ff.
- anderweitiger Verdienst Rz. 2535 ff.
- Arbeitsangebot Rz. 2524 ff.
- Beendigung Rz. 2532
- Leistungsbereichschaft/-fähigkeit Rz. 2528
- Nichtannahme des Arbeitsangebots Rz. 2530
- Rechtsfolgen Rz. 2533 ff.
- vertragliche Regelung Rz. 2542
- während eines Streiks Rz. 2530

Annehmlichkeiten, Lohnsteuerabzug Rz. 8023
Annoncen Rz. 1010, 1047, 5017
Anrufungsauskunft, Lohnsteuerabzug Rz. 8137 ff.
Anspruch auf Arbeitszeugnis Rz. 4886
Anspruchsberechtigter Rz. 4886
Anspruchsverpflichteter Rz. 4887
Anteilige Jahresarbeitsentgeltgrenze Rz. 5613
Anteilige Jahres-Beitragsbemessungsgrenze Rz. 5610, 5611
Antrag Rz. 6307, 6314, 6315
Antrag auf Beibehalten der Pflichtversicherung Rz. 5246
Antrag auf Feststellung der Schwerbehinderteneigenschaft Rz. 4576
Antragsveranlagung
- anstelle des Lohnsteuerjahresausgleichs Rz. 8127

Sachregister

Antrittsgebühren, ABC Lohnsteuer Rz. 8035
Anwaltskosten Rz. 7545
Anwaltszwang Rz. 7528
Anwartschaftszeit Rz. 7020
Anwerbung im Ausland Rz. 5018
Anwesenheitsprämie Rz. 1826
- ABC Lohnsteuer Rz. 8035
- und sozialversicherungspflichtiges Arbeitsentgelt Rz. 5626
Anzahl der Beschäftigten Rz. 5659
Anzeige Rz. 6307, 6314
Anzeigen gegen Arbeitgeber Rz. 4510
Anzeigenpflicht des Arbeitnehmers Rz. 2355, 2357
Anzeigenpflichten bei Arbeitskampf Rz. 6137
Anzeige- und Nachweispflichten Rz. 1810
Arbeiter Rz. 1551, 2752, 5201
Arbeitgeber Rz. 1830
- als Beitragsschuldner in der Sozialversicherung Rz. 5632
- Begriff des ~ Rz. 8004
- Nebenpflichten s. d.
- Pflichten des ~ Rz. 8003
Arbeitgeber im lohnsteuerrechtlichen Sinne Rz. 8003 ff.
Arbeitgeberanteil Rz. 5233
Arbeitgeberanteil zur Sozialversicherung
- ABC Lohnsteuer Rz. 8035
Arbeitgeberaufwendungen bei Mutterschaft Rz. 5665
- für Direktversicherungen, ABC Lohnsteuer Rz. 8035
- zur Insolvenzsicherung, ABC Lohnsteuer Rz. 8035
- zur Sozialversicherung, ABC Lohnsteuer Rz. 8035
Arbeitgeberdarlehen Rz. 5626
Arbeitgeberpflichten beim Arbeitszeugnis Rz. 4987
Arbeitgeberzuschuß Rz. 5670
Arbeitnehmer Rz. 5200, 5205, 5674
- Begriff des ~ Rz. 4886, 5205
- Einbeziehung von Kleinbetrieben in die Lohnfortzahlungsversicherung Rz. 5659
Arbeitnehmer im lohnsteuerrechtlichen Sinne Rz. 8005
Arbeitnehmerähnliche Personen Rz. 1520
Arbeitnehmeranteil zur Sozialversicherung
- Übernahme durch den Arbeitgeber, „Arbeitgeberbeiträge", ABC Lohnsteuer Rz. 8035
Arbeitnehmerbegriff Rz. 1510
Arbeitnehmerdarlehen, ABC Lohnsteuer Rz. 8035
Arbeitnehmereigenschaft Rz. 1501
Arbeitnehmerhaftung
- Arbeitnehmerschäden Rz. 2324
- - Personenschäden Rz. 2324
- - Sachschäden Rz. 2325
- Arbeitspflichtverletzung Rz. 2281 ff.
- - Schadenspauschalierungsabrede Rz. 2290
- Drittschäden Rz. 2328
- Mankohaftung s. d.
- Schlechtleistung Rz. 2294 ff.
- - Bußgelder Rz. 2328
- - Freistellungsanspruch des Arbeitnehmers Rz. 2237
- - Gefahrgeneigte Arbeit s. d.
- - Kausalität Rz. 2304
- - Mitverschulden Rz. 2306
- - Pflichtverletzung Rz. 2301
- - Schaden Rz. 2303, 2305
- - Verschulden Rz. 2302
Arbeitnehmer-Pauschbetrag Rz. 8049
Arbeitnehmerstatus Rz. 1501
Arbeitnehmerüberlassung Rz. 1835, 3500 ff.
- Abgrenzung Rz. 3504 ff.
- - Arbeitsvermittlung Rz. 3503, 5016
- - Dienstvertrag Rz. 3507
- - Geschäftsinhalt Rz. 3505
- - Werkarbeitsgemeinschaften Rz. 3508
- - Werkvertrag Rz. 3506
- Anzeigen/Meldungen gegenüber dem Arbeitsamt Rz. 3528
- Baugewerbe Rz. 3529
- Bedeutung der ~ in der Sozialversicherung Rz. 5211
- Bedienungspersonal Rz. 3511
- Begriff Rz. 3502
- Beteiligung des Betriebsrates Rz. 3518, 3526
- Entleiher
-- Begriff Rz. 3502
-- Haftung Rz. 3530
- Entleiherkontrollmeldung Rz. 3516, 3528
- Fiktion eines Arbeitnehmerverhältnisses Rz. 3530

- gelegentliche ~ Rz. 3510
- gewerbsmäßige ~ Rz. 3519 ff.
- - Erlaubnis Rz. 3525
- - Gewinnerzielungsabsicht Rz. 3522
- - Wiederholungsabsicht Rz. 3510, 3521
- grenzüberschreitende ~ Rz. 3524
- illegale ~ Rz. 3530
- innerhalb eines Wirtschaftszweiges Rz. 3512
- Kontrollmeldung Rz. 5544
- konzerninterne ~ Rz. 3513
- Leiharbeitnehmer s. d.
- Merkblatt für Leiharbeitnehmer Rz. 3533, 3534
- Mischbetriebe Rz. 3523
- nicht gewerbsmäßige ~ Rz. 3509 ff.
- Überlassungsdauer Rz. 3503, 3525
- unerlaubte ~ Rz. 1058
- Verleiher
- - Begriff Rz. 3502
- - Haftung Rz. 3530

Arbeitnehmerüberlassungsvertrag Rz. 3515, 3527, 3532

Arbeitnehmerweiterbildung Rz. 2568 ff.
- Anspruch auf ~ Rz. 2569
- anerkannte Bildungsveranstaltungen Rz. 2570
- berufliche ~ Rz. 2571
- Freistellungsansprch Rz. 2573
- Fortzahlung der Vergütung Rz. 2575
- politische ~ Rz. 2571

Arbeitnehmerzulage
- aufgrund des Berlin-Förderungsgesetzes Rz. 8086

Arbeits- und Entgeltbescheinigung Rz. 4888

Arbeitsamt Rz. 7015, 7020, 7509
- Meldungen an das ~ Rz. 6124, 6126

Arbeitsbereitschaft
- Begriff Rz. 2149
- Vergütung Rz. 2150

Arbeitsbeschaffungsmaßnahmen Rz. 1622, 1830, 5248, 6321 ff., 7019, 7124
- allgemeine Rz. 6322
- für ältere Arbeitnehmer Rz. 6323
- Beschäftigung im Rahmen von ~ Rz. 5248

Arbeitsbeschaffungsmaßnahmen im Gebiet der ehemaligen DDR Rz. 6318

Arbeitsbescheinigung Rz. 7015, 7507
- AFG, § 133 Rz. 4888

- Schadensersatzpflicht des Arbeitgebers bei Fehlern in der ~ Rz. 7033
- Streit um die ~ Rz. 7031

Arbeitsbummelei Rz. 2282

Arbeitsentgelt Rz. 5208, 5601, 5602, 5662, 5673, 5674, 5675, 7011
- Unterbrechung des ~ Rz. 6111

Arbeitserlaubnis Rz. 5050, 7516
- allgemeine Rz. 5053
- Auswirkungen der fehlenden ~ auf das Arbeitsverhältnis Rz. 5055
- besondere Rz. 5051
- in besonderen Fällen Rz. 5052

Arbeitsförderungsrecht Rz. 7501

Arbeitsfreistellung Rz. 2548 ff.
- Arbeitnehmerweiterbildung Rz. 2568
- Verhinderung des Arbeitnehmers Rz. 2548

Arbeitsgerichtsverfahren Rz. 4950 ff.
- Beschlußverfahren Rz. 4950
- einstweiliger Rechtsschutz Rz. 4955, 4964
- Gütetermin Rz. 4958
- Kammertermin Rz. 4959
- Kosten Rz. 4956, 4965
- Urteilsverfahren Rz. 4957

Arbeitskampf Rz. 5004, 5609, 6300
- Anzeigepflichten bei ~ Rz. 6126

Arbeitskleidung Rz. 1840, 5626

Arbeitslohn, Lohnsteuer
- Aufmerksamkeiten Rz. 8022, 8024
- Aufwandsentschädigung, ABC Lohnsteuer Rz. 8035
- Auslagenersatz Rz. 8026
- Barlohnumwandlung Rz. 8084
- Begriff Rz. 8019
- Existenzminimum Rz. 8065
- für mehrere Jahre Rz. 8063
- Rückzahlung durch den Arbeitnehmer Rz. 8036 d
- Sachbezug Rz. 8019
- steuerfreier ~ Rz. 8027
- und nicht steuerbare Leistungen des Arbeitgebers Rz. 8022
- Zufluß Rz. 8036

Arbeitslosengeld Rz. 5008, 7015
- Erstattungspflicht des Arbeitgebers Rz. 7051, 7059

Arbeitslosenhilfe Rz. 7015

Arbeitslosenversicherung Rz. 5224, 5226, 5227, 5233, 5234, 7501

Sachregister

Arbeitsmedizinische Untersuchung Rz. 2183
Arbeitsordnung Rz. 1845
Arbeitspapiere Rz. 4841, 7015
- Arbeitgeberpflichten Rz. 4842, 8042 f.
- Aufhebungsvertrag Rz. 4847
- außerordentliche Kündigung Rz. 4847
- Begriff Rz. 4841
- Fürsorgepflicht Rz. 4844
- Herausgabepflicht Rz. 4843
- Holschuld Rz. 4850
- ordentliche Kündigung Rz. 4850
- prozeßuale Durchsetzung des Herausgabeanspruchs Rz. 4857 ff.
- Schadensersatzansprüche Rz. 4854
- Vorzeitige Herausgabe Rz. 4849
- Zurückbehaltung Rz. 4852
- Zwischenbescheinigung Rz. 4848

Arbeitspflicht Rz. 2050 ff.
- Befreiung Rz. 2186
- Konkretisierung Rz. 2002
- Personengebundenheit Rz. 2005
- Verletzung Rz. 2280 ff.
- - Abmahnung Rz. 2282
- - Arbeitnehmerhaftung s. d.
- - Klage auf Erfüllung Rz. 2284 ff.
- - Kündigung Rz. 2193

Arbeitsrecht
- Rechtsquellen Rz. 1301

Arbeitstage Rz. 2050 ff.
- Änderung Rz. 2053, 2054
- betriebsübliche Arbeitstage Rz. 2052
- Festlegung Rz. 2053, 2054
- Gaststätten- und Beherbergungsgewerbe Rz. 2072
- Jugendliche Rz. 2068 ff.
- Mutterschutz Rz. 2071
- Samstagsarbeit Rz. 2067, 2069
- Sonn- und Feiertagsarbeits s.d.
- vertragliche Regelung Rz. 2051, 2052
- 4-Tage-Woche Rz. 2074, 2075

Arbeitsunfähigkeit Rz. 5247, 6111, 7001
Arbeitsunfähigkeitsbescheinigung Rz. 2729
Arbeitsunfähigkeitsnachweis Rz. 1850
Arbeitsunterbrechung
- Beitragsabrechnung in der Sozialversicherung Rz. 5623 ff.

Arbeitsvergütung Rz. 1700
- Akkordlohn Rz. 1815
- Anwesenheitsprämie Rz. 1826
- Aufwendungsersatz Rz. 1865
- Flexibilisierung Rz. 1700
- Gehaltsanpassungsklauseln Rz. 1700
- Geschlechtsdiskriminierung Rz. 1700
- Gewinnbeteiligung Rz. 1945
- Gleichbehandlungsgrundsatz Rz.1700
- Mehrarbeitspauschale Rz. 1700
- Provision Rz. 1962

Arbeitsverhältnis
- Altersgrenzen Rz. 1602
- Auflösung des ~ Rz. 7005
- auf unbestimmte Zeit Rz. 1580
- Auswirkungen der fehlenden Arbeitserlaubnis auf das ~ Rz. 5055
- befristetes Rz. 1600
- Befristung Rz. 1600
- Beginn Rz. 1560
- Dauer Rz. 1570
- Kündigung des ~ aus Anlaß von Arbeitsunfähigkeit Rz. 7001
- Lebens- oder Dauerstellung Rz. 1590
- mittelbares Rz. 5210
- Problemarbeitsverhältnis Rz. 1650
- Teilzeitbeschäftigung Rz. 1660
- unbestimmte Zeit Rz. 1580
- und Arbeitsbeschaffungsmaßnahmen Rz. 5248
- und Beschäftigungsverhältnis Rz. 7000
- zweckbefristete Rz. 1601

Arbeitsverhalten Rz. 2352
Arbeitsverhinderung Rz. 1855, 2548
- Anmeldung Rz. 2357, 2565
- Mehrfachverhinderungen Rz. 2564
- objektive Leistungshindernisse Rz. 2555
- persönlicher Grund Rz. 2553
- - Arztbesuche Rz. 2557
- - Behördengänge Rz. 2561
- - besondere Familienereignisse Rz. 2559
- - Gerichtstermine Rz. 2561
- - Krankheit von Familienangehörigen Rz. 2559
- - Wegehindernisse Rz. 2560
- Vergütungsfortzahlung Rz. 2548
- - Umfang Rz. 2567
- Verhinderung im Urlaub Rz. 2566
- Verhinderungsdauer Rz. 2564
- Verschulden Rz. 2563
- vertragliche Regelung Rz. 2551 ff.

Arbeitsvermittlung Rz. 5001, 7509
- Arbeitsvermittlungsbüros, private Rz. 5003

1623

Sachregister

- bei Streik und Aussperrung Rz. 5006
- Erlaubnis vor Aussetzungen Rz. 5010
- Erlaubnis zur privaten ~ Rz. 5010
- gewerbliche ~ Rz. 5001
- Gebühr für private ~ Rz. 5011
- private ~ mit Erlaubnis Rz. 5001, 5010
- Stellenangebote und -gesuche Rz. 5016
- und Arbeitnehmerüberlassung Rz. 5016
- und Leiharbeit Rz. 5016
- und Personalberatung Rz. 5016
- Vergütung bei privater ~ Rz. 5013
- Vermittlungsmonopol Rz. 5002

Arbeitsversuch
- mißglückter und sozialversicherungspflichtige Beschäftigung Rz. 5247

Arbeitsvertrag
- Abschlußverbot Rz. 1321
- Abwicklung nichtigen Vertrages Rz. 1350
- Angemessenheitskontrolle Rz. 1420
- Auslegung Rz. 1400
- Ausübungskontrolle Rz. 1440
- Beschäftigungsverbot Rz. 1321
- Formerfordernisse Rz. 1060
- Formularverträge Rz. 1361 ff.
- Inhalt des ~ Rz. 1301
- Maßregelungsverbot Rz. 1340
- Mindestinhalt Rz. 1310
- Mitbestimmungsrechte Rz. 1450
- Rechtskontrolle Rz. 1360 ff.
- Rechtstatsachen Rz. 1362
- schriftliche Unterrichtung über Arbeitsbedingungen Rz. 1061
- Verstoß gegen gesetzliche Vorschriften Rz. 1320
- Verstoß gegen gute Sitten Rz. 1330
- Vertragsabschluß Rz. 1051 ff.
- Vertragsfreiheit Rz. 1049
- Vertragsschluß Rz. 1049 ff.
- Zweckmäßige Arbeitsvertragsgestaltung Rz. 1370

Arbeitsvertragsbruch Rz. 2282
Arbeitsverweigerung Rz. 4408, 4511
Arbeitszeit Rz. 2100 ff.
- Arbeitstage Rz. 2107 ff.
- - Beschäftigungsverbot Rz. 2112 ff, 2125
- - Bäckereien u. Konditoreien Rz. 2122
- - Festlegung/Änderung Rz. 2110
- - Jugendliche Rz. 2123
- - Mutterschutz Rz. 2124
- - Sonn- und Feiertage Rz. 2112
- - vertragliche Regelung Rz. 2108
- - 4-Tage-Woche Rz. 2133, 2134
- Bandbreitenregelung Rz. 1690
- Begriff Rz. 2143 ff.
- - Arbeitsbereitschaft Rz. 2149
- - Beginn/Ende Rz. 2144
- - Bereitschaftsdienst Rz. 2151
- - Dienstreisezeiten Rz. 2147
- - Wegezeiten Rz. 2145
- betriebsübliche Rz. 2108, 2136, 2177
- gesetzliche Neuregelung Rz. 2101
- KAPOVAZ Rz. 1690
- Kurzarbeit Rz. 2218 ff.
- Lage Rz. 2176
- - Direktionsrecht Rz. 2179
- - Festlegung/Änderung Rz. 2178
- - Mitbestimmungsrecht Rz. 2180
- - Nachtarbeit Rz. 2182
- - Ruhepausen Rz. 2191
- - Ruhezeiten Rz. 2197
- leitende Angestellte Rz. 1690
- Mehrarbeit Rz. 2205
- Mitbestimmungsrechte Rz. 1690
- Nachtarbeit Rz. 2156
- - Zulässigkeit Rz. 2182
- Rechte des Betriebsrats Rz. 2110, 2142, 2180
- tägliche Arbeitszeitdauer Rz. 2135 ff.
- - Bäckereien und Konditoreien Rz. 2166
- - Direktionsrecht Rz. 2141
- - Festlegung/Änderung Rz. 2159 ff.
- - gesetzliche Höchstgrenze Rz. 2157 ff.
- - Jugendliche Rz. 2169
- - Kraftfahrer und Beifahrer Rz. 2174
- - Mitbestimmungsrecht Rz. 2142
- - Mutterschutz Rz. 2168
- - Nachtarbeitnehmer Rz. 2175
- - Schichtarbeitnehmer Rz. 2175
- - vertragliche Regelung Rz. 2136 ff.
- Überstunden Rz. 2204 ff.
- variable Arbeitszeit Rz. 1690

Arbeitszeitgesetz Rz. 2101 ff.
- Geltungsbereich Rz. 2104

Arbeitszeitrechtsgesetz Rz. 2101 ff.
Arbeitszeitverlängerung
- Direktionsrecht Rz. 2141
- Beteiligung Betriebsrat Rz. 2142
- durch Arbeitgeber Rz. 2141
- durch Aufsichtsbehörde Rz. 2210
- durch Tarifvertrag Rz. 2164

Sachregister

- in außergewöhnlichen Fällen Rz. 2211
- Vergütung Rz. 2213
Arbeitszeugnis Rz. 4846
Arglistige Täuschung Rz. 4830
Arrest Rz. 2608
- ärztliche Untersuchungen Rz. 1025 ff.
- Einwilligung Rz. 1027
- gentechnische Analyse Rz. 1029
- graphologische Gutachten Rz. 1030
Aufbewahrung von Lohn- und Beitragsunterlagen Rz. 5649
Aufforderung zur Stellungnahme Rz. 4677
Aufhebung einer personellen Maßnahme Rz. 1143
Aufhebungsvertrag Rz. 4001, 4895, 6324, 7000
- Abfindung s. d.
- Anfechtung Rz. 4051
- Anfechtungsfrist Rz. 4060
- Angebot Rz. 4014
- Annahme Rz. 4024
- Annahmefristen Rz. 4025
- Aufklärungspflichten Rz. 4030
- bedingter Rz. 4036
- Beendigungsanlaß Rz. 4062
- betriebliche Altersversorgung Rz. 4088
- - Diensterfindung Rz. 4089
- - Dienstwagen Rz. 4090
- - Freistellung Rz. 4079
- - Geschäftsgeheimnis Rz. 4091
- - Gratifikation Rz. 4092
- - Krankheit Rz. 4093
- - nachvertragliche Wettbewerbsverbote Rz. 4094
- - Outplacement-Maßnahme Rz. 4095
- - Resturlaub Rz. 4080
- - Rückgabe von Gegenständen Rz. 4096
- - Urlaubsfragen Rz. 4097
- - Werkswohnung Rz. 4098
- - Zahlung rückständiger Vergütung Rz. 4099
- - Zeugnis Rz. 4100, 4895
- - Zurückbehaltungsrecht Rz. 4101
- Betriebsänderung Rz. 4163
- Betriebsübergang Rz. 4161
- Checkliste Rz. 4001
- Form Rz. 4029
- Hinweispflichten Rz. 4030
- - betriebliche Altersversorgung Rz. 4032
- - Sonderkündigungsschutz Rz. 4031
- - sozialrechtliche Nachteile Rz. 4033

- - steuerrechtliche Nachteile Rz. 4034
- Inhalt Rz. 4061
- Jahressonderzahlung Rz. 4099
- - Abfindung Rz. 4064
- - anderweitiger Erwerb Rz. 4082
- - Arbeitgeberdarlehen Rz. 4085
- - Art und Anlaß der Beendigung Rz. 4062
- - Aufklärungspflichten Rz. 4086
- - Ausgleichsklausel Rz. 4087
- - Beendigungszeitpunkt Rz. 4063
- - Konkurs- und Vergleichsverfahren Rz. 4162
- - Kündigung beider Parteien Rz. 4020
- - Kündigungsverlangen Rz. 4018
- - Massenentlassung Rz. 4164
- - Minderjährige Rz. 4035
- - Muster Rz. 4171
- - ausführlicher ~ Rz. 4173
- - einfacher ~ Rz. 4171
- - mit Abfindungsregelung Rz. 4172
- - taktische Überlegungen Rz. 4174
- - Prozeßvergleich Rz. 4167
- - Bedingung Rz. 4040
- - Besonderheiten Rz. 4167
- - Kosten Rz. 4169
- - Streitwert Rz. 4170
- - sozialrechtliche Folgen Rz. 4102
- - Ruhen Rz. 4103
- - Sperrzeit Rz. 4125
- Taktik Rz. 4003
- Überlegungs- und Widerrufsvorbehalt Rz. 4027
- Umdeutung einer Kündigung Rz. 4023
- Unwirksamkeit Rz. 4041
- - Abfindung einer Versorgungsanwartschaft Rz. 4045
- - Rechtsfolgen der Nichtigkeit Rz. 4050
- - Rückdatierung Rz. 4046
- - Tatsachenvergleich Rz. 4048
- - Umgehung des § 613 a BGB Rz. 4043
- - Verpflichtung, kein Arbeitslosengeld zu beantragen Rz. 4044
- Vergleichsverfahren Rz. 4162
- Vorteile gegenüber Kündigung Rz. 4002
- Widerrufsrecht Rz. 4027
- Zeitfragen
- - Aufhebung nach Arbeitsaufnahme Rz. 4010
- - Rückdatierung Rz. 4046
- - Rückwirkung nach Kündigung ohne Weiterbeschäftigung Rz. 4011

Sachregister

- - Rückwirkung nach Kündigung und Weiterbeschäftigung Rz. 4012
- - zukünftige Wirkung Rz. 4008
- zeitliche Gestaltung Rz. 4009
- Zulässigkeit Rz. 4013
- Zustandekommen Rz. 4013

Aufklärungs- und Beratungspflicht Rz. 2969

Aufklärungs- und Hinweispflichten Rz. 4823

Aufklärungsfristen Rz. 4030

Auflistung Rz. 5626

Auflösend bedingtes Arbeitsverhältnis Rz. 4894

Auflösende Bedingung Rz. 1640

Aufmerksamkeiten Rz. 5626, 8022, 8024
- ABC Lohnsteuer Rz. 8035

Aufrechnung Rz. 2472 ff.
- Erklärung Rz. 2473
- Pfändungsfreigrenzen Rz. 2477
- Vergütungsanspruch Rz. 2472 ff.
- - Abtretung Rz. 2475
- - Pfändung Rz. 2476

Aufrechnungsverbot Rz. 1860

Aufschiebende Wirkung Rz. 5657, 7535

Aufwandsentschädigung
- ABC Lohnsteuer Rz. 8035
- und sozialversicherungspflichtiges Arbeitsentgelt Rz. 5626

Aufwendungsersatz Rz. 1865

Aufzeichnungspflicht
- Arbeitszeit Rz. 2234
- des Arbeitgebers in der Sozialversicherung Rz. 5648 ff.

Aufzeichnungspflicht des Arbeitgebers Rz. 5648

Ausbildungsbeihilfe
- ABC Lohnsteuer Rz. 8035

Ausbildungskosten
- Rückzahlung Rz. 2471

Ausbildungskostenzuschuß Rz. 7120

Ausbildungsstellen, berufliche
- Vermittlung in ~ Rz. 5016

Ausbildungsvergütungen
- ABC Lohnsteuer Rz. 8035

Ausbildungsverhältnisse Rz. 7024
- Berufsausbildungsverhältnis s. a.

Ausfall
- von Arbeitsentgelt als Voraussetzung des Kurzarbeitergeldes Rz. 6307 ff.

Ausfallstunden
- Sozialversicherungsbeitrag bei Kurzarbeiter- und Schlechtwettergeld Rz. 5626

Ausfallzeitraum
- Konkursausfallgeld Rz. 6317

Ausgleichsquittung Rz. 4801
- Anfechtung Rz. 4829
- - arglistige Täuschung Rz. 4830
- - Darlegungs- und Beweislast Rz. 4833
- - Erklärungsirrtum Rz. 4832
- - Inhaltsirrtum Rz. 4831
- - Motivirrtum Rz. 4832
- Aufklärungs- und Hinweispflichten Rz. 4823
- ausländische Arbeitnehmer Rz. 4825
- Erzwingung der Abgabe Rz. 4824
- Funktion Rz. 4803
- - Bestätigung Rz. 4803
- - Verzicht Rz. 4804
- Hinweispflichten Rz. 4823
- Inhalt Rz. 4805
- Minderjährige Rz. 4826
- Muster Rz. 4834
- - Empfangsbescheinigung Rz. 4835
- - Verzichtserklärung Rz. 4836
- Umfang der Verzichtswirkung Rz. 4811
- unverzichtbare Ansprüche Rz. 4813
- - Betriebsvereinbarung Rz. 4815
- - Lohnfortzahlung Rz. 4818
- - Tarifvertrag Rz. 4814.
- - Urlaub Rz. 4817
- - Versorgungsanwartschaft Rz. 4819
- - Zeugnis Rz. 4820
- Verzicht auf Kündigungsschutzklage Rz. 4806
- verzichtbare Ansprüche Rz. 4821
- Vorteile Rz. 4801
- Wirkung des Verzichts Rz. 4810

Ausgleichsverfahren Rz. 5659

Ausgleichszeitraum
- bei Feiertagsarbeit Rz. 2126
- bei Sonntagsarbeit Rz. 2126
- bei Verlängerung der täglichen Arbeitszeitdauer Rz. 2159 ff.
- Nachtarbeitnehmer Rz. 2162
- Tarifvertrag/Betriebsvereinbarung Rz. 2164

Ausgleitphase Rz. 2238

Aushangpflichten des Arbeitgebers Rz. 2234

Aushilfsarbeitsverhältnis Rz. 4268

Sachregister

Aushilfsbeschäftigung Rz. 5225
Aushilfskräfte
- Arbeitnehmerbegriff Rz. 8012
- Pauschalierung der Lohnsteuer Rz. 8078

Aushilfstätigkeit Rz. 1622
Auskünfte von/an Dritte Rz. 1036 ff.
- Schadensersatzrisiko Rz. 1038
- Zustimmungserfordernis Rz. 1038

Auskunftsanspruch
- des Arbeitgebers bei Annahmeverzug Rz. 2536

Auskunftserteilung durch den Arbeitgeber Rz. 1036 ff., 4922 ff.
Auskunftspflichten des Arbeitgebers Rz. 6130
Ausländerfeindlichkeit
- Zustimmungsverweigerungsgrund Rz. 1129

Ausländische Arbeitnehmer Rz. 1870, 4825
- und Arbeitserlaubnis Rz. 5050

Auslagenersatz Rz. 5626, 8026
- ABC Lohnsteuer Rz. 8035

Ausland
- Arbeitserlaubnis für Arbeitnehmer aus dem ~ Rz. 5050
- Sozialversicherungspflicht bei Beschäftigung im Rz. 5238 ff.

Auslandsbeschäftigung Rz. 1875
Auslagenersatz
- und sozialversicherungspflichtiges Arbeitsentgelt Rz. 5626

Auslauffrist Rz. 7044
Auslegung Rz. 1400
Auslegung der Betriebsratsstellungnahme Rz. 4677
Ausnahmetatbestände Rz. 4574
- Sonderkündigungsschutz für Schwerbehinderte Rz. 4574

Ausschlußfristen Rz. 1880
- Aufrechnung Rz. 2473
- Schadensersatz Rz. 2288, 2292
- Vergütungsanspruch Rz. 2479 ff.
- Vergütungsrückzahlung Rz. 2292, 2466

Ausschlußklauseln, tarifliche und Zeugniserteilung Rz. 4908
Außendienstmitarbeiter Rz. 1885
Außenprüfung, Lohnsteuer Rz. 8150 ff.
Außerdienstliches Verhalten Rz. 1890, 2351
Außergerichtliche Kosten Rz. 7557
Außerordentliche Kündigung Rz. 1895, 4501, 4581

- altersgesicherte Arbeitnehmer Rz. 4502
- Anhörung des Arbeitnehmers Rz. 4525
- Ausschlußfrist Rz. 4523
- - Beginn Rz. 4524
- - Hemmung Rz. 4524
- - Versäumung Rz. 4527
- Darlegungs- und Beweislast Rz. 4506
- Einzelfälle Rz. 4509
- Fallgruppen Rz. 4510
- - Abwerbung Rz. 4510
- - Anzeigen gegen Arbeitgeber Rz. 4510
- - Arbeitsverweigerung Rz. 4511
- - Beleidigung Rz. 4517, 4521
- - Beschäftigungspflichtverletzung Rz. 4520
- - Betriebs- und Geschäftsgeheimnisse Rz. 4514
- - Fürsorgepflichtverletzung Rz. 4520
- - Konkurrenztätigkeit Rz. 4512
- - Krankfeiern Rz. 4513
- - Krankheit Rz. 4513
- - Lohnrückstände Rz. 4521
- - Nachweis der Arbeitsunfähigkeit Rz. 4513
- - Nebentätigkeit Rz. 4521
- - politische Betätigung Rz. 4518
- - Prokurawiderruf Rz. 4522
- - Schlechtleistung Rz. 4512
- - Schmiergelder Rz. 4514
- - Schwarzarbeit Rz. 4512
- - Selbstbeurlaubung Rz. 4514
- - Spesenbetrug Rz. 4516
- - strafbare Handlungen Rz. 4516
- - Trunkenheit Rz. 4515
- - Überzahl von Ehrenämtern Rz. 4518
- - Unpünktlichkeiten Rz. 4511
- - Urlaubsüberschreitung Rz. 4514
- - Verleitung zur Änderungskündigung Rz. 4510
- maßgebliche Person Rz. 4526
- soziale Auslauffrist Rz. 4501
- Unabdingbarkeit Rz. 4504
- Verhältnis zur Anfechtung Rz. 4503
- Versäumung der Ausschlußfrist Rz. 4527
- Verschulden Rz. 4508
- Verzicht Rz. 1895
- vorheriger Ausspruch ordentlicher Kündigung Rz. 4505
- Wahrung der Ausschlußfristen Rz. 4523
- wichtiger Grund Rz. 4507

Aussperrung Rz. 5004

Sachregister

Ausstrahlung
- in der Sozialversicherung bei Arbeitsverhältnissen mit Auslandsberührung Rz. 5238 ff.

Ausübungskontrolle Rz. 1440
Auswahlrichtlinien Rz. 1124
Auszubildende Rz. 1059
Auszubildender Rz. 1900
- Kündigungsfristen Rz. 4258

Barlohnumwandlung Rz. 8084
Baugewerbe Rz. 5539
- Kündigungsfristen im ~ Rz. 4252
- Sozialversicherungsausweis Rz. 5538
- Schlechtwetteranzeige Rz. 6138

Baukostenzuschuß Rz. 5626
Beamte Rz. 5537
- Befreiung von der Versicherungspflicht in der sozialen Pflegeversicherung Rz. 5219
- Versicherungsfreiheit in der Sozialversicherung Rz. 5266

Beamte, Richter und Soldaten Rz. 1512
Bedingungen Rz. 4040
Beendigungskündigung
- Verhältnis zur Änderungskündigung Rz. 4305

Befreiung von der Versicherungspflicht Rz. 5219
Befristetes Arbeitsverhältnis, Zeugniserteilung Rz. 1600, 4894
Befristungsabrede Rz. 1600
Befristungsarten Rz. 1601
Befristungskontrolle Rz. 1620
Beherbergungsgewerbe
- Sozialversicherungsausweis Rz. 5538

Behinderte
- Förderung der Beschäftigung Rz. 7116

Behinderten-Freibetrag Rz. 8046
Beihilfen Rz. 5626
Beiladung Dritter
- im Prozeß von dem Sozialgericht Rz. 7535

Beitragsabfindung Rz. 5677
Beitragsabführung in der Sozialversicherung Rz. 5628
Beitragsabrechnung in der Sozialversicherung Rz. 5617 ff.
Beitragsabrechnungszeitraum Rz. 5618 ff.
Beitragsbemessungsgrenze Rz. 5244
- in der Sozialversicherung Rz. 5608 ff.

Beitragsbemessungsgrundlage Rz. 5234, 5601, 5625
Beitragsberechnung Rz. 5616 ff.
Beitragsbescheid Rz. 5677, 5678, 7504
Beitragseinbehalt Rz. 5629
Beitragsentrichtung
- in der Kranken-, Renten-, Pflege- und Arbeitslosenversicherung Rz. 5633 ff.
- in der Unfallversicherung Rz. 5673

Beitragsforderung Rz. 7504
- Meldung bei nachträglicher ~ Rz. 7010

Beitragsfuß Rz. 5673, 5674
Beitragsgruppe Rz. 5515
Beitragsgruppenwechsel Rz. 6102
Beitragshinterziehung Rz. 5644
Beitragslast Rz. 5231
Beitragsnachlaß in der Unfallversicherung Rz. 5677
Beitragsnachweis Rz. 5653
Beitragsneuberechnung Rz. 5622
Beitragspflicht
- erweiterte ~ in der Sozialversicherung Rz. 5610
- erhöhte ~ in der Krankenversicherung Rz. 5236
- ermäßigte ~ in der Krankenversicherung Rz. 5237

Beitragssatz Rz. 5231, 5234
Beitragsschuldner Rz. 5632
Beitragsüberwachung Rz. 5649 ff.
Beitragsunterlagen Rz. 5649
Beitragszuschlag Rz. 5677
Beitragszuschuß Rz. 7506
Beitragszuschüsse
- des Arbeitgebers zur Krankenversicherung Rz. 5669 ff.
- des Arbeitgebers zur Pflegeversicherung Rz. 5672 a

Beitrittsgebiet Rz. 5244, 5531, 5604
- besondere Berechnungsgrößen in der Sozialversicherung des ~ Rz. 5244
- Ein- und Ausstrahlung zur Beurteilung der Sozialversicherungspflicht Rz. 5240
- Hinzuverdienstgrenzen für Altersrentner im ~ Rz. 6324 ff.
- Übersicht über die wichtigsten Werte der Sozialversicherung Rz. 5627
- Wechsel der Betriebsstätte in das ~ Rz. 6107

Bekleidungsvorschriften Rz. 2235, 2236

Sachregister

Belegschaftsaktie Rz. 5626
Belegschaftsrabatt Rz. 5626
Beleidigung Rz. 4517, 4521
Belohnung Rz. 5626
Beratungs- und Belehrungspflichten des Arbeitsamtes Rz. 7059
Berechnung des Urlaubsanspruchs ~ Rz. 2913
Berechnungswerte für die Sozialversicherung Rz. 5627
Berechtigtes, geschäftliches Interesse Rz. 3007
Bereitschaftsdienst Rz. 1905, 2151
Berichtigung des Zeugnisses Rz. 4912
- Bezugnahme auf Gerichtsurteil Rz. 4904, 4912
- Datum des berichtigten Zeugnisses Rz. 4897, 4912
Berichtigungsmeldung Rz. 6122
Berlin-Förderungsgesetz Rz. 8086
Berufsausbildung Rz. 6108
Berufsausbildungsverhältnis, Kündigung Rz. 3039, 4267, 4889, 5209
- Kündigung im Konkurs Rz. 4258
Berufsbild
- bei der Abgrenzung Arbeiter/Angestellter Rz. 5204
Berufsgenossenschaft Rz. 5231, 5626, 5673, 5676, 5677, 6320
- bei der Abgrenzung Arbeiter/Angestellter Rz. 5204
Berufskleidung Rz. 1840
- ABC Lohnsteuer Rz. 8035
Berufskrankheit Rz. 5626
Berufung Rz. 7551
Beschäftigung, Geringfügige Rz. 5531, 5539, 5541
Beschäftigung im geringen Umfang
- Lohnsteuerpauschalierung Rz. 8080
Beschäftigungsbeschränkung Rz. 6303
Beschäftigungsort Rz. 5245
Beschäftigungspflicht Rz. 1910, 2959
Beschäftigungspflichtverletzung Rz. 4520
Beschäftigungsverbot Rz. 1321, 5055, 6303
Beschäftigungsverhältnis Rz. 6100, 7000
- im Beitrittsgebiet Rz. 5244 ff.
- im Rahmen von Arbeitsbeschaffungsmaßnahmen Rz. 5248
- sozialrechtliches ~ Rz. 7001
- und Pflegeversicherung Rz. 5217 a

Bescheinigung von Kindern auf Lohnsteuerkarte Rz. 8018
Beschlußverfahren Rz. 4950
Beschränkte Einkommensteuerpflicht Rz. 8016
- Ersatzbescheinigung Rz. 8077
Beschwerde Rz. 7512, 7554, 8178
Besondere Arbeitserlaubnis Rz. 5051
Besonderheiten Rz. 4167
Bestellung zur Organperson
- Ruhen des Arbeitsverhältnisses Rz. 4326
Betriebliche Altersversorgung Rz. 1915
Betriebsbedingte Gründe Rz. 4451
Betriebliche Übung Rz. 2457
Betriebliche Voraussetzungen Rz. 6307, 6313
Betriebs- und Geschäftsgeheimnisse, Kündigung Rz. 4514
Betriebsablaufstörung Rz. 4401
Betriebsänderung Rz. 4163
Betriebsbedingte Druckkündigung Rz. 4452
Betreibsbedingte Kündigung Rz. 4451, 4663
- Änderungskündigung Rz. 4464
- betriebliche Gründe Rz. 4451
- betriebsbedingte Druckkündigung Rz. 4452
- Gründe Rz. 4460
- Kurzarbeitsperiode Rz. 4461 a
- Massenentlassung Rz. 4463
- Sozialauswahl Rz. 4462
- soziale Gesichtspunkte Rz. 4468
- Überhang an Arbeitskräften Rz. 4460
- Umfang Rz. 4465
- Unternehmerentscheidung Rz. 4453
- - Kurzarbeit Rz. 4457
- - Lohnkostensenkung Rz. 4458
- Vergleichbarkeit Rz. 4466
Betriebsbuße, Abmahnung Rz. 4228
Betriebsbußen Rz. 2354
Betriebsgeheimnis Rz. 2245, 3033
Betriebsgeheimnisse Rz. 1975
Betriebsobmann, Kündigung Rz. 4613
Betriebsordnung Rz. 2353
Betriebsprüfung Rz. 5643, 7010, 7502
Betriebsrat Rz. 6140, 7537
- Abmahnung Rz. 4421
Betriebsratsanhörung Rz. 4356, 4359, 4365, 4651
- abschließende Stellungnahme Rz. 4672

1629

Sachregister

- Abschluß des Anhörungsverfahrens Rz. 4671
- Änderungskündigung Rz. 4657
- altersgesicherte Arbeitnehmer Rz. 4659
- Aufforderung zur Stellungnahme Rz. 4664
- Auslegung der Betriebsratsstellungnahme Rz. 4677
- Bedeutung Rz. 4651
- Beschlußunfähigkeit des Betriebsrats Rz. 4668
- betriebsbedingte Kündigung Rz. 4663
- betriebsverfassungsrechtlicher Weiterbeschäftigungsanspruch Rz. 4678
- Einleitung des Anhörungsverfahrens Rz. 4667
- erneute Anhörung Rz. 4665
- Kündigung innerhalb der ersten sechs Monate Rz. 4655
- Kündigungsmodalität Rz. 4653
- leitende Angesellte Rz. 4652
- Mängel des Anhörungsverfahrens Rz. 4673
- Massenentlassung Rz. 4669
- nachträgliche Mitteilung der Schwerbehinderteneigenschaft Rz. 4670
- ordnungsgemäße Einleitung Rz. 4658
- persönliche Daten Rz. 4660
- Schwerbehinderte Rz. 4670
- subjektive Determinierung Rz. 4654
- Substantiierungspflicht Rz. 4661
- Umdeutung einer Kündigung Rz. 4675
- Umfang der Mitteilungspflicht Rz. 4654
- Verbundkündigung Rz. 4676
- Vorratsanhörung Rz. 4662
- Widerspruchsrecht Rz. 4678
- Wirksamkeitsvoraussetzungen Rz. 4651
- Zustimmungsersetzungsverfahren Rz. 4674

Betriebsratsbeteiligung
- Aufhebungsanspruch des Betriebsrates Rz. 1143 ff.
- Auswahlrichtlinien Rz. 1124
- Eingruppierung Rz. 1107 ff.
- Einstellung Rz. 1108 ff.
- Ordnungswidrigkeit Rz. 1006
- Personalfragebogen Rz. 1033 ff.
- Personalplanung Rz. 1003 ff.
- Sanktion Rz. 1006
- Unterrichtungsanspruch Rz. 1005, 1108, 1112 ff., 1135 ff.
- Unterrichtungspflicht Rz. 1108 ff.
- vorläufige Einstellung Rz. 1134 ff.

- Zustimmungsersetzungsverfahren Rz. 1130 ff.
- Zustimmungsverweigerungsrecht Rz. 1115 ff.

Betriebsratsmitglieder Rz. 4601
Betriebsratstätigkeit, Zeugniserteilung Rz. 4904
Betriebsrisiko Rz. 2543 ff.
- vertragliche Regelung Rz. 2547

Betriebsstillegung Rz. 7025, 7039, 7044
- während eines Streiks Rz. 2530

Betriebsübergang Rz. 1057, 3090, 4161, 4621, 4626, 4888
- Sozialauswahl nach Widerspruch gegen Teilbetriebsübergang Rz. 4629
- Teilbetriebsübergang Rz. 4629
- Widerspruchsrecht des Arbeitnehmers Rz. 2007

Betriebsurlaub Rz. 2861
Betriebsveränderungen
- Anzeige geplanter ~ Rz. 6126

Betriebsveranstaltung Rz. 5606, 5626, 8023
- Zuwendungen, ABC Lohnsteuer Rz. 8035

Betriebsvereinbarung Rz. 3043, 7039
Betriebsverfassungsorganmitglieder Rz. 4599
Betriebsverlegung Rz. 2048 a
Betriebswechsel Rz. 2048
Beurteilungsspielraum bei der Zeugniserteilung Rz. 4905
- Ermessensspielraum des Arbeitgebers Rz. 4905
- gerichtliche Überprüfbarkeit Rz. 4905

Beweislast Rz. 7541
Beweislast bei Zeugnisstreitigkeit Rz. 4916
Beweislastklauseln Rz. 1920
Beweislastverteilung im Klageverfahren Rz. 4862
Beweisvereinbarung Rz. 2318
Beweiswert Rz. 2732
Bewerber
- Rechtsstellung Rz. 1148 ff.

Bewerbungsunterlagen Rz. 1046, 4843
Bewertung von Sachbezügen Rz. 8028
Bezieher einer Alters- oder Erwerbsunfähigkeitsrente Rz. 5237
BGB-Gesellschaft Rz. 5213
- sozialversicherungspflichtige Beschäftigung Rz. 5213

Bildungsurlaubsgesetze Rz. 2568 ff.

Sachregister

Bildungsveranstaltungen Rz. 2570 ff.
Billiges Ermessen Rz. 2014
Bruttolohn-Nettolohn Rz. 8094
Brutto-Netto-Klausel Rz. 4160
Bürgerlich-rechtlicher Kündigungsschutz
Rz. 4621
- Betriebsübergang Rz. 4621, 4626
- Gesellschafterwechsel Rz. 4627
- gesetzliches Verbot Rz. 4621
- Lemgoer Modell Rz. 4627
- Maßregelung Rz. 4621, 4625
- Rechtsmißbrauch Rz. 4622
- Sittenverstoß Rz. 4621
- Treuwidrigkeit Rz. 4623
Bundesanstalt für Arbeit Rz. 5503
Bundeserziehungsgeldgesetz Rz. 6304
Bundessozialgericht Rz. 7514
Bundesverfassungsgerichtsentscheidung
- zur Steuerfreiheit des Existenzminimums
Rz. 8065 ff.
Bußgeldregelungen
- bei fehlender Arbeitserlaubnis Rz. 5056
- bei nicht ordnungsgemäßer Beitragsentrichtung in der Sozialversicherung Rz. 5679

Checkliste für die Zeugniserteilung
Rz. 4881

Darlegungs- und Beweislast, Mutterschutz
Rz. 4556, 4833
Darlegungs- und Beweislast beim Schadenersatzanspruch Rz. 4855
Darlehen
- Zinsersparnisse bei Arbeitgeberdarlehen und sozialversicherungspflichtiges Entgelt
Rz. 5626
Darlehen an Arbeitnehmer
- „Darlehen", ABC Lohnsteuer Rz. 8035
Datenschutz Rz. 1925, 2959
- Bewerbungsunterlagen Rz. 1046
- informationelle Selbstbestimmung Rz. 1037
- Qualifikation des Datenschutzbeauftragten
Rz. 1122
Datum der Wertstellung Rz. 5633
Dauer-Beitragsnachweis Rz. 5663
Deutsch-deutsches Beschäftigungsverhältnis Rz. 5245
Dienstgang

- Fahrtkostenersatz bei ~, ABC Lohnsteuer
Rz. 8035
Dienstkleidung Rz. 1840
Dienstnehmer Rz. 1518
Dienstreise Rz. 1930, 2089, 2090
- Fahrtkostenersatz bei ~, ABC Lohnsteuer
Rz. 8035
Dienstvertrag
- Abgrenzung zur Arbeitnehmerüberlassung
Rz. 3507
Dienstwagen Rz. 1935
Dienstwohnung Rz. 5626
Direktionsrecht Rz. 1936, 2002 ff., 7001
- Arbeitsort Rz. 2016, 2017
- Arbeitstage Rz. 2107 ff.
- Arbeitsumfang Rz. 2018
- - Arbeitsgeschwindigkeit Rz. 2019
- - Arbeitszeit Rz. 2018 a
- Arbeitsverhalten Rz. 2235, 2352
- Art der Arbeit Rz. 2008 ff.
- Grenzen Rz. 2003
- - billiges Ermessen Rz. 2014
- - Mitbestimmungsrecht des Betriebsrates
Rz. 2015
- - Vollzug des Arbeitsverhältnisses Rz. 2012
- Lage der Arbeitszeit Rz. 2176
- Überstunden Rz. 2207
- Notfälle Rz. 2020 ff.
- Ordnungsverhalten Rz. 2353
- tägliche Arbeitszeitdauer Rz. 2135 ff.
- Übertragbarkeit Rz. 2004 ff.
- - Betriebsübergang Rz. 2007
- - Überlassungsklausel Rz. 2006
- Umsetzung Rz. 2026
- Versetzung 2024 ff.
Direktversicherung Rz. 5626, 8084
- „Abfindngen", ABC Lohnsteuer Rz. 8035
Doppelfunktion
- des Zeugnisses Rz. 4885, 4905
Doppelte Haushaltsführung
- ABC Lohnsteuer Rz. 8035
Doppelurlaubsanspruch Rz. 2840
Dringende betriebliche Gründe Rz. 2816
Drittbezogener Personaleinsatz Rz. 3500 ff.
Drittschuldner Rz. 2601
Drittschuldnererklärung Rz. 2600, 2619 ff.
- Frist Rz. 2628
- Gegenstand Rz. 2621 ff.
- Schadenersatz Rz. 2630
Drittschuldnerklage Rz. 2618

Sachregister

Drohung, widerrechtliche Rz. 1158
Durchlaufende Gelder Rz. 8026
- ABC Lohnsteuer Rz. 8035

EG Rz. 5050
EG-Ausländer Rz. 5524
EG-Mitgliedstaaten Rz. 5241
Ehegatten
- Arbeitsverhältnis Rz. 8013
- Bescheinigung der Religionsgemeinschaft des ~ Rz. 8045
- Lohnsteuerklasse Rz. 8047
- Wohnsitzfinanzamt Rz. 8018
Ehrenamtliche Richter Rz. 7515
Eignung
- bei gewerblicher Arbeitsvermittlung Rz. 5010
Einarbeitungszuschuß Rz. 7101
- Bewilligungsverfahren Rz. 7108
- Rückzahlungspflicht Rz. 7109
- Zuschußhöhe und -dauer Rz. 7107
- Zuschußvoraussetzung Rz. 7102
Einbehaltung der Lohnsteuer Rz. 8095 f.
Einbehaltungskontrolle Rz. 1391
Einfaches Zeugnis Rz. 4899
- Arbeitsunterbrechung Rz. 4899
- Art und Dauer der Beschäftigung Rz. 4899
- Beendigungsmodalität Rz. 4899
Einfirmenvertreter Rz. 1540
Eingleitphase Rz. 2238
Eingliederung in den Betrieb Rz. 5205
Eingliederungsbeihilfe Rz. 7110
Eingruppierung
- Begriff Rz. 1105
- Betriebsratsbeteiligung Rz. 1107 ff.
Einkommensteuerpflicht Rz. 8016
Einkommensteuerveranlagung Rz. 8026, 8128
- bei Erhebung der Lohnsteuer nach Zusatztabelle Rz. 8065 b
Einleitung des Anhörungsverfahrens Rz. 4667
Einmalig gezahlte Entgelte Rz. 6120
Einmalzahlung von Arbeitsentgelt
- Abrechnung in der Sozialversicherung Rz. 5620 ff.
- Beitragsbemessungsgrenze in der Sozialversicherung Rz. 5610
- Jahresarbeitsentgeltgrenze Rz. 5615

Einnahmen, Lohnsteuerabzug
- Arbeitslohn Rz. 8019
- Begriff Rz. 8021
- einmalige Rz. 8041
- laufende Rz. 8041
- Zufluß von ~ Rz. 8036
Einspruch Rz. 8170
Einstellung
- -sanspruch Rz. 1041 ff.
- Aufhebungsanspruch des Betriebsrates Rz. 1143 ff
- Begriff Rz. 1101 ff.
- Betriebsratsbeteiligung Rz. 1108 ff.
- Leitende Angestellte Rz. 1151
- Rechtstellung des eingestellten Bewerbers Rz. 1148 ff.
- vorläufige Einstellung Rz. 1134 ff.
Einstellungsrichtlinie Rz. 1124
Einstellungsuntersuchungen
- ärztliche Einstellungsuntersuchung Rz. 1025
- Einwilligung Rz. 1027, 1029, 1031
- gentechnische Analyse Rz. 1029
- graphologische Gutachten Rz. 1030
- HIV-Antikörpertest Rz. 1028
- Mitteilungsbefugnis des Arztes Rz. 1026
Einstrahlung
- in der Sozialversicherung bei Beschäftigungsverhältnissen mit Auslandsberührung Rz. 5238 ff.
Einstweilige Anordnung Rz. 7548
Einstweilige Verfügung, Zeugniserteilung Rz. 4914
Einstweiliger Rechtsschutz Rz. 4861, 4955, 4964
Eintragungen auf der Lohnsteuerkarte Rz. 8044
Eintritt in den Ruhestand Rz. 3987
Einwilligung Rz. 3008
Einzugsermächtigung
- Zahltag bei ~ für Sozialversicherungsbeiträge Rz. 5637
Einzugsstelle Rz. 5201, 5231, 5501, 5633, 5634, 5636, 5637, 5639, 5642, 5643, 6100, 7502
Elektronische Datenverarbeitung Rz. 5647, 5653
Entfernungsverlangen
- Abmahnung Rz. 4422
Empfehlung

Sachregister

- von Arbeitskräften zur Einstellung Rz. 5018
Entgelt s. Arbeitsentgelt
- Arbeitnehmertätigkeit gegen ~ als Voraussetzung der Sozialversicherungspflicht Rz. 5208
- erstattungsfähiges ~ bei der Lohnfortzahlungsversicherung für Kleinbetriebe Rz. 5664
- erstattungsfähiges ~ bei Versicherung gegen Mutterschaftsaufwendungen für Kleinbetriebe Rz. 5666

Entgeltbescheinigung Rz. 6142
Entgeltfortzahlung Rz, 2700
- Aids Rz. 2763
- Allgemeinerkrankung Rz. 2763
- Anlaßkündigung Rz. 2726
- - Beispielsfälle Rz. 2727
- - Dahrlegungs u. Beweislast Rz. 2727
- Anspruchsübergang bei Dritthaftung Rz. 2776
- Anwendungsbereich des EFZG Rz. 2707
- Anzeigepflichten Rz. 2751
- Arbeitnehmerweiterbildung s. Bildungsurlaub
- Arbeitsunfähigkeit Rz. 2714
- Arbeitsunfähigkeit im Ausland Rz. 2752
- Arbeitsunfähigkeitsbescheinigung Rz. 2754, 2758
- - Beweiswert Rz. 2758
- - Indizien Rz. 2758
- - Überpüfung durch Krankenkassen Rz. 2760
- - Vorlage Rz. 2754
- Arbeitsunfall Rz. 2778, 2788
- Arbeitsversuch, mißglückter Rz. 2722
- Arztbesuch Rz. 2715
- - Vorgehensweise Rz. 2715
- Ausschluß der ~ Rz. 2762, 2765
- - befristetes Arbeitsverhältnis mit Arbeitern Rz. 2765
- - Berufsausbildungsverhältnis Rz. 2768
- - Bezug von Mutterschaftsgeld Rz. 2767
- - Erziehungsurlaub Rz. 2769
- - geringfügig beschäftigte Arbeiter Rz. 2766
- - Weiterbeschäftigungszeitraum Rz. 2770
- Bedingte Freistellung Rz. 2945
- Beendigung des Arbeitsverhältnisses Rz. 2726
- befristetes Arbeitsverhältnis Rz. 2765

- beratender Schwangerschaftsabbruch Rz. 2733
- Berufliche Weiterbildung Rz. 2934
- Berufsausbildungsverhältnis Rz. 2768
- Betriebsratsbeteiligung Rz. 2932
- Betriebsübergang Rz. 2744
- Bildungsurlaub Rz. 2930
- Bungee-springen Rz. 2762
- Checkliste Rz. 2700
- Dritthaftung s. d. Haftungsübergang
- EFZG, in Kraft treten Rz. 2798
- Einheit des Verhinderungsfalles Rz. 2729
- Erholungsurlaub Rz. 2939, 2944
- Erkrankung vor Beginn des Beschäftigungsverhältnisses Rz. 2712
- Erziehungsurlaub Rz. 2769
- Europäischer Gerichtshof, mittelbare Diskriminierung Rz. 2704
- faktisches Arbeitsverhältnis Rz. 2712
- Fall Paletta Rz. 2759
- Fortsetzungserkrankung Rz. 2731
- - Fristberchnung Rz. 2732 ff.
- Gesellschaftspolitische Fragen Rz. 2940
- gesetzlicher Förderungsübergang Rz. 2776
- Gesundheitszirkel Rz. 2710
- Gründe für die Neuregelung Rz. 2703
- Grundsatz Rz. 2709
- Hausbesuche Rz. 2710
- Heilbehandlung Rz. 2782
- Heilverfahren Rz. 2782
- Heimarbeit Rz. 2707
- Höhe Rz. 2746
- - Arbeitsentgelt Rz. 2747
- - Berechnungsgrundlage Rz. 2747
- - Berechnungsverfahren Rz. 2749
- - Jahressonderzahlung Rz. 2748
- Jedermannzugänglichkeit Rz. 2943
- Krankheit Rz. 2713
- Krankengespräche Rz. 2709
- Kuren Rz. 2782
- Legaldifinition Arbeitnehmer Rz. 2707
- Leiharbeitnehmer Rz. 2707
- Leistungsmißbrauch Rz. 2705
- Leistungsverweigerungsrecht Rz. 2773, 2781, 2942
- Leistungsverweigerungsrecht des Arbeitgebers Rz. 2773
- Lohnausfallprinzip Rz. 2746
- Lohnfortzahlungsversicherung für Kleinbetriebe Rz. 5658 ff.

Sachregister

- Maßnahmen der Rehabilitation Rz. 2782
- Maßnahmen der Vorsorge Rz. 2782
- Maßnahmen der Vorsorge u. der Rehabilitation Rz. 2782
- - Begriff Rz. 2782
- - Nachkur, Entfall Rz. 2784
- - Schonungszeiten, Entfall Rz. 2784
- - Voraussetzungen Rz. 2783
- Medizinischer Dienst Rz. 2760
- Mehrfacherkrankungen Rz. 2760
- - Beispielsfälle Rz. 2735
- - Beweislast Rz. 2744
- - Checkliste Rz. 2743
- - grundsätzliches Rz. 2733
- - Grundsätzliches Rz. 2732
- mißglückter Arbeitsversuch Rz. 2722
- Mitbestimmung bei Krankengesprächen Rz. 2709
- Nachweispflicht Rz. 2751
- Nebentätigkeit Rz. 2763
- Neue Bundesländer Rz. 2786
- Neuregelung im Überblick Rz. 2706
- Nichthinterlegung Sozialversicherungsnachweis Rz. 2774
- politische Weiterbildung Rz. 2934
- Quotenvorrecht Rz. 2779
- Rechtsgrundlage Rz. 2702
- Rechtsgrundlagen Rz. 2931
- Rechtsmißbrauch Rz. 2771
- Referenzprinzip Rz. 2750
- Schlägerei Rz. 2763
- Schwangerschaftsabbruch Rz. 2723
- Selbstmord Rz. 2763
- Sicherheitsgurt Rz. 2763
- Sonderprobleme bei Vorlegungsverlangen Rz. 2755
- Sonderurlaub Rz. 2929
- Sozialversicherungsausweis, Hinterlegung Rz. 2774
- Sportunfälle Rz. 2763
- Sprachkurse Rz. 2934
- Sterilisation und Schwangerschaftsabbruch Rz. 2763
- Suchterkrankungen Rz. 2763
- Teilarbeitsunfähigkeit Rz. 2719
- Übergangsprobleme beim in Kraft treten des EFZG Rz. 2798
- Überprüfung der Arbeitsunfähigkeit Rz. 2760
- Unterschiede Arbeiter/Angestellte Rz. 2703 ff.
- Ursachenzusammenhang Rz. 2717
- - Aussperrung Rz. 2717
- - Erziehungsurlaub Rz. 2718
- - hypothetische Betrachtung Rz. 2718
- - Sonderurlaub Rz. 2718
- Veranstaltungen zur Ökologie Rz. 2938
- Vereinheitlichungszweck Rz. 2703
- Verfahrensfragen Rz. 2944
- Vergleich altes ~ neues Recht Rz. 2708
- Verkehrsunfall Rz. 2763
- Verpflichtung zur E. bei Mutterschutz Rz. 6302
- Verschulden, Anscheinsbeweis Rz. 2764
- verschuldete Arbeitsunfähigkeit Rz. 2762
- - ABC Rz. 2763
- - Begriff Rz. 2762
- - Beweislast Rz. 2764
- Vertrauensarzt Rz. 2760
- Voraussetzungen Rz. 2711
- - Arbeitsunfähigkeit Rz. 2714
- - Bestand eines Arbeitsverhältnisses Rz. 2712
- - Krankheit Rz. 2712
- - Ursachenzusammenhang Rz. 2717
- Vorlage der Arbeitsunfähigkeitsbescheinigung Rz. 2754
- Wegerisiko Rz. 2714
- Weiterbeschäftigungszeitraum Rz. 2770
- Weiterbildung s. Bildungsurlaub
- Wiedereingliederungsverhältnis Rz. 2721
- wiederholte Arbeitsunfähigkeit Rz. 2728
- - Fortsetzungserkrankung Rz. 2731
- - neue Krankheit Rz. 2732
- Zeitraum der ~ Rz. 2724
- - Beginn Rz. 2725
- - Ende Rz. 2726
- - je Arbeitsverhältnis Rz. 2714
- Zurückbehaltungsrecht Rz. 2773, 2781

Entgeltliche Geringfügigkeit Rz. 5222
Entgeltminderung wegen Fehlzeiten Rz. 5619
Entgeltnachzahlung Rz. 5622
Entlassungen Rz. 6132
Entlassungsentschädigungen
- Abfindungen, ABC Lohnsteuer Rz. 8035
- als sonstiger Bezug Rz. 8064

Entleiher Rz. 3502, 5211, 5544, 5632
Entleiherkontrollmeldung Rz. 3516

Sachregister

Entschädigung, Steuerbegünstigte Rz. 4154
Entscheidung der Einzugsstelle Rz. 5655
Entsendung
- von Arbeitnehmern in das Ausland und Sozialversicherungspflicht Rz. 5238

Entsendungsregelungen Rz. 5242
Erbfall Rz. 1057
Erfindervergütung Rz. 5626
- ABC Lohnsteuer Rz. 8035

Erfindung Rz. 5626
Erhöhter Beitragssatz Rz. 5235
Erholungsbeihilfe Rz. 5626
Erklärungsirrtum Rz. 1155, 4832
Erkrankung des Arbeitnehmers, Zeugniserteilung Rz. 4904
Erkrankung von Kleinkindern
- Befreiung von der Arbeitpflicht Rz. 2050
- Kinderkrankengeld Rz. 2050
- Vergütungspflicht Rz. 2559

Erkrankung vor Beginn des Beschäftigungsverhältnisses Rz. 2704
Erlaß
- von Sozialversicherungsbeiträgen Rz. 5639

Erlaubte private Arbeitsvermittlung Rz. 5009
Ermäßigter Beitragssatz Rz. 5237
Ermessen Rz. 7508
Ernteaushilfen Rz. 5531
Erörterungstermin
- vor dem Sozialgericht Rz. 7539

Erprobungszweck Rz. 1622
Ersatz des Schadens Rz. 6311
Ersatzbescheinigung
- bei beschränkter Einkommenssteuerpflicht Rz. 8077

Ersatzkasse Rz. 5201, 5503
Ersatzmitglieder, Kündigungsschutz Rz. 4604
Ersatzruhetag
- bei Feiertagsarbeit Rz. 2126
- bei Sonntagsarbeit Rz. 2126

Ersatz-Versicherungsnachweis Rz. 5519, 7007
Erschwerniszuschlag Rz. 5626
Erstattung von zu Unrecht entrichteten Beiträgen Rz. 5641
Erstattungsfähiges Entgelt Rz. 5664
Erstattungspflicht des Arbeitgebers
- Ausnahmen von der ~ Rz. 7052, 7053, 7069
- bei Wettbewerbsverbot Rz. 7059
- Beratungspflichten des Arbeitsamtes Rz. 7054, 7070
- Bescheid des Arbeitsamtes über die ~ Rz. 7055
- für Kleinbetriebe Rz. 7052
- keine ~ bei alternativen Sozialleistungen Rz. 7051
- und besonderer Härtefall Rz. 7054
- und drastischer Personalabbau Rz. 7053
- und sozial gerechtfertigte Kündigung Rz. 7053
- Verfahren bei der ~ Rz. 7055, 7056

Erwerbsunfähigkeit Rz. 6104
Erziehungsgeld Rz. 6303, 7501
- Bezug Rz. 6115

Erziehungsurlaub, Sonderkündigungsschutz Rz. 2745, 2919, 4616, 5219, 6305
- anderweitige Erwerbstätigkeit Rz. 2925
- Anspruchsberechtigung Rz. 2920
- Ausschluß Rz. 2921
- Auswirkungen Rz. 2927
- betriebliche Leistungen Rz. 2926
- Erholungszweck Rz. 2923
- Inanspruchnahme Rz. 2922
- Kündigungsfristen Rz. 4260
- Rechtsgrundlagen Rz. 2919
- Voraussetzungen Rz. 2920
- Wechsel unter den Berechtigten Rz. 2922

Erziehungsgeldstellen Rz. 2928
Erziehungsurlaubsvertretung Rz. 6305
Erzielen des Entgelts Rz. 5618
Essenszuschuß Rz. 5626
- ABC Lohnsteuer Rz. 8035

Europäische Union
- Beurteilung der Sozialversicherungspflicht Rz. 5242
- und Arbeitserlaubnis Rz. 5650

Existenzgründer
- Starthilfe vom Arbeitsamt Rz. 7122

Existenzminimum, Steuerfreistellung Rz. 8065 ff.
- Bescheinigungspflichten des Arbeitgebers Rz. 8103, 8116
- Einkommensteuerveranlagung Rz. 8065 a
- Höhe der Freistellung Rz. 8065 a
- Lohnsteuer-Jahresausgleich Rz. 8126
- Merkblatt zur Steuerfreistellung Rz. 8065 c
- Zusatztabelle Rz. 8065 b

Sachregister

Exklusivvereinbarungen
- bei gewerblicher Arbeitsvermittlung Rz. 5013

Fälligkeit von Sozialversicherungsbeiträgen Rz. 5636 ff.
Fälligkeit des Gesamtsozialversicherungsbeitrags Rz. 5636
Fahrtkosten Rz. 5626
- ABC Lohnsteuer Rz. 8035

Fahrtkostenzuschuß Rz. 5606
Faktisches Arbeitsverhältnis Rz. 2407, 2444, 2523
Familienangehörige Rz. 5212, 5671
- mitarbeitende Rz. 5530, 5538

Familienmitglieder Rz. 1512, 1518
Familienstand Rz. 5615
Familienversicherung Rz. 5670, 5671
Familienzuschlag Rz. 5626
Fehlgeldentschädigung Rz. 5626
Feiertag
- Streichung eines ~ und Beitragstragung in der sozialen Pflegeversicherung Rz. 5231

Feiertagsarbeit Rz. 5626
Feiertagsarbeitszuschlag Rz. 5626
Ferienaufenthalt Rz. 5626
Ferienjobs
- Schüler in ~ Rz. 5531

Fernkopierer Rz. 7548
Filialwechsel Rz. 2032
Finanzamt
- Betriebsstättenfinanzamt Rz. 8017
- Wohnsitzfinanzamt Rz. 8018

Folgemonat Rz. 5636
Formularvertrag Rz. 1310
Formvorschriften
- bei der Ausstellung des Zeugnisses Rz. 4897

Fortsetzungserkrankung Rz. 2720
Fragerecht des Arbeitgebers
- Aids Rz. 1015
- ärztliche Untersuchungen Rz. 1025
- Auskünfte von Dritten Rz. 1036 ff.
- bei Bewerbern Rz. 1012
- bei Mitarbeitern Rz. 1012 a
- beruflicher Werdegang Rz. 1016
- Gewerkschaftszugehörigkeit Rz. 1020
- Heirat Rz. 1021
- Krankheit Rz. 1014
- Lohn- und Gehaltshöhe Rz. 1017
- Personalfragebogen Rz. 1032
- Recht auf Lüge Rz. 1012
- Religions- und Parteizugehörigkeit Rz. 1019
- Schwangerschaft Rz. 1022
- Schwerbehinderteneigenschaft Rz. 1018
- Vermögensverhältnisse Rz. 1024
- Vorstrafen Rz. 1023

Franchisenehmer Rz. 1518
Frauendiskriminierung
- Diskriminierungsverbot Rz. 1182
- Stellenausschreibung Rz. 1010
- Zustimmungsverweigerungsgrund Rz. 1122, 1129
- Zustimmungsverweigerungsgrund bei der Einstellung Rz. 1122

Freibeträge Rz. 8043
Freibetrag Rz. 4140
- bei der Anrechnung einer Abfindung Rz. 7050

Freie Kost und Wohnung Rz. 5604
Freie Mitarbeiter Rz. 8014
Freie Unterkunft und Verpflegung Rz. 5604, 5626
Freifahrt Rz. 5626
Freiheitsstrafe Rz. 4407
Freistellung und Aufhebungsvertrag Rz. 4049
Freistellung des Arbeitnehmers
- bei Verhinderung Rz. 2549 ff.
- Teilnahme an Arbeitnehmerweiterbildung Rz. 2568 ff.
- von Verschwiegenheitspflicht Rz. 2365

Freiwillig Versicherter Rz. 5237
Freiwillige Krankenversicherung Rz. 5672
Freiwilligkeitsvorbehalt Rz. 2897
Fristablauf Rz. 7000
Fristlose Kündigung Rz. 7041
Fristversäumnis Rz. 7519, 7520, 7531
Führungsbeurteilung im Zeugnis Rz. 4903
Fürsorgepflicht Rz. 2952, 4844
- Abhören Rz. 2958
- allgemeiner Weiterbeschäftigungsanspruch Rz. 2961, 2962
- Aufklärungs- und Beratungspflicht Rz. 2969
- Begriff Rz. 2952
- Beschäftigungspflicht Rz. 2960
- Datenschutz Rz. 2959

Sachregister

- eingebrachte Sachen Rz. 2964
- Kfz-Einsatz Rz. 2966
- Leben und Gesundheit des Arbeitnehmers Rz. 2953
- nachwirkende Rz. 2970
- Nichtraucherschutz Rz. 2954
- Parkraum Rz. 2965
- Persönlichkeitsschutz Rz. 2967
- Privat-Kfz Rz. 2966
- Rechtsfolgen der Verletzung Rz. 2972
- Schutzkleidung Rz. 2955
- Tabakrauchfreier Arbeitsplatz Rz. 2954
- Telefonabhörung Rz. 2958
- Überwachung Rz. 2958
- Verletzung, Rechtsfolgen Rz. 2956, 5972
- Weiterbeschäftigungsanspruch Rz. 2962

Fürsorgepflicht des Arbeitgebers, Zeugniserteilung Rz. 4885
Fürsorgepflichtverletzung, Kündigung Rz. 4520

Gaststättengewerbe
- Sozialversicherungsausweis Rz. 5538

Gebäudereinigungsgewerbe
- Sozialversicherungsausweis Rz. 5538

Gebühren eines Rechtsanwalts Rz. 7558
Geburtsbeihilfen
- ABC Lohnsteuer Rz. 8035

Gefahrengeneigte Arbeit Rz. 2307, 2310
Gefahrklasse Rz. 5673, 5674
Gehaltsabrechnung
- und Beitragsüberwachung im Sozialversicherungsrecht Rz. 5647

Gehaltsfortzahlung s. Entgeltfortzahlung
Geheimhaltungspflicht Rz. 3032, 4091
Geheimzeichen, Zeugniserteilung Rz. 4897
Gelegenheitsgeschenk, Lohnsteuer Rz. 8024
Geltendmachung des Zeugnisanspruchs Rz. 4889
Geltungsbereich, Schwerbehindertenschutz Rz. 4573
Gerichtliche Geltendmachung
- des Berichtigungsanspruchs Rz. 4915
- des Zeugniserteilungsanspruchs Rz. 4913

Gerichtsbescheid Rz. 7544
Gerichtskosten Rz. 7545, 7556
Gerichtsstand, allg. Rz. 2613
Gerichtsstandvereinbarung Rz. 1940
Gerichtstermin Rz. 7542

Geringfügig Beschäftigter Rz. 5648
Geringfügige Beschäftigung Rz. 4410, 5221, 5530, 5541, 5631
- Meldung bei ~ Rz. 5530
- Meldefrist bei ~ Rz. 5533
- Sozialversicherungsfreiheit Rz. 5221

Geringfügigkeitsgrenze Rz. 5244
Geringverdiener Rz. 5232
Geringverdienergrene Rz. 5232, 5344, 5530
Gesamteinkommensklausel Rz. 5222
Gesamtsozialversicherungsbeitrag Rz. 5600, 5655, 7504
Geschäftsfähigkeit Rz. 1054 ff.
- beschränkte Geschäftsfähigkeit Rz. 1055 f.
- Geschäftsunfähigkeit Rz. 1054, 1153

Geschäftsführer Rz. 5213, 7049
Geschäftsführer ohne Auftrag Rz. 1512
Geschäftsführertätigkeiten Rz. 7019
Geschäftsgeheimnisse Rz. 1975
Geschäftsgrundlage, Fehlen der Rz. 1503
Geschäftsjubiläum Rz. 5626
Geschuldetes Arbeitsentgelt Rz. 5626
Gesellschaft mit beschränkter Haftung
- sozialversicherungspflichtige Beschäftigung eines mitarbeitenden Geschäftsführers Rz. 5215

Gesellschafter Rz. 1830, 5213
- einer Kapitalgesellschaft Rz. 1518
- einer Personengesellschaft Rz. 1518

Gesellschafterwechsel, Betriebsübergang Rz. 4627
Gesetzumgehung Rz. 1420
Gesetzeswidrigkeit Rz. 1320
Gesundheitsuntersuchung Rz. 1943
Gewerbsmäßige Arbeitsvermittlung Rz. 5001
Gewerkschaftszugehörigkeit
- Fragerecht des Arbeitgebers Rz. 1020

Gewinnbeteiligung Rz. 1945
Gleichbehandlung
- Teilzeitbeschäftigung Rz. 1662

Gleichbehandlungsgrundsatz Rz. 2893
Gleichbehandlungsgrundsatz in Vergütungsfragen Rz. 2410 ff.
- Erhöhung der Vergütung Rz. 2413 ff.
- - allgemein Rz. 2415
- - Anrechnung übertariflicher Vergütung Rz. 2416
- - individuell Rz. 2413
- - Streikbruchprämien Rz. 2413, 2414

Sachregister

- Jahressonderzahlungen Rz. 2417
- Mitbestimmungsrecht des Betriebsrates Rz. 2410
- Teilzeitbeschäftigte Rz. 2418
- Vergütungsvereinbarung Rz. 2411
- weibliche Arbeitnehmer Rz. 2412

Gleichbehandlungspflicht Rz. 2973
- Allgemeines Rz. 2973
- arbeitsrechtlicher Gleichbehandlungsgrundsatz Rz. 2985
- - Rechtsfolgen der Verletzung Rz. 2990
- betriebsverfassungsrechtliche ~ Rz. 2983
- Darlegungs- und Beweislast Rz. 2976
- gesetzliche Ausprägung Rz. 2974
- Gleichbehandlung Rz. 2978
- Grundgesetz Rz. 2984
- mittelbare Benachteiligung Rz. 2978
- Teilzeitbeschäftigung Rz. 2978
- - betriebliche Altersversorgung Rz. 2981
- - Nebenleistungen Rz. 2981
- - Vergütungsfragen Rz. 2979
- Verletzung, Rechtsfolgen Rz. 2977

Gleichgestellte Rz. 4572, 6131

Gleitende Arbeitszeit Rz. 2236 ff.
- Ausfallzeiten Rz. 2244
- Direktionsrecht Rz. 2236
- einfache gleitende Arbeitszeit Rz. 2239
- Grundform Rz. 2238
- Mitbestimmungsrecht des Betriebsrates Rz. 2246
- Musterbetriebsvereinbarung Rz. 2247
- Überstundenregelung Rz. 2245
- Vor-/Nachteil Rz. 2237
- Zeitausgleich Rz. 2240 ff.
- - beschränkter Zeitausgleich Rz. 2241
- - unbeschränkter Zeitausgleich Rz. 2242
- Zeitguthaben/-schulden Rz. 2240

GmbH-Geschäftsführer
- Ruhendes Arbeitsverhältnis, Kündigungsschutz Rz. 4326

Gratifikation Rz. 1946

Gratifikationen
- und sozialversicherungspflichtiges Arbeitsentgelt Rz. 5626

Günstigkeitsprinzip Rz. 1303

Güter- und Personalförderungsgewerbe
- Sozialversicherungsausweis Rz. 5538

Güteverhandlung Rz. 4958

Härtefallregelung Rz. 5052
Haftung bei Auskunftserteilung Rz. 4924
Haftung des Arbeitgebers Rz. 4854 ff.
- bei Auskunftserteilung Rz. 4924
- bei Zeugniserteilung Rz. 4918
- für Lohnsteuer Rz. 8162

Haftungseinschränkungen bei Arbeitnehmerhaftung Rz. 2307 ff.
- betrieblich veranlaßte Tätigkeit Rz. 2308
- Haftung bei leichtester Fahrlässigkeit Rz. 2316
- Haftung bei normaler Fahrlässigkeit Rz. 2315
- Haftung bei grober Fahrlässigkeit Rz. 2312
- Haftung bei Vorsatz Rz. 2311
- Haftungsvereinbarung Rz. 2317

Haftungsausschüsse und -beschränkungen Rz. 1947

Handelsvertreter Rz. 1540

Hauptberuflich selbständige Erwerbstätigkeit Rz. 5229

Hausgewerbetreibende Rz. 1530
- Kündigungsfristen Rz. 4262

Haushaltsfreibetrag
- im Rahmen der Steuerklassen Rz. 8047
- in der Lohnsteuertabelle Rz. 8049

Haushaltshilfen Rz. 5531, 5538

Heilbehandlung Rz. 2707

Heimarbeit Rz. 2704

Heimarbeiter Rz. 1530, 5235
- Kündigungsfristen Rz. 4262

Heimarbeiterzuschlag Rz. 5626

Heiratsbeihilfen
- ABC Lohnsteuer Rz. 8035

Herausgabepflicht, Arbeitspapiere Rz. 4844
- Art und Weise der Herausgabe Rz. 4850
- Ausschlußfristen, Verjährung und Verwirkung Rz. 4853
- prozeßuale Durchsetzung Rz. 4857
- Schadensersatzanspruch wegen verzögerter Herausgabe Rz. 4854 ff.
- Zurückbehaltung Rz. 4852

Herausgabepflicht des Arbeitgebers Rz. 4843

Hinterlegung
- bei mehrfacher Pfändung Rz. 2648
- nach BGB Rz. 2649

Hinweispflichten Rz. 4030, 4823

Sachregister

Hinzuverdienstgrenze
- bei Invalidenrentenbezug Rz. 6102

Hochschulstudenten Rz. 5230
Höchstgrenze Rz. 5675
Höherverdiener
- Befreiung von der Pflegeversicherungspflicht Rz. 5219
- Beitragszuschuß des Arbeitgebers Rz. 5669 ff.

Impfschäden Rz. 7501
Inbezugnahme von Tarifverträgen Rz. 1970
Informationelle Selbstbestimmung Rz 1037
Inhalt des Arbeitsvertrages Rz. 1300
Inhalt des Zeugnisses Rz. 4898 ff.
Inhaltsirrtum Rz. 1156, 4831
Inhaltskontrolle Rz. 1360, 1382
- Unklarheitenregel Rz. 1324
- Verbot überraschender Klauseln Rz. 1324
- Verbot unangemessener Benachteiligung Rz. 1324
- Vorrang der Individualabrede Rz. 1324

Inländisches Beschäftigungsverhältnis Rz. 5238
Insolvenz Rz. 6317
Insolvenztag Rz. 6319
Invalidenrenten Rz. 6104

Jahresarbeitsentgelt
- s. Jahresarbeitsentgeltgrenze

Jahresarbeitsentgeltgrenze Rz. 5608, 5613 ff., 6105, 7506
Jahresbeitragsbemessungsgrenze
- anteilige Rz. 5610

Jahresmeldung Rz. 6117
Jahressonderzuwendung Rz. 2266 a, 2278 a, 7008
Job-Ticket, ABC Lohnsteuer Rz. 8135
Jubiläumszuwendung Rz. 5626
- ABC Lohnsteuer Rz. 8035
- Annehmlichkeit Rz. 8023
- sozialversicherungspflichtiges Arbeitsentgelt Rz. 5626

Jugendliche
- tägliche Arbeitszeitdauer Rz. 2169
- Arbeitstage Rz. 2123, 2128
- Ruhepausen Rz. 2195
- Ruhezeiten Rz. 2199

- Überstunden Rz. 2212

Kammertermin Rz. 4959
Kapitalgesellschaft in Gründung Rz. 1830
Karenzentschädigung Rz. 1949, 3052, 5626, 7048
- anderweitiger Erwerb Rz. 3070
- Ausschlußfrist Rz. 3062
- Höhe Rz. 3057
- Mindestentschädigung Rz. 3052
- Pfändung Rz. 3076
- Schema zur Berechnung Rz. 3059
- sozialversicherungspflichtiges Arbeitsentgelt Rz. 5626
- sozialversicherungsrechtliche Behandlung Rz. 3075
- steuerliche Behandlung Rz. 3074
- Verjährung Rz. 3061

Karenzzeit Rz. 7048
Kassenbuch Rz. 5645
Katalog, der auf die Frage der Eigenschaft als Angestellter abstellt Rz. 5202
Katalog von Gegenindizien, die gegen eine Arbeitnehmereigenschaft sprechen Rz. 5207
Katalog von Indizien, die für eine Arbeitnehmereigenschaft sprechen Rz. 5206
Kernarbeitszeit Rz. 2238
Kfz-Gestellung, Lohnsteuerabzug Rz. 8021
KG Rz. 5214
Kinder
- Arbeitsverhältnis mit Kindern Rz. 8013
- Eintragung auf der Lohnsteuerkarte Rz. 8018

Kindererziehung
- Leistungen des Sozialrechts bei ~ Rz. 6303

Kinderfreibetrag
- im Rahmen der Steuerklassen Rz. 8047
- in den Lohnsteuertabellen Rz. 8049

Kindergartenplatz Rz. 5626
Kindergeld Rz. 7501
Kinderkrankengeld Rz. 2186
Kirchensteuer Rz. 8066
- bei Lohnsteuerpauschalierung Rz. 8082
- bei sonstigen Bezügen Rz. 8072

Kirchensteuerabzug
- bei Nettolohnvereinbarung Rz. 8094 b
- bei „sonstigen Bezügen" Rz. 8072

Sachregister

- Ermittlung bei fehlender Lohnsteuerkarte Rz. 8073
- vom laufenden Arbeitslohn Rz. 8066, 8067

Kirchensteuerjahresausgleich Rz. 8134

Klage Rz. 5657, 5678, 7032, 7502

Klage auf Erteilung von Arbeitspapieren Rz. 4857
- Beweislastverteilung Rz. 4852
- einstweiliger Rechtsschutz Rz. 4861
- Rechtsschutzbedürfnis Rz. 4859
- sachliche Zuständigkeit Rz. 4858
- Vollstreckung Rz. 4860

Klage beim Finanzgericht Rz. 8182

Klage gegen Entscheidungen der Einzugsstelle im Sozialversicherungsrecht Rz. 5657

Klage vor dem Sozialgericht Rz. 7528
- Anerkenntnis Rz. 7546
- aufschiebende Wirkung Rz. 7532
- außergerichtliche Kosten Rz. 7577
- Beiladung Dritter Rz. 7535
- einstweilige Anordnung Rz. 7548
- Erörterungstermin Rz. 7539
- Gerichtsbescheid Rz. 7544
- Klagefrist Rz. 7530
- Klageschrift Rz. 7529
- Kosten Rz. 7556
- mündliche Verhandlung Rz. 7542
- Prozeßvollmacht Rz. 7528
- rechtliches Gehör Rz. 7538
- Vergleich Rz. 7547
- vorläufiger Rechtsschutz Rz. 7548

Klageantrag Rz. 7532

Klageerhebung Rz. 7511

Klagefrist Rz. 7530, 7531

Kleinbetriebe, Kostenausgleich Rz. 2761
- Lohnfortzahlungsversicherung für ~ Rz. 5665 ff.
- Versicherung gegen Mutterschaftsaufwendungen Rz. 5658 ff.

Kleinstbetriebe, Kündigungsschutz Rz. 4323

Kleinunternehmen
- Kündigungsfristen Rz. 4255

Komanditgesellschaft
- sozialrechtliche Qualifizierung des mitarbeitenden Gesellschafters Rz. 5214

Konkurrenztätigkeit, Kündigung Rz. 4512

Konkurs Rz. 7001, 7508
- Kündigungsfristen im ~ Rz. 4274

- Zuständigkeit des Sozialgerichts bei ~ Rz. 7508

Konkurs des Arbeitgebers, Zeugniserteilung Rz. 4888

Konkurs- und Vergleichsverfahren Rz. 4162

Konkursantrag der Krankenkasse Rz. 7508

Konkursausfallgeld Rz. 5677, 6144, 6317 ff., 7508

Konkurseröffnung Rz. 6116
- Arbeitnehmer, freigestellter bei ~ Rz. 6116

Konkursgericht Rz. 7508

Kontrollmeldung Rz. 5539, 5542

Kontrollmeldung bei Arbeitnehmerüberlassung Rz. 5544

Konzern Rz. 1830

Korrektur-Beitragsnachweis Rz. 5653

Kosten
- im Beschlußverfahren Rz. 4956
- im sozialgerichtlichen Verfahren Rz. 7556
- im Urteilsverfahren Rz. 4965

Kostenerstattung Rz. 7560

Kraftfahrer
- Lenkzeiten Rz. 2174, 2196
- Ruhepausen Rz. 2196
- Ruhezeiten Rz. 2203

Kraftfahrzeuggestellung Rz. 8021

Kraftfahrzeugüberlassung Rz. 5626
- ABC Lohnsteuer Rz. 8035

Kranken- und Rentenversicherung Rz. 5220

Krankenbehandlung Rz. 6301

Krankengeld Rz. 5624, 6321

Krankengeldbezug Rz. 5611

Krankengeldzuschuß Rz. 5626

Krankenhäuser
- Arbeitszeit Rz. 2166, 2200

Krankenkasse Rz. 5501, 7502
- Abmeldung bei der ~ Rz. 7004
- als Einzugsstelle Rz. 6100
- Meldungen an die ~ Rz. 6100
- Wechsel der ~ Rz. 6106

Krankenkasse als Einzugsstelle in der Sozialversicherung Rz. 5633 ff.

Krankenkassen für die Durchführung der Lohnfortzahlungsversicherung Rz. 5661

Krankenkassenbeitrag Rz. 7037

Krankenversicherung Rz. 5219, 5227, 5228, 5229, 5234

Sachregister

Krankenversicherungsbeiträge für die wegen Kurzarbeit bzw. schlechten Wetters ausgefallenen Arbeitsstunden Rz. 5625
Krankenversicherungsleistungen vom deutschen Arbeitgeber Rz. 5243
Krankenversicherungspflichtgrenze Rz. 5228
Krankenversicherungszuschuß Rz. 5626
Krankfeiern Rz. 4513
Krankheit Rz. 4513
- Fragerecht des Arbeitgebers Rz. 1041
- Leistungen der Sozialversicherung bei ~ Rz. 6300 ff.

Krankheit im Urlaub Rz. 2877
Krankheitsbedingte Kündigung Rz. 4351
- Alkoholmißbrauch Rz. 4363
- - Therapiebereitschaft Rz. 4364
- Arbeitsunfähigkeit Rz. 4352
- Betriebsratsanhörung Rz. 4365
- Betriebsablaufstörung Rz. 4355
- dauernde Arbeitsunfähigkeit Rz. 4351, 4360
- dreistufige Prüfung Rz. 4354
- Fehlzeitenprognose Rz. 4355
- Ineressenabwägung Rz. 4355, 4357
- Krankheit von unabsehbarer Dauer Rz. 4360
- Kurzerkrankung Rz. 4351
- lang anhaltende Erkrankung Rz. 4351
- Lohnfortzahlungskosten Rz. 4356
- negative Prognose Rz. 4355
- Personalreserve Rz. 4355
- Ringtausch Rz. 4361
- Teilarbeitsunfähigkeit Rz. 4353
- Unterrichtungspflicht Rz. 4362
- viele einmalige Erkrankungen Rz. 4355

Kriegsopferversorgung Rz. 7501
Kündigung Rz. 5055, 6305, 6324, 7000
- aus Anlaß des Betriebsübergangs Rz. 4626
- bei Abberufung aus Arbeitsbeschaffungsmaßnahme Rz. 5248
- durch Bevollmächtigten Rz. 4221
- durch Minderjährige Rz. 4221
- Herausgabezeitpunkt der Arbeitspapiere Rz. 8045
- Lohnabrechnungszeitraum Rz. 8036 a
- Meldungen bei Streit um die ~ Rz. 7006
- Verzicht auf ~ Rz. 4227
- vor Dienstantritt Rz. 4226

- vorzeitige Rz. 4225
- Zeitpunkt der Zeugniserteilung Rz. 4891
- Zugang Rz. 4216

Kündigung, Begründungszwang Rz. 4208
- Berufsausbildungsverhältnis Rz. 4208
- Vereinbarter Rz. 4209
- Verletzung und Schadensersatzpflicht Rz. 4210
- Vorprozessuale Rz. 4210

Kündigung beider Parteien Rz. 4020
Kündigung vor Dienstantritt Rz. 4226, 4273, 4333
- Eingreifen von Sonderkündigungsschutz Rz. 4551

Kündigungserklärung Rz. 4201
- Anforderungen Rz. 4201
- Auslegung Rz. 4211
- Bedingungen Rz. 4202
- Bestimmtheitsgrundsatz Rz. 4201
- Schriftform Rz. 4204
- - Aufhebung Rz. 4207
- - Schriftformklausel Rz. 4205
- - Vereinbarung Rz. 4205
- - Wirksamkeitsvoraussetzung Rz. 4206
- Zugang Rz. 4212
- - Abwesende Rz. 4214
- - Anwesende Rz. 4213
- - beim Prozeßbevollmächtigten Rz. 4219
- - Beweislast Rz. 4220
- - Einschreibesendungen Rz. 4217
- - Sonderfälle Rz. 4215
- - Urlaub Rz. 4216
- - Zugangsvereinbarung Rz. 4218
- - Zugangsvereitelung Rz. 4217

Kündigungsfrist Rz. 4222
- Allgemeines Rz. 4222
- Berechnung Rz. 4222
- Verlängerung Rz. 4223
- Versäumung Rz. 4224

Kündigungsfristen Rz. 1950, 4250, 7041
- Arbeitsverhältnisse auf längere Zeit Rz. 4263
- Aushilfsarbeitsverhältnis Rz. 4268
- Auszubildende Rz. 4258
- - im Konkurs Rz. 4258
- - Baugewerbe Rz. 4252
- befristetes Arbeitsverhältnis Rz. 4271
- bestehende tarifliche Regelungen Rz. 4252
- Erziehungsurlaub Rz. 4260
- gesetzliche Neuregelung Rz. 4251

Sachregister

- gesetzliche Regelfrist Rz. 4251
- Hausgewerbetreibende Rz. 4262
- Heimarbeiter Rz. 4262
- im Konkurs Rz. 4274
- Inbezugnahme tariflicher Fristen Rz. 4256
- Inkrafttreten Rz. 4251, 4257
- Kleinunternehmen Rz. 4255
- Kündigung vor Dienstantritt Rz. 4273
- Kündigungsfrist Rz. 4250
- Kündigungsfristengesetz Rz. 4251
- kürzere tarifliche Fristen Rz. 4254
- längere tarifliche Fristen Rz. 4254
- Neue Bundesländer Rz. 4252 a
- Probe- und Aushilfsarbeitsverhältnis Rz. 4264
- Schwangere und Mütter Rz. 4260
- Schwerbehinderte Rz. 4261
- Seeleute Rz. 4262 a
- Sonderfälle Rz. 4258
- Suche nach der zutreffenden Kündigung Rz. 4250
- tarifliche Regelungen Rz. 4252, 4254
- Tariföffnungsklausel Rz. 4254
- Verfassungsmäßigkeit der Übergangsvorschrift Rz. 4257
- verländgerte Fristen für Arbeitnehmer Rz. 4253
- Wehrpflichtige Rz. 4259

Kündigungsfristengesetz Rz. 4251
Kündigungsmöglichkeiten Rz. 5248
Kündigungsschutz
- bei Vereinbarung von Altersgrenzen über die Beendigung des Arbeitsverhältnisses Rz. 6327
- bei Erziehungsurlaub Rz. 6303

Kündigungsschutzgesetz Rz. 4321
- Ermittlung der Regelbeschäftigtenzahl Rz. 4324
- Erprobung Rz. 4330
- geschützte Arbeitnehmer Rz. 4328
- Kleinstbetriebe Rz. 4322
- Kündigung vor Dienstantritt Rz. 4333
- kurzfristige rechtliche Unterbrechung Rz. 4328
- leitende Angestellte Rz. 4325
- Organvertreter Rz. 4326
- persönlicher Geltungsbereich Rz. 4327
- rechtsgeschäftliche Verkürzung der Wartefrist Rz. 4332
- Regelbeschäftigtenzahl Rz. 4322

- tatsächliche Unterbrechung Rz. 4331
- Verzicht auf Kündigungsschutz Rz. 4334
- Voraussetzungen Rz. 4322
- Wartezeit Rz. 4330

Kündigungsschutzklage Rz. 7003
- Verzicht auf ~ Rz. 4806

Kündigungsschutzprozeß Rz. 4701
- Beurteilungszeitpunkt Rz. 4706
- Darlegungs- und Beweislast Rz. 4710
- - betriebsbedingte Kündigung Rz. 4717
- - personenbedingte Kündigung Rz. 4710
- - verhaltensbedingte Kündigung Rz. 4712
- Nachschieben von Kündigungsgründen Rz. 4708
- Rückabwicklung Rz. 4704
- Weiterbeschäftigung Rz. 4702
- Widerholungskündigung Rz. 4703

Kündigungsverlangen Rz. 4018
Kürzung von betrieblichen Sonderzuwendungen Rz. 6305
Kurzarbeit Rz. 2218 ff.
- Anzeigepflicht Rz. 2230, 6140
- Beendigung Rz. 2233
- Beteiligung des Betriebsrats Rz. 2225
- Entlassungssperre Rz. 2223
- Erlaubnis des Landesarbeitsamts Rz. 2223
- Kranken-/Rentenversicherungsbeiträge Rz. 2228
- - Antrag Rz. 2230, 2232
- - Anzeige der Kurzarbeit Rz. 2230, 2170
- Minderung der Vergütung Rz. 2227
- - Feiertagsvergütung Rz. 2227
- - Lohnfortzahlung im Krankheitsfall Rz. 2227
- - Urlaubsentgelt Rz. 2227
- Mitbestimmungsrecht des Betriebsrates Rz. 2225
- Rechtsgrundlage Rz. 2219 ff.

Kurzarbeitergeld Rz. 2229, 6304 ff., 7509
- Arbeitgeberpflichten Rz. 6312
- Dauer Rz. 6305
- Höhe der Sozialversicherungsbeiträge für Bezieher von ~ Rz. 5625
- Höhe des ~ Rz. 6306

Kurzarbeitsperiode, betriebsbedingte Kündigung Rz. 4461
Kurzerkrankung, Kündigung Rz. 4351
Kurzfristige Beschäftigung Rz. 5225
- Pauschalierung der Lohnsteuer Rz. 8079

Kurzzeitige Beschäftigung Rz. 5224

Sachregister

Kurzzeitigkeit der Beschäftigung Rz. 5648

Ladenschlußgesetz Rz. 2120, 2127, 2189
Ladung Rz. 7542
Lage der Arbeitzeit Rz. 2117 ff.
- Änderung/Festlegung Rz. 2119 ff.
- - Direktionsrecht Rz. 2120
- - Mitbestimmungsrecht des Betriebsrates Rz. 2121, 2122
- gesetzliche Neuregelung Rz. 2123 a, 2128
- Nachtarbeit Rz. 2123
- - Arbeiterinnen Rz. 2123
- - Bäckereien und Konditoreien Rz. 2127
- - Jugendliche Rz. 2125
- - Mutterschutz Rz. 2124
- Pausen s. d.
- Ruhezeiten s. d.
- Verkaufsgeschäfte Rz. 2126
- vertragliche Regelung Rz. 2118, 2123
Lage und Entwicklung des Arbeitsmarktes Rz. 5053
Landesarbeitsamt Rz. 2223, 3525
Landessozialgericht Rz. 7514
Lang anhaltende Erkrankung, Kündigung Rz. 4351
Lebens- oder Dauerstellung Rz. 1590
Lebensversicherung Rz. 5626
Leiharbeit Rz. 3500 ff., 5020
- Arbeitsvermittlung Rz. 5016
- s. a. Arbeitnehmerüberlassung Rz. 3500 ff.
Leiharbeitnehmer Rz. 5211
- Begriff Rz. 3502
- betriebsverfassungsrechtliche Stellung Rz. 3517, 3526
- Merkblatt für ~ Rz. 3533
- Schadensersatzanspruch Rz. 3530
Leiharbeitnehmervertrag Rz. 3526
Leistung Rz. 5641
Leistung, Leistungsbeurteilung Rz. 4901
Leistungsantrag Rz. 6140
Leistungsbereich, Abmahnung Rz. 4419
Leistungsbescheid Rz. 7034
Leistungsbeurteilung, Zeugniserteilung Rz. 4901
- Notenskala Rz. 4902
- Standardformulierungen Rz. 4902
Leitende Angestellte Rz. 1556
- Einstellung Rz. 1151
Lemgoer Modell Rz. 4627

Listenverfahren Rz. 5525
Lohn Rz. 8019
Lohn- und Beitragsunterlagen Rz. 5648
Lohn- und Gehaltsabrechnung Rz. 5645
Lohnabrechnungszeiträume Rz. 7047
Lohnabrechnungszeitraum Rz. 8036 a
Lohnfortzahlung s. Entgeltfortzahlung
Lohnfortzahlung bei Arbeitsunfähigkeit Rz. 7510
Lohnfortzahlungsausschluß Rz. 5236
Lohnfortzahlungsgesetz Rz. 7510
Lohnfortzahlungskosten, Kündigung Rz. 4356
Lohnfortzahlungsversicherung Rz. 7510
Lohnfortzahlungsversicherung für Kleinbetriebe Rz. 5658 ff.
Lohnkonto
- bei Anwendung der Lohnsteuerzusatz-Tabellen Rz. 8065 b
- Belege zum ~ Rz. 8111
- Eintragungen Rz. 8104
- Frist für den Lohnsteuerjahresausgleich durch denArbeitgeber Rz. 8136
- Lohnsteuerjahresausgleich, Aufzeichnungs- und Bescheinigungspflichten Rz. 8135
Lohnkostenzuschuß Rz. 6316, 6318, 7100
Lohnnachweis Rz. 5676
Lohnnachweisformular Rz. 5676
Lohnnachweiskarte Rz. 2911
Lohnpfändung Rz. 2600 ff.
- Auskunftspflicht des Arbeitgebers Rz. 2619 ff.
- Drittschuldner Rz. 2601
- Pfändungs- und Überweisungsbeschluß Rz. 2602, 2611 ff.
- Pfändungspfandrecht Rz. 2617
- Schutz guten Glaubens Rz. 2662 ff.
- Verteidigungsmöglichkeiten Rz. 2655 ff.
- vorläufiges Zahlungsverbot Rz. 2603, 2604 ff.
- Vorpfändung Rz. 2603, 2604 ff.
Lohnrückstände, Kündigung Rz. 4521
Lohnsteuer
- Abzug der ~ Rz. 8004 ff.
- Rechtsgrundlagen Rz. 8002
Lohnsteuerabführung Rz. 8102 ff.
Lohnsteuerabzugsverfahren
- bei „laufendem Arbeitslohn" Rz. 8053
- bei „sonstigen Bezügen" Rz. 8059
- beim Nettolohn Rz. 8094 b

1643

Sachregister

Lohnsteueranrufungsauskunft Rz. 4159, 8137 ff.
Lohnsteueraußenprüfung Rz. 8150 ff.
Lohnsteuerbelege Rz. 8111
Lohnsteuerbescheinigung
- allgemeine Rz. 8116
- bei Anwendung der Lohnsteuerzusatz-Tabellen Rz. 8065 b
- besondere Rz. 8119
- Verbleib der ~ Rz. 8122

Lohnsteuerermäßigung
- zur Sicherung des Existenzminimums Rz. 8065 ff.

Lohnsteuer-Jahresausgleich
- Aufzeichnungs- und Bescheinigungspflichten des Arbeitgebers Rz. 8135
- durch das Finanzamt Rz. 8126
- durch den Arbeitgeber Rz. 8125 ff.
- Frist für den ~ durch den Arbeitgeber Rz. 8136

Lohnsteuerkarte Rz. 5535, 7026, 8042 ff.
- Bescheinigungen auf der ~ Rz. 8044
- Maßgeblichkeit der ~ Rz. 8043
- Muster Rz. 8045
- Nichtvorlage der ~ Rz. 8074

Lohnsteuertabelle Rz. 8049
- Zusatztabelle Rz. 8065 c

Lohnsteuer-Zusatztabellen Rz. 8065 c
Lohnsumme Rz. 5676
Lohnsummenbescheid Rz. 5656
Lohnunterlagen Rz. 5649
Lohnvorschuß Rz. 5626
Lohnwucher Rz. 1330
Lohnzahlungszeitraum Rz. 8036 a
- abweichender Rz. 8036 c

Losgewinn und sozialversicherungspflichtiges Arbeitsentgelt Rz. 5626

Märzklausel Rz. 5612
Mahlzeit
- pauschalversteuerte Einnahmen Rz. 5606
- Zuschüsse Rz. 5626

Mahnung Rz. 5632
Mandatenschutzklausel Rz. 3042
Mankoabrede Rz. 1955
Mankogeld Rz. 5626
Mankohaftung Rz. 2223 ff.
- Mankoabrede Rz. 2224, 2225

Maschinelles Lohnsteuerabzugsverfahren Rz. 8124
Massenänderungskündigung Rz. 4607
Massenentlassung Rz. 4164, 4229, 4463
- Anzeigepflicht Rz. 4230
- Betriebsratsbeteiligung Rz. 4232
- Entlassung Rz. 4229
- Freifrist Rz. 4233
- Rechtsfolgen unterlassener Anzeige Rz. 4232
- Schriftform Rz. 4231
- Sperrfrist Rz. 4232
- vorsorgliche Anzeige Rz. 4231
- Wahlrecht des Arbeitnehmers Rz. 4232

Massenentlassungsanzeige Rz. 6126
Maßnahmen zur Arbeitsbeschaffung für ältere Arbeitnehmer Rz. 6317
Maßregelung, Kündigung Rz. 4621, 4625
Maßregelungsverbot Rz. 1340
Mehrarbeit Rz. 2205 ff.
Mehrarbeitszuschläge
- Ermittlung der Jahresarbeitsentgeltgrenze Rz. 5615
- sozialversicherungspflichtiges Arbeitsentgelt Rz. 5626

Mehrurlaub Rz. 2829
Meinungsfreiheit Rz. 2360
Meldeanlässe Rz. 5500
Meldefrist
- bei geringfügiger Beschäftigung Rz. 5533

Meldefristen Rz. 5504
Meldepflichten des Arbeitgebers Rz. 5500
Meldevordruck Rz. 5505
Meldungen
- an das Arbeitsamt Rz. 6124, 6125
- beim Konkursausfallgeld Rz. 6140
- bei Eintritt und Ende der Versicherungspflicht Rz. 6110
- bei nachträglicher Beitragsforderung Rz. 7010
- bei nachträglichen Zahlungen Rz. 7008
- bei Rückzahlung der Weihnachtsgratifikation Rz. 7009
- bei Streit um die Kündigung Rz. 7006
- von Änderungen Rz. 6121

Merkblatt Rz. 2880
- zur Steuerfreistellung des Existenzminimums Rz. 8065 d

Messen und Ausstellungen Rz. 5531, 5538

Sachregister

Minderjährige Rz. 3038, 4035, 4826
- Kündigung Rz. 4221
Minderleistung, Kündigung Rz. 4405
Mißachtung von Sicherheitsvorschriten, Kündigung Rz. 4412
Mißglückter Arbeitsversuch Rz. 5247
Mitbestimmung des Betriebsrats, Zeugniserteilung Rz. 4910
Mitgliedschaft bei einer gesetzlichen Krankenkasse Rz. 6300
Mitgliedschaft zur Krankenversicherung Rz. 5623
Mitgliedschaftserhaltung Rz. 5623
Mitteilungfrist, Schwerbehindertenschutz Rz. 4577
Mittelbares Arbeitsverhältnis Rz. 5210
Mitwirkungspflicht Rz. 5646, 7541
Motivirrtum Rz. 4832
Mündliche Verhandlung Rz. 7542
Muster Rz. 4882 ff.
- einer Ersatzbescheinigung für die Lohnsteuerkarte Rz. 4863
- einer Ersatzbescheinigung für Versicherungsnachweisheft Rz. 4864
- einer Quittung für Arbeitspapiere Rz. 4865
- eines qualifizierten Ausbildungszeugnisses Rz. 4884
- eines qualifizierten Zeugnisses Rz. 4883
Mutterschaft Rz. 5665, 6303
- Leistungen des Sozialrechts Rz. 5665 ff.
- Versicherung für Kleinbetriebe Rz. 5665 ff.
Mutterschaftsentgelt Rz. 5667
Mutterschaftsgeld Rz. 6300, 6303
Mutterschaftsgeldzuschuß Rz. 5626
Mutterschutz
- Beschäftigungsverbot an Wochentagen Rz. 2131
- Ruhezeiten Rz. 2198
- Sonn- und Feiertagsarbeit Rz. 2124
- tägliche Arbeitszeitdauer Rz. 2168
Mutterschutzfrist Rz. 6303
Mutwillenskosten Rz. 7556

Nacherhebung von Lohnsteuer
- Pauschalierung Rz. 8084
Nachforderung von Lohnsteuer Rz. 8144
Nachgezahltes Arbeitsentgelt Rz. 7003
Nachkündigung Rz. 2860

Nachschieben von Kündigungsgründen Rz. 4708
Nachtarbeit Rz. 2156 ff., 5626
- ärztliche Untersuchung Rz. 2183
- Zulässigkeit Rz. 2182
- Zuschlag Rz. 2185
Nachtarbeitnehmer Rz. 2156
- arbeitsmedizinische Untersuchung Rz. 2183
- Ausgleich Rz. 2185
- Umsetzung auf Tagesarbeitsplatz Rz. 2184
Nachtarbeitszuschlag Rz. 5626
Nachträglicher Beitragsabzug Rz. 5629
Nachweis der Arbeitsunfähigkeit Rz. 4513
Nachwirkungszeitraum Rz. 4606
Nebenarbeiten Rz. 2013
Nebenbeschäftigung Rz. 5226, 5227
Nebeneinkünfte Rz. 6145
- Bescheinigung über Nebeneinkünfte für Sozialleistungsbezieher Rz. 6141
Nebenpflichten des Arbeitgebers Rz. 2951
- Fürsorgepflicht s. d.
- Gleichbehandlungspflicht s. d.
Nebenpflichten des Arbeitnehmers Rz. 2350 ff.
- Abwerbeverbot Rz. 2358
- andere Arbeit Rz. 2356
- Anzeige-/Auskunftspflichten Rz. 2357
- inner-/außerbetriebliche Meinungsfreiheit Rz. 2360
- Nebetätigkeit Rz. 2366
- Ordnungsverhalten Rz. 2353
- Schadensverhinderungspflicht Rz. 2355
- Schmiergelder Rz. 2359
- Überstunden Rz. 2356
- Verletzung von ~ Rz. 2369
- Weisungen des Arbeitgebers Rz. 2351
- Wettbewerbsverbot Rz. 2367
Nebentätigkeit Rz. 1960, 2240, 2249, 4512
Nebentätigkeitsverbot Rz. 2366
Negativattest, Schwerbehindertenschutz Rz. 4580
Netto-Arbeitsentgelt Rz. 5603
Nettolohn
- Begriff Rz. 8094
- laufender Arbeitslohn als ~ Rz. 8094 b
- Lohnsteuerabzugsverfahren Rz. 8094 b
- sonstiger Bezug als ~ Rz. 8094 c
Nettolohnvereinbarung Rz. 5603, 8094 a
Neue Bundesländer
- Kündigungsfristen Rz. 4252 a

1645

Sachregister

Neuregelungen
- aufgrund Bundesverfassungsgerichtsentscheidung Rz. 8065 b
- der Kündigungsfristen Rz. 4251

Neutralität Rz. 5004
Nichtaufnahme der Arbeit Rz. 1167
Nichtigkeit Rz. 1350, 1430
Nicht steuerbare Zuwendungen Rz. 8022
Nichtraucherschutz Rz. 2954
Niederschlagung von Sozialversicherungsbeiträgen Rz. 5639, 5678
Notfallarbeit Rz. 2020 ff., 2121, 2211

Östliche Bundesländer Rz. 7513
Offenbarungspflichten
- des Arbeitgebers Rz. 1039
- des Arbeitnehmers Rz. 1040
- des Bewerbers Rz. 1040

Offenkundigkeit der Schwerbehinderung Rz. 4578
OHG
- sozialversicherungsrechtliche Qualifizierung von mitarbeitenden Gesellschaftern als Arbeitnehmer Rz. 5213

Opfer von Gewalttaten Rz. 7501
Ordnungsprinzip Rz. 1304
Ordnungsverhalten Rz. 2353
Ordnungswidrigkeit Rz. 1006, 5679
Organmitglieder juristischer Personen Rz. 1518
Organpersonen
- Ruhen des Arbeitsverhältnisses Rz. 4326

Organvertreter, Kündigungsschutz Rz. 4326
Ortskräfte in der Sozialversicherung Rz. 5238

Pauschalierung der Kirchenlohnsteuer Rz. 8082
Pauschalierung der Lohnsteuer Rz. 8078 ff.
- bei geringfügig beschäftigten Arbeitnehmern Rz. 8080
- bei kurzfristig beschäftigten Arbeitnehmern Rz. 8079
- Beiträge zu einer Pensionskasse Rz. 8084

- Direktversicherung Rz. 8084
- Gruppenunfallversicherung Rz. 8084
- in anderen Fällen Rz. 8084
- Teilzeitarbeitsverhältnis Rz. 8084
- Überwälzung der pauschalen Lohnsteuer Rz. 8085

Pauschalversteuerte Einnahmen Rz. 5606
Pauschalversteuerung Rz. 5606
Pausen Rz. 2128 ff.
- Betriebspausen Rz. 2096
- gesetzliche Neuregelung Rz. 2128
- Jugendliche Rz. 2136
- Kraftfahrer und Beifahrer Rz. 2138
- Kurzpausen Rz. 2096, 2131
- männliche Arbeitnehmer Rz. 2133
- - Wechselschicht Rz. 2131
- - weibliche Arbeitnehmer Rz. 2133

Persönliche Abhängigkeit Rz. 5205
Persönliche Anspruchsvoraussetzungen Rz. 6313
Persönliche Gründe Rz. 2817
Persönliche Voraussetzungen Rz. 6308
Persönlichkeitsschutz Rz. 2967
Personalakte
- Abmahnung Rz. 4416

Personalberater Rz. 5016
Personalfragebogen
- Anwendungsbereich Rz. 1032
- Betriebsratsbeteiligung Rz. 1033 ff.
- Muster Rz. 1035
- Zulässigkeit Rz. 1032

Personalleasing Rz. 3500 ff.
Personalplanung Rz. 1002 ff.
- Arbeitgeberfragerecht Rz. 1012 ff.
- Auskünfte Rz. 1036 ff.
- Begriff Rz. 1004
- Betriebsinfrastruktur Rz. 1002
- Betriebsratsbeteiligung Rz. 1003, 1008
- Bewerberauswahl Rz. 1011
- Einstellungsuntersuchung Rz. 1025 ff.
- Frauendiskriminierung Rz. 1009
- Offenbarungspflichten Rz. 1039 ff.
- Personalabbau Rz. 1002
- Personalbedarf Rz. 1002
- Personalbeschaffung Rz. 1002
- Personaleinsatz Rz. 1002
- Personalentwicklung Rz. 1002
- Personalfragebogen Rz. 1032 ff.
- Personalkosten Rz. 1002
- Personalstruktur Rz. 1002

Sachregister

- Stellenausschreibung Rz. 1007, 1128
- Vorstellungskosten Rz. 1047
- (Wieder-)Einstellungsanspruch Rz. 1041
- Zeitungsinserate Rz. 1010

Personalbedingte Kündigung Rz. 4351
- Arbeitserlaubnis Rz. 4368
- Erreichen des Rentenalters Rz. 4366
- Wehrdienst, ausländischer Rz. 4367

Pfändung Rz. 3076

Pfändungs- und Überweisungsbeschluß Rz. 2602, 2611 ff.
- Kosten der Bearbeitung Rz. 2635
- Kostenpauschale Rz. 2636

Pfändungsbeschluß Rz. 2611 ff., 2617
- mehrere Einkommen Rz. 2653
- mehrfache Pfändung Rz. 2647
- nachgezahlte Vergütung Rz. 2652

Pfändungspfandrecht Rz. 2617

Pflegeversicherung, soziale
- Anmeldung zur ~ Rz. 5502

Pflichten des Arbeitgebers
- beim Lohnsteuerabzugsverfahren Rz. 8003
- nach Beendigung des Arbeitsverhältnisses Rz. 4843
- während des Arbeitsverhältnisses Rz. 4842

Politische Betätigung, Kündigung Rz. 4402, 4518

Postverzögerung Rz. 7520

Postzustellungsurkunde Rz. 7530

Preisnachlaß Rz. 5626

Private Arbeitsvermittlung Rz. 5001

Private Krankenversicherung Rz. 5669

Private Unfallversicherung Rz. 5606

Privat-Kfz Rz. 2966

Probearbeitsverhältnis Rz. 1650

Probearbeitsvertrag Rz. 3045

Probebeschäftigung
- Lohnkostenzuschuß Rz. 7114

Prokurawiderruf Rz. 4522

Provision Rz. 1962, 2439 ff., 5619, 5626
- Abrechnung Rz. 2455
- Alt-/Neuverträge Rz. 2442
- Berechnung Rz. 2454
- Bezirksprovision Rz. 2449
- Fälligkeit Rz. 2453
- gesetzliche Regelung Rz. 2439 ff.
- - Handelsvertreter Rz. 2440
- - Handlungsgehilfe Rz. 2441
- - sonstige Arbeitnehmer Rz. 2441
- Höhe Rz. 2454

- Inkassoprovision Rz. 2449
- Provisionsanspruch Rz. 2443 ff.
- - Ausführung des Geschäftes Rz. 2451
- - Geschäftsabschluß Rz. 2444 ff.
- - Mitwirkung des Arbeitnehmers Rz. 2447
- - Nachbestellungen Rz. 2448
- - Sukzessivlieferungsverträge Rz. 2446
- - Wegfall Rz. 2452
- - Werbung neuer Kunden Rz. 2448
- Vereinbarung Rz. 2439, 2456
- - Provisionsausschlußklauseln Rz. 2456

Prozeßbevollmächtigte Rz. 7528

Prozeßkostenhilfe Rz. 7561

Prozessuale Durchsetzung
- von Erfüllungs-, Berichtigungs- und Herausgabeansprüchen Rz. 4857 ff.

Prozeßvergleich Rz. 4167, 7547
- Abfindung Rz. 4064
- Bedingung Rz. 4040
- Besonderheiten Rz. 4167
- Fragerecht Rz. 4167 a
- Kosten Rz. 4169
- Offenbarungspflicht Rz. 4167
- Streitwert Rz. 4170

Prozeßvollmacht Rz. 7528

Prüfung Rz. 5643

Prüfungsrelevante Fallgruppen Rz. 5647

Qualifiziertes Zeugnis Rz. 4900
- Art und Dauer der Beschäftigung Rz. 4899
- Führung Rz. 4903
- Leistungsbeurteilung Rz. 4901
- Notenskala Rz. 4902
- sonstiger Zeugnisinhalt Rz. 4904
- wechsel zum einfachen Zeugnis Rz. 4907
- Zeugnisformulierung Rz. 4905 f.

Rabatte
- des Arbeitgebers Rz. 8031

Rabattfreibetrag Rz. 8031

Rabattgewährung durch Arbeitgeber, Lohnsteuerabzug Rz. 8131

Rahmengebühr Rz. 7558

Rangprinzip Rz. 1302

Rauchverbot Rz. 2235, 2236

Rechtsanwalt Rz. 7528, 7555

Sachregister

Rechtsbehelfe Rz. 5657
Rechtsgründe Rz. 2817
Rechtsgrundlagen des Zeugnisrechts Rz. 4885
Rechtsirrtum Rz. 1503
Rechtskontrolle Rz. 1320, 1382
Rechtsmißbrauch, Kündigung Rz. 4622
Rechtsmittelbelehrung Rz. 7522
Rechtsquellen des Arbeitsrechts Rz. 1300
Rechtsschutz im Steuerrecht Rz. 8186 ff.
Rechtsschutzbedürfnis Rz. 4859
Rechtsschutzinteresse Rz. 7534
Referenzzeugnis Rz. 4888
Regelaltersrente Rz. 7011
Regelbeschäftigtenzahl Rz. 4324
Regelentgelt zur Berechnung des Krankengeldes Rz. 6301
Regelmäßige Arbeitszeit Rz. 7028
Regelungsabrede Rz. 1111
Regiearbeiten Rz. 6315
Reisekosten Rz. 5626
Reisekostenerstattung Rz. 5626
Religionszugehörigkeit
- Fragerecht des Arbeitgebers Rz. 1019
Renten
- ABC Lohnsteuer Rz. 8035
Renten- und Arbeitslosenversicherung Rz. 5233
Rentenantrag Rz. 7011
Rentenbezieher Rz. 6321
Rentenversicherung Rz. 5219, 5227, 5233, 5234, 7004
Rentenversicherungszugehörigkeit Rz. 5201
Revision Rz. 7555
Richter, ehrenamtliche
- beim Sozialgericht Rz. 7514
Richtigkeit des Zeugnisses Rz. 4919
Ringtausch Rz. 4316
Rückdatierung Rz. 4046
Rücknahme der Klage Rz. 7545
Rückständiges Arbeitsentgelt Rz. 7035
Rückzahlung von Arbeitslohn durch den Arbeitnehmer Rz. 8036 d
Rückzahlungsklauseln
- Ausbildungskosten Rz. 2471
- Vergütung Rz. 2470
Rufbereitschaft Rz. 2153
Ruhendes Arbeitsverhältnis
- Kündigungsschutz Rz. 4326
Ruhepausen Rz. 2191 ff.
- Begriff Rz. 2154
- Dauer der ~ Rz. 2192
- Jugendliche Rz. 2195
- Kraftfahrer und Beifahrer Rz. 2196
- Kurzpausen Rz. 2194
Ruhestand Rz. 3087, 7011
Ruhestandsbeamte Rz. 5226
Ruhezeiten Rz. 2197 ff.
- Dauer der ~ Rz. 2197
- Gaststätten- und Beherbergungsgewerbe Rz. 2202
- Jugendliche Rz. 2199
- Kraftfahrer und Beifahrer Rz. 2203
- Krankenhäuser Rz. 2200
- Mutterschutz Rz. 2198
- Verkehrsbetriebe Rz. 2201

Sachbezug Rz. 5604, 5626
- als Arbeitslohn Rz. 8020
- amtlicher Sachbezugswert Rz. 8034
- Bewertung Rz. 8028
Sachbezugsverordnung Rz. 5604, 5626
Sachbezugswerte, Lohnsteuerabzugsverfahren Rz. 8033
Sachkosten Rz. 6316, 6318
Sachkostenzuschüsse Rz. 7123
Sachpfändung Rz. 7504
Säumniszuschlag
- bei Sozialversicherungsbeiträgen Rz. 5637
Saisonarbeiter Rz. 7020
Sammelabmahnung Rz. 4417
Sammellohnkonto Rz. 8113
Samtstagsarbeit Rz. 2125
Schadensersatz Rz. 5626, 6314, 7033, 8022
- ABC Lohnsteuer Rz. 8035
- des Arbeitgebers, Zeugniserteilung Rz. 4918 f.
Schadensersatzanspruch
- des Arbeitnehmers Rz. 4855, 7014
Schadensersatzleistung Rz. 5626
Schadensverhinderungspflicht Rz. 2355
Schaustellergewerbe Rz. 5531, 5538
Schema zur Berechnung Rz. 3059
Schichtbetriebe
- Sonn- und Feiertagsarbeit Rz. 2116
Schichtwechsel Rz. 2165
Schlechtleistung Rz. 2294 ff.
- Arbeitnehmerhaftung s. d.

Sachregister

- Kündigung Rz. 2298
- Lohnminderung Rz. 2296, 2297

Schlechtwetter Rz. 6311
Schlechtwetteranzeige Rz. 6138
Schlechtwettergeld Rz. 5625, 5653, 6319 ff., 7509
- Anzeige bei Schlechtwetter im Baugewerbe Rz. 6134
- Berechnung der Sozialversicherungsbeiträge Rz. 5625

Schlechtwetterzeit Rz. 6319
Schlüsselverzeichnis Rz. 5523
Schlüsselzahl Rz. 5523
Schlüsselzahl 3 Rz. 6113
Schlußfloskel, Zeugniserteilung Rz. 4904
Schmiergelder, Kündigung Rz. 2242, 2359, 4514
Schonungszeit Rz. 2872
Schriftformklauseln Rz. 1964
Schüler Rz. 5531
Schutzkleidung Rz. 1840, 2955
Schwangere und Mütter Rz. 4551
- Befristung Rz. 4560
- behördliche Genehmigung Rz. 4557
- Darlegungs- und Beweislast Rz. 4556
- Eigenkündigung der Frau Rz. 4561
- Fehlgeburt Rz. 4552
- Kenntnis des Beginns der Schwangerschaft Rz. 5453
- Kündigungsfristen Rz. 4260
- Mitteilungsfrist Rz. 4555
- nachträgliche Mitteilung Rz. 4554
- Nachweispflicht Rz. 4555
- Offenbarungspflicht Rz. 4562
- Totgeburt Rz. 4552

Schwangerschaft Rz. 6303
- Fragerecht des Arbeitgebers Rz. 1022

Schwarzareit, Kündigung Rz. 4512
Schwerbehinderte Rz. 2904, 4570, 4670, 6125, 6131, 7501
- ablehnender Feststellungsbescheid Rz. 4578
- Antrag auf Feststellung der **Schwerbehinderteneigenschaft** Rz. 4576
- Ausnahmetatbestände Rz. 4574
- außerordentliche Kündigung Rz. 4581
- Begriff Rz. 4571
- Fragerecht des Arbeitgebers
- Geltungsbereich Rz. 4573
- Gleichgestellte Rz. 4572

- Kündigungsfristen Rz. 4261
- Mitteilungsfrist Rz. 4578
- Negativattest Rz. 4580
- Offenkundigkeit der Schwerbehinderung Rz. 4578
- Schwerbehindertenvertretung Rz. 4584
- Zugang der Kündigung Rz. 4583
- Zustimmung zur ordentlichen Kündigung Rz. 4579
- Zustimmungsfiktion Rz. 4582
- Zustimmungsverweigerungsgrund Rz. 1123

Schwerbehindertenvertretung Rz. 4584
Seeleute
- Kündigungsfristen Rz. 4262 a

Selbständiger Rz. 5200; 5202, 5229
Selbstbeurlaubung, Kündigung Rz. 4514
Selbstsuche Rz. 5014
Selektionsprüfung Rz. 5647
Sicherheitsleistung Rz. 5638, 5677, 7550
Sittenverstoß, Kündigung Rz. 4621
Sittenwidrigkeit Rz. 1155 ff., 1330
Sofortmeldung Rz. 5540
Solidaritätszuschlag 1995 Rz. 8087 ff.
- Abzug bei sonstigen Bezügen Rz. 8089
- Abzug bei Steuerpauschalierung Rz. 8089
- Abzug vom laufenden Arbeitslohn Rz. 8089
- Aufzeichnungs- und Bescheinigungspflichten Rz. 8091
- Beispielsrechnung Rz. 8092
- Höhe Rz. 8088
- Kirchensteuer Rz. 8091
- Nettolohnvereinbarung Rz. 8089
- Zuschlag-Tabellen Rz. 8093

Sommerzeit Rz. 2235
Sonderausgaben-Pauschbetrag
- in der Lohnsteuertabelle Ez. 8049

Sonderkündigungsschutz Rz. 4551
- Betriebsverfassungsorganmitglieder Rz. 4599
- - Amtspflichtverletzung Rz. 4610
- - außerordentliche Änderungskündigung Rz. 4608
- - Auszubildende Rz. 4610
- - Betriebsobmann Rz. 4613
- - betriebsratsloser Betrieb Rz. 4612
- - Betriebsratsmitglieder Rz. 4601
- - Betriebsstillegung Rz. 4614
- - Erlöschen der Mitgliedschaft Rz. 4603
- - Ersatzmitglieder Rz. 4604
- - Erziehungsurlaub Rz. 4616

1649

Sachregister

- - Geltungsbereich Rz. 4599
- - Jugendvertretung Rz. 4606
- - Kündigung vor Dienstantritt Rz. 4226, 4552
- - Massenänderungskündigung Rz. 4607
- - Mitglieder des Wahlvorstandes Rz. 4600
- - Mutterschutz und Erziehungsurlaub Rz. 4557
- - nachwirkender Kündigungsschtz Rz. 4602
- - Nachwirkungszeitraum Rz. 4606
- - Schutzdauer Rz. 4602
- - Schwerbehinderte Rz. 4615
- - Zustimmungsersetzung Rz. 4611
- Schwangere und Mütter Rz. 4551
- - Befristung Rz. 4560
- - behördliche Genehmigung Rz. 4557
- - Darlegungs- und Beweislast Rz. 4556
- - Eigenkündigung der Frau Rz. 4561
- - Fehlgeburt Rz. 4552
- - Kenntnis des Beginns der Schwangerschaft Rz. 4553
- - Mitteilungsfrist Rz. 4555
- - nachträgliche Mitteilung Rz. 4554
- - Nachweispflicht Rz. 4555
- - Offenbarungspflicht Rz. 4562
- - Totgeburt Rz. 4552
- - unverschuldetes Versäumen der Mitteilungspflicht Rz. 4555
- Schwerbehinderte Rz. 4570
- - ablehnender Feststellungsbescheid Rz. 4578
- - Antrag auf Feststellung der Schwerbehinderteneigenschaft Rz. 4576
- - Ausnahmetatbestände Rz. 4574
- - außerordentliche Kündigung Rz. 4581
- - Begriff Rz. 4571
- - Geltungsbereich Rz. 4573
- - Gleichgestellte Rz. 4572
- - Mitteilungsfrist Rz. 4578
- - Negativattest Rz. 4580
- - Offenkundigkeit der Schwerbehinderung Rz. 4578
- - Schwerbehindertenvertretung Rz. 4584
- - Zugang der Kündigung Rz. 4583
- - Zustimmung zur ordentlichen Kündigung Rz. 4579
- - Zustimmungsfiktion Rz. 4582
- Wehrpflichtige Rz. 4590
- - Arbeitsplatzschutz Rz. 4592
- - ausländischer Wehrdienst Rz. 4591

- - Benachteiligungsverbot Rz. 4597
- - Kleinstbetriebe Rz. 4594
- - Kündigung aus Anlaß des Wehrdienstes Rz. 4596
- - Ruhen des Arbeitsverhältnisses Rz. 4593
- - Soldat auf Zeit Rz. 4593
- - Zivildienstleistende Rz. 4590, 4598

Sonderurlaub Rz. 2802
Sonderzahlung Rz. 5620
Sonderzuwendung Rz. 6120
Sonderzuwendungen/Gratifikationen Rz. 1965
Sonn- und Feiertagsarbeit Rz. 2112 ff.
- außergewöhnliche Fälle Rz. 2121
- Ersatzruhetag Rz. 2115, 2116, 2126
- Regelung durch Tarifvertrag/Betriebsvereinbarung Rz. 2116
- Rechtsverordnung Rz. 2117
- Schichtbetriebe Rz. 2116
- Verbot der ~ Rz. 2112 ff.
- Zulässige ~ Rz. 2114 ff.
Sonntagsarbeitszuschlag Rz. 5626
Sonstige Bezüge Rz. 8041
- bei Pauschalierung der Lohnsteuer Rz. 8081
- Lohnsteuer auf ~ Rz. 8059
Sozialauswahl Rz. 4462
- Änderungskündigung Rz. 4544
- Auswahlrichtlinien Rz. 4470
- Massenentlassung Rz. 4463
- Punkteschema Rz. 4470
- Widerspruch gegen Teilbetriebsübergang Rz. 4628
Soziale Gesichtspunkte Rz. 4468
Sozialgericht Rz. 5657, 7032, 7500
- Besetzung Rz. 7513
- ehrenamtliche Richter Rz. 7514
- kein Anwaltszwang Rz. 7528
- Klageschrift Rz. 7529
- Klageverfahren Rz. 7528
- örtliche Zuständigkeit Rz. 7511
- Prozeßvollmacht Rz. 7528
- Verweisung Rz. 7512
- Zuständigkeit Rz. 7500, 7501
- Zuständigkeit bei Konkurs des Arbeitgebers Rz. 7508
Sozialgerichtsprozeß Rz. 7511
Sozialhilfe Rz. 7501
Sozialhilfe-Empfänger Rz. 1512

Sachregister

Sozialleistungsbezieher Rz. 6141
- Bescheinigung über Nebeneinkünfte bei Sozialleistungsbezug Rz. 6141

Sozialrechtliches Beschäftigungsverhältnis Rz. 7001

Sozialplan Rz. 7039

Sozialversicherung Rz. 5218, 5238, 7501
- Übersicht über die wichtigsten Werte Rz. 5627

Sozialversicherungsabkommen Rz. 5242

Sozialversicherungsausweis (Vorlagepflicht) Rz. 1970, 5535
- Ausnahmen beim ~ Rz. 5538
- Beamte Rz. 5538
- Hinterlegung des ~ Rz. 5535
- im Baugewerbe Rz. 5538
- im Beherberungsgewerbe Rz. 5538
- im Gaststättengewerbe Rz. 5538
- im Gebäudereinigungsgewerbe Rz. 5538
- im Güter- und Personenbeförderungsgewerbe Rz. 5538
- Mitführungspflicht Rz. 5538
- Pensionäre Rz. 5538
- Studenten Rz. 5538
- Verlust des ~ Rz. 5539
- Vorlegungspflicht für den ~ Rz. 5535

Sozialversicherungsbeiträge Rz. 7505
- Abführung Rz. 5628
- Abrechnung Rz. 5617 ff.
- Berechnung Rz. 5615
- Erlaß Rz. 5639
- Erstattung Rz. 5641
- Fälligkeit Rz. 5636
- Niederschlagung Rz. 5639
- Stundung Rz. 5638
- Überwachung Rz. 5628 ff.

Sozialversicherungsbeitrag
- für Bezieher von Kurzarbeitergeld Rz. 6311
- für Bezieher von Schlechtwettergeld Rz. 6314

Sozialversicherungsfreiheit Rz. 4137, 5605

Sozialversicherungsnachweisheft Rz. 5507, 7007, 7015

Sozialversicherungsrecht Rz. 5605

Sozialversicherungsträger Rz. 7508

Sperrzeit Rz. 5008

Spesenbetrug Rz. 4516

Spezialitätsprinzip Rz. 1304

Staatsangehörigkeit Rz. 5523

Standardformulierungen Rz. 4902

Statistische Meldungen Rz. 6130

Stellenanzeigen Rz. 1010, 1047, 5015

Stellenangebote und -gesuche Rz. 5016

Stellenausschreibung
- Anzeigen, Vermittler Rz. 1009
- Betriebsratsbeteiligung Rz. 1008
- innerbetriebliche ~ Rz. 1007
- Frauendiskriminierung Rz. 1010
- Zustimmungsverweigerungsgrund Rz. 1128

Stellvertretung
- Anscheinsvollmacht Rz. 1053
- Duldungsvollmacht Rz. 1053
- Vertretung bei Vertragsschluß Rz. 1052 ff.
- Vollmacht Rz. 1053

Steuerbegünstigte Abfindung Rz. 4154
- Beispielsrechnung Rz. 4157
- Ratenzahlung Rz. 4157
- Tarifermäßigung Rz. 4154
- Voraussetzungen Rz. 4154

Steuerermäßigung Rz. 4154

Steuerfreie Abfindung Rz. 4140
- Auflösung des Dienstverhältnisses Rz. 4142
- Brutto-Netto-Klausel Rz. 4160
- Freibetrag Rz. 4140
- Gestaltungsmöglichkeit der Parteien Rz. 4146
- Höhe Rz. 4150
- Ursächlichkeit von Aufhebung und Abfindung Rz. 4144
- Veranlassung des Arbeitgebers Rz. 4142

Steuerfreie Einnahmen Rz. 5605

Steuerfreier Arbeitslohn Rz. 8022

Steuerfreiheit Rz. 4140, 5605

Steuerfreistellung des Existenzminimums Rz. 8065 ff.

Steuerliche Behandlung, Karenzentschädigung Rz. 3074

Steuerpflichtiger Arbeitslohn Rz. 8019

Steuerrecht Rz. 5605, 5606

Störfälle Rz. 8137 ff.

Stornierung einer Meldung Rz. 6122

Strafbare Handlungen Rz. 4516

Strafe Rz. 5056, 5679

Strafregelungen
- bei fehlender Arbeitserlaubnis Rz. 5056
- bei pflichtwidrigem Verhalten des Arbeitgebers im Zusammenhang mit Sozialversicherungsbeiträgen Rz. 5679

Straftaten, Kündigung Rz. 4413

Sachregister

Straftaten während des Arbeitsverhältnisses Rz. 4904
Streik Rz. 5004, 5623
Streit um die Kündigung Rz. 7006
Streitigkeiten im Zusammenhang mit Arbeitspapieren
- Zuständigkeit der einzelnen Gerichtszweige Rz. 4858
Streitwert Rz. 4170, 7559
- bei Zeugnisstreitigkeit Rz. 4917
Stundenten Rz. 5537
Stundung Rz. 5638, 5678
Suspendierung Rz. 1910
SVN-Heft Rz. 5505, 7007, 7015

Tabakrauchfreier Arbeitsplatz Rz. 2954
Tägliche Arbeitszeitdauer Rz. 2076 ff.
- Änderung/Festlegung Rz. 2079 ff.
- - Direktionsrecht Rz. 2080
- - Mitbestimmungsrecht des Betriebsrates Rz. 2081
- andere Verteilung der Arbeitszeit Rz. 2098 ff.
- - Arbeitsausfall durch besondere Anlässe Rz. 2101
- - Arbeitsausfall in Verbindung mit Feiertagen Rz. 2102
- - betriebsbedingte Verteilung Rz. 2100
- - Verkürzung an Werktagen Rz. 2099
- Bäckerein und Konditoreien Rz. 2106
- betriebsübliche Arbeitszeitdauer Rz. 2078
- gesetzliche Höchstarbeitszeitdauer Rz. 2082 ff.
- - betriebsbezogene Ausnahmen Rz. 2085
- - personenbezogene Ausnahmen Rz. 2084
- gesetzliche Neuregelung Rz. 2049 a, 2085 a
- Jugendliche Rz. 2111 ff.
- - Anrechnung der Berufsschultage Rz. 2068, 2114 a
- Kraftfahrer und Beifahrer Rz. 2115
- Krankenpflegeanstalten Rz. 2107
- Mehrarbeit Rz. 2103, 2145 ff.
- Mutterschutz Rz. 2110
- Schichtwechsel Rz. 2104
- vertragliche Regelung Rz. 2077
- weibliche Arbeitnehmer Rz. 2109
Tantiemen Rz. 5620
- Lohnsteuerabzug Rz. 8021

Tarifbezug Rz. 1970
Tarif-Freibetrag, Wegfall Rz. 8056
Tarifliche Ausschlußfristen Rz. 4075
Tarifliche Ausschlußfristen, Arbeitspapiere Rz. 4853
Tarifliche Regelungen
- Kündigungsfristen Rz. 4252, 4254
Tariflohnerhöhung Rz. 7008
Tätigkeit Rz. 1680
Täuschung, arglistige Rz. 1159
Teilarbeitsunfähigkeit Rz. 2711, 4353
Teilkündigung Rz. 4203, 4531
Teilmonat Rz. 5609
Teilmonatsentgelt Rz. 5617
Teilnichtigkeit Rz. 1350, 1430
Teilrente wegen Alters Rz. 6105
Teilrenten und Hinzuverdienst Rz. 6325
Teilurlaub Rz. 2830
Teilurlaubsanspruch Rz. 2819
Teilzeitarbeit Rz. 5624
Teilzeitbeschäftigte Rz. 2912
- Lohnfortzahlungsversicherung, Kleinbetriebe Rz. 5660
- Pauschalierung der Lohnsteuer Rz. 8078 f.
- Teilnahme am Verfahren der Lohnfortzahlungsversicherung Rz. 5662
- Überstunden Rz. 1667
- Vergütung Rz. 2266 d
Teilzeitbeschäftigung Rz. 1660, 5219, 5659, 5669, 6304
Telefax Rz. 7531
Telefonabhören Rz. 2958
Testaufgaben Rz. 5647
Tod Rz. 7000
Träger der Arbeitsbeschaffungsmaßnahmen Rz. 6315
Treuwidrigkeit, Kündigung Rz. 4623
Trinkgelder
- ABC Lohnsteuer Rz. 8035
Trunkenheit Rz. 4515

Überbrückungsgeld Rz. 7122
Überlassung von Wohnungen
- Sachbezug Rz. 8029
Überlegungs- und Widerrufsvorbehalt Rz. 4027

Sachregister

Überprüfungsverfahren
- der Sozialleistungsbehörden Rz. 7521

Übersendung von Arbeitspapieren Rz. 4851

Übersicht
- zu den wichtigsten Werten der Sozialversicherung Rz. 5627
- über die Sozialversicherungspflicht von Arbeitsentgelten Rz. 5626

Überstaatliches Recht Rz. 5242

Überstunden Rz. 2204 ff.
- arbeitsvertragliche Voraussetzungen Rz. 2207
- Begriff Rz. 2206
- Direktionsrecht Rz. 2207
- gesetzliche Voraussetzungen Rz. 2208
- Jugendliche Rz. 2212
- Mehrarbeit s. d.
- Mitbestimmungsrecht des Betriebsrates Rz. 2216
- Mutterschutz Rz. 2212
- Vergütung Rz. 2213 ff.
- - Grundvergütung Rz. 2214
- - Vergütungszuschlag Rz. 2215

Übertragung von Urlaub Rz. 2924
- dringende betriebliche Gründe Rz. 2816
- persönliche Gründe Rz. 2817
- Rechtsgründe Rz. 2817
- Teilurlaubsanspruch Rz. 2819
- Zeitraum Rz. 2818

Überweisungsbeschluß Rz. 2511 ff., 2518

Überzahl von Ehrenämtern Rz. 4518

Überzahlung des Arbeitsentgelts Rz. 5619

Ultima-ratio-Prinzip Rz. 4301
- Abmahnung Rz. 4306, 4415
- Beendigungs- und Änderungskündigung Rz. 4305
- Grundsatz der Verhältnismäßigkeit Rz. 4306
- Umschulung vor Kündigung Rz. 4304
- Vorrang der Änderungskündigung Rz. 4305
- Weiterbeschäftigungsmöglichkeit Rz. 4302

Umdeutung einer Kündigung Rz. 4023, 4675

Umfang der Mittelungspflicht Rz. 4654

Umgehung des § 613 a BGB Rz. 4043

Umlage Rz. 7510
- zur Finanzierung der Lohnfortzahlungsversicherung für Kleinbetriebe Rz. 5658

Umsetzung Rz. 2026, 2027

Umweltsanierung Rz. 7125

Unbezahlter Urlaub Rz. 6112, 6114, 7021

Unfallverhütung Rz. 5626

Unfallversicherung
- Beiträge des Arbeitgebers für eine private Unfallversicherung als sozialversicherungspflichtiges Entgelt Rz. 5606
- Beitragsentrichtung Rz. 5673 ff.
- gesetzliche Rz. 7002

Unfallversicherungsbeitrag Rz. 5678

Unmöglichkeit der Arbeitsleistung Rz. 2543

Unpünktlichkeit Rz. 4511

Unständig Beschäftigte Rz. 5525

Untätigkeitsklage Rz. 7526

Unterbrechung der Beschäftigung Rz. 7005

Unterbrechung des Arbeitsentgelts Rz. 6111

Unterbrechung im Zeugnis
- Krankheit, Urlaub Rz. 4898

Unterbrechnungsmeldung Rz. 6113

Unterhaltsgeld Rz. 7055

Unterlagen Rz. 5645

Unternehmer Rz. 5673

Unterrichtungspflicht, krankheitsbedingte Kündigung Rz. 4362

Untersagungsverfügung Rz. 5022

Unverzichtbare Ansprüche Rz. 4813

Urlaub Rz. 1710, 5609, 5623
- ABC Rz. 2803
- Arbeitsplatzwechsel Rz. 2845
- Arbeitszeitverkürzung Rz. 2827
- Auskunftsanspruch Rz. 2844
- Baugewerbe Rz. 2911
- betriebliche Belange Rz. 2858
- Betriebsratsbeteiligung Rz. 2858
- Betriebsurlaub Rz. 2861
- branchenspezifische Besonderheiten Rz. 2801
- Doppelurlaubsanspruch Rz. 2840
- Einigungsübung Rz. 2908
- Erwerbstätigkeit Rz. 2882
- Erziehungsurlaub s. d.
- Feiertage Rz. 2823
- Geltendmachung des Urlaubsanspruchs Rz. 2815
- Geltungsbereich des Bundesurlaubsgesetzes Rz. 2806
- Günstigkeitsprinzip Rz. 2800
- Heimarbeit Rz. 2910

Sachregister

- Jugendliche Rz. 2907
- - Stichtagsprinzip Rz. 2907
- - zeitliche Lage Rz. 2907
- Krankheit im Urlaub Rz. 2877
- - Nachweis der Arbeitunfähigkeit Rz. 2879
- - Nichtanrechnung Rz. 2878
- - Urlaubsentgelt Rz. 2881
- Lohnnachweiskarte Rz. 2911
- Mehrurlaub Rz. 2829
- Merkblatt Rz. 2880
- Nachkündigung Rz. 2860
- Rechtsgrundlagen Rz. 2800
- - Rückabwicklung von zuviel gewährtem Urlaub Rz. 1710, 2846
- - Rückruf Rz. 2866
- - Sonderregelungen Rz. 2801
- - Rückzahlungsklauseln Rz. 2846
- Schwerbehinderte Rz. 2904
- - Anerkennungsbescheid Rz. 2904
- - Beweisfunktion Rz. 2904
- - Verlängerung des Grundurlaubs Rz. 2905
- - Zusatzurlaub, Kürzung Rz. 2906
- Sonderurlaube Rz. 2802
- Tatsachenvergleich Rz. 2820
- Teilungsverbot Rz. 2862
- Teilurlaub Rz. 2830
- - Ausscheiden nach erfüllter Wartezeit Rz. 2833
- - Ausscheiden vor erfüllter Wartezeit Rz. 2832
- - Begriff Rz. 2830
- - Berechnung Rz. 2936
- - im Eintrittsjahr Rz. 2831
- - Krankheit Rz. 2835
- - Zwölftelungsprinzip Rz. 2834
- Teilzeitbeschäftigte Rz. 2912
- - Aushilfen Rz. 2918
- - Berechnung des Urlaubsanspruches Rz. 2913
- - mehrere Teilzeitbeschäftigungen Rz. 2917
- - spezielle Probleme Rz. 2913
- - Urlaubsentgelt Rz. 2916
- - Urlaubsgeld Rz. 2918
- - zeitliche Festlegung des Urlaubs Rz. 2917
- Übertragung Rz. 2816
- - dringende betriebliche Gründe Rz. 2816
- - persönliche Gründe Rz. 2817
- - Rechtsgründe Rz. 2817
- - Teilurlaubsanspruch Rz. 2819
- - Zeitraum Rz. 2818

- Urlaubsanspruch Rz. 2821
- - Arbeitsbefreiung Rz. 2826
- - Arbeitszeitverkürzung Rz. 2827
- - Berechnung Rz. 2821
- - Erlöschen durch Zeitablauf Rz. 2848
- - tarifliche Ausschlußfristen Rz. 2851
- - Tod des Arbeitnehmers Rz. 2850
- - Verwirkung Rz. 2849
- - Verzicht Rz. 2821, 2849
- Urlaubsbescheinigung Rz. 2843
- Urlaubsentgelt s. d.
- Urlaubserteilung Rz. 2853
- Urlaubsgeld s. d.
- Urlaubsjahr Rz. 2813
- - Kalenderjahr Rz. 2813
- - Stichtagsprinzip Rz. 2813
- Urlaubsliste Rz. 2857
- Urlaubsplan Rz. 2864
- Urlaubsverhinderung Rz. 2868
- Urlaubszweck, Gefährdung Rz. 2882
- - Erwerbstätigkeit Rz. 2883
- - urlaubsgemäßes Verhalten Rz. 2884
- Vollurlaubsanspruch Rz. 2839
- Wartezeit Rz. 2810
- - abweichende Vereinbarung Rz. 2811
- - Berechnung Rz. 2810
- - bestehendes Arbeitsverhältnis Rz. 2808
- - rechtliche Unterbrechung Rz. 2809
- - Ruhen des Arbeitsverhältnisses Rz. 2808
- - Teilurlaub Rz. 2832
- Wehrdienst Rz. 2908
- zeitliche Lage Rz. 2852
- - Betriebsurlaub Rz. 2861
- - individuelle Festlegung Rz. 2855
- - Teilungsverbot Rz. 2862
- - Urlaub nach Kündigung Rz. 2860
- - Urlaubswünsche anderer Arbeitnehmer Rz. 2859
- - Urlaubswunsch des Arbeitnehmers Rz. 2856
- Zivildienst Rz. 2908

Urlaubsabgeltung Rz. 2901, 5626, 7008, 7030
- Abrundung Rz. 2903
- Aufrundung Rz. 2903
- Beendigung des Arbeitsverhältnisses Rz. 2902
- Berechnung Rz. 2903
- Ruhen des Anspruchs auf Arbeitslosengeldzahlung Rz. 2903

Sachregister

- sozialversicherungspflichtiges Arbeitsentgelt Rz. 5626
- Steuerpflichtigkeit Rz. 2903
- Voraussetzungen Rz. 2901

Urlaubsanspruch Rz. 2821
Urlaubsbescheinigung Rz. 2943
Urlaubsentgelt Rz. 2886
- Arbeitsentgelt maßgeblich Rz. 2888
- Arbeitsentgelt von A-Z Rz. 2888
- Berechnung Rz. 2887, 2890
- Bezugszeitraum Rz. 2888
- Fälligkeit Rz. 2891
- Pfändung Rz. 2892
- Verdienstschwankung Rz. 2889
- - Arbeitsausfall Rz. 2889
- - Erhöhungen Rz. 2889
- - Kürzungen Rz. 2889

Urlaubserteilung Rz. 2853
Urlaubsgeld Rz. 5611, 5620, 5626
- Abgrenzung zum Urlaubsentgelt Rz. 2893
- Freiwilligkeitsvorbehalt Rz. 2897
- Gleichbehandlungsgrundsatz Rz. 2893
- Muster einer Urlaubsgeldklausel Rz. 2898
- Pfändung Rz. 2895
- Rechtsgrundlagen Rz. 2893
- Rückzahlungsklausel Rz. 2897
- Sozialrecht Rz. 2895
- sozialversicherungspflichtiges Arbeitsentgelt Rz. 5626
- steuerrechtliche Behandlung Rz. 2895
- Verrechnungsmöglichkeit Rz. 2896

Urlaubsjahr Rz. 2813
Urlaubsliste Rz. 2857
Urlaubsplan Rz. 2864
Urlaubsrecht
- Erlöschen des Urlaubsanspruchs
- - Vergleich Rz. 2851 a
- - Verjährung Rz. 2851 b

Urlaubsüberschreitung Rz. 4514
Urlaubsverhinderung Rz. 2868
Urlaubszweck, Gefährdung Rz. 2882
Urteil Rz. 7543
Urteilsverfahren Rz. 4957 ff.

4-Tage-Woche Rz. 2133, 2134
Variable Entgeltbestandteile Rz. 5619
Verbandsvertreter Rz. 7528, 7555
Verbindliche Zusage, Lohnsteuerabzugsverfahren Rz. 8160

Verbundkündigung Rz. 4676
Verdienstbescheinigung Rz. 6145
Vererblichkeit der Abfindung Rz. 4071
Vergabearbeiten Rz. 6315
Vergleich Rz. 1622, 4958, 4961, 7000, 7547
Vergleichsverfahren Rz. 4162
Vergütung
- Auszahlung Rz. 2459 ff.
- - Abrechnung Rz. 2463
- - Beteiligung des Betriebsrates Rz. 2465
- - Empfangsberechtigter Rz. 2459
- - Fälligkeit Rz. 2460, 2461
- - Ort Rz. 2462
- - Quittung Rz. 2464
- - Überweisung Rz. 2462
- - pfändbarer Anteil Rz. 2477, 2632
- Pfändung Rz. 2600
- Rückzahlung Rz. 2466 ff.
- - Entreicherungseinwand des Arbeitnehmers Rz. 2467 ff.
- - irrtümliche Überzahlung Rz. 2466
- - Rückzahlungsklauseln Rz. 2470, 2471
- Sonderzuwendungen Rz. 2417, 2434

Vergütungsbestandteile Rz. 2457
Vergütungsform
- Provision s. d.

Vergütungsformen Rz. 2436 ff.
- Änderung Rz. 2431
- Akkordvergütung Rz. 2437
- Mitbestimmungsrecht des Betriebsrates Rz. 2457
- Prämienlohnvergütung Rz. 2438
- Provision s. d.
- Sonderformen Rz. 2457
- - allgemeine Zulagen Rz. 2457
- - Gewinnbeteiligung Rz. 2457
- - Gratifikationen Rz. 2457
- - Leistungs-/Sonderzulagen Rz. 2457
- - Naturalvergütung Rz. 2457
- - Prämien Rz. 2457
- - Umsatzbeteiligungen Rz. 2457
- - zusätzliches Monatsgehalt Rz. 2457
- Zeitvergütung Rz. 2436

Vergütungshöhe Rz. 2401 ff.
- Änderung Rz. 2419 ff.
- - Änderungskündigung Rz. 2433
- - einzelvertraglich Rz. 2419
- - tarifvertraglich Rz. 2420
- - Widerrufsvorbehalt Rz. 2423, 2432

Sachregister

- Allgemeinverbindlichkeit eines Tarifvertrages Rz. 2404, 2405
- Anrechnung übertariflicher Vergütung Rz. 2421 ff.
- - allgemeine Zulagen Rz. 2425
- - Anrechnungsvorbehalt Rz. 2422
- - Aufstockungsvereinbarung Rz. 2424
- - Beteiligung des Betriebsrates Rz. 2428
- - Effektivklausel Rz. 2427
- - Leistungs-/Sonderzulagen Rz. 2426
- - Widerrufsvorbehalt Rz. 2423
- Bruttolohnvergütung Rz. 2435
- fehlende Tarifbindung Rz. 2405
- fehlende Vergütungsabrede Rz. 2406
- Gleichbehandlungsgrundsatz s. d.
- Jahressonderzahlungen Rz. 2417, 2434
- nichtige Vergütungsabrede Rz. 2407, 2408
- Tarifbindung Rz. 2401
- - Eingruppierung Rz. 2402
- Tarifbindung nur des Arbeitgebers Rz. 2404

Vergütungspflicht Rz. 2400 ff.
- bei Arbeitnehmerweiterbildung Rz. 2575
- fehlende Vergütungsabrede Rz. 2406
- nichtige Vergütungsabrede Rz. 2407, 2408
- ohne Arbeitsleistung Rz. 2520 ff.
- - Annahmeverzug s. d.
- - Unmöglichkeit und Betriebsrisiko Rz. 2543 ff.
- - vorübergehende Verhinderung des Arbeitnehmers Rz. 2548 ff.
- Verletzung Rz. 2487 ff.
- - außerordentliche Kündigung Rz. 2491
- - Zahlungsklage Rz. 2490
- - Zurückbehaltungsrecht des Arbeitnehmers Rz. 2488, 2489
- Wegfall Rz. 2478 ff.
- - Ausgleichsquittung Rz. 2483
- - Ausschlußfrist Rz. 2479 ff.
- - Quittung Rz. 2464, 2484
- - Verjährung Rz. 2485
- - Verwirkung Rz. 2486
- - Verzicht Rz. 2482

Verhaltensbedingte Kündigung Rz. 4400
- Abmahnung s. d.
- Androhen einer Krankmeldung Rz. 4403
- Arbeitsverweigerung Rz. 4408
- außerdienstliches Verhalten Rz. 4414
- Betriebsablaufstörung Rz. 4401
- Freiheitsstrafe Rz. 4407
- geringfügige Beschäftigung Rz. 4410

- Minderleistung Rz. 4405
- Mißachtung von Sicherheitsvorschriften Rz. 4412
- politische Betätigung Rz. 4402
- Straftaten Rz. 4413
- unentschuldigte Fehlzeiten Rz. 4401
- verspätete Vorlage von Arbeitsunfähigkeitsbescheinigungen Rz. 4406
- Verzögerung des Heilungsprozesses Rz. 4404
- Wettbewerbstätigkeit Rz. 4411

Verhandlungstermin Rz. 7539
Verhinderung des Arbeitnehmers Rz. 2548 ff.
- Mehrfachverhinderung Rz. 2564

Verjährung Rz. 3061
Verjährung des Anspruchs auf Herausgabe der Arbeitspapiere Rz. 4853
Verjährung des Beitragsanspruchs Rz. 5640
Verjährung des Zeugnisanspruchs Rz. 4908
Verjährung von Sozialversicherungsbeiträgen Rz. 5640
Verkehrsauffassung Rz. 5204
- Abgrenzung Arbeiter/Angestellter Rz. 5204

Verlängerung des Grundurlaubs Rz. 2905
Verleiher Rz. 5544, 5632
- Arbeitgeberpflichten in der Sozialversicherung Rz. 5211

Verleitung zur Änderungskündigung Rz. 4510
Verlosung Rz. 5626
Vermittlung in Arbeit Rz. 7048
Vermittlungsgesuch Rz. 5006
Vermittlungsmonopol Rz. 5001
Vermittlungsprovision Rz. 5626
Vermittlungszwang Rz. 5002
Vermögensbeteiligung Rz. 5626
Vermögensverhältnisse, geordnete
- bei privater Arbeitsvermittlung Rz. 5010

Vermögenswirksame Leistung Rz. 5626, 8037 ff.
- Arbeitnehmersparzulage Rz. 8040
- Aufzeichnungpflichten des Arbeitgebers Rz. 8039

Verpflichtungsklage Rz. 7532
Verrechnung Rz. 5642
Versäumnisurteil Rz. 7542
Verschleiertes Arbeitseinkommen Rz. 2640 ff.

Sachregister

Verschuldete Arbeitsunfähigkeit Rz. 2734
Verschwiegenheitspflicht Rz. 1975, 2361 ff.
- Betriebs-/Geschäftsgeheimnisse Rz. 2362
- Freistellung Rz. 2365
- nach Vertragsbeendigung Rz. 2364
- persönliche Umstände des Arbeitgebers Rz. 2363

Versetzung Rz. 2024 ff.
- Änderung der Arbeitsumstände Rz. 2042
- anderer Arbeitsbereich Rz. 2038 ff.
- - andersartige Arbeit Rz. 2029
- - Betriebsverlegung Rz. 2048 a
- - Betriebswechsel Rz. 2048
- - Filialwechsel Rz. 2032
- arbeitsvertragliche Versetzung Rz. 2028 ff.
- betriebsverfassungsrechtliche Versetzung Rz. 2037 ff.
- - anderer Arbeitsbereich Rz. 2038 ff.
- - Betriebsverlegung Rz. 2048 a
- - Betriebswechsel Rz. 2048
- Dauer Rz. 2041
- Unterrichtung des Betriebsrates Rz. 2045, 2047
- Versetzungsvorbehalt Rz. 2035
- - billiges Ermessen Rz. 2036
- vorläufige Versetzung Rz. 2047
- Zustimmung des Betriebsrates Rz. 2044, 2048
- Zustimmungsverweigerung Rz. 2046

Versetzungsvorbehalte Rz. 1683
Versicherungs- und Beitragspflicht Rz. 7502
Versicherungsfreiheit
- in der Sozialversicherung Rz. 5218 ff.
- von Altersrentnern Rz. 5227
- von Beamten Rz. 5226
- von Selbständigen Rz. 5229
- von Höherverdienern Rz. 5228
- von Werkstudenten Rz. 5230
- wegen geringfügiger Beschäftigung Rz. 5220
- wegen kurzfristiger Beschäftigung Rz. 5225
- wegen kurzzeitiger Beschäftigung Rz. 5224

Versicherungsnachweis Rz. 7007
Versicherungpflicht Rz. 6110
Versicherungspflichtgrenze Rz. 5613
Versicherungsverein auf Gegenseitigkeit
- Sozialversicherungpflicht von Vorstandsmitgliedern Rz. 5217

Versicherungsvertreter Rz. 1540

Versicherungszweig Rz. 5218, 5628
- Wechsel des ~ Rz. 6101
Versorgungs-Freibetrag Rz. 8054
Versorgungszusage Rz. 1915
Verspätete Vorlage von Arbeitsunfähigkeitsbescheinigung Rz. 4406
Vertagung Rz. 7542
Vertragsabschluß Rz. 1051 ff.
- Beschränkungen der Geschäftsfähigkeit Rz. 1054 ff.
- Formerfordernisse Rz. 1060
- Stellvertretung Rz. 1052
Vertragsbruch des Arbeitnehmers Rz. 4850
Vertragsloses Ausland Rz. 5243
Vertragsstrafe Rz. 1170, 1980
- Nichtaufnahme der Arbeit Rz. 1178 ff.
Vertrauensarzt Rz. 2733
Vertrauensbereich Rz. 4419
Vertreter Rz. 8015
Verwahrungspflicht, Arbeitspapiere Rz. 4842
Verwaltungsakt Rz. 5657, 5678
Verweisung Rz. 7512
Verweisungsklauseln Rz. 1982
Verweisungsklauseln in Altverträgen Rz. 4257
Verwirkung des Anspruchs auf Herausgabe der Arbeitspapiere Rz. 4853
Verwirkung des Zeugnisanspruchs Rz. 4908
Verzicht auf Kündigungsschutz Rz. 4334
Verzicht auf Kündigungsschutzklage Rz. 4806
Verzinsung Rz. 5638
Verzögerung des Heilungsprozesses Rz. 4406
Vollurlaubsanspruch Rz. 2839
Vorausbescheinigung Rz. 7011
Vorbescheid Rz. 7544
Vordruck Rz. 5653
Vorenthaltener Beitrag Rz. 5679
Vorjahr Rz. 5612
Vorläufige Personalmaßnahmen Rz. 1134 ff
Vorläufiger Rechtsschutz Rz. 5657, 7504, 7548
Vorläufiges Zahlungsverbot Rz. 2603, 2604 ff.
Vorläufiges Zeugnis Rz. 4893
Vorlage Rz. 2729

Sachregister

Vorpfändung Rz. 2603, 2604 ff.
- Wiederholung Rz. 2610

Vorschläge zur Einschränkung der Arbeitsleistung Rz. 6324

Vorschuß Rz. 5678

Vorsorgepauschale Rz. 8049

Vorstandsmitglieder Rz. 5217

Vorstellungskosten Rz. 1047

Vorstrafen, Zeugniserteilung Rz. 4904
- Fragerecht des Arbeitgebers Rz. 1023

Vorvertrag Rz. 3036

Vorzeitige Herausgabe Rz. 4849

VVaG Rz. 5217

Wahrheitspflicht, Zeugniserteilung Rz. 4905

Wartezeit, Urlaub Rz. 2810, 4330

Wechsel der Beitragsgruppe Rz. 6102

Wechsel der Betriebsstätte Rz. 6107

Wechsel des Versicherungszweiges Rz. 6101

Wechsel zwischen den Zeugnisarten Rz. 4907

Wegegeld Rz. 5626

Wegehindernisse Rz. 2560

Wegerisiko Rz. 2706

Wegezeit Rz. 2088, 2088 a

Wehrdienst Rz. 2908

Wehrpflichtige Rz. 4590
- Arbeitsplatzschutz Rz. 4592
- ausländischer Wehrdienst Rz. 4591
- Benachteiligungsverbot Rz. 4597
- Kleinstbetriebe Rz. 4594
- Kündigung aus Anlaß des Wehrdienstes Rz. 4596
- Kündigungsfristen Rz. 4259
- Ruhen des Arbeitsverhältnisses Rz. 4593
- Soldat auf Zeit Rz. 4593

Weihnachts- und Urlaubsgeld Rz. 5610

Weihnachtsgeld Rz. 5620, 5622

Weihnachtszuwendung Rz. 5626
- Meldung bei Rückzahlung der ~ Rz. 7009
- sozialversicherungspflichtiges Arbeitsentgelt Rz. 5626

Weiterbeschäftigung Rz. 4702, 7002
- während des Kündigungsschutzprozeßes Rz. 2540

Weiterbeschäftigungsanspruch Rz. 2962

Werkarbeitsgemeinschaft Rz. 3508

Werkstudenten Rz. 5230

Werkunternehmer Rz. 1518

Werkvertrag
- Abgrenzung zur Arbeitnehmerüberlassung Rz. 3506

Werkzeuggeld Rz. 5626
- ABC Lohnsteuer Rz. 8035

Wert der Sachbezüge Rz. 5604

Werte Rz. 5627

wesentliche Eigenschaften des Arbeitnehmers Rz. 1157 ff.

Wettbewerbsverbot Rz. 1984, 4904, 5626
- Anrechnung an die Karenzentschädigung Rz. 7067
- Ausnahmen von der Erstattungspflicht bei ~ Rz. 7069
- Beratungspflichten des Arbeitsamtes Rz. 7070
- Erstattungspflicht des Arbeitgebers Rz. 7059

Wettbewerbsverbote im bestehenden Arbeitsverhältnis Rz. 3000
- Abmahnung bei Verstoß Rz. 3021
- Auskunft Rz. 3019
- - Rechnungslegung Rz. 3020
- - Wettbewerbsklausel Rz. 3018
- berechtigtes, geschäftliches Interesse Rz. 3007
- Einwilligung Rz. 3008
- - stillschweigende Rz. 3008
- - Widerrufsvorbehalt Rz. 3009
- Erweiterung Rz. 3006
- Muster Rz. 3018
- - Abmahnung Rz. 3021
- Rechtsgrundlagen Rz. 3000
- sachliche Reichweite Rz. 3003
- Umfang Rz. 3001
- - Art der Wettbewerbstätigkeit Rz. 3004
- - sachlicher ~ Rz. 3003
- - Vorbereitungshandlung Rz. 3005
- - zeitlicher ~ Rz. 3002
- Verletzung, Rechtsfolgen Rz. 3010
- - Auskunft Rz. 3010
- - Eintrittsrecht Rz. 3013
- - Kündigung Rz. 3012
- - Rechnungslegung Rz. 3010
- - Schadensersatz Rz. 3014
- - Unterlassung Rz. 3011
- - Verjährung Rz. 3017

Sachregister

- - Vertragsstrafe Rz. 3015
- - Widerruf Versorgungszusage Rz. 3016
- Voraussetzungen Rz. 3007
- Vorbereitungshandlung Rz. 3005
- zeitliche Reichweite Rz. 3002

Wettbewerbsverbote nach Beendigung des Arbeitsverhältnisses Rz. 3030
- Abgrenzung zur Geheimhaltungspflicht Rz. 3032
- Abschlußzeitpunkt Rz. 3044
- Änderung Rz. 3077
- anderweitiger Erwerb Rz. 3070
- Aufhebung Rz. 3077
- Aufhebungsvertrag Rz. 3090 a
- Aushändigung der Urkunde Rz. 3050
- Auszubildende Rz. 3039
- bedingte ~ Rz. 3054
- berechtigtes, geschäftliches Interesse Rz. 3063
- Berufsausbildungsverhältnis Rz. 3039
- Betriebsgeheimnis Rz. 3033
- Betriebsübergang Rz. 3090
- Betriebsvereinbarung Rz. 3043
- Checkliste Rz. 3030
- Eintritt in den Ruhestand Rz. 3087
- Entschädigung s. d. Karenzentschädigung
- Entschädigungszusage Rz. 3049
- Erstattungspflichten des Arbeitgebers Rz. 3091
- freie Mitarbeiter Rz. 3041
- Geheimhaltungspflicht Rz. 3032
- Geheimhaltungsklausel Rz. 3034
- gesetzliche Regelung Rz. 3035
- Karenzentschädigung Rz. 3052
- - anderweitiger Erwerb Rz. 3070
- - Ausschlußfrist Rz. 3062
- - Höhe Rz. 3057
- - Mindestentschädigung Rz. 3052
- - Pfändung Rz. 3076
- - Schema zur Berechnung Rz. 3059
- - sozialversicherungsrechtliche Behandlung Rz. 3075
- - steuerliche Behandlung Rz. 3074
- - Verjährung Rz. 3061
- Kündigung Rz. 3079
- Fallgruppen Rz. 3079
- - Kündigung aus wichtigem Grund Rz. 3081
- - Lossagung Rz. 3081
- - ordentliche Kündigung Arbeitgeber Rz. 3080
- - ordentliche Kündigung Arbeitnehmer Rz. 3079
- - vor Dienstantritt Rz. 3047
- Mandantenschutzklausel Rz. 3042
- Minderbesoldete Rz. 3037
- Minderjährige Rz. 3038
- Muster Rz. 3092
- nachvertragliche Treuepflicht Rz. 3031
- Nichtantritt der Dienste Rz. 3047
- Organpersonen Rz. 3041
- Probearbeitsvertrag Rz. 3045
- räumliche Begrenzung Rz. 3066
- Rechtsgrundlagen Rz. 3035
- Rechtsmängel Rz. 3067
- - Nichtigkeit Rz. 3067
- - Unverbindlichkeit Rz. 3067
- Ruhestand Rz. 3087
- Schriftform Rz. 3049
- sozial Schwache Rz. 3037
- Tarifvertrag Rz. 3043
- unbillige Erschwerung des Fortkommens Rz. 3064
- Verletzung, Rechtsfolgen Rz. 3082
- - Auskunft Rz. 3083
- - Beseitigungsanspruch Rz. 3083
- - Vertragsstrafe Rz. 3086
- - Wegfall der Karenzentschädigung Rz. 3084
- Verpflichtung zur Entschädigungszahlung Rz. 3052
- Versprechen auf Ehrenwort Rz. 3040
- Vertragsstrafe Rz. 3086
- Verzicht auf. ~ Rz. 3078
- Voraussetzungen Rz. 3048
- - formelle Rz. 3049
- - inhaltliche Rz. 3051
- Vorüberlegung Rz. 3031
- Vorvertrag Rz. 3046
- Wahlrecht Rz. 3054
- Wohnsitzwechsel Rz. 3070
- zeitliche Begrenzung Rz. 3065

Widerruf des Zeugnisses Rz. 4911
Widerrufsrecht, Aufhebungsvertrag Rz. 4027
Widerspruch Rz. 7034, 7502, 7516
- gegen Entscheidungen der Einzugsstellen in der Sozialversicherung Rz. 5637
Widerspruchsfrist Rz. 7517
Widerspruchsrecht Rz. 4677
Widerspruchsverfahren Rz. 7057, 7516

Sachregister

Wiedereinsetzung in den vorigen Stand Rz. 7520
- bei Fristversäumnis Rz. 7519, 7531

(Wieder)Einstellungsanspruch Rz. 1041 ff
Wiederholte Arbeitsunfähigkeit Rz. 2717
Wiederholungskündigung Rz. 4703
Winterzeit Rz. 2235
Wirtschaftsrisiko Rz. 2546
Wochenarbeitzeit Rz. 6103, 7028
Wochenstündliche und entgeltliche Geringfügigkeit Rz. 5221

Zahlungen
- Meldung nachträglicher ~ Rz. 7008

Zahlungsverbot Rz. 2609, 2616
Zeitarbeit Rz. 3500 ff.
Zeitbefristungen Rz. 1600
Zeitliche Begrenzung Rz. 5238
Zeitliche Lage des Urlaubs Rz. 2852
Zeitpunkt der Herausgabe Rz. 4845
Zeitpunkt der Zeugniserteilung Rz. 4891 ff.
Zeitraum Rz. 2818
Zeitumstellung Rz. 2235
Zentrale Stelle für die Lohn- und Gehaltsabrechnung Rz. 5635
Zeugnis Rz. 4880 ff., 7015
- anspruchsberechtigte Arbeitnehmer Rz. 4886
- Aufhebungsvertrag Rz. 4895
- Auskunft an Folgearbeitgeber Rz. 4920
- Checkliste Rz. 4881
- einfaches ~ Rz. 4899
- Formvorschriften Rz. 4897
- Führung Rz. 4903
- Geltendmachung des Zeugnisanspruchs Rz. 4889
- gerichtlichen Geltendmachung Rz. 4913
- gesetzliche Grundlagen Rz. 4885
- Leistung und Leistungsbeurteilung Rz. 4901
- Mitbestimmung des Betriebsrats Rz. 4910
- Muster Rz. 4882 ff.
- qualifiziertes ~ Rz. 4900
- Schadensersatzpflicht des Arbeitgebers Rz. 4918
- Verjährung, Verwirkung Rz. 4908
- vorläufiges Zeugnis Rz. 4893

- Wechsel zwischen den Zeugnisarten Rz. 4907
- Zeitpunkt der Zeugniserteilung Rz. 4891
- Zeugnisberichtigung Rz. 4912
- Zeugnisformulierung Rz. 4905
- Zeugnisinhalt Rz. 4904
- Zwischenzeugnis Rz. 4896

Zeugnisformulierung Rz. 4905 ff.
Zeugnissprache Rz. 4906
Zinsersparnis Rz. 5626
Zivildienstleistende Rz. 4590, 4598
Zugang der Kündigung, Schwerbehinderte Rz. 4583
Zugang der Kündigungserklärung Rz. 4212
Zugangsvereitelung Rz. 4217
Zukunftssicherungsleistung
- als pauschalversteuerte Einnahmen und sozialversicherungspflichtiges Entgelt Rz. 5606

Zurückbehaltung von Arbeitspapieren Rz. 4852
Zurückbehaltungsrecht Rz. 4852, 4890
- Arbeitgeber Rz. 2292, 2464
- Arbeitnehmer Rz. 2050, 2488, 2530
- - Vermögensverschlechterung Rz. 2492

Zusammenrechnung Rz. 5223, 5615
Zusatztabellen, Lohnsteuer Rz. 8065 c
Zusatzurlaub, Kürzung Rz. 2906
Zuschläge
- Erschwerniszuschläge Rz. 5626
- Familienzuschläge Rz. 5626
- Feiertagsarbeitszuschläge Rz. 5626
- Heimarbeitszuschläge Rz. 5626
- Mehrarbeitszuschläge Rz. 5626
- Nachtarbeitzuschläge Rz. 5626
- Sonntagsarbeitszuschläge Rz. 5626

Zuschläge für Sonntags-, Feiertags- und Nachtarbeit Rz. 8021
- ABC Lohnsteuer Rz. 8035

Zuschuß zu einer Lebensversicherung Rz. 5626
Zuschuß zum Krankenversicherungsbeitrag Rz. 5669
Zuschuß zum Mutterschaftsgeld Rz. 5667, 6303
Zuschüsse
- Baukostenzuschuß Rz. 5626
- bei Akkordarbeit Rz. 5626
- Essenszuschuß Rz. 5626
- Krankengeldzuschuß Rz. 5626

Sachregister

- Krankenversicherungszuschuß Rz. 5626
- Mutterschaftsgeldzuschuß Rz. 5626

Zustimmung zur ordentlichen Kündigung Rz. 4579

Zustimmungsersetzung Rz. 1130

Zustimmungsfiktion, Kündigung Schwerbehinderte Rz. 4582

Zustimmungsverweigerung
- Beachtlichkeit Rz. 1118
- Ersetzung der verweigerten Zustimmung Rz. 1130 ff.
- Form Rz. 1117
- Frist Rz. 1116
- Grund Rz. 1120 ff.

Zutrittsrecht zum Betrieb Rz. 2243

Zuverlässigkeit
- bei privater Arbeitsvermittlung Rz. 5010

Zwangsgeld Rz. 1146

Zwangsvollstreckung Rz. 7523

Zweckbefristung Rz. 1630

Zweifelsfälle Rz. 5655

Zwischenbescheinigung Rz. 4848, 4863

Zwischenmeister Rz. 1530

Zwischenstaatliche Vereinbarungen
- bei der Arbeitserlaubnis Rz. 5050
- bei der sozialversicherungsrechtlichen Ein- und Ausstrahlung mit Auslandsberührung Rz. 5241 ff.

Zwischenstaatliches Recht Rz. 5241

Zwischenverdienst Rz. 2538 ff.

Zwischenzeugnis Rz. 4896

Endlich klare Sicht in Sachen Personal

Das Personal-Jahrbuch '95
herausgegeben von Kerstin Maess
und Thomas Maess, Berlin
ca. 500 Seiten, gebunden,
128,– DM; 986,– ÖS; 121,80 SFR
ISBN 3-472-01957-3
Subskriptionspreis bis 31.03.95:
98,– DM; 755,– ÖS; 93,– SFR

Aus dem Inhalt
- Die Personal-Trends 1995
- Rechtlicher Rahmen der Personalarbeit
- Arbeitsverhältnis und Arbeitsvertrag
- Personalplanung und -beschaffung
- Personalaufwand und Vergütungspolitik
- Personalverwaltung und -organisation
- Personalführung
- Umfangreiches Stichwortverzeichnis

Luchterhand Verlag
Postfach 2352
56513 Neuwied

Das Personal-Jahrbuch ist ein jährlich erscheinender Wegweiser für Personalverantwortliche. Verständlich, knapp und dennoch präzise geschrieben, liefert es konkrete, direkt umsetzbare Entscheidungshilfen für die tägliche Personalarbeit. Unternehmen jeder Größe – ganz besonders kleine und mittelständische Betriebe – sind mit diesem Ratgeber in Sachen Personal ab sofort auf der sicheren Seite.

Das Personal-Jahrbuch '95 weist Personalern, Unternehmern, Führungskräften und Beratern den richtigen Weg durch bisweilen knifflige juristische und finanzielle Bestimmungen, Richtlinien und Gesetze.

Das Personal-Jahrbuch '95 versteht sich als Leitfaden mit How-to-do-Charakter: Auf alle wichtigen Fragen erhält der Entscheider konkrete Antworten. Beispiele, Checklisten, Übersichten und Musterformulare geben Anregungen für die stets beste Lösung.

Ihre Vorteile:

Seriöse, von Experten empfohlene Entscheidungshilfen und praxiserprobte Personal-Instrumente. Keine Ergänzungslieferungen, keine zusätzlichen Kosten. Stattdessen 12 Monate kompetentes und kompaktes Personalwissen in nur einem Handbuch.

Die Autoren:

Dr. Ulrich Althauser, Sabine Baudis, Prof. Dr. Fred Bekker, Heike Bruch, Dr. Claudia Brumberg, Assessor Erik Christiansen, RA Günther Heckelmann, Dr. Nikolaus J. Heckmann, RA Dietmar Heise, Werner Herr, Astrid Jungen, Prof. Dr. Meinulf Kolb, Jan Kutscher, Wolfgang Leber, Ingeborg May-Steinhausen, Klaus Oppermann, André Papmehl, Dr. Peter Stürk, Prof. Dr. Armin Töpfer, Dr. Christian Vatteroth, Prof. Dr. Dieter Wagner, Ian Walsh, Bettina Wendlandt, Harald Scherdin-Wendlandt, Prof. Dr. Arnulf Weuster, Martin Wiesemes.

Das Personal-Jahrbuch '95 erscheint in der ersten Februar-Woche 1995. Sichern Sie sich schon heute Ihr ganz persönliches Exemplar. Bestellen Sie Ihr **Personal-Jahrbuch** bei Ihrer Fachbuchhandlung oder direkt beim Verlag. Noch schneller geht's per Fax (0 26 31 / 801-210).